国家出版基金项目
NATIONAL PUBLICATION FOUNDATION

# 1920-1929

## 从民国著作看马克思主义经济学的传播

谈　敏◎著

中国财经出版传媒集团
经济科学出版社
Economic Science Press

图书在版编目（CIP）数据

1920－1929：从民国著作看马克思主义经济学的传播/
谈敏著 . —北京：经济科学出版社，2020. 12

ISBN 978－7－5218－2262－5

Ⅰ. ①1… Ⅱ. ①谈… Ⅲ. ①马克思主义政治经济学－
传播－研究－中国－1920－1929 Ⅳ. ①F0－0

中国版本图书馆 CIP 数据核字（2020）第 269671 号

责任编辑：孙丽丽
责任校对：杨　海　刘　昕　王肖楠
责任印制：范　艳　张佳裕

## 1920－1929：从民国著作看马克思主义经济学的传播

谈　敏　著

经济科学出版社出版、发行　新华书店经销
社址：北京市海淀区阜成路甲 28 号　邮编：100142
总编部电话：010－88191217　发行部电话：010－88191522
网址：www. esp. com. cn
电子邮箱：esp@ esp. com. cn
天猫网店：经济科学出版社旗舰店
网址：http：//jjkxcbs. tmall. com
北京季蜂印刷有限公司印装
710×1000　16 开　177 印张　3060000 字
2021 年 6 月第 1 版　2021 年 6 月第 1 次印刷
ISBN 978－7－5218－2262－5　定价：698. 00 元（全六卷）

# 目录

◎ 第四编
# 1928 年：动荡时期马克思主义经济学的传播　1253

# 本卷目录

引言：相关研究成果的回顾

1920 年至 1929 年，是五四运动后民国的一个重要时段。这 10 年间，国内自撰、编纂、翻译并公开出版的各种社会科学著作特别是经济学著作，数量大幅增加。以此为研究对象，选择其中不同类型的代表作，系统考察马克思主义经济学在我国传播的历史面貌和发展轨迹，是一个新的挑战。

一

中国近代史学研究的历史分期，鲜有专取民国中间 10 年的断代方式。这种划分方式，不能完全契合我国近代所发生的具有标志或转折意义的重大历史事件。一般说来，以 1920 年作为这个时期的上限，尚有历史依据。这也是流行的中国近代史学类著作通常采用的分期做法，既然 1919 年五四运动在中国近代史的阶段划分上，具有标志性意义，则 1919 年之后新的历史阶段的起始年份，便是 1920 年。唯新阶段如何命名，不同的编史宗旨，有不同的说法。有的说："1919 年的五四爱国运动是中国革命的历史转折点。它标志着资产阶级领导的旧民主主义革命的终结和无产阶级领导的新民主主义革命的开始。"① 这是很长时期内比较标准的一个说法。有的则说，"经济史的任何分期法，都不免带有随意性；根据任何经济现象都是一个过程的观点，我们不去强调分期的原则意义，而是便宜行事，遵从习惯"；为了上下卷篇幅可以大体平衡，"采用近代史习用的以五四运动为界"，以 1920 年作为上卷《旧民主主义革命时期的中国资本主义》的下限②。也就是说，以 1921 年作为下卷《新民主主义革命时期的中国资本主义》的上限。这个说法，就分期原则而言，与上一说法大同小异，只是具体的上下限年代，根据写作内容便宜行事③，

① 《中国近代史》编写组：《中国近代史》，中华书局 1979 年版，第 537 页。
② 许涤新、吴承明主编《中国资本主义发展史》第 2 卷《旧民主主义革命时期的中国资本主义》，人民出版社 2003 年版，第 2 页。
③ 所谓便宜行事，可见《中国资本主义发展史》一书"总序"原定以 1919 年为下限，第 2 卷编写时，"为求资料列整，改为 1920 年"。见许涤新、吴承明主编《中国资本主义发展史》第 2 卷《旧民主主义革命时期的中国资本主义》，人民出版社 2003 年版，第 2 页注①。

准于 1920 年而稍有前后。还有的既说"1919 至 1949 年这一段历史，通常称作中国现代史"，又说"公元 1919—1949 年的中国史属于近代后期"；"这是因为，在这个阶段里，中国社会的性质和近代前期相比没有变化，但是由于新的政治力量的成长，中国社会的发展又出现了新的前景"。详细些说："这个时期历史也属于中国近代史的范围。因为这个时期的社会性质仍然是半殖民地半封建社会。这个时期的革命性质，仍然是反帝反封建的民主革命。这个时期的革命因有了共产党领导，而是新民主主义革命，从而与前一时期的旧民主主义革命相区别。"这些意见为当时史学界不少人所同意，却没有改变"在高等学校历史系的课程中，这段历史现在仍然称中国现代史，而与 1840 到 1919 年这段中国近代史相区别。"① 换言之，其近代后编的上限，与近代前编的下限，同为 1919 年。这是国内著作的有关例证，国外研究中国近代史的代表性著作，也有类似的分期。如称："在中国思想史上，1898 年和 1919 年通常被认为是与儒家文化价值观决裂的两个分水岭"；"1898 年改革的锐利锋刃已直接指向继承下来的政治制度，而以 1919 年五四运动为其标志的彻底的'新文化'思想运动，也被看成是对传统道德和社会秩序的一种攻击"。为此专设一章，名为"思想的转变：从改良运动到五四运动，1895—1920 年"。② 这里同样把 1919 年五四运动作为中华民国史上一个重要的分界标志，只是不那么强调它具有划分中国近代史界线的普遍而深刻的原则意义罢了。

本书研究以 1920 年为上限，还能依凭分期的某种原则，而以 1929 年为下限，就像中国近代经济史的分期法一样，仅系便宜行事。经济史的分期难在任何经济现象都是一个过程而不易确定，对照此说法，本书以马克思主义经济学在中国的传播为研究论题，同样是一个持续发展的过程，在一定历史时点的把握上，比起经济现象更加带有不确定性。尽管如此，一旦划定 1920—1929 年的研究范围，也就为搜集、整理和考察这个范围内与马克思主义经济学传播相关的思想史料，确定了大致的目标和边界。反过来，经过系统的梳理研究，又可以为探求本时期马克思主义经济学在我国的传播脉络、承上启下、重要线索和基本特征，提供新的认识视角。如此说来，这个分期尚不能完全以便宜行事而论，自有其边界属性和内在逻辑。当

---

① 白寿彝主编《中国通史》第 12 卷《近代后编（1919—1949）》（王桧林等人为本卷主编），上海人民出版社 1999 年版，第 123、125 页。

② ［美］费正清编，杨品泉等译《剑桥中华民国史（1912—1949 年）》上卷，中国社会科学出版社 1993 年版，第 358 页。

然，新的分期，总会面临新的挑战。

马克思主义经济学在中国的传播，正像任何思想的产生、发展与演变，特别是新思潮的形成与扩散一样，离不开特定历史阶段的时代背景及社会、经济、政治与国内外环境等因素的制约和刺激，可谓社会存在决定社会意识。20世纪20年代，承续中华民国成立后近10年间一系列重大事件之余绪，包括第一次世界大战的爆发与结束，苏俄十月革命的胜利并在世界各国引起连锁反应与影响，从新文化运动到五四运动的勃兴等。这些历史事件，都在不同程度上，与马克思主义经济学的传播进程密切相关。尽管影响的关联度有差异，但综合起来看，总是不可或缺的一环。进入20年代，前代之余绪，在新的历史条件和环境下，又有新的发展和变化，构成影响马克思主义经济学传播的新的时代因素。这些新的条件和环境、发展与变化，很难给予全面综述。在此不妨依据一些较有代表性的史学尤其近代史专著，稍作梳理，以窥其一斑。例如：

《中国通史》近代后编综述1919—1949年的阶段性特征：一方面，从国际地位上看，中华民国的建立没有改变帝国主义列强侵略与干预的屈辱地位，使中国更深地卷入了列强们操纵与控制的世界体系，成为它们共有的半殖民地，部分地区还一度沦为日本的殖民地；从经济与政治结构看，中国近代经济的初步发展和近代文化教育等事业的开始兴起，没有消除军阀割据的封建统治，国家政权的频繁更迭，没有实现民主化的改造，封建军阀的统治和封建地主的剥削，继续阻碍经济和社会的进步。"所以，反对帝国主义和封建主义，争取民族独立和人民解放，为实现整个国家和社会的现代化创造必要的政治前提，仍然是这个时期中国的社会发展的主要任务。"另一方面，"中国近代工业的发展，引起了中国社会阶级关系和政治力量对比的重要变动。马克思主义的传播和中国化，为近代中国提供了新的可供选择的社会主义前途。中国共产党的成立和它所领导的人民革命力量的壮大，使中华民族在走向现代化的道路上出现了更加光明的前景。"[1] 这是就30年间中国社会发展的主要趋势而言，具体到第一个10年也就是20年代的发展趋势，又概括如下特征："新的政治分野的出现"：1921年7月成立中国共产党，使旧民主主义革命时期民族资产阶级领导下的农民、小资产阶级、工人阶级的革命集团，与帝国主义在华势力、地主阶级和封建统治者以及买办与帝国主义势力勾结的反动集团相对立的基本

---

① 白寿彝主编《中国通史》第12卷《近代后编（1919—1949）》，上海人民出版社1999年版，第125—126页。

政治格局，转变为新民主主义革命时期出现共产党组织工人、农民、小资产者、学生等广大社会阶层的新的政治力量，并通过五四运动和第一次国共合作等重大历史事件而开始领导革命运动，也就是在中国政治舞台上出现新的政治集团的划分，形成新的政治分野。"改造中国的各种政治主张的纷陈和人民的历史的选择"：1922年中共"二大"上通过的民主革命纲领，经过大量宣传，打倒帝国主义、打倒军阀的革命口号深入人心，并很快掀起新的革命运动高潮。"革命斗争形式的演变和政治斗争规律的显现"：1925年爆发五卅运动，是一次全国性反帝斗争高潮，中共进行工人运动和城市群众运动的同时，开始革命武装方面的活动，但这些运动和活动对于完成革命任务，都有特定的局限性；1927年蒋介石在上海发动四一二政变、在南京成立国民政府的严重形势，迫使斯大林和中国共产党对革命军队问题的认识大大前进了一步，中共提出直接掌握军队并夺取政权作为自己的任务。"国民党南京政权独裁统治的确立"：这个政府起初还打着革命旗帜，以反帝为任务，以打倒军阀为号召，继续"北伐"；"北伐告成"，其反动性随之大增，对内残酷镇压中共与进步势力，对外加快实现与帝国主义的妥协，放弃孙中山联俄、联共、扶助农工的三大政策，确立了一党专政、军事独裁的政治体制。"国民革命失败后中共对中国出路问题的反思与探索"：1924年开始的国民革命发展迅速，以五卅运动为起点的革命风暴席卷全国，1926年7月国民革命军出师北伐使中国的国民革命达到高潮，这一切随着国民党发动政变，国共合作破裂，骤然失败；中共作为这一失败最直接最主要的受害者，反思、总结大革命失败的经验教训，探索中国革命的新道路，提出将工作重心由城市转移到农村，走一条农村包围城市、武装夺取政权的道路。"国民革命失败后中间政派对中国出路的探索"：这些政治势力及其政治思潮，包括第三党、改组派、人权派、乡村建设派等，他们的探索，既不同于国民党也不同于共产党，要在国共之间走一条自己的道路。① 以上几点特征的概括，综合代表了我国史学界的主流观点，其中所列举的重大历史事件及其发展与变化，大体发生或凸现在20年代，成为考察这一时期马克思主义经济学在中国传播的社会历史背景，可在分析时对照参考。

　　《中国资本主义发展史》第3卷《新民主主义革命时期的中国资本主义》，以1921—1949年为其时限，第2章论述"20世纪二三十年代资本主义的发展"，考察

---

① 以上各点参看白寿彝主编《中国通史》乙编"综述"，第2—7章。

1920—1936 年这个时段，分别论述"对外贸易的发展和外国在华资本的扩张""南京政府时期官僚资本的发展""民族资本主义经济的发展""资本主义工业的发展""国内市场的变化和商业资本的发展"。第 3 章论述"近代农业中的资本主义关系"，考察时限扩展为 1840 年至 1949 年整个近代，此章置于第 2 章之后，第 4 章"抗日战争时期的资本主义经济"之前，突出涵盖了二三十年代。这个时限超出 20 年代，但此卷就资本主义是个有机体系所作的全面考察和历史评价，同样适用于 20 年代："中国的民族资本主义经济，尽管发展十分微弱，但在历史上，有它不可替代的作用"；"中国广大农业中的资本主义生产关系也是属于民族资本的范畴的；尽管它在提高生产力上作用甚微，却也有重要的历史意义"；"如果没有资本主义的一定的发展，没有中国资产阶级和中国无产阶级，就不会有鸦片战争以来资产阶级领导的旧民主主义革命，也不会有五四运动以来无产阶级领导的新民主主义革命"；"五四"以后所谓"资本主义化"的时期，包括农村中的"半封建"化，"可以说都是为中国共产党所领导的新民主主义革命准备着物质前提，甚至可以说是新民主主义革命产生的条件"①。这个考察与评价，基于大量的历史事实和统计数据，包括 20 年代的经济史分析，得出新民主主义革命时期中国资本主义发展变化的若干结论。依此可以与前书突出重大历史事件的脉络互为补充，为考察 20 年代马克思主义经济学在中国的传播，提供相应的经济史或资本主义发展史的背景资料。

《国史大纲》1939 年著成，翌年出版，其本身就是近代史的一部分，在旨趣及表述方式上也与成书于当代的前面两部史学著作大不相同。它论及近代部分，不那么倚重史实和数据基础，也不大关注近代历史分期的原则意义或政治经济发展过程的阶段属性，以笼而统之的"大纲"形式，意在对我国近代的若干代表性历史事件或社会现象，做出是非曲直的论断。这样的论断，不可能具体指向 20 世纪 20 年代的特定时限，但无疑覆盖了这段时期，并给其中的各种重要事件或现象，刻上它所认定的另样标记。涉及 20 年代的论断，可见最后一章"除旧与开新"即"清代覆亡与民国创建"部分。此章有关辛亥革命前及抗战后的内容，与 20 年代关联较少，不必论。重点是"辛亥革命以后之政局""文化革命与社会革命""三民主义与抗战建国"三节，相互勾连，不同程度地联系到 20 年代。其中有一些所谓定论：

① 许涤新、吴承明主编《中国资本主义发展史》第 3 卷《新民主主义革命时期的中国资本主义》，人民出版社 2003 年版，第 19—20 页。

军阀与党争两种情况，直到 1928 年国民革命军再度北伐，"始见摧廓"；民国以来，"有'文化革命'与'社会革命'之呼号与活动"，但不能解决自身问题，开辟新路径，"强效他人创制，冒昧推行，此乃一种'假革命'，以与自己历史文化生命无关，终不可久"；社会革命"以组织工、农无产阶级攘夺政权，创建苏维埃政府为职志"；在国家社会继续震荡与不断损伤中，"过激思想亦逐步成长"，武备革命之呼号曰"自强"，政治革命之呼号曰"救亡"，文化革命主张"推翻中国以往自己传统文化、历史教训"，社会革命"更进而主张推翻经济组织，与相随而有之一切文化制度"；政治不安定，社会一切无出路，"过激思想愈易传播流行，愈易趋向极端"，"引起更严重的外患"；三民主义对中国以往自己的文化传统、历史教训，主张保持与发扬，"此与主张全盘西化、文化革命者不同"；三民主义对国内不主张阶级斗争、一阶级独擅政权，对国际主张遵守外交手续，祈向世界和平，"此与主张国内农、工无产阶级革命，国外参加第三国际世界革命集团者不同"；三民主义的革命过程分为军政、训政、宪政三阶段，以政治领导社会，"此与偏激的急速主义，专求运用社会力量来做推翻政治工作者不同"；等等①。这些论断指点近代国史，距离刚过去的 20 年代不过 10 年，散发着浓厚的时代气息，代表了一种引领时势分析的主导观念。其中虽未提及马克思主义，却在更广泛的范围内，针对诸如脱离自身历史文化生命而强行效法他人创制的"假革命"，组织工农无产阶级夺取政权以创建苏维埃政府的社会革命，出于政治不安定和社会无出路而旨在通过阶级斗争和阶级专政来推翻现行经济组织和一切传统文化的过激思想与极端倾向，越过渐进革命过程和现行政治体制而运用社会力量的偏激急速主义等现象或口号，以强烈排斥的方式，表明了自己的态度。这种主导性治史观念，脱胎于当时历史环境，同样为考察 20 年代马克思主义经济学在中国的传播状况，提供了不同的视角和鲜活的感受。

《剑桥中华民国史》作为西方人研究中国 1912—1949 年近代历史的著作，比较国人的上述著作，又有不同的旨趣。它没有专门讨论 20 年代的章节，但许多章节都涉及 20 年代。如上卷第 1 章谈到外国势力的问题，就辛亥革命以后外部世界对早期民国的明显影响，有一段史实概述：革命者 1912 年试图按照外国模式开创一个立宪的议会制共和国；袁世凯总统的外国借款引起了争论；国外回来的学者领导

① 钱穆著《国史大纲》（修订本）下册，商务印书馆 1996 年版，第 910—914 页。

了 1917 年以后的新文化运动；凡尔赛的强权政治激发了 1919 年的五四运动；1921 年中国共产党在共产国际的推动下成立；1923 年以后孙逸仙在苏联帮助下改组国民党；爱国的反帝情绪鼓动了 1925 至 1927 年的国民革命。"的确，早期的民国被外国势力所推动，这种势力伸向各地，几乎像 1931 年以后日本入侵时那样"①。这是从外国势力推动的角度，论及早期民国也就是民国前 20 年间的若干重大历史事件，以 20 年代为其下限。不过就全书看，这个下限具有随机性，不曾考虑近代史分期的统一原则，根据研究对象的不同，设定年代长短不等的各种分期。又如上卷第 10 章专论"1927 年前的中国共产主义运动"，提出"改信马克思主义涉及改变信仰者方面对中国现实的了解、他们个人的脾气和禀性，以及他们对该学说本身的理解"。然后"改信马克思主义"一节，关注"中国的马克思主义的皈依者是谁？他们对于自己国家的现实有着怎样的理解？他们在社会的政治活动中有着怎样的个人经历？为什么他们信奉了这样一种学说"。"党的建立"一节，关注"与中国对俄国的迷恋相应的，是布尔什维克们对中国的兴趣"，"以建立俄国共产党政权的相同原则建立一个中国政权，这对于国家和革命的目标都将是有所裨益的"。"第一次统一战线内的紧张状态"一节，关注"对于陈独秀领导的中国共产党来说，唯一的最重要的政治问题是其与孙逸仙领导的国民党的关系"，直至 1927 年七八月出现不可避免的局面即"共产党人转向造反"："中国共产党必须拥有一支军队、一块地盘和一个政府"。② 这些内容，都与考察 20 年代马克思主义经济学的传播背景，密不可分，虽然别具一格，更多说的是政治事件，与经济问题的关联不大。类似内容还有上卷第 11 章"国民革命：从广州到南京，1923—1928 年"，换个叙事角度，同样提供了较为详细的背景资料。

以上几种类型的史学著作，从不同角度，用多种样式，共同构筑了 20 世纪 20 年代中国的主干史实和复杂面貌；连同它们各自的史学观点和分析取向，一道成为可供比较对照的多元参考资料。此前考察马克思主义经济学在中国的传播前史和启蒙过程，其历史背景，截至传统近代分期的下限 1919 年为止。相对说来，这也是我们比较熟悉或相关经济思想史料梳理比较成熟的一段时期，有利于结合背景资料

① ［美］费正清编，杨品泉等译《剑桥中华民国史（1912—1949 年）》上卷，中国社会科学出版社 1993 年版，第 2 页。
② ［美］费正清编，杨品泉等译《剑桥中华民国史（1912—1949 年）》上卷，中国社会科学出版社 1993 年版，第 567—569、578、584、593 页。

和史学研究成果来进行马克思主义经济学早期传播史的专题考察。现在进入 20 年代，继续推进这个传播史的考察，同样离不开作为其环境氛围的社会、经济、政治与文化等背景事件或历史要素的研究，这已超出原来比较熟悉的历史范围，故不得不借助上述通史类或专门史著作，从近代历史发展的内在逻辑和前后关联中，为传播史的断代考察，勾画出一个具有基本共识而又内涵丰富的史实背景。类似的史学著作，还可以举出更多的例子，增添新的视角、事实和观点，但不会动摇既有的主体框架。结合既定的历史框架或以这个历史框架为特征，考察 20 年代马克思主义经济学的传播进程，这是应对新的挑战首先需要解决的问题。

二

比较 1919 年以前（含 1919 年）马克思主义经济学传播的前史和启蒙阶段，20年代除了各类中国通史或近代史著作所综合叙述的时代背景的发展与变化之外，政治史上最重大的事件，便是经过 1920 年各地共产党早期组织的酝酿准备、筹划建立和开展活动，1921 年 7 月成立了中国共产党。自此以后，马克思主义在中国的传播，不再是普通开蒙的一般流行思潮，而成为未来领导中国的新的政治力量，用来确定新的政治理论和政治路线的指导思想。基于这个重大变化，研究中国共产党的成立和发展史，必须研究马克思主义在中国的传播史。同样，研究马克思主义在中国的传播史，也不能不结合研究中国共产党的发展史。

说到这里，须对我们的研究对象，在前面划定其年代的时间边界之外，厘清其与一般马克思主义传播史有联系又有区别的内涵界限。考察马克思主义经济学在中国的早期传播，重点是以马克思、恩格斯为代表的马克思主义创始人、以列宁为代表的世界上第一个社会主义国家苏维埃的缔造者，他们的经济学说通过各种方式和形式，传入中国而为国人所认识并给予各种回应的发展进程。所以，在特定的历史时期内，他们的学说传入了哪些内容、以什么样的方式或形式来表述、传入者如何解释和评价，在当时国内产生怎样的反应和影响、具有怎样的特征和取向、形成怎样的论辩焦点和主导趋势等，便成为主要的研究对象。根据这个界定，中国共产党成立以前，考察马克思主义经济学的传播，集中于马克思、恩格斯、列宁等人的经济学说，在传入中国过程中所达到的广度和深度，所采取的表达方式和译名术语，所引起的理解差异和关注重点，所体现的渗透、扩展和推进脉络，一句话，显示当时国人所能接触到的马克思主义经济理论的基本面貌，以及对这个理论的整体认识水准。由此也为中国共产党的成立，准备了理论条件，相应规定了将马克思主义与中国实际结合的时代路径和历史特色。中国共产党成立以后，党的自身理论体系的探索过程，成为马克思主义在中国传播的重要乃至主体组成部分。也就是说，到 20 年代，舶来马克思主义传入中国的历史进程，同中国共产党探索和形成自身理论体系的历史进程，密不可分，二者共同构成了考察马克思主义在中国传播史的研究对象。不过，本书的研究选题，以考察马克思主义经济学在中国的传播进程为主，与现有研究马克思主义传播史的许多著作适当区别，旨在围绕新的专题，有系统地发掘和梳理新的内容。

从国内外已有的研究成果看，专论或重点论述马克思主义传播与中国共产党的关系者，车载斗量，内容丰富多彩，资料详明真实，考求专深细致，论证各具特点，足以为本书研究的参考资源。同时，这些研究成果论及 20 世纪 20 年代，侧重在早期共产党人树立对马克思主义的信仰，同各种违背马克思主义的倾向作斗争，将马克思主义贯彻到结合中国实际的理论指导与实践行动等内容，不必具体考察马克思主义学说、特别是其经济学说传入中国的实际进程，纵使有所考察，也较为笼统和零散。比如：

《中国共产党历史》第 1 卷第 1 编论述中国共产党的创立，谈到五四运动和中国共产党的诞生，其内在联系：首先是五四运动的爆发，"标志着一场新的伟大的反帝反封建斗争的开始，并由此引起一场广泛的深层次的马克思主义传播运动"[1]；接着依次介绍"各种新思潮的涌现""李大钊与马克思主义的广泛传播""具有初步共产主义思想的知识分子的成长""马克思主义传播过程中的论争"，直至早期马克思主义者在论争过程中"一步一步地扩大了马克思主义的思想阵地"，一批进步青年"在确立自己的人生信仰和选择何种'主义'来改造中国社会的过程中，经过反复比较，最终抛弃资产阶级改良主义和无政府主义，选择科学社会主义，转变为马克思主义者，并迅速投入到宣传马克思主义，与工人群众相结合和创建中国共产党早期组织的行动中去"[2]；然后叙述党的早期组织的建立和党的第一次全国代表大会，显示"中国共产党的成立，是近代中国革命历史上划时代的里程碑"[3]。

---

[1] 中共中央党史研究室著《中国共产党历史》第 1 卷上册，中共党史出版社 2011 年版，第 43 页。

[2] 参看中共中央党史研究室著《中国共产党历史》第 1 卷上册，中共党史出版社 2011 年版，第 1 编第 2 章第 2 节。

[3] 中共中央党史研究室著《中国共产党历史》第 1 卷上册，中共党史出版社 2011 年版，第 71 页。

与此相衔接，第 2 编论述党在大革命时期，包括第一次国共合作的建立和革命新局面的形成，五卅运动和大革命高潮的兴起，北伐战争和革命力量的发展，第一次国共合作的破裂和大革命的失败，以及第 3 编论述党在土地革命战争时期的前期，包括武装反抗国民党反动统治的斗争，党为复兴革命运动的艰苦斗争等，都属于 20 年代的内容。这些研究中国共产党历史的权威论述，着重于中国共产党的创立是马克思主义在中国传播的客观必然趋势，以及党建初期经历了马克思主义与中国实际相结合的艰苦曲折过程。这是以马克思主义学说（包括经济学说）的传播达到一定的广度和深度为前提，无须深究这个传播的具体内容，同时突出传播结果的必然性，不像《剑桥中华民国史》的有关论述，强调改信马克思主义涉及改变信仰者的感情原因、情绪冲动、个人脾气和禀性等偶然因素。

《胡绳论"从五四运动到人民共和国成立"》带有个人漫谈特色，论及马克思主义的传播，可见一些新颖观点。如谈到"五四"后，"在探讨中国向何处去这个举国关心的大问题上，马克思主义开始显示出威力"。原因之一，"应当说，从 1919 到 1949 的这 30 年间，就反动势力统治下的中国而言，五四运动后到大革命开始前的四五年，是马克思主义得到自由的广泛传播的一段黄金时期。当时统治着政坛的军阀们，还不懂得马克思主义对于中国现实政治会发挥出什么样的威力，内外交困的处境和各系军阀间争权夺势、纵横捭阖的格局，也牵制着他们，使得他们多所顾忌，不敢贸然对进步舆论痛下杀手"[1]。此书第二部分"五四运动后中国政治的新格局"篇幅最多，重点谈 20 年代初这几年黄金时期的新政治格局。在马克思主义传播的高潮中，"人们除了重视马克思批判资本主义的经济学之外，另一个关注的重点则是马克思的唯物史观"[2]。这里提到马克思的经济学和唯物史观，不是就其具体内容而言，强调这些学说的科学剖析具有非凡的合理性与说服力，强烈吸引国人中的一批先进分子。其结果，"五四运动后，随着十月革命影响的扩大和马克思主义传播的深入，在中国大地上，出现一批由激进的资产阶级民主主义者向早期马克思主义者转变的革命知识分子的群体。在他们身上，具有两个最基本的特点：一是不顾当时流行社会舆论的诋毁、攻击，对十月社会主义革命公开表示肯定和赞扬的态度；二是在各种社会主义思潮中，明确选择马克思主义作为自己行动的

---

① 课题组著《胡绳"论从五四运动到人民共和国成立"》，社会科学文献出版社 2001 年版，第 97 页。
② 课题组著《胡绳"论从五四运动到人民共和国成立"》，社会科学文献出版社 2001 年版，第 100 页。

指南，并在实践上努力走与工农相结合的革命道路"①。换言之，将 20 年代前期作为马克思主义、尤其马克思的经济学说和唯物史观在中国传播的黄金时期，重点不在于带来了马克思学说的哪些具体内容，而在于这个传播造成一批信仰马克思主义的革命知识分子群体，并由他们创立了中国共产党。

《中国共产党思想史》不同于一般中国共产党历史的著作，专门从思想史或思想来源的角度，考察中国共产党思想与马克思主义之间的密切关系，说明"中国共产党思想源于马克思主义，而且是主源"。引申说："第一，中国共产党思想的产生，是以马克思主义在中国的传播为前提"。马克思主义的传播在五四运动前还很缓慢，"这主要是因为中国知识界对马克思主义的阶级斗争学说的看法上仍有所保留"；五四运动后随着各类社会主义学说的涌入，"经过比较、鉴别，马克思主义才扩大了自己的宣传阵地，使更多的人接受它"，1920 年，"一支共产主义知识分子队伍逐渐形成"。"第二，中国共产党成立后，中国共产党思想的发展，每一步都离不开马克思主义"。中国共产党思想中的错误部分，与马克思主义的关系不外三种情况："对马克思主义的理解不正确或走形"；"教条主义地对待马克思主义，使马克思主义理论与实际脱节"；"完全背离马克思主义"。② 后一点不仅包括 20 年代，还指中国共产党思想的整个发展历程。具体说到 20 年代，围绕新民主主义革命理论的探索，这是"党成立后对中国革命的理论认识的发展过程，也就是马克思列宁主义日益同中国革命实践相结合的过程"。有关的史料和基本判断，主要引用已有的研究成果。包括粗略统计 1923—1927 年间，出版马、恩著作 14 种，出版列宁著作 13 种，较有影响的刊物上登载评论和介绍马克思主义基本原理的重要文章近百篇，出版解释马克思主义原理的书籍 10 多种。1923 年以后马克思主义的传播，"关于马克思主义基本原理的介绍，趋向系统、全面"，出现一些代表人物如瞿秋白、李汉俊、李达的重要著作，弥补了以往马克思主义传播中的重大缺陷如无人触及辩证唯物主义；"对列宁主义内容的介绍显著增加"，改变以前的零散和不系统状况，主要围绕三个方面，"列宁对第二国际修正主义的批判""列宁主义产生的历史根源和列宁关于帝国主义的理论""列宁关于民族和殖民地革命理论""使人们了解到列宁主义的理论结构及其全貌"。③ 上述内容，均未充分展开，

---

① 课题组著《胡绳"论从五四运动到人民共和国成立"》，社会科学文献出版社 2001 年版，第 240 页。
② 张静如主编《中国共产党思想史》，青岛出版社 1991 年版，"导论"二。
③ 张静如主编《中国共产党思想史》，青岛出版社 1991 年版，第 1 编第 1 章第 1 节二。

重点落脚在新民主主义革命理论体系形成之前的探索开端与继续。关于这种探索，就马克思主义在 20 年代的传播而言，还提供了中国共产党思想史方面的许多背景资料。大致以 1927 年分界，在此之前的资料依年代顺序有：民主革命纲领，民主联合战线方针，无产阶级领导权思想；反对戴季陶主义的国家主义，新民主主义革命基本思想的形成；革命高潮中涉及"非资本主义前途"、无产阶级领导权和农民等问题的理论思考以及出现右倾思想发展的偏离。在此之后的资料延续到 20 年代以后，但大多数内容在 20 年代末期已见其端：革命高潮过后的反思与认识上的曲折，包括国民革命失败教训的总结，革命基本问题的再认识，三次"左"倾思潮；以农村为基地的革命道路的探寻，包括"工农武装割据"思想，党的工作重点的争论，"一省数省首先胜利"战略；建设革命根据地思想，包括建党建军思想，土地革命思想，政权建设思想，经济和文化建设思想；思想文化领域的争论，包括马克思主义理论的宣传（1928—1930 年间，新翻译出版的马克思、恩格斯著作近 40种，列宁著作 14 种），社会性质论战，文化论争；等等。[①] 这里列举的每个题目，都包含丰富的史料和分析，可供研究同时期马克思主义经济学传播的背景参考。这些中国共产党思想史资料，比较一般中国近代史资料，更切近我们的研究课题。尽管它们的重点，不是用于研究马克思主义理论本身在中国的传播进展状况，而是用于研究中国共产党如何将马克思主义适用于中国实际而形成自己的指导理论体系。

比起中国共产党历史或中国共产党思想史的研究，同我们的研究课题关系更加直接而密切的，是研究马克思主义或科学社会主义传播史的大量成果。这些研究成果细分为各种类型，与本书研究对象相关联的广泛、紧密和深入程度，随其类型变化而有很大不同。关系最密切的，是专门研究马克思主义经典作家的著作在中国传播的那些成果。

如《马克思恩格斯著作在中国的传播》，为纪念马克思逝世一百周年而编，分两部分，一部分是我国各个时期从事马克思、恩格斯著作翻译和出版工作的同志亲自撰写或由了解他们情况的同志撰写的回忆材料；另一部分是根据这些回忆和调查资料而较为系统编写的"马克思恩格斯著作在中国传播的历史概述"，按历史年代顺序介绍各个历史时期翻译和出版马克思、恩格斯著作的情况。前一部分，可以看到国内一些著名的翻译者早期在 20 年代开始接触、学习和尝试翻译马克思恩格斯

---

① 参看张静如主编《中国共产党思想史》，青岛出版社 1991 年版，第 1 编第 1、第 2 两章。

的著作包括经济学著作，并留下那个时期只有亲身经历者或得前辈亲炙者才能细致讲述的不少真实背景与经过，足资参考。后一部分又分五个历史时期，20 年代的内容集中于前两个时期和第三个时期的开头一段。第一个时期，1920 年 3 月李大钊倡导成立马克思学说研究会，集资建立名为"亢慕尼斋"（英文共产主义音译）的图书馆；据 1922 年 2 月 6 日《北京大学日刊》所载《马克斯学说研究会通告》，其时搜集马克思主义的英文书籍 40 余种，中文书籍 20 余种。《共产党宣言》第一个全译本 1920 年 8 月正式出版发行。从 1920 年 5 月各地共产主义小组成立到中国共产党诞生前夕，报刊上刊载及单独出版的马克思恩格斯著作的中译文发现 7 种，除少数全译文外，多为节译。第二个时期自中国共产党成立至第一次国内革命战争结束，1921 年 9 月 1 日在上海成立党的第一个出版机构人民出版社；11 月中国共产党中央局通告，中央宣传部在明年 7 月以前，出版关于纯粹共产主义的书籍 20 种以上，计划包括"马克思全书"15 种（实际只出 3 种），"列宁全书"14 种，"康民尼斯特丛书"11 种等。1922 年 5 月 5 日，在上海举行盛大会议纪念马克思诞辰，并出版我国第一个《马克思纪念册》，文章包括号召学习马克思，以及马克思传记和学说等；北京《晨报》副刊出版"马克思纪念专号"，介绍马克思生平和学说，北京《今日》杂志出版"马克斯特号"，青年团广东省委机关刊物《青年周刊》发表纪念马克思的专文；1923 年 5 月，中国社会主义青年团中央机关报《先驱》发表文章纪念马克思诞辰，北京《晨报》出版纪念特刊，天津《新民意报》副刊"星火"发表马克思传和李大钊演讲马克思经济学说的文稿。1922 年底天津组织"马氏学会"，翌年 1 月《新民意报》创办副刊"明日"，专门宣传马克思主义，创办"马氏通信图书馆"；1923 年毛泽东等人创办湖南自修大学，聘请李达讲授马克思学说并主编校刊《新时代》月刊，刊登马克思著作中译文；1922 年 10 月商务印书馆出版马克思著作译本，这个时期以北京《今日》杂志译载马克思、恩格斯的著作和介绍马克思的文章居多；1923 年在法国创办的《少年》发表马克思、恩格斯文章的几篇译文，是党成立后在国外翻译出版的第一批中译文。1923 年 11 月成立党的第二个出版发行机构上海书店，专门经销马克思主义著作和党的对外宣传刊物，以后又进一步扩展发行网，直至 1926 年被封闭；1923 年，上海《时事新报》副刊"学灯"连载马克思的论著译文；中共北京地委和北方区委的机关报《政治生活》，1924 年 8 月译载马克思和恩格斯阐明无产阶级在民主革命中的策略原则的文章片断，1926 年译载马克思和恩格斯关于中国问题的文章；1925 年 5 月

《中国青年》出版特刊，刊载纪念马克思诞辰的文章，列举马克思、恩格斯的著作书目并逐一简介；《北大经济学会半月刊》1924 年 5 月 5 日出版"马克斯纪念专号"。这个时期马克思、恩格斯著作的中译文种数（新发表 15 种），以及介绍和宣传马克思主义的文章，比以前显著增多，说明中国共产党自诞生之日起就非常重视宣传马克思主义，领导和推动了马克思、恩格斯著作的翻译、出版工作。第三个时期自 1927 年四一二事变起，在革命低潮时期，共产党利用一切公开的和秘密的形式继续传播马克思主义，1928 年到 1930 年的 3 年中，新翻译出版马克思、恩格斯的著作近 40 种；上海创造社出版恩格斯的著作译本，通过《思想》和《流沙》两本刊物，发表马克思、恩格斯一些著作的部分译文和介绍他们传记的文章；从1928 年起，上海春潮书局和上海远东图书公司分别出版托派分子翻译的马克思主义经典著作；1929 年中国翻译界列举关于社会科学的译作书目达 150 种以上，主要关于经济学和经济史，唯物辩证法，社会主义和社会思想史、革命史以及帝国主义和苏联革命等方面，其中马克思、恩格斯著作 8 种，列宁著作 5 种，阐述马克思主义思想和著作的译著更多；出版单位有上海的新生命书局、南强书店、沪滨书局、亚东图书馆、水沫书店、泰东书局，从 1928 年到 1930 年出版"马克思研究丛书"共 10 册。党的出版机构长江书店 1927 年被封闭后，1928 年在上海成立地下出版社无产阶级书店，出版马克思主义书籍、共产国际和党的文件；1929 年无产阶级书店被封闭后，又成立华兴书局，继续出版发行马克思主义理论书籍和党的重要文件。① 这本书还附有 1908 年到 1983 年间"马克思恩格斯著作中译本（文）第一版书目"，共 68 页，其中 1920—1929 年间的书目达 42 种。自此以后，国内不少研究马克思主义在中国传播的著作，都采用此书所提供的史料和结论，或在此书的基础上补充新的史料和判断。

前书可以说是马克思恩格斯著作在中国传播情况的综述，着重于史料挖掘、搜集和整理基础上的综合考察，以党的领导和推动作为进入 20 年代后开展传播的鲜明特色。这是一项基础研究工作，关系到围绕马克思主义在中国传播的各种阶段性与趋势性特征的研究结论，是否有真实、可靠、充分和系统的历史资料作为依据，否则只是凿空之论或从众推测。此书之前，已看到一些研究成果。例如：编撰《马克思、恩格斯著作中译本年表》（1906—1949 年），《列宁著作中译本年表》

---

① 参看中共中央马恩列斯著作编译局马恩室编《马克思恩格斯著作在中国的传播》，人民出版社 1983 年版，第 251—277 页。

（1920—1949 年）和《斯大林著作中译本年表》（1924—1949 年）①，其中 20 年代，马克思、恩格斯著作中译本出版 21 部（篇），列宁著作中译本出版 43 部（篇），斯大林著作中译本出版 11 部（篇），得以了解这个时期马克思主义原典在中国翻译和出版（或发表）的概貌和线索。《五四时期期刊介绍》三集本，介绍并分析这个时期国内 160 余种刊物的主要言论和思想倾向，区别主流、支流或逆流，比较清晰地认识当时思想界的整体状况，"是研究中国共产党成立前后的民主主义文化运动和马克思主义思想运动的重要资料"②。通过这些刊物所发表的重要文章或译文，也能了解 20 年代初期马克思主义在中国传播的大致面貌和基本线索。此后涌现出更多具有史料价值的研究成果。《〈资本论〉在中国的传播》指出，"二十年代前后，马克思主义在中国的传播开了热门。翻译、介绍、著述以宣传《资本论》内容为主题的经济学作品，真个像雨后春笋般地繁茂起来，极大地影响着年青的一代"。作为这个论断的支撑材料，书中列举了"十月革命以来和二十年代，在传播马克思经济学说方面起过作用且较突出的人物"。20 年代主要有：李大钊 1922 年写了《马克思的经济学说》；陈望道 1920 年译了《共产党宣言》；陈公博 1920 年写了《马克思的一生及其事业》；邝摩汉 1920 年写了《马克思剩余价值论》，1922 年写了《马克思经济学说》；李汉俊 1920 年译了德国马尔西的《马克思资本论入门》；费觉天 1920 年译了《资本论自叙》；周佛海 1922 年写了《介绍马克思经济学说》，1923 年写了《马克思的资本论》；陈独秀 1922 年写了《马克思经济学说》；施复亮 1923 年译了《资本论解说》，1929 年编了《资本论大纲》和《经济科学大纲》；李季 1926 年译了德国博治德的《通俗资本论》，1929 年写了《马克思传》；戴季陶 1927 年与胡汉民合译了考茨基的《资本论解说》；李达 1928 年译了《政治经济学批判》；陈启修 1929 年写了《新经济学》，并译了河上肇的《经济学大纲》；李一氓 1929 年译了《哲学之贫困》；等等。③ 接着，"俄国十月革命后《资本论》才真正开始在中国传播"和"《资本论》在中国的翻译出版过程"两章，展开论述 20 年代《资本论》在中国传播的代表性成果及其要点，披露了更多的具体史料或史料线索。最后附录"建国以来有关《资本论》传播的主要文章篇名索引"，

---

① 张静庐辑注《中国出版史料补编》，中华书局 1957 年版，第 442—475 页。
② 中共中央马恩列斯著作编译局研究室编《五四时期期刊介绍》第 3 集上册，生活·读书·新知三联书店 1959 年版，"说明"。
③ 胡培兆、林圃：《〈资本论〉在中国的传播》，山东人民出版社，第 68—71 页。

截至 1982 年为止，为后人的继续深入研究，提供了参考便利。《列宁著作在中国（1919—1992 年文献调研报告）》，以 1919 年 9 月发表于《解放与改造》第 1 卷第 1 期的《鲍尔雪维克之所要求与排斥》（今译《俄国的政党和无产阶级的任务》），作为"目前发现最早译成中文的列宁著作"①，依此编辑 70 多年间列宁著作中译文的篇目综录、汇编本目录、年表和主要文献数据。其年表记录 20 年代列宁著作中译文的篇目，近 60 篇（本）；"在我国出版列宁著作的最早的中译本"，分别是李立译《劳动会之建设》（今译《苏维埃政权的当前任务》）和成则人（沈汉民）译《讨论进行计划书》（包括《论无产阶级在这次革命中的任务》和《论策略书》两篇），均由人民出版社 1921 年 12 月出版于上海②。此类资料性质的成果，还可以举出一些，精审程度不同，编辑方式各异，虽不是专题搜集经济学方面的著作，但对考察 20 年代马克思主义经济学的传播情况，给予了经典著作的翻译引进和出版发行方面的整体线索。

其他类型的研究成果，数量甚多，举不胜举，虽在原始史料的开掘上也有新的发现，但大多基于现成史料，从不同视角或以多样形式，加以利用、分析和综合，推演出各具特色的研究结论。如《科学社会主义在中国的发展》，因中国人民接触和介绍马克思主义，首先从介绍社会主义学说开始，故以科学社会主义的传播来代表或涵盖马克思主义的传播；认为一次大战和俄国十月革命以后，经五四运动的激荡，到中国共产党的成立，方为这个传播的初期。此即 20 年代之初，论述"在新旧思潮的对撞中中国人民选择了科学社会主义"，以及"由革命民主主义向共产主义的伟大转变"，重心转到接受传播者的选择和转向问题，而不是传播者介绍了哪些科学社会主义的理论学说。接下来的论述，从"第一次历史性飞跃——开辟中国特色的民主革命道路"起，同前述中国共产党的历史或思想史，几乎没有什么区别，只是表述上存在一些差异。③ 这本书的编写，意欲学术专著与教材兼而有之，重在参考和吸收国内学术界有关科学社会主义问题的研究成果④，着力于归纳

---

① 北京图书馆编《列宁著作在中国（1919—1995 年文献调研报告）》，书目文献出版社 1995 年版，"编辑说明"。

② 北京图书馆编《列宁著作在中国（1919—1995 年文献调研报告）》，书目文献出版社 1995 年版，第 337 页。

③ 参看杨尊明、孙志敏、曲厚芳主编《科学社会主义在中国的发展》，天津人民出版社 1992 年版，第 1、第 2 章有关内容。

④ 参看杨尊明、孙志敏、曲厚芳主编《科学社会主义在中国的发展》，天津人民出版社 1992 年版，"后记"。

整理，在基本的史料素材方面，鲜见新颖内容。

《近代中国社会主义思潮觅踪》与前书正好相反，似乎仿效美国学者伯纳尔所著《一九〇七年以前中国的社会主义思潮》一书（1976 年原著出版，1985 年中译本出版），探索中国早期社会主义的踪迹，"运用目前所能搜集到的材料，考镜源流，进行了史的叙述"，或谓"以实证为基础的铺写"①。此书在原始史料方面，提供了很多有价值的线索，并附录"我国早期介绍和研讨马克思主义、社会主义论著要目"，达 30 页之多。因以"觅踪"为主，所以考察的重点，限于中国早期的社会主义思潮，最晚只到 20 年代初期；考察的范围，包括广义的社会主义概念，不仅限于马克思主义或科学社会主义；考察的方式，惟其面广，又要说明"历史的过程和各种事件的始末"②，难以就每个线索展开论述，或简单带过，未及史料具体内容，或转录耳食之论，未作翔实考证。这样，停留在线索的搜集和披露上，涉及马克思经济学说的内容仅见零星提示，时间下限又收缩得较早，不免影响其考察价值。《中国社会主义思想史》看起来也以一般社会主义思想在中国的发展历史为考察对象，上编追溯到中国古代的源流，下编从 19 世纪末 20 世纪初起步，实则将中国古代内生的社会主义思想因素，同中国近代外来传入的科学社会主义学说，拼合在一起。换言之，其下编与通常所说的科学社会主义或马克思主义在中国的发展史或传播史著作无异，其旨趣同样不在史料的实证，而在利用现成史料的铺叙，只引用不考证，不免出现差误，如谓《泰西民法志》译本出现于 1898 年夏，便其一例③。

《20 世纪马克思主义史》，"反映俄国十月革命以来马克思主义在世界各国传播、实践和发展的历史过程"④。马克思主义在中国的传播史只是其中一个组成部分，这样的研究，难以深入细致，只能作一些概括分析，用来说明这个传播所结出的果实，产生了中国的马克思主义即毛泽东思想。这种概括就马克思主义在中国的早期传播而言，包括传播的条件：中国沦为半封建半殖民地的落伍地位，需要掌握外来马克思主义的科学理论以认识这种错综复杂的社会关系；中国传统的民族文化和思维方式，如理论思维的社会现实性，无神论观念，辩证法思想，系统性思维特点和大同理想等，使中国人更具备接受马克思主义的民族心理基础；俄国十月革命

①② 皮明麻著《近代中国社会主义思潮觅踪》，吉林文史出版社 1991 年版，"后记"。
③ 王兰垣、谢炎久、金愈庆主编《中国社会主义思想史》，天津人民出版社 1991 年版，第 162 页。
④ 刘佩弦、郭继严主编《20 世纪马克思主义史——从十月革命到中共十四大》，人民出版社 1994 年版，第 6 页。

的胜利，巴黎和会上帝国主义侵略本质的暴露，五四运动显示人民群众的力量和改造中国社会呼声的高涨等新因素新情况，促成马克思主义的传播。传播的内在逻辑：通过传播者的思想和实践体现出来的，见之于中国第一代马克思主义者学习、传播、实践马克思主义与抛弃种种非马克思主义观点，接受马克思主义的思想发展过程，直至找到马克思主义与中国社会实际问题的结合点，其初步结合的成果就是中国共产党的诞生。传播的特点：传播内容更重视马克思主义关于无产阶级革命和无产阶级专政的思想及其理论基础唯物史观，传播形式通过思想论战使马克思主义为越来越多的人所理解，传播范围主要限于先进的知识分子等。这个时期的历史局限性，除了对马克思主义的传播远非全面和系统而外，还表现出对马克思主义某些理论的教条化理解，如许多人将马克思主义理解为经济决定论；中国共产党的缔造者们大都将中国看作资本主义社会，笼统地把资产阶级视为革命对象，认为中国的解放可以直接从社会主义革命开始等。① 这种研究，将马克思主义在中国的传播，置于马克思主义在世界各国的传播之中，其概括分析，不乏有价值的提示，却难得见到有关马克思主义经济学传入的具体史料。

《社会主义在世界和中国》，初看似属前书类型，细翻方知是论文集的分篇归类，上篇题为"世界社会主义在曲折中前进"，下篇论述"科学社会主义在中国的传播、实践与发展"。下篇有些论文，与我们的研究论题相关，可作参考。如《中国为什么走不通资本主义道路？》，回答中国历史上曾八次尝试走资本主义道路而走不通，只能走社会主义道路；其中以 20 世纪 20 年代的国民革命为第六次尝试，以 1927—1945 年的第二次国内革命战争到抗战结束为第七次尝试，均对 20 年代的历史时期，有所覆盖。《试论中国资产阶级的历史和作用》，分析中国资产阶级从产生到消灭的六个阶段，提出要全面分析中国资产阶级的历史作用；第五个阶段从五四运动到中华人民共和国成立，说明资产阶级已由旧民主主义革命的领导者，变成新民主主义阶段共产党领导下的同盟者，这个阶段也覆盖了 20 年代。此二文的看法，属于史论与史识之见，反映了作者对科学社会主义传播史中重大问题或争议问题的独立分析见解。史实方面，《〈共产党宣言〉在中国的传播》，考察《宣言》从旧民主主义革命时期的片断传播到新民主主义革命时期的全面传播；《中国近现代史上三次探索社会主义的热潮》，考察五四运动后的再次探索：选择科学社会主

---

① 参看刘佩弦、郭继严主编《20 世纪马克思主义史——从十月革命到中共十四大》，人民出版社 1994 年版，上篇第 5 章第 1 节。

义作为指导思想；梳理了 20 年代的有关史料或史料线索，可谓史实与史论兼而有之。① 这些文章相互之间，虽有内在逻辑关系，毕竟不是一个完整体系，对我们的研究论题来说，其参考作用多在零散的提示与启发。

《马克思主义在中国 100 年》，系统考察马克思主义在中国的传播历史，比较完整地覆盖了 20 年代的传播概况。从体例看，沿用流行的分期方式，涉及 20 年代的传播概况，同样分拆为 1919—1927 年及 1927—1937 年两段。从史料看，既吸取前人的研究成果，又收集大量新的材料并予以分析和考证，编写附录《百年来马克思主义著作主要中译文出版年表》，包括整个 20 年代的相关译作或译文名目，提供不少宝贵的线索。从内容看，有些新的安排和论断。如 20 年代前段，以"马克思主义在中国的传播与早期运用"为题，分论"唯物史观的启蒙""中国共产党的创建与马克思主义实践的开始""第一次大革命——马克思主义在中国的初次全面运用"；提出"如果说 1924 年以前马克思主义在中国主要是侧重于介绍与传播，那么，1924 年至 1927 年马克思主义逐渐与中国革命相结合的形势，则推动了对马克思主义的研究"②。20 年代后段，以"马克思主义曲折挺进与毛泽东思想的初步形成"为题，延伸到 30 年代；提出二三十年代，在国民党统治区面对专制统治的威胁，"马克思主义理论仍以空前的规模得到广泛传播"③，表现为马克思主义哲学译著大量涌现，各个领域研究和运用马克思主义呈现丰硕成果，在斗争中开辟阵地，争夺与反争夺等态势。这些安排与论断，都有相应的史料给予支撑，惜乎对附录年表中许多马克思主义著作译本的珍贵线索，未能充分利用如查阅和披露其内容。《20 世纪：马克思主义在中国》，像前书一样也以 20 世纪 100 年为跨度，重在探索和尝试"用新的视角写出新意"④，如三篇结构，标新立异，分别题为"马克思主义与一些中国人""马克思主义与一场政治革命""马克思主义与一个东方大国"等。此书既非取胜于史实资料，涉及 20 年代的内容又以"志士信仰""工运之魂""农运新篇""文化战歌"之类的专题论述为主，阶段划分较为模糊，所以，新的视角尝试，不大适于为我所用。反而其序言中一些见解，值得注意。如谓："马克思主义在中国的传播，直接从研究马克思、恩格斯和列宁著作开始的很少，

---

① 参看高放著《社会主义在世界和中国》下篇有关文章，云南人民出版社 1993 年版。
② 唐宝林主编《马克思主义在中国 100 年》，安徽人民出版社 1997 年版，第 138 页。
③ 唐宝林主编《马克思主义在中国 100 年》，安徽人民出版社 1997 年版，第 159 页。
④ 钟家栋、王世根主编《20 世纪：马克思主义在中国》，上海人民出版社 1998 年版，周尚文序。

大多是由一批先进知识分子借助于外国（先是日本、后是俄国）的社会主义研究书刊上的文章认识和接受马克思主义的。因此，一开始在中国传播的马克思主义，往往是经过某种'加工'的教科书式的著作。不能说，所有这些'加工'的著作都存在严重的讹误，但至少相当一部分内容并不符合经典作家的原意"。举例之一，便是 20 年代流传很广的由布哈林和普列奥布拉任斯基合著的通俗读物《共产主义 ABC》，带有苏俄战时共产主义的时代特点，如"直接过渡"的思想和政策，"无疑是与科学社会主义原理相悖的"。① 这个见解及其所附史料，同我们考察的对象，直接相关。

上述成果类型，以考察马克思主义或科学社会主义在中国或在世界范围的传播历史，以及考察中国共产党的历史或其思想史为主，具有综合性、全面性和通史性的特征。此外，还有许多研究成果，从某个领域、地区或角度去考察马克思主义的传播，各有特色。如哲学方面，《中国马克思主义哲学传播史》作为高校文科教材，"把五四运动以来马克思主义哲学在中国传播、同实践结合以及在理论上发展的历史作为一个相对独立的领域来开展研究"；沿用党史的分期，以毛泽东思想的形成为界，此前一段历史时期，"并列地介绍马克思主义哲学的各方面代表人物及其著作，以及各次重大论战的概况"，此后的历史时期则突出毛泽东思想的主导地位②。据此，书中以第 6 章"唯物史观在中国共产党创建时期的传播"和第 7 章"马克思主义哲学在国共合作和大革命时期的传播"为主，可以看到 20 年代一批代表人物传播唯物史观的贡献，以及依据马克思主义进行专题论述、同各种不同思潮开展论争的哲学意义等。《马克思主义哲学在中国（从清末民初到中华人民共和国成立）》，将建国以前马克思主义哲学在中国的传播、应用与发展的历史划分为四个时期，关于 20 年代的内容，主要见第 2 篇第二个时期"马克思主义哲学的早期传播（1919—1927）"和第 3 篇第三个时期"马克思主义哲学的系统传播与毛泽东哲学思想的形成（1927—1937）"前面部分。其中提到，"一般说来，中国的马克思主义哲学家、理论家比之中国的职业革命家除具有哲学修养和科学知识的优势外，他们还有较充裕的时间从事研究、翻译和著述马克思主义哲学著作，与非马克思主义哲学进行论战，在讲坛上讲授马克思主义哲学，运用马克思主义哲学于文化学术领域。他们的这些理论活动，对于马克思主义哲学在中国的传播、运用与发展

① 钟家栋、王世根主编《20 世纪：马克思主义在中国》，上海人民出版社 1998 年版，周尚文序。
② 庄福龄主编《中国马克思主义哲学传播史》，中国人民大学出版社 1988 年版，"后记"。

都作出了不容替代的贡献"①。这也是考察 20 年代马克思主义经济学在中国传播的一个重点。此书第 1 编为五四运动前后至 1949 年马克思主义哲学广泛传播和毛泽东思想形成时期，含 4 章，到第 3 章最后一节，才看到"辩证唯物主义的初步传入与唯物史观的系统传播"，此前各章节的内容与考察一般马克思主义的传入历史没有什么差别。考虑到其书各部分由几位作者分别执笔，存在学术观点、理论色彩和文字表述的差异，难以协调一致，又由于时间仓促，各部分之间的分工衔接缺乏合理调整②，出现这种部分内容不完全契合论述主题的状况，确如作者所说，在所难免。

史学方面，《马克思主义史学在中国》的时限，自 1919 年五四运动至 1956 年新中国成立初期，分期如 1919—1927、1927—1937、1937—1949 等，与上述多数著作相同。作者因从事中国近现代史学史的研究与教学工作，遂萌发编写中国马克思主义史学发展史的意愿③，十分自然；书中重点考察马克思主义唯物史观的传播和中国马克思主义史学的诞生与发展历史，尤其在它的早期如 20 年代，同马克思主义哲学和经济学的传播，有非常密切的关系，难以割裂开来。地区方面，《马克思主义在上海的传播（1898—1949）》，"意图通过具体的历史事实，来阐明上海对马克思主义在中国的传播上所占的地位和所起的作用"④，涉及 20 年代的内容，主要见"五四时期马克思主义的传播（1917—1921）""中国共产党成立后国民革命运动的高涨与马克思主义的传播（1921—1927）"及"在文化反'围剿'中，马克思主义传播的深入发展（1927—1937）"三章。其布局在基本框架的设定和重要史料的运用上，大体类似于考察马克思主义在中国传播的一般著作。其特色在于突出传播史中的代表人物、专题著述、出版机构、宣传阵地、重要论辩及重大事件或运动在上海活动、发表、建立或发生的概况、资料与影响，如"中共上海发起组的建立""上海书店——传播马克思主义的中心""上海大学——传播马克思主义的学校""'四一二'事变后上海思想理论战线所面临的问题"等。基于这个特色，从区域考察角度，能够发掘新的史料细节和区位优势。比较研究方面，《中国马克思

① 李其驹、王炯华、张耀先主编《马克思主义哲学在中国（从清末民初到中华人民共和国成立）》，上海人民出版社 1991 年版，"绪论"，第 5 页。
② 参看王守常等著《马克思主义哲学在中国》，首都师范大学出版社 2002 年版，"前言"，第 5 页。
③ 参看桂遵义著《马克思主义史学在中国》，山东人民出版社 1992 年版，"前言"。
④ 周子东、傅绍昌、杨雪芳、都培炎编著《马克思主义在上海的传播（1898—1949）》，上海社会科学院出版社 1994 年版，"后记"。

主义与现代新儒学》，视此为中国现当代思想史研究中一个"前沿"而"艰深"的课题①。其研究方法，"以马克思主义理论在中国的传播、发展为主线，展示了现代新儒学与马克思主义理论思想交锋、对立互动的历史线索"②，由此触及20年代传播马克思主义理论的有关内容。惟其重点转向马克思主义理论与所谓现代新儒学的思想交锋、对立互动等比较研究，考察这个传播路径的支撑材料，也明显不同于通常的考察。《中国文化与马克思主义》，同样视此题目为"一个尖端课题"③，并提出"为什么在万卉纷呈的西方思想的园地中，中国人最终选择了马克思主义？为什么近代中国意识形态的丛林最后皆遮蔽于马克思主义的思想大树之下？"④。回答这个问题，自然离不开对马克思主义在中国的传播史（特别是20年代）的考察。此书把马克思主义与儒学放在几千年来中西文化会通的大背景下，去发现马克思主义溶于中国的文化土壤并在这块土壤中发扬光大是一种历史和逻辑的必然，故而不曾也无须以这种传播史的考察为重点，更多利用已有的资料成果，拉长时空距离去进行马克思主义与中国传统文化之间的比较研究。

上面介绍的著作，仅是与中国马克思主义传播史相关的众多研究成果中的一些例子，由此已能看到国内理论界或学术界的若干研究特征。这些特征，既适用于马克思主义在中国传播的整个历史过程，也适用于断代如在20年代的传播过程。一则早期的研究成果，其编撰者具有接近1919年以来的近代史或者亲历其境的优势，重视原始资料的收集、考证、注解、分析和系统梳理与编排，为相继延展的各类专题研究，奠立了具备一定体系的史料基础或指点了钩沉索隐的史料线索；后人的进一步研究，或者利用这些史料或史料线索，作深入探究或展开铺陈，支持各种专题论证，或者在利用的同时继续搜罗、积累、补充和丰富原始资料，挖掘新的内容，阐发新的涵义，开辟新的视野。在这个过程中，继起的研究者也充分认识到史实与史识和史论相结合的重要性，不可本末倒置。二则建立在大量史料基础上的诸多研究成果，经过代表性或权威性著作的引导，在历史分期、阶段定性、标志特征、历史逻辑、发展趋向等重要问题的判断上，趋于一致并形成完整体系；运用这个指导观念，有利于解疑释惑，统合争论，借以开拓各种研究领域，但有时也会满足于趋

① 李毅著《中国马克思主义与现代新儒学》，辽宁大学出版社1994年版，"后记"。

② 李毅著《中国马克思主义与现代新儒学》，辽宁大学出版社1994年版，第34页。

③ 张允熠著《中国文化与马克思主义》，山西教育出版社1999年版，"后记"。

④ 张允熠著《中国文化与马克思主义》，山西教育出版社1999年版，"自序"。

同的固定模式，简单地套用现成的资料和结论，未做艰苦的探索，难免人云亦云甚至以讹传讹。三则随着改革开放的深入，思想解放的进程渗透到各个研究领域，同样，也可以观察到在坚持基本原则的前提下，从不同层面、路径和角度考察马克思主义传播史的多样类型及多种收获的研究成果，可谓琳琅满目；同时感觉新的时代在呼唤更多的原创研究，力戒浮躁，踏实问学，让这个研究领域不断产出史料翔实、见解独到、体例新颖、史论俱胜的学术成果。

眼光从国内转向国外，不难发现围绕类似于马克思主义在中国的传播这个专题，国外也有不少著作，视角独特，观点奇异，资料新鲜，值得注意。正如中共中央文献研究室审定"国外毛泽东研究译丛"的主编所说："对于那些具有严肃治学精神和审慎推理论证的作品，即使与我们的学术观点不尽一致，甚至在一定程度上存在着观念冲突，也在选择范围之内。'他山之石，可以攻玉'，我们希望把这一睿智古训真正转变为学术行动"。下面不妨列举这个译丛的几部译作。

《中国的共产主义与毛泽东的崛起》译本，"旨在从中国共产主义运动的相关的学说框架及其内部的政治关系方面，考察它在一个特定时期内的历史"[①]。这段历史大致从1919年到30年代初期，也就是以20年代为主要考察期限。第1章，从"1919年之后马克思—列宁主义在中国的迅速传播"开始，分析"前列宁主义形式的马克思主义"产生于资本主义的发源地而不是落后地区，最初由于"歪曲的解释和明显的忽略"，"没有与中国知识分子自身处境直接相关的启示"；追溯马克思列宁主义在中国的兴起，以李大钊和陈独秀为发起人，在五四运动爆发之际，李大钊接受了俄国革命救世主的启示，但还没有接受这个启示的学说基础，陈独秀以极大的兴趣注视俄国革命的局势，却仍坚持他的民主与科学的信仰，而到1920年底，他们都坚定地站到了马克思列宁主义阵营；"由此，正确的说法是马克思主义是在救世主的启示以及列宁的具体政治纲领之后进入中国的"[②]。这个意思是说，马克思主义传入中国，关键在于俄国革命的启示以及列宁将马克思主义适应于俄国现实过程中所创新的变通做法，对于中国先进知识分子来说，这才从毫不相关的学说变为用于解决中国问题的指导思想。于是，马克思主义也被连称为马克思—列宁

---

① ［美］本杰明·I. 史华慈著，陈玮译《中国的共产主义与毛泽东的崛起》，中国人民大学出版社2006年版，"导言"。

② ［美］本杰明·I. 史华慈著，陈玮译《中国的共产主义与毛泽东的崛起》，中国人民大学出版社2006年版，第21页。

主义。这大概就是书中所说的与中国共产主义运动相关的"学说框架"。此后各章的讨论，大体从"内部的政治关系"方面，论述中国共产党建立后经历国共合作、路线转变、领导轮换、苏联及共产国际的影响等关系，直至毛泽东胜利并形成其战略的基本特征。其中提到：正是在1920—1927年，"马克思列宁主义对经常处在远离共产主义运动的圈子中的中国全部知识分子的生活产生了巨大的影响，接下来中国知识分子轻易地接受了马克思列宁主义假说，其基础就是这一时期奠定的"；毛泽东主义的基本特征"不存在于理论层面，而存在于战略层面"，"本质上是将一个按照列宁主义原则组织起来、由于信仰马克思列宁主义的一些基本信条而充满活力的政党建立在一个纯粹由农民组成的群众基础上"；"我认为，在马克思列宁主义前提的狭窄框架内不可能完全理解中国共产主义中毛泽东主义的形成"；"我认为，毛泽东领导下的中国共产党既不是马克思列宁主义意义上的'无产阶级先锋队'，也不是马克思列宁主义意义上的'农民党'，而是一个以农民不满情绪为基础而逐渐掌握权力的职业革命者的集团"；"尽管中国共产主义者的确确定无疑地证明了，共产党与产业工人阶级之间事实上缺少紧密的联系，这一运动却仍然保有马克思列宁主义信仰的某些基本原理"；等等①。这些说法，按照国内研究的表述，实指毛泽东思想创造性地将马克思列宁主义的普遍原理与中国革命的具体实际相结合。此译本的侧重点，放在考察中国共产主义运动的发展道路，因落后的国情，虽然信仰马克思列宁主义的某些基本原理，但其战略、路线和组织方式等，并非受限于马克思列宁主义的狭窄框架，只不过这些含义在理论层面上被有意掩盖了。这样强调马克思列宁主义尤其马克思主义的理论学说与中国国情的不相适合之处，在考察20年代马克思主义经济学在中国传播的过程中，也经常看到国内知识界有这种质疑，惟当时国人不可能像此译本的作者那样，从后来毛泽东的崛起或共产主义运动在中国的胜利中，倒过来去推论"毛泽东主义战略与马克思列宁主义信条"之间的关系。

《马克思主义、毛泽东主义与乌托邦主义》译本，由8篇论文组成，不是统一构思的系统论著，重在为未来提供"消极教训"而非"积极范例"②，即重视推论

① 以上引文分别见〔美〕本杰明·I. 史华慈著，陈玮译《中国的共产主义与毛泽东的崛起》，中国人民大学出版社2006年版，第76、172、182、187页。

② 〔美〕莫里斯·迈斯纳著，张宁、陈铭康等译《马克思主义、毛泽东主义与乌托邦主义》，中国人民大学出版社2005年版，作者"中文版序"。

而非历史考证，不大适于用作考察马克思主义经济学在中国传播的史实与史论参考。但有一些推论，以 20 年代的史料为依据，值得注意。例如：毛泽东主义体现了"现代历史上一件具有讽刺意义的大事"，"为先进工业国家的城市工人阶级而创立的马克思主义学说，居然变成了'落后的'农民国家中反对资本主义的革命运动所依据的主要思想体系"；这种讽刺意义还表现在，"马克思主义理论的若干当代翻版恰恰吸收了当年被马克思和列宁斥之为'乌托邦'的那些社会主义思想和观念"①。其证据之一，毛泽东发表于 1926 年的《中国社会各阶级的分析》，把资本主义等同于帝国主义，认为"现代资本主义生产关系是由帝国主义的侵略带入中国的，因此资本主义制度在中国即使不算一种非自然的现象，至少也肯定是一种异己的现象，而且绝对不是社会主义的历史前提"。毛泽东从一开始，就没有借助马克思关于资本主义生产力中含有社会主义潜力的观点，而是从"中国人民"即广大农民阶级中寻找社会主义的源泉。这同样见于 1927 年初发表的《湖南农民运动考察报告》。"毛泽东主义总是倾向于在那些最少受到资本主义影响的社会领域中寻找社会主义的源泉，……这是因为在乌托邦社会主义理论中，资本主义制度及其现代社会的社会产品和物质产品从未被认为是以社会主义方式重新组织社会的先决条件。马克思主义把资产阶级和无产阶级看成是现代历史中的两个最活跃的阶级，而毛泽东则关心农民与知识分子的关系。""毛泽东主义与乌托邦社会主义理论的其他相似之处正好是它与马克思主义相背离之处，二者密切相连。像乌托邦社会主义一样，毛泽东主义并不认为经济落后是实现社会主义目标的障碍，反而认为它可以成为建设社会主义的一种优越性。"② 书中的结论："毛泽东主义把马克思主义和民粹主义结合起来，乃是一个受外国资本主义政治和经济力量威胁的、经济上落后和基本上是农民的国家里，马克思主义出现的一个合乎逻辑的结果。在毛泽东主义之中，马克思主义成分和民粹主义成分在与外来资本主义制度的对抗中彼此支援，不仅当那种制度过去冲击中国时，而且在它现在威胁中国时都是如此。""假如毛泽东的非列宁主义的（和非马克思主义的）民粹主义思想，最终会以某种方式来推进中国对马克思主义预言的乌托邦社会目标进行探索的话，那么，这可能是

---

① ［美］莫里斯·迈斯纳著，张宁、陈铭康等译《马克思主义、毛泽东主义与乌托邦主义》，中国人民大学出版社 2005 年版，第 42 页。
② ［美］莫里斯·迈斯纳著，张宁、陈铭康等译《马克思主义、毛泽东主义与乌托邦主义》，中国人民大学出版社 2005 年版，第 44—49 页。

一切悖论中最为奇怪的一个。"① 这些观点，在译者看来，作者用自己独特的语言，对毛泽东在中国创造性地发展马克思主义，"进行了富有深意和比较中肯的理论概括"②。不论是否如此，这些论点放在 20 年代的语境里，确实发人深省。

《毛泽东的思想》译本，将毛泽东思想的发展分为六个阶段，与 20 年代相关的内容，主要见于前两个阶段。第 1 篇 "1949 年以前毛泽东的思想" 前两章，分别为 "从学生运动到农民运动（1917—1927）" 与 "党、军队和群众（1927—1937）"。这个阶段划分，与国内论述中国共产党早期发展历史的著作，十分相似。这两章尤其第 1 章，可以看到译本深入发掘毛泽东早期论述的含义而得出的一些独特结论：1920 年底到 1921 年初这段时间，毛泽东 "对马克思主义的社会集团概念的理解还不十分准确"，但 "对政见的阐述确实更加与列宁一致"，"掌握了列宁主义的一个基本原则，即政权的绝对重要性"；"这一原则成为他思想的核心，并一直保持到生命结束"③。1923 年至 1925、1926 年间，毛泽东的思想上发生 "从注重城市到注重农村的这一划时代的转变"；到这时为止，"毛泽东已形成了这样一种观点，即中国革命的重心应转移到农村去"；这是独一无二的，"他的独特之处不但是指他后来成为农村包围城市的革命的领导，而且是指在 1926 年初他就系统地阐明了中国革命的理论主张，预示了中国革命发展的未来道路"④。毛泽东在 1926年初，"已清楚地认识到无产阶级将在革命中担任领导这个马克思主义基本原理"，不久又 "被农村中爆发的巨大革命热情和革命力量所左右，以至于很轻易地明确地改变了对无产阶级领导权原理的认识"；但 1927 年以后，"再没有非常明确地把农民看作是有觉悟的革命先锋，并用他们来取代工人阶级"；以后的半个世纪中，"毛泽东的理论贡献"，不在于取代马克思主义关于农民本身不能单独发挥政治作用而必须由无产阶级或资产阶级来领导的基本原则，而在于 "把无产阶级领导的原则和他所坚持的中国革命的胜利最终要依靠乡村的坚定信念有机地结合起来"；"在毛泽东看来，中国农民所要承担的使命，和马克思认为的应由西方资本主义社会的城市无产阶级来承担的使命没有什么不同"，同时仍承认无产阶级的领导权，尽管有关农民积极性的这种解释，"与马克思主义的正统观念完全不一致"①。这些认识，对于考察马克思主义经济学在中国的传播，未必有直接关系，然而间接的启迪作用，不应忽略。

《历史与意志：毛泽东思想的哲学透视》译本，正如中译者所说，作者的视线"在青年毛泽东与晚年毛泽东之间不断地跳跃闪回"，其假定"并未提供具体的文献资料和明确的分析论证，有的只是一些暗示和联想"②，因而所谓"历史与意志"，在历史方面显得不那么连贯，在意志方面又显得缺乏史料依据。尽管如此，书中仍为探索促使毛泽东早期思想转变的关键因素，提供了自己的哲学透视和补充了新的资料注释。比如谈到"1920 年夏天，在读了柯卡普、考茨基的著作和《共产党宣言》之后，毛泽东已经确信马克思主义是指导他的行为的正确革命理论"③。作者将当时《共产党宣言》对毛泽东所产生的必然而不难想象的影响，说成"经济决定论和民众意志的轰轰烈烈和富于诗意的结合，确定了革命的必然性"，还提供了阶级斗争是"理解过去和现在的一种新方法"④。又以不少篇幅，介绍考茨基的《阶级斗争》和柯卡普的《社会主义史》二书的一些主要观点，从中寻找它们可能给毛泽东留下的影响："考茨基著作给人的印象是，社会主义的前景不能像梦想家的乌托邦那样预先设想。它是被规定的，而不是被设计的；而当它最终发生时，它不能不受所有社会所特有的变化的影响，它也不能不受其他经济和社会制度的宗派纠纷的影响。……重要的事情是借助于马克思和恩格斯所发现的社会发展规律确定任何时候的社会趋势，并很快适应它。""托马斯·柯卡普关于当代社会主义理论的折衷（如果不说是缺少思想的话）评述对于毛泽东所产生的影响是很难估量的。毛泽东以后所感兴趣的某些制度措施，如城乡结合的自给自足的公社，也许是受了柯卡普的启发。""考茨基和柯卡普常常指出，人不需要未来的完整蓝图，革命像成就业绩那样是一种飞跃，是一种具体运动，一旦毛泽东相信这种观念，行

① ［美］斯图尔特·R. 施拉姆著，田松年、杨德等译《毛泽东的思想》，中国人民大学出版社 2005 年版，第 30—34 页。
② ［美］魏斐德著《历史与意志：毛泽东思想的哲学透视》，中国人民大学出版社 2005 年版，"译者的话"。
③ ［美］魏斐德著《历史与意志：毛泽东思想的哲学透视》，中国人民大学出版社 2005 年版，第 203 页。
④ ［美］魏斐德著《历史与意志：毛泽东思想的哲学透视》，中国人民大学出版社 2005 年版，第 193 页。

动就显得更加容易了。"① 诸如此类的透视，从毛泽东 20 年代初读过的三本书里，分析他受到怎样的影响去建立对马克思主义的信仰以及建立一个什么样的信仰，其观察的视角是独特的，剖析的史料是真实的，追踪的影响也是长远的，然而由此引出的判断，往往停留在联想或猜测的层面。难怪相隔 30 年出版中文译本时，连作者自己都说，"这本书过于抽象和充满空想色彩，在作者寻找毛泽东哲学思想的连贯性的过程中，并没有注意到非常现实的、迫在眉睫的政治兴趣的因素"②。

　　类似的国外专题著作，还有很多。它们的共同特点，也是与国内专题著作的不同之处，即研究方法的各逞其能，分析观点的争奇斗艳；而在中文史料方面，受制于各种约束，可见围绕某一论题的征引之广博，剖析之深入，却鲜见有系统地挖掘新的资料，大多借助于国内已经整理出来的史料成果或披露的史料线索。国外学者根据国内学者所面对的同样史料，常常做出迥不相同的研究结论，其中一些可以引起新的思考。如美国学者德利克在《中国共产主义的起源》中说，把中国知识分子在 1920 年之前对十月革命的理解与接受，看作对马克思列宁主义的理解与接受，是一种事后的聪明③。这个说法，便获得国内一些学者的赞同与呼应。同时，国外另有一些同类专题著作，其见解建立在极为丰富而自成体系的史料基础之上，或者不如说，这个史料基础本身，已属煌煌成就，更为我们所重视。与 20 年代马克思主义的传播有关的研究成果，可举出海外学者的不同著作例子：或者根据五四运动的研究主题，把相关零散的、杂乱的或几近湮没无闻的史料，加以系统梳理、分类和考释，包括发掘新的资料，使之成为比较完整的专题史料体系；或者着眼于中国共产党成立前后的一段历史，以传入中国的马克思主义著述为线索，追索和考证这些著述在国外原产地的发表情况及翻译成中文的传输路径，形成全新的史料来源；或者专注于中国马克思主义术语的形成、发展及其在运用过程中所产生的作用，开掘出史料考证的新领域；等等。

　　《五四运动：现代中国的思想革命》译本，鉴于与五四运动论题有关的文献卷帙浩繁，"但绝大多数都只作了有争议的而不是实事求是的论述"，"大多数西方人

---

① ［美］魏斐德著《历史与意志：毛泽东思想的哲学透视》，中国人民大学出版社 2005 年版，第 197、200—201 页。

② ［美］魏斐德著《历史与意志：毛泽东思想的哲学透视》，中国人民大学出版社 2005 年版，作者"中文版序"。

③ Arif Dirlik, *The Origins of Chinese Communism*, Oxford University Press, 1989, P. 19。其中文大意转引自王守常等著《马克思主义哲学在中国》，首都师范大学出版社 2002 年版，第 23 页。

刘之只有一些零星的和不准确的知识"，于是着手有价值的研究，"重新描述五四运动中的事件、详细考察其源流和影响"①。其价值，仅以 20 年代初而言，能够看到："从西方输入中国的思想从一开始就是芜杂纷纭的。当中国传统的思想和体制出现动摇的时候，各种西方思想诸如民主、科学、自由主义、实用主义、人文主义、无政府主义、社会主义等等，一齐涌入了一个思想的自由市场。"1919 年以后，当新改革者或新知识分子"从与传统秩序的一致敌对转向寻找正面解决方案的任务时，他们便面对各种不同的社会哲学和模型"，于是产生巨大的分裂。"在 1919 和 1920 年间，知识分子中有一种提倡某些一般的社会主义理想而不作细微的思想体系区分的倾向"，但除了攻击财产私有制以外有很大的不同；许多著名的左派知识分子如陈独秀、李大钊等，"直到'五四'时期中期才转向这个方向"。②这个时期许多青年受时髦主义的影响，热衷于谈论主义和理想，却没有认真研究，他们的观点总的来说是肤浅的和混乱的；"这种缺陷不但在无政府主义者、社会主义者和马克思主义者中存在，在自由主义者和保守派中也存在"③。杜威访问中国，分析现有经济理论和制度，"采用一种进步的激进的自由主义，而反对正统的资本主义以及马克思的社会主义理论"。他通过对中国经济状况的观察，"进一步增强了对马克思主义和传统资本主义的反对"；判断中国由于工业不发达，劳工问题和财富分配不均问题还不严重，"社会主义和马克思主义在中国没有根基"，同时认为应当采取防止未来社会革命的经济措施。④罗素访问苏俄后，接着来华访问，在经济方面，向中国提倡实行一种"国家社会主义，或列宁所称的国家资本主义"的制度，"对这种制度如果不作某些限定说明的话，很难与俄苏的经济制度相区分"。"像杜威一样，罗素也认为，是否建立一个真正的社会主义，在中国那个时候并不是一个十分紧迫的问题"。"罗素在中国的讲演中甚至公开地和明确地拥护某些共产主义的理想，承认俄国布尔什维克经济实践所取得的成就。在一次讲演的结束语中，他在大力赞扬了俄国共产主义的成功如实现了经济和社会平等之后，号

① ［美］周策纵著，周子平等译《五四运动：现代中国的思想革命》，江苏人民出版社 1996 年版，"著者序"。
② ［美］周策纵著，周子平等译《五四运动：现代中国的思想革命》，江苏人民出版社 1996 年版，第 304—305 页。
③ ［美］周策纵著，周子平等译《五四运动：现代中国的思想革命》，江苏人民出版社 1996 年版，第 311 页。
④ ［美］周策纵著，周子平等译《五四运动：现代中国的思想革命》，江苏人民出版社 1996 年版，第 320—321 页。

召世界各国协助俄国以继续它的共产制度，还说：'我更希望，世界上每一个文明国家都试验一下这种卓越的新理论'"。不过这里的中文翻译，有时似乎与英文著作的观点不尽一致。① 1920 年 10 月 1 日，《公民》2 卷 1 号刊登马克思为《资本论》所写序言的译文；陈望道翻译《共产党宣言》全文，1920 年 4 月出版；同年 12 月《建设》发表恩格斯《反杜林论》第三部分的译文；1921 年 1 月《东方杂志》18 卷 1 号刊载马克思《政治经济学批判》序言的译文；恩格斯《空想社会主义和科学社会主义》的中译本，曾次川翻译，上海遵义书局 1921 年出版。"以上差不多包括了 1921 年以前中国学习马克思主义的人所能讲到的所有马克思和恩格斯主要著作的中译本。值得注意的是，这些著作的译者大多数后来并没有皈依马克思主义。""1923 年后，辩证唯物主义开始为某些中国作家所接受，20 年代后期开始它对中国人的思想产生越来越大的影响。"② 这些论述，只是书中与马克思主义在中国的传播相关的部分内容，均有扎实的史料基础予以支持。进一步的研究，可以不采纳从这些史料中所得出的个人结论或见仁见智，但史料本身，经过"详细考察其源流和影响"的系统梳理，不能否认具有很高的价值。

《中国共产党成立史》译本，据简介称，"搜集了中、日、俄等国有关的大量文献资料，并对其进行了认真的对比分析"，在此基础上，对中共成立时期的马列主义传播渠道等一系列问题，提出了一些新颖的见解；力图表明，"中共成立史的研究，应联系国际大环境，打破'自我封闭'的研究状况，应纠正以回忆录取代原始资料的研究方法"③。翻阅全书，此言不虚。如第 1 章"马克思主义在中国的传播"，探讨传播"如何深受同时期日本、欧美（特别是美国）社会主义的影响"："就马克思主义的传播与日本的关系而言，表现为恰在此时期复苏的日本的社会主义思潮向中国渠满而溢；更广泛地看，则是近代西方思想以日本为中转站在东亚传播的历史的重要一幕。而布尔什维克主义在中国之被接受与欧美社会主义之间的关系，可以说是世界性的'思想链条'的一环。如果说共产主义运动是一场没有国境的运动，那么，中国的共产主义运动从开始接受社会主义学说到取得有关俄国革命和其领导人动向的信息，以至于摸索共产主义运动的形态，都与世界社会主义思

---

① ［美］周策纵著，周子平等译《五四运动：现代中国的思想革命》，江苏人民出版社 1996 年版，第 325—326 页。

② ［美］周策纵著，周子平等译《五四运动：现代中国的思想革命》，江苏人民出版社 1996 年版，第 411—412 页。

③ ［日］石川祯浩著，袁广泉译《中国共产党成立史》，中国社会科学出版社 2006 年版，"内容简介"。

潮和世界性共产主义运动密不可分"。"粗略地看，马克思主义在中国被接受的过程中，首先借助了日本的马克思主义研究，而后借助了美国的共产主义运动接受苏俄的影响，并逐步将其作为中国共产主义运动理论支柱；有关共产主义运动的文献底本发生改变清楚地表明了这一点。大胆地讲，借助日本接触了世界新思潮的中国的早期社会主义者们，通过这种改变，开始借助苏俄看世界了"。① 支持这些论断的原始资料，极为丰富和翔实，不仅见于大量的注释，还见于详细编排的附录。像"日中社会主义文献翻译对照表"，达 14 页之多，"将 1919—1922 年间发表在中国国内报刊，且属译自（包括部分翻译）或大量引用日语文献的有关社会主义的论文，按原著者分别整理而成"；虽不可能全部阅读五四时期发行的大量杂志，但主要列举了同时期日本有代表性的五位社会主义学者（山川均、山川菊荣、河上肇、高畠素之、堺利彦）的著作在中国翻译的情况②。"中国社会主义书籍简介（1919—1923）"，达 76 部之多，简介中国（包括香港）自 1919 年 1 月至 1923 年 12 月刊行的有关社会主义的单行本，"目的是尽量准确地把握这类书籍当时的出版状况"③。作者依据"考古学的方法"，花费 10 年工夫发掘出来的大量原始资料，反复印证，"社会主义思想在中国传播，以及其后中国共产党成立，都绝非中国一国之事，而是在世界规模的思想流通和国际共产主义运动的潮流中展开的。因此，需要世界各地的学者互相交流、合作才能够进行透彻的研究"；自称本书作为日本"第一部研究中国共产党成立史的专著"，"在某种程度上可以作百科辞典使用"，"主要目的之一，是要把中共成立史从中国一国的历史中解放出来，将其置于与日本、欧美以及国际共产主义运动的关系中来考察"。④ 这个研究成果，确实为考察马克思主义在中国的传播，开辟了新径，特别是厘清并夯实了众多史料的原始出处、本来面貌与传入渠道，不负其学术声誉。

《汉语中的马克思主义术语的起源与作用：从词汇—概念角度看日本和中国对马克思主义的接受》译本，思路明确："只有将马克思主义的有关概念译成中文，中国的共产主义者才能学会马克思主义的思想范畴。中国的共产主义者谈论马克思主义时使用的是中文，所以，要为分析他们对马克思主义的理解奠定坚实基础，就

---

① ［日］石川祯浩著，袁广泉译《中国共产党成立史》，中国社会科学出版社 2006 年版，第 53—54 页。
② ［日］石川祯浩著，袁广泉译《中国共产党成立史》，中国社会科学出版社 2006 年版，第 326 页。
③ ［日］石川祯浩著，袁广泉译《中国共产党成立史》，中国社会科学出版社 2006 年版，第 340 页。
④ ［日］石川祯浩著，袁广泉译《中国共产党成立史》，中国社会科学出版社 2006 年版，"后记"。

必须首先分析那些用中文表达的马克思主义术语"。研究中国的马克思主义学说的基础,"只有研究了这些术语的起源和发展,才能获得关于这些术语的本质及这一本质所说明的全部表象内容的可靠认识"。马克思主义术语在中文里的发展史,其开端必须在中文里为来自西方的概念找到相应的语言形式以作为它恰当的物质载体;"各个术语在同新词形的竞争中发展,最终以胜利者的姿态脱颖而出的是那个被证明最恰当地表述所指概念新造词"。这些术语有其发展的历史,而术语所指的问题本身也有其发展的历史,"术语的发展史与这些问题的发展史紧密地交织在一起,无法将其分开处理"。此书选择术语,主要"看该术语在马克思主义范畴体系中的重要性","看它在中国的马克思主义文献中出现的时间"。"本书只探讨那些截止到 20 世纪 20 年代中期出现的术语。大致就在这个时期,大量的马克思主义术语在中文中固定下来"。① 书中第一部分"中国的马克思主义术语产生的条件",讨论"中文吸收欧洲语言词汇的形式""现代汉语的科学和政治词汇产生之历史""中国马克思主义术语的历史";第二部分"汉语中个别马克思主义术语的历史和作用",以 1903 年为界,分别考察前后两个时期,汉语从日语中借用的术语,或从日语中暂时借用,后来又为其他词汇所代替的术语,以及个别未受日语影响而产生的术语。其结论:"马克思恩格斯社会理论的各种类别以及概念几乎无一例外的是通过日本传入中国知识界的"。具体言之,"中国的马克思主义拥护者大多都是在接受马克思主义思想内容的同时,也被动地接受了表达马克思主义基本概念的物质的语言形式"。其中很多词语是由日本学者、翻译家和政论作者在明治初期创造出来的;另外一些则是 19 世纪中国汉语词汇所继承的古汉语词汇形式,不过在日语接纳了它们并赋予或补充新的含义之后(大多也在明治初期),才真正成为政治学以及科学语言的专门术语,被用来发挥马克思主义思想体系中的专门术语功能,这些词语后来又带着它们的新含义从日语中被反借回了汉语。由此形成的汉语中的马克思主义术语,其语言形式发生了变化。有些由于中国的共产主义运动形式特征,"同具有苏联列宁主义特色的马克思主义相应术语相比,有着内容和功能上的变化和发展";有些"为保留古代的思想财产,并且以此为基础让古汉语的词语形式对现代词语的语义学内容产生影响做出了很大的贡献";有些则因汉语词汇形式的特征,"必定对这个词内容的理解产生一定变化",但"马克思主义理论大厦中的基

---

① [德]李博著,赵倩等译《汉语中的马克思术语的起源与作用》,中国社会科学出版社 2003 年版,"前言"。

本概念已经被足够精确的定义下来，以至于即便在其他的非欧洲语言当中，它们的本质也完全可以被表达出来"。此外，更应当从语言之外的领域去寻找汉语里某些马克思主义术语变化和发展的原因，首先应当考虑"中国的马克思主义者借助马克思主义理论进行社会改造的社会和文明的出发点"，还应当考虑"中国共产主义领袖的中国式的文化和哲学传统也影响了他们对某些马克思主义基本观念的理解"。① 这些论点，即使不完全赞同，但不可否认，它们经过认真细致的论证，特别是对中文马克思主义术语中45个专门词汇的逐一深入考证而得出，很有参考价值。

以上著作或译本，具有各种类型的代表性，从不同方面，为考察20世纪20年代马克思主义经济学在中国的传播历史，勾勒出时代背景、阶段特征、重大事件、环境变化、演进脉络、主导趋向等基本史实面貌，提供了原始文献及经过系统梳理、重点选录、来源考证、真伪辨析、编目排列、挖掘线索的丰富史料依据，展现为全面把握、深入剖析、确立标识、另辟蹊径、内外结合、拓宽视野、专注突破、活跃争鸣等多样史论见解。这些史实的基础性、史料的丰富性与史论的多样性，来自于考察中国共产党的建立与发展史、马克思主义或科学社会主义在中国的传播史的一般对象或某个专题对象的研究。当然，这一类研究，除了上面的著作或译本举例外，还有许多，特别是大量的专题论文，同样包括许多新颖的资料和独特的观点。但整体说来，此类研究通常只是把马克思主义经济学作为上述传播史的一个组成部分，尽管规定了大致的分析框架，却未给予专门而系统的搜集、发掘、整理和研究，难免留下诸多缺憾。

## 三

在中国经济思想史研究领域，国内著作较早提及马克思经济学说的传播者，似可追溯到1948年出版的《中国近百年经济思想》。据说此书最初撰写时，曾详述陈独秀、李大钊等"在野党魁的激进言论"，后经编委会劝告而删去②。书末附有

---

① [德] 李博著，赵倩等译《汉语中的马克思术语的起源与作用》，中国社会科学出版社2003年版，"后记"。

② 夏炎德著《中国近百年经济思想》，商务印书馆1948年版，"自序"（载《民国丛书》第1编第36册，上海书店版）。

《中国近三十年来经济学之进步》①，"以经济思想与学理为对象"，其他应用经济学方面的研究，概未涉及。书中提到，欧洲大战爆发，俄国发生十月革命，以及五四运动兴起，均给予孙中山思想以极大刺激，他1924年讲述"民生主义"，面目一新："明言民生主义即社会主义，又名共产主义，即是大同主义。惟以社会主义流派过杂，故仍用'民生'两字，而不称社会主义"。"对马克思之博学，殊为推重；然于其具体意见，多持异议：如否定唯物史观，而提出民生史观，反对阶级斗争，而主张阶级协调，并举例证明剩余价值说与事实不符，而于为此说基础之劳动价值论则未深辩"；就大体言，"与其谓中山先生认马克思主义本身为不当，毋宁谓其认为此种主义不适用于中国为愈"；在他看来，"中国产业犹未发达，无悬殊之阶级，剥削关系尚不严重，故师马氏之意可，采马氏之法则不可。所异者犹不在原则而在方法"。他实施民生主义的政策，平均地权"实为一种土地国有农营政策"；节制资本而力倡利用外资，"欲使外国之资本主义，以造成中国之社会主义"；建设纲领的体制"为一种计划经济"，而且在苏联考虑大规模的五年计划之前，"即提出此体大思精之建设计划，远见卓识，诚堪敬佩"。此思想与政策虽非严格的经济理论，但"其所言大多合于经济学理，间亦论及经济学上之概念，若整理而条分之，未始不能成一体系"。另外如朱执信的许多政治经济论述对劳工尤表同情，"见解接近社会主义"；胡汉民"以唯物史观剖析中国政治哲学与伦理等"；胡氏"不赞成共产主义"，始终坚持三民主义的正统地位，却在《建设》上翻译和连载考茨基的《资本论解说》；陈独秀介绍马克思的剩余价值论等，"认为中国将来应实行共产主义，然目前产业犹未发达，无革命之对象，宜先发展资本主义，而后起作共产革命"；李大钊"原治历史，于唯物史观等差有零篇著述"。这些论述，大多是非专门经济学者偶尔涉及经济问题，"非有系统之研究"。后来赴国外修习经济者日众，尤以留学美国者为多，并于1923年夏正式成立中国经济学社。其成员大抵尊崇古典派与新古典派，如马寅初"对马克思学说抨击甚力，引据种种实例，否定'劳动价值论'"；怀疑共产制度下的生产力是否在资本制度之上；认为马克思主义以资本主义发达为对象，断不可行于"生产力尚未发达，资本尚未集中，劳资阶级未分，且工人散漫无团结"的中国，更不可能实行于大地主不多的农村；"中国之患不在资本主义，而患在资本不足"，故宜取李斯特的保护企业家学说，而非马克思学说。又如唐庆增的思想倾向于英国古典派，"对马克思则抨击不遗余力，言论文章多言合理之个人主义，颂扬自由精神"；叶元龙对马歇尔《经济学原理》之内容与形式的完美赞赏不置，"于马克思之劳动价值论与剩余价值说则力辟其非"。另有"宗社会主义派"，以陈豹隐为其较著者，"受业于日本马克思主义经济学权威河上肇之门"；沈志远的著述，"本社会主义立场，内容泰半祖述马克思理论，盖编译性质之书籍"。此外列举其时国内翻译和编撰经济学著作，以及大学经济学科建设的状况，希冀加强理论经济学的学理探索，"以共同创造中国经济学之新体系，为中国经济学开一新时代"。上述内容评介马克思经济学说，多为摘引式线索，部分内容在书中正文如第6章也有论及且更详细。但大体说来，书中下限到20年代初孙中山及其紧密追随者的经济思想为止，附文则补充了此后30年代的内容或主要线索。惜乎附文"勉就非常有限之参考资料，暨凭记忆所及"① 而成，涉及20年代马克思主义经济学在中国的传播进程，未免遗珠疏漏，参差不齐且轻重失衡。更不用说这种考察不断向后延展中国经济学的进步成效，很快戛然而止。

新中国建立以来，中国经济思想史学科对近代部分的研究，很长时间着力于鸦片战争到五四运动80年的历史，因此很难将马克思主义经济学在中国的传播，作为独立的研究对象，仅对其早期传播略有提及而已。随着20世纪80年代后期，开始打破一直徘徊于1919年的近代史研究下限而往后延伸，研究中国近代经济思想史，与研究马克思主义经济学在中国的早期传播史，二者之间的重叠性质或契合程度也越来越明显。后者是前者一个组成部分，前者为后者铺垫了广阔的经济思想背景，又以后者为至关重要而不可或缺的研究对象，缺失了后者，前者也是不完整的。正如《中国近代经济思想史大纲》所指出，十月革命以后（实则主要指五四运动以后），我国"政治经济学领域内的理论斗争，也就变成了马克思主义政治经济学与资产阶级经济学之间的斗争。这一基本斗争一直延续到解放前夕为止。本时期内的许多重要经济争论问题，表面上看来似乎与它无大关联，实质上多数是由它所引起的"②。这样说来，从20年代初起，以我国政治经济学领域的基本理论斗争为背景，系统考察马克思主义经济学的传播历史，成为中国经济思想史研究者应当承担的重要任务。

---

① 从本书后面的考察将会看到，这里所记忆的许多参考资料，都是引自20年代国内论著中的有关论述。

② 胡寄窗著《中国近代经济思想史大纲》，中国社会科学出版社1984年版，第394—395页。

回顾中国经济思想史方面的研究成果①，早先一些研究中国近代经济思想史的代表作，大多以 1919 年为界限，阻隔了研究马克思主义经济学在中国传播的连贯线索。除了对马克思经济学说最初传入中国的早期历史有所追溯外，一般停留在考察五四运动前后马克思主义经济学的传播情况，其下限顶多延伸到 20 年代初期，内容较为简略，雷同者亦颇多。较早打破这个分期局限的研究成果，首推《中国近代经济思想史大纲》，论述了 20 年代到 40 年代马克思主义经济学说的传播概况，以及同资产阶级经济思想开展论争并在斗争中获得自身发展等专题特征。惟以大纲的有限篇幅，不可能展开，重点在于提出基本框架，主要脉络，发展趋势以及代表性的论争、人物与著述等，为进一步的研究指示方向、路径及史料线索。此后，相关的研究成果，论及近代而延伸到 20 年代马克思主义经济学的传播者，不断增多，其内容、形式与特点则各异。例如：

《中国近代经济思想史》，"力求在体系、资料和论点三个方面都能有所突破，有所创新"。"以中国近代不同时期经济思潮的历史发展变化为结构体系，而归结于马克思主义、毛泽东经济思想在中国的胜利，这是中国经济思想史学科的一种新构想"；写到 1949 年新中国建立为止，"填补了中国近代经济思想史自五四运动后三十年的空白点"；史料方面"发掘征引比较翔实，并有新的发现"。② 涉及 20 年代的整体面貌，此书有一个概括："'五四'运动之后，在理论界逐步展开了学习、宣传和研究马克思主义的热潮。李大钊、陈独秀、蔡和森、瞿秋白、邓中夏等共产主义知识分子批评资本主义经济发展道路，分析当时我国社会经济中的弊病，探索未来工业化发展的道路，驳斥外国资产阶级各学派鼓吹者的错误理论。他们运用马克思主义的立场、观点和方法说明与解决中国的社会经济问题，跨出了使马克思主义经济理论与中国革命实践相结合的第一步。一些爱国的、进步的知识分子也在这一新的思潮推动下有所进步"。在这个时期，"马列主义者在反对帝国主义和封建主义斗争中的披荆斩棘，对当时迷茫的社会所产生的启蒙向导力量，是十分明显的"。③ 体现这个概述的具体资料和论点，主要见第 5 篇"新民主主义经济思想的产生和民族资产阶级经济思想的演变"前两章。其中第 12 章"马克思主义经济理

① 参看谈敏著《回溯历史——马克思主义经济学在中国的传播前史》上册，上海财经大学出版社 2008 年版，第 2—12 页。

② 马伯煌主编《中国近代经济思想史》，上海人民出版社 2014 年版，1986 年"前言"和 1992 年"后记"。

③ 马伯煌主编《中国近代经济思想史》，上海人民出版社 2014 年版，第 23—24 页。

论在中国的开始传播及其思想影响和作用"，第 1 节论述"五四运动是中国近代经济思想历史发展上的转折点"，是"运用马克思主义分析中国近代社会经济问题的开始"；第 2 节列举李大钊等人反对帝国主义经济压迫的思想，李大钊等人批判封建主义经济压迫的思想，陈独秀等人对反社会主义言论的驳辩（包括"对'资本主义可以救中国'论点的批判""宣传社会主义必然代替资本主义的观点""认识中国可以不经过资本主义充分发展的阶段直接向社会主义进步""试图说明变革中国社会经济的步骤及依据"）；第 3 节列举周恩来等人对中国社会主义工业化的设想（包括"研究现代化工业发展道路，首先要解决生产目的问题""研究现代工业所包容的社会生产力与其存在形式之间的矛盾与联系""在批判资本主义生产方式基础上，勾画出中国未来工业化的大致轮廓"），瞿秋白关于中国工业化方式的分析研究（包括"归结中国近代工业化步履缓慢的原因""倡导用发展的、全面的眼光看待实现工业化的必然趋势""坚信社会主义是实现我国工业化的正确道路""探讨有本国特点的社会主义工业化模式"）；第 4 节列举李大钊对马克思主义劳动价值论的系统介绍，邓中夏在革命实践中宣传马克思主义的劳动价值论，马克思主义经济学者对西方资产阶级价值论的批评（包括"王学文与奥国学派关于商品两重性问题的争论""王学文关于劳动两重性的论述"）①。此章的重点，以 1919 年至 1927 年为限，突出中国早期马克思主义者在报刊杂志上发表各种文章，揭露和批判帝国主义与封建主义经济压迫，批驳反社会主义言论，讨论中国工业化问题，介绍马克思主义政治经济学等代表性思想。第 13 章"马克思主义者对近代中国社会性质的论断与新民主主义经济思想的产生"，有两个重点，从 20 年代延伸到 30 年代。一个重点关于近代中国社会性质问题和农村经济问题的两次论战，前一论战的考察，从"1919—1927 年期间的中国社会性质问题的研究"到"社会性质问题论战的第一阶段"，基本属于 20 年代的内容，论战的第二第三阶段，发生在 30 年代前期；后一论战的考察，均属 30 年代，史料运用亦截止于 1937 年。另一个重点关于新民主主义经济思想的产生，从形成半殖民地半封建社会的经济理论入手，作为毛泽东思想产生的重要组成部分，考察期间为 1927 年至 1937 年。② 以上两章，从

---

① 第 12 章的内容，参看马伯煌主编《中国近代经济思想史》，上海人民出版社 2014 年版，第 404—439 页。

② 第 13 章涉及 20 年代的内容，参看马伯煌主编《中国近代经济思想史》，上海人民出版社 2014 年版，第 440—449、492—495 页。

研究 20 年代马克思主义经济学传播的专题看，第 12 章更有参考价值，凸显了马克思主义者的代表性文章在 20 年代中国经济思想发展过程中的时代背景、关注焦点和主导作用，尽管还不足以反映整个传播过程；第 13 章也强调马克思主义者在论争近代中国社会性质、在产生新民主主义思想中的经济思想特征，但与研究一般马克思主义在中国的传播史或中国共产党的发展史比较，存在较多重合之处。

《中国社会主义经济思想史简编》，不同于前书以经济思潮的发展变化为结构体系，按人物排列，第 1 篇"中国早期共产主义者的社会主义经济思想"，"以传播和研究社会主义经济思想的时间为序"；第 2、3 篇"革命领袖人物的经济思想"，"按党的文件习惯排列为序"；第 3、4 篇"著名经济学家的社会主义经济思想"，"按姓氏笔画为序"①。这种写法比较松散，体现此书由多人合作而笔调"不尽一致"，以及"首次尝试"该领域研究的特点②。第 1 编列举李大钊、陈独秀、瞿秋白、蔡和森、彭湃、李达等人的社会主义经济思想，都有 20 年代的论述，惟可能受限于资料不足，显得较为单薄。其他各篇也有一些代表人物如张闻天、马寅初、王学文等，理应有 20 年代关于马克思经济学说的论著，却不得见，重点转向新民主主义革命时期和社会主义革命与建设时期的经济思想发展史。

《马克思主义经济学说在中国的传播、运用与发展》，从书名看，与我们的研究专题非常相近，并把 1919 年以来中国的马克思主义经济思想，视为"在世界经济思想发展史上占有独特的为其他国家与民族的经济思想所无法比拟的重要地位"的两个历史阶段之一（另一个指中国封建社会时期的经济思想）③。涉及 20 年代的内容，主要见第 1 编五四时期，以及第 2 编新民主主义革命时期的部分章节。第 1 编论述"学习和传播马克思主义的历史潮流"，以 1919—1922 年间的史料为主，搜集显示当时流传到中国的外文版经典著作，马克思和恩格斯的著作约 20 部，列宁的著作约 13 部（篇）；列表显示那时国内出版或发表的马克思、恩格斯、列宁著作的中译本（含全译和节译）约 26 部（篇），考茨基、河上肇等人介绍马克思主义哲学与经济学理论的著作中译本约 31 部（篇）。论述"中国早期马克思主义者对马克思主义唯物史观与经济学说的理解和宣传"，重点以李大钊、陈独秀、杨匏安、

① 王毅武主编《中国社会主义经济思想史简编》，青海人民出版社 1988 年版，"后记"。
② 王毅武主编《中国社会主义经济思想史简编》，青海人民出版社 1988 年版，第 25 页。
③ 张家骧主编《马克思主义经济学说在中国的传播、运用与发展》，河南人民出版社 1993 年版，"导言"。

李达、周恩来、李汉俊与施存统等人为代表。论述"马克思主义经济学在中国早期传播的历史特点与历史意义"，概括"五四"前后的中国共产主义知识分子，尽管读到马、恩、列的原著为数不多，但对马克思主义及其经济学说的基本观点理解得比较准确，在学习和传播的起步时期表现出几个可贵的优点："把马克思主义经济学说作为行动的指南，力求学以致用"；"把马克思主义视为批判的革命的科学，在传播马克思主义经济学说的同时，批判反动和错误的经济思想"；"大力介绍了俄国十月革命胜利后进行经济改革和发展生产的情况和经验教训，为中国运用马克思主义经济学说观察、分析、解决中国社会经济问题提供了有益的借鉴"。马克思主义经济学说由此发展为中国现代经济思想领域取代资产阶级经济思想的领导思想，"改变了中国经济思想领域中派别分野的旧格局，开辟了中国经济思想发展的新纪元"。① 第 2 编以 1938 年出版《资本论》三卷中译本为标志，将马克思主义经济学说在新民主主义革命时期的传播分为前后两个阶段。20 年代的传播状况，见1921—1938 年第一阶段的部分内容：马克思、恩格斯、列宁、斯大林的经济学著作的翻译出版情况，包括若干代表作在 20 年代的中译本；国外其他马克思主义者的经济学著作的翻译出版情况，以日本和苏联经济学家的著作最多，20 年代以译自日本者为多，30 年代译自苏联者逐步增多，译自日本者逐渐减少；我国马克思主义者撰写马克思主义经济学基本原理方面的著作的出版传播情况，20 年代初期以前以李大钊、陈独秀等人的论著为代表，20 年代中后期的水平以瞿秋白、安体诚、李达等人的论述为代表。更多介绍中国马克思主义者运用和发展马克思主义经济学说的著述，体现"马克思主义经济学说与中国实际相结合的开始"及"创造性地运用和发展马克思主义经济学说的光辉成就"。以 20 年代为限，前者重在"列宁及共产国际关于殖民地半殖民地问题的论述对中国共产党人的帮助和影响""第一次国内革命战争时期共产党人运用马克思主义经济学说观察分析中国社会经济问题的得失成败"；后者重在"中共'六大'对中国社会性质及农村经济问题的分析"，包含超出 20 年代范围的"毛泽东在土地革命时期对中国社会经济的调查研究""第二次国内革命战争时期关于中国社会性质和农村社会性质的论战"等。② 此书利用当

---

① 参看张家骧主编《马克思主义经济学说在中国的传播、运用与发展》，河南人民出版社 1993 年版第 1 编第 3 章的内容。

② 参看张家骧主编《马克思主义经济学说在中国的传播、运用与发展》，河南人民出版社 1993 年版第 2 编前 3 章的部分内容。

时中国马克思主义传播史及中国共产党发展史方面史料整理与理论研究的成果，从中国经济思想史角度予以剖析和拓展，印证了《中国近代经济思想史大纲》关于五四运动以后我国政治经济学领域理论斗争的基本态势和发展趋势的总体判断；考察 20 年代的重点，也从中国早期马克思主义者对马克思主义唯物史观与经济学说的学习、理解和宣传，转向马克思主义经济学说与中国实际相结合的运用和发展实践。

《中国政治经济学史大纲（1899—1992）》，起因于 20 世纪 70 年代末我国的经济体制改革，标志"以计划经济为基础的传统社会主义政治经济学的终结"，"有中国特色的经济学开始成长"，促使人们从中国经济学形成、发展和演变的历史中去思考这个变化所引发的问题，并将这个历史划分为旧中国的马克思主义政治经济学、新民主主义政治经济学和社会主义政治经济学三种类型。三种类型代表三个阶段，与研究 20 年代相关者主要在第一阶段，第二阶段新民主主义政治经济学的起始年代从 1940 年算起，不在这个年代范围内，第三阶段以苏联 50 年代完成的社会主义政治经济学作为传统社会主义政治经济学的特征，更在范围之外。第一阶段的旧中国，"最终出现了马克思主义的半殖民地半封建社会经济学"，更早传入的西方经济学却没有形成独立体系。五四运动作为新民主主义革命的始点，需要解决当时中国的社会性质及革命对象、动力和发展前途等问题，马克思主义经济学着重于研究生产关系和定性分析方法，适应了这个需要；西方经济学着重于研究微观经济运营问题，虽然同样是旧中国需要解决的重要问题，却因主要矛盾表现为生产关系束缚生产力发展，故不得不退居次要地位。[①] 根据这个思路，研究第一阶段的两章，第 1 章除去五四运动以前的传播情况不论，可见第 3 节"1919—1949 年马克思主义政治经济学在中国的系统传播"。其中涉及 20 年代的内容，列举有关马克思主义政治经济学、《资本论》、苏联和日本及其他政治经济学教科书传播于中国的书（篇）目和统计数字，均已熟悉；其特点是选择若干代表作，特别是 20 年代后期传入的苏联政治经济学教科书，予以简介和展开分析，颇具新意。第 2 章介绍"旧中国马克思主义政治经济学的一般概况"，同样只有部分内容涵盖 20 年代，注重在现成史料的基础上，梳理分析其成长阶段及各类特征。第 1 节将旧中国马克思主义政治经济学的成长分为理论准备（1919—1927）、萌芽（1928—1932）、兴盛

---

① 张问敏著《中国政治经济学史大纲（1899—1992）》，中共中央党校出版社1994年版，"前言"。

（1933—1937）和形成初步结构体系（1937—1949）四个阶段；第 2 节将政治经济学的著作分为中国人的编译著作、介于编译与以中国社会经济关系为对象之间的著作、以中国社会经济关系为研究对象的政治经济学著作三类，这三类著作，出现于 20 年代者寥寥无几；第 3 节介绍外国政治经济学对中国的影响，许多著作以苏联著作为蓝本，连同外国的学术观点，主要说明苏联政治经济学在 20 年代至 40 年代对中国的影响，涉及 20 年代的内容亦不多；第 4 节介绍马克思主义政治经济学在与各种思潮的论战中成长，依次以社会主义论战、中国社会性质论战、中国农村社会性质的论战、对农村改良主义的批判为代表，第一个论战及第二个论战的第一阶段，论及 20 年代的一些例证；第 5 节总结旧中国的马克思主义政治经济学，提出在 20 年代，"开始出现零星的旧中国的马克思主义政治经济学的文章"，到 30 年代尤其 40 年代中后期，出现一大批系统研究的专题著作；表明旧中国马克思主义政治经济学在建国前通过孕育和发展，产生了"雏形"，尽管不够完善，但"已有独特的研究对象、研究方法、经济运行特征以及生产关系的发展方向，使它在中国的马克思主义政治经济学中，占有一席之地"①。这个思路颇为新颖，重点依据 20 年代以来相关著述（包括剖析非马克思主义的经济学著作），从零星到逐步系统和有针对性的积累，论证旧中国马克思主义的半殖民地半封建社会经济学如何相对独立并形成雏形特征的孕育和发展过程，与后来的新民主主义政治经济学和社会主义政治经济学一道，共同反映了中国的马克思主义政治经济学在不同时期的发展历程。

《二十世纪中国经济思想史——马克思主义经济学在中国》，突出马克思主义经济学的传播和发展，作为 20 世纪中国经济思想史的一条主线，"本着'厚今薄古'的精神"，压缩建国前的内容而加大建国后的比重②。书中涉及 20 年代的内容，大多为一些梗概式叙述。如第 1 章第 2 节"马克思主义经济学在中国的最初传入"，论及五四运动前后马克思主义经济学的传播；第 3 节"中国五四时期思想理论界的三次社会人论战"，论题分别是"问题与主义"，社会主义道路问题，马克思主义与无政府主义；第 4 节"中国共产党早期领导人思想向马克思主义经济学观点的转变"，列举李大钊、陈独秀、毛泽东、蔡和森、李达等代表人物。第 2 章第 1 节"中国共产党创建前后中国共产党人对马克思主义经济学的传播"，加强马克

---

① 张问敏著《中国政治经济学史大纲（1899—1992）》，中共中央党校出版社 1994 年版，第 191 页。
② 胡希宁、张锦铨主编《二十世纪中国经济思想史——马克思主义经济学在中国》，中共中央党校出版社 1999 年版，"后记"。

思主义原著的翻译出版工作，通过各种纪念活动宣传马克思主义经济思想，党的纲领和文献中宣传和阐发马克思主义经济思想；第 2 节 "李大钊对马克思主义经济学的传播和研究"，介绍与阐发剩余价值理论和资本积累理论，设想与展望社会主义经济制度，认识与分析农民问题；第 3 节 "陈独秀对马克思主义经济学的传播与研究"，阐发《资本论》和剩余价值理论，分析与设想社会主义基本经济特征，逐渐背离马克思主义；第 4 节 "毛泽东对马克思主义经济理论的学习与研究毛泽东新民主主义经济思想的萌芽"，重点是《中国社会各阶级的分析》与《湖南农民运动考察报告》两篇文章。第 3 章第 1 节 "第二次国内革命战争时期和抗日战争时期马克思主义经济学在中国的大量翻译出版和深入传播"，引用 20 年代的少量资料，随即转入 30 年代。以上论述，主要利用有关 20 年代的现成历史资料和研究结论，重新编排并突出重点，起到简化或普及的作用，而非挖掘新的史料或进行新的考证以得出新的结论。这也是后来国内许多以中国马克思主义传播史或中国共产党发展史为专题的著作，涉及 20 年代考察的共同特征。

《中国经济思想通史续集》（中国近代经济思想史），研究 "1840 年第一次鸦片战争至 1925 年国民政府成立以前中国近代半殖民地半封建社会经济思想发展变化的历史"①。研究下限截至 1924 年，主要接续从古代到近代经济思想的通史体例，不可能像前述几部中国经济思想史著作那样，或者专题考察马克思主义经济学在中国的传播、运用与发展，把系统梳理包括 20 年代在内的早期传播过程放在重要地位；或者从中国政治经济学史的角度，追溯 "五四" 之后旧中国马克思主义的半殖民地半封建社会经济学的孕育、发展及产生雏形的历史；或者将 20 年代以来马克思主义经济学在中国的传播和发展，作为研究 20 世纪中国经济思想史的主要脉络。此书只在最后一章 "中国共产党成立前夕关于社会主义问题的论战"，重点以 1921 年上半年梁启超的《复张东荪书论社会主义运动》及李达的《讨论社会主义并质梁任公》二文为代表，说明 "'五四' 运动后关于中国的出路是资本主义道路还是社会主义道路的第一次论战"，显露了梁氏等人表面赞同而实际反对社会主义的虚伪手法，以及主张改良，反对革命的真实面目；同时 "中国的早期马克思主义者通过论战，促进了马克思主义的传播，对中国共产党的建立也起了一定的思想准备作用"，尽管 "中国早期的马克思主义者还不是成熟的马克思主义者"②。

---

① 赵靖主编《中国经济思想通史续集》，北京大学出版社 2004 年版，"序言"。
② 赵靖主编《中国经济思想通史续集》，北京大学出版社 2004 年版，第 601—602 页。

这种例证式分析，以点带面，可见其专深，但也舍弃了对马克思主义经济学在中国20年代前期的传播状况的全面和系统考察。

《近代中国经济思想史》上下册，明显特色是将中国近代经济思想史著作按人物为体例的下限，从1919年延续到1949年。比起前面的中国经济思想史著作，扩展了原有代表人物在1919年以后的经济思想，或者增添了20至40年代其他代表人物的经济思想。从马克思主义经济学在20年代的传播历史看，这也是用以往熟悉的论述体例展示新的内容，通过有序和系统地评介每个代表人物的经济思想，为这个传播历史提供有价值的资料与分析。比如：第4章"五四运动至新中国成立时期的经济思想"，将1919—1949年的中国经济学界分为三大派别：信奉新古典经济学的英美派"是当时中国经济学界的主流"，以资本主义私有制为前提，研究如何发展资本主义经济，防止经济波动，实现中国的资本主义工业化，其代表作和代表人物"在学术界以及对国家经济政策都有很大影响"；"中国的马克思主义经济学以半殖民地半封建的生产关系为主要研究对象，揭露其矛盾和走向毁灭的规律，以建设和发展新民主主义社会为近期目标"，其代表作和代表人物显示，"马克思主义经济学是中国共产党及其支持者指导经济建设的理论，苏联的经验是这一派学习的榜样"；源于孙中山民生主义的民生主义经济学，兴起于抗战时期的国统区，将平均地权、节制资本等主张学理化，建立一个既反对马克思主义又反对资本主义的新经济学体系，这是"具有国民党官方意识形态性质的经济学"①。第5章"代表两条道路的政治领袖的经济思想"，列举李大钊、毛泽东、张闻天的经济思想，虽沿用20年代著述的现成资料，其分析却以这些中国共产党的早期领导人所代表的道路，与实行独裁统治或掌握国民政府财经大权的蒋介石、孔祥熙等人所代表的另一条道路相对立。第6章"马克思主义学者的经济思想"，列举李达、王学文、陈翰笙、王亚南、薛暮桥、许涤新6人的经济思想，第7章"非马克思主义学者的经济思想"，列举马寅初、刘大钧等12人的经济思想，这是下册占据主要篇幅，也是发掘资料和梳理分析有较多新意的部分；涉及20年代的经济思想，能看到马克思主义者的论述，也能看到非马克思主义者的论述，可资对照比较。只是这两章以部分人物为代表，虽具典型性，却难免有所遗漏；以他们的代表作或成名作为例，除少数人外，绝大部分的著述资料见于30、40年代，压缩了20年代的资料空间，限

---

① 叶世昌、孙大权、丁孝智著《近代中国经济思想史》下册，上海财经大学出版社2017年版，第9—10页。

制了 20 年代专题研究的借鉴与参考范围。

上面列举的中国经济思想史著作，以考察国内学者及政治领袖的经济思想为主，包含中外经济思想的交流，或引进、借鉴、应用和消化吸收国外经济学说方面的理论成果，但并未以留学国外的经济学者作为一个相对独立的群体。后一类研究，见于若干专题性著作。如《中国经济学的成长——中国经济学社研究（1923—1953）》，"希望通过对 20—40 年代中国传播新古典经济学理论的主流团体——中国经济学社的研究，再现民国主流经济学家的活动和思想，以期增进对中国近代经济学发展史的全面了解"；学社主要成员为留学欧美的经济学者，并集合全国政、学、商各界上层分子而组成①。此书系统介绍该社诞生至结束的全过程，被认为"填补了中国经济思想史学科的一项空白"②。它用两章篇幅，介绍中国经济学社的主要经济思想，分为基本经济理论与研究方法、应用理论与政策主张两部分。谈到学社的经济学术立场，以"质疑马克思主义经济理论""批判中国传统经济思想""主张在中国发展资本主义"为特征，此外传播新古典经济学理论，运用近代经济学分析工具，注重经济实务研究和采用统计方法等。质疑方面，引用 20 年代的资料，附带回答了学社骨干成员坚决反对马克思主义经济学说，何以没有引起马克思主义学者的公开争论；原因在于"马克思主义经济学者与中国经济学社的经济学家分属不同的社会圈子，前者对后者的论说感到隔膜，因此，对后者的反马克思主义经济理论的言论，没有立即引起关注和反击"③。最后一章概括中国经济学社的影响，在中国经济学的发展方面，成为"中国经济学界的中心组织"，"繁荣中国经济学著述的主力军"，其成立是"中国经济学发展史的划时代事件"；对于国民政府的经济政策，具有"强烈的干政愿望"，"参预国民政府经济立法和决策"，包括"对国民政府经济决策的间接影响"；与工商界的合作及互动方面，工商界重视经济学和经济学家，支持中国经济学社，经济学家成为工商界的代言人，为工商界的发展出谋划策，学与商紧密合作而产生作用等。这本书试图解决今日学界对 20 世纪上半期中国经济学的发展史所知不多，尤其马克思主义经济学和非马克思主义经济学两

---

① 孙大权著《中国经济学的成长——中国经济学社研究（1923—1953）》，上海三联书店 2006 年版，第 2 页。

② 孙大权著《中国经济学的成长——中国经济学社研究（1923—1953）》，上海三联书店 2006 年版，叶世昌序。

③ 孙大权著《中国经济学的成长——中国经济学社研究（1923—1953）》，上海三联书店 2006 年版，第 206—207 页。

大派，研究前者成果较多，研究后者尚无专门著作，了解更少的状况，在这方面确实有所开拓。前述《近代中国经济思想史》下册，专设非马克思主义学者的经济思想一章，即有赖此书的贡献。以中国经济学社为例展现民国主流经济学家或非马克思主义经济学者的基本面貌，固然有其代表性，不过对于我们的研究课题来说，要全面了解 20 年代马克思主义经济学传播的国内经济学背景，此例仍有以特定范围为取舍的局限性。

《留美生与中国经济学》的研究对象，与前书类似，以民国时期留美归国经济学者为主，又不仅限于中国经济学社，范围有所扩展："以留美学生与近代中国经济学科建立的关系为考察重点，以清末至解放前（1876—1949 年）的时间段为经，以留美生创建中国经济学科的横断面为纬，纵横交织，试图全面客观地展现留美生的历史活动，评析其功过得失并深入挖掘其内因"①。此书第 1 章经济学在近代中国的早期传播，主要考察五四运动以前，随后 6 章分别是留美经济学人群体的社会学分析，他们与经济学系科设立、与大学研究所成立、与经济学共同体如中国经济学社建立、与经济学学理建构、与经济学中国化尝试的关系，最后 1 章"留美经济学人传播西方经济学的历史功绩与缺失"，落脚于"两种矛盾冲突——角色认同的矛盾及理想与现实的冲突"等，重点都在五四运动后近代经济学的明显变化乃至本质变化。其中一个重要变化，"经济学的传播主体和引进桥梁，由留日学生及'取经日本'为主，变为以留美经济学人和直接吸纳西方及美国经济学知识为主"，由此带来 20 世纪 20、30 年代的一系列变化；或者说，"留美经济学人群体在'五四'运动以后大规模形成，是这一时期经济学传播和发展发生重大改变的根本因素"②。这些章节也有一些内容，涉及 20 年代留美经济学人的著述中有关社会主义或马克思主义的评介，但为数极少，主要提供相关的背景资料。同时比较留美生与留日生在"学术业缘与学理建构"方面的差异性，对比他们对马克思主义尤其对马克思主义经济学的态度，"可以看出二者由于对学术不同的追求而导致回国后学理上的巨大反差"。表现为课堂传授和著述文章两条途径，留日学生的一些代表人物身处当时日本马克思主义影响较大的环境，深受马克思学说的熏陶并信奉不渝，"回国后便以此作为改造社会、建设本国经济学理的理论基础，不遗余力地进行传播"；"相应地，留美学生在当时也有一些介绍马克思主义及其经济学的文章，但所持态

---

① 李翠莲著《留美生与中国经济学》，南开大学出版社 2009 年版，第 16 页。
② 李翠莲著《留美生与中国经济学》，南开大学出版社 2009 年版，第 72 页。

度多为否定的"。据说，大多数近现代留美经济学者由于强烈的爱国心、受美国实用主义精神的影响以及经济学科本身浓厚的实用性特征，"使他们格外重视实用性学科和领域，相对忽略了理论的引进与传播，从而造成留美经济学者在移植西方经济学和构建本土经济学时过分偏颇实用性的不良影响"，"真正能够钻研经济学高深理论的学者为数不多"；他们否定、阻碍甚至攻击马克思主义经济学在国内的传播，"充分体现了他们思想中的改良色彩"。① 这些评论，突出留美经济学人在五四运动后改变国内经济学传播与发展中的根本作用，虽然提供不少史实证据，但就整个20年代来说，又不尽然；姑且不论来自日本的间接影响犹存，来自欧洲的直接影响应居美国之前而占据可观的优势。因此说本时期马克思主义经济学在中国传播的经济学演变背景，主要归结于留美经济学者的影响与作用，这个结论事实上难以成立。

《近代中国经济学的发展：以留学生博士论文为中心的考察》，如书名所示，把研究中国近代经济思想史的目光，转向系统考察留学生的经济学博士论文，由此拓展出一个新的研究领域，扩大了留学生的范围，注重作为留学生研习经济学科的成熟标志的博士论文。其研究思路，"首先分析中国近代留学生经济学学术思想的变迁过程及其特点，在此基础上从理论经济学、财政理论、金融理论、农业经济理论、国际贸易理论、工商管理理论、经济思想史、经济史、马克思主义经济学在中国的早期传播及中国近代知识体系的转型诸层面考察留学生留学期间的经济学成就，其重点是研究他们的博士论文的经济学贡献"②。书中将民国时期留学生经济思想的变迁，分为1912—1926、1927—1937、1938—1949三个年代，另附50年代留学生的经济学研究。选择留学生中的若干代表人物，逐个介绍他们的博士论文在理论和应用经济学领域的研究成果；其特点是细致考察这些代表人物的留学背景与学术经历，结合其博士论文的原文及后来的中译文作或详或略的简介，概述经济学某些研究领域的国内学术论著状况（包括译作或著作），显示留学回国者的学术影响等。专辟"近代留学生与马克思主义经济学在中国近代的早期传播"一章，分别从西线（欧美）、东线（日本）和北线（苏俄）三条线路考察，不同于前面各章的按人物介绍，也不仅限于留学期间的博士论文，意在突出留学人士在早期传播过

① 参看李翠莲著《留美生与中国经济学》，南开大学出版社2009年版，第307—317页。
② 邹进文著《近代中国经济学的发展：以留学生博士论文为中心的考察》，中国人民大学出版社2016年版，第24页。

1920—1929 从民国著作看马克思主义经济学的传播

程中的显著作用。最后指出，"晚清民国时期，中国近代经济知识体系发生了由传统向近代的重大变动，在这一经济知识体系的早期巨变中，中国近代留学生起了非常重要的作用"①。这也是前述以考察中国近代留学回国人员为主要对象的经济学史著作，所得出的共同结论。这本书在既有的研究基础上，针对相对薄弱环节，系统爬梳近代中国留学生的经济学博士论文，得以显现其全貌，并以此为中心考察众多代表人物在近代中国经济学发展过程中的研究成果、学术地位和社会影响，殊为难得。就其对我们的研究课题的参考价值来说，虽然能够直接利用者不多，却提供了较为丰富的史料来源与线索，可供进一步开发和研究。

上列各类著作，显示中国经济思想史研究领域，尤其突破近代研究以 1919 年为下限的传统分界之后，迎来一个欣欣向荣的新局面。新的视野，新的疆域，新的对象，新的思路，新的资料，新的范畴，新的路径，新的方法等，为考察 20 年代马克思主义经济学在中国的传播，奠立了良好的基础。这个新局面，既有前述中国近代史著作，以及中国马克思主义传播史或中国共产党发展史专题著作所提供的理念启示、基本框架、史料证据和线索方向，更是中国经济思想史著作自身持续发掘、梳理和开拓的结果；不仅将马克思主义经济学由最初传入到结合中国实际形成独特的指导性经济理论体系，连贯成为一个完整的历史发展过程，还从不同的视角，包括传播马克思主义经济学的代表人物及代表性论著、非马克思主义经济学者的著述背景与特征、重要历史节点和发展脉络的标志、主要理论观点的评介与论争、国内外交流的互动影响等方面，为全面和鲜活地呈现这个发展过程，增添了丰富的历史资料特别是史料线索。不过具体到本书的研究选题，已有的研究成果仍嫌不足：或者集中于若干具有代表性的人物、论争及其著述，对涉及马克思主义经济学的其他众多论著所蕴藏的丰富资源，缺少挖掘和整理；或者所选择的著述，大多限于摘录主要论点，对其论点后面的逻辑推理过程、思想源流联系及同时代经济学流传背景，往往舍之不论；或者重视正面积极的传播因素，对负面消极的或反面的传播因素，有所忽略或回避，这在当时西方正统经济学占据主流地位的形势下，容易造成不切实际的误判；或者花费大量工夫梳理出各种各样的史料线索，而对这些线索的原作查寻、内容披露和研究分析，浅尝辄止，留下颇多遗憾；诸如此类。我们将要开始的研究，正是站在这个新的起点上。

---

① 邹进文著《近代中国经济学的发展：以留学生博士论文为中心的考察》，中国人民大学出版社 2016 年版，第 674 页。

# 四

考察 20 年代马克思主义经济学在中国的传播历史，以《回溯历史——马克思主义经济学在中国的传播前史》与《1917—1919：马克思主义经济学在中国的传播启蒙》为前期研究成果。前书重点研究 1917 年俄国十月革命以前的传播情况，以马克思经济学说的早期传入为主要线索，谈不上真正意义上的传播，故称之为传播前史；后者重点研究苏俄革命至五四运动时期的传播情况，在国外出现布尔什维主义的胜利和国内兴起反帝反封建的爱国运动的双重激励下，马克思主义经济学积蓄以往持续传入和新近爆发式传入的能量，与列宁学说的理论创造和实践探索互为表里，给予关注中国向何处去的忧国忧民之士以强烈冲击，由此带来的影响极为深远，故称之为传播启蒙。启蒙之后，马克思主义经济学如何继续传播，以什么样的方式、路径、趋势和特点进行传播，首先进入视线的，便是 20 年代，这也是下一步研究的对象和主旨。

本书研究是接续前期研究成果的连贯考察，自会保留原有考察方法的诸多特征。譬如：看重第一手原始文献的发掘和梳理，力求保持特定历史时期内资料的代表性、完整性和连续性，以此作为整个研究的本源与基础；这是既定研究对象的内在要求，借助史料反映真实的历史面貌，也是开展独立研究的基本前提，避免简单因袭已有的研究成果而作茧自缚或人云亦云。审慎对待和处理原始文献，尊重历史事实和文献本身的思维逻辑，尽力在认真解读、考释、比较和分析文本的基础上予以恰当评判；或者说，凡作论断须有可靠的文献资料以为依据，不宜先作结论而后为此搜寻和填充材料，亦不应图便捷而轻率处置文献资料，如望文生义，不求甚解，穿凿附会等；尽管随着舶来术语的约定俗成和白话取代文言的日益普及，一般经济学著作比起早年的晦涩版本，趋于通俗易懂，但考虑到由 20 年代著作所组成的原始文献，是全部考察的重要基础，为防以偏概全、断章取义或遗珠之憾，仍将考察这些文献的文本解读与分析放在首要地位，占有较大的比重。单项考察每个文献资料，特别是具有代表性的资料，意在厘清写作背景、基本论点、理论依据、内在逻辑、特征重点及主导倾向，进而判断它在马克思主义经济学的传播历史进程中的作用与影响；综合考察各种文献资料，串连起来加以贯通，对照比较和整合归纳，旨在发现特定阶段马克思主义经济学传播的时代环境、历史特征、路径安排、表现方式、重要标识与发展趋势。诸如此类的研究方法，在考察转入新的历史时期后，一脉相承地延续下来，但由于不同历史时期带来的新变化以及相关研究成果提供的新条件，适应新时期的研究方法，相应也会有一些改变。

新的研究题目，设定为《1920—1929：从民国著作看马克思主义经济学的传播》。这个题目的三个关键词，分别是 1920—1929 的 20 年代、民国著作和马克思主义经济学的传播，相应的考察方法，比较前面两本书，有所调整和变化。

从 20 年代看，这是自然的历史时段，并非具有特殊涵义或标志的历史分期。不同于前述二书，或者以 1917 年俄国十月革命作为传播前史的标志，或者以苏俄革命到 1919 年五四运动作为传播启蒙的标志。这样的阶段划分，首先考虑到文献资料，五四时期后，就其整体而言，不必与特定的分期所依据的重要历史时刻或事件挂钩。在实际研究过程中，也很难将已有的文献资料，逐项或大体上与比较流行的分期标志紧密联系起来。如果先确定或沿用某些公认的历史分期，再依此决定文献资料的使用、分类和编排，反而可能限制其利用价值，犹如画地为牢。当然，20年代也有部分著作或内容，显示与重大历史事件较为密切的关系，如 1921 年中国共产党建立后，推动包括马克思经济学说在内的马克思主义论著的出版、发行和宣传出现新的高潮；1927 年四一二事变，对马克思主义经济学的传播产生负面影响等。但这些重大事件，不足以给这个时期同马克思主义经济学传播相关的各种文献资料，划出一个与其他时期的传播明显不同或确切有别的专属范围。特别是五四时期涉及马克思学说的著述呈现迸发的高潮之后，马克思主义经济学在中国的传播，进入一个持续积累、扩展和深化的过程，虽然不同时期有高低起伏的变化，有争论焦点的转换，有主题重心的调整，有艰难险滩的继起，但总的发展趋势不曾发生逆转，一直稳步向前推进。因此，考察五四运动以后的传播进程，有关文献资料，与其按分期的特定性质来规范，不如按历史的自然时段来梳理，然后从中研究传播的历史轨迹与时代特征。其次考虑到现有梳理方式，同样可以参考既定历史分期的合理依据，用于本书对单项资料、年度资料或若干年累积资料的个别与综合分析，借以体现这种分期的本质特征对同时期文献资料所产生的影响。总之，以 20 年代作断代研究，是一个尝试。倘若天假有年，或许可以继续 30 年代、40 年代的研究，进而从马克思主义经济学的传播角度，为 1919—1949 年中国经济思想史的研究，提供可资参考的理论框架和系统资料。

从民国著作看，比较 20 年代以前的考察，主要的变化是将考察史料的重点，从社会经济类论文转到社会经济类著作上。原因有三：一是进入 20 年代后，含有马克思经济学说内容的各种著述，特别是相关论文，大幅增加，如果仍像前二书那样，以考察论文为主，力有不逮；为此，考察这个时期马克思主义经济学的传播，不得不舍弃为数甚多且形式纷繁的社会经济类论文，转向相对能够把握而数量较易确定的社会经济类著作。二是 20 年代的社会经济类论文，特别是论述马克思经济学说的代表作，前面回顾相关的研究成果时，可以发现许多篇目的内容与剖析可供参考；可是，对于同时期论及马克思学说的社会经济类著作，除了少数有典范意义的论著或马克思主义经济学的译著外，反而着墨不多，或者弃之不顾。因此，本书在社会经济类论文和著作之间的取舍，放在研究马克思主义传播史的众多成果里，可以起到取长补短的作用。当然，以后有条件，在本书研究的基础上，继续增补这个时期社会经济类论文中有关马克思学说的内容，亦为新的开拓、丰富与发展。三是到 20 年代，比较此前有关马克思经济学说的论述以论文为主体的状况，国人翻译或自撰的社会经济类著作明显增多，这就为依据此类著作来考察马克思主义经济学的传播，提供了文献资料上的可能性。比较起来，此类著作虽不及论文观点突出，论理扼要，反应及时，易于传扬，却具有体例完备、论述充分、引证广博、信息量大等特点，况且论文中的论点和资料若产生影响，不久也会以更为系统、成熟或集中的形式反映在著作里，即便时间上有些迟滞。另外，以往的考察，因社会经济类著作较少，故研究以论文为主而兼及著作，现在随着社会经济类著作与论文同时大幅度增加，转以著作取代论文而列为考察的重点，看起来研究范围有所收缩，实则内容更为系统而丰富。不仅如此，由于社会经济类著作的主流当时表现为西方正统经济学占据支配地位，所以根据这些著作来看马克思主义经济学的传播，既能显示马克思主义经济学与资产阶级经济学之间对立与斗争的历史进程，还能显示马克思主义经济学的持续传播，不断冲击和削弱正统经济学的统治或主导地位，乃至打破传统体系框架的束缚而形成新的经济理论指导的历史进程。从这个意义上说，现在的研究范围比较以往，又有所扩展。这里所说的社会经济类著作，并非严格限于理论经济学的著作，同时包括应用经济学或商学的著作，还包括涉及马克思主义经济学而整体上论述社会主义、社会学或社会哲学等其他社会科学的著作。这同文献资料的发展阶段相关，以后随着经济学科的独立发展和理论经济学的著作增加积累到一定程度，马克思主义向经济学领域的渗透不断深入，条件更为成熟时，可以集中于从经济学著作的文献史料中，去考察马克思主义经济学在中国传播的理论水准及其结合实际的应用与发展状况。

像前面两本书一样，马克思主义经济学的传播同样是贯穿本书研究始终的主要考察对象。比较起来，由于历史时代的变化，文献资料的差异，成果积累的不同，考察的重点、线索与方法，也相应有所区别。比如：关于传播前史的考察，重点是从国外各种新思潮最初传入国内并逐渐扩散影响的混沌中，挖掘、辨识和梳理马克思经济学说的传入线索；所谓混沌，那时在国内舆论界很难看到有关马克思本人及其学说的独立介绍，即使有凤毛麟角者，也很难看到有关马克思经济学说的独立介绍，相关的内容大多湮没在各式各样的文献资料中，需要借助谈论一般社会主义、社会经济问题或争论国计民生前途等报刊文章中，如淘沙金般爬梳和发现一些零散的线索，然后加以连接和综合。关于传播启蒙的考察，重点证明国内外形势的重大变化，推动马克思主义经济学在中国，从附随而零散的传入到相对独立和初步有系统的传播，从猎奇式介绍或拉大旗作虎皮般的宣扬到形成一批关注者、热衷者乃至信仰者，从忧国忧民者视之为可以借鉴的众多西方新思潮之一到开始自觉地作为认识和解决中国现实问题的指导理念；此时专论马克思经济学说的著述仍不多觏，但苏俄革命和五四运动两大因素，引导考察的线索不只是关注马克思经济学说本身的传播，还必须关注列宁对马克思学说的继承与发展，苏俄革命的实践例证，以及国人在反帝反封建运动中所焕发的觉醒意识等方面的文献资料，从这些史料里，可以更多看到经过本时期的启蒙阶段，马克思主义经济学在中国传播形成特有的路径、特征和前景。自此以后，20年代的考察，循着以往的思路，继续把重点放在马克思主义经济学传播的体系健全、范围扩展、理论深化、学说普及和实际应用上。同时考虑到各种因素，相应做出一些调整。例如，更多集中于考察经济学著作中有关马克思主义经济学的内容，尽管难以将包含这些内容的经济学著作与非经济类著作严格区分开来，仍然会引入一些非经济类著作如社会主义或社会学之类著作予以分析；传入中国的列宁学说和苏俄或苏联实例，继承、发展和践行马克思主义经济学，成为同样重要的考察对象，因此本时期马克思主义经济学的传播，很大程度上与列宁学说和苏联范例融合在一起而密不可分，被合称为马克思列宁主义；中国共产党的成立，开始自觉和有组织地撰写、翻译和出版发行马克思主义经济学的著作，同时非马克思主义经济学的著作方面，随之也出现相应变化，两个方面的代表性著作，都在考察范围内；国内围绕马克思主义经济学的理解、运用和发展而产生的歧见、争论和成果，构成本时期考察的新的重要内容，这个考察一般说来，更注重马克思主义经济学传播的理论涵义及其应用于实际分析的效应，较少提及其他问题，有关共产党人运用马克思列宁主义而发展为具有中国自身特点的新经济思想等初步成就，亦可参考前面回顾里的众多研究成果；等等。

以上为考察 1920—1929 年间马克思主义经济学在中国的传播所设定的范围和方法，从文献资料、布局结构和研究理路等全方位看，在既有研究成果中难以找到类似的参照样式，更留下不少未知的领域、新颖的线索和有兴趣的问题，等待开拓和探索。这样的挑战，将激发浓厚的研究兴趣，也将激励勇于攀登的学术热忱。

第一编

1920—1921年：
启蒙之后马克思主义经济学的传播

马克思主义经济学在中国的传播，经历1917—1919年的启蒙，进入20年代初期，呈现一番新气象。国内的报刊文章，继续五四时期传扬马克思学说的思潮风尚，推波助澜，尤须指出，1920—1921年间，传播的媒介，从报刊界发展到出版界，从一般文章形式扩展为著作或译著形式，有利于更加系统、集中和便捷地推进传播。在启蒙时期，一些报刊的专栏也曾以连载方式完整翻译或节译马克思、恩格斯的原著或解说马克思经济学说的著作，如《晨报》连载马克思的《劳动与资本》（今译《雇佣劳动与资本》）全译本，以及考茨基的《马氏资本论释义》（今译《马克思的经济学说》）全译本，《每周评论》和《国民》分别刊载《共产党宣言》的摘译本或节译本，《时事新报》连载河上肇的《马克司社会主义之理论的体系》全译本①等，但终究不如20年代初以专门的著作或译著形式介绍之醒目和易于流传。同时在著作方面，这个时期围绕马克思主义经济学的传播，显示出多种式样和复杂内涵，为以后的传播，铺垫了具有中国特色的路径与类型。

①　参看谈敏：《1917—1919：马克思主义经济学在中国的传播启蒙》，上海财经大学出版社2016年版，第4编第2章第3、第4节及［附］，第6编第2章第2节。

# 第一章 专题论述马克思经济学说的各种译本

这些译本的论题，集中在解说《资本论》和唯物史观方面。两方面的内容，作为热门话题，兴起于五四时期马克思主义经济学的传播启蒙阶段，进入 20 年代之初，则有条件以专著引进的译本形式，给予更加充分的阐释。

## 第一节 关于马克思经济学说的译本

列举两个译本，分别是《马格斯资本论入门》和《马克思经济学说》，均初版于 1920 年，可以看作五四时期开始专题评介马克思经济学说的新兴思潮之余绪。

### 一、《马格斯资本论入门》译本

署名马尔西原著，李汉俊①翻译，文化印务局（一说上海新文化社）1920 年 9 月印行。现存 1926 年 10 月第 3 版，社会主义研究社印行，列入社会主义研究小丛书，保留了初版本原貌，惟封面的书名省略为《资本论入门》，目录页和每页的提示仍为《马格斯资本论入门》，书中多处又将"马格斯"译为"马克斯"。

#### （一）译本序言

译者 1920 年 9 月的序言称，此系重译日本远藤无水所译的《通俗马克斯资本

---

① 李汉俊（1890—1927），湖北潜江人；1904 年东渡日本，1915 年考入东京大学土木工学科；1918 年回国，1919 年加入上海《星期评论》编辑部；1920 年参与共同发起组织马克思主义研究会和上海共产主义小组，创办《劳动界》周刊，代理上海党支部书记，主编《新青年》，翌年中国共产党第一次全国代表大会在他的寓所召开；因与陈独秀、张国焘意见不一，回武汉从事革命工作，1923 年参与京汉铁路总工会成立大会领导工作，曾任中共第二、三届中央执委会候补委员，1924 年自动脱党被除名；北伐军解放武汉后，任国共合作的湖北省政府委员兼教育厅厅长等职，1926 年赴上海任教，1927 年在汉口被桂系军阀杀害；新中国建立后被追认革命烈士。

论》，原著名为"Shop Talks on Economics"，"万国社会党评论"联合编辑米里·伊·马尔西（Mary E. Marcy，今译玛丽·马尔西①）著②。书中对马克思经济学说的"骨子"即商品、价值、价格、剩余价值，以及资本和劳动的关系，"用很通俗的方法说明了出来"；"说得这样平易而又说得这样得要领的，在西洋书籍中也要以这本为第一"。

讲解和晓得马克思社会主义的人，"都非把马格斯社会主义三经典……拿来详详细细读一读不可"。三经典指马克思、恩格斯（原译"因格尔斯"）合著《共产党宣言》，恩格斯著《社会主义从空想到科学的发展》（原译"空想的及科学的社会主义"，译自"Socialism：Utopian and Scientific"），以及马克思的"大著"《资本论》第一卷。"这《资本论》里面的材料理论都太复杂，不是脑筋稍微钝的人所能了解"。考茨基写了一本"解释书"，但"这个解释书又非没有普通经济学智识者以及青年学生所能容易了解"，"这本《马格斯资本论入门》就可以算是《资本论》底解释书之解释书"。

"以中国现在智识阶级底程度，《资本论》底中国译本暂时未必就能出现"，但考茨基的《资本论》解释书已经有戴季陶以《马克斯资本论解说》的题名，译了4/5登在《建设》（自第1卷第4号起），不久又要以单行本出现，读者诸君不久就可以看得见。"无论诸君是看外国文还是看译本，又无论诸君是先看了《马克斯资本论解说》再看《资本论》或直接就看《资本论》，诸君都非先把这本书底原本或译文拿来读一读不可"。

"照本书原来的书名，本来应该叫作'经济漫谈'，但鄙人考其内容，审其作用，以为莫过于叫作'马格斯资本论入门'，所以就取了这个名称。本书内容虽然很平易，但还不免有点抽象之处，非略有经济学常识者不能了解，所以鄙人在认为读者诸君非费点思索不能了解的地方，又略为加了点注解"。读者看了此书，再看

---

① 玛丽·马尔西（1877—1922），美国女性社会主义作家、散文作家、诗人和杂志编辑；曾任美国创刊于1900年的革命刊物《国际社会主义评论》（International Socialist Review）的编辑；该评论与美国社会党左翼和世界产业工人同盟（The Industrial Workers of the World）关系密切，反对一次大战，倾向于支持反对议会政策的革命行动。参看维基百科"Mary Marcy"条目，以及李丹阳：《关于李汉俊对马克思主义著作翻译情况的探讨》，《上海革命史资料与研究》第8辑，上海古籍出版社2008年版。

② Shop Talks on Economics，今译《经济学讲座》，1911年10月美国社会主义出版机构Charles H Kerr Co-operative出版。此书曾作为"社会主义宣传小册子体裁的经典而被广泛翻译"，见维基百科"Mary Marcy"条目。

马克思所著"价值、价格及利润（Value，Price and Profit）"，那就更好了。这本书是 1865 年 6 月马克思在"万国劳动者同盟"（今译国际工人协会总委员会）的讲演，"马格斯经济学说底全体都发露在这里面"。"如果看了这本书，诸君在本《马格斯资本论入门》所得的观念必定更要明显起来，就是再看《资本论》也要少费许多困难的思索"。鄙人现着手翻译这本书，大约不久可以出版。①

上述序文介绍原著及作者，大概因转引日译本，交代得不很清楚。关于日译者远藤无水②，略知其一，日译名为"通俗马克思资本论"，中译者明知原著非此名，仍命名"马克斯资本论入门"，也算萧规曹随；其二，日译本 1919 年 11 月由日本文泉堂出版，翌年 9 月出版中文重译本，可见中译者的选择之急切，眼光之独到。由此联想到此序的主旨，意在解决一个紧迫问题，即当时中国智识阶级要讲解和晓得马克思社会主义，因缺乏普通经济学常识，尚不足以了解作为马克思社会主义三大经典之一的《资本论》的复杂理论和材料，故须找到一种平易而又得其要领的通俗说明方法，作为解释《资本论》或马克思经济学说的入门。类似的通俗解释，已有戴季陶等人翻译考茨基《资本论解说》的节译本，但在李汉俊看来，考茨基的解释仍不易为国内读者所掌握，需要更通俗的解释之解释。于是将目光转向这本入门书，并冠之以此类西洋书籍中"第一"的称号（从维基百科的介绍看，所谓"第一"，即社会主义宣传品的经典之作的另一种说法），即便如此，还嫌这本入门书有点抽象，特地在不易了解之处加点注解，以便读者少费些思索。另一个通俗解释，以他之见，便是马克思关于"价值、价格与利润"的讲演，称之为全部马克思经济学说的"发露"，比上述入门书的解释更为清晰。他称自己正着手翻译马克思这个讲演，不久就能出版。尽管后来并未查到他所说的这个译本的正式出版物，但可以相信，他确实进行了这一翻译③。

---

① 以上引文除另注外，均见马尔西著，李汉俊译《马格斯资本论入门》，社会主义研究社 1926 年版，译者"序"。

② 远藤无水，本名远藤又四郎（1881—1962），早年为基督徒，曾写作和翻译社会主义著作，后来参加国家社会主义运动。参看李丹阳：《关于李汉俊对马克思主义著作翻译情况的探讨》，《上海革命史资料与研究》第 8 辑，上海古籍出版社 2008 年版。

③ 有人根据《新青年》9 卷 5 号（1921 年 9 月出版）刊登"人民出版社通告"中"马克思全书"一栏载有李定译《价值价格与利润》的线索，以及日本的东京晓星学校提供李汉俊在该校就学的档案《学籍簿》"氏名"栏里，显示他注册时使用"李定"的名字，于是假设通告中《价值价格与利润》的译者"李定"很可能就是李汉俊，并称"即便李定译本最终可能没有出版，但李汉俊曾经翻译过这部马克思的重要经济学著作这件事，则应当没有什么疑义"。参看李丹阳：《关于李汉俊对马克思主义著作翻译情况的探讨》，《上海革命史资料与研究》第 8 辑，上海古籍出版社 2008 年版。

第一章 专题论述马克思经济学说的各种译本

可见，李汉俊及时翻译并大力推荐这本入门书，其着眼点，要找到进入《资本论》或马克思经济学说之堂奥的最初或最浅显阶梯，进而从经济学角度，在国内普及马克思社会主义。这本入门书究竟是一本什么样的书，按照他的说法，其长处通俗说明了马克思经济学说的"骨子"，抓住了要领，对商品、价值、价格、剩余价值、资本和劳动的关系等基本要素，作了平易的解释。

**（二）译本内容**

分8章，并非按照《资本论》的逻辑顺序，分别论述"劳动者将甚么东西卖给资本家""商品底价值""物价…（价格）""利润是怎样得的""便宜的物价与多的利益""贵的物价与专卖物价""工银""缩短劳动时间"。另据介绍，英文原著的每一章后面都有一系列问题，如第8章末尾有"利润从何而来？""什么是剩余价值？""社会主义的伟大目标是什么？"等，缺憾是日译本舍去这些问题，故据日译本重译的中译本里也未见这些问题①。于此可知，原著面向劳动者，确系以马克思经济学说为依据，符合"经济漫谈"的意味，非严谨的理论著述。

第1章说明劳动者将什么东西卖给资本家：劳动者的作工场所，一定需要两种力，一种是人的劳动力，一种是电气、煤气或别的动力；以美国印第安纳州（原译"英德亚那洲"）新建的制桶工场为例，解决设施、材料和机器运转动力之后，还须找到一种东西，即劳动者供给的东西，"就是人力，也就是人的劳动力"；制桶工场在报纸上刊登"要人"广告，不同于买奴隶是买人的身体，"只想雇人的劳动力"；劳动者出卖劳动力，同别人出卖生产的东西一样，"工场就是人间劳动力底的市场"，没有任何生活手段和方法的人们，"为生存起见，就不能不劳动力拿去换工银"，劳动者以工银为目的而卖给雇主的劳动力，"也是一种商品"；劳动者要求"贵卖劳动力"，雇主资本家要求"贱买劳动力"，劳动者稀少时，制造者对劳动力不得不花大价钱，但劳动者稀少不是永久的，供给和需要互相竞争，影响劳动力的价格；"马格斯对于商品及商品的价值、价格，作了种种说明。我们要了解他的说明，便要首先了解我们是卖劳动力这种商品的人"。这本书"只是把马格斯在他著书里面所讲的话，用男女劳动者平常所用的言语来讲"，读者"务必要把马格斯著的资本论及价值、价格与利润这两部书拿来仔细参考"。②

① 参看李丹阳：《关于李汉俊对马克思主义著作翻译情况的探讨》，《上海革命史资料与研究》第8辑，上海古籍出版社2008年版。

② 本章引文见李汉俊译《马格斯资本论入门》，社会主义研究社1926年版，第1—5页。

此章涉及《资本论》第一卷有关劳动力的买和卖理论，予以通俗化讲解。其中提到马克思的《价值、价格与利润》一书，说明李汉俊高度评价并着手翻译此书，受了马尔西的启发和引导。

第2章说明商品的价值：明白"工银劳动者同雇主的关系，就是商品同买主的关系"后，还要知道，"一切商品，都是从劳动产生出来的，没有一件商品，不是从劳动者底劳动力和脑力产生出来"；"一切商品里面，都包含着一个共通的东西，这共通的东西就是劳动。商品之所以有价值（交换价值），就是因为他里面包含着人底劳动"；"劳动力也是商品，前人劳动底结果也是商品"；劳动者的子女生长成人，"都是费了劳动的"，"我们为吃、为穿、为住所使用了的一切物品，都是由男女劳动者底劳动做了出来的。如果没有男女劳动者底劳动，我们是不能够长到这样大这样强壮，不能够得到今天能够卖劳动力的地步。我们达到能够作工的地步，这是费了劳动力的"。

"商品底价值，是由产生他的时候所费社会的必要劳动时间来决定的"。马克思在《价值、价格及利润》里面说："如果商品底价值，是由产生他的时候所费劳动量来决定的，那怠惰者、不熟练者作的商品，就好像价值还要高一点。因为做成那个商品的时候，多费了些劳动时间。但是这是很可悲的误解。诸君呀，请不要把我所用社会的劳动这句话忘记了。有许多意思都包含在这句话里面"。"商品的价值，是由产生他的时候所费的〔劳〕动量，或是由在他里面结晶的劳动量决定的。这个劳动量的意思，就是在一种社会状态之下，在社会的平均生产条件之下（所谓社会的平均生产条件，就是社会的平均程度和被使用的劳动之平均熟练），为其生产所需要之劳动量的意思"。①

上面引用马克思原文的有关概念，中译者有两个注解。

注1："劳动量是以劳动的时间来计量。劳动量，换句话说，就是劳动时间的长短的意思。劳动时间以一定时间单位——如钟点、日等——为标准来计量，如言劳动时间一点钟，或一点钟的劳动量之类"。

注2："社会劳动是为区别个个的劳动而言。个个的劳动是以个个的境遇以及生产时的各种特殊的社会关系（如物品底有用无用、必要非必要，对于这物品的

---

① 文中引用马克思这两段话，在原著《工资、价格和利润》里，是联结在一起的一个段落。其今译文见《马克思恩格斯选集》第2卷，人民出版社1972年版，第174页。对照起来，李汉俊的译文比较准确地传达了原文的意思，惟其表述力求通俗，不知是否受到日译文的影响。

欲求之多寡及对于这欲求的供给需要关系,科学及其工艺的应用底发达程度,生产行程底社会的结合,生产机关底范围,以及各种自然关系),各劳动种类底特殊性,各种工具底精良不精良,各个劳动者底勤勉、能力、熟练、不熟练的差异等等都是受考虑的。至于社会的劳动则不然,他是将这个个的境遇,各种特殊状况离开,在一般上将他们都化为平均了的平均劳动。详细点说,社会的劳动就是在一定时代的社会状态之下,将各种特殊的社会关系化为普通平均的关系,将各种劳动种类底特殊性化为普通平均的性质,将各种效率不同的工具底效率化为一般的平均效率,将各个勤勉、能力、熟练程度不同劳动者底这些程度化为一般的平均程度了,而考虑的各个商品里面所包含的劳动。(本文所说社会的平均程度就是指平均的社会关系,平均的劳动性质,平均的机器效率而言,劳动之平均熟练就是指各个劳动者底平均勤勉、能力、熟练程度而言)。所以社会的劳动,亦可以叫作平均的劳动。所谓社会的必要劳动或平均的必要劳动,就是在这种种社会的平均生产条件之下,为社会生产有用的或必要的物品所不能不消费的平均劳动。各个商品里面的劳动,本来是无数各个独立生产条件之下的各个独立劳动底总和,但决定一个商品价值的劳动,就只限于这个无差别的一般的社会的平均必要劳动,不是那个各种特殊的独立的劳动了。所以决定商品价值的劳动,完全是抽象的"。

假如个人手工做一把椅子要费 3 个月工夫,而大工场用大机器和几百工人每天能够做出几百把椅子,说个人做的椅子比大工场做的椅子价值要高些,"这是没有道理的"。我们知道,"机器之新改良,使制造商品所费的劳动时间减少了","有了进步的新式机器,生产时比较的少用些人的劳动"。譬如做靴,不论手工做,旧式机器做还是现代大规模工厂做,"靴底价值是照做靴时所必需的平均(或社会的)劳动时间而决定",换句话说,"就是照一切靴内所包含社会的必要劳动而决定"。"金银底价值也照这种方法决定",现在金子的价值比 20 年前贱多了,"就是因为有了新的生产方法,采掘金矿所费社会的劳动减少了二分之一的缘故"。"劳动力底价值也是这样决定的。同别的普通商品一样,他底价值是依生产劳动力所必需的劳动量(或时间)决定的"。这里引用马克思《价值、价格及利润》里一段话:"人底劳动力都只存在活着的个性里面,少不了要消费许多必需品支持或培养生命,但同机器一样也有疲倦的时候,不能不预备人代替他,所以不能没有一点必需品扶持他的妻子,养育他的儿女,使劳动市场内还有接替的人,使劳动的种族永远存留。……总而言之,劳动力底价值是要照劳动力生产、改良及延续所必需之价值决定的"①。马克思说"人类劳动力底价值是照产生劳动力所必需的劳动而决定",指饮食、衣服、房子等生活必需品,"诸君养育幼年儿女,预备诸君老了对于雇主不能完纳血税的时候,好在大小工场内代替诸君的地位"。"能够维持生活,还能够养成代替我们的劳动者的东西——如果我们是工银劳动者,这就是我们劳动力底价值"。②

此章同样涉及《资本论》第一卷有关劳动力的买和卖理论,其讲解的通俗化,牵扯到一些比较抽象的概念,李汉俊在马尔西原作之外,试图增加一些更为浅近的注释。

第3章说明物价和价格:商品的价值照它里面所包含的社会必要劳动来决定,如果说两样不同的东西是一样的价值,就知道其价值相等,在于两样东西"都包含有相等的劳动量"。我们交换商品的时候,决定价值的程度是什么?为什么这些商品能够相互交换?根据上面的研究,"劳动就是价值底尺度";"包含在商品里面社会的必要劳动,就是决定同这些东西交换的东西";"价值一样的商品,能够互换交换,或者能够换那价值相等的别种商品,这是自然的趋向"。"价值,或各商品所依以交换的价值成分,和生产这个商品之社会的劳动底必要有变动一样,也时常随着变动的";如个人使用新式机器,其产品一般的总价值,不过比原来稍微减少一点,因为制造这个产品所需要的平均劳动,"比从前没有减少许多的缘故";等到新法普遍了,"平均的必要劳动大大地减少了之后",这个产品的价值才大大跌落。

《价值、价格及利润》中说:"如果我们把商品当作价值物来考究他,我们就要在实现的或结晶的人底劳动单一形状之下,单独地来考究他。在这个意思上,他们就只以劳动量之多少来受区别。譬如做红砖,比做绸手帕用的劳动要多些"。"说一个商品有价值,就是因为他是社会的劳动之结晶。……所以商品底关系价值(即各种商品底比较价值——译者注3),是要照着他里面所包含的劳动量或数,或是做他的时候所费的劳动量或数来决定的。""要计算商品交换价值,就是从商品以前还是原料时所费的一切劳动,以及辅助劳动之器具、机器、房子等一切生产工

① 马克思这段话,见《工资、价格和利润》里论述"劳动力的价值究竟是什么",其今译文见同上书,第180—181页。比较之下,李汉俊的译文大致正确,但不准确,如遗漏了劳动力的价值,是由生产、发展、维持和延续劳动力所必需的"生活资料"的价值来决定之意。
② 本章引文除另注外,均见李汉俊译《马格斯资本论入门》,社会主义研究社1926年版,第5—12页。

具里面所包含的劳动，加到最后所使用的一切劳动量上面。"①

"在大工业里面，大机器渐渐来替代小机器，不断地采用改良进步的机器，近代方法所生产的商品里面所包含的劳动量，就渐渐减少起来了。这些商品因为他那里面所包含的劳动减少了，价值也是要减少的，这是一定的道理。"

价格"就是拿来交换商品的那货币之称呼"。"用金子底价格来计算，是普通的习惯"；一切纸币，把它能够换的金货的数目都写在上面；金子也一样是商品，"商品是和他含有同量劳动的金子相交换的"；"要之，含有必要劳动时间十点钟的商品，是和含有必要劳动时间十点钟的金子，或是别的商品相交换的"。"价格同价值相等的时候，这是真理。但是供给和需要底关系，有时候使商品交换（或贩买），弄到他的价值以上、或价值以下"；"价值（应为价格——引者注）常常与商品的价值高低不一，但他总是要与商品的价值相接近的"，此处暂不考虑"独占事业的物价"。"如果供给和需要两下是平衡的，商品的市价就同他本来的价值一致"；比较长期的市价变动，"其一高一低，相互消杀，商品底价值仍要归到照制造他的时候所费去的种种分量的劳动来决定的结果"；"一切商品，在一般上都是照他关系的价值，或自然的价格买卖的"。

《价值、价格及利润》中说："如果广而言之，在比较长久的期间内，一切商品都照他关系的价值买卖，那么便没有甚么利润可说了。在各种商业上（不是个个的场合），以为连续不断的利润，是将商品的价格卖到商品的价值以上才生出来的，这种想法是错了的"。"诸君要解说利润底一般的性质，非从下面讲的这个定理出发不可。在一般上，商品是以他实际的价值买卖，利润就是从用这个实际价值买的里面生出来的。这个利润是与商品里面所包含的劳动量相比例的"。"如果诸君不能够照这个假定把利润解说明白，诸君就完全不能够把他解说明白了"。②

以上内容③，主要涉及《资本论》第一卷有关资本总公式的矛盾理论，即货币转化为资本，必须根据商品交换的内在规律即等价交换原则来说明。

---

① 这里引用马克思的三段话，见《工资、价格和利润》中"价值和劳动"一章，其今译文见《马克思恩格斯选集》第2卷，人民出版社1972年版，第174—175页。比较原文，李汉俊的译文虽大体符合，却生涩得多，而关于"商品底关系价值"（应为"商品的相对价值"）的注释，也多此一举，因为他的译文本身就是不准确的。

② 这里引用马克思的三段话，同样见《工资、价格和利润》中"价值和劳动"一章，后两段话原属于相互联结的同一段落，其今译文见同上书，第178页。李汉俊的译文系逐字逐句翻译，却不那么贴切。

③ 本章引文除另注外，均见李汉俊译《马格斯资本论入门》，社会主义研究社1926年版，第12—18页。

第 4 章说明利润是怎样获得的："我们都以为利润是从贿赂或特别权利或专卖等当中生出来的"，常常听说资本家靠掠夺获得利益的大计划；但马克思说，"如果不能够照'商品是用他的价值而交换'之假定把利润解说明白，终久是不能够把他解说明白的"；"所以我们极力地说，平均起来商品是用他的价值而交换的"。劳动者每天收取足够他吃喝、穿衣、住房的工银，如两元美金，相当于每天劳动两小时，"他们是收取他们劳动力底价值，足以够他们生产更多的劳动力的"；工银劳动者把劳动力卖给雇主，"资本家买他们的商品（劳动力），对于他那价值付代价"，但劳动者把他的劳动力卖了一天或一个礼拜，"雇主就尽力延长他的劳动时间"。

马克思说："矿夫两点钟产生出来的价值，就够了每天工银的价值。但雇主是把他的劳动力成天的买去了，所以能够叫工银劳动者每天作上十点钟的工。矿夫为生产两元美金的价值，拿他来从新产出自己的劳动力，每天只作两点钟的工就够了。"① "他把劳动力卖给雇主的时候，雇主要求终日使用他那劳动力的权利——就是劳动者身体能够耐得的长时间"；"如果雇主强迫矿夫每天做工十点钟，劳动者就要比自己取得工银（或是他劳动力底价值）所必需的时间，多做八点钟的工了。这个剩余劳动的八点钟，就是剩余价值或剩余生产"；"于是资本家每天只付两元美金的工银（两点钟的劳动），就可以得到和十元美金（十点钟的劳动）相等的煤炭，或别种商品。利润就是这样生产出来的"；"资本家私得了的那个抵得八点钟或是八元美金的煤炭之价值，就是剩余价值"，对此没有付出任何代价。"构成资本家的生产制度即工银制度之资本和劳动间的交换，都是这样的，而且时时刻刻在那里产生劳动者的劳动者，资本家的资本家"。

《价值、价格及利润》中说："别的事情且不管他，剩余价值之比例，就是产生（或再生产）这劳动力底价值所必需的劳动时间这部分，和资本家所掠夺的剩余时间或剩余劳动这部分之比例。所以剩余价值之比例，就是劳动者除了为生产他那劳动力的价值而工作——工银底代价——以外，多做的劳动时间长短之比例。"② 劳动者拿两元美金即两小时的劳动，去交换或购买同样两小时劳动生产出来的生活

---

① 马克思这段话，在《工资、价格和利润》中没有找到相应的原文，而在"剩余价值的生产"一章，可以找到类似的表述。其今译文见《马克思恩格斯选集》第 2 卷，人民出版社 1972 年版，第 182—183 页。
② 马克思这段话同样见《工资、价格和利润》中"剩余价值的生产"一章，其今译文见同上书，第 183 页。李汉俊的翻译，基本正确，但把"剩余价值率"译为"剩余价值的比例"，有所偏差。

必需品这个场合，矿工的生产所包含的劳动量，是生活必需品所需要的劳动量的 5 倍；"那个必需品，是使劳动者生产更强更多的劳动力的东西"。"如果工银劳动者要求将他自己的全劳动所生产的生产品，去交换那含有和这全劳动量相等的商品，他就已经不是工银劳动者了"；这样一来，资本家早就不雇佣他了，没有剩余价值，也就没有资本家了；"除了卖劳动力外，甚么东西都没有的男女，没有余力来作这样的要求。他们要得到作生活资料的工银，除了卖他的精力或劳动力以外，没有别的方法。资本家就以得利润的唯一目的来雇佣他们"。资本家对劳动阶级，有义务付给充分的资料使他们能够生活能够工作；但资本家尽力想出办法，把每天的劳动时间延长到 10 小时甚至 12 小时，"以图多占些剩余生产或剩余价值"。

"聪明的男女劳动者都不愿意以那价格卖自己的劳动力，他们渐次来要求他们生产品底价值了"；他们不愿意以向来所谓"市价"的工银，被强迫把自己的身体当作单纯的商品拿去卖了。"社会主义主要的要求，就是要废止男女劳动者把自己或自己的精力当做商品出卖的这种事情。我们主张把自己产出的商品，归自己所有，把他拿来交换含有社会的必要劳动量之商品，就是把他拿来交换那代表社会的劳动全量之商品"。我们所以替雇主做工，因为他们有工场、矿山、水车；生产及供给机关（即生产物品的机关）的私有制度，"是把资本家做成主人，把我同诸君做成工银劳动者的东西"。"社会主义者提倡把矿山、水车、工场、土地等，所有一切生产机关，都归多数劳动者所有"。"到了我们做工的工场都归我们自己所有的时候，我们便不须将我们做出的物品交给别人了。我们就成了为社会做出的物品底所有者了。我们所必要的劳动，只有为和商品交换的劳动。我们不情愿把我们当作商品，像靴子、牛马一样，在那最粗俗不堪的市场里面或买或卖，我们提倡我们要作真的男子真的女子（译者按，所谓真的男子真的女子，即非商品的男子非商品的女子）。"①

以上内容，涉及《资本论》第一卷有关绝对剩余价值的生产理论，主要是价值增殖过程理论和剩余价值率即劳动力的剥削程度理论。至于社会主义主张部分，同资本主义积累的历史趋势理论有些关联。

第 5 章说明"便宜的物价与多的利益"：面对资本家不断延长劳动时间，总想克扣工银，劳动者"只有用不断地争斗来支持他的地位，而且只有坚持工银的增

_____

① 本章引文除另注外，均见李汉俊译《马格斯资本论入门》，社会主义研究社 1926 年版，第 18—25 页。

1920—1929 从民国著作看马克思主义经济学的传播

加，或劳动八点钟的缩短，才可以切实维持现状"。劳动者多得点工银，资本家拿到手里的价值就要减少一点，"这与减少劳动者的工银，就要增加资本家的剩余价值，恰是针锋相对"；同样，"每天的劳动时间缩短了，资本家每年所得的剩余价值，就要减少了"。"改良家"以为，如果减少生活费即生活必需品的物价便宜了，我们的生活状态就可以大大好起来，就能够节省我们的工银；他们不知道，生活必需品的价格低下来，劳动力的价值自然要随着低下来，工银也随着低下来，他们以为生活品的价格可以单独地低落。

就个别场合说，如果地主把地价降低一半，劳动者就会省下许多钱，可以买许多别的东西；又如伙食费（食品价格）减少一半，诸君必定要剩下许多钱，"这在诸君个人底场合是不错的"。"但是我们所讲的不是个人的场合"，不过拿它做个例子，以便好懂；我们要问，"便宜的物价，对于劳动阶级，到底是不是幸福"。假定芝加哥市收买住房租给劳动阶级，只以半价出租，又假定实行市有制度，把生活费减去一半；"我们要想想：这样减少是于劳动阶级有利益呢，还是于不直接生产生活必需品的资本阶级有利益呢"？如果一个都市的生活费减少了，别处的男女劳动者就都要到该市来出卖他们的劳动力；他们以为在这个地方得到工作，可以过舒服的生活，能够储蓄些钱，或许还能够升到资本阶级。但是请注意，"如果劳动者都跑到这生活便宜的都会来了，劳动者间对于工作之竞争，就要猛烈起来，自此以后还要照样猛烈下去。于是资本家就要贱买劳动力，男女劳动者就要把工银低到仅仅足以维持他生活费的程度，贱买（应为卖——引者注）劳动力了。于是不转瞬间，劳动者又要觉着他还是一点甚么都没有得到"。"不管是甚么地方，我们从没有听见说物价便宜于劳动阶级有好处的事情。因为他惹起职业上的争夺，不久就要把工银跌落劳动者仅够活命的程度"。[①]

本章内容，同《资本论》第一卷有关相对剩余价值的概念、绝对剩余价值和相对剩余价值、劳动力价格和剩余价值的量的变化等理论相关，但似乎只是摘取其中的个别观点，加以粗浅的解释。

第6章说明"贵的物价与专卖物价"：如果生活必需品的价值增加1倍，假定工银不增加，那么劳动力的价值所交换的商品即食品、衣服、房子，比从前贵了1倍。"改良论者"说，这是杂货商、肉商、布商、地主们掠夺诸君；诸君的雇主固

---

① 本章引文均见李汉俊译《马格斯资本论入门》，社会主义研究社 1926 年版，第 26—31 页。

然掠夺，但是诸君消费工银时，上述那些人也在欺骗和掠夺。如果工银不和生活必需品同一比例增加，雇主就没有偿还诸君劳动力的价值，因为劳动力的价值是照食品、衣服、房子的价值来决定的。诸君不要因为食品贵房租贵，就说钱用在这些方面受了掠夺，"这个思想不好混杂在脑里"；生活费增加了，诸君的劳动力的价值也要增加，"只有工银和生活费相等的时候，诸君才算是拿到了诸君劳动力底价值"。

在此，译者有一个较长的注4："在近世经济制度之下，人底劳动力是完全从人格离开了的一种可以卖买的商品。所以劳动力底价值也和别种商品底价值一样，是产生（或再生产）这劳动力，或产生仅够维持这劳动者及其妻子子女生命的生活必需品的必要劳动，不是由这劳动力所产生的全生产品底价值。本书所说的'诸君才算是拿到了诸君劳动力底价值'，是说劳动者所拿的工银刚够购买这维持生命的生活必需品，不是说他将自己所产生的全生产品底价值都拿到了的意思。一部分生产品底价值还是资本家以剩余生产的形式拿去了的。读者诸君不要弄混杂了"。

劳动者的供给不足，有时可以使劳动力的交换在它的价值以上，别的商品的供给不足或过剩，有时也可以在它的价值以上或以下交换，"只有专卖品无论甚么时候，都是交换到他价值以上"。"改良论者"说：工银劳动者收取的工银受其雇主的掠夺，他们买生活必需品的时候，又觉得那些商品所有者以劳动者购买力以上的高价卖给他们，于是"定下这些商人也掠夺劳动者的结论"；这些改良论者不了解，生活必需品的价值决定工资。工银达不到劳动力的价值，不是个个劳动者都如此，也有男女劳动者的工银比他的劳动〔力〕的价值些微多一点；同时，工银不能长久地在劳动力价值以下，"不吃饭，就不能工作"。"就一般而言，劳动阶级是刚刚收取他劳动力底价值的。换句话说，劳动者底军队是要受取生活费刚刚足以产生明天及二十年后更多的劳动者的。那工银跌落，减到刚刚够生活费的价格，这是失业者争求职业的结果"。

在这里，译者又有一个注5："在近世经济制度之下，劳动（应为劳动力——引者注，下同）既然完全是一种商品，他底价格（工银）自然也和别种商品一样不能超过他那价值（为再产生这劳动所需要的生活必需品的价格）以上，或低落到价值以下。低落到价值以下，劳动者就要死亡，资本家无所掠夺；超过价值以上，劳动者间就要发生职业的没有阶级觉悟的劳动者间必然发生的争夺，使工银减到刚够生活费的价格。所以生活必需品底价值增大了，劳动者底价值必然也要增大，但不能增加到生活必需品底价值以上"。

所以，雇主对我们劳动力的价值给得不足时，我们不要责备杂货商、肉店、地主；"我们为活命计，不能不要求更高的工银"。但高的工银不一定是食品、衣服的价值增高了的意思，而是金货的价值即"交换尺度"低落了的意思；"差不多一切商品都因为近世生产法将他那里面的必要劳动减少了，价值遂有低落倾向"；金子的价值比肉、靴子、面包的价值，还要跌落得快。生活费的价值低落了，工银的价值低落得更快，"所以这金货（工银）如果在价值上不使生活必需品低落，金子就只能和更少的生活必需品相交换"。

"改良家大大地要求物价低廉，但是革命家要求工银（劳动力底价值）昂贵，又为日后废除工银奴隶努力。我们晓得，无论如何，工银是在渐渐增高，和生活费一致进行"。一则"生活必需品价格之增涨，是由商品价值之增涨而来。如果我们要取到劳动力底价值，我们的工银，也应该同等的增涨"。二则工银（或金货）的价值跌落，跌到不够买生活必需品的地步，"我们如果拿不着更多的工银，我们应该是比我们劳动力底价值拿得少些的"。

从"专卖的物价"中，可以想象"改良论者"的论调。首先，"一定没有绝对的专卖，或永久的专卖"，总有人供给代用品，还有人常常准备着代用品。"能够任意抬高商品底一般价格，又能够维持那个价格，这种人是不会有的。如果有人能够有这种力量，他就能够把自己的商品标上无限的价格，确立世界的独占权了"。所谓专卖，同劳动者一样，也受经济法则的支配。自古以来，没有专卖家慈善到有意让自己所有的物品跌价；同时仅以他们的想法，也断不能抬高价格。美国有类似的专卖，的确能把商品卖到价值以上，这是少数从事食品、衣服、房子的生产者。专卖家掌握商品的一时支配权，并非就能把商品价格抬高起来。举个极端的例子，供给食品和衣服的专卖家握有一时的绝对权，把生活必需品的价格提高1倍，雇主也不能不把工银增加1倍；雇主如果得不到利润，就要拒绝增加工银，关闭工场，这样一来，专卖家也不会有生意了；专卖家如果能够把生活必需品的价格增加1倍，又能够促使雇主把工银增加1倍，可以说是向雇主"强求剩余价值之分配"。"大凡所谓专卖，就是专卖家比雇主力量大，能够使雇主将所占我们生产品价值之一部分分配给他"。"实在的战争"是专卖家和雇主"两个人之间的战争"，对劳动者来说，如果没有拿到自己的劳动力价值，还是不能持久的。①

---

① 本章引文均见李汉俊译《马格斯资本论入门》，社会主义研究社 1926 年版，第 32—43 页。

本章同前章一样，不曾直接引用马克思的观点，但始终围绕《资本论》的一个重要思想，即剩余价值的产生，同样遵守等价物交换的原则，而不是来自物价的便宜或昂贵，商品可以按照和自己的价值相偏离的价格出售，那是违反商品交换规律的现象，不是增大价值的手段。这是作者论述的一个重点，在全书各章中占最多篇幅。不过其中一些论述，除了反复强调，或许因为翻译的原因，虽然通俗易懂，却未能严格把握若干重要概念的区别，如价值与价格、劳动力与劳动等，显得颇为紊乱。

第7章说明工银：工银劳动者改良他的条件，现在有数种方法，如物价低廉及其对劳动阶级生活的影响；但随着生活必需品的价格降低，工银劳动者间的职业竞争，使工银低落到适合的程度。"雇主不能随意跌低工银，正与资本家不能随意抬高商品价格是一样，这种事情对于价格涨落底调节，是很便利的。生活费低落了的时候，失业劳动者就要使工银（劳动力底价值）低落的。无论如何，我们都找不出物价低廉于劳动者有什么好处"。"劳动力底价值及价格，也同别的一切商品底价值及价格一样，要受精密的决定的"。工银劳动者总想拿高价的工银，或比较他们的劳动力更高的价格，因而减少雇主所得的一部分剩余价值；"但社会主义者及革命的劳动者，是主张把他们的生产全部都归为他们所有"。"那惊惶失措的经济学者，一遍又一遍地叫道增加工银，于平民阶级没有甚么益处。他们力说工银增加了，资本家也就抬高生活必需品底价格，结果还是一样"。

但是，马克思在《价格、价值及利润》第2章里说："增加工银，于商品价格发生甚么影响呢？他只不过在这些商品需要及供给间实际的平衡上发生影响罢了"。"就全体上着想，劳动阶级把他的收入用到必需品上去，并且不能不用上去，这完全是事实。所以工银率一般的增高，是要促起必需品需要的增加和市价一时的增高的。生产这些必需品的资本家，或许能够依商品底市价增高来抵偿工银底增高"。[①]"注意！马克斯说，因为对于衣类、食品和较好的房子之需要增加了，必需品底价格暂时或许是要增高的，但这断不是因为资本家决定要抬高价格的缘故"。

---

[①] 马克思这两段话，见《工资、价格和利润》第2章"生产、工资、利润"，原是相互联结的两个段落，引用者的表述不完整。其今译文见《马克思恩格斯选集》第2卷，人民出版社1972年版，第154页。李汉俊的翻译，总体吻合，但有的语气变了。如马克思说，生产必需品的资本家，是靠提高其商品的市场价格来补偿他们所支付的工资的提高；这个肯定的说法，在李氏译文里，变成不确定的"或许能够"。另外，把原文中"工资水平的普遍提高"，译为"工银率一般的增高"，也不准确。

马克思接着又说："生产非必需品的资本家底地位怎样呢？他所得的利润率虽然因劳动工银的增加而减少，但他不能抬高他商品底价格来抵偿。这是怎么道理呢？就是因为对于他商品的需要不增加的缘故。……因这个需要减少的结果，他们商品底价格就要跌落。因此这些产业各部分的利润率，也就渐渐减少下来，……投到各种产业各部分底资本发生利润率互相不同，其结果如何呢？其结果，就是利润的平均率，大概总以一种理由在其生产互相不同的领域内，生出差异来。资本和劳动都从利益少的领域，向着利益多的领域移去。他那移动的过程，就只包括一部分产业里面，供给随着需要增加的比例而增加的部分，不能达到需要减少的部分。因为这个变化的影响，利润底一般率又在别的部分得到均等。这个扰乱，原来只是从各商品底需要和供给的平衡上，发生了变化牵动起来的；如果这个原因停止了，这个结果也自然停止，价格也就要归到从前的平衡了"。"所以工银率一般的腾贵，在一时扰乱了市价之后，不与商品底价格以甚么永久的变化，只促起利润率一般的递减罢了"。①

对此，译者有两个注释：注6说明生产非必需品的资本家因其商品的需要减少，他们的商品价格就要跌落一语，即"生产必需品底需要、价格都增高、腾贵了，只有非生活必需品底需要、价格不能增高、腾贵，在比较上就是需要减少，价格跌落"。注7说明"这段所说的，是工银率就是一般的腾贵能够使市价受一时的扰乱，但商品底价格仍然要归到价值的水平线内去，不过剩到资本家手里的剩余价值要减少下去罢了"。②

可以举出具体的例证来说明马克思的说法，如矿山里唯一一家饭馆对来吃饭的矿工涨价，会引来其他饭馆的投资竞争，互相竞争的结果，降低了伙食费的平均价格，迫使有的投资者搬往别处。也就是说，价格比较贵时，会有新的投资者进来，平均价格跌落时，投资者就转移他处。

马克思说："男女劳动者得到了高价工银的时候，他们就把这个增加的用到比平常好些的饮食、衣服、房子上面去。就是促起对于饮食、衣服、房子的要求。资

---

① 马克思这一大段话，见上述原著同一章的两段内容，有所省略，其今译文见《马克思恩格斯选集》第2卷，人民出版社1972年版，第154—155页。显然，李汉俊的翻译未能译出原文的韵味，反而使其中的一些意思变得晦涩起来。
② 这两个注释，前一个注释没有多大必要，原文说得很清楚，倒是译文的表述，把它的意思弄模糊了。后一个注释偏离了原文意思，原文没有说工资水平的普遍提高，会减少资本家手里的剩余价值这个涵义。

本家也对于食品生产、衣服制造、房子制造，开始投资。资本家间的竞争，屡屡把这些物品底价格跌落到比劳动工银增加以前还要便宜。到了物品价格跌落到比工银未涨以前还要便宜的时候，那些资本家就要想着去到别处好赚钱些了"①。

马克思又②在《价值、价格及利润》最后一页说："工银率一般腾贵之结果，虽然要惹起利润率一般的减少，但是就广义说，于商品底价格是没有影响的"③。

本章内容④，引用马克思的原话较多，也能在《资本论》第一卷里找到类似的表述。不过全章突出的是工资水平和商品价格的关系，与工资理论相关联的其他一些重要观点，被省略掉了。

第8章也就是最后一章，说明缩短劳动时间："无论如何，高价工银既然是有好处，我们就不能不研究如何才能维持这个高价，使他不至于低落"。

"现在的劳动阶级，还没有以一个阶级十分团结起来，能够对于他底劳动力向资本家要求世界的高价格，即生产价值的一大部分，这是事实"。何谓"世界的高价格"，译者以注8解释："世界劳动阶级全体所得工货，在平均上，比从前高的意思"。"如果他们有了阶级的觉悟，好好地团结起来作这个要求，那时候，他们就不仅仅于要求增加工银，一定还要要求将工银制度根本废弃"。

"但是资本〔家〕对于劳动者不断地宣战，把工银跌落到最低生活费相当的地步，并且把生活的标准尽力弄低，把劳动时间尽量延长，弄到劳动者底身体刚能承受。于是劳动者就觉着为保守他们现有的贫弱地位，还得不断地继续战斗。所以我们到处看见了劳动者的小团体，同雇主相争斗。他们是为维持现有的劳动条件，成为改良那受不了的条件而争斗的"。注9解释战斗的意思："劳动者所处的地位，就已经贫弱到十分地步了，但是资本家还要不断地来危害他们，他们就是要保守他们贫弱到十分地步的现有贫弱地位，都非不断地与资本家继续战斗不可"。

男女工人每天做工10到16小时，没有读书或劳动运动的工夫，"是明明白白

① 这段话标明马克思说的，但没有说明出处，似乎出自前引《价值、价格及利润》一书，但查找《工资、价格和利润》原著，没有发现对应的表述。这里不同于前面引用马克思的话有明确的原著依据，大概是引用者根据马克思的意思，用自己的理解来表述。惟其如此，才能明白这段引文何以不像马克思的原话，不那么严谨。

② 这个"又"字，似乎也证明上述引文，同样引自马克思的《价值、价格及利润》。

③ 马克思这句话，见《工资、价格和利润》最后提出三条决议案中的第一条，其今译文见《马克思恩格斯选集》第2卷，人民出版社1972年版，第204页。李汉俊译出了马克思的原意，但用"广义"一词来翻译"整个说来"，易生歧义。这个表述，后面第8章里，又被译作"大团体上"。

④ 本章引文除另注外，均见李汉俊译《马格斯资本论入门》，社会主义研究社1926年版，第43—48页。

的事情"；工人每天劳动 8 小时比每天劳动 16 小时，工银要拿得多些，"也是明明白白的事情"；每天劳动 8 小时的人，同每天 16 小时不离机器的人，"两下有轮流交换的必要"。对此，注 10 解释："每天只作八点钟工的劳动者，较之每天作上十六点钟的劳动者，能够有工夫求智识，能够和资本家奋斗，所以资本家不敢欺负他们，不能不听许他们底要求，他们底工银也就拿得多些。劳动者是一个阶级，利害都是一致的，就应该本互助的精神，境遇好些的就应该援助境遇坏些的，使不能求智识的也能够求智识，使不能和资本家奋斗的也能够奋斗，以使劳动者成一个阶级来奋斗，使劳动运动更为有力"。

比起熟练工组合和雇主对抗的孤立行动，单是团结行动，"对于这阶级的共同一致，实在也给我们有意义的教训"。"因为熟练工的战斗，已成了更模型（似为典型——引者注）的失败，他们现时正在强烈的要求更广大的世界劳动者底团结"。熟练工组合的斗争，已经没有必要是熟练劳动者了，"虽然因为生产能力大的机器进步了，劳动者底胜利更加困难至于不可能，但每一着手，是从没有一回失败过的"。对此，注 11 解释："英国底职工组合是熟练工组合，从前他们之所以能够发达，能够当得胜利的也是为此。但真正的劳动运动只要劳动者有了阶级觉悟，能够多数团结起来就有了，不必要甚么熟练工人。现在机器进步，有许多要人力的地方，都可以用机器力来替代，熟练工底必要差不多没有了，劳动者间熟练不熟练的区别差不多也消灭了，劳动者底胜利差不多成为不可能了（现在英国职工组合之所以有衰败之兆，新组合之所以有勃兴之气的，也是为此），但是他们只要能够多数团结起来奋斗，无有不成功的"。熟练工劳动者，曾经能够组织熟练劳动"专卖团"或组合，因为需要特别熟练的缘故，让雇主给他们短少的时间，高额的工银，更有利的劳动条件，但"这些胜利，都是从专卖他那特别熟练来的，不是从劳动者方面的阶级觉悟来的"。

现在世界的劳动者，以金子为价值标准的各国劳动者，都在要求更高的工银，并一步步得到它；"这是因为金子底价值跌落了，比较从前换商品换得少些的缘故，又因这个缘故，惹起了物价的腾贵和生活费的增加"。现在这些劳动者从雇主资本家那里拿到高价的工银，是因为生活费用增多，就和养马一样，马料贵了，供给马吃须费更多的钱。"尽管一切争斗是培养阶级意识的，如果不出消极方法的范围，他们还是不能用阶级自觉的努力，增高他们工银"。

近代的机器，已经消灭了曾经迅速增加的熟练劳动和不熟练劳动之间的差别；

熟练劳动者挤到不熟练劳动者阶级里面，不熟练劳动者挤到失业者阶级里面；"于是一切劳动者渐渐挤到了同一水平线上去，互相争夺职业的事，就激烈起来了"；"只要经过许多年代人类所发明最可惊的自动机器进步不停止，这人类无停息的危懼和下等的劳动就一天也不能解决"；"因为这些，所以劳动者就不能不天天从事争斗，争斗也就一年激烈一年"。成千上万的男女都挤到失业者里面，"我们不能不想法子来减少无职业劳动者"；"他们非各职业各职业（原文如此——引者注）团结起来要求短缩劳动时间不可"。如果实行每天八小时制度，美洲就有一百多万的男女可以从明天起获得新的工作；"从此他们就有了闲暇，也可以读书，也可以尽力于改革社会事业底运动了，美洲的工银也就要渐渐高起来"；"因为争夺职业的人少了，劳动者也就可以随意要求增高工资的"。再讲一遍，"近代的机器把无数的男女，一阵一阵送到失业者里面去。如果时间缩短了，可以使更多的男女劳动者得着工作，劳动者底共同一致及阶级意识争斗精神足以令人惊恐的发展，姑且不说保持一定的工银总能够做得到，并且增加工银也能够做得到"。

"使男女劳动者底投票散满全国罢！世界底男女劳动者，非把他那工场里面的朋友，矿山上的伙计，水车上的同伴，选到一切衙署公所里面去不可。非把自己或同伴劳动者赶紧放到政府底要地，无论何时，无论何地，无论如何，都使裁判便于自己，赶紧编练自己的军队，管理自己的兵器库，编制自己的警察和自己的法律来救济自己不可"。"我们非以产业为基础团结起来不可。我们要有拿着我们的政府去撤废资本主义的准备，同时我们又非代替他们的地位，把世界的劳动者收容到我们产业的团结里面，一致的来废止工银奴隶制不可"。[1]

本章内容，初看与《资本论》的工资和工作日理论，特别是工人争取缩短工作日的斗争理论相关，细看又不尽然。文中强调劳动者团结起来争取高额工资和争取八小时工作日的阶级意识，本来不错，但最终的结论是全国乃至全世界的劳动者可以通过投票选举途径，凭借人数优势，进入各种权力部门或政府要地，然后做出有利于自己或救济自己的各种决定，包括建立自己的军队、兵器库、警察和制订自己的法律，进而根本废弃或一致废止"工银奴隶制"。这个结论对当时的劳动者队伍固然有号召力，然而期待以票选制度作为主要手段来实现废除雇佣劳动制度的目标，这个说法同马克思的消灭私有制理论并不一致，甚至有所偏离。看来，作者的

---

[1] 本章引文均见李汉俊译《马格斯资本论入门》，社会主义研究社 1926 年版，第 48—54 页。

通俗解释，选取马克思经济学说中较易为劳动者所理解、或便于激发劳动者的阶级意识从而团结起来开展现实劳动运动的那些理论，并不考虑其理论本身内在逻辑的整体一致性。本章多次出现译者的注释，可以显现译者对原作论述的不凡理解能力，不过它们从未超出原作的深度，亦未能摆脱原作的局限。

## （三）译本分析

用这么多篇幅详细介绍《马格斯资本论入门》译本，因为"学界一般公认李汉俊翻译的第一部马克思主义著作"①，即这个中译本。据说他留学日本期间，开始信仰马克思主义，惟1918年回国后最初一段时间，未见署名撰述马克思学说的著作或译作②。另外，创建中国共产党的先驱者中，李汉俊以他所具备的素养、条件和眼界，可算是少数几个有能力传播马克思经济学说的代表人物之一。换句话说，他翻译《马格斯资本论入门》，不仅代表了他个人对马克思经济学说的理解能力，还代表了建党之前那些先驱者们翻译马克思经济学说的前沿水准。这个中译本究竟有什么特点？根据前面的介绍和评点，至少可以指出以下几点。

一是中译本属于通俗介绍马克思经济学说而不那么严谨的入门类书籍。有人说，这个译本的英文原著，"在日本备受称赞"，除远藤的译作之外，还有其他的日译本，"严格讲来，原著并非解说《资本论》，而是社会主义的简明入门著作"③。其实，就原著而言，它不只是一般社会主义的简明入门书，还是以马克思的《价值、价格与利润》原作为依据的启蒙书籍。书中面向劳动者阶级讲述经济生活的道理，经常引用马克思这本著作的观点，引用过程中并非按照马克思原作的严密思维逻辑，而是根据引用者的讲述次序做零散的摘录。考虑到马克思1865年关于"工资、价格和利润"的报告，正处于写作《资本论》同一期间，此报告论述了《资本论》第一卷的一系列核心理论观点，可算是《资本论》第一卷的通俗版本，因此，将中译本原著看作以更为浅显的形式来解说《资本论》的要点，亦无不可。

就中译本而言，李汉俊选择英文原著的日译本重译，正是出于阅读《资本论》

① 李丹阳：《关于李汉俊对马克思主义著作翻译情况的探讨》，《上海革命史资料与研究》第8辑，上海古籍出版社2008年版。
② 参看谈敏：《1917—1919：马克思主义经济学在中国的传播启蒙》，上海财经大学出版社2016年版，第3编第4章第2节三。
③ ［日］石川祯浩著，袁广泉译《中国共产党成立史》附录二，中国社会科学出版社2006年版，第346页。

的需要。由于《资本论》的理论复杂，不容易理解，短期内又不可能出现《资本论》的中文译本，于是退而求其次，先寻找适合的通俗解说本，作为前期铺垫，以便将来能够阅读原作。在寻找合适解说本的过程中，最初看上考茨基著《马克思的经济学说》，也就是戴季陶翻译的《马克斯资本论解说》（李汉俊参与其间），但对于没有经济学知识的普通读者来说，仍嫌难度较大，这才转向更加通俗的《资本论入门》。尽管其英文原著的题目并未包含《资本论》或马克思经济学之类的醒目字样，可是读过之后，都能感觉这是解说马克思经济学说的通俗读物。正如李汉俊在序言中所说，它说明了马克思经济学说的"骨子"即若干基本理论概念。几个日译本的翻译，不约而同，都将其题目标注为《通俗马克思资本论》《马克思主义与劳动者》《马克思经济学入门》等①，突出原著解说《资本论》或马克思经济学说的色彩。李氏中译本更径直译为《资本论入门》，并从阅读这本书到阅读《资本论》，引出中间有一个重要阶梯，即马克思的《价值、价格与利润》，通俗和观点明确地显露马克思的整体经济学说，这也是李汉俊同时着手翻译这本著作的初衷。从这个意义上说，以《资本论入门》即《资本论》的入门，也不为过，或者说，它比其他社会主义的简明入门著作，更贴近《资本论》。

二是中译本显示了李汉俊对《资本论》或马克思经济学说的求索精神、理解能力和信奉态度。说到求索精神，典型体现在为了掌握马克思学说，从难度大而复杂的马克思经济学说尤其它的代表作《资本论》入手，一步步寻找深入其意境的入门阶梯，由通俗的《资本论入门》，到较为系统的《价值、价格与利润》，再到艰深的《资本论》。这不同于有人翻译马克思的经济学著述或解说马克思经济学说的著述，出于一时的兴趣或冲动，没有长远的目标。他孜孜于引导读者特别是青年学生由浅入深，逐步做到最终能够阅读《资本论》原作，这股矢志于向民众普及马克思经济学说的执着劲头，也不同于有人接触马克思经济学说，并非着眼于宣传和推广马克思经济学说，仅属猎奇，或只当作纯粹的学术研究对象。

说到理解能力，可以看到前面引证的各章译文，凡是涉及马克思理论观点的引用和解说部分，翻译基本正确。虽然细节方面稍有偏差，或表达得不完全准确，尤其对照今译文还有明显不足，但无伤大雅。特别是译者的注释，除第8章外，几乎都集中于引用马克思的有关经济理论概念，这些注释，有些重复原有的论述，也有

---

① ［日］石川祯浩著，袁广泉译《中国共产党成立史》附录二，中国社会科学出版社2006年版，第346页。

一些确实使原有论述中不易理解的若干难点，更加平易和清晰。所有这些，都表明李汉俊对于马克思经济学说，具有超乎当时国内一般接触马克思经济学说者的深入理解能力。

说到信奉态度，亦见诸李汉俊的注释，尤其第 8 章 4 个注释，均显示译者对原著观点的附和与引申。一则原著论述现在的劳动阶级还没有团结成为一个阶级，能够凭借自身的劳动力向资本家要求"世界的高价格"。译者解释这是指世界劳动阶级整体所得的平均工资，应比从前更高。这个解释，显然赞成原著的观点，意在将劳动阶级从团结为一个阶级，扩展到整个世界的劳动阶级。二则原著论述资本家对劳动者的压榨，迫使劳动者为了维护自身的贫弱地位，要持续地战斗以对付资本家的宣战。对此，译者解释劳动者已经十分贫弱，资本家还不断危害他们，因此劳动者不得不与资本家不断战斗。这个解释，强调资本家不断危害贫弱劳动者，显然也同意原著的论点。三则原著论述每天工作 8 小时的劳动者，比起每天工作 10 到 16 小时的劳动者，在获得读书或参与劳动运动的机会以及工资数量等方面，都具有优势，两类劳动者有必要"轮流交换"。这个表述容易引起误解，为此，译者解释，每天工作时间短的劳动者不同于工作时间长的劳动者，有条件学习知识，同资本家斗争，迫使资本家满足他们的要求，提高其工资待遇；面对这种差异，不是主张两类劳动者相互换位，而强调"劳动者是一个阶级，利害都是一致的"，应该本着互助的精神，境遇好的劳动者援助境遇差的劳动者，同样有条件学习知识并和资本家斗争，"使劳动者成一个阶级来奋斗，使劳动运动更为有力"。这个解释，较之原有论述（或许译文有偏差），不仅体现劳动者的互助精神，还提升到具有不同差异的劳动者应当团结为一个阶级，共同与资本家斗争的劳动运动观念（原著其他地方，也论述了所有劳动者同属一个阶级应团结起来的思想）。四则原著论述机器生产能力的极大进步，使得熟练劳动者失去其必要性，也使得劳动者的胜利更加困难，但只要开展劳动运动，就不会失败。这里是说随着机器的普及运用，从事手工劳动的熟练劳动者及其工会组织，逐渐丧失优势。围绕于此，译者的解释以英国的熟练工人工会为例，进一步指出，这种工会运动曾经是熟练工人得以发展并获取胜利的原因，但"真正的劳动运动"是劳动者有了阶级觉悟，能够团结大多数劳动者，不必只是熟练工人；再从客观条件看，机器的进步代替了人力，没有必要使用熟练工人，差不多消除了熟练与不熟练劳动者的区别，使得原来熟练工人的工会运动几乎不再可能取得胜利，这也是英国以熟练工人为主体的旧工会运动出现"衰败之兆"，新工会继起"勃兴之气"的原因；所以，只有团结多数劳动者起来斗争，才能获得成功。这个解释更加清楚，将前一解释有关劳动者同属一个阶级，利害一致，应以互助精神将具有不同差异的劳动者团结起来，形成整个阶级的劳动运动来同资本家作斗争的思想，具体化为实例，说明在新的机器生产条件下，突破单凭熟练工人运动的局限，团结包括非熟练工人在内的大多数劳动者，才能无往而不胜。以上解释，集中于以劳动者的阶级觉悟及整个阶级的一致运动或"真正的劳动运动"，取代以往部分熟练工人保障自身利益的局部运动，才能有效对抗资本家阶级的思想。这个思想，来源于马克思经济学说，又不同于那些对马克思经济学说的学究式考证，站在劳动者阶级的立场上，证明并呼吁劳动者同资本家斗争的基本方式，必须团结起来形成一个阶级整体的劳动运动。所有这些，超出单纯的翻译范围，表现为信奉马克思经济学说并用以指导劳动阶级运动的态度。

三是中译本的思想同李汉俊此前论述劳动运动的思想一脉相承并为其奠定理论基础。李汉俊1918年回国之初，据说曾参与考茨基《资本论解说》的翻译并提供有关马克思学说的咨询，但从他1919年公开发表的著译文看，很少提到马克思学说，更不用说系统解释马克思经济学说。在此期间，他在《星期评论》上发表了一系列关注劳动者和劳动运动的文章和时事短评，如说明人类如何发展的《怎么样进化？》，美国世界产联受马克思学说影响的《I. W. W. 的沿革》等，可以感受作者的马克思学说功底；那些短评，凡涉及劳动者与资本家冲突的地方，都站在劳动者一边评点资本家的所作所为。这种倾向性评论，同《资本论入门》译本为劳动阶级运动提供理论支撑，没有什么差别。他与别人合译发表日本社会主义活动家的《世界思潮之方向》一文，文本翻译之后，又以译者按语形式，声明自己作为民党或革命党，只是平民、民众、无产阶级的一分子，面对军阀和官僚等黑暗势力的恶魔本性，要自己去争取所需要的东西，无须别人的同意和赐给。此类评论和声明①，典型体现了他维护劳动阶级利益的立场，虽然从中还看不出对马克思主义的信仰，但翌年翻译和出版向劳动阶级普及马克思经济学说知识的《资本论入门》，乃顺理成章之事。换言之，《资本论入门》中译本的问世，表明他公开为劳动阶级说话，从原来出于普通的阶级感情，上升到运用马克思经济学说加以论证的理论层面，也就是说，既与此前论述劳动运动的思想一脉相承，又为这种阶级感情的升华

---

① 参看谈敏：《1917—1919：马克思主义经济学在中国的传播启蒙》，上海财经大学出版社2016年版，第3编第4章第2节三。

奠定了马克思经济学说的理论基础。此时的李汉俊，正如时人所述，已是马克思主义者，而其他合作者只能算作马克思主义的研究者或介绍者①。

四是中译本的局限性。原著作为通俗解释马克思经济学说的普及性著述，其意图不在于系统阐释马克思经济学说，而是借助其中若干重要论述，启发劳动者团结起来的阶级觉悟。阅读对象若是劳动者或其利益的维护者，此作的效果显而易见，但对系统理解马克思经济理论来说，此作只是零散的摘录和通俗的解说，虽涉及一些基本经济概念，终究不能揭示马克思经济学说内在完整的论证逻辑与理论体系。原著如此，中译本的翻译和注释，当然也不能超出这个局限。此其一。其二，中译本的译文，总体上看，表达了原著的基本意思，包括原著引用马克思经济学说中一些颇具理论难度的论述，翻译也能不失其原意。可是从准确性上说，译文的生涩和某些偏差，又妨碍了对马克思经济学说的通俗理解。中译者说，因为缺乏经济学知识，国人非得先读《资本论入门》之类的通俗读本不可，然后经过阅读马克思原作如《价值、价格与利润》一类的通俗台阶，最后才有可能阅读《资本论》原著，那是时代的局限之所致，于中译者无涉。其三，也是更重要的，中译本号召劳动者团结起来，最终废弃现行雇佣工资奴隶制度，这是一个激进的结论，也符合马克思经济学说的本意。不过，书中提出的实现路径，似乎只限于议会选举方式，让全国乃至全世界的劳动者在争取高额工资和八小时工作日的过程中培养阶级意识，把全体劳动者组织成为一个阶级从而占据多数地位，借助这个优势，通过投票选举获得多数议会席位，便可以掌握包括政府、军队、警察、法律等在内的一切国家权力并维护劳动者的阶级利益，直至废除雇佣劳动制度。如此说法，可以作为团结劳动者队伍的阶段目标或某种方式，但作为唯一方式，显然背离了马克思经济学说的原意。

## 二、《马克思经济学说》译本

德国考茨基（原译"柯祖基"）著，闽侯陈溥贤②重译，共学社 1920 年 9 月初

---

① 戴季陶曾说："执信先生是尼采和马克斯的合成人格，汉俊是马克斯主义者，展堂先生是马克斯主义研究者，我只可算是马克斯主义的介绍者吧"。见考茨基原著，戴季陶翻译《资本论解说》，上海民智书局 1927 年 10 月版，戴季陶"序言"。

② 陈溥贤（1891—1957），字博生，福建闽侯人；1912 年留学日本早稻田大学政治经济学科，毕业后游学欧美，1916 年前后回国，入《晨报》，1919 年任总编，1920 年为驻欧洲特派记者赴英国；1924 年遭缉捕，1928 年《晨报》停刊，随张学良去东北，历任《民言报》主笔、东北边防军司令官公署顾问等；1930 年任北平晨报社社长，后加入南京"中央通讯社"，1936 年被任命为该社东京特派记者；1938—1948 年任国民参政会议员，1940—1950 年任"中央通讯社"主笔，卒于台湾。

版（商务印书馆发行），对此，我们并不陌生。此前的考察，已经了解到它最初连载于《晨报》1919 年 6 月至 11 月，后经订正，以单行本形式刊行于 1920 年。那个考察，曾对照 1919 年连载本的译者"导言"与 1920 年 12 月再版本的译者"凡例"，看到一些修改的印记，如将题目由"马氏资本论释义"改为"马克思经济学说"等，但总体上变化不大①。这个判断，还可以用来比较 1920 年 9 月初版的这个单行本②。从目录看，初版本基本上沿袭连载本的译名，到了 3 个月后的再版本，才显现些许变化。如后者将前者的"货币之资本化"改为"货币的资本化"，"劳力之榨取率"改为"劳动力的榨取率"，"手工组合员之剩余价值与资本家之剩余价值"改为"手工组合员的剩余价值与资本家的剩余价值"，"劳动者与劳动道具"改为"劳动者与劳动器具"，"机械组织之发达"改为"机械组织的发达"，"工钱"改为"工资"，"劳力价格之工钱化"改为"劳力价格之工资化"，"剩余价值怎么变做资本呢"改为"剩余价值怎么样变做资本呢"，"资本家之节制"改为"资本家的节制"，"其他影响劳动者的节制及蓄积的范围的事情"改为"劳动者的节制及蓄积范围所受之影响"，"工钱铁则"改为"工资铁则"等。

1919 年，当陈溥贤署名渊泉，从 6 月起在《晨报》上连载《马氏资本论释义》时，稍后戴季陶也以季陶之名，从 11 月 2 日起在《民国日报》"觉悟"副刊上连载同一著作的第 1 节《商品生产的性质》，后者的译文似乎通顺些，但只有 6 期的节译连载篇幅，远不及前者长达 138 期的完整翻译。几乎同时，戴季陶又在《建设》杂志第 1 卷第 4—6 号连载篇幅更多的《马克斯资本论解说》译文，持续至1920 年 9 月，似乎打算提供一个完整译本，然而随着杂志停刊，连载约 1/3 篇幅后，中断了这一打算。此后经胡汉民补充，又有其他人参与合作，最终以单行本形式出版该原著的全译本即《资本论解说》，已是 1927 年 10 月，滞后于陈溥贤的全译本整整 8 年③。可见，陈氏全文翻译考茨基的《马克思经济学说》，最早起步，最先发表，到 1920 年相继初版和再版单行本，形成比较成熟的版本。因此可以说，不论在 1919 年还是到 1920 年，就翻译当时被认为解说马克思经济学说最权威的通

① 参看谈敏：《1917—1919：马克思主义经济学在中国的传播启蒙》，上海财经大学出版社 2016 年版，第 4 编第 2 章第 5 节。
② 德国柯祖基著，陈溥贤译《马克思经济学说》，共学社 1920 年初版。
③ 前面李汉俊在《马格斯资本论入门》译本序言里，提及戴季陶连载于《建设》杂志的《马克斯资本论解说》译本，有原著 4/5 的篇幅，不久将出版单行本。这个说法与事实不符，实际连载的内容仅及原著 1/3，单行本的出版更是大大延迟。另外，李汉俊对当时渊泉已于 1919 年连载并于 1920年 6 月初版的全译本，视而不见，似乎有意回避。

俗读本即考茨基的原著而言，陈溥贤的贡献与地位，罕有其匹。

这里还留下一个疑点，有待查证。陈溥贤（即渊泉）1919年连载本的最后一章，对照今译本，不知为何原因，用省略号删去原著中一些看起来比较激进的评价。如资本主义生产方式的矛盾必然引起资本家阶级和工人阶级之间的冲突，激起工人的阶级觉悟，推动他们从事政治活动，促使工人政党纷纷建立；解决这个矛盾的办法是实行生产资料和产品的公有制，使占有形式适应生产方式，生产资料归整个社会所有，个体生产完全变为社会生产，这是社会进一步发展的唯一道路和人类历史新时代开始的标志；等等。我们曾经猜测，这是为了避免当局的忌讳，或出于自愿策略，或出于编辑要求。① 现在对照1920年的初版本或再版本，可以查看这些被省略删去的内容，是还原补上，还是仍付阙如，借以证实或修正原来的猜测。这一步查证工作，有待检阅其初版本或再版本，并非难事。

另外，《马克思经济学说》初版本列入共学社马克思研究丛书出版。这个译本后面的版权页，附有"共学社启"的"马克思研究丛书"预告："马克思的学说，在近时思想界占很重要的位置，现在更是他发展的时代，凡是留心世界思潮的人，都该研究的。但是此项材料，我国尚少输入。本社为此，特地选择研究马克思的重要著作，译成丛书，由商务印书馆陆续出版，特此预告"。附记的书名有：渊泉译柯祖基著《资本论解说》，柯祖基著《文化上底马克思》，郭泰著《唯物史观解说》；一湖译纳肖著《马克思派的社会主义》，燕格士著《空想的与科学的社会主义》；西谿译河上肇著《马克思社会主义理论的体系》，堺利彦、山川均著《马克思传附燕格士传》；品今译格华尼芝著《马克思呢？康德呢？》，格伦修太因著《修正派社会主义》。②

预告里清一色的译著，显示当时国内研究马克思及其学说，缺少国人自撰的代表作，即使有所撰述，其蓝本也取自国外著作，以翻译引进相关的舶来品为尚。这些舶来品，除了恩格斯（原译"燕格士"）的《社会主义从空想到科学的发展》属于马恩原著外，其余都是研究马克思学说的著作，包括对原著的通俗解说或正面阐释，也包括对马克思学说的质疑甚至修正。也就是说，当时推出马克思研究丛书，主旨在"研究"，只要以马克思及其学说为研究对象，又有一定的代表性，即可收

① 参看谈敏：《1917—1919：马克思主义经济学在中国的传播启蒙》，上海财经大学出版社2016年版，第814页。
② 以上引述均见陈溥贤译《马克思经济学说》，共学社1920年初版本版权页。

入，不论赞成还是怀疑甚至修正或反对马克思学说。渊泉即陈溥贤的译作被列为丛书的第一位，足以表明该译作在引导国人研究马克思主义学说的时代氛围中处于领先地位。有趣的是，共学社明明已经出版陈溥贤题名《马克思经济学说》的译本，却在同一本书所附的丛书预告里，又将此译本的题目称作《资本论解说》，既不同于原先的连载译本《马氏资本论释义》之名，也不同于稍后戴季陶的连载译本《马克斯资本论解说》之名，倒似取二者之意命名。这个差异，说明预告者同翻译者或出版者的脱节，不知正式出版物已更换书名；也说明丛书预告中的书目，后来未必正式出版或按照预告之名出版。

不论如何，共学社组织这套丛书，宣传阵式颇大，推出多达 9 本马克思研究专著的译作，比起 1919 年的《新青年》马克思研究专号以及《晨报》马克思研究专栏，有过之无不及，若都能正式出版，更是代表进入 1920 年，马克思研究的著述开始迸发的一个趋势。如果说《新青年》和《晨报》的马克思研究专号或专栏，由坚定信仰马克思主义的李大钊为之创办或施以影响，那么共学社组织这套马克思研究丛书，显现一些非马克思主义者或社会主义同情者的时代意向。这也可以说是1920 年后，马克思主义在中国传播趋势的一个特征。

共学社据说由具有优异军事素养并兼具文学才能的蒋百里[1]主持，从 1920 年 9 月到 1935 年 7 月的 15 年间，共出丛书 16 套、86 种，"是旧中国规模最大的学术文化丛书之一"，后来还帮助出版"俄罗斯文学丛书"[2]。以时间计，陈溥贤的《马克思经济学说》译本，正好由共学社初版于 1920 年 9 月，换言之，它可能是共学社组织第一套丛书即马克思研究丛书的首部译作。蒋氏曾追随梁启超，尽管在革命与改良问题上，坚持革命主张，敢于同其恩师公开论战，并发表有关社会主义的文章，但显而易见，他不是马克思主义的信仰者。依此背景而组织马克思研究丛书作为共学社创办的第一块牌子，哪怕只是"研究"而非赞同马克思学说，也足以显示五

---

[1] 蒋百里（1882—1938），名方震，浙江嘉兴人，清末秀才；1901 年留学日本陆军士官学校并以第一名毕业回国，1906 年留学德国；1903 年创办《浙江潮》月刊；武昌起义后任浙江都督府总参议，1912 年任保定陆军军官学校校长，1913 年任袁世凯总统府一等参议，1917 年任黎元洪总统府顾问；1918 年底随梁启超赴欧洲考察，归国后主持"读书俱乐部""共学社"等团体；1920 年当选浙江省议会议员，主编《改造》杂志，撰写《我的社会主义讨论》《社会主义怎样宣传?》等文章，其杂志的影响力据说仅次于陈独秀主编的《新青年》；1923 年与胡适创办新月社；此后曾代理陆军大学校长。

[2] 见 https：//baike. baidu. com/item/% E8% 92% 8B% E7% 99% BE% E9% 87% 8C/642539? fr = aladdin 的介绍，其中未提共学社最早组织马克思研究丛书。

四运动后，介绍、输入和研究马克思学说，已扩展到国内不同的阶层或不同的思想倾向者而成为一种共同兴趣。这种气氛的熏陶，既有像李汉俊那样信奉马克思主义者的译本，也有像陈溥泉那样热衷介绍马克思主义者的译本，还有像蒋百里那样重视研究各种舶来学说而推出马克思研究丛书者的译本，势必使马克思主义包括马克思经济学说的传播，呈现出超过以往或不同于以往的新的时代特征。

## 第二节　关于唯物史观的译本

同样列举两个译本，分别是《经济史观》和《唯物史观解说》，先后初版于1920年和1921年，同样可以看作五四时期热衷于唯物史观的解说与辩诘之余绪。

### 一、《经济史观》译本

此译本①署名原著者美国塞利格曼②，译述者陈石孚③，校订者陶履恭④，商务印书馆1920年10月初版。现存1928年7月第6版，列入世界丛书，同初版本没有差别。译本扉页介绍其各式版本：英文原著1902年6月第1版，1907年6月第2版；日文译本1905年版，俄文译本1906年版，西班牙文译本1907年版，法文译

---

①　此著原名 *The Economic Interpretation of History*。
②　作者原名 Edwin R. A. Seligman（1861—1939），出生于美国纽约市，获哥伦比亚大学博士学位，学习期间曾留学德国和法国；1891—1931年任教哥伦比亚大学政治经济学教授，协助创立美国经济协会及美国大学教授协会；对经济学的主要贡献在税收和公共财政方面。"塞利格曼虽然赞成经济史观，通常与马克思主义者交往，但他反对社会主义，并在1920年代早期公开反对那些知名的激进人士"。参看 https://en. wikipedia. org/wiki/Edwin_Robert_Anderson_Seligman，以及《不列颠百科全书》中文版第15册，中国大百科全书出版社1999年版，第193页。
③　陈石孚（1899—1979），原名德諴，四川中江人；1914年中学毕业被选送清华学校，1922年毕业，后留学美国马萨诸塞州克拉克大学，半年后转爱俄州立格林耐尔学院，获学士学位，再进科罗拉多大学、威斯康星大学及哥伦比亚大学从事研究工作；回国后1928年到中央陆军军官学校武昌分校任政治教官，次年应聘中央政治学校历史及英文教授，抗战初期兼任研究部副主任、外交学系主任，1942年任四川大学教授兼法学院院长；抗战胜利后任政治大学首任教务长，1949年任东方语文专科学校校长；后迁居香港，任教香港大学及辅仁书院。
④　陶履恭即陶孟和（1887—1960），祖籍浙江绍兴，生于天津；1906年官费留学日本，在东京高等师范学校学习历史和地理，1910年赴英国伦敦大学政治经济学院学习社会学和经济学，1913年获经济学博士学位；同年归国任北京高等师范学校教授，1914—1927年任北京大学教授、系主任、文学院院长、教务长等；1926年提出社会调查计划，主事社会调查所，1930年初创《社会科学杂志》任主编，1934年社会调查所并入中央研究院社会科学研究所后任所长；1935年起被聘为中央研究院评议会评议员，1948年当选中央研究院院士；1949年当选全国政协常委，同年被任命为中国科学院副院长。

本 1910 年版；中译本译自英文原本 1912 年修正的第 2 版①。看来这本书当时在世界范围内有一定影响。

### （一）译本序言与缀语

为什么选译这本书，陶履恭 1920 年 7 月 17 日作于北京的序言，值得注意：

"近来的人大概都知道马克斯是一个社会党，但是都不大注意他还是一位渊博的学者。人都知道他的《资本论》是现今劳动者的经典，却不理会他对于思想界学术界也有极有价值的贡献。人都知道他是国际社会党的始祖，却忘记了他还是社会科学的大功臣"。人们最容易看见"具体的、实际的、有量积的"，常忽略"抽象的、理想的、精神界的"，"人听见了国际社会党大会，或广义派政府，立刻就联想到马克斯"。但是，"马克斯在社会科学上，特别是在历史上所建的大功，只剩有少数的学者埋首研究"。马克思在德国接受教育，"他研究学问的方法，透彻、淹博"。最先用英国《蓝皮书》《白皮书》仔细研究劳动状况，"要推马克斯"。"有各种语言的好工具"，又"不辞劳苦的搜集夥多的资料"来证明他的主张，"他的著作真是世上稀有的著作"。"虽然与马克斯的主张不合的，也不能不承认他的著作有历史的价值。因为他的著作既然产出偌大的影响——诱起伟大的社会的运动，发生根本的思想的变迁，——绝对不能是虚伪的理想"。正如 Durkheim② 在 The Elementary Forms of the Religious Life（今译《宗教生活的基本形式》）一书中所说："谬误或是成了统系的谬误，所产出的结果不过是误谬无用的行为，不能有存留的机会"③。

塞利格曼教授这本书专门讨论"马克斯关于经济史观的学说"，"把这个学说的起源、发展以及各方面的批评、订正，都解释得清清楚楚，详尽无遗"，"不止显他的博学，更可以显他议论的公允"。"经济史观不可与唯物史观混为一谈"。本书绪论已经声明，"唯物史观名词的不适当"，这个名词除了生产关系以外，包括所有气候、山川、土壤等物质的环境，"那实在是超过马克斯的主张"。德国学者

---

① 有人认为陈石孚由塞利格曼《经济史观》的"日文译著"转译成中文（见田永、田梦霞：《日本马克思主义研究对中国的传播贡献》，载于《日本问题研究》2014 年第 4 期），据此介绍，看来有误。

② Émile Durkheim，今译艾弥尔·涂尔干（1858—1917），法国犹太裔社会学家、人类学家，《社会学年鉴》创刊人，法国首位社会学教授。

③ 原译文如此，有些令人费解。

朗格"有名的"《唯物主义史》①，评论各种唯物论，"独至历史的唯物论则付之阙如"。朗格不是不知道马克思的历史观，但"不肯把形而上的唯物论与历史的经济观相混，因为二者并没有什么根本的关系"，"所谓历史的唯物论也不过是一种说法，没有玄妙的理想的"。

"经济史观不是一种新的历史哲学"。18世纪以来，"历史学者设法去就历史寻出一种根本的发展的道理，但是向来没有一个人成功的"。神学派的历史家如法国"包绥"发现，"历史是上帝的意旨，所有历史的事实都看做发展神意"。"但是现在的历史家不能相信这个原理，也没有大胆量敢造出新的历史哲学。因为历史哲学的责任是发见历史发展的原理，原理的发见一定要可以把所有的历史事实归纳到一个或几个普通的概念。历史事实是复杂万端，把他们完全归纳在几个范畴之内是不可能的。假使把发展或进化当做历史发展的原则，必至将所有的历史事实都认为发展或进化。此种见解岂非荒谬之极。况且以历史发展的原理为发展，也是不通的逻辑。经济史观并不是历史哲学的原理"。塞利格曼教授说：经济史观"在已往完全是实在的，他在以后，就渐渐的不十分实在了"。"这是了解历史事实复杂的话。这是了解时代不同，历史的势力不同的话"。

"人类事迹不容一元论或抽象的玄妙论的解释，已无可疑"，"司达姆勒耳"的错误，想以法律解释一切历史，所以"恩格斯最早声明经济史观是一个新方法"。意大利经济学者"刺布里奥刺"② 鼓吹经济史观最有力，也承认它是一个方法，"不是一个理论"。他说，"经济史观对于设立历史律，或是发见一个普通的概念使所有历史上复杂的事情都包括在内，是完全排斥的"。塞利格曼教授说，"经济史观是解释历史的一种准绳"。意大利哲学家"科罗切"③ 对经济史观的要求更加简单，"不承认经济史观是一个新办法"。他在《历史唯物主义和卡尔·马克思的经济学》（*Historical Materiailsm and the Economics of Karl Marx*）一书中说，"历史家用经济史观，并不是方法与向来有什么不同，不过是内容不同罢了。历史学者按着唯物史观寻得许多新的资料（data），新的经验"。"历史的要素是繁杂的，势力是多元的。物质的状况、社会的组织、政治的制度、个人的势力，各有一部

① 弗里德里希·阿尔贝特·朗格（Friedrich Albert Lange，1828—1875），德国哲学家，经济学家，早期新康德主义的主要代表。
② 今译安东尼奥·拉布里奥拉（Antonio Labriola，1843—1904），意大利的马克思主义理论家。
③ 今译贝奈戴托·克罗齐（Benedetto Croce，1866—1952），意大利的著名文艺批评家、历史学家、哲学家，有时也被认为是政治家。

分的势力，而各时代各种势力又是不同。在人类还没有完全支配自然的时代，人类为满足物质需要的活动占生命重要部分的时代，历史上的经济方面当然是重要的。经济史观不过是专研究经济方面——如生产方面、劳动组织——和各种势力的关系"。拉布里奥拉说，"经济史观一方面分析经济的形式、范畴，他方面分析法律、立法、政治、风俗等，进而研究生命各方面的相互的影响"。现代美国历史学者"辛姆克微区"① 在《罗马灭亡新论》一文中说："劳动生产力的历史是科学的经济史的基础，并且是所有各种历史的基础。所有的法律、法令、制度都显然是有目的的。但是假使我们不知道与那些目的相当的状况是什么样，我们又怎么能知过去之目的呢？我们对于劳动生产力有精确的知识，即可以解释事物之过去、现在及将来"②。

本书叙述了按照经济史观来研究历史，近来美国更有"毕耳德"从经济方面来研究美国宪法③，西姆克赫维奇还研究干草与历史的关系④。社会科学方面，美国的"威布伦"⑤、英国的"哈浦浩"⑥ 教授及其门徒，也曾按照荷兰"尼博耳"的方法（参看本书卷上第 6 章），研究初民的物质文化与社会制度的关系，见霍布豪斯等人著 *The Material Culture and Social Institutions of the Simpler Peoples*。最近我国有胡汉民从经济方面研究思想上的反映⑦、戴季陶从经济上考察中国的乱原⑧，"都是就着经济的要素发见他的影响"。胡氏之文对古代经济没有渊博的研究，这需要多数学者穷年累月的精神才可以有成绩，戴氏之文似乎将经济要素归纳到一个极简单的事项，惟相关研究除了输入外国制造品外，如人口统计、劳动生产力、生活程度，皆须有较为精密的调查。上述二文"都是有价值的讨论，可以开中国历

① 今译西姆克赫维奇（Vladimir G. Simkhovitch, 1874—1959），美国哥伦比亚大学经济史教授。
② 引自美国《政治学季刊》1916 年 6 月第 31 卷第 2 期 "Rome's Fall Reconsidered"，第 243 页。
③ 指美国历史学家查尔斯·比尔德（Charles A. Beard, 1874—1948）1913 年出版的《美国宪法的经济观》（An Economic Interpretation of the Constitution of the United States）。
④ 指 1913 年 9 月发表于美国《政治学季刊》第 28 卷第 3 期的 "Hay and History"。
⑤ 今译凡勃伦（Thorstein B. Veblen, 1857—1929），美国著名经济学家，制度经济学派的创立者。
⑥ 今译霍布豪斯（Leonard Trelawney Hobhouse, 1864—1929），英国政治思想家、哲学家、社会学家，1887—1897 年任教牛津大学，后任《曼彻斯特卫报》编辑和主要撰稿人、自由工会书记、《论坛报》政治编辑，1907—1929 年任伦敦大学教授。
⑦ 此文指胡汉民 1919 年连载于《建设》第 1 卷第 3、4 号的《中国哲学史之惟物的研究》。参看谈敏：《1917—1919：马克思主义经济学在中国的传播启蒙》，上海财经大学出版社 2016 年版，第 5 编第 3 章第 1 节一（二）。
⑧ 此文指戴季陶 1919 年发表于《建设》第 1 卷第 2 号的《从经济上观察中国的乱原》。参看谈敏：《1917—1919：马克思主义经济学在中国的传播启蒙》，上海财经大学出版社 2016 年版，第 5 编第 3 章第 2 节二（一）。

史的经济观的先河"。①

　　陶履恭的序言，有些芜杂，想表达多层意思，似乎言不及意。略作梳理，至少有几层意思。一是强调马克思为渊博学者，其学说在社会科学领域特别是历史领域具有学术贡献，非如流行看法，仅被当作国际社会党的创始人或仅与劳动者的运动和广义派政府的革命有关，可惜如今只有少数学者从事这种学术研究。二是虽然不赞成马克思的主张（似指原作者，也包括作序者自己），但不得不承认马克思著作的历史价值。这同马克思受到良好的德意志教育有关，如掌握研究学问的透彻与广博方法，以及多种语言工具；也同他的刻苦努力有关，如最先利用英国官方材料研究劳动状况，广泛搜集大量资料以证明自己的主张，形成世上稀有的著作；更同他的著作产生的极大影响有关，不论引起伟大的社会运动，还是发生根本的思想变迁，都说明这种理想绝对不可能是虚伪的。谬误哪怕有系统性，由谬误产生的行为结果也是无用的，不可能有存留的机会。言下之意，马克思著作的巨大影响证明，其学说不可能是谬误或系统性谬误。三是译本讨论经济史观，属于马克思学说，包括清楚详尽地解释它的起源、发展及各种批评与修订，可见作者的博学与公允。由此得知，经济史观不可混同于唯物史观，经济史观只涉及生产关系，而唯物史观除此之外还包括所有的物质环境，超出了马克思主张的范围，所以说唯物史观的名称"不适当"，甚至有人认为二者"并没有什么根本的关系"。经济史观也不是新的历史哲学，除了神学家把历史发展看作上帝的旨意外，从来没有任何历史学家能够成功地找到历史发展的根本道理；历史事实极为复杂，不可能归纳到一个或几个普通的概念，而且历史事实未必都在发展或进化，要归纳历史发展的原则或原理，岂非荒谬之极；所以，解释人类事迹，毫无疑义，不容许"一元论或抽象的玄妙论"。四是经济史观"完全排斥"设立一种历史规律或发现一个包括历史上所有复杂事情的普通概念即理论，它是"一种新方法"（据说恩格斯最早声明这一点），或解释历史的"一种准绳"，简单地说，按照这种观念来寻找新的资料和经验。在复杂而多元的历史要素中，物质（或经济）状况如同社会组织、政治制度、个人势力，各有一部分影响，其影响在不同时代又各有不同；一般说来，在人类没有完全支配自然的早期阶段，为满足自身物质需要的经济活动占据生命的重要部分，这也是经济史观曾经完全实在的原因，不过以后逐渐地不那么实在了。经济史观专门研究如

---

① 　以上引文除另注外，均见塞利格曼著，陈石孚译《经济史观》，商务印书馆 1928 年版，陶履恭"序言"。

生产方法和劳动组织等经济方面，以及研究这个要素和其他要素如法律、政治、风俗进而人类生命等方面的相互影响；"极端的"例子把劳动生产力的历史当作经济史的科学基础，以及其他如法律和制度的历史的基础，因为对其他事物的目的性缺乏了解，对劳动生产力则有精确的知识，据此可以解释这些事物的过去、现在和未来。五是按照经济史观的方法来研究历史，颇见流行。国外如从经济方面研究美国宪法，研究干草与历史的关系，研究远古时期物质文化与社会制度的关系等；国内如胡汉民和戴季陶分别从经济要素上研究中国思想的反映和考察中国混乱的根源，尽管尚不成熟，却开辟了用经济观讨论中国历史的先河。

经过如此梳理，大致可以体会，这个译本虽说专门研究并在一定程度上肯定马克思学说，但作了很大的甚至是颠覆性的修正。首先，这个研究局限于纯粹的学术领域，同马克思及其学说在引导国际社会党发展和劳动者觉悟方面的影响严格区别开来。当然，这里也不否认马克思学说对社会革命、思想变迁或劳动运动产生如此巨大的影响，离不开它在社会科学方面极有价值的学术贡献，不过，在作者、译者和校订者的眼里，对革命的影响和对学术的贡献，是必须划清而决不能混淆的两条界线，只有剔除前者才能专注于后者。其次，否定唯物史观，突出经济史观，进而否定经济史观具有历史哲学或历史规律原理的一元化性质，突出其特征是多元方法中的一种新方法，这也是整个序言，或许整个译本的核心观点。否定的理由，从序言看，无非说，唯物的或物质的范围远超出经济的范围，给专门研究社会经济发展以及生产关系变化的经济史观戴上一顶唯物史观的大帽子，是不适当的；历史事实的复杂性以及影响要素的多元化，又排斥一切企图从历史事实中找出一个基本原理的简单化做法，或将复杂多元因素归纳为单个一般性概念的一元化尝试，历史哲学中根本不可能有关于人类社会发展普遍规律的理论，经济史观也不例外。简而言之，唯物史观被修正为经济史观后，经济史观与人类社会发展的一般规律无关，只是解释历史的一种新方法而已。最后，单纯从学术方法上看，马克思创造经济史观的功劳不可抹杀，为解释复杂而多元的历史事实及其影响要素，增添了从经济要素着手的一种方法或准绳，提供了新的视角、资料和经验。不过把经济要素当作研究历史以及影响其他历史要素的科学基础，是"极端"的做法，不是普遍接受的观念。

由上可知，译本所说的经济史观，同马克思创立的唯物史观，在根本点上，已是面目全非。将经济史观从唯物史观中脱离出来，割裂分立，意味着它不再是哲学中关于人类社会发展的普遍规律的理论，不再是科学的社会历史观和认识、改造社会的一般方法论，亦即不再认可一切重要历史事件的终极原因和伟大动力是社会的经济发展，是生产方式和交换方式的改变，是由此产生的社会被划分为不同的阶级，是这些阶级彼此之间的斗争。其结果，只剩下用经济观来解释历史的学术方法涵义，同其他诸如法律观、政治观、制度观、风俗观的解释方法并列，借以装点门面。如此修正马克思学说，带来多棱面的后果。中译者和校订者认为这种修正是"公允"的。日本的河上肇是另一个例子，从马克思唯物史观传入中国的早期进程看，较早将唯物史观称作经济史观并予以张扬者，恐怕受河上肇的影响。现在看来，河上肇亦非始作俑者，不过充当西方观念的搬运工。他同编造经济史观的西方学者的相似之处，强调从学术角度研究、诠释乃至质疑马克思学说，不同之处，仍然坚持经济史观符合唯物史观的基本原理并突出其经济特征，这也是河上肇始终被当作马克思主义学者的一个理由。

再看陈石孚的"译者缀语"，不如陶履恭的序言提纲挈领，主要涉及一些具体细节。一是"关于经济史观的学说，我国向无专书"。年来国内各杂志报章，间有论及，"以片碎不全为憾"。于是翻译此书，以助研究哲学、历史、经济诸学者。二是翻译时间或采用胡汉民发表于《建设》杂志的《唯物史观批评之批评》一文①的译语，"特此声明，以示来源"。三是原著涉及有关史事与字源之处，"酌加解释，以期明醒"。四是直译或音译，都有可取之处，"此书多系直译而杂以意译"。五是此书全由陶履恭（孟和）校阅，"对于译文多所改审"；友人时昭瀛②曾翻译此书下卷第 1、2、4、5、6 共 5 章以自娱，译者属稿时用作参考，"最感谢"此二人。③

这个补缀，除感谢之词外，可以注意：一则把 1919 年间唯物史观开始在国内思想界扩散流传，惟以缺乏专书的碎片式介绍为憾的状况，转移到所谓经济史观上面。也就是说，认为用经济史观取代唯物史观是理所应当的事。二则陶履恭称道

① 参看谈敏：《1917—1919：马克思主义经济学在中国的传播启蒙》，上海财经大学出版社 2016 年版，第 5 编第 3 章第 1 节二。
② 时昭瀛（1901—1956），湖北枝江人；早年从上海南洋中学肄业，考入清华学校政治系，1922 年赴美国明尼苏达大学留学并获学士学位，后入哈佛大学研究院攻读政治学与国际法学并获硕士学位；1927 年回国，任《中央日报》英文总编、中央大学外语系副教授、武汉大学法学院教授等；1936 年起，历任驻苏联大使馆一等秘书、外交部参事、情报司司长、驻加拿大渥太华、温哥华总领事、驻南非约翰内斯堡总领事，1949 年迁居台湾。
③ 以上引文除另注外，均见陈石孚译《经济史观》，商务印书馆 1928 年版，"译者缀语"。

《经济史观》的作者博学而公允，并非信口一说，建立在通读原著并仔细校阅修改其译文的基础上。这也是陶氏序言阐释原著的基本精神，比陈氏缀语只关注直译或意译更为深透的原因。三则译本的翻译，不全是译者独立完成的成果，借助他人之处甚多。从译者参考年方 19 岁的"友人"几乎半部书的译文看，他们或许同为清华学校政治系的学生，都很年轻，寻求在北京大学任教的陶履恭为之校阅，陶氏时年亦不过 33 岁。至于说采用胡汉民文章里的译语，应指引述塞利格曼的观点部分，胡氏之文的参考来源以日文著述为主，其译名亦多取自日文，故有人以为此译本译自日译文，不足为怪。

### （二）译本简析

除绪论外，分上下两卷。上卷"经济史观的历史"，含 6 章："早年的历史哲学"，论述 18 世纪"唯心的、宗教的、政治的解释"之代表人物，"物质的解释"之代表人物；"这个学说的哲学的先导"（又称"先声"），主要论述黑格尔（原译"黑智儿"）、费尔巴哈（原译"佛爱巴黑"）等代表人物；"这个学说的产生和发达"，分别论述马克思作为"政治改革家"和"经济学家"的代表作；"这个学说的独创"，追溯 17 至 19 世纪的代表人物及其观点；"这个学说的整理"，分别列举"社会生活里的技术""经济的和物质的元素""物质的和精神的激动与反动"；"这个学说近来的应用"，从马克思、摩尔根、恩格斯一直延续到众多人等。下卷"经济史观的批评"，亦含 6 章："自由与必须"，分别论述"定数论的学说""社会环境的学说""伟人学说""道德的宿命论"；"历史定律与社会主义"，分别论述"什么是科学的定律？""社会科学的定律""历史定律""经济观对于社会主义为独立的""普通学理与其特别应用"；"历史里精神的成分"，分别论述"把伦理当做一个社会的产物""罪孽罪恶和私犯""个人的和社会的道德""绝对的条款""唯心论和唯物论""道德势力和经济势力的关系"；"这个学说的夸张"，列举"经济和宗教""经济和哲学""其他的夸张"等说法，以及"恩格斯的否认"；"这个学说的真伪"，分别论述"关于人类脑筋的事实""经济生活先于精神生活""社会现象是经济现象的反映""经济观之正当的形式"；"这个学说的定论"，分别论述"人类不容一元的解释""经济观对于经济学和历史学同样的重要""经济学里的历史派""历史派的经济派""结论"。① 上述译名并不地道，但透过它们，能

① 陈石孚译《经济史观》，商务印书馆 1928 年版，"目次"。

大致体会全书的内容和意向，下面不妨做些摘录式介绍。

上卷第 2 章：费尔巴哈的"自然主义"和黑格尔的"辩证"终究使马克思相信，"一切社会制度都是生产的结果，而这个生产的原因不在理想，而在物质生存的状况之中"；"换一句话说，他相信用经济解释历史。他所以和那些哲学的或感情的社会主义者断绝关系，从此以后，完全致力于研究经济的情形"；"马克斯分析经济情形的结果使他相信科学的社会主义"，"科学的社会主义基本于赢余值和利润的经济学说"；"我们所要注重的不是他的经济学，乃是他的哲学，他的哲学的结果就是经济史观"；"凑巧，他后来又变成一个社会主义者，不过他的社会主义和他的历史哲学却真正是各自独立的。一个人可以是'经济的唯物论者'，同时也是极端的个人主义者。马克斯的经济学有瑕疵与否，和他的历史哲学的真伪，却没有丝毫的关系"。①

此说法将黑格尔和费尔巴哈的思想作为马克思学说的哲学先导（或先声），固然不错，但将马克思的科学社会主义与其哲学思想视作各自独立而毫无关系的两个体系，则别有用意：既然科学社会主义基于分析剩余价值为主的经济学说，哲学思想的主旨是所谓经济史观，则二者都包含"经济"之义。

第 4 章：最先提出一个学说，最先看到这个学说的重要和隐微意思，使之变成自己的科学系统部分，从这个意义上说，"无可疑惑，我们一定要把马克斯看做经济史观的真正创始者"。其他"科学社会主义的创造者"如洛贝尔图斯（原译"洛布塔士"）和拉萨尔（原译"拉洒儿"），对经济史观的学说有多大功劳？或者说马克思的功劳比较他们的功劳，究竟怎样？有人说洛氏观念早于马克思，这个争辩后来大部分转移到社会主义的劳工和剩余价值问题上，"其实这个问题和经济史观没有丝毫的关系"，现在也没有人认为洛氏曾经创造或主张经济史观。在马克思手里，"万国工人联合会是一个失败"，在拉萨尔手里，"实用社会主义则变成一个强人的政治的和社会的势力"。但拉萨尔是"大鼓吹家和政治家"，不是"有建设计划的思想家"，"无论如何，在经济上是没有建设的思想的"。"马克斯在实际生活上虽然大遭失败，却是一个书斋里的大哲学家"。是否承认马克思的工业社会分析或批评他的哲理学说，权且不问，总觉得在经济学上，或许除了李嘉图（原译"李喀铎"），"再没有第二个人的智力比起马克斯来，更见能够自出心裁，更见有

_____

① 本章引文均见陈石孚译《经济史观》，商务印书馆 1928 年版，第 18—19 页。

势力，并且更见精密"。①

此说法肯定马克思具有创造经济史观学说的独立精神和超群智力，又隐含诠释马克思的科学社会主义何以同他的哲学思想毫无关系。其理由即马克思在实践中创建国际工人协会的"失败"，不妨碍在书斋中将自己造就成大哲学家；正如拉萨尔在实际上使社会主义成为一大的政治和社会势力，在学理上却没有什么重大贡献。这样也就巧妙地将主要见诸实际运动的科学社会主义，同主要体现为理论创造或学术功劳的哲学思想，完全割断开来。

第5章：讨论"历史唯物论的学说"的应用之前，为避免误会，最好先注意它的整理，"整理与修改不同"。马克思说"生产形态是一切社会生活的条件"，有时以为"纯粹是专门的或者工艺的生产形态"，但就他的著作看，"是指普通一般的生产情形而言"；"这一点在讨论古代文化的时候特别重要，因为就是工艺方法没有特别的改变，那时生产的普通关系也曾有大变迁"。恩格斯在一封信里说得很明白："我们把经济关系看做决定社会史的基础。这个关系就是：社会里的人民产生食物的方法，如果已经有了分工，还有交易物产的方法，所以生产和运输的全部技术都包含在内。再进一层，照我们的眼光看起来，这个技术决定交易的方法，物产的分配，'氏族社会'崩溃后之社会阶级的分别，个人辖制服从的关系，和国家、政治、法律等等的生存。技术虽然大部分依靠着科学的情状，科学却更要带着上技术的情状和需要。社会上一种技术上的需要，促进科学进步，比十个大学的力量远大"②。这样看来，"一定要把'技术的'意思放大，包括生产和消费中一切关系"。为此，我们说"经济史观"，不说"技术史观"，后一说法会引起误会。

更进一层，这个学说的创始者说唯物史观或经济史观，不肯把"经济的"三个字看作相同于狭义"技术的"三个字，也不承认"经济的"三个字排除了一切物质元素，如承认地理因素在某种程度内和某种形态下对生产很有影响。马克思曾说，"地理的情形不过是限制生产方法的活动罢了。地理情形的改变固然可以阻止新的生产方法之实施，然而于同一地理情形之下，也可以有完全不同的生产方法"③。马克思说："组织社会分工的实质基础的东西，及以天然环境之改变而使人

---

① 本章引文均见陈石孚译《经济史观》卷上，商务印书馆1928年版，第49—51页。

② 恩格斯的话，摘自1894年1月25日致信回答符·博尔吉乌斯的问题，其今译文见《马克思恩格斯选集》第4卷，人民出版社1972年版，第505页。

③ 这段话未标明出处，看来只取其意。

有多数欲望、技能、劳工方法和劳工形态的东西，不只是土壤的肥饶，并且是土壤的类别，土壤的天然产物的不同，与四季的改变。在工业史中占最有关系一部的东西就是：人的需要使天然力归于社会管辖之下，节省，享用，大规模的以人力征服他"①。对此又解释："适意的自然情形只能给我们以财富生产和财富分配的一定的经济方法之可能性，而非其本体"②。恩格斯也说过，"计算经济情形的时候，我们一定要把地理的基础包括在内，但是也不可看得过重"③。

以上还不是"最重要的整理"。这个学说 1840 年以后初现，到 1883 年马克思去世，其创造者对自己的说话"用不着修正"，但此后特别是在社会民主党的会议上，"大受讨论"。一方面"正统"马克思派"趋于极端"，引起社会主义者内部的"分裂"，另一方面因外界批评，恩格斯写了许多书信来说明他的学说，"以免批评者的误会"。他说别人不懂得马克思的"真意"，"马克斯和他自己从来没有有意的去把一切别的元素都除掉，而只注意经济元素的绝对重要"。他指出，"经济行为不只是物质的行为，并且是人类的行为；人类是一个经济动物，不只用他的两只手并且还用他的脑筋。不过人类脑筋的发达是要受许多条件的影响的，无论在什么时候，个人的经济行为问题要受他的社会环境的支配的，——这个社会环境包含着许多细小的元素"。恩格斯承认马克思和他自己对于"少年人有时偏重经济方面"是要负一部分的责任。又说，"社会组织的真真形式是常以政治的、法律的、哲学的和宗教的学说和观念而定"。"总而言之，我们如果读恩格斯对于这个学说最近的解释，好像经济观的全部学说都是已经被推翻了的样子"。④

但决不可因为这个"让步"，就以为领袖们放弃了自己的学说。恩格斯"继续声明社会生活里经济生活的根本重要"。主张这个学说的人说，"无论某时代社会势力的行动和反动如何，还是生产情形——就最广义而言——是决定社会里基本永久变迁的东西"。恩格斯说："我们一定要把经济元素的概念放大，不惟地理基础

①　马克思这段话出自《资本论》，其今译文见《资本论》第一卷，人民出版社 2004 年版，第 587—588 页。对照之下，原译文似乎译出原文每个单词的意思，但整合起来，相去甚多。

②　马克思这句话亦未标明出处，从上引原文看，下面接着一段里有一句话，与此相似而不相同，其今译文："良好的自然条件始终只提供剩余劳动的可能性，从而只提供剩余价值或剩余产品的可能性，而绝不能提供它的现实性。"见《资本论》第一卷，人民出版社 2004 年版，第 588 页。

③　这句话同样未标明出处。

④　须注意，这里引用恩格斯的书信，夹叙夹议，掺入不少引用者自己的认识。里面除了有关责任的一句话，出自恩格斯 1890 年 9 月致约·布洛赫的信（见《马克思恩格斯选集》第 4 卷，人民出版社 1972 年版，第 479 页）之外，其他引语或多或少经过引用者的加工，截取部分意思而舍去其他意思，哪怕是更为重要的意思。通过这样的加工，便有了唯物史观学说被恩格斯自己全部推翻的样子。

要包括在经济条件内，以传说或惰性而遗留至今的前代经济变迁的陈迹与其全部外表的环境，也要包括在内"①。甚至说，"种族自身也是一个经济元素"。他一方面"极力主张政治、法律、宗教、文学和美术的发达，都基本于经济的发达"；另一方面"表明这些东西又互相影响，并且还影响经济的基础"。"经济情形不是惟一的原因——不是惟一主动的原因，——一切别的东西也不是惟一被动的结果。这是各界相互的活动而基础于经济的必须，这个经济的必须终结是满足的"②。恩格斯这样解释经济史观，我们一定要"看做正确可靠"，他说马克思的看法也不过如此。然而不能否认，马克思的著作里有几段"很极端的话"，"其实这些话不过代表这个学说的幼稚时代"，并为那些"没有批评性的信奉者"所"服膺"。我们对马克思"不可太崇信"，要知道，"凡是一个有远大的实用效果的学说初次解释出来的时候，因为当时显然的需要，常把这个学说说得太过，总不会说得太轻"。

"所谓经济史观者，并非只拿经济来解释历史。乃'人类进步中最要紧的东西，是属于社会方面的；而社会变迁的重要元素确是经济的元素'。经济史观不说经济关系是惟一的改变社会进步的势力，他说经济关系有影响社会进步最大的势力"。以上按照经济史观学说的创始者自己的解释和整理，乃这个学说的"真义"。③

此说法是让人相信，马克思最初创立这个学说，受当时需要的推动，有的地方说得很极端或太过分，由此获得一批信奉者的盲目服膺，没有遭到批评性的挑战，所有这些，反映了这个学说尚处于幼稚时代。马克思去世后，面对外界的批评尤其社会主义阵营内部的分裂、质疑和误会，恩格斯不得不说明和解释，并做出"最重要的整理"也就是"让步"。尽管这个让步不是修改马克思学说，乃澄清其真意，但已给人以经济史观被推翻的感觉，证明不可太崇信马克思这个学说。这些说法，继上一章将唯物史观同马克思的科学社会主义分割开来后，又挑战唯物史观作为哲学中关于人类社会一般规律的理论的地位。为了使人信服，本章从马克思和恩格斯的著述里摘引各种原文或大意，证明所言非虚，有真实依据。这些引用姑且不论经过加工注水或存在翻译缺陷，实则以这种特殊方式，传扬了马克思、恩格斯有关原始论述，并为考察此前胡汉民《唯物史观批评之批评》之类的国内著文，引用一些鲜见的原文如恩格斯1890年致约·布洛赫和1894年致瓦·博尔吉乌斯的信中有关段落的参考来源，提供了新的追踪路径。

第6章：没有决定经济史观学说的全部真伪以前，也可以研究这个学说的应用。"可以不承认以这个学说为哲理上的解释"，不以此来解释全部进步；但"仍然可以承认在某某特别情形之下，经济实在的占据一个重要的地位"。这方面，马克思"事实上的贡献很不算小"。他的说话，"有些是错了的"，对历史的解释，"很多牵强附会和言之过甚的地方"；除此而外，"他对于这个问题还有一大部分的真理"。他的贡献，"最为世人所熟知的"是如下一段记载："因为在十七世纪里资本的产生成为一个有力的工业元素，并且因为十八世纪的工业革命，封建社会于是乎一变而为现代社会"。"最初指出家内工作制度的性质，由家内工作制度变为现在工厂制度，和那附带的变化；由地方市场改变到国家市场，又由国家市场改变到世界市场"；"最初指出古代和现代经济生活的最重要的分别，表明古代资本的地位固然是已经很重要，然而当时的资本乃商业的而非工业的，并且希腊和罗马史的大部分必得要用这个眼光才可以解释"。比较之下，马克思对"原始人类的文化"，"固然没有十分注意"，但现在从他的文稿看，"他也曾应用他的学说于社会进化的最早时期，并且还很言之有物"。

近来智识贡献的著作，或许"仍以关于人类早年历史者为最"。其先锋美国的摩尔根，"真正是第一个解释人类结合的早年样式，并且从'群居''氏族''家庭''国家'，依次的去追溯社会的进化"。他的学说没有详细做出，或者没有给他的学说起个一定的名字，但"他确于不知不觉之中，独自作出经济史观的学说，并且他还不晓得这个学说除了早年而外，其余什么时代也是可以应用的"。①

此章一上来，似乎在宣扬马克思应用所谓经济史观的贡献，其实中间埋伏一个前提：这些贡献不足以说明这个学说代表一种"哲理"，或者说不能作为原理揭示人类社会发展的普遍规律。其证据，一则马克思应用这个学说，虽有真理成分，但也有很多地方牵强附会和言之过甚，既然会犯错，就不可能是适用于普遍规律的理论。二则摩尔根对古代社会的创造性研究，没有提出类似于经济史观的理论学说，却在不知不觉中应用了这个学说，由此说明不需要先懂得或先宣称某种哲理，也可以做出同样的贡献。这一章谈应用，同上一章谈哲理一样，分别从理论和实际两方

① 本章引文均见陈石孚译《经济史观》卷上，商务印书馆1928年版，第67—70页。

面，说明马克思创立所谓经济史观，其贡献不在于从哲理上创立了关于人类社会发展一般规律的理论，在于隐含了一个前提，提供了一种看待或解释历史的方法，即便这个方法很重要，也无法或无须上升到哲理的层面。

下卷第2章：经济史观"预先假定历史定律的存在"。否定者认为历史事实具有复杂性和不清楚的原因，"几乎没有法子寻出一个普遍的解释"。"科学定律"说明"许多事实的真正关系"，"人类的思想方法能够把千变万化的人生现象里的同点异点，以类分别，并取去摄取这些异点中的'统一'"。这种统一就是我们所看见的两种现象之间的因果关系，"知道因果的关系，才可以作出定律"。找不出定律，对于定律的存在毫无影响。就像星辰之间的关系，创世以来就存在，但发现那些关系的定律，却在科学进步以后。自然科学如此，社会科学何独不然？区别是社会科学比较起来，"烦难得多"，很难把研究的现象隔离开来，又很难重新试验。如果因为不实在的所谓定律，就否认社会定律的存在，便如同"历史派经济学者中趋于极端的人"犯下不应犯的错误一样。"服从定律，并不是说定律可以使现象发现——那样说就是太荒诞了——不过定律是事情的一个解释罢了"。"历史定律是社会科学的动的定律，或者是社会科学的最上乘的动的定律。否认历史定律的存在，不啻承认人类生活中无所谓因果的关系"。

反对者又说，"这个学说带着社会主义的性质"。回答是："如果这个学说是确实的，无论结果怎样都不必管"。如果因为一个科学定律的推论不如意，就不承认，"表示我们没有能力领略科学进步的初级条件"。如果定律是真确的，我们的观念一定要和那个定律相调和，切不可塑造那个定律，使它适合于我们的观念。幸好，普通人信口雌黄，"经济史观和社会主义的学说却实在没有相同的地方"。不过，这两个学说的创始者，"碰巧都是一个人"。如果以"科学社会主义"为马克思剩余价值学说的结论，"马克斯实在是科学社会主义的创始者"。"马克斯又创造经济史观，并且以为他的经济史观可以防护他的社会主义的学说。多数信奉马克斯的人也曾经这样想过"。但是，"经济史观和社会主义显然彼此都没有关系。我们可以承认经济元素对于进步的影响最大；我们可以说，造作历史的东西，到底是社会的势力，而非个人的幻想；我们还可以承认有阶级战争。但是就是我们把这三件事都承认了，我们也看不出一点和社会主义相近似的地方。科学社会主义以为私有的资产是一定要消灭的；经济史观则注意私有资本对于进步上的影响——这不过是经济史观所注意的事情中之一。现今大半的经济学者，经过历史的研究，虽然也有主张私有产业须社会管理的，然而他们［的］确相信私有产业的原理是人类发达的一个合理的、有益的结果"。"新马克斯主义者"对最近阶级战争情形的看法，也和马克思的观念不同，认为不能证实已经出现半个世纪的"资本社会行将破产"的学说，在此期间的事实不能证明这个学说是真理。

"真正讲起来，经济史观之'社会主义的应用'是很朴素的"。历史训示：经济变迁用慢慢的和渐渐的步骤来改变社会，封建社会的发达是几个世纪的事，私有产业能够把封建制度变成现代工业社会，也是几个世纪的事；现代工业制度还在"幼稚时代"，其特点是"大规模的'个人企业者或者组合企业者'占优势"，就像美国现在的托拉斯运动。"现代运动的秘诀就是私有产业和私人企业人，如果设想私有产业和私人企业心将来立刻就要退让于社会主义者理想中的集合所有权之前，那简直是有目而不能见真正事实的特点和历史所给的教训"。洛贝尔图斯无论如何，比马克思"总更见有理"，他说，"社会主义的胜利是渺茫的未来期间的事实"。

"社会主义是'应当怎样？'的学说，历史唯物论是'已过的事实是怎样？'的学说。前者是讲结局的，后者是叙述的。前者是空幻的理想，后者是解释的准绳。在这样不同的概念中，实在看不出一点必要的关连。即使马克斯的经济学说都是错的，他的经济观的学说却不因之而错。一个人可以是极端的个人主义者，而同时又是热心鼓吹经济史观的人。真正讲起来，现在应用经济史观最成功的人，并不是社会主义者。……我们也可以承认这个学说的普通解释，而同时否认社会主义者马克斯的同样奇怪的理想。社会主义和历史唯物论根本上是两个完全独立的概念"。还要分辨清楚经济观的普通解释和它的特别应用。在德国或在别国的社会主义范围内，提到历史唯物论这个名词，人人都会想到马克思。因为只有他在德国曾经以经济解释历史，"历史唯物论和马克斯主义就变成相等的东西"。而在别国，对这个学说的解释有不同的地方。如美国学者的解释不能互相一致，但都承认经济元素占最重要的地位，"这几个人没有一个承认自己是和马克斯一样的"。社会主义和历史唯物论固然没有丝毫的关连，这并不能证明它们两个都是不错的。"现在所说的是：社会主义自身的不确，决不能表明经济史观也是同样的不确。有一个理由不好，并不是说别的理由就都是好的。经济史观的真伪现在还是一个疑问，这个疑问要把别的更要紧的地方详细的研究以后，才能解决"。①

---

① 本章引文均见陈石孚译《经济史观》卷下，商务印书馆1928年版，第14—21页。

此章反复确认历史唯物论或经济史观同科学社会主义毫无关连，或者说有所关连也是碰巧表现在马克思身上的一个特例，而且断言二者的相互独立可以发展到完全对立的地步。典型例子便是极端的个人主义者热心鼓吹经济史观，应用经济史观最成功的人不是社会主义者，可以承认经济史观的普遍解释，同时又否认马克思主义的理想之类。其理由无外乎几点：一是马克思用经济史观推导出消灭私有制的科学社会主义学说，连他的追随者如新马克思主义者也不相信，因为最近半个世纪的实际发展情况，不能证实资本社会即将破产。二是历史显示，改变社会的经济变迁是极为缓慢的渐进过程，封建社会如此，正处于幼稚时代的大规模私有产业占优势的现代工业社会也是如此，所以大多数经济学家相信私有产业原理是人类社会发展的合理和有益结果，设想私有原理将来很快让位于社会主义理想的集合所有权，那是无视事实和罔顾历史教训；洛贝尔图斯的说法比马克思更有理，社会主义胜利只是渺茫未来的事实。三是社会主义学说讲将来应当怎样，是结局或空幻理想，历史唯物论学说叙述过去的事实怎样，是解释准绳，二者之间没有任何必要的关连，后者不止注意私有资本的进步影响，范围更加广泛；社会主义本身的不确定性或马克思经济学说（指剩余价值学说）有错误，不必牵连到经济史观学说。这些理由的立足点，说到底，都是把马克思的唯物史观同他的科学社会主义学说剥离开来，甚至对立起来。经过这样的处理，从唯物史观中变异出来的经济史观究竟向哪里发展，全凭剥离者自己的意志了。

第 4 章：有人以为宗教依靠经济势力，自然有部分的真理。马克思说："预言尼罗河水涨和水退的需要，造出了埃及的天文学，并且因此又使僧侣有指挥农业的权力"①。但如果说基督教完全是一个经济运动，未免太不注意精神势力的作用了。也有人将经济史观应用于哲学，有些解释常常牵强附会，还有应用这个学说的其他太趋极端的例子。过分应用这个学说，不一定摇动这个学说自身，"一定要把原理的功用和滥用分辨清楚"。"科学家与狂妄者的分别是：前者知道原理是有限制的，后者不知道原理是有限制的。对于热心的鼓吹者失实的地方，若是都要受鼓吹的科学或学说负责，不久连那科学的自身也要失却信用"。

① 其今译文见《资本论》第一卷，人民出版社 2004 年版，第 588 页注（5）。译本中接着这句引文的注释，又引用马克思另一句话："在印度一个大国所以能够统辖一小而不相联属的生产机关的缘故，是由于许多物质的基础，而这些物质的基础之一就是灌溉的均匀"。其今译文见同上书，第 588 页注（6）。

应当注意，"这学说的创始者自己也尝注意夸张的危险"。恩格斯晚年受反对议论的影响，曾说自己有时鼓吹这个学说"太利害了"，此说见1890年他写给一个学生的信。另外一封信，他说得更清楚："照唯物史观讲来，历史中最有关系的元素是实际生命的产生和再生。过乎此者，马克斯和我都没有说过。但是如果有人牵强附会的说经济元素是唯一的分子，他把这句话就弄成一句无意识、空虚、不近情理的话了。经济情形是基础，而基础上的构造之各种成分——阶级战争的政治形式、结果和组织，法律的形式，各级人民脑海中对于这些战争的反映，各种政治的、法律和哲学的学说，与宗教的观念——对于历史上各种竞争的发达都有影响，并且有时还决定这些竞争的样式"。所有东西都用经济变迁来解释，自然是不行的。恩格斯说："假使历史中的事实都以经济的情形来解释，不惟近于自矜博学，而且令人可笑。政治的情形和国家的习尚，往往占一个更紧要的地位。如果说只因布郎登堡（即普鲁士）经济的优胜，所以在德国各邦中就应该成为将来的强国，那简直是瞎说。如果说每一个德国的小区域只因为经济的原因，就可以定他们的存亡，那简直是和以德国各种方言的不同完全是由经济的原因的话，一样的不近情理"①。"所以，历史的唯物论的学说于其极端的形式，已经为其创造者所吐弃。不幸，许多历史的唯物论者因为言语极端的缘故，把一个于其最好的形式中，含有至理且对于科学进步很有帮助的学说的信用，扫地无余"。②

此说法换了一个角度，一是说夸张地应用唯物史观或经济史观，虽不会动摇这个学说本身，却会因滥用而使这个学说丧失信用，其矛头主要指向唯物史观的信奉者即马克思主义者。二是说唯物史观的创始者如恩格斯，后来也注意到夸张地应用的危险并承认他们当初鼓吹这个学说太厉害，既然如此，遑论那些追随者。这些说法，仍然回到前面的论点，即唯物史观并非普遍适用或揭示人类社会发展一般规律的原理，只含有部分真理又不能摆脱其局限。说一个学说或一种理论不能推向极端或作绝对化的理解，不无道理，这里的关键是，如何认识恩格斯晚年书信的那些论述。一种看法如本书作者，认为意味着唯物史观的创始者后来承担责任，纠正失误，几至推翻自己原来的学说。另一种看法如胡汉民的《唯物史观批评之批评》，

---

① 本节引用恩格斯另一封信里的话，均见恩格斯1890年9月21［—22］日致约·布洛赫的信，不过引用时，有的直译，有的意译，有的省略，有的错落，并不一致和完整。其相应的今译文见《马克思恩格斯选集》第4卷，人民出版社1972年版，第477—478页。
② 本章引文除另注外，均见陈石孚译《经济史观》卷下，商务印书馆1928年版，第48—54页。

借鉴国外研究成果，同样引用恩格斯那几段话，却得出完全相反的结论，这些话只是"补足"马克思早先在《政治经济学批判》序言里说过的话，并未动摇唯物史观的理论根基①，既谈不上失误，更谈不上推翻。基于不同的认识，自然会对唯物史观的原理性质和适用范围，做出不同的判断。

第5章："创作这个学说的人实在说得有点过分，有的地方也真容易令人误会。……最不幸的是采用'历史的唯物论'这个名字"。唯物史观和功利道德论一样，因为名称而非因为本义，"大受非难"，"其实这两种学说都不是鄙陋不堪的"。经济史观的本义，不是说普通的人生现象和特殊的社会生活现象，都要用经济原因来说明。人的进化哪怕有物质的需要，大部分也以心理的进化为转移，所以一定要注意心理上的事实。"一切人类的进步归根及底都是心理的进步，一切变迁都要经过人类的精神，所以一切人类进化都有心理的基础"。"马克斯全部学说的精华都在他的一句名言里：'人类意识不是决定他的生存的，但是他的社会生存是决定他的意识的'"②。就纯粹的哲理而言，这句话"有一点趋于极端"，但它的意思不一定是社会生存在前，意识在后，发生的先后问题，"完全无关紧要"。

历史唯物论的"极端鼓吹者"受到哲学家和史学家两方面的攻击。极端者有时似乎说，一切社会学必须完全以经济学为基础，一切社会生活不是别的，乃是经济生活的反映。这样的话决然不能成立，而且肯定不是出自这个学说"温和的鼓吹者"之口。经济只是社会关系的一种，"殊不知世界上有多少社会需要，就有多少社会关系"。我们不只有经济的需要，还有道德的、宗教的、法律的、政治的和许多其他集合的需要，不只有集合的需要，还有个人的需要，如肉体的、工艺的、美术的、科学的和哲学的需要。经济学只说到社会效用或社会价值的一种，不能解释一切。

"有多少种人类的活动或者需要，就有多少种解释历史的方法"。不只有经济的历史观，还有伦理的、美术的、政治的、法律的、语言的、宗教的和科学的历史观。但是，"如果放开眼界去观察人类的发达，我们很可以说经济历史是唯一的重要的历史观，而不能说经济史观是许多重要相等的历史观中之一"。这个结论的"大理由"：实行天然淘汰的生存竞争是"'自然'的铁律"，这种竞争自古至今不

① 参看谈敏：《1917—1919：马克思主义经济学家在中国的传播启蒙》，上海财经大学出版社2016年版，第1409—1410页。
② 这句话的今译文见《马克思恩格斯选集》第2卷，人民出版社1972年版，第82页。

能避免，曾有三个样式，即"群和群的竞争"如民族、国家之间的决斗，"阶级战争"如现在劳动阶级与资本阶级的战争，"各阶级中个人间的争斗"；三种冲突的最终原因，由于食物用品的生活压迫，由于自然的吝啬，人类禀赋的不平等和社会际遇的不平等。"只要这个冲突有一天存在，人类生活的解释就必得仍旧是经济的解释"，也就是"调和物产和人类欲望的解释"，或者说是"生命和生活用品的调剂"。等到实现理想中更加完善的经济调剂，科学可以使我们全权统驭生产方法，人口增加受到人群的有意识活动的遏制，个人进步和种族进步不是为了自私的竞争，大多数人民的生活能够像如今最尊贵的人那样舒服，"经济情形方才会消缩，为他种进步的社会元素所掩蔽"；在那以前，"人群的经济情形必继续占重要的地位"。

"向来个人和人群的竞争都想利用环境，在这个竞争里他们所最注意的东西当然是带着经济的性质。注重这些东西的历史观就是我们所谓经济史观。这些带着经济性质的东西却又不是惟一的重要，并且在特殊情形的时候，社会势力的激动和反动很可以使得非经济的元素有最大的影响"。人类以往和现在的情形，很难否认，"普通一般根本的主要势力，在宽广方面还是带着经济的性质的"。"正当的经济史观"不能包括一切的人生和进步，也不能解释人类发达的一切细致条件，不过它注意到"引起国家和民族的起伏、盛衰、成败和吉凶"的"大部分"即主要势力，这是"一个相对的而非绝对的解释"；它在以往"完全是实在的"，以后"渐渐的就要不十分实在了"。[1]

此说法终于露出作者解说经济史观的意图，原来是把物竞天择的生物进化论当作"自然铁律"，引入人类社会领域。在他看来，人类自古以来各种样式的竞争，都根源于物产不足与人类欲望之间的矛盾，为了"调和"或"调剂"这种矛盾，产生对经济史观的需求。应用这个学说解释历史，必须事先辨明其"真伪"。譬如：经济史观应当摆脱唯物史观的牵累，既然无须确定社会存在与社会意识的先后顺序，也就没有必要争论"唯物"或"唯心"的前提而为此大受非难。经济史观与社会主义运动或劳工运动完全无关，前者是自然铁律的社会反映，后者是滥用这一学说的结果。经济史观突出经济因素在历史解释中的重要性，其现实意义仅适用于自然铁律制约强烈的历史时期；随着科学的进步（而非通过阶级斗争），未来可

---

① 本章引文除另注外，均见陈石孚译《经济史观》卷下，商务印书馆1928年版，第59—68页。

以实现理想的经济调剂，即统驭生产方法，节制人口增加，克服自私的竞争式进步，人民生活普遍达到舒适程度之日，也就是自然铁律的制约有所松弛之时，经济因素在历史解释方面的重要性便逐渐消退，为社会的其他进步因素所掩盖或取代；换句话说，经济史观的应用受到限制，它不是解释人类全部历史的一般性理论。诸如此类的真伪之辨，抽去马克思创立唯物史观的理论内核，避开"极端"的鼓吹，选留"温和的"或"正当的"鼓吹，最后只成为单纯用于学术上以经济因素来解释历史的方法，或者说只剩下一个工具式架子。

第6章：以上讨论经济史观的结论，应当从两方面看。一方面，"以纯粹的哲学眼光观察，这个学说——特别在其极端的形式中——再不能算是一切人类生活的普遍解释"。"人类不容一元的解释"，除非最后所有学问中最难的社会学成立其定律，成为"真正科学"，否则，再也不能辩护历史的唯物论是"施诸万事而皆准的哲理的学说"。"狭义"地说，"经济元素在历史里尝是一个最要紧的东西，并且一定要把历史的元素计算在经济里"，经济史观曾经是、现在还是"一个很可注意的"学说。出乎历史派经济学家的意料，马克思"不惟说经济制度都是历史的范畴，并且用一个新奇的、有效的方法指出经济事实和社会事实的关系"。"以极简单的原因解释极复杂的思想变迁，总是很危险的事"，无可怀疑，"这个较新的经济思潮是由于各种影响而起的"；但我们可以预言，将来经济学和社会学的史学家研究近几年"大过渡的时代"，不得不给马克思以"更见重要的位置"。从前，除了"狭小的"社会主义范围外，很少有人"十分尊崇"马克思。"纯粹经济学"方面，马克思的著作虽然"精美"，但只因受到批评才可以传于后世，而"经济方法和社会哲学"方面，"永远要记得马克斯是一个先驱，即使他自己未能达到他的目的，而在人类思想和人类进步上，他也要算曾经开辟了一条有希望的新路途"。"经济史观注重经济制度的历史的基础，对于经济学是很有贡献的"。

另一方面，"经济史观对于历史的贡献更大"。它使我们不只着想于表面，"我们现在注重社会的生长，渐渐知道国家生活和国际生活都是社会势力的活动和互相激动的结果"。现在的历史学比较从前"更见离奇复杂"，打算将尚未十分完备的社会科学的原理概要，介绍到以往的时期。无论这件事如何艰难，"新理想"逐渐看得清楚。"在这个新理想成立的时候，经济史观所占的地位虽然不是普通一般所常常看得见的，然而他的重要却是不可埋没的"。最初注重法律、政治、宪法的事实与经济变迁的关系，找出"统一的历史观"，"是马克斯和服膺马克斯的人"。虽然可以说，这个统一的历史观出现得太早了一点，马克思对这个历史观的解释未免言之过甚（姑且不说他的解释使人发生误会），然而正是通过统一的历史观，大部分历史家的观念"聚集于他们从前所没有注意到的、人类进步中的许多重要元素"。从这个观点看，"经济观的学说就更可令人注意"。无论承认这个学说对普通一般人类进步的解释完善与否，"我们一定都要知道这个学说在激起一般学者的思想，与扩张历史学和经济学的概念和理想的时候，所引起的有益的影响"。仅仅由于这个缘故，"经济史观也应该为将来学者的研究资料，也应该在心理发达和科学进步中占据一个尊荣的地位"。①

此说法作为结论或"定论"，赋予马克思的经济史观在经济学、历史学乃至社会哲学方面的开创性或先驱性"尊荣"。同时须注意，所谓经济史观，在抽掉了唯物史观的内核，肃清了这个学说同解释人类社会发展的普遍规律、同科学社会主义的理论与实践的所有关系或所有关系的痕迹之后，留给马克思的，只是纯粹的学术史地位；尽管确认这种学术地位，在当时我国传播马克思经济学说的过程中，仍起到独特的促进作用。

**（三）译本的补充分析**

上述简介，包括分析有关各章的要点，可以从实质上了解译本所解说的经济史观。需要补充分析的是，类似这样的国外原著译本，传入中国后可能产生怎样的影响。

一个值得注意的方面，此译本引用了许多马克思、恩格斯的原文作为论证的依据，不论出于什么目的，这些原文都会随着此类著作的流传而得以扩散。其中较有影响又引起争议的，便是恩格斯晚年有关唯物史观的几封书信。这些书信距离此译本原著 1902 年的初版时间，不过 10 年左右，距离中译本 1920 年的初版时间，至多 30 年，属于相对新鲜的内容。由此联想到此前国内提到这些书信的有关著述，根据目前掌握的资料，较早可以追溯到 1919 年 10 月间发表的两篇文章。一篇是署名"衡"的译文《姑罗巴利教授的唯物史观评》，转译自日人高田保马②之文，10 月 7—14 日连载发表于《民国日报》"觉悟"副刊。反驳有人对唯物史观的非难时，引用恩格斯 1890 年 9 月致约·布洛赫的信里一句话的原文，今译"经济状况

---

① 本章引文均见陈石孚译《经济史观》卷下，商务印书馆 1928 年版，第 70—77 页。

② 高田保马（1883—1972），日本社会学家、经济学家，文学博士，京都大学名誉教授，大阪大学教授。

是基础，但是对历史斗争的进程发生影响并且在许多情况下主要是决定着这一斗争的形式的，还有上层建筑的各种因素"等。另一篇是林云陔的自撰文章《唯物史观的解释》，10月10日及19日连载发表于《星期评论》双十日纪念号及第20号。为了说明恩格斯以为经济要素在进化中被"太过表扬"即过分看重的意思，引用他晚年两封信中的两段原文作为证据。这两段原文实际上出自上述1890年同一封信中的两段话而次序被颠倒了，先引用最后一段的部分内容，再引用最初一段包括上述那句引文在内的部分内容。林云陔引用恩格斯原文的内容比衡的译本更多，译本中"姑罗巴利教授"的引用系选自恩格斯的原作或系转引他人的二手资料，不得而知，林云陔的文章则明确提到塞利格曼的观点①。林氏撰文时刚从美国留学回来，应熟悉塞氏包括《经济史观》在内的流行著作。因此，判断林氏引用恩格斯晚年书信中的论述，采自塞氏著作，有其合理成分，不是凭空猜测。或许，林氏将恩格斯的两段论述看作出自两封信，前后颠倒地引用，也是受到塞氏著作在不同地方引用恩格斯同一封信中的两段论述又未明确其先后次序的影响，既然不曾查对原文，便随意推想，将错就错了。尽管有类似的差错，这个案例仍然可以说明，那时国人对马克思经济学说尤其对其中一些重要论点的认识，不是直接通过阅读原著，乃是间接阅读国外学者摘引的原文或挑选出来的段落大意而引起关注或兴趣的。经过这样的点滴积累，然后逐渐走向有系统地引进马克思主义经济学的原文或原著。塞利格曼《经济史观》的中译本出版在林云陔的文章之后，这并不妨碍林氏从塞氏原作中拿来恩格斯的原话作为重要依据，阐释唯物史观并进而影响他的同道。

另一个更为值得注意的方面，塞氏此作引用马克思、恩格斯的原话，并非简单和随意地引用，而是有选择有目的地引用，同时粘附着自己的解说、引导和处理；这种引用方式带着引用者自己的鉴别标签，一旦传入国内，产生影响的不止是原话本身的涵义，还附有引用者的个人观点，以致对原话涵义的理解，也不知不觉地被引导到引用者的诠释意图上去。仍以引用恩格斯晚年的书信为例。胡汉民的《中国哲学史之惟物的研究》一文，引用恩格斯晚年"有名的书简"即1894年1月致瓦·博尔吉乌斯的信中一段话。大意是政治、法律、哲学、宗教、文学、艺术等的发展以经济发展为基础，又互相影响并对经济基础产生影响，由此说明并非只有经济状况才是原因，才是积极的，其余一切不过是消极的结果，"这是在归根到底不

---

① 参看谈敏：《1917—1919：马克思主义经济学在中国的传播启蒙》，上海财经大学出版社2016年版，第5编第2章第2节一。

断为自己开辟道路的经济必然性的基础上的互相作用"。这段原文出自恩格斯1890年的那封书信，虽不同于此前两篇文章或译文所引用的段落，但仍有可能受到林云陔文中有关塞利格曼著作的启示。胡氏此文同样提到塞利格曼（原译"写利格曼"）的"经济的史观论"，而且认可恩格斯和塞利格曼的话，于是初次尝试运用唯物史观进行中国哲学史的新研究。也就是说，胡氏之文同样很有可能通过塞氏《经济史观》原作或其译本，了解到恩格斯这封有名书简的有关论述。

胡氏了解恩格斯这个论述，是否受到塞氏观念的影响呢？显然，一个影响是把塞氏放到与恩格斯并列的位置，认为二人持有同样的经济史观；另一个影响是产生冲动，应用这个学说来研究中国哲学史变迁的经济因素或社会生活依据。此外，更深入的影响，接受塞氏主张，强调经济关系或经济因素在社会变动从而在人类进步中的重要性，要避免"全称肯定"的论理，不能走极端，虽然承认经济关系具有最重要的影响，但不能说只有经济关系才左右社会的进步。这个主张，表面上引用恩格斯的原话，实际上作曲解式引申，在反对走极端的名义下，以经济史观取代唯物史观，抛弃关于人类社会发展的一般规律的原理内核，隔绝同科学社会主义在理论和实际运动上的一切关系，最后留下一个没有任何政治风险的学术分析工具。此中的差异，对于初出茅庐的胡汉民来说，很难察觉。其实，后人的考察，如果不是洞悉塞氏原作的真实意图，也很难明白这个差异。因此，当胡氏拿起这个学术工具来研究中国哲学史时，人们更多看到的是他在国内运用马克思主义唯物史观从事创造性研究的尝试，殊不知这种尝试从一开始，就染上了塞氏主张的色彩。①

再看胡汉民更有名的《唯物史观批评之批评》一文，这篇长文用很大篇幅介绍马克思唯物史观的要领，属于正面引用，不必赘述，须注意它反驳那些非难唯物史观的论点，同样引用了恩格斯晚年的书信。不过，胡氏也犯了和林云陔同样的错误，把恩格斯1890年同一封信中的两段内容，说成出自两封信，并次序倒置地引用。这说明，或者胡氏受林氏的影响，或者二人都受同一参考来源的影响。胡氏此文还引用恩格斯1894年信中的两段话，一段话在前面《中国哲学史之惟物的研究》里曾经用过，惟其引用简略且带有转述而非直译形式；另一段话是说社会对于技术的需要会比十所大学更能把科学推向前进，属于新的引用。两封信中这四段引文，均见于塞利格曼的《经济史观》，有的还反复引用。因此，推测胡氏著此文

---

① 参看谈敏：《1917—1919：马克思主义经济学在中国的传播启蒙》，上海财经大学出版社2016年版。此书分析，也肯定胡汉民通过恩格斯和塞利格曼的论述，认识到不能用极端观点看待唯物史观。

时曾参考塞氏原作或其日译本，应不为过。同样作为推测，胡氏为了证明恩格斯晚年这些书信并未改变马克思创立唯物史观的初衷，又引用《资本论》第三卷中一段话以及考茨基的有关解释，这些引文似乎也可以从塞氏的著作里找到其线索①。

支持这些推测的重要证据是，胡氏此文曾大量引用塞利格曼的论述，用来反驳所谓唯物史观"一元论过于单纯"的非难。如谓，塞氏列举过反对唯物史观的五种论点：坚守"宿命主义"，承认令人怀疑的"历史法则"，带有"社会主义的臭味"，蔑视伦理精神在历史上的影响，"过于夸大"等。这些论点，在塞氏《经济史观》里相继出现，并逐一解释。又谓：塞氏认为历史上的因果关系复杂，不易概括说明，但以此否认历史法则的存在是错误的，这与唯物史观的法则是否妥当属于不同的问题；从马克思关于"人类始终只提出自己能够解决的任务"这句话中，演绎出一定时代的外界事物左右着一般社会潮流的社会法则；扼要指出伟人对社会进步的影响，只有在他的性质与他所处的社会大抵相同的范围内，才能发挥作用；替唯物史观辩护，最紧要的是说这个学说并不蔑视人类伦理精神在历史上的作用，只可惜这个稳当的解释，怕走极端而过于让步，到后来失去了唯物史观要领中关于存在与意识关系的本来含意，不敢断言精神生活从属于经济生活，以致有人说他的历史观终究不是马克思的历史观；表示批评唯物史观过于夸张有其道理，又说这是应用的错误而不是学说的错误，至于应用上如何适当才不算夸张，慎重的态度是不能主张经济关系在社会进步过程中有绝对的势力，只主张有优胜的势力，不过由于塞氏本人的应用不时超出这一定义范围，所以也受到别人的攻击；等等。这些论述，同样在塞氏《经济史观》里看到过，只是胡氏的引用，似乎不仅参考塞氏原作，还参考其他评论或反驳塞氏原作的国外著述。

对比《中国哲学史之惟物的研究》，胡氏《唯物史观批评之批评》有关塞氏原作的认识，好像有所醒悟。这主要不是来自胡氏自己的分析，而是来自别人对塞氏著作的批评。起初此文像前文一样，将塞氏与恩格斯并列，援引塞氏的论述作为反驳那些非难论点的重要依据，犹如唯物史观的有力辩护者和坚定捍卫者。后来从别人的批评中发现，塞氏的历史观与马克思的历史观不是一回事。其表现，一则塞氏为了稳当和避免走极端，其解释从唯物史观的原有立场上退让，退到模棱两可竟至

---

① 如塞氏谈到经济史观在各方面的"夸张"应用时，曾指出考茨基（原译"柯茨基"）根据马克思的提示，"研究其他的亚细亚神权国家的情形"。见陈石孚译《经济史观》卷下，商务印书馆1928年版，第55页注4。

完全相反的地步，包括把历史法则的存在与否和唯物史观的法则妥当与否，当作毫无关联的两个问题分割开来。换言之，前文接受塞氏反对全称肯定或极端解释唯物史观的长处，在此文里成为质疑塞氏脱离唯物史观本意而让步妥协的短处。二则许多人都把恩格斯晚年书信的有关论述，看作唯物史观的创立者有了"绝大的进步"，塞氏所谓"这个学说的整理"，便是倡导说法之一。这里说的绝大进步，实质是说恩格斯承认唯物史观原来的表述存在失误，需要纠正。其实这是塞氏们的曲解，借此将唯物史观引导到他们所改造的经济史观上去。对此，胡氏此文选择仍然回到唯物史观的立场，并且引经据典，用恩格斯书信的本来涵义，马克思原著说过的话，以及考茨基的引申解释，来说明他们的论述都是"补足"马克思在《政治经济学批判》序言里有关唯物史观的表述，并未"动摇"其经济一元论的根据。胡氏这个结论，有悖于塞氏解说，在当时条件下，尽管得益于他人的批评指点，仍显示其异乎寻常的学术观察力和敏感性。

我们曾经在诠释唯物史观方面，比较胡汉民的"补足"说超越了李大钊的"瑕疵"说，也曾经指出在坚持唯物史观方面，胡氏不如李大钊的若干特征，如面对马克思的社会革命思想与反过激派的社会改良思想时的犹豫，又如面对各种非难唯物史观的理论依据时，搀杂非马克思主义者的各种论述作为反驳的论据，几近把塞氏论述当作唯物史观的代言人。据此还概括胡氏之文与李大钊之文的一个重要差异，后者虽然也受到他人某些曲解观念的影响，但致力于形成和阐述自己的马克思主义观，保持对国外许多"马克思派的社会主义者"的警觉，特别是警觉"现在各国社会党"因篡改和修正马克思学说而遭受很大危机，并欢呼布尔什维主义的胜利，主张中国走俄国式革命道路；前者则热衷于引用马克思恩格斯的原著论述，限于纯理论或纯学术的讨论，找不到与劳工阶级或社会主义运动相关的一丝痕迹。[1] 现在看来，胡汉民之文的这些特征与差异，固然缘于他自身的内在原因，同时也与塞氏《经济史观》之类著述的外部影响，不无关系。

总之，塞利格曼的《经济史观》在它的中译本传入我国以前，已经引起国人中少数嗅觉敏感者的高度关注。其突出影响之一，便是利用恩格斯晚年的书信来重新解释唯物史观，趁机将唯物史观改造为经济史观。对此，国内最初接触者如胡汉民之辈，不明就里，欣然把塞氏解说当作为唯物史观辩护的权威言论，尽管对其中

---

① 有关胡汉民与李大钊的比较，参看谈敏：《1917—1919：马克思主义经济学在中国的传播启蒙》，上海财经大学出版社 2016 年版，第 1424—1427 页。

偏离唯物史观立场的让步也有疑惑，仍然引用他的大量论述作为反驳那些非难者的重要依据，甚至视之为与恩格斯并列的代表人物。由此带来的实际效果，明的是引进诸如恩格斯晚年书信一类当时国内鲜为人知的马克思主义学说，纠正青年们有时过分看重经济方面，或称对唯物史观的极端化理解，暗的是迎合经济史观鼓吹者所塞入的私货，将唯物史观同论证科学社会主义的哲学基础以及同支持实际的社会革命运动脱离开来。这里需要指出，塞氏《经济史观》中译本问世之前，国内流行经济史观的说法，主要来自日本学者对欧美概念的转贩。在转贩过程中，如河上肇一边使用经济史观概念，一边继续坚持马克思唯物史观的原意，突出经济因素在社会发展中的基础性作用，并未完全掉入欧美倡导经济史观者所设的陷阱；他也强调单纯学术的探讨与研究，也在运用经济史观论证阶级斗争和社会革命的必要性时出现过犹疑，但总的说来，对马克思唯物史观在中国早期的传播，发挥了正面推动作用。等到塞氏著作的中译本问世，虽然从表面看，其经济史观在当时缺乏专门素养的一般国人眼里，似乎同唯物史观没有什么区别，仍被列入支持马克思一派的学说，但陶履恭通读后所作的序言里，明确指出塞氏经济史观不同于马克思唯物史观；它既不能作为哲学原理解释人类社会发展的普遍规律，也与科学社会主义及其实际运动没有任何关系，其贡献只在于从学术上创造了一种在多元社会进化因素中更为关注经济元素的独特研究方法，舍此之外，其他都属于夸张或虚伪的成分。可见，不同于先前胡汉民的懵懂，陶履恭深知塞氏经济史观是什么货色，并基于这一理解而翻译、接受和宣扬塞氏之说。这样看来，承认塞氏经济史观，等于将唯物史观改头换面后限于纯粹的学术领域，也意味着脱离了马克思唯物史观原有的传播轨道。

## 二、《唯物史观解说》译本

李达①翻译，列入新文化丛书，上海中华书局 1921 年 5 月初版，1927 年 12 月发行第 8 版。考察这个译本，着眼于唯物史观是马克思经济学说的哲学基础。所

---

① 李达（1890—1966），字永锡，号鹤鸣，湖南零陵人；1913 年考取留日公费生，入入日本第一高等学校；1918 年参与组织留日中国学生救国团，罢课回国请愿；后再赴日本学习；1920 年回国，参与在上海共同发起成立共产党的早期组织，同年主编《共产党》月刊；1921 年 7 月参加中国共产党第一次全国代表大会，当选中央局成员，分管宣传；1923 年与陈独秀在国共合作问题上激烈争论，离开党组织，直至 1949 年重新入党；新中国成立后，曾任湖南大学、武汉大学校长，中国哲学学会会长；1966 年在"文化大革命"中遭诬陷迫害去世，1980 年平反昭雪。

以，考察的重点，也以与经济学说相关者为主，省略译本中从哲学或一般历史角度立论的内容。

译者在书末附言："这部书是荷兰人郭泰为荷兰的劳动者作的，解释唯物史观的要旨，说明社会主义必然发生的根源，词义浅显，解释周到；我想，凡是要研究、批评、反对社会主义的人，至少非把这书读两遍不可"。此书的价值，有考茨基（原译"柯祖基"）一篇序文，把它表显出来；至于书的内容，我想读了此书的人自然能够知道，用不着絮说。"若是读者读完了这书，必要垂询译书人的见解，我也不能另说别的赞美的话，除了一个'好'字"。此书和考茨基著《伦理与唯物史观》一书，"互相发明的地方很多"，读者可以对照看看。此书有日文译本，堺利彦从德文译成日语。堺氏日译本中，缺字的地方太多，又未译出考茨基的序文及"艺术"和"结论"两章；我对照德文本和日文本，补上缺的地方。"这部书可算是完全译本"。我要声明，译者现在的德文程度不高，上面所说那些补译的地方，"大得我的朋友李汉俊的援助"。①

对于这部书，译者有很高的评价。一则为劳动者解释唯物史观的要旨和社会主义必然发生的道理，通俗易懂，足供研究、批评和反对社会主义的人参考；二则有考茨基的序文为之评价，更显其价值，还可以对照考茨基的相关著作以体会二书的相互发明之处。不仅原作值得"好"字赞美，其译本也参较日译本和德文本而补齐日译的缺漏，同样有其好处。

**（一）考茨基的序言**

译本前面，有考茨基一篇较长的序言，简介如下：

这本书是我的朋友郭泰（Hermann Gorter②）为他的荷兰劳动者而作，自然也可以推荐给说德国话的无产阶级。郭泰作了这本书之后，有许多批评家攻击他，说他不了解唯物史观。"我对于这一层很觉得有解释的必要，所以特为作这篇序"。

我曾在1903年以《新时代》的题目发表我的思想，"在以前社会发达的过程上，道德的命令只在人所属的社会组织（即国民或阶级）内部才有无限的价值，但不能无条件的推广到那阶级或国民的敌人"。这个事实上的观察，到现在还很有

---

① 荷兰郭泰著，李达译《唯物史观解说》，中华书局1927年版，"译者附言"。

② 今译海尔曼·果特（1864—1927），荷兰社会民主工党中论坛派的代表人物。此派是集聚在《论坛报》周围的荷兰社会民主党左派集团，1909年被开除出党，组成独立的荷兰社会民主党，但不是彻底革命的政党。《论坛报》最初为荷兰社会民主工党左翼的报纸，1907年在阿姆斯特丹出版，1909年起为荷兰社会民主党的机关报，1918年起为荷兰共产党的机关报。

人，尤其基督教的教师们，利用来对付我及我的党。他们"把数千年来，即自人类发达的开始期以来，由一切阶级和国民所认识的这个事实上的观察，强词夺理的作为是我要求我的党员：在党的利益上有须要的时候，不要顾虑有价值的道德观察，并且去无礼的欺骗民众"。我之所以作那篇论文，动机就是反对从前的修正论者，现在的前社会民主党员伯伦哈德（G. Bernhardt），因为他拥护"高级"党员欺骗民众的权利。现在郭泰又作了同样的观察，因此比我尝到更苦的经验。他并不是受到反对党的反对，乃受到同志的攻击。"他们说他一点都没有懂得马克思主义，马克思自己所说的，与郭泰所说的完全不同"。他们引用"万国劳动者同盟的规约"（今译"国际工人协会共同章程"）里面的文句作为证据："加入万国劳动者同盟的各团体、各个人，以真理、正义、道德，为一切团员相互间和对于一切人的行为的规律，不问其人种、信仰、国家"①。这个文句由起草同盟规约的马克思提出，与郭泰的主张不一致。

但我们第一要注意，这个文句与郭泰的主张毫无关系。他说的是从太古时代直到现在发生在各处的现象，而规约里只说明同盟成员的要求，并没有说明历史上的事实。我们不能说这个要求的说明，是很适当和明了的。真理、正义、道德是什么？各阶级没有它特别的正义和道德的观念么？"凡在人不是与自然对立，是资本阶级与无产阶级在社会里面这样互相对立的地方，他们相互间自然没有互助之可言；一方面是想减少工钱，一方面是想增高工钱的。这两方面底要求各各都是要损害了一方面，才能成功的"。"无产阶级与资本阶级明明白白敌对的时候，无产阶级对于资本阶级是不负无条件的示明真相的义务的。谁人希望同盟罢工的劳动者把他们罢工基金的实在情形告知资本家呢？对于敌人的资本阶级的这样欺骗行为，无论在甚么地方，都可以认为有阶级觉悟的无产阶级道德上的义务"。"万国劳动者同盟的规约在这种地方，不待说，是含得有很正当的要点的。我们不能不承认真理、正义、道德，是我们相互间行为的规律"。群众中一切战斗者之间，不能有虚假。在我所晓得的范围内，马克思只有一次引用过规约这个文句，并且以厌恶欺骗同志的意思来引用。他是针对巴枯宁派，因为他们在万国劳动者同盟里面组织了一个秘密团体。"彼此没有真实，党员不互相依赖，是不能把民主主义的党派引到作有力的争斗的"。但对一切人，包括逼迫我们的警察，在一切情形都守不作虚假的

① 其今译文见《马克思恩格斯选集》第 2 卷，人民出版社 1972 年版，第 137 页。

义务，无论如何是不行的。

"我们要晓得，马克思在万国劳动者同盟里面并不是一个独裁者。他为无产阶级的阶级斗争的一致起见，不能不采取许多他所绝对不能满意的决议"。万国劳动者同盟的规约不是他一个人制定的，不能因为马克思参与了制定规约，就要他对其中的一些文句负责。上面一段文句之后，紧接着第二段文句，在文法上和论理上与第一段一致，这也不能要马克思负责。后一段文句是："他们不但以为自己要求公民权和人权为一切团员的义务，并且认为履行自己义务的一切人要求，也是他们一切团员的义务。没有义务就没有权利，没有权利就没有义务"①。看了这两段关系很密切的文句，可以减少对这些文句是否出于马克思之手的疑问了。"这也是一个很可笑的笼统决案"。究竟由哪个独裁者来决定哪个人履行了自己的义务，值得有公民权？关于国民义务的思想，不但资本家与劳动者很不相同，就是在劳动阶级里面，在整个万国劳动者同盟存在期间，也有很大的变迁。马克思自然不会产生这种思想，只为"尽了自己义务的人"要求普通选举权。

马克思自然不能公然反对规约的这两段文句，这是他与别人共同起草的，他在全体上承认的。根据可信赖方面告知，马克思对这两段文句，非正式地表示不满意，况且也有近于正式的表示。这个规约的草案，1864 年发表于在伦敦成立时的报告英文版附录。草案成为正式规约，1866 年用德文在《先驱》上发表时，完全没有这两段文句，这不是出于厌恶，因为难于找到理论的根据。我起初就注意到，规约起草时，有过意见的不一致，反对这两段文句。因此，"简单的把万国劳动者同盟的一切宣言，都归罪于马克思，是错到极点的"。许多宣言是由反马克思的分子弄出来的。"我们如果要引万国劳动者同盟来证实马克思的思想，我们就非先将马克思思想自身，与万国劳动者同盟时代的别派社会主义的精神间的区别，明白理解不可"。"我们要好好的了解了唯物史观，反对万国劳动者同盟的许多决议和规约的许多文句起来了，我们才能成为一个很好的马克思主义者。""万国劳动者同盟的这两段文句，绝对不是出于马克思之手。我们如果以所谓马克思底这两段文句为满足，无批评的向这两段文句低头，我们就不能算是真马克思主义者。""若果

---

① 其今译文："他们认为，一个人有责任不仅为自己本人，而且为每一个履行自己义务的人要求人权和公民权。没有无义务的权利，也没有无权利的义务。"这是 1864 年版共同章程的表述，马克思在准备共同章程的 1874 年版，删去了此文句中前面一句话。见《马克思恩格斯选集》第 2 卷，人民出版社 1972 年版，第 137 页及第 662 页注释 115。

从马克思别的方面努力研究，就自然没有人愿意反对像马克思这样精神上伟人的坚实思想家。在上述的情形，也是没有必要的。"

"我为说明郭泰是了解了唯物史观，对于万国劳动者同盟的规约提出的这个异议，在我所晓得的范围内，还是唯一的异议。德国的读者诸君大概是要自己来检查他这本书的"。①

这篇序言，初看起来，与解说唯物史观没有直接的关系，似乎只是为了澄清马克思所起草的《国际工人协会共同章程》的有关条文，是否体现马克思的本意这一史实。但细加考究，其针对性极强，实际上提出一个重要问题，在阶级社会尤其资本家阶级与劳动者阶级对立的现行社会，正义和道德观念是有阶级性的，不能用超阶级或普遍的抽象正义道德观念去教育和约束劳动者阶级及其政党组织，这是运用唯物史观考察历史事实所得出的结论。所以，当社会党内有人引用早期共同章程的条文，批评甚至攻击荷兰同志解说唯物史观的同一结论时，考茨基出而为之辩护，不仅出于朋友之谊，还出于劳动者和无产阶级的利益。可见，序中对共同章程提出异议，或者说唯一提出这种异议，并非把矛头指向起草者马克思，而是指明其中有关条文不符合马克思本人的思想，他考虑到国际工人协会的整体利益，才在共同章程里加进了不同派别所坚持的一些观点；因此既不能把章程里出现的问题都归罪于马克思，也不能满足于马克思起草的名义而向章程中的有关问题低头，真正的马克思主义者应当首先掌握马克思学说本身，以此识别和理解它与非马克思主义观点的区别。这样来引导党内同志去认识和评价《唯物史观解说》一书，大概就是译者认为考茨基之序构成了此书的价值而须表显出来的原因。考茨基自己也有一部著作《伦理学与唯物史观》，阐述了道理伦理具有阶级性的观点，并在那个时期以不同的翻译形式传入中国。如署名柯祖基著，伯明译《伦理学与唯物的历史观》译本，1919 年 1 月至 1920 年 1 月连载于《闽星》第 1 卷第 4 期至第 2 卷第 6 期；董亦湘②译《伦理学与唯物史观》译本，1922 年 9 月 7 日至 20 日连载于《民国日

---

① 以上引文除另注外，均见郭泰著，李达译《唯物史观解说》，中华书局 1927 年版，"柯祖基序"。
② 董亦湘（1896—1939），原名彦标，号亦湘，江苏武进人；19 岁任塾师，1918 年任商务印书馆助理编辑；1921 年经沈雁冰介绍加入中共上海小组，先后任商务印书馆第一任党支部书记、上海地方兼区执委会国民运动会委员等职，任教上海大学社会系，创建中共无锡第一个党支部；国共合作时期以个人名义加入国民党，先后任职国民党上海执行部和江苏省党部执行委员等；1925 年赴苏联在莫斯科中山大学、列宁学院学习，并任教；1933 年任远东苏联内务部政治保卫局全权军事代表，1937 年苏联清党时遭陷害被捕入狱致死；1959 年苏联以无罪结案并恢复声誉，1984 年中共中央组织部为其平反昭雪，定为革命烈士。

报》"觉悟"副刊；徐六几①、郭梦良、黄卓译《人生哲学与唯物史观》译本，1922 年 10 月商务印书馆初版。从这些译者的身份看，亦可见考茨基此书当时对我国马克思主义者及感兴趣于社会主义者的影响。

**（二）译本简介**

共 14 章，分别是"本书之目的""历史的唯物论与哲学的唯物论""这学说的内容""实例之说明""科学、智识、学问""发明""法律""政治""习惯与道德""宗教与哲学""艺术""结论""真理之力""个人之力"；附录"马克思唯物史观要旨"。

首先论述本书的目的："社会主义，不单是要靠政治运动即掌握国家政权，来把生产机关的私有，即自然力、器械及土地的私有制度变为公有制度；换句话说，社会主义不单是有政治战争及经济战争的意思，实在还有最深的意思，就是对于绅士阀即富力阶级行哲学上的思想战争。"资本家利用精神作为统治人民的手段，直到现在。他们欺瞒劳动者，说事物本来的关系是精神支配社会的物质，一切劳动者的劳动都被精神支配，使劳动者屈服于资本家及拥护资本家的僧侣学者等人。劳动者想变为自由人，要由自己阶级掌握国家权力并从现时权力阶级手中取得生产机关，就要明白地考察，资本家的说法全然是相反的事情，"精神不能决定社会生活，乃是社会生活决定精神"。劳动者抱着这种思想，就可以免却资本家的精神支配，反对资本家的思想而使自己具有最有力最正确的特有思想。"不单如此，劳动者若晓得了社会的发展，是自然而然的向着社会主义进行，自然而然的准备社会主义的，若又晓得他自己的社会主义思想是由社会生活发生的，他必定更能觉悟这件事了。我们周围的社会所发生的事变，是我们头脑中先发思想的原因。社会主义的事实，已在这社会中显露出来，所以社会主义的思想也已经在我们头脑中发生。于是我们方晓得在现实之上去获得真理。所以这是一种把社会革命所必要的意气和确信给劳动者们的思想"。"唯物史观（唯物的历史观，历史的唯物论）说明社会生活决定人的精神，把人的思想归入一定的轨道，决定个人或阶级的意志和行为"。本书即为了劳动者，简单明了地说明唯物史观的真理。

其次为了防止偏见与误解，先说明唯物史观的反面，即哲学的唯物论。它与唯

---

① 徐其湘（1898—1925），号六几，福建连江人；入读福建省立第一中学，1914 年考入北京大学法科，曾参加李大钊组织的社会主义研究会；6 年后毕业被聘为上海《时事新报》编辑主任，相继任上海专门学校教务长、北京春明学校教务长，积劳成疾去世。

物史观不同，不是论述精神如何依赖社会状态，如何依赖生产方法、器械与劳动而采取一定轨道进行的问题，乃论究肉体与精神、物质与心灵、神与世界的事情。"哲学的唯物论与唯物史观有很大的差异。前者探究思想的本质；后者探求思想变化的原因。前者要说明思想的起原；后者要说明思想的变迁。前者是哲学的；后者是历史的。前者预想思想与精神尚未存在的状态，而后者预想精神的实在"。研究或学习社会主义理论的人，非先明白晓得这种区别不可。我们的反对论者，尤其信仰宗教的人，总把这两种混合起来；依从基督教的劳动者对于前者的恐怖，同样排斥了后者。这样的说法全是假话，后面所举的许多实例都证明了这一点。"唯物史观引导着我们达到一种宇宙的概念。这种概念尤其不是纯粹器械的，不是基督教的，乃是一种特别的社会主义的新宇宙观"。唯物史观本身虽不是这种宇宙观，但与进化论、自然科学、马克思《资本论》等相同，是达到这种宇宙观的一个方法，一个手段。①

接着论述唯物史观的内容，几条概要使人一目了然：其一，"劳动技术，即生产力作成社会的基础"；"生产力决定生产关系，即决定生产过程中互相对立的人与人的关系"；"在分成阶级的社会中，生产关系同时又是财产关系。生产关系与财产关系不单是个人间的关系，又是阶级间的关系"。其二，"技术继续发达"；"生产力，生产方法以及生产与财产及其阶级关系也随着继续变化"；"所以人的自觉即对于法律、政治、道德、宗教、哲学、艺术等思想观念，也和生产关系及生产力共同变化"。其三，"新技术在他进步的某阶段上，与旧生产及财产关系相矛盾冲突"；"结局新技术得胜"；"以旧形式为利的保守阶级和以新生产力为利的进步阶级之间的经济斗争，造成法律上政治上宗教上哲学上及艺术上的种种形式，这种种形式表现在两者的自觉之中"。下面要用许多实例说明思想变化和技术变化之间的因果关系。"能够办到这一层，就可以掘翻资本家对待劳动者的权力的一个重要基础石"。"因为劳动者要做世界的支配者，若得技术的和生产力的发展所许可，就可以成功"；什么神的操纵力，人的超越的精神力，都不能妨碍它，无论物质或精神方面，都可以由此得到证明，同时证明这件事能够成就。②

经过各章的实例证明，最后得出结论："科学、法律、政治、习惯、宗教和哲学、艺术，都是随生产关系的变迁而变迁，这个生产关系又随技术的进化而变迁"。这些实例内容丰富，在广大范围内都有效，"所以这个唯物史论的真确也就

① 以上两段的引文，均见郭泰著、李达译《唯物史观解说》，中华书局1927年版，第1—6页。
② 郭泰著、李达译《唯物史观解说》，中华书局1927年版，第14—16页。

可以证实了"。况且唯物史观已经由我们的同志适用到历史的一切领域，都得到完全的效果，"所以我们能够放心说：'经验已经证实了马克思学说的这一部分是真实的'"。同时决不能把唯物史观看作一个无论什么历史上的问题都可以装得进的形体。同一技术在一个国民所产出的思想，往往在另一个国民产出完全不同的思想，要考察别的要素，如那个国民的政治、历史、气候、地理等，都和技术同时影响到生产的方法和思想。"我们要把别的一切要素都知道了，唯物史观即生产力和生产关系底效果，然后才能明白显露出来"。精神的各领域决不是互相孤立的，合起来成为一个互相影响的整体；"但是这些东西底原动力就是劳动，精神所流通的河道就是生产关系"。"世间最愚蠢最不忠实的人，莫过于把历史的唯物论和机械的唯物论相混同的人。技术自身不是仅仅一个机械的，乃是一个思考的过程。自然所用以发展人类思想的大手段，就是争斗，在我们今天尤其是阶级争斗"。"思想是无间断地变化的，这个思想总是在运动中领会的，又在我们所论议的这一切范围没有永久的真理，唯一的永久的真理，即变化的绝对真理，就是进化"。①

　　书末附录马克思唯物史观的要旨，有 3 节。第 1 节介绍马克思唯物史观的思想，最初发表于 1848 年他和恩格斯共著的《共产党宣言》；对这个宣言，恩格斯后来有一段话，完整摘录他 1888 年《共产党宣言》英文版序言里的两段论述，涉及《宣言》核心的基本原理，对历史学做出了像达尔文对生物学那样的贡献②。这个摘录逐字逐句翻译原文，对照今译文，表述上有较多差异，如将"核心的基本原理"译作"根本的主见"，将"经济生产方式与交换方式"译作"关于生产分配的经济上的特殊方法"，将"社会结构"译作"社会组织"，将"社会解体"译作"社会消灭"，将"无产阶级"译作"平民劳动者"，将"资产阶级"译作"绅士阀资本家"，将"贡献"译作"发生新生面"等，但基本转达了原文的意思。第 2 节介绍马克思在 1859 年，也就是达尔文发表《物种起源》（原译《物种原始》）的同一年，发表了《政治经济学批判》（原译《经济学批评》）；这本书的序文里，马克思很简明地说明了自己学问的路径。接着几乎完整地引用了这篇序言的主体部分，对照今译文，从第三段"我学的专业本来是法律……"起，直至第四段"人类社会的史前时期就以这种社会形态而告终"为止③。这些引文，对原文第三段有

----

① 郭泰著，李达译《唯物史观解说》，中华书局 1927 年版，第 124—127 页。
② 《马克思恩格斯选集》第 1 卷，人民出版社 1972 年版，第 237—238 页。
③ 《马克思恩格斯选集》第 2 卷，人民出版社 1972 年版，第 81—83 页。

较多删节，对原文第四段划分若干段落，同样存在表述上的差异，如将"结果"译作"信念"，将"国家的形式"译作"政体"，将"人类精神的一般发展"译作"一般文化进步"，将"市民社会"译作"私的社会（即民间社会）"，将"不以他们的意志为转移"译作"离自己意志而独立"，将"一定的社会意识形式"译作"某种社会的自觉"，将"人们的社会存在"译作"人的社会生活"，将"自然科学的精确性指明"译作"科学上有实证"，将"克服"译作"决战"，将"社会经济形态演进的几个时代"译作"社会之经济的进化阶级"等，除此之外，其涵义基本正确。第 3 节介绍"马克思后来著的《资本论》，就是适用这种学说的。此外还有别的著述和论文，也是由这种根本思想阐明出来"；"马克思对于他的唯物史观学说没有著过专书，也没有特别作一篇论文，所以他在《经济学批评》的序文上所写的这一段文字，是非常重要的"。①

根据以上简介，可以相信，此书确实站在劳动者或无产阶级的立场上，解说和宣扬马克思的唯物史观。其目的是为了让劳动者阶级摆脱资产阶级和传统观念的精神控制，掌握唯物史观的思想武器并同资产阶级进行思想斗争，更好地开展夺取国家政权并将资本私有制转为公有制的政治斗争和经济斗争。其前提是将唯物史观或历史的唯物论，与哲学的唯物论区别开来，不能只是抽象地谈论唯物论的哲学义理，应面对真实的历史演化和思想变迁过程；又与机械的唯物论区别开来，不能机械地看待物质与精神的关系，不能以孤立和宿命论的观点去理解社会的进化与发展，也不能将唯物史观当作简单的教条。其重点是通过丰富的实例来阐释唯物史观的基本道理，即科学、法律、政治、习惯、宗教、哲学、艺术等随生产关系的变迁而变迁，生产关系又随技术的进化而变迁。书中经常引用马克思恩格斯的论述作为解说的依据，又因马克思没有写过唯物史观的专书或专文，故着重借助大量的实例来阐发和充实唯物史观的精微之意，显示唯物史观作为认识和改造社会的一般方法论所具有的广泛运用效果。从经济学的意义上看，此书举例，一直围绕着每个历史时代主要的经济生产方式与交换方式以及由此必然产生的社会结构，是该时代政治的和精神的历史所赖以确立的基础这一基本原理，予以说明，典型体现了马克思主义经济学的唯物史观属性。同时须注意，书中为了让劳动者从资本家的精神支配中解脱出来并树立起社会革命的自觉信念，强调社会发展具有自然而然地向社

① 李达译《唯物史观解说》，中华书局 1927 年版，附录"马克思唯物史观要旨"。

会主义方面行进，或自然而然地准备社会主义条件的性质，社会主义的思想来源于社会主义的事实，实际上，单纯依照这种自然而然的必然性解释，很难理解和说明何以在社会经济发展相对落后的俄国会发生社会主义革命。这应该也是考茨基后来反对苏俄革命的理论与实践的一个原因。至于此书的解说方式，面向劳动者进行通俗易懂的阐释，将唯物史观的经典原意，如恩格斯在《共产党宣言》1888年英文版序言中的重要论述，特别是马克思1859年在《政治经济学批判》序言中的论述范式，完整引用并附录于书末，尝试全面准确和深入浅出地诠释唯物史观。

## （三）结语

五四时期，唯物史观传入中国，在知识界流行，形成一种潮流。这个潮流里国外著述众多，李达选择翻译《唯物史观解说》，固然与此书的解说水准有关。译者的高度评价，不仅可以从中吸取诠释唯物史观的滋养，而且比起日本学者的二手转贩，有考茨基为之推荐，相信具有更接近于原典本意的解释价值，当然这些解说内容也成为译者后来宣传马克思主义的重要参考资料。这本书鲜明的阶级立场，同样成为译者选择的重要理由。此前国内论及唯物史观，像这样申明为劳动阶级而解说的专著，未曾一见。这个特点，不仅见之于上述各章简介，还集中体现在其结论之后添加的两章。一章"真理之力"，其要点：此书给劳动者一种"握得真理的人就是自己"的自信，给自己的精神一种自信；确信"生产技术使劳动者成了有力的阶级，劳动的意志自然表现生产技术的要求"，建立在这种确信上的劳动者的思想，"一切都是真理"；劳动者在数量、团结和实力上成为最后的阶级，"他们要发现这实力的政见，就成为真理"，"与此相反的反对党的政见，就成为虚伪"；"著者努力替劳动者把唯物史观明了的解说出来，这就是要使劳动者的精神中吸收真理"。另一章"个人之力"，其要点同样：劳动者"决不是为盲目的运命所驱使的，实在是依活的社会所发出的社会主义决定的"；劳动者不得不自行团结，不得不与资本家战斗，不得不掌握政权并成为胜利者，"生产力是这样要求的，劳动是这样要求的"；生产技术一旦使劳动者觉醒，在对面的水平线上看见一道光明，指示其目的、希望和阶级的胜利，他们作为阶级中一分子的精神，立刻就大为活跃起来，精神就要燃烧和努力起来了，"精神支配肉体的一句话，到这时候就成了真理"；此时，劳动者们接受唯物史观的教导，也就接近"明白自然与人类的关系"，"晓得人类不但支配自然，而且能支配人类自身的时代"。① 此类论述，把解说唯物史观的任务，贯注到劳动阶级的解放事业中去。这种理念，同样会鞭策正在为救国救民寻找出路的中国马克思主义者。

以上两节考察的四个译本，都属于专题评介马克思主义经济学的范围。在延续五四时期的潮流方面，一则从报刊上开辟马克思研究的专号或专栏，到出版有关马克思经济学说的专著。二则从相对简单地评述马克思学说，兼有自撰文章与翻译文章，到比较系统地阐述马克思经济学说，都是翻译国外专著。三则从翻译引进或借鉴转述马克思学说的日文著述为主，到参考日文译本的同时，以翻译引进原创论述马克思经济学说的西文著作为主。四则由以李大钊为代表的中国共产党先驱者率先表达对马克思主义的信仰，扩展到更多具有良好学养的中国共产党先驱者如李汉俊、李达等人翻译引进西方有关马克思经济学说的专著。五则评介马克思经济学说的著作良莠不齐，甚至打着评介马克思经济学说的旗号来兜售曲解或反对马克思经济学说的内容，这也是五四时期的评介特征之一，到民国初年，曲解方面表现得更加隐晦如《经济史观》译本，更多是注重选译国外具有一定代表性的通俗解说类著作如《马格斯资本论入门》《马克思经济学说》《唯物史观解说》等。所有这些变化，既传承了五四运动前后开其端的宣扬马克思主义的启蒙精神，又预示着马克思主义经济学的传播继续向广度和深度延展的新路径。

① 李达译《唯物史观解说》，中华书局 1927 年版，第 128—133 页。

# 第二章　非专题著作中的马克思经济学说

这里指的非专题著作，包括专题论述马克思经济学说之外而在不同程度上论及马克思经济学说的各类著作，范围比较广泛。大致说来，此类著作在 20 世纪 20 年代之初，又可以分为经济思想史、社会主义或社会问题、苏俄研究、劳动问题、政治经济学及其他等几种类型，分别显示出对待马克思经济学说的态度区别、理解深浅和拒斥差异。

## 第一节　经济思想史著作中的马克思经济学说

五四期间，李大钊曾经高度评价马克思主义在经济思想史上的地位，认为马克思是社会主义经济学的鼻祖，开创了不同于个人主义经济学和人道主义经济学两个系统的另一个标志着改造世界新纪元的独立经济学系统。惟此评价，仅见诸李大钊的论文《我的马克思主义观》，未见诸专门的经济思想史著作。然而一旦从国外引进有关经济思想史的专著，其中对马克思经济学说的评价，又显出不同的态度，这便是 20 年代之初最先引进此类专著的特点。

### 一、《近世经济思想史论》译本

日本河上肇①原著，李培天②翻译，现存 1928 年 11 月再版③的改订本，列入

---

① 河上肇（1879—1946），日本马克思主义研究的先驱；1902 年毕业于东京大学法学院，1903 年任该校农学院讲师，1908 年任京都大学法学院讲师，1913 年至 1915 年赴欧洲留学，回国后获法学博士并任京都大学法学院教授；1919 年起创办私人杂志《社会问题研究》，出版马克思主义研究著作；1928 年因日本政府镇压共产党，被迫辞去教授职务，1932 年加入日本共产党，1933 年被捕入狱，1937 年出狱后隐居东京、京都，贫病至死。

② 李培天（1895—1975），字子厚；云南省立第一中学毕业后，东渡日本考入早稻田大学政治经济系；毕业回国任教北京政法大学；1921 年回昆明，任市政督办公署教育科长，兼任中学教师；1928 年任澄江县长，1929 年任云南省政府驻南京办事处处长；1936 年先后任云南省县长训练所所长、民政厅长、县行政人员训练团教育长、粮政局长、财政厅长，其间当选国家立法委员；1948 年在香港参加国民党革命委员会，任民革中央财经委员会主委兼云南省民革筹备委员会召集人，1949 年到北京任民革中央团结委员；1950 年到香港，后移居美国，病逝于台湾。

③ 该译本版权页如此标注，译者序言则标明"三版序言"，故 1928 年 11 月的版本应为第 3 版。再版本见 1922 年 2 月，列为"学术研究会丛书第一册"。

学术研究会丛书，由该会总会发行。根据译者1923年6月16日的"三版序言"：此书译印发行，"倏倏已三年而两版"；"回忆初刊时，书中错讹字句不少，欲为改之，困在不便"；"今年七月"①，到上海招收"法大"（似指北京政法大学——引者注）新生，与人晤谈继印三版之事，"嘱予改正字句，早日付印"，当时因校务纷繁，未克立行；现辞职南来，闲暇时一一改正，事竣正好要回云南，于是托付修改本于人，"异日旧样翻新，当不致再蹈前辙之鲁鱼亥豕"。② 照此看来，该译本比较1920年9月的初版本，主要改订一些错讹字句，于整体译文无关大碍。据此，权且以译本的第3版，作为了解和分析其初版本的依据。

## （一）原著介绍

著者河上肇1920年（大正九年）3月3日作序：

去年夏季，我（指原作者）分别在信州大学的暑期讲演会与东京帝国教育会的讲演会上，讲演关于近世经济的思想史，前后各6天，"本书即讲演当时之速记而加以修正者"。后来编纂本书，利用原稿，又有速记内容，"本书之语调有因地而异之者，盖以草稿种类不同故也"。本书叙述近世经济思想的历史，自知有"不完全处"，如果不是受讲演会的邀请，似乎也不可能有今日刊行的机会。如果在信州讲演时，听众没有什么兴味，到东京"即急于依赖速记，亦恐有所不及"。幸运的是，读者明白"关于社会问题根本思想之流派"，即使有所未及，亦完全达到著者的期望。本书关于马克思部分，与拙著《社会问题研究》所载者，"略有重复"。讲演草稿的一部分见于上述研究，今日重新利用。马克思的思想中"关于社会民主主义之说明"，在我看来，"亦甚以为不足"。我自己的著述，"曾未有以意识的虚言书之者"。因此，"书中关于马克思之社会革命，容或有多少之消极的虚言亦未可知"；"虽不欲指黑为白，然表面之红者，容或使之潜伏于内亦未可知"。在《社会问题研究》上，我曾连载《马克思之社会主义之伦理学》，说明其政策部分，迄今难以动笔，有人说这是因为不能发表。"无论束缚言论之自由于如何地步，吾辈从事于学问者，虽断乎不能言虚，然当此对多数人公刊之际，为无害于'安宁秩序'故，有时亦不得不默其所知也，如此者，暂时亦无可如何耳"。③

---

① 此说恐有误，1923年6月作序，不可能谈及当年7月发生的事。对照李培天的简历，可能指1921年7月。

② 河上肇著，李培天译《近世经济思想史论》，学术研究会1928年版，译者"三版序言"。

③ 以上引文均见河上肇著，李培天译《近世经济思想史论》，学术研究会1928年版，"著者序"。

由此获得的信息，一则原著出版于 1920 年上半年，当年 9 月即有李培天的中译本出版，显然得自李氏刚从日本早稻田大学政治经济系留学归国的缘故。二则原著讲述近世经济思想史中的马克思部分，为其重点。根据河上肇的说法，出于学问研究，讲述决不能受制于言论自由的束缚而指鹿为马，可是说明马克思的社会民主主义或社会革命思想有所不足，因为公开出版物面向公众，不能危害社会秩序的安宁，故不得不默认现实或对此束手无策。换个说法，他讲述马克思学说，最终仍屈服于当局对言论自由的限制。三则翻译这个短序，尽管是第 3 版的改订本，从中还能看出译者的不少错讹字句。如把河上肇个人创办的《社会问题研究》月刊，当作他的一本著作。又如说明马克思学说有所不足的一段译文，晦涩难解，初看之下，不知所云。看来译者不止是字句错讹，有时可能还未弄清原著的本意。

再看原著"绪言"，即著者讲演的开场白：

从今日起，6 天之内，"将讲演近世经济思想史之大体"。先略为陈述讲义的内容：

经济思想的历史，"若寻其渊源，殆无际者"。东洋即中国的古代，西洋即希腊的往昔，"皆可以追溯"。我要讲"支配吾人今日生活之现代经济思想界根本之经济思潮之历史"。这个根本思潮，大约可分为二，一是"个人主义的经济思想"，二是"社会主义的经济思想"。这些思想，"今日皆各有一定之体系，而为独立之学问"。"此等学问之成立及其发展之历史"，根据什么说"有独立科学之面目与组织"，这绝不是说二者处于同样的时代。比较社会主义，个人主义"早有独立经济学之组织"，称之为个人主义经济学。个人主义经济学成立后，"将至动摇改造之机运"，社会主义思想大体继承个人主义经济学的理论，加以发展和彻底推进，获得科学的根据。"所谓社会主义经济学者，乃至有组织之地步"。按照这个顺序，先讲述个人主义经济学的成立及其完成的历史，再讲述社会主义的由来及其学问的根据之一斑。

第一讲亚当·斯密（原译"亚丹·斯密士"），第二讲马尔萨斯（原译"马尔萨士"）及李嘉图（原译"黎加多"），此为个人主义经济学的成立期。所谓个人主义经济学，实相对后面的社会主义经济学而言，也可称为"资本主义之经济学"。所谓资本主义，"即资本本位主义或资本家本位主义"，资本主义的经济组织，"即以资本之利益或资本家之利益为本位之经济的社会组织"。说资本的利益与资本家的利益，在社会全体的利益之外，"似当有所谓资本之利益与资本家之利益存在之理"。如果资本为社会所公有，"资本之利益，即社会之利益"。资本不归社会公有，归于社会上一部分人即资本家所有，故"社会上无资本者之无产者阶级，乃因以生。""资本主义社会中，必有资本家阶级与劳动者之无产者之二阶级"。生产或供给社会上人人生活所必要货物的事业，被私人资本家（即不同于作为国家机关的政府的私人）当作自己营利的事业，"以得利益及增殖资本为目的而经营之"；无产阶级"卖自己所有之劳动力于资本家"，因供给一定的劳动有助于资本家的事业，获得工资作为代价以维持生活。这样，"对于社会人人之生活上生产或供给其必要货物之事业，殆以资本之利益或资本家之利益为主眼而经营之，无产者之利益——即劳动者之利益——不过随带之附属品而已"。"当资本之利益与劳动之利益生冲突时，劳动之利益，必为资本之利益所剥夺，欲为劳动家谋利益，只有于无害资本之利益的范围内可以行之"。资本主义经济组织，"如斯而已"。我们今日所栖息的社会组织，"大体亦以如斯之组织为原则"。所以，"今日个人主义之经济学之根本思想，必先承认如斯之资本主义的经济组织，其次再承认此等组织下各个人之利己的活动，并且主张各个人之利己的活动，不期然而然为增进社会全体公益者，故政策之各方面，一任各个人之所为，对此而不加以何等之保护及干涉之主义，即自由放任主义之主张是已"。为此，或名为个人主义经济学，或名为自由主义经济学。此外，称为古典学派（Classical School）、正统学派（Orthodox School），"正系本流之经济学"。"社会主义之经济学，对此则以之为属于异端者"。个人主义经济学生育在英国，"英国实此等学问之祖国"，也有称此学派为英国学派（English School）。亚当·斯密被视为此等学问的"元祖"，固不待言，"继其业而大成其学派"的马尔萨斯和李嘉图等人，也都是英国人。下面分述"个人主义经济学如何成立与如何完全之问题"。①

这个绪言，意在说明个人主义经济学和社会主义经济学作为支配现代经济思想界的两大根本思潮，不是并立而生，先出现个人主义经济学或自由主义经济学或资本主义经济学的独立科学体系，用来论证以资本或资本家的利益为本位的社会经济组织的合理性，也就是论证资本家阶级剥夺雇佣劳动者阶级以及在无损于资本利益的范围内处理资本与劳动冲突的合理性；社会主义经济学大体上继承个人主义经济学的理论作为科学根据，并发展到极致，趁着个人主义经济学发生动摇和改造的机

---

① 以上引文均见河上肇著，李培天译《近世经济思想史论》，学术研究会1928年版，"绪言"，第1—4页。

会，作为它的对立面而出现。个人主义经济学承认现代资本主义经济组织和个人利己活动，反对干涉保护而主张自由放任，成为今日占主流地位的正统经济学，视社会主义经济学为异端。因此，叙述近世经济思想史，其顺序必先从个人主义经济学开始。换言之，不能单独或孤立地叙述社会主义经济学，必须将其纳入以个人主义经济学为前驱的现代经济思想产生与发展的历史沿革中，也就是说，只有先了解个人主义或资本主义经济学，才可能了解社会主义经济学。河上肇这个说明，有其道理。

**（二）译本前两讲的要点**

译本分三讲，前两讲如绪言所说，主要叙述个人主义经济学如何创立和完善，以英国早期几位代表人物为叙述线索。第一讲亚当·斯密，分述"近世经济学之成立""资本主义的经济组织之认定""自然的自由主义"；第二讲马尔萨斯与李嘉图，分述"绪言"，马尔萨斯的"人口论"，李嘉图的"分配论"。第一讲第2段叙述资本主义经济组织的"确定"（目录译为"认定"），体现河上肇的叙述特点，即与马克思学说相联系或相比较。例如：

斯密的根本思想，分为理论部分和政策部分。两个部分，分别是对现代资本主义经济组织如何下定论和实际上采取何种政策，换言之，解决"何在"与"何为"两个问题，二者密切联系不能分离，将二者分作两段只是为了叙述的便利。就像叙述马克思，有关唯物史观和资本主义经济组织之批判两段为理论部分，有关社会民主主义一段为政策部分。根据斯密的主张，现代资本主义经济组织是各人自由进行利己活动的必然结果，同时增进社会全体的利益，借此分别考察资本主义经济组织的成立与作用。有关马克思一章也是这样，唯物史观议论经济组织的由来，《资本论》阐明现代社会如何运用（似为运行之意）。诸君须留意斯密和马克思二人的"互相照应"之点。

斯密视现代经济组织为"长年历史发达之自然结果"，换言之，"今日之经济组织，决非一二政治家思想家之考案所能预定社会全体之福利，乃自然发达之结果"。马克思的观察，"亦与之同"。社会主义经济学与个人主义经济学的成立和预测，虽然"互相反对"或"全然有反对之观察"，"实则决不然"。创设个人主义经济学的斯密与创造社会主义经济学的马克思，"不过结论之不同而已"，他们对"物"的观察，"良有同者在焉"。马克思以前的社会主义，乃空想社会主义，"不过自述理想中之社会而已"，"即以主观之希望而求适当的社会组织"。马克思而后，主张"凡社会组织，乃经过一定之进化过程而生出之历史的产物"，马克思的观察，与斯密相同。差异在于，马克思以为，"现代资本主义的组织，既为百弊丛生时代之产物，则按诸历史进化之结果，不远行将崩坏无余而代之以社会主义之经济组织"。斯密生于英国产业革命以前，其观察"仅及于资本主义发达之初期，尚未知此等组织之缺点"，对这种经济组织的"不完善"，"未尝有改造之希望"；他将现代经济组织视为历史进化的结果，"仅偏于赞美现代经济组织之巧妙而已"。于此可见斯密和马克思二人的异同之处。要之，斯密对资本主义经济学的说明，"直建设个人主义之经济学"；马克思所证明的经济学，"直认资本主义的组织之后，必为社会主义的经济组织之社会经济学"。二人"虽观察之法同，然以时代不同之故，遂致结论大生径庭"。对此，应加以注意。

斯密的名著《国民之富》（今译《国富论》），其"杰作"是"分业论"（即"论分工"），说明"分业之所以为福利社会之制度，决非政治家思想家之意智所可实现，乃人性中所含之趋向生出之必然结果"，他对各种制度的观察，也是如此。可以注意他所谓"必然论"，"马克思之唯物史观"也是一种"必然论"或"宿命论"。批评唯物史观的学者，多半以其为必然论与宿命论而加以排斥，殊不知创造个人主义经济学的斯密及其以后的个人主义经济学者，"莫不归结于'必然论'"。"科学之成立缘于因果之法则"，否定必然论，也就没有科学。我对马克思"唯物史观之人性"，略下一个"独断"，回应人与公理的关系，即"人之于其生产生活必要货物时，常常反抗其妨碍生产能力之'人为的束缚'"。机械的发明迄至今日，大有助于人们的生产能力，可知制造和运输物品的人力即"人生之生产力"，近时已多么发达。然而，"今日大多数人之生活必要品不足之苦恼，亦缘于发达如彼之社会生产力，反受人为的经济组织之束缚"，社会中发生的不平，防不胜防。在生产能力幼稚，不能充分生产货物的时代，众人虽穷，但也没有其他的不平。如今生产力量充分，反而受到人为的束缚，"不群起反抗而从事于改造社会之组织者，不可得也"。马克思"认定此人性为不可移易之前提"，依此建立他的必然论即唯物史观。斯密也是如此，以片面的人性作为前提和公理加以铺张，"人即图自利者"，此为"自爱心"或"利己心"或"改善自己生活之各人的自然努力"。他的"根本思想"，"人为利己之物"。以此为起点，其观察可谓"看透人性"，据此说明"人之利己为自然性"即"人的天性"，社会制度的发展基于这种自然性，"能与人之天性适应，故社会全体乃有利益之可言"。在别人看来，"为社会全体利益而生之社会制度"与"因自〔然〕而发达而来之事物",是不同的问题。独有斯密"合二为一",以为"自然之者善也,善之者自然也,因一事物之自然而说明之,斯谓之善矣"。他对今日整个资本主义经济组织的观察,也是如此。①

仔细品味斯密、马尔萨斯、李嘉图三人为资本主义辩护的言论,能够发现与马克思所提倡的社会主义经济学,"有相衔接之学说"。李嘉图的"劳资不调和论",即其一例;有名的"劳动价值论",也是如此。李嘉图的劳动价值论与马克思经济论中作为根本学说的劳动价值论,"若合符节"。总之,思想逐渐发展的缘由,"酿成思想界中之一大革命",思想的进步,"能于自身以内,打破其旧有者而孕育新生之思想"。正如母体孕育胎儿,胎儿成熟,"母体言之革命变动,实逼以起,而所谓之'新生命'于以见焉"。有人说:河上肇的比喻,"可谓妙矣"。"不但能形容'新生命'为不可遏止之事实,并认以前之'旧态'为新生命产生上不可或忽之现象。在头脑顽固者观之,宜其有'母胎宿儿产生新命'之感。即以鹜于新潮者观之,亦当有'产生新命借重母胎'之念"。对河上肇的比喻赞成与否,"资本主义与社会主义之经济学者,将各固其垒,老死无二"。②

河上肇介绍斯密创立个人主义经济学,牵及马克思创立社会主义经济学,想证明两类学说的相关性,也就是前面绪言所表达的意思,社会主义经济学不仅作为个人主义经济学的对立面而随后产生,还大体继承了个人主义经济学的理论作为科学根据。其表面依据,两类经济学都包含理论与政策两部分。其内在依据,二者对现代经济组织的观察,都建立在不以个人主观意志为转移的必然论的客观基础上,而必然论又建立在以因果关系为法则的科学基础上,其前提或公理是对人性的认识。二人观察现代经济组织的方法相同,但由于时代变迁,二人的结论不同。这种证明,在河上肇先前传入中国的著述里,可以看到类似的论述③,惟此译本的论证置之于近世经济思想的历史发展中,更加系统和细致。这大概是他自以为比较研究斯密学说和马克思学说的重要心得,又或许是转售其他外国学者的特殊观点,但不论如何,断言"唯物史观之人性",与斯密等人有关人之利己天性的必然论类似,这个论断,犹附骥尾,偏离了马克思学说的原意。

---

① 以上引文均见河上肇著,李培天译《近世经济思想史论》,学术研究会 1928 年版,第 4—9 页。
② 河上肇著,李培天译《近世经济思想史论》,学术研究会 1928 年版,第 62 页。
③ 如安体诚 1919 年 12 月 6—9 日连载于《时事新报》的《河上肇博士关于马可思之唯物史观的一考察》译述本。参看谈敏:《1917—1919:马克思主义经济学在中国的传播启蒙》,上海财经大学出版社 2016 年版,第 602—607 页。

河上肇还认为马克思的社会主义经济学同英国古典经济学若干代表人物的理论相衔接，如吸收李嘉图的"劳资不调和论"和"劳动价值论"，就像在资本主义经济学的母胎中孕育社会主义经济学的新生命一样，有其道理。按照他的解说，这也有助于改变人们一个误解，即资本主义与社会主义经济学者从来都是老死不相往来的对立阵营。整个译本188页，河上肇用两讲62页即全书1/3的篇幅，介绍英国古典经济学三位代表人物的经济理论，其用意大概就是为了证明经济思想的这种衔接特征，以便为后面重点讲述马克思的社会主义经济学，作先期铺垫。

**（三）译本第三讲**

这一讲的题目是卡尔·马克思（原译"加尔·马克思"），占全书2/3篇幅，为讲述的重点。内容分4章（原译以章为"段"），要点如下：

第1章"社会主义经济学之成立"。马克思以前，已有社会主义思想，但建设社会主义经济学，"舍马克思氏莫属"。要了解马克思建设社会主义的经济学，"非从过去百年间社会主义的经济学之发展言之不可"。社会主义的由来不谈古代，今日所谓社会主义，与资本主义的经济组织共生，"主张废止资本家的经济组织"。广义的社会主义非难财产，今日狭义的社会主义"反对资本家之私有财产"。今日资本主义不过"一时之过程"，今日社会主义也是"历史的结果"，二者有"密切之关系"。

社会主义在过去百年的进化，表现为理论的进化以及实现理想的手段的进化。以社会主义整体思想的学问性质为标准，分为"空想的社会主义"与"科学的社会主义"。社会主义进化的第一特征，从"妄想之幻梦"或发现理想世界却未发现实现之道的空想进入科学。接着分别介绍法国空想社会主义者卡贝的《伊加利亚旅行记》（原译"伊加利亚航海记"），傅立叶的"法朗吉"（原译"法兰士德里"）设想，以及日本的类似"梦想"，说明"初期之社会主义，皆空想的社会主义"。继而与时递兴，逐渐实行，到马克思出世，"社会主义始有充分之科学的基础"。"今日世界上最有势力之社会主义，舍马克思派（Marxism）无能及"。马克思派的社会主义所以称为科学的社会主义，"诚以马克思而后，社会经济学乃有理论的系统与独立科学的资格"。为什么说社会主义自马克思开始，从空想变为科学，因为马克思研究社会经济组织，着眼其历史变化，发现"一种新见地"，即所谓"唯物史观"或"经济史观"。马克思以为："假有人焉，以社会之经济组织，视同一二人者然，从而思其所以改造之，则其结局，终不能如其所期而改造之也。盖举凡社会之经济组织，乃应社会上富的生产力发达之程度何如以为准。譬以手车纺丝之时代，封建的社会经济组织尚焉，利用蒸汽力纺绩之时代，资本家的社会经济组织尚焉。其所以然者，时势有以致之也。假社会之生产力增加，富之生产方法亦因之变化，则社会之经济组织，姑不论乐之怨之，实必不变化不可已也。"这是马克思1845 年的思想，年仅 30 岁①。

英国经济学是资本主义经济学的"祖国"和"最早之邦"，马克思以其历史观加以研究和批评，断言："今日资本主义的经济组织，不过行将崩坏而代之以社会主义的经济组织"。意思是说："无论何等之社会组织，皆一时的或历史的也。其组织，必以社会生产力之发展为根据，若社会生产力反乎此而碍于发展，则社会之组织，破坏无疑也。观夫过去之历史，岂不明甚。即以今日之资本家的经济组织而论，虽于生产力之发展上无甚阻碍，然其发达及于一定程度时，则此等经济组织，必渐致各方面之社会生产力于妨碍。是故，今日之资本主义，崩坏无疑也，社会主义，当代之而起矣"。这个论断，实为马克思"生平名著"《资本论》的"大目的"，其第一卷 1867 年 9 月刊行，距离马克思最初研究英国经济学，约 22 年。说马克思的思想是科学的，"非自己描写自己脑中所理想之社会"，"非为自己希望中一定之社会组织立案"。人们都不愿社会退化与灭亡，将来的社会组织，"当然循科学之理，必成社会主义的经济组织"。马克思的社会主义，"非希望论，乃大势论，非理想论，乃运命论"。空想社会主义者发明理想社会，"终不若马克思之发见社会主义实现之要件"，"马氏之功，非在发明，乃在发见"。以前的空想时代描写将来的理想社会组织，"极其精当"，详举其事，而科学时代，"大都止于列举大纲"。如马克思的理想，虽然认为将来资本家与劳动者不相容，但"以科学的智识为根据，故仅言其大体焉"。

从实现的手段看，"社会主义实现之手段，即从道德的移而为政治的"。初期社会主义的理想为空想性质，以精细的笔触描写将来的理想社会，未曾深思如何实现的问题，只是诉诸理智或道德作为实现的手段，大略与宗教家、道德家扩张其教义的手段相同。社会主义从空想到科学，其实现手段，"亦必以社会上最大多数之

---

① 这里用来说明马克思早期唯物史观的引文，尚未查明出处。就其内容而言，颇似马克思 1847 年发表《哲学的贫困》第 2 章第 1 节 "第二个说明" 中的相关论述。此处既说这段引文作于 1845 年，又说那一年马克思仅 30 岁，或系作者口误，或系译者笔误，因为马克思生于 1818 年，30 岁应为1848 年。

无产者而代最少数之道德家宗教家"，此即"最有力之政治运动"。空想社会主义者求诸当权的赞同，利用其力量来实现自身的思想，但通过一二位权能者来改造无数民众所组成的社会，绝无可能，这是社会组织进化的法则。"欲期社会之改造及于实现，自非促社会制度下困苦无告者之觉悟不可也，更非假藉多数人之力不可也"。今日的社会主义者，大多认为亚当·斯密以后，资本主义经济学者常以人为利己动物，若诉诸他利心、道德心作为利器来匡正现有社会组织的缺陷，"诚藐视人性之妄想"。"科学的社会主义者，大都立其政策于事实之上"，认为改造现代经济组织，不可能等待特权阶级"自发之能力"，此阶级即使有人能牺牲或放弃自己的利益，也不过极少数人，不会改变整个阶级的想法。"唯一之计，似宜鼓舞今日社会组织下之无产者，互相联络，组一最有力之政治团体，渐次参与国政，一方面利用国家之权力，一方面以权力之强制以达其改造经济组织之目的"。可见，科学社会主义者改造社会的手段，首先从改造人心之道德的说教，逐渐移向获得政权的政治运动。政治运动也在进化，从最初"近于空想"地企图颠覆旧社会组织的阴谋暴动手段，逐渐转向"合法的手段"，或通过新闻杂志宣传其社会思想，或通过运动获得实权后，"进化的改革社会"。近代社会主义从根本改造社会组织的最终目的看，属于"革命论者"，从实现手段的"平和与合法"看，又属于"进化论者之类"。"我非常希望如今的当局者十分注意，无使新思［想］家对于议会政治有向隅之叹"。也非常希望"以平和的手段而进化之社会运动"，不致因为此次世界大战而"遽然变为急进的与暴力的"。

总之，社会主义已由空想到科学，其手段也是逐渐增进实力。"换言之，即社会主义之实现性，已日渐流露于人间。恐惧社会主义者，亦宜乎增其恐惧之度矣"。要之，马克思以前，有社会主义的理想论，未尝有社会主义的经济学，"非所以阐明社会主义之理想，乃以科学的因果论证明社会主义理想之实现的可能性"；马克思而后，诸如《理想论》《人口论》等资本主义经济学说，"乃宣布死刑"。①

第2章"唯物史观"。分4节，大多数内容在河上肇此前传入中国的著述中，已有触及②，为避免重复，这里只作选择性摘录。

---

① 以上引文除另注外，均见李培天译《近世经济思想史论》，学术研究会1928年版，第63—80页。
② 参看谈敏：《1917—1919：马克思主义经济学在中国的传播启蒙》有关河上肇的著述部分，上海财经大学出版社2016年版。

第1节"绪言":我（指原作者）认为，说明马克思的思想，必须事先解释"唯物史观"。马克思的社会主义经济学，在经济论以外，重要的根据即"马氏特有之历史观"也就是唯物史观，不过在我看来，"似宜名之曰'经济史观'"。马克思的社会主义，就其学问而言，"确有二大根源，其一曰'历史观'，其二则'经济论'"。经济论见于《资本论》，人所共知，历史观无具体著述，"往往为人所漠视"。马氏社会主义"实不能离此特有之历史观而言"，"本乎特有之历史观而定社会组织变化之根本原因"。预言现代资本家的经济组织不久将"自然而然"移于社会主义组织，正是根据此历史观立论。马克思的社会主义是"有机体的组织体"，理论与实际互相联系，分为"关于过去的理论"即唯物史观，亦即关于过去的社会组织为什么和怎样变革而来的理论，可称为"社会组织进化论"；"关于现在的理论"即历史中的经济论，亦即分析解剖资本主义经济组织并预言其命运的理论，可称为"资本主义的经济论"；"关于将来的理论"即如何实现社会主义的适当方法与手段，亦即政策问题，其理论部分可称为"社会主义运动论"，其政策部分可称为"社会民主主义"。唯物史观、《资本论》、社会民主主义三者，即马克思社会主义在理论与实际两方面的"三大原理"，三者互相联络而不可分离，"实如金丝一线之阶级争斗说有以系之"。有人说，马克思"误认为"社会进化非有阶级斗争不可，"殊不知马氏本意，不过以为'欲于资本主义经济组织的社会之下，而思所以实现社会主义之手段，似以阶级争斗为较利'，非主张于社会主义实现以后，尤认阶级争斗为必要之谓"。所以我说，马克思的社会主义理论分为过去、现在、将来三部分，保持三者关系不可分离者，"厥惟阶级争斗说"。

第2节"社会进化论"：马克思的历史观贯穿于《资本论》三卷本，但该著并非论述"具体的理论历史观"。稍见成熟的论述，只有1848年公布的《共产党宣言》，而见于一定的公式者，只有1859年刊行的《经济学批判》（今译《政治经济学批判》）序言。后者是马克思"批评资本主义的经济组织之嚆矢"，后来不甚满足而改订为《资本论》。接下来，几乎全文引用马克思的序言并略加说明，又转录其序言公式的德语原文（河上肇原作并无此德语引文，见载《社会问题研究》第三册，"述者"不仅引入此序言，还附录德文的"马克思唯物史观公式原文"）。马克思以唯物史观作为自己研究的指南针，不可能"舍马氏之唯物史观而欲解释其经济论"。

稍加说明马克思的唯物史观公式或其中所含蓄的思想：马克思将社会关系与社

会思想的变动行程，称为"历史的进行"，须注意，不能"误解"唯物史观中历史两字的意思。根据马克思的说法，"历史之为物动而进者"，"其根本之条件，则社会生产力之变动实为主因"。由此可知，他的历史观乃"一元论"。依据马克思的见解，一定社会组织的"生活历史"，其"真意"大体分为两期。第一期社会组织与社会生产力相互调和而适应于发展；第二期二者的调和已破，向来助长生产力发展的社会组织一变而为妨碍社会生产力的发展。第二期社会生产力虽受社会组织的一定束缚，仍在继续发展，不过二者的冲突日益严重，直至不可避免发生"改造社会组织"的"社会革命"。社会革命兴起，旧社会组织势必随之告终，产生新社会组织的第一期，于此可知"社会组织之所以进化无穷"。如同雏鸟孕育于卵壳，不一定从内部开始破坏，也不用外部人力擅自破坏，时机成熟，卵壳破坏，雏鸟便出生了。在此前后，虽有大变之感，然而新的雏鸟的生存条件，实在旧社会的母胎内孕育而养成。十月怀胎，具备独立条件后，必有生产的苦痛和牺牲相伴，由此获得新生，即所谓社会革命。无怪乎马克思说，"人类者，常以能自解决之问题为问题"。雏鸟不在卵壳内孕育，则不能为卵壳所累，所以卵壳的破坏不成问题，问题只在于雏鸟如何破壳而出才能保持其独立性，此即马克思所说，"大凡问题云者，其解决之物质的必要条件，已否存在，抑于成立之过程中，亦可发见"。依此而言，马克思所谓"社会革命"，即社会组织的变革，"与用暴力实现革命者，无毫发之关系存在"。从相反的一面看，实现改革"似难免于暴力"。但马克思所说的社会革命，"不一定即为急激主张改革之意"。正如唯物史观的公式所言，"于是，社会革命之时代以至焉，因经济的基础之变动，而巨大的上部之建筑，亦因之急急徐徐变革"。假如说非急激的变革表现为"急急徐徐之实现"，则旧社会组织的崩坏和新社会组织的成立，实为马克思所谓"社会革命"之意。对此，若有人忌言"革命"，可称之为"社会维新"。

第3节 "阶级争斗说"：马克思以社会生产力的发展为促动历史的根本条件，又说向来的历史不外是阶级争斗的历史，表面看来，"殆有前后矛盾之感"。首先须注意，"仿佛互相矛盾之二说"，"如何调和"。依照马克思的意思，此二者"殆有不可分离之关系"。远古土地共有制崩坏以来，社会的经济构造大都建立在阶级对立上，经济上利害相反的经济阶级之对立形式，因时代而不同，但都是"以阶级对立为主义的经济构造"，所以说大凡过去的历史，皆可谓阶级对立的历史。唯物史观说社会组织必随生产力的变动而变动，即社会组织由多数人组成和维持，改造社会亦非假借社会多数人之手不可，历史表明，此运动的根本势力，"处于现在社会组织下最不利之阶级"。譬如现在资本家的社会组织下劳动者是最不利者，也是赞成改造资本家社会者，而这个社会组织中的最有利者，除少数有志者外，整个阶级势必是反对改造者。因此改造社会组织，常表现为阶级争斗的形式。其意说明，无对立则无进步，这是迄今为止左右文明的法则。但不是说阶级争斗与唯物史观的密切关系，全然不可分离。唯物史观"以自然科学之观察法"，观察人类组成的社会形态与"外围物质的无意识之力量"之间有什么影响，人类"必依一定之物质的境遇以为生活"，这种历史观基于人类"非完全之意识的人格"，适用于过去、现在和将来。所谓阶级争斗说，以人类社会受外围影响而产生经济的差别，"因社会中有少数者独占生产手段为己有，故阶级对立之社会组织以生，阶级之感情与思想以萌，阶级争斗亦随之以起"。此说"乃就实行私有生产手段之阶级社会而应用唯物史观之学说"。所以，唯物史观不一定适用于过去、现在和将来，只适用于阶级社会。马克思说阶级争斗，不是覆盖全部人类历史，着眼于社会组织的进化和今日社会中被掠夺被压制阶级的自身解放，以此作为人类历史中最后的阶级争斗，结果逼迫一向用来掠夺他人的生产手段变为社会公有经济，实现"无所谓阶级之社会主义的经济组织"，埋葬过去阶级争斗历史的"恶梦"。"人类之真历史，盖自社会主义的组织建立而为肇端"。可见阶级争斗说与其说是唯物史观的一个要素，"宁视同适用于过去历史之一学说为较宜"。马克思有改造社会组织之志，"颇注意过去之历史"，其历史观"盖以社会组织之进化为中心"。解释其意，"社会组织无变化，斯无历史矣"。马克思"改造社会组织之根本着眼处，即在废止今日资本家的社会中经济的阶级之区别"，"自然以阶级对立为着眼点"来观察历史。既有"特别的"唯物史观，又有"独异的"阶级争斗说，正是他的社会主义"照应"科学的产物。

阶级争斗说的"大义"，按照马克思的见解，"第一期为经济的争斗"，互相剥夺经济上的利益；"第二期则变为政治的争斗"，互相争夺政治上的权力。这同论述唯物史观时将社会生产力与社会组织的关系分为调和与冲突两个时期，"正前后相照应"。马克思认为，阶级对立的根本原因，来自社会团体中有人独占生产手段以为己有，借此夺取其他团体的"剩余劳动"。剩余劳动是马克思的特有术语，说明人类劳动分为两部分，第一部分为必要劳动，"为一己之生活而为必要之劳动"；第二部分为剩余劳动，为"必要劳动以外过分之劳动"。原始社会时代，经济技术不发达，劳动没有余裕，社会上没有剩余劳动，也没有阶级区别可言。经济发达以后，人类劳动产生余裕，一人劳动能提供数十人的生活必要品，由此产生必要劳动与剩余劳动两部分，又随着剩余劳动部分逐渐增加，一人的剩余劳动开始为他人所剥夺。出现夺者与被夺者之间的利害冲突，"社会遂随之成为阶级的社会"。第一期经济的争斗进入第二期政治的争斗，由于改造社会组织大都不利于权力阶级，用道德或宗教的说教去感动权力阶级而自发地改造社会又如缘木求鱼，所以被压制阶级作为社会组织中最不利的阶级，被逼奋起从事政治的运动，以期获得国家权力，"俾使依据国权改动之外部的强制，急徐实行改造经济之组织"。"若阶级的自觉一旦发生，则阶级间经济上之利害冲突，不至惹起政治上之争图不已"。

要之，马克思所谓阶级争斗的意义，特别在于社会的历史进程"大半以社会组织变动为中心"，社会组织的变动在过去的历史中，"多以阶级争斗之形式实现"。因此，以阶级争斗的见地研究过去的历史，直可将横亘于革命以前的长年历史，视为"酿成革命之时代"，也就是阶级逐渐从"自发"到"准备自觉"的时代，据此观察社会的历史进程，可以获得"科学的观察法"。

第4节"总括"：以上说明，解释对马克思唯物史观的疑义，仍有不足。下面离开马克思的原文，根据其精神或要领作些补充。

有人批评说，社会民主主义不是真正的民主，"主张劳动者阶级专制之学说"。马克思虽然主张阶级争斗为社会革命的方法，但通过阶级争斗所要实现的社会主义社会，乃"无阶级区别之社会"。因此，我们批评马克思所理想的将来的新社会，"决不可以今日酿成之资本主义的思想与之同日而语"。社会主义如能实现，有人深虑劳动者专制，但新社会是无阶级的社会，没有资本家阶级。新组织以"举国劳动主义"为原则，"举世之人，皆宜各人分担相当之劳动"，除了病人、小孩、残废人等无劳动能力者外，都必须参加社会劳动。等到社会劳动者之外，没有其他类型的人时，再说劳动者任意专制，人类欲对自然任意专制等，那已是"极甚盛事"。

根据马克思的见解，"向来之历史，不过序幕而已，此后，人类之真历史乃开篇焉"。马克思将现代视为人类历史未曾有的特别转机，从唯物史观来说，事实上物质生产力的历史发展到今日，其大活跃未尝多觏。大凡生物中，惟人类有制造工具的能力，这是人类的物质生产力发展的起源。经年累月逐渐改良工具，人类的物质文明随之日进，到18世纪末叶，发明各种机械，生产力增至数百倍数千倍，这是人类历史中未曾有的事，对人类物质文明产生极大影响。今日时代是非常时代，是人类从发明工具以来的历史发轫时代进入发明机械即打破以前历史的人类真历史时代，正如马克思所说，"人类之真历史，须自今后之社会组织中得来，迄于今日之历史，不过前史而已"。①

第3章"资本主义经济组织之批评"。分3节，许多内容亦可在此前翻译引进的河上肇著述中看到相似的说法②，同样无须重复，只作一些必要的摘录。

我讲述马克思的唯物史观，只讲大体，未能尽言，以便留出时间讲述他对资本主义经济组织的批评。马克思的经济论不是得自有产阶级，正如马尔萨斯的人口论不是得自贫穷者一样，"竭诚明言"马克思的思想，还望大多数有产阶级听众稍为宽恕。

第1节"劳动价值说"：此即"物价须依生产所要之劳动分量而定之谓"，马克思"最有名的"剩余价值说，"缘此而成立"。此说"由来颇古"，可见斯密和李嘉图的著述。李嘉图对劳动价值论的立论，与马克思的劳动价值论和剩余价值论相仿佛，但李嘉图和斯密、马尔萨斯一样是资本主义经济学者，马克思则是社会主义经济学的建设者，"两者地位纯然不同"，令人有"奇异之感"。前者以为劳动者仅能以其生产价值的一小部分作为工资，乃"本乎自然法则不得已之现象"，后者以为这是"资本家掠夺致之，今欲以废止掠夺关系为目的，故就经济上之法则言，资本主义的经济组织非自然废止之不可"。可见李嘉图与马克思对事实有同一认识，结论却"迥然不同"。二者所处的地位不同，前者的言论是资本主义经济组织的武器，后者的主张正是反对它的武器。总之，资本主义经济学从斯密、马尔萨斯到李嘉图，大略已成，完成的刹那间，"其母胎内突然乃有社会主义之经济学生焉"。"旧派经济学之劳动价值论，必为马克思创造社会主义之经济学而利用之"。

有关马克思的劳动价值说，大体以《价值、价格与利润》及《资本论》第一卷第1篇第1章有关商品的论述为依据，分七个层次递进解说或引申。最后落脚在马克思以纯粹的资本主义经济组织为研究对象，一切货物的生产皆具有商品性质，资本家生产方法的普通形式是通过投资获得利润，典型的商品生产是投入的资本和劳动具有再生产性质，其交换价值取决于"生产上必要之社会的劳动分量"。

---

① 本章引文除另注外，均见李培天译《近世经济思想史论》，学术研究会1928年版，第80—115页。
② 参看谈敏：《1917—1919：马克思主义经济学在中国的传播启蒙》有关河上肇的著述部分，上海财经大学出版社2016年版。

第 2 节 "剩余价值说": 立足于劳动价值说, 可分为 "剩余价值成立论" 与 "剩余价值实现论" 两部分。一是剩余价值的 "根本问题", 究竟如何成立? 卡尔 (Kerr) 的《何为社会主义?》(What Socialism Is?) 一书 "以最简单之言", 论述了剩余价值。剩余价值是生产物所花费的价值与生产完成物的价值二者之差, 在资本家的经济组织下, 所有生产事业皆由资本家经营, 剩余价值尽归资本家独有, "资本家为欲得剩余价值而经营事业, 以生一定的剩余价值者, 即各种事业之根本动力"。马克思研究 "剩余价值如何生产如何而归资本家所有", "实为欲理解现代经济组织并欲批评之之一重要问题"。今日现状, 贫富阶级悬隔, 根本原因在于资本家独得剩余价值, 以致现代社会财富的分配不平等。"总之, 剩余价值就生产方面言, 实生产之原动力也。从分配方面言, 则不平等的分配之根本原因也"。马克思以此作为研究的起步, "有由然矣"。

马克思解释资本家的资本每天生产 "利子" 这一奇异现象, 假定物的买卖以其价值为标准, 剩余价值不可能来自流通领域, 而来自生产领域, 解决这个问题, 只能着眼于 "人之买卖劳力"。我在《社会问题研究》第四册, 译载马克思的初期著作《赁佣劳动与资本》(今译《雇佣劳动与资本》)。参阅其第 4 节以下内容, 可以得到 "平易而且明了" 的说明。我叙述马克思的大意, 结论是资本家以 "表面上似为极公正" 的契约交易方式购买劳动者的劳动力, 支付诸如 2 小时的工资报酬补偿其必要劳动, 却获得大大超过 2 小时的没有报酬的剩余劳动时间。这就是表面形式所隐蔽的事情真相, 亦即 "潜伏于今日资本家本位经济组织中之秘密"。

二是剩余价值的 "实现及分配"。关于剩余价值的成立, 大都见于《资本论》第一卷前两篇的要义。《资本论》三卷两千多页, 从马克思经济论的根本基础到社会主义的结论, 中间经过 "复杂议论", 如果认为上述观点就是马克思社会主义的结论, "斯为误谬"。马克思固然认为今日资本家 "乃剥夺劳动者所生产之剩余价值者", 不过多半指陈事实, 未明言道德的善恶。马克思所谓科学社会主义, 不是根据道德的判断而要求破坏现代经济组织和建设社会主义, 不以道德论为特征。根据马克思的意思, 剩余价值产生于生产过程, 产生之后, 才能在流通过程中实现, 这些论述多见于《资本论》第二卷。换言之, 一定的资本家使用劳动者生产含有一定剩余价值的货物, 问题尚未完结, 资本家必须将所生产的货物卖给消费者, 将其中的剩余价值变换为货币后, 才能进入私囊。剩余价值又不是生产过程的资本家所能独有, 所有参加生产与实现货物的各种资本家如商人、借贷者、地主等, 以利润、利息、地租等形式参与分配。"生产行程中所成立之剩余价值，必分配于一切之资本家，而此分配之剩余价值与元来资本之比例，即所谓之利益额"。

在资本生产组织下，利益分配的原则决定于资本的大小，这也是马克思经济论"最烦难之部分"。马克思将使用劳动者所花费的资本称为可变资本，生产剩余价值，将购买原料及机械等所花费的资本称为不变资本，不生产剩余价值。可变资本与不变资本的比例，按照生产货物的不同种类而各异，各种企业的利益必随之而异。实际上各种企业的利益"依然略能保其平衡"，按照马克思的说法，这是企业之间互相竞争的缘故。卡尔的《何为社会主义？》一书，也说明了"因竞争而利益均势之所以成立"的道理。

第3节"资本主义的经济组织之必然崩坏"：马克思认为，解剖资本主义经济组织，含有若干矛盾冲突，随着社会生产力的进步而日益严重，其组织"势非从根本上破坏不可"。依据马克思的见解，在资本主义经济组织下，社会生产力愈发展，资本家取得剩余价值愈困难，表现为剩余价值生产的困难与实现的困难。

生产方面，资本家为多得利益，务用功夫在劳动者身上以榨取充分的剩余价值。首先延长劳动者的劳动时间，使用女工和童工，体现"资本主义初期之残虐性"。劳动者渐渐得势后，势必缩短劳动时间到一定程度。于是资本家转向榨取剩余价值的第二个方法，在一定劳动时间内增加劳动的生产力，以此代替延长劳动时间，如发明和改良机械。资本投向机械，全体资本的积累比例，不变资本增加，可变资本减少，能够增加生产剩余价值的能力之比例必然减少。这是马克思所说的"利益额递减法则"，表明资本主义经济组织下生产原动力的减弱，也是此经济组织不可解决的内部矛盾。试译《资本论》第三卷有关"利益额递减法"的数节内容，作为"马氏论法"一个"蓝本"。接着连续大段引用马克思著作的原文，对照今译本①，基本上出自《资本论》第三卷第3篇"利润率趋向下降的规律"的内容。

首先是该篇第13章"规律本身"前两段的引文（第235—237页），除开头部分略有删节外，基本完整；其次是该篇第15章"规律的内部矛盾的展开"第1节"概论"第4段的引文（第270页），起首稍有删节；再次是该章第3节"人口过剩时的资本过剩"最后一段（第288—289页）的引文，同样起首略有删节。根据

---

① 以下页码除另注外，均见《资本论》第三卷，人民出版社2004年版。

以上引文，说明"剩余价值成立之困难，实资本主义的经济组织以内所包含之第一矛盾"。资本家经营事业，以取得剩余价值为目的，这也是他们的动力。所以，剩余价值的成立发生困难，不能不说是个矛盾。第二个矛盾，剩余价值实现的困难。资本主义经济组织下，资本家生产种种货物，卖给他人而得利。但社会上购买这些货物的大多数人是无产者，其购买力即佣工所得，不能与资本家增加其资本同一比例。资本首先增加机械及其他不变资本，使用劳动者的可变资本的增加速度远不及全部资本增加的速度，因此资本家全力造出的货物，卖给他人以实现货物中所包含的剩余价值时，依次发生困难，这也是"今日经济社会特有之生产超过的现象"。这种生产过剩，不是说满足所有人的衣食要求而食之不尽，穿之不完，是指资本家不能以相当的价格出售货物以获得相当程度的利益。以资本家获利为原动力的经济组织，"不能十分发展"，而是"故意抑制"社会生产力的发展，整个企业界"亦有生产限制之现象"。正如马克思所说，"今日社会组织与生产力，盖次第发生矛盾冲突"，生产力的必然发展，无疑受到社会组织的妨害束缚。

说到剩余价值的生产与实现的矛盾，又引用《资本论》第三卷的有关原文。首先是第 3 篇第 15 章（译本称"第十三章"，有误）"概论"一节第 7、8 两段（第 271—273 页），中间稍有删节；其次是同章第 2 节"生产扩大和价值增殖之间的冲突"最后一段（第 278—279 页）。根据以上引文，在资本主义经济组织下，社会生产力发展到一定程度，为社会组织所束缚。如果唯物史观正确，"今日资本主义的经济组织，不远行将崩坏于必然的运命之下"。今日资本主义组织内，是否孕育将来应产生的"新且高度"的社会组织？依据马克思的见解，资本主义组织下必然出现的"资本集合与集中"现象，"不外即是将来应生之新社会物质的存在条件"。资本集合即"集合资本于大规模之事业"，资本集中即"多数人所有之资本，集中于一部分少数大资本家之手"。资本愈集合于大规模事业、愈集中于少数人之手，"移资本而为社会之公有，殆极容易之事"。社会资本零散在全国，分配于多数人之手，欲移资本为社会公有，"殆极困难"。资本主义发达后，少数资本家必然收集他人的资本以为己有，也必然将各方面的小规模事业集于一地而为大规模事业，将这些事业转为社会公有，"相较渐觉简单"。少数大富豪集中天下资本而经营大规模事业，其所有权可以尽归国家之手，大规模经营所生产的剩余价值，归诸坐享其成的少数大富豪，还是社会全体共有，"斯诚成一问题"。马克思认为，资本的集合与集中为将来诞生的社会主义组织资金准备了物质的存在条件，然而社会乃集合多数人组织而成，旧组织的崩坏与新组织的实现，不止要有物质的条件，同时要有人的条件。根据马克思的说法，在资本主义组织下逐渐增加数量和增进势力的劳动者阶级，是改造社会的主动者、责任者。劳动者在资本主义下，数量必然增加，势力必然增进。过去劳动者散处四方，今日集中于数千数万人的大工厂，必然融通彼此的感情及思想，容易促进劳动者的团结；机械的发明，只有增进劳动者的教育才能使用，由此必然启发他们的自觉；凡此种种，日益增进劳动者的势力，"渐次制社会之死命"。他们一旦自觉，即着手实行"与彼等利益相衡之社会的改造"。这就是劳动者阶级在资本主义组织里能增加人数及势力的道理，"为社会主义的组织准备人的条件"。

再看《资本论》第一卷第7篇第24章最后一节"资本家的集积之史的倾向"（今译"资本主义积累的历史趋势"），"以见马氏论法之一斑"。文中完整引用了这一节所有8段内容①，只见译文，未见任何解说。②

第4章"社会民主主义"。上面两章详述马克思的理论部分，本章为马克思的政策主张。政策来自理论，已言其理论，似无必要详言其政策（"述者"注："马氏学说，遍行欧美，今且不能贯注于东方，斯虽日本之不幸，亦实东亚人之羞"）。下面试举三个"主要之点"：

第一，略言马克思的理论与政策。马克思的理论为"一种必然论"，今日资本主义组织早晚"必然的崩坏"，社会主义经济组织将出而代之。"误解"马克思者大多认为，既是必然论，则不必有什么政策。社会主义组织的实现与资本主义组织的崩坏既是必然的命运，马克思主义者"何以纷纷然殚精尽力宣传其主义"，而不"垂手居之"去等待。对此不可不"细思"几点：一是斯密的自由放任主义也基于一种必然论，在资本主义经济组织下放任利己，必然会增进社会全体的利益，因此反对一切保护与干涉。如今马克思的议论方法，"殆与此同"：社会生产力与社会组织发生矛盾，社会组织最终必然崩坏，不能适时实现社会组织的改造，社会生产力受到抑制，社会必然陷于退化衰亡的命运，改造社会组织，即主张实现社会主义组织。这是马克思主义者热衷于社会改造运动的原因。二是进一步思考政策实现的可能性，如果不能实现，"必归于空想论"。马克思的社会主义对于以前的空想社会主义，继承其理想，又为了证明此理想可能实现，赋予其一定的科学理论，即

① 今译文见《资本论》第一卷，人民出版社 1975 年版，第 829—832 页。
② 本章引文除另注外，均见李培天译《近世经济思想史论》，学术研究会 1928 年版，第 115—179 页。

"借用"斯密、马尔萨斯、李嘉图等人"建设个人主义经济学"的理论，"加以少许之发展而已"。建立一种科学，以不得不如此为出发点，"似犹有所未足"，会走向反面的道德论说教；以"人之性质如此"为出发点，"然后科学乃能成立"，如斯密观察"人为利己"，马尔萨斯的"食色者人之性也"，都以人性的事实为基础。我认为马克思的前提是，"凡向上之人，对于生产力发展之人为的束缚，必有反抗之气质"。此即基于人性的一种观察。今日机械的发明和普及，生产力非常进步，却因社会组织的束缚而不能充分发挥作用，以致多数人陷于贫困。如果社会组织能改造，解放被束缚的社会生产力，尽量生产，则人们可充分获得种种货物。这种意识，不甘社会衰退，将理想及于改造社会组织，即"人类不可移易之性"。承认此"自然的必然之势"，无论资本家、政治家、劳动家，"皆应大势而制之"，这也是马克思的政策兴起之处。此即马克思的必然论与政策论的关系。

第二，略言何为社会民主主义。马克思主张的社会主义，资本公有，资本财产实行共产主义。世人大多视共产主义与社会主义为"最可惧者"，在我（指原作者）看来，"乃不尽然"。如今日道路的经营已依据共产主义，"天下之道路，天下之共有者"。又如一家的生活亦能实行共产主义，若以家庭生活的精神普及于全社会，此即"共产主义与社会主义之根本精神"，以此精神适用于资本财产，可以产生资本的公有。资本实是"繁难之问题""简单而粗杂"说，马克思所谓的资本，即"雇用劳动者，为剥夺其剩余价值而使用之财产"。普通经济学教科书有关资本的定义："过去之生产物，对于将来之生产为有用之物"。如此说来，家用器具也是资本，却不能作为国有。私人所有用来生产货物以分配和消费的机械等，不是作为剥夺他人劳动或不劳而获的手段，雇佣劳动又用在劳动者头上，此类物品也不是马克思所说的资本。马克思所理想的社会，"无资本家及劳动者之区别，因资本家而掠夺劳动者之事亦不能行，所谓不劳所得者，亦随之以已，不劳不得食之主张，实适用于人类之社会"。简言之，"举国劳动论，资本家扑灭论"。所谓资本家扑灭论，不一定砍资本家的头，而使今日社会组织下的游食之人都从事劳动。熟思于此，便是斯密所提倡的"自由竞争论与独占反对论之彻底主张"。所有社会成员生于现世，"实欲于自由竞争之下，各人发挥其天分"。依此而言，斯密与马克思的思想，"实无几何之差异"，"仅仅以第一期之民主主义，使之彻底而及于第二期之民主主义而已"。马克思的社会主义何谓社会民主主义，其理由如盐专卖，形式上虽似社会主义，实际上不过国家资本主义而已；"非所谓国家社会主义"，不但不能为多数人的利益，反而带来榨取多数人利益的结果，这是政治组织"太恶"的缘故。"因社会主义之要求而欲使政治亦民主化，固当然起矣"，这就是社会民主主义之大体（"述者"曰："河上氏以一学者而敢谓日本政治之组织太恶，诚日本七千万人民中杰出之士也。可佩或佩"）。

第三，马克思主张用什么手段实现社会民主主义。"最为恶"的阶级斗争方法，不止日本，欧美各国也有。这个方法基于马克思的理论，乃必然的不得不产生的手段。极简单的道理，"改造今日资本主义的经济组织，实现新的社会主义的组织，在社会全体，虽为利益，然今日权力者之资本家阶级，绝不以为利益，故此等事业，欲委之于权力阶级之人，终不可能"。今日社会组织下处于不利地位的"第四阶级"，如果不能"自觉自奋"，为实现社会主义社会而使压迫反对势力归于尽净，"终久无希望"。李嘉图已经道破，"资本家与劳动者之利益不能调和"，他是为资本家辩护，主张劳动者应当为资本家牺牲。马克思则"主张劳动者反对资本家，此其所以为社会主义之主唱者"。

以上介绍马克思的社会主义经济学，"不甚完全"，又无时间和能力加以批判。马克思的社会主义经济学以及与之对立的斯密、马尔萨斯、李嘉图等人的个人主义经济学，"双方俱以公平同度之心述其要点"，对照起来深入体味，听众（或读者）自有适当判断，并在两者之间作取舍或取其一部分理论。[①]

## （四）译本分析

提起河上肇，马上会联想到 1919 年尤其五四运动以来，他在中国思想界传播马克思主义的过程中所产生的引导性影响，难有相匹敌者。这不仅表现为包括李大钊在内的一批代表人物，率先引进、翻译、解释或宣扬马克思学说，深受河上肇的影响，不同程度上采纳他的选择或接受他的观点；而且表现为直接转译他有关马克思学说的一系列著述或译作，诸如 1919 年五四运动后的半年间，《晨报》副刊 5 月 5—8 日连载渊泉翻译的河上肇著《马克思的唯物史观》（5 月 19 日起《新青年》转载），《晨报》副刊 5 月 9 日—6 月 1 日连载食力转译的河上肇译《劳动与资本》（今译《雇佣劳动与资本》），《时事新报》副刊 6 月 11—16 日连载摩汉翻译的河上肇著《社会主义之进化》，《时事新报》副刊 8 月 5 日—12 月 24 日连载罗琢章等翻译的河上肇著《马克司社会主义之理论的体系》，《时事新报》副刊 12 月 6—9 日

---

① 本章引文均见李培天译《近世经济思想史论》，学术研究会 1928 年版，第 179—188 页。

连载安体诚的《河上肇博士关于马克司之唯物史观》等①。这种影响力，直至他所著《近世经济思想史论》的中译本1920年9月初版问世，仍未见稍衰，同时又显示一些新的特征。

其一，将马克思的社会主义整个纳入经济学框架，不止是为了与个人主义经济学对照比较，也是有意或无意地突出马克思学说或科学社会主义的理论基础以经济学为重点。此前国内流行河上肇著述的译本或引用本里，从经济思想史角度来解释马克思学说及其地位与贡献，时有所见，惟不曾一以贯之。此译本命名《近世经济思想史论》，明确了考察马克思学说的经济思想史视角或范围，意思是说从经济思想史的源流上去追溯，才能更好地认识马克思学说。这样论述近世经济思想史，并非系统考察近代经济思想的发展演变历史，只是选择创立个人主义经济学的几位代表人物，作为后来马克思创立社会主义经济学的科学前驱和比较对象。这个考察的启示作用，指出了马克思经济学说不是凭空创造，有古典经济学的思想来源，如吸收了斯密、李嘉图等人的必然论、劳动价值论、劳资矛盾论等理论观点。不过，此译本的论述体例，突出马克思学说的经济学涵义，同时又以此替代或囊括该学说的其他组成部分或其他思想来源。如它从四个方面阐释马克思学说：一是社会主义经济学的成立，相对于此前的空想社会主义而言。其意是说，社会主义从空想发展到科学，植根于马克思对资本主义经济组织的科学分析，也就是将马克思学说的空想社会主义思想来源，归入产生社会主义经济学的经济学范畴。二是唯物史观，本来涉及马克思学说的哲学思想来源，此作也曾将历史观与经济论并列为该学说的两大根源。可是转眼间，又称唯物史观即经济史观，等于说马克思的历史观同样属于经济论范畴。进而强调其社会进化论为社会组织随社会生产力发展而变化的自然演化过程，论证其阶级斗争学说与这个自然演化过程彼此共存而非互相矛盾，实际上也从其经济学涵义引申而来。三是批判资本主义经济学，包括劳动价值论、剩余价值学说、资本主义经济组织必然崩坏的趋势，固然是典型的经济学内容。然而根据原作的安排，此前第二个方面论述唯物史观，是关于过去的理论，此后第四个方面论社会民主主义，是关于将来的理论，即从理论的论证转到政策的实现，而第三个方面经济学批判，是关于现在的理论，照此解说，马克思批判资本主义经济学，不过是包括唯物史观和社会民主主义在内的全部社会主义经济学中的一个组成部

① 参看谈敏：《1917—1919：马克思主义经济学在中国的传播启蒙》，上海财经大学出版社2016年版。

分。这个解说，凭借解说者在我国的权威影响力，大大强化了那个时期从经济学属性来理解马克思主义乃至整个舶来社会主义的特征。如此强调马克思学说的经济学属性，对于那时国人由于缺乏基本的经济学理论素养和有关资本主义经济实际的深入体验，在了解精邃而艰深的马克思经济学说方面尚嫌薄弱的状况来说，似乎是切中时弊的有效之举，有其合理性。然而，过犹不及，从后面的分析将会看到，将某一方面的道理推到极端，也会产生负面的理解。

其二，对马克思经济学说的阐释，延伸到更为专深和具体的领域。此译本解说马克思的社会主义经济学，其主体部分在以前河上肇著述的有关译本里，都有所涉及，甚至更加详尽。但通盘对照，仍能显出他在最近讲演中致力推进的若干新内容。首先是通俗性。面对听众讲演以往书面著述里已有深入阐述的理论，其特点是围绕马克思学说的一些理论要点如唯物史观、阶级斗争学说、劳动价值论、剩余价值论等，尽量采用浅显易懂的讲解方式，或者选用马克思著作中比较通俗的版本如《工资、价格和利润》《雇佣劳动与资本》之类，还拿来某个名不见经传者的《何为社会主义?》一书以求"最简单"的解释，或者对马克思的某些原话（尤其有关阶级斗争的论述），在不同场合反复解释，惟恐产生误解。只有说明《政治经济学批判》序言中的唯物史观公式，似乎是个例外，除了通俗性解释外，不仅呈现这个公式的中译文，还附录其德文原文。如此重复引用，已不是讲演的原貌，是后来修订出版时的增补内容，但从中仍能体会这是讲演者阐释马克思学说的重中之重，把唯物史观当作经济史观，以此证明历史上一切社会经济组织的变迁，包括现代资本主义的崩溃和将来社会主义的出现，都是社会生产力发展自然而然的必然结果。

其次为了解说的准确性，每阐释马克思学说的一个重要理论，总要引用若干原文作为依据，即使用自己的语言表达，也要说明这只是为了便于理解，并非脱离原文依据。在许多场合，兼顾准确性与通俗性的解说方式，有助于初学者的入门，为传播马克思主义特别是马克思经济学说，提供了便利。可是此类解说，在一些场合，夹杂着讲演者个人的理解、情感和见识，未必准确，却容易被视作符合马克思原意的观点，一并传扬开来。这种偏离马克思原著的解说，往往更具有隐蔽性和迷惑性。

撇开以上两点不谈，此译本解说马克思经济学说，从以往类似的译本重点阐释《资本论》第一卷的内容，延伸到《资本论》第二卷，特别是《资本论》第三卷的内容。后两卷的理论内容，此前国内介绍马克思学说的著述，虽有触及，但极为少见，而且缺乏系统，语焉不详。河上肇的讲演之作，出人意料，谈到《资本论》第一卷通常被认为最难懂的劳动价值与剩余价值等理论，没有引用什么原文，更多用通俗的语言和案例来转述其涵义，似乎原文的理论难度不足为虑，或者说推演这些理论的严谨逻辑关系已不是讲解的重点，只须取其基本结论予以实际印证即可；然而谈到资本主义经济组织的必然崩坏，却大段地接连引用《资本论》第三卷的原文。这个现象看起来比较奇怪，也不太符合通俗讲演的风格。对此，可能的解释，一是根据讲演者自己的说法，试图澄清某种误解，不能以为证明了剩余价值产生的原因，就能得出社会主义的结论，中间还要经过复杂的论证过程。大概为了说明这种论证的复杂性，于是大量引用原文，以资佐证。二是避免从资本家剥夺劳动者所生产的剩余价值这一客观事实，转向道德上的是非善恶判断，从而使社会主义理论在批判现代经济组织方面脱离科学的轨道而陷入人们的主观意愿，于是特地选择《资本论》第三卷有关剩余价值的生产与剩余价值的实现二者不一致的理论，通过引用原文，说明马克思的社会主义学说不是根据道德判断，而是基于资本主义经济组织的内在发展趋势。三是在日本学术界，研究马克思经济学说，有一个从重视《资本论》第一卷向同时重视第二、三卷逐步深化的过程，这同完整引进《资本论》三卷本原著的翻译进程有关，也同随之而来的研究理解的不断深入有关。这种研究状况反映到河上肇的讲演里，便是简化已经比较熟悉的第一卷有关剩余价值生产的理论，将兴趣转移到说明剩余价值生产出来后，在流通过程中才能实现，亦即第二卷的内容，特别是引用第三卷有关论述，重点说明这种实现在现代经济组织里，存在不可逾越的障碍。对此说明若感到生疏，最好的办法，莫过于引用原文，让人们从中领悟，资本家雇佣劳动者生产出含有一定剩余价值的货物后，过程并没有结束，资本家只有卖掉货物，变现为货币，才能与所有参加生产和实现货物的各种资本家一道，将其中的剩余价值纳入各自的私囊，这个剩余价值的实现过程，充满着矛盾和不确定因素。

不论如何，河上肇这个讲演，引用《资本论》第三卷第3篇"利润率趋向下降的规律"第13章"规律本身"两个长段落，第15章"规律的内部矛盾的展开"五个长段落共计七个长段落的原文，其篇幅之大而且译文基本完整，极不寻常。这些引用，讲演者说是"试译"原文，不同于转引现成的日译文，直接译自英译本原版，那就更不寻常，或许这是第一次以新的译文方式，将《资本论》第三卷有关内容展现给听众或读者。与上述引用相联系，讲演者阐释马克思对资本主义经济学的批判之后，同样出乎意料，引用《资本论》第一卷第 7 篇 "资本的积累过程" 第 24 章 "所谓原始积累" 第 7 节 "资本主义积累的历史趋势" 整个一节全部 8 段的原文。此节有关译文，先前传入国内的译本里，时有所见，但引用如此完整，根据目前掌握的资料，恐怕也是第一次。引用《资本论》第一卷和第三卷这些原文，讲演者的意图，突出资本主义经济组织内部所包含的两个矛盾，一为剩余价值生产的困难，二为剩余价值实现的困难，借此说明此经济组织何以必然趋于崩溃的内在原因。在讲演者看来，这些原因尚为时人所不了解或未引起充分重视，而对于我国读者来说，通过这些原因提出了一系列崭新课题，引导国人中那些有志于研究马克思经济学说者向更加专深的领域延伸。

此译本翻译所引用的马克思著述原文部分，瑕瑜互见，对于国人的阅读和理解，其影响也是利弊兼具。一方面，译者曾留学日本早稻田大学专修政治经济学专业，有条件掌握河上肇原作中的专门经济学知识，大体上能够体味马克思经济学说里比较独特的理论概念和层次丰富的精细涵义。另一方面，限于马克思经济学说在中国的传播尚未褪去启蒙时代的不成熟状态，不少理论内涵有待消化，许多概念术语亦不统一，特别是随着对《资本论》各卷的认识不断扩展，引进以前不曾为人所知的新的理论内容时，这种不成熟性表现得更为明显。在这方面，译本的表述，可以说是一个负面例证。

一般说来，对于马克思学说的原文，当时已经多次或反复引用的部分，此译本的翻译比较贴近原意，误差多出现在细节上。如围绕《政治经济学批判》序言的翻译，对照今译本，此译本把 "地产析分" 译作 "土地所有权零碎化"；把 "在《莱茵报》上可以听到法国社会主义和共产主义的带着微弱哲学色彩的回声"，译作 "当时法国之社会主义与共产主义，复以带有多分之哲学臭味而遭反感"；把 "坦率承认" 译作 "无十分把握"；把 "我倒非常乐意利用《莱茵报》发行人以为把报纸的态度放温和些就可以使那已经落在该报头上的死刑判决撤销的幻想，以便从社会舞台退回书房"，译作 "继以《莱茵新闻》之发行者以缓和之议论转圜之，余始幸而免于困顿，从此，余乃弃其公之生活而埋头于书斋"；把法的关系正像国家的形式一样，"不能从它们本身来理解"，译作对于法律关系与国家之形态，"实非余自身研究之而自解决之"；把 "人们在自己生活的社会生产中发生一定的、必然的、不以他们的意志为转移的关系，即同他们的物质生产力的一定发展阶段相适合的生产关系"，译作 "大凡人类之生活，必自然而然与社会的生产关系混合之，——因为此种关系是与意志分离，乃一种适应物质方面的生产关系"；把"物质生活的生产方式制约着整个社会生活、政治生活和精神生活的过程"，译作"若夫物质生活之生产方法，大都付有社会的，政治的，精神的生活过程之条件"；把"我们判断一个人不能以他对自己的看法为根据，同样，我们判断这样一个变革时代也不能以它的意识为根据；相反，这个意识必须从物质生活的矛盾中，从社会生产力和生产关系之间的现存冲突中去解释"，译作"若一时代之变故而欲以其时代之意识判断之，殆与个人以其自身之所思而判断他人者等也。如此者，非但无所得，即此意识与物质的生活之矛盾处，亦生产力与生产关系冲突之理也"；把"人类社会的史前时期就以这种社会形态而告终"，译作"人类历史以前之历史，诚社会组织之终局也"；等等①。译本翻译上的这些出入，虽然不影响对序言原文的整体理解，何况还有其他的先行翻译和解说可资参照，但终究缺少对其中那些精微涵义的准确把握。

又如围绕《资本论》第一卷第7篇第24章最后一节的翻译，此前国内尚未看到如此完整的原文，尽管有人曾经提到相关的概念，节译引用个别的词句或结论，但整体说来，让人感到比较生疏，所以此译本的翻译，对照今译本，出现更多的差异，也在所难免。较为明显者，将其标题"资本主义积累的历史趋势"，译作"资本家的集积之史的倾向"；将"资本的原始积累"，译作"资本最初之集积"；将资本的历史起源，"既然它不是奴隶和农奴直接转化为雇佣工人，因而不是单纯的形式变换，那么它就只是意味着直接生产者的被剥夺，即以自己的劳动为基础的私有制的解体"，译作资本之历史的起源，"除奴隶农奴等只变其形式，非即为赁佣劳动者之外，大都因受直接生产者之掠夺而起，换言之，即因废止立于自身劳动上之私有财产使之然也"；将"小生产的基础"，译作"小企业之基础"；将这种生产方式"只同生产和社会的狭隘的自然产生的界限相容"，译作"惟有狭隘之自然的限制之生产及社会，始能与之两立"；将"个人的分散的生产资料转化为社会的积聚的生产资料"，译作"分散于个人间之生活手段，乃集中于社会多数人"；将"这种剥夺包含一系列的暴力方法，其中我们只考察了那些具有划时代意义的资本原始积累的方法"，译作"吾人对于资本之原始的集积方法，虽曰只能划分其时代，然其实，诚经几多之悲惨方法而后行之"；将"一切生产资料因作为结合的、社会的

① 以上今译文均见《马克思恩格斯选集》第2卷，人民出版社1972年版，第81—83页；原译文均见李培天译《近世经济思想史论》，学术研究会1928年版，第84—88页。

劳动的生产资料使用而日益节省"，译作"凡生产手段，须使之为结合的社会的劳动之生产手段，而且使之为经济的利用"；将"资本的垄断成了与这种垄断一起并在这种垄断之下繁盛起来的生产方式的桎梏"，译作"资本的生产方法，虽为资本之独占，然于其下繁荣而来者，今将反为拘束生产方法之一物"；将"生产资料的集中和劳动的社会化，达到了同它们的资本主义外壳不能相容的地步"，译作生产手段之集中与劳动之社会化，"遂及于与资本家不两立之地位"；将资本主义的私有制，"是对个人的、以自己劳动为基础的私有制的第一个否定"，译作资本家的私有财产，"即立足于自身劳动下个人的私有财产之第一段"；将"这种否定不是重新建立私有制，而是在资本主义时代的成就的基础上，也就是说，在协作和对土地及靠劳动本身生产的生产资料的共同占有的基础上，重新建立个人所有制"，译作"其结果，并非恢复私有财产，乃以资本家的时代行之之成果为基础之个人的私有也，——资本家的时代行之之成果云者，即协力，土地的共同所有，因劳动所生产之生产手段的共同所有是也"；等等①。这些差异，不少属于表述上的简洁与繁复、顺畅与佶屈、通俗与生涩之不同，不一定扭曲原文的本意，但如此多的晦涩之处，再加上对一些关键性词意的把握欠准确或有所偏离，要想让国人通过这样的译文来正确认识马克思的经济理论，恐怕颇费周折，不是一件容易的事。

更麻烦的是译本围绕《资本论》第三卷有关引文的翻译，这些引文对于当时的国人，几乎是一个完全陌生的领域，所以出错或译非所宜的概率也就更大。这些引文集中于第 3 篇两章的内容，本篇原标题"利润率趋向下降的规律"，被译作"利益额递减法"，引用也非严格按照原文次序，有些前后颠倒。兹对照今译本，分别举例如下：

第 13 章的引文，将"剩余价值率 $m/v$"，译作"剩余价值率 $v/m$（剩余价值/可变资本）"，其中字母与对应的专有名词颠倒了。将"利润率" $m/C$，译作"利润额" $m/U$（剩余价值/资本总额），其中"总资本 C"变成"资本总额 U"，以及经常出现的大小字母混用和数字错排，可能系手民误植。将"在劳动的剥削程度不变时，同一个剩余价值率会表现为不断下降的利润率，因为随着不变资本的物质量的增加，不变资本从而总资本的价值量也会增加，虽然不是按相同的比例增加"，译作"不变资本，抑全体之资本，若扩大其物质的范围，则此等价值之大，——虽不是同一比例——若

<hr />

① 以上译文均见《资本论》第一卷，人民出版社 2004 年版，第 872—874 页；原译文均见李培天译《近世经济思想史论》，学术研究会 1928 年版，第 174—178 页。

次第增加，然掠夺劳动之度则不变，其剩余价值额，虽曰如常，然表现于利益额时，势必逐渐下落"；对比之下，原译文之糟糕，可见一斑。将"由于资本主义生产内部所特有的生产方法的日益发展，一定价值量的可变资本所能支配的同数工人或同量劳动力，会在同一时间内推动、加工、生产地消费掉数量不断增加的劳动资料，机器和各种固定资本，原料和辅助材料，——也就是价值量不断增加的不变资本"，译作"凡因一定价额之可变资本，被动之同数劳动者，——即同数之劳动力——必于资本家的生产内部，发展为一种特别生产方法之效果，同一之时间内，必使所有之劳动手段，机械，固定资本，原料，补助材料等，——即有多数价值之不变资本——大事活动，或则运动，或则加工，换言之，即为生产的消费之意"；这又是一段糟糕的翻译案例，或许比上一段译文更糟糕。①

第 15 章第 1 节的引文，将"总资本的增殖率"译作"所有资本之膨胀额"，将"生产过剩"译作"生产超过"等，均属译名上的不同措词，不足为虑；而将李嘉图那样的经济学家"也感觉到"资本主义生产方式为它自己造成了一种限制，译作"尚不觉悟"这种生产方法"能自造限制之理"，则系一种偏差，尽管这种偏差不曾带来多大影响。将"资本主义生产方式在生产力的发展中遇到一种同财富生产本身无关的限制；而这种特有的限制证明了资本主义生产方式的局限性和它的仅仅历史的、过渡的性质；证明了它不是财富生产的绝对的生产方式，反而在一定阶段上同财富的进一步发展发生冲突"，译作"当夫资本家的生产方法生产力发展之际，富与富之生产，固无何等关系，惟遇特种之限制而已。而此特种之限制之所以行，盖资本家的生产方法，绝非有普遍性者，不过有历史的、过渡的之性质而已，且此亦非富之生产上绝对的生产方法，宁视同证明达于一定之程度以后，富之发展乃生冲突之点而已"；后一译文比较前一译文，看起来相似，实则似是而非，如所谓"富与富之生产，固无何等关系"，即节外生枝，不知何意。②

接着几段引文，将"假定已经有必要的生产资料，即充足的资本积累，那么，在剩余价值率从而劳动的剥削程度已定时，剩余价值的创造就只会遇到工人人口的限制，在工人人口已定时，就只会遇到劳动剥削程度的限制"，译作"以为必要之

1920—1929 从民国著作看马克思主义经济学的传播

---

① 以上今译文均见《资本论》第三卷，人民出版社 2004 年版，第 235—236 页；原译文均见李培天译《近世经济思想史论》，学术研究会 1928 年版，第 159—162 页。

② 以上今译文均见《资本论》第三卷，人民出版社 2004 年版，第 270 页；原译文均见李培天译《近世经济思想史论》，学术研究会 1928 年版，第 162—163 页。

生产手段，即资本若专以十分集积为前提，则于剩余价值之创造上，若剩余价值之额——即对劳动者掠夺之度——已有一定，则劳动人口数以外，即无何等之限制。若劳动者人口之数，亦有一定，则对于劳动掠夺之度以外，亦无何等之限制"；今译文明明说的是两个要素中一个为既定，另一个即成为限制条件，原译文却强调既定条件下"无何等之限制"。将"一旦可以榨出的剩余劳动量对象化在商品中，剩余价值就生产出来了"，译作"榨取所得之一定分量之剩余价值，若物体化之而为商品，则此时之剩余价值，即终其生产"；后一译文里，"剩余劳动"的意思不见了。将社会消费力"取决于以对抗性的分配关系为基础的消费力；这种分配关系，使社会上大多数人的消费缩小到只能在相当狭小的界限以内变动的最低限度"，译作社会消费力"乃基于敌对的分配关系者——即社会大多数之消费，亦以最小限度限制之，务使之必能于最狭小之范围内得以增减"；所谓"以最小限度限制"，指减少限制，这同缩小到最低限度，完全是两个意思。将"这个消费力还受到追求积累的欲望，受到扩大资本和扩大剩余价值生产规模的欲望的限制"，译作"匪惟能左右之，消费力，尤且限制资本集积之倾向，——即资本愈扩大，生产剩余价值之冲动亦受限制"；这里的意思弄反了，不是消费力限制资本集积的倾向，而是追求资本积累的欲望限制了消费力，也不是资本的扩大限制生产剩余价值的冲动，而是扩大资本和扩大剩余价值生产规模的欲望共同限制了社会消费力。①

　　本章第2节的引文，将"生产只是为资本而生产，而不是反过来生产资料只是生产者社会的生活过程不断扩大的手段"，译作"生产云者，即为资本生产之意，生产之手段者，非单纯手段，仍应生产者组织之社会全体的利益，愈扩大其生产过程之意"；这又是一个翻译失误，把本来表达相反意思的一种比较，即为资本而生产，还是用作不断扩大生产者社会的生活过程的手段，合并为生产与生产手段分别服务于不同对象的另一延伸意思了。将"以广大生产者群众的被剥夺和贫困化为基础的资本价值的保存和增殖，只能在一定的限制以内运动，这些限制不断与资本为它自身的目的而必须使用的并旨在无限制地增加生产，为生产而生产，无条件地发展劳动社会生产力的生产方法相矛盾"，译作"此等障碍——只于内部，资本之维持及膨胀，以生产者大多数之掠夺及贫民化为基础者，——固与向以资本为目的之方向蓦进之生产方法——即生产之无限制膨胀，以自己为目的之生产及向劳动社

---

① 以上今译文均见《资本论》第三卷，人民出版社2004年版，第271—273页；原译文均见李培天译《近世经济思想史论》，学术研究会1928年版，第166—169页。

会的生产力为无条件的发展之生产方法——常相冲突"；后者的表述方式之奇怪，显然受制于无法妥切地转达原文之微意。将"如果说资本主义生产方式是发展物质生产力并且创造同这种生产力相适应的世界市场的历史手段，那么，它同时也是它的这个历史任务和同它相适应的社会生产关系之间的经常的矛盾"，译作"资本家的生产方法，因使物质的生产力发展，且欲作成适应世界市场之故，固不失其为一个历史的手段，历史之使命而与适应社会生产关系间冲突之原因也"；后一译文，文句不通，不得要领，由此也可体会译者在3版序言里，承认其初版译文有不少错讹字句，有待改订，现在看来，改订后的译文，仍不敢恭维。①

本章第3节的引文，将"利润率是资本主义生产的推动力；那种而且只有那种生产出来能够提供利润的东西才会被生产出来"，译作"利润额，实资本的生产之原动力。盖资本家的生产之下，唯能生利益之物乃能止于生利益"；何谓生利益之物止于生利益，若不对照今译文，真不明白其所云。将"实际上，成为基础的还有某种更为深刻的东西，他（指李嘉图——引者注）只是模糊地意识到了这一点"，译作"黎氏之所预想者，实际上尤有更深之根据"；可见，把原文所揭示的超出李嘉图的模糊意识而更为深刻的某种基础性东西，当成李嘉图自己已经预想到这种更深的根据，这是两个完全不同的概念。②

看了以上译文，对译本能够引导国人延伸研究《资本论》有关资本主义经济组织的内部矛盾，即剩余价值生产与实现的困难这一理论，或许产生怀疑。不过，这也是相对而言，在早期阶段，提高转述马克思经济理论的译文水平，总是伴随着国人经济学素养的持续进步与客观传播条件的逐步改善，这是一个必须经历的相互促进的过程，尤其在初次引进不曾为国人所知的新的马克思经济学说时，更是如此。此译本的早先尝试，尽管要打些折扣，但它毕竟借助河上肇的讲演，为说明资本主义经济组织必然趋于崩溃的内在原因，进一步从马克思原著中寻找理论依据。这个延伸的研究领域一经开辟，便会启发、吸引和推动更多的人去关注和研究以《资本论》三卷本为代表的马克思原著内容，包括提高引进马克思各种经济学说的译文质量。

其三，以个人见解来诠释马克思经济学说，含有真知灼见，亦存在误导或曲解

① 以上今译文均见《资本论》第三卷，人民出版社2004年版，第278—279页；原译文均见李培天译《近世经济思想史论》，学术研究会1928年版，第169—170页。

② 以上今译文均见《资本论》第三卷，人民出版社2004年版，第288页；原译文均见李培天译《近世经济思想史论》，学术研究会1928年版，第163—164页。

之处。河上肇解说马克思经济理论，以当时的标准衡量，其研究功底之深厚，探索精神之执著，钻研理论之精细，堪为表率。根据注释此译本的述者的赞誉之词，河上肇还颇有胆量，以学者身份而敢于指陈日本现行政治组织"太恶"，实为日本人民中的"杰出之士"，令人钦佩。这也是他在我国早期传播马克思主义经济学的过程中能够赢得那些先驱者的尊重并争相引进其相关著述以为楷模的重要原因。同时也要看到，他的解说，以个人的理解和偏好，未必都符合马克思学说的原意，更有甚者，其中一些说法，貌似因势利导，实际上引到偏离马克思学说之本意的方向。这方面的例证，仅以此译本而言，姑且不论那些较为次要的说法和翻译的问题，专就讲演者自身的基本倾向来看，至少可以举出以下三点。

一是论证斯密等人创立个人主义或资本主义经济学与马克思创立社会主义经济学的关系，一旦超出合理的界限，便流于荒谬。译本解说的合理之处，纠正将二者完全割裂开来并孤立起来的认识，强调后者吸收前者的理论贡献并建立自身科学基础的继承与发展关系，包括分工论、劳动价值论、分配论中资本与劳动的矛盾等；指出二者的根本区别，前者作为以资本或资本家利益为本位的社会经济组织的理论体系，维护资本家阶级对雇佣劳动者阶级的剥夺并将解决资本与劳动的冲突限制在不损害资本利益的范围内，后者随着前者发生动摇而作为其对立面出现，维护劳动者阶级的利益，否定资本主义经济组织的存在具有绝对性质，预言现行经济组织将由社会主义经济组织取而代之；在现代经济思想界，前者占据主流或正统地位，后者被视为异端；叙述近世经济思想史，只有了解前者，才有可能了解后者；等等。这些说明，从马克思经济学说的思想来源上来认识其理论要素和基本特征，避免孤立看待这个学说所产生的偏颇与狭隘，无疑具有启示意义。

但是，越过这个界限，夸大其词，原来合理的东西就变成了荒谬。如称斯密的分工论所包含的必然论，与马克思的唯物史观所包含的必然论，同属"宿命论"，强调"因果之法则"，也是科学学说成立的基础；既然个人主义经济学的科学基础归结为必然论，也就没有必要批评或排斥唯物史观的必然论。如此为马克思学说的科学性辩护，除去依傍个人主义经济学的相似理由外，无非辩称宿命论就是因果法则，显得有些滑稽。又如将人的自利或利己天性视为斯密学说的理论出发点，也是其必然论的基本内涵，据此突发奇想，造出一个马克思"唯物史观之人性"概念；断言这个概念的意思：当社会生产力的发展受到"人为的"经济组织束缚时，大多数人出于不公平这一人性"不可移易之前提"，不得不起来反抗以改造现行社会组织。从人性角度去解释唯物史观的必然论，认为它和斯密所论述的通过个人利己活动可以实现社会整体利益一样，采用相同的方法来观察现代经济组织，只不过随着时代的变迁，二者的结论完全不同，这种说法，更是穿凿附会，随意编造。基于上述两点，还说马克思依据社会生产力与社会组织的矛盾导致社会组织最终必然崩坏的理论，热衷于社会改造运动的政策，与斯密依据利己的必然论，反对一切保护与干涉的自由放任主义政策，在议论方法上完全相同；甚至说马克思主张不劳而获者从事劳动，与斯密提倡自由竞争环境下各人发挥其天分，二人的思想没有什么差异，区别仅在民主主义处于第一阶段和第二阶段的彻底性有所不同而已。照此说来，马克思经济学说在理论前提、逻辑方法和思想倾向诸方面，建立经济理论体系的所有科学要素，无异于全盘照搬古典经济学，至于二者结论的不同，倒成了次要问题。像这样阐释个人主义或资本主义经济学与社会主义经济学的关系，矫枉过正，从一个极端走向另一个极端，不惜模糊、忽略或抹去二者的本质区别，在当时传播马克思学说的正宗解说本里，也是比较少见的。

相比之下，对于同为马克思主义的思想来源之一的空想社会主义，译本的批评要严厉得多。一则从理论上看，空想社会主义鼓吹"希望论"和"理想论"，力图"发明"并极为精当和详细地描画其理想社会，标识了"空想时代"；不如马克思主义进入科学时代，讲求"大势论"与"运命论"，虽然认为将来资本家与劳动者不相容，但致力于"发见"而不是"发明"社会主义的实现要素，仅限于根据科学知识来列举其大纲或讲述其大体。二则从实现手段上看，空想社会主义不曾认真考虑能否实现其理想的问题，如同宗教家和道德家之诉诸理智、道德，或期待少数当权者的社会改造意愿与能力；不如马克思主义根据社会组织进化的法则，立足事实采取相应政策，从道德说教转向政治运动，从求诸极少数道德家、宗教家和当权者转向依靠社会上最大多数无产者并促使其觉悟。这些说法，固然有其道理。但问题是，同一个讲演者，何以谈到马克思学说的古典经济学来源时，极力发掘二者的共同之处，乃至过甚其词，而谈到马克思学说的空想社会主义来源时，一再强调二者的根本区别，乃至相互排异。其中的原因，恐怕同讲演者认定古典经济学创立者以人之利己天性为其必然论的前提有关。既然人性利己是必然的，则企图用利他的道德心去匡正现行社会组织的缺陷，就是"藐视人性之妄想"：罔顾特权阶级中只有极少数人才有可能放弃或牺牲自己的利益，不可能改变整个阶级的性质这一事实，还可能破坏现实政治运动的正常取向或打乱社会改革的进化步骤。由此出发，可以理解讲演者的初衷，为什么比较亲近古典经济学，将马克思学说放入近世经济思想史的系统加以考察，同此理，也可以理解讲演者的隐忧，为什么比较拒绝空想社会主义，不愿从早期社会主义的发展源流中推演出马克思学说。

二是强调唯物史观的经济史观属性，推到极端，衍生一些似是而非的解释。此译本像河上肇讲解马克思学说的其他著述一样，非常看重《政治经济学批判》序言所揭示的唯物史观公式，有关的梳理、提示和阐释，不厌其详，不厌其烦。对初学者来说，这种讲解的益处，改变了人们对社会变化与发展的习惯看法，否定这是人的主观意志或任意干预的结果，认识到生产力与生产关系、经济基础与上层建筑之间的互动关系，在社会历史进程中起着基础性与决定性作用。所谓经济史观，意在突出经济要素变化的客观性与自主性，不以人们的意志为转移，乃是自然而然的演变过程。这种属性，照讲演者的说法，就是宿命论。于是，问题出现了。基于宿命论，进一步的解释一步步走向另一个方向。

如谓：新的更高的生产关系的"雏鸟"既然在旧社会的胎胞或"卵壳"里孕育，等待条件的成熟或时机的出现，则无须从内部或外部人为地破坏已成为负累的卵壳，这种破坏会自然发生；因此，雏鸟出生时所经历的几许痛苦或牺牲即所谓社会革命，同暴力革命没有丝毫关系。看起来，社会革命即社会组织的变革，似乎难免于暴力，但如唯物史观公式所说，社会革命到来时，随着经济基础的变更，全部庞大的上层建筑也"急急徐徐变革"（今译文为"或慢或快地发生变革"），其本意不一定主张"急激"改革；如果有人忌讳"革命"的说法，也可以将社会革命称作"社会维新"。经过这样的解释，唯物史观变成了排斥一切暴力革命或激进改革的挡箭牌，剩下唯一的维新之路，也就沦为真正的宿命论。为了证实这个解释，讲演者还举例说，资本主义经济学的母胎内，从斯密、马尔萨斯到李嘉图，大略完成其理论体系后，刹那间突然产生社会主义经济学，如马克思创造性地利用旧派经济学的劳动价值论。言下之意，没有发生任何激烈的变革，两个对立经济学理论体系之间的过渡，在自然的孕育中不知不觉完成了。这是宿命论的另一种表达方式。

又如：唯物史观的上述涵义，同马克思的阶级斗争学说，令人感到前后矛盾，如何加以"调合"。一个解释是，阶级斗争学说只适用于以阶级对立为主的经济构造，即人类社会的前史，不适用于废除阶级区别后人类社会的真历史。另一个解释是，阶级对立的社会组织里，处于最不利地位的大多数劳动者是社会改造的主动者，处于有利地位的少数人势必反对改造，虽说无对立无进步是迄今的文明法则，但导致了阶级斗争的"恶梦"。再一个解释是，唯物史观以社会组织的进化为中心，阶级斗争学说以废止今日资本家社会组织的阶级区别为根本着眼点，意在用社会主义公有制取代资本家独占生产资料的私有制；社会被压制阶级的发展，从自发的经济斗争进入自觉的政治斗争，直至提出代表本阶级利益的新思想即今日所谓"危险思想"。这些解释，似乎都在合理区间，没有背离马克思学说的原意。但联系上述举例细心体会，仍能感觉到，这里所谓调和矛盾，还有更深一层意思，即从前面对唯物史观的解释出发，在实际运用过程中，如何降低或消除阶级斗争学说的噩梦忧虑和危险影响。这一点，从有关社会民主主义政策的介绍中，可以看得更加清楚。

三是铺设马克思学说的解释路径，从理论到政策，最后引导到莫须有的社会民主主义上。如果把马克思学说划分为关于过去、现在和将来的三部分理论，关于过去的理论以论述唯物史观为主，关于现在的理论以论述资本主义经济组织的必然崩坏为主，这在马克思原著中均有所本，但关于将来的理论，在马克思社会主义的名义下塞进社会民主主义的货色，纯粹是讲演者的移花接木手法。表面看来，他对社会民主主义的诠释非常激进。比如有人批评社会民主主义主张劳动者阶级专制，不是真正的民主。他反驳说，将来的新社会是无阶级社会，没有资本家阶级，举世之人除了缺乏或丧失劳动能力者外，都必须参加社会劳动；根据这个新组织原则，社会中只有劳动者而没有其他类型的人，所谓劳动者专制，成为人类对自然的专制，那是莫大的好事。但问题是，如何实现这样的大好事。

正是在这个问题上，讲演者露怯了，这也解释了他何以从社会革命中剔除暴力和激进等危险因素的真实意图。他承认，马克思学说没有多少关于社会民主主义的说明，或称"甚以为不足"，依此解释马克思的社会革命思想，包含"消极的虚言"，这只能请读者原谅。为什么谈到马克思的社会革命思想或其政策部分，如此小心谨慎，按照他的说法，从事学问者，既不能因言论自由受到束缚而"言虚"即凭空编造，也不能因公开发表危险言论而损害社会秩序安宁，有时不得不保持沉默，这也是"无可如何"的暂时举措。换言之，讲演马克思学说纯粹是一种学术研究，虽说坚持其真实性，但面对公众还应考虑是否影响社会的秩序安宁。如此说讲演者在当权者的淫威面前胆怯了，那也不尽然。讲演者毕竟有胆量，敢于公开批评日本的政治组织"太恶"，后来又因参加日本共产党而被捕入狱。那么，真正的道理何在，看来还要寻找更深层的原因。

从前面一系列分析看，讲演者之所以用社会民主主义取代社会主义，硬塞在马克思经济学说里作为其政策的标志，有其自圆其说的内在逻辑。在他看来，马克思批判资本主义经济学，建立在唯物史观的基础上，而唯物史观等同于经济史观，讲求经济发展的自然属性，即随着社会生产力的发展，自然而然会带来生产关系的变更从而整个上层建筑的变革，也就是资本主义经济组织必然会崩坏；因此，处于社会不利地位而受到压制的大多数劳动者，支持并参与社会改造的实现手段，必须适应经济发展的这种自然趋势，从自发行动到形成阶级自觉，其表现形式，不仅从道德说教转向政治运动，还要在联合无产者形成强有力政治团体的政治运动中，逐渐从非法手段转向合法手段，抛弃企图颠覆旧社会组织的阴谋暴动手段或"空想"，致力于通过新闻媒介来宣传社会思想，通过参政来获得国家权力，然后凭借手中权力达到改造经济组织的目的；这样的社会改造，采取"平和与合法"的实现手段，与其说是革命论者，不如说是"进化论者"，所以希望当局者为这些新思想家提供"议会政治"的机会，引导社会运动依循以和平手段为政策的进化轨道，防止受到世界大战的影响而"遽然变为"急进与暴力的方式。换句话说，在社会改造运动中奉行合法与和平手段，同经济史观中的宿命论内涵，在逻辑上完全一致。

这番论证热衷于议会民主道路，从中可以嗅到西方各国社会党及其国际组织中流行的社会民主主义味道。走通这条道路，不仅需要社会党自身不得越出和平与合法的范围，还需要当权者的充分体谅和"善意"配合。如此引申马克思的经济理论，其原貌逐渐变形，从唯物史观变成宿命论的经济史观，从阶级斗争学说变成和平与合法的议会政治运动而否定一切激进与暴力行为，从社会革命变成社会维新或从革命论者变成进化论者，最后变出一个恐怕连马克思本人都为之瞠目的社会民主主义政策！不仅如此，这种引申式观察，还不时拉上正统的古典经济学作为佐证，这是讲演者的又一个特点。如称马克思如同斯密，都根据理论上"必然的自然之势"，从必然论引出政策论。又称马克思主张资本公有，不像世人看来那么可怕，如今的道路经营和家庭生活，已经依据或体现共产主义精神；马克思说消灭资本家，不是砍资本家的头，是让今日的游食之人都从事劳动，这同斯密提倡自由竞争与反对独占，没有多大差别，更彻底一些而已。另称马克思主张阶级斗争，欧美各国认为最可恶，但既然李嘉图也说资本家与劳动者的利益不能调和，那么二人的区别，仅在于一个为资本家辩护，一个站在劳动者一边。这些佐证，放在有关马克思经济学说的讲解里，令人迷惑，不知是在批判资本主义经济学，还是在联手资本主义经济学。对此，讲演者模棱两可，还说了一句意味深长的话：斯密等人的个人主义经济学与马克思的社会主义经济学相互对立，对此，论述中应当予以同等的公平，比较对照和深入体味其要点，让公众自行判断与取舍选择。这句话，同样不知是相信马克思的社会主义经济学更胜一筹，还是认为斯密等人的个人主义经济学没有得到公正对待。总之，此译本的解说，给马克思经济学说罩上一层社会民主主义的迷雾，随后又罩上一层个人主义经济学的迷雾。

分析至此，可以连带厘清一个问题。此译本的内容讲演于 1919 年 8 月，成书于 1920 年 3 月，初版于同年 9 月，何以专门介绍马克思经济学说的政策部分，即以社会主义经济组织取代资本主义经济组织的实现手段时，只字不提 1917 年的苏俄革命。依据上面的讲解，看来根本原因在于，苏俄革命属于激进的暴力革命，脱离议会政治的轨道，不符合社会民主主义的平和与合法宗旨或维新与进化原则，顶多算作"近于空想"的社会主义，无须列入马克思的科学社会主义范畴。或者说，对于不久前发生的苏俄革命，讲演者置之不理，乃有意为之，意欲凭着对马克思经济学说的宿命式或无害化理解，纠正类似苏俄革命的危险性倾向。这种认识，同那时我国传播马克思主义经济学的过程中，追逐苏俄革命的方兴未艾热潮，正相背离。自此以后，国内热心于马克思学说的先驱者们，基于本国国情和主客观条件，越来越多地将传播这一学说同效仿苏俄革命的实例日益紧密地联系在一起。像河上肇这样曾经在中国引进马克思经济学说的早期煊赫一时的日本学界代表人物，逐渐失去其重要性而为其他苏俄或欧美的代表人物所取代。这一交替选择，既同时势的发展变化有关，也同河上肇之类的日本人士自身的认识局限性有关，正可谓形势比人强。

## 二、《经济思潮史》译本

日本小林丑三郎①著，高一涵②译，北京大学新知书社③1921 年 7 月初版。

---

① 小林丑三郎（1866—1930），1894 年毕业于东京大学法学院，进入大藏省，1896 年任法制局参事官，1898 年任书记官，1907 年任台湾总督府财务局长，获法学博士；1915 年当选众议院议员，1917 年被中华民国任命为海外财务总监，此后任明治大学教授，在企业和学校有多种兼职。

② 高一涵（1885—1968），原名高永浩，安徽六安人；1910 年毕业于安庆的安徽高等学堂，次年自费留学日本，1916 年毕业于东京明治大学政法系；同年 7 月回国，与李大钊同办《晨报》，1918 年任职北京大学编译委员会，兼任中国大学、法政专门学校教授，为《新青年》撰稿，协办《每周评论》；1925 年加入国民党，1926 年加入共产党，四一二政变后脱离党组织，在多所大学任教并任国民政府监察职务；1949 年后，历任南京大学教授、江苏省司法厅厅长和政协副主席、中国民盟江苏省副主任、全国政协委员等。

③ 根据此译本版权页的广告介绍，该社"为北京大学及北京教育界同人所组织，以编印教科书及各种有价值之图书杂志为主要营业"，"由欧美日本贩运书籍"；4 月 15 日正式开业。

## （一）译本出版插曲

根据"译者弁言"：

这本小册子是我初到日本时，翻译日本经济学者小林丑三郎的《经济学评论》一书第一编。小林是"个人主义的经济学者"，这本书"全是以个人主义家的眼光来批评一切的学说"。第一次世界大战发生后，逐渐发见他的议论有许多缺点，虽然已译了全书的 3/4，仍然搁置起来。那时我就以为，这部"大书"，"只有第一篇还有存在的价值"，这是叙述欧洲经济思想史的。今年在我的朋友林素园①那里，看见小林有一部《经济思潮史》，翻开一看，果然是把《经济学评论》第一编抽出来，又加上几篇新作印出来的。当时便引起我的翻译心，借回来一看，才知道他修改的地方很少。因此我把旧的译稿修改一下，再加入他的几篇新作。可惜看了他的新作，"大不满意起来了"。"因为他那副个人主义的旧脑筋，很不容易改变"。他对"俄国过激派的共产制"，"很有些古怪的议论"！因此又打消翻译出版的想法。有一天，成舍我②来找我替新知书社编本书，我就将前面的这些意思告诉他，他以为，既然第一编还有存在的价值，不妨整理出来，"使中国人也可以藉此知道欧洲经济思潮的变迁"。听了这话，我也很情愿。因为旧的译稿是初学日文时翻译的，当然有很多错误的地方要改正，于是请他拿回去命人重抄一遍再加修改。他拿回去不久就匆忙到上海，书社中人图省事，不用手抄，先交工人排印起来，等我知道时，排印已超过 2/3。此时若拆版，赔偿不起这笔损失，让它出版，实在身出冷汗，一再催促下，"左思右想，只有厚着脸皮让他去罢"！版已排好，主观方面抽不出工夫修改，又不大愿意加入"个人主义家的社会主义论"，客观方面印稿上容不得改正或加入许多字，"只得照旧稿排印——这都是将错就错的办法"！小林在 18 章以前，新加入"民主社会主义及运动""渐进社会主义""过激的社会主义"三章；18 章后新添"欧洲大战之勃兴""俄德和别的革命""世界经济的激变""国际和平联盟及联盟规约""改造经济之思想及运动"几章，以后当补译

---

① 林素园（1890—1967），字放庵，1912 年毕业于福建师范学堂；1915 年留学日本，回国后任北平大学教授，与高一涵、沈钧儒等创办《自治周刊》；1929 年任北京女子师范大学校长，1941 年在闽侯南屿镇集资创办黄花岗中学，自任校长；1950 年后被聘为福建省文史馆馆员，"文化大革命"中含冤去世，后平反昭雪。

② 成舍我（1898—1991），原名成勋，笔名舍我，湖南湘乡人，出生南京；1918 年为北京大学中文系旁听生，1924 年起先后创办《世界晚报》《世界日报》《民生报》《立报》《香港立报》等；曾任国民参政员，1947 年被选为立法委员，1952 年由香港去台湾，执教政治大学、台湾师范大学、东海大学，1955 年创办世界新闻职业学校，1967 年起任世界书局董事长，病逝于台北。

加入。①

高一涵1916年从东京明治大学政法系毕业回国后，同李大钊一起办报办刊，随后进入北京大学编译委员会工作，兼任几所大学的教授，五四时期在新闻界颇为活跃，介绍包括社会主义、苏俄革命、马克思学说在内的国外新思潮，经李大钊等人介绍，一度加入中国共产党。以这样的经历背景，诉说自己翻译出版《经济思潮史》一书的心路感受，坦诚而直率。作为译者，主要纠结于书中介绍欧洲经济思想史，虽有价值，却不满意作者用个人主义眼光或"旧脑筋"来评论社会主义，特别是对俄国过激派的共产制，后来的新作发些古怪议论。为此，当这本书的中译本阴差阳错，未经修改便付印待出版时，译者感到有必要先说明这一实情。其实，既是翻译，除了纠正译文的失误或加以润色外，对原作的内容及其价值判断，无从修改，顶多删去那些译者不满意或不感兴趣的部分，否则便不是翻译而是译者自己的评述了。在这里，译者内心想表达的意思，恐怕是说当初留学日本期间选择翻译这本原著，经过俄国十月革命的冲击和五四运动的洗礼（包括一次大战的悲剧警示），不再认同它的主旨，而且其主旨同译者1919年以来公开发表的评论，正好相左。不管怎样，这个译本的出版，在那时少见的经济学著作中，为考察有关记载和评论马克思经济学说的内容，提供了难得的参照物。译者弁言的说明插曲，也为判断这个译本的主导倾向，事先提供了明确的说法。

### （二）译本简介

根据译者的说明，了解作者的基本倾向，没有必要介绍全书的内容，只须重点搜索有关社会主义经济思潮的部分；这一部分，由于作者后来加入有关俄国过激派的章节尚未翻译出来，故其内容指苏俄革命以前的社会主义思潮，主要见书中第13章"社会主义"，摘要如下：

提倡社会主义的名称，始于法国人1838年乘法国革命之余势，痛感个人（或"小己"）自由主义及机器技艺演进的结果，资本主义在产业上大占势力，"濡染浸润，风靡于一世"，乃起反驳之论，"举社会主义之义帜以号召焉"。"支分派别，诸说纷歧"，"欲备陈其意，确立界说，甚非易易"。德国人瓦格纳（原译"瓦固那"）定义"社会主义者，应社会全局之所需，容认国家对于小己之群众生养及生

---

① 以上引文除另注外，均见小林丑三郎著，高一涵译《经济思潮史》，北京大学新知书社1921年版，"译者弁言"。

计行为，皆有管辖统治之权"。此说常被世人引用，但"其意向归宿，漠然无垠"，"不适用以区别他科"，且"实行者仅限于国家，不免失于狭隘之憾"。定义"近于完备"者，在我看来："所谓社会主义者，为容认小己之生计，左右于社会条件之事实，因而欲以生计行为之秩序及产物之分配，委诸社会决定之主义"。也就是说，社会主义因"生计上财产与所得分配有不平不均之事实，为社会一大缺陷，欲补此缺陷，乃依国家之力与社会之决定，以整理生产分配等之生计方法"。这个定义，"既足以表明历史上所见此主义之动机及必要，而又能包罗各派有社会主义而无余"。

探寻社会主义一派的起源，史家多归功于法国卢梭派揭示"平等之奥"：人类生来平等，"不平等之源，实导自私有财产之制"。于是演出法国大革命，"懔然为一世所战栗焉"。后来"渐变其貌，传播欧洲诸国，至流出旁支别派之种种社会主义"。英国社会主义，"概为自助"，以欧文（原译"奥文"）的《新道德世界书》（1820 年）、莫里斯（原译"茅念士"）的《耶教社会主义》（1848 年，大概指 1850 年出版的《基督教社会主义短论集》）为最重要。二人从事于实行，未见成功，辄遭废弃。可知"劳力者非秉政操权，运施此策，自无由达所祈向"。由此开始政党的擘画，如 1838 年的劳动协会，1884 年的社会民主同盟，1892 年的独立劳动党，"皆不以改革现行社会制度之根本为归宿，主纲所注，仅在要请选举、课税及保卫劳力等方法而已"。法国社会主义，"多丽于空虚，凡生产分配之组织，均欲改造，俾为一群之所公"。提倡此说之"主峰"有圣西门（原译"谢蒙伯爵"）的《新基督教主义》，傅立叶（原译"富利哀"）的《新的工业世界和社会事业》（原译"新产业世界"），路易·勃朗（原译"蒲郎"）的《劳动组织》（1844 年，应为 1839 年发表），蒲鲁东（原译"布儒登"）的《生计矛盾论》（似指《社会问题的解决》）。其中蒲氏"反对集中国家之社会主义，别倡自由主义之社会改良新案"。此外还有布朗基（原译"蒲兰克"）等社会主义派，亦皆名高一时。其施行方法，"多以运动政治为主眼"，这是法国社会主义者的"特色"。如 1839 年的社会党，1871 年的共产党，1880 年后的独立社会党、革命劳动党及法国劳动党等，"皆极力主张共产民主之社会主义，而又奋起直追，欲以夺取政权者"。

德国产业进化迟于他国，其国情难于养成自由风尚，"故社会主义之勃兴，亦因之而殿于他国"。1850 年，"白尔秋""异军特起"，1859 年，"科学社会主义之白眉"马克思（原译"马克司"）出，1863 年，又出现"共和社会主义"的拉萨尔（原译"若撒来"）。

"白尔秋"① 的社会主义，"为欲废私有财产制之渐进社会主义，且与民主社会主义相异"。其"根本思想"，以国家为独立的社会组织团体，以个人为社会组织体中的部分生活体，顺从全体所祈求的利益，"称为最近德国国家社会主义（即讲坛社会主义）之源泉"。其"生计之说"，根据斯密的话"引申而广衍之"：以花费于生产的劳动时间来权衡货物的价值，根据劳动者的精练与否加以区别；国家按照普通精练劳动者的劳动时间确定标准劳动量，给予标准"劳金"；凭"劳币"（即劳动券），到各地设立的货物交换处取得相应的货物，"以自厚其生"。"此虽非急废私有财产制，然使小己各直接平等，从属于国家。一切生计关系，皆国家自行整理。根于正义，以均配自然劳金。于是厚有资产之家，耗财恣乐之利，愈趋愈减，遂达于废止私有财产之实"。

马克思 1859 年著《政治经济学批判》（原译《经济学评论》），1867 年以《资本论》之名，"根于经济学价格之原理，以主张科学社会主义焉"；汲取斯密及李嘉图之"余波"，称"勤劳即为价格"，其结论却反对自由主义，"不亦奇欤"？有如下叙述：

凡物之有"价格"（应为价值，下同），因需用人类"劳力"（指劳动力）之故。所谓价值，不过为所费劳动力的分量而已。劳动力的分量，即"勤劳之时刻"（指劳动时间）。这里所说的劳动时间，乃总合所有劳动力所费的时间，衰多益寡而获得的平均劳动时间。事业有繁简，"繁赜勤劳"（指复杂劳动）1 小时，应视作"简单勤劳"（指简单劳动）1 小时的数倍。由此推论，各种货物如果生产所需的劳动时间相同，"其价格断无不同之理"。但今日实际，"价格不决定于劳力之分量，即不决［定］于勤劳之时刻，实决定于市场需要供给之情形，而又依一种之标准货币为计算"。因此，"价格之全部，与所需劳力之全量，往往相差，而勤劳遂反为货物之一焉"，劳动只是生产费中用于"货币劳金"即工资部分。假设一人一天生活所需的货物，一般花费 6 小时劳动生产出来，值 3 马克；资本家用每天 3 马克的工资雇役此人，并购买生产材料如纺机和棉花等，让他制造出如棉纱等生产物。如果 1 斤棉花需劳动 2 小时，值 1 马克，1 架纺机需劳动 20 小时，值 10 马克，依此生产 1 斤棉纱，损耗纺机 1%。再假设一人 1 小时生产 2 斤棉纱，一天做工 6

① 此书颇看重"白尔秋"其人，注明生卒年代为 1805—1870 年，惟查其今译名及身份，费一番周折，到后面才知实指洛贝图斯，其生卒应为 1805—1875 年。

小时，所得棉纱 12 斤，其价格合计棉花 12 斤即 12 马克，纺机损耗 12% 即 1 马克 20 芬尼，加上 6 小时工资 3 马克，共 16 马克 20 芬尼。资本家取回其支出额，没有得到丝毫利益。如果资本家每天使用劳动者 12 小时，产出 24 斤棉纱，值 32 马克 40 芬尼，其支出棉花 24 斤即 24 马克，纺机损耗费 2 马克 40 芬尼及工资 3 马克，合计 29 马克 40 芬尼。两者比较，相差 3 马克为"赢余价格"（指剩余价值），即"由资本家役使劳力者以久长时间，抢掠其产出额之一部而生者"。

"产物全部为今之私有资本制度所左右，劳力者失其生产者昔时之位，因自由竞争契约，至使勤劳如商品然，可以生养费之劳金买卖之焉"。对此，"救济之方"，不是缩短劳动时间，使其与劳动工资"均平"，便是让劳动者"得悉取其所产之全体价值"，二者必居其一。两种方法，都要核计各劳动者生产的价值及其所费的普通劳动时间。其变化原因极为复杂，不独核算困难，还必须从产物全部价值中扣除非生产人员及无生产能力者的生活费，至于资本的借贷与储蓄费用等，更属困难问题。即使排除困难，完成核计，"私有资本制度乃其根本之弊因"。不消灭这个弊因，"货物交易之价格，往往变动，财产集积，所在皆是；资本劳力两家，失其对立之权衡，抢掠勤劳，减耗多数者之购买力，而生产过多，则恐慌之险及劳力者失业之不幸，亦终不能免者"。"欲解决此弊，其不可不求社会制度之改革也明矣"。解决方法没有其他出路，"以今日财产制度之结果，劳力贫民，既占社会之泰半，利用此太半之机，迻政权于其手，藉其众庶之权力，变一切生产之方，为通财共产之制"。这样，社会与个人，同心戮力，询谋佥同，一道经营全部生产；社会贫民便解脱挟资者的一切生计束缚，通力合作，互相生产，恰如旧时的部落及家庭村落。

拉萨尔曾接受马克思的指导，专心致力于德国，"希图实行共和社会主义"，1863 年组织"勤劳联合会"（今译全德工人联合会）。他说：方今普鲁士人民为"劳金铁则"（今译工资铁律）所制驭者，常十之八九。对于此制，凭借个人自助之力，难于奏功，不如"藉国家之补助，建设通功合作之生产联合会"。由此推行和扩充，让劳动者陆续入会，"致劳力之子，尽为创业之家，脱挟资者之羁束，谋品位之隆高"。国家应贷给此会以无息本钱。上述德国社会主义，"皆为民主社会主义"，期待掌握政权，"以创设民主国家"；因此集中于政治运动，如 1864 年创立"万国劳动协会"（今译国际工人协会）及 1869 年创立社会民主工党。

上面所说的社会主义，"虽歧异繁赜不可捉摸，而其中议论之根据学术，条理之首尾贯通者，则自应推马克司为最"。马克思认为，私有制度违背"价值价格之原理"，"废止私有制度"乃廓清其弊害，谋求救济的根本方法。这是马克思主张的"真体"，无法详论，一言以蔽之："理论透彻，实行无期而已"。

"价值非仅为劳力之结果"，然而如今世界，"价值生产费说"破败，"价值评定说"盛行，"固决然无疑者"。此说敢断言，价值之所以不与劳动量一致，"实今日盛行之私有制度为之厉阶"。假设不存在私有制度，剩余价值"断无存立之理"，将如马克思所说："一切物价自与所需之劳量一切相等"。马克思"以废止私有制度为祈向，衡以论理，如关于价值价格者，固无误已"。但是，不直接从事生财的那些劳动，将如何认定其价值并核算价格？产物的价值与劳动力的分量，将如何使之一致？此皆"别无胜算之可操"。马克思数落现行私有资本之弊，认为有抢掠、购买力减耗、恐慌、失业、困穷等害处，何其多也。然而有人反对说，社会进化与私有资本相调剂，并非尽如马克思所列举者。即使如马克思希望的那样，一举摧毁廓清此弊，"废一切私有制度，为自由之共通生计体"，它对各种复杂劳动，按照标准劳动时间，平均分配其实物与工资，"果能一秉至公，绝无偏颇耶"？如果不能，这些不平等因素积累起来，最终不也酿成抢掠、恐慌、穷困的结果吗？即使核定标准劳动时间，"公明如神，绝无分配不平之虑"，就能使现行私有财产的废止见诸实行吗？废止私有财产制，岂非与现行的赏罚及裁判机关完全相反？岂非取消勤怠、巧拙、好恶、怨喜的差别，令是非终相矛盾？如果人类不是"藉游气浮光而生之动物"，又没有其他办法代替人类的自利与利他心性，"马氏此策，终为不可实施之计划"。①

此类论述，也见于书中其他各章。如第14章"历史派及国民生计主义"，开篇断言："通财共产之社会主义，既偏于一端而不克实施矣"。历史派的相对说和国民生计主义的学说，同样"痛诋"个人主义的生计说，为"异军特起，大唱反对自由主义之论法者"。②

又如第15章"普法战争及德意志建国"：面对19世纪后期民众负担突然增重，劳动者生活日益艰难等社会问题，原来反抗自由主义而起的"旧社会主义"，"以流于过激，不免为世人所摈弃"，如今激于保护干涉政策的影响，"不得不变形貌而焕然勃兴"。社会主义假借各种形式以发其端，"融和调剂，煞费苦心"。国家社

---

① 以上引文均见高一涵译《经济思潮史》，北京大学新知书社1921年版，第63—76页。
② 高一涵译《经济思潮史》，北京大学新知书社1921年版，第76页。

会主义"欲使国家主义之保护政策，与社会主义相并立"，自由社会改良说"欲使自由主义与社会主义相融合"，宗教社会改良主义"欲使宗教与社会主义相调和"，还有其他学说，有别于旧社会主义，称为社会改良说或社会政策主义。其实质上的重要差异，旧社会主义"以废止私有财产为主旨"，社会政策主义仍保留其制度；除此而外，二者"旨同态合，一致进行者，殆亦匪鲜"。社会政策主义乃"当代盛行之学说"，其论据及政策"皆具特性"。①

另如第16章"国家社会主义"：这个名称创见于德国法理学者，区别于理想个人社会主义，包括马克思、恩格斯（原译"殷格司"）一派的"民主国家社会主义"。如今指瓦格纳等人的社会主义，"主张现在国家之保护干涉政策，而观法于历史，取义于保守者"。1873年设立的社会政策学会，是"德国新社会改良主义之发祥地"，以大学教授为主，有"讲坛社会主义之称"；1891年设立的社会改良学会，务求实地施行。国家社会主义，提倡始于"白尔秋"即洛贝尔图斯，完成于瓦格纳，俾斯麦等为之"护援"，实际施行。此派标榜国家社会主义，"大抵以社会内部，贫富相形，产物分配，利害不均，无产阶级，品质夷沦"。其社会政策，"调和此相反之利害，改善不良之品质，而祈一群众生，同臻胜域者"；"主此政策者，仅限于国家，藉国家立法行政之权力，见诸实行"。此派认为，"私有财产制度及建邦立国之事，为人生正当行为，藉国家权力，调和各阶级不平之争"；承认并保持各人在经济及社会上的正当地位，着手改善社会，又称"历史国家社会主义"。国家社会主义与其说是社会主义的一种，毋宁说是"广泛国家主义之一种"。其本旨，人类创造国家，具有公共性，其利害超然于阶级和党派的利害之上，个人必须依赖国家，才能达其所愿，享受人伦生活。这是扩张国家集权范围，在放任职责之外，允许广泛的干涉职责，如繁殖产业、启发文化、保护贸易等，把实施社会政策视为国家职责的一部分。其范围极为广漠，不仅限于狭义的社会改良主义。国家社会主义恢复和保守过去的"国权扩张主义"，对特殊产业实行保护和收为国有，"皆不外为调和阶级互争时所率由之途径"；将保护贸易主义与社会政策"巧为联合"，由历史派而来，又隶属于社会主义者洛贝尔图斯门下。保护贸易主义为了资本家及大企业家的利益，社会政策为了劳动者及贫穷无产者的利益，"杂集两者，合冶于一炉，锻炼消融，独创一格，原羼杂无理之事"。虽一时得到首相俾斯

---

① 高一涵译《经济思潮史》，北京大学新知书社1921年版，第89—90页。

麦的援助，或见诸实行，到了今日，"其威势已不如昔日之煊赫"，见诸政界的仅为贵族保守党及农民党所崇尚，至于人心与学术方面，"其势力则有递嬗递灭之势焉"。①

再如第17章"社会改良主义"：此主义与前述国家社会主义，同为德国社会政策学会所提倡，可称为"自助之社会改良主义"，实为意义缩小的社会改良主义。认为"社会之克臻乐境，乃在群流之利害相剂相调，合为一致"；"凡社会制度中，所有相反之利害，务使调和融贯，俾各安其所"。"凡在无害合群公益之界中，见有背戾调和者，既可制限其势力，又可改善其品形"。同时认为，以国家的保护干涉来排解这些难关，"往往失诸公正，抑或觉其过当"，有害于群体调和，增加争端；况且个人自觉行事，比起借助他人之力，做起事来更重要，效果更好，"务宜由人人协同自助之精神，创造互相缔合之社会，藉此社会群力，以观摩运行焉，则庶乎其可矣"。运用国家权力方面，此派容许国家干涉，限于人类自私之情用之不当，损害社会公益者；发展社会生计所必需的资本主义及自由竞争，越其界而其势必颓者；决定所得分配有不得其公者。出现此类情况，也不是说必须由国家权力来处理，"不过谓容有干涉之余地而已"。②

**（三）译本分析**

梳理以上摘要，首先的印象，证实了译者弁言中所承认的那些不满意之处。这是译者多年前刚留学日本或初学日文时选译的一个版本，作为早期的练笔无可非议，后来不加修改地出版，作为译者的推荐则不合时宜。比如经历了五四前后的新文化运动，作为白话文的实践者之一，仍旧推出以前那些迥然不同的文言风格，未免自相抵牾；继续保留早期尚未约定俗成的译名，其典型者如将经济译作"生计"，有些不伦不类；尚未弄清一些经济学概念的基本涵义及其严格区别，特别是混淆价值与价格之类的关键概念，容易产生歧义或无法理解其真义；等等。此所以译者发现译本违愿付梓，会一阵阵出冷汗，只能厚着脸皮而无可奈何。此其一。

其二，更重要的是，这个译本解说社会主义的倾向，不为译者所接受。按照译者的说法，作者是个坚持个人主义的旧脑筋又很不容易改变的经济学者。这个特征同样反映到他对社会主义的解说上。他不像其他许多著述考察经济学说史中的社会

① 高一涵译《经济思潮史》，北京大学新知书社1921年版，第90—94页。
② 高一涵译《经济思潮史》，北京大学新知书社1921年版，第94—95页。

主义流派，通常从空想社会主义入手，而是直接提出社会主义与个人自由主义的对立，又把社会主义的定义，聚焦在依靠国家的力量与社会的决定，纠正财产生产和所得分配的不平等上。换句话说，把解说的重点，放在国家与私人的对立之上。解说者以个人主义立场，从根基上与奉行国家主义立场的社会主义相冲突。他的解说也沿着这个思维逻辑，加以铺垫和演进。

早期英国社会主义和法国社会主义解决社会经济问题的失败或空想性质，导致不约而同地转向夺取政权的政治运动，即使这一运动并未主张根本改革现行社会制度，只要求选举权、课税改善及劳动保护；等到德国社会主义兴起，强调国家政权的作用，先是国家社会主义的前驱洛贝尔图斯主张加强国家职责，渐进式废止私有财产制度，继则马克思的科学社会主义，主张由大多数劳动者掌握政权以根本改变现行私有资本制度，接着拉萨尔的共和社会主义，付诸实际行动以图创建民主国家；主张公有制的社会主义竭力诋毁个人主义经济学说，异军突起的历史派及国民经济主义如德国经济学派，也极力反对自由主义，突出政府与产业的关系；以废除私有制为主旨的旧社会主义，流于过激而为世人所摈弃，为了应对新出现的社会经济问题，社会主义转向各种形式的"融和调剂"，如国家社会主义实行国家保护政策，社会改良主义打算融合自由主义与社会主义以保留现行基本制度，社会政策主义盛行于当代；国家社会主义曾包含马克思派的民主国家社会主义，后来专指现行私有制度下，借助国家权力，调和贫富对立，消弭阶级斗争，着手社会改善的社会政策，将国家视为超然于所有阶级和党派利益之上的公共力量，与其说是一种社会主义，毋宁说是一种国家主义；国家社会主义试图将维护资本家利益的保护贸易主义与维护劳动者利益的社会政策调和在一起，曾见诸实行，因搀杂无理之事，其威势逐渐减弱；社会改良主义面对社会利益不一致的难题，认为用国家保护干涉方式来排解，有失公正或干预过当，不如依赖人们的自觉意识和协同自助精神，创造互相结合的社会，把国家权力的运用，限制在自私行为损害社会公益，资本主义自由竞争越界影响社会经济发展，分配不公等范围内。

可以说，作者解说欧洲经济思潮史中的社会主义思潮，有两个层面的涵义。一个层面站在正统经济学的立场上，反对任何形式的社会主义思潮要求根本改变现行的资本私有制度，尤其反对马克思一派的"旧社会主义"以过激方式来达到目的；另一个层面站在典型个人主义或经济自由主义的立场上，质疑任何形式的国家干预经济方式，不论社会主义借助现成国家权力或组织政治运动夺取权力，还是非社会主义的其他经济学派如历史学派和国民经济主义倚重于国家权力。汇合这两个涵义，面对现实日益严重的社会不平等现象，最后落脚到选择在现行资本制度下，既可减少国家干预又能缓解社会不公平现状的社会改良主义，创造一个自觉协同与自助相互结合的社会。按照这个思路，也可以理解为什么作者后来增补论述"俄国过激派的共产制"时，会发出在译者看来"很有些古怪的议论"。因为此制触动了作者内心深处的最大忌讳，也就是将"旧社会主义"以过激方式夺取国家政权和消灭现行私有制，运用到了极致。作者的解说并不高明，特别是将传统经济学认识国家或政府与个人之间的相互关系，同社会主义与现行资本制度之间的对立关系，拉扯在一起，重弹马克思的科学社会主义与讲坛社会主义、社会政策主义、俾斯麦主义等同属国家社会主义的老调，甚至干脆说它们都属于国家主义，不仅体现作者坚持个人主义立场的顽固性，把重视国家权力的所有学说都视为对立面，而且一叶障目，难以区分或模糊了这些学说之间的本质差别。从这个例证里，还能感觉到日本学者当初作为中间贩卖者，向中国推销欧美新思潮所占据的优势地位，正在逐步丧失，有些跟不上新思潮的发展步伐。由此预示经济学领域传播新思潮的外来渠道重点，从来自日本方面的间接加工转售，转向直接诉诸欧美发源地的原作，指日可待；同时也说明这个转移过程曾经历一个青黄不接的年代，这大概也是 20 年代初，国内较少见到此类经济学著作的一个原因。

其三，解说马克思的经济理论，显得固执、笨拙和任性。根据译本上下文的语境，不难看出作者最终否定这个理论的态度取向，但这不是判断他的解说质量的全部原因，其译文之糟糕，还有别的原因。如译者的试笔与失误，对原作的内容，包括对马克思经济学说的诠释，显然有影响。又如作者此前在我国流传的著作，专长于财政学，未曾见有基本经济理论方面，似乎也说明此类理论专著并非其所擅长或没有较为公认的代表作。译者慕其名而选译其著，不选其专长而选其短项，恐怕是另一个失误。除此之外，这个译本对马克思经济学说的理解和判断，颇具个性。这种个性又表现为如下论述逻辑：

马克思的科学社会主义如同德国其他的社会主义或国家主义，反映了产业进化落后，缺乏自由风尚的国情特点，所以德国社会主义追随西欧其他国家而勃兴时，以号称国家社会主义或讲坛社会主义先驱的洛贝尔图斯为第一人，与马克思和拉萨尔并列；洛氏从斯密的劳动价值论中，引申出个体服从全体，国家推行劳动券方案以逐步废止私有财产制的渐进社会主义；马克思同样汲取古典经济学派的劳动价值论，却与洛氏的渐进说不同，得出反对自由主义的结论，这和剩余价值论的推导有关。围绕剩余价值论的解说，译本并不遵循马克思的理论阐释，而是抽出价格与价值（姑且不论混淆二者的区别）、简单劳动与复杂劳动、劳动力商品与工资、平均劳动时间与供求关系等概念，经过跳跃而又时常让人迷惑不解的推论（这也与译文质量有关），假设一套包含各种生产要素的费用清单，然后从购买和使用劳动力的价差中，解说剩余价值是资本家超出工资限度，以更长时间役使劳动者而抢掠的那部分生产额；如今在私有资本制度的支配下，劳动者丧失过去作为独立生产者的地位，其劳动力成为受自由竞争契约束缚而可以买卖的商品，救济的办法，或是缩短工作日，让劳动者的劳动时间"均平"或相等于他的劳动工资，或是让劳动者获得他们所生产的全部价值。书中没有说明这两种办法是否出自马克思的主张，接着指出，若以现行制度为前提，无论哪种办法，都涉及生产的价值及所花费的平均劳动量的核算，也都因其变化复杂而不可能核算；即使排除困难完成这种核算，仍未能消灭因私有资本制度的根本弊端而带来的各种不可避免的现象，如市场价格的不断变动造成财富的集聚，资本家与劳动者的对立失去控制，对劳动的剥夺削弱多数人的购买力，生产过多导致恐慌风险和失业不幸等，于是，解决的办法，只能改革现行社会制度，改革的方法，也只能利用贫民劳动者占社会大多数的优势，将政权转移到自己手中，借助众人的权力来改变现有生产方式，建立"通财共产之制"。

以上论述，不难看到，对马克思经济学说的解说，除了点出剩余价值这个重要概念之外，其余都有不同程度的失真，主要把自己的理解当作马克思的原意。这样便于解说者先编织一个批评的靶子，然后以各种方式去摧毁这个靶子。其典型者，如喻指马克思学说期待未来的共产制度消灭私有制，让贫困者摆脱资本家的经济束缚，通力合作，互助生产，犹如远古的部落社会或偏僻地区的家族村落生产。据此，给马克思学说套上一顶"旧社会主义"的帽子，这是预设陷阱。又如，先说拉萨尔的共和社会主义接受马克思的指导，又说拉氏组织工人运动，为了破除工资铁律的制约，通过国家补助如无息贷款，建立互助合作的生产联合会，让劳动者脱离资本家的羁绊而成为创业者。据此，再将拉氏和马克思都归属于致力政治运动，力求掌握政权的民主社会主义，似乎拉氏所作所为，也在马克思学说的包容之下。

书中论述马克思经济学说的后半部分逻辑，与前半部分逻辑首尾呼应。它承认，歧异复杂又不可捉摸的社会主义议论，从学术上看，以马克思学说最有条理并贯通一致。它也承认，马克思学说的"真体"即实质，在于废止私有制度。奇怪的是，它把私有制的弊害，说成违背了"价值价格之原理"。殊不知马克思剖析资本制度，恰恰以等价交换原则为前提。然而这不影响它的最终结论，即马克思有关消灭私有制的论证，"理论透彻，实行无期"。这句话还有一层意思，既然马克思学说在所有社会主义观念中，最有条理、最为透彻，则在实行上遥遥无期，也就意味着其他社会主义均不足论。下面来看它的逻辑：

首先从劳动价值论是否成立说起，作者决不承认劳动是价值的唯一来源这个说法。其理由是"价值生产费说"的破败与"价值评定说"的盛行，两个译名不知何意，或许前者指生产费用说，后者指边际价值说，意谓二说不论成败与否，都否定了劳动价值论。作者认可另一个说法，单就论理而言，现行私有制度是造成剩余价值的祸根，没有前者也不会出现后者。但既然劳动价值论不能成立，这一论理也就存疑。这里又设下一个陷阱，不知从哪里引来马克思一句话，意思是说，剩余价值一旦不复存在，一切物价自然与所需的劳动量完全相等。这句译文语意不通，似乎表明，如果没有了剩余价值，生产物的价值或价格也就与劳动力的价值或价格即工资趋于一致。接着以这句话为靶子，质疑如何认定那些不直接参加生产者的劳动价值并核算其价格，又如何使生产物的价值与劳动者的劳动量取得一致。由此质疑而断定，这是无法操作的无稽之谈。换言之，即使废除了私有制度从而消灭了剩余价值，也不可能实行劳动价值论的主张。

其次看资本私有制度能否废除，作者举出两个拒绝的理由。一是在马克思列举的诸多弊端之外，须承认私有资本推动社会进化或与之调剂的好处，意即不能全盘否定现有制度。二是即使如马克思所说，废除一切私有制度，建立自由人联合体的共产社会，这种共产社会面对各种复杂劳动，在分配实物与工资方面，也不可能按照标准劳动时间，做到绝无偏颇的秉公平均，由此积累起各种不平等因素，最终仍将酿成如同私有制的抢掠、恐慌、穷困等结果；哪怕按照标准劳动时间，能够进行绝对公平的分配，也无法废除私有制度，这等于否定了现有的赏罚及裁判机关，取消了对勤惰、巧拙、好恶、怨喜等差别的认定，与人类的自利心和利他心本性相互矛盾；所以说，只要人类不是生活在虚无飘渺之中，没有其他办法代替人类的本性，意即马克思废除私有制的想法，根本不可能实施。

以上逻辑，先否定劳动价值论的可行性，再否定废除私有制的可行性。论证中存在着同义反复，如先用劳动价值论的不可行性来否定私有制废除的可行性，接着又用后者的不可行性来否定前者的可行性。除此之外，其共同特征，都是先给马克思学说设个套，再自说自话去解这个套，在解套过程中逐一否定马克思学说。这个过程，看不到马克思价值学说的真实面貌，看不到马克思运用唯物史观对资本制度之来龙去脉的系统阐释，看到的只是一些零散片断的串联引用，夹杂着引用者的随意解说（可能也有翻译上的误导），而且始终用资本私有制度的眼光来审视马克思学说对这个制度的批判，最后搬出的最重要理由，便是现行制度建立在人类本性的基础上，既然人类本性自然天成而不可改变，那么批判现行制度的马克思经济学说，也绝无可能成立或实行。

综合以上两部分逻辑，自然得出一个结论，以马克思学说为代表的社会主义，"偏于一端而不克实施"。书中的论证，尽管给与马克思学说颇多篇幅，却感觉不到这个学说如其所称的最有条理并首尾贯通。其奇特之处，似乎对剩余价值之说无甚疑义，重点指向劳动价值论和废止私有制。它驳斥劳动价值论，主要从实施的技术环节入手，缺乏理论深度；它否定废止私有制，也局限于从现有制度产生的各种常识，颇显笨拙。这让人疑惑，或许作者并未深入研究过马克思的经济学原著，甚至对那些批评马克思学说的正统经济学著作，也未认真吸取其见解，单凭个人主义经济学的有关知识，就想对抗所有的敌对者。这种固执和任性，表现在反对马克思学说等"旧社会主义"主张夺取政权，废除建立在个人主义或自由主义基础上的资本私有制度，还表现在对所有老的或新的经济学派批评个人主义或自由主义而主张国家干预立场，不论属于维持现有制度而以调和矛盾为主的温和社会主义派别如国家社会主义、社会政策主义或渐进社会主义，还是与社会主义无关的历史派和国民经济学说，均持反对态度。在他看来，所有经济学派别，面对眼下棘手的社会经济难题，恐怕只有发挥人们互助协同的自觉性而不依赖国家干涉的社会改良主义，才差强人意，至于这个主义的可行性如何，另当别论。

总之，这个旧译新出的中译本，介绍和评价马克思经济学说，显得有些落伍。即便如此，它仍被认为具有引入价值，由此也能想见那时国内经济学资料的稀缺。从马克思经济学说的传播看，此译本未必有什么助益，却说明一个历史事实：经过从十月革命到五四运动的启蒙之后，哪怕在这个启蒙过程中曾经积极介绍马克思及其学说的活跃者，也并非都坚持从正面引进马克思经济学说。这个传播进程之曲折、复杂和多元，于此亦见一斑。

## 三、《各国经济思潮之变迁》

萧志仁①编述，目前只见内务部编译处 1949 年的版本，其初版则在 1921 年。判断此书初版年代，可见其序言。

一是张一麐②1921 年 1 月的序言：我国自古闭关自守，与世界各国不相接触，"经济一门，古无专书"。自环球大通东西，列邦名人所著之书陆续迻译，"于是国人始知经济学，法政各校列为专科"。"执政者于经济原理，一不寓目，盲人瞎马，背道而驰，以至群盗满山，外债累累"。萧子敬新编此书，"应乎时代之潮流，参以国民之趋势，罗列比较确定方针，语其大者，如银行政策、税租政策、货币制度以及资本家与劳动者之契约，宜如何揭櫫主义，设诚而致行之"。以我国人工之低廉，天产之丰富，而国力萎缩至于此极，其故何哉。忧时君子得此书而研究之，"所以哀多益寡，使人人各尽所能，各得所需者，必有其道矣"。

二是何煜③同年 3 月的序言：经济之学，东西各国已蔚为学科，海通以来，迻译渐众，"吾国若未之前闻，或且以为异宜而不适"。"东西各国已然之迹，推其立说之本意而究其迁流，考其利弊，酌中立制，调剂协宜，以为吾国适当之措施，而合列邦共同之趋向，是亦吾辈所当有事焉，而非可以漠视而恝置之者"。萧子敬以新编陈义，"既赅而择言尤慎，闳识眇旨，郑重往复有深思焉，抑亦牖民之苦心，而谋国之先觉者"。

① 萧志仁（1884—1938），湖南宁远人，字子敬；晚清秀才，1906 年赴武汉就读两湖总师范学堂，1910 年加入同盟会；1911 年从事武昌起义，任同盟会湖北省分会支部书记，又任黄兴司令部秘书；1913 年讨袁失败后东渡日本，入东京政法大学攻读政治经济专业，获硕士学位；1917 年回国，先后任北京高等警官学校和中国大学教授，兼任多家报刊主编和记者，曾因报道被拘禁；1929 年辞职离京，1930 年回乡任宁远县教育局局长，创办《宁远民报》，因病去世。

② 张一麐（1867—1943），江苏吴县人；12 岁应童子试为秀才，1885 年考中举人；甲午海战后在苏州倡设苏学会，1904 年录取经济特科，在袁世凯手下任职；民国初年先后任总统府秘书、机要局局长，1915 年调任教育总长，1916 年因不满袁世凯称帝，辞职南归；1921 年创议召开和平会议，失败后不问政事，闲居苏州，致力乡里；抗战爆发后，积极活动支援，曾被聘为国民参政会参政员，病逝于重庆。

③ 何煜（1877—1922），江苏丹徒（今镇江）人，清朝监生，曾任工部主事，黑龙江全省学务总办、垦务局总办、巡抚程德全的文案；1912 年民国成立后，历任江苏都督府秘书，国务院秘书，政事堂机要局佥事；1914 年任黑龙江省龙江道尹，1919 年任内务部次长，1922 年 6 月调任教育部次长，7 月去职。

三是吴贯因①同年4月的序言：经济进化之历程，分若干阶级，人类之经济思想，亦因阶级之经过而迭有变迁。自经济成为科学以来，最初之思潮为重商主义，其次为重农主义，又进为放任主义，再进为干涉主义；"同此干涉主义，其始则置重于资本主义，其继又置重于劳动主义，现在之经济思潮，正丁资本主义与劳动主义交战之时期，交战之结果，资本主义全归扑灭乎，抑劳资两主义归于协调乎，此今后所亟宜研究之大问题"。萧子敬著最近各国经济思潮之变迁一书，对经济思潮以往之蜕变及今后之趋势，言之极详。"余对于劳资战争，苦未能得其适当之解决法，得萧君此书，喜其可为研究此问题之助也，极为表而出之，以告世之讲劳资协调者"。②

编述者邀请三位前清举人或监生作序，想来是看中他们的传统资历而又从事过教育行政或翻译事务的较为开明态度，他们都把引进东西方各国的近代经济学说，当作救治中国经济落后状况的对症药方而持赞成观点。惟前二人的序言，笼统言之，于此书的主旨，有些不着边际；吴贯因的序言，才算切题之论。他提出今后研究经济思潮的大问题，解决当前资本主义与劳动主义正在交战的适当办法，究竟以扑灭资本主义为宜，还是以调和劳资两主义为宜，结论是选择劳资协调，这也是理解此书宗旨的点睛之笔。

上述各序，如此看重这本书对国人的经济学启迪作用，自会引起它的编述以何者为来源的兴趣。此书20章，分为"概论""最古及古代之经济状态""中世纪之经济思潮""近世纪经济之发达""贵金主义及重商主义""自然主义及重农学派""勤劳主义及自由贸易政策""独立及革命之思潮""人口论""地代论""自由政策及产业革命""劳银基金说及救贫策""社会主义""历史相对说及国民经济主义""普法战争与德意志建国""国家社会主义""社会改良主义""二十世纪之国际经济主义""欧洲大战时期之经济状况""战后各国之经济趋势"。浏览这个目录，似曾相识，进一步对照，发现此书与前面考察高一涵所译的《经济思潮史》，出自小林丑三郎的同一原作，而且均属此原作的旧版本。惟此书内容，比起高氏译

①　吴贯因（1879—1936），原名冠英，广东澄海人；前清举人，早年参加同盟会，1907年赴日留学，就读早稻田大学史学系，后获政治学学士；1909年同张君劢等人在东京设立咨议局事务调查会，负责编辑《宪政新志》；1912年归国后，共同在天津创办《庸言》日报与月刊，1914年任中华书局编辑；1916年因反对袁世凯称帝随梁启超赴西南，1919年任北平内务部参事兼编译处处长，曾任内务部卫生司司长、币制厂厂长；1927年弃政从学，任教多所大学，1928年任东北大学史学群学系主任和教授；1935年一度返回天津创办《正风》半月刊，次年因脑溢血去世。
②　以上各序均见萧志仁编述《各国经济思潮之变迁》，内务部编译处1949年版。

本有诸多差异，或是翻译中有所改动和删略，加入若干解说，故自称编述而非译述。考虑到此书的叙述大体不出原作范围，又带有明显的译文色彩，故仍将其归入译本类型。

为了便于比较二个译本的译文异同之处，不妨将此书第 13 章"社会主义"中有关马克思经济学说的内容，简介如下：

社会主义大体分为三种，从历史上看，最初"以道德为根据而主张社会主义者，曰道德的社会主义"，如英国的欧文（原译"洛巴多耶"）和法国的圣西门（原译"桑西孟"）；其次"以政治为根据而主张社会主义者，曰政治的社会主义"，如法国的路易·勃朗（原译"路易布兰"）；再次"以经济上为论据而主张社会主义者，曰科学的社会主义"，如德国的卡尔·马克思（原译"卡鲁马枯斯"）。"过激之社会主义者，率皆潜伏修养于德国"。1859 年，马克思之科学的社会主义发生，"社会党之以学理为论据者，实自此始"。"自此学说一出，风靡学界，虽几经修正，而在学理上、政治上已占有不可动摇之势力"。马克思著《经济学评论》，书中最著名者，惟《资本论》一篇。他的社会主义，"以经济学上价格之原理为论据"。略称："物之有价格，人之勤劳之结果也，勤劳即为价格"。此说斯密与李嘉图（原译"利卡多"）曾已言及，实非特创，然而出发点大概与二人相同，结论大有差异。马克思说，"物之价格，乃人之劳力之结晶。意谓价格之为物，不外制该物时所投劳力之分量而已，而劳力之分量，即劳动之时间，需劳动时间多者，则生产之货物，价格必高，反是则价格必低。换言之，凡价格之高下，非以劳动时间决定不可"。今日实际上的价格与劳动时间完全不合乎比例，其原因一是市场的需要供给使价格变动，二是货币。市场供需与各人私有财产的支配关系甚大，无财产时，无论物价多么昂贵，也必须购买。劳动者毫无所有，势必贱售其劳力而购极贵之物品。"纵劳动者所费时间制造之货物，达其最多程度，必不得货物相当之劳银"。此所以马克思"倡有价格即劳银之说"。假设每日劳动由 6 小时改为 12 小时，产物必增加 1 倍，而劳动者因需要供给之故，实未得 2 倍劳银。如果以所产之物归劳动者所有，劳动者从事 12 小时劳动，理应得 2 倍报酬。然而"今日私有财产制度盛行，资本家惯以垄断为事"，安能多给劳动者以 2 倍报酬。资本家方面，每日增加劳动者的工作时间，产物加多，劳银不必增加。如劳动者劳动 1 小时得劳银 1 角，劳动 12 小时应得 1 元 2 角，"惟以需要之故，不得不贱售其劳力"，仅得资本家的 6 角。"纵使劳银被减至仅供一日生活之费，亦不得不忍苦耐劳而为之，是则劳动者处于极不利益之地位"。所余半价，"悉为所有货物之资本家所享有，盖以资本家有该物之所有权"。资本家未出劳力而享此 6 小时的价格，"是谓掠夺六时间之利者，换言之，即盗此六时间之贼"。此价格"因所有之原因而掠夺者，谓之曰剩利"。此即马克思"剩价论"所由来。马克思主张"剩价论"，与李嘉图的地租论相同。劳动者"因需要供给而受此一大损失，致使不能享受全部劳银之报酬而仅得其一部，是为第一次损耗"。不仅如此，还有第二次损耗。因资本家以货币支付 6 小时的劳银，而货币日多价格日贱（"通货数量愈增则现价愈减为经济学上之原则"），劳动者仍依现价格支付，所收受的货币往往不值钱。"劳动者当其定劳银之时，既受一重损失，而用劳银时，又受一重损失。要其所以受此二重损失者，则因需要供给与货币有以致之"。由此观之，掠夺的资本家足衣足食，固甚愉快，劳动者衣食且不能自给，不甚可怜乎。假使不加干涉，放任自然，劳动者逐渐虚弱而死，相续无人，劳动工业亦必废弃，无产业发达之望。"故推本言之，莫不由于私有财产制度，与货币二者使之然"。略言马克思的主张，"废除私有财产制度与货币改革论"。

马克思说，"今日区区政策，不足以普及一般。欲施妥善政策，必须短缩劳动的时间而赁银仍如前数，或将所制造产物之价格，给与劳动者，庶几可以补救"。但要均衡计算劳动者的时间及结果，极为困难。计算不均衡，必有人受不当之报酬，亦必有人受不足之报酬，以致改革与未改革相同。"故今日欲社会制度之改革，非自根本上改革不可。根本上改革者何，即在今日大资本家与劳动者，既截然分有两途，而大多数劳动者，因之利用此机会，移易政权于此大多数之劳动者，方可入手改革。换言之，即今日贫民之多，率由于财产制度之不良，吾辈可利用此多数人民之机会以夺取其政权，而为改革制度之利器。此与一般选举法同意，盖行一般选举法，则政权自然归入人民掌握之中。平民既得政权，即可使用其权力，会私有财产改为共有制度，俾社会上各人，不能直接有此资本，然亦可使社会上各人，各有全部分之资本也。一切资本，既为全社会公有，即可以全社会之意思，运用其资本共同财产，共同消费，则视一国无异一家矣"。

马克思的主张如上述，世人名之曰"社会共产主义"，"全社会中无贫富之区别"。马克思主张共产主义，共同生产，共同消费，不可不有分配之法。其法欲矫正货币之弊，设立共同事务所，各人将所有生产物，均持往报告，事务所视其所需时间的多少，给以票据，然后将生产物归入共同出纳所，不为私人所独有，乃一一确定各人生产物之劳动时间的多少；劳动者各持所有票据赴出纳所，视其时间之多少与所产货物之时间，相符合者，即可得相等之物。马克思称，"现行货币与此票据固无差异，惟货币价格，有涨落之变化，而票据则已注定若干时间之劳动，故以注定若干时间之劳动，易彼同等之物，较为无弊"。此即马克思主张共产主义之大概。他的学说如能实行，则私有财产制废除，剩价自不能发生。"良以剩价，乃资本家以有所有权之故，不劳而得者。若废此所有权，则此剩价之利益自然均分于劳动者，剩价既无，则一切物价与劳动时间，斯互相一致矣。此其理论固为正当"。然而欲见诸实行，第一困难即私有财产制能否废除。"人类欲望无穷，全赖私有制以为之制限，否则，人人竞求锦衣美味，不必代价皆可得之矣"。假使废除私有制，则贫富不能区别。贫富悬隔固为社会上不良现象，但"绝对无贫富之分，则亦社会之害"。况且人类固有智愚巧拙之别，贫富即视此以为上下者。今日国家处于竞争场，人们知道，"一国资本，与其普遍均分，不如集中之为愈"。一国无此制，无贫富之别，亦无大资本家，又何能在国际上占优胜地位；政治上无赏罚，道德上无恒心，社会秩序大乱。"由此观之，共产主义之不能行，私有财产之不可废也，不益恍然哉"。退一步说，假令私有财产制可以废除，第二困难是以劳动时间支配劳动票据。马克思说，凡生产物，均送共同出纳所，给以相当票据。不知世界上非躬执劳动而直接制成货物者甚多，如劳心者，如何证明其劳动是最复杂的问题。即使亲身劳动者，其生产费时千差万别，条分缕析亦极困难。对不同的劳动，马克思说有一定的标准时间。这在理论上可行，在实际上不可行，结果将日益扰乱社会。社会主义的发生，由于贫富悬隔、阶级战争而来。如今依照马克思所说方法，"社会阶级制度终不能破除，则亦何益之有"。"总之，主张社会主义者，如张盛宴于此，其中一部分不食者有之，即有可食之物，而人不知食法者亦有之，要视吾人之选择去取何如耳。经济思潮至此已趋于极端，于是有反对之说出"。①

以上简介，对比前面《经济思潮史》译本评介马克思经济学说的部分，马上感觉二者虽然都以文言方式翻译，却存在明显差别。姑且不论萧志仁的编述本在译名上将劳动价值论译作"勤劳即为价格"、剩余价值译作"剩价"，以及始终只见价格而不见价值译名等，比之高一涵的译本同样说"勤劳即为价格"，另给剩余价值取名"赢余价格"，并经常混淆价值与价格的译名等，可谓半斤八两，均非严谨

① 以上引文均见萧志仁编述《各国经济思潮之变迁》，内务部编译处 1949 年版，第 81—91 页。

而偏离约定俗成的译名路径。从内容上看，大致可以判断，高氏译本基本上对应原作翻译，萧氏编述本则沿着原作的基本思路和主要资料，删节一些内容，如有关洛贝尔图斯和拉萨尔部分；编排一些内容，如概括道德的社会主义、政治的社会主义和科学的社会主义；特别是新增或移植一些带有解说性质的内容，强加在马克思身上。这些新增或移植的内容，较为显著者，如所谓两次损耗论或二重损失论，在资本私有制下，工人一方面在获得工资时受到因劳动力供求关系而压低工资的损失，另一方面在花费工资时又受到货币上下波动的损失，据此把马克思的主张，归纳为废除财产私有制与货币改革论二点；也就是把改革货币与废除私有制一道，共同列为马克思的基本主张，这是原作叙述马克思学说所没有的内容。又如把马克思根本改革现行社会制度的观点，即与资本家对立的劳动者夺取政权，然后废除资本私有制，解释为如同普遍选举制度，劳动者利用其占大多数的票数，自然而然掌握政权，再将不良的私有制改为共同生产、共同消费、一国犹如一家的共有制或公有制；这样解释马克思学说，也是原作没有的内容。再如用很多篇幅，大谈马克思矫正货币之弊的共产主义分配法，即所谓劳动票据法，以劳动时间为标准，将生产物交纳共同事务所并通过共同出纳所进行交易；这实际上是将原作在其他地方，如讨论洛贝尔图斯所主张的在商品生产基础上通过劳动券制度来消灭私有制的办法，移植到马克思身上。

尽管有这些改动，萧氏编述本仍像高氏译本一样，体现了原作的基本意图，即否定马克思经济学说。或者说，断言马克思的理论即使正当，也没有实行的可能性，因为其学说已趋于极端，势必产生反对的经济思潮。萧氏编述本说明马克思学说不可行的两个困难：第一个是质疑私有财产制能否废除，大体沿袭原作的理由而有所增补，结论是共产主义不能行，私有财产不可废；第二个却是将原作质疑劳动价值论即以劳动为价值的唯一来源，改换为质疑劳动券制度，也就是假令可以废除私有财产制，若以劳动时间来支配劳动票据，仍是理论上可行，实际上不可行，反而扰乱社会秩序。

须指出，这本原作出自日人之手而论述西方经济思潮史，其旧版本在 1921 年间，相继引出高氏译本和萧氏编述本，其新版本在 1922 年初，又引出新的中译本。或者说不到一年时间，同一日人原作的新旧版本，在我国先后至少出现三个不同的译本或准译本。既然这是三位曾在日本留学的中译者不约而同的选择，由此又说明：刚进入 20 年代，国内有关经济学的著作仍十分匮乏，故稍见可资参考的国外著作，便争相翻译；此时仍偏重于借助日本的渠道，引进西方经济学著作；西方经济思潮史或经济学说史的著作，讲述主流或正统经济学思潮的同时，引入马克思经济学说的评介已成为比较常见的现象，这同稍后马克思主义者主要在社会学或社会哲学的名下阐述马克思经济学说，适成一种对照；当时引进的或自编的经济学著作，论及马克思经济学说，总体上采取批判的或否定的态度，由此产生的主导倾向，如萧氏编述本的序言所说，结论是为了宣扬劳资调和。上述各点，也可以看作20年代初马克思主义经济学在中国传播的一些时代特点。

本节考察的三本经济思想史著作，典型体现了从经济思想史视角评介马克思经济学说的两种不同取向。一种取向充分肯定马克思经济学说在经济思想史上的地位和影响，同时对这种地位和影响的点评，又存在不恰当之处，如译自河上肇原作的《近世经济思想史论》译本；另一种取向虽然承认马克思经济学说在经济思想史上的重要性，却断然否定其基本结论，如出自小林丑三郎同一原作的《经济思潮史》译本和《各国经济思潮》编述本。这也说明，在经济思想史专著方面，无论是否赞同马克思经济学说，已经不可能无视或抹去这个学说的重要作用，惟肯定或否定这个学说的双方对峙较量，随着形势的变化时有跌宕起伏而已。另外，不同于上一章所考察的有关马克思经济学说和唯物史观的几个译本，其原作均来自欧美学者或马克思主义者，这几个经济思想史译本，或名曰自行编述而实为编译的译本，其原作皆为日本人所著。看来，我国在经济思想史领域较有系统地论述马克思经济学说的历史地位，到20年代初尚未摆脱对日文专著的依赖。不过，这种依赖从一开始便显现其缺陷，不管是赞同马克思主义经济学的河上肇，还是信奉个人主义经济学的小林丑三郎，他们评介马克思经济学说的历史地位，都存在着间接转贩西方资料与观点的似是而非之处，因而预示了国人不久将摆脱这种依赖而直接从欧美原著中寻找根据的可能性。

## 第二节　社会主义或社会问题论著中的马克思经济学说

通过此类论著来考察马克思主义经济学在中国的传播，是一个较为扩大的范围，在当时的历史条件下，并不显得唐突。这里选择20年代初一些相关译本，作为例证。

## 一、《社会主义史》译本

从西方社会主义思潮传入中国的早期过程看，最初并在相当长时间内，社会主义一直被视为具有浓厚的经济理论与经济现实属性，因为它是资本主义发展到一定阶段，由正统经济理论所维护的社会经济制度产生严重弊端，作为其对立面应运而生的新兴产物。后来将社会主义与经济学适当区别开来，分别作为马克思主义的不同理论来源和组成部分，那是认识进一步深化后才出现的科学分类，在当初传播时其界线不是很明显。这个时期引进西方经济学著作的历史论述部分尤其专题史学著作，包含一些介绍社会主义经济学的内容，这些内容同社会主义专题著作的有关论述，史料上高度重合，评价上各有不同，选择一些有代表性的社会主义论著与经济学著作合并考察，可以起到相互补充和参考的作用。当时不少社会主义著作中有关马克思经济学说的论述，如同那些专题评介马克思经济学说的著作，本来就是重要的考察对象，缺少了这一部分，哪怕从经济学著作来看马克思主义经济学在民国时期的传播，也是不完整的。《社会主义史》译本，正属于这一类著作。

这个译本，署名英国克卡朴原著，英国辟司增订，李季翻译，上海新青年社1920年10月出版。此书声名如雷贯耳，连同陈望道译《共产党宣言》和考茨基著《阶级争斗》的译本，这三本书被毛泽东称作1920年间对他的影响尤其深刻，由此树立起对马克思主义的信仰[1]。在此之前，详细考察过这本书的早期中译本《泰西民法志》（英国甘格士著，胡贻谷译，蔡尔康删订，上海广学会印售）[2]，惟其翻译古色古香，流传不广，长期湮没无闻。《社会主义史》译本的问世，译文通俗，推介有力，又恰逢其时，随即产生广泛影响。全书的体例安排，可见先前的考察，不必重复，重点补充一些新的内容和表述。

### （一）译本及原著序言评介

作为译本的招牌，其封面标出"蔡元培序"，与原著者、增订者和翻译者并列。蔡氏1920年7月23日作序：

"我们中国本有一种社会主义的学说"，如《论语》记孔子有关说法，"就是对内主均贫富，对外不取黩武主义与殖民政策"；《礼运》记孔子有关说法，"就是

'各尽所能，各取所需'的意义，且含有男人平等主义"；《孟子》记许行之说，"就是'泛劳动'主义"。"中国又本有一种社会政策"，如《周礼》《孟子》《汉书·食货志》有关井田的说法，"虽是偏着农业一方面，但不能不认为社会政策的一种"；"后来宋儒常常想恢复井田，但总没有什么机会"。

"西洋的社会主义，二十年前，才输入中国"。一方面由留日学生从日本间接输入，译有《近世社会主义》等书；一方面由留法学生从法国直接输入，登载于《新世纪》日刊，后来《民声》周刊简单介绍一点。"俄国多数派政府成立以后，介绍马克思学说的人多起来了，在日刊月刊中常常看见这一类的题目。但是切切实实把欧洲社会主义发起以来，一切经过的情形，叙述出来的，还没有"。李懋猷（季）选取英国辟司所增订的克卡朴著《社会主义史》，用白话译出，"可以算是最适用的书了"。

克氏此书成于 1892 年，"对社会主义的学说，叙述得颇详"。对社会主义派最近的运动，自然有遗漏。辟司 1913 年增订一次，加入不少内容。虽然大战以后，"俄国新政府的设施，国际联盟条约中劳工规约的讨论，各国同盟罢工的勃起，矿山铁道国有问题的要求，这些重大事变还没有包在里面"，但 1913 年以前的事实，"很可以资考证了"。克氏与辟氏，同属英国人，"自然是稳健派"，对以前的社会主义，"很有消极的批评"。如为家庭、宗教、中央与地方政府辩护，甚至为英国的殖民政策辩护，"读的人一定有嫌他们不彻底的"。他们的叙述给我们的教训，"已经很多"。例如说："现在一般有名的研究家，都承认历史——经济的历史在内——是许多有次序的现象之连续体，凡在连续线内的各种情形，都有种种特别的事实和倾向标明出来"；"一个时代的失败，常指出以后一个时代中成功的路道"；"我们讨论社会主义运动的问题，不独当以历史和人类为准则，还须特别参考现在流行的各种势力——工业的、政治的、社会的和道德的势力"。这些说法，"很可以令我们猛省，知要实行这种主义，必要有各种的研究，不是随便拈出几句话头，鼓吹鼓吹，就有希望的"。

"差不多没有一国的工界像比国（指比利时——引者注）的工界一样，受那种难以名状的痛苦。从前比国工人毫无知识，作工的时间极长，工价极廉，他们既没有政治上的权利，又没有一点组织，所以常被压制"。这一点，"不是我们工界的时间缩影么"？但"最近几十年来，比国社会主义运动以组织坚固和包罗宏富两点著名"；"从英国采入他的协作和自助，从德国采入他的政治上的策略和根本上的原则，从法国采入种种理想上的倾向"；其特点是"协作的大组织"。"比国的协作社会已经使比国的工党根深蒂固，在世界各国中，除德意志外，没有能和他相比较的"。这一点，"不是我们应当注意的方法么"？

工团主义的起源，来自法国人的三种观念：工人阶级在政治上得不到救助；国会是一群自谋私利的空谈家，只要有官做，或有贿得，就会牺牲他们向来的主义；中央政府是一个仇敌。于是工团主义认为：工界的救援不在乎政治方面，在乎自助和自己组织团体；要制胜资本家，不在乎公众所组织的政治性质的团体，在乎工界所组织的工业性质的团体；工人第一是作工的人，如矿工、工程师、制棉工人，第二才做一个国民。"工团主义是纯粹工界的产物，不是一个人的力量造成的，他是由许多不著名的人之种种意见相合而成的，他的发生是出乎自然的"。"我们中国无论什么组织，总是有政客想利用他，那法国的工团主义不是我们应该注意的么"？

"人类发展之中，有两种要素，就是脑力的发达和合群原则的发达"。"从现时过渡到社会主义时代，……一定是渐进的，必先做一番预备功夫，使大多数人民的知识、道德、习惯和组织都合于一种更高的社会经济的生活"。这就是工人教育问题。第一是学者的加入，如"美国各大学校学生中有许多是社会主义者，这些人中间有许多是在德国各大学得过学位的"；1910 年，各校社会主义社团有 10 支，1912 年增至 52 支。又如英国费边社在各地组织支部，牛津大学、剑桥大学和别的大学都有支部，"近来联合成一个大学社会主义同盟会"。第二是特别的教育，如德国社会民主党有教育委员会，1912—1913 年间，经济学、历史、文学、美术、社会主义、哲学、协作运动、工联主义、政治学和各种专门学科，共讲演 3500 次；此外还公开举办无数的音乐会、欢迎会和演戏等，有一种活动影戏，"也是用作传播社会主义之用的"；"柏林有一个社会主义学校"，每年当选 31 个不同年龄的男女，教授普通史、社会史、宪法史、政治经济学、社会主义的历史和学说、社会和工业的法律、演说术、作文、新闻事业和别的学科；设立妇女部，预备各种小册子和其他印刷品在妇女中分发；"设法使青年和社会主义相接触"，组织 650 个地方委员会专办这一类事务，创办名为"劳动少年"的特别报纸，在 274 处设立少年图书馆，1912—1913 年举行演讲会 4500 次，音乐会和欢迎会 2405 次，举办旅行、博物院参观活动等 14300 次，另外刊布小册子 825000 份分发给国内青年。这些教育活动，"不是我们应当效法的么"？

"读了这部译稿，发生许多感想。特将重要一点的写出来，表示我介绍此书的诚意"。①

蔡元培②的序言，可以看作对译本的解读和引导。一是发掘中国传统观念所蕴含的社会主义因素，表现出对舶来社会主义的宽容和开发态度，意在中西结合，推动中国的社会改造。用中国传统观念来附会西方社会主义思潮，并非蔡氏创意，早已有之，而蔡氏以其身份地位，借五四运动之潮流，如此附会却可能减缓传统势力抵制这一外来思潮的影响。蔡氏从传统观念中，概括了均贫富、反对对外军事扩张与殖民、各尽所能与各取所需的分配、泛劳动主义、平均土地调配的社会政策等社会主义学说。这些观念，主要是对古代社会的不平等现象和压迫行为所作出的本能反应或出于统治者维护自身利益的需要，同现代社会主义风马牛不相及，但一经发掘，也不失为助力现代社会主义思潮在中国传播的传统文化氛围与土壤。

二是西洋社会主义20年前输入中国一说，曾引起后人寻根究底的猜测。蔡氏作序于1920年，向前推20年，正是19、20世纪之交，据此，有人异想天开，猜测《社会主义史》的先前译本《泰西民法志》，应出版在1898年，是最早将西方社会主义输入中国的专著。姑且不论经过查证，《泰西民法志》实际出版于1912年，比假说推迟了14年，即使根据蔡氏之说，也与《泰西民法志》没有丝毫关系，他可能根本不知道这个译本的存在。蔡氏简略回顾西洋社会主义输入中国的历史，早期有两条线索，一条是留日学生翻译日文著作的间接输入线索，如《近世社会主义》等译本。这些译本，起始于1900年，兴盛于1903年，然后有所回落，这是西方社会主义思想传入中国的第一个高潮阶段③。另一条是留法学生利用法文资料的直接输入线索，如《新世纪》日刊所刊载的内容，后来《民声》周刊的简单介绍。《新世纪》是中国留法人士1907年5月在巴黎创立的刊物，以无政府主义

① 以上引文均见李季译《社会主义史》，新青年社1920年版，蔡元培序。
② 蔡元培（1868—1940），浙江绍兴人，原籍浙江诸暨；1901年任上海澄衷学堂代理校长，受聘南洋公学经济特科班总教习，翌年在上海创办中国教育会任会长，创立爱国学社、爱国女学，被推为总理；1903年遭清政府侦讯，创办《俄事警闻》，1904年在上海组建光复会，1905年并入同盟会为上海分会负责人；1907年留学德国，入莱比锡大学，辛亥革命后回国；1912年任南京临时政府教育总长，并任国民党中央执委、国民政府委员兼监察院院长；1916年至1927年任北京大学校长，1920年至1930年兼任中法大学校长；国民政府定都南京，主持教育行政委员会，筹设中华民国大学院及中央研究院，1928年至1940年任中央研究院院长，倡议创建国立中央博物院并兼第一届理事会理事长，病逝于香港。
③ 参看《回溯历史——马克思主义经济学在中国的传播前史》，上海财经大学出版社2008年版，第1编第4章第3节及相关各节。

为宗旨，刊载有关马克思主义和社会主义的文章比较有限①；至于《民声》周刊，如果指的是 1918 年在国内创刊的无政府主义报刊，那就更晚了。接着提到 1917 年十月革命成立苏俄政府后，国内报刊上经常看到有关马克思学说的介绍。这是一条全新的线索，输入的不单是一般社会主义学说，更突出马克思主义学说②。可见，蔡氏对 20 年来西洋社会主义输入史的回顾，虽然简略，却点出其若干轨迹与特征，如从借道日本的间接输入到源于西方的直接输入，从来自东西洋国家的输入到来自布尔什维克派执政国家的输入，从一般社会主义的输入到突出马克思主义的输入。这个回顾不是为了确认既有输入轨迹的必然性，而是证明以往的输入，缺乏对欧洲社会主义来龙去脉的系统和翔实叙述，推荐《社会主义史》译本可以弥补这个缺陷。把此译本算作"最适用的书"，从认识西方社会主义来说，有两层意思：其一改变过去比较零散、单薄或有选择的介绍状况，转向完整和全面地了解；其二改变早期比较晦涩而难解的文言转述方式，受新文化运动的沐浴，采取白话翻译，适用于普及和通俗传播。后一层意思，还体现在书前列表显示所用的句读符号及其他文字符号，书末显示中西名词对照表。这些细微处，亦可见译者为使译本通俗易懂所花费的心思。这大概也是此译本当时能够吸引包括毛泽东在内的许多青年人的重要原因。

三是对国外各派的社会主义学说、运动和举措，兼收并蓄，为我所用。在蔡氏看来，通过译本不仅可以参证 1913 年以前社会主义的史实，还希望看到 1913 年以后特别是大战以后社会主义运动的最近状况，诸如苏俄新政府的措施、国际联盟条约有关劳动规约的讨论、各国同盟罢工的兴起、要求矿山和铁道国有等重大事变的叙述，弥补译本的遗漏之缺憾。这些新的内容，既包含各国和国际劳动组织与现行政权讨价还价或进行博弈以改善劳动条约和维护工人利益的和平与合法要求，也包含苏俄革命推翻现政府而建立无产阶级政权的激进主张；蔡氏对译本的作者或增订者作为典型的英国稳健派，消极批评社会主义，为现行制度、政策和观念辩护，显示其不彻底性，颇有微词。不过总的说来，蔡氏除了强调实行社会主义的希望，在于深入进行各种必要的研究，避免口号式鼓吹之外，更感兴趣书中所介绍的一些具

① 参看《回溯历史——马克思主义经济学在中国的传播前史》，上海财经大学出版社 2008 年版第 2 编第 3 章第 2 节二及第 3 编第 2 章第 2 节四。
② 参看《1917—1919：马克思主义在中国的传播启蒙》，上海财经大学出版社 2016 年版，第 1、第 2 两编。

体方式方法，而不是基本理论学说。例如，比利时的社会主义运动（实则为合作运动）兼取英国的协作和自助特色，德国的政治策略和根本原则，法国的理想倾向，由此形成根深蒂固的工党基础，我们应当注意这些方法；法国工团主义纯粹是工界的产物，顺乎自然而产生，不指望政治救助、不相信国会、以中央政府为敌，立足于自助和自行组织团体、制胜资本家依靠组织工业性质的团体而非政治性质的团体、先工人身份后国民身份，我们应该注意中国的组织总有政客加以利用；从现时过渡到社会主义时代一定是渐进的过程，需要预先准备，让大多数人民的知识、道德、习惯和组织适合于更高级的社会经济生活，此即工人教育和各种类型的特别教育，我们应当效法；等等。蔡氏的读后感想，意在引导渐进式为主的社会主义运动方向，带有自助协作和工团主义的无政府色彩。这同他质疑稳健派对社会主义的批评消极与不彻底，似有五十步笑百步之嫌。

李季① 1920 年 7 月 1 日的译者自序：

我国自五四运动以来，"新思潮震荡全国，真有'一日千里'之势"。近一年来新出版的报章杂志有好几百种，竞相谈论世界各文明国家的新学说，"社会主义尤为谈论的焦点，并且很受社会上的欢迎"。我们讨论一种学说，必先具备一种有系统的知识，才能够判断它的好歹，决定它是否可行。"社会主义运动在欧、澳、美各洲非常发达，而派别亦复甚多；我们对于这种运动要想具一种有统系的知识，须先从历史下手。我译克卡朴《社会主义史》的目的，就在这一点上"。克卡朴②是英国"有名的学者"，他这部书"纪载世界重要各国社会主义运动的源流和派别，既很详细，又很扼要"。这部书从出版到现在差不多有 30 年，近来各国社会主义运动的事实，都付阙如。1913 年英国"著名的社会主义家"辟司③应发行人的请求，删去克氏原本解释社会主义的许多节段，撮要编入近来各国社会主义运动的事实，至 1913 年为止，比原书增加约 1/8 内容。"此书既出于两个名人之手，遂尤

---

① 李季（1892—1967），字懋猷，湖南平江人；1912 年考入湖南省高等商业学校，转入湖南高等师范学校，1915 年未毕业即考入北京大学英文科，1918 年毕业；1919 年留校担任补习班英语教员，参加五四运动，1920 年参与筹建上海共产主义小组；出国前夕在家乡译成《价值价格及利润》一书，1922 年留学德国入法兰克福大学经济系；1925 年归国任上海大学经济系教授、社会学系主任，1927 年任武汉中央军事政治学校社会学教授；同年回平江，次年定居上海，埋头笔耕；新中国成立后，任国家出版总署特约翻译。

② 克卡朴又译托马斯·柯卡普（Thomas Kirkup，1844—1912），英国费边社会主义者。

③ 辟司（E. R. Pease，1857—1955），英国作家和费边社成员，著有《费边社史》一书（1922 年共学社刊行中译本）。

为一部极完全和极有价值的书；读者诸君细玩一遍，对于各国蓬蓬勃勃的社会主义运动，当能'了如指掌'"。

我译这部书，蒙蔡子民先生代译好些德法文书报名，胡适之先生指示疑难之处，张申府先生改正各专有名词的译音，很感谢三位先生。我在 3 个月内译完此书，"下笔时虽力求不失原文的本意，然以时间短促，因疏忽而陷于错误之处，在所难免"。①

李季翻译此书之际，据称正是他参与筹建上海共产主义小组并为小组成员之时；他致谢的三位先生中，张申府②也在当年参与建立北京共产主义小组。选译《社会主义史》一书，确实同当时社会的大背景，欢迎世界文明国家以谈论社会主义为焦点的新思潮新学说，有密切联系。李季称，翻译这本书的目的，在于它对西方各国的社会主义运动，具有一种系统性的历史知识，这同样是蔡元培诚意推荐译本的主要理由。书中许多内容，如蔡氏所说，此前在间接或直接输入中国的著述里，都有不同程度的接触，更不用说还有 1912 年也就是辟司增订本以前的克卡朴原作的早期译本；惟这些内容或者比较零散而缺乏系统，或者译文晦涩而难以卒读。李季推崇这本书经两位名人之手，"极完全和极有价值"，仔细读后可以对各国社会主义运动"了如指掌"，恰是针对前一个缺陷而言；至于改变后一个缺陷，李季未曾自诩，坦承译文难免有错，倒是蔡氏帮他点明了白话翻译的好处。不论如何，这个译本从后来的影响看，明显超过以前的零散和文言介绍。其中对马克思经济学说的介绍，也产生类似的影响，同时又掺入作者和增订者的"稳健派"意识。

增订者辟司 1913 年 10 月的原序：

克卡朴写了这部《社会主义史》，临死前正值第 4 版出版，他曾在序中说，"这部书有两种目的：第一就是将历史的社会主义中各主要的方面标明出来，第二就是对于社会主义运动作一种概括的批评和解释"。我应发行人的请求，订正这部书的第 5 版，根据我的意见，书中注重第二种目的的章节，"大可以删去许多，也

---

① 以上引文除另注外，见李季译《社会主义史》，新青年社 1920 年版，译者自序。
② 张申府（1893—1986），河北献县人；早年在顺天高等学堂学习，1913 年考入北京大学预科，翌年考入北大文学院攻读哲学，后转到数学系；1917 年留校作助教，参加创办《每周评论》并负责编辑，任《新青年》编委，参加少年中国学会和新潮社；1920 年 10 月参与建立北京共产主义小组，同年赴法国，1921 年加入中国共产党，后转赴德国；1924 年回国，参加黄浦军校筹建工作，1925年因政见不同退党，在各大学任教，1931 年任清华大学哲学系教授；九一八事变后投身抗日运动，1938 年被聘为国民参政会参政员，1942 年加入民主政团同盟；1957 年被定为右派分子，1979 年平反后，任全国政协委员。

没有什么妨碍"。1892 年克卡朴初次刊布时，所有解释社会主义的英文著作，可以供专门学者研究的资料，"实在不可多得"。到了现在，各位重要社会主义者所著的书籍，"非常之多"，这些人的著作解释社会主义，"都是很有价值的"。"现在既有了好些有价值的社会主义的出版物，所以我将克氏解释社会主义的章节大加裁剪了"。据历史的眼光看，这部书以前几版，对英国社会主义似乎说得过于简略，而英国社会主义对于英国一般读者，大概是最饶兴味的。"克卡朴是一个学问渊博的学者，但是他对于英国社会主义运动，没有亲自参加，所以我不能不猜他的心中，以为无论什么事，如果在一个设备很完全的图书馆的书籍中没有叙述出来，就是不重要的。我这句话无论说得对不对，总之，他这部历史记载近世英国社会主义过于简略，我现已将这一部分大加扩充了"。

本书这一次出版，起首 9 章实际上没有改变。"我既没有这种学识，能够订正克卡朴初期社会主义者的历史和近世社会主义运动起首的几期，我也没有这种能力，能够这样去做"。第 10 章（俄罗斯革命）和第 11 章（无政府主义和工团主义），"关于早前历史上的事实，大概是从本书前版中撮出来的，而后来的事实是新加入的"，这两章全都"重新编订"。第 12 章（各国社会主义的进步）、第 13 章（近世国际工人协会）和第 14 章（英国社会主义派），"差不多完全是新加入的"。第 15 章（社会主义通论）和第 16 章（结论），"多半是由前版六章中各部分相合而成的，不过经过编辑者一番选择，重新编订罢了"。"这种增补和订正的结果，恐怕大家不十分满意，但是将本书照前版一样完全印出来，或是将这一版所重印的许多有价值的节段完全删去，似乎都不大妥当"。

"克卡朴的为人是很富于兴味的，他的品性时常流露于全书各节段中"，读者看到这些地方，一定愿意更多点知道克氏的生平。克卡朴是诺森比亚（Northumbria）一个牧羊人之子，1844 年出生在沃勒尔附近，8 岁时随父移居到距离英格兰地界不过 1、2 英里，属于苏格兰的山里，所以他完全是在苏格兰的风俗习惯中教养出来的。年幼时在牧场牧羊，但出众的才能很快就使他得到好些别的机会。起初在一个乡村学校当教员，一面教书，一面读书，后来进入爱丁堡大学，在学校很负盛名，不久获得硕士学位，并得到一笔游历津贴，能在哥廷根、柏林、图宾根、日内瓦和巴黎等地继续研究学问。后来在苏格兰一个长老派教会学习牧师职务，但很快舍弃做牧师的观念，与亚马逊书局联系，成为这个书局的教育顾问，一连好几年，发行好些很有价值的教科书。1883 年从爱丁堡移居伦敦，此后便在这里或附近度过他的岁月，1891 年和一个有两个女儿的寡妇结婚。这时和亚马逊书局的关系很密切，历时也很久，有时投稿大英百科全书和别的百科全书，有时替报馆作文。《社会主义研究》（An Inquiry into Socialism）由朗曼书局发行，1887 年、1888年、1907 年各出版一次，《社会主义史》由布莱克书局发行，1892 年、1900 年、1906 年和 1909 年各出版一次，该书局还发行《社会主义初步》（Primer of Socialism），1908 年和 1910 年各出版一次，三部书都是他著的。1910 年，他的母校爱丁堡大学特别授予文学博士的名誉学位。"克卡朴无论在国内或国外都很为人所钦佩"。荷兰著名的经济学家皮尔逊博士（Dr. Pierson）曾说："克卡朴的《社会主义研究》一书是很有价值的，不过著作者尚不为人所知罢了。"克氏完全是一个学者，过着一种隐居的生活，但很喜欢与同志的人往来，很高兴讨论各种重大的问题，并杂以诚恳和谦恭的谈话。他不甚关心普通社会，他那种和蔼的笑容和潇洒的态度，却使他很受大众的欢迎。他在学生时代交往的朋友，友谊始终不渝，无论哪个朋友经过伦敦，总要和他长时间聚首。他死于 1912 年 5 月 23 日，留下妻子和 4 个儿子。

这里略为说明，我自己和英国社会主义运动的关系，在运动中所担任的事业，以及"立说的观察点"，使读者看到英国社会主义一章，或将更加明了。1883 年秋季，国内同志屡次开会，筹备组织一种社会主义机关，后来出现了费边社。当时开会的地点，就在摄政公园奥茨纳堡街 17 号我住的房屋里。1896 年我在费边社当了几个月的名誉秘书，同年夏季离开伦敦前往纽卡斯尔，住了 3 年，在一个协作工厂做细工木匠，很快加入细工木匠工会。我到那里时，"社会主义还是一桩新事业"，我实际参加了"传播社会主义和组织全国劳动联合会"两件事，"这种联合会就是工联总会的先驱，不过他所取的途径不恰当罢了"。1889 年回到伦敦，1890 年初担任费边社第一任"有偿秘书"，现在仍担任这个职务。我也时常被选为费边社行政委员会的委员。1893 年成立"独立劳动党"，我没有加入，却留心考察该党的一切进行计划。1899 年，为筹划工界代表委员会的组织大纲，设立一个筹备委员会，我担任会员，"工界代表委员会就是工党的原名"。当时我作为费边社的代表，出席工党的第一次行政会，自此以后，我便成为该党的党员了。老实说，我自信只有一次没有出席工党的行政会，《国民日报》（The Daily Citizen）刚出版几个月时，我还代表工党加入这个报馆的指导部。所以我的写作，从费边社和工党的观察点立论。"我对于这两种机关，具有一种充分的知识"。独立劳动党成立后，我和它很接近，近年来，费边社与它通力合作，我和它更亲密了。我不能说很知道"社会民主同盟会"，或是它的继承者"英国社会党"，也不能假装去表达它们的政策，和一个从来没有反对过这种政策的人一样，"毫无一点偏袒之心"；我若这样说，那就不公平了。我对费边社或许说得太多，占去本书不少篇幅，但我要辩护说："我在这种传播主义的运动中既是一个实行参加的人，一切情形知道的很多，那么，要我于叙述这桩事的时候，忽然又做一个门外汉，舍弃好些事实，那就是不可能的。我求大家原谅，所根据的理由，就在这一点"。我相信，将来一班历史家一定会承认，"继马克思之后而为社会主义思潮的首领者"，就是韦伯（Sidney Webb，原译"卫布"），现在他们的确已经知道几分了。"马克思早觉得工业一定是一种国家事业，但是他却没有预先知道这种国家事业将如何实现出来。预先知道这种国家事业如何实现，是英国派社会主义的功绩"。这种社会主义在英国流行已久，后来被伯恩施坦（原译"卞斯天"）输入德国，"自成一派，名为修正派（Revisionism）"；它又在美国创设一个社会主义党，"无论在什么地方总是得势的"；英国派社会主义，大半就是韦伯"一个人创造出来的"。①

译出辟司的原序，有利于澄清与《社会主义史》一书有关的多个问题。一是克卡朴原作与辟司增订本的差异，实际上也是 1912 年《泰西民法志》译本与 1920 年《社会主义史》译本所依据的原著的差异。总的说来，两个译本的上卷部分，也就是标明历史上社会主义的各主要方面或早期社会主义者的历史和近代社会主义运动开头几个阶段这一部分，基本上没有变动，此即辟司所说的他没有学识和能力去订正克卡朴原作的前 9 章。唯一的变动，大概是 1912 年译本所依据的原作上卷第 10 章有关无政府主义的内容，在 1920 年译本所依据的增订本里，被移入下卷。大量的变动出现在下卷部分，也就是克卡朴原作对社会主义运动进行概括式批评和解释部分。这部分的修订，除了蔡序和译者自序里所说的增补了 1892 年此书初版后到 1913 年的新内容之外，按照辟司的说法，出于几个重要理由。一则克卡朴著书时缺少有关解释社会主义的研究资料，后来因此类资料出于重要社会主义者之手，有价值且大量增加，因此对原作这部分内容，可以大加裁剪，同时不影响原著的史实叙述。二则无论从历史的眼光看，还是从一般英国读者的兴趣看，原作对英国社会主义的论述，似乎过于简略；其缘由，或是因为原作者没有亲身参加英国的社会主义运动，缺乏直接感受，或是因为他依据图书馆的完备书籍，认为馆藏书籍没有叙述的社会主义史实，都是不重要的；既然本人直接参与英国社会主义运动，又拥有后来增加的许多有价值资料，所以能够对这部分大加扩充。三则本人根据发行人的要求，担任原作新版的订正工作，如果只照原样重印，或相反地删去原作许多有价值的段落，似乎都不大妥当，于是对原作下卷部分，改变原有的结构布局（原译本下卷含"民法正解""民法与天演比例""近世民法进行""民法趋重之势""民法近状"和"结论"6编）：从原作中摘要形成第10章"俄罗斯革命"和第11章"无政府主义和工团主义"（此章从原作上卷移入）的早期历史事实，并重新编订；新加入第12章"各国社会主义的进步"、第13章"近世国际工人协会"和第14章"英国社会主义派"；合并原作下卷6编的各部分而形成第15章"社会主义通论"和第16章"结论"；结果下卷经增补和订正，共为7章。

二是辟司对克卡朴的介绍和他的自我介绍，着意于区别原作者与增订者的各自特点，以及他们在《社会主义史》一书中的不同品性和观察点。据介绍，克卡朴是纯粹的学者，学问渊博，过着不太关心普通社会的隐居生活，喜欢与志同道合者讨论各种重大问题，待人谦和友善，人缘关系很好，这种热情豪爽品性，大概也是介绍中所说的苏格兰风俗习惯的教养；他的治学经历，具有出众的才能和良好的教育背景，长期与出版机构打交道，似乎自行走上研究社会主义的学术道路；自43岁起，接连出版《社会主义研究》《社会主义史》《社会主义初步》三部社会主义专著，并多次再版，为此获得母校爱丁堡大学授予的名誉文学博士学位，在国内外享有为人所钦佩的学术地位和影响；有人说，他的《社会主义研究》一书尽管很有价值，但不为人所知，可能是指他的社会主义著作，对实际的或英国本土的社会主义运动，没有多少直接影响。与克氏相比，辟司正好相反，做过工人，实际参加英国的社会主义运动，一直与工人及其组织交往，传播社会主义和组织全国劳动联合会；特别是见证了"社会主义机关"费边社的筹建过程，自家曾是该社的开会地点，自己曾担当该社最初的名誉秘书和第一任付薪秘书，代表该社参加工党的筹备和组织活动；因此，对《社会主义史》一书的增订，站在费边社和工党的角度来观察和立论，对二者都有充分的知识，而且与独立工党很亲近，只是对社会民主联盟及其后继者英国社会主义党不很熟悉，对其政策采取既不反对亦无偏袒的公平态度，这也是增订时有关费边社的论述占用很多篇幅的原因。通过以上对比，可以看到围绕《社会主义史》一书，克卡朴的稳健立场更多出于学术研究的结果，其原作倾向恰与费边社会主义的立场相吻合；辟司作为以费边社为代表的英国社会主义运动的初创成员和亲历者，其增订内容则带有丰富的实际知识和浓厚的党派情感，是名副其实的费边社会主义者，增订时也直言为自己辩护，不可能作一个门外汉，舍弃所了解的有关费边社及其他党派的事实不说。这恐怕也是原作与增订本二者，在写作理念上的明显差别。

三是辟司原序的画龙点睛之笔，自信将来的历史学家一定会承认，费边社主要领导人之一西德尼·韦伯①，继马克思之后，成为社会主义思潮的新首领。这个判断，有几层意思。一则不否认马克思曾是世界社会主义思潮的领头人，但自英国费边社诞生后，便失去其领导地位而为后者所取代。二则马克思之所以被取代，主要基于认识工业的国家事业属性，马克思早就觉察到这种属性，却未能预先说明如何实现，而这种说明正是英国派社会主义也就是费边社的功绩。这里的意思，其实是说，马克思认识到工业革命后生产的社会化趋势，但只是主张推翻束缚这一趋势的私人资本占有制度，未能了解在现行制度下同样可以实现与这一趋势相吻合的国家事业即国有国营方式；费边社的功绩，在于预先认识到这一点。三则以费边社为代表的英国社会主义，流行已久，后来由伯恩施坦传到德国，自行创立修正派，又传入美国而创立社会主义党，无论到哪里都很得势，说明它的广泛适用性；既然韦伯一人创造了英国派社会主义的大半内容，则他作为世界社会主义思潮的新兴首领地位，也就顺理成章。总之，费边社的成员为费边社的领袖大肆鼓吹，不仅成为《社会主义史》增订本的突出特色，也体现了这个译本的主要取向。

附带说明，辟司的原序还提到克卡朴配合《社会主义史》而出版的《社会主义初步》一书。后者也有中译本，署名 Thomas Kirkup 著，孙百刚译《社会主义初步》，中华书局 1923 年 11 月初版，1928 年 9 月第 5 版，列入新文化丛书。此译本15 章，分别是"绪论""古代经济之改革""现制度之勃兴""社会主义之起原""初期社会主义""一八四八年之社会主义""德国之社会主义""卡尔马克思""国际劳动者协会""一九一四年以前各国社会主义之发达""战前英国之社会主义""无政府主义、工团主义、基尔特社会主义及玻尔塞维克""新国际劳动者协

---

① 西德尼·韦伯（Sidney Webb, 1859—1947），生于伦敦中下阶层家庭，早年就学瑞士和德国，16 岁离开正规学校，白天工作，晚上学习，后考入伦敦大学伯贝克学院法学院；考取文官，1884 年取得律师资格，任职政府军事、税收和殖民事务部门 10 余年；1885 年经肖伯纳介绍加入费边社；1892 年与阿特丽丝·波特（1858—1943）结婚后，辞去政府文官职务，著书立说，投身工会运动和社会改革；1914 年以后，加强在工党的活动，使费边社会主义成为工党的思想和理论基础；1924 年和 1929—1931 年在两届工党内阁，先后出任贸易大臣和殖民事务部大臣，1929 年受封帕斯菲尔德男爵，进入上院；1932 年韦伯夫妇访问苏联。

会"战时社会主义""劳动及社会组织";译本还标明此书写于1919年8月①。这个目录同《社会主义史》差不多,其内容似为《社会主义史》的简编本,只有107页,其中马克思一章也作了很大压缩。《社会主义初步》译本的著者标注克卡朴的英文名,应是改写本,写于克卡朴死后,补充一些战后的内容。不论如何,这也可以看出克卡朴的社会主义著作在当时中国的影响力。

**(二)译本简介**

全书正文,上卷266页,下卷277页,连同附录58页,共计600页。上卷9章,如前所述,大体没有改动,这几章内容,考察1912年的旧译本《泰西民法志》,已有所了解,兹不赘述。惟比较1920年的新译本《社会主义史》,译文差异极大,如以马克思一章为例,试举其中几个段落。

旧译本:"民法志中之俊爽豪迈、声施烂然者,莫马格司若也。有志同道合之恩吉尔,共倡定律与革命二义,势力最伟,学说亦锋厉无前,凡国人之以文明称者,莫不奉为矩矱"(第78页②)。新译本:"马克思是社会主义史中一个最著名的和最占势力的人物。他及他同心的朋友昂格思都被大家承认为'科学的和革命的'社会主义派的首领,这一派在文明各国中都有代表,而大家对于这一派都认为社会主义中一种最危险的和最可怕的新派"(第145页③)。

旧译本:"推衍马格司派者,当知其要在赢率之原理。夫赢率为劳佣所生,今劳佣所得者,仅足赡家,此外则尽遭雇主之渔夺。……价格随劳力而定,为马倾心之要义,故尽力标而出之。其有功于劳佣,至大而远。……盖赢率之原则,至马始发挥光大,非他人所胜任也。即此原则,以推求资本之沿革与感力,夫何扃钥之不可启。而资本之在今日,所以能左右一世之财政者,亦可即因穷果,无或遁形矣。……噫!如马者,十九期破天荒之思想家也。其研究近世欧州财政,直以毕生之精力,推陈出新,故独于诸儒学说之外,放一异彩焉"(第91—92页)。新译本:"马克思派和与他这一派完全相近的社会主义之根本上的原则是'赢余价值'论——这种学说就是说资本家支付工人足以维持他自己和他的家庭生活的工钱以后,便将他的工作所赢余的生产物据为己有了。……劳力是价值的泉源这条原则有

---

① Thomas Kirkup 著,孙百刚译《社会主义初步》,中华书局1928年版,第99页。
② 此页码见英国甘格士著,胡贻谷译、蔡尔康删订《泰西民法志》,上海广学会1912年版"篇七 马格司",下同。
③ 此页码见李季译《社会主义史》,新青年社1920年版上卷"第七章 马克思",下同。

逻辑上的种种结论，都为马克思所承认，他并且应用他那种辩论的高才，和历史上的学识，将这条原则作成社会主义中一种最完全的学说，这是世间所未曾见过的。……赢余价值的学说在马克思的手中便应用最广，发达最快；这种学说是解释他的资本之历史和影响的锁钥，也是解释现在经济时代的锁钥，因为在这种时代中资本是极占势力的。……马克思是一个独立的思想家，他极富于思考力，遇事能独出心裁，他一生专心研究近世欧洲经济发达的，他的惯性不是剽窃别人的东西，但是将他自己所搜集的结果，明白断定出来，使这种结果得印入别人的脑筋中"（第153—155 页）。

旧译本："马之大有造于民者，在推论资本而即发明民法也。盖资本之演进，本于史学自然之理，究其要归，必底于民法之倾向，故其所措意者，在发明近世生计之公例。诚以生计大势，随资本而转移，即生计之盈朒，以验资本权之隆替，此其故不难灼知，且可预料其结束，必不离乎民法。故马格司派所言，皆理之至常，绝不矜炫异，而于现行法制，不甚疾视，惟明认之为民法必历之阶级，而促进之，一任资本家之势力自由发展，而终必为至善之法更代焉尔"（第 92 页）。新译本："马克思的杰作可以说是资本的一种注释和批评。但是他这种著作也间接是社会主义的一种注释，因为资本之历史上的发展，是为天然的公例所宰制的，而社会主义就是这种公例中必然的倾向。马克思最大的目的是将近世经济运动的公例宣布出来。近世经济的运动是为资本所宰制的。所以将资本的自然史和他的起源、结实及衰落表明出来当作一种发展的程序，你就预先知道他正在要变的那种东西的性质——社会主义。所以以后马克思派的大职务不是宣传新经济和新社会的福音，不是仿照初期的社会主义家的模样，预备社会改造的种种现成的方法，也不是用各种和缓的方法，将现行制度所产生的痛苦去减轻，他们的大职务是将社会发展所必经的过程表明出来，并且促起他前进，使资本的势力自然衰落，而让那种一定会来的更优美的制度，做他的替身"（第 155—156 页）。

旧译本："新民之概象，马尝言之曰：'吾侪所主持者，集大群，用公产，同心协力，共建民会。所产之利，民会共有之，而储其一分，以备扩张营业之需，是为公积产。又储一分，为团体养命之源，须随时分散之，随营业而异。要之各人之所得者，以服劳时刻为定衡，服劳时刻，既为劳役多寡之事，亦为分利之鹄。'马之精理，略具于此。恩吉尔引伸其义，更推及于国家。……此种观念，与扫荡政府党，所差豪芒，殆未易辨"（第 99—100 页）。新译本："马克思在他所刊布的杰作中，对于指导我们的方法说得很少。他所明白标明出来的意见，就包含下面一段议论里面①：'我们当组织一种自由的人民联合会，用公共的生产工具去作工，并且将许多私人的劳动势力合成一种社会的劳动势力。这种联合会中全体的生产物就是一种社会的生产物。这种生产物中有一部分将再用为生产的资料，这一部分生产物当留为社会的财产。但是生产物中其他一部分当用为维持生活的资料，为联合会各会员所享用，所以这种生产物便当分配于会员。至于分配的情形，当按照生产组织的特别性质，和生产者历史上发达相符的等级，随时改变。'于是马克思继续又说，每个生产者在生活品中所得的分子，将按照他的工作时间而决定多少。工作时间就是各生产者在公共劳动中所出的劳力分量之标准，也就是他在公共消费的生产物中所应得的生产物分量之标准。此外昂格思对于国家也有一种重要的意见表示，昂氏是可以完全代表马克思的。……在实际上，这两种意见所指出的社会情形，和无政府派所筹画的方略，根本上并没有什么差异。他们两派都希望有一种新时代出现，使人类得生活于自由的联合会之中，而管理社会事业，无须使用强迫手段"（第166—169页）。

　　旧译本："要之，马说特立一宗，阐理綦详，乃本物理而具蜕故入新之优胜也。故民法也者，基于国史进化之理，以除苛解娆，进探财富之源，以给求养欲，二者齐驱并驾，为鼎新民会张本。……此说诚足动听，然与马自创之历史哲理，显相刺谬。夫劳力为赢率之原，当世理财学家已屡言之，惟未闻彼辈按语曰，赢率者，劳力家当捆载以去也。而马则纵心革命之极端，辞锋非不英锐，无如与史册事实不相合何。故马提出此理，为其学派之中坚，亦即自示其弱点。其赢率之创解，即反攻富豪列传，使之无所存也。或曰，马殆袭取博学家之陈说耳，吾为马聊以此解嘲"（第100、102—103页）。新译本："马克思派的全体论旨是一种进化的和革命的社会主义，而以唯物的人类历史观和唯物的世界观为基础的。社会主义是一种社会的革命，是由历史进化的公例而决定的——这种革命改变社会中经济的基础，也将改变社会中全体组织。……马克思力争赢余价值是由无偿劳力得来的，他这种议论和他自己科学的历史家及哲学家之身分是自相矛盾的。当马克思少年时代劳力是价值的泉源这一说，很为一般经济学家所承认，并且有许多旧派中人以为此说是很公正的，便将他采入他们所持的乐观主义中。然一般经济学家却没有采纳这种原则中明

---

① 　这段议论的今译文，见《资本论》第一卷，人民出版社2004年版，第96页。

z

w

第二章　非专题著作中的马克思经济学说

白的结论，就是：劳力既是财富的泉源，劳动家便应当享有财富的全部。一般社会主义家便不是这样，他们即刻就将此说对于现行的经济制度之关系，看出来了。……这种原则是很简单的，并且似乎能有成效，所以便非常动人心目。这种原则为旧经济学所认可，为社会主义家所应用，为马克思所采纳。这种原则如果是讲演于李嘉图派的经济学家之前，是一种不可辩难的反证论，但是在历史的事实之前，便没有立脚之地了。然这种原则却是马克思学说中的柱石，这真是他的学说的大弱点。他的赢余价值论是他的资本主义制度史中一种最动人的要素。他自己最可原谅的地方，就是他这说是从旧派的经济学中抄来的"（第 170—171、175—176 页）。

旧译本："恩吉尔追叙马功，以二义分疏之，一曰发明史策中之物理论，一曰发明资本家之利用赢率。第一义，似古籍中陈腐语，为新学家所唾弃。……至其解释赢率，则当年少之日，仰承师密亚丹之绪余，然未加深察，即以毕生之力，从事于此，欲藉此以鼎新民俗，非不足以收拾人心也。无如见理未真，适足以阶之厉，况又有不可解者。马固确守物理论者也，而临事则反忘之，故其所立程式，与事理背谬者，不胜枚举。其不若师密亚丹之切理厌心也，明者必能辨之。马之学力，固足与师相颉颃，而虑事之审，析理之细，较诸师则瞠乎其后。师以哲理为经，以实事为纬，马则直情径行，违乎情，拂乎俗，而岸然不顾，遂致熔铸古今之大手笔，自损其声望，不大负造物之笃生乎"（第 103、104 页）。新译本："昂格思将他的朋友马克思的成绩总括拢来，分为两大发现——（一）唯物的历史观，（二）暴露资本主义利用赢余价值的生产之秘密。唯物论是世界上一种很老的学说，现在一般有能力的思想家都抛弃这种学说，我们在这里也无容讨论。……马克思遇事专断，而持论又太偏于抽象的一方面，在他的研究和描写事物的方法中这种弊病极多，这是他的学说中一种重要的缺点；这种缺点在马克思所称为他的第二种大发现中尤特别显著——他的赢余价值论。……（亚当·斯密）不是和马克思一样去从事革命，他是表同情于一种时机已到的主张，而马克思所代表的主张不独时机未到，并且他这种主张还没有达于十分明了的程度。讲到学问和哲学上的力量，马克思比亚丹斯密要更高不平等，但是论及合于历史上的道理之处，论及事实和实体，亚丹斯密比马克思便强得多了。在亚丹斯密的杰作中，我们看见哲学是为事实、历史上的知识和真知灼见所支配的。马克思在他的著作许多最重要的章节中，一味专凭自己的意思，矫揉造作，他硬将他心中所抱的种种公式应用于历史的事实上。……这种哲学的影响已经使马克思的著作受了极大的害处，如果不是这样，他的著作或者已经成为一部极好的历史著作了"（第177—179、181—182页）。

旧译本："以马之天才卓荦，当不难立伟业，成令名，起龙蛇于大陆，垂金石于千年。乃自画进修，限于宰物之狭义，拘于赢余之谬解，于是绝大著作，呕心镂肝，以留贻后人者，一展卷，而皆愤世嫉俗之言，一回想，而皆过当失中之语，遂使惊才绝学、旷世而一见之人，徒以稍留缺陷，为世诟病，可痛也夫。虽然，一人之精力有限，宇宙之事迹无穷，又奚独于马而苛求焉。且马亦有特别之功，盖在警觉劳力者，使其自知责任与位置，又在发明科学新理，使全世界之劳佣，努力孟晋，以臻灿烂光明之一境也"（第105页）。新译本："我们对待历史的方法，务必承认历史上的事实和人物，一如他们本来面目，事实是实在的，而历史上的人物不是理想中的人物。马克思当和别人一样，只能行动于人类所能及的范围之内。他一生的大事业，一则是唤醒世界的无产阶级，使他们懂得他们的地位、职务和命运，二则是发现科学上种种事实，使人类发展中的新时代，得由各地工界创造出来，并且促其前进。这是一种很复杂的事业，在这种事业之中，科学和实行应当并重，而纯粹科学上的历史研究，因与一种狂热的和革命的实行合在一处自然是受累不浅"（第182页）。

旧译本："马危言激论，实含扰乱种子。然以盖世雄才，生于其国，处于其时，有不能不为鲸钟之怒吼者，则其为此也，诚有激而然也。况其养成浩气，不慑于利害，不屈于威武，不以时局绝望而生怯心，不以舆论拂逆而萌退志，守死不变，惟愿造福于群伦，以求魂梦之安，洵足为末俗之针砭，后生之师表。向使其避难就逸，縻情利禄，则纡袠拖紫，如拾芥耳。而乃视富贵如浮云，等王侯于蝼蚁，不以世之显耀为己荣，而以贫民之释放为己任。呜呼，可以风矣，彼曳裾抵掌，趋势利之，途为苍生之害者。视马四十年之辛苦垫隘，坚毅勇任，能无愧乎"（第105—106页）。新译本："马克思自以为他所拥护的主义是天下的真理，是人类中最大的事业。他求贯彻他的主张，便冒了种种危难，毫不怯顾，他一生光阴，都消磨于此，我们看见他这种事实，如果不以最诚恳之词，对他表示极端的敬意，那就未免可鄙可耻。当他努力进行他的大事业之时，他那种诚实、勇气、自制和热心，经过许多年的艰苦，受过许多人的指摘，仍然是始终如一，即此一端，便足以表示他具有英雄的品性。他秉质极高，他的思想和动作都胜过常人，如果他要肯走入世间自私自利的康庄大道，他在普鲁士国中，或者已经居极重要的地位了。平常一般人都相率趋于专制主义和非开化主义，以便自图私利，马克思非常轻视这种主义，他做无产阶级之科学上的拥护者，努力奋斗，艰苦备尝，至四十年之外，而在这四十年之中，他多半是流亡在外国。世上人大概都是喜欢生活于安乐荣耀的境遇之中，至于像马克思一样，经过四十年的苦难，不屈不挠，勇往直前，世上具有这种英雄气慨的人，恐怕就不能多见"（第183—184页）。

旧译本："就资禀学力文才论之，在十九期中之理财学家，孰能与马分庭抗礼乎？然马名之见重于世，不在其解释赢率一端，而在揭示工场财产之进运，与其推阐民会之转机。其以财为主也，说之当否，验之将来，今勿深论，然其论理财学之重要，使凡治群学者，萃智毕力于此一途，则收效于他日，未可量也"（第106页）。新译本："论到学问、哲学上的锐敏和文学上的力量，马克思在十九世纪经济学的思想家中不居第二。他似乎是一切经济的学问之主人公，他并且精于逻辑学，他极善应用他的逻辑于经济的学问上。但是他的特别长处，还在他对于近世工业的技术发达和经济发达所具的知识，及他对于社会发展中各种趋势所具的真知灼见，这种趋势是由技术的要素和经济的要素而决定的。他关于这一方面的种种学说无论是对的或是不对的，然从他这种学说所发生出来的许多问题，在将来许久的时期中，一般经济学的思想家不能不加以极大的注意。马克思所以成为一个科学的经济学家，不是因为他的赢余价值论，但是全在这一点上"（第184页）。

旧译本："综观马说，盖为研究近世生计之性质，而据古史以释明资本之制度也。盖尝盱衡数千年之事变，莫不有递进之迹象，凡进一级，各有其特别适宜之处，财政沿革，亦作如是观。故吾侪今日视为窳制者，安知曩者不奉为良法乎？法以时而变，进化之公例则然。在创制立法者，只取适用于一时，不能保历久而无弊也，历时愈久，则古法愈不可行。即观财政家或政治家手订之法，盛行一时者，年湮代远，将有苦其桎梏，而扫除更张之者矣。非薄古而爱今，实古制必不宜乎今，固史学家所同认也。马因进论自由争竞之制，以土地、资本、人物三者，分体组织，其制流弊孔多，前此主倡此制之民会，今转为其所羁轭，同声怨咨。方今大势所趋，殆倾向理想更高、范围更广之财政，是即民法之所由生也。留心世道者，当知此义为运会所趋之中枢，而马之位置，可于此途之呈效定之"（第106—107页）。新译本："上面批评马克思那些话固然是正当的，但是还有一层，他的伟大的功绩是因他在近世经济运动中是一个科学的研究家，和资本主义时代中一个哲学的历史家。现在一般有名的研究家都承认历史——经济的历史在内——是许多有次序的现象之连续体，凡在连续线内的各种情形都有种种特别的事实和倾向标明出来，凡我们现在所鄙弃的种种法律和原则，以前都是历史上必要的、正当的和真实的。依照这种历史发展中根本上的原则，所有种种组织和法制以前是很重要的，以前在人类进步中，构成一种时期，现在或逐渐发生矛盾和流弊出来，变成老朽不中用了。凡经济上社会的和政治的组织，在一种时代中，是人生生活上有进步的和适宜的法制，到了后来这种组织便变成人生生活上的障碍物和桎梏了。马克思派说这就的确是现今经济制度的情形。现行的种种组织，使地主、资本家和工人立于自由竞争之下，发生许多矛盾和流弊出来了。以前这种组织，增进了社会的生命，现在还是这样组织，便使他窒息几至于死去了。他们以为我们现时最重要和最有力量的倾向是趋于一种程度更高的范围更广之社会的及经济的组织——就是趋于社会主义。我们相信他们这一说就是社会问题中心点。马克思在历史上的地位就全靠他对于解决这一点有多少实在的贡献"（第184—186页）。

对照比较以上段落的译文，可以发现，两个译本对于同一原作、同样马克思一章（或篇）的翻译之悬殊，甚至让人觉得出自不同的原著。旧译本不仅因文言翻译，无法像新译本的白话翻译那样通俗易懂和约定俗成，而且省略或遗漏许多内容，以致其篇幅只及新译本的一半稍强，此外还有误译与附会之处。惟其如此，原作有关马克思及其学说的评介，在旧译本里不可能得到完整和准确的表达，有时简直不知所云，这大概也是旧译本在当时几乎默默无闻的原因。克卡朴的原作评介，比较典型地体现了英国费边社会主义者对马克思及其学说的认识。诸如肯定马克思为建立科学社会主义所做的理论贡献，赞扬他执著于公众利益而舍身忘己和始终如一的奋斗精神，称道他的超人禀赋、杰出才能与独立创造性；同时指责马克思的唯物史观和剩余价值论已经过时，或偏于专断，批评他的纯粹科学研究受到革命狂热的牵累，成为社会主义中最危险和最可怕的派别；强调马克思除了设想自由人联合体之外，缺少指导管理社会事业的方法，只是提出类似于无政府主义的国家消亡理论；等等。这些评介，在《泰西民法志》译本出版之际，恐怕还难以为国人所理解，加之译文表达上的障碍，所以并不流行。至于那个时期国内其他著述谈论马克思及其学说，虽然可以看到相似的意见，却缺乏此译本的系统性和典型性。相隔8年后，等到《社会主义史》译本出版，译文内容与形式，经过新文化运动和五四运动的洗礼，发生翻天覆地的变化，于是其中有关社会主义的历史叙述和评价意见，迅速在我国流传开来，成为影响当时及后来不少人了解、取材、选择或批评马克思学说的代表作。《社会主义史》译本不仅在马克思一章，更新了《泰西民法史》译本的面貌，使之为国人所熟悉，而且对原作未经改动而与马克思学说关系密切的上卷各章，如拉萨尔、洛贝尔图斯、国际工人协会、德国社会民主党等，同样更新了旧译本的面貌，成为时人及后人谈论马克思学说时所引用的重要依据。新旧译本的这种影响变化之大，亦可谓马克思主义经济学在中国传播历史中的一个生动例证。

以上对比分析，主要显示原作者克卡朴对马克思学说的认识。下面重点考察增订者辟司在下卷各章如何谈论马克思学说，当然其中有些内容，可能是整理和概括克卡朴原作的结果。

"俄罗斯革命"一章："俄罗斯社会主义的运动应当特别讨论，因为这种运动和俄国特别的国情关系非常复杂"。俄国思想界"习闻马克思和蒲鲁东的学说，并且深知德法两国社会民主党的组织"（第 1 页①）。俄国革命运动的历史可以分为三个时期，第一期虚无主义，早年受圣西门、傅立叶和欧文的影响，后来又受拉萨尔和马克思的影响（第 8—10 页）；第二期"社会主义的学说传播时期"，西欧发生的事情，如国际工人协会的兴起和进步，巴黎公社（原译"巴黎地方自治团"）的猛烈争斗，德国社会民主党的出现，"都足以激励俄国一班拥护自由的青年之思潮"，巴枯宁无政府的社会主义，"在俄国这种新运动中是一种强有力的势力"（第 11 页）；第三期从事暗杀活动（第 16 页）。1896 年圣彼得堡举行的大同盟罢工，"可以视为由近世工业的情形而自然发生的革命新运动中一种发轫点"；此后俄国产生社会民主党，"对于马克思的学说非常注重"（第 22—23 页）。

这里介绍俄国社会主义运动具有不同于西欧国家的复杂国情，包括很早便受马克思学说传播的影响，1896 年（实为 1898 年）以后成立的俄国社会民主工党，非常注重马克思学说亦即信奉马克思主义。这一介绍仅止于 1913 年，既未涉及1917 年苏俄革命，亦未接触列宁和布尔什维克的思想与事迹。

"无政府主义和工团主义"一章：无政府主义起源于蒲鲁东，但这种学说的充分发达大概由于俄罗斯的一班思想家，其有力宣传者就是巴枯宁（第 34 页）。巴枯宁及其创立的组织曾附入国际工人协会，后在海牙会议上"为马克思派投票所败，遂被逐出会"（第 35—36 页）。"世间没有一种东西所含的破坏性，比巴枯宁的无政府主义所含的破坏性还更加清晰、显明和伟大。他的无政府主义是一种基于唯物论之革命的'社会主义'，他这种主义的目的是在应用各种有效的方法去破坏那种外界的权力"（第37—38页）。20世纪前10年，在英国和各地，无政府主义运动的衰歇简直无声无息了；实际上又发生一种新运动即工团主义，它所吸引的人民和相信无政府主义的人"具有同一性质"，合拢许多旧观念和几种新观念，"在欧洲全土很引起大多数人的注意"（第51—52页）。"工团主义可以说是工联主义和无政府主义的混合体"（第62页）。工团主义在各种运动中有一点与众不同，是"纯粹工界的产物"。近世社会主义是马克思和拉萨尔"用他们的心思才力所创造出来的"，社会主义最近的变更，始于韦伯和费边社诸同事。无政府主义首先由一班煽动者和博学的哲学家阐明出来，反之，工团主义不是一个人的力量造成的，由许多不著名的人的种种意见相合而成，"是出乎自然的"（第68—69页）。"马克思所说的大乱的革命在当时是很适用的：'革命的工团主义者以为总同盟罢工就代表将来世界的出现'"（第70页）。"工团主义的精神是社会主义初次成功中一种不可免的结果。这种精神将于前进的时候，在每步之中再行显露出来的"。工团主义的理想"含有一种有价值的批评之元素"：社会主义的旧观念是工人具有生产工具的所有权和管理权，消费者组成一种民主主义的国家，使近世工业社会直接趋于中央集权的制度，"这样的观念是为大多数人所不喜欢的"；应时而起的工团主义告诉我们，一国的全部工业组织不能取法那种集权式组织，可以相信人类的实际经验一定会指出种种方法，"使劳动界必要的组织及训练，和工人所应当要求的独立及自治，互相融洽，两无妨碍"（第79—81页）。

这里从对立于马克思主义的无政府主义中，引出工团主义，把工团主义说成工联主义和无政府主义的混和体，说成社会主义初次成功精神的体现，其特性接近于增订者所推崇的费边社会主义。由此也可以明白，何以克卡朴的原作只有"扫除政府"即无政府主义一篇，而辟司的增订本增补工团主义的内容与无政府主义并为一章，原来在工团主义的实例里，已经隐含了费边社会主义者舍弃马克思主义而转向避免决战以等待时机的渐进式改良的思想来源与发展路径。

"各国社会主义的进步"一章：近世社会主义运动实际上创始于马克思和拉萨尔两人，"现在这种运动已经传遍世界各国了"。"无论在什么地方，我们看见社会主义传播的历史是相同的"；如果说在马克思死后（1883年）的一个世纪内，还有哪种文明国家没有被社会主义征服，"这桩事恐怕难得使人相信"。"无论在什么地方，社会主义者是和已经存在的制度及这种制度所具的威权，竭力战争，而每次战争的结果，总是有胜有败的"（第85—88页）。

德国社会民主党仍然忠诚于它的开创者不变，拉萨尔、马克思和恩格斯的半身像耸立在该党开年会的花草中或讲台上；马克思等人的大名因世界各国产生社会民主党而愈加显扬，各文明国都有人诵读他们那些渊博精当或平易通俗的著作，加以缜密的思考；多数国家的许多大机构直言无隐，承认依照马克思等人的学说来组织，"凡现在支配国家命运的人，或是不久就将支配国家命运的人，思想上都直接或间接受了他们的影响"；拉萨尔和马克思"已经成为历史上第一等人物了"。德国社会民主党的主义和策略本来以马克思的见解为根据，现在务必继续讨论和修改，"取法马克思，向来过于拘执"，"对于马克思激烈的革命方面时常是过于重视的"；我们知道马克思主义所含有的激烈的革命色彩，"是一个时代和种种环境的产物"，现在这种时代和环境在德国和其他地方不复存在了。另一方面，马克思在《共产党宣言》中，承认工人可以用和平方法达到他们的目的。"在一种和平时代，他的党徒应当注重他这种和平的方法，方才合乎道理"（第91—93页）。世人要想更加发达马克思学说，"很紧要的"应当批评他。1899年伯恩施坦在《社会主义的前提和社会民主党的任务》（原译"社会主义的提议和社会民主主义的命题"）中，对马克思的重要学说评论一番，如唯物的历史观、辩论法、赢余价值论和革命的社会发达观，最后都盼望一种极大的变乱，作为资本主义时代的结局；穷困的、退化的无产阶级和一小群大资本家之间，仇怨日深，于是无产阶级同资本家进行阶级战争，战争的结果，社会的变乱就在眼前。对此，伯恩施坦以为一班统计学家不赞成，"主张使国家渐次变为民主主义的国家，扩充地方的社会主义，推广协作运动，像这样的和平进化是他极相信的"。伯恩施坦和马克思一样，受英国环境的影响，马克思习闻工业的发达，伯恩施坦精通国家政治的发达。伯氏新派在德国被称为修正派，其实就是英国社会主义派，"就是费边会和独立劳动党的思想家及领袖所倡导的"。事实上修正派的逻辑占优势，压倒"极端的'激烈派'"的逻辑，如英国的工联主义在德国已经发展成为一种势力，其权力和价值久已为社会民主党所承认；这一类的组织虽然和马克思的经济发展预见不相符合，却极端为一般社会民主党人所欢迎（第94—96页）。德国社会民主党人的成功秘诀，"能够将理想和实行熔化于一炉"。他们中间虽有许多人仍然相信"马克思的荒唐之言"，"以为资本主义到了最后，忽然崩溃，社会主义便蓬蓬勃勃起来了"，但从来没有以此为借口，放弃对现在一切问题的热心研究；他们中间许多人和伯恩施坦一样，以为

"社会主义运动是很要紧的，而这种运动最终的目的是无关轻重的"（今译"运动就是一切，最终的目的是微不足道的"）。"德国现在似乎是已经走入各国所同走的路线内，并且已经明白承认社会主义的方法不是一种革命，不过是一种进化罢了"（第106—107、110页）。

本章论述以德国社会民主党为代表，关键是指出马克思的激烈的革命学说，在逻辑上和实践上已被修正派的和平的进化学说替代。接着论述欧洲大陆其他各国的社会主义运动，其所谓"进步"，大多也是从最初受马克思激进学说的影响，后来转向修正派或工联主义或议会政治斗争等渐进式和平合法活动。此外延伸到美国与亚洲、中东、南美各国的社会主义运动，或者由欧洲输入，或者处于较为专制的环境。其中说道：孙中山是"中国革命的鼓动者"，1912年"预先宣言，中国政府应当成为一种社会主义的政府"，但中国现在情况纷乱，社会主义被政府当局严禁，各省社会主义的社团都被解散；同年在南京组织中国社会党，在上海发行社会主义的报纸；"中国当实行一种建设的社会主义之先，还有许多初步的政治上的事业是不可不举办的"（第147页）。意思是说，像中国这样比较落后的国家，在实行社会主义之前，先要解决基本的政治民主问题。同时说明社会主义的传播之广泛，只有少数几个国家，"一直到现在仍然是丝毫没有受这种波及世界和无孔不入的社会主义运动的影响"（第148—149页）。可见，增订者一面鼓吹社会主义运动已成为波及全世界而无孔不入的发展趋势，一面又试图将这种趋势纳入有先后次序及和平进化的发展轨道。

"近世国际工人协会"一章：1889年成立的国际工人协会，最初开会时"秩序非常纷乱"，后来采用各种办法改良，"从此将成为无产阶级的议院了"（第149页）。新国际工人协会"是一种正在增长的势力"，"现在不复是一个革命的凶徒党"，如此一年年发展下去，或能实现"以前许多诗家和哲学家所梦想的世界联盟"，"这种世界联盟如果能够继续维持下去，那么，世界文明便将发达到极处，这种事实也并不是不可能的"（第161—162页）。

所谓新国际工人协会，正是相对于旧的第一国际而言的第二国际。增订本关于第二国际不再是一个凶恶的革命党的说法，反映了资本主义处于相对稳定发展时期，欧美工人运动在建立民族国家范围内扩展，独立无产阶级政党的活动以合法斗争为主的历史特点，这也是针对马克思主持第一国际时期的社会革命学说，反其道而行之。增订者尚未看到欧战爆发后，各国大多数社会党违背共同的非战决议，相继帮助本国政府进行对外战争的机会主义发展趋势，乐观估计第二国际的合法与和平发展方式，具有实现世界联盟梦想的未来前景，将使世界文明发展到极致，殊不知很快到来的战争迅速打破了这个梦想，以致第二国际名存实亡。

"英国派社会主义"一章：马克思和恩格斯住在伦敦，借着自己的著作去扩展势力，他们的著作是德文的；1864 年在伦敦建立的国际工人协会，"是向政治方面谋革命的，并不是向社会和经济方面谋革命的"。"一般围着马克思的人多半是外国人，而英国工人并不知道马克思的经济学说是很重要的"。自新闻记者向大众宣布巴黎公社所遭遇的惨祸之后，"所有以前社会主义煽动家所遗留于英国人民脑子中的印象都无形消灭了"。"在伦敦围着马克思的那个小团体是欧洲大陆的先锋队，他们和英国国民生活及思想没有什么关系"。英国社会主义运动在 1880 年以后复活，一是英国读者对它"有特别趣味和关系"，二是"已经脱去了马克思的羁绊"。许多国家的社会主义者"因为马氏是一个伟大人物，事事以他为标准，因此他们的思想便是从一个模型里面铸造出来的"。"英国人努力脱去近世社会主义开创者字义上的专制这一桩事，是和社会主义运动同时并起的，并且即刻就有效验，不到几年，这桩事便完全成功了"。德国近来才发生同样的事实，"修正派运动"将来会得到一种好结果，但现在他们和敌对党的斗争还没有决定胜负。"在各处地方，社会主义观念的自由发达，仍然是为大家盲目服从社会主义的'圣经'所阻碍了"。英国社会主义运动的起源很复杂，"一般社会主义者没有受马克思主义的缚束"。在英国，马克思式社会主义是引进的，费边社的成立，"从来没有为马克思式信条所眩惑"。它成立不久，便开始为其会员辩驳，不能承认马克思主义；"这样的辩驳遂将马克思的威权打破了，于是便有许多社会主义者敢和马克思挑战，敢对马氏指导社会主义思潮的权力大唱异议"。几年后独立劳动党成立，它主张的社会主义，"并不是以何种正宗派做他的理想之标准"，现在英国所流行的社会主义，"多半是属于同一性质的"。马克思 1883 年去世时，英国"社会主义新运动虽正在进行还没有弄好"，6 个月后，费边社成立了，"于是英国社会主义运动才具一种雏形"。"英国这种社会主义运动是由各种智识上的势力结合而成的，马克思的势力不过是这些势力中之一种罢了"（第 163—167 页）。马克思《资本论》原来只通行于法德两国，费边社成立初期，其会员开始有系统地研究《资本论》，不同意"马氏的价值定律"，而马克思的英国党徒却以为这种定律是社会主义唯一的基础，认为马克思的革命方法必不可少，但费边社会员不赞成这种方法。1880 年以后几年，一班社会主义者以为革命就是在街市中安置作战防御物，着手实行社会主义就要使用暴力，演出流血事件。现在社会主义这个名词加上许多别的意义，"当时马克思的英国党徒遇见人家表示着手实行社会主义可以应用别种方法，不必使用武器，他们便讥笑说这种话的人，其实他们这样的见解是和马氏的意见相反的"（第173页）。

果然，如增订者的原序所说，书中论述英国派社会主义（含澳洲），占有很大篇幅，超过论述德国社会民主党的篇幅达1倍以上。舍去历史细节不论，其基本思想是要表明，英国社会主义运动的发展，在于摆脱马克思的羁绊或马克思主义的束缚；这归功于费边社成立后，不再以马克思为正宗标准或为马克思的信条所眩惑，不再接受近世社会主义开创者的思想专制，不再盲目服从社会主义的"圣经"，进而打破马克思的权威，敢于向马克思挑战，并同马克思所指导的社会主义思潮大唱反调，包括不同意以马克思的价值学说作为社会主义的理论基础，不赞成马克思以暴力革命作为实行社会主义的手段（或认为暴力革命本来就不是马克思的意见，而是其信徒墨守成规的结果）。在增订者看来，这种冲决单一思想支配之阻碍的复杂化取向，不仅是英国社会主义运动取得成功的主要因素，而且如同德国对马克思主义的"修正派运动"将来也会获得好结果一样，预示着世界各地的社会主义运动只有走上这条道路，才可能产生成功的效验。显然，这正是整个增订本的核心要素之所在，以此印证费边社会主义是英国派社会主义得以成功的开拓者，费边社领导人是继马克思之后世界社会主义思潮能够得势的引领者。

"社会主义通论"一章：在社会主义史里面，看见"两种对峙的倾向"：注重国家方面和中央集权，以及以地方团体为根本组织；马克思派虽不能说极力主张中央集权的政策，但他们在国际工人协会和巴枯宁的无政府主义派猛烈斗争，不过起于一个旧问题，即权力与秩序和个人自由与地方自由的关系，这种问题时常出现在社会上，"不能够用一种绝对的原则去解决"（第211页）。"社会主义并没有取得一种固定的形式"，无论马克思式或别种方式，"社会主义从来没有与之结合，执固不变"，它以真实为根据，必须使自身与这种事实相合。稍微考察历史上的社会主义，便知道社会主义在经济学中虽富于新思想，但"用之过度"，伤了它的本来面目。一般人应用社会主义去讨论社会问题，"过于矫揉造作，过于武断，并且过于偏执"；以前一般理论家简直是丝毫不懂社会进化原则，后来许多有力的社会主义者又"过于重视""革命是社会进步的枢纽"，"指摘自由竞争未免太过了一点火"，一概抹杀现行社会，他们对将来有种种希望，"忘记了将来是由现在演进的"。"以前的社会主义常流于偏执的和空虚的正宗派","要想以狭义的和尚未成熟的学说解决一切问题",没有认清近世的生活变化很大,情况复杂;"以前的社会主义,对于别种问题,如资本、租金和利息等等,也犯了同样武断和偏执的弊病,这是显然无疑的"。德国一班社会主义者受到普鲁士式政府和国家论的影响非常大,马克思少年时代在德国所习闻的理论,"毕竟大有影响于他一生,这是环境支配人类的一个显例";"马氏一生大概是以普鲁士和黑格尔为他的政治上和哲学上的思想标准",这和吸收自由空气的英国人的观念,"完全是相反对的"。(第213—216页)社会主义对社会的批评很有价值,但它的效力大概属于消极方面;如果除去"社会主义中所夹带的唯物论和种种偏于革命的、绝对的及抽象的分子",它对人类进步一定有一种积极的和实在的贡献,这比批评还要更有价值(第221页)。马克思派以为,历史上时常出现的阶级战争,可以借助一次大革命将它结束,以后不再出现,"这不是他们的乌托邦理想吗"(第226页)。

这个通论,说起来适用于一切社会主义的派别、学说和发展阶段,实际上以费边社会主义作为考察的标准,其主旨仍是同马克思主义区别开来。根据这个标准衡量,马克思学说在后代马克思派的手里,已经变成一种武断、偏执、空虚、绝对并脱离实际的固定教条,不能适应不断演进的社会现实,也无法指导变化着的社会主义运动;马克思及其学说受到普鲁士环境与传统的限制和影响,在政治上推重政府、国家及中央集权的作用,在哲学上以黑格尔的抽象学说为思想依据,这些都与英国人(包含美国人)信奉自由、讲求务实和重视基层组织的精神传统,正相反对;马克思的经济学虽然富于新思想,但用力过度,消极批评或抹杀现行社会,指摘自由竞争,否定资本、租金和利息,崇尚唯物论和革命学说,企图通过一次大革命来结束历史上的阶级斗争,从而陷入乌托邦理想,违背社会进化原则;等等。这些说法,同上一章有关马克思或马克思派的评论,互为依存。前者借助英国派社会主义,意在说明费边社会主义是引领各国社会主义运动摆脱马克思的束缚而走上另一条新路的主要标志;后者借助社会主义通论,意在说明这条新路不同于通过社会革命方式来推翻现行资本制度的马克思派观念,是在现行社会制度下通过协调缓解、协作自治、改善条件、提升自觉之类等待进化机会的和平合法手段以逐步实现目标的费边社观念。

"结论"一章:"社会主义向来就和流行很久的经济学说宣战",现在一般人显然受到社会主义学说的影响,也可以证明"旧政治经济学的末日快到了"。但"社会主义仍然是不十分纯粹的"，"过于株守马克思的学说，所以受害之处颇多"；"马克思的学说本是由一种时代造成的，到了现在已经是时过境迁，情形大变了"。以前40年间，"马克思的学说正在成形之际，当时唯心论已经衰歇，于是一种尚未成熟的和武断的唯物论遂乘机而起，大占势力"。"马克思的见解在这种情形之中，遂形成一种固定的教义，他的见解在当时本是没有成熟的。马氏继续维持并且发挥他这种见解，到了后来，他也没有实心将他的见解加以缜密的考虑；他亡命于英国，自己住在书室中，极力催促欧洲大陆各社会主义的党派实行他的计划"。马克思在《共产党宣言》中曾说："无产阶级，除掉锁链子以外，再不致失去丝毫别的东西"①。"不幸马克思和他那一派竟替工界造出好些新的锁链子，就是指他那种固定的唯物论、抽象的集产主义和极端的革命观，因此工人阶级在解放之中又被缚束了。……马克思一班党徒在这一方面，的确比马氏自己还要更进一步"。"马克思派经济上最显著的特点，就是抽象的集产主义"，这种主义生出"两大疑窦"：一是借革命行动拆散纤巧和复杂的社会组织体之后，是否有能力将它重新结合起来？二是即使有能力结合起来，这种新结合的组织体是否听从调配，仍旧肯尽它的责任？"马氏努力于抽象的集产主义，遂使他的党徒不能画出一种适合于农民地土均分的政策"。"他们仇视宗教"，直言不讳地传播社会主义，在教徒中遇到极大的阻力。他们传播解放工人阶级的方法，存在不能成功的阻力和妨碍，在于不能和平解决社会上的大竞争；社会主义如果想要成功，有益于世界，应当将基督教的博爱、同胞、互助及和平这些特点纳入其道德范围。以生产工具公有作为社会主义全部运动的目标，这种观念过于注重死的和笨的经济要素，社会主义的主要东西是活的和动的合群原则，合群能力和习惯应当是在一般人民的心性中发现出来的社会主义原动力。"马克思一生不屈不挠，尽力于社会主义的主张"，1870年欧洲大多数国家的社会主义党派发展起来后，自然"信奉这个伟人"，"不信赖别的阶级，不肯和别的阶级互相迁就"（第254—260页）。然而，现时社会主义理想对思想界的影响分别是，各国大多数政府与劳动界的关系大为改变了；政治经济学给予劳动问题和社会主义以相当的地位；基督教会同社会主义原则没有相互抵触之处（第262—264页）。一种合理的社会主义，可以看见一条又长又广的进取道路，"人类可以沿着这条道路，用一种和平的、渐进的、而又最安稳、最有希望、最有效验的方法，

---

① 此句今译文见《马克思恩格斯选集》第1卷，人民出版社1972年版，第285—286页。

去求进步"；这样"最能医治现今所流行的麻木、轻佻、骄傲和悲观诸病"，"对于一种革命精神所出来的暴躁、愤怒和别的毛病，是一付最有效力的消毒散"。在这种情景中，"社会上各种势力将直接为社会理想而奋斗"；"社会主义者所抱的理想一定能够实现，而武力与正义一定能够互相调和"（第276页）。

以上摘引的最后一段话，是全书的最终结论。指示所谓纯粹的、合理的社会主义这样一条道路，一方面，与马克思的唯物史观、剩余价值论、集产主义和社会革命学说，不去迁就现行制度和其他阶级，以及暴躁、愤怒、悲观、武力等特点，截然不同；另一方面，在现行制度下，与各种社会势力融合关系，诸如为农民筹划土地均分的政策，吸收宗教中的博爱、同胞、互助观念以为自己的道德标准，改善现有国家及政府与劳动界的关系，不必过于看重生产资料公有的经济目标而注重培育人民本性的合群原则、能力与习惯等，以和平、渐进、安稳、调和为其特点。概言之，为了让费边社会主义能够取代马克思主义，增订者使出浑身解数，带着英国派社会主义的浓厚特色。如谓：马克思学说在形成时就具有不成熟和武断性质，如今更是过时了，马克思派的信徒缺乏应变能力，或者出于对伟人品质的信奉，将这一学说视为固定的教义，无异于在解放工人阶级的名义下，制造出新的锁链来束缚工人阶级；费边社领导人最先站出来，抵制这种株守马克思学说的害处。马克思身处伦敦，在书斋里推动欧洲大陆各社会主义党派去实行他的计划，既未缜密考虑计划的理论依据，又严重脱离实际；费边社领导人与此相反，根据英国的实际情况去推进社会主义运动，不仅在本国取得明显成效，还对其他国家产生广泛影响。马克思的几乎所有重要理论，都受德国国情的影响，存在固定、抽象和极端的特征，不能适应现实运动的需要，特别是通过革命手段废除资本私有制的抽象集产主义，无法在公有制条件下实现现代社会组织体的有效运行；费边社领导人坚持更为发达和自由的英国国情，不和现存的制度、政府、宗教、阶级、观念等冲突，相互迁就调和，开拓了一条和平与渐进发展的道路。总之，当前世界的社会主义思潮及运动，要想确立费边社领导人的首领地位（这一点在正文的结论里隐而不论），必须完全否定马克思学说的指导地位与作用。对此，增订者充分利用了后来一些所谓马克思主义者对于马克思学说，或者予以僵化而成为教条，或者加以修正而走向机会主义的现象，将其发展到极端，罪及马克思学说本身，这同原作者对马克思学说的评价，产生不小的差异。可见，原作者与增订者虽然同属费边社会主义取向，但增订者作为费边社的创始成员，比起力求持客观史学态度的原作者，为突出费边社会主义的优先身份显然更加急迫，于是将马克思学说的科学理论内核，当作过时的教条，一并给抛弃了。

### （三）补充分析

前面的简介，对《社会主义史》译本里有关马克思学说的论述，逐段比较或逐章分析，可以大体把握其原作尤其增订本的基本态度和倾向。下面作些补充分析，主要有两点。

其一，按照增订者的说法，社会主义学说在现代人们的头脑里已经留下深刻的印象，从一开始就向长久流行的经济学说宣战：抗议现今的社会经济制度，通过各种舆论形式让人们了解社会主义的性质和目的；结果任何有理性的人，不再像从前那样满意于现在自由竞争的经济制度。尽管各国完全相信社会主义学说的人只占少数，尽管正宗派的政治经济学仍然存在，但社会主义学说的影响不断扩展，相信自由竞争的旧政治经济学的观念，不过残留在少数具有偏见者的脑子里罢了，连赞成现行制度的人也不能同意这种偏见，可见旧政治经济学的末日快到了。

这个说法让读者体会到当时从事社会主义史写作和增订的人的一种心境，社会主义作为一种学说，在理论上挑战信奉自由竞争的传统政治经济学，在实践上质疑依据自由竞争的现行社会经济制度，也就是说，社会主义学说主要隶属于经济学范畴。这种心境，同样反映了那个时期许多人对社会主义的认识，并延伸到对马克思主义的理解上。如此突出社会主义或马克思主义的经济学特征，应是现代资本主义制度的基本性质所使然，虽然有些局限，将马克思主义的哲学和科学社会主义从属其经济学范围，却体现了时代的主要特征和社会的主要矛盾。早期随着西方社会主义思潮在中国的传播，国人往往将社会主义和马克思主义归入经济学领域，或等同于社会主义经济学和马克思主义经济学，这不能说没有本国经济因素的内在影响，但看来更多受到舶来社会主义和马克思主义思潮的外在影响。《社会主义史》译本关于社会主义与传统政治经济学互为消长的说法，便是一个典型。

在增订者的心目中，社会主义学说的扩展，意味旧政治经济学的末日快到了，然而促成旧政治经济学之末日到来的社会主义学说，不是马克思学说。马克思学说作为过去时代的产物，若依然坚守，便转变成不能适应新时代的教条，颇多危害社会主义的"纯粹"性。所谓纯粹，不外乎以和平、渐进、安稳的方式，让社会主义运动在与现行制度，包括与传统政治经济学的调和中，积累起眼前的和具体的发展成效，最终将圣西门所希望的黄金时代，从停留在过去到实现于将来，这也意味着必须放弃马克思学说。从这个意义上谈论社会主义理想对现时思想界的影响，除了要处理好社会主义或劳动界与国家或政府以及与基督教会的关系之外，还要处理好与政治经济学的关系。过去对社会问题的影响，以英国旧派的政治经济学为主；到了穆勒手上，他对经济学的见解，起初拘泥于李嘉图学说，后来发展为"一种合理的社会主义"，完全在他的门徒之上，但不能看作英国经济学发达的代表；近来各种重要的经济学著作，对新潮流的承认，确实有限，不过不再强迫公众服从他们的见解了，这也显示英国政治经济学陷于一种不稳定状态。德国在政治经济学方面居首位的是讲坛社会主义（原译"世间空论的社会主义"），这不完全是真正的社会主义，但好些著名的教授和经济学者作为其代表，承认政治经济学在历史和伦理两方面，给与劳动问题以相当地位，应用社会主义去批评现行社会和通行的政治经济学，表现出"极重大的让步"；德国近来的经济学者和社会学者中最著名的人物，不仅注重历史，还着眼于进化去改造社会，深信"纯洁的社会主义必盛行于将来的时候"，特别是近来大的经济学家研究劳动问题的深沉学力、哲学眼光和对贫民主张的同情，无不是受到社会主义学说的深刻影响（第263—264页）。

显而易见，这里所说的旧政治经济学的末日，把马克思经济学说撇在一边，专指借助社会主义学说的影响，争取传统政治经济学内部的代表人士出现重大让步，如英国的穆勒、德国的讲坛社会主义者等，将历史概念、伦理因素、劳动问题和社会主义的批评等引入政治经济学。或者说，只要提倡自由竞争的旧政治经济学出现了松动，允许不同于自由竞争而类似于社会主义因素的其他观点并存或逐渐增加，就算它的末日来临了。那么，末日之后的新政治经济学又是什么？增订者没有直接回答这个问题。但从他对"合理的"和"纯粹的"社会主义的阐释来看，无非是和旧政治经济学相互迁就与调和的产物，至于说到它的最终目的，也和马克思学说无关，不过将圣西门所憧憬的远古黄金时代，变换成未来的目标而已。如此说来，马克思学说的彻底性，成为这种迁就与调和的阻力、障碍和牵累，必欲去之而后快，而"纯粹的"实则不彻底的社会主义如费边社会主义，反倒成了推动旧政治经济学走向末日的主要力量。这也正是增订本谈论社会主义与政治经济学之间关系的内在逻辑。

其实，考察20年代流行于我国的许多经济学著作，真正对传统经济学的整个理论建构带来根本性冲击（同时吸收其中的理论成果），能够预示其末日来临（用新的理论体系取而代之）的，恰恰是马克思经济学说。至于费边社之类的社会主义，并未突破传统经济学的理论框架，充其量在现有制度的前提下做些渐进式改良；更不用说传统经济学里加进一些处理劳动问题或解决社会弊端的经济因素，纯粹是为了缓解社会矛盾以维护现行制度的理论基础及其支配者的自身利益，也就是在形势逼迫下不得不对传统经济学做些调整，补充若干能够起调节作用的要素，这是传统经济学在新形势下的延续，根本谈不上旧政治经济学的末日。不论《社会主义史》的原作者和增订者如何推崇费边社会主义，从传入中国的西方经济学著作的演变情况看，迫使传统经济学内部发生诸如改良、调整、辩护、反驳之类变化的刺激动力，除了应对实际需求而外，在理论上说到底（连同费边社会主义在内），同样受到马克思主义经济学传播的深刻影响。

其二，既然《社会主义史》译本的宗旨和结论，以排斥马克思主义和宣扬费边社会主义为能事，何以毛泽东会将这本书与真正属于马克思学说的其他两本书，即陈望道翻译的《共产党宣言》和恽代英翻译考茨基的《阶级争斗》放在一起，当作自己树立对马克思主义的信仰、接受马克思主义因而深刻铭记在心中的三本代表作之一？这个译本的属性，蔡元培在他的序言里有所提示，如说到两位作者都是英国人，"自然是稳健派"，可见那时国人谈论欧美国家的社会主义派别，对英国人的保守特性有较为普遍的共识；又说他们对以前的社会主义，有很多消极的批评，这里所指以前的社会主义，应该主要针对马克思主义；还说他们为家庭、宗教、中央与地方政府，甚至为英国的殖民政策辩护，给人以不彻底的感觉，此说带有那时国内流行的无政府主义成分，虽未必赞成马克思主义，但对他们所极力鼓吹的费边社会主义也不以为然。蔡氏的看法，对于国内的读者，包括毛泽东在内，应该产生一定的引导作用。

那么，为什么毛泽东还要深刻铭记这些不彻底的英国人所撰写的一本书，又怎么能够从这本书消极批评马克思主义的倾向里，吸取滋养从而转向信仰和接受马克思主义？对此，留下的具体线索十分有限，难以找到现成的答案，下面只是根据书中的论述，作些揣测。

首先，毛泽东自己的说法，通过这三本书，认识到马克思主义是对历史的正确解释，自此以后一直没有动摇过；而三本书里，对近代社会主义的来龙去脉以及马克思主义在整个社会主义发展中的历史地位，算得上做过专门和系统阐述的著作，正是《社会主义史》译本。如果说《共产党宣言》译本显示了马克思和恩格斯为国际共产主义运动起草的第一个纲领性文献，首次全面系统地阐述了科学社会主义理论，指出共产主义运动将成为不可抗拒的历史潮流，标志马克思主义的诞生；《阶级争斗》译本反映了考茨基对马克思主义的进一步诠释，说明阶级斗争作为运动的主要方式，在推进这种历史潮流中起到关键性作用；那么，《社会主义史》译本可以说是自称社会主义者而又与马克思主义保持距离的英国稳健派，试图以真实和客观的描述，较为完整地呈现近代社会主义思潮及运动发展的具体历史进程。毛泽东一直没有动摇过的关于马克思主义对历史的正确解释，同《社会主义史》译本所描述的社会主义发展的历史进程，本来不是一回事，二者并不匹配。但是，信仰和接受马克思主义的正确历史解释，对毛泽东来说，单靠抽象理论的学习，缺乏对西方近代社会主义发展背景和实际历史的了解，恐怕难以巩固其基础。说到有关西方社会主义发展的系统历史知识，以当时我国的出版物而论，用蔡元培的话表达，在《社会主义史》译本出现之前，"还没有"能够切实把欧洲社会主义兴起以来的一切经过情形叙述出来的书，此译本可算是"最适用的"一部。他推荐这部书带给国人的重要"教训"，首先也是说，实行社会主义的希望，不在于随便拈出其中几句话去进行鼓吹，而在于从历史上了解社会主义运动的事实和倾向，失败中孕育成功的道路、历史与人类的准则，以及各种势力的影响并加以研究。同样，李季作为译者，强调讨论社会主义学说，必须对社会主义运动在欧美及世界各地的发展，先从历史入手形成一种有系统的知识；《社会主义史》是这方面"极完全和极有价值的书"，可以"了如指掌"地系统掌握其历史知识。序言的推荐和强调，表明在我国的早期阶段，极度缺乏系统和通俗介绍西方社会主义运动的历史知识，《社会主义史》译本的问世，正好填补了这一空白。因此，不论这个译本的基本倾向如何，它所提供的以欧洲社会主义运动为主的丰富资料、历史轨迹及其思想评述，能够让毛泽东在信仰和接受马克思主义的过程中深刻铭记，也就成为理所当然之事。

其次，《社会主义史》译本的两位作者，尽管属于英国社会主义运动中不彻底的稳健派，带有费边社会主义倾向，但二人对待马克思主义的态度，如前所述，因所处的环境、观察的角度、论述的重点不同，存在明显的差别。基本保留原作者著述特色的上卷前9章，特别是专论马克思一章，对于马克思创建科学社会主义的理论体系，指导德国社会民主党和国际工人协会的领袖作用，影响今后及世界各国社会主义运动并享有盛誉的历史地位，乃至马克思的深厚学力素养、优秀道德品质以及为社会主义事业不挠不屈奋斗的崇高精神，均给予高度评价；在这个前提下，原作者又对马克思学说中在他看来属于偏执性、绝对化和过于极端的理论内容，提出批评，作为未曾参与费边社及其他社会主义运动的人士，流露出费边社会主义的倾向。对照起来，体现增订者著述特点的下卷后7章，特别是最后的社会主义通论和结论两章，站在费边社创始成员的立场上，从一开始就以时代的变化为由，几乎全盘否定马克思主义。其否定方式，将马克思学说归入从前的社会主义范畴，它的产生有特定的环境和理由，但现在已经过时；抨击继之而起的马克思派固执与株守马克思学说，渲染他们把这一学说变成了束缚工人解放和社会主义运动的教条，断言马克思学说本身的核心理论，无论唯物史论、剩余价值论、集产主义和社会革命学说，都过于偏激和绝对，几近一无是处。根据这个对比，或许可以判断，毛泽东从这个译本中吸取滋养，获得理论和实践认识，树立起对马克思主义的信仰并接受马克思主义，更多来自前9章的内容。至于后7章的内容，为蔡元培所感兴趣并特别指出以供国人思考者，诸如比利时的社会主义运动综合采纳英国的协作与自助、德国的政治策略与根本原则、法国的各种理想倾向，尤其重视协作组织和社会，为工党建立根深蒂固的势力，一举改变过去工界的落后与痛苦状态；法国工团主义是纯粹工界的产物，在观念上远离政治、国会和中央政府，以自助、自己组织工业性质的团体来制胜资本家，首先作为工人为自己谋利而非以国民身份为国家谋利；从现在过渡到社会主义时代是一个渐进过程，必须先准备工人教育和特别教育，使大多数人民的知识、道德、习惯和组织适合于这种更高级的社会经济生活；等等。这些内容，作为欧美各国多数社会党派推进社会主义运动的具体理念和方式，如果考察毛泽东此前创办《湘江评论》时期的思想，颇多契合之处[1]，但到1920年末，也就是他看过《社会主义史》译本之后，显然已不再使这位中国共产党创立前夕的先驱者感到满意。毛泽东铭记这个译本，既然标志着转变为马克思主义者，那就意味更多参考此书下卷所记录的社会主义发展的史实，而不是接受其中否定马克思主义的结论。这也表明，早期深刻影响毛泽东的三本书，其影响程度和作用不完全一致，如《社会主义史》译本所主张的和平、渐进、等待时机而避免决战的倾向，同《阶级争斗》译本的倾向可谓背道而驰，但三者相互补充，理论阐述与史实描述交融，运动目标和方式手段结合，共同促成毛泽东信仰和接受马克思主义；同时也形成了他以后一直没有动摇过的坚定立场和判断眼光，包括对《社会主义史》

---

[1]　参看谈敏：《1917—1919：马克思主义经济学在中国的传播启蒙》，上海财经大学出版社2016年版，第3编第4章第2节四"毛泽东与《湘江评论》"。

译本中非马克思主义倾向的抵抗力或免疫力。

最后，毛泽东身处的落后中国国情，决定了他对《社会主义史》译本所叙述的社会主义运动在西方发达国家的发展过程及其阶段性特征，具有强烈的差异化感受。译本的下卷，有几处提到中国，无一不显示了这种落后性对开展社会主义运动的影响。如谓：包括中国在内的新兴国家起步开始社会主义运动，其道路各先进国家早已经历过了，可见理想在各国是通行的；一班有志革命者前往欧洲或美洲，练习革命事业，他们自然不会同化于那里"民权党人或保守党人的理想"，而是同化于"社会党人甚至于工团主义者的理想"；所以看见"才脱去中古风气的国家"中国，产生了社会党。孙中山是中国革命的鼓动者，起初和袁世凯分掌政权，1912年3月预先宣布，"中国政府应当成为一种社会主义的政府"①；惟现在中国情形纷乱，政府当局严禁社会主义，解散各地的社会主义组织。1912年在南京开会组织中国社会党②，到会者3千人，在上海发行社会主义报纸，名为 The Chinese Republican③，主笔人是孙中山的秘书（即马素④）；此外有一位社会主义者当选国会议员，据说国会中还有20人组织了一个社会主义团体。但中国在实行可建设的社会主义之前，还有许多"初步的政治上的事业"不可不先举办。（下卷第147页）又谓："合理的社会主义"可以说是联合人类知识为公共利益去制胜天然界的产物，因此合群原则在人类发展中占有特别重要的位置，生存竞争与合群原则有密切的关系；近世欧洲史是生存竞争的显著例证，欧洲的进步，大半在于许多国际团体彼此关系密切，各自独立又互相竞争；"旧世界的"中国和其他国家之间彼此孤立，所以没有这些国际团体的进步（下卷第233—234页）。译本中这些议论，都是说中国虽然有一批革命者致力于追求与欧美社会主义者共同的理想，但受到中国刚脱去中古风气或仍处于旧世界等落后环境的牵制，不可能走上现在发达国家推动社会主义运动的道路，尚须举办一些初步的政治事业如民主制度，或准备一些基本的社会经

---

① 这大概指1912年3月3日在推举孙中山为总理的中国同盟会本部南京大会上，制定《中国同盟会总章》，规定本会"以巩固中华民国，实行民生主义为宗旨"。这里的民生主义，被理解为社会主义。

② 这里所说的中国社会党，有误，不是指1911年11月5日江亢虎提议成立的中国社会党上海本部，似指1912年8月25日在北京组成的国民党，由宋教仁代理孙中山任理事长。

③ 此报是孙中山创办的英文报纸，中文名为《民国西报》。

④ 马素（1883—1930），字绘斋，广东广州人，出生上海；香港圣约瑟书院毕业，曾任教上海南洋公学，1911年起为孙中山在上海的私人秘书，1912年任《民国西报》法文总编；1914年赴英国伦敦政治经济学院就读，1915年转赴美国纽约读书，并任国民党驻美国、加拿大、墨西哥代表，1920年任广州军政府驻华盛顿外交代表，1924年回国。

济条件如生存竞争与合群原则的相互结合。在这种落后环境中如何实行社会主义，开始转向信仰和接受马克思主义的毛泽东，显然不能满足于也不会停留在以现行制度为前提或服从政府当局意志的民生主义理念、政党组织、舆论宣传以及议会党派活动等，倒是增订本中所提示的马克思主义作为欧洲从前的社会主义的历史作用和影响，反而有可能让他进一步坚定马克思主义适用于中国国情的信心。增订本反复强调，欧洲社会主义运动应当随着时代的发展、条件的改善和各项事业的发达，抛弃过时的马克思主义，转到和平、渐进、安稳并与各方面势力调和的方向。这种腔调，对于立志改变落后中国面貌的革命者来说，犹如水月镜花，可望不可及。因此，对比发达的欧美和落后的中国，毛泽东从《社会主义史》译本里，不受现行新的或"纯粹的"和"合理的"社会主义如费边社会主义的诱惑，选择从前的社会主义即马克思主义，应是出于更为符合中国实际的深入考虑。

综合起来看，《社会主义史》译本能够对毛泽东成为马克思主义者产生特别深刻的影响，有其特定的历史原因。由此也可以看到，这个时期马克思主义经济学在中国的传播，其渠道之曲折、形式之复杂、结果之错综，决非单一式、径直型、简单化的理解所能想象。这也是为什么一本专述社会主义史却否定马克思主义的书，居然让毛泽东从中看到了马克思主义对历史的正确解释，从而树立起对马克思主义的信仰并接受马克思主义。

## 二、《社会问题总览》译本

前面提到，国外研究社会主义史的著作中涉及马克思主义经济学的内容，可以补我国早期缺乏经济学专著从而鲜见相关内容之不足。社会主义研究的主旨，针对和解决现实存在的社会问题；国外专题研究社会问题的著作，同样往往包含社会主义或马克思主义经济学的内容。在研究社会问题的名义下评介马克思经济学说的著作，就像社会主义类著作一样，也成为辅助经济学著作来考察马克思主义经济学的重要补充。特别是20年代初经济学著作尤为稀缺的情况下，更是如此。或者不如说，那时的经济学著作论述马克思经济学说还较多受到正统或主流经济学观念的牵制，用社会问题或其他社会学的题目来评介马克思主义经济学，就成为摆脱牵制的一种行之有效的方式。看来，采用这种方式，也是一些日本学者研究马克思主义的著作特点，并通过翻译引进而为我国早期的马克思主义研究者所接纳。其中以高畠素之①原著、李达翻译的《社会问题总览》，为早期较有影响者，此译本上海中华书局 1921 年 4 月初版，列入新文化丛书。

## （一）译本简介

作者 1920 年 1 月的序言称：闲置社会问题而不肯研究解决的国家，是危险的国家。社会问题不单研究便算能事，非将研究所得的结果实行以设法解决不可。解决的方法，"若非积极的彻底的实行，则不如不着手为善"。"本书底目的，在希望根本的解决社会问题，供给最好底研究资料"。原来期望网罗一切材料，可是超过预定的篇幅，依然不能完全搜集；又怕当局无谓的干涉，对于无政府主义、工团主义未能详述，也是不得已割爱的地方，并非本书初意如此，日后若有机会，当行补述。② 可见，此书原来的宗旨，打算将解决社会问题的一切研究材料，搜罗殆尽。后来由于各种主客观原因，未能尽如所愿或有所割爱，但从中译本看，仍留下多达500 余页的三册篇幅。依此而论，译本更注重包罗万象的资料特性，所谓积极彻底地解决社会问题或谓根本解决社会问题，并非单指社会主义或马克思主义意义上的解决方法，力图网罗各种解决办法，以供研究者或实行者参考。

译本"总说"论述社会问题的意义及其由来，然后分 4 编，分别是"社会政策"（含社会政策的意义及其由来，国家方面的社会政策，都市方面的社会政策，自助方面的社会政策，各国的社会政策 5 章）；"社会主义"（含绪论，社会主义的意义及其由来，社会主义理论，各国社会党 4 章）；"工会"（含工会的意义及其由来，工会的组织及其职能，英国工会，法国工会，德国工会，俄国工会，美国工会，欧洲各国工会 8 章）；"妇人问题"（含两性的进化，日本现时的妇人问题，各国妇人选举权 3 章）。这些目录下面，还有众多的细目，五花八门，可以印证此书重在资料覆盖的广泛性，而非专注于某一类型如社会主义或马克思主义。对此，有人简略评论："劳动问题，妇人问题，是社会问题的主体；社会政策，社会主义，是解决社会问题的缓急两个方法。是书包括四项，详细叙述，普遍案例，使研究社

---

① 高畠素之（1886—1928），日本京都基督教同志社大学肄业，舍弃基督教；发行社会主义杂志《东北评论》，1908 年因笔祸入狱 2 个月，在狱中看到英文版《资本论》，出狱后研究和介绍马克思主义；1911 年参加鬻文社社会主义活动，1915 年参加组织发行《新社会》；后转向国家社会主义，参加法西斯组织"老壮会"，组织极右国家主义团体"经伦学盟"。他翻译马克思著作又反对马克思的做法，在当时日本学界引起很大影响，被称为最早的转向巨头。

② 高畠素之著，李达译《社会问题总览》，中华书局 1921 年版，原序。

会问题者，阅之感生满意"①。看来，让读者感到满意的，正是此书的无所不包，社会主义不过其中急进解决社会问题的一个方法而已。在某种程度上，这也反映了作者只是列举而不愿偏向于社会主义或马克思主义的倾向。

## （二）有关社会主义的论述

书中不少地方都谈到社会主义，透过这些论述，能够从一个侧面，体会作者对马克思主义经济学的认识基础、理解水准和基本态度。例如：

社会问题有广狭两种意义，广义社会问题关系社会全体，在劳动问题之外加入妇人问题，狭义社会问题是产业制度下的劳动问题；两类社会问题均有解决方法，"不外社会政策与社会主义"。社会主义者要撤废以自由竞争和私有财产为两大原则的资本主义，"主张将一切生产机关作为公有，使劳动不至化为商品，以为社会全员，若不以公平消费为目的从事生产，决无解决社会问题底希望"；社会政策学者则以为社会主义制度是一种不能实行的空想，所以站在劳动者与资本家中间，"毫不探索社会问题底根蒂，以求解决社会问题"；"这即是社会政策与社会主义底差异"。"今日底俄国是多数主义底国家，已由社会政策时代移为社会主义时代"；社会政策的俄国，"是革命以前底俄国，不是革命以后底俄国"；"俄国此次的大革命，也可说是社会政策不完备底结果招致而来的"。美国的实例证明，"社会主义底发达，不必是资本主义底反映，仍依资本主义底影响如何为定，所以有发达的不发达的"；现在"美国资本主义是世界第一，可是美国这种资本主义底反映，并不助长社会主义发达的"。②

社会主义"变了二十世纪流行的标的，成了时代的标语"。单说社会主义发源于经济，只主张变革现社会的经济组织，"这是错了"；也有否定现时政治组织的，或主张把现时政治单位缩小或扩大的，"所以社会主义把国家社会以及无政府主义都包含在内"。恩格斯"与马克思同称近世社会主义两大鼻祖、世人都很知道"，他说："生产要件若归社会掌握，商品生产可以全废，生产物压迫生产者的事情，也可废除。社会生产的无政府状态，一经废止，那确然有秩序的组织，就会起来。人与人的生存竞争消灭，从前围绕人类支配人类的一切事情境遇，如今都为人所支

---

① 高畠素之著，李达译《社会问题总览》，中华书局 1921 年版，第 2 册，第 334 页背面关于"社会问题"的书目广告。
② 以上引文分别见高畠素之著，李达译《社会问题总览》，中华书局 1921 年版，第 1 册，第 1、11、133、135、146 页。

配，到这时候，人类方能成为组织社会的主人，方才叫做真正'自然'的所有主。这是人类由必然的王国到自由王国的向上。"① 一切社会主义的思想，大别为四种："民主集产主义（或称集产的民主主义）"，"无政府集产主义（或称集产的无政府主义）"，"民主共产主义（或称共产的民主主义）"，"无政府共产主义（或称共产的无政府主义）"。德国社会主义能够确立理论的基础，洛贝尔图斯（原译"拉伯尔塔斯"）、马克思、恩格斯诸人的学说，"贡献很大"；洛氏主张改变国家经济的秩序，制定以正义为基础的普遍法律，确定各人的权利和义务，这种社会哲学学说和经济学说，给拉萨尔（原译"拉塞尔"）一派以"直接的影响"，对马克思、恩格斯两人的学说，"也给了多大的暗示"；从这个意义上说，洛氏"在德国有先驱者的地位，凡是研究德国社会主义的人，决不可忘记的"，"他的功绩不能埋没的"。然而今日"德国社会主义的真髓"，"社会民主党的纲领"，不是直接出于洛氏，而是出于马克思、恩格斯两人；马恩两人的著书，"对于现代经济状态，下深刻的批评，说明社会发达的倾向，必然有可以实现社会主义的趋势"，"唯物史观、剩余价值说，成了近世社会主义运动中心的色彩"。拉萨尔一派的劳工运动和马克思派的运动并行，"势力越发增大，两者的连合，成了后来社会民主党的基础"。马克思和恩格斯相识后，协力发刊进步杂志，痛攻普鲁士政府不止，被驱逐后又合作著作，直至发表《共产党宣言》。宣言大概说："通览古来的历史，是征服阶级和被征服阶级的阶级斗争"；"痛论当时社会征服阶级的资本家如何专横，若想由这种暴力解放出来，各国劳动阶级非一致结合不可"。他们主张最进步的社会组织，非依据下列各条款不可："废止土地私有权。一切地租，概作公益事业之用"；"重征累进率的所得税"；"废止一切家产继承权"；"移民及谋反者的财产，一律没收"；"资本国有，设国民银行，作集中的信用机关"；"交通及运输机关归为国有"；"扩充国有工场和国有生产机关，开垦荒土，划一制度，谋土地的改良"；"与一般人民以就职就业的便利，并设置产业的军队"；"联络农业和工业，渐次废除都市田园的区别"；"设公立学校，不征收儿童学费"；"废止少年职工，使教育和生产联络一家"② 。其结语："万国劳动者呵！团结起来呵！"；"这宣言是顶有名的著作，对于劳工运动，开辟了一个新生面"。马克思毕生的大著《资本论》第一卷，发表于 1867 年，当时除了少数社会主义者外，爱读此书的人很少，后来在数

---

① 其今译文见《马克思恩格斯选集》第 3 卷，人民出版社 1972 年版，第 441 页。

② 这些条款，即《共产党宣言》第 2 章末尾的 10 条革命措施，此译本将第 10 条分为两条，故为 11 条。

量上势力渐增，和达尔文《物种起源》（原译"物种原始"）支配生物学相同，《资本论》"现在也可以支配社会学政治学了"；"《资本论》是收藏'精神刺激物'的军械局，平民由这军械局取出武器运用，能够脱离桎梏，凡是有思想的人，都很知道的"。德国社会民主党的哲学，"其基础与极端个人主义无异，只不过构成的材料不同"。德国社会民主党的发达，不单是马克思恩格斯的学理和拉萨尔的实行所能做到的，威廉·李卜克内西（原译"里布格勒"）和倍倍尔（原译"柏百尔"）的功绩也不少，"这是不可不知道的"。社会主义运动成为现实活动势力，在19 世纪后半期以后，"即是马克思以后发生出来的事实"；由此可以推知，"各国社会运动中心的社会党，遵奉马克思主义，把马克思的数理做基础，最终目的，在根本改革社会组织"。社会党主张生产机关归公，无论何人都得自由劳动，自然消灭生计艰难的事实，无论何人都不能藉生产机关私有制度获得剩余价值以坐食度日，故无资本家存在的余地，没有富豪自然也没有穷人；社会党以此为基础要求改革，采用议会主义和劳动联合主义来达到目的。"多数派建设的施设，使俄罗斯成了社会主义的霸主"；研究社会主义的实际政策，"俄国的现状很可注目"。列宁、托洛茨基等极左党的多数派政府，"专心造出实现社会主义所必要的一切预备条件"，其立场"注入工团主义于马克思的学说，更加以俄国特有的土地革命主义"。根据多数派的实际政策和法令要旨，"就可晓得多数派不是糊乱以破坏为能事的"，"劳动独裁政治的职能，土地的国有和分配，工业的社会化，银行国有等项，都有详细的规则"。①

　　19 世纪（原误为 18 世纪）以后，"马克思出世，从此劳动运动，遂带了社会主义色彩"。最初的劳动运动，由第三者同情劳动者，愤慨资本主义太背人道，才开始实行；后来劳动者智识渐开，有了阶级斗争的觉悟，虽没有财力，可是结合起来，很可以对抗资本家；"对于劳动者的结合上，给了最大影响的，要算一八四八年马克思和恩格斯共著的《共产党宣言》"；现时工会所以有组织有团结力，"赖这篇宣言书的力不少"。工会的目的可分为两派："承认现社会组织，想在现社会中谋劳动者的地位向上"；"以为现社会无论如何不能为劳动阶级谋幸福，所以想方设法把他推倒，建设劳动者本位的社会"。实现工会职能的手段也由此分为改良的和革命的，"前者是社会政策，后者就是社会主义。前者采用阶级调和主义，后者

① 以上引文除另注外，分别见《共产党宣言》第 2 册，第 164—166、170—171、206—211、279、281、318 页。

采用阶级斗争主义"。"德国为社会主义发祥地，其工会遵奉社会主义，并不足怪。可是德国既经产生马克思又是祖述马克思社会主义的国家，然其工会却不奉纯粹马克思派社会主义，而修正派的社会主义反占优势，这也是一件奇事"。"原来多数派改造社会的基础，以设立劳动阶级的国家为第一要件，当着过渡的时期，要行一种独裁政治。富之生产人，应得富之支配权，现时只有俄国能够实现了"。"劳动阶级的独裁政治，作为实现理想的动的机关，具有三个职能"："废止一切方面所有绅士阀的政权"；"施行一时的改造政策（即应急策），由资本主义制度移于社会主义制度，乃是一个进化的程序，不是一朝一夕可以成就"；"为谋防止产业解体而行的暂时应急策，有时为资本主义的，有时为社会主义的"。德国社会主义者倍倍尔所著《社会主义与妇人》一书说："妇人是奴隶以前的奴隶"；"实在就是奴隶也觉得妇人比他们还不如，这真是妇人的运命了"。"现在俄国不单是撤废贫富的差别而已，就是男女的经济差别、政治差别、社会差别种种，也没有一样不撤废的，所以俄国现在的妇人，不仅有选举权及被选权，而且官吏大臣等职务，也和男子一样可以充任的"。"照这样看来，俄国妇人问题，可以说是消灭了。所有男女的差别，已经通通撤废了。妇人和男子的经济，都一样可以独立，所以男主女奴的偶像，也从此破坏了"。俄国解决妇人在分娩和抚养期间的劳动这个难题，办法是减少劳动时间，自由处理自己的财产，自由离婚和享受同等职业待遇。①

以上举例，除去社会主义理论一章因专门论述马克思主义，留待后面评介之外，系从书中有关社会主义的历史沿革、纷繁定义、理论演化、措施办法、党派异同、各国例证、特征比较、各种评论等论述中，摘引若干作者以为定论，或当作社会主义基本特征，或涉及马克思主义与苏俄革命及建设实践的内容，借以体现作者心目中的社会主义或马克思主义或列宁政府，究竟是个什么样子。单看这部分内容，书中的论述有其客观性，把社会主义放在讨论社会问题的突出位置，认可马克思学说在社会主义发展中无与伦比的重要地位和历史影响，以及列宁政府在进行社会主义革命和建设实践方面所显示的特点、所取得的成就。然而把这部分内容放到全书整体格局中，其客观性又可以有另一种理解。此书试图把劳动问题（书中以工会代替）和妇女问题，同社会政策和社会主义勾连在一起，以此总览社会问题。实际上借用这个框架，把各种相关的材料，事无巨细、论无轻重地堆砌起来，其头

---

① 以上引文分别见《共产党宣言》第 3 册，第 351—352、364、396、402—403、419、482—483 页。

绪之繁多，内容之芜杂，几至使所谓"总览"，变成一盘杂烩。这样追求论述的客观性，把具有不同立场、相左观点和各异倾向的材料，不分青红皂白、不加区别地拼合并列于一体，只求材料的普遍完全，不论材料的取舍标准，抓到篮子里便是菜，结果也就弱化或抵消了客观性的价值。不仅如此，上面的摘录，还能看到这种堆砌材料的论述，又带来一些矛盾的或有待澄清的模糊说法。如一面说社会主义是资本主义发展的必然结果，一面又说美国的例证表明了资本主义并不能反映为社会主义或助长社会主义的发展；社会主义定义中包含国家社会主义和无政府主义的理由，据称不能错误地强调经济因素或现行社会经济组织的变革，还要考虑政治因素；将一切社会主义思想，归纳为含混不清而夹杂着集产与共产、民主与无政府的四种混合类型；既说洛贝尔图斯对确立德国社会主义的理论基础贡献很大，乃其先驱者，又说德国社会主义的真髓不出自洛氏，出自马克思和恩格斯；认为各国社会党均遵奉马克思主义，又认为它们用来达到目的的手段是议会主义和劳动联合主义；把列宁政府的立场说成将工团主义注入马克思学说；等等。这些说法，未必就是作者自己的独立认识，或许是网罗各种材料的过程中，良莠不分或缺少辨识而形成的缺陷。对于译者或读者来说，其负面作用是容易掉入这些陷坑而难以自拔，当然若能提高识别能力，其"好处"是通过众多模糊不清或似是而非的线索，丰富有关社会主义的认识，增强其广度与深度。

### （三）有关马克思主义的论述

此书社会主义一编第 3 章专论社会主义理论，首论马克思主义，这也是集中论述马克思主义经济学的地方。要点如下：

社会主义思想古来就有，到 18 世纪圣西门、傅立叶出来，明确说社会主义，于是发生空想社会主义；降至 19 世纪中叶，马克思出世，主张所谓科学社会主义，于是发生科学社会主义；"所以不知马克思不能说社会主义"。马克思的思想可由哲学、社会学、经济学三方面观察，哲学方面是唯物论，社会学方面是唯物史观，经济学方面是剩余价值说。"社会主义，到马克思才得脱离空想境界，用科学方法，建设俨然的城塞，社会主义在哲学社会学经济学各方面，得科学的发展，学理方面大得进步，实际运动上也开拓了新机轴。马克思出世，实在不仅在社会主义上，并且在人类生活史上，也划成一个新纪元"。"马克思的思想，是科学的，这是最大特征。他并非幻像的描写自己所希望的理想社会，不是漠然说'想要如此'，是确实用科学的说明，表示'应当如此'，希望与否并无关系，总论究必然非社会主义不可的事情。换句话说，马克思社会主义，不是希望论，乃是运命论。所以空想社会主义者，想把他理想中社会，空想的发明出来，马克思是把实现社会主义的要件，现实的发见出来。所以马克思社会主义不是发明，是发见。马克思根据他唯物历史哲学立论，说国家社会组织，是决定这种组织的许多要素的结果，所以现实的社会中各种社会组织，并非错误。不特不是错误，而且在人类永远进化的阶级，成为一种过程，有必然的位置，即主观和客观各要件，达到必定造出那种状态的趋势，所以说'是如此的'。若把历史看做是过误的累积，便是根本错了，实在要看做是由经济关系发生出来的'有机的发展'。这有机的发展，是私有制度发生以后，由阶级斗争成就而且现时正在成就的。所以社会改造，非一举所能做到，要待既存各条件徐徐变化，方能成就。新条件若不充实，新状态不能发生"。"依马克思学说，社会主义胚种，存于现代资本主义经济组织之内。资本主义必然要踏到社会主义的径路。科学文明发达，生产机关，全在资本制度中变化。其当然结果，资本主义倒坏，社会主义发生。马克思用科学做根据，说明一切事实进化，都是必然的命运"。

关于唯物史观。"马克思可以看做是继承一切哲学的人"。马克思学说的根柢，"大概是结合辩证法的考究法，和唯物论的观察法，发挥他独创的见解"，将黑格尔（原译"赫克尔"）进化的思索法和唯物论结合，构成独创的唯物历史哲学，这就是"唯物史观"。马克思的唯物史观，其叙述可见他自己所著《经济学批评》的序文和恩格斯《空想的科学的社会主义》第 2 篇。"马克思主张把唯物史观，作为普遍纯粹科学的立言，决非在处处地方，特别解释"。唯物论者（自然不是马克思一个人）把一切现象归于物质运动，把精神界现象看作物质条件的反映物。事实生出思想，不是思想生出事实；必有一定原因，方现出必然的结果；"马克思对于这些地方，加以自然科学的证明"。根据马克思的说法，"技术与经济的要素，是政治与精神的原动力，介在'劳动者'和'劳动目的'之间，决定劳动种类的劳动方法和劳动要具，又是决定历史的要件"；所以与其说劳动造出某物，不如说如何劳动、应用何方法劳动，反有划分全历史时期的力量。"换句话说，生产关系，就是使经济阶级行社会分化的唯一根本原因"。"详细说起来，马克思决定历史的必然性，是生产关系，严密的说，就是物质的生产力"。决定人类生存的不是意识，反之，生存的条件决定意识；社会的物质的生产力，进化到一定阶段，与既成的生活状态发生冲突，即是社会革命的时期；革命的结果当然动摇经济基础，所以法制上政治上及其他社会全体建筑物，非一并覆灭不可；革命或急进或缓进，这是一个问题，可是社会制度非至一切生产力与现存制度绝对不相调和时，不易推倒；所以更进步的新生产关系，若其物质的生存条件非在旧社会胎内十分发达，不能代替旧生产关系。"这时就存有马克思唯物史观科学的价值"。

马克思从各物质要素中，特别选出经济要素作历史进化的根本动力，"也不是他单纯的创意"。马克思明白地认定，其他物质要素在一般变化范围内，自然也影响社会。仔细研究起来，经济要素以外的一切物质要素，影响很少，所以马克思确认不过是经济要素的附属物；这些要素的影响，随社会的进步发展，逐渐减少，所以论历史进化的大体，不如把它们放在问题之外，也无妨害。"所以他主张把生产力或生产关系，做一切社会的基础"。社会的制度形体，看社会中某种物件如何生产，又看生产物如何分配，然后决定。所以社会的变迁，政体的变化，不是真理或正义那种抽象的精神思想的进步，单由生产力或生产关系如何，方生变化。"用一句话概括说，社会变化的原因，不在哲学，单在经济，这是马克思的主张"。用平易的话来说，经济事情产生一切政治社会精神的现象。马克思《经济学批评》的序文要领，已说明了这种顺序。社会生产力的发达程度，构造社会的基础，由这种基础构成社会的各个人之间，生出生产和分配过程中的某种关系。依据此种关系，决定各个人之间生产物的分配额。其次基于生产分配，发生某种社会形态，渐次变成某种社会制度。至此，确定适合于该社会形态的一般心理状态，道德习惯等等都发生了。再次又产生社会的哲学文学艺术。所以某社会流行的思想，对那个社会有很大势力。那种思想发生于社会事物的环境，那环境又成于社会的经济关系。因此，一切思想虽流行于社会，支配人心，可是那基础根源的经济状态若变化，那种流行也自然废止，散失支配力。要之，支配阶级把社会的精神食物，也放在自己手中管理，把自己阶级占利益的思想当作正义，支配被支配阶级，社会全体的人在许多地方，不知不觉被支配阶级思想感化了。人类具有发明力，征服自然界的生产器械继续变化，生产方法也继续变化。这种变化，渐次在新器具中完成不可抗的经济力。新器具若经发明，新政治力也在社会中发生。新器具在社会经济上占重要位置时，新政治力也跟着一步一步地成长。这种政治力，即使用新器具的阶级，当然的结果，新阶级不得不与从前的握有生产机关的支配阶级冲突起来，于是从前支配阶级和新兴阶级之间，发生阶级斗争。

马克思根据这种学说，察看当时的社会。马克思把阶级差别归因于社会生产过程中的各种职能，阶级的发生起源在生产过程，由生产过程决定人人所属的关系。生产不过是人类从自然界获得衣食的社会过程，生活必要品的生产方法，构成社会组织的根本，又决定各种政治关系和社会斗争的顺序。这种斗争的继续，生出不可避免的结果。在经济方面，以获得社会必需品的新方法为急务，在政治方面，运用新生产机关的阶级占居优势，于是社会事物生出新状态。新生产方法与旧方法大相差异，与旧社会相异的新社会也出现了，各种新政治制度，新宗教信仰，新道德意见，新艺术目标，新哲学学说，都出现了。所以历史潮流，时常变换，无所停止。两个对立的经济力，以及代表两类经济力的两个阶级，互争优胜，生存竞争起来，新经济力渐次变大，新兴阶级的独立思想渐次构成并透入多数人头脑中，遂成为新势力。

"马克思采用这阶级斗争说，作劳工运动的大武器"。阶级斗争说在现今学界，成为喧争的目标，不仅是学说，在实际运动中效力也很强大。资本劳动两阶级的斗争，自然是资本主义经济组织的结果。劳动阶级被资本阶级压迫、虐待、利用，不堪其苦，无论如何总希望获得一种新社会组织，脱出苦境，这是自然的道理。最初劳动者不过存着漠然的空想，马克思出来给他们理论的根据，"完成劳工运动大武器的体系"。"依马克思见解，资本制度不过是一时的形态，所以生产技术一旦进步，必然要使社会由资本制度变为他种社会制度。即资本阶级为维持自己利益，无论何处，总以现状为便于维持旧生产方法，反之，劳动阶级却想确立新生产组织。所以必然的结果，阶级斗争即行出现，这也是明白的事情。马克思把这些事理，由理论阐明出来，所以劳工运动，得马克思学说，形态一变。劳工运动的大武器遂以阶级斗争说作主张，劳动者从前所抱的空想，至是遂获得确实的目的，于是确信自己阶级，必获胜利。同时，马克思学说又一扫从前空想社会主义的弊病。社会主义，非由某种特殊智识阶级所能实现，必由对于新生产组织有利益的阶级方能实现。社会主义是愈高级的生产组织，由个人的生产方法实现社会的生产方法"。马克思学说"支配劳工运动的精神，支配人类思想感情和一切人生观"。"马克思把唯物史观做基础，用科学的方法，说明代表旧经济力的资本阶级和代表新经济力的劳动阶级两者之间，阶级斗争决不可避。新经济力强大，劳动阶级的势力也大，劳动阶级终究要得实质的胜利。所以说到这里来，马克思又成了劳工运动的指导人"。马克思也说明了由经济事情反映出来的思想，用何种有机关系唤起阶级斗争。据他所说，新兴阶级思想，若要代替代表旧日阶级利益、传说、习惯的定说，非增大新经济力不可；新经济力若逐渐增大，新兴阶级的思想也逐渐构成；新经济力变成新势力，其变化迟缓，可是社会经济改造的时机一到，新思想自先成了改革的要素，成了破坏社会旧物的助力；所以新思想由新经济状态产出或直接发生，在人类社会全体的阶级斗争中，占重要的位置；到了那个时候，一切新思想虽是经济改革的反映物，但人们无论能否由经济改革得到直接利益，必离开经济的利害问题，要受新主义新思想的感动，要把新社会生活的事物印入脑筋，要为破坏旧物事业的主义热诚所运动。"简单说，一切新思想，虽是经济改革的反映物，可是达到成为独立思想的时候，对于阶级斗争，占重要的位置"。这中间潜伏一种马克思所认定的极微妙的有机关系。可是必须记住，"无论何时何地，新思想总是直接间接由新经济状态发出来的射影"。

　　马克思的阶级斗争说，与唯物史观的关系最密切。经济事情以外，总还有他种原因，"马克思恩格斯对于这层也未忽视，不过影响很微弱罢了"。马克思死后，恩格斯"对于唯物史观也有让步的主张，可是他所固守的地方，说一切社会或政治变化的最终原因，必在生产或交易的变化中方能发见"。最终的原因，往往又与两三种较小的原因并生，较小的原因若是影响越大，最终的原因不得不在分量上受到本质的限制；有时一切原因错综复杂，一种原因所生的结果被他种原因妨害，生出意外的结果。"恩格斯又认定经济变革后所生的社会制度，渐次变为社会势力，能为自主的活动"。根据这种意见，"唯物史观决不否定社会和政治的势力，有自主的活动"；但不可忽视，这种自主的活动，根本上也受经济关系的影响。经济的动机若大受他种动机的影响，唯物史观所说自然的必然作用，不得不生变化；加上渐次阐明进化论的理法，经济的动机也被生理的进化支配。①

　　上述内容，将马克思学说的理论体系能够脱离以前的空想而科学说明社会主义，极大推动学理和实际运动两方面的进步，开辟人类生活史的新纪元，概括为创立了或发现了唯物史观（哲学上的唯物辩证论可归结于此）和剩余价值两大学说，在此基础上，先行重点阐释马克思的唯物史观。这个阐释，大体依据马克思的《〈政治经济学批判〉序言》和恩格斯的《社会主义从空想到科学的发展》第2章有关内容，说明唯物史观的基本涵义。又针对性地解释其中一些重要关系，如经济要素与其他非经济因素的关系，包括非经济因素在社会发展中的影响和社会思想

_____

①　以上引文均见《共产党宣言》，第214—226页。

的反作用等，以及唯物史观与阶级斗争学说的关系，包括经济基础的根本决定作用和劳资两阶级之间阶级斗争的重要地位等。这些阐释，显示了一定的客观取向，特别是把日本研究马克思主义领域一些正面的评介观点，尽量网罗进来。通过这些阐释，确实可以在基础上领会唯物史观的知识、要点和关节点。阐释中也留下一些模糊的说法。如以生产交换方式的变化作为一切社会或政治变化的最终原因，恩格斯对唯物史观的这个基本原则，有"让步的主张"。这个说法，曲解恩格斯晚年的主张，前提是把经济因素的决定作用视为一种宿命论，纠正此宿命论，便被看成"让步"。又如阐释的末尾，从恩格斯的所谓"让步"中，不仅引出经济因素若受其他因素的重大影响，唯物史观关于社会进化的涵义，必定产生变化，也就是部分否定了经济基础的决定作用；还宣扬进化论的原理逐渐阐明了生理进化支配经济进化的涵义，等于又从根本上推翻了唯物史观的结论。当然，这些模糊的说法，也可能是阐释者同样客观地吸收那些批评唯物史观的材料。

关于剩余价值说，被看作马克思在经济学上的"创解"。马克思的价值论，大概本着李嘉图和洛贝尔图斯的学说，"开发锻炼造成独创的见解"。"剩余价值论，不单是不朽的学说，而且于实际运动上，也构成强有力的基础"。介绍剩余价值论，先要说明马克思的价值论和劳动价值论。

马克思把劳动作为一切商品所共通的社会本质，制造商品不得不花费若干量的劳动。马克思把这种劳动叫作"社会劳动"。生产物品而供自己使用和消费，是创造生产物不是创造商品，作为自立的生产者与社会并无何种关系；生产商品的人，不仅生产货物供给社会的需要，其劳动也立刻构成劳动总额的一部分，从属于社会分业。商品是社会劳动的结晶，由社会劳动现实化出来。考察商品的价值，可以单从社会劳动入手。商品有价值，是社会劳动的结果；价值大小，由现实化出来的劳动分量或劳动额决定。所以商品的价值，或由生产所必要的劳动相对分量决定，或由劳银决定，问题是两者之间有无差异。实际上，劳动者的工银虽被生产物的价值限定，生产物的价值却不由工银限定。计算商品的交换价值，最后须由所使用的劳动分量，加入商品原料所使用的劳动分量，再加入劳动器具、工具、机械建筑物等所使用的劳动量。生产的价值若单由生产上所使用的劳动分量决定，则懒人与手艺不娴熟的人所造成的商品将多得价值，决没有这个道理，劳动分量说的是在一定社会状态下，依社会平均生产条件生产所必须使用的分量。成为商品实现出来的社会劳动分量，若支配商品交换价值，则商品生产的劳动分量增加、减少或不变时，商品价值也增加、减少或不变。商品生产所必要的劳动分量，随劳动力而不断变化，劳动的生产力越大，一定劳动时间内所造成的生产物增大，一定量生产物所要的劳动越少，生产物的价值也逐渐减少；劳动的生产力越小，一定量生产物所要的劳动越多，价值也逐渐增大。"马克思对于价值，制定一个法则说：'商品价值与生产所使用的劳动时间为正比例，与劳动生产力为反比例。'这即是马克思价值论的概略"。

劳动者每日所卖的东西是劳动，所以劳动有价格。商品的价格不过是用货币表现出来的价值，可以叫作劳动价值。可是普通说的价值，不是成为商品的劳动价值。劳动价值的真实意思，是说劳动者卖的东西，不是劳动，乃是劳动力。劳动者把劳动力的暂时处分权卖给资本家，所以"劳动价值"的意思是"劳动力的价值"。劳动力的价值与一切商品价值相同，也由生产所必要的劳动分量决定。人必须活着，方有劳动力，要维持生命，不可不给必要的资料供他消费；此外还要养家活口，养育子孙，让他的子孙学会手艺，所以不可不再给必要资料以供消费。不同生产性质和职业的劳动力的价值也不同，"要求劳银平等这件事情，实在不对"；"在劳银制度基础上要求劳银平等，正和在奴隶制度上要求自由一样"。由此可见，劳动力的价值，由生产劳动力、继续劳动力、发达劳动力所必要的价值决定。

资本主义生产及其社会组织，在经济上人与人的关系，完全是买卖关系。劳动者在一定时间一定条件下，用一定代价，把劳动卖给资本家，资本家由劳动取得商品在市场上发卖。"劳动力代价的决定，惹起资本劳动两阶级利害冲突，在资本主义社会中，成为阶级斗争的根本原因。资本家卖出生产物所得的利益，比支给劳动者的劳银更大，于是有剩余价值发生了"。资本家买了劳动者的劳动力，支给代价，好像买了商品一样，有任意消费任意使用劳动力的权利，有终日使用劳动力的权利。劳动力的价值自然要由维持劳动力、生产劳动力的劳动分量来决定，然而劳动力受劳动者的活动力和体力限制，所以限制劳动力价值的劳动分量，决不限制劳动力所能做的劳动分量。资本家总想要劳动者做 12 小时的劳动，原来劳动者每日做工 6 小时，可以得 3 元工银，可是受到资本家的强制，每日非多做 6 小时不可。余出的 6 小时，"马克思叫做剩余劳动"。"这种剩余劳动，必成为剩余价值或剩余生产物，实现出来"。"资本劳动两阶级间这种交换，成了资本主义生产和工银制度的基础。其结果，劳动者永为劳动者，资本家永为资本家"。根据以上说明，"剩余价值的率，是由再生产劳动力价值所必要的部分，与资本家所强制的剩余劳动两者的比例决定。即剩余价值率，除劳动者再生产自己的劳动力或偿还工银的范围以外，是由那延长劳动日比例率决定的"。

简单说，"剩余价值不过是劳动者被人强制做了的劳动"。资本家用原料、补助原料及机械等形式投入生产的东西，再通过商品价格收入所谓不劳利得。劳动价值是投入生产的劳动量，工银不过是使用于生产的劳动代价。劳动代价的工银，能否满足劳动者的日常生活资料，实在难说。"这种工银和劳动价值的相差额，便是造成剩余价值的东西。所以在资本主义经济组织之下，就工银制度精密说起来，劳动者每日所做的劳动，只有一部分得了工银，下余的部分，是无偿劳动。这无偿劳动——剩余劳动——不但成为剩余价值和利润的基本，而且在表面上好像全体劳动都受了工银一样。这是把劳动和劳动力两概念混同了的原故。马克思对于这种地方说得非常透彻，他说：劳动的价值，事实上是一种劳动力，由维持劳动力所必要的商品价值决定。"例如把 3 元的工银，当作 12 小时劳动的价格，"这便错了"。马克思又说，"利润也是由剩余价值分出来的东西"。商品价值由商品中所包含的社会劳动总量决定；劳动中一部分所实现的价值，虽然以工银形式给了代价，而劳动中另一部分并未支给代价；劳动者辛辛苦苦，略得点工银，资本家毫不费事，坐收不劳利得。依资本家的见地，商品的费用和实际的费用，种类不同，从原则上说，商品的发卖不在实价以上，而按照实价，也可造出利润。所以不如把商品依原价发卖，把它当作附加于商品上的劳动力总结果出卖，也一定构成利润的根源。

"马克思把这种学说做基础，唱一种'劳动者榨取说'，也和阶级斗争说一样，给劳工运动一个科学的根据"。[1]

以上阐释马克思的剩余价值学说，取其大意，略去一些具体的举例。据此不难看出，这些阐释（包括举例），几乎完全参照《资本论》第一卷，特别是前 5 章的论述，或许还参考《雇佣劳动与资本》之类的原著，简省一系列理论环节，力求把握从价值论到劳动价值论再到剩余价值论的主要脉络，然后用自己的表达方式通俗转述出来。从这个意义上说，这部分内容也是一种客观表述。它提醒读者注意，马克思的剩余价值学说，意欲为榨取劳动者的学说奠立基础，和阶级斗争学说一样，成为劳工运动的科学根据。须注意，这里所谓科学，相对以前毫无根据的空想而言，乃中性用语，并非赞颂之词。这种科学为劳工运动所提供的依据，对社会进

① 以上引文均见《共产党宣言》，第 226—235 页。

步有什么积极意义，阐释者未置可否，这是他后面的叙述中才能体会的意味。但不论怎么说，能够比较客观地介绍剩余价值学说，就像前面比较客观地介绍唯物史观一样，对于当时的译者和读者，终究是有助于认识马克思经济学说的一种滋养。

### （四）有关"改造"马克思主义的论述

此书介绍马克思主义之后，随即介绍"马克思主义改造说"：

19 世纪后半期，马克思主义在社会主义思想界风行，"其根柢领有唯物史观那种特定形态的唯物主义，把经济事情做根本要素，用机械的方法，说明社会组织与社会进化"。当时"辨证主义"（原文如此）势力很大，社会主义的倾向，即用这种背景做根柢发生出来。可是从 19 世纪末叶转到 20 世纪初期，"新理想主义渐渐代替唯物主义的位置"。"这种思想的推移，对于马克思主义的唯物史观，或者主张修正，或者主张否认，历史上及将来发展上的理想力或观念力，竟生出重大的影响，连个人的努力，也决不能轻视了"。"于是马克思主义成了研究和批评的标的。马克思主义与学理相矛盾的种种地方，也渐渐发见了"。马克思主义本是社会运动的兴奋剂。"正如马克思所说，依社会进化的理法，社会主义组织，必然实现，这种教理，能使劳动者抱一种确实信仰，希望将来的成就"。可是，"唯物史观所说的是一种宿命论"，在历史的必然性尚未成熟的地方，无论何种理想力都不能表现。"所以若把唯物史观作为社会的哲学，不免有宿命的消极的弊病。于是社会主义遂用新理想主义做社会运动思想的内容"。"马克思主义，固执现实的历史的立场，排斥感情意志，要努力探究因果法则，其结果遂生出许多的矛盾和缺陷来"；到新康德派运动风靡欧洲的时代，社会主义运动随时与康德接近，占起势力来了。伯恩施坦（原译"柏伦斯泰因"）一派社会主义者，"公然反对马克思唯物史观说和阶级斗争说"。这是采用稳和手段的马克思主义改造说，叫作修正派或改良派。改造说有两派，一为"修正派社会主义，采进化主义和渐进主义"；一为"工团主义，主张革命主义"。工团主义"批评现时资本主义组织，承认阶级斗争，这是与马克思主义一致的地方"；它叫作马克思主义改造说，"因为否定议会主义，主张经济的直接行动"。工团主义"是用马克思主义创生出来的，所以也可叫作马克思主义革命的改造派"。于是，马克思主义分为左中右三派，中央是纯正马克思主义，左翼是工团主义，右翼是修正派。

关于修正派社会主义。这种新倾向，贡献很多的人在法国和德国。他们把马克思主义化为理想的结果，在实际运动的变化方面，大概可分为工团主义者的革命主义，和受了康德影响而变成的进化主义。修正派放弃革命变为进化主义、改良主义的理由，一是因康德批评的精神而发生；二是因马克思的社会进化说用阶级斗争说作为原理，发生许多理论的破绽。换句话说，马克思社会主义学说中"所谓分量的变化可以附加新性质那种事实"，依照康德的认识论，没有根据。有上述两种影响，革命的马克思主义，遂一变而为稳和主义了。康德的影响，在理论方面使社会主义化为理想，在实际方面使社会运动变得温和，大体说来，"可说是对于社会主义给了一种稳健的影响"。换句话说，"所谓修正派社会主义的主张，不是社会革命主义了，乃是社会进化主义"。修正派主张，"在资本主义社会中所有经济现象和法律规则，若能继续发达，就可以明证这种主义能够实现。有真力量的社会主义，在现实的资本主义社会中发达，而由渐次发达的结果，可使资本主义社会改良进化，变为社会主义的社会"。

关于工团主义。它与广义劳动联合主义有相近的地方，"可说是世界劳动联合主义的新研究"。"工团主义业已超过法国国境，使世界劳工运动开辟一个新纪元"。它是马克思主义革命的改造派，"所以必定要由这种意味，行正当的研究和理解"。"工团主义在理论方面，位居马克思修正派之左，在实行方面，明明模仿无政府主义。所以工团主义，介在正统派社会主义和无政府共产主义的中央。可是工团主义不是马克思主义者，也不是无政府主义者。虽然在两方面都含有部分的性质，却是两者都没有的。总之，工团主义正在发育，将来究占如何位置，这是很有趣的问题，可注意的地方，是对于劳工运动的实行力"。它在今日正在发育，其理论和势力虽然微弱，可是若把它当作一种神秘而非空想来点燃劳动者的心，实行力就会爆发起来，立刻变成一种大势力，也未可知。

关于无政府主义。通例分为"个人的无政府主义，或称哲学的无政府主义"与"社会的无政府主义，或称科学的无政府主义"。社会主义始终从事实的认识出发，无政府主义不然，追逐幻想，抹煞事实；"马克思派骂无政府主义是'哲学的空想'，也不为无故"。不单如此，无政府主义和马克思主义的实行手段也很不相同，"马克思主义为得自由，很想利用国家，无政府主义却要把国家废除"；"马克思主义想由民主的国家，行产业联合主义，无政府主义却以这些事都可以任意办到"；"马克思派为谋实现主义，要维持法律和政府，无政府党却轻蔑国家，破坏法律，对于政府行种种的阴谋"。广义说起来，"两派目的相差本不甚远，只是实行的方法手段各走极端"。

关于"同业公会社会主义"（今译基尔特社会主义）。它是以生产者同业公有，作为经济组织基础的社会制度。其目的，不问肉体劳动者或精神劳动者，组织全国的联合，一切产业由各部属的联合，用民主方法管理，撤废现行的劳银制度；主张公会和国家共同经营产业，生产机关归社会公有，由公会管理，生产者没有绝对的管理权，消费者也可经由地方团体或中央团体发表自己的要求。概括地说，同业公会社会主义想折衷集产主义和工团主义，另造一种特别的东西；它的思想与集产主义工团主义相似，也有差别。"总之，世界社会主义各分派中，最近发生的同业公会社会主义，正在要推倒旧派联合主义，作成新联合主义的理想"。

关于"多数主义"。"马克思以前社会主义各派，到了马克思出世以后，都被纳入他的大熔矿炉中熔化了。一说社会主义，好像就是指着马克思主义，一说马克思主义，好像就把德国社会民主党做代表。可是被熔化了的矿物，后来就变为异种金属表现出来。在德国变为修正派主义运动，在法国成为工团主义的主张，在英国成为同业公会社会主义的思想，又在俄国则成为马克思主义分化的多数主义"。"多数主义的特色，在实行'劳动阶级独裁政治'，这种新形式，全与工团主义相反，与同业公会社会主义的权力分割，也不相同。可是劳农会的组织，颇与公会相近，纯粹劳动的革命主义，又与工团主义相同，至于确保中央集权一事，又与正统派马克思主义——国家社会主义——相似。所以多数主义，究应列入何种范畴之内，殊难决定"。Bolshevism 一语，日本人故意曲译为过激主义，本来的语义并非如此。俄国社会民主劳动党内，多数派提倡中央集权说，"全然不与有产阶级妥协，主张劳动阶级专政"；少数派提倡地方分权说，"以为劳动阶级革命不甚妥当，所以主张与有产阶级妥协"。"多数派是属于马克思派社会主义"，"列宁是马克思派学者"，所以"多数派可说是马克思派，由某种意义解释起来，他们现在正实行国家社会主义"。多数派以改造社会为基础，第一要件在建设劳动阶级的国家，其意义又在确定劳动阶级独裁政治。其政策包含根本政策和应急政策。首先使绅士阶级不干预政治经济事务，社会改造过程中如果有必要收纳绅士阶级作生产者，也可以劳动者资格参与政治；其次由资本主义制度移至社会主义制度，是一个进化过程，非一朝一夕能做到，故以劳动阶级国家做基础，经由这个过程，非颠覆绅士阶级的政权不可。这样不仅产业没有解体之忧，反可以增进生产力。至于应急政策，有时用资本主义方法，有时用社会主义方法，临机应变，"总期不失社会主义的特色"。多数派政府承旧俄帝制时代及克伦斯基临时政府时代的大混乱之后，更遭受联合军（即协约国军）的压迫和德国的侵略，四面八方讲求种种应急政策，"巧奏成功"。剥夺绅士阀的选举权与被选举权，不许参与政治，仍享受经济权利；劳农政府最初的组织活动，确定劳动者和农民的权利，实行产业社会化，确立产业和社会生活的自活力。这是多数派政治色彩的概观。

多数主义思想的特征，"确立劳动阶级专政"，"政治的直接行动"，"彻底行中央集权制"，"国际主义"及"共产主义"。多数派的根本主张有鲜明色彩，要求劳动阶级独裁政治。"这是多数派否认资本主义和资本阶级的结果，是多数派遵奉马克思主义的明证。若想确立社会正义，第一在铲除资本制度"。严密考校，"成为社会主义的多数主义，差不多可说是没有特别新发明的地方"。劳农政府的成员布哈林（原译"布恰林"）说："我们如今又复变为马克思居首位的革命党党员了。这即是共产党。今日革命的福音，与马克思恩格斯所设想的地方相同。"又说："由第四阶级的独裁主义进到共产主义，这是我们的呼声。独裁即是铁权，是对于敌人不得不使用的权力。劳动阶级的专权，是一种劳动国家的权力，抑压第三阶级和地主的。"由此可知，多数派现在主张劳动独裁政治的理由，不是目的，乃是手段，"这不过是用共产主义做理想，达到这种理想的过程"。多数派所采取的直接行动是政治的直接行动，不是经济的直接行动，这也是采用中央集权制的原因。在这种地方，多数主义与工团主义多少有点类似。但工团主义反对任何形式的政治运动，这是多数主义和工团主义的重大差别。世人把多数主义看作无政府主义或非国家主义，"这是一种谬信"。从措施看，多数主义"实与国家社会主义有类似的地方，而且嫌恶英美法资本主义，严禁土地私有，把一切所有权，无赔偿的移归国家，使各种产业行社会化，政治方面则采用中央集权制度，这些地方，多与国家社会主义同调"。多数主义的特色是国际主义和共产主义。各国资本主义的侵略，蔑视国境，超越国境，通过银行团、信用联合等经营国际的生活，通过国际的行动驱使劳动阶级如牛马一般，所以现时资本主义国家的世界，非建立社会主义制度不可，极力支持国际的方针，挑战资本阶级的国际行动；所以多数派的政策在运动和方法上，国际主义的色彩越发浓厚了。采用共产主义的特色，1918年列宁等将多数派名称改为共产党，比起其他社会主义，有共产的色调，一看多数派的宪法，就可以明白。根据以上五个特色，可以理会多数主义的概观。他们"由自由、平等、同胞三大理想结合"；"诅咒现代文明的缺陷太多，要废弃现代宗教，因为现代宗教是资本主义国家的奴隶，是支配阶级的魔法"；"为改造社会，要发展革新的抱负"。多数派成立后，"为世界劳动者、农民、兵卒替祖先复仇，对付资本阶级采用残酷的行为"。世人错将多数派解释为强盗团体，这是不了解，他们用社会主义作政纲，在俄国是有历史的政党。"若是单把他们看做是在俄国独有的宗教下结合的团体，这种解释不对。他们是马克思派社会主义的分派，所以单把他们算做俄国的特产，想把他们一笔勾销，这是大错特错了"。①

通过上述内容，更加明白地体会此书所谓的客观介绍，具有怎样的特征。一则前面介绍马克思主义，看似客观，不仅如实叙述其学说要点，还不吝言词地称道它在社会主义发展历史上的崇高地位和深远影响。这里介绍马克思主义改造说，看起来同样客观，却在社会主义范围内，大谈马克思主义的许多矛盾和破绽，唯物史观成了宿命论，阶级斗争学说遭到质疑，只差没有公开点名剩余价值学说，其实这种否定式点名，也客观存在于那些反对马克思主义者的论述中。对于两个介绍之间的这种变化，介绍者好像不持立场，只作客观表述，实则当后面的客观介绍意蕴，修正或否定前面的客观介绍内涵时，介绍者也就以默认的方式，体现了他的引导倾向。

二则在马克思之后，为马克思主义的改造，设定了一个总览式框架。凡是社会主义或貌似社会主义的各派，不论有什么学说牵涉到马克思主义，诸如修正派社会主义从根本上修改马克思主义或从社会革命主义变为社会改良主义，工团主义游走于马克思主义与无政府主义之间，无政府主义有别于马克思主义借助国家的极端而偏向废除国家的另一极端，基尔特社会主义折衷集产主义和工团主义而另创特别的东西，布尔什维主义并非强盗团体或独有宗教团体而是从马克思主义中分化出来的派别等，都并驾齐驱，给予同等分量的客观介绍，并统统贴上马克思主义改造说的标签。所有这些学说，似乎它们的最终目标一致，差异仅在于实现目标的不同方法手段。其结果，究竟什么是真正的马克思主义，反而在这种客观介绍中被模糊了。

三则不分良莠，试图把各类观点都拉扯进来，以示其客观，殊不知这些所谓客观的内容并列在一起，又造成更多的漏洞或矛盾。如把马克思主义分为左中右三派，姑且不论所谓中间一派为纯正马克思主义，指改造前所介绍的马克思学说，还是指改造后的哪个派别，未曾说明；即使以其左翼为工团主义，其右翼为修正派，那么接着列举的无政府主义、基尔特主义和布尔什维主义，应属于左翼还是右翼，不得而知，若同属于与右翼修正派相对立的左翼，则左翼概念之庞杂，阵营之混

① 以上引文分别见《共产党宣言》，第235—237、243—245、252、262—263、268、272—278页。

乱，可想而知。又如解释工团主义是介于社会主义和无政府主义之间的一种混合物，得益于马克思居多，"可惜恩格斯及其末流""误译"纯为第四阶级主义的马克思主义，"堕落为议会主义了"；只有"除去这种不纯洁的地方"，复活马克思，"方可称真马克思主义的工团主义"①。这样的解释，把恩格斯与马克思区分开来，混同于社会党内的议会主义者，却又不注明其依据，可见书中一些所谓客观介绍，颇类于道听途说。再如一面借基尔特社会主义的反对之口，称国家社会主义容易陷于官僚主义，"不过是国家资本主义"，"是消费者本位制度"；一面又说国家社会主义即集产主义，更是正统派马克思主义②。对此，只见客观列举，不见认真辨识，结果所谓正统派马克思主义，可以是集产主义，也可以是国家社会主义，甚至是国家资本主义或消费者本位制度了。如此荒唐的观点，居然并行不悖，出现在书中而未见解释，亦可谓拜其客观介绍之所赐。类似的例子，还有很多，不必一一列举。

四则总览一再提到苏俄政府的事例，并在马克思主义改造说里专门介绍多数主义即布尔什维主义，乃其特色。书中概括布尔什维主义的政治特色和五个思想特征，偏重于劳动阶级专政和国际主义方面，对其经济思想方面的实质性特点，有所忽略。或许这些经济方面的内容，其他篇章论及苏俄的革命宗旨及建设措施时，有所介绍，但概述布尔什维主义的基本特征有此疏漏，总是一个缺陷，亦可见其客观介绍不那么客观。前面曾提到，布尔什维主义的特色是马克思主义加入工团主义的色彩，似乎将其归入左翼范畴，但这里又说，很难决定将布尔什维主义列入何种范畴。因为布尔什维主义既同其他派别如修正主义、工团主义、基尔特社会主义一样，被熔化在马克思主义的大熔炉中，表现为其中的一种派别，又区别于其他的派别，如实行劳动阶级独裁政治与工团主义完全相反，也不同于基尔特社会主义的权力分割，其劳农苏维埃组织与基尔特相近，其纯粹劳动革命主义与工团主义相同，其确保中央集权又与所谓正统马克思主义的国家社会主义相似等。经过这样的异同比较，最后总结说，不能将布尔什维克派采用残酷的方式对付资本阶级以为全世界劳动者复仇，错误地只是看作强盗集团或特殊宗教团体的行为，更不能将这个具有历史并以社会主义为其政纲的俄国政党，错误地只当作俄国的特产而从马克思派社会主义中一笔勾销。言下之意，避免错误的正确看法，应把布尔什维主义理解为在俄国的特定条件下，以残酷的强盗手段并结合独有的宗教意识来推行社会主义的马克思主

① 《共产党宣言》，第247—248页。
② 《共产党宣言》，第269、273页。

义派别。也就是说，所谓的客观介绍中，已然掺入了对布尔什维主义的偏见。

### （五）结语

《社会问题总览》一书，以"总览"为名，务求将当时研究和解决社会问题的众多知识和各种材料，网罗殆尽。其结果，一方面注重如实全面地搜集和介绍，包括将社会主义的整个历史、现实和理论面貌，特别是将马克思主义的精髓即唯物史观和剩余价值论，客观展现出来；另一方面放任各种客观材料在内容或观点上的相互矛盾、抵触、冲突甚至否定，尤其介绍马克思主义及后来所谓改造马克思主义的各派学说，或者借后起各派的学说来暴露马克思学说的矛盾或破绽，或者通过并列介绍各派学说以模糊马克思学说的真谛，或者掺入个人见解让所谓的客观介绍失真，显露作者翻译和研究马克思学说而又反对马克思宗旨的典型逆反心迹。译者选择翻译这部书，从树立马克思主义的信仰来说，首先看中的应是它搜罗那些有关社会主义和马克思主义的大量客观知识与材料，作为汲取的养料。同时需要从这些知识和材料中，甄别、辨识和剔除那些曲解或违背马克思主义的负面成分，提高自身的素养和能力，再借助其中提供的各种线索继续深化研究，丰富有关社会主义和马克思主义的理论与实践知识。在20年代初马克思主义经济学的传播过程中，《社会问题总览》译本的出现，正是起了这样的作用。这本书除了李达的译本外，同年还有盟西的译本，书名改为《社会问题详解》，共学社列入社会丛书出版。后一译本也分三册，内容基本相同，惟译名有所区别，如将"工会"译作"劳动组合"，并在书末"附录"4编，含"社会政策大要""社会主义大要""劳动组合大要""妇人问题大要"[1]。看来，高畠素之这本大部头著作，当时引起国人不小的兴趣。

上面两个译本，就其作者而言，除了客观介绍以外，未必赞同甚至存心抵制马克思主义，就其译者而言，正好反过来，有意从其客观介绍中，提取马克思主义的营养，加以消化、吸收，形成自己的信仰后加以宣扬。这也是20年代初马克思主义经济学在中国传播的一个重要途径。

### 三、其他相关译本

有关社会主义或社会问题的论著范围内，这个时期还能看到有些译本，或者没有提到马克思主义经济学，但作者通过对社会贫困问题的观察分析，促使自己最终

---

[1] 参看高畠素之著，盟西译《社会问题详解》，共学社1921年版。

走上研究和宣传马克思主义经济学的道路；或者通过讨论社会主义与个人主义的论著，反映译者正处于信仰选择的朦胧过程中；或者转述国外学者联系中国实际，提及关于马克思学说的认识等。这些内容，同样影响了马克思主义经济学在中国的早期传播。

**（一）《救贫丛谈》译本**

河上肇原著，杨山木译述，商务印书馆1920年12月初版，1926年11月再版。其今译名《贫乏物语》，在杨山木的译述本之前，有止止（李凤亭）的译述本《贫乏论》，泰东图书局1920年7月初版，惜未得见。

译者同年8月30日的简短序言称：河上肇现为日本京都帝国大学教授，"钻研经济学颇负时望"。此篇作于1916年，初登于《大阪朝日新闻》（9月11日至12月26日连载），1917年3月始印单行本，"一时纸贵洛阳，争相传诵"，两年内重印30次之多，嗣又转载于《社会问题管见》改版本，对原书有所删节，实质并未因之减少，"今兹所译，即据此改版本第一版"。其原序说："人不为面包而生，然无面包亦不能生，此乃全篇所贯著者精神之一；经济问题真为人生问题之一部分，经济学真足为吾人应学之学问，全为此耳。"读此可知著者本意之所在。本篇除二三处因重复故略予删节外，余悉照原文翻译。原书并无章节名目，乃为译者所增益，以图检阅之便。① 可见这是其时在日本很受欢迎的一本书，意在从经济学角度探讨面包问题即现代社会的贫困问题。这个探讨，同时体现了河上肇为了解决贫困等社会问题，从最初研究资产阶级政治经济学，到后来逐渐成为马克思主义的宣传者和阐述者的转变过程。

译本分3编，上编"现今各国穷人之现势"，含"穷人之意义""欧美穷人之现势""英国儿童食物公给条例""英国养老年金条例"4章；中编"多数穷人发生之原因"，含"人类经济较为发达之原因""机器发明之效果与人口论""现代经济组织之缺陷"3章；下编"救济穷困之方法"，含"救贫之根本方法"1章。"说明今日社会所患穷困之大病，为上编之主眼。中编之目的，在阐明此大病之根本原因，为本篇全篇之眼目。再进而论穷困之救济方法，是为下篇之主旨"②。

上编开篇即称："可惊哉！现代文明各国中多数人民之穷困也。"西方时人著

---

① 河上肇原著，杨山木译述《救贫丛谈》，商务印书馆1926年版，"译者弁言"。
② 河上肇原著，杨山木译述《救贫丛谈》，商务印书馆1926年版，第62页。

《社会革命原理》一书，内有社会不久将起大革命，不到1930年，现代社会组织必从根本上颠覆之言。此语不祥孰甚，然而试观欧美社会，"以冷静之学究，而放此过激之言论，其中必有不得已之事情"；英美德法以及其他各国，"国益富而民益贫"。穷人之意，应以经济学者所谓"穷困线"为标准。据此，"今日文明各国之穷人，其数之多，殊足令人惊骇"。有人以为穷困的原因为不事劳动，在自足经济时代，此说或然，但不能适用于今日；"西洋各国之贫人，决无此种性质，无论如何劳动，仍不免于穷困；所谓'绝望的穷困'，即此是也"。这是"欧美社会不平之真因"。世间文明各国均称富国，何以有多数穷人，岂非可怪之事？"不知各国中穷人虽多，然富力均集中于国内少数人之手，故国内一方面多穷人，他方面有巨富，一国全体之富，凌驾于他国国富之上，故称之为富国"。①

中编分析现代经济组织的缺陷，从生产力的限制看，人类因发明器具，得以脱离禽兽之域，然而发明机器，多数人犹不能脱离穷困之境，似觉可怪；"仔细思之，殊不足奇"。"吾人虽有有力之机器，其生产在今日全受压迫，不能尽其力之所及；制造之力纵令增加，其力既受压迫而不能十分发展；故虽在发明机器之今日，而吾人日日生活必需之必要生产品，亦属不足敷用"。"今日社会上多数人不能充量获得生活上必需物品者，并非已有多数之物，只因分配不良之故，而始致此；实乃最初即不能充量产出生活上必要物品"。从奢侈品的生产看，"今经济组织根本上之缺点，实在于此"。今日经济界之特征，只顾及奢侈品的需要，所生产者只限于此种需要之物，较之生活必要物品的需要，尤占优势；"此世人所以不顾虑生产生活必要之物，而专注意于无用奢侈品之生产"。从需要与生产看，"在今日经济组织之下，天下之生产者，悉生产需要之物，无论其物如何切要，设要求不能与资力相伴，往往弃而不顾，此所以现今之时代，无用有害之奢侈品生产日多，而多数人之生活必要物品反为缺乏"。或者说，"在今日经济组织之下，凡制造物品一任之于私人营利之业，苟有用钱之人，则无论何种无用有害之物，无不制造之；假使用钱之人不多，即令对于国民全体或与国民大多数有关系之物，决不能如意产出"。因此，虽有机器，并未备置，生产力虽增，物品生产额并未增加，反致发生解雇工人之事，出现失业之人，"机器与人之生产力均受抑制，不能十分发展"。骤观穷困问题，似限于分配问题，"其实与生产问题有密切之关系"；"世之研究社会问题

① 以上引文分别见河上肇原著，杨山木译述《救贫丛谈》，商务印书馆1926年版，第1、9、16、24—27页。

者，往往不察，认为纯粹关于富之分配，反将与现在生产组织关联之处，忽略看过，故余特委曲说明"。①

下编讨论救贫的根本方法，欲医治穷困这个社会大病，先概括前编检查其病源的要点。今日社会上穷困所以不能绝迹，在于依然维持现时经济组织，或任凭有余裕的富者妄自需要或购买奢侈物品，"欲穷困绝迹，殆属无望"。欲使穷困绝迹于社会，应当按照下列两个条件树立方针："若世间之富人自进而废除一切奢侈物品，则穷困存在两条件中，已失其一，确是救贫第一方法"；"若各种生产事业，不放任于私人营利之手，亦犹军备教育等由国家自行担任经营之，则现时经济组织有所改造，穷困存在之条件又失其一，亦是救贫一方法"。空谈上述两个方法，在理论上有同等价值，如须应用于实地，又当详加斟酌。若世间富豪能废除一切奢侈，纵令社会上贫富间尚有悬隔，社会经济组织仍然维持现状，所谓贫人自应绝迹于世，"故余以废除富人之奢侈为救贫第一方法"。假令第一方法不能实行，但能改造经济组织，亦可达救贫目的。此即"将私人营利事业中属于国民生活必要物品之生产者，尽移归国家经营，以图补救；故余以改造经济组织为救贫第二方法"。②

上述要点，特别是欧美资本主义先进诸国，伴随生产力的极大发展，社会财富日益增加而大多数人愈加贫困的现状，运用大量统计数据和事实资料予以证实，在此基础上，试图通过经济学的梳理来说明造成贫困的原因和提出解决这个问题的办法。其现实意义，披露国益富而民益贫问题，对第一次大战期间同样经历资本主义迅速发展而贫富分化日益显著的日本社会，具有警世作用，所以尽管书中重点说的是欧美发达国家的贫困现象，却在日本读者中引起强烈的共鸣。同时也要看到，这本书是河上肇转为马克思主义研究者之前，或者说是从研究资产阶级经济学转向宣讲马克思主义的过渡时期的代表作，因此，作者虽然敏锐地观察到世界上的富裕国家不断让大多数人陷于贫困的严重社会疾病，并从现代经济组织以私人营利为特征的生产领域而非分配领域去解释其病源，进而提出改造现代经济组织的救贫处方，但终究不同于也没有提到马克思主义经济学对现代资本主义秘密的解剖。正因为如此，书中才会在说明现代无法脱贫的病因时，把生产无用有害的奢侈品而非生活必需品，以及私人营利的经济组织依据有无金钱支付能力来决定生产供求关系，当作

①　河上肇原著，杨山木译述《救贫丛谈》，商务印书馆1926年版，第77—84、89页。

②　河上肇原著，杨山木译述《救贫丛谈》，商务印书馆1926年版，第90—93页。

根本的经济原因；又把维持现行社会经济组织，通过废除富人的奢侈行为而让贫困自行绝迹于世，作为优先的救贫办法，只有这种办法不能实行时，再去考虑改造现行经济组织，将私人营利事业中关系国计民生的部分移交国家经营，以此补救前一办法之不足。照此看来，书中对现行资本主义经济组织，仍存在某种程度的幻想，期望能够在继续维持或部分改造的前提下，实现救贫或脱贫的效果，而这恰恰是它与马克思主义经济学的明显差距，也不同于作者后来对马克思主义经济学的典型阐释。然而把这本书放到当时特定的历史环境下，它尖锐而有针对性地提出了为什么现代富裕国家有那么多穷人，何以穷人怎样努力工作也无法脱贫，什么样的处方才能医治资本主义这种疾病？思考和回答这些问题，后来引导作者走上了研究马克思主义的道路。看来，此译本的问世，距离其原作发表时隔4年，就马克思主义经济学在中国的传播而言，同样会起到类似的引导作用。

### （二）《社会主义与个人主义》译本

这本小册子67页，王尔德①著，袁振英②译，香港受匡出版部1921年5月初版。初版本未见，现存1928年版本。译者序称：

"中国自从'五四'运动以来，思想界已经大大地变迁了。但不管变迁怎么大，思想界还是幼稚得很，改造头脑的工具，还是很少。不单是创作的，有价值的书籍不多见，就是翻译界也不多善本。翻译固然不是一件容易的事，也不是一件快意的事。自己不能创造新思潮，只得代人家介绍，那不是一件很可怜的事么？译者不但要同著者担负一份责任，又要不做著者的奴隶，要有批评的眼光，才不上著者的勾当。译者更不应该存着'发财'的迷梦，甘心做奸商市侩的奴隶。外国文学，文法上有许多不能直译的地方，意思也有不能绝对强同的，原文不好的地方，当然不要同他担负传播的义务。所以译者是不能够死译的。这是我数年来对于翻译界常

---

① 奥斯卡·王尔德（Oscar Wilde, 1854—1900），生于都柏林医生家庭，曾就读都柏林三一学院，1878年毕业于牛津大学莫德林学院。19世纪爱尔兰最伟大的作家与艺术家之一，以剧作、诗歌、童话和小说闻名，唯美主义代表人物，19世纪80年代美学运动的主力和90年代颓废派运动的先驱；1891年出版散文集《社会主义下人的灵魂》。

② 袁振英（1894—1979），曾用名震瀛，广东东莞人；1915年毕业于香港皇仁书院，同年考入北京大学文学院；1919年在菲律宾当教员，组织华侨工党，鼓吹无政府工团主义，次年回香港，任《晨报》兼广州《新民国报》编辑；1920年8月参加上海共产党早期组织，发起成立上海社会主义青年团，参与编辑《新青年》，任"俄罗斯研究"专栏主编，在上海外国语学社教英文；1921年任广东省第一中学校长，为广州共产党早期组织成员之一，同年留学法国里昂中法大学，离开党组织；1924年回国后主要从事教育教学工作；1928年因"共产党嫌疑"被广东当局监禁1年多；新中国成立后在广东省文物保管委员会、文史馆工作。

常忠告的"。中国自从严几道、辜鸿铭以来，什么林琴南、梁任公一辈人都可以跻于翻译大家之林了。"可惜他们所介绍的多是无关重要的文字，或者是有毒的学说，如达尔文一派的，都是外人的余唾，不懂得介绍世界最新的思潮，所以事事要落人后。可恨中国的译名还没有统一，也没有纯正的编译局，所以编译总不会发达。中国兴学数十年，西洋的留学生也不少，实在是有什么效果呢？我希望翻译界中人快些觉悟，留学界中人快些觉悟"！

"中国这几年来讲主义的人，已经是不少了。从表面上看起来，以为现在研究学理的人，定然是很多。其实他们多是拿着一知半解的主义，用几千年的旧脑根，来批评近代的新学说，糊里糊涂，说了一大堆话，总是令人莫名其妙"！胡适说："多谈些问题，少讲些主义"，也是有慨而言。"所以现在洁身自爱的人，不能不积极地提倡个人主义，消极地提倡社会主义。有许多人以为个人主义是同社会主义矛盾的，其实不然。不但不相反，并且相承。两者殊途同归，与克鲁泡特金所讲的利己主义与利他主义一样（见拙译《无治党的道德》），并没有什么冲突。现在因为国家上、政治上、宗教上、家庭上、婚姻上、经济上，发生了无限罪恶，所以个人主义还是非常发达，都是因为驱迫而成。所以个人主义是战胜这些罪恶的利器。因此，我常常喜欢研究德国斯丹纳（Max Stirner，今译麦克斯·施蒂纳①）的极端个人的无治主义。个人主义（individuailsm）的佳处，在于发展个性（individuality）。要人人有独立的精神，有自由的思想，绝对不能够不去打破万恶的环境，不要骇怕他什么威权，也不管什么势利抵抗；……统通置于不顾，只向着真理一条路上走"！

王尔德的著作，中国译本很少。所以他的著作和生平，中国社会知道的人很少，介绍他的学说的更少了。"所以我才把他这篇名著翻译出来，以应付中国这次新潮流。""这个英国之大文豪，应该知道一点，并要知道英国言论的自由和文学思潮的趋势。王氏的学说尽可以代表英国的近代文学界"。王尔德为爱尔兰人，"爱尔兰处于英格兰专制淫威之下，产生了许多自由思想的人，特立独行，不管万恶社会有什么毁誉"。"现在爱尔兰的自由声浪，王氏实为前驱。越专制的国家，越黑暗的社会，常常产生越自由的人"。"王尔德的主义，固然是极端的个人主义"。"王氏一生，是一出再大不过的悲剧，他在法国的时候，也穷到了不得，但是个人主义是近代一切思潮的枢纽，尽能够抵抗社会上一切罪恶。个人主义不能够消灭，社会主义就不能消灭，所以个人主义的胜利，就是社会主义的胜利"！①

以上序言，可以分为两层意思。一层意思说五四运动以来国内的翻译界状态。其中围绕着舶来新思潮的引进，既谈译者个人的翻译体验与心得，更对翻译界的落后面貌表示不满。这种不满，主要体现在两个方面。一是中国的译名不统一，也没有真正的编译机构去推动这项工作。将此作为中国编译事业不能发达的原因，其来有自，以前已有人提出，确系事实。不过此序把改变这种可恨状况的希望，更多寄托在西洋留学生的身上，似乎对当时我国引进西方学说的新概念，流行借用日人的翻译而转为中译名，不以为然。这也是后来不少留学欧美者中常见的态度，但中译名的统一，最终还是顺着相沿成习的路子走下去。二是过去的翻译者包括那些所谓翻译大家，不懂得介绍世界上的最新思潮，大多拾外人的余唾，翻译的东西不是无关紧要，就是有毒学说，所以中国事事落在人后。这是更重要的原因，认为中国数十年来没有走对编译的路径，没有什么效果，思想界仍停留在幼稚的阶段，对于改造国人的头脑而言，不仅难得看到有创见有价值的书籍，也少见翻译的善本。这两个方面，根据作序者的说法，应当同样适用于马克思主义经济学的传播领域。那么，什么是有利于改造头脑而有价值的世界最新思潮，这正是序中要说的另一层意思。对此，作序者看来将新思潮圈定在主义或学理的范围。惟以为当时国内许多谈论主义或研究学理的人，大多一知半解，特别是用传统的旧脑筋来批评近代的新学说，既糊里糊涂，又莫名其妙，所以才会有胡适"多研究些问题，少谈些主义"的感慨，也才会出现积极提倡个人主义，消极提倡社会主义的现象。说到这里，作序者也就是译者，公开表明自己的观点：个人主义同社会主义并不矛盾，二者一脉相承，殊途同归，就像个人无政府主义所主张的利己主义与利他主义没有冲突一样；这种个人主义的发达，是现实社会政治经济等各种罪恶逼迫的结果，通过发展个性，以独立精神和自由思想去战胜罪恶，打破威权，抵抗势利和追求真理，如同爱尔兰人王尔德主张极端个人主义，在对抗英格兰的专制淫威过程中形成特立独行的自由思想，也说明自由人是专制国家和黑暗社会的产物；"近代一切思潮的枢纽"是个人主义，如利器一般能够抵抗社会上一切罪恶，根据上述有关一脉相承和殊途同归的理解，既然个人主义不能消灭，社会主义就不能消灭，则个人主义的胜利，就是社会主义的胜利。

译者这些观点，是个人无政府主义的典型主张，也是从翻译王尔德的著作中吸

---

① 王尔德著，袁振英译《社会主义与个人主义》，受匡出版部 1928 年版，译者"序"。

收的营养。如译本开篇即说："社会主义最大的利益，在于解决我们困难的生活。现在社会的环境，无处不为我们的大敌，无人不受它的痛苦。所以社会主义的功效，就要把这个难题来解决"。"没有明确的指导，就不能救济社会的罪恶，或更把它来弄糟了"。"最正当的目的，在于改造社会，把这个社会做到决不会有困穷的事实发生"。个人主义与社会主义并不相反，而是相承，"个人主义是一种独立自由的势力……是反对社会的刻板文章"；"个人主义与社会主义能够融合，才可以做成完善的社会"。① 所以王尔德认为，个人主义的胜利就是社会主义的胜利。显然，译者序中所说的完全是王尔德书中的那一套理由，而且根据个人主义的胜利就是社会主义的胜利这一逻辑，撇开有关社会主义的论证不谈，主要落脚在个人主义是"近代一切思潮的枢纽"亦即世界最新思潮的核心上面。

《社会主义与个人主义》译本翻译出版之时，应是译者袁振英正在参与共产党和社会主义共青团的早期活动之际。此前他担任《新青年》"俄罗斯研究"专栏主编，化名发表了许多介绍苏俄革命和马克思主义理论的译文，而后参加中国共产党，说明认同马克思主义。但在中国共产党成立前夕出版这个译本，又表明他的信仰根基仍建立在个人无政府主义之上，试图凭借个人主义的独立自由个性去冲破万恶的社会环境和专制的威权罗网，并将个人无政府主义视为真正的能够改造国人头脑而有价值的世界最新思潮。在这样的思想基础上来宣扬社会主义与个人主义的一致性或一脉相承特点，不可能正确理解马克思主义，袁氏在中共成立不久即离开党组织，其原因很大程度上也应归咎于此。这种现象，在当时筹建中国共产党的过程中，并非个别案例。可见马克思主义经济学的传播，对于早期共产党人来说，真正地理解并接受成为信仰，尚且需要经历如此艰难的考验，遑论国内其他人士。

**（三）《经济影响下之政治思想》译本**

这是美国勃拉克女士 1920 年在北京大学讲演的记录，宗锡钧②笔记，北京惟

---

① 引文分别见王尔德著，袁振英译《社会主义与个人主义》，受匡出版部 1928 年版，第 7—8、31—32、54 页。

② 宗锡钧（1898—1974），沙河县人；1917 年入北京大学哲学系；1923 年赴法国里昂俭学，1924 年加入中国社会主义青年团，先后任旅法支部组织部和宣传部主任；1926 年被捕驱逐至德国，当年到比利时时入列日大学学习，由组织送往莫斯科东方大学，任民族班组织部主任，加入联共（布）；1928年回国，因病与组织脱离关系，在北京教育机构教学或工作；1933 年任北平中法大学秘书，翌年派往法国里昂中法大学，后任校长；1939 年回国任昆明中法中学主任，1941 年到重庆先后任中央工业专科学校分校主任、文史科主任，女子师范学院教务主任及哲学教授；新中国成立后，先后任西南工业专科学校政治科主任，重庆建设工程学院政治科副主任，西南师范大学中文系教授兼资料室主任。

一日报社 1921 年出版。另一版本见伏罗笔记的《经济状况与政治思想》，商务印书馆 1922 年出版。此讲演分四讲，实则为随后罗素①所讲的《社会结构学》作铺垫准备，于此亦可体味此讲演的基本宗旨。

第一讲里，申明"这个讲演大致是研究欧洲的政治思想史，尤其注重社会主义的思想史，尽我们的能力去找出他的经济的或知识的原因来"。其中说道，"社会改革家倘能用科学方法去研究社会的经济的状况，那就不会弄出这许多错误来了；讲到这里，我们就不得不推崇马克思了；他是社会主义的鼻祖，在今日非常受人尊敬及崇拜（虽然我们可以看见将来他也会受人批评），因为他的理论是从精密的研究经济状况及其对于思想的影响得来的。他对于当时工人的生活情况，作工的方法，都加过考察"。接着批评有的人思想虽然很敏捷，自以为立刻可以实现马克思的理想，"殊不知尽管理想发生得很早，倘使社会的经济状况还没有成熟，决不会实现出他的理想来。所以经济状况的研究非常重要"。随即提出两个判断，其一，"现在关于共产主义的理想，我信在欧美实行的时期已经到了；因为他们早已知道不是道德上人类应该这样生活，而是在科学的真理上为人类的进步及互助的利益计，有实行共产主义之必要"。其二"我想这个时期在中国还没有达到。在本讲演的末了，我就要说明所以没有达到的道理。但是我希望他一定会到的。我这个讲演的目的，并不在于得到关于近代事业的结论，只是想做一番历史的考察"。②

换句话说，讲演者注重研究欧洲的社会主义思想史，着重于找出它的经济原因或知识原因，也就是用科学方法研究社会经济状况，避免社会改革家违背这一精神而导致许多错误。这里提到马克思是社会主义的鼻祖，如今受到人们的尊敬和崇拜，就在于他的理论来自精密研究经济状况及其对思想的影响，包括考察当时工人的生活情况和做工方法。据此可见讲演者并不怀疑马克思的理论以及由此形成的共产主义理想，有其科学研究的依据，尽管认为这个理论将来也会受到人们的批评。所以她把研究的重点，放在社会经济状况的发展程度，是否成熟到可以立刻实现共产主义的理想上面。或者说，她与那些社会改革家或思想敏捷者的分歧，就在于不

---

① 伯特兰·罗素（1872—1970），英国哲学家、数学家、逻辑学家、历史学家、文学家，分析哲学的主要创始人，世界和平运动的倡导者和组织者。出身于曼摩兹郡一个贵族家庭，1890 年考入剑桥大学三一学院，后两度在该校任教；1908 年当选皇家学会会员，1950 年获诺贝尔文学奖，被授予英国嘉行勋章；1920—1921 年访问苏俄和中国，1967 年组织斯德哥尔摩战争罪犯审判法庭，谴责美国在越南的政策。

② 以上引文分别见美国勃拉克讲演，宗锡钧笔记《经济影响下之政治思想》，北京惟一日报社 1921 年版，第 1—2、4 页。

能脱离经济状况的研究来空谈共产主义理想的实现。这似乎是一个正确的思路。但从她随后提出的两个判断看，一则相信欧美社会已经到了实行共产主义理想的时期，因为在那里，人们已经超出人类应该这样生活的道德想象，从科学真理上认识到实行共产主义的必要性在于人类的进步和互助的利益。须知这个观点的背后涵义，是说欧美经济已经发展成熟到可以实行共产主义的地步，无需人为地干预。二则断定中国还没有达到实行共产主义理想的时期，虽然希望这个理想在中国一定会到来。这个论断实际上同样是说中国经济尚未发展成熟到可以实行共产主义的地步，因此无需纠缠于是否以此作为近代事业的结论，只想强调对于经济状况进行研究或历史考察的重要性。

这个讲演，颇有些针对我国五四运动以来社会主义思潮扩展，尤其马克思主义迅速传播的形势。但它不是公开对抗这种形势，而是以经济状况与政治思想的关系，或政治思想处在经济的影响之下为题，迂回地讲述马克思主义所提倡的社会主义或共产主义理想，固然值得称道并有其科学依据，但能否实行则受制于经济状况的成熟程度，这是一个自然而然的发展过程，任何社会改革家只能用科学方法去研究或考察这个过程，等待经济条件的成熟，而不能急切将实现这种理想当作近代的事业，否则就会弄出许多错误；依此而论，欧美社会已经达到实行这些理想的时期，而中国还没有达到，至于欧美达到后怎样实行这些理想，似乎仍是一个无须人为干预的自然演变过程，而且也不是讲演的目的。此讲演正值中国共产党开始筹备建立的时机，又打着赞成共产主义理想的旗号，实则是以研究经济状况为名，否定了在经济落后的中国有建立共产党为共产主义理想而奋斗的必要性，试图将国人引导到效法经济发达的欧美自然达到可以实行这一理想的方向。这样的论点，实际上成为马克思主义经济学传播过程中的一个障碍。此所以在后来建党的理论准备和论证中，成为共产党人着力批驳的一个重要靶子。

### （四）《互助论》译本

俄国克鲁泡特金著，周佛海①译，共学社1921年12月初版，列入社会经济丛

---

① 周佛海（1897—1948），湖南沅陵人，1917年东渡日本留学；1920年暑假回家省亲期间，参与组建上海共产主义小组，1921年7月作为旅日代表，出席中国共产党第一次全国代表大会，11月初返回日本；后入京都大学经济科，毕业后1924年回国，任国民党宣传部秘书，同年9月脱离中国共产党；此后在国民党内任职，抗战爆发后历任蒋介石侍从室副主任、中央宣传部部长等职；1938年投靠日本，在汪伪政权任要职；日本投降后曾为蒋介石所用，受到舆论压力，被公审判刑，病死于南京狱中。

书，这是此书的第一个中文全译本。现依据 1923 年 10 月第 3 版，此后还有 1926 年 6 月第 4 版，1933 年 1 月第 5 版等，可见它在国内的流行程度。

译者 1920 年 5 月 1 日的例言提到，这本书根据 1919 年伦敦 William Heinemann 书店出版的英译本；原书的小注只译出与本文很有关系者，其余不大重要的如引用的书名，省略不译；这本书在课余时抽闲译出，若偶然有误译及文句没有炼得整齐的地方，希读者指正①。也就是说，译者此时在日本留学，却选择英译本而非日译本作为翻译原作的版本；其译本虽系第一个中文全译本，但严格说来还有不完整的地方，如对原作的注释依据其与正文的关系或重要性，进行选择性翻译，从译本目录看，又省略了原来的附录，另换为"中英固有名词对照表"的附录；译者对其译文颇为自信，认为误译或文句欠洗练只会是偶然现象。译本分为"序论"（今译引言）；第 1 章"动物底互助"（今译动物之间的互助）；第 2 章"动物底互助（续）"；第 3 章"蒙昧人底互助"（今译蒙昧人之间的互助）；第 4 章"野蛮人底互助"（今译野蛮人之间的互助）；第 5 章"中世都市底互助"（今译中世纪城市中的互助）；第 6 章"中世都市底互助（续）"；第 7 章"近代社会底互助"（今译我们现代人之间的互助）；第 8 章"近代社会底互助（续）"；"结论"。

须注意，译者稍后回国省亲时，参加上海共产主义小组的组建活动，而此前留学日本的课余时间，感兴趣的却是翻译无政府主义主要活动家和理论家克鲁泡特金的代表作。克氏 1902 年发表的《互助论》，以互助作为进化的一个因素，又是用无政府主义观点勾画的一部社会发展史。其中认为人类依靠同样存在于动物界的互助本能，能够建立和谐的社会生活，无须借助权威和强制，无权威无强制的社会反而比有国家有权力支配的社会，更能保障人的自由、完善、理想和富有生命力；宣扬可以实现无权威、无政府、无国家的社会，而且这种社会比其他社会主义思想家提出的理想社会还要完美。这本书的主旨，正是针对马克思主义的阶级斗争和无产阶级专政学说，试图从理论上驳倒阶级斗争学说，为无政府主义提供一套可以称之为科学的理论体系。

早在 20 世纪初，我国留学法国者创办于巴黎的《新世纪》，就在 1908 年 1 月

---

① 俄国克鲁泡特金著，周佛海译《互助论》，共学社 1921 年版，译者"例言"。

25 日至 6 月 13 日间的第 31 号至第 51 号上，断续刊载了李石曾①化名"真"译出的《互助（进化之大原因)》，即《互助论》前 3 章，那是将无政府主义作为一种新思潮介绍给国人的早期译作。后来由于第一次世界大战的爆发破除了人们对于物竞天择的进化竞争论的迷信，互助论也随之从欧洲流行到我国。直至建党组织筹备的前夕，周佛海仍在着手完整翻译旨在对抗马克思主义的克氏《互助论》的原著，只关心其译文的准确性而并未指出这种对抗的内涵与实质，显然心有所属。于此可知在建党的早期理论准备过程中，除了那些意志坚定者外，一些参与者的思想是比较驳杂的。结果有的经过锤炼转向真正信仰马克思主义，有的摇摆不定或只是为了投机而最终放弃原来的追求，有的则一直心存杂念而埋下后来背叛的隐患，周佛海便属于后一种类型。这也从一个侧面，反映了建党前夕马克思主义经济学传播的复杂思想背景。

## 第三节　研究苏俄及劳动问题著作中的马克思经济学说

两方面的著作，都是对启蒙时期国人所关注的重要论题的进一步延展和概括。研究苏俄革命，从 1917 年十月革命后最初的道听途说和旁观猎奇，到成为效法借鉴的专题研究对象，是一大变化，20 年代初的相关著作，又将这个研究条理化和系统化。研究劳动问题，同样是这一时期出现的专题著作，将此前主要见于文章形式的较为单薄论述，提升到更为集中和系统论述的层面。两类著作，彼此呼应，劳动问题被看作最重要的社会问题，苏俄革命被看作解决劳动问题的激进方式或彻底办法。二者的内容在当时不一定有密切联系，但由此烘托并强化的舆论氛围，共同推动了马克思主义经济学在中国的传播。

### 一、研究苏俄的有关著作

这一类著作，最初很少直接论及马克思主义经济学，但实际效应，一般把苏俄

---

① 李石曾（1881—1973），河北高阳人；出生于晚清显宦之家，1902 年赴巴黎入蒙达顿农校，毕业后入巴斯德学院及巴黎大学读生物，1906 年联合组织"世界社"宣扬无政府主义，同年加入同盟会；1911 年回国参加辛亥革命，翌年在北京联合创立留法俭学会资助学生赴法；二次革命失败后避难法国，1914 年组织留法西南维持会；1917 年回国任北京大学生物系教授，建立华法教育会和留法勤工俭学会；1920 年在北京创办中法大学，在法国建立里昂中法大学；1924 年当选国民党中央监察委员，1925 年任故宫博物院院长；抗战期间在欧美从事外交活动，1948 年任总统府资政，1949 年去瑞士，1956 年定居台湾至去世。

革命与建设，当作马克思主义付诸实践的范例。因此，随着国内对苏俄范例的关注，反映在著作方面也不断强化，意味着对马克思主义经济学的理论认识和实践检验，在不断深化。这里列举早期的两本著作以资说明。

### （一）《新俄国之研究》

邵飘萍编著，日本大阪南区东瀛编译社 1920 年 8 月初版。其中谈到苏俄经济措施，具有一定代表性，可以补当时缺乏研究苏俄问题的经济学著作之不足。

邵飘萍[1] 1919 年因揭露和批评政府遭通缉，流亡日本，其间编写两本较有影响的书，一本是《综合研究各国社会思潮》，包括介绍马克思、恩格斯的生平事迹及学说，《共产党宣言》《资本论》的一些主要观点，后由商务印书馆出版[2]，今未得见；另一本便是《新俄国之研究》。后一本书的"绪言"：

"俄国以其历来政治与社会之种种特别原因，遂酿成一再革命之惨剧。列宁等利用机会，确立所谓劳农政府，以实行平素所主张之社会主义，手段猛烈，成效昭著。社会主义革命之声，使各国政府闻而惊惧，欲一致扑灭之，然又归于失败。于是劳农政府之屹立不动，且急遽以施行社会主义者，业已三年，各国政府虽嫉之，而各国中之社会党，却与之表同情者不少焉"。俄国今日所行之主义，善恶良否为别一问题，政府与国民欲求对俄外交之适当，自以研究俄事为第一要着。"况俄国今日所实行之社会主义，非独在俄国之政治与社会中为空前之创举，实世界历史上之一新纪元。今后果见社会主义之成功，其影响于世界，将较美国独立，法国革命之威力为尤著。然则我国朝野，无论在外交上有研究俄事之必要，而对此世界空前之奇剧，生活于此世界中之国民，胥不可不具正确之理解，又岂待言"。方今一般国人，苦于难悉俄事真相，且以某方面故意讹传，对于革命后之俄国，每疑为奇离怪诞，非人间之生活。如所谓妇女国有谣言，即其一例。"记者欲贡献国人以判别俄事之常识，且为政府外交国民外交万一之助"。本书附录美国人 1919 年 4 月（去年）的调查报告，最有研究价值，"俄人之如何百折不回，与种种困难交战，吾人

---

[1] 邵飘萍（1886—1926），原名新成，号飘萍，浙江东阳人；1899 年考中秀才，1906 年考入浙江省立高等学堂师范科；1912 年任《汉民日报》主编，后报纸被封入狱，1914 年出狱东渡日本，创办东京通信社，1916 年被上海《申报》聘为驻京特派记者，创办北京新闻编译社；1918 年创办《京报》，在北京大学新闻学研究会客座讲学；1919 年遭通缉，报馆被查封，赴日避难，受聘大阪《朝日新闻》，1920 年重返北京并复刊；1925 年加入中国共产党，1926 年被奉系军阀政府逮捕杀害，后被追认革命烈士。

[2] 参看谈敏：《1917—1919：马克思主义经济学在中国的传播启蒙》，上海财经大学出版社 2016 年版，第 800 页。

可以窥见俄国国民性之一斑，而谓列宁派已成为其国内温和之共产党，尤足知某方面所传如何可怖之手段，为不尽实"。①

可见，邵飘萍编著这本书，系针对各国政府的嫉恨，国内舆论界的讹传谣言，以及社会上流行的各种不实之词，向国人披露苏俄革命的真相。这个真相，注重于展现列宁等人通过激烈革命手段建立苏维埃政府以实行社会主义，面临各国政府的多年围剿而屹立不动，获得各国不少社会党的同情；揭示俄国社会主义革命的成功，是本国政治与社会的空前创举，又是世界历史上的新纪元，对世界的影响，将比美国的独立战争和法国的资产阶级大革命更有威力；认识革命后的俄国民众生活并非稀奇古怪，让人窥见其百折不回应对各种困难的国民性，显露列宁派共产党在国内的温和取向而非恐怖手段；等等。本着这样的宗旨，此书研究新俄国的基本倾向，可想而知。这也是编著者继《俄国新政府之过去现在未来》一文后，率先以更加系统而翔实的内容，正面介绍新苏维埃俄国的代表作。

此书正文24章，第1章追溯俄国思想界的变迁，提到经过1870—1880年"受马克斯等唯物主义及社会主义影响之时代"，"社会主义乃特形发达以至于今日"。第2章叙述俄国社会运动的团体，提到普列汉诺夫（原译"朴雷哈诺夫"）"实马克斯派社会主义之一大理论家"，创立社会民主党，"以工场劳动者之劳力为基础，而遵奉马克斯社会主义"，后来列宁派与之分裂。第3章介绍布尔什维克（原译"布尔萨维克"）即列宁等人激烈反对普列汉诺夫主张与有产阶级妥协而在党内形成的多数派，被日人曲解为"过激派"。第4章介绍布尔什维克的目的与手段，提到劳动者独执政权为其"唯一特质"，如《共产党宣言》第2章所说，"一切阶级撤废，自是自身（劳动阶级）之优越地位亦撤废"②，"明明以劳动者执政为撤废一切阶级之手段，而不以劳动者执政为目的"；列宁主张土地国有，产业集中于国家，生产机关由国家支配等社会主义要件，皆布尔什维克的目的。第5章介绍帝政覆亡与克伦斯基（原译"凯林斯克"）的执政。第6章介绍俄国1917年3月的革命（俄历二月革命）"纯为政治革命"，11月7日列宁等布尔什维克的革命（十月革命）"纯为社会革命"，后者成功之速，在于"极端引用马克斯所谓阶级争斗之说，主张排斥一切有产阶级，而以劳动者独执政权"。第7章介绍革命胜利后，列宁政府发布和平与土地两大问题的新政策，中止对德战争而迅速开展民主讲和，以及废除土地私有制。第 8 章介绍布尔什维克的精神，体现为后来成为劳农政府宪法基础的 1918 年 1 月 10 日宣言（即《被剥削劳动人民权利宣言》）的要点。第 9、10 两章介绍劳农政府的政治组织。第 11、12 两章介绍劳农政府的经济设施。第 13 章介绍劳农政府的军队编制。第 14、15 两章介绍劳农政府的教育事业。第 16 章介绍劳农政府施政的成绩，世人公认其成绩最优者莫如教育，而土地国有及实施义务耕作，因一般农民未解社会主义之真意，尚未收显著效果，工业劳动者则骤减，有人"每以此为社会主义终难实行之佐证"；为公平研究起见，不可忘俄国承欧战惨祸而陷于悲境的国民经济到劳农政府时已达其极，国内经数次革命而产业当然不能维持常态，向社会主义的过渡不能不影响经济于一时，故不能将责任都归于劳农政府，否则该政府决不能经过 3 年，今日依然存在；况且列宁提出"以社会主义与资本主义为一部分之调和"，"迂回曲折"谋求达到社会主义的目的。第 17 章介绍各国在俄国的驻兵与撤兵。第 18 章介绍俄国旧党在政治和军事上对抗劳农政府屡屡失败的因果关系。第 19 章介绍劳农政府的外交日见进步。第 20 章介绍各国对俄外交处于不离不即之间，声称与人民通商而不承认劳农政府。第 21 章介绍各国对俄开始通商却不承认之滑稽。第 22 章介绍俄国社会的最近情形，可见"列宁尝以独持之论理与才能，指导无产阶级"，如称："苟无专门智识，则工业必萎靡不振，而无产阶级皆无专门智识，故吾人不可不利用属于资产阶级之技师所有之专门智识"。第 23 章列宁评传，提及列宁早年发现马克思社会主义的理论可用于当时的俄国，"遂为马克斯主义之希望者，确立事实的基础"；1899 年著《俄国资本主义之发达》（今译《俄国资本主义的发展》），"为现代俄国经济学上之模范著作，至得第一流经济学者之名"；"综观列宁之立说，并非为新思想之创造者，惟其可惊之力量，能将已发见之新理想彻底实行，且彼确信民众创造之力为无限，故不拘一偏之局，而敢为彻底大改革之举，其真价即在于是"；心中只知革命，"换言之，彼之凡事猛进，欲彻底实行已为马克斯等所发见之新理想而已"。第 24 章托洛茨基（原译"却罗斯克"）评传。

正文之外，还有"余论"：劳农政府的设施及其 3 年以来的经过，"固多可抱乐观之处"；但须继续注意、研究和观察新俄国今后的前途之趋势。"共产主义之新俄国"，进行困难，障碍重重，如人种复杂，旧时宗教势力潜在，各国封锁的外交压迫，国民教育不普及等，况且"由资本主义一变而为社会主义，乃世界空前之盛举，不易达其目的，岂非意中事乎"？列宁最近谈话，称"颠覆旧制度与建设新制度，皆须相当之年月，非短时间所可骤至"；"预料应用电气于农业工业，以使共产制度实现之计画，至少须以十年为期"。因此，"以一时之顺逆，而遽断定新俄国之前途，或更推论而断定社会主义是否可以实现之前途，皆不免轻率武断"。① "余论"之后，另有四个附录，分别是美国特使的赴俄报告，列宁与《纽约世界报》特派员的谈话，苏俄政府发布的《远东共和国宣言书》与《国民议会宣言书》，以及《俄国劳农政府之农业政策》。

以上内容，面面俱到，颇为丰富，关键是编写者的态度，从始至终站在维护苏俄政府的立场上说话。有两点尤为醒目，一是突出苏俄革命乃列宁所领导的布尔什维克将马克思主义应用于俄国的产物，无论遇到什么样的困难，采用什么样的手段，其矢志不渝的最终目的，都是为了实现社会主义，在世界历史上堪称空前盛举，开创了新纪元，势必带来前所未有的重大影响。二是强调苏俄政府所处的困境和面临的重重障碍，由特定的历史条件所造成，非但不能成为社会主义终难实行的佐证，反而证明了共产主义新俄国迄今屹立不动的生机与活力；所以，无论编纂苏俄各方面情况的正文资料，编后表达的余论感想，抑或选择客观反映苏俄理念与现状的各种附录，均体现对新俄国的信心，专心于披露事实真相，以期打破那些否定苏俄社会主义前途的轻率武断论调。基于这种信念，书中介绍劳农政府的经济措施，正像介绍劳农政府的政治组织，如谓初期设置临时革命委员会，禁止一切反对革命的刊物，似乎违背社会主义者平素主张言论自由的根本主义，"但禁止之理由，则以劳动者及农民之权力方始建设之时，绅士阀反对革命之言论利器，不可不暂为武装之解除，俟新制度确立，则一切刊行物之限制除去，实现完全自由之言论"，态度十分鲜明。比方说：

"劳农政府之经济的设施，悉以实行社会主义为其最终之标的"。经济的重要机关，实行"劳动者支配产业之机关"："因欲整理国内经济起见，一切工业的、商业的、农业的事业及团体，悉付诸劳动者管理，银行事业、交通事业、产业组合等亦同"；前项管理事务，由所属劳动者选出的工场委员、劳动者代表会议施行，此机关由全体被雇者及技术员的代表组成；重要工业都市，工业地区，设置地方劳动者支配机关，由劳动组合、劳动委员会及其他工场产业组织等的代表组成；首都设立全俄劳动者支配机关，网罗劳兵代表会执行委员会、劳动组合、技术员、农业组合及各劳动团体等方面的代表；劳动者支配机关有监督生产，规定最低工资标准及产品定价

① 邵飘萍编著《新俄国之研究》，东瀛编译社 1920 年版，第 93 页。

的权能；劳动者支配机关有权管理一切业务通讯，一概禁绝商业秘密，应令事业主持者交出一切账簿及存款；劳动者支配机关的决定有约束事业主持者的效力，除非有更高级的劳动者支配机关的决定；事业主持者或经营者对劳动者支配机关的决定不服，可以向更高一级劳动者支配机关投诉；所有事业主持者及使用人代表行使支配权，向政府负责维持秩序、保管财物等，如有财物毁损或账簿混乱等行为，则受处罚；地方劳动者支配机关裁决下级支配机关之间的一切纠纷，以及事业主持者所提出的一切诉求。设立"国民经济高等会议"（今译"最高国民经济会议"）："依利源及金融机关之公有，整理全国经济生活，统一中央及地方各支配团体（包含全俄劳动者支配机关）"；有权收用、征发各种工业、商业及令其建立合同，有权在生产、分配、金融诸方面施行相关政策；由全俄劳动者支配机关各人民委员的代表，以及特别招聘的专门学者与知名人士组成；分为燃料、矿山、金融、复员等各部；从该会议成员中选出若干人形成一局，联络各部并作应急处置；整理公共经济的一切法案及政策，先提交人民委员会（人民委员会即劳兵农苏维埃）。上述各机关的组织，"无处不发挥实行社会主义之手段，而绝对不用知识阶级之说，亦可见其不确"。

劳农政府成立后，处分重要经济事项的方法，与内政外交有至大关系。一是废止土地私有权的办法：一切土地的所有权，无赔偿废止；地主的所有地、贵族的采邑、寺院都会的所属地与其家畜、建筑物和器具，全部移交地方土地委员会及地方农民代表会管理。俄国的特殊情况是大地主居多，"故用此特别土地革命主义"。二是废弃国债与国营储蓄：全部废弃地主及绅士阀治下的一切国债，一切外债亦绝无例外废弃；搁置短期债券，不付利息；国营储蓄银行的储蓄金，不可侵犯；储蓄金若非劳动所得，不到 5 千卢布者亦可全部否认。三是银行贮藏金的处分：存在各银行金库的一切货币，移入国营银行，金货及金块等一概收归国家基金；传唤金库的保管者速携金库钥匙赴银行报到，以便检查；传唤后 3 日不报到，以反抗检查论处；反抗检查的所有金库，由检查者开检，库存物悉归人民所有，移交国营银行。四是外国贸易的处理：一切外国贸易悉为国营，外国政府及外国商业团体所生产的原料、制品、农产物等买卖，依政府的特设机关直接管理；设立商工人民委员会，由各方面的代表担任委员；设立外国贸易会议，登录输出入品的需要与供给，决定价格，施行总商工人民委员会的决定案。①

---

① 以上引文均见邵飘萍编著《新俄国之研究》，东瀛编译社 1920 年版，第 34—41 页。

上述有关苏俄政府经济措施的介绍，其具体条文的不少内容，此前已随着报刊载文对苏俄宪法及其相关措施与政策的介绍，传入国内，看起来不那么新奇。应予重视的，一则这是当时难得一见的由国人自行编纂的系统介绍苏俄新政府的早期专著，放在这个系统中来梳理苏俄政府的经济措施，更能突出其实质、重点与特征。诸如经济措施服从于实行社会主义的最终目的，通过劳动者支配经济管理机构和建立相应的最高国民经济会议来体现人民当家作主的国家意志，废除土地私有权、取消一切国债及非劳动所得的银行储蓄、将私营银行收归国家所有、垄断对外贸易，吸收使用知识分子参与国家组织管理等，无一不是苏俄政府的独特经济措施，其事实可澄清外界的各种谎言。

二则编纂者寄希望于新俄国，故在其常遭世人非议的经济措施方面，不仅客观介绍，还流露出对此空前盛举的赞赏口吻。关于这一点，可以比较此书附录四转引《东方杂志》的《俄国劳农政府之农业政策》一文。此文也有客观介绍的成分，如引用威廉·李卜克内西（原译"维廉里卜克耐区"）之说，"社会革命，非有农民之赞助，决无成功之望"；无论都市工业劳动者如何急进，若农民仍主保守，则社会主义者所希望的社会改造，万不能达到；俄国革命能否成功，虽难断言，但劳农政府所以能维持至今日，无疑以获得农民的同意，为莫大的原因；俄国为农业国，传统土地制度，既使农民保有共产精神，又因土地缺乏而益觉土地社会化之必要，俄国共产制度成立之易，即由于此；"列宁秉政，乃以烈风迅雷之手段，发土地国有之布告"，可见之于劳农政府宪法及全俄苏维埃会议决定的有关规定；等等。这些内容，大概因其客观，此书收为附录。但文中的结论，意在说明劳农政府的农业政策不改变其缺乏效果的状态，"将不免终于失败"。[①] 类似的失败预判，在编纂者自己撰写的正文里，从未出现过，相反一直宣扬苏俄政府的各种措施，为之辩护并期盼其未来前途。这在当时国人报道和评论苏俄革命的各种著述中，也是很少看到的积极和乐观态度。

三则此书系统梳理苏俄政府的经济措施并突出其重点，虽然没有引用马克思经济学说的理论根据，也没有阐发列宁所领导的布尔什维克将马克思经济学说应用于俄国革命实践的理论继承与发展，但它摘录和排列新俄国所发布的有关经济措施的那些权威法律或决议条文，事实上为类似于俄国那样经济发展相对落后并以农业经

---

① 邵飘萍编著《新俄国之研究》，东瀛编译社1920年版，"附录"，第39—46页。

营为主的国家，在劳动阶级夺取政权后如何走上社会主义道路，从经济上提供了一个范式。关于这些条文，编纂者大概主要选译日文资料而得，当时国内报刊界已有详略不一的流传，然而编纂者不止照原样转述这些条文，还大体概括这些条文的实质与特征。比如条文中所有的经济措施，都以实行社会主义为最终目的或作为实行社会主义所发挥的手段，在国家经济的重要组织机构方面，既体现由劳动者支配和整理国内一切重要经济事务的实质性权利，又体现由最高国民经济会议来实施统一集中管理的典型特征；条文中处理重要经济事务的一系列措施，包括无条件废除土地私有权，取消一切国债，将银行及其非劳动所得的存款收归国有，实行外贸管制与垄断等，作为苏俄政府的经济基础，影响国家的内政外交等所有关系。根据这样的理解，书中梳理和介绍苏俄政府的经济措施，并非只是简单如实地翻译或好奇有趣地转述，还初步提供了一个结合苏俄国情来运用马克思主义经济学，不同于现行资本主义经济组织的新型社会主义经济范式。尽管对当时的国人来说，这样的经济范式仅仅是一个雏形，尚待探索且面临各种障碍，但毕竟已经显出其实质及若干基本特征，成为可供忧国忧民之士参照比较的一个选择。

### （二）《劳农政府与中国》

张冥飞①编辑，汉口新文化共进社 1921 年 1 月再版，1927 年 3 月第 4 版，初版本不详。此书与邵飘萍的《新俄国之研究》一书，出版可谓前后脚，相隔时间很短，不过其社会影响力看来不及邵氏之书。

此书 12 章，另有附录。值得注意的是第 1 章总论，表明编辑这部书的两个意见和两个希望。一是对劳农政府的意见：人类都应该自食其力，"劳农的人，就是最完全自食其力的生活"。现在人类总有一种骄奢狂妄的心思，"总是要占夺别人现成的衣食住，还要扩张自己无穷的肉欲"。小到个人劳动的苦工，大到主张国家主义的一班人，无不有这种妄想，渐渐见诸事实，闹得不得安宁，"这都不是人道正义所能够许可的事"。"不料而今居然有这样一个劳农政府在世界上发现出来，虽然他那政府所做的事，未必都和人道正义相合，但是人类自食其力的道理，总算是在这糊涂懵懂的世界上，实行起来，将来总有普及全世界的一日"。我将他们政府所做的事，拣那紧要的记载，"好教世界上的人类，也知道各个人自食其力，原来是做得到的，不妨大家牺牲自己的肉欲，出来做做"。二是对中国的意见：一个

---

① 张冥飞（1894—？），名焘，字季鸿，号冥飞，湖南湘乡人，南社小说家，一度任南方大学教授。

人放纵肉欲，总有许多人受他的痛苦，痛苦受得狠了，只怕不能由少数人硬要了多数人的命。"当初的俄国，何尝不是少数的人劫制逼勒多数的人，如今何以又有了这个劳农政府呢"？所以我记载出来，安慰多数颠连困苦的人，儆戒少数骄奢狂妄的人。三是对人类的希望："人类在世界上，应该要讲到自己生活（完全自食其力），人人都能使自己个人谋得正当生活时，人类就可以共同生活了"。"现在劳农政府的办法，就是教他们的人专谋自己个人的生活，不许他那政府底下有一个半个吃饭不做事（不做事吃饭）的人，这才是人类共同进行的轨道"。就此破除一切人类的恶劣根性，扫荡一切人类的恶劣事实。照着它的办法做去，"才不枉了叫做人类"。四是对中国人的希望：我以为人类愿意生活在世界上，就是自私，肯凭着自己的能力去谋正当的衣食住，就是自利，这两个名词是好的，不是坏的。谁知我们中国人误解到反面去了，以为胡闹乱来便是自私，侵占抢夺便是自利。要知道我一个人有自私自利的心，许多人都有自私自利的心，我一个人做自私自利的事，许多人也都做自私自利的事，"彼此不相干涉，不相冲突，岂不就是共同的自己生活吗"。"希望我们中国的一班人，听得劳农政府，在那里实行人类的共同自己生活的办法，渐渐的减少那种荒谬糊涂的心理，对于自私自利的误解，渐渐的明白过来，那么我们中国的人，也就可以走到人的道路上去了"。①

上述意见和希望，立足于效法劳农政府所推行的自食其力生活，实际上推崇不劳动者不得食的原则。这是针对现实中国存在着好逸恶劳的劣根性，不劳而获的掠夺贪欲，少数人压迫多数人的社会现象而言，试图引入苏俄政府的做法，让一切有劳动能力者必须参加劳动，凭劳动获得个人生活资料，或使有劳动能力而不参加劳动者无权获得个人消费资料，改变国人乃至世人在劳动生活方面的恶劣根性，消除由此产生侵占抢夺的恶劣事实，并相信这种做法将来总有一天会普及到全世界。这样认识苏俄政府，有其不满社会现状和憧憬美好理想的一面，然而其视野范围和深刻程度，均不及邵飘萍对新俄国的研究。它把苏俄政府所做的事，概括为实现了人人自食其力，即使这样做的方式未必合乎人道正义；所谓自食其力，无非约束个人的贪欲，通过每个人对各自生活的自私自利追求，互不干涉和冲突，最后达到没有妄想、偷懒和侵占抢夺的社会共同生活境地。这种道德说教，将自食其力等同于自私自利的解释，根本看不到苏俄政府以马克思主义经济学为指导来改造现存经济组

---

① 张冥飞编辑《劳农政府与中国》，新文化共进社 1927 年版，"总论"。

织与制度的本质特征。由此也可以明白，这本书记载苏俄政府的事迹，其主旨，不过安慰多数颠连困苦的人，儆戒少数骄奢狂妄者，劝导人们牺牲自己的贪欲以尝试自食其力而已。

接下来各章，分别是："俄国革命与劳农政府的出现"，介绍十月革命的由来。解说从革命的破坏到破坏后的建设，"非有极公正极明白极周到的头脑的人，用一种极强烈极横暴极恶毒的手段来对付一班反对我阿谀我的人，决不能把社会上无穷的罪恶，归纳到一条道路上去，根本扫除干净"。"全俄扰乱与劳农政府最初现象"，介绍苏俄国内战争与俄德和约。解说其政府对外失败，对内专横，"宜乎世界各国咸以过激派为不祥之物，而思所以防制之"。"劳农政府的由来及其经过"，介绍布尔什维克产生的远因、经过、主义与手段，劳农政府成立的经过、政治的特点、施政的成绩、与各国的关系。颇多内容与邵飘萍之书相似。"劳农政府的宪法"，完整转录苏俄新宪法 6 篇 17 章 90 条的内容。解说此宪法的本意，完全铲除习惯，不问事实上有什么困难，非得照这法律去做，"意志真是坚强极了，见识也就远大极了"；但我"不敢相信"没有流弊，如不可能让做官享用供给惯了的人退职做工，国内不准个人有私产，而有产阶级能够跑到别国当老板。"劳农政府的土地国有法"，完整转录 1918 年 9 月颁布的土地国有根本法 13 章 53 条。解说"公产主义，所以不能实行的原由"，一是各种阶级及所有权的障碍；二是按照人口分配土地，目前可以相安，将来人口增多，怎样增加土地的生产力，"土地的生产力尽了，人口仍是增多，那时又有什么办法"；三是工作的人和不工作的人（官吏兵警不能废除以前），怎样区分吃饭穿衣的标准。"劳农政府的这篇根本法，可是解决了大部分的困难，只怕还有无穷的小部分困难呢"。"劳农政府的法令"，介绍 1917 年 12 月 18 日公布的婚姻婴儿及其法律地位的登记法令，离婚法令，八小时工作法律。"俄国新订之劳动律"，介绍 1919 年通过实行的相关法律共 8 条。"劳农政府的教育"，介绍普及并打破知识阶级的各类教育。解说共有 5 万万人的中国，全靠千把几百个大学高等毕业生有什么用，"然而现在的人还在那里做大学的迷梦呢"。"劳农政府的旁观者之审察"，介绍美国陆军情报局长 1919 年 2 月赴俄实地调查的回国报告书，与邵飘萍之书的有关附录内容类似。解说旁观的人有许多隔阂，有本国的国情和自己的意见，其观察未必能了解本意，自然有些不以为然的心思和论调；"但是劳农政府的主义和办法，在现在世界上，实在是没有比他再好的事，因为他是向着人类共同的自己生活竭力去做"。"劳农政府与各国"，介绍欧美各国的对俄政策及其影响。"劳农政府与中国的关系",介绍劳农政府的对华讲和好意及其在国内各界的反响。"结论",感慨欧战发生以来,中国完全丧失自主的力量,内政和主权可以随便供别国干涉和牺牲,可怜自己把自己的人欺负透了,糟蹋透了,哪里能禁止和抵抗别人来欺负我,糟蹋我;由此想到没有革命以前的俄国和劳农政府的主义没有传遍全俄时,俄国的现象一定同现在的中国一样,如人民不识字者极多,辛亥革命后专制政制下没有断绝官僚恶习传染病的病根,武人自立为王,劳动的人确实没有饭吃;"现在劳农政府,建设的渐渐稳固了,列宁一派的人,居然战胜了种种困难,居然实行他那种人类共同的自己生活的主义了,只是中国是怎么样呢,我们又怎么样呢"?①

此书另有附录四篇:"列宁的手段与奋斗的精神",介绍反对劳农政府的人所叙述的俄国真相,称列宁对于俄国简直是个万恶的罪人。编辑者表达"与众不同的"观念:反对者列举的现象,为专制政体下刚刚经历革命万不能避免之事,"都是以前社会留存下来的恶毒,不能归罪于列宁新制度之不良好";做成一桩非常的大事业,为了子孙万世之业,为了公众利益,断然要用暴烈的手段,"列宁的见识,是很高远,但不是意志坚强和手段老辣,怎么能够造成今日的劳农政府";"列宁终以坚忍强国的精神,奋斗到底,居然就把个万恶的社会,改造得很像样了,这种奋斗的精神,真令人佩服得很"②。"列宁的谈话",介绍列宁1919年与挪威政治家的谈话,1920年2月与纽约世界报记者的谈话,后一谈话亦见于邵飘萍之书的附录。"协约国与俄国消费协力社",介绍协约国以俄国的消费合作社为中介,重新与俄国通商而于1920年4月25日签订的相关条款。"俄现象杂记",介绍俄国劳动革命成功后,用红白绿各色代表不同的派别,以及海参崴地区俄国亲日旧党的失败情况。

总之,通览全书,从经济思想角度看,编辑者对苏俄政府的施政理念、政策和业绩的理解,一言以蔽之,就是建立在人人自食其力基础上的人类共同的自己生活的主义。此书与邵飘萍之书有诸多雷同之处,尤以整体的布局结构十分相似,而且更为详尽和完整地转录了苏俄政府的各类法律规定,如宪法、土地国有法及其他婚姻法、劳动法等,但所有资料的安排,缺乏内在的逻辑关系,又不知在众多新的政

---

① 以上引文分别见张冥飞编辑《劳农政府与中国》,新文化共进社1927年版,第6、16、46—47、67—68、87、113、146—147页。

② 张冥飞编辑《劳农政府与中国》,新文化共进社1927年版,第158—159页。

策措施中，何以能够单独抽绎出自食其力与自私自利之间的互为因果关系，结果使得此书比较邵氏之书，犹如画虎不成反类犬。此书也像邵氏之书一样，为苏俄政府镇压敌对阶级的专政手段辩护，宣称这种手段哪怕极强烈极横暴极恶毒，都是出自极公正极明白极周到的头脑而为对付反对者和清除社会罪恶所必要，体现了将落后旧俄国改造成为如今像样社会的高远见识、坚强意志、老辣手段和奋斗精神；但恰恰在实行国有制或公有制，人人劳动等核心经济问题上，又持"不敢相信"的怀疑态度，并提出这些制度终究不能实行的诸多理由，既然如此，何以还把自食其力的美名挂在嘴边；看来，公产主义违背了自私自利的原则，强制人人劳动又不合于人道正义的说教，这恐怕便是此书一面夸耀苏俄政府的榜样作用，一面又认为这种榜样存在着流弊，不愿完全引为中国效法对象的矛盾原因之所在。另外，邵氏之书，始终贯穿着一条线索，将新俄国的革命与建设成就，看作由列宁领导的布尔什维克运用马克思主义（包括经济学）指导本国实践的结果。反观此书，偶尔谈到列宁的布尔什维克如同普列汉诺夫等人，遵奉马克思主义，但纵观全局，根本看不到始终如一的线索。由此也能看到当时有的国人评介苏俄政府，即便称颂其有关经济措施，然而由于理解上的差误，仍有可能偏离马克思主义经济学的传播轨道。

## 二、研究劳动问题的有关著作

此类著作在 20 年代初，比起研究苏俄的著作，其内容似乎距离马克思经济学说更远一些，不仅很少提及，还时常保持一种戒备态度。但劳动问题作为经济学研究的重要对象，毕竟是现代社会日益严重并凸显出来的重大问题，同现存资本主义制度的盛行与扩展密切相关，尤为社会主义者或马克思主义者所重视。因此，研究劳动问题，即使想在现行制度下予以掩饰或缓解，也很难避开专门以解决劳动问题为主旨的社会主义学说，特别在解剖资本主义秘密的基础上彻底解决劳动问题的马克思经济学说。下面以两个译本为例。

### （一）《劳动问题概论》译本

作为世界改造丛书第 1 卷第 1 册，标明冯飞述，实为译本，华星印书社 1920 年初版。译者不知其详，但他的"例言"说得清楚："此书系日本卖文社所编之小册子"，不过 1 万 5、6 千字，称得上"简括"二字的徽号，"为求得劳动问题中普通知识之良书"；"中国人尚在启蒙时代，所缺乏者，即系普通知识，则此书即中国人之良药也，故遂译之"；"此书纯用直译方法，未敢有甚遗漏，惟太不能直译者，始不得已译其大意"，又省略与中国人无甚关系而叙述日本事实者十余句；译者日文程度短浅，不能谓无误译之处①。可见此书纯系日人著作的译本，所谓"述"，不过少数地方采用非直译的意译方式，以及有所省略而已。译者把这本"简括"劳动问题的通俗小册子，当作启蒙的良书或良药，介绍给国人。

译者 1920 年 5 月 1 日的序言：

"今日中国所发生之一切社会问题中，并无劳动问题存在。有之亦仅能发现于一极小极小部分，与其他眼前急待解决之种种大问题相较时，尚不足值社会论者或社会改良论者之一顾"。"中国现在之社会组织情况，俨同于欧洲封建时代"。各省督军即诸侯，所领省域即采邑的人民以血汗之资，供给一部分于督军，若不足餍其欲望，则纵军队掳掠，或滥借外债，而责其所属采邑之人民逐件偿还。"今日中国社会组织情况，完全等于欧洲中古之时，尚在自给经济时代"。地主对于小农，店主对于学徒，尚有比较亲族的关系，条件亦比较的不酷，"故中国今日不发生何等劳动问题"。"本来劳动的发生，乃系产业革命后所产生之必然的状态。吾国尚未经此阶级，故自然不能发现此等问题"。但世界今日的要求，无论何国，皆有趋势不能不增加生产力，然则此后中国改革旧有的自给经济为交换经济一事，即所谓革命一事，"已宛转不可逃避"。"产业革命后所呈出之破绽，即所谓劳动问题，必随伴之而发生"。劳动问题如果发生，势必涉及分配问题与主权问题等。产业革命的要求，在今日中国已有无可再缓之趋势，"吾人为预防此后产业革命产生破绽所谓分配主权问题等事起见，即不能不为未雨绸缪，先求得一劳动问题之概念，以期解决将来中国之劳动问题"。"故吾人译此书，不仅在介绍世界劳动问题之新潮流，亦所以供吾国留心未来中国社会情况者研究之材料"。社会上人们对旧有政治组织如督军制等、旧有社会组织如大家族等，已逐次认为不妥当，解决此等问题，不过研究如何破坏之而已。破坏的第二步，即建设及建设的各种手续问题中，扩张生产力一事首当其冲，生产力扩张，劳动问题不能不到来。"故今日中国人士若欲破坏旧有一切组织，同时欲建设未来的新组织，并欲求建设新组织后所生破绽之切要的预防方法时，即不能不先知劳动问题之知识，此即吾人译此书以贡献于国人之主旨"。②

上述说法，我国为预防产业革命后随着生产力的扩张，势必出现分配及所有权的破绽而产生劳动问题，故须未雨绸缪，十分相似于当初西方社会主义思潮传入我国，国内应对这一思潮的防患未然论调。二者都认为当前中国不同于西方发达国家，还处于经济发展落后阶段，甚至如此序所说，尚等同于欧洲中世纪的自然经济时代，因此不存在现代西方国家日益对立和严重的社会问题；同时，考虑到生产力发展或产业革命的必然趋势，为了避免或减缓将来发展后出现类似的社会问题，中国从现在起就要早做防范。可见，这里所说的劳动问题，专指典型资本主义的劳动问题，撕去传统劳动关系中尚存的脉脉温情面纱而赤裸裸地显露劳资对立关系。译者从日本人那里求得了一副什么样的"良药"，被视作认识和预防劳动问题的普遍知识，须从解析这本小册子入手。

译本分 10 章，第 1 章 "劳动问题之意义"：贯通 19 世纪及 20 世纪的世界问题中，解决劳动问题的必要性，"已成一最高紧急之问题"；今日大战后议论劳动问题之声，"喧腾四野，此劳动问题的标语，遂加增现代流行语势力之速度"。劳动问题可简单表述，"因欲增进'由劳动所报酬之劳银而生活之人'等的福祉，于是考究并实行改善其劳动条件之方法"。如何使劳动者能过上人类的生活，其方法手段可分为二派：一派社会主义的主张，认为现在劳动阶级被视为机械的附属品，乃"现在经济组织自身之根本流弊所发生之物"，"以私人营利目的为中心发达而来之资本主义企业之当然结果"，"主张悉行打碎现代资本主义的经济组织，而使一切生产机关或消费机关为公有或共有，而改变为集产的或共产的社会主义之组织"；"在社会主义的经济组织中，高唱改造之社会主义运动"，至少是废除以现在经济组织为基本的自由放任主义，废除纵容一人贪得无厌的制度，"确立新社会或新团体为单位之组织制度"；此派的主张，要点"以劳动者之生活悲惨为现代经济组织惟一缺陷之原因，故打破其病弊者，须俟劳动问题之解决"。另一派社会改良主义的主张，"承认现在经济组织之原状，而筹生活之改良进步"，其各种方法，"欲依国家之力，而以法律的方法实行之"，"欲依资本家企业家而行之"，"欲俟劳动者自身之自觉，以自发的方法行之"；此派"极力在承认现代资本营利主义之经济组织，维持自由主义之经济组织，由此以图社会生活之进步发达"；从社会生活进步和人道上看，又不能允许贫富悬殊过甚，少数资本阶级垄断财富与多数劳动阶级受涂炭之苦，欲医救此状态，应当箝制有力的资本阶级，保护爱抚无力的劳动阶级，普及教育以渐次增加劳动者的智识与自觉，匡救劳银方法及劳动条件的缺陷，对妇女劳动和幼年劳动采取适当必要的措施等；解决劳动问题的现实意义，提高劳动阶级的地位，使之生活安定，且增进人类全体的生存力，发挥人类的优秀特质。

社会主义说劳动问题的意义，根本问题是批判现在资本主义经济组织必然附随的赁银制度。在此派看来，首先须知资本主义的必然路径是资本集中现象，经营现代产业的决定条件为有无巨大的资本。所谓工场制度，存在"不领有何等资产、作永久的劳动阶级"，"社会最下级人民劳动者之利害关系，与其使用阶级资本家之间，不能不完全背反与扞格，于是阶级斗争之现象，遂如所目睹之状况"；由此来看劳动问题，"要得断言为贫富两阶级之阶级斗争"。"由此言之，真正劳动问题之解决期，不能不求之于社会无阶级要求得彻底之时"。赁银制度下的劳动者，不仅为生产者，为了多卖其劳动力，还要像商人那样通过劳动市场交易之巧拙来定利害之消长。这种"饥馑之自由"，完全动摇了劳动者生活的根柢。马克思（原译"马克司"）也痛论"奴隶尚有生活保证，而赁银劳动者无之"。根据以上理由判定：消极改善一切劳动条件，"固亦或系解决劳动问题方法之一助，然不能以此为惟一真实方法。盖若积极的打破现在资本主义经济组织，始可见真正根本的劳动问题之解决"；若不根本解决，"万无可解决之道理"。故劳动问题须明了其概念，重申一遍，"劳动问题者，不仅为劳动条件改善之意义，须记清也"。①

此章讨论劳动问题的意义，确认所谓劳动问题，专指近代工场制度下为资本家所雇佣而靠工资过活的劳动者的非人生活状况。解决此问题有社会主义与社会改良主义两种方法，前者把矛头指向资本主义经济组织，认为劳动阶级沦为机器的附属品而无法摆脱悲惨的生活处境，完全是现行经济组织存在根本弊端的产物或结果，主张打碎资本私有制度而改造为公有或共有或集产的社会主义组织；后者也承认贫富悬殊即少数资本阶级垄断财富与多数劳动阶级痛苦挣扎是一种社会病态，但以维护现存经济组织为前提，认为资本营利主义和自由主义是社会进步发展的基础，主张通过国家的干预、资本家或企业家的力量以及劳动者的自觉或自发行为等改良方式，加以救治。仅此为止，只是不偏不倚，客观摆出解决现代劳动问题的两种基本主张。但作者更进一步，似乎站在社会主义甚至马克思主义的立场上，强调资本主义经济组织表现为极端的资本集中制度和雇佣工资制度，致使解决劳动问题的极为重要意义，不能不求之于贫富两阶级的阶级斗争而彻底实现无阶级社会，否则雇佣劳动者只有饥饿的自由，甚至不如奴隶尚有起码的生活保证。消极改善劳动条件虽有助于解决劳动问题，却不能以此为惟一真实的方法，只有积极打破现存资本主义经济组织，才是从根本上真正解决劳动问题的方法，这样的判定，无异于抬高社会主义而贬抑社会改良主义。这果真是这本小册子的主旨吗？且看下面的议论。

第2章"劳动问题之沿革"：现代劳动问题发生的起源，属于产业革命以来的事实。明白其发生路径，有必要仔细考究或不能漠视产业革命以前的劳动阶级状态。人类原始时期的农耕事业，开始出现奴隶制度；经过长期发展到文明时代，变成农奴制度直至18世纪初期；随着尊重思想自由风气的振兴，产业革命的结果，出现大工业制度及都会集中现象，于是赁银劳动者代替农奴制度。使用机器的大规模生产组织发达的重大结果，一切劳动阶级的地位发生激变，大多数自给自足的家庭手工业劳动者，沦落为供资本阶级满足其欲望的牺牲品。资本家视劳动者如同机械，劳动者视资本家如仇敌，"尤以赁银关系之目前利害，愈足使两者关系成为武装的，阶级斗争之事实，已如此显著"。产业革命虽然给全体带来很大利益，但在劳动阶级看来，"反成为增大其苦痛之原因"。工场生产组织使资本家劳动者两阶级悬绝，伴随而来的现实问题是失业、妇女及幼年劳动者的外勤及夜班制度发达、劳动者疾病及罹灾数量的增加等。发生劳动问题的路径，大体在利用机器而需要大资本的资本主义产业发达的基础上，产生赁银劳动者；因教育普及和人类自觉，赁银劳动者对其生活采取批评态度，对其境遇具有反抗能力；社会上逐渐承认劳动者非人的悲惨生活而需要救济。由此可知，产生大多数劳动阶级是资本主义发生的必然副产物。劳动者为了生活，只能出卖劳动力而从属于资本家，不得不无条件地服从资本家的利益。"劳动者终身从属于资本家，而其阶级又不能不永久被支配于资本家之前，而资本家以企业的欲望，加其富之速度，乃层出而无已，故贫富之悬隔，与之甚成正比例"。此劳动状态，最初的救济呼声来自人道主义；后来劳动阶级自身将感情和智识转为对自己阶级地位的自觉，救济者又有具体和科学的论证，从而形成合理的权威的劳动运动主张；18世纪以来，各国在宪法法则中高唱人类平等权利，综合劳动问题与行政立法等问题，从而使现代意义的劳动问题具有广义地位，不仅为劳动状态的问题，并且包含与此相关的一切问题。①

此章讨论劳动问题的沿革，论及资本主义经济组织的形成历史，资本家与雇佣劳动者因贫富悬隔和相互敌对而产生阶级斗争的事实，特别是劳动阶级作为资本主

① 冯飞述《劳动问题概论》，华星印书社1920年版，第8—17页。

义的副产品而遭受的各种痛苦，看起来仍循着上一章的思路，偏向讲述在社会主义或马克思主义学说中经常听闻的一些道理。不过此章末尾谈到劳动问题的解决沿革，不再坚持以社会主义的主张为本，以社会改良主义的主张为末的说法，悄悄地转向劳动问题的成立，单凭劳动阶级在精神上和肉体上的反抗，不足以成事，尚需劳动者以外的其他力量支持，重点是国家行政及立法支持。如此一来，解决劳动问题，又变成在承认现行资本主义经济组织前提下的社会改良行为。

第3章"劳动运动之思潮"：解决劳动问题的思潮及运动，大体分为四种。一是"自由主义的理想"。所谓曼彻斯特派，"完全否定劳动问题之特别存在"；他们把发现事物的自然规律即支配人类共同生活的规则当作头等问题，认为资本主义社会即使存在弊害，也是必然附带的事项，无碍于其极合理的性质。实验已经证明所谓自然规律之说极失其当，有意干涉的结果常常能改善社会状态。二是"社会主义的理想"。社会主义在本质上也立足于进化的必然性所形成的自然法，但不承认自然秩序形成于利己的动因。他们解决劳动问题，主张应当破坏资本主义组织而实现社会主义组织；现在劳动阶级的悲惨状态，根本上发源于现在的经济组织，资本主义必定附带之显著者，即贫富悬隔；"不改造其组织之物，不能望劳动问题之解决，即单纯的劳动条件之改善，不能望劳动问题之解决"。社会主义运动的方法手段可分为"议会会议政策派"和"直接行动派"：前者"依据普通选举投票，以求实现社会主义组织于议会得多数者，而后求其胜利者"；借此劳动阶级获得政权，期待在立法中变革现在资本主义的各种制度；属于此派者又分为"单独实现劳动阶级者"及"欲与中流阶级为有理解之妥协而共力行之者"。后者别名"经济政策派"，"废政治的运动而采经济的运动，欲一举而实现劳动者之天下"；其代表为工团主义（原译"劳动共产主义"）运动，欲由劳动者管理一切生产，"不能不以阶级斗争之武装，拟匕首于资本家之怀中"。要之，社会主义的劳动运动，立足于溃灭现在的资本主义组织，即以营利的企业资本家为本位的自由主义社会制度，另行建立以劳动者为本位的社会主义组织的新社会。三是"保守主义的理想"。以资本主义的发展到底不能阻止这一事实为根本出发点，承认近世工业资本主义对劳动者的无数损害，打算变此组织为类似于封建陪臣与家人之间的劳动关系；让资本家利用个人的优越条件来组织大多数劳动者而成为伦理的指导者，将商品买卖性质的赁银劳动关系建立在伦理的基础上，尽力改善劳动者的劳动条件并保护其精神和物质的幸福。这种关系，劳动者尊敬资本家如慈父，为善导者，"放弃追求自己个人之利益企图自己阶级之胜利等事，惟以资本家为恩人而敬之"。然而这种温情主义的见解，"完全为妄想"或"可以断为一种妄想的思潮"，无事实根据，"无有一顾之价值"。四是"社会改良主义的理想"。这是欧美各国正在实行的理想，一言以蔽之，"维持自由主义之经济组织，而以渐次实现社会主义的政策为理想者"，"亦可称为社会主义与自由主义之混血儿"。社会改良主义承认劳动阶级所说的资本主义的发展与弊害相结合，但除去此弊害，不单为劳动阶级的利益，还要以国民全体利益及文化发展为主题，从历史发展的角度认识这个批评，通过渐次进步来改良，等到历史条件充分成熟，可期望进行有机的改造。其主张，除去现代社会经济发展所产生的弊害和改造今日社会组织，可以将劳动者阶级的自发行为与立法的行政变法相结合，"劳动阶级之自主的行为，与国家的助力相俟，始能见劳动问题之解决"。今日文明诸国，组织言论文章以社会改良为目的，"一面怂恿劳动阶级之自主的解决，一面论国家之保护，正着着进展"。"今日普遍的被总辖于劳动问题概念下之问题，终系此范围内之劳动自主方法与关于国家的保护之论题"。①

进入这一章，通过几种理想的比较，方才明白译本所说的劳动问题及其解决，究竟是怎么一回事。首先，将解决劳动问题的各种思潮和运动概括为四种理想，据说它们都在不同程度上承认现行社会团体生活或社会经济组织方面，存在伤害劳动阶级的现象，其中自由主义的理想因强调资本主义社会符合自然规律之极为合理，在实践上被证明失当或过误，保守主义的理想因主张回到封建家族主义以避免劳资矛盾，被视为毫无事实根据的妄想，这两种理想都不具备解决劳动问题的可能性与合理性，被排除在外。这也是为什么第1章谈论如何使劳动者回归人类生活的方法手段时，只提到社会主义和社会改良主义两种理想的原因，认为它们才具有解决问题的可行性。

其次，进一步诠释所谓社会主义的理想，分解为议会政策派与直接行动派，前者又被分解为单独依靠劳动阶级或与资产阶级妥协以共同行动二派，后者则被冠以否定政治行动的经济政策派并以工团主义为代表，等于完全颠覆了前两章谈论社会主义的涵义，即理解为组织雇佣劳动者以阶级斗争方式推翻资本主义经济组织，从根本上解救劳动阶级直至实现无阶级社会等带有马克思主义的意蕴，变成了修正或背离马克思主义的其他社会主义派别。这样的派别，表面上仍主张建立以劳动者为

---

① 冯飞述《劳动问题概论》，华星印书社1920年版，第18—28页。

本位的社会主义组织来取代以资本家为本位的资本主义制度，实质上变了味：一面证明它的理想具有类似于自由主义的相信自然秩序的出发点，惟不赞成利己的个人动机；一面论述它在实现方法或手段方面的可行性，或者通过议会选举依靠劳动者的多数票来获得政权并在立法中实施对资本主义制度的变革，或者通过与资产阶级的妥协来掌握政权，或者采取非政治的经济运动而让劳动者夺得一切生产管理权等。根据这种愿望来解决劳动问题，其实已经模糊了社会主义与社会改良主义的界限。

最后，论及社会改良主义的理想，仍以维持现行自由主义经济组织为前提，但基本倾向上已不同于第 1 章的态度，或者说，把原来以社会主义为本、以社会改良主义为末的关系颠倒过来。在这里，社会改良主义不仅被誉为欧美各国正在实行的理想，还被称作社会主义与自由主义的混血儿，是现行制度下通过渐进方式来实现社会主义的政策。如此一来，更加模糊了社会主义与社会改良主义之间的关系，乃至于可以合二为一。宣扬其理想甚至比社会主义还要高明，不单考虑劳动阶级的利益，并把全体国民的利益及整个社会文化的发展作为主题；不止批评现存的社会弊害，还充分认识这些弊害产生的历史发展的根源和逐渐改良的必要，以期历史条件成熟时实行有机的改造。宣扬其方法将劳动阶级的自发或自主行为与国家的立法及行政保护或变更结合在一起，除了不去触动资本主义经济组织的现存基础之外，几乎综合了社会主义各派的上下互助手段。所以，译本从第 4 章起后面各章的论述，如职工组合、消费组合、劳动者保护法、劳动保险、失业者救济、劳动争议、产业组合等，实际上都来自社会改良主义的论题。如谓职工工会作为劳动阶级对抗资本势力以保护自身经济利益的组织，不同于社会主义劳动运动，以英国最为隆盛；消费工会的组织，本质上以增加劳动者的收入为目的，具有补足职工工会的间接独立意义；二者均体现劳动阶级的自主运动。其他各项及所谓产业组合，维持小工业地位以对抗大工业竞争而在信用、购买、销售、器械使用等方面形成的各种组合，则体现国法保护的趋势。也就是说，译本的大部分篇幅，无非在宣讲社会改良主义的理想及其解决劳动问题的各种办法。

这样看来，译者向国人推介《劳动问题概论》译本，不仅介绍世界劳动问题的新潮流，普及相关基本知识，也不仅未雨绸缪，为留心未来中国社会情况者提供研究的材料，而且要把这种普及和研究，引导到社会改良主义的方向上去。换句话说，今日中国人士要破坏一切旧组织如督军制和大家族制，建设未来的新组织实则欧美式的资本主义组织,同时预防这个新组织产生破绽即出现劳动问题,译者给他们选择的切要办法或良书良药,就是社会改良主义的理想。不过,和以往宣扬社会改良有所不同,此时尚处于苏俄革命和五四运动后舶来社会主义思潮传入中国的流行期。受这个新思潮的刺激,译者选择的译本,并不公开反对或对抗社会主义,相反还引入马克思主义的观点,渲染西方国家劳动问题的严重性以及社会主义从根本上改造资本主义经济组织的彻底性,同时在解决劳动问题的路径方式上,悄然把社会主义变换成另一副模样,关键是拉开它与马克思主义的距离;结果社会改良主义的粉墨登场,呈现出一个看起来比社会主义更为合理和行之有效的面貌。用这种方式来宣扬社会改良主义,可算那时应对马克思主义经济学传播的一个新特点。

### (二)《欧洲劳佣问题之大势》译本

日本桑田熊藏①原著,刘景编译,吴贯因校阅,内务部编译处 1921 年 5 月初版。原著者只知是法学博士,编译者不详,校阅者时任内务部编译处处长。

译本用文言翻译,共 3 编,第 1 编"绪论",分"悬谈""劳佣问题之起原""劳佣问题之主义" 3 章;第 2 编"本论",分英国(含"劳佣问题之发生""社会主义之沿革""社会改良主义之沿革" 3 节),法国(含 3 节与前同),德国(含 3 节与前同) 3 章;第 3 编"结论",分"社会主义之平议""社会改良主义之必要" 2 章。其内容讨论欧洲雇佣劳动问题的发展趋势,却出于日本人之手,从目录可大致看出作者的意图,我国政府有关部门编译此书,亦可显示它对官方偏好的影响。

(1)译本简介。译本不否认劳佣问题的出现,源于社会工业组织的革新,形成资产阶级与劳佣阶级,二者利害冲突加剧,引起阶级争斗,产生劳佣问题。针对这个问题的理想,大别分为社会主义与社会改良主义。"社会主义家理想以为,现在阶级之差别,纯属私有财产之结果,由今之道无变今之法,欲救现时之弊害,不可得也。故主张打破现在之经济组织,而代之以共产的新社会。质言之,即废私产制而代之以公产制是也。凡生产之机关方法,如土地、森林、矿山、交通机关及工场器械等,皆收为国有以铲除资产阶级而生产悉为官业,驱天下之人民悉为官业之劳佣者。此实社会主义之要点,亦欧洲各派社会主义者共同之主张"。社会改良主义与此不同,以为"欲解决劳佣问题,仍须根据现有之私产制度,维持现时之经济组织,保存资本家与劳佣者之阶级区别,盖以改良劳佣地位为目的,以调和资本

---

① 桑田熊藏(1868—1932),法学博士。

家与劳佣者之关系为主旨"。此主义的实行措施，即所谓社会政策。社会改良主义与社会政策"均有同一之目的"，其理想为社会改良主义，其实体为社会政策。实行社会改良主义的社会政策，区别为个人的、国家的和慈惠的方针。个人的方针贯彻劳佣者独立自尊的精神，根据相互救济的理想，组织各种组合图谋其利益，进而图谋其地位，重要者如策划职工组合、消费组合、生产组合等。国家的方针诉诸国家权力，依据立法行政手段来扶助和保证劳佣者，图谋阶级之调和，防止贫富之轨辙，其重要措施如工场法、劳佣保险法、穷民救助法等。慈惠的方针依赖资本家的同情，救济劳佣者的地位，如设立各种慈善事业。三种社会政策，慈惠方针的范围稍狭，效果亦微，且对各国劳佣问题的大势没有重要的关系，故本书主旨叙述个人方针与国家方针的社会政策。①

　　以上叙述，界线分明地表达了整个译本的主旨。然后分别论述英国、法国和德国的劳佣问题之发生、社会主义之沿革和社会改良主义之沿革。谈到英国欧文（原译"阿文"）的社会主义、基督教社会主义运动等，相继失败，英国劳佣运动数十年不见社会主义的痕迹，直到从德国输入马克思的社会主义，二三个社会党派别依照其学说组织新党，惟因感情的冲突、个人的轧轹而产生党派分歧；谈到法国圣西门（原译"圣西蒙"）和傅立叶（原译"忽列耳"）、路易·勃朗（原译"布兰"）等人的社会主义，直至社会党的近况；德国社会主义在19世纪后半期成为欧洲社会党的中心；等等。最后虽说社会主义与社会改良主义能否解决劳佣问题，"吾人固难逆断"，仍做出如下结论：

　　社会主义的系派因实行方法而各别，但其目的一样在于共产。"共产的社会，以生产机关悉为国有，生产事业悉为官业，而人民除依特定之事项外，均为官业之劳佣者，是其职业之分配，不免发生极大之困难"。现行社会让各人自由选定职业，平易的职业，劳佣者固然供过于求，困难的职业，必为一般人所畏避。据此，"共产的社会，国家对于人民不问其劳力之效程如何，惟在一定之限度，而为生活之保障，使各人无劳佣竞争之心，绝向上发展之望。故在共产的社会，政府对于职业之分配，不可不斟酌各人之智力、体力而施以强制的方法，如是而欲政府之不为人民怨者，安可得耶"。"共产的社会，因官业经营，而需用的劳佣者，同时因政治教育宗教等之事业而需用精神的劳佣者，国家当选定各人之职业"。依据何法

① 桑田熊藏著，刘景编译《欧洲劳佣问题之大势》，内务部编译处1921年版，第5—7页。

可以区别其途径？人情爱逸而恶劳，贪易而殚艰，精神的劳佣虽所愿为，物质的劳佣则其所避，于是国家的处置方法，"未有不失其平者"。生存竞争为"人类活动之大法"，"社会进步之要件"。世人奔走不息发挥其智力和体力从事于各种劳动，都是为了维持生存和增进地位。"若共产的社会，各人之生活有国家为之保障，自无劳动之必要，而贫富阶级之等差既除，复何地位进步之可竞，故新社会之不能如现社会以生存竞争之理法，为劳动之原动力者，固已不待智者而知"。或谓现社会以私利观念为劳动的原动力，新社会依博爱的同情为劳动的原动力。然而此须等待人类的性质一变，始可实行，"否则难免空谈之讥"。新社会使人民从事劳动，须以国家权力设立严重的处罚，最终是国家权力的扩张，"必无劳佣自由之可言"。"此种机械的社会，在太古蒙昧之世，或可实行。而在今日民权伸张之时，决难望其成立焉"。"共产的社会之不能实行"，不仅有上述理由，即制定劳动赁银，亦属难决的问题。现社会各人有劳动的自由，赁银可由资本家与劳佣者的自由契约而定。"新社会则各人依国家之强制而劳动赁银自不能不依国家之权能而制定，而此制定赁银之高低，既无一定标准，遂发生不公平之事焉"。主张社会主义者说，新社会既然给人民以生活保障，则无分配生产结果的必要。也就是不承认赁银的存在，劳力的报酬不过生活的必需品而已。然而此必需品因各人的年龄、体格、人口及各地风土气候等关系，不免出现种类程度的差异。如今不顾其他，仅给各人以同等生活必需品，别无赁银的津贴，则劳力与报酬的标准，又安保其均衡？"操术有精粗之别，执务有难易之分，勤惰既殊，优劣自判，使报酬与劳力无关，则技术之进步难期，业务之发达无望，举凡一切文明，均因之而滞阻矣。然则共产的社会，各人既失劳佣之自由，国家复无公平之立法，而徒强制人民服从于国家之下，则社会上之安宁又安可永保耶"。共产社会，"人民既失职业选定之自由，复失劳佣与赁银契约之自由，而国家处理是等事务之权限，则绝对无有限制，如是而欲计画之实行，亦惟见其不知量而已"。①

社会改良主义的目的在于保存现在的私有经济组织，改良劳佣者的地位。其理论前提和实行方法，虽有个人方针与国家方针之不同，其策划的内容，在各国均有一定的秩序系统。"培木必固其本，疏流必浚其源"。养成健全的劳佣者，有必要设立工场法和劳动保险，对抗外力的压迫，必先有巩固的团结，故有必要建立职工

① 桑田熊藏著，刘景编译《欧洲劳佣问题之大势》，内务部编译处 1921 年版，第 125—128 页。

组合；其他如组织消费组合以奖励劳佣者的储蓄，成立生产组合以增进劳佣者的地位。所有这些，"皆系社会改良主义之要纲，亦即欧洲各国社会政策施设之成绩"。这些策划在各国社会史上解决劳佣问题的效果，可以 19 世纪后半期英国的穷民统计来证明。马克思说事实上穷民在增加，但统计证明，通过公共救助，英国穷民无疑在法律上和事实上均有减少的倾向。根据 1891 年英国劳佣调查会的断定，最近 50 年，因实施各种社会政策，劳佣地位逐渐改良，工业组织已有平和趋向。"可知英国之劳佣问题，已先于欧洲而就解决之绪矣。他如德法两国之社会政策，其设施既日见发达，其效果亦日见宏著，而与英国有同一之事实焉。是则社会改良主义者，诚解决劳佣问题之适当主义矣"。①

这个结论，对社会主义的"平议"，认为否定现行私有经济制度的新社会不可能实行，对社会改良主义的"必要"，认为以保存现行私有经济制度为前提而改良雇佣劳动者的地位为适当主义，一贬一褒，态度鲜明，决非如作者先前所说的那样"固难逆断"。不过，这终究是日本学者站在远处来观察欧洲雇佣劳动问题的陈旧之论，运用的史料只到 19 世纪末期，依据的经济学理论也仍旧盘桓于传统古典学说的私有观念与自由竞争之类。但所有这些，没有妨碍作者抓住了欧洲国家处理雇佣劳动问题始终一贯的基本态势或施政原则，用社会改良主义来对抗社会主义，用调和资产阶级与劳动阶级矛盾的社会政策来对抗推翻资产阶级社会的革命运动。这种态势或原则，由于史料的补充和理论的修正，在表述形式上不断有所变化，其实质却从未改变过。在这个背景下，译本评介马克思经济学说的取向，也就不难想见。

（2）关于马克思经济学说的评介。译本介绍德国社会主义的沿革，强调德国社会党以立法机关的多数代表为运动的唯一手段，以议会决议来变更国家组织为最后的目的，这也是德国社会党今日致盛的原因。德国国民崇尚空理，比起英国人的倾向绝对不同，"社会主义之空悬理想，最适合德国人之性格"。政治上，德国国民素来缺乏权利自由的思想和自尊独立的精神，依赖国家权力，遵奉国家全能主义，以致国家权力在经济组织上的扩张，庞大到没有个人自由之可言，不知不觉促进了社会主义的发达。德国是欧洲各国官业最扩张的国家，铁道全为官业，森林半属国有，矿山属于王室，其他各种工业为国家事业者不遑枚举，"要皆足为社会主义理想上之共产的新社会之初步者"。

---

① 桑田熊藏著，刘景编译《欧洲劳佣问题之大势》，内务部编译处 1921 年版，第 132、143、145 页。

"德国社会主义派之鼻祖"马克思，1848 年首先发表《社会党宣言》（即《共产党宣言》），"表明社会主义之理想"；接着发表文章创办报刊，着手社会党组织计划，然而德国工业尚属家庭制造时代，劳佣问题的声浪未起，运动的时代未成熟，因此停刊离开德国到英国讲究学理，从事《资本论》著述。1962 年英国召开世界博览会，马克思纠合欧洲各国劳动者代表，首创"列国职工组合"（即国际工人协会），接着组织列国社会党，成为今日德法两国社会党的首领。不久党内分裂，马克思将其本部移到美国纽约，列国社会党萎靡不振，随即解散。马克思的实际运动虽失败，但他 1867 年发表的《资本论》与此前的社会党宣言，"至今犹为社会主义学理之基础，则其学说之垂诸不朽，亦属无可疑矣"。

马克思对劳佣问题的理想，在于共产的新社会，与其他社会主义无异。但其他的社会主义学者认为，现在经济组织的困弊没办法救济劳佣者，故有必要建设共产的新社会。马克思则"断定工业进步之趋势，因必然之结果，归着于共产的新社会"。换言之，其他的社会主义者欲人为建设新社会，而马克思"以自然的而预言新社会之建设者"。马克思论述英国 18 世纪以后工业发达的沿革：家庭制造时代，生产方法甚少应用器械，占重要地位的惟有劳力；到工场制造时代，器械代替劳力而成为生产的主要条件，随着工业的进步，器械应用的范围愈益广泛，不免减少对劳佣者的需要，各国人口增加的结果，供给愈多于需要，于是劳佣者的失业日多，穷民愈众；制品的销路由地方而国际，由于资本家的竞争，大工场代替众多小工场，形成资本集中之势；一国的资本既为少数大资本家所垄断，多数小资本家相率成为无产的劳佣者，劳佣者数量的增加和资本家数量的减少，"推其终极，则一国之资本不尽集中于二三资本家之手不止，一国之人民不尽流于穷民不得，至是而欲经济的革命之不起，岂可得耶，此共产的新社会之建设所以为必要"。①

接着介绍拉萨尔（原译"勒萨尔"）的社会主义，马克思派与拉萨尔派的冲突。马克思的社会主义是国际的、民主的，拉萨尔的社会主义是国家的、君主的，两派的理想"同属社会主义，固无容讳，不过实行之方法各有异耳"②。另外还介绍普法战争与社会党、社会党的近况、社会党的将来等。这些内容大多属于德国社会主义运动的历史，最后"平议"社会主义，继批评共产的社会之后，在"工业进步之趋势与共产的社会"的标题下，再次把矛头指向马克思经济学说。

---

① 桑田熊藏著，刘景编译《欧洲劳佣问题之大势》，内务部编译处 1921 年版，第 88—91 页。
② 桑田熊藏著，刘景编译《欧洲劳佣问题之大势》，内务部编译处 1921 年版，第 94 页。

马克思著《资本论》，断定工业进步的结果，即新社会建设的萌芽。一般社会主义之徒，由此获得学理的根据。马克思所谓工业进步，一面因机械应用范围的扩张，减少劳佣的需要；一面促成工业的集中，使小资本家坠落于劳佣者阶级；工业进步愈速，穷民增加愈众，其终极，二三大资本家必占有全国的资本，其他的人民必为穷民。"此说就表面上观之，似无可非，然察其实际，有谬误之见存焉"。

工业的种类虽多，但大体为高等织物、雕刻等精巧工业，与纺织工业、矿业等普通工业。二者规模不同，生产方法亦异。精巧工业以手工为主，罕用器械，适于小工场，不适于大工场，适于家内制造，不适于工场制造。"此种工业的进步，既无减少劳佣者需要之理由，复无大资本家压倒小资本家之事实"。普通工业虽以器械为生产的主要方法，致使器械应用的范围随工业的进步而益广，但"因此而遂谓减少劳佣者之需要，亦未免为皮相之见解"。纺织工业应用器械，固然减少劳佣者的需要，而制造新发明的器械，不可不增加器械工业的劳佣者，又不可不扩张制铁业及石炭矿事业，因而增加其劳佣者。"器械之应用，一方虽减少劳佣者之需要，他方复增加之。学者称此种作用，谓之代偿作用，诚属至当之见解"。依此代偿作用，应用机械不但不减少劳佣者的需要，且因其他事情而增加需要。"器械应用之结果，即制造物品之生产费之减少，从而价格低落，从而物品之需要增加，又从而物品之贩路扩张；贩路既广，则生产可以增加，生产既增，则一国之资本可以增加，而各种新工业，必次第举行，劳佣者遂得从事于新设之职业。是则因器械应用，而减少劳佣者之需要，乃属一时之现象，并非永久之事实，其理固已昭昭矣"。再说对资本家的影响，工业进步虽有工业集中的倾向，"其结果亦非驯成资本集中之趋势"。一国工业的进步，常足以引起组合事业的发展，如株式会社的设立，在各国已是一般事实。"既有大资本家与小资本家之混合组织，复有以小资本家及劳佣者组成一社，以为对抗大资本家之具。而近年欧美工业国盛行之产业组合，具有巩固小资本家之地位之力量者，更无论矣"。况且工业进步，"从而社会役员及高等劳佣者渐成一种之中产阶级，此阶级虽不能视为资本家，然其所得，实较小资本家为优，而得袭因工业革新而减少之小资本家之地位"。两相抵偿，"适足救济资本集中之弊害"。结果，工业进步"虽不免使资本之集中，然因此而谓小资本家之渐归灭绝，亦属不察之甚者"。

马克思以 19 世纪中叶的英国穷民统计，证明工业进步的趋势增加了工业国的穷民，但对照 19 世纪后半期的英国穷民统计，"殊多不符之处"。19 世纪中叶，英国因工业革新，家内制造业者被工场制造业者压倒，陷于非常的惨状。马克思"乃以一时之现象，而推工业国之前途，其不免武断之讥也，宜矣"。马克思所断定的真理，"在精巧工业，固属相违，即普通工业，亦仅于资本家见之，而在劳佣者，则全属谬误"。于此可知，"工业进步之结果，不能期共产的社会之建设明矣"。"社会主义的理想上之共产的社会，既属悬空之计画，而工业进步之趋势，复与社会主义之断定不符。则其主义不能解决劳佣问题，于此已可概见。彼欧洲社会党之标此旗帜，以破社会之平和，紊国家之秩序者，余诚不知其何心矣"。①

以上评介，集中于批驳马克思经济学说，没有什么新的创意，只是从西方正统经济学中搬来一些常见的论据，并给这些旧货贴上解决雇佣劳动问题之"大势"的新标签而已。但它们对于当时的中国官方来说，仍很受用。首先，渲染马克思的故乡德国，其国民传统崇尚悬空理想而不务实际，缺乏自由独立精神而依赖国家权力，其现实基础在经济组织中最为扩张官营工业，于是不知不觉地为社会主义的发展创造了条件，产生了像马克思这样的社会主义鼻祖。其次，断言马克思《共产党宣言》所宣布的社会主义理想，在组织国际工人协会致力于劳动者的实际运动时遭到了失败，因而转入《资本论》的学理研究，奠定了不朽的学说声誉。再次，概括马克思学说不同于其他的社会主义谋求以人为力量来建设没有雇佣劳动者的新社会，预言工业进步的趋势自然会发展到这样的新社会。这种预言的理论根据，又被归结为两点，一则机器的应用取代劳动者，势必造成劳动者的供大于求即失业现象，带来普遍的贫穷；二则资本家之间的竞争，势必造成少数大工场吞并众多小工场，少数大资本家垄断全国的资本，使大多数小资本家丧失财产而沦入雇佣劳动者的队伍。结局便是必然发生经济革命而进入共产新社会的建设。这样的概括或归纳，不是为了彰显马克思学说的不朽性质，恰恰相反，为了表明马克思解决雇佣劳动问题的理想，既然建立在这两个理论根基之上，那么抽去此根基，也就颠覆了马克思学说。最后，针对这两个根基，首先否定机器的使用减少雇佣劳动者的需求。其理由分别是，使用机器的工业部门在减少一般工业对劳动者需求的同时，又增加了机器工业对劳动者的需求，二者一减一增，总量并未减少；不使用或很少使用机器的家庭手工业部门，不存在减少劳动者或大资本家压倒小资本家的情况；此外还拿来所谓代偿理论，称机器的应用虽一时减少劳动者的需求，却因提高生产力和促

---

① 桑田熊藏著，刘景编译《欧洲劳佣问题之大势》，内务部编译处 1921 年版，第 128—131 页。

进销售增加了资本，结果通过投资增加了新的就业机会。其次否定工业集中的倾向造成资本集中的趋势，也就是小资本家不会灭绝。其理由是各种股份公司的出现和合作组织的盛行，或者让大资本家与小资本家混为一体，或者让小资本家和雇佣劳动者结合起来对抗大资本家；另外，工业进步能使社会雇员和高级雇佣劳动者逐渐成为比小资本家收入更好的中产阶级，因袭原有小资本家的地位，从而抵消了资本集中的弊害。照此说来，马克思的经济理论存在谬误，是脱离实际的皮相之论；其原因又在于他所依据的英国贫民统计，是过时的数据，不符合后来的情况，错误地以早期的一时现象来武断推论工业发达国家的前途。

经过如此批驳，作者自以为驳倒了马克思学说，所以大谈工业进步的结果，不能期望共产新社会的建设；社会主义的理想是悬空的计划，不符合工业进步的趋势；可以预见，社会主义不可能解决雇佣劳动问题；一般社会主义者或欧洲社会党打着马克思学说的旗号，破坏社会和平，紊乱国家秩序，不知是何居心；等等。其实，这位日本作者不知有何居心。当他跟在西方经济学的论调后面教训起马克思学说时，趁机偷换了一个概念，用欧洲国家工业进步的趋势这一泛指概念，取代马克思所说的在资本主义私有制条件下，资本家阶级利用工业进步来剥削雇佣劳动阶级以谋取私利的特指概念。他批驳马克思的一节，故意以"工业进步之趋势与共产的社会"的标题作为对比，意即马克思所说的新社会建设，反对的不是资本主义私有制，而是反对工业进步本身。于是，机器排挤工人，其实质不是机器的资本主义使用即服务于资本家的谋私利益，造成雇佣劳动者的失业和贫困，反倒归因于工业进步本身；工业集中的倾向引起资本集中的趋势，其弊端也不是资本主义的积累必然导致少数资本家的垄断，扩大雇佣劳动者的队伍使之陷入贫困境地，同样被归因于工业进步本身。换言之，雇佣劳动问题的症结不在资本私有制，而在工业进步本身。因此，谁要用建设新社会的方式来解决雇佣劳动问题，谁就是否定工业进步，就是不切实际的凿空幻想，就是破坏社会和平和扰乱国家秩序。这一项项的大帽子扣下来，发泄了作者对马克思经济学说的不满情绪，也迎合了用社会改良主义来抵御马克思社会主义的防范意图。

以上考察，就本节列举的两类著作而言，不论以研究苏俄为主题，还是以研究劳动问题为主题，均在不同程度上提到马克思及其学说，从而为那个时期马克思主义经济学的传播，提供了思想资料的来源。比较起来，研究苏俄的著作例证，主要由国人自行编撰而成，倾向于从正面评介或客观介绍由列宁领导的布尔什维克政权的施政措施，以资中国效仿或参考，其中附着对列宁政权结合俄国国情来运用和发展马克思主义经济学，也给予有积极意义的评价。研究劳动问题的著作例证，则主要以译本形式引用日本人的研究结果，虽然介绍马克思解决劳动问题的理论和政策也有客观成分，其结论却用社会改良主义否定以马克思学说为代表的社会主义，或者说把马克思经济学说放在被批判的负面位置上。从这个意义上说，20 年代初，相对研究劳动问题的译本例证，研究苏俄的著作例证更有助于马克思主义经济学的传播。

## 第四节　政治经济学及其他著作中的马克思经济学说

如果说 20 年代初前面几类著作或译本所涉及的研究领域，无论赞同与否，都不能回避有关马克思主义经济学的评介，或者说马克思主义经济学的影响，已经程度不同地渗透到这些领域，那么在政治经济学或其他应用经济学研究领域，这种渗透由于正统经济学的支配影响或主导认识，难免遭遇顽固的抵制，经历艰难的转化。兹举数例说明。

### 一、《协力主义政治经济学》译本

这个译本的封面和版权页，均为"协力主义政治经济学"，实则原名《政治经济学》，"协力主义"乃突出其主旨。这是一部约 750 页的厚书，现存 1929 年 5 月第 6 版，署名季特（Gide）① 原著，陶乐勤②译述，郭虞裳③校勘，又名《季特经

---

① 季特原名 Charles Gide，有多种今译名如夏尔·季德、查尔斯·吉德等，考虑前后一致，此取夏尔·季德译名。季德（1847—1932），法国经济学家；最著名的著作是与夏尔·李斯特（又译查尔斯·里斯特）合写的《经济学说史》，以及独立撰写的《政治经济学原理》和《政治经济学教程》，"他的堪称有创造性的著作则是在社会伦理学领域"；从傅立叶和欧文那里得到启发，"成了竞争制度的一位道德批判者"，"反对唯利是图的竞争精神，坚持社会团结与合作的价值准则"，认为"团结与合作原则作为一种道德义务，应该最终取代人与人之间的斗争"；"作为胡格诺教派的知识中心——尼姆斯学院的创建人，他一生都在宣扬合作主义"；"他认为，经济学的宗旨就是要指明通向一个更美好世界的道路，并鼓舞人们为这而奋斗，尽管他对这一信念也有几分怀疑"。参看《新帕尔格雷夫经济学大辞典》第 2 卷，经济科学出版社 1992 年版，第 559—560 页"Gide，Charles 吉德，查尔斯"条目。
② 陶乐勤，具体情况不详，江苏昆山人，曾加入江亢虎所组织的中国社会党，1932 年以公共租界纳税华人会秘书身份参加上海市民地方维持会作为会员，1941 年任中国图书杂志审查委员会审查专员。
③ 郭虞裳（1891—1971），原名传治，字虞裳，后以字行，上海人；1920 年一度被聘为《时事新报》"学灯"副刊主编，后去欧洲留学，曾任上海南洋商业专门学校校长。

济学》，分上中下三册由上海泰东图书局出版。它的初版时间未曾标明，从数人序言的落款时间看，最早1919年10月，最晚1920年8月，译者自序亦为1920年8月，以此判断，该书译稿当在1919年10月或其后初成，翌年8月定稿后出版。第6版的序论，未提任何修改、补充或重译之事，时隔近9年，仍保持1920年的初版面貌，在初版本未能寻得的情况下，权宜以第6版作为考察的依据。

**（一）译本各种序言**

为了扩大译本的影响，译述者和校勘者征请多位名人为之作序，多少透露出一些信息，有助于译本的分析①。

按照序文的时间顺序，第一篇蔡元培1919年10月27日的短序，声称陶氏执业上海，业余时间翻译季德的经济学，并远道前来，以该书的目录相示而征序。季德是"现时经济学者中之泰斗"，所著经济学出版后，"风行天下，欧美各国均有其译本，而我国则尚缺如"。如今陶氏毅然从事翻译，介绍于国人，"实堪钦佩"。本人虽与陶氏素未谋面，且未能全读译稿，但就数次通信所表示的诚恳勤勉态度看，"深信其译稿必能合于'信''达''雅'三字之标准"。据此，蔡元培主要从引进国外经济学名著的努力和保证翻译质量的方面，给予鼓励，对译本的内容，无从了解也未必了解。同样，陶氏也是看中蔡氏名气，并不指望得到专业指点，故远赴北京以求序，只给作序者看目录而非译稿（也可能译稿尚未完成），甚或未见蔡氏而只转交其目录。

第二篇梁乔山同年12月的序文，感慨"盖一学说之昌，必适应其时代之生活需要"，这番议论外，与译本相关的内容如下："世界科学愈进，前此费百数十年之脑力所成立之科学法则，将大变革。以经济一科论，因共同生活之说昌，世界之总生产必求适乎世界人类之总需要，且以公平之分配，而求幸福之平均，则旧日供需竞争之定理，及资本主义之垄断独占，必遭排斥也无疑矣"！本人朋友陶一民以其兄陶乐勤所译法国季德的《政治经济学》征序，阅读之后，"著者立论，多注重生产劳力与经济相关之道德哲学，及经济学之派别，而供需竞争之说，则略而不详，可以窥其著书之旨趣矣！自有此派之著述以应新时代之需要，则旧日之经济学说，皆可废而不存"。陶氏译之以饷吾国人士，"其裨益岂浅鲜哉"！

---

① 以下引文凡出自各序者，均见季特著，陶乐勤译《协力主义政治经济学》，上海泰东图书局1929年版，"政治经济学序"，第1—10页。

梁乔山①作完此序的第 2 年，积劳成疾去世，时年不到 40 岁。从这篇颇为激进的序文里，可以感受梁氏早年留学日本加入同盟会，面对日本政府勒令中国留学生回国的威胁而到上海筹办中国公学以自救，武昌起义时组织苏浙联军攻破军阀势力而谋求独立，南京政府成立后退居公学以办学授课为业的特立独行经历；可以体味他在 1919 年 4、5 月间发文谈论社会主义而信服国家社会主义的公开主张；更可以联想他 1920 年 1 月以自主见解评论俄国"苏维埃共和宪法"的专注精神②。惟其如此，梁氏之序，感兴趣的是季德的政治经济学著作显示了延续一百几十年的科学法则即资产阶级经济学的"大变革"趋势，体现了"共同生活"学说的昌盛，强调世界范围内的总生产必须适应人类的总需求，实现公平分配，谋求幸福均等，排斥传统的供求竞争原理和资本主义垄断独占学说；具体反映在季德的著作里，便是注重生产中的劳力要素，与经济相关的道德哲学，以及经济学的派别等适合于新时代的旨趣，省略诸如供求竞争等传统内容。如此推崇季德著作，乃至于认为此作之说兴，过去的经济学说皆可废弃不用。这种激进言词，除了奖掖后学的赞誉成分外，多少也透露出梁氏自己追求国家社会主义理想的相似心境。

第三篇张东荪 1920 年 5 月 31 日的序文，看来不像梁乔山那样读过译稿，只是顾名思义。他从切身体验出发，既然自己的衣、食、住等生活用品依赖他人或社会的供应，则根据"社会连带上分功协力"的道理，对社会要有所回报。凭借自己的笔墨能力，信口而谭，非所以回报社会；"吾民族生存一日，则必吸收西方文明一日，吾之所报于中国社会者，其惟译书乎"？译书是一种"运输业"，运输"精神上之财货"，比运输物质的财货，"其功殆有过而无不及"，可称"特种之商"；"舍不正当之商，而甘于此艰苦之商，则吾固非无以对社会"，这也是陶君与我的同感。

---

① 梁乔山（1881—1920），字恢生，号维岳，湖南涟源人；1894 年考入邵阳县立中学堂，后入邵阳中路师范，1904 年公费留学日本，1905 年加入同盟会，同年冬因日本勒令中国留日学生回国，联合他人到上海筹办中国公学，经周折始得批准，任教育长；1911 年武昌起义，为独立奔走活动，组织苏浙联军自任总指挥，攻破金陵军阀势力；南京政府成立后，退居公学以办学授课为业，积劳成疾，卒于苏州。

② 参看谈敏：《1917—1919：马克思主义经济学在中国的传播启蒙》，上海财经大学出版社 2016 年版，第 7 编第 2 章第 3 节三（三）。

张东荪①当时是国内新闻界大名鼎鼎的人物，担任多家报刊的主编，正自谋求不同于现行资本主义、又有别于马克思社会主义的另一种社会主义道路②。从这个意义上说，他同季德著作的旨趣有相通之处。他不是直言表达对此书的看法，恐怕同未看过译稿有关，而是假借书名中的"协力主义"概念，通过社会上分工合作的生活现实，曲折表达对这个理论的认可；并将这种认可转嫁到期待我国知识界发挥自身能力，当此民族存亡之际，通过译书途径来吸收西方文明以报效中国社会。他把译书看作国内知识界回报社会的唯一途径，把西方文明当作拯救中国社会的唯一法宝。其言下之意，季德的著作为代表西方文明的典范之一。

第四篇江亢虎1920年8月的序文，认为各种迷信中，"惟科学之迷信，在近世魔力最大"，已经取代宗教与哲学的迷信威严。如达尔文创立《天演论》，"政治界无不奉'弱肉强食'为金科玉律"；亚当·斯密提倡"土地资本劳力鼎足"说，"经济界无不准是以平享，为地主资本家争三分之二之所有权"；马尔萨斯（原译"马宾斯"）列举"人口增产物减"之理，"天下嚣然以人满为患，限制生育，侵略殖民之政策纷纷焉"。呜呼！伟哉！克鲁泡特金的《互助论》；卓哉！卡尔·马克思（原译"嘉尔马克斯"）的《资本论》，"用科学方法破科学迷信，开新世纪人道一线曙光，而学风乃为之一变"。法国人季德的《政治经济学》，"亦代表此时代新思潮之一杰构"。陶乐勤是"社会党老同志"，"好学不倦，勇于著作；职业余暇，遂译此书；费时一年，易稿五次；可谓勤矣，乐亦寓焉"！书成时我正好自美国归国，遵嘱作序，不必备述原书及译本的价值，只是抒发内心的感想："任何迷信，皆当铲除，而科学之迷信，仍以科学之法破之，此社会主义之所以不仅为理想也"。

---

① 张东荪（1886—1973），浙江杭县人；1905年官派留学日本，就读东京大学哲学系；辛亥革命前夕回国，1912年任南京临时政府内务部秘书；1917年主编《时事新报》，1918年创办副刊"学灯"；1918年与梁启超共同领导研究系参加国会选举，失败后转入思想界；1919年在上海创办《解放与改造》杂志并任主编，次年筹办中国公学，任大学部主任；历任上海中国公学教授、光华大学文学院院长兼教授，北平燕京大学哲学系教授；抗战期间主张国共合作，任中国民主同盟中央常委、秘书长；新中国成立后，任职中央人民政府，并任燕京大学哲学系主任、教授，1951年因出卖国家机密案被免职，1968年被捕入狱至病逝。

② 参看谈敏：《1917—1919：马克思主义经济学在中国的传播启蒙》，上海财经大学出版社2016年版，第5编第1章第1节三。

江亢虎①在辛亥革命前后组织社会主义研究会，随即改组为中国社会党，积极鼓吹社会主义思潮。惟此会、此党、此思潮，均与马克思主义的理论和实践保持距离，乃至风马牛不相及。这篇序文，以往考察《江亢虎文存》，作过引录和分析。指出这是他沉寂多年后，难得看到的称赞马克思《资本论》之"卓异"，用科学方法破除斯密、马尔萨斯等人旧经济学的科学迷信并更新整个学风的见解②。然而这并不能改变对江氏其人其说已有的判断，在他那里，社会主义是一个庞杂的概念，虽然纳入马克思的卓见，但仅限于经济学领域，就像并称克鲁泡特金的《互助论》在政治学领域开辟了新世纪人道曙光一样，现在又新添季德的政治经济学著作，共同作为代表新时代思潮的杰作。以此认识马克思经济学说的科学价值，可谓缘木求鱼，徒有其表。除此而外，序文倒是透露了译者陶乐勤作为中国社会党"老同志"的身份。

第五篇戴季陶 1920 年 8 月 20 日的序文最长，看来围绕译稿原著的前因后果和自身价值，下了一番功夫。文中说："我们中国的学问界，没有那一科不是萎萎不振，也不只是经济学"。自严复翻译斯密的《原富》而后，关于经济学的书，前后出版不过 4、5 种。如湖南某君所译金井延的《社会经济学》，商务印书馆出版的《小经济学》，某氏所译小林丑三郎的《经济学讲义》节略，最近如刘南陔的《经济学原理》即将出版，本书（指季德的政治经济学著作）及津村秀松的《国民经济学原论》，又如本人连载于《建设》杂志的《考茨基氏资本论解说》。斯密的《原富》是"经济学历史上第一部大著"（"不过严氏的译本，殊不敢恭维"），考茨基的著作是"一部宣传主义的特别著述"，此外要算津村的著作及本书，"较有价值"。"本书内容之丰富，叙述之简洁，系统之明析，较之类似的津村氏《国民经济学原论》，在学问上的价值，是要高一些"。总之，"今年能够有这两部书出版，倘若译文能够正确，总不能不说是中国经济学界的幸福，这也是去年五四运动

---

① 江亢虎（1883—1954），祖籍安徽旌德，生于江西弋阳；1901 年赴日本考察政治，任清政府北洋编译局总办和《北洋官报》总撰；翌年留学日本，1904 年回国任刑部主事、京师大学堂日文教习，1907 年再赴日本，1910 年游历英、法、德、荷兰、比利时和沙俄等国；1911 年在上海发起成立"社会主义研究会"，接着宣告成立中国社会党上海本部；1913 年赴美国加利福尼亚大学任中国文化课讲师，1920 年以中国社会党名义参加共产国际第三次代表大会；回国后 1922 年创办上海南方大学并首任校长，1927 年逃亡美国、加拿大任教；1939 年加入汪伪政府，1945 年以汉奸罪被判处无期徒刑，新中国成立后继续关押，死在狱中。
② 参看谈敏：《1917—1919：马克思主义经济学在中国的传播启蒙》，上海财经大学出版社 2016 年版，"后记"。

后，一般人士注意于社会经济问题的结果"。

夏尔·季德教授是"法国现代社会经济学的重镇，尤其以经济史的研究著名"。本来在法国，讲到经济学，远不如英国，近不如德国，比起美国、奥地利、意大利的学者，也多少有些逊色。就农业说，法国土地问题多少已经解决了（这是"法国自然主义经济学者的功劳"，英国"流行的土地社会主义派"，受其影响），不像英国的大地主那么跋扈；就工商业说，一般靠国债利息、银行利息过活，法国的工商业发展力比起英、德、美等国要差得多；再加上"那一种空想的习性，对于社会的科学一方面，自然有许多空想朦胧的色彩"；这几层都是法国经济学所以不能如英、德两国发达的"普通原因"。季德教授却很少有这几层毛病。他的经济思想，"受德国历史学派的影响很大"，建设经济学的根底，"放在'实验主义'上面"，他的研究方法，"注重归纳，注意于一般社会事实的统计"。对研究经济学的困难，他发出和考茨基"同样的太息"。他说：经济学者不能像化学者、物理学者、生物学者等那样，把研究现象随时放在一定的人为条件下并且可以随意变更这种人为条件，"即使他能够兼有立法者绝对无上专制君主的资格，也不能够为研究而行实验"。考茨基也说：自然研究者和社会研究者在研究上都有两个要点，一要先选择各种过程，把它们一一分开来，二要分析这些过程的原因，严密区别根本原因与附带原因，常规原因与偶发原因，两种研究都靠抽象；抽象时，自然研究者得到许多完备机械的帮助，又可以依赖观察和实验的方法，社会研究者"对于实验一层，差不多是绝望，关于机械的帮助一层，也是很不完全的"。可见季德对经济学的研究法"很着重"，"要避去武断穿凿的毛病"。他不排斥演绎的研究法，却"绝不用演绎法做研究的基础"，不过"很尊重""演绎学派在历史上的成绩"；至于历史学派，他明明从中受益不少，却"往往要加以故意的抨击和嘲笑"，不知忌妒还是为什么？他建立经济学研究法有三个阶段：一是"以不受拘束的心意观察事实"，很周到地观察那些看起来好像不要紧的小事；二是"建设假定"，观察各种事实，想象"由因果关系相联结的一般的说明"；三是"检查所设的假定是否合于事实"，其方法固然以实验为最好，不能实验时，用种种特别的方法去观察。

"我们中国今天，刚刚是在经济组织大变迁的时代"。好像花圃里前后种下不同的种子，有的如上海已是工业革命盛行的时期，逐渐趋向工业革命的完成，"资本经济的极致，将要快实现了"；有的如沿江沿海许多地方，还在工业革命的初期，还没有梦见新工业是什么样子，"完全是一种庄园经济的组织"；有的如川滇黔桂等山区，"还留着许多原始共产的小社会"。"就经济进化史上观察，差不多从上古到现代，五六千年所经过的各色各样的过程，都完全实现在中国。讲到史材的丰富和整齐，在世界上恐怕无出其右。而且当着今天这一个经济组织大变迁的时代，全世界的新势力，一齐向着中国汹涌澎湃的流进来。以绅士阶级和劳动阶级的利害为基础的资本主义和社会主义两个大潮流，一致的刺激着中国人的脑筋。所以中国人的心理，也都注意着经济问题的解决。在中国地方，当着现在这个时候，只要一般的科学基础到了相当的程度，经济学这一个科学，我以为应该特别发达；对于世界经济学界呈出不少的贡献的季特教授这一个顶普通、顶明析、顶稳妥的研究法，是大家所应该采择的"。

以上说的是季德教授的经济学研究方法，他解决经济问题的态度，也应该注意。"因为研究经济学的目的，到底不外是在图人类社会中的利益"。他说：经济学者不是占卜个人运气的先生，"吾人所要晓得的，只是就团体而观之众人的行动，吾人所想望的，只是建设社会成员所能平准适用的'理论的法则'和'实际的制度'"。我以为，"批评一个经济学者的价值，也应该是要从'研究的方法''理论的法则''实际的主张'三个方面去下观察"。我从日译本中看过季德教授的两部著书，一部是《政治经济学原论》，另一部是 1907 年改版的第 3 版《社会经济学》。据经济辞典所载，季德教授的重要著作，翻译成各国文字者，不下 10 余种，"最博世人欢迎、最能看出教授主张"的 La Cooperation Paris 一书（查季德著作名目，未见此书，可能指《协力主义政治经济学》中译本的原著——引者注），没有日文翻译，我还没有机会去读，当然也没有能力介绍他的主张。单就我读过的两本著作看来，可知季德教授的思想：一是"相对的拒绝唯物史观，但认为有芟除唯心万能的效果"；二是"相对的拒绝共产主义和集产主义，但认为在理论[上]有相当的价值和效用"；三是"国家主义的崇奉者"；四是"赞美社会连带主义（Solidarisme）"；五是"赞美协力主义（Cooperationisme），认为这一种制度的利益在于，不借革命的势力，不赖法律的作用，以资本主义所持之'竞争'与'自由'两种武器，去推翻资本主义"。

总之，季德经济学的体系，"是在调和个人主义与社会主义两者之间"。他在政策上，"很不愿意个人主义的跋扈，却没有去努力排斥他的决心；很同情于社会主义的思想，却没有去实行他的勇气"。看本书论分配一章，"已经觉得有许多不得已而含糊的处所"。例如第 2 编第 3 章第 5 节"论劳动者与雇主的冲突"，评论

"同盟罢工"："拒绝劳动这件事，即使是共同行为，也不外是实行自由的一种，所以应该认为他们［有］拥护自己利益的权利。并且对于雇主，既不能拒否他共谋的权利，如果要单对于劳动者加以拒绝，这是不公平之至。实在说来，今天罚共谋犯罪的这些法规，简直单是责罚劳动者一方面的"；"如果要禁止同盟罢工，又用什么制裁去处罚他们呢？要监禁他们吗？一次的起诉便有几千人，那有这样大的监狱？要罚金吗？劳动者腰边没有可罚的款。免职吗？不错！这许是一个唯一有效的制裁，但是雇主本来有这个权，用不着再特别去定他"；"据吾人所信，立法者只要对于危害个人自由财产的行为，加以惩罚就够了。至于对于危害社会日常生活的行为，应该一任舆论的评判"。这些话，可以说是没有办法的办法，"在经济政策上看，差不多是等于没有说过"。事实上很难解释立法者只对危害个人自由财产的行为加以惩罚，因为同盟罢工的行为，多是直接打击雇主个人的自由和财产。对此怎样区别？恐怕季德教授的意思，"也不过是说罢工的时候，要大家规规矩矩"，不要打破窗子，不要拉坏雇主的衣服，不要妨害他们走路睡觉罢了！所以对季德教授这本书，我们读时，"处处都应该留心用批评的眼光去看他，然后才有所得"。当然看所有书时都应该如此，至于看译本，更要注意它的错误。

这本书还有一个"长处"，目的用于青年学生，所以叙述流畅简洁，容易了解。凡读过的人，"对于近代经济学的内容和近代经济问题的现状，可以明白一个梗概"，又不像津村秀松的辞典式《国民经济学原论》那样繁琐（这也是初学参考用的一部好书，不可轻看），今天介绍给中国的读书界，"是非常有益处的"。

诸位作序者中，戴季陶①年纪最轻，认真读过译稿并参考过原作者的其他代表作，又是当时积极引进社会主义思潮和马克思学说的代表人物。所以，他对季德学说的评论，不像其他人那样笼统或不着边际，又不同于其他人除了嘉勉之词外，出于自己的个人偏好，或者断言它代表"共同生活"学说兴盛、传统竞争与垄断经济学遭废弃的大变革趋势，或者迂回表达社会分工合作的"协力主义"是西方文

---

① 戴季陶（1891—1949），原名良弼，改名传贤，字季陶，籍贯浙江吴兴，生于四川广汉；1905年留学日本，1909年回国，1911年加入同盟会，1912年在上海创办《民权报》，后任孙中山秘书，1913年二次革命失败后逃往日本；1916年随孙中山回国，次年去广东任护法军政府法制委员会委员长兼大元帅府秘书长；五四时期在上海主编《星期评论》；1920年夏参加筹建上海共产主义小组，成为中国共产党最早一批党员，后退出；1924年出席国民党一大，任中央宣传部部长，黄埔军校政治部主任，后随孙中山北上；孙中山逝世后，反对联俄、联共、扶助农工政策，形成戴季陶主义；1926年任国立中山大学校长，1928年任国民政府委员、考试院院长，1948年改任国史馆馆长，在广州服药自杀。

明中可以吸收来救助中国社会的法宝，或者称颂其说犹如克鲁泡特金的伟大《互助论》和马克思的卓越《资本论》而晋升为新时代的杰作，也就是说，比较中肯和贴近实际。

戴氏的评论，一是引进季德此书，适应了五四运动以后国人注意社会经济问题的经济学需求。二是季德此书在当时已经或即将介绍到国内的少数经济学著作中，以其内容丰富、叙述简洁、系统明晰，属于学问上具有较高价值者，季德本人在欧美经济学界，也代表了原来逊色于英、德等国的法国的崛起，对世界经济学作出了不少贡献。三是季德从事经济学研究，基于"实验主义"，注重归纳方法和社会事实统计，极为郑重而避免武断穿凿，受益于德国历史学派的影响，但拒绝以其演绎法作为研究的基础，遵守观察事实、设立假定、检验假定的三阶段研究方法。四是季德的研究方法，在中国如今正处于经济组织大变迁时代，有助于观察国内经济进化差异极大的不同地区，从原始共产社会到庄园经济组织，到工业革命初期，再到资本经济发展至极致的各式各样过程；在当今全世界的新势力涌入中国，分别立足于绅士阶级和劳动阶级利益而形成资本主义和社会主义两大潮流的思想刺激时刻，有利于为解决经济问题建立一般科学的基础，应予采择。五是季德研究经济学的目的，为谋求人类社会的利益，解决经济问题的主张，不是唯物史观，也不是共产主义和集产主义，而是社会连带主义与协力主义即合作主义，利用资本主义的竞争与自由来实现社会连带或合作制度，不必借助革命或依赖法律去推翻资本主义；在个人主义和社会主义之间进行调和，政策上既不愿个人主义跋扈又不能下决心排斥，既同情社会主义又没有勇气实行，如对待劳动者与雇主的冲突，既维护劳动者同盟罢工的权利，批评现行法规袒护雇主的不公平，又把劳动者的罢工权利限制在不要对雇主采取过激行动的范围内。六是阅读季德的书，引申出不能盲目照搬的意思，提倡用批评的眼光去看季德的以及其他所有从国外引进的著作。七是肯定季德此书以概括方式，简明流畅地叙述近代经济学的内容和近代经济问题的现状，不同于那些繁琐论述，容易了解，特别适用于青年学生。

这些评论，主要推崇季德的著作代表法国经济学界的后来居上以及对世界经济学的贡献，尤其重视观察、实验、归纳和统计的研究方法，不仅在世界学问范围内有其独到之处，更适应了国人观察本国复杂经济现象和解决突出经济问题而对经济科学基础的特殊需要，包括论述的丰富、简洁、明晰等长处，超出了同期引进的类似经济学著作。不过，肯定季德研究经济学增进了人类社会利益的同时，对他解决经济问题的态度，特别是政策主张，颇有微词。揭示译本突出"协力主义"的主旨，与社会连带主义相联系，企图在资本主义的制度环境里，无须社会革命，亦无须议会斗争来改变法律依据，只须顺着自由竞争的传统路径，便可进入社会连带与合作的境界，自然达到推翻资本主义的目的。对此，戴氏没有直斥其非，强调要有批评的眼光：同马克思经济学说保持"相对的"距离，一边拒绝接受唯物史观、共产主义和集产主义，一边承认这些学说的理论价值和实际效用，依此只能在个人主义和社会主义之间进行调和；调和的结果，不论个人主义或社会主义，对跋扈者无法排斥，对同情者不敢实行，面对劳动者与雇主的冲突，只能说些空话，提出一些没有办法的办法。可见，戴氏欣赏季德的研究方法与学问成就，却不赞成他的政策主张；指出他不满意现行资本主义或同情社会主义的特征，却不认为他所赞美的社会连带主义和协力主义，比他拒绝的马克思经济学说更高明。如此评论，也使戴氏的观点，同其他作序者一味给季德著作脸上贴金或硬与马克思《资本论》相攀比的谀词，区别开来，让人高看一眼。

最后是陶乐勤同年 8 月 25 日的译者自序，开篇说："经济学为社会之生理学，已为识者所公认矣！惟是以前之经济学，多偏于研究资本阶级之利益，而劳动阶级、消费者之利益不问也。今日世界之不平原因，虽称复杂，然无不基于经济而起。社会主义者，主张破除私有制度，无治主义者，主张撤消政府，而使社会得其平。然此二事，谈何容易，不特反抗者多，且须经'得不偿失'之一番流血，以经济学'费小劳获大益'之理衡之，亦可谓太不合算矣。然则纯任自然乎？不可也；吾人当求其轻而易举，不从事于破除私有制度，而私有制度自同破除，不从事撤消政府，而政府自同撤消之方法，其惟协力合作之协社乎"？

"协力合作之协社，国人可谓已同是趋向矣"！陈独秀在《新青年》开设"劳动号"，戴季陶在《星期评论》开设"劳动号"，"结论均以改造社会，当从事于协社之组织"；《时事新报》《民国日报》与复旦大学的《平民周报》等，"亦均竭力鼓吹而介绍之"。鉴于"一般之趋向"，我将法国人季德"协力主义之《政治经济学》"译成国文，"藉以俾国人有系统之详考，而从事于协力合作之组织"；即使如无治主义者所设想的社会，"亦以协社为本位"。所以可以说，"协社为改造社会、和平无争之工具"。此判断当否，有待读者的批评。

译者这个自序，算是把季德的"协力主义"宗旨，明白无误地推向极致。其内在逻辑：识者公认经济学为社会生理学，但以前偏于研究资本阶级的利益，不考虑劳动阶级和消费者的利益，未能解决引起当今世界不平的复杂原因中的基本经济问题，以致为了谋求社会平等，社会主义者主张废除私有制度，无政府主义者主张取消政府；然而推行这两个主义，不止反抗者多，还要经历流血斗争，违反经济学以最小费用获取最大利益的原理，既非容易，又得不偿失；当然也不能听任社会不平等状况自然发展，应当求助于一种轻而易举的方法，在实施过程中，可以不废除私有制度而让私有制度自行废除，不取消政府而让政府自行取消，这种办法，只有体现协力主义的合作社；组织合作社现在已成为国内谈论劳动与改造社会的一般趋向，这是"和平无争"改造社会的工具，系统考察它的最好途径，就是引进季德的协力主义《政治经济学》，真正发挥经济学作为社会生理学的作用。

这个逻辑，比较其他序言，不完全吻合，有的还相互抵触。如蔡序强调季德在现代经济学中的泰斗地位，既然他的经济学著作风行欧美各国，我国亦应翻译介绍；梁序强调季德著作适应新时代共同生活的需要，以供需均衡、分配公平、幸福均平为主旨，排斥乃至废弃传统经济学的供需竞争与资本垄断之说；张序强调个人生活离不开社会连带的分工合作环境，知识界人士亦须以个人之所长来回报社会；江序强调季德著作如同克鲁泡特金和马克思等人的卓越大作，用科学方法破除科学迷信，代表新世纪的人道曙光；等等，均不同于译者自序强调季德著作所主张的协力主义的特殊性质，通过组织民间合作社来改造社会的"和平无争"性质与"轻而易举"成效。如果说其他作序者根本没有接触或仔细阅读季德原著的译稿，所写序文不过隔靴搔痒之论，那么戴序可谓认真追溯其原意的鞭辟入里之言。可是，对比戴序和译者自序，评论季德著作，除了承认它对经济学发展的贡献外，二者的倾向性意见似乎截然相反。前者更多推崇季德经济学著作的研究方法，并不认可它在个人主义和社会主义之间进行调和的政策主张；后者则突出季德经济学著作的协力主义特征，认为这是组织合作社来改造社会以解决世界不平等问题的基本理论依据，又是避免社会主义或无政府主义的流血斗争反抗而让私有制与政府消弭于无形之中的唯一有效办法。前者指出季德经济学对唯物史观、共产主义、集产主义等马克思经济学说，相对拒绝又在一定程度上承认其价值和效果，试图在资本主义范围内建立起协力主义的制度框架，避开以革命或其他斗争方式来推翻资本主义；后者则干脆用经济学的成本效益原理来论证社会改造更合算的途径，视合作社的"和平无争"为最佳属性并具有"轻而易举"的效果，完全排除了社会主义的任何理论原则和革命方式。

看了这些序言，可以对季德著作译本在国人心目中的地位和作用，有一个大概了解，也可以对这个译本在马克思主义经济学向中国传播过程中的影响，有一个预先判断。

**（二）译本简介**

除绪论外，分生产、流通、分配与消费四卷，属于传统经济学体系中比较常见的分类方式。涉及社会主义和马克思经济学说的内容，主要见于绪论和分配卷，简介如下。

绪论含经济学、经济学之派别、欲望与价值 3 章，第 2 章继经典派之后，介绍"社会主义派"。认为两派的主义，"其来皆古，同为最先发现之物；而经济学者，发现于社会主义者之后，且经济成学之前，社会主义已成雏形，而有人排斥之"。社会主义派的意见，"繁复而难言"，较之经典派"愈甚"。注称：除柏拉图等"群学者"外，上世纪主张社会主义的主要代表，如法国圣西门的《论实业制度》（1821 年），傅立叶（原译"傅留"或"方留"）的《论家务农业协作》（1822 年），蒲鲁东（原译"白罗同"）的《什么是财产?》（1840 年），英国欧文（原译"华文"）的《新社会观》（1812 年），德国卡尔·马克思的《资本论》（第 1 卷 1867 年出版，死后共出 3 卷），拉萨尔（原译"赖三儿"）的著作（1864 年）；自法国和德国的特别态度之后，"社会主义得极强之活动"。

社会主义派的意见梗概：一是"一切社会主义派，鉴于社会扰攘之主因，为财货握于少数坐享者之后，故得利用全体工人，使之劳多利少"。此派"别求万物之新顺序，使资本之私有及工资之制度，尽行消灭，否则加以制限"。其目的"多在此点"。"'共产党'，主张废除私有权；'集产党'，主张废除生产必需物之私有权；'土地社会党'，主张废除土地、房屋不动产之私有权"。它们对未来社会情形的其余期待，"甚不明析"。较早的社会主义学者如莫尔（原译"马儿"）、圣西门、傅立叶等被嘲笑为乌托邦者，"其主义今甚失势，乃拟将世界复及于平等，且详拟制度"。"集产党则自命为科学社会主义党，不有预定制度，乃依据现存，以述未来之如何社会耳。其极初而优美之论，谓未来社会，已在胚胎，盖谓现在之社会，即其发端者"。

二是"社会主义派，亦如经典派经济学者，注重实行；以为社会之顺序，自始至终，可以革命或命令而变更之，是派亦重视进化；故其所主张之革命，为潜势力之爆发，与缓进成功之方法；且以为道德进化之模范，不仅为社会之进化，并为生物地理之进化；地震为变更地球之原因，而雏之出卵，亦须破其壳，故凡各生殖，多为革命"。比起放任派，社会主义派"拘谨愈甚"。以为"环境有权力，以限制个人"，这是欧文、傅立叶二人的主义；马克思派属于"历史物质主义"，以为"生产工艺等之经济顺序，能制定一切社会之事实，并且能及于最高远之政治、道德、宗教、美术等顺序之事实"。马克思说："人类变更生产之方法，即变更社会之关系，如手工之成一君主社会，汽力之成一资本社会。"① 社会党人认为，耶稣的殉道，改良，中兴，保皇党与教皇党，或辉格派与托利派之党争及其他一切事，"无不由经济而起"。"此拘谨主义，无天命之性质存乎其中。因社会进化，虽为手工、汽力之代谢所制，然二者皆为人工，所以以合群，为此进化之要素"。注称："历史物质主义，实含有真理，如人类之事，以食为首，而经济亦为万事之先。然有以此即文化之本，有以此为限制文化，此仅一切记载之发源也，而马克斯派之社会党亦认此主张。至其价值，多因反对观念法而著"。

三是"社会主义派，日渐广大，凡国家、地方、工团之群力所至，无不及也。因其目的，在将私人之事业，改为公众者耳"。其变更之法，"依照由个人而为公司事业之正轨，推之而为国家之公务，一旦此项目的达到，复将国家废除"。"因不喜欢有国家，故认现存之国家，为无耻之害物"。"中等社会之国家"，即政客、雇主们"谋个人利益之国家"。"拟重建之社会机关，不名国家，而用社会二字，至是国家不为政治团体，而为经济机关；至于其极，则为包含全国大协社之管理局耳"。这是纯粹社会主义或"劳动社会主义"（德国称"庶民社会主义"），也是区别于国家社会主义的要点。

四是"为今最通行之社会主义，目的专在工界，即讨论工界之利害，以为除工界之利害外，无他界之利害能居于首要也。中等社会与资本家，虽为社会之一部，然实为分利之徒，急当除之。故阶级战争，为社会主义之要纲。须知此种之社会主义，古者无此项之特性，即一八四八年时，亦未有之，而今名为无政府主义之社会主义亦未有之。自马克斯之社会主义出，而工界或庶民性质之社会主义斯定，即今所称之委员主义（或译工团）；委员二字，用于其委员机关，论其定义，委员仅能为工人，因之未来革命，即为工人之总罢工"。社会主义派能否改造现行社会，本书各处随时提及。"今日各地之社会主义，其发达之速，易以实情明之，而

---

① 这句引文摘录马克思《哲学的贫困》一书的名句，其完整今译文见《马克思恩格斯选集》第 1 卷，人民出版社 1972 年版，第 108 页。

其成为已定之原理，则因势力者少，因人心之趋向者多"。"其确切之主义，即改造今日经济条件之计划，现今已遭失败。而其前拟之制度，为其信徒奉行之后，或则废弃，或成悬案。至所谓科学社会主义之集产主义，不言组织之方法，不承认意气从事之徒所定之计划"。注称：社会主义派中，无政府主义派"特异其情形"，当另立一目。它不同于其他社会主义者，"因其为绝端之个人主义，而惧法律规程之限制"，可谓"绝端之放任派"，"自由完全"主义（"谓为自由社会主义尤确"）；惟放任派"减少立法家之责任至于极小"，无政府派则"并法律废除之"；它和放任派一样"乐天主义"，重视"天赋才能之调和"，其异于放任派而名为社会主义者，"因其以个人之自由与财产之私有，绝对不相容，否则必取他人之自由，以与此人"。无政府主义者"大都始自俄罗斯"，为巴枯宁和克鲁泡特金两个俄国人所创，有人与"虚无主义"相混，都属于政治，不过没有关系，"无政府主义推行甚难"，仅及于法国、西班牙与意大利等拉丁各国。

介绍"国家社会主义"即"国家之责任"。此种社会主义与"为革命党所赞同"的社会主义不同，"反为社会主义之消毒剂，为政府所欢喜，有时亦为暴君所乐用"。此派初为历史派，后来因法术问题与经典派分离，其意向与悬想也不同，反对放任派的"纯任自然"，赋与科学实行的目的；以为社会科学之间必有相互关系，不同意古时将技术与科学分别开来，复返于初时经济学者的意见。认为"社会之改良，不能不依历史所示之途径，苟依此正道，吾人必能行之，所以科学必含技术，犹过去之必含未来"。经典派认为私有土地、工资制度为不变之物，以此为常因来作判断；历史派"仅视为史上之一物，乃由其变因而言，其常其变，随时随地而异"。所以，此派"不重视定理，而重视立法上之适当法律，以为此是社会进化之要素，故愿尽力扩充国家行动之范围，然亦不反对或不信任放任派"。

"国家社会主义，近日于人心及法律，颇占势力"。如19世纪末叶与各国缔结国际工约的劳动法，国家为了道德与金钱等需要，允许特别机关的大宗计划。国家社会主义扩大经典派所满意的狭小观念及所确定的简单办法，与乐天主义的鼓动一道，"有造于经济学"，使经济学不再是想象之物，亦无须纯任自然之语来搪塞古人的奈何之问。放任派不信任国家，也不用科学和历史来论证国家并赋予其责任，认为国家行将消灭；然而国家责任甚重，"不特不减，且日见增广"。国家社会主义的目的，一是"理论上之目的"。国家即使本于善意，其行事亦须依据法律而受束缚。"国家不能行霸道"，有时像雇主，有时又像助手，如建设道路、商埠、运河、电线等，又如奖励工业或慈善团体、借款机关、失业退休基金之类的私人机构等，再如适应社会需要，直接组织职业学校、储蓄银行、保险公司等各种机关。二是"事实上之目的"。国家研究经济事项，"苦楚甚多，且为公益器械之一部，而不为其全机关"；"此种弊病不因国家性质而成，乃因其组织而来"。国家只是一个团体，其良善程度何以不及处理经济事务的大公司？政府之分工幼稚，滥行权力，官吏恣情，机关妄设，为今日多数公意所不欲者，"均足以妨碍国家研究经济之问题"。我们期望，"能以新责任，组织国家，实行经济而且有效之事务，无如昔日者之无能耳"。

此外还介绍"基督社会改良派"等其他派别。①

绪论第3章第4节"价值之成因"，介绍"劳力说""几全失其势力"："价值之劳力说，在经济原理史上，颇占优势"。最初主张者为亚当·斯密，"惟无定式"；李嘉图申明其意，引出反对派的经济学者，从乐天派的巴师夏（原译"白雪"）到社会主义派的马克思。注称：斯密的《国富论》说，二日工作，其值倍于一日工作，"理也"；李嘉图的《政治经济学及赋税原理》，"以劳力为价值之本，而相当之劳力，几乎制定相当之物价"；马克思的《资本论》说，"限制货物价值之高下者，为社会必须之劳力量，……用以生者产也"；三种说法，"表面上似同，实则各异，但其区别，今不言之"。

劳力说不否认，满足人们嗜欲的利益是价值的要件，世上废物即使花费劳力，也不能说它有价值。依照此派之说，利益为价值的条件，而非原因，"价值之根本，则为人力，而物值之高下，乃依劳力之多少而定"。初看起来，此说"甚足动心"。一则比起他说，"多具科学之性质，其价值之根本，为明显之物品，而可以数计之"。"此种立论，虽似甚健全，随处可通，然苟谓因有加倍之利益，故有加倍之价值，乃言仅开化吾人之物品如是耳"。二则将"道德之原素"即劳力，作为价值之根本，以满足"公平之意思"，"能令人向慕之"。如果能证明土地等物品的价值，比例于所用的劳力，各人的财货之值，未必等于各人所用的劳力，"常可重视他人劳力所生之价值"；如果各人所得的价值，等于各人劳力所生产者，"其事甚简，而社会之组织，亦易于根据公平之主义"。注称：此种解释，常被"保存私权"与"反对私权"两派利用：乐天派认为，各人所增加的价值，除文明国家不

① 以上引文除另注外，均见季特著，陶乐勤译《政治经济学》，上海泰东图书局1929年版，第22—30页。

允许由扰乱、侵夺、盗窃获得外，是主人使用劳力的结果；社会主义派则不然，称增加的物价，当然为吾人劳力之产物。"不过此种'道德'动作，全难确定"；假定劳力无用，不能说有道德的价值，劳力含有善意，也不要忘了通往地狱之路通常是由善意铺成的。

从经济学上看，劳力说的解释，"犹未充分"，原因有四：一是假设物的价值存在于生产劳力之中，"理常不变"，但考察实际，物的价值，"常因供求而异"，"可知其与生产之劳力，不相附属"。或者说，以劳力计算价值，"不以已往，而以现今之劳力"，"不为用于此物之劳力，乃为于现今社会之下，成此同一货物，必须之劳力"，即"重行生产之劳力"。由此观之，"劳力非价值之要素，而为其量器，其事情大别"。注称：马克思说，"凡物之成，非个人之力，乃社会之力。以时间计之，而得其生产之均数"。巴师夏也打算解此难题，说这不是造物人的劳力，仅为物主节省的劳力；依巴氏说法，人的劳力节省，乃提供服务，"折中者解释价值，为贸易间之关系，而其原因与量器，为所得之服务"。假设物的价值，能证明比例于物主的困苦，"必得折中之理"。但是，不论如巴氏之说，比例于使用者节省的困苦，或如马克思之说，比例于平均的劳力，"各个独立者，认为无折中之理"。二是假设劳力为价值的原因，"同一劳力，必得同等价值，异种者，必亦各殊"。但同类之物用相同的劳力获得，出卖的价值却不同，不仅受制于其价值性质，还受限于其利益；又如花费不同劳力而获得的货物，其价值反而相同，涉及政治经济学名为"租"的定理，常见货物售价的赢余超过其生产费用也就是所用的劳力。三是假设劳力为价值的原因，"物无劳力者，即无价值"。但多种货物，不费劳力而有价值，如矿油、海岛鸟粪、沙地葡萄场、巴黎四周土地、藏酒等，仅因有用及发现，稍费微力或不费劳力，即售得善价。四是称价值由劳力而生，价值为劳力之产物，"此意甚误"。利益可谓劳力的产物，变更其地位或样式，以满足人们的欲求，但这种劳力之事，不能称为价值。"因价值非产物"，"不存于货物之中，乃由外界加入"，如同光亮射在物体上，人们的欲求即光亮的来源；"地上之物，或晦或明，由日光之经过而然，其为时甚短，故货物之有价值，为时亦不久"。

驳斥马克思关于"价值为人力之结晶"的说法，也不可说劳力与价值绝无关系。"劳力能直接变更物量，使成有余或不足，间接影响于价值，因此有'价值之终极利益'第二说"。注称：近来劳力说改为"产费说"。假设生产费用为工资、利息、租金等，为已付价格即成本的总数，即"以生产要素之价值，表示产物之价值，以成本表示卖价"；这"犹不得谓为价值之原因，仅以他值，表示一值"。李嘉图的意思，产费为物品生产所用的劳力与时间。上述有关论点及生产必须付出的困苦与心思，所涉及者，可以说"不特劳力，且为资本"。①

第3卷第1编"分配法"，开篇说："财货分配之不均，常致最可惨之鸣冤。贫富之争，无异天地，其来已古，而对于此不均之反动，果由人之自然感情，不容忍同类共享财产、智能、身份、习惯、思想等幸福及便利之嫉妒心而起。而近世社会之发达，愈使此项之不均，发生绝大之痛苦"。"财货分配不均之渐剧，可谓由于财货渐集中于少数人之故"。今日名为"富豪"的新经济动物，古时不曾有过，由此遂生问题。"马克斯之悲论，谓财货将渐积于社会之顶，而贫者居其下，其分配之不均日显，然事实上尚未发现。因有财产者之数增加果速，而财产之自身，亦日见广大，且困苦者之数，反日见减少"。（译者按："此言似不合实情，原文如是，不得不直译之"）注称：应当注意一个事实，1911年英国的总遗产，其半数属于970人，其余半数分给44万人，此种分配，几乎1人得其半，500人得其另一半。②

此编第2章"社会主义之分配法"："现行之分配，似甚不公，人之欲求改良，乃自然之奋斗也，于是有各种社会主义之制度"。"社会党人所欲改革者，不特分配及分配之方法，且及于现行生产与贸易之制度"。傅立叶不甚注意财货分配法的改良，颇注意生产的增加；"马克斯视今昔一切之分配法，仅为生产通行之方法必然之结果"。考察社会党的各种计划，分配部分"甚大"，实则"贫之战争"。绪言叙述"一切社会主义派之共同主义"，下面略言社会主义制度的"主要特征"，其想象的分配公式可分四类："各人均分""各人依其需要而取""各人依其功绩而取""各人依其劳力而取"。

第1节"均分"："此种简单之分配方法，似已见于往古"。如古代立法家均分土地，或依照人口，或依照家庭，数代之后，均分自行破坏，应重新均分。"此种制度，在古时社会，人烟稀少，都市不多，财货仅为土地一种之时，方能实行。苟行于今世，不适宜矣。所以今日，即为革命之社会党，亦不辩护此种之均分制度"。"其简易者，尚有存在，为社会主义制度之根据"。它认为，文明社会的所有财货，满足人的欲望而有余，"其有贫困，仅因大者兼取小者之命份"；"今惟取回富者之

---

① 本节引文均见季特著，陶乐勤译《政治经济学》，上海泰东图书局1929年版，第47—51页。
② 季特著，陶乐勤译《政治经济学》，上海泰东图书局1929年版，第437页。

所侵占，而如激进社会党之言论，剥夺充公，或如渐进党之加税，此为一般之感想"。各国富者甚少，社会党人常用金字塔作比喻，富者为其顶，贫者为其基，"所以即使将富者之所有分布于全国，无人见其地位之较良"。如"社会主义之通意"，假设不将一切财货而仅将富者的所有加入一般的小本经营，后者不过获得"合宜之小份"。不可以将一国之所得，仅视为各种动产与资本之所得，必须计入劳力之所得，如此"可谓一国多数之人，必优于现今之地位"。把资本所得分摊到每个人身上，从数学上看无疑不会增加各人多少优势。否认这种事实以求得实在的经济政策，属于"谬误"，"实则仅与社会革命以光彩，而入众人之耳目中"。分配"当依时期"，否则，"无法以使资本不集中于有权者之手，且阻止一切致富之能力，使不能吸收社会中收入富足之源泉，于是减少总绩，而使各人之所得减少"。此种财货变动引起经济、社会与心理上的结果，"甚不一定"。采取这种分配办法，"必致普遍之利用与好杀之革命"。冒险地说，"此种胜利，无其价值"；想要期待"最适当之权力"，可以采用"较温和之手段"。如将一切遗产的继承分给全体人民，计为每人的细微年金作为积蓄，统存于中央或地方银行，每年结算应得份额；"此制甚为玲珑，原理上不废承继，不过人尽为嗣"。不过这种没收死者遗产的办法，仍将导致"有力之变动"。

第2节 "共产主义"：各人获得相等份额的分配方法，"亦为不均之原"。共产主义不均分货物，而公诸社会成员，就像家庭"依照各人之所需而给与之"，这是"最简最古之社会主义制度"。这个制度"实际上已视为不宜而几消灭，不过近今复为新学派即无政府派所重视，恢复其古时之声誉"。无政府派原非共产，"其终极之目的，为个人之得完全自由而无拘束"，但实行共产主义，方能达此目的。此派主义，允许各有小私产及有限主权，惟因私有财产被人利用，成为一般毫无所有的劳力者的障碍，此派运用"有力之想象"，仅容许"由总积而取"的分配法。泛泛而论，无人不同意"各人各取其所需"的公式"最合意"。但要实行，须无限财货，或须有余，就像空气和水那样，"各人得尽量取其所需"。不幸的是，"财货之量不能常满吾人之欲念，因后者之增加，正比例于足以满欲者之安适"。所以"由总积而取"之事，"必不能行"，"必须使人民为受俸给者"。何况"新共产党"即无政府党"排斥权力与政府"，也没有权力去完成按需分配的精密事务。

不要马上说"共产制度全为空幻"，因为"世上果有之"，即使不存在于全体人类初时的社会，也必然存在于大多数的发端时代；小范围内，"此制果能实行"，除宗教团体外，如美国的共产社会存在几及一个世纪，新的又不绝发生，虽没有可惊的结果，但由此可知，"共产果全不与生产之劳力或实在快乐之限度相反"。比较成功的共产社会，有两个要件。一是团体规模甚小，如百人或千人以上。无政府党的共产机关是绝对自由的自治团体，完全废除国家。道理很简单，团体很小，"人均欲以其相当之毅力，求得有价值之扩张"，成员数量增加，各人利益减少，"此为最小份数，以积各人之热心"。今日政治进化，"似未引导吾人趋入于自治团体而废弃国家，反采集中主义以增加国家之权力，建造大国威风之帝国主义"；即使共产团体减小其群聚的范围，仍将有富群与贫群，"而群与群之不均，将代人间之不均矣"。二是团体应当服从严格的规约。由此可预知共产与均分过程，个人的消费易于超过其应得，或逾越权限与怠于作工等弊病，所以公共生活机关如寺院、军营、学校等，以服从为要件。共产主义的行动与无政府党的意义，"大不相同"，后者欲尽废现在的条件与法律，无论如何，"终与近世生活之趋向不合"。

第3节 "会社主义"：很难取一个适当的名称，在自由团体中找到或表述一种社会党人，能以"不革命，不废止私有权，不均分财产"的方法来解决社会问题。此种社会主义在19世纪上半期的法国"大盛"，其领袖为傅立叶、圣西门、Pecqueur（原译"裴九"）、勒鲁（原译"乐路"）、蒲鲁东与路易·勃朗。它在集产社会主义发现后，失其信用，以致今日被称为"乌托邦"，但"不可谓其已经息灭，因近已复兴，而为'合群'与'协力'社会党之样式"。

傅立叶被称为共产党人是错误的，他说的不过是生产与消费，未涉及财货的分配。他设想实行的公共生活，"仅依据最经济之基础，组织生产与消费之机关"，根本没有均分财货的目的。他说智能、劳力、资本集合的差异是不均的原因，其分配，在12份中，劳力得5份，资本得4份，智能得3份，"无平分之精神"；承认股东与富人"奇异之分息"。认为"联合劳力可以解决社会问题，欲用复式机关，使各种工作纳入群与族"。他的大量著述，"兴奋之意"仅等同于"狂举之数"。

圣西门派曾在法国"非常占势"，历时超过一代，如今全被忘却了，虽成为历史陈迹，却不可不述其一二。其分配公式，初看"甚足动人"，"依各人之功绩而分"。此派严守的主义，一切实业财产的所有者，均尽其社会责任，从狭义上说，"由国家简择之，分派之"。圣西门主义"因其为社会主义样式，而谓为贵族与资本家之社会主义"：不禁止制造厂大雇主及银行家，"拟设社会政府，置于佣工会管理之下"；不注意不均问题，"仅热心以个人功绩之不均，代人为之不均"，"各依能力取所需，依据工作而定能力"。认为"革命不能成功"，革命排斥与生俱来的政治、财政及公民特权，反而遗忘了"最无约束、最不适宜"的财产；按照逻辑，应当废止各物的继承，最重要的是任用最紧要的社会职务，如工业组织人、地主与雇佣工人的资本家。此派计划，"以废除继承为主要"；从逻辑上假设经济职务为公众职务，遗产转移的权利不适宜，也很容易废止。如果赞同圣西门有关财货的所有为社会职务的观点，那么由完成社会职务的人作为最适宜的继承者，不是合乎逻辑吗？然而这种人"难得其人以承其位"，就像今日选任官员所定的职位与俸给，如何能尽依其功绩？从"公意"看，比较今日按照法律遗传及遗嘱来处置财产，他日"用权力之武断意思"来分配财产，其震动会更小吗？假设由选民投票代替政府，则不能合乎"人才主义"；假设判别各种劳力职业，采用自下而上的竞争考试，则成"考试官吏之恶制"。废除承继，必须返回以公正之人为"分配财产之人"，但公正之人不同于男女成偶，终将掌握"奥秘而实存之支配权"。所以，废除继承权，本来为了"各依能力而取，各依工作而定能力"，或者让这种公式优于现行竞争制度，但"均属不成"。如果可以求得功绩的规律，这种制度"将为正直"；反对者可以说智能优异之人对财货的要求，未必超过其生理的卓越，但"自成一可以嫉妒之特权"，不必辅之以要求大部分物质财货之权。

路易·勃朗以为，社会的罪恶全在竞争，"当以生产会社救济之"；"此由工人组织，国家为之后盾"，或许与德国拉萨尔的需要相同。蒲鲁东"不愿与会社主义周旋，因彼不信用会社"。他始终未曾隶属任何党派，自称无政府党。他的意见，"确欲使社会全体成一实在之社会，其中服务取用，须适相均"，后来被称为"互助主义"而"名于世"。根据这种主义，寄生分子如以利息、租金与田租为生，供给少而收入多者，"将自消灭"。有人误以为他说过"物权为窃物"，将其归为共产党人。其实他要废除的，"仅为向劳力征税之物权"，意即"物权当扶助劳力，不得由之取偿"，似是"以自由信用为解决社会问题"。

第4节 "集产主义"："集产主义为较平和之共产主义。其意仅拟将生产器具如土地、矿产、工厂、银行、铁路、原料为公有，而消费之物则任隶属于私产制度之下，除此则善为分配之"。注称：集产主义"近始发生"，比利时的 Colin1850 年"首用此名"，他说的集产主义大部分关于农田。法国人 Pecqueur 与 Vibal（原译"费台"）分别在 1838 年和 1846 年划分生产器具与消费物品，"此为是制之特性"。马克思与恩格斯 1847 年刊布共产党的宣言，"初使之成为一攻击之条规"。马克思又在著名的《资本论》中，"为定一精密之法而予以武器，以攻击近世社会之组织"。后来比利时的 Cesar de Paepe（原译"班配"）"首求集产主义之普通计划"。"集产主义，虽常谓马克斯主义，但在最著名之理论家后，一切集产党人，均非马克斯党，其增加者，果与马克斯主义分离也"。

集产主义异于前述社会制度，"自名为科学社会主义，且名此不为制度，仅为一种说明；不言公平或亲善之意，仅代以新社会所趋向之事物顺序，以进化定理而达其目的"。（注称：此种进化之意，"完全由经济之需要而决定者，名历史之物质主义"。）以前的财产私有，由于生产私有，生产与分配之间有调剂，如中世纪的小工店。如今的大工厂、大商店、大财产，因"集中定理"，个人生产"渐为团体之生产"，但分配仍依据个人财产，所以"生产与分配二制之间常不一致，终使社会因不均而乱，现行资本之制度颓废"。这种轮轴常旋转不已，将转到"大收用"，"为社会公益而收用之"，于是"生产与消费间之调和成，进化之逻辑现，而生产与集合之分配遂得相合"。

如何实现"资本归公"的"收用"（意为没收——引者注）呢？或者通过立法，根据一国的多数公意，"制定大宗为公益收用之法律"；或者按照普通习惯和国会制度，中等社会固执不变，"不能和平进化"，"则用革命方法"，这是"数世纪阶级战争之最后手段，而为马克斯最要之历史事实，为其他一切之主旨"。"收用一经实行，生产之器具，直接或由劳动联合会，转移于国家或自治团体，而其收入投诸国库，除社会之用费后，将其所余还之工人，完全分配之"。集产主义不同于共产主义共有一切货物，"仅公有生产之器具"，消费货物"仍为私产"。今日的集产主义，"可谓尚未欲将一切之生产器具，立即归公，不过仅及已为集合之工作者，即使用受工资者之器具"；其他农人所耕的土地，渔翁的舟楫，技匠的工店，"仍属私有财产，能与个人之生产制度并存"。产物分配给个人依据什么原理？"依据各人之劳力"。有两个不同的方法："依各人之成绩"如圣西门派，"依乎各人之工作"；或"依各人所经之困难"，如"集产党"的分配公式，"以劳力完成物品之时数计"，不能工作的人，给与最小的金额。（注称：根据马克思的《资本论》，"劳力之量，以时间计之"，"组成有价值物品之劳力，等于同样人之劳力及同样劳力之费用"。）简而言之，"其目的为渐集生产器具而公诸社会，其方法则用阶级战争——使工界反对资本家，工人反对不劳而获之人"。（注称："阶级战争不必为武器决斗或作乱"，比政党、宗教的语言战争为烈，"决定消灭资本家一级"。）

反对者认为，"所谓历史定理，集产主义完全组织于其中，即欲渐变个人之生产而为集合，不过一种推论耳。不特不能包括一切事实，且有多数相背"。如农业生产没有证据决定这种趋向，反倒因为人口渐密，种植进步，"土地渐分渐多，而其份渐分渐小"；至于股份制度，仅适用于极少数特例，即使工业，小规模者不仅未被大者消灭，而且"发达甚速"。不能证明生产者个人欢迎将少数集产事业纳入国家之手而利用之，可见"总收用"的"进化之逻辑为谬"，"影响及于集产主义之逻辑"。所谓集合的生产与个人的分配属于相反的变异，"实则二者同变"，如股份公司的财产也如生产者一样成为集合的事业，"其股东之数或同于工人之数（原误为'敌'字——引者注）或常过之"。至于阶级战争，虽为"不可免之事实"，但我们考虑的比马克思派所说的，"复杂尤多"，"无达到终极之说明"。有产阶级的"固执势力"反对没收即"反对公有其货物"的力量之强，不像集产派说的那么薄弱；下层的佣仆，乡民与工人购买政府公债、市政或土地信用机关的债票，甚至铁路股票者，"为数日增，而其欲保护其有价证券之安全，无异农夫之对于其田"；下层对于均分，自愿以富者之有余而补己之不足，"但终不愿减其后者之分毫，以博得国家之资本上游移不定之集产权"。

集产主义不想把极多的历史问题加入社会主义，"乃避免主要之问题，即苟无人类之自私，将致一切之生产能力消灭而不论"。也不能说，"驱除寄生之人，保持各人适得其劳力所生货物之制度"，牺牲了人类的自私或排斥殉情与博爱主义；不考虑未来社会情形而任其自然进化，一定也会遭致困难。假设"收用之主义"合乎逻辑，集产主义将遇到严重困难，最显著者如下：

一是"集产派于财产之个人私有权，主张为限制之维持仅及于个人劳力之生产，不过为幻想耳"。假设承认物权及其一切属性，如借贷、出卖与生息，仍将导致财货之不均，存在于债户与债主、雇工与雇主、卖者与买者之间的各阶级，也就是过去一切经济事实，"尽行复建"。所以集产党宣称：凡属财主，不得出借其所有，或借以使用他人之劳力；仅能消费、保存或赠与，换言之，不得进行生息的使用和博利的消费。如此，财货之主将失望而不致力于谋求多得，"可预卜未来个人之自由，必大遭束缚"。无论如何，"物权如削夺其主要之属性，则惟有一言，为一影耳，将复返为共产主义或其相同者"。因此，"集产党欲使其制或为个人主义与共产主义之调和者，徒劳无益，而集产主义且不能不取其两端之一"。

二是"欲避免一切工业之主义，如雇主、地主与财主，而以工党联合会、理事会所举之管理人代之，则足使工界之中，一切有小规模经济之经验与训练之徒，大生恐慌"。其目的也反对我们所信用的"协力制度"，"协力制度之排斥物权，由竞争而致，非以政府之打击而来，即谓其结果仍依能力与社会之利益范围而致"。在我看来，消灭社会阶级，"足致资本家之大变"。如法国有数百万大小资本家，从小者经逐年盈亏的困难而积成财富，"所以不绝为改进而维持国家财产之源泉"。他们行之自私，与国家无丝毫关系，假设实行集产，则私人积蓄这一"伟大源泉"，其干涸"可立而待"。一则凡人一旦知此结果，不愿再由其应得份额稍留积蓄。二则假设仍留一部分收入用于积蓄如购买劳力票据，只满足个人欲求，不是为了生息，等于"绝端禁止"生息；结果人人有权窖藏，却无益于社会。国家资本应当如何维持和增进，用何物来代替私人积蓄？若建立公共储蓄，如国家近来的财政公司，从其收入中提出一定比例，储为基金，这是好办法，但从来政府"未见有能而欲知如何积蓄"。为此，集产政府须与以前的政府有所不同，能够"谨慎遵节"，一言以蔽之，集产党这种"独一行为"，应当具有"中等社会特有之良习惯"。

三是排斥独立生产者，"须排斥劳力之自由"，不能变成社会上的独立创业者。人民除了变为工人，由雇主雇佣外，不能另寻职务，"无异受工资者投身于雇主指定之所，乃全体尽向大而独一之国家雇主指引之地，而无人得有如今日工人所有之机会，可别寻雇主"。"此为可惨之预期，多数之集产主义学者，拟用玲敏之制度以解免之而不得"。注称：经常有人奋力探寻一种机关，"以得自由比例劳力之分配"。但"新马克斯主义"也承认，"供求定理"之下，"无相当之自由机关"。

四是集产党的分配公式，"依各人所出之劳力时数而定取用之量"，存在"事实之困难"与"紧要之道德问题"。事实困难方面，这种分配根据马克思主义，"以劳力为价值之独一基础"。假设如我们的说明和多数经济学者的信仰，"劳力仅为价值之原素"，"终极之利益或嗜好，实为价值之基础"，则马克思主义的分配制度，"与事实不能相容"。提供自己的劳力，乃放出一种"债权"，其数等于工作时间，"无人能担保此种债权可得同数之劳力时间所成之货物"，"无人愿将稀有之物得值较多者，居于普通品之类"，哪怕它与制造所费的时间相同。道德问题方面（注称：马克思派未论及道德，因其放弃道德研究，但我们"不能轻忽之"），各人所得的报酬依其所费的劳力时数而定，"果真公平乎"？

以上论辩，或已成为过去，因为集产主义的"纯粹方式"，"近数年间，已大变其主义与手段"。不再讨论现行经济制度是否根据"余值或余力"，也不再考虑未来社会应当依据何种样式来组织，"社会主义渐见实行，而其全力，则在排除经济政府之寄生物而代以工人"。"工界持集产主义之势力而为以前社会主义所未及"，宣传力量渐增，"因此新社会主义之心理而起无数之支派"。如深信马克思主义的法国代表，"拟以社会党员加入地方议会与国会以得公权，并因深信集中定理，谓因资本制之进化而自动得其结果"。"革命家因革命（指武力革命）影响于政治甚小，故舍法律与社会改良之活动，仅从工界组织联合会之为'直接运动'，乃纯为经济作用"。该党称委员会或称工团，根据定义，可知其党员为工资劳动者，其机关为"劳动总联合"，此为"工党之总联合"，其主要手段，"随时之罢工，因全体罢工为工人之革命"。此种举动在知识界得到热心的信徒，提出一种新道德并赋予其哲理。与此相反，"改进党""不否认阶级战争主义，不宣言罢工，不轻视社会之改革"，采取的方法"为法律而非慈善组织"；他们"不信资本制度将近末日"，"不信工界将取得社会之经济政府"，"拟以各种团体而实行之"，如劳动联合、消费协社。"此党本为社会党所吐弃，不过近已渐得信用"。

第 5 节 "协力主义"："协力主义为新行之名词，视协力不仅能改进社会之地位，且得行于完全社会之新计划"。这个主义"乃由前述会社之社会主义直接递嬗而来，但其性质不同，不受乌托邦之嫌疑"；"根据现在之经济局面而活动，已实行社会主义之主要任务，同时且立得实在改进运行者之地位而不被人轻视"。19 世纪初，英国的欧文、法国的傅立叶认为，人类可用"自由会社"来改良，欲达此目的，设立许多"小玲珑之机关"，但未成功。不过生命在于需要，其势力超过理论，"使各种会社自然发生于各国"，如英国的消费协社、法国的生产协社、德国的信用协社、丹麦的农业协社、美国的建筑协社等。"此虽为有规律之分配，实已大加改革现在之经济地位而有较大较可得之希望"。言其大略，"以明协力主义与其他社会主义计划之异同"。

一是"协社目的，在救济某级人类之经济，使可得折衷之分配并自足"。如消费协社使消费者建店向生产者购买，或自制所需之物以应其用；信用协社使债户脱离重利者的掌握，直接供应必须的资本，或利用小型的联合储蓄与互助自积资本；生产协社使工人不需要雇主，自工而自利，直接出售给公众，将其劳力所得尽归己有。二是"一切目的，均为以合群代竞争，而以'各为全体'之格言，代'各为自己'之个人主义。原理上，人间必无竞争，惟有联合以满其欲；而此种团体，以联合为规例，俾成较大之机关。若辈虽不否认生产竞争之积聚举动，然以为生存竞争含有可惨之道德，并耗费生产力之经济结果"。三是"一切目的，不在废止私有制度，乃在广布之使各人能成为小份者，且同时发生非个人基金之集合财产，用以发达社会办理社会利益"。注称：近年来集产党甚至无政府党为之辩护，实行协力，"仍不忘情于财产之社会公有"。他们把协力看作"在试验时代，为集产主义之先路，立阶级战争之格式与源泉"。集产党"以协力为其归宿"，因为"含未来社会之胚胎，先成小协社，逐渐增广范围"。四是"一切目的，不在消灭资本，不过排斥管理生产之权势，并由此而收其赢余"。排除一切赢余是欧文制度的要点，多数团体的章程也明定不得博取赢余，否则强制纳入基金；获得的赢余必须分给社员，永远不得分配股份即分配集合资本的占比。以股本办理事务犹如借贷资本给微利，永不分配股息，有些会社的资本甚至无息。近来密布的有限责任公司，按其股本分润一切营业赢余的办法，依事务的管理方式而定，工人接受工资，"惟协社地位，则与不同，使资本之所得与受工资者无异，故同于社会革命"。

所以，协社具有"教育价值"，"教导其会员，不牺牲个人与创业者之精神，发达助人自助之能力，使经济作用之目的，在满欲不在求得；除去广告、虚妄、伪充劣货、血汗制度等，以增高道德之平线；排斥一切利用同类心力之方法及战争之源泉"。各大协社，"已能平静各种争端及消灭利害相反之仇敌"；消费团体"扫除买卖间之争执"，建筑团体"扫除地主与租户间之争执"，信用团体"扫除债主与债户间之争执"，生产团体"扫除雇工与雇主间之争执"。这些团体能够实行"此种高贵之计划"吗？还不能够，但其成就如协力的消费团体，"造成一种协力平民政治，使一切生产之管理权尽入消费者之后，此非小关系之革命"。此种计划即使不能完全实行，"协力举动终得一种便利，使'与未来不相容'之人类社会成为预计之合一形体"。由此建立的"社会政策"，"当必特别优越能任人取舍，而非以强迫或势力，如革命或立法，以排斥现行之社会机关，不过仅对于后者转其自由与竞争之锋刃而已"。

"社会主义与协力主义之态度，不同甚微"。19 世纪上半期，"社会主义与协力主义同源而起"。马克思主义发现后，"社会主义乃与协力举动交锋，因鉴于中等社会之机关，用物质利益之引诱，攫取工界并深尝储蓄与财产之滋味，然亦容纳经典派经济学者所陈协力举动之曙光"。根据比利时消费协社的例证，"社会党之运动实由此而生"；法国仿照而收效，"已使社会主义与协力举动一致"；今日社会党会议，"决计容纳协力举动与委员（工团）主义并行，视为救济工界有效之方法"。

社会党人不以协力举动为实行社会党的目的，不过为"生产机关归诸公有"开其路，而且仅同意消费协力，因其与信用及生产关系甚密。"社会主义者坚谓此为一种机关，仅能使中等社会之精神注入工界而已"。①

这个译本在其他地方，也不时提到马克思有关理论。如第 3 卷第 2 编第 4 章第 3 节"赢余之法理"，论述"社会党之视赢余为劫自工人之物"，介绍欧文在上世纪初，因"赢余为经济之病根"，拟实行"劳力交换之法"予以废除，工人以其成品交换"劳力票"，不须经过创业家之手而获得赢余。接着说：马克思《资本论》问世之前，已有对赢余的攻击，后来"主张破毁创业家或雇主之收入"。马克思认为，"以创业家之责任同于工人为不切当，否则必已过时。往昔雇主与工人，并坐而作工，可视之为工人与生产者，其例今尚见于小工业。但于大工业——马克斯以为未来独有之工业——雇主必为资本家，因其富而为雇主，犹之古人贵而为官吏。雇主由资本而得之赢余，与寻常商人仅由'买以应卖'之出售得者同。彼买入何物耶？工人之劳力耳。彼卖出何物耶？工人劳力之有形成品耳。二者间之赢余即其利益"。赢余自何而来？据马克思之说，"惟劳力能造成价值，价值之量则以劳力计之"。出售工人劳力的成品，其价值高于购入的劳力吗？此"不公奥秘"，明白其说可见马克思的"神圣宣言"。

创业家在市场买卖的物价由所费的劳力限定，假设计算用工 10 小时，此物值 10 小时，工人的劳力，其工作值何物？各种产物或商品，如机器由其生产费用限定，工人是"活机器"，其生产费用"为其生活上所必需之费用"，用于维持生命。假定此费用等于每日工作 5 小时，其劳力"适值"5 小时工作，工资价值应当等于 5 小时工作；雇主依据"贸易与价值之二定理"，付给劳力者正好相等的价值。假设工人用 5 小时的劳力价值，完成值 10 小时的物品，"卖价与成本有差"，马克思称之为"剩余价值"（德文 Mehrwert，原译"墨完脱"），此即"其主义之中枢"。5 小时的赢余，"雇主不赔偿而得之"，工人 5 小时的劳力得不到报酬，"所以赢余为未赔偿之劳力，即全为资本家利用工人之隐谋；以工人之数乘以此无偿之劳力，则工人愈多赢余愈厚"。注称："马克斯之说，详述之甚为繁复，欲得其确当之意思，当先明利益与赢余价值"。赢余价值"仅能得自使用工人作工之资本（即以给工资者）而比例于马克斯所谓能变资本之积量，但如机器与原料等资本，马克斯谓为

① 本章引文均见季特著，陶乐勤译《政治经济学》，上海泰东图书局 1929 年版，第 458—484 页。

定性资本，无赢余之价值，而工人之劳力使用此，生产其适当之价值"。利益（即利润——引者注）则相反，"由于寻常使用之资本而得，其率由竞争而定，与用于特种工业之能变与定性之资本无比例上之关系"。假设一个使用手工，工资 8 万镑，另一个使用机器代替半数工人，工资仅 4 万镑，根据马克思的理论，前者的赢余价值超过后者一倍，然而后者的利益肯定较多。"此实马克斯说之屏障也，然马克斯说与事实相反，马克斯党虽尽力考求其故，终不易明"。

简言之，人的劳力，"其产生之价值，必多于维持其生活之数"，古代的单独工人，"亦莫不然"。否则文化不能兴起，人口不能增加。可以相信，具有文化的工人，通过分工与集合的组织而大增力量。但是，雇主收买千百万人的劳力，发明各种办法增加赢余价值，如竭力延长工作时间，用计件方法以竭尽工人的能力；又如通过机器利用软弱的妇孺，通过学术进步减少工人物质生活所需要的费用，以降低劳力价值，使劳力的价值不能超过工人生存的费用，雇主据此支付工资得以获得更多的赢余。

这种精密的议论，"用以证明赢余为劫夺而来，乃系无偿之某量劳力立于针尖上者，即谓劳力之价值，犹之他种商品，仅为生产之必需工作量所限定"。（注称："马克斯因求确当，故不言赢余之非法——舍弃一切道德或彼所谓模范之讨论——仅以科学说明雇主不能出于自谋之外。但此解释，不论紧要与否，必致现行之赢余入于劫取之列矣"。）然而，假设如今日少数人不承认劳力为价值之根本，则"一切建筑物，皆将仆地矣"。马克思的理论，"有实在之价值，其为赢余之评断，不如工资制度之多"。不能不承认，此制度之下，劳力的买卖犹如商品，雇主常欲减少工资，行之几个世纪。不过，不能说雇主只是买入劳力售出成品的商人，他们的职务较为复杂，劳力也不像商品一样可以包装起来随意搬运。工党、工界立法、协力等，"均求工资不为规定商品市价之定理所限定，承认受工资者自为股东之权利"。①

又如第 4 卷第 1 章第 1 节"消费者职务——买者之社会同盟"，谈到消费者问题，社会主义者的评论同个人主义经济学者的评论一样多。人们容易了解，"消费者为无上之说"，"不合"于马克思主义的"阶级战争、工界必胜之论"。消费不知划分各界，而生产由于利害关系、各群各界的歧异，据此划分人类。在我们看来，

———————————

① 本节引文均见季特著，陶乐勤译《政治经济学》，上海泰东图书局 1929 年版，第 657—660 页。

消费无人与界之例外，"似较优越"。①

### （三）译本分析

看了上述简介，首先感觉译本大概直接译自法文原著，其译名及表述方式，颇不同于国内正趋于约定俗成的翻译取向，生涩、窒碍之文，随处可见。由此也可以体会，戴季陶的序言，何以特别指出更要注意译本的错误，看来他同样未能免此阅读译本的难于理解之苦。其次证明戴氏用批评的眼光去看待季德经济学说体系所得出的一些判断，尤其在调和个人主义与社会主义方面存在"许多不得已而含混"之处，确是一语中的，有其眼光；译者吹捧季德的协力主义是"和平无争"又"轻而易举"改造社会的最好工具或唯一途径，正好反过来，把这些"不得已而含混"之处，当成全书最重要的宝贝！

仅以译本涉及马克思和社会主义学说的部分内容而论，可以看到，它在传统的政治经济学分类体系内，添入不少与传统经济学理论不尽一致的素材和思路。其特征，至少能够概括出以下几点。

其一，将以马克思学说为代表的社会主义，作为一个重要组成部分，编织进入现有的政治经济学体系。在编织过程中，如认为社会主义是同经典派即正统派经济学一样古老的发现，而且出现得更早也更复杂。也就是说，把社会主义纳入经济学体系，有其历史渊源。

又如归纳社会主义派的四点意见称，鉴于社会骚乱的主要原因是少数人掌握财货，利用全体工人的劳动坐享其成，故更新其秩序，只有消灭资本私有及其工资制度，或加以限制；重视实行与社会进化，主张潜势力爆发的革命与缓进成功的办法，以及道德进化的模范作用；其目的是改变私人事业为公众事业，一旦达到目的，即废除国家，重建经济的而非政治的社会机关，直至形成全国性大合作社管理的劳动或庶民社会主义；以阶级战争为要纲，专门为了工界利益，排除旨在分利的中等社会与资本家。这个归纳，吸收不少马克思经济学说的成分，比如：集产党自命科学社会主义党，不是预定制度，而是依据现存制度来叙述社会的未来发展，认为未来社会的胚胎发端于现在的社会；马克思派的历史唯物主义，相信生产工艺等经济发展过程，能够决定社会的一切发展，以及政治、道德、宗教、美术等上层的发展过程，就像马克思说的，人们改变自己的生产方式，也就会改变自己的一切社会关系，手推磨产生的是封建主为首的社会，蒸汽磨产生的是工业资本家为首的社会；马克思的社会主义，确定了社会主义的工界或庶民性质，集产主义号称科学社会主义，不是谈论改造现行社会的各种组织方法，也不承认那些凭意气从事的计划制定；等等。同时，也掺入了许多修正、偏离或曲解马克思学说的社会主义观点，除了空想社会主义和无政府主义的观点外，比如：限制而非消灭资本私有制和雇佣劳动制度，将消灭私有制的命题转换为废除哪一部分私有权的问题；经济的决定作用不存在天命性质，社会进化虽受制于手工磨与蒸汽磨的代谢过程，但二者都是人工的结果，"合群"才是社会进化的要素；社会主义派的废除国家观念，不喜欢现存国家为维护资产阶级利益的无耻害物，于是用社会代替国家，追求非政治的经济机关并达到全国形成一个大合作社管理局的极致；马克思社会主义的工界或庶民性质，便是今日的工团，其未来革命，便是工人总罢工；等等。换言之，随着社会主义派被纳入现行经济学体系，马克思学说也被梳妆打扮一番，保留若干基本特征，同时改变其原貌，以便为化妆者引出自己的主张，提供注脚或线索。

再如把国家社会主义同以马克思学说为代表的社会主义严格区别开来，称后者为革命党所赞同，前者为政府所喜欢，甚至为暴君所利用，当作反对社会主义的消毒剂。以往国内流传的国家社会主义概念，比较模糊，时常对比无政府主义，误认为这是马克思社会主义的特征，体现了革命过程中对国家权力的承认和运用。此译本则从经济学角度，事实上澄清了这个误解。指出国家社会主义强调国家责任，最初表现为经济学的历史学派，不赞成古典经济学派"纯任自然"的自由放任主张，以及将现行制度看作不变因素而对社会科学作出的判断，认为社会改良有其历史途径，包括私有制和工资制在内的变动因素，随时随地而异；所以此派在社会进化要素中，不重视定理，重视适当立法，尽力扩充国家行动的范围，如19世纪末叶为工人建立劳动法与国际公约，开展国家大宗计划。这一澄清，事实上是说国家社会主义派与古典学派一样，在不破坏现行制度的前提下，为经济学的发展作出了贡献，同马克思的社会主义没有任何关系。惟古典派不相信国家，国家的责任却日益增加，历史派倚重国家，然而国家或政府履行权力的无能弊端违反多数人的意愿，只有期待以新的责任来组织国家，以便经济和有效地完成事务。至于将无政府主义派列入社会主义，也从经济学上予以解释：不同于其他社会主义维持国家或法律的权威，主张绝对个人主义，也不同于同样主张自由放任的古典派之尽量减少国家或立法的责任，要求完全废除政府和法律。总的说来，这些澄清和解释，超出以往社会主义笼统概念的纠缠不清，运用经济学理论作为衡量的标准。

其二，重新调整政治经济学的理论框架，将包括马克思经济学说在内的社会主义一派的地位、作用和功过评价，主要限于分配领域，同其他的生产、流通、消费等重要领域，基本无关。这个调整，翻阅译本的目录，一览无余。梁乔山的序言，曾说作者的立论，适应新时代的需要，从旧式经济学以供需竞争之说为主，转向注重生产劳力方面与经济相关的道德哲学以及经济学派别；译者自序，也说以前的经济学，偏重研究资本阶级的利益，忽视劳动阶级和消费者的利益。此类说法固然不错，意谓正统经济学著述不能完全无视代表劳工利益的社会主义学说及其重要派别，须对其理论框架有所调整。然而，调整的结果，从译本目录细分的 220 个卷、编、章、节标题看，无非在分配卷的分配法编内，增设"社会主义之分配法"一章，内含 5 节，以及在接受工资者一章，偶见"工党"一节，其余生产、流通、消费各章节的标题里，均不见社会主义的踪迹。

这种调整，也印证了传统经济学界的流行说法，资产阶级经济学重视生产及效益，社会主义经济学只重视现成生产成果的公平分配。同时不得不承认，马克思从古典经济学的劳动价值理论中，引申推导出否定现行资本制度的剩余价值理论。于是，确定调整后的理论框架之前，必须先对这个问题有所交代，这主要见于绪论讨论价值的成因一节。讨论的逻辑：首先，劳动价值论在经济学说史上，曾经占有优势，其代表人物从斯密、李嘉图一直到马克思，但现在几乎完全失势。其次，劳动价值论认为使用价值是价值形成的条件而非原因，价值的根本在于劳力，劳动的多少决定物值的高下。这种说法看起来有科学性质，似乎健全，然而无法将加倍的使用价值与加倍的价值联系在一起；以劳力作为道德元素来满足公平的含义，虽然令人向往，却不能证明物品价值的增高比例于所用的劳力，或各人所得的财货价值等于其所用的劳力，也不能根据这种简单的公平主义来建立社会组织，结果很难确定其善意的道德价值，甚至可能是通往地狱之路。再次，劳动价值论的解释从经济学上看不充分，如含有一定生产劳动的物品价值理应不变，实际上却因供求关系而经常变化，可知价值与劳动之间没有附属关系，倘若用现在而非过去的劳动来衡量同一物品的价值，则劳动变成衡量的工具，而非价值的要素；假设劳动为价值的原因，同一劳动必得同等价值，实则相同劳动获得的同类物品，卖价不同，不仅受制于价值，还受限于使用价值，花费不同劳动所获得的货物，其价值可能反而相同；按照同一假设，不含劳动的物品即无价值，然而许多物品不花费劳动却有价值；称价值为劳动的产物，错误在于把作为劳动产物的使用价值当成价值，价值如同射在物体上的光亮，由外面加入，不存在于物体之中，故不能称为产物；等等。最后，否定了劳动价值论，也就驳斥了马克思的价值学说，虽然不能完全否定劳动与价值的关系，但劳动变更物品的数量与位置，对价值只有间接影响。如近来劳动价值论被改为生产费用说，用于生产的工资、利息、租金等都进入成本，以生产要素的价值来表示产品的价值，意味价值中不只有劳动，还有资本。又如马克思认为生产物品的不是个人劳动，是以平均生产时间来计算的社会劳动，这样假设物品的价值，为"折中之理"，但对各个独立生产者来说，并不存在。

经过这样的处理，等于釜底抽薪。既然劳动价值论不能成立或已经失势，则建立其上的剩余价值理论，也就没有存在的道理。如此从最主要的生产领域清除了马克思的剩余价值学说，剩下的不过是在分配领域如何分辨、借鉴和吸取社会主义各派方法中的有关因素，特别是那些解决分配不公问题的具体技术方案。依此来调整现有经济学的理论框架，显然不会给现行资本制度及其经济指导思想带来任何损害和风险。

其三，对各种社会主义分配法的选择性论述，逐渐脱离马克思学说的主导地位，转向重点发掘那些非马克思主义或修正马克思主义的形形色色学说。将社会主义的分配法引入正统经济学体系，在于一个基本事实不能回避，财富分配不均，经常导致悲惨的社会现象，引起贫富之间的争斗，尽管这是自古以来几乎与天地共生的老问题，但近世社会发展将社会财富日益集中于少数人，加剧了大多数人因分配不均而产生的痛苦程度，产生许多以往未曾有过的新问题。这也是译本在论述分配理论之初，最先提出的现实问题。这里还提到马克思的一个"悲论"（似指悖论）：在近代社会，一边财富向顶端少数人积聚，与贫困者的差别日益明显，一边因财富数量日益扩大，贫困者的数量反而减少。对此，连译者也认为可能说错了。或许，这是强调近代社会的分配不均，区别于古代，具有新的表现形式，也就是在生产力水平迅速提高的条件下，并存着财富高度集中与相对贫困而非绝对贫困两种现象。

面对这个社会现实，人们自然追求"改良"现存的分配不公，这是各种社会主义制度方案应运而生，也是译本不得不认真看待社会主义分配方法的客观原因。它特别提醒注意，社会党人要改革的不只是分配及其方法，还涉及现行生产与交换制度。如傅立叶不大注意改良分配而注意增加生产，马克思更把一切分配方法看作通行生产方式的必然结果，社会党的各种计划突出分配部分，意在发动贫富之间的战争。为此，讨论分配问题，必须撇开社会主义各派的共同主义，只限于说明其分配公式的主要特征及从想象到实行的可能性。译本十分谨慎，在调整社会主义学说进入现行经济学体系框架的过程中，小心翼翼地将那些挑战现行制度的基本理论与宗旨目标同其具体的分配方法剥离开来，限制在分配范围内有选择地讨论，即便在分配范围内，也要事先割断从分配问题又回到检讨基本生产与交换制度的任何关系或通道，只限于具体说明各种分配公式的理论特征和技术可行性。所有这些，都显示此书考察社会主义分配法，以改良为基准，势必同本来起主导作用的马克思经济学说，渐行渐远。

经过再次处理，译本随后列举社会主义的几种分配法，夹杂许多个人褒贬的评论成分，也在为引出自己所偏好的方案作铺垫。如行于古代而简易的均分法，已不适宜于今世，却仍作为社会主义制度的根据，满足了贫困者要从富者那里取回所侵占的财货的欲望，成为激进社会党主张剥夺充公，或渐进党主张加税的意愿来源；将少数富者的资本所得分摊到多数贫困者身上，不会增加各人的优势，只会阻碍致富的能力，减少生产总量从而减少各人所得，引起社会震动并导致无价值的"好杀之革命"；因此不如采用较温和的手段，如将遗产继承改变为给每个人积蓄少量年金，通过银行每年结算方式让每人获得最适当的权利，当然这也会产生很大的变动。这个评论，考虑的重点是如何消除均分法的社会革命色彩，使之转变为让更多人受益而又避免社会震动的温和分配方法。

又如共产主义的按需分配法，可以防止均分法让各人获得相等份额而其结果不平等的分配弊端，同样是最简单最古老的社会主义制度，后来已近消失，不过近来又在"新共产党"即无政府党的手中复活了；其终极目的是让个人获得无拘束的自由，允许小私产所有及有限主权，但只有通过不受限制的按需分配才能达到目的；这种想象的合理性，当财富像空气和水一样无限或有余时，方能成立，否则必不能行，何况该党排斥权力与政府，无法完成这种精密的按需分配事务；共产制度并非完全空幻，曾经或能够在小范围实行，其限制条件是保证自治团体的绝对自由和每个成员的积极性与利益，服从内部的严格规约，问题是废除现行社会条件与法律，不符合近世生活趋向，也不能消除各小共产团体之间及其隔代的差异。这个评论，否定按需分配之法的可行性，因其脱离现行社会制度，感兴趣的是其自治团体最终趋向于废弃国家，同当今世界集中国家权力以显示大国帝国主义威风的现状，正好相反。

另如"会社主义"的按"功绩"分配法，尽管名称不恰当，本质上是不通过革命而废止私有权或均分财产的方法来解决社会问题，实际上说的是法国空想社会主义。这种社会主义曾极为盛行，马克思主义出现后，被称作乌托邦，但没有完全熄灭，近来已经复兴，表现为主张"合群"与"协力"的社会党。其代表人物，或者设想依据经济原则来组织生产与消费的公共生活，按照劳动、资本和才能的不同比例来分配财货，不主张均分，也不是共产党人；或者突出各人的功绩，拟设社会政府让大企业家和银行家承担社会责任，由工会管理，用个人功绩的不均代替人为的不均，以工作定能力，以能力取所需，认定革命不能成功，废除遗产继承重在任用关键的社会职务，类似"贵族与资本家之社会主义"，惟其确定功绩的标准，很难公正或避免权力的武断及嫉妒的特权；或者将社会罪恶归咎于竞争，主张以国家为后盾，由工人组织生产会社予以救济；或者打算组织一个实在社会，让社会成员的服务与取用相互适均，也就是后来闻名于世的互助主义，自行消灭靠各种利息和租金为生的寄生分子。这个评论，显示这位法国作者特别垂青于法国空想社会主义者的特征，不愿用空想社会主义一词来称呼这些代表人物的学说，另创"会社主义"的古怪名称，特别推崇他们寻求解决社会问题的方法，共同遵奉的宗旨，反对革命或避免触动现行私有制度的极端行为。

　　再如集产主义的按劳分配法，也是书中论述各种社会主义的分配法，着墨最多的一种方法：集产主义是"较平和"的共产主义，以生产器具为公有，消费物品仍属私产；在马克思之前已有人使用此名并作相应分类，但《共产党宣言》的发表最先使之成为攻击的武器，后来《资本论》加以精密论证，用来攻击近代社会组织，所以集产主义常被称作马克思主义，不过马克思、恩格斯去世后，集产党人不再是马克思信徒，与马克思主义相分离；集产主义自命科学社会主义，不去设想公平亲善的社会制度，只说明事物进程依据"进化定理"，趋向于新社会的目标；这种进化根据历史唯物主义，取决于经济的需要，如中世纪财产私有的小业主，生产与分配能够相互调剂，如今的大企业由于"集中定理"的作用，生产变为团体的或社会的生产，分配仍依据个人财产，生产与分配经常不一致，导致社会不均而动乱，现行资本制度趋于颓废，如此周转不已，终将为了社会公益而实行资本归公，重新调和生产与消费之间的关系，实现社会生产与社会分配的相互吻合；资本归公的没收举措，或者通过立法，或者不能和平进行而使用革命方法，马克思的主旨，把阶级战争当作最后的手段；没收后的生产器具，转移到国家或自治团体手中，其收入归国库，除去社会费用后，分配给工人；分配给个人的收入，依据各人劳动，按照劳力完成物品的时数计算，即《资本论》所说，计算有价值物品的劳动量的时间，依照平均的而非单个人的劳动及其费用；简言之，集产主义的目的是将逐渐集中的生产器具归公于社会，方法是工人阶级通过反对资本家和不劳而获者的阶级战争，直至消灭资本家阶级。反对集产主义的理由，从生产上看，所谓个人生产逐渐变为集合或社会生产的历史定理，只是一种推论，不能包括一切事实，并与多数事实相违背，如农业因为人口增加和种植进步，土地越分越散，每人的份额越分越小；工业的股份制度只适用于极少数特例，小规模生产不仅未被大规模生产消灭，而且发展迅速；将少数集产事业收归国家所有的进化逻辑存在谬误，由此影响到整个集产主义的逻辑。从分配上看，也不存在社会生产与个人私有分配的背离，实则二者朝同一方向变化，如股份公司的财产成为生产者或工人股东的共同财产。从阶级战争上看，虽系事实不可避免，但不能像马克思派那样，轻视有产阶级反对没收其资产为公有的力量，况且有产阶级的队伍扩大到购买公债、债票、股票等有价证券的下层人民，他们愿意均分富者的有余资产，却不愿减损个人资产以归诸国家的资本集产权。姑且不论否定人类的自私心，将消灭一切生产能力，假设没收私有资本为公有的集产主义合乎逻辑，在实行中也将遇到严重困难。诸如：幻想将私有财产权限制在维持个人消费的范围内，剥夺物权的主要属性即生息获利，结果无法在个人主义与共产主义之间进行调和，只能取其两端之一，终归徒劳无益；企图由工党的联合团体推举管理人员来代替一切雇主、地主的私有经营，使具有小规模经营经验者感到恐慌，打击了通过竞争来排斥私利物权而值得信任的"协力制度"，又使私人积蓄这一维持和增进国家财产的"伟大源泉"变得干涸，除非集产政府如同资本社会，具有谨慎撙节财富的良好习惯；人民都变成工人，则除了受雇于人外，将失去成为社会上独立创业者的自由，连新马克思主义者也承认，这种供求定理，将使劳动无法自由分配；依据各人劳动时间来决定其取用数量的按劳分配公式，困难在于无法实施，道德上也不能保证公平。以上论辩，围绕纯粹或典型的集产主义即马克思主义，强调近年来其主义与手段发生很大变化。如不再根据剩余价值或剩余劳动理论来讨论现行经济制度，也不再谈论未来社会组织的理想形式，而是在逐渐推行社会主义的过程中，全力排除寄生者并由工人进行管理。其变化表现在，或者马克思主义的追随者们相信，其目标可以通过资本制度的集中进化而自动获得，主张社会党员进入国会与地方议会以掌握政权；或者工团主义者否定武力革命、议会政治斗争和社会改良活动，主张工人采取直接行动，随时组织纯粹经济性质的罢工，直至同盟总罢工；或者改进党与之相反，不相信资本制度已经临近末日，也不相信工人团体能够取得社会经济权力，组织各种符合法律或非慈善的团体如劳动组合和消费合作社，谋求自身利益。

这个评论，聚焦集产主义，层层递进，从最初等同于马克思主义，到其理论基础被颠覆否定，再到蜕变为新马克思主义或非马克思主义的各种货色，最后落脚在当初为马克思主义政党所唾弃的社会改良派，最近重新获得信用。至此，书中评点各种社会主义分配法的意图，昭然若揭。它的评点里，均分法和共产主义的按需分配法，只见于远古时代或极小范围或想象限度内，如今不足为论；所谓会社主义的按功绩分配法，既然被称作乌托邦，同样缺乏现实意义，但评点者刻意从中提炼出在现行私有制度下解决社会问题的非革命或非极端行为取向，为之称道；最重视集产主义的按劳分配法，建基于马克思的精密经济理论而风靡一时，故为此花费的心思也最多，经过先简介、后否定、再变异的解说引导，结果源出于马克思主义的集产主义，竟转化为其对立面的社会改良主义。经过这番梳理和改造，在现有政治经济学框架内给社会主义分配法安放的适当位置，便与其他正统的经济理论共处并存，相安无事，没有任何冲突和后顾之忧了。

其四，提出全书的倾向性结论，把协力主义当作改进社会的理论依据和实践标尺。书中的章节安排，从表面看，似乎协力主义也被列为社会主义的分配法之一，但又不像前面四个分配法，具有比较公认的代表性并显出特定的分配公式标志。其实，这是作者在概括以往各种社会主义分配方法的基础上，提出自己最属意的社会改进方式。根据译本的说法，这是新流行的名词，协力或合作不仅能改进社会，而且是完善社会的新计划；协力主义直接从以前的会社式社会主义演变而来，去除原来的乌托邦性质，可以在现行经济环境和条件下，推行社会主义的主要任务，确立其改进社会的运行者地位；19世纪初的代表人物，试图利用自由会社来改良社会，设想许多精巧的机构，均未成功，然而其生命力在于适应了需要，超出理论的局限，此后在各国自然发生了诸如消费合作社、生产合作社、信用合作社、农业合作社、建筑合作社之类的各种会社；这些会社保持有规律的分配，同时加大力度改革现有经济状况，具有更大的成功希望。据此，可以明白，为什么作者对当年的空想社会主义有那么大的兴趣，也可以明白，所谓协力主义，作为当年会社主义的变种，其本意是在不改变现行资本制度的前提下，通过合作社来实现社会主义。这样的协力主义，比较当初的空想社会主义，看不出有多大差别，何以说消除了乌托邦性质。其用心在于，除去那些缺乏普遍实施条件的均分和共产主义分配法不谈，无论乌托邦社会主义还是科学社会主义的分配法，都力求以温和改良或激进革命的方式，改变现行分配制度，协力主义则保留现行分配的秩序或规律不变，另从现实需要中去发现和培育各类合作社，自然而然达到社会主义目的，所以说协力主义不是乌托邦，有其现实生命力。换言之，前面介绍社会主义的各种分配法，都以改变现行分配制度为主旨，难免产生各种幻想、矛盾和冲突，惟有协力主义不去触动这个分配制度，另辟合作途径，才是符合需要的希望所在。由此确立协力主义的理想地位，也就在调整政治经济学理论框架以便纳入社会主义分配学说的过程中，清除了最后的隐患。

为此，书中还专门说明协力主义与其他社会主义计划的异同之处。如通过各种合作社救济各类社会成员以免受制于人，可以获得折衷的分配和自给自足；以合作代替竞争，以我为人人的格言代替人人为我的个人主义，只有建立和发展联合的团体，才能避免生存竞争引发的道德堕落和生产力耗费；无须废止私有制度，广为分布财产让所有人都能够成为小额财产所有者，又集中一定财产用来发展社会事业和维护社会利益，这不同于集产党把发展合作社当成试验性胚胎，没有摆脱以阶级战争方式公有财产的途径；不是消灭资本，只是排斥凭借权势来管理生产以获取赢利，也不同于近来兴起的股份公司按照股份来分配企业赢利，合作社取消资本所得与工资所得的差异类似于社会革命。因此，合作社可以教育和引导社员：以个人创业精神去发挥助人与自助的能力，让经济发展满足于人类需要而不是追逐赢利；排除逐利所产生的浪费、虚妄、伪劣、盘剥现象，提高道德水准；消除同类之间的一切利害争执、相互仇视和战争源泉，形成协力合作的平民政治。现有合作团体未必能够实现这种"高贵之计划"，但由此建立的社会政策，具有特别的优越性，不必通过革命或立法等强制方式来排斥现行社会机构，随着人们任意选取各种合作团体，可以自然克服现行社会机构的自由竞争缺陷。社会主义与协力主义的态度最初没有多大差别，本是同源而起；马克思主义出现后，看到资产阶级社会机构从物质利益上剥夺工人阶级，对资本积累的滋味刻骨铭心，于是质疑合作举措的有效性，但并未否定合作举措的希望曙光；后来产生消费合作社，推动社会党将社会主义与合作行动一致起来，尽管今日社会党不以合作运动为目的，只是为生产机关公有开辟道路，而且仅限于消费合作社，用以防范其他与信用及生产关系密切的合作社将资产阶级精神注入工人阶级队伍，但视之为救济工界的有效方法。

比较协力主义与社会主义尤其与马克思主义的异同，进一步强化了分析协力主义特征所得出的结论。总之，在作者的心目中，协力主义的理想基础和最大优越性，在于排除了一切可能挑战现行社会制度的社会改革方案，通过发展合作社的安全保险办法，可以在解决社会问题的过程中，让资本主义自行灭亡，和平建立社会主义。

译本将协力主义引入国内，对马克思主义经济学的传播，产生一种独特的影响。一则如上所述，重建政治经济学的理论框架，在一定程度上或一定范围内承认以马克思经济学说为代表的社会主义的理论价值，同时尽量磨去其棱角，进行无害化处理，使之在这个理论框架内既占有一席之地，又不会威胁主流经济理论体系的正统地位。从这个意义上说，协力主义的流行，等于削弱马克思主义的传播。

二则在马克思主义经济学传播于我国虽已起步但仍属薄弱的初期，以任何形式，包括以批评或修正的方式去介绍马克思经济学说，对许多完全陌生于马克思经济学说的国人来说，都会产生某种传播的效果。此译本经常是一边引用和解说马克思的原话或某些理论内涵，如从唯物史观到资本积累的发展趋势，从劳动价值论到剩余价值学说的建立，从劳动力买卖到可变资本与不变资本的划分，从绝对剩余价值到相对剩余价值的演变，从阶级斗争到社会革命；一边又随时质疑或反驳，指出这些理论或者过时、或者矛盾、或者已被修改。但不论如何，透过这些质疑和反驳，终究以不那么系统的方式，传达了马克思经济学说中若干主要理论的大致涵义。何况作者秉持协力主义的理念，其最终目标，也是期待未来社会以社会主义代替现行资本主义，只不过方法与途径不同，主张以自然而然的和平方式取代任何挑战现行制度的革命或改良方式，似是殊途同归。此所以国内好几位鼓吹社会主义的作序者，都把这个中译本当作否定正统经济学甚至堪比马克思经济学说的代表作。

三则比起各种社会主义学说，译本与众不同，欣赏名为会社主义的空想社会主义，认为协力主义直接从中演变而来；重视名为集产主义的马克思经济学说，认为后者的精密论证使得社会主义脱离乌托邦而具有科学基础。如何协调二者的关系，书中采取不同的策略，对于空想社会主义，人们因其空想性质而将之抛弃，它却为其注入适应社会需要的新因素，使之复活；对于马克思经济学说，人们因其科学性质而趋之若鹜，它又引入不少否定的理由，称已经过时，或被新马克思主义者修正，或为其他后起的学说所取代。它对马克思学说的评论，不同于敌视这个学说的正统经济学著述，置于对立面，全盘否定，而是否定中有肯定，肯定中又有否定，一切以是否有利于协力主义的推广为转移。一般说来，对于剩余价值理论和阶级斗争学说，否定得比较彻底，对于唯物史观的批评，留有余地，对于从劳资矛盾引出的工资理论，以及坚持等价交换原则、不以道德标准论现行制度之是非、避开未来社会的预设虚构等分析方法，给予较多肯定。其主要的衡量尺度，在现存资本私有制度的约束下，能够让协力主义悄无声息地实现。对此，国内有人欢呼，认为这是和平无争与轻而易举改造社会的最佳工具，符合经济学的成本收益原理，避免挑战现行私有制度的得不偿失；有人持批评态度，认为这是调和个人主义与社会主义，含糊其词，缺乏勇气，只能提出一些没有办法的办法。这种截然相反的反应，也说明这个译本的传入，对于马克思主义经济学的传播，可能产生完全不同的影响。特别是在苏俄革命发生 3 年后，推出这本早在苏俄革命之前问世的政治经济学著作译本，恐怕最显著的影响，就是抵制马克思主义经济学的传播会给国人带来激进社会革命的结论。

## 二、《国民生计政策》译本

这是马君武[①]翻译奥地利维也纳大学教授菲里波维[②]的经济学名著，分别各部分节录后的组合体，当时在国内颇具影响，一再重印。此译文的起始章节，1920 年曾连载发表于《建设》杂志。后来一边翻译，一边分册出版，从 1921 年到 1925 年，先后初版《农业政策》《工业政策》《商业政策》《交通政策》《收入及恤贫政策》五本书，其中《商业政策》一书为上下两卷，在同一书名下分别出版，又可算作六本书，均列入中华书局的新文化丛书。照此说来，这个译本系列的相继问世，在时间上超出了本编的考察范围。不过，考虑到译者选译此书，起意甚早，执念颇坚，数年来一直秉承其初衷而连续不辍，因此将后来出版的各书与最初出版的

---

① 马君武（1881—1940），原名道凝，祖籍湖北蒲圻，生于广西桂林；1901 年赴日考入京都大学应用化学专业，1902 年结识孙中山，1905 年参与组建同盟会被推为秘书长，《民报》主要撰稿人；1907 年赴德国入柏林工业大学矿物冶金专业，获工学学士学位；辛亥革命后回国，任南京临时政府实业部次长，后任国会参议院议员；1913 年再次赴德国入柏林大学研究院学习，获工学博士学位；1916 年回国，历任广州军政府交通总长、孙中山革命政府秘书长、广西省省长、北洋政府司法总长；1924 年淡出政坛，先后任大夏大学、北京工业大学、中国公学、广西大学校长。

② 菲里波维，原名 Eugen von Philippovich（今译尤金·冯·菲利波维奇，1858—1917），生于奥地利维也纳，曾接受卡尔·门格尔（Karl Menger）的学习指导；先任教维也纳大学，1885 年起任弗赖堡大学（Freiberg University）教授，1893 年起任维也纳大学经济学讲座教授至去世。

《农业政策》一道，作为整体系列，归入本考察范围，不会在分析上产生歧义，反而有助于认识出于同一原著的译本各书的连贯性与完整性。

此译本综合起来看，有几个特点值得一提。一是译者作为获得西方工学博士学位的中国第一人，有意突出这个身份，在译本各书的译者署名中，都要加上"工学博士"的前缀，同时关切西学在解决社会经济问题方面的指导作用，用心迻译，大力提倡。这种现象，留学欧洲从事自然科学领域研究，回国后却在翻译推介西方社会科学著述包括经济学著述方面作出异乎寻常的努力，犹如当年严复毕业于国内船政驾驶专业而留学英国皇家海军学院，学成回国后率先引进《天演论》《原富》等一系列令国人振聋发聩的西方名著译本，产生了十分独特的影响。二是译者关注德文经济学原著，应在情理之中。他早年留学的日本各界，便以推崇和仿效德国的政治经济措施及其理论学说为特色，随后两次赴德留学，更是耳濡目染，虽以工学为本，但在经济学方面同样受到广泛的熏陶，这从他翻译选择的原著上，也能看得出来。所谓"国民生计政策"的书名，应是随严复之后，以生计学为舶来经济学的中文译名，显示我国早期留学欧美的归国代表者，在相当长一段时间内，不愿接受从日本引进的经济学中译名，总想另寻更为贴近的译名以代之，这样也就可能掩饰了这本德文原著的真实面貌。实际上，菲里波维这本书，德文原名为 *Grundriss der Politischen Oekonomie*，英译名为 *Foundations of Political Economy*，根据中文今译名，可译为《政治经济学纲要》。此书分两卷，第一卷叙述一般经济学，出版于1893年，第二卷叙述经济政策，共两册，分别出版于1899年和1907年，故全书实为三卷；据称这是当时"最成功的经济学德语教科书"，第一卷先后印了19个版本，销售超过63000册①。这样看来，译者的选择，决非随意为之，充分体会到这本经济学原著成功流行于德国的普及性与通俗性。三是译者选择这本原著后，又选择节译其中的经济政策部分而非一般经济学原理部分，以适应于我国解决社会经济问题的现实需求。也就是针对国内现存弊端，主要提供基于实例比较的具体政策参考，而不是那时国人尚难理解的抽象理论原则。关于这一点，译者在译本各书的序文里，有更加实在和连贯的说明，并为各书选译的内容所印证。当然，西方经济政策的背后，总是有一般经济学原则作为理论支撑，尽管德国经济学著作建议采行的经济政策，有其不同于如英国传统经济学的独特之处，但仍遵循西方主流经济学的

① 参看 https：//en. wikipedia. org/wiki/Eugen_von_Philippovich。

基本仪轨。因而译者推介原著的经济政策，也体现了接受西方主流经济理论以为处理中国问题的指导原则。他真心相信在西方民主制度下所形成的经济理论与政策，带来欧美国家的经济发达和社会繁荣，也是帮助中国走出困境的必由之路，很有代表性；特别是在当时军阀混战，国外侵略势力与国内封建势力相互勾结的恶劣形势下，还成为抵制帝国主义侵略与封建割据逆流的一股积极力量，得到舆论界的广泛呼应。从这个意义上说，此类理念的推广与普及，同样也为马克思主义经济学的国内传播，清扫了思想观念上的一些障碍。然而考察下面的译本各书，又不难发现，译者介绍那些经济政策，毕竟是西方资本主义社会制度的产物，能否适用于或实现于中国眼前的特定环境，具有浓重的猜度与期待成分；而且他为这些经济政策注入改善民生和救济贫困阶层的内涵，终究未能超出现行制度下的社会改良性质。于是，这种经济理念的持续坚守，在探索解决中国社会经济困境的实践过程中，势必会同马克思主义经济学的传播产生冲突。

马君武译《农业政策》，列为菲里波维（署名 Philippovich）所著《国民生计政策》第一书，1921 年 4 月初版（现存 8 月再版本），279 页。马氏 1920 年 8 月 6 日适值 39 岁生日，作序于广州石井兵工厂无烟火药厂总工程师任上：

我十余年前居日本时，"已好读国民生计学书"。当时阅读了亚当·斯密、约翰·穆勒、李嘉图、马歇尔诸家所著书。后来到德国，又利用余暇大略阅读了卡尔·马克思、瓦格纳（Wagner）、施穆勒（Schmoller），康拉德（Conrad）、菲里波维（Philippovich）诸家所著书。"国民生计政策一种科学，实为德国学者之所创立，列为国民生计学（俗沿日名为经济学）之一种，予甚感其关系重要。以为文明诸国自国民权利问题即宪法问题解决以后，政府施设，十九为国民生计问题。顾吾国乃无专书述之，乃取维也纳大学教授 Philippovich 博士所著国民生计政策，译为今书"。书分农业政策、工业政策、外国通商及交通政策、内地商业政策、收入政策五册，次第出版。"原书最称渊博，国人所见者，有日本气贺译本"；惟日译本乃据第 2 版旧本，［原书］自 1908 年第 4 版改正以后，丰富了材料，还将第一、第二册的重要次序大加变更。今书乃据 1912 年第 6 改正版所译。①

此序透露的信息，一则译者最初留学日本专攻工科时，就对西方政治经济学著作感兴趣，先以英国古典经济学或新古典经济学代表人物的著作为阅读重点，留学

① Philippovich 著，马君武译《农业政策》，中华书局 1921 年版，译者"序文"。

德国后又将重点转向该国的经济学家著作，选读的对象较为错杂，包含马克思和非马克思主义者的经济学著作。这个转向，说明译者并不排斥马克思经济学说，反而侧重于那些质疑英国经济学传统或放任资本主义竞争制度的著作。二则译者推重德国学者创立了国民经济政策的科学系统，认为这是政治经济学中一个关系甚为重要的组成部分。表明他的基本倾向，不在宣扬马克思主义经济学，而是垂青以施穆勒和瓦格纳等人为代表的德国新历史学派的社会政策论即讲坛社会主义，也就是鼓吹不废除资本主义制度的社会改良思想，主张利用国家权力，通过社会政策和立法等方式来解决劳动问题与社会问题，从而缓和劳资矛盾。这种主张，实质上是为了抵制马克思主义的传播。三则译者相信西方文明诸国的发展路径，从宪法上解决了国民权利问题之后，政府的政策主要转向解决国民生计问题，这也是中国应当遵循的发展模式。为此，他感慨中国尚无专书叙述后一问题，便选取维也纳大学教授菲里波维博士专论国民生计政策的著作以为翻译的范本。这里回避了中国是否或如何解决国民权利的宪法问题，把解决国民经济的政策问题突出地放在国人的面前。四则译者选译据说"最称渊博"的菲氏原著，或许早年受到日译本的启示，但在德国接触原著新版后又不满意日译旧本的缺陷，于是另起炉灶，根据修改后的新版重行汉译。由此可以感受译者留学德国后对于原有日译本的某种不屑，更可以体味译者在翻译上的严谨态度，包括提出分五册次第出版的计划，后来也有调整，如原拟第三、第四两册的内容，实际完成时分类为商业政策和交通政策。

第一书《农业政策》译本，还包括了整个原著"导言"部分的节译内容，含"国民生计政策""国家及个人""生计政策之利害冲突""国民生计政策为一种科学"四章，以23页的篇幅略述国民生计政策的概念内涵，与国家及个人的关系，执行中可能引发的利害冲突，以及作为一种科学的源流、代表著作及理论依据，这也是各书共同的原则基础。至于农业政策本身，亦属摘译，分为两部：第一部"农业生产之组织"，含"现代生产组织之基础""土地分配政策""农业团体""农业生产组织中工人之地位"四篇；第二部"农业之生产政策"，含"农业经营"与"农业信用"二篇。此书所说的农业，系指构成现代生产组织基础的农业，亦即论述资本主义农业，惟其经过超越一切阶级或阶段的抽象而产生的农业政策，也相应被理解成普适性政策。同时书中有关农业工人地位的内容，则显示了资本家团体与农业雇佣工人之间矛盾的资本主义农业特色。虽然如此，引进这本书的积极意义，仍不容忽视。它不仅是那时我国鲜见的有关农业政策的专题著作，而且抛开理论争论的纠缠，基于政策实例的论证，更容易为国人所认识，起到比较和借鉴的作用。自此以后，国内专题论述农业问题或农业经济的著作和译著，才逐渐增加起来，直至成为一种趋势，以切合我国作为农业国的经济特征。

马君武译《工业政策》，列为菲里波维所著《国民生计政策》第二书，1922 年 7 月初版（现存 1931 年 2 月第 8 版），332 页。马氏 1922 年 3 月 25 日作序于广西省省长任上：

"予自译成第一书农业政策后，即赓续译之。适有北美之游，方至沪而广东战事起，遂不果行，旧稿存广州者尽散失"。适逢广州初建政府，"予被邀留赞襄其事"；忙碌数月，1921 年 6 月 "稍有暇重理旧业"，8 月初被任命至广西。"大乱之后，散兵遍地，土匪和之，几无宁日，予乃以译书为养心之助"。此书脱稿前十日，数千土匪竟逼至距南宁 20 余里，"予方太息以为此稿又不免于巨劫，然幸告无事"。"文明诸国自世界大战争后，工业政策变更最巨，原书出版于大战争前二年，其发达之经过观此可知"。①

此书译竣在前书之后一年半左右，译前书时着重说明选译原著的缘由及意蕴，译此书则重在说明其过程之曲折：译者曾准备游历北美，刚从广州到上海，因广东战事发生遂不能成行，更遗失了留在广州的全部翻译旧稿；随后因孙中山被推举为非常大总统，受邀留任总统府秘书长，稍待闲暇，重新着手翻译旧业；不久被任命为广西省长，面对大乱后的兵匪猖獗局面，仍于治理政务之余静心译书，译稿完成前几日又险些毁于兵燹而幸免于难。如此曲折，显示译者执著于翻译心愿的努力之坚韧。至于第二书本身，序中只提及西方文明诸国的工业政策，在一次大战前后发生了巨大变化，译此书依据的原书改正版，正好出版于 1912 年即大战前两年，阅读此书可以了解这种变化的发展情况。

第二书《工业政策》译本，基本结构与第一书大致相同，也分为两部：第一部 "工业生产之组织"，含 "现代生产组织之基础""工业经营统系""手工业振兴政策""工业团体""工人在工业生产组织中之位置""雇员问题"六篇；第二部 "工业之生产政策"，含 "促进工业生产之国家设施""工业信用"两篇。就此目录而言，略知书中所说的工业，同样着眼于现代生产组织的基础，但在内涵上体现出德奥两国不同于英国传统经济学的经营管理特色。就像第一书第一部突出土地

① 菲里波维著，马君武译《工业政策》，中华书局 1931 年版，译者 "序文"。

分配政策一样，第二书第一部突出手工业振兴政策；第二书第二部更强调国家措施在促进工业生产方面的重要性。这大概也是译者在序文里特别点题的工业政策巨大变化之端倪，即德奥两国在大战之前，已经强化国家对经济活动的管制干预，大战爆发后各国工业政策的巨大变化，顺应了这种国家加强经济干涉的趋势。

如同第一书论及工人在农业生产组织中的地位，第二书也论及工人在工业生产组织中的地位，分量更重，用十章篇幅（也是全书最长的一篇），分别论述了"工法""结合自由及同盟罢工""工人同业会""团体工作契约及工资定率契约""工人委员会""工人之利益代表""工人保护""工业监督""中裁局平和审判所及工业审判所"及"结论"。内容大多是保护工人利益，与国家干涉有关。这种保护必须获得国家的允许和支持，即不得超出现行社会制度的范围。正如著者在结论所说：这是依据"国民生计学"一书理论而说明的"实际社会改良"，"在根据现今之法律及生计基础，以谋惠下等阶级之进步"；"社会民主党之实际煽动，每每流入其他方向。但其理论固承认生产组织之完全变革，须有先决之前提，即工人须具备需要之智识及组织力，乃能胜社会行政之任。就此以言，今日改善工作关系诸设备，实施行社会主义之一种准备"；"惟社会党人对于此等设备未多尽力，……若夫提倡工人自助，加强道德观念，促进生计智识诸事，皆受社会民主党之非难，然固无伤于此诸事之尊严"①。通俗地说，在著者看来，围绕工人在工业生产组织中的地位所采取的实际社会改良，其结论基于他的政治经济学理论而得出，即根据现有的法律及经济基础，施惠于工人等下层阶级，谋求其进步；不同于社会改良的方向，社会民主党的实际煽动往往转向其他方面，然而在理论上仍然承认，完全变革现有生产组织，先决条件是工人必须具备胜任社会行政所需要的知识及组织能力；照此说来，如今改善劳工关系的各种举措，乃是实行社会主义的一种准备；尽管社会民主党人不愿尽力于改良举措，甚至非难从自助、道德观念和谋生知识等方面帮助工人的事业，依然无损于此类事业的尊严。这个结论具有典型意义，显示著者奉行社会改良的工业政策，遵守现行法律与经济制度，在此范围内通过提倡自助、加强道德自律、促进经济能力等措施，改善乃至提升下等工人阶级在劳动关系中的地位，进而认为这是为实行社会主义作准备。这种社会主义由社会改良而来，颇类于讲坛社会主义，同德国社会民主党的"煽动"相对立。其实那时大多数的社会民

① 菲里波维著，马君武译《工业政策》，中华书局1931年版，第263—264页。

主党人，与现行制度妥协，放弃或背离了马克思主义。这种式样的社会民主党主张，都不为此书的工业政策所容纳，遑论马克思主义经济学。显然，译者欣赏的工业政策，除了表达现代生产组织的涵义外，也正是这样的社会改良宗旨。

马君武译《商业政策》，分上下两卷，上卷又称国外商业政策，列为菲里波维教授所著《国民生计政策》第三书，1923年7月初版（现存1927年1月第3版），117页。马氏此时辞职赴沪一年有余，1923年5月6日作序于上海宝山县忆文园：

菲里波维教授于1917年6月4日长逝，［其书］改定之事，交给柏林的Somary博士。今译本依据1922年的改定本第13版。"对外商业政策之主要内容为税关政策。李鸿章不知政治，更不明世界情事，以吾国与各种生计政策皆有重大关系之税关拱手送诸英国，定实值百抽五，更以种种条约束缚之，以种种借款担保断送之，既不成自由贸易，复永远不能执行关税保护政策。关税保护政策不能行，则内地工商业不能振兴。又征收各国不行之输出税，以束缚吾国之输出事业。谬误百端，不可究诘"。实行此种税关制度，全世界惟有土耳其与吾国，即德文所谓Kapitulation，亦即"降伏制度"（今译投降制度）。如今土耳其战胜希腊，洛桑会议（指1922年希土战争结束后在瑞士洛桑举行的国际和平会议——引者注）上各国既然允许其废除此种制度，则"今日全世界行税关降伏制度者，惟中华民国一国而已"。"实权操诸外人，吾国一事不得过问。或谓总税务司即中国皇帝，其言或非太过也。此书述列国对外商业政策尤详于税关政策，吾国人其速兴起以雪降伏制度之耻乎"。[1]

此序提到的Somary博士，可能指Felix Somary，今译费利克斯·索莫里[2]。既然说索莫里接替菲里波维身后对其原著的改定事宜，则译者所据的原著版本，并非如第一书译本序文所说的那样，仅出自原著者的1912年第6版，至少从第三书看，转向依据或参考出自后人之手的1922年第13版改定本。这也说明译者在翻译过程中，一直关注原著版本的变化情况，以期反映最新的修改内容。比较前面二书，第三书的序文鲜明指出，国际通行的以关税政策为主要内容的对外商业政策，给予中国以重大启示。据此痛斥代表晚清政府的李鸿章与列强签订不平等条约，接受英国人提出值百抽五的核定关税，拱手让出关税主权，不仅自我束缚，还以关税收入作为贷款担保而自我断送权利，完全丧失了利用关税制度促进自由贸易或实行保护政策的基本功能，甚至与各国鼓励出口的通行作法背道而驰，反过来对国内工商业的出口货物征收输出税；如此不可理喻的谬误，重要原因就在于丧权辱国者不懂得关税与我国各种经济政策之间的重大关系，不能实行关税保护政策，也就不能振兴国内工商业。这个理论依据，正以德国政治经济学表达得最为充分和突出，包括将一国失去关税主权定性为对外投降制度。惟其如此，译者对于我国尚不及土耳其作为第一次世界大战的战败国而自行夺回关税主权，沦落为全世界保留关税投降制度的唯一国家，任由外国人操纵关税实权，乃至总税务司类似中国皇帝，感到莫大羞耻；于是大力推介这本专论各国对外商业政策尤其详论关税政策的著作，期待国人迅速崛起以洗刷这种耻辱。

此书分"国外商业政策之历史发展""商业政策之理论根据""保护关税之实行""通商条约""输出促进策"五篇，系统论证各国对外贸易政策的历史沿革与理论根据，特别是利用关税政策来保护国家利益，建立各国之间正常贸易联系，以及促进本国对外贸易的各种实际例证。这些内容，对我国来说，超出单纯学术介绍的范围，通过普及以关税制度为主的商业政策知识，直接支持了国内逐渐兴起的关税自主或收回关税主权运动。普及者只是谋求以合法协商的方式从列强手里讨回关税主权，但推出理论与实例相结合的专书译本，在我国当时仍具有开蒙启智的积极作用。

《商业政策》下卷，又称国内商业政策，列为菲里波维所著《国民生计政策》第四书，1924年2月初版（现存1931年2月第6版），144页。马君武1923年双十节作序于宝山县：

这是将菲里波维所著《国民生计政策》第五书，移为第四书，"以便与第三书国外商业政策相联贯，其节目亦依次更改"。此书乃经 Somary 博士订正的1921年第10版，"采入大战争后之新材料，内容更改最多"。对此，比较气贺的日文译本而可以知晓。①

此书的翻译，又转向依据原著订正后的1921年第10版，比较日译本所依据的原著第2版，可知第10版补充一次大战后的新材料，更改了很多内容。另外，此书的排列次序也有变化。译者在第一书的序文里，曾计划将外国通商及交通政策合

---

① 菲里波维著，马君武译《商业政策》下卷，中华书局1931年版，译者"序文"。

为第三书。现在交通政策单列出来，内地或国内商业政策也从第五书改为第四书，以便与第三书的国外商业政策衔接而连贯起来。这些说明，仅系翻译的原著版本依据及其次序变化，未见结合中国现实的借鉴与启示。此书所含"各国商业形式""银行""交易所"三篇，较为新颖和翔实，亦为国内商业政策方面当时国内少见的专题著述。

马君武译《交通政策》，列为菲里波维所著《国民生计政策》第五书，1924年4月初版，183页。马氏1923年"云南靖国纪念日"即12月25日作序于宝山县：

此书原为《国民生计政策》第四书，因［翻译时］谋求将国外与国内商业政策二书连续起来，改为第五书，依据 Somary 博士改正的1921年第10版。"各种生计事业应平均进步。而中国交通事业实最不发达。既无可行新式车之陆路，水路，又不加工修理。全国铁路不及五千法里，皆为南北军阀所攫取视为赃物，年久失修，坐以待毙。航海业仅一招商局，亦为经理董事等所盘据，成立数十年，船只未出国门一步，且本国沿海航业亦不能自保。以此种交通状态，欲求农工商诸生计事业之发达，岂可得乎。予译此书以供国民参考，诚愿有人以伟大计画发展中国各种交通事业，然非所望于营私分赃之政府"。①

此序显示第五书同样译自原著修改后的第10版，以及翻译中对其排列次序的调整。再次把矛头指向国内当权者，不过前面第三书针对的是丧权辱国的晚清政府，现在第五书则针对"营私分赃"的北洋政府。二者都着眼于经济政策上的施政败绩，前者不明事理放弃关税主权，导致国内工商业不能振兴；后者以权谋私瓜分交通利益，也使交通事业成为中国经济事业中最不发达的短板，如陆路与水路缺乏新式运输工具又无维修配套设施，铁路短少且被各地军阀把持视之为赃物而不断衰落，仅存从事航海业的招商局多年来既不能走向外海亦无法自保沿海航业，如此落后的交通状况，不可能谋求农工商各业的发展。所以，译者推出第五书，如同推出第三书时蔑视满清权贵，寄希望于国人能够很快雪耻以改变投降的关税制度，同样不指望北洋政府，祈愿国民中有人能够参考国外的交通政策，提出发展中国各种交通事业的伟大计划。这本参考书分为交通事业通论、铁路、国内水路和海上航业四部，第一部另含交通事业之普通效用、铁路汽船以前交通事业之发达、铁路及汽船之发达三篇，第二部另含铁路之组织及其政策、运率及运率政策两篇。其内容系

———————————

① 菲里波维著，马君武译《交通政策》，中华书局1924年版，译者"序文"。

统和丰富，可资称述，在当时中国亦属稀少之作。

马君武译《收入及恤贫政策》，列为菲里波维所著《国民生计政策》第六书，1925 年 3 月版，345 页。马氏 1924 年 6 月 16 日作序于忆文园：

菲里波维教授所著此书，1921 年经 Somary 博士改定。原书恤贫政策列在第二部第二篇工资政策之后，Somary 博士不知为何，错误地列在其前，致使第二部的工作收入政策不相连贯。"今仍原书次序移正之。国民生计政策全书以此结束"。我自 1920 年 4 月始译此书，同年 8 月译成农业政策，1922 年 3 月译成工业政策，1923 年译成国外国内商业政策及交通政策，至今译成此册，前后历时四年两个月。"所以不敢惮烦者，因世界除德文外无此种极完备有系统之国民生计政策书。而国民生计政策为世界文明诸国百年来行政及立法界最尽力之事。吾国数千年来沿用以国家为私产之制度，不知国民生计政策为何物"。孔孟何尝不言仁政，却无一言涉及其内容。如孟子主张井田制，又说五母鸡二母彘，五亩之宅树之以桑，百亩之田勿夺其时，"寥寥数言，无从实行"。"德国工人保险法可谓重要仁政，然经三十年讨论修改，始告成功，仁政岂若是单简者。方今军阀盗国，生民涂炭，举世将并仁政之虚名而亦忘之，是则深可忧也"。[①]

此序除说明第六书的翻译也依据原著 1921 年的改定版，以及纠正此版中的排列失误外，一是概括原著整个翻译过程，历时 4 年多坚持不懈不怕麻烦的主要推动力，在于《国民生计政策》一书极完备有系统，仅见于德文著作，其他文字的著作都做不到；亦在于世界文明国家的行政及立法界，一百年来最尽力的事情，便是国民生计政策。相比之下，我国数千年沿袭视国家为私产的制度，普天之下莫非王土，率土之滨莫非王臣，根本不知道以国民为对象的生计政策为何物。二是论及古代圣贤孔孟所说的仁政，似与国民生计政策有关，然而其内容如井田制，每家豢养鸡猪、拥有宅地和桑树面积的标准，以及各家按农时耕种百亩田地的告诫，简略臆测，无法实行；真正重要的仁政为德国的工人保险法，经过 30 年的讨论修改才获成功，可见仁政不那么简单；如今我国深可忧虑，军阀窃取政权，人民极端困苦，整个国家连仁政的虚名都弃而不顾。以上两点，表明了译者的心迹：国家施政以民生为本，这是文明国家的标志，因而欧美各国高度重视国民生计政策，但能够完备和系统地阐释此政策者，全世界只有德文著作，这也是选择菲里波维原著介绍给国

---

① 菲里波维著，马君武译《收入及恤贫政策》，中华书局 1925 年版，译者"序文"。

人的理由；国民生计政策中，重要的仁政是保护工人利益，其典范为经过长期磨合才得以实行的德国工人保险法，既为中国古代的简易仁政之说所望尘莫及，又引起对中国现代军阀当权抛弃仁政虚名而肆无忌惮压榨民众的深切忧虑。关于前一点，上述各书的序文虽有或多或少的提示，但以第六书的序文说得最明确，这或许是译者留学德国的偏爱，而强调国家在经济生活从而在制定国民生计政策中的重要作用，也确实是德国政治经济学的显著特征。关于第二点，以保护工人或贫困者利益为仁政的观念，在第六书中得到淋漓尽致的表现。其书分为"收入政策通论""工作收入政策""恤贫政策"三部，第二部第一篇"保障收入之诸施政"，含"工作介绍""工人失业之救济""工人不能工作之保险"三节，第二篇"工资政策"，含"工资政策之任务""实际工资形式及自由工资构成""工资保障及实际工资增进策"三节；第三部另含"贫穷及其原因与大小""恤贫史""强迫恤贫及自由恤贫""恤贫及社会救助事业　小儿及少年之救济""恤贫行政""德国恤贫事务""奥国恤贫事务"七章。这些内容，几乎都可以纳入译者所说的重要仁政范畴，因而急切期盼我国能够改弦更张，推翻军阀政府以改变其残民政策，或为传统的仁政虚名填充真实的惠民涵义。

附带指出，马君武受译本原著的启示，把面向国民的生计政策看作文明国家施政的重点，更把保护工人或贫民利益看作极为重要的仁政，所以翻译第六书稍后，又自撰出版著作，致力于将德文原著的宗旨，转换为面向国人和针对本国现实的通俗诠释。此即其著《失业人及贫民救济政策》，商务印书馆 1925 年 7 月初版（现存 1933 年 3 月重印版），89 页，列入百科小丛书。此书包括"总论"；第一篇"失业人救济政策"，内含"失业及其原因""避免失业诸政策""救济既失业人诸政策""失业保险"四章；第二篇"工作介绍制度"，内含"工作介绍所""公立工作介绍所"两章；第三篇"工人保险制度又名社会保险制度"，内含"工人保险原理""工人保险之实行"（又分"疾病保险""灾伤保险""残废衰老及遗族保险"），"私家雇员之养老费保险"三章；第四篇"贫民救济政策"，内含"贫穷之原因及贫民数之多少""贫民救济史""救贫行政"三章。这些篇章，说是自撰，其实除总论外，对照第六书，几乎全是对后者的摘录，即以其恤贫政策为重点而重新编排的内容简述。翻译原著之后，紧接着自撰通俗本以简述救济失业者与贫民的政策要点，其意图体现于自撰本的总论。如谓：

人类自更新纪（pliocene period）发生以后，至今最少二百数十万年；自发明文字以后，最古老的民族亦不过五千年历史；人类有科学发明，获得自然界的重要知识，时间最短，不过一二百年。"在无始无终之时间内，此五千年是极小数，此一二百年更是极小数。故现今世界民族实尚在野蛮状态内。其他勿论，即战争一事，乃下等禽兽对于同类之所不为，而人类历史中殆无一年不有战争，自残同类"。战国时坑卒杀敌，动辄数十万计，较之欧战前后四年死伤数百万人者，其残酷殆远过之。"或谓人类为动物中残杀同类最凶狠之一种，其言良不诬也"。

马尔萨斯人口论所谓人口依几何级数食物依算学级数增加之说，无可反驳，"吾国历史遂依此定理演种种惨剧"。"人口增加，失业人及贫民随之增加"。所谓皇帝，由历史上习染的观念，"视国家为私产"，"所谓普天之下莫非王土，率土之滨莫非王臣，人民固应出租税以养其奴隶即官吏，以养其鹰犬即军队"。"向来无积极政策以图生产事业之发达，以增高人民之生活。失业人及贫民之数既甚多，则聚合而发生扰乱，其势力不盛者，为皇帝鹰犬军队之所扑灭，名为叛贼；其势力盛者，则扑灭皇帝之鹰犬军队，其首领名为太祖太宗，其随从为公侯伯子男为功臣。盲昧之历史家乃从而述其世系，称其功绩。一部汗牛充栋之《二十四史》，所述者不过如是而已"。

"中国历史如是，欧洲及其他诸国之历史亦然。人类最野蛮举动即战争，亦史不绝书。惟自政治一方面言，则欧洲人民智识确较高于中国"。13 世纪英国发布大宪章之后，"确定立宪政治基础"。18 世纪法国革命后，19 世纪欧洲诸国继之，所谓民有、民治、民享"三要义，已成为欧美一般人民对政府之普通观念"。"欧美政府既建筑于民意基础之上，其施设自与吾国之皇帝私产主义不同（现今总统即皇帝之异名，其根本观念不改），既有积极政策以防止失业人及贫民之发生，又有消极政策以谋失业人及贫民既发生后之救济。本书所述，乃属于消极方面之救济政策，所称引以欧洲法制为多，而间及于美国。中国向无此种法制，且救济机关如地方自治团体者亦不备，即私人慈善事业，亦无甚可称者，是则极可羞也"。①

以上论述，结合中国历史与现实来理解和诠释德文《国民生计政策》原著的精神，颇有代表性。包含三层意思：第一层意思追溯到远古时代，认为人类在无始无终的进化过程中，发明文字的历史并不算早，发明科学的时间更短，绝大多数年

---

① 马君武著《失业人及贫民救济政策》，商务印书馆 1933 年版，"总论"。

代处于野蛮状态，至今亦然，其标识是人类自相残杀的战争绵延不绝，而中国自古以来发生战争的残酷性，更甚于死伤人数达到高峰的欧战。这里强调人类比动物还凶残之特性的历史因素，既表明人类目前公开地或潜在地尚未脱离野蛮状态，也寓意由此形成的野蛮人性反衬出推行仁政之不易，又暗示改变这种野蛮性，中国比较西方有更大的难度。第二层意思说明我国产生和存在大量失业者和贫民的根源，首先根据马尔萨斯的人口论，这是我国历史上人口增长超过食物增长的不可避免结果，或者说这是人口增加的天然定理必然造成的惨剧；其次按照我国历史上的传统观念，皇帝将国家视为私产，人民缴纳租税以养活作为皇帝的奴才和鹰犬的官吏与军队，理所当然，因此不可能积极采取政策来发展生产事业和提高人民生活水平；结果数量不断增加的失业者及贫民，经常聚集起来发起骚乱，其势力或者被皇帝派兵扑灭而沦为叛贼，或者推倒旧皇帝而自立新皇帝，历史家愚昧无知，热衷于编述这些新皇帝的世系和功绩，这便是二十四史的内容。承认马尔萨斯的人口论为不可移易的定理，等于承认我国出现众多的失业者和贫民，是无法规避的自然现象；而朕即国家的传统皇权观念，把皇权利益凌驾于民众利益之上，也不可能缓解这一自然现象所带来的灾难，反而使失业者与贫民成为中国历史上不断循环引起社会骚动甚至改朝换代的乱源，其言下之意，缓解此问题的关键，在于打破或消除皇权观念。第三层意思比较欧洲国家在历史上曾经同中国一样，不断经历野蛮战争，但其人民的政治智慧高于中国；英国宪章运动确立了立宪基础，继则法国革命带动后来的欧洲各国，又确立了如今欧美政府普遍公认民有民治民享的观念，其施政既以民意为基础，自然与我国历代皇帝及当今总统奉行私产主义的根本观念迥乎不同；面对共同的失业及贫民问题，欧美国家有防止其发生的积极政策，又有发生后予以救济的消极政策，形成值得称述的各种法制，而我国从来没有此类法制，不仅缺乏地方自治团体作为救济机构，连起码的私人慈善事业也谈不上，可谓羞耻到了极点。据此，本书介绍欧美国家的法制，只得从消极方面的救济政策入手，以免继续蒙羞，而积极方面的防范政策，在著者看来，当时的中国根本不具备条件。这些理解和诠释，同样适用于翻译引进前面六书的介绍初意。

现在，可以作一个大体概括：马君武翻译《国民生计政策》，先后六书，涉及农业、工业、商业、交通、收入及恤贫等政策，总共 1400 页，覆盖国民经济各个方面，凸显现代文明国家的经济示范，对于中国谋求振兴实业，改变经济落后面貌，确有参考和指导作用，特别是在国外相关资料贫乏的情况下，尤显突出，这也是马氏六书译本初版后，一再重印并被广泛援引的原因①；选择德文经济学原著并着眼于经济政策而非纯粹经济理论，很大程度上倾心德国重视国家干预经济的特色与能力，形成系统而完备的国民经济政策体系，在全世界文明国家中独树一帜，这不仅是留学德国的熏陶所产生的偏爱，更是确信它代表了所有文明国家的经济发展趋势，值得尚未摆脱野蛮状态的中国予以研究和仿效；国民生计政策的有效制定与实施，取决于国家政府的成立必须以民为本，将主要精力放在与民生相关的经济政策上，欧美国家已经从政治上解决了这一问题，中国则仍处于以国家为当权者如皇帝、总统或军阀个人私产的野蛮状态，所以不能将效法西方经济政策的责任托付给国内那些自私、愚昧和贪婪的当政者，只能寄希望于国民中的有志者推翻此类当政者并汲取和运用相关的政策；西方各类经济政策对于中国，有着相互制衡而缺一不可的重要性，尤其值得注意的是有关失业者及贫民或恤贫政策，集中体现了国家施政仁政与否的性质：中国自古以来的仁政徒托空言，其国家私产主义的本质，放纵失业者及贫民周而复始地增多、群聚、造反直至被镇压或颠覆政权的循环而无可奈何，相反近代欧美国家却在遵从民意的基础上，发展出积极防范和消极救济的各种政策，成为重要的仁政；根据西方古典经济学的人口定理，产生失业者和贫民是无法避免的自然现象，只能缓解不可消除，西方的恤贫政策应运而生，经过长期努力，形成防范与救济兼备的成套政策体系，而中国先天不足，目前只有先从消极救济的政策参考入手，以期弥补令人羞耻的政策空白；等等。

基于上述诸点，从马克思主义经济学在中国传播的角度考察，引进以《国民生计政策》译本为代表的西方经济学，实质上反映了 20 年代早期资产阶级经济学传入中国的多样性影响。一是运用资产阶级经济学来结合中国的历史与现状，对照先进与落后的差距，发现制约发展的症结，剖析导致落后的根源或弊端丛生的原因，寻求切合国情的理想方案；特别是针对国家私产主义的传统观念、丧权辱国的背逆行径、军阀横行的贪赃枉法、不谙经济知识和发展形势的愚昧无知之类的封建势力与意识，意在从舶来范例里找到恰当的改进措施；同时暂且避开纯理论的纷争，讲求务实的政策参考与应用，以适应国内薄弱的经济基础与经济学理解能力。所有这些，都显示了资产阶级经济学暴露中国经济落后状态并吸引国人追求西方发达经济典范的进步性，成为扫除落后障碍的理论武器和摆脱深重困境的现实选择。就此而言，资产阶级经济学的

---

① 参看邹振环：《马君武〈国民生计政策〉译本论述》，载于《暨南学报》（哲社版）2012 年第 9 期。

系统传入和普及渗透，一面被国内的志士仁人广泛接受而作为改造中国的支配性选择，一面也在冲破传统观念与制度枷锁的意义上，为马克思主义经济学的传播开辟了道路。二是引导国人从形式上关注资产阶级经济学的各种类型，诸如从鼓吹个人放任到鼓吹国家干预，从主张贸易自由到主张关税保护，从强调经济效率到强调惠民仁政等，从宣扬资本势力到宣扬以民为本等，好似一个百宝箱，面对任何社会疾病都可以从中找到医治的药方。由此给国人留下的印象，欧美国家在政治上改变了朕即国家的野蛮状态而建立民有民治民享的政府与共识基础，在经济上也形成了一套极完备有系统的惠民政策，不仅带来社会经济的巨大发展，还足以应付社会上出现的各种经济问题，尤其是救济下层阶级的失业与贫困问题，因而成为不少人心目中几乎完美无缺的理想。这种引导，把矛头指向国内的腐败统治与落后状态，同时避而不谈西方资本主义制度下的社会弊病，甚至有意无意之间，模糊西方国家侵略掠夺中国的帝国主义本性。如此认识西方资本主义制度及其理论表现的资产阶级经济学，即使引导者当初的阅读范围也包括马克思经济学说，但最终注定会排斥马克思主义经济学在中国的传播。三是相信资产阶级经济学的解释，把资本主义制度下所特有的工人阶级失业及贫困现象，说成人类社会自古以来所共有的问题，起因于人口增长超过食物增长的自然规律，因此也是不可能根除的社会问题；相比之下，中国历代相承的专制统治者将国家据为己有，从不真正关心这个问题，结果不断积累和激化失业者与贫民陷于绝境的矛盾，造成国家反复动乱的根源，而欧美国家转向以民为本的施政基础后，通过长期社会改良实践的逐步改进，形成积极防范和消极救济失业者及贫民的完整仁政制度，成功缓解了这个矛盾；所以，中国的当务之急，应当步西方之后尘，先施以消极救济的初步政策，待有所成效，再作进一步缓解。此类解释，把资本主义制度看作自然造就而不会变更的永恒制度，所出现的诸如失业和贫困问题也是源于非人为因素而无法根本解决的自然现象，只有在现行制度下通过逐步的社会改良才能得到有效缓解。这种对资产阶级经济学的信奉，显然同马克思经济学说的宗旨相对立，因此也将随着马克思主义经济学的传播而产生激烈的冲突。

## 三、其他经济学著作

举出这些著作的例证，更能体现当时国内的一般经济学领域，对待马克思主义经济学采取怎样的认知态度，或者说，马克思主义经济学的传播面对占据主导地位的正统经济学，处于一种什么样的境况。

### （一）《经济概要》

胡祖同①编纂此书应较早，从来都是教育部审定并用于中学校及师范学校的教科书，目前仅见商务印书馆 1921 年版。从编者 1914 年 10 月撰写的"编辑大要"看，此书书用于相关学校的四年级授课，"以了解经济学之概要为主，故力求归纳，不务演绎"；"对于一切名词，悉用通行者，或易于解释者，并附注西文原字，以便学者参考"；"采集欧美名著"，并切合时势国情，特设机械、银行、商业与货币价值之变动等章节；按现行课程标准，经济一科授课不过 40 余课时，"惟经济最切于实用，与他种科目不同，每一时授千余字，并不为多，故本书所述，较为详密，以免学生再阅他种参考书之烦"；受篇幅限制，"于各家学说，犹未能详引毕举"，教员讲授时宜参考下列诸书：汉文方面有严复译"斯密亚丹原富"，严复译"耶方斯（今译杰文斯）计学入门"，熊崇煦译"伊利经济学概论"；西文方面（今译）有马歇尔的《经济学原理》第 1 卷，尼科尔森的《政治经济学原理》3 卷本，陶西格的《经济学原理》2 卷本，季德的《政治经济学原理》，查普曼的《政治经济学概论》；西文参考书中，最后两本"尤宜于初学"，第一本可放在后面读之。② 可见，这本书的编辑原则，完全依据欧美经济学名著也就是正统经济学的代表作，以为我国经济学教科书的来源，并在各科教学中放在重要的地位，同时适合形势和结合国情，突出有关应用性内容。

此书分 5 编，第 1 编总论，含绪言（分别论述经济学的意义、性质、法则、分类），欲望，财，经济行为，经济，国民经济之发展，天然，人口，国家（分别论述国家与国民经济之关系，共产主义与社会主义，共产主义与社会主义之评议）9 章；第 2 编生产论，含生产，土地，劳动，资本，机械，企业 6 章；第 3 编交易论，含交易，价值，价格，货币，纸币，货币价值之变动，信用，银行，商业，交通机关 10 章；第 4 编分配论，含分配，地租，劳银，利息，利润 5 章；第 5 编消费论，含消费，恐慌 2 章。显然，这个框架结构，也是典型的正统经济学著述特征。

大概因编者留学英国的缘故，所以在他推荐的经济学参考书里，无论中文或西

---

① 胡祖同（1888—1936），浙江宁波人，字孟嘉；早年赴英国，获伯明翰大学商科硕士；回国后任浙江公立法政专门学校教授，1921 年入交通银行，1927 年任上海分行经理，同年参与发起上海商业联合会；后任上海市银行理事，上海银行公会主席委员，上海公共租界工部局华董；1933 年交行改组，被迫离职，任中央银行国库局总理，1935 年交行再次改组，任常务董事，兼中国实业银行总经理，翌年病逝。

② 以上引文均见胡祖同编《经济概要》，商务印书馆 1921 年版，"编辑大要"。

文，均系清一色的欧美著作，不见那时流行的日人著作。不过既然采用通行的经济学名词，则其中不少中译名，应取自日文译本，惟同时附注西方原字罢了。这样看来，至迟从民国初年起，一直占据我国中学高年级和师范学校支配地位的经济学教科书，就是以欧美国家的正统经济学著作为标准，虽然这些著作里也提到共产主义与社会主义，但相关的评议显然是站在正统经济学的立场上。而且编辑时，考虑到教学过程中无须再参考其他种类的经济学著作，故设计每个课时讲授的内容比别的课程都多，说是为了免去学生阅读其他参考书之烦，其实借此内容详密的课程压力，也就排除了阅读非正统经济学如马克思经济学说的可能性。这个局面，也正是那个时期马克思主义经济学在中国传播的客观环境。

### （二）《中国财政史》

这是胡钧①的名作，上海商务印书馆 1920 年 9 月初版。此书用作大学讲义，基于 1917 年至 1919 年间在北京大学及法政专门学校任教的讲授内容，限于每周三课时及一年结束的要求。以此为例，可以说明当时马克思经济学说传入中国，主要体现在理论经济学领域，在应用经济学如财政学领域，仍属一片空白，即使有所渗入，也十分薄弱。蔡元培为之作序，尽管蔡氏同作者一样，曾留学马克思的故乡德国，其序却毫未触及马克思学说。蔡氏 1920 年 6 月 7 日的序言大意：

本人未尝学问财政专科，但"尝治国故而蓄疑于中者夥矣"。读胡教授财政史讲义，而后得其要。"夫井田之世，均产之世也，什一之税，均税之政也。孔子曰，均无贫。后世田制大坏，民无恒产，单田赋不足以维持政费，而后杂征敛繁兴，人民负担不均，至斯已极。晚近税务最发达者，曰关税，曰盐税，而直接税略无进步，此种畸形发达之财政，实与社会经济背道而驰，未可强颜而抱乐观者也。财政之渐次发展，世界各国历史上之形势略同。盖以社交日启，民政繁兴，皆积极以图相当之幸福，故政治与财政之盈朒常为正比例。乃求之中国历史，适得其反。政治愈紊乱，财政愈扩张，民穷财尽之时，必为一般官吏中饱之极好机会"。"此可见专制国家之初基，亦必有较详明之法制，徒以官吏营私舞弊之机心，迎距其间，非速使濒于混乱底于废弃不可。若是乎，吾人可证明中国财政非无相当之模范，明备

① 胡钧（1869—1943），又名维绪，湖北沔阳人；1902 年壬寅科举人，后赴德国留学，入柏林大学法科；毕业返国，历任两湖师范学堂堂长，湖北学务处参议，北洋法政学堂、山西大学堂监督（1910 年 3 月至 1912 年 2 月），湖广、两江直隶总督署文案；民国时期，任大总统府秘书，1917 年任北京临时参议院议员，后任北京政府外交部汉口特派交涉员，北京大学及政法专门学校教授，北京古学院经史研究会研究员，《晨报》社总理。

之典章，而治日常少、乱日常多者，皆任人不任法贻之戚也。夫往事已矣，吾人不能不望将来之法治"。①

此序充满愤激之情，借胡著得以解疑释惑：一则我国后世比起当初，人民负担不均何以达于极点，相比社会经济发展，我国财政又何以形成背道而驰的畸形发展历史，其缘故在于未能遵循均产与均税的均无贫古训，民无恒产，加上税制不合理，必遭劫难。二则历代专制国家，开始奠基时有较为详明的法制，其财政亦有相当模范，明备典章，何以后来财政总是随着政治的紊乱而扩张，以致民穷财尽，其原因在于官吏营私舞弊的投机心理掺入其间，导致法治的混乱和废弃。这些收获，一方面流露对中国古代财政思想中所蕴含的朴素社会主义成分的怀恋，另一方面又表达对传统专制政府无法约束官吏贪腐行为而留下财政治理烦恼的不满，最终的希望，只能寄托于将来的法治。将来的法治是什么，除了模糊提出政治与财政相结合，积极图谋相当的幸福之外，未见清晰而具体的观点。但有一点可以肯定，这个希望同马克思的社会主义经济学说，没有什么关系。

《中国财政史》一书的内容，更是如此。此书"绪论"，含"财政与国家之关系""财政史在学术上之位置""中国财政之优点""中国财政之弱点"及"中国财政史之研究法"5节；然后分8章，按顺序论述虞夏商周、秦汉、魏晋南北朝、隋唐、五代迄宋、元明、清初至道光、咸丰至宣统共八个时期的财政。这些内容，运用现代财政学知识，系统考察中国自远古至辛亥革命推翻满清王朝前数千年间的财政沿革与变化，从中梳理历史上中国财政的特征、现象、史料、优点、弱点及研究方法等，对于推进财政学科的建设与发展是一个进步。但就其指导原则、理论阐述和研究方法而言，尚未看到马克思学说和社会主义思想的痕迹。在财政学领域接触以马克思学说为代表的社会主义思想，那是引进西方财政学著述的结果，下面的译本便是一例。

### （三）《欧洲和议后之经济》译本

英国坎斯（John Maynard Kcyncs，今译约翰·梅纳德·凯恩斯②）著，陶孟和、

① 胡钧著《中国财政史》，商务印书馆1920年版，蔡元培序。
② 约翰·梅纳德·凯恩斯（1883—1946），生于英格兰的剑桥，毕业于剑桥大学国王学院并获文学硕士学位，师从马歇尔和庇古攻读经济学；1906年通过文官考试入选印度事务部，1908年辞职任剑桥大学经济学讲师至1915年；一次大战爆发后应征入英国财政部，1919年初作为该部首席代表出席巴黎和会，同年6月辞去和会代表职务回剑桥大学任教；1921—1938年任全国互助人寿保险公司董事长，1940年任财政部顾问；长期担任《经济学杂志》主编和英国皇家经济学会会长，1929年当选英国科学院院士，1942年晋封勋爵；1944年率英国政府代表团出席布雷顿森林会议，1946年当选世界银行首任总裁，同年心脏病突发去世。因开创经济学的"凯恩斯革命"而著称于世，被后人誉为"宏观经济学之父"。

沈性仁①夫妇合译，新青年社 1920 年 11 月初版，列入新青年丛书。

陶孟和 1920 年 11 月 23 日作序：

世界因为此次欧洲大战争所受直接间接的损失，至今没有最精确的统计，据最近的研究，交战国家及中立国家所受两种的损失，足有 3379 亿金元，"这个数目真吓死人"。"普通人脑子里所装的数目至多也不过七八位，现在竟增多到十二位"。要知道这个数目是将各种损失变做金钱来计算，例如每一个生命按 3 千 7 百金元计算。"实际上有些损失是不能用金钱量的。假使没有战争发生，所有这些损失都是世界上所应该享受的。人能够将战争及预备战争的能力都运用到开拓富源改良社会上去，那个世界会享有多少幸福啊"。

"往者不可谏，来者犹可追"。"那知这次议和又是一个失败"。现在世界各国，"无论交战国家或中立国家，在经济上看起来已经是一个庞大无比的社会"。"换一句话说，现在国家没有独立的，都是相依赖的"。此次各国所受直接间接的损失虽然不同，但是想要恢复平和（所谓恢复并不是完全回到旧日的样子，不过将战争及预备战争的能力移到平和的产业罢了，因为无论如何现在的世界已经比 1914 年 8 月以前穷了 3 千亿金元了），时代的经济，"只有共同维持，互相补助之一法"。工业发达的国家与农业发达的国家固然因原料供给和产品行销等互相倚赖，工业国与工业国、农业国与农业国之间也因为经济情形不同或产物程度不同，要相互交换和辅依。"所以世界各国的经济已打成一团，虽然用极利的剪刀也是分割不开的。……但是此次和约偏偏就是那残害政策，与互助的道理相反背"。

"残害政策的危险不只是与今日世界相辅依之状况相背戾，并且要摇动现存经济制度之自身。现存的经济制度用最简单的名词说出来就是资本制度。人民生活于资本制度之下，虽然已成习惯，但是已显出一般的不满。经了此次大战争，又加上东欧已成立共产的组织，资本制度就根本动摇了。欧战后的几种和约将绝大的债务压迫在战败的人民身上便仿佛是资本制度的催死剂"。资本制度应该废除，这个和约或许是可喜的，但现在的问题，一是有什么新制度可以代替资本的生产；二是议和条约或者不能送死资本制度，反倒维持国际间的资本制度。"所以与其承认不公平的和约希望或者得到的结果，无宁一个公平的条约，然后再从产业方面谋公平的分配"。

---

① 沈性仁（1895—1943），浙江嘉兴人；曾在日本长崎活水女学求学，因父病回国，后入北京女子高等师范学校，1917 年与陶孟和结婚；从事作品翻译，抗战期间志愿到红十字会看护伤兵，因病在兰州去世。

本书著者坎斯是英国"康桥大学王家学院"的驻院讲师，英国"经济杂志"的总编辑。英国政府曾请他改良印度币制，著有成绩。欧战开始后，政府请他到财政部，以后派到巴黎为议和代表之随员，兼出席高等经济会议为英国财政总长的代表，1919 年 7 月 8 日因对修正和约条件没有希望而辞职。"这本书的主要部分就是批评联盟国方面的经济政策。和约的经济条款，赔偿条款，都是那经济政策的具体的表现"。坎斯的书已再版十几次，翻译成 9 国文字，加上中文译本就是 10 国了。"本书的价值不必译者絮烦，但是我们要知道书中所论的，不只是欧洲一隅的问题，实在是现在世界的大问题"。①

这本书的翻译，看来还得到正在筹建中国共产党的领导者陈独秀的关注并予以校阅，所以译者在序言中对此表示深深的感谢。

这是一本什么样的书，会受到如此重视。看了译者序言中的介绍，再看译本的 7 章目录即"绪言""战前的欧洲""和会""条约""赔偿""和约后之欧洲""补救"，方知这是凯恩斯出版于 1919 年的名作，今译《和平的经济后果》(*The Economic Consequences of the Peace*)。此即他作为英国财政部首席代表出席巴黎委员会，因对赔偿委员会有关德国战败赔偿及其疆界方面的建议愤然不平而辞去代表职务，回到剑桥大学不久便著书表明自己对德国赔偿问题的看法，其主旨是一味追求对德国的惩罚，不仅会毁灭德国，而且会毁灭整个欧洲。该书出版后引起英美及欧洲各界人士的一场争论，也使他一时成为欧洲经济复兴问题的核心人物。

这里姑且不论原作的内容与价值，值得注意的是此书在出版后的第二年，同样获得了中文译者的关注和共鸣。译者在其序言里，既痛心于一次大战给人类社会造成的巨大损害，更谴责巴黎和会的条约，对于战后的和平恢复与建设事业，在世界各国经济相互依存联为一体而需要相互补助和共同维持的形势下，不仅没有产生任何正面效力，反而形成与之相悖的残害政策。凯恩斯当时还没有后来那样大的名气，而且他的这本书曾带来不同意见的争论，又在英国受到官方的指责甚至被媒体称作叛徒，在这种情况下，中译者能够选中此书并及时翻译介绍到国内，显出对国际经济事务不同寻常的敏感性。其中的关键之点，巴黎和约所形成的残害政策，将会动摇现存的经济制度也就是资本制度自身。中译者的本意，显然不愿这种制度垮台，因为人民已经习惯于生活在资本制度之下。但他同时看到，人民本来已表现出普遍的不满，经历了此次

---

① 以上引文均见英国坎斯著，陶孟和、沈性仁译《欧洲和议后之经济》，新青年社 1920 年版，译者"序言"。

灾难深重的大战，又加上东欧各国继苏俄之后相继成立共产组织，资本制度从根本上动摇了。如今战后的和约再将巨大沉重的债务压在战败国人民的身上，便仿佛成为资本制度的催命符。在译者看来，如果资本制度理应废除，则这个置此制度于死地的自杀式和约或许是可喜的，但问题是没有什么新制度可以代替资本的生产，而且和约事实上是在维持资本制度的国际联系，并不能将其送死，只是使其变得更糟。可见，译者仍相信资本制度是共产制度（此时苏俄仍在实行战时共产主义政策）无法替代的现今最适宜制度。所以，面对不公平的和约，他出于救助资本制度的意图，认为与其从中获得所希望的结果，不如另建一个从产业方面谋求公平分配的公平条约。

当然，译者的意愿只是一厢情愿。然而他迎合凯恩斯著书的意向，批评协约国作为战胜国，在巴黎和会中就和约的经济条款和赔偿条款等所制订的经济政策的失败，却道出了一个不仅事关欧洲，而且事关整个世界的大问题，其实质即如何挽救资本制度的根本动摇。这个大问题若换个角度，从马克思主义经济学在中国传播方面看，恰恰推进了这个传播的进程，因为它从反面印证了马克思主义经济学解剖资本主义经济制度致命弊端的理论预见，正在变为现实。这应该也是正忙于建党事业的陈独秀，愿意花费时间来校阅这个译本的一个缘由。

### （四）刘秉麟的两个经济学译述本

一本是《亚当士财政学大纲》译本，后附"中国租税史略"，列入"新学制高级商业学校教科书"，上海商务印书馆 1921 年 3 月初版。兹据 1924 年 3 月第 3 版略作简介，与初版本无甚差异。

刘秉麟 1920 年 10 月 20 日的译者序言介绍：

财政学有两个英文名称，一是"Public Finance"（今译公共财政），区别于"私财政"，如农业财政、工业财政等；另一是"Science of Finance"（今译财政学），其名"最佳"，从历史上看，有一定的"进步""范围"与"原则"，美国学者"亚当士"（H. C. Adams）① 所著《财政学》即用此名。此书成于 1898 年，"重

① 今译亚当斯（1851—1921），1874 年毕业于美国爱荷华学院，1878 年在约翰·霍普金斯大学研究财政，获该校第一个哲学博士学位；到欧洲继续深造，两年后回国，1886 年获得密歇根大学长期教职并度过余生；美国经济学会创始人之一，1896—1897 年任学会主席；"在许多方面是 19 世纪后期新一代典型的美国社会科学家"，在财政方面"作出了重要的开创性贡献"，同意增加政府干预，"反对社会主义和国有化"，"他的许多思想在以后数代美国社会科学家中十分流行"。参看《新帕尔格雷夫经济学大辞典》中文版第 1 卷，经济科学出版社 1992 年版，第 21 页"Adams, Henry Carter 亚当斯，亨利·卡特"条目。

在学理而不重在事实"，至今仍是财政学领域的"名著"，"欧美学者莫不宗之"。此书最适合教学之用，惟从我国看，书中叙述美国历史"犹嫌其过多，乃取而删之"，并参考日本著作，略加日本事实。至于我国财政，"另编租税史略附于卷末，以资考镜"。近年来，"吾国教育界之所最苦者，莫如教科书之不适用"。中文书籍不敷用，英美教科书中求其能适合吾国教授者，亦不多觏，而且存在种种隔阂，对我国的学术与教育来说，"不免机械之讥，致所学非所用"。如能比较各国事实加以研究，以供世界学子之用，其裨益于教育前途者甚大，又岂仅吾国独受其赐。"愚不自揣，辄欲集合世界经济学者之名著，广为迻译，并附以己意，以供学子之用"。原计划编为 5 卷，频年荒废，仅成 2 部。"此书将脱稿时，因病腹泄，几濒于死，搁置不理，将近四年"。后因个人见解的变化，"本欲加以修正，又恐与原意相距太远，故仍以原稿付印"。①

从序言看，这本财政学大纲，是国外知名旧作，刘秉麟② 1917 年从北京大学经济学毕业，回家乡湖南高等商业学校任教，打算选作教科书，翻译时因荒废或生病，一拖再拖，大概 1920 年出国留学前才勉强交稿；而且不是完整翻译，多有删节，稍有补充，并附中国租税史，故称为译述③。选择国外 20 年前财政学旧作的这个译本，作为考察马克思主义经济学在中国传播的对象，一则该译本出版于1921 年，其时国内鲜见其他的经济学著作，似乎是国人自撰或翻译出版经济学著作的一个低潮，权且以刘秉麟这个译本作为一个代表；二则刘氏译本原拟用作应用类经济管理学科的教科书，由此也可以从较为普及的教学层面，考察社会主义学说乃至马克思学说在高校的渗透情况。

翻阅大纲译本，几乎看不到马克思经济学说的内容，只在其第二部"国家收入"第 2 编"租税"第 2 章"租税分配之原理"第 5 节"关于递进税之议论"，谈到"递进税与社会主义之关系"。有如下叙述：

---

① 以上引文除另注外，均见刘秉麟译《亚当士财政学大纲》，商务印书馆1924 年版，译者"序"。
② 刘秉麟（1891—1956），湖南长沙人，1909 年在上海中国公学中学部学习，后转入大学预科；1913年进入北京大学经济系，1917 年毕业后回湖南高等商业学校任教；1918 年任北京大学图书馆员，1919 年任上海中国公学大学部教务长；1920 年出国留学，先后在英国伦敦大学经济学院研究生班、德国柏林大学经济系研究员班毕业，1925 年回国后任上海中国公学大学部教授兼商学院院长，上海商务印书馆主任编辑；1932 年任教武汉大学，历任经济系教授、法学院院长、代理校长等。
③ 亚当斯 1898 年出版的著作原名为《财政学：关于公共支出与公共收入的调查》（The Science of Finance: an Investigation of public expenditures and public revenues），刘秉麟将其译作"财政学大纲"，显然有所删改。

"社会主义，素主张经济平等者也。而递进税属于平均经济情形之下，故与社会党主义符合"。一部分经济学者，虽然不是社会党，也赞同此义，认为"经济应图平等，所有平均经济情形之方法，国家应采用租税权，即此种方法之一"。德国学者"卫结"（Wagner，今译瓦格纳①）"主张最力"，人称"讲座中之社会党（Socialist of the Chair，今译讲坛社会主义——引者注）"。他的意见，"租税机关，不仅供国家财政之用，且宜用之以图平均经济上不平等之事业"。"赞成此理论者，实繁有徒。所谓社会主义者，原不过经济主义中之一，但社会主义之解释，可宽可狭"。广义说，"举凡平均经济社会不平等之情形之议论，均可属之于此范围之内"。狭义说，"必主张极端社会主义之人，始可称曰社会党"。极端社会主义如"集产主义"，注重"一国中无所谓资本家与劳动者之分别，一切生产事业，全由国家办理。一国之内，惟国家为资本家，其余皆在工人之列"。按照这种理想，"生产之事，应图渐渐集中之法，而后能办到国有之地位。欲生产集中，必使资本家之力，日大一日，且必使资本，亦日厚一日，迨资本家将生产之事均行集中而后，国家收为国有，事之便利，莫过于此"。但递进税（今译累进税），"非助资本集中者，乃助资本散开者，非助资本家加增资本者，乃平均资本分配者"；"岂非与集中及国有相违背，而生产之事业，若不集中，断不能归国有，故极端社会主义家之赞成递进说，实与其目的相反，在论理上不相洽协"。瓦格纳之说不同，"虽主张国家经济活动，但非主张生产之事业纯由国家管理者，不过国家管理有利者属之国家，并不主张废除个人经济之活动，故主张递进说，其理由甚富"。另有一派经济学家认为，租税机关只能用来办理财政事业。这种议论，"自不敢赞同以租税机关兼为平均经济情形之机关，但此不过行政上手续问题而已"。②

这里介绍累进税与社会主义的关系，把社会主义当作经济主义的类型之一，从租税分配的原理中，引出两种涵义的社会主义；租税及其征收机构不止用来办理财

---

① 瓦格纳（1835—1917），1870年起任柏林大学政治经济学教授达46年，"德意志帝国最重要的经济学家之一"。其重要著作《政治经济学基础》，"包含了许多社会学的成分。""他影响最久的杰出成就却是他在财政学方面的著作"，把财政学"纳入整个政治经济学的体系之中"；赋予国家重要职责，自称"国家社会主义"，"一种特殊德国类型的社会保守主义"，"把工人阶级结合在君主专制的国家之内，是和正在成长的社会民主党针锋相对的"，"通过自由资本主义逐渐改造成为一个国家干预的经济来达到"；"比大部分志在社会改革的德国教授们，即所谓'讲坛社会主义者'要更为坚定"；主张累进的所得税、财产税、遗产税、奢侈品税和资本增殖税。参看《新帕尔格雷夫经济学大辞典》中文版第4卷，经济科学出版社1992年版，第914页"Wagner, Adolph Heinrich Gotthelf 瓦格纳，阿道夫·海因里希·戈特黑尔夫"条目。

② 以上引文除另注外，均见刘秉麟译《亚当士财政学大纲》，商务印书馆1924年版，第107—109页。

政事务，兼有经济平等即调节社会上经济不均的职能如实行累进税制，便超出一般财政行政手续的范围，程度不同地带有社会主义的涵义。一种是广义社会主义，凡对经济不平等现象有所平均者，均可归入此范畴。其典型代表是德国主张累进税制的瓦格纳，被称作讲坛社会主义，自称国家社会主义。这种社会主义，与马克思主义风马牛不相及，还专门用来对付信奉马克思主义的德国社会民主党，以便实现专制君主对工人阶级的控制。按照译本的说法，瓦格纳主张国家干预经济活动，但不主张废除个人经济活动即现行私有制度，也不主张国家直接经营生产活动，认为采取累进税制等措施有利于国家管理。看来，作者认同瓦格纳的主张有道理，也同意增加政府干预，同时明确反对社会主义和国有化。主张讲坛社会主义或国家社会主义的人与反对社会主义的人，能够在累进税问题上走到一起，说明二者本来没有什么实质性差异。另一种是狭义社会主义，专指极端社会主义或社会党。译本中谈论这种社会主义的口气，与前面谈论瓦格纳的主张，完全不同。一是以集产主义作为极端社会主义的代表，其理想特征，意在消除资本家与劳动者的区别，国家办理一切生产事业，成为唯一的资本家，其余都是工人；其实现路径，通过生产的逐渐集中法则，最终达到国有，而生产集中的过程，又通过资本的不断积累，等到资本家集中所有生产事务之后，再由国家收归国有，成为十分便利的事情。这里的刻画，实际上出自马克思学说中有关消灭资本私有制及资本主义积累的历史趋势等理论，但加以扭曲和简化，旨在突出这个学说同瓦格纳主张之间的根本差别。二是重在从累进税角度，说明极端社会主义者同样赞成此税制，却不如瓦格纳的理由内在逻辑一致，事实上与其自身目的相反，形成理论上不能自洽或协调的矛盾；亦即累进税有助于资本分散而非资本集中，有助于资本平均分配而非资本家积累资本，正好背离集产主义的集中及国有宗旨，既然生产事业不能集中，也就无法收归国有。两点论证合起来，结论是马克思用来阐述社会发展趋势的经济理论，同包括累进税在内的其他旨在缓解当前经济不平等现象的社会主义，在根本理念与措施上，相互冲突，其行动与理论以及其理论自身，存在内在矛盾。

这个结论，把广义社会主义等同于现行政府为缓解经济不平等矛盾而采取的社会政策，尤以瓦格纳的税收政策为典范，对此哪怕由专制君主政府施行，在理论上也给予一定的宽容；把狭义社会主义视为以集产主义为代表的极端社会主义，试图用其赞同累进税的手段之矛去攻其通过资本积累来实现公有制的目标之盾，实际上将矛头对准马克思经济学说，自以为找到了置之于死地的命门。此类说法，体现译本的主体意识，也是当时包括理论经济学和应用经济学在内的主流经济学的正统意识。这从一个侧面说明，尽管经历了俄国十月革命以来特别是五四时期引进马克思主义经济学的传播启蒙，正处于初步发展阶段的国内经济学领域，无论经济学的研究还是经济学教科书的普及，占统治地位的仍是舶来的正统经济学著述。此前刘秉麟编述《经济学原理》，受五四启蒙精神的熏染，曾经加入一些客观介绍马克思经济学说的内容①，可是到了选编适用的专题教科书，仍旧回到译述以摒弃马克思经济学说为其职志的正统财政学大纲。

另一个是《公有收入分配论》译本。原著者为英国马歇尔（原译"马沙"），商务印书馆出版（具体时间待查）。这是刘秉麟1920年赴英国伦敦大学留学后的译作，1921年8月10日撰写如下"导言"：

马歇尔"在最近三四十年之中，英伦谈斯学者所奉为泰斗者"，曾任剑桥大学经济学教授，因老退职，现已去世，可参考Pigou（庇古）所作的马歇尔传。马歇尔"所以轰动一时之原因，实由于《经济学原理》一书（*Principles of Economics*）"。其书分六部，"其中价值论与分配论占全书三分之二，以各说之偏于一面，而马沙之分配论，独能融会而贯通，斯其所以风行一时"。②

由此可知，《公有收入分配论》译本，译自英国著名经济学家马歇尔③出版于1890年的名著《经济学原理》的一部分。内含11章，分别是"分配之概测"及其续，"人工之应得"及其续与再续，"资本之息"，"资本与营业力之利"及其续，"地租"，"土地之使用"，"分配论之普通观结论"。对照今译本，此系原著第6篇"国民收入的分配"前11章，即"分配概论"及其续，"劳动工资"及其续与再续，"资本的利息"，"资本与经营能力的利润"及其续，"地租"，"土地租佃"，"分配总论"。此篇后2章"进步对价值的一般影响""进步和生活程度的关系"，大概译者认为与分配问题无关，未曾译出。顺便指出，译者导言中谈到马歇尔的经历，用括号注明他已去世。这引出一个矛盾现象，导言作于1921年，在马歇尔1924年去世之前。这表明译本可能在1924年以后出版或再版，译者将此去世讯息

① 参看谈敏：《1917—1919：马克思主义经济学在中国的传播启蒙》，上海财经大学出版社2016年版，第8编第1章第1节二。
② 英国马沙原著，刘秉麟译述《公有收入分配论》，商务印书馆1933年版，译者"导言"。
③ 马歇尔（1842—1924），西方经济学英国剑桥学派的创始人；1861年在剑桥大学学数学，毕业后留校任教，后转向研究经济学；1877年到1884年先后在布里斯托尔大学和牛津大学讲授政治经济学，1885年任剑桥大学政治经济学教授至1908年退休，其间参与英国政府的咨询活动，退休后仍从事研究和写作。

加注在 1921 年已经拟就的导言里。此说尚待查实。

译本题为"公有收入"的分配论，是对"国民收入"的分配之误译，同公有制没有什么关系，也同马克思学说或社会主义学说没有任何关系，此所以后来商务印书馆 1933 年重印这个译本而列入共学社社会经济丛书，干脆名为《分配论》①。何以介绍此译本，只想借此说明，刘秉麟作为我国经济学界较早接触和介绍马克思经济学说的学者，与其他不是专门从事经济学研究的学者评介马克思学说有所不同。他研究和译介许多资产阶级经济学名家，包括节译马歇尔的名著《经济学原理》，同时也为比较和评介马克思经济学说，奠定了坚实的经济学基础。刘氏并未将主要精力放在传播马克思学说上，但他尝试这种对比研究，体现出一定的学术精神和专业素养，就像后来国内其他经济学者为了完整和准确地翻译马克思的《资本论》，须先对资产阶级古典经济学有系统和全面的了解一样。当然，仅就这个《公有收入分配论》译本而言，也说明在 20 年代初国内经济学基础十分薄弱的时期，我国有志于改变这个落后面貌的经济学人，在学术上更为关注的是西方主流经济学的研究动态及其代表作，对马克思主义经济学的关注，更多出于在救国救民过程中，照搬西方正统经济学模式无法解决中国实际问题的实践需要。

**（五）《日本经济史论》译本**

福田德三②著，金奎光③重译，华通书局 1921 年版。这本书是福田氏的代表作，内容没有涉及马克思经济学说，然而作为经济史类型的著作，又为了解马克思主义经济学当时在这个经济学领域的传播背景，提供了某些参考材料。

此书原著以德文出版，后由任教于神户高等商业学校的坂西由藏译成日文，所以才有金奎光根据日文重译为中文之说。日译者 1907 年 3 月 11 日的序文介绍说：

---

① 参看英国马沙著，刘秉麟译述《分配论》，商务印书馆 1933 年版。

② 福田德三（1874—1930），日本经济学家。在东京高等商业学校学习，留学德国，后任母校及庆应大学教授，接受德国古典学派及马克思经济学影响，在日本建立经济理论、经济史、社会政策等门类，并介绍《资本论》，是日本经济学的开拓者；与吉野作造等组织黎明会，编辑《解放》刊物，是大正民主主义运动的理论指导者。

③ 金奎光（1898—1969），又名星淑，朝鲜平安北道铁山郡人；早年参加学生运动，被捕判刑；1923年到中国，入广州岭南大学学习；1925 年加入中国共产党，被派往黄埔军校，任第四期入伍生队教官，1926 年任国民革命军第四军留守广州部队基层军官，1927 年底率朝鲜人连参加广州起义，失败后逃亡日本，组织朝鲜"创一党"；1928 年到上海，参加中国左翼作家联盟；1933 年组织旅华朝鲜侨民为主的"共产主义同盟"，次年改称"朝鲜民族解放同盟"；1938 年联合组织朝鲜抗日义勇队，1944 年在重庆参加"朝鲜临时政府"；日本投降后返回朝鲜，组织"朝鲜民族阵线"，任副议长，后任劳动人民党政治委员等职。

近来，我国（指日本）经济学界对历史的研究渐兴，此实为可喜的现象。但"关于日本经济史之研究，其能一贯而有秩序者，则尚未多见，此吾等所以引为深憾者"。幸而有福田德三先生之书，以补其阙。先生久留于德国，对欧洲诸国经济史大有心得，且游意大利，得以涉猎丰富的史料，"以其所获，与日本经济史相较，因阐明各国经济生活发展之径路相等，且于社会及经济上同一条件之下，必唤起同一制度之原理"。先生在德国，不便利用日本经济史材料，但"其所判断者，则甚扼要，殊不亚于丰富史料堆积中之论议"。先生下笔，取简明叙述，避冗长之论，"故评者往往误解其真意"。"虽然如此，如能以慎重态度，熟读玩味，则通篇大意自能迎刃而解"。"本书一出，惊动欧洲学界"，有人称赞："此种科学的著作，出于日本人之笔下，是为二十年以前所不能相像之事。"本书虽有如此价值，然而出版后数年来只限于德文初稿，尚未普及于我国学界。吾深以为憾，故年前起多次致书先生请求同意译为日文，最后获得允诺。译稿刊行之际，先生又详细翻阅原稿，亲自执笔改正不稳当的译语，指摘误谬，并允许利用其所藏的著作，实不能不深谢先生者。吾曾就学于东京高等商业学校，深受先生的恳切指导与诱掖，并获得经济学的基础；当年所著《企业论》列入先生编纂的《经济学经济史论丛》第一册，与今日完成本书翻译，实为先生之赐。①

通过这个介绍，可以了解福田此书在日本经济学界特别是日本经济史研究领域具有开创性的地位：一是以"一贯而有秩序"的方式研究日本经济史，也就是引进了系统研究日本经济史的科学方法。二是在留学过程中广泛吸收了欧洲各国经济史的丰富史料成果，并与日本经济史相比较，借以阐明相关的原理，即各国经济生活的发展路径有相同之处，在同样的社会经济条件下，必然产生类似的社会经济制度。三是虽限于在国外难以充分利用本国的经济史料，但原作的简明叙述与扼要判断，丝毫不亚于国内那些堆积丰富史料的议论；即使一些评论往往误解其真意，若慎重熟读体味，自能理解其通篇大意。四是此书的出版曾惊动欧洲学术界，称这种由日本人执笔的科学著作，在 20 年以前是不能想象之事。五是此书虽有这样的价值，出版后数年来却未能普及于日本学界，原因在于这是德文著作，著者最初不愿将它译为日文，也是认为有修改的必要，后因译者在高校讲授日本商业史的迫切需要，才促成翻译。这些开创日本经济史研究的经历与特征，作为先例，实际上也预

---

① 福田德三著，金奎光重译《日本经济史论》，华通书局 1921 年版，"原译者序文"。

示了后来中国学者效法东西洋学界而开始中国经济史等学科研究的相似轨迹。

日译本还载有"原著编纂者序论"，实则是著者留学德国的导师"路尧·布梭塔诺（Lujo Brentane）"的序言，未注明时间。其中译文摘要如下：

最近，我得到一个非常聪明的日本听讲生福田德三。他是东京的大学讲师，为进一步修养而来欧洲。我在经济史的讲席上，时常看到他的微笑。有一天我问他微笑的原故，他答道：听到先生讲欧洲经济史，和日本的历史一样。于是，我嘱他把日本的经济史介绍给欧洲读者。这本书所论，值得注目的甚多，试言一二。

日本社会及经济的一般进化，和欧洲历史的发展，"同其趣向，即其各个的现象亦然"。例如从家族共产体进到家庭，进而达到个人的发展路径，包括所有权及相续权的发展，也是一样。"对这种可惊的一致点，我并不要加以某种断案的，只是对于今日还重视社会及经济上的人种的影响的论者，可以提供这些论究的结果"。在欧洲历史上，常常有人主张雅利安人种或古代德国民族的特殊现象，在今日的许多异种族之间，也可以看到这种现象。所以，（上述日本社会经济进化和欧洲历史发展同其趋向的现象），"终于不能不把它看做在一定条件之下所发生的人类进化的一般的现象了"。"这种考究的结果，实际上很是重要"。福田不但知道日本的生产条件，并能通晓欧洲的生产条件。他驳斥一种谬说，即近世日本工业的竞争能力，在于其"低廉的劳动"，并说明许多欧洲人在工业界惧怕"由东亚竞争而来的危险"，不过是一种妄想。他在日本曾著一书（《劳动经济论》，1899年），评论日本劳动者的劳动能力劣弱于欧洲劳动者这个事实，以为工资低廉使日本劳动者身体虚弱，从而减少其劳动的力量，日本将来的危险正在于此；若要增进日本国民的生产力，不能不首先改善其劳动条件。所以还处于低级发展阶段的东亚诸国民，决不会招来"吾人社会"（指欧洲社会）的危险。但在他们中间，"今日独有生存力量的，就是其发展径路完全和吾人历史同样的日本国民，并且在东亚国民中，真正的能够和我们竞争的，也不能不以为其经济及社会的发展，类似我们或凌驾我们的日本国民"。果然如此，更可以明了，我们若在经济和社会上不停进步，则对于所谓"黄祸"，不必抱有畏惧之念。①

福田此书揭示日本社会经济进化和欧洲发展历史具有共同趋向这一现象，在日译者眼里，看到的是日本经济史研究的奠基创立，而在其德国导师那里，体察的却

---

① 福田德三著，金奎光重译《日本经济史论》，华通书局1921年版，"原著编纂者序论"。

是另一番意味。一则通过东西方经济史的发展有着惊人一致点这个研究结果，意识到它打破了欧洲历史上经常有人主张特殊种族现象的说法，即雅利安人种或古代德国民族天生优越，因此欧洲的社会经济发展要比世界上其他地方都先进；日本经济史的例子说明，各地经济在一定条件下所发生的变化趋同，是人类进化的普遍现象。也就是说，人类社会经济发展的历史，具有一定的普遍规律。二则只要欧洲社会经济不断进步，就不必担忧东亚诸国的趋同发展会给欧洲社会带来"黄祸"危险，因为包括日本在内的东亚国家尚处于国民生产力劣弱于欧洲国家的低级发展阶段；同时注意到当时东亚各国中，真正有力量能够和包括德国在内的欧洲国家竞争的国家，只有发展路径和欧洲历史同样的日本国民，而且其社会经济将来的发展，不仅类似欧洲，甚或凌驾于欧洲。凭借《日本经济史论》一书，便做出这样的预判，这位德国导师，可谓有先见之明。

日译本另载"原著者书简"，即此书译成后，著者1907年2月14日给日译者的致函。其中译文大意，主要述说此书的完成，乃"恩师之劝诱"，"仅以之为异日研究之目录"。当时参考材料有限，本人缺乏研究日本历史的素养，加上体弱患病，曾数次搁笔甚至打算放弃，并告之恩师。然而恩师热诚鼓励，又介绍两人参与研究，每成一章，即阅读而加以批评或指正，夏日还久留住其湖畔别墅，朝夕交换谈论著述要点；书稿完成后，再校阅全篇并落实印刷校正之事，"故此书之成，实吾恩师之力"。当初再三推辞将此书由德语译为日文的建议，实非出于谦逊，希望"以此书为基础，再加以研究，如有所得，则刊行于世，使报吾师谆谆之诲导于万一已"。此后的建议，"以为此等研究殊不容易，且谓译出此书以得本邦诸贤之教，亦为补助自己研究之机会"，于是不敢以谫陋固辞，同意翻译出版。还望日译本出版后，"即得专门史家之叱正"，其"唯一利益"，如河上肇所说，"虽愤于凌骂，然幸有所得"，至于其他，"于人于己，无若何奢望"。① 由此可见，福田的《日本经济史论》一书，其德文原著是德国导师提议、督促、协助、审阅修正和落实印刷校正即全程参与的结果，至于德国导师热衷于这个研究题目，并据此比较欧洲经济史而提出独特的见解，福田未予论及；其日文译本是同校后学一再请求并出于现实教学和学生迫切需要的结果，尽管此书存在原始史料先天不足的缺陷，却由此奠定了运用现代科学方法研究日本经济史的初创地位。

---

① 福田德三著，金奎光重译《日本经济史论》，华通书局1921年版，"原著者书简"。

中译者的"例言"，未涉及译本内容的评议，着重于翻译的忠实可信。如称此书德文原著题为《日本的社会及经济的进化》，后来日译本改为《日本经济史论》；译自日译本的中译本，"务以不悖原意为主，绝无任意添削"；坂西先生的日译本，经福田先生亲自校阅，"故与原文无异"；等等①。中译本 297 页，分为"原始时代""帝权扩张时代""封建时代""专制的警察国家时代"4 章，最后"结论"，并附参考书目。如此篇幅，可见此书如其著者所言，只是提供了进一步研究的目录，但书中已贯穿了日本经济史的系统分期，这个分期，也大致对应了欧洲经济史的发展进程。

了解《日本经济史论》一书从德文原著告竣到日译本问世的过程背景，就其个案来说，有偶然性，就其形成的时代来说，又有必然性。这是西学东渐的时代产物，更是封闭的东方被打开国门之后负笈游学欧洲发达国家的成果。作为早期被翻译介绍到中国的日本经济史类著作，在那个时期势必会给我国学术界以某种启示。日本学者在引进西方经济科学以创立本国的经济学分支领域研究如日本经济史方面，先行了一步，同时也起到相应的激励作用并树立了相关的研究样式。从马克思主义经济学传播的角度看，只有先奠立了在中国经济史等各个研究领域的一定科学基础，才有可能在这些领域推进马克思主义经济学的传播。当然，这里所说的科学基础，以这个译本及其启示而论，无疑以西方正统经济学为指导。以此为起点而建立中国经济史学并进而引入马克思主义经济学的研究方法，尚须假以时日。

总之，本节考察的几本书，作为各具典型的经济学类著作，不同于经济思想史著作无法回避有关马克思经济学说所具有的历史地位与影响的评介，表现出当时国内经济学界的主导倾向，仍将马克思经济学说视为异端撇在一边，或者须小心翼翼的修改装扮才能在政治经济学的框架内留有一席之地，或者曲解以为批判的对象，或者根本不予理睬。可见在传统经济学领域，马克思主义经济学的传播仍是一个缺乏成熟条件或受到各种形式抵制的艰难过程。

---

① 福田德三著，金奎光重译《日本经济史论》，华通书局 1921 年版，中译者"例言"。

# 第三章　本编考察概述

考察 1920—1921 年间马克思主义经济学在中国的传播潮流，从举证的 20 余部著作或译本看，反过来印证了此前传播启蒙的创始意义和开拓作用，此后的传播，基本上延续启蒙的路径而扩展和深化。其一，以专著形式正面评介马克思经济学说，比较启蒙时期的报刊文章，首次出版的若干专题译本，提供了更加系统、全面和深入的评介，有助于提升国人认识和理解马克思经济学说的眼界与水准，尽管这些评价未必都是准确的。其二，更多的先驱者继李大钊之后，转向信仰马克思主义，反映在理论研究和宣传方面，主要表现为翻译引进专题论述或重点论述马克思经济学说的一系列著作如《马格斯资本论入门》《唯物史观解说》《近世经济思想史论》《社会主义史》《社会问题总览》等，为中国共产党的建立准备了思想理论基础。其三，苏俄革命作为运用马克思主义理论指导本国实践的成功范例，其指导思想和实际经验在率先出现的国人研究苏俄革命的专题著作里，得到更为充分、翔实和系统的梳理与提炼，既引导国内舆论以苏俄为效法的榜样，更在理论与实践的结合上，支持马克思主义经济学在中国的传播。其四，传播的思想资料来源，从著作或译本方面看，虽然仍以日文资料为重要来源，但随着留学欧美国家或关注西方原创思想的人士不断增多，明显体现了直接或间接取自各种西文原著的多元化趋势，不再满足于对日人中介传输作用的依赖，把眼光更多转向马克思主义经济学的西方发源地。其五，20 年代初接触马克思主义经济学的著作或译著，涉及不同领域或形成多种类型，一方面说明马克思主义经济学的传播，自启蒙后向更广的领域扩展，不止在专题论述马克思经济学说和唯物史观的热门领域，或在研究社会主义思潮和苏俄革命的关系密切范围内，还渗透到经济思想史、社会问题、劳动问题、一般理论或应用经济学等其他研究领域；另一方面也显示这种传播在不同的领域，其效果存在明显差异。表现在不同类型的著作或译著上，如专题介绍《资本论》或马克思经济学说的译本，立足马克思的原著予以解说，比较贴近马克思经济学说的原意，而且以此为准，持赞同的态度；研究唯物史观的译本，因马克思没有相关的专著，有不少属于自行解释，这种解释在说明唯物史观的基本理论的同时，也有意或无意掺入一些曲解的成分，如称之为经济史观；研究社会主义史和社会问题的译本，虽非专题研究马克思经济学说，但通常能够比较客观地介绍其学说的理论要点和基本特征，惟此类著作比较芜杂，往往将马克思经济学说与其他各种学说混杂在一起，需要一定的理解鉴别能力；自撰整理研究苏俄论题并予以积极评价，是本时期很有特色的一类专著，不过较少直接论述马克思主义经济学，通过苏俄的实践经验来体现运用马克思主义经济学的指导成效，同时面对同样的苏俄事例，其他著作也可能得出不同的评价结论；研究经济思想史的译本，在国内经济学领域较早正视马克思经济学说并给予相应的篇幅介绍，这是由马克思经济学说在经济思想史上不容忽视的地位所决定的，但对于这个历史地位的认识，因著者的不同倾向而有截然不同的评价，如河上肇的著作与其他经济思想史著作的区别，就是显著一例；研究劳动问题的译本，一边介绍马克思解决劳动问题的理论和政策，一边又以社会改良主义为主旨来排斥马克思经济学说，更有甚者，在译者看来，既然落后的中国还没有什么资本家，也就不存在现代劳动问题，这是五四时期以前流行于国内的论调，现在又在劳动问题的著作中老调重弹；研究政治经济学和其他理论及应用经济学的著作，在这个时期比较典型地体现了正统经济学阻挡马克思主义经济学传播的保守性，不论它们采用什么样的方式，或不予理睬，或根本排斥，或在理论框架中留出一个无碍大局的位置，或回避理论学说的争论而突出经济政策的实用性，目的都是一样的。综合起来说，启蒙后进入20年代之初，马克思主义经济学在不同领域传播的差异性，可以看作差序突破或渗透的一种扩展进程，同时体现了这种扩展的借势条件、累积优势、路径选择、国情约束、所遇阻力或薄弱环节等时代特点。

国家出版基金项目
NATIONAL PUBLICATION FOUNDATION

# 1920-1929

## 从民国著作
## 看马克思主义经济学的传播

谈　敏◎著

中国财经出版传媒集团
经济科学出版社
Economic Science Press

# 本卷目录

第二编

1922-1924年：
建党初期马克思主义经济学的传播

中国共产党的成立，在我国马克思主义传播史上，具有举足轻重的作用，意味着马克思主义经过早期传播的启蒙，开始成为一批先驱者的理论信仰，并转化为用于观察、研究和解决中国实际问题的指导思想。这一点，同样体现在马克思主义经济学传播的转折变化上。建党初期，这种变化业已凸显出来，并逐渐渗透到研究社会经济问题的各个领域和各种著作类型。同时，由于这种变化尚须经历一个不断成熟的磨炼过程，在初期限于各种主客观因素，马克思主义经济学的传播面临许多挑战有待克服。下面分别几种类型的著作例证，考察这种传播在建党初期的历史进程和时代特征。

# 第一章 关于马克思经济学说的各种专著

这一类专著，可以对应前一编的同类译本进行比较，发现其中的联系和变化。大体说来，二者的联系表现为阐释马克思经济学说有其延续性或连贯性，变化则表现为继起的专著样式更趋多元和复杂。

## 第一节 马克思经济学说的原著翻译与原理阐释

此类专著，本节列举同马克思经济学说关系密切的两个例证，也是本时期与中国共产党建立有关联的两个译本。当然，这不是本时期仅有的译本例证。检索中发现，还有类似的译本。如高畠素之著，施存统译《马克斯学说概要》，上海商务印书馆 1922 年 1 月初版，列入新时代丛书第 3 种。这本小册子 100 页，共 5 章，分别是马克思及其近时批评家、唯物史观、马克思主义经济学、资本主义生产及其破灭、共产主义观。可惜未能找到此书，故只能存目，无从考察。

### 一、《价值价格及利润》译本

Karl Marx 著，李季译，陶孟和校，上海商务印书馆 1922 年 10 月初版。现存 1924 年 8 月再版本，列入世界丛书，同初版本没有区别。此前出版的其他著述译本，曾多次提到马克思这本原著的书名或引用其内容，唯译名稍有不同。如《马格斯资本论入门》译本和《近世经济思想史论》译本用的是《价值价格与利润》，《社会经济丛刊》中《劳动经济论》译本用的是《价值价格和利润》，这个译本用的又是《价值价格及利润》。那些译本对此原著的来龙去脉，语焉不详或互有差异，现在总算有了一个机会，去弄清这些说法。

译者李季，颇为有名的是翻译柯卡普（又译克卡朴）的《社会主义史》一书，蔡元培为之作序（同时发表于《新青年》第 8 卷第 1 号）。校订者陶孟和，前面参与校订《经济史观》译本并作序，现在又校订《价值价格及利润》译本，同样为之作序。二人一个是北京大学毕业不久的学生，一个是北京大学现任教授，学生译书出书寻求知名教授的帮衬和传扬，那时是较为普遍的现象。

### （一）原作序言

这个译本有两篇序言，第一篇是校订者新写的序言，第二篇附录原作首次出版时的序言。为了弄清原作的情况，先考察原作序言的译文。

根据权威说明①，原作是马克思 1865 年 6 月 20 日和 27 日在国际工人协会总委员会会议上用英语作的报告，因总委员会委员约翰·韦斯顿②此前的发言而引起。韦斯顿在发言中企图证明，货币工资水平的普遍提高对工人没有好处，结论是"有害"于工会。马克思报告稿的手稿，1898 年由马克思的女儿爱琳娜以《价值、价格和利润》（*Value*，*Price and Profit*）为题，首次在伦敦发表，附有其丈夫爱德华·艾威林③写的序。引言和前 6 章的标题，手稿中原来没有，由艾威林加上。

照此说明，今译本《工资、价格和利润》和最初出版的《价值价格和利润》是同一部原著，只不过书名中用"工资"代替"价值"而已。传言后者是前者的第 6—14 章，那是因为马克思的手稿中没有引言和前 6 章的标题，直到首次发表，才由艾威林加上小标题。因此，对照保留了这些小标题的今译本和仍然按照马克思原来的手稿样式出版的版本，便产生手稿版本似乎是今译本一部分的错觉。还有一个原因，在李季的全译本出版之前，国内其他一些译本或著述涉及马克思这部名著，只提到书名或引用部分内容，无缘看到原著的完整面貌，以致谬种流传。等到全译本出版，一经对比，流言自止。至此，真相大白，那时流传所谓马克思的《价值价格与利润》《价值价格及利润》《价值价格和利润》等著作名称，其实都是今译《工资、价格和利润》同一著作的早期不同书名。

艾威林（原译"阿卫灵"）为此书首次问世所写序言的译文：

---

① 《马克思恩格斯选集》第 2 卷，人民出版社 1972 年版，第 666 页注 134。
② 约翰·韦斯顿（生卒不详），英国工人运动活动家，先是工匠，后为厂主；欧文主义者，国际总委员会委员（1864—1872），1865 年伦敦代表会议代表，曾参加改革同盟执行委员会，土地和劳动同盟的领导人之一，1872 年为不列颠联合会委员会委员。
③ 爱德华·艾威林（1851—1898），英国社会主义者，作家，政论家，《资本论》第 1 卷英文版译者之一；1884 年起为社会民主联盟盟员，社会主义同盟创建人之一，1889 年国际社会主义工人代表大会代表，马克思女儿爱琳娜的丈夫。

"发表这篇文字的情形已经在本书的起首说明了。马克斯在世的时候，此文从没有付印"。恩格斯（原译"昂格斯"）死后，"才在马氏的论文中找出此文"。"这篇文字除具有马克斯的许多特点外，尚表现两个特点"："马氏具一种坚忍的志愿，要使他的意见显明，能为最不高明的学者所了解"；"他这些意见非常清晰"。"就一部分的意义讲起来，这本书是《资本论》第一卷的一种撮要。有好些人曾努力去分析《资本论》的第一卷，使之愈加浅显，然却没有很大的成功。一位诙谐的朋友和评注者已经表示过，现在所需的，就是由马克斯将我们对于他的著作之注释，加上一种说明"。"时常有人问我，一个学者要领略社会主义根本的原理所当阅的最好的书籍是什么。这是一个难答复的问题"。依照提议，可以说，首先是恩格斯的《社会主义从空想到科学的发展》（原译《乌托邦的和科学的社会主义》），其次是本书，以及《资本论》第一卷和《学生的马克斯》（*The Students' Marx*）四部书。

"我在预备本书付印的事务中所做的一小部分事，是检阅原稿，于英文的语法略有几种提议，将本书分成若干章，各冠以名称，并且校正初稿。关于本书其他一切事务，以及事务中极重要的部分，是由出名于本书题名（Title page）中的人担任的（译者按，此人即马克斯之女马克斯阿卫灵）。本书已经译成德文了"。[1]

看了这篇序言可以明白，上述权威说明的有关依据，来自艾威林为付印此书所提示的预备事务。将此书视为摘取《资本论》第一卷要点的一种"撮要"，即《资本论》第一卷的入门书，也以这篇序言的说法为最早。这同作序者强调马克思撰写此书的两个特点，密切相关。一是以坚韧的意愿去说服那些"最不高明的学者"或平庸之人，意谓面对普通听众或读者去讲清道理；二是讲解的内容显明和清晰。这些都是马克思将自己所创建的复杂而艰深的经济学原理予以通俗化的鲜明特征。考虑到此书的手稿形成于1865年，在《资本论》第一卷1867年出版前2年，作序者提供的一个情况值得注意，即《资本论》第一卷出版后，不少人曾进行分析，努力使之浅显易懂，均未成功，以致有人诙谐地说，这些通俗性的注释努力，看来还需要马克思本人出来加以说明。时隔33年，马克思的手稿正式发表后，才解决了这个一直困扰着那些作通俗化努力的人们的难题。序言中说马克思的女儿爱琳娜为此书的付印，完成了极重要的事务部分，恐怕正是从这个意义上说的，即为理解

---

① 此序言引文均见李季译《价值价格及利润》，商务印书馆1924年版，"序言（二）"。

马克思经济学说，发掘出这部曾被湮没的重要手稿。20 世纪 20 年代初，国内一些学者引进国外有关马克思经济学说的著述，相继提出可以通过较为通俗的《工资、价格和利润》一书，作为领悟《资本论》之深奥义理的入门途径，大概也是出于同样的原因，只不过时间晚了许多年。序言还提到，领悟社会主义的根本原理，建议阅读四部著作，除了《学生的马克斯》一书不为我们所熟悉外，其余三部都是马克思恩格斯的原著，《社会主义从空想到科学的发展》一书被当作通俗类著作，《价值价格及利润》与《资本论》第一卷二书，可作阶梯式互为补充，从通俗进入堂奥。

## （二）校订者序言

陶孟和的序言[①]，1922 年 6 月 5 日作于北京，篇幅较长，为便于了解，下面采用逐段引用、逐段评议的方式。

"现在谈马克斯主义的人非常之多，相信马克斯主义的人——至少在智识界中——大概也不少。近几年来，国内的杂志报纸对于马克斯的学说尝尽量的介绍研究。讨论马克斯的学说或他种社会主义差不多已经变为一种时髦的标志。但是我恐怕真看见过——先不必说读过——马克斯的著作的，不见得有几个人。出版界中几本关于马克斯的书籍都是他的党徒为他做评释或鼓吹的"。

这个判断，着实让人有些意外。一方面，经过俄国十月革命的激励和五四运动的熏陶，短短几年时间，国内尤其知识界，介绍和研究马克思学说或社会主义，已经成为一种时髦，不仅谈论马克思主义的人非常多，相信马克思主义的人也不少。显示中国共产党建立将近一年之际，已经具有一定的舆论环境、群众基础特别是信仰者的中坚力量。另一方面，这种时髦缺乏坚实的理论根基，且不说读过马克思原著者鲜见其人，连看到过马克思原著的也没有几个人，国内流传有关马克思的几本书，都是其追随者用来解说、注释或鼓吹的二手货。这个评价，未免苛刻。在此之前，国内著作和报刊文章，不时看到马克思恩格斯一些代表作的中译文，如《共产党宣言》早经屡次节译，至 1920 年始有陈望道的全译本问世；《社会主义从空想到科学的发展》从 1912 年起即见整个篇章的翻译，此后仍不断摘引翻译其原文；《雇佣劳动与资本》在 1919 年已有近于全译本的《劳动与资本》；至于《资本论》

---

①　以下引文，凡出自此序言者，均见李季译《价值价格及利润》，商务印书馆 1924 年版，"序言（一）"。

及其他原著内容的摘录、转译和引用，更是不计其数。但总体说来，当时马克思主义理论准备的薄弱和欠缺，是不争的事实。这也是早期参加中国共产党创建活动和追求马克思主义时髦的信仰者，后来在严峻的现实中，不断出现分化、淘汰和背离现象的一个重要原因。

"马克斯的著作是共产党的圣书，是正统的社会主义者的思想的源泉。我们要了解真的马克斯学说，须研究他自己的著作。马克斯派的人于辩护他的学说答复旁人的攻击的时候，也常说，世人对于马克斯学说的误解都是因为没有细心读他自己的著作，而只以旁人的注疏为根据。但是他的著作是不容易读的。除去十分热心的马克斯的门徒和十分怀疑他的学说的人以外，很少有读过他那卷帙浩繁的著作的。世上有许多著作是人人都知道的，但是很少有人读过的。马克斯的《资本论》就是这样的一部书"。

这是另一个判断，不出意外。共产党人和正统社会主义者要真正了解马克思学说，应当研究他的原著。同此理，无论维护还是质疑马克思学说的人，往往出现一些误解，也正是由于没有仔细阅读其原著，或仅以他人的注释作为根据。问题是，马克思的原著如《资本论》，篇幅浩大而深奥，除极少数人外，不容易读懂，以致人人知道，却很少有人去读。这里隐含的意思是，可以通过什么样的入门路径，跨进《资本论》的理论门槛。

"《价值价格及利润》是马克斯一篇演说，不是他的一篇有名的著作。但是他可以算为马克斯价值论的通俗的文章"。艾威林的序言说它是《资本论》第一册的"一种撮要"，"诚然不错"。"因为《资本论》第一册所讨论的是马克斯经济学的基础。他的题目都是关于商品、货币、生产、赢余价值（普通译作剩余价值）、价格、工钱、资本诸问题，本书内容也正是讨论这些题目。最初研究马克斯学说的人读了这本小书，颇可以略窥他的经济学的几个最重要的观念。要了解马克斯的共产主义，最先须了解他的经济观念，因为他的关于资本的生产的理论是建设在他的经济观念上的"。所以艾威林称它是"一本最好的马克斯研究入门书"。"这本小书虽然很有价值，但是万不能就用他去代替《资本论》第一册"。《资本论》第一卷是800页以上的大卷帙（此指英译本而言），《价值价格及利润》不过128页的小册子。"前者是学者的著述，后者是通俗的讲演。前者征引历来经济学者的议论，搜求产业界各种的事实，用黑格尔式的论证法以证明他的理论。后者不过将他所设立的理论用普通的言语解释一番罢了。至于马克斯所取用的丰富的材料与其所显示的博深的议论，还须取《资本论》原书读之"。

这段论述，提出一个新的问题，了解或研究马克思经济学说，怎样把握通俗读物和博深原著，如《价值价格及利润》与《资本论》之间的关系；事实上也是纠正当时认识上的一种偏向，以为有了通俗理解马克思学说的入门途径，便万事大吉，可以免去或放弃继续钻研其艰深理论的进一步努力。这更多的是就知识界或学者们的学术研究而言，所以一再提醒：《价值价格及利润》虽然很有价值，是《资本论》第一卷的"撮要"，可以"略窥"马克思经济学说若干最重要的经济观念，但毕竟只是一本小册子，不同于后者的皇皇巨作，不过是面对初学者，用普通语言来表达后者的基础理论体系的通俗入门书，更不用说无法代替后者的旁征博引、辩证思维、历史考察、丰富资料和精深论证。这个提示，在当时介绍和传播马克思主义的热潮中，独具洞见。其重点，特别放在经济理论上，强调了解马克思主义，首先要了解马克思的经济理论，掌握这个理论，又必须衔接好从初学者阅读通俗入门书到钻研整个理论体系的攀登阶梯。

"我在介绍《价值价格及利润》于我国读书界时，不得不将马克斯最主要的经济观念——即价值论及赢余价值论——稍为陈述，并加以批评"。"马克斯研究人类的历史，曾发见了两个重要的道理。一个是物质的要素，经济的要素在人类历史上占主要的位置，支配人群的变化。这就是普通所谓经济史观。一个就是人类因为经济的状况，产出阶级相冲突的历史。这就是普通所谓阶级战争。他相信向来的阶级战争都是由于经济的原因，现在资本劳动两阶级的对抗，有产与无产两阶级的对抗，也就是由于资本家的剥削。他并且说明如何才发生剥削"。"要明白马克斯所谓剥削，须以他的赢余价值论为基础，而他的赢余价值论又以他的价值论为基础。所以明白他的价值论是明白他的社会哲学必不可以少的条件。价值论不特是马克斯学说中主要的部分，并且还是基本的部分。我们现在简略地将他的价值论叙述一番"。

以上介绍，作为概述，提到马克思研究人类历史的两个重要发现，一个是经济史观，一个是赢余价值论。这里用经济史观代替唯物史观，一带而过，不是介绍的重点。重点是剩余价值论，介绍这是马克思以阶级斗争学说说明资本家阶级如何剥削劳动者阶级的基础，这个理论以价值论为基础，价值论又是马克思的社会哲学的必要条件，或者说是马克思学说的主要部分或基本部分。这个概述承认马克思两个最重要的理论贡献，但一则回避唯物史观概念，可见受到此前校订《经济史观》

译本的深刻影响，二则将价值论的重要性置于剩余价值论之上，这也是西方学者批评马克思经济学说的重点之所在。

"马克斯的价值论在经济学上简称为'劳动价值论'。他相信只有劳动可以产出价值，变言之，所有的价值都是劳动的产物。劳动不特是价值的根原与价值的标准，并且是价值的本质。这个劳动价值论并不是马克斯首创的"。此前亚当·斯密与李嘉图都发表过与劳动价值论相同的议论，不过马克思将以前的理论，"未加分析遽下结论罢了"。"既然承认劳动是价值的惟一的源泉，劳动者就应该获得他的劳动的产物的全体而不能只得那产物的一部分。但是在现在资本制度之下，劳动者不能获得他的产物的全体。因为资本家剥削他，将他的生产的一部分夺去"。"马克斯如何证明这个理论呢？我们须先看他对于价值的分析。他先分别为自己消耗的生产物与商品两种性质的不同。生产物是为自己享用的，与社会无关。商品是可以交换的，发生社会的关系。但是商品的互相交换必然有相同之点或共同的性质。有了共同的性质才可以使交换成立。那共同的性质就是劳动。因此一件商品的价值就是用那劳动的量去量计。那劳动的量再用努力的继续时间去量计"。"但是马克斯所谓劳动并不是普通的意义。劳动不是个人的实际的努力，但［而］是社会上所需要的劳动（本书第六章称他为'结晶的社会的劳动'，即在技巧、工具等常态的情形之下所需要的工作）。所以一件商品的价值不能就按着那劳动时间的长短与努力的大小定出，要看他含有多少社会的劳动的实质。两件商品含有同量的社会的劳动的实质的即有相等的价值"。"但是这社会的劳动如何量计呢？各种劳动都要用一种简单的、平均的劳动做单位去计算，这个劳动力是普通的人都有的。有技巧的劳动按简单的劳动单位几倍计算。至于两种劳动的比例则由一种社会的程序规定。社会中有若干的劳动力，都是同质的，各人用他的劳动力去制造各种商品。但是各种商品所需要的工作不能按普通的工作时间计算，要按那平均的劳动单位去计算。制造各种商品不得多过于'社会上所需要的劳动时间'，如多那个时间，那个工作就是耗费，不能产出价值。两种商品有时需同样长久时间的工作，但是价值却不相同。据马克斯说，这就是因为他们社会上所需要的劳动时间是不同的。懒人或笨人制造商品时所费的工作时间虽长，但是那商品的价值也不必高，因为他的工作多过社会上所需要的劳动时间。（参看本书第六第七两章）"

本段论述的关键词，继前述劳动价值论是剩余价值学说乃至整个马克思学说的基础之后，接着指出，劳动价值论并非马克思的首创，只是拿来斯密、李嘉图等人的理论，未经过分析就仓促下结论。这个说法有釜底抽薪之意，既然马克思的全部学说，建立在这样一个简单沿袭前人理论的基础上，意味基础不牢，整个学说大厦亦岌岌可危。随后根据马克思原著中"价值和劳动"以及"劳动力"两章内容，解释何谓劳动价值论，其实已经超出传统劳动价值论的范围，却解释得颇为粗糙。

"马克斯的价值论现在已完全推倒，没有人再相信了"。马克思自己在《资本论》第三卷"已修改他的见解"。他"最知己的同志"恩格斯都说，"那价值论不过分析资本时代以前的产业组织中的价值，不能解释现在产业制度的事实"。此外如考茨基、伯恩施坦（原译"卞斯天"），"也都说没有替他的价值论辩护"。考茨基说："马克斯的价值论实在与社会主义毫不相干。……价值论不是社会主义的基础，但〔而〕是现在资本制度的经济的基础"。"这个话是最奇怪的。要知这价值论是马克斯的赢余价值论的基础。而马克斯主义的目的就是要显出社会主义是要从现在资本制度中蜕化出来的。假使价值论不能成立，那赢余价值论也就推翻。假使价值论是只于现代资本制度的基础，不是社会主义的基础，那么，社会主义的经济的基础又是什么呢？马克斯所推测的社会是不是因为他研究了价值以后才敢断定那社会要从现代资本制度中演化出来的呢？"

这段论述，挑明了作序者的意图，确信马克思的价值论或劳动价值论已经被推翻了。其依据显然来自西方正统经济学，如谓马克思的《资本论》第三卷修改了第一卷的见解。此系指第三卷有关一般或平均利润率的形成和商品价格转化为生产价格的理论，同第一卷中的劳动价值论相互矛盾。这是一面之词。至于从恩格斯和考茨基的论述中，寻找马克思的劳动价值论被推翻的依据，更是强词夺理，把他们论述劳动价值论在早期商品生产时期、资本主义发达时期以及取消其剥削性质的社会主义时期等不同发展阶段的表现形式，说成马克思的亲密同志和追随者都承认这个理论本身被推倒了。

"我们现在不能将所有对于马克斯价值论的批评遍为征引。我们只指出他的两个重要缺点：一、马克斯所谓'社会必需的'或'常态的'意义，极不明了。本来世界上无所谓'常态'，社会学者所谓常态的社会也不过是比较的。马克斯有时以常态的或社会必需的为平均的意思，有时为最低的意思，有时为最高的意思，即在其《资本论》一书中所用的意思已有分歧。二、劳动不能造出价值，只能造出物品，或改变固有的物质成为新的形式。物品不能含着价值。价值与物品不同，不是造出来的。价值不存在已造出的物品上，却存在将来的应用上。马克斯虽然承认物品与效用（Utility）的关系，但是他没有注意价值与供求的关系。价值不是由劳动造出的。但是劳动所造出的商品，按着将来供求的关系，才可以产出价值"。

以上针对马克思劳动价值论的两点批评，前一点批评常态的或社会必需的用语，有些莫名其妙，既说世界上不存在这种状况，又说这种状况在社会学中可用于比较，还说应明确其意思究竟指平均、最低还是最高。其实这是经济学研究中常见的用法，通常指社会平均的意思，所谓分歧，不过环绕社会平均含义上的偏高偏低现象而已。后一点批评，典型反映了那时西方主流经济学的偏好，用边际效用论代替传统的包括劳动价值论在内的各种价值论；既然各种价值论都在不同程度上被抛弃了，则马克思的劳动价值论，也不复有存在的余地。

"赢余价值以价值论为基础。马克斯既承认只有劳动造出价值，所以就否认其他要素可以造出价值。他承认劳动是惟一的生产者。但是劳动力与他种商品相同，也是一种商品。劳动力的价值是由所需要的劳动时〔间〕而定。工钱不过是代表劳动者生活上所需要的物质之资罢了。换言之，工人所得的工钱应该与他生活上所需以从事工作的物质之货相抵"。例如一个织布工每天做工 6 小时，织布半匹得工钱 5 角，正好可以养活他，使他每日做出 6 小时的工作。"从此看来，劳动者所得的工钱应该与他所用的劳动力相抵，应该与他的生活之赍相抵"。"但是事实上，劳动者所得的工钱不与他所用的劳动力相等，常少于他所用的劳动力，常不过是他劳动力的一部分。所余的一部分即为资本家夺去。资本家按商品的真价值卖出，他所得的价格与价值正相等。因为劳动者不能得到那价格的全部，所以所余的一部分赢余价值，就为资本所得。那就是资本家所得的利润。资本家的目的是愿意多得利润的，所以他对待劳动者的手段总是以增加利润为本"。"据马克斯看来，我们所谓资本是不能生产的。他将资本分为两种：一种是永久的资本，即用在工具、原料、建筑等等上的资本。此种资本不能产出价值，因为他不过由所造的商品的一部分表现他的价值，他自己不能造出赢余价值。一种是可变的资本，即用以养活劳动者的资本。可变的资本产出赢余价值。普通的生产是两种资本都不可少的，但是那永久的资本与赢余价值无关系，因为无论如何，每次所造出的商品都有一部分的价值与那永久的资本相抵，此外不能产出赢余。赢余价值由赢余价值与可变的资本两者的比例决定。可变的资本多，赢余价值就见少。反之可变的资本少，赢余价值就加增。换言之，资本家所付给劳动者的工钱少，就可多获得赢余价值。资本家的赢余价值就是他所获得的利润。利润的高低是由赢余价值与两种资本间的比例决定的"。例如资本家所用的资本（两种资本合并）80元，所得的利润20元，利润率就是2/8，"是从可变的资本中剥削来的，就是从劳动者身上剥削来的"。"从此看来，资本家只有剥削劳动者才可以获得或增加利润。他剥削劳动者的方法有许多种。他可以减少他的工资，可以增加他的工作时间，可以增加他工作的强度（Intensity），可以增加他工作的生产力。据马克斯说，英国工业史上充满了这一类的事例"。

有关剩余价值的这些论述，在前面否定劳动价值论的基础上，描述马克思由此建立起批评资本家剥削劳动者的理论架构。涉及诸如劳动力的自身价值与使用劳动力而生产的商品价值之间的差额、不变资本与可变资本、剩余价值率（含利润率）和剩余价值量、工作日、绝对剩余价值和相对剩余价值的生产、劳动力的价值或价格转化为工资等理论要素，但都是粗略带过。在描述者看来，这些理论要素不论多么精细，既然都建立在不牢靠的劳动价值论的基础上，由此推出的结论，也就不可能成立。果然，接着出现下面的论断：

"以上所说是马克斯赢余价值论的大意。他的价值论既然不能成立，那赢余价值论也当然不能成立。我们现在仅指出他的赢余价值论的缺点，供读者的参考"。一是"生产要素不只是劳动一样。近代产业不只是劳动者的成绩，还是指挥者、监督者、发明者、企业者的成绩。近代产业不特须有工场中之劳动，并且须有计划、组织、指挥的劳动。马克斯虽然承认一群的工人共同做一种事业的成绩与一群的工人单独的做同种事业的总成绩不是一样的，前者的成绩是优于后者的，但是他却忘记一群的工人不能自动的做集合的生产事业的。他们当中必须有定计划的，必须有集合各种生产要素的，必须有指挥生产程序的，必须有发售物品的。总之，工场之劳动者以外，必须有企业者，必须有职员，必须有监工。这些人所得的工资应该多少，是另外一个问题，但决不是赢余价值"。二是"马克斯所谓永久的资本也是生产的要素。因为那资本也是劳动与时间两种的成绩。假使以先劳动的结果不能存留，完全消费，那么，除了自然富源之外，世上就无所谓永久的资本。现在的永久的资本就是对于以先的劳动延缓享用，对于以先的劳动'一时的牺牲'。对于这种牺牲当然有一种酬报。至于这个报酬应该有多少，子孙应否享受他们父母牺牲所得的报酬，那是另外一个问题，但是永久的资本是不能没有代价的"。

所谓剩余价值论的两个缺点，仍以劳动价值论不能成立为前提，但已超出价值论的范围，引入生产要素的不同概念。作为社会生产活动所需的各种社会资源，其基本因素当然不只包括劳动或劳动力，也包括管理和不变资本等其他要素。马克思的学说里，创造价值的源泉和生产要素的构成，分属不同的理论范畴，二者有联系，正如价值的生产与使用价值的生产有联系一样，却不能互相混淆。显然，这种混淆，又是拿来西方主流经济学的论据，试图用马克思以后资本主义生产的发展因素和正统经济学的演变趋向，推翻马克思的研究结论。批评者恐怕未意识到出现了混淆，继续沿着自己的思路作出下面的推论。

"马克斯的社会观如资本集中论、阶级战争论，是以他的赢余价值论为基础。而他的赢余价值论又以价值论为基础。假使他的价值论不能成立，所有他的社会观也就随之倾倒，所有马克斯的共产主义也就无理论的根据。假使他的价值论能够成立，那实际的社会经济状况又不能与他相符。马克斯的理论并没有证明的，所有他的讨论都是由假定演绎出来的。马克斯《资本论》的第一册不过是黑格尔式的论据，并不是对于价值论的证明。所以批评者说马克斯的论理不是证明的，乃是转圈的"。"马克斯的价值论在他的《资本论》第三册上已大加修改（他在第三册上所承认的价值的基础，不是劳动，是生产费），但是他最先发表的学说已为一般徒众所信仰。说者谓，假使他的《资本论》第三册先出版，社会主义者也就不能张口就说'剥削'了"。"近代社会主义者已看出马克斯价值论的破绽"。如上述恩格斯、伯恩施坦、考茨基"都不去辩护这个已经被推翻的理论，他们因为要保存马克斯的社会主义，所以声言价值论并不是他的社会主义的基础"。"但是这种声明是无用的。马克斯的共产主义诚然是由资本主义的破产推论出来的，但是他的资本集中论是完全以他的价值论及赢余价值论为基础。房子是建设在基础上的，我们不能只要房子而不要基础。马克斯的共产主义是建设在他的价值论上的，我们也不能只采取他的共产主义而将他的价值论一概抛去"。

这个推论又进了一步，不管劳动价值论能否成立，都断定马克思的经济学说体系缺乏理论根据。不能成立，则失去其基础，马克思学说的整个理论建构将随之倾倒；纵然能够成立，也是黑格尔式的假定演绎而非证明出来的，不符合实际的社会经济状况，意味着同样无法避免其理论大厦倾倒的命运。可是，除了抽象分析，推演资本主义的破产趋势和社会主义的实现因素之外，如何能够像自然科学的实验室一样，证明社会主义产生于资本主义现实的具体进程，实在强人所难。这种所谓证明，将社会主义的前景贬为算命先生的虚构猜测，无非承认现行资本主义社会经济的永续存在而已。当然，假设劳动价值论成立的可能性，毕竟有风险，于是这个推论仍旧回到不能成立的老命题上，只有这样才可以轻松推翻由此引申出来的剩余价值论、资本集中论、阶级斗争论、剥削论以及资本主义破产论等一系列理论学说。这种推论手法，或老调重弹，或肆意歪曲。如称马克思的《资本论》第三卷修改第一卷的论断，把价值的基础改为生产费用而非劳动，就是曲解原意的一个显例。又如把恩格斯和走向修正主义或机会主义的伯恩施坦、考茨基之流混同一起，谎称他们都放弃了马克思的价值论，有意掩饰其理论破绽以保存毫无根基的社会主义或共产主义理想。此类推论，真可谓欲加之罪，何患无辞。

"读者诸君幸勿以上文对于马克斯学说，是为现代资本主义做辩护。我们不能相信马克斯主义，因为他的基础不正确。但是我们从旁的基础上或者能推出与马克斯主义相仿的理论也未可知。马克斯一生勤勉的精神与对于劳动者的同情，都是使我们崇拜的。他所标榜的主义，他所想象的社会的前途，诚然使我们不满意于现代社会的人心向往之。但是关于社会的理论，我们必须考查那理论所建设的基础。马克斯主义宣传的有力就是因为普通的人没有去研究那主义的基础。劳动者一旦听说他是被剥削的，至少他的悲愁怨恨有所寄托。失望者一旦听说得来有共产的社会，至少他的愤懑有舒泄的境地。我相信马克斯主义的胜利，不是因为他的理论全与事实相符（不是因为他的理论是真的），但［而］是因为他的理论与人的心理相合。真理不必是我们愿意听的，我们所愿意听的也不必是真理"。"现代社会的弊害种种是要改革的，要急速的改革，并且要根本的改革。但是那改革不能以马克斯主义——或无论任何主义——为根据，须以事实为根据"。

以上结束语，回到序言最初几段的思绪，但内涵已大有区别。最初那些话，主要劝导人们尤其知识界同仁，不应追逐时髦，跟在别人后面盲目谈论或相信马克思主义，应阅读和研究马克思的原著。马克思原著方面，又不应满足于那些通俗性读物或不那么有名的入门书如《价值、价格及利润》，应钻研其代表作如《资本论》，从中领会博大精深的理论、思辨和史料。单看这样的劝导，似乎肯定马克思学说的成分居多。谁知经过一番介绍，重点陈述和批评马克思的经济观念后，再回到如何对待马克思学说的论题，已换了一副腔调。最后的结论，社会改革，哪怕急速的、根本的社会改革，都不应以马克思主义甚至任何主义为根据，必须以事实为根据。事实是什么呢？序言没有回答，只是一再说事实不是什么之类的观点。例如，不是为现代资本主义辩护，因为现代社会存在种种弊害需要改革；也不是全盘否定马克思主义，因为马克思同情劳动者的勤勉精神值得崇拜，马克思所标榜的理想社会前途吸引和代表了劳动者或被剥削者的向往，马克思主义的理论学说或许还能从其他经济学的正确基础上推导出来；当然，更不是相信马克思主义，因为它的基础不正确，经不起理论的考察，这个主义得以传播或胜利，在于它迎合了许多人的心理，而不是符合事实或有其真理性。

"真理不必是我们愿意听的，我们所愿意听的也不必是真理"这句话，有点拗口，好像说真理往往被人们忽视了或拒绝了，人们追逐或相信的往往不是真理，意味事实就是真理。照此理解，何以又说社会改革不能以包括马克思主义在内的任何主义为根据，这等于说，任何主义都不是真理，都不符合事实。那么，真理又是什么？如果说真理是符合事实，等于重新回到事实是什么的问题，无异于同义反复。如果说真理是检验各种学说或主义的标准，那么从任何主义都不是社会改革的根据这个论断推衍下去，连作序者批评马克思学说的经济学基础不正确，不相信马克思主义符合事实的那些理由或主义，也都不能视作真理了，等于用非真理来对抗非真理的胡搅蛮缠，还有什么真实的理论意义可言。其实，从前面的介绍看，作序者不相信马克思经济学说所列举的各种理由，不外引自西方正统经济学的批评观点。据此，能否以西方正统经济学所坚持的思想主义作为符合事实的真理，作序者没有明说，而且已经申明，任何主义都不能作为社会改革的根据。与此相矛盾，作序者又强调需要改革现代社会的各种弊端，甚至进行急速而根本的改革。总之，此序的结论，除了坚持马克思主义的经济理论基础不正确因而不能相信之外，相关的说明是一笔糊涂账，直到最后都弄不清它用来拒绝接受马克思经济学说的关键性依据即所谓事实和真理，究竟是指什么。但有一点应当承认，作序者对马克思经济学说的熟悉程度，为当时国内许多谈论马克思学说者所不及。

**（三）译本简介**

《价值价格及利润》译本是否完整和准确，不必逐章对照译本的内容，翻看其目录，便可了解大概。

比较今译本，此译本的目录标题，除"小引"（今译"几点说明"）外，共 14 章，分别是"生产和工钱"（今译"生产和工资"），"生产工钱和利润"（今译"生产、工资、利润"），"工钱和钱币"（今译"工资和货币"），"供给和需要"（今译"供给和需求"），"工钱和价格"（今译"工资和价格"），"价值和劳动"，"劳动力"，"赢余价值的生产"（今译"剩余价值的生产"），"劳动的价值"，"利润是因照商品价值出卖取得的"（今译"利润是按照商品的价值出卖时获得的"），"赢余价值的各成分"（今译"剩余价值分解成的各个部分"），"利润工钱和价格的普通关系"（今译"利润、工资和价格间的一般关系"），"企图工钱增加或抵抗工钱下降的要例"（今译"争取提高工资或反对降低工资的一些最重要场合"），"资本和劳动的战争及这种战争的结果"（今译"资本和劳动之间的斗争及其结果"）。

此译本与今译本的分章，完全相同，各章标题的译文，小部分相同，大部分存在差异，但多属译名上的区别，无碍理解。可以大致判断，此译本是名副其实的全译本。另外，此译本近100页，好像不同于陶孟和序言里所说的128页，陶氏所指应为英译本，与中译本的篇幅有差别，也在情理之中。其译文水准，从原译目录看，表达上虽不及今译本通畅，但有一定的准确度。以"小引"为例，对照今译本"几点说明"，也是如此。前者完整反映了后者的内容，只是译文的表述有所不同。如原译"欧洲大陆现在有一种同盟罢工的真正流行病和一种增加工钱的普遍呼声"，今译"目前大陆上正流行着一种真正的罢工流行病，增加工资的要求已成为普遍的要求"；原译"你们为国际党的首领，对于这个重要的问题应当有一定的信条"，今译"你们是国际协会的领导，对这个极重要的问题应当有确定的见解"；原译"讲到我一个人，我以为我的义务是在详细讨论这件事体，就是冒着危险，使你们的忍耐性受严厉的试验，也在所不惜"，今译"因此，我认为有责任把这个问题彻底分析一下，即使这样做会冒着使你们很不耐烦的危险"；原译"我这篇文字的体裁虽没有加以修饰，然我希望威氏于本篇的完结时，将觉得我对于他的论文下所含的观念，表示同意。然就他的议论现在的形态讲，我不能不视为在理论上是虚伪的，在实行上是危险的"，今译"虽然我这篇报告措词激烈，但我希望，在这报告结束后公民韦斯顿会发觉到，我同意据我看来是构成他的论纲基础的那种思想，不过我认为他的论纲就其现有的形式来讲，在理论上是不正确的，在实践中是危险的"[1]。比较今译文，原译文有些滞涩，一些用语也有区别，但不影响转述原意。原译文还插入若干注释用括号显示，更体现原著初版的原貌，这在今译文里是没有的。

在此之前，国内一些论及马克思经济学说的译本，曾多次引用《价值价格及利润》一书的内容，有的整段甚至接近于整章引用，如李汉俊翻译的《马格斯资

---

① 以上引文，其原译文见李季译《价值价格及利润》，商务印书馆1924年版，第1—2页；其今译文见《马克思恩格斯选集》第2卷，人民出版社1972年版，第149页。

本论入门》，特别是施存统翻译的《劳动经济论》（载《社会经济丛刊》）。这些内容，一般集中于此书的第 2、第 6—8 及第 14 章。可以注意，陶孟和的序言，介绍马克思经济观念即价值论及剩余价值论，同样以第 6、第 7 章作为重要参照依据。换句话说，他把这两章的内容当作马克思经济学说最主要的理论基础。不过，对于这些基础理论，陶氏的关注，明显不同于前面几本书的译者，如果说其他译者的介绍是为了传播马克思经济学说，陶氏的介绍正好相反，为了批评马克思的劳动价值论不成立或不正确。所以，他的介绍，不是放在劳动价值论及剩余价值论本身的理论逻辑和论证环节上，简略摆出马克思的观点后，重点放在引用马克思原著以外的批评论据上。如谓：劳动价值论不是马克思的首创，是不加分析地拿来前人如斯密和李嘉图的相同议论就下结论；马克思的价值论现在已被完全推倒，没有人相信了，连他自己的《资本论》第三卷也修改了第一卷的见解，连他的知己恩格斯和信徒如伯恩施坦及考茨基也不再为他的价值论辩护了；列举别人批评马克思价值论的两个重要缺点，以及批评马克思剩余价值论的两个主要缺点；马克思的经济理论既然基础不正确，整个学说随之倾倒；马克思主义的胜利或流行，不是它的理论符合事实或成为真理，而是迎合了不满于现代社会的人如劳动者的心理；等等。这些批评意见，同陶氏序言的开篇，劝导读者不要沉湎于解读或评议马克思学说的第二手书籍，鼓励他们阅读马克思的原著乃至非通俗性原著，也是相悖的。他引用的那些批评意见，同样来自一些二手资料，特别是来自西方正统经济学的主流意见，不是他自己阅读马克思原著的独立见解。这和施存统强调对马克思学说，在认真研究之前，不能用先存的成见去反对，更是背道而驰。但不论怎么说，陶氏参与校订的《价值、价格及利润》全译本，毕竟为国人提供了能够比较完整认识马克思经济学说的通俗性原著。

### （四）补充分析

陶孟和一面担任校订者，帮助《价值价格及利润》原著的翻译和出版，一面又以此为例，撰写长篇序言来论述马克思的劳动价值论和剩余价值论不正确，宣称建立在这个理论基础上的整个马克思经济学说为之动摇，包括为劳动者阶级呼吁和争取自身利益的那些主张与观点，如资本集中论、阶级斗争论、剥削论等，也都失去了理论依据。照此说来，他鼓励人们阅读马克思原著，不是为了推广或传播其学说，而是为了证明它有理论缺陷，进而质疑以谈论和相信马克思主义为时髦的潮流取向，并非追求真理或符合事实，只不过迎合那些不满意于社会现实的人们的心理。反过来说也一样，他不屑于时人简单接受或盲目轻信几本二手书有关马克思学说的评议和鼓吹，提倡从阅读和研究原著中去了解"真的"马克思学说；所谓"真的"，即马克思经济学说存在重大缺点，基础不牢靠，以致马克思本人、他的知己同志和追随者都不再相信其价值论或予以根本修改。

这种批评意见，不同于那些出于政治目的而反对、否定和敌视马克思主义的观点，更多站在学术研究的立场上看问题。这也许和陶孟和当时的学术资历相关，如早年留学东京高等师范学校，后获得英国伦敦大学政治经济学院博士学位，回国后一直在北京大学担任教授以及系主任、院长和学校教务长等学术管理职务，具有引人注目的学术地位和学术影响力。所以他的批评，既保持对马克思学说在学术评价上的尊重，又不相信马克思的经济理论基础；既肯定马克思同情劳动者的勤勉努力精神，又不赞成拿马克思学说去迎合劳动者寄托怨恨和宣泄愤懑的心理；既主张通过急速和根本的改革去纠正现代社会的种种弊害，又不同意以马克思主义作为改革的依据。这是那个时期抵制赶时髦的一类知识分子的典型特征，信奉追求真理和以事实为根据。但真理在哪里，事实是什么，又语焉不详。

这种特征，也反映在此前陶氏校订《经济史观》译本而撰写的序言里。在那里，他同样赞扬马克思在社会科学领域的学术贡献，同时附和作者的意见，不认为唯物史观的概念能够成立，更不承认这是关于人类社会发展一般规律的哲学原理，只接受这是一种经济史观，是多元研究人类社会历史的各种学术方法中的一种方法。这个意见，否定马克思的唯物史观，同前述序言否定马克思的劳动价值论和剩余价值论，非常相似。二者都是从学术角度看到质疑或反对马克思学说的理论观点，看到后来的马克思主义者修正或背离马克思本人的学说，便信以为真，拿来当作证据，表明马克思学说也有缺陷，不是真理，不符合事实，不再值得相信，或只保留一定限度的价值。这样看来，两个译本的同一校订者的两篇序言，一篇否定唯物史观，一篇否定劳动价值论和剩余价值论，等于把马克思最重要的两个理论贡献，也就是把马克思主义的理论根基，都给否定了。不过可以说，这个否定，在作序者的思想深处，更多强调的是学术探讨和争鸣过程中的那种批判精神，不是有意识地在政治上对抗马克思主义。根据这种学术精神，任何主义和理论学说，不可能十全十美，都可以挑战和批判。唯其如此，作序者特别不情愿将学术探讨与政治运动牵扯在一起，极而言之，宣称包括马克思主义在内的任何主义，都不能成为社会改革的根据。但问题是，离开学术领域进入社会改革尤其急速和根本改革现行社会弊端的领域，其主张改革的根据何在？空谈真理和事实，把运用马克思主义来指导劳动阶级的诉求和社会主义运动的进程，一概视为没有学术意义的社会心理迎合或情绪煽动，那又选择什么样的路径来实现社会改革？对此，作序者耽于自己的学术情怀，都没有作出回答。

恐怕作序者自己也没有意识到，他用来批驳马克思学说的那些理由，从学术上看也不见得高明，未必是什么真理或符合事实。这一点，《价值价格及利润》译本的序言，透露出那些批驳依据，不是来源于自诩马克思主义者的修正主义者或机会主义者的矫正观点，就是来源于主流学术界所散布的有关马克思和恩格斯自身导致其理论破产的莫须有罪名，同时掩盖了正统经济学的出处；《经济史观》译本的序言，明确透露其出处，那是同马克思主义交往而反对社会主义的美国正统经济学家。通过这些来源，能够模糊地感觉到，作序者既反对以马克思主义作为社会改革的根据，又申辩对马克思学说的批评，不是为现代资本主义辩护，似乎想在马克思主义和资本主义之间寻找一条中间道路，但终究没有说出符合其心目中的真理和事实标准的这条道路是什么。

由上可见，中国共产党建立之初，我国知识界出现以谈论和相信马克思主义为时髦的现象，这个现象背后的因素错综复杂。排除那些敌视马克思主义的舆论不论，以陶孟和的序言为例，能够显示其中的若干因素。他个人的主导倾向，留学东西洋期间受到正统经济学训练的影响，颇为反感赶时髦的潮流，着重从学术角度指摘马克思经济学说的理论缺陷或不正确，宣称马克思主义已经过时、无法成立、不可相信，当然也不可能承担社会改革的理论指导作用。这种指摘，同时反衬赶时髦的人群中，一时兴起者有之，不读马克思著作者有之，信从二手资料的解释和鼓吹者有之，以通俗著作取代马克思原著者更有之。总之，在他看来，那时国内谈论和相信马克思主义的人，除了极少数例外，大多数都没有看到过、更不用说读过马克思的著作，意味着他们的讨论和信奉，具有很大的盲目性。这种说法，未免偏激，可是也从一个侧面，反映那个时期马克思主义经济学在中国的传播，面临各种障碍和曲折。不仅有敌视者的打压，也不仅有主张社会改革而不相信马克思经济学说者的质疑，还有赶时髦者缺乏良好理论素养的盲目，以及声称相信却不去阅读马克思原著者，可能随着各种模糊认识的冲击而发生的内部分化和动摇。换言之，马克思主义经济学传播的广泛和深入，需要传播者能够抵制反对马克思学说的外部冲击和影响，更需要提升传播者自身阅读、翻译、解说和研究马克思原著的理论水平。这也可以算作陶孟和的批评，从负面留给后人的启示。

　　附带提及，李季这个译本之后，相隔5年，又有朱应祺①、朱应会合译的另一译本，更名《马克斯的工资价格及利润》，上海泰东图书局1927年4月初版，列入"马克斯研究丛书"。后一译本的"译者小引"，注明1917年（此年份有误）7月23日作于申江。其意说明三点：本书是马克思1865年6月26日在"国际劳动总务总会"上的一篇演说文章，当时马克思不到50岁，距今约60余年（据此可判断"译者小引"的落款时间有误——引者注），两年后即1867年出版《资本论》第一卷，"所以他的经济学体系，那时已就成熟了"。本书原稿系英文，是马克思死后发见的遗稿，非生前出版；编订分节都是马克思的幼女爱琳娜（原译"伊利诺"）及女婿爱德华·艾威林（原译"爱底瓦得"）两人的工夫；英文原标题《价值价格及利润》，伯恩施坦翻译的德文本，标题《工资、价格及利润》，本书依德文本翻译，因此标题亦同。本书的内容，"总可算是马克思经济学的骨子，又可说是《资本论》的缩图"；其页数虽少，"《资本论》上的重要问题大概都已涉及"，"尤其《资本论》第一卷至第三卷的主要部分，更简明的叙述出来"；"剩余价值学说史上，所讨论的许多问题，也于本书的第八章及第十一章中，明白解释"；"所以研究马克斯经济学的人，不可不读《资本论》，而研究《资本论》的人，不可不先把这本小册子，反复熟读"。②

　　这篇小引对译本的原著由来，发现、整理、出版及由英文译为德文的过程，以及它在马克思经济学说形成中的地位，都有比前一译本更为清晰的说明和正面的评价。译本的内容，除"序言"外亦分14章，分别是"劳动者要求增加工资是无益的事情吗？""工资腾贵对于生产物分量及价格的影响""工资的涨跌对于货币增减的影响""需要供给的法则""工资与物价""价值（及价格）与劳动""劳动力""剩余价值的生产""劳动的价值""利润是依照商品实在的价值出卖所得的""剩余价值的构成部分""利润工资及价格的一般关系""劳动者要求增加工资或反抗减少工资的重要事例""资本和劳动的斗争及其结果"。单看这些标题，同样是完整的全译本，而且其译文明显比前一译本准确、妥贴和顺畅。由此也体现了马克思

---

①　朱应祺（生卒不详），日本早稻田大学毕业，曾任湖南省宪法审查员、省公署交涉股股员等职，1922年被推选为省议会议员，1933年参与创办湖南厚生会计讲习所并任董事。中国早期马克思主义著作的翻译和传播者。

②　马克斯原著，朱应祺、朱应会译《马克斯的工资价格及利润》，泰东图书局1927年版，"译者小引"。

主义经济学原著的翻译，随着时间的推移而不断进步的过程。

## 二、《马克斯经济学原理》译本

Untermann（今译乌恩特曼）①著，周佛海译，商务印书馆 1923 年 4 月初版，列入新智识丛书。根据译者说明，这本书有"三个特长"或"三大特色"：

一是从来所有翻译马氏经济学的书，大概只解释《资本论》第一卷，例如共学社出版的考茨基著《马克斯经济学说》，就是一例。"而本书是包括《资本论》三册内所含有的马克斯经济学说体系底全体的。所以读了这本书，就可知道《资本论》全三册中说的是甚么"。二是这本书很注重历史的叙述，占了 2/3 篇幅。"所以读了这本书，就可看见应用马克斯底唯物史观的资本制度发达史"。三是"这本书是以著者底言语，说明马克斯底理论的，不是只把马氏自己言语照原样引来，也不是只照马氏底原文加以解释的"。译文"取逐句译的宗旨"，有些地方为了容易理解，"也有把原句颠倒先后而译的"；原著几处小注，因无很大关系，所以没译；译文的元、角等货币名称，为容易计算，以 10 角为 1 元，10 分为 1 角。②

译者对此书评价颇高，但细看所谓三个特长或三大特色，首先要明白，这是按照著者自己的语言，不是按照马克思的原文表述来解释马克思的理论。于是，这里就产生了著者的解释是否符合马克思原意的问题。其次要明白，既然全书篇幅（共 318 页）的 2/3 用于历史叙述，也就是应用马克思的唯物史观来叙述资本制度的发展史，显然不是根据《资本论》的逻辑体系来叙述。最后要明白，所谓此书不同于国内已有的解说本只涉及《资本论》第一卷，包括《资本论》三卷的整个马克思经济学说体系，同样基于前面两点而言，这种涵盖乃根据著者自己的理解，并非遵循《资本论》自身的逻辑体系。所以，这不能说是专门解释《资本论》三卷本的著作。下面先对译本作一简介，然后重点评介有关章节。

### （一）译本简介

译本 20 章，分别为"甚么是资本"（今译"什么是资本"③），"劳动与资本"，"动物底社会和人类底社会"（今译"动物社会和人类社会"），"经济的分业和生

① 欧内斯特·乌恩特曼（Ernest G. Untermann），美国社会主义学者，1906—1909 年间翻译英文版《资本论》三卷本并在美国出版。
② Untermann 著，周佛海译《马克斯经济学原理》，商务印书馆 1923 年版，译者说明。
③ 今译本参看［美］乌恩特曼著，吕博译《一天就能读完的〈资本论〉：马克思主义经济学》，中国轻工业出版社 2010 年版，下同。

物的分业"（今译"生物分工和经济分工"），"没有资本的社会"，"商业底勃兴"（今译"商业的兴起"），"商品和货币"，"商人资本底发达"（今译"商人资本的发展"），"菲里夏和希腊底商人资本"（今译"腓尼基和希腊的商人资本"），"罗马底商人资本"（今译"罗马商人的资本"），"封建制度底商人资本"（今译"封建制度下的商人资本"），"工业资本主义底勃兴"（今译"工业资本主义的兴起"），"从古代经济学到古典派经济学"（今译"从古代经济学到古典经济学"），"马克斯底价值学说"（今译"马克思的价值学说"），"马克斯底剩余价值学说"（今译"马克思的剩余价值学说"），"资本主义下的商人资本"（今译"资本主义制度下的商业资本"），"地租"，"资本家的竞争场里的利润利息和地租"（今译"资本主义竞争下的利润、利息和地租"），"工业资本主义底趋势"（今译"工业资本主义的发展趋势"），"结论"（今译"结束语"）。这个目录结构，印证了前面的判断，译本的整体布局，无关于《资本论》的逻辑体系，其叙述方式由著者自行设计。

第1章历来经济学者的书，对器具、储蓄、富、交换、资本的意义，一样也没有说明，轻视或蔑视主要的事件，即劳动和劳动被应用的种种社会状况，这是"空漠而不能捉摸的抽象"，使经济学成为"阴郁的学问"。第2章当作资本用的东西本身不是资本，限定在"经济上的阶级和阶级，互争劳动生产物底支配"的社会状态下，才能成为资本；我们和官方经济学者的分歧在于，他们看到了资本的主要源泉是"劳动阶级底劳动底榨取"，因而隐蔽资本的秘密；要使劳动榨取的手段带有资本的性质，第二个条件是商业上"非把劳动生产物卖出而获利润不可"；马克思的分析，"乃是打倒妨碍劳动阶级从阶级的支配解放出来的一切关门，开放确乎不拔的知识底门户"，证明最初只有劳动，没有资本，时候一到，就要再消灭资本，"让位给人类之生命和光的劳动"。第3章"须知道马克斯说、达尔文说和无产阶级的辩证法之间的一般的类似和特殊的差异"。第4章马克思发现了人类社会发达的特殊法则，区别了生物的分业和经济的分业，没有无视达尔文的成果，反而把达尔文的成果和自己的成果连结起来，"不毁损那一方"。第5章资本不是存在于人类历史的任何时期，相反只不过占据几个世纪，我们会看见，它"寿命将尽，而葬入湮灭的坟墓"。第6章古代商人把他们的反复无常和没有信义精神，传给他们的继承者支配阶级，更把他们的掳掠原则，作为现在一切产业大诸侯行为的主要引诱物；对此，答复官方历史家和讲坛学者的伪善而虚伪的客套语，马克思的唯物史观教训我们，无论过去、现在和将来，支配阶级都为其制度的经济法则和政治法则所驱使，"以铁蹄蹂躏人类温雅的本能的时期内，也一定是这样的不可争的历史底事实"。第7章关于商品和货币这些外观的内部真相，有产者的经济学"不深入这个神秘底根底，只弄这些浅薄的观念"；马克思登上舞台后，声言科学的任务，不再容忍皮相的指示，真实的说明在于"钻进事实底深底，而发见藏在支配人心几世纪的这些观念底里面的诸原因"；马克思把他的发见公诸世界后，支配阶级的经济学依然固执其观念，"涂抹隐蔽交换价值底实际泉源"，即"生产劳动者底劳动"。第8章商人资本支配流通界，榨取在他直接支配以外的生产者的生产物；工业资本支配生产界，在普通市场上像别的商品一样购进雇人的劳动力，在直接生产界加以榨取，并使流通界服从自己的支配，其唯一目的是蓄积工业资本以经营生产；"这两个资本，乃是两个重要的资本形态，各为各历史的时代和各社会制度底特征"。第9章古代奴隶制度的社会，商人资本的进步影响，根本上具有掠夺的破坏的性质。第10章从希腊等国小规模看到的商人资本在破坏上的影响和建设上的无能，在罗马时代大规模地表现出来。第11章封建农奴和市邑新兴手工业者，不独能把古代奴隶制度提高到具有更大生产力和生活力的封建制度，并能不顾封建诸侯的掠夺、金融者的奸计和商人的乱斗，促进封建制度进入更高级和发展可能性更大的工业资本制度。①

从第12章起，进入工业资本主义时代，工业资本家阶级一出生，就发见身边有预备受榨取的无产阶级；贵族阶级和行会中的封建旧势力毁掉了自己的经济基础，为资本家阶级的政治优势修筑了道路，劳动者也参与了这一政治斗争；等到资本家阶级更发达，许多新势力如蒸汽动力和不知疲倦的机器都来援助这个阶级；"以人类未见的速力而长驱直进"，又"以从前任何阶级都没有见过的速力，向着他底末日突进"。第13章从古代经济学进入古典经济学之后，包括初期社会主义者在内，没能解开资本家掠夺劳动者这个谜，也没能证明资本主义生产机制；解这个谜，须要新学说，"这个只能是无产阶级底学说"。第14、第15两章分别叙述马克思的价值学说和剩余价值学说，留待后面专门分析。第16章商品在生产界生产出来，形成一定数量的价值和剩余价值以后，要拿到流通界出卖，回收不变资本和可变资本的价值，以及实现商品中的剩余价值；资本总额从进入生产过程起，经过流通界

---

① 以上引文分别见周佛海译《马克斯经济学原理》，商务印书馆1923年版，第10—11、20—22、31、65、80、89—90、100—101、110—111、133、134、162—163页。

回到出发点的一个圆圈，叫作"资本底回转"；资本每次回转一定要带回若干剩余价值，否则资本的循环过程从资本家的角度看，没有意义；资本主义的全过程"不单是再生产已投入的资本，并且是渐渐向着大规模而再生产起去的"；工业资本一旦掌握了生产界，其回转也就支配了投入流通界的一切资本的回转，使商业资本服从于工业资本，而商人和银行家的利润，终究是由工业资本家所得的利润率而决定的。第17章地租是剩余价值的一种特别形式，土地所有者从生产资本家的钱袋中抽出平均利润以上的剩余意义的地租，在工业资本成为有力的势力之后，才成为地租的一般形态。第18章资本无论投入生产事业或不生产领域，"通例只能收得社会全体所通行的平均利润"，利息和地租不得不随着这个平均利润的变动而变动；资本主义生产存续期间，"价值底法则，不能正常的表现，只能由变动于能变化的平均底上下一法而表现"；"只在社会主义的生产制度之下，马克斯底价值学说，才能彻底的应用，而用为集合生产底规律"。第19章榨取者和被榨取者的对立越变越烈，这个对立从经济领域移到政治领域；为资本主义生产本身的必要所迫而团结的无产阶级，其经济的团体组织适应近代集中的工业形态，变其职业组织为产业组合，并在整个计划的分业之下，结合其经济的和政治的团体组织，以获得政权，使其经济的团体组织能够为了劳动阶级即社会唯一紧要阶级的利益，掌握生产和分配的大资源；劳动阶级一旦在经济和政治方面支配了国民，即刻采用集合的生产组织，"在集合的生产组织之下，生产者自己管理其生活资料，决定他们由协同的物品之中，所应受的分量，而撤废除阻碍人类底完全发达的一切障碍"，"资本主义，就让舞台给社会主义"。第20章结论："我们冷静的宣告资本制度和资本阶级底运命。我们确实的传达经济平等的劳动者底协同生产的社会将到。我们底呼声，乃是历史他自己底自觉的呼声"；"历史底车轮"是不能阻止的。①

以上叙述，高度浓缩地摘录各章内容。借此已能对译本的整个面貌，有个大致的了解，也能对译者所说的特长或特色的涵义，有进一步的认识。所谓包括《资本论》三卷所含有的全部马克思经济学说体系，若将"包括"理解为有所涉及，确实如此，确实涉及了《资本论》三卷的内容；若将"包括"理解为无所遗漏的涵盖，又不尽然，许多理论观点并未包含在内，更不用说完整展现原著的逻辑推理过程。但可以指出，这个"包括"，不只是显示诠释《资本论》的广度，即

---

① 以上引文分别见周佛海译《马克斯经济学原理》，商务印书馆1923年版，第180—181、198、232—233、252—254、287、314—315、318页。

从第一卷到所有三卷的范围，更是借助对《资本论》的诠释，说明马克思经济学说是无产阶级的经济学。看来译者感兴趣的特长或特色，不是这个实质，而是它的范围形式。所谓注重历史的叙述，也确实如此。译者指出通过这个叙述，可以看见运用马克思唯物史观的资本制度发达史，其实，全书许多章和最后的结论，还可以看见运用唯物史观来论证资本制度将为社会主义制度所取代的历史必然性。所谓用著者自己的话来说明马克思的理论，把它当作一个特长或特色，存在着某种风险。说明得恰当而易懂，可以起到通俗普及的作用，说明得不切合原著要旨或偏离其精神，可能适得其反。从上面摘录的叙述看，一个突出的问题是译文的别扭，不能准确和妥适表达原作的意思。这可能同译者直接译自英文原作，无法从日文转译中得到参考有关。另外，译者强调著者不是只引用马克思的话，也不是只按照马克思的原文解释，意在凸显著者自行表达的特点，可是译本几乎各章，仍然可以看到不少地方引用马克思、恩格斯的原话，用作解释的依据。这也是下面介绍的重点。

**（二）关于马克思、恩格斯的论述**

译本以马克思经济学说原理为题，要准确说明这个原理，自然离不开引用马克思和恩格斯的原典论述，由此能够显示著者接触和理解这个原理的广度与深度，也能够显示译者的翻译能力与水平。这里举出除第 14、15 两章外，各章的相关例证如下：

第 4 章：恩格斯（原译"恩格尔"）在《家庭、私有制和国家的起源》第 9 章，依据摩尔根（原译"莫尔干"）所供给的材料，就美洲印第安部落（原译"印度人"）所实行的男女经济分业，记述如下："分业完全是原始的。工作单据两性而区别。男子去战争、打猎、渔鱼，供给食物底原料，并制作从事这些事业所必要的器具。妇人则管家事，预备食物衣服，他们煮饭、织布、缝衣。男女各支配他们活动的领域：男子在森林内，妇人在家内。男女各有他们自己使用，自己制造的器具。男子所有武器和渔猎用具，女子则所有家财家具"①。译本说，这是人类社会经济分业的"唯一形式"，"以生物的特质为基础的"。今译本则译为"这是人类社会基于生物特征之上的经济分工所特有的形式"②。

---

① 周佛海译《马克斯经济学原理》，商务印书馆 1923 年版，第 48 页。其今译文见《马克思恩格斯选集》第 4 卷，人民出版社 1972 年版，第 155 页。
② 《一天就能读完的〈资本论〉：马克思主义经济学》，中国轻工业出版社 2010 年版，第 25 页。

马克思的《政治经济学批判》序言说："文明社会底解剖，须于经济学中求之"①。《资本论》第一卷说："……变局部的事业而为某人一生底职业，是和往昔社会所表现的，以职业为世袭的一种倾向相共通。这个倾向，有时就是化职业为世袭的阶级的倾向；若在一定的历史条件，在一个人里面产出一种照着不和世袭阶级底性质相两立这样而变化的倾向的时候，就是化职业而为职业公会的倾向。世袭的阶级和职业公会，乃是从和支配分动植物为各种及变种的分化作用的法则同样的法则底作用而起的。他们所以不同的，只在阶级的世袭和职业公会底排他性，一发达到一定的程度，就被命为社会底法律"②。译本说，马克思这是"以辩证法的方法而使用达尔文说和自己底经济学说"。今译本则译为马克思"对达尔文主义和他本人的经济理论都做了辩证的使用"③。

第5章：《资本论》第一卷第6章（应为第14章）说："资本，和随着资本而生的诸关系，乃是从经济的土壤发生出来的；而这个经济的土壤，乃是长期发展作用底产物。为他底根底和出发点的劳动生产力，不是自然所赐的，乃是包括几千世纪的历史所赐的"④。第14章（应为第12章）又说："同业公会底规则……严重限制一个工主能够使用多少徒弟和职工，以此防止工主成为资本家。此外，工主不能使用职工，而从事自己所支配的手工以外的职业。同业公会，热心的击退了商人资本底一切蚕食。这个商人资本，就是他们所接触的自由资本底唯一形式。商人能够买各种商品，然而不能买当做商品的劳动"⑤。这些引文都用来说明资本在那时并不总是存在。

第6章：《资本论》第一卷第14章（应为第12章）说："……由性和年龄底差异而生的分业——纯粹立于生理的基础之上的分业，就自然而然发生出来。这个分业，因共同生活体底扩大，因人口底增殖，更因异种族间底冲突和征服，而增大他底材料。……各不同的共同生活体，各在其自然底环境里面，发见不同的生产手

① 周佛海译《马克斯经济学原理》，商务印书馆1923年版，第64页。其今译文见《马克思恩格斯选集》第2卷，人民出版社1972年版，第82页。

② 周佛海译《马克斯经济学原理》，商务印书馆1923年版，第65页。其今译文见《资本论》第一卷，人民出版社2004年版，第394页。

③ 《一天就能读完的〈资本论〉：马克思主义经济学》，中国轻工业出版社2010年版，第33页。

④ 周佛海译《马克斯经济学原理》，商务印书馆1923年版，第72页。其今译文见《资本论》第一卷，人民出版社2004年版，第586页。

⑤ 周佛海译《马克斯经济学原理》，商务印书馆1923年版，第79—80页。其今译文见《资本论》第一卷，人民出版社2004年版，第415页。

段和不同的生活手段。所以这些共同生产体底生产方法、生活方法和生产物，各自互相不同。在共同生活体互相接触的时候，唤起相互之间的生产物交换，因之渐次变这些生产物为商品的，就是这些自然发达起来的差异"①。恩格斯的《家庭、私有制和国家的起源》第 9 章说："饲养家畜的种族，和别的野蛮种族分离，就构成最初的一个大社会分业。……这个才起初使生产物能够规则的交换。在这个以前，交换不过是有时偶然而行罢了。制作武器和器具的特别才能，曾生出一时的分业。例如新石器时代底石器工场，确实遗下一些遗物；这些遗物，在许多地方发见出来了。在这些工场发挥他们底才能的工匠，确实是为社会全体工作，像印度血族团体底工匠所作过的一样。无论如何，这个时代，除了种族内部的交换以外，没有别的交换能够存在。并且就是种族内部的交换，也是例外的事。但是等到饲养家畜的种族分离以后，我们就发见一切助成异种族集团之间的交换的状况，并发见这样的商业方法，更发达而为一定的制度"②。

第 7 章：《资本论》第一卷第 1 章说：只要人类劳动是使用价值的创造者，"不管社会底形态怎样，劳动对于人类种族底生存，乃是一个必要的条件。这乃是一个永久的自然所课的必要。没有劳动，人类和自然之间就没有甚么特质的交换，因之就不能有甚么生活"③。第 2 章论及一般等价物取得货币形态时说："他（货币形态）所附着的特种商品，最初是偶然而定的。然而还是有两种事情有着决定的影响。第一，就是货币形态，是附着于最重要的外来的交换物件的。这件外来交换物，实际就是内国生产物底交换价值所据以表示的原始的、自然的形态。或者货币形态，附着于有效用的物品，这些物品，是形成像家畜这样内地产出可买卖的富底主要部分的。游牧人种，是第一个发达货币形态的人种。因为他们底地上财产，都是由动产成立的，因之可以直接买卖。又因为他们底生活方法，不绝的使他们和异种族底社会接触，因之促起生产物底交换"④。

第 8 章：《资本论》第三卷第 20 章说："在资本制度以前的社会进化底诸阶

① 周佛海译《马克斯经济学原理》，商务印书馆 1923 年版，第 81—82 页。其今译文见《资本论》第一卷，人民出版社 2004 年版，第 407 页。
② 周佛海译《马克斯经济学原理》，商务印书馆 1923 年版，第 82—83 页。其今译文见《马克思恩格斯选集》第 4 卷，人民出版社 1972 年版，第 156 页。
③ 周佛海译《马克斯经济学原理》，商务印书馆 1923 年版，第 90—91 页。其今译文见《资本论》第一卷，人民出版社 2004 年版，第 56 页。
④ 周佛海译《马克斯经济学原理》，商务印书馆 1923 年版，第 95—96 页。其今译文见《资本论》第一卷，人民出版社 2004 年版，第 108 页。

段，商业是支配产业的。但是在近世社会，事实就恰和这个相反。不待说，商业对于互相买卖的社会，多少是有些反动作用的。就是，商业使享乐和生存，靠生产物底直接使用的地方少，靠生产物底贩卖的地方多；这个结果，就是使生产越从属于交换价值。因此商业遂分解旧状态，增大货币底流通。商业已不止于捕捉生产物底过剩，更进而腐蚀生产他本身，而使生产底全领域从属自己。但是这个分解作用，依靠生产社会底性质的地方甚大。在商人底资本促进未开社会间的生产物底交换的时期内，商业不单止取欺瞒骗取底形式，并主要是从这样的方法生出来的。商业吸取各国家底生产价格底差异一事实（就这一点，商业有平均和固定商品价值的倾向）就暂置不论，当时生产方法底结果，使商人底资本，就以互相交换的社会和社会之间的中间人底资格，也把剩余生产物底大部分，收归自己。因为当时这些社会，还是主要从事于使用价值底生产的，他底生产物底一部分，卖出而移到流通界内，以及生产物照着他底价值卖出等事，对于该社会底经济组织，并不十分重要。又，在往时这样的生产方法之下，和商人交易的剩余生产物底主要所有者，乃是奴隶底所有者、封建领主、国家（例如东洋专制君主），他们乃是代表富和奢侈品的。亚丹斯密正确的说得好，这些富和奢侈品，正是商人所欲得的。就是这个结果，也使商人收剩余生产物底大部分为自有。……掌握至上权的商人资本，到处拥护掠夺制度。旧时代和新时代的商业国民间的商人资本底发达，常常是和劫掠、海贼、奴隶底捕获，以及殖民地底征服相关联的。请看卡尔舍杰（今译迦太基）、罗马，以及近代文里士（今译威尼斯）人、葡萄牙人和波兰（应为荷兰）人"[1]。

第9章：恩格斯的《家庭、私有制和国家的起源》说："父权的法律和财产底世袭（由父底儿承继），帮助集中财富于家族之手，因此给由氏族独立的势力与家族。富底悬隔，作成世袭的贵族和君主政治底最初萌芽，而影响及组织之上。奴隶制度，最初只限于战争底捕虏，但是慢慢的预备着道路以隶属同民族、同氏族底人。民族和民族之间的争斗，堕落为以陆海组织的掠夺家畜、奴隶、财宝为生活常态的状态。总而言之：富被赞美，被尊敬为最高的宝，旧来氏族的诸制度，被滥用来辩护富底掠夺"。商业上的利润和作为其附属物的高利贷及地租，在公元前600年就已完全破坏了"亚惕卡"（今译阿提卡）农业者的独立，恩格斯又说："在亚惕卡的田地上到处都群立着抵当权的标木，上面写着这个土地，是以多少钱抵当于谁的。没有立着这个标木的土地，大概都是因为抵当或利息过了期限，已经卖却，而移归放债贵族底手上的。设若农民得了许可，可以当做佃户纳其劳动产物底六分之五给新主人而为地租，自己以六分之一而生活；他们还要说这是好运气，而感谢天地的。还有坏的，就是：设若土地底价格，不够偿还负债，或结契约时没有附着留置权，那末，债务者就不得不卖其子女于海外作奴隶，以满足债权者底要求。父卖子女——这就是父权的法律和一夫一妇底第一成果。设若这个还不足以满足吸血鬼，债务者还可以把自己卖做奴隶，这就是亚惕卡人民之间可乐的文明底曙光"。①

第 10 章：《资本论》第三卷第 36 章说："罗马底贵族，强制平民服兵役，以阻止他们再生产其生产的活动所必要的条件，而使他们为贫民的……。同样的战争，以当时的货币——铜，充满贵族底仓库和地下室。他们不把平民所必要的商品，例如谷物、牛马等直接给与平民，而把这些自己用不着的铜供给他们。又利用这种状态，以为诛求可惊的高利，而化平民为债务者的奴隶的手段。在罗马帝国内，因为饥馑底结果，鬻卖儿女，或自由民自进而卖为富者底奴隶的事，是常常有的"②。

第 11 章：《资本论》第三卷第 36 章说："十二世纪及十四世纪时，威尼司（今译威尼斯）和杰诺亚（今译热那亚）地方所设立的信用团体，乃是从海上商业和与此关联的冘卖商业，要解放自己脱出古代放债者底支配和金融业底独占者的必要而产出的。这些都市共和国所创立的真正银行，同时取了公债机关底形式，国家以将来的租税收入为担保，从这个机关借用款项。这件事实，可以以下述的当时的形势而说明。就是：组织这样团体的商人，乃是这些国家内的有力者；他们以解放国家出放债者底诛求为利益，和以解放他们自己为利益一样"。又说："货币制度，就本质说，乃是旧教的；信用制度，就本质说，乃是新教的。'苏格兰人憎恶黄金'。就纸底形式看，商品底货币的存在，只不过有社会的生命。受着惠的，乃是信仰。以货币价值为商品底内在精神的信仰，对于现行的生产方法和既定的秩序的信仰，以生产的诸要素为自己膨胀的资本底单一表现物的信仰。然而信用制度，不能由货币制度底基础下解放自己，就和新教不能由旧教底根底解放自己是一样"③。

① 周佛海译《马克斯经济学原理》，商务印书馆 1923 年版，第 122—124 页。其今译文见《马克思恩格斯选集》第 4 卷，人民出版社 1972 年版，第 104、107—108 页。
② 周佛海译《马克斯经济学原理》，商务印书馆 1923 年版，第 135—136 页。其今译文见《资本论》第三卷，人民出版社 2004 年版，第 677 页。
③ 周佛海译《马克斯经济学原理》，商务印书馆 1923 年版，第 155、162—163 页。其今译文见《资本论》第三卷，人民出版社 2004 年版，第 680、670 页。

第 12 章：《资本论》第一卷第 26 章（应为第 24 章）说："资本制度底前提，就是使劳动者从他们用以实现其劳动的一切机关的财产分离。资本家的生产一自立，他就不独维持这个分离，并且不绝的以更大的规模来复制他。所以以为资本制度清道的过程，就不外夺劳动者生产机关底所有的过程。但这个过程，又不外是一方面则变形生活和生产底社会的机关为资本，别方面则变形直接生产者为工银劳动者的过程。所以所谓的原始蓄积，毕竟不外是使生产者离开他底生产机关的历史的过程。这个蓄积似乎是原始的，乃是因为他构成资本和适合资本的生产方法底历史前的阶段。资本主义的社会底经济的构造，是从封建社会底经济的构造里面生长的，后者底分解，就是解放了前者底诸要素。直接生产者的劳动者，到了不附着于土地，不为别人底奴隶、农奴或奴婢的时候，才能自由处分自己底身体人格。要成为拿着商品往市场地方的劳动力底自由发卖人，他就不得不更进一步，脱出工行制度，关于徒弟和佣工的规则，以及劳动规定底障碍物。所以变生产者为工银劳动的历史的运动，在一方面又似乎是解放他们出农奴制度和工行底桎梏。在我们有产者的历史者，只有这一方面存在。在别一方面，这些新被解放的人，要在他们自己底一切生产机关，和从来封建制度给与他们的一切生活保障，都被剥夺之后，才成为他们自己底发卖人。这个他们剥夺底历史，乃是以血和火的文字而书的人类底记录。工业资本家——这些新主权者，就不独要代工行底工主而兴，并且要取富源底所有者封建诸侯而代之了。从这一点来看，社会的权力底征服，就似乎是对于封建诸侯底地位和其特权的战胜果实，并且是对于工行，和工行加于生产底自由发达及自由榨取的束缚的战胜果实"。第 28 章（应为第 24 章）说："因破坏封建的家臣底羁绊，及强制的收夺人民底土地，而造出的无产阶级——这个'自由的'无产阶级，不能一被投出世界，就马上被新兴手工工业吸收进去。又，急激的被曳开，而离脱惯习的生活方法的这些人们，也不能急速的使自己适应新境遇底训练。于是他们就大举而为乞丐、强盗和浮浪人；这些虽然有时也由于性质，然而大概都是因形势底压迫而致的。所以从十五世纪底末叶，通十六世纪全部，欧洲到处都制定有对于浮浪人底残酷立法。照这样现代劳动阶级底祖先，因为强制的被变为浮浪人和贫穷民，反受惩罚。立法把他们当做'任意的'犯罪人处理，认依旧在以前的境遇之下而劳作的，乃是由于他们自己底意思。而这个以前的境遇，现在早已不存在了"。第 32 章（应为第 24 章）又说："美洲底金银发见，原住民底绝灭，矿山底奴隶酷使和埋没，东印度征服和掠夺底开始，以及变非洲为商业的黑人狩猎底猎场——这一些事，都是报资本主义的生产时代的曙光的。这些牧歌的路径，实是原始蓄积底主要动力。以地球全表面为舞台的欧洲诸国民底商战，就接着他们底足迹而开始了。这个商战，始于勒扎兰（今译尼德兰）之革西班牙底命，到了英国底反加可并（今译雅各宾）的战争，遂成为大规模的，接着就成为对中国的鸦片战争，及其干别的事了。原始蓄积底种种动力，多少以年代底顺序，特别分布到西班牙、葡萄牙、荷兰、法国以及英吉利。在英国，他们于十七世纪底末叶，就成为包括殖民地、国债、近代的课税方法，以及保护贸易制度的组织的结合了。这些方法，一部分是倚靠暴力的，殖民制度就是个例。但是他们借助一切国家底力，及社会底集中而组织力，以照温室方法而速成，变封建的生产方法为资本主义的生产方法，并缩短其过渡时期。力，乃是一切怀孕着新社会的旧社会底产婆。力，他本身是个经济力"。①

第 16 章：《资本论》第二卷第 4 章说："资本家实际卖出的价，是要比买入的价贵些。但是他所以能够这样做的，只因为资本主义的生产过程，使他能够把只含着一点价值的低廉商品，变形为含着许多价值的昂贵商品。他比较卖得贵些的，不是因为他得了超过这个商品底价值的东西，乃是因为这个商品内里所含的价值，是超过生产时所用的自然要素内面所含的价值的"。第 6 章说："设若商品是照着他底价值而卖的时候，买者和卖者底手上所有的价值底大小，还是依然不变，不过他底存在底形式变化了罢。又设若商品即不照着他底价值卖，而变了形的价值总额，还是一样。一方所增加的东西，被一方所减少的相消灭了"。又说：流通费用，"也会有从生产过程起，而继续到流通过程的。不过他底生产的性质，隐蔽于流通底形态之下罢了。然而流通用费之中，也有从社会来看，虽不过是主观的以及物质化了的劳动底不生产的支出，但是对于资本家，反因此而高昂其商品底价格，以生产价值的"。②

第 17 章：《资本论》第三卷第 37 章说：实行资本主义生产方法的条件，就是农业生产者脱离封建领主的羁绊，以及多数劳动人民被没收土地。"在这个范围以内，土地所有权底独占，乃是资本主义的生产方法底历史的前提和基础，就和他乃

---

① 周佛海译《马克斯经济学原理》，商务印书馆 1923 年版，第 174—176、177—180 页。其今译文见《资本论》第一卷，人民出版社 2004 年版，第 821—822、843、860—861 页。

② 周佛海译《马克斯经济学原理》，商务印书馆 1923 年版，第 240、247—249 页。其今译文见《资本论》第二卷，人民出版社 2004 年版，第 134、146—147、154 页。

是别种形式的，以榨取民众为土地的一切生产方法底历史的前提和基础是一样的。但是资本主义的生产方法，在他底第一阶段所遇着的那种土地所有权，是不适于他底所要的。于是他使农业从属于资本底支配之下，以自己创造适应他底所要的土地所有底形态。他把封建的土地所有权，种族的所有权，以及马克共产村落（今译马尔克公社）内的小农所有权，变形而为适合资本主义底所要的经济的形式——不论他法律的形式是怎样"。又说："误解地租为利息形态（地租对于土地底购置者，是取利息的形态的），结果一定要达到最误谬的结论。一切古国内，都是以为土地底所有，乃是特别高贵的财产形式，并且以为购买土地，乃是最安全的投资，所以用以购买地租的利息率，是比别的长期投资底利息率要低些。因此，不动产底购买者，设若把同一额的资本投向别处，可以得五分利的，而对于他底购买价格，比方只能得四分利。换句话说，就是他为地租而投出的资本，比他为别种投资内同一额的收入而投出的资本要多些。这个结果使特衣尔（今译梯也尔）在他底全是冗作的《财产权》里面，虽只证明土地底购买价格贵，而反达到地租贱的结论。资本化了的地租，和土地底价格及价值相当，所以土地也和别的一切商品一样，可以买卖——这种事实，对于某辩护者成为是认土地底私有财产权的理由。就是他们底理由，乃是买者对于土地，也和对于别的商品一样是支给等价的，土地所有权底大多数，以此而变其所有者。设若果是这样，那末，同样的理由，就也可成为奴隶制度底是认。因为从所有者购买的奴隶底劳动生出的收益，不过是代表投于这个购买的资本底利息的。就是认地租存在底理由于地租底买卖之中，就是以他底存在是认他底存在的意思"。①

　　第19章：《资本论》第三卷第35章说："聪明的有产者经济学，在把'资本'就他底公的性质而议论的时期内，以为金银是最非实质的，而且无用的资本形态，而大蔑视之。然而一等到有产者的经济学论到银行制度的时候，万事都变成正相反对，金银成为第一等的资本。因为保存金银，牺牲一切别的资本形态和劳动。然而金银怎样和别种形态的富不同？这不是因为他们底价值宏大；因为价值底宏大，是由他们所体现的劳动分量而决定的。这乃是因为他们是富底社会的性质底表象，是他底独立的体现一事实。这个社会的存在，呈着一种外观，就似乎他是于物、物质和商品以外，离开社会的富底实际要素而特别存在的一世界一样。生产在变动的状态的时期内，他是被忘却的。信用也以他乃是富底一社会形态的资格，而排斥货币，取而代之。给生产物底货币形态以一种空幻的、理想的外观的，乃是对于生产底社会性质的信念。然而信用一动摇——在近世工业底循环圈内，这个状态，一定常常表现，——一切实际的富，都有即时并且现实的变形为货币——金银——的必要。这个狂热的要求，乃是从现在经济组织生出的必然结果。而以为应这个莫大的要求的一切金银，乃是银行底地下室内的仅仅数百万元"①。

上面列举了译本各章引用马克思、恩格斯原话的大多数译文，且不去对照今译文②，因为那将发现原译文的诸多毛病和错误，这里着重指出几点。一是这些原话引文，主要引自马克思的《资本论》和恩格斯的《家庭、私有制和国家的起源》两部著作，后者集中见于第9章之前论述人类远古和早期商业发展的历史部分，前者则分布于各章。所有这些引文，差不多都是当时国内著作或译著中引用马克思、恩格斯原著方面较少见到的内容，有助于拓展国人对这些经典原著的认识。二是除了这些引文之外，译本的许多章，特别是第11章工业资本主义的兴起以后，其论述不时引用或解释马克思的经济概念，概述马克思的某一经济理论要旨，评价马克思经济学说的科学性、阶级性和预见性，这同全书以自己的表述介绍马克思经济理论的宗旨也是一致的。换句话说，译本是按照作者自己的构思和表达来讲述马克思主义经济学，由此形成全书的主要脉络，引用马克思的原著内容，则作为辅助手段，穿插其间。这恐怕就是译者所说的不只是照原样引用马克思的原文，也不只是照马克思的原文加以解释的意思。所以译本中看到的那些原著引文，未必全是经典论述，往往是用作支持其主要叙述脉络的史实或例证。这大概也是不少原著引文看起来比较陌生的原因，由此说明作者非常熟悉马克思和恩格斯的一些经典原著，对其中的许多论述，哪怕是不常见的细节内容，能够信手拈来。三是对比译本的内容，特别是前半部分，引用马克思原著论述的比重不高，这同作者的思路有关。用译者的话说，这本书的主要篇幅是应用马克思唯物史观来叙述资本制度的发达史，用作者自己的话说，本书"介绍的方法是历史唯物主义的，并用约瑟夫·狄慈根的辩

① 周佛海译《马克斯经济学原理》，商务印书馆1923年版，第312—314页。其今译文见《资本论》第三卷，人民出版社2004年版，第649—650页。

② 附带说明，所谓今译文，一种是《资本论》和《马克思恩格斯选集》中译本的标准今译文，另一种是《一天就能读完的〈资本论〉：马克思主义经济学》译本中另行独自翻译马克思和恩格斯原文的今译文。后者对照标准今译文，有不少差异，有些地方如引文出处，还沿袭美国人原作的失误，故不取。

证法对马克思的基本观点作了补充"①。为此，书中还引用了恩格斯的不少原著论述，以及考茨基、倍倍尔等马克思的追随者，乃至于其他参考或批评对象的原著论述。看来，作者的意图，不止是阐释和维护马克思主义经济学，还想"补充"马克思的基本观点。四是引用马克思的原著论述，确实以引自《资本论》者居多，而且遍及三卷本，这也符合此书介绍马克思主义经济学的立意。不过单看这些引文，颇为散乱，跳跃性极大，这适应了作者自己的介绍思路与形式，却未必遵循《资本论》本身的理论推演逻辑。这样的介绍方式，还体现在专论马克思价值学说和剩余价值学说的两章。

### （三）关于马克思价值学说和剩余价值学说的评介

先看第 14 章马克思的价值学说：

商业资本家们的重商主义学说，给"有产者的古典派经济学者"传来一些"浅薄的观念"，但这些经济学者把这些浅薄观念丢掉了很多。他们丢掉货币固有本来价值的思想，觉得商品的交换价值由该商品所实现的劳动分量来决定，因此，他们承认交换价值的尺度，不是货币，乃是劳动。虽然这样，有产者的经济学者中，最进步者的脑子里面，还剩下一些重商主义的迷信。譬如斯密和李嘉图这些人，在理论上否认重商主义的观念时，"这个旧思想还密结着以污他们明晰的分析"。其中有些人"根本怀着的最顽强的重商主义观念之一，就是以为决定商品底交换价值的，乃是需要和供给"，"不绝的妨碍彻底应用劳动价值说"。古典派经济学者中，有些确是想努力除去这一残屑，但"特殊的重商主义观念，还是可怕的紧附着有产者的经济学的，就是现在也还是紧附着"。"马克斯就是在最进步的古典派经济学者所遗失的地方，把这个推论拾起来了"。马克思说，设若决定商品价值的是劳动，需要供给就没有决定价值的道理；劳动是在生产界表现它的结果，需要和供给是在流通界表现它的结果；商品在生产界明明白白是在劳动过程中生出价值的，需要供给要等到做成的货物流通于市场，才成为问题；"因此，需要供给，不能'决定'商品底价值，不过只是'变更'他底价值罢了"。设若需要和供给相互对消，两者的影响就都没有了。但是这个时候，商品的价值究竟从劳动过程的什么地方来的这一问题，依然没有解决。所以在这个问题解决之前，须暂且将需要和供给排除出价值问题之外。商品要在生产界被赋与价值后，才通过流通界。

---

① 《一天就能读完的〈资本论〉：马克思主义经济学》，中国轻工业出版社 2010 年版，"前言"。

古典派经济学者承认劳动创造一切交换价值，但劳动"怎样"创造交换价值？他们不能说明。他们也没有说明创造交换价值的究竟是哪一种劳动，这个劳动为什么应该用作价值的尺度？剩余价值怎样采取各种形态？以及价值本身从各种部分而成立等问题，他们都没有说明。这个不彻底，成为古典派经济学者说明资本家的生活难以克服的障碍，这一点也不足怪。他们以为学者的任务，只在发见资本家生产的事实，"若以商品运动里面的人类的要素，为学问上的基础，实在错了"。马克思不满意于这种主义只是照原样重复陈述。"他更进一步，把这个思想推到彻底的结论，而解决了有产者古典派的经济学者所不能解答的一切疑问"。他说明了价值怎样由人类的劳动创造出来，价值怎样转移到由各种生产要素所造成的物品上，价值怎样为流通内的竞争所变更，以为商品价格由各人随意决定的人，怎样不能抵御价值法则的势力，无意识地被资本主义生产和流通的机械运动支配而反逆自己的意志。"换句话说，就是发见资本制度底不能制御，并且差不多还没有理解的法则底机械的作用，怎样使以自由创造者自任的人们，反其意志和愿望而行动"。马克思"答复了这些疑问，而打开了通到资本主义经济底神圣深奥处的秘密门户"。马克思说，资本主义经济使构成社会财富的一切要素，都深刻地带着商品的性质。"换句话说，就是都带着以卖为第一目的，以使用为附随目的而制造的物品的性质"。资本主义就这样，强施一切来到它的势力之下。

"资本主义市场里面的最重要的商品，就是工钱劳动者底劳动力"。就是除去卖力和身体给某个主人而得到一定的预约钱以外，没有什么生活方法的人们的脑力或筋力。"劳动者卖给资本家的，不是劳动，乃是附着在他底肉体上的商品——劳动力"。劳动者的身体，实在是他所有的唯一可买卖的商品的"贮槽"。这个商品即劳动力，被资本家以消费为目的而买来，就像买别的一切商品一样，以它的市价来买，再以自己的利益为目的，消费这个劳动力的活动。别的一切商品，被消费时是受动的，或是个人的消费，消费完了就丧失它的存在，或是生产的消费，它的价值转移到生产物里面。"但是劳动力有一种性质和别的一切商品不同"：劳动力被资本家生产消费时，不单生产别的商品，同时再生产它自己。它的生产物的一部分交给资本家，拿到市场去卖，所得的货币用来再买新原料、机械和劳动力，以及资本家个人的用费；至于用来买劳动力的部分，当作工银交给劳动者，用来保存劳动者的劳动力和再生产他的劳动力。马克思早期的经济学著作如《哲学的贫困》《雇佣劳动与资本》《价值、价格和利润》，没有把劳动和劳动力区别开来；和古典派经济学者的著述一样，"劳动"一词有两重意思，既当作劳动力用，又当作应用劳动力的过程用。"然而在《资本论》里面，就把这个区别很弄得明白，并且这个区别为剩余价值学说底基础"。

资本家的工场里，自然物体的原料、补助原料和机械，"自然"创造出富，但是不创造交换价值。它们的交换价值，乃是自然产出或制造它们时所费的劳动。"这一切交换价值，都构成资本家底'不变资本'"。它们既不能生产商品，又不能再生产它们自己，不能创造什么新价值。它们在工银劳动者以他的劳动力接触它们之前，是不生产的，不活泼的，所以要得到这个劳动力的使用权，资本家非给劳动者一定的工银不可。当作工银支出的货币，代表劳动力的价值，换句话说，代表资本主义某个时期的一般状况下，维持劳动者的劳动力和再生产这个劳动力所必要的必需品的费用。代表资本主义生产力的，只是劳动者的劳动力，只有劳动力才能保存原料、补助原料和机械的价值。"只有劳动力，才能创造新价值。只有劳动力，才能增加资本主义的社会里面的交换价值。所以马克斯把投于劳动力的货币，叫做资本家底'可变资本'"。劳动者把他的劳动力应用到原料和补助原料上面，操纵和运转机械组织。这个时间内消耗机械实体的一部分价值，转移到生产物上面；同样，原料和补助材料的价值，根据被使用的程度，全部转移到生产物上面。这样，"不变资本底价值，照着机械消耗的多少，和原料用尽的程度，再现到完成品内"。这个分量的价值，是劳动者没有接触生产诸要素之前，已存的价值，现在不过变了形态罢了。但是资本家不满足于单是再生产不变资本的价值，他们之所以购买劳动力，是想由此获得新价值以增加资本。"这个新价值，是由劳动者在劳动行程中所创造的"。这种在不变资本的价值和可变资本的价值里都不存在的某种新东西，就是剩余价值。

现在有趣味的问题，究竟哪一种类的劳动可以作为量定价值的一般标准，又怎样来量定。不同的劳动怎样才能以交换价值的创造者的资格，互相比较？对此，马克思也比古典派经济学者进了一步。为了自己消费而购买商品的有用物质本身，对于形成交换价值是没有用的。用于生产而消费并且创造交换价值的劳动，"须看做单纯的人类劳动，和种种职业里面劳动所取的特殊形态完全不同"。"只有单纯的人类劳动（离开特殊的目的而看的当做人类活动的劳动），才是量定一切交换价值的标准"。"创造交换价值的一切劳动，是以同一劳动来量定的；这个同一劳动，就是当做离开特殊专门的形态的单纯人类活动而看的劳动"。比较复杂劳动或熟练劳动与单纯劳动，把双方约成同一分母，生产交换价值的社会劳动的共通分母，就是单纯的人类劳动。如 3 小时的单纯人类劳动，相当于 1 小时的复杂劳动。以单纯劳动的使用时间来表示生产物的价值，如做一双靴子用 3 小时，3 小时就是一双靴子的价值，若用 6 小时，它的交换价值就是 6 小时。这不是说最慢而懒的人比最快而勤的人受益，社会的见地，"人类劳动的时间之中，只有和使用当时一般通行的生产要具和生产方法，来完成一定的商品所需要的平均时间相等的一部分，才为可以买卖的交换价值"。如用一般通行的方法，1 小时做一双靴子，落伍的方法要用 3 小时才做出，其交换价值仍是 1 小时。"这就是说决定交换价值的，不是个人底劳动，乃是完成一定的商品，社会的所必要的平均时间"。资本家以为只有货币才是价值的真正尺度。他们不知道，作为铸币原料的贵金属的价值，也是由生产这些金属所必要的劳动量来决定的。铸币虽然由法律独断的决定，但上述法则还在货币上起作用，决定铸币里含有多少金属，便可以代表多少价值。

价值的"一般法则"是，劳动的生产力若增加，这个劳动在一定时间内所生产的商品，随着体现较少的劳动。生产商品多了，每个商品就代表比较少的价值。因为"同一分量的劳动，要撒布于比较多些的商品上面"。这样的一般价值法则，"可以适用于一切商品"。资本主义社会里面，虽然反对这个法则的欺瞒和倾覆十分活跃，但上述法则仍在发生效力。理解了这个事实，一切为有产阶级烦恼的贤人的困难问题，也可以由此追溯其根源而解决了。在人类没有充分理解产业过程的运动，没有除掉对产业过程的最强竞争者的统御的无组织，没有完全统御产业过程的运动的时期，"价值底法则，无论何时都是被隐蔽着的神秘底力，产业过程里面所有的一切资本家的要素，都不过是无意识的被强制者来遵奉这个法则罢了"。违背这个法则，就要被排出产业过程之外，承当刑罚。许多要素和这个法则相关，有密接的关系，互为原因，互为结果而互相作用着。"于是误解及误说这个相互作用的，就在有产阶级底眼内，似乎像是神秘。他们对于这个，不加以甚么明白的说明，不过只以暧昧的话来记述罢了"。可以看到有产者的思想家在科学说明经济问题的题目下，提出某种专门说明是怎样的似乎有理，怎样的浅薄。"我们要聪明的议论这些问题，须预先理解马克斯底剩余价值说。剩余价值底学说，是不能和价值学说分离的一部"。①

---

① 以上引文均见周佛海译《马克斯经济学原理》，商务印书馆 1923 年版，第 198—214 页。

以上讲述，实际上介绍马克思的劳动价值学说，主要观点没有超出《资本论》第一卷前 6 章的范围，可是文中未曾直接引用马克思的任何原话，都是用讲述者自己的语言来表述。总体说来，这些讲述比较符合马克思的原意而没有偏离，但显然不及《资本论》原著的逻辑严密、内涵丰富、论证深入和表达准确。看来讲述者想以通俗易懂的形式来说明深奥抽象的道理，其效果因取舍选择的限制，可谓得失参半。加上翻译的缺陷，尽管对其译文重新梳理，纠正若干偏误，省略一些枝蔓，仍能看出它用词上的失当和表述上的冗赘，以致将简明通俗解说的本意，反而弄得晦涩不清了。此外，这个讲述里，还可以看到作者贯穿始终的一个线索，说明在价值学说或劳动价值学说方面，马克思不同于资产阶级经济学者的差别所在。不仅指出在理论的科学性上，马克思将古典经济学所提出的劳动价值论贯彻到底，解决了他们不曾或不能解决的理论难题，建立起科学的劳动价值学说；还在理论的阶级性上，一再强调"有产者的古典派经济学者"或"有产者的思想家"，出于维护资本家阶级或资本主义制度的动机，总是有意无意地用经济学理论去蒙蔽事实和欺瞒民众，马克思彻底的劳动价值论，正是揭穿这一真相。基于这个意图，讲述者的思路，也就不能完全契合《资本论》本来的逻辑线索。

再看第 15 章马克思的剩余价值学说：

上古的物物交易社会，不消说，没有生产什么剩余价值。那时的交易，也有通过欺骗别人或乘人之危来取得比自己的物品等量更多的物品，但是双方生产的物品总量，决不因为这样的交易而有一点增加，只不过分配物品的方法不同罢了。"所谓剩余价值，乃是在资本阶级全体底总生产物底用费以外，再在已存在的价值上面，加些新价值的意思"。古代的商人和财政家靠同样方式占有不正当的利益，蓄积财富，确是事实，但他们的交易一样不能增加社会财富的总额。这样的蓄积通过"蹂躏价值法则的方法"来实行，不能以价值法则来成就。"反之，在资本家的生产制度之下，价值是支配剩余价值底蓄积的"。问题是怎样说明资本"能够由价值法则底机械作用，而蓄积剩余价值"。一般而论，商品并不是完全照着它的劳动价值出卖，价值与价格常常不相符合。虽然这样，商品的价格离开它的价值这一现象，"不以价值法则是不能说明的"。

根据马克思的价值法则，劳动力是一定社会里面，"于再生产现在的价值以外，还有力量生产过分的价值的唯一商品"。劳动者除掉他的劳动力以外，没有什么可卖的东西；这个劳动力除掉生产要具的所有者使他活动以外，也没有使用的途径。"所以劳动者自己是不能消费自己底劳动力的"，只有请雇佣他的资本家来消费他的劳动力。他非以社会的平均价值把自己的劳动力卖给资本家不可，也就是非以维持这个劳动力和再生产这个劳动力所必要的生活必需品的价值把他的劳动力卖给资本家不可。决定这些生活必需品的价值，也是生产它们所使用的劳动，以及生产它们的生产部门所必需的机械和原料所使用的劳动的普通一般的生产力的程度。也就是说，"生产日常生活必需品所使用的劳动者底劳动力底价值，是决定其余一切劳动者底劳动力底价值"。但这决不是说，"劳动力"的价值，常和现在正在生产价值的活动"劳动"的价值一致，决不能照这个意思来解释。不同国家的劳动者，不在同一生活状态下，生活的标准，因国而异。但资本主义的生产具有国际性质，"所以有着使各国底劳动者互相竞争，因之使生活标准务必平均的倾向"。在这样的状况下，资本家购买被雇者的劳动力，让他在自己的工场里工作；资本家要想出卖他的生产物的交换价值以实现利润，就要使这个劳动力造出有用的物品。

假定支持一天劳动者的劳动力并再生产第二天的劳动力所必要的生活必需品的价值，是社会所必要的 6 小时平均劳动，又假定 6 小时劳动的货币价值及价格为 3 元，那么，劳动 1 小时就是 5 角。譬如资本家制造棉线，须买机械，在竞争市场上买原料即棉，让被雇者使用机械和棉劳动，纺棉为线。假设 1 磅棉可以纺 1 磅线，纺 2 磅棉线须 1 小时，1 个纺锤可以做 100 磅线，用 50 小时；再假设棉 5 磅（应为 100 磅——引者注）为 5 元，相当于 10 小时社会所必要的平均劳动，因此，1 磅棉 5 分银，相当于 6 分钟社会所必要的平均劳动；又假设 1 个纺锤 10 元银，相当于 20 小时社会所必要的平均劳动，1 个纺锤使用 50 小时，1 小时消耗 1/50，也就是 2 角。据此，6 小时可以纺 12 磅线，其价值由纺锤消耗的部分价值 1 元 2 角，使用棉的价值 6 角，以及纺棉线的劳动者工银 3 元构成。消耗了的纺锤和棉的价值，在线纺成之前已经存在，现在转移到棉线里面。和纺织工的工银相当的 6 小时劳动的价值（或资本家的可变价值），在劳动过程中新加进来体现在棉线里。所以 12 磅线的价值总额 4 元 8 角，这是资本家生产 12 磅线必须拿出来的钱款。线制成之前，劳动者得不到 3 元工银，"劳动者是把他所应得的工银，先借给资本家的"。现在，资本家手上的棉线价值，比以前以纺锤、棉和劳动力等形式存在的时候一点也没有增多，资本家得不到红利，也就是得不到由剩余价值而来的红利。

然而资本家的工场里面，劳动时间不是 6 小时，是 12 小时。纺织工在增加的 6 小时内，再纺 12 磅棉为 12 磅线，再消耗纺锤 1 元 2 角，最后生产出 24 磅线。其价值，由消耗纺锤的 2 元 4 角，棉 1 元 2 角，以及和社会所必要的平均劳动 12 小时相当的 6 元构成，总额 9 元 6 角。这时资本家的花费，包括棉、纺锤消耗，加上给纺织工的 3 元工银，只有 6 元 6 角。劳动者无报酬的工作 6 小时，资本家收得 3 元剩余价值（6 小时剩余劳动的价值）。另外资本家在卖出棉线之前，手上还有欠纺织工的工银 3 元。资本家常说，他们给了劳动者工作，假使不雇用他们，剥削他们，他们就要饿死，假使劳动者不承认这一点，资本家就要大怒。我们不否认有些资本家自己也做工这一事实，在这个范围内，他们是他们自己的剩余价值的生产者。但是，"只要他们是使用着工银劳动者底劳动，同时他们也就是资本家，是收得他们底被雇者底无报酬的剩余劳动的"。每个商品所含剩余价值的分量，随着劳动生产力的增加而减少。

劳动生产力决不是全体生产界一律增加的。所以区别旧来的价值（机械和原料的价值）转移进生产物，和由劳动过程创造新价值二者，是很重要的。"旧价值和新价值，都是移转向生产物里面，或者是在生产物里面体现的。然而旧来的价值，单是从机械和原料里面移转到完成品里面去的，而新的价值（可变资本和剩余价值），移转的同时，还有创造过程在别方面进行"。劳动生产力在产出原料和机械的生产领域增加，或在制造完成品的领域增加，又或在产出和劳动者工银相等的生活必需品领域增加，增加的领域不同，生产物的价值也因之而异。设若生产力只在制造原料和机械的领域增加，在制造完成品和生活必需品的领域不增加，那么，一定时间内制出棉线的分量，虽然和平常一样，但转移到完成品（棉线）里的不变资本就比平常要少些。生产物总体的价值虽减少，设若剩余劳动的时间不变，生产物总体所含的剩余价值分量，还是和平常一样。劳动生产力若只在制造棉线的领域增加，机械、原料和生活必需品的部门照常，那么，同一时间转移到生产物里去的不变资本，会比从前多些；因为同一时间要比从前多用些棉，多耗些纺锤，生产物的总额比以前要多些价值。但是设若必须劳动时间和剩余劳动时间照常，就可以新生产出和从前一样多的可变资本和剩余价值。"因为必须劳动和剩余劳动之间的比例若不变，可变资本和剩余价值的额，也决不变的"。这是假定社会所必需的平均劳动 1 小时的价值（前例 5 角钱），即劳动力的价值变化还是不变化；假设劳动的价值和劳动力的价值下落成比例，或必须劳动和剩余劳动之间的比例不因价值上的变化而变化，剩余价值的生产也不会增加。现在不考究因劳动力的价值变化，再生产劳动力所必要的必须劳动的价值也

1920-1929 从民国著作看马克思主义经济学的传播

变化，生产某商品的社会必要的平均劳动的价值依然不变的理由。在此只需说明马克思是在上述假定下演进他的剩余价值学说，至于详细的考究，不得不求之于马克思的著述。

照前面的假定，劳动（社会所必要的平均劳动）有5角钱的价值，又假设生产生活必需品的部门，和生产这个生活必需品的部门所必要的机械和原料的部门，劳动生产力增加了2倍。"若依马克斯底价值学说，这个时候生活必需品底价值，就要低落一半。因为同一时间内，可以生产出两倍的商品"。这个状态若永久继续下去，或继续向同一方面进行，一般劳动力的价值就要跟着生活必需品的价值一样低落。也就是再生产制造棉线的劳动者的劳动力，原来是价值3元的生活必需品，即社会所必要的平均劳动6小时，现在购买同一分量的生活必需品，只要1元5角就可以了，相当于社会所必要的平均劳动3小时。生产可变资本（工银）只要3小时的必须劳动，于是原来6小时剩余劳动，现在变成9小时，原来3元剩余价值，现在变成4元5角，生产物（24磅棉线）的价值总额，还是一样（假定别的部门的劳动生产力和以前无异），即纺锤消耗2元4角，棉1元2角，必须劳动1元5角，剩余劳动4元5角，价值总额9元6角，其中资本家出钱5元。反之，设若社会所必要的平均劳动的价值，按照和劳动力的价值一样的比例低落，整个生产界都低落下去，其结果，劳动力的价值减少了一半，从3元减到1元5角，劳动的价值也要减少一半，从5角减到2角5分。于是生产物的价值，纺锤消耗1元2角，棉6角，必须劳动6小时1元5角，剩余劳动6小时1元5角，价值总额4元8角，其中剩余价值1元5角。照这样，一切价格（或价值）在全社会都要低落一半。这个影响的结果，资本家所收的剩余价值大概会没有变化，因为一切价值现在都减了一半。"所以马克斯底剩余价值说，必然的，理论的，是立在下述的假设之上的。就是假设种种部门内社会的所必要的平均劳动底价值，不是随着生产必需品底部门（以及供给机械和原料与这个部门的部门）内的生产力底变化而生的劳动力价值底变动，同时变动的"。

《资本论》第一卷第12章（应为第10章）说："要使劳动力底价值低落，劳动的生产力，就不可不在像他底生产物是决定劳动力底价值的这样产业部门里面——因之，他底生产物，是属于习惯上的生活必需品底部类的产业部门，或供给其代用品的产业部门——增加起来。但是商品底价值，不单是由劳动者直接赋与他的劳动底分量而决定，同时又是由生产机关内所含的劳动而决定的。譬如靴子底价值，不单是由皮匠底劳动而决定，同时又由皮、蜡、线以及别的东西底价值而决定。所以劳动力底价值底低落，是由供给构成生产生活必需品所必要的不变资本底物质的要素（劳动器具和原料）的产业，所起的劳动生产力底增加，及和这个相照应的商品底低落，而生的。但是既不供给生活必需品，又不供给这些必需品底生产机关的产业部门内，所起的劳动生产力底增加，是不给甚么影响与劳动力底价值的。"①

增加剩余劳动，减少必须劳动的另一方法，就是增加榨取劳动的强度。"所谓增加强度，就是在同一时间，或更短的时间内行更多的劳动以创造更多的价值，因之，又在更短的时间内生产可变资本，不延长劳动时间而生产较多的剩余价值的意思"。劳动生产力的增加，是在同一时间或更短时间内，产出较少的价值和较多的生产物。但是劳动强度的增加，乃是增加生产物的价值。于是生出下述情形："在资本主义之下，劳动力最重要的活动，不是在移转生产底不变的要素（不变资本）底价值，到完成品去，乃是在创造新价值（可变资本和剩余价值）。又只有变更劳动力底价值，同时又变更必须劳动和剩余劳动的比例的这样劳动生产力底变化，才很能给直接的影响与剩余价值底生产"。除掉变更生活必需品的价值，没有变更劳动的价值的方法。又变更必须劳动和剩余劳动之间的比例，只有两种方法，把劳动日延长到平均以上，以增加剩余劳动时间，或劳动日照原样不变，比较剩余劳动，减少必须劳动。"把劳动日延长到平均的长度以上，而产出的剩余价值，马克斯叫做'绝对的剩余价值'；在平均劳动日底限度以内，而增加剩余劳动所产出的剩余价值，——由必须劳动底相对的减少所产出的剩余价值，叫做'相对的剩余价值'。相对的剩余价值底生产，乃是工业资本主义之下，增加资本家底利润的代表的方法"。②

以上讲述马克思的剩余价值学说，基本上限于《资本论》第一卷绝对剩余价值的生产和相对剩余价值的生产两篇的范围。由于翻译原因或手民之误，译本里出现两个明显差错，一是在概念上，把"劳动"价值混同于"劳动力"价值。其实译本在前面已经说明，《资本论》改正了此前有关劳动价值的说法，这里又出现这样的混同，可见译者对马克思经济学说中关键概念的认识，并不敏锐和严谨。另一是举例数字上，存在前后矛盾之处，这或许可以归咎于排字印刷的问题。除此之

①　其今译文见《资本论》第一卷，人民出版社 2004 年版，第 366—367 页。
②　以上引文除另注外，均见周佛海译《马克斯经济学原理》，商务印书馆 1923 年版，第 214—232 页。

外，就像介绍马克思的价值学说一样，这里介绍马克思的剩余价值学说，也是抛开《资本论》的严密论述和例证分析，采用另一套似乎更通俗的表述方式与计算数字。试图在前述劳动价值论的基础上，把握《资本论》论述剩余价值理论的若干要点。诸如在资本主义生产制度下说明剩余价值，只能遵循而不是破坏价值规律；根据马克思的价值规律，劳动力是唯一可以再生产某个特定社会的现有价值和额外价值的商品；劳动者只能屈从于资本家的雇佣，因为劳动者除了自己的劳动力以外，别无其他东西可以出售，也因为他除了为生产工具的所有者工作以外，无法以任何其他形式使用自己的劳动力；劳动者出卖劳动力的社会平均价值，也就是为了保持和再生产劳动力而维持劳动者生命所必需的生活资料的价值；不同国家的劳动者所生存的条件不一样，生活标准也有差异，但资本主义生产的国际发展趋势，通过各国劳动者的相互竞争而逐渐统一他们的生活标准；资本家的利润在没有破坏规律的情况下，必须来自生产者增加到原有价值上的劳动所产生的新价值，这就是无偿占有工人在完成了等同于其劳动力价值的必要劳动之后，继续从事剩余劳动的价值；劳动生产率的提高，每件商品所包含的剩余劳动从而剩余价值会减少，而且劳动生产率从来不会同时以相同的比例在所有的生产领域提高；如果生活必需品生产部门以及为之生产机器和原料部门的劳动生产率持续其增长趋势，劳动力的价值总体上会跟着生活必需品价值的减少而减少；如果平均社会必要劳动的价值随着劳动力价值的减少而在所有部门都相应减少，资本家所得的剩余价值还是保持不变，因为所有价值都减少了；资本主义制度下，劳动力最重要的活动不是将生产中不变要素的价值转化到制成品中，而是创造新价值即可变资本与剩余价值，并且只有劳动生产率的变化才能直接影响剩余价值的产生，这些变化在改变劳动力价值的同时，也在改变必要劳动与剩余劳动的比例；限定平均工作日，通过延长工作日时间而产生的剩余价值叫作绝对剩余价值，通过增加剩余劳动时间即相对减少必要劳动时间而产生的剩余价值，叫作相对剩余价值，后者是产业资本主义条件下，增加资本家利润的典型方法；等等。这些要点，固然有助于了解剩余价值理论，但并非全面和深透。有的地方没有讲清楚，有的地方只是点题而需要回到《资本论》原著的阐述，有的地方还留下一些疑问；至于引用《资本论》原文那一段话，也不是选择剩余价值理论的代表性论断，而是用于佐证作者自己的解说。于此可见，译本尝试换一种表达方式来讲解剩余价值理论，虽不乏可取之处，仍存在局限性。

### （四）结语

经过梳理和解读，再看译者称誉译本的三个特长或特色，可以有更深入的理解。这里暂且把译者逐句翻译，又颠倒原句先后以求容易理解，反而造成许多地方不容易理解的问题，放在一边不论。这三个特长或特色，其实也是译者以自己的语言，概括作者"前言"的论述①。主要是第一个特色，本书包括了《资本论》三卷的整个马克思经济学说体系。从"前言"看，作者说的是 1894 年 10 月以来，由于《资本论》第三卷的出版，完成了马克思经济理论的完整体系。此时第一和第二卷的内容"已经被成千上万的人所接受"，"特别是第一卷关于工薪劳动者和资本家之间的关系的论述，早已成为'工人阶级的圣经'"，"不仅在欧洲，而且在全世界，已成为工薪劳动者的经济学标准教科书"。然而第三卷在欧洲出版时，官方政治经济的发言人依然试图"轻浮的反驳"。"《资本论》第三卷对资产阶级的经济学家来说已经成为真正的妖怪"：它没有问世前，有人认为第三卷根本不存在，不过是马克思的一个托辞；当它真的出现时，又有人说第三卷完全否定了第一卷和第二卷所提出的理论。但马克思的一些学生明确说，"马克思关于价值和剩余价值的理论始终如一贯穿于所有三卷中"。仔细研究就会发现，"这三卷书的逻辑一致性和有机的相互关系变得非常清晰可见"。"马克思确实在第三卷里修改了他的理论。但他没有放弃它们。他的修改只是把他的论证从第一卷和第二卷中假定的理想条件过渡到更加接近资本主义工商业的真实条件"。这些论述，让我们明白，作者撰写这本书，主要意图是要说明《资本论》三卷本的逻辑一致性和有机相互关系；由此也能理解，为什么书中一直把矛头对准资产阶级经济学者，经常强调假设条件不变或变化情况下的不同分析要素。应该说，这是此书值得称道的地方，在译本里也有清晰的体现。换言之，此书的特长或特色，在于阐明三卷本的逻辑一致性和有机理论联系，而不止在于覆盖三卷本的全面介绍。对此，译者的理解有些偏差，所以才会简单强调它的特长是从考茨基对《资本论》第一卷的解释，延展到对所有三卷本的解释。现在的今译本又给这本书加上一个令人瞠目的主标题："一天就能读完的《资本论》"，更加渲染了这种偏差。

关于第二、第三个特色，作者在"前言"中说，"本书的介绍形式是作者自己

① 以下引文凡出自此"前言"者，均见《一天就能读完的〈资本论〉：马克思主义经济学》，中国轻工业出版社 2010 年版，"前言"。

1920—1929 从民国著作看马克思主义经济学的传播

的，但经济理论是马克思的"；"介绍的方法是历史唯物主义的"，并用约瑟夫·狄慈根①的辩证法补充了马克思的基本观点；"总之，这本小书只是介绍了马克思主义经济学的分析结论，便于读者简捷了解马克思的《资本论》，而不是对这些分析本身的缩写。谁如果希望找到这里提到的不同立场的详细证据，都必须去读马克思的原著"。可见，作者强调的是自己的介绍形式所包含的内容，都是马克思的经济理论；译者强调的是这个形式本身，作者以自己的语言来说明马克思的理论，不只是照原样来引用马克思的原话，也不只是按马克思的原文来加以解释。二者在形式与内容的着重点上，存在着差异，此其一。其二，作者在介绍的形式后，说明介绍的方法，运用马克思的历史唯物主义并补充狄慈根的辩证法，意谓其内容仍然以马克思的理论为主；译者所说的全书2/3篇幅注重历史的叙述，似乎是说作者独立应用马克思的唯物史观，另行展现一部资本制度的发达史。其实，查看译本里大量有关历史的叙述，虽然不时批评资产阶级学者的观点或引用其他马克思主义者的论述，其主体部分仍是马克思的理论（包括恩格斯的理论），也就是把马克思和恩格斯在《资本论》和《家庭、私有制和国家的起源》等著作里的相关理论，按照作者自己介绍的形式加以编排梳理。或者说，在应用历史唯物主义的方法上，同样介绍的形式是作者自己的，但介绍的内容是马克思的。在这一点上，译者与作者的说法，也是有差异的。至于说补充狄慈根的辩证法，可以看到这位杰出的工人哲学家和辩证唯物主义哲学家在美国马克思主义研究者中的影响。其三，作者"前言"中的总结，再次纠正了译者把此书简单看作扩展解释《资本论》三卷本的偏差说法，更不是什么"一天就能读完的《资本论》"！按照作者的本意，这本"小书"不是要缩写马克思主义经济学的分析本身，而是通过介绍其分析结论，为读者了解《资本论》提供一条简捷的入门途径，任何人要想真正掌握《资本论》，"都必须去读马克思的原著"。在这里，可以有简捷的引导和通俗的解说，却容不得任何怯懦、彷徨和投机取巧。

---

① 约瑟夫·狄慈根（Joseph Dietzgen，1828—1888），生于德国布兰肯堡一个制革匠家庭，中学二年级辍学在家劳动和自学；1848年革命期间热情宣传革命，曾侨居美国、俄国，1869年初回到德国，积极参加社会民主党的革命活动，坚持钻研哲学；1884年移居美国，曾任《社会主义者》、芝加哥《工人报》编辑，直至去世。他在费尔巴哈学说的影响下转到唯物主义和无神论的立场，后来在马克思、恩格斯的帮助下成长为辩证唯物主义哲学家，独立提出辩证唯物主义的若干原理，反对当时流行的新康德主义和庸俗唯物主义，捍卫和传播了马克思主义哲学，受到马克思、恩格斯和列宁的高度赞扬。

## 第二节 关于马克思学说的其他专著

此类专著比起前编的考察，仍然保持某些领域的研究热度，如唯物史观方面的著作，又拓展延伸到其他的领域，体现马克思主义经济学传播的新特点。兹举例如下。

### 一、《马克思主义和达尔文主义》译本

这个译本是体现传播新特点的一个例子，施存统①翻译，标明英国"班纳科支"或"派纳柯克"（Anton Pannekoek②）原著，上海商务印书馆1922年1月初版，列入新时代丛书。丛书的编辑缘起，有三层意思："普及新文化运动"，"为有志研究高深些学问的人们供给下手的途径"，"节省读书界的时间与经济"。其编辑人以姓氏繁体笔画为序，由李大钊、李季、李达、李汉俊、邵力子、沈玄庐、沈雁冰、周作人、周建人、周佛海、夏丏尊、陈望道、陈独秀、郑太朴、戴季陶组成。③ 这个编辑队伍，在当时的进步代表人士中可谓声名显赫，其中不少人是共产党人或积极宣传马克思主义与社会主义的人士。

译者1921年10月15日作于东京的序言说：此书由日本堺利彦译为日文，我是根据堺氏的译本重译的；"此书宗旨，在于阐明社会主义和进化论的关系，页数虽少，而内容却很充实，读了这本书，可以明白社会主义底大要"④。这个说明，

---

① 施存统（1898—1970，一说生于1899年），浙江金华人，又名复亮、伏量；1917年考取浙江省立第一师范学校，1919年因发表《非孝》一文，被迫离校；1920年在上海加入共产主义小组，参与成立马克思主义研究会，中国共产党最早的党员之一；赴日本学习和养病，参与组建东京共产主义小组；1921年12月因与日本共产党员联系被捕，翌年1月被驱逐出境；同年当选中国社会主义青年团中央第一任书记，因病辞职；1923年任教上海大学，1926年先后在中山大学、黄埔军校、广州农民运动讲习所讲课，1927年任武昌中央军事政治学校教官、政治部主任；大革命失败后脱离中国共产党，抗战期间为文化界救国会领导人之一，参加组织民主建国会；新中国成立后任劳动部副部长，民建副主委，全国政协和全国人大常委等。
② 此名今译安东尼·潘涅库克（1873—1960），荷兰和国际共产主义运动的活动家；1902年参加荷兰社会民主党，1907年参与创办《论坛报》，形成党内左翼的"论坛派"，1909年参加创建独立的荷兰社会民主党；一次大战期间，反对社会民主党右派的背叛行为，拥护列宁领导的俄国十月革命并在某些问题上持保留态度，1918年参与创建荷兰共产党，1920年反对共产国际的纲领，公开暴露同列宁和共产国际的严重分歧。
③ 派纳柯克著，施存统译《马克思主义和达尔文主义》，商务印书馆1922年版，"《新时代丛书》编辑缘起"。
④ 派纳柯克著，施存统译《马克思主义和达尔文主义》，商务印书馆1922年版，"译者序言"。

完全符合新时代丛书的编辑意图，并且突出了马克思的社会主义。

译本 10 章，分别是"达尔文主义""马克思主义""马克思主义和阶级斗争""达尔文主义和阶级斗争""达尔文主义和社会主义""自然法和社会学说""人类底社会性""器具·思想·言语""动物底器官和人类底器具""资本主义和社会主义"。何以将马克思主义与达尔文主义进行比较，第 1 章开头说，19 世纪后半期，"有两个最有势力支配人心的学者"，一个是达尔文，一个是马克思。两个人的学说，"把一般民众底人生观从根底上起了革命，成了伴着现代社会斗争的'精神斗争'底中心点"。二者在科学上的重要，"一样地在于使进化论发展"。其不同的只在于达尔文主义阐明了生物体的进化，马克思主义阐明了人类社会的进化。[1] 这是指明两个主义共同对进化论的发展所作出的贡献。接着各章的论述，比较二者异同，就马克思主义而言，重点阐述了不同于达尔文主义的人类社会进化的基本原理，即阶级斗争学说与唯物史观。最后一章，比较社会主义与资本主义：

有产阶级获得政权，设立资本家制度，第一件事就是破坏封建制度，把人民从一切封建的束缚中解放出来。各人都得实行自由竞争，是资本家制度的根本要素。无论何人的行动，不受地方的拘束，不蒙法律的限制，在资本家制度下是必要的，只有如此办，生产才能发挥十分的能力。"劳动者也不能不变成不受封建的束缚及同业组合底干涉，能够自由处理自身的人。只有做了这样的自由劳动者，他们才能够把其劳动力当做商品，卖给资本家。而资本家先生也只有发见这样的自由劳动者，才能使用他们。有产阶级之所以废弃一切旧习惯者，实在为此。有产阶级完全给人民自由了，但同时又使人民完全成为孤立无保护的人"。在这以前，人民决不是孤立的。那时他们属于一个地方团体，受某个君主或都市的保护。有产阶级破坏了这个义务，破坏了地方团体，废弃了封建的主从关系。"这样，劳动者解放这件事，同时又是劳动者失却一切躲藏处，失却别人保护底意思。各人除了依赖自己之外，再没办法。他已从一切束缚、一切保护中解放出来了，所以就不能不靠自己一个人同一切人们斗争了"。"由于这个理由，所以在资本制度下面，人类是很像猛兽界的。又实在由这个理由，绅士阀的达尔文主义者，才向孤立生活的动物里去求人类原型的。他们是被自己底经验导入这个理想的。只是他们把资本家制度看做万古不变的东西，是谬误的"。关于资本家的自由竞争制度和孤立生活的动物之间的

---

[1] 派纳柯克著，施存统译《马克思主义和达尔文主义》，商务印书馆 1922 年版，第 1 页。

关系，恩格斯曾经这样说：

"最后，近世的产业和世界市场底开始，已经使这个斗争普遍化了。而同时那空前的毒性，也附与这个斗争上面了。现在自然的或人工的生产条件底优秀，已经到了决定个个资本家，并全产业及全地方底生存或死灭了。要是一次颠覆了的人，就不客气地被排除了。这就是达尔文底个体的竞争主义，已经从自然界移转到人类社会里（带着更急激性）了。这是动物底生存状态，成为人间发达底最终期而出现的东西"①。

资本家的竞争制度里，是"什么"进行斗争呢？是"什么完全"决定其胜利呢？"第一是技术上的器具，就是机械。'斗争发生完全'这条原则，不用说，在这里也是适用的"。优良的机械踢掉恶劣的机械，灭亡单纯的器具，机械技术的长足进步，使生产力一层层地增大。"这就是达尔文主义对于人类社会的真正应用。只有一个特殊点，就是在资本家制度下面，有私有财产这东西，各个机械底背后，都各有人控制着"。大机械背后有大资本家，小机械背后有小资本家，小机械一败北，小资本家立刻做不成资本家了。同时，这个斗争又是资本的赛跑。"大资本定是优胜者。大资本越发变为大资本。这样的资本集中，变成了覆灭资本本身。因为要维持资本家制度的有产阶级减少了，要废止资本家制度的民众增加了。在这发展底趋势当中，资本家制度底一个特色，次第消灭。这就是在各人个个实行斗争的世界当中，发生劳动阶级底新结合（即阶级的团体）。这个劳动阶级底团结，第一废止劳动者间底竞争，其次合各别底力而成一大势力，最后同别的劳动阶级以外的世界对抗。从昔适用于一般社会团体的事情，在这自然发生的阶级团体里，也当然适用。即在这阶级团体底各员之间，社会性、道德心、牺牲、献身的精神，都非常发达。这个巩固的团结，给与劳动阶级以强大的力，到终就使彼征服了资本家阶级。这个阶级斗争，并非器具底斗争，是对于领有器具（即机械）的斗争，也就是对于'产业经营底权利'的斗争。而决定这斗争底胜败的，全靠那个阶级的团结底强弱如何。不过最后的胜利，总是属于劳动阶级"。

再考察将来实行社会主义制度下面的生产组织。到了那个时候，也没有理由停止完善器具的斗争。恶劣的机械被优良的机械排除这件事，同在资本家制度的时代是一样的。因为有这个过程，劳动的生产力渐渐增大这件事，也同从前是一样的。

---

① 恩格斯这段论述，引自《社会主义从空想到科学的发展》，其今译文见《马克思恩格斯选集》第 3 卷，人民出版社 1972 年版，第 431 页。

"只不过私有财产废止了，那机械底背后，已没有称为机械所有者而与机械同其命运的人了。机械都是共有财产，只要考虑一番，把那完全的机械去替代那不完全的机械就是了"。"一切阶级既然废除了，则文明世界底全部，就只成为一个大生产团体。而在这团体底内部，各员之间是没有斗争的，只是对团体以外的世界行斗争。在那个时候，已经没有人间同志底斗争，只是为着生活同自然界斗争了。但是随着技术进步，学问进步，那个斗争，恐怕也已经不该叫做斗争罢。那时自然界差不多完全服从人类，人类只要费了些少的劳力，就能得多丰富多大的供给。于是，人类底新事业，新进路，就展开了。什么人类从动物界里脱出来呀，什么人类使用器具以行生存竞争呀，这些话都已经成为过去的话了。人类历史底新章篇，就此开始了。努力呵！万国劳动阶级"。①

看了上述比较，能够明白译本实际上是运用唯物史观（尽管书中未出现这个用语），阐释达尔文主义和马克思主义，从而资本主义和社会主义的区别。认为二者都承认，生产工具的改善也就是生产力的发展是社会进化的动力因素，但达尔文主义的生存竞争观点，只是资本主义私有制下的产物。这一方面表现为让人民从封建制度的束缚下解放出来，变成不受任何拘束又得不到任何庇护的自由劳动者，他们为了在资本主义制度下生存和就业，不得不像动物界的竞争那样去孤立进行个人之间的斗争；另一方面表现为资本家之间的自由竞争，随着新式生产工具不断代替旧式生产工具的生产力发展，操纵新生产工具的大资本家相继淘汰缺乏实力的小资本家，减少有产阶级的数量和增加自由劳动者的数量，这个资本集中的过程，同样类似于动物界的生存竞争。书中引用恩格斯的那段论述，正是表明在资本主义社会里，达尔文的生存斗争被从自然界搬到社会中，并使动物的自然状态表现为人类发展的顶点；进而揭示社会化生产和资本主义占有之间的矛盾，表现为个别工厂中的生产的组织性和整个社会的生产的无政府状态之间的对立。这种生存竞争，最后促使劳动阶级壮大起来和团结起来，对抗并征服资本家阶级，赢得夺取产业经营权利的斗争。到那时，实行社会主义制度的生产组织，生产工具成为共有财产，废除一切阶级，当然还要继续进行完善生产工具的斗争，但那已是人类同自然界的斗争，或使自然界服从于人类，人类自身将从动物状态中脱离出来，不再通过生产工具的使用来进行生存斗争。这样阐释马克思主义经济学，当时属于比较新颖的观点，虽

① 以上引文除另注外，均见施存统译《马克思主义和达尔文主义》，商务印书馆 1922 年版，第 70—76 页。

然阐释这个观点的欧洲马克思主义研究著作，借助日本译者的眼光才得以寻到，而且连作者的国籍也弄错了。

## 二、《唯物史观浅释》

著者刘宜之，国光书店 1923 年 12 月第 3 版，1925 年 3 月第 4 版。初版时间不清楚，作者情况亦不详，只知 1922 年 11 月 20 日完成于日本东京，这是作者作序的时间和地点。书中 8 章，分别是"唯物论与唯心论""唯物史观""唯物史观底意义""巴苦儿底物质的历史观""《经济学批评》底序言""阶级争斗""马克思底《资本论》"和"结论"。国人撰写阐释马克思学说的著作，那个时期少见，此书以经济学说为主，且颇为流行，虽属"浅释"，亦值得评介。

### （一）作者序言

此序附论社会革命：

"人生在世上最难受的最可怕的最可痛的最难免的，敢说只有一个'穷'字再没有比这个利害的"！人类在世上做种种的活动，就是为生活问题。"但是有钱的大富翁们对于这个问题当然容易解决，却是那些穷人，即大多数的无产阶级（劳动者、兵士、农民和其他一切被支配被掠夺的人们）就很不容易解决了。所以要解决生活问题，就要先把'穷'字解决妥当。我们为甚么要主张社会主义呢？因为他带着解决这'穷'字的责任，没有了他，那生活问题，绝对没有解决的法子了。所以实行社会主义之日，即人人享有平等的生活资料之时。并且要知道，我们所以要解决生活问题，并不是把自己弄成一个大富翁满了自己底私欲就算了的，我们要解决的是全社会的生活问题，凡是穷人都要他们得到圆满的生活。不然那穷字依然要存在的"。我们怎样实行呢？"这也很容易，就是社会主义底鼻祖马克思已经是明明白白地告诉我们的'社会革命'。这社会革命就是要将从来的经济组织根本推翻，建立共产主义底社会。因为人类之所以有贫富底悬隔，就是由于经济的不平等，因此凡是政治上法律上和其他一切方面也跟着生出不平等来。有实行社会革命的能力和勇气的只有全世界被支配被剥夺的无产阶级，而且他们有不可不实行的必要。他们要起来组织一个革命的大团体，构成一个大政党，首先就要把有产阶级（即支配和剥夺的人类）打倒，夺取政权，把一切生产机关（工厂、资本、机械、交通机关和其他一切事业）归于无产阶级的国家管理，在这时候把生产大大地增加之后，社会革命底目的方可达到，方可实现共产的社会。由此可以知道：在实行社会革命之先，就有实行政治革命之必要了"。

详细的说明，马克思约在五六十年前就告诉我们了，"他把社会进化底法则说得句句切要，只要略看他底唯物史观和阶级战争底见地，就很明白了"。马克思改造社会的理论，"对于改造中国有不可不采用的必要，不然社会就不能根本变化，贫富仍然难免，如像治病要把病根除去或施以手术，方不至再发"。马克思说："某个社会组织里面底生产力若不十分发达，这社会决不会倒坏。"比方中国现在商工业不发达，就是生产力不发达的证据。马克思的意思是说："这社会组织底生产力不十分发达，就不会引起社会革命。"那么中国可以不必革命了。但是现在本国的资本家也渐渐发达了（"因为社会进化到资本主义底社会制度就是最后的一个变化，以后只有共产主义社会起而代之"），中国现在被国际资本主义压迫得了不得，4万万人差不多通通属于这两重压迫和剥夺的无产阶级，有了这个阶级的存在，社会革命是不能免的。"所以我们中国尤其要实行社会革命了。所以只有中国无产阶级组织起一个革命的政党来，把现在底军阀和国际资本主义打倒，夺取了政权，一方面大大地把本国底生产力增加，使人人不至饿饭，别方面同世界底无产阶级连络，使他们也革命（其实现在资本主义各国都在发生内乱了），因为这革命不是一国底事情，乃是全世界的问题，总之我们中国现在底生产力已经在发达的途中，可以实行革命，不必疑惑"。接着马克思说得明白："所以人们提出应解决的问题，精密地说起来，凡问题本身，必是可以解决这问题的物质的条件（即一切生产力十分发达与否）已经存在，或正在成长的时候，才会发生"。"所以中国现在可以提出问题来解决了"。

俄罗斯无产阶级革命的勇将托洛茨基在《俄国革命记》中说（因原译文较差，只取其大意——引者注）：无产阶级跟着资本主义的成长而成长，资本主义的发达，就是"向着独裁制进行的无产阶级"的发达；政治权力交到无产阶级的手里，并不是直接决定于资本主义经济力的发达程度，而是决定于"阶级战争底关系、国际的地位，或种种主观的要素"；所以无产阶级在资本主义发达程度比较不及的后进国，比起在充分发达的资本主义国家，早早占据政治上的优势地位；以为无产阶级的执政，自动依存于一国的技术和生产资源，"简直是想用极幼稚的想法来理解唯物史观"，"这样的想法本来同马克思主义没有甚么关系"。看了这种话，一目了然。"有些人以为样样都要照着马克思底话去做，假若国情不同，将如之何呢"？马克思自己也说过："劳动者们要树立劳动底新组织，总有个时辰不可不掌握政权。……但是我们并不是主张达到这个目的的径路到处是同一的。我们知道不可不顾着种种地方底制度习惯和惯例。"据此，"又可以就中国底制度、习惯和惯例实行革命了"。

一些人见了革命二字，不免生出恐怖心来。其实只要能达到目的，不拘是暴力的革命或平和的革命，也不外依国家的情形而定。马克思研究以前的斗争方法，觉得"自一八四八年代底方法已经陈腐不堪"，于是说，"有产者和政府最恐怕的，与其说他是对于劳动者底不法行动和叛逆底效果，宁可说是对于合法的行动和选举的效果"；"于是斗争底条件本质的变更了。那旧式底叛逆，防塞底市街战……明明归于陈腐了"。这就是说，无产阶级可以用合法的普通选举和议会政治实行革命。他说："……'革命家''破坏家'的我们，与其依据不法的手段，不如用合法的手段还要容易成长"。① 应该了解，这里所说的普通选举，是无产阶级选出委员来执政的意思，议会政治就是要这些委员或全体无产阶级有时到议会去破坏一切，"切不可和有产阶级底委员妥协"。以我个人的意见，"觉得太固执着合法的行动，有时也不免不方便，所以能够见机行事，不管合法与非法应得一起并用，或者效力更大"。

"总之社会主义在现在只有马克思主义，即主张唯物史观和阶级战争，也即是科学的社会主义（马氏以前底是空想的）"。他改造社会的主张和理论，为其他号称社会主义和带着高尚理想的主义所不及，后者不是空虚的，就是延长社会苦痛的。况且社会发达到一定的资本主义程度，就必然倒坏，任凭讲什么主义，也不过维持一时，"决不能抵抗那必然的社会革命"。有位无产阶级哲学者说："将来底社会是包在现在底社会的，犹如卵里面的小雀一样"。所以共产主义社会必然要从现在的社会生出来。"被两重压力所支配的和剥夺的中国无产阶级结合起来"，"须要联合起世界无产阶级一致革命"！唯物史观和阶级战争的重要学说，输入中国也有一些年月了。"不过我觉得完全翻译外国人底著书，有的理论难解而且复杂，有的是依著者底国情，他底说明也不免要就他底国情说话"。我不敢自作聪明，但觉得介绍学说重要，所以参照几本外国人的著作，著了这本书，"本意是想离开深奥的理论而注重在简单的说明"。②

---

① 这些引文，据说抄录马克思的《法兰西革命》，其实引自恩格斯的《卡·马克思"1848年至1850年的法兰西阶级斗争"一书导言》。原译文拆分开来，来回颠倒，不好理解，其今译文的顺序，可见《马克思恩格斯全集》第22卷，人民出版社1965年版，第603、610页。

② 以上引文除另注外，均见刘宜之著《唯物史观浅释》，国光书店1925年版，"序（附论社会革命）"。

这篇序言论述社会革命，同共产党人的观点基本一致，都是信仰马克思主义并论证运用马克思主义来指导中国革命的必要性与可能性。又为这个论证，增添或调整了若干论据。其一，唯物史观方面，如何解释任何社会形态在它们所能容纳的全部生产力发挥出来以前决不会灭亡这一论断，与生产力不发达的中国实行社会革命之间的关系。对此，除了主张中国的本土资本家逐渐发展起来，以及中国人民整体受到国际资本主义的压迫，从而具备了组织无产阶级政党来打倒国内军阀和国际资本主义的社会革命条件之外，还补充两个理由。一是从马克思的唯物史观公式本身看，社会组织的生产力不十分发达就不会引起社会革命的意思，不是说中国可以不必革命。因为公式又说，人类始终只提出自己能够解决的任务，而任务本身只有在解决它的物质条件已经存在或者"至少是在形成过程中"的时候，才会产生。依照后一说法，中国的物质条件即生产力发达同样在形成过程中，所以应当并且可以提出社会革命的任务而不必疑惑。这样就在理论上避免了使中国革命的命题同唯物史观的内涵产生矛盾。二是根据托洛茨基对俄国革命成功的经验总结，虽然资本主义的发展是无产阶级成长和实行无产阶级专政的前提条件，但无产阶级夺取政权并不是直接取决于资本主义经济的发展程度，而是取决于阶级斗争形势、在国际环境中的地位及其他各种主观要素；无产阶级在资本主义发展程度不高的后进国家，比起在资本主义充分发达的先进国家，更具有政治上的优势。这样利用俄国社会革命的实践经验，说明不能简单幼稚地理解唯物史观，又结合马克思的教导，劳动者要根据不同的国情、按照不同的路径来达到掌握政权的目的，以此反驳教条式否定中国革命的论点，强化了共产党人用马克思主义来指导中国革命的主张。

其二，阶级斗争方面，引用恩格斯 1895 年为马克思的《1848 年至 1850 年的法兰西阶级斗争》一书所写的导言，说明 1848 年以前旧式起义所实行的筑垒巷战的斗争方法大都已经陈旧了，现在采用合法手段要比采用不合法手段获得更多的成就；这种合法手段为普选制和议会政治，也就是无产阶级为了革命的目的，不论采用暴力手段或和平手段，只需依照本国国情而定。这种说法，对比当时共产党人坚持阶级斗争、暴力革命、无产阶级专政乃至通向共产主义的每个步骤都必须通过革命而非改良才能成功的观点，有了明显变化。而且拿来恩格斯去世前夕的这篇导言作为理论依据，在当时国内著述中十分少见，应该是作者留学日本时从日本或西方学者那里获得的思想资源。作者拿来国内共产党人不曾提到的恩格斯晚年的论述，一面用于消除一些人对革命的恐怖心，一面解释所谓合法手段，仍是指无产阶级通过普选的方法来执政，通过议会政治来达到破坏资本主义制度的目的，决不是同资产阶级议员妥协。这个解释的本意，没有偏离共产党人的基本宗旨，作者还特意强调不能固执于合法的行动而束缚自己的手脚，要见机行事，并结合利用合法与非法手段以获得更大的效果。不论如何，此类说法在当时共产党人的著述中，还是比较独特的。

这篇序言还说明浅释唯物史观的撰写主旨，针对马克思的唯物史观和阶级斗争等重要学说输入中国以来，或完全翻译外国人的著作，显得难解和复杂，不易为国人所理解，或根据外国国情来表达，不切用于中国国情，试图抛开深奥的理论而注重简单的说明，以便有利于联合受到双重支配和剥夺的中国无产阶级，联合世界无产阶级一起革命。这个意旨，为了通俗解释和宣传马克思主义，将其理论从深奥研究引向简单说明，更是为了满足经济和文化发展落后的中国应用马克思学说来鼓动和组织广大民众起来进行社会革命的需要。序中提到参照了几本外国人的著作，但说来也怪，阅读此序，作者自己的论述顺畅圆通，凡是引用国外著作的原文，其译文都生涩难懂。

### （二）内容评介

此书起因，据说是回复朋友关于"唯物史观究竟是一种甚么学问"的质问，因口才不好，无法讲清这种"很容易"却"也不是可以一时说得清楚"的学问，于是花费数周写成。书中从唯物论与唯心论入手，解说唯物论的社会主义者期望按马克思的话实行世界革命，达到共产主义社会，这是"根据历史的（过去的）和现存的事实，去理想将来必定有世界的革命发生，而以过去现在经验去预言将来某种必然要到，这个理想，可以叫做'实际的理想'"。唯心论者的理想是"哲学的理想"，如宗教教穷人忍耐，这是全凭自己主观的观念去想将来。唯物史观先由德国人马克思主张，但他和恩格斯的著作里没有这个名词，后来研究马克思学说的人从他的著作里找出唯物史观的要素。唯物史观的意义，引用"哥尔特"所著《唯物史观底解释》一书①的论述，唯物史观即根据于唯物论，又是从历史方面窥察的唯物的历史观，不同于唯物论。唯物史观可以不论自然的要素，急于讨论经济的要素，这是社会变迁或发达的原因。英国人"巴苦儿"的文明史很有名，说各国历史的发展主要依着人种、地理、气候来决定，受物质条件的限制。这也是一种物质

---

① 此即与 1921 年中华书局初版的郭泰著、李达译《唯物史观解说》译本，属同一原著。

的历史观，但只说自然要素，没说经济要素。马克思不然，"主张除了自然的要素而外，经济的要素最要紧，并且自然的一方面因为变化很少，不成为问题"。马克思的历史观比巴氏实在进步多了。现在唯物史观的主要问题，"以人类社会底物质的条件为社会进化底第一要件，也就是以用机械器具生产衣食住的方法，为社会进化底第一要件"。唯物史观作为"有组织的明晰而且有力的学说，实在是马克思发见的"。①

以上是前4章的要点，其中说明唯物史观的思路，与郭泰（今译果特）的著作非常相似，可见作者所谓很容易说明而又不是可以一下说清楚，同样以类似的国外著作为底本，尽管他的序言说不愿完全翻译外国人的著作。

第5章引用马克思1859年的《经济学批评》（今译《政治经济学批判》）一书的序文，说这是他研究经济学所得到的一般结论，"其实这就是我们在这里所说的唯物史观"。接着从"我专门研究是法学"（今译"我学的专业本来是法律"）起，稍有删略而几乎完整地摘录了序文有关转向研究政治经济学的过程及其所得结果的论述。其中关于唯物史观的公式，一字不漏引用原文，分为五段引用并逐段予以解释；解释时不仅逐句说明原文每个重要概念或涵义，还列举中外例证，用实例阐释理论，并概括阐释的要点，以求明白易懂。这些引用和解释，篇幅有18页之多，兹从略未录。然后说：这本书本来的目的是想简单说明唯物史观的意思，所以解说马克思《经济学批评》序言的全部公式。"东西洋底马克思学者对于唯物史观也有种种的说明，但是大致同上面所说的可以说是一样的，不过有深浅的不同罢了"。②

这一章的末尾，列举了几本国外著作且以外文本为主，以供对唯物史观有兴味的人细心研究。其实，本章分段摘录和解释唯物史观公式，其叙述形式也是效法外人尤其日本人如河上肇的著述，解释的要点基本相同，只不过更为通俗或口语化罢了。

第6章说，马克思学说除了唯物史观之外，最重要的还有"阶级争斗"和"经济学说"，其他著作还有《哲学底贫困》等。"这些学说，都是同一思想底产物，是互相为用的，是不可分离的，也可以说缺其一就不能完成马克思底意思"。阶级争斗说和经济学说同唯物史观的关系，"极其重大"。"我们要应用唯物史观实行社会革命，尤其不可不知道阶级争斗底形式和方法"。唯物史观是马克思的历史

---

① 以上引文除另注外，见《唯物史观浅释》，国光书店1925年版，第1、4—5、9、15—17页。

② 以上引文见《唯物史观浅释》，国光书店1925年版，第17、35—36页。

观和研究法，"他在从来底历史里面所以认识了阶级对立和阶级争斗，可以说是根据这历史观和这研究法"。最详细叙述阶级争斗的是，他和恩格斯共著的《共产党宣言》。接着引用宣言第1章前面几段的内容（见今译本第1章前9段，此略），加以说明。这样"不知不觉"引用了好几段，"当初本想将其中最要紧的写几段，那知道宣言书所说的，句句都要紧，没有一句可以省略的"。《共产党宣言》共4章。第1章说有产者和无产者，即有产阶级和无产阶级的由来，两者的关系。其次是经济组织的变迁，发展到现代产业怎样活动、怎样矛盾、怎样结局，"说得很明白"。总之，所谓有产阶级，把持着生产机关（工厂、原料、工具、建筑等类）和交通机关，又在政治上占据特殊权力，即资本家阶级；所谓无产阶级，是劳动者，除了卖劳力给资本家之外，一无所有。两个敌对的阶级，造成现在的资本主义经济组织。这种社会组织，劳力变成商品，同其他物品一样，在市场上随资本家买，他们工钱的高低，也同其他商品一样计算，需要增加时工钱就高，需要减少时工钱就低；况且资本家的生产不是为社会全体生产，是投机的生产，只要获得更多的利润就生产，多需用劳动者，利润少而不能满足少数资本家的私欲时就停止生产或关闭工场，赶出许多劳动者不用，使之成为失业者。马克思说这是"产业准备军"，他们被赶出来后，只得在市场上等待资本家需要时来买他们。资本家阶级，也会发生竞争即所谓自由竞争，大家争着拼命生产，都想独占市场，有时就会弄出生产过多，没有销售之地，收藏起来等待时机。于是社会的恐慌，劳动失业，生产力和生产关系的冲突，一天比一天厉害。"种种矛盾冲突益更明显，丑态百出，结果这资本主义底经济组织，就离死不远，快要灭亡了"。资本主义包藏祸根，还造出"一个杀自己的动力（即无产阶级）"；这不是一国，乃是全世界，在世界市场无处不到，尤其剥夺和打击产业不发达的弱小国家和殖民地，更甚于产业发达的各先进国的无产阶级。商业恐慌使劳动者的工钱大受影响，他们时时不安。他们渐渐觉悟了自己阶级的不利，于是团结起来，以维持工资率为主要目的，组织劳动联合对抗资本家，到处发生骚动即罢工或示威，让资本家增加工资。这种斗争，劳动者可以得到胜利，但不过是一时的事情，只图目前的利益；无产阶级组成一个阶级后，要变成一个政党，为大多数人的利益而自觉独立运动，实行无产阶级革命，推翻一切官僚政治和其他上层建筑，建设无产阶级权力的基础，建立无产阶级的民主政治。这样达到第一步，无产阶级就用政权来夺取资本阶级的一切资本，把一切劳动工具集中在无产阶级国家手里。说到这里，引用马克思的原话，即宣言第2章末尾关于十项政策的几段论述（此略）。"无产阶级这么做去，自然可以建设无差别，无私产，无阶级的共产社会，才可以得到真正幸福，真正平等"。资本主义不是一国，乃是全世界的，"所以实行无产阶级革命也不是一国的事情，而是全世界的事情"。①

这一章末尾，同样列举了好几本国外参考书目。此章的内容，主要以《共产党宣言》为根据，或者引用原文，或者用自己的语言来概述原著的要点。这同前一章一道，形成与此书前4章论述不同的特点，大量引用马克思的原话，作为诠释唯物史观的理论出处。这样的诠释，已经不是"浅释"，有一定的理论深度。所谓浅释，只是试图用尽量浅显的语言，去解释不那么浅显的道理。

第7章：要完全弄清楚马克思学说，"非研究他底经济学说不可"。李卡克内西说，《共产党宣言》是纲领，《资本论》是教科书。《资本论》有三大卷，哪里有闲暇去读。这里根据国外两本书，一本研究《资本论》的入门，另一本摘录《资本论》关于唯物史观的重要语句并加以说明。我使用这两本书的资料，"解释却是自己底研究结果"。《资本论》第一卷的序言有如下几句话："指摘关于现代社会变动的经济的法则，就是这著述的目的"；"我对于把社会底经济的构造底发展当着一个自然史的过程而观察的意见"②。我抄录《资本论》的文句，"只限于有重大关系于唯物史观的，不是解说资本论底全体和问题"。所以许多文句，不过使读者可以知道，马克思的理论"有密接而且不可分离的关系"，"可以同唯物史观前后呼应，了解唯物史观也比较方便"。

根据唯物史观，"社会底生产力底发展就是社会组织变化底根本原因"。《资本论》里也有这样的说明："手段（劳动工具）底使用和制造，……（中略）劳动手段不单是人类劳动力底发展标准，而且是社会的关系底指示器——劳动依此手段在那社会里所行的。"③ 这里所说的劳动手段，即前面解释唯物史观的劳动技术，所以说某时代的劳动技术即某时代的生产力，"亦无不可"。又说："从来底历史的记录，……（中略）分成三个时代，即石器时代，铜器时代和铁器时代。"④ 研究人类真正的历史，不能根据帝王英雄的故事及其优劣的史料，要搜寻工具和武器作为研究材料，方可得到真正的凭据。这一卷论述机械发展的文句："达尔文对于自然

---

① 《唯物史观浅释》，国光书店1925年版，第36—37、40—45页。
② 这两句话见马克思的《资本论》"第一版序言"，其今译文见《资本论》第一卷，人民出版社2004年版，序言第10页。
③ 其完整的今译文见《资本论》第一卷，人民出版社2004年版，第210页。
④ 其今译文见《资本论》第一卷，人民出版社2004年版，第211页注（5a）。

的工艺史，……（中略）不过有抽象的和空想的观念罢了。"① 达尔文发见的是动植物器官的形成史，马克思主张社会组织的进化，社会组织又以物质为基础，基础一变动，人类的社会生活以及生自这个关系的精神上的观念也要变动。"这种主张同唯物史观总是成一直线的"。马克思的社会组织进化论发见了人类社会的进化法则，"这就是我拼命用力解说的唯物史观底思想"。要注意这个文句，一是"把生产工具底发展当着人类生产力发展的最根本的条件"，以"组织社会的人类生产上底器官形成史"，当作"各种社会组织底物质的基础之形成史"。二是指摘"抽象的自然科学的唯物论有缺陷"；可见马克思主张的唯物论，"是史的唯物论（即唯物史观），却不是自然科学的唯物论"，"要把自然科学的唯物论和史的唯物论（唯物史观）分别清楚"。《资本论》第一卷第24章第7节"资本家的集积之史的倾向"（今译"资本主义积累的历史趋势"），应用唯物史观最重要的文句："劳动者把生产手段当着自己底私有财产，是小经营底基础，……（中略）却构成资本底前史"；"……如此资本底独占，变成资本家的生产方法底障碍，……（中略）惹起自己底否定"②。这些话很明了，"无处不同唯物史观相一致"。"总之无论甚么社会组织，都不是绝对的或永久不变的，却是相对的，可变的。简单地说：社会组织是要必然地进化的，并且社会组织进化的主要原因，是社会组织和生产力发达之间的矛盾冲突。这两个主张是包含在唯物史观的两大要素，不有这两大要素，就不成其为唯物史观"。

这里不厌重复，再看马克思的《工钱劳动与资本》（今译《雇佣劳动与资本》），关于资本的性质及其增殖，根据河上肇的翻译本，有以下几句话："人类于生产，不单是对于自然才有关系，人们只是在一定底方法共同劳动，而互相交换他们底活动才生产。……（中略）古代（即指罗马希腊）底社会，封建底社会，有产者的社会，是这种生产关系底总和，又各都表示人类历史的一个特定发达程度"③。读了这些文句更明了，"这正是唯物史观开首几句底说明"。④

如同前两章，此章也以摘录马克思的《资本论》和《雇佣劳动与资本》的原话为主，然后从唯物史观的角度给予解释。摘录原话，也就是找到马克思原著的入

① 其今译文见《资本论》第一卷，人民出版社2004年版，第429页注（89）。
② 其今译文见《资本论》第一卷，人民出版社2004年版，第873—874页。
③ 其今译文见《马克思恩格斯选集》第1卷，人民出版社1972年版，第362—363页。
④ 本章引文除另注外，见《唯物史观浅释》，国光书店1925年版，第47—58页。

门，从中搜寻有关唯物史观的重要论述并加以梳理的工作，都是借助国外学者特别是日本马克思主义学者河上肇的研究成果，看来作者并未直接查阅马克思的原著。至于说这些解释是作者自己的研究结果，看来同样虚有其名，不过将国外已有的解释加以简化和通俗化而已。由此说明，一则国外学者对马克思经济学原著的分析梳理，包括单纯出于学术目的的深入钻研，为我国有识之士特别是初出茅庐的共产党人理解、宣传和应用马克思学说，提供了具有相当水准的理论准备；而共产党人也不是简单地翻译、转述和抄录这些现成的研究成果，经过消化吸收，努力把它们凝练成精到醒目而又通俗易懂的要点，以便进行广泛的普及和鼓动，使之深入人心，用来指导中国的革命运动。二则本章题为马克思的《资本论》（包括《雇佣劳动与资本》），并非专门系统地解释马克思经济学说，而是以这些代表作为例，说明唯物史观的历史观和方法论，同样贯穿马克思的整个经济学理论体系。从这个角度来研究《资本论》，在当时国内已有的著述里还很少见到，已有著述凡涉及《资本论》，一般着眼于马克思的经济理论。这种不同视角的解释，把马克思的唯物史观与经济学说融为一体，成为学说体系中不可分割的组成部分，还深入《资本论》中一些平常不大为人注意的论述，包括若干注释里的重要论述。

### （三）结语

在做考察的结语之前，先看此书最后一章的结论：

"唯物史观实在是最新最有价值最可靠的学说。世界上这么多的人类，只有马克思思想得到，所以我一方面还要感谢他底的功绩咧"！简单总括，唯物史观里面包含两个重要的地方。一是"社会组织底进化论"，二是"思想进化物质的说明"。前者变动，后者也要变动，"两者有密接的，不可分离的，连带的关系"。"社会组织发达到现在所谓的资本主义经济组织（我们中国也渐渐发达到这步田地了），这里就有两个阶级，就是把握着生产机关的有产阶级和专卖劳动者而生活的无产阶级"。有产阶级在经济上占了优势地位，同时在法律上政治上等都占有势力，要知道现在国家（除了俄罗斯）都是有产阶级的国家，他们组织内阁，选出大臣、部长、大总统，制定国家的法律。在这些方面，无产阶级（劳动者、农民等）一样权利都没有。"所以要劳动者们起来实行劳动运动，把资本家阶级即有产阶级推翻，组织劳动者底国家，建设共产社会。凡此种种思想底进化，都是社会进化底必然的结果，所以又可以说唯物史观是必然的进化论"。"唯物史观底中心的观察是关于生产力和社会组织底关系"。生产力不绝地增加进步，社会组织也就跟着起革命的变化。社会的生产力和一定的社会组织的关系，可以分成两个时期。第一期社会生产力和生产关系"正相调和"；第二期因为生产力已经发达到某个程度，从来的生产关系和新发达的生产力的调和"渐渐破坏发生冲突"，"生产力底发展反被当时底生产关系所阻碍"。这时倘若人们不能解决生产力和生产关系的冲突，生产力不能伸张，必定退步，社会就停止进步或退步以至于灭亡。要解决这个冲突，只有改造妨碍生产力发展的种种生产关系，能够实行改造，就可以开始新社会组织的第一期，"就是说成就马克思所谓的社会的革命"。要使某个社会组织起变化以至于颠覆，这个组织里面的生产力非十分发达不可。比方实行共产主义，若旧生产力不十分发达，任你怎样想实行共产主义也不容易做到。但是"马克思明明说，生产力不十分发达也不妨事，'提出应解决的问题作问题'①，所以要改造这种社会不必等生产力十分发达"。俄罗斯的生产力比较欧洲并不十分发达，它能早早地成功革命，"由此更可说明的了"。社会组织的进化是一个无意识的产物，说明它决不可以研究当时人们的意识形态，马克思说"不可不从物质的生活底矛盾，即社会的生产力和生产关系底冲突说明他"②。生产力和生产关系的物质的冲突，涉及人们意识上的影响，"这就是马克思底阶级争斗说"。这是来自历史观的观察。社会组织的变动即社会革命，"就是指一个社会内底阶级关系之变动"。马克思说，"社会底组织发达到现在底资本主义制度是最后的，从来底一切历史在资本社会就要告终"③。以后非变成社会主义的经济组织（即共产主义社会）不可。"无产阶级之所以要夺取政权组织无产阶级底国家，就是为达到这目的的根基"。这就简单说明了唯物史观和阶级争斗的联系。④

这个结论，实际上回到或重复此书论社会革命的序言主旨。这是根据唯物史观有关社会生产力的发展，必然使生产关系从与之适应到与之冲突的宗旨，引出社会革命的必然性。由此又重点阐释两个问题：一是以苏俄革命成功为例，说明生产力不十分发达的国家实行社会革命，同样符合唯物史观所说的人类只提出自己能够解决的任务这一精神，对于不发达国家，社会革命也是应当提出并能够解决的任务。二是如何认识序言这句话，即一个变革时代的意识必须从物质生活的矛盾中，从社会生产力和生产关系之间的现存冲突中去理解，这说明社会革命的人类意识不是凭空而来，来自物质生活的矛盾或生产力与生产关系之间的冲突，

---

① ② ③　这几句话出自马克思的《政治经济学批判》序言。
④　以上引文除另注外，均见《唯物史观浅释》，国光书店 1925 年版，第 58—62 页。

这也是马克思阶级斗争学说的理论根基。这两点说明，其实都在为中国能否或可否实行社会革命的思想讨论，作理论铺垫。回答这个问题，即使按照唯物史观的内在涵义，也不能只看中国资本主义的发展程度，还要看其他各种条件，诸如提出社会革命任务的环境背景，社会矛盾与冲突的激化程度，开展阶级斗争的主观能动性等。从这里，再次看到当时中国共产党人的主导意志，强调不能僵化和教条地理解唯物史观，应突出阶级斗争、社会革命、无产阶级运动和无产阶级专政等马克思主义学说。比较起来，《唯物史观浅释》一书，更注重根据马克思的原著论述，通过"浅释"使之转化为民众易于接受的社会革命思想。当然，这种"浅释"，作为数周内完成的急就章，既有基于国外严谨研究成果的浅显解释，也有匆忙抄录他人成果的不那么浅显表述，还有随意归纳和举例而不那么妥适的肤浅成分。

### 三、《马克思主义与唯物史观》

这本书的出版，与《唯物史观浅释》一书大致同时而稍后，由东方杂志社编纂有关马克思唯物史观的几篇论文或译文而成，作为"东方杂志二十周年纪念刊物"（《东方杂志》创办于1904年3月），列入东方文库，商务印书馆1923年12月初版。

#### （一）《马克思的唯物史观》

范寿康①撰述的这篇文章说：马克思为批评资本主义的经济组织，1859年出版一部"大著作"的第一卷《经济学批评》，这就是"大名鼎鼎"的《资本论》的前身。这本书的序文，马克思叙述了自己研究经济学的经过，记载了研究后所得的结论，"这个结论就是有名的唯物史观"，是"马克思自己所称的研究的指南针"。我分段译述其原文然后大体解释，须声明，这是根据日本河上肇博士的《社会问题研究》第三册《马克思社会主义的理论的体系》的第三部分；我没有读过马克思的《资本论》及《经济学批评》，原文都是抄河上肇的著述，"译注解释虽间有少许的

---

① 范寿康（1896—1983），字允藏，浙江上虞人；1913年留学日本，先后就读东京第一高等学校、东京大学文学部，1923年获教育与哲学硕士学位；同年回国任商务印书馆编辑；1926年任广州中山大学教授兼秘书长，1927年任春晖中学校长，1932年任安徽大学文学院院长，1933年至1938年任武汉大学人文学院哲学教育系教授；抗战时期任国民党军事委员会政治部第三厅副厅长兼第七处处长，转任文化工作委员会国际研究室主任、政治部设计委员，行政院参议；后任台湾大学哲学系教授兼图书馆馆长等，1970年退休；1982年回北京定居，同年当选全国政协委员、常委。

私见，可说完全是根据河上博士的意见"。根据河上博士的分段法，马克思的唯物史观原文被分作五段，逐一译注每段的字句。

五段都是先引用德文原文，再译为中文，然后逐句、或就重要概念、或就大意予以解释。第四段说到人类始终只提出自己能够解决的任务，而任务只有在解决它的物质条件已经存在或者至少是在形成过程中的时候才会产生，"我以为现在我中国谈马克思主义的社会主义的人最宜研究吟味"。根据河上博士的意见，翻译和注解唯物史观公式的全文后，大体的解析，马克思的唯物史观含有"关于人类文化之经济的说明"和"社会组织进化论"。其中谈到卵壳和雏的关系比喻：

"我以为我们中国那个雏（社会主义的组织）在现在的卵壳内（资本主义的组织）正在逐渐长育是无疑的，而且长育到一定程度的时候一定要破壳而出也是无疑的。不过现在的雏究竟有没有长成到自己独立的程度，我不敢擅断。将我们中国那个雏同欧美各国那个雏比起来，我恐怕大小还差得远。那么讲来，我们现在赶快把那个雏养大是很重要的。而培养那个雏就非促进资本的产业制度发达不可。我们在资本主义的发达上尽一分力，我们就是接近社会主义一分，此外要促进社会主义更无别法"。"我的私见都是根据马克思的唯物史观用论理演绎出来的。倘使演绎得不错，则想推翻我的结论的人当然非推翻我的结论的根据——就是马克思的唯物史观——不可。我并不敢说：马克思的唯物史观一定不错，不过我要说他错，我当然要科学的根据。他一生颠沛流离，默察静思了一世，做了一部大著《资本论》，我连看都没有看，恐怕看也不能了解他的真意，那么以我这种人来反对这个唯物史观当然是没有意义极了。现在人家的雏长大到成熟了，我们自家的雏还是很小，而且发育不良，我自己觉得很悲哀，我很希望有学问家打破马克思的唯物史观，使我们躐等而进的行为有科学的根据！否则行了十年的共和，造了多数的皇帝，这种覆辙恐怕我们再蹈也没有什么趣味呢"。①

看了这篇文章，可以追溯《唯物史观浅释》一书的五段式解释，应该同样来自河上肇的解说。但这篇文章的引文更地道，引用《政治经济学批判》序言的德文版原文，中译文也更流畅，而且明确表示自己没有看过马克思的原著，只是转抄河上肇的著述，连同对原文的解释，也是根据河上肇的研究成果。这是说此文与前书有相似之处，没有必要重复考察。然而基于相同或相似的文本引用、翻译和解

① 以上引文分别见《马克思主义与唯物史观》，商务印书馆 1923 年版，第 1—2、9、17—18 页。

释，二者却得出不同或相反的结论。此文以其"私见"提出，唯物史观公式中的结论让中国马克思主义或社会主义者"最宜研究吟味"，按照唯物史观的要点，中国的社会主义组织因素，还没有在资本主义组织的外壳里发育成熟，比起欧美国家还差得很远，还没有条件突破这个外壳而独立成长，所以现在中国努力的方向，应当赶快促进资本产业制度的发展，通过一步步发展资本主义来一步步接近社会主义；只要唯物史观不能推翻，这个结论就不能推翻。而前书的浅释，恰恰要推翻这个结论。它说对唯物史原文的分段翻译和注解，都是别人研究的东西，解释中唯独属于自己的意见，不能刻板教条地理解唯物史观而否定中国社会革命的可行性，看来正是针对类似此文的私见。所以说，当时输入马克思学说尤其唯物史观，即使文本的译述和解释正确无误，一旦结合中国自身实际，在能否应用马克思学说来指导走社会主义道路方面，仍有可能产生重大的分歧。

**（二）《马克思的理想及其实现的过程》**

这篇文章，日本河上肇著，施存统译，凸显马克思去世前 8 年对德意志社会党（即德国社会民主党）拟采用的纲领即《哥达纲领》的批评。此即马克思 1875 年 5 月 5 日给威·白拉克（原译"蒲拉克"，时任爱森纳赫派的领导——引者注）的书信，"可以由此知道他晚年成熟的思想"；而且叙述经济方面颇详细，对于了解马克思在经济方面的理想及其实现过程，"实在是最要紧的材料"。马克思死后 8 年，此批评 1891 年才公布于《新时代》，最近已由堺利彦翻译成日文发表。

看了这封信，可以知道马克思所说的共产主义，区别为半熟期和完成期，两期之前，有"一个从资本主义社会到共产主义社会的过渡期"。过渡期从经济方面说是"革命的变革时期"，作为"政治上的过渡期"属于"无产阶级革命的独裁政治"①。这个过渡期，《共产党宣言》说得颇详细。第 2 章说："共产党最近的目的，……就是：（一）纠合无产者团成一阶级；（二）颠覆有产阶级的权势；（三）无产阶级掌握政权"。又说："我们前面已经说过，劳动阶级革命的第一步，……（中略）在为变革全生产方法的手段上，也是一种不可避的方策"。② 马克思所谓过渡期，政治方面实行"无产阶级专政"，经济方面实现一切生产机关归国有的"革命的变革"。"纯粹信奉马克思主义的俄罗斯共产主义的革命，现在还不过正进入

---

① 文中引用马克思原话，其今译文见《马克思恩格斯选集》第 3 卷，人民出版社 1972 年版，第 21 页。
② 其今译文分别见《马克思恩格斯选集》第 1 卷，人民出版社 1972 年版，第 264、272 页。

这过渡期；所以严格地说，他连共产主义第一期还没有踏足进去"。布哈林（原译"蒲哈林"）所起草的"《共产党（即鲍尔希维克）纲领》"，只要举出如下一句就够了："我们现在恢复那个曾经有加尔马克思立在其阵头的革命党的旧名称。这名称就是共产党。而当时由马克思及燕格士所起草的《共产党宣言》，现在也仍旧可以做革命的圣典"。过渡期完结，社会进入共产主义的时代。马克思的思想特征，置重于"历史的发展"。他相信完全共产主义不是一举能够实现，应该先经过半熟期，然后进入完成期。关于这一层，《共产党宣言》没有十分表现出来，只是说："随着（过渡期）这样发展的进行，……（中略）生出下一个'以各人的自由发展为万人的自由发展的条件'的自由团体"①。1875 年的书信里，明白说区别共产主义第二期的第一期："我们在这里要研究的东西，……（中略）他把他在这个形式上所给与社会的劳动，在别一个形式上取回"②。"公认劳动全收权的社会"，还不是马克思当作理想的"社会主义未来国"。这时的一切权利，都是有产者社会的残渣，劳动全收权也是一样。马克思又说："在这个地方，明明被同'那个规定商品交换（限他在同一价值内交换）的原则'相同的原则支配着。……（中略）大凡权利这东西，决不能成为比'社会的经济状态及靠这经济状态附做条件的文化的发展'更高等的东西"③。这些句子，记述了社会虽然进入共产主义时期，最初还残存旧社会的熏习，所以分配消费品，还不能立刻采取"各取所需"的原则，为奖励各人的劳动，还有必要根据他所提供的劳动分量来决定财富的分配。"所以社会虽然已经进入共产主义时代，而在第一期，什么自由、平等、正义这些东西，都还不能达到圆满境域；但是这些弊害，据马克思思想，到底是不能避免的"。

马克思没有回答过渡期要继续多少时候，共产主义第一期要经过几多光阴的问题。列宁（原译"李宁"）也说："我们不知道，也不是能够知道的事"。共产主义使生产力最后达到足以保证各人生存的程度，才经过半熟期而进入完成期。关于第二期，马克思在信中说："在共产主义的更高度的阶段里，……（中略）社会才能在旗帜上大书特书着：'各尽所能，各取所需'"④。这是共产主义社会的根本原则最简单明晰的表现。马克思也没有想过能够立刻实现这种原则，他承认，要实现这

① 其今译文见《马克思恩格斯选集》第 1 卷，人民出版社 1972 年版，第 273 页。
② 其今译文见《马克思恩格斯选集》第 3 卷，人民出版社 1972 年版，第 10—11 页。
③ 其今译文见《马克思恩格斯选集》第 3 卷，人民出版社 1972 年版，第 11—12 页。
④ 其今译文见《马克思恩格斯选集》第 3 卷，人民出版社 1972 年版，第 12 页。

1920-1929 从民国著作看马克思主义经济学的传播

400

种原则，必要以巨大的生产力的发展为前提条件。总而言之，共产主义完成期能实现的状态，有相互因果关系的现象同时存在。

以上说的以共产主义完成期的经济方面为主，关于政治方面，过渡期实行无产阶级专政。换句话说，这个时期，"组成支配阶级的无产阶级"，实行武力的强制。用强力把社会生活嵌入一定圈子，这一点与从前没有不同。但是无产阶级占社会成员的最大多数，由多数者阶级支配少数者阶级，比少数者阶级支配多数者阶级，要比较容易。因此，随着过渡期的推移，强制压力的必要也渐次减轻，等到进入共产主义社会的第一期，没有阶级区别，也就完全没有必要行使一阶级压迫别阶级的组织力。可是这个时期还残留有产者社会的旧习，尚承认社会各成员对其所提供的劳动有一定的权利，为了保护那个权利，必须有一定的社会组织力。这种强制压力的必要，虽然大为减少，但还没有绝迹。进一步到了共产主义社会的第二期，可以"各尽所能"地劳动，"各应所欲"地消费，所以没有任何组织权力的必要。马克思派把国家当作强制的权力主体，到共产主义社会的第二期，则是"国家"无用的时代。关于这个理论，恩格斯在《空想的及科学的社会主义》一书中，有系统的叙述。引用其中一节："那些在阶级对立上活动的从前的社会，国家是必要的。……（中略）国家不是被废弃的，是永眠了的"①。总而言之，马克思预见未来社会，有一天能够把"各尽所能，各取所需"写在旗帜上，国家权力由此死灭。可那是百年后的未来还是千年后的未来，他那封信"却一点也没有说起"。②

此文的主要内容，根据刚被翻译成日文的马克思书信《哥达纲领批判》，结合《共产党宣言》《社会主义从空想到科学的发展》《资本论》等著作的有关论述，阐释马克思关于未来共产主义社会的理想以及实现这一理想的步骤，由此披露不少以前国内不曾闻说的有关《哥达纲领批判》的重要原文。其中具有纲领性的理论要点，即在资本主义社会和共产主义社会之间，适应在经济上将资本私有制变为社会公有制的革命转变时期，在政治上也有一个无产阶级革命专政国家的过渡时期；这个过渡时期的特征，随着生产力的发展水平和各种条件的成熟程度而逐渐减弱其强制压力，直至最后没有必要实行专政和国家自行消亡，虽然没有说明它的长短，但决非一蹴而就。看到这一点，可以联想到共产党人运用马克思主义来指导中国革命的早期理论准备方面，在理解马克思学说对资本主义社会的解剖的同时，特别关注

① 其今译文见《马克思恩格斯选集》第 3 卷，人民出版社 1972 年版，第 438 页。
② 以上引文除另注外，均见《马克思主义与唯物史观》，商务印书馆 1923 年版，第 19—40 页。

马克思对未来社会的预见，尤其关于过渡时期的无产阶级专政理论。这里既有苏俄革命的实践例证和列宁关于无产阶级革命与无产阶级专政学说的理论影响，追根溯源，还受到日本马克思主义理论界发现《哥达纲领批判》并予以解释分析的触动。这篇文章显示出来的线索，日本堺利彦首先将《哥达纲领批判》全文翻译成日文，继之河上肇率先根据日序文加以解析，解析的成果，正好适应了早期共产党人回答中国为什么实行社会主义，需要继续回答怎样实行社会主义和实行什么样的社会主义的理论诉求，于是先有人拿来这个成果用于当时的社会主义讨论，接着施存统又将这个成果翻译成中文。在后面的考察中，还会看到这个成果在我国的延续影响，包括引用从资本主义社会到共产主义社会的过渡期，以及共产主义社会分为半熟期和完成期的两个步骤等观念。这个理论扩散过程，像在池中投入一颗石子，引起一波波涟漪。

**（三）《唯物史观在马克思学上的位置》**

这篇文章，日本栉田民藏①著，同样由施存统翻译。此文引用"马克思学者"乌恩特曼（原译"乌脱曼"）的一段话（引自前述周佛海所译《马克斯经济学原理》一书——引者注），认为"最足以表明马克思的研究方法"。《经济学批评》序言的所谓唯物史观公式，"实在是根据这种研究方法研究的结果"。同样把这个公式分为五段，先引用原文，后逐段解说。省略引用原文部分，其解说如下：第一段说明"一般文化的物质的基础"。第二段可以看作"社会组织进化论"，详细点，可以说是"社会组织的辩证法的发展论"。第三段以前两段为前提才有意义，可以叫作"一般阶级斗争的物质的（或经济的）基础论"；这一段是社会发展的"科学的法则"之一，还是我们社会生活的"科学的道德论"。第四段指示"立脚在唯物史观上对于解决社会问题的根本命题"。有人看了这个命题，非难马克思的社会主义"无理想""维持现状"，是"机会主义"。"据我所见，则完全与此相反"：要想从科学上树立一种政策，非把那个政策的前提明白表示出来不可，那个前提，又非能够证明不可；作为政策前提的理想，不是各个人的单纯思想，应该从社会内部求出新社会萌芽的事实。"在唯物史观上，除了映在我们眼前的阶级斗争事实以外，是没有别的科学的、可能的政策的"。所以《共产党宣言》说："共产党对于

---

① 栉田民藏（1885—1934），毕业于东京大学，1920年因"森户事件"辞去东京大学讲师，进入大原社会问题研究所；作为经济学家，从事马克思主义研究，在劳动价值学说、地租论、日本农业问题的研究上成就显著，作为"劳农派"的论者，与"讲座派"对抗。

无产阶级，究竟站在怎样的地位呢？……（中略）共产党不过把现存的阶级斗争，就是我们眼前所经过历史的运动中旺盛起来的实际情势，一般地表现出来罢了"①。"在马克思主义者看来，阶级斗争的历史，实在是广义上一般政策的历史。轻视了阶级斗争的各种政策，都会变成为无意义的东西"。

公式第四段，译者附言："这一段话，最易引人误会。有几个读死书的书呆子，拿了这段话来大大地反对中国现在提倡社会主义，说在现在中国主张社会主义是违背马克思的教训的。这话骤然听见，好像有点道理，其实是大谬不然的"。他们第一个错误，不懂资本主义和社会主义的国际性。"我们知道：社会主义是国际的，资本主义也是国际的。资本主义固然要征服全世界，社会主义何尝不要征服全世界"？我们只要看白色的国际联盟和红色的第三国际的对立，就可以明白。现在世界的形势，不是资本主义征服社会主义，就是社会主义征服资本主义，"有你无我，有我无你，二者决不能并存"。中国资本主义诚然不发达，然而世界资本主义已由发达而渐渐崩坏了，继之而起的，当然是社会主义。"岂有世界资本主义已崩坏而中国资本主义能独存的道理"？马克思在70年前已经大呼"万国劳动者团结起来呵！""劳动者所得的是全世界"，岂有时至今日还提倡资本主义反对社会主义的道理？中国劳动者在"万国""全世界"当中，当然也要"团结起来"，为国际社会主义向国际资本主义宣战，以期"得到全世界"。"况且中国样样都是后进，尤其应当乘此时机，急起直追，采人之长，弃人之短，岂可一误再误，以致不可收拾"？我们可以简单断言："凡是在中国提倡资本主义，拥护资本主义者，不管他挂出什么招牌来，总是人民之敌。拿马克思做招牌，简直是辱没马克思，尤其可恶可恨。马克思是世界的马克思，他的社会主义是国际的社会主义，岂能与中国资本主义相容"？他们第二个错误，不知道除了资本主义的生产方法以外还有社会主义的生产方法。"殊不知社会主义的生产方法，乃是取资本主义生产方法之长处，弃资本主义生产方法之短处的，并非把资本主义的生产方法的长处，也一概抹杀的。他们只知道资本主义的生产方法能够增进生产力，而不知道社会主义的生产方法更能够增进生产力。他们误认资本主义是达到社会主义必须经过的阶段（自然要稍稍经过），而不知道增进资本主义的生产力的，乃在于工业主义。他们如果说工业主义是达到社会主义的必要条件，我们就十分承认；然而要说实行社会主义必须先

① 其今译文见《马克思恩格斯选集》第1卷，人民出版社1972年版，第264页。

实行资本主义，我们现在就万难承认了。固然，我们也承认资本主义在历史上的价值，而且也承认资本主义是历史上必须经过的一个过程；然而要说各国都要同样地严密地经过，那就是妄谈了。关于这点，我们只要看马克思的俄国革命观，就可以知道的。唯物史观不是宿命论，也就在此。我们要知道：现在是资本主义将亡的时候，同资本主义将兴的情形，绝对不同。当那资本主义将兴时，我们要阻止资本主义不发生，诚然不可能；这同现在当社会主义将兴时，不能阻止社会主义发生一样。然而现在却正临资本主义将亡社会主义将兴之间，除非疯子，都应该跳到社会主义这方面来。在这种状态下面，中国实行社会主义，用社会主义的生产方法来发展产业，决没有不可能。用社会主义的生产方法来生产，在增加生产力上，比资本主义还要快。我们遵守唯物史观来实行社会主义，决不会失败。我们知道要实行社会主义必须注意'物质的条件'，只要我们努力做成这个'物质的条件'，决不会违背唯物史观。那种只知道读死书的人，乃正是马克思的罪人"！

最后第五段，据我所见，"不过是前四段公式的应用；讲到唯物史观公式，单以前四段已经完了"。贯通四个公式的东西，是"物质的条件的认识"和"辩证的研究方法"。"我以为把唯物史观叫做辩证法的唯物论，是名实最相副的名称"。拿这个公式应用到过去的社会，就是马克思的历史观；应用到现在的经济社会，就是马克思的经济论；应用到将来的社会，就是马克思的共产主义。四个要素中，第一和第二在广义上可以看作社会组织进化论；第三和第四在广义上可以看作阶级斗争论。

马克思学说由唯物史观和剩余价值论构成，但不能以为唯物史观同剩余价值论对立。"我以为唯物史观，是马克思学的精髓，他在马克思学上，是遮盖一切别的学说而存在的"。恩格斯的《家族私有财产及国家的起源》，论证了"希腊、罗马及中世的国家，是在征服者和被征服者的阶级对立的基础下面发生的东西"，此后简要说明这三个时代的国家起源："……在雅典的国家，是最纯粹最古典的形态。……（中略）及到德意志民族征服了罗马帝国，国家就从侵略巨大的外国领土中发生了"。"国家是为了要制御阶级对立而发生的东西。……（中略）对于双方阶级保持一个无关系的地位"。① 按照唯物史观，国家不过是"根于经济关系的矛盾的阶级对立"的产物。无产阶级国家在革命期为反对资本家阶级而存在，等

---

① 其今译文见《马克思恩格斯选集》第 4 卷，人民出版社 1972 年版，第 165、168 页。

到反对资本家阶级的运动消灭（即一切阶级消灭）而自然消灭，这层道理，也可以拿唯物史观做前提来说明。剩余价值说"构成狭义的马克思主义的要部"，形成资本集积论、劳动者贫困论、社会崩坏论等。剩余价值说如果不把唯物史观做前提，是不能成立的。《共产党宣言》第 2 章说："工银劳动（无产者的劳动），是能够替无产者自己造点财产吗？……（中略）现在式的财产制度，是在资本和劳动的对抗当中活动着的"①。这段话有三个命题：工银劳动造出资本；资本靠增加工银劳动才增加"资本家的财产"；资本家和劳动者的利害正相反对，现代私有财产制度建筑在这个对抗关系上面。这是刊布在先的《工银劳动和资本》一书的结论，而此书可以看作《资本论》的萌芽。所以说马克思的价值说，没有唯物史观，是不能成立的。劳动力成为商品是剩余价值的出发点，在马克思学里，剩余价值也是建筑在唯物史观的基础上面。

总之，"马克思学的精髓，总是唯物史观；没有了唯物史观，则马克思的别的一切学说，也都不能成立。马克思学，同唯物史观一同成立，也同唯物史观一同消灭。所以我说马克思学，虽不仅是唯物史观，马克思学，却一本于唯物史观"。②

此文末尾，译者附记：栉田"是日本有数的马克思研究者，而且又是一个马克思主义的笃信者"。他这篇文章，很能表现马克思的真面目，所以我翻译出来供给研究马克思主义的朋友参考。"在我个人，原是同意于栉田君见解的人"；但我以为也不妨把阶级斗争与唯物史观分立（不是对立），以便了解。阶级斗争说也可以说是马克思的政治学说，马克思的国家观及革命观，都可以包括进去。译者这个观点，代表了当时国内共产党人将马克思主义一般分为唯物史观、阶级斗争论、剩余价值论三个学说的通行认识，然而惹人注目的是译者围绕唯物史观公式第四段的解说所插入的一大段附言。

根据这段附言，可以体味这篇译文：一是具有很强的针对性。从整个文集看，第一篇文章范寿康撰述《马克思的唯物史观》，已经参照日本学者河上肇的五段式分析法，引用和解释了《政治经济学批判》序言中的唯物史观公式，施存统翻译日本学者栉田的文章，主要篇幅也是使用几乎完全相同的五段法给予解说，这样看来，同一本文集仅有四篇文章，本来没有必要刊登两篇几近重复的文章。其所以同时出现，关键在于，施氏的附言，正是以范氏撰文中的私见作为批驳的标靶。一个

---

① 其今译文见《马克思恩格斯选集》第 1 卷，人民出版社 1972 年版，第 265 页。
② 以上引文除另注外，均见《马克思主义与唯物史观》，商务印书馆 1923 年版，第 41—65 页。

认为马克思的唯物史观足以否定目前中国提倡社会主义的必要性，应以发展资本产业制度作为当务之急；另一个则认为这种看法是书呆子读死书，打着马克思的招牌来反对马克思，不足为训，完全可以从唯物史观引出中国应当提倡社会主义的道理。施氏之说没有点名，但放在同一文集里对照范氏的观点，批评的具体对象显而易见。

二是借助日本马克思学者的研究成果为中国的马克思主义研究者提供参考。无论范式撰文还是施氏译文，二者诠释马克思唯物史观的内容与形式，如出一辙。这也说明，当时日本研究马克思学说的学者如河上肇和枥田民藏，用大致相同的方式来讲解唯物史观，很可能他们二人还有共同的借鉴出处如西方学者的研究成果，中国研究者则拿来二人的转化心得以为我用。不过二人的延伸解释部分，重点有所不同，河上主要着眼于唯物史观本身的思想来源与理论内涵，枥田意在强调唯物史观是覆盖马克思其他所有学说如阶级斗争论和剩余价值说的理论统领。值得注意，范氏之文，明明以引用别人尤其河上肇的文章为主，却仍以自述名义行文。这里有两个用意，一则回避作者在讲解唯物史观时的思想倾向或明确表态，二则借机掺入自己的私见。由此也可以明白，何以范氏在文中特别说，有关唯物史观公式的引文、划段和注解都是别人的，而解释是自己的。这个解释，就是他的私见，即挑出唯物史观公式的第四段落来质疑中国提倡社会主义的主张。在这一点上，施氏正好相反，不仅完整翻译日本马克思学者的研究文章，还明白表示同意研究者的见解以为中国研究马克思主义者的参考。施氏的译文作者同样提到有人根据公式的第四段落来非难马克思，并明确反对这一非难。反对的理由，便是从唯物史观的基本原理中，引出阶级斗争学说的合理性和必然性。唯物史观与阶级斗争学说的相容性，也正是早期共产党人主张中国走社会主义道路而非资本主义道路的重要理由。

三是强化在中国提倡社会主义的理论依据。施氏在其译文中插入一大段附言，批驳国内有人对公式第四段的误解并借此指责中国提倡社会主义违背了马克思的唯物史观之大谬不然。批驳的主要根据，如资本主义和社会主义的国际性，以及社会主义生产方式优于资本主义生产方式等，见于后面即将考察的《社会主义讨论集》中共产党人的主张，不必赘述。这里须指出施氏对作者原文的一个建议，最好把唯物史观与阶级斗争学说分立开来（不是对立起来）加以解释，而不是仅仅将阶级斗争学说包含在唯物史观之中，或单独解释原本包括在阶级斗争中的马克思的国家观和革命观等。这个意思，联系上下文看，马克思学说由唯物史观和剩余价值说构成的说法，仅包括马克思的一般思想和经济学说，未包括马克思的政治学说即阶级斗争学说，而阶级斗争学说对于中国提倡社会主义，恰恰具有特殊的重要意义，上面所说的两个理由，即社会主义与资本主义对立的国际形势及社会主义生产方式的优越性，都需要通过阶级斗争的途径才能实现。

### （四）《马克思主义的最近辩论》

这篇文章由化鲁译述，提出马克思逝世已38年，他的身世事业虽然过去已久，但他是"近世社会主义的不祧之祖"，他的大著《资本论》是"全世界无产阶级的圣书"，所以"他的经济学说，到现在重新成为争辩的焦点"。马克思的著书以艰深难读著名，"要不是经过长时期的研究，休想懂得马克思学说的精髓"。各国的马克思研究，对马克思主义有很多不同的解说。各国社会党虽然大多数用马克思学说作为劳动运动的根据，但里面的派别众多，对唯物史观、阶级斗争说的解释，并非一律。马克思学说容易引起纷争，就是这个缘故。最近外国学者辩论马克思主义的论调，约略如下。

有的恭维马克思，同时保留批评的权利。如以为"马克思是一个环境的反动者"，和别的反抗者一样，"是在安富尊荣的环境里生长出来的"；马克思的祖先民族以善于储积财富著名，他的妻子又出于德国贵族，"他处在这种环境之内，那自然莫怪其生出反动，变成一个革命的思想家了"。有的说马克思学说的一大成功，在于建立一种进化观的社会学，"把社会现象和社会组织的发展，构成进化的形式"，这和斯宾塞的不绝向上的社会运动，全然不同；"马克思的社会进化观是一列长时期的环周，中间却屡次被革命的爆裂所间断"，这和地质进化公式及生物进化公式相一致。"马克思不但是个进化论的社会学家，却又是个革命的社会学家"。他希望改变对贫乏的见解，在他以前，大家都认为贫乏是一种必要的事实，不能除去，"马克思却以为贫乏的除去是可能的，而且他以为劳动运动是除去贫乏的工具"。马克思学说还有一个"重要础石"，即价值法则。他以为"'劳动并不是一切财富之源'。劳动不过能变换物品的价值而已。由雇佣劳动者而造成'剩余价值'，雇主把剩余价值取去，又作为资本，以劫掠劳动者"。马克思的基本理论是唯物史观，断定"一切过去社会的历史，只是阶级斗争的历史"，人的动作大半受经济动机的影响。封建制度与奴隶制度的灭亡，只因为经济的残破。资本主义因工业的发明和商业的扩张而起，无可避免。照马克思的预言，资本主义在将来一定要成为过去的。资本主义灭亡后，一切生产的工具都归国家管理，出现"合作主义的国家"。从资本制度过渡到共产社会，中间必须经过无产阶级的专断。过渡时代，除由劳动者掌握政权，采用革命的专断政策，别无办法。这是暂时的现象，过此以后，完全实现正谊的友爱的社会，消灭贫乏，人类便永享平和自由的幸福了。

这些大概是"马克思的梦想"。最近学者的批评，如英国罗素游俄回来，所得的感想写成一书，叫做《鲍尔希维主义——理论及实际》。书中有许多批评马克思主义的话，抄译最紧要的一段："决定一时代或一民族的政治和信仰，经济的原因自然是很关重要的，但是把一切非经济的原因一概不顾，只以经济的原因，断定一切的运命，而以为一无错误，这个我却有些不信哩"。"有一种最显著的非经济的原因，而亦是社会主义者所最忽视的，那便是民族主义了……单看大战中，全世界的佣雇工人——除极少数的例外——都被民族主义的感情所支配着，把共产党的宝贵的格言'全世界劳动者，快快联合'已完全置诸脑后了"。"马克思派断定所谓'人群'只是阶级而已，人总是和阶级利益相同的人互相联合的。这句话只含着一部分的真理。因为从人类长时期的历史看来，宗教乃是断定人类运命的最主要的原因"。"人的欲望在于经济的向上，这话不过比较的合理罢了。马克思的学说，渊源于十八世纪唯理的心理学派，和英国正统派经济学者同出一源，所以他以为'自私'是人类政治行动的自然要求。但是近代心理学已经从病的心理的浮面上探下去，为更进一层的证明。过去时代的文化的乐观主义，已给近代心理学者根本推翻了。但是马克思主义却还是以这种思想为根据，所以马克思的本能生活观，不免有残刻呆板之诮了"。德国"马克思的高足弟子"考茨基最近有两种著作，《无产阶级的专政》和《恐怖主义与共产主义》，"辨明多数派在俄国的行动，和马克思主义不合"。其他英国人的著述，或者"全部推翻"马克思的价值论；或者根据这次战争的经验，证明工业国有的效果"委实是很坏"，如俄国劳动者很不容易得到充分的报偿，"可见马克思把一切工业收归国有的计画，于劳动者也未必有利"。这些著作家的话，自然不免有许多偏见，"但是其中存着一部分的真理，这也是显然的"。

"总之马克思的社会进化论理想，劳动阶级勃兴论，贫乏废灭论，现代学者大概都加以承认，只是他的价值法则，唯物的历史观，武力革命的理论，阶级斗争说，无产阶级专政的计画，却还没成为一定不易的理论呢"。①

---

① 以上引文均见《马克思主义与唯物史观》，商务印书馆1923年版，第67—72页。

这篇文章，看似站在客观立场上，介绍马克思去世以后，外国学者对于马克思学说的各种评论。这种评论上的分歧，被归结为马克思学说本身的深奥难懂和马克思派内部的派别众多。其中罗列的各种著述，没有坚持和发展马克思主义一方的代表作，而且把苏俄革命的理论学说和实践经验，实际上列为批评的对象；主要是恭维马克思并保留批评权利的一方，和批评乃至全盘否定马克思学说的另一方的著述。列举外国学者的著述，也不同于前面三篇文章以引用和翻译日本马克思学者的著述为主，转而以西方或欧洲学者的著述为主。经过这样的安排，所谓恭维而保留批评权利一方的评论，其承认马克思学说，只限于社会进化论、劳动阶级兴起论、消除贫困论等方面，实质上是对马克思学说的理论体系作了一番无害化处理，接受其可供改良现行制度参考的理论部分，避去其锋芒，尤其危及现行制度的理论部分；批评甚至否定一方的评论，则触及马克思学说的根本，即价值理论、唯物史观、阶级斗争论、暴力革命论和无产阶级专政学说等。这样看来，译述者最后做结论，认为马克思学说的有关理论经无害处理后为现代学者所承认，马克思学说的基础理论或核心部分均因存在争议而不被接受，此时其貌似客观的平衡已经倾斜，倾向于修正、反对和否定马克思的一方。

## （五）结语

逐一考察《马克思主义与唯物史观》文集的四篇文章后，可以发现，东方杂志社编纂文集的选文主旨，颇费心机。一方面，所有文章都以讨论马克思主义尤其唯物史观为主题，又以平实介绍马克思主义或唯物史观的理论涵义为主要内容，由此确实能够为国人理解唯物史观和马克思主义，提供一定的理论参考。另一方面，所选文章分明显示出不同的倾向或态度，一种类型以施存统的两篇译文为代表，借鉴日本马克思学者的最近研究成果，为早期共产党人在中国实行社会主义的主张强化其理论准备；另一种类型以范寿康的撰文和化鲁的译述为代表，或者利用对唯物史观的不同解释来挑战在中国提倡社会主义的主张，或者假借外国学者的评论来宣扬马克思学说的核心理论并非一定不易之论。将这些具有不同倾向或态度的文章汇合在同一本文集里，单用秉持客观立场来解释编纂者的用意，看来是不够的。

综合本章所考察的专论马克思主义学说的几本著作或译作，比较前编所考察的同类译本，虽然数量上没有明显增加，但内涵上开始出现一些实质性变化。首先，本章考察的几本专著，除了东方杂志社编纂的《马克思主义与唯物史观》文集里的部分文章外，几乎都由共产党人或倾向于共产党的人士来翻译或编述。由此说明，中国共产党建立后，马克思主义经济学的引进与传播，不再停留于继承和延续五四时期的思想启蒙热忱，转向更为自觉地用来作为认识中国和世界发展形势的指导观念和理论储备。其次，这些专著，仍然以阐释马克思的经济学原理和唯物史观为主，同时向深度和广度扩展。如翻译新发掘出来的马克思经济学原著《工资、价格和利润》，将它作为阅读《资本论》的入门阶梯，但不能脱离《资本论》而满足于这样的通俗读本；又如翻译《马克斯经济学原理》，突出其特色是从向来只解释《资本论》第一卷，延伸到解释所有三卷也就是马克思经济学说的完整体系；再如翻译《马克思主义和达尔文主义》一书，在比较中加深有关马克思主义经济学的理论认识。最后也是实质性变化最突出的部分，这些专著无论翻译还是自编，围绕马克思经济学说的解说，不止是转录国外学者的研究成果，而且置身其中，结合中国实际，典型反映了建党初期共产党人与非共产党人的认识分歧。如陶孟和关于《价值价格及利润》译本的序言、范寿康所撰《马克思的唯物史观》一文，都利用唯物史观的有关论述来质疑或反对在中国提倡社会主义的主张，认为应当先发展资本主义经济，有此物质基础再去谈论社会主义；刘宜之的《唯物史观浅释》一书和施存统的《唯物史观在马克思学上的位置》译文，则强调马克思的唯物史观与阶级斗争学说具有理论上的内洽一致性，主张中国走社会主义道路，恰恰是正确理解而不是教条式解释唯物史观所得出的必然结论。又如化鲁译述的《马克思主义的最近辩论》一文，通过批评布尔什维主义的理论与实际，否定或推翻马克思主义的经济理论和无产阶级专政等学说；施存统的《马克思的理想及其实现的过程》译文，则通过新近翻译马克思的《哥达纲领批判》，指出从资本主义社会到共产主义社会，在经济上将资本私有制变为社会公有制，适应这个革命转变时期，在政治上也有一个实行无产阶级革命专政的过渡时期，其特征说明实现共产主义社会决非一蹴而就。所有这些，都反映本时期马克思主义经济学的传播，在新生的中国共产党人手中，不仅是寻找救国救民出路的思想指南，而且是同背离或反对在中国提倡社会主义的各种观念作斗争的理论武器。

# 第二章　中国共产党人运用马克思经济学说的著作

这是本时期我国传播马克思主义经济学最有特色的一部分内容，也可以看作在前一章引进和解说马克思经济学说基础上的理论结晶。这里所说的著作，以陈独秀等共产党人结合中国国情的理论阐述为主，另外包括从事理论准备的初期所选编汇总的译文集，以及稍后在大学进行系统讲授的各种讲义。

## 第一节　《社会主义讨论集》及其他

这些著作在本时期的特色内容里，体现了共产党人将马克思主义经济学与中国实际相结合的初期成果，最有代表性。

### 一、《社会主义讨论集》

这个文集由新青年社编辑部编（一说陈独秀编辑），新青年社 1922 年 9 月初版。其中汇编了 25 篇文章，包含陈独秀的 6 篇文章，李达的 4 篇文章，周佛海的 4 篇文章，李季的 1 篇文章，李汉俊的 2 篇文章，施存统的 5 篇文章，许新凯的 3 篇文章，共 510 页。这些文章主要以中国共产党的创立者或同道者为代表，对于五四时期以来围绕社会主义的各种争论观点做出基本判断，展示了中国共产党成立之际的思想理论准备成果，形成率先将马列主义与中国革命相结合的系统性文献资料，因此，考察文集里对马克思主义经济学的理论诠释和实际运用，具有特殊意义。下面按照目录排列的作者顺序，就其中涉及马克思主义经济学的论述内容，予以梳理和评介。

#### （一）陈独秀的著述

分别见以下的几篇论文：

《谈政治》（原载《新青年》1920 年 9 月第 8 卷第 1 号）一文，论及马克思修正派，也就是倍倍尔死后的德国社会民主党，为急进派所鄙薄；"中国此时还够不上说真有这派人，不过颇有这种倾向，将来这种人必很有势力要做我们唯一的敌人"。他们不主张直接行动，不主张革资产阶级的命，主张议会主义，采取竞争选举的手段，加入（就是投降）资产阶级据以作恶的政府和国会，想利用资产阶级的政治、法律，施行社会主义的政策；"结果不但主义不能施行，而且和资产阶级同化了，还要施行压迫劳动阶级反对社会主义的政策"。他们激烈反对马克思的阶级战争说，反对劳动专政，拿德谟克拉西来反对劳动阶级特权。"他们忘记了马格斯曾说过：劳动者和资产阶级战斗的时候，迫于情势，自己不能不组成一个阶级，而且不能不用革命的手段去占领权力阶级的地位，用那权力去破坏旧的生产方法，但是同时阶级对抗的理由和一切阶级本身，也是应该扫除的，因此劳动阶级本身底权势也是要去掉的"（注见《共产党宣言》第2章末）。"他们又忘记了马格斯曾说过：法国社会主义及共产主义底著作，到德国就全然失了精义了；并且阶级争斗底意义从此在德国人手中抹去，他们还自己以为免了法国人的偏见……他们自以为不单是代表无产阶级利害的，是代表人类本性底利害，就是代表全人类利害的，这种人类不属于何种阶级，算不得实际的存在，只有哲学空想的云雾中是他存在的地方"（注见《共产党宣言》第3章）。"我敢说：若不经过阶级战争，若不经过劳动阶级占领权力阶级地位底时代，德谟克拉西必然永远是资产阶级底专有物，也就是资产阶级永远把持政权抑制劳动阶级底利器"。修正派社会主义的格言，从革命转到普通选举，从劳动专政转到议会政治！他们自以为这是"进化的社会主义"，殊不知倍倍尔死后的德国社会民主党正因此堕落了！①

以上论述，显示作者反对德国修正派社会主义的议会道路，坚持马克思的阶级斗争和无产阶级专政学说，同时接受马克思这一观点，无产阶级通过革命夺取政权并消灭资产阶级的生产关系，也就消灭了阶级对立和阶级本身的存在条件。

《讨论国家、政治、法律的信》，说到自己的信念："我以为在社会底进化上，物质的自然趋向底势力很大，留心改造社会底人万万不可漠视这种客观的趋向，万万不能够妄想拿主观的理想来自由改造；因为有机体的复杂社会不是一个面粉团子能够让我们自由改造的，近代空想的社会主义和科学的社会主义之重要的区别就在此一点"②。从这里，也能够看到作者理解马克思唯物史观的程度。

---

① 新青年社编辑部编《社会主义讨论集》，新青年社1922年版，第12—15页。

② 新青年社编辑部编《社会主义讨论集》，新青年社1922年版，第23页。

《社会主义批评》一文说：近代所讲的社会主义，其宗旨固然也是救济无产阶级的苦恼，但它的方法不是理想的简单的均富论，"乃是由科学的方法证明出来现社会不安底原因，完全是社会经济制度——即生产和分配方法——发生了自然的危机"，救济这个危机，先要认明现社会的经济的事实，在这个事实的基础上面，设法改造生产和分配的方法。"因此可以说马格斯以后的社会主义是科学的是客观的是建设在经济上面的，和马格斯以前建设在伦理上而空想的主观的社会主义完全不同"。现代生产方法有两大缺点，不得不急图改造：一是"资本私有"。现代大工业的资本私有，有资本的人才有工具做工生产，还可以自己不做工，只拿出资本来雇人替他做工；没有资本的人无法生产，只能卖劳力给有资本的人替他做工。"其结果，生产事业越发达，雇人的游惰阶级和被雇的劳苦阶级底分离越发显著"。二是"生产过剩"。自由派的经济学说得势以来，现代产业界完全放任资本家自由竞争，陷于无政府状态，生产品的种类与数量不受国家的统计调节，资本家乘时投资，争相增加生产，"一旦供过于求，遂至生产过剩经济界之危机"。救济这两大缺点，"只有采用社会主义的生产方法"："资本归公，人人都有工作生产底机会"，社会上一切生产工具，谁也不能据为己有，也不能租给他人获取利益，"这样才可能救济第一个缺点"；"一切生产品底产额及交换都由公的机关统计调节或直接经营，务使供求相应不许私人投机营业，这样才可以救济第二个缺点"。现代分配方法的缺点，"剩余价值，工人血汗所生产所应得的，被资本家用红利底名义掠夺去了"。"像这种不平均的分配方法，是社会主义时代所不许的；因为社会主义的国家，纵然不能马上完全撤废工银制度，终要取消私人营业的利息制度，对于劳动者所生产的价值，不是直接使劳动者全收，也是由国家收取一部分仍间接的用在劳动者身上，决不会变为资本家底私有财产"。"总之，在生产方面废除了资本私有和生产过剩，在分配方面废除了剩余价值，才可以救济现代经济的危机及社会不安的状况。这就是我们所以要讲社会主义之动机"。"马格斯说：'有产阶级锻炼了致自己死命的武器'，止指资本阶级是剩余价值造成的，将来破坏资本阶级的也就是剩余价值"。共产主义和国家社会主义虽同出于马克思，但两派主张彼此正相反对：前者主张阶级战争、直接行动、无产阶级专政和国际运动；后者主张劳资携手、议会政策、民主政治和国家主义。只有俄国共产党在名义上和实质上，"都真是马格斯主义"。德国社会民主党不但忘记了马克思学说，并且明明反对马克思，表面上却挂着马克思派的招牌，而世上一般不知是非的人也往往拿德国社会民主党的主张代表马克思派社会主义，"这真是世界上一件不可解的怪事"。我们中国人究竟应该采用哪一种社会主义？我以为中国的改造与存在，"大部分都要靠国际社会主义的运动帮忙"，应该发达阶级战争的观念，明白民主政治及议会政策在中国比在欧美更是格外破产了；"所以中国若是采用德国社会民主党的国家社会主义，不过多多加给腐败贪污的官僚政客以作恶的机会罢了"。①

此文对马克思学说的理解，比起前面的文章，迈进了一大步。不仅继续运用唯物史观的分析方法，还拿起马克思经济学说的理论武器，阐释现代资本主义生产方式的根本缺陷在哪里，为什么要用科学社会主义来改造现行社会的基本道理。尽管这里把资本私有和生产过剩归为现代生产方法的缺陷，把剩余价值归为现代分配方法的缺陷，如此拆分马克思的经济理论体系，未免牵强，但由此表达了应当采用社会主义的生产与分配方法的明确态度，实行资本公有，公共机关统计、调节或直接经营，以及废除雇佣劳动制度。文中针对国内质疑社会主义的各种观点，根据马克思学说的基本道理，结合中国的自身实际及所处的国际环境，逐一反驳，说明我国亟待讲求社会主义的理由，说明我国应当讲求何种社会主义，重点把真正马克思主义的俄国共产党，与表面上挂着马克思派的招牌而实质上反对马克思的德国修正派社会主义，区别开来。尽管这里把共产主义和国家社会主义视为同出于马克思学说，对国家社会主义的认识也有差误，实际上与修正主义混淆起来，但同样表达了这个明确态度：中国应当效法俄国共产党，避免已经堕落的德国社会民主党的歧途，走真正马克思主义的道路。

以上文章，都是陈独秀讨论其他问题或评论社会主义时，附带提到马克思学说，而专论文章见于《马克斯学说》。其文分四部分②，第一部分"剩余价值"：

"马克思是一个大经济学者，他的学说代表社会主义的经济学和斯密亚丹代表个人主义的经济学一样，在这一点无论赞成马克斯或是反对者都应该一致承认"。马克思的经济学说和以前个人主义经济学说的不同特点，"说明剩余价值之如何成立及实现"。《资本论》二千几百页里面反复说明的目的，可以说就是剩余价值这件事。照马克思的学说，剩余价值归了资本家的荷包，"资本家夺取了劳动者底剩

---

① 以上引文均见新青年社编辑部编《社会主义讨论集》，新青年社 1922 年版，第 75—78、81、92—97 页。

② 以下引文除另注外，均见新青年社编辑部编《社会主义讨论集》，新青年社 1922 年版，第 156—172 页。

余价值，做为他私有的资本，再生产再掠夺，以次递增，资本是这样集聚起来的，资本制度也就是这样发达起来的"。话虽简单，但要真实明白剩余价值是什么，它是如何成立，如何实现和分配的，本是一件很烦难的事。"要明白马克思所说的剩余价值是什么，首先要明白马克思所指的价值是什么，其次要明白马克思所说的劳动价值是什么及劳动价值如何定法"。我们千万不可弄错，剩余价值是自然价格所表现的抽象价值，不是市场价格所表现的具体价值。劳动价值也分为两种，即劳动力自身之价值，劳动者每月拿若干工钱把劳动力卖给资本家的价值，与劳动生产品之价值，每月做出若干产品的价值。如何确定两种劳动价值，照马克思的意思，两件形式不同、物理性质不同和用处不同的货物互换，它们相同的地方只是劳动的结果，因此所费劳动相等的货物价值亦相等。"所以马克思说：'一切用劳力所制造的商品（就是货物）之价值，乃是由制造时所需社会的劳动分量而定。'（劳动分量就是劳动时间长短的意思。社会的劳动是与个别劳动不同的意思：个别劳动有个别勤惰巧拙以及工具精粗的差异，所谓社会的劳动，是指在一定时代的社会状况之下，将这些个别的差异都作为平均程度，因此社会的劳动也叫做平均的劳动。)"劳动者把劳动力卖给资本家，因此劳动力自身也是一种商品。"所以马克思说：'劳动力这种商品底价值，乃是由培养他所需的劳动分量，也就是制造劳动者及其家族生活品所需的劳动分量而定"。我们不可忽略，马克思所谓制造一切商品所费的劳动分量，兼有"生的劳动"（制造该商品时所费的劳动）和"死的劳动"（制造该商品时所用原料、工具、建筑等以前所费的劳动）。以上略说是"马克思的价值及劳动价值公例"。

剩余价值是"货物的价值与制造这货物所费的价值（兼生的劳动之价值又死的劳动之价值而言）之差额"。"照马克思说：剩余价值是在生产过程中成立的，不是在流通过程中成立的，这个意思十分重要，我们也千万不可弄错"。马克思所指出的剩余价值，虽然要在流通过程中才能够实际归到资本家的荷包，但是夺取的方法和剩余价值的本质，都不是指流通过程中一件件生产品的卖价，"乃是指生产过程中劳动者为资本家所做'剩余劳动'的价值"。产业革命以来，所有生产所必需的工具如土地、矿山、房屋、机器、原料等，都被资本家占有，资本家以外的人除了将自身的劳动力卖给资本家，便做不成工，得不着生活费用。资本家给他们的生活费用即工钱，"照马克思的价值公例，一切商品之价值常与制造此商品时所费的劳力相等，劳力（也是一种商品）之价值（即工钱）也常与培养这劳力所需的劳动（即制造劳动者所必需的生活品之劳动）相等"；譬如一个劳动者每日所需的生活品值6小时的劳动分量，照理他每日做工6小时便已产出生活品的价值；然而资本家往往要劳动者每日做工12小时，所给工钱只值6小时的生活品，其余6小时劳动者实际上未曾得到工钱，是替资本家白做了，白做的6小时就叫作"剩余劳动"；生产品的全部价值都是劳动者做出来的，劳动者所得只是一部分与6小时劳动价值相等的工钱，其余部分由6小时剩余劳动而生的价值，就叫作"剩余价值"。剩余价值虽然成立在生产过程中，但是必须到了流通过程才能够实现。资本家雇用劳动者产出一定价值的货物，剩余价值的本质及作用固然包含在这货物中；然而必须等待将货物卖给消费者，把货物的价值变成市场价格，剩余价值变成货币归到资本家的荷包，剩余价值才算实现。生产者不能将货物直接卖给最后消费者，中间必须经过贩卖者之手，贩卖者须得一定资本及劳力的报酬，于是生产者不得不以价值以下的价格卖出他的货物。生产的资本家若向其他资本家借资本，须拿一部分剩余价值支付利息；若向地主租地，又须拿一部分剩余价值支付地租。剩余价值大概如此分配，各种资本家分配所余才是生产资本家实际得到的剩余价值。

　　资本家的资本是夺取劳动者的剩余价值变成的，剩余价值是剩余劳动的价值变成的，工作时间越长，剩余劳动越多，工钱越少，剩余劳动越多，出产能力越提高，剩余劳动也越多；"所以资本家想扩张剩余价值，天天在那里提高出产能力，天天在那里反对增加工钱，反对减少劳动时间，拿剩余价值变成货币，又拿货币制造商品增加剩余价值，再拿剩余价值变成货币，如此利上生利，这就叫作'资本主义的生产方法'"。资本主义生产经营的规模一天大过一天，掠夺兼并的规模也一天大过一天，加上交通机关一天比一天便利，殖民地新市场一天比一天扩大，精巧的机器一天比一天增多，大银行大公司一天比一天发达，跟随着这些制度的发展，从前的小工业逐渐被大工业吸收了压倒了。"这种吸收压倒的结果，便是把全社会的资本聚集在少数人手里，这就叫作'资本集中'"。资本集中使生产能力增加、产业规模扩大，资本主义的生产方法好过以前的生产方法只在这一点。在财产私有制度之下，把全社会的财产大部分集中在少数资本家手里，自然发生以下结果：无财产的佣工渐渐增多；生产能力增加而无产佣工的购买能力不能随之增加，造成"生产过剩"的结果，生产过剩又必然造成"市场缩小经济恐慌"和"工人失业"两种结果。"合起这几项结果，无产佣工的困苦一天比一天沉重，而他们的人数却一天比一天增多，他们的团结也一天比一天庞大，这固随着资本集中产业扩张而集中而扩张的无产阶级，必有团结起来，夺取国家政权，用政权没收一切生产工具为国有毁灭资本主义生产方法之一日"。以上所说资本主义的生产方法怎样利用机器对手工业起了产业革命，怎样夺取剩余价值集中资本，怎样造成大规模的产业组织，同时造成大规模的无产阶级，又怎样造成无产阶级对于资本主义革命之危机，"这种种历史上经济制度之必然的变化，在马克思学说里叫作'经济的历史观察'，又叫作'唯物的历史观察'"。

第二部分"唯物史观"：

马克思的唯物史观学说虽没有专书，但他所著的《经济学批评》《共产党宣言》《哲学之贫困》三本书，都说明过这个道理。综合三本书所说明的唯物史观，要旨有二：一是"说明人类文化之变动"。大意说："社会生产关系之总和为构成社会经济的基础，法律政治都建筑在这基础上面。一切制度、文物、时代精神的构造都是跟着经济的构造变化而变化的，经济的构造是跟着生活资料之生产方法变化而变化的。不是人的意识决定人的生活，倒是人的社会生活决定人的意识"。二是"说明社会制度之变动"。大意说："社会的生产力和社会制度有密切的关系，生产力有变动，社会制度也要跟着变动，因为经济的基础（即生产力）有了变动，在这基础上面的建筑物自然也要或徐或速的革起命来，所以手臼造出了封建诸侯的社会，蒸汽制粉机造出了资本家的社会。一种生产力所造出的社会制度，当初虽然助长生产力发展，后来生产力发展到这社会制度（即法律经济等制度）不能够容他更发展的程度，那时助长生产力的社会制度反变为生产力之障碍物，这障碍物内部所包涵的生产力仍是发展不已，两下冲突起来，结果，旧社会制度崩坏，新的继起，这就是社会革命；新起的社会制度将来到了不能与生产力适合的时候，他的崩坏亦复如是。但是一个社会制度，非到了生产力在其制度内更无发展之余地时，决不会崩坏。新制度之物质的生存条件，在旧制度的母胎内未完全成立以前，也决不能产生，至少也须在成立过程中才能产生"。"马克思社会主义所以称为科学的不是空想的，正因为他能以唯物史观的见解，说明资本主义的生产方法和资本主义的社会制度所以成立所以发达所以崩坏，都是经济发展之自然结果，是能够在客观上说明必然的因果，不是在主观上主张当然的理想，这是马克思社会主义和别家空想的社会主义不同之要点"。

有人以为马克思唯物史观是一种自然进化论，和他的阶级争斗之革命说未免矛盾。"其实马克思的革命说乃指经济自然进化的结果，和空想家的革命说不同；马克思的阶级争斗说乃指人类历史进化之自然现象，并非一种超自然的玄想；所以唯物史观说和阶级争斗说不但不矛盾，并且可以互相证明"。马克思的好友恩格斯曾述说马克思的意见："在历史各时代，必然有他的生产分配之特殊方法，又必然由这种特殊方法造出一种社会制度，那时代的政治和文明之历史，都建设在那个基础上面，依据那个基础说明。所以人类全历史是阶级争斗的历史，即是掠夺阶级和被掠夺阶级，压制阶级和被压制阶级对抗的历史。这些阶级争斗的历史相连相续，构成社会进化之阶级，到了现在又达到一种新阶段，被掠夺被压制的阶级（即无产阶级）要脱离掠夺压制阶级（即绅士阀资本家）的权力，将自己解放出来；同时还要将一切掠夺压制和阶级差别阶级争斗完全铲除，永远把社会全体解放出来"①。这段话，"可以说是把唯物史观说和阶级争斗说打成一片了"。

第三部分"阶级争斗"：

1848年马克思和恩格斯共著的《共产党宣言》，"是马克思社会主义最重要的书，这书底精髓，正是根据唯物史观来说阶级争斗的"。要义有二：一是"一切过去社会底历史都是阶级争斗底历史"。例如古代有贵族与平民，自由民与奴隶，中世纪有封建领主与农奴，行东与佣工，这些压制阶级与被压制阶级，自来都是站在反对的地位，不断地明争暗斗。封建废了，又发生了近代有产者与无产者两个阶级新的对抗，新的争斗。二是"阶级之成立和争斗崩坏都是经济发展之必然结果"。例如欧洲封建时代的工业组织，生产事业由同行组合一手把持，到了发现印度中国等市场和美洲非洲等殖民地的时候，便不能应付新市场需要的增加了，于是手工工场组织应运而生，各业行东被工场制造家挤倒，接着市场日渐扩大，需要日渐增加，交通机关和交换方法都日渐发展，这时手工工场组织也不能应付了，于是又有蒸汽及大机器出来演成产业革命，从此手工工业又被大规模的近代产业挤倒，近代的有产阶级便是这样成立的。近代产业建设了世界的市场，有了这些市场，商业航业陆路交通都跟着发达，这些发达又转而促进产业发达，产业商业航业既发达，有产阶级也跟着照样发达，资本越加多，产业越扩大，将中世纪留下的一切阶级都尽情推倒了。"由此可知近代有产阶级乃是长期发达和生产及交换方法迭次革命底结果。由此可知做有产阶级基础的生产和交换方法，是萌芽在封建社会里面，这种生产和交换方法发展到一定地步，封建社会的生产和交换制度（即农业手工封建的

---

① 这段话引自恩格斯的《共产党宣言》1888年英文版序言，其今译文见《马克思恩格斯选集》第1卷，人民出版社1972年版，第235页。

制度）便不能和那已经发展的生产力适合，这种制度便成了生产力底障碍物，便必然要崩坏，结局果然崩坏了，封建的制度倒了，自由竞争的制度代之而兴，适合这自由竞争的社会及政治制度也就跟着出现，有产阶级底经济及政治权力也就跟着得到了"。有产阶级得势以后，造成极雄大惊人的生产力，惹起这般大规模生产及交换的社会，将人口财产及生产机关都集中了，建设了许多都市，将乡村人口移到都市，使乡村屈服在都市支配之下，使多数人民脱离了朴素的乡村生活，使野蛮和未开化国屈服于文明国，农业国屈服于工业国，东洋屈服于西洋。但是到了有产阶级的生产力发展到与有产阶级社会的制度不适合的时候，社会制度就成了社会生产的障碍物，有产阶级及有产阶级社会的制度也必然要崩坏。崩坏的征兆就是商业上的恐慌，这种恐慌隔一定期间反复发生，一次凶过一次，常常震动有产阶级社会的全部。恐慌的发生，由于资本主义生产方法所造成的生产过剩，由于有产阶级社会的制度过于狭小，不能包容那过于发展的大生产力。"有产阶级救济这种恐慌的方法，不外一面开辟新市场，一面尽量剥削旧市场，这只能救济一时，终是朝着更广大更凶猛的恐慌方面走去，如此，有产阶级颠覆封建制度的武器现在却向着有产阶级自身了。有产阶级不但造成了致自己死亡的武器，还培养了一些使用武器的人，这些人就是近代的劳动阶级，也就是无产阶级"。

"无产阶级是跟着有产阶级照同一的比例发达起来的；近代产业发展的结果，一般小资产小商人小工业家，一方面因为他们的专门技能为新生产方法所压倒，一方面因为他们的小资本为大规模的产业所压倒，都不断的降到无产阶级；可是一方面产业愈加发展，一方面无产阶级不但人类愈加增多，而且渐次集中结成大团体，因为生活不安，对于有产阶级渐次增长阶级抵抗底觉悟，发生争斗，始于罢工，终于革命。有产阶级存在根本底条件，是在资本成立及蓄积：资本底重要条件，是在工钱制度；工钱制度，全靠劳动朴素竞争；但有产阶级既已促进了产业进步，便已经使劳动者从竞争的孤立变成协力的团体了；近代产业发达，使有产阶级的生产及占有之基础从根破坏；有产阶级所造成的首先就是自身的坟墓，有产阶级之倾覆及无产阶级之胜利，都是不能免的事"。从马克思对阶级争斗的说明里，"我们实在找不出和唯物史观有矛盾的地方"。

第四部分"劳工专政"：

从前有产阶级和封建制度争斗，掌握了政权才真正打倒了封建，才完成了争斗的目的；"现在无产阶级和有产阶级争斗，也必然要掌握政权利用政权来达到他们争斗之完全目的，这是很明白易解的事"。马克思在《共产党宣言》里说："从前一切阶级一旦得了政权，没有不拼命使社会屈从他们的分配方法，巩固他们已得的地位"。"有产阶级发达一步，他们政治上的权力也跟着发达一步。……自他们成为有产阶级后，近代代议制度国家底政权被他们一手把持"。"劳动阶级第一步事业就是必须握得政权"。"劳动阶级革命，第一步就是使他们跑上权力阶级的地位，也就是民主主义底战胜。既达到第一步，劳动阶级就利用政权渐次夺取资本阶级的一切资本，将一切生产工具集中在国家手里，就是集中在组织为支配的阶级劳动者手里；……其初少不得要用强迫手段对付私有财产和资本家的生产方法，才得达到这种目的"。"原来政权这样东西，不过是一个阶级压制一个阶级一种有组织的权力；劳动者和资本家战斗的时候，迫于情势，自己不能不组织一个阶级，而且不能不用革命的手段去占领支配阶级的地位，不得不用权力去破坏旧的生产方法"。①他在《法兰西内乱》里又说："劳动阶级想达到自己阶级之目的，单靠掌握现存的国家是不成功的"②。他在《哥达纲领批评》里还说："由资本主义的社会移到社会主义的社会之中间，必然有一个政治的过渡时期。这政治的过渡时期，就是劳工专政"③。

如此详尽地引录陈独秀对马克思学说的评介，因为它给我们提供了一个难得的机会，可以比较有系统地考察这位中国共产党的主要创立者在建党之际，把握马克思主义基本原理的理论视野和认识水准。这篇文章以自述的方式，集中于论述马克思学说的核心理论，比较那个时期的相关著述，至少有几个非同寻常的特点。其一，试图完整和确切地理解马克思学说的整个理论体系，而不是专注于这个理论体系的某个局部或某个观点。这种大局观或整体观念，基于马克思主义的经典著作，以精练方式表现出来，当时能够见之于来自国外特别是日本研究马克思主义的某些著述，但很少见诸我国学者的自撰著述，包括那些创立中国共产党的先驱者，只有李大钊是一个例外。此文所包含的四个理论部分，就是这种大局观的具体体现，显示马克思的学说体系由这些核心理论组成，缺一不可。其中每个理论部分，分别看，国内都有相应的评介著述。综合起来看，同时提到唯物史观、阶级斗争学说和剩余价值论的国内著述，自李大钊以后，虽时有所见，但在国人自撰著述里，很难看到依据马克思著作的确切和精练评介,直至出现陈独秀这篇专论文章。陈氏之文的评介,又与其他相关著述有所不同。它在理论组成部分的排列上,将剩余价值理论放在第一位,表明高度重视马克思经济学说在其整个理论体系中的基础性地位;接着评介唯物史观和阶级斗争学说,着重于二者理论上的一致性而非相互矛盾;最后把劳工专政即无产阶级专政学说提到与前面三个理论相并列的地位,更是特出之处。由此反映陈氏对于马克思学说的全局观念,不仅表现为突出唯物史观与剩余价值论两大理论贡献的理解能力,还表现为针对修正派的议会路线而强调阶级斗争,以及宣扬苏俄革命实践而强调无产阶级专政的时代特色。

其二,试图提炼马克思学说的核心理论要素,而不是枝蔓于这个学说的具体观点或论据。或者说,此文评介马克思学说,关键有两点,一是抓住理论要点,无须纠缠于旁生歧出的其他理论;二是抓要点须准确,力求从马克思著作的经典文本里寻找依据。这样做的目的,主要是为中国共产党确立马克思主义的指导思想做好理论准备,而不是单纯的学术研究,所以不必像其他一些类似的著述那样,进行旁征博引的解说或学究式的考证。这一点,特别明显地表现在对剩余价值学说的评介上。由于阐述这个学说的《资本论》原著多达 2000 多页,不可能照本宣科,所以必须提炼其主旨。此文选择一个切入角度,个人主义经济学的代表人物亚当·斯密在《国富论》里,说明了因为土地和资本私有,劳动者不能像以前那样得到自己所做的全部生产品,只能获得其中的一部分;那么剩余的部分到哪里去了,未予说明。马克思正是从这里着手,继续说明了剩余价值是什么及其如何产生、实现和分配的问题。为此,马克思又借用斯密以来的经济学将所有的价格分为自然价格与市场价格的概念,从自然价格所表现的抽象价值入手,展开有关价值及劳动价值规律,剩余价值产生于生产过程而非流通过程,生产过程中剩余劳动所产生的价值形成剩余价值,剩余价值实现于流通过程并在生产资本家、借贷资本家和地主等之间分配,资本主义生产方式的特征是不断扩大掠夺劳动者剩余价值的资本积累并将资本集中在少数人手里,资本集中造成生产过剩、经济恐慌、工人失业,同时造成无产阶级队伍的壮大和团结,为无产阶级夺取政权并没收一切生产工具为国有、摧毁资本主义生产方式创造了条件等一系列分析。换句话说,以上提炼概括了《资本论》第一卷的基本精神,从劳动价值论和剩余价值论的分析中得出资本主义生产方式必然灭亡的结论。根据第一部分剩余价值的理论说明,自然引出资本主义生产方式从利用机器对手工业的产业革命,到夺取剩余价值以集中资本,再到造成大规模产业组织的同时造成大规模的无产阶级，直至造成无产阶级对资本主义的革命危机，这种观察历史上经济制度的必然变化的方法，就是第二部分的唯物史观。关于唯物史观的评介，基本上摘录《共产党宣言》《政治经济学批判》序言和《哲学的贫困》等经典著作的重要论述，概括为说明人类文化的变动与说明社会制度的变化两方面要旨；然后引出恩格斯的经典概述，说明唯物史观与阶级斗争学说的一致性，也就是引出第三部分的阶级斗争学说。关于阶级斗争学说，大体引用《共产党宣言》第 1 章的有关论述，将其要义浓缩为一切过去社会的历史都是阶级斗争的历史，以及阶级的产生、斗争和崩坏都是经济发展的必然结果两点；这两点，进一步证明了唯物史观和阶级斗争学说之间不存在所谓的矛盾。从阶级斗争学说引出第四部分的无产阶级专政学说，乃理之必然。这一部分的说明，几乎完全由引用《共产党宣言》《法兰西内战》和《哥达纲领批判》有关无产阶级专政的名句构成。可见，此文概括马克思学说的核心原理，既突出重点，又环环相扣，体现其理论体系的逻辑一致性。

其三，试图通过对马克思学说的系统梳理，奠立指导中国革命的马克思主义理论基础。初看此文，有些类似于读书笔记。据此可以判断，陈独秀在大量阅读包括马克思主义原著、解说或阐释类著述，以及各种批评性著述的基础上，加以领悟、吸纳、借鉴和消化，最后形成自己的独立理解和表述形式。这个形式，为了保持马克思学说体系的完整性和纯粹性，很少引入自己的或他人的评论意见；又为了体现马克思理论要点的基本逻辑和经典论述，致力于简明切要的概括和代表性文句的引用。犹如读书笔记似地记录重点和串连心得，不像当初李大钊以"我的马克思主义观"，鲜明表达自己的政治信仰和理想追求。其实，陈独秀这篇专文评介马克思学说，是他多年研究和探索社会主义与马克思主义的产物，不仅表现为贯穿此文始终的遵奉原典精神和认真求索态度，而且从编辑《社会主义讨论集》也可以看到，早在此文之前，如《社会主义批评》一文同样鲜明地表达了信仰马克思主义的基本立场，运用马克思主义来批评德国修正主义是反对马克思派，确信列宁领导的布尔什维克是真正马克思派，阐明中国应当走苏俄革命式的马克思主义道路。结合起来看，此前他的立场，更多表现在批评那些反对马克思科学社会主义的派别和言论，或者论证中国应当效法苏俄革命的各种理由，尚未对支持这一立场的马克思主义理论体系本身，作系统的阐述；此文的发表，正好弥补了这个缺憾，为他用于指导中国革命，提供了理论支撑。陈独秀这篇文章系统评介马克思学说，虽然晚出于李大钊那篇著名论文，但在为中国共产党的成立准备精神食粮方面，毫不逊色；而且陈氏此文比较他以前论述社会主义的文章，明显的变化是增加了对马克思经济学说尤其对剩余价值学说的理论认识。

### （二）李达的著述

他的《马克斯派社会主义》一文写于 1921 年 6 月 2 日，不同于陈独秀的《马克斯学说》一文主要评介马克思的理论体系，重点论述马克思主义的各种派别。首先指出"马克思主义之分派"：马克思学说出世后，空想的社会主义变为科学的社会主义，于是社会主义为马克思主义所代表，一说社会主义，就晓得这是马克思主义。但是近来产生各派社会主义，范畴复杂，有所谓马克思派社会主义和非马克思派社会主义，马克思主义就不能代表社会主义了吗？现在还有一些研究社会主义的人，恐怕弄不清楚马克思派社会主义究竟包括一些什么主义，不知道自己提倡的是马克思派社会主义，反倒指摘别人所提倡的马克思主义为过激主义，加上过激派的头衔使别人害怕，不敢公然主张。这种心理可笑之极，也许是不懂得马克思主义的派别之所致。从前说马克思主义的派别，多半列举正统派和修正派，至于工团主义和组合社会主义，则不当作马克思主义；更不消说多数主义，一般人不特不承认它是马克思派社会主义，反说是无政府主义，这和北京政府中人说"劳动俄国"即"无政府主义"，一样的无识可笑。我在这里特地把马克思派社会主义列为一种范畴，包括"正统派社会主义""修正派社会主义""工团主义""组合社会主义"（今译基尔特社会主义）和"多数主义"（今译布尔什维主义）。

这五种社会主义：正统派相对修正派而言，以考茨基为代表，他们保存马克思主义的质量比修正派多，但"不是纯粹的马克思主义，不过是马克思派社会主义中一个分派"；最初马克思主义的运动，"要用无产阶级的直接行动，实现无产阶级的共产社会"，但"正统派有一种根本的谬误的地方，就是误解马克斯的学说，坚守民主主义，支持议会政策"；是否采用民主主义和社会政策，这是马克思派"一个新近发生的最重要的问题"，关于这个问题的讨论，有考茨基和列宁、托洛茨基两派的著书和辩论，"我想凡是研究了马克斯主义，又读过这两派的著作书的人，一定能够了解谁是真正的马克斯主义者"。修正派以伯恩施坦为代表，严厉批评马克思的唯物史观、剩余价值说、资本集中说、资本主义崩坏说和阶级斗争说，大行修正运动；德国的修正派传入英法等国，变成进化的或改良的主义。工团主义有劳动组合的意思，根本思想是阶级斗争，以劳动者有自主的"自由工场"、劳动阶级解放为理想，以直接行动为主；"一方面固可以说是马克思主义的反动，一方面又可以说是马克思主义的还原"。组合社会主义"把集产主义和工团主义的要点结合起来，另成一种新形式"。多数主义初次得势时，世人都把它当作洪水猛兽，或以为是无政府主义，想联合世界一切暴力去完全歼灭它；后来看了劳农俄国的措施，渐渐明了它的真相，但劳动专政惹起全世界各方面的非难；人人都知道多数主义的措施"完全遵奉马克思主义"，正统派却极力攻击，不承认它是马克思主义；不得不承认，马克思所著《法兰西内战》《哥达纲领批判》《共产党宣言》等书的有关论述，"就是多数主义行劳工专政的思想的源泉"，无论考茨基如何曲辨，"劳工专政发源于马克思主义一事，已有确切的根据"；列宁又进一步论述了为什么必须实行劳工专政，劳动阶级的意义，劳工专政的本质、作用与形式等。

"综合上述各派社会主义而论，范畴虽有种种不同，但在社会改造的根本原则上，都是主张将生产机关归社会公有的。不过所采手段，各派各不相同，或者采用直接的适宜的手段，能够早日的达到目的；或者采用间接的迂缓的手段，愈实行而离去目的愈远。至于各派所采手段所以不同，或者因为各国国情和国民性不同所致，但是我相信近的将来，各派都要在同一的目的地会合的"。第三国际"已经可以代表各国社会党的进步派，都是赞成劳工专政，采用劳农制度的，这也可称是各国社会运动最新的趋势了"。中国何时能够发生社会革命，中国社会革命究竟采用何种范畴的社会主义？大概也是按照国情和国民性来决定。"未到实行的时候，我们也不能预先见到，所以不敢说中国应实行多数主义，却又不敢说中国一定不适宜多数主义"。①

这篇文章的末尾，开列参考书有拉金的《马克思派社会主义》，列宁的《国家与革命》，考茨基的《民治吗？专政吗？》，列宁的《劳兵会论》，室伏高信的《列宁主义批评》。实际上更直接的参考书，应是李达翻译高畠素之的《社会问题总览》一书"马克思主义改造说"一节的论述。或者说，以这一节列举的马克思主义五个派别为主轴，在此基础上有所增删，如增加正统派而略去无政府主义，将"同业公会社会主义"改为"组合社会主义"等。李达此文有关内容，如论及多数主义的劳工专政，其思想本源来自马克思著作的论述，同陈独秀之文将劳工专政列为马克思学说的四个基本原理之一的理由，几乎完全一致；说明二人在这个问题

---

① 以上引文均见《社会主义讨论集》，新青年社 1922 年版，第 172—191 页。

上，有共同的参考来源，或者相互取益。李达之文论述马克思派社会主义，着重于派别而非基本原理，又认为五个派别的社会主义都主张生产资料社会公有的社会改造根本原则，不过采用的手段各不相同，所以不必谈它们共同的原理，只须谈它们不同的手段范畴即可。其实这里存在相互矛盾的地方，一边认为修正派几乎推翻了马克思的所有基本理论，一边仍将它归入马克思派；一边说正统派不是纯粹的马克思派，工团主义和基尔特社会主义也明显与马克思主义相反动或不同，只有俄国布尔什维主义完全遵奉了马克思主义，一边又将它们同属于马克思派。这种模糊认识，显然受到日本学者的影响。在这一点上，陈独秀明确把德国修正主义与马克思主义斩断开来，只承认布尔什维主义才是真正的马克思派；然而又将德国修正主义等同于国家社会主义或国家资本主义，可见也未能避免概念上的混同。另外，李达之文一面相信，采用直接的适宜的手段比起间接的迁缓的手段，能够早日实现而不是背离其目的，其最新趋势以代表各国社会党进步派的第三国际所赞成的劳工专政和劳农制度为标志，一面又对中国按照自身的国情和国民性，是否适宜于布尔什维主义的社会革命，持不敢说的谨慎态度。这和陈独秀之文明确表示中国应当效法苏俄革命的观点，也有所不同。

1921 年 4 月 8 日作于上海的《讨论社会主义并质梁任公》一文，发表在前文之先，却在文集里排列于前文之后，应是以前文所述更为重要。此文比较资本主义生产方法和社会主义生产方法，认为资本主义生产组织，一切生产机关概归少数资本阶级私有，最大多数劳动者均为劳银的奴隶，完全受资本阶级支配；劳动者与资本家的关系是人与物的关系；劳动者制造出来的剩余生产尽归资本家，自己仅得些小工资过活，不能赡养一家；资本家专讲自由竞争，绝对不谋生产力保持均平，供给与需要不能相应，只顾盘算劳动者的剩余劳动，增加生产力生产多量的商品，为了增加自己的私产；一时需要减少，生产过剩，资本家谋妙法填补，劳动者因此大受恐慌，招来失业的苦痛，"这应是产业组织不受政治力支配的恶果"。社会主义生产组织却不是如此，一切农工业生产机关概归社会公有，共同劳力制造生产物，平均消费；商品生产可以全废，生产物不至于压迫生产者；人与人的生存竞争完全消灭；生产消费可以保持均平；一人利用他人，压迫他人的事实绝对不会发生，也没有经济恐慌人民失业的危险。"所以资本主义的生产组织是无政府无秩序的状态，社会主义生产组织是有秩序有政府的状态。这两者的利害得失，我想无论何人都容易判别出来"。

社会主义运动的手段，最重要的三种是议会主义、劳动运动和直接行动。中国社会主义运动究竟应采取何种手段，我推测，"或者不得已要采用劳农主义的直接行动，达到社会革命的目的"。劳农主义的直接行动和工团主义的直接行动两种，"我看或者要用劳农主义的"。俄国的革命运动即劳农主义的方式。"俄国是农业国，中国也是农业国，将来中国的革命运动，或者有采用劳农主义的直接行动的可能性"。①

此文比较资本主义和社会主义两种生产方式，前者完全基于马克思经济学说对资本主义生产方式的分析，后者亦从这一分析推论出来。这个比较以欧美资本主义发达国家为对象，也是中国共产党成立前夕，其先驱者们普遍认同马克思主义经济学的基本认识。问题是如何运用这个认识来结合中国的自身国情和指导中国的革命实践，此文得出的待确定结论，中国或许应当像同为农业国的俄国一样，采用工农苏维埃主义的直接行动式社会革命，或者说，中国具有走苏俄革命道路的可能性。这个说法在稍后发表的文章里，又换成"不敢说"中国应当实行或一定不适宜布尔什维主义的谨慎表态。

《无政府主义之解释》一文，"根据理论说话，不要感情用事专闹意气"；相信东亚的学者们，"六根不全的居多，要想自立起来不倚伴他人的门户来做关于主义学说的评论，恐怕很少"，本文也是采集其他同志的文字材料来做有系统的研究。分析无政府主义代表人物克鲁泡特金的思想，判断"克氏的长处也是马克思主义的长处，马克思主义更有较多的长处"，所以"克氏的主义不如马克思主义"。结论是，"一切政治的经济的社会的组织和各种制度，都是人类久远的历史集积而来的，并且受到合理的判断所指导所开拓所蓄积而来的，正所谓根深蒂固；决不是一人或数人的意见和感情表现所能颠覆所能绝灭的。要干这种革命事业，必定要具有一种能够作战的新势力方能办到的。说到这里，我要推荐马克思主义了"。② 这是从批评无政府主义的论争中，进一步确立起信仰马克思主义的意志。由此也能看到当时的中国共产党人在来自各种"门户"的舶来主义学说中，凭着对唯物史观等基本原理的坚定信念，选择了马克思主义。

1922 年 4 月 22 日作于上海的《第四国际》一文指出：第一国际受马克思的影响 1864 年在英国创立，"拟定了无产阶级解放的方针，指示了世界革命运动的策

① 以上引文见《社会主义讨论集》，新青年社 1922 年版，第 202—203、215、217—218 页。
② 《社会主义讨论集》，新青年社 1922 年版，第 222、238—239 页。

略"；后因政治形势所迫，不得已停顿。第二国际继续第一国际 1889 年在巴黎成立，"把无产阶级组织了，训练了"；后被机会主义改良主义的领袖引上错路，丧失了无产阶级的信仰。第三国际复活第一国际 1919 年在莫斯科成立，"把第一国际计画实现了，完成了"；起来揭发第二国际的虚伪，"从新决定用武装的争斗，企图世界革命，建设国际劳农共和国，以劳农政府的形式实行无产阶级专政"。第四国际和第三国际对立，手段不同，并不是因为有什么非分裂不可的理由，它们在原则上是一致的。"我极希望第四国际的创始人，能够牺牲一点意见，勿固执'国家的布尔什维主义'或'爱国的布尔什维主义'，勿帮助敌人攻击第三国际，务为和第三国际并合起来，完成世界革命"。①

此文提及第四国际"理论的指导者"郭泰②，也就是李达大约一年前翻译出版《唯物史观解说》的那位荷兰原著者，今译海尔曼·果特。这里说的应该是以果特为代表的荷兰共产党，先是拥护苏俄革命，后来又公开反对共产国际的纲领，暴露同列宁和共产国际的严重分歧。李达站在列宁领导的第三国际一边，也表明他改变在中国共产党成立前夕所写的文章里，对苏俄革命是否适宜于中国或中国是否具有实行苏俄革命的可能性所采取的审慎态度，坚定了走苏俄革命道路的决心。

### （三）周佛海的著述

他的《进化与革命》一文写于 1921 年 6 月 20 日，提到中国有人抄录马克思的《经济学批评》序言，用来反对中国现在的社会主义运动；把马克思的招牌拿出来压人，说其结论是从马克思的唯物史观演绎出来的，要推倒这个结论，必先推倒马克思的唯物史观。其实他们的见解，只知其一，不知其二，只看见真理的片面，只看见马克思的唯物史观，没有看见马克思还主张阶级斗争！如果说资本主义必倒，社会主义必兴，可以任它们自己去进化，那么"主张经济定命论"的马克思，为什么主张阶级斗争？如果说中国现在没有实行社会主义运动的资格，中国产业还没有十分发展，尚有发展余地，就像卵壳内的雏鸟没有成熟，不能用人力来破坏一样，那么马克思 1848 发表的《共产党宣言》为什么主张阶级斗争，又为什么在更早的时期推行社会主义运动，那时欧洲产业距今八九十年前，也未必没有发展的余地？马克思为什么敢断言资本主义必倒，社会主义必兴？因为他看出"两者

---

① 《社会主义讨论集》，新青年社 1922 年版，第 240、251 页。
② 《社会主义讨论集》，新青年社 1922 年版，第 241 页。

一兴一亡所必要的条件，以这个条件为根据来推论的"。马克思以为："在资本主义的生产组织下面，产业一定要集中，所谓产业集中，就是大工场并吞小工场，大资本家底资本并吞小资本家底资本，以中产阶级的人底资本、企业，都一定要为大资本家所夺去，而自堕为无产阶级；而大资本家则因为并吞了小资本家底资本和企业，所以愈弄愈大，其结果就是社会分为两极端的阶级——最富的资本阶级和极穷的无产阶级——而对立（这两阶级底人口，是恰相反的，资本阶级的则愈弄愈少，无产阶级的则越弄越多）。他们既然这样各占在两极端的地位上面而对立，战争就不得不随之发生。而战争最后的胜利，一定要归人口最多的无产阶级。无产阶级底胜利，就是资本主义底灭亡，社会主义底实现"。

　　但马克思这个预想究竟是不是这样进行，"还是一个疑问"。其实中产阶级灭亡一事，并不像马克思所预言的，至少也没有像他说的那样厉害。修正派的伯恩施坦拿统计数据来反对这个说法，固然不是十分可靠，但经济界的人群，发现了特殊的组织及其发达，"足以防止中产阶级灭亡的这个趋势，至少也可以大大地缓和他"，这就是公司组织的发达。资本制度下，固然小规模的企业不能抵抗大规模的企业，小资本家竞争不过大资本家，但是许多小资本家把他们不充分的资本集合起来，组织公司办成大规模的企业，未尝不可抵抗大资本家的合并。照这样看，中产阶级只会一天比一天发达，哪里会消灭？不独中产阶级，就是高级劳动者也能集股经营企业。所以伯恩施坦的统计证明，"也不是全不可信的"。于此可证明自然进化靠不住，又可证明组织社会的人群势力不可轻侮。"这就是不能专倚进化而要加以革命的第一原因"。有人以为社会主义的实现，要等到资本制度十分发达才行，这是根据马克思的说法。殊不知马克思虽然确信资本制度发达到十分，一定会灭亡，然而并没有确信资本制度没有发达到十分，就决不会灭亡。不然，马克思就不应该在欧洲资本制度还有充分发展余地的时候，发动社会革命了；资本制度没有充分发展的俄国，也就不应该能发生社会革命并且能成功了。我们又何妨在资本制度的恶害还未充分流露的时候，以革命的手段来打破它？"这就是不能专倚进化而不加以革命的行动底第二原因"。所以，"马克斯一方面主张经济的定命论，一方面又主张阶级斗争！人家都以为马克斯这两个主张，是自相矛盾，其实正是他学说底精髓"。社会主义没有先实现于美国，而先实现于俄国，有人以为这是马克思的预言不中，其实看他的学说全体，"乃是当然的结果"。俄国在资本制度发达到一定程度，就起来实行积极的、全部的革命，所以社会主义得以实现；美国虽然资本制度十分发达，然而还未发生革命的行动，虽然有不少同盟罢工，不过是部分的、消极的，照这样下来，恐怕再过几百年依然存在资本制度，还想什么实现社会主义。"俄国实行马克斯学说底全体而成功，美国只具他学说底一面而不成功，就是表示马克斯学说底精髓，要从他的学说全体看才能领悟的，谁能说他是自相矛盾"？①

这篇文章再次表明，中国共产党成立之际，阐明马克思的唯物史观和阶级斗争学说之间的关系，对于确立马克思主义为党的指导思想，成为一个重要理论问题。当初李大钊撰写《我的马克思主义观》，提出并阐释这一问题，但未彻底解决两个学说之间存在矛盾的疑问，留下一点瑕疵。陈独秀的《马克思学说》一文，依据马克思、恩格斯的经典论述，从根本上否定二者自相矛盾的说法。现在看到周佛海这篇文章讨论进化与革命，再次批驳所谓自相矛盾的论调，反过来强调马克思这两个主张，正是马克思学说的精髓。然而周氏的主要论据之一，偏离马克思学说本身，从修正马克思学说的伯恩施坦的统计数据中寻找理由。认为马克思关于资本主义必定垮台而社会主义必然兴起的预言，在理论上是一种"经济定命论"，事实上也并未出现中小资本家被大资本家吞并而灭亡的趋势；其原因在于股份公司的发展，延续或阻止了这一趋势，使得中小资本家甚至高级劳动者，都有可能通过集资建立起大规模的股份公司，与大资本家相对抗；因为这种人为势力改变了资本制度的自然进化趋势，所以单有自然进化的预言靠不住，还要有革命的手段，这就是马克思一面主张唯物史观，一面主张阶级斗争的道理。伯恩施坦所要修正或否定的，正是马克思的阶级斗争学说所包含的社会革命论，周佛海却拿来补充或证实马克思的社会革命论，真是滑天下之大稽。由此也可知周氏论说，存在着混淆马克思学说和修正派学说的重大理论缺陷。

1921 年 1 月 28 日的《我们为甚么主张共产主义？》一文，说明我们的主张，不是无政府的共产主义，乃是"现在在俄国实行着的共产主义"，"资本阶级因为吓人吓己，把我们叫做过激派的过激主义"；我们的共产主义"乃是马克思底正统派"，共产主义与无政府主义，马克思和巴枯宁打了好久的官司，被马克思打赢了。说到这里，突然一转，"我并不是根本的反对无政府主义的"，我"承认"无政府主义的原则，它是人类努力的最后目标；我的意思，共产主义是达到无政府主义的一个阶段。② 此文接下来，都是讨论何以必须先达到共产主义，然后才能达到

---

① 《社会主义讨论集》，新青年社 1922 年版，第 278—286 页。
② 《社会主义讨论集》，新青年社 1922 年版，第 287—288 页。

无政府主义。这又是概念上的混淆，把明明已有特定涵义的无政府主义概念，说成俄国共产主义或马克思派共产主义追求的最终目标。所谓马克思"正统派"，在李达的文章里特指以考茨基为代表的非纯粹马克思派，在周佛海的文章里却成为自我标榜的荣耀。于此亦可见，周氏笔下，所谓共产主义、俄国过激主义、马克思正统派、无政府主义以至于修正主义等概念，能够随意通用。

同年 5 月 11 日的《夺取政权》一文，主张以共产主义作为改造的目标，其手段"第一就是要夺取政权"；夺取政权，"不是说用甚么议会主义去和有产阶级鬼混，想在政治上分一杯羹，乃是说要用革命的手段，打倒有产阶级，把政权夺到无产阶级的手上来"；有两派人，即一般稍有觉悟的青年和无政府党人，讳言政治，对此，不用什么高深的学理来反对，也不把马克思、列宁的话搬来作论据，只需根据平凡的实际，论断他们的理想是空想而无实现的可能性。所谓平凡的实际，总起来说，政治本身不一定有害，只看如何用它；有产阶级拿政治上的势力来压迫无产阶级以维持他们的特权，固然是政治的坏处，无产阶级拿政治上的势力来铲除有产阶级，使社会没有阶级区别，不能不说是政治的好处；所以无产阶级切不要不相信政治可以改造社会，要改造社会非先夺取政权不可；有产阶级凭着政治权力，禁止我们的自由，把我们捆得死死的一点也不能活动，我们也要努力把政权夺回来，原封送还赠品给有产阶级，也把他们捆得死死的一点不许活动，然后才能照着我们的理想社会，一步一步地建设起来；夺取政治，一切政治权力都归无产阶级，"这就是我们革命底信条，革命底标语"。① 此文面向具有相同改造社会目标的同路人，宣扬无产阶级一定要先夺取政权的道理。这个道理固然出自马克思、列宁的学理和苏俄革命成功的实践，但联系周佛海前面的《进化与革命》一文，他既然把马克思的唯物史观视为"经济定命论"，很难会考虑经济发展状况与夺取政权的社会革命之间的互动关系。

**（四）李季的著述**

他的《社会主义与中国》一文 1921 年 1 月 4 日写于广州，宣称"社会主义是一种最好的学说，是救我国全体人民的唯一良策"。文中论述社会主义优点的那些话，基本上出自克卡朴的《社会主义史》一书；还列举中国工业和农业的实例，说明工人和农民被掠夺的情况。接着针对那些"新顽固"自命深通西洋情形，以

---

① 《社会主义讨论集》，新青年社 1922 年版，第 302—303、312—313 页。

马克思、恩格斯的学理为据，强调"必定须资本主义发达到极处，然后社会主义才能够实现"的说法，回答如下：

《共产党宣言》《乌托邦和科学的社会主义》《资本论》等著作曾说，"产业集中，资本家数目减少，中等阶级消灭，工人痛苦增加，和工业危机继续出现，使社会分为界限判然的两阶级之后，然后工人藉政治组织之力，攫得政权，实行社会主义"。马恩二人固然是近世科学的社会主义之始祖，有许多独具只眼的见解，但"他们也是圆颅方趾的人类，并不是什么'神'"。他们著书立说，为当时环境所限，依照环境趋势，推测将来的情形，"后来时过境迁，自然是有些不大中肯的地方"。如马克思的产业集中说，固然言中西洋各国的工业方面，但农业方面的集中运动，"却没有他所说的那样快"。又如根据杜威博士的讲演，马克思所谓一方愈富，一方愈贫，"与历史事实完全相反"；事实上劳动社会后来也渐渐提高，大战影响劳动阶级利益不少，工资因此提高了；马克思的科学推算，以为社会主义实现最早的国家，一定是经济制度最完备的国家，一定在英、美、德、法等国，"不料事实上竟在经济制度极不完备的俄国"。所以我们对于"古人"（即马克思）的学说，应当参照现在的情形加以考虑，"断不可一味盲从，做出那'孔趋亦趋，孔步亦步'的样子"。我们要晓得，马克思固然极力陈说资本集中，产业发达的结果，社会主义必然实现，但他未曾说必须资本集中，产业发达，然后社会主义才能实现，否则决不能实现。因此，我绝对否认那种"中国若想社会主义实现，不得不提倡资本主义"的曲解。我们看到现今的澳洲没有经过资本阶段而实行产业国有、保护劳动法令等，何以能达到社会主义。通过以上理论和事实，"自然知道社会主义是救我们中国的良药，也自然知道那些新顽固所说资本主义不发达，不能实现社会主义的话，是荒谬绝伦，大错特错的了"。①

李季翻译克卡朴的《社会主义史》一书，当时在国内产生不小的影响。从此文看，他的社会主义知识，仍以这个译本为主，加上杜威访问中国时的讲演主旨；马克思的经济学说，被认为已经过时了，特别是马克思根据资本主义积累的一般规律和历史趋势，预言随着劳动阶级的贫困及其与集中掌握资本的少数资本家阶级对立的加深，资本主义发达国家将最先实现社会主义的结论，已经失效了。此类论调，以前也曾见过，一般被用作否定落后的中国具有实行社会主义的可能性、必要

---

① 《社会主义讨论集》，新青年社 1922 年版，第 317、327—329 页。

性和可行性的依据。此文相反，以此证明中国无论落后与否，只要工业和农业领域存在剥削现象，就应当实行社会主义，而且这是拯救中国的唯一良策，俄国革命便是例证。此文宣称马克思、恩格斯也是人不是神，受环境条件的限制，也会做出错误的判断或预测，不必盲从其学说，当作亦步亦趋的教条。这个说法就其具体观点或论断而言，不能说没有道理。但主张以社会主义作为拯救中国的良药，终究需要将社会主义的基本原理与中国实际相结合，试图用克卡朴式社会主义或杜威式社会主义解说来取代马克思主义，无疑是一条歧路。看来，周佛海也是受此文观点的"启发"，突发奇想，要用修正主义的理论来证明马克思论断的失误并借以"补救"马克思主义，结果从歧路徘徊最终走上背叛马克思主义的道路。

### （五）李汉俊的著述

他的《中国底乱源及其归宿》一文写于1922年元旦，提出解剖中国最近混乱的原因与内容，归纳为三个因素：中国社会各局部相互间的进化程度太不一致而发生剧烈的同化和淘汰作用；中国与世界的进化程度悬隔太远而发生剧烈的同化和淘汰作用；中国的资本阶级与世界的资本阶级争夺中国市场。分析进化或缓或急的社会现象，举例欧洲先孕育产业革命，出现资本主义，才发生亚当·斯密的经济学说；有了资本主义的生长，才有空想的社会主义；有了资本主义的发达，才有科学的社会主义；这是按部就班的进化。后进的俄国则不然，在产业革命以前就发生了空想社会主义，在资本主义还没有发达时就先觉发达了科学的社会主义；"至于中国近年来的现象就与俄国非常相像了"；因为有急速进化的必要而发生脚步凌乱的现象，"所以不能说进化必是循次而进"。又如斯密的经济学说，经过马尔萨斯、李嘉图等人数代的祖述，直至马克思学说昌行，才渐渐消失其价值；现在中国的这些人物或学者如果不时常变更其运动或学说的内容，就要落伍，就不能维持其地位，"这种现象适足以表示中国进化的急速，表示中国前途的光明，并不足以悲观"。

分析中国将来与世界会合的地点究竟在哪里，又举例法兰西革命是世界君主贵族政治溃灭的烽号，"此次俄国底社会革命，无论其就此成功与否，也不失为世界资本主义崩坏的预兆"；俄国此次社会革命，决不只是俄国人或俄国的事，也决不表示只有俄国成就了发生社会革命的环境，"乃是全世界人都要推翻资本主义了的表现，也是发生社会革命的环境在全世界已经成就了的表现"；社会革命由俄国人先发，在俄国先发，只不过是一种偶然，就是不由俄国人先发，不在俄国先发，迟早也要由别国人在别国发动，"因为全世界人都要推翻资本主义了，发生社会革命的环境在全世界已经成就了的缘故"；"无论俄国能不能够就此成功，总之资本主义底崩坏在世界已经是一定的必然了"；"近代世界底进化非常迅速，其全体崩坏也必不远"；中国进化虽然比较急速，也未必三五年内就能达到世界现在的地点，恐怕中国还没有达到这个地点，世界就已经改变了，中国就是进化到世界现在的地点，混乱都是不能终止的，"所以我们认中国要进化到了社会主义，混乱才能终止"。①

这篇文章的主旨，是说中国各方面的进化，不可能重走欧洲那样有条不紊、按部就班的发展老路，势必处于急剧变化的动荡时期，这是由国内社会各部分发展的不平衡、中国整体与世界进化程度的巨大差距、世界资本家与中国资本家争夺中国市场等乱源因素所决定的，这不是悲观的坏事，而是显示中国光明前途的好事；俄国社会革命的例子已经证明，整个世界进入了势必推翻资本主义或资本主义必然崩坏的成熟环境，中国只有急速变化到全世界的革命程度，进化到社会主义，才能终止目前的混乱局面。这个分析，反映了当时的中国共产党人急于从理论上解答进化与革命的关系问题，以便引导国人走上社会革命的道路。李汉俊的回答，以俄国革命为师，着眼于整个世界发展局势，不拘泥于马克思学说的具体进化观点，反而把中国为了改变落后面貌而急速变化，看作跟上世界步伐而进入社会主义的有利条件。

《我们如何使中国底混乱赶快终止》一文，继前文答复中国要赶快终止混乱，自然要努力使中国赶快进化到社会主义，又针对中国进化到社会主义，是否要经过资本主义充分发展的阶段这个问题，回答说："现在中国要进化到社会主义，没有要经过资本主义充分发展的阶段的必要，可以直接向社会主义路上走去，并且现在的中国没有充分发展的可能，以中国现在的环境又有直接向社会主义路上走去的必要"。实现社会主义要有完备的物质条件，这里说中国要直接走上社会主义的路，不是说马上把中国完全变成社会主义状态，只是说"在制度上把中国引向社会主义的路上去进化"，"把一切足以妨碍中国社会主义自由进化的制度铲除，改建一切足以促进中国向社会主义自由进化的制度，使中国能够自由向社会主义急速进化"；"物质的条件不必一定要在资本主义制度之下才能完备，在这新制度之下一样也能完备，并且还要比在资本主义制度之下完备得快，因为凡在资本主义制度之下所必然发生而为产业健全发展之障碍的种种产业上及社会上障碍，在这新制度之

---

① 《社会主义讨论集》，新青年社 1922 年版，第 330—331、338、342、344—346 页。

下都可以完全铲除的缘故"。

把上述观点说成违背马克思的唯物史观，这是机械解释唯物史观，"很有纠正的必要"。马克思说明人类进化的原理，"就正规的进化程序而说"，是"正规的进化底现象"。根据马克思的唯物史观公式，见《经济学批评》序文一段话（引语略①），"表明生产力与社会组织底变化之间有人类意志的媒介"，人类的意志"就是人类进化底系纽"，表现为"在一切过去（除开古代共产制时代），就是阶级斗争"，所以马克思又有阶级斗争的学说。根据马克思的意见：一切过去的社会是阶级的社会，同一社会里面存在两个以上利害相异的阶级，有的阶级以维持现状为于己有利，反对打破现状，有的阶级以维持现状为于己有害，主张打破现状；这些阶级间发生所谓阶级斗争，要求打破现状的阶级制胜，实现社会组织的变革。由此也可以明白，社会组织的变革是要人的意志或表现为阶级斗争来实现的。马克思如此注重阶级斗争，不能离开他的阶级斗争学说来解释唯物史观，否则人类的进化就不可思议，唯物史观就变为机械论。引用唯物史观公式的话，说明人类要求社会组织变革的意志，要生产力发展到相当阶段，与社会组织发生了冲突，才能发生，"这是正规的进化应有的现象"。然而人类的进化不一定非正规不可，人类的意志不一定要身历其境才会发生；人类如果因为别的原因，先于生产力的进化程度而发生要求社会组织变革的意志，就是生产力还没有进化到相当程度，社会组织也是能够变革的。"所以我们不能把马克斯底唯物史观专作机械的解释，社会组织有时也能先于生产力底进化程度而变化的"。

继续引用唯物史观公式的话，解释社会的物质生产力与社会组织之间，虽然可以说存在着适应关系，但更严密地说，社会组织的历史有前后两期：第一期社会组织与社会的物质生产力正相调和，社会组织处在便于生产力发展的关系时代；第二期社会的物质生产力因为发展到某一程度，与社会组织的调和破裂了，助长生产力发展的社会组织变成妨碍生产力发展的束缚。照这样看来，社会组织有与生产力相调和的时代，有相冲突的时代，或有相适应的时代，有不相适应的时代，有在生产力进化程度以前的时代，有在其以后的时代，因为生产力是不间断变动的，而社会组织在第一第二期是固定的；于是晓得，"社会组织是可以先于生产力而进化，只要人类能够因相当的原因发生要改变的意志"。"一部分人底经验，就是全人类底

---

① 原引语摘录，即今译文从"社会的物质生产力发展到一定阶段"，到"人类始终只提出自己能够解决的任务"一段话。见《马克思恩格斯选集》第 2 卷，人民出版社 1972 年版，第 82—83 页。

教训"：先进各国的人民因资本主义制度感受莫大的痛苦，发生了要改建社会主义制度的意志，并且知道应当怎样改建，"这不是我们底教训么"？我们虽然没有因资本主义的产业发展，像先进各国人民那样受到苦痛，但因先进各国人民的教训，也就应该晓得要在非资本主义制度下发展产业，"这是我们底意志，因先进各国人民底教训，先于生产力而发生"。以意志先于生产力的进化程度而改变社会组织，当然也有相当的条件，不能出于生产力的可能范围之外，所以我们没有希望马上实现完全的社会主义，只在生产力的可能范围内建设新制度；这可能的范围，就是生产力与社会组织之间在适应关系上现存的空隙。由此可以晓得，"我们先于生产力底进化程度而建设更进化的'新制度'，并不违背马克斯底唯物史观，也没甚么不可能了"。

"中国现在的环境"，资本主义也没有充分发展的可能。"现在世界社会革命的机运已经成就，社会主义实现的时机已经不远，资本主义要在中国发展，也必蹈从前一切现象底覆辙，等不到结果就要入蝉蜕的。所以资本主义要在中国得到充分发展，是不可能的事"。就现在中国种种情形而言，也有种种理由非直接走向社会主义道路不可。如普及教育在资本主义制度下绝对不可能，在社会主义制度下才能急速普及，这有俄国的先例可证。"俄国自从实行了社会主义革命之后，教育底普及非常迅速"。又如世界的资本阶级争夺中国市场，是阻碍中国急速健全进化的最大障碍，中国的资本家绝对没有遏止他们争夺的可能，就是集合全中国人的爱国心也没有遏止的可能，如太平洋会议就没有接受中国人民的要求；"要与全世界资本阶级为敌，除了使中国向社会主义的路上走去，没有第二条路"。全世界的无产阶级现在都在社会主义的旗子下与资本主义为敌，我们如果以社会主义的旗子与世界的资本阶级为敌，就是全世界无产阶级结合起来去和全世界资本为敌，"我们就可以操必胜之券"。倘若我们不用社会主义的旗子，用资本主义的旗子，那就是以全世界人为敌了；我们在国际上以全世界资本阶级为敌，在阶级上以全世界无产阶级为敌，"这不是必败之道么"？①

李汉俊这篇文章，同样回答了中国走社会主义道路，是否违背马克思唯物史观，是否需要先经过资本主义充分发展的阶段，以及中国是否有可能充分发展资本主义等问题，比起那些试图从修正马克思学说的理论或认为马克思学说已经过时的

---

① 《社会主义讨论集》，新青年社 1922 年版，第 347—365 页。

理由中去寻找根据的文章，要高明得多。它完全依据马克思唯物史观的基本原理，首先说明中国直接走上社会主义道路，受制于物质条件的不足，不是马上达到完全的社会主义状态，而是引导到社会主义的方向，在新的制度下着手物质及其他条件的健全并铲除阻挡这种健全进程的一切障碍。其次说明不能机械地理解唯物史观，尤其不能离开马克思的阶级斗争学说来解释唯物史观，强调物质生产力对社会组织变革的决定性作用，不能否定人类意志要求社会组织变革的反作用因素；这是从唯物史观的原理本身，推导出中国可以不经过资本主义充分发展阶段而直接走上社会主义道路的结论。再次说明唯物史观关于社会物质生产力与社会组织之间既相互调和或适应也相互冲突或不适应的原理，可以使资本主义充分发展国家的人民遭受剥削痛苦、要求改造现存社会和知道怎样建设社会主义的经验教训，成为落后国家人民的共同借鉴；所以，中国像俄国一样，在生产力充分发展之前，先行建立更进步的社会主义制度，在这个新制度下去促进生产力与社会组织相适应，有其可能性，并不违背马克思的唯物史观。最后说明中国目前的状态，诸如广大劳动人民得不到教育机会，国际资本阶级争夺占领中国市场等，使得中国根本不可能充分发展资本主义，扫除这些发展的障碍，事实证明，靠中国的资本家不行，靠现行制度下发动全国人民的爱国心也不行，只有走上社会主义道路，与全世界无产阶级联合起来共同对抗全世界资产阶级，才是"顺而必胜之道"，否则便是"逆而必败之道"。这样的说理，符合马克思主义与中国实际相结合的精神。

**（六）施存统的著述**

他的《马克斯底共产主义》一文写于1921年8月14日，分五个部分。第一部分"序论"，引用河上肇的话，说明科学社会主义和空想社会主义的区别，"也很可以表明马克思底共产主义能够实行的理由"。实现共产主义，必须以生产力十分发展为前提，此后必须改造经济组织，只有靠社会革命才能实现。简单地说，社会革命"就是改变经济组织的革命"。马克思1875年著《哥达纲领批评》，明白告诉我们这个顺序。根据这篇文章，我们可以把实现共产主义的顺序，分为"革命的过渡期""共产主义底半熟期"（即普通所说的社会主义时期）和"共产主义底完成期"。

第二部分"革命的过渡期"。马克思在《法兰西内乱》中说："劳动阶级要想达到自己阶级的目的，单靠掌握现存的国家是不济事的"[1]。不要轻轻看过这句话，

---

[1] 其今译文见《马克思恩格斯选集》第2卷，人民出版社1972年版，第372页。

"这句话是马克思主义底精髓"。马克思主义的根柢是唯物史观，解释一种经济组织一定要有一种政治组织和它相适应，所以改变经济组织，也非改变政治组织不可。那些想在议会里实现社会主义，死守有产阶级民主的先生们，在这一点上明明违背马克思主义的教义。"列宁骂他们为'马克思主义底淫卖妇'，实在是不错的"。我们之所以不承认考茨基所代表的正统派社会主义为纯粹的马克思主义，也就在此。"纯粹的马克思主义，据我看来，只有布尔塞维克主义"。接着引用《哥达纲领批评》《共产党宣言》有关"劳工专政"的两段话（与前述陈独秀《马克思学说》一文论"劳工专政"的引文相同，此略）。恩格斯在《空想的及科学的社会主义》中说："劳动阶级掌握政权，先把生产机关收归国有。从此之后，把无产阶级自身也一同废止，一切阶级区别，阶级对抗，都一概废止，就是成为'国家'的国家，也随着废止。……无产阶级握取政权，用这个权力，把离开有产阶级底手的'社会主义生产机关'，完全移归公共机关所有"①。这一段话也明明白白教无产阶级去夺取政权了。总之，马克思主义主张"劳工专政"，实是很确定的事。他从1847年起草《共产党宣言》起，就抱着这个思想，不过明白确定是在1871年"巴黎自治团"（今译巴黎公社）失败之后。有人说他后来思想成熟，放弃这个主张，"那是不对的"。俄罗斯同志现在所做的，就是第一期的事业。俄国和中国这些产业幼稚、人民无智识的国家，过渡时期要比别国多一些时日也未可知。我们不能预定究竟要多少时日，不过无疑的是，共产主义不是一举而成的。

第三部分"共产主义底半熟期"。关于这个共产主义的第一期，马克思在《哥达纲领批评》中说：

"我们这里要处置的东西，并不是在那个固有基础上发展来的共产主义社会，实在是那个刚从资本主义社会产出不久那些时候的共产主义社会。在这时期无论在经济上，在道德上，在精神上，在其余一切关系上，都还没有脱除那个生彼的母胎旧社会底遗风。在这种社会里每个生产者，都向社会正确地取回自己所给与社会的东西（扣除为社会全体所必要的费用之后）。他给与社会的东西，就是他个人的劳动量。……他向社会领受了一种证券，这种证券上面写明'供给这些分量的劳动'（扣除了他为共同团体所行的劳动）；拿了这个证券，向消费物底社会的仓库，取出与这个所费的劳动相等的东西。这就是：他

----

① 其今译文见《马克思恩格斯选集》第3卷，人民出版社1972年版，第320页。

把他在这一个形式上所给与社会的东西，在别一种形式上取回。换句话说，就是同量的劳动互相交换"①。

　　这个时期，社会已完全没有生产机关和掠夺剩余价值的有产阶级，一切人都成为"社会的劳动者"，各人都根据其提供的劳动多寡从社会领受一定的报酬，可以说实现了"劳动全收权"（扣除为社会全体的必要费用）。然而承认劳动全收权的社会，不是马克思理想的"共产主义社会"。根据马克思的意见，一切权利都是有产阶级社会的残滓，劳动全收权也是一样。他接着说：

　　　　"在这个明明白白被同'那个规定商品交换（限他在同一价值内交换）的原则'相同的原则支配着。不过在这变化过的事情下面，因为（一）无论是谁，都不能提供他底劳动以外的东西，和（二）除了个人的消费物以外，无论什么东西，都不能归个人所有；所以内容和形式，都发生了变化。但是关于个个生产者之间底消费品分配，是被同'商品同价量交换'一样的原则支配着的；但是这个形式同量的劳动，同别个形式同量的劳动交换。

　　　　在商品交换里，'等价的交换'这条原则，只是在全体平均上存立的，在各个的场合是不存立的；但是在这个场合，是没有说有'原则和实际不一致'那样的事。不过那个'平等权利'，从其原则上说，还仍旧是有产者的权利。

　　　　这个平等权利，虽然如上述那样有进步，但仍旧还负有有产者的限制的。为什么呢？因为生产者的权利，与其'劳动给付'成比例，平等还存在用'劳动'这个同一尺度去测量这一点上之故。

　　　　（所以其结果，不免要发生种种不平等）。有人对于别人，在肉体上或精神上，占着优等的地位，所以在同一时间当中，能够提供更多的劳动，或者能劳动，因为把劳动当做尺度使用，所以其张度及强度，也不可不斟酌的。不然，那就不是尺度了。这样说来，这个叫做'平等权利'的权利，实在是对于不平等的劳动的'不平等的权利'。不用说，各人都同别人一样，单是一个劳动者，阶级底区别，是不承认了。但是这个，在不知不觉之中，已经把不平等的个人的天分，以及不平等的个人的给与能力，认做'自然的特权'了。所以这个，同一切权利一样，从其内容来说，也是不平等的权利。……还有别的种种差别，例如一个劳动者结了婚，别个劳动者没有结婚；这个人底小孩

---

① 其今译文见《马克思恩格斯选集》第3卷，人民出版社1972年版，第10—11页。

子，比别个多等都是。所以纵使大家做同一劳动勤务，对于社会底消费财物取同一的分量，也要发生一个人在事实上所得的东西比别人多，一个人比别人富（原文误作繁体"当"——引者注）那样的事情。如果要想避免这些弊害，那么我们就可以知道："权利'不是平等的，实在是不平等的。

然而这些弊害，在共产主义社会底第一期——即在吃了'久产之苦'（按这是指革命的过渡期的）之后，刚从资本主义社会产出不久那些时候的共产主义社会，是不可避免的现象。大凡权利这个东西，决不能成为比'社会底经济状态及靠这经济状态附做条件的文化底发展'更高的东西"。①

总之，在共产主义第一期，不过免除了生产机关私有所生出来的弊害，至于跟着以劳动量为标准的分配制度所产生的种种不公平，一时还不能免除。"这时候有两条重要原则：一条是'不劳动的不许吃'，一条是'做多少工作，给多少酬报'。这就是马克思所说的共产主义底第一期"。

第四部分"共产主义底完成期"。关于这个时期，马克思在《哥达纲领批评》中说：

"在共产主义社会更高级的状态，即在从服从分业原理而发生的个人底奴隶的隶属消灭了，随之精神劳动和肉体劳动底对立消除了之后；在劳动不当做为单维持生活的手段，而劳动自身成了第一个生活要求之后；在生产力随着个人底全面的发展一同增加，而共同财富底源泉都十分流出了之后；——到了这个时候，社会才完全从狭隘的有产者的法律的地平线超拔出来，而且只有在这个时候，社会才能在旗帜上大书特书着：'各尽所能，各取所需'"②。

所谓"各尽所能"，"各人应其能力为生产财富而劳动"；所谓"各取所需"，"各人应其欲望而消费社会财富"。这两句话，"把共产主义社会底生产及消费底根本原则，最简单明晰表现出来"。马克思并不以为立刻就能实现这样的社会，必须先经过许多年，等到社会的生产力大大增加，最后共同财富的一切源泉充分涌流的时候，才能实现。"他底共产主义不能称为乌托邦，也就在此。我们之所以不相信别的共产主义，而独信马克思底共产主义，也在于此"。马克思所谓"共产主义底更高级的状态"，就是"各个人都能够自由发展，全体才能自由发展的协同社会"。

第五部分"结论"。我以为马克思主义全部理论，都是拿产业发达国家的材料

---

① 其今译文均见《马克思恩格斯选集》第3卷，人民出版社1972年版，第11—12页。
② 其今译文见《马克思恩格斯选集》第3卷，人民出版社1972年版，第12页。

做根据，有些话不能适用于产业幼稚的国家。但我们研究一种学说一种主义，决不应当"囫囵吞枣""食古不化"，应当取出那种主义那种学说的精髓。比方唯物史观告诉我们：经济组织起了变化，社会组织也就随之而起变化；因此可以知道，要改变社会组织，必须先改变经济组织。又如马克思经济学说告诉我们：产业社会化的结果，共产主义是必然到来的命运；因此又可以知道，要想实现共产主义，必须先使产业社会化。"所以我们在中国主张马克思主义，实在没有违背马克思主义底精髓，乃正是马克思主义精髓底应用。我们很知道：如果在中国实行马克思主义，在表面上或者要有与马克思主义所说的话冲突的地方；但这并不要紧，因为马克思主义底本身，并不是一个死板板的模型。所以我以为我们只要遵守马克思主义底根本原则就是了；至于枝叶政策，是不必拘泥的"。"我以为我们千万不要忘记唯物史观，忘记了唯物史观就没有了马克思主义"。经济组织是社会组织的基础，没有基础，怎么建筑？"空想社会主义者底弊病，我们千万不可犯"。社会革命决非偶然侥幸的事，要在一定的条件下面实行；不顾一定的条件，空谈社会革命，是一件无益的事。"我们如果真要使社会革命成功，除了遵守唯物史观之外，没有别的办法"。社会是进化的，由较不完善进入较完善；要想一步跳过，完全是梦想，我们避免不了社会进化必须经过的阶段。"所以我们必须实行阶级斗争，必须采用劳工专政。拿什么'彻底不彻底'的话来反对马克思主义，我看来是一钱不值"。"总之，马克思底共产主义，一定可以在中国实行的，不过如何才能实行，却全靠我们底努力了"！①

这篇文章阐释马克思学说，重点不是解剖资本主义，而是落在"共产主义"上。其第一个阶段即革命的过渡期，也就是苏俄政府正在实行的无产阶级专政时期，这在前面的多篇文章里都有所论述，可见是创立中国共产党的先驱者们所关注的一个热点问题。对于这个问题，此文像其他文章特别是陈独秀的《马克思学说》一样，引经据典，确信无产阶级专政是马克思主义的基本思想，以此作为过渡到共产主义必须经历的阶段性特征。接着介绍进入共产主义后的两个阶段即所谓半熟期（社会主义时期）与完成期，为其他文章所未曾见，大量引用马克思《哥达纲领批判》的有关论述，更为当时讨论社会主义的各种文章所鲜有。这不是纯粹学术性质的文本考据，而是带有鲜明时代色彩的针对性论辩。它将马克思实现共产主义的顺序分为三个时期，意在说明实现共产主义不可能一蹴而就，那是建立在经济组织不断进化和演变的基础上，并以此把科学社会主义与空想社会主义区别开来，其根本的理论依据，就是唯物史观。遵守唯物史观，结合中国实际，一方面确认马克思主义的全部理论都以产业发展国家的资料为根据，有些观点不能适用于产业幼稚的国家，另一方面反对两种倾向。一种倾向认为中国现在的落后状况不符合马克思在研究发达国家基础上所得出的社会革命理论，不应主张马克思主义或实行社会革命；这是"囫囵吞枣"或"食古不化"，死板地研究唯物史观，纠缠枝节而未能认识马克思主义的精髓，根据这一精髓，中国同样应当遵守社会组织随着经济组织的改变而改变、改变社会组织必先改变经济组织，产业社会化的必然命运是共产主义、实现共产主义必先使产业社会化的根本原则，或者说在中国主张马克思主义，并没有违背马克思主义的精髓。另一种倾向是脱离经济组织的基础，不顾一切条件而空谈革命，或把社会革命看作一件偶然侥幸的事；这是忘记了正义、人道、自由、平等都建筑在一定的经济基础上面，否则空谈一万年也不会实现，而建成这样的经济基础，不能跳过必经的阶段，必须在实行阶级斗争和无产阶级专政的过渡条件下去完成这一阶段，而不是用什么彻底实现共产主义的话来反对马克思主义，这也是为什么落后的中国和俄国一样，或许要在革命的过渡期多用一些时日的理由。施存统这篇文章，不同于前面考察他的论著，主要翻译他人的著述，转述别人的观点，鲜明表达了自己对马克思主义的信仰和立场；其中一些理论阐述，也为他人所参考和引用。

同年 5 月 16 日的《我们要怎样干社会革命》一文，认为社会革命一半是"经济的必然"，一半靠着"人类的努力"。社会革命没有人类的努力决不会成功，单有人类的努力而没有经济的必然也决不会成功。"所以马克斯一面证明社会主义是必然到来的命运，一面又极力主张革命。那些糊涂的社会主义者，要想专在议会里等社会主义实现，不过徒见其梦想罢了"。我们共产主义者与无政府主义者现在争论的问题，是推翻有产阶级的国家之后建设无产阶级国家与否的问题。"据马克斯底意见，国家原是一阶级压迫一阶级的机关，等到阶级消灭，国家自然也会消灭的。所以我们底最终目的，也是没有国家的，不过我们在阶级没有消灭以前，却极力主张要国家，而且要强有力的无产阶级专政的国家。阶级一天一天趋于消灭，国家也就一天一天失其效用。我们底目的，并不是要拿国家建树无产阶级底特权，是要拿国家来撤废一切阶级"。

441

资本主义的根本谬误，在于"社会的生产，私人的占有"。共产主义要免除这个不合理的矛盾。"马克斯看明了这个矛盾，知道资本家已经没有能力管理生产事业，非由社会直接来管理不可了，所以才来主张共产主义；他底共产主义，并不是他特别聪明发明出来的，乃是他从资本主义的经济组织中发现出来的。他看见物质的生产力，已经一天一天地向着共产主义的经济组织那里进步了，所以才敢断定共产主义是必然到来的运命。共产主义，如果没有这个经济的基础，那是一定不能实现的。因此，我们可以说：共产主义，是生产力进步底结果——就是'经济的必然'"。这是马克思主义的根本原理。有些书呆子，读了几句死书，以为马克思主义只有在资本主义发达的国家才配提倡才能实行，"这实在是大错特错，被死书蒙蔽住了"。还有些糊涂的朋友，以为马克思主义是机械的、宿命论，"这尤其是妄不可言了"。要想在中国（原作"支那"）实行共产主义，是一件很困难的事，也是一件该特别努力的事。现在的中国，实行共产主义是"经济的必然"很少，未来"人类的努力"很多。"我们底职务，就是尽这个'人类的努力'，去完成那个'经济的必然'"。①

这篇文章篇幅很长，有很强的论辩性，它依据马克思学说的理论观点，不外乎上面提到的这些。其中重申唯物史观的基本原理是所谓"经济的必然"，同时强调人的主观能动性即"人类的努力"，也就是社会革命和无产阶级专政等。尤其对经济和教育落后的中国来说，更是如此。上面讨论社会主义的文章，几乎无例外地都把这个问题放在突出地位。

同年 8 月 27 日的《唯物史观在中国的应用》一文，提出唯物史观是人类社会进化的一个法则，应用范围不分中外；但有人说唯物史观不适于中国，对于唯物史观，有人误解，更有人"呆解"。唯物史观的要义，概括为五点：一是"经济组织（生产及分配方法），是社会组织底基础；一切法律、政治、宗教、艺术、哲学等精神的文化，都是筑在这个基础上面的'上部构造'"。二是"社会底'物质的生产力'发达到一定的程度，就要同既存的生产关系发生冲突。只有解决了这个冲突，社会才有进步。社会革命，为的是解决这个冲突。这个冲突解决了，经济的基础变动了，于是那些上部建筑也都跟着变动了"。三是"一切精神的革命（不管是法律的、政治的、宗教的、艺术的、哲学的），根本原因，都基于生产力和生产关

① 《社会主义讨论集》，新青年社 1922 年版，第 384—385、388—390、393、396 页。

系（或财产关系）底冲突。人类因为要解决这个冲突，所以才发生了精神的革命。一切'危险思想'，都不过是经济事情底反映"。四是"一切革命的阶级斗争（不论政治的、经济的、思想的），其根本原因，都源于生产关系和生产力底冲突。人类越是意识了这个冲突，越努力阶级斗争，也就越能早一天解决这个冲突"。五是"一切问题，只有具备了'物质的条件'时，才能够解决"。

如何应用唯物史观来解决中国社会问题，分为六点：一是"如果要使中国有救，必须全中国人合力来根本改造经济组织，改造成一个适于社会主义的经济组织"。二是资本主义社会的生产力同生产关系早已发生冲突，中国资本主义虽不发达，却不免这个冲突；况且资本家生产制最大的矛盾是"社会的生产"与"个人的占领"，马克思在70年前已经大声疾呼它的不合理与大矛盾。"我们现在既然意识了这个矛盾，当然应该设法避去这个矛盾。我们中国样样都落人后，当然不该再蹈人家覆辙，应该两步并一步走才是"。三是有志改造社会一般制度的人，要向改造经济组织的目标努力，而不是妄想借改造人心来改造社会，那包管改造一万年也没有效果。"所以我们真要干社会革命，应该有少数人（但也不是几千几百人）就干，决不能等多数人都觉悟了然后才动手。以这少数觉悟者做先锋，去引导多数无觉悟者去改变经济组织；等到经济组织改变过了，一切社会制度都会随之而改变"。四是新思想的发生，根本原因在于意识到"私有财产""自由竞争""工银制度"三根柱子所造成的资本主义社会的罪恶和矛盾。"所以一切精神的革命，都应该极力向这社会去攻击，把社会底一切罪恶都暴露出来，以期早一日解决这社会问题"。五是要想解决中国社会问题，不愿中国永远被一班军阀、官僚、政客、绅士、资本家、地主等支配，"惟有一切被掠夺被压制的阶级一同起来实行无妥协的'阶级斗争'，把一切权柄收回自己手里之一法"。六是"我们如果真心要实现社会主义的社会，必须先造成实现社会主义的'物质的条件'"；不要一味空想，说些不负责任的话。这里有一个从资本主义到社会主义的过渡期，"在中国实行社会主义，是用社会主义的生产方法，做资本主义所未了的事，以实现社会主义"。

有人以为俄国革命并非根据唯物史观，其实不然，这可以马克思自己的话来证明。马克思恩格斯在《共产党宣言》的序文里说明他们对俄国革命的意见："在今天的时候，唯一可能的答案，就是如此：如果俄罗斯革命成为西欧劳动者革命底信号，双方革命都能因此完成，则近世俄罗斯村落自治体里底土地共有制度，变成共产主义发达底基础，也未可知"①。从这段话看，就可以知道俄国共产党并没有违背马克思的根本教义；非但没有违背，而且"是最忠实马克思底教义的人"。"马克思底社会主义，是国际的社会主义，志在全世界的革命。俄罗斯底社会革命，正是世界革命底导火线，正是马克斯所期望的；所以说彼非根据于马克斯底教义的人，一定是只知道半个马克思的人"。另一个误会是拿马克思的唯物史观来反对中国提倡马克思主义。这是不懂资本主义和社会主义的国际性，不懂除了资本主义的生产方法还有社会主义的生产方法。"从唯物史观说起来，国际的社会主义战胜国际的资本主义，更是一件千真万确的事。这样看来，可知决没有国际的资本主义已灭亡而中国的资本主义能独存的道理了"。②

此文延续了施存统前几篇文章的思路，遵守以经济基础或物质条件为前提，同时突出阶级斗争或社会革命的重要性，将这个理念贯注于对唯物史观的解释。文中概括唯物史观的要义，比较简略，虽然揭示了基本精神，但不是严格按照马克思的唯物史观公式，另外掺入一些自己的表述。如第二点称社会的物质生产力发展到一定程度，便同既存的生产关系发生冲突，只有解决这个冲突，社会才能进步，社会革命就是为了解决这个冲突等，符合原有公式的精神；可它接着说社会革命解决了这个冲突，经济基础变动了，那些上层建筑也都跟着变动了，似乎又是指社会革命推动了经济基础的变化从而上层建筑的变化，把物质生产力作为引起社会革命的本源因素，颠倒了过来。其实，它的意思是说社会革命从生产关系方面解决了不能适应生产力发展的冲突，才顺应了生产力的发展，并不是说社会革命是生产力发展的直接原因。因此，它把唯物史观应用于解决中国社会问题，突出人的因素，如集合全中国人的力量来根本改造经济组织以适于社会主义，中国人应该两步并一步走同时解决生产社会化与废除资本主义私有制的问题，有志改造社会制度的人应以少数觉悟者做先锋去引导多数无觉悟者，通过精神的革命去暴露和攻击资本主义社会的罪恶和矛盾以期早日解决社会问题，解决中国社会问题唯有一切被掠夺被压制阶级一同起来实行无妥协的阶级斗争以夺取政权，真心实现社会主义社会必须先造成实现社会主义的物质条件等。实际上也是说，一方面，中国的生产关系束缚了生产力的发展，应当由有觉悟的先锋队引导和组织全国人民尤其被压迫阶级，通过精神革命和阶级斗争去揭露现行社会的罪恶和矛盾，并夺取政权，为改造现行社会制度和

---

① 其今译文见《马克思恩格斯选集》第 1 卷，人民出版社 1972 年版，第 231 页。
② 以上引文除另注外，见《社会主义讨论集》，新青年社 1922 年版，第 429—437 页。

建立社会主义经济组织从而促进生产力的发展创造条件；另一方面，无产阶级夺取政权后，不可能跨越经济发展的阶段性而一步建成完善的社会主义，应为实现这样的社会主义社会创造必须的物质条件。运用唯物史观而得出解决中国社会问题的这些认识，是一个重要的飞跃。同时也可以看到如何准确理解和正确运用唯物史观，非常重要。否则，不是机械地解释唯物史观，认为落后的中国根本不适合主张马克思主义，就是过度地解释唯物史观，认为在中国可以简单用革命方式来改变落后面貌以代替社会经济的发展。此外，文中反驳对唯物史观的各种曲解或误会，一则引用《共产党宣言》1882 年俄文版序言末尾一段话，证明俄国共产党实行社会革命，不仅没有违背马克思主义的根本教义，而且成为马克思所期望的世界革命的导火线。这个引证资料，当时很少看到，颇为难得。另一则用国际资本主义灭亡而中国资本主义不可能独存的道理，说明在中国必须提倡马克思主义。看来，这也是中国共产党创立之际，那些先驱们进行理论论争时所共同接受的唯物史观解释。

《第四阶级独裁政治底研究》一文，专门针对有关无产阶级专政的误解。无产阶级独裁政治有两种性质，一种是政治的独裁，用于反对阶级，适应阶级斗争的必要；一种是产业的独裁，用于无产阶级自身，适应生产技术的必要。马克思在《哥达纲领批评》中说，从资本主义社会到社会主义社会中间，必须经过革命的变形时期，须有一个政治上的过渡期，就是无产阶级革命的独裁政治。这里说的是第一种性质的政治的独裁。马克思的话以无产阶级已经成熟，产业已经发达为前提。这样的国家，照我的解释，可以不要产业的独裁。中国是一个"无产阶级未成熟，产业未发展"的国家，如果实行劳农政治，产业的独裁就非常重要。稳固的社会主义基础有两个必要条件，无产阶级的自觉，有训练有组织，以及生产力比资本家社会增大。两个条件都圆满了，也就不必要产业的独裁，可以完全实现产业的自治主义。列宁从产业上极力主张过渡期独裁政治的必要："一切大机械工业，是社会主义生产力底源泉及社会主义生产力底基础；所以都要绝对的紧密的'意志底一致'。而且必要由这个意志底一致，来指导几千百万人民底共同工作。这个必要，从技术上，经济上，历史上底见地看起来，都是很明白的：只要是有心社会主义的人，没有个不承认彼为必要条件的"。"我们要怎么样才能确保意志底一致呢"？列宁自问自答："就是使多数人底意志服从一个人底意志"。[1] 这就是工作时，绝对服

---

[1]　其今译文见《列宁选集》第 3 卷，人民出版社 1972 年版，第 520—521 页。

从生产指导者（即独裁者）的指挥。由上可以明白，"所谓无产阶级独裁政治，决非单是阶级斗争上的一种历程，而且是建设社会主义生产组织的一种手段"。"这两种独裁性质，都是过渡时代底办法，都不是我们底目的"。俄国不是列宁独裁，不是托洛茨基独裁，也不是苏维埃独裁；"苏维埃是建筑在无产阶级德谟克拉西上面的，所以叫做无产阶级独裁"。

有人说，这种无产阶级独裁政治的定义，不是马克思主义。说这种话的人，自以为得意，其实不懂马克思主义。马克思主义可以假定为一个系统："唯物史观—阶级斗争—剩余价值—资本集中—资本主义崩坏—无产阶级独裁—社会主义实现"。劳农政治只能说是马克思主义的一部分，决不能说明马克思的全部。"我可以很明白地说"：我们的目的是实现社会主义，手段也是真正的无产阶级专政；但是在革命之初，社会主义固然不能完全实现，政治也一定事实上是操在少数觉悟者之手；由少数觉悟者协同多数无觉悟者组成一个阶级，由此得到觉悟进而为真正的无产阶级专政；由无产阶级专政这个手段来撤废一切阶级，实现社会主义；在这中间，不管反对阶级或无觉悟的无产阶级，如果危及共产主义，我们应当就力之所及，采取一切防卫手段。我们承认马克思主义的根本原理，"至于一切实行政策，自然不能完全一致，一定要参酌中国情形"。我们主张产业的独裁，正是根据事实的必要，不肯"食古不化"，"正是唯物史观底应用，正是忠于马克斯主义，马克思自己是一个临机应变家，他在万国劳动者同盟（第一国际）中指导劳动运动，完全根据那时情形而示方法"。中国、俄国的产业不发达，实行马克思主义在方法上自然要与别国不同。"那种只知道马克斯说过的才是马克斯主义的人，正是不懂马克斯主义为何物的人"！①

这篇文章的新意，提出在无产阶级专政条件下，尤其对于中国、俄国这样的产业不发达国家，既需要在政治上对阶级敌人实行独裁，也需要在生产技术上为建立社会主义经济组织而实行独裁。关于产业的独裁，还引用列宁在《苏维埃政权的当前任务》一文的论断，说明其涵义：大机器工业作为社会主义的物质的、生产的泉源和基础，要求无条件的和最严格的统一意志，保证这种统一的办法，就是使成百成千人的意志服从于一个人的意志。由此又提出，马克思所说的无产阶级专政，就无产阶级已经成熟和产业已经发达的国家而言，可以不需要产业的独裁，但

---

① 以上引文除另注外，见《社会主义讨论集》，新青年社 1922 年版，第 438—444 页。

落后的中国和俄国实行"劳农政治"即无产阶级专政，事实上很有必要。这不是背离马克思主义，正是根据马克思主义的根本原理，参酌中国情况而采取的不同于发达国家的产业独裁方法。这样认识马克思主义，达到一个新的境界。

1921年11月28日作于日本东京的《读新凯先生共产主义与基尔特社会主义》一文，认定张东荪等人所主张的基尔特社会主义，"就是主张资本主义底别名"，或以渐进改良的方式，"延长资本主义底寿命"。同时对许新凯反驳张东荪等人主张的观点，提出商榷意见。其一，许氏说，"派别虽各有不同，但每一派都给了我们许多教训，我们不必绝对的排斥哪一种或信仰哪一种。我们不敢说哪一派的社会主义在中国有十分密合的可能性。所以主张虽各有不同，无妨并行不悖"。对此："我可以自白，我是绝对信仰马克思主义的人。马克思主义，纯粹立在客观上面，而且并不包含何种具体制度，所以绝对信仰，并无妨碍。至于苏维埃制度，却不能绝对信仰的，因为还要参照自己国家底情形"。其二，许氏说，"俄国是共产主义用事的国家，他们底设施，大部分很可以代表共产主义"。对此："这说恐怕要发生误会。俄国现在并不是已经实现了共产主义，不过只向着共产主义通行罢了"。列宁举出现在俄国有五种经济状况："程度十分幼稚的农民生产"；"小商品生产"；"私的资本主义"；"国家资本主义"；"社会主义"①。观此决不能说俄国"很可以代表共产主义"。"俄国之所以让步到国家资本主义，乃是为开发实业的一种手段，并非各国都要如此。如果在产业发达的国家实行共产主义，则此种国家资本主义当可免除"。列宁告诫我们不要把"共产主义""苏维埃"这种名字乱用，他自己首先承认什么是社会主义，什么是资本主义，承认事实，一点也不含糊。最后抄一段话结束此文："……革命的战术家，很相信无产阶级的俄罗斯底健康，可以抵抗资本主义者底侵入而有余，他为预防资本主义底病毒，能够讲究一切方法，可以自由卖买于农民的劳动者底生产物，尽力求其通过消费组合之手而办理。对于私人的雇主或商人，用种种的方法，加以严格的取缔。原料供给底资源，主要的大工业，运输机关，国家底权力，赤卫军等，依然握在劳动者手里。在这种不利的状况下面，怎样能发生危险的资本家阶级？决没有那样的忧虑！那些东西（自由买卖等），只不过是发达一时的补助的生产，救助今日的经济的危机罢了"。这就是所谓"国家资本主义"的俄国的情形！②

---

① 其今译文见《列宁选集》第4卷，人民出版社1972年版，第505页。
② 以上引文除另注外，见《社会主义讨论集》，新青年社1922年版，第446、451—457页。

施存统这篇文章较长，以上简略的介绍，点出了20世纪20年代初马克思主义者同社会改良主义者进行社会主义论战的时代背景，同时也能看出当时共产党人中间在看待一些问题上的分歧意见。如针对许新凯关于社会主义各种派别的主张可以并行不悖，不必绝对地排斥或信仰哪一种主张的说法，明确表示绝对信仰马克思主义。又如针对许氏关于苏俄的大部分措施可以代表共产主义的说法，举出列宁分析俄国现有经济结构存在着自然的农民经济、小商品生产、私人资本主义、国家资本主义及社会主义五种成分的实际状况，说明俄国现在还不是社会主义，意在利用国家资本主义走向社会主义，这是根据自身国情所采取的特殊制度。引用"国家资本主义"在俄国的一段话，实际上指取消战时共产主义而采取新经济政策，应该也是引自列宁的原话，其具体出处，在分析五种经济成分的《论粮食税》中，能够看到类似的表述。这段话就像施存统前面几篇文章引用马克思、列宁的一些论述一样，均为当时国内所少见；这些文章均写于日本，或许吸收了日本理论界的研究成果，亦未可知。不论如何，仅从以上两点看，施存统比起许新凯，在认识马克思主义和苏俄范例方面，更为清晰和深入。唯其如此，讨论集最后排列的许新凯三篇文章，即《今日中国社会究竟怎样的改造?》《共产主义与基尔特社会主义》《再论共产主义与基尔特社会主义——答张东荪与徐六几》，虽也有一些独特的观点，不必再作评介。

### （七）结语

经过以上介绍和分析，《社会主义讨论集》一书，可谓中国共产党成立之际，共产党人（包括个别同道者）利用社会主义论战的机会，阐释、宣传和运用马克思主义的代表性著述之集粹。从马克思主义经济学传播的视角看，文集反映了一些时代特点。一是对马克思经济学说的基本原理，特别是对剩余价值学说，已有比较准确和一致的理解。这种理解，不是纯学术研究，而是用于树立马克思主义的信仰，传播和运用马克思主义的实际斗争需要。因此，关键在于把握马克思经济学说的理论内核，并以简明易懂的方式表达出来，无暇于它的完整理论体系、严密逻辑推理和众多范畴概念。以此为基础，整个文集，一般都把马克思的剩余价值学说当作熟知的理论知识，用来辨识不同的社会主义派别，或者用来解决中国的社会问题，除了陈独秀的《马克思学说》曾专论剩余价值外，很少有专门的评介。

二是着眼于中国的现实状况，通常承认马克思经济学说以欧洲发达国家为研究对象，既不能照搬它的所有结论，又坚信它所揭示的资本主义必然灭亡和社会主义必将实现的历史趋势，用科学道理代替幻想空谈，同样适用于现在的中国。所以文集里的许多文章，可以看到当时争论的焦点，围绕着中国是否具有实行社会主义的物质条件，或中国是否必须先经过资本主义发展阶段才有可能实行社会主义，以及中国能否一步实现社会主义等问题。也就是说，当时共产党人的主要论敌，是那些打着唯物史观的旗号来质疑中国走社会主义道路的可能性、必要性和可行性的人。对此，文集载文纷纷提出不能机械地、呆板地或教条式地解释唯物史观，要认识唯物史观的根本原则，并以此论证在当时的国内外条件下，中国根本不可能充分发展资本主义而只能走社会主义道路的理由，以及借助国际无产阶级力量，发挥有觉悟的先锋队作用来组织、宣传和引导广大被压迫人民起来进行反抗的重要性；还有文章论证落后的中国若能推翻反动统治，也不可能马上建成完善的社会主义，仍须创造物质条件或经历产业社会化阶段，沿着建设社会主义的方向不断向前发展。

三是以苏俄为榜样，不仅因为它是用马克思主义指导革命实践的第一个成功例证，更因为它是发生在像中国一样经济不发达和教育落后国家的成功例证。据此，在论战中，文集载文首先确认，俄国尽管不是马克思学说所研究的已经完成产业社会化的经济发达国家，但那里发生的社会革命和实行的无产阶级专政，仍然遵守了马克思主义的基本原则，是将马克思主义与俄国实际相结合的创造性产物。论证的重点，从强调唯物史观所阐述的经济发展的必然性，转向强调在这个必然性基础上的人类主观努力的重要性。诸如突出马克思的阶级斗争学说，论证这一学说不仅与唯物史观不相矛盾，而且是唯物史观的题中应有之义；突出无产阶级专政学说，论证苏俄正在实行的无产阶级专政，不仅来源于马克思学说的基本原理，而且只有在无产阶级专政条件下，才能完成从资本主义向社会主义，包括从不发达的资本主义向社会主义的过渡；有的文章还从无产阶级专政概念中，分出政治的独裁与产业的独裁两个涵义，政治的独裁适用于所有发达国家和不发达国家从政治上镇压资产阶级反抗的阶级斗争需要，产业的独裁则只适用于不发达国家在生产技术上实现产业社会化的经济发展需要。总之，几乎所有的文章运用唯物史观，都把阶级斗争或无产阶级专政放在十分突出的地位，反驳经济不发达的中国不应该或不足以提倡马克思主义的论调。既然以苏俄为榜样，引用列宁的论述或列宁政府的事迹为依据，也成为常见的现象，列宁学说便与马克思学说紧密联系在一起。同时有文章指出，正如不能食古不化或囫囵吞枣地把马克思主义当作教条一样，对于苏俄的一些制度或做法如实行国家资本主义，因国情不同，也不能照搬到中国。

四是共产党人的文章，在认识和运用马克思主义来解决中国社会问题方面，立场一致，共同对敌，但深入涉及若干问题或论据，又显出理解上的某些差异或分歧。例如，有的利用修正派反对马克思学说的论据，宣称劳资之间的贫富差距，或大资本家吞并中小资本家的进程，并未如马克思所预想的那样不断扩大或日益集中，反而因股份公司的出现化解了或缓和了这个矛盾，于是相信不能等待进化自然带来革命的机会，要马上起来革命；有的借助杜威在华的讲演来证明马克思不是神而是人，他所预期的革命不是发生在经济发达的国家，而是发生在落后的俄国，所以中国也可以实行社会主义；有的认为各派社会主义都有道理，不必绝对地排斥或信仰哪一派，可以并行不悖，有的则鲜明表示绝对信仰马克思主义；有的把苏俄的现行措施，都看作可以代表共产主义，有的则指出这种说法，会把俄国现行的国家资本主义错误认作社会主义，其实那是为社会主义奠定物质基础的临时过渡措施；等等。这些差异或分歧，反映了那时共产党人中间，对于马克思主义在认知水准和信仰坚定程度上的不同，或许也成为某些人后来脱离甚至背叛共产党的重要因素。但总的说来，这个文集体现了中国共产党的创立者们接受马克思主义的信仰立场，汲取马克思主义的理论水平，运用马克思主义与中国实际相结合的指导能力，掌握马克思主义的理论武器同反马克思主义观点进行论战的斗争精神，以及坚信社会主义必将在中国实现的执著信念。其中不少理论认识、思想特点和独到见解，为后来者所沿袭、继承和发展，构成中国马克思主义理论体系的一个组成部分。

## 二、陈独秀关于社会主义的讲演及其他

　　陈独秀1923年5月12日至6月20日在广东高师关于社会主义的三次讲演，面对大学生，反映了共产党人讲解马克思学说的内容。

　　第一次讲演的题目《我们为什么相信社会主义》，其大意：

　　我们相信社会主义，并不是凭空盲目的相信，"乃是社会之历史的进化程序令我们不能不相信"。我们改造社会，并不是完全不要原有的社会，白地里另创造一个崭新的社会，"绝对没有这么一回事"，"仍然是在旧社会里造出一个新社会来"。"所以我们要从资本主义的社会改造成社会主义的社会，便不得不先要明白社会之历史的进化是怎么一回事"。社会组织进化的历程，从渔猎时代酋长时代进入农业时代封建时代，从农业手工业时代进入机器工业时代即资本主义时代，再从资本主义工业时代进入社会主义工业时代。"这个进化历程的变迁，纯是客观的境界，不是

主观的要求"。否则胡思乱想地走，会发生困难，走到危险的路上，或无路可走甚至走回头路。"所以马克思派的社会主义者，很注意客观的境界，就是这个原故"。

资产阶级成功的要素，一是资本集中，二是财产私有。资本集中是发展生产力及社会经济组织进步的方法，但在财产私有下，又是资产阶级崩溃的原因，造成生产上分配上不可挽救的危机。现在的资产阶级社会，不唯分配方法不好，生产方法也有"二大缺点"："生产组织之扩大，已自然日趋于社会化，而无量数生产群众，仍为少数私有生产工具者所统驭所束缚，已有尾大不掉之势"；"资本主义的生产方法，缺少社会的统计和调节，陷在无政府状态"。资本家不受任何机关的管理，也不依照社会的需要生产，只为竞争私利，自由生产，盲目增加商品，往往有超过需要的剩余生产，使社会金融发生恐慌；"所以马克思称资本主义之盲目的增加商品为'商品拜物教'"。我们往往不高兴读马克思的《资本论》，它开宗明义说这个"商品拜物教"不易了解。但是我们若不懂得这是什么，就不会懂得资本主义，也就不会懂得社会主义。资本主义的生产不是为了社会需要，是为了增加出卖的"商品"；"只为出卖而生产，非为使用而生产，所以是'商品'不是'用品'"。资本家盲目地增加商品，以商品换货币，又以货币换商品，再以商品换货品，如此轮流不已，他们的资本递增不已，"这就是资本主义的生产方法"。这样无政府的生产方法，没有社会需要的统计设计，一任供求的自然消长；在这个原则下，资本家盲目地竞争增加商品，直至投机的竞争过于激烈，受自然消长原则的支配，发生经济的恐慌。"这种恐慌，不惟资本家自己要破产，即在一般卖劳力的工人也要受失业的痛苦"。

资本主义分配方法的缺点是从财产私有制产生出来的。资本制度时代的社会财富大量增加，但因为财产私有，全社会的财富操诸少数资本家之手，多数人日益减少购买力，结果社会上生产力和消费力失其均衡，往往弄出剩余生产的恐慌。"我们须注意：资本制度之下剩余生产，乃伪的剩余生产，是由生产力超过消费力发生的，非生产力超过社会需要之真的剩余生产"。资产阶级国家为解除剩余生产的恐慌，不得不设法把无法出卖的商品运到国外以期换成货币，于是发生殖民地半殖民地的问题。资本主义国家为了保持和增加殖民地或半殖民地，一面镇压当地人民的反抗，一面和别的资本主义国家竞争市场，在此争彼夺中不得不维持强大的军队。"以武力为工商业之后盾，向殖民地半殖民地行经济的侵略，更进而行政治的侵略，这就叫做'资本的帝国主义'。帝国主义是资本最发达的最高形式，亦即是资本主义的国家侵略工业落后的弱小民族之别名。殖民地半殖民地搜寻垂尽，帝国主义者间相互争夺及殖民地半殖民地的弱小民族之反抗，这三者合起来乃是帝国主义之致命伤"。连同自己国内的工人失业问题、劳动运动或民族问题，"都是帝国主义的催命符"。

社会主义制度，简单说是"资本集中"和"财产公有"。社会主义运动，只在资本主义立脚点的资本集中、财产私有八个字里头，换掉一个字，把私字换为公字，就变成社会主义的制度了。"在财产公有制度即社会主义制度之下，在生产上，没有少数人占有生产工具的弊病，有了社会需要的统计，不至陷于无政府状态，所有生产品是为社会需要而生产，非为资本家利润而生产，是为用而生产，非为卖而生产；在分配上，免了剩余劳动的掠夺，没有保持生产力和消费力均衡的必要，没有争夺殖民地半殖民地销纳剩余生产的帝国主义即侵略主义之战争；如此世界的和平方可实现"。现在只有两条路可走：一条是旧的帝国主义的路，一条是新的社会主义的路。"除了这两条路之外，没有第三条路可走"。现在我们已经知道帝国主义那条路不好走了，唯有去找社会主义那条路来走。"因为客观的历史进化之历程明白指出我们的必由之路，就是我们不能不相信社会主义"。这条可走的路，并非一条造好的现成的路，"这条路上荆棘满地，障碍重重；我们努力开辟荆棘，扫除障碍，然后才可以通行"。若是不去努力创造，只坐候历史的自然进化，"那历史先生对于这种懒惰专想吃现成饭的人们是不负责任的"！①

陈独秀所相信的社会主义，正是马克思的科学社会主义。其中强调的，主要也是《资本论》运用唯物史观来论证资本主义制度必然为社会主义制度所代替的经济理论，并且增补列宁论述帝国主义的新鲜内容。此时他已能熟练地应用这些理论内容，向在校大学生作通俗的讲解。这个讲演，通俗到只要把资本主义制度所立足的资本集中财产私有八个字中的私字换成公字，就成为社会主义制度。这显然不是讲求解说《资本论》的理论深度和学术探讨，而是注重对马克思唯物史观和经济学说的普及，通过讲解社会经济组织变化的自然趋势和历史进化的客观历程，引导大学生们重视社会主义道路的选择乃至树立对马克思主义的信仰。

第二次讲解的题目《我们相信何种社会主义》，其大意：

在相信社会主义的必要并具有实行的可能这个前提下，社会主义派别众多，究

① 以上引文均见《陈独秀先生讲演录》，丁卜图书织造社 1923 年版，第 1—12 页。

竟相信何种社会主义。至今尚存并有力量的派别，分为基尔特（原译"基尔德"）社会主义、无政府主义、工团主义和"共产主义即马克思底科学的社会主义"四派。基尔特社会主义将经济和政治分开，让生产者管理属于经济的生产机关，消费者管理属于政治的国家机关，这个主张"是很错的"；工团主义比无政府主义进了一步，但它反对一切政治斗争和政治组织，反对无产阶级专政，和无政府主义者"犯了同样的错误"。共产主义的主张包括破坏与建设两方面：立足于阶级争斗的原则，集合无产阶级中最觉悟最革命的群众，组织共产党进行革命运动；无产阶级的革命成功，应建设无产阶级专政的国家，利用无产阶级国家这个武器，压制资产阶级的反动，加入世界的革命，扑灭世界资本帝国主义的国家，"然后渐渐灭绝资产阶级的私有制度及私有习惯与心理，建设无产阶级的工业与文化，最后达到废除一切阶级无国家的共产社会"。上面四种主义，"讲到最有精密周到的办法，自然要算是共产主义——马克思底科学的社会主义"。

马克思派的共产主义，第一个原则是有科学的根据。"根据社会之历史的进化和现社会之经济文化状况种种的客观境界，不是空中楼阁主观的幻想"。改造社会不可只看见自己主观意志上改造的必要，必须由客观上观察社会的物质条件有何种改造的可能，"要处处不离开唯物的历史观，不可陷于唯心派的思想"。第二个原则是社会改造应有步骤。马克思在《共产党宣言》里大略说过各国共产党革命的步骤，指示在各种国家应该怎样，"并非主张同时一跳，就跳到共产主义的路上去，这是因为各民族之经济的政治的文化的进步各不相同，所以改造的步骤不能一致"。第三个原则是每一步骤都须用革命的方法。从组织共产党一直到实现共产社会，须经过许多步骤，每个步骤又须经过许多曲折，"但每个步骤都必须采用革命的方法，不可采用改良的方法，这是革命的马克思派之特色"。"以上三个原则是马克思派共产主义最重要之点，或是忘了第一第二两个原则，便和其他空想的社会主义无异；若是忘了第三个原则，就变为改良的堕落的社会民主党。这是我们研究马克思社会主义者应该特别注意的地方"！①

按理说，第一次讲演"我们为什么相信社会主义"，运用唯物史观和《资本论》的经济理论予以阐述，已经表明了相信的是马克思的科学社会主义，何以第二次讲演还要提出"我们相信何种社会主义"的问题？经过比较，第二次讲演在

---

① 以上引文均见《陈独秀先生讲演录》，丁卜图书织造社 1923 年版，第 13—20 页。

突出马克思主义的同时，除了将它同其他各派社会主义区别开来之外，对其内涵的认识也随着时代的变化而有所演变。第一次讲演，重点论述马克思学说本身的理论体系与特征，包括唯物史观和《资本论》的要旨，以及这一理论在新时期即帝国主义时代的继承和发展，实际上包括了列宁学说。第二次讲演的重点，从理论层面进入实践层面，在前次的基础上加以延伸。如称共产主义即马克思主义包括破坏和建设两个方面，都是基于阶级斗争的原则，破坏方面指组织无产阶级政党，通过无产阶级革命运动，推翻现行资本主义制度；建设方面指夺取政权后，继续实行无产阶级专政，镇压资产阶级的反抗并开展世界革命，经过过渡过程最后实现共产主义目标。这里所说的阶级斗争、共产党、无产阶级革命和无产阶级专政等学说，都可以追溯到马克思理论体系本身，但真正付诸实践并获得成功者，当时的代表正是列宁领导的苏俄革命与建设，所以，第二次讲演所相信的马克思主义，很大程度上指的是列宁式的马克思主义。又如强调各民族的经济、政治、文化发展程度不同，改造的步骤也不能一致，而非强调马克思所说的资本主义的充分发展是实现社会主义的物质基础；这种在相对落后国家进行社会主义革命的思想，显然取自列宁的无产阶级革命学说。于是强调建设无产阶级的工业和文化直至最后实现共产主义社会，有许多曲折的步骤，每一步都必须采取革命的方法而不可用改良的方法；这种不断革命论，同样以苏俄的革命经验和思想观念作为典范。也就是说，第二次讲演，相信何种社会主义的问题，已由原初意义上的马克思主义，变形为经过列宁发展和苏俄革命经验诠释的马克思主义。这同《社会主义讨论集》中所理解的马克思主义，也是基本一致的。

第三次讲演的题目《社会主义如何在中国开始进行》，其大意：

这个题目同前两次讲演的题目，贯串一气。既然比较各种社会主义，"结果以马克思派的科学社会主义为最好"，既然马克思的社会主义注重客观事实而不是主观理想，要求社会主义不独有改造的必要，还有改造的可能，那么在中国开始进行社会主义，应该用严密的观察来看中国现在的政治和经济情况，先要明白现在世界经济是个整体，中国不能离开世界而独立。现在世界的政治经济情形，自俄国1917年大革命后，根本破坏旧的政治经济制度并重新组织，"在那个时候，世界各国的劳工运动都起来了，并且有劳工革命的趋势，似乎不久可以发生世界的革命"。然而世界劳工运动连受打击，资产阶级复活起来采取反攻的态度："一方面从政治上扑灭劳工的革命，一方面从经济上掠夺本国的工人阶级和殖民地半殖民地的弱小民族"。中国的政治情形，表面上是一个独立国家，其实是个半殖民地。中国的经济情形，"完完全全操在外国资产阶级国家的手里"，如关税、工商业、金融、交通、矿业等。"所以中国劳动阶级和社会主义者的目前工作，首先要做打倒军阀打倒帝国主义的国民革命"。国民运动与社会主义的关系，"简单的答案是：殖民地半殖民地的国民革命，其性质其结果不是属于一个国家的革命，乃是世界的革命；不仅是民主主义对于军阀的革命，还是平民主义对于国际帝国资本主义的革命"。能够推翻国际帝国资本主义的只有两种势力，"资本主义国内的劳农革命"和"殖民地的国民革命"，两种革命的势力合拢起来，才容易成功，缺少一个都不行。①

这个思想，同样见之于《社会主义讨论集》。其中结合中国实际来运用马克思主义的理论依据，主要转向列宁的帝国主义论和共产国际关于殖民地半殖民地国家的民族解放运动的思想。换句话说，这里提出中国开始进行社会主义的论题，已经超出马克思经济学说的一些具体结论，需要新的理论创新和实践探索。中国共产党人不仅把重点放在借鉴、汲取和接受列宁学说、苏俄经验和共产国际的指导原则上，同时也为立足马克思主义的基本立场、观点和方法，研究和解决中国自身的紧迫问题，在理论与实际的结合上，开辟了广阔的空间。

如果说陈独秀的讲演是面向大学生来讲解马克思学说，那么《社会主义浅说》一书，便是面向中学生来反映共产党人讲解马克思学说的内容。此书由梅生编，星五校，新文化书社1923年4月初版，10月3版。

编者同年2月4日作于松江的例言称：本书字数虽少（88页），但"关于各方面的社会思想，大都已择要采入，无闲深究者，读此可得大概"。任教"南洋义务学校"时，"常觉同学们缺乏社会思想的常识"，于是去年春假留在学校收集群书，开始编辑，"以备后日和义校同学谈论时的根据"；稿成后又得同学赵康细校一遍，给了不少帮助。"我对于社会学说虽极喜研究，但时间不多，至今还是一知半解。此编之成，实很不自量力，错误之处望读者指正"。② 据此，可知编者时为中学教员，喜好研究社会学说又关注学生的一般社会思想，由学生帮助校对，新文化书社设在上海；内容以收集选编已有著作为主，并无编者本人的创见，而且把社会主义理解为一般的社会思想或社会学说。

---

① 《陈独秀先生讲演录》，丁卜图书织造社1923年版，第21—35页。
② 梅生编《社会主义浅说》，新文化书社1923年版，"例言"。

此书分导言、社会主义的定义、社会主义的理论三部分，理论又分马克思（原译"马克司"）主义、修正派社会主义、工团主义、无政府主义、基尔特社会主义、布尔什维主义（原译"布尔雪维克主义"）。单看这个目录，非常熟悉，完全可以在当时国内已有的著述如前述《社会主义史》《社会问题总览》等译本里，找到类似的内容。既然内容不是编者自己的，那么重要的是看选编的重点和倾向。关于这一点，编者在导言里引用其友侯绍裘①在松江景贤女子中学的一篇演讲稿，作为"导火线"，大旨如下：

"现在社会上一般人，对于社会主义，有种种很可笑的误解"。"我现在不惮辞费，要校正这些误解"。其一，社会主义的目的固然在打破贫富的阶级，不过用以达到这个目的的手段，"有远大的目光和周到的计划"；一般人心目中的均贫富主义，很短视，以为就是把富人的财产拿出来分散给贫民罢了。第一，"社会主义是一种根本解决的策略，非把现在的经济组织全部推翻，少数人是不能去实行的，所以不能责备信奉社会主义的人，叫他把生活所必需的资产散掉，正如我们不能鼓吹相信社会主义的穷人，在社会主义未全部实现以前，单独去夺富人之财而有之"。第二，社会主义的方法，"是要把种种生产要素，如土地、工场、机器、资本等，一概归之公众"，谁去使用它们，谁便能管理它们，并享用其生产的结果，不让一部分人去垄断；使用的人只是为公众生产，不能据为己有，生产的结果也须归公众享用，除自己享用一部分外，也不能据为己有。这是各种社会主义普遍的涵义。其二，社会主义者"主张一律平等"，妇女是人不是物，所谓公妻或妇女国有为诬蔑。其三，社会主义的主张"努力把现经济制度全部推翻"，不可将社会主义与盗贼并为一谈。其四，社会主义"只不过要使大家能得到平等的幸福"，大多数被剥削的人不会感到社会主义危险、破坏和恐怖；如果富人横梗在社会主义进行的路上，既不能认识自己的真实幸福，又无视他人的幸福，"社会主义者为多数人的幸福起见，便只好老实不客气，不得不用激烈的方法打发他们走'清秋大路'，不过这是他们自取其咎，也怨不得社会主义的"。将来社会主义实行之后，不为增殖一人的私产，"也必定为全社会增殖财产起见，兢兢业业的互相竞争，以求战胜自然"。社会主义实行之后，"在极短时间内，必能用科学的方法把种种工作改良，使都成为极愉快的劳动"；至于短时期内的劳苦污秽工作，只有由提倡社会主义的人去担任，这是他们的抱负，同时也可以用时间长短的分配均匀方法来解决。①

采用这篇共产党人的讲演作为导论，表达了编者的态度。尽管讲演者所说的，只是社会主义的一些浅显道理，但对中学生来说，在普及社会主义经济知识方面具有很强针对性和导向性。

关于社会主义的定义和理论部分，此书几乎通篇重复别人著作里已有的内容，前面都考察过，无须赘述。这里只就其中有关马克思主义的叙述，作一简介。谈到社会主义的理论②：社会主义的思想起源很早，希腊"硕儒"柏拉图和亚里士多德等，"都是社会主义者，不过那时是空想的社会主义"；到了19世纪中叶，马克思主张科学的社会主义之后，"社会主义才能完成一个科学的体系"，"所以马克司是社会主义的鼻祖"。这里摘编和概括他人的著述，把古希腊学者说成空想社会主义者，看来并不了解与科学社会主义相对应的空想社会主义，是一个专有概念，并非那么空泛。

介绍马克思学说在哲学、社会党和经济学方面为社会主义打下基础：其学说不是希望论，不是运命论，是"着实的发见"，"可以说不是发明，乃是发见"；"以为社会主义的胚种，存在现代资本主义经济组织之内，所以资本主义是达到社会主义路径"；随着科学文明的发达，经济组织在资本制度中慢慢变化，"这种变化的结果，就是打破资本主义，发生社会主义"；马克思用科学的方法断定，"这种现象都是必然的运命"。这里先说"不是运命论"，又说"必然的运命"，两个"运命"有什么不同，未能说清楚。

说明马克思"唯物史观""剩余价值说"和"阶级战争"。关于唯物史观的大要，概述《政治经济学批判》序言的公式；分为"关于人类文化经验的说明"和"社会组织进化论"两个要点来解释唯物史观，前面考察河上肇解释唯物史观的著述，有类似的说法；引用《共产党宣言》有关原文，同样可见以往的相关著述。这些内容此书表述得更为简略，归结为说明社会历史变化，注重社会物质条件，有时简略得难免失当或欠妥。关于剩余价值说，"不但在学理上放着不朽的光明，就是于实际运动上，也具有强固的势力"。略说马克思的价值论和"劳动价值"：价

① 《社会主义浅说》，新文化书社1923年版，第1—13页。
② 以下引文凡出自这一部分者，均见《社会主义浅说》，新文化书社1923年版，第22—42页。

值论的大概，即商品的价值"与生产所耗的劳动时间为正比例，与生产时所耗的劳动生产力为反比例"；"劳动价值"，"不过是劳动力底价值罢了"，"在工资制度之下要求平等的工资，就同在奴隶制度之下，要求自由一样，决不能达到目的"。举例说明剩余价值，涉及生活必需费、剩余劳动、剩余价值是资本家不劳而获的利益等概念；马克思依据此学说，"痛论资本家掠取劳动者的残忍，阶级斗争和劳动运动，至此乃得科学的根据了"。这些叙述，也都是此前著述论及马克思的劳动价值论和剩余价值学说耳熟能详的内容，尽量以简洁形式来表达而已。关于阶级战争，强调资本与阶级斗争之间的因果关系，资本主义是"阶级战争之母"。这个表达并不准确，马克思认为阶级斗争是古代土地公有制解体以来一切社会的历史。又说马克思一派"认定资本主义是一种自灭的制度"，按照自然法则"自然趋于灭亡"；资本主义过度发达，相继出现"生产过多造成实业危险"，"实业危险造成贫民社会"，"因此产生许多'合股公司'"三种现象，"社会上不是一无所有的工人，便是无所不有的资本家，这两个阶级底利害关系，完全相反，便不得不争了"；工人在一地、一国进而在国际间联合起来，反对一切资本家，"便可战胜资本家，把所有的土地财产都归公有——即没有人可以劫夺别人的财产和工作，又没有人能够拿财产去制人生死，社会上再没有阶级可分，人类便都可以自由平等了"。这个结论是清晰的，论证的理由却比较模糊，股份公司现象何以成为导致阶级斗争的原因，并未说明。可见编者对选编内容的处理，有些粗糙。

这本书还用超过一半的篇幅，介绍修正派社会主义、工团主义、无政府主义、基尔特社会主义和布尔什维主义，其内容大概都从类似《社会问题总览》那样的译本里搬来。在搬运过程中，只见对原作的省略，不见编者的评析，原作中那些质疑、修正、抵制、反对马克思主义的观点，连同把马克思主义或集产主义当作国家社会主义的曲解，也一并保存下来。这同导言里有关共产党人要求排除对社会主义的误解的宗旨，不完全合拍。从这一点看，此书对社会主义的"浅说"，包括编者对马克思主义的"一知半解"状况。

## 第二节 《社会经济丛刊》译本

前面已提到施存统编译的这个丛刊，因其在共产党人宣传马克思主义经济学的著作中较早、较为全面且较有影响，故在此专门考察。此刊由黎明学会校审，上海泰东图书局 1922 年 1 月 20 日初版，列为"时潮系之一"，1928 年 10 月 20 日发行第 6 版。译本有总目录，未见编译者说明编译缘由及其过程。现有第 6 版似乎未作什么改动，权且以该版作为考察初版本的依据。

（一）译本结构

译本称丛刊，顾名思义，选译不同作者的著述汇编而成，反映了编译者在日本学习期间，广泛涉猎马克思主义著作的特色。这些著述是广泛阅读过程中逐篇选择和累积的结果，各篇之间谈不上有什么逻辑关系，只能大体归为"社会经济"一类，这也表明当时国人对于马克思主义，通常当作社会经济范畴的理论知识来认识，就像前一编所考察的社会问题类著作一样。标注《社会经济丛刊》第一册，原本打算随着阅读的进展，继续选编下去。大概由于留学过程突然中断，这个计划未能实现，或者说，另以其他的著译形式来实现了。

此刊包含 5 篇文章。第 1 篇北泽新次郎的《劳动问题》。据日本学者考证，原作 1919 年 1 月发表于《劳动者问题》，李汉俊 1920 年 1 月发表于《星期评论》第 33 号的《IWW 概要》译文，即取自此文；施存统先于 1921 年 1 月 6—18 日，在《民国日报》"觉悟"副刊翻译连载此文，后收入《社会经济丛刊》①。

第 2 篇河上肇的《社会主义底进化》。据日本学者考证，原作是 1919 年 5 月发表于《社会问题研究》第 5 期的《社会主义の进化》，邝摩汉 1919 年 6 月 11 日发表于《时事新报》"学灯"副刊的《社会主义之进化》译文，黄五七 1920 年 9 月 2 日发表于同一副刊的《社会主义进化谈》译文，均译自其文。施存统先于 1921 年 2 月 27—28 日在《民国日报》"觉悟"副刊连载其译文，后收入《社会经济丛刊》②。丛刊此文的末尾，施氏有"译者附记"：这篇文章大概翻译了 4/5，略去的一段讲议会政策，"总是那些把戏，我们可想而知"；另外一段是对社会主义的批评。"河上底意见，以为初期社会主义者，只看见心没有看见物；科学的社会主义者，只看见物没有看见心；他以为都有谬误，应该心物并重，不能过重一面也不能丢了一面。简单点说，他主张于经济改造之外，还要做道德的改造，不要把经济改造当做唯一的目的。他以为科学的社会主义及唯物史观，都不是和宗教道德矛盾的。他以为蔑视宗教轻视道德这一点，是现代社会主张最可怕的弊害。他劝我们不

① 石川祯浩著，袁广泉译《中国共产党成立史》附录一，中国社会科学出版社 2006 年版，第 337 页。
② 石川祯浩著，袁广泉译《中国共产党成立史》，中国社会科学出版社 2006 年版，第 337 页。

要想不基于事实的空想，也不要只管做一个叩头于事实面前的没理想的人。他一面相信唯物史观，一面又相信基督教，大概就是这个心物调和底表现罢！他是一位有良心的学者，虽然主张和平，但也还算敢说话的，在日本影响很大，我们中国呢，有良心的学者，究竟有没有呵！"① 这个附记，既是对翻译情况的说明，也是对作者人品及此文的评价。

第 3 篇河上肇的《见于〈共产党宣言〉中底唯物史观》。据日本学者考证，原作是 1920 年 6 月发表于《社会问题研究》第 6 期的《共产者宣言に见はれたる唯物史观》，施存统先于 1921 年 5 月 15—19 日在《民国日报》"觉悟"副刊连载其译文，后收入《社会经济丛刊》②。此文前面有"存统附记"："这篇文章，可以当做《共产党宣言》解说看"。关于《共产党宣言》的译文，许多"直抄"陈望道的，"理当声明"。我希望诸君看此文时，拿《共产党宣言》来对照，"当能格外明白"。《建设》杂志 2 卷 6 号译出《见于资本论中底唯物史观》③，"也可以参看"。国内此类文章，我所知道者，"最重要的"有胡汉民登载在《建设》1 卷 5 号的《唯物史观批评底批评》；陈望道 1920 年 6 月 17 日在"觉悟"翻译的《马克斯底唯物史观》④，"也很可以供参考"；其余《新青年》的《马克斯号》，《建设》里胡汉民、戴季陶所做的文章，"也足供研究"。"我不敢说，我对于'唯物史观'已有什么研究，不过我是很想用心研究一番的。我以为'唯物史观'是最能医治'空想'底毛病的。我虽然不敢说我现在已经由'空想的'进于'科学的'了，但我却敢自信，我底空想，已经减了不少。我很希望大家对于马克斯底唯物史观和科学的社会主义，多做一点研究。至于尚未研究，而先存一个成见去反对别人底主张，那是没有意思的"⑤。这个附记，体现了施存统专注于研究马克思学说的心志，也可能受到那时国内同道者的一系列研究或翻译成果的激励，但首要的是，他自己决意以唯物史观的精神克服空想的毛病，自觉接受科学社会主义的熏陶。

第 4 篇日本卖文社编《劳动经济论》。据日本学者考证，原作是该社 1919 年

---

① 施存统编译《社会经济丛刊》所载《社会主义底进化》，上海泰东图书局 1928 年版，第 18—19 页。
② 《中国共产党成立史》附录一，中国社会科学出版社 2006 年版，第 332 页。
③ 此文由苏中翻译，1920 年 8 月发表，译自河上肇 1920 年 2 月发表于《经济论丛》第 10 卷第 2 期的《资本论に见はれたる唯物史观》，见同上书附录。
④ 此文译自河上肇 1919 年 3 月发表于《社会及国体研究录》第 1 卷第 1 期的《マルクスの唯物史观》。见同上书附录一，第 331 页。
⑤ 以上引文除另注外，均见《社会经济丛刊》所载《见于〈共产党宣言〉中底唯物史观》，上海泰东图书局 1928 年版，第 1—2 页"存统附记"。

12 月出版的《劳动经济论》，施存统先于 1921 年 3 月 27 日—4 月 4 日在《民国日报》"觉悟"副刊连载同名译文①，后收入《社会经济丛刊》。文章前面有"译者附记"："这一本小书，是卖文社编辑的。卖文社出有《劳动问题丛书》十二种，这是第四种。卖文社是著名社会党堺利彦、山川均等所组织的。在没有办平民大学（其实，平民大学并没有一定的学生）以前，是拿这个机关做他们宣传的大本营的。他们既是社会主义者，那么，对于劳动问题，也当然立脚在社会主义上面说话了。这本小书底议论，都是根据于马克斯底社会主义经济学的，所以看了这本书，也可以知道马克斯经济学底大概。要想懂得劳动问题，当然要先懂得劳动经济；不懂劳动经济，劳动问题是不会懂的。这本书关于劳动经济，说得怎样简要得当，诸君看了自然知道，不必我多说了"②。这个附记，介绍卖文社及其组织者，曾是日本社会党宣传社会主义的大本营；介绍这本书，立足于社会主义来谈论劳动问题，从中可以大概了解马克思经济学说；介绍劳动经济，这是懂得劳动问题的基础，其论述简要得当，以马克思的社会主义经济学为依据。从这些介绍看，译者颇为重视此文，实际上表达了自己的内心倾向，就引进马克思经济学说而言，此文同样值得关注。

第 5 篇山川均的《考茨基底劳农政治反对论》。据日本学者考证，原作是 1921 年 3 月发表于《社会主义研究》第 3 卷第 2 号的《カウツキーの劳农政治反对论》，施存统先于 1921 年 4 月 22—29 日在《民国日报》"觉悟"副刊连载同名译文，后收入《社会经济丛刊》③。

以上 5 篇文章，都是施存统留学日本期间翻译，而且都是 1921 年 1—5 月间先发表于《民国日报》"觉悟"副刊，然后收入《社会经济丛刊》。除了前两篇国内先已有人节译或全译发表外，后三篇以施氏率先翻译发表（从后面的分析可知，第 4 篇也有别人的译文发表在先，不过以另一题目出现）。看来先在报刊上发表单篇译文，嗣后收集整理为丛刊出版，应是那时的时尚，也是为了扩大译文的影响。

**（二）《劳动问题》译文简介（附《社会主义底进化》译文）**

此文篇幅最大，共 66 页，分"劳动问题底本质""劳动问题底起源""对于劳动问题的思潮""劳动组合""失业问题""净利分配""工场法" 7 章。第 3 章论

---

① 《中国共产党成立史》附录一，中国社会科学出版社 2006 年版，第 338 页。
② 《社会经济丛刊》所载《劳动经济论》，上海泰东图书局 1928 年版，第 1 页。
③ 《中国共产党成立史》附录一，中国社会科学出版社 2006 年版，第 327 页。

述有关思潮，继"劳动问题解决的必要""个人主义""温情主义"等节之后，谈到"社会主义"思潮：

原来社会主义的种类很多，理论很复杂，不能详细说明。其要旨，"主张根本的破坏那建筑在自由竞争和私有财产制度上面的现社会，希望构成一种'共有一切生产手段的新社会'"。社会主义运动唤起社会的注意，是产业革命以后的事。"最重要的要素，就是马克斯所唱的社会主义"。"实在说马克斯是近代社会主义底鼻祖，也不妨。马克斯以其渊博的知识和明晰的头脑，积二十年精深思索的结果，成就其不朽的名著——《资本论》做近代社会主义底根底"。此书"是极广泛的、极复杂的、极难解的"。这里只说明它的一部分，"已经是很困难了"。现在说明的，"就是被大家看做最重要的唯物史观和剩余价值论两部分"。

"原来唯物史观，并不是马克斯所创造的"，拿这个来说明人类发展的历史，却是到了马克思才使它"极度发达的"。马克思唯物史观的意味："大凡人类在做'社会的生产'底场合，是会必然的而且是无意识的组织起一种一定的'生产关系'，而这个生产关系，正是构成当时底'经济组织'的，在这个基础底上面，政治的法制的制度，也就树立起来了。'社会意识'底一定的形式，也是适应这个的。助成物质的生活底'生产方法'，是决定在社会上政治上及精神上底'生活过程'底全般的，不是'人间底意识'决定彼底'社会的生活状态'，却是'社会的生活状态'决定'人间底意识'的。而且社会底'生产力'发达到某一个阶级，就要和既存的生产关系发达冲突。在这里既存的生产关系，就一转而变为阻害生产力的妨害物。在这个场合，必然的'社会的革命'底时期就到来了。依'社会的革命'的到来，于是'经济的基础'也便动乱起来，一切的'社会的事项'，都动摇起来了。彼底结果，就是旧思想完全破坏，新社会因之发生"。依照马克思的唯物史观，人类社会发展，"经济动机"是最重要因素，政治的法律的哲学的精神的现象，都不外是"经济的现象"的反映；"这个人类底历史，是要依'物质的动机'和'物质的现象'才能够了解的"。但是依照我的见解，"社会底发展，不单是物质的动机，此外还有种种的动机；要拿一个现象来解释一切，我想是一件危险的事情。不用说，虽然在马克斯自身，也并不是说形成人类底历史只有一个'经济的要求'；但是在大体上，重视'经济的动机'，是一桩不可争的事实"。

"再说马克思的剩余价值论，到底是怎么样一件东西"？简单说，"劳动者在今日底社会组织，只领受足以维持自己及其家族底生活程度底工银"。比方劳动者每天做工 6 小时，能够生产和他们所领受的工银相当的价值；但是雇主不会叫他只做工 6 小时，总要叫他劳动 12 小时，劳动者全天所生产的"全价值"的一半，"就被雇主掠夺去了"，雇主掠夺去的这一半，叫作"剩余价值"，"照理应该属于劳动者的"。根据马克思的说法，"这个剩余价值，是做成'资本家主义'底基础的，资本家因此蓄积了很多的'财富'，劳动者却因此沉沦于非常贫乏的境遇了"。我想，"剩余价值论，的确有多大的真理，今天底劳动者，领受微少的工银，资本家获得过大的份子，这是不可争的事实；但是剩余价值论，也不能说全部都是真理，谬误之点，也不是没有的"。什么道理呢？"因为做剩余价值底基础的马克斯底'价值论'，是以亚丹斯密、理嘉图所主张的'劳动价值论'为根据的；劳动价值论有很多谬误的地方，这是谁也不能否认的"。

"总之，马克斯指摘今天'资本主义的生产'底缺陷和矛盾，提出矫正彼底弊害的方法，主张社会主义这一件事，实在不能不说他底识见高远。在今日底改造期中，马克斯底社会主义，为世界改造底一大要素，这是不可争的事实"。不过我想，今日的劳动问题，"是不能专靠社会主义者所能够解决的"，劳动问题还"有文化的伦理的动机和本质"。①

接着"社会主义"一节，谈到"社会改良主义"：原来社会改良主义者也和社会主义者一样，"承认今日底社会组织从种种方面看起来都有许多缺陷"，不过他们不像社会主义者，"要根本地破坏'私有财产'和'自由竞争'等制度"，"一方面想矫正无制限的自由竞争，在别一方面想制限私有财产底弊害，以牵制的手段，希望有健全的'社会的发达'，这就是叫做社会政策"。

最后一节"劳动问题底解决应当怎样"："要想用一个主义，到底是不能解决的"。个人主义和温情主义存在"谬误"；社会主义"固然包藏着许多真理"，然而仅用这个主义，"是不能造成圆满的社会的"；社会改良"单是弥缝"，同样不能解决今日的劳动问题。②

在此之前，日人北泽新次郎③的著述传入中国者寥寥无几，1919 年 8 月 19—21 日连载于《时事新报》的微译《劳动运动之改造》，可算是仅见的一篇。此文曾对

① 以上引文均见《社会经济丛刊》所载《劳动问题》，上海泰东图书局 1928 年版，第 19—22 页。
② 后两节引文见《社会经济丛刊》所载《劳动问题》，上海泰东图书局 1928 年版，第 23 页。
③ 北泽新次郎（1887—1980），日本经济学者，社会活动家；早稻田大学学习后留学美国 5 年，分别获得硕士、博士学位，1915 年起先后任早稻田大学讲师、教授、商学部部长、名誉教授，曾任中央劳动委员会代理会长，东京经济大学校长。

俄国的苏维埃政府表示敬意，却弄不清它和德国社会民主党政府的区别，只看到二者都是社会党或劳动党掌握政权。看了此文有一种感觉，当时不少日本学者注意到世界范围内劳动运动发展的新趋势，如从单纯诉诸合法手段的经济运动，转向以阶级斗争手段对抗资本家政权的政治运动，但仍然割舍不了对合法议会民主道路或其他和平改良途径的眷恋之情。① 现在看了北泽的《劳动问题》，不仅印证了这种眷恋之情，还可以从他对马克思经济学说的理解上，找到部分的理论根源。

作者谈劳动问题，高度重视阐释这个问题的马克思经济学说，而且抓住唯物史观和剩余价值论作为说明马克思学说的两个最重要环节，也是抓到了根本。可是再往下看，便明白他把以马克思学说为代表的社会主义，只是当作过去陆续出现的对待劳动问题的若干思潮之一，认为单凭马克思学说或专靠社会主义，不可能解决今日的劳动问题。

他引用马克思唯物史观的一段话，见《政治经济学批判》序言中唯物史观公式的前半部分，译文不那么确切和顺畅，如将"不以他们的意志为转移的"译作"无意识的"，将"经济结构"译作"经济组织"，将"物质生活的生产方式"译作"助成物质的生活底'生产方法'"，将"制约"译作"决定"，将"社会存在"译作"社会的生活状态"等，还遗漏了若干涵义，但基本上表达了原来的意思。问题是，说到社会革命的时代就到来了之后，原来有这样一句话，"随着经济基础的变更，全部庞大的上层建筑也或慢或快地发生变革"，在翻译中，此意变成依照社会革命的到来，于是经济基础便动乱起来，一切社会事项都动摇起来，结果旧思想完全破坏，新社会因之发生。这个翻译，无异狗尾续貂，把原意中经济基础的变更引起上层建筑发生变革，扭曲成社会革命造成经济基础动乱从而一切社会事项动摇，随之破坏旧思想和产生新社会。顺着这个意思推衍下去，唯物史观变成了在人类社会的发展中，"经济的动机"是最重要的基础，实际上为客观的物质经济贯注了主观的人为动机之意，由此也可以说，社会发展的人类各种动机中，固然需要重视经济的或物质的动机，但不能因此忽略其他的动机，即此节最后所谓"文化的伦理的动机"。作者明知马克思本人从未说过，形成人类历史的只有一个经济要素，仍旧批评唯物史观以单一的物质动机或经济现象来解释一切人类历史，是一件危险的事情。看来，作者的意图，要用文化的伦理的动机来化解单讲经济的物质的

① 参看《1917—1919：马克思主义经济学在中国的传播启蒙》，上海财经大学出版社 2016 年版，第 6 编第 1 章第 3 节五。

动机的危险，其理论根据，建立在对唯物史观的曲解之上。

他解释马克思的剩余价值论，十分简略，省去各种必要的理论环节，只剩下劳动过程包含类似于必要劳动与剩余劳动差异的简单环节，并以雇主掠夺了理应属于劳动者的剩余劳动亦即剩余价值，作为资本家和劳动者之间贫富悬隔的全部基础。解释剩余价值论的依据如此单薄，随即质疑这个理论是否为真理，也就十分轻巧。只须指出剩余价值论的理论基础来自斯密和李嘉图等人的劳动价值论，后者又存在公认的许多谬误，便自以为从根本上推翻了剩余价值论；至于说马克思在改造和发展以往劳动价值论的基础上建立起剩余价值论的理论大厦，则完全忽略不计。

用否定古典劳动价值论来质疑马克思的剩余价值论，如同前面用文化伦理动机与物质经济动机相并列来批评马克思的唯物史观，都不是作者的独立见解，只不过搬来正统经济学的流行说法以为论据。作者的"独立"之处，或许不像其他批评者那样，完全否定或排斥马克思学说，承认这一学说对现行资本主义生产之缺陷与矛盾的指摘，用社会主义来矫正其弊害的办法，识见高远，但他的承认，打算把马克思学说作为改造世界的一个要素，整合到众多改造主张之中而形成一个各方满意的圆满社会方案；或者说，这个用意的独立特点，正在于取消马克思学说在解决劳动问题方面的独立指导地位。在他看来，马克思学说就像个人主义、温情主义、社会改良主义等其他思潮，哪怕含有真理，也是不圆满的或存在谬误，不可能单独用来解决劳动问题，需要求助于诸如劳动组合、失业救济策、改进净利分配、建立工场法等一系列办法。他对结合实施必要的社会政策，建立劳动者的自助机关即"职工组合"，以图"社会的和经济的地位向上"[1]，尤为垂青。这种想法，同马克思经济学说，南辕北辙。

对于北泽以上论述，施存统只是翻译，没有表达个人的评论。可能因为北泽谈论社会主义者所关注的劳动问题，在一定程度上承认马克思学说解决劳动问题的道理，故为施氏所选译并列入丛刊。不过从施氏后面对河上肇所著《社会主义底进化》的"译者附记"看，他对北泽批评马克思学说的意见，应当是不赞成的。

关于河上之文，前已提及，先有邝摩汉的译文《社会主义之进化》，1919 年 6 月 11 日发表于《时事新报》"学灯"副刊[2]。对比邝氏译文，施氏译文有所删节，

---

[1] 《社会经济丛刊》所载《劳动问题》，上海泰东图书局 1928 年版，第 66 页。
[2] 参看《1917—1919：马克思主义经济学在中国的传播启蒙》，上海财经大学出版社 2016 年版，第 6 编第 1 章第 2 节二。

表达上亦多有出入，另外值得注意的有以下几点。

一是邝氏译文谈到马克思的社会主义以其科学根据而成为社会主义实际运动中最有力的主义，"现在马克思的祖国德意志，由社会党首领执掌政权，正是接受马克思的回报"。对此，施氏的译文是："马克斯出来，给一个科学的根据于社会主义之后，社会主义底实际运动，就立刻成为有力的东西，使资本家阶级害怕。看啊！西北的俄罗斯，现在已经完全实行马克斯主义了"①。两个译文出自同一原文，何以一个指向德国社会民主党执政，一个指向俄罗斯实施马克思主义即苏俄革命。可能的解释，邝氏译文避免刺激当局而有所调整。即便不是这样，也可以表明施氏译文毫无顾忌，把完全实行马克思主义的苏俄革命，当作让资本家阶级害怕的社会主义实际运动的最新标志。

二是施氏译文删去原文有关组织新村以实地试验理想社会一节，对此注释：国内关于这类文章很多，大家都已晓得了，所以把它略去；这一节里，河上举了三四个例子，"结果都是失败的"；这种运动在日本是武者小路一班人的新村运动，中国对此提倡最力的要算周作人先生，其热心态度"足使人佩服"。"不过要想在旧社会里做出一个新样本来给人家看，恐怕是不会有的事。别的我们且不说，这个经济的压迫，是谁也逃不脱的。不先把这个经济组织改变过了，什么新生活、新村，都是空想的"。② 这一节内容，邝氏译文里可以看到，作者论及武者小路主要倡导的模范新村的实验，只是说这在日本以前从无先例，是件稀奇事，并未断言它必定失败。施氏一口否定在旧社会里能够做出一个让大家效法的新样本，其依据便来自有关摆脱经济压迫，必须先行改变现行经济组织的理论。由此也可以体会，施氏对于北泽质疑马克思的剩余价值论，主张在现行制度下诉诸其他的国家社会政策或劳动者自助组合等办法，是不会接受的。

三是前面引用施氏对河上此文的一段译者附记，说明何以翻译原文大部分而略去其中一部分的理由。实际上是对那部分内容的作者倾向不以为然，与其保留，不如略去。这些倾向，一则指河上所描述的议会政策。对照邝氏译文，意即社会主义者实现其理想的手段，从最初依靠阴谋暴力方式，企图一举推翻旧社会而建立新社会，进化到依靠和平与合法的立宪方式，宣传其主义思想，要求选举权和组织政党，通过在议会内占据多数而逐渐获得政治实权，最终根本改造社会组织，因此期

① 《社会经济丛刊》所载《社会主义底进化》，上海泰东图书局1928年版，第11页。
② 《社会经济丛刊》所载《社会主义底进化》，上海泰东图书局1928年版，第14页。

望如今的政治当权者不必对新思想家感到忧虑。对于这样的议会政策，施氏贬称为"总是那些把戏，我们可想而知"，不过哄骗人的手法，不屑一顾。二则指河上对社会主义的批评。对照邝氏译文，全文最后部分，有两段说法。一段说基督教主义也是理想高远的社会主义者，今日信奉科学的社会主义者单以经济组织改造为唯一目的，将全体人类视为利己的动物，存在弊端，这也是一般科学的通病；应看到人有物与心两面，不能只强调外部强制的社会改造，蔑视以人心开发为社会改良的要道；科学的社会主义唯物史观，与宗教道德本无矛盾之处，我不满现代社会主义之处，非难宗教，轻毁道德，陷于一种浮薄浅近的物质主义，此乃其最大弊害。另一段说我极为赞成英国劳动党首领的说法，民主主义实现其充分成效，在于个人道德的伟大达到极点，要想改善国民物质的及社会的条件，必须先努力提高国民的道德标准；理想不基于事实，将化为空想，但只是叩头于事实之前，又将成为无理想之徒。对于这个批评，施氏简要复述后，称河上一面相信唯物史观，一面又相信基督教，"就是这个心物调和底表现"。显然，施氏不愿苟合这种心物调和的主张和平态度，又感慨像河上这样还算敢说话和有良心的学者，中国也付之阙如。言下之意，比之河上，施氏立志坚定而鲜明地坚持马克思的科学社会主义立场。于此也可以证明，北泽之说持有与河上相似的批评观点，并且距离马克思学说更远，更不可能得到施氏的支持。施氏先行译出的北泽之文，仍保留了北泽的批评意见，而随后译出的河上之文，干脆删去河上的批评意见。

### （三）《见于〈共产党宣言〉中底唯物史观》译文简介

包括作者序言和两个主要部分。河上肇在序言中说：

我在 1920 年 2 月发行的《经济论丛》第 10 卷第 2 号上，登载了《见于〈资本论〉中底唯物史观》一文；"现在这篇文章，恰好是那一篇底姊妹篇"。《资本论》前后三卷，第一卷已是 739 页的"大册"，直接和唯物史观有关的文句，"都是散见各处的"；《共产党宣言》不然，是前后 4 节组成的"小册子"，页数比较多的前2 节尤其第 1 节，"差不多全部都是由直接适用这个史观而成立的"。所以虽说是姊妹篇，"研究的方法，未免是有异趣的"。关于《共产党宣言》的价值，我引用过一句"证言"："我到今天为止，虽然百回又百回地重读这篇东西，然而每一回重新把彼拿到手里，总是有新的东西得到"。这句话是有名的《社会主义及社会运动》一书（应为《19 世纪的社会主义和社会运动》，1896 年出版）的著者、德国桑巴特①（原译"宗巴脱"）教授说的。最近几年，他或许没有像从前那样常常获得新的东西，所以此书最近的第 7 版和第 8 版，"恰好把上面所引的那一句话，特别删除去了"。但是像下面那样"赏赞的话"，仍旧用于这个宣言："共产党宣言，含着一个史观为基调，而且是树立一个政党底纲领的。彼在世界文献当中，要算是最可珍重的文书。彼虽然也有谬误和未熟的思想，然却是一个难以凌驾的杰作。……有人说，关于近代社会主义本质的一切智识，共产党宣言当中，都是包含着的。这种说话，实在某某一个程度上是很正确的。不过这里头所说的，全然是格言式的，是画了一个轮廓而止的"。宣言翻译成各国的国语，"为大多数人所熟知了"。明治三十七年（1904 年），日本《平民新闻》周刊曾经译载了一部分，立刻就被禁止发行，翻译者也被问罪了。当时的判决说，"单是当作历史上的事实和学术研究底资料把彼翻译出来，是不妨的"。所以第二年，堺利彦等人把它全译出来，揭载于《社会主义研究》第一卷的卷头。近来没有听说要重印，但即使在日本，已经全译公布了《共产党宣言》。

马克思的唯物史观，可以分为社会组织进化论和精神生活的物质说明两部分。第一部分"社会组织进化论"：照我的解释，由"社会组织进化论"和"精神的生活底物质的说明"两部分组成。"拿这个史观，适用到过去阶级的社会底时候，就产生他底阶级斗争"。阶级斗争学说和现在所说的唯物史观的任何一部分，"都是贯串着的"，对此，我已经有许多文章论述过了。这篇文章的目的，不过把马克思1848 年起草《共产党宣言》当中包含这些思想的那些文句，"加以一点诠索罢了"。

更仔细分析，我假定马克思的社会组织进化论，又包含种种思想。一是"把一切社会现象，都看作'进化论的'思想，把这个适用到社会组织上面去，就是一切社会组织，都是进化的东西"。换句话说，"无论哪种社会组织，决没有永世不变的，一定有一个时候要崩坏了的，进行到新组织里面去"。二是"社会底物质的生产力和社会组织之间，常存有适应关系"。"要是社会底物质的生产力变动了，那么，社会组织也必然地要随而变动的"。三是"社会底物质的生产力，是一个不绝地变动的'流动性'的东西；社会组织，却是在一定期间里，是继续地能维持的'固定性'的东西"。所以说社会的物质生产力和社会组织之间的适应关系，

---

① 维尔纳·桑巴特（1863—1941），生于德国富裕的中产阶级家庭，1882 年起在华河大学和柏林大学学习法律和经济，1888 年获得柏林大学博士学位，后留学意大利；1888—1890 年任布莱门商会会长，1890 年任布莱斯劳大学副教授，1906 年任柏林商业学院教授，1918 年任柏林大学教授。

"不能够呆板地照字面去解释"。二者在大体上，可以说存有适应关系，"更严密地说起来，实在在一定的社会组织底历史上，是有前后二期的"：第一期，二者"正相调和"，是"社会组织有益于生产力底发展的时代"；第二期，社会的物质生产力发展到某一程度以上，同"社会组织力"的调和被破坏了，"从前助长生产力底发展的社会组织，反而变成妨碍其发展的束缚的东西了，这是社会组织有害于生产力底发展的时代"。一定社会组织的历史有前后两期这个思想，就是社会组织的进化。四是这样的主张若是真的，那么适应于新社会组织的物质生产力或物质条件，"一定非在倾向于崩坏底命运的那个旧社会组织底第二期中已经正在酿成不可"，新社会的成立条件，"应该是在旧社会底母胎中孕育成功的东西"。五是"一切的社会，都是由多数人们相集拢来组织成功维持住的，所以社会组织底变更，也应该由住在这个社会底多数人们底发动的行为来成就的"。根据马克思的意见，"一切过去的社会（除去古代共产制时代），都是阶级的社会，同一个社会，是有利害相异的两个以上的阶级存在的；一个阶级以为维持现状，于自己是有利益的，所以反对打破现状；别一个阶级以为维持现状，于自己是不利益的，所以主张打破现状；其结果，阶级之间就发生了阶级斗争；这个阶级斗争，要是主张打破现状这一个阶级得了胜利，于是社会组织底变更，才能够实现"。六是由于上述看法，马克思的社会组织进化论，主张"一切从来的社会，都是由阶级底对立而成的社会，而且在这种阶级的社会当中，社会组织底变更，常常是由'阶级斗争'这个方法来实现的"。我把这个主张叫作"马克斯底阶级的社会观，或是阶级斗争说"。

上面所列举的，大体上是分析马克思的社会组织进化论，包含在其中的主要东西。这些思想在《共产党宣言》中用什么形式来表示，可见第 1 节"有产者及无产者"。这一节从唯物史观的立场上说，在前后 4 节中"是最有注意底价值的"。开头就用"一切过去底历史，都是阶级斗争底历史"的有名句子，首先叙述今日资本主义的社会组织怎么样从封建的社会组织的废墟中产生出来；其次叙述现存资本主义的组织，由于无产者在阶级斗争中的胜利，不得不移行到社会主义的新组织的命运；最后是"有产者底没落及无产者底胜利，都是不可避的事实"这一句话。总之，整个一节，"是把关于现代资本主义的组织底发生、成长及没落底过去的历史和将来的运命，成为唯物史观底最活的适用而现出来的"。下面尽可能传达"其精神的妙术"。

《共产党宣言》第 1 节第 1 段，叙述阶级斗争说，和我前面分析马克思的社会组织进化论所假定的第六个主张相当，里面有一段文字（略，今译文见第250—251页第1节第1、2段①）。我不喜欢拘泥于文字之末，但是这段文字里，马克思以"阶级斗争"作为每一次斗争的结局，不是整个社会受到革命改造，就是斗争的各阶级同归于尽（为了便于理解，原译文均按今译文转述，下同），"我却信为有十分注意底价值"。《政治经济学批判》序言所载的唯物史观公式里，有一句断言，"人类始终只提出自己能够解决的任务"；又说，"因为只要仔细考察，就可以发现任务本身，只有在解决它的物质条件已经存在或者至少是在形成过程中的时候，才会产生"。前一句话，有一种解释，意思是"人们无论什么问题，假使作为问题来讲，一定是都能够解决的问题"；照这种意思来解释马克思的唯物史观，"岂不是无视人们底意识的行动，变做旧式的机械的唯物论么"？这样解释，实在是对马克思的"误解"！马克思说"能够解决"这句话，"决不是'成功解决'底意义，是'用方法能解决'底意义"。有人以为，马克思忽视了解决问题与否，将导致社会进步与退步这样两个"有不同的结果底可能性"，这是马克思的"唯一误解之点"。在我看来，《共产党宣言》明明说道，阶级斗争实行于各个时代，而每一次斗争的结局，不是"整个社会受到革命改造"即社会的进步，就是"斗争的各阶级同归于尽"即社会的退步或没落。顺便指出，《共产党宣言》称"资本家的生产方法到了风靡世界"那一条下面，说资产阶级"迫使一切民族——如果它们不想灭亡的话——采用资产阶级的生产方式"。这里插入"如果它们不想灭亡"一句，证明了马克思的所谓必然论，"并不是单纯的机械论的必然论"。

宣言说，过去各个历史时代社会划分为各个不同的等级，从封建社会的灭亡中产生出来的现代资产阶级社会并没有消灭阶级对立，资产阶级时代的特点是使阶级对立简单化了等几段论述（略，今译文见第251页第2、3、4段），"包含在马克斯底社会组织进化论底第六个思想底有关系的部分——就是和阶级斗争说或阶级的社会观有关系的部分"。然后进入第2段，"去说明现代资本主义的社会是怎么样成立的那一件事"。接着几段论述（略，今译文见第252页第1—6段），"说明近代有产阶级这个东西，——就是'长期发展的产物和生产及交换方式迭次革命的结果'那个东西，——是怎么样成为经济上底支配阶级这一件事"。照马克思的意见，"经济上底支配阶级，同时又成为政治上底支配阶级的"。"凡是阶级斗争，起

---

① 此页码及段落指《共产党宣言》今译本，见《马克思恩格斯选集》第1卷，人民出版社1972年版，下同。

初都不过是经济的斗争，后来才伴着有政治的斗争。如果一个阶级，在经济的斗争既然获得胜利，在经济上已经获得支配的势力；那么同时一定跟着，在政治的斗争也能获得胜利，在政治上也能得到支配的势力的"。这一点，"我们征诸有产者阶级勃兴底历史，也完全是这样的"，可见上引论述后面一段（略，今译文见第252—253 页一段）。"这样看来，有产者阶级既然取得政治上底支配权，这时替代封建的社会组织底崩坏的资本主义的社会组织也就出现了；于是社会组织既然改变，那么，接着社会组织底各方面，也就有种种的改变"。对此，宣言以"资产阶级在历史上曾经起过非常革命的作用"这一句话为前提。

然后列举资本主义成立以来，社会各方面实行革命的变动的事实。总括起来，"从唯物史观底立场看起来"，下面两段文句"最当注意的"："由此可见，资产阶级赖以形成的生产资料和交换手段，是在封建社会里造成的。在这些生产资料和交换手段发展的一定阶段上，……封建的所有制关系，就不再适应已经发展的生产力了。这种关系已经在阻碍生产而不是促进生产了。它变成了束缚生产的桎梏。它必然被打破，而且果然被打破了"。"起而代之的是自由竞争以及与自由竞争相适应的社会制度和政治制度、资产阶级的经济统治和政治统治"。前面已经说过，马克思的社会组织进化论的第四个思想，即一定的社会组织的历史包括前后两期，第一期，"社会组织和社会底物质的生产力正相调和"；到了第二期，"因为社会底物质的生产力已经发展到某一个程度以上，那么，这个生产力和社会组织底调和，也就被破坏了，从前为助长生产力发展的社会组织，到这时反而变成妨害生产力发展的束缚的东西了"。上引文句，正适用马克思这个主张。《政治经济学批判》序言中唯物史观公式的第 2 节一段话（略），"也不过是适用这个主张的东西"。

"应该注意"，"生产手段"与"生产力"两个名词的用法。"生产力发展底主要原因，在于生产手段底发展，所以在影响到哪个社会底关系之点，差不多可以把生产手段底发展和生产力底发展，一同看待的"。这一点，《资本论》第 一卷第 5 章说："劳动手段，不单是为人类劳动力发展底尺度，而且是为在劳动所行的范围内的社会关系底指示器"[1]；同一卷论机械发展的补注又说："组织社会的人类底生产上器官底形成史，就是各种社会组织底物质的基础底形成史"[2]。拿这些文句和前面对照，"我想都有注意的价值"。

---

[1] 其今译文见《资本论》第一卷，人民出版社 2004 年版，第 210 页。
[2] 其今译文见《资本论》第一卷，人民出版社 2004 年版，第 429 页注（89）。

以上为宣言第 1 节前半部，说明由封建组织的废墟里产生出资本主义组织这一件事；下面的话专说对现代资本主义组织的观察。根据马克思所见，"在现代社会下面，和在过去社会下面，完全是由同样的事来行的的"。宣言有如下的话："现在，我们眼前又进行着类似的运动"（略，今译文见第 256—257 页一段）。"资产阶级用来推翻封建制度的武器，现在却对准资产阶级自己了"。在一定的社会组织下面，社会的生产力发展到某一程度以上，社会组织和生产力的调和也就被破坏了，旧社会组织不久就要崩坏，新社会组织应该起而代兴，这个思想，就是马克思的社会组织进化论的第四个思想，这里"也已经很明白地显现出来了"。

　　以上理由，从唯物史观的立场看，资本主义组织的崩坏，"已经是一个不可免的运命"；问题是，"什么人来担当这个改造组织的任务呢"？前面已经说过，"社会组织这个东西，原来是由我们人类同志集合而维持的；所以一定社会组织底改造，就当然不能没有担当改造那个社会的任务的若干团体"。改造封建组织是资本家阶级做成的，"现在这个资本主义的组织陷于必然崩坏的运命的时候，究竟是要什么人来担当这个改造组织的任务呢"？宣言回答，"这不外是无产阶级的劳动者"（两段引述略，今译文见第 257 页第 3、4 段）。这些无产者阶级经过怎么样的发展呢？宣言说："无产阶级经历了各个不同的发展阶段。它反对资产阶级的斗争是和它的存在同时开始的"。这就是说，社会的阶级对立存在一天，阶级之间就斗争一天。只不过适应阶级发展的程度，阶级斗争的形态也有些变化（引述略，今译文见第 259 页第 4 段）。先是属于第一期的阶级斗争（两段引述略，今译文见第 259 页第 4、5 段），然后无产者对有产者的斗争进入第二期，有了"阶级的自觉"，这个时期的斗争，"也就很明显地带着政治的斗争底性质了"（两段引述略，今译文见第 259 页第 6 段、第 260 页第 2 段）。阶级斗争说是马克思的社会组织进化论所包含的思想之一，从上面宣言的文句看，"要理解这个阶级斗争说，实在有加以多少考察底必要"。

　　通观以上文句，"不能不发生一个疑问"，马克思说阶级斗争的意见是怎么样的？前两句的说法，"好像无产者对有产者底阶级斗争，是从无产者发生那一天开始的，无产者一直就对于有产者实行阶级斗争的"。后面又说无产者对有产者的斗争，由于劳动者团结的结果，"集中于一个阶级斗争"，并说"一切阶级斗争都是政治斗争"。由此推想，"好像一切斗争，没有带着'政治的斗争'的性质的，都不能称作阶级斗争"。后面引用的文句，"无产者这样组成一个阶级，便自然成了一个政党……"①；第2节也有这样的文句，"共产党直接的目的，……是纠合无产者团成一个政党……"②。从这些文句推论，"好像无产者组成了一个政党成为'政治的斗争'的时候，才成为一个阶级；又无产者本有形成一个阶级底必要，而至此又好像没有成为一个阶级"。这样，对马克思所谓阶级或阶级斗争的意见，"不能不发生"疑问了。

有人替我们解释：依照马克思的意见，一切社会阶级的发展，都有两个时期。对于另一个阶级，可说已经成为一个阶级，但其阶级自身还不能成为一个阶级的状态，这是第一期；到了第二期，阶级本身才可说已经成为一个阶级。后者的意思，是说属于那个阶级的人们有了"阶级的自觉"；就是说，"自己到了有意识的觉着，自己对于别一个阶级的人们，到底是处在利害不相容的地位的，实行阶级斗争这一件事，实在是自己不可避的命运"。马克思的意见，阶级斗争在第一期，不过是经济的斗争，单是争夺经济上的利益；到了第二期就不同了，更进一步实行政治的斗争，争夺政治上的权力。马克思狭义地使用阶级这个名词时，"专指进到第二期这个阶级"。宣言所说的"组织无产者的阶级啊！"（今译"全世界无产者，联合起来！"），指"还在第一期没有阶级的自觉不过是客观的成为一个阶级的无产者"；"促起他们阶级的自觉，使他们进到第二期，同时主观的也成为一个阶级"，"专指在第二期阶级间所行的政治的斗争"。所以宣言说"一切阶级斗争都是政治斗争"。

上面那样的文句，在《哲学的贫困》里也"很明显表现出来"："经济的关系，第一，把人民底多数化为劳动者，资本对于多数的支配，作成一个共通的地位和共通的利害。因为这样，所以这些多数民众，对于资本便已经成为一个阶级，然而他们自身，却还没有结成一个阶级。这些多数民众……在斗争之间，互相团结起来，于是他们自身就构成一个阶级。他们有互相关与的利益，便成为阶级的利益。然而阶级对阶级底斗争，却是一个政治的斗争"③。

第二部分"精神的生活底物质的说明"：上面说过，社会的物质的生产力发展到某个程度，社会的经济组织也不得不随着变动，这个思想是马克思的社会组织进化论的"中心思想"；社会组织一旦变动，流行在那个社会的宗教、艺术、哲学

① 今译文与这句原译文有差异，见《马克思恩格斯选集》第1卷，人民出版社1972年版，第260页。
② 完整的今译文，见《马克思恩格斯选集》第1卷，人民出版社1972年版，第264页。
③ 这段引文引自《哲学的贫困》第2章，其今译文见《马克思恩格斯选集》第1卷，人民出版社1972年版，第159页。

等，也不得不随着变动，这个思想和前面的思想"很有关联"，我假定名为"精神的生活底物质的说明"。《政治经济学批判》序言所说的一段话（略），就是我这里说的这个思想。

前面叙述社会组织进化论，已经说过马克思的唯物史观，适用于过去的阶级社会。马克思对精神的生产的观察，也一样要适用于过去的阶级社会，"精神的生产底物质的说明，同时又可说是精神的生产底阶级的说明"。这个观察，《共产党宣言》究竟用什么句子表现出来？

宣言第 1 节有关"旧社会的生活条件在无产阶级的生活条件中已经被消灭了"一段文句（略，今译文见第 262 页第 3 段），是一个例子，作为对法律、道德、宗教的物质的及阶级的看法。宣言第 2 节也有如此文句（略，今译文见第 268 页第 2、4、5 段）。这些句子，也可以作为对"精神的生产物"（今译"精神产品"）的物质的及阶级的看法的例子。从宗教的、哲学的、精神的见地来非难共产主义的人，宣言里对他们的回答（略，今译文见第 270 页第 8、9、10 段），"是人们所十分注意的"。一定的社会，如果发生了革命的思想，要想变革社会组织，从物质方面看，那个社会已经酿成"成立新社会底物质的条件"。宣言接下来的文句（略，今译文见第 271 页第 1、2 段），说了马克思这一想法。在《政治经济学批判》序言的唯物史观公式中，还可以发现注释这个句子的有关说法。

宣言接着论到"永久真理"（今译"永恒的真理"）的问题。我已经说过，唯物史观把一切东西都看作"进化论的"。因此，宣言"否认永久真理及绝对道德"（略，今译文见第 271 页第 3、4、5、6、7 段）。

《共产党宣言》全部 4 节，"为研究唯物史观所应该特别注意的，只有第一节和第二节"。分散在这两节应该注意的句子，上面略为介绍了。"最该注意的，就是说明改造社会组织那一点，详细点说，就是在于说明怎么样可以实现社会主义的组织那一点"；70 年前的 1848 年，"有这样有价值的主张的，实在是很可惊叹的"，不过那不是现在所论的目的。①

以上简介，可以看到，河上肇的文章，逐段逐句引用和诠释《共产党宣言》第 1 章几乎全部内容，以及第 2 章中间部分内容，从中寻绎并印证唯物史观的论旨及其多层涵义。这个论证过程，河上肇按照自己的解释框架而展开，不是要从

---

① 以上引文除另注外，均见《社会经济丛刊》所载《见于〈共产党宣言〉中底唯物史观》，上海泰东图书局 1928 年版，第 1—33 页。

《共产党宣言》里引申出什么新的结论，事实上是要用宣言的内容来证实自己的解释结论。这也体现他所宣扬的一个观点，马克思没有专门的唯物史观论著，散见于马克思的各种著作。对于这些著作，河上肇先系统梳理出有关马克思唯物史观的解释框架，然后回到这些著作，找到一一对应的证据。在他看来，《资本论》是重要的证据，但原著体量庞大，寻找那些直接和唯物史观有关而散见于各处的文句，颇为繁复，不如《共产党宣言》之简洁紧凑，直接适用于唯物史观的论述，比较多而且集中于前两章尤其第 1 章；研究方法上，二者也有些"异趣"。此文的研究特点：

一是运用唯物史观作为解说《共产党宣言》的基本线索。把唯物史观理解为社会组织进化论和精神生活的物质说明两部分，又把社会组织进化论细分为相互递进的六层涵义，据此列举宣言中的对应论述以为例证。这个研究方法，作者主观上是为自己的解释体系充实依据，客观上起到推动读者深入理解宣言内涵的促进和指引作用。围绕原著的论述，强调一些观点，如一定社会组织的进化历史分为前后两期，又如马克思对精神生活的观察，像唯物史观适用于过去的阶级社会一样，来自物质和阶级两方面；剖析一些关键环节，如生产力发展的主要原因在于生产手段的发展；澄清一些误解，如否定马克思的主张是单纯的机械的必然论；解释一些疑问，如无产阶级经历从不自觉到具有阶级自觉的发展，从经济斗争进入政治斗争的两个时期等。这些内容，在国内以往流传的有关《共产党宣言》的著述里，均不多见，即使提及，观察的视角也有所不同。以往常见的，也就是此文所说的宣言"最该注意的"部分，即改造社会组织的实行手段，或怎样可以实现社会主义组织的那些很可惊叹而有价值的主张，反倒因其不属于所论的目的被略去了。换言之，此文具有不同于以往同类著述的独特视角，用唯物史观来解说《共产党宣言》，尽管这个解说只覆盖了宣言的部分内容。

二是大量引用《共产党宣言》的原文。这也是作者一贯的研究特点，尊重和引用马克思的原著论述，在此基础上再作深一层的阐释、发掘和探讨。换个角度看，此文引述宣言第 1、2 章的许多内容，施存统的译文（最初发表于 1921 年 5 月）又采用陈望道的最新全译本（初版于 1920 年 8 月），等于对宣言前两章的主要内容，作了一个普及性宣传。在陈望道的译本之前，国内早已出现有关宣言前言和第 1 章的全部译文，如 1908 年《天义报》第 15 期、第 16—19 期的民鸣译文①，

① 参看《回溯历史——马克思主义经济学在中国的传播前史》，上海财经大学出版社 2008 年版，第665—688 页。

以及第2章的部分译文，特别是有关革命措施的那些译文，但均不及陈氏译本之完整、准确和通俗。陈氏译本出版9个月后，施氏借助河上之文，按照施氏自己的说法，"直抄陈译《共产党宣言》"，也起到阐扬宣言内容及推介陈氏译本的宣传作用。文中引用宣言前两章特别是第1章的内容，多为人们所熟悉，故简介时不再转引，只标出今译文的出处。还多次引用《政治经济学批判》序言所谓唯物史观公式的内容，同前理，简介时亦不必转引。此外引用《资本论》及《哲学的贫困》的有关段落，因鲜见于时，故逐一转引。由此可见，马克思一些经典著作，早在它们被完整翻译为中文之前，其零散段落的论述，已通过各种途径或著述形式，相继传入国内，这也可以看作马克思经济学说在中国传播的逐步累积方式。

三是突出对《共产党宣言》有关唯物史观论述的学术考察性质。前面已经提到，作者考察宣言的重点，不是说明改造社会组织的实行手段，或说明怎样可以实现社会主义组织那些最值得注意的主张，而是尽可能找出最适用于传达唯物史观"精神的妙术"那些论述。作者的序言曾经暗示，按照前一个重点考察，《共产党宣言》在日本被禁止翻译发行，后来判决认为，若把宣言当作历史事实和学术研究的资料，可以放行。他的考察，看来为了避免被政治查禁的问罪，转向从学术上探究宣言中唯物史观的出处。这也是日本学者研究马克思学说或社会主义学说的一个局限。不过，这种学术研究的成果传到我国，毕竟为国人认识马克思学说，奠定了最初的理论基础。由此产生的效果，也超出纯学术的范围，延伸到其他非学术领域。施存统就是一个例证。他通过翻译河上等人的文章来研究唯物史观，并非满足自己的学术兴趣，而是借此医治空想的毛病，增强科学的自信，进而呼吁人们在认真研究之前，消除对马克思的唯物史观和科学社会主义的成见。从这个呼吁中，可以感觉到施存统最初加入共产党的内心志向。

### （四）《劳动经济论》译文简介

此文篇幅仅次于前面的《劳动问题》，有63页。共9章，分别是"劳动商品""商品底价值""价格""利润""价格低廉和职业竞争"（含"高价格"与"独占价格"2节），"工银增大及其影响""个数工银和诈取术""八点劳动和革命的机械"。译者在文末注释，原文最后两章，有几处和考茨基的《马克斯资本论解说》相同，戴季陶已在《建设》上译出，我就按照季陶的译本。另外第7、第8两章，原文是一章，我替它们分开，有很少一点材料，从《马克斯资本论解说》中搬来，"恐有误会，故此声明"。

第1章：工场使用机具装置的力有两种，一种是劳动力，一种是电力或蒸汽力。无论哪种机械工场，都不可少这两种力。新建机械工场的场主，准备好机械、运转机械的动力和原料后，还要有加到机械上面去修理和监视机械的一个东西，"就是劳动者所供给的商品"。"这个商品，就是'人间力'，也就是'人间劳动力'"。百年以前即产业革命以前的手工业时代，差不多一切东西都是靠人间劳动力来生产的。近代幼稚工业时代，还有许多家庭工业专靠劳动力来生产，即便使用机械，也不需要劳动力以外的动力。随着市场扩大，增加生产量成为必要的时候，手工业不能适应这个需要，于是发明机械。新的大机械的运转，替代人间劳动力，使用蒸汽力或水力，现在又使用瓦斯发动力或电力。这时工场主一定还要一种"巧妙商品"，能够管理和修理机械，于是劳动力成为必要，就要雇人。工场主"不是像把人民当做奴隶买入一样，直接买入'人'的"，"雇用为他劳动的劳动者的，他所买入的，是劳动者底人间力——劳动力"。

像出卖其他商品一样，劳动者卖劳动力。"劳动者带着这件可卖的东西，走到生产者那里去。生产者在市场上买了劳动力。如果劳动力底价钱便宜，劳动者大概能够卖脱这件商品的"。"劳动者——工银劳动者，在自己觉着有可卖的商品以前，是要经过很长的时候的"。男女劳动者没有别的生计手段时，为了生活，不得不出卖他们的劳动力以获得工银。商品是以贩卖或交换为目的而用以满足人们欲望的一种东西，不是为了自己使用或消费，是为了卖而做出的东西。制造东西的劳动者的力，就是马克思所说的"劳动力"，为了工银卖给雇主的，也是一个商品。卖商品的人，总是尽力要求高价，劳动者把劳动力卖给雇主，要是能够做到，也一定要抬高他们出卖的劳动力的价格。"劳动力底高价，是工银劳动者所希望的。反之，劳动力底低价，是雇主所希望的"。

劳动者各自的利益是一致的么？劳动者相互竞争出卖他们的劳动力，发生了什么事情，哪个能够获得工银做工呢？只有一个劳动者的时候，会发生什么事情，面对高价或低廉工银，他能够得到较好的工银么？劳动者数量少，生产者不得不支付高价工银的地方，这种状况能长时间继续下去么，如果不能，又是什么缘故呢？人们找工作，到哪种市场去，如果到了一定的市场，那是什么道理呢？需要和供给，同劳动者出卖劳动力所能得到的价格，有些什么关系呢？为什么日本富豪公司把大量钱投到中国，在中国比在日本能够得到更多的利益么？为什么中国的劳动者为了出卖劳动力，跑到日本来呢？马克思关于商品、商品的价值和价格，有很多说明。

"要理解马克斯底学说，第一不可不先晓得：劳动者是称为劳动力这个商品的贩卖者"。下一章说明"劳动力底价值和一切商品底价值是怎么样决定"。特别研究这些问题，推举下面三种"名著"：《资本论》《价值、价格和利润》《工银劳动和资本》。

第2章：现在可以明白，劳动力同靴子、帽子、面包这些东西一样，是一种商品。一切商品，都是劳动的生产物。"这就是，不问什么商品，决没有不要劳动者底力气和头脑而能够做出一件来的"。这样立刻会发觉，"一切商品当中都包含着一个共通物"，就是"劳动"。"商品这个东西，只因为含有人间劳动，所以才有价值——交换价值"。

这里插入译者的一段解说：价值原有"交换价值"和"使用价值"两种，马克思通常所说的价值，专指交换价值，这要"特别注意"。劳动力与劳动是有区别的，"劳动力是本身有价值的一种商品，劳动是由使用这个商品而生的效用；资本家是对劳动力底价值支付代价的，并不是对劳动底效用支付代价"。这个区别，"在马克斯经济学上是很重要的，所以也非特别注意不可"。"这两点如果弄错，那便没法理解马克斯底经济学。我因为后头所说的话同此很有关系，所以先提一声，免得有人看了生疏"。

"人间劳动，是为生产一切东西而化费的。人间劳动，也是一个商品——是过去的人间劳动所生产的商品。换句话说，这个商品，就是过去的人间劳动底生产物"。男女劳动者生产人们所使用的一切东西，他们的劳动是"必要劳动"，否则就不能养成足可出卖的劳动力。劳动力为养活劳动者而花费，一直养活劳动者到能够劳动的时候为止。马克思说，"商品底价值，是依产出商品时费的'社会的必要劳动时间'来决定的"。见其著《价值、价格和利润》一段论述（略，今译文见第174页第2段①）。因为机械的发展，生产好些商品所需要的劳动时间已经缩短了。决定劳动力的价值，也同这个一样。见同上书的两段论述（略，今译文见180页第6段和181页第2段②）。马克思说，"人间劳动力底价值，由生产彼的必要的社会的劳动来决定"。这是指食物、衣服、房租等生活必需品，还有防备劳动者年老不能作工时，预先养活未来替代他的子女所需要的那些附属物。"足以使劳动者生

---

① 此页码及段落指马克思：《工资、价格和利润》第6章"价值和劳动"的1段，见《马克思恩格斯选集》第2卷，人民出版社1972年版，下同。
② 此系《马克思恩格斯选集》第2卷，人民出版社1972年版第7章"劳动力"中的2段。

存，又足以养育那个可以替代劳动者的劳动者"，这就是劳动力的价值。

资本主义经济学者，硬把"劳动是一切财富底源泉"这句话，说成马克思说的。"这个不外是把价值与财富混同乱说而已"。固然，劳动生产财富，但也有不因劳动活动而产生的财富。财富是由种种使用价值合成的物质的东西，无论在哪一种生产方法下面都能够产出，也有不含人间劳动而单由自然供给的财富。由此可以明白，"劳动生产力底增进，同时一国底物质的财富便增大；劳动生产力底减少，同时一国底物质的财富就减少"；"然而只要所消费的劳动分量没有增减，那存在于一国的价值总量，不管物质的财富有怎么样的增减，总是常常同一的"。很明显，生产财富的不单是劳动，还要加上自然作用。"所以劳动不是财富底唯一源泉"。马克思说："劳动决不是生产使用价值——即物质的财富底唯一源泉。像威廉卑提所说的那样，劳动实在是财富底父，而土地是财富底母"①。马克思没有说过劳动是一切财富的源泉。说这种话的人，"基于价值和财富底混同，合商品价值和使用价值底混同"。

第3章：劳动者每天用劳动力去向雇主交换银钱，然后拿银钱去交换生活必需品，"为什么这些商品能够相互交换呢"？我们已经晓得劳动是"价值底尺度"，那么，含在商品中的社会的必要劳动，怎样决定它们的相互交换呢？"自然的倾向，能够相互交换的商品，总是价值均等的商品。换句话说，一个商品是对别一个价值均等的商品而交换的"。商品的价值，"随着生产其商品所必要的社会的劳动底变化而变化"。采用机械的新法普及到一般，平均必要劳动就非常缩短，这个时候，制造物的价值非常低落。接着引用《价值、价格和利润》的三段话（略，今译文见第172页第2、第3段部分，第173—174页第2段部分②）。我们看见，一切大生产的工场，渐次以大机械取代小机械，不断采用比较进步的机械，同时用近世方法来生产的商品中所包含的人间劳动分量，也就渐次减少了。"这种商品，随着被显现于商品中的劳动分量底减少，价值也就低落了"。

"价格，就是商品交换底货币名目"。我们平常使用金货来表示价格，金货也是一种商品，"商品是同等于含在商品当中底劳动分量的金货总额去交换的"。价格和价值相等，才算"真实"。可是由于需要和供给的关系，"使商品一时在价值以上，或一时在价值以下来交换的"。"价格这个东西，是常常比商品底价值高一

---

① 其今译文见《资本论》第一卷，人民出版社2004年版，第56—57页。
② 此系马克思：《工资、价格和利润》第6章"价值和劳动"中的3段。

点，或低一点的"，"却有常常向商品底价值接近的倾向"（独占价格是另外一个问题）。接着摘引《价值、价格和利润》的三段话（略，今译文见第 177 页第 4 段部分，第 178 页第 2、第 3 段部分①）。

"货币底第一职分，就是用作'价值底尺度'。商品，都是同质的，又是可以互相比较的。然那不是因为有货币的缘故"。商品是显现人间劳动的东西，本质上是同质的，"都可以共通的把相同的一定的商品做尺度来计量"。成为其他一般商品的共通的价值尺度的一定商品，就是货币。货币像其他商品一样，是显现社会的必要劳动的东西，"显现做一切商品价值底尺度的劳动时间的东西，所以货币是劳动时间底发现相"。《资本论》"为图论旨底简明起见，是拿金做唯一的货币商品的。实际上，在今日用资本家的生产方法的各国，金已益益成为货币商品了"。货币的作用，一面有"价值底尺度"职能，另一面有"价格底标准"机能，用作价值尺度时，"把商品的价值，假想为一定量的金"；用作价格标准时，"把各种分量的金，能够同被采用为单位的一定量的金去比较"。"价值底尺度和价格底标准之差异，只要看对于价值底变动，这个两者底关系，就很了然了"。金的价值之高下，"对于价格底标准，是什么影响也没有给与的"；金的价值之变动，"很显明地反映于那个为价值尺度的机能"。

第 4 章：马克思说，如果不能根据商品按自己的价值来交换这种假定来说明利润，那就完全不可能说明利润了。所以，我们非从这个假定出发不可，商品平均起来，按它们的价值来交换。

假定劳动者一天劳动 2 小时，生产必需品即生产劳动力所必要的东西，等于货币 2 元。那么，劳动者出卖劳动力的价值，依照包含在其中的社会的劳动来决定，由一天 2 小时必要劳动所生产的生活必需品来表示，也就是每天领受 2 元报酬。可是工银劳动者把他们的劳动力卖给雇主是一天，"把必要劳动时间以外的许多时间，也卖给他"。马克思说过，矿工用 2 小时，已经充分地生产出同他所领受的工银一样的价值，可是雇主买了整天的劳动力，能够使工银劳动者每天做工 10 小时，而矿工再生产他的劳动力即 2 元的价值，只要 2 小时劳动就够了。雇主获得全天使用劳动力的权利，是劳动者肉体上的忍耐力所能允许的时间。劳动者除了那个必要劳动时间（他领受的工银或他的劳动力的价值）以外，还要劳动 8 小时，这个剩

① 此系马克思：《工资、价格和利润》第 6 章的末尾 3 段。

余劳动,"就被显现在剩余价值或剩余生产当中","为资本家生产的,所以完全都被资本家攫去了"。这样一来,资本家每天花费2元工银,得到等于10元的商品,"于是,利润就从这里发生了"。资本家天天买进劳动力,照其价值付钱,把劳动者的生产物归自己所有。资本家专有的8小时的价值或值8元的商品,就是"剩余价值","这些剩余价值,资本家是一点也没有支付同彼相等的价值物的"。接着摘引《价值价格和利润》的两段话(略,今译文见第183页第1段末及第2段①)。"所以'剩余价值率',就是剩余劳动对于必要劳动底比例——即剩余劳动/必要劳动"。资本家占有他所雇佣的工银劳动者的生产物,资本家卖这些生产物,是当作商品卖出去,这些商品的一部分,"在资本家是绝对没有化费什么东西的"。

劳动者卖他的劳动力,"资本家当然要想尽力地为利于自己使用这个劳动力"。如果工银劳动者同他的生产物交换,能够要求相等于劳动分量的商品,那他早已不是一个工银劳动者了,资本家就不要雇佣他了。我们晓得,"资本家决不做折本生意的,如果一点剩余价值都没有,他还开工厂做什么呢"!男女劳动者除了他们的劳动力以外没有什么可卖,连犹豫都不敢,他们靠工银生活,不得不卖他们的劳动力。另一方面,资本家单以获得利润为目的来雇佣他们,资本家不得不给与劳动阶级以足够生活或继续劳动的东西。资本家为什么总想把劳动时间延长到10小时或12小时呢?"资本家要想得剩余生产物或剩余价值,为资本家自身起见,虽多得一点也好的,所以就拼命地延长劳动时间了"。可是"贤明的男女劳动者",不满足于照价值出卖他们的劳动力,渐渐地要求到他们的生产物的价值了。

"社会主义主要的要求":"根本废绝"男女劳动者把他们自身或他们的力当作商品来卖的事;"劳动者能够有自己所生产的商品,能够同代表含有'社会的必要劳动'的一定量商品——代表社会的必要劳动相等量的别的商品去交换"。资本家占有工场、矿山、铁道这些东西,所以劳动者要替资本家劳动;生产及分配手段的所有权,使得资本家成为雇主,使得除了劳动力以外没有什么东西的无产者成为工银劳动者;"社会主义者,是要想把矿山、工场、土地及一切生产业,都归于世界底劳动者所有"。"劳动者领有他们劳动的工场的时候,他们所生产的物品,就没有要交付谁的必要了。劳动者就成为他们底'社会的生产'的物品底所有者。劳动者交换物品,对于劳动要求劳动。这个,就是社会主义底精髓。废除把人当做同

---

① 此系马克思:《工资、价格和利润》第8章"剩余价值的生产"中的2段。

靴子、牝牛一样，可以用廉价来买换的商品，代以'男子'或'女子'这么样的一个'人'"。

第 5 章：资本家总是不绝地希望把劳动时间延长，资本家无论在什么时候，要是做得到，总要节减工银。"劳动者只有靠不绝的斗争，才能维持其地位；工银底低微，才能得着正当的增加；劳动时间底过长，才能达到缩短底目的"。"劳动者领受的工银增加，资本家占领劳动者底生产物底价值，就要减少；这个恰好同工银减少，资本家所得的剩余价值就增多那件事一样明白"。

"社会改良主义者"相信：我们的生活费能够减少，我们的生活条件就会好起来。"不用说，生活必需品底价值低落，劳动力底价值也是随之而低落的"。可是他们妄想，工银没有相当的减少，生活费也是能够低落的。在个人的情形下，这是可能的。可是在社会的情形下，就不如此了。我们要问，低廉的价格，到底是否有利于工银劳动阶级？如某个城市减少租给劳动阶级的房租，这个时候实际上究竟发生了什么事情，非十分注意不可。因为生活费低廉，生活优良，劳动者立刻流入那个城市，劳动者之间争夺职业，就非常剧烈。"于是，劳动者如果不拿自己的劳动力比别人便宜出卖，在竞争上，就不能得着优胜。如此，工银就低落了，资本家就能够用比从前非常低廉的价格，来买劳动者底劳动力了。结果，劳动者的工银，就低落到同生活费相等的价值了。这样，劳动者非但没有得到一点好处，而且还演成一出互相斗争的惨剧"！所以，"生活费低廉这一件事，是没有利益给劳动者的。生活费要是低廉，与彼相应的工银，也就要低廉。生活必需品底价值下落，是成为劳动力底价值下落的"。"结果，劳动者还是一个劳动者"！

第 6 章：我们考察低廉价格及其对劳动阶级的影响，"发见了由求职业的劳动者间底竞争，能够使工银恰好缩减到同生活费相等"。再考察生活必需品的价值增加 1 倍，相应劳动力的价值也随着增加 1 倍，工银却没有增加的情况。"社会改良主义者"说，这是生活必需品的供应商们利用劳动者，趁他们的消费来欺瞒和掠夺劳动者。可是，工银没有升到同生活必需品同一的水平线，不外意味着雇主没有按照劳动力的价值支付工银给劳动者。"劳动者底的减少，是成为一时的使劳动力在其价值以上交换底原因"。正如无论哪种商品供给的减少或过多，成为商品在其价值以上或以下交换的原因。"只有'独占'这一件事，才能在无论何时，能够使商品在其价值以上交换"。"社会改良主义者"说工银劳动者从雇主那里拿来的工银，因生活必需品的所有主抬高商品价格而使劳动者不能支付，于是得出结论，这些商人也是从劳动者那里获得自己的利益，这是没有理解生活必需品的价值决定了工银这件事。当然，不是每个男女劳动者作为个体，都能领受他们劳动力的价值。但人们不能用比他们劳动力价值少的工银来长久劳动，"一般劳动阶级，一定是领受劳动力底价值的"。换句话说，"劳动军是领受足以生产明天或二十年间更多的劳动者的东西的。这个就是使工银低到生活费的失业者底职业战争"。所以，生活费的价值增加，雇主没有支付劳动力的价值，我们是不能骂到供应生活必需品的商人的。"我们为维持生活起见，是不能不起来要求最高的工银的啊"！

高价格不一定都是生活费的价值增加的结果，也会是金货或交换媒介物的价值低落的意思。近代生产一切商品，倾向于减少包含在商品中的必要劳动，价值也就低落了。金货价值的低落，可以说比生活费的价值低落还要快。今天1元银钱能买到的东西，比5年前少得多了。"社会改良主义者要求低廉的价格，可是革命主义者却是要求在今日金货本位的国家中底最高工银（劳动力底价值）。革命主义者同时又努力于工银奴隶底废止。据我们所知道，工银已经渐渐随着生活费底腾贵而增高了"。生活必需品的价格腾贵，来自商品价值的增加；"劳动者如果获得他们劳动力的价值，就不可不要求领取与商品一样上升的工银"。工银的金货到了不能买生活必需品的程度，就是工银的价值低落；"劳动者如果没有跟着领受更多的工银，那就一定是领受比劳动力底价值还少的工银了"。

"独占价格"是什么？最初没有绝对的永久的独占。因为常有发生替代物的危险，有人常常供给代替物。"无论是谁，都不能用自己底意志，使商品底一般的价格腾贵和得到那个价格。要是无论是谁，都有这样的权力，那么，他对于他的商品，是可以课以无制限的价格了。这样，立刻就变成世界底专权了"。所谓独占者，同工业劳动者一样，服从"经济的法则"，不能由他们的自由意志而使价格腾贵。独占者并不意味着使其商品的价格腾贵。他们装置进步的机械以减少包含在生产物中的劳动，关闭不必要的工场，的确让价值低落了。多数的商品独占者，以比独占生产以前更低的价格来卖出商品。如果商品生产的独占，用新办法生产，按照价值交换，其价格就非常低落；如果独占者仍照从前一样的价格售卖商品，他就能专有非常增大的利润了。

假设有人在某地能够得到生活必需品的绝对的一时的独占，把价格加倍，劳动者要照旧生活，也得要求工银加倍；雇主发现这样得不到利润了，就会拒绝增加工银，宁可关闭工场，让劳动者到其他地方去。结果独占者就没有贸易市场了。一切独占者不能不常常考虑这种偶发事件的可能性。"在这种地方，是常有杀伤产黄金蛋的鹅鸟那种危险的"。能够使生活必需品的价格加倍，劳动者的工银也相应加倍时，独占者不过把雇主的那些剩余价值归到自己占有罢了。"一般独占底意思就是：独占业者，有能够把由别的雇主所专有的劳动生产物底价值一部分，使别的雇主同自己一同分割那样的强力"。独占者和全力想破灭托拉斯的雇主之间，"存有真实的战争"。这个时候，"劳动者因为领受比劳动力价值少的工银，是不能维持生活的"。

第 7 章：工银劳动者总想得到高价的工银，或对他们的劳动力良好的价格。"而社会主义者或革命家底目的，却在于'劳动者为全生产底所有者'"。

"糊涂的经济学者"常常狂叫乱呼：工银的腾贵，对人民是没有利益的；这样一来，资本家就要使生活必需品的价格腾贵了，结果劳动者仍旧回到从前固有的状态。马克思却有另一种说法，接着摘录《价值价格和利润》的几段引文（略，今译文见第 154 页第 1、2、3 段部分，第 155 页第 2 段部分①）。马克思说：劳动者得到高价工银，他们就要增加消费良好的食物、衣服、家屋，刺激对它们的需要，多数资本家就开始投资于食品生产、家屋生产或衣服生产了；资本家之间的竞争，使得这些商品的价格低落到劳动者获得他们增加的工银以前所要求的价格以下；最终，这些资本家如果在别的地方发见能够多得金钱的事业，他们就投资到别的产业去，而价格却低落到工银腾贵以前的状态了。又说：工资水平的普遍提高在市场价格暂时混乱之后只会引起利润率的普遍下降，不会引起商品价格稍许长期的变动。

第 8 章："时间工银"（今译计时工资）是"劳动力价格"的变形，"个数工银"（今译计件工资）又是"时间工银"的变相，后者对劳动者有利还是有害呢？"个数工银底增减，一看好像是由生产者底能率来决定的。可是这一个表面的形象，只要看出劳动生产力增进，同时个数工银就被降低这一件事，就可以打消了"。"资本家所以采取这种制度，完全在认为比时间工银于自己还要有利这一点，也就很明白地暴露出来了"。个数工银制"通常于资本家有绝大利益的"。时间工银和个数工银，"都以其劳动力底代价而支付"；"不过前者是对于供给劳动分量而支付代价，后者是对于由消耗劳动力而成的生产品支付代价。形象虽异，而计算底基础是没有两样的"。资本家采取个数工银制度，"可以利用劳动者不待外界刺激

---

① 此系《工资、价格和利润》第 2 章"生产、工资、利润"中的 4 段。

而努力工作的自利心，收得外销量的生产品，比起时间工银制，更容易监视劳动者所供给的生产品，其品质是否能在平均的品质以上"。生产品稍有缺点，资本家便故意挑剔，减少他们的工资，"精刻的并且对于劳动者简直以欺诈手段，榨取劳动力"。"个数工银，是不利于劳动者，独利于资本家的，并且是一个很适于资本家的生产的工银制度。……在大工业底发达期内，这种制度，对于延长劳动时间及降低劳动工银，实在是一根最有力的柱子"。

第9章：我们现在要知道，劳动者如何保持高价工银。劳动阶级成为一个阶级，普遍实在的一件事，"可以要求对于其劳动力的高价工银的那种十分强有力的组织"。他们"有十分组织及阶级意识发生"的时候，不止要求高价工银，而且"要废止工银制度本身"。可是，"资本总是不绝地对劳动者斗争的"。我们在各方面发见，"同雇主纷争的劳动者团体，或为维持劳动条件而力争，或为改善他们那种不堪忍受的劳动条件而力争"。

通过资本与劳动的竞争，劳动者才能知道他们的力量。"劳动者由斗争学会斗争"。"阶级的共同团结，在劳动者自觉为一阶级行动的时候，就成为新鲜可爱的东西，难以反抗的武器"。熟练职工组合的阶级战，一样要失败，"这里就发见了世界劳动者底大合同那个新鲜东西底必要"。现在全世界劳动者，在以金货为价值标准的国家，"都是要求高价的工银，而且是结力保持这个"。金货价值减少了，只能同比从前更少的商品交换，那样价格腾贵，生活费也就增加了。

由于近代机械的不断增进，"一切劳动者都到了在共通水平线上，互相争夺职业了"。机械的进步从每天不安和卑贱的劳动中解放人类，可是劳动者不能不劳动，所以竞争一天比一天剧烈。成千上万的男女劳动者卷入失业军，"劳动者不能不用自身底力来减少失业劳动者数目"。"劳动者为缩短劳动时间，就不能不组织产业军"。如果实施八小时劳动，上千万的失业劳动者都得到就业。

"在资本主义生产下面，机械底进步：一面，使劳动者失业，使劳动者因疲劳和神经过劳成为局部的残废者；他面，又使有光辉的新社会胎种和助其发芽的新动力发达"。马克思不是单看社会的悲惨贫困，"同时又看出一种被孕育其中的更加优良的将来社会底胎种"。他没有咒骂和非难工场组织，只想理解它，"议论工场制底善恶，不是他底目的，他只是研究"。"大工业给与一个在从来的生产方法没有类例的可怕的悲惨困苦。但是这多数人民底困穷，决不是停滞固定的。近代的生产方法，是如旋涡一样的，搅乱社会底一切阶层，使其不断地运动。一切传来的生产关系，都被破坏；同时，从前传来的思想，也被打破。随之出现的新生产关系，彼自己本身，也不是固定的，也是不断的变动的，新劳动方法，是接连不断地发明出来的"。无数的资本及劳动，不断地从一个生产部门向另一个生产部门移动，从甲国向乙国移动，"于是社会关系底固定及对于其固定的信仰，就完全消灭"，一切保守要素，都被除去。"现在展开于我们眼前的旧社会解体当中，将来的新社会底胎种，已经现出来了"。

为了应付少年劳动者长期从事局部劳动而出现的迟钝化趋向，世界各工业国不能不采取某种形式，使普通教育成为劳动的强制条件。由此发见一个事实，劳动者子女的学业成绩，决不比普通学生坏，反而比他们好。一个工场监督官说明了其中的道理。马克思又加上一句："将来的新教育法，就从罗拔欧文氏所精密实行的工场组织里发芽。这个教育法不是别的，就是对于达到了一定年龄的一切儿童，结合'生产的劳动''学业教授''体操'（不单是使社会的生产向上的一个方法，并且实在是为养成发达完全的人底唯一方法）的教育法。"①

教育上这个革命，不能不加上一个革命。从前社会内部，有种种职业及专门劳动分业（这个分业，在手工业时代已经固有），有各种职业内部的分业（这个分业，在工场手工业时代已经与上述分业相结合），对劳动者本身，发生非常不利的结果。工场手工业时代，生产条件的发达极缓慢，有时完全硬化。人的一生，由一定的局部作业束缚全身。他们在局部的作业熟练到了可惊的程度，同时又完全成为只是局部发达的残废老人，"调和的发达，完全消灭了"。近代的机械，为了确保各劳动部门的生产能率，消除了像从前那样劳动者长年累月修炼的必要。"机械又使人不能一生束缚于一定的作业，因为机械不断地革生产条件的命，使劳动者不断地从这一个劳动部门，转到那一个劳动部门"。不断的转动，在不断大量制造失业军的今天，让工银劳动者在青年时代就陷入身心不具的状态。他们没有力量洞察作为近世大工业条件的各种机械的及技术的过程，也没有伸缩性适应种种过程，劳动者对于多种多样活动的顺应力，是何等贫弱。最后，大工业劳动者虽然不一定一生一世为一定的局部作业所束缚，但通常在一定时期，除了失业和饥饿以外，总是为局部作业所束缚。如果各种局部作业经常互相交替，不像从前那样使劳动者疲劳、愚钝，鼓励他们有生气，消灭使劳动灭亡的本源即失业，可以实行技术上的革命而

---

① 这段内容，引自《资本论》第一卷第 13 章第 9 节有关英国工厂法的教育条款的论述。其今译文见《资本论》第一卷，人民出版社 2004 年版，第 556—557 页。

不牺牲劳动者，"到了这个时候，劳动者底状态，不知要现出甚么样的别天地呢"！推行这样的变化，有必要预备种种条件，其中之一还是教育的条件。对于生产方法的进行，劳动阶级一定要有科学的理解，在操作种种生产器具时，接受实地的训练。今天已试行学徒学校及其他类似的教育机关，但方法极不完备。"工场法是劳动由资本底手中夺来的最初的让步，不过是内容很贫弱的让步。这个让步，不过是将普通教育与工场劳动连结起来罢了。如果劳动阶级，以其必然不可避的途径得了政权的时候，那个时候才是工艺教育在理论上、在实际上都侵入劳动学校内的时候，这是无容疑的"①。

"马克斯既为我们向将来指出这种光明，我们就可以安心去视察机械及大工业的组织了。这个组织所给劳动阶级的痛苦，无论彼是怎样激烈，至少不是无益的事。我们晓得，在用几百万劳动阶级底尸首养肥了的劳动田土里面，更高级的社会底新种子，就从那里发芽出来。机械的生产，造成新人类发生底基础。那个新人类，是完全脱离了工场手工业底局狭的小眼界的新人类，也不像原始共产时代的人类；是自然也不像奴隶底古代希腊罗马时代的人类，压迫无人权的奴隶，去购买其身心之美和力。实在是全体调和发达了的、快活的、活泼泼的人类。实在是将社会全体，如同胞一样，平等的拥抱着，作全地球和自然力底支配者"。"祝福世界！努力革命的事业啊"！②

通览以上简介，首先可以看出，此文原作，像极了前面李汉俊翻译的马尔西原著《马格斯资本论入门》（原名《经济漫谈》）。其译本如果不是译者施存统将原作第 7 章分拆为 7、8 两章，形成共 9 章，原来的 8 章标题，与李汉俊译本的 8 章及其题目，几乎完全一致，只是译名上略有出入。从内容上看，也是如此，二者篇幅差不多。尤其引用马克思《工资、价格和利润》一书的有关段落及相关解释，更是如出一辙。这样看来，施存统在译者附记里，只说这是日本卖文社编辑的一本小书，没有指明它的作者，不是有所隐瞒，便是有所不知。有所隐瞒，即明知李汉俊的译本在先，重复翻译，恐失先机，故改头换面，以另一个书名发表。有所不知，即真的不知道原作者是谁，也不知道日本的丛书编辑对书名改头换面。不过从译文看，同样的内容，施氏似乎是独立翻译，并未参考先已出版的李氏译本。

---

① 最后这段引文，引自《资本论》同上节。其今译文见同上书，第 561—562 页。
② 以上引文除另注外，均见《社会经济丛刊》所载《劳动经济论》，上海泰东书局 1928 年版，第 1—63 页。

尽管如此，通过施氏这篇译文，仍能确认有关宗旨或加深有关印象。一是更换标题为《劳动经济论》，纳入劳动问题丛书，可见丛书编辑主要从劳动经济或劳动问题的角度来认识文中的论述。这和李氏译本强调它是解说马克思《资本论》的入门，有所不同，一个侧重理论认识层面，一个侧重实际运用层面，但二者的基本宗旨是一致的。李氏译本同样突出这是用男女劳动者都明白的通俗语言来说明《资本论》的入门，体现其实用价值；施氏译本则注明日本社会主义者谈论劳动问题（或许以为这篇文章是日本社会主义者写的），立足于社会主义，须先懂得劳动经济，再懂得劳动问题，而本文议论根据马克思的社会主义经济学，由此可知马克思经济学的大概，体现其理论价值。

二是论述逻辑，大体依据马克思的两部经济学著作，或者说，对两部经济学著作的有关内容，从劳动经济论的角度予以阐释。第 1 章结束时，曾推举马克思的三部名著作为研究依据，但从内容看，前 8 章也就是它的主要结构，基本上按照《工资、价格和利润》一书的论证线索而展开，直接和大量引用的是该书第 2、6、7、8 章的有关段落。此文第 9 章，多次引用《资本论》的有关段落。前面各章，也可见摘自《资本论》的零星引文，或表述与《资本论》内容相似的观点。至于第三本名著《雇佣劳动与资本》，此文尽管提到书名，却未见任何引文，可能对此书的有关论述，有所参考。所以说，此文的理论框架，大体依据《工资、价格和利润》及《资本论》两部著作，在直接引用方面，以前书为主，后书为辅。

三是此文虽说很像李氏译本，可能出自同一原作，二者毕竟存在差异。从引用马克思原著的引文看，其第 9 章引用《资本论》第 1 卷第 13 章第 9 节有关工厂立法的诸多内容，在李氏译本对应的最后一章里，就找不到，尽管可以看到类似的意思，这是两个译本的一个明显差异。还有，此文推举马克思的三部名著里包含《雇佣工资与资本》一书，在李氏译本里，未见提到此书。另外，施氏作为译者，末尾特别说明译文的改动之处。一则前已提及，将原作第 7 章分拆为 7、8 两章。二则第 8、9 两章，从考茨基解说《资本论》著作的戴季陶译本里，搬来一些材料。尽管搬来的材料很少，终究是译者改动了原作的内容。三则第 8、9 两章，有几处内容与考茨基解说《资本论》的论述相同，说明这几处的译文，完全按照戴季陶的译本来翻译，由此也提示，这两章的有关论述，参考了考茨基的著作。照此说法，前面提到此文的理论依据之一，引用《资本论》的有关段落，看来不是直接引自《资本论》，而是借助考茨基的著作转引《资本论》的原文并附带相关的解说。此所以简介梳理这部分内容时，感觉围绕《资本论》的引文，有些跳跃式的解说或插话，原来是引用考茨基的著述之所致。至于说日本编辑采用《劳动经济论》这个书名，是否对原作内容有所改动，因未找到原作对照比较，不得而知，仅对比李氏译本，二者还是有不少的差别。这也是有必要对施氏译本予以简介的原因之一。

四是对比施氏的同类译本《劳动问题》，此文在态度上具有明显区别。前面分析施氏翻译北泽新次郎的《劳动问题》，没有给予评论。其中缘故，猜测北泽虽然承认马克思学说的成就及其解决劳动问题的道理，却又认为这个学说作为众多相关学说之一，有其缺陷和薄弱环节，总想把它纳入和平改良的基本途径；对于这个批评意见，看来施氏并不赞成，不过未明确表示。现在的《劳动经济论》译本，施氏"译者附记"明确说：社会主义者当然要站在社会主义立场上谈论劳动问题，这个根据就是马克思的社会主义经济学；"要想懂得劳动问题，当然要先懂得劳动经济；不懂劳动经济，劳动问题是不会懂的"。换言之，只有先懂得劳动经济即马克思经济学的大概，才会懂得劳动问题，否则，不懂马克思经济学即劳动经济，也不会懂劳动问题。这个理解，可能也是原作的书名，从李氏译本的《马格斯资本论入门》，改换为日本丛书编辑的《劳动经济论》的原因，在后者看来，《资本论》的入门，相当于劳动经济论。按照这个说法，北泽一边谈论劳动问题，一边质疑马克思学说，等于没有弄懂劳动经济，就想解决劳动问题，徒劳无功。施氏把《劳动问题》和《劳动经济论》两个译本都放入《社会经济丛刊》，等于用后者来约束或牵制前者，明确表示对后一译本的支持态度，同时也解了对前一译本未表明态度的背后原因。

### （五）《考茨基底劳农政治反对论》译文简介

这篇译文，标明山川均①的解说及批评，有山川均一个短序：

马克思、恩格斯之后，举出马克思派的"硕学"，一定要数卡尔·考茨基为

---

① 山川均（1880—1958），早年信仰基督教，因对天皇不敬罪被判刑3年半；1904年出狱，1906年加入日本社会党，办刊《平民新闻》，1908年6月因"赤旗事件"被判刑2年；1916年任《新社会》编辑，成为社会主义运动的中心人物；1920年参加创立日本社会主义同盟，1922年参加创建日本共产党并任总务干事，1923年未经党的代表大会讨论，宣布取消日本共产党，1928年被开除出党；先后组织农民劳动党，创办《劳农》杂志，1929年组织东京无产党，1931年合并为全国劳农大众党，1937年改为日本无产党；1946年组织民主统一战线，任人民联盟委员长；1947年创办《前进》杂志，1951年组织"社会主义协会"。妻子山川菊荣也是社会活动家，曾任劳动省妇女局局长。

"第一"，"考茨基以正统马克斯派自任，别人也承认他是马克斯派代表的学者"。"考茨基对于劳农政治的批评，可以说是从马克斯说底立场加与劳农政治的最高批评"。"在这个意义上，考茨基底《劳农政治论》，实在是谁也不能轻轻看过的"。列宁也"主张自己是马克斯底正统的代表者"。他从1914年开战以来，"常常攻击考茨基底立场，非难考茨基从马克斯主义堕落到有产阶级自由之义"。"马克斯自身底马克斯说，究竟还是在列宁呢，还是在考茨基呢，就成为一个很有兴趣的问题了"。1918年，考茨基做了一本《无产阶级底独裁政治》（今译《无产阶级专政》），"从考茨基所解的马克斯说底立场，论破布尔色维克主义"。这里翻译其中一章，题为"独裁政治"，"触到中心问题"。考茨基的著述13章，单看其中一章，"有不易十分明白其论旨的处所"。因此，"我要想把考茨基底主张，尽力使其明了，就做了多少的注解和批评。这些注解和批评当中，不一定都是我个人独创的见解，不过没有一一指明出处罢了"。

可见，此文题名考茨基的"劳农政治反对论"，开宗明义，考茨基反对俄国十月革命后所建立的劳农苏维埃政权。山川均的意图，从考茨基的原作中，抽出触到俄国布尔什维主义及苏俄政权的"中心问题"的"专政"一章，结合其他各章的内容，予以翻译、解说和评论，借以弄清一个"很有兴趣的问题"，两位均自称马克思派正统代表的考茨基和列宁，他们相互攻击，到底谁真正站在马克思一边。山川均的翻译和评注，分为7个部分，引用原文，加以注释，山川均的注释甚至比考茨基的原文还要多。考虑到施存统的译文，有关考茨基原作的内容，从西文译成日文再译成中文，难免出现错讹或不准确之处，为了避免对比原译文和今译文的繁难，不妨直接依据今译本《无产阶级专政》这一章的表述①，同时标明山川均的注释部分。

第1部分：民主（原译"德谟克拉西"）构成了建设社会主义生产方式的必不可缺的基础（注1）。只有在民主的影响下，无产阶级才能达到它实现社会主义所需要的成熟程度（注2）。民主毕竟将提供用以测量无产阶级成熟程度的最可靠的标尺。无产阶级业已取得政权而还没有在经济上实现社会主义的时候，在准备社会主义和已经实现社会主义这两个阶段——这两个阶段都需要民主——之间，总还有

---

① 以下原作内容凡出自这一章者，均见卡尔·考茨基著，何疆、王禹译：《无产阶级专政》第5章"专政"，三联书店1963年版，第23—33页。此译本译自考茨基1918年的德文原版，分10章，不同于山川均所说的13章，后者可能出自不同的西文版本。

一个第三阶段，即过渡阶段。据说在这个中间阶段，民主不但是不必要的，而且是有害的（注3）。

注1：引用考茨基同书第2章（"民主和夺取政权"）的有关议论。

注2：考茨基在第3章"民主和无产阶级的成熟"（原译"德谟克拉西和无产阶级底成熟"）里，"详论这一点"。

注3：不用说，这是指布尔什维克的"无产阶级独裁政治"的主张。"为无产阶级底成熟起见，某程度的德谟克拉西是必要的这件事"，许多人没有异论，布尔什维克也没有反对。"现在俄国底无产阶级，并不是在帝制时代，即现在十分成熟的，是三月革命制结果，得着政治的自由，急速成熟了的"。"这里应该注意的：德谟克拉西在无产阶级底成熟上是必要的这件事，在批评布尔色维克所主张的'独裁政治'上，是一点也没有关系的。为什么？因为使无产阶级底阶级成熟、以德谟克拉西为必要这件事，同在无产阶级既成熟了，一旦掌握政权的场合，与反对阶级不得不分别德谟克拉西那一件事，完全是别一个问题"。无产阶级为了阶级斗争，以政治的自由为必要；同样，在无产阶级掌握政权的场合，反对阶级方面为了阶级斗争，也以政治的自由为必要。考茨基证明了无产阶级的成熟，民主是必要的这个事实；然而，"要想以此为对于布尔色维克底主张底批评，那确实是谬误的"。在这个场合，考茨基也"论述一般的及抽象的德谟克拉西和独裁政治，哪一个是好的"。他在第1章（"问题"）里，说了他的意见和布尔什维克的意见的不同，"考茨基定要把这个问题当做以一般的抽象的意义的德谟克拉西和以一般的抽象的意义的独裁政治底优劣论"。可是，"德谟克拉西和独裁政治哪一个好这个问题，只可以当做学生讨论的论题，不能成为从马克斯说底立场底问题的"。列宁提出的问题，"不是一般德谟克拉西和一般独裁政治底问题，是一个特定阶级，以一个特定目的，对于一个特定阶级采用独裁政治可否如何这样一个问题"。换句话是这样一个问题，"在无产阶级掌握政权的场合，为完成其解放起见，还是照样维持有产阶级底德谟克拉西好呢，还是实行无产阶级底独裁政治好呢"。"考茨基要从马克斯说底立场来打破列宁底主张，问题底第一步，就非改正不可"。

这种看法并不是新的。我们早已知道这是魏特林（原译"华脱林"，注4）的看法。这种看法现在却以马克思的话为依据（注5）。马克思1875年5月批判哥达纲领（原译"哥塔纲领"，注6）说："在资本主义社会和共产主义社会之间，有一个从前者变为后者的革命转变时期。同这个时期相适应的也有一个政治上的过渡时期，这个时期的国家只能是无产阶级的革命专政"①（注7）。

注4：威廉·魏特林是"德意志社会主义底先驱，空想的社会主义者"。生于1808年，死于1874年（应为1871年）。他有一段时间到美国"建设社会主义村"（把改造社会的希望主要寄托于建立共产主义移民区——引者注）。

注5：考茨基在第3章说，列宁要想由独裁政治来实现社会主义的思想，不是马克思主义，是布朗基（原译"蒲朗基"）和魏特林的思想；在这两个人中间，特别又揭载了魏特林的著书是"更旧的空想的"。然而布朗基同列宁的说法之间，"也是有非常差异的"。布朗基主张："由极少数自觉的一团掌握政权，由一人底独裁政治把社会主义从上面给与民众"。列宁所谓无产阶级的独裁，"以无产阶级底多数来支持这件事为必要"。现在布尔什维克在苏维埃（1917年11月），"是待占多数的"。同年7月的暴动，不是布尔什维克发起的；到了"暴动真成为带了民众的反乱底性质"，他们才开始加入。这种人拿来列宁的独裁政治主张，评论他把马克思和魏特林同样看待，"不免有诡辩之讥啊"！

注6：关于马克思《哥达纲领批判》的由来，可以参照堺利彦、山川均共编的《马克思传》。

注7："马克斯用'无产阶级底独裁政治'这个名词，恐怕这是第一次；其后在书翰中，就用这个名词"。马克思在《哥达纲领批判》前4年即1871年，论述"巴黎自治团"（今译巴黎公社）的那本《法兰西底内乱》（今译《法兰西内战》），"虽没有用'独裁政治'这个名词，却有与此同意义的说话"。"斯派哥"说："马克斯在草《共产党宣言》那个时候，有独裁政治底思想；然到了思想圆熟了的后年，就抛弃这个思想了"。"可是事实正同这个反对，马克斯到了明白怀抱这个思想，实在是巴黎自治团底结果"。1888年，恩格斯在《共产党宣言》的序言里，写有这样的话（略）②。恩格斯特别引用马克思在《法兰西内战》中说的一句话，也就可以晓得，"斯派哥"（又作"斯哥派"）的观察，"一定是错误了"。

可惜，马克思没有更详细地指出他是怎样设想这个专政的。按字义来讲，专政

---

① 马克思这段话的今译文，见《马克思恩格斯选集》第3卷，人民出版社1972年版，第21页。这段译文同《无产阶级专政》1963年译本中的译文稍有差异。其原译文："在资本主义的社会和共产主义的社会底中间，有一个由这面推移到那面的革命的变形的时期。而这个时期，政治上的过渡时代，就为必要。这个政治上的过渡时代，不外是无产阶级底革命的独裁政治"。见《社会经济丛刊》所载《考茨基底劳农政治反对论》，上海泰东图书局1928年版，第5—6页。

② 这些话是恩格斯引录他和马克思共同为《共产党宣言》1872年德文版写的序言中的部分内容。其今译文见《马克思恩格斯选集》第2卷，人民出版社1972年版，第238页。

就是取消民主。当然按字义来讲，专政还意味着不受任何法律约束的个人独裁。个人独裁和专制之间的不同在于：个人独裁不被视为经常的国家制度，被视为暂时的应急办法。"无产阶级专政"这个词——不是个人专政，而是一个阶级的专政——已经排除了这一点，马克思在这里所说的专政，指这个词在字义上的意义而言。（注8）

注8：《哥达纲领批判》及其他著作，马克思明白用"无产阶级专政"这个名词，无论怎么说，这对考茨基"是一个最大难关"。照马克思的话，"无产阶级专政"这个名词的意义，"那早已没有议论底余地了"。"在这一点，的确列宁踏着强固的立脚点的。考茨基怎样巧妙地跳过这个难关，是最有兴味的"。预先介绍考茨基的结论："无产阶级专政"这个名词，马克思并不是照着它的文字意义使用的；马克思所说的"无产阶级专政"，到底是指"民主"的。"这岂不是很奇妙的思想么！我们不可不洗耳恭听这个硕学底推论"！

马克思在这里说的不是一种政体，是指一种在无产阶级夺得政权的任何地方都必然要出现的状态（注9）。马克思认为，英国和美国可以和平地，用民主方法实现过渡，单这一点就可以证明，他在这里所指的不是政体。民主也许还不足以保证和平过渡。但是，没有民主，肯定不可能有和平过渡。

注9："状态"的意义，是在民主下面，因为无产阶级占了多数，事实上实行无产阶级的意志，不问政府的形态如何，事实上实行无产阶级的支配，即生出无产阶级专政这种"状态"。照考茨基所说，无产阶级掌握政权的场合，一定要发生这个"状态"。他主张，马克思把这个"状态"叫作"无产阶级专政"，并不是中止民主，尤其不是造成具有独裁政治这种形态的政府的意义。"关于这个解释，考茨基那并不是反对无产阶级独裁这样实质的，是归着到无产阶级独裁这样实质不当取无产阶级独裁这样形态这一件事上去的。果然，那就不是独裁政治底可否问题，是实行无产阶级底独裁，还是把从来有产阶级底德谟克拉西照样用下去有效呢，还是采取特殊的政治形态有效呢——毕竟是这样一个效力问题。哪一个有效这件事，虽然是别一个问题，然假使在抛弃有产阶级底德谟克拉西这方面为有效、得着一个证明的场合，考茨基底反对，就该消灭的，而且像前段所述，没有德谟克拉西就没有社会主义他那个立场，也一齐要倒坏的"。

第2部分：为了了解马克思关于无产阶级专政的想法如何，我们根本不需要去猜谜语。如果说马克思在1875年没有进一步阐明他所说的无产阶级专政指什么而言，那么他这样做也许因为几年之前他论述《法兰西内战》的著作已经对此加以阐明。他在那本书里说："公社……实质上是工人阶级的政府，是生产者阶级同占有者阶级斗争的结果，是终于发现了的、可以使劳动在经济上获得解放的政治形式"①。（注10）

注10："考茨基对列宁争论底中心，是无产阶级独裁问题；而无产阶级独裁问题，则以巴黎自治团底事实为中心。列宁也是从马克斯主义底立场来主张独裁政治的，是以马克斯对于巴黎自治团的见解为基础的。而考茨基这方面，反要用巴黎自治团来颠覆列宁底主张"。考茨基的见解大体如下：马克思承认的无产阶级专政，是巴黎公社；但巴黎公社是在普遍选举上面选举出来的东西，巴黎公社是实行民主的东西；马克思所谓专政，"并不是独裁政治这件事，是德谟克拉西这件事"。要"彻底明白"考茨基所引用的马克思的话，有必要稍稍引用马克思这个话的前后文："工人阶级不能简单地掌握现成的国家机器，并运用它来达到自己的目的"。"公社是由巴黎各区普选出的城市代表组成的。这些代表对选民负责，随时可以撤换。其中大多数自然都是工人，或者是公认的工人阶级的代表。公社不应当是议会式的，而应当是同时兼管行政和立法的工作机关。……普选权不是为了每三年或六年决定一次，究竟由统治阶级中的什么人在议会里代表和压迫人民，而是应当为组织在公社里的人民服务，正如个人选举的权利为任何一个工厂主服务，使他们能为自己的企业找到工人、监工和会计一样"。"从公社委员起，自上至下一切公职人员，都只应领取相当于工人工资的薪金。……社会公职已不再是中央政府走卒们的私有物，不仅城市的管理，而且连先前属于国家的全部创议权都已转归公社"。"公社在废除了常备军和警察这两种旧政府物质权力的工具以后，立即着手摧毁精神压迫的工具，……"② 这里可以注意，一是马克思看待巴黎公社，"不说是可以完成经济的解放的政治底'状态'，偏说是政治底'形态'"；二是马克思看待这个政治形态，"不承认是社会主义没有的时候也存在的，不承认是存在于社会主义以前的德谟克拉西的，是完全看做为生产阶级斗争底产物，'初被发见的'簇新的政治形态"。

由此可见，正如恩格斯在马克思这本书第3版的导言中所明确指出的那样，巴

---

① 这些引文见《马克思恩格斯选集》第2卷，人民出版社1972年版，第378页。它们同《无产阶级专政》1963年译本的译文稍有差异。

② 这些引文见《马克思恩格斯选集》第2卷，人民出版社1972年版，第372、375—376页。

黎公社就是"无产阶级专政"①。但是这个专政并不同时废除民主，而是以普选制为基础的最广泛地应用民主。这个政府的权力应该服从普选制。"公社是由巴黎各区普选出的城市代表组成的。……普选权……应当为组织在公社里的人民服务，正如个人选举的权利为任何一个工厂主服务，使他们能为自己的企业找到工人……一样"。② 马克思在这本书里一再谈到全体人民的普遍选举权，而不谈一个特殊的特权阶级的选举权。在马克思看来，无产阶级专政是一种在无产阶级占压倒多数的情况下从纯粹民主中必然产生出来的状态。（注11）

注11：拿普遍选举权来说巴黎公社是民主，"是不能够的"。为什么呢？当时巴黎的有产阶级，差不多尽数逃到市外去了。因为这个缘故，所以普遍选举的结果，"就如马克斯所说，议员底大多数，势必为劳动者了"③。这些有产阶级，又在凡尔赛建立了另一个政府，"同巴黎无产阶级政府相对峙"。巴黎公社虽然在无产阶级之间实行民主，但"对于凡尔赛并不是给与普遍选举权，是代以兵力相临的"。无产阶级想用巴黎的政府"去支配全法兰西的"。这种情形，照考茨基说起来，"到底是德谟克拉西呢，还是独裁政治呢"？如前所说，这个场合成为问题的，"不是一般德谟克拉西的独裁政治底优劣论，是某个阶级为某个目的对于某个阶级而行的场合底'独裁政治'"。所以，"无产阶级底独裁政治，不用说，是筑在无产阶级底德谟克拉西上面的；同巴黎自治团彻底地实行建在普通选举上面的德谟克拉西一样，劳农俄国在无产阶级之间，也是彻底地实行建在普通选举上面的德谟克拉西的。于是虽举了巴黎自治团建在普通选举上面这件事实，也不但不成为劳农政治底批评，反而危及考茨基自身底立场了"。巴黎公社虽然根据普遍选举，但"决不是议会制度"，这一事实"是不可忘记的"。考茨基引用马克思的那些话，并不是议会，是"同时兼管行政和立法的工作机关"。"在一切方面，都是废止从来的政治机关，将彼归于劳动者底自治的团体底手中"。考茨基的民主主张，"是保存从

① 此系指恩格斯1891年为《法兰西内战》单行本写的导言结尾一句话。见同上卷，第336页。
② 这段引文出自《法兰西内战》，前面注10已经引用过，译者（施存统）不明就里，仍当作新的引文来翻译，其译文与前面有较大差异，并对其中"选举"一词，特别标明"不懂这个名词，不敢擅易"。原著紧接着这个引文，还有一句话："大家知道，企业正像个人一样，在实际业务中总是能够把适当的人放到适当的位置上去，即使有时会犯错误，也总是很快纠正过来。"（见《马克思恩格斯选集》第2卷，人民出版社1972年版，第376页）显然，译者不懂的是这个在企业中人所共知的意思。
③ 附带说明，马克思的原著专门指出，公社不应当是议会式的，它通过普选产生的是对选民负责的代表或公社委员。译者仍将其称为"议员"，可见也分不清这个区别。

来有产阶级底政治机关，照样利用"。所以他的主张，同巴黎公社的原则，"根本不相容"。如果假定考茨基的见解不错，那马克思把明白指民主的那种事体，故意说成"无产阶级底革命的独裁政治"，"岂不是太滑稽了么"！

第3部分：探讨这个问题，必须防止把这种作为状态的专政同那种作为政体的专政两者混淆起来（注12）。只有后者的倾向才是我们队伍的争论的问题。作为政体的专政，同剥夺反对派权利的含义相同。反对派被剥夺了选举权、新闻出版自由和结社自由。问题在于：胜利的无产阶级是否需要这些措施，社会主义是否借助于这些措施才能最好地实现，或者甚至只有通过这些措施才能实现。

注12：考茨基反复力说"为政府形态的独裁"和"为状态的独裁"的区别。"在这个场合，是什么关系也没有的"。为什么呢？"因为资本主义底标本的政府形态，无论是共和政治或是其他如何的政府形态，都是无碍为有产阶级国家底一政治形态的。马克斯放在眼中的，不是'政府底形态'，是'国家底形态'"。马克思把巴黎公社看作终于发现了的政治形式，"不是看做用考茨基底意义的政府形态，是看［做］最新的国家形态的"。

在这方面，首先必须指出，当我们把专政作为政体来谈论时，不能谈论一个阶级的专政。正如我们已经指出的，一个阶级只能实行统治，不能实行治理。如果有人不想把专政理解为一种单纯的统治状态，而理解为一种特定的政体，他就只能说个人的专政或一个组织的专政，也就是不能说无产阶级的专政，只能说无产阶级政党的专政。（注13）一旦无产阶级本身分成不同的政党，问题立即复杂化起来。这些政党中间的一个政党的专政决不再是无产阶级专政，而是无产阶级的一部分对另一部分的专政。如果社会主义诸政党由于它们对非无产阶级阶层的态度不同而分裂，比方说一个政党通过城市无产阶级和农民的联盟而取得政权，那情况就更加复杂了。无产阶级专政不仅变成无产阶级对无产阶级的专政，还变成无产阶级和农民一起对无产阶级的专政。于是无产阶级专政就具备了十分奇特的形式。（注14）

注13：考茨基说"一个阶级只能实行统治，不能实行治理"的意思，或者是说一个阶级的人员就任政府的要员过多的意思。如果是那样说法，一个团体一个党派也是照样的。所以一个团体一个党派的独裁政治，也不应有的。又可以说阶级的界限难以明确树立这个意思，这是事实。例如在俄国，虽说给与无产阶级以选举权，然而因为阶级的区别界限不明白，也发生应该有选举权却没有选举权，不该有的反而有的情况。但"不能因此就说，为权力所在的那个阶级，是不存在的"。如果考茨基的见解

不错，像阶级支配或支配阶级这些名词，"都要变成完全无意义的东西了"。

注14：不用说，考茨基这样讲，是把俄国的现状放在眼里。在考茨基眼里，主张社会革命是社会主义的一个党派、无产阶级的一个党派，布尔什维克不可不同克伦斯基①、马尔托夫②（原译"马尔秀夫"）提携，"把革命停留在有产阶级革命底界限上"。不然，劳农政治不管是否由无产阶级的多数支持，总不是无产阶级的独裁政治，只是一个小党派的独裁政治。把考茨基这个话引到他本国去说，"独裁社会党"不管是否代表德意志无产阶级的多数，如果不同违背无产阶级和社会主义的多数派社会党提携，那就没有代表无产阶级的资格！俄国革命的场合，农民占了决定的多数，那是事实。但把俄国的劳农政治，解释为"无产阶级底一部和农民（不是无产阶级的农民，是中产阶级的农民）提携起来而行于其他无产阶级上面的独裁政治"，"那原是违反于事实的"。布尔什维克的政策，"是常使农民间底阶级斗争成为锐烈的，是使农民分裂为中产阶级的分子和无产阶级的分子的；劳农政治底基础，是筑在这个无产阶级的分子和都会底无产阶级底结合上面的"。

第4部分：为什么无产阶级的统治应该采取而且必须采取同民主不能相容的形式呢？……③人们也许可以推断，通常只有在无产阶级构成居民大多数或者受到大多数居民支持的地方，无产阶级才会取得政权。（注15）无产阶级在政治斗争中的武器，除了它的经济必要性之外，就是它的群众性。只有在无产阶级受到群众的，即大多数居民支持的地方，无产阶级才能战胜统治阶级的权力手段。马克思和恩格斯都做过这样的推断。他们在《共产党宣言》里宣称："过去的一切运动都是少数人的或者为少数人谋利益的运动。无产阶级的运动是绝大多数人的、为绝大多数人谋利益的自觉的独立的运动"④。

注15：关于无产阶级只有得到大多数居民支持，才会取得政权的提法，马克思是说，"无产阶级的运动是绝大多数人的、为绝大多数人谋利益的自觉的独立的运

---

① 克伦斯基（1881—1970），俄国社会革命党人；1917年二月革命后，任临时政府司法和军事部长，后任总理；十月革命临时政府被推翻后，流亡和移居国外。

② 马尔托夫（1873—1923），俄国孟什维克代表人物之一；1917年领导左派社会革命党人，1919年为全俄中央执行委员会委员；1920年迁居国外，发起组织第二半国际。

③ 省略号里的引文并非有意省略，是被译者漏掉了。其原文是："谁要是依据马克思关于无产阶级专政的说法，他就不应忘记，在这里所涉及的不是一种在特殊情况下可能出现的状态，而是一种在任何情况下都必然出现的状态。"

④ 这段引文引自《共产党宣言》1888年英文版，见《马克思恩格斯选集》第1卷，人民出版社1972年版，第262页及注①，与《无产阶级专政》1963年版的引文略有不同。

动"。马克思同魏特林不同的地方，"就是这一点"。"仅说无产阶级占人口多数或有人口多数在其背后那样的话，不一定是指无产阶级掌握政权那件事的"。德意志革命的结果，不是独立社会党掌握政治，而明明是违背无产阶级利害的多数派社会党掌握政权，那考茨基以为在德意志，无产阶级没有代表人口的多数么？不然的话，难道说明在多数派社会党的背后，满足了有人口多数这个原因吗？"无产阶级，因为占人口底多数，要在德谟克拉西下面握到政权，除了无产阶级都要有阶级的自觉以外，资本阶级严格地须遵奉无抵抗主义这件事，也是必要的。而这个德谟克拉西，并不是有产阶级底德谟克拉西，是必要绝对纯粹的德谟克拉西为条件的"。

这一点也适用于巴黎公社。新的革命政权的第一件事就是举行有普遍选举权的公民投票。在最充分自由之下举行投票的结果，几乎巴黎各区都以强大的多数支持公社。65 名革命者当选，反对派只有 21 名当选，其中有 15 名露骨的反动分子，6 名甘必大①派激进共和主义者。65 名革命者中间有法国各个社会主义派别的代表。（注 16）虽然他们互相斗争得很激烈，但是没有一派对其他派实行专政。

注 16：考茨基这本书开卷第 1 页说："在一个重要方面，巴黎公社却比苏维埃共和国优越。巴黎公社是整个无产阶级的事业。各个社会主义派别都参加了这个事业，没有一个派别置身于它之外或者被它排除在外"。可是，一是被认为当时唯一代表法兰西社会主义者的"鲁意伯兰"（今译路易·勃朗），明明白白没有加入。他住在凡尔赛，而巴黎的共和主义者，同今日俄国革命的社会革命党右翼和孟什维克，"取一样的态度"，就是树立共和政治，为了眼前的目的，"慢慢地要实行社会改良的设施"。二是说苏维埃把布尔什维克以外的无产阶级代表排除在外，"也是同事实相反的"。苏维埃里，布尔什维克不过占了多数，并不是占了全部。现在布尔什维克成为少数的场合也是有的。如一个州 1919 年 6 月举行的苏维埃第七次代表大会，95 名代表中，布尔什维克只占了 15 名。再看列席去年（1920 年）4 月 23 日莫斯科苏维埃全会的代表的党派派别：布尔什维克 354 人，其同情者 150 人；孟什维克 72 人，其同情者 9 人；社会革命党左翼 40 人，其同情者 5 人；合同社会革命党 5 人；独立社会民主党 1 人；社会革命党中央派 61 人；社会革命党右翼 5 人；无政府主义者 5 人；无所属者 9 人。然而考茨基却说，没有包容路易·勃朗的巴黎

---

① 甘必大（1838—1882），法国第二帝国末期和第三共和国初期的政治家，资产阶级共和党人，1870—1871 年任国防政府的成员；各省武装反抗普鲁士的组织者，1871 年创办《法兰西共和国报》；1881—1882 年任内阁总理兼外交部长。

公社，在代表社会主义的一切流派这一点上，也优于苏维埃！

一个在群众中扎根很深的政权，没有丝毫理由去损害民主。有人用暴力（原译"力"）行动来压制民主，这个政权就不能永远避免使用暴力。暴力只能用暴力来回答。但是这个知道自己受到群众支持的政权使用暴力，不是为了放弃民主，而是为了保卫民主。如果这个政权想要消除它的最可靠的基础，要消除伟大道义权威的深刻泉源——普选制，它就简直是自杀了。（注17）

注17：马克思对有产阶级民主的见解，"是同考茨基不同的"。马克思说，政府的形态越成为民主的，有产阶级的阶级支配就越露骨。马克思在《路易·波拿巴的雾月十八日》（原译"鲁易波挪派脱论"）中这样说："本能告诉他们（资产阶级——引者注），共和制虽然完成了他们的政治统治，同时却破坏着这一统治的社会基础，因为他们现在必须面对各个被奴役的阶级并且直接和它们斗争，不能用王冠作掩护，不能用相互之间以及和王权之间的次要斗争来转移全国的视线了。由于感觉到自己软弱无力，他们才不得不在他们阶级统治的完备的条件面前退缩下去，力图返回到那些不大完备、不大发达、因而危险也较少的阶级统治的形式上去"①。他们很知道自己的弱点，所以"抛弃共和制的'纯粹德谟克拉西'，选择了不像帝制那样露骨的阶级支配"。考茨基"通贯全书，都看做一般的抽象的德谟克拉西"，马克思"却常常看做有产阶级底德谟克拉西"。

由此可见，废除民主的专政，只有在下列非常情况下才能加以考虑：各种有利条件的特殊巧合允许一个无产阶级政党取得政权，尽管大多数居民不赞成或者坚决反对这个政党。在几十年来一起受到政治上的训练并且其政党具有固定存在形式的民族，这种偶然的胜利是不大可能的。这种胜利本身就已经表明了很落后的情况。如果在这种情况下举行普选出现了反对社会主义政府的结果，这个政府究竟应该按我们一向所要求于任何政府的那样，服从人民的裁决，同时抱着坚定的意志在民主的基础上继续为争取政权而斗争呢，还是应该为了保持自己的政权地位而扼杀民主呢？（注18）

---

① 这段引文，引自《马克思恩格斯选集》第1卷，人民出版社1972年版，第630页。施存统的原译文，与此差异较大，如谓："本能告诉他们（有产阶级），共和制确立了其权力，同时一方面反把他们底社会的地盘弄危险。因为共和制没有中间物，也没有王冠底威光；而由国民间底反对要素之间或同行之间所起的第二义的斗争，也已经不能够纷乱国民的利害了；所以就有服从阶级对立老来，我已不同他们力争了。他们晓得自己底弱点，惧怕无制限地要求自己阶级底阶级的支配，反倒退到更不完全的、随之更少危险的形态底阶级支配"。看来，施氏并不理解这段原文的意思，故其译文不知所云。

注 18："在这种场合，考茨基不用说，是回答第一种的。于是考茨基之所谓革命的社会主义，乃至革命的马克斯主义，是彻头彻尾地在今日的有产阶级德谟克拉西圈子内，即不敢从议会制度底圈子内跳出一步，——等待社会主义的实现的"！

第 5 部分：一个专政在违反大多数人民意志的情况下，靠什么来继续执政呢？这个专政有两条道路可以考虑：耶稣教团（原译"詹士威脱"）的道路或拿破仑主义的道路。我们已经提到巴拉圭（原译"派拉盖"）的耶稣教团国家。耶稣教团教士们赖以维持他们在巴拉圭的专政的手段，就是他们比起那些由他们组织起来的、缺了他们就无依无靠的原始居民来具有精神文明上的巨大优越性。在一个欧洲国家，一个社会主义政党能争取到这种优越性吗？这是完全不可能的。无产阶级在阶级斗争中，其理解水平诚然发展得超过其他劳动阶级即小资产阶级和小农，但其他劳动阶级在政治兴趣和理解方面并不是没有提高。这些不同阶级之间的差距，决不是无法克服的。除了体力劳动的阶级之外，还有一个知识分子阶层正在成长，他们的人数愈来愈多，对生产过程来说他们愈来愈成为不可缺少的，他们的职业在于获得知识，运用智力和发展智力。这个阶层处于无产阶级和资本家阶级之间的中间地位，他们并不直接对资本主义感兴趣，又对无产阶级抱不信任态度，认为无产阶级还没有成熟到足以把命运掌握在自己手里。这个受过教育的阶级中那些极热烈主张无产阶级解放的成员，譬如空想社会主义者们，甚至在阶级斗争的初期还对工人运动抱过反对态度。只有当无产阶级在阶级斗争中表现得愈来愈成熟时，这种情况才有所改变。那些赞成社会主义的知识分子对无产阶级所寄与的信任，决不能同1914 年 8 月 4 日以来自由党人和中央党人——甚至德国诸政府本身——对参加政府的社会党人所寄与的信任相混淆（注 19）。

注 19：指谢德曼①（原译"奢德曼"）等的多数派社会党。前一种信任出于这样一种信念：无产阶级已经获得了解放自己的力量和能力。后一种信任则出于这样一种信念：有关的社会党人已经不再认真对待无产阶级的解放斗争了。完全排除知识分子甚至反对知识分子，无法建立社会主义的生产。在大多数居民对无产阶级政党抱不信任态度或者反对态度的情况下，知识分子群众尤其会抱这种态度。在这种情况下，胜利的无产阶级政党在知识方面不仅不会大大优越于其余的居民，甚至会在这方面落后于它的对手，即使在社会事务方面，无产阶级政党的理论观点一般说来应该更高明一些。

第 6 部分：由此可见，巴拉圭的道路在欧洲是行不通的。于是只剩下另一条道路，这条道路是拿破仑一世在 1799 年雾月（原译"二月"）18 日以及他的侄子拿破仑三世在 1852 年 12 月 2 日所采取的，即借助于足以胜过无组织的人民群众的一种中央集权组织的优势并借助于军事威力的优势来进行统治的道路；这种军事威力的优势之所以产生，因为政府的武装力量所面对着的仅仅是一批没有武装或者对武装斗争感到厌倦的人民群众。能在这种基础上来建设社会主义生产方式吗？这种生产方式意味着由社会来组织生产。它要求全体人民群众实行经济自治。国家通过一种官僚制度或者通过人民中某一个阶层的专政来组织生产，并不意味着社会主义。社会主义需要对广大人民群众进行组织上的训练，社会主义要以无数个经济性的和政治性的自由组织为其前提，并且需要最充分的组织自由。社会主义的劳动组织不应该是一种兵营组织（原译"假舍式的事情"）。少数派的专政，如果想要给人民以最充分的组织自由，会因而损坏自己的权力。相反地，如果这个专政企图用束缚这种自由来保持统治，就会阻碍朝向社会主义的发展，而不是促进这种发展。少数派的专政总认为一支忠诚的军队是它的最有力的支柱。但是它愈是用武力来代替多数，就愈来愈迫使反对派用诉诸刺刀和拳头的办法而不是用选票的办法来寻求出路，因为选票对他们说来已不起作用了；这样，内战就成为政治矛盾和社会矛盾的转化形式。在人们对政治和社会情况不是完全冷漠或完全灰心的地方，少数派的专政会经常受到猛烈的暴动或者长年游击战争的威胁，这种暴动和游击战争很容易发展成为有更广大群众参加的连续不断的武装起义；要扑灭这种起义，必须调动专政的全部军事力量。这样，专政就陷入内战而不再能自拔，并且经常面临着一种被这种内战推翻的危险。（注 20）

注 20：以上和以下几节，考茨基不论"无产阶级底独裁政治"，专论"少数人底独裁政治"的危险。这种危险，不过论述前面考茨基所引用的《共产党宣言》中关于"过去的一切运动都是少数人的或者为少数人谋利益的运动"① 罢了，指为少数人的少数人运动，成为独裁政治而表现出来的场合。"在这个场合，考茨基也是只拿一般的抽象的意义的少数人独裁政治来论的"，"这个批评，同占人口多数

---

① 《马克思恩格斯选集》第 1 卷，人民出版社 1972 年版，第 262 页。原译为"今日以前的运动，都是为少数人底利益，少数人底运动"。

的阶级，以'阶级的解放'为目的，行于反对阶级上面的独裁政治，一点关系也没有的"。

对建设社会主义社会说来，再没有比内战更大的阻碍了。目前的时期有广泛的地理分工，任何地方的大工业企业都十分依赖交通的安全和契约的安全。即使敌人没有侵入国境，一次对外战争就足以极严重地打乱社会主义建设。目前俄国革命中，各派社会主义者（注21）都强调和平对社会重建的必要性，这是正确的。对社会经济来说，内战的危害性比对外战争的危害性还大得多（注22），内战是在国家境内进行的，它对国家所起的摧毁作用和瘫痪作用与敌国侵入同样严重，内战在这方面甚至残酷得多。国与国之间的战争，牵涉到的通常是这个政府或那个政府取得权力或丧失权力的问题，不是整个国家的生存问题。但是在战后，不同的交战国的政府和人民都愿意和应该和平相处，即使不会总是友好相处（注23）。

注21：考茨基看作社会主义一部分的社会革命党的中央派及右翼，"至少是反对战争底即时中止的"。

注22：所以考茨基对德意志军阀政府的军事预算，"与以协赞"；对俄国无产阶级政府同科尔尼洛夫①（原译"柯尼克夫"）及邓尼金②（原译"台尼金"）的战争，"却要反对的"。

注23：例如德、法、英的"战争社会主义者"，聚集在柏林（原译"柏隆"），"商议度平和生活"。

内战中各方的相互关系就完全不同了。它们进行战争不是为了从对方夺取一些让步然后同对方和平相处。内战的情况也不像民主国家的情况；在民主国家，各少数派受到保护（注24），处于少数派地位并且不得不放弃执政地位的任何政党，并不因此就必须放弃它的政治活动或者哪怕只是限制它的政治活动，而且处于反对派地位的任何政党都一直保留着争取成为多数派从而取得政权的权利。

注24：考茨基在第4章"民主的效果"（原译"德谟克拉西底结果"）中，也赞美保护少数者的民主。"有产阶级底德谟克拉西，得着这个不想革命的马克斯主义者的知己了。在有产阶级底德谟克拉西下面，有产阶级底多数党保护有产阶级底少数党，的确是事实。可是在一旦触到资本主义本身底根底的时候，有产阶级底德

---

① 科尔尼洛夫（1870—1918），第一次世界大战爆发时任西伯利亚第9师师长，不久转任第48师师长；二月革命后被任命为俄军最高统帅，因发动军事政变企图推翻临时政府而被解职。
② 邓尼金（1872—1947），苏俄内战和外国武装干涉时期白卫军首领之一，俄国步兵中将。

谟克拉西，也是把'少数者底保护'给与无产阶级的么？或者给了些什么呢？德谟克拉西，是给'保护'于少数者的；然对于占人口多数的为多数党的无产阶级，究竟是给了些什么呢"？残杀卡尔·李卜克内西（原译"加尔里布克内西"）和罗莎·卢森堡（原译"洛柴鲁克詹布苦"）的，并不是恺撒（原译"该撒"，意即独裁者），"难道不是德意志共和政府底德谟克拉西么"？"哦！我们明白了！德谟克拉西并不是内战，实在是虐杀啊"！

内战中，任何一方都为自己的生存而战斗，失败的一方面临完全毁灭的威胁。意识到这一点，使内战很容易非常残酷。一个仅仅依靠军事力量取得政权的少数派尤其倾向于以最血腥的手段来镇压反对者并且用最凶残的屠杀来惩罚反对者，如果这个少数派在叛乱中受到了威胁并且终于能够把叛乱镇压下去的话。巴黎1848年6月以及1871年5月的流血周就以惊人的明确性说明了这一点。无论长期内战的局面，还是这种局面在专政之下的另一种表现形式——群众陷于完全冷漠和灰心丧气的状态，都会使社会主义生产体制的建设实际上几乎成为不可能。然而那种必然会引起内战和冷漠状态的少数派专政，竟然成了实现从资本主义到社会主义过渡的完美手段！（注25）

注25：这一句，"讥刺"列宁《关于立宪会议的提纲》（原译《关于宪法会议的纲领》）的第3条。考茨基只引用第3条最后一句，然而列宁的原文如下。第1条："在有产阶级的共和制（克伦斯基政府）下面，因为宪法会议是德谟克拉西最高形式，所以彼底召集底要求，是布尔色维克底当然的政纲"。第2条："布尔色维克要求宪法会议底召开，同时主张，革命当初以来，苏维埃共和国是比起依宪法会议的有产阶级共和国还要更加高级的德谟克拉西底形式"。第3条："由有产阶级的制度推移到社会主义的制度和无产阶级独裁政治这个见地来看，苏维埃共和国，同基于宪法会议的普通的有产阶级共和国比较起来，不但是更加高级的'民主的制度'底形式——类型，同时又是以最小的苦痛推移到社会主义的唯一形式"。①

第7部分：有些人把内战同社会革命混淆起来，认为内战是社会革命的形式，并且倾向于用下列理由来替内战中不可避免的暴力行动辩解：没有暴力行动就不可能有革命。据说过去任何革命总是如此，今后将永远如此。恰恰我们社会民主党人

① 《关于立宪会议的提纲》前三条的今译文，见《列宁选集》第3卷，人民出版社1972年版，第377页。对照以上今译文，原译文的第1条有较大出入。

并不抱这种看法：凡是过去一直如此的情况今后也就必然永远如此。我们根据迄今所发生的资产阶级革命的实例而形成了我们所想象的革命图景。无产阶级革命将在与资产阶级革命的条件完全不同的条件下实现。资产阶级革命是在专制制度压迫一切自由运动的国家里爆发的，专制制度依靠一支脱离人民的军队的支持；这种国家，没有新闻出版自由、集会自由、结社自由，没有普选制，也不存在真正的人民代议机构。这种国家，反政府的斗争必然采取内战的形式。今天的无产阶级，至少在西欧，将在像这样的国家里取得政权：这些国家，几十年以来，民主——即使不是"纯粹的"民主，毕竟是一定程度的民主——已经扎下深根，军队也不像从前那样完全脱离人民。在这种条件下，构成人民大多数的无产阶级究竟将如何实现夺取政权，这还需要等等看。我们无论如何也决不需要推断，法国大革命的过程会在西欧重演。如果今天的俄国显得同 1793 年的法国很相似，这仅仅证明俄国何等地接近资产阶级革命的阶段。（注 26）

注 26：把俄国革命的性质看作"中产阶级的政治革命"这一点，考茨基同社会革命党右翼及孟什维克抱一样的见解。"把革命底性质，看做中产阶级的政治革命，或是看做无产阶级的社会革命，这是人们对于劳农政治的态度状生相异，成为根本的分歧点的处分"。

必须把社会革命、政治革命和内战区别开。社会革命是一种由于新的生产方式的建立而引起的整个社会结构的深刻变化。这是一个长期过程，可以持续达几十年之久，而且无法划定这个过程结束的确切界限。实现这个过程的形式愈和平，也就实现得愈成功。内战和对外战争都是这个过程的死敌。社会革命的序幕通常是政治革命，即国内阶级力量对比关系的突然变化，迄今一直被排除在政权之外的一个阶级借此夺得了政府机器。政治革命是一种能迅速实现和迅速结束的突然行动。它的形式要看发生政治革命的那个国家的形式而定。民主——不仅形式上，而且实际上在劳动群众的力量中扎了根的——愈是居统治地位，政治革命成为和平革命的可能性就愈大。相反地，如果迄今居统治地位的制度愈是不依靠人民的大多数，只代表仅仅依仗军事权力手段来保护其统治地位的少数派，政治革命采取内战形式的可能性也就愈大。然而，即使后一种情况，拥护社会革命的人也有迫切的利害关系，使内战仅仅成为暂时的、迅速进行的一段插曲，使内战只有助于实现民主和巩固民主，使社会革命受民主影响的支配（注 27）。也就是说，无论那些有远见的英明人士认为立即实现社会革命的最终目的是何等称心如意，社会革命也不能超越人民群

众大多数所愿意达到的程度，如果超越这个程度，就不能获得赖以形成持久局面的必要条件。（注28）

注27：具体地说，"叫俄国无产阶级不可不做同弥留柯夫①等有产阶级民主主义者合一步调，一步也不要比他们超过，在俄国确立资本主义底支配那样的事"！

注28：社会革命在具备必要条件时才能永久确立，但"不要忘记"，在有产阶级的民主下面，现在社会革命的到来，"不能就成为人民多数意识了的要求"。

巴黎无产阶级和小资产阶级的恐怖统治，即少数派的专政，难道在法国大革命中没有产生具有重大历史意义的巨大作用吗？这是肯定的。但这些作用是什么性质的呢？那种专政是欧洲的结盟君主们对革命的法兰西进行战争的产儿。胜利地击溃这种进攻，就是恐怖统治的历史功绩。这个专政又一次明确证明了一条老真理：专政比民主更能进行战争。但它决没有证明：专政是无产阶级根据无产阶级观点来实现社会改造和保持政权的方法。威力方面，1793年的恐怖统治是无比强大的。虽然如此，巴黎无产阶级依然未能保持住政权。专政变成了无产阶级和小资产阶级政策的各个派别之间互相斗争的一种方法，终于还变成了结束无产阶级和小资产阶级的一切政策的方法。下层阶级的专政替军人指挥刀的专政（原译"开珊倍尔底独裁政治"）铺平了道路。如果有人根据资产阶级革命的实例而想说，革命同内战和专政的含义相同，他就必然会得出这样的结论，革命必然以克伦威尔或拿破仑式的统治而告终。然而，这在那些由无产阶级构成民族大多数并且用民主方式组织起来的国家里，并不是无产阶级革命的必然结局。只有在这样的国家里，才具备社会主义生产的条件。（注29）

注29："马克斯说，英国和美国由资本主义推移到社会主义，或者可以平和进行；而考茨基却更进一步，主张'社会的革命，都是在平和当中，不知道几时起来的进行'，是原则［上］一切国家，都可以取同一进化底路径"。总之，考茨基"革命的社会主义"，已进化到伯恩施坦（原译"卞斯天"）"进化的社会主义（即所谓修正派社会主义了）"！马克思预想英美两国能实行和平的革命，是1870年底的事。预想社会革命中有暴力出现，因为预想有反抗的势力，在社会进化的方向上有由暴力而产生的反抗之事。当这个反抗力微弱的时候，"社会的革命，也就不能不说可以有相当的平和进行"。1870年底，"英美还是资本主义底成年期"，它的特

---

① 今译米留可夫（1859—1943），俄国立宪民主党领袖，1917年二月革命后任临时政府外交部长，主张维护君主立宪制度；十月革命后反对苏俄政府，1920年逃往国外。

征是"自由主义和平和主义"。（译者注：资本主义发达的历史，可分为三个时期。一是"少年期，以奋进突击之势，经过许多战争；这个时期底气质，是好战的"。二是"成年期，即在全盛时期，专门致力于内部底整顿；彼底气质，是平和的"。三是"衰老期，即资本主义底末日到了，又再现出性急好战的气质"。关于这个分期，Boudin① 在《社会主义与战争》中说得详细。山川先生叫我们参照此书，我就抄了一点在这里②。）所以，"马克斯预想在这两国，可以起平和的革命"。两国官僚主义及军国主义的发达，成为"反抗的势力"，是以后的事。"在这个场合，照马克斯底见解，社会革命能否平和进行，也不是由其政府底形态如何来定的"；它是由官僚主义及军国主义对"进化的势力"有无试图进行暴力的反抗来决定的。所以，1870 年马克思的预言，"是不能用以证明考茨基那个'在德谟克拉西下面，能行平和的革命'的见解的"。我们把无产阶级专政不能理解为别的，只能理解为民主基础上的无产阶级统治。③

在当时国内的语境里，像这样的文章，真可谓一篇奇文。这也是为什么上述介绍，借助考茨基《无产阶级专政》里"专政"一章的今译本（因原译文与之对照，差误太多），不惜冗赘，逐一转述的原因。这篇奇文，奇就奇在围绕苏俄政权最核心也最引人注目的无产阶级专政问题，辩论以正统马克思主义者自诩而严厉批评苏俄政权的考茨基，和新兴苏俄政权的领袖、同样自称代表正统马克思主义的列宁二人，到底谁真正站在马克思主义的立场上。将这样的文章介绍到国内，等于把以往连为苏俄革命辩护的先驱者都觉得敏感而忌讳的无产阶级专政或平民独裁政治话题④，公开挑明在国人的面前。更奇的是，此文一边倒地维护列宁，对考茨基的原

---

① 今译路易斯·布丁（Louis B. Boudin, 1874—1952），出生在俄罗斯中产阶级家庭，1891 年随全家移民到美国，定居纽约；从事法律研究并获得纽约大学硕士学位，1898 年进入纽约律师协会；最初加入美国社会主义劳动党，1899 年脱离，1901 年成为新成立的美国社会党的主要成员；1910 年、1914 年和 1917 年为纽约上诉法院法官，1916 年为首席法官，其间在纽约最高法院（第二区）的司法机构工作；曾撰写一系列关于马克思主义的文章和著作，20 世纪 20 年代末在共产党支持的纽约工人大学校教书，被称为美国的马克思主义理论家。他的《社会主义与战争》一书，1916 年出版于纽约。

② 在此之前，李大钊 1919 年 12 月 1 日发表于《新潮》第 2 卷第 2 号的《物质变动与道德变动》一文，已引用了 Louis Boudin 在《社会主义与战争》一书中有关分期的这段话。参看《1917—1919：马克思主义经济学在中国的传播启蒙》，上海财经大学出版社 2016 年版，第 3 编第 1 章第 2 节四。

③ 以上引文除另注外（特别是考茨基的原文部分见今译本《无产阶级专政》中"专政"一章），均见《社会经济丛刊》所载《考茨基底劳农政治反对论》，上海泰东图书局 1928 年版，第 1—41 页。

④ 如李大钊不同意称俄国和德国的社会革命为"平民独裁政治"，认为独裁不符合消除一切阶级的平民政治的"真精神"。见明明：《平民独裁政治》，《每周评论》第 6 号（1919 年 1 月 26 日）。

文，逐段引用，当作靶子，又几乎逐段批驳，等于公开声明列宁才真正代表马克思主义，也等于宣布实行无产阶级专政，是苏俄政权所采取的符合马克思主义精神的正当举措。这个表态，无论站在列宁一边否定号称老牌马克思主义者的考茨基，宣扬无产阶级专政的合理性，还是将苏俄政权的实质与马克思主义密切联系在一起，堪称振聋发聩。此前国内舆论界很少看到这一类的理论观点，即使有所论及，也不像此文这样理直气壮，辩论色彩浓厚。

这是此文的解说者及批评者山川均本人的独立见解吗？单从内容看，确系如此。文中除了引用考茨基"专政"一章的论述外，大量注释也就是解说和批评部分，或者来自马克思和列宁有关著述的引经据典，或者来自山川均自己的分析论证，未见参考什么人的专门论述。只有译者（施存统）在文章末尾一段的注释里，提到山川先生让译者参照 Boudin 的《社会主义与战争》① 一书，用以理解有关解说的观点。但显而易见，这本书以及译者抄录它的一点内容，不能对山川均的主要批评论点，起到什么支撑作用。山川均 1921 年撰写此文的背景②，正是他在《新社会》上撰文批判民本主义，主张大正民主运动的领导权转到劳工阶级手中，"根本改变经济组织从而变革政治本身"，从而成为日本社会主义运动的中心人物的时期；后来又参加创立日本社会主义同盟以及创建日本共产党，发表《无产阶级运动的方向转变》一文，主张无产政党联合，到群众中去，形成在理论上指导当时运动的山川主义。也就是在他 1923 年鼓吹取消主义，自行宣布取消日本共产党，成为党内右倾机会主义代表之前。以这样的背景经历，写出维护苏俄无产阶级专政和批驳考茨基的文章，应在情理之中，但还不足以说明其批评观点的理论来源。他在介绍和传播马列主义著作方面的贡献，如监修出版《列宁著作集》，翻译《新经济政策》《法兰西阶级斗争》《唯物主义与经验批判主义》等；这些著作，尤其对列宁著作的重视，充分反映了山川均对苏俄政权及其理论基础的关注，其中一些著述，直接与此文的内容相关。由此可以体味，他针对考茨基的攻击，撰文专论苏俄无产阶级专政，其基本观点，应主要来自列宁的学说。

这让人不能不联想到列宁为了批驳考茨基的《无产阶级专政》而专门撰写的

---

① 附带指出，格·季诺维也夫和列宁曾合写同名著作《社会主义与战争》（1915 年日内瓦版），列宁在《无产阶级革命和叛徒考茨基》的序言里还大段引用这本著作对"考茨基主义"的批判。
② 参看百度网"山川均"词条。

《无产阶级革命和叛徒考茨基》一书①。此书 1918 年 11 月 10 日完成，同年由共产党人出版社出版，1919 年在英国、法国、德国出版。山川均撰文是否看过或参考过列宁此书，未见说明，仅仅模糊地提到，其文的解说和批评，不一定都是他个人的独创见解，不过没有逐一指明出处罢了。其实，只要翻阅列宁这本书，再对照山川均的文章，不难发现，后者的所有重要论点或重要论据，几乎都能从前者的论述中找到理论根据。也就是说，山川之文的解说尤其批评部分，其主要依据，来自列宁此书。山川均的文章分为 7 个部分（看不出有什么依据，似乎按照注释的重要性来划分），只选择考茨基小册子中的"专政"一章作为批驳对象，不同于列宁的专著②，针对考茨基整个小册子。实际上，山川这个选择，同样体现了列宁书中的宗旨："考茨基在他那本小册子中讲到的基本问题，就是无产阶级革命的根本内容即无产阶级专政的问题。……可以毫不夸张地说，这是整个无产阶级阶级斗争的最主要的问题"。据此，山川的短序也说，翻译"专政"一章，正是因为考茨基的《无产阶级专政》解释马克思学说的立场和攻击布尔什维主义，在这一章接触到"中心问题"。从前面的介绍看，山川翻译此章，就其重点所标示的注释以及所作的解说及批评，许多都可以在列宁这本书、特别是它的前 3 章里（这 3 章都引用了考茨基小册子中"专政"一章的内容），找到相应的出处。

比如：列宁批评说，考茨基小册子的全部实质，在于"民主方法和专政方法"的"根本对立"，这也是问题的关键，按照自由主义观点提出问题，只谈一般民主，不谈资产阶级民主，用民主的空话来粉饰资产阶级民主，抹杀无产阶级革命，"这真是完全背弃马克思主义"，在这一点上，考茨基远远超过伯恩施坦了。山川的注释，同样贯穿了这一批评精神。列宁重点引用考茨基解释马克思的无产阶级专政这个词的一段话，批判所谓专政意味着取消民主、马克思所说的专政不是一种管理形式③而是一种状态、马克思认为可以和平地即用民主方法实现无产阶级夺取政权的过渡等观点。围绕这个引用的解说及批评，在山川的注释里，也是重点，尽管表述方式有较大差异。列宁剖析考茨基伪造、掩饰和歪曲马克思原意的三个遁词：

---

① 参看《列宁选集》第 3 卷，人民出版社 1972 年版。
② 列宁的《无产阶级革命和叛徒考茨基》一书，除"序言"外，分为 8 章："考茨基怎样把马克思变成了庸俗的自由主义者""资产阶级民主和无产阶级民主""被剥削者同剥削者能平等吗？""苏维埃不得变成国家组织""立宪会议和苏维埃共和国""苏维埃宪法""什么是国际主义？""在'经济分析'的幌子下为资产阶级效劳"。
③ "管理形式"是今译列宁著作（1972 年版）的用词，同样的译名，在施存统的译文中译为"政治形态"，在何疆等人 1963 年版的译文中译为"政体"。

可以和平地、用民主方法实现过渡；巴黎公社是无产阶级专政，但它是由不剥夺资产阶级选举权的全民投票，用"民主方法"选举出来的；如果说专政是管理形式，就不能说阶级专政，因为阶级只能统治而不能管理。这些剖析的理由，在山川的注释里都可以找到一些，尽管不那么系统和完整。特别是对第二个遁词的剖析，为了表明考茨基硬说社会主义的"一切派别"都参加了巴黎公社是造谣，提到当时资产阶级的精华、大本营和上层分子都从巴黎逃到凡尔赛去了，凡尔赛还有"社会主义者"路易·勃朗。这些理由，不仅见于山川的注释，还可以澄清施存统译本注16中的所谓"鲁意伯兰"，正是路易·勃朗①，而且他也不是什么法兰西社会主义的"唯一代表"。列宁论述"资产阶级民主和无产阶级民主"，曾广泛引用马克思恩格斯的理论见解。山川的注释，尤以注10为典型，也可以看到有关的引用内容，特别是以"公社不应当是议会式的，而应当是同时兼管行政和立法的工作机关"那一大段引文，与列宁的引用完全相同。

以上系对照列宁专著前3章的内容，此外，"立宪会议和苏维埃共和国"一章，也可以找到山川注释的立论出处。如注25提到考茨基讥刺列宁的《关于立宪会议的提纲》，对此予以反驳，其理由便是考茨基只引用提纲第3条的一部分，避开其他条文不谈，意味着断章取义。这个理由，列宁著作的上一章里，正好也是这样说的。

总之，山川均的文章，虽然只是引用和翻译考茨基小册子中的一章，相关的解说和批评，虽然主要以山川个人的见解形式表现出来，施存统翻译山川之文的译文，虽然不很理想，存在词不达意、误译甚至反译之处（唯其如此，为了明了引用考茨基的论述部分的本义，才以1963年版的今译文取代施氏的原译文），但此文的核心思想，在于批驳考茨基否定苏俄无产阶级专政的观点，则确定无疑；其"独创的"见解（按照山川的说法），显然也主要来自列宁的《无产阶级革命和叛徒考茨基》一书，尽管山川表达得不那么严谨、全面和系统，或许还有意遮掩这一思想来源。不论如何，此文在无产阶级专政问题上，终究是把马克思学说和列宁学说紧密联系在一起，认定列宁而非考茨基，才是马克思主义的真正继承者。这个见

①　路易·勃朗（1811—1882），法国空想社会主义者，历史学家；1839年发表主要著作《劳动组织》，1843年起任《改革报》编辑；1848年二月革命时，任临时劳工委员会主席，后被排斥；未参加六月起义，但被控告，不得不流亡英国；1870年回国，次年当选国民议会议员；巴黎公社期间，力图使公社妥协。

解，在当时国内介绍和传播马列主义的潮流里，的确是独特的。不仅如此，这篇文章用论辩形式，通过批评者和被批评者的引经据典，除了能够从中看到已被经常引用的马克思恩格斯经典著作如《共产党宣言》的有关论述外，还可以浏览到其他一些过去不曾接触或接触甚少的马列主义著作中的经典论述，如涉及马克思的《哥达纲领批判》《路易·波拿巴的雾月十八日》《法兰西内战》及恩格斯1891年的导言，列宁的《关于立宪会议的提纲》等。这些内容，就那个时期扩展和深化国人对马列主义的认识来说，同样是独特的。

### （六）译本分析概述

根据以上介绍和分析，不难看出，施存统编译《社会经济丛刊》，实际上是他先后发表在《民国日报》"觉悟"副刊上的5篇译文的论文集，严格说来，各篇之间谈不上有什么连贯的逻辑联系。但仔细考察之后，仍能体会到编译者的良苦用心。

首先，汇编成册比起单篇发表，更能体现编译者探索社会经济问题的专注领域。施存统的5篇译文，完成于1921年上半年留学日本期间，其时不足23岁。在此之前，他因在《浙江新潮》上发表《非孝》一文，引起舆论界哗然，被迫离开浙江第一师范学校，1920年到上海认识戴季陶、陈独秀等人，参加陈独秀发起成立的马克思主义研究会和共产党，受到马克思主义的初步熏陶；同年6月到日本学习和养病，仍然经常保持与陈独秀等人的通信联系，建立旅日共产主义小组，广泛涉猎并翻译马克思主义理论书籍，直至因与日本共产党的联系而被当局逮捕入狱，1922年1月被驱逐出境。遣送回国的时间，也正是他编译出版《社会经济丛刊》的时间。从以上经历背景看，他收集近期发表的各种翻译成果，单独汇编成册，足以显示在吸收马克思主义滋养的过程中，专注于劳动问题、社会主义进化、唯物史观、劳动经济论、围绕苏俄无产阶级专政的论争等社会经济领域，或者说，从社会经济领域的这些不同热点理论与实际问题的综合研究里，逐步加深对马克思主义的认识。

其次，通过汇编的先后次序，可以梳理并反映编译者在选择翻译原作过程中的思想轨迹及认识水准。第1篇翻译北泽新次郎《劳动问题》的译文，大概是入编的5篇译文中，同马克思经济学说保持若即若离关系的典型：一面高度评价马克思学说阐释劳动问题的重要性，尤以唯物史观和剩余价值论作为两个基本理论环节；一面又把马克思学说视为过去阐释劳动问题的众多思潮之一，断言单凭这个学说不可能解决今日的劳动问题，而且对两个基本理论的解说，夹杂着曲解、质疑乃至通过否定古典劳动价值论来否定剩余价值论。其最终用意，想把马克思学说整合到一个各方满意的世界改造方案之中，实则为作者一直割舍不下的合法民主道路或和平改良途径，寻找一个包容各种要素或依据的理论拼图。对此，施存统作为译者，未予评论，这和后来他对待其他各篇译文的论点，往往鲜明表明个人态度的做法，也是不同的。他的第1篇译文，或许只是在试笔，尚未显露明确的马克思主义立场。

第2篇翻译河上肇《社会主义底进化》的译文，事实上重复翻译1、2年前国内已经发表的同样文章。可能施氏身在日本，不大留意国内已有的译文情况，没有意识到这是重复翻译，当然也未参考现成的译文。此文作者，正是施氏留学日本期间，给予他提高马克思主义理论水平以很大影响的河上肇，但施氏对河上此文有关论点的评价，并不留情，直言不讳，同他的第1篇译文，有着明显区别。总体上说，施氏肯定此文在传播社会主义和马克思主义方面的宗旨，称赞作者在日本是有良心、敢说话、影响很大的学者，恰为我国所缺乏。同时又明确提出自己对此文的不同看法。例如，讲议会政策，不过是些可想而知的"把戏"，没有必要，翻译时干脆省略；批评初期的社会主义者见心不见物，后来科学的社会主义者见物不见心，都有谬误，应该心物并重，经济改造不是唯一的目的，还要道德改造，科学社会主义及其唯物史观不应和宗教道德相矛盾，否则在"心物调和"中，一面相信唯物史观，一面相信基督教，意即难以自圆其说；列举国外尤其日本组织新村实地试验理想社会的若干案例，佩服那些提倡者想在旧社会做出一个新样本的热心态度，但结果都失败了，因为不改变现行经济组织，所谓新村和新生活都是空想，不可能逃脱现实的经济压迫，此所以译文中将这些内容统统删去；等等。此外，比较施氏译文与此前的同类译文，还可以看到一些差别。如谈到马克思学说对社会主义运动的影响，前人译文以德国出现社会民主党政府为例，施氏译文却宣扬让资本家阶级害怕的苏俄革命；两个译文孰是孰非，有待查证河上的原文，但于此可知，施氏译文称道苏俄革命，并不忌讳统治当局的敌视态度。这些不同看法，表达了施氏对河上一味主张和平的取向颇有微词，也说明他在第2篇译文里，开始依据马克思主义的观点与方法来独立判断和选译文章，哪怕撰文者是自己所尊崇的日本传播马克思主义的前辈。

第3篇翻译河上肇《见于〈共产党宣言〉中底唯物史观》的译文，从发表时间看，是5篇译文中的最后一篇，而在汇编时，被放在第3篇，这也是丛刊里唯一打破时间顺序来排列的一篇。按照施氏"附记"，他把这篇文章当作《共产党宣言》的解说来看待。借此申明：此文同《见于资本论中底唯物史观》译文一道，可供国人研究唯物史观的参考，希望大家对马克思的唯物史观和科学社会主义多做一点研究，不要没有研究而凭着先存的成见去反对；他个人的研究体会，唯物史观最能医治空想的毛病，自己虽不敢说已经由空想社会主义进入科学社会主义，却自信减去不少空想的成分。这篇译文本身，主要引用和诠释《共产党宣言》前2章尤其第1章的论述，借以印证作者概括唯物史观的框架及其含义，具有独特的视角，却没有提供多少新的内容。可是对译者来说，由此现身说法，宣示研究和信奉马克思学说的个人志向，成为5篇译文里态度最鲜明的一篇，公开表明译者转向马克思主义。

第4篇翻译日本卖文社《劳动经济论》的译文，实际上是前人翻译《马格斯资本论入门》的另一个版本，内容有所改动，基本框架和主旨未变。对此，施氏未予说明或未曾察觉，他的译者附记，指出这本书站在社会主义的立场上讨论劳动问题，由此可以知道马克思经济学的大概，除此之外，还提到一个值得注意的论点：要懂得劳动问题，先要懂得劳动经济，不懂得劳动经济，自然也不会懂得劳动问题。从这些说法的逻辑，以及译文中主要引用《工资、价格和利润》的内容和摘录引用《资本论》或考茨基解说《资本论》的观点而展开论述来看，施氏所理解的劳动经济或劳动经济论，是指马克思经济学说。根据这个理解，等于对前面未予评价的《劳动问题》译文，给了一个评价：此文讨论劳动问题，没有建立在懂得劳动经济的基础上，不能说已经懂得劳动问题；它对马克思经济学说亦即劳动经济论的认识具有局限性，企图抽去解决劳动问题的实质而改换为和平改良的另一副面孔。据此，继《劳动问题》译文之后，提供《劳动经济论》译文，可谓一石二鸟。既从正面阐述马克思学说分析劳动问题的经济理论依据，又在事实上纠正前者议论劳动问题时，质疑马克思经济学说存在缺陷或薄弱环节的负面因素。比较两篇译文的不同取向以及译者的不同态度，也可以感受施氏在翻译过程中，逐步提高自身的马克思主义认识水准的思想轨迹。

第5篇翻译山川均《考茨基底劳农政治反对论》的译文，作为5篇译文中排列最后的一篇，把整个丛刊讨论社会经济问题的焦点，集中到苏俄无产阶级专政问题。这似乎偏离社会经济的主题，进入政治议题，然而又切合了政治是经济的最集中的表现这个马克思学说的含义。选择翻译此文，其独特之处：一则如何看待新生的苏俄政权的无产阶级专政性质，在当时是举世瞩目的热点问题，也是国内舆论界避之唯恐不及的敏感话题，译者不避讳阶级专政或独裁政治的话题，端出此文以宣扬和维护苏俄无产阶级专政为旨意，正像当年发表《非孝》一文引起社会风潮一样，公开挑战传统的观念与势力。二则前篇译文引用考茨基解说《资本论》的著述以阐释马克思的劳动经济论，这篇译文接着揭露考茨基反对苏俄无产阶级专政的观点背离了马克思主义的立场，这种态度上的转换，并不是对待考茨基其人的看法前后矛盾，而以是否符合并有利于传播马克思主义为转移，符合或有利时，予以引用和肯定，不符合或不利时，予以批驳和否定；这也正像他对待河上肇，吸收其研究马克思学说的滋养，同时剔除其抵牾马克思学说的内容。三则面对考茨基挑起的质疑苏俄无产阶级专政的争论，明确站在列宁一边，相信是列宁而非考茨基，才坚持和代表了马克思主义；其中反驳考茨基之说的基本观点和理论依据，实质上出自列宁的《无产阶级革命和叛徒考茨基》一书，这也等于将当时国内鲜为人知的列宁这本名著的核心内容，传布于国人①。仅看上述几点，施氏以此篇译文作为整个丛刊的终篇，是有道理的。他未必完全明白其中的理论逻辑，然而翻译的取向，使他对马克思主义的研究和理解，从抽象理论具体到实际运动，从社会经济问题集中到无产阶级专政的政治问题，从马克思学说延展到列宁学说。这个取向，同他当时积极参加共产党的创建与扩展的活跃程度，也是一致的。

最后，统观译文汇编，为译者运用马列主义学说来观察和判断社会经济问题，提供了一定的理论基础。以上5篇译文，虽然选自别人的文章，但除了有关第1篇译文的评论隐而未露之外，对其余各篇，译者均鲜明表达了自己的褒贬态度（实际上也包含了对第1篇译文的评价），借此也可以确定译者本人的理论取舍标准；虽然选择原文具有某种随机性，很难说经过严格的筛选，似乎是一边学习一边选材，但译者按照自己感兴趣或认为需要的方向去选文，毕竟接触到马列主义的基本理论内容。看来，施氏在日本留学期间，如同那时怀抱救国救民志向的许多初学者，最初选择翻译马克思学说的路径，也是先从一些通俗著述如解说性或论辩性著述入手，而不是那些艰深的理论原著。因此各篇译文自身及其相互之间，缺乏对马克思学说体系的系统阐述，只是提到其中的若干理论观点。然而，这些理论观点即便分散在各篇，一旦集中起来，也足以显示译者的理论视野，触及马克思学说的核心问题和基本方面。如讨论劳动问题，表明马克思学说的基本立场站在劳动阶级

---

① 根据目前掌握的资料，列宁这部著作的早期中文全译本，可见 V. I. Ulianoff 原著，胡瑞麟翻译的《革命与考茨基》，上海中外研究学会 1929 年版。

方面，特别关注这一问题；介绍社会主义的进化，显示马克思学说在社会主义发展的历史进程中，具有至关重要的地位，做出经典的理论贡献并用以指导实际运动；分析《共产党宣言》中的唯物史观，突出了马克思最重要的两大理论贡献之一；解说劳动经济论，实际上是解说以剩余价值学说为核心的马克思经济学说，又突出了马克思另一个最重要的理论贡献；批驳考茨基质疑苏俄独裁政治的论辩，将列宁学说与马克思学说合并一体，认识到无产阶级专政是无产阶级革命的根本内容或阶级斗争的最重要问题。用译者自己的话说，在当时的历史条件下，对马列主义的这些理论观点，具有一定程度的掌握和态度鲜明的坚持，在观察、分析和判断社会经济问题时，可以适应从"空想的"进入"科学的"社会主义的需要。这种运用马列主义的知识和能力，不仅是施存统编译《社会经济丛刊》留给国人的启示，也对初期中国共产党先驱们阐述马克思主义经济学，产生明显的影响（见前节所考察的有关著作）。

## 第三节　上海大学社会科学讲义

上海大学是 20 世纪 20 年代共产党和国民党合作创办的一所大学。它在 1922—1927 年初创存续期间，瞿秋白为首任教务长并兼社会学系主任，与其他共产党人一道，开设了社会学、社会哲学、社会进化史、科学社会主义、现代经济学、历史学、政治学等一系列课程，宣传马克思主义理论和革命思想。本节主要以建校初期讲授而在 1924—1925 年间由学校出版的几本社会科学讲义为例，考察其中论述马克思主义经济学的内容。

### 一、《社会哲学概论》

这是瞿秋白[①] 1923 年从苏俄回国后在上海大学社会学系开设课程的讲义，后

---

[①]　瞿秋白（1899—1935），江苏常州人，1917 年秋考入北京俄文专修馆；五四运动爆发后被选为专修馆学生总代表，参加北京大中学校学生联合会，加入李大钊等发起的马克思主义研究会；1920 年以记者身份访问苏俄，介绍俄国十月革命后的真实情况，1921 年秋在莫斯科东方大学中国班担任翻译和助教，1922 年加入中国共产党；1923 年 1 月回国，在上海大学担任教务长兼社会学系主任，兼管中央宣传工作，任《新青年》季刊和《前锋》的主编，参加编辑《向导》；中国共产党第三次至第六次全国代表大会，当选中央委员，1927—1928 年和 1930—1931 年，两度担任中国共产党主要领导人；后在上海养病，1933 年到中央革命根据地，红军主力长征时留在根据地，在福建长汀被捕就义，年仅 36 岁。

刊入上海大学社会科学会编辑的《社会科学讲义》，1924 年由上海书店出版发行。有人说此讲义同他的另一讲义《现代社会学》一起，参考布哈林所著《历史唯物主义》和郭列夫所著《无产阶级的哲学——唯物论》来编撰，"是当时比较系统而又通俗地阐述和宣传马克思主义哲学的两本教科书，上海大学的学生几乎人手一册"①；也有人说此讲义虽不是专讲经济，但"依据恩格斯的《反杜林论》"，"较为全面地讲述了恩格斯在批判杜林经济观点时所阐述的马克思主义经济学说的基本原理"，并且在《反杜林论》还没有译为中文时，舍去其中的批判部分，集中讲述恩格斯所阐述的马克思主义经济学说，讲得比较全面和正确，"无疑是难能可贵的"②。下面先对讲义的内容作一简述，以便就上述说法进行判断。

## （一）讲义结构简介

先在"绪言"里，从 10 个方面论述"哲学中之唯心唯物论"，提到俄国普列汉诺夫和马克思主义修正派伯恩施坦的辩论；结论为唯物主义的"互辩律"（dialectique，今译辩证法）的哲学，"是一切社会科学的方法论"③。接着"唯物哲学与社会现象"的"总论"，提出考察现代社会受雇的工人与雇者的资本家之间日益激烈的阶级利益的矛盾，以及现代生产制度一切无政府的现象，造成现代的科学的社会主义，在理论方面，"社会主义乃是十八世纪法国启蒙派哲学之更进一步的、更一贯的学说"。旧时的乌托邦主义虽然批评资本主义社会，却不能明白地解释它，也没有办法可以颠覆它，只能一味地否认资本主义，说它不好。"新的宇宙观却给了科学的确定的结论：资本制度与以前的种种经济阶段一样，仅仅是一期间的现象，——生产力的发展及进步的阶级斗争必定能使他败灭。资本制度的秘密发露于剩余价值论，——那是他经济结构里的根基；从此现存制度的'所以不好'，便得有根本上的分析解释。证明了：那'占有不付值之劳动'是资本主义生产的基础，亦就是剥削工人制度的基础；而且剩余价值之最后的归纳地，便是增加积累资本的有产阶级之所谓'社会生产'。如此转辗不已的资本制度生产的过程，已经研究明白，——一切社会现象的枢机本在于此。因有此等伟大的发见：——唯物哲学之历史观与现存资本主义社会的秘密之解析，——所以社会主义，将来社会进展的

① 周子东等编著《民主革命时期马克思主义在上海的传播（1898—1949）》，上海社会科学院出版社 1994 年版，第 144 页。
② 张家骧主编《马克思主义经济学说在中国的传播、运用与发展》，河南人民出版社 1993 年版，第 107 页。
③ 黄美真等编《上海大学史料》，复旦大学出版社 1984 年版，第 288 页。

动象之理论，便能从乌托邦一变而成科学"。综观现代社会及推究将来社会的社会哲学，应当"先从哲学上之宇宙根本问题研究起"；"继之社会现象的秘密之分析"；"再进于社会主义之解说"。① 然后分为哲学与经济两部分，哲学部分分述"宇宙之源起""生命之发展""细胞——生命之历程""实质与意识""永久的真理——善与恶""平等""自由与必然""互变律""数与质——否定之否定"；经济部分分述"社会的物质——经济""原始的共产主义及私产之起源""阶级之发生及发展""分工""价值的理论""简单的与复杂的劳动""资本及剩余价值"。

从以上简介看，讲义的主旨论述马克思在唯物史观（含唯物辩证法）和剩余价值学说方面的两大贡献，尽管整个讲义未提马克思或马克思主义一词，而以科学的社会主义代之。其论述形式，划分为哲学和经济两部分的各节，与《反杜林论》哲学篇和政治经济学篇的分节非常相似，讲义里有些标题如"永恒真理""平等""自由和必然""辩证法。量和质""辩证法。否定的否定"以及"价值论""简单劳动和复杂劳动""资本和剩余价值"等，更是直接相对应。论述内容，下面将进一步介绍其经济部分的内容，但粗略查对，同样能够在《反杜林论》的相关篇节找到对应的内容。这是否可以说，讲义编写者直接依据恩格斯的《反杜林论》来阐述马克思主义学说，恐怕不尽然。编写者的表述方式，更有可能直接参考别人的著作如苏俄作者郭列夫的《无产阶级的哲学——唯物论》一书，而后者借鉴或引用了《反杜林论》的论述形式与内容。关于这一推测，瞿秋白当时刚从苏联回国，编写讲义完全有可能利用此类参考书；他后来于 1927 年译注郭列夫的《无产阶级之哲学——唯物论》，也可见他对此类参考书十分熟悉。

### （二）讲义经济部分

共 7 节②，第 1 节摘要：

社会生存在自然界，不能不有所取于自然界而维持它的生存，"所以物质的生产是社会的基础"。社会的一切变易，"都是跟着物质生产的变易而定的"。社会的组成全在于人与人之间有生产的关系，"这种生产的关系是社会的物质，所谓经济现象"。"所以要研究社会变易的哲理，应当先研究经济，——才能彻底探悉各种政治宗法关系之根本原因。而且可以证实社会经济的变象，亦和自然界一样，受物

① 黄美真等编《上海大学史料》，复旦大学出版社 1984 年版，第 289、293 页。
② 以下引文除另注外，凡出于此 7 节者，均见黄美真等编《上海大学史料》，复旦大学出版社 1984 年版，第 309—325 页。

质变易之根本公律的支配"。经济现象广义地说，包括人类社会的物质生活的一切生产和交易。"交易与生产是两种性质绝不相同的功能：生产可以不用交易而独立存在；交易却不能离生产而独立，——因为交易是交易各种生产品，所以假使没有生产品，便无从交易"。"各地域各时代之生产及交易，各有不同的环境（条件）。因此，经济学的原理决不能笼统的一律的应用于各时代各地域"。假使要用一种公律包括穷乡僻壤地区和英美的经济现象，"那就至多只能得一极肤浅的共同原则"。"所以经济学根本上是历史的科学"。它只有历史的变迁的材料；"必须研究每一阶段里经济发展的特别公律，然后才能综合起来，得一社会发展的共同倾向"。

"每一历史阶段的生产种类及生产方法足以规定当时的分配方法"。世界各民族最初都经过宗法社会公有田地的制度，那时生产品的分配往往是很公平的；假使发现生产品分配不平等的现象，那便是田地公有制度崩坏的朕兆。不论大农或小农，只要有私产的痕迹，其分配方法便复杂起来。"大农经济里的分配必定与小农经济里的分配不相同"。大农经济里一定有阶级的分化，或是奴隶主与奴隶，或是大田主与服役的农民，或是资本家与雇工。小农经济里阶级分化不是必要的现象，假使发生阶级的分化，那便是小农经济解体的开始。农业社会的分配，最初往往是物品的交易而不是货币的交易；假使这种自然经济的地域发生货币的交易，那便同时要发生各个人之间的不平等和贫富的悬殊。中世纪行会制度的小手工业足以阻滞大资本家与雇佣工人的发生，然而形成现代资本制度、金融制度和交易制度之后，产生资产阶级和与无产阶级便成为不可免的现象。"可见分配的不平均既然发生，便发生人民之间的阶级差别。人类的社会便分成特权的与受压迫的，统治的与受治的，剥削的与受剥削的阶级，国家的成立也就因此而来"。譬如东方各国最初因人民的共同利益（如灌溉等），特别分出一班人来管理公事或抵御外敌，后来却成了一种特别工具，用来维持剥削阶级存在的种种条件。

"分配并不仅是生产与交易的消极结果，他还能回过去影响到生产和交易。每一种新的生产方法或交易形式，不但受旧形式或与此旧形式相符合的政治制度的束缚，而且受旧的分配方法的束缚。新的生产方法往往要经过好久的时候，才能得到相当的分配方法"。然而生产方法本身的性质愈流动，愈容易改造，愈容易发展，它的分配也愈容易发达到适合的阶段，达到适合的阶段之后，便再发展到与旧生产方法冲突的现象。所以古代的农村公社因为生产方法不流动，能支持到几千年，与外界接触也要经过好久才发现内部的财产不平均现象。至于近代的资本主义，从最早发生以来至今不过四百年，若单算大工业的发达，仅仅一百年，其分配已经露出绝大的矛盾："一方面资本渐渐集中到少数人手里，别方面大多数无产民众集中到大都市里。这种分配上的矛盾便是资本主义败灭的朕兆"。"一社会的物质生存的条件及其分配之间的联系，必然反映到社会心理上去"。某种新的生产方法如资本主义正在发生，即使必然受累于它的人们，也在赞颂它。譬如英国工业最初发达的时候，工人阶级都表示极为同情。这一生产方法成为"全民"的之后，暂时在分配上都还能满意。那时只有统治者阶级之间，偶然发生抗议，如圣西门、傅立叶、欧文等，工人中却没有反响。等到这一生产方法已经有一半成熟，它的存在已经使分配的不平均大为显著，显得那种生产方法真正的不正义、不公道时，于是大家又要想那永久的真理了。"这正可见经济科学的研究，并不在于发现永久的公道的经济制度。经济学里不论怎样指示现代制度的不公道，都是枉然的。经济学的职任，却在于指示出现社会的缺点是当代生产方法之必然的结果，并且同时指出这种生产方法必然败灭的朕兆；不但如此，还要能发见这种正在败灭过程中之旧经济形式里，含着发展将来的新生产方法及新交易方法的动力在内，——足以消灭那些缺点"。

现代的经济学即政治经济学，一是"评论资本主义以前的经济，——封建制度之下的生产及交易方法"；二是"指示必然要发生资本主义形式的因果"；三是"研究资本主义的优点，——就是合于社会公益的发展"；四是"评论资本主义的缺点，——就是阶级冲突的发展"。"最后一层的意思，逻辑上必定要引导到社会主义为止"。资本主义的生产及交易方法，自然而然地使分配不平均而发生阶级的矛盾。于是有一种奇怪现象：一方面大多数雇佣工人在物质生活上极没有保障；另一方面市场上"生产过剩"，没有人能购买这许多生产品。资本主义虽然大大增加了生产力，但不能合理地应用，发展到极度，旧的生产方法反而成了生产力的障碍。"于是必须有一种有规划的经济，保证社会的发展，使社会中的各分子个个都能得着生存的资料，——那时，人类的需要才能尽量增长，人类的能力才能自由发展（各尽所能、各取所需）"。经济学最早大约发生在 17 世纪末，可是经济学的成就却在 18 世纪，正与启蒙哲学同时，具有那种时代精神的优点和缺点。当时的经济学家以为经济学不仅是当时社会关系社会需要的表现，而且发明"永久的真理"。"实际上，资本主义的生产方法和交易方法之公律，仅仅是一定时代里一定的经济行为之方式"；他们却以为这种方式是一种天生的公理，出于人的天性。

仔细考察起来，所谓"天性"，不是一切人的天性，仅仅是资产阶级的天性；他们以为用工厂的方法生产物品到市场上去出卖是天经地义，以为"受人的钱应当替人做工"是金科玉律。中世纪的神秘派梦想天国的降临，早已预言阶级矛盾的罪恶。英法资产阶级革命的时候，同样有这样的呼声反对"买卖制度"，要求社会的共和国。可是不久这种风潮就平息下去了。这种反对阶级制度的呼声在1830年以前早已有人提倡，然而在群众中绝无反响，究竟什么缘故？何以后来阶级斗争的思想又大大发展起来？"现代的工业制度，一方面，造成无产阶级，——无产阶级不但要求废止某种阶级的特权，他直接要求消灭一切阶级的差别。别一方面，现代的工业又造成资产阶级，——资产阶级独占一切生产工具及生存资料，可是资产阶级的天性不容有规划的经济，因此一切生产力的分配不得公平。这种事实足以证明：大工业发展之处不能没有阶级的斗争，——亦就是资本主义之生产交易方法与其分配制度处于互相矛盾的地位。这种物质方面的事实不由得不贯输到无产群众的思想里去，——这就是科学的社会主义必然要实现的保证；新社会的理想决不在于几个思想家想出什么正义人道出来，而在于群众明白认识自己的地位"。

以上几段内容，对照《反杜林论》一书，主要见于第2编"对象和方法"一节①。也就是说，讲义论述"经济"部分的第1节，基本对应着《反杜林论》"政治经济学"一编第1节的内容。通过这个对照，一方面可以看到，讲义的叙述，几乎按照《反杜林论》原著的论证顺序，依次介绍相关的观点，而且跳过原著批判杜林观点的部分，将此节前后两部分的内容连接起来；连一些具体的史料和例证，也都援引原著的论述。另一方面又能发现，两者的对应关系，明显不同于对原著的直接翻译或引用，也不像是直接参考原著时予以适当的改述：一则讲义的译文意思虽然大体上与原著精神相吻合，但具体表述的准确度不高，经常偏离原著涵义或出现不妥当之处，就像把原著的标题"对象和方法"译为"社会的物质——经济"一样；二则译文对原著的取舍，会译出其细节案例，又会省略其重要观点或时有遗漏；三则译文中时常会增加或延伸出原著所没有的内容，又不曾给予说明，将它们混为一体。这样难免让人怀疑讲义编写者是否参考过原著内容，倒像在参考他人对原著内容的转述。

第2节摘要：

---

① 《马克思恩格斯选集》第3卷，人民出版社1972年版，第186—191、196—197页。

草昧时代，人类穴居而处，"还没有会制造工具"，"还没有所谓私产"，"绝对没有储蓄的可能"；当时也还没有所谓"家族"，女子的地位在男子之上，"形成母系的制度"。原人时代由于生存竞争的困难，渐渐学会和发明各种生活的方法，使人类得到一大进步。同时不可能一个人单独生活，因血族系统而结合成氏族，同族的人互助团结，共同防御外敌。氏族社会里人人做工，没有男女权利的区别，同样的劳动，享受同样的权利。氏族制度的共同集合劳动，最初发生家长或族长的管理人，战时的军事指挥者，实际上以自由、平等、博爱为原则，实行"共产式的经济"。在不断的生存竞争中，氏族社会的生产力大大增加起来，"逐渐能积蓄起余剩的生产品"；这些余剩是对全社会而言，不是对一个阶级而言，"实际上都是劳苦的工作得到的，而不是剥削而来的"。因生产方式的复杂，原始社会渐渐发生男女之间的分工，男的渐渐有独占生产品的权利，破坏母系的制度，"形成父系的制度"，女子的地位大大跌落。社会财富的积聚渐多，经济管理便繁杂起来，于是强迫战争的俘虏做工，"因此发生所谓奴隶"。社会的余剩生产品渐渐为较强的家族所占有，"发生社会的不平等而终至于氏族社会的败灭"：渐渐发生私有者，公产制度渐渐破坏；一族的"贵族"占有多余的生产品，与外界发生贸易关系；一族的生产品不再单独供本族之用，生产品渐渐变成商品。土地私有制成立，农业与手工业分离，一族中各人的居住地域随之分散，以前共同居住的统一管理与分配的氏族制度也不可能了，按族为群的制度也自然废弃了，代之兴起划地为界的制度，"最初的国家形式因此发生"。既然发生社会的不平等，确定有产者与无产者、奴隶主与奴隶的区别，便有必要建立特别的军事组织来镇压奴隶，其目的不仅对外，而且对内，不仅有士兵，还有监狱、刑罚等；为了维持这一组织所必须的费用，又发生各种赋税制度；为了维持这一秩序所需要的管理者，形成官僚制的政府。"社会之中发生利益相冲突的各阶级，——阶级斗争从此开始。这时便必需一种特别权力——以便强纳此等阶级斗争于'秩序'之中。这种特别权力，从社会之中分出，统治社会，——就是国家"。"国家是阶级斗争的结果"。古代国家是奴隶主的国家，封建时代国家是诸侯贵族的国家，现代国家是资产阶级的国家，所以国家是奴隶主役使奴隶，贵族压迫农奴，资本家剥削劳动者的工具。"只有无产阶级的国家，才能开始社会的规划经济，消灭资产阶级，以至于一切阶级的差别，——根本上铲除国家的基础，——那时才能消灭政府，实现自由、平等和博爱"。

以上内容，讨论"原始的共产主义及私产之起源"，已经超出《反杜林论》第

2 编论述政治经济学的范围，应该出自恩格斯的其他著作如《家庭、私有制和国家的起源》，但显然也不是直接参考原著，而与一些通俗的解说本有关；又涉及《反杜林论》其他编节如第 3 编论述社会主义理论一节的某些内容。这些不同的来源依据，也印证了前面分析的判断，即讲义的编写不是直接参考和引用恩格斯的原著，而是借鉴和利用他人的转述成果。

第 3 节摘要：

奴隶制度发生的必要条件，必须有为奴隶所用的生产工具和供给奴隶生活的资料，此前必须社会的生产力和分配的不平均，都要发达到一定的程度。也就是奴隶制度变成一个社会的普遍现象，应当有生产上及商业上更大的发达以及社会财富的积聚。草昧时代生产力的逐渐发达，一方面造成氏族联合的共产社会，他方面促进各氏族之间的接触或冲突。因此氏族内发生新的分工，保护公共利益，抵御公共仇敌。这就使一些人高居于一族之上成为一个独立的团体，又因为职务的世袭和对外的不断冲突而日益增大其权力。这时的政府可以说完全是为公众服务的，如在灌溉治河方面的确是人民的代表。形成阶级的过程，还有家族内部因农业的复杂与进步而自然发生的分工现象，家族之外要有佃工。这种制度在公产废除后，更容易发达，生产力的发展必能供给家族以外的工人，生产方法也必需这种分工，"'工力'从此便有了价值"。但各族或各族联盟内部还没有分出"自由的'工力'"，家族成员不能受雇，只有用战争的俘虏来当佃工（以前往往被杀戮）。"只有生产方法进步到一定的程度之后，奴隶制度才能实行"。"奴隶制度的发生并不是纯粹由于所谓'强暴主义'，——这种强暴主义仅仅是用来达到经济上的目的的手段而已"。有了奴隶制度之后，社会的分工都有可能。希腊罗马的文明全靠奴隶制度，"奴隶制度其实是社会的进步"，甚至对于奴隶本身也是一种进步。

私有制发源甚早，在氏族原始共产时代已经种下私有财产的根。各部落或农村公社之间发生交易后，使生产品变成商品，商品不久就形成私有制。"生产品的商品化愈甚，——换句话说，就是生产品供给自己消费的愈少而供给交易的愈多，——那时公社的制度也就愈形破坏，内部发生分工的过程也愈速；于是公社中的各分子之间因交易的结果而有财产上的不平等，土地公有制度因此破坏，各人独自生产以便取得交易之利，而耕地遂分属于小私有财产者的农民了。各族之间的交易与战争使社会内部分化成阶级，发生私有财产而变成所谓'商品经济'"。商品经济发展到一定程度，必定要变成资本主义。资产阶级本来是封建制度下的农民或农奴，给贵族服役纳税；后来因经营交易事业渐渐变成商人，努力与贵族斗争，一步步解放，一直到取得政权，成为统治阶级。资产阶级与贵族阶级之间的斗争，是城市与乡村、工业与农业、货币经济与自给经济之间的斗争。资产阶级的利器最初是小手工业的发展，后来变成工厂手工业以及商业的发达，"纯粹是经济上的手段，这几种经济渐渐变成社会里最重要的生存基础"。当时贵族在政治上占据全权，资产阶级一钱不值，资产阶级在经济上却掌握全社会的枢纽；贵族虽然已经失去对于社会的一切职权，但还能利用未失掉的政权去搜括民间（资产阶级）的财富。中世纪时资产阶级受贵族的这种压迫很久，各种行会条例和内地关卡，足以阻碍手工业及工厂手工业的发展。"资产阶级的革命扫除了这些制度。于是造成一种适宜于新式经济的政治环境。新式的经济因此得以尽量的发展。可是发展到极度，资产阶级的自身亦渐渐变成多余的，反而成了社会进化的障碍；因为他渐渐的离开直接的生产行为，渐渐变成像当初的贵族一样，——只是坐享收入了。纯粹的经济发展，自然而然使资产阶级的地位大变，同时，无产阶级的地位增高。当然，资产阶级决不料自己的经济行为有如此的结果，亦极不愿意他有如此的结果。这是一种事实，反乎资产阶级自己的意志的。于是资产阶级的经济便不能不改造，不是完全破灭，便是彻底变革社会的结构"。

上面两段引述，讨论"阶级之发生及发展"，又回到《反杜林论》的论述逻辑，但不那么严谨。前一段内容，讲述奴隶制度的发生是经济发展的结果，不是由于所谓"强暴主义"，强暴主义只是用来达到经济目的的手段；这实际上是针对杜林的暴力论，其内容在马克思主义著作里应有所本，但不是出于《反杜林论》第2编"暴力论"一节。后一段内容，才与原著这一节的论述相关，见于论述"私有财产在历史上的出现，决不是掠夺和暴力的结果"及其后面的论述①。这些内容，同《反杜林论》原著的论述若即若离，即使其中一部分能够确认出自原著，也不是准确翻译，而是大意叙述，有时吻合度较高，有时又有较多的偏差和遗漏，一句话，不可能是直接参照原著加以引用的结果。

第4节摘要：

"凡一社会里，经济是纯任自然的发展的"，"生产者并不能统治生产资料，却是生产资料统治着生产者"。"在这种社会里（现代社会便是如此），每一种生产的

---

① 参看《马克思恩格斯选集》第3卷，人民出版社1972年版，第201—205页。

新方法都变成生产资料剥削生产者的新手段"。这种新方法的第一个是分工。"第一次最大的分工便是城市与乡村之分立"。因这种分立,农民受到几千年的牵制,手工业者受到各种工作的压迫。农民的精神生活因自给经济渐渐消灭而失所根据,城市居民的体力劳动亦因商业市场的狭隘而极不自然。农民虽得到田地的私产,手工业者虽得到自己私有的工具,"然而农民及手工业者自己反而变成了田地或工具的奴隶"。工厂手工业发达后,分工愈细,完全没有其余文化上政治上的生活。"工人变成了半部机器:生产的方法便是一部死机械加上一部活机械。大机器工业发达之后,分工的细密简直使工人又从'活机械'变成'活齿轮',——完全是汽机的附庸了。分工愈细,人的发展偏于一方面;要专攻一种技术,其他一切精神上体力上的进步便都牺牲了"。甚至剥削阶级也变成他自己职业的奴隶:"资本家是资本及贪欲的奴隶;法律家——法例条文及一切手续法的奴隶;学者、医生、工程师等各人有各人的专门,可是各人只知道自己的职业,此外别无天地"。这是全社会的组织,从宗教教育到技术渐渐适应当时生产方法的结果:人类反而受生产资料的统治;货币经济的无政府状态,一方面生产品多多益善,无产者日增无已,他方面人才的技术分工愈分愈细,牺牲全面的发展偏向专门的方面,社会不能保证他们的生存,不能规画生产,更不能规画教育方法,于是他们整个变成资产阶级经济组织的机械。

"乌托邦派早就指出这种分工的流弊:使劳动者终生终世做一种专门技术的枯燥工作"。所以欧文和傅立叶反对城市和乡村的分立,从取消城乡分立着手取消旧式的分工。可是工业技术发展到极致,可以大大增加生产量,减少工作时间;经济上各业的互相配合也需要城市乡村的联络,从而客观上可以写出规画来发展;一方面技术教育进化到极端细密的程度,明晰易解,他方面人类劳动程度减少到极度,有余暇讨论各种学术。"城市得以乡村化,而乡村得以城市化,无产阶级的革命便是建设此等规画经济的第一步。那时,人类方能自觉的统治生产资料,而劳动也就不成其为苦恼的事,反而是娱乐了"。

这两段内容讨论"分工",又一次跳出《反杜林论》第2编的范围,却不像前面的跳跃那样没有确切的踪迹可寻,进入原著第3编"社会主义"的生产一节①。取自这一节的内容,同样不是严格对照原著的论述,有些地方好像逐句翻译,大体

① 《马克思恩格斯选集》第3卷,人民出版社1972年版,第330—332页。

正确，却不贴切；有些地方似有所本，却时常离开原著的论述而另作发挥，尽管这一发挥可能依据的是马克思主义的其他著作。讲义谈论经济，何以既用《反杜林论》政治经济学一编作为主要依据，又不专注于此编的论述逻辑，不断在马克思主义的不同著作或《反杜林论》原著的各编之间进行跳跃式引述？若就编写者的意图而言，无道理可说，合理的解释，就是编写者并非以《反杜林论》为直接依据，而他所参考的其他著述，正是以这样的叙述方式来诠释马克思主义经济学。

第 5 节摘要：

经济学的所谓价值是商品的价值。商品是私人生产者的生产品，它不同于原始共产时代的社会生产品，因交易以供给社会使用。"于是各私人生产者互相发生关系而构成社会。私人的生产品因此便无意之中亦变成社会的生产品"。私人生产品同时有社会的意义，因为它有两种属性：满足人类的某种需要，具有消费价值；由人制造出来，是人类某种劳动的结果。私人生产品的前一属性使之可以交易，后一属性使之可以和别人的生产品比较劳动的数量。劳动的数量自然有一种普通的标准，个人的劳动必须适合某种生产品之"社会必需的数量"，才算是"社会劳动"。因此，商品有一定的价值，一是生产品对社会有用；二是私人劳动的产品；三是客观上包含一定数量的社会劳动；四是依此数量为标准与其他商品相比较，此数量并不依私人实际上耗费的劳动而定，依两商品相比较的"社会的工作时间"而定。"以上所说都是所谓简单的商品经济里的价值原则"。在资本主义之下，工人脱离了生产资料，不像手工业者那样有自己的经济，无从独立地运用他的劳动，只能出卖自己的劳动力给资本家；"于是市场之上发生一种新的商品——便是工力"。决定这种商品的价值，和其他商品一样，"依制造出'工力'这种商品的'社会的工作时间'的多少而定"。"工人的衣食住以及其他消费品便是这种工力的代价。制造这些衣食住等的'社会劳动'便是工力的价值标准。工人的消费品的价值便是工力的价值"。

经济制度的商品形式不得不力求交易方法的简单化，于是有所谓货币。"这是许多种商品之中分出来的最便利的一种，足以做其他商品的价值的标准，亦就是直接表示其他商品之社会劳动的数量的商品"。最早的货币已经包含价值的意义，"货币不过是发展中之价值的形式而已"。古代公社或家族公社，一切生产品还没有变成商品，也没有货币，根本无所谓价值。公社的各分子共同生产，一切工作依自己的需要而定，实行直接分配。这种直接的社会生产与直接的分配制度，决不能有商品的交易，生产品也就不能变成价值。"价值乃是各种商品互相以所含有的社会劳动之数量相比较而得的结果"。假使社会公有生产资料，运用于直接的共同生产，各个人劳动的种类无论怎样不同，都自然而然是直接的社会劳动。"在这种场合之中，要确定某种生产品究竟包含多少社会劳动，便不必用间接的方法了"。"共产主义的社会里，只要直接拿钟点来算生产品的劳动数量，用不着货币。不但如此，社会既然能完全知道这种工作时间的数量，又用不着买卖交易，也就不用去算了。那时一切生产品，都使消费者各取所需，无所用其交易，——价值的意义当然消失"。可是共产主义社会并不是人人都用尽自己劳动的结果。假使每人的"全生产量"完全耗费净尽，便不能有"余资"来改良生产方法，社会便不能进步。实际上那时的生产力很高，虽然各取所需，但取不完各自的"全生产量"。

以上两段以讨论"价值的理论"为名，表面看来，好像是讲义越过《反杜林论》第2编第3、第4两节的"暴力论"，重新回归原著第5节"价值论"的范围。但对照二者的内容，又发现不是那么一回事。上面第一段叙述商品的价值取决于体现在商品中的社会必要劳动时间，以及工力即劳动力的价值取决于维持工人生活所必需的生活资料的价值等内容，似乎可以在原著第5节找到类似的论述，然而二者的表达方式有很大差异，一看就不是来自同样的出处。尤其第二段叙述货币是价值形式发展的结果，以及价值不曾存在于远古的原始共产社会，将消失于未来社会占有生产资料和实行有计划生产与分配的共产主义社会等内容，或许引自其他的马克思主义著作，但与《反杜林论》第2编第5节的论述毫无关系。换言之，讲义这一节在形式上沿用了《反杜林论》相同一节的相似名称，内容却几乎完全不同。这固然与原著这一节论述的浓厚批判色彩有关，但由此也表明讲义编写者不曾直接参考《反杜林论》原著。

第6节摘要：

商品价值是商品所含的社会必需劳动的物质化表现。劳动是简单的工力耗费，这是普通人都有的一种工作力量。可是，"劳动的本身绝对不会有价值；——必须用这种劳动到某种工作上去，才成其为工力"。两个工人同样时间的工力所产生的生产品，往往价值不能相等。因为工人的熟练与勤恳程度不同，劳动有简单与复杂之分，一个钟头的复杂劳动抵得上几个钟点的简单劳动。为了计算劳动的价值，假设以简单劳动为单位，"少量的简单劳动等于多量的复杂劳动"。某种生产品虽是复杂劳动的结果，然而往往要和简单劳动的生产品相交易，实际上它变成多倍的简单劳动。社会分工的生产方法在交易过程中，不期然而然地把各种工作都依照简单的劳动来计算。为什么劳动有简单复杂之分？因为"造就熟练工人的精力所费多于普通工人的精力"。"私人生产制度之下，教育熟练工人的费用由工人自己担任，或由工人的家庭担任。社会主义之下教育熟练工人的费用便由社会担任。所以社会应当取得熟练劳动所造出来的价值。所以劳动之价值亦是社会的"。

这一段讨论"简单的与复杂的劳动"，才在形式上和内容上，都真正回归《反杜林论》第 2 编第 6 节"简单劳动和复杂劳动"的范围。前者的叙述，其主要论点，都可以在后者的论述中，以简化的方式找到其依据①。然而问题依然是，这种回归，不是讲义编写者自己直接译述《反杜林论》原著的回归，而是随着他所参考的那些讲述者而间接带来的回归。这一点，只要比较讲义与原著对同样内容的不同表述方式，就可以看得清楚。

第 7 节摘要：

商品的社会性质具有消费价值及交易价值，"资本主义社会之中消费价值纯依交易价值而定"。资本家注意两件事：造出有交易价值的消费价值，即可以出卖的商品；使造出的商品比制造时所费的生产资料及工力的价值（本钱）要高些。他不但想造出消费价值，还想造出余剩价值。余剩价值从何而来？"余剩价值决不能从商业中来。买者所出的钱比货物的价值低，或者卖者所要的钱比货物的价值高，——都不能生出余剩价值来。因为一个人同时必定既是买者，又是卖者，全社会通算下来，结果仍旧没有余剩价值。余剩价值决不能从欺罔中得来。因为欺罔只能使某甲赚某乙的钱，而不能增加总量"。然而资本阶级的财富总起来算，总是日有增加，永远能买进来便宜而卖出去贵，而且通常还以为"出什么价钱买什么货"。这是什么道理呢？

全部流通中的资本不能平白地增加，也不能增加于买卖货物时，因为货物的价格与应付的价值相当，出多少钱买来的货还是值这么多钱。"必须资本家能在市场上找着一种特别的商品，足以做其他商品之价值的源泉，使这一种商品的应用就是'劳动的变易'，能生新的价值。能生新的价值的商品便是工力。工力的发生价值只在他变成商品之时。可是他的价值，以维持他的精力的消费品之价值而定"。假使制造一人一天的消费品平均需要 6 小时，一人一天的工力价值便有 6 小时。假使

① 参看《马克思恩格斯选集》第 3 卷，人民出版社 1972 年版，第 237—241 页。

手工业者每天做 6 小时足以维持他的生存，如果他还多做几小时，便是自己挣下的余剩财富，足以改良自己的生产。资本家购买工力，只出 6 小时的价值，勉强使工人得以维持生活；工人进了工厂，却替他做 10 小时或 12 小时的工作。这样一来，多余下来的 4 小时或 6 小时的余剩劳动所造出来的余剩价值便到资本家的手里去了。"大家一定知道的：小手工业者的生产品是属于他自己的，所以多做的工亦是为自己做的；工厂里的生产品却不是属于工人的了，——他属于工厂主，所以多做的工便便宜了资本家。工厂里一天的工力所创造出来的价值比工力自身的价值往往大好几倍，所以资本家得以积累资本"。原料变成生产品之后出卖到市场上去，自然比本来的原料贵好几倍；然而工业家所赚的钱并不是购买者的，而是工人的，工人得 6 小时的价值，替资本家造成 12 小时的生产品。

"资本主义的社会因此必须有一个必要的前提：为积累资本起见，应当在市场上找到'自由的工人'；这里所谓'自由'有两方面的意义：（一）自由的个人，有处置自己工力的自由，而不受封建法律的束缚；（二）自由的工手，没有一切生产工具的'牵缠'，无从自己独立生产，因此一无所有，除自己的工力以外，别无可卖。没有这一个必要的条件，资本主义必不能成立。这种条件决不是'天生的'，他是过去时代历史的发展之结果：渐渐变成阶级的社会——一方面是享有大多数生产工具及金钱的阶级，别方面是只有自己的工力的阶级"。资本主义开始约在 15 世纪末 16 世纪初，当时发现了大多数的"自由工人"，同时开辟出世界市场，所谓"动产"渐渐变成"资本"，转辗积累，榨取余剩价值的生产制度便渐渐推广到全世界（"财富必须用在企业里，能变出余剩价值，方才成为资本"）。

这几段讨论"资本及余剩价值"，同样在形式上和内容上都吻合《反杜林论》第 2 编第 7 节"资本和剩余价值"的有关论述①，而且比上一节的叙述更贴近原著的表达，尽管仍不是确切的译述而是简化的摘要。至此，讲义的经济部分告一段落，未再述及原著政治经济学编的第 8 节"资本和剩余价值（续完）"、第 9 节"经济的自然规律。地租"、第 10 节"《批判史》论述"等其他相关内容。

### （三）结语

《社会哲学概论》讲义，以讲授哲学为主，占有整个讲义 2/3 以上的篇幅；讲授经济是相对次要的部分，仅占不到 30% 的篇幅。这种布局结构，体现了瞿秋白

---

① 《马克思恩格斯选集》第 3 卷，人民出版社 1972 年版，第 242—246 页。

的讲义编写特点：其绪言部分，突出社会主义从乌托邦变成科学，在于两个伟大的发现，唯物史观与解析资本主义社会秘密的剩余价值论，这实际上也是《反杜林论》概论中的结论；其正文部分，关于哲学一章的 9 节内容，同样涵盖了《反杜林论》哲学一编 14 节的许多内容，关于经济一章的 7 节内容，如上所述，则涵盖了《反杜林论》政治经济学一编 10 节的许多内容。如此说来，是否可以判断瞿秋白编写讲义的参照本，就是直接依据恩格斯的《反杜林论》原著，经过仔细对比，又不尽然。姑且不论讲义的绪言部分和正文哲学部分，比较原著的对应部分，既有相似之处，又有很大差异，其中相似的地方，对原著的剪裁、简化、穿插和表述，也让人明显感到这不是编写者直接对照原著予以译述的结果，更像是参考和转述其他人基于原著进行消化吸收与删改加工的产物。以正文经济部分而论，同样延续了这个特征。从内容上看，讲义不仅省略了原著政治经济学部分有关批判杜林观点的内容，还省略了正面阐述马克思经济学说的不少理论观点，以及地租和《批判史》论述等节的全部内容；实际上，讲义还省略了原著第 3 编社会主义部分，或者说，将这一编的有关观点摘录出来穿插放入其经济部分。类似的穿插，也涉及马克思主义的其他著作，讲义中均未指明其出处，也未曾显示它们之间明确的逻辑关系，带有某种随意性。从形式上看，讲义经济部分的一些标题和表述，可以在原著里找到对应的关系，然而对应的程度，时常不那么紧密，或者似是而非，或者若即若离，或者意近而形不同，即使对应程度较高的地方，也一望便知不是直接出自原著本身。所有这些，都不能不令人对编写者直接依据《反杜林论》的说法持怀疑态度，转而相信讲义的编写依据，应是另有所本，汲取他人以《反杜林论》为主要依据来讲述社会哲学的成果。说到讲义将经济内容纳入社会哲学概论，也体现了那时瞿秋白理解马克思经济学说的特点；换句话说，恩格斯在《反杜林论》里并列论述哲学、政治经济学和社会主义，到瞿秋白的讲义里，除了省略原著中独立的社会主义一编外，将经济与哲学一道，共同隶属于社会哲学的范畴。当然，在这样的框架下，实际上能够以《反杜林论》为依据，系统地向国人介绍马克思经济学说（尽管未明说这一点）的对象与方法、唯物史观、价值论、简单劳动和复杂劳动、资本和剩余价值等理论观点，十分难得。由此也能体会，当时在国内学术界，经济学虽然已经独立成为一门科学，但对一些马克思主义的传播者来说，仍习惯于用社会哲学或社会学的框架来讲述马克思经济学说，或如此讲义所示，沿用恩格斯批判杜林的经济学论点的分类方式来阐述马克思的经济学说，而不是以马克思经济学说作为相对独立的理论体系予以阐述。这也是为什么我们根据 20 世纪 20 年代的民国经济学著作来考察马克思主义经济学的传播时，不时会偏离纯粹的经济学或经济类著作，选择一些看起来不那么纯粹的经济类或非经济学著作的原因。在这些著作里，往往包含着比较丰富的马克思经济学说的内容，无论错过或遗漏，都十分可惜，甚至不足以反映马克思主义经济学传播的阶段性特征和代表性著述。以后随着国内经济学著作的独立发展而与其他社会科学类著作有更为清晰的界线，也就可以逐渐避免这种跨界的模糊性选择。

[附]《社会科学概论》及其他。瞿秋白在上海大学社会学系授课期间，还编写了其他一些讲义，也在不同程度上宣讲了马克思经济学说。如上面提到的《现代社会学》讲义（同样载于上海大学社会科学会编辑、上海书店 1924 年出版的《社会科学讲义》），第 4 章第 2 节讨论"社会科学中之唯物论"，指出能够解释社会现象的，"确是唯物论"：马克思的《经济学批评》（1859 年），"是唯物论应用于社会科学的最早的尝试"；同年达尔文的《种源论》（今译《物种起源》）出版，"证明动植物界的变化是受物质生活条件的影响"。不能完全把达尔文的公律从生物学一无变更地移入社会学。"自然科学和社会科学有共同的公律，可是应用到社会学里的时候，应当有特别的'人的社会'的方式。不能将一切历史都归入那自然律的"。生存斗争在社会中有另外一种意义，"社会的人"实行生存竞争，首先觉得自己的阶级地位，其次觉得与相斗者处于一定的经济关系及同一的经济体内，所以它的斗争是阶级的。① 这里说的唯物论，即唯物史观，是马克思进行政治经济学批判的哲学基础。此讲义的重点是现代社会学，不是现代经济学，因此谈论经济学只是一带而过，然而将马克思与达尔文作比较，正是借用了恩格斯对马克思两大贡献之一的评价，一如达尔文发现了生物自然界的演化规律，马克思发现了人类历史的发展规律。当然，讲义中的这些诠释，同样应是参考了他人的著作，特别是来自苏俄马克思主义者的著作。

瞿秋白的另一讲义，1924 年上海夏令讲学会的讲案稿《社会科学概论》，专门涉及经济的内容。此稿可见上海书店 1925 年 8 月第 4 版，分为总论、社会之意义、经济、政治、法律、道德、宗教、风俗、艺术、哲学、科学、社会现象之联系等12 部分。其中"社会之意义"部分，有"经济行为及经济"一节说：人类用工力

---

① 黄美真等编《上海大学史料》，复旦大学出版社 1984 年版，第 345—346 页。

通过技术来接触自然界，以此经常满足自己的需要即取得生活资料的行为，叫作经济行为；通常不经过人力制作的物品只有"自然价值"如日光，经过人力制作而产生自然界所没有的人造的新价值是"经济价值"。"经济行为必定是造成经济价值的行为。最主要的经济行为便是生产"。生产必须有：人所自有的体力及智力，即工力；生产工具，从最简单的手足到最复杂的机器，即技术；生产资料，将自然界的产物、原料及其他劳动的对象都归入在内，即自然；三者名为生产力。人类创造经济价值以适应自己的需要即从事经济行为，必须经常使用及储蓄这些生产力（生产资料及工具），人类有所谓经济，即一切经济行为合成为整个生产过程的总和。① 这个表述，实际上是在解释马克思经济学说关于生产力的概念，认为人类改造自然的这种能力，主要包括劳动者、生产工具和劳动对象等。但表述得不那么准确，在马克思那里，生产资料包括生产工具而与劳动对象既有联系又有区别，此稿却把生产资料与生产工具分开而与劳动对象混淆在一起。

更为集中的论述见于"经济"部分②，第1节"社会之基础"："人类社会既然是劳动的结合，那么，社会的基础一定是物质的生产力之状态；社会变易的根本原因必定是生产力之发展"。生产力就是物质生产过程中发生作用的各种力量即自然界、工力与技术，它们是人类应用势力的实行结果。"人类的势力必定为当时当地的环境所范围，为前此已有的生产力所限制，为前此经济关系所造成之社会组织所束缚，所以在每一阶段里，人类不能以主观自由选择生产力。人类社会的发展每时期每地域总只能从现有的生产力之状态着手"。同时自然界、工力及技术若不使用，便不成其为生产力；它们本来就存在于人类经过它们来取得生活资料的生存竞争过程中。技术在这种流转不息的过程中尤其容易变革，这就是生产力的发展。"生产力是劳动的必要元素，所以生产力之状态是社会的实质，社会的基础；生产力的发展是这社会实质的根性，所以社会能变动，而且他的变动的主因便是生产力的发展"。这里说的是唯物史观的一个基本涵义：生产力的发展既受到生产关系或经济关系所造成的社会组织的约束，又是推动社会变动与发展的主要因素。

第2节"经济关系"："生产力的状态是人对自然之关系的标准，社会内人对人之关系却依人对自然之关系而定。所以社会内人对人的关系，根本是经济关系"。使用生产力的是劳动，是获取生活资料的经济行为；人类使用工力及技术对

---

① 黄美真等编《上海大学史料》，复旦大学出版社1984年版，第451—452页。
② 黄美真等编《上海大学史料》，复旦大学出版社1984年版，第458—463页。

付自然界的同时，人类自身能发生某种经济关系：社会中供给工力，占有工具的各种方式，自然而然地形成各种经济关系，或者社会全体供给工力，或者一部分供给，另一部分剥削工力。"于是适应这种种经济关系而发现各种社会制度。生产力是人类从事于经济行为之物质基础；所以生产力的状态变，经济关系也就变。社会制度是表现经济关系的形式，所以经济关系变更，社会制度也就变更。而且社会的范围也随生产力及生产性质而变"。生产力即工具的性质及技术程度，"足以规定生产的性质"；"生产的性质又足以规定劳动之生产量"；"生产量的多寡又足以规定经济关系"；"经济关系又足以规定社会内共同生活的范围"。生产力、生产性质及生产量三项表示生产力的状态，经济关系及共同生活的范围两项表示经济对社会的最简单的影响。

这里是对上述唯物史观涵义的进一步推演，人类社会基于不同的生产力发展水平，形成不同的经济关系：直接分配、不经过市场、工具技术简陋，没有剩余生产品的自然经济，形成无剥削、无阶级的氏族原始共产制度；各村社间最初发生交易、采行原始农业及畜牧、开始出现剩余产品的家庭自然经济，促成氏族共产制度崩溃而形成家庭子弟如奴隶的大家庭共产制度；各国之间实行交易、农业及畜牧业较为进步、手工业发达、实行奴隶及农奴劳动并有剩余产品的封建国内自然经济，形成存在多种阶级的奴隶或农奴制度；市场出现并以买卖为分配手段、城市手工技术大为改良的交易经济，形成含有自由手工业者和自由农民的交易的小资产阶级社会；商业大发展、采用复杂的组合机械及机器、农业改良生产方法与大机器并行、实行雇佣劳动、剩余产品甚多、生产及分配无规划的纯粹交易经济，形成资产阶级与无产阶级分立的资本主义制度；商业消灭、一切以机械为动力、农业与工业结合、智力与体力结合、自由和同心协力地劳动、生产效率甚高的高等自然经济，形成无阶级并将全人类组织在统一规划的经济机体内的共产主义社会。

第3节"社会制度之形式"：经济关系受生产力状态的规定，表现为种种相当的社会制度，如原始共产制、宗法社会制、奴隶制或封建农奴制、资本主义及共产主义。这些制度的内容都是经济关系，它们的形式极为复杂。人类生产力如技术不发达时，社会发展很受自然界如地理、人种等条件的限制，所以原始共产制的形式往往到处不同。宗法社会及封建制度，乃至于资本主义时期，因地理环境而形成种种差异的历史条件，"依着惰性律的作用，处处都可以看得出来，不过影响逐渐小下来罢了"。可以说："生产力是发展社会的原动力，可是三项生产力之中，自然界的作用和技术及工力的作用，在生产发展的过程里，适成反比例"。生产愈发展，自然界限制技术及工力的影响愈小；生产愈不发达，自然界限制技术及工力的影响愈大。也可以说："一种社会制度之形式上的差异程度和生产的发达程度适成正比例"。各种野蛮社会的形式，差异很大；各国宗法社会或封建制度的形式，差异便少些；各地资本主义的形式，差异更少些；"共产主义时期，人类已形成一完全整个的社会，无所比较，更无所谓差异了"。这里说的差异仅仅是形式上和外表上的，决不是内容上的，"'天下的老鸦一般黑'，资本主义到处都是一样的根性"。这里说的仍是对上述唯物史观涵义的引申，从经济关系的实质内容到各种社会制度的差异形式，无论内容或形式，都受物质条件的影响。

第4节"过渡形式及复合形式"：上述所列五种经济关系的社会制度，每个制度不过是整个历史过程的一个阶段；"各阶段内既有许多小阶段，各阶段之间又有种种过渡形式"。如资本主义有商业资本、工业资本、财政资本（今译金融资本）三阶段。"商业资本是封建制度与资本主义之间的过渡形式；财政资本（帝国主义）是资本主义与共产主义之间的过渡形式；不过每一大阶段之终了及开始时，社会制度必需经过一种突变（革命），所以革命的突变是各大阶段之间的界线"。社会的现实状态因自然界（如地理）条件的不同，地球上各部分发展有迟有速，未到资本主义之前，各地域每每自成其为一个社会；资本主义发展开拓之际，各地域的"独立"社会已经变成整个世界社会的一部分；"各部分互相接触的过程里，必定演成种种复合形式"，如中国的宗法社会与小商业社会遇见国际帝国主义的渗入，成为"新封建军阀加帝国主义经济"的一种新复合形式。"每一阶段都是前一阶段发展之果，后一阶段发展之因；这种发展可以名之曰'进化过程'。每一低等社会都要受高等社会的同化；始则侵入或被侵入，继则互相勾通，终则化之使与己同；这种过程，暂名之曰'同化过程'。那些过渡形式及复合形式都不过是这进化过程及同化过程里的步骤。这步骤的迟速依当时生产力的状态而定：技术愈低，进化及同化的过程愈缓；技术愈高，进化与同化的过程也愈速"。这里说的不仅是一般推演或引申唯物史观的理论涵义，而且通过这种推演或引申，表明人类的社会制度不论经过什么发展形式，采取什么过渡或复合形式，最后都将走向社会主义或共产主义社会。

最后一节的末尾，还有一个"附注"："社会发展到资本主义时期，已成世界的。这世界的资本主义发达到极点时，必然有无产阶级革命发生，——一九一七年已见之于俄国。俄国革命仅是世界社会革命的开始"。诚然不错，社会主义革命必然发现于资本主义最发达之时。但如果说这种发现必定发生在伦敦或纽约的某个地方，那是刻舟求剑。诚然更不错，社会主义的实行在资本主义最发达的地方最容易。所以俄国还不是社会革命的完全成功；如果英美革命后实行无产阶级的国家资本主义，其中所含的资本主义成分，必定比俄国现在无产阶级所实行的国家资本主义（如"新经济政策"）要少。"可是应当知道：俄国革命是英美德法等（世界）革命中的第一步而已，——世界有一无产阶级国家，其他国家的无产阶级革命进行起来快得多；而且各国无产阶级运动是世界革命的各部分，每部分的胜负就要算在全体的胜负之中。所以可以断言：俄国革命是世界资本主义发达的结果；俄国本国资本主义的程度虽低，并不足以证明唯物史观的错误"。俄国这一部分的无产阶级为什么先胜利？这就是上述地理及过渡的原理：俄国无产阶级因地理关系，胜利之后容易守得住；"俄国无产阶级因世界资本主义有复合过渡的形式，而恰好处于世界的资产阶级最弱的地方"。"凡是资本主义较弱的地方容易开始社会革命，而胜利后难于社会主义之实行；凡是资本主义较强的地方难于开始社会革命，而胜利后容易实行社会主义。——这是应用唯物史观时，综观全社会（世界）种种复合的经济关系及全历史种种过渡的社会制度之原则"。

看了这个附注，可以理解讲稿谈论经济，何以分为社会基础、经济关系、社会制度形式、过渡形式及复合形式几节。原来前两节讲述马克思唯物史观的基本原理，根据这一原理，能够说明生产力发展作为社会变更的主要因素，促使经济关系方面依次形成各种社会制度，并预见最终将实现社会主义或共产主义，但似乎不能解释为什么后来在资本主义发展水平薄弱的俄国率先实现了社会主义革命，这看起来有违生产力发展推动社会制度进步的原理。于是后两节意在根据俄国革命的实践来延伸或发展唯物史观的原理，先是说明不同社会制度因地理环境等物质条件的不同而在形式上产生各种差异，接着说明从一种社会制度进入另一种社会制度，中间存在各种过渡形式与复合形式。根据这样的差异性、过渡性与复合性阐释，得出一个既合乎唯物史观原理又普适于各国社会革命的新的通行结论：资本主义较弱的地方容易开始社会革命而胜利后难于实行社会主义，资本主义较强的地方难于开始社会革命而胜利后容易实行社会主义。显而易见，这是运用列宁的帝国主义与无产阶级革命理论来阐述马克思的唯物史观。瞿秋白刚从苏俄回国，讲授马克思主义理论时，特别重视苏俄的经验以及在此经验基础上所概括的新的理论。他在附注中提到苏俄实施不久的新经济政策，正是触动新的理论概括的一个切入点。由此从理论上论证，其政策的国家资本主义性质，正是为了解决俄国无产阶级在资本主义程度较低的条件下取得社会革命的胜利后，继续实行社会主义所面临的紧迫问题，并不等于唯物史观本身有什么错误；也就是试图把苏俄革命成功的特殊案例，上升为符合唯物史观的普遍原则。这个附注，也暗示讲稿中有关经济部分的论述，不是瞿秋白独立思考的结果，而是借鉴和吸收苏俄思想家的研究成果的新鲜转述。不论此类论述出自何处，他在讲义里介绍马克思主义经济学，一面如《社会哲学概论》，仿照《反杜林论》的叙述方式，通过剩余价值学说来揭示资本主义社会的秘密；一面如《社会科学概论》，吸取苏俄革命的经验，通过唯物史观来阐释无产阶级在资本主义发展相对落后的国度率先取得社会革命胜利后实行社会主义的路径原则；二者互为补充，相得益彰。这在马克思主义经济学的传播史上，比较国内已有的著述，不仅继续宣讲以剩余价值论为核心的马克思经济学说，而且增添了从新经济政策到实行社会主义为其特色的列宁经济学说，将批判资本主义与实践社会主义革命结合起来，形成马克思列宁主义经济学。

## 二、《现代经济学》

这是安体诚①1924 年春任教上海大学的讲义，由上海大学社会科学会编入《社会科学讲义》出版，看来发行不广泛，知晓者亦不多。有人说，此讲义是"目前我们所见到的当时唯一的一种以经济学命名的讲述马克思主义经济学的著述"②。下面根据讲义的节选本，作一评析。

### （一）内容简介

整个讲义除绪言外，共 5 章：第 1 章"经济学总说"，分"经济学之对象及定义""经济学之任务及研究方法""经济学之区分及与各科学之关系""现代经济学上有重要关系的两大学派及其趋势"4 节；第 2 章"经济关系与富"，分"经济关系"（含"经济关系之性质""由经济关系而生的经济学上根本问题"），"富"（含"富之各种意义""经济学上的富"）2 节；第 3 章"生产之概念及要素"，分"生

① 安体诚（1896—1927），河北丰润人，1918 年由天津北洋政法专门学校资助，赴日本京都大学经济学部学习；1921 年返国回校任教，翌年经李大钊介绍加入中国共产党，致力于传播马克思主义经济学，参加和领导工人运动，1927 年因蒋介石叛变革命，在上海被捕并遭杀害。
② 张家骧主编《马克思主义经济学说在中国的传播、运用与发展》，河南人民出版社 1993 年版，第 107—108 页。

产之意义""生产行为""生产力与生产方法之意义""生产与消费""生产之要素"5节；第4章"劳动"，分"劳动之意义""劳动与生产之关系""生产劳动之性质"（含"生产劳动为人类之意识的活动为筋肉的劳动""生产劳动为可以目的在内可以目的在外之活动""生产劳动之苦痛性"），"生产劳动为人生牺牲之原因"4节；第5章"协力及分业"，分"绪言""协力及分业之效果"（含"共同组织上之作用""分业实行上之利益"），"协力及分业之发达与生产关系"（含"总说""工主制度时代""手工的工厂工业时代""资本家的生产之成立"）3节。

单看这个结构，明显区别于正统经济学教科书的类型，但也不同于《资本论》的逻辑体系，倒有点像后来按照马克思主义经济学精神所编写的政治经济学讲义。其中突出生产与劳动的要素，第4章讨论劳动，有些内容可能与《资本论》第3篇绝对剩余价值的生产中劳动过程和工作日等章的论述有关；特别是第5章讨论协力和分业，更像《资本论》第4篇相对剩余价值的生产中有关协作、分工和工场手工业、机器和大工业等章的论述。由于讲义后面4章的内容均被节略，仅保存其章节题目，上述可能性只是一种猜测。考察已有的目录结构，无论按照《资本论》的体系，还是按照苏俄革命的经验，都很难说是完整的格局，恐怕只是其中一部分。这种状况，或许是讲义未完待续，或许是无暇继续编写，而且在改写现代经济学的体例方面，也很难说是安体诚的独立创作，应当有所依凭或参考。依此而论，强调这本讲义在当时具有以经济学命名来讲述马克思主义经济学的"唯一"性质，似乎有些言过其实，不如说是这方面的一种尝试。讲义究竟讲了些什么内容，尤其在改写经济学方面达到什么程度，从节选的绪言及第1章，可见其一斑。

绪言大致意思：人类作为有理性的动物，其生存在根本上受到生物界的自然法则的支配。人类具有生存欲望，追求积极人生，谋求人生幸福，在维持和发展生活的过程中，不得不讲求基础的物质要件；人类有了共同结合的组织以后，其生活关系早已不是孤立的而是社会的。人类在这种自然法则和共同组织中获得物质的手段而致用于生活的维持和发展的行为，创造人生物质的幸福的关系，叫作"经济"。简单地说，"研究这经济总体之种种关系的科学，就叫作'经济学'"。经济关系是人生不可须臾离开的基础，所以"人是经济的动物"，"经济生活是一切生活的基本条件"，经济关系具有影响社会进步的最大势力。"马克思'经济史观'——'唯物史观'——的研究指出：社会之物质的生产力发展到一定程度以上则社会经济组织不得不变动，经济组织一变动，则法律、政治也必变动，而一切社会关系更必全部变动，而同时的社会思想——哲学、道德、艺术、宗教等——也必跟着改变，就是社会结构中的变化，归根到底没有一个没有经济的原因"。如此也可以知道经济关系的重大。人类的思想常受经济环境的左右，人的生活虽不只是经济的，但必须全有经济的基础。"换言之：人类必须为经济的需要而求经济的供给，社会上必须发生生产分配的关系"。人类在这种关系的基础上创造一切人生的幸福和价值，所以关心经济的供给并要求三点："平等生活的自由——共尽所能的生产的目的"；"自由生活的平等——共得所需的分配的目的"；"合理的'经济主义'——以最少劳力的共尽所能致最大效用的共得所需"。已知人类受自然法则与社会法则支配这个根本事实，但是人类又有觉悟性和努力性的天赋。古今事实足以证明，人类这两种性质有可能按照那两种法则，人为创造地求得适应向上的人生和组织比较合理的社会；这种追求的行为，必须依事实的可能，按一定的步骤前进，"不可空想（想是要的），不可瞎走（走是要的）"，"当为"要以"实是"作方针（不是目的）。人类以其理性智慧、觉悟和努力，应当能够利用自然，发挥人力，采用互助方策，以图人生生活的向上，以求最大可能的共同幸福。人类面对经济上人生方面的一切关系、一切问题、一切困难，有碍增进人生共同幸福的事，也应当能够通过觉悟力和科学方法作为努力发挥的工具来研究解决；由此"才有经济学可讲，而且才有讲经济学的必要"。①

概括以上意思，主要说根据马克思的唯物史观原理，经济学是研究各种经济关系的科学；这种研究以追求人类最大可能的共同幸福为目的，关注的要点是各尽所能，各取所需，以最少的各尽所能的劳动取得最大的各取所需的效用；经济学的可行性与必要性在于，既要依循自然法则和社会法则的支配，又要发挥人的理性、觉悟、智慧与能动性，将理想与现实结合，研究解决在推进向上人生道路和建立合理组织社会过程中所遇到的各种经济关系、问题和困难障碍。这也是讲义坚持马克思主义，区别于一切正统经济学的根本出发点。

第1章第1节大意：科学而有系统法则的研究，都不外以宇宙自然现象和人类自身事实为母，以人类思考运用为父所成的产儿。经济学的研究对象也是如此，它的特征作为社会科学的一种而非其全体，一面具有人与人关系的性质，一面具有经济的性质。人与人的社会关系即共同生活关系，是从古至今的已然事实；人生行为

① 黄美真等编《上海大学史料》，复旦大学出版社 1984 年版，第 396—398 页。

中区别经济的与非经济的性质，关系到是否获得和使用维持与发展生活所必要的物质手段，"换言之，经济的乃是关于人生幸福之物质的方面即'富'（Wealth）的关系"。合拢起来说，经济学的研究对象，"乃是调理人生生活上必要之物质——调理富——之时所发生的人与人之间的社会关系"。申言之，只有人与人的社会关系而非专注于富的性质，不是经济学的对象，富的本身也不能单独成为经济学的对象；必须是富的本身有社会关系在内，才可称为经济学的对象，此即"社会关系之一的经济关系"。18 世纪末叶的英国经济学者即正统学派，有"物本位的倾向"，以为经济学只是关于富的学问，"自然是不对的"。现在都承认经济学以人为本位，如谓"经济学之出发点和归著点都是人"，大体不错，但不如说是"社会的人生"。至于经济学的定义，百书百样，莫衷一是，简直找不到一个详细精确、不必更改一字的定义。只好归总上述意思来解释，暂且算一种定义："经济学是一种社会科学，是一方为关于调理富——调理人生生活必要的物质的关系——的学问，同时他方又为关于人与人之社会关系的学问，换言之，人类是必因为创造物质的幸福——富——而要互相结合一定的关系的，研究这种社会关系的科学——所谓一种社会科学——就叫作经济学"。还可以说，"人类为个人的社会的生活之维持发展获得物质的手段而致用之人生行为——调理富的行为——叫作经济（Economy），对于这经济之一切关系——社会关系之一种——加以科学的研究，这种学问就叫作经济学"。又可以说，经济学的对象即经济关系，不外生产和分配的关系，"经济学是研究人类在社会的生活中之生财的和用财的种种活动之关系的学问"。这些定义，"其义一也"。①

　　以上论述经济学的对象和定义，引申绪言的意思，明确与 18 世纪末叶以来以英国古典经济学为代表的正统学派切割开来，强调经济学不应以物为本位，只当作关于财富的学问，而应以人为本位，研究人类社会生活中围绕财富的生产和分配而形成的各种经济关系。

　　第 2 节大意：学术研究一般分为"探求现象事实之原理法则"的"学"或"科学"，以及"讲求把原理法则施用于实地"的"术"或"技术"两部分，都是供人生之用，不可偏废。经济学既是一种学，它的任务除根本上有指导人生之用的性质外，"当然是以探求那贯于经济关系上种种现象事实之原理法则为任务"。至

----

① 黄美真等编《上海大学史料》，复旦大学出版社 1984 年版，第 398—400 页。

于经济学所确立的法则道理应该怎样适用于实际生活，怎样设法有大的效能，可以说这不是经济学的任务，而是关于实际的技术问题，归于立法家、行政家和从事实际经济活动的人们。普通所说的"经济原论"或"纯理经济学"的任务，固然如此，即使"经济政策"或"应用经济学"的任务，也在于原理法则的探求发见。科学上作为探求目的的法则，可分为自然法则与社会法则两种。经济学的法则还不能有自然科学的"因果律"的性质，只有"准因果律"的性质，属于社会科学的"社会法则"。经济学的法则不外记述经济关系的倾向，又叫作"经济法则"，其倾向产生于人的意思，所以不同于自然法则。自然法则表示物与物之间、人与人之间自然成立的关系，这个关系限于具备一定的条件前提的场合，必然会发生；在必然性上，经济法则与自然法则又可说是"一而二二而一"的样子。人类学术智力愈进步，愈能探得更为精确的法则；经济学者应当努力探求经济关系的普遍性法则并用于人生社会，这是很重要也很有希望的任务。社会科学问世后，知道人生行为虽极复杂似无规则，但也可以通过辩证的分析得到一定的理法关系，可以用科学的方法来研究。社会变化也有它的本质和自然法则，不专靠人类的愿望，更不能说唯心；人类愿望有改变社会的相当力量，这也是自然关系之使然，是特种环境的产物，个人社会直接间接总是受着宇宙自然法则的支配，都可以找出因果系统的必然关系。所以人与人的经济现象等种种关系即经济关系，也要用科学的方法来研究。一切科学的共通的研究方法，有归纳与演绎两种方法。经济学的研究方法，也不外这两种，必须相助并反复证明而后可以进行有效的真理探究；经济学的任务要观察人生实际的本色，以事实为基础而发见其原理法则，故事实的观察最重要。必须先以事实为基础，由归纳法得到结果，再以此结果为前提而通过演绎法以取出其精神。倘若空想地假定一个抽象的前提来进行演绎，如从前个人主义经济学以人是利己的、财产私有自由竞争可以得到全社会的公平利益、贫乏是必要的等为前提，"成了辩护资本主义的经济学，直到现今还有许多执迷的经济学者这样推论"；尤其所谓"经济人"的假定，更不可用。归纳法又可分为历史的研究与统计的研究。历史的研究追溯自古至今人类社会经济现象和关系的进步发展过程，找出它的变迁之道，探究它产生变迁的理由和支配法则；统计的研究对经济现象的关系采用大量观察法，观察它产生这样倾向的原因，探求它所暗示的支配经济现象及其关系的法则。这些都可供经济学的研究，特别是以经济史、经济统计的研究资料最为要紧，历史学、统计学也至关重要。研究方法有三个阶段：先对事实加以精密周到的观察；根据各种学识经验作各种假设；实地检验那些假设是否适合事实。不可不注意，能够证实的才是"真"的，这是科学方法中的要点。①

以上论述经济学的任务和研究方法，是前面论述经济学定义的又一个注脚。有些内容，看起来在一般经济学著作里也时常见到，实则有其针对性：意在否定传统经济学的唯心性质，揭露个人主义经济学的抽象假设或理论前提，如经济人、利己说、私有制、自由竞争、贫乏必要论等，成为辩护现行资本主义的经济学，不应执迷于这样的推论而须加以改变。

第3节大意：经济学内部的区分，一般为纯理与应用、原论与政策、学与术三种，是不妥当的，不值得采用。分为"一般经济学"和"特殊经济学"，比较好些；前者可以简称经济学，后者是多数部类的总称，可以分别称为农业经济学、工业经济学、商业经济学等。一般经济学的任务，探求适用于经济一般现象与关系的原理法则；特殊经济学的任务，把一般的原理法则运用于经济生活的各种特殊方面以研究它们所发现的状况，探究各方面所发生的特有法则。"总而言之，经济学是一个学，不包含纯粹技术的部分，分不出理论的部分和应用的部分来，只当区分为一般经济学和特殊经济学"。经济学是社会科学，研究人的关系，又不同于其他科学，"是要研究关于人在社会上因为人生生活的维持发展而获得必要的物质的手段而利用之的行为关系"，这是人生生活上所表现的许多行为中特定的一种关系，以人生生活各方面的特定一方面的关系为研究对象。可知经济学有特别的研究对象，与众不同。这个对象的范围，"是人生极重要的一部分，是人生第一步的基础，考之历史，'一切社会关系，都依靠着经济生活的变迁——尤其是依生产方法的变迁——而变迁'，'古代社会，封建社会，中等阶级社会……都不过是生产复杂关系合成的结果'，经济关系之重要和复杂，又是不能否认的"。所以经济学"有特别研究的对象，又有独立研究的需要"，"可以成一科之学"，区别于各科学各自的范围。各科学的最终目的，具有"为人类谋"的性质，所以都有关联，都有"相得益彰"的互助关系。经济学所研究的人的行为，决不是孤立的性质，具有社会生活的行为意义，是一种社会关系。各种社会科学从各方面来研究人的社会关系，无疑它们彼此有关联有影响。"何况人类的经济生活是一切生活的基础，社会结构中的变化没有一个没有经济的原因，也就是没有一种社会科学的对象不受经济学的对象之影

① 黄美真等编《上海大学史料》，复旦大学出版社1984年版，第400—404页。

响"。大体上别的社会科学如政治、法律、道德等，其思想总不外是经济关系的反映，因此研究经济的人看到别的社会科学，可以推证它们背后的经济关系；至于历史学、统计学、心理学、社会学、生物学以及哲学等，无一不直接间接有助于经济学的研究。"如此说来，经济学与别的科学的区别和相互为理的关系，也就可以知其大体了"。①

以上论述经济学的区分及其与各科学的关系，也被看作前面论述经济学定义的另一个注脚。它同样谈到一般经济学著作里常见的问题，核心思想是重申唯物史观的道理，并引用马克思在《政治经济学批判》序言中的有关段落来加以说明。这个重申，再次呼应了讲义绪言所阐发的基本宗旨，这本现代经济学讲义，以马克思的唯物史观作为指导思想。所以，从讲义的节选部分看，整个绪言和第1章经济学总论，从头至尾，可以说都贯穿唯物史观的精神，依此构建现代经济学的基本理论框架，与正统经济学的理论体系区别开来。不过，这只是一个开局，以编写经济学讲义而论，不完全按照《资本论》的论述体例而另辟蹊径，试图参照正统经济学的某些叙述形式而改造其内容，由此建立起符合马克思主义经济学精神的教科书体系，仍然任重而道远，哪怕这个编写可能借鉴国外某些马克思主义的经济学著作。但不论如何，在20世纪20年代前期出现这种以讲授现代经济学的名义而编写或引进马克思主义经济学的尝试，总是难能可贵的。

### （二）何谓现代经济学的趋势

讲义第1章第4节，专论现代经济学上有重要关系的两大学派及其趋势，其中说：

经济学自从1776年（前清乾隆四十一年）创立以来，按照其整体性质和本位变迁，可以分成两大种类，它们的创立者所处的时代不同，观察能力不同，虽然都注意到历史和社会全体利益，结果竟大不相同；就研究人类社会学问的演进或进步来说，这也确是当然的变迁，体现第一步与第二步的程度关系，换言之，是经济学改造进步的结果。两种经济学，一种由"经济学的始祖"亚当·斯密（原译"亚丹·斯密斯"）创立，即所谓"个人主义的经济学"；一种由"科学的社会主义之始祖"卡尔·马克思（原译"可尔·马克思"）创立，即所谓"社会主义的经济学"。两种经济学本是新陈代谢的关系，但对这种关系，有的以为然，有的不以为

---

① 黄美真等编《上海大学史料》，复旦大学出版社1984年版，第404—407页。

然，分成各是其是的两派，如今还是个人主义经济学派与社会主义经济学派。

个人主义经济学又叫作资本主义经济学或自由主义经济学，承认资本主义经济组织。所谓资本主义经济组织，以资本和资本家的利益为本位经济的社会组织；资本主义社会把可以充作社会全体利益的资本，不归于社会全体公有，而归于社会中一部分人的资本家阶级所私有；所以必然存在没有资本的无产阶级，必然存在资本家阶级和无产者阶级；生产并供给社会上所有人生活必需品的事业经营，乃由私人资本家作为自己的营利事业以获得利润增殖资本为目的，资本家以外的无产阶级即劳动者阶级，只好把自己的劳动力卖给资本家，换得一些赁银，用以糊口度命；"这种社会，以资本家的利益和资本的利益为主眼，而劳动者的利益和劳动的利益不过是附随的性质，是微乎其微的性质，所以资本的利益和劳动的利益有冲突的时节，劳动的利益当然被牺牲而说不到甚么可以自由竞争，若非在毫不妨碍资本利益的界限内就毫不能有求劳动利益的余地"。"这样的组织，就是资本主义的经济组织，也就是我们现在这旧社会组织的肖像"。个人主义经济学的"根本思想"，一是"先承认这样资本主义经济组织而赞美之辩护之"；二是"承认这样组织下，各个人之利己的活动而且认这自由竞争的利己活动是不期然而然要增进社会全体的利益的"，在政策方面主张自由放任主义，以为公家不必对个人保护干涉，个人自知利己最能利己。这种经济学由斯密创立，其代表著作是《富国论》（今译《国富论》），接着由马尔萨斯（原译"马尔撒斯"）、其代表著作是《人口论》，李嘉图（原译"芮可度"）、其代表著作是《地代论》（今译《政治经济学及赋税原理》），继续建设完成。后来就把这一派的学者叫作个人主义经济学派，又叫作古典学派，或正统学派，或英国学派。

到了19世纪，资本主义经济组织已经熟烂，各方面发生种种弊害，不适于社会经济的进步，彰明较著，已不像斯密时代那样在社会上利害参半了；"于是个人主义经济学派所讴歌的资本主义经济组织，依历史进行的必然结果，已无异在人类公益报上登了要求改造的广告了"；有一位应募这样广告的卡尔·马克思，"忠心一意地负起计画研究改造大责任了"。他对初期的社会主义即空想社会主义找出科学的基础，对资本主义经济组织加以纵横解剖；成立了一个具有理论系统的科学，这就是社会主义经济学的诞生。这种经济学研究经济关系，有历史观和经济论两种理论根据；经济论详于马克思的大著《资本论》，历史观作为他的观察法，他自己并没有一本叫作《唯物史观》的著作，那是后人研究他的历史观所加的名称。根据他的研究："社会的组织全是按照那社会中富之生产力的程度而定的，——譬如由渔猎时代酋长时代进到农业时代封建时代，进到农业手工业时代，进到机器工业时代（即大工业资本主义时代），这些历史进行的变化，都是因为生产力变化的关系，——社会的生产力增加则富之生产方法必变，不论什么样的社会经济组织，全是一时的历史的，它那经济组织在有利于社会生产力之发展的时代，一定被人维持，一旦成了妨碍社会生产力发展的时代则必至归于崩坏；这全是由过去的历史所证明的"。按马克思的研究，苟欲求社会进步向上，不管是否愿意变化，社会组织非变化不可；证明资本主义，主要是财产私有制度，已到了非妨碍社会生产力不可的趋势，预言它必崩坏而将代之以社会主义的经济组织，所以主张社会组织改造论。"他看出一切过去的历史都是阶级斗争的历史，所以指出社会主义实现的手段不能依靠那专待人心自己改造的道德说教，而应当依靠联合立于不利境遇的人们，组织集中民众实力的政治团体，依权力征服特权阶级；如此把生产的资本归社会公有，财产私有制一变而为财产公有制，消灭那'耕牛无宿草，仓鼠有余粮'式的生产分配关系，成立共劳共享以社会全体的利益幸福为本位的经济组织，就是把资本主义的经济组织废除而使社会主义的经济组织成立，才合于历史进行的要求，才能有利于社会生产力的发展而得维持，才可以免除阶级免除斗争，而有人类真历史的第一页可写。这就是社会主义经济学之大概的意思"。这个学说成立后，有的人加以研究，心服首肯而讲求之，有的人因先入为主或囿于私利关系，闻风怯走仍保守旧经济学说，所以学者之间，俨然有两派；与个人主义经济学相对而讲求社会主义经济学的人们，就叫作社会主义经济学派。

两派的创立者斯密和马克思，"研究学问的辛苦精神都一样令人佩服，他们所用方法也有相同之点"：斯密说明资本主义经济组织是历史进化的必然产物，由于他未见到此种组织的缺陷，所以建立了个人主义经济学；马克思则证明依据历史进化的必然经过，应当由资本主义的经济组织产生社会主义的经济组织，因此建立了社会主义经济学。"他们的观察方法，很像相同，只因时代不同，时势各异，所以结论就不同了"：假使斯密生在马克思的时代，"也许作出像马克思一样意思的结论来"？两大派经济学，学理本身是"先进的后进的关系"，个人主义经济学说"根本上已经算得了'经济学史材料'的谥号而作古了"。"这两种学派，现在固然仍是一时并存的形势，但是旧派的人们已多半成了社会改良主义派而势如强弩之末了"。"且看实际上各国旧经济组织——资本主义的组织，已改造的或将改造的势力，不是一天一天地膨胀起来了吗？这正是因为承认社会主义经济学学理的人一天一天地增多了的原故，正是时代的要求——实际生活上必要的要求。那末，这两派——及其所代表的制度——必将由事实的指示，学理的日明，进行它们的优胜劣败适者独存的大势，是不容疑的了"。①

根据这一节的论述，现代经济学的趋势，最终必然由社会主义经济学取代资本主义经济学或个人主义经济学或自由主义经济学。其理论依据，仍然是马克思的唯物史观。其推理的逻辑方法，则将经济学创立以来一百多年的进步与变迁历史，简化为两大种类的经济学新陈代谢的历史；分别从两种经济学的始祖那里，按照先后次序，确立为斯密创立的个人主义经济学与马克思创立的社会主义经济学；二者本来同样具有注重历史和社会全体利益的特点，其关系理所当然从第一步发展到第二步，但由于两位创立者所处时代及观察能力的不同，他们的结论也大不相同，后来者对此关系或认可或不认可，分成不同的两个学派；个人主义经济学派所讲的经济学，以承认现行资本主义经济组织为前提，这种经济组织以资本和资本家的利益为本位，实行私有制并由此区分为资产阶级与无产阶级的对立，通过雇佣劳动以获取利润和资本增殖为目的，此派的根本思想不仅为之赞美和辩护，还认为政府不必对个人加以保护或干涉，通过自由竞争的利己活动，可增进社会全体的利益；个人主义经济学由斯密创立，由马尔萨斯、李嘉图等人完成，其追随者成为古典学派或正统学派；随着资本主义经济组织成熟到产生各种弊害，依据历史发展的必然结果，要求新的改造，于是马克思通过给空想社会主义找出科学的基础，解剖资本主义经济组织，为社会主义经济学建立了一套科学的理论系统，根据其历史观即唯物史观和经济论即《资本论》来研究经济关系，证明资本主义私有制趋于妨碍社会生产力的发展，预言必然崩溃而将被社会主义经济组织取代，主张社会组织的改造应当组织民众夺取政权以废除资本主义私有制，建立财产公有制、消灭剥削式生产分配关系、共劳共享和以社会全体的利益幸福为本位的社会主义经济组织；此学说产生后，有人信服，有人抵制，产生与个人主义经济学派相对立的社会主义经济学派，总的趋势是个人主义经济学在根本上已沦为经济学说史中的历史材料而不再具有现实积极作用，其学派虽仍与社会主义经济学派一时并存，但多半成为社会改良主义派，犹如强弩之末。

---

① 以上引文均见黄美真等编《上海大学史料》，复旦大学出版社 1984 年版，第 407—411 页。

这番推理，就其内容来说，当时已不那么陌生；就其结论而言，断定社会主义经济学势必取代个人主义或资本主义经济学，虽然在当时的经济学著作或讲义里，还是如凤毛麟角般的新鲜观点，但也不是独此一家。值得注意的是这本经济学讲义，何以采取以下的推理方式：两派经济学的创立者具有同样令人佩服的辛苦研究学问精神，对历史进化必然性的认识，关注社会全体利益的特点，以及相似的观察方法，只因时代、时势和能力的不同，各自的结论也不同；斯密尚未看到资本主义经济组织的缺陷，或者说还处于利害参半的时代，故创立个人主义经济学以承认这个经济组织并为之辩护，马克思的时代资本主义经济组织的各种弊害已充分暴露，故创立社会主义经济学来否定现行旧的经济组织并预言必将有新的经济组织出而代之；假使斯密生在马克思的时代，或许斯密也会做出像马克思一样的结论；为此，在马克思所创立的社会主义经济学中，更为关注的是未曾形成专门著作的唯物史观，而不是像其他人通常关注《资本论》对资本主义经济组织的解剖，以此证明从斯密的个人主义经济学到马克思的社会主义经济学，是经济学的学问研究或进步改造，从第一步到第二步的必然结果。

看了这个推理方式，似乎有点眼熟，不禁让人想起安体诚 1919 年 12 月 6—9 日连载发表于《时事新报》"学灯"副刊的《河上肇博士关于马可思之唯物史观的一考察》一文①。那是他在留学日本京都大学研习经济学期间，阅读河上肇评介马克思唯物史观的著述而留下的感想。他读后印象最深刻的，无疑是唯物史观揭示了任何一种社会生产方式，随着物质生产力发展到一定程度，必然从适应生产力的发展形式变成束缚生产力的桎梏，进而引发社会革命，用新的更高的生产关系取而代之，现代资本主义生产方式也是如此。这个思想，正是后来安体诚在现代经济学讲义里反复申述并为之奠基的主要宗旨。此其一。其二，这篇文章把唯物史观作为科学社会主义的根柢，说成一种"必然论"，或谓在社会历史的发展过程中发现了"自然科学的因果法则"，证明了资本主义社会组织早晚必然崩坏，社会主义必然实现；这种必然论暗含一个前提，旧的社会组织对生产力的人为束缚，必然刺激人们不能永远忍耐而起来进行社会组织改造的运动，用新的社会组织来代替它；这个前提来自人类的天性，即摆脱贫困而追求生活向上进步的不平之心；马克思通过观察人类天性而建立起必然论的唯物史观，所以反对那些防备资本主义崩坏的无用有

① 参看谈敏：《1917—1919：马克思主义经济学在中国的传播启蒙》，上海财经大学出版社 2016 年版，第 3 编第 4 章第 1 节二。

害计划，以及阻止社会主义实现的无益愚蠢运动，可以说是极端的放任论者；在这一点上，个人主义经济学的创设者和完成者如斯密及马尔萨斯，同马克思一样将科学的根柢放在必然论之上，通过因果的必然论来形成科学，乃事理之当然，不能因为立足于必然论而只是责备马克思一个人。从这个论说里，可以明显感觉到后来的现代经济学讲义把马克思与斯密同样作为经济科学的创立者而加以比较的出处和缘由。安体诚编写讲义时，已加入共产党，因而克服先前撰文谈论唯物史观时有关人类天性和极端放任之类的模糊认识，不仅强调社会主义经济组织取代资本主义经济组织的必然性，还强调这种取代不能依靠等待人心自我改造的道德说教，要组织民众通过阶级斗争的夺取政权手段来推翻资本主义私有制和实现社会主义公有制。这样也就使现代经济学的改造，真正建立在马克思主义经济学的基础之上。其三，这篇文章接受唯物史观而着眼于社会生产方式发展变革的历史趋势，把重点放在社会组织的束缚与生产力的发展发生冲突时，人们希望改造社会组织的不平之心上。这个理念，后来安体诚在《现代经济学》的经济学总论里，尽管放弃了不平之心一类的人类天性之说，却在论述马克思的社会主义经济学时，仍保留了以社会组织改造论为重点，而不是以解剖资本主义秘密的《资本论》为主体的讲授特征。这一点，对比李大钊1919年撰写《我的马克思主义观》对马克思学说体系的评介，可以看得更清楚。这个评介，将马克思的学说体系分为关于过去的理论即历史论或社会组织进化论、关于现在的理论即经济学或资本主义的经济论、关于将来的理论即政策论或社会主义运动论或社会民主主义；评介的重点，则是历史论与经济论，未曾论及社会主义论，而所谓经济论，基本上属于《资本论》的内容。安体诚的《现代经济学》，同样提出社会主义经济学的两个理论根据分别是历史观（唯物史观）和经济论（《资本论》），但强调马克思主张社会组织改造论，不是专注于解剖资本主义的秘密，而是以资本主义的必然崩坏为前提，重点讲述如何以社会主义经济组织来"改造"或代替资本主义经济组织。这样也能够解释，何以《现代经济学》总论经济学，突出的是唯物史观，而不是《资本论》。可见安体诚早先受河上肇评介马克思唯物史观著述的影响，后来在编写现代经济学讲义时仍留下深刻的印记。河上肇试图从《资本论》中，发掘整理出马克思未曾撰成专门著作的唯物史观，并用来诠释解说马克思的经济学说；安体诚则试图依据唯物史观，改造现代经济学并为此建立新的理论体系，这是当时的可贵尝试，若非有直接的参考资料，堪称难得一见，但要取得成功，殊非易事。

### 三、《社会问题》及其他

上海大学社会科学会编辑并于 1924 年出版的《社会科学讲义》，除上述例证外，还有其他一系列讲义，从不同角度、在不同程度上宣讲了马克思主义经济学。兹以施存统的几本讲义为例，略述如下。

#### （一）《社会问题》简析

这本讲义共 2 章，第 1 章"社会问题之意义及其研究范围"，分 6 节。

第 1 节"引子"："自从上次世界资本帝国主义争夺市场的大战争告终以来，世界形势起了一大变化：一方面资本主义的累积的生产能力已被战争毁灭殆尽，资本主义的已成的经济秩序也被战争搅乱不堪；他方面，俄罗斯无产阶级和农民已乘机挺身推倒旧专制政府及资本阶级，树立起社会主义的苏维埃联邦国，以开世界社会革命之先河而为无产阶级革命斗争的中心。换句话说，资本主义的世界大战完结以后，世界社会更陷于紊乱混扰的境地，世界无产阶级和资产阶级两者底对立和斗争更加显明且剧烈了"。中国自从鸦片战争资本主义势力侵入以来，经济上和政治上都渐渐隶属于资本主义列强而丧失独立的资格，实际上已成了资本主义列强的公共殖民地，即原料供给所和商品销售场。中国全体人民随之隶属于国际资本阶级，受国际资本帝国主义的榨取和压迫，手工业衰微，农业荒废，商业几成贩卖外国资本家商品的勾当，全国失业者遍地，劳苦者号天。资本主义列强用强力逼迫开设的那些大商埠，均由外国资本家或本国资本家开办新式企业和工厂，雇用多数劳动者，只给极少的工钱而使其作极长时间的劳动，用尽一切惨无人道的剥削方法，以期获得多量的剩余价值。加上封建余孽的军阀得到各资本主义国家的帮助，连年不断战争，争权夺利屠杀人民，弄得国内灾民遍地，土匪丛生，大多数不能安居乐业。以上各种现象，都是中国社会问题发生所根据的事实。这种客观事实，大战前已存在，主观认识却在大战以后。大战后各资本主义国家加于中国的压迫更加厉害、更加显明，世界和中国社会的不安不平更加剧烈，"社会问题的声浪就由一部分感觉灵敏、眼光锐利的知识分子唱呼出来了"。中国社会问题既是世界社会问题的一部分，不能离开世界共同的社会问题而独立，又有其特殊的发展形式。研究中国所发生的特殊形式的社会问题及其与世界共同的社会问题的关系，是我们中国人应负的独特的责任。

第 2 节"社会问题底两种意义"：社会问题有广狭两种意义，广义的社会问题指社会制度全体的问题，狭义的社会问题就是劳动问题。劳动问题是现代一切社会缺陷所以发生的根本原因或根本问题，"我们研究社会问题，须以劳动问题为中心，须从研究劳动问题出发。只要劳动问题能够解决，其他一切的社会问题都可迎刃而解了"。劳动问题"完全是近世工业制度的产物，为以前所没有"。讲义所说的"社会问题"，指广义的社会问题而言，狭义的社会问题即劳动问题，只是社会问题的一部分而非其全部，"广义的社会问题，也是以近世资本主义的社会组织为对象物来讨论的"。

第3节"社会问题和社会学"：社会学是比较新起的科学，它的研究方法和章节排列，"都没有如经济学那样一定"。根据社会学的研究目的，可以下一个定义："研究人类社会之起原、发达、组织、活动及其理想的科学，叫作社会学"。社会起源方面，人类最终战胜自然界，战胜其他一切动物而成为地球的支配之王，所依靠的武器，"一是人类营社的生活，一是人类能制造工具来延长自己底器官"。社会发展方面，人类由于生存的必要，最初的社会形态是"群"；此后兴起的社会形态，先是以血缘为纽带的氏族社会，实行共产生活；然后文明社会破灭原始共产制度，确立私有财产制，可分为古代奴隶制、中世纪封建制、近代资本制三种社会形态；所有文明社会都是私有财产神圣的社会，是阶级和阶级斗争的社会，是支配阶级利用国家政权压迫被支配阶级的社会；社会进化的动力，分别是物的动力即生产力的发展和人的动力即被压迫阶级的革命行动，通过这两种动力，将实现现代资本主义社会的崩坏。社会组织方面，社会作为一个有机体，在政治上极其简单，其组织从基层上升到国家直至形成国际联盟，最后将合全世界为一个人类大团体社会，虽然资本主义各国不能成就此任务，但"未来社会主义的国家是一定要完成此大功的"；在社会活动上决非如此简单，其组织包括经济机关、生命存续机关、交通机关、教化机关、管理机关及保护机关等。社会活动方面，构成人类社会的每一分子可以兼有数种活动，唤起这些活动的原始欲望可以归纳为食欲、性欲和征服欲或防御欲。社会理想方面，简单地说，造出使个人理想容易达到的境遇，应该建设一个能够达到个人理想的社会制度，并以此为标准来批评现存社会制度。总之，社会学以研究常态的社会为目的；"社会问题以研究病态的社会为目的，是一种研究社会疾病底原因及其救治方法的科学"。

第4节"社会问题和社会科学"：恰当地说，社会学是综合的科学，是"统一所有社会科学的东西"。大体上，"与社会问题最有亲近关系的科学，自然是社会学。除了社会学，则与社会问题最有密切关系的科学，就是经济学和政治学了"。发生社会问题，由于社会组织有了缺陷或毛病，"而社会组织底基础是经济组织，则社会组织底缺陷或毛病，根本上就是经济组织底缺陷或毛病了"。假使社会的经济组织没有矛盾冲突等现象，能使每个分子的衣食住都能安适，则不会发生社会问题。"我们竟可以说，一切社会问题，实际都与经济学有密切的关系，没有与经济学无关系的社会问题"。社会问题发生的主要原因，固然由于经济上的毛病，但要实际改革社会的毛病，就成为政治上的问题。"政治组织是适应经济组织而成立的"。由历史的事实可知，没有一个时代的社会问题与政治问题没有关系，现代的社会问题也是如此，要解决它，非借助政治权力不可。政治权力是帮助解决社会问题的最有效手段，无产阶级的阶级斗争，早已向这个方向进行。

第5节"社会之疾病"：我们现在的社会是陷于病态的社会，可以举出许多种类，根据社会问题的见地，"贫乏是社会问题底根基，罪恶大部分都由贫乏来的"。所以解决社会疾病，"首先须认明社会底根本疾病，拿贫乏做中心来求解决，不然，头痛医头，脚痛医脚，社会的疾病就永不会医得好。社会问题底目的，即在于消灭这些疾病，尤其是要找着病根来医治"。

第6节"社会病之治疗法＝社会政策和社会主义"：治疗社会疾病有两个方法，一是应急法，一是根治法。前者"不伤害现存的社会组织，原样把它保存起来，单应临时的需要而加以各种的改良"，如采用慈善或教育的方法救济贫乏；这叫做改良，又称社会政策和社会改良主义方法。后者"相信现存的社会组织是发生贫乏最大的主要原因，所以要根本破坏它，代以完全新的社会组织"；这叫作改造，又称社会主义方法。换句话说，社会政策和社会主义，不外是解决社会问题的两大方法或手段罢了。无论渐进或急进，为了明白区别二者，须找到一个明确的标准，"是否承认现在的私有财产制度"。"社会主义主张一切生产机关（土地、房屋、机器、工场、原料、河道、森林、矿山、半制品等）都收归公有，所以如果社会主义实行了，则私有财产底范围一定非常缩小，任何人都只能私有衣服家具等物，其他一切东西都归公有"。自然，主张社会政策的人也有主张独占事业应归公有的，但总体上主张维持私有财产制度。伊利教授所主张的社会改良主义，即属于此。两种主张的不同，最易在劳动问题上看出来。主张社会政策的人相信资本阶级和劳动阶级永久存在，只在这个前提下面谋求一点改良，即所谓"劳动调和"论。主张社会主义的人则不然，相信共有财产制度，不承认劳动者和资本家的阶级对立是可以永久继续下去的制度，要求根本破坏此种阶级制度；他们主张社会全体的人都应该是劳动者，社会一切生产机关都应归劳动阶级共有，"因为他们相信只有实行财产共有才能根治贫乏和罪恶之故"。总之，社会病的治疗法，一种是"应急的、渐进的、妥协的"社会政策方法，"承认现存私有财产制度而单想改良了事"；一种是"根本的、急进的、彻底的"社会主义方法，"否认现存私有财产制度而主张根本改造"。

第 2 章"现代社会底贫乏"，分 3 节，讨论"贫乏底意义""贫乏底事实"以及"贫乏底原因"（包含"生产力之限制""分配之不公平""无益的消费"）。[①]

以上讲义要点，开宗明义表达了编写者对战后世界形势变化的基本估计：世界资本主义正处于生产能力遭受毁灭性打击和经济秩序被搅乱的没落状态，同时推翻旧专制政权和资本阶级而新建立的苏维埃俄国，开辟了世界社会革命之先河并成为无产阶级革命斗争的中心。在这种形势下，中国长期面临经济上和政治上日益沦为资本主义列强的公共殖民地，遭受国际资本的榨取和压迫而前景堪忧，又有封建军阀的助纣为虐以致民不聊生的险恶局面，直至战后，才有一批感觉灵敏、眼光锐利的知识分子率先发出研究和解决这个社会问题的呼声，以此作为中国人研究和解决世界共同的社会问题而应负的独特责任。这个责任，实际上是由中国共产党人引导国人走向苏俄革命道路的任务使命转化而来的一种理论宣传意识。讲义提出"社会问题"的论题，虽然没有把这个责任的实质说得如此透彻，其内容却始终围绕着这个实质一步步展开。如列举社会问题的广狭两种意义，不论以劳动问题为中心的狭义，还是以整个社会制度为对象的广义，都把矛头指向近世资本主义的社会组织，意在从解决现代一切社会缺陷的根本原因或根本问题的劳动问题入手，进而解决整个现代社会制度问题；区别以常态社会为对象的社会学研究和以病态社会为对象的社会问题研究，落脚在社会问题的科学上，研究社会疾病的原因及其救治方法；运用各种社会科学来研究社会问题，既要认识社会组织的缺陷或毛病从根本上说是经济组织的缺陷或毛病，又要认识解决这些缺陷或毛病，必须借助政治权力或以政治权力为最有效的解决手段，如近世无产阶级反抗资本国家的阶级斗争；明确现存病态社会的主要社会问题或根基是贫乏，由此衍生出各种罪恶，因此研究社会问题，医治目前的社会疾病，首先要找到病根，从根本上消灭贫乏；归纳治疗社会

---

① 以上引文均见《上海大学史料》，复旦大学出版社 1984 年版，第 374—395 页。

第二章 中国共产党人运用马克思经济学说的著作

疾病有应急的、渐进的、妥协的社会政策与根本的、急进的、彻底的社会主义两种方法，关键在于是否承认现有私有财产制度，社会政策承认私有制，只想以改良了事，社会主义否认私有制并以这种社会组织是造成贫乏的最主要原因，主张根本改造。经过一系列的理论推演，最后的结论是以社会主义改造资本主义私有制，这也是苏俄革命的道路。

这本讲义的意图十分明确，而在论证方式上，仍留下一些时代的印记。例如，讨论社会问题，显示所参考的理论著作，具有多种来源，并不专以马克思、恩格斯或列宁的经典著述为依据，甚至没有提到他们的名字，也没有引用他们的论述。就像前面所述瞿秋白的讲义，显示较多参考苏俄学者的著述，安体诚的讲义，显示较多参考日本学者特别是河上肇的著述一样。这一点，不仅见于讲义第 1 章的内容，也见于第 2 章的存目。第 2 章讨论现代社会的贫乏，第 1 节提出贫乏线的概念；第 2 节叙述英国、美国的贫乏事实，以及欧美各国财富的分配状态；第 3 节分析贫乏的原因，生产力限制方面列举不安全的经济组织、土地利用法的不充分、动力利用的不普遍、牛马利用的不充分、劳动力的浪费、怠惰的富者、需要供给的冲突、托拉斯的限制供给、毁灭生产物和不喜增加生产物、现今经济组织和寄生者等 10 种原因，分配的不公平方面列举贫富之差不能代表能力之差、各国财富的分配状况、富豪和独占事实、财富的分配和遗产相续法、各国财富的分量等 5 种情况，无益的消费方面只提到适应需要的生产一项，似仍待续。这些论点，显然都不是直接来自马克思主义的经典著作。由此可知，早期中国共产党人的讲授目的，更为关注的不是单纯翻译、考释或转述经典著作的内容，而是运用这些经典著作的基本精神，或借助国外马克思主义者的通俗解说，观察、分析和宣讲国内外形势以及与此相关的理论和实际问题。也就是说，理论结合实际的运用与动员，更为他们所关注。当然，这种应用与讲授，对马克思主义基本理论的消化、吸收与理解，除了夹杂一些其他学说之外，还缺少对中国自身社会问题的深入分析，更多表现为笼统进行大势判断和照搬套用一些理论概念。

又如，将社会学放在综合或统一各种社会科学的地位，简单当成社会科学的皇冠。这种认识，大概与设定社会问题的论题有关，既然社会学以研究常态社会为对象，涵盖社会的起源、发展、组织、活动与理想等各方面，则社会问题属于偏离常态社会的病态社会，研究和解决社会问题，犹如治病，找到其病根并加以医治，使之重归常态社会，所以说社会问题与社会学的关系最为密切。据此，尽管也说经济学和政治学与社会问题的关系同样密切，如谓社会存在缺陷的根子在于社会组织的经济基础有缺陷，解决社会缺陷最有效的手段是借助政权力来改造社会等，但它们均从属于总揽社会科学的社会学的范畴。另外还说，社会学作为新起的科学，在研究方法和章节排列上不如经济学那样确定，似乎一面把社会学等同于包括经济学在内的社会主义或马克思主义学说，一面仍未能确立其科学体系，所以才会出现前面刚说现在研究社会问题须以劳动问题为中心，作为根本原因或根本问题，解决劳动问题即能解决其他一切社会问题，接着后面又说贫乏是社会问题的根基，罪恶大部分由贫乏而来，未能讲清楚社会问题的中心与根基的关系。通过这个例证，也能看到当时不少共产党人在他们的著作或讲义里，何以纷纷在社会哲学、现代社会学、社会思想、社会运动、社会问题的名目下或范围内来讲述马克思主义经济学，很少专论马克思主义经济学，恐怕与他们认为研究与组织"社会"是包括经济学在内而又具有总揽意义的科学有关。这也是我们考察这一时期马克思主义经济学的传播过程，为什么在经济学著作之外，不时会涉及其他一些社会科学类著作的原因。

再如，讲义论述社会问题，虽说以社会学为总揽，毕竟运用了马克思主义经济学的不少理论观点。诸如狭义以劳动问题为中心，广义涉及整个社会制度；人类起源于社会的生活和工具的制造，从原始社会到文明社会的进化发展来自生产力发展和阶级斗争两个动力，社会组织作为一个有机体的基础在于经济活动，社会的理想是建立一个能够实现人类最大幸福的社会制度；社会组织的基础是经济组织，社会组织的缺陷根子是经济组织的缺陷；贫乏是社会问题的根基，大部分社会疾病由此而生，要消灭这些疾病，必须找到病根来医治；治疗社会疾病的标准在于是否承认现在的私有财产制度，承认现存私有制而只想修补了事的社会政策，无非是不伤害或保存现有社会组织的应急的、渐进的、妥协的改良式治疗法，否定现存私有制并相信现存社会组织是产生贫乏的最主要原因的社会主义，才是根本的、急进的、彻底的改造式治疗法；等等。同时也能看到，这些理论观点，大多停留在概念框架或基本趋势估计的层面，即使分析现代社会的贫乏问题，也是引用欧美国家的事例或列举西方资本主义国家在生产分配消费诸方面的缺陷，然后以中国经济问题做些类比，很少进行专门而深入的研究。这显示当时共产党人的讲授任务，主要以通俗易懂的方式，引进并宣传马克思主义经济学的基本原理，认清中国社会问题与世界社会问题相同的症结，明确中国社会的改造任务和未来方向，重点说明社会主义必然取代资本主义的发展趋势，还没有机会和条件去认真研究中国国情和自己独特的社会经济问题。同样，安体诚的讲义《现代经济学》，以马克思经济学说的精神来改造经济学为宗旨，难得一见，然而这个改造设想中，既看不见马克思对资本主义经济组织的精密解剖，也看不见列宁对苏俄革命的创造性诠释，更看不见有关中国自身社会经济问题的深入分析；整体内容，除去大量经济学的基础概念外，主要在经济学教科书领域建立起唯物史观的分析框架，使各部分的论述，都服从于资本主义必然崩溃，社会主义必然实现的历史趋向。这个讲义的基本意图，其实和当时其他共产党人在社会学、社会哲学、社会问题等名义下所讲述的马克思主义道理，是一样的。

### （二）《社会思想史》和《社会运动史》简析

这是施存统编写的另外两本讲义，均载入上海大学社会科学会编辑并于1924年出版的《社会科学讲义》。从两本讲义的节选内容看，它们与《社会问题》讲义既有联系又有区别，都以马克思主义的基本原理为主来讲述不同领域社会科学的概况，也都在不同程度上涉及经济学的内容。

《社会思想史》讲义共5章，第1章绪言，说明社会思想的意义：指人们因社会的毛病而兴起的改造、改良及乌托邦的思想，如马克思主张改造社会的思想，亚里士多德主张改良社会的思想，柏拉图主张乌托邦的思想；本书的任务讲述这三种意义的社会思想的历史经过。说明社会思想和社会生活：二者关系密切，"一种社会思想底发生，必定在社会生活上有其根源"；毫无社会生活根据的纯粹理想，事实上绝不会发生，即使发生了也不能在社会上存在。"社会思想之所以发生，是因为社会生活有了什么缺陷或毛病"；人们不满意这些缺陷或毛病，欲图解决之道，因此发生社会思想；又可以说，"社会思想是为解决社会生活底缺陷或毛病而生的东西"。社会持续不断地进化，社会生活也持续不断地进化，因而社会思想也跟着持续不断地变化；各时代有各时代的社会生活，随之各时代有各时代的社会思想；"没有千古不变的社会生活，也没有千古不变的社会思想"；"总结一句，社会思想是当时社会实际生活底直接产物"。说明社会思想和社会思想家：每一种社会思想，必有一二人或少数人为其代表，此即社会思想家。社会思想家当然也不能不受当时社会实际生活的影响，不过同一社会各社会思想家的思想不尽一样，比方同为不满意资本制度的人，有的主张改良，有的主张改造，有的主张另辟乌托邦。发生此种现象，"因为各社会思想家所代表的阶级不同及认识力底强弱，还有资本主义发展底程度也应该算进去"；至于个人的性格及师承的束缚，从社会的见地看来，其实关系很少。随后各章，分别讲述希腊早年的社会思想，柏拉图的贵族社会主义，亚里士多德的社会思想，希腊晚年的社会思想。①

以上大意，其主旨仍强调社会思想乃当时社会实际生活的直接产物这一唯物史观的基本道理；同时将社会思想家对同一资本制度分别持改造、改良或另辟乌托邦等不同的主张，归因于他们所代表的阶级、认识能力及所处资本主义发展程度的不同，这也体现了马克思主义经济学的分析因素。唯讲义打算以若干社会思想家为代表来叙述各派社会思想，又不惮烦难，力图从每个思想家所处的社会生活状态入手来证明社会思想及社会思想家如何受到当时社会的正面及反面影响，结果只见对古代希腊社会思想及其代表人物，即所谓改良派主张和乌托邦派主张的专门论述，不见前面曾提到的马克思主张改造社会的思想，殊为可惜。

《社会运动史》讲义分 14 章，第 1 章绪言，说明社会运动的意义："德国有名的经济学者"桑巴特（原译"宗巴脱"）所著的《社会主义与社会运动》，定义社会运动是"现代社会阶级之一的无产阶级底一切解放运动底总称"。本书所说的社会运动的范围更广，"包括阶级制度成立以来所有被压迫者对于压迫者的一切反抗运动"，尽量搜集和讲述近代无产阶级运动未发生以前的历史上的阶级斗争事实。"近代科学的社会主义底鼻祖"马克思和恩格斯在《共产党宣言》的开头说："'从来一切社会底历史，都是阶级斗争底历史'（这里所说的'历史'，是指有记录的历史而说的）"。这个结论究竟对不对？我们可用许多事实证明。社会运动史就是阶级斗争史。"我们承认阶级斗争是历史上的事实，并不是马克思所创造的学说，也不是马克思所捏造的东西"。本书的任务是叙说阶级斗争历史的经过及其发生的原因，"我们愿抛弃一切成见及偏见，用冷静的头脑来留心古今中外一切被压迫者底经过"。

说明社会运动的由来：人类悠长历史中的原始共产制度时代，既无阶级，当然没有阶级斗争，也不会发生社会运动。"社会运动底发生，在于原始共产制度崩坏阶级制度产生以后"。原始共产制度时代，生产方法幼稚，大多靠捕获自然物来维持各人生活，每人生产不能超过自己需要的生活资料以上，维持其共产生活而不发生私有财产制度，随之也不发生阶级和政治等东西。后来生产方法起了变化，生产力进步，产生超过生活资料的剩余生产物，于是社会形势大变，私有财产因之而发

---

① 《上海大学史料》，复旦大学出版社 1984 年版，第 359—362 页。

生，特殊阶级因之成立了。社会既然有了剩余的生产，某一部分人自然会因其能力、机会或其他原因而增进和积聚财产，逐渐提高他的地位，最后完全成为榨取者；同时，战俘不必像从前那样置之于死地，可做奴隶去从事生产以增殖财产。"这些财产所有者和奴隶所有者，就成了社会底榨取阶级支配阶级，竭力向被榨取阶级（奴隶及其他）进行经济的榨取了。被榨取阶级不堪其苦，起而反抗，于是就成了剧烈的阶级斗争了"。榨取阶级为了压服被榨取阶级的反抗，不能不采取更有组织的政治手段，国家应此需要而起；"国家虽为镇压阶级斗争而发生，虽为支配阶级实行政治斗争的机关，但被支配阶级底反抗运动并不因此消灭，阶级斗争并不因此停滞，有时且比以前更剧烈"。"社会一方有靠榨取别人劳动力而生存的阶级，一方有靠被别人榨取劳动力而生存的阶级，两阶级继续不断地实行阶级斗争，社会运动就这样发生了。一直到现代资本主义的社会为止，社会都建筑在此种阶级对立的事实上面，社会运动也就继续到现在而没有停止"。不过，"资本主义已经替我们造成消灭阶级及阶级斗争的物质的条件了"，不久人类社会就会实现无阶级、无阶级斗争而和谐一致的社会了。"资本主义社会底阶级对立，是最后的阶级形态，以后再没有了"。

说明史料的缺乏：从来一切社会的历史，都是支配阶级的历史。对皇帝、贵族的言论行动、战争进行、权力推移等，都有很详细的记录，而对一般社会的生活，一般平民的痛苦，一切被支配者的反抗，都毫不注意，很难为他们写上一字一句。"一切被榨取阶级，不但物质上受支配，精神上也一样受支配，当然没有能力没有机会写自己底历史"。我们现在要详述古来所有被榨取阶级的一切反抗榨取阶级的运动，事实上绝对做不到，只能就侥幸遗留下来的很少史料，叙述过去大多数被榨取被压迫阶级不甘屈服的精神及其斗争的方式。单就这一点很少的材料，"已经可以知道阶级斗争是历史上必然发生的事实，阶级斗争在社会进化上所占地位底重要了"。

接下来的各章，分别讲述原始共产制，历史开卷的奴隶制度，三千年前的相互扶助，纪元前奴隶解放的殉道者，旧约国民的经济生活，以色列民族的阶级分裂，从劳动组合到基督教会，阶级斗争场中耶稣的牺牲，权力阶级妒忌公共食堂，使徒行传的消费共产主义，罗马平民的争权，格拉古（原译"格拉克"）兄弟改革，马留（又译"马略"）和苏拉的斗争。①

———————————

① 以上引文均见《上海大学史料》，复旦大学出版社 1984 年版，第 363—373 页。

上述内容，完全以马克思的阶级斗争学说为主导，同时把重点放在考察近代无产阶级运动发生以前的历史上的阶级斗争事实，以此证明《共产党宣言》的论断，"到目前为止的一切社会的历史都是阶级斗争的历史"。从阶级斗争的历史事实引出被压迫阶级反抗压迫阶级的社会运动史概念，其涵义同样根据唯物史观的基本原理予以阐述。着眼于历史上不同时代生产方式的发展水平，远古生产方法幼稚的时代，只能形成维持基本生存没有剩余生活资料，从而也没有阶级和阶级斗争的原始共产制度，随着生产力的发展出现剩余生产物以及一部分人对剩余生产物的占有，破坏原始共产制度产生私有财产制度，于是形成榨取或压迫阶级与被榨取或被压迫阶级的对立和斗争，后者反抗前者的社会运动，亦由此而生，并在社会政治经济的发展过程中愈演愈烈，直至现代资本主义社会发展到无产阶级运动的顶峰。这样论述社会运动史起源于无阶级的原始共产制度的崩坏，发生于私有制基础上从奴隶社会到资本主义社会阶级对立日益严重及阶级斗争日趋激烈的全过程，直到资本主义内部孕育消灭阶级和阶级斗争的成熟物质条件而成为无阶级社会实现之前最后的阶级形态，可以明显感到以马克思《政治经济学批判》序言的精神为理论依据，这也是讲义编写者认识和理解马克思主义经济学的关键要点。不过，就像编写者的其他几本讲义，《社会运动史》讲义除了在绪言里运用唯物史观来阐述社会运动的意义和由来等之外，看得出都是直接参照和引用国外的历史资料来说明问题，尚未论及中国自身的社会运动历史，或者说，尚处在拿来马克思学说指导中国革命实践的早期运用阶段。可见，从引进马克思主义学说以明确中国革命的大致方向和前景，到结合中国的历史与现实找到适合于中国国情而能达到理想彼岸的可行革命道路，中间还有一个艰难摸索的过程，这也显示了马克思主义经济学在中国传播的逐渐深化过程。

## （三）结语

　　考察施存统的几本讲义，自会联想到两三年前他着手翻译、发表并于1922年初汇总出版的《社会经济丛刊》译本。那是他在日本留学期间，涉猎马克思主义著作的学习成果。译本包含的5篇文章，清一色译自日文原作或译作，留下了他从接触、理解到接受马克思主义的思想轨迹。如果说数年前他才从马克思主义的热衷者转变为马克思主义的信仰者，借助翻译作品，站在劳动阶级方面讨论劳动问题，介绍马克思学说在社会主义进化过程中的至关重要地位，突出马克思最重要的两大理论贡献即唯物史观和剩余价值学说，批驳考茨基质疑苏俄独裁政治而坚持无产阶级专政是无产阶级革命的根本内容和阶级斗争的最重要问题等，到1924年在大学授课，他已比较熟练地运用马克思主义（包括经济学说在内）的基本原理，讲述社会思想史、社会运动史、社会问题等专题，为认识和解决中国及世界的历史进程与发展道路，指引方向。从翻译、吸收、引进到信仰、宣讲、应用，这是那时以施存统等为代表的中国共产党人，在传播马克思主义经济学方面向前迈出的一大步，由此开辟的道路，又将推动他们为这个传播的继续扩展和深化，不懈进行努力。

由此延展开来，考察本章各种著述，可以概括为早期共产党人传播马克思主义经济学的初心。譬如，其转折性变化，将这个传播从正在黑暗中摸索的一线曙光，仅系个别先驱者的信仰，提升到中国共产党初建时的共同信仰（尽管有人存在着模糊认识，后来又有人放弃了信仰），第一次以纲领性论证的明确方式，指引当时中国摆脱深重苦难的真正出路，只有走社会主义道路；从来自欧美、日本和苏俄的各种思想资料里，自觉和广泛地搜集有关马克思主义经济学的理论学说，经过翻译、整理和解释，开始在核心理论层面或基本学说方面，形成比较系统和坚定的认识，用作理论联系实际的主要指导思想；聚焦当时在认识马克思学说（特别是经济学说）方面困扰国人的一系列根本理论问题，像社会革命与经济发展水平的关系、唯物史观与阶级斗争学说的关系、资本主义与社会主义的关系、个人主义经济学与社会主义经济学的关系、无产阶级专政与民主的关系、社会革命与社会改良的关系、中国革命与世界革命的关系、客观条件与主观努力的关系、马克思主义与修正主义及其他形形色色社会主义的关系等，力图根据马克思主义经济学的基本原理，既反对曲解修正，又反对僵化教条，在坚信中国应当走社会主义道路的前提下予以回答；以著书立说和讲授辩论等方式，利用各种时机，面向社会有组织有系统地讲解、维护和宣传马克思主义经济学，使之从舶来的理论学说，转变为救国救民的行动指南；等等。所有这些，都是建党以后前所未有的重大变化，同时又是后来者继续传播马克思主义经济学不能忘记的初心。

# 第三章　论述苏俄和社会主义的著作与马克思经济学说

本时期关于苏俄的专著不多，而关于社会主义的专著颇多，前章论述中国共产党人阐释和运用马克思经济学说，其典型也以讨论社会主义为题目。一般说来，论述苏俄的著作，虽然取向不同，但大体肯定苏俄是马克思主义的一个实践范例；论述社会主义的著作，则花样繁多，对于马克思经济学说的认识，亦有很大差异。

## 第一节　论述苏俄的著作

此类著作，比起前编的同类著作，内容方面有些变化，特别是体现了共产党人的宣传意图。

### 一、《俄国共产党党纲》译本

这个译本翻译列宁起草的《俄国共产党党纲》，据说最早出版于 1920 年，"为1921 年中国共产党的创立和 1924 年国民党的改组发挥了重要作用"①。惟此最早的中译本未得见，现在考察的初版本，希曼②译，广州（实为上海）人民出版社1922 年 1 月初版，列为"康民尼斯特丛书第二种"。这个出版社，指中共中央执行委员会所属以李达为首在上海建立的人民出版社，丛书名称，为共产主义的音译。

---

① 参看维基百科"张西曼"词条。
② 张西曼（1895—1949），又名百禄，湖南长沙人；早年加入同盟会，1909 年入京师大学堂，1911 年留学俄罗斯海参崴东方语文专科学校研习政治经济，1914 年回国，1919 年进北京大学图书馆，翌年任俄文专修科教员；1925 年创办中俄大学，1927 年参加筹备武昌中山大学，任校务委员会委员兼法学院院长、俄文法政学系主任；1929 年任孙中山奉安专刊编辑主任，后任北平大学法商学院教授兼陆军大学政治教官；1933 年任行政院新疆建设委员会委员，1935 年发起创建中苏文化协会任常务理事，1936 年任国民政府立法委员，1945 年在重庆创办《民主与科学》杂志，任中央大学教授；1946 年参与创办九三学社，任中国民主宪政促进会理事长；1947 年因反对蒋介石政府被免职，1948 年到达解放区，因病在北京去世。

翻开这个译本，首先看到的是人民出版社准备刊行各种重要书籍的通告，包括"马克思全书"15种，以马克思的传记及其原著为主；"列宁全书"14种，以列宁的传记及其原著为主；"康民尼斯特丛书"11种，以马克思主义者的著作为主；"其他"14种，同样以恩格斯及其他马克思主义者的著作为主；以上各书，说明已有10种付印，其他均在编译之中，预定明年内全部出版①。据说这49种预告出版的书，翻译共产国际远东局1920年8月出版的所有书，其中除了陈望道以"陈佛突"笔名翻译的两本书，即《共产党宣言》和《空想的与科学的社会主义》之外，其他47本都是张西曼以各种笔名翻译的②。因此，张西曼不愧为中国早期马克思主义的传播者。

这个译本，包含"总纲""普通政治范围""民族关系的范围""军事范围""裁判范围""人民教育范围""宗教的关系范围""经济范围""乡村经济范围""分配范围""货币和银行事业范围""财政范围""居住问题的范围""社会安全劳动保护的范围""人民康健的保护范围"15章，注明为1919年3月18日至23日第八次会议的决议案，也就是俄共（布）第八次代表大会通过的党纲。对照列宁起草的"俄共（布）党纲草案"，译本鲜明体现了列宁的基本思想，以及运用马克思主义经济学来奠定俄国共产党的经济纲领的主旨精神。不妨列举译本的若干段党纲条文，以资证明。

"总纲"指出："十月的革命（一九一七年十月二十五日，十一月七日），实现了无产阶级专政或是平民专政的局面，这个局面，得了穷困的农民或半无产阶级的帮助，才开始建设了共产社会的基础。在德意志和奥匈联邦中革命进行的程序，和在各先进国中无产阶级革命运动的发展以及此种同样运动的劳农会式即直求实现无产阶级当权的宣传，竟完全表示了那全世界无产阶级的和共产的革命，开始了一个新纪元"（第1页③）④。旧党纲说明了大多数文明国家里还占统治地位的、其发展必然引起并且已经引起全世界无产阶级革命的资本主义和资产阶级社会的本质的那些原理，概要阐述了马克思的经济与政治学说；新纲领吸收了列宁关于帝国主义、无产阶级革命与无产阶级专政的主要论点。

---

① 希曼译《俄国共产党党纲》，广州人民出版社1922年版，"人民出版社通告"。
② 参看 http://blog. sina. com. cn/s/blog_53db80140102wip1. html。
③ 此页码见希曼译《俄国共产党党纲》，广州人民出版社1922年版，下同。
④ 其今译文见《列宁选集》第3卷，人民出版社1972年版，第736页。

"经济范围"指出："在那重要的方面和那根本的方面已经著手而且已经完成的一个没收资本阶级财产的事项，必继续坚持到底，要把那些生产的和流动的资本，变作共和国的专有物，这即是变作全体劳动家的公产。"①（第25页）

　　"乡村经济范围"指出："劳农政府，完全废除土地的私有权后，将一列趋向组织伟大的社会主义的农业计画，采用到生活上。"②（第30页）"俄国共产党在乡间全部进行中，仍照从前一样的依赖著无产阶级和半无产阶级，尽先又要将他们造成一个独立的团体，在乡间建设党中的支部，贫民机关，乡间无产阶级和半无产阶级特别形式的职工同盟等，多方使他们与地市无产阶级接近，并且使他们脱离那乡间中产阶级和小资产利益的影响"。"俄国共产党对于乡间中产阶级的政策，就是坚决的铲除他们那些营殖的阴谋，并且镇压他们对于劳农政治的反抗"。"俄国共产党对于中级农民的政策，就是渐进的和均平的罗致他们从事社会主义的建设。本党的目的，就是使他们离开了那些'攫手'（指乡间中产阶级而言），恳切的罗致他们投入工人方面，以求取他们自己所需要的，绝不用压制的而以高尚的互助方法去征服他们的'落后'，力求在各种机会上，凡有关于他们生存上的利益，在施行社会主义的履行方法之支配中，与以让步，和他表示历来的同意。"③（第32—33页）

　　"分配范围"指出："劳农政府现时在分配范围中之目的，就是坚决的继续用那在全国比例上所组织的分配物品之方法，以代替商业。其宗旨就是全类人民组织消费共产团的唯一枢纽；这些消费共产团，是具有最大的速度，均平，节俭和劳动力最小的消耗，以分配各种必要物品的，一方面又是严重的集中全部分配的机械的。"④（第34页）

　　"货币和银行事业范围"指出："在那由资本主义转到共产主义的初期，一时共产的生产和物品的分配尚未完全的组织成就，那货币的废除，原是不可能的事。在这种情势之下，那些人民中的中产分了，继续使用那存在私囊的货币，以企图劫持劳动群众的投机事业。俄国共产党依据银行国有，力求施行一联扩充无代偿勘算的和准备货币之废除的计画：必要储蓄钱财于平民银行；设立度支册；以支票代替

---

① 　其今译文见《列宁选集》第3卷，人民出版社1972年版，第747页。
② 　其今译文见《列宁选集》第3卷，人民出版社1972年版，第750页。
③ 　其今译文见《列宁选集》第3卷，人民出版社1972年版，第750—751页。
④ 　其今译文见《列宁选集》第3卷，人民出版社1972年版，第749页。

钱财；用短期小票以领取物品等等。"① （第 35 页）

"财政范围"指出："在开始籍没那班资本家的生产资本的时际，政府并不去当那立在生产的变化上的寄生机械，他要变成一个直接行使治理全国经济之职权的机关，至少国家的预算，自亦整数的成为全体人民经济的预算。"② （第 35—36 页）

以上只是摘录俄国共产党党纲中与经济问题有关的部分条文段落，借此显示其经济纲领与列宁思想的一致性，以及列宁将马克思主义经济学与苏俄实际相结合并予以继承和发展的诸多经济特色。这些条款，尚能反映苏俄革命胜利初期的经济思想，不仅要求在无产阶级专政条件下，彻底完成对资产阶级的剥夺，将生产资料和流通资料变为苏维埃共和国即全体的公共财产，要求废除土地私有制后寻找和试行向大规模共同经营土地过渡的合理与实际办法，要求依靠农村中的无产阶级和半无产阶级分子，采取剥夺地主、打击富农和团结中农的不同方式，而且要求用有计划有组织的产品分配来代替商业贸易活动，以及准备消灭货币等。这些条款的译文，大体能够表达党纲的基本宗旨，却不尽准确。尽管如此，它们足以对刚建立的中国共产党效法俄国共产党，形成符合本国国情的经济指导思想，产生启迪和影响。从这个意义上说，中国共产党人最初思考经济纲领的要素，既有国民处于水深火热之中的现实经济困境，更有俄国共产党的榜样作用：正像马克思主义经济学从外部输入的一样，将马克思主义经济学付诸革命实践而形成共产党执政的经济纲领范式，首先也是从外部输入的。

顺便指出，《俄国共产党党纲》译本 1922 年初版本的扉页，有人民出版社通告，其中提到待出版的列宁全书系列，摆在第一本的便是张亮译《列宁传》，并注明"在印刷中"，意味即将出版。然而真正看到广州（实为上海）人民出版社初版的山川均著，张亮译《列宁传》，已是 5 年后的 1927 年 3 月。按照前面有关笔名的说法，张亮也是张西曼的笔名。此译本 16 章，分别介绍：列宁的出生与其兄被处死，学生时代——思想的背景，彼得格勒时代——劳动运动的组织者，西伯利亚流放——"危险人物"，"火花"（今译《火星报》）——《应该做什么?》（今译《怎么办?》），"社会民主劳动党"（今译社会民主工党）的分裂——多数党的起源，1905 年革命——最初的劳兵会（今译苏维埃），反动时代——作为学者和著述家，复活的曙光——列宁的议会政策，欧洲大战——"第二国际"的破灭，"第三国际"的勃兴——"泰麦华

①② 其今译文见《列宁选集》第 3 卷，人民出版社 1972 年版，第 750 页。

德会议"（今译齐美尔瓦尔得代表会议）的列宁，瑞士的亡命生活——住在靴匠的楼上，列宁回归俄都——"德探列宁"，革命的前夜——"一切权力都归劳农会"，克里姆林宫的生活——暗杀者的枪弹，俄罗斯革命和列宁。这个传记主要介绍列宁1918年被刺杀未遂之前的生平与革命事迹，大量引用列宁本人的论述及其战友的回忆录，最后认为成就十月革命和挽救十月革命的人，都是列宁①。这对于当时在我国树立起列宁作为无产阶级革命领袖的正面形象，有一定的影响。

## 二、《劳农俄国之考察》

李达翻译出版《社会问题总览》后，曾译述《劳农俄国研究》，1922年商务印书馆初版，可以说是对《总览》有关苏俄政府偏见的一个纠偏。译述本未见说明译自哪些原作，恐怕参考了当时已有的翻译及著述资料，包括邵飘萍编著的《新俄国之研究》和张冥飞编辑的《劳农政府与中国》。译述本10章，近400页，包括"俄国革命小史""劳农政治底特质——无产阶级专政与民主主义""劳农制度研究""劳动组合之组织与职分""农民与革命""劳农俄国底劳动者""农业底社会主义化""劳农俄国底教育制度""文化底设施""妇女之解放"②。仅从目录看，其客观介绍，更多渗入对苏俄政府各方面措施的肯定倾向。

《劳农俄国之考察》是东方杂志社编纂的专题文集，商务印书馆1923年12月初版，像前面的《马克思主义与唯物史观》文集一样，作为"东方杂志二十周年纪念刊物"，列入东方文库。这里所谓考察，有两种涵义，一是到苏俄的实地考察，二是补充新材料的文献考察。无论哪一种考察，比起前面有关苏俄的著作，都会增加一些新的内容。文集收入三篇文章，简介如下。

### （一）朱枕新的《苏维埃俄罗斯的过去与现在》

此文看题目，便可知其大概意思。它是作者实地到苏俄考察的见闻，分12节，记录至1921年底。最后说："我到了莫斯科，住了半个月，社会上的一般情形，我始终找不出和上海不同的地方。不过这原是外面的观察，至于内部的组织怎样，我却没有机会去考察了"③。考察结果，说明这是作者对苏俄实行新经济政策后，首都表面情形的真实感受，也说明考察仓猝，未能深入其内部组织结构。这种浮光掠

---

① 参看山川均著，张亮译《列宁传》，广州人民出版社1927年版，第65页。
② 参看李达译述《劳农俄国研究》，商务印书馆1922年版。
③ 东方杂志社编《劳农俄国之考察》，商务印书馆1923年版，第49—50页。

影的考察，体现在文章中，虽然依照一定的时间顺序，内容却很杂乱，既有奇闻轶事，也有官方报道，还有从不同著述里摘录的各种理论观点和政策措施，包括从手边浅显的《经济学原理》中，引用几大段关于马克思学说的评介。

附带指出，朱枕新稍后编译《俄国革命史》，据说 1923 年 11 月商务印书馆初版，现存 1926 年版本，列入共学社时代丛书。此书依次介绍三月革命，苏维埃之成立，联合政府之更迭，农村革命运动之一，十一月革命的酝酿、爆发与经过，革命时的骚扰，最高国民经济委员会，宪法议会，国是大会，土地法，革命后的党争，农村革命运动之二，苏维埃思潮进化的历程，附录"作工的与被侵掠的平民权利"（今译"被剥削劳动人民权利宣言"），"俄国苏维埃制度表解"和"国际歌"①。也就是说，这本书开始比较有系统地考察苏俄革命的历史，并深入考察其内部制度和组织结构。这些考察，带有客观评介苏俄革命和马克思学说的性质，况且评介者曾赴苏俄实地考察，更强化了客观的色彩。然而时隔不久，朱枕新 1927 年 1 月由新国家杂志社出版的新著《俄国革命论丛》，态度为之一变，完全站到反马克思主义和反布尔什维主义的立场上去。这一点，单看 17 章的目录，就十分醒目："俄国革命之失败——自序""共产党口中之苏联真相""俄国革命的解释与批评""苏维埃俄罗斯之过去与现在""马克思主义之理论的谬误及其实验""评俄国之无产阶级专政""斥马克思""俄国革命家之自供""俄国共产党内争史导言""布尔什维雪姆与个人主义""俄国民主主义之胜利史""俄国布党压迫农民的民主运动之经过""俄国最近之经济状况与劳动运动""苏俄工法法典""苏联给我的印象""历史的新纪元""俄国共产党之罪恶"②。书中到处充斥着俄国革命失败、马克思主义谬误、驳斥马克思、俄国共产党罪恶等内容，当初实地考察苏俄的本钱，如今变成反对马克思主义和苏联共产党的凭证，真可谓此一时彼一时。

## （二）林可彝③的《俄国为什么改行新经济政策》

文中称：列宁（原译"李宁"）数年来的治俄政策，"大抵取法于马克思的

① 参看朱枕新编译《俄国革命史》，商务印书馆 1926 年版。
② 参看朱枕新著《俄国革命论丛》，新国家杂志社 1927 年版。
③ 林可彝（1893—1928），原名瑞鼎，字可彝，福建罗源县人；1913 年入福建政法专门学校，1916 年毕业后东渡日本，先后留学于早稻田大学、明治大学，1920 年毕业回国，在北京朝阳、平民、文化等 5 所大学任教，从事马克思主义研究和宣传；1923 年夏赴苏联莫斯科东方大学留学，同年加入中国社会主义青年团，后转为中国共产党党员；1924 年回国，仍在原大学任教，1927 年任武昌中山大学教授，参加武汉保卫战，组织发动中山大学学生反对军阀屠杀，同年被捕，翌年初在武昌就义。

'非妥协'政策"。然而列宁"实在是一个非常慧敏活泼的机关车技手"，一瞧前途障碍，势难冲破，"立刻回转车头，向后退却"，不惮枉曲一直服膺的"非妥协"政策。1921 年 3 月公布实施的新经济政策，就是这样的枉曲，其内容承认农民和小工自由交易农产物和制造品，并对外设定租借地。这个政策是否错误或是否断定为无产阶级的降服，要先明白俄罗斯的国情和政治特质。马克思和恩格斯主张"一国社会革命的实现，一定要其产业发达，到了或阶段以上"。根据这个道理，马克思推测世界社会革命将先起于盛行托拉斯的美国。恩格斯也说俄国若实现社会革命，只有扩充村落的米尔制度，或等到全欧革命成功以后。然而 1917 年的农工政府首先在俄国出现，实基于战争的异常状态和社会革命的有利条件。假使列宁是德国人，1917 年十月革命起于德国，"相信列宁必不发布如此的新经济政策"。德国产业已经发达，许多大生产集中于国家或几个私人手里，差不多配得上马克思所谓发达到某个阶段以上的产业国。俄国除了几个大都市外，几乎没有大工业，生活全靠农业和小工商业，农业尤为国民经济的基础，所以"农民问题，是俄国政治上最重要的问题，农民问题未解决，所有政策都是落空"。十月革命后，列宁纵然能把中产阶级的许多制度一一打破，"大多数农民的小资产心理，是打不破的"。

列宁认为战时共产主义的特殊政策，只限于极端穷乏时期，一时不得已而行使，"决不是适合于无产阶级经济的任务的措施"。他说，"无产阶级专政底下所实现的正当政策，实为谷物和农民必要工业制品的相互交换"。他在四周年纪念论文里说："现在我们要设法停止前此社会的及经济的秩序，商业、小农经济、小企业的资本主义之破灭，且进而图商业、小企业资本主义的复活。慎重且渐次使他能够掌握在我们手里，纵使不能，至少也要维持可以置诸国家管理下的可能程度"①。又说："我们现在要找出一个正确的法子，来引导不可避免的资本主义的发展，到国家资本主义一条航路去，最简单的就是租借……（中略）所以从租借到社会主义，是由小生产变成大生产"②。"此种对资本家的妥协态度，固然系迁就事实，究不能说李宁主张的豹变"。

总结起来说，社会革命是劳动阶级对资本阶级的革命。马克思分析社会阶级，

<hr>

① 纪念论文应指列宁的《十月革命四周年》，经查，此文未见有类似这段引文的表述，列宁 1921 年 11 月 5 日发表的《论黄金在目前和在社会主义完全胜利后的作用》里，倒是有相近的论述。其今译文见《列宁选集》第 4 卷，人民出版社 1995 年版，第 611 页。
② 这段引文应出自列宁的《论粮食税》，但译文并不准确，又前后颠倒，可能不是译自原著而是转引他人的翻译。其今译文见同上书，第 505—506 页。

只有资产阶级和劳动阶级二者相对立。马克思纵然也承认有所谓中间阶级，但又说："资本集中的结果，中间阶级，多半陷入于无产阶级，少数则表同情于资产阶级，所以过去的资本主义历史，只是二个对立阶级的斗争历史"。后来《资本论》第三卷最后一章，变更前说，称社会有赁银劳动者、资本家、地主三阶级。惟此章未及完结，马克思去世。"所以他晚年的阶级观如何，我们无从知道"。列宁根据俄国革命经验，发现社会阶级在上述两个阶级以外，"还有一种有力阶级，即小中产阶级，这种阶级，是资本阶级倾覆之后，无产阶级专政之前，新发起的。此阶级里头，大半是农民"。"如何对付这种阶级，马克思未曾论及。考茨基主张要使中立。第三国际，鉴于俄国最初革命的经验，亦主张要求中产农民的中立"。列宁起初也想用非妥协的态度对待他们，可是土地政策实施后，看到一般农民分领没收大地主的土地，变成小资产阶级，总数竟占全俄人口的最大多数，使农村和都市劳动者之间逐渐发生背离，"觉悟这种政策不可继续行下"。列宁说："许多人对于新政策，怀抱惊叹，以为我们施政，乃急激变化如此，其实这种政策，全包含于我们本来的思想中。我们对德议和时，曾着手平和的建设，那时候就已觉到农民经济生活的必要，议采用国家资本主义。只以内乱勃发，驱我们只得向共产主义的生产与分配一途去进行。然于此短少时间的经验，已够使我们深信非经过先行社会主义的管理，连这共产主义的最低发达，亦不可能"。[1] "俄罗斯现在只能说是共产主义的准备国家，不能就说是共产国。现行新政策，只能说是共产主义的退却，不能说是共产主义的抛弃"。

列宁"坚决不挠，勇往迈进"，哪里甘心采用退撄政策。他取得政权时，因内忧外患，采用战时共产主义的特殊政策，想借俄国的地盘，促进世界的无产革命，又努力于全国电气化的设施，以为二者有一成功，俄国共产国家都可以成立。事与愿违后，"退却一步，撤废前此实行过的强制手段，以改良手段去代替他，自是迫不得已的办法"。列宁说，"改良是革命的阶级斗争中的一个副产物，无产阶级未全胜以前，不能不应用此副产物"[2]，即是此意。新政策的实施，无论对外对内，都限制在一定范围，其范围很明确。"这样看来，农工政府，对于国内小资产家的让步，不是如先进资本国那样对于大资本主义的让步，乃是对于农民和其补足物的

① 此引文未说明出处，列宁 1921 年 10 月 17 日的报告《新经济政策和政治教育委员会的任务》，可以看到类似的论述。其今译文见同上书，第 574—575 页。
② 引文出自《论黄金在目前和在社会主义完全胜利后的作用》，其今译文见同上书，第 617 页。

手工业、家内工业、其他制造业等许多小资产主义的让步"；对国外资本家的让步，是"一时权宜政策"。这种政策，无可讳言，"固然免不掉资本化的危险，最少也要延长资本主义的寿命"。经过某个时期的突贯战，未见成功，反陷于危地，于是变作作战计划，"转而采用迂回的、渐进的、熟虑的包围战，冒相当危险，以求最后的胜利，自是迫不得已，而且只有这一条法子"。列宁所谓"一步退却，二步前进"，"吾党政策有屈曲自在的弹力性般活力"，就是这样说法。"无产专政底下的国家，暂时忍诺小资产家的自由买卖，毕竟是为促进无产独裁政治底下的国家资本主义的实现。无产独裁政治，乃保障劳动者权力的政治，他们所行的国家资本主义，自然不是资本主义确立的意味，而为社会主义过渡的意味。所以除非无产专制制度破灭，总不至于不久将由国家资本主义，再败退到个人资本主义去的道理"。"无产专政底下行的国家资本主义，其支配国家经济势力，可以无产阶级的意志为左右。无产阶级意志，不用说是欢迎共产制度，所以我们极信俄国新经济政策的实施，决不会再退让到现限度以外"。列宁老早说："我们今日的退却，止于必要程度，此种退却，不久即可终了"。他在第十一次共产党大会宣布退却中止时说："吾人依退却所追求的目的，已经贯彻了。今乘时势的改变，将更进出他的目的了。此改变获得的结果，即巩固主权的掌握，与共产国家之创造。阵地一固，行将组织国家的支配，以与资本主义争最后的胜败"①。"退却一步，前进两步，我们对俄罗斯的前途很抱乐观的呵"。②

林可彝这篇文章，1922 年 8 月最初发表于《今日杂志》，即赴苏联留学并加入中国共产党之前，1920 年从日本留学回国之后，也就是说，此文所论有关苏俄改行新经济政策的资料，不可能从苏联直接获得，也不可能在日本期间就预知 1921 年 3 月正式实施的政策信息。在当时国内的条件下，他能够率先敏锐地抓住苏俄经济政策的这一重大转变，收集颇为详细的资料，做出比较准确的判断，很不容易。文中有几个特点：一是提出当初毫不妥协地取法和推行马克思无产阶级革命学说的列宁，何以转向采用国家资本主义的新经济政策这一命题，引人沉思。二是分析俄国的国情，十月革命后实施战时共产主义政策，迫于当时内忧外患的形势不得已而为之，也暴露出不能适用于本国实际的失误，于是改行新经济政策，意味着从本国

---

① 引自列宁 1922 年 3 月 27 日在俄共（布）第十一次代表大会上所作的报告，其今译文见同上书，第 677 页。

② 以上引文除另注外，均见《劳农俄国之考察》，商务印书馆 1923 年版，第 51—70 页。

实际出发创造性地运用马克思经济学说。三是大量引用列宁有关新经济政策的论述，如《论粮食税》《新经济政策和政治教育委员会的任务》《论黄金在目前和在社会主义完全胜利后的作用》，以及俄国（布）第十一次代表大会的政治报告等文献，引用列宁文献最近为 1922 年 3 月，当时难得一见；尽管引文并不准确，显示引用者不是直接取自列宁原作，而是转录于他人，但从这些论述里，仍能体会列宁的基本思想。四是确信苏俄在向共产主义过渡的准备时期，实行新经济政策只能说是从共产主义政策的退却，不能说是抛弃共产主义，对俄罗斯采用退一步进两步作法的前途，抱非常乐观的态度。

放在当时的语境里，此文还从一个侧面，为共产党人在中国提倡社会主义，提供了苏俄理论与实践的案例支持。例如，文中提出，按照马克思的理论推测，社会革命应首先发生在像美国、欧洲或德国那样的经济发达国家，这也是前面经常提到的唯物史观公式第四段的涵义，然而实际情况，由于各种主客观条件的共同作用，社会革命首先发生在经济发展落后的俄国。革命胜利后的列宁政府，在无产阶级专政条件下治理国家，必须考虑自身国情而不可盲目照搬假设经济发达前提下的作法，苏俄从战时共产主义转向新经济政策，就是马克思主义与本国实际相结合的精神体现。又如，根据马克思的社会阶级分析，资本主义积累的一般趋势，最后将分裂为资产阶级与劳动阶级两个阶级的对立，其他中间阶级将逐渐分化而分别归属于这两个阶级，但这也是指资本主义的发达阶段而言，不符合俄国农民占绝大多数的现状。此文提到推翻资本阶级和实行无产阶级专政之前，如何对待农民的问题，马克思未曾论及，考茨基先提出让农民中立的主张，后来第三国际根据苏俄革命的最初经验而使这个中立的主张具体化，此说未必正确，其实马克思和恩格斯都论述过这一问题，并提出明确的指导意见。尽管如此，文中指出俄国以农民为主的阶级关系，不同于马克思所分析的发达资本主义阶段的简明阶级对立关系，同样为了说明列宁改变战时共产主义政策损害农民利益，有利于城市工人阶级和革命军队，转而推行新经济政策，出于在特定俄国国情下通过国家资本主义过渡到社会主义的现实考虑。所有这些，生动而鲜活地向国人证明，不能教条地或书呆子读死书一般地去认识马克思学说的道理。

**（三）罗罗、锡琛合编的《劳农俄国之面面观》**

此文包括"劳农俄国之领袖人物""劳农俄国之外交关系""劳农政府之艺术施设""俄国之饥荒""劳农俄国之劳动军""俄国之宗教改革""劳农俄国之婚姻

法""俄国之儿童殖民地"等 8 个方面①。涉及苏俄的领袖、外交、艺术、饥荒、军队、宗教、婚姻，所谓儿童殖民地指儿童教育，意即比较全方位地展现苏俄各方面的情况，无论正面或负面，均不避讳，以示客观。比较其他介绍苏俄的著述，提供若干新的视角，补充一些新的材料，其时间下限到 1921 年，但疏漏较多，亦不见经济方面的介绍，故无须细述。

根据以上梳理，这本文集最值得关注的是林可彝的文章。它不仅站在维护苏俄政权的立场上，率先并适当解释了为什么取消战时共产主义而改行新经济政策的道理，深入探究了列宁基于俄国经济欠发达的国情，运用马克思学说指导本国经济工作的过程中予以理论和实践创新的一系列论述与例证，为早期共产党人效法苏俄，坚持中国走社会主义道路的主张，提供了真实而具体的样式。

顺便提到孙锡麒②著《合作主义》一书，也涉及苏俄国情。此书只见上册，列入新智识丛书，商务印书馆 1924 年出版。著者 1923 年 8 月写于上海的例言称："著者因鉴于我国尚无合作专书——即有一二部亦不过为部分的——爰于去年竭其所得草成此书，计定稿适一年。本拟多搜集材料以期获比较的完美之果，惟以急于赴美，不克如愿"。"本书于去年初属稿时，本定有'合作主义与社会主义''合作者与政治运动''发展合作问题'等章，后以范围较广，且时间匆促，不及列入"。③ 可见这是作者赴美留学前夕完成的著作，1922 年动笔时，国内介绍合作主义的专书寥寥无几。从前面的考察看，除了 1920 年或稍后的《协力主义政治经济学》译本外，确实如此。作者曾打算用一章来比较合作主义与社会主义，虽未果，却显示合作主义同社会主义之间具有某种连带关系；由于范围较广和时间仓促，有几章未及列入，大概是以上册名义出版而等待下册的始因。

此书 14 章，即"合作主义的定义""合作萌芽时代""罗伯特·欧文"（原译"罗勃涡文"）、"威廉·金""罗奇代尔之先驱者""消费合作者的组织及其经营""批发合作社""全国合作联合会""各国消费合作运动概观""生产合作""信用使用""农业合作""国际合作"和"中国合作运动"。其中说："合作运动在俄国

① 参看《劳农俄国之考察》，商务印书馆 1923 年版，第 71—103 页。
② 孙锡麒，后改名孙寒冰（1903—1940），江苏省南汇县（现上海南汇）周浦镇人；早年赴美国华盛顿大学留学，获硕士学位，又入哈佛大学进修；回国后，历任复旦大学社会科学系主任、劳动大学经济系主任、暨南大学政治经济系主任兼教授，曾创办《文摘》杂志，并任黎明书局总编辑；抗战爆发后，随复旦大学迁至重庆北碚，任教务长兼法学院院长；日机轰炸重庆时罹难。
③ 孙锡麒著《合作主义》上册，商务印书馆 1924 年出版，"例言"。

已是完全普遍了；合作这字，在俄国已是家喻户晓，无人不知其效能；民间与政府几皆视合作为俄国底唯一精神"。红军得胜后，列宁（原译"李宁"）"曾用武力摧残合作社，并逮捕合作运动底领袖，因为他绝对的反对合作主义"。"后来他经营各项收没的私家之业，在在失败，就觉得苏维埃本身在经济上亦须依赖合作社，于是他重行恢复合作社，将各项工业交给消费合作社经营，并将分配粮食的事业，亦委任给合作社，又通过了许多保护合作事业的法律"。"合作真是俄国底救神，假若没有合作社，这次俄国底经济大骚乱，早已致全俄人民于死地了"。①

上述这段苏俄史实，究竟如何考证获得，不是这里的目的。重要的是据此能够看到，作者把列宁在苏俄革命成功后，从最初推行战时共产主义即所谓绝对反对合作主义，到调整改变为新经济政策即恢复和依赖合作社以经营被没收的私人企业乃至被委托来分配粮食，说成拯救俄国人民于水火之中。此说实际上接触到苏俄贯彻新经济政策时，将合作社或合作运动纳入向社会主义经济制度过渡的轨道。这样也就把合作主义与苏俄的社会主义实践探索，联系在一起。作者借此虚张声势，宣扬合作才是让俄国人民绝处逢生的"救神"，是普及于俄国并为民间和政府所一致信奉的"唯一精神"，试图以此否认苏俄打破私有制度的社会主义精神，结果却给合作主义在已有的空想社会主义和西方资本主义范式之外，开辟了通向苏俄社会主义实践的过渡范式。自此以后，国内不少涉论合作问题的著作，仍不断拿苏俄这个变化说事，或者说苏俄经济放弃了原有的主义宗旨，或者说正在向西方民主主义靠拢，未知将合作主义与苏俄经济联结起来后，同时也为国人透过苏俄范式来领会马克思主义经济学的实践运用，打开了一个新的窗口。

另有《合作论》一书，克雷吞（Joseph Clayton，今译约瑟夫·克雷顿②）著，徐渭津③译，上海商务印书馆 1924 年 4 月初版，1927 年 6 月再版。译本内含绪言、历史、合作分配、合作生产、劳工合伙与红利分享、农业合作、大陆上的合作者、教育事业、结论 9 章。这本小册子不过 100 余页，与前述孙锡麒的《合作主义》，大致同一时期出版而稍有前后，同列新智识丛书，二者内容也有较多相近之处。提及这个译本，不是说它同马克思主义经济学有什么直接关系，而是借以表明，从此

① 孙锡麒著《合作主义》上册，商务印书馆 1924 年出版，第 148 页。
② 约瑟夫·克雷顿（1868—1943），毕业于英国牛津大学，基督教社会主义者，独立工党组织者，曾任《新时代》编辑，后皈依天主教，皇家历史学会成员。
③ 徐渭津，生卒不详，江西临川人，毕业于英国伦敦大学政治经济学系。

时起，有关合作问题的著作逐渐增多，开始引起国人的关注，并成为认识社会主义乃至马克思经济学说的一个新的窗口或渠道。

## 第二节　论述社会主义的著作

这方面流行的著作，本时期除了共产党人关于社会主义的讨论和讲演之外，以译本居多，反映了国外学者对待马克思经济学说的不同态度与观点。

### 一、关于社会主义的译本代表作

列举两个译本，著者都是美国教授伊利①。

#### （一）《社会主义与社会改良》译本

署名美国 R. Ely 著，何飞雄译，陶履恭校，商务印书馆 1922 年 5 月初版，1924 年 9 月再版。译者不详。校者陶履恭即陶孟和，1921 年 6 月 20 日作了一篇长序，就像他此前校阅《经济学史》和《价值价格及利润》两个译本并为之作序，同样值得注意。其序大意如下：

伊利教授的《社会主义与社会改良》出版于 1894 年，离现在已经 20 多年了。他做这本书的目的，其序文清楚解释说，现时的合众国与 20 年前德意志的情形正同，合众国不可蹈德国的覆辙。20 年前，德意志有社会民主主义和社会改良两条路可以行。当时有迈尔（Rudolf Meyer，今译鲁道夫·迈耶）博士写了一本书（书名《第四级为解放的奋斗》），主张德国应当采取社会改良的纲领，缓和社会民主主义的势力，藉此可以免去社会主义的危险。但是德国当时没有注意这个警告，仍旧推行保守的政策。俾斯麦专用压制的手段，制伏社会民主党，颁布法令凡关于社会主义的集会，言论出版物等，一概严行禁止。结果人民愤激，社会民主党实在的势力反倒一天比一天扩大。这一段历史是大家所熟知的。以后政府采取国家社会主义的政策，施行各种劳动保险制度。这种设施都是因为人民的要求，胁迫不得已而做的，并不是对待劳动阶级的诚意。过了 20 年就是 1890 年以后，迈尔博士又著一

① R. T. 伊利（1854—1943），美国经济学家，1876 年毕业于哥伦比亚大学，1879 年获得德国海德堡大学哲学博士学位，1881—1892 年任约翰·霍普金斯大学政治经济学教授，1892—1925 年任威斯康星大学经济学系主任；创建和协助建立美国经济学会、美国劳动立法协会、美国农业立法协会等团体和组织。

书说，现在德国如果再采取 20 年前所提议的社会改良政策，已经太迟了。当时政府只有国家社会主义与社会民主主义的两条路可以行。迈尔博士以为政府当局应该与社会民主党暂时相提携，但是它恐怕将来仍然是社会民主主义要占据优势。伊利教授观察当时合众国的情形，又有鉴于德国 20 年以来的变化和迈尔博士两次的忠告，著了这本书。"他主张合众国应该急速施行社会改良的政策，免致步德国的后尘。他又说，社会主义的潮流，不是可以用敷衍、弥缝的政策阻止的，是记着社会主义所怀抱的最高尚的理想"。所以他这本书，一方面研究社会主义的性质，它的长处和它的弱点（见前 3 卷）；另一方面对社会改良有所提议（见第 4 卷）。

社会主义与社会改良的分别在哪里？这两个名词所含的意义可以有许多的解释，各时代各人对于两个名词的观念不同。从大体上看，可以指出，至少有两层不同的地方。第一层"从所持的态度方面看"。"社会主义者完全反对现在的制度，打算用一种新的计画代替旧有的制度"。各派社会主义所提出的新计画不全相同，为实施新计画所采用的手段也不全相同，"他们的共同之点就是不满于现在的社会，想要将现代社会根本改革，设立与现在不同的新制度"。"社会改良者承认现在的制度，但是反对现在制度上所现出的弱点。他们承认固有的制度不是一天可以废除的，况且就中有许多制度是非常宝贵，不应该受淘汰的。所以他们只希望补救现在的缺点，铲除现在的弊害"。社会改良者的意见也是各不相同，"他们的共同之点就是相信就着现在的制度，推行改良主义"。

第二层"从所用的手段方面看"。社会主义所采用的手段大概不外三种：一种"用高压手段即刻将现在制度推翻，施行社会主义"；一种"任现在制度的自然演化，将来资本大集中之后，因为阶级战争的结果，自然会产出社会主义"；一种"用政治手段在国会里为劳动者争权利，将来有了机会用政治的手段推行社会主义"。第一种现在有一个"向来没有的实例"，就是俄国的布尔札维克政府。"俄国现在受外边的压迫，共产党政府的势力不特不见衰减，反日益强大。将来等到俄国和其他外国通商和好以后，共产党政府的势力能否维持，共产党的政策能否继续推行，我们还不能事前断定，且等着看他们的成绩"。（今年 3 月 31 日北京《晨报》特派员从莫斯科来电说，俄国劳农政府已允许农民得将生产品出售，"这是一件极可注意的事"；这件事可与伊利教授书中所论农业一段参看。）第二种是"马克斯一派的经济的定命主义"。"资本大集中和阶级战争至今都没有马克斯所推想的那样利害。据过去经济的演化，观察将来，也不见得会自然的有社会主义发现。所以定命主义是靠不住的"。第三种的代表是各国的社会党和劳动党。"他们的成绩大概都是限于改良劳动状况，维护劳动的利益"。他们的活动虽然主要在国会，但除了新西兰、澳大利亚和现在的德国以外，他们还不曾有过组织政府的机会。新西兰和澳大利亚诚然已经推行了多种社会主义的立法，但是两处都是新的国家，与北半球的国家情形不同。"况且通过了社会主义的立法，也不能就算是实行社会主义，因为现在在旧的国家中已经有许多的立法是合乎社会主义的原则的了"。至于德国社会党的政府能力如何，现在还不能断定，且看将来。"据现在的推测，德国政府是偏于保守的，将来不见得能造出一个完全社会主义的国家来"。社会改良所采用的手段，"一方面藉着政治的手段推行社会改良的政策，一方面又靠着私人自由的集合直接的救济社会上的弊病"。在欧洲各国，没有一个团体或机关可以代表社会改良的全体，不得已只可以各国"自由党"一派的人来代表。"在现在社会主义的思想蓬勃的时候，就是向来保守的也都拿社会改良的大题目相号召"。例如，美国的保守党就是以社会改良为党纲之一，他们掌握政权时，对社会改良也不是完全没有功绩可言。

本书已详细讨论社会主义与社会改良二者的长短，现在须申明，"近年来社会改良的进步靠着社会主义者鼓吹的力量很多"。"自社会主义发生以来，最初有许多的人听了非常的惊奇，甚而至有抱耳不愿闻的。以后各地方产业上和经济上特别是产业上的弊害暴露，社会主义的声浪渐渐的高起来，社会主义者的势力，也就俨然有不可侮之势"。20年前有一位英国贵族说，"现在我们都是社会主义者了"！社会主义者的势力虽然一天比一天强大，但是他们"直接的所成就的少，而间接的所成就的多"。间接的成就是"使一般人都有一个高尚的公道的理想，去改良人民全体生活的状况"。

"从以上所说的经验看来，现在在中国鼓吹社会主义是很要紧的。中国因为主要的产业是农业，大资本的企业还没有发达，诚然与欧美所提倡的社会主义有凿枘不相入的地方。社会主义的计画中据我看起来，也诚然有许多不妥当的地方。但是我们吸收了社会主义的理想可以激起天良去救济我们社会上的弊害"。例如，我们的农村里有多少不平等的状况，要藉着社会主义的"照妖镜"，研究它的毒害，去改革它。近来有人说，现在中国不必要鼓吹社会主义，理由是所鼓吹的是假的，不是学理的商榷。"现在社会主义，有许多派别，到底谁是真的，谁是假的，他们自己也是互相攻讦争辩不已的。至于学理的研究与鼓吹两样是那一个功效大，我恐怕还是鼓吹的功效大。马克斯的《资本论》固然是马克斯派社会主义的基础，但是我恐怕信从马克斯派社会主义者大多数还是受鼓吹宣传的影响，不是因为读马克斯的《资本论》才信从的"。又有人说，中国现在的病是生产不发达，提倡社会主义现在为时还早。"此种议论是很奇怪的。人类超过万物的，就是因为他能够利用自己和他人过去的经验，矫正他的行为。人家的失败或成功都是对于我们的行为贡献一种最好的参考"。例如英国的工业发达最早，产业上的毒害也是最烈。德国的产业发达比英国迟了一百多年，有许多的毒害，都因为有"前车之鉴"已经事先预防了。研究英德两国的产业发达史的都知道两国产业发达不同的情形。现在欧美大资本的产业的流毒是如何发达出来的，要如何矫正，我们现在都有"前车之鉴"。"假使我们不能利用已有的经验、知识去改良我们的生活环境，而一定要等社会主义成立以后，再去鼓吹社会主义，我们真有愧人类的名称"。至于将来如何支配人类的生活状况，"我相信社会主义的批评，颇可以发我们的猛省，社会主义的理想，颇可以做我们的指导"。①

这篇序言，颇为出色地概括了译本的要点、特色和宗旨，也体现出作序者的个人倾向。其主旨，在根底上主张社会改良，但与一般的社会改良论调通常排斥社会主义又不尽相同，承认社会主义的发展趋势有其合理性，宣扬社会主义的态度和手段对推进社会改良有借鉴作用，主张在中国鼓吹社会主义。究竟怎样看待这种似乎矛盾的现象，其实只要查阅序言对待马克思学说的态度，便可了然。例如，概括社会主义不外采用三种手段，把马克思归入第二种手段的代表，其特点是所谓经济定命主义。此即根据现行资本主义制度的自然演化，势必因资本的高度集中而导致阶级斗争，结果自然会产生社会主义；同时断言，马克思这种推想，无论资本集中或阶级斗争，至今都没有明显出现，而且依据过去经济的演化，将来也不见得会有社会主义的必然发现，所以马克思学说是靠不住的。也就是说，在三种手段中，马克思学说被明确否定了。关于第一种手段通过高压方式马上推翻现行制度以实行社会主义，从社会改良的立场看，当然更是反对的，而且伊利的原著出版时，未曾出现这样的实际案例。然而到1921年作序时，不仅出现了向来没有的实例，俄国布尔什维克政府凭借这种手段执政了，而且在敌对势力的压迫下，其势力未见衰退反而日益强大；于是，作序者面对这个客观现实，不敢轻易否定第一种手段的效果，只是说俄国共产党政府将来能否维持其势力或继续推行其政策，有待观察。接着提到俄国劳农政府允许农民出售生产品，也就是开始推行新经济政策，认为此事"极可注意"，并可参看伊利书中论述农业的社会改良一段。可见，作序者关注的是，俄国新经济政策的推行，能否重新回到社会改良的道路。至于第三种手段，各国社会党和劳动党利用政治手段，在国会里为劳动者争权利，等待机会推行社会主义，在作序者看来，这同现行各国政府所推行的社会改良，没有多大差别。此即序中所称，现在新的国家如新西兰和澳大利亚通过社会主义的立法，不能算是实行社会主义，因为旧的国家也有许多立法合乎社会主义的原则；至于旧的国家，除了可以推测德国社会党政府将来不能造出一个完全社会主义的国家之外，其他国家的社会党连组织政府的机会都没有。可见既把欧洲社会党的议会政治等同于社会改良，又对它们取代现行旧政府来推行社会改良的能力不屑一顾。

又如，谈到在中国鼓吹社会主义很要紧，特别强调鼓吹宣传比学理研究的功效更大，理由是连同马克思派社会主义的信从者在内，没有多少人因为读了马克思的《资本论》才信从，大多数是受到鼓吹宣传的影响。这也是前面明确否定马克思学说的必然结论。说到鼓吹宣传，又主要着眼于道德上的激励，以农业为主的中国还未进入大资本企业的产业发达状态，欧美国家所提倡的社会主义并不完全适用于中国或有许多不妥当的地方，但社会主义的理想可以"激起天良"，让我们面对社会上如农村中的不平等弊害以便改革它，也就是起到前车之鉴的作用。由此看来，所谓相信社会主义的批评可以激发我们猛省，所谓社会主义理想可以做我们的指导，主张的是鼓吹一种没有马克思学理作为基础或剔除马克思学理研究的社会主义，结果无非是通过社会主义理想的道德激励来做实社会改良的措施。这大概也是译本起名"社会主义与社会改良"的用意。书中4编，前3编分别叙述社会主义的性质、特长与弱点，第4编论述"社会主义之实地应用势力"，实际上是说社会改良的运用。单从这个布局看，全书好像都在谈社会主义，其实最后落脚在社会改良上，这正是译本的著述特点。社会主义思潮传入中国时，最初国内不少人都把伊利的著作当作宣扬社会主义的代表作，纷纷加以利用。殊不知它是在社会主义的名义下，推销抵制马克思主义的社会改良货色。

### （二）《近世社会主义论》译本

署名美国伊黎原著，黄尊三①译述，商务印书馆1923年6月初版，1926年4

---

① 黄尊三（1880—1951），原名礼达，湖南泸溪人；1905年官费留学日本，先后进入宏文学校、正则英语学校、早稻田大清留学部和明治大学法政部，1912年回国，加入同盟会；国民政府成立后，在北京任教育部佥事，后任大学教授；与友人创办《新民报》，报纸停办后，与友人创办私立民国大学并任总务长。

月再版，列入新智识丛书。此书原名 French and German Socialism，今译《法国和德国的社会主义》。前面考察伊利有关社会主义的著作，对其基本倾向已有大致的了解，现在这个译本，又提供了进一步认识其社会主义论述的机会。

（1）译本简介。译本分"总论""法兰西社会主义""日耳曼社会主义"和"基督教的社会主义"4编。第1编3章的大旨，第1章绪言：社会之不平等乃人性自然之结果，提倡共产主义者说不平等违背自然的法则，"此种学说，要非吾人所敢赞同"。但国民经济的不平等若超过"适当之度"，社会只有巨富与赤贫两阶级，调和两者的中等社会渐次减少，则社会和平必破，革命骚乱以起，"此实现今文明各国之通患"。社会主义学者主张限制私有财产，以土地与资本为公有（即国有），使国民共同从事生产，生产物比例劳动程度分配，"此说比之共产主义，似较确实，且为有学理的"。所谓社会政策，国家用其权力，依法律命令维持社会的平衡，"于解决现今之社会问题，为最有力者"。"故吾人以为足以解决现今之社会问题者，非社会党，非私人之慈善的事业，唯视国家之社会政策何如耳"。第2章社会问题的本质：此即"经济上强者与弱者间利害冲突之问题"；现今文明国一般普通的社会问题，"要言之，不外资本主与劳动者、地主与劳农之利害冲突问题"。社会问题"与其谓为经济上富之生产问题，无宁谓为富之分配问题"。现今社会问题之异于古代者，"彼为局地的问题，此为世界的问题"。第3章现今社会问题的起因及发达：起因即经济上自由主义的普及，亦即自由竞争、个人主义、资本专制。相信最近数十年来劳动者的地位大有改良，然而"资本主经济上之位置日高，劳动者经济上之位置日低之言，亦非过论，此即近世劳动者间不平等之点，亦即现今社会问题之祸根"。①

以上大旨，概括起来说，社会不平等是人性自然的结果，自古已然，不可能改变；但贫富之间的不平等应保持在适当的限度内，否则会打破社会平衡而引起革命骚乱；当今资本主义各国的通病，听任自由竞争和资本专制，削减中间阶级而形成巨富与赤贫的两极分化，又从局部地域扩展到世界范围，成为普遍的社会问题；社会问题主要起因于财富的分配而非财富的生产，解决的办法，共产主义不可取，社会主义有其道理可用作促进和参考，慈善事业无法普及，故真正有效的唯一办法，是国家的社会政策，通过法律命令来维持社会平衡。大旨既定，后面各编的论述，围绕于此，提供理论、历史和实例的证明。

第2编8章，第1章绪论，区别个人主义与社会主义，社会主义与共产主义，分类共产主义有"法国及英国之共产主义""社会民主主义""万国共产主义"，社会主义有"纯正社会主义""国家社会主义或讲坛社会主义""基督教社会主义""法兰西总合主义""法兰西无主党及布兰克党""社会共和主义"和"万国社会主义"。第2至第8章，分别论述巴贝夫（原译"巴普甫"）的共产主义，卡贝（原译"凯白"）的共产主义，圣西门（原译"塞西门"）的社会主义及其门人，傅立叶（原译"弗里尔"）的社会主义，路易·勃朗（原译"路易布兰"）的社会主义，蒲鲁东的社会主义，蒲鲁东死后的法兰西社会主义。其结论，"吾人读法兰西社会主义之历史，直可谓为失败之历史"。①

第3编8章，第1章绪论："德意志之社会主义，在世界社会主义中实开一新时期。今欧美各国流行之社会主义，除极小部分外，靡不取法德意志"；"此社会主义之特色，在理论深远，且为科学的"。第2章洛贝尔图斯（原译"鲁得柏尔士"）的社会主义，"实可谓为纯正理论的社会主义之代表者"；洛氏的意见，"凡今日之社会主义家，殆无有不被其感化者"；实为新社会主义建设的基础，倘能精研他的学说，则马克思、拉萨尔的议论，"自易了解"。第3章卡尔·马克思（原译"克尔马克士"）的社会主义，留待后面介绍。第4章万国劳动者同盟，完整引用马克思1864年起草并被大会批准的《国际工人协会共同章程》前言部分②。同盟解散后，吾人敢信"将必有大演活剧之一日"；"此新世界之改造，吾人敢信其期之不远"。第5章拉萨尔的社会主义，拉氏"奋臂一呼，使日耳曼之劳动者勃然露其头角，确立劳动团体之大同盟"，"可谓劳动军勇敢之先锋"。第6章社会民主党的理想，"奉极端之社会主义者，亦即纯正之社会主义者"；拉萨尔死后，该党虽反其志以行，"然究视若严父而尊崇之"，其肉体虽死，"其精灵则遍入于日耳曼劳动者之脑海，常支配其感情与思想"。第7章拉萨尔死后的社会民主党，与社会民主劳动党（今译社会民主工党）合并后，拉萨尔之遗业至此扫地无余，但"其精神犹能指挥"；社会民主劳动党的首领李卜克内西（原译"李百克来特"）及倍倍尔（原译"白北尔"）"实继承拉萨尔之遗志，而传布其教义者"。第8章讲坛社会主义，以通俗之意义解释，不得谓社会主义，"自严格的学问上之意义论之，是

---

① 伊黎著，黄尊三译述《近世社会主义论》，商务印书馆1926年版，第19—20、第105页。
② 其今译文见《马克思恩格斯选集》第2卷，人民出版社1972年版，第136—137页。

亦不失为一种社会主义"；注重国家的权力，主张政府对私人事业应当采取干涉主义，其泰斗为瓦格纳。①

第4编3章，第1章社会问题与宗教的关系，法兰西社会主义者"大抵皆轻蔑基督教"；洛贝尔图斯、马克思、拉萨尔等对于宗教，虽未加以非难，"亦甚冷淡"，其社会改良策"偏于经济的理论，而不涉于宗教"；"独讲坛社会党，则认宗教之势力为至大无外，以经济学为最高尚之伦理学"。宗教千余年来对人心世道的感化，"岂独不能应用于经济问题，以为救治劳动者之慈航乎"？第2章圣书中社会主义的教义称，18世纪末19世纪初，"人类倾于唯物的观念，劳动者绝未来天国之望，唯知斤斤于现世之幸福，所谓社会问题，亦徒成为吃饭之问题"；尊崇肉体过甚，修养精神顿忘，"一旦稍失其意，则悲歌慷慨，怨愤咨嗟，甚至流于过激，形于暴乱，是岂非极端之自由主义与极端之唯物主义并行而来之结果乎"。第3章法兰西英吉利德意志的基督教社会主义，欲得基督教的助力，求其和平与调和，"是关于社会问题解释之一大进步"。②

由上可见，第2编谈论法国社会主义，大致属于空想社会主义的范畴。所谓法国社会主义的历史可谓失败的历史，指法国空想社会主义的代表人物之后，其社会主义或陷于偏激，或沦为平庸，影响大为削弱。第3编谈论德国社会主义，可以归入科学社会主义创立的阶段，以经济理论的内容为主。其论述的几个特点，一是以洛贝尔图斯、马克思和拉萨尔三人为科学社会主义的共同创立者，并列以三章分别专门介绍，以洛氏为三人的理论先进者，以拉氏为应用理论来组织劳动者同盟即建立社会民主党的首创者，结果牵制或弱化了马克思在创立科学社会主义方面的独特地位。二是其他各章的介绍，如关于国际工人协会、拉萨尔的社会主义及拉萨尔死后的社会民主党等，以不逊于马克思影响的篇幅，突出洛氏和拉氏在社会主义理论运用和实践发展中的影响。三是最后一章，把通常不属于社会主义考察范围而作为政府社会政策或改良主义代表的讲坛社会主义或国家社会主义，也在严格学问的名义下拉入这个范围，实际上为作者讨论近世社会主义的主旨，画上点睛的一笔。第4编谈论基督教社会主义，不像泛论社会主义的其他著述那样，拉杂诸如修正主义、无政府主义、工团主义、基尔特主义等各派社会主义，专论基督教一派，更表明了作者的基本意图，质疑科学社会主义的唯物史观和经济理论，主张借助宗教伦理来解决社会问题，以防破坏和平或调和而出现激进暴力的行为。这个译本分别从社会主义的不同派别、各自学说及其代表人物来看，在客观介绍的过程中提供了不少理论及实证资料，足资参考。然而通观全书，对于科学社会主义经济理论，用于借鉴而决非采纳，推进以社会改良主义来解决社会问题的大旨，贯穿始终，从未表现出丝毫的疏忽。译本中还不时穿插一些有关日本的资料和中国古代经典的议论，包括改变原有书名，估计是日译者之所为。据此，似乎可以判断，译本不是直接译自英文原作，而是转译自日文译本。中译者所说的译述，大概也是就此而言，并添入少量的中文注释。其译笔总的看来，崇尚文言而欠通达。

（2）关于马克思的社会主义。这是第 3 编第 3 章的主题，大意如下：马克思"不仅确立日耳曼社会民主主义之理想，并为自党之首领，当操纵指挥之任"。1847 年与其友恩格斯起草《共产党宣言》说："共产党非自枉屈以隐蔽其意见者，又岂惮公布其目的耶。我党敢公言曰，非根本推翻现今之社会，则我党之目的，决不能贯彻。富者贵者，必将因大革命而震惧。贫者困者，则必因之而脱其束缚。五大洲之平民，其急起而作同盟之团结"[1]。1848 年马克思归国，组织杂志（指《新莱茵报》）以为劳动者声援。遭禁后去英国从事社会党运动，1864 年创立万国劳动者同盟，"其政治的运动，至此可谓达于极点"；1867 年出版《资本论》，"可谓其文学事业之全盛时期"。世人称《资本论》为社会民主党之经典，"决非过言"。此书"以精锐之思想，深远之学识，论明其主义"。与李嘉图（原译"里加德"）的《经济学及租税原论》（今译《政治经济学及赋税原理》）比较，"其繁难错综，费人索解，颇近似之"；其难解，"决非文章之拙陋，论法之谬误，实其理论过于深远故耳"。马克思钻研学理，并能运筹画策，指挥万国劳动者同盟之运动，"实一学问家而兼有政治家之资格者"。"抱绝代之伟才，且为古今罕有之大经济家，其著述不仅为举世学者所同赞，即一般普通人民无不共仰"。

马克思的学理，"裨益于世界学问者"有两种：一为"历史进步之理论"，一为"价格论"。二种理论，"虽肇端于前人，彼则更以精锐之思想，补缀扩充，立说明之方，而发现新论法之构造"。关于"历史进步论"：社会进步实经由各种阶级而来，其各阶级的状态，依人民的经济生活来表示，"由货物生产分配之方法而

---

[1] 其今译文见《马克思恩格斯选集》第 1 卷，人民出版社 1972 年版，第 285—286 页。

表示之"，是"社会之最要事件"；货物生产的方法，依社会各时代而不一致，过去的奴隶制度业已消灭，人身为私有财产的习惯亦已废止，"资本私有制度，岂独能幸存"；"资本私有制，固因社会经济之必要而发生者，此种条件存在，则此种制度，自不能消灭"；今日人类用机械工艺，大为增加其生产力，不必终日营营，即能产出社会必要的货物而有余，则已达到废止资本私有制的时代。"在现今市民特权极盛行时代，经济社会之恐慌，达于极点，天下之富，多集中于小数富豪之手，此种现象，要足为市民不足为经济界之指导者之证明"，应速退听而代之以平民。平民"即社会第四级之人民"，"为世界之中坚"，"不可不新任经济界指挥之责"。"故资本之集中，与劳动者之不满，即为资本制度破裂之表现。今仍欲维持此恶劣之资本制，在势实有所不许"。

关于"价格论"：马克思经济学的根据，"全在价格之理论"。其理论多基于李嘉图与洛贝尔图斯的学说，"以己见增补演绎之者，亦颇不少"。先区分价格为"有用价格与交换价格"，"虽同有供吾人实用之意义，要实有不同之点在"。"有交换价格之一切货物，皆有一共通之元素存在"，此即"劳力"；劳动时间即比较货物价格的标准。劳动有精致劳动和简单劳动，此即"应社会之状态与其时代必要之通常平均劳动"，"具普通体力之人类，藉其时代之机械技术之助而发现之劳动力，此称为社会平均之劳动时间"；劳动单位不外乎单纯劳动，精致劳动以单纯劳动的倍数计算。依此说明"资本主剥夺劳动者之利益"。"资本主之购买劳动，唯以交换价格，而劳动之有用价格，实比大于交换价格，其超过价格，悉归于资本主所有"。如洛贝尔图斯所论劳动的交换价格，"依发生劳动之费用而定"，劳动者不论如何努力，其生计费用不过仅得其生计费而已，剩余部分大都为资本主所垄断。假定劳动者平均一日劳动 6 小时，足得其生计费，然而实际上每日劳动 12 或 13 小时，剩下的与 6 或 7 小时生产物相当的价格，完全归于资本主的利益。"资本主之所以有如此不当利得者，实因生产机关为其专有故也。劳动者虽欲脱离彼等而独立生产，然既无生产之机关，在势有所不能，不得不始终依赖资本主以讨生活，而资本主又乘机提出苛酷之条件以困窘之"。资本主利用此利得扩张其业务，反过来又日益增加其利得，"资本私有之根蒂，更日益确立"。

马克思说明资本的意义：机械自身决非资本，"迨因或关系生于机械，而此机械始成其为资本，故资本者，发生于货物生产之际之一种社会的关系"。直接生产者即劳动者的所有，不称为资本，"唯至此机关为剥夺劳动者之利益及支配其身体之用时，始得称为资本"。资本组织为生产方法的根源，"实滥觞于或少数之人类，掠夺他人共有之土地之所致"。由此可知，马克思解释资本的意义是"最狭义的"，"似仅为限于雇主手中之经济的货物之意味"。马克思说明现今社会货物交换的状态，与社会主义社会的交换状态的差异：现今社会的资本主，先以金钱购买劳动，再卖出由劳动生产的货物而得"剩余价格"的利益；在社会主义社会，剩余价格归于消灭，"一切货物，尽属于生产者所有，其互相交换，均以劳动票据行之"。劳动票据"不过媒介于有同等价格两货物之间，决不发生剩余价格"；一劳动同其他同等劳动交换，其所得劳动结果即货物的手段，"不可不与劳动同"。劳动无论为筋骨或为精神，均不可不依某种类的劳动。"如是，则怠惰者不能生存于世界，而寄食于他人劳动之游民，亦将绝迹"。马克思理论尤有一个重要之点，即"恐慌之理论"：工业繁荣市场活跃时，制造家（资本主）雇使劳动者进行生产；苟有相当的劳力，无论男女老幼，尽网罗于工场之中，于是劳动社会都获得职业，结婚的劳动者必增；"结婚既多，人口必益滋殖，当此之时，经济界之恐慌必现"；雇主不知底蕴，反于仓惶之间，解雇大部分工人，使劳动者一时失所依据，一身糊口之不及，而又加以妻子之累，贫穷困难之极，终至仰社会一般的救助；一旦工业回复，雇主又从而纠集之，以为其机械而获取利益，并招致社会的恐慌。"因此恐慌而蒙非常之损害者，非资本主，而为社会为劳动者。此资本主义之流毒，社会主义之所以发生"。①

以上论述马克思的社会主义，除开头部分评介其生平经历与业绩外，几乎都集中于马克思的经济学说。所谓"历史进步论"或"历史论"，乃指唯物史观。对此，译本的诠释，不同于通常依据《政治经济学批判》序言的典型公式，事实上依据《资本论》的论证逻辑，说明资本私有制度就像历史上出现过的生产分配方式如奴隶制度一样，既适应社会经济发展的必要条件而产生，又将因这种条件的改变而消灭，不可能永远存在。这种诠释，以资本集中于少数资本家之手，造成社会经济的恐慌和劳动者的不满，证明资本家已不能胜任指挥经济活动的责任，必须让位于社会第四阶级即劳动阶级的说辞，将《资本论》的理论体系大为简化，简化到只剩下一些干瘪的结论。单看这些简单的结论，所以作者会说，唯物史观肇端于前人，马克思只是以更为精锐的思想和结构方法加以补缀扩充而已。所谓"价格

---

① 以上引文除另注外，均见《近世社会主义论》，商务印书馆 1926 年版，第 120—133 页。

论"，更是如此。不仅透露出译者对经济学概念的生疏，所以把价值论译为价格论，而且暴露出作者贬抑马克思价值理论之独创性的意图：除了认为马克思的劳动价值论基于李嘉图的学说之外，把马克思的剩余价值理论说成来自洛贝尔图斯的学说，此即马克思抄袭洛氏学说的换一种说法。译本里解释马克思有关交换价值与使用价值的区别，特意插入引用一段洛氏的论述，称劳动的交换价值依据劳动者的生活费用而定，劳动的剩余部分大都被资本家垄断，意思是说洛氏已经揭示了剩余价值的来源。关于马克思的劳动价值论和剩余价值论，译本的诠释同样比较简略，其重点也在不时游移：一会儿说马克思的价值论大多是增补演绎李嘉图和洛氏的学说，一会儿又用自己的语言来概括《资本论》前几章的观点，其实概括得颇为凌乱和粗糙；一会儿说马克思的资本涵义，特指资本主义生产关系的产物，一会儿又说这是最狭义的解释，意谓资本还有其他非狭义或广义的解释；一会儿说资本主义社会的交换方式为了实现剩余价值，不同于社会主义社会的交换方式为了消灭剩余价值，一会儿又突出社会主义使用劳动券进行同等劳动之间的交换，可以消除怠惰或寄食于他人劳动的现象；一会儿说恐慌理论是马克思学说的重点，一会儿又把经济恐慌的原因，说成劳动者在市场繁荣时增加生育，致使资本家在市场衰退时大量解雇工人，结果劳动者本身不仅是经济危机的受害者，还是其直接肇因；等等。这样介绍马克思经济学说有关资本主义流毒和社会主义必然发生的理论，实际上已经穿插着质疑、扭曲和庸俗化的成分。

（3）结语。《近世社会主义论》译本，由于翻译的拙劣和不到位，影响对原作部分内容的确切认识。但总体上看，它的主导倾向以及根据这个倾向来评介马克思主义和社会主义的基本态度，十分确切。这同前面考察伊利的其他著作的意旨，也完全一致。伊利的著作在中国，讲求社会主义对于改良社会的借鉴价值和促进作用，有点类似于当时季德的著作讲求协力主义之引起国人的兴趣，它们不曾公开反对社会主义，甚至联手社会主义结成暂时的同盟，可以用大量的篇幅去研究、介绍乃至称道马克思经济学说。尤其伊利关于社会主义的论述，更在一段时间内，被国内一些人士引为经典之论，由此也把他对马克思经济学说的评介，当成金科玉律。这种"客观公正"姿态，看起来全然不同于公开反对马克思主义和社会主义者，很能迷惑一些主张消除社会弊端的国人，并成为他们吸收马克思经济学说和社会主义知识的重要来源。殊不知比起那些公开反对马克思主义而倡导改良主义的主张，这种姿态反而更容易引导到改良主义的道路上去。要识别这一点，须经历一个反复曲折的过程。

## 二、关于基尔特社会主义的几个译本

基尔特社会主义作为一种舶来思潮，在 1919 年五四时期便见诸国内报端予以介绍，进入 20 年代初期更成为舆论界的一个时髦论题，相继出版了多种专题著作，其中又以翻译引进英国著名社会改良家柯尔①的著作为其典型。

### （一）《英国劳动组合论》译本

英国柯尔著，胡善恒②译，共学社 1922 年 3 月初版，列入社会经济丛书。

译本载著者 1918 年 6 月的原序称：

费边研究社（原译"缓屏研究社"，Fabion Research Department）网罗全国劳动组合的团体甚多，所以对劳动组合的调查，亦甚为详细，本书材料多取给于该社。着手编辑这本书时，不少地方得到劳动组合办事人及其他人员的帮助，深为感谢。至于本书发表的意见，很明白"全然出自著者的思想"。应当说明，"这本书的成功，倚靠于该社所蒐集的贵重材料，固然很多"，但各项目的研究，实多根据韦伯（原译"袁伯"）夫妇的名著《英国工会运动史》（原译《劳动组合主义史》）和《产业民主》（原译《产业民主主义》）二书，并借用两人最后结论的几个地方。③

这篇序言表明，柯尔作为 20 世纪早期源于英国的基尔特社会主义的创始人之一，其理论思想，在相当程度上借鉴了费边社会主义，特别是韦伯夫妇的著作中所提供的材料和结论；而此译本的中译名"劳动组合论"或"劳动组合主义"，实际上便是基于英国的劳动组合团体现状而提炼出来的基尔特社会主义。

再看译者 1921 年 3 月 6 日序言中更为详细的介绍：

---

① 柯尔（Cole，George D. H.，1889—1959），英国历史学家、经济学家、社会学家。1919 年毕业于牛津大学，1925 年以后任该校讲师，1944—1957 年任教授；1908 年加入独立工党和费边社，1939 年以后为费边社领导人之一；基尔特社会主义运动创始人之一，工党著名的理论家。

② 胡善恒（1897—1964），湖南常德人；1913 年随兄去上海就读南洋公学，毕业后赴日本入庆应大学学习财政，因从事爱国学生运动，被日本政府驱逐回国；后考入北京大学经济系，1923 年毕业，不久赴英国伦敦大学研究生院专攻财政学；1927 年学成归国，先后任北京大学、南京中央大学、中央政治大学教授，抗战爆发后随学校迁居重庆，1939 年任湖南省财政厅长，1942 年任行政院会计长；抗战胜利后随国民政府到南京，1948 年任广东省财政厅长，1949 年回湖南任政府顾问，同年随country 潜起义；解放后任中南区财经委员会委员，1953 年调任中南财经学院、湖北大学教授，1957 年被错划为右派。

③ 英国柯尔著，胡善恒译《英国劳动组合论》，共学社 1922 年版，著者"原序"。

"大凡社会中某种制度的发达，必有其前提与背景，好像似出乎自然。英国劳动组合主义之发达，也是这一样。英人守次序，重自治，对于各项事理，日求进步，然而不乐一跃而儿，作何等梦浪轻率之举动"。英国产业既然日臻发达，其发达过程也遵循一定的程序，劳动者一方面致力于生产，另一方面又力谋自治，其自卫办法至为周详，使社会兼备安宁与幸福。"故劳动组合主义为英国之固有，他国虽欲摹仿之，其结果不仅'东施效颦'，丑态毕露，恐怕还要生出许多困难和危险"。如此，为何还要悉心研究劳动组合主义呢？"殊不知各社会背景不同，所发生之事实莫有相伦类者，固为定论；然此事实之中，有至当不移之理存在，取此不易之理，以稽吾之背景相与适应与否，的当不的当，存其当者去其不当者；总合各派所得，汇集之建一新型主义，悬吾之目标，用吾之方法，此区区译书之意，亦吾人所急求研究解决者"。

原著者柯尔出身于牛津大学，现为费边研究社名誉干事。近来专心从事著述，日无暇晷，已出版之书不下 20 余种。他对英国现行劳动组合制度的意见具备于本书，其重要可以想见。全书分 4 章，第 1 第 2 两章说明英国劳动组合目前的情况，第 3 章讨论劳动组合目前的问题，第 4 章推测将来的趋势，处处"皆寓以自己之见解"。本书之作，诚如著者自序中所说，事实多采诸费边研究社，理论多以韦伯夫妇的两本著作为根据。韦伯主张国家社会主义，"以为资本主义之存在为扰乱经济次序之原因，为不可掩之事实，在学理上非破坏之不可，惟破坏之问题博大繁重，不能轻易解决，故止于维持现在资本主义制度之中，而求解决劳动者问题之方法，升进劳动者之地位"。汤姆·曼①（原译"铎满 Tom Mann"）之流另树英国工团主义的标帜，与韦伯的国家社会主义抗衡，"不承认国家当有社会之任务，以为国家之组织为资本主义之表暴，作为私有财产之保护，故极想摧灭之，希望一种社会由劳动者依产业之组织以支配之"。但深为可虑的是，各种劳动阶级组织取得产业的完全管理权，结果消灭了阶级战争，又产生虚伪的民主主义，仍然流入专制主义。柯尔的主张，一面极力排斥韦伯国家资本主义之说的不恰当，一面不敢赞同劳动者

---

① 汤姆·曼（1856—1941），出生于英国煤矿职员家庭，小学辍学开始打工和学徒，自学成才；1877年到伦敦后接触社会主义思想，1881年加入工程师联合会并第一次参加罢工，1884年加入社会民主联盟（SDF），从事工人运动，1894年成为独立工党的创始会员并任书记；1901年移居澳大利亚，参加工会和工党活动，成立维多利亚社会党；1910年回到英国创立工业工团主义教育联盟，曾因领导罢工被定罪煽动叛乱，1917年加入新的社会民主联盟即英国社会党；1919年当选工程师联合会秘书长至1921年；拥护俄十月革命和苏俄政府。

置国家于不顾而堕入专制主义。他不以国家社会主义为依归，主张整个产业界废除企业阶级，不仅打破资本家制度就算了事，还要生产事业完全操于劳动者之手，如此则"生产的物品必依人类所需要者而生产之，物物皆适得其用，庶不至枉耗劳力，发生废弃、过剩、不足之患"。生产事业若操之企业家手中，企业家惟利是图，按照市场销路旺、获利厚者来催促劳动者花费血汗制造，则无暇计较是否有利于社会，生产的物品多为奢侈夸饰之用。如此，生产的物品未必为人类所必需，人类所必需的物品又未必愿意生产，则生产事业岂不枉费心力，徒为企业家所利用。"欲图免除此等弊害，惟有从事于生产之劳动者全体，依其产业之统系，联络成为全国基尔特，此基尔特之中，不假外人如国家者来干涉，完全由劳动者自治，生产一切物品，供给社会"。此种主张与工团主义及社会民主主义相近似，而与韦伯夫妇所主张者不同其趣。柯尔以为生产之事不容国家参预其间，而韦伯欲以生产事业托于国家之手，以除掉资本家的专横，对国家寄于重大希望。"这就是二人极不相投之点"。然而柯尔并不要求截然废止国家，认为国家作为代表消费者（原译"消耗者"）的组织体，有能力直接与生产方面的全国基尔特会同协商，提出社会需要某种物品，要求基尔特制造出来分配给社会全体消费者。关于这点，又不同于工团主义及英国现在社会民主主义者所谓的组合主义之极端不承认国家。

以上柯尔主张组合社会主义的观察立论之点，其主要之处，"相信现在所行之资本制经济组织须当极力反对，而加以变更，另谋改造；至其改造之方法，有足资研究者"。韦伯等"主张产业集中于国家之手，作为产业之机枢，以免除资本家之专断"。这样解决问题的方法，"并非解决不过变换门面"。"现在资本阶级与劳动阶级相冲突，以国家来代替资本家，则国家岂不又要与劳动阶级相竞争？且今日国家专横已达到极峰，若再加付以产业之管理，国家势力，益加膨大，劳动阶级益不能抵制，岂不益陷于不可救济之境，实际上是演成国家资本主义，无容讳言。虽以劳动者升到国家的地位，要想改善劳动者的待遇，恐亦陷入国家的机械作用，侵蚀了劳动的性质，还有甚么改善可以说呢？就是要想改善，亦必以国家之利害为前提，所以吾人不能认其为彻底的解决。若以劳动者霸领国家，举凡一切经济政治之事，悉操之于劳动者之手，则劳动阶级问题可以解决，而其他阶级与劳动阶级相冲突者必极激烈，劳动阶级既把有一切大权，恐变本加厉，其横暴为将比资本阶级为尤甚。此种解决方法，说他是解决劳动问题则可，说他是解决社会问题，就未见得真实"。柯尔的解决方法，"以全国基尔特统一生产阶级，以免除资本家与劳动之争斗，再以国家统一消耗阶级，无第三者存于其间，则生产阶级，岂不又要与消耗阶级生出激烈的争斗"。"关于此点，基尔特社会主义者未尝说明，当引以为一大缺点"。工团主义者不承认国家应有一切社会经济上的任务，社会民主主义及俄国布尔什维主义（原译"宝雪惟几主义"）主张劳动者有无上的专制之权。不承认国家的存在，理论上可谓无甚困难，经济方面亦为彻底之论，而且政治问题龌龊复杂，非可轻易解决，不若置之不问，完全挥之不顾之为愈。至今俄国苏维埃制度的建立，经济问题可谓完全解决，而政治上的内部行政组织和外部外交，"犹为环境所禁格，不能谓为完全解决，这就是实行时的难关"。至于资本主义废除之后，劳银制度的存废，货币的存在与否，以及基尔特中何人执行企业的任务以肩此重任，诸如此等大问题，仍待柯尔讨论，很多问题不可省略。

总之，"基尔特社会主义批评工团主义、社会民主主义及国家社会主义，务削其弊，而建设一种积极的新主张，虽未见得十分满足，而组合之联络为社会改造之中心，另开生面而有优长之处甚多"。罗素即"以基尔特社会主义有种种优良之点，又容易实行，实行时又无激烈危险"，依照我国情形，"尤为恰当"，在开发产业的同时实行基尔特主义，"可以免掉资本主义及国家主义势力之侵压，使劳动者有充分教育，成为有组织的团体，以增进劳动者的地位"，主张这是"最平安有人道守正义之方略"。习知国情的我们从良心上讲，"罗氏所说，不仅谓为持论平和，谓事实方面，亦为确实可行，不至于发生若何危险，感遇绝大的困难"。盖社会主义的畅行，必借产业的发达，物品的丰富，足以供给社会的需求，满足人类生活的缺憾；"否则人类虽有均等之享用，而生活之需用莫有足备，谁能忍耐承受，默然不发露其不满足的意志呢"？

上面所说多以福田德三之言为根据，而以译者己见，"批评之处，多在消极方面，而积极方面的主张不能在此简短的序文上能够说明"。译者翻译这本书，经历80日始告竣，下笔时处处注意，总不要离开原文的意思，还不敢遗漏或参以己见。误谬的地方，在所难免，希望阅者纠正赐教。译稿既尽，承友人易君左①和区鼎新

① 易君左（1899—1972），名家钺，湖南省汉寿县人，获北京大学文学士后，到日本早稻田大学攻读政治经济学，1918年因组织进步学生活动被日本当局驱逐回国，积极参加五四运动，后返日本学校并获硕士；1923年回国，1926年参加北伐，长年在国民党军政界从事报业文化，授少将军衔，积极参加抗日活动；1949年底去台湾，后辗转香港、台湾地区，从事编辑和教育工作，兼任中华诗社社长。

细细地改正一番，译者感谢不尽。①

译者这篇序言，花了一番心思。其一，依据福田德三的评论，将柯尔的组合社会主义即基尔特社会主义，与英国先已流行的两种社会主义，以韦伯夫妇为代表的费边社会主义即国家社会主义和以汤姆·曼为代表的工团主义，进行对照比较。三者均反对现行的资本家制度或资本主义经济组织，主张加以变更，但反对的理论根据及其解决方式，大有不同。国家社会主义认为从学理上看，资本主义的存在扰乱经济秩序，必须破坏此制，但事实上如何破坏的问题极为重大和复杂，不能轻易解决，所以只能在维持现行资本主义制度的范围内，谋求解决劳动问题的方法，提高劳动者的地位；具体办法是将产业集中于国家，作为产业的关键，以避免资本家的专断。工团主义适与国家社会主义相制衡，不承认国家应当担负社会经济职务，认为国家组织是资本主义的自炫外表，旨在保护其私有财产，故希望摧毁此制而建立由劳动者支配产业组织的社会。在柯尔看来，国家社会主义的不恰当而应予排斥之处，在于只是改换门庭而未解决问题，等于以国家代替资本家，把现在资本阶级与劳动阶级之间的冲突，变为国家与劳动阶级之间的竞争；如今国家专横已达到极点，若再管理企业，其势力更加膨胀，劳动阶级也更加无法抵制，实际上演变成国家资本主义；虽说把劳动者的地位提升到国家层面，但想要改善劳动者的待遇，恐怕会陷入国家的机械惯性作用，即使改善，也是以国家的利益为前提，不可能彻底解决劳动者的问题。工团主义同样不敢赞同之处，在于不顾国家而由劳动阶级掌握产业的全部管理权，看起来消灭了阶级战争，实际上产生虚伪的民主主义，最终仍将堕入劳动者专制主义；如果由劳动者霸占国家，操控一切经济政治事务，则可以解决劳动阶级的问题，但势必激化其他阶级与劳动阶级的冲突，而且劳动阶级把持一切大权，会变本加厉，其横暴程度恐怕比资本阶级更加严重；所以这种解决办法可以说是解决劳动问题，却未必真能解决社会问题。柯尔所主张的基尔特社会主义，既不是依托于国家社会主义，也不是在整个产业界废除阶级或打破资本家制度就算了事，而是劳动者完全操纵生产事业后，必须依照人类的需要来生产物品，使得所有物品适得其用，不会像唯利是图的企业家那样，根据市场销路和获利厚薄来决定生产而未必考虑社会利益和人类需要，以致浪费劳力，追逐奢侈夸饰之用，发生废弃、过剩或不足之患；要想免除这些弊害，只有让从事生产的全体劳动者依据

① 胡善恒译《英国劳动组合论》，共学社 1922 年版，"译者序"。

其产业系统联络成为全国性基尔特，基尔特中完全实行劳动者自治，生产一切物品，供给社会之需。这种主张，一方面近似于工团主义及社会民主主义，不容许国家参与或干涉基尔特内的生产事务，这与国家社会主义对国家抱有极大希望，试图依托国家来铲除资本家的专横之旨趣，极不相同；另一方面又不是完全废除国家，承认国家作为代表消费者的组织体，有能力同生产方面的全国基尔特直接协商，生产社会所需要的某种物品以供给全体消费者，从而与工团主义和英国社会民主主义者所谓的组合主义之极端排斥国家有所不同。不过，柯尔的基尔特社会主义也存在一些缺陷。如通过全国基尔特来统一生产阶级，借以免除资本家与劳动者的斗争，但由国家来统一消费阶级，中间不再有第三者，岂不又会出现生产阶级与消费阶级之间的激烈争斗。又如废除资本主义之后，是否废除工资制度，是否保留货币，以及基尔特的企业中由何人来执行生产管理和分配等艰巨任务，这些重大问题都有待讨论而不可省略。

以上评论和对照比较，大多取自福田的意见，看来译者认为言之有理，所以拿来作为评介柯尔此书的主要依据。但显而易见，译者并非完全赞成这些意见，所以才会说福田的评论多在消极方面，而积极方面的主张又不能在译者简短的序言里加以说明。福田注重消极方面的评论，透露他对诸如此类的社会主义，持质疑的态度，这和他坚持资产阶级正统经济学的立场，也是一致的。他不仅质疑基尔特社会主义，还在质疑工团主义和社会民主主义的同时，牵扯出俄国布尔什维主义，认为它们都属于不承认国家存在的必要，主张劳动者有无上专制权力的类型。其中特别指出，俄国苏维埃制度的建立，在经济上可谓完全解决了劳动者专政的问题，也就是这方面在理论上没有什么困难，在经济上也是彻底之论，在实践上更做到了这一点；然而政治方面由于问题龌龊复杂，实行劳动者专政或否认国家，便面临对内组织行政和对外开展外交时受到环境阻隔的难关，也就是不可能像在理论上那样，因其不易解决而置之不问或挥之不顾。换言之，苏俄政权在经济上解决了劳动者专政问题，但在政治上解决不了这个问题。其实，所谓经济上的解决，也只是说解决了劳动者专政的形式问题，并未解决与此相关的实质性问题，即废除资本主义后，如何处理工资制度、货币存废、企业管理实施等重大问题。这样说来，苏俄布尔什维主义以及主张取消国家和实行劳动者专权的各种社会主义，无论经济上或政治上，都没能或无法真正落实劳动者的无上专制权力。这便是福田意见的主旨，也是译者称之为消极而未予接受的地方。

其二，译者在寻求原书的积极因素方面，表现出一定的逻辑顺序。一是英国劳动组合主义（上面提到的费边社会主义、工团主义、社会民主主义及基尔特社会主义，都以此主义为其基础）的发达，体现了英国人守次序，重自治，逐步推进各项事理，不求一蹴而就轻率举动这个特征；这和英国的产业发展遵循一定的步骤程序密切相关，所以劳动者一面致力于生产，一面谋求自治而使之周详，保证了社会的安定与幸福兼备。这是英国固有的特征，难以为其他国家所摹仿，一味模仿反而出丑，还会产生许多困难甚至危险。但反对简单仿效不等于放弃认真研究，因为在这个具有特征的事实中，存在着"至当不移之理"。依据其必然道理，对照我国的背景以取其恰当适用者而去其不当失宜者，汇聚各派所得为我所用，由此建立一个新型主义，公布我们的目标，采用我们的方法，这正是翻译此书的意旨，也是我们亟待研究解决的问题。二是柯尔此书（分"劳动组合之结构""劳动组合运动底统治""劳动组合底问题""劳动组织之将来"4 章及附录）具备对于英国劳动组合制度的独立见解，非常重要。书中的事实材料采纳费边社的调研成果，理论分析部分或吸收韦伯夫妇代表作中的部分结论，但不赞成其依托于国家的所谓国家社会主义，或近似于工团主义和社会民主主义，又不同于其废除国家的主张，由此建立自己的基尔特社会主义。这是一种积极的新主张，力求消除此前各种主义的弊病，虽然不见得十分圆满，但以组合即基尔特的联络为社会改造的中心，别开生面而具有许多优长之处。三是根据罗素的主张，基尔特社会主义有各种优点，容易实行，实行时又没有过激的危险，尤为适合中国的情况；中国在开发产业的同时实行基尔特社会主义，可以避免资本主义和国家主义势力的侵害与压迫，让劳动者通过充分受教育而形成有组织的团体，增进劳动者的地位，所以对于中国这是最平安、有人道、守正义的方略。对于罗素的说法，从我们熟悉国情的良心来看，不仅持论平和，事实上也确实可行，不至于发生什么危险，感受多大困难。社会主义的畅行必须借助于产业的发达，即以物品丰富到足以供给社会的需要和满足人类生活的缺憾为前提，否则人类即使均等享用物品，如若生活需用品不足，谁又能一直忍耐承受，沉默着不表达其不满足的意志呢？

上面最后一句话，简直如同贫穷不是社会主义一语的翻版。这是借用罗素在北京的讲学观点，宣扬基尔特社会主义在中国必须与发展国内产业相结合，也只有基尔特社会主义才符合中国国情，切实可行，没有多大风险困难且体现平安、人道、正义标准的发展产业方略，而其他的社会主义，都难保产业发展从而摆脱贫穷和避免民众不满之讯。这也是译者从自己的逻辑推导中，所得出来的不同于福田倾向的基本结论。

介绍以柯尔的基尔特社会主义为基础的英国劳动组合思潮，早在 1919 年已见之于国内报刊，如戴季陶发表在《星期评论》10 月 10 日纪念号上的《英国的劳动组合》一文，便是参考了日本人翻译柯尔原著（原译《劳动组合概论》）和评介基尔特社会主义的译作和文章①。不过那时以柯尔著作为代表的基尔特社会主义，只是五四时期涌入中国的舶来社会主义众多思潮中的一个分支，同马克思主义和其他社会主义思潮相比，并未显得多么突出。而进入本时期，正是中国共产党建立不久的初期，值此之际，选译柯尔的代表作并赞成以基尔特社会主义作为中国产业发展或经济建设的指导方略，就具有了不同寻常的涵义。译者显然受到日本学界鼓吹基尔特社会主义思潮的影响，虽然不愿苟同福田氏质疑社会主义而维护现行资本主义经济制度的立场，却也无意于共产党人信奉马克思主义的宗旨，而是试图在二者之间选择一条既容易实行又无多少风险的发展道路。这种选择，在理论上谴责现存资本制度的弊害而图谋加以改造变更，在实践上则力求稳妥有效，既不能像费边社会主义那样依赖于国家干预而演变为实质上是国家资本主义的国家社会主义，也不能像工团主义和布尔什维主义那样走向否定国家存在而实行劳动者专制的另一极端。一般认为柯尔的基尔特社会主义否认社会主义国家政权的必要性，提倡"工业民主"和"劳资调和"。实则从这个译本看，它还为国家留了一条代表所有消费者的组织体的尾巴，当然这条尾巴也与社会主义国家政权格格不入。同时它所主张的安宁、人道、正义准则，明显也是针对马克思主义的阶级斗争理论，所以柯尔虽然同情工人阶级的处境，但是不相信工人阶级革命的可能性，对工人阶级的罢工斗争持否定态度。如此看来，此时宣扬柯尔的基尔特社会主义，正是与马克思主义经济学的传播相抵触。继这个译本之后，又接连出现几个类似的译本，相互呼应，一时间让基尔特社会主义成为国内风头正盛的思潮。

**（二）柯尔著作的另外两个译本**

一个译本题名《基尔特社会主义与劳动》，郭梦良②、郭刚中译，商务印书馆

---

① 参看《1917—1919：马克思主义经济学在中国的传播启蒙》，上海财经大学出版社 2016 年版，第 5 编第 2 章第 1 节四。

② 郭梦良（1898—1925），名弼藩，福建闽侯县人；1912 年入全闽大学堂读书，翌年考入北京大学法科哲学部，参加李大钊组织的社会主义研究会；1921 年参加文学研究会，1925 年赴上海任国立政治大学总务长，同年因病去世。

1922 年 6 月初版，列入今人会丛书。

译本 12 章，分别是"劳动者的人格""共和国家""劳动运动""中产阶级""治者阶级""产业制度""社会改良家""劳动与教育""无产者主义""国家统治机关的国家""自由的组织""结论男与女"，另附参考书。书中内容无须多论，著者特意突出基尔特社会主义与劳动的联系，申明他要讨论的，并不是经济学中资本劳动二者相关连的"抽象的劳动"这个东西，而是集合起来形成所有国家大多数人民之各个男女①。仅此申明，便透露他所说的劳动，既不是资产阶级经济学中与资本相关联的劳动，也不是马克思经济学说中专指资本制度下的雇佣劳动，试图把一般经济学中的抽象劳动概念，转化为所有国家由男男女女们集合起来的具体的大多数人民形态。这种从抽象到具体的转化，实则服务于基尔特社会主义摆脱阶级与阶级斗争理论的需要。

另一译本题名《基尔特社会主义》，吴献书②译，商务印书馆 1923 年初版。其著者标注英文原名 Dole，G. D. H.，此 Dole 实为 Cole 即柯尔之误。

此书同样 12 章，分别是"自由之要求""民治主义之基础""基尔特之社会""实业界之基尔特制""消费者""公民的服务""自治区之结构""自治区之行动""农业界之基尔特社会主义""进化与革命""过渡之政策""国际形势"，另有附录，但显然与前个译本不是同一本原著。

译本包含著者 1920 年 9 月的"绪言"：

此书"不敢自命"基尔特社会主义有所凭恃，而为一般或多数基尔特社会主义者所承认的一种著述。但引为欣幸的是，当初没有一书为"严格的基尔特正统论"，故此书大部分只可视为个人意见的表示，书中所讨论的问题，与现今全国基尔特联合会（National Guild League）会议所表决的决议案见解，"于实际上皆大略相合"。参阅该会所出版的报告，可知该会最重要的会议表决，皆见于此种报告。在一定限度内，希望读者原谅"此书之狭小"，要在如此篇幅中给基尔特的地位一个概括的陈述，"诚非常之难"，所以"此书于多方面未能完备"，讨论"过渡"一章的不完备尤甚，未曾论及无数重要问题。读者欲知讨论基尔特的各种论文，可于参考书目中求之。"此书苟非经一基尔特研究团体之讨论，不能有现有之内容；余

---

① 柯尔著，郭梦良、郭刚中译《基尔特社会主义与劳动》，商务印书馆 1922 年版，第 1—2 页。
② 吴献书（1885—1944），出身于祖上是苏州望族的书香门第，1909 年毕业于东吴大学，主修英语；此后留校任教达数十年，任附中高年级英语课，兼授大学翻译课，为东吴元老和名师之一。

亦为此种团体中之一分子，故此书中所讨论之多数问题皆为当日辩论许久之题旨"。在此申谢该团体中人给与机会，得以追记他们"最善之思想"，此外假借其他基尔特著作之处亦甚多。①

据此提供的信息，这本书主要依照基尔特研究团体此前一直讨论或辩论的许多主题，分类概括其中最有价值的思想，并参考其他有关基尔特的著作；虽说并不存在基尔特的严格正统论，此书大部分也只是表达著者个人的意见，但其中所概述的问题，实际上大体符合全国基尔特联合会大会所表决的决议宗旨。如此说来，此书内容与前面介绍柯尔的基尔特社会主义，尽管在讨论诸如过渡政策等方面尚不充分，但在基本宗旨上相差无多，故亦无须详论。值得注意的倒是中译者纯粹从事英语教学，谈不上信奉什么基尔特社会主义，却也追逐时髦，而且在原著出版不久，便及时予以转译出版。于此可见基尔特社会主义在当时国内思想界的影响，达到相当的热度，所以才会出现这种连本来置身事外者也纷纷参与其间的独特现象。而这种参与，事实上为当时那些反对共产党的人士，借用基尔特社会主义等思想武器来抵制马克思主义经济学的传播，起到了推波助澜的客观效果。

**（三）《基尔特社会主义与赁银制度》译本**

署名霍布逊（S. G. Hobson）② 著，郭梦良、郭刚中合译，商务印书馆 1924 年 1 月初版，列入共学社今人会丛书。这是译者继前面柯尔的《基尔特社会主义与劳动》一书之后，翻译出版的又一本讨论相同专题的著作，并列入同一丛书系列，唯原著者换成霍布生，而霍布生与柯尔同为英国基尔特社会主义的创始人。

著者原序称：

本书各章在 1912 年至 1913 年间，陆续发表于《新时代》（*The New Age*）杂志。"把基尔特制应用到现在产业组织上面的观念"，此前已经发端。1906 年《时事评论》（*Contemporary Geview*）的一篇文章和潘悌（A. J. Penty③）同年所著的《基尔特制度复兴论》，已经提出比较发达的工业有基尔特组织的必要这个意见。不过当时几年，"集产主义的潮流极其得势，和他稍为背驰的论调，差不多很难得到人家的容认"。劳动运动的思想必须经过集产主义在实行方面的经验，和采用与

---

① Dole，G. D. H. 著，吴献书译《基尔特社会主义》，商务印书馆 1923 年版，著者"绪言"。

② 今译塞缪尔·乔治·霍布生（Samuel George Hobson，1870—1940），生于英国爱尔兰，曾加入费边社，后为独立工党创始成员；1906 年提出基于社会主义理论的行会形式，工人自我管理的灵感来自中世纪组织形式，后在《新时代》杂志发文创造"基尔特社会主义"。

③ 今译彭迪，与柯尔、霍布生等人同为英国基尔特社会主义的创始人。

经济手段相分离的政治手段的经验后，才能够转到另一方面。这种变迁，因工团主义的刺激而成熟，"工团主义的要义是劳动者管理他们各关系的产业的要求"。人们研究工团主义的同时，劳动组合的活动也为之大振。著者当时以为，"劳动组合到底是今后社会组织的永久不变的元素"。"总而言之，一切关于产业将来的前途，完全取决于劳动组合和国家"。本书的结论，归结了此种觉悟，以及多少理论和实际的经验。"我们相信，我们决不是以乌托邦的精神来著这本书"。"首先解剖赁银制度的性质，做我们劳动经济学批评的基础"。我们的结论，"若使赁银制度还继续存在，赁银总无法增加"。基于这个结论，一个真正的改革家的心目中，总须顾及如何能够废除赁银制度的方法。"赁银制度的废除，直接的福利固然及于贫民，而间接却及于社会并及于文化"。工团主义反对国家的存在，我们和它相反，"承认确立劳动者生产的管理权，同时却承认并维持国家的存在"。根据"国家基尔特"的见地，我们相信现在被 1/20 人口视为烦恼并会使其他人沦为流亡的一个重大问题，"一定有解决的方法"。①

这个译本，译自英国创立基尔特社会主义的代表人物的代表作，虽然它的出版晚于上述柯尔著作的译本，其原著却早于柯尔的原著。这位原创者的上述序言，清晰叙述了基尔特社会主义的缘起、内涵以及与其他主义的关联。这是 20 世纪初，从费边社会主义脱离出来的几位英国人，率先提出把基尔特制度应用于现代产业组织的观念，在保存现有国家政权的条件下，让工人通过自治组织直接管理生产，借此废除雇佣工资制度。其特点，按照这位原创者的说法，首先稍微背离集产主义的论调，也就是与此前极为得势的马克思主义潮流保持一定的距离；其次吸取劳动运动的经验教训，从理论上和实践上将经济手段和政治手段分离开来，专门总结经济手段的觉悟和经验；最后受到工团主义的激励，以劳动组织或工会作为今后社会组织永远不变的要素并以此决定产业的前途，同时改变工团主义反对国家的主张而确立"国家基尔特"概念。经过这样的解释，再看译本论述"劳动解放与赁银制度""劳动政党与赁银制度""大产业制与赁银制度""国家社会主义与赁银制度""国际经济与赁银制度""失业问题与赁银制度""民主主义与赁银制度""赁银制度与政治""赁银制度的经济""废止赁银制度的作战计画"10 章的标题，几乎全是针对赁银制度而言。由此可以明白，所谓废除雇佣工资制度的基尔特社会主义，不过

① 霍布生著，郭梦良、郭刚中译《基尔特社会主义与赁银制度》，商务印书馆 1924 年版，"原序"。

是介于马克思主义与工团主义之间的一种调和理论，试图在不推翻现行资本制度的前提下实现劳动者的解放，通过改良从资本主义和平过渡到社会主义。这个主义前几年系统引入我国后，曾作为对抗马克思主义的理论而大出风头，但未经几个回合的较量便偃旗息鼓。现在搬出基尔特社会主义的祖师爷一辈的代表作予以翻译介绍，也很难再现当初它在我国的影响力，恐怕只能当作一种舶来思潮的历史陈迹来品评鉴赏。

## 三、其他有关社会主义的译本

这些译本，比较前面的译本，又提供了认识社会主义从而马克思主义经济学的不同视角，介绍如下。

### （一）《社会主义与进化论》译本

日本高畠素之著，夏丏尊①、李继桢②译，商务印书馆 1922 年 3 月初版，列入新时代丛书。译者夏、李二人，在湖南省第一师范学校为师生关系。下面考察译本的 1927 年版本，与初版本无异。

著者 1919 年 3 月的原序称，题名"社会主义与进化论"，重要的理由，"我从社会主义的立脚点，来论进化论者底进化说，来批评介绍社会学者各种学说底要点"。"本书是一个合财袋，并不是开始就用了联络写的，将平时见到写着的东西，集合了一看，好像全体有一种的脉络"。"本书本来不是创作"，也不是完全翻译；有忠实翻译的地方，也有不完全依照外国原书的地方，"全体都是因了著者底独断取舍加减"；列举三本外文书，"当作本书底蓝本，是特别着重的"。③ 可见，这本书立足社会主义来论述进化论者的学说和评介社会学者学说的要点，事实上是将平

---

① 夏丏尊（1886—1946），浙江绍兴上虞人；1901 年考中秀才，次年到上海中西书院，后改入绍兴府学堂；1905 年东渡日本，先补习日语，考进东京高等工业学校，因申请不到官费，1907 年辍学回国；1908 年任浙江省两级师范学堂通译助教，后任国文教员，1919 年离开浙江，任湖南第一师范学校国文教员，1921 年受聘家乡春晖中学，同年加入文学研究会；1925 年到上海，参与创办立达中学、立达学会及《立达季刊》，1927 年任上海暨南大学中国文学系主任，1928 年任开明书店编辑所所长，1930 年创办《中学生》杂志，1936 年被推为中国文艺家协会主席；1943 年被日本宪兵拘捕，经营救出狱后病逝。

② 李继桢（1897—1956），又名记今，湖南绥宁县寨市里人；在湖南第一师范学校读书，与毛泽东同学，毕业后任一师附小教员，与毛泽东同事；1922 年赴南洋，先后在印度尼西亚和新加坡任小学教员；1924 年回国考入西北大学文史系，毕业后到冯玉祥的西北军部任秘书，后在内蒙古、山东、山西等省教书，1931 年回湖南，在长沙、常德等地中学担任语文和数学教员；抗战时期积极支持青年抗日，为逃避国民党特务迫害，流浪湖南各地任教；解放后任湖南省人民政府参事。

③ 高畠素之著，夏丏尊、李继桢译《社会主义与进化论》，商务印书馆 1927 年版，著者"原序"。

时阅读外文书籍所摘译的有关内容，集合在一起。所以看起来似有系统脉络，其实并无事先的构思联络，既不是自己的创作，也不是完整的翻译，根据自己的独断取舍进行选择和增删。总之，原初思想不是著者的，但体现了著者的偏好。

译本9章，论述"进化思想底进化"；分成"两派遗传说"，以"拉马克说与卫士满说"为代表；"进化说和社会进化"，以"达尔文说和德·佛礼说"为代表；"认识论和唯物论"，以"康德与考茨基"为代表；"保守的黑格尔和革命的黑格尔"，附带"斯启纳底无政府"；"哲学底科学化"，以"孔德和赫克尔"为代表；"社会主义犯罪学"，以"龙布罗梭和佛尔礼"为代表；"进化和繁殖"，以"马尔萨斯人口论和收获递减法则"为代表；"单税论底正体"，以"资本主义底辩护人亨利·乔治"为代表。依此目录，确实是一个比较杂乱的体例。其中夹杂着有关马克思唯物史观的评介，见第1章第7节：

一个社会为什么推移到另一个社会的过渡原理，"给我们最明快的暗示的"，是德国的社会主义学者卡尔·马克思。他在年龄上和达尔文同时期，是克鲁泡特金的前辈，但在理论上可以说是克氏学说的"后起者和补充者"。他的社会哲学的主张，见1859年的《经济学批评》序文，和达尔文的《种源论》同年所著，"开头就简明地叙述着他自己历史观的大概"。接着引用序文的两段话（其实是序言公式的今译文从开头到"全部庞大的上层建筑也或慢或快地发生变革"为止一部分，此略）。马克思这个学说，通常叫作"唯物史观"，是说"社会底物质的基础，决定一切生物方法"。马克思所说物质的基础，原来仅指经济的要件；学者也有主张与其称唯物史观，不如称"经济史观"。社会上所有物质的要件，真正可以变化发达的，只有经济的要件；经济要件以外的物质要件，像人种、地理这种东西，自然也可以将一定的特征付与社会，但是决不能做社会进化的原因，它们自体上差不多是不进化的。"从这个意味看来，马克斯底历史观，还应该称为'唯物史观'"。[①]

这一节的评介，姑且不论翻译的问题，如对照今译文，将"一定的社会意识形式"译作"某种社会底自觉"，将"不是人们的意识决定人们的存在，相反，是人们的社会存在决定人们的意识"，译作"并不是人底自觉去定他的生活法，反是社会底生活法去定人底自觉的"；也姑且不论究竟应叫"唯物史观"，还是叫"经济史观"的道理，此类议论在当时十分常见。稀奇的是它认为，作为前辈的马克思所

_____

① 高畠素之著，夏丏尊、李继桢译《社会主义与进化论》，商务印书馆1927年版，第12—14页。

提出的唯物史观，在理论上居然是作为晚辈的克氏学说的"后起者和补充者"。在它看来，克氏学说应用于人类社会，说明了社会何以成立的根本原理，马克思唯物史观，只是暗示了一个社会何以过渡到另一个社会的转移原理。这样来诠释马克思的唯物史观，大概就是作者阅读外国人的著作时，"独断取舍"所留下的心得体会。由此也可见他对马克思主义的诠释，既有吻合之处，亦不时出现一些纰漏。

### （二）《社会主义之意义》译本

英国格雷西（今译约翰·布鲁斯·格雷西亚①）著，刘建阳译，商务印书馆1923 年 1 月初版，现存 1925 年 9 月第 3 版，列入共学社丛书。

译者情况不详，他 1921 年 12 月作于吴淞中国公学的序言称：

"译者对于社会主义缺乏研究，本书之译不过聊备介绍而已"。本人生长于无产阶级，自幼过农民生活，20 余岁后稍稍隔离他们，"接近现世底浊尘了"。由此"看见'上流社会'底穷奢极恶，又看见'低级社会'底沉沦悲惨，情不自禁地觉得世上的光明几为黑暗掩蔽了，世上的快乐几为痛苦践踏了"。于是正像"霍布孙"（今译霍布森）之所言，"想求一个较好的社会"。"如今社会主义底声浪响得轰烈震耳，好像狂潮怒号，乘风疾驰，有不到岸不止之势"。然而考察世上一般人对它的态度，"表示欢迎的固属不少，但存心观望，深怀疑虑的，或竟极端反对，挟其金钱势力，武力政策，以阻挠彼底发展，摧残彼底生长的，大有人在"。我们不妨仔细分析一下。

欢迎社会主义者可分两派："第一派相信社会主义是社会哲学，是社会进化继资本主义而起的要道。然要求其实现，非待全民有了觉悟，出于自动的要求不可"。若全民没有透彻的觉悟，虽临以灾祸，不知避免，赐以幸福，不知享受。一旦社会主义实现于世，不知葆爱：偷怠而不工作，工作而不尽力者有之；只知取其所需而不尽其所能者有之；甚至误用自由平等而侵害别人者有之。若有强势者起，必至乘机弄权，颠覆共和；又有挟嫌逞忿，对敌党妄肆虐待，像法国的"恐慌时代"，或所谓"暴民专制"，岂不是铲除一阶级，又来一阶级，重演历史上的递嬗？好的花木来自好的种子，适宜的土壤、气候和人工。"社会之不良，半由于其分子之不良，半由于其制度之不良。我们要改造社会，须着眼两方面：一方面须顾到制度，他方面须顾到人性。前者是社会学的，后者是是心理学的"。社会主义者主张

① 约翰·布鲁斯·格雷西亚（John Bruce Glasier, 1859—1920），苏格兰社会主义政治家。

改造社会制度，根本上起源于经济问题即产业问题。然而要实现这个目的，不能不期待一般人民的觉悟，一般人性的改善，这又有赖于教育。这是第一派的见解。"第二派欢迎社会主义者是感于痛苦，发为不平之鸣，或图'分红'，均沾利益，或只为己，侥幸免难"。这被看作是无产阶级对有产阶级的报复，是地主和资本家因罪恶满盈而必得的反应，是为自己的冤屈申雪。其动机"是利己主义，而不是利他主义，是出于侥幸，而不是出于觉悟"。"两派之中，前派自然是走对了，是真正社会主义者所必由之路，也是社会主义未实现之前，必求全民预备修筑的。后派是不彻底的，是不可靠的。他们这种投机心、侥幸心，恐怕还含有危险哩"。后面一派反对资本主义，怨恨资本家，不因为后者掠夺一般人类，掠夺一般社会，乃因为凌虐了他们，压迫了他们。若他们自己有了资本，成为资本家，也许就不反对资本主义了，不怨恨资本家了，也许自己也凌虐劳工，压迫消耗阶级。同样，他们反对地主主义，怨恨地主，不因为后者无端占领，专擅一般人类的快乐，乃因为他们自己不是地主，享不着地主主义的特权。若他们自己占领了土地，当了地主，也许反其道而行，不诽谤地主和地主主义了，也许自己收租征税更加苛酷。"这样欢迎社会主义，不激于正义，而激于私利，难免惹起反动，转为社会主义前途底障碍。这是关于社会主义者自身问题，不可不慎谨防堵"。

至于反对派的观望怀疑，或深恶痛切，欲毁之而后快者，"无非是格于偏私，见理不明之所至"。"他们狃于故常，习于现状，不知超出故常和现状之上，还有较高远的存在。他们若真能反省，静气沉思，必知人生目的，除了肉体之外，还有精神"。肉体的物质供给和享受能力是有限的，大到没有限量时，自不能不朝向精神方面。人的肉眼蔽于私欲，不能察觉宇宙之大，自我为小，社会之重，自我为轻，世上有许多善、美、真的东西。对于这些东西，他们总以为太新太激，理想太高，离事实太远。"一个'太'字的批评真压倒不少的好东西呀"！反对社会主义者以为，社会主义只是劳动阶级和无产阶级的福音，不是现在所谓"上等阶级"的福音；社会主义故意和他们捣乱，社会主义一实行，则劳工不贡献体力，天才不贡献智力，社会将变得紊乱；共产主义推行之后，他们必将穷无所归；社会主义是破坏的，不是建设的，是消极的，不是积极，社会主义的来临将宣告文明终止，原始复活。对于反对派的这些疑点，译者无须释疑，本书说得透彻详明，读者尽可找着答案。其实这些顾虑，通达的社会主义何尝没想到，没预备呢？译者只盼望反对派"抛弃成见，探求真理"；更盼望社会主义者"研究国情人性，按照社会进化的阶段，脚踏实地，一步一步作去，使社会主义之实现是出自全民底觉悟，而不出自少数先知底强制，是出自全民内部发出的要求，而不出自社会外部颁布的恩典，是出于社会进化自然的产物，而不是矫揉造作格格不入"。①

译者自称生长于农民生活式的无产阶级环境，长大后看到上流社会与低级社会的生活极度反差，感觉世上黑暗遮蔽了光明，痛苦践踏了快乐，于是从谋求较好社会的意识中想到正在风行的社会主义狂潮。对于社会主义，他关心的不是其科学理论依据，而是改造不良社会的路径，此所以他对社会主义缺乏研究；对于这个改造路径，他主要关心的又不是从经济或产业制度上加以根本改造的制度因素或社会学方面，而是民众觉悟或人性改善的人性因素或心理学方面，此所以他与社会主义者的关注点有所不同。所谓人性或心理学，他归结为对待社会主义的几种态度。一种是欢迎社会主义的态度，里面又分为两派：一派相信社会主义是继资本主义而起的社会进化必由之路，然而实现这种社会哲学，需要全民出于主动意愿的彻底觉悟，否则将无法适应持久，误导侵害他人，乃至造成暴民专制的恐怖局面，重演阶级斗争的历史更替，因此有赖于教育以期待人民的觉悟和人性的改善；另一派出于无产阶级报复地主和资本家的罪恶，为自己昭雪冤屈和均沾利益的利己主义动机，而不是利他主义的觉悟。可见，无论赞成前一派还是批评后一派，译者都把实现社会主义的关键理解为人性的改善或心理学问题，而所谓彻底觉悟，就是无产阶级在争取社会主义的过程中，必须兼顾社会全体人类，抛弃阶级私利和避免专政危险。这样的说法，意有所指，尽管未曾点名，但显然认为阶级斗争和无产阶级专政是社会主义前途上的障碍，也是社会主义者自身应当小心防范的问题。还有一种是反对社会主义的态度，同样出于因循守旧者的偏私心理，未能觉察人生目的中胜过肉体享受的高远理想精神，或宇宙大过自我、社会重于个人的世上真善美之物，质疑社会主义是劳动阶级或无产阶级而非上等阶级的福音，是让劳工和智力者懈怠而导致社会紊乱的故意捣蛋，是既得利益者将穷无所归的结局，是破坏而非建设、消极而非积极的文明终止与原始复活等。对于这些疑点，译者没有像对待欢迎社会主义者中的利己派那样予以解释或反驳，认为可以从其译本里找到详尽答案，又提示书中"通达的社会主义"已经预备了消除反对派这些顾虑的办法。由此说明译者重视从人性或心理学上解说社会主义，应是受到译本原作的启发或产生共鸣，因而强调社

---

① 以上引文均见英国格雷西著，刘建阳译《社会主义之意义》，商务印书馆1925年版，"译者序"。

会主义者中同样存在需要防范的利己主义人性缺陷，又寄希望于反对社会主义者也能从心理上摆脱私利而静气沉思地反省了解人生的目的。于是，译者谈论社会主义的全部用意，就是盼望反对派抛弃成见，探求真理，尤其盼望社会主义者研究国情人性，按照社会进化的阶段逐步推进，从全民的觉悟而不是少数先知的强制，从民众内心的要求而不是社会外部的恩典，从社会自然进化的产物而不是人为扭曲的逼迫上，去实现社会主义。这种人性化或心理学社会主义，针对的正是马克思主义的阶级斗争和社会革命学说以及苏俄革命的无产阶级专政例证。

著者 1919 年 9 月的原序，大意是：

"无论好或坏，社会主义运动是世界上一桩大事，社会主义之普遍于全世，不是文明的最大希望，即是彼底最大危险"。社会主义对于愿意它来和恐怖它来的人们，无论从政治运动方面看，还是从社会和道德的进化现象看，总是一个重要问题，值得有思想头脑者注意。本书的目的，不仅陈述社会主义运动及其主要的政治对象和经济对象，并要发现社会主义"真的起原和本质"，就我们所能察觉的而言，什么是它的永久方向，什么是它的最后目标。这个工作必须忍受由承认社会主义所引起的诽谤，这是出于人的真诚和热心，"确信社会主义不仅是对的，并且是好的、美的，是人类得真自由，得真的人道庄严底惟一社会制度"。著者"过去 40 年来在国内宣传社会主义，其口说笔述底要领全含在此书"。著者并不认为此书是社会主义的经典，或是任何社会主义党派的观察。"社会主义没有，也不能有经典"。关于实业和社会将来的进化，已有显著的社会主义思想家从历史上和生物学上抽出些推论，名为"科学的社会主义"。"最著名的是马克思"。但是这些推论，像一切关于人类行动的假设一样，"除了折服人心以外，没有别的效果"。"各国社会主义的组织各具有社会主义底原理和主张。在根本原理和实行计画上，他们都是一致的，至于因种族性质、经济状况和政治习惯之不同，就显有许多思想底歧异了"。著者自信书中所述社会主义的大意能同英国的社会主义者一致，虽间有差异，不过是小的枝节而已。很感谢霍布生替本书作绪言，"这个很著名的政治经济家"曾大量地称许此书，"作者视为莫大的荣幸"。①

看了这篇原序，可以明白译者何以重视对待社会主义的不同态度，因为著者提出普及于世界的社会主义运动有好有坏，或是文明的最大希望，或是文明的最大危

---

① 英国格雷西著，刘建阳译《社会主义之意义》，商务印书馆 1925 年版，"原序"。

险，因此不仅要从政治运动方面观察，还要从社会进化和道德进化方面观察；何以强调社会主义的主旨在于人性的改善或全民的觉悟，因为著者从人情、自由或人道方面揭示社会主义真正的起源和本质，依此确信这是唯一对的、好的、美的社会制度，并指出马克思的科学社会主义从产业、历史、生物学和社会进化等角度去假设人类的行为，只能鼓动人心，没有实际效果；何以对社会主义缺乏研究而关注其改造社会的路径，因为著者认为社会主义没有也不能有共同的经典，各国社会主义虽然在根本的原理和实施计划上一致，但由于国情的不同又存在许多思想歧异和各自的原理与主张。具体到著者的个人倾向，自称与英国的社会主义者基本一致而存在枝节上的差异，尤其推崇作为英国基尔特社会主义创始人之一的霍布生，以他的称许为莫大荣幸。

至于霍氏由这本书所引出的评论，可见其绪言，大意是：

"从来应有许多冲动和门径朝向社会主义。在现存社会制度之下，不平的感触和无谓的痛苦，实在是一个普通原因，使人想求一个较好的社会，救济这些弊端"。这是"乌托邦的冲动"。不管过去或现在的许多思想家和实行家，怎么轻视感情主义乃至理想主义，怎么主张把强烈的纯理主义应用于分析社会进化的进程和社会发展的政策，他们的理论和计划，终久脱离不了这个根本的冲动。"他们妄把这个冲动，屈尊于所谓科学的社会主义，或'费边派'，权谋的机会主义，以及盲目的革命主义之前，实在是大错而特错了"。那些不从经济或政治取道而专从艺术和道德入门以趋近社会主义的人，在批评和建设两方面，其精神"所培养所传播的劳绩很大"。社会主义"应该改造到使全体分子都享有充分的人类生活，'人道主义'这个名词，就不过是表明这种必需和要求而已"。有了这样的社会主义，那些对于社会主义的非议，主张什么"偏重经济条件的唯物主义"，什么"偏重国家剥夺自由的兵营主义"，以及什么"藉作改革手段的暴动"等等，就会容易消释。本书观察和表明人道主义的见解，比较当代其他任何书，都说得详尽、圆美和更为成功。①

比起著者序言，此绪言说得更加直白和确切：在促成社会主义的各种原因中，普遍的原因是现存社会制度引起了不平和痛苦的感触，促使人们产生乌托邦的冲动，想要谋求一个较好的社会。这种冲动所体现的感情主义、理想主义甚至强烈的

---

① 英国格雷西著，刘建阳译《社会主义之意义》，商务印书馆 1925 年版，"绪言"。

纯理想主义，具有根本意义；不能本末倒置，错误地把轻视或忽略这一根本冲动的其他所谓科学的社会主义，或费边派权谋的机会主义，或盲目的革命主义放在前面；只有从心理和道德入手而非着眼于经济或政治，才能在批评和建设方面，成功地培育和传播社会主义，也只有社会主义遵循人道主义，才能表明全体社会成员都应该通过改造而充分享有人类生活的必需要求。绪言中对此书讲述社会主义意义的称许，同样缘于它以过渡时期、自由时期、社会主义之在现存社会、未来时期4篇内容，详尽、圆满和成功地阐释了人道主义。这样用人道主义来诠释社会主义，力图消解的各种非议，如所谓偏重经济条件的唯物史观，凭借国家权力来剥夺自由的兵营主义即专政措施，以革命暴力作为改革手段等，正如前面分析译者序的主旨所挑明的那样，主要针对的是马克思学说和苏俄革命实践。

**（三）《资本主义与社会主义》译本**

署名美国塞里格门（Seligman，今译塞利格曼）、尼林（Nearing）原著，岑德彰[①]译述，商务印书馆1923年1月初版，现存1926年11月第4版，列入百科小丛书。

对于这本书，译者1922年4月17日有个说明：1921年春，塞利格曼教授与尼林教授以资本主义与社会主义为题，在纽约召开辩论会。"塞氏主资本主义，尼氏主社会主义，各出其研究所得，以供社会评判。大义微言，发挥尽致，而遣辞使意，备极蕴蓄，绝无剑拔弩张之概，诚所谓学者之辩论"。此篇即当时辩论会的记录，"译之以供国人之研讨资本主义与社会主义者"。全篇之末，译者又说：此次辩论会，"与会者多知名之士，嘻笑鼓掌，皆足以代表美国一般社会对于两种主义之倾向，见微知觉，于读者不无小补，故并译之"。[②] 照此说法，这是在纽约哥伦比亚大学举行的辩论会，塞利格曼即该校教授；译者也毕业于该校，他翻译辩论会的记录，或系关注母校的活动，或其时正在学校而对此活动感兴趣；至于把辩论时的笑声和掌声场景也翻译出来，是想更真实地反映当时的会议气氛和听众倾向。

辩论会由美国《国民》周刊主笔威烈德（O. G. Vallard）主持，自称"中派"，既非社会主义家，亦不排斥社会主义家为野兽。在他看来，美国多数著作家心目中，左翼社会主义、右翼社会主义、布尔什维主义、共产主义、无政府主义，"皆无分别"；美国商人则"一例视为洪水猛兽，深恶痛绝之"；故吾人赞许此会，"非

---

① 岑德彰（1899—?），广西西林人；上海圣约翰大学文学士，美国哥伦比亚大学硕士；曾任上海圣约翰大学教授，上海光华大学商学院院长，上海市政府秘书，1936年任行政院参事。
② 岑德彰译《资本主义与社会主义》，商务印书馆1926年版，第1、46页。

仅为在教育上之价值，实以其能恢复美人素来之态度，就事之真相为公平坦白之讨论"。① 可见辩论会的用意，为美国民众了解社会主义和比较资本主义与社会主义的真相，提供了公平讨论的机会。

辩论双方的观点，无须一一列举。他俩都承认资本主义是一种工业组织，生产要具操纵于少数人之手，社会主义乃由大多数人操纵资本，废除私人的赢余、租金和利息；以此定义为起点，结论则大异。塞氏站在维护资本主义的立场上，质疑马克思学说有三点：一是马克思的社会困穷说，认为穷者愈穷、富者愈富；从事实上看，"富者诚较前愈富，而穷者却不似昔日之穷"，德国社会党人伯恩施坦（原译"白斯顿"）和俄国社会党人都说，以这个理由提倡社会主义，"诚不如取消之为愈"。二是马克思的社会沦替之说，认为资本日增，市面的恐慌日多，取势亦日烈，最后世界恐慌，全球沦替，于是社会主义乘机以进；实际上这种恐慌现象出现于马克思所处的资本主义正在萌发时期，1873 年已达最高度，此后其剧烈程度逐次递减，尽管还会出现商业萧条和失业增多情况，但决无 19 世纪时期的恐慌现象。三是考虑到社会主义所采用之处，更觉得马克思学说的失误；"社会主义之实行，不始于资本主义极发达之国，而始于俄国，俄国乃资本主义最不发达之国"。尼氏为社会主义辩护，其理由却未曾涉及马克思学说。二人的举例，多以实行社会主义的俄国为对象。塞氏的例证，如社会主义提倡工资均等，列宁说"公积余利"仅资产阶级才有，工资均等的意思是各取所需；然而真正生产的工资不是根据需要而是根据工作，即使俄国也无法实行各取所需，甚至比美国更多地分配余利。又如今日俄国在世界上第一次大规模实现社会主义，但根据其政府公文，强迫工人劳动，犹如奴隶，所谓社会主义的自由，乃"空事幻想"，"错误之理想"；列宁和托洛茨基的社会主义，具有美满的理想，"痛日常生活之黑暗，思以专制权威，救人民于冻馁者"。尼氏则称：我对列宁和托洛茨基的感想，后来的作史者若论及当世，在座者无一人能与列、托二人之名并著；二人"冒天下之大不韪，独行其志，天下之大勇"；我看俄国革命为 1676 年以来的"惟一大事"，"视此为资本主义与社会主义之分界，有风靡一世之势力"；故我以为二人"其名将永垂简册，为近世史中之大人物"。②

---

① 岑德彰译《资本主义与社会主义》，商务印书馆 1926 年版，第 2 页。
② 以上引文分别见岑德彰译：《资本主义与社会主义》，商务印书馆 1926 年版，第 7—8、15、17、28—29、38—39 页。

以上关于资本主义和社会主义的观点，因其辩论性质，从理论上看，双方都没有多少深入，取悦听众而已；从鼓掌的统计数字看，双方似乎也平分秋色，皆大欢喜，这大概就是译者所说的"学者之辩论"，绝无剑拔弩张之氛围。从批评资本主义一方看，其依据与马克思经济学说无关，多是着眼于现行社会弊端的一些表面现象；说到俄国的社会主义，也只是称道列宁等人为劳动者谋利益的勇气可嘉，能在世界范围内与资本主义分庭抗礼，将留名史册等，并未涉及多少实质内容。值得注意的是维护资本主义一方，其代表人物塞利格曼，即此前考察《经济史观》译本的原著者。在那个译本里，他对所谓马克思经济史观的评介，还可以看到研究马克思学说的一定功底，所以他的著作也容易被误认为有利于马克思主义的传播；而这个译本，通过他的辩词，可以毫无疑义地判定他的立场，恰恰站在马克思学说的对立面。他反对马克思学说的那些理由，诸如不承认劳动阶级贫困说，否定资本主义积累的一般趋势将无法摆脱经济危机的困扰而走向衰退并为社会主义所取代，未能预见到社会主义发生在资本主义最不发达的俄国等，或引自修正主义者的说法，或采自社会主义并未发生在资本主义最发达国家的事实，都不是什么独创的依据，却无一不强化了他的反马克思主义反社会主义立场。他否定列宁等人的社会主义，诸如剥夺资产阶级的余利以提倡工资均等或各取所需，在原则上违背了工资分配根据劳动付出而不是根据需要以有利于生产，在事实上比资产阶级更厉害地搜刮余利；通过专制权威手段来解救人民的生活痛苦，是一种空想或错误理想，工人或劳动者不仅未能实现自由，反而像奴隶一样被强制劳动等，虽然没有明确说列宁的主张继承了马克思主义，实质上同样把矛头指向马克思主义。所以，《资本主义与社会主义》译本有一个益处，澄清了国人的误解，打破了曾经笼罩在塞利格曼头上的那顶宣扬马克思主义的光环。

### （四）《社会主义之思潮及运动》译本

著者是美国列德莱[1]，翻译的合作搭档，如同《价值价格及利润》译本，同样由李季译述，陶履恭校订。此译本比前译本稍后，应该也是李季 1922 年留学德国之际完成的译作，分上下两卷，多达 732 页，1923 年 12 月商务印书馆初版，以后多次再版。著者 1919 年 12 月作序：

---

① 今译哈利·莱德勒（Harry W. Laidler，1884—1970），美国社会主义作家、杂志编辑、政治家。就读卫斯理大学、布鲁克林法学院，获哥伦比亚大学博士学位；曾以美国劳工党的候选人身份当选纽约市议员。

1900 年想要在美国的非社会主义书籍发行机构，找到一位同情社会主义的美国人所著的任何社会主义佳作，"遍寻各种著作物，也不能达到目的"。当时"讨论社会主义最有价值的书"，是"反对社会主义的人"伊里教授所著的《社会主义与社会改革》（即前述伊利的《社会主义与社会改良》译本——引者注）。但从这一年起至欧战爆发，"各印刷所发行之社会主义的书籍，非常之多"，到 1914 年夏季，"凡社会主义学说和策略的各方面在实际上都已经被大家详细讨论过了"。此后"社会主义的运动和哲理业已经过种种革命的变迁"。国内的许多社会主义学说，在种种极困难情形下，"初次和实在界相互接触，而社会主义的运动已经由少数人的团体发展出来，成为人民生活中一种有力的要素了"。此次战争，给予"行会社会主义的理想"以极大刺激，"这种理想注重生产者管理实业，并且主张以发达个人的品性为社会的终极的目的"；"苏维埃式的国家"为世界所周知，"这种国家所要求的是职业的代表制和暂时的'无产阶级专政'"；从"莫斯科国际党"看"革命的共产主义"的发达，"这一党所主张的就在群众行动和产业社会即时变更组织两点"；促使许多社会主义团体对于国际战争及其他诸多问题，改变向来所持的态度。这些新趋势已经在几十种语言文字所著的无数小册子中表现出来，"在一部书的篇幅中把这些新近的发达叙述出来，这本书要算是第一次"。

此书目的，不仅记载社会主义运动最近的进步，研究社会主义的人还一致承认，凡谈论社会主义的大部分著作，对于批评现社会，对于社会主义经济发达的学说、社会主义的社会国家观、各种活动和成功的概念，以及世界各国有组织的社会主义运动的现状，都应当讨论。"本书对于这些方面，将尽篇幅之所能容，加以充分的研究"。好些反对论对于社会主义很有意义，"本书今将这些反对论中最重要的议论，和社会主义者对于他们的答案，一并叙述出来"。这些内容，"我没有杂入我自己的见解"；"我并且还竭力避去各种抽象论，务使社会主义的学说和现今实际上的生活联合在一起"。"我希望这本书可以作为各大学专门学说和其他研究学术团体的教科书。我并且希望这本书可以作为一班思想家和实行家——他们是已经觉悟到真正了解二十世纪这种最大的群众运动为文明国民绝对不可少的——的参考书"。①

看来作者的心志很高，试图让这本书第一次成为包罗有关社会主义的各种学说、运动、反对观点及答复意见的百科全书式著作，不仅可以荣膺各大学和研究团体的教科书，还可以胜任有觉悟的思想家和实行家的参考书。此书分上下卷，除绪论外共 15 章，上卷"社会主义之思潮"，分 8 章："社会主义者的弹劾"（含"经济和人类的损失""财富的不均"2 章），"社会主义者的学说"（含"经济观和阶级战争""资本主义的发达和价值论"2 章），"社会主义的共和国""行会社会主义和工团主义""倾向社会主义的趋势""社会主义的反对论"；下卷"社会主义之运动"，分 7 章："社会主义和国际主义""向着新国际党的趋势""俄国革命""中欧帝国的革命"（德意志、奥地利、匈牙利），"欧洲其余各国一九一四年以来的社会主义""美洲和别处地方一九一四年以来的情形""一九一四年以前的社会主义运动"；附录"英文社会主义书籍解题"。可见，所谓包罗万象的社会主义，实际上以欧美国家为主，涉及澳洲，不含亚洲和非洲。

以上序言和目录，显出若干特点。比如，首先着眼于美国的社会主义思潮，以 1900 年为界，分成从寂然沉默到详细讨论的前后两段，然后放眼整个欧美世界，以 1914 年 8 月第一次世界大战爆发为界，突出社会主义从学说传播到实际运动的变迁，社会主义运动成为人民生活中的有力要素。对于这个变化过程，作者持积极乐观的态度，还把同为美国人并在沉寂时期出版最有价值的社会主义著作的伊利教授，定性为"反对社会主义的人"，这同当时我国不少人士将伊利奉为论述社会主义的样板，正好相反。又如，承认俄国苏维埃国家类型和无产阶级专政制度，共产国际推行革命的共产主义，对全世界社会主义运动产生极大的推动作用，同时把得到极大刺激的行会或基尔特社会主义的理想，放在突出地位，从目录看更推广到工团主义以及无政府主义、工联主义、民主主义管理、政府社会政策等所谓倾向社会主义的趋势。如此五花八门的类型，作者务求搜罗殆尽，而且申明不掺杂自己的见解，也就是不作评论，又说避免抽象的议论而尽量将社会主义学说与实际生活结合在一起，也就是凡属对现实生活有所改善或改良的学说或政策，都可以归入社会主义的范畴；照此说法，伊利打着社会主义的旗号以推销社会改良，也不应被列入反对社会主义的范围。另如，谈到社会主义者的学说，根据目录的小标题，将马克思学说与其他学说搅和在一起。一是经济史观方面，马克思派社会主义者以乌托邦理想家为先驱，纠正其错误，论证社会主义必然实现的路径，从实业的集中到近世资本家的成就，再到危机的发展、工业集中、资本阶级人数的减少和中等阶级的消灭、工人痛苦的增加、阶级对抗的增加、工人的工业组织、工人的政治组织，直至资本主义的破灭和无产阶级的胜利。对此，指出经济史观的重要和界说，又批评经济史观的"教义"，如未及伦理要素等。这是把唯物史观当作经济史观并给予批评的常见论点。二是阶级斗争方面，马克思的解释是机器费用的增加，带来工人数量的增加，随之又带来工人的教育、团结精神、政治势力、阶级觉悟，以及与资本家的对抗；同时引用对阶级斗争学说的批评。三是资本主义的发展方面，强调产业集中及中等阶级消灭的趋势，导致资本主义结构的失效和帝国主义的出现。这是在马克思学说的基础上引入帝国主义理论，同时提出中小营业继续发展的相反观点。四是价值论方面，从劳力说的意义，引出"赢余价值"的创造、误解和事实等论述，提出私有资本是否有利于社会的问题。这是以马克思的剩余价值理论为根据，却不是完全依照剩余价值的理论逻辑。书中谈论社会主义者的学说，以马克思学说为主，但既有马克思的理论，又有非议马克思理论的内容，若即若离，似是而非，这也是网罗各种学说而不予评析的结果。再如，此书的用意，更多放在学术研究、教学资料以及供有兴趣于社会主义的思想家和实行家作参考方面，而不是经过分析比较，选择科学合理的社会主义理论以引导或指示实际社会主义运动的发展方向。这应该也是作者不掺杂个人见解，以示客观的另一种涵义，结果掺杂形形色色的社会主义学说及其运动形式而莫衷一是。总之，《社会主义之思潮及运动》译本，洋洋大观，就像一个百宝箱，意在让出于各种目的而对社会主义感兴趣的人，都能从中找到合适的东西。由此也加深了对那个时期舶来社会主义思潮的认识，不仅限于马克思学说，具有类型的多样性和内涵的复杂性。

### （五）《社会主义与近世科学》译本

法国安锐戈佛黎著，费觉天①译，共学社 1923 年 5 月在上海初版，列入社会丛书。它继前面的《马克思主义和达尔文主义》译本及《社会主义与进化论》译本之后，同样讨论社会主义或马克思主义与进化论的关系。书中三个部分，分别为达尔文主义与社会主义、进化论与社会主义、社会学与社会主义，可见这是当时国内输入马克思主义或社会主义比较热门的一个话题。

法文原著出版时，著者"自叙"：这本书的意思，"就是要从各方面，以敏锐、简明的观察，指出近代社会主义和近世科学思潮间一般的关系"。反对近代社会主

---

① 费觉天，生卒经历不详，湖北人，五四期间就读北京大学法学系，表现活跃，20 世纪初参与社会主义的讨论。

义的人，其材料大半得自达尔文或社会学家，任意解释，张大其辞，"其所持的理由，就是说社会主义，固明明同那普遍的、无可逃避的进化原则相冲突"。"我相信要表明近世实验科学与近代社会主义是完全谐和的事，是可能的"。近代社会主义的目的，同样为人类争取社会正义，自马克思、恩格斯（原译"昂格思"）倡导以来，已根本不同于从前感情的社会主义，不但科学的根据不同，实行的政略也不同。由于社会正义的胜利，最后的结果自然是消灭资产阶级和打破一切阶级。① 此书的意图，证明由马克思、恩格斯所倡导的近代社会主义同近世实验科学完全和谐，但它所理解的社会主义或马克思主义，其目的不过以伦理上的社会正义为标准而已。

著者 1894 年 6 月又作"导言"：我所以要对马克思、斯宾塞②两家学说加以辩难，"为的是表明马克思派社会主义，乃近世科学革命，对于社会生活方面，所仅得的一种，最能实行，最为美满，最有效力的结果"。也只有马克思派社会主义，"是真个根据科学方法，有科学的价值，而能吸收、融洽文明世界上种种社会民治的思潮"。达尔文和斯宾塞的主张，无可非难，但较为迂缓，他们尤其斯宾塞在大前提下所得到的宗教、政治、社会秩序等结论，作为"残篇断简"被加以应用的结果，必然使得今日生活困苦颠连，奄奄待毙。我们的责任，"要推重马克思底关于科学的政治经济学的著作之又一道理"；"马克思底著作实能矫正近世科学思想底谬误，补达尔文和斯宾塞之不足"。自"大人物"马克思的著作以及完成他的思想的那些著作出来，社会主义"才能确立基础，而有一种科学的、政治经济的指针"。"这就是人人所认为社会主义所以能战胜的理由"。我们相信"人定可以胜天"。社会主义"就是吸收一种较好的、新鲜的生命气息，而从现代文明病中，几经艰苦，解脱人类底羁绊"；将来更进一层，"给那些有健全能力的人类，一种新权力，新机会去发展"。③ 这番论述，讲明了写作的宗旨，比较马克思主义与以达尔义进化论为代表的近世科学，后者的物竞天择、适者生存观念被应用于近代社会各个领域，造成今日社会的贫困现象，马克思的著作吸收各种科学成果予以发展，能够矫正近世科学思想的谬误，弥补达尔文和斯宾塞学说的不足，从而成为社会主

---

① 费觉天译《社会主义与近世科学》，共学社 1923 年版，"著者自叙"。
② 赫伯特·斯宾塞（Herbert Spencer，1820—1903），英国哲学家、社会学家，号称"社会达尔文主义之父"，提出一套学说，把适者生存的进化理论应用于社会学尤其教育和阶级斗争领域。
③ 以上引文除另注外，见《社会主义与近世科学》，共学社 1923 年版，著者"导言"。

义的科学指针。

这个宗旨，体现在书中的各部分，诸如：马克思派社会主义将社会进化的机械论，概括为"'阶级与阶级相斗争'底铁则"，"对于人类历史，解释确当，而为唯一之科学的说明"，在理论上和实际训练上"予社会主义以极大帮助"；马克思的"阶级斗争法则"，立足于"经济唯物观"，"实在是马克思底不朽光荣，且能使他在社会学上所占地位，亦犹之如达尔文之在生物学上，斯宾塞之在哲学上所占地位，那么一样的重要"；关于个人私有财产如土地、生产器具是社会问题的生死关头这个观点，虽不始于马克思时代，然而有了马克思社会主义的谨严科学，则今日此种问题，"几无人不知"；反对党指出马克思派社会主义同科学进化论之间的根本冲突，"完全谬误"，"应当承认，科学的社会主义，没有别的，就是拿进化学说，应用到经济上面底当然结果"；马克思1867年发表《资本论》，"无非在社会方面，完成达尔文和斯宾塞二人所首先发难的科学革命罢了"；马克思派社会主义，"含有革命底科学的意义，这就是现在所以发达成为社会革命的主义"；马克思派社会主义无论在什么国家，都宣告改革社会的主要方法是"取得政权"（勿论地方政府，抑或国民会议），结果"以此当作从事劳动家组织中成了一个阶级自觉的政党"；"无论如何，我总断定马克思派社会主义，与近世科学，以及他底应得的推论，是谐和，是一致。这也就是马克思派社会主义，所以曾将进化论，作他底一种归纳的根据，所以能成为真生命的，最高的社会主义"，亦即以科学思想作指针，使达尔文和斯宾塞的著作"返老还童"；"近几年来，马克思固已与达尔文、斯宾塞齐名，而为科学革命三杰之一，由此创出十九世纪后半期底新文明思想，新知识运动"；马克思发见"剩余劳动律"，本其天才完成"科学革命"的三个理论之一，说明"积集私产底科学"，即守财奴怎样能够不劳动而富至巨万；马克思1859年的《经济学批评》所发表的观念，"同生物学律恰相吻合"，这种学说笼罩着"独断偏狭"之处，"我以为必须抛弃"；自然的因果律明白告诉我们，各种结果由种种原因所凑成，并非由一个单纯原因所成就，说各种现象、各种制度，无论道德、法律、政治，都是经济现象的结果，"我想要救这种学说底太硬性，应当用此修正"；马克思合拢"物质的定命主义"和"人体的定命主义"，"成其为经济定命主义"；马克思所创造的社会学说，"能打破一切乌烟瘴气，在那惊涛骇浪，日日为生活而激战中，为社会主义找出一条康庄大路的，就是阶级斗争底历史公例"；用最低层的经济解释法律、制度、信仰，这是科学的，"这就是马克思能见人所不能见，发人所不能发底伟大处，而马克思之所以成其为马克思"；等等。①

显然，这本书的总体倾向是为马克思派社会主义辩护。其辩护方式，针对那些把马克思主义与达尔文及斯宾塞的社会进化学说对立起来，或用后者反对前者的批评，力图证明马克思既吸收了社会进化学说的成果，又纠正了它的谬误，弥补了它的不足，为社会主义奠定了科学的基础。书中对马克思学说有许多溢美之词，同时又限于社会进化论的范围。虽然提到马克思完成了科学革命的三个理论，但以剩余价值理论属于专门性质为由，一带而过，对阶级斗争学说稍加评介，亦作为辅助之论，重点放在唯物史观上，却又称其为"经济唯物观"；更解释唯物史观为"经济定命主义"，认为存在独断褊狭之处，过于硬性，应予抛弃或修正，即使认为用最基础的经济来解释上层建筑有其科学性，仍想用伦理、政治、法律等非经济因素来"补救"单纯强调经济要素之缺陷。这些解释看起来着墨不多，三言两语，远不及赞扬的分量，实质上却是对唯物史观的釜底抽薪。这样比较社会主义与近世科学，或马克思主义与达尔文和斯宾塞的社会进化论之间的关系，一面引出对马克思的唯物史观与阶级斗争学说的内涵阐释，一面又旨在修正唯物史观的所谓偏离误导。

顺便指出，译者翻译原作有关近代科学社会主义与国家社会主义的天壤之别一节，有一个按语，提醒国家社会主义名词，"在我们中国固是指马克思派社会主义而说"，然而从前大半是指俾斯麦（原译"毕士马克"）的社会政策而言，此节所谓国家社会主义是俾斯麦的社会政策，而非马克思的科学社会主义，这一层读者"不要误会"②。其实当时国内把国家社会主义当作马克思派社会主义的，只有像译者这样的少数人，所以产生误会的首先不是读者，而是译者本人。

## 四、论述社会主义的自撰著作

以上论述社会主义的著作，均系译本，这里附带介绍国人论及社会主义问题的两本自撰著作。

---

① 以上引文分别见费觉天译《社会主义与近世科学》，共学社 1923 年版，第 55—56、59、69—72、109、115—118、120—126 页。

② 费觉天译《社会主义与近世科学》，共学社 1923 年版，第 103 页。

### （一）《中国古代公产制度考》

黎世衡①著，世界书局 1922 年 1 月初版，此书考察中国古代的公产制度，同样与社会主义思潮的流行有关。有人说，这本著作初版原名《中国古代共产制度考》，后因 1927 年蒋介石叛变，为防反动派查禁，再版时改为现名，即用"公产"二字代替"共产"。不过翻阅其初版本，原本就是用"公产"一词。这本书列入新时代经济丛书，然而新时代的书仍以文言表述，如今读起来颇感费劲。如作者1921 年夏作于日本京都的自序：

"近顷东方人士航海而西者，于其归，盛称道白晢种人之向慕中土文化，昕夕思有以吸引之，而调剂其疲惫。余初甚讶之，认为謷言也。今西人宏实而富厚，智慧而多能，挟其丰盛，何所施而弗宜。震旦之人，兵燹频年，疾疫相属，将贫瘠以死，中等之家，岁时不能供祭祀进醵，游乐蔑如也，殆绝于生趣，尚何文化之足言，毋亦言之怩乎？继而思之，乃有得焉。彼方近百年来，物质文明，已宣告破产，犹之剥笋将抽其心。少数阶级游刃于资本主义之下，饶食晏居，作色相矜；其多数者，方呻吟憔悴，无一日之闲。于是更厉而为战争以相杀，集族类以相仇。是何畜积黄白之物，等于自溺；造火器机械，甚于自刿；以言文明，文明之效，翩其翻矣。夫痛定思痛，人之恒情。在昔我国哲人言论声教，时有重译而西暨者，彼方引为慰安，意以此欤。乌呼！言齐民，莫愈于言齐物。言无政府，莫愈于言无生。言均产，莫先于均土。斯皆取精用宏，我所固有。尝谓苟能将我国哲学史，经济史，稍稍加以整理，资他人以取舍，亦应有之责也。天地生财，功莫大于有土。兹编之述，足徵古昔土地公有制度之大较。配分授受，有具体条贯，颇有类于今国家社会主义者之所称言，诚足以炫耀于数千百年前矣。"

其大意：近来航海到西方的东方人士回国后，普遍反映西方白种人向往中国文化，一直思索吸收此文化以调剂其疲惫，作者初听此说感到惊讶，以为是虚妄之言。如今西方人富裕厚实，智慧多能，以其丰盛条件，可以解决任何问题；而中国人连年遭受战乱瘟疫，贫穷到极点，中等人家尚不能自足衣食，缺乏娱乐，没有生活趣味，又何谈什么文化，谈了岂不是忸怩作态。转念又想方才明白，西方近百年

---

① 黎世衡（1898—？），字子鹤，安徽当涂人；早年留学日本，入京都大学经济学部，毕业后回国，历任北京大学经济学讲师、教授，私立民国大学校长，国立北平大学法学院教授，私立中法大学教务主任、代理校长等；1938 年任华北伪临时政府教育部次长兼秘书长，1939 年任该政府议政委员会秘书长、伪东亚文化协议会评议员，后任汪伪北京师范大学校长等。

来，物质文明已宣告破产，表现为在资本主义之下，少数阶级骄奢淫逸，相互夸耀，多数民众呻吟憔悴，终日劳碌；更严重的是发动战争相互仇杀，无异于积钱财之物以自溺，造武器机械以自刎，结果文明的效验完全走向其反面。此时总会痛定思痛，于是我国古昔哲人的声言教化，辗转翻译传到西方，也就被西方人引为希望之所在。我国固有的思想，取精用宏，谈论治理人民，重要的是平等看待万物；谈论无政府，重要的是本来没有政府；谈论均产，重要的是要先均平土地。如果能将我国的哲学史、经济史稍加整理，以供他人取舍，这也是我们应有的责任。"天地生财，功莫大于有土"，本书的叙述，足以证明我国古代土地公有制度之大略，其分配授受的具体系统办法，如同今日国家社会主义的说法，但出现于数千百年以前，实在足以炫耀。

接着述说整理古代史实材料的困难，诸如：秦代焚书之后，学者托古改制而推出的一些古代经典，皆晚于实际年代，汉代以来还有今古文之争，需要深入了解对经典的解释，稽核其真实，理清其界限；古代文字历经转变，要弄清其头绪，须从事训诂考证之学；五代已发明印刷术，但宋代仍保持典籍的手工抄录，于是常见错简讹字，文中的篇章纰缪甚于伪书，增添混淆，要想抓住其要领，必须加强校勘、目录之学，另外还要查验典籍中语言、文字、思想的时代之后先，学术之真赝。"综斯三难，欲从事于斯者，势须积以岁月"。[1]

这里说的困难，实际上不仅限于考察中国古代公产制度之一端，对于所有治中国史者来说，均系如此。作者列举诸难点，无非以此衬托其书考察之不易，而这种考察，又为西方人士消除资本主义所带来的物质文明破产之患，提供了我国古先贤哲类似于国家社会主义的有效治理方案。看来值得炫耀的，既是我国数千百年前的古人智慧，也是作者排除诸多困难而将这种智慧提炼概括出来的此书成果。

作者还在"凡例"第1条里，申明其著作主旨："所谓共产云者，但限于古代土地之配分，而其他不与焉。所谓为古代者，断自三代，而尤以周为绳矩。其后魏、北齐、后周、隋、唐诸朝，虽规仿古制，行均田，但揭供参考，不在研究范围之列"[2]。换言之，一则所谓共产，只限于考察古代的土地分配，不涉及其他；二则所谓古代，专指夏商周三代，尤以周朝为准绳，此后各朝代仿行均田古制，仅供参考，不予研究。须注意，这个申明正好写在中国共产党成立之际，似乎有些忌讳

---

① 以上引文均见黎世蘅著《中国古代公产制度考》，世界书局 1922 年版，"自序"。
② 黎世蘅著《中国古代公产制度考》，世界书局 1922 年版，"例言"。

书中共产之说与共产党相牵涉，所以特别说明其研究的限定范围。

此书分上篇"引论"和下篇"本论"，本论10章分别是"农地之分配""农地分配单位之考证""税法论释""贡助彻三法所行之时代""经界""宅地""园圃""牧地 山泽""公家专用地""结说 今后土地共有之趋向"。在引论中，有几处提到中国古代土地公有思想对于现代西方社会主义的参考作用：

史学重视居今溯古，提供历史上的参证线索。"今之倡社会主义论者，源歧流分，诙张诡伟，几于百家共鸣，而要其宗俱为资本主义之反动，以打破财产私有为职志；就中农业社会主义论者，尤以土地公有为先决问题。夫此所谓土地公有云者，虽近似于复古，而其精神若方法，则大殊异。顾吾人循在昔土地制度之程序，是古来大较，亦可得而言耳"。两汉以来，迄于近代，经国者无不痛心于豪强兼并，而思有以抑之。从均田难行于三代，到退而提限田之议，此亦因时制宜之良法。凡此诸说，虽不出于儒者之谈，而终未见之行事，终究与书生之是古非今之论不同。且千余年来，对于社会之不均，地主之恣戾，了如指掌，这也是留心社会学史者所应当考虑的。"今西人农业社会主义之论益彰，其言论风采，固与此殊，而主张土地为公之义则一"。①

以上意思是说，如今提倡社会主义论者，源流分歧，说法各有不同，但都反对资本主义，以打破财产私有制为宗旨，其中又以农业社会主义论者更将土地公有作为先决条件；所谓土地公有之说近似于复古，其精神及方法却与古代大不相同，我们依循往昔土地制度的沿革轨迹，便可了解古制之大概；我国古制继三代之后，自两汉至近代，治理国家的人无不考虑抑制豪强兼并土地，主张均田、限田等，这些主张虽然不外出于儒者议论，亦未见诸实行，但一千多年来，清楚地认识到社会不均与地主专横之间的关系；今日西方流行的农业社会主义论，固然在言论风采上与此差别悬殊，然而主张土地为公的涵义是一样的，这也是古制可供参鉴的理由。

看来，当时各种舶来社会主义思潮风行于我国，作者受此感染，也从中国古代土地制度的考察中去寻找类似的社会主义因素，以为可资借鉴的依据。这种借鉴，说来说去，不外是西方社会主义者看到资本主义社会的贫富差距，主张打破资本私有制，特别是所谓农业社会主义论者主张土地公有，早在我国数千年来的古代历史上，已不乏其内涵一致的先例，虽然二者在精神、方法和言论风采上不可同日而

---

① 黎世衡著《中国古代公产制度考》上篇，世界书局1922年，第1、23—24页。

语，但足供如今面临物质文明破产困境的西方人士参考。如此考察，其实更多带有炫耀的成分，而非倾心于社会主义思潮，当然更谈不上推动马克思主义经济学的传播。它把考察的重点放在三代，意味土地公有制的实行，只可能存在于十分渺茫而难以确切考证的远古时代，真正可考的两汉以后至近代，尽管一直存在抑制兼并、谴责社会不均和主张土地公有的呼声，却始终是儒者之论而从未实施过。这样来比较中国古代土地公产制度或思想与西方近代社会主义思潮的相似性，也就避免了鼓动公产或共产的风险。同时须指出，借助舶来社会主义思潮来考察中国古代的公产制度，应是此书的另一个特征，由此开辟了运用现代科学方法来系统研究中国经济史学的一个新途径，唯其沉醉于古色古香的文言味道，又大为削弱了这种研究的科学成色。不论如何，就像应用西方正统经济学的研究方法开始在某些领域建立起中国经济史学的体系，仿效西方社会主义的思路观念同样促进了这种学科创建式研究。不过在中国经济史学领域引进马克思主义经济学的研究方法，还有待马克思主义经济学传播的进一步深入。

### （二）《社会主义史》

孙倬章①著，商务印书馆 1924 年初版，列入百科小丛书。这本 107 页的小册子，属于普及性读物。其目录除导言外，共 7 章：第 1 章 "理想社会主义者"，内含柏拉图、莫尔（原译 "穆尔"）、康帕内拉（原译 "康拔内纳"）3 节；第 2 章 "科学社会主义的先驱者"，内含圣西门（原译 "圣门蒙"）、欧文（原译 "涡文"）、傅立叶（原译 "胡利叶"）、蒲鲁东、路易·勃朗（原译 "路易布朗"）5 节；第 3 章 "科学社会主义者"，内含马克思、恩格斯（原译 "昂格尔斯"）、马克思派社会主义 3 节，最后一节又分正统派、修正派、工团主义、组合社会主义、多数主义（即布尔什维主义）；第 4 章 "无政府主义"，内含无政府的个人主义、共产的无政府主义 2 节；第 5 章 "国家社会主义与基督社会主义"；第 6 章 "社会主义国际的运动"；第 7 章 "社会主义的原理"。单看此目录，无非根据国内外论述社会主义历史的流行著作及其内容，摘录成篇，谈不上什么新意，顶多把科学社会主义者的历史前提区分为 "理想" 者与 "先驱者" 两类而已。

---

① 孙倬章（1885—1932），又名贻谋，四川云阳县人；1905 年入读成都高等师范学堂，1918 年考入成都洋务局法文班学习，同年底自费赴法国勤工俭学；1923 年秋回国，次年回家乡，著书立说，并秘密组织中国改造社等团体和社会民主党；1932 年到浙江普陀避暑，溺水身亡。

重要的是此书导言，表达了著者对于社会主义的认识与态度，有如下述①：

"社会主义与资本主义，为对待的势力；资本主义的势力幼稚时代，社会主义的势力，亦在幼稚时代；资本主义的势力膨胀时代，社会主义的势力，亦为膨胀时代。这个意思，凡知道欧美经济进化史的人，无不知之。或谓吾国资本主义尚幼稚，由资本主义所产生的流弊，亦未十分显著，无实行社会主义的必要。此乃囿于一面的见解，不知社会主义原为救正资本主义所产生的流弊而起者，当资本主义未膨胀时，预为徙薪曲突的计划，防堵流弊之发生，自较流弊已发生，而焦头烂额以图救正者为易也"。这是说在欧美经济发展的历史上，社会主义势力伴随资本主义势力从幼稚到膨胀的成长历程而同步成长起来，二者彼此对立，又密不可分；认为我国目前尚处于资本主义发展的幼稚阶段，其弊病还不十分明显，因此没有必要实行社会主义的见解，其片面性在于不了解社会主义的兴起，原本就是为了纠正资本主义所产生的弊病，而且在资本主义还没有膨胀到不可救药时，预先采取防范其弊病的措施，比较其弊病充分显露后再拼命想法去纠正，要容易得多。这正是著者接受社会主义的基本理由。

著者自称他在留法期间的著述和归国后近日发表的议论里，多次表达了"中国现在应实行社会主义的意思"，并"时贤亦有类似此等的主张"，故本书为了缩短篇幅，省略了此类意见。另外，"我们欲实行社会主义，须先研究社会主义；欲研究社会主义，须先研究社会主义史；犹之研究政治学者，须先研究政治史，以资考鉴。凡一个社会主义者，所倡的社会主义的学说，必多与他所居的地方，所生的时代的环境有关系；即与他那个时代的政治经济和社会的状况有关系，欲研究社会主义史者，应先知道各国各时代此等的状况；编社会主义史者，应将各国各时代此等状况略为叙述"。对于此等状况，本书限于篇幅，也未能编入，但期盼读者加以注意。再有，"近年社会主义发生了很多的派别"，然而此等派别，不独在我国翻译的书籍里没有详细记载，即使法文中关于社会主义史的书籍，亦少有记载；为了给读者提供一个"完备的纪述"，著者"不得已，乃于各新出版的书籍和杂志中，收集编入"，唯"因时间仓卒，材料不备，遗漏乖误，在所不免，甚望读者随时加以补正"。也就是说，此书论述社会主义史，一则略去了著者本人与时贤主张"中国现在应实行社会主义"的具体意见；二则减省了一个社会主义者提倡社会主义学说时，应当同本国的时代环境和社会政治经济状况相结合等有关内容；三则在国内外已有的社会主义史著作之外，根据新出版的书刊杂志，收集补充了近年才产生的一些社会主义派别。

照此看来，著者是以一个社会主义者或社会主义信奉者的姿态来编撰社会主义史。不过翻阅此书，虽然包括马克思和恩格斯在内的科学社会主义者一章，比较各章占有最多的篇幅，但它照搬那时有关马克思派社会主义的模糊说法，将正统派、修正派、工团主义、组合社会主义和布尔什维主义混杂在一起，又在科学社会主义之后，将无政府主义、国家社会主义和基督教社会主义一并归入社会主义范畴，从而使社会主义变成一个漫漶不清的概念。所以准确地说，著者所信奉的，并不是严格意义上的马克思社会主义。同样，著者主张中国现在应实行社会主义，也是一个含混的说法。其真实意思是，中国在目前发展资本主义的早期阶段，就应当提前防范其必将产生的弊端而推行社会主义措施，以免出现西方资本主义发达后弊端丛生难以收拾的局面。换言之，既憧憬资本主义发展的经济成果，又期待这一发展受到社会主义手段的制约而不发生严重弊端。这种两全其美的想法，其实早已有之，然而企图不根本改变现行经济制度就能实现这个想法，却在我国的具体实践中屡屡碰壁，结果一直停留在口头上或纸面上。现在随着第一次世界大战和苏俄革命之后舶来社会主义思潮的进一步扩展，以及国内民众反抗帝国主义侵略和封建势力压迫的意识日益觉醒，那些不切实际的想法又附着于正在风行的社会主义思潮而重新活跃起来。前述考察中国古代公产制度的著作，便鼓吹从中国古代土地制度中的考察中去寻找切合社会主义的先行要素，以此作为防范现代社会弊端的借鉴；同时又把这种考察限制在远古三代的范围内，生怕其公产制度危及现实的基本经济制度。此刻编撰社会主义史的著作，比前书又迈进一步，宣称中国现在应实行社会主义；实则这种实行，一边拿来掺入各种杂质的模糊社会主义观念，一边是在发展资本主义的前提下，主张尽早推出约束其弊端的社会主义防范措施。这些自撰著作，迎合社会主义思潮的流行，从马克思主义经济学的传播方面看，在一定时期内可以形成携手助推的舆论氛围，可是一旦资本主义与社会主义两条道路的对立斗争达到尖锐化冲突的地步，其著者就会原形毕露，站出来公开对抗共产党人的传播立场，同时还会利用其信奉社会主义的假象来迷惑国人。这个结论，不久即为历史事实所证明。

本章考察的两类著作，同传播马克思主义经济学的关联，可以区分为实践与理论两个视角。从论述苏俄的有关著作看，更多从实践层面反映布尔什维克党执政后运用马克思主义经济学作为指导思想的施政措施和实际效果，对此有不同的评价，通过本时期留下的几本著作，可以感受到中国共产党人借助对苏俄的党纲及其结合国情转变经济政策等实例的介绍，为效法苏俄提供具体范式的用意，同时类似的介绍，也渗透于其他的著作如合作领域。从论述社会主义的有关译本看，更多从理论层面接触马克思经济学说或提供不同于马克思经济学说的其他学说，本时期的诸多译本，体现了国外学者对于马克思经济学说的形形色色看法，其中较为突出的是以包括基尔特社会主义在内的各种社会改良或人道主义观念来抵制马克思主义的社会改革思想，适与当时共产党人讨论社会主义而信仰马克思主义经济学的理念，形成鲜明的对比；当然，这些译本也会提到苏俄的例证，甚至把苏俄的激进革命做法与马克思唯物史观有关社会革命的理论阐述区别开来，看作实现社会主义的两种不同手段或方式，由此亦可见那时有关社会主义的各种译本在内涵上的复杂性。至于说这些译本之外，国人自撰著作，或者考察中国古史中与近代舶来社会主义相似的经济因素，如土地公有制度，则属于社会主义思潮流行的附带产物，在为社会主义论者提供参考的同时，也给中国经济史和中国经济思想史的系统研究，提供了启示；或者借鉴国外社会主义史的发展进程，主张中国现在应实行社会主义，则又属于投合社会主义思潮的时髦追求，宣扬中国在发展资本主义的幼稚时期，同时并行社会主义的制约手段，预先防范资本主义膨胀后不可救药的社会弊端。这些自撰著作，在论述社会主义的主旨上，与前述译本有某种相通之处，意在借助风行的社会主义思潮，突出其社会改良的温和功能，避免其社会改革的极端导向。

# 第四章　各种经济学著作中的马克思经济学说

这里所说的经济学著作，以译本居多，一则不包括马克思经济学说的原著译本或解说马克思经济学原理的专著译本，这些译本前面已经考察过。二则显示本时期国内流行的经济学著作，不论涉及马克思经济学说与否，仍以引进国外著作为主，较少看到国人自撰的经济学专著。下面将这些著作分为经济史学与其他经济学两类，分别考察。

## 第一节　经济史学类译本

经济史学类译本包含经济思想史及经济史两部分，依照具体类型的不同，论及马克思经济学说的内容、重点与看法也有所差异。

### 一、《最新经济思潮史》译本

这个译本，未将原著者小林丑三郎放在显著位置，只在译者序言里提及，署名邝摩汉①与徐冠合译（版权页称译述），列入经济丛书，1922 年 1 月 1 日北京舆论报社初版。初一看，这是继小林丑前述《经济思潮史》原作的译本之后，出版的另一个译本，实则不尽然。

#### （一）译者序言

邝摩汉 1921 年 12 月 26 日的序言称：

我于当年归国，初到北京，同学徐冠便拟共译经济思潮史，征求同意。我以

---

① 邝摩汉（1884—1932），原名振翎，字摩汉，江西寻乌人；高小毕业进南昌宪兵学校，保送至日本早稻田大学留学，加入同盟会；1911 年回国，从事推翻清廷活动；民国政府成立，赴日本东京大学研究政治经济，1921 年初回国，任国立北京政法大学教授；1927 年任中央军事政治学校武汉分校教官，兼国立武昌中山大学经济系教授，后任独立师军法处长兼特务组长，转任中央陆军军官学校政治教官；离职后任北京文化大学教授和教务主任，直至病逝。

为，"著者小林丑氏，系资本家的经济学者，对于现代思潮，多附以谩骂批评"，不愿译之。徐君说："此书自太古至最近俄德革命止，凡经济思潮之变迁，经济状态之沿革及与经济有关之政治大事件，经济学上之重要学说，与夫最近社会主义之思潮及运动，皆源源本本，叙之綦详，小林氏之批评，一指也，吾人似不宜以一指而失其肩背。况此是经济思潮史，不是经济思潮史论，其批评当割弃之"。对此我表示赞成，决意共译。徐君初稿，我覆核，"凡尾上所续如马克斯学说、俄国共产制等后批评，及杂驳条文与凡不适于时潮者，皆删却之"。校对完毕，觉得虽一小册，所叙史实，不仅如徐君所说有关经济思想及经济状态等系统，"皆可以其中寻绎之"；"某时代之如何生产方法，产出某时代之如何生产关系，某时代之如何经济情况，产出某时代之如何政治的法律的思想的状态，某时代之如何社会组织，产出某时代支配阶级与被支配阶级之如何斗争形式，亦可以其中征求之"。唯急于付印，匆忙之中，"此种观察，是否有当，还希读者幸垂教焉"。①

看了邝摩汉的序言，对照此前《经济思潮史》译本高一涵的弁言，可以发现二者有不少共同或相似之处。邝氏与高氏年龄相仿（年长 1 岁），同样留学日本，早年因成绩优异被保送至日本早稻田大学，1911 年回国，以同盟会成员身份从事推翻清廷活动，1918 年再赴东京大学研究政治经济，1921 年初回国，任北京国立政法大学教授。也就是说，二人具有直接从国外著述吸取滋养的视野与能力。五四时期，邝氏身处国外，却与高氏一样受到社会主义思潮的影响，积极向国人介绍相关著述，如 1919 年翻译河上肇的《社会主义之进化》，1920 年出版《社会主义总论》及发表河上肇的《马克思剩余价值》译文等；归国当年参与组建"中国共产主义同志会"，发布"马克思主义研究会"成立启事，一度加入刚成立的"社会主义青年团"，后来曾加入中国共产党，继续研究和介绍马列主义，如 1922 年连续发表《俄国现实的经济地位》（节译列宁《论粮食税》），《唯物的中国史观》《马克斯经济学说》《绝对的剩余价值研究》（摘译《资本论》第 1 卷第 3 编），《相对的剩余价值研究》（摘译《资本论》第 1 卷第 4 编），《绝对的相对的剩余价值研究》（摘译《资本论》第 1 卷第 5 编），《用唯物史观解释中国各种思想之变迁》等文章。② 基于这样的思想背景，也使邝氏和高氏对国外的经济学著作，具有大致类似的兴趣与评价。二人的共同之处，反映到对小林此作的认识上，集中表现为两点。一是对小林其人的判断，高氏说他是个人主义的经济学者，邝氏说他是资本家的经济学者，意思一样，认为他站在社会主义的对立面，反对改变现行资本制度。另一是对小林其作的判断，高氏说它用个人主义的眼光来批评一切学说包括社会主义学说，很不容易改变这种旧脑筋，同时叙述欧洲经济思想的发展历史，具有存在的价值；邝氏一边说它用资本家的观点谩骂批评现代思潮，一边接受劝告，不能因为它的批评而否定它对欧洲自古至今的经济思潮变迁、经济观念沿革、经济与重大政治事件关联、经济学重要学说以及最近社会主义思潮与运动之来龙去脉的详细叙述，意思也是一样的，认为它具有存在的价值。还有一点，大概由于二人不赞同小林的立场，又承认其作有一定价值，故两个译本的封面和版权页，除了注明译者的名字，均未标出作者的署名，只在弁言或序言里说明而已。这种相似做法，未知不约而同，还是心有灵犀。

然而，进一步对照，又看到二者的明显差异。高氏翻译的是小林的老版本著作，多年后出版，未来得及修改便被仓促付印，只能在既成事实面前徒唤悔之晚矣。邝氏翻译的是小林增补后的新著，谓之"最新"经济思潮史；校阅时，又有意识删去诸如批评马克思学说、俄国共产制，以及不适合于新思潮的内容，仅保留有价值的史实部分。对于这些史实，邝氏的看法也比高氏及共译者深入一步，认为不仅可以从中寻绎经济思想及经济状态的系统，还可以依此印证：不同时代的生产办法产生不同时代的生产关系，由此形成同时代的经济状况并产生那个时代的政治、法律与思想状况，以及同时代的社会组织产生相应的支配阶级与被支配阶级的斗争形式。这等于说用这些史实来证明生产力决定生产关系，经济基础决定上层建筑，以及在阶级社会里社会经济组织的类型决定阶级斗争的形式等唯物史观的道理。结果，一部批评马克思学说的经济思潮史原著，居然可以变成用来证明马克思唯物史观的译作。这个见解，可谓别出心裁！

大概受这个见解的影响，或许又不满小林之作的批评倾向而予以纠正，这个中译本的扉页，载有广告见示，除了邝氏参与共译并列为经济丛书第1种的《最新经济思潮史》已出版之外，还有邝氏合译或独译的另外两部经济学著作正待出版。一部是邝氏与王中君共译并列为经济丛书第2种的《近世经济思想史论》，"此书系河上肇氏名著，日本读书界流行甚广，前经某君翻译但内多错误挂漏，现拟重译以贡学者，不久出版"①；另一部是邝氏独译并列为经济丛书第 3 种的《近代四大家经济学说》，"此书系编译建设资本主义经济学者亚丹斯密、马尔塞斯、李加特，及建设社会主义经济学者马克斯氏四家学说，现正在准备中，全书约十万字左右，一俟完成，即行出版"。看来，无论翻译号称日本马克思主义者河上肇的著作，还是编译将马克思的社会主义经济学与古典学派的资本主义经济学相并列的著作，都足以弥补站在资本家或个人主义立场上去批评马克思学说的小林之作。不管后面两部译作是否问世，《最新经济思潮史》译本的出版，按照邝氏的解释，比起高氏的《经济思潮史》译本，不仅增加更多新的内容，属于新的译本，而且期待可以佐证唯物史观。这是考察邝氏等人的译本时，须加意关注的重点。

**（二）译本的框架结构**

此作 28 章，依次是"概论""最古及近古""中世纪""近古"（含"文艺复兴运动""新大陆航路发见""中央君权建设""宗教改革运动""各国间权力争衡""三十年战役""俄普奥三强勃兴" 7 节），"经济思潮之勃兴""贵金及重商政策""自然及重农学派""自由产业及贸易主义""独立及革命思潮""人口论""地租论""自由政策及产业革命""工钱基金说及救贫策""社会主义"（含英国"俄英社会主义""摩利斯社会主义"，法国"圣西门社会主义""弗利埃社会主义""布兰社会主义""普尔东社会主义"，德国"路德伯秋斯社会主义""马克斯社会主义""恩格斯社会主义""拉萨尔社会主义" 3 节），"民主社会主义及运动"（含"马克斯学说"的"唯物史观""劳动价值论""剩余价值论""资本集积论""阶级斗争说""民主共产论""国际社会主义论"，以及"埃耳弗达纲领" 2 节），"历史派国民经济主义""普法战争及保护政策""国家社会主义""渐进社会主义"（含"修正社会主义""集产社会主义" 2 节），"社会改良主义""激烈的社会主义"（含"无政府主义"中"共产的无政府主义"与"个人主义的无政府主义""工团主义""多数派社会" 3 节），"廿世纪及国际的经济思想""欧洲大战之勃发""俄德及其他之革命""世界经济之剧变""国际平和联盟论及联盟规约""改造经济之思想及运动"（含"俄国多数派之共产制""基尔特社会主义""产业管理运动" 3 节），"结论"。

---

① 这里说的"某君"，或许指前面考察过的译本《近世经济思想史论》（学术研究会 1920 年初版）的译者李培天。

这个布局结构，一目了然，基本上是欧洲近代以来社会经济发展与经济思潮演变沿革的历史，或者说以欧洲近代以来的社会经济史为辅，以同期的经济思潮史为主。这种叙述方式，凸显社会经济发展与经济思潮变迁之间的相互关系，大概也是让邝氏产生类似于唯物史观联想的重要因素。

各章论题，对应高一涵前书弁言的说法，前14章以及第16、17、18、20、22、28章共20章，是作者从旧作抽出的部分内容，略加修改或修改很少，新增内容8章。高氏以第18章为界线来查看其书前后的修改情况，原不知有何用意，对照一看，方知这是为了区别20世纪前后的经济思潮，也就是说，新增内容大多为20世纪以后的经济背景及其思想变化。修改篇幅，旧稿部分修改不大，新增内容只占小部分，似乎有关马克思学说的论述，比较高氏译本不会有多大变化。然而细察论题内容，发现不是这么回事。姑且不论新增的8章论述，占全书篇幅33%强，有关马克思经济学说的论述，更是增补的重点。如新增第15章"民主社会主义及运动"，主要评介马克思学说，有24页，远超大多数章节的篇幅；又如新增第27章"改造经济之思想及运动"，是篇幅上唯一超过第15章的一章，达28页，专门论述"俄国多数派之共产制"，也与马克思学说有密切关系。其他如新增第19章"渐进社会主义"，第21章"激烈的社会主义"，第24章"俄德及其他之革命"等，同马克思学说有不同程度的关联。新增各章的价值，高氏没有提及，只表示不能接受作者有关俄国过激派之共产制的古怪议论，又说以后应当补译这些内容，显然承认它们的价值。其实何止于此，考察那一时期马克思主义经济学传入中国的情况，这些新增内容远比旧稿部分重要。

## （三）内容简介

前面考察高氏《经济思潮史》译本，限于某些局部，现在有机会了解其全貌。许多细节没有必要赘述，只须把握整体框架，在此前提下选择介绍与马克思学说相关的若干重点。

第1章"概论"：经济思想的变迁与经济状态的沿革，可以合成"经济史之物心两史观"。经济状态与经济思想，"本有互相因果之关系"，前者因后者的变化而变化，后果亦因前者的变化而变化。经济思想的变迁，大体按如下顺序："古代道德说""中世宗教说""近世崇金说""自由产业说""保护产业说""社会主义""国际主义说"。此顺序与各时代的政治及经济状态，"皆有互相为因互相为果之关系"，考察起来必须插入前后的政治及经济状态，"其互相之关系，始得明晰"。①

作者的历史观，兼有唯物史观与唯心史观二者，认为经济史与经济思想史互为因果，无分主次，不可偏废。这同马克思的唯物史观，本来不是一回事。他依次列举经济思想变迁的各种表现形式，大体涵盖原书旧稿的 18 章内容，同前面高氏译本的内容，基本相似。

第 8 章"自由产业及贸易主义"：亚当·斯密以"个性自利"为人类经济行为的根本，以个性的自利自由为经济上的大原则，故社会经济得以发展。此说虽有欠缺，但比起"国家万能主义"，"无论何事，国家都须干涉为根本原则"，以及"社会主义主张极端自由博爱为目的之原则"，仍"较善"。经济学上，斯密"以勤劳为价值之要素且为调和个人与社会利害起见，极端排斥当时之保护干涉政策，此不可不谓为氏之一大功绩"。其主义称为自由主义、放任主义、世界主义，"流行于欧洲各国甚广"；其学说"于经济学史上得支配最长之期间"，"对于一般思想界之革命，亦与有力焉"，渐渐扫除宗教的威信，"因之社会之思潮遂一大变"。②

斯密创建古典经济科学以及改变社会思想领域面貌的功绩，史有公论。对此，作者的评价不过随声附和，无足为奇。他的特点，依此建立被称为个人主义或资本家的经济学者的基准，贯穿全书始终，特别是用来对抗以马克思学说为代表的社会主义经济思潮。

第 14 章"社会主义"：各种流派，差异非常大，不可不加以区别。有现存国家实行与不实行的差异，更重要和根本的区别，在于是否保存私有制。"存私有制之社会主义，谓为改良；不存私有制之社会主义，则谓为改造"。从严格的意义上说，"所谓社会主义则以改造社会为目的，而不含有改良社会主义"；除此之外，"别有所谓社会改良或社会政策者甚多"。

最初的社会主义，"概为道德的社会主义"，如英国的欧文（原译"俄英"）、莫里斯（原译"摩里斯"）等；法国的社会主义，"为空想的社会主义，亦即改造社会的生产及分配之组织之主义"，如圣西门、傅立叶（原译"弗里埃"）、路易·勃朗（原译"布兰"）、蒲鲁东（原译"普尔东"）等。德国的社会主义，以洛贝尔图斯（原译"路德伯秋斯"）"主张国家的社会主义"，马克思"发明科学的社会主义"，拉萨尔"提倡共和的社会主义"为代表。马克思的"价值论"多根据斯

① 《最新经济思潮史》，北京舆论报社 1922 年版，第 1—2 页。
② 《最新经济思潮史》，北京舆论报社 1922 年版，第 65—67 页。

密及李嘉图（原译"里卡式"）的学说，"不仅广博透彻，且将从来之市民经济学由根本上颠覆之"；"自立科学的新主义，传播于各国，在经济思潮史上，与亚丹斯密斯氏成为反对的二大双璧"。马克斯的小传：大学期间，"成绩虽非拔群，而学识及语学，却极宏博"；1842 年为《莱茵报》主笔，"大揭反对政府之旗帜"，后退出而"研究经济及社会主义"；与恩格斯共同发表有名的《共产党宣言》，1859 年出版《政治经济学批判》（原译"经济学评论"），1867 年出版《资本论》第一卷，第二卷草稿 1885 年由恩格斯出版，第三卷 1894 年亦由恩格斯编纂出版，《剩余价值学说史》（原译"余剩价值史论"）1904—1919 年由考茨基（原译"柯子基"）完成出版。"马克斯学派构成的论旨之要目"，可见目录第 15 章所列马克思学说的 7 个子目。"恩格斯社会主义"："为马克斯之门下并共助者"，马克思死后，在德国成为"社会主义最著名之学术支持者"；出身"企业者阶级"，1875 年"为共产主义的集会，开反对政府的活动"；其著作以《英国工人阶级状况》（原译"英国劳动阶级之地位"）"最为有名"；"多评论家庭制度，以家庭为社会基础，故揭重要诸说"；"其他对于现社会之制度，以破坏的批判而批判之"；"关于现代制度之新组织，其论评极少"。拉萨尔"与马克斯之学术的思想的指导者相对而称为政治的实行的社会民主主义运动之指导者"；创立全德工人联合会（原译"德意志总劳动协会"），"对于德意志劳动者曾与以阶级的自觉与热心及气概，其效果甚大"；他的民主社会主义关于国民的观点，"与马克斯等之国际的相异"。以上社会主义的主张，虽多歧异，"其论据最有学理最有条理最为彻底者，为马克斯及拉萨尔等一派之民主社会主义"。[1]

对比旧稿，本章保留基本线索，内容与观点有较多增删之处。内容方面，除了设立专节提及各类代表人物而稍作补充外，明显的是将马克思的学说部分及相关批判内容，移到下一章，增补马克思的小传及恩格斯的社会主义（也属于小传）等。观点方面，如明确社会主义专指以改造社会为目的即主张废除私有制的类型，不应包含保留私有制的社会改良类型，或将后一类型与社会主义分开单列；又如突出拉萨尔不同于马克思作为学术思想指导者而作为实际政治运动指导者的地位，又不同于马克思强调国际主义而强调国民意识的差异，同时将二人并列作为民主社会主义的典范，这也是旧稿里面不曾看到的。特别是澄清了旧稿排在马克思前面的所谓

---

① 本章引文均见《最新经济思潮史》，北京舆论报社 1922 年版，第 105—119 页。

"白尔秋"为何许人的疑惑，原来指洛贝尔图斯，可见作者对洛氏在德国社会主义发展中的影响，格外重视。

第 15 章"民主社会主义及运动"，为新增一章，亦为考察重点，放到后面专门介绍。

第 16 章"历史派国民经济主义"："共产的社会主义""攻击"自由主义经济说，历史派之相对说及国民经济主义之学说，则"强行反对"自由主义经济说的"论究法"即研究方法①。此章沿袭旧稿，无大变化。

第 18 章"国家社会主义"："与民主社会主义而异其趣者，唯国家社会主义。国家社会主义，其历史甚长。但其发生之初，则以为各国国民之经济状态，完全的统制尚付缺如，今日已有一般有秩序的统制之必要，即今日保护经济弱者之事情，迫于眉睫，凡历史上所长成之私的特权阶级，皆宜反对之，即以现存国家之形式，而为社会的改良，此即国家社会主义根本之原理"。此说的发达，"为革命的社会主义反激而起者"。国家社会主义有硬软两派，主张虽不一致，"皆认定私有财产制度及现存国家，有存在之必要"。依靠国家正当权力，足以公平调和现社会现制度的余弊，避免阶级之间的斗争，确保社会整体正义在经济及社会上的地位，"此为实行改良社会之软硬两派所主张之一致者"。"此为历史的国家社会主义，与否定历史的国家及私有制、马克斯一派所主张民主主义的国家社会主义相对称者"。国家社会主义"可名为合历史的保护主义与社会主义而成之主义"，故招来两方面的批评。如社会主义派认为，这是专制保护的国有政策，"不过将私的资本主义变为公的资本主义，将资本主义变为国家之一种有名无实之新主义"；这种主义"不认改造国家而使为民主主义的社会化"，国家财政对于"总合企业"，纵能优待劳动者，"决不能充分"等。②

本章属于旧稿，以上新增内容，重点说明传统的国家社会主义与马克思派的民主社会主义（尽管有时也被称为国家社会主义）具有本质区别。比较旧稿往往把二者混淆在一起，这也是一个变化。

第 19 章"渐进社会主义"，亦为新增。考虑到此章的重点是修正或否定马克思学说，故与第 15 章一道，放在后面专门考察。

第 20 章"社会改良主义"：19 世纪初叶，各国受英国经济学说的支配，经济

① 《最新经济思潮史》，北京舆论报社 1922 年版，第 144 页。
② 本章引文均见《最新经济思潮史》，北京舆论报社 1922 年版，第 165—166、170、172—173 页。

自由主义的思想极为盛行，大多数人民未指摘亦未警戒其弊害，以致此说的提倡毫无顾虑；实际上以往的积弊已经明显暴露，人们依然以为这是必然而不可避免的命运，或是过渡性过失；当时只有法德二国的少数学者，"已稍稍发现现代社会问题之缺憾"，认为社会有改良的必要。①

本章作为旧稿，内容也有修改。开篇修改的上面这段话，已透露作者后来对社会改良主义的倾向性态度。

第21章"激烈的社会主义"：以上无论何种社会主义，都是"国民议会制"，制度的改革，设施的改良，"莫不经国民议会之立法手续"；激烈的社会主义则不然，创造新社会前，不依靠国民议会而依赖直接行动，新社会后，也不设立全国的国民议会制。这种激烈的社会主义，即无政府主义、工团主义及"多数派社会主义"，分三节逐一介绍。②

新增这一章，弥补旧稿的缺失之不足，也用于评点激烈改造社会方式的新的经济思潮。有关无政府主义与工团主义的内容，无多新意，所谓"多数派社会主义"即布尔什维主义，乃旧稿出版以后新出现的经济思潮现象。后者与马克思学说关系密切，放在后面一并考察。

后面几章，除第22章"二十世纪及国际的经济思想"为旧稿外，其余（不含结论一章）均为新增，大多讲述20世纪尤其第一次世界大战前后新出现的政治、社会、经济等变化，然后引出第27章"改造经济之思想及运动"，也就是与新变化相对应而带来的旨在改造现行经济状况的一系列思想与运动。这些内容，以俄国多数派即布尔什维克派的共产制首当其冲，接着介绍基尔特社会主义与产业管理运动。为了保持评介俄国多数派的内容完整性，亦将此章部分移至后面考察。

最后第28章"结论"：观察上述经济思想的变迁与经济状态的沿革，了解20世纪的世界，经济上必然添加一种色彩，即"国际经济主义与劳资共同产业制度二大思想及运动"。国际联盟的现状，仅有名义上的形式。附属联盟的特别国际会议，数次开会审议财政及经济诸问题，网罗世界上有智识及经验者详细讨论，各国也提出本国的国民经济主义讨论，"卒致互相结合互相牵制而成国际经济主义之倾向，此未始非国际联盟之功绩"，"必促进国际的经济思想"。"劳资共同产业主义，在资本主义的国家表面上颇为流行。如基尔特社会主义，常于私有制及议会制之

① 《最新经济思潮史》，北京舆论报社1922年版，第178—179页。
② 《最新经济思潮史》，北京舆论报社1922年版，第184页。

下，而为产业组织之改造，即专讲经济问题，不含何等政治的改革。万不若俄国革命，将政权收归劳动者之手，一方为政治革命，一方又为经济革命，以造成完全社会主义的社会。且此种主义，果能圆满实行与否，虽不可知，然改造思想，已如火燎原，不可向迩，此现在之大势"。由此观之，知世界各国今后经济的大势，"对外则为国际经济自由主义，对内（除俄国外）则为劳资共同产业主义之二大制度，以改造为新局面也无疑"。①

这个结论，不止是作者对欧洲最新经济思潮的客观观察，也蕴含他自己的主观评价。这是从个人主义或资本家经济学的根底出发，对外打破国家的界限及其对国家权力的依赖与争夺，形成所谓国际经济自由主义；对内排除以苏俄为代表的政治革命与经济革命相结合的激进改造方式，将缓解劳资矛盾的社会改造路径，引导到以现行私有制及议会制为前提，专讲所谓劳资共同产业主义，即谈论产业组织改造的经济问题而不谈政治改革。这是贯穿全书的基本思想，无论旧稿还是新增内容，从来没有变化过，而且由于苏俄革命的出现，更强化了这一倾向的反激进即反对改变现行资本私有制度的调和与渐进色彩。书中有关马克思学说及其后继者布尔什维主义的内容，处处渗透着这种基本思想的导向作用。

### （四）对马克思经济学说的评介

这些内容主要见第15、第19两章，重点讲解马克思学说的论旨大纲，引述对此学说的修改或批评。书中将马克思学说归入"民主社会主义"范畴：

依据马克思的学术指导和拉萨尔的实行指导，创立了德国民主社会主义。1849年（应为1848年）在比利时布鲁塞尔发布《共产党宣言》，"使世界各国劳动阶级，对于资产阶级突行阶级争斗，而高唱共产主义争斗思想及社会之强制改造"；1864年在伦敦创设国际工人协会（原译"国际的劳动同盟"），1869年在德国爱森纳赫（原译"阿群拉哈"）召集社会民主党大会，后来党内分裂，1875年在哥达大会上重又统一；1878年因反社会党人非常法（原译"社会党扑灭法"）等，渐见衰退，1880年瑞士"瓦顿"的民主社会主义大会，再见复兴之势，到1890年，"其运动益益烈"；1891年爱尔福特的德意志民主社会主义大会，"始决议新纲领，宣布撤废私有制度并社会生产之最终目的，与夫完成主义之决定的社会化"；新主义通过各种方法，潜入俄、法、英、美各国，"其势力几牢不可拔"；"其所以至是者，虽非仅马克斯氏等一二人之力，然马克斯氏之学术的论据，造成其势力之根底，实无容疑者"。因此，"不惮烦冗，缕述马克斯所论之大纲"。

一是"唯物史观"。"唯物史观用唯物主义以观察历史之发达，而立哲学上之唯物论"。唯物论与唯心论相反：唯心论以精神为唯一独立的实在，物质世界非独立的实在，仅依据精神的发展，不过精神的"反影"而已。唯物论以物质为唯一的实在，人们五官所感觉的物质界，是唯一的真实世界，精神不外唯物界的反映，一切现象都是物质及物质的运动；人类也是一种物质，生命是分子集合的结果，是蛋白质物体的存在状态，此外并无所谓心灵。"此两说卒成为哲学上之二大派，今尚胜败未决"。马克思采纳唯物史观，所著《政治经济学批判》序文里，言明如下："人类当用生活支持之手段而为社会的生产之时，必成立由彼等之意思而独立某种之必然的关系，即与其时代之物质生产力之发达程度相适应之生产关系。……（中略）迨经济的组织之基础变化，同时构造其上层法律的、政治的及精神的组织之全部，亦徐徐或急激而发生革命。此实自然的决定的运命"。这被称为马克思"物质的宿命说"。

二是"劳动价值论"。马克思"为准备反对之战斗，其炮垒则筑于经济学上之价值论"。《资本论》第一卷，"论财之价值，乃依财之生产所需劳动之劳动量而决定其程度（价值量）"。根据这个学理推论，要旨如下：

"在资本制生产下之现社会之富，乃为'巨额商品之集积'，而个个商品为组成富之分子。此商品为外界之物，即充人类欲望之物体。生活资料为直接充欲，生产手段为间接充欲，而皆有利用之物体也。有利用之物体，例如纸或铁，皆当由其性质与分量二重之见地而观察之"。"利用是使物体而有使用价值。凡利用非浮于空中者，乃含成为商品物体之特性。故商品物体，其自体之使用价值即财也。商品使用价值之性质，非依人类取得其利用所费劳动之多少而确定，乃依商品学上固有的材料性之商品使用或消费而确定之（即商品之自产自用，反言之，非商品之时，其使用之价值亦能独立实现），故使用价值，不问社会形式（私有或共有）如何，皆可成为富之素材。而在现在之社会形式（私有制），又为生产交换价值之素材者也。交换价值者，分量的比例也，如此种之使用价值与他种之使用价值交换之比例也。此比例，常因时与地变动而为偶然的且相对的者。从而固有之交换价值，无存在之理由"。"要之，商品使用价值纵有性质之区别，然交换价值则仅有分量之区别，全然不含使用价值之分子，即性质别（例如有百磅价值之铁与有百磅价值之纸为同价值而交换之时，则仅有数量之差，而性质之差则不问也）。此分量之差违，除劳动量之差违外，无原因也"。"故由商品实体之使用价值而抽象商品，则商品除劳动生产物之外，并无何等之特质。而在斯时，其所谓劳动，所谓生产物，皆灭各利用上之物质及种类（劳动之职业别及产物之种类别），而为平等无差别之形式也。劳动能还元于相等人类即抽象的人类之劳动，生产物亦不过此无差别之抽象的人类劳动之晶块。劳动晶块，依物体共通的社会的实体之结晶而现，此劳动实体之结晶，称为商品价值"。

"商品价值即交换价值，由交换关系中使用价值而全然独立。能独立表其交换比例之共通物，则为价值即交换价值。此使用价值即财，为抽象的人间劳动体现于其中之实质化而有价值。而其价值量（交换价值程度），依包含于其劳动量而计算，通例比较物体而定其价格（使用价值与使用价值之比例）之高低。然以予观之，凡欲决定其价格，须比较其劳动之多寡，方为适当。例如，上衣一件与麻布二十尺之价格相等之时，即为上衣 1 = 麻布 20 之方程式。然如何以表明之乎？即等大之某共通物（第三物），示存在于十种相异物体即上衣与麻布之中。而此共通物自体，非上衣，亦非麻布，乃为第三物即劳动是也。此劳动能表现价值，劳动量能计算价值量。而此劳动量，依劳动时间而计算，劳动时间以一定之标准时间为其尺度"。"商品价值即交换价值，依费于生产期间内之劳动量即劳动时间而决定时，虽因人间之愚钝或不熟练，制作需多之时间，对于其价值之大不能无疑，然为价值实体之劳动，为相等人间劳动即可视为同一人之劳动力。此盖因现于商品社会之社会总劳动力，乃由多数之个人劳动力而成。至于价值，可视为同一之人间劳动力。此个人之劳动力，谓之社会的平均劳动力，从而于商品之生产，平均且必要之劳动时间，即为社会的必要劳动时间。此社会的总平均劳动时间，则为生产条件，纵其劳动有熟练及密度，然若在社会的平均时，则为有某使用价值所需劳动时间之意义"。"如是决定价值量者，为社会的必要劳动，即关于使用价值之生产社会的（普通）必要之劳动时间也。斯时个个之商品，若是平均样本（标准），则为含相等劳动量之商品。或于同一之劳动时间而得制作之商品，乃有相同价值量。一商品之价值与他之商品之价值之关系，则等于一商品生产必要之劳动时间与他之商品生产必要劳动时间之关系。即商品价值，皆不外所注下劳动时间之定量"。"物体虽无价值（交换价值），然有使用价值。其对于人类之利用（使用）而不依劳动中介者，例如空气、未辟地、天然牧场、野生树木等是也。又物体有利用，甚至为人间

1920—1929 从民国著作看马克思主义经济学的传播

劳动生产物而无价值者，例如以自己之生产物，而充自己之欲望是也。虽获得其使用价值，然不能获得商品（交换价值）也。生产商品，非仅以生产使用价值而已足，对于他人之使用价值即社会的使用价值，亦不可不生产（商品依交换后其生产物始有使用价值，并有此使用价值移交于他人之意）。又物体若非使用（利用）之目的物，则不得有价值。物无利用，则含于其中之劳动亦无利用，无利用之劳动，非劳动，则不能构成价值。夫劳动依价值而表现，此不可忘者"。

三是"剩余价值论"。马克思论述剩余价值："以上劳动价值论之原则，总适用于商品价值，然为此等商品源泉之劳动自体，亦为一个商品而在资本家及劳动者间卖买，故宜适用同一之原则。劳动体既为商品，然如何以定其价值乎？曰依费于产出劳动社会的必要劳动而定。所谓要产出劳动之劳动量，则不可不要能生产支持劳动者生活资料之劳动量。而一日之劳动价值，为维持劳动者一日生活所必要之生活资料之劳动量，即与价值同一也。于是资本家由劳动买取此劳动力，其代价，则以此生活资料之价值支付于劳动者。现于此价值之货币，谓之工钱"。"然资本家买取之后，将如何使用其劳动力乎？曰：资本家对于劳动者，自依其交换价值即工钱买取后，资本家必为使用价值而使用。然斯时使用价值必比交换价值大，换言之，劳动之使用价值即资本家所使用劳动量之大，及比此为小之劳动之交换价值（工钱），乃依劳动力所产出生活资料之劳动量而定。此大小劳动量，即使用及交换两价值之差额，为资本家所取得利益之母体，是即所谓剩余价值是也。如企业利润、利息及地租，皆由此剩余价值而生，此资本家不劳而得者"。

假设"资本家依劳动者生活费以上之长时间使役而榨取之剩余价值"。此假设照抄旧稿。"要之，劳动者一日中劳动所产出之生产价值（即资本家所使役劳动之使用价值），比依彼等劳动所产出一日之生活费所要劳动之交换价值更大为常。例如劳动者一日之生活费，与一日六时间劳动之使用价值相抵，即一日六时间劳动，劳动者则能得一日之生活费，然资本家必强劳动者为十二时间之劳动，即由十二时间与六时间相差之剩余六时间，使劳动者竭力作事，其结果资本家将劳动之总价值之一半，全归于自己，是即所谓剩余价值者"。兹以 A—B—C 线段来表示 12 小时劳动，B 为二等分之点，A—B 为劳动者生活所必需的 6 小时劳动，B—C 为剩余价值即有利于资本家的 6 小时劳动。资本家一定要延长到 B—C 线段而增加剩余价值，劳动者一定希望缩短 B—C 线段而减少无报酬时间。"如是劳动者对于资本家之争斗，遂时常不绝。故虽劳动时间之短缩，工钱之增加，如目下劳动者所要求于资本家者，然于资本主义的经济组织之下，无论如何叫劳动时间之短缩，工钱之增加，然仍不可期剩余价值之绝灭。即此剩余价值若不打破，则于当今之资本制度，不能绝灭之。然当今之资本制度，为历史的成立，有自动的自保存之能力，且益益累积其势力而存续，唯结局适足以自戕其生命"。

四是"资本集积论"。马克思"痛论资本主义之诸弊"，要旨如下：

"剩余价值，乃资本家藉利息、地租、利润等之名义，而收其利益者。因之资本家之富，益益增加。其后将其增加之富，再投入生产，又累其剩余价值而集积之，使富为资本化，而成立一种资本主义的经济组织"。"资本主义的经济组织之特征，一方将其所有之资本集积而成为有产阶级，与他方全无资本仅卖劳动而维持生活之无产阶级相对立。然资本之集积，与机械之发明及技术之进步，皆助资本主义之发达者也。但因其势力伟大，与不统制之企业竞争，必致其生产过剩而发生恐慌。且因小企业之溃灭续出，而社会益益紊乱，致少数之大资本家与多数之无产者，成为瓦解分裂之势"。

"资本在创造价值之时，则由不变的价值与可变的价值（马氏谓不变资本与可变资本——译者注）之二种而成。所谓不变的价值（固定资本），即生产手段而属于建筑物及机械等类者是也；所谓可变的资本（流动资本），即劳动生活费即工钱是也。然资本之集积，既益益加多，则利用生产手段之改良，亦益益加盛。故不变的资本之数目既由可变的资本数目而增加，而全资本中工钱所支出之部分，则不得不减少。且因小企业之溃灭，并人口之增殖，如是劳动阶级必益益膨胀，而劳动者各个之工钱，必益益低下。反之工钱益益低下，则剩余价值必益益增大。因之资本主义之根底，遂益益坚固。如是与劳动阶级之利害，更加相反。势之所趋，遂诱起劳动阶级之自觉的团结，而开不可避之阶级斗争"。

五是"阶级斗争说"。马克思及恩格斯所著《共产党宣言》，第1节题为"有产者与无产者"（今译"资产者和无产者"），略述如下：

"从来社会历史，皆阶级斗争之历史也。……（中略）然在资产阶级本位时代即吾人时代，此阶级的对峙，有化为简单之特色，即全社会渐渐分裂而为二大对峙阶级。此二阶级即有产阶级（市民阶级）与无产阶级（劳动阶级）是也"①。"要之阶级斗争，为通人类历史所有之事实。现今则为资本阶级与劳动阶级对立斗争之

---

① 以上引文基本上对应原著，其今译文见《马克思恩格斯选集》第1卷，人民出版社1972年版，第250—251页。

时代。此二阶级之斗争，必后者即劳动阶级得胜利；劳动阶级既得胜利，则将来之社会组织，必为社会主义的社会，此无庸疑者"。"现今资本主义的经济组织，已含有构成社会主义的组织之要素。至此种要素发育完成时，其资本主义的组织，必因其自身矛盾性而覆没之。此恰如使其母亲死于产褥者，即其产出之新儿。新组织，既在旧组织母胎内生长，则其社会必渐渐为社会主义化。而助长此社会主义化之大势者，则为自觉劳动阶级之社会的运动。此社会的运动，为阶级斗争手段，如所谓同盟罢工，不依直接行动，而依社会的运动，使劳动阶级获得政权，即依政治方法而实现社会主义的社会"。马克思的结论，"盖即如是"。

六是"民主共产论"。马克思论资本主义发达的结果，中等阶级渐次崩坏，社会分为有产阶级与无产阶级二等。"此两阶级之对立，因资本集积及榨取之结果，必致无产阶级之数，益益膨胀，有产阶级之数，益益减少。然无产阶级之膨胀与其穷迫，适足以诱起此庞大阶级自觉而坚其一致之团结。且因其多数，故其政治的阶级争斗，必占胜利。如是无产阶级推倒资本阶级，彼等自身夺回政权，自组织支配阶级之国家于新劳动政府之手。至于集中一切之生产手段，亦实有必要者"（见《共产党宣言》）。

马克思派的社会主义国家，"为民主的劳动国家"。"因此国家之名，凡土地、资本及生产机关等，皆为劳动阶级之共产。劳动者对于生产，由自身经营，并分配而统制之。撤废私有制度及货币，以劳动票据而支付工钱，剩余价值消灭，而人无贫富。如是则理想社会主义的经济组织，遂见实现"。这种社会主义，"有民主社会主义、共产社会主义或政治的社会主义之别称"。马克思主张，"到共产主义成熟之时，则废止劳动者专权而采用真正民主的国家，凡人皆有平等之参政权"。

七是"国际社会主义论"。《共产党宣言》言"劳动者无国家，无国界亦无祖国"。"所谓无国家者，无现在国家之意义，非否定革命后过渡之国家。国家在昔时为市民国家，在中世纪则为封建诸侯之国家，在现在则为资本家之国家。故劳动者无国家一语，既无自家之国家，则国境祖国亦皆无之。如是当然有思及国际之倾向。恰如否定国家保护干涉个人自由主义之经济学者，以经济无境，高唱国际经济或宇宙一家主义，此谓一般之结论。且彼等对于现在之国家，不但否认之且欲推倒之，而树立一新国家，以贯彻劳动阶级自身之主义，而对抗其他一切之资本主义。如是彼等于其国内又高唱劳动阶级之团结，同时为强其势力起见，主张国际的同盟，即提倡国际社会主义大会或国际劳动会议等，且对此会为实际之运动"。因此，马克思等人的社会主义，别称"国际的社会主义"。

马克思死后，民主社会主义潜入欧美各国。在德国如倍倍尔（原译"伯伯儿"）、考茨基（原译"卡乌"）及李卜克内西（原译"里布勒德"）等，"皆继承其说，于是其势益盛"。倍倍尔是德国社会党的首领，著《妇女和社会主义》（原译《妇人及社会主义》），为《将来社会主义的社会》一章，书为红色，"使注意其理想之所在"。所论"决非新奇，不过诸先说之集编而已"，但"对于德国国民之各阶级，能使其吸入社会民主主义之思想焉"。他说："于一定之时期，资本主义的经济组织之诸弊，定能达其极点。于是大多数人民，至不能不谋全社会之根本的改造。而全社会的根本改造，则为撤废私有财产，以改革全社会之财产而为全社会之新基础，并废绝国家而代以新秩序之社会。此新秩序之社会，于私有财产撤废后，第一步则完全人民同一之劳动义务，次则准各人之劳动而分配相当之生活资料"。为此须设立"包容社会一切事业之行政部"，实行起来虽有各种问题，但他与理想的社会主义者持同一论调，认为并非难事。考茨基著《爱尔福特纲领解说》（原译"埃耳弗达纲领"），"多辩护民主社会主义之原理"。"虽无何等之新奇，然关于政治的及经济的斗争之本质，则有深刻之见解；关于改造之经济的可能不可能，又为冷静之批评"。论述"各国之国家制度，不过保障势力阶级之利益，政府仅为一种之资本主义的企业者；然而国家得改造而为社会主义的组合，劳动阶级宜为国家之势力阶级"。"其改造之主要目的，则为改造国家而为自足的经济组合。此组合若实现之，第一须移大企业为社会所有为必要"。这种转移不论没收还是清偿，采取"征发没收说"。"小企业则无征发之必要"；"倘若以征发大生产手段而征发之，则小手工业及小农等，势必不能自立而乞降。故仅以大企业为社会共有，则民主社会主义自能实现"。关于产物的分配，他的论述比较倍倍尔，"更为明了且进一步"；"因此关系，社会主义的社会，无急激暴动之必要，仅须接续现状而进，即依今日之报酬形式改进，得其成之"。

其后专门介绍"爱尔福特纲领"，这是1891年10月14日至20日，在德国爱尔福特举行社会民主党大会所发表的一个新纲领。新纲领由两部分"要纲"组成，"第一即决定民主社会主义之正当及资本主义的经济组织之缺陷，是为一般的理论部分；第二民主社会党为实际政治上之党派，是为要求现在国家之事项而为终局大目的之准备的部分"。整体观察，比该党以往的宣言，"大有变更"。如拉萨尔的"工钱铁则、劳动全酬之要求及生产组合组织之要求"，都没有了。"故其本党之最终目的，较之从前所表现之社会主义化，则更加决定，纲领第一即改正此最终目的"。纲领第一部分，"最要者"如下：

"市民社会之经济发达，以自然之必要而导小企业之衰微。小企业之原则，则为劳动者自为生产手段之私有者。今世经济发达之结果，劳动者则自生产手段而分离。于是彼等则变为无财产之贫民。而其生产手段则归于比较的少数资本家及大地主等之独占。次于此而受生产手段之独占者，则为巨大企业所威胁所分裂而致崩溃之小企业者也。器具既发展而为机械，则增加莫大之生产力。而自此变化所生一切之利益，皆为资本家及大地主所垄断。至此劳动阶级及降下之中流阶级，因之而生存不安，苦恼穷迫，如斯劳动阶级之数，益加膨胀。迨过剩劳动者增多，则榨取者与被榨取者之反对，势必趋于极端。因之无产阶级对有产阶级之阶级战争，益加激烈，此为现代产业国全体之共通之表征。惟生产手段之私有制，原为生产者保证其产物之所有之必要手段，但今则却为榨取农夫、手工者、小商贾而为不劳动之资本家大地主独占劳动产物之手段。所以今日唯有将生产手段即土地、矿山、原料、器具、机械、交通具等之资本主义的私有财产，变为社会的财产，并将商品生产，变为社会经营之社会主义的生产。除用此方法外，无论如何，大企业之发达，虽增加生产力，然此所增加之生产，却徒苦被榨之阶级。欲苟求自苦恼压制之境遇，一变而为最高之幸福及完全协调之境遇，实不可得"。

纲领第二部分，"民主社会党所应当直接实行者且为对于现在国家所要求事项"，分为"一般的要求与保护劳动之特别要求"两大类。"概要"如下：

一般要求9项："扩张一般平等直接选举及投票权于一切之选举及投票。凡妇人及二十岁以上之人，皆享有选举权。及关于比例选举制度之采用，选举区及选举人员数之法定，二年立法期间制，议员报酬，并禁治产者以外政治的权利限制之撤废等"；"要求提案权及废弃权由国民直接立法。同时要求关于依帝国、国家、州及自治体之自主立场，自主行政，国民之官宪的选举及每年租税之承认权"；"努力于一般国防义务之养成并设常备军队之国民国防的制度。同时要求关于宣战讲和须依国民代表机关之决定，国际争议一切之解决依仲裁裁判之方法"；"废止限制自由言论、结社及集会权或压抑之之法律"；"对于男子之公权及私权关系，及置妇人于不利之一切法律，悉废止之"；"宣布宗教为私事"；"学校是世界的。同时要求公共国民学校之义务的入学制度，并公共国民学校及高等教育机关之教育、教具、养育之无费制度"；"要求设立司法事务之无费制度，及由国民所选举之裁判官之裁判及刑事召唤，无罪者告诉，拘留及宣告之赔偿并死刑之废止"；"设立无费医病，无费死人输送之制"。

保护劳动者的特别要求 6 项："法定最高普通劳动一日之八时间制"；"禁止十四岁未满儿童之生产劳动并法定例外企业以外之夜业。一星期最少要三十六小时之休息并禁止任意增减之工钱制度"；"于所有营业的企业，从市至郡皆设劳动事项检查及取缔法，设帝国劳动官、县劳动官、劳动管区员及工业卫生员等以监视之"；"农业劳动者、家庭婢仆、商工业劳动者，均与以法律的平等"；"要求保障同盟权"；"劳动保险归于帝国"。

以上所述，"乃于现存私有制下，以图实行的改革所主张之要求案"；改革的要求，"与社会改良主义之要纲，实大同小异"。①

以上第 15 章，叙述民主社会主义，以介绍马克思学说为主。

下面第 19 章，叙述渐进社会主义，系修正或反对马克思学说，大意如下：

渐进社会主义，"不重现制的国家，而重文化的民主国家，既与国家社会主义相异，而其不极力主张私有财产之全废，则又与民主社会主义相异"；"国家的总产业之集中主义"方面，与上面两种社会主义，"又同其方针"。这是"依有秩序的和平的方法，而渐次实现民主社会主义的社会之主义"。有许多派别，主要是修正社会主义，另外是集产社会主义。

修正社会主义"对于马克斯派唯物观的民主社会主义，大加修正，其后遂代马克斯正统派，起而为凌驾德国社会民主党之一种社会主义"。修正社会主义或称"进化的社会主义"，提倡者是恩格斯的"友人"伯恩施坦（原译"伯伦斯坦"）。伯氏 1899 年著《新时代》②，主旨如下：

一是"马克斯说社会之进化及人类历史的发展，皆支配于物质的要素。虽然，精神的要素乃为社会进化之原因，故比物质的要素，其势力较大。所以科学、艺术及道德，从属于物质及经济，其力甚为薄弱。故对于社会之进化，虽偏重于物质的经济的要素，然精神的要素之势力，亦不能谓之不强"。二是"马克斯之劳动价值及剩余价值论，非现实社会之事实论，不过理想上一种之抽象论而已。以此为论据

---

① 以上引文均见《最新经济思潮史》，北京舆论报社 1922 年版，第 119—144 页。
② 指恩格斯去世后，伯恩施坦 1896—1898 年在《新时代》杂志上以《社会主义问题》为总标题，发表一系列论文，后整理汇编成《社会主义的前提和社会民主党的任务》一书，1899 年出版。书中提出修正主义公式，针对马克思主义的三个组成部分，进行全面系统的修正。

而论劳动生产物分配上之正不正，殊欠妥当。又工钱劳动者受生产物之全酬与否，于科学的社会主义之基础上，亦无何种关系"。三是"马克斯谓资本集积及恐慌频发之结果，必使中产阶级与多数之无产阶级，大相悬绝而已。然则资本不集中于少数者，恐慌又不发生，则中产小企业者当益益增加"。四是"马克斯谓无产阶级膨胀、工钱低落及生活窘迫之结果，乃为彼等阶级之自觉的原因。因之劳动阶级依阶级争斗之政治的运动，而改造社会为劳动主权之共产的新社会。虽然，工钱必有渐次昂腾之倾向，且社会进步，虽不经政治的革命，然亦可以渐次且平稳而进为民主的社会"。五是"劳动主权之社会，必非完全之社会，即以劳动主权代资本主权，其社会非惟不为比较优善，且依然为低级的文明"。

修正社会主义的主张，纲要大致6项："极力主张改良社会为精神的理想的社会"；"依民主的国家之干涉，而实行有利于无产阶级之改革及设施"；"不若共产主义主张废灭私有制，惟主张扩张国有及公有产业"；"图产业组合即消费组合及劳动组合之发达"；"凡工钱劳动者皆有选举权"；"对于大所得，设累进课税"。所谓民主的国家，"反对资本主义，或军阀官僚专制的之国家组织而为民众的国家组织者"。伯氏说，"此种民众的国家，不依急激的革命，乃依政治的进化，渐次发育而完成之"。也就是说，"依民主的国家之干涉，不依阶级争斗之手段，而改良社会"，这是此派的"特色"。

集产社会主义属于修正派一类，"专注重国家之产业大集中者，称之为集产（组合产业）主义"，如英国费边社（原译"菲比安协会"）及劳动党（即工党）的主张。费边社1884年由英国社会主义者设立，采用罗马名将费边之名。费边曾忍耐待机而击退强敌汉尼拔，最终成功，故其命名，"有忍耐的渐进主义之意义"。其首脑为韦伯（原译"威柏"）夫妇和萧伯纳（原译"伯拉硕"），亦为"英国社会主义之特色"，其主张"大要"如下：

一是"以劳动之精神代一切之精神"。二是"反对马克斯之劳动价值论，而采用效用价值论。提倡剩余价值之社会公收论，即主张亨利乔治（美人，一八八二年所著《进步与贫困》）之地租公收论。凡土地地租、资本地租、能力地租等之一切余剩利益，皆由公家收之"。三是"打破资本主义的经济组织后，则舍弃现代之大企业组织，而返于昔时之小规模的分权组织。否则将此大企业组织，由私的营利主义变为公的社会主义。二者必采其一。然第一法阻碍文明之进步，到底不可采用。故用第二法，将大产业集中于国家"。四是依据上面的主旨，"将土地及产业资本皆为有偿的移归国有。且为社会全体之利益起见，国家宜自行管理生产物之生产及分配，但个人的必要之财产及生活资料，得私有之"。五是"因劳动者保护法，劳动组合、消费组合、都市事业及国有事业之扩张，凡个人主义的色彩，必日渐薄弱，而社会主义的色彩，必日渐浓厚"。由此观之，此主义又可称"文化的国家社会主义"。

英国劳动党经韩德逊（原译"亨德阿逊"）提议，采用费边社的主义，1917 年发表其"纲要（New Social Order）"①，"除各种劳动问题外，并记述土地、铁道、矿山及电力国有之问题焉"。②

上述有关马克思经济学说的评介，比较旧稿，明显的特点是大幅增加对这个学说的介绍，条分缕析归纳，概括成七个方面，显示其理论部分的概要；对其实际运动部分，新增《爱尔福特纲领》，这也是旧稿所没有的。对马克思学说的评论，仍然保持旧稿所持的否定态度，但同样明显的是，尽量减少作者自己的批评成分，转为引用他人尤其是社会主义阵营内部如所谓渐进社会主义的修正或反对意见，以示客观，又可迂回表明自己的看法。新增修正或反对部分，比较原来旧稿的批评观点，似乎有所淡化。其实这是一个假象。一方面，不再强调马克思学说为旧社会主义，实则将这种陈旧的意思，暗含在后来的修正及反对意见中；另一方面，原来归属马克思学说的说法比较零散，如通财共产之社会主义、民主国家社会主义、旧社会主义、国家主义等，现统一为民主社会主义，虽未必合适，却更能集中批评的矛头；更重要的是，苏俄革命直接继承并实践马克思学说，很难再如旧稿所说，马克思学说"实行无期"，像旧社会主义一样"终为不可实施之计划"，既然苏俄革命成为马克思学说从理论到实践的最新体现，则索性将批评的重点转移到布尔什维克政权的主张和行动上。

**（五）对布尔什维主义的评介**

这些内容分别见书中第 21、第 27 两章。第 21 章里，将"多数派社会主义"即布尔什维主义，与无政府主义和工团主义一道，归入"激烈的社会主义"范畴，介绍如下：

"此主义渊源于马克斯派之俄国社会主义"。马克思《资本论》（第一卷）1872

---

① 此系英国工党 1918 年通过名为《工党与新社会制度》的纲领和新党章。
② 以上引文除另注外，均见《最新经济思潮史》，北京舆论报社 1922 年版，第 173—178 页。

年译成俄文，当时俄国有号称"土地与自由"的虚无党。1879年，虚无党分为急进与温和两派，"急进派为社会革命党，温和派为社会民主党"。社会民主党中"研究马克斯学说者"普列汉诺夫（原译"勃列哈诺夫"），亡命瑞士，"大研究且鼓吹马克斯主义"；所著《无政府主义与社会主义》及《马克斯论》等，"大有风靡一世之概"。1903年，社会民主党又分为两派，一派"议会主义之少数派"（即孟什维克），隶属者为马尔托夫（原译"勃雷哈乐夫"）等人；另一派"非议会主义之多数派"（即布尔什维克），隶属者为列宁及托洛茨基等人。日本称多数派为过激派。主张议会主义的普列汉诺夫少数派，"自称为马克斯主义正统派者"，然而社会民主党的多数派，"其目的尤能代表马克斯主义之真精神"。1917年革命后，"凡昔日之社会革命党、社会民主党及其他各党，皆被多数派打消或为多数派化，以成俄国今日特殊势力而组织苏维埃之政府"。依照列宁所著 Soviet of Work 及其宣言，以及托洛茨基所著 History of Russian Revolution、Our Revolution、Proletariat and Revolution，其思想内容大体如下："有产阶级，非人民，乃人民之敌，故不可使之参加政治"；"人民为无产阶级，由无产阶级所选之代表而成劳兵会，且即以劳兵会而组织国家，凡权力专属于劳兵会"；"劳兵会，惟生产的劳动者、兵士及农民有选举权"；"劳兵会政府，依一人之主宰权而完成中央集权"；"国民议会、常备军及警察，悉废止之"；"凡人民皆有劳动之义务"；"土地、资本及其他一切之私有及私的产业，皆废止之，而厉行国家公营制"；"发达产业，普及教育，且彻底实行民众劳逸与共之政策"。以上8项是列宁政府成立之前的主张，列宁政府成立后，"又已大加修改"。①

也就是说，这一章主要介绍俄国布尔什维克党的历史渊源，以及十月革命以前的政治主张。十月革命以后的主张修改或变化，见之于第27章。

其开篇说：一次大战的惨烈战祸，"一方面固能产出国际和平联盟，他方面又使社会阶级间之利害，益加悬隔，且战争原为资本阶级而牺牲劳动阶级，此昭然若揭者"。对此，社会上兴起一种反思，"以求社会根本改造而为一种新经济组织"。这种思潮，战争期间"澎湃而不可遏"。关于改造问题，"虽因各国国情不同而分激烈与温和两派，然大概战败国之思想，走于极端，战胜国之思想则倾于稳和"。"激烈之改造，多为政治，稳和之改造，则止于经济。故一方实行于马克斯派之革

_____

① 引文见《最新经济思潮史》，北京舆论报社1922年版，第192—194页。

命的共产主义，他方则要求劳动者管理产业论；如俄国战败后，革命爆发，苏维埃制度遂因之实现，此马克斯主义实现破题儿之第一遭"。

介绍俄国多数派的共产制：俄国苏维埃政府在列宁领导下，1918 年 7 月发布"劳兵会共和国宪法"，由 1918 年 1 月"第三次全俄苏维埃议会"所认可的"劳动者之权利宣言"（今译"被剥削劳动人民权利宣言"），与同年 7 月 10 日"第五次全俄苏维埃议会"所决议的"苏维埃共和国宪法"（今译"俄罗斯社会主义联邦苏维埃共和国宪法"即"根本法"）二者合并而成。全文共 6 篇 17 章 90 条，6 篇分别是："劳动者之权利宣言""宪法总则"（今译"俄罗斯社会主义联邦苏维埃共和国宪法总纲"）、"苏维埃政治之组织"（今译"苏维埃政权的结构"）、"选举及选举权"（今译"选举权及被选举权"）、"会计"（今译"预算法"）、"军服及国旗之规定"（今译"俄罗斯社会主义联邦苏维埃共和国的国徽及国旗"）。接着叙述 6 篇的内容概要，因早在 1919 年，国内报刊已翻译发表苏俄宪法的全文①，故此略。

附记"改造产业组织之国有公营事业制度"之大要："苏维埃政府为共产的产业制度，组织颇完备之总机关"。首先设立"经济最高评议会"，负责"农工业生产之统辖、产业全部之高等政策及国有企业之统一及监理，此为一般的最高政策机关"。此外设立"国有企业、现业专门之独立机关"。"中央管理会则仅办理国营现业之技术的及营业的一切事项"，每个企业下面，各地方各工场可各设"工场管理会"，"其职务除经营现业之外，又使各工场委员会与工场劳动者之关系使之密切"。组织这些机关的职员及处所大略："经济最高评议会"有评议员 69 人，含"职工组合代表"30 人，产业组合代表 2 人，"国民经济地方评议会代表"20 人，"中央执行委员"10 人，"国民委员"7 人。"各中央管理会"有干事 9 人，"政治及社会委员"3 人，由最高评议会选任；"技术及营业员"3 人，由所属工场管理会选任；"劳动委员"3 人，由职工组合选任。"各工场管理会"干事若干，1/3 政治及社会委员，由最高评议会选任；1/3 营业委员，由中央管理会选任；1/3 劳动委员，由各工场委员会选出。

以上记述之外，俄国革命后还发布不少宣言或命令，"显著者"如下：

1917 年 11 月 26 日的"土地产物及附属物之管理"，规定"土地产物及附属物、器具及家畜等，由劳兵会管理之。村议会及镇议会，于实行上得取适当之手

---

① 参看《1917—1919：马克思主义经济学在中国的传播启蒙》，上海财经大学出版社 2016 年版，第 2 编第 4 章第 3 节五。

段，违反命令者由革命裁判所处罚之"。同月 27 日的"住家强制分配"，规定"住不适健康家屋之劳动者，得移住于设备及整齐之富豪邸宅之空室。富豪家族一人，限制使用一室"。同年 12 月 27 日的"人民银行之新设"，规定"封闭私设银行。银行事业政府独占之，而改为俄国人民银行。其改造，由中央行政委员会实行之。私设银行之金银块，皆移送人民银行，而为国有财产"。1918 年 1 月 8 日及同月 21 日命令"废弃公债及储蓄"，"从前政府所缔结之国债，无论国内及外国，限一九一七年一月末日废弃之。短期债券及财政部证券，依然有效，但不得付利息。又地方劳兵会，调查一般人民之财产。依劳动而贮蓄，不超过五千卢布者认为有效，但超过此数者，则全部废弃之"。关于"公营产业及商业"，规定"不但全国铁道、矿山、交通机关、制油工场、制纸工场及纺织工场，归国家所有，且一切产业及商业亦归公家经营，禁止自由商业"；同年 7 月 28 日又宣布"全国股份公司全部资本金归为国有"；"商店及仓库之商品，皆为共有物。劳兵会政府，得扣押之而移送于官营卖店"；"官营卖店之物资配给法，用劳动券。劳动券付予劳农国民而从事一定之职业者。有此券者，须提出其职业所定劳动时间、成绩之证明，然后得由官营卖店而受相当之物质。然有此券而无证明者，则不得由官营卖店受廉卖之物质。手工细品及指定一定商店，得许其自由交易"。同时"限制食料配给"，规定"劳动者为第一级，一日一人配给三百六十格兰姆（指克——引者注）；商人为第二级，一日一人配给百格兰姆；从前中产阶级以上及贵族为第三级，一日一人仅配给五十格兰姆。配给机关以给养部及地方支局为中心，更以各工场委员会，官厅内附设之委员会，市民之家属委员会，各方面之职业组合及产业组合为补助机关"。"演剧、跳舞场及电影之公营"，规定"此等与铁道皆有许可证，即票据制度。票据由各地方劳兵会事务所精密调查后，发给之。但剧场票七成五分，经职业组合及各官署而给予劳动者及官吏，一成五分给赤卫军人，余一成则予一般众人"。1918 年 10 月"对于富豪之课金"，规定"一万卢布以上之资产者为富人。对于此等富人，因欲征收百亿卢布，故一时征收之"。1919 年 12 月的"农民土地分配"，规定"没收地主之地面六千万埃克（指英亩——引者注），大部分割予农民，残余部分则分给劳兵会职员"。1920 年 1 月 15 日的"强制劳动及军队化"，规定"凡有劳动能力之男女，悉应劳动。又因救济物资缺乏，产业不振，得重课劳动者时间外之工作。且利用休息日，无报酬，使其修缮铁道及车辆等。又以军队式训练劳动者"，于 1920 年 1 月 15 日"发布劳动军编成令，施军队教育，实行国民皆兵主义"。"实行团体的共同动作及共同游玩"，"定铁道日、入浴日及理发日等，行强制的团体的共同动作。食事则设备共产食堂。公园及剧场等，皆用巨款修饰，而成共同游玩之美"。"赤卫军之规律严正"，规定"赤卫军之组织，最初其指挥官，虽由兵卒选举，然其后则改为征兵制度，录用陆海军大学校出身之新将校，但首脑仍用旧将校。又派二人之多数派哥密萨尔而严重监视其行动，此哥密萨尔有枪毙之权；此二人又依军队中多数派兵卒，而秘密监视之。赤卫军兵卒如有脱逃时，则刑及其家族"。"政教分离，信仰废止，奉马克斯之说，其说曰：'宗教者毒国民之鸦片也'。故对于寺院，废止国库补助，没收其附属地，削除学校课程中之经典科目，撤去教室中之圣像，解放尼寺，使尼姑还俗"。1920 年 8 月 9 日决定"实施共产的通货政策"，"其方法则为印刷诸种异色之纸币，此纸币每月发行，通用期限为发行后之一个月，若逾一个月则禁止流通；阻止贮蓄通货，以绝灭资本集积"。①

　　俄国多数派之共产制一节，在本章 28 页中，占了 14 页即一半篇幅，可见是叙述的重点。另一半篇幅，分别介绍其他两个主义。一是"基尔特社会主义"。此乃"折中于德国式国家社会主义与法国式工团主义，而为民主的国家与生产的劳动组合共同经营产业之新英国式社会主义"。1870 年以来，英国"职工组合"仅为熟练职工的团体，"仅以改良劳动条件为主眼"；1899 年以后，非熟练职工自觉加入职工组合，"以推倒资本主义为旗帜"，开始政治运动，"劳动党遂勃然兴起"；1910 年以后，"英国之稳健的气质及实行的思想，渐依国家主义与劳动共产主义之折衷，而产出基尔特社会主义"；欧洲大战后，"庶政改造问题与劳动及社会问题，其纷乱达于极点，产业国有论，风靡一世，于是基尔特社会主义之势力益盛"。基尔特议会作为劳动者合议制，依据多数决议，"有压迫个人自由，毁损人格之大弊"；此制区分政治属于国家，经济属于组合，但"政治与经济到底不能区分"，国家以其权力而行使专属于国家的政治，如果威胁或束缚组合及组合成员的经济及生活，又怎么办？

　　二是"产业管理运动"。基尔特社会主义"以管理一般的总产业为目的"，非常类似于工团主义；"仍为学说上之主义，而无实际的运动"。战后英美的劳动运动，"大有以管理特别的产业为目的之趋势"。如英国劳动党 1918 年 7 月召开劳动者大会，决议"新条规"（即前述"纲要"亦即《工党与新社会制度》）；又如

① 以上引文均见《1917—1919：马克思主义经济学在中国的传播启蒙》，上海财经大学出版社 2016 年版，第 217—231 页。

1919 年 9 月 3 日召开英国煤矿劳动者组合大会，"决议全国煤矿国有及煤炭采掘贩卖官营，须即时实行"，同时设立特别委员会。后来意大利政府以首相名义，声明制造者与劳动者"二元的管理工场原则"，目的在于改良双方的对立关系，增加出产品；双方各出相等代表组成"劳资联合委员会"，形成产业改造的法案，"基于劳动者参加产业之专门的、财政的、行政的管理主义"，提交议会；双方出现轧轹，雇主和劳动者的代表"决定其必要手段而妥协之"。如果资本及劳动的双方团体同意政府"以劳动者管理产业主义为原则"的提案，"偌大问题，由是解决"。对此，保守党与社会党共同反对，企图弹劾政府。"一般稳健派"则以为这是必要手段，"避政治的革命而限于单纯之经济问题，且试行新原则而观其实绩如何"，表示赞成者颇多。[1]

上面对俄国布尔什维主义的评介，都是旧稿没有的新内容，也是"最新"经济思潮史所要澄清的重点对象。在此之前，叙述经济思潮的历史轨迹，先后经历了古典经济学，空想社会主义，马克思社会主义，历史派国民经济主义，国家保护政策，以国家统制经济来改良社会的国家社会主义，修正或反对马克思主义的渐进社会主义，从传统经济学中衍生而出的社会改良主义，以及激进社会主义等，其中布尔什维主义或称多数派社会主义，与无政府主义和工团主义并列，作为激进社会主义的一个派别，主要说明它尚未夺取俄国政权前，信奉马克思主义的思想特征。这时介绍列宁等人的思想与主张，被认为代表了马克思主义的"真精神"。也就是说，后来出现的各种经济思潮，均对马克思主义持拒绝、批判、修正或背离的态度，唯有布尔什维主义是它的真正继承者，不过仅作为一个引子，潜藏在众多经济思潮之中。等到苏俄革命爆发，建立列宁政府，布尔什维主义一下凸显出来，成为万众瞩目从而也是此书关注的重点。这种关注，包括比较系统地介绍苏俄新宪法，描述苏俄政府改造产业组织为国有公营事业制度亦即共产制度的组织机构状况，以及列举革命后政府发布的各种重要宣言或命令，一直延续到 1920 年 8 月。由此亦可见，此书出版后的当年或第二年，即完成中译本，可谓及时之作。但是，关注不等于赞成，恰恰相反，作者对此同样持决然反对的态度。这个态度体现在书中的表达方式，先是开列诸如基尔特社会主义和产业管理运动之类的劳资共同产业主义药方，以此对抗俄国马克思派的革命的共产主义，然后下结论，这种劳资共同产业

---

① 以上引文均见《1917—1919：马克思主义经济学在中国的传播启蒙》，上海财经大学出版社 2016 年版，第 231—232、238—239、244 页。

制度，完全不同于俄国革命试图造就完全的社会主义社会，它同国际经济主义一道，才是今后 20 世纪世界思想与运动的色彩或发展大势。这样看来，此书的结论，保留了旧稿的框架，新增了反对俄国布尔什维主义的内容。

### （六）译本分析

经过以上梳理，新译本关于马克思经济学说部分，较之旧稿，大为改观。这不仅表现在译名与译文表述更为通俗的形式上，还表现在内容的与时俱进上。

首先，减去主观批评成分，增加客观介绍成分。旧稿论及马克思学说，介绍与批评的比重相当，或者不如说，简略而经过加工的介绍，全是为后面的批评作铺垫，难以体味马克思学说的整体面貌，只留下一些支离零散的片断。在这方面，新译本的改动幅度很大，先是单独介绍马克思的生平事迹及其在经济思想史的地位，增补恩格斯的简历与其著述特征；然后将马克思学说的理论体系分解为七个方面，逐一介绍。关于唯物史观、劳动价值论、剩余价值论及阶级斗争论的基本理论，是那时介绍马克思学说的流行内容；关于资本集积论或称资本集中论（即马克思的资本积累理论），则是日本理论界强调的理论特征，可见河上肇有关马克思学说的介绍；所谓民主共产论和国际社会主义论，虽然其他介绍也有类似的涵义，但如此说法并与其他基本经济理论并列，则不常见，可算新译本的一个特殊心得。不管怎样，试图从完整的系统上去把握马克思经济学说，比起当初敷衍式描画一个大概，便将重点转移到批评或否定这个学说，有了很大变化。另外，紧接着马克思学说之后，用不少篇幅专门介绍德国社会民主党 1891 年通过的《爱尔福特纲领》，将该党理论上所信奉的马克思学说，同实际运动中所建立的基本纲领，结合起来。这种介绍，将二者联为一体，当时也不多见。在此之前，国内流传的版本中，有戴季陶 1919 年 8 月 10 日发表的《德国社会民主党的政纲》第 10 号，也就是《爱尔福特纲领》的完整译本①。不过戴氏的意图显然与此译本的作者有所不同。作者的意图下面将作分析，这里只需指出，此介绍方式反映了日本学术界追求弄清历史资料并综合利用的研究特点，正是这个特点，或许也给戴氏的翻译选题，提供了启发。总的说来，出于客观介绍的考虑，新译本有关马克思学说的内容，比起旧稿所谈到的各种经济思潮，应是修改最大或增补最多的部分。

---

① 参看《1917—1919：马克思主义经济学在中国的传播启蒙》，上海财经大学出版社 2016 年版，第 5 编第 2 章第 1 节三。

当然，客观介绍不等于正确介绍，更不等于深入理解。从新译本看，如介绍德国社会主义，把洛贝尔图斯与马克思、恩格斯和拉萨尔排列一起。后三者的排列，为寻常所见，姑且不论马克思与恩格斯常被视为一体，拉萨尔也常被视为德国社会主义在实际运动中的代表，与马克思作为其理论代表相并列。唯独洛贝尔图斯，属于另一个系统，除了一些西方学者曾提出马克思抄袭洛氏的理论成果之外，很少看到这样缺少关联的排列方式。又如说马克思学说发明了科学的社会主义，结果却归于民主社会主义范畴。何谓民主社会主义，未见明示，这同旧稿既说民主社会主义，又归类其他名目的社会主义，也不尽相同；其强调"民主"的意思，可能是说马克思所设想的未来社会主义国家，经过劳动者专权的过渡阶段之后，最终进入废止专权而人人平等参政的民主状态，与典型的国家主义有所不同。这个归类的背后，藏有玄机。新译本借助这个概念，一则与洛贝尔图斯的主张区别开来，即渐进社会主义的目的，在于逐渐减废私有财产制度，以国家为独立的社会组织体，引导个人活动顺从社会全体利益；二则与拉萨尔的主张区别开来，此即《爱尔福特纲领》删去原来的纲领里面有关拉氏的工钱铁则、要求劳动全酬权及组织生产组合等观点。另如对马克思学说的大纲条分缕析，似乎引入日本学术界的流行模式，搀入自己所概括的诸如民主共产论、国际社会主义论之类看法，并不严格遵守马克思学说本身的分析逻辑，按照自己的简化理解加以诠释，以致出现将马克思独创的不变资本和可变资本（原译是"不变的价值"和"可变的价值"）概念，直接与固定资本和流动资本的传统概念挂钩等偏误。再如提出集产社会主义的概念，不同于那时以这个概念专指马克思主义的通常理解，用来描述英国费边社的渐进社会主义以及英国工党的纲领，后者又以亨利·乔治的土地单一税学说作为其理论基础；换言之，两个集产主义之所指，相互对立，徒生混乱。从以上例证看，继续做实了前面分析旧稿的一个判断，即作者并不擅长阐释马克思的基本经济理论。不过，新译本比较旧稿，毕竟那种从个人立场出发，鼓躁着批判这一理论的强烈冲动，有所收敛（或者如译者邝摩汉所说，在翻译过程中删去了这些批评性言词），转向提供更多的客观介绍，这些内容对当时国人了解马克思经济学说的大体面貌，仍然是有帮助的。

其次，将布尔什维主义列为重点，大量介绍。可以说，对比旧稿，新译本增补最多的内容，一个是以马克思学说为代表的民主社会主义及其运动，另一个就是布尔什维主义或谓俄国多数派社会主义。两方面内容，相辅相成，互为补充。原来在旧稿里，从经济思潮史上看马克思学说，尽管非常重要，却被视作旧社会主义，意味其学说已经过时或其影响日趋消失，无须详细介绍，作批判的靶子即可。然而苏俄革命的成功，让包括作者在内的许多经济学者突然发现，马克思学说并未过时，仍有令人惊异的生命力，于是不得不回过头来，对其学说重新研究一番，这恐怕也是新译本蓦然增出许多有关马克思学说的内容的重要原因。可见，苏俄革命后，不仅我国掀起一股传播马克思学说的热潮，西方国家的思想理论界同样热衷于此。这时的研究，不同于以往偏重学术的研究，面临现实的抉择，为了弄清布尔什维主义的来龙去脉，离不开从马克思学说中去寻找其思想源头。作者很不喜欢布尔什维主义的激烈的社会主义方式，但要介绍20世纪以来欧洲国家改造经济的思想与运动，又绕不过这个坎，因为它的影响太大了，而且史无前例。所以说，增补马克思学说的内容，很大程度上源于布尔什维主义的崛起，增补布尔什维主义的内容，实际上是对新时期"马克思主义正统派"之继承、发展与变化的继续考察。

　　大概吸收了旧稿中过早断言马克思学说不可能实行的教训，新译本尽管持有很强的排斥心理，却不再轻言布尔什维主义的失败，尽量表现出比较客观的态度，或将主观排斥心理寓于客观史实介绍之中，借以说明它究竟是一种什么样的主义。这样一来，译本围绕布尔什维主义，提供了较为系统和较有条理的内容。介绍分为执政前后两段，略于前而详于后。例如，关于布尔什维主义，首先指出渊源于马克思派的俄国社会主义。其脉络：受到马克思学说在俄国传播的影响，从主张"土地与自由"的虚无党，到分化出急进的社会革命党与温和的社会民主党，包括后者涌现出普列汉诺夫这样深入研究和鼓吹马克思主义的代表人物；再到1903年社会民主党分裂为孟什维克少数派和布尔什维克多数派，前者以主张议会主义的普列汉诺夫为首脑，后者以主张非议会主义的列宁及托洛茨基等人为领袖；布尔什维克派代表了马克思主义的"真精神"，最终战胜其他党派，成为如今组织苏维埃政府的"特殊势力"。然后指出列宁等人的思想主张，包括排斥有产阶级，一切权力归劳兵会即苏维埃，苏维埃由生产劳动者及士兵和农民的代表组成，苏维埃政府实行一人主宰的中央集权制，废除国会以及常备军和警察，所有人履行劳动义务，废除土地与资本等私有制及私有经营而代之以国有公营制度，发展产业和普及教育等实行彻底的民众政策。类似介绍，此前已在国内广为流行，内核是突出布尔什维克派的过激性质，这也是那时主流舆论的共识。但像此译本这样，系统梳理列宁等人执政前的若干主张，则不多见，显露作者关注的重点是思想或思潮而非实际经历，或以实际经历作为产生相应思想和思潮的背景因素。

又如，分析马克思派实行革命的共产主义，促成俄国革命爆发，苏维埃制度实现；马克思主义得以第一次实施，在于大战的惨祸暴露了社会阶级之间巨大的利益差距，资本阶级牺牲劳动阶级而挑起战争的严酷现实，由此引起谋求根本改造以建立新经济组织的社会反思潮流，加上俄国成为战败国，遂使这种思想趋于激烈的政治改造。这个分析，自有其合理之处，虽然更多着眼于表象的即时的原因。新译本分析俄国革命的起因，对具体的革命过程着墨不多（这曾经是国内舆论界津津乐道的内容），随即把目光转向苏俄政府或列宁政府建立后的执政取向。介绍了三大类内容：一类苏俄新宪法，包括各篇的概括性摘要。在此之前，国内早就流传此宪法的各种介绍文本，或简略或详细，或转录或直译，或猎奇或评论，直至完整翻译其文本①。因此，新译本的摘要尽管颇为完备（唯不知何故，将原文"国徽"译作"军服"等），传入国内时，已不足为奇。二类苏俄政府为改造产业组织，实施"国有公营事业制度"或"共产的产业制度"的组织机构状况。这是国人很少关注的领域，虽然从苏俄宪法中看到设立国民经济最高委员会等条文，并未深究其意。新译本的作者则以经济学家的特有敏感，专门考察此类组织机构的权限职能、管辖范围、内部分工、业务分布及其人员构成和代表身份等情况。考察只有介绍，未见评论，然而借此可以表明，如何在经济领域贯彻执行自上而下的中央集权式的国有公营或共产制度，以及体现劳动者的主导地位。这种介绍深入而具体，应算是观察苏俄政府的一个新内容。三类苏俄革命爆发后，自 1917 年 11 月 26 日至 1920 年 8 月 9 日两年多期间，陆续发布一系列具有代表性的宣言或命令，列举达 14 项之多。主要涉及各级苏维埃政府采取革命手段统一管理土地产物及其附属物并惩罚违反命令者，强制分配富豪的住宅给劳动者或限制其使用，新设人民银行并封闭私人银行以实行政府独占和国有，废除国内外公债和高额储蓄，实行各种产业及商业的公家经营和劳动物资配给，限制粮食供给并对劳动者和从前的中等阶级以上者分三级实行差别待遇，公营娱乐场所按劳动者和军人等对象实行票据发送制度，征收富豪资产，没收地主土地分配给农民和劳兵会成员，强制劳动和兵役义务，强制实行包括公共食堂和统一行动在内的团体共同活动，严明红军的组织与纪律并任用旧军官，实行政教分离并废除宗教信仰，实施"共产的通货政策"以防止储蓄和资本积累

① 参看《1917—1919：马克思主义经济学在中国的传播启蒙》，上海财经大学出版社 2016 年版，第 2 编第 3 章第 2 节及第 4 章第 3 节。

等。这些内容，典型体现了苏俄执政后的无产阶级专政色彩尤其是战时共产主义政策。其中一些条文及其实施影响，曾不乏见于此前国内的各种流行报道，但如同上述的系统爬梳与集中列举，仍难得一觌。

总之，译本大量介绍布尔什维主义，为了突出此主义的过激性质，为了表明此主义一旦付诸实施，会发生怎样天翻地覆的变化，甚至可以从所列举的那些宣言和命令里，嗅到列举者有意识地搜罗和散布的阶级斗争之无情残酷、专政独裁之红色恐怖、乾坤颠倒之腥风血雨的气味，然而介绍本身，毕竟包含了不少史实。这些史实，从布尔什维主义的思想起源、发展沿革和代表人物，到革命前的形势背景和政治主张，再到革命后的执政举措，主要提供三大类的文献资料或要点摘录，相互连贯，合成一体。分开来看，许多内容在国内舆论界已是耳熟能详，没有什么新奇，但综合起来看，串连那些常见的、鲜见的乃至不为一般人所关注的各种新旧史料，能够让人获得更为全面、贯通和逻辑一致的感受。这对比较客观、真实和完整地认识布尔什维主义，认识此主义与马克思学说之间的继承和发展关系，同样也是有帮助的。

最后，变化介绍的表述方式，并未改变介绍的实质倾向。新译本介绍马克思学说和布尔什维主义，比起旧稿，在表述方式上有很大变化，篇幅上大为扩展，以客观叙述为主，确实令人感到有"存在的价值"（见旧稿译者序），或"不宜以一指而失其肩背"（见新版译者序）即因小失大。当然，这种变化也可能有译者的一份功劳，翻译过程中删去了原作者以资本家的经济学者身份，动辄谩骂批评马克思学说和俄国布尔什维主义的那些内容，因而新增有关布尔什维主义的评介，看不到多少高一涵曾经提到的那些"古怪的议论"。这种删改之功，仍以保存大量的如实介绍为前提。这些内容，难道真的能够不留痕迹地掩去作者的本来倾向吗？非也。稍加留意，就能发现这种倾向不论怎么删改，依然从各个方面强烈地表现出来。

例如，秉承旧稿的写法，新译本即使不再提马克思学说已经过时，属于无从实施的旧社会主义，但提到其他并存的或继起的经济学派如国民经济学派、社会保护政策和社会改良主义，以及社会主义流派如国家社会主义时，总要加上这些学派或流派区别于马克思学说而似乎更高明的意思，等于说马克思学说正在失势或已被淘汰。这在新增的渐进社会主义和激烈社会主义两章里，尤为明显。前一章针对马克思主义，不主张完全废除私有财产制度，主张依据有秩序的和平方法，逐渐实现社会主义。其中修正社会主义大量修改马克思基于唯物史观的社会主义学说，主张逐渐发育完成的政治进化而非急激的革命，依靠民主国家的社会改良而非阶级斗争手段，被认为已经取代马克思正统派而用来指导德国社会民主党；集产社会主义同样反对马克思的劳动价值论，并转化为与马克思学说毫无干系的英国费边社会主义和工党思想。后一章的无政府主义和工团主义，未说针对马克思主义，但将它们与布尔什维主义捆绑在一起，归入不依据国民议会而采取直接行动以创造和经营新社会的一派，暗指马克思主义的激进发展方向。作者的倾向，宽于前章而严于后章，也等于说马克思主义不是被修正取代就是发生扭曲变形。

又如，撇开经济学派或社会主义流派对马克思学说的外部批评和否定不谈，就马克思正统派内部来看，新译本除了说修正社会主义在德国社会民主党内部已经取代并凌驾正统派之上而外，还表达了另一层更深的意思。一是以恩格斯曾给予指导帮助的《爱尔福特纲领》为例，列举它的理论和最终目标、当前实际要求（含一般要求与保护劳动的特别要求）两部分，然后有一段评论，认为这些要求在现存私有制之下图谋实行改革，同社会改良主义的纲要，"大同小异"。换言之，正统马克思主义派的内在发展，最终衍生出与社会改良主义同样的货色，等于宣布马克思学说的消亡。二是以俄国布尔什维主义为例，追根溯源，认为它最初脱胎于温和的社会民主党，因拒绝自称正统马克思主义的议会主义主张而走上过激派的道路，又说它的目的尤能代表马克思主义的真精神。其背后的潜台词是，本来将马克思主义归入民主社会主义的范畴，属于学术性探索，无待施行，故能容忍民主与过激概念相互冲突的内在涵义，然而真的要实现马克思主义的目标，就不得不像布尔什维主义那样，放弃民主途径而采取过激方式。这一点，据说在列宁政府成立前的政治主张里，已显露无遗，列宁政府成立后，又"大加修改"。所谓修改，无非说以后的一系列执政举措，更加专制和激烈。综合上述二者，正统马克思主义的发展结果，要么转向温和的民主道路，没有独立存在的必要，不如归属社会改良主义之类的经济思潮；要么转向过激的革命道路，无异于扭曲原先设定的民主宗旨，变形为人们为之侧目的恶劣典型。两种取向，都是对正统马克思主义的彻底否定。所以，无须声色俱厉的大加挞伐，只要上述举证确立，同样可以达到旧稿的批判效果，而且看上去更加客观和巧妙。

再如，对于马克思学说，新译本减少主观批评的成分，并不等于说原著就是如此。根据译者的说法，覆核译本初稿，看到介绍马克思学说和俄国共产制的末尾，都有作者的批评甚至谩骂之论，还有散见于各处的杂驳条文。这也是为什么旧稿和新版的译者，均强烈感觉到作者身为个人主义或资本家的经济学者的固执态度。现在经过删除处理，在新译本里，这些谩骂批评的言词大都看不见了，只剩下凸显其存在价值的客观介绍。即便如此，最后的结论，仍露出作者的原形。结论概括20世纪世界各国今后的经济大势，只认可对外的国际经济自由主义和对内的劳资共同产业主义两大思想与运动，特地注明俄国除外。其原因，对照劳资共同产业主义在现有资本主义国家的流行趋势，如以私有制和议会制为前提，专从经济问题方面改造产业组织而不问政治改革，俄国革命是一个例外，将政权收归劳动者手中，政治革命与经济革命并举以创造全新的社会主义社会，意味着推翻现行资本主义的经济私有制与政治议会制，故不能容忍。对此，大概是译者删除的原故，没有看到作者的谩骂批评。但是，既然把苏俄革命排除在未来世界经济思潮的发展趋势之外，也就等于排除了继承其真精神的马克思主义。在这里，作者的真实倾向，终于得到了宣泄。

从马克思主义经济学在中国传播的角度看，新译本的影响，来自两副面孔的变换。先前的旧稿译本，以原貌出现，对于马克思学说，咄咄逼人，迫不及待地宣布它的过时无用；现在的新版译本，经过译者的删改加工，留下许多客观介绍马克思学说的内容，显示在继起的布尔什维主义中重现其生命力。对细心的读者来说，一看便知新译本让马克思主义的发展取向，一方面融合于社会改良主义的潮流之中而自行消失，另一方面变形于布尔什维主义的激进之中而遭到排斥，但对大多数缺乏马克思学说知识的读者来说，仍可以起到某种普及知识的作用。于此可见，把明明抵制马克思经济学说的著作，通过割弃主观批评部分而保留客观介绍内容的加工处理，得以成为引进马克思经济理论的工具，也算是那个时期传播马克思主义经济学的一个独特创造。

## 二、《经济学史》译本

署名法国"基特""里斯脱"合著，王建祖译述，商务印书馆1923年9月初版，1928年10月4版；初版列为经济丛书社丛书，后改为经济名著。其原著，正是法国夏尔·季德和夏尔·利斯特二人的名著 *A History of Economic Doctrines*（今译《经济学说史》），时任北京大学法科教授的王建祖[①]，也因翻译此书而名声大噪。

---

[①] 王建祖（1879—1935），广东番禺人，祖籍江苏镇江；毕业于北洋大学，经清政府选拔，留学美国加州大学，攻读经济法专业；毕业归国后被取为法政科进士，经廷试，授予翰林院检讨，随后充当赴美专使唐绍仪的随团参赞，回国后担任苏州财政监理官；1916年起任北京大学教授兼法科学长；广东军政府成立后，任财政次长，后历任菲律宾实业银行总经理、上海特区临时法院推事等职；1927年后任司法院秘书、最高法院推事、行政法院评事，病逝于南京。

原著 1909 年初版后，多次再版并不断修改和补充。王建祖未说明译自哪个版本，显然是较早的版本，或根据 1913 年第 2 版的英译本转译，有所删节。下面的评介依据译本 1928 年版，同初版本没有什么区别。

## （一）译者序简析

王建祖 1923 年 1 月 9 日于北京撰文言序：

"德人多研究经济事实史，法人多研究经济学说史，英人多研究纯粹经济学，此殆所谓地方分工欤？分而相成，利也；分而相离，不利也。人之生，岂非为经济事实之所模范耶，经济学说之成，岂非与经济事实有关系者耶"。李嘉图（原译"理咯多"）的地租说，"其动机岂非英国十九世纪初年之田制耶"；西斯蒙第（原译"西士蒙的"）的"悲工人之说"，马克思（原译"马克士"）的"阶级竞争之说"，近人的托拉斯之说，"若无资本制度，无劳动阶级，无经济恐慌，岂能成其说耶"。"经济事实与经济学说之关系有如是者，然谓理论之根本全在事实，则又一偏之论。同时代、同国境、同事实之学者，其论或不同"。萨伊（原译"塞氏"）与西斯蒙第（原译"圣西蒙"）同时同地，巴斯夏（原译"巴士地阿"）与蒲鲁东（原译"普鲁多"）同时同地，舒尔采－德里奇（原译"苏耳兹德里许"）与马克思同时同地，弗兰西斯·沃克（原译"佛兰西士华克"）与亨利·乔治（原译"亨利佐治"）同时同地，"而为说不同"。"其所以不同必有故，欲求其故，舍研究经济学史何由乎？然言经济之书，汗牛充栋，岂能全采集而次论之。凡关经济学发达之说与关经济事实变迁之说，或学理精深，或见解独到，如能考据倡其说者所处之时势，及诸说相互之关系，于学问之道，亦足以自慰"。至于研究方法，各学说的序列，不出三个途径，"或纵剖，或横断，或参酌于二者之间"。纵剖"取一种之学说而考其沿革"，其弊"不能见众学说之关系"；横断"汇一时之众学说而论其区别"，其弊"不能见一学说之全体"。二者各有利弊，本书采用参酌之法，"汇一时同类之学说，而按每一学说成熟之先后排次之"。一个时期，"必有某种学说为世所趋重"；以各个学说的成熟期划分时代，"高峰群圮之关系可见"；以成熟学说为单位，"枝节零碎之弊可免"。按照这个方法来论述经济学的发达，可分为五个时期。

18 世纪、19 世纪之交为经济学成立的第一期，"研究始创经济学之著作者"，如重农学派（原译"农宗"）、亚当·斯密（原译"亚当士密"）、马尔萨斯（原译"马耳达司"）、李嘉图等。19 世纪上半期为第二期，"研究批评第一期之著作者"，如西斯蒙第、圣西门、欧文（原译"奥浑"）、傅立叶（原译"富利阿"）、路易·勃朗（原译"白浪"）、李斯特（原译"李士脱"）、蒲鲁东等。19世纪中叶为第三期，"研究自由说之著作者"，如穆勒、巴师夏等，"此为自由学说最盛时期"。19世纪下半期为第四期，"此期学者皆与自由之说立异，如历史学派主张用归纳方法再造经济学，国家社会主义欲改造社会，马克士派根本攻击正宗经济学，耶教社会主义欲以道德观念灌输于经济学"。19世纪、20世纪之交为第五期，"此期之唯乐主义及地租新说对于正宗之说欲有更正，连带责任主义（又曰'大同主义'、又曰'连责主义'）欲调和于个人主义及社会主义之间，无政府主义则为极端之自由主义"。

以上分析，"非谓每期之说代谢生灭"。"历史派发端于十九世纪中叶，正自由学说最盛之际，而社会主义之说，亦于是时始见萌芽，故诸说有演进而非代谢，有起伏而非生灭"。"其所以有起伏，则以群众心理以时不同，然一说之传，必有其所以传之故。学说如生物然，亦合于优胜劣败之公例。有时两说并行，有时两说相争而劣者败，有时两说融合而成新说。要之一说之成，必对于其前之说有因缘，对于其后之说有熏染"。不按各说的发达次序而叙其关系，"何以见各说互相批评互相融合之大观乎"？法国季德及利斯特的《经济学史》"为是学之名著"。"今述其义以贡于治经济学者，浅学如余，误谬当多，愿明达有以教正之"。[①]

从序言看，译述者推崇原著作为研究经济学说史的名著，有其研究方法的特征。例如：经济学说反映经济事实，又不限于经济事实，同样的时代、地域和事实的前提下，会产生不同的经济学说，研究经济学说史正是寻求其中的相关原因；历史上有关经济学发展与经济事实变迁的著述，数量众多，应选择学理精深和见解独到者；考察经济学说的时势背景及各学说之间的相互关系，参酌纵向剖析一种学说之沿革及横向剖析同时期各种学说之关系两种方法，汇集一个时期的同类学说，按照每个学说成熟的先后次序排列，突出同时期世人所趋重的某种学说，既以各学说的成熟时期来划分时代，可见其从高峰到没落的关系，又以成熟的学说作为考察对象，可免枝节零碎对象的干扰；从18世纪到20世纪初，经济学的发展可分为五个时期，其代表分别是：政治经济学的奠基人如重农学派、亚当·斯密、马尔萨斯、李嘉图等，对抗派如西斯蒙第、圣西门、欧文、傅立叶、路易·勃朗、李斯特、蒲

---

① 以上序文均见王建祖译述《经济学史》，商务印书馆1928年版，译者"序"。

鲁东等，自由主义最盛期的代表如穆勒、巴斯夏等，反对派如历史学派、国家社会主义、马克思主义、基督教社会主义，近代学说如享乐主义派、地租理论、连带主义、无政府主义；各时期的学说有演进而非代谢，有起伏而非生灭，起伏在于不同时期群众心理的变化，演进在于各学说优胜劣败的公例，相互批评与发生融合，前后有因缘与熏染关系。

以上特征，译述者描述原著的框架结构，也是概括自身的翻译体会。其中谈到马克思学说，作为考察经济学说史的众多例证之一，无好恶褒贬之分。如称出现马克思的阶级斗争学说，与现行资本制度、劳动阶级、经济恐慌等经济事实有关；马克思与洛贝尔图斯尽管处于同一时期又同是德国人，二人的学说却不同；马克思派从根本上攻击正宗经济学即自由主义学说等。在译述者的眼里，马克思学说不过是经济学说史发展进程中的一截演进或一段起伏，只求"学问之道"，不关心学术以外的政治态度。

这个序言着重于介绍原著的写作特征，一则其特征凡属有新意者，如经济学说与经济事实的关系、经济学说史五个时期的划分、各经济学说前后连续次序的解释等，都不是译述者自己的心得体会，而是引自原著者序言的内容[1]，但未曾说明这一出处。二则疏于介绍翻译情况，给人留下的印象，似乎完整翻译了原著内容，这是个错觉。另外，序言末尾，表示叙述名著之义（即上述特征）以供治经济学者参考，自谦浅学，谬误之处愿明了通达者教正，似乎老生常谈的一句客套话。译本究竟翻译了哪些内容，翻译质量如何，译述者身为堂堂教授，何至于谦逊到自称"浅学"和"误谬当多"的地步，这些疑问，有待对照原著今译本的考察。

### （二）译本简介

首先，对照王建祖译本与今译本[2]的目录，马上发现二者的明显差别。一是今译本除原著的英译本序言、法文原著序言和结论外，共5编18章，而王氏译本只有3卷10章，且没有原著序言和结论。也就是说，王氏译本的卷章内容，只及今译本编章的一半。

二是比较两个译本的目录译名，以今译本为准，王氏译本的相应译名标注在后面的括号里，可见二者的差异。例如：

---

[1] 参看［法］夏尔·季德、夏尔·利斯特著，徐卓英、李炳焕、李履端译《经济学说史》上下册，商务印书馆1986年版，"法文原著序言"。

[2] 今译本参看上述《经济学说史》译本，此译本据原著1913年第2版英译本转译。

第1编（"卷一"）"政治经济学的奠基人"（"创始者"）。第1章"重农学派"（"农宗"）：（一）（原译本无，下同）第1节"自然秩序"（"天定之说"）；第2节"净产品"（"净余之说"）；第3节"财富的流通"（"财富循环之说"）；（二）第1节"贸易"（"贸易之观念"）；第2节"国家的职能"（"国家职权之观念"）；第3节"赋税"（"租税之观念"）；第4节"重农主义学说的总结。它的批评者和反对派"（"结论　重农家及其同时而异见者"）。第2章"亚当·斯密"（"亚当士密"）：第1节"分工"（"分工又曰分业"）；第2节"斯密的'自然主义'和'乐观主义'"（"士密之自然观及乐观"）；第3节"经济自由和国际贸易"（"经济自由及国际贸易"）；第4节"斯密思想的影响及其传播。关于 J. B. 萨伊"（"士密学说之效果及其传布　塞氏与士密之关系"）。第3章"悲观派"（"悲观派"）：第1节"马尔萨斯　人口规律"（"马耳达士　第一项人口公例"）；第2节"李嘉图 1. 地租规律，2. 工资和利润规律，3. 贸易差额理论和货币数量理论，4. 纸币、它的发行和调节"（"理略多　第一项地租公例，第二项工庸及赢利，第三项贸易平均说及货币量数说，第四项纸币之发行及取缔"）。

第2编（"卷二"）"对抗派"（"批评及反对者"）。第1章"西斯蒙第和批评学派的起源"（"西士蒙的及批评家之起源"）：第1节"政治经济学的目的和方法"（"论经济学之目的及研究之方法"）；第2节"西斯蒙第对生产过剩和竞争的批判"（"生产过多及竞争之批评"）；第3节"劳动和土地的分离是贫困和危机的原因"（"论人工与田地隔离为贫穷及经济恐慌之原因"）；第4节"西斯蒙第的改革计划和他对学说史的影响"（"西氏改革之议及西氏在经济学史中之地位"）。第2章"圣西门、圣西门学派和集体主义的早期阶段"（"圣西蒙、圣西蒙之徒及经济集中主义之起点"）：第1节"圣西门和工业主义"（"圣西蒙与工业主义"）；第2节"圣西门学派与他们对私有财产制的批判"（"圣西蒙之徒及其私产之批评"）；第3节"圣西门主义在学说史上的重要地位"（"论经济学说史中圣西蒙徒之说之重要"）。第3章"协会派社会主义者"（"联结派之社会主义家"）：第1节"罗伯特·欧文　1. 环境的创造，2. 废除利润"（"奥浑　第一项新社会之组织，第二项论赢利之废除"）；第2节"沙尔·傅立叶　1. 法伦斯泰尔，2. 整体的合作，3. 回到田园生活，4. 有吸引力的劳动"（"富利阿　第一项合居之主张，第二项集中之互助，第三项田地主义，第四项有乐趣之工作，第五项余论"）；第3节"路易·勃朗"（"白浪"）。第4章"弗里德里希·李斯特和政治经济学的国民体系"（"李士脱及国家经济学"）：第 1 节"李斯特的思想与德国经济状况的关系"（"德意志经济情形及李士脱之思想之关系"）；第 2 节"李斯特的思想的来源。他对后代保护主义学说的影响"（"李士脱思想之渊源及李氏书范围近世保护学说之力"）；第 3 节"李斯特的真正创造性"（"李氏之说之特点"）。第 5 章"蒲鲁东和 1848 年的社会主义"（"普鲁多及一八四八年之社会主义"）：第 1 节"对私有财产制的批判和社会主义"（"私产及社会主义之批评"）；第 2 节"1848 年革命和社会主义的衰微"（"论一八四八年之革命及社会主义信用之失"）；第 3 节"交换银行理论"（"交易银行之理论"）；第 4 节"1848 年后蒲鲁东的影响"（"普氏学说在一八四八年后之影响"）。

第 3 编（"卷三"）"自由主义"（"自由说之继续者"）。第 1 章"乐观派"（"乐观者"）：第 1 节"服务—价值理论"（"役劳价值之说"）；第 2 节"无偿效用规律和地租规律"（"超然效用说及地租公例"）；第 3 节"利润与工资的关系"（"利息及工庸之关系"）；第 4 节"生产者服从消费者"（"屈生产者伸消费者之主张"）；第 5 节"连带性规律"（"大同主义"）。第 2 章"古典学派的极盛和衰落。约翰·斯图亚特·穆勒"（"正宗派之最盛及始衰　约翰司徒华穆勒之学说"）：第 1 节"基本规律"（"正宗派学说最要之公例"）；第 2 节"穆勒的个人主义—社会主义纲领"（"穆勒之个人主义社会主义糅合之思想"）；第 3 节"穆勒的继承者"（"穆勒后之学者"）。

逐一比较下来，王氏译本的卷、章、节、项，基本上对应原著前半部分的编、章、节、目，表现出大致的意思。但译述者以留学美国的学术背景和曾在清政府任职的工作经历，不愿完全采用来自日本转译西方经济学概念及代表人物的译名，醉心于经济学专门用语的文言表述，未能跟上翻译领域的约定俗成趋势。翻看其译本目录，满眼都是些生僻或自创的词汇，如重农学派译作"农宗"，自然秩序译作"天定之说"，净产品译作"净余之说"，流通译作"循环"，分工译作"分业"，规律译作"公例"，工资译作"工庸"，利润译作"赢利"，贸易差额译作"贸易平均"，调节译作"取缔"，劳动译作"人工"，危机译作"恐慌"，整体的合作译作"集中之互助"，回到田园生产译作"田地主义"，国民经济学译作"国家经济学"，服务译作"役劳"，无偿效用译作"超然效用"，连带性规律译作"大同主义"，古典学派译作"正宗派"等，读起来颇感费劲。译述者为了突出有关观点，还把书中一些内容抽出来在目录中显示。如原著谈到自由主义或古典学派所信奉的基本规律或自然规律，王氏译本将这些规律作为7项公例即"自利公例""自由竞争公例""人口公例""供求之公例""工庸公例""地租公例""国际交易公例"，列入目录；又如原著考察穆勒的改革计划，王氏译本亦将其表述为"工庸制度""地租公有""限制遗产承继权利"3项，纳入目录。这些改动，不知是格外重视或垂青"正宗派"经济学及其最盛期的代表人物，还是其他什么缘故，但从忠实翻译的角度看，无此必要。

其次，对照王氏译本与今译本，姑且不论前者的文言翻译同后者的区别，仅以前者所译的前半截看，又发现一个重要差异，删去书中的注释部分而未译。原著在每章之后，附有详尽的注，说明正文的观点或交代出处，这是它的一大特色。由此可以看到此书收集的资料相当丰富："原著除正文外，还在注释部分援引了很多经济学家的著作，其中有不少是国内外所罕见的版本，对学术研究颇有参考价值"①。翻译这部分注释，有难度，需要翻译者有较好的经济学功底和花费更多的核查工夫。王氏译本既遗漏原著后2篇8章的内容未译，又省略原著所有的注释部分，如此重大变故，译述者在序言里没有任何说明，实在有些糊弄读者。不仅如此，序中提到经济学的发达可分为五个时期，明明转述原著的分期，也不作说明，好像原著本身只讲前三个时期，漏掉后两个时期。经过比较，方知王氏译本实为残缺本。按照残缺本的水准看，既然割裂原著的完整面貌，舍弃原著的重要特色，译述者自称"浅学"和"误谬当多"，也就合于情理了。

最后，原著第4编用一章篇幅，专门论述马克思主义经济学，由于王氏译本未曾翻译后2篇，无法看到相关内容，只能通过译出的章节，附带了解一些有关马克思学说的内容。下面对照今译本，举出王氏译本的对应例证。例如：

第2编第2章第1节提到：圣西门的中心思想（即所谓工业主义：经济的政府体制而不是政治的政府体制，处理事务而不管理人，以工场为榜样的社会，把国家改变为生产协会之类），"受到马克思集体主义者的热烈欢迎，恩格斯说这是其创造者所阐明的最重要的学说"；注释还提示恩格斯这一说法见于《反杜林论》（第242、265页②）。对此，王氏译作："持经济集中主义者恩格耳士（Engels）至赞赏

---

① 徐卓英等译《经济学说史》，商务印书馆1986年版，"出版说明"，第1—2页。

② 此页码见徐卓英等译《经济学说史》，商务印书馆1986年版，下同。附带指出，原著第265页注[26]具体指明，恩格斯的说法见于《反杜林论》第2编第10章"《批判史》论述"，并说这一章是马克思的手笔。经查，此注有误，恩格斯之说应见于其著第3编第1章"历史"。

其说"（第 144 页①）。这个译文存在差异，当然也未见相关注释。

同上章第 2 节提到圣西门学派关于剥削的论述："我们不是第一次接触到'剥削'这个名词。我们记得西斯蒙第曾用过它，而且这同一个名词还将在马克思和其他人的著作中与我们见面。但他们是在不同的意义上使用这个名词的"。"马克思认为，剥削是资本主义所固有的一种基本罪恶。但在他那里，这个名词的涵义完全不同于圣西门学派所规定的涵义。马克思效法某些英国社会主义者得出结论说，剥削的来源必须从现有的财富交换方法中去寻找。按他的意见，劳动是一切价值的源泉，因此利息和利润必然属于掠夺的性质。企业家的收入也和资本家的或地主的收入一样完全是非正义的"。"最后一种理论，严厉谴责了除劳动者的工资以外的一切收入，似乎比其他任何理论合乎逻辑得多。但事实上，它更容易受到批评。如果能说明产品的价值并非完全是体力劳动的结果，那末，马克思的想法就会站不住脚"。（第 246—248 页）对此，王氏译作："'搜括'（exploitation）一名词，为社会主义诸学说中之重要名词。西士蒙的尝用之，圣西蒙之徒用之，马克氏等亦用之。然诸家之所谓'搜括'，其意不同，不可以不辨"。"马克士搜括之说，则又与圣西蒙之徒异。马氏以搜括为资本制根本之病，采英国社会主义家言，以现时财富交易之法，为有搜括情状之原因。其言曰，价值之本源在人工，故惟劳者宜有享用，息与利，皆盗窃也。此言也，是马克士以企业所入与资主、地主所入同列也。马克士以价值渊源于人工为其立论之根据，搜括三说中，以马克士之说为最严整。然三说中亦以其说为易破，有能证价值非完全出于人工者足矣"。（第 148—150 页）比较起来，二者略有出入，王氏译文不那么精细，甚至在不长的一段里，还把马克思分别译作"马克氏"和"马克士"。

同一节还提到："马克思体系实际上是一种历史哲学，在这种哲学中，共产主义是作为一切工业进化的必然结果被提出来的。许多现代社会主义者，虽然排斥马克思的社会主义，但依然求助于历史"。"我们完全可以把圣西门学派的学说看作是一种历史哲学。……他们以圣西门所预言的和规定的不可避免的进化的自觉自愿的代理人自居。这是他们与马克思体系所共有的一个特点。但其中有两个重要的差别。马克思主义者依靠革命来完成历史进化所已开始的使命，而圣西门学派则依靠道德的说服力。十八世纪的真正儿子圣西门主义者相信，思想和学说是社会改革

① 此页码见王建祖译述《经济学史》，商务印书馆 1928 年版，下同。

的足够有力的因素，而马克思主义者宁愿将他们的希望寄托在物质生产力上，他们认为，思想意识只是生产力的反映而已"。（第252、254—255页）对此，王氏译作："马克士共产之论（Communism），以共产为工业发达自然之结果。近世持社会主义者或不以马克士之结论为是，然亦常用历史之法"。"圣西蒙徒之说为一种之历史哲学。……社会进化之途，圣西蒙徒以为其师实指示之，而徒众为促进及实行之具。圣西蒙徒之说与马克士同在此一点。然其不同之点有二。马克士徒以为社会演进，虽已见端，而欲达的，当赖革命，圣西蒙徒则欲以道德言说，引社会入平坦之道。此其不同者一也。圣西蒙徒以为理想及学说足以模范社会，马克士之徒则以社会改变，赖生产，赖物质，以为理想者物力之影而已。此其不同者二也"。（第154、156—157页）两个译文放在一起，大意差不多，但王氏译文的生涩和有失确切，比较今译文的通顺和易于理解，差异一目了然。

同上章第3节提到："在他们（指圣西门学派——引者注）的著作中出现了那么多以后成为社会主义口头禅的公式，这一点给人留下了深刻印象。'人剥削人'是1848年之前十分流行的一句话。从马克思时代起改用的'阶级斗争'这个词，表达了同样的思想。甚至在路易·勃朗以前，他们已经谈到'劳动组织'，而且早在马克思以前就把'劳动工具'这个词作为土地和流动资本的同义词"。"人们越研究圣西门派学说，越会感到该学派预见的正确性，越觉得这些学说后来不应湮没无闻。马克思的朋友恩格斯要人们注意：'圣西门眼光之锐利，使他能预见到后来经济性质以外的各种社会主义的学说。'① 恩格斯所说的，以及他认为圣西门所错误地忽视的那种明确的经济思想，是马克思的剩余价值理念。我们倾向于认为，把社会主义建立在其真实的必然是一个社会性的基础上，而不把它建立在一个错误的价值理论上，应该是一个优点，而不是缺点"。（第256—257页）对此，王氏译作："社会主义学说中，名言警句，每源于圣西蒙之徒。'以人类搜括人类'（the exploitation of man by man）者，一八四八年所常用之语也。自马克士书出，易以'阶级之战争'（class war），皆采自'释义'② 者。白浪言'人工之组织'（the organization of lator），马克士以地与资本为'劳动之器具'（instrument of labor），皆'释义'所先发"。"圣西蒙徒之说，义如此富，其前此之幽而不彰，甚不可解。

① 原著引用恩格斯这句话，注释见《反杜林论》。兹引自《马克思恩格斯选集》第3卷，人民出版社1972年版，第300页。
② 此系指圣西门去世后，由其门徒出版的《圣西门学说释义》。

恩格尔斯曰：'圣西蒙目光如炬，故除纯粹经济义旨外，社会主义之言，无不为其眼光所先及。'庵［恩］氏所谓经济义旨，指马克士剩余价值之说。此说是非，论者不一。理氏（Charles Rist）则以为误，以为不如圣西蒙根据社会立说之为当"。（第 159 页）王氏译文的意思，需要对照今译文，才能完全明白；其最后一句插入所谓"理氏"的意见，今译文里也没有，那里说的是"我们"即作者的意见。

第 5 章第 4 节提到："1848 年时几乎还不知名的卡尔·马克思，由于他 1867 年出版了他的《资本论》实际上已成为理论社会主义的唯一代表人。马克思 1847 年出版的《哲学的贫困》是对《经济矛盾体系》的尖锐批判，而且表明他十分强烈地反对蒲鲁东的思想。在这位集体主义的伟大旗手看来，提倡农民所有制是很难理解的，人们很难希望阶级斗争理论家同情阶级调和的倡导人，也很难希望革命家去同情和平主义者。1867 年以后，马克思思想的胜利使所有以往的社会主义体系相形见绌。他认为，蒲鲁东仅仅是一个小资产阶级分子。但 1864 年国际工人协会在伦敦成立的时候，参加协会的巴黎工人似乎完全受蒲鲁东的影响。……到了布鲁塞尔（1868 年）和巴塞尔（1869 年）代表大会时，马克思的影响就占了绝对优势。……但在这以后，马克思的思想受到了彻底的批判，而且最近某些学者对蒲鲁东的思想表现出完全新的兴趣。这些学者，其中主要是乔治·索列尔，对马克思固然极为敬仰，但对蒲鲁东也同样尊敬（第 361—362 页）。对此，王氏译作："一八四八年后马克士学说若独占优势，而普氏之说亦未尝无力也。先是普氏《经济之冲突》一书，亦名曰《苦恼之哲学》，而马克士于一八四七年著一书驳之，命名曰《哲学之苦恼》。普氏主张农人有地，而马氏主张生产归公。普氏言经济阶级之融和，而马氏言经济阶级之争战。普氏主和平，而马氏主革命。二人之见不能相入，亦固其所。是以马氏薄普氏曰，是小工商家之主义耳。虽然一八六四年国际工人联合会之建设于伦敦，巴黎工人犹挟普氏之意以与会。……一八六八年不鲁舍拉之会、一八六九年巴士耳之会则深入马氏之见矣。回溯一八四八年时知马氏者尚至少，然至一八六七年《资本论》发行后，社会主义学说之代表，马氏独占之，其书之义入人深矣。……一八六六年后，渐入马克士主义全盛时代。然未几，马克士之说亦有透辟之批评者，而普鲁多之学幽而复彰，与马克士之说若并立。著作者若梭勒耳等，甚崇拜马克士，而同时服膺普鲁多之说"。（第 233—235 页）对比今译文，这又是一个鲜活的例子，表明原著意思到了王氏译文那里，简直变了一个模样，似乎符合原著精神，却又失去或曲解了原著的诸多涵义。

以上对照，只是一部分例证，如果抛开读起来佶屈聱牙的王氏译文，还可以在已译出部分的今译文里，较为轻松地看到更多涉及马克思及其学说的论述。诸如：

第2编第1章第2节提到：有几段文字所发表的看法，"无疑地同欧文、圣西门学派和马克思有些相似"。"我们甚至可以说，西斯蒙第在使用'额外价值'这术语时，阐明了马克思所提出的剩余价值学说。但这种相似只是文字上的相似。西斯蒙第谈到剩余价值时是指不断增长着的价值，或一个进步的国家每年所创造的价值，不是单单靠劳动的努力，而是靠资本和劳动的共同行动创造的价值。马克思的只有劳动创造价值因而利润和利息是偷来的这种思想，是与西斯蒙第完全无关的"。（第216页）

第3节提到："在马克思主义体系中占有那样重要地位的资本集中规律，虽然对工业来说是正确的，但对地产似乎不很适用，因为劳动的大量集中与地产的相当均匀的分配并不是不相容的。西斯蒙第对这规律作了不朽的阐述，证明它怎样对农业、工业、商业三方面同时造成了破坏"。（第218页）

第4节提到："西斯蒙第本人虽不是社会主义者，但他的著作却被许多社会主义者阅读和细心研究。……两位德国社会主义者，洛贝尔图斯和马克思，更深受其惠。……洛贝尔图斯引用他时没提他的名字，但马克思在《共产党宣言》中一点也没有亏待他，指出了一切应归功于他的深刻分析的地方。马克思从他那里借用的最富有生命力的思想是，财富集中在少数大资本家手中，结果越来越增加了工人阶级的依附程度。这思想是《宣言》的核心，并成为马克思集体主义基础的一部分。其他关于剥削的思想似乎不是从西斯蒙第那里借来的，虽然他可能已在西斯蒙第的著作中发现了剩余价值理论的一些线索。马克思试图把工人出卖劳动与放弃一部分劳动力区别开来①，以此来说明利润。西斯蒙第运用了几乎完全相同的词语，他说工人出卖劳动力就是付出自己的生命。在另一处，他提到对'劳动'的需求。西斯蒙第始终没有从这些思想中得出任何精确的结论，但马克思所致力缔造的理论可能从这些思想中得到了一些启发"。（第226—227页）

第5章第1节提到："资本家和地主们的掠夺行为怎么能够继续存在下去而不发生劳动者的革命，这是每一个社会主义理论家所提出来的一个问题，但对这问题的全部重要意义却并不明白。莫非其中有什么不可能理解的东西？事实上，这是一

---

① 这句译文可能有误，似乎应是"把工人出卖劳动力与放弃一部分劳动区别开来"，将劳动与劳动力两个用词对调一下。

1920-1929 从民国著作看马克思主义经济学的传播

个奇怪的问题，需要具有很大的才能来回答它。马克思通过他的剩余价值理论解决了这个问题。洛贝尔图斯以更简单的方式论证了在交换中实现的经济分配与潜伏在交换背后的社会分配之间的对立。蒲鲁东有他自己的解决方案"。（第341页）

第3编第2章第2节提到：穆勒"给予古典学派的第一个打击是对该学派关于自然规律的普遍性和永恒性的信念表示异议。但他从未采取马克思主义和历史学派的极端立场，即认为所谓的自然规律仅仅是试图说明经济史上某些时期所存在的社会关系，但随着时间的推移，这种关系的性质会有所改变。他把生产领域中通行的规律和支配分配的规律区别了开来。只有在前一种情况下可以谈到'自然'规律，而在后一种情况下，规律则是人为的，是由人类创造出来的，如果人们愿意的话，这些规律可以变更"。（第422页）

以上论述，在王氏译文里，都可以找到相应的表述，但不会表达得这么清晰、顺畅和切合原意。综合起来看，这些有关马克思及其学说的论述，典型体现了原著作者的分析特征：将马克思经济学说置于经济学说史的发展长河中，或作为其中的一部分，去考察它自身经济思想的独特之处，受其他经济学说影响的先行因素，与其他经济学者相比较的观点差异等。可以肯定，作者对马克思学说所表示的敬意，更多出于它在经济学说史上的独创性和影响力，而不是认可或相信这一学说。相反，他们考察的重点，或是搜索这个学说若干理论要素的先行思想来源，如何将其推到极端或发展到极致；或是矫正这个学说曾经批驳的那些前人或同时代人的经济理论观点，认为其中同样有可取之处或产生较大影响；或是比较这个学说与其他学说的相互关系，证明它们无所谓优劣而各有长处或特点；或是提出这个学说的一些理论根基无法自洽说明，整个想法便站不住脚，如否定了劳动价值论，剥削之说不再成立，也就不能将社会主义体系建立在剩余价值论之上；等等。诸如此类的论述，通过王氏译本，哪怕译文不尽如人意，存在诸多缺陷，仍会以不同程度的敏感性传入国内，影响国人对马克思学说的认识。特别是从劳动价值论和剩余价值论的根底上去挑战马克思经济学说的提示，更具有较大的影响。当然，王氏译本的转达，只是零散分布于书中各处的一些观点，不成系统。而未译出的部分，即原著第4编第3章，可见有关马克思主义的系统论述，除了论述马克思的剩余劳动和剩余价值、资本集中或剥夺规律，以及马克思学派之外，还论述了马克思主义的危机和新马克思派，即新马克思主义的修正派与工团派。看了这部分系统论述，将会进一步强化前面那些散见观点背后的分析特征，明白作者不止是选择性地梳理马克思经济学说的思维逻辑，而且用自己的评判标准来寻找该学说的破绽或宣布它的衰颓趋势，如谓遭遇批判性的修正主义与恢复性的工团主义两种危机等，从而以系统的形式去巩固零散分析中已经显露的批评性或否定性结论。王氏译本未能将后面的系统分析内容翻译出来，恐怕不是对马克思学说本身有什么特殊的考虑，顶多是翻译能力与时间上的临阵而怯罢了。但这样一来，也让国人无缘及早看到这部经济学说史名著关于马克思经济学说的完整论述。

### （三）结束语

结束《经济学史》译本的分析之前，可以再作一点回顾。考察 1917—1919 年间马克思主义经济学在中国的传播历史，曾经提到王建祖分别发表于 1918 年《尚志》杂志的《经济学讲义》（连载）和 1919 年《北京大学月刊》的《圣西蒙及经济集中主义》两篇文章①，以自撰的形式出现。当时的考察曾经判断，这两篇文章可以说是我国经济学者中，较早将科学社会主义学说或马克思学说放入经济学说史著述的自撰文章，意味着国内经济学说史研究领域，尽管舶来的西方正统经济学占据支配地位，却不再排斥或回避马克思学说的研究，相反给予较为客观的评介，进而意味着马克思学说不仅在社会主义发展史中居于领导位置，在经济学说发展史中同样拥有显著地位。这个考察，还比较以前及同时期国人自撰的同类著述，显示那时国内马克思主义经济学的传播趋势，不止限于社会主义研究领域，已延伸到传统上由主流经济学所把持的经济学说史研究领域。从这个意义上说，王氏之文具有一定的标识作用。

现在看了王建祖的《经济学史》译本，可以发现，对于他此前的两篇自撰文章，虽然考察时曾经推测参考了国外学者或法国人的经济学说史著作（这也是那时国内经济学界自撰著述的通行做法），但没有料到其文章涉及经济学说史的内容，几乎都以法国人的著作为蓝本，或者说照搬其主要内容而稍作修改。王氏对此同样未作任何说明，如同他后来为《经济学史》译本作序，依据原著序言讲述经济学说史的研究特征却隐去其出处一样，看来这是他一贯的毛病。当然，这种照搬，不影响前面关于马克思主义经济学在国内的传播趋势的判断，只是说明王建祖讲述经济学说史时注意到马克思经济学说的地位和影响，其依据和分析完全或基本

---

① 参看《1917—1919：马克思主义经济学在中国的传播启蒙》，上海财经大学出版社 2008 年版，第 8 编第 2 章第 1 节四及同上章第 3 节一。

上来自法国人的相关著作。由此也可以说明，当初王氏之文的标识作用，除了较早以经济学者身份，意识到马克思学说同样在经济学说史中有其重要性之外，还在于他超出那时流行的日本经济学著作范围，较早看到法国人的经济学说史专著，先是从中吸取滋养，以自撰形式转述有关观点，后来翻译其书前半部分，为引进法国人这部名著，将关于马克思经济学说的独特分析介绍给国人，开了先河。

### 三、《经济学史概论》译本

此译本与前译本的名称相似，原著者日本北泽新次郎，译述者周佛海，商务印书馆 1924 年 11 月初版。这也是继前面看到北泽两篇经济类文章《劳动运动之改造》《劳动问题》的中译文之后，第一次看到他的经济学著作的中译本。

北泽 1922 年 10 月作一篇短序，说明其书"按照时代，略述经济学说的变迁，以供有志研究经济学者之参考为目的"。近来在早稻田大学商学部讲授经济学史课，想用一种印刷品来代替学生的笔记，因讲义性质，"关于经济学说，务为简单平易的叙述"。为便于说明，划分经济学说的变迁为古代、中世、近世三个时期，明确的说明，"当然是不可能的"。① 可见，这是一本通俗的经济学史教科书。

全书 150 余页，除绪论外，古代编包含"希腊时代之经济思想"和"罗马时代之经济思想" 2 章；中世编包含"中世之经济的环境及社会的环境"和"经济思想之诸问题" 2 章；近世编包含"重商主义""重农主义""亚丹斯密与正统学派""马尔萨斯""里加图""穆勒""巴斯楣与法国的经济思想""揆立与美国之经济学说""社会主义经济思想""马克斯""历史学派" 11 章，占全书 80% 以上的篇幅。分编畸轻畸重，说明作者对西方经济学说史的分期，缺乏深入的理解。以下考察，主要感兴趣于书中有关社会主义和马克思经济学说的内容。

#### （一）关于社会主义经济思想的简介

这方面内容，按照此书排序，先提到英国经济学家穆勒对社会主义的考察。如谓：他的《政治经济学原理》（原译《经济原论》）第 1 版，大体对社会主义采取反对的态度；到了第 2 版，这种反抗态度有所缓和；到了第 3 版，"明白是社会主义的共鸣者了"。他看待社会问题，以功利主义为基础，取决于能否增进全人类的幸福；将来的社会问题，在于如何调和个人的活动自由与劳动成果的平等共享；和

---

① 日本北泽新次郎著，周佛海译述《经济学史概论》，商务印书馆 1924 年版，"序"。

第四章　各种经济学著作中的马克思经济学说

659

历来正统学派的经济学者不同，预想人类随着社会进化的改良，将增进共同的利益，颇为乐观；质疑正统学派关于自然法具有一般性及永久性的主张，区别生产和分配的法则，企图证明生产有自然法则，分配没有这种东西，可以随意变更，如工资、利润和地租的分配是人为规定的；宣称人类穷极时自然实行共产主义，即使现在从私有财产制度和共产主义中间选择，共产主义也是可取的，私有财产制度伴随着一切痛苦和不公正，生产物的分配绝大部分归于不劳动或名义上劳动的人，最辛苦的劳动者连生活必需品都得不到，比较起来，共产主义的一切困难，尚不及其万一。总之，他的主张与社会主义有许多共鸣点，废止工资制度，采用生产者的协力制度；征收土地税，使地租社会主义化；限制继承权，减少财富的不平等。他认定社会主义必然实现，但不能采用急激方式，"社会之渐次的改善"，关键在于普及一般教育。他"认容社会主义之合理性与必然性"，但"囿于个人主义的经济思想"，认为私有财产在某个时期是必要的，自由竞争并不违背社会主义理论，从而隐藏着相互冲突的矛盾，"足以证明他是跨在两个世界的"。"正统学派经济学，至穆勒而达极点，然而又以穆勒为境界，而出现衰颓之兆。不过纠正从来正统学派经济思想之误谬，新辟经济思想之大道，无论如何，却是穆勒之不可没的贡献"。①

以上论述，几乎都在抄袭西方经济学家的著作。如翻开季德和利斯特《经济学说史》一书穆勒一章，题目就是穆勒标志着"古典学派的极盛和衰落"：古典派经济学可以说在他手中臻于完善，也可以说在他手中开始衰微；介于两个学派甚至两个世界之间，一生的上半期是严格的个人主义者，下半期倾向于社会主义；认为如果有可能在共产主义及其一切可能性与现在的社会及其一切痛苦和不公正之间作出选择，如果私有财产制必然带来的后果是劳动的产品几乎按照与劳动成反比例的方式分配，如果这种制度与共产主义制度两者任择其一，共产主义制度的困难不论大小，都只是天平秤上的一粒尘埃而已。又如"穆勒的个人主义—社会主义纲领"一节说：《政治经济学原理》是关于古典派学说的最概括、最充实和最精确的阐述，这部著作以后的几版以及其他的著述，摆脱这个学说的许多错误并走上自由学派社会主义的道路；给予古典学派的第一个打击，对该学派关于自然规律的普遍性和永恒性的信念表示异议，但从未采取马克思主义者和历史学派的极端立场；把生产领域通行的规律和支配分配的规律区别开来，前者可以谈"自然"规律，后者

① 以上引文见日本北泽新次郎著，周佛海译述《经济学史概论》，商务印书馆1924年版，第93—95页。

则是人为的，可以变更，工资、利润和地租并非取决于不以人们的意志为转移的不可改变的规律；提出一个社会政策的全面纲领："如何把个人行动的最大自由与地球上原料的公有制结合起来，使所有的人平均分享集体劳动的利益"；建议废除工资制度代之以生产者的合作社，通过土地税使地租社会化，限制遗产继承以减少财富不均；等等。① 可见，这位日本人谈论穆勒与社会主义之间的共鸣，几乎全盘照搬法国人的论述。但不论如何，这本《经济学史概论》，从古典学派经济学的集大成式代表人物那里挖掘出与社会主义的共鸣，放在通俗介绍正统学派经济学的醒目位置，作为转折性标志而予以宣扬，终究让国内读者受到一种新的感染，发现在最为坚定维护现行资本制度的正统经济学及其代表人物中，居然也渗透着社会主义思潮的影响。

接着"社会主义经济思想"一章，继古典学派或正统学派之后，讨论欧洲经济学说史所产生的新的转折性变化，内含两节。第 1 节 "概说"：从 18 世纪末叶到 19 世纪初叶，发端于英国的产业革命，一方面引起产业的隆盛和国富的增进，另一方面招致人类未曾经历过的许多祸乱。机器的发明和蒸汽力的科学应用，根本打破封建时代的小规模的产业组织，出现复杂和大规模的工场生产。以私有财产和自由竞争为基础的资本主义经济组织发达之后，社会分裂为两个阶级，不断出现轧轹和争斗，无产阶级沉沦于困惫、不安和贫穷的悲境。法国革命反抗骄傲的贵族和暴戾的僧侣，本是有产阶级和无产阶级的协同事业，实际结果，有产阶级独占其功，无产阶级陷于有功无赏的境遇。由于占据社会大多数的无产阶级在政治和经济方面苦于不绝的抑压和困惫，亚当·斯密以来当作经济活动规范的以自由放任和私有财产为前提的经济组织和经济思想，不能不遭受反抗的思潮。这个思潮，表现为社会主义的经济思想。此节末尾有一注释：关于社会主义的简单历史，有两种英文著作，柯卡普的《社会主义史》和比尔（Beer）的《英国社会主义史》（*History of British Socialism*）。

第 2 节 "空想的社会主义与科学的社会主义"：恩格斯（原译 "恩格尔"）在《社会主义从空想到科学的发展》（原译 "空想的及科学的社会主义"）中说，"空想的社会主义所通有的事，就是这些思想家，并不是奋起而为无产阶级之利益的代表者。他们并不是要求解放某特种阶级，却是要求一时解放全人类的"②。等到产

① 参看徐卓英等译《经济学说史》，商务印书馆 1986 年版，第 410、421—424 页。
② 其今译文见《马克思恩格斯选集》第 3 卷，人民出版社 1972 年版，第 406 页。

业革命所诱发的资本主义经济组织的本质缺陷渐渐暴露，社会大多数民众苦于贫穷、困惫和饥饿的时候，有人想到改善社会生活，考究并主张根本的解决办法，这表现为空想的社会主义。空想社会主义者努力打倒弊害甚多的社会组织，创造新社会组织，"都太过于重视人的完全性，这一点是他们共通的缺陷"。空想社会主义者的前提，以为人性是善的。换句话说，人类的命运本不是不幸的。现在的状态与此相反，充满着痛苦、困惫和冲突。原因在于人们误解了神的意志，选取了错误的制度组织。人们应当发挥本来的性格，探究最为真实公正的制度组织，探求一直被覆没的真理，构成基于自然法的合理社会。这一切都依据理性，极其尊重理性，因此空想社会主义又叫做"理性的社会思想"。空想社会主义一方面指摘现有社会组织在本质上的缺陷，一方面过于相信人性的完全，"其间就有不少的误谬"。他们以为，建设新社会秩序来代替现有的经济组织，只是知识和明智的问题，"实在是没有理解人类社会生活之全面的谬见"。空想社会主义者的见解，关于过去和现在的观念是错误的，对将来的预测也全然不中：完全忽视了以现存社会秩序为完全而满足的一部分人，也没有注意一切社会条件都是社会各阶级的权力的表现，以为创造新社会所必要的只是希望看到新社会的人的决心，这足以证明他们还不十分理解社会的进化和人性。"空想的社会主义，是理性的和理想的；而科学的社会主义，就是实在的和历史的"。科学社会主义的特征，一方面和空想社会主义一样，指摘现存经济组织的祸害和缺陷，另一方面以人性的现实环境为基础，企图革新社会组织。换句话说，排斥架空的社会革新办法，使之成为和历史及现实相对照的社会主义，"所以就叫做科学的社会主义或近世的社会主义"。它的理论代表，就是马克思。接着以欧文（原译"奥文"）、傅立叶（原译"福利耶"）和圣西门为最重要的代表，叙述空想社会主义的大要。①

　　前一节的概述，从参考书看，克卡朴的《社会主义史》，已有中译本流行，比尔的《英国社会主义史》（1920 年出版），则较为陌生。通过克氏之书，可以明白英国人的著作，即使出自社会主义者之手，也不会是马克思主义者。后一节的空想社会主义，引用恩格斯的评论，依据以马克思理论为代表的科学社会主义，揭示空想社会主义的谬误。这表明，本节叙述空想社会主义的性质与特征，未必严格按照马克思主义的观点，却试图循着马克思主义的方向来分析。这位日本作者的经济学

① 　以上两节引文除另注外，均见周佛海译述《经济学史概论》，商务印书馆 1924 年版，第 105—109 页。

史概论，缺少自己的独立见解，杂取和汇集各家的说法并予以简化或通俗化，其特点是在众多说法里，不曾拒绝甚至比较倾向马克思主义的理论影响。此节介绍空想社会主义者三大代表人物的生平事迹和主要学说，没有新意，无须赘述。末尾注释，提到"空想的社会主义中，还有所谓基督教社会主义之一种。——就是调和基督教与经济生活的"①。这个说法，显然不同于马克思和恩格斯的评价。《共产党宣言》说："正如僧侣总是同封建主携手同行一样，僧侣的社会主义也总是同封建的社会主义携手同行的"；"基督教的社会主义，只不过是僧侣用来使贵族的怨愤神圣化的圣水罢了"②。根据这个说法，基督教社会主义的基本属性，决定了它同三大空想社会主义者的学说，存在根本的差异。可见，这位日本作者对马克思主义的认识，若即若离，并不十分明确。

**（二）关于马克思经济学说的简介**

主要见马克思一章③，含 3 节。第 1 节介绍马克思的生涯：如果以亚当·斯密为"个人主义经济学的建设者"，马克思就是"社会主义经济学的建设者"。斯密的《国富论》（原译"原富"）是"资本主义的宝典"，马克思的《资本论》是"社会主义经济学的圣经"。马克思生于德国最古老的城市特里尔（原译"特勒伯斯"），父母属于犹太系统，有相当的教育，其父为法律家，所以也要他接受法律的教育。他在大学最有兴味的学科是历史学和哲学，1841 年提交论文获得博士学位。本来打算做波恩大学的教授，后来接受其友鲍威尔（原译"宝厄尔"）的劝告，放弃希望，"这是因为当时官僚的气运，终不能包容马克斯这种革命的思想"。做"当时代表急进思想的杂志"《莱茵报》的记者，"开始波澜层叠的生涯"。在这个报纸上，评论政治及经济问题，尤其攻击普鲁士的官僚政治，遭到政府的特别干涉和压迫，该报不得不停刊。到巴黎，和一些思想家及诗人交往，思想上受到不少影响，与恩格斯的交情，在整个一生都非常亲密，没有恩格斯，他的著作终会很不完全。与朋友共同出版《德法年鉴》，不久停刊。1845 年，法国首相基佐为得普鲁士的欢心，把马克思逐出巴黎。到比利时的布鲁塞尔住了 3 年，发生与蒲鲁东的思想论争，1847 年发表《哲学的贫困》，批评蒲鲁东的《贫困的哲学》，"攻击他的唯心思想"。受聚集于伦敦的一批社会主义者的委托，赴伦敦与恩格斯商议，起草

① 周佛海译述《经济学史概论》，商务印书馆 1924 年版，第 124 页［注］。
② 《马克思恩格斯选集》第 1 卷，人民出版社 1972 年版，第 275 页。
③ 以下引文凡出自此章者，均见周佛海译述《经济学史概论》，商务印书馆 1924 年版，第 124—135 页。

宣言。1848 年发表有名的《共产党宣言》，此乃"最简单且最明白的具体化马克斯社会主义思想之最初的著作"。1845 年，德国发生骚扰，马克思即赴德国布置，次年回伦敦。此后数十年间，埋头于图书馆的书籍，"忍耐困苦的生活而从事著作"，1867 年出版《资本论》第一卷。其余卷还未出版，1883 年 3 月 14 日"终其困苦之生涯"。此后恩格斯整理其未成稿，出版第二及第三卷。

介绍马克思的生平，注释参考多种著述，如斯帕戈（Spargo）的《卡尔·马克思》、比尔的《卡尔·马克思的生平与学说》（Life and Teaching of Karl Marx）、梅林的《卡尔·马克思》、李卜克内西的《卡尔·马克思》。这有点故弄玄虚，以示来源广博。其实作者摘引的那些内容，十分简单，早已为国内的关心者所耳熟能详，而且偏重马克思的早年生平，简化更重要的后期经历，强调主要理论研究成果，省略指导国际工人运动的实践业绩，这个介绍有缺陷，突出的是马克思的生涯之困苦艰难。

第 2 节介绍马克思的经济学说：马克思经济学说的"中枢"，可见《资本论》，但要以几页的篇幅来叙述《资本论》，无论什么人都做不到。概说他的经济学说，主要分以下两点。

一是"价值及剩余价值论"。马克思的价值说和斯密及李嘉图一样，是劳动价值说。一言以蔽之，"劳力不单是价值的尺度和原因，并且是价值的实体"。以为财物存在于外界，其性质可以满足人的欲望。这种财物具有使用价值和交换价值，交换价值决定于生产该财物所花费的劳动的分量，即它的价值。用马克思自己的话说，"使用价值或财物之所以有价值的原因，是因为人之抽象的劳力体现于其中，或物质化于其内的缘故"①。财物的价值，是生产它所花费的劳力的分量，所以该物的价值的尺度，应和劳动时间成正比例。假设财物的价值是由劳动时间而测定的劳力的分量，有一个疑问，同一时间的劳力，是否生产同一价值的生产物。关于这一点，马克思说："恐怕有人问道：设若财物的价值，是由所费的劳力之分量而决定，那末，劳动者越懒惰，越生疏，他的财物的价值就会越大；因为他生产的时候，要多需些时间。然而成为价值之实体的劳动，是同质的人类之劳动，是均等的劳力之消耗。……（中略）这里所谓社会的必要的劳动，就是以当时社会看做平均的生产条件，并以该社会平均的熟练和强度之劳动，生产一定的财物所必要的劳

———————————

① 其今译文见《资本论》第一卷，人民出版社 2004 年版，第 51 页。

动时间"①。所以他以为，某财物的价值，是由生产该财物上社会所必要的劳力的分量，或社会所必要的劳动的时间决定的。为了表示正确，用他自己的话说："照这样，决定某财物之价值的大小的，是在该财物生产上，社会的所必要的劳动之分量，或社会所必要的劳动时间"②。以这样的价值说为基础而说明剩余价值，不待说，"这个剩余价值说，并不是马克思自己创说的"，以前有许多学者，如汤普森（原译"汤姆孙"）、戈德温（原译"葛德文"）、李嘉图等也曾说过。李嘉图认为，劳动的价格和别的财物的价格一样，分为自然价格与市场价格；劳动的价值也和其余一切财物的价值一样，由生产它所花费的劳动的分量来决定；劳力的价值和生产物的价值不同，劳动者并没有获得生产物价值的全部，只是获得称为工资的一部分。马克思的剩余价值说和李嘉图这个议论，"论据完全是一样的"。不同的地方，李嘉图认为，劳动者没有获得生产的全部价值，只以工资形式而得到其一部分，这是根据自然法则而不能避免的社会现象；马克思则认为，这种现象是资本家掠夺劳动者的劳力，因而要求撤废现在资本主义的经济组织，建设没有这种现象的社会主义的经济组织。换句话说，马克思和李嘉图"由同一出发点出发，而所得之结论则完全相反。这是由于两者的见解，互相差异所致"。

总而言之，马克思所谓剩余价值，即"生产财物所费的价值，和由此而生产的财物之价值差额"。具体地说，劳动者一天劳动 5 小时，生产和他所得的工资相当的价值，但是雇主强迫劳动者一天劳动 10 小时，所以劳动者一天生产的全部价值，有一半没有得到雇主的报酬，这一部分就是剩余价值，本来应归于劳动者，而为雇主所掠夺。马克思认为，"这个剩余价值的存在，就是资本主义的生产之基础；资本家总努力想延长劳动时间，或增进劳力的生产能率，以增加这个剩余价值，劳动者不过成为滋养资本家的肥料罢"。

以上介绍，经过简化处理，马克思的劳动价值论和剩余价值论的出发点或理论基础，都变成前人创造，马克思不过拿来前人的论据，依照自己的见解提出不同的结论罢了。类似的批评，在正统派或修正派经济学的著述里，司空见惯，作者采纳这种说法，说明他对马克思经济学说的理解，是一种随大流而人云亦云的态度。这一点，从作者注释"关于马克斯经济学说之大要"的参考著述中，也可以感觉得到。如图甘－巴拉诺夫斯基（Tugan-Baranowsky）的《马克思主义的理论基

①② 其今译文见《资本论》第一卷，人民出版社 2004 年版，第 52 页。

础》、布丹（Boudin）的《卡尔·马克思的理论体系》、乌恩特曼（Untermann）的《马克思经济学》、拉法格（Lafargue）的《卡尔·马克思的经济决定论》，这些著述，混杂着对马克思经济学说的各种评价，难怪作者的介绍会受影响。令人不解的是，这个介绍既然简化到以三言两语来概括剩余价值论，何以又用不少篇幅，引证《资本论》的原话，专门解释其劳动价值论的劳动涵义。如果说这是为了证明马克思的剩余价值论与李嘉图的劳动价值论具有完全一样的论据，包括引用的重点，强调对象化或物化在财物的价值中的人类抽象劳动是指社会必要劳动，证明的重点，强调劳动者没有获得其生产物的全部价值，那么李嘉图讲的是不可避免的自然法则，无法改变，马克思讲的是资本主义经济组织由资本家掠夺劳动者的本质特征，必须加以改变，二人在论据上并不匹配。或许作者参考和摘引他人的著述，缺少深入的思考和审慎的安排，一边想表现马克思观点的真实性，一边又想表达批评者观点的合理性，才会出现这种带有拼凑痕迹的介绍。但不管怎样，这个介绍在质疑马克思的剩余价值学说的同时，也披露了马克思在劳动价值论方面的某些原创论述，算是窥见《资本论》原著之一斑。

二是"唯物史观"。理解马克思的经济学说，不了解唯物史观，不能得正当的理解。"本来唯物史观，也不是马克斯所创说的"，以前有许多人如孔多塞（原译"孔驼塞"）、圣西门及蒲鲁东，都曾指出过，不过拿来解释人类发达的历史一层，"却是马克斯的贡献"。马克思的唯物史观，见1859年出版的《经济学批评》序文，其中说："人类当社会的生产时，互相结成一种必然的、一定的、且不受其意思支配的关系，这就是和其物质的生产力之一定的发达阶段相适应的生产关系。……（中略）无论那种社会组织，只要一切生产力在该组织内还有发达的余地，决不致于崩坏的；新的、比较高度的生产关系，若非其物质的存在条件，在旧社会的胎儿内充分圆熟之后，就决不致于代旧生产关系而兴"。总而言之，"以为人类社会之根本的基础，乃是物质"。"他主张政治的、法制的、哲学的、艺术的、精神的等现象，不过只是经济的现象之反映，人类的一切历史，都须以其物质的观察而解释"。正统学派的经济学者，支持关于人类社会须用自然法的见解。"马克斯的态度，却和他们不同"。

马克思一面主张唯物史观，"以为人类经济发展之理论的解释"，一面建立阶级斗争说，"以为这是社会变革所难免之必然的过渡现象"。阶级斗争说不是马克思"故意创造"的，"不过把历史上既存的事实，附以理论的解释罢了"。《共产党宣言》起头就断言："一切过去的历史，都阶级斗争的历史"。"所谓的阶级，乃是经济上利害相反的阶级；这种阶级对立和阶级斗争，因各有特殊的经济条件，所以在历史上的各时代，各以其特性而表现。希腊之自由民和奴隶，罗马之贵族和平民，中世之封建君主和农奴，基尔特之工主和工匠，他们的关系，都是压迫者和被压迫者，常立于互相反对的态度而继续斗争。有时斗争很微弱，有时也很显露。在现在资本主义经济组织之下，掠夺阶级的资本家，和被掠夺阶级的劳动者之间，不绝的继续斗争"。又说："从封建社会残骸之中而发芽的现代有产阶级社会，没有废止阶级斗争。他以新阶级，新的压迫状态和斗争的新形式，代替旧的。然而我们的时代——有产阶级的时代——有个显著的特征，即阶级斗争之单纯化。就一般而论社会愈分裂为两大反抗的阵势，两个大阶级——有产阶级和无产阶级——就直接的互相对立"。"这两大阵势之间的争斗，愈变愈激，最后有产阶级遂崩坏，无产阶级之社会主义社会组织遂成立，人类的真正历史，才开始第一页"。

介绍唯物史观，注释中也列举多本参考书，但显而易见，主要以列在第一位的河上肇著《唯物史观研究》为样本，其他参考书不过摆摆样子而已。既说唯物史观不是马克思创立的，又说马克思为之做出贡献，实际上把唯物史观的先行思想因素与唯物史观的科学体系本身，混淆起来。说到马克思没有"故意创造"阶级斗争学说，只是对既有历史事实予以理论解释，又似乎暗示唯物史观内含人类发展历史的两种理论解释，一种以经济为要素，一种以阶级斗争为要素，但并未将二者融合起来。介绍中引用马克思的原话来说明唯物史观的涵义，如完整引用《政治经济学批判》序言表述唯物史观概念的前半部分①，以及摘录引用《共产党宣言》有关阶级斗争学说的论述②，这同河上肇阐释唯物史观的行文方式，非常相似，而河上的引用，更加完整、丰富和系统。引用的具体内容，随着马克思主义在中国的多年传播，为国人所知晓，无须进一步解释。可以指出，一是到此时，引文中一些马克思学说的专门术语，如生产力、生产关系、经济基础、上层建筑、意识形态等，成为约定俗成的用语在国内流传开来。二是介绍唯物史观，可能受河上肇著作的影响，不像前面介绍剩余价值论带有质疑的因素，只是说马克思从经济现象或非精神现象的物质方面去观察人类社会的根本基础并解释人类的一切历史，不同于正统学

① 其后半部分的起止内容："所以人类始终只提出自己能够解决的任务，……人类社会的史前时期就以这种社会形态而告终"。见《马克思恩格斯选集》第2卷，人民出版社1972年版，第83页。
② 其论述主要见《共产党宣言》第1章"资产者和无产者"中第1、2、4、5段的内容。

派经济学家的自然法观念，由此亦可见作者摇摆于各种参考书之间的著述特点。

第3节介绍马克思的影响：马克思经济学说对经济学的影响，"实是伟大"。科学的社会主义，对历来"个人主义经济组织的根底"，给予"炽烈的批评和攻击"，"突破倾于衰颓之自然法的社会观的本垒，老实的指摘且驳击其本质的缺陷，而打破其根底"。"明快的说明"价值和剩余价值，"阐明现时资本主义经济组织之本质及趋势"；对生产和分配，弃去个人而支持社会的见解，"高唱分配的正义之观念"，"这实在对于经济学的观念，有很大的影响"。总而言之，"他对于从来资本主义的经济学，下了锐敏的观察和明快的批评，经济学遂逢着不得不根本改造的运气了"。

这个介绍具有归纳性，不再纠结于马克思拿来个人主义经济学家的理论依据如劳动价值论，借此提出自己的不同见解，强调马克思学说的敏锐观察和明快批评，从根本上打击了个人主义即资本主义经济学，如指摘自然法观念的本质性缺陷，通过剩余价值论来说明现行资本主义经济组织的实质和发展趋势，倡导适应于生产社会化的分配正义观念等，推进了经济学的根本改造。比较前面的分类介绍，这个归纳似乎克服了对待马克思经济学说的存疑和矜持态度，好像充分肯定这个学说在打破传统个人主义经济学的支配地位，揭露资本主义经济组织的内在缺陷，根本改造经济学方面，具有决定性影响。但是不要以为如此肯定，意味着介绍者也倾向于接受马克思经济学说的影响。接着介绍历史学派，介绍者的兴趣很快又从马克思转向新的经济学派别。

全书最后一章，介绍历史学派的勃兴："新历史派的特征，是对于社会问题的态度"，尤以施穆勒（原译"沙夫勒"）和瓦格纳（原译"瓦格涅"）有许多地方，与马克思的社会主义思想发生"共鸣"，就社会问题发表了许多"进步的议论"。"他们虽然指摘资本主义经济组织的缺陷，而赞成社会主义的思想，却不像马克斯一样，全然取社会主义的态度"。换句话说，"他们一方面反对极端的自由放任主义，对于个人之经济的活动，加以相当之限制，别方面则力说改善劳动者状态之必要，主张容认劳动者的团结权利，以达两阶级间的协调"。当时反对新历史学派的人，攻击他们的主张是"社会主义的新形式"，视之为"讲坛社会主义者"。他们1872年创设"社会政策学会"，经由这个机构来发表意见。①

---

① 引文见周佛海译述《经济学史概论》，商务印书馆1924年版，第140—141页。

德国新历史学派的成员绝大多数是教授，要求制定各种社会立法，通过国家干预消除经济自由主义的负面效应，解决严重的社会问题，并建立社会政策学会作为提出要求和进行讨论的论坛，故称为讲坛社会主义。按照西方学者的说法，讲坛社会主义的这一群教授，迫于新的工业条件以及社会民主运动的促进，加上建立德意志帝国所产生的那种自信，在促进工厂立法的制订和为强制保险制度的实施铺平道路方面贡献很大；但他们"不相信暴力革命变革的可能性或合理性"，驳斥马克思的剩余价值学说是"不准确的"①。此派的代表人物，如施穆勒（又译施莫勒），"核心思想是社会改良和社会公正"；"可以把他看作是个保守主义者"，"反对马克思主义，反对曼彻斯特的自由主义，反对反动的、反改良的主张"②。又如瓦格纳，"自称国家社会主义"，"应该被理解为一种特殊德国类型的社会保守主义"，"把工人阶级结合在君主专制的国家之内，是和正在成长的社会民主党针锋相对的"；"这个目标要通过自由资本主义逐渐改造成为一个国家干预的经济来达到"，在这一点上，他比大部分志在社会改革的德国教授们"要更为坚定"③。看了西方学者这些评价，可以明白新历史学派或谓讲坛社会主义者，究竟是什么货色，既反对传统的经济自由主义，又反对马克思的科学社会主义。把他们说成马克思主义的共鸣者，区别仅在于对待资本主义经济组织的缺陷，采取不同的纠正手段，一个是彻底的社会主义态度，一个是有所限制的阶级协调方式。这种说法，带有很大的迷惑性，有意将本来泾渭分明的对立阵营，在认识上模糊起来，并引入一个误区，既然新历史学派的经济理论同马克思的经济理论有共鸣之处，则二者可以相互融合。由此也表明，这个译本概论欧洲经济学说史，并未超出正统经济学的范围。尽管提出马克思经济学说在经济学领域具有伟大的影响，要根本改造现行经济学，终究还是回归正统经济学的轨道，如谓当初马克思学说拿来自由放任主义的理论作为批评现行社会的依据，如今其共鸣者也是限制自由放任主义的绝对化以谋求劳资阶级的调和，说来说去都没有摆脱正统经济学的牵制。

## （三）结语

《经济学史概论》译本的作者北泽新次郎，此前在我国引进各种社会主义著述

① 参看《新帕尔格雷夫经济学大辞典》第 4 卷，经济科学出版社 1992 年版，第 442—443 页"Socialists of the Chair 讲坛社会主义者"条目。

② 参看《新帕尔格雷夫经济学大辞典》第 4 卷，经济科学出版社 1992 年版，第 276 页"Schmoller, Gustav von 施莫勒，古斯塔夫·冯"条目。

③ 参看《新帕尔格雷夫经济学大辞典》第 4 卷，经济科学出版社 1992 年版，第 914 页"Wagner, Adolph Heinrich Gotthelf 瓦格纳，阿道夫·海因里希·戈特黑尔夫"条目。

的作者中，并不醒目。他虽然任教于国人所熟知的日本早稻田大学，但可以举出的例证不多。如微译他的《劳动运动之改造》一文①，说起来比后来出版的《经济学史概论》更进一步，论及战后世界劳动运动有一个转变性趋势，即以苏俄劳动阶级的崛起为代表的阶级解放和社会改造运动，不是止步于活跃在19世纪后期和20世纪初年的德国新历史学派或讲坛社会主义。然而此文向苏俄无产阶级表示敬意的同时，分不清俄国布尔什维主义的苏维埃政权与德国社会民主党的执政有什么区别，把它们影响欧美国家劳动运动的典范作用，或者归结为如英国劳动运动那样保持劳动者与国家之间的协调，或者如美国劳动运动产生无政府工团主义倾向。此文论述劳动运动转向根本改造产业组织的趋势时所显现出来的思想特征，同后来介绍马克思学说将根本改造经济学的影响时所流露出来的模糊、摇摆与调和特征，非常相似。又如施存统翻译他的《劳动问题》一文，一面介绍马克思经济学说，一面又认为单靠这个学说不可能解决劳动问题。可见作者对劳动运动或劳动问题和马克思经济学说的认识，含有不拘泥于传统正宗观念的新兴因素，又始终不愿接受和坚持这些新因素，总想寻求同传统旧观念或现行制度之间的某种调和与妥协。

这个译本的译述者周佛海，何以选译此类讲述经济学史的专门著作，似乎只是他就读日本京都大学经济科后新的业余爱好。然而联系他在这个阶段的经历，先是参加中国共产党的创立，此书译成即将出版之际，又脱离中国共产党而转入国民党任职，说明他在译书过程中，也寄托了自己的思想倾向。这种倾向，早在他1919年12月在《解放与改造》第1卷第7号上发表《中国的阶级斗争》一文②时，已见端倪。此文一面鼓吹阶级斗争的世界性浪潮如暴风急雨一般传送到中国，中国不久也会实现阶级斗争以推翻现在的支配阶级；一面又说中国现在还没有资产阶级和劳动阶级，即使有也不如西方各国那样成为严重问题，因此中国的劳工运动应当在工业未发达之先，或设法团结极少数工人，或调和阶级冲突，或实行生产机关归公，以免工业发达后产生资产和劳动两阶级的冲突。这种企图在发展工业和避免阶级冲突之间谋求两全其美效果的思路，同样可以在《经济学史概论》既推崇马克思学说突破传统经济学根底的伟大影响，又让这种伟大影响在马克思学说的共鸣者那

① 参看《1917—1919：马克思主义经济学在中国的传播启蒙》，上海财经大学出版社2016年版，第6编第1章第3节五。
② 参看《1917—1919：马克思主义经济学在中国的传播启蒙》，上海财经大学出版社2016年版，第6编第2章第2节三。

里重新回归阶级协调等老套论述中，找到类似的思想资料。日本作者谈论马克思经济学说揭示资本主义经济组织的本质缺陷，最终落脚于德国新历史学派或讲坛社会主义一边限制极端的自由放任主义，一边通过国家干预来改善劳动者条件的阶级协调方案；周佛海谈论劳工运动的阶级斗争之必要性，最终也从西方发达国家资产阶级和劳动阶级之间的典型冲突，演变为社会改革家不必专为劳动者鼓吹而转向所谓自给阶级反对寄生阶级的中国式阶级斗争。周佛海这种认识轨迹，可以看到他选译《经济学史概论》一书的思想投合之处，还可以发现他从参加创建中国共产党到投靠国民党再到投靠日本侵略者的某种内在变化逻辑。

### 四、《近世欧洲经济发达史》译本

这个译本，原名 *Economic Development of Modern Europe*，美国阿格（今译奥格①）博士著，李光忠②译，吴贯因校，商务印书馆 1924 年 8 月初版，现存 1933年 11 月国难后第 2 版；初版本列入共学社丛书，后列为经济名著。再版时未作改动，兹以再版本作为评介初版本的依据。

#### （一）译者序

此序 1922 年 11 月 22 日作于美国伊利诺伊大学（原译"伊里诺大学"），于此可知这是译者留学美国期间的翻译作品。其序说：

"现今我国人多知道我国贫弱的最大原因是经济事业太不发达，近年出版的经济学说之书已逐渐加多了。然而经济学与从前纯谈性理之学不同，并不是凭着个人的智慧向壁虚造的。经济学说之发生差不多全属经济事实之反应。重商主义过于束缚经济自由，遂有斯密亚丹出而提倡个人主义；个人主义的流弊既见，于是有社会主义发生。经济学本非离事实而言空理，却又不能于一书之内缕述经济事实，所以经济事实的历史之著为专书以补经济学教本之不足，实有必要的理由。我国虽已有几本经济学的书，而经济史则尚缺如；区区此译也，是经济学范围内应有的介绍"。

---

① 弗雷德里克·奥斯汀·奥格（Frederic Austin Ogg, 1878—1951），美国历史学家和政治学家；1899年毕业于德宝大学，1900 年获印第安纳大学硕士学位，在印第安纳波利斯的手工培训中心开始教学生涯，1908 年获哈佛大学历史学博士学位；1914 年任教威斯康星大学麦迪逊分校政治学系，1925—1939 年任系主任；曾任美国政治学会主席。

② 李光忠（1893—？），字笑同，改字孝同，贵州贵阳人；毕业于美国伊利诺伊大学，获经济硕士学位；历任北京大学、北京政法大学及北京师范大学教授，京师大学校法科第二院经济系主任，后任沈阳东北大学法学院经济学系主任兼教授。

这里交代了翻译经济史著作的初衷，既是经济学范围的题中应有之义，又反映了经济学发展的经济事实依据。从重商主义到亚当·斯密的个人主义，再到社会主义等经济学说的相继出现，在译者看来，都不是纯粹出自个人空想的性理之学，是对经济事实变化的反应。这个说法，等于认可社会主义的产生，亦非主观虚构，有其客观依据。由经济史著作来弥补经济学著作之不足，也等于用经济事实支持了社会主义学说产生的合理性。

"然而译者之意以为就中国现状而论，中国人应当在读经济学之前先读欧美经济史。欧美人生产于经济发达的社会中，平日耳濡目染，对于工业时代的经济状况已经大致明了，所以不妨先读经济学而后读经济史。我国仍在农业时代中，工业时代的种种经济活动多未具备。内地大多数地方没有工场，没有劳动组织，没有银行，没有股份公司；内地的多数人甚至于轮船、火车、电灯，都未见过，其他复杂的新经济现象更不用说了。译者设身处地着想，不但觉得'资本论''劳动运动'等等素昧生平的说法莫名其妙，恐怕现今最时髦的 Exploitation（掠夺）二字也可误会到'明火抢劫'。在这种情形之下，骤然就读经济理论的书，纵不至影响模糊，也难免穿凿附会；讲学问到了这步田地未免太危险了。如果知道工业先进国发达的步骤和情形之后再研究经济理论，不但理论易于明了，而且合事实与理论并行研究的结果，再参酌中国的国情，便不难于其中求出解决现在中国重要经济问题切实可靠的方法"。

这段起首，用"然而"一词，将上段的推论，从认可社会主义合理性的方向，转向相反的另一个方向。其意说，就欧美发达国家而言，经济学领域出现社会主义有其合理性；但对中国而言，既然不存在发达的经济事实，也就不可能理解包括"资本论""劳动运动"在内的社会主义学说，不可能懂得掠夺剥削是什么意思，甚至可能在经济学研究上，走入穿凿附会的危险境地。这种国情不同论或特殊论，不能说没有道理，并且与社会主义或马克思主义经济学传入中国的早期历史，从一开始就相伴而行。先把社会主义或马克思经济学说当作新奇的舶来之物，以猎奇心态介绍到国内，后来发现这个学说被用于中国实际的经济分析，中国情况特殊或中国与欧美国家处于不同发展阶段的抵制性论调，马上应声而出。这里所说的中国人不同于欧美人可以先读经济学而后读经济史，一定要倒过来，应当在读经济学之前先读欧美经济史，表面意思是说，便于立足工业先进国的经济事实去理解其经济学，进而找到解决中国经济问题的切实可行办法；背后的意思恐怕像那些国情特殊论者一样，主张中国先按照西方的步骤去发展资本主义，不必引火烧身，无端引来社会主义的危险。不过这里的说法改变了形式，似乎从纯粹的学问研究角度出发，将走资本主义道路还是走社会主义道路的问题，变换成先读经济史还是先读经济学的学术次序问题。

"中国经济状况与欧美列强相比既显有迟速后先之别，可知所谓欧美最新的经济学说未必全都恰对我国的病症。中国固不必照英德经济发达的陈迹——重演。然而中国要从农业时代达到农工商业时代自有必须经历的过程。这种过程便是'工业革命'。工业革命首先见于英国，英国人对于这个破空而来的潮流摸头不着脑，受了无量痛苦，走了几许绕路，虽终究成了世界上第一个工业国，而这一度不流血的革命实比那些杀人流血的革命更惨酷得多。有英国的先例在前，德国知所取法，先事预防，受的痛苦既少，而实业发达也更快。日本借鉴于英，取法于德，斟酌损益，竟能于四十年间追及英国百余年、德国七十年的进步，一跃而为世界强国。中国此时的贫弱穷蹙，虽然原因很多，就最大之点言之也可以一句话包括，即是，工业革命的潮流到中国了。如果中国多数国民能知道这种革命的往事，自可胸有成竹，因势利导，立收水到渠成之功。译者以为近世欧洲经济史的知识不仅是国人研究经济学的基础，而且是此时中国国民应具备的一种常识"。

译者译书的志向，在此一览无余，效法英、德、日等世界强国的工业革命道路，吸取经验，接受教训，跟上时代潮流，实现从传统农业国家向现代农工商业国家的经济转型，从根本上改变贫困落后的面貌。这也是当时我国许多志士仁人的共同理想。问题是在当时列强环伺的国内外条件下，怎样才能实现这一理想。工业化固然是国家富强的必由之路，从欧美经济史中领会工业化历程固然也是后发国家的学习之道，但根据译者的国情不同说，我国难以按照欧美（含日本）方式走通工业化道路，又能选择什么样的其他方式？译者所谓欧美最新的经济学说，应该指包括马克思主义经济学在内的社会主义学说，他认为这个学说用在中国未必是对症之药，又认为中国不必完全重复英德等国走过的经济轨迹，言下之意要结合本国国情走出一条独特的中国道路。不过他除了呼吁国人掌握近代欧洲经济史的知识以建立研究经济学的基础和具备工业革命的常识之外，也不知道这条独特的道路究竟是什么。

"经济史的知识对于我国人之重要既如上述，而适应我国人需要的经济史之书却颇难其选"。英国的经济史著作汗牛充栋，其他国别或事别的经济史也很多，

"合欧洲各国于一编，历述自农业时代以至农工商时代之变化，作比较的研究"，在英文中恐怕要算阿格博士此书"首屈一指"。他根据讲授的经验，"萃群书之精华，以旁观者的地位，用无偏无颇的眼光，竟委穷源，分类隶事"，著成《近世欧洲经济发达史》，以供本国大学生研究欧洲经济状况之用。这部书详述英、法、德等国经历工业革命的情形，对诸国经济变化后的各种问题，如农业、工业、商业、交通、经济政策、人口、劳动法制、劳动组织、社会主义、社会保险等，"都为扼要钩玄，述其源委经历，陈其得失利弊"。"这部书叙事愈近愈详；论到英德诸国对于资本主义补偏救弊之方，社会主义切实可行之点，更是条理分明。取他们补偏救弊之道，作我们防患未然之法；趁资本与劳动未分阶级之前，预为将来利益调协的地步；这样办去，中国的经济进步未必不比日本更快。再合近五十年来欧洲列强勇猛精进的历史而观，我们更可得一大原则——世无包医百病的药，无百年不敝之法，只有'自强不息的精神'是国家社会进步的源泉。译者所以不辞固陋，辄贡此书于国人"。

此处再次显示译者的雄心壮志，通过近代欧洲列强迅猛发展的历史来激励国人的自强不息精神，借鉴西方国家补救资本主义偏弊的办法，吸收社会主义的可取之处，避免重走工业革命后资本阶级与劳动阶级对立的老路，防患于未然，预先调和各方利益，争取实现比东西洋列强更快的经济进步。译者的乐观态度，延续了国内一批先行者的救国救民意愿。其中认可汲取社会主义的切实可行之点，同前述欧美最近的社会主义经济学说未必对症解决中国问题一说，在译者看来并不矛盾。意思是说中国可以根据西方国家资本主义发展的前车之鉴，在工业化过程中早作防范，通过调和手段事先避免资本与劳动之间的阶级冲突，走出一条经济更快进步的新型发展道路；这种未雨绸缪之论，设想在社会主义所要解决的社会矛盾产生之前，并行实现资本主义经济发展与社会主义利益公平的双重目标。这是 20 世纪初国内围绕社会革命与社会改良的论争①早已流露出来的美好想法，尤以强调自强不息而不迷信国外有包治百病的灵丹妙药和百年不衰的既定办法，更显珍贵，但指望引进一部论述近代欧洲经济发展史的专著，哪怕它首屈一指，能从中找到这条自强不息之道，又未免过于乐观。

原著本是作者在美国大学讲授的教科书，"译者译为浅显的语体文，不仅欲对

---

① 参看《回溯历史——马克思主义经济学在中国的传播前史》，上海财经大学出版社 2008 年版，第 2 编第 2 章。

国人介绍这一点知识，此外还另有一种感想"。译者自发蒙受书以来，学"之乎者也"费了七八年的工夫，学"abcd……"费了五六年的工夫，以十四五年的工夫预备文字才稍稍能求知识。中国平均每百人识字的不过三四人，识字的每千人中学力财力能入大学的不过三四人，大学生每十人中学经济的不过一二人，"推之各科，无不如是"。"在中国求知识如此其难，而能求知识的人又如此其少，要想增高人民程度以救国家危亡，必须于专门教科书之外多备通俗教育的书籍，以浅显的文字介绍知识，求其易于普及，庶几收效稍速。虽未见得社会科学的书都可以语体文编译，如经济史这类的著作却是可能的"。此书翻译始于去年春季，中间学校课程牵羁，今始告成；若以平均每日工作 8 小时计算，正好花费 10 个月。其中考证（为读者便利）和誊写占去大半，未能有充裕的时间修润文字，"译者深憾力与心违"。此译之成，深赖梁任公先生奖掖，吴柳隅先生任审校之劳。译者欲译此书，"蓄志已久"，体裁方法虽有成算，不遇同学臧启芳，此工作亦难遽竣，译者每译完一章，臧君"逐句细读，析疑指疵，益增兴会"，第 1 第 2 编的德文专名书名译音译义，全赖臧君协助，"切磋之益是译者所最不忘"。同学韩隆毅和周守一，屡屡鼓舞译者的勇气，译者并于此志其谢忱。①

　　所谓语体文，就是白话文。白话文运动从五四时期前后的高潮算起，至此不过数年。所以，译者试图通过译书来普及经济史知识，鼓励自强不息精神，事实上面临两重障碍。一重是国民的普遍知识素养不高，按照译者的算法，识字的人本来就不多，能够学习经济专业者更是百万人中才有一两个人，可资普及的专业人才极为匮乏。另一重是以文言或文白相杂译书，包括翻译经济学著述在内，讲求典雅，时为风气，颇不利于专业知识的普及；译者有意改变这一状况，努力用浅显的白话文去介绍经济史知识。这个努力，取得很不错的成绩，其译文的通俗水准，堪称当时经济学译作的表率，同现在的译文没有什么差别。这个成绩在今日看来，理所当然，不足为奇，在那个时期实属不易，连译者本人都认为，除了国外的经济史著作可能用白话文翻译外，其他的社会科学著作不是都可以这么做。由此联想到马克思经济学说的翻译介绍，也会面临同样的问题。可以说，马克思主义经济学在中国的早期传播，不仅是艰深理论的引进和吸收过程，更是理论体系的通俗化和普及过程。在这个过程中，国人对马克思主义经济学的认识，既在不断地扩展与深化，也

---

① 以上引文均见李光忠译《近世欧洲经济发达史》，商务印书馆 1933 年版，"译者序"。

在面向大众的宣教中，难免夹杂着简单化、格式化与极端化的瑕疵。

译者致谢的人，首重梁启超奖掖后学，亦可见译者与大名鼎鼎的梁氏之交谊；次为吴贯因审校，吴氏作为留学日本的语言学家，对译文的通俗语体之吸收日文的译名用语，应助力匪浅；同学臧启芳①，早在1916年即兼任北京国民大学附中的英文教员，外文功力不凡，故能协助译文的改进；其他同学韩隆毅②和周守一③，频频鼓励，借此或可猜想译者同为辽宁籍人士。这个师友交际的圈子，也能为译者翻译经济史著作，划出一个大概的特征性面貌：比起经济学的理论研究，更重视西方列强发展资本主义经济的历史经验与教训，以此作为国人发挥自强不息精神的直接借鉴；不拒绝社会主义经济学说，同时认为中国根本不具备推行社会主义的经济基础，只须防患未然以避免未来发展同样产生阶级对立的偏弊，无须穿凿附会而套用马克思学说；普及经济知识，改变多年来假手日本学界，间接引进包括马克思主义和社会主义在内的西方经济类著述的传统路径，转向直接从欧美国家的著述里挑选代表作，同时仍保留日文翻译中已经约定俗成的那些名词用语及表述方式，而非另起炉灶，刻意求新，由此形成颇接近今日白话文的通俗翻译类型。

在上述特征的普及方面，译者确实下了一番工夫。如其"译例"：

"本书句读悉依新式标点"。本书所用符号，分为人名、地名，以及主义、学派、书报、其他专名两种。除个别者外，"其余均系照原文逐句顺译"，原文注释用括号标明并附于正文后面。专名及重要名词的西文不厕入正文之内，以阿拉伯数字指明；征引书籍杂志等西文原名，亦以英文字母指明。经济史系专门史，涉及普通史之事，用作大学教本，"固可只指其关系，无烦更纪颠末"，但"求此书易

---

① 臧启芳（1894—1961），辽宁盖平人；1912年入南京民国大学，翌年转读北京国民大学（后更名中国大学）商业预科，1916年兼该校附中英文教员；1919年赴美国留学，初入加州大学研究院学习经济学和财政学，后转伊利诺伊大学修习经济学；1923年回国任中国大学经济系教授；1925年任商务印书馆奉天分馆经理，1926年兼东北大学教授，1928年任东北大学法学院院长；1930年起历任天津市政府社会局局长、天津市市长、东北行政长官公署地亩管理局局长、国民政府国难会委员、江苏省地区行政督察专员兼保安司令；1939年任东北大学校长，1946年当选国民大会代表；1948年任财政部顾问、教育部教育委员会兼中央大学教授；1949年去台湾，1957年任东海大学经济系教授兼主任。
② 韩隆毅，具体经历不详，只知是辽宁熊岳人，原盛京将军恩合的三公子韩成文（1867—1923，创办华星罐头厂）的次子，与其兄韩隆韶一起留学美国学习农业，回国后继承父业；其父曾资助臧启芳、周守一等一批当地的寒门学子出国留学。
③ 周守一（1897—？），别号天放，辽宁盖平人；奉天外国语专门学校英语科毕业，日本东京明治大学政治经济科肄业，美国欧力根大学教育学士，美国伊里诺伊大学研究院群学系肄业，美国密苏里大学研究院群学系肄业；1925年任教东北大学，讲授英文，后任文学院院长，兼哲学心理学系主任；1931年离开东北大学，任哈尔滨特区教育厅厅长。

晓",故皆以括号附注,述其大略;说明关系重要的人之生卒年及其国籍事业,俱冠以"译者注"字样。涉及重要史事及其他需用较多字数始足说明之事,译者增注,附于本章之末。英文人名及地名的发音,除因袭习用之名外,悉以《韦伯斯特标准词典》(Webster's Standard Dictionary) 为准,德、法专名各从其国音,中文译音从国音字典。原书每章之末,列参考书数十种,"多属极有价值之作,欧美著作家又勤于修正改版,力求衔接现势";"经济史范围既广,我国此类译本亦甚缺乏,区区此译,不过抛砖引玉,参考书中更有宝藏待人发现"。"原书索引,编制极精,译者欲仿其法,编一中文索引而未能,只好暂照英文排列";索引包含英国、德国、法国、农业、工业、商业、劳动、社会、保险、社会主义、关税、职工组合等大项。译文记事年月俱从西历,译者另编中西年表附录书末,起自 1789 年法国大革命,迄至 1914 年欧洲开战。英法诸国的元首宰相在位执政之期,另列一表作为附录。"术语名词极不易译,或蕴义甚深,或旧译未确,译者此次颇多改译及创译之名词,特择其重要者,作译名释义附于编首"。①

可见,译者所谓"通俗""浅显""普及""易晓",并非简化原著内容,仍照原文"逐句顺译",而在注释有关史实和代表人物,以及翻译专门术语和更新表述方式上下工夫。其中说到,为了准确表达术语所蕴含的深义或纠正旧译的不确切翻译,译本颇多改译和创译的名词。不过这新译名,或者沿用日文的转译,有待阐发其义,或者仍嫌生僻,未得流行而遭淘汰。其具体作法,可见"名词释义":

"我国科学名词未能一律,实为灌输文化之大障碍。同一西文名词,而各人翻译不同,往往一字之差,相去千里,不但读者感许多不便,即译之人亦苦无所适从。我译此书时,在这一点上最觉困难,以己度人,谅有同感"。为此,将重要名词的意义,酌加解释,"以补译文之不足,并就正于读者"。如设"重要译名释义":

Revolution "革命":"从一种制度变更到完全不同的另一种制度,便叫做革命。换句话说,'革命'即是'进化'之成熟。只须这种变更完全实现了,便是革命成功了。革命的事业是能以和平手段达到的,杀人流血的暴行并不是革命的要件"。如工业革命"并无暴行的意味";1789 年的法国大革命和 1848 年的中欧各国革命,"固然都有杀人流血的事,然而这两次革命之重要并不是因其有杀人流血的暴行,仍是因其有各种制度的变更";1905 年英国自由党入阁也称为"政治革命"。Move-

---

① 李光忠译《近世欧洲经济发达史》,商务印书馆 1933 年版,"译例"。

ment "运动"："抱同一目的之各人，各就其力之所能，以大公无私的手段去促成这种公共目的之实现，便叫作'运动'"。英国反对谷物条例的自由贸易"运动"，"可算是'模范的'运动"，"根据学理研究的结果"，"注重全国的利益"，"有组织"，"有百折不挠的精神"，"行动光明正大，把所主张的理由完全明白说出，听国人研究择决"，"纯属主义的团结，毫无党派偏私的意味"。Standard of living "生活标准"：以前多译为"生活程度"，近来往往当作"生活费"，所以改译；此指"人类维持生活必须具备的衣、食、住、修养及娱乐的数量和品质"，大致包含卫生、整饬、舒适三项。"近世经济学家和社会改良派所最注意的问题，即是提高一般人的生活标准。数十年来劳动运动也集中于这个问题"。生活标准之所以重要，因为"与劳力能率的关系"，"与生产事业的关系"，"与国民道德的关系"。Conservation "保储"（今译保护）："不是'藏之不用'，乃是'取之得其宜，用之尽其利'"；"近世科学进步，凡属关系国家富力之事物，无不可施以'保储'"。适用"保储"的事物，大体说来有"天然富源之保储"（包括一切动植矿物及水利），"工业之保储"（利用废物和增加附产物），"民利之保储"（今译保持活力）。Efficiency "能率"（今译效率或效能）："以最小额的劳费和时间产生最大额的效果，这种能力便叫做能率"。其蕴意"非常深厚"，含有"不浪费时间""须先有训练""身体强健""精力集中"等意思，在经济范围内，"更是根本要素"。以上"保储""能率"和"提高一般人的生活标准"三点，"都是近五十年欧美经济活动的主旨"。"我看着他们这种自强不息的精神，深觉可敬，转而想着我们自己苟简偷惰之习，真不胜亡国灭种之忧，特在此处陈其大略，深望国人注意他们的立国精神所在"。中国采取欧美的学术、工艺，"当要精益求精，使各种学术和事业都各有一种无止境的进步，'能率'即是这种自强不息的精神之基础"。

又设"术语译名释义"：

Market "市集"："在现代的意义是市场"。Balance of trade "贸易差额"："本国与外国通商，输出额与输入额相比的差数"。Dumping "探拚"（今译倾销）："大制造厂力足操纵某项制造品，对本国市场的供给，时限定某量在本国发卖，以图维持该项制造品在本国的市价，多余之量运往外国，以比本国更廉之价发卖"；"我们中国自从失却关税自主权以来，久已为各国过剩物品探拚之地，'不公平的竞争'几乎把我国固有的工业摧残尽了"。Most favored clause "最惠国条款"："订约国互相承认彼此之间所享的通商利益，较之对于其他各国所享的更便宜"。"中国屡次外交失败的结果，凡属强国差不多都是中国的最惠国，所以但凡有一国得了中国的特别利益，其余强国都要来利益均沾"。Factory"工场"："用动力机器制造物品的场所"。"近百年的一切经济问题，差不多全是'工场制度'酿成的，……然而把工场之害与工场之利相比较，究竟还是利多害少。现今欧美工业上所以有许多困难问题，原是因为他们当初独辟蹊径，无前事可师，不免走了许多曲路，中国此时最留意取人之长，弃其所短，收其利而免其弊，原是办得到的。我们既不可因噎废食，更不可见利忘害"。"工场对于中国实是要需，不过我们应当把防制工场流弊与推广工场两事，同时并加注意才好"。Accident"失虞"：指工场中"猝不及防的事故"，"包括暂时的或永久的妨害工人能率之事之总称"。Strike"同盟罢工"简称"罢工"："工人们因要求改良雇佣条件，或要求维持雇佣条件，至无商量余地时，相率停止工作"。"联合全国或数国各业工人同时罢工，叫作'总同盟罢工'。罢工是工人对待雇主的重要武器，用之得法固可以达到要求的目的，用之不以其道也难免'弗戢自焚'"。Picketing"布防"（今译纠察）："罢工的工人分布在工场附近，劝告外来的工人不可受该工场雇主的雇佣"。Lock-out"解雇"（今译封闭工厂）："雇主与雇工交涉到无商量余地时，不得已而拒绝雇工之一部或全体再行作工，以待解决"。Boycott"同盟拒用"（今译联合抵制）：有人音译为"杯葛"，或根据日文译为"非买同盟"，均不取；"按通常意义说，凡劳动者相约不用某样货物，以图抵制，制造该货物的雇主或工人或其他人都叫作 Boycott"。Black list"黑籍"（今译黑名单）："雇主间互相交换好事工人的名单，使他们无处觅工"。Sabotage"同盟妨业"：有人译为"怠业"或"怠工"，"殊嫌意义不合"，含有怠工和妨碍机器两层意思；这种行为"最伤工人的道德，除了最激烈的工团主义派因根本见解的理由而利用这种手段外，更无人与这种不道德的举动表同情"。①

以上释义，道出当时翻译舶来经济类著述，连同马克思经济学说的一个困境，中文名词术语的不统一。其实，这个问题，到译者翻译此书时，正趋于改善，或出现统一的趋势。至少一些通用译名，如经济、革命、运动等，已为国人所广泛接受。这些译名，大都采纳日文的转译。同时译者也表达一种新的取向，直接根据英文或西文词汇的本意，重新审视间接来自日文的旧有译名，予以改译或另行创译。尤其一些专业性较强的译名，如"贸易差额""探拚""最惠国条款""失虞""同

① 以上引文均见李光忠译《近世欧洲经济发达史》，商务印书馆1933年版，"名词释义"。

盟罢工"“布防”“解雇”“同盟拒用”“黑籍”“同盟妨业”等，有的为后人所沿袭，有的则在后人的进一步改进中又相继被抛弃，重要的是通过这个淘汰过程，不断精确和深化对专业经济术语的理解。国人的理解，曾经严重受到陌生经济知识的理论阻隔，以及不同经济发展阶段的现实阻隔，让较早跻身世界强国地位的近邻日本的学术界得风气之先。随着国内外经济活动的交融和学术交流的扩展，特别是留学欧美国家的国人不断增多，新一代学人不再满足于跟在日本学界后面亦步亦趋，转而在先前已经铺垫的译名基础上，或者保持原译而继续阐发其深义，或者更新旧译以贴切于原意，或者创译新词来表达新引进的概念术语，显示出摆脱对日本学界转贩欧美著作的依赖，独立选择和翻译国外各种代表性著作以资国人参考的趋势。也就是说，译者追求近代欧洲经济史知识的普及，着重于讲求译名的准确、通俗、统一和易于理解。虽然改译或创译的名词未必都能流传下来，这个努力却为经济专业译名在国内的约定俗成过程，增添了既与日文来源相关、又不拘泥于日文来源的广阔空间。事实上，这也是马克思主义经济学向中国传播的过程中所经历的译名统一与普及过程。

除此之外，译者对重要和专业译名的释义，对照中国现实，加入自己的心得体会，可以印证他在序言里所表露的基本倾向。譬如对工场一词的释义，说近百年来使用动力机器生产商品的工场制度，虽然酿成一系列经济问题，但相比之下，终究利多害少；况且如今欧美工业的许多困难问题，来自当初没有先例可以师法的独辟蹊径，走了弯路，我国却能以此为借鉴，取长弃短，收其利而免其弊。这样对待现代资本制度，“既不可因噎废食，更不可见利忘害”，应当将防范工场流弊与推广工场亟需同时并行，其宗旨传承了早期梁启超一派的社会改良思想，而且讲述得更为细致和具体。

其他的释义，同样如此。一方面，重视引进西方发达国家的进步经济理念，如关注提高一般人的生活标准，关系到劳力作为生产要素的效率，增加消费以促进生产事业的原动力以及国民道德；强调保护自然资源，保护工业和保存活力；突出效率的立国精神，同我国的传统有很大差别，也是我国亡国灭种的忧患之所在；制订反倾销法规以保证公平竞争和保护本国利益，我国却因丧失关税自主权，无法保护本国工业受到国外倾销过剩商品的摧毁；实施彼此共享通商利益的最惠国待遇，我国亦因外交失败，被动成为诸强国的利益均沾之地；等等。这些内容，可以归为现代工场制度或资本制度的有利一面，亦即译者认为应当取其所长而不能因噎废食的一面。另一方面，专门术语的译名释义，大量涉及工场工人与雇主冲突的概念，如使用机器动力的工场，流水作业，分工细致，重复单调，噪音轰鸣，劳动枯燥，损害工人健康，埋没工人的聪明才智；工场事故，可以预防而不及预防，造成对工人的暂时性或永久性伤害；罢工或同盟罢工，工人无法改良或维持雇佣条件时用来对付雇工的重要武器，能否达到目的，取决于用之得法或用之不得其道；罢工期间工人在工场附近的纠察，防止雇主雇佣外来工人；封闭工厂，雇主用来对付罢工工人的手段；联合抵制，通常是劳动者联合起来，抵制某些雇主或团体所生产的货物；黑名单是雇主们联手拒绝雇佣闹事工人的名单；怠工或损害机器的手段不道德，为最激烈的工团主义派所利用；等等。这些内容，可以归为现代工场或资本制度的有害一面，亦即译者认为不可见利忘害而须避免其弊的一面。

如何趋利避害，译者感恩梁启超的奖掖，显然也受到梁氏对待马克思主义或社会主义的态度的影响。表现在译者序里，一边戒备从经济理论的书籍中看到"资本论""劳动运动"等从未见过的说法，产生将"掠夺"（今译剥削）理解为明火执仗抢劫的误会，乃至穿凿附会的危险；一边推荐阅读近代欧洲经济史的著作，从中领会西方工业革命以来经历各种经济问题的来龙去脉以及利弊得失，包括资本主义的补偏救弊之法和社会主义的切实可行之处，作为我国防患未然的借鉴。这些用于戒备的推荐，同样表现在有关译名的释义里。一个是"革命"的释义，一面明确革命是实现从一种制度变更到完全不同的另一种制度的成熟进化，一面强调革命事业能够通过和平手段来达到，暴力不是革命的要素，即使近代历史上的欧洲革命出现过暴力，革命的重要性也不在于暴力，在于各种制度的变更。另一个是"运动"的释义，以英国反谷物法的自由贸易运动为范例，不仅突出其有学理研究的根据，有共同目标，有组织，有百折不挠的精神，有信奉主义的团结基础等特征，还渲染其大公无私，追求公共目的，注重全国利益，光明正大，毫无党派偏私等涵义，无形中将反对资本主义制度的劳动运动或工人阶级运动，排除在外。这些抽象的释义，隐含着具体的社会改良意图：我国应以效法西方资本主义的经济发展路径为当务之急，虽须汲取其历史教训并参考社会主义的切实可行办法，却不必误信或采纳任何危险的过激理论与手段。

**（二）内容简介**

译本正文 3 编 25 章，篇幅达 700 多页，可谓皇皇巨作。第 1 编"十九世纪发达之来历"，含"土地及人民""农业基础""工场制度发生以前之工业""重商主义衰颓以前之商业""法德两国中大革命及拿破仑之改制"5章；第2编"一八一五年以来之农工商业"，含"一七五〇年到一八二五年英国农业之变化""英国之工业革命""英国农业之衰落""法德之农业及农业问题""法德工业之发达""运输利便之推广""百年来英国商业之自由及发展""法国商业之发展及商业政策""德国商业之发展及商业政策""俄国之经济改造"10章；第3编"人口与劳动"，含"人口之变动——移民""百年来英国之劳动立法""大陆各国之劳动立法""英国之劳动组织""大陆各国之劳动组织""法英两国中社会主义之兴起""政治中之社会主义——德国""政治中之社会主义——法英及其他诸国""德国之社会保险制度""社会保险之传播"10章。

可见译本论述近代欧洲经济发展史，第1编主要是工业革命以前的经济状况；第2编主要是工业革命以来的经济状况；第3编以人口与劳动为题，着重解决发展中出现的问题，类似于译者序里所说的"对于资本主义补偏救弊之方"，这一点，在那时有关欧洲经济史的专著中，可算"首屈一指"。最后一编的篇幅几占全书一半，其中谈论社会主义的内容，也是简介关注的重点。例如：

第21章论述法英两国社会主义的兴起，认为不必说1850年左右法英两国"才敢自夸有稍觉完备的劳动法典"，只怕更大的全部法制，"也难望能完满解决近世经济制度先天禀赋的种种问题"。从很早的时代起，"已有性情激烈的思想家着手在寻常立法的范围以外搜求社会的及经济的终极改良方法"。他们相信，当时国会的那种结构，"充其量也只能对工人法制作极端迂缓的进行"；即使国会完全改组，"绝没有以现今社会秩序为根据的简单改良法律，能确保工人必可享有他在社会中应享的地位"。所以，这些人"开始揣摩较速较全的社会问题解决方法"，一部分人"不约而同、心心相印的解决方法是社会主义"。

"社会主义之性质及目的"：社会主义名词1835年出现于英国，与欧文（原译"奥文"）庇荫的一个工人结社（"万国各阶级协会"）的组织讨论相关联。这个名词1840年被法国出版的一本书（雷博：《改革家或近世社会主义家之研究》），"列入公认的经济学辞谱"。社会主义的确切定义很难下，"因为对于不同的人，他的意谓常是指不同的事"，而且"常被粗心浮气的人滥施妄用"。一位法国著作家说："倘若有一种主义，所讲的是国家有一种权力足以矫正现时人世财产的不平等，依法将财产均分，取有余以补不足，而且这种情形是属于永久的；这种主义，我们就称为社会主义"（见《当代社会主义之起原》）。英国约翰·穆勒（"古典经济学家之泰斗")说："社会主义的特点是生产工具为一社会中之各分子所共有，这种办法自能发生一种效力，使一切物产之分配于所有者团体中，必须为按照这个社会预定的规则而行的一桩公开行为"（见1879年4月《两周评论》）。美国伊利教授说："社会主义之分解的结果可以合为一个定义，大致如下：社会主义是预拟的工业社会之制度，志在废除掉大而实在的生产器具之私人所有权而代之以集合所有权；而且主张生产事业的集合经理，社会的收入由社会分配，较大于这项收入的私有财产也由社会分配"（见《社会主义与社会改良》）。社会主义的定义异常之多，不能尽举，"总不免失于空泛，或授人口实"。一位英国著作家说得好：社会主义是"历史上最有弹性，最能变化的现象，他能够随他所出现的时代和各种情形而变迁，并且能够随相信他的人民之性质、意见和制度而变迁"（见克卡朴《社会主义史》）。社会主义的主要目的很明显：一是"废除为资本家或生产事业之基础的私有财产"。19世纪"产业主义"的勃兴，断绝了千百年来的社会演进中大多数人取得土地和资本的机会，使他们成为依赖受雇而以工资为生的人。社会主义家所指"人类经济罪恶"的一人部分，"俱应归于富源上这种不能直接享用的缺点"，"认定非把这种极不自然的局面征服不可"，所以主张废除私有财产。这不是说一律消灭私有财产，个人可以有自己的衣服、家俱、书籍、金钱、甚或一所房屋和一块土地（这也是社会主义与共产主义的相异之点，一般人时常将这两种主义混为一谈，共产主义家主张一切财产都应公有，但赞成或不赞成社会主义的国家，也可以成为一个无政府主义家，反对一切政府）。根据社会主义的计划，一般土地，一切工场和铁道，用于资本主义生产与分配的一切工具，以及可以产生"非劳力增价"的各种私有财产，"必须从私人手内收回"。二是"把生产及分配之工具的所有权、管理权和收益，俱付托于国家"。"归于社会全体主持"，不像现在这样由少数私人支配。三是"凡生活于国家之下的一切人，必须按照全部或大部分由国家规定的条件各有贡献于社会的生产能力，共负维持社会的责任"。各人的贡献随各人的能力而异，不能有"安闲阶级"。不应有地租、利息等，"个人唯一无二的所得"，便是国家付给被雇佣者的工资。支付工资所依据的标准，或者按预拟的需求量使各人所取相同，或者按所做的工作之苦乐而定等差，或者按工人的效率和价值贡献来分高下，这是各国各时代社会主义家争论不绝的许多问题之一。如今多数人的心里大约赞成第二种方案。

"社会主义之非固有特点"：须注意社会主义所计划的改革，"是纯属经济的"，包括根本改革劳力对土地及资本的关系。社会主义家也经常鼓吹改革现存的家族制度、政治组织、宗教及其他重要事项，但"绝未有一种可称为一致的意见"，也"不曾明白指定"究竟达到什么程度才算尽善尽美。如关于政治，社会主义家通常认为民主政体必须与社会主义同时并行，也有人拟定一种确属社会主义的社会组织大纲，深信社会全体必须有一个独裁的元首。又如关于建设社会主义国家的方法，几位急先锋都是革命家，"马克思最为著名"，但大多数不是这样，"在主张以和平手段改革的一派中，有些希望改革迅速实现，其余的却希望一种缓进的、顺序的逐渐改革"。另外须注意，所谓"国有"及所谓"社会主义的立法"，都不是社会主义。现今欧洲各国通行的铁路、电报、电话国有等事，并不是社会主义，"因为在这种办法的运用之下，并未备有社会主义家视为根本要图的分配方法"。例如，国家经营铁路也很像私家公司的经营，"多半按照竞争营业的办法支付薪俸及工资"。"'国有'并不曾消除安闲阶级及'非劳力所得'"。按事理而论，国家通常必须收买私人资本家的事业，资本家仍能自由安排他们的金钱于其他有利可图的企业；国家建筑新铁路必须向资本家借款，也得支付利息。"在这两种情形中，安闲阶级总能够仍旧享有他的收入"。"说'国有'乃是缓和分配之不平均的一种企图，确是毫无疑义的"。用这种办法可以消灭"独占报酬"，或"凡与独占报酬相同之物"归于社会处分。但这种办法，"总脱不掉私人经手办理实业的种种习气，及私有财产制度所不免的一切现象——利得、蓄积、投资、安闲阶级、层累分明的社会种种的不平等"。"缓和"现在的不平均，还是"完全取消""引为现制度之特点的一切不平均的原因"，"这二者之间是有绝大差别的"。"社会改良"也不是社会主义，如通常被称为"社会主义的"恤贫法、工人赔偿条例、疾病保险法制、老年赡养条款、工场视察规则，甚至最低工资的规定，"反对这些法律的人尤好为此言"。这类法律带有社会主义的性质，也只到"国有"的程度，"只图把现今竞争制度之下各人对于机会和幸福的不平等缓和到某限度而已"。"这类法律对于私有财产、资本家式生产事业、竞争的工资制度、安闲阶级、地租、利息等之为经济制度的元素，完全不加干涉"；极而言之，"只稍稍限制自由竞争的范围而且划定自由竞争可行的地面，自由竞争的本体仍旧不变"。

"社会主义之来历"："社会主义实是十九世纪的产物"，所含元素同有组织的社会一样的旧。自有人类社会以来，就有苦恼、不平等和不满足；自有国家以来，国家就保有干涉财产处置之权；柏拉图的《共和国》及《法律论》等著作"有社会主义的思想"，仔细考察罗马帝国的实际法律，"显着好些社会主义的意味"。但专就社会主义这个名词"完满正确的意义"而言，"是十八世纪末叶两大革命的儿子，——这两个革命，一是英国式的工业革命，一是法国式的思想革命"。社会主义的梗概首先略现于法国。

"社会主义与法国大革命"：18世纪下半叶法国大革命时期，"法国历史上才能寻出有配称为社会主义家的人"。这个名称或许可以施于雅各宾派一位其名不彰的成员"布哇色尔"（"他的理论很近于后来马克思的阶级战争说"），其书"咎责私有财产制度，辞句之严也可谓无以复加"。巴贝夫"对于这个名称真可居之不疑，他是一位梦想家、政治煽动者，兼新闻记者"，1979年"因参预不轨之谋，意图推翻统治政府而改建共产的共和国家，被判处死刑"；法国社会主义派的报纸，从他创始。①

以上论述社会主义的起源、性质、目的、非固有特点、来历及与法国大革命的关系等，主要限于经济领域，比较此前国内流传的相关论述，除了提供一些新的资料之外，基本的理论与历史的判断，没有多大差异，可见那时影响国人认识社会主义的舶来经济史著述，同早已流行于国内的社会主义著述，就基本史实部分来说，存在较多共识。如果说这部经济史译本有何特点，其突出之处，明确说社会主义不是什么。社会主义的定义众多而且边界模糊或被随意滥用，社会主义的适用范围似乎漫无边际，极为广泛。对此，在本书作者看来，尽管社会主义元素可能蕴含在历史上和现实中的许多思想观念和政策措施里，但主要目的限定在诸如废除资本私有制，由代表社会全体的国家来掌握生产及分配工具的所有权、管理权和收益，实行各尽所能、按劳或贡献分配和共担社会责任等，以此作为判断标准，可以剔除社会主义的"非固有"属性。现行政府的国有措施或社会政策或名为社会主义的各种立法，不曾触动资本制度的基础或资本家阶级的根本利益，实际上都不是社会主义；用于缓解劳资矛盾或改善劳动条件的各种社会改良，包括相关的法制规定，同前面的国有制一样，基于现存经济本体，只对不平等现象稍作限制或缓和，因此也不是社会主义。经过这样的划分界限，有利于澄清那个时期国内思想界常见的将各种真伪社会主义夹杂在一起的混乱现象。这仅就社会主义的主要目的而言，说到实现这些目的的途径、方式和手段，作者将马克思的有关学说也排除在社会主义的固

① 以上第21章的引文，均见李光忠译《近世欧洲经济发达史》，商务印书馆1933年版，第542—549页。

有属性或特征之外。如认为建设社会主义国家方面，马克思属于少数急进革命派的最著名代表，大多数则主张以和平手段实行改革，惟改革的力度，或希望迅速实现，或主张按顺序来缓和、逐渐地推进。换言之，以非革命的和平手段实现社会主义，被当作社会主义的固有属性或特征。从这里，也可以明白译者何以排斥引进包含"资本论""劳动运动""掠夺"等内容的经济学著作，率先翻译这本经济史著作并放在更重要的地位，此中缘故，既以易于明了理论为由，更为了推崇循序渐进的和平手段才是实现社会主义的固有或正宗方式。

第22章论述德国政治中的社会主义，认为洛贝尔图斯是德国初期社会主义的代表。19世纪前半期的社会主义，差不多纯属于英法两国，1848年革命之后，"社会主义派投机的舞台移到德国"；法国的第二帝国时代和英国的职工组合构成时代，"都是社会主义派的煽动极消沉的时期"，而莱茵河以东地区，"社会主义派的宣传获得向来未有的豪兴和效果"。当然，1850年以前，"德国间或也有社会主义思想的表现"，如1800年出版的《闭关贸易国》，"主张国家取缔财货之生产及分配"，不过当时的人不甚留意这个计划。1842年德国又出版"一部社会主义的书"《和谐与自由的保证》（原译《自由权及协和性之保证》），"这部书现今在社会主义派的文学中仍占荣耀的地位"；其作者魏特林（原译"卫特灵"）是马格德堡的裁缝，"无产阶级的领袖，后来移居美国，专心于社会主义的著作和鼓动"，书中主旨，"指财产是一切罪恶的根株"，"工人有权'自由如空中之鸟'"。同年出版"另一部很重要的社会主义的作品"《关于德国国家经济状况的认识》（原译《现代经济状况实录》），作者洛贝尔图斯（原译"罗贝尔图"）是普鲁士一位大地主，"他一生大半消磨于研究经济及其他学问"，被人称为"闷葫芦"，"他承袭的财产和他处的境遇确是一位贵族，他厌恶革命，而且甚至厌恶煽动，然而他却是一位社会主义家"，有些人认为他是科学社会主义的"元祖"。他主张社会主义依据国家来建设，承认社会主义可行于共和政体之下，却同情本国的君主立宪政权并望其永远继续。按照他的思想，"社会主义是应当逐渐达到的，而且不但须用和平的手段，并且须用合法的手段"；应让地主和资本家完全保有他们现今所占的一部分国家收入，同时确保工人应得的利益，国家应当规定工作时间的长度、每日应完成的工作分量以及法定的工资，按照生产增加的步骤随时提高工资。主张不断矫正自由竞争的害处，"国家必能应顺各方面利益增加之速率，终究转移到社会主义的制度"；国家经营生产及分配事业，"应当逐渐扩张以至于达到完全的普遍的社会主义"。（译者按：季德和李斯特的《经济学说史》将洛贝尔图斯作为国家社会主义的创始者，拉萨尔也是此派的重要领袖。阿格博士论述洛氏思想的以上几句话，"便是国家社会主义的真谛"）

关于马克思与恩格斯（原译"英格尔士"）："论到稍后数十年有条理的、猛进的、实际的德国社会主义的真正创始人"，必须把眼光转到马克思、恩格斯和拉萨尔。"马克思这个名字是社会主义派运动全部历史中最出色的，是一位天资明敏而且受过高等教育的政治学家兼报馆主笔，他的祖宗是犹太族"。1842 年充当《莱茵报》主笔，"毫不敷衍的奋力攻击""普王威廉第四"的守旧政府，直到 1843 年报纸被封闭。然后到巴黎，继续研究经济学，交游于法国社会主义家之间，其中有蒲鲁东（原译"普鲁东"）和德国流亡的急进派；遇到恩格斯，"二人从此成为志同道合的朋友，同甘共苦差不多四十年"。恩格斯是普鲁士邦巴门市（原译"巴尔门城"）一位制造家的儿子，在英国曼彻斯特（原译"满切斯达"）和法国巴黎住了些时间后，"成为社会主义的热心健将"。1845 年发表"述英国工人可惨的状况之书"。马克思被逐出法国后，到比利时首都布鲁塞尔，在那里和恩格斯 1847 年共著《共产党宣言》。"这篇文章，差不多各国都有译本，成为近世革命的社会主义的经典"。"这篇宣言虽名共产党的文书，其实是严格的社会主义派的露布。宣言所要求的事项中包括废除土地私有权，一切地租拨归公用，交通运输事业由国家总管，扩张国有工场及其他国有生产事业，及儿童受公学教育免收学费。这两位著作家在这篇发扬蹈厉的宣言收尾处，醋畅淋漓的写道，'共产党人不屑于干藏头露尾、口是心非的事。他们堂堂正正的宣布，只消把现今社会秩序一阵直捷痛快的推翻了，他们的目的就可达到。教那班治者阶级觳觫于社会革命之前。无产之人除了去掉项脖上的锁链毫不吃亏。他们可以争得一个世界。各国的工人们，联起来！'"（译者按："这是七十几年前的老话，现今的社会主义家已经不这样大方了"。从前马克思主张"工人无祖国"，这个问题经各国社会主义派几十年讨论，争执不决，等到大战爆发后，"他们多数公然牺牲平日主张，助国家作'防御战争'，甚至德国社会主义派亦复如此，可见究竟是本国为重，世界为轻"。马克思对 1870 年的普法战争，自己就怂恿他的党徒帮助本国"防御"，及至战胜之后，虽然主张不割土地，不要赔款，"其实除他自己和极少数人相信此理以外，谁肯"？）1848 年革命，马克思又现身德国，和恩格斯及其他友人设立《新莱茵报》，"热烈的为工人主张权利"。革命的失败和守旧派的得势，致使政府 1849 年封禁这份报纸，如封禁以前的《莱茵报》一样。马克思被逐出境，从此住在伦敦，"专攻经济学，著为专书以问世"。1859 年出版《政治经济学批判》（原译"政治经济学评论"），1867 年出版"他的第一杰作，德国社会民主派奉为经典的《资本论》第一卷"。

关于"马克思主义"："马克思确是一位经济学家——的确的，是一位在世界上影响最大的经济学家"。马克思和马克思派的"根本经济教义"，"以劳力为物值之源"；据说现今社会秩序的主要缺憾是那种无可避免的局势，使工人仅能获得养家活口的工资，其劳力造出的"赢余出息"，全归于陵夺劳工之人的资本家式的雇主。"这种观念并不是马克思的独得之秘"（译者按：亚当·斯密及李嘉图都主张劳力为物值渊源之说），但他"阐扬得最完密最合理"。他说，"资本主义势无可免的结果是把人民分成两大阶级——一是资本阶级，独占支配工业之权以自肥，另一班是食工资阶级，亦名无产阶级，名义上是自由的人，实际上对于土地及资本不能主张权利，专赖工资为生，受资本家任意陵夺。这种局势是很难忍受的，是不能持久的。资本主义实非经济组织的终极原则，只不过是人类发达的一个阶级而已，自有不合时宜之一日，自有被社会主义取而代之之一日。这两种主义过渡的方式是经济革命，然而是必依社会进化的自然法则造成的"。经济革命的"主要特点"是生产工具社会公有，必须无产阶级取得政权后，才能把生产工具改为社会的财产。办成这件事，"以前专供压制生产阶级之用的国家组织就会成为无用之物而自然消灭"。按照马克思的论断，这是"社会进化的一定不易之轨道"。"种种的形势可以迟滞这种进步，但绝不使其改变方向或使其停止不进。社会主义之降世只不过是迟早的事而已，各处人民和政府的职分是应当促其前来，不应当阻其前来"。普鲁士这样的国家，应当不再迟疑，先建立一个基础，开端的几件事应该是建立共和政体，国会议员给俸（译者按：我们千万不可忘记，他们的议员是"民选"的，不是"上台委派"的；他们的法律绝对不允许，人民绝对不容忍"收买选举票"），改变王公及其他封建的地产为国家财产，交通事业由国家专办，设立免费的普及教育，国家担保雇佣一切工人，残废疾病之人由国家抚养。

关于"拉萨尔与德国工人总会"：洛贝尔图斯、恩格斯和马克思给德国社会主义准备了种种理论，拉萨尔则是"把德国社会主义造成有组织的运动的第一人"。拉萨尔是"磊落不羁而性情稍激的政客、学者兼改革家"；"他的事业如流星破空而来，光芒万丈，一瞬即灭"，因一桩爱情事件与人决斗丧身，"把自己前途无限希望也一刀割断了"，他再也没有机会能如圣西门、欧文、洛贝尔图斯、马克思等，

"把旁搜博采、精思熟虑的心得按之于当时的社会现象考究出一种真切的道理来"。但"他在德国社会思想上留的印象非常深厚,这种事实可见之于现今德国社会民主党的精神是属于拉萨尔派更过于马克思派"。他 1862 年"才断然投身于社会主义的宣传运动",自任事业"真是巨大艰难","不以为口诛笔伐就算尽了能事","他的志愿是要把德国工人激励起来而且引导他们联络团体共图革新社会之功"。他的著书大多是演讲词和小册子,"对于社会主义的全部思想,他没有甚么新贡献",经济理论方面多取材于洛贝尔图斯和马克思的著作,"他对于社会主义的功劳,就是把各大家和他同时各巨子的精深奥妙、使人望洋兴叹的著作变而为通俗普及的议论"。他的演说和文章曾被称为"马克思原理的敏妙诠释",然而他的学说的"真正起始点",采取英国李嘉图的悲观的"工资定则",改称为"工资铁则","以简单明了的言辞,向工人们激昂慷慨的解说这个定则的作用如何抑制工人在最低的生活限度上,永世不得翻身,又对他们牢牢靠靠的说,若要征服这个定则,只有完全废除工资制度之一法"。主张应当立即设立受国家资助的协作生产社,未必承认这种计划足够解决劳动问题,但"这个计划有一种长处,就是足以为建立劳动政党的基础"。为这件事,他和洛贝尔图斯大伤和气,马克思也不甚满意。在拉萨尔看来,"工人方面经济的公平必须由政治行动取得,第一要着是强迫制定普及选举权,但这种行动必须由工人自组政党,自己去办"。德国工人总会 1863 年 5 月 23 日成立于莱比锡,"立意要望逐渐发为拉萨尔所想望的全国大政党"。拉萨尔决斗毙命后,4 个星期内,"伦敦出现了一个新而更阔大的社会主义派组织,一时之间这个新组织大有完全吸收西欧各急进派共成一大党之势",这就是马克思的国际工人协会;此时拉萨尔的德国工人总会不过 4600 会员,"德国社会主义派的前途却在德国工人总会,而不在国际工人协会"。

关于"国际工人协会":早先社会主义家的目的是设立工人经济自足的分区结社,然后共同组织一个自由的社会,不须国家资助,国家须定一种法律允许这些结社自由发展;稍后如布朗和拉萨尔要求国家切实赞助,以全国不以地方为基础拟定社会主义的组织;最后"马克思和他的门徒要把社会主义造成国际的和世界的"。"就正式组织的实质而论,最后一派的企图失败了,但就这个运动的精神而论,他的成效究竟不小。马克思试验的机关就是国际工人协会,简称国际党"(就历史而言,邀请马克思和恩格斯草拟 1847 年《共产党宣言》的"共产同盟会","应当算是第一个有社会主义性质的国际组织")。其会章由大会指定 50 人为委员会办理,

"起草人就是马克思"（当时草拟一种各派都认可的章程，"确乎不是容易的事"）。"这个章程很有与一八四七年的《共产党宣言》相类之处。会章内认定劳动阶级的解放应当由劳动阶级自己去办；这种解放就是他们的绝大目的，一切政治运动都应以此点为归宿；以前图达这个目的的努力之失败，全是因为各国各劳动派欠缺共同责任心，不相一致之故；劳动阶级的解放不是一地方的问题，也不是一国的问题，乃是一个社会问题，凡有近世社会存在的各国都包括在内；是人都有要求人权及公民权的义务，不但为他自己要求，并且要为每个尽义务的人要求。还有激昂之语，说'有权利必有义务，有义务必有权利'"。这个新组织谋求的计划"很周密宏大"，办事的机关"设备得很好"；会章规定每年举行一次国际大会，"在会的各国代表应激励本国工人联成固结的全国协会"。"自始至终，国际工人协会是由马克思主持"。逐年择定城市举行大会，"就有不少机会讨论马克思的主义，宣扬他的学说，整饬工人的一致行动，陈述各地劳动状况的报告书"；各次大会的性质相同。1869 年，巴枯宁（原译"巴苦灵"）带着一班专图推翻现状的无政府党徒加入国际党，"国际党的短命就此造端"。占多数的马克思派从一开始就与这班新分子不能协和，1872 年在荷兰的海牙举行大会，无政府党被逐出会；同时国际党的议事会移往美国纽约，"其实不啻听凭这个组织无形消灭"。1873 年在日内瓦举行最后一次大会，"此后这个协会竟完全绝灭了"。"自有国际党以来，欧洲各国执政之人异常戒备，其实国际党的实力决不如此厉害。这个组织的唯一秘诀是国际共同责任心的理想，在那些年代中要发展这种理想却是时机未熟"。1871 年巴黎的"地方自治团之乱"（指巴黎公社运动——引者注），"国际党的信用大受其累"。国际党并未教唆自治团作乱，这种罪名加在它身上"实是太冤"，但它公然赞许自治团的举动，兼之国际党中无政府派的诡谋妄举，也是破坏国际党的一大原因。国际党对社会主义，"有三件大功"：一是"把各国中有志使社会主义为全国政治势力的后辈领袖们团结拢了"；二是"在欧洲最大部分中使社会主义免除无政府主义的烦扰"；三是"使欧洲大陆各国凿空的、革命的社会主义派与英国务实的、和平的社会主义相接触，此时英国社会主义尚只流行于职工组合中，而且注重的是现在的、实际的问题，如减少工作时间、推广工场视察、严限妇女儿童劳动等事"。"国际党当时成就的事业，不过是出席于大会之各国的社会主义派表面上有统一之名而已，这个组织破坏之后，社会主义运动各在本国单独进行，取途既不相同，收效亦有差别"。较晚又出现一个新国际党，"抱的目的与旧的相同，而用的方法却与时代性质较为合宜"。"第二国际党"1889 年举行年会，讨论的问题多属反对军国主义。欧战期间，国际党没有活动余地，屡次召集大会，各国代表不能齐集，1919 年春季才正式开会。同年 3 月"国际共产党"在俄国莫斯科第一次集会，"这一派被称为第三国际党"。

此外，书中将"现今社会主义最占势力"的德国社会民主党，称作"抗衡的社会主义派组织"。①

从考察马克思主义经济学的角度看，以上论述是译本的核心内容。其特点不是注重马克思经济学说的理论体系本身，而是注重这个理论体系在历史上的背景因素、沿革脉络、特征属性、影响程度，以及适用于实际运动的组织与效果等。也就是说，注重的是经济史的内容而非经济学的内容。比较以往及同时期的相关论述，译本论述马克思及其学说，在基本史实部分，没有多大出入，在社会主义系统内，还给予很高评价。如谓马克思是有条理的、猛进的、实际的德国社会主义的真正创始人；马克思的名字是社会主义派运动的全部历史中最出色的，天资明敏并受过高等教育；《共产党宣言》是近世革命的社会主义的经典，《资本论》是他的第一杰作，被德国社会民主派奉为经典；马克思的确是一位在世界上影响最大的经济学家；等等。这些评价，也体现了译本观察马克思及其学说，具有比较客观的历史眼光。不同之处，在于观察的视角，除了搜求史料方面的缜密和细致，还不时掺入一些具有引导性的明示或暗示因素。例如：

欧洲社会主义运动的重点从英法两国移到德国，同时从兴起这一运动的经济发展先进国家移到承续这一运动的经济发展相对落后国家，从英国的工业革命和法国的思想革命移到德国具有政治特点的经济革命，从一个地区社会主义煽动的消沉移到另一个地区社会主义宣传的盛行，所有这些，都被看作社会主义派"投机"舞台的转移；换言之，重点的转移，并非社会主义运动规律的必然性表现，带有社会主义派别寻找其表演舞台的投机性质，体现社会主义类型的多变特征。分国别考察欧洲社会主义的源流，把洛贝尔图斯与马克思相提并论，甚至认为洛氏才是科学社会主义的"元祖"，尽管他本是一位贵族，厌恶革命和煽动，希望本国君主立宪政权永存，坚持以和平与合法手法逐步实现社会主义（实则国家社会主义）；这样也就在无形中割断了马克思的科学社会主义与英法空想社会主义的联系，转向在

---

① 以上第 22 章的引文，均见李光忠译《近世欧洲经济发达史》，商务印书馆 1933 年版，第 570—581 页。

"德国社会主义的真正创始人"范围内来考察马克思学说的源流，并强调洛氏同马克思和恩格斯一道，共同为德国社会主义准备了各种理论。讲述马克思及其主义，突出为整个社会主义运动作出最出色的贡献，包括早年奋力攻击普鲁士的守旧政府，与恩格斯40年志同道合，合著《共产党宣言》成为近世革命社会主义的经典，包括一系列的革命要求和酣畅淋漓的结束语，1848年革命期间回到德国办报强烈主张工人的权利，出版第一杰作《资本论》并成为世界上影响最大的经济学家等；但既然以马克思生涯经历的史实叙述为主要线索，则无意深入探究其经济理论，只引用其中的结论以及延伸而来的一些政策主张。经过这样的简化，马克思学说的劳动价值论和剩余价值论（二者分别被译为"以劳力为物值之源"和"赢余出息"，可见译者在经济学专门术语上煞费苦心的译名，并未完全迎合来自日文的翻译趋势），作为"根本经济教义"，被说成对古典经济学概念最完备最合理的阐扬；由此还引出一系列说法，如资本所有权的独占必然产生资产阶级与无产阶级的对立，资本家对劳工的掠夺难以持久，资本主义是人类发展的一个阶段而非经济组织的终极原则，资本主义向社会主义的过渡方式是经济革命，经济革命必须以无产阶级取得政权为前提才能实现生产工具的社会公有，社会主义的降临依据社会进化的自然法则是迟早的事而不可能改变其方向或停止不前等。将拉萨尔称为推动德国社会主义有组织运动的第一人，是那时介绍欧洲近代社会主义的著述中颇为流行的看法；译本渲染拉萨尔若非决斗丧身，本来拥有无限的前途希望，有机会像马克思一样，从当时的社会现象中考究出一种真切的道理，事实上也在德国社会思想界留下非常深厚的印象，尤其留给现今德国社会民主党的精神更是超过马克思派，如通俗地普及马克思等人的深奥理论著作，提出简单明了的学说及应当采用的方法，成立全德工人联合会等，决定了德国社会主义派的前途。国际工人协会是马克思及其门徒吸收西欧各国急进派、企图把社会主义造成国际性或世界性组织的一次试验，马克思起草类似于《共产党宣言》的章程并始终主持，但就组织的实质而论，结果是短命的，就劳动阶级解放的目的而言，努力是失败的；原因是各国劳动派缺乏共同的责任心而不一致，无政府党的加入专事推翻现状的破坏，巴黎公社作乱的牵累，说明这个组织在精神成效方面的唯一秘诀，发展国际共同责任心的理想，在那个年代时机尚未成熟；国际工人协会又称第一国际，对社会主义有三大功绩，团结各国有志使社会主义成为全国政治势力的后辈领袖，免除无政府主义的烦扰，使欧洲大陆各国空谈革命的社会主义派与英国务实和平的社会主义相接触，此后相继出现方法较适宜于时代性质的第二国际，以及在俄国莫斯科成立的第三国际又称共产国际。

通过以上引导性因素，可以发现，在称誉马克思及其学说的背后，隐含着各种不同的甚至相反的评价意见。如欧洲社会主义运动在各国发展的重点转移，被看作社会主义派别的"投机"行为；把洛贝尔图斯说成科学社会主义的"元祖"，把马克思学说的"根本经济教义"说成对古典经济学概念的阐扬，把拉萨尔说成组织社会主义运动并决定社会主义派前途的德国"第一人"，无异于质疑马克思创建理论学说并用于指导实际运动的独立性与历史地位；认定马克思倡导建立和主持国际工人协会的试验，无论在吸收各国急进派还是在实现劳动阶级解放方面，都是失败的，源于建立国际性或世界性工人组织的时机不成熟；说到第一国际的功绩，除了团结各国社会主义势力的后辈领袖和排除更激进的无政府主义干扰之外，强调所谓欧洲社会主义的凿空革命派与务实和平派的接触，等于将前述马克思的经济革命理论，如社会主义取代资本主义是社会进化的自然法则，实现生产资料社会公有的前提是无产阶级夺取政权等，一律视为"凿空"之论，应与务实和平的做法相调和，犹如称赞第二国际后来转变为修正主义和机会主义，其方法与时代性质"较为适宜"；等等。这样看来，本章评介马克思、恩格斯及马克思主义，虽说依据历史事实有褒有贬，骨子里却期待社会主义运动的发展，能用英国式的务实和平方法来改变以马克思为代表的欧洲大陆式的凿空革命方法。

本章多处出现"译者按"，译者对原著有关内容的注释，也体现了译者自己的理解与认识。如关于洛贝尔图斯，译者根据法国人的《经济学说史》，将洛氏归入国家社会主义的"创始者"，将拉萨尔列为此派的"重要领袖"，认为本章对洛氏思想的简要概括，是国家社会主义的"真谛"。译者恐怕没有想到，这个注释，正好把马克思的科学社会主义同洛氏及拉萨尔的国家社会主义区别开来，而原著的意旨，把他们混同在一起，以此抬高洛氏在科学社会主义中先于马克思的"元祖"地位，以及拉萨尔在建立德国社会主义组织方面与"真正创始人"马克思并驾齐驱的"第一人"地位。又如《共产党宣言》结尾处的全世界无产者联合起来一语，译者感慨如今的社会主义者已经不像70多年前那样大方了，马克思的"工人无祖国"主张，通过这次欧洲大战中各国社会主义者的保卫国家表现，现在也没有人相信了。译者恐怕又没有想到，当他注解一次大战期间大多数国家的社会主义政党都在帮助本国政府，实际上也把第二国际后期的社会沙文主义趋向同第一国际所号召的无产阶级国际主义精神区别开来，亦即并非如原著所称，新旧国际的目的相同，新国际的方法要比旧国际更合时宜。再如普鲁士推行社会主义的基础性开端，包括给共和政体的国会议员薪俸一事，译者特别注明，千万不可忘记他们的议员是民选的，不是上面委派的，法律和人民也绝对不允许或不容忍收买选票的舞弊行为。显然，这个注释针对我国当时仿效西方议会选举过程中所盛行的贿选行为而言；由此也能看到，译者并不明白原著的介绍，指社会主义国家给予民选代表薪金的原则，不同于资本主义国家的议会制度。

第 23 章论述法英及其他诸国政治中的社会主义，强调各国社会主义"共有的弊病"，"门户之见太深，常有党同伐异之举"。如意大利最显著的三派：一是"改良派"，"主张和平，信从进化的理论"；二是"革命派"，"无调停"，"与改良派争执最烈"；三是"工团派"，与前两派"格格不入"。三派相互排斥倾轧，势力消长不置；意大利社会主义比较能得到农业工人赞助的特色，而农民在欧洲各国最不易受到社会主义的鼓动，这"可算是比众不同"。①

这是一个侧面，能看到欧洲社会主义运动的复杂性，也能感觉到作者将这个运动放入经济发展史的范围，又从政治角度加以考察的著述特点。着眼于全书的结构框架，这个考察事实上延续了前述思路：欧洲工业革命后各国资本主义经济的迅猛发展，催生了劳资对立的各种弊端，为了纠偏救弊，不仅出现各种劳动立法和劳动组织，还兴起社会主义的思想与运动；社会主义运动的不同派别，正以各自不同的政治行动方式，影响运动进展从而影响经济发展的基本取向。最后两章分别论述德国的社会保险制度和社会保险的传播，显示作者倾向于以建立社会保险制度作为解决社会问题的主导方案，这大概也是他大谈社会主义直至 1919 年，却不曾将新生的苏俄政权列入论述对象的一个原因。

上面涉及社会主义的三章内容，结合起来看，第 21 章主要从经济角度论述近代欧洲社会主义兴起的一般原因和共同性质，提出社会主义不是什么的命题，将社会主义与现行各种国有措施、劳动立法及社会改良区别开来，同时还将社会主义阵营内部的少数急进革命派与大多数和平改革派（后者又分为迅速推进与循序缓和推进二者）区别开来，或者说，少数派只反映社会主义的非固有属性，多数派才真正代表社会主义。这个说法，如同现行政府的社会改良政策是一个极端，把所谓急进革命派作为另一个极端，都从社会主义的固有属性中排除出去。第 22 章重点论述马克思及其学说，一面从经济理论角度确认，为社会主义奠定了最完备最合理的基础，一面从政治角度宣称，作为急进革命派的最著名代表，马克思所倡导和主持的国际工人协会，或者因时机不成熟而导致失败，或者被新的国际组织用合于时势发展的适宜方法加以修正。所以，这一章的说明，没有改变反而强化了前一章的倾向。第 23 章从政治上论述欧洲各国的社会主义，似乎与经济史的主旨不合，其实同前两章一脉相承，通过考察社会主义各派别之间的矛盾分歧，说明社会主义运动同样存在诸如门户之见、党同伐异之类的弊病，暗示改良派信奉进化理论的和平主张，比起革命派的不调和方式或工团派的格格不入态度，更符合经济发展的需要。总之，这些考察，强调经济史的事实，淡化经济学的理论分析，结果将废除私有制、社会全体掌握生产及分配权利、各尽所能和按劳分配等社会主义的主要目标，虚置一边，反复论证合法、循序、缓和、渐进的和平手段比之急进、不调和的革命手段更为可行。由此通过翻译引进，传达给国人的社会主义理念，虽然赋予马克思及其学说不俗的声望和历史地位，实则渐行渐远，视马克思主义为过时之说；而且很容易将原著所明确的社会主义不是什么的那些社会政策和改良措施，与社会主义的改良派或合法和平手段挂起钩来，重新混为一体。

#### （三）译本影响分析

前面估计译本的影响，是一个猜测。然而这个猜测，首先被译者自己证实了。引人注目的是 23 章末尾，译者有一个较长的按语，"我们谈到欧洲社会主义时，还有几种应注意的事实"：

第一，欧洲地窄人稠，天然富源几乎尽已开发，各国国力膨胀的结果不能不争求海外殖民地，对弱小国家实施经济压迫，因此不能不扩充军备，增加人民负担，"所以社会主义家说资本主义是军国主义及帝国主义的渊源"。第二，欧洲土地既狭而发达又早，大约 19 世纪中叶以后的资本阶级，多是"承祖余荫""纨绔""膏粱"之徒，自己创业者为数较少，他们在实业界以大股东的资格坐分赢益，从经理到作工，并不费他们丝毫气力，他们可以随时出卖所拥有的股票，稍有眼光转向其他投资，觅取较厚的利益；实业界认真出力的人（包括经理和工程师等在内），比资本家辛苦得多，获得的利益却少得多，"这是资本与劳动冲突的大原因"。第三，"最要注意，他们的国家是各方面同时都有进步的（绝不像我们中华民国忽然有几百种杂志报纸全谈社会主义，忽然又烟消火灭），教育自然是极重要的一项，马克思所见的工人已经比十九世纪初叶工人的智识程度高多了，近二三十年工人的智识又比马克思所见的高得更多；从前智识较高的有产阶级未能十分尽力为无产阶级多谋利益已经种了仇隙的根苗，现今仍使智识不甚相远的两阶级处于利害悬殊的地位，社会主义便是这种情形的反动"。1900年以后，"欧洲各国渐入国家社会主义的轨道"："劳动法制日臻完备，社会保险渐次扩张，保护工人的方法中这两项是最重要而且最有成效的"；"协作运动使工人振作自助的精神"；"屡进率"（今译累进）的所得税和"嗣产税"（今译遗产税）"也可稍防私有财产制度的流弊"（遗产税尤关重要，"因为'承袭遗产'使人坐享现成钱财，流弊最大"）；"工资制度已经有几种改良的方法，减除资本与劳动的冲突，增加资本劳动间相互利益的关系"；国家财力充裕，"所以把矿山及铁路收归国有，不怕没有资本去开发"，教育发达，学科完备，"所以国有及国营的实业不怕没有人才去经营"。20世纪的社会主义家承认，"现今各先进国工人的困苦是心理的困苦（因智识增加之故），至于物质的享用（衣、食、住、娱乐等），他们并没有甚么大不满足"。"这是欧洲先进国几十年建设工夫，各方面同时共进的结果，决不是几句空谈、一番革命所能造成的。然而这仍是国家方面的发达，去社会主义派的大同梦还远得很。欧洲民族复杂，语言、风俗、历史各不相同，冲突猜嫌万难幸免，这些根本障碍不去，那能就望'大同'"。

美国也是工业极发达的国家，"社会主义在美国并没有很大的声势"。"美国是共和的国体，本无阶级之分；加以地大物博，产业发达的机会很多，一般人自己觉得前途有很大的希望，对于现状很满足；美国的富豪乃是自己创业的居多，一般人也觉得这些富豪享受自己正当努力的结果是很应该的"。美国极力推行社会改良的政策，"一般人对于宣传革命的社会主义认为'挑拨阶级恶感'"。

中国版图427万多平方英里（原文大意如此），除极少数通商口岸略有新工业外，全国十之八九的人从事农业，"现今国势贫弱如此，产业不发达实为第一大原因"。中国社会固然有种种不平等，但"资本与劳动的冲突，老实说，我们中国社会还不够资格"。中国"第一大患"是受外国经济侵略的压迫；中国劳动阶级的"最大痛苦"是有气力，无处使；中国资本家"最可怕的"是把钱存入外国银行，供外国人"陵夺"中国之用；"中国的资本家陵夺中国的劳动者不见得没有防制的方法，绝不是可怕的事"。"马克思的社会主义与中国情形是'药不对症'，在中国'宣传'马克思的社会主义也不免等于'庸医杀人'（庸医未尝不读汤头歌诀，但到杀了人时他还自以为'我开的药方不错，这是他害错了病')"。"'资本家'与'企业家'是大有分别的。资本家是凭投资生息，企业家是凭自己的智识才力办事。资本家在社会中坐享现成，企业家是经济发达的一种要素"。现今中国没有欧美那样的大资本家，企业家稍有资本，原是无妨，小资本家能够做企业，也是好事。"就中国现状而论，社会很应该鼓励企业家；然而在中国随便'宣传'马克思的社会主义，必不免沮遏企业家"。"有志企业诸君，千万不可因此减自己的志气，因为中国各处无业的劳力人切迫需要的是工作和工资，绝不是要对'企业家'作'阶级战争'"。奉赠我国企业家两句"座右铭"："多注意工人幸福，少为儿孙作马牛"。

多数人知道，中国的强弱与世界和平有绝大关系。"这个问题的重要关键，全在中国人能用本国的资本开发本国的富源，杜绝外国经济侵略的指望。在中国资本劳动两阶级尚未形成之前，尽有调和两方利益的余地，尽有预防两方冲突的余地，何苦宣传六七十年前的老话为两方'预种恶感'，增加中国产业发达的障碍"。中国4万万人民拥有比欧洲全洲更大的富源，若不赶紧努力，同心自图振作，"弃货于地"，帝国主义国家不能"天与不取"，因此惹起第二次世界大战，也是意料中事，"万一不幸而至此，我们中国人民岂不成了全世界的'罪族'"！中华民国对世界和平自有应尽的义务，尽义务必须先有能尽义务的实力。培植这种实力，中国人必须深入研究欧美的物质文明和精神文明，"取其所长，弃其所短，求其应用于中国时能有其利而无其弊，中国必能比任何他国发达更快"。等到中国富强，对世界的发言能生效，"以全世界四分之一的人民主张世界和平，铲除种族上、国际间、社会中的一切不平等，这样的中华民国才不愧为中华民国"。

本编第21—23章，"多属事实，理论较少"，李季译克卡朴的《社会主义史》，"理论较多，可供参证"。"赖德勒的《社会主义之思想与行动》"（1920年纽约出版），前半部叙述社会主义思想，引证美国的事实，"主张极近于修正派"；后半部叙述社会主义运动，1914—1919年之事"极详细"。"勒洛西诺的《何谓社会主义》"（1921年纽约出版），"专驳马克思的理论"。[①]

上述译者按语，正是译本有关马克思主义或欧洲社会主义的评述，对一部分国人产生潜移默化影响的典型写照。这种影响，首先是国内久已流传的国情不同论的又一翻版。译者事实上把世界上的主要国家分为三种类型（正如原著那样，也把

---

① 以上引文均见李光忠译《近世欧洲经济发达史》，商务印书馆1933年版，第636—640页"译者按"。

苏俄政府排除在外），一种类型是老牌的经济发达国家如欧洲主要国家，另一种类型是新兴的经济发达国家如美国，再一种类型就是经济未发达国家如中国。马克思主义或社会主义主要流行于第一类的欧洲国家，取决于三个因素：一是欧洲由于本地资源在资本主义阶段的充分开发，已不能满足继续发展膨胀的需要，势必对外侵略扩张，争夺海外殖民地和压迫弱小国家，于是扩充军备，加重本国人民负担，进入军国主义和帝国主义阶段，促成社会主义的盛行。这个因素，显然是以欧洲为主战场的一次大战给译者留下极为深刻的印象。二是欧洲经过多年发展，19世纪中叶以后资本阶级蜕化变质，从创业者变为坐享其成或投机取利之徒，引起资本与劳动的冲突。这是谈论社会主义的起因和盛行时最常见的因素，但译者的着眼点更多不是放在普通劳动者身上，而是放在实业界认真出力、比资本家辛苦得多而获利却少得多的经营管理者和工程技术人员身上。三是欧洲工人或无产阶级不断进步，接近有产阶级的智识水平，但有产阶级仍然未能除去当初不愿尽力为无产阶级谋利益而种下的仇恨根苗，继续让两个阶级处于利害悬殊的地位，自然激起社会主义的反动。列举这个因素，附带提及国内舆论界谈论社会主义，忽而一哄而上，忽而烟消云散，意思是说社会主义在中国，既无经济发展的基础，又无智识进步的根底；至于说到马克思时代的工人智识水平高于前代，现代工人的智识水平又高于马克思时代，也含有马克思主义已经过时之意。以上三个因素，在第二类同样发达的美国，根据译者的看法，或者尚未出现，或者具有不同的国情条件，民众对社会主义的态度，也截然不同，承认富豪是成功创业的正当努力结果，除了推行社会改良政策之外，警觉宣传革命的社会主义在恶意挑拨阶级之间的不和。中国作为第三种类型，译者似乎以他留学的美国作为榜样，既然中国尚未实现现代经济的转型，产业不发达，国势贫弱，则连谈论劳资冲突之类社会主义的资格都不够。在译者看来，中国的"第一大患"，劳动阶级的"最大痛苦"，资本家的"最可怕"之处，分别是外国经济侵略的压迫，缺乏就业机会，在外国银行存钱以供外国人掠夺中国，根本不必害怕资本家掠夺劳动者，那有办法可以预先防范；因此将马克思主义用于中国，"药不对症"，甚至认为在中国宣传马克思主义，等于"庸医杀人"。这里所说的马克思主义，应是革命的社会主义，如此说来，三类不同的国情，分别对应着看待马克思主义的三种态度。第一类的欧洲，对应的是一般认为马克思主义的流行事出有因，不过随着时势的发展，马克思主义已经过时，为其他的社会主义所替代；第二类的美国，对应的是普遍戒备马克思主义的革命学说将造成阶级之间的分裂，只需推行社会改良政策以调和经济发达后所出现的社会矛盾；第三类的中国，亟须发展资本主义以改变国家贫弱面貌，可以在经济发展的同时预先防范劳资冲突，根本不必谈论社会主义，宣传马克思主义无异于庸医治病的害人之举。这些说法，比起早年以国情不同论为依据来抵制社会主义思潮在中国的传播，论证更深入，视野更国际化，批评马克思主义的态度也更严厉。类似这样的翻版，以后随着国情的变化，还会不断出现，但万变不离其宗。

其次是对社会主义概念的重新混淆。原著辨别社会主义不是什么的同时，一再强调代表社会主义固有属性的是占据大多数的和平改革派，因而译者很容易忽略或弄不清所谓社会主义的和平合法手段与一般社会改良的区别。其注释曾把号称与马克思相并列、成为科学社会主义之"元祖"的洛贝尔图斯和德国社会主义组织"第一人"的拉萨尔，又说成国家社会主义的创始人或重要领袖。后来译者的按语，更进一步，宣称1900年以后，所有欧洲国家逐渐进入国家社会主义的轨道。这里所说的国家社会主义，根据译者的举例，最重要和最有成效的是以扩充社会保险和保护工人为代表的劳动法制，以及倡导工人自助协作精神、推行累进所得税和遗产税、改良工资制度、实施实业国有国营方式等。换言之，所谓国家社会主义，无非是减缓资本与劳动的冲突，调和二者相互利益的一些办法；这些流行于欧洲各国的国有、劳动立法和社会改良等办法，恰恰是原著特别指出的不属于社会主义固有特点的那些内容。译者把科学社会主义与国家社会主义混淆，又把国家社会主义与现行社会改良混淆，并非有意挑战原著的分析辨别，而是受到原著自身的逻辑悖论的影响。只有把所谓和平合法派的社会主义泛化为现行的社会改良或社会政策，才能确立彻底否定马克思主义之急进革命的最大公约数。

翻译这部原著，译者还参考了国外其他论述社会主义的著作。除了参考有较多理论阐述的克卡朴《社会主义史》一书，以弥补译本论述社会主义"多属事实，理论较少"之不足外，其他两本都是参考纽约出版的著作。一本以"社会主义之思想与行为"为题，据说作者是接近于修正派的20世纪社会主义家。译者引用其观点，如认为现今先进国家的工人基本满足于物质的享用，感到困苦的是随着智识的增加而产生心理的困苦。这番说教，意在将社会主义运动引向脱离物质生产方式的精神领域，避开私有制问题，确属修正派的腔调。另一本以"何谓社会主义"为题，专门驳斥马克思的理论。可见在译者的心目中，不仅以美国社会防范革命社会主义的阶级挑拨为参照系，而且认为美国出版的社会主义著作，修正或者反驳马克思主义，这与《近世欧洲经济发达史》论述马克思主义的宗旨，也是一致的。所以，无论译本怎样试图从经济史的角度去分辨社会主义不是什么，若将所谓急进革命之马克思主义从社会主义的固有特点中剔除出去，结果难免重新混淆社会主义概念，因为混淆而不是分辨，更有利于抵制马克思主义。由此也能够理解，译者的序言，从一开始就颇为抵触带有"资本论""劳动运动""掠夺"等马克思主义字眼的经济学著作，看来不仅受到这本经济史著作的影响，还受到美国所谓社会主义著作修正或驳斥马克思主义的影响。

最后是用于中国国情的若干结论。前面提到，译者认为中国国情不同于欧美国家，首要问题不是资本与劳动的冲突，而是产业不发达所导致的国势贫弱，因此引进和宣传马克思主义不是对症下药，相反是庸医杀人。列举的几个重要原因，如外国经济侵略，本国劳动阶级无事可做，本国资本家帮外国人存钱来掠夺中国等，结论自然是应当发展本国现代产业。但他没有说明，这种发展如何能够摆脱外国经济侵略的压迫和掠夺，似乎这是一个与国家主权独立和社会基本制度安排无关的纯粹经济问题。根据他对欧洲先进国家的认识，产业发展是过去几十年来，包括资本与劳动在内的各方面同时共进的建设结果，要实现社会主义派的大同梦想，从将来看，其根本障碍也主要表现在因欧洲民族复杂及语言、风俗和历史各不相同而难免产生的猜忌和冲突；换句话说，不论过去或将来，建设先进国家或实现大同理想，决非几句空话或一番革命所能做到。这些看似合乎情理的认识，其实质仍是针对马克思主义的革命学说，强调遵循现行制度与既定轨道的渐进式发展，不管发展资本主义产业，还是追求社会主义大同目标，均应如此。以此用来指导中国的产业发展，只有效法欧美国家的渐进式发展道路，并以中国还没有资格推行社会主义为由，切断了可能通向以革命手段来改变现行制度与路径安排的其他通道。

译者对西方国家的社会弊端，特别是目睹第一次世界大战的惨状，不可能视而不见。为此基于中国产业的发展，提出两个建议：一是区别资本家与企业家，警惕产生靠投资取息而坐享其成的资本家，重视凭自身知识和能力办事而担当经济发展要素的企业家。鉴于中国现在还没有欧美那样的大资本家，应该鼓励企业家为中国的大量无业劳动者提供其迫切需要的工作和工资，哪怕企业家和资本家之间有所转换也无妨或是好事。由此得出结论：在中国不能随便宣传马克思主义，这将打击企业家的志气或积极性，当然更不能将企业家当作阶级斗争的对象；同时企业家也要关注工人的幸福，不能只为自己的子孙着想。二是中国尚未形成资本与劳动两个阶级，有余地去调和双方的利益和防范双方的冲突。中国强弱的关键，在于用本国的资本去开发本国的富源，杜绝外国经济侵略的念头，只要有利于此，就有利于世界和平。由此又得出结论：没有必要宣传马克思学说在几十年前的老话，预先在劳资双方种下恶感，增加中国产业发展的障碍；中国拥有众多的人口和比欧洲更多的富源，若不自己加紧开发利用，会引来帝国主义国家的争夺，甚至导致第二次世界大战，使中国人民成为全世界的罪人。两个建议，都同拒绝马克思的革命学说相联系，一个把发展中国产业的希望，寄托在企业家身上，一个把杜绝外国经济侵略的希望，寄托劳资双方的联手开发本国资源上。可是，调和劳资利益或防范劳资冲突，除了口头奉劝企业家多注意工人的幸福外，实际上什么也没有做，好像一旦消除有关马克思学说的宣传，劳资之间事先没有恶感，也就自然而然地实现了双方的利益调和或冲突防范。

将外国经济侵略的根源，归咎于中国人自己不能发展产业和利用本国的丰富资源，惹来外国列强的觊觎，这种论调，也见于此前国人的著述。然而将这种发展与利用的障碍，归咎于马克思学说的宣传，可谓译者从《近世欧洲经济发达史》译本引申出来的新的联想。译者身居美国，像许多留学人士一样，怀抱中国早日富强的强烈愿望，相信深入研究欧美国家的物质与精神文明，取其长弃其短，有其利无其弊，中国一定能比其他国家发展得更快，拥有实力为世界和平发挥应尽的义务，铲除世界上一切种族的、国际的、社会的不平等。如此雄心壮志，却不知何以对同样来自西方精神文明成就的马克思主义的引进和宣传，视若畏途。看来，译者所选择的西方经济学和社会主义著作，其中马克思主义不是被修正、批驳或当作过时之说，就是被妖魔化了，受此影响，才会宣称在中国宣传马克思学说，不仅"药不对症"，甚至是"庸医杀人"。

## 五、其他译本

经济史学类译本方面，本时期可以再举数例，以见其多样性。

### （一）《人类经济进化史略》译本

Ely 和 Wicker 著，邵光谟译，上海泰东图书局 1922 年 6 月 1 日初版，现存 1928 年 4 月第 4 版。

译者情况不详，他 1921 年 7 月 24 日的"凡例"称，此书系从伊利和威克二人合著的 Elementary Principles of Economics（今译《初级经济学原理》）一书第 2 编 A

Brief Sketch of Economic History（今译"经济学史简论"）中译出①。译本分"序论""工业发达以前各时期""工业时期""英国的工业时期"和"美国的工业时期"5 章。

这个译本，又看到伊利的著作，却无涉于马克思经济学说。作为 103 页的小册子，看来译者只对西方经济学原理的入门书中有关工业发展的历史部分感兴趣，以供国人谋划发展工业资本主义经济作参考。除这一部分外，原作其他内容是否涉及马克思经济学说，不得而知。即使有，从前面考察伊利论述社会主义的著作看，其经济学原理也不会改变鼓吹社会改良的主旨。翻译引进此类西方经济学基本原理的著作，哪怕只是选译其中一部分，如同前面介绍刘秉麟节译马歇尔的著作，也为考察马克思主义经济学在国内的传播，提供了同时期占支配地位的西方经济学传播的背景，可供比较研究。

**（二）《经济思潮小史》译本**

这本小册子 40 页，纳入百科小丛书，其版权页标明：原著名为 The Various Economic Schools（今译"各经济学派"），法国 Charles Gide 著（后来的万有文库本译为"基特"著），李泽彰译述，商务印书馆 1923 年 1 月初版，现存 10 月再版本。这和上述王建祖的译述本《经济学史》，为同一作者，都是夏尔·季德。只是不知李泽彰的译述，究竟按照原著翻译，还是有所省略或改动。

李泽彰的译本初版在王建祖的译本之前，显然不是以季德的名著《经济学说史》为原本，但又含有类似的内容。译本分两部分：一部分"依方法来区分的各学派"，基本上说的是西方主流经济学范围内的学派演变；另一部分"依问题的解答来区分的各学派"，将经济思想分成五大派：一是自由主义派，以斯密、李嘉图等人为代表，又叫作古典派或个人主义派或正统派或曼彻斯特派。二是社会主义派，"是和古典主义同时发生的；我们甚至可以说，社会主义的历史还要早些；因为我们没有听见经济学家以前，就有社会党的名目"；经济学没有成为一种科学以前，社会主义并不另标新帜来对抗它，"因为这一派的主义大半是批评的，并且是很复杂的，所以比前一派还难说明"。三是国家社会主义派，"这一派的学说和前一派截然不同"；不光是不同，"并且是那些社会主义的一服消毒剂"；政府中人甚至专制君主很欢迎它，如同革命派欢迎前一派的学说一般。四是基督教社会民主主

---

① Ely and Wicker 著，邵光谟译《人类经济进化史略》，泰东图书局 1928 年版，译者"凡例"。

义派，这一派显出两种趋势，"同一个出发点，但是走的方向完全相反"；基督教分为天主教派和耶稣教派两大支，各代表一种趋势；"现今经济最发达的国家都属于这两大支"。五是社会连带关系主义派，这是"挽近发生的，但是势力增加得很快的那一派"。①

论及社会主义派之大略：其一，"一切的社会党都看出社会混乱的根本原因在一国的财富集中在少数寄生阶级手里。因此，这一班人有权来剥夺小民，使大多数的人为了少数人的利益来工作"。此派探求事物的新秩序，在这个新秩序下，资本私有制和连带的工资制度即使不完全废除，至少也要逐渐限制。由于对这个要点的要求多寡不同，遂分出许多派别：共产党"主张私有财产完全废除"；集产党"只要求生产上必需的私有财产废除"；土地社会党"只要土地屋宇等不动产废止私有，就满意了"。旧社会党如莫尔（原译"穆尔"）、圣西门、傅立叶，"把未来社会的状态说得模糊极了"，因此被一般人轻视，称为"乌托邦者"。"他们的学说如今受了极不公道的批驳。这一派的人把他们的学说建设在超乎经验的公平原理之上，他们提出了许多计画。集产党却很不以为然，自命为科学的社会党，拒绝提出各种计画，并且他们除了指出未来社会将如何自然的组织，又已经如何在我们目前进行，此外一概不问。他们论文当中有一段最新奇的最饶兴趣的话。在这段里面，他们说，现在的社会已经有了未来社会的胎胚"。

其二，"社会党从来没有说过，社会秩序是一次革命，或者是一道命令所能彻首彻尾改造的：这不过是古典派的经济学者捏造这些话来指责他们罢了。他们也相信进化，但是他们说革命就是进化当中一种普通形式。不仅社会进化要经过这种普通形式，就连生产的和地质的进化也是如此。什么叫做革命呢？就是一种潜势力的爆发"。如地震是地质进化的革命形式，小鸡出卵先打破蛋壳说明一种生命便是一种革命。关于这一点，我们甚至可以说，"社会主义派比自由派还要带定命论的意味，因为他们确信环境有支配个人的全权"。这是欧文（原译"阿文"）和傅立叶的学说；后来马克思一派的人提倡唯物史观，"这些话更证实了"。"什么叫做唯物史观呢？就是说，经济秩序的事实，尤其是关于生产的和产业的事实，决定一切社会事实，甚至政治、道德、宗教以及美术等秩序，都受影响。马克斯曾说过：'人们改变生产的形式，就是改变他们一切社会的关系。手工的社会就会产生宗主；汽

---

① 以上引文分别见法国 Charles Gide 著，李泽彰译述《经济思潮小史》，商务印书馆 1923 年版，第 1、13—14、21、27、32、36 页。

力的社会就会产生工业的资本家。'社会党并且用纯粹的经济原因大胆的来解释：为什么发生耶教和文艺复兴"。"虽然如此，这种定命主义实在没有定命的意味"。如谓社会进化是汽力代替手工来决定的，"我们要晓得汽力和手工都是人类努力的产物，所以人类的公共行为本身就是这种进化的第一成分，不光是随着环境，并且可以改变环境"。

其三，"社会党大概都是主张尽量的扩张公共权力的范围，这种权力的代表或者是国家，或者是许多地方，或者是许多工人协会，都可以的。他们的目的就是把今日落在私人手中的一切企业一齐改归公家所有"。要把个人企业改成公共企业，其间不能不有一个过渡的办法，因此，社会党主张扩大国家的职务；等到办完这件事，国家就可以忘掉。"他们不仅不拥护国家，并且极厌恶今日的国家。他们把今日的国家叫做有产阶级的国家。——也可以叫做政治家的和雇主的国家。所以他们的社会改制计画，甚至连'国家'两个字都避掉，改用'社会'这个名称。依他们的主张，国家不应带丝毫政治的性质，应当改成纯粹经济的；这样下去，国家就不难成为一种全国合作社的管理机关"。纯粹社会主义或劳动社会主义（在德国称为民主社会主义），和下面要讲的国家社会主义，其区别就在此。

其四，"现今社会主义的显著特点便是专帮劳动家说话，换句话说，劳动阶级的利益以外，什么利益都不承认，并且认定社会里面别种阶级的利益和劳动的利益是相冲突的"。中等阶级即资本家曾经的活动，构成现在的社会，如今变成寄生阶级，应当消灭。"所以他们注重阶级战斗——这便是社会党党纲的根本原则"。这个特质不是旧派的社会主义所能有的，也不是如今无政府主义里面所能找得出来的；"社会主义的劳动阶级或者无产阶级是自马克斯社会主义以后才确定的，如今有了工团主义，社会主义带劳动阶级的色彩，更鲜明了。因为工团只有工人才能组织的。因为这个缘故，现在的革命便是劳动阶级的同盟罢工"。

本书篇幅有限，不能一一说明社会党不满意现在社会秩序之处。虽然如此，可以说，"现在的社会主义一定流传很广；而且这一种主义是批评的，社会里面，反对的人固然是有的，但是欢迎的人究占多数"。"社会主义对于改良现在的经济状况，究竟缺少积极的办法。旧社会党提出的计画虽能号召一时，然而讲到实行总是失败。科学的社会主义——集产主义——不主张有什么计画，那更不用说了"。①

---

① 以上引文均见法国 Charles Gide 著，李泽彰译述《经济思潮小史》，商务印书馆 1923 年版，第21—26 页。

以上内容要点，对照季德的《经济学说史》原著，前一部分作为一个独立单元，未见于原著；后一部分占据更大篇幅，划分五大派别，全都包含在原著所列举的众多派别里，不仅大多数派别名称与原著说法基本一致，对这些派别的评介意见，也多多少少可以在原著里找到相似的论述。从这个意义上说，后一部分的要点，简直可以看作《经济学说史》的高度浓缩本，体现了原著者季德对这些派别宗旨的基本认识与取舍倾向。《经济思潮小史》译本是否译自《经济学说史》的某种压缩或简读本，抑或译者对类似原作在"译"的同时掺入更多"述"的成分给予较多的改动，不得而知。但据此能够看到前述王建祖的节略译本未曾译出的部分内容的要点，而且它以通俗表达方式所简述的大多数派别内容，都为王氏译本所未载，这也算是为传入季德的《经济学说史》原著，提供了一个简易和相对完整的视角。

前面提及季德这部名著，给予马克思经济学说在经济学说史上以专门而独特的评介，主要体现为不同于流行经济学说史著作对马克思经济学说的视若无睹或一味否定，具有一定的客观性。这一点，在《经济思潮小史》译本里，因叙述过于简略，显示并不充分，但仍能看到一些客观评介因素。它评介马克思经济学说，不像《经济学说史》原著那样专设马克思主义一章，将其纳入"社会主义派"。所谓社会主义派，也是译本介绍的五大派别中，唯一与原著所说派别名称不同的派别，实际上把原著所说的早期社会主义（即空想社会主义）与马克思主义混合在一起，统称为自由主义经济学派的批评者。译本概括社会主义派的四个特征，如反对国家财富集中在少数寄生阶级手里用来剥夺小民的私有制，相信革命是社会进化的普遍形式而受到客观环境的支配，主张扩大公共权力的范围以实现公有制而又试图用社会经济机关来取代国家政治，只承认劳动阶级的利益并注重通过阶级斗争来消灭寄生的资本家阶级等，也不是单指马克思主义，包括早期的旧派社会主义乃至后来的工团主义在内。比如介绍的末尾，批评社会主义对于改良现在的经济状况缺少积极的办法，既指旧社会党提出的计划虽能号召一时却总是在实行时失败，说的是空想社会主义，又指科学社会主义即集产主义不主张什么计划，说的是马克思主义，可见以社会主义派为二者的综合，或者要在经济学说史方面表达马克思的科学社会主义是从空想社会主义而来的涵义。这个理解，固然强调所谓乌托邦社会主义者为形成甚至超出马克思主义而作出的贡献，然而能够突出二者的承续关系与共同特征，又把社会主义派与国家社会主义派区别开来，认为后者为统治者所欢迎并用作反对前者的消毒剂，仍有其合理成分。

由于把社会主义视为一个复杂而难于说明的派别，所以译本也不像《经济学说史》原著独立论述马克思主义那样，因专门评介马克思的剩余劳动和剩余价值、资本集中或剥夺规律等经济理论，以及马克思派不同于其他社会主义派的若干特征，显露出更多的客观因素。它在总体上对马克思主义持负面态度，但同样提及马克思经济学说的一些理论特点与影响。诸如：代表马克思主义的集产派只要求废除生产必需品即生产资料的私有制，不同于共产主义派主张完全废除私有财产，以及地权平均主义派满意于废止土地房屋等不动产的私有；集产派对旧派社会主义的诸多乌托邦计划建立在超乎经验的公平原理上，不以为然，指出未来社会自然形成于目前的演进之中，现在的社会已经孕育未来社会的胚胎，同时嘲弄这是集产派自命为科学的最新奇和最饶兴趣的说法；引用马克思关于"随着生产方式即保证自己生活的方式的改变，人们也就会改变自己的一切社会关系。手推磨产生的是封建主为首的社会，蒸汽磨产生的是工业资本家为首的社会"① 的名言来说明唯物史观，同时宣称这是典型的宿命论，并以手推磨和蒸汽机都是人工的产物来反驳所谓唯物史观的环境决定论；涉及马克思主义的国家学说，也就是无产阶级获得政治统治以后的国家自行消亡理论；认为劳动阶级或无产阶级的社会主义及其阶级斗争是自马克思主义以后才确定的，又混淆于工团主义及其同盟罢工；承认包含马克思主义在内的社会主义现在流传很广，即使这是一种批评的主义，也有反对它的人，但欢迎的人终究占多数；等等。这样看来，在篇幅很小的经济思潮小史里，马克思主义经济学也以其显著的特点和广泛的影响而占有一席之地，尽管评介者并不赞成其理论观点，却未完全抹杀它的历史地位。

附带说一下译者李泽彰②，曾于 1919 年 11 月在北京《国民》杂志第 2 卷第 1号上，根据英文本翻译发表《马克斯和昂格斯共产党宣言》即《共产党宣言》第 1章，又据说正在翻译第 2 章并打算译完全书，后因胡适的干预而放弃这一打算并到商务印书馆任职③。自此以后，确实未见他续译和发表《共产党宣言》的以后各章，时隔数年，又看到他翻译的这本小册子《经济思潮小史》。作为商务印书馆的

---

① 《马克思恩格斯选集》第 1 卷，人民出版社 1972 年版，第 108 页。
② 李泽彰（1895—？），字伯嘉，湖北蕲春人，1919 年五四时期为北京大学读经济学的学生，国民杂志社社员，毕业后由胡适介绍到商务印书馆任编辑。
③ 参看《1917—1919：马克思主义经济学在中国的传播启蒙》，上海财经大学出版社 2016 年版，第 4编［附］二。

编辑，在馆内出版自己的译本充作百科小丛书，本属极为正常之事。但由此也说明，李氏作为北大学生曾在五四时期被激发的对马克思主义的翻译兴趣，至此已发生转移，转向翻译西方经济学者对马克思主义的负面评论且不失某种客观介绍。

### （三）《近世经济政策之思潮》译本

奥国（奥地利）维也纳大学教授非利波伊基原著，日本法学博士松冈均平[①]、法学士白乌敏夫[②]共译，江西王恒重译，上海学术研究会 1923 年 12 月 30 日初版，列入学术研究会丛书，现存 1929 年 2 月 28 日第 3 版。日本译者松冈 1916 年 10 月 31 日（大正五年天长节）作于美国纽约的序言称：

历史证明经济政策的重要，而要批判和品藻经济政策，不可不溯及作为经济政策指导原理的思潮。"盖特定之经济政策，不外乎特定之经济之思潮之实现"。19 世纪的转变期，诸种经济政策的思潮，"蔚然而起，群向新时代之建设"。认为此次欧洲空前的大战，是人类由努力于生产货殖的经济活动转向单纯杀戮破坏的非经济活动，乃"皮相之论"。战争的原因，当然溯及经济活动，其影响所至，不独于经济利害有重大关系，乃至其有效动作，"一视其经济上设施之当否，为其判分成败之一至要条件"。如今交战诸国的军国主义经济组织，如"集权的社会主义的诸设施"，见于对内政策，又见于禁制输出入和禁止对敌交易的对外政策，"均可认为经济政策上之一大转机，勿视为偶然的变迁，而轻易滑过"。战后的未来经济竞争，不难预料必然更加剧烈，于是准备组织关税同盟，或形成经济联合。如果错过适应经济政策，"或竟失此天然之好机会，必至永无补救之时"。原著是我西游羁旅时所见，"披阅之余，文辞平正，义理透彻，而又出以著者优雅有趣之笔，不为干燥无味之文学"，详为叙述西方波澜重叠的 19 世纪经济政策的思潮变迁史，"兴趣津津，遂令人不能释卷"。于是征得著者允诺予以翻译，作为研究此学的"绝好参考书"，"启发一般世人之经济的知识"的"一种不可少之资料"。[③]

日本学者直接从欧洲引进的这本经济学著作，重点考察 19 世纪西方经济政策背后作为指导原理的各种思潮，以备日本研究和制订经济政策者参考。日译者对此

---

① 松冈均平（1876—1960），毕业于东京大学法科大学政治系，曾留学欧美，法学博士，后任东京大学法科教授，拓殖大学教务长，贵族院议员。

② 白乌敏夫似为白鸟敏夫（1887—1949），毕业于东京大学法学部，1914 年进入外务省，1930 年任外务省情报部部长，1938 年任驻意大利大使，1948 年被远东国际军事庭判为甲级战犯，死于服刑期间。

③ 非利波伊基原著，王恒重译《近世经济政策之思潮》，上海学术研究会 1923 年版，"序一"。

称颂不已，奉为绝好或不可缺少的研究资料。然而他对社会主义思潮的理解，竟等同于一次大战期间，各交战国纷纷建立对内集权对外禁制的军国主义经济组织，以及各国应对世界经济竞争而组成的关税同盟或经济联合等，并将此看作国际经济政策上并非偶然的重大转折，提醒日本当局抓住机会以适应所谓集权社会主义措施的经济政策。这也说明一些日本学者出于本国帝国主义侵略利益的考虑，更感兴趣的是依据国家社会主义思潮来加强军国主义经济政策。

中译者王恒 1917 年 7 月作于长沙的序言称：我国言治与白人不同，西力东渐，倾全力以覆东亚，"值吾人法治不备之时而猛扑焉，瓜分即不实行，能无湮没于此回山倒海之经济潮流中耶"？"我国民苟不欲以亡国之民自待也者，是不可不于此腐心汗血，力争法治之余，而对于西人之经济思想，带几分之觉悟"。[1] 可见当时国人重译此书，主要痛心于西方列强对我国瓜分侵略或经济掠夺所造成的亡国之忧，努力想从西方经济思想中，觉悟几分治国的道理。可惜此经济学著作，1917 年已重译而成，1923 年方才出版，无论激于国耻的翻译用意还是文言表达的翻译形式，均有些过时了。

此书 6 章，分别论述"经济的自由主义""保守主义""社会主义""社会政策""农民党"及"经济政策思潮之现状"。关于社会主义部分，依次论述自由交换经济中劳动者的地位，因大工业和都市生活条件而造成劳动者的团结；"新社会主义的社会理想"，谋求撤废私有财产制度，芟除存在于法律上自由平等与实际上不自由不平等之间的矛盾；先后出现英国及法国的社会主义者，洛贝尔图斯（原译"洛多伯尔兹"）、马克思、恩格斯（原译"因格尔斯"）、拉萨尔，社会民主党。这些内容，放在 1917 年出版，对于社会主义和马克思学说在国内的传播，或许还会有些推动作用，但到 1923 年出版，就显得比较陈旧了。其中可以看到此后传入中国的西方经济思想史或经济政策思潮史类著作谈论社会主义的一些传统套路。如着眼于资本主义自由经济中劳动者地位的下降和促成劳动者团结的各种社会因素的加强，反映为不同于古代社会主义观念的新社会主义社会理想的出现，主张在废除资本私有制的基础上消灭名义上的自由平等与实际上的不自由不平等之间的矛盾，其代表人物先是英国及法国的空想社会主义者，然后以德国为主，排序为洛氏、马克思、恩格斯、拉萨尔和社会民主党。也就是说，后来国内的许多经济学著

---

[1] 非利波伊基原著，王恒重译《近世经济政策之思潮》，上海学术研究会 1923 年版，"序二"。

作，都按照这个套路来介绍社会主义，承认资本主义社会出现社会主义思潮，有其必然的原因。但承认不等于接受，如何对待和应付社会主义，表现在这个译本里，从最后一章的概括看，不过强调限制经济自由制度下个人的责任和补足社会的责任而已，把社会主义的影响纳入现行国家的社会政策范围。这种意旨，在日译者那里，被理解为建立带有集权和社会主义措施色彩的军国主义经济组织，在中译者那里，被看作避免亡国之耻的一种觉悟。总之，译本介绍社会主义和马克思学说，没有引到马克思社会主义的方向，而是引到相反的避免、修正和背离马克思社会主义的方向。

## 第二节　其他各类经济学著作

本节的例证，以翻译西方经济学代表作为主，兼及其他的经济学译本与自撰著作。

### 一、《季特经济学纲要》与《经济学要旨》译本

这两个译本的原著为同一本书，其作者都是法国人季德。前面已考察了他另外几部著作的译本，现在又相继出现他同一部著作的两个不同译本，可见其书当时在我国的热门程度。下面的考察，略于前个译本而详于后个译本。

#### （一）《季特经济学纲要》译本

法国季特著，侯哲荛①译，太平洋书店 1923 年版。译本分为欲望与工作、交换与价值、货币、财产与遗产、地租与利息、工资与利润、竞争与合作 7 章，译文比较通俗流畅。这个译本的开头，较为清晰地表明了它的写作意图：

"这本小册子，正如其名称所示不过是叙述一些政治经济学的要旨而已"。有些人或者会以为经济学的要旨，比较其他科学都容易求究，因为经济事实与我们的关系最密切，织成了我们日常生活的密网。可是情况并不是这样。经济事实在其发展过程中，变成特别纷乱，以致很难找出束丝的尽头。"有了这个头绪，一束乱丝也就可以清理起来，我们现在可采用的最好的方法，是回复到这些经济观念最早的

---

① 侯哲荛，又作侯哲庵（1905—1992），原名厚先，湖南长沙人；上海群治大学毕业，曾任群治大学教授、中国农民银行农贷处处长、中国农村水力公司总经理、湖南大学合作系教授。

起源上去"。"因为要解释政治经济学的事实，通常都是从《鲁滨逊漂流记》的故事开始。虽然有些经济学家和其他的人耻笑这个方法，但是因为要发现某种原因所有的特别结果，这个方法也不能轻视。这是一种代替直接经验的方法。经验法虽然在自然科学中得了很好的成绩，可是不适用于社会科学的。因此我们不妨用一种相像的实验法以代替实际的实验法。我们假设有一个人，自置于一个荒岛上，我们试看看他将要怎样的行动"。①

看了这个开头，便可判断这本书的研究宗旨与方法，如从叙述经济观念的最早起源入手，也就是从假设一个人在荒岛上的想象实验法中去把握政治经济学的要旨，属于典型的正统经济学套路。依此而论，在前面考察著作译本里，季德或许会对马克思经济学说及其影响，给予相对客观的描述，然而一旦阐释政治经济学的基本原理，则完全排除马克思经济学说的论旨，忠实遵守正统经济学的信条。

### （二）《经济学要旨》译本

署名法国 Charles Gide 原著，李璜译，上海中华书局 1924 年 2 月初版，现存1929 年 4 月第 6 版。5 年内发行 6 版，可见它作为季德另一本流行的经济学著作，其中译本在我国也颇为流行。此译本未曾改动，故考察初版本，亦以现成的第 6 版为依据。

（1）序言简介。先看译者李璜②1922 年 9 月 16 日作于巴黎的序言，说明译自法文原著。这本小册子译成后，从巴黎送到上海出版，花费将近一年半时间。序言说：

> 这本书原名 Les Premières Notions de L' Economie Politique③，法国巴黎大学法科名誉教授、法兰西学院教授夏尔·季德（原译"查理季特"）本年编行于世。"出版之后，不但为一般人所爱读，特别风行，即一时经济学社会学有名讲师也同声称为小小的杰作，许其必有益于普通社会及中学生不少"。译者经巴黎大学文科教授

---

① 法国季特著，侯哲荽译《季特经济学纲要》，太平洋书店 1923 年版，第 1—2 页。
② 李璜（1896—1991），字幼椿，四川成都人；早年就读成都洋务局英法文官学堂，1913 年由川至沪，1914 年入上海震旦学院修法语，1918 年在北京参加少年中国学会，同年 5 月在日本成立"留日学生救国团"；1919 年 3 月赴法国巴黎大学留学，获文科硕士学位，1923 年与曾琦等人发起组织中国青年党，次年回国，宣传"国家主义"；历任武昌大学、北京大学、成都大学历史系教授，国民参政会参政员，《中国日报》社社长；抗战胜利后作为中国代表团代表赴美出席联合国大会，1947 年当选中国青年党中央常委，翌年代理主席职务，任中华民国总统府资政；1949 年赴香港，后去台湾。
③ 此法文书名可译为《政治经济学的初步概念》。

布格利（Bouglé）在社会学讲堂上两次介绍，买来读读，"很觉得著者的本领，能以浅显的笔墨达高深的学理，并且征引故实，明白扼要，真不愧为科学传播家（Vulgarisateur①）！科学传播者必要具这种本领"。季德著这本书的目的是让 2、30 岁的普通人和中学生了解经济学上十几个"根本的概念"。他觉得现在谈社会改革的人，"有一些把经济学上的重要观念忽略了，只是一味的主张经济学说史上的说法，而不明白经济学的基本处，这是不该当的，并且著者是一个坐言起行的社会主义者——他算是现在法国消费协社主义的一个领袖，——他很希望大多数的人都真正懂得一些社会主义的道理"。去年在巴黎平民大学为工人们演讲社会问题，曾说："我们知道自由派经济学者给我们遗下了祸害，但我们不要忽视了自由派所依据的实在处；我们知道历史派经济学者要设法补救这个祸害，但我们要细细的研究他的办法"。"译者要将这本书介绍与国人，也是本着著者上面一种意思"。②

对于夏尔·季德，前面已知他的名著《经济学说史》，这里的译者序，又介绍他 1922 年的新著，不过此书或许在别人的眼里，并非其代表作③，有关他的资料，一般也查不到这本书的名字。序中提到季德面向普通青年人，撰写这本经济学普及性读物，因他作为法国的大学法科（经济学包含在内）教授，是"坐言起行的社会主义者"和"法国消费协社主义"的领袖。这就涉及季德当时在法国的社会生活背景，据介绍，"强烈的胡格诺派④教徒的家庭传统，造就了他简朴而注重道德的品格"；从傅立叶和欧文那里得到启发，"成了竞争制度的一位道德批判者"；和 J. S. 穆勒一样，"在自然的必然性和人类意志这两个领域之间明确划出了一条界线"；"他认为，团结与合作原则作为一种道德义务，应该最终取代人与人之间的斗争"，"他一生都在宣扬合作主义"，如同傅立叶，"也幻想会出现一个更加美好的世界"，如同穆勒，"也明白各种人类社会体制都有其历史的相对性"；"他认为，经济学的宗旨就是要指明通向一个更美好世界的道路，并鼓舞人们为之而奋斗，尽

① 这个法文词汇又可译作普及者。
② 以上引文除另注外，均见李璜译《经济学要旨》，中华书局 1929 年版，"译者序"。
③ 季德本人认为此书是"自己生平所最得意"且用于平民教育的代表作。见查理季特原著，楼桐孙译述《协作》，商务印书馆 1927 年版，"季特教授覆译者函"。
④ 胡格诺派（Huguenots）是 16 世纪欧洲宗教改革运动中兴起于法国而长期惨遭迫害的新教教派，受到 1530 年代约翰·加尔文思想的影响，自称"改革者"，主要成分为反对国王专制、企图夺取天主教会地产的新教封建显贵和地方中小贵族，以及力求保存城市"自由"的资产阶级和手工业者。

管他对这一信念也有几分怀疑，在国际关系方面，他是一个和平主义者"①。这样看来，所谓社会主义者，不过在新教道德信仰下受到空想社会主义者的影响，所谓消费协社主义领袖，不过在消费领域宣扬合作主义。

再看作者原序，夏尔·季德说：我们写这本小书，"一点不是为经济学给出一个概略，并且也不是为大学学生们编一本便于记忆的袖珍册子"。"我们是为没有学过经济学的人著的，我们只愿意引起他们想研究经济学的志愿"。本书"差不多简直寻不出定义的方式，单单是一些社会学上浅近概念的根源和进化——一共不过十二三个足以尽经济学纲领的概念——可以看出这些概念何以会在精神里构造成功，在社会上实行出来"。②

对照起来，作者的序言强调，这本书通过十几个在人们观念中熟悉、在社会上流行的浅近经济学概念，介绍其来源和进化而非考察其学术定义，引导没有学过经济学的人产生研究经济学的兴趣。而译者的序言，除了指出这本书的普及性特征外，尤为强调它的社会主义特征，谈论社会改革不能忽略经济学的一些重要观念，藉此让大多数人真正懂得一些社会主义的道理。这些道理是什么，译者未予深究，只是引用季德为工人讲演社会问题的一段话，意思是说，既要知道自由派经济学者留下的祸害，又不要忽视此派所依据的真实理由，既要知道历史派经济学者设法补救这个祸害，又要仔细研究此派的补救办法。这样说来，所谓的社会主义道理，变成自由派经济学与历史派经济学二者之间的相互补救之策。译者也是本着这种意思，将译本介绍给国人。

（2）内容简介。译本7章的译名如下：

"需要与工作"，含"在孩童和动物里的经济学概念的根原。最初的需要：最初的工作。——不费力的工作。最初的资本：私有行为。——储蓄。——器械。——火的发明"；"交换与价值"，含"交换怎样发生的：偷盗。——最初交换的困难。——使他容易的办法。——互相的赠与。价值：他的意义。商行为的来源：职工的来源。——商人的行为"；"货币"，含"现物交易的困难：金子之可贵处。——现物交易解体而分作贩卖与购置。货币的神妙权力：价值之调剂者：宝藏。——工作之代替。——公理的器具。——公道的价格。货币流通的价值是从何

① 除另注外，参看《新帕尔格雷夫经济学大辞典》中文版第2卷，经济科学出版社1992年版，第559—560页"Gide Charles 吉德，查尔斯"条目。
② 李璜译《经济学要旨》，中华书局1929年版，"著者叙"。

处来的？"；"私产与承继"，含"私产的进化：他的扩张的步骤。最初的私有物：房屋，土地的私有。——大产业：他的起源。占领。——非物质的私产：票夹内的价值；支票银折。私产的遗赠：承继——私产与产主同葬。——遗嘱权。——家人的承继权。私产的社会化：在组织上的社会意义，在目的上的社会意义。——产主的责任。——产业充公。——财产权的限制。——产业为公众的职务"；"租赁与利贷"，含"佃耕契约：他的双方的利益。——农田问题。——为什么这个问题现在不紧要了？利贷：他的双方的利益。——为什么他比佃耕契约还可恶？——为什么他的历史那样悲惨？——为什么在今日借钱者与被借者的地位居然换过了？房租。靠年利为生者与他胜利之已往；他的悲惨之将来"；"劳银与赢利"，含"使之有价值。资本与工作间所必需的协助：奴隶制度，农奴制度；劳银制度的起源。——如果资本家使工人能够生活。——劳银之增高。赢利：定义；解释。——赢利中的幸运部分——幸运之不平等。大实业：托拉斯。——货财之调剂者。实业国有问题"；"互竞与合作"：含"照着经济学家的意思，世界是怎样在进行：个人的利益；'供求律'；消费者的保护和平衡的互竞。——个利的好处。对于互竞上的慈善意义的错谬：互竞的不好处。——互竞之两种意义：工作的自由或生活的战争。——怎样互竞有自然消灭之势。需要呼援于别的力量以保护社会的利益：动物社会的比喻。——自由团结的三种形式"。

以上 7 章标题的名词，如需要、工作、交换、价值、货币、私产、继承、租赁（今译借贷）、利贷（今译利息）、劳银（今译工资）、赢利（今译利润）、互竞（今译竞争）、合作等，应该就是作者所说的涵盖经济学纲领的十二三个浅近概念。关于这些概念标题内含的小标题设计，先明确几点：首先，这本书的确是一本既非给出经济学概略，又非重在学术定义或辩论热点问题，面向非经济学专业人士，甚至面向社会底层的通俗解释经济学概念的普及性小册子。其次，这本书的解释逻辑和主要依据，同马克思经济学说的基本内容没有任何关系，更多采用西方主流经济学说的理论架构。最后，译者口口声声说这本书是一位坐言起行的社会主义者向工人们或大多数人阐述社会主义的道理，此书目录中，也可以看到诸如"私产的社会化"，私产在组织上和目的上的"社会意义""产业充公""产业为公众的职务""实业国有问题"等提法，似乎真的同社会主义的道理有些关系。不过，只要浏览一下目录的全部内容及其结构联系，便发现那些似乎与社会主义有关的提法，缺乏相应的理论基础，不仅与马克思主义的经济理论体系无涉，同其他社会主义的经济理论体系也没有多少交集。所以，后来的西方学者评价作者季德，只强调有强烈的新教家庭传统，受空想社会主义的启发，为现行竞争制度的道德批判者，以团结和合作原则作为一种道德义务等，很少把他视为热衷于传播社会主义道理的社会主义者。

就这本书的内容，举几个例子。譬如，第 4 章谈到"私产算是社会秩序的基础"，不但是经济上的，而且是文化上的"最大建设之一种"，本章即说明这个文化的基础如何经过长久的组织才成功，如何"正在变迁"，或者恰当地说，如何"正在解体"。关于"私产的社会化"，应当承认，"所有的产业在一定的程度上都算是公同勤劳的结果"，哪怕"最神圣的自创之物"如作者的著述，也不得不承认"有公共来源在里头"，如引用历史和其他著作；其他自行生产而保留私有权的简单产品，也是一样，手艺靠前人一代代的传授，价值靠主顾购买他们的产品来体现。"所有的产业有多有少的都是由公众的工作创造出来，因此他该当应用于公众的利益上面——除了为他自己必要需要起见被生产者自己消耗了的一部分外，然而这是总货财里最小的一部分"。好像可以说，私产与公众产业两种状态之间，有个人私有化的时期，处于"根源和目的之间"，如同一棵树的树根埋在地下，树枝向着天上。"然而现在就不一定是社会主义者都赞成产业该当渐渐变为社会的，就是说该当以社会公利为目的"。不过别人不大去寻找私产的根源，如是否来自劳动或争夺、占有或合法、天赋权利等，"不管他以前尽了一些什么职务，现在总还能够对于国家经济尽许多的职务"。这样看待产业，实行上会产生什么影响呢？首先，"既然产业是以社会公利为基础，便该当变作有益处的"。业主忽略应有利益而不去认真经营，"便没有权利再去行使管理这个产业的职务"。如业主让自己的土地抛荒，政府就命令让别人去耕种。"在这里算是侵犯了私产，不过这是以公利为目的而有的强迫连带作用"。这时不能自私地说这是我的土地，"该当说这是我们的土地了"。这个条律或办法，"为公益起见而剥夺私产"，"只在很少的地方能够应用，并且该当非常的留心以便保障私人的权利，除非到没有别的更好的方法，然后才将一种私产充为公用，并且公用的价值要该当比私用的立刻大得多才能实行"。"该当注意这并不是要将私人产业变作公共产业，这完全是相反的要使容易造成一种小地主的阶级，然而这种办法也未始没有社会主义的意思，要将财主的和租佃的田土变为以工作为基础的产业，别人便视此为较合于社会的利益"。征税是否为"一种夺剥产业所入的办法"？今日英、德、美等国或明日法国的最大财产拥有者，因为收入太多，要上缴其半数或更多的款项给公家，这岂不是说他们被剥夺了一半或更多收入而无所取偿吗！"再加上现在正预备被告的资本征税办法，剥夺私产便更见扩张了"。还有许多"以公利为名政府干涉私产"的例证，如各国设立海关，禁止资本家把超过一定数量的资本或金银转移到国外，"这算是侵犯私产的根本权利了"，因为私人权利中最显著的权利便是业主能够自由转移财产。"我不在这里议论这种问题究竟适当与否，我们只该当注意他是对于产业所有新思想的表现罢了"，让业主的产业经理人"该当随时替国家打算，并且要向国家负责"。"这个意思是说从今以后，产业无非是一种'公众的职务'"。①

此章论述私产社会化或私产变迁甚至解体，可以让人充分领会，作者讲述的社会主义道理，究竟是什么意思了。其基本前提，自古以来，所有产业在某种程度上都是共同劳动的结果，都应当用于公众利益；产业的个人私有化与产业的公众性质之间，如同根源和目的的关系。这个前提隐含一个意思，所有产业犹如一棵大树，既有赖于埋在地下的私产树根，又有赖于向着天上的公益枝叶。由此推衍开来，私产社会化或以社会公利为目的，并非只是社会主义者的主张，而是所有产业私有者对于国家经济都应承担的公众职责；表现在政策实行上，诸如限制私有田地抛荒、对大业主的巨额收入实施高比例征税、禁止资本家向国外转移资本等，都属于为公众利益而剥夺私产的办法，带有社会主义的涵义；同时必须留心保障私人的私利，除非没有其他更好的办法，才能将私产充为公用，并且保证公用比起私用，能够立刻产生更大的价值。上述实施政策，作者声明不去议论它们是否适当，只注意它们表现为对产业所有的新思想。其实，正是通过这些政策，可以印证他所谓私产的社会化之类看起来似乎同社会主义道理有关的说法，不过是对私产或资本私有权的任意膨胀，在公众利益的名义下，加以节制或约束而已，并不改变私有制的基本性质。至于那些代表新思想的政策措施，也不过是现行国家出面实施的社会政策罢了。以此来确认作者的社会主义者身份或说明的社会主义道理，连作者本人都未予承认，顶多是从中感受到空想社会主义和道德批判的一些影响因素，以及进一步的加工渲染。

又如，第5章谈到借贷与利息，不单劝导众人为了国家公债去从事借贷取息，我们的"消费协社"，"已经一半是所谓社会主义的建设了"，也在那里做借贷的交

---

① 以上引文见李璜译《经济学要旨》，中华书局1929年版，第59、73—79页。

易，允许那些拿钱共同做"这种连带主义、博爱主义的事业"的人获得利息，而且"很不惭愧的说道：这是社会主义的事业"！这是利息在历史上的变化，有两个理由可以解释这种变化。一个是学理上的理由，社会主义者也知道，"利贷是必定与私产相连的，并且私产一天不废止，就使利贷变作无利息的也只足以为恶"。因此"问题的中心便不在利贷的废止上面而移在私产与资本制度上面"，争论也都偏到这一面去了。另一个是事实上的理由，"债权者与债务者的景况在今日颠倒过了"。以往债权者如富翁，有权力者是强者，债务者如工人或平民困苦是弱者，"今天便不是这样了"，最大的债务者首先是政府，其次是大银行、大公司，债权者就是你我；今日改善我们债务者的命运的方式，便是要求支付借款利息。①

以上论述，大概就是译者称之为社会主义者讲解社会主义道理的直接证据了。这是什么样的社会主义呢？竟然呼吁今日的借款者应当获得利息！作者自诩他们的消费合作社从事借贷交易，有一半的社会主义性质，甚至很不惭愧地说，鼓励人们为这种合作社投资取息，就是社会主义事业。其理由，一则若不取消私产和资本制度，总会存在借贷现象，即便这种借贷没有利息，也改变不了它的为恶性质；既然私产没有废止，借贷也就不可能废止，在这种情况下，从事社会主义事业同样可以利用借贷来取息。二则今日债权人与债务人的关系，颠倒为借钱的政府、银行和公司比被借钱的工人和平民更强势，因此，救助或改善后者境况的办法，便是前者向后者借款后应偿付利息。这些呼吁和理由，兜了一大圈，仍未超出现行私产与资本制度的范围，只不过给既有的借贷取息行为换上一顶社会主义的冠帽而已。

另如，第 6 章谈到工资与利润，提出生利行为如果只是为了个人生活，如农民耕田，渔民用船，"那便没有什么社会主义者出来反对这种使用货财的方式"。到了产业扩大，个人工作能力不够支配的时候，就要请工人来帮助，于是出现资本主的用工并预先支付现钱。"这种支付便是租借手工的租金，如同利息是租借资本的租金一样"，它叫作工资，拿工资的人叫作劳工，给工资的人是资本家或叫作东家。这种资本使用方式，对于资本家和劳工两方面，都有利益。"为什么这种在表面上一点也没有过错，或者在根源上还很仁爱的行为，毕竟引起社会主义，引起阶级战争，引起社会革命"，好像打开了潘多拉的盒子一样。我们又一次看见，"一种经济制度在根源上觉得是恩惠的，终在社会上变成了祸乱之源"。其原因，"就

① 以上引文见李璜译《经济学要旨》，中华书局 1929 年版，第 94—95 页。

是资本家与工人所定的工作契约从来没有本着互助的情感实行过"。有一个大问题应当知道，"如果在一个社会主义的制度下面——或是我们所梦想的消费协社里——能够有办法代替这种货财的'调剂者'么？如果资本主义完全是一种寄生之物，他或者早已经被铲除了。如果他至今还存在，他总还有些用处"。这些用处不是小事，虽然我同样认为资本主义造成现在的经济世界有许多罪恶和欺诈，但"也曾给这个世界一些繁富，一些便宜"，这是我们失去它之后才能看得到的。"总之不该当相信社会主义者是最后一个认得资本主义在经济界所行所为的——至少很灵觉的人是这个意思。首先他们了解没有资本主义，社会主义不会产生的；社会主义算是资本主义的儿子"。马克思是从李嘉图那里来的，"就在这一点上便该当值得他们一种'饮水思源'的想法，还是可能的事，只去把资本家除外，而不必要将资本主义的本身基础推翻"。法国总工会拟定的"实业国有"，也不过这个意思。不但保存托拉斯的办法，还要普遍带有近代实业化的各种性质，如机械化、标准化、一体化、集中化、区域化等，"只是在新的董事会里的股东，资本家被工作者和消费者的代表代替了"，为众人的需要而经营。大家既然都是使用者，便不必通过经营获得什么余利，只要成为"最经济的生产"。①

　　这里所说的，正是《经济学要旨》的核心观点，不必推翻资本主义自身的基础，只须由工作者和消费者的代表来代替资本家从事经营，成为资本的调剂者，便可以实现"最经济的生产"，也就是经营的目的不是为了资本家获得余利，是为了众人的需要。这样将资本家与资本主义的基础分离开来，潜在的想法，资本主义经济制度在根源上是好的，是仁爱的、恩惠的，给世界带来繁荣和便利，造成现在许多罪恶与欺诈的原因，来自资本家个人作为寄生之物的自私和贪婪，只要除去这个寄生之物，便可以重新盖上引起社会主义、阶级斗争、社会革命的潘多拉盒子。这里提到马克思，带着批评的意味，责怪他从资产阶级古典经济学的代表人物那里汲取滋养，却不知饮水思源，反而要消灭私有制和资本制度这个资本主义的基础或根源。总之，在作者眼里，本来对资本家和工人双方都有利的合作关系，之所以恶化为社会祸乱之源，同资本制度没有什么关系，全在于资本家个人没有以互助的情感来订立和履行工作契约，除此祸源，只需让工人（还有消费者）的代表来代替资本家即可，不必消灭资本制度；近代实业化的各种特征，实为近代生产的社会化趋

---

① 以上引文见李璜译《经济学要旨》，中华书局 1929 年版，第 101—103、116—117 页。

势，被看作资本主义的天然属性，同私有制没有根本冲突，只需随着生产的社会化来推进私产的社会化，不必消灭私有制。

再如，第 7 章谈到竞争与合作，觉得现存经济世界"不是实行社会公理和社会和平的适宜境界"。然而 150 年历史上 100 多部著作的学说，特别是自由派经济学者，都是乐天派，认为利己是推进人类在经济生活中寻求最大利益并获得成功的独一无二的动力；个人利益同普遍利益调和，通过市场供求律，首先供给最迫切的需求来实现；生产者之间和商人之间的相互竞争，消除个人特权，促使价格低落到公平，将利润压缩到最小限度。这也是"社会主义者和消费协社所认为公平的理想"，但他们正在"用一些很繁复而且不精良的方法去勉力实行这种理想"。便利与公道"同时并行"，"各人为己的行为便不得不变为各人为众的现象了"。这种说法认为自然律支配社会的命运，有一部分是真理，有一部分是幻觉，"不然群众的怨怒何以会一天深似一天，到现在差不多要在欧洲酿成大革命的样子"，所以要寻找在今日经济界，哪些东西应该保住，哪些东西应该抛弃。首先，不要轻视个人的利益，自私是天然的行为，个人的努力离不开个人的利益。我想象的社会主义，"也一点不愿意将群利去代替个利：他们只是愿意阻止群利不要牺牲在少数的个利去就是了"；他们觉得，"私产制度恰恰阻挡了个利的发展——至少是当着私产变为资本而构成劳银制度的时候，——所以他们要求取消私产，或是别种说法，改为社会公有"。其次，以私利必定与公利相调和为原则，认为供求律可以保证善于供给消费者的人获得最大利益，也是一"大谬误"。能够谋得最多利润的价格或最高价格，不一定是能够满足急切需要的价格，如满足少数资产阶级的特别嗜好。"今日新经济学家多有轻视'供求律'的，然而'供求律'并不负道德上和目的上的责任"。如今最切要最正当的需要莫过于可怜人的住房问题，却没有办法去应付，"这种惨剧差不多是引出一种革命来的"。为什么私利和竞争不能解决这个问题？其实社会里"暗埋着"一种力量，"能够不妨害人的本能，而又能阻止他去妨害公众的利益"。这种力量，可以说在生物进化里面比个性的发现更早成立，这就是"合作""连带作用"与"互助"。这种团结状态与行为，同样见于人类经济学与动物经济学相通的关系，从动物社会如蜜蜂和蚂蚁里面，不仅可以寻出个人经济学的观念，还可以寻出社会经济学的观念。消费合作社的团结，为了铲除消费和借贷等方面的重利盘剥；工会的团结，为了消灭资本家压迫下的工作简直等于一种生产机械的工资制度，在这种制度下，工人无权干涉经营的管理和红利，终日受人调遣；

互助社的团结，目的略为和平，设法调节现在的经济制度与活动，以便不幸者获得由公众保险的一种帮助。这样，在"个人自私主义"的旁边，"社会信心"觉醒和发展起来，"渐渐的有了势力，这算是历史上一种最美的现象"。这种意识，不只表现在个人私利侵犯公利时靠政府的权力加以禁止，还表现在"靠和人组合的能力去为公众谋幸福"。以上设施的性质和行为，从政治经济学的范围进入社会经济学的范围，"社会经济学是以反抗自然律的进行为其目的的"。①

最后一章，实际上为全书的论证，提供最终的解决方案。这个方案，面向社会现实，针对主流经济学尤其自由派经济学未能缓解反而激化社会矛盾的缺陷，提出自己的改进思路。其思路的立足点，认识到现行经济制度下的诸多弊端，但解决弊端的路径安排，不仅与马克思经济学说无关，同社会主义经济学也没有多大关系。这里说要保存主流经济学宗旨的真理，抛弃其幻觉，就像前面说不必推翻资本主义制度的基础而只需除去资本家个人的逻辑一样，依据这个道理，全部解决方案的重心，按照作者的说法，在信奉个人自私主义的主流经济学旁边，培育起"社会信心"的势力，在现行资本制度的旁边，建立起以合作、连带责任和互助为精神的消费合作社、工会、互助社之类的社会组织，并辅之以政府权力的干预。说到底，仍是试图保留前者的长处，通过后者的团结精神来限制前者过于强调自利的短处，二者并行不悖。此类方案，当时屡见不鲜，作者的"新意"，恐怕更加突出消费者的地位，企图用社会经济学的概念来约束传统的政治经济学。从一方面看，对主流经济学的乐观看法和现行资本制度的完美评价，持怀疑态度，力求发掘和培育同属人类天赋的合作互助本能，以期补苴罅隙。从另一方面看，又对旨在推翻现行资本制度的马克思经济学说或其他激进的社会主义学说，起到抵制的作用。

（3）补充分析。李璜翻译这本书，当作社会主义的著作来对待。但他的译文，即便翻译这种面向普通大众的通俗经济学读物，都显得有些吃力，不那么顺畅，这恐怕同他自小学习外语出身的一般文科背景有关，对社会主义学说的经济学基础，不甚了了。由于掌握法语，他对社会主义的理论兴趣，好像是从阅读法国人的有关著作开始的。

早在留学法国的前夕，他写给少年中国学会同人的信中，就提到曾经阅读夏尔·季德的《经济学说史》，由于此书大半叙述历来各派社会主义的学说，"脑筋

---

① 以上引文均见李璜译《经济学要旨》，中华书局1929年版，第118—123、128—132页。

里便装了点社会主义的思想"。这样说来，他接触社会主义的理论学说，通过季德的经济学说史著作所介绍的各派社会主义学说，才有所了解，时年二十二三岁。读后的体会，觉得无论蒲鲁东对1848年法国革命的影响，还是马克思的阶级斗争主张如同盟罢工和暴动，其手段都过于激烈，"平民未获其利，先受其害"；目前俄国的社会革命，更是彼此相杀，"闹得无有人道"。在他看来，这都是因为平民的智识准备不足，突然接受许多主义，不能充分了解，反而闹出岔子，惹得政治家、资本家说社会主义的坏处；并不是社会主义本身不好，要怪社会学者不能从增进平民智识的根本上着手，不能同平民亲近；考虑到我国是农业国，农民占大多数，所以出国留学有意学农，将来回国进行宣传教育，亲近农民以提高其智识，使之明白自身的社会作用和解决自身的正当要求，以免重蹈过去革命的覆辙和今日俄国社会革命的现象。

这个想法，企图为社会主义寻找一个万全之策，既能解决大多数平民或农民的正当要求，又不致过于激进而让现存的政治家和资本家抓到把柄。在这一点上，他所想象的提高平民或农民的智识以增进自觉性的路径，同季德所主张的发掘和培育人类天赋的合作互助本能的路径，十分相近，具有契合之处。

留法数月后，他写给同人的信中，似乎不再纠结于过激手段，更强调社会主义由理想时代进入实行时代，"与人类将来幸福关系很深"，立志社会改造的人应当想方法，先来研究如今风起云涌的社会主义。我的研究，不是专注于一派，旁通博采，比较各派；同时觉得国内大多数青年同志的研究，受剽窃派日本学者的影响，难以得到国外的精审著作，不去穷究原委，限于某个片段，白白费了许多工夫；我一到法国，便去寻找论述社会主义派别原委的好著作，找来找去，还是季德的《经济学说史》"最精审"，边看边摘要译出，全译很费工夫。"要研究社会主义非研究经济学不可"，"与其提倡政治的民本主义，不如提倡与经济有关之社会的民本主义"，这两句话"独具要领"，我从经济学说史里去探讨社会主义，也是这个意思。分类研究在理论渊源上分得清楚，事实上却很难分，如集产社会主义与共产社会主义，俄国布尔什维克据说完全是马克思的集产主义，有时又带有共产主义色彩；又如研究俄德匈现在的社会主义，要从事实上留心分别，不宜拿哪派学说来包罗，反而不符合事实。欧洲社会主义最有势力的要数蒲鲁东学说，由此产生近来俄国的无政府主义、法国的工联主义，日新月异，我会将其学说介绍点到中国来，但不敢回答哪种学说较好。法国军政当局提防俄国革命很严，一旦传入进来，它们的势力便完了。

从这封信里，看到他出国后扩展眼界的一些变化，如从谴责蒲鲁东学说、马克思学说及苏俄革命的过分激进，转向主张研究俄国布尔什维克所依据的马克思主义，介绍在欧洲社会主义中最占势力的蒲鲁东学说，甚至宣扬苏俄革命的传播将扫除法国的军政专权统治，但一直不赞成信奉一种学说如马克思主义。实际上，认为马克思主义之类的学说属于偏激类型的阴影，始终罩在他的心头，惟要显示社会改革的形象，不便再强调罢了。他自诩比较研究的触类旁通，把握要领，从研究经济学来研究社会主义，社会民本主义与经济有关而非政治等，所依据的样本，除了提倡纯粹的学术研究从而暗中抵制政治运动之外，无非是季德的《经济学说史》。然而对这个大部头著作，全部翻译怕费工夫，于是转向翻译季德的通俗小册子《经济学要旨》。换句话说，他对社会主义基本理论的认识，主要不是来自本人对不同派别社会主义的研究，而是来自季德所介绍的各派社会主义学说。一方面，他把季德也当作社会主义者，全盘接受其主观判断，同时表现出对日本学者剽窃式转贩西方社会主义的不屑，对国内学者看不到国外有关精审著作的痛惜；另一方面，他自己从未弄清马克思学说与蒲鲁东学说、布尔什维主义与无政府主义之类的区别，又无力翻译转述季德原著里所谓最精审的社会主义道理，只好另选季德的更为简易的小册子，介绍给国人。

这种研究状态，还反映在稍后他写给同人的另一封信里。如谓自己留学法国后，医治思想空想和笼统这两个中国先哲遗留的毛病，看到欧洲近来的社会革命，主要反对罪恶很大且最不公平的私产制度，现在已逐渐产生效果；其实中国私产制度的坏处更多，如兄弟分家、打破头皮，富翁无后、亲戚谋产之类，这些强盗行为，用不着蒲鲁东、马克思的尖锐眼光与科学分析，大家早已知道，只是不敢说，因为他们自己也生活在这个私产制度里面；青年的第一个觉悟，要先从私产制度里抽出身来，不要挂念，完全脱离恶社会，另行组织新生活，乐观地认识到在世界新潮的冲击下，私产制度的末日不久就要到了。①

这封信所展示的眼光，结合中国实际来看欧洲社会革命，比起前两封信，似乎

---

① 以上各段引用李璜三封信函的内容，分别见《留别少年中国学会同人》，《少年中国学会会务报告》第 1 期（1919 年 3 月 1 日）；李璜给王光祈（润玙）的信，《少年中国》第 1 卷第 5 期；李璜给王光祈的信，《少年中国》第 1 卷第 6 期"会员通讯"。参看《1917—1919：马克思主义经济学在中国的传播启蒙》，上海财经大学出版社 2016 年版，第 7 编第 2 章第 2 节六"《少年中国》的其他评介资料"。

较少空想与笼统，聚焦反对私有制，前进了一步，但在如何反对的问题上，更加空想与笼统，又倒退了一步。一则把传统私有制在家庭或家族内部的强盗形式，同资本主义私有制在社会上造成贫富差距扩大和阶级斗争激化的表现形式，混为一谈。二则除了继续混淆蒲鲁东和马克思的学说之外，相信认识私有制的害处，无待马克思学说的深入解剖与科学分析，没有任何理论基础同样很容易从现实中知道，区别只在于敢不敢说而已。三则认为欧洲社会革命已见成效，但说不清楚是信奉马克思主义的苏俄革命，还是德国社会民主党执政的社会改良，抑或是现行政府推行的社会政策，从强调渐进性看，更可能指的是后者。四则进一步证实前一判断，反对私有制不是推翻私有制，而是鼓励青年们先脱离私有制，在现行私有制的旁边另行组织不同于旧社会的新生活，然后等待世界新思潮的扩展和私有制末日的到来。这些认识，无意区别私有制的历史阶段与时代特征，抛开马克思的理论分析而相信直观感觉，倾心社会改良来代替社会革命，不去触动现行私有制而另建世外桃源，寄希望于青年们从快乐生活中得到内省式觉悟等，与其说是李璜不信奉任何一派社会主义而独立比较研究的结果，不如说是假托季德的综合性介绍而产生的联想，后来都可以在他翻译季德的那本小册子里找到归宿。可见他在丢掉中国旧式空想和笼统的毛病的同时，又染上了西洋新式空想和笼统的毛病。

联系出国前夕及到法国之初讨论社会主义问题的通信来看，李璜翻译季德著作的动机，由来较早，多年后，从最初脑筋里开始装点社会主义思想，到出国后遍寻最精审的社会主义著作，都没有超出季德《经济学说史》一书的范围。他特别申明，出国后看待社会主义，注重比较研究，不局限于或信奉于某一派别的学说，其实他对社会主义的看法，诸如排斥马克思学说，反对以激进方式推翻现行私有制度，推崇经济学的民本主义以避开政治运动而强调学术研究，组织新生活与旧社会并行以逐渐改造社会等，都可以在季德的著作里找到理论根据，也就是说，他专注或信奉的是季德一家学说。无奈力有不逮，既缺乏经济学理论基础，又缺乏对社会主义学说的深入研究，无法翻译《经济学说史》原著，只好退而求其次，选择翻译《经济学要旨》这本小册子。结果除了虚张声势，宣扬这本小册子显示了作者以浅显笔墨表达高深学理的"科学传播家"的本领之外，未明白作者所谓不要忽视自由派经济学者的真实依据，又要知道历史派经济学者设法补救自由派所遗留的祸害之意，根本不是什么社会主义者在讲述社会主义的道理，仍是在正统经济学的范围内打转，主张不仅要研究自由派经济学，还要研究历史派经济学。李璜把作者的这种意思当成社会主义介绍给国人，就此而言，尚不如此前的侯哲荄译本，只翻译《季特经济学纲要》而不作引导式评介，亦不如前面所评介的王建祖译本，毕竟译出了《经济学说史》原著的前半部分，而且把书中论述马克思学说和社会主义的内容，如实（尽管其文言译文有些晦涩）传达给读者。

## 二、其他经济学著作

这些著作比较杂，译本占较大比重，亦时见国人自撰本，可以从不同侧面反映当时国内经济学界的状况。

### （一）自撰经济学著作

此时国人独立撰写的经济学著作，具有多种类型。或者主要参考舶来的正统经济学著作予以编纂，或者运用现代经济学理论分析中国经济问题，但在基本立场上仍坚持正统经济学的观点，或者在消化吸收国外相关理论的基础上，自行撰写应用经济学类的系统性专著，诸如此类。这些自撰本在那个时期马克思主义经济学的传播过程中，产生了不同的影响。兹举几个例子，以示说明。

一种类型是《新编经济学》。萧山夏廷栋①编，上海会文堂书局 1923 年 9 月初版。

根据编写"例言"，此书所采内容，"皆系按时经济学家最新之学说，而用笔务求浅显，以期易于了解"；书局依据文官普通考试科目有法学通论及经济学二种，中学课程有法制、经济二科，先已编有法学通论出版，"兹特再编是书，同式印订，以供诸君完全之用"；此书"注重之点，在奖励国民之储蓄，以从事于生产，是编者之苦心，祈读者之注意"；"编者学识有限，不无讹舛之处，尚祈阅者指正而匡正之，则幸甚矣"②。

可见所谓"新编"，指按照当时经济学家的"最新之学说"，予以浅显简易的叙述，以期广为普。这里所说的"最新之学说"，从此书的编目看，未脱传统的四分法结构，仍属典型的正统经济学类型。共 5 编，第 1 编总论，分 3 章：经济学之定义及其分科，含经济学之定义、经济学之分科（纯正经济学，应用经济学）2节；关于经济学之根本概念，含欲望、财货、经济主体、经济动机、经济现象 5

---

① 由此署名，可知夏廷栋是浙江萧山人，余则不详。
② 夏廷栋编《新编经济学》，上海会文堂书局 1923 年版，"例言"。

节；经济学与各科学之关系。第 2 编生产论，分 7 章：生产之定义；生产之分析；生产之要素；报酬渐减之法则；人口增殖之关系；企业（营业）；机械。第 3 编交易论，分 7 章：交易之定义；价值及价格；货币；货币之代用物；信用；商业；交通。第 4 编分配论，分 6 章：分配之定义；分配之结果（所得）；地租；佣金；利息；赢利。第 5 编消费论，分 4 章：定义及分类；消费与生产；储蓄与吝啬；奢侈。将这些传统套路的内容当作最新学说，且注重于学说中的具体应用部分如奖励国民储蓄以从事生产而非其理论部分，说明编者所称的学识有限，确非自谦之词。编写此书的另一用意，面向国内政府文官的普通考试科目和中学教育的基本课程，如同已出版的法学通论，为广大文官应考者和中学生提供符合标准规范的经济学参考书或教科书。也就是说，以正统经济学的论述标准作为基本规范，无异于把排除马克思主义经济学的影响当成了编写宗旨。

另一种类型是《马寅初演讲集》。马寅初①演讲，商务印书馆 1923 年 9 月初版，列入中国经济学社丛书，现存 1932 年 9 月国难后第 1 版，内容一致。这种出版形式，既为个人各种演讲的汇集，便不是具有独立系统的完整著作，但此种合集当时不多见，不仅反映演讲者在我国经济学界的影响力，也能体现他在特定时期的思想体系特色。

这个演讲集共 4 册，包括 134 个演讲题目，篇幅达 1254 页。其论题大多数是对经济形势及各种经济理论、制度、政策和问题的分析评论，尤以针对国内的现实重要和棘手问题，显示演讲者深厚的经济学功力、敏锐的观察判断能力和广博的知识背景与兴趣。这同他较早在国外著名高校受过系统经济学训练的基本素养，关心国家命运前途并致力于应用现代科学理论与方法来分析和解决中国现实问题的经济匡时之情，密切联系在一起。然而他毕竟经历西方正统经济学的长期熏陶，尊崇古典派与新古典派，因此早期在经济学的基本立场上，与社会主义尤其与马克思学说格格不入。其例证，同样突出地表现在这个演讲集里。如第 1 册中，"评今日我国

① 马寅初（1882—1982），字元善，浙江嵊州人；1901 年考入天津北洋大学，1906 年赴美留学，先后获耶鲁大学经济学硕士学位、哥伦比亚大学经济学博士学位；1915 年回国，次年任北京大学经济系教授兼系主任，后任教务长，1921 年任上海商科大学教务主任，1923 年起先后在北京和浙江任教，1928 年任南京政府立法委员，后任财政、经济委员会委员长，兼南京中央大学、陆军大学、上海交通大学教授，1938 年任重庆大学商学院院长兼教授，1946 年任教上海，1948 年当选中央研究院院士；1949 年任浙江大学校长，先后兼任中央人民政府委员、政务院财政经济委员会副主任、华东军政委员会副主席等，1951 年任北京大学校长，1960 年因发表《新人口论》被迫辞职，1979 年平反并任北大名誉校长，增选全国人大常委。

之讲社会主义者"论题，对于在今日中国提倡社会主义，明确持否定态度；"马克斯学说与李士特学说二者孰宜于中国"论题，从共产制度下的生产力不可能超过资本制度，到马克思学说以发达资本主义为对象，不可能行于生产力尚未发达、资本尚未集中、劳资阶级尚未划分而工人散漫不团结的中国，更不可能行于没有什么大地主的农村，再到中国之患不在资本主义而在资本不足等，结论是中国宜取李斯特学说而非马克思学说①。第 4 册中，"马克斯价值论之批评"论题，否定马克思的劳动价值论；"马克斯主义在中国有实行之可能性否"和"马克斯主义与中国之劳农"两个论题，也是极力抨击马克思主义②。这些论题，表明演讲者那时真心想让中国像欧美国家那样，通过走资本主义发展道路来改变中国的贫穷落后面貌，因此与成立不久的中国共产党的宗旨相反，信奉资产阶级经济学和抵制马克思主义经济学。

再一种类型是《财政学总论》。陈启修③著，商务印书馆 1924 年 11 月初版，现存 1931 年版。这是一本 624 页的大部头著作，它和胡钧 1920 年出版的《中国财政史》一样，是国人最早自撰的财政学专著，并同出自于大学讲义。

著者 1923 年 10 月 7 日的"自序"说：

"此书本为我在北京大学所授之讲义录，故芜杂而欠精练之弊，在所不免"。但仍不惜付印的理由有三：一是"近年法政经济之统系的著作，新刊者绝少，不足以应时代之变化，供学界之要求。推其原因，似非在专门学者之日少，而在专门学者之有自重心者渐多"。我国以为一般著作的进步必须渐次进行，不可过于草草粗疏，然而"过于矜持而必求其名世，亦实足迟延一般著作界之进步"。根据"登高必自卑"的道理，名世的著作必以无数通常的著作为背景或基础，始能产生而益见其大。"故我之此书，为一般著作界之进步计，愿附于通常著作界之列"。二是"以我所知，现今英德文财政学著书中，能兼顾理论及事实两方面之材料，妥为排列，使适于为教本之用者，盖不多见"。中文的财政学著述则可以说尚属绝

---

无，所以数年来，同事中总是苦叹无财政学之良好教本。"我之此书，在财政学史上，固属未成品，然在教本一类书中，则不欲妄自菲薄，故敢付印以自荐于全国之讲授财政学者"。三是近年各校所发讲义，往往被趋利的书店窃行印售。以我个人经验，数年前在北京内务部地方自治讲习所讲授地方财政学，即被某书店私自印行，且不标讲授人姓名。"假使其所印者能不失编者真意，则为学问之传播计，即牺牲姓名及版权，亦未为不可。无如其中鲁鱼亥豕，错落过甚，实有误人不浅之感。我之此书，恐仍蹈覆辙，故欲速以自己之名印行，虽为己，亦为人也"。①

以上理由，道出了当时国内学术界和出版界的某些实情，不仅经济学界为然。其所以难得看到国人自撰的高水平经济学专著，一则专业学者囿于自重心理，总想求其著作不出则已，一出即可名世，殊不知高水平著作的产生须有无数普通著作为之奠立基础，过于矜持的结果反倒延迟我国著作界的进步，造成法政经济类系统著作的奇缺而不足以适应时代的变化和满足学界的需求；二则就兼顾理论与实际并能妥善排列材料以适用于教学的财政学著作而言，其条件先天不足，英文和德文著作中本来就不多见，更不用说中文著作里绝对没有；三则国内出版界盗版现象严重，不仅无视作者权利，而且质量极差。陈启修列举此类理由，乃自谦其书虽存在芜杂欠精练之弊而仍坚持出版，意在身体力行，改变这些束缚学术进步的状况。

《财政学总论》分为绪论（含财政，财政学，财政思想发达史略 3 节）；第 1 编财务行政秩序论（含绪说，会计通论，预算论，现计论，决算论，财物法论 6 节）；第 2 编公共经费论（含概论，公共经费之性质，公共经费之原则，公共经费之种类，公共经济之现状趋势及膨胀之法则 5 节）；第 3 编公共收入论（含公共收入概论，私经济收入概论，公共财产利用收入，公营事业之收入，规费使用料及特别捐款，租税通论，收入课税论，利得课税论，支出课税论，公共补助及让税，公共杂收入 11 节）；第 4 编收支适合论（含概论，公债之意义，公债之种类，公债之募集及发行，公债之借换及偿还 5 节）；第 5 编地方财政论（含概论，地方经费论，地方收入论，地方公债论 4 节）；附录。这个分类结构，同西方财政学的理论体系颇为相似，表明作者在仿效西方财政学的引进过程中，经过消化吸收，对其基本内容的理解和把握已经达到较为系统和完整的水平。

此书成稿于陈启修赴欧洲和苏联进修之前，亦即加入中国共产党之前，虽然带有模仿西方财政学的色彩，并有待与中国的国情实际相联系，但已显示出他在现代经济学方面的禀赋资质与深厚造诣。所以一旦信仰马克思主义，便能充分利用这样的素养条件去阐释马克思经济学说，并致力于改造现行经济学理论体系。这也是马克思主义经济学在中国的传播，能够在理论层面得以深入推进的一个重要因素。

### （二）《社会之经济基础》译本

意大利人罗利亚著（A. Loria），陈震异译述，商务印书馆 1922 年 6 月初版，现存 1927 年 8 月第 3 版，列入共学社社会经济丛书。

译本颇厚，达 400 余页，含"绪论　社会之经济组织"，第 1 篇"道德之经济基础"，第 2 篇"法律之经济基础"，第 3 篇"政治之经济基础"，"结论　经济学为社会学之基础"。其宗旨可见绪论部分，以文言表述，大意如下：

考察"新旧两世界文明各国"正在发达的社会，"可发见各有共通之一现象焉：即划然分为二阶级，变动匪易者"。一则"全然坐食逸居，收其巨额之财，尤复始终增殖弗已"；一则"仅得少额，备尝辛苦，而终其身"。前者"不勤劳而有衣食"，后者"虽勤劳犹未能资其生"，二者相悬隔有若此之甚者。深虑之士，睹此惨状，必将自问："若此状态者，果为人生不可须臾离之必然结果耶？抑或单随世变，仅为一种趋势，迨至世运渐进，终当消灭者耶"？对于此二问题，余涉猎经济的社会学广大领域，潜心研究有年，"断定其真理乃在后者，即人类分为资本家及劳动者二阶级，与夫所以生出资本的财产之故，皆非起于人生固有之状态，盖有显著历史之事由使然，其极也，终归消灭者也"。本书各章举其事例以为断案之左证，在详细研究之先，预揭其结果，而述其大略。

经济制度的完成既不靠无理夺取，也不靠冲突实现，故无需其他外部的支持而得以存立；然而资本财产制的根本要旨，在于剥夺勤劳民众的土地占有权，故其设立必须依靠暴力。维持此制的方法有二：其一，"欲继续绝灭自由土地，必有把持经济之手段；惟其解说，属于政治经济学范围，非本书之所及"。其二，"保持资本的财产制须陆续设定所谓'关连诸制度'"。关连诸制度，意在防止土地占有权被剥夺者的反抗。保护财产之物，其最主要者为道德、法律、政治。"此三大现象实为资本的财产制之有机的产物，或资本的财产制至少使其化成，适合其所需者"。此乃本书所欲阐明之点，其解说的精确有待读者的共同讨论。[1]

---

[1]　以上引文见罗利亚著，陈震异译述《社会之经济基础》，商务印书馆 1927 年版，第 1—2、10 页。

此文言大意经过白话文解读，可以归纳为一个宗旨下的两层涵义。一是应当改变现代社会划分为资本家阶级与劳动者阶级的不合理现象。如今世界文明各国均在社会上划分出贫富悬隔且被固化的两个阶级，一个不劳而获并不断增殖其巨额财富，一个备尝劳苦却只获得少量报酬而终身难以资生。面对如此惨状，忧虑之士提问：这种状态究竟是人生永远无法摆脱的必然结果，还是时世变化的一种趋势并终将随着世界的进步而消灭？作者经过多年研究，断定后一结果为真理，也就是人类划分为资本家与劳动者两个阶级以及相应产生的私有资本财产，并非人生的固有状态，有其特定的历史原因，这种状态发展到极端，终归消灭。作者还预先告知他的结论，表明全书的研究都为了证实这个结论。二是如何改变这种不合理现象。经济制度的完成不需要外力的支持，是其内在因素自行发展而实现的结果；然而资本制度的基础却必须通过暴力剥夺一般劳动者的土地占有权，才得以形成。在这种情况下，要维持资本制度，有两个办法，一是凭借经济手段，继续消灭那些自由的土地，或将其转移到资本家手中，但此法须由政治经济学解说，不在本书叙述范围内；二是通过各种关联制度来保护资本制度以防被剥夺土地占有权者的反抗，主要表现在道德、法律和政治三方面，它们是资本制度的有机产物，也是适应资本制度的需要演化而成。

以上两个涵义，前一个涵义比较容易理解，是说资本制度造成严重的阶级分化和贫富差距现象，不可能永远存在下去，势必随着社会的进步而消灭。后一个涵义初看有些费解，何以既要消灭阶级悬隔的惨状，又要维护造成这个惨状的资本制度。实际上品味其中所说的经济制度不靠外力强制而由内在发展来完成的意思，便可明白它要说的是消灭社会的不合理现象，而不是消灭资本制度本身，或者说，要在完成资本制度的基础上消灭由这个制度所造成的不合理现象。这是个悖论，消解这个悖论的理由，无非说：当初资本制度的设立，靠暴力剥夺劳动者的土地占有权来实现，今后资本制度的维持即完成，不必用暴力手段，可以通过经济手段来继续扩展资本制度，又可以通过相关联的道德、法律和政治手段来防范反抗以维护资本制度，也就是将外力因素内化为自身发展因素。由此阐明资本制度与道德、法律和政治制度之间的关系，又等于说资本制度既不可能由外力来完成，也不可能被外力推翻，它所带来的社会不合理现象，发展到极点，自会通过内在因素的道德、法律和政治制度来约束，直至最终消灭。看来，对于消灭阶级对立与贫富差别的不合理社会现象，作者一边避开政治经济学的解说，一边又大谈道德、法律与政治的经济基础，不仅是把希望寄托在所谓关联制度上，更是为了排除马克思主义经济学的理论指导。

### （三）《现代世界经济大势》译本

俄国库里塞尔（J. M. Kulicher）教授著，耿济之[①]译，上海中华书局 1924 年 4 月初版，现存 1927 年 3 月第 3 版。译者 1923 年 10 月 30 日的序言称：

"近来欧洲出版了许多关于报告世界经济状况详细消息的书籍"，列举其中一些最重要的看，"这些书都具专门研究的性质，统计的生材料居多，为普通读者所不易领解"。"中国关于近代（战前和战后）世界经济现状的书籍，连一本也没有，——不要说详细的报告，即使是简单的，有统系的，在报章杂志上都没有见到，这是何等缺憾的事情"。俄国库氏教授这本书的译本，"至少可以弥补此项缺憾，将世界经济状况简单而有统系地明示给我们"。这本书"虽以统计材料为主，而本文仅能作为这种材料的补充和讲解，但是其叙述既简又明，即以不懂统计的国人看这些统计材料，亦能一目了然，这是译者所敢保证的"。库氏"为俄国著名经济学家，著作甚富；除本书外，尚有《西欧经济生活史》二卷，《十九世纪前俄国商业史》《俄国实业史略》《国际商业政策的根本问题》二卷，《财政学大纲》二卷，《政治经济学》《关税史略》《资本中赢利的进化》《德国的输出业》等书"。此外声明，本书原名《战前战后世界经济大要和一九二三年初的情形》，译出来太累赘，所以题目改易为《现代世界经济大势》。[②]

译本 14 章，涉及战争费用，人员伤亡，农业（粮食及畜牧业），粮、咖啡、茶叶及椰子，棉花及其工业，铁矿，煤矿，其他矿产，失业，对外贸易，航运，金融，物价，工资等。这些内容，结合序言的介绍，以考察世界经济各方面情况的统计资料为主，辅之以讲解和补充。在译者看来，此书的统计材料，简明而系统，有助于国人了解现代世界经济的发展大势，可以弥补国内新闻界没有见过此类资料的缺憾。依此而论，译本的统计性质，主要体现为世界经济状况的具体分类和数据，

---

[①] 耿济之（1899—1947），原名耿匡，上海人；1917—1919 年在北平俄文专修馆学习，五四运动期间与瞿秋白同为俄文专修馆的学生代表；毕业后 1920 年到外交部当练习生，与郑振铎一起从俄文翻译《国际歌》，1921 年初参与发起和成立文学研究会；1922 年被派往苏联，先后任副领事、领事、总领事、一等秘书和代理大使，1937 年因病辞职回国；抗战期间困在上海的外国租界，继续翻译俄罗斯文学，参与筹备成立中国大百科全书编委会；1946 年为生活所迫，弃家只身去东北沈阳中长铁路总务处工作，客死他乡。

[②] 俄国库里塞尔著，耿济之译《现代世界经济大势》，中华书局 1927 年版，"译者序言"。

重点不在理论分析上。根据介绍，著者的其他著述成果，也侧重于经济史实和应用经济学的研究，不以探求马克思主义经济学及其在苏俄实践中的运用为目的。这样理解，不是说译本对考察马克思主义经济学在中国的传播没有任何意义。其特殊之处，既来源于我国政府驻苏联的外交官直接选自当地著名经济学家的著作，又出自这位外交官热爱并大量翻译俄国文学作品，意在真正认识苏维埃俄国的革命情感。从此以后，以苏俄为范例，直接从苏俄本土去寻找各种理论著述和实践成效，便成为传播马克思主义经济学的一个极为重要途径。

### （四）《富之研究》译本

译本原作名为 Wealth：A Brief Explanation of the Causes of Economic Welfare（今译《财富论：经济福利成因的简要说明》），英国康澜（Edwin Cannan，今译埃德温·坎南①）著，史维焕②、陶因③译，列入经济名著，商务印书馆 1924 年 7 月初版，现存 1927 年 7 月再版本。

关于《富之研究》，坎南 1913 年 11 月的"原序"说：

"经济学真正根本问题是在：人类为甚这样贫，这样富；又为甚贫的贫富的富，很不均匀一个理由"。"若以为这理由很明了，很容易，不用研究，那就误人不浅了"。未学过机械学，对机车的构造及作用毫无知识，竟敢盲说机车的缺点并妄加修理，对这种人我们实在不敢恭维。现在的经济组织比机车恐怕要复杂深奥许多倍，"看见社会组织的缺点显露于外，对于这种复杂深奥机关的原理毫无常识，竟敢瞎说缺点原因的所在，妄图改革，真正令人笑杀"。往往有人对自家专门学问很精，毫无经济学的根本知识，却要妄发议论，十分可笑。有名杂志的编辑喜欢发表符合己意的文章，平常人初不注意，经济学专家对此类文章也不屑纠正，旁观者看见专家默然不说，不知究竟，便信那些瞎说是真对。要叫人明白经济组织的性质

---

① 埃德温·坎南（1861—1935），1880 年进入牛津大学，获文学学士和硕士学位，1897 年任教伦敦大学政治经济学院讲师，1907 年任教授，1927 年退休，1931 年受聘牛津大学；1902 年、1931 年任英国科学促进会经济组主席，1932—1934 年任皇家经济学会会长。

② 史维焕（1895—1945），字奎光，贵州贵定人；毕业于东京大学经济系，获法学学士学位；1924 年归国，先后在国立北京政法大学、民国大学任教授；曾任国民党中央党部训练部秘书、南京市党部执行委员、中央党部训练部党化教育科主任、中央陆军军官学校政治教官；1929 年任国民政府审计院审计，1930 年起任立法院第二至四届立法委员，1942 年任社会部劳动局副局长。

③ 陶因（1894—1952），字寰中，安徽舒城人；17 岁赴日留学，毕业于帝国大学，随后前往德国获法兰克福大学经济学博士学位，1924 年归国；1928 年任广东中山大学教授，1929 年任安徽大学法学院院长，1930 年任武汉大学经济学系教授、1936 年任经济学系主任、1945 年兼任教务长；1946 年离开武汉大学，筹建国立安徽大学并任校长；新中国成立后先后任教广西大学、南京大学。

和作用的原理，需要解说浅显的道理。我书中的意思，想让读者自问是否知道，有些重要的宣传和对重要改革的反对，违背这些浅显的道理，还在那里瞎宣传瞎反对。我不举例来说明，与其让他们害怕我打消他们相信的真理，厌弃我，不如让他们看我的书。"有经验的教师大概都求完备的教科书，得了我的书，必以为不浅明，初学的人很难领会。但仅拿浅易的书去教授初学的人，说是好方法，我是很疑惑的。事物本来甚样，便当甚样，是不可奈何的，在他物如此，在经济学也如此；基础是极难的，然却不能因难，便不要基础去行建筑"。我想此书对高等学校的师生及自修的人或可有些补益，它是 1898 年以来在伦敦政治经济学院教授一年级学生的讲义逐年修改编成的。我很同情不喜欢长篇大论的人，所以此书极力求短。关于工钱、利润、地租的议论，百年前重要，今日已嫌陈腐，让经济学史去叙述，此书不论，其余一切陈晦的问题亦从略；货币、租税种种问题，似乎以专论为宜，故不拉入本书；细论例解一律删去，以便留下篇幅去论述普通著作所遗漏的重要问题。对于所得不均有遗传性，女子赚钱之所以少，不同国民的贫富差异等问题，一再留意，未敢忽略。①

继此原序，译者说：本书为英国伦敦大学教授坎南"最有名的著作"，1914 年正月发行第 1 版，本译稿以 1922 年正月第 8 次印刷的最新第 2 版为标准，间或参照第 1 版。原名《富（Wealth）》，小标题《经济的幸福之诸原因概说》，译者改为《富之研究》。本书合译，第 1—7 章陶因翻译，第 8—14 章史维焕翻译，"前半部意译的成分稍多，后半部直译的色彩较浓，并且各人文气不同，前后不免稍欠统一，这是译者最抱歉的，甚望读者原谅"。②

译者将坎南根据大学一年级学生的讲义修改而编成的此书，称作其最有名的著作，有些出人意表。或许此书原名《财富论》，坎南又以编辑和注释斯密的《国富论》（1904 年出版）著称，二者的中译名仅一字之差，不免混淆，亦有可能。不论猜测对否，坎南在原序里强调，经济学的根本问题，在于弄清人类何以贫富不均的理由；面对复杂深奥的现行社会经济组织，必须具备经济学的根本知识，哪怕出自浅显的道理，否则不可能明白支配经济组织之性质和作用的原理，反倒以为违背这些道理或原理的那些瞎宣传和瞎反对才是真理；经济学的基础知识要反映事物的本来性质，这对初学者来说又很难，不能企望以浅易的讲授方式来达到目的，同时要

①　英国康澜著，史维焕、陶因译《富之研究》，商务印书馆 1927 年版，"原序"。
②　英国康澜著，史维焕、陶因译《富之研究》，商务印书馆 1927 年版，"译例"。

力戒繁琐，除去陈腐过时和专论细节的内容，关注那些为一般著作所忽略的重要问题；等等。他要讨论的究竟是些什么问题？从 260 页的译本各章看，包括"经济学研究的题目""孤立人之富和社会之富的根本的条件""协作——即合力和分功""人口""社会制度""需要的支配力""对于将来的准备""继续的需要力——即所得""所得的分类""所有者和工人间之所得的分割""私有财产的所得""劳动的所得""个人所得和个人之富的关系""国民的富"。这里一些中译名有些晦涩，但大体可以看出有关财富问题的讨论，在形式上与传统的经济学教科书有些不同，其内容的精神实质则一脉相承。

进一步说，译本以说明人类贫富不均的理由为经济学的根本问题，看起来好像与社会主义经济学的出发点有共同之处，但前者只是抽象地讨论贫富不均问题，以此作为人类社会不可避免的现象，重在解释而非解决，以此为现行社会制度辩护。这同以马克思学说为代表的社会主义经济理论分析，有本质的区别，说不定还把后者放在胡乱议论现行经济组织的瞎说对象之中。这表明，资产阶级经济学和社会主义经济学，面对同一社会现象如贫富不均，双方都试图从经济学的根本原理上去解说经济组织的性质与作用，但各自依据的理论和得出的结论，截然相反。马克思主义经济学在中国的传播进程，正是处于双方激烈较量的对立之中，随着双方经济学著作的不断大量引进，这种较量也愈益激化和尖锐。

### （五）《日本对华经济侵略之过去及将来》译本

日本胜田主计①原著，龚德柏②译。其初版年代，离译本编者 1924 年 8 月作序的时间应不远，现存上海吴越书店 1928 年 5 月的版本。其书分"绪言""中日亲善及诸般施设""对于中国金融上之整备改良""对华借款之概要""中国驻扎财务官之设置""中国财政顾问问题""团匪赔偿金延期支付""中国关税问题""汉冶

---

① 胜田主计（1869—1948），日本爱媛县松山市人，1895 年毕业于东京大学法学科；历任大藏省海关事务官，大藏省事务官，理财局长等职，1910 年任桂太郎内阁大藏省次官，后任朝鲜银行总裁，1916 年任寺内正毅内阁财政大臣，1924 年任清浦奎吾内阁财政大臣，1928 年任田中义一内阁文部大臣，1939 年为阿部信行内阁参议。

② 龚德柏（1891—1980），湖南省泸溪县人；1913 年入湖南高等工业学校，旋官费留学日本，1915 年入东京第一高等学校特别预科，次年转正科读政法与外交，1918 年辍学，留居日本任《中日通讯社》编辑，兼《京津泰晤士报》和上海《商报》驻东京通讯员；1922 年回南京从事新闻工作，1923 年执教法政大学，合办《世界晚报》，兼《世界日报》总编，创办《大同晚报》；1927 年任《革命军日报》总编，1928 年任外交部特派湖南交涉员，后任内政部参事，1932 年创办《救国晚报》《救国日报》，被聘为国民政府军事委员会少将参议，1937 年任军宪警首都军法执行监，1938 年任国际问题研究所主任秘书；1949 年去台北，任国大代表和光复大陆设计研究委员会委员。

萍公司之改良"及"结论"10章。

译本有两篇序言,其一编者说:读日本前财政大臣胜田主计此书,"日本并吞中国之野心,已昭然如见"。其"恶毒政策之大目的,在使中国徒拥虚名,日本坐收实利,换言之:即使日本垄断中国之经济权,而不居灭亡中国之罪名。虽然,此书不啻为日本十余年来侵略中国罪案之供状"。"我国民曷勿以彼之矛,攻彼之盾。努力对日本经济上,加以大打击,以拯救吾祖吾父所遗传吾之中国,永永不灭,贻诸子孙!此固人人应尽之责任也。特译此文,足为日本侵略中国罪案成立之一证人,以唤醒我具有原告资格之国民"。

其二译者说:"寺内内阁之毒害我华,远过大隈十倍"。"寺内之以利诱,举凡吾国之军事、财政、交通、矿山等权,无一不为其所攫取"。彼国当事者寺内内阁之财政大臣胜田主计,前年扬扬大言报告成功于彼都人民之前。此篇即其所著,"系对华经济侵略之详细报告书"。胜田为日本财政要人,自日俄战争后至1918年末,"所有日本对华经济侵略,无不有彼参与其间"。此篇"报告十数年侵略之成绩,并示后来者以方略"。原书秘密发行,分配于其国政财两界要人,1918年末出版。"予搜求年余始获。此次归国,携藏行箧,亟译录以献国人,读之当毛骨悚然,汗流浃背矣。但书中有直言不讳者,有婉词辩护者,阅者视为彼之报功者加以批评焉可"。①

由两篇序言可知,译本是胜田主计卸任日本寺内正毅内阁的财政大臣一职之际,专门著书,报告10余年来,如何策划和推动对华经济侵略政策,详述分割中国的策略,密切联系军部,实行"高度国防经济",既是表功,也是指示后来者继续传承经济侵略中国的方略。译本看起来同马克思主义经济学的传播没有直接关联,但它暴露了日本侵略者在经济领域掠夺和分割中国的野心、方略及证据,激起国人去系统考察、全面梳理和深入研究帝国主义列强对中国进行经济侵略的历史和现状,从中汲取惨痛教训,获得理论启示,提升民族自觉意识,进而推动和形成反对帝国主义经济侵略的全国性声浪;这一反帝浪潮,加上苏俄革命的示范作用,作为马克思主义经济学在中国传播的重要背景,自此便形影相随,如同几个基本要素密切联系在一起,构成中国式传播的一大特色。

---

① 以上引文均见日本胜田主计著,龚德柏译《日本对华经济侵略之过去及将来》,吴越书店1928年版,"序一""序二"。

### （六）《社会问题与财政》译本

小川乡太郎著，甘浩泽①、史维焕译，商务印书馆 1924 年 5 月初版，列入新智识丛书。

据译者 1923 年 8 月的序言，小川系日本京都大学经济学部部长，法学博士，此书为他发表于经济论丛及其他杂志的论文搜集而成，可名为论文集，但按照系统编列，具有著书的形式。书中第 1 编第 1 章"社会问题与财政"，是原著者编此文集时新写的稿子，"著者之意，以为欲解决社会问题，不可不依社会政策，然社会政策须待财政而后能实行，或以财政为手段，也能实行"，所以取此章的标题为书名。②

据著者 1920 年的原序："社会问题，正是日本现在的重大问题"。要解决这个问题，一方面"应当拥护贫者的利益"，另一方面"不可不谋缓和或限制富之集积"，"简单说来，不外实行社会政策而已"。社会政策不仅须待财政而后能实行，就是以财政为手段，也可以实行；"以财政为手段的社会政策，可名为财政的社会政策"。本书"欲论究财政的社会效果，阐明财政为其他社会政策的条件，并且证明日本的财政，怎样违背社会政策的要求"。"据我看来，社会问题，议论沸腾，日形烦难，因之，社会主义和无政府主义宣传鼓吹，不遗余力，驯至革命思想，横溢全国，这是自然的趋势，日本的现状正足以证明之。若照本书所论，厉行财政的社会政策，以资实行其他社会政策，庶几可以预防革命，而奠社稷于泰山之安"。③

以上两篇序言，既介绍了著者的背景，编书的情况，更宣布了著者的意图：面对贫富对立的重大社会问题，若不能解决，势必引起社会主义和无政府主义宣传革命思想的普遍蔓延；解决的办法，不外乎实行维护贫民利益和限制财富集中于少数人的社会政策，其中又以财政手段为关键；依此财政的社会政策，纠正政府的违背之误，即可预防革命，奠定国家安定的基础。像这样将财政理论与政策当作防范社会主义革命思想传播的关键手段，也成为那时引进国外应用经济学的一个重要考虑因素。

此译本 402 页，分总论、官业之社会化、租税之社会化 3 编，其中又以第 1 编第 1 章"社会问题之解决与财政"，内含"社会问题""作为社会问题解决方法之

---

① 甘浩泽，广西崇左宁明人，具体情况不详。
② 小川乡太郎著，甘浩泽、史维焕译《社会问题与财政》，商务印书馆 1924 年版，译者"序"。
③ 小川乡太郎著，甘浩泽、史维焕译《社会问题与财政》，商务印书馆 1924 年版，著者"原序"。

社会主义""作为社会问题解决方法之社会政策""社会政策与财政"4节，最能体现全书的宗旨倾向。在此不妨摘引其有关论述：

欧洲大战才算告完，社会战又卷土重来。欧美各国在大战以前，社会战已屡见不鲜，大战以后更加剧烈。日本向来无所谓社会战，如今也确实发现了。"所谓社会战，就是阶级战争之意"。社会阶级指贫富两阶级，就是资本家与劳动者两阶级。两阶级为何争斗？"一个原因就是富之分配甚不平等，质而言之，富的拥有巨资，并且可以坐而日富，贫的无论如何辛苦，终不免日益以贫"。"此次世界大战，实使贫富益加悬隔"。这些事实，无一不证明富之集中于少数人之间。"因为贫富的悬隔益甚，对于现代的社会制度，自然起一种怀疑之念"。贫民和劳动者自觉自己的地位，很想发奋开拓自己的运命。于是劳动者自然团结起来，要求增加工资，缩短工作时间，参加经营，出现同盟罢业或怠业。"社会的不安，人心的摇动，接踵而起"。社会问题成为现实问题，不能不想所以解决的方法。但解决社会问题，须要根究它的原因。贫富悬隔是社会问题的原因，但贫富为何发生？"这无非是以自由竞争和所有权为基础之资本主义的作用"。现在的经济社会实被资本家统御。资本家决定经营何种企业及企业范围，拥有生产所必要的土地和资本，雇用劳动的人。劳动契约虽自由，但"资本家的势力强，劳动者的势力弱，所以劳动契约，大概都是照资本家的意思决定"。资本家照契约给劳动者一点工钱，生产结果除工钱之外，剩下来的都归资本家所得。所以劳动者无论如何也不能致富，资本家却可一天天富起来。资本主义这样发达起来，贫富悬隔自然日甚一日。于是有一种思想想把资本主义从根本上推翻，这就是社会主义。

评论社会主义不是这篇文章的目的，现在只看社会主义如何改变资本主义的根本制度并加以批评。"资本主义的根底，就是所有权和契约自由的制度"。想根本推翻资本主义，不能不打破这两个制度。于是社会主义者主张废止所有权，主张生产手段的共有。生产手段指土地和资本，若归社会共有，没有资本家，生产不能不归社会经营，生产的结果不能以自由契约来处分，劳动不能以自由契约来定，也就打破了自由契约的制度。但在社会主义社会，共有与私有要分开。若把资本定为生产上有用的财，就会出现生产上有用而又可以消费的财，将何以命名的问题。若消费的财不是生产手段，无须归社会共有，那么奢华的住宅和堆积如山的米麦仍属于个人的所有权，社会大多数仍无衣无食，为饥寒所迫，富翁仍穷奢极欲。结果应是人类理想乡的社会主义社会，与现存社会毫无分别。社会主义要想除去这种弊病，只好全废所有权，个人的必需物须由社会分配。然而废止全部所有权，就变成共产主义社会。本来原始时代实行过共产主义，人口少，人类只取自然的东西生活。但是经济一进步，共产主义就不容易实现，个人所有权也不能不承认了。这个事实，可以征诸历史。"总而言之，欲使文化进步，非把生产手段来做集约的利用不可。想集约的利用生产手段，对于那样东西，自不能不承认有所有权。若不承认所有权，人皆觉得生产虽多，与自己无利害关系。所以承认所有权底范围和程度，是由经济发达阶段所必要的程度而定"。既然承认所有权与国民经济的发达阶段相适应，社会主义者想一下把所有权全都废止，"岂不是与发达的大势相违背吗"？要想达到个人对自己无利害关系的事也肯全力去做的目的，非先改造人类不可。在社会主义社会，各人不能自由生产，一切生产皆由社会经营，必须有指挥监督的中央机关，其结果就是强制劳动。"这样看来，社会主义的社会，是个很压制的社会"。人类获得自由的历史，从奴隶到半奴隶，最后才成为自由劳动者。自由劳动者被承认有完全人格，按照他的自由意志订立劳动契约。这种发展也无非是经济的进步，因为要增加生产就不能不增加劳动能率，而要增加劳动能率就非使劳动者感到有利害关系不可。所以劳动者自由的程度，取决于国民经济发达的程度，为当时的经济事务所必要。现在社会主义者想一下丢掉人类经过数千年奋斗摆脱压制而获得的自由，故意想实现一种极端压制的社会，"这岂不是与人文发达底大势相违背吗"？"综观以上所论，则以数千年来历史上所见之人类，而实行社会主义，是不可能的。非先把人类改造，则社会主义所理想的社会，不能圆满实现。若不改造人类而实行社会主义，那个社会，生产必减，国富必贫，人必失其自由，人文必不能发达"。

如果全世界都实行社会主义，结果就是人类全体退步，这还算好。如果一部分国家民族实行社会主义，那就不免自取灭亡。实行社会主义的国家，个人之间虽无贫富悬隔，但生产总量一定减少，社会全体的富亦因而减少；世界各国的自然条件不尽同，不能不互通有无，实行社会主义的国家也需要与非社会主义的国家进行经济交流，与现在的国际关系一样；然而社会主义国家因生产减少，输入难免不多于输出，故在国际借贷上，永远是非社会主义国家的债务国。"其结果不但受外国全权束缚，还要受外国兵权压迫。到了这田地，国家民族，就不能抬头了。这样看来，社会主义的国家，不单与人类自存性相反，而且有背于民族的自存性"。全世界都实行社会主义的结果是人类退步，此外尚无大害。但全世界实行社会主义，是不可能的事。俄国过激主义由社会主义脱胎而来，纵能风靡奥匈诸国，也未必能够同化英美。"世界全体，既然不能实行社会主义，那么，实行的国家，未免自招其祸了"。社会主义想引起阶级战争，实行革命把资本主义打破。社会主义非由革命不能实行，"但是革命不能使人类得幸福"。"自古以来，不知经过多少的革命，然而能达革命目的的，差不多没有"。革命的号召很好听，但结果不过白白流血，耗费社会财产，真是愚不可及。"所以我们一听见社会主义吹革命底喇叭，很怕现代的人，复为革命所骗"。社会主义想实现它所理想的社会，所以教人革命，然而革命不能得到它所期待的结果。"纵令社会主义之社会实现，人类就不免失其自由，生产一天减少一天，国富也一天衰一天，国际负债也一天多一天，内则人心离叛，外则见迫于强邻，国家民族，就难免不灭亡了。所以我们现在可以断言，社会主义是不能解决现代底社会问题"。

既然社会主义不能解决社会问题，那么这个问题不能不由现代国家来解决。现代国家以所有权和自由契约制度作为社会制度和经济组织的基础，"原则上不能不承认"。所有权制度本来是社会的制度，不是为个人而设的制度，也不是为一个阶级而设的制度，是为社会全体而设的制度。社会主义者把它看成为资本家即资本家阶级而设，想为劳动者即劳动者阶级而主张废去，"这是错了"。所有权制度既是社会的制度，它的存废应以它对社会的效果如何而决定。从经济的效果看，所有权以承认劳动者有权利为前提，劳动结果归劳动人所有，然后人们才肯全力从事劳动，使土地的耕作其他事业的经营成为集约的，于是生产日增，国富日进，经济因而发达。社会主义者想使一切生产变成强制的社会生产，然而强制的生产不及人类自己发愤去做的生产。从文化的效果看，所有权制度虽是贫富不平等的一个原因，但人有贤愚强弱之别，由此产生贫富的不平等，不合理。"贫富的悬隔，若非太甚，则可以促进文化的进步"。社会主义所理想的社会是个平等的社会，但一切人平等，无论何种运动，皆不能发生。"因为有不平等，所以有运动。有运动，所以有进步。这样看来，文化的发达，是由不平等生出来的。所有权就是这个不平等的根源，同时又是促进文化的动机"。从国家的效果看，就是维持历史的因袭。所有权延长就成为相续权。"个人虽死，财产犹存，所以才有'家'的社会制度。一时代的人虽死，他的财产还是存续，所以才有连绵不绝的民族历史。这样看来，就可以说是所有权和相续权，是把过去底文化，传诸现在，又把现在的文化，传诸将来"。社会主义极力主张废止所有权的目的，也在乎人类的进步，但不顾历史上的沿习，忽然之间回转，就能达到目的吗？"这种计画，自古以来，没有不失败的"。国家社会的发达也同自然界的发达一样，不能急烈的变化。所以一个国民若想确实达到它最后的目的，只好继承过去的文化，改去不善的地方，慢慢地不停止地向前进行。"总而言之，不承认所有权底国家的效果，实行革命起来，也是不能达人类进步底目的。想达这个目的，倒不如承认他的效果，并且根据这效果，遂渐刊行"。综观以上所说，所有权制度不但促进经济和文化的进步，又把过去的文化传于现在及将来。不止富者阶级，就是贫民阶级，也受这经济文化进步的利益和维持文化的利益。"这样看来，所有权制度，原则是不能不承认的"。

既然原则上承认所有权制度，富之分配就难免有不平等的地方。我们本来就不以富的分配绝对平等为理想，相反文化的进步由不平等而生，"若是平等，就没有进步"。人类不是生来平等，有的强壮，有的衰弱，有的聪明，有的愚蠢，若从经济上平等看待，形成一样富的分配，这就与正义不合。"所以我们对于社会之有贫富两阶级，只好作为无可如何"。但是贫富悬隔愈甚，富者连阡陌，贫者无立锥，社会就有不安的现象，社会问题亦因之而起。"到了这地步，国家当然不能置之不理，须要国家的力来解决"，于是就有社会政策发生。"社会政策，以调和贫富的悬隔为目的，所以一面要限制富之集中，一面又要保障贫民之生活。质而言之，限制资本主义，即是社会政策底目的。欲限制资本主义，则对于所有权和自由契约不能不加以限制"。所有权限制，即所以缓和富之集中，契约自由限制，即所以拥护贫民之利益。世上一般议论的社会政策，多半指第二种政策而言。然而第一种的精神，与第二种一样，不应把它去掉。我把第二种叫做普通的社会政策，把第一种叫做财政的社会政策。第一种政策有变更财政组织的结果，但第二种并不与财政使然无涉，结果也是财政上的问题。①

以上议论，重点阐述了三个论点：其一，确信欧美社会存在资本家阶级和劳动者阶级因贫富悬隔而对立斗争的社会问题，这是事实，此问题的根源由资本主义以私有制和自由竞争或自由契约为代表的基本经济制度而产生，这也是事实；由此自然引起劳动阶级对于现行制度的怀疑，特别是促成社会主义主张从根本上推翻资本主义。简言之，承认社会问题的存在并且日益严重，这是全书讨论的基本前提。

其二，确信社会主义不可能成为社会问题的解决方法，这是全部阐述的理论基准，其理由既有传统习见者，亦有别出心裁者。例如，社会主义主张废除资本主义

---

① 以上引文均见小川乡太郎著，甘浩泽、史维焕译《社会问题与财政》，商务印书馆 1924 年版，第1—15 页。

私有权，若是分为生产资料公有和消费资料个人私有两部分，则一些既可用于生产又可用于消费的财产，无法明确区分，归于私人消费后仍将出现贫富差距，结果社会主义与现存社会一样，谈不上人类的理想。又如，社会主义若要根除这种弊病，只能连个人消费资料的私有也一并取消，完全变成共产主义社会，但共产主义的问题更多。从历史上看，原始时代实行过共产主义，那是人口少、取之天然物品生活等自然状态下的产物，随着经济的进步，为了集约利用生产手段，必须与个人利益相联系才能调动生产积极性，所以不能不承认私有权；既然私有权的产生是适应经济发展到一定阶段的产物，那么要求立即废除私有权，岂不是违背经济发展的大势。再如，社会主义在公有制条件下，不能个人自由生产，社会经营一切生产，中央机构统一指挥和监督，结果变成强制劳动；历史上劳动者从奴隶到半奴隶到具有人格自由，是一个为了提高劳动效率而增加生产的经济进步过程，现在社会主义要立刻丢掉这种自由而变成极端压制的社会，岂不是违背人文发展的大势。这些理由，先前都见过，所以得出的结论也大致相同：除非改变人类的趋利本性，否则实行社会主义势必造成生产减少，国家贫穷，丧失自由，人文观念倒退，换言之，社会主义不能实现其理想社会。此外，还有一个理由，颇为奇特，比较社会主义在全世界实现和在部分国家实现的两种前景。前一种前景是一个假设，著者认为根本不可能实现，但假设实现，结果整个人类退步，大家都退步，也就无所谓谁得益谁受害。后一种前景是真实情况，出现了俄国过激派的社会主义，著者认为，它除了风靡少数国家外，不可能同化英美那样的强国，既然世界上其他国家都不实行社会主义，那么实行的国家不免自招其祸；所谓灾祸，指社会主义国家不得不与非社会主义国家进行国际贸易的交换过程中，因其生产衰退和财富减少而始终处于输入大于输出的负债劣势地位，结果遭受外国的经济束缚和军事压迫而无法抬头，无异于自取灭亡。这个判断，正是以当时苏俄遭受外国列强封锁干涉和内战频仍的严峻形势为真实背景。基于此，著者不仅抽象地推论社会主义通过阶级战争和实行革命来打破资本主义以获得人类幸福的理想，是愚不可及地徒然耗费生命和财产的骗人行径，而且以已经实现社会主义革命的俄国为例，意在实证它由于剥夺民众自由而生产日益减少，国富日益衰落，外债日益增多，内部人心离叛，外部强邻逼迫，国家民族正在走向灭亡。列举这些理由，都是为了断言社会主义不能解决现代社会问题。

其三，确信社会政策才是解决社会问题的可行办法，这是全书的宗旨，也是论述财政问题的指导观念。这里谈论社会政策，说不上有什么独自成立的理由，很大程度上是从否定社会主义的理由中反推过来的：既然社会主义不能解决社会问题，就只能靠现存国家，而现存国家在原则上承认资本私有制和自由契约制是社会经济制度的基础。这里把资本私有制说成是社会的制度，不是为个人或个别阶级设立的制度，因此不能像社会主义者那样，为了劳动者阶级而废除被错误地看作代表资本家阶级的这个制度，这个理由有些强词夺理，也与著者自己前面所说的资本私有制是造成贫富悬隔的根源的说法相矛盾。接着从经济、文化和国家延续的效果上去论证资本私有制的存废应取决于它的社会效果，同样从反对社会主义的理由反推而来。同时须注意，著者一直使用所有权或所有权制度的概念来代替资本私有制概念，也就是将资本主义时代特定的私有制概念泛化为所有时代通用的所有权概念。这样就把社会主义者关于资本家剥削劳动者和资本主义积累的理论，泛化为承认劳动者的所有权才刺激了劳动的积极性和生产经营的集约，从而产生生产增长和财富积累即经济的效果；泛化为所有权虽是人类不平等的根源，但由于贤愚强弱的差别，适当的贫富差距才可以促进文化进步即产生文化的效果；泛化为因为存在所有权和遗产继承权，家族制度和民族历史才得以延续，才得以将文化从过去到现在再到将来代代相传而产生国家的效果。经过如此层层泛化的论证，资本主义私有制产生贫富悬隔的社会问题，也就变成了像自然界发展一样的一般国家社会发展的问题，不能采取否定所有权的革命方式使之发生激烈的变化，只好在继承已有所有权制度的基础上，去除其不好的地方，缓慢而不停地向前推动经济和文化的进步；进而借用所有权制度的传承所带来的经济和文化进步使全体人类受益之意，隐喻资本私有制同样不仅让富者阶级受益，也让贫民阶级受益。结果解决贫富悬隔的社会问题，转变为贫民阶级既然像富者阶级一样从资本私有制度中受益，则解决问题的前提，首先应当在原则上承认资本私有制度。在这个前提下，面对财富分配所造成的贫富不平等，就不能以追求平等为目标，因为这种不平等不仅是社会经济与文化进步的动力，也是人类天生存在差别的结果，强求差别为平等，反而不符合正义要求。由此引出社会政策的宗旨：当贫富差距尚未达到十分严重的程度时，国家无须干预，或者说对于社会上存在贫富两个阶级，只好采取无可奈何的态度；当严重到极端的地步时，国家出面干预以调和为主，务使贫富悬隔不要过甚而造成社会的不安定。其办法，无非在所有权方面限制富者的财富集中，在自由契约方面保护贫民的利益这两条。具体落实到政策上，按照著者的偏好，又偏重于所谓财政的社会政策，这也是全书围绕财政来谈论社会问题解决方法的特色。

以上比较社会政策和社会主义在解决社会问题上的得失差异，明显受到时代因素的影响。如资本主义社会的贫富差距问题从战前困扰欧美国家到战后日益严重并扩展到像日本这样据说以往从未发生过此类问题的国家，造成社会动荡不安，推动革命潮流，直接危及现存制度的根基，不得不予以重视；社会主义革命率先在俄国获得成功并正向外蔓延，在世界范围内树立了解决贫富悬隔问题的新模式，同时尚处于实施战时共产主义的阶段，经济效果尚不明朗，因而引出各种异议；等等。对此加以分析，结论便是否定社会主义的解决方法，坚持社会政策的解决方法。其实，这个结论在欧美正统经济学里，早已成为定论。此译本不过搜罗其理论依据，再添加一些新的时代因素而已。须指出，译本以财政专题的形式出现，可见那时翻译引进国外应用经济学之类的著作，并非只有专业技术方面的内容，一旦触及基本理论或基本制度方面，往往透露出来自正统经济学的根深蒂固影响。这是考察当时舶来的各类经济学著作时，从马克思主义经济学的传播方面看，需要给予注意的动向。

### （七）《经济的政治基础》译本及其他

此译本 Charles A. Beard（原译"俾尔特查礼士"，今译查尔斯·A. 比尔德[①]）著，董时译，商务印书馆 1924 年版，列入新智识丛书。

著者 1922 年 5 月 1 日为中译本写过一篇英文自序，其译文大意：

"中国学生曾经研究过中国古书，例如《孟子》的著作，便晓得这书底根本论题是没有什么新奇。他们从自己的先哲那时已经晓得伦理学政治学和经济学一经隔开，差不多便成了凿空之谈"。他们也长久醉心于西方"近代"的著作，但要晓得那些著作对于这种名言至理不是疏忽便是绝对否认。以往的著作也拿经济当作政治的基础，不过相比之下，到了近时，"西方学者才敢讨论'经济'仿佛是没有'政治'似的，讨论'政治'仿佛是没有'经济'似的"，那位大哲学家卢梭和同时代的威廉·詹宁斯·布赖恩[②]（William Jennings Bryan，原译"白而莱因"）等人才获得了完全的凯旋。要是卢梭的学说不出书籍的范围，那无关紧要，他却想让"一

---

① 查尔斯·奥斯汀·比尔德（1874—1948），美国历史学家、政治学教授；1904 年获哥伦比亚大学博士学位，1907 起在该校任教，1915 至 1917 年任政治学教授，1917 年起任纽约市公共事业训练学校校长 5 年；曾与杜威、凡勃伦和罗宾逊共同创办社会研究新学院，1933 年任美国历史协会主席，经济学派创始人之一。

② 威廉·詹宁斯·布赖恩（William Jennings Bryan，1860—1925），美国政治家，民主党和平民党领袖；1896 年、1900 年、1908 年 3 次竞选总统均未成功。

个政府建设在这些抽象的'人道''自由''平等'名词上面，要靠了它们治理国家，那实际上便要发生重大的危险了"。记得中国早在罗马初建的时候，已经是旧国了，我们要想对中国人有些贡献，"不免嗫嚅地不敢出口"。不过现在他们正从事建设代议共和的远大艰难事业，假使要想从西方著作里得些参考，与其求之于"近代的妄想学派"，不妨也可以一样看看詹姆斯·亚当斯① (James Adams，原译"亚当詹姆士")、詹姆斯·麦迪逊② (James Madison，原译"默迭生詹姆士") 和丹尼尔·韦伯斯特③ (Danel Webster，原译"韦伯司忒但牛")，否则不免误入歧途，"想美国政治仿佛不过是论理学修辞学底一部分罢了"。"这本小书假使能够引导些读者看穿那文艺或礼文的美国历史，注意到它体制后身的实质方面，这我一定以为便不负译者的苦心了"。董君是我的学生，他的译文一定非常精当。"他深晓得这书底精神所在，所以不惮烦地给它译成中文"。我感激他这番盛意，并借此机会致意于诸位中国的政治学者。④

根据此序，这个译本名为"经济的政治基础"，其原著本意实系突出经济是政治的基础。意思是说，不能将政治与经济分离开来单独讨论，尤其不能凭着人道、自由、平等之类的抽象概念来治理国家，否则要发生重大的危险。特别是当这本书被翻译为中文时，提醒曾是古老国家而现在正从事建设代议制共和国这个长远而艰难事业的中国人注意，不能听信西方近代妄想学派的著作而误入歧途，把美国政治想象为不过是那些抽象名词即论理学或修辞学的一部分，要看到它的体制背后的实质，也就是其民主政治制度实则建立在近代经济基础之上。著者擅长比较历史研究本来就推崇经济史观，在此强调这本书的精神，同样不外乎这个意思。

译本载著者 1921 年 10 月 5 日为其英文本所作的"引言"：这本小册子包括1916 年应克拉克基金会 (Clark Foundation，原译"克拉克讲演") 的邀请，在艾姆赫斯特学院 (Amherst College，原译"安默司大学") 所讲的四篇讲义，除第 4 篇

---

① 可能指约翰·亚当斯 (John Adams，1735—1826)，美国第一任副总统 (1789—1797)，后接替乔治·华盛顿成为美国第二任总统 (1797—1801)；《独立宣言》起草委员会的五个成员之一，被美国人视为最重要的开国元勋之一。

② 詹姆斯·麦迪逊 (James Madison，1751—1836)，美国第四任总统 (1809—1817)；共济会成员，曾任州众议员、州参议员、大陆会议代表、联邦众议员和国务卿；制宪会议的主要人物、北部联邦党人文件的起草人之一、民主共和党的组织者，1819 年参与创立弗吉尼亚大学并任校长。

③ 丹尼尔·韦伯斯特 (Daniel Webster，1782—1852)，美国著名政治家、法学家和律师，曾三次担任美国国务卿，并长期担任美国参议员。

④ Charles A. Beard 著，董时译《经济的政治基础》，商务印书馆 1924 年版，"著者中版自序"。

因为晚近政治的变迁加以订正和另有几处稍经修改外，一仍其旧。四篇讲演便是译本中的 4 章，分别是"哲学家底学说""经济的集合和国家底构造""政治上平等底学说"及"矛盾和结果"。此书初版于 1922 年，也就是说，著者的中国学生董时当年就把它译为中文，可见迫不及待。这里的经济史观，与空谈民主政治区分开来，但所谓经济史观，并非马克思主义的唯物史观，而是通过此译本向中国人兜售这样一个观念：建立现代民主政治制度，只能走美国那样发展资本主义经济的道路。这个观念，迎合了当时国内不少崇尚欧美制度的知识分子的心理，同时也成为中国共产党成立后，继续抵制马克思主义经济学传播的一个新筹码。

另有《股份公司经济论》译本，日本上田贞次郎原著，周沉刚译述，商务印书馆 1923 年版，列入"新学制高级商业学校教科书"。这是一本应用性较强的经济类译作，给予介绍，可以作为一个例证，了解当时马克思主义经济学传播的国内经济学环境与背景。

译者 1922 年 6 月的"弁言"称：此书为日本东京商科大学教授法学博士上田贞次郎所著，成于 1913 年（大正二年），改订于 1921 年（大正十年），译稿依据其改订本。著者虽因欧战无暇他顾，但此书已重版 8 次。其书是否有价值，尚待读者自行评判，可是吾国年来企业勃兴，公司林立，而于论公司经营的著述，"转无一焉，得不有出版物消沉之感耶"。于是忘其谫陋，仓卒译就。译者"译例"中又提及：本书用语有的为日本固有俗语，如"蛸配当"之类，我国不解其意，兹译为"资本分配"以从其意；有的未作翻译，或因原文便于理解，或因难得适当译名，姑留余地以为他日改订，若对原文未加括弧，可作为正文直读；本书所称股份公司，我国或仅知有限公司，其实二者同为一物（我国公司条例则称为股份有限公司）；等等。①

这些说明显示，其时我国虽然兴起创办现代企业或公司的热潮，却看不到专论公司经营的著述。或者在实践中引进有关公司经营的概念，但不解其意，如只知有限公司而不知实为股份公司；或者从原理上翻译国外此类专著，仍找不到适当的译名以对应有关的专门术语。可见国内对于现代经济内涵与经营形式的认知，包括基本原理和实际知识，十分贫乏，无法适应经济形势的发展变化。译本分上中下三编，分别介绍股份公司的历史、本质及组织、财政（含股票、公司的设立、发起人

---

① 以上内容分别见上田贞次郎著，周沉刚译述《股份公司经济论》，商务印书馆 1923 年版，"弁言"和"例言"。

的利益、起业金融、利益金及其处分、增资及减资、公司债、公司的合并与结合），其实是一些并不高深的公司基础知识，但对那时的国人来说，仍属新鲜而难得。由此推衍开来，可知到20世纪20年代初期，国内资本主义经济的一定发展程度，尚处于初级阶段，因此有关现代经济理论与经济知识的普及，也不容乐观。在这种情况下，要真正理解在解剖近代资本主义经济的基础上发展起来的马克思经济学说并推进其传播，除少数先知先觉者之外，对于广大民众而言，势必存在着制约因素。同时换个角度看，随着资本主义经济在我国特定国情下的畸形发展以及相关经济理论知识的逐步普及，也为认识资本主义经济的本质以及难以充分发展的各种限制条件，从而为推进马克思主义经济学的深入传播，创造了有利的环境。

本章列举的各种经济学著作，以西方学者所著者居多，哪怕出自日人之手，也多为转述欧美学者的论著，国人自撰著作，同样以西方著作为蓝本，或模仿编纂，或作为分析经济事物的依据。此类著作经过翻译引进或效法应用而不断出现，逐渐强化西方正统经济学在我国经济学界的主导地位，这也是那个时期国内各个经济学领域所面对的基本形势。以此为背景来看马克思主义经济学在中国的传播，首先看到的是翻译马克思经济学原著和专论马克思经济原理的著作译本，在当时舶来的经济学著作中，仍然只占很小的比重，尽管这个比重开始出现转折性的变化，但还不足以对抗西方正统经济学的主导地位。接着看到的是在西方主流经济学的著作方面，基于不同的论题或研究领域，不得不正视马克思经济学说的地位和影响，于是在不同程度上论及马克思的生平事迹和理论观点；一般说来，经济史学类尤其经济思想史或经济学说史一类的著作，涉及者较多，具有客观评介内容者亦较多，此外的经济学著作则涉及者较少，更不用说客观的评介，越是所谓纯经济学或抽象理论经济学的著作，涉及者越少，或者根本不见马克思经济学说的踪影。然后看到的是这些占据支配地位的西方经济学著作，不论讲述多少有关马克思经济学说的内容，或给予怎样客观甚至带有褒义的评价，其主导倾向都是以各种理由来排斥和否定马克思经济学说，只不过在外表上似乎更愿采用论理的方式而非一味谩骂谴责的方式。当然，这些著作中，也有一些看起来同马克思经济学说没有什么关系，如运用统计资料分析世界经济大势，或传授对华经济侵略的业绩和经验，或介绍国外经济史和经济实务等，但在当时的舆论环境下，实际上也为马克思主义经济学在中国的传播，起到了开辟国际视野、激励国民觉悟和培育经济知识的作用。

# 第五章　本编考察概述

在中国马克思主义经济学的传播史上，以考察的著作而论，1922—1924 年可算是具有转折意义的重要时期。其突出表现，就是建党初期的中国共产党人自觉把握了启蒙时期以来马克思主义经济学的传播趋势，不仅引入党的指导思想，确立中国应当走社会主义道路的发展方向和执著信仰，而且结合中国自身国情，批驳那些或者曲解马克思经济学说，或者依据西方传统理论，以此宣扬资本主义道路或否定社会主义道路的各种论点，并通过新闻出版渠道和讲授讨论方式，开始有组织有系统地面向国民传布这一指导思想。这是以前不曾有过的质的变化，自此以后，马克思主义经济学在中国的传播进入一个新的阶段，不再是出于个人兴趣或赶时髦，而是植根于一批先驱者的思想信仰而形成的党的理论基础；不再是简单的数量积累或单纯的学术追求，而是关系国家命运与前途的指导观念；不再是可以置身事外的一般舶来品鉴赏，而是经历理论争辩和实践检验才能显出其真理价值的思想升华；不再是听其自然的随波逐流，而是用来宣传民众组织民众的行动纲领；不再是远离中国现实的抽象学说，而是被当作贴近中国实际的理想选择和同各种偏离社会主义道路的观点相较量的理论武器。

本编考察的 50 余部著作或译本显示，本时期有关马克思经济学原理的原著和解说本翻译，以及从正面阐释、维护和宣传马克思经济学说的著述和讲义，几乎都出自共产党人之手，而且翻译俄国共产党党纲和以肯定口吻来考察苏维埃俄国的作品，也都同共产党人有密切的关系。同时须注意，无论在论述马克思学说还是在论述苏俄的专著范围内，都会遇到那些非共产党人的著作及译本里质疑或反对马克思经济学说和苏俄实践的观点。特别是在论述社会主义的著作里，以社会改良主义和基尔特社会主义为代表，这种对峙状态表现得更加明显。至于说经济学译本，则对马克思经济学说近乎一片质疑或反对声。此时国内舆论界围绕马克思经济学说，似乎可以分为广义经济思想与狭义经济思想两种类型。广义经济思想方面，不管专题翻译马克思经济学原著或解说其经济原理的著作，还是其他论述社会主义、社会哲学、社会问题、社会经济等题目的著作和经济学著作，只要论及马克思经济学说，都可以归入这个范围。狭义经济思想方面，主要限于经济学的著作或译著范围，结果除了少数以马克思经济学原著或解说本为专题的译本外，大多数译本都对马克思经济学说持怀疑态度或避而不谈。以此而论，本时期真正坚持马克思主义经济学的观点，主要见于共产党人在社会主义或其他社会论题下的著作，反而不见于主流经济学著作，或者说在主流经济学领域面临强烈的抵制。这种抵制，姑且不谈那些以沉默来对付马克思经济学说的译本，大多数表现为一面给予马克思经济学说以分量不等的介绍篇幅，一面又或明或暗地置之于被批评被贬抑的地位，不是说已经过时，偏于激进，就是用社会改良取而代之，而在鼓吹社会改良这点上，往往又同一些社会主义译本里的类似观点结成事实上的同盟，联手反对马克思经济学说。如此看来，在公开出版的著作和译著方面，共产党人通过社会主义讨论和各种社会论题的自觉推动，社会主义译本向社会革命与社会改良两端的清晰分化，经济学著作在一面倒抵制的同时又不断推广现代经济学的理论与知识等，共同构成了建党初期马克思主义经济学在中国传播的显明特征。

国家出版基金项目
NATIONAL PUBLICATION FOUNDATION

# 1920-1929

## 从民国著作
## 看马克思主义经济学的传播

谈　敏◎著

中国财经出版传媒集团
经济科学出版社
Economic Science Press

# 本卷目录

第三编

1925-1927年：革命时期马克思主义经济学的传播

这里说的革命时期，包含在 1924 至 1927 年的第一次国共合作时期内，也是以 1925 年五卅反帝爱国运动为序幕的中国大革命时期，直至 1927 年蒋介石和汪精卫先后"清共"，国共合作破裂。这个时期马克思主义经济学的传播，延续建党初期业已形成的发展趋势，又具有自身的特点。这种趋势和特点，可以体现在下面所考察的几种类型的著作例证里。

# 第一章　传播马克思主义经济学的各种著作

这一类著作的论题，包括解说《资本论》，翻译恩格斯的原著，翻译列宁原著并予以阐释，国外马克思主义者和中国共产党人研究社会经济制度的论述，以及尝试改造现行经济学的译本等，构成了本时期从正面传播马克思主义经济学的主体部分。

## 第一节　关于马克思、列宁的经济学著作

关于马克思的经济学著作，无论原著或解说本，此前已有多种译本引进国内，本时期仍在加强有关《资本论》解说的引进力度。关于列宁，此前也有大量的介绍，涉及他的生平、著述、理论学说，特别是领导苏俄革命与建设的实践过程及业绩，不过谈到经济学著作，常常只是提及书名或摘录某些观点，几乎看不到完整而系统的论述。到本时期，也开始看到这种经济学著作的论述。此时引进马克思、列宁的经济学著作，主要表现为各种形式的译本，偶尔也能看到自行编辑（实为编译）的著作。

### 一、《通俗资本论》译本

须说明，此译本先是署名马克斯原著，博洽德（J. Borschardt）编，李季译，亚东图书馆 1926 年 6 月初版，同年 7 月再版；后来看到的同名译本，版式不同，内容一样，标明上海国光出版社 1949 年 4 月再版。惜乎手上没有其初版本原件。这里考察它的另一个版本，名为《资本论解说》，波洽特著，李云译，昆仑书店 1929 年 11 月初版。经过对照，后一初版本的差异，书名由《通俗资本论》改为《资本论解说》，马克斯原著的署名不见了，另外，博洽德编改为波洽特（序言中的署名仍为博洽德）著，李季译改为李云译。除去这些形式上的差异，有人考证，

二书版式相同，应是同样内容的翻新，并认为波洽特应是博洽德，李云或疑为李季的笔名①。既然二者内容完全一致，姑且借助 1929 年的《资本论解说》译本，来考察 1926 年的《通俗资本论》译本。

### （一）编者序言评介

先看编者博洽德 1919 年 8 月作于柏林的序言：

"社会主义的纪元是从一九一八年德国十一月革命开始的"。社会主义与社会化是现时的标准，然而社会主义指什么呢？"认识社会主义的根本理论，不仅是一般智识分子目下切要的企图，并且是每个人当今的急务"。科学的社会主义的开创者是卡尔·马克思，社会主义的根本理论包含在他的主要著作《资本论》中。"现在读这部书是每个愿意了解现代社会发展，或愿意在其中活动的人不可避免的义务"。这种义务很不容易履行。读《资本论》会遇着许多困难，我们的确可以说，平常人是不能够读的，而最大多数人本来就是平常人。

第一，书的分量巨大。这部著作分三卷，不下 2200 页。凡要兼顾自己的职业而非专门研究的人，谁能读此书？第二，书中的语法非常难了解。认为一个伟大人物的一切事件都值得赞美的阿谀者，以为马克思的文体明晰、正确和容易了解。这种主张即使从马克思为报章写的小论文看，也不恰当。谁要以此去评价他的经济学著作，那简直是说谎。"要了解他的语法，不仅是要对于他这种著作有一种深入的研究，一种精神上的大努力，和一种寝馈于斯的嗜好，并且还要有一种渊博的国民经济学上的修炼"。难解的理由，很容易知道。"马克思所成就的，是一种伟大的思想工作。凡他以前的国民经济学所成就的一切东西，他都精通了，他并且由自己研究的所得，将这种材料大大地增加起来了；他对于一切经济上的问题都彻底思索过，并且恰恰使此等问题中最重要的，达到完全新的解决。他的全部精神，他的全部力量，既是这样注于内容上，所以他对于形式就没有着重了。他不断地注重思想的丰富，所以他便不复措意于语法了"。见惯了无数事情，对他来说十分显明，然而没有这样广泛知识的人，便极难了解，这是他不再感觉得到的。他的语法之难解，因为根本没有想去为平常人而著此书，"他是要做一部专门学术上的著作"。无论如何，马克思语法的艰深，只有多费时间与劳动力，才能够制胜，而平常人恰

---

① 参看《〈资本论〉早期中译本》（2013 年 1 月 31 日），见 http：//blog. sina. com. cn/s/blog_9d26f9dd01017z0c. html。

恰做不到这一点。

第三个而且也是最大的困难，"马克思的著作从头至尾是由一个模型中出来的；他的学说的各部分是密切结合的，不知道其他部分，便不能够正确懂得一部分。"凡开始读《资本论》起首几章的人，自然不能知道以后诸章的内容，如果没有研究完三卷，那必定会从这个学说获得一种错误的印象。这种困难更因马克思未能完成他的著作而增加了。只有 1867 年出版的《资本论》第一卷是他亲手做成付印的，其余两卷是死后由他的友人恩格斯（原译"昂格思"）付印的。后两卷没有达到可以付印的成熟程度，恩格斯将马克思在草稿上所写出的思想概要，屡屡插入书中，结果生出无数的重复。不知道这一点的读者（平常人不能够知道），看见同一思想用别样的言辞表现出来，以致多达 10 次、15 次或 15 次以上，心中甚为奇怪，不懂这是什么缘故。甚至那些专门的学者，通常只读到第一卷为止，于是马克思所要说的东西，自然就被误解了。平常人更是如此，例如社会民主主义的劳动者或许用他们最大部分的闲暇时间读完第一卷后，第二和第三卷就弃置不顾了。

因为上述理由，我（指原作者，下同）在大战以前很久已明白看出："将《资本论》通俗化，使那些渴想知道此书内容而又不能以研究此书为一己生平工作中一部分工作的最大多数人能够了解，这是一种迫切的急务"。要弄明白，"这并不是指马克思学说的通俗化，即由另外一个人在一种独立的著作中用别样的语句，去描写马氏的学说，使人容易了解"。像这样的著作已经够多了（可惜此类著作通常是不完全的，著作者自己只知道第一卷，认为其余两卷不必要）。上面所指的是，"要让马克思自己说话，要将他自己的著作，他自己的语句，表现出来，使每个人稍微花费一点时间和劳力就可以了解"。许多年来，我的心中悬着这种任务。此次大战及其强制的闲暇，给了我担负此任务所必要的时间。现在呈诸公众之前，还应说明，我有什么理由，自以为能担任这种工作，又怎样来达到这一点。

说到我做这种工作的能力，必须就大战给德国造成的政治状况，说几句话。以前德国社会民主党中那些不赞成我的政治活动的人，企图宣布我是一个无聊的人，对马克思没有何种了解，不配担任这样的工作，这是我预先料到的。对于他们，我首先要摧其锋芒，这也是为了避免他们在这种企图中必定要弄出的羞辱。有一件事，我曾著《经济学的基本概念》这本小册子，1909 年出版，含有马克思价值说和剩余价值说通俗化的文字。《汉堡回声报》当时转入本党的最右翼，同我所代表的方向，站在相反对的地位上（此报至今仍由当时的人编辑）。此报 1909 年 2 月 7

日对上述小册子有如下评论：

"科学著作的通俗化也是一种艺术，许多人自己觉得配做这种工作，可是很少人真能中选。单将原著者的思想简单抽出来，是决不够的。在许多地方，必须将全部材料施以一种形态上的改造进程，在叙述上，分类上和配置上，都依照自己的方法"。"科学上自出心裁的著作通常是由许多博学的思索布满。其中理论似乎不是有系统的完成品，但是将成品，著者以自出心裁的和辩证法的方法，依种种特别的见解，发挥这种理论，并且对于反对的理论常是作争辩的。这样以及其他容易使一般学者和平常人流于错乱的所属部分，可以除去并且应当除去，然后在纯粹的形态中和逻辑的连络上，将科学的结果表现出来，使每个人容易了解。只有这种思想的产物——非博学的工作进程——是应当表现出来的，其内部的基础也自然不在排除之列。然对于这种附属部分如有兴趣之处，可以作为特别的附录"。"通俗化的著作第一应当只以重要的为限，即注重主要的思想，不要使材料堆集得太多，超过群众接受的程度"。"特别重要的一点是，用具体的例子，用生活中容易捉摸的例子去解释抽象的议论。许多人对于困难和复杂材料的概念，很难索解；只有说明这种概念——凡是的确不应当省去的——又加以观察，使之显明，于是这种概念侵入脑海中，不是糊糊涂涂的，但是清清楚楚的。""上述的表现如果用其他领域中适当的比较说明出来，便更妙些。又插入少许诙谐，足以使全体生气勃勃，引人入胜。"

"我们得赞美博洽德的著作，心中甚为愉快，马克思经济学的中心思想在此著作中是很巧妙地描写出来的。就大体讲，完全是在上述的意义中通俗化的。例如剩余价值说的诸点在第一页中是怎样简单明了撮要出来的：'资本购买劳动力，并且对此付出工钱。于是劳动者作工，产出新价值，这种新价值不属于他，但是属于资本家的。他必须作工若干时，藉以偿还劳动工钱的价值。可是他于偿还此价值之后，并不停止工作，他在这一天中还要做几点钟的工作。他现在所产出的新价值是超过劳动工钱额，这就是剩余价值。'——关于价值，劳动，以及资本利润的详细说明，是特别排在分列精密的六章最后部分中的，其描写能为一般人所了解，不亚于上述剩余价值的例子"。"关于协业及分工用少数句子表见其历史的发达，因为这是更容易理解资本主义生产的张本。如此，此题的说明便不致有困难。余此类推。""著者——和他在序言中所说的一样——不是要指示经济学一种完全的系统，但是要指示马克思《资本论》第一卷中所种下的根本思想。关于这一点，他有很好的成功。我们对于一般于经济学上的马克思主义还没有正确知识的人，极热烈地推荐这部书，作为开始研究马克思主义之用，这是我们毫不迟疑的。"

"上述的议论对于担负本书工作的能力问题，可以说是一次解决了"。此外还要说几句，我专心致志研究马克思的《资本论》，现已 30 年了，我受布鲁塞尔（原译"不律塞"）社会科学院的委托（与比利时的同志同负此责），将《资本论》第二和第三卷译成法文，也已经快 20 年了。

关于我力求用何种办法去解决横在面前的任务，还要略说几句话。"凡在可能的地方，我必须力求将马克思自己的话表现出来，我的动作只限于省略与次序的变更"。上面已经指明，马克思著作的难懂，一大部分由于要理解一部分，必须已经真正知道其他一切部分。"第一卷的最初几部分对于初次鼓着勇气去读的人，好像是用中国文做成的，这并不算是过分的话。这种难关恰由于他对于此著作的精神与观察法，还是丝毫不知道。要将这种精神和观察法介绍给他，须知道第三卷中所含的重要议论。因此，我起初即明白看到，我必须将马克思的思想及其论说的次序，完全颠倒过来。第三卷中的许多节段必须完全放在前面。我对于散见各章——常是彼此相离甚远——的论说，必须屡屡集合起来，又对于其他在一起的论说必须使之分散，因此自然常常要写些承接的文字，然就大体讲，总是保持着马克思自己的用语"。这种办法所获已多。如有人不辞劳瘁，将我的编纂和原文对照一下，将感到惊讶，觉得本来许多极难了解的思想过程，仅将其次序颠倒一下，就变得明了易解了。其次省略的效果也不亚于前者。我对第二和第三卷中的无数重复处，只选出一种文字，这是不待说明的。我的目的决不是将全部著作的一切细节重行叙述出来。此处必须有一种选择，其方法是使读者在马克思自己的语句中知道他的全部根本思想进程，而这种著作的分量又不过大，使读者望而生畏，或读完全书会过于疲劳。谁愿意去比较，可以随时将两者对照一下，确定本书对重要之点是否有欠缺的地方。为容易检阅起见，我特在各章的起首以及其他必要的地方，注明它们是从原著什么部分撮出来的。

尽管这样，本书仍有不少的节段不能沿袭马克思的用语。否则此等节段不能为人了解，也可以说必须将它们"译成"德文。此处为便于检阅，看看是否任意改变了原文的意义，我特地将这样的两节文字列在下面，作为证据。

《资本论》第一卷第 13 章第 1 节的原文如下：

"在单纯的协业中，甚至于在那因分工而特别化的协业中，社会化的劳动者排挤孤立的劳动者一事，总多少像是偶然的现象。除掉后面所述的几个例子外，机械是只在直接社会化或共同劳动的手中起作用的。劳动进程协业的特质现在因劳动工具自身的性质而支配技术上的必要"①。

我所作的改变如下：

"在单纯的协业中，甚至于在那因分工而精密的协业中，社会化的劳动者排挤孤立的劳动者一事总多少像是偶然的现象。机械（除掉下面所述的几个例子外）直接要求社会化的劳动（即多数人有计划的共同劳动）。劳动工具的性质自身现在使有计划的共同活动成为技术上的必要"。

《资本论》第二卷含有下面一段话：

"在资本家交易中的货币，如果用作支付工具（如在一个或长或短的时期中才由购买者支付商品的价格），则那种定作资本化的剩余生产物不复变成货币，但是变成债务证券，变成对一种等价的财产名义，至于这种等价或是已经存在购买者的手中，或是还要待些时期才为他所有的"②。

我所作的改变如下：

"货币资本家出卖的商品如果不是即刻付价的，但是在一个或长或短的时期之后，才付价的，那么，剩余生产物中应加入资本中的那一部分不是变成货币，但是变成债务证券，变成对一种对等价值的财产名义，至于这种对等价值，或是已经存在购买者的手中，或是还要等些时期才为他所有的。"

最后，"我希望本书不独对于了解马克思有所裨益，即普通对于国民经济学的知识，特别对于社会主义的事业，都有用处。我这个通俗本如果引起许多读者去研究原书的志愿，那我就是特别欣幸的了"③。

根据以上介绍，可知博洽德是德国社会民主党内与极右翼相对立的左翼。他把1918年德国十一月革命当作社会主义纪元的开始，而不是以1917年俄国十月革命为标志；又把认识社会主义根本理论视为一般知识分子眼下的切要，乃至于每个人当今的急务；由此引出马克思是科学社会主义的开创者，其主要著作《资本论》包含了社会主义的根本理论，也是每个关心现代社会发展并活动于其中的人必须阅读的一部书。这表明了博氏忠诚于马克思及其代表作《资本论》的基本态度。

他给自己提出一项重要任务，将《资本论》通俗化，以便适应平常人特别是

---

① 其今译文见《资本论》第一卷，人民出版社2004年版，第443页。

② 其今译文见《资本论》第二卷，人民出版社2004年版，第92页。

③ 以上引文除另注外，均见波洽特著，李云译《资本论解说》，昆仑书店1929年版，"编者序言"。

倾向社会民主主义的劳动者们阅读的需要。在他看来，一般人甚至专业人士，阅读《资本论》通常有三大困难，即体量大、语法难和系统性强。说到困难，以往一些著作谈到《资本论》，早已点明于此，但很少看到像博氏这样作如此细致的分析。说三卷本分量重，容易理解。说语法或文体难，并且批评那些阿谀者以为可以轻松读懂马克思的经济学著作是说谎，也不难理解。此序从以往不大提及的另一个角度来陈述这种困难：马克思从事的是一项伟大的思想工作，精通此前的一切经济学成就，通过对各种经济问题的彻底思索，大大丰富了这些成就，并在最重要的问题上获得全新的解决答案；马克思将所有精力全部贯注于这些思想内容，所以并不在意表达形式或语法上的浅显易懂，况且这种专门的学术著作，本来也不打算为平常人而作。这样来说明表达方式或语法的艰深，别具一格，其用意是激励有志者要有废寝忘食的决心，深入研究，花费巨大努力和修炼经济学素养，才有望读懂《资本论》原著。至于说系统性强，可谓博氏的过人之处。以前有人谈到《资本论》的系统性，多指第一卷的理论体系与严密逻辑。博氏着眼于整个三卷本从头到尾出自"一个模型"，各部分紧密结合，不了解其他部分，便不能正确认识其中某一部分的内容，阅读第一卷前几章，自然无法了解以后各章的内容，阅读第一卷而未通盘研究所有三卷，又必定会得出错误的印象或产生误解。他还注意到马克思亲自交付出版的成熟的第一卷，与后来恩格斯整理马克思遗稿而出版的尚未成熟的第二第三卷之间，表述上存在差别，也给阅读后面两卷带来了困难，往往被弃置不顾。所有这些认识，凝结着博氏本人研究《资本论》长达30年，从德文到法文翻译第二第三卷持续近20年的体会和功力。这一点，也可以看作译本解说《资本论》的一个特征。

　　另一个特征，博氏花费不少篇幅，说明他将《资本论》通俗化的要点和条件。在此之前，已有类似的通俗本，最有名的是考茨基的《资本论解说》译本。博氏的说明，像是针对考茨基等人的通俗做法。他说这种通俗化，为了让人容易了解，由另一个人在独立的著作中用别样的语句去描写马克思学说，况且只知第一卷而放弃其他两卷，这是不完全的，也是不应该的。考氏之作的上述译本，恰是用自己理解的语句去诠释《资本论》，而且只论及第一卷。所以，博氏的通俗化，坚持要表现马克思自己说的话，把马克思自己的著作、自己的语句表现出来，并且完整地反映整个三卷本。他还不赞成考茨基等人的另一种通俗化方式，只限于将《资本论》里从外文输入的文字，使之德文化，也就是将外文的引证部分译成德文。结果第一卷的平民版达 700 页，若以此做成第二第三卷的平民版，将达 2000 页之多。如此大的分量，同他想让那些渴望了解《资本论》而又没有时间和精力去读原著的大多数人，也能够了解的初衷，是相违背的。按照既定设想，用什么办法去解决通俗化的任务，博氏的办法，主要是变更论证的次序和省略重复的论述。前者基于三卷本的系统精神和观察方式，通过变更或颠倒次序，将散见于各章的同样思想和论述集中起来，或者将交错在一起的不同思想和论述分散开来，以达到便于理解的效果。后者对书中尤其对第二第三卷的重复性论述，只选择其中一种，并省略细节论述，既用马克思自己的语句表现其主要思想进程，又不让篇幅过大，必要的地方注明原著的出处，以便检阅。博氏列举了两个例证，尽管未感觉到显著的效果，但将此方法贯穿整个解说本或通俗本，比起考茨基的版本，确实在通俗化过程中，更能反映《资本论》的原来面貌。此外，博氏说到自己承担通俗化任务的能力，引用对立派的评论为证据，也颇有说服力，能够反驳党内那些企图以此羞辱他的人。

再看博洽德 1921 年 12 月同样作于柏林的第 3 版序言：

《通俗资本论》初版以后，1 年 9 个月过去了。在这个时期，本书的贩卖至少中断 6 个月之久，其原因，一部分是各种政治和经济的原因，如卡普叛乱①，经济疲滞等，一部分是第 2 版的迁延。可以说仅 15 个月间，已经销售 1 万册，对此书的需求仍很猛烈，使第 3 版又成为必要了。直率地说，我对这个结果并不惊讶。10 多年来，我深信这样一部书是必要的。"倘若不是我们资本主义时代令人受痛苦的金钱问题发生妨碍，则这种结果的出现必定快得多，这是我毫不怀疑的。现在商业上的广告宣传是非常之贵的，而向来帮助本书出版的少数人都没有得到财富上的好处"。我自然不是妄人，将本书的重大结果单独归在我的工作上面。"知道马克思的学说，这是现今几十万精神上自觉的人一种绝对的必要。他们要求和他的学说交通，真是如饥如渴，这种讲义正是他们的慰藉物"。

我相信我可以说，就大体而言，"我在正确的形态中将马克思的学说重述出来了，一方面是忠实保持这种学说的意义和内容，他方面是使平常人和初学者容易了解，这是我侥幸做到的"。报章上对本书的无数评论，就我看见的来说，"是一致赞诵的，我上面的自信是由这种批评中断定出来的"。"并且工人运动中所有各派以及有产阶级的新闻报对于本书的意见，都是一致，这是稀有的例子"。利用这个

---

① 德国卡普政变（德语：Kapp – Putsch），企图推翻魏玛共和国，导火线是魏玛政府签署凡尔赛条约。

机会，我再向读者说："不要忘记，马克思的著作是一种没有完成的作品；这不仅是外表如此，不仅是著者未能亲手将草稿整理付印，即就内容讲，也是未完成的。书中思想的过程忽然中断了。因此，大家对于本书中思想过程的忽然中断，是不必奇怪的。马克思著作的难懂，这也是诸种理由中之一。烧烤的鸽子在此处也是不会飞到读者口中的。要了解书中的内容，是要加一番努力的。然这种著作却因有本书而大体容易理解了，我希望许多读者因本书作为阶梯，亲自去翻阅并且了解原著"。本书的英文译本已经出版，俄文译本正在预备中，这或许也是读者乐于知道的。这一版所附加的检查表，对查考一定的节段和检阅参照全书，较为容易，会受到读者的欢迎。①

这篇序言，经过销售成效和社会评论的检验，比起初版序言要自信得多了。用作者的话来说，证明了这是以"正确的形态"将《资本论》通俗化，既忠实于马克思学说的意义和内容，又便于普通人和初学者的了解。尽管遭到国内政治动乱和经济疲软的干扰，受制于金钱问题，无力开展广告宣传，仍在短时期内取得十分可观的发行量。还可以看到，此书原名就是《通俗资本论》（无论初版本还是第2、3版本），不是后来译本所称的《资本论解说》，表明"通俗"之意乃充分尊重原著本来的思想与表述，决非由另一个人根据自己的理解和话语来"解说"原著；《通俗资本论》的著者标注马克思，而不是后来译本所说的波洽特即博洽德，也表明了通俗本与原著的一致性，不存在两个著者。这里说到《资本论》的难懂，在前一序言提到的三个理由之外，又补充一个理由，即书中的思想进程忽然中断了，也就是第二第三卷不仅外表上没有完成，只是马克思的草稿，内容上也没有完成，这种中断更增加了阅读原著的难度。博氏这么说，不止强调了解原著须花费大量的努力，更显示他的通俗化工作，成为大多数读者由大体容易理解进入直接翻阅原著的一个必经阶梯。博氏对于马克思学说的态度确实是真诚的，不居功自傲，把通俗本受到普遍称颂，看作精神自觉者绝对必要知道马克思学说这一客观事实的反映，他们如饥似渴地要求与马克思学说交流，作为自己的慰藉物。说到这样的自觉者如今有几十万人，大概指德国工人运动的积极者而言，因此末尾又提到此德文通俗本的其他外文译本，以示它在德国以外地区的流行程度。

**（二）内容简介**

译本共24章："商品价格及利润""利润及商品的交换""使用价值及交换价

---

① 以上引文除另注外，均见李云译《资本论解说》，昆仑书店1929年版，"第三版序言"。

值　社会必需的劳动"劳动力的买卖""剩余价值是怎样起源的""不变资本及可变资本　固定资本及流通资本""平均利润是怎样出现的""增加剩余价值的方法""资本促进生产方法的改革"（含"协业""分工及手工厂业""机械及大工业"3节），"大工业进步及于工人阶级状况的影响"（含"妇女劳动及儿童劳动""工作日的延长""劳动强度的增加""劳动的荒废　不幸事件的增加""劳动者的饥荒"5节），"利润率的下降""资本的蓄积"（含"生产永久的继续（再生产）""基于剩余价值的资本增加　资本家的所有权"2节），"蓄积对于劳动者的影响　产业预备军　痛苦累增说""原始的蓄积""资本家蓄积必然的出路""货币""资本的循环运动及其通用期间""商人的活动"（含"买卖""簿记""货币的费用""保管费用""运输"5节），"商业资本及商业使用人的劳动""商业资本对于价格的影响""商业资本在历史上的发展""利息及企业利润""信用制度及银行制度""危机"。此外有一个附录，"马克思危机说的本质"。全书正文436页，附录18页。

　　以上目录，对照《资本论》原著，有两个显著特点：一是涵盖全部三卷的内容，努力突出其重点；二是打乱原著的次序，省略或归并不少论题。这两点，博氏在序言里已经作了说明。单看序言，容易理解为这是就具体内容的表述而言。实则不然，从目录看，比较原著，全书的体例结构，在次序和省略或归并上都做了很大的调整。例如：第1—6章主要反映第一卷的内容，同时抽去价值形式、货币或商品流通等内容，突出从表面的利润到内在的剩余价值部分，又把第二卷有关固定资本和流动资本的内容归并进来；第7章谈平均利润，归并第三卷的内容；第8—10章，继续第一卷的顺序；第11章谈利润率的下降，把第三卷的内容提到前面；第12—15章谈资本积累，回到第一卷的顺序，归并第二卷有关再生产的内容等；第16章谈货币，把第一卷的内容移到这里，与第17、18章即第二卷有关资本形态变化及其循环的内容归并在一起；第19—23章主要属于第三卷的内容，亦可见对前两卷有关内容的归并；第24章谈危机，另辟新章，归并各卷的相关内容。这些调整，乃大体言之，里面还包含更多的归并、省略与次序变化。译名的翻译，对照今译名，如将社会必要劳动译为"社会必需的劳动"，流动资本译为"流通资本"，积累译为"蓄积"，历史趋势译为"必然的出路"，周转时间译为"通用期间"等，无伤大雅，但堆积得多了，不免影响对原文的准确理解。

　　尽管有这样多的调整，《通俗资本论》译本终究覆盖原著三卷本，并且力求按照马克思原来的表述语句来简化复述。这也是它比起以往那些用自己的理解和语句去解读，又主要限于第一卷的通俗读本，具有明显优势的地方。正因为如此，这个译本不仅有助于国人了解《资本论》的基本原理，进而阅读其原著，也有助于国人中的有志者在通盘了解原著大旨的前提下，完整翻译《资本论》三卷本。这大概也是译本1926年初版后，到1949年仍得以再版的原因。

### （三）附录评介

博洽德的通俗本，附录《马克思危机说的本质》，作为对书中第24章的说明。内容大致如下：

"在有产阶级的经济学与社会主义的经济学间有很大的对抗，而关于危机的见解，总是彼此相去很远的。然危机对于生产与消费的平衡是一种重大的扰乱，这是一般人所公认的"。现在生产者与消费者之间结合的媒介，有为数极多和时常很复杂的要素，大家很容易忘记生产为消费而存在，为满足欲望而出产这种简单的根本真理。"这种根本真理自然的归结是，必须依照事情的性质，努力求得一种平衡，这就是说，每种需要品的生产必须尽可能地不多不少，恰适合于消费者所使用的数量。如果不是这样，那么，不是物品产出的太多，就是太少，或者是所产出的东西迥非所需要的，于是一种扰乱出来，并且必定按照他的范围作比例而愈形显著。当着危机的时候，一方是堆着卖不出去的大量商品，同时他方是一种缺乏的状况弥漫于消费者的群众中，这种情形是用不着具有一种经济学的特别修炼才能认识出来的"。生产与消费间的扰乱，不是生产者或消费者的过失。生产的商品在质与量两方面完全可以适合于消费的需要，然而"现在诸商品从生产者达到消费者那种非常复杂的设置是可以被破坏的，所以在一方面是堆着卖不出去的商品，在另一方面对于商品的需要是非常急切的"。无论危机的原因何在，危机在扰乱生产与消费的平衡，这是确定的。

现在要问，这种扰乱长久存在，还是没有，甚至是不可能的。我们不能知道此事的确切情形，关于原始时代人民经济生活的知识，我们比读过书上记述所想象的要小得多。野蛮人民的小团体，只要满足一般直接的欲望，生产的物品不容易多于或少于他们所必需的，这个推测应相差不远。此后文化程度进步，为满足自己欲望而生产的几百年里，生产与消费间的平衡必定是存在的，生产本身依照消费的欲望为准则。为自己生产的时代过去后，人口数量及其欲望不断增加，引起分工和商品的生产。以古代德国历史为例，考察中古初期或后期的状态，人们的生产不仅满足自己的欲望，还要满足别人的欲望，从一开始就决定出卖他们制成的生产品，他们生产商品了。于是，"扰乱生产与消费间平衡的可能性就发生了。生产与消费间的直接关系破裂了"。大地产出现，在一个领主的支配下，多数人结合在一起，进行有计划的耕种，形成一种劳动组织，分门别类地有官吏、战士、管理人、农民和手工业者，产生分工以持续增加生产力，直至超过满足领主自己及其臣属的欲望。这些超过的生产物就是开始出卖的东西，然后商业的发展逐渐使手工业者和领主家庭分离，移居城市，建设并扩充城市。中古时代的几百年，未曾听说商业危机的事，即消费与生产间平衡的重大扰乱。或者除了战争等外部原因，生产落后于消费之外，没有出现过像现在"从内部而出，因'生产过剩'而起的这样的危机"。中世纪初期，原始的手工业者只替最接近的邻人作工，确切知道他们的欲望，预先的评价，以此调节生产。还有商人和手工业行会的组织，向其会员分配现有的销路。然而随着交通与商业从一处到别处、从一国到别国的扩充，这种原始状况没法继续保持下去，扰乱生产与消费间平衡的可能性，"自然是因为每一种这样的进步而增加起来"。不过这时生产和消费的关系仍是简单的，明白的，可以看得见，未曾听说重大的扰乱。

"我们可以坚持：在自己生产的时代，生产与消费间的平衡可以说是自然的；消费的欲望决定生产，于是此等欲望要求分工，因此造出扰乱这种平衡的可能性。然为产出那些满足提高的欲望之力量起见，此等破坏的要素是必要的"。发达的进程，从单纯的商品生产转移到资本主义初期。资本主义和单纯的商品生产的差别是什么？从外部看，"是真正生产者缺乏独立性"。手工业者自身是主人，为自己的计算而劳动，"工钱劳动者是替资本家服务"。从内部看，"更重要的差别是在劳动的组织更为复杂"。中古时代的手工业者要得到助力和徒弟的帮忙，应当传授手工业的一切手艺。"反之，资本家从初时起，就是将多数劳动者结合在他的工作场中，使他们尽可能地完成许多生产物。他对各个劳动者的教育关切的地方，只以这种教育能使全体工人有更多的生产为限。然即刻便证明对于这种目的更有利益的地方，是不以一切技术去教练每个人，但使他专习一定的部分操作，使他在此操作中劳动的强度能够增进，于是使全体劳动者有规律地共同活动，藉此去提高生产。手工工厂业就是这样发生出来的"。

这种有规律的共同协作，便生出一种生产中从未有过的全新要素："完成的生产物量，现在不复是由消费单独决定的，同时又是以生产自身的必然性为转移的"。以《资本论》第一卷第12章第3节的一段论述为例：往时活字手工工厂业，一个铸字工人每点钟能铸 2 千个活字，一个切字工人每点钟能切 4 千个活字，一个磨字工人每点钟能磨 8 千个活字，结果，一组工人，由一个磨字工人，两个切字工人和四个铸字工人而成，必须共同劳动①。这种共同劳动，彼此互相依倚的情形，又限定他们每小时必须造出 8 千个活字，不能更少，否则他们中间的一部分人不能充分作工，生产器具也不能充分利用，资本家因此受到损失。

我们看到生产与消费的关系怎样累进不已地解体。资本主义初期，资本家已经迫不得已，不顾消费的欲望，增加他们的生产量。"生产可以说是自有其目的。原来生产的增加自然是出于消费欲望递进的驱策，新的生产设备是为满足这种递增的欲望而造出的。可是现在此等设备一经存在，他们便有自己独立的生命，他们完全不管只是满足消费的欲望，还是超过此等欲望，他们是要继续起作用的。因此生产过剩的可能性才初次出现了。此处所谓生产过剩是在此语真正的和合理的意义中的，即生产超过消费的欲望。结合生产和消费的线索现在是完全切断了，两者间的平衡完全摇动了。然我们再说一遍，为产出那些满足提高的欲望之力量起见，这种发展是绝对必要的"。

"在近世大资本主义时代，我们所视为出于生产和消费的必要而发生的扰乱倾向，是充分发展，达到绝顶了。此处是谈不到生产与消费的平衡了"。一方面，"生产的器具是宏大得多，此等生产器具所生产的商品量为数极巨，所以要生产去适合消费的欲望，比手工业工厂业时代更加困难了"。另一方面，"在资本支配之下的劳动阶级既总是只获得他所生产的价值中的一部分，于是他能够消费的东西与他必须消费的东西——一切生产物因后者才能出卖与归入消费中——两者间的差异，恰因这种使生产继续增加的发展进程而继续增大了"。最后，"因生产的增加，而他自己的诸关系不仅是愈加扩大，并且也愈加复杂，因此愈易感受扰乱"。近世有文化的人的欲望，不是由直接的方法满足，由极间接的方法满足。供给消费者的消费品，只是一个长链条的最后一环，这个长链条由一个生产者对他个生产者供给生产工具而形成。"要使生产的丰盛增至现今的高度，这种迂回的方法是必要的"。现在如果要避去生产与消费间的扰乱，不仅消费品的供给必须恰恰等于消费所需要的，机器工厂所制的生产器具也必须恰恰等于消费品制造所需要的，进而矿山供给的机器生产原料等也必须恰恰等于所需要的。"总之，在一切生产部门中也必须有

---

① 这个例子的今译文见《资本论》第一卷，人民出版社 2004 年版，第 400—401 页。

一种极正确的平衡存在。然基于我们在上面所说的理由，这种平衡却是完全不可能的，因为生产为提高生产力起见，必须依从由生产自身的组织中发生出来的自己的定律，而不能够适合消费的需要"。各种部门之间应有怎样正确的一致，关于这一点，马克思在《资本论》第二卷"有名的方式"中指示出来了；希法亭（原译"希尔费丁"）在他的《金融资本》（原译《财政资本》）中对此类方式，有一种很好的撮要。下面选其中一个例子，力求简单说明这个问题的意义。

为求简单起见，假定全部生产的继续进行，和以前同一范围，没有扩充。资本家必须据有必需的生产工具和生活资料，这种据有不是以货币形态，而是以物品形态，因为劳动者不能吃货币，也不能将原料变成制品。已经存在的生活资料和生产工具的总额，必须很好分配给各个部门，使每个部门得以继续生产。任何地方有一点不调和，必定出现一种扰乱。这种分配的比例应当是怎样的？例如生产消费资料的资本家在营业年终，据有 3000 物品，来年他们必须用此物品去养活他们的劳动者和他们自己，还必须有剩余的物品，使他们能够用来和必需的生产工具相交换。假定他们的消费资料，劳动者需要 500，自己需要 500，其余 2000 拿去购买生产工具。因为这一购买，生产生产工具的资本家据有 2000 消费物品，来年他们可以用此养活他们的劳动者和他们自己。他们和生产消费资料的部门按照同样的比例，用 1000 给劳动者，自己保留 1000。现在生产资料部门的资本家要使生产继续下去，必须从他们自己从前的生产中余下许多生产资料，足以雇用那些在一年间使用 1000 消费物品的劳动者数目。假定比例相同，这种生产工具的数量为 4000。换言之，消费资料部门的生产替资本家要求 2000 生产资料 + 500 劳动工钱 + 500 剩余价值，为维持平衡起见，生产资料部门的生产必须有 4000 生产资料 + 1000 劳动工钱 + 1000 剩余价值供其处置。"这就是马克思著名的方式的意义"：

Ⅰ. 生产资料 $4000c + 1000v + 1000m = 6000$

Ⅱ. 消费资料 $2000c + 500v + 500m = 3000$①

上述方式（即公式）中，m 指剩余价值，v（可变资本）指劳动工钱，c（不变资本）指生产工具。看一下这种公式，"便知道在资本主义生产错综的情形下，这样微妙的平衡是完全不可能的"。对此我们只是很粗索地撮要出来，将生产生产

① 参看《资本论》第二卷，人民出版社 2004 年版，第 441 页。

资料的全体资本家总括在一组，同样将生产消费资料的全体资本家总括为一组。很明显，更微小的分支部门，也必须有平衡存在。这个例子假定生产只在不扩充的同一范围内继续进行，实际上这是不会出现的。"生产的扩充使平衡的条件更加精细，更加复杂"。我们尚未顾及生产资料中相异的种类，所谓固定资本及流通资本，"这些种类又使保持平衡所需要的条件复杂起来了"。最后，一切依货币为媒介的生产资料对消费资料，生产资料对生产资料，消费资料对消费资料，劳动工钱对食料等等的交换，以及应用货币所发生的新扰乱原因，还没有考虑在内。"在资本主义的现代社会中，一种仅近于生产和消费的平衡是不能够实现的，危机是不可避免的，这是很明白的。然同时我们看见，为促成生产力的增进起见，此等破坏生产与消费间平衡的扰乱是何等重要，因为只有这种生产力的增进，才可以满足不断地增进的消费欲望。"

现在只剩下一个问题，此等矛盾将来可否期望解决，能够和谐达到一个更高的地位，如果此事是可能的，应当怎样实现出来。从恩格斯的遗稿《共产主义的根本原则》（今译《共产主义原理》）这部小册子中，得到这一问题"最明了的答案"。生产力因受大资本主义之赐而有伟大的增进，同时这种增进是使生产与消费的平衡纷乱到不可救药的原因。"生产力因使自己向前发展起见，既不能顾及消费的需要，也不能顾及其他部门的需要，危机就是这种事实不可避免的结果。生产为防止现有的巨大设备丧失价值起见，不问有无销路，他是必须继续进行的。因此，隔若干时出现一次的破裂便不可避免了。然同时这样增加的生产力总是产出有加无已的巨额屯积品，还有更甚于此的，是此等生产力造成将来作更大量生产的可能性。这样，经济问题便转变过来了。在过去的问题是：我们怎样藉生产去满足消费的欲望？现在的问题恰恰相反，就是：我们怎样使我们容易产出的大量生产物流到消费者方面，使此等物品真正是被消耗了？这是必须解决的一个大问题，并且不复是在远的将来必须解决的。因为人民的经济构造不断地暴露在此等凶猛的扰乱之前，恐怕不复能持久了。我们如果一经看清，这个问题是不能并且不会依照向来限制生产这种唯一的企图解决的，而经济上的必要是要依照提高消费这条恰恰相反的道路通过，使现在生产的以及后来更多的一切生产物真正都被消耗，于是为从来所未想到的和充满希望的无限好光景就会出现了。我们从此可想见的一种社会状况是，其中每个人物质上的痛苦都被解除了，因此一切人物质的生存都有保障，他们可以从事于高贵的新职务。在这样的一种社会状况中，个人的才能可以充分发展，于是个人的自由与群众的幸福才初次在历史上实现出来了"。①

这个附录讨论马克思危机学说的本质，重点放在生产与消费之间的平衡被打破这一点上。首先指出，生产为了消费，满足人们的欲望，这是简单而根本的真理。二者之间的平衡，才是经济的理想状态。现在由于生产者和消费者之间的连接有众多复杂的因素作为媒介，人们很容易忘记这个基本道理，结果往往打破这种平衡，出现危机，表现为一面生产者因大量的商品卖不出去而堆积，一面消费者对商品的急切需要得不到满足。这是将马克思从商品二重性的内在矛盾入手，阐述其中包含着危机的可能性的抽象分析，转换为从外在的生产与消费的平衡入手，说明危机是对这种平衡的扰乱，可谓一种通俗化的解释方式。

其次从历史上考察，长期以来，生产与消费的平衡一直存在。氏族原始社会小范围的生产，直接满足自身的需要；此后随着文明的进步，为自己生产仍然占据优势，因丰收或胜战而出现生产过剩的现象，依然未超出生产直接满足消费的准则；直至人口增长、经济发展从而欲望提升，引起分工和商品生产，才打破生产与消费之间的直接联系，产生扰乱平衡的可能性。这一时期尚属简单商品生产时期，从未听说商业危机，即消费与生产之间的平衡产生重大破坏；如果说有危机，也是来自战争等外部原因，不像如今来自内部的生产过剩的危机，那时生产与消费的关系，仍是简单、明白和可以看得见的。危机的要素，产生于简单商品生产转入资本主义的初期。二者的差别，从外部看，直接生产者丧失独立性，前期的手工业者是为自己劳动的主人，后期的雇佣劳动者是为资本家主人劳动；从内部看，更重要的是劳动组织发生了变化，手工业师徒制的学习和掌握各种工艺的生产，变为资本家将多数劳动者结合在一个工厂中，每个劳动者专门从事某一工序操作以提高劳动强度，全体劳动者有规律地共同劳动以提高生产效率。这里沿着上面的通俗化思路，以德国古代为例，说明生产与消费的关系在历史上如何一步步解体，以致完全脱离开来，从根本上动摇二者的平衡，使生产过剩的危机从可能性变为现实。

再次解说资本主义生产的特征，直接引用《资本论》中的若干例证。如以第一卷所列举的活字铸造业为例，说明在每一个工人只从事一种操作的情况下，不同的操作必须使用不同比例的工人，由此形成有机的共同协作关系。这是以往生产中从未有过的全新要素，使生产不再单独由消费来决定，同时须以生产自身的必然性

① 以上引文除另注外，均见李云译《资本论解说》，昆仑书店 1929 年版，"附录"第 1—18 页。

为转移，否则便不能充分利用生产器具而给资本家带来损失。也就是说，这些生产设施一旦存在，就有了独立的生命，超过消费的欲望而自有其目的，生产和消费的联系也就被完全切断了。在资本支配下，生产的自我发展达到顶峰，劳动阶级的消费需要却因限于必需的范围而无法满足，所以危机的可能性更加增大了。又如以第二卷所列举的社会生产两个部类的简单再生产公式为例，显示消费资料的生产和生产资料的生产之间，必须保持极精确的比例关系。由此延展到一切生产部门之间，都必须保持相应的平衡关系，这是为了提高生产力，从生产组织自身发展出来的一致性定律，并不适合消费的需要。即使在简单再生产条件下，也不能完全保持这种平衡，更不用说在扩大再生产条件下，固定资本与流动资本之类的复杂平衡因素，以货币为媒介的各种交换或使用货币的过程中所产生的新的干扰等。这些举例，在马克思的著作里，本来有其他的意思，这里都被用来证明在现代资本主义社会，生产和消费之间连近似的平衡也难以实现，所以很明显，危机是不可避免的。实际上，只着眼于生产与消费之间的平衡，不足以说明马克思的危机理论，它忽略了其他更重要的因素，如资本私有制问题。

最后根据恩格斯《共产主义原理》中的有关论述，回答将来如何解决生产与消费之间的矛盾即危机问题。这个回答，没有忠实地引述恩格斯的原话，抽取某些观点来附会自己的解释。这些观点主要见于此小册子回答第 12 个问题"产业革命更进一步产生了结果"，第 13 个问题"这种定期重演的商业危机会产生什么后果"，以及第 20 个问题"彻底废除私有制以后将产生什么结果"等内容①。引述者想借此解答现代资本主义在增进生产力方面取得伟大功绩的同时，在破坏生产与消费的平衡方面达到不可救药地步的原因，进而提出解决的思路。思路大致如下：危机起因于生产力向前发展的过程中，生产不能顾及消费的需要，不能顾及部门之间的相互关系，不能顾及有无销路，只考虑充分利用现有大量设备以防其价值损失，因此难免隔几年出现一次的周期性破坏；那么，是继续发展生产力以创造更大量的屯积物，还是企图限制生产；这时应当转变认识，从过去重视生产以期满足消费的欲望，转向重视如何使大量轻易产出的生产物流到消费者手中，真正被消费；现在必须解决的大问题，不能再让国民经济结构不断暴露在凶猛的危机之前，这是无法持久的，唯一通道是提高消费，使现在生产的以及今后更多生产的一切生产物真正

① 《马克思恩格斯选集》第 1 卷，人民出版社 1972 年版，第 216—217、222—223 页。

被消费掉；只有这样，才会出现从未想到的和充满希望的美好光景，让社会中一切人都解除物质上的痛苦，具备物质生活的保障，从事更加高尚的新职业，充分发挥每个人的才能，在历史上第一次实现个人的自由和群体的幸福。总之，解决矛盾的办法，就是继续大力发展生产力，同时相应提高消费程度，使生产与消费之间在更高层次上获得新的平衡。但问题恰恰是，怎样才能提高消费能力与水平，这不是单纯转变思路和认识就能实现的。从这些引述里，再次而且更加明显地看到，恩格斯原作的有关思想，如建立全新的社会组织，整个社会按照确定的计划和社会全体成员的需要来领导；造成现今的一切贫困灾难，完全是不再适合的社会制度，彻底铲除这一切贫困而建立新社会制度的办法，已经具备；社会将剥夺私人资本家对一切生产力和交往工具的支配权，剥夺他们对产品的交换和分配权，根据实有资源和整个社会需要来制定计划，据此首先消灭同现行大工业制度相联系的一切有害的后果，终止在现今社会制度下扩大生产引起生产过剩的经济危机，消除产生贫困的极重要原因，等等，都被舍弃不用了。剩下来的论述，仅采用将来的生产一定要大大扩大，超出社会当前的需要，引起新的需要，同时创造满足新需要的手段，以生产余额作为进一步前进的条件和刺激之类。也就是说，恩格斯的思想被扭曲了，只选取他的某些论述，如未来消费与生产平衡的理想状态，而关于实现这种新的平衡的其他观点，如改变现行社会制度而建立新社会制度，剥夺资本家的私人所有与支配权以铲除贫困的根源，按照实有资源和整个社会需要来制定生产与分配计划等关键性措施，统统被撇在一边。这样只谈理想状态而不接触现实制度，只谈最终结果而回避实现目标的路径方式，是引用上的一种选择性安排。

总之，这个附录把生产与消费之间平衡的破坏，看作马克思危机学说的本质，把恢复生产为了消费的本来目的，依此实现二者之间新的平衡，看作消除危机的核心内容。专就阐述生产与消费的关系而言，附录的解说，有助于比较通俗地理解马克思危机学说的有关涵义。包括生产的目的原本为了消费的简单道理，历史上经历了从为自己消费而生产到为他人消费而生产的沿革演变，资本主义社会的生产和消费之间存在各种复杂的平衡与比例关系、刺激生产的自身规律与脱离消费的需要造成生产过剩的必然结果，解决生产与消费不平衡的矛盾不能靠限制生产而应继续发展生产力以满足和创造新的消费需求等内容，为以前介绍马克思危机学说的著述所少见或未见。但是，以此作为通俗解释《资本论》或马克思经济学说的一个典型案例，存在明显缺陷。此附录用来说明《通俗资本论》一书第24章的"危机"，或许那一章对马克思的危机学说有更全面的论述，但在附录里，把生产与消费之间平衡关系的表象，作为这个危机学说的"本质"，显然忽略了其背后更深层的制度性原因，如以剥削剩余价值为主旨的资本私有制度；至于引用恩格斯的著述，挑选其中跟生产与消费平衡与否有关的内容，抹去同解决不平衡有密切关系的那些社会制度因素，更是有意为之。依此附录而论，对于《通俗资本论》一书是否如其著者所称，忠实复述了马克思的原话，不免产生某种怀疑。

### （四）从译者序言所得到的补充认识

上面考察博洽德所编《通俗资本论》的中译本，系以原编者的序言、内容及其附录为主，从中可以看到译者李季的译笔虽有生涩之处，总体说来通俗易懂。这恐怕是他 1925 年从德国法兰克福大学经济学系留学回国任教的成果，留学德国，自然会留心德国学者的著作并作为选译的重点。1922 年出国留学之前，李季已关注并翻译国外社会主义和马克思学说的著作。前面介绍 1920 年出版的《社会主义史》译本，1922 年出版的《价值、价格及利润》译本，就是两个例子。他留学德国，关注的仍是《资本论》的通俗化读本。仅以这三个译本来说，李季在早期系统而完整地引进和传播马克思经济学说方面，作出了突出贡献。三个译本引进马克思学说，或多或少都存在一些问题。如《社会主义史》译本，曾对毛泽东转为马克思主义者，产生过重要影响，但它的两位英国作者或增订者，不是倾向费边社会主义，就是费边社会主义者，对于马克思学说，既有肯定，亦有批评；《价值、价格及利润》译本，本是马克思原著，而译本的校订者作序，却全然否定劳动价值论和剩余价值学说；《通俗资本论》译本，号称忠实和通俗地复述马克思的三卷本原著，但它的附录，又对废除现行资本私有制度以消除经济危机的解决社会矛盾方式，采取回避态度。看来，伴随着质疑、批评和曲解，是那个时期马克思主义经济学在中国传播的常态，而国人中的先行者也正是通过这种常态，来认识、鉴别和吸取马克思经济学说的精髓。

其实，在上述结语之外，对于当时中国传播《资本论》的形势，更能直接并鲜明地体现李季的思想认识者，是他为 1926 年初版的《通俗资本论》中译本所撰写的译者序言。由于初版本未得见，以后流传的其他一些版本，如前述 1929 年的昆仑书店版和 1949 年的国光出版社版，又均未保存此译者序言，故很容易被遗漏。兹据署名马克思原著，博洽德缩编，李季翻译《通俗资本论》的亚东图书馆 1937 年 6 月第 5 版，李季作为译者留下了一篇极具针对性且篇幅颇长的序言，直抒胸臆，围绕《资本论》在中国的传播，提供了其时难得见到的新认识。

这个译者序言写于 1925 年 12 月，大致可分为相互关联的两部分。一部分是针对当时国内批评马克思学说的著作所作的回应，有如下述：

"在欧洲留学时，常听见友人说，近三四年中，国内批评马克思学说的著作逐渐多起来了。我当时虽想罗致此等作品，一饱眼福，竟不能达到目的，直至今年九月归国后，才能如愿相偿。不过我读了这些大著之后，实在有点失望。因为这一般'批评家'对于马克思的学说，大都是些门外汉；他们自己没有研究过这种学说，偏好将他们的一知半解发表出来。他们的议论，本来是信口开河，丝毫没有价值。然因他们在著作界中各占有相当的地位，而国人鉴赏的能力又极薄弱，所以他们的话，居然能够哗众取宠，惑世诬民！"

举例来说，胡适之先生是国内有名的学者，是顶着哲学博士头衔的哲学专家，时常劝大家对于一种学说，当深加研究，然后加以介绍或批评，"免去现在许多……半生不熟，生吞活剥……的弊病"，"不要叫一知半解的人拾了……去做口头禅"。然而他自己谈马克思的哲学即唯物史观，"就犯了这种毛病"。他在《科学与人生观》上卷序言中驳陈独秀先生道："其实独秀也只承认'经济史观至多只能解决大部分问题'。他若不相信思想、知识、言论、教育，也可以'变动社会，解释历史，支配人生观'，那么，他尽可以袖着手坐待经济组织的变更就完了，又何以辛辛苦苦地努力宣传事业，谋思想的革新呢？"照上面一段话看来，适之先生以为唯物史观仅认经济是社会发展中发生积极作用的唯一要素，至于思想、知识、言论、教育等等都是消极的，都不发生作用，专待经济去促它们的进步。"这种拙劣的见解与唯物史观的本意真是相去十万八千里！适之先生更荒谬的地方，就在他认唯物史观的任务是在'解决'社会上单独的事件"。如他见着溥仪连呼"皇上"，因冯玉祥逼走溥仪，大叫丧失"国际信用"；见人家发传单反对印度圣人泰戈尔，斥为非"君子国"待人之道；见人家提倡反对文化侵略，讥为"无识妄人"。又如他自己对这样的"解决"也许费过气力，没有获得很好的结果，于是觉得唯物史观包办不了"解决"社会上一切零星事件，只能"解决"大部分问题。其实参看博洽德《历史的唯物论》1922 年第 2 版，"唯物史观的任务不在'解决'（应当说'解释'）社会上单个的事件，但在供给我们以了解社会革命的锁钥，但在解释社会革命"。"关于这一点，主张埋头研究学问的适之先生何尝梦见过？可是胡适之先生上面那样'半生不熟，生吞活剥'地解释唯物史观，不怕'一知半解的人拾了……去做口头禅'么"？

其次，马寅初先生是国内有名的经济学教授，他的演讲集"劝告人家莫高谈马克思的学说，免作'皮肤之论'"，"特别劝告研究经济学者要深思博览，避去'言之不慎'的弊病"，"但可惜他只知道劝人家，却忘记了劝一劝自己"！我们且看他怎样描写马克思社会主义的学说："马氏曾有资本主义自杀政策之说。夫资本主义自杀政策者何？即谓现在实业发达，一切产业集营于公司，而公司换以股票，是昔日有形之产业，忽变而为一张纸片，一切权利，皆可以过渡之方法转移之。以此之故，主张共产者，谓若欲实行共产，惟在公司帐户上划之而已。手续异常简便，如张某之户可以划入共产之户是也。并无如昔时有物质上之产业，转移困难。此说一出，又兼欧战后，俄国之实行，世势因之巨变，而马氏社会主义之说，亦以之大勃兴也。"他以为马克思承认"一切产业集营于公司"，换取"一张纸片"的股票，容易转移，这就是"资本主义自杀政策"，因为"实行共产"只须将此等产业从"公司账户""划入共产之户"；"欧战后俄国之实行"，也只是用成千上万的书记干这种将产业从"公司账户""划入共产之户"的勾当！"这种说法，不仅是'皮肤之论'，简直是'言之不慎'，简直是大错特错"！另外他驳马克思等人的劳动价值说，"列举五个疑问，以相非难，完全暴露他丝毫不懂得马克思的劳动价值说是什么一回事"。"最好笑的"是下列一个问题："如公园之大柏树，锯去则价值小，不锯则价值大，是费劳动力而价值反小也，是何故欤？"大柏树"锯去则价值小"，这是就出卖给别人而言，指交换价值；"不锯则价值大"，这是就供游客赏玩而言，指使用价值。"马寅初先生对于交换价值与使用价值混为一谈，没有划分清楚，偏要执此去非难马克思的价值说，岂不是太冤枉了么"？

此外，如陶孟和在马克思《价值价格及利润》一书中所作的序言，谢瀛洲①在广东大学《法科学院季刊》上所发表的《马克思学说之批评》，"对于马氏学说的介绍与批评错得一塌糊涂，几令人无从指摘起"！"这些鼎鼎大名的'学者'谈马克思的学说，既如此讹错百出，至于其他学力不及这些'学者'的人以及故意反

---

① 谢瀛洲（1894—1972），广东从化人；早年就读广东存古学堂及上海藩古学校，1916 年留学法国巴黎大学法学院，本科毕业后转入该校研究院，1924 年获法学博士学位；回国后任大元帅府法制委员并加入国民党，先后任广东大学教授、陆军军官学校政治总教官、南京中央大学法学教授、北平大学法学院院长、国民政府司法行政部常务次长等，1932 年任广东省政府委员兼教育厅厅长，创办广东省高级工农职业学校，1934 年任广东省高等法院院长，1936 年任国民政府审计部驻粤审计委员兼广东省审计处长，1945 年任审计部常务次长；1947 年被选为国大代表，1948 年任最高法院院长，后去台湾至去世。

对马氏学说的宣传家，其议论的每况愈下，更不待言了"。此处用不着再浪费笔墨，举出他们的尊姓大名。

"我们现在对于这一批'学者'的议论，如果一一加以反驳，便是驳不胜驳，如果听其流行，则许多直接间接和他们议论接触的人都会受他们的欺骗。这倒是学术界一桩大不幸的事。可是他们所以敢公然将他们的一知半解发表出来，是明明以国人的鉴赏能力薄弱，容易受其愚弄；而国人的鉴赏能力薄弱，是因国内缺少真正介绍马克思学说的著作，大家得不到一个比较，故无从辨其真伪。因此，我们要对付这一批'学者'，用不着疲精费神，枝枝节节去反驳他们，我们只要很忠实地将马克思的学说尽量介绍过来，他们自然而然不敢再信口开河了"。[1]

面对当时国内学术界兴起的批评马克思学说的一股浪潮，李季的回应，既有时代特点，又十分犀利且态度鲜明。一则从时间上看，所谓近3、4年间国内批评马克思学说的著作逐渐多起来，恰好发生在李季1922—1925年留学欧洲期间，也就是自俄国十月革命和我国五四运动，推动马克思主义在中国的传播达到一个高潮之后，接着遇到来自国内学术界一些批评家们的强烈反弹，各种驳斥、抨击和劝诫的论说相继而出。李季既然在出国留学前致力于马克思学说的传播，堪称促成传播高潮的学术界代表之一，那么他对同样来自于学术界的这股逆向的批评潮流，自会具有不同于寻常之人的特殊敏感性。

二则从基本判断上看，李季回国读了这些具有代表性的批评类著作后，总体感到失望。原因在于这些批评家大都没有研究过马克思学说，明明是门外汉，却固执自己的"偏好"或偏见，发表一知半解的批评议论；这些批评本来是信口开河，没有丝毫价值，然而由于这些人在学术界的地位影响，以及国人缺乏鉴别能力，所以"居然能够哗众取宠，惑世诬民"。当然，这里所说的批评家，用当时的国民知识素养衡量，在认识马克思学说方面未必都是些没有研究过的门外汉，有的可以说还做过较为专深的研究。但他们对于马克思学说显然存在着偏见，因此在马克思学说的传播者看来，说他们利用民众的相关能力薄弱，信口开河，哗众取宠，蛊惑人心，欺蒙国民，也在情理之中，表达了维护马克思学说的鲜明立场。

三则从选择的对象看，所针对的都是其时学术界声名显赫的代表人物，这也是此篇译者序言特别值得关注的地方。其中点名的几位，均有欧美名校的博士头衔，

---

[1] 以上引文除另注外，均见李季译《通俗资本论》，亚东图书馆1937年版，"译者序言"。

而且多数是译者在北京大学求学时的师长，显现出译者在认识马克思学说的问题上，挑战学术权威的意味。这大概同译者留学欧洲的数年熏陶所积蓄的学术底气，也不无关系。首先挑战的权威是胡适，是他批评马克思唯物史观的荒谬与拙劣。即一面主张对舶来学说要避免半生不熟、生吞活剥和一知半解的弊病，一面又借哲学专家的身份，曲解唯物史观以经济因素为社会发展的唯一积极因素，以思想教育之类为不发生作用的消极因素，又无法包办解决社会上的一切单独或零星事件等，这是犯了同样的毛病，不理解唯物史观的任务是为人们了解从而解释社会革命提供了锁钥。这个挑战以子之矛攻子之盾，毫不留情，恐怕是继李大钊质疑胡适的主义与问题一说之后，公开驳斥胡适对于马克思学说的误导的又一突出范例。接着挑战的权威是马寅初，是他作为国内有名的经济学教授，既然劝告人们特别是经济学研究者不要高谈马克思学说，以免肤浅之论，产生言之不慎的弊病，何以自己又轻率而大错特错地解释马克思的社会主义学说。如把资本主义自杀政策，说成资本主义发展出股份公司，结果通过一纸股票的账户划转，可以轻易地将私人产权转变为共产，而苏俄实行共产，便是由大批文书来干这种产业权利的划转勾当；又如质疑马克思的劳动价值学说，实则根本不懂，甚至连交换价值与使用价值也划分不清楚，却偏要固执地加以非难，岂非荒唐。这个挑战，从哲学领域转到经济学领域，其维护马克思学说的立场，驳斥各种批评论点的错误，乃至讥讽批评者自相矛盾和破绽频出的犀利程度，丝毫不逊于前个挑战。更让人意外的是点名陶孟和为马克思《价值价格及利润》译本所作的序言，认为那里对于马克思学说的介绍与批评，"错得一塌糊涂，几令人无从指摘起"。要知道这个译本正是出自译者李季之手，如此点名等于公开拒绝陶孟和作为这个译本的校订者所作序言的主旨。此序否定马克思的劳动价值论和剩余价值论，曾被看作附着在这个译本上的一个污点。现在看来，当初李季在出国留学前出版这个译本，未必赞同其而反对陶氏序言的论点，却无由表达出来。如今时隔数年，又增添了海外留学的学术根底，才有机会并有能力向校订自己先前译本的作序者兼学业师长提出挑战，而且拒绝的口气之严厉，没有留下任何情面。总之，选择权威学者作为挑战的对象，意在揭示他们对于马克思学说的批评，既然如此讹错百出，也就不用说那些学力不及他们的学人以及持故意态度的宣传家们，反对马氏学说的议论之每况愈下了。这样的回应，直接反驳和汇总清算留学欧美的国内学术界权威人士批评马克思学说的代表性论点，在当时推进或阻碍马克思主义经济学传播的不同势力的较量过程中，颇为鲜见。

四则从回应的用意看，无疑是在强调面向国人忠实并充分地介绍马克思学说的重要性和必要性。在李季看来，现在国内学术界的大不幸之事，在于面对一批所谓学者批评马克思学说的议论，一一反驳，驳不胜驳，听其流行，直接间接接触这些议论的许多人会被它欺骗；这些人敢于公然发表他们的一知半解，究其原因，又在于国人的鉴别能力薄弱，容易受其愚弄；再进一步追究，国人的鉴别能力之所以薄弱，因为"国内缺少真正介绍马克思学说的著作，大家得不到一个比较，故无从辨其真伪"。因此，我们对付这批学者的有效办法，只须忠实地尽量介绍马克思学说，用不着跟着他们去反驳那些枝节分散的论点，让他们在真实的马克思学说面前不敢再信口开河。这样，译者序言的前半部分，通过一步步的引导，从直面国内近年来批评马克思学说的著作增多，到初步判断这些著作总体说来属于带有偏见而缺乏认真研究的信口开河和一知半解，再到列举若干学术权威逐一数落其批评论点的荒谬、拙劣、歪曲、自相矛盾、大错特错或错得一塌糊涂，最后归纳出一个重要结论：这些批评家出于偏见或故意，难以改变他们对待马克思学说的基本立场与观点，而他们敢于信口开河去发表那些一知半解的观点并能够欺骗和愚弄民众，根本原因还在于国内缺少真正介绍马克思学说的著作，从而缺乏比较和辨别真伪马克思学说的能力。由此也就把回应国内批评潮流的重点，从囿于那些批评家的个别论点，转到尽量多地忠实介绍马克思学说本身上来，亦即铺垫了《通俗资本论》译本推出的时代意义。

译者序言的另一部分，着重于说明《资本论》在介绍马克思学说方面的重要性以及介绍《资本论》的难度、方法及有效途径，有如下述：

"我们要尽量介绍马克思的学说，应当把他的一切著作翻译过来，犹当首先翻译他的《资本论》"。因为《资本论》是马克思付出大半生精力创作出来的，从马克思与恩格斯（原译"昂格思"）的通信看，自认为是他的"主要著作"；而从《资本论》第一卷的英文版序言看，也被欧洲大陆称为"劳动阶级的圣经"①。不过《资本论》有三大卷，共 2200 余页，译成中文当在 120 万字以上。"如此宏篇巨制，不独非短时间所能译成，殊嫌缓不济急，即令译成问世，也必定很少人具有读这种著作的要求。这并不是我们妄为臆断，德国实在有先例给我们看的。《资本论》是用德文著成的，而德国又为学术最发达和劳动阶级教育程度最高之国。可

---

① 其今译文为"工人阶级的圣经"，见《资本论》第一卷恩格斯的英文版序言，人民出版社 2004 年版，第 34 页。

是无论德国的学术界人士也好，劳动阶级的人也好，绝少读过全部《资本论》的。他们至多只读《资本论》第一卷"。如有产阶级著名经济学教授施班（O. Spann，今译施潘①）在他的《国民经济学的主要学说》（今译《国民经济学基础》）一书中，指示研究经济学的方法时开列了马克思的《资本论》，"只及于第一卷"；德国社会民主党 1914 年让考茨基注释《资本论》，"也只及于第一卷"，考氏在其注释的序言中还说，"寻常的读者通晓了《资本论》第一卷，已经是大成就，此卷对于工人最为重要，因为其中所讨论的种种定律是支配生产中资本与劳动之间关系的"。"在《资本论》出现的本国，尚少人去全读，难道译成中文，能逃出例外么"？

《资本论》的第一卷既然对工人最重要，世人通常又只读这一卷，"我们如果将这一卷译成中文，岂不是将《资本论》的要点介绍过来了么"？不过，根据贝尔（原译"柏尔"）在《马克思传及其学说》中的说法，"第一卷表现最大的难关。作者为着创造一种名著起见，以极大的努力，使价值和剩余价值的学说达到一种哲学——一种黑格尔逻辑——的高程度，这本是非必要的。作者是以一个精神上角力者（的精神）去对付他的对象的"。从考茨基注释《资本论》第一卷的序言看，"马克思自己也承认第一卷的起首几章最难，所以他开一个读书方子给他的朋友的夫人，叫她先从中间和后面读起"。可是我们不单独介绍《资本论》第一卷，不仅因它本身比其余两卷更难读，还因它和其余两卷"一气呵成，互相贯串，互相说明，倘若遗弃后面两卷，使之偏而不全，则第一卷的意义愈加容易为人误解，至少也是愈加不容易显明了"。所以考茨基在其注释本的序言中又说："要完全了解其中的一部分，必须知道全体。没有第二和第三卷，不会充分了解第一卷，第一卷中有许多（部分）——即第一卷讲商品和货币的最大部分——构成二三两卷的预备（材料），比构成第一卷后面的发挥（张本）更多，并且对于了解流通进程，比了解生产进程更为重要。"

既然《资本论》的全部不能仓卒译成，译成后也未必有多少人过问，而《资本论》的一部又不宜单独行世，"我们介绍此书的计划，岂不是终成泡影么"？首先"决不会"出现这种情况，其次"也不是"拿考茨基的《马克思经济学说》，"阿卫灵"的《学生的马克思》和"黄特曼"的《马克思经济学》这一类的书来

① 施潘·奥斯马（Spann Othmar, 1878—1950 年），生于奥地利，学成后先在摩尔维亚的布尔诺高等技术学校任教授，后转入维也纳大学任教，两次世界大战期间成为德国和奥地利最著名的经济学教授之一；最重要的经济学著作为《国民经济学基础》。

作替身。那么，"到底是什么书呢？就是博洽德所编的马克思《通俗资本论》"。博洽德为"德国治马克思学说有名的学者"，潜心研究《资本论》至 30 年之久，并于 20 年前应比利时京城布鲁塞尔（原译"不律塞"）社会科学院之请，与比国一个同志将《资本论》二三两卷译成法文。欧洲大战爆发后，他得着闲暇时间，编纂他多年想象的马克思《通俗资本论》，至 1919 年下半年脱稿付印。出书后 15 个月内，即销去 1 万部，未几又被次第译成英俄法日等文字，"真是风行全球了"。上述考茨基、"阿卫灵"和"黄特曼"等人的著作，"不是仅限于描写《资本论》第一卷的学说，就是挂一漏万地将三卷中的学说略说一下，并且全是用他们自己的语法表现出来的"。"博氏所编纂的《通俗资本论》则含有三卷中最重要的学说，其中文字有百分之九十以上是出自马克思自己的手笔，博氏的任务只在用些承接的文字，将马氏的作品结合起来，或是将马氏艰深的文句，使之通俗化。因此，我们一读此书，即真正读了马克思《资本论》的简明本，这是本书比其他任何类似著作的价值独高的地方"。

"《通俗资本论》为《资本论》的缩本"，然而"就编制上讲，两者是不相同的"。《资本论》第一卷所论，为资本的生产进程，首先探讨构成资本主义社会财富的商品，次则及于货币，再次则为货币的资本化，绝对剩余价值与相对剩余价值的生产，劳动工资，资本的蓄积，而以原始的蓄积为殿，由此追溯到大工业资本的前史，并推论其将来的出路。"我们在此处所看见的主要事件是劳动者在工厂中替资本家生产剩余价值"。第二卷所论，为资本的流通进程，资本家将工厂中生产的商品运到市场上出售，换取货币，再投入生产，使生产进程得以继续下去。第三卷所论，为资本主义生产的总进程，"资本家在流通进程中既因商品的出卖而实现了剩余价值，此时就将其转变为利润，利息和地租，分配于全资产阶级"。"马克思这样做法，本造成一种极自然的统系"。所以根据"墨尔林"的《马克思传》，卢森堡女士说："就这部大著作的全体观，我们可以说，第一卷及其中所发挥的价值律，工资和剩余价值，将现社会的基础赤条条地暴露出来了，第二和第三两卷则表现立在这种基础上面的上层建筑物。我们还可以用一种完全不同的图形形容出来，就是，第一卷示我们以社会有机体的心脏，而血液是由此心脏中产生出来的，第二和第三卷示我们以全体的血液循环及营养，一直到最外部的表皮细胞为止。"我们在上面已经说过，《资本论》以第一卷为最难，而第一卷又以起首几章为最难。"博洽德编《通俗资本论》，如果仍旧依样葫芦，则普通一般人起首就遇着难关，所谓《通俗资本论》，那便是名不符实了。所以他特变更计画，将其中次序稍微颠倒一下，由浅入深，由易入难，务必引人入胜，使不感着何种困难；而全书自成一气，丝毫不露出割裂的痕迹，这是编者手段高妙之处"。从《通俗资本论》的序言看，编者"自认他在一方面是很忠实地保持马克思学说的意义和内容，在他方面是使平常人和初学者容易了解"。"这两点他确是做到的"。"英文译本称此书为'民众的马克思'……，也就是表示此为民众所能读的书了"。"《通俗资本论》既为民众所能读的，则民众万不可不读"。为什么呢？因为马克思说过，"《资本论》的终极目的是在'表现近代社会的经济运动律'"①。"哥郎瓦尔德"的《马克思资本论入门》同样引用恩格斯的话说："世界上自有资本家与劳动者以来，没有一部书对于劳动者像本书这样重要。资本与劳动的关系是现社会全部制度的枢纽，这种关系在本书中才第一次依据学理发挥出来，其持论既彻底，又复锐利无匹。""生息于现社会的民众要知道他们自己所处的地位，要了解现社会制度的枢纽，对于本书不可不人手一编藉资考镜"。

　　"不过民众要读此书，在未开卷之前，望着书名，马上会发生一个疑问，就是'资本到底是什么'"？关于资本的学说，种类很多，我们对于"已经陈腐的，或过于怪诞的学说"，一概从略。例如中古时代的人以及重商主义的学者认为资本是"一种出贷的货币额"，赫尔曼（Hermann，原译"黑尔曼"）认为资本是"一切有交换价值而又继续耐用的货物"，李斯特认为"于物质资本之外，又有所谓精神资本"，罗雪尔（Roscher，原译"罗竭"）"也有无形资本之说"等等。这里只介绍一二位"最著名的学者的学说"如下。"经济学的始祖"亚当·斯密（原译"亚丹斯密士"）在其《原富》中以为，一个人的"全部财富分为两部分。一部分是他希望藉以获得一种收入的，这就叫做资本。另一部分是满足他的直接欲望的"。又说："一个人总希望从他所用为资本的每种财富中获得一种利润。因此他仅用这种财富去维持生产的劳动力，当他将此用作资本时，即构成一种收入。可是他如果用这种财富的任何部分去维持任何种不生产的劳动力，则这一部分即刻就从资本中取出而列入直接消费的财富了。""与亚氏齐名"的李嘉图在其《政治经济学及赋税原理》（原译《经济学与赋税的原则》）中说："资本是一国用于生产的财富部分，这是由维持劳动活动所必需的食料、衣服、器具、原料和机器等等成立的。"上述

----

① 其今译文见《资本论》第一卷第一版序言，人民出版社2004年版，第10页。

亚当·斯密和李嘉图对于资本的学说，"一直到现在，还是为有产阶级的经济学所公认的。""他们以为凡用于生产中的生活资料和生产工具等等就是资本，用于享乐消费的财富即非资本。照他们的说法看来，不独四千年前唐尧帝时代因'凿井而饮，耕田而食'所用的食料和工具是资本，此等凿井耕田的自耕农是资本家，即原始共产社会一切用于生产方面的食料和工具也都是资本，而原始共产社会的人尽成为资本家，因为当时的人都从事于生产，没有无故而不劳动的。不仅是这样。婆罗洲的猿类能用木材架屋，能运用木石去获取各种食物，即下至于猴子也能用石头去击碎硬壳果，吸取果仁，是猿猴所用的养料和木石也是资本，而猿猴都变成资本家了！不独兽类如此，即昆虫类如蜜蜂等在生产中也有资本，蜜蜂也是资本家了！所以照此推论起来，有产阶级经济学者对于资本的学说实在是太滑稽了！"

"资本到底是什么呢"？科学的社会主义者马克思在《雇佣劳动与资本》（原译《工钱劳动与资本》）中告诉我们："资本是一种社会的生产关系。这是一种资产阶级的生产关系，是资产阶级社会的生产关系。"① 考茨基注释《资本论》第一卷中说："一种人如果不遇着另一种人——即工钱劳动者——因受压迫而自愿出卖自己，则前者虽据有货币，生活资料和其他生产工具，尚不能变成资本家。因为资本不是一种物品……，但［而］是一种藉物品表现出来之人与人的社会关系。"所以《雇佣劳动与资本》中说："一个黑人只是一个黑人。要在一定的关系之下，他才变成奴隶。一架棉花机只是一架纺棉花的机器，要在一定的关系之下，他才变成资本。他一离开此等关系，即不是资本，恰如金子自身不是货币，沙糖不是粮价一样。"② 考茨基注释《资本论》第一卷中更明白地说："生产工具和生活资料为直接生产者——即劳动者自身——的财产时，即非资本，此等生产工具和生活资料同时用作剥削和宰制劳动者的工具——只有在这种条件之下，才变成资本"；"资本是死的劳动，他和吸血鬼一样，要吸取生的劳动，才能够生存，他吸取愈多，则生存愈好。""马克思对于资本的学说，真是精当绝伦！照他的说法，不独蜜蜂与猿猴所用的生活资料和生产工具非资本，蜜蜂与猿猴自己非资本家，即原始共产社会中所用的食料与工具也非资本。这种社会中的人，也非资本家，即'凿井而饮，耕田而食'所用的食物与家具也非资本，凿者与耕农也非资本家。只有剥削和宰制劳动者的生产工具和生活资料才是资本，只有利用此等工具和赀料不劳而获的人，才是资本家"。

大家既然明白了资本的意义，便可以开始去读《通俗资本论》，不过还有几点要预先注意的，今特介绍贝尔在《马克思传及其学说》中的一段话如下："要懂得《资本论》，必须记着下列各点：（一）马克思没有下永久有效的界说；如资本、工钱和价值等等的观念都是历史的范畴，这就是说，他们在一定的历史时代中有一定的意义，在别种时代中便没有此等意义。例如价值的观念在别种时代中可以只指物品的有用性讲，在又一种时代中价值是可以由一种物品表现的功效或美丽做标准去决定的。但在现社会中，价值是由生产费决定的，而这种生产费由马克思用科学的分析，化为劳动。（二）马克思对于科学上发见的诸原则，视为事物内部的真正的性质，对于与之对峙的实践，视为事物表面的和由经验得来的现象。例如价值是理论的说明，价格则为经验的说明；剩余价值是理论的说明，利润则为经验的说明。由经验得来的诸现象（价格与利润）固然和理论有参差之处，但没有理论，此等现象是不能为人所了解的。（三）他对于资本主义的经济进程在本质上视为不受外界的阻碍与扰乱的，视为不受国家和无产阶级严重干涉的；马克思在《资本论》中所说的工人争斗与工厂立法，与其说是用为限制独立资本的剥削作用，毋宁说是用为完成生产力的发达。（四）他的心目中总是看着资产阶级，不是看着单个资本家的。"

末了，还有五点声明：第一，博治德编《通俗资本论》的目的，从其第 1 版和第 3 版序言看，"不是用此书去代替三大卷的《资本论》，使原书可以从此废置不用，他的意思是要藉此书为初阶，引导许多人去读原书"。"我们译此书的目的也不是用他去代替三大卷的《资本论》，但［而］是藉他为初阶，引导许多人去读大部头的《资本论》。我们在上面虽指出世间很少人有读这部大著作的要求，然我们决不因噎废食，遂不尽介绍原书的责任。因此我们只要稍得闲暇，即将着手翻译三大卷的《资本论》"。第二，本书系从 1922 年第 4 版的《通俗资本论》德文原本译出，"一切内容，均以此为根据（英文译本与德文原本间有出入之处）"。第三，"译书本分直译与意译两种，各自有其价值。本书几全用直译，希望藉此保持原文的神气。不过中西文法不同，有时须加些字句，才能显出原文的真意思；译者对于自由加入的字句，均用方括符［］作标记，以明责任"。第四，"原书所征引的书籍，如系英法意文等，即直接用英法意文等原名附入本书中，不再沿用德文译名"。第五，"本书对于原书一切文字均很忠实地译出，半点不敢遗弃，唯对于原书第三版所附加的检查表，因比较不甚重要，故暂时从略"。①

如果说译者序言的前一部分内容，以指名道姓地挑战那些批评马克思学说的国内学术界权威为其突出特点，那么此序言上述后一部分内容的突出特点，便是围绕《通俗资本论》译本的推介，引经据典，概括阐述了在我国传播《资本论》具有指导意义的若干理论原则。

其一，延续前一部分序言里回应国内批评马克思学说的思潮所得出的结论，即忠实和充分地介绍马克思学说是当前对付这种扭曲式批评思潮的最有效办法，接着进一步指出，在介绍马克思学说方面，介绍《资本论》居于不可替代的首要地位。因为在马克思自己看来，《资本论》是他花费大半生精力所创作的主要著作；恩格斯也说《资本论》在欧洲大陆常常被称为"工人阶级的圣经"②。类似这样推重《资本论》的评价和理由，在当时国内学术界已非鲜见，尤其成为传播马克思主义者的共识。此序的特点是，基于这个共识，结合我国国情，引申出比较有系统地介绍《资本论》的一套思路。

其二，尽管《资本论》在指导工人运动方面最为重要，但鉴于其三卷本的鸿篇巨制和理论难度，不可能将此原著轻易推广于普通民众特别是劳动阶级，更不用说教育程度落后的我国民众，必须寻找其他的有效传播方式与途径。这一点，在当时我国舆论界论及《资本论》的著述里，也有一致的认识。不过，此序译者根据自己留学德国的亲身体验，又提供了一些新的认知。例如，将此篇幅浩大的全部原著译成中文，短期内不可能做到，无法满足国内急迫的传播需要，即使译成问世，能读这种著作的人也必定很少，这在德国便有先例；德国学术发达而劳动阶级受教育程度很高，面对用本国文字写成的《资本论》，尚且绝少有人读过全部，或顶多读其第一卷，连那里的资产阶级有名经济学者参考《资本论》和社会民主党领袖注释《资本论》，也只及于第一卷，那么《资本论》译成中文又怎么可能逃出例外。又如，单把《资本论》第一卷译成中文，未必能介绍整个《资本论》的要点。这里的制约因素，涉及马克思从哲学的高度融合价值和剩余价值学说，并以极大的努力和精神角力的精神去创造一种经典名著，意谓不可能以浅近通俗为旨，反倒使

① 以上引文除另注外，均见李季译《通俗资本论》，亚东图书馆1937年版，"译者序言"。

② 恩格斯接着这句话还说："任何一个熟悉工人运动的人都不会否认：本书所作的结论日益成为伟大的工人阶级运动的基本原则，……各地的工人阶级都越来越把这些结论看成是对自己的状况和自己的期望所作的最真切的表述。"见《资本论》第一卷英文版序言，人民出版社2004年版，第34页。

第一卷尤其起首的几章，成为人们阅读的最大难关，这是马克思自己也承认的，由此势必会影响第一卷的翻译和传播效果；同时单独介绍《资本论》第一卷，既受制于它比其余两卷更难阅读，也受制于它与其余两卷互相贯穿说明而合为一体，遗弃后面两卷将因偏而不全，反使第一卷的意义更易被误解或更不易显明。这些认知，虽然有的内容也见之于当时国内一些著述，但综合起来说，体现了对《资本论》及其在我国传播的更为深入理解。

其三，在前述制约条件下，我国既不会由于翻译全部《资本论》的过于仓卒和未必有多少人阅读，或者单独翻译其中一卷的不宜采行，而放弃介绍《资本论》的计划使之成为泡影，也不会用其他介绍马克思经济学说的解说类著作来代替《资本论》本身，那么最好的选择，就是引进博洽德基于马克思原著所编的《通俗资本论》。这本书比起其他类似著作，显示出为它们所不及的独特价值或优势条件。一是编者本人具有研究马克思学说和翻译《资本论》后两卷的长期经历与深厚功底，他多年酝酿的《通俗资本论》一书，撰成出版后获得风行全球的显著成效。这在前面所考察的编者序言里，已有比较充分的自我介绍，译者同样肯定了这一点。二是此书不同于其他那些解说类著作，或者仅限于解说《资本论》第一卷，或者只是简略提到三卷的内容，不免挂一漏万，而是包含了所有三卷最重要的学说。三是此书的另一不同之处，不像其他解说类著作那样用自己的语言和语法去表现《资本论》的理论学说，其中 90% 以上的内容出自马克思本人的手笔，编者只是用一些承接语将这些内容连接起来，同时将马克思的艰深文句通俗化。后两点在编者序言里也明确提及，但译者据此把涵盖三卷本所有重要学说，用马克思自己的话来表述，以及力求通俗化，突出为真正的《资本论》简明本的三条标准。所以，虽然上述评价，带有推介《通俗资本论》译本的广告宣传意味，但适应于我国早期系统传播《资本论》的需要，对比已有的解说《资本论》译本，强调通俗化介绍与完整准确介绍相结合的衡量标准，据此判断高下优劣，仍属颇具洞见。

其四，着重说明《通俗资本论》作为《资本论》原著的缩编本，在编写体例上与原著不尽相同，致力于解决原著对于一般读者来说，难在第一卷特别是开头几章的阅读问题。译者先简略介绍《资本论》三卷本原来的体例结构及其内在逻辑关系，表明马克思这样写法的初衷，造成了一种以剩余价值的生产、实现和分配为核心的极自然的理论系统。此类介绍在当时国内不多见，却也不是绝无仅有，这里希奇的是引用卢森堡从整体上解说《资本论》第一卷与第二第三两卷之间相互关系的深入和形象比喻，令人耳目一新。照卢森堡的说法，让普通读者去理解第一卷所暴露的现社会的基础或所揭示的社会有机体的心脏，并与第二第三两卷相衔接，接着理解立于此基础的上层建筑物或从心脏中产出的直到表皮细胞的血液循环及营养，可能在第一卷一开始就会面临前面所说的阅读困难。如果仍旧按照原著的体例加以通俗化，困难依然存在，通俗化便名不副实。《通俗资本论》的独到和高明之处，在于编者变更《资本论》原有的体例结构，将其中的论述次序，本着由浅入深、由易入难的理路，稍微颠倒一下，使之引人入胜而不感到困难，并让全书自成一气而没有割裂的痕迹，确实做到了既忠实保持马克思学说的意义和内容，又使平常人和初学者容易了解。结果其英译本被称为"民众的马克思"，表示此书已为民众所能读。既然如此，根据马克思所说的《资本论》的最终目的是揭示现代社会的经济运动规律，以及恩格斯所说的《资本论》对于劳动者的重要性超过其他任何一本书，在于它第一次依据学理，彻底而又无比锐利地阐发了资本与劳动的关系是现社会全部制度的枢纽等论断，那么，生存于现社会的民众要明白自己所处的地位，了解现社会制度的枢纽，就不能不人手一册，借助《通俗资本论》一书来作为参考借鉴。这番说明，同样有点推介宣传的口吻，不过这也是有感而发：面对介绍《资本论》过程中的难点或难关，以《通俗资本论》为案例，提出了如何让《资本论》揭露现代资本主义社会秘密的深刻道理，真正普及于广大民众的传播课题。

其五，提示我国民众在阅读《通俗资本论》译本之前，先要弄清"资本到底是什么?"这个问题。换言之，马克思在《资本论》中所考察的资本，不同于传统的或一般经济学中所流行的资本概念，有其产生于特定历史阶段的专门涵义。姑且不论来自中世纪和重商主义时代的那些陈腐或怪诞的资本学说，即以至今仍为资产阶级经济学所公认的现代经济学的创始人斯密与李嘉图的资本学说来看，认为资本是用于生产活动的一切生活资料和生产工具，反之用于享乐消费的财富都不是资本。照此推论，远古时代包括原始共产社会用于简陋生产方面的食料和工具都是资本，使用这些食料和工具的原始共同生产者或自耕农也都是资本家，甚至连使用木石架屋取食的猿猴，进行筑巢采食生产的昆虫如蜜蜂，也变成有了资本的资本家。于此可知资产阶级经济学的资本学说不受任何历史时代条件的限制，会产生十分滑稽的推论。与此相反，马克思的科学社会主义认为，资本不是一种物品，体现了资产阶级社会的生产关系，是通过物品表现出来的资本家与雇佣劳动者之间的社会关系，生产工具和生活资料只有在脱离直接生产者即劳动者自身而变成剥削和宰制劳动者的手段时，才变成资本，而占有这些工具和资料不劳而获的人，才是资本家。这样的解疑释惑，包括引用马克思经济学原著中的经典论述，虽说在那时国内介绍马克思学说的一些著述里也提到过，却不如这里以马克思科学社会主义与资产阶级经济学关于资本学说的鲜明对立方式展示出来，更加令人瞩目和印象深刻。明白资本的意义之后，译者还提醒读者阅读《通俗资本论》时，预先注意几点。这几点看起来只是转述他人有关弄懂《资本论》的若干忠告，实则在这些忠告的背后，凸显的是马克思本人的研究理念，惟转述的表达方式未必完全切合马克思的原意。比如说马克思的资本、工资和价值等观念都属于历史的范畴，其特定的意义产生于特定的历史时代，并非超越历史时代而永久有效，这是基于唯物史观的诠释。又如说马克思将科学上发现的理论原则视为事物内在的实质，而将与之对应的实践视为事物表面的现象，那是由经验得来的，二者之间的联系是，由经验得来的各种现象固然和理论有所不同，但没有理论便不可能真正了解那些现象；这体现了《资本论》的方法论要点，先从具体到抽象，探寻各种发展形式的内在联系即发现科学的理论原则，再从抽象上升到具体，依据这些内在联系或理论原则，才能适当地叙述现实的运动即事物的表面现象。再如说马克思认为资本主义的经济进程在本质上不受外界的阻碍与扰乱，包括《资本论》中所论述的工人争取正常工作日的斗争和国家的工厂立法，与其说是限制了个人资本的剥削，毋宁说是促进了生产力的发展；这实际上以另一种话语形式，表达了马克思《资本论》中的一个重要思想，即社会经济形态的发展是一种自然历史过程，不以人们的意志为转移，即使探索到现代社会经济运动的自然规律，还是既不能跳过也不能用法令取消自然的发展阶段，虽然它能缩短和减轻分娩的痛苦。最后说马克思的心目中所考虑的总是资产阶级而不是单个资本家，这也是出自马克思的观点：资本家和地主只是经济范畴的人格化，是一定的阶级关系和利益的承担者，因此不能要个人对这些关系负责。也就是说，译者转引他人提示理解《资本论》须预先注意的几点忠告，其实都是从马克思自己的叙述（尤其见之于《资本论》第一版序言和第二版跋）中归纳出来的，尽管有些表达不那么贴切，但对于《资本论》的国内初学者来说，仍有醍醐灌顶之效。而且就像前面提示阅读《资本论》之前须先弄清资本是什么的告诫一样，均为当时国内引导阅读《资本论》方面难得看到的绳墨之言。

其六，最后几点声明，站在翻译的角度解释有关问题，除了涉及译自德文原

第一章 传播马克思主义经济学的各种著作

本，采用直译为主并加注标记，以及书中所征引的各种外文书籍附注其原名而不用德文译名等具体或细节说明外，关键突出了两点。首先，强调翻译《通俗资本论》的目的，无论编者本人还是译者介绍的初衷，都不是用此书去代替三卷本《资本论》原著的传播，而是借此打下初步的基础，引导更多的人去阅读原著；所以不能因噎废食，因为现在很少有人读这本大部头书而推卸介绍原著的责任，并打算抽空即着手翻译三卷本《资本论》。这是对《通俗资本论》译本的恰当定位，虽然此译本比起其他解说《资本论》的译本具有更多的长处，毕竟只是原著的缩编本或简明本，无法取代原著的价值，仅可作为入门的阶梯。这种观点，在当时国内传播马克思主义经济学的著述，尚处于注重通俗性介绍或普及式解说的初期阶段，可谓有先见之明。特别是译者宣称即将着手《资本论》三卷本的翻译，不论实施与否，却在我国开启了完整翻译引进《资本论》原著的先声。其次，强调翻译《通俗资本论》一书忠实于原作的努力，包括选择较新的第 4 版德文原本，忠实翻译原书的一切文字而不敢半点遗漏，坚持直译来保持原文的神韵，改变中西文法以显示原文的真实涵义为准，加入译者的文句须作标记以明责任等。这些翻译上的努力，现在看来不足为奇，但对比当时国内的翻译界，流行着通过原作的转译本，特别是通过日文翻译的二手货来重译介绍马克思经济学说的现象，显得不同寻常。这也体现出译者在德国留学数年的优势，故而至少能够在采用《通俗资本论》的更新德文原本和对照德文原文作完整直译等方面，保证翻译的忠实程度。

　　将李季的译者序言两部分综合起来看，在以上分别所作的评介之外，还可以获得一些新的认识。尤须注意的是，比较前面考察过的李季关于社会主义和马克思学说的各种论述，这个译者序言显示他对马克思经济学说的理解和介绍，在理论上有了一个很大的提升。例如：他 1920 年翻译《社会主义史》一书的自序，关注的是引进和讨论作为新思潮的社会主义学说及其运动，必先具备一种系统的历史的知识，即使提供这种知识的来自费边社会主义者，也无关紧要，并致谢胡适先生指示译书中的疑难之处；1921 年撰写的《社会主义与中国》一文，又认为马克思、恩格斯的学理有些过时，比如马克思推想社会主义一定最先实现于经济制度最完备的欧美国家，事实上却在经济制度极不完备的俄国率先实现，而澳洲也没有经过资本主义阶段便推行了社会主义的经济措施，由此证明中国只有资本主义发达后才能实现社会主义的论调是错误的；1922 年翻译马克思的《价值价格及利润》原著，更是在出版时并存着陶孟和批驳马克思经济学说的长篇校订者序言。诸如此类的例证，都发生在李季留学德国之前，也都在介绍马克思学说方面不同程度地存在着肤浅、误解乃至被他人利用的消极因素。

留学归国后，反映在李季1925年底翻译《通俗资本论》的译者序言里，这些消极因素荡然无存，相反表现出坚决维护、深入理解和有效传播马克思学说的独立精神与积极态度。譬如面对国内出现的批评马克思学说的潮流，挺身而出，反驳这是门外汉们用一知半解的偏见来哗众取宠和欺蒙国民；抨击那些学术权威在貌似公正的面目下信口开河，不论是曾为自己指点迷津的胡适，还是在经济学界赫赫有名的马寅初，他们批评马克思学说的言辞均充斥着矛盾、歪曲和谬误，特别是公开纠错和划清界限，指责陶孟和当初校订自己翻译马克思原著的译本，撰写序言介绍和批评马克思学说，通篇都是错误，甚至错到难以指摘的地步；判断近年的批评潮流能够盛行并迷惑人心，根子在于国人得不到真正马克思学说的滋养从而缺乏辨别真伪的能力，于是把忠实而充分地向国人介绍马克思学说提到十分看重的地位；分析《资本论》作为马克思最重要的代表作，在国内传播的理论难点和有效方式，既要忠实准确，又要便于理解，应当适应于国民现有素质，循序渐进，从讲求通俗易懂逐步走向翻译引进三卷本原著；提示《资本论》第一卷与后两卷之间相互依托而不能分割的逻辑关系，其资本概念与资产阶级经济学的资本学说有着本质区别，以及贯穿唯物史观，体现从具体到抽象、再从抽象到具体的研究方法，强调资本主义社会经济形态的发展是一个自然历史过程，关注资产阶级而非资本家个人之类的特征；推介《通俗资本论》比起其他解说资本论的著作，具有涵盖原著三卷本，主要引用马克思本人表述，针对难点关节加以通俗化的优势；等等。这些积极因素，不仅使李季领会马克思学说尤其《资本论》的广度与深度较之数年前大为改观，还主动在国内经济学领域而不是一般社会科学领域，开启了马克思主义经济学反对资产阶级经济学的正面交锋。这些新的因素尽管只是表现在译者序言里而不是专题著作的阐述，又专注于学术性探讨而不是直接用于指导实际斗争，而且序中广征博引的各种参考书目，也可见译者未必完整读过《资本论》原著，但这对于推进《资本论》的介绍来说，终究是来之不易的重要进展，代表了当时国内传播马克思主义经济学的先进知识分子的共同心声。

## 二、《资本论解说》译本

德国考茨基原著，戴季陶译，胡汉民补译，上海民智书局1927年10月初版。

早在 8 年前，考茨基这部原著，已由渊泉翻译并连载于《晨报》"马克思研究"专栏 1919 年 6 月 2 日至 11 月 11 日，长达 138 期，可称为全译本，时名"柯祖基原著《马氏资本论释义》"；时隔不久，又以"德国柯祖基著，闽侯陈溥贤译《马克思经济学说》"为名，1920 年 9 月由商务印书馆出版订正后的单行本①。戴季陶的译本，同样在《晨报》"马克思研究"专栏，自 1919 年 11 月 2 日起，分 6 期连载考茨基原著第 1 编第 1 章第 1 节的译文《商品生产的性质》；随后又在《建设》第 1 卷 4—6 号（1919 年 11 月—1920 年 1 月），以《马克思资本论解说》为名，连载原著 1/3 强的译文部分②。可以说，戴季陶的译本《资本论解说》，是前面未刊完或未译完文本的继续，并非考茨基原著的第一个完整译本。既然如此，不必详细介绍译本的正文，浏览它的目录译名，便可大致了解其翻译水准；重点是通过译者的序言，借以观察他们对马克思经济学说的认识和态度。

（一）译本目录一览

这个译本的目录译名，仍带有此前戴季陶已刊译文译自日译本的痕迹，同时有所改进，比较通俗易懂。借此目录，展现考茨基原著的框架体系，可见是否便于国人理解的难易程度，故不厌其烦，将整个目录译名，转录于下：

第 1 篇"商品　货币　资本"：第 1 章"商品"，第 1 节"商品生产的性质"，含"资本的目的""生产品与商品""商品研究的必要""生产关系与社会""亚美利加印度人的狩猎法""不由交换的分配""印度村落的共产制""村落共产社会的分业""家长支配的农民家族""商品发现之经过""商品生产之社会的性质""共产的生产与商品生产的差异""商品之拜物教的性质"；第 2 节"价值"，含"商品与使用价值""交换价值与价值""价值之本质""价值的大小""社会的劳动""劳动的二重性""小资产阶级的社会主义之误谬""价值与富""生产与自然的关系""劳动的价值形成力与劳动力的价值""理法的性质""价值与价格"；第 3 节"交换价值"，含"价值量与价值相""使用价值与价值的对立""方程式的转换""价值相之史的发展""一般的价值相之特征"；第 4 节"商品的交换"，含"商品交换的初期""交换发达的第二期""交易发达的第三期""货币的发现"。第 2 章

① 参看《1917—1919：马克思主义经济学在中国的传播启蒙》，上海财经大学出版社 2016 年版，第 4 编第 2 章第 5 节。
② 参看《1917—1919：马克思主义经济学在中国的传播启蒙》，上海财经大学出版社 2016 年版，第 5 编第 3 章第 2 节二。

"货币"，第 1 节"价格"，含"为价值尺度的货币""复本位制的不合条理""为价格标准的货币""价值尺度与价格标准的差异""交换的情话"；第 2 节"买卖"，含"二重的转化""商品的流通""物物交换与商品流通"；第 3 节"货币的流动"，含"循环与流动""商品流通所需要的货币分量""货币流动的速度"；第 4 节"铸货 纸币"，含"铸货的出现""补助货币""纸币的机能"；第 5 节"货币的其他机能"，含"以蓄财为用的货币""为支付机关的货币""为信用机关的货币""金融危机的可能""世界货币"。第 3 章"货币的资本化"，第 1 节"资本是甚么东西?"，含"因为卖所以买""无限运动的原动力""剩余价值与资本""关于资本的俗见""资本是史的产物"；第 2 节"剩余价值的源泉"，含"剩余价值不从流通行程生的""商业资本与高利贷资本""剩余价值的夹墙"；第 3 节"成为商品的劳动力"，含"一种特别商品""使劳动力成为商品的条件""劳动力的价值""工银先付论的迂愚""自由平等博爱的理想乡"。

第 2 篇"剩余价值"：第 1 章"生产行程"，含"生产行程的要素""商品生产的劳动行程""资本的商品生产之劳动行程""劳动行程与价值发展行程"。第 2 章"在价值生产上的资本作用"，含"价值造出与价值移转""劳动的二重性与生产力的增减""现出在生产机关的劳动二重性""不变资本与可变资本"。第 3 章"劳动力的榨取率"，含"可变资本与价值造出""剩余价值率""资本家学者之欺瞒的论法""最终劳动时间说的迂愚"。第 4 章"剩余价值与利润"，含"剩余价值率与利润率""资本的构成""资本构成率及于利润率的影响""资本的自由争竞""平均利润率的成立""生产价格""所谓'马克斯变说论'的背理""见地谬误的价值说""混同使用价值与价值的学说""混同价值与价格的学说""资本家的价值论""劳动价值说的价值""利润论是枝叶问题"。第 5 章"劳动时间"，含"劳动的正义与资本的正义""资本家的欺瞒""标准劳动时间""马克斯的功绩""劳动的无限制榨取时代""劳动者保护的时代""瑞士的工场法""法国的工场法""德奥的工场法""美国的工场法""国际劳动者保护的倾向"。第 6 章"几尔德组合员的剩余价值与资本家的剩余价值"，含"剩余价值率与剩余价值量""中世手工组合员的剩余价值量""作资本家条件""死机器支配活人"。第 7 章"相对的剩余价值"，含"相对的剩余价值与绝对的剩余价值""劳动生产的增进与相对的剩余价值"。第 8 章"协业"，含"资本家制度的出发点""资本制度的劳动平均化""多数使用的利益""协业的意义""资本家的'劳力'""资本的生产力""原始共产制几尔德制及资本制"。第9章"分业与工场手工业"，含"工场手工业的二重起原及为其要素的局部劳动者与局部劳动器具""工场手工业的二基本形体"。第10章"机械组织与大工业"，含"机械组织的发达""机械组织对于生产物的价值移转""机械事业对于劳动者之直接的影响""为劳动者'教育者'的机械""机械与劳动市场""为革命动因的机械"。

第3篇"工银及资本所得"：第1章"工银"，第1节"劳动力价格与剩余价值的分量变化"，含"分量变化之三要件""劳动生产力变化的时候其劳动力价格与剩余价值之分量变化如何""劳动强度变化的场合其劳动力价格与剩余价值之分量变化如何""劳动时间变化的场合如何""资本家制度废止后的劳动时间"；第2节"劳动力价格之工银化"，含"劳动与劳动力""马克斯的创意"；第3节"时间工银"，含"劳动价格之单位""劳动时间与工银""劳动时间的延长与工银""时间计算的不合理"；第4节"个数工银"，含"个数工银与资本家的利益""个数工银制不利于劳动者"；第5节"工银之国民的差异"，含"绝对工银与相对工银""工银高的国与工银低的国"。第2章"资本所得"，含"剩余价值的冒险""单纯的再生产与资本之蓄积"。第3章"单纯再生产"，含"工银是劳动者造成的""资本制再生产方法之条件""劳动阶级的再生产""劳动者的饮食"。第4章"剩余价值的资本化"，第1节"剩余价值如何始成为资本"，含"资本蓄积的第一条件""商品交换理法的自杀"；第2节"资本家的节制"，含"资本家的二心灵""剩余价值消费的限度""剩余价值蓄积的限度""资本之道德的辩护"；第3节"劳动者之节制及其影响于蓄积范围之其他事情"，含"劳动者之节俭""劳动时间的延长""科学的利用""资本的伸缩性"。第5章"过剩人口"，第1节"'工银的铁则'"，含"马尔萨斯说""资本的构成""蓄积与工银的关系""资本主义经济学的地球中心说"；第2节"产业上的预备军"，含"生产力的增进与资本组成的变化""劳动生产力与资本蓄积的相互关系""资本集中与可变资本""马尔萨斯说的真解""劳动者人口之绝对的减少""蓄积的增进与劳动时间的延长""劳动阶级再产期间短缩""从田舍都会""产业上的危机""资本的伸缩与人口的增减"。第6章"资本制生产方法的曙光"，含"本来蓄积的童话""近世史所忘记的一面""土地私有化的完成""无产阶级之出现""大地主是资本制度之先驱者""熟练劳动者之不足""最初的资本"。第7章"资本制生产方法之终结"，含"单纯的商品生产与资本制商品生产""资本制生产方法的矛盾""矛盾之解决""由必然王国到自由的王国"。

通览以上目录译名，一则可以确信，这个译本正是戴季陶七八年前在《建设》上连载《马克思资本论解说》译本的延续，相关的篇章节目名称稍作改动，基本上没有变化，仍保留了诸如"理法的性质""价值相""交换的情话""职分""行程""价值造出与价值移转""剩余价值的夹墙"之类的日式译法。

二则可以看到，这个译本确实转达了原著系统解说《资本论》第一卷的特色。如第 1 篇从商品分析入手，接着论述货币的各种职能以及货币发展的历史，然后转入货币的资本化，落脚在劳动力成为商品上；第 2 篇专论剩余价值，说明剩余价值的来源不是流通过程而是生产过程，劳动过程和价值增殖过程，资本在价值生产上的作用涉及价值的创造与转移、劳动的二重性、不变资本与可变资本等概念，剩余价值来自对劳动力的榨取涉及剩余价值率和剩余价值量，剩余价值转化为利润涉及二者不同的比率、资本有机构成、自由竞争、平均利润率的形成、生产价格等理论以及劳动价值论的意义，劳动时间即缩短工作日的斗争与工场法的制订，基尔特互助成员的剩余价值与资本家的剩余价值即中世纪手工业者与资本家的区别，相对与绝对剩余价值、协作、分工和工场手工业、机器和大工业；第 3 篇论述工资和资本所得，前者包含劳动力价格与剩余价值量的变化、劳动力价格转化为工资、计时工资、计件工资、工资的国民差异，后者包含资本积累、简单再生产、剩余价值转化为资本、过剩人口、产业后备军、资本主义生产方式的产生、资本主义生产方式的终结等。以上布局安排、逻辑顺序、内容涵盖乃至概念术语，对比《资本论》第一卷的理论结构，体现了考茨基原著通俗性解说的本意。

戴季陶等人的全译本，虽然比渊泉或陈溥贤的全译本晚了近 8 年，但在当时国内诠释《资本论》的著述中，应属于比较好的通俗译本，即使时隔多年，重复翻译出版，对国人中的有心者认识堪称艰深理论的《资本论》第一卷，仍能起到一定的帮助作用，在马克思主义经济学的中国传播史上，同样留下了它的足迹。

### （二）译本序言简析

译本的初译者和补译者，各有一篇序言，对于了解译本的翻译情况，不无裨益。先看戴季陶 1927 年 2 月 14 日的序言：

这本书"是最先介绍马克斯主义于中国的纪念品"。翻译的工作，我和执信先生（指朱执信）两人共同作了 1/2，和汉俊（指李汉俊）两人共同作了 1/4，最后在今年才由展堂先生（指胡汉民）完成全部工作。"在种种关系上，一本小小的书，经过了整整七年的工夫，四个人的努力，然后才完成了，真是一个不期然而然的奇迹。执信先生是尼采和马克斯的合成人格，汉俊是马克斯主义者，展堂先生是马克斯研究者，我只可以算是马克斯主义的介绍者罢"。"中国今天所需要的，是马克斯的政治理论，而经济政策和政治的纲领，都非中山先生的主张不可，这是过去一切革命经验告诉我们的。我相信中山先生的建国方略的意义，在历史上的伟大，不亚于马克斯的资本论。在二十年后的中山主义者，必定能够认识出来，现在我且说这么一句话做将来的证验罢"。这本书能够译成出版，全靠展堂先生和焕廷先生的热心，阅者应该感谢两位先生。①

所谓"最先介绍马克斯主义于中国的纪念品"，如果指最先把考茨基解说《资本论》的原著介绍到中国，显然不确切，在戴氏之前，已有渊泉的连载译本问世；如果指戴氏本人最先开始介绍马克思主义的著作，则另有一番意蕴。首先，说考茨基的原著只是一本"小小的书"，没有想到竟然4个人用了7年工夫才完成它的翻译，这种"奇迹"之论，应是一句反话，意思是说这本小书本来不必花费如此气力。情况何以如此，了解其中的缘由，有必要追溯一下戴氏当初在《建设》杂志连载这个译本前一部分的短序。他在那里说，根据日文版转译考茨基这本著作，想用一番切实功夫研究马克思经济学说，可惜不能读马克思原著，况且现在只有《资本论》第一卷的日文译本，还没有全部翻译出来，也没有机会读完整的日译本，于是先着手就考茨基此书的叙述了解一个大要，再读马克思原著。也就是说，戴氏最初翻译考茨基的书，为研究马克思经济学说作准备，作为今后细心诵读《资本论》的手段或进入其堂奥的门径；这个翻译，用他自己的话说，与其说是介绍，不如说是学习。当时预计两三个月可以做完这个工作，然后阅读《资本论》第一卷，同时等待即将出版的第二第三卷日译本，孰料此事一拖竟是7年多。② 对此能够做出的解释，就是他本人放弃了原来的打算。

其次，评点参与翻译的4个人，透露出戴氏对马克思经济学说的研究兴趣在发生变化。如称：朱执信是尼采和马克思的合成人格，意谓朱氏作为同道中最早接触和引进马克思经济学说的人，并非纯正的马克思学说代言人，夹杂着尼采思想的色彩；李汉俊是马克思主义者，意谓4人中，李氏真正信仰马克思学说，此时虽已脱离中共，仍坚持革命立场，在译本出版的当年也就是1927年底，被官府以"赤色

① 考茨基著，戴季陶译，胡汉民补译《资本论解说》，民智书局1927年版，"序一"。
② 参看《1917—1919：马克思主义经济学在中国的传播启蒙》，上海财经大学出版社2016年版，第5编第3章第2节二。

分子"的罪名逮捕并杀害；胡汉民是马克思研究者，意谓胡氏对马克思学说，只是研究而已，既不同于朱氏人格中含有马克思学说的成分，更不同于李氏信仰马克思学说。至于戴氏说自己只可算马克思主义的介绍者，意谓比胡氏的研究者身份又后退一步，转述介绍而已。由此也可以证明，戴氏确实放弃了原来的研究打算。这很有可能就是他延迟翻译考茨基原著的真实原因，对他来说，此译本不再是迫切要求学习和研究马克思经济学说的手段或门径，成了一般介绍马克思主义的内容，故对它的翻译，也就不那么热心了。

最后，认为马克思学说在中国只有局部的适用性，如谓中国过去的一切革命经验证明，今天只需要马克思的政治理论，经济理论和政治纲领则依赖于孙中山的主张。换言之，中国如今有了孙中山的建国方略，便不再需要马克思的经济理论和行动纲领。看来，戴氏不再打算研究马克思经济学说，这也是一个理由。姑且不论孙中山的建国方略在历史上的意义，是否不亚于马克思的《资本论》，显而易见，这是把马克思经济学说在中国的介绍与应用，分置开来，介绍无妨，应用只限于政治理论而非经济理论和政治纲领，并在经济领域搬出用中山主义取代马克思主义的架式，排除了马克思经济学说与中国实际相结合的应用问题。这种对待马克思经济学说的态度，同当初着手翻译考茨基原著所表现出来的学习和研究马克思经济学说的态度，判然有别。

再看胡汉民同年 1 月 18 日的序言：

德国的考茨基无论政治上的立场怎么样，"他对于马克斯经济学的解释，总算是第一个功臣"。他的政治思想，大抵脱不了 19 世纪末期以来德国社会的环境，"时时有妥协的倾向，因而得机会主义者的徽号"。尤其 1914—1915 年做第二国际的指导者，"实在是正统派名誉破产的时代"。然而"他对于马克斯经济学说研究最深，他个人的学术素养，也足以为他制胜的工具"。"俺·伯亚的社会主义史"，虽然痛斥德国社会民主党末流的堕落以及欧洲大战中第二国际一班领袖的失节，却"异常推重"考茨基宣传马克思的功劳。"这确是公平的批判，不像中国人旧时的皮气，说王安石新法误国就要连他做的诗都要吹毛求疵，说蔡京是个奸臣就要连他写的字都不要看"。

考茨基这本书原名《马克斯的经济学说》，第一版序文称："本书不用说，是根据马克斯的主著《资本论》的，仿《资本论》配列材料。至于《资本论》以外马克斯的经济学著作，不过为说明各个难义，或是引申《资本论》中的说明，用来参考"。日本高畠素之译本用《〈资本论〉解说》的名字，很适合本书。考茨基又说："本书的目的是为使劳动阶级容易研究马克斯的学说"。"本书的目的先使没有余暇时间，或没有其他机会研究《资本论》的人，知道《资本论》所含思想的理路。又因原书的说明使人容易研究《资本论》，引诱就于《资本论》有误解的人，或因原书第一篇难解而打断研究念头的人，从新再续原书"。考茨基深知，"马克斯《资本论》所以难读的缘故，不在马克斯的文字艰深，而在读者无相当的预备知识。怕的是随意以平易的句语改换马克斯的用语，想'通俗化'就会变成了'浅薄化'"。"他极力避开这层毛病，终竟达到他本来的目的，使读者对于马克斯的经济学说，顿然觉得胸中雪亮，他的本领真不可及。无怪高畠氏以为是当世解说马克斯《资本论》许多著述中最完善之书"。还有一点值得注意，列宁（原译"里宁"）讥刺一切机会主义者："他们将马克斯主义革命的真髓阉割，将真的马克斯学说加以曲解，使变为可与资产阶级相容或信为可以相容的提出来"。"这种恶点，我细审这本书，却是丝毫没有"。此书1886年初版刊行，"近今苏俄学者引证考茨基所著书，常常声明是他未变节以前的话，我想这一层也很有关系的"。

戴季陶1919年译此书陆续刊登于《建设》杂志，"译笔之精当"，无须我介绍。至《建设》第3卷第1号为止，译到第3篇第4章，《建设》停版，未见季陶先生续译，我觉得"未成完璧，甚是可惜"，所以替它补译以后的3章。另外，季陶先生所依据的高畠日译初版（此版销售了13500部），乃依据原书第13版（1910年版），高畠前年的再版，依据原书第19版（1920年版），有不少修改。第1篇第2章第1节的注，第2篇第5章关于各国工场立法的叙述，第3篇第5章第2节的统计数字（高畠说，"在学说内容上，新版中没有什么变更，考茨基的修改，都是关于事实一方面"），现在我也一一补上。还有《建设》杂志的刊登错字很多，只有对戴日文译本，替它更正。新文社急于出版，使我不能和季陶先生当面商量，未尝不是憾事。好在季陶先生的宿愿是请朋友用德文原文对照着修改斟酌，到那时再说罢。

接着又补记：

听说季陶先生近日有意将《建设》杂志从前所登的译稿出版，但我觉得第3篇第4章以下十分重要，断难割弃。例如马尔萨斯的《人口论》，"几乎轰动几百年的全世界"，而它的来源、作用，以及它的错误，被这第5章以下完全剖解出来，"使我们对于人口论更不必作其他的批判"。随同人口论的一个谬误点而出发的

"工银铁则"，虽然被拉萨尔利用，帮助了当时的劳动运动，但从"资本制生产方法的实际"看，毕竟是不对的，"于是一般的自由主义经济学者，就好像抓着了痛脚，尽力攻击"。像罗素这样的学者，著《未开国的社会主义》论文，公然说"正统派经济学为使劳动公会意气沮丧来发明的，马克斯为鼓吹革命而承认了的'工银铁则'，是经济学上的错误"。"殊不知马克斯是从头至尾，否认拉萨尔这种主义的"。爱尔福特（原译"埃法尔特"）的会议，"修正社会民主党党纲（考茨基就是一个起草人），就抛弃了认拉萨尔'工银铁则'的哥达党纲，而采用马克斯的工银论"。罗素将拉萨尔当作马克思，真是考茨基所谓"向来攻击马克斯的人硬把马克斯不曾说过的话，说这是马克斯说的"，"未免荒唐得好笑了"。"考茨基将马克斯的工银，从资本制的生产行程，详确解释，把'人口论'和'工银铁则'同时打破，这是何等重要呢？至于考茨基这书的功绩，至少有一半在纠正了许多误解或曲解马克斯学说的见地上，想大家都承认的"。①

胡汉民以上记述，不同于戴季陶的态度转变，至少作此序时，仍然保留了多年来专注于马克思学说的研究本色。有几点值得注意：一是把考茨基后来转为具有妥协倾向的机会主义者并导致马克思主义正统派名誉破产的政治立场变化，同他先前深入研究马克思经济学说和宣传马克思主义而应予推重的功劳，区别开来，反对因人废言。具体到考茨基这本解说《资本论》的原著，综合考茨基的序言、日译者的评价和胡氏自己的体会，称赞此书从劳动阶级易于研究、一般人能够了解、改变误解者的认识以及引导畏难者重新阅读原著等目的出发，既为读者提供预备性知识，又避免平易的通俗化解说产生浅薄化的毛病，让研读者对马克思经济学说的理解能够豁然开朗，其本领高明，确是当世解说《资本论》的许多著述中最好的一部，成为解释马克思经济学说的第一个功臣。这种赞扬，比起戴氏眼中只是"一本小小的书"之说，亦可见二人对待考茨基原著在心态上的差异。当然，戴氏不以为然，并不是因为考茨基的政治立场发生了转变。胡氏注意到这种转变，同时仍相信考茨基先前对《资本论》的解说具有权威性，这在当时国内的相关介绍中，可算难得看到的观点。胡氏有此信念，其依据，不仅来自考茨基的序言所提供的理由（比渊泉译本的导言多引用了一些理由），以及日译者的评价（渊泉译本的导言未曾提及），恐怕还来自他本人作为马克思学说的"研究者"，关注研究本身的质

---

① 以上引文均见戴季陶译，胡汉民补译《资本论解说》，民智书局 1927 年版，"序二"。

量水平，自以为政治立场与研究无关，故排除在外。

二是提请读者注意列宁及苏俄学者的意见，以此作为判别考茨基变节前后的理论表现的另一依据，这在当时也是颇不寻常的提示。提到列宁所说的那句话，未标明出处，意思十分明白，批评机会主义者阉割马克思主义的革命真髓，曲解为可以被资产阶级接受或可能接受的东西。胡氏引用这句话，为了证明考茨基解说《资本论》的书里，丝毫没有这种阉割的恶劣作法。又提到考茨基此书初版于1886年，那是他尚未变节以前的著作，苏俄学者也以此划线来决定能否引证考茨基的著作。胡氏这个提示，含有两个判断：一则承认考茨基后来从马克思主义者变节为倾向妥协的机会主义者，乃系事实；二则确信列宁领导的苏俄，继考茨基的正统派名誉破产后，代表了真正的马克思主义。这些判断，大概同胡氏1925年因暗杀廖仲恺案而被派往苏联考察，保持同共产国际和苏联领导人的密切接触，甚至讨论中国国民党正式加入共产国际的问题，有一定的关系。尽管加入一事最终未果，但影响他稍后翻译出版考茨基原著时为之作序的判断，应是不可忽略的因素。所以说，胡氏既相信考茨基早先的著作是解释马克思经济学说最好的著作，也相信列宁及苏俄学者把后来的考茨基视为变节的机会主义者的看法，惟将二者协调在一起，并非出于坚持马克思主义的考虑，纯粹着眼于学术研究的标准。

三是强调考茨基的解说对于纠正许多误解或曲解马克思学说的观点，具有公认的功绩，或者说，解说的功绩，至少有一半体现在这种纠正上。突出的例证便是所谓"工银铁则"（今译工资铁律），作为马尔萨斯《人口论》的谬误出发点，拉萨尔曾用来助力当时的劳动运动，不料被自由主义经济学者抓住把柄而遭到攻击，以致英国著名学者罗素认为，在经济学上错误的工资铁律，既是正统派经济学为了消磨劳动工会的斗志而发明的，也是马克思为了鼓吹革命而承认的。对此，考茨基从资本主义生产方式角度，详细精确地解释马克思的工资理论，证明马克思从始至终否定拉萨尔这个主张，同时打破了人口论和工资铁律，而把拉萨尔当作马克思，这是向来攻击马克思的人给马克思栽赃；德国社会民主党修改党纲，在爱尔福特纲领中采用马克思的工资理论，抛弃原先哥达纲领中拉萨尔的工资铁律。胡氏举出这个例证，本想说明完整翻译考茨基原著的重要性，不承想进一步澄清了国内引进马克思经济学说过程中，随意套用工资铁律概念的混乱和模糊理解。这在那时也是一个有意义的理论甄别，可谓专注于理论研究的严谨成果。

前面提到，戴氏的《马克思资本论解说》译本，1919年11月至1920年1月间，曾连载于《建设》第 1 卷 4—6 号，内容到第 2 篇第 4 章，占原著 1/3 强。现在根据胡氏序言，了解到戴氏译本一直连载到此刊 1920 年 12 月第 3 卷第 1 号停刊，译到原著第 3 篇第 4 章，尚剩最后 3 章，看来是边载边译，一旦停刊，也就未译；后来戴氏打算出版连载译稿的残缺本，于是才有胡氏的补译之举。戴氏的打算有点让人疑惑，当初在不长的时间里抓紧翻译连载了原著 3 篇 20 章中的 17 章，何以后来留下 3 章未译就想出版单行本，岂非草率。这再次证实了他既不愿浪费既有的翻译成果，又无心于原先研究打算的心态变化。作为反衬，胡氏的补译完璧之作，倒是体现了他仍旧热心于研究马克思经济学说的专注精神。此所以补译的同时，还参照考茨基原著的更新版本，增补修改后的注释、事实叙述与统计数据，使得这个译本比起渊泉或陈溥贤的初译本以及戴氏的连载译本，又增添了新的内容。

## （三）结语

根据以上分析，可以看到，《资本论解说》译本的问世，固然有益于那个时期国人阅读和理解《资本论》，但同时带来的变化，发生在中文译者方面。早先热心于研究马克思经济学说者如戴季陶，此时热情已消退，甚至无意于译完原著，就打算以残缺形式出版它的单行本。背后的原因，显然不在于剩下的 3 章在翻译上有什么难度，在于戴氏以为中国有了孙中山的建国方略，不再需要马克思经济学说，而最后 3 章谈到资本制生产方法的终结，恐怕也是他不愿继续翻译的原因之一，这同他此时所追求的经济政策及政治纲领，已不相吻合。

胡汉民的热情，一如 1919 年撰写的代表作《唯物史观批评之批评》[1]，为马克思的唯物史观辩护。但正如戴氏所说，这种热情限于马克思的"研究者"身份。早先国人对马克思学说的理论体系十分陌生，任何有助于研究马克思经济学说的著述，都推动了马克思主义经济学在中国的传播；然而，当这一传播提出将马克思主义经济学与中国实际相结合并用作指导思想时，限定在学术范围的单纯研究，尽管依然重要，却不敷需要了。由此也提示，这个时期马克思主义经济学的传播过程，参与传播的各色人等，不断变化，有的执著于此，有的心态波动，有的热情消退，有的注重研究而不必信仰，诸如此类。

---

[1] 参看《1917—1919：马克思主义经济学在中国的传播启蒙》，上海财经大学出版社 2016 年版，第 5 编第 3 章第 1 节二。

### 三、《帝国主义浅说》译本

列宁著，李春蕃①译，沈泽民②校订，1925 年 2 月初版（未标出版社）。

这是列宁的重要著作《帝国主义是资本主义的最高阶段》一书的节译本，大概因为原著标题附有"通俗的论述"一词，所以译本把书名简化为帝国主义"浅说"。根据现有资料，这个译本应该是我国最早以单行本形式出版的列宁这本代表作的译著。曾经有人指出，列宁这本书"是马克思《资本论》的直接继续，它总结了《资本论》出版以后资本主义在半个世纪中的发展"③。因此从马克思主义经济学在中国的传播方面看，这个译本具有特殊的重要意义。前面考察过的著作，无论引进的著作还是自撰的著作，特别是共产党人的著述，讨论社会主义、马克思主义、苏俄革命及其在中国的适用性等议题，凡是涉及帝国主义的理论和现状，经常会引用列宁的帝国主义论或实际上以列宁这本书的理论或例证为根据，可见此书在我国的影响以及被共产党人当作指导性经济学说的重要意义。

对照原著，译本删略前言部分，将原来的 10 章减为 6 章，也就是只翻译了前面的第 1 章到第 6 章。例如：

译本第 1 章"工业集中与专利"（今译"生产集中和垄断"），基本上按照原著的面貌翻译，但段落的划分比较随意，主要将原来的长段落分为小段落，或将原来的一些小段落合并起来；一些语句尤其稍显复杂的语句，有所省略，一些数字亦有差误；译名对比今译名，或有错讹，如将卡特尔译为托拉斯，或差别较大，如将"垄断"译为"专利"，将"统治的关系"译为"专政的态度"，将"暴力"译为

---

① 李春蕃即柯柏年（1904—1985），广东潮安人；早年就读美国教会学校，1920 年到上海，1923 年入沪江大学社会学系，后转入上海大学社会学系，1924 年加入中国共产党；1925 年到广东，翌年任国民革命军第三军政治教官；1927 年改名柯柏年，任上海闸北区第三街道支部书记，社联党组成员；1937 年到延安，历任中央马列学院西方革命史室主任，中央研究院国际问题研究室主任，边区政府编审科长兼延安外国语学校英文教员，中央军委外事组高级联络官，北平军调处执行部中共方面翻译处处长、新闻处处长，中央外事组研究处处长；1949 年起历任中央人民政府外交部美澳司司长，驻罗马尼亚大使，驻丹麦王国大使，中国人民外交学会副会长、国际关系研究所副所长。

② 沈泽民（1902—1933），浙江桐乡人，沈雁冰（茅盾）之弟；1920 年赴日本东京大学半工半读，回国后 1921 年 4 月加入上海共产主义小组，成为中国共产党正式成立前的第一批党员；先后任安徽芜湖中学化学教师、上海平民女校教员，1923 年任教南京建邺大学，同年任上海大学社会学教授；1924 年被选为中共上海地委委员，参加国共合作，1925 年参加五卅运动；1926 年赴苏联莫斯科中山大学学习，翌年任该校政治经济学教师，1928 年出席中国共产党第六次代表大会任翻译工作；1930 年回上海，1931 年中共六届四中全会被补选为中央委员，任中央宣传部部长，后调鄂豫皖革命根据地工作任分局书记，1933 年中共鄂豫皖边区党的第一次代表大会被选为书记，因病去世。

③ 《列宁选集》第 2 卷，人民出版社 1972 年版，第 976 页注释 342。

"压迫"等，容易产生歧义。更多的问题出现在随处可见的译文里，如将"生产社会化了，但是占有仍然是私人的"（今译本第593页①），译为"生产变为共产主义者，但财产依旧是个人的事情"（原译本第29—30页②）；将"译成普通人的语言，这就是说，资本主义已经发展到这样的程度，即商品生产虽然依旧'占统治地位'，依旧被看作全部经济的基础，但实际上已经被破坏了，大部分利润都被那些干金融勾当的'天才'拿去了"（今译本第594页），译为"浅易些说，资本主义底发展，已达到一地步，生产商品不再为营业底根本职务，它底重要已减去，而大奖品是赏给具有金融计术的人"（原译本第33页）；将"垄断正是'资本主义发展的最新阶段'的最新成就"（今译本第597页），译为"专利确实是资本主义进化之末期"（原译本第42页）；等等。这些译文，显得匆忙而粗糙，难以准确转达原文的真实意思。

第2章"银行底新地位"（今译"银行和银行的新作用"），翻译方式与前章相同，问题也相似，又不时出现漏译；译名的差异，如将"附属银行"译为"联号"，将"康采恩"译为"团体"，将"贴现公司"译为"狄斯康多公司"，将"辛迪加"译为"工业联合"，将"公共簿记"译为"通盘打算"，将"上层工人"译为"熟练工人"，将"信用机关"译为"借贷底机关"等。大量的问题仍出现译文里，比如，将"我们看到，银行渠道的密网扩展得多么迅速，它布满全国，集中所有的资本和货币收入，把成千上万分散的经济变成一个统一的全国性的资本主义经济，并进而变成一个世界性的资本主义经济"（今译本第600页），译为"这和网一样密的管子，发长得何等之快。它们将国里所有的资本，收集在一处；将许多'散居各地'的商人，变为蔓及全国——甚至蔓及世界——的资本主义的公司"（原译本第51页）；将"当这种业务的范围扩展到很大的时候，极少数垄断者就控制着整个资本主义社会的工商业业务，就能通过银行的联系，通过往来账及其他金融业务，首先确切地了解各个资本家的业务状况，然后加以监督，用扩大或减少、便利或阻难信贷的办法来影响他们，以至最后完全决定他们的命运，决定他们的收入，夺去他们的资本，或者使他们有可能迅速而大量地增加资本等"（今译本第601—602页），译为"这种事务底范围一大，所管的出入款限一多，少数专利者，就能支配着资本主义世界底商业全体。这少数专利者，由这银行关联、流动款限和

---

① 此页码见《列宁选集》第2卷，人民出版社1995年版，下同。
② 此页码见列宁著，李春蕃译《帝国主义浅说》，1925年版，下同。

各种财政上事务，就能：第一，确知各种工业资本家底情形，再进而用操纵它们——世界商业全体——财政这方法，就是增减对它们的金融上扶助，贷款给它们与否，来管理它们。最后，决定它们底命运，决定它们底资力应该怎样；它们底资本，为他们所任意增减"（原译本第 56 页）；将"半世纪以前马克思就在《资本论》里写过：'银行制度造成了社会范围的公共簿记和生产资料的公共的分配的形式，但只是形式而已'"（今译本第 603 页），译为"马克思在五十年前，就在《资本论》写着说：'银行在社会的规模上，创设'生产机关底普遍的计算和分配'的形式；并且，单是它形式是在社会的规模上"（原译本第 61 页）；将"银行大王好像是在担心国家垄断组织会不会从意料不到的地方悄悄地钻到他们身边"（今译本第 604 页），译为"看起来，像煞大银行家是很怕这银行底国家专利之骤兴"（原译本第 64—65 页）；将"资产阶级教授的任务不是暴露全部内幕，不是揭穿银行垄断者的种种勾当，而是加以粉饰"（今译本第 605—606 页），译为"资产阶级的政治经济学教授，他们底责任，不在告诉我们制度怎样动作，和暴露银行家底计术，而是想法去掩没它们"（原译本第 68 页）；将"说到银行和工业的密切联系，那么，正是在这一方面，银行的新作用恐怕表现得最明显"（今译本第 607 页），译为"实业与银行间虽有密切关系，但银行所占的新地位，并看不十分清楚"（原译本第 71—72 页）；将"所谓大资本家垄断组织正在通过一切'自然的'和'超自然的'途径十分迅速地创立和发展着"（今译本第 608 页），译为"银行要管理和开发巨大的资本主义的垄断，自然藉着各种'自然的'和'超乎自然的'手段"（原译本第 75—76 页）；将"这样，一方面是银行资本和工业资本日益融合起来，或者用尼·伊·布哈林的很恰当的说法，日益长合在一起；另一方面是发展成为具有真正'包罗一切的性质'的机构"（今译本第 609 页），译为"这样，金融与工业的关系，就狠密切；或如布哈林所说，是互相接来接去的。在别一方面，银行变为'普遍性质'底组织"（原译本第 79—80 页）；将"其实，这也是小资本对大资本的压迫发出的抱怨，不过这里列入'小'资本的是整整一个辛迪加罢了"（今译本第 610 页），译为"小资本受大资本所压迫，大都如此。这塞门德土公司，虽高于'小资本'，也免不了为大资本所压迫"（原译本第 82—83 页）；等等。这些译文，或者生涩，或者难解其意，或者与原文意思相反。

第 3 章"金融资本与金融贵族政治"（今译"金融资本和金融寡头"），整体翻译存在同样的问题，如将"某个民族的劣根性"译为"一国底不快特质"，将"隐瞒"译为"遗漏"，将"监事长"译为"干事部底部长"，将"资产负债表"译为"帐簿"或"簿记方法"，将"创业利润"译为"发行证券的赢利"，将"掺水"译为"涨高"，将"冲销"译为"失去"，将"风气"译为"伦理"，将"拜占庭主义"译为"巴增尔主义"，将"食利者"译为"纯粹的简单的资本家"，将"发行证券"译为"纸币发行"，将"进贡者"译为"跟从者"等，由此使得一些专门术语或词汇，不知所云。译文方面也是一样：将"通过这种方式实际上变成了工业资本的银行资本，即货币形式的资本，我把它叫作金融资本"（今译本第 612 页），译为"银行的资本，是钱币的，能够改变做工业的资本。这种资本，名之曰：金融资本"（原译本第 89 页）；将"有关金融寡头骇人听闻的统治的骇人听闻的事实是太触目惊心了，所以在一切资本主义国家，无论是美国、法国或德国，都出现了这样一些著作，这些著作虽然抱着资产阶级的观点，但毕竟还是对金融寡头作了近乎真实的描述和批评，当然是市侩式的批评"（今译本第 613 页），译为"有许多事实，论及这很奇的金融资本贵族底专政，不论在哪一资本主义的国家，在英、法、德各国，都有许多著作，从资产阶级的观察点立论的著作，告诉我们大致不差的金融贵族政治实行时的情形，与对于金融贵族政治的从有产阶级立足点的批评"（原译本第 92 页）；将"集中在少数人手里并且享有实际垄断权的金融资本，由于创办企业、发行有价证券、办理公债等等而获得大量的、愈来愈多的利润，巩固了金融寡头的政治，替垄断者向整个社会征收贡赋"（今译本第 618 页），译为"金融资本，集中于少数人底手里，而在事实上又是一种垄断，从发行证券、股票保险、政府借款这些地方，取得赢利；这赢利是天天加大的。金融贵族底权力，就增大起来，全国对于垄断者，都要贡献他们一些礼物了"（原译本第 109 页）；将"4 家最大的银行在发行有价证券方面享有不是相对的垄断权，而是'绝对的垄断'"（今译本第 619 页），译为"四个主要银行，有'他人所不能有'的发行证券权利"（原译本第 111 页）；将"资本主义的一般特性，就是资本的占有同资本在生产中的运用相分离，货币资本同工业资本或者说生产资本相分离，全靠货币资本的收入为生的食利者同企业家及一切直接参与运用资本的人相分离"（今译本第 624 页），译为"资本主义在单拥有资本与用资本于工业两者之间造出区别；现币与工业的和商业的资本差别；单靠从钱币所得的收入而生活的资本家与各种将资本应用于各种工业的商人，也有分别"（原译本第 126 页）；等等。这些译文，延续了前面类似译文的短处，有损于原著的准确传播。

第 4 章"资本底输出"(今译"资本输出"),只举出其问题,如将"劳动力"译为"劳动",将"垄断同盟"译为"专利的联合",将"发展的不平衡"译为"发达底不均",将"过剩资本"译为"资本底太多"或"资本底赢利",将"高利贷"译为"放债收利"等。译文方面,如将"其所以有输出资本的可能,是因为许多落后的国家已经卷入世界资本主义的流转,主要的铁路线已经建成或已经开始兴建,发展工业的起码条件已有保证等等。其所以有输出的必要,是因为在少数国家中资本主义'已经成熟过度了','有利可图的'投资场所已经不够了(在农业不发达和群众贫困的条件下)"(今译本第 627 页),译为"资本输出底目的,就是要在工业未发达的国家里,建筑铁路,供给发达工业所必需的第一要素,使工业未发达的国家,也被世界资本主义所掠夺。在另一方面,有许多地方,资本主义已经过熟,且农业落后,民众穷乏,投资没有厚利,所以,资本不得不输出"(原译本第 136—137 页);将"输出资本的国家几乎总有可能获得一定的'利益',这种利益的性质也就说明了金融资本和垄断组织的时代的特性"(今译本第 629 页),译为"输出资本的国家,常经营国外投资有利可获。这种赢利底性质,对于这金融资本和专利底特殊时代,很有关系,能够帮助我们了解这一时代"(原译本第 141—142 页);将"金融资本造成了垄断组织的时代。而垄断组织则到处实行垄断的原则:利用'联系'来订立有利的契约,以代替开放的市场上的竞争"(今译本同前),译为"金融资本生'专利的时代',而专利却自有专利的原理。他不在公开的市场中竞争了,而种种有'良好的关连',自然可以得利"(原译本第 143 页);等等。这些译文,未必脱离原意,但显然缺少精雕细琢的功夫。

第 5 章"资本家之分割世界"(今译"资本家同盟分割世界"),同样列举其问题,如将"超级垄断"译为"太上的专利",将"国家垄断"译为"公众的专利"等。译文方面,如将"在资本主义制度下,国内市场必然是同国外市场相联系的。资本主义早已造成了世界市场。所以随着资本输出的增加,随着最大垄断同盟的国外联系、殖民地联系和'势力范围'的极力扩大,'自然地'走向达成世界性的协定,形成国际卡特尔"(今译本第 631 页),译为"国中市场,在资本主义下,一定被国外商业所束缚。资本输出一增加,主要的专利组合一定能支配国外的和殖民地的市场,这些组合,就自己互相订立国际的协约。国际的托拉斯就组成了"(原译本第 148 页);将表明"资本家同盟是为了什么而互相斗争"这一点最重要,

"只有它才能向我们说明当前发生的事情的历史经济意义，因为斗争的形式由于各种局部的和暂时的原因，可能发生变化，而且经常在发生变化，但是，只要阶级存在，斗争的实质、斗争的阶级内容，是始终不会改变的。掩饰现代经济斗争的内容（分割世界），而强调这个斗争的这种或那种形式，这是符合比如德国资产阶级的利益的"（今译本第638页），译为指出"资本家各团体间自相战斗所为的东西"这一点是顶要紧的，"战斗所取的形式，随动因而变异；且大都是地方的，和暂时的战斗。所以，不过是阐明过去底历史的，经济的意义吧！战斗底形式，虽然日新月异，但它底要素，它底阶级性质，若阶级区别一天存在，就一天不能变更。有时因要利益着少数有产阶级——譬如说是德国底有产阶级——而将近代经济战斗——为分割世界而战的——底要素，颠倒是非起来，和随时之不同，而变更其所著重的'战斗底小事'"（原译本第168—169页）；等等。这些译文，恐怕因为逐字翻译而不解整句或整段涵义的缘故，串连起来，看了竟让人莫名其妙。

第6章"列强之分割世界"（今译"列强分割世界"），译文上存在类似的问题，如将"殖民政策的加强、争夺殖民地的斗争的尖锐化，是不是恰好在金融资本时代出现的"（今译本第640页），译为"在金融资本这时代中，我们看出一个比为殖民地的更剧烈的战斗吗"（原译本第175页）；将"毫无疑问，资本主义向垄断资本主义阶段的过渡，即向金融资本的过渡，是同瓜分世界的斗争的尖锐化联系着的"（今译本第641页），译为"从专利的资本推移到金融的资本，一定使为分割世界的战斗加烈，是很显明的"（原译本第177—178页）；将"公开鼓吹帝国主义、肆无忌惮地实行帝国主义政策"（今译本同前），译为"帝国主义底预言者"，"应用纯粹为帝国主义的政策"（原译本第179—180页）；将"在19世纪和20世纪之交世界被瓜分'完毕'的情况"（今译本第643页），译为"世界底分割，在二十世界底曙期，显已'完毕'"（原译本第185页）；等等。更大的问题，本章的翻译，拦腰而断。大约译到全章不及一半的内容，即停止于一个完整段落的中间部分，让人感到十分突兀，似乎是仓促之间不得不搁笔。所以，本章的译文是不完整的，由此影响到整个译本的末尾，也给人留下跛脚的感觉。

译本尽管在译文方面存在上述所指出的诸多问题，但毕竟是第一次尝试将列宁的代表作《帝国主义论》以比较完整的形式，介绍给国人。译出的前6章，正好涵盖了列宁分析帝国主义五个基本特征的内容，不仅为国人在世界资本主义进入垄断资本主义即帝国主义时代，认识、辨析和选择中国走社会主义道路的主张，增添了足资参考的理论依据，而且激励其他的人以更加完整和准确的方式，翻译引进马克思、恩格斯和列宁的经济学代表作。

附带指出，距前译本不到一年，又有一本中国青年社编辑的 50 页同名小册子《帝国主义浅说》，国光书店 1926 年 1 月初版。这本小册子分为"资产阶级对于帝国主义的解释""帝国主义的真意义""资本主义的特性""帝国主义的特性""帝国主义的矛盾点"5 节，既不同于前译本，又与前译本有密切关系。第 1 节反驳有人因俄国无产阶级革命成功，并继续引导和帮助全世界无产阶级革命，于是称苏俄为"赤色帝国主义"。第 2 节指出列宁发展了"无产阶级对于帝国主义的理论"，"我们以下对于帝国主义的解释都是根据列宁的话"。① 第 3 节说明资本主义的自由贸易、自由竞争特性，1870 年以后换为新的帝国主义时期。特别是第 4 节说明帝国主义的五个特性及其分析与例证，为全书主体部分，占 3/5 篇幅，都是转述《帝国主义论》的内容。第 5 节概括帝国主义没有自由竞争、垄断和"移殖资本"三个特点或根本矛盾，带来"帝国主义互相间的冲突，无产阶级与资产阶级的冲突和殖民地与宗主国的冲突"，"必然是要崩坏的"；分析帝国主义在中国的冲突以及中国的反对帝国主义运动，最后说，"现在全世界的被压迫阶级和被压迫民族都起来反对帝国主义了，帝国主义已经是到了末路，快要崩坏了"②。这表明，随着列宁原著《帝国主义论》在中国的翻译出版，它不仅被用于更为广泛的通俗性传播，还被用于结合中国实际的革命宣传鼓动的理论指导。

## 四、《帝国主义的政策底基础》译本

在此译本之前，先有署名苏联人巴波鲁著，朱则译《帝国主义之政策的基础》，上海卿云图书公司 1927 年 1 月初版（另有太平洋学社版），系出自同一原著。关于朱则译本的介绍，可见汪精卫 1926 年 2 月 5 日的序言：

去岁（指 1925 年）5 月，余自北京归广州，廖仲恺同志说，近日朱则同志译"巴波鲁 Pavlovitch 所著帝国主义之政策的基础一书"，将告竣。他日又说，朱则同志译此书，"甚精审，稍有疑义，必来质问，虽只字不苟，至惬心乃已"。又曾说，"此书成，吾二人当为之序"。余既闻言如是，"每至中央执行委员会宣传部，辄见

① 中国青年社编辑《帝国主义浅说》，国光书店 1926 年版，第 4、6 页。
② 中国青年社编辑《帝国主义浅说》，国光书店 1926 年版，第 44、50 页。

800

朱则同志伏案矻矻，盛暑酷热不稍辍"。及书成，余受而读之，"深服朱则同志之勤劬而笃实，日益以知廖仲恺同志之数数称朱则同志之译是书，为有由然也"。"方欲为作序，而八月二十日之变作，廖仲恺同志竟一瞑不视；余日夜碌碌，不得少休，前诺竟忘之不复践矣"。昨日朱则同志以书来催索，始蘧然忆之。"廖仲恺同志死于帝国主义者之工具之手，此书之译，在披露帝国主义者之肺肠面目，使人人得其打倒帝国主义之决心，且消灭一切帝国主义者之工具，使无所凭藉以为恶"。朱则同志之译书，其有裨于国民革命，无可疑也。余既悲廖仲恺同志之不获序此书，复惭余之健忘，乃述所忆，为之序。①

于此可知，译者朱则任职于国民党中央执行委员会宣传部，翻译此书受到国民党左派领袖廖仲恺的推重，廖氏并嘱汪氏在其书译成后二人共同为之作序。书译竣应在 1925 年夏季，不想廖仲恺于当年 8 月 20 日被刺身亡，作序事也拖到 1926 年 5 月。汪序主要忆述此事经过，既表达对廖氏的哀思，肯定译者的翻译精神与质量，更借此抨击帝国主义者与国民党右派联手的暗杀行为，适足以印证此译书所披露的帝国主义者的真面目，从而坚定国人打倒帝国主义的决心，并通过国民革命来消灭一切帝国主义者在华作恶的工具。

这里的考察，取自此译本武昌太平洋书店 1927 年 4 月的再版本，稍有变化。署名原著者 Michel Pavlovitch（姑且译作米歇尔·帕夫洛维奇），整理者文砥，校阅者洪鼎、李浴冰。此书扉页有文砥的题词："把这个小小的钩儿，钩开世界的大黑幕"。接着是他 1926 年 12 月 1 日作于上海的一篇短序：

这本小册子是俄罗斯 Michel Pavlovitch 的讲演集。朱则同志把它译成中文，我稍为整理一下，把它印出来，"供献给饱受帝国主义者铁蹄蹂躏的中华民族"。汪精卫同志的著作《国民会议国际问题草案》说："甚么叫做帝国主义？有许多人弄不明白，就望文生义来说。'帝国'二字，容易解做有皇帝的国家"。我们求解放，求自由平等，救全中国，救全世界，不打倒帝国主义，达不到这个目的。我们要打倒帝国主义，先要明了帝国主义的基础、内容、政策、手腕，才能够"知己知彼，百战百胜"，去打倒它。Michel Pavlovitch 是打倒帝国主义的"先导者"，不惜"舌敝唇焦"，剖析整个帝国主义，使我们认清敌人，明了敌人的内容，唤醒世界上一切被压迫——殖民地、半殖民地——的民族。有了这个向导，从此知道我们痛苦的

---

① ［苏］巴波鲁著，朱则译《帝国主义之政策的基础》，卿云图书公司 1927 年版，汪精卫"序"。

由来，再不会如汪精卫同志说的"弄不明白"了。"这便是我整理介绍这部书给我亲爱的被压迫民族——中华人——的微意"。①

此译本除了知晓其讲演者为苏联学者，译者为廖仲恺所器重的国民党宣传部中人之外，其他整理者、校阅者等，身份均有待查考。从选择俄国打倒帝国主义的先导者的论述作为唤醒我国民众的向导，特别是将时称国民党左派领袖的汪精卫引为同志来看，这些为中译本出过力的人士，应属于赞成孙中山联俄联共政策的成员。剖析并号召打倒帝国主义，对深受帝国主义侵略之害的我国来说，是一个热门话题，很容易引起共鸣，前面介绍的那些著作，一再接触这个话题，然而像这本178页的小册子直截了当以帝国主义为题目，仍不多见。这本小册子包括七个讲演内容论题，不必都以经济分析为主，但既然把帝国主义作为剖析对象，特别是引用马克思、列宁的学说作为剖析的依据，势必突出经济方面的理论重点。下面的考察，主要选择论及马克思或列宁学说较多的那些内容。

**（一）第1讲简析**

此讲题目，"关于帝国主义的特质之哲学上的理论及舍耶的理论"。舍耶（Seyere）为何许人，未详待考，但这并不影响其中谈到马克思学说的有关理解。讲演起头，由"一战"的参战各国政府都是侵略的，是"帝国主义的战争"，引出帝国主义战争的意义是什么这个问题。许多人经常使用帝国主义一语，却不大明白它的意义，就像经常使用许多术语而不甚了解其意一样。关于帝国主义的概念，产生许多理论，可以分为"哲学派""历史派"和"马克斯派"三派。法国著作家罗曼·罗兰（原译"洛门罗兰"）援用帝国主义，当作一种现象，把社会主义等一切社会潮流也包含在内。这样论述帝国主义的特质，如谓"革命的工人团体之专权的帝国主义"，成为舍耶哲学派的意见，认定"在劳动界社会主义的团体活动里，也可以看出有帝国主义"。在舍耶看来，卢梭代表"庶民的帝国主义"，有产阶级统治其他阶级；马克思"志在无产阶级操有特权"，被视为"阶级的帝国主义之空论"，也可以说"无产阶级的目的，在于奴隶其他的阶级"。

这样叙述社会主义的特质，"我们绝对不敢赞同"。我们不承认无产阶级志在巩固统治其他阶级的权力这个说法，"无产阶级当前的问题，是推倒有产阶级的统

---

① Michel Pavlovitch 著，文砥整理《帝国主义的政策底基础》，武昌太平洋书店 1927 年版，文砥"序"。

治，因为这个阶级，是压抑其他阶级的，而建立一种社会，不分阶级，个个都是平等的"。舍耶推断无产阶级的政策是他们自己阶级的帝国主义政策，真是不值一评！无产阶级建立的社会主义社会，决没有奴隶、暴乱、侵略等事情，决没有帝国主义。现在我们被敌人包围，被迫用枪和刀去消灭反革命，须用全力来对抗周围的敌人，但是我们的争斗，我们的阶级争斗的根本目的，是消灭一切争斗和一切阶级争斗。"无产阶级，实属不能奴隶其他各种阶级"。有产阶级压抑无产阶级和贫苦农民，因为有产阶级人数不多，一个代表压制 1 万到 1 万 2 千个工人和农民，从中取利，剥削他人的脂膏以自肥；无产阶级和贫苦农民占有人口的 95%，对任何人都没有掠夺的意思。"我们最后的目的，在于消灭经济上之不平等，但又决不使它得行实现于别种的形式"。舍耶从各个种族的或国家的争斗中寻出帝国主义，从一个阶级统治其他阶级的努力中寻出帝国主义，又从社会主义中寻出帝国主义。他的学生更进一步，不但从人类社会里寻出帝国主义，还可以从有机体和无机体的一切现象里寻出帝国主义。上述所有个人的、种族的、植物的帝国主义，都根源于舍耶派"过于曲解帝国主义的错误"。此派所说的帝国主义，实在是达尔文"生存竞争"的意思。

从对外政策看，不能说古代的犹太、希腊、罗马及中世纪时期，和现代是同一的。例如马克思未尝致力于求出所有时代的普遍律，自限于研究资本主义社会的一定规律，因此不同于许多有产阶级的科学家，想建立经济发达的永久不变的规律。比如马尔萨斯想建立人口增加律，认为人民所赖以生存的东西日益缺乏，限制人口增加是抵抗贫困增长的唯一方法。马克思驳斥这种理论的谬误，说明没有人口增加的自然定律；各个社会都有自己的增加律，甚至动植物受到人的势力的影响，也没有增加的自然律。人类社会的特殊的增加律，依照那个时期的社会的发展而定。每个国家和每个阶级都有自己的增加律，所以马克思证明没有增加的自然律，"实是正当的"。我们采用这个方法来研究各国的对外政策，必须公认各国的对外政策决不是有普遍的定律。世界历史中，各国的生产历史状态，各个社会的生产力发达状态，都有自己国界拓展的定律，自己对外政策的特殊方式。欧洲资本主义发展的第一个时期，可以用民族战争来表示。民族战争的目的和结果，建立民族的大国家，其规模能使生产力有更远大的发展，能使资本主义有更远大的滋长。马克思以 1870 至 1871 年的战争为欧洲最后的民族大战争之一；完成民族战争，起始于 1848 年民族问题的实现，欧洲各大国实现民族的巩固。

依照我们的意见，帝国主义是对外政策发展中一个特别的时期，属于一个特殊的经济时代。帝国主义这个名词出现不久，20世纪初最好的百科全书大辞典里也找不到它。帝国主义的名词始见于本世纪初期，英国人征服南非洲两个共和国的战争，被认为是最早的帝国主义战争。自此以后，帝国主义名词在文学上占有相当的位置，帝国主义和帝国主义者这两个名词，用来表述这一国或那一国的对外政策的特性。①

这一讲的核心内容是，曲解帝国主义的错误，在于泛化理解帝国主义的特质，说成生存竞争的表现形式，进而把社会主义即无产阶级通过革命掌握政权，也归入帝国主义的范畴。有两处提到马克思学说，一处反对把马克思的无产阶级革命和无产阶级专政学说，等同于资产阶级推翻封建贵族政权的阶级斗争，都解释成以统治、奴役或压抑其他阶级为目的。强调社会主义推翻资产阶级的统治，其特质为了建立没有奴隶、暴乱和侵略，不分阶级、人人平等的社会；事实上以苏俄国内战争为例，说明在反革命势力的围攻下，无产阶级和贫苦农民的政权被迫用武力去对抗和消灭敌人的阶级斗争，不同于少数资产阶级旨在压制和剥削大多数工人农民的阶级斗争，最终为了消灭一切阶级斗争，不仅消灭经济上的不平等，还要让这种不平等决不能以其他形式重新出现。另一处以马克思致力于研究资本主义社会的特定规律为例，区别于资产阶级学者总想建立适应于所有时代的永久不变的经济规律，依此说明同样不能不分时代地泛化解释帝国主义的对外政策。具体言之，如马尔萨斯的人口论依照所谓人口增长速度高于生产增长速度的定律，把限制人口增长作为抵御贫困的唯一办法，遭到马克思的驳斥，说明其谬误在于，没有普遍适用的人口增长的自然定律，只有适合于各个社会、时代、国家、阶级的人口增长规律；由此也证明，各国的对外政策，没有公认的普遍定律，只有适合于各自历史上的生产状态或社会生产力发展状况的自身规律与特殊方式。总之，帝国主义属于特殊经济时代的一种特别对外政策，帝国主义和帝国主义者的名词用来表示20世纪初以来一些国家对外政策的特性。这样，也就把帝国主义概念从泛化的理解中摆脱出来，赋予特定的经济基础、时代特征与对外政策涵义。

**（二）第3讲简析**

此讲题目，"马克斯派之说帝国主义的特质及考茨基说帝国主义是工业的资本

---

① 以上内容均见 Michel Pavlovitch 著，文砥整理《帝国主义的政策底基础》，武昌太平洋书店1927年版，第4—5、12—16、29—31页。

之政策"。此前第 2 讲题为"历史派之说帝国主义的特质",与马克思学说缺少关联,姑且略去不表。

前两次讲演,批评有产阶级关于帝国主义特质的理论。介绍哲学派和历史派的理论,说明历史上各个时期各国所推行的侵略政策,大都不是帝国主义的政策,并延伸说明民族主义的战争和帝国主义的战争有所不同。马克思派的意见,帝国主义是"资本主义的最高时期的产物",始于 19 世纪末叶。马克思派关于帝国主义问题的著述,有各种理论,最值得注意的是考茨基、希法亭(原译"喜尔科丁")和列宁(原译"李宁")的理论。

考茨基解释帝国主义政策的特质:帝国主义是"工业的资本主义,非常发达时候的产物";各个工业资本主义国家,努力于吞并农地且日益增加,无论什么国家的农地,都加以吞并。帝国主义是工业国生产的许多货物,自己国内不能完全消耗,就去侵略农业国,以销售过剩货物。农业国和工业国的区别,在于工业国生产的许多制造品,超过它们自己的需用;农业国则相反,制造品生产不足,食物和各种原料有余,需要的各种机器、车辆、铁轨等所有东西,仰给于工业国。农业国因为技术不发达,缺乏铁路和新式武器,国民又没有学识等,所以军事力量不行,甚至很小的资本主义国家也能轻易侵略它们。更不用说拥有强大武力的较大工业国如英国,可以不费力地统治像印度那样的大国。中国虽有 4 亿人口,至今仍未能凭借武力以维持民族独立,可见武力薄弱正是农业国的一大特性。甚至像俄罗斯这样的国家,拥有许多武装,机器工业颇见发达,城市之间铁路纵横密布,可是综合各次战争,力量都比较薄弱,因为它还是农业国而非工业国。"帝国主义,是资本主义的工业国的对外政策,志在侵略农业国的疆土。于此可见帝国主义就是工业国和农业国的相对的结果"。帝国是一个整体,由两个不平等的分子构成,工业国在中心,被征服的农业国环绕着这个工业国旋转,好像行星沿着它们的轨道环绕太阳旋转一样。

考茨基认为,帝国主义的本性,趋于侵略经济落后的农业国。但这种理论"是不完善的"。战争之前,我已经在我的论文和著作中说明,"这样解释帝国主义,是不值一评的"。临近这次欧战之时,所有的资本主义国家都努力于掠取农地,确有其事。最近数十年间,各国争先恐后地侵略亚洲和非洲的落后国家,一经交锋,这些落后国家就呈现四分五裂的现象,相继被欧洲各国侵略、吞并和瓜分了。由此发生一种感想,以为国家存在的要素和它的对外政策,像是完全基于努力夺取落后者的国土，"实际上不是这样的"。帝国主义的政策，是各个资本主义工业国努力于侵略吞并，不独农地，而且要兼并邻国工业最发达的地方。农地所以先被侵略，因为易于征服，武力薄弱。"欧洲诸国最大的目的，这次世界战争所以发生的缘故，不仅在于兼并退步的国家，而尤其在于兼并邻近工业的国家，互相争取最重要的工业的地方"。"帝国主义的政策不独在于侵略退步的农业的地方，而尤其在于侵略邻近的工业最盛的地方"，所以，这次欧战不能在一两年内结束。考茨基的理论已经被这次战争的事实破坏，尤其被最近的布列斯特和约（1918 年 3 月 3 日签订）与凡尔赛条约（1919 年 6 月 28 日签订）的事实破坏，可见很不完善。帝国主义是工业的资本努力于攫取邻国农业的地方和工业的地方。"这次战争，横行暴戾，正是因为这个缘故"。①

这一讲围绕帝国主义的特质问题，提出与有产阶级哲学派和历史派的解释不同的马克思派理论。马克思派反对泛化或曲解帝国主义概念，认为帝国主义是资本主义发展到最高阶段的产物，其中又有几种解说。先以考茨基的解说为代表，介绍他的理论强调帝国主义是工业资本的政策，主要表现在欧洲工业发达的资本主义国家为了销售本国无从消费的过剩制造品，为了获得更多的生产原料，凭借经济、科技和军事优势，不断侵略、吞并和瓜分如亚洲与非洲等落后的农业国家；并形容帝国主义是一个整体，由先进的工业国与落后的农业国两部分构成，被征服的农业国以工业国为中心围绕其旋转，就像行星围绕太阳旋转一样。然而"一战"和各种战争条约的事实破坏了考茨基的解说，证明他的理论是不完善的。帝国主义时代，工业资本不仅攫取农业地区，还攫取发达的工业地区，从后者获得的利益比前者更大，这也是欧战爆发并横行肆虐的缘由。可见，作者对考茨基有关帝国主义的解说，有两个主要评论，承认帝国主义是工业资本主义最发达的产物，但只强调工业国对农业国的侵略与掠夺，有其不合于事实的局限性。

### （三）第 4、第 5 讲简析

第 4 讲的题目，"喜尔科丁的理论及帝国主义发生时的银行和最近时期的银行及财政资本"。据说考茨基后来受希法亭著述的影响，大为补充自己的理论。希法亭是"一个显著的马克斯信徒，关于帝国主义的问题，曾贡献一本极著名的书，

---

① 以上内容均见 Michel Pavlovitch 著，文砥整理《帝国主义的政策底基础》，武昌太平洋书店 1927 年版，第 49—56 页。

叫做《财政资本论》"。①

本讲关于希法亭②的理论，不必详加引述，倒是需要先了解一下他的经历背景和著述影响。他早年转向社会主义，加入社会民主党后，最初成名于在考茨基主编的《新时代》上发表文章，批判奥地利派经济学代表人物庞巴维克攻击马克思的经济学说。不久被视作第二国际的权威理论家，成为奥地利马克思主义流派的重要人物之一。1906 年受邀到柏林担任德国社会民主党党校的政治经济学教授，因普鲁士当局的禁令未能实现，后由卢森堡接替这一职位。所谓《财政资本论》，即希法亭的名著《金融资本》(Finance Capital)。这本书对马克思以后的世界经济发展，试图用马克思主义的观点进行全面和科学的分析，当时享有《资本论》第四卷的时誉，特别受到编辑《剩余价值理论》的考茨基的欢迎。1911 年法国社会党领导人饶勒斯在演说中，称此书是马克思门徒论述资本和金融"第一流的著作"。列宁也评价这本书，"虽然作者在货币理论问题上有错误，并且书中有某种把马克思主义同机会主义调和起来的倾向，但这本书对'资本主义发展的最新阶段'（希法亭这本书的副标题）作了一个极有价值的理论分析"③。这本书描述价值形态的新变化，强调马克思曾预言但没有能够详细分析的现象，特别是以托拉斯和卡特尔为形式的垄断现象；把资本分为高利贷资本、银行资本和金融资本三个阶段，分析金融资本的形成过程，定义这是"由银行支配而由工业家运用的资本"。列宁指出这个定义不完全，但肯定整个叙述"着重指出了资本主义垄断组织的作用"④。书中第一次明确指出资本主义所有权与生产管理分离的现象，经理和技术人员的重要性日益增强；概述资本集中的新时代所产生的经济和政治后果，认为集中导致阶级分化，工业无产阶级仍是捣毁资本主义世界的攻城槌。根据列宁的读书笔记，此书在货币理论上犯有错误，断言纸币和黄金价值不发生联系，货币进入流通时没有价值，故在理论上允许发行不确定数量的纸币；这种理论会给资产阶级实行通货膨胀

① Michel Pavlovitch 著，文砥整理《帝国主义的政策底基础》，武昌太平洋书店 1927 年版，第 59 页。
② 鲁道夫·希法亭（Rudolf Hilferding, 1877—1941），生于维也纳一个犹太家庭，1901 年获得医学博士学位；1904 年创办《马克思研究》，1906 年应邀到柏林德国社会民主党党校讲课，随后任《前进报》外籍编辑；1914 年跟德国社会民主党左翼一道反对军事预算，随后任独立社会民主党《自由》杂志的编辑；1920 年获得普鲁士的公民身份，在国家经济委员会任职，1924 至 1933 年任国会议员，担任两届政府的财政部长（1923 年和 1928—1929 年）；纳粹掌权后流亡国外，1938 年迁至巴黎，法国沦陷后迁往非占领区，被维希政府交给德国当局，死在盖世太保手中。
③ 《列宁选集》第 2 卷，人民出版社 1995 年版，第 583 页。
④ 《列宁选集》第 2 卷，人民出版社 1995 年版，第 613 页。

第一章　传播马克思主义经济学的各种著作

提供辩护。另外，忽视"世界的瓜分""财政资本与寄生性的关系"及"帝国主义与机会主义的关系"，有调和马克思主义同机会主义的倾向；指出资本主义作为一种世界体系将因阶级对立的激化而被消灭，"积聚和集中在一些最大的资本集团手中的财产直接同没有资本的广大群众相对立"，但又认为"资本主义的发展将形成一个'总卡特尔'，整个资本主义的生产由一个主管机构有意识地加以调整"；这种理论上的机会主义倾向和有组织的资本主义观点，以后进一步发展，导致实践上的右倾。如1927年希法亭在德国社会民主党的基尔大会报告中提出，我们目前所处的资本主义阶段，纯粹由盲目的市场规律所统治的自由竞争时代基本上被克服了，达到了资本主义经济的组织化，有组织的资本主义实际上意味着用有计划生产的社会主义原则来代替自由竞争的资本主义原则，党的任务是把这个由资本家组织和领导的经济转变成一个由民主国家领导的经济，其道路是"社会主义先声"的社会改革。这套论点，为社会改良主义路线提供了新的理论依据。希法亭反对加入第三国际，反对布尔什维主义，提出武装斗争在德国行不通，会造成混乱，给无产阶级带来严重损失，德国独立社会民主党坚决摒弃这种灾难性的政策，后来又认为"莫斯科共产主义"与法国军国主义和德国反动派是同等货色。为此，列宁称其"既想在工人群众中享有'左派'声誉，又想在资产阶级奴仆的国际中保存一席地位"，事实上是"代替资产阶级从工人内部、从社会党内部影响无产阶级"的"机会主义的小资产阶级分子"。① 列宁谈到资本主义的寄生性和腐朽问题，还说："过去是'马克思主义者'、现在是考茨基的战友和'德国独立社会民主党'的资产阶级改良主义政策主要代表人之一的希法亭，在这个问题上，比露骨的和平主义者和改良主义者英国人霍布森还后退了一步。现在，整个工人运动的国际性的分裂已经完全暴露出来了（第二国际和第三国际）"②。看了这些介绍，应对希法亭著作关于帝国主义的理论，有一个深入的认识。

第5讲的题目，"考茨基之说财政资本和工业资本及北明翰和曼彻斯特"。讲述考茨基受希法亭理论的影响，依据其解释帝国主义为财政资本（即金融资本，下同）的政策的理论要旨，从根本上改易自己解释帝国主义为工业资本竭力侵略农地的政策这个理论：前几个时期，银行资本的平庸职业是放债取利，此后银行积累许多资本，联成托拉斯和辛迪加，各国都有三四个大银行，由许多分散的银行联

① 参看百度网"希法亭"词条。
② 《列宁选集》第2卷，人民出版社1995年版，第581页。

合而成有力的财政机关，掌握、管理、监督并指导全国的工业，"银行遂成为工业的真的主人"，制造家作为制造厂名义上的主人，实际上不过是制造厂最重要的伙伴即银行的代表。"银行资本，透入工业，而又管理工业，掌握工业，指挥工业，这就是叫做'财政资本'，财政资本，就是管理工业的银行资本"。仿照希法亭的理论，"帝国主义，就是这些财政资本——银行资本——的政策了。财政资本，是要进行掠夺的侵略政策。财政资本，志在攫取新的领土"。从侵略政策说，财政资本比工业资本"猛烈得多"，如工业资本不欲攫取不能直接销售货物的地方，"工业资本的侵略政策，是有限制的"。按照希法亭的意思，"可以解释将近世界战争的时候，现代资本主义的国家的侵略政策，是财政资本的需要，使国家去进行侵略世界的政策，侵略所有地球上未经分割的地方"。现代国家和前几个时期有些不同，现在向欧洲邻国，向亚洲和非洲所输出的，不是货物、机器、农具等，最重要的是金钱。输出货物是旧日资本主义的特性，现代资本主义的特性，是输出资本。20世纪资本的输出，"是非常重大的"。"输出资本和输出货物，两者特性不同，因为资本的输出实在是没有限制的"。"财政资本，就是暴乱的侵略政策的大原动力了"。

考茨基解释现代有产阶级的反动行为，事实上现在是财政资本的时期，而财政资本的性质是反动的。此前工业资本时期，自由的有产阶级拥护宪法和自由贸易等，现在不然，有产阶级从财政资本的基础出发，也就是从反动的基础出发。"财政资本的所欲，不在国内的改造，乃在新领土的征服。财政资本欢迎反动的政策，财政资本不能自安于自由贸易、自由主义、自由出版的"。考茨基的新论不同于旧论。他的新论，财政资本代表工业资本的对立面。工业资本比较自由，对内政策拥护宪法和议院，对外政策爱好和平；财政资本则不然，拥护掠夺的侵略政策。临近战争，欧洲各国的政策，致力于军队的准备，狂热于搜索新的领土。"简单的说：一切军备的热狂，一定引起世界战争，这个时期，是财政资本统治下的产物"。但是，能够说考茨基这种理论是正确的吗？能够说工业资本原来是爱好和平和自由的，而财政资本是掠夺的吗？"这是不能的。我们须知道这种理论也是完全错误的"。

现在国际上的有产阶级，对于苏俄，分成两类：一类"想着一战而消灭我们"，尽力扶助"一切表示为反对'布尔塞维克'的一般反革命的势力"；"这类人，妄想恢复俄国的旧政"。另一类工业家和财政家，"现在势力较为薄弱，便主张和苏俄和好，并表示同情于我们的提案"。一部分有产阶级的印刷品，对我们的修好提案，或讥诮，或压抑；另一部分有产阶级的报纸（只占少数），对苏俄政府的修好提案，深加评论，首先把本国和苏俄修好所增加的利益，划线显示出来。哪一类工业家和财政家将来会胜利呢？"这就完全靠着我们革命军的成功来决定了。当我们把前方的反革命一概消灭，并把我们的反革命的断头尸身，献与欧洲的有产阶级的时候，由是想和俄国修好的势力弱的工业家和财政家，就会占着优势了。而且世界有产阶级，也被迫而自然的和我们签定和约了"。这样，考茨基所说的永久依靠武力的财政资本，和不会变化的爱好和平的工业资本，将和我们修好，"苏俄即能从事于和平的建设的工作，使我们的国家，迅速的表现新的建设，并且于促成国际社会主义的革命有伟大的助力"。①

由上可见，第 4 讲引入希法亭的金融资本论，是一个过渡，第 5 讲评论考茨基吸收希法亭理论后的根本变化，与第 3 讲评论考茨基的工业资本论，重新串连起来。这也表明，本书论述帝国主义政策的基础，首先在如何认识帝国主义的本质，一个重要目标，意在批判马克思派内部以考茨基为代表的思想观点。根据书中的说法，此前考茨基以工业资本作为帝国主义的特征，是不完善的，后来他拿金融资本说事，更是完全错误的。其错误在于，将工业资本与金融资本截然对立起来，又将二者的特征属性说成永久不变，断言工业资本只侵略农地，以货物输出为特性，其侵略性受到限制，并且具有拥护民主法制与和平自由的倾向；而金融资本以资本输出与武力征服为特征的侵略政策是无限制的，成为引发世界战争的原动力，具有狂热掠夺的反动性。此批判的依据，不是以工业资本或金融资本作为区分标准，以对待苏俄政府的态度为标准，把包含所有工业资本和金融资本在内的国际资产阶级分为两类，一类是占据多数的反革命势力，企图消灭布尔什维克政权并恢复俄国旧政，另一类是居于少数的部分工业或金融资本，主张与苏俄和好；由此又围绕苏俄政府的修好提案，形成两种资产阶级的舆论力量，一种讥讽和压抑，另一种深入评论，看到能够获得的利益。至于将来哪一方胜利，不是取决于工业资本与金融资本的区别，也不是取决于它们中间多数与少数的较量，取决于苏俄革命的成功，只要苏俄军队消灭反革命势力，整个欧洲的资产阶级就会退却，那些想和俄国修好的少数工业家和金融家就会占据优势，并迫使全世界的资产阶级同苏俄签定和约。不

① 以上内容均见《帝国主义的政策底基础》，太平洋书店 1927 年版，第 77—79、85—86、94—95 页。

过，这样的批判，已经越出经济学分析的范围，衡量的标准转向是否能与苏俄政府和好的政治态度。由此可以体会，书中反对考茨基以一成不变的僵化方式来理解帝国主义的政策，或者把金融资本说成一味依靠武力，或者把工业资本看作永远爱好和平；影响这些资本所代表的资产阶级或帝国主义政策发生转变的极为重要因素，是以苏俄为代表的革命力量战胜反革命力量的形势变化，一旦苏俄获胜，不论金融资本还是工业资本，都能迫使它们和苏俄政府修好，从而有利于苏俄的和平建设工作，同时苏俄国家新建设的迅速实现，反过来又促成国际社会主义的伟大革命。这种批判，透过帝国主义政策的理论比较，其矛头实际上指向考茨基反对无产阶级革命和无产阶级专政的观点。

### （四）第6讲简析

这一讲的题目，"李宁的理论及帝国主义是资本主义的最后阶段"。讲述列宁关于金融资本的理论，比希法亭的理论"更为深刻"。根据列宁的见解，"现代资本主义的社会秩序的特质，最重要的，就是垄断"。现代资本主义的垄断特质，何由而成呢？

前一时期，资本主义的根基是自由竞争，这是工业进步、货质改良、价格低平的一大原因。"这自由竞争，正是前期资本主义进化的特质，于现在的社会里，渐渐已成为过去的陈迹了"。现在发生别的现象，有相异的趋势，便是垄断。① 垄断方面，各制造家都想着防止价格降低或大资本家间的竞争，一切制造家都有组合，规定不得互相竞争，价格不得低于共同决定的价格，结果市场全权都归辛迪加掌握，"归于大的制造家的掌握"。一国设立辛迪加，想避免世界市场的竞争，要和其他国家的辛迪加订约，决定向世界市场销售的产量和价格。现代资本主义的辛迪加制度，最突出表现为美国的煤、油、钢铁托拉斯。这些巨大的辛迪加制度，最重要的是垄断，而且是全世界的垄断，引起各种托拉斯瓜分全球，引起各种工业垄断。在这种情况下，旧日的自由竞争便不复存在。竞争消灭，作为工艺进步基础的动力，也立刻随之完全消灭。生产力的膨胀和物价的降低，足以体现从前经济时期的特性。而工业发达的停滞、生产力发展的停滞和物价降低的停滞，也足以体现垄断时期的特性。"资本主义发达的末期，是不再为经济的进步、向前进的时期，反

---

① 列宁在《帝国主义论》中，有类似的说法，见《列宁选集》第2卷，人民出版社1995年版，第646页。

为经济的进步衰落，而成后退的时期"。现代资本主义这种根本特质，列宁在他的著作《帝国主义是资本主义的最后阶段》（今译《帝国主义是资本主义的最高阶段》）里，已郑重指出了。

帝国主义的生长，是普通资本主义要素的直接继续发展。资本主义发展到最高的时期，成为资本的帝国主义。这个时候，有些资本主义的要素变成完全相反的要素，表现出从资本主义进入更高的社会经济组织的过渡时期的特质。这个过程，"经济的原素，是资本的垄断替代了自由竞争。自由竞争是资本主义和一般货物生产的要素，垄断正是自由竞争的相反"。我们看到自由竞争开始变成垄断，大规模的生产摧残微小的生产者，大的工业被更大的工业代替，致使生产的集中达到高点，垄断由此发生；然后继续生长卡特尔、辛迪加、托拉斯，以及联合几十个银行的资本。所以列宁指出，前期资本主义的特别色彩是自由竞争。垄断代替自由竞争，垄断正是自由竞争的反面。① 垄断出现，资本家就不能互相竞争以改良货质和降低物价，一切工业转归由几个资本家和银行家掌握，决定货物的价格，不许生产有所改良，因为改良生产对他们没有重要关系。

列宁说："垄断虽然是出于自由竞争的，但是垄断仍不抛弃自由竞争，并且和自由竞争并存，而又居乎其上，所以发生许多特别利害的重大的牴牾、激动及冲突。垄断，是资本主义渡过，更高一级的"②。这里指出现代社会组织的趋势，现代资本主义社会的活动方向，现代资本主义社会趋于垄断的发展权势；自由竞争没有消灭，仍与垄断现象并存，然而垄断现象逐渐发达，自由竞争不过旧制犹存罢了；既有垄断组织如辛迪加和托拉斯，又并存自由竞争，很容易明白辛迪加会互相竞争，而且冲突很厉害，现在的竞争已不是各个制造家的竞争，而是大势力的经济组织加入战争，从事战争的含有许多银行家和制造厂的团体；这些争斗很厉害，从事于资本主义的战争，起初是国与国之间的战争，继则变为世界的战争。

列宁又说："如果要给帝国主义以一最简短的定义，那么，就可以说，'帝国主义是垄断时期的资本主义'。这定义是含着最要的特色，因为在一方面，财政资本，是几个巨大的垄断的银行之资本，融合大工业家的垄断的团体之资本，在别一

---

① 以上一段论述引自列宁原著，其今译文见《列宁选集》第2卷，人民出版社1995年版，第650页。
② 这段论述紧接着列宁原著的上一段论述，其今译文见《列宁选集》第2卷，人民出版社1995年版，第650页。

方面，地球的瓜分，是由容易扩张势力于未经资本主义国家所征服的地方之殖民政策，渡过想在已经完全瓜分的地方得着垄断全权的殖民政策"①。列宁在这里用几个字来表述帝国主义的特质，非常明确，"帝国主义是垄断时期的资本主义"。更简单地说，"帝国主义是垄断的资本主义"。于是我们知道有关帝国主义特质的几种简述：考茨基的见解，"帝国主义是工业资本的政策"；希法亭的见解，"帝国主义是财政资本的政策"；考茨基改变后的见解，"帝国主义是财政资本的政策，和工业资本进行和平政策相反"；此外是列宁的简短定义，"帝国主义是垄断的资本主义"。

列宁还说："但是太过简单的定义，虽是便利，因为它侧重纲要，所以如果有人要从这些定义，来演绎有待于解释的现象之最要的特色，那么，这些太简单的定义，是有所不足的。因此，要记着普通一切定义之相较的非绝对的纲要，永远不能够包涵完成的现象之全部，所以给帝国主义的定义，要包涵着下列五种根本的特质"②。更详细解释帝国主义的定义，首先以帝国主义为垄断的资本主义。这些解释，侧重于所研究的现象的根本特质，尤为重要，但简短的定义有所不足，所以又用下列五点来表示帝国主义的特质：

第一个要点："生产和资本的集中，已经达于这样高深的程度，垄断因此而发生，现在足以左右经济的生活"。生产和资本的集中由何而成？昔日工业发达初期，各工匠都有自己的小制造厂或小工作场，大多根据定单制造。这些工厂为数极多，有些逐渐扩大，借助竞争来摧残较小的工厂；较大的工厂采用优良的机器生产，以较平的价格销售，其生产量之大前所未有，不可胜数的小厂在竞争中无法取胜，逐渐破产，结果资本昔日分配于多数中小商店，现在变为集中于少数人掌握。昔日分散，现在归少数人的资本积累过程，就是资本的集中，随之带来生产本身的集中。列宁举出许多显著的例证，来解释现代资本主义国家的生产集中过程。生产的集中，差不多是全国生产、工人和机器的累积，归于几十个或几百个最大的公司掌握，可以说就是垄断。列宁说："少数的公司，是很容易互相了解的，而在别一方面，垄断的趋势，是仿照公司的大发展而发育"③。"生产和资本的集中，达于高

①　其今译文见《列宁选集》第 2 卷，人民出版社 1995 年版，第 650 页。
②　这段论述，连同下面五个要点，均引自列宁原著，其今译文见《列宁选集》第 2 卷，人民出版社 1995 年版，第 651 页。
③　其今译文见《列宁选集》第 2 卷，人民出版社 1995 年版，第 585 页。

深的程度，垄断便由此而生"；如今垄断在最新的资本主义经济里，"干最重要的职务"。

第二个要点："银行资本和工业资本镕合，并在这财政资本的基础之上，建立一个财政的寡头政治"。财政的寡头政治，指管理并指挥一国的经济、财政、武力诸势力。"寡头政治"，为"几个人的统治"或"少数人的统治"。在欧洲国家，地主阶级拥有主权成为至尊，可以说10万或20万个男爵（地主）执行国政；农奴制度崩坏，资本主义兴起，国中势力渐渐转移归大制造家掌握，又可以说这些工业家管理国政；现在一切所谓"平民的""立宪的""议院的"国家，实为"寡头政治""少数人的统治"，"这是最劣的政体"。财政寡头政治的大权统治，足以表示现时一国经济生活的特性。现在无论半封建的德国，或君主立宪的英国，或"大"共和的法国，或美国，其国中实权，驾驭经济的财政的武力的势力，都归于少数的匿名者，即几个金融王侯，这些人管理四五家银行，掌握几乎全部钱币资本、大部分生产机关和国内原料源泉。

第三个要点："资本的输出异于货物的输出，而有特殊的重要"。列宁说："旧资本主义，自由竞争得势，最特殊的现象，就是货物的输出。新资本主义，垄断得势，极重要的现象，却是资本的输出"①。列宁列举了英、法、德三个大国投资国外的总数，就是一个事实②。由此可知现代资本主义的特质，资本输出国外日益增多，资本的输出开始多过货物的输出，同一资本经常大宗输出到人民缺乏购买力的很穷的国家。资本的输出，必使武力主义大为发展，哪怕为了一小块土地，都可以推行扶助和发育现代帝国主义的政策。

第四个要点："资本家组成国际垄断的大组合，瓜分全个世界"。托拉斯和辛迪加最初成立于一个国家，首先分占国内市场，资本主义下的国内市场和国外市场有密切关系，于是一国的辛迪加与其他国家的辛迪加联手建成国际的辛迪加③。这些国际的辛迪加和托拉斯，召开国际会议，有时公开，多数是秘密的。资本家煽动国家的差异，鼓舞国内的无产阶级反抗异己，保存他们的民众优势，掠夺本国及全世界民众的利益。国际资本家召集会议，资本家的垄断组合自行瓜分世界，决定各国瓜分地球所占的份额，以及每一国的托拉斯瓜分地球所占的份额，同时决定货物

① 其今译文见《列宁选集》第2卷，人民出版社1995年版，第626页。
② 其今译文见《列宁选集》第2卷，人民出版社1995年版，第627—628页。
③ 这里的意思引自列宁原著，其今译文见《列宁选集》第2卷，人民出版社1995年版，第631页。

的价格。有些资产阶级的著作家说，这些国际资本家的会议，和平地瓜分世界，可以避免世界市场的竞争和建立国际和平。"这种见解是不堪评论的"。财团的嗜欲无法满足，资本家在国际会议中，互相同意各国瓜分世界所占的份额，但现代资本主义是垄断资本主义，各国的组合都暗中梦想攫取整个世界，归自己垄断，想借着优先的机会，建立一个或法国或英国或德国统辖全世界的帝国。历史事实足以表明，国际的托拉斯和辛迪加，不独不能保持国际和平，反而使各国的差异更加厉害，构成世界战争的最重要因素①。

第五个要点："最大的资本主义的国瓜分世界，业已完毕了"。列宁从苏潘（原译"苏泮"）的《地理学》中，引出欧洲国家连同美国的殖民地所占面积的事实。这些数字表明，20世纪初，差不多地球上所有未被占领的土地，都被占领了。非洲或亚洲已没有可分的土地，只能重新分配，向别的业主夺取。"自此以后，殖民地的问题，成为一个剧烈的国际冲突"。全球的瓜分，已经完毕，要扩张领土，必须和别国开战才能做得到。因此，殖民地的政策，意味着最大的资本主义国家之间，最后分割黄黑两大陆，这必然引起世界的大战争。②

至此，我们知道列宁关于帝国主义问题的理论要旨，其界说可以简述为"帝国主义，是垄断的资本主义"。引申这一简单界说，又举出帝国主义的下列特质："一、生产和资本的集中，发达到这样的地步，垄断由此而发生，足以左右经济的生活。二、银行资本和工业资本融合，所以在财政资本的基础之上，建立'财政的寡头政治'。三、资本的输出，异于货物的输出，得到特殊的重要。四、资本家组成国际的垄断的联盟，瓜分世界。五、大国家，瓜分世界，已经完毕了"。③

依照列宁的说法，"帝国主义的很重要一方面，是寄生的状态"。临近战争时，有产阶级的社会已经衰败了。有产阶级已经干了它所能干的事情，开始衰败了。关于这个问题，列宁说："我们现在要去研究帝国主义的一重要方面，因为许多讨论这个问题的，仍未周详。马克斯的信徒喜尔科丁的一大缺点，就是他比于非马克斯

---

① 类似的意思，列宁原著的今译文表达，见《列宁选集》第2卷，人民出版社1995年版，第658页。
② 这段论述应引自列宁原著，其今译文见《列宁选集》第2卷，人民出版社1995年版，第639—640页。
③ 这五个特质重复前面五个要点的内容，其今译文见《列宁选集》第2卷，人民出版社1995年版，第651页。从中也可以看出，译本翻译原著同一段内容，有两种不同的表述。

的信徒哈布生（Hobson，今译霍布森①——引者注）已经是退后一步的了，我们正说及的寄生的状态，就是帝国主义的一特质"②。"我们已经知道帝国主义之最深的经济的基础是垄断。这垄断，是资本主义的，——就是垄断是从资本主义发生出来的，——并且处在一般资本主义的环境里，货物的生产和竞争，无论如何，垄断和这一般东西相冲突，是不能断的，不可免的。一切垄断，都发生停滞和衰败的趋势，是不可免的，这就见于甚至临时所设立的垄断的价格，见于减煞工艺上和所有其他的进步之激动力，又见于人为的妨碍工艺上的进步之经济的可能。例如，在美国，有一个奥恩兹（Owens），发明了一个制瓶的机器，这是改革瓶的制造的，然而德国的制瓶厂的加德，便买了奥恩兹的特许权，一概匿之而不用。诚然，垄断处于资本主义之下，决不能完全的永久的在世界的市场，废除竞争"③。处在这种情形下，一切新发明都不能用于改进工业，反而被藏匿，旧日工业的有产阶级所作的、鼓励一国工业前进的要素，现在已经完全废止了。

列宁还详论别的特质："帝国主义，是钱币资本之巨大的累积，在几个国家里，我们所已经知道的，其数达于一百至一百五十千兆佛郎的有价证券。因此，一定发生'食利息'的阶级，或正确些说，是'食利息'的部分，——就是以前截利票为生活的人们，不参与各项工作或事业的人们，职业是安逸的人们。——资本的输出，是帝国主义的最要基础之一，更加使'食利息的部分'，完全离开生产，以致全国成为寄生的状态，以掠夺海外的殖民地，和几国的劳动为生活"④。"食利息的状态，是衰败的资本主义之寄生的状态，这情形不能不放它的映影于一般国家之所有社会的政治的情状，及于特殊的劳动阶级运动中两个根本的潮流"⑤。现世

---

① J. A. 霍布森（1858—1940），英国政治思想家、经济学家；毕业于牛津大学，毕生从事教学和研究工作，积极投身英国社会改良运动。作为较早研究帝国主义的思想家，指出帝国主义形成的原因在于经济而非政治和军事，帝国主义是一个国家为了自己的目的而对他国制度与生活的控制；几个势均力敌的帝国互相竞争和商业利益被金融利益或投资利益所左右，是现代帝国主义与老帝国主义的两大区别；现代帝国主义是由追求私利的政界权贵、冒险家、大公司代理人、投资者等结成的联盟，奉行军国主义和官僚政治，具有掠夺性和寄生性，破坏民主，践踏自由，是现代民族国家最突出的危险。他反对帝国主义，又幻想建立"国际帝国主义"，以非暴力革命的方式实现永久和平。列宁评价他出版于1902年的《帝国主义研究》："作者所持的是资产阶级改良主义与和平主义的观点，这同过去的马克思主义者卡·考茨基今天的立场实质上是一样的，但是，他对帝国主义的基本经济特点和政治特点作了五个很好很详细的说明。"见《列宁选集》第2卷，人民出版社1995年版，第583页。

② 其今译文见《列宁选集》第2卷，人民出版社1995年版，第660页。

③ 其今译文见《列宁选集》第2卷，人民出版社1995年版，第660—661页。

④ 其今译文见《列宁选集》第2卷，人民出版社1995年版，第661页。

⑤ 其今译文见《列宁选集》第2卷，人民出版社1995年版，第663页。

纪初，英国全年对外贸易输出和输入的所得数，比较同时投资于各种企业及置业的资本所得数，可见食利息者或剪截利票为生活的人们之所得，等于世界上最大商业国家对外贸易之所得的 5 倍。列宁所说"帝国主义和帝国主义的寄生状态的特质"，就在这里。①

英国虽然失去工业优势，把输出货物的首位让给工业更加进步的德国和美国，但它是富有资本的国家，所以能够保持掌握全世界的大权。德国和美国的资本输出也一年超过一年，为了把资本输出到各地而竞争，引起最进步的国家之间均分赃物的重新争斗，努力使输入资本的地方听命于它们。帝制时期的俄罗斯，不是独立的国家，受制于各国的资本，这些资本在俄国都有一定的势力范围。国际财团的寡头政治，如法国和英国的财团，如此坚决地反抗苏俄，扶助高尔察克和邓尼金的反革命军队，其中一大理由，不但考虑在俄国已经投下的资本，而且恐怕失去一个很适宜投资、具有 1 亿 5 千万人口的国家。

一个国家从工业状态变为食利息即放债取息的状态，怎样影响到国内的情形？现代帝国主义引起食利者或股东阶级的生长，"不播种，也不收割，毫无所举，做一寄生虫的职业"。从前工业有产阶级，不管是否适于做这些事业，他们管理工业，想着提高制造厂的赢利，增加国内的生产力；而现在的资本主义企业家，管理祖先的工业，堕落到寄生的地步，只以剪截利票为生活。这样的社会秩序，国家靠资本的输出生活，这种寄生的特性，不免传染给各界人民。法国、英国、德国的几百万工人和农民，都是小股东，自然增加了这些被压迫阶级的机会欲望，希望他们的利益和统治阶级的利益一致。世界战争的结果，工人和农民确实受害最大，因为银行家把最不可靠的股份和债票给与这些阶级，如法国把俄国的债票，几乎全部分配给本国的工人和农民。虽然如此，临近战争时，千百万的工人、农民，"颇喜欢帝国主义的政策、殖民地的进取"，不能忘记其功业，所以"工人不再是纯粹无产者心理的人，便如金中有低金的混合物"。

"现代社会的组织，对于有产阶级，有衰败的影响；资本主义，已经入于衰落灭亡的状态了。社会如果败坏，则统治阶级，也是败坏"。甚至最著名的代表，也不再能够明白包围他们的事情了。最显著的例证，是布列斯特和约及凡尔赛和约。德国的有产阶级来自欧洲工业进步最快的国家，如果不是衰败的阶级，它的代表应

① 其今译文见《列宁选集》第 2 卷，人民出版社 1995 年版，第 662 页。

该明白，强迫俄国立约，会引起德国的破裂。布列斯特和约是世界上最大的冒险。列宁作为"无产阶级和劳农的有才能的代表"，洞悉德国的帝国主义，此和约将促成其衰败；但是对方作为衰败阶级的最有才干的代表，认为和约是德国的最大胜利，是德国战胜一切敌人的凭证。和约表明，德国的有产阶级是衰败的阶级。和谈期间，许多人指出，德国如果战败，英国和法国的有产阶级会强迫德皇签订较为束缚一些的和约。俄国的自由党也有许多人乐观地猜想，法国和英国的政治家应该比德国人更聪明，为了不让德国人投入布尔什维克的怀抱，会同战败国订立公平的和约，让德国成为文化上文明上的有力工具，和野蛮的布尔什维克争斗，和苏俄战争。他们这些希望，"全是错误的"。协约国的有产阶级，强迫德国立约，反而促成共产主义的生长。德国本身受凡尔赛条约的摧残，造成饥荒，到处充满着布尔什维克的空气。"在这个时候，德国的统治阶级，怎能和俄国的布尔塞维克剧烈争斗呢？家里发生火警，怎能去救邻国的火警呢"？在世界战争前，有产阶级正当衰败。"衰败的最大原因，就是帝国主义的寄生状态之所致"。1914 至 1918 年的洪水，"就是寄生的衰败的资本主义之时期"；布列斯特约和凡尔赛条约，"可作欧美的统治阶级衰败的最好的图解"。①

　　这一讲的篇幅，仅次于第 7 讲，明显多于前 6 讲各自的篇幅。其中列宁的理论，实际上比较系统地引述和解说列宁的《帝国主义是资本主义的最高阶段》一书。这个特点，不仅见诸引用列宁的论述，如注释中对照今译文的部分，还见诸引用者的解说部分，也就是说，用来解说列宁理论的许多资料和观点，其实仍来自列宁的原著。这些内容，覆盖了列宁原著全部 10 章几乎所有的重要论述，如生产集中和垄断、银行和银行的新作用、金融资本和金融寡头、资本输出、资本家同盟瓜分世界、大国瓜分世界、帝国主义是资本主义的特殊阶段、资本主义的寄生性和腐朽、对帝国主义的批评、帝国主义的历史地位等，尤其集中于引用第 7、第 8 两章。另一个特点，区别于前面几讲批评性地介绍非马克思派及马克思派内其他代表人物论述帝国主义的观点，本讲对于列宁的理论，不止给予高度重视和充分肯定，还口口声声称呼列宁同志，表现出引为同道并极为尊崇的态度。以上两个特点结合在一起，等于以复述原著的主要论点、理论结构和资料依据的方式，宣扬列宁的帝国主义论是认识帝国主义基本经济特征及资本主义走向寄生与衰败趋势的典范论述。由此看来，这个译本也等于将列宁的名著《帝国主义论》，率先以系统引述和大力推崇的方式，介绍给中国读者，尽管它引述列宁原著的译文，难以入目。

当然，本讲的叙述，也不是完全按照列宁原著的逻辑顺序。尤其末尾强调帝国主义的寄生性，致使现代资本主义社会组织和资产阶级进入衰败状态，其影响表现为欧美统治阶级的衰败，如签订布列斯特和约与凡尔赛和约，自以为得计，便是最显著的例证，表明他们中间最有才干的代表也不能认清周边情况而错误判断形势。这里的意思，突出"无产阶级和劳农的有才能的代表"列宁，洞悉这些和约将导致德国帝国主义的衰败，促成共产主义的生长和布尔什维克气氛的蔓延。列宁《帝国主义论》1917 年俄文版序言，以及后面几章的写法，考虑到沙皇政府的书报检查，用伊索式语言的暗示方法，谈到帝国主义是社会主义革命的前夜，谈到社会沙文主义（口头上的社会主义，实际上的沙文主义）完全背叛了社会主义，完全转到资产阶级方面，谈到工人运动的这种分裂同帝国主义的客观条件相联系等问题①。这些寓意，在本讲的叙述里，并没有得到充分体现。至于说到两个和约，列宁在 1920 年法文版和德文版的序言里，认为它们"给人类做了一件天大的好事"，完全揭穿了帝国主义雇用的文丐，以及那些自称和平主义者和社会主义者，却歌颂美国总统的资产阶级对内对外政策，硬说帝国主义条件下可能得到和平和改良的反动市民②。可见，列宁重视的是这两个条约彻底暴露了那些为帝国主义辩护者的欺骗性，而不是谁比欧美统治阶级更高明。对于这些辩护者，列宁特别把矛头指向考茨基，认为他对帝国主义的理论分析，以及他在经济上和政治上对帝国主义的批评，如所谓超帝国主义论，"都始终贯穿着一种同马克思主义绝不相容的、掩饰和缓和最根本矛盾的精神，一种尽力把欧洲工人运动中同机会主义的正在破裂的统一保持下去的意图"③。从本讲内容看，列宁这个论断，也未反映出来，虽然此前几讲，曾反复指出考茨基关于帝国主义的观点不完善或完全错误，但均未明确表达出列宁原著中所说的上述意思。

**（五）第 7 讲简析**

这一讲的题目，"帝国主义是组合的冶金工业的政策"。侧重说明冶金工业"指挥现代国家国内的经济和对外的政策"，并表述帝国主义的特质如下："帝国主

① 《列宁选集》第 2 卷，人民出版社 1995 年版，第 575—576 页。
② 《列宁选集》第 2 卷，人民出版社 1995 年版，第 579 页。
③ 《列宁选集》第 2 卷，人民出版社 1995 年版，第 683 页。

义，是新式的侵略政策，首被冶金工业的利益指挥；冶金工业，现在为所有头等工业国家经济生活中最重要的工业，可以说它是工业的'中星'，有许多别的工业，绕之而旋转，好像行星之绕太阳一样"。帝国主义"代表一种特殊的侵略政策"，想统治世界，由国家的状态变为世界的整体，"这是想用武力方法来融合许多的国家而成的"。这种侵略政策，足以表示19世纪末叶以来到现今时期的特质。"这个时期的特质，就是资本主义国家之经济生活的重心，由织造工业移到冶金工业"。经济重心的转移，是当代资本进化一件最重要的事情，承担最重要的职责，致使国际交涉日益加剧，最终形成非常膨胀的陆海军武力和现代侵略政策。"简单的说，这就是二十世纪头等国的帝国主义之根本的原因"。

列宁说："当自由竞争极盛的时代，英国之占优势的有产阶级的政策，是反对殖民政策的，而视殖民地的解放，完全脱离英国，为不可免的及有用的举动。贝尔（M. Beer）在一八九八年，著有一篇《最近英国的帝国主义论》，引出具着帝国主义思想的一个英国政治家狄斯雷里（Disraeli）在一八五二年所说的话。狄氏说：'殖民地，是绕着我们项颈的磨石。'所以在十九世纪末叶，英国著名的人物，是塞西尔罗德斯（Cecil Rhodes）和约瑟张伯伦（Joseph Chamberain），他们公开宣传帝国主义，并且应用纯粹为帝国主义的政策"[1]。英国的织造家"倾向和平"，根本原因是织造工业完全依赖海外诸国经常不断地输入原料。资本主义的经济重心由织造工业移到冶金工业，帝国主义的时代便开始了。张伯伦是伯明翰人，站在历史的决斗场的前面，做新时代也是殖民地狂热时代的第一个代表者。欧洲其他国家，也相继攫取海外的新领土。

资本主义的经济重心，不能不从其他工业转移到冶金工业。"这是完全依照马克斯的定律，通常资本中之不变部分，都是逐渐趋过资本中之可变部分以上而增大的。马克斯已经证明在资本主义生产的程序里，凡不变资本之量，都是以可变资本为牺牲而逐渐增大的"。资本由所谓不变的和可变的两部分资本组成，不变的资本是资本投入制造厂的建筑物、机器、锅炉、用具和其他的生产器具部分，简单地说，一切含有不变的性质；可变的资本是资本投入生产过程、易于消耗的部分，如未经制造的羊毛等，工钱也归于可变资本的范围。"马克斯说明不变的资本，是一定趋于损害可变的资本以生长"。18世纪时，资本的价值，投入制造厂，一半是不

---

① 这段话在列宁原著中的今译文，见《列宁选集》第2卷，人民出版社1995年版，第641—642页。

变资本，一半是可变资本；而现在，同一资本价值，或八分之七是不变资本，八分之一是可变资本。钢铁是制造生产器具的根本要素，所以资本主义发展的过程，自然引起冶金工业在国家和世界中的任务，极为重大。①

作者在这一讲里，别出心裁，意在突出自己研究帝国主义的新观点，把19世纪末至20世纪资本主义的经济重心，从具有和平倾向的纺织工业转移到支持武力侵略政策的冶金工业，说成现代资本进化的最重要事情或西方大国产生帝国主义的根本原因。其理论依据，显然想表明这个新观点继承并发展了马克思和列宁的学说。从列宁那里，他看到了英国政治家的政策变化，以19世纪末为分期，此前自由竞争盛行而反对殖民政策，此后则狂热鼓吹攫取海外新领土的帝国主义政策。其中原因，在他看来，根源于经济重心的转移，如狂热鼓吹帝国主义政策的代表人物张伯伦，来自现代冶金和机器制造工业的创始地伯明翰。从马克思那里，他又看到了一个定律，随着资本主义的发展，资本有机构成呈现不断提高的趋势。这个趋势，本来指资本家为了追逐更多的利润和应对激烈的竞争，总是竭力改进生产技术，采用新的生产设备，提高劳动生产率，意味每个工人在一定时间内使用的生产资料数量相应增多，即资本技术构成的提高，反映在资本价值构成上，不变资本部分所占比重相对增多，可变资本部分所占比重相对减少，导致社会的或部门的资本平均有机构成逐步提高；资本积累的发展，又为采用先进技术，使用新型的生产设备创造了条件，对资本有机构成的提高起着促进作用。作者借助这个所谓定律，想证明经济重心转移从而帝国主义政策产生的必然性。用他的话说，资本主义发展过程中，既然钢铁是机器制造的基本要素，冶金工业在国家和世界政策中自然占有极重要的地位。其实，列宁的原著，已经说明了冶金工业在帝国主义政策形成过程中的技术支撑作用，但并未以此作为帝国主义的基本经济特征。作者企图把这种技术支撑作用提升为说明帝国主义实质的决定性因素，虽有新意，却未免弄巧成拙。

### （六）结语

通览整个译本，所谓"帝国主义的政策底基础"，实际上分为两大部分。前一部分包含前两讲的内容，主要反对非马克思派曲解帝国主义的错误观点，诸如将劳动阶级为社会主义而斗争和生物界的生存竞争都泛化为帝国主义的特质，企图建立经济发展的永久不变的规律。照此说来，非马克思派无论对帝国主义政策的理解，

---

① 以上内容除另注外，均见《列宁选集》第2卷，人民出版社1995年版，第135—140页。

还是对其政策的理论基础的理解，都是错误的。后一部分包含后五讲的内容，主要讲述马克思派内部关于帝国主义的不同认识，应是全书的重点。马克思派都承认帝国主义是资本主义发展到最新或最后阶段的产物，但对帝国主义的基本特征、政策取向及其理论基础的看法，有不少差异。依次举出考茨基、希法亭和列宁三位代表人物的观点，先对考茨基以帝国主义代表工业资本的政策，颇有非议，认为不完善；继则对希法亭以帝国主义代表金融资本的政策，看作理论上的重要过渡；接着再对考茨基吸收希法亭的理论，得出工业资本的侵略政策受到限制，倾向于爱好和平与自由，而金融资本具有无限制的掠夺性的结论，认为是完全错误的，其依据之一，无论工业资本或金融资本，只要苏俄革命成功，均可为我所用；然后对列宁的理论详加引用，实则将列宁有关帝国主义是垄断资本主义的定义及其各种基本经济特征的论证，作为理解帝国主义现行政策的正确理论基础。最后作者提出"帝国主义是组合的冶金工业的政策"，自诩继续发展了马克思与列宁学说，有新的创意，其实是画蛇添足。

不论如何，作者站在维护马克思主义、维护列宁学说、维护苏俄革命的立场上，评点有关帝国主义论述的各种代表性观点。这是译本的一大特点，也是对帝国主义政策的基础进行专题经济学解剖的一个样本。译本另一大特点，比较系统和全面地介绍与解读列宁的《帝国主义论》一书。它的翻译引进，不仅让国人对列宁这部名作，在原著初版近10年后，开始有了较为清晰的了解，并且以马克思派中只有列宁能够正确认识帝国主义本质，代表马克思主义真正继承人的形象，而为国人所了解。译本还让国人看到，对待帝国主义这个特殊时代现象，非马克思派姑且不论，即使在马克思派内部，认识也不一致，存在重大分歧。书中用不少篇幅来介绍考茨基及其政治同盟者希法亭的帝国主义理论，尤其把批判的矛头指向考茨基，这同列宁在帝国主义问题上的批判重点，是相吻合的。不过，相对于列宁原著以揭示帝国主义基本经济特征的经济分析为基础，着重批判诸如考茨基的超帝国主义论或希法亭的国际帝国主义论所宣扬的和平与改良倾向，此译本侧重于以对待苏俄革命的政治态度或是否有利于苏俄和布尔什维克执政的政治原则，作为评论的标准，附带（用比介绍列宁理论更多的篇幅）炫耀一下作者自己关于资本主义的经济重心转移到冶金工业的"新发现"。

根据以上要点和宗旨，中译者将此书译作"帝国主义的政策底基础"，其实有些含混或模糊。七讲的题目，一会儿强调帝国主义的特质，一会儿又说帝国主义的政策如工业资本的政策或冶金工业的政策；一会儿似指某种特质或政策的理论基础，一会儿又似将这种基础理解为某种物质条件如工业资本、金融资本或冶金工业，甚至是像伯明翰和曼彻斯特这样的工业与金融中心等。其真实涵义，应是理论与实际相结合，比较有关帝国主义及其政策的若干代表性观点，并以列宁的经济分析作为理论基准。对于这个涵义，译本的整理者未必完全明白。所以，当译者在序言中说，我们谋求解放和自由平等，拯救全中国和全世界，只有打倒帝国主义才能达到目的；打倒帝国主义，须先明了帝国主义的基础、内容、政策及手腕；原著者剖析整个帝国主义，让我们知道痛苦的由来，因而成为打倒帝国主义的先导者等，只能看作一种笼统的表态，并非对原著的深入理解。首先，原著对帝国主义的剖析，并不是完全基于作者个人的先导分析，而是汇集整理既有的各种分析观点。其次，所谓明了帝国主义的基础、内容、政策及手腕等，也不是具有统一认识，而是列举比较各种不同的分析观点，最终经作者判断，以列宁的观点更为深刻。最后，说打倒帝国主义不是一句空洞的口号，在非马克思派的眼里，劳动阶级争取社会主义的革命斗争和自然界的生存竞争一样，都包含在帝国主义的范围内；对马克思派来说，既有以考茨基和希法亭为代表，主张超帝国主义或国际帝国主义的和平与改良道路，亦有以列宁为代表，宣布帝国主义是无产阶级社会革命的前夜；显然，这些观点，同译本整理者所说的打倒帝国主义以解除民族痛苦，求解放求自由平等，救中国救世界，不完全是一回事。从某种意义上说，译本整理者是拉起这本专论帝国主义的原著大旗作虎皮，不管其中的经济分析究竟是什么，来为自己懵懂的打倒帝国主义口号造声势；而且这种造势之举，看来也是受了汪精卫在其初版序言中所下论断的影响。

尽管如此，这个译本，终究是把马克思主义有关帝国主义的经济分析，把列宁剖析帝国主义的代表作《帝国主义论》，以对照比较的方式，率先摆在国人的面前，为马克思主义经济学在中国的传播，展示了一个新的理论范畴。

### 五、有关马克思主义经济学的解说类著作

这里列举三本著作，一本是《共产主义的 ABC》译本，一本是《马克思主义浅说》自撰本，一本是《唯物史观研究》文集，都涉及对马克思主义经济学的通俗或专题介绍。

### （一）《共产主义 ABC》译本

译本又称《共产主义初步》，布哈林①著，潘素（郑超麟②的笔名）译，列入新青年丛书。标明新青年社 1917 年版，时间有误，因为布哈林的原著出版于 1919 年 10 月，中译本的初版时间实为 1926 年。

《共产主义 ABC》原著，其实是布哈林和普列奥布拉任斯基③合写的一本通俗理论读物，用于配合 1919 年 3 月俄共（布）第八次代表大会通过的新党纲的宣传。"它系统地向广大党员和群众阐明了社会主义革命和建设的一系列基本理论问题，曾被译成世界多种文本，对于马列主义在苏联和世界各国的传播起了很重要的作用"；列宁 1920 年评价这本书对于新党纲，"在一本篇幅不大但是极有价值的书中作了极好的解释"④。

对照原著，此译本并非完整的译本，截取翻译原著两个部分共 19 章中的第一部分前 5 章。这一部分是理论部分，总标题"资本主义的发展及其灭亡"，开头为"引言　我们的纲领"，每章末尾还有参考书目和说明，所有这些，在译本里也被省略了。译本将原著的章改为编，节改为章，各编章分别名为：第 1 编"资本主义制度"，含 8 章："商品生产"（今译"商品经济"），"资本家阶级垄断生产机关"（今译"资本家对生产资料的垄断"），"雇用劳动"（今译"雇佣劳动"），"资本主义的生产关系""劳动力的剥削""资本""资本主义国家""资本主义制度的主要

---

① 布哈林，尼古拉·伊万诺维奇（1888—1938），曾任联共（布）党中央委员会委员和政治局委员，共产国际执行委员会委员、主席团委员、政治书记处书记，《真理报》主编；列宁逝世后，同斯大林站在一起，在战胜"新反对派"和托季联盟的斗争中起了重要作用；后与斯大林的政见分歧，1929 年被解职和开除苏共，大清洗时被处决。

② 郑超麟（1901—1998），福建漳平人，1919 年赴法国勤工俭学，1922 年参与组织在巴黎成立的旅欧中国少年共产党，1923 年到莫斯科留学"东方劳动者大学"，1924 年加入中国共产党，同年回国，在中共中央宣传部工作，同时任党校和上海大学教员；1927 年任中共湖北省委宣传部部长，后回上海任党报《布尔什维克》主编，1928 年赴福建整顿党务，不久被捕获营救；后转为托派，1931 年被选为中国托派中委兼宣传部主任，不久被捕，7 年后因抗战提前获释，1942 年中国托派组织分裂，领导其中一派，后主要从事写作；新中国成立后，任改组后的"中国国际主义工人党"的领导，1952 年被捕入狱，至 1979 年恢复自由。

③ 普列奥布拉任斯基，叶甫盖尼·阿列克谢耶维奇（1886—1937），1903 年加入俄国社会民主工党，属布尔什维克派，曾被逮捕和流放；十月革命后当选俄共（布）中央委员，历任中央书记、党的机关报《真理报》编辑，1918 年"左派共产主义者"集团主要成员；俄共（布）第八次代表大会党纲起草委员会成员，第九次党代表大会当选中央委员，1920 年任中央委员会和人民委员会的财政委员会主席，后任俄罗斯联邦人民委员部职业教育管理总局主席，1923 年起为托洛茨基派的首领之一和主要理论家，1927 年被开除出党，1929 年恢复党籍后再次被开除，死于大清洗。

④ ［苏］尼·布哈林、叶·普列奥布拉任斯基著，中共中央编译局国际共运史研究室译《共产主义 ABC》，生活·读书·新知三联书店 1982 年版，"出版说明"。

矛盾点"（今译"资本主义制度的基本矛盾"）；第 2 编"资本主义制度的发展"，含 5 章："小生产和大生产的斗争（个人劳动私产和资本家不劳动私产的斗争）"（今译"（个体劳动所有制与资本家不劳动所有制的斗争）"），"无产阶级的依赖地位，劳动后备军，女工和童工"（今译"无产阶级的依附地位，劳动后备军，女工和童工劳动"），"生产的无政府状态，竞争和恐慌"（今译"生产的无政府状态，竞争，危机"），"资本主义发展与阶级，阶级冲突的加烈"（今译"资本主义的发展和阶级（阶级矛盾的尖锐化）"），"资本集中与资本集合是实现共产主义制度的条件"（今译"资本的积聚和集中是共产主义的条件"）；第 3 编"共产主义与无产阶级专政"，含 7 章："共产主义制度的特点"（今译"共产主义制度的特征，共产主义制度下的生产"），"共产主义制度下的分配""共产主义制度下的管理""共产主义制度下的生产力的发展（共产主义的优点）"（今译"（共产主义的优越性）"），"无产阶级专政""夺取政权""共产党与资本主义社会的阶级"（今译"资本主义社会的共产党和阶级"）；第 4 编"资本主义发展怎样达到共产主义革命（帝国主义战争和资本主义的崩坏）"（今译"资本主义的发展如何导致共产主义革命（帝国主义，战争和资本主义的崩溃）"），含 9 章："财政资本"（今译"金融资本"），"帝国主义""军国主义""一九一四——一九一八年的帝国主义战争""国家资本主义与阶级""资本主义的崩坏与工人阶级"（今译"资本主义的崩溃和工人阶级"），"国内战争""国内战争的形式及其损耗"（今译"国内战争的形式及其耗费"），"全般解体呢？共产主义呢？"（今译"全面解体还是共产主义"）；第 5 编"第二国际与第三国际"，含 6 章："工人运动的国际主义是共产主义革命胜利的条件""第二国际的崩坏及其原因"（今译"第二国际的崩溃及其原因"），"保护祖国口号与和平主义"（今译"保护祖国的口号和平主义"），"社会爱国派"（今译"社会沙文主义者"），"中派"（今译"中央派"），"第三共产国际"。

总体上看，译本所译部分，较好地表达了原著的本意，其内容约占全书 2/5 的篇幅。可惜的是译本只有关于资本主义的发展及其灭亡这一部分，不见第二部分"无产阶级专政和共产主义建设"；也就是说，侧重于马列主义有关资本主义、帝国主义和无产阶级革命的学说，未及翻译有关俄国实行无产阶级专政和共产主义建设的学说。

**（二）《马克思主义浅说》**

这本小册子 41 页，中国青年社编辑，上海书店 1925 年 3 月初版，现存 1926 年

1月第9版，列入一峰、辟世合编的中国青年社丛书。此书分资本、资本主义的发展、阶级斗争和帝国主义4编，名为编辑，实为编译性质，意在以浅显方式普及马克思主义。在编辑方面，不力求叙述简明通俗，还在每编后面附有"名词释义"和"问题待答"。兹分别介绍如下：

第1编资本，分"货物、交换、金钱""资本""劳动力、剩余价值""一日工作""绝对剩余价值、相对剩余价值、分工"5章。主要讲述《资本论》第1卷前5篇的要点，但极为简略。有些译名如商品译为"货物"，使用价值译为"应用价值"，必要劳动译为"必须劳动"，增殖译为"生殖"等，亦有浅近之意，另外还用更为通俗的举例包括中国的例子予以说明。这个简略的经济分析，意在看出资本家的势力及其扩张形式：资本家希望增殖资本，潜心图谋资本的发展，尽力增加过剩劳动时间，掠夺剩余价值，以遂其贪心。"表面上自居正人君子，自称无产阶级的恩人，而暗中作鬼，榨取工人的血液，这是何等狡诈！无产阶级久受他们的欺骗，辨不清是非，以为他们应该享福，工人应该吃苦。朋友们不要沉睡了！资本家的金钱怎样来的？还不是由工人的血汗集成的么？谁造成的现今的一切物质文明？这不是工人么？谁应该享福？当然是受过辛苦的工人了！快醒吧！朋友们，团结起来！资本家本身并没有甚么势力，工人能创造现在的世界，还能革新这个世界，须知他的力量伟大啊"！[1] 这些呼吁工人无产阶级觉醒，团结起来革新世界的结语，正是本编引用《资本论》思想的宗旨。

本编末尾的名词释义，列举了产业、经济学、价值、劳动力、生殖资本、无产阶级等名词，大部分解释依据马克思学说。但个别者如将经济学一词解释为"研究货物的性质、生产、交换、分配、消费及满足人的欲望和支配方法的学问"，显然与马克思以社会的生产关系即经济关系为研究对象的政治经济学定义有差异，更多取自流行经济学的说法。问题待答列举了15个问题："货物有两种什么条件？""货物的交换，价值的多少，根据什么来决定？""什么是货物交换的媒介？并且为什么才需要媒介？""什么叫做资本？什么人叫做资本家？""劳动力是什么？谁去卖劳动力？谁又来买劳动力？""工人的过剩劳动是为谁做的？工人为资本家做得的利钱叫做什么？""资本家买来工人一日的劳动力，有钟点上的限制没有？""工人不卖他的劳动力便怎样？""什么叫做绝对剩余价值和相对价值？""相对剩余价

① 中国青年社编《马克思主义浅说》，上海书店1926年版，第9页。

值的三种方法怎样?"“分工于资本家的好处有几种? 并是些什么?"“产业愈发达,分工的制度能免掉不能?"“分工于工人的害处是什么? 要怎样救济这些害处?"“谁能革新这个世界?"① 这些问题,反映了浅说《资本论》要点的理论逻辑。

第2编资本主义的发展,除“叙论”外,分“资本主义的酝酿时期”“资本主义发展的步骤”( 含“协业”“工厂手工业”“机器工业”3节),“资本主义的特点”3章。叙论提到,各国经济发展不在同一阶段上,一些经济最发达的国家,“已由资本主义扩张的结果,榨压本国无产阶级,尚不足快其心,更进而欺凌弱小民族,侵犯其主权,霸占其领土,大施逞其帝国主义的威风”;另一些小国,其内部经济尚未发展到最高点,还没养足帝国主义的势力,虽然追随列强实行侵略主义,但“依据国内经济状况,还未能完全到帝国主义时代”;中国及其他殖民地半殖民地的经济状况更显得落后,“因为外国资本主义的侵入,农业社会渐渐破坏,本国资本家虽亦产生,然因外国资本家步步逼来,妨碍本国资本家自由发展,这就引起排外的民族观念”。资本主义的分期法,全依工业先进国而定,“因他们的势力,可影响到全世界”。本编的结束语说,总观资本主义发展的过程,一方面,“资本家互相竞争,互相摧残,日深月久,资本便渐集于少数人手中。他们并不生产,仅仅消费。他们所以能保有产业的,并非他们在生产上占势力,实因他们盘据政权,借法律军警保护自己”。另一方面,“无产阶级人数日益增加,占工农业的重要地位,假设工农有了团结,一声高叫:‘夺取政权,一切生产器具及土地归为公有!’资本家便要吓得发抖。因此,我们说,无产阶级革命的目标是产业归公,手段是夺取政权”。② 以上结构安排和开头结尾两段论述,主要理论依据仍来自《资本论》关于资本主义的发展阶段和资本主义积累的历史趋势等内容,但作了大幅度的简化加工,目的是为了强化第1编的结语宗旨,把无产阶级认识资本主义发展的觉悟和团结,最后归结为夺取政权,一切生产资料归为公有的无产阶级革命。

本编末尾的名词释义,列举了资本主义、弱小民族、帝国主义、殖民地、半殖民地、十字军东征、英法百年战等名词,实则借此进一步阐述马克思主义学说。如解释资本主义是“以运用资本生利为人生最高目的,极端保护私有财产,掠夺工钱奴隶的剩余价值,适用自由竞争以图专利,并因此得以掌握一时代的政治统治权教育权等等”;“现今社会除掉俄罗斯外,多是资本主义社会”。这个解释集中和简

---

① 中国青年社编《马克思主义浅说》,上海书店1926年版,第10—11页。
② 以上两段引文分别见中国青年社编《马克思主义浅说》,上海书店1926年版,第11—12、18页。

明地体现了马克思解剖资本主义的若干属性特征，并将苏俄与资本主义国家区别开来。问题待答列举了 14 个问题："什么是资本主义？""资本主义的三个时期是怎样分的？""什么是帝国主义？""资本主义的出发点是什么？""拥有农奴时的富人（即地主）为什么不叫作资本家？""资本主义怎样能应时形成？""试说资本主义发展步骤的三段名词？""协业与工厂手工业不同之点是什么？""自由竞争怎么讲？""资本主义发达后，农人为什么不愿种地？请举例来说！""资本主义愈发达，无产阶级为什么愈加增大？""各国国内和国际的政治经济组织为什么有统一的要求？""无产阶级革命的目标和手段是什么？""中国的经济状况怎样？"① 这些问题，实际上也是对本编论述要点的一个提示。

第 3 编阶级斗争，分"甚么叫做阶级""阶级之由来""阶级斗争之发生""资本主义社会之阶级"（含地主、工业资本家、小资产阶级及智识分子、农民、游民无产者、无产阶级），"无产阶级斗争的工具""资产阶级与无产阶级斗争的结果""阶级之消灭"7 章。本编论述阶级斗争，以经济分析为基础，同样依据马克思学说的基本经济原理，并把前两编号召无产阶级觉醒以实行夺取政权和生产资料公有制的革命，具体化为一系列的革命理念与政策措施。如谓：阶级生于私有财产制度，"私有制度一日存在，则阶级一日不灭，而阶级斗争也一日不止"；无产阶级与资产阶级斗争，包括改良劳动条件的经济斗争和根本解决问题的政治斗争，前者组织职工会、协作社等，后者组织共产党担任指导责任，"无产阶级之有无战斗力，纯视此等武器组织之完备与否以定之"；工人没有财产，所以也没有家族和国界的观念，"他们的直觉就是要推翻现有的社会制度以求根本的改造"；工人的力量是国际的，以阶级为单位，为了集中实力对抗资产阶级，把全世界的工人联络在"赤色职工国际"之下，为了集中政党的政治力量，乃有"第三国际"以指导政治斗争；无产阶级是社会上的大多数，又是生产的主要成分，以贫苦的农民群众为友军，有时也可以获得游民无产阶级的帮助，"所以一旦与资产阶级交锋，无产阶级可以取得必然的胜利——夺取政权，建立无产阶级专政，以对抗资产阶级"；"在无产阶级专政时代，阶级斗争还是不可避免的；但无产阶级专政，乃是一消灭阶级的手段。无产阶级专政的责任，就是提高生产率及文化程度，逐渐废绝私有制度，养成人人劳动的风习；私有制度废灭，人人均参入劳动过程，各尽其能而取所需，

---

① 以上引文分别见中国青年社编《马克思主义浅说》，上海书店 1926 年版，第 18、20 页。

则阶级自形消灭，人类归于大同世界，再不会有阶级斗争"①。这样从马克思主义对于资本主义社会的经济分析中，引出阶级斗争、无产阶级革命与无产阶级专政学说，又以列宁领导创建的第三国际为准绳，更加贴近于指导现实斗争的需要。

本编末尾的名词释义，列举了不动产与动产、农奴、封建社会、工钱奴隶等名词，继续补充前面的经济概念。如解释工钱奴隶为资本主义下的工人因为贫穷，不做工便饿死，所以他们在资本家任何条件下都须答应做工；"工人表面似比农奴自由，实际亦无自由可言，只是为要得工钱而卖身为奴隶"。显然这是仿马克思学说来为资本主义的雇佣工人概念释义。问题待答列举了 15 个问题："为什么有些人可以不劳而食？为什么有些人一天做十几点钟的工还要受人家的贱视？""何谓阶级？何谓有产阶级与无产阶级？""为什么原始时代的人都要做工而非常团结，没有阶级的分别？""私产制度是自有人类便有的么？还是从什么时候产生的？""为什么一定有阶级斗争？自有人类便有阶级斗争么？""为什么地主与工业资本家常有冲突？为什么他们又会常常联合起来一致的压迫无产阶级？""为什么小资产阶级及智识分子易于帮助资本家？这种帮助资本家的行为，于他们自己有利否？""农民为什么不如工业无产阶级？然而又为什么是无产阶级的友军？""为什么发生游民无产阶级？资本家为什么有时补助游民？为什么专恃运用游民以改造社会，是不可能的事？""为什么产业工人无产阶级容易赞成革命，而且力量很大？""资产阶级与无产阶级可以调和否？若冲突时应属那一方必然的得着胜利？""为什么无产阶级需要职工会、协作社、共产党？""为什么资本家主要压迫无产阶级？而且资本主义的发展会造成世界战争？""什么是第三国际与赤色职工国际？""阶级斗争到什么时候才停止？"② 从这些问题中，能够看到其主要依据仍出自《共产党宣言》和《资本论》等马克思著作的论述，同时借鉴苏俄革命的实践经验。

第 4 编帝国主义，分"帝国主义的定义""帝国主义的性质""帝国主义的发展""帝国主义的末路"4 章。这是从经济状况上研究帝国主义，定义"帝国主义是资本主义发展到最高程度的一期，也是最后的一期"，其理论主要根据列宁的《帝国主义论》中解释帝国主义性质的五个特征。如生产集中和资本集中的结果造成"专利"，这是把垄断译为专利；银行资本与工业资本混合起来成为"财政资本"，在此基础上产生"财政的专制"，这是把金融寡头译为财政专制；制造品输

① 中国青年社编《马克思主义浅说》，上海书店 1926 年版，第 26—28 页。
② 中国青年社编《马克思主义浅说》，上海书店 1926 年版，第 28—30 页。

出之外，"移殖资本"更为重要，这是把与商品输出不同的资本输出译为移殖资本；"国际资本家掌握专利"并侵害世界的商场，这是把形成瓜分世界的资本家垄断同盟译为侵害世界商场并掌握专利的国际资本家；"世界上的空地已被列强分完了"，这是把最大资本主义大国已把世界上的领土分割完毕译为列强分完了世界上的空地。所谓帝国主义的发展，介绍几个强国在争夺市场和殖民地等方面经济利益上的冲突，必定要演出一场国际帝国主义的战争，结果"俄罗斯无产阶级革命的红旗"冲破帝国主义的阵营而高竖起来，站在帝国主义对立面的是"一个无产阶级国度的俄罗斯和一些被压迫的弱小民族"。最后说到帝国主义的侵略使世界不得安宁，也使它自身常处于动摇状态，于是给在它压迫之下的无产阶级与弱小民族一个发展的机会，"真能推倒国际资本帝国主义的，只有世界无产阶级革命和弱小民族的民族革命"；最近数年，帝国主义国内无产阶级革命的爆发或离革命不远，帝国主义对弱小民族的经济侵略引起它们的反抗，包括"中国的民族革命、工农组织与共产主义的发展"，都是"新气象"和"好消息"；世界无产阶级和殖民地半殖民地的弱小民族要解放，便要"完全推翻资本帝国主义"，"在全世界无产阶级革命的潮流中，弱小民族中的无产阶级，将要出来担负领导民族革命，而且与全世界无产阶级合作，以形成一个整个的世界革命运动"。① 这是从马克思的资本主义分析进入列宁的帝国主义分析，突出苏俄革命在世界革命运动中的引领作用，并将中国的民族解放运动和共产党领导工农组织的发展，置于世界无产阶级和殖民地半殖民地民族谋求推翻资本帝国主义的大背景之下。

本编末尾的名词释义，列举了道威斯计划、协约国、贫乏、封建阶级、买办阶级等名词。问题待答，列举了12个问题："什么是帝国主义的简单定义？""简单地说明列宁关于帝国主义性质的五项解释？""英国为什么和德国冲突？""法国的帝国主义野心有些什么事实证明？""英法的关系怎样？""大战前俄国为什么要结欢英国？""德奥意三国同盟为什么失了效用？""太平洋上有那两个不解之仇的强国？""在欧战时美国为什么参战？""大战中帝国主义列强做了些什么鬼事？""立在帝国主义反面的是什么阶级？是怎样的民族？推倒帝国主义的又是怎样的革命？""最近几年有些什么革命运动？"② 这些问题，更多事实的意味而非理论的意味，或者说，更强调用事实来说明帝国主义与世界无产阶级革命及民族解放运动的

---

① 以上引文分别见中国青年社编《马克思主义浅说》，上海书店 1926 年版，第 30—34、37—39 页。
② 中国青年社编《马克思主义浅说》，上海书店 1926 年版，第 40—41 页。

理论。

这本小册子，比起前面解说《资本论》和帝国主义政策基础的译本，更显简易甚至有些粗陋。它的重点不在于严谨的理论阐释，而在于从马克思主义的现有理论体系中找出那些关键性论点，以便作普及的宣传和革命的动员。也就是说，那时国内自撰有关解说马克思主义的著作，主要为了应用的需要，只须抓住理论中的关键点以求其通俗易懂，不必做深入的阐释。正如出版机构的介绍："这是最通俗而最简单扼要的解释马克思主义的书。这最便于初次研究马克思主义的读者，可以使他们有一个明了的大概观念。每编附有名词释义，可以与本文相发明；附有问题待答，可供读者自己练习之用"；印行这本书，"希望大家可以用做课本或是学会研究的材料，以推广马克思主义的宣传"①。据此可见，从翻译引进马克思、列宁的经济学原著及其解读本，到取其要点而自行编撰为我所用的浅说读物，也是在马克思主义经济学的传播过程中将精深理论转化为现实指导观念的一个必经阶段。

### （三）《唯物史观研究》

中华学艺社编，商务印书馆 1926 年版。这本 167 页的文集，包含 7 篇论文，分别是何崧龄②的《经济学批评序中之唯物史观公式》《唯物史观公式中之一句》和《唯物史观中所谓"生产""生产力""生产关系"的意义》，陈昭彦的《马克斯主义经济学》，萨孟武③的《马克斯之资本复生产论》，资耀华④的《亚丹斯密与

---

① 中国青年社编《马克思主义浅说》，上海书店 1926 年版，封面介绍。

② 何崧龄后改名何公敢（1888—1977），原名崧龄，福建闽侯人；1902 年赴日本留学，1911 年参加同盟会，归国参加辛亥革命，再赴日本，入东京大学经济学系，1920 年毕业；翌年回国，任上海商务印书馆编辑，国民革命军总政治部宣传处处长，1927 年任福建省政府委员、秘书长兼福建盐运使，1931 年任福建省财政厅厅长，福建省财政特派员；1933 年任闽海省省长，失败后流亡日本；1937 年任国民政府军委会政治部第三厅战地文化服务处总干事和政治部设计局委员，1941 年参加发起中国民主政团同盟，当选民盟中央委员，重庆市、南京市支部主委等；新中国成立后，任全国政协委员，福建省司法厅厅长，民盟中央委员和福建省委副主委等。

③ 萨孟武（1897—1984），名本炎，字孟武，福建福州人；1912 年留学日本，入成城中学，1916 年入第一高等学校，后转第三高等学校，1921—1923 年入读京都大学法学部政治系，获法学士学位；1924 年回国，在上海以译书、撰文为生，曾在大厦大学兼课；1927 年入国民党政治部宣传处，任编辑科科长，1928 年任南京中央军校编辑部主任，领上校衔，1930 年任南京中央政治学校行政系专职教授，1937 年随校迁芷江，再迁重庆，1946—1948 年赴广州任中山大学法学院院长；后到台湾，曾任台湾大学法学院院长。

④ 资耀华（1900—1996），湖南耒阳人；1916 年留学日本，师从河上肇教授，1926 年毕业于京都大学经济学院；回国后先入北京中华汇业银行，1928 年入职上海商业储蓄银行直至 1950 年，先后任调查部主任、天津分行经理和华北管辖行总负责人，其间分别赴美国宾夕法尼亚大学沃顿商学院进修和哈佛大学商学院研究考察，曾任北平法学院、中国大学、民国大学教授，《银行月刊》总编辑；新中国成立后曾任上海银行总经理、全国政协委员、中国银行常务董事、民建中央常委、中国人民银行参事室主任等。

马克斯之关系》，以及李希贤①的《马克斯和近时的批评家》。这些论文均选自数年前由中华学艺社②创办的《学艺》杂志上所刊登的文章。即：何崧龄的三篇文章，1922 年分别发表于《学艺》第 4 卷第 1、2、3 号；陈昭彦的文章 1921 年发表于第 3 卷第 7 号；萨孟武的文章 1923 年发表于第 5 卷第 8 号；资耀华的文章同年发表于第 5 卷第 7 号；李希贤的文章同年发表于第 5 卷第 1 号。选编此类先前发表过的文章再次汇集出版，可见它们在早期介绍马克思学说方面所产生的重要影响。

据考证③，何崧龄排在文集前列的三篇论文，分别译自河上肇原作《唯物史观研究》一书的前三章。看来文集的题名，也是取自河上肇的书名。陈昭彦的论文比较马克思经济学说与"正统派经济学"，认为后者视资本主义经济组织为"自然的"，"永恒的"，"故只解剖其各部分相互关系为止"；而马克思"不仅限于其各部分之作用及其相互关系，凡由相互关系所发生各部分之变化，及资本制全体之变化，亦在解剖之内"；以此为前提，介绍和分析马克思的劳动价值论和剩余价值论。萨孟武的论文指马克思的资本主义再生产理论，介绍产业资本循环理论和社会总资本再生产理论，结论是资本主义必然灭亡。资耀华的论文比较斯密创立的古典经济学与马克思经济学说之间的关系，强调马克思的科学社会主义不同于空想社会主义的"根底"，"就在唯物史观"；马克思论述不适应生产力进一步发展要求的社会制度或早或迟要被新的社会制度替代，"就是唯物史观的中心点，也是社会进化的要旨"；简言之，马克思经济学说的最重要特点，以唯物史观为理论基础。李希贤的论文，译自布丁（原译"布丹"）的原作④。布丁所说的"近时"，指《资本论》第一卷 1867 年出版"迄今五十余年"的后 25 年，即 1894 年《资本论》第三卷出版以后；首先，比较这一时期马克思学说的批评者与前 25 年的不同之处，一个重要特点是承认马克思学说"在他最初提出的当时是正确的"，但依据后来的情况，有必要进行"改正"（即现在所说的"修正"），或完全"废弃"；其次，将这

---

① 李希贤，生卒不详，早年在日本学习社会学，1923 年任湖南法专校长，1926 年任湖南大学法科学长。
② 中华学艺社初名丙辰学社，1916 年 12 月由中国留日学生在东京发起成立，1917 年 4 月创办社刊《学艺》；1920 年丙辰学社社员回国后恢复学社活动，并由商务印书馆印刷发行《学艺》；1923 年 6 月丙辰学社在上海改名中华学艺社。
③ 以下考证内容除另注外，参看郭广迪发表在《中国社会科学报》上的文章《中华学艺社编辑出版的〈唯物史观研究〉》，见"中国社会科学网"2017 年 9 月 6 日。
④ 布丁的原作《从最近的批评看卡尔·马克思的理论体系》，最初 1905 年 5 月至 1906 年 10 月连载于美国社会主义工人党（SWP）的机关刊物《国际社会主义评论》，1907 年结集出版，1920 年重版。

些"马克思批评家"归纳为三类：批评其哲学理论的哲学家，批评其经济理论的经济学家和批评其"支配'资本主义社会组织之发展的法则'"的社会学家。布丁认为，马克思学说的各部分密切相关，尤其它的哲学思想不能与它的社会学说和经济学说分开，故此文结尾的"附记"即"马克思学说系统的简略的概要"，主要介绍马克思《政治经济学批判》序言中有关唯物史观的名言。

将这些论文都归入唯物史观研究的领域，并不准确，因为有的专论马克思经济学说。但它们共同强调了唯物史观是马克思学说特别是马克思经济学说的理论基础或哲学基础，则确定无疑。这在唯物史观传播于中国的早期历史上，也是一件很有意义的事。从前面的考察看，五四运动之后，唯物史观的传入曾在国内掀起一股翻译、介绍和解说的热潮。不过总的说来，这股热潮主要限于哲学和社会学领域，同马克思经济学说的联系并不密切。而这本文集所收入的论文，最初发表于 20 世纪 20 年代初叶，它们研究唯物史观的特点，恰恰突出了马克思主义经济学的角度，或者说将马克思的哲学思想同他的经济学说和社会学说密切结合起来。这在当时国内的思想界和学术界，显然具有引导作用。后来随着马克思主义经济学传播的深入，把唯物史观融入其中，或强调唯物史观在马克思经济学说中的理论基础地位，逐步成为我国相关著述的共识。特别是在那些受日文媒介影响较多的著述里，更能显现上述论文的先导效应，或者说不时留下它们的研究印迹。这大概也是为什么中华学艺社到 1926 年，还要把当初《学艺》上发表过的那些文章，在"唯物史观研究"的题目下选录重新出版的原因，等于肯定了它们在中国的早期传播中率先将唯物史观与马克思经济学说结合的影响力。

以上考察的 5 本译著、1 本自撰著作和 1 本文集，译著中两本以解说《资本论》为主，一本扩展了解说的范围，一本补译了残缺的部分，均系在以前基础上的进一步推进；另外两本或翻译列宁的《帝国主义论》原著，或以列宁的《帝国主义论》为理解帝国主义政策基础的理论基准，均丰富了马克思主义经济学的传播内容；还有一本是布哈林通俗介绍共产主义著作的节译本。自撰著作则把这些外来的系统理论成就，简化为便于在国内推广马克思主义宣传的通俗要点。文集包含译文和自撰文，体现了 20 年代初它们结合马克思主义经济学来研究唯物史观的率先影响。这些著作，其译者不是共产党人（或后来成为共产党人）就是国民党人，其自撰作者虽不详其人，亦以中国青年社为主体。所以，如此多宣传马克思主义经济学的著作在国内的流行，从某种意义上说，也可以看作那个时期国共合作的产物。

## 第二节　关于社会经济制度研究的各种著作

这些著作的例证，兼有译本和自撰本，广泛涉及资本主义、社会主义、共产主义和苏俄现实的社会经济制度方面，从传播马克思主义经济学的角度看，大多数著作起到了正面支持和推动的作用，也有少数著作特别是出版于 1927 年下半年的著作，虽然提供了值得参考的事实资料，其主旨却对这一传播有所质疑。

### 一、《资本制度浅说》译本

山川均著，施存统译，上海书店 1925 年 2 月初版，同年 7 月发行第 4 版。这是施存统继编译出版《社会经济丛刊》，包括山川均的文章《考茨基底劳农政治反对论》后，专门翻译山川均的又一本著作。

#### （一）译者序

施存统的序言，标注 1923 年 11 月 7 日作于"俄国革命纪念日"，表明翻译山川均这本书，具有纪念俄国十月革命的意思。此序如下：

"我们日常生活着的社会，是资本主义的社会；但是我们对于这日常生活着的资本主义的社会，多不求了解，糊糊涂涂地过去了"。我觉得人类有两桩事"非常奇怪"：一是一天忙忙碌碌，无非为满足人类生理的要求（食欲和性欲），但对自己生理的构造、作用及其特质，"不甚明白"；二是一天忙忙碌碌，无一非社会关系，无一能脱离社会，但对社会的构造、作用及其特质，"毫不清楚"。"这样两桩重大的事——占人类生活之全部的大事，我们反糊里糊涂地过去，不求了解，岂不是世上绝大可惊可怪的事么"？关于生理的智识，我们知道的很少，多少还有点是正确的。但关于社会的智识，我们即使从教员、父母、朋友那里有所知道，"完全是靠不住的"。"这恶社会底恶环境又天天压迫我们，使我们每一个人都陷于困苦、悲惨的境地"。"我们目下需要社会的智识比生理的智识要紧迫千万倍"。"那些处于现社会有利地位的官僚富豪，没有了解现社会的必要，我们不必管他；但是我们这些处于现社会不利地位或将陷于不利地位的人，为自己求生存起见，是不能不对现社会有正确的理解的"。

"这本小小的册子，即负此种使命而生。原著者也是一个被压迫的人，所以对于现社会格外观察得正确。关于资本制度底由来、本质、矛盾、趋势等，在这二万字内说得这样平易明晰而得要，据我所知道的说来，再没有比这还高的了，我十分相信，这本小册子出版以后，一定要受许多被压迫的人们底欢迎"。此书曾登载于1923年3月的"觉悟"，此次修正出版。"译笔极求通俗，但可惜我底笔太钝，不能如我之意，此层深望阅者原谅"。①

通过此序，可以明白译者选择此书翻译的意图，一是谋求了解自己所生活的资本主义社会的构造、作用及特质，否则糊里糊涂过日子，是"绝大可惊可怪"之事；二是从前我们关于现行社会的智识，都靠不住，不知道"恶社会"是每天压迫我们并使每个人陷于困苦悲惨境地的"恶环境"，因此紧迫需要了解眼下的社会；三是了解现行社会的必要性，不在于处于有利地位的官僚富豪，而在于处于或即将陷于不利地位的人们，让他们正确理解现行社会以寻求自己的生存；四是山川均的小册子作为正确理解现行社会的通俗代表作，正确观察了现行社会也就是资本制度的由来、本质、矛盾和趋势，说得平易、清晰和要言不烦，其译本在我国出版后，必将受到许多被压迫者的欢迎。

就像编译出版《社会经济丛刊》一样，施存统翻译山川均的小册子，也是先在《民国日报》"觉悟"副刊连载发表，然后加以修正，再出版单行本。丛刊的编译，从分篇发表到结篇出版，不到一年时间，而小册子的翻译，从1923年3月发表到1925年1月初版，前后用了近两年时间。施氏1921年1—5月分别发表丛刊各篇，还在日本参与共产主义组织的筹建，到他发表小册子译文和出版单行本时，已是一名在大学任教的中共党员，有意识借助山川均的小册子，引导国内读者认识现行资本主义社会使人们陷入困苦和悲惨境地的恶劣性质，以及现行资本制度势必造成压迫者与被压迫者之对立矛盾的本质特征及发展趋势。尽管他把那时的中国，看作由资本制度支配的资本主义社会，简单套用西方国家的制度与社会模式作为分析的依据，但他明确站在处于不利地位的中国被压迫者一边，呼吁他们正确理解眼下的恶社会与恶环境，摆脱那些处于有利地位的官僚富豪，去谋求自己的生存。尽管他也没有指出被压迫者的这条生路是什么，但他以俄国革命纪念日作为作序之日的隐喻，暗示了中国应当走俄国十月革命的道路。

### （二）译本简介

这本小册子不到2万字，16章，平均每章1千余字，可见其简易而通俗的著述

---

① 山川均著，施存统译《资本制度浅说》，上海书店1925年第4版，施存统"序"。此版与初版相同，故可通用。

特征。各章节目次分列于下：

第1章"资本主义的生产"，含"奇怪的世界""这是经济之道""资本家为利润而生产"3节；第2章"经济组织底变迁"，含"制度不好之故""好的组织和坏的组织""原始时代的共产制""奴隶——最初的榨取制度""农奴制度""都市和手工业""近代的机械工业"7节；第3章"经济组织进化底法则"，含"唯物史观""马克思底说明""资本主义怎么样？"3节；第4章"生产者和生产机关底分离"，含"第一个矛盾""机械工业和无产者""阶级对立""支配和被支配""根本的特征"5节；第5章"劳动力成了商品"，含"得了自由的劳动者""资本制度没有商品劳动即不能存立""第二个矛盾"3节；第6章"生产和消费底矛盾"，含"奴隶和劳动者""生产过多""经济界底恐慌""战争为什么发生呢？"4节；第7章"资本制度底浪费"，含"强制的怠惰""产业的预备军""经济的无政府状态""无益物品底生产""必要生产的限制""竞争底浪费""商业底浪费""广告费和贩卖""资本制度底不经济"9节；第8章"人类浪费的制度"，含"好社会底条件""使一切人成了商人的社会""恶平等的社会""不适者生存的社会"4节；第9章"社会的生产和个人的所有底矛盾"，含"个人的生产和个人的所有""生产机关底性质已社会化了""生产机关底利用亦社会化了""生产方法和财产制度底矛盾"4节；第10章"生产力和财产制度底冲突"，含"失业问题底意义""魔鬼和术士""生产力底障害""资本制度底功罪"4节；第11章"私有财产主义底动摇"，含"私有财产是近来的现象""私有财产观念底基础""劳动全酬权和私有财产主义""根据这原则的分配已不可能了""私有财产观念已不能存在了""国家和私有财产主义""新正义观念"7节；第12章"社会生活底危险和不安"，含"生产底动机是利润""民众底生活是偶然的结果""这是适合生产目的的""危险底自觉"4节；第13章"生活底改造"，含"思想底动摇""向较善生活的憧憬""生产改造底两个方法""个人改造呢、社会改造呢？"4节；第14章"自己改造底努力"，含"拥护现状的人生观""哲学和文艺是回避的手段""哲学的思索是顺应资本主义的努力""理想生活底游戏""单眼的社会观"5节；第15章"社会底改造"，含"经济组织底改造不可能的么？""纺车和纺绩机械""老婆子相信纺车底永久性""纺绩机械已将社会组织一变了""经济制度是变化的"5节；第16章"斗争的生活"，含"正义［是］变化的""正义是跟着生活条件变化的""支配阶级底正义和被支配阶级底正义""新兴阶级底正义""生活就是斗争"5节。

看了这个目次，感觉各章节之间的逻辑关系不是很清晰，有的译名也让人费解如"恶平等的社会""单眼的社会观"等，但总的说来，体现出以马克思经济学说为指导而通俗论说资本制度的特征；或者按照施存统的说法，从一个被压迫者的角度，格外正确地观察现行社会，用平易、清晰和得要的方式去说明它的构造、作用和特质，以及占支配地位的资本制度的由来、本质、矛盾和趋势，因而一定会受到许多受压迫的人们的欢迎。仅此而言，这个译本不同于那些维护现行资本制度并为处于社会有利地位的人说话，或假托客观中立而不偏袒任何一方的经济学著作，公开表明自己"浅说"资本制度的经济学著述，站在被压迫者一边。

下面选择译本里明确论及马克思学说的第 3 章，看看作者如何解说马克思学说。这一章论述经济组织进化的法则①，首先提到唯物史观：

"从原始时代的共产制度崩坏以来，各种各样的经济组织，或兴或倒，从无固定：一度应人类社会底必要而发生的生产制度，后来亦变成不必要的东西；一度有功效的制度，后来亦成为有害的东西；一度供养社会比较适当的制度，后来反变为无力供养社会的制度；一度曾助过人类社会进步的合理的制度，后来反变成阻碍社会进步的不合理的制度。从古到今，人类社会所经验过来的任何经济组织，在这一点都完全相同。无论什么经济制度，都不是永久有效的制度。无论什么经济制度，都没有不是曾经有效过的。所以无论什么经济组织，到了相当的时候，如果不将彼打破，生产力及人类社会底进步，就要成为不可能；即使不至于不可能，其进步总要大大地受阻害。马克思指这个时期叫做'社会革命的时代'"。马克思说："社会底物质的生产力——达到了其发达底一定阶段，就要同从来的生产条件——这条件表现在法律上的，就是从来的财产关系——冲突。这些财产关系，曾经做过生产力发达的形态，现在却一转而为生产底桎梏了。于是，社会革命的时期就开始。经济的基础一变化，那巨大的上部构造全体，就要慢慢地或急速地随着革命起来"。

这一节，强调经济组织的进化，其法则是马克思的唯物史观，即人类社会的历史经验证明，任何经济组织都不是永远固定的，任何经济制度也不是永久有效的，一定会经历从必要、有效、适应、合理，到不必要、有害、不适应、阻碍的发展变化过程；到了一定时候，如果不打破旧的经济组织或经济制度，势必阻害生产力及

① 以下引文凡出自本章者，均见山川均著，施存统译《资本制度浅说》，上海书店 1925 年第 4 版，第 12—15 页。

人类社会的进步。其中引用马克思有关"社会革命的时代"一段原话，见《政治经济学批判》序言，那是马克思学说中人们耳熟能详的一段名言。接着说明马克思上述一段话：

"我们将马克思底话嵌上实例一看，就可以明白了"。比方说，社会的物质生产力发展到手工工业的程度，生产机关归独立的手工业者所有，这个生产机关又决定了一定的生产条件，独立的手工业者（老板）雇佣职工，依照同业组合规则确定的定额招收艺徒来利用生产机关。这个生产条件所采取的法律形式，就是当时的财产关系。这个新的生产条件，比起以前的奴隶制度及农奴制度，可说是更发达的生产力形态；可是社会的生产力继续进步，达到用机械来生产的程度，新的生产力和从前的生产条件，就发生了冲突。不革除从前的生产条件，新的生产力决不能充分发展。"这旧的生产条件成了新生产力底障碍物那时候，就是社会革命的时期；于是旧的生产组织就为新生产力所破坏，其结果，能率更高效力更大的经济制度，就代之而兴"。

这个实例说明，实际上仍然来自马克思本人的论证，只不过译本采用了更通俗和浅显的说法而已。说明所举的例子是手工业制度取代奴隶制度及农奴制度之后，随着生产力的发展，自身又被效率更高的经济制度取代，这个新的经济制度，便是我们生活于其中的资本主义制度。现在怎样看待这个制度或经济组织呢？这就引出本章最后一节的话题：

现在的资本主义经济组织，是这样一种制度：一般民众苦于无衣可换的时候，它反而限制布帛的生产；几百万人民需要劳动的时候，只因资本家无利可得，它便中止了生产。这些事实，"难道不是明明白白证明了这个经济组织已成了生产力底'桎梏'了吗"？今日欧洲各资本主义国家，没有一个不焦虑经济的再兴问题。"能否解决这个问题，实是欧洲资本主义底死活问题。所谓经济上的再兴，要之亦不外乎生产力底增加而已"。欧洲各国都有几百万人有志于劳动却得不到劳动的机会，反而被强制不得不怠惰。"这样看来，今日欧洲底资本主义，已经无力利用这几千万人底生产力了"。这岂不是已经到了一个时期，应该冷静地考察我们现在生活着的这个社会的经济组织究竟会走向哪里？

这里提出的问题，一则典型体现了站在被压迫者的立场上从事思考的特点。二则意谓现行资本主义制度或经济组织，已经走到无力利用广大劳动资源而成为生产力的桎梏的地步，意味着已经进入社会革命的时代。三则应该依据马克思的唯物史观，冷静考察资本主义经济组织的未来趋势取决于其自身的构造、本质、矛盾和特征，由此又引出后面各章的一系列分析，诸如生产者和生产资料的分离、劳动力成为商品、生产和消费的矛盾、资本制度的浪费、人类浪费的制度、生产社会化和个人所有的矛盾、生产力和财产制度的冲突、私有财产主义的动摇、社会生活的危险和不安等；许多分析，一望即知来自马克思的经济理论，然后提出生活的、个人的、社会的等各种改造思路，最后归结于"斗争的生活"。四则原作主要针对资本主义发达的欧洲各国，也就是欧洲国家的资本主义经济组织，无法适应生产力的继续进步而成为它的桎梏，其显著特征是资本家追求利润，不顾社会的利益和一般民众的疾苦，限制了生产的不断发展和劳动者的充分利用；译者将原作的本意，推广到包括中国在内的所有国家，认为今日除了欧洲各资本主义国家之外，世界其他国家要解决被压迫者的生存问题，同样面临资本主义的困境。不管怎么理解，山川均撰写这本"浅说"，旨在根据马克思学说来通俗解说现代资本制度，施存统翻译这本原作，旨在呼吁大多数被压迫者认清现行资本制度以谋求解放自己，应是无可置疑的。

### （三）结语

山川均的著述传入中国，1919 年及以前，似较少见，尽管那时他已是日本社会主义运动领域如日中天的代表人物。从 1921 年起，他的著述开始大量介绍到我国。有关社会主义或经济学的著述，据统计，短短两年间，翻译成中文的就有①：施存统译《现代文明底经济的基础》，1921 年 2 月 23—24 日连载于《民国日报》"觉悟"副刊；邹敬芳译《劳动总同盟研究》，泰东图书局 1921 年 5 月出版；陈国桀译《苏维埃俄国底经济组织》，1921 年 5 月发表于《国民》杂志第 2 卷第 4 期；平沙（陈望道）译《生育节制和新马尔塞斯主义》，1922 年 5 月 17 日发表于《妇女评论》；陈望道译《劳农俄国底劳动联合》，1921 年 1 月发表于《新青年》第 8 卷第 5 期；周佛海译《劳农俄国底农业制度》，发表同前；陈国桀译《苏维埃俄国底新农制度》，1921 年 5 月发表于《国民》杂志第 2 卷第 4 期；鸣田抄译《由英归俄后的克鲁泡特金》，1921 年 4 月 7 日发表于《民国日报》"觉悟"副刊；光亮（施存统）译《劳动组合运动和阶级斗争》，1921 年 8 月 19 日发表于《民国日报》

---

① 参看袁广泉译《中国共产党成立史》，中国社会科学出版社 2006 年版，附录一"山川均"，第 326—328 页。

"觉悟"副刊；周佛海译《社会主义国家与劳动组合》，1921 年 6 月发表于《新青年》第 9 卷第 2 期；施存统译《劳农俄国底安那其主义者》，1921 年 6 月 1 日发表于《民国日报》"觉悟"副刊；王文俊译《苏维埃研究》，北京知新书社 1921 年 8 月出版；张亮译《列宁传》，人民出版社 1922 年 1 月版；李达编译《劳农俄国研究》，商务印书馆 1922 年 8 月出版；象予译《劳农俄国底建设事业》，1922 年 2 月 15 日发表于《晨报副镌》；Y. D. 译《农民为什么苦呢？》，1921 年 12 月 6 日发表于《民国日报》"觉悟"副刊；晋青（谢晋青）译《奴隶和铁锁》，1921 年 11 月 14 日发表于《民国日报》"觉悟"副刊；熊得山译《国际劳动同盟的历史》，1922 年 10 月发表于《今日》第 2 卷第 3 期；等等。以上译作，都以山川均的原作为底本，或译或编或一稿多译，又以苏俄论题占很大比重，劳动问题次之，可见在中国共产党成立前后的一段时间里，山川均著述在我国的影响，颇为可观。

不过，我们的考察以 20 世纪 20 年代的经济学著作为主，山川均不少文章的译文及一些著作的译本，被排除在外（对其他人也是如此）。前面考察施存统编译的《社会经济丛刊》一书，包括山川均的《考茨基底劳农政治反对论》一文，是个特例。此文 1921 年 3 月刚在日本杂志上面世，4 月即由施氏翻译发表于中国报刊，翌年初被结集收入丛刊出版，作为经济学著作进入我们的视野。此文给人留下较深的印象，接受列宁的基本思想，反驳考茨基否定苏俄无产阶级专政的观点，由此认定列宁而非考茨基，才是马克思主义的真正继承者。这也印证了当时传入中国的山川均的许多著述，把介绍、解释、研究和宣传苏俄革命的理论与实践放在突出位置，同他本人由衷欣赏这一革命的个人思想基础，密切相关。这样看来，他的著述，先为苏俄无产阶级专政辩护，用于在我国传播马列主义，接着又以《资本制度浅说》译本，用于为我国的被压迫阶层呼吁，其间的逻辑关系一以贯之。这层逻辑关系，也可以体味施存统为《浅说》译本作序，特地落款为俄国革命纪念日的由来线索和内在涵义。

施存统 1923 年 11 月 7 日的作序日期，相隔俄国十月革命的爆发，正好 6 年。在此期间，主要是 1921 年 1 月至 1922 年底，他除了编译《社会经济丛刊》（含 5 篇文章）和翻译上述山川均的著述（约 3 篇）外，还翻译了许多其他日本学者的著述。如：以 C. T. 之名译《马克斯主义和劳动全收权》（河上肇原作），1921 年 7 月 19 日发表于《民国日报》"觉悟"副刊；以光亮之名译《马克思主义上所谓"过渡期"》（河上肇原作），1921 年 12 月 18 日发表于《民国日报》"觉悟"副刊；

以 C. T. 之名译《俄罗斯革命和唯物史观》（河上肇原作），1922 年 1 月 19 日发表于《民国日报》"觉悟"副刊；译《马克思主义和达尔文主义》一书（堺利彦原译），商务印书馆 1922 年 1 月出版；译《马克思底理想及其实现底过程》（河上肇原作），1922 年 3 月发表于《东方杂志》第 19 卷第 6 期；译《马克斯学说概要》一书（高畠素之原作），商务印书馆 1922 年 4 月出版；译《唯物史观在马克思学上底位置》（栉田民藏原作），1922 年 6 月发表于《东方杂志》第 19 卷第 11 期；以光亮之名译《劳农俄国问答》（横田千元原作），1922 年 11 月发表于《先驱》第 13 期；等等①。也就是说，这两年间，施存统至少翻译了日本学者有关马克思主义和苏俄革命的 2 部著作和 13 篇论文，前面仅在经济学著作的名目下，考察了其中的 5 篇论文。时隔一年，他又翻译完成山川均的《资本制度浅说》一书，此时不仅具有对马克思学说的理论研究积累，还受苏俄革命的启发，明确提出翻译的目的服务于被压迫人们的需要，这些都可以看作他成为中共党员前后的一段时间里，不懈地以传播马克思主义经济学为己任的自觉意识。选择翻译《浅说》一书，浅则浅矣，亦非阐释马克思经济学说的恰当和理想著作，连剩余价值学说都未提及，但在译者看来，仍相信这是让被压迫者正确观察现行资本制度，激励他们追求理想制度的切合需要与通俗易懂的著作。

附带指出，此后看到山川均著，施伏量译《辩证法与资本制度》一书，新生命书局 1929 年 8 月 25 日订正初版，1932 年 5 月 15 日再版。施伏量即施存统，1929 年 7 月 15 日的序言称：

"唯物辩证法与资本制度，是两个极大的题目，也是两个极重要的题目。这两个题目，是每个现代人尤其现代青年应当求了解的。这本小书底出版，目的在于帮助大家去了解这两个题目"。"唯物辩证法是研究一切自然现象及社会现象的科学方法。采用这个方法去研究现象，才能晓得现象底发生、发达及衰灭底过程。它不但可以说明现象，而且可以指导行动。在这一点，最值得我们细细研究"。"资本制度是我们现在生活着的社会制度。现在中国一方面受着世界资本主义底支配，同时内部也已在渐次资本主义化，而中国革命底前途又要向着非资本主义的民生社会。因此，我们对于资本制度，应有一个彻底底明确的认识"。这本小书集合山川均的两本小册子而成，"都是我底旧译，曾经在别的书店出版过"；"现在根据新版

① 参看袁广泉译《中国共产党成立史》，中国社会科学出版社 2006 年版，附录一"山川均"，第 333—335、339 页。

原著，重加修改，订成一本"，委托新生命书局出版。"这是一本极好的通俗的入门的书，它不但清楚而扼要地告诉我们唯物辩证法和资本制度是什么，使我们得到一个明确的概念，而且能引导我们作进一步的研究。因此，我敢负责介绍本书于一切初学的读者"。①

初看书名，以为是运用唯物辩证法来研究资本制度，细看序言，方知这是将过去翻译山川均分论唯物辩证法和资本制度的两本小册子，合并为一本书。合并后的书名不很确切，其上下两篇分别题为"辩证法的唯物论"和"资本主义的经济制度"，而书名以"辩证法"代替"唯物辩证法"，省略了唯物论，这个简称是不恰当的。不论怎样，译者很看重这两个题目，认为一个是研究一切自然与社会现象发生、发展与衰亡的科学方法，可以说明现象，又可以指导行动；另一个是我们正生活于其中的社会制度，只有彻底和明确地认识这个制度，才能了解中国现在外部受到世界资本主义的支配，内部正在逐渐资本主义化，因而中国革命的前途势必走向非资本主义的民生社会。所谓"非资本主义的民生社会"，其实是社会主义社会的委婉说法。译者向初学者推荐这本入门书，称其极好和通俗之处，不仅在于清楚扼要地说明了这两个极大而又极重要的题目，更在于能够引导进一步的研究，其实也是着眼于作者的说明建立在马克思主义的分析基础之上。

关于上篇，内含"哲学上的唯物论""唯物论的社会观""动的观点与现象间底关系""社会现象中底应用""从量的变化到质的变化""矛盾的发展""机械的唯物论""辩证法的唯物论"8章。核心思想在最后一章，说明马克思把在黑格尔那里倒立着的唯心论的辩证法，改为唯物论的辩证法或辩证法的唯物论。并引用马克思在《资本论》第二版跋中的一段话："黑格儿以为观念这独立的主观，是现实界底造物主，现实界不过是这主观底外面的现象；我底意见恰恰相反，我以为观念不过是物质移植、反映于人底头脑中的东西。黑格儿底辩证法，是以头倒立着的。所以我们为着剥去那神秘的外皮，求得合理的内容，把他底辩证法从头上搬到脚下"②。然后说明有了辩证法的唯物论，人们考察过去和现在的社会秩序，以及代之而起的新的社会秩序，"也为之一变"。马克思以前的空想社会主义者，也批评资本主义社会，看出它的不合理与不公正，但他们只想发现与旧制度相对立的绝

① 山川均著，施伏量译《辩证法与资本制度》，新生命书局1932年版，"译者序言"。
② 其今译文见《资本论》第一卷第二版跋，人民出版社2004年版，第22页。原译文不那么确切，在原文中也不是完整的一段，原译文摘录原文的两部分内容合并在一起。

对合理与公正的东西，认为实现社会主义社会，只缺少发现这种真理的"天才的个人"；现在（这里又引用《社会主义从空想到科学的发展》中一段话），"已经出现了这样的个人，认识了真理了；但现在出现了这样的个人，认识了真理，并不是从历史发展的关联上必然继起的不可避的事件，不过是纯然侥幸的事；所以如果这种个人早五百年而生，则人类底谬误、斗争和苦恼，就要少经过五百年"①。"有了辩证法的唯物论，社会主义才被认为资本主义社会底必然的发展"；从此，"社会主义才从空想变成了科学"，"社会主义才被认为无产阶级底行动科学"。唯物辩证法把资本主义社会当作一个发生、成长及衰亡的过程来理解。"这种立场，只有那种要把自己从资本主义社会中解放出来的阶级，才能采取"。所谓唯物辩证法为无产阶级的正确思维方法，决不是说它只对无产阶级有利或便利。它之所以正确，因为"无产阶级正是唯物论的辩证法地活动着"，因为它"与这无产阶级的运动一致"。能够接受它的阶级，"在资本主义社会中，只有无产阶级"。② 看了以上论述，可以明白无误地了解作者阐明唯物辩证法的立场，以及译者敢于负责地向初学者推荐这本书的真意。

关于下篇，翻阅说明资本主义经济制度的 14 章内容，马上发现，它与四年半前出版的《资本制度浅说》一书，在标题译名和译文表述方面，几乎完全一样，稍有改动，也看不出原著的新版有哪些重要修订。因此，前面关于《浅说》的分析，无论长处或短处，同样适用此篇。就译者施存统来说，当初翻译《浅说》，只是说此书对资本制度的简要说明，必将受到我国受压迫人们的欢迎，而现在推荐同样内容的此篇，更加明确地指出，它对资本主义经济制度的彻底认识，给我们显示了中国革命将走向非资本主义的民生社会即社会主义社会的前途。这个提示同上篇关于马克思的唯物辩证法论证了资本主义社会必然发展到社会主义，从而成为无产阶级的自觉意识和行动科学这一主旨结合在一起，进一步强化了对马克思主义经济学在中国的指导作用的宣传。

### （四）补述

山川均这本小册子，对于当时我国介绍资本制度以明了马克思主义学说的传播者，应有些影响。所以，自 1925 年出版施存统的《资本制度浅说》译本后，不过

---

① 其今译文见《马克思恩格斯选集》第 3 卷，人民出版社 1972 年版，第 407—407 页。
② 以上引文除另注外，均见施伏量译《辩证法与资本制度》，新生命书局 1932 年版，第 32—35 页。

两年，又至少出版了两个不同书名的译本。一个译本是崔物齐①的《资本主义的解剖》，光华书局 1927 年 2 月初版。这个译本未标出著者山川均，但从其目录和内容看，与施存统的译本大体一致，惟少了一章即第 3 章经济组织进化的法则（从后面的考察看，这一章是从原作第 2 章经济组织的变迁中分拆出来的），故而 16 章减为15 章，另外译名及译文亦有些差异。此译本应在日本翻译而成，可见译者 1926 年暑假作于东京大冈山的序言，大旨如下：

"'资本主义是万善的！''资本主义是万恶的！'在今日的中国，已经成了聚讼不决的官事——中国社会应该向那方面走的大问题了。资本主义究竟是万善呢万恶呢？这样广大的问题，决不是由那一派人因本身的利害而好恶之便可解决的！在学理上我们得研究资本主义恶和善的道理，在世界大势上我们更得观察资本主义的趋势，尤其是在事实上我们更得探窥资本主义的内包，这样我们才能得到一个公平的解决，才能不因本身的利害而蒙蔽真理，才能决定中国今后应走的方向！"接着的表述，不具名地引用一句名言："人类的意识决定不了自己的存在，反而人类的社会存在决定了人类的意识。"（实出自马克思《政治经济学批判》序言）并依此确信："这是人类社会过去数千年的历史，告诉我们社会进化的科学法则"。

"这本书的好处，便是完全站立在客观的地位上，正如一个冷静的生理学者解剖生物的机体一样，把资本主义社会制度的内包，一件一件解剖出来"，指出它的骨骼、筋肉及其生长、变化、响应、趋势等，"给读者一个明了的鉴别，使读者在客观的事实上，得以明了资本主义内包的状态，究竟是怎么一回事，这样所得的答案，才是科学的，真理的"。"人类社会不是因那些人因本身利益而好它，便可从天上飞下来的，也不是因那些人因本身的利益而恶它，便可逃走的，其来也其去也，都有它'必然的'客观的原因，都有它不得不来不得不去的铁则，这可以拿人类全部历史，作一个证人！本书便是拿人类社会过去及现在的历史，证明那个'铁则'的！"

自然科学在人类社会上已经放了万丈的光焰，现在仍然继续不停地日益增高，

---

① 崔物齐（1903—1955），又名崔孟博，陕西咸宁人；1920 年就读天津南开中学，1923 年加入中国社会主义青年团，不久加入中国共产党，1924 年任团组织天津地方执委会委员，负责宣传工作；1926 年留学日本，入东京明治大学，1927 年回上海，被派往广东黄埔军官学校任政治教官；四一二政变后返回陕西，任中共陕西省委委员、常委，负责宣传工作，次年被捕入狱，不久出狱；1930 年任陕西省政府秘书、科长；西安事变后应党组织提议，写了退党声明；1938 年任陕西省渭南县县长，1944—1946 年先后任澄城、白水县县长；1947 年为党组织从事地下工作，新中国成立后曾任西安市民政局局长。

何以社会科学反而这样不争气地相形见绌呢？"主要的原因便是人类不能根据客观的事实作法则，只依着自己主观上的空想去判断，所以社会科学不能得到正轨的向前飞奔，反而四处乱跑，弄得又费力气，又走不上正道，这是研究社会科学的人所当迅速觉悟的"。"中国这种破烂的国家，要想翻过身来，正轨的社会科学比自然科学，尤其切要！中国的社会制度，今后应该建立在那一种的形式上呢，这是中国荣枯的关头，一切的人们应该站在客观的土台上，冷静缜密的检察人类社会过去及现在的事实，然后再推断出中国今后该走的大道！""我相信这本书至少能如一个生理学者解剖生物的机体"一样，把人类社会的生产、变化、骨骼、筋肉等一件一件放在我们的眼前，"我们一言不发的冷静看后，自能得到一个共同的结论！"①

译者这番话，与施存统的译者序有相似之处，虽然不是公开表明站在被压迫者一边，但充分相信马克思主义的唯物史观原理，并认为此译本对于资本主义的解剖，正体现了这个原理的精神。其要点是将今日中国围绕资本主义的善恶与否一直悬而未决的争论，视为中国社会应该走向哪里的大问题；判断其善恶的公平解决办法，并不取决于任何派别出于自身利益而蒙蔽真理的好恶倾向，须从学理上、事实上和世界大势上去研究资本主义的利弊、内在实质和发展趋势，据此确定中国今后应走的方向；人类社会数千年的历史告诉我们"社会进化的科学法则"："不是人们的意识决定人们的存在，而是人们的社会存在决定人们的意识"；只有站在完全客观的立场上，像生理学家解剖生物的机体那样，认真剖析资本主义社会制度的现状及内涵，才能获得具有科学真理的答案，并证明人类社会的发展变化不以人们的主观意志为转移，受到必然的客观的"铁则"支配；对于衰败不堪的中国来说，要想翻身，研究社会科学的人应当迅速觉悟：中国今后建立哪一种形式的社会制度，关系到中国的生死存亡，社会科学比自然科学更为切要，关键是社会科学研究要避免主观空想的判断，走上客观、冷静、缜密地观察人类社会的历史与现实，然后推断中国应该走什么道路的"正道"或"正轨"；推荐《资本主义的解剖》译本，其"好处"正是基于这样的正确立场，有助于在中国发展道路的选择上，"得到一个共同的结论"。这些要点，没有明确表示中国今后应走资本主义的还是非资本主义的道路，相信只要抛开派别利益和主观偏见，客观公正地解剖资本主义制度，就能揭示真理，自然得出正确和共同的结论。这种观点的背后，实质上否定了

———————————

① 以上引文均见崔物齐译《资本主义的解剖》，光华书局 1927 年版，"译者的话"。

中国选择资本主义社会制度是可行的发展道路，这也是译本中所阐述的道理，然而这样的表态颇显模糊和隐晦，多少体现了译者不愿以个人判断来代替客观解剖的避讳。另外，相信唯物史观指导下的社会科学研究，可以让中国社会应该向哪里去这个大问题的争论和判断走上正轨，固然有其道理，然而也相信可以让国内各派由此自然获得共同的结论，未免有些理想化了，因为中国究竟走资本主义道路还是社会主义道路，既是客观的理论分析问题，更是阶级斗争的革命实践问题，不可能绕过各派阶级利益的制约而侈谈社会制度选择上的所谓共识。另一个译本是吕一鸣①的《资本主义的玄妙》（又称《资本主义之玄妙》），标明日本山川均著，北新书局1927年版。这个译本出版于前个译本之后，同年5月20日其译者作序称②："日本无产者文坛上，有两位老辣凶猛的斗士，一个是堺利彦，再一个就是本书的著者山川均。他们两位对于日本的无产阶级，无论在理论上或在实际的运动上，都站在领导的地位"。本书的原稿，系山川均1921年（大正十年）秋季在某处的一个秘密演说，初版于1923年4月10日由僚友社发刊，同月15日即行再版，以后又继续再版十数次；1926年8月略加删改，以改订版发刊，我现在所依据的底本，乃同年11月改订后的第5版。改订版较旧版约增补4、5段，并对旧版中误记及欠解之处加以删改。虽说著者仍觉得不满足，但以他的"理论透彻，笔调锋利，而又出之以明白浅显著成的这本《资本主义的玄妙》，我们平心而论，总不能不奉为社会主义文献中的杰出之作"。这些介绍和评论，显示译者对于原作的成稿缘由和版本沿革，考察得更为仔细，而且明确指出，其著者是日本无产者文坛上老练勇猛的斗士，是日本无产阶级在理论上和实际运动上的领导者，其原作具有理论透彻、笔锋锐利、明白浅显等特点，堪称社会主义文献中的杰出之作。也就是说，突出了此书代表日本无产阶级的利益和属于杰出社会主义文献的性质。

　　不过，译者序中更多的篇幅，用于说明他的译本比较此前崔物齐的译本之差异或优点。译者说他译完此书后，才看到崔氏译自山川均同一原作而题名《资本主义的解剖》的小册子，先是考虑不必再出版了，后来看了崔氏译本，觉得实在有

---

① 吕一鸣（1897—1947），原名闪大俭，河南怀庆（今焦作）人；1917年从保定去北京求学，1920年在天津参加社会主义青年团，1921年加入共产党，1922年作为天津代表出席在广州召开的中国社会主义青年团第一次代表大会；四一二政变后回老家，1931年参加党组织的北京特科，从事地下工作直至牺牲。
② 以下引文出自此序者，见日本山川均著，吕一鸣译《资本主义的玄妙》，北新书局1927年版，"译者的序"。

出版自己译本的必要。其理由，一是崔氏依据的底本为旧版，自己翻译的为改订版。二是崔氏的中译文，"客气点说，实在艰深难懂；老实的说，简直不通"。三是崔氏"对原著太不忠实，漏而未译的非常之多"。接着列举了三条证据。四是崔氏的译述"错误太多"，全书15章，"平均每章中错得不知所云或与原意完全相反的，竟有两三处之多"，"其余小错，亦有数百"，"此等翻译，着实惊人"。接着就其第1、第2两章的"大错"，列举了六条证据，也就是以自己译文的正确来对比崔氏译文的错误。其中确实比较明显者，如把农奴制度是"缓和的奴隶制度"，译成"为缓和奴隶制度，由奴隶制度变为农奴制度了"；后一译文不但有悖原书意旨，"即于马克斯主义的理论上，亦讲不通"。另外还借此讥讽崔氏幸好没有翻译河上肇的《近世经济思想史论》，不然一定会和此书的译者李培天一样，"把马克斯被法相基佐逐出，译为马克斯把法相基佐逐走了"，亦即译反了原书的意思。最后还以同样讥讽的口吻向崔氏道谢，鉴于他的错误，重新校阅了自己的译本，更加确认了译事不能草率，须特别小心云云。

吕氏译本还节录了著者1926年8月8日改订版自序的前几段内容，大意如下：

1921年秋天，我到距离某市十数英里的一片深邃的森林里面，为少数青年演说。那时还没有今日的文明进步，"虽然像我这样有稳健思想的人，也多少被人认为危险"；"因此，只为听我的演说，这些人差不多都有被剥夺职业的危险"。那天二三十个人依次坐在砍倒的树干上，我讲完演说的两个题目时，"已是夜色沉沉，讲的人和听的人，都已竟辨不清对方的面目了"。"这本小书的内容，就是在那个奇妙的演讲会上举行的演讲之一"。此后，这个演讲稿以通俗讲话形式，刊载在《社会主义研究》杂志上，接着转录于《劳动周报》，1923年又由僚友社诸君发行为小丛书。"现在这个'资本主义的玄妙'的标题，就是那时由僚友社诸同仁选定的"。本书至今再版十数次，不但纸版已磨灭到完全不能再用，其内容也因为当初听讲人的性质，不免略受限制，所以有些地方自己也觉得不满。"于是想乘改版的机会，把全部大加订正"。但着手改订时，"感到一方要保存本来的形式，一方又要除去这些不满，简直是办不到"。这样改订的结果会写成另外一本书。"因此不得已，改变最初的计画，这一次只好更正误记和误述，就一二处所，多少加以改订，大体上仍以不满足的形式再刊了"。①

---

① 山川均著，吕一鸣译《资本主义的玄妙》，北新书局1927年版，著者"改订版自序"。

这个自序因写于后来的改订版，故译自旧版的施氏和崔氏两个译本均未载。它形象地描述了著者当年冒着危险到偏僻场所在小范围内进行演讲的"奇妙"经历，以及演讲稿发表后，编入小丛书时由同仁们选定资本主义之"玄妙"书名的特定背景。这两个"妙"字，把讲解资本主义的实质与禁止自由讲演的愚昧二者联系在一起，意谓哪怕以稳健思想来介绍社会主义学说，在当时的日本也被认为是危险之举。这一点，和崔氏一再强调解决中国社会走向哪里的正轨，在于用客观冷静的研究取代派别的利益和主观的想象，同时对应否走资本主义道路却不作明确表态的"稳健"倾向，倒是有相似之处。从这个自序里，还能看到著者的改订本较之旧版，只有少量纠错，没有实质性改变，大体上仍以旧版形式重印。因此，吕氏宣称其译本比崔氏译本高明的第一个理由，即依据改订本胜过依据旧版，不免有点言过其实。至于说吕氏对崔氏译本之漏译和错译的讥讽，虽然体现了吕氏在翻译上的严谨细心，但既然承认自己的译本吸取了崔氏译本的错误教训，显现出译本质量不断提高的累积轨迹，又何必对先行出版并基本上反映了原作旨意的译本如此刻薄。更何况吕氏只盯着崔氏译本，不知早在两年前，已有了施氏翻译同一原作的较好质量译本。

同一时期，吕一鸣还翻译了堺利彦所著并于 1925 年在日本出版的《社会主义学说大要》，北新书局 1927 年 4 月初版，列入社会经济小丛书。这个译本出版在《资本主义的玄妙》译本之前，它们的著者，分别是吕氏所指的日本无产者文坛上两位老辣凶猛的斗士即堺利彦和山川均。吕氏把他们两位当作日本无产阶级理论及实际运动的领导，便从他们的著作中选择通俗解说社会主义学说的代表作以翻译介绍给国人。两个译本虽出自两个著者之手，其主旨却是相通的。译自堺利彦原书的译本，分为 3 篇 11 章：第 1 篇"无产者的独立的学问"，含"真理与时代""阶级斗争与进化论""社会主义与资本主义的立场""无产阶级的学问"4 章；第 2 篇"唯物史观的解说"，含"唯物论与唯心论""唯物史观与唯心史观""唯物史观的要领"3 章；第 3 篇"历史进化的事实的说明"，含"动物与人类的区别""从共产社会到私产社会""阶级与国家""资本主义社会的必然性"4 章。可见这里所说的"社会主义学说大要"，重点不是论述未来实现社会主义社会的理论指导，而是站在唯物史观和无产阶级的立场上论述现行资本主义社会的历史沿革和必然趋势。译自山川均原书的译本，如上所述，讲解资本主义的"玄妙"，同样分析其历史沿革和必然趋势，但重点是根据马克思经济学说，论述诸如资本主义为利润而生产，资本主义是经济组织进化法则的产物，资本制度的特征是生产者与生产手段分离并产生根本矛盾，劳动力商品化，生产过剩与工钱奴隶消费的矛盾，资本制度的各种浪费现象，资本主义社会是“恶的平等的社会”和“不适者生存的社会”，社会化生产与个人所有之间的矛盾，生产力发展与资本制度之间的冲突，私有财产观念的动摇，资本制度下社会生活的危险与不安，社会经济组织的变化及其改造的可能性，正义观念随着社会生活条件的改变而变化等，也就是剖析资本主义生产或其经济组织的内在秘密。吕氏翻译日本社会主义代表人物的这两本书，显示了一定的理解能力和传播热忱。但他舍本逐末，执着于同他人比较译文细节的质量高低，究不如崔氏借助译本，引导读者通过客观认识资本主义是善是恶的真实性质，进而决定中国社会向何处去这个重大时代命题，要来得深入和紧迫。

## 二、《社会组织与社会革命》译本

河上肇著，郭沫若①译述，商务印书馆 1925 年 5 月初版。郭沫若正是通过在日本福冈翻译这本书，系统了解了马克思主义理论，确立了马克思主义世界观。

### （一）译本简介

河上肇 1922 年初冬的原序写道：

本书由 1921 年 3 月至 1922 年 10 月将近两年间所发表的论文纂集而成。此前曾把关于唯物史观的若干考察纂集成《唯物史观研究》一书，“这是粗率的研究，实在值不得研究之名，宁可称为《唯物史观入门》”；此处发表的《社会组织与社会革命》，“在考察社会之组织及社会组织之变革的时候，我是始终立足于唯物史观上的，这可以说是唯物史观之实际的应用，自然与前著便成姊妹篇了”。各篇的论说，原初没有裒集成书的打算，各是独立的论文。所以有些取论辩的形态，有些又取讲义的体裁，从此至彼每有论旨重复之处，连引用也有相同的地方。“一旦成书之后，终觉没有办法，只好大概保存着原形了”。“这些多少的重复假如能为各

① 郭沫若（1892—1978），原名郭开贞，字鼎堂，笔名沫若等，四川乐山人；1914 年留学日本，入九州大学学医，1919 年在福冈发起组织救国团体夏社，投身新文化运动，1921 年往返于上海、日本之间，创立文学团体创造社，1923 年毕业，翌年回国；1926 年随国民革命军北伐，任总政治部宣传科长、副主任，1927 年因揭露蒋介石被通缉，参加南昌起义并加入中国共产党，1928 年流亡日本；1938 年任国民政府军委会政治部第三厅厅长，1948 年当选第一届中央研究院院士，1949 年当选中华全国文联主席、中国人民政治协商会议副主席；新中国成立后历任政务院副总理兼文化教育委员会主任、中国科学院院长、全国人大副委员长等，中共中央委员，全国政协副主席。

章之有机的连络，这是作者偶然之庆幸了"。"关于社会组织及社会革命之研究，是作者二十年来切身的问题，恐怕也会成为终生的事业"。现在觉得最近的考察达到了一个段落，姑且裒集这一本论集。栉田君和我父亲一样，"凡是我写的文字，他几乎一字不漏地都要过目"。现在辑成此书，我想我的这位友人便可以通读一过，"我有这样的期待的幸福，就在此书之编纂校正上费了若干的时间我也并不失悔"。"若以此为机缘更能新得一位读者，这在作者不消说，更是引以为幸福的了"。此书省略了"社会主义的组织之实现上所必要的生产力发展程度之研究"。"据马克斯主义，以为无论是实现社会主义之社会革命或实现社会革命之政治革命，是以旧组织之资本主义下社会之生产力再无发展之余地为前提，所以资本主义下生产力发展之限度如何，这在马克斯主义研究上，自然不能不为重要问题之一，但据我看来，这个问题有世界的（即不使限定于一国）考察之必要。马克斯主义运动带着国际之色彩来了，恐怕是这个原故。但是这种国际的方面之研究，且让诸异日"。①

根据此序，可知这本书是河上肇 20 年来研究同一专题的论文汇集编校的成果，应用唯物史观来考察社会的组织及其变革，同作为理论入门的《唯物史观研究》一书，合为姊妹篇。序中表达了著者与同为日本马克思学说研究者的栉田民藏在理论上相互促进的师生兼挚友关系，同时留下一个经济理论问题，即实现社会主义组织所必要的生产力发展程度问题。关于这个问题，一面根据马克思主义唯物史观，强调实现社会主义的社会革命或政治革命，其前提是在旧的资本主义组织下社会生产力的发展已经没有余地，所以必须研究资本主义下生产力发展的局限程度；一面又提出这种研究不能仅限于一国，有必要进行世界范围的考察，由此才符合马克思主义运动的国际色彩。这样的研究思路，实际上把一国进行社会主义性质的社会革命所需要的生产力发展程度或经济条件，同世界范围内资本主义经济的发展水平联系在一起，不仅以本国的发展水平为断。从前面考察的著作可以看到，这也正是当时共产党人主张改变中国的落后面貌，应当走社会主义道路的同样理论思路。

译本分上中下三篇，288 页。上篇"关于资本主义的若干之考察"，含"在资本主义的生产组织下的生产力之分配及其所含的矛盾之进增""资本堆积之必然的停室""资本积聚之必然的倾向"3 章；中篇"社会组织与个人之生活"，含"奴

---

① 河上肇著，郭沫若译述《社会组织与社会革命》，商务印书馆 1925 年版，"原序"。

隶制与雇佣劳动制""劳动之痛苦与社会组织""社会主义制与个人主义的自由""社会主义制下的个人之生活"4章；下篇"关于社会革命的若干之考察"，含"从资本主义向社会主义推移之过程（马克斯之理想及其实现之过程）""社会革命与政治革命""社会革命与社会政策""时机尚早的社会革命之企图""俄国革命与社会主义革命""政治革命后俄罗斯之经济的地位"6章。

译本末尾有译者校改后1924年7月1日的附白：此文初稿由日文译出，后由何公敢借一册"Soviet Russia"（今译《苏维埃俄国》）杂志校对一遍，有不少改正。日译与杂志原文稍有出入，但无关紧要，故仍旧，惟补译末尾一小节。日译者所据英译单行本及德译文均未能到手，殊为遗憾。"此文于社会革命之道途上非常重要，国人对此颇多误解，有人以为列宁改宗，遂援引为例，欲于中国现状之下提倡私人资本主义者，这真是污辱列宁，遗害社会了。译此文竟，倍感列宁之精明和博大，追悼之情又来摇震心旌，不禁泪之潸潸下"。① 何公敢是河上肇的得意门生之一，让他来校对译本，自然是合适人选，而根据《苏维埃俄国》杂志进行校对，主要应是确认译本里所引用的列宁论述。序中特别提到国内有人对列宁在俄国实行社会革命的误解，有两个意思。一则否认列宁改宗，改变信奉马克思主义的宗旨，转而提倡私人资本主义，认为这是用来为中国走资本主义道路的主张寻找例证，实为污辱列宁，遗害社会。二则通过书中叙述，深感列宁为苏俄革命与建设所作出的精明和博大贡献，心潮起伏，对刚去世不久的列宁产生追悼之情，以至于潸然泪下。这些感触，表达了译者对马克思主义的信仰和对列宁在俄国创造性实践马克思主义的敬佩。

**（二）译本要点**

译本既然是作者尝试应用唯物史观的专题论辩或讲义，不是系统阐述马克思学说，则不必详细介绍，只须指出其要点。

上篇第1章：切不可误解资本主义下有生产限制这句话，不可以为社会主义下没有任何生产限制。一定时代与一定社会内，物质生产力大概是一定的。"所以纵使采用了社会主义的组织，一切的货物也不能无限地生产。变化所起的，只是有限的生产力之利用的方面。在社会主义之下，其决定应生产的货物之种类，不以销路之好坏来做标准，是以大多数人之必要与否来做标准"；"在这样的意义上，社会

---

① 《社会组织与社会革命》，商务印书馆1925年版，第288页"沫若附白"。

主义下对于生活必用品这生产制限解放了，机械之利用，才能毫无余憾地得以实现。近代特有的生产手段，以机械之多量生产为精神，其所以切记社会主义而不已，正以此故"（第 17 页①）。这是分析资本主义的生产力分配、生产必需品的生产限制、贫富悬隔导致的祸灾、资本主义与机械生产的矛盾、资本主义与资本增殖的矛盾，所得出的一个结论。

　　第 2 章围绕福田博士所谓资本主义下生产物品的消费即使不增加，物品的生产可以无限前进一说，指出有人称这是 1921 年日本经济学界"最可注意的一个产物"（第 27 页），其实并非初听到的新学说，好久以前早由俄国的杜冈－巴拉诺夫斯基②（原译"图甘－巴尔诺夫斯基"）倡导过了。这个学说最初 1894 年用俄文发表，随后用德语 1901 年发表《英国的商业恐慌之理论及历史》，1905 年发表《马克斯主义之理论的基础》。根据马克思的资本主义生产停滞理论，比较福田新说与杜冈旧说否认马克思主张或称之为"全然是误谬"（第 39 页）的相合之处，予以批评。这个批评延伸到"生产手段之本质""奴隶经济与资本经济之本质的差异""图甘数字表之讨核""图甘立脚点之讨核""关于资本复生产的马克斯之表式"之一（指简单再生产公式），"关于资本复生产的马克斯之表式"之二（指扩大再生产公式），"剩余价值实现化之一条件的各种生产业之比例的关系""剩余价值实现化之一条件的社会之消费力""扩张复生产之必须条件的资本主义组织外之贩路""先资本主义的外围之重要""资本主义发展的史实之左证""资本主义的生产之必然的停室"。最后结论，归纳批评的要点：生产手段作为生产消费资料的手段才有意义，生产手段的生产增加必然要增加消费资料的生产（当然在整个资本主义范围内考察），从而证明"消费资料之生产即使减少，生产手段之生产可以无限地扩张之说之为误谬"；奴隶经济制下奴隶的消费减少，社会全体的生产可以无碍进行，这个事实不能适应资本经济制，以为二者同样，"是没视了两经济制本质上的差异之推论"；福田利用杜冈的数字表，"是'匿证侔争'之标本"；杜冈号称立脚于马克思的资本再生产理论，"其实不过是立脚于马克斯理论之误解"（第 112 页）。

① 此页码指引文在《社会组织与社会革命》译本里的出处，下同。

② 杜冈－巴拉诺夫斯基（1865—1919），1888 年毕业于俄国哈尔科夫大学，1894 年出版硕士论文《现代英国的工业危机及其原因和对人民生活的影响》（1914 年第 3 版改名《周期性工业危机》），1898 年出版博士论文《俄国工厂的过去和现在》，1895—1917 年任教彼得堡大学和基辅大学，1909 年出版《政治经济学原理》；乌克兰科学院院士、基辅大学法律系主任，乌克兰合作社联合会主席，乌克兰经济协会会长，内战期间短暂任乌克兰财政部长。

通过这一章的论辩，不仅初次看到"在俄国资产阶级经济学说史上占有重要的地位"① 的杜冈的代表性观点，更看到为批判这个观点而引用马克思学说特别是《资本论》的大量论述。不过这个引用，多以引用者自己的叙述形式表现出来，针对论辩主题加以摘引。即便如此，仍能看到有关原文的引用。例如，谈到马克思的资本再生产论以纯粹资本主义社会作为研究的对象，引用《资本论》第一卷一个脚注："为要把研究之对象从种种足为障碍的附随状态脱离而理解其纯粹性的原故，我们在此不得不把商业世界全体看作一个国民，并且假定资本主义的生产是一般地确立了，支配着一切的产业部门"②。又引用《资本论》第二卷一段话："此处只有两个出发点，即是只有资本家与劳动者之存在。属于第三者的一切的人们，不是提出其勤劳以由此两阶级换得货币的，便是于地租利息等形式得以参加于剩余价值之分与的，不受支付而得货币的人们。……所以资本家阶级是货币流通上唯一的出发点"③。还引用同一著作另外两句话："我们的假定——资本主义的生产之一般的及排他的支配——之下，此阶级（资本家阶级）之外，除劳动者阶级以外，全无何等阶级存在"；"在此只有两种阶级，即只能处理自己的劳动力的劳动者阶级，和独占地领有社会的生产手段与货币的资本家阶级"④（第 96 页）。又如，谈到资本主义以非常强烈的传染性蔽覆全世界的势力，引用《共产党宣言》（原译"共产宣言"）中的几段话："对于他们的生产物益图扩张贩路的欲求在全地球上收集有产者阶级。他们不得不随处聚居，随处殖民，随处做连络。……（中略）一言以蔽之，他们是准依自己的形态制造一个世界"⑤（第 108 页）。这里的译文，从日译文转译而来，未对照原著，也不曾参考国内已有的《共产党宣言》全译本，因此不大准确和流畅，但终究是深入于马克思原著尤其《资本论》的有关论述。

第 3 章说明"资本之积聚次第以加速度进行，这是资本主义经济组织下的一个必然的倾向"（第 113 页），分别论述"资本之积聚集中与堆积""所谓结合生产费之理论""固定资本之使用与生产费之结合""一般工业与结合生产费之关系"。最后说："竞争废而独占起，小规模之事业废而大规模之事业起：这是资本主义组织

---

① ［俄］杜冈‐巴拉诺夫斯基著，赵维良等译《政治经济学原理》，商务印书馆 1997 年版，"中译本前言"第 5 页。

② 其今译文见《资本论》第一卷，人民出版社 2004 年版，第 670 页注（21a）。

③ 其今译文见《资本论》第二卷，人民出版社 2004 年版，第 368—369 页。

④ 其今译文分别见《资本论》第二卷，人民出版社 2004 年版，第 384、469 页。

⑤ 其今译文见《马克思恩格斯选集》第 1 卷，人民出版社 1972 年版，第 254—255 页。

内的自坏作用，资本主义组织自身是自动地准备着向社会主义推移的。需要最巨额的固定资本的铁蹄，在许多国度里面已经早归国有，这是水向东流的证据了"（第127页）。这一章针对经济学者以"自由竞争"为资本主义所作的辩护，阐明马克思所说资本主义经济下资本积累的必然趋势的历史表现。

中篇第1章考察奴隶制与雇佣劳动制，分别论述"奴隶与雇佣劳动者之异同""自由劳动者之所谓自由"。第2章考察劳动的痛苦与社会组织，分别论述"生产的劳动之筋肉劳动""劳动何以是痛苦""资本主义组织下的劳动""伴随活动自身的肉体的痛苦与快乐""劳动之继续时间与其痛苦""劳动所伴随的精神的愉乐与痛苦"。第3章考察"个人主义制下的自由在社会主义制下当受如何的变化"，把社会主义以社会成员的一部分免受其他部分榨取为源泉的自由，明白地与个人主义的自由区别开来。分别论述个人主义的自由是"企业之自由"与"免受国家的强制之自由"，社会主义制的特征是"生产及分配之国家的管理""社会主义制下劳动者之义务"。第4章考察社会主义制度下的个人生活，分别论述"对于社会主义的生产之非难""对于社会主义之非难的答辩""社会主义之未来国"。

比较上篇，中篇也在维护马克思经济学说，但论据的引用有较大差异。引用许多非马克思主义著作的论述，有些作为批判的对象，有些作为佐证的依据。引用马克思著作方面，如考察劳动问题的前提，即雇佣劳动者缩短劳动时间而减少生命牺牲才有文化的意义，引用《雇佣劳动与资本》中两段话："劳动力是其所有者即雇佣劳动者贩卖于资本（即资本家之意）的一种商品。……（中略）生活对于他们，要在这些工作完了后，在食桌上，酒店里，寝床中才是开始"①（第153页）。又如谈到社会主义的未来国家是什么样子，先引用《共产党宣言》中一句话："有阶级和'阶级对抗'的旧有产者的社会消灭，一个共同团体代之而兴，在这儿各个人之自由的发展，是对于万人之自由的发展之条件"②。又引用《资本论》第一卷中一句话："只有这点是奠定一个更高级的社会状态——其根本原则是存于各个人之完全的而且自由的发展——之基础的"③。再引用1875年批判《哥达纲领》（原译"果达纲领"）书简中几段话："在以生产手段之共有为基础的、组合的（即社会主义的）社会之内，生产过程不行其生产物之交换"；"过渡期"的社会，"初

① 其今译文见《马克思恩格斯选集》第1卷，人民出版社1972年版，第354—355页。
② 其今译文见《马克思恩格斯选集》第1卷，人民出版社1972年版，第273页。
③ 其今译文见《资本论》第一卷，人民出版社2004年版，第683页。

从资本主义之社会中产出的共产主义的社会，于一切的关系上，无论是经济的、道德的、精神的，还不曾脱去其所从出的母体之旧社会底遗风……但是此等弊害，在共产主义的社会于十分难产的苦痛之后，刚好生出时的共产主义社会之第一期中，是所不能免的"；"于共产主义的社会之更高级的一阶段中……生产力与个人之全面的发展，同时增加，共同的富之一切的源泉十分流出之后——社会始从狭隘的有产者的法律的地平线上拔出，且在其旗号上可以书着'各应所能各取所需'的标语了"①（第 194—195 页）。另外，谈到社会主义制度下劳动者的义务，还大量引用诸如托洛茨基（原译"突罗次克"）在驳斥考茨基的《恐怖主义与共产主义》一书"劳动组织之问题"一章中，以及在俄共（布）第九次代表大会上的报告中的有关论述。作者的广征博引，同时也夹杂着一些不符合马克思学说的不确切材料。

下篇第 1 章通过《哥达纲领批判》，考察马克思晚年成熟的思想，"关于经济方面的思想尤为详细"（第 196 页）。分别论述"从资本主义向共产主义之过渡期""共产主义之半成期""共产主义之完成期"。这一章的内容，已见前面施存统翻译的《马克思的理想及其实现的过程》一文，兹不赘述。比较此章翻译马克思原著的译文与施氏的译文，虽有较多差异，但大体相近，连许多用词也一样，不知此章的翻译，是否参考了施氏的译文。

第 2 章提出马克思学说中两个看起来互相矛盾，到底能否相容的实例。一是马克思《经济学批判》序文的唯物史观公式有一句："一个的社会组织对于一切的生产力尚有余地使其尽量地发展时，是决不颠覆的；并且新的更高级的生产机关，在其物质的存在条件未含孕于旧社会底胎内以前，亦决不会发现"。马克思自己说，这是他"一旦悟得之后，便成为了我的研究之指南的普遍的结论的"，至死也不曾订正过。8 年后，1867 年出版《资本论》第一卷的序文也说："在产业上比较发达了的国家，对于发达低度的国家，示以它自己将来的影像。……（中略）那个社会不能跳过自然的发展阶段，也不能依立法而排除。它可以缩短并且缓和产生底痛苦"②。马克思与恩格斯的许多遗著中，还可以引用许多类似的文句，但上述简单的两句，已经很明白地表示他们极顺从"人类之宿命"："时机未成熟时，单依政治革命以图社会组织之改造（社会革命）是怎样无谋的举动，他们是看得很明白的；他们终生所信奉的是从唯物史观所生出的论理的必然之结果"。然而另一

---

① 其今译文见《马克思恩格斯选集》第 3 卷，人民出版社 1972 年版，第 10、12 页。
② 其今译文见《资本论》第一卷"第一版序言"，人民出版社 2004 年版，第 9—10 页。

方面，他们又期待最近的将来有政治革命的爆发，这样的文句在他们的遗著内也数见不鲜。《共产党宣言》说："共产党之最捷近的目的……是无产者之阶级形成，有产者支配之颠覆，无产者手中政权之夺取"；无产者"利用其政治的支配渐次地把一切的资本从有产者剥取……（中略）尽力迅速地以增加生产力之总量"；"共产主义者以隐秘其见解及企图为卑陋。……（中略）万国底无产者哟！团结起来罢！"① 从这些文字看，他们又明明主张使支配阶级战慄的政治革命（哪怕是暴力的）。用不精确的通用语表示："他们在前是沉着的进化主义者，在后却又成为狂热的革命主义者了。在前他们是很像右倾，在后他们却很像左倾了"；"一面好像是右倾着的进化主义者，一面又好像左倾着的革命主义者，到底是不是矛盾呢"（第 210—211 页）。此即桑巴特（原译"戎巴达"）颇为流行的《社会主义及社会运动》一书，第 1 篇第 4 章"马克斯主义之批评"的第 1 节，所说"马克斯学说中之矛盾"。大抵相同的意见，近来又由藤尼斯②（原译"豚涅司"）1921 年出版的《卡尔·马克思》（今译《马克思的生平和学说》）一书重新提出。他们认为马克思和恩格斯既是"社会政策的现实主义者"，又是主张"无产者执权（独裁）"的"社会革命家"，这在"本质上矛盾着的"，"全然反对的"，也是"不能调和"的。引用这两位有名学者的话，因为容易为人们所首肯，但"我以为这是极明显的误解"（第 214—215 页）。接着从"社会革命与政治革命之区别""社会革命与政治革命之关系""政治革命之必要——平和的革命之可能"等方面，予以说明。

这一章开头提出马克思学说的所谓矛盾，引用马克思原著的论述作为例证。后面反驳这种矛盾说，同样引用马克思原著的论述作为说明的依据。如引用《经济学批判》序文关于唯物史观公式的"社会革命"一段话（略），说明马克思所说的社会革命，指随着社会经济构造的变动而延续到整个社会的变革。又借用恩格斯在《卡·马克思"1848 年至 1850 年的法兰西阶级斗争"一书导言》中关于革命由"立于无意识的大众之头上的有限的少数者"所能成就③一句话，说明政治革命的性质，和决不能被人制造的随着社会经济基础的变动而发生上层建筑全部变革的社

---

① 其今译文见《马克思恩格斯选集》第 1 卷，人民出版社 1972 年版，第 264、272、285—286 页。

② 斐迪南·滕尼斯（Ferdinand Tönnies，1855—1936），德国现代社会学的缔造者之一。1872 年起先后在德国的耶拿、莱比锡、波恩、柏林和图宾根等大学学习哲学和历史，获博士学位；1878 年赴英国研究，1881 年起任教德国基尔大学，后为政治经济学副教授、教授，1916 年辞去教职；德国社会学会和霍布斯协会的创始人之一并曾任两个学会的会长，1933 年被纳粹政权解职。

③ 其今译文见《马克思恩格斯全集》第 22 卷，人民出版社 1965 年版，第 596 页。

会革命，根本不同；认为马克思解释社会革命是使旧社会解体，而政治革命是使旧权力颠覆。又如引用《共产党宣言》一段话："就好像用魔法一样唤起了这样伟大的生产手段及交通手段的资本家的生产及交通关系，……（中略）有产者的诸关系，要包含由它所生产的富量时，是过于狭小了"①；以此证明马克思和恩格斯早已倡导政治革命的必要。另外引用恩格斯在前面导言里的一段话："历史证明我们及和我们同见解的（即在一八四八年以为无产者之政治的革命在最近的将来是必要的见解）一切的人都是错了。……（中略）一八四八年资本主义的组织不能不看为还有十分可以扩张的可能性的了"②。还引用《共产党宣言》1872 年序中一段话："于过去二十五年间事情虽很变化了，但此宣言中所开展的一般原理就在现在也大体依然维持着十分的妥当性。……（中略）此宣言在今日已有多少地方归于陈腐了"③。以此说明马克思对于历史实证进化的一般原理，一生中没有什么动摇，但原理的实际应用不免有所差误。再如引用马克思在《1848 年至 1850 年的法兰西阶级斗争》中一段："此社会主义（革命的社会主义，共产主义）是革命之永远宣言……（中略）要求无产者之阶级的执权作为一般地废止阶级差别上所必要的必然之通路"④；引用《哥达纲领批判》关于过渡时期"无产者之革命的执权"一段话（此略），说明马克思终生没有改变的思想，无产者的政治革命，即无产者攫取政权。接着说明政治革命不必一定限于诉诸暴力的流血革命，引用《共产党宣言》有关十项政策的论述（此略），认为这些措施"大半是在进步的社会政策之范围内可以实现"（第 227 页）。引用恩格斯在《共产主义原理》中第 16 个问题即"依平和的路径可以废止私有财产否"的询问，回答"能够这样时自然很可盼望，……（中略）我们共产主义者要和现在用口舌一样，我们将要用行为来拥护无产者之事业"⑤。还引用马克思的几段论述，一是 1871 年 11 月 23 日的信："劳动者阶级之政治运动当然以自行攫取政权为其究竟之目的，而为攫取政权之故，当然以发展到一定程度的从前的劳动阶级之组织——这是由他们经济的斗争自然发生的东西——为必要"⑥；二是 1972 年［9 月 8 日］在阿姆斯特丹（原译"安

① 其今译文见《马克思恩格斯选集》第 1 卷，人民出版社 1972 年版，第 256—257 页。
② 其今译文见《马克思恩格斯全集》第 22 卷，人民出版社 1965 年版，第 597—598 页。
③ 其今译文见《马克思恩格斯选集》第 1 卷，人民出版社 1972 年版，第 228—229 页。
④ 其今译文见《马克思恩格斯选集》第 1 卷，人民出版社 1972 年版，第 479—480 页。
⑤ 其今译文见《马克思恩格斯选集》第 1 卷，人民出版社 1972 年版，第 219 页。
⑥ 其今译文见《马克思恩格斯选集》第 4 卷，人民出版社 1972 年版，第 396 页。

牟斯达坦")的演说："劳动者为树立劳动之新组织，在甚么时候总有掌握政权的必要。……（中略）劳动者能以平和的路径达到他们的目的，我们是并不曾否认的。但是一切的国家不能说都是这样"①。可见马克思不否定暴力革命，同时"他不仅以平和的革命为可能，而且以为在若干国度内更是有望"（第229页）。最后引用恩格斯在前面导言中说的几段话："在当时（一八四八年时）的事情之下，对于大决战之将破裂，且将绵亘长久而多变化的时期以决雌雄，然最后终归于无产者以究竟的胜利以结局，我们是毫无何等疑虑的。……然而历史证明了我们仍然是错了，暴露了我们当时的见解只是一个幻想。……（中略）这是在这个机会有更加详细讨论之价值的地点"；无产者由普通选举、议会政治可以收得许多的效果，"像这样，有产者与政府对于劳动党之合法的行动比对于不合法的行动还要恐怕，对于选举底效果比对于叛逆底效果还要恐怕了"；"就这样争斗之条件在本质上生起变化了。旧式的造反筑防垒的巷战……明明已化为陈腐了"；"袭击之时代立于无意识的群众之尖头的仅鲜的少数者所能成功的革命之时代已经过去了。……过去五十年之历史把这事教给了我们"；"世界史之反语，颠倒了一切。'革命家''破坏者'的我们，依合法的手段时，比依不合法的手段及颠覆时，还要更容易成长"②。说明采用合法的手段，不是抛弃运动的目的。恩格斯着力说极平衡的手段，也没有忘记"使这成长不断地进行，使它不合于支配着它的统治制度之手，这正是我们的主要职分"③。总之，无论流血不流血，到什么时候劳动者都不能不有攫取政权之一日，这是马克思和恩格斯"至死不渝的思想"（第230页）。这也是本章最后的结论。

第3章指出，"广义的社会革命家"以为不必通过政治革命可以贯彻或完成其所切望的社会主义，并且全然排斥实现社会革命的政治革命，他们是社会主义者而不是马克思主义者，马克思主义者是"社会革命家而兼政治革命家"（第231页），考察马克思主义，得看对于社会政策的态度。首先论述《共产党宣言》所含的社会政策，重复引用其中的十项政策（此略），认为其中一些如今有些国家已经在某种程度上实施了。由此提出社会政策同社会革命是否同其归趣，以及社会改良家与社会革命家可否携手同一阵营的问题。其次论述德国社会民主党1891年的爱尔福

---

① 其今译文见《马克思恩格斯全集》第18卷，人民出版社1965年版，第179页。

② 其今译文见《马克思恩格斯全集》第22卷，人民出版社1965年版，第595、603、607、610页。

③ 其今译文见《马克思恩格斯全集》第22卷，人民出版社1965年版，第409页。

特（原译"奕斐尔特"）纲领与社会政策，说明纲领主张社会革命的贯彻或完成只有在无产者执掌政权下才能实现，同时把纲领分为一般理论和实际政策两部分，实际政策却排斥其原理，以致后来脱离马克思学说。再次论述"社会革命之要素的政治革命"：一则马克思主义的特征，贯彻或完成社会革命，必须通过政治革命以颠覆有产者的支配而树立无产者的支配，抛弃这种主张便是背叛马克思；以考茨基（原译"考次克"）所著《社会改良与社会革命》一书第1章的论述为正确例证。二则马克思学说主张无产者的革命，然而政治革命以贯彻或完成社会革命为目的。根据唯物史观，马克思主义者虽然承认为了社会革命，政治革命的必要，但不是无条件地企图任何时期都可以造成政治革命。最后论述"社会政策论者与革命家之异同"：一则社会革命诸条件尚未完备，为社会革命进行政治革命的时机还早时，"马克斯主义者所当采取的手段是在助长使社会革命及为社会革命的政治革命促进的各种方策"。二则资本家支配下，社会改良家与社会革命家可以暂时在同一阵营，但受到限制而不可能颠覆资本家的支配，超过这个限制，二者就成为仇敌而无妥协的余地。这一章说明了马克思阵营分裂和无法挽救的原因，一半是在政治革命迫到临头的时候。

第4章考察生产力的发展在社会组织内还有发展余地时，能否颠覆这个社会组织，对此要综合各种史实才能回答，这个问题"至少在我现在是不容易解答的"（第243页）。分别论述"时机尚早的社会革命招到生产力之减退（以英领殖民地奴隶解放的实例）"和"时机尚早的社会革命终归失败（以社会革命为目的的政治革命即使成功也只是单纯的政治革命而已）"。这一章的末尾，提出目前俄国实现了社会主义革命的问题，此后数十年的历史，对于想知道社会组织进化的理法的人，自会呈现无数有益的资料，并指示比今日更有意识的社会运动方针。

第5章考察俄国革命与社会主义革命，依次论述"政治革命与经济革命""社会主义革命史之三时期""今日之俄罗斯还不是社会主义国""政治战斗（征服有产者）之时期""政治革命与暴力""反革命之镇压与暴力""精神的准备（宣传思想）期与无产者之执权""经济的经营期（产业经营）与社会主义革命之成就"。大量引用列宁的原话，例如：列宁1918年出版的英译本 *The Soviet at Work*（今译《苏维埃政权的当前任务》），这是"俄国革命所生产出的最重要的文献之一部"（第252页），书中"波耳显微主义之进化"（应为"俄罗斯苏维埃共和国的国际环境和社会主义革命的任务"）一章，叙述了共产党的三个"问题"（今译"任

务"）："第一问题：成立于使国民之多数信任其纲领及政策之正确。……（中略）
第二问题：就是政权之获得及压制掠夺者（指有产阶级）之反抗。……（中略）
第三的问题：是最紧要的，这是目前时期底特征——这便是俄罗斯之产业的组
织。……（中略）现在已经成为中心的问题了"。又说："我们波耳显微克党（今
译布尔什维克党——引者注）使俄罗斯信服了。我们替贫穷者，从富豪手中，替
受难者，从掠夺者手中，得到了俄罗斯了。而目前我们的事业是在经营俄罗斯了。
……（中略）我们要解决了这个问题之后，我们才能说俄罗斯不仅是稣埃特（今
译苏维埃——引者注）共和国，并且是社会主义共和国了"。以为俄罗斯发生了社
会主义的政治革命，便在俄罗斯实现了社会主义，"这是大错特错的"（第254页）。
"我们的革命与西欧革命相比较时，我们大概是达到了一七九三年及一八七一年法兰
西所达到的地点。……（中略）因为我们是才开始向社会主义推移，关于此点我
们还没有甚么具体的成就"。社会主义革命的精神准备、政治战斗和经济经营三个
时期，最短的是政治战斗或征服，"握取中央之国权即使于数日之内可能，镇压掠
夺者之军事的反抗及怠业，在大国之全国中即使于数礼拜之内可能，而增加劳动者
之生产力的问题之健全的解决……（中略）至少是要数年。这个事业之决定的性
质是依纯粹的客观的各事项而决定的"。"我们在制作着对于前进运动之种种条件，
其前进恐怕比我们最初所想象的还要缓慢些"。① 列宁的近作《农业税之意义》，今
译《论粮食税（新政策的意义及其条件）》，在理解俄国现状上"是重要的文章"
（第254页）。其中说："我以为凡是研究着俄罗斯之经济的人，恐怕没有一个人曾
否认它的过渡的性质的。'社会主义稣埃特共和国'这个名称只是表示着稣埃特政
府之决心，定要实现着走向社会主义之推移，并不是说现在的经济秩序已经可以目
为社会主义的用意；要想否认这个事实的人我恐怕在共产主义者中也不会有一个
罢"。"俄罗斯全国一般所行的是先资本家的关系，要从此状态一直推移到社会主
义去，究竟是可能的吗？……（中略）这个条件便是电气化。但是就是这'一个'
条件至少也要费数十年，我们是很知道的"。② 引用托洛茨基1906年所著《我们
的革命》一文中一节，说明政治革命的勃发，"这决不专依存于物质的条件，是
以种种的要素——尤其是主观的要素——而决定的"；社会主义革命须具备政治

① 这几段的今译文分别见《列宁选集》第3卷，人民出版社1995年版，第476—477、479、490、
489页。
② 其今译文见《列宁选集》第4卷，人民出版社1995年版，第489—490、509页。

革命所树立的决心和足以实现其决心的物质条件"才能完成"（第270页）。这一章以俄国革命为例来说明社会主义革命，介绍列宁的社会主义革命学说，比起马克思的社会主义革命理论建立在资本主义经济充分发展的基础上，增补了一些新的内容。

第6章名义上考察政治革命后俄罗斯的经济地位，实则翻译列宁的《论粮食税》一文。根据作者的说明，此文有英译文与德译文两个版本，日文翻译所依据的是德译本（中译名为《稣埃特俄国新政策之前提及意义（论自然物税）》），德译本比较英译本，在原文的末尾处"大有省略"（第271页）。其实不仅如此，列宁的原作分为"代序""关于俄国现时经济（摘自1918年出版的小册子）""论粮食税、贸易自由、租让制""政治总结和结论""结论"5节，而本章的中译文，一是除去原作第3节末尾近1/3部分，以及第4、第5节被省略，前面3节也多有删节，总计译出不及全文的1/2；二是译文的标题分别为"序言""现时俄国经济层之种种""德意志的国家资本主义""国家资本主义是走向社会主义之通路""农业税（今译粮食税）与军国共产主义（今译战时共产主义）""利权割让政策""合作的资本主义""向社会主义之推移"8节，每节的内容，均与原作分节的内容不同，看来随日译者或德译者的眼光和兴趣而确定其重点；三是中文翻译的水准不理想，许多用语不合于当时国内已经通用的词汇，还不时出现漏译或误译之处。但不管怎么说，这毕竟是当时国内看到的试图完整翻译列宁的《论粮食税》这一重要著述的最早译文，由此可以认识苏俄政府用新经济政策取代战时共产主义的真实涵义，进而认识在经济发展相对落后的国家实行社会主义革命的约束条件和探索路径。

## （三）结语

梳理这个译本的要点，不难看到上中下三篇，体例并不一致，这也体现了原作汇集编校已发表的各独立论文的特点，同时各篇在大致类似的主题下，又贯穿了运用马克思学说和列宁学说予以分析的精神。比较起来，译本的特出之处，一是大量引用马克思、恩格斯和列宁著作的论述作为依据。其中除了此前国内已经较为熟悉者，如《共产党宣言》《政治经济学批判》序言、《雇佣劳动与资本》等之外，另有一些此前虽曾提到书名或引用其论述而引用内容有所不同者，如引用《资本论》第一卷尤其第二卷的有关内容，特别是引用《哥达纲领批判》，不同于此前只简略地引用个别观点，比较详细地引用了若干重要论述；更有一些著述，此前国内未曾见到或未曾如此完整和凸显地见到。如引用马克思的《1848年至1850年的法兰西阶级斗争》一书，特别是详为引用恩格斯的《卡·马克思"1848年至1850年的法兰西阶级斗争"一书导言》的论述，后者虽在前面刘宜之的《唯物史观浅释》里有所提及，却较为模糊，远不及此译本；引用马克思1871年11月23日致弗·波尔特的信和1972年9月8日在阿姆斯特丹的演说，以及恩格斯的《共产主义原理》；列宁著述方面，较大篇幅地引用的《苏维埃政权的当前任务》，尤其主体完整地翻译《论粮食税》。此外还多次引用其他马克思主义者如托洛茨基的论述。这种引用方式，是河上肇研究马克思主义论题的著述一个明显特色，而此译本的引用范围之广，涉及原著之多，仍为国人提供了新的难得的资源。

二是澄清围绕马克思学说的有关争议。首先是关于资本主义积累的一般规律和历史趋势的理论，表面上针对福田的反对观点，实际上追溯到俄国经济学家杜冈－巴拉诺夫斯基的学说。列宁曾评价这位"立宪民主党教授"，"年轻时是准马克思主义者，后来很快就'变聪明了'"，"用资产阶级理论的只言片语'修正'马克思主义"①。西方学者则称："他肯定会被看成是他那一代的俄国经济学中最富创见的一位"，"在苏联，他主要以列宁的'合法马克思主义'敌手而闻名"②。杜冈的经济理论，在社会主义政党内也有影响，如提出"随着资本主义的消灭，作为理论科学的政治经济学必然消亡"的论点，这个论点"曾经为罗莎·卢森堡所采用并得到布哈林的支持"，使得20世纪20年代"苏联经济学界一度出现否定社会主义政治经济学的社会思潮"③。这个思潮，后面的考察将会看到，同样也对马克思主义经济学在中国的传播，产生过影响。其次是所谓马克思的唯物史观与革命学说之间存在矛盾的争论，针对德国学者桑巴特和滕尼斯的观点。关于桑巴特及其著作《社会主义及社会运动》，前面施存统翻译《见于〈共产党宣言〉中底唯物史观》的译文和自撰《社会问题》讲义，都提到过，也是来自河上肇的论述。滕尼斯的观点，则第一次看到。由此能够看到河上肇专门针对桑巴特等人，批驳马克思学说存在矛盾这一论点的著述，在我国有一定的影响。

三是落脚在俄国革命的实例上。译本讨论社会组织与社会革命，上篇考察资本

① 《列宁全集》第22卷，人民出版社1990年版，第166页。
② 《新帕尔格雷夫经济学大辞典》中译本第4卷，经济科学出版社1992年版，第761页。
③ ［俄］杜冈－巴拉诺夫斯基著，赵维良等译《政治经济学家原理》"中译本前言"，商务印书馆1997年版，第1页。

主义生产组织，以批驳福田、杜冈等人的观点为主，根据马克思经济学说，从理论上证明资本积累必然导致资本主义再生产的停滞，具有强烈的论辩色彩。中篇考察社会组织与个人生活，既引用马克思学说，又大量引用其他学说包括非马克思主义著作，不完全以马克思学说为根据，带有各种杂质，似乎是作者所说的讲义体裁。下篇考察社会革命，前几章仍以引用马克思和恩格斯的论述为主，但到第4章，提出一个作者不容易解答的问题，即生产力在现有社会组织里还有发展余地时，能否颠覆这个社会组织，并举例说明在历史上，这种时机尚早的社会革命不是招致生产力的减退，就是终归失败；由此又引出俄国实现社会主义革命的例证，并引用列宁学说的大量论述来说明俄国革命能否成功的条件、路径和理论依据。实际上指出，当初马克思将其理论学说付诸社会革命实践而未能成功的史实，现在由列宁领导的俄国社会主义革命实践作出了新的探索，并为以后认识社会组织进化的理法和确立更自觉的社会运动方针，提供了大量有益的资料。惟其如此，所以中译者会对国内有人误解和污辱列宁而在中国提倡私人资本主义感到愤慨，又对列宁以马克思学说为宗而在俄国推行社会主义革命的精明和博大感佩不已。

## 三、《财产进化论》译本

拉发格（Paul Lafargue，今译保尔·拉法格①）著，李希贤译，商务印书馆1925年8月初版，151页，列入新智识丛书。拉法格是19世纪末20世纪初法国和国际工人运动活动家，马克思主义理论家，写有许多理论著作，本书是他出版于1895年的一部重要著作。

### （一）译本说明

李希贤的译本，对原著及著者未作任何说明，直接进入译文，其内容有"现代财产之形式""原始共产制""家族或血族的集产制""封建的财产""资本的财产（或资产阶级的财产）"5章。这样孤立起来看，不易对译本主旨作深入理解。

---

① 保尔·拉法格（Paul Lafargue，1842—1911），生于古巴圣地亚哥，1851年随家返法国；1864年在巴黎大学医学院学习，翌年因激进政治观点被开除，到伦敦继续攻读；1866年加入第一国际，任总委员会委员兼西班牙通讯书记，同年获医学博士学位，1868年与马克思次女劳拉结婚并任外科医生，1970年回巴黎参与建立第一国际法国支部；1871年在波尔多组织保卫巴黎公社的斗争，失败后逃亡西班牙，1879年参与创建法国工人党；1889年主持社会主义者大会，宣告成立第二国际，1901年成为合并后的法兰西社会党领导人之一；曾两次入狱，后与其妻同时自杀。

为此，不妨借助后来的杨伯恺①译本，先对原著的缘起与流传，作大略考察。杨氏译本题为《财产之起源与变化》，距离李氏译本近七年，辛垦书店1932年5月25日初版。叶青②1931年11月23日为译本写了5千余字的序言，专门介绍原著的科学地位：

黑暗时代的批判家"把人类过去的历史看作错误"，除了依时间次序的日记式进化观，"一点也没有科学的贡献"。文明时代的批判家则不然，在资本社会的自我批判中，"认识了人类过去底进化过程"。傅立叶把社会史分为野蛮、半开化、父系家长与文明四个时代，"以历史自身质量上底范畴代替传统的简单的时间方面数量上底范畴，显然标出了一个科学的进步"。但还不够，"没有从社会基础构造上着眼，用物质的经济来显示各时代根本的特征"。文明时代的拥护者们对此始终没有理解，被他们推尊为"社会学之始祖"的孔德（A. Comte），"用尽了当时的科学知识，也只察觉思想史底发展阶段"。过去的认识有待于现在的认识，现在的认识又有待于经济的认识，"而经济底认识，复又有待于批判资本社会底经济学"，孔德对此"一点也说不上，自然不能有新的贡献"。一般经济学家不是批判"资本社会即文明时代"的人，"当然没有推动这个研究的资格"。

"一直到认识了资本经济，从而认识了资本社会，更从而完尽了批判资本文明之任务底大思想家出现，人类过去底理解，才完全成功"。他的结论是"用亚细亚的，古代的，封建的，和近代有产阶级的四种生产样式来作社会经济构造之进步的阶级"（此处有法文注释，见卡尔·马克思的《政治经济学批判》序言——引者注）。这里把文明时代的经济史从而社会史，"正确地划出了一个大体的轮廓"。因为文明时代以前的史前学未发达，他本着科学家的态度不事空想，"仅以亚细亚的一形容词作笼统的表示"。18年后，"企图从原因底认识上给人类前史定出一定的

---

① 杨伯恺（1892—1949），字道融，四川营山人；1917年求学上海，后考入北京法文专修馆，1919年赴法国勤工俭学，1922年加入共青团任支部书记，1923年转为中共党员；1925年回上海投入五卅运动，到重庆参加创办中法大学，任训育主任，又任中共重庆地委教育委员会委员；1927年大革命失败后，任中共上海沪东文化支部书记，1929—1930年筹办成立辛垦书店并任经理；抗战爆发后回川从事统战工作，后任《华西日报》主笔，1944年参加民盟任中央委员兼四川省支部宣传部长；1947年被捕入狱至就义。

② 叶青即任卓宣（1896—1990）的笔名，四川南充人；1919年考入北京法文专修馆，翌年到法国勤工俭学，参与发起中国少年共产党，1923年任共青团旅欧支部成员，后转为中共党员，任中共旅欧支部书记，后去莫斯科中山大学学习；1926年回国，任中共广东区委宣传部长，中共中央党报委员会委员，兼任黄埔军校政治教官，1927年任中共湖南省委书记兼宣传部长；1928年被捕叛变，1939年加入国民党；1950年去台湾，任台北政治大学和政治作战学校教授等。

次序底第一人"（此处有法文注释，见弗里德里希·恩格斯的《家庭、私有制和国家的起源》——引者注）摩尔根（L. H. Morgan，原译"摩尔甘"或"莫尔甘"），"补足了这个缺陷"；根据"经济的历史观"，把历史分为野蛮、半开化和文明三个时代，同时把文明以前的两个时代，各分为初、中、晚三期。"大思想家"曾想亲自阐明摩尔根的成果，以与"历史之物质论的研究相联贯"（原注见同上书）。不幸《资本论》（原为法文——引者注）第二、第三卷把他忙死了。直到"古代社会"出版后七年，他的"理论工作中底朋友"才执行其遗言，采用摩尔根的历史划分，写出"家族，私有财产及国家底起源"。"科学的社会进化史于是完成了。从此我们有了一个完整的历史阶段底分析"。

"家族，私有财产及国家底起源"，"有一个缺点"。作者看出这三者的重要，"很可佩服"，但叙述时，"实际上只论究了家族和国家，财产完全被忽略了"。全书九章，不惟没有把财产独立成章，而且各章几乎没有说及，说及的地方如第二章里"对偶家族"一节，"又很不充分"。"历史底物质论观需要一个完整的经济历史。而当时理论底发展已到了应予以确定的答复底时代"。"近代底社会问题，人人都知道是一个经济问题。忽而从根柢上观察，所谓经济问题，不是生产底意味，而是分配底意味。即在经济落后国家，单纯的生产说亦不过是扭转历史去制造社会问题底复古理论罢了。所以社会问题就是财产问题"。自从提出这个问题到历史的议事程序，自从解决这个问题的社会主义方案出现于世，以后"将近一世纪还没有科学地论究财产底专书"。蒲鲁东的"何谓财产?"，完全在空想的立场上提出问题，答案亦"极不科学"，未超出前人"财产就是赃物"的断言。"所以对于财产问题底确定的答复，亦到了迫不及待底地步"。于是，拉法格的"财产之起源与进化"出版了。

"这部书可作经济历史看。因为财产只是生产关系在法律上底术语。同时它又是不能离开生产关系而存在的"。拉法格的著作，不仅从法律上论究财产，还从经济上论究财产，"所以可作经济史看"。"它在物质论的历史观方面有重要的意义。难道研究历史底经济观不需研究经济底历史么?""这部书可作社会史看"。分析社会进化必须知道经济进化，这里还要加一句："分析经济进化必须注意生产关系，即财产关系。忽略了这点底经济史，必然不足以作社会史底基础"。"这本论财产进化底书，就恰恰满足了那两个要求"。这部书又可作社会主义看，"因为社会主义只是社会问题根本解决底方案。共同生产和共同消费底制度必须以财产公有为前提。这就非历史地考察财产不可。只有从事实上证明了财产是历史的产物，而且已有了消灭底必然性，才不致放于空想"。拉发格的著作"恰恰就合乎这样的需要"。这书不仅有时代底意义，而且有科学底意义，无论就那方面说，它都不止是《家族，私有财产及国家之起源》底补足（原注：拉法格在他的书第一页，题有如下几个字："献给胡纳德里·恩格斯，他的弟子和朋友，拉尔·拉发格"。"这个纪念恩格斯之死底意味，却在客观上含了以《财产之起源与进化》补足《家族，私有财产，及国家之起源》底意味。这才是真正的'续编'!"），实在是一部独立的理论著作。

现在要说一说它的"正确性"。"它底立场是科学的"。拉法格不像18世纪的物质论者、19世纪初期的空想派和19世纪中期的无政府主义者，"否认历史"。"他根据历史上底事实，论究财产底起源和进化。从财产底消灭趋势那方去判断财产底将来，决定自己底态度"。"它底方法是辩证的"。全书的历史分析，"不外乎相生相反相代替地考究财产底种种形态"，由氏族的财产制而家族的财产制，而封建的财产制，而资本的财产制，"完全是有着辩证的联系"。"从原始的共有制，经过文明的私有制，又达于高级的共有制，尤显然是在用辩证的方法"。"它底根据是历史的"。"作者在理论地说明财产制度底推移中，罗列了很多的事实。就是在政治地批判财产制度时，也没有说过不根据事实底话。真不愧是一部财产底历史"。"它底理底［论?］是正确的"。作者把财产形态（或制度）分为氏族的（原始共有制），家族的（血缘的），封建的和资本的四种，又把摩尔根的野蛮时代和半开化时代合为氏族的财产，"非常精当"。"他有机地阐明了财产之发生，发展，和消灭之必然的因果关系和各种过程底特征。确是一种财产底科学"。"它底态度是革命的"。作者对于他所处时代的资本的财产"表示强烈的批判"。"这并非感情用事，正是他在科学地认识了财产时所取底正当态度。革命的理论家不应该有 gentleman（今译绅士）底客气。至于他对于原始共有制底同情，当然也不是复古，而纯为其反私有底共有制主张者底革命态度之所使然"。《财产之起源与进化》一书，"实在是解决了财产问题，而成为革命科学之一名著"。里面绝没有蒲鲁东那样"把有产者关于偷盗底法律概念十足地应用于其正当的利润方面"（此处有法文注释，见卡尔·马克思的《哲学的贫困》附录——引者注）。"它充分地是科学的著作"。

然而那些"把资本看作又有用又可爱的东西"的人，却说它是"反科学的"。"说来也很奇怪，它底初版就成为了反对它底著作底附录。这即是说，书还没有付印就被前述的人反驳了"。事实是这样的。拉法格把他的书交给德拉格拉夫（原译"拿格拉夫"）的书店出版，那位主人说："我绝没有一点意见与你的相同，所以我对于传播你底意见底事，实在要慎重一下"；拉法格坚持出版，结果请允许伊夫·居奥①（Yue Guyot，原译"叶五·居约"）先生"写一个反驳来同你底著作一起发表"，拉法格说"很好"；于是德拉格拉夫接受稿本，1895年出版②。"这是多少浓厚的保守态度和多少顽强的阶级成见啊！"结果怎样呢？我们没有可能转述居奥先生的反驳，不妨举一个例子，使大家知道谁的理论是"反科学的"。

拉法格的书中，给资本下了一个定义："资本是指生产利息，租金，红利或利润的一切财产。以利息出借的一种金钱是资本；不由所有者使用而由工银劳动者使用的任何劳动工具（土地，纺织材料五金工厂，船舶等等）也同样是资本。可是，农夫及其家人，自己耕种的土地，盗猎者底枪，渔夫底小舟，木匠底刨子，外科医生使用的刀，著作家的笔，等等，虽然都是财产，但并不是资本，或者资本主义形式的财产，因为它们都是占有者自己使用，并没有用来役使其他的人劳动"。"所谓资本，就是指那由工钱劳动者使用以生产商品，且给所有者造出利润的财产，不劳动而获利益这个观念之与资本一词紧密相连，正如奈胥（Nessus，今译涅索斯）底长袍与他相连是一样的"。"这是十分科学的定义"。然而居奥不以为然。他反驳说：一个农民同三个儿子耕种自己的土地，后来一个儿子服军役，一个儿子患病，另一个儿子结婚分居，不得不雇人或招佃，生出一点利润。他的田昨天还不是资本，今天就变成资本了，它的所有者并没有因此比以前富足些。总之，"在同一天内，同一样的东西，依波尔·拉发格先生底定义而改变性质"。你拥有的马，早晨自己骑不是资本，晚上你的御人牵它，就成资本了；你若有一间矮小的房子，招一个房客每年交纳20法郎，便是资本家，若住在旅店，哪怕花费一百万，也只是一个无产者。"这就是拉发格底定义所达到底奇异的结果"。"他底定义不是科学的而是政治的"。

① 伊夫·居奥（1843—1928），生于法国迪南，在雷恩受教育并从事新闻专业，1867年到巴黎任期刊主编；后参加市政活动，1885年入众议院，曾任公共工程部长；对社会主义取好战态度，1917—1921年及1925—1928年任法国政治学会主席。

② 这里介绍保尔·拉法格的《财产的起源与进化》一书，当初让巴黎出版商德拉格拉夫出版，德氏不同意拉法格的政治观点，拒绝出版。在拉法格的坚持下，德氏提出一个出版条件：拉法格的著作必须和伊夫·居奥的反驳文章《财产。起源与发展。保尔·拉法格的共产主义提纲。伊夫·居奥的反驳》印在一起。拉法格接受这个条件，他的著作才和伊夫·居奥的文章作为一本书，1895年在巴黎出版。

居奥的话并没有驳倒拉法格的定义。拉法格的意思是说，"同一的货币，工具，土地等要一定的时间空间内才是资本，否则不是资本"。一定的时间空间，"即役使他人劳动以收得不须自己劳动之利润的货币，工具，土地等是"。"所以资本不是任何的货币，工具，土地等或数量大底货币，工具，土地等，而只是用以从他人劳动中榨取利润底货币，工具，土地等。黑人不就是奴隶，只有在被欧洲人贩到美洲去卖给地主底情形中，才是奴隶。说黑人不论在非洲或美洲，在贩卖前或贩卖后，都是奴隶，完全没有理由。科学性在那里，就在于一定的时间空间的把握，它是科学成立底前提，亦是科学研究的前提，居约懂得这个吗"？专以数量大小来作资本的标准，"非常不对"，数量大也必须在一定的时间空间内才能成为资本。"不然，封建时代王侯库中和底［地？］主窖内地金银，便就是资本了，岂非怪事"？居奥心目中的资本定义竟是简单的数量问题，"这完全是玄学的思想，一点科学气味都没有"。专就使用他人劳动或雇佣他人劳动而言，这也不对。"问题必须注意到从使用他人劳动或雇佣他人劳动中剥取利润这一回事，所以用了御人底马，还不就是资本。有钱人的钱原不能即算作资本，必要在他把钱用作直接地（如投资）或间接地（如放债）剥取他人劳动换来底结果时，才算资本"。收到养老金的人不是资本家，为养老而存货币、棺材、衣衾等，也不得叫做资本。居奥注重数量，"必然会要达到这个结论：富者就是资本家，穷人就是无产者"（原注："无产者是 proletairo 一词的翻译，正同有产者 bourgeois 一样，不可照中文的意义去解释，它完全是指那在机械工业中底劳动者 travaillour 而言，丝毫财产都没有底意思并不是它的唯一的特征，只是特征之一。倘然作唯一特征看，那么乞丐、流氓、土匪、盗贼等人也是无产者了，岂非笑话。无产者不仅是没有财产的人，而是还在机械工业中劳动底人"）。他的积极意见，对资本下定义说，"一切有用的都是资本"。"简直是不值一驳底庸俗论调。那不过表明资本是过去、现在、未来永远存在底东西了"。你不要反对资本家，任何人只要占有有用的东西，就是他的资本，所以人人都是资本家，那还反对谁呢？"这完全是辩护资本底理论，一点也不能算作正确的定义"。这就是居奥的科学。"实在，他的反驳和定义，除拥护资本家外，是绝对没有意义底庸俗的意见"。拉法格的理论，"在现代这个时代中，有绝对的正确性"。"凡不能推翻科学底人，就没有理由反驳《财产之起源与进化》"。

这本书在中国已有一种译本。"但因其是从英文转译的，而英译本又系节本似的东西，删去几半，且把各章中底节目完全取销，简直不像拉发格原著。并且那种译本底错误也非常之多。所以杨伯恺先生根据法文原书底翻译，非常必需。这是与'经济决定论'同为名著底书，有志于学底人不可不读"[1]。

这篇序言介绍拉法格的《财产之起源与进化》，含有较多信息量，而且均有所本，并非信口开河。一是梳理这本书在历代批判家认识人类进化史中的科学地位：这种认识在中世纪没有什么科学贡献，开始于文明时代对资本社会的批判，划分社会历史阶段，用历史的质变范畴代替简单的量变范畴，但这种进步，限于思想史的发展阶段，没有用社会基础构造的物质经济来显示各时代的根本特征；直到大思想家马克思出现，批判地完成认识资本经济和资本社会的任务，才成功地理解了人类的过去，给文明时代的经济社会史正确地划出一个大体轮廓，但未及将文明时代以前研究古代社会的"经济的历史观"，与自己的"历史之物质论"联系起来；恩格斯继承这个遗志，利用古代社会研究的历史划分，写出《家庭、私有制和国家的起源》，完成科学的社会进化史，形成从古到今完整的历史阶段分析，但缺点是只研究家庭和国家，忽略了财产；社会主义的问世为解决财产问题，可是近一个世纪还没有科学研究财产问题的专书，迫切需要明确的答复，《财产之起源与进化》的出版，满足了这个要求，具有时代意义，它是恩格斯著作的补足或续编，又是独立的科学理论著作。二是概括这本书在内容上的正确性：立场是科学的，根据历史事实研究财产的起源、进化、趋势和未来并确定自己的态度；方法是辩证的，研究财产的各种形态及其相互替代的联系，原始共有制经过文明私有制，又趋向于达到高级共有制；根据是历史的，无论说明财产制度的推移或给予批判，均依照历史事实；理论是正确的，精当地划分财产的四种历史形态或制度，特别是氏族的原始共有制，有机地阐明财产发生、发展和消灭的必然因果关系及其演进特征；态度是革命的，批判私有资本财产并非感情用事而是基于科学认识，以革命精神而非绅士态度来解决财产问题，这是革命科学的名著。三是披露这本书所遭遇的敌视并为之辩解：当初不同意其论点，拒绝出版，后来接受出版，又以书中包括反驳的文章为条件，于是出现本书尚未问世即遭批驳，初版又必须附录对立论著的奇怪现象，反映了当时浓厚的保守态度和顽固的阶级成见；以资本的定义为例，反驳者不懂得资本形成的科学前提，视之为简单的数量问题，这种玄学思想，否认资本从雇佣劳动中

---

[1] 以上引文除另注外，均见拉发格著，杨伯恺译《财产之起源与进化》，辛垦书店 1932 年版，"序言——《财产之起源与进化》底介绍"。

榨取利润的事实，将所有人的有用东西都看作资本，等于人人都是资本家，完全是为现有资本和资本家辩护的庸俗论调，不值一驳；对照起来，拉法格的理论绝对有正确性，既然不能推翻其科学依据，也就没有理由反驳他这本书。四是另一种中译本，应指李希贤的《财产进化论》译本，据说转译自英译本；英译本为节译本，删去几近一半内容，取消各章下设的节与目标题，看起来不像拉法格的原著，而且错误很多；相比之下，杨伯恺翻译法文原著，非常必要，提供了与拉法格的"经济决定论"同为名著的译本。

以上诸点，体现了李氏译本出版 7 年后国内对拉法格这本书的认识水准，特别是前三点认识，显然有新的信息资源，才会有如此翔实具体的介绍，决非凭空想象而能虚构出来，应该也是李氏年代不曾得到的资料。尽管如此，仍不能否认李氏译本的领先作用，倒是可以通过后来的译本序言介绍，体会此前李氏选译本书的眼光之独到。结合这个序言，为了更多掌握这本书的信息，再看杨氏译本 1931 年 12 月 5 日的译者后记：

拉法格这部书，"根据丰富的材料，应用科学的辩证法的方法，把财产制度，自原始到现在所有一切形式之生成，发展，转化，消灭之全过程，做了完备的历史的研究"。"这不特在研究经济史及社会进化史上具有最根本的重要性，即就是在研究科学的社会学之理论与方法上，亦具有最根本的重要性"。商务印书馆早就有一种译本，列在新智识丛书里面，名为《财产进化论》。"不过该译本所根据的，是英文节译本，不是法文原著。拿英文译本与原著相较，不特错误甚多，而且对于原著，随意割裂，随意抛弃，随意增添，全失本来面目。所以个人觉得有根据原著重译介绍的必要"。"本书虽根据法文原本翻译，但对于英译本上所有，原本所无，而在财产问题底研究上尚属重要的材料，仍斟酌保存以供读者之参考，只于排列上作为附文以示区别。这是应当声明的"。

附译"希腊财产底起源"（应为"希腊土地财产底起源"——引者注），系拉法格在 Le Devenir Social（今译《社会未来》）第一卷上"驳基诺得先生"的一篇论文，"其内容在财产之历史的研究上十分重要，故特译出以饷读者"。感谢叶青先生为本书译成所作的序言。附带声明，本书初版在沪战时，"不幸全部牺牲于日帝国主义底焚烧之下"；"战后重新排印，故迟至今日，始得与读者相见"。①

───────────────

① 拉发格著，杨伯恺译《财产之起源与进化》，辛垦书店 1932 年版，"译者后记"。

上述序言作者与译者，均在法国留学多年并加入中国共产党，后来又同在辛垦书店工作，所以关注法国工人党创始人拉法格的原著，对本书有一致的高度评价，并在译本出版时相互呼应。其中与李氏译本相关的原著版本和背景情况，也可以得到比较清晰的了解。

一是确认李氏译本依据的国外版本，并非法文原著，据说是删节并简化目录小标题的英译本。对照李氏译本与杨氏译本，前者 151 页，后者 327 页（只计正文，不含附录），可见前者的删节幅度之大，超过一半以上；再看二者的目录，除去后者的附录不论，正文各章的标题基本相同，差别在于前者内容删节，省略了各章下面的分节标题。兹列后者的目录如下：第一章"现代财产底形式"，分五节："财产形式底分类""个人私备的财产""财产——劳动用具""资本财产""方法"；第二章"原始的公有制度"，分八节："个人财产底起源""氏族底公有制度""共同的食住""公有制度底风俗""土地底公有财产""分工底起源""土地底共同劳动""动产底公有财产"；第三章"家族的集产制度"，分七节："氏族之分裂为母系和父系的家族""家庭的集合财产""土地底个人财产底起源""正义与偷盗底起源""集合财产底性质""农民的共同体""集合财产底分裂"；第四章"封建的财产"，分七节："封建的组织""封建财产底起源""教会财产底起源""封建义务底性质""封建财产扩充底方法""一七八九年革命底神话"；第五章"有产者的财产"，分八节："商业底起源""个人主义的小工业及小商业""工场手工业制度""资本主义的农业""资本主义的工业及商业""资本主义的金融""资本主义的集产主义""共有制度底再来"。后者的各节标题，比之前者，对全书内容可谓一目了然。二者的书名，后者译为《财产之起源与进化》，更切近原意；前者译为《财产进化论》，似受英译本影响。英译本书名改译为 *The Evolution of Property from Savagery to Civilization*（今译《财产从野蛮到文明的演进》），落脚在财产的演进或进化上，不见起源之意，前者既以英译本为据，书名的译法亦从此意。顺便指出，王子野翻译的《财产及其起源》，在三联书店 1962 年第 1 版扉页上说明，"此书最早的译本是 1936 年杨伯凯所译的《财产之起源与进化》"，有误。最早的译本应是李希贤的《财产进化论》，而杨氏译本初版于 1932 年，并非 1936 年。此其一。其二，同页注明"根据苏联国家政治书籍出版社 1959 年版译出"，不是直接译自法文原著，中文书名后又附录上述英文名称，似以英译本为依据。然而查其内容，除了以拉法格 1892 年在巴黎的演讲录《赞成共产主义和反对共产主义》为第一篇外，第二篇《财产及其起源》，提及"法文原版的名称是《财产的起源和进化》"①，其目录也以法文原版的章节编排为准，只是正文不到 150 页，应为原著的节译本。看来这里所说的苏联译本，未能讲明白它究竟译自哪个版本。其三，此译本在《财产及其起源》书名下标注"1892"，代表原著初版年代。这也是弄混淆了，以第一篇的演讲时间误为第二篇的初版时间。其实，第二篇的开首，译出"献给弗里德里希·恩格斯，他的学生和朋友，保尔·拉法格"的题辞②，如前面杨氏译本的序言所说，已经意味它是纪念 1895 年恩格斯去世之作，并认为在客观上补充了恩格斯所著《家庭、私有制和国家的起源》未曾专论私有财产之缺憾。如此明确的寓意，惜乎也被模糊了。

二是指称李氏译本所依据的英译本，不仅节译，而且随意割裂、抛弃和增添，完全失去原著的本来面目或谓简直不像拉法格的原著，意即李氏译本也有同样的毛病。这个批评，应当说不是无的放矢，至少在李氏译本里，看不到译者对原著的理解和评价，拿来翻译似乎只是出于此书名气或个人兴趣。而杨氏译本一大特点，作序者和译者基于马克思主义研究的认识，对原著及其著者有较为深入的了解并予以充分赞扬。这一点，简化些说，还体现在辛垦书店为译本而作的广告词中："本书是法兰西正统派 Marxist，Karl Marx 底女婿，E. Engels 底弟子，Paul Lafargue 继承 Engels《家族，私有财产，及国家之起源》而完成的一部世界名著，在材料上，在论证上，都有补足 Engels 底大著底地方。研究社会学，经济学，历史学，社会进化史，及近代社会思潮底人，都宜人手一编。"③ 这样的评价，言简意赅，确实证明了杨氏重译拉法格这本法文原著，很有必要。但这并不是说，对杨氏译本的介绍尽善尽美，而李氏译本一无是处。如作序者评介杨氏翻译法文原书的必要性，在于这本书与著者的另一本书"经济决定论"，同为名著，有志于学的人不可不读。这是把原书的价值，引导到单纯的学术方面。所谓"经济决定论"，应指拉法格 1909 年在巴黎出版的《思想起源论：卡尔·马克思的经济决定论》（辛垦书店 1930 年初版它的中译本，简称《经济决定论》），在此之前，拉法格 1885 年还出版了《马克思的经济唯物主义》，都是阐释马克思唯物史观，在宣传马克思主义方面是有贡献的；可是把唯物史观称作"经济决定论"或"经济唯物主义"，毕竟不恰当，容易引起

---

① ［法］保尔·拉法格著，王子野译《财产及其起源》，生活·读书·新知三联书店 1962 年版，"出版者说明"。

② ［法］保尔·拉法格著，王子野译《财产及其起源》，生活·读书·新知三联书店 1962 年版，第27 页。

③ 拉发格著，杨伯恺译《财产之起源与进化》，辛垦书店 1932 年版，广告。

误解，对此，作序者毫无觉察。又如译者杨氏一面批评英译本错误很多，一面又说英译本有法文原著没有的材料，因其在研究财产问题上的重要性而斟酌保留以供参考，表明他翻译法文原著时也参考了英译本，并将后者有关内容作为附文与正文并列而有区别地显示出来，既然如此，那么同样不能认定李氏译本一无可取。至于李氏译本有何价值，下面对其译文内容略窥一斑。

**（二）译本简介**

这个简介，对照拉法格原著今译本的主旨介绍，看看李氏译本的基本内容是否反映了这样的宗旨。今译本总的评价，这本原著，"是拉法格运用历史唯物主义观点探讨财产的起源及其在人类社会发展各个阶段所发生的演变的一部重要著作"①。对此，李氏译本第一章里，能够看到如下叙述：

"'现代财产形式中占优势的资本，是永久不变的东西'一句话，经济学者们当作公理定下来了；他们曾经苦心焦虑要证明资本是与世界同年，又是无始无终的东西"（这句话后面有一条关于资本的原注，也就是杨氏译本序言中引用著者的资本定义的一段原话——引者注）。因此一切经济学书籍"为了要证明这个奇异主张"，"很欢喜反复申说"野蛮人把自己的一对弓借给同类以分享猎物的故事。

"经济学者们抱很大的热诚和毅力，要探求有史以前资本的财产，他们在他们的研究中发见了人类以外的无脊椎动物之间也有财产的存在"。"但是经济学者的资本永久不变说中有一个缺陷。资本这名辞无论在什么时代也都存在的事实，他们竟略去不证明了。……但实际上有近代的意义的资本这个名辞，在十八世纪以前还是没有的。博爱（资本家制度所固有的人道的伪善）一语，也是一样。资本家的财产开始确定自身的存在，而在社会中占优势，本来是十八世纪的事情"。"资本是比较在最近才出现的这种事实，很好证明财产并不是永久不变的东西。反起来说，财产也和一切物质的及智识的现象一样，是继续进化，而且经过各不相同而又互为因果的连串的形式"。

"财产决不是无论何时都相同的东西"，现社会中的财产也有种种不同的形式，约可分为两个主要形式：一是"共有财产的形式"；二是"私有财产的形式"，包括成为资本的财产。"资本这种财产的形式，实是近世社会中财产的好模型，在别

---

① ［法］保尔·拉法格著，王子野译《财产及其起源》，生活·读书·新知三联书店1962年版，"出版者说明"。

的社会中，像现在这样成为普遍有力的事实的，实在没有"。"这种财产形式的根本条件，就是剥削那种自己创造了一部分价值，而时遭掠夺的自由生产者。这是马克思所证明而不能反驳的事实"。①

这些叙述，针对一般经济学者信奉资本永久不变，在现代财产中占优势，还见诸野蛮时代或史前时代，甚至存在于原始动物中的"奇异"公理主张，明确指出近代意义上的资本名词，是18世纪资本家制度确立以后才出现的事实，正如伪善的人道博爱概念也是资本家的财产开始确立并占优势后才得以产生，可见财产和一切物质及智识现象一样持续进化着，经历各不相同又互为因果的一系列形式，决不是永久不变；资本作为近代社会普遍而有力的财产形式，其根本条件是剥削或掠夺自由生产者所创造的一部分价值，为别的社会类型所没有，这是马克思业已证明而无法反驳的事实。这里揭示，拉法格何以运用唯物史观来探讨财产的起源及其演变，出发点在于破除资产阶级经济学者的资本永久不变之说；也就是在马克思经济学说的基础上，否定主流经济学著作中这个所谓公理。可见这不是纯学术研究，是向维护资本主义制度的正统经济学者提出挑战。

今译本介绍，"拉法格首先研究了原始公社，他用大量的事实材料证实了人类历史上的确存在过一段漫长的、根本不知道私有制为何物的时期，从而有力地驳倒了所谓私有财产'自古已然'的资产阶级理论"②。李氏译本第二章里，也能看到类似的译文："经济学者所以独断地要证明人类的幼稚时期也有资本，是因为他们毫不懂得原始民族的习惯，随便瞎说的"③。本章论证人类历史上经历过漫长的原始共产制时期，同样是以事实，驳斥资产阶级经济学者把代表私有财产的资本强加到人类幼稚时代原始民族身上的独断与随便瞎说。

今译本继续介绍，"拉法格指出了在原始公有制的腹内如何形成新的生产关系和与之相适应的财产形式，以及它们如何为私有制的出现准备了条件"；"认真地研究了所有制在氏族制度的不同阶段（母系氏族和父系氏族）上的变化"，以及"封建主义的成立"④。这些内容同样反映在李氏译本第三章与第四章里面。如第三

① 以上引文分别见拉发格著，李希贤译《财产进化论》，商务印书馆1925年版，第1—2、4—5、10页。
② ［法］保尔·拉法格著，王子野译《财产及其起源》，生活·读书·新知三联书店1962年版，"出版者说明"。
③ 拉发格著，李希贤译《财产进化论》，商务印书馆1925年版，第14页。
④ ［法］保尔·拉法格著，王子野译《财产及其起源》，生活·读书·新知三联书店1962年版，"出版者说明"。

章说："种族的共有财产，在家族正在成立时，已开始崩坏了"，然后说明家族的财产进化；列举各种原因，解说"因商工业之发达史更促进私家土地的独占化，竟使父家长家族解体了"；等等。第四章说："封建的财产"有两种形式，一种是不动产又称"有形财产"，由城寨或庄园及其附属物，以及住宅周围的土地之类构成，一种是动产又称"无形财产"，由兵役、补助金、罚金、什一税之类构成；马克思《资本论》第27章中题为"对于农民的土地收夺"，详细叙述了"苏格兰和英格兰的领主怎样迅速残酷掠夺独立农民（Yeomen，今译自耕农）土地的事实"（此出处应为《资本论》第一卷第24章第2节"对农村居民土地的剥夺"——引者注）；法兰西革命在1789年爆发时，"封建的财产还没有脱离以前所负担的许多义务（这些义务负担，起源于集产的村落时代，能够阻碍封建财产变为有滥用之权的私有财产制的）"；等等。④ 摘录这些译文段落，不是勾勒这两章的基本内容，只是借此说明原始公有制内部形成新的生产关系和财产形式，为私有制的产生准备了条件，以及这种所有制的变化在氏族财产和封建财产上的表现等主旨思想，在李氏译本里均有所体现，而且遵循着马克思《资本论》的理论分析；同时也看到李氏译本确有误译之处，不过并未损害原著主旨的翻译。

今译本认为，"拉法格这部著作的结论部分对资本主义的私有财产的分析和批判特别精彩"。包括"以尖刻的辛辣的笔锋指出了资本形成的肮脏的和流血的道路"，"对垄断资产阶级控制国家的经济和政治生活、企图奴役全世界人民的野心，作了有力的揭露"；"揭露了资产阶级经济学家关于资本'民主化'的谎言"，所谓"财产的民主化"不过是一种手段，发掘人们的一切货币资本，交给垄断组织再转入金融寡头之手，满足他们凭借资产阶级国家机器来贪得无厌地追求暴利；"坚信私有财产制度的消灭是不可避免的，人类终将生活在以公有制为基础的社会里"。⑤ 所谓总结部分，实指原著第五章资本的财产或资产阶级的财产部分，这也是各章占比篇幅最多的一部分。此章原分八节各有小标题，李氏译本分为六节并取消小标题，显然对原著内容作了归并，摘录如下：

第一节："土地一项在未变为资本阶级的财产之先，一方面化为小农的财产，

---

④ 此二章引文分别见拉发格著，李希贤译《财产进化论》，商务印书馆1925年版，第39、69—70、101—102、118页。

⑤ ［法］保尔·拉法格著，王子野译《财产及其起源》，生活·读书·新知三联书店1962年版，"出版者说明"。

他方面化为封建的财产，农业便是这个进化原动力，反之，劳动器具和工业生产物的所有进化，商业便是一个原动力，这种所有进化发达到一定程度时，（正如马克思所说）对于土地就发生反应作用，使变成资本阶级的财产"。

第二节："土地和耕作的形式既经变化，产业上和金融上的财产当然也随着变化，这是必然的结果。近世产业的发达，真是亘古所未有，工厂，铁路，隧道等项大事业的修筑创造，需用大宗的金钱，需用多数的工人，不但地方的人口被这等大事业吸收净尽，连人民藏钱的钱窖也被扫光了"。以前封建时代，市民们除了极少的贵族、僧侣、工匠之外，"都是靠耕种谋生的"；"到了资本阶级的世界，这班有加无已的市民们，就从事工业上和商业上的工作，渐渐的不做农业上的工作，他们的生活资料，就不得不专靠耕种土地的人们供给了"。

第三节：中世纪的村落是一个经济单位，由境内供给粮食、用具，"后来资本制生产勃兴，就首先把这种经济单位破坏了"；"各种手工互相隔绝，各行业有各行业的特殊中心地，一个都市或一个地方，早已不像先前那样能够供给住民所需要的一切日用品了，要得特殊的货物，必须仰赖他都市或他地方制造出来"。"现今欧洲各国，经济上互相倚赖，还要倚赖半文明各国。这种经济上国际的互相倚赖的趋势，有加无已。到了将来，像现今这种国家的统一会要消灭，代之而起的，一定是一个世界的统一，成为人类政治的统一之基础"。

第四节："资本制的生产，最初是因为生产之地方的集中，因为生产方法的解体，才造成新的产业组织，又因这新产业组织，使由地方的政治单位，进到全国的单位。照这样，工场手工业的生产，把劳动者和生产机关集中于工场，而分业于是开始了"；"分业能使劳动器具解体，能使劳动者终生为单一工作所拘束"；以前手工业者的器具很少很单纯，现在工场工业的器具很多很复杂，"部分的劳动者除了作单一工作以外，不适宜于一切工作，依同样的比例，向同一方向发达的劳动器具也分化而成为特殊的东西了"。"近世大机器工业，又使工场手工业的生产组织解体了"；"机械器具，乃是一个机械的综合体。然而资本制生产，现在又造出一个综合来了"。"商业发达，工业进步，这类特殊的工业之数愈多，逐渐归属于同业公会的一定的手工业者们，遂发达而成为专门职业了"。"资本制生产之建立，以都市中各种工业之特殊化为基础"。① 以上各节，大致涵盖了原著第五章前五节的

---

① 以上引文分别见拉发格著，李希贤译《财产进化论》，商务印书馆 1925 年版，第 120、135—136、139—141、143 页。

内容。这些内容，因不连贯地摘录各节的若干要点，未能从细节上展现其笔锋之尖刻辛辣，但仍能清晰显示原著论证资本形成过程的一系列要素和特征。

第五节："工场手工业组织和各项工场一旦扩大，同时那以金银的形式存在的财产也发生了一个变化"；商业时代"金银变成一切商品的标准尺度，成为价值的代表的标准"，如今"可以合法的繁殖起来，即是获得产生法律上的利息的权利了"；资本阶级恢复高利贷，"把贷钱业者的业务，升为各种开化的职业中最有利最名誉的位置了"，靠公债收入生活"算是资本阶级理想的生活"。马克思说："公债变成原始蓄积的最有力杠杆之一。这正如使用魔杖一样，能使不孕的货币得着生殖力，转化而为资本。"借金融而获得并继续增大的社会权力，当农工商大企业和银行、铁路、运河、大熔矿炉等事业，超过经营的资本家个人的资力时，必需联合资本以继续其事业，"这是一个经济的必然结果"。现代社会基于机械工业，用于"劳动器具（马克思谓为不变资本）"的资本，"流通资本（马克思称为可变资本）"的分量，生产的迅速及大量，市场距离的缩短，贩卖财富及实现支付所需的时间等，"都是使用金融以为经济组织的枢轴"；金融、机械工业和近世耕耘方法，"假使不将财产由个人的物件，化为非个人的物件，从根本上变更其性质（即财产再恢复为原始形态而至于变为共有），势必不会发达的"。世代传下来"财产是劳动的结果"这句俗话，"但是近代的生产却与这句俗语所说的完全相反了"；"近世财产所有者的职分，只是把收入纳在腰袋中，花天酒地罢了"；财产所有者在今日工钱劳动者的技术组织上，不再分担社会职责，"变成了无用之物，甚至像某绅士阀经济学者所说，所有者竟是一个赘物"。经济学者接受绅士阀的薪俸，为绅士阀辩护，说资本家节俭，有管理能力，做社会有用事业，"所以资本家用利息地租利润等形式向劳动生产物课税，乃是正当的"。说资本家有益于近代大规模机械生产组织，这是"废话"；机械生产夺去手工业者生产技术上的熟练，把工钱劳动者变成机械的勤杂工；"资本制产业组织，使得资本家变成一个寄生虫"；那些金融业者，"专靠用股券交易所的诈伪和欺瞒手段，骗取资本家的股券和债券，专靠把那从生产的大组织得来的利润，蓄积在坚固的金库中，在事实上对于一般资本家证明他们是无用的长物"。贵族在资本制度的国家已失去支配阶级的资格，"同样的运命，现在又轮到资本阶级来了"；今日资本家在社会生产上，没有职责可尽，"就是自己署名宣告自己阶级的死刑"；"将来资本制度破灭之后，资本家即能存在，恐怕不会像封建贵族那样能在资本阶级的尊严丧失以后，犹得保持正统的贵族的特权罢。灭了手工业者的机械，现在又要灭资本家了"。①

本节内容，大体对应原著第五章第六节资本主义的金融，以及第七节资本主义的集产主义。较多摘引这两节的段落，因为今译本的评介，强调产业垄断组织和金融寡头联手，利用公债和股份公司等方式来搜罗和集中民众手中的一切货币，转为资本以追求暴利，这是资产阶级经济学宣扬资本或财产"民主化"的实质；比照起来，李氏译本显示了更为丰富或更为完整的涵义。如随着资本主义工业组织的发展，基于金银财产形式的古代商业活动和高利贷被合法地恢复和繁殖，又衍生出公债等促进原始积累的有力杠杆，将各种闲置货币转化为具有生殖力的资本；由此形成的资本主义金融业，联合分散资本以进行资本家个人资力无法承担的各种大规模经济事业，使金融成为从事和完成各种经营活动的经济组织的枢轴，同时也在根本上改变工农业和金融本身的性质，以致假设再将个人财产恢复为类似于原始形态的共有财产；金融业者与工业资本家结合，一面以机械工业摧毁技术熟练的手工业者，让工钱劳动者变成机械的附庸，一面又让资本家脱离生产管理职能而变成坐享收益的寄生虫，无异于拆穿经济学者的辩护"废话"：资本家有益于近代大规模机械生产组织，从劳动生产物中收取利息、地租、利润等是正当的；资本财产的所有者蜕变为无用的赘物，等于宣告自己阶级的死刑，意味当初贵族在资本制度的国家失去支配阶级资格的命运，如今同样轮到资本阶级的头上，或者说曾经消灭手工业者的机械，现在又要消灭资本家了；等等。关于金融对资本或资产阶级财产的影响，以及资本主义内部存在集产主义的倾向等要点，是对马克思经济学说的深入阐发，并且始终把矛头对准资产阶级经济学者为资本制度辩护的各种说辞。另外，也看到运用马克思经济概念时的曲解，如将流通资本称为不变资本。这些错误或出于英译本，或出于中译者，而李氏译本中常见各种日文译名，或许翻译时参考乃至依据了日译版本，那么错误又可能出于日译本。

第六节："文明破坏人类初期粗笨单纯的共产制之后，又造成了许多复杂的科学的共产制度之要素"。今日劳动协力而行，"也和在原始时代一样"；生产者不私有劳动器具和劳动生产物，"恰和在蒙昧人部落中的状态一样，并没有协同分占的"。"劳动生产物现在被懒惰的资本家所独占，资本家的灭亡，只不过是时期和机会的问题罢了。扫荡财产的寄生虫呵！必照这样，然后共产主义的财产方能确

① 以上引文均见拉发格著，李希贤译《财产进化论》，商务印书馆 1925 年版，第 143—150 页。

定，方能在社会上树立起来"。原始社会的财产只与血族关系结合，归一个部落共有，凡不包含于狭隘的亲族范围以内的人，都是外国人，都是敌人；"若到了将来的社会，财产就不分国别、种别或色别，要归全人类的大家族所共有的罢。为什么呢，因为同是处于资本家压迫之下的劳动者们，在悲惨时是同胞，在叛逆时是同胞，到了胜利时也一定是同胞的"。"最后的共产主义的国际的财产革命，乃是不可避免的趋势"。原始时代的制度和共产主义的习惯，"在绅士阀文明的当中复活了"；蒙昧人和野蛮人选举武将和酋长的普通选举，"经过那宣称为政权基础的绅士阀政府排斥之后，又复制定了"；原始时代共同居住，共同饮食，共同教育，"到了今日儿童们也可以在市立学校受免费的共同教育了"，饮食店中"文明人已是中了共同的毒了"，大都市的大建筑物住的都是文明人，"这便是居住的共同"。若说普通选举是欺瞒，现代都市家屋不卫生，自以为利的人认为现代似是而非的带共产主义的制度有害，"这些弊端，都是因为在绅士阀社会中进化而来的原故，因为便利于资本家而建立的原故"。"这些事项，非常重要，能消灭个人主义的本能，能使人类倾向于未来社会的共产主义的习惯"。"共产主义，在资本家社会之中，已成为潜伏的形式存在了。人所不能预料的形势，会要使这种主义公然发现出来的罢，会要使这主义成为将来社会唯一可能的形式而恢复他的位置罢"。①

本节大致对应原著第五章第八节"共有制度底再来"，或译"共产主义的复归"，即今译本评介中所说的全书结论部分，表现为著者坚信私有财产制度的消灭不可避免，人类终将生活在以公有制为基础的社会。这种信仰，用上面摘录的译文来表达，首先着眼于文明社会破坏原始的简单的共产制之后，又在现代社会中造成复杂的科学的共产制要素，诸如生产者方面协作劳动，不再私有劳动工具和劳动产品，如同原始社会的协同和没有私人占有；资本家文明方面复活原始共产主义的制度和习惯，包括居住、饮食和教育的趋同性，重新制定像蒙昧野蛮人选举头领那样作为政权基础的普遍选举制；等等。其次比较现代社会所孕育的共产制要素与现行资本制的对立，以及与原始共产制的区别，诸如懒惰的资本家独占劳动产品，意味着资本家的灭亡只是时间和时机问题，而确立共产主义财产，必须扫除财产的寄生虫；现有普选制、城市居住及共产主义制度等事项非常重要，它们从资本家社会中进化而来，为便利资本家而建立，存在着欺瞒、不卫生、似是而非以及利己者认为

---

① 以上引文见拉发格著，李希贤译《财产进化论》，商务印书馆1925年版，第150—151页。

有害等弊端，但终归有利于消灭个人主义的本能，使人类倾向于未来共产主义的社会习惯；原始社会的共有财产限于狭隘的血族关系范围，其他人都是外部的敌人，而将来社会的财产，没有任何区别，归全人类共有，属于资本家压迫之下的劳动者同胞，将来国际共产主义的财产革命，是不可避免的最终趋势。最后归结于共产主义形式已经潜伏存在于资本家社会中，会在人们尚不能预料的形势下公开发现出来，成为将来社会唯一可能的形式而恢复它的位置。可见，著者对于共产主义复归的信仰，不是泛泛而论，乃基于深入的理论分析和唯物史观方法的辩证运用。

浏览李氏译本之后，不难发现，前面为了考察此译本所依据的原著之究竟，也就是拉法格原著的科学地位及其英文节译本与法文原著的差异，曾经借助后来国人译自法文原著的全译本以及其他今译本作为对比，结果容易给人留下一个印象，李氏译本的删节与差错，使之完全偏离原著本来的面貌，但这个印象是不确切的。须承认，李氏译本依据的原著版本，应来自英译本，属于节译，不同于法文原著；另外，不论出于英译者、其他转译者或中译者本人的原因，李氏译本都存在着译文上的错误，轻则弄错书目的章节，重则曲解马克思学说的原意。不过，拉法格原著的主旨，秉承马克思经济学说的基本精神，运用唯物史观梳理人类社会财产的起源与进化历史，包括研究现代财产的各种形式，质疑经济学著作中流行的资本永久不变之说；研究原始共产制，明确人类早期的财产历史曾经长期存在共产主义生活方式；研究家族集产制，探求财产所有制从母系氏族到父系氏族的变化，以及集合财产的分散和个人财产即私有制的起源；研究封建财产，重点落在此类财产形式的封建特征并提示它们不同于资本财产的内涵；研究资产阶级的财产，说明随着资本制度的建立，各类财产转化为资本财产的过程、条件与要素，以及发展到一定程度，重新孕育集产主义因素或以潜伏形式再现共产主义的重要意义，从而驳斥资产阶级经济学者为资本制度辩护的理论，确立私有财产制度必然消灭，共产主义必然复归的信念。所有这些主旨，在李氏译本中都有不同程度的体现；或者说，李氏译本大体上反映了拉法格原著的论证主旨。有人说，拉法格原著没有对奴隶制作专章论述而一笔带过，是一个缺点①。其实，拉法格的撰述，意在利用研究古代社会的更新资料，从财产形式上补充论证原始共产制中如何萌发和产生私有制的起源过程，私有制形成后的个人财产又如何变为资本财产的转化过程，以及在资本制度中潜在地

---

① ［法］保尔·拉法格著，王子野译《财产及其起源》，生活·读书·新知三联书店1962年版，"出版者说明"。

重新生长集产主义因素并必然公开实现以消灭私有制和复归公有制的结论，至于奴隶制作为人类历史上第一个私有制，并非论证的重点。这个特点，也反映在李氏译本里。所以说，如果把李氏译本放在它的初版年代看，对比其他评介和宣扬马克思主义经济学的译著，并不逊色，而且别具一格。实际上在国内仅有恩格斯著《家庭、私有制和国家的起源》的摘录介绍，未见其原著翻译之前，已把据说是此原著续编的拉法格著《财产进化论》翻译介绍给国人。这样提前译介，很可能受到日译本的影响，故其译文时有日译名的痕迹，总体看来也较为通畅平易，不似直接译自英译本的西式表述。李氏的独到眼光，恐怕只限于从众多国外书籍中挑选了此书并及时转译过来，让国人得以先睹为快。就他本人来说，这种选择不过是简单的翻译兴趣，既没有相关的考证，更没有明确的评介意见。

## 四、《社会进化简史》

张伯简①编纂，国光书店 1925 年 11 月初版。书中分正文与附录两部分，据说附录《各时代社会经济结构原素表》，系编者根据自己在莫斯科东方劳动大学学习的教材和心得而编制，先由中共出版机构上海书店和北方人民出版社秘密出版发行，随后纳入《社会进化简史》出版。这本书被认为是"我国较早用历史唯物主义原理阐述社会发展史的理论著作"②；1926 年毛泽东在广州举办农民运动讲习所，被列为课外读物，此后开展延安整风学习，毛泽东又将此书作为学习唯物史观和社会发展史的书目予以推荐。

### （一）正文简析

正文 76 页，分 8 章。第 1 章"原始共产社会"："马克思对人类下的定义是：人类所以高出于其他动物，唯一的特点，就是能使用生产工具"。这个特点表示了人类历史发展的开端。马克思还引用富兰克林（原译"佛郎克令"）的话说："人是作器具的动物"。③ 人类的群居依生产工具的条件而发生，不像生物界的群居是

---

① 张伯简（1898—1926），名庚喜，云南大理白族自治州剑川人；1917 年毕业于大理中学，到广州投奔滇军；1919 年辞职赴法国勤工俭学，入工业实习学校学习和做工；1921 年转赴德国柏林加入中国共产党；1922 年在巴黎参与创建"旅欧中国少年共产党"被选为组织委员，同年进入莫斯科东方劳动大学学习；1924 年秋回上海从事工人运动，任中共中央出版部书记，及上海大学政治经济学教授；1925 年当选团中央候补委员，同年调广州任中共广东区执行委员会委员、军委书记；1926 年任中央罢工委员会书记参加省港大罢工，领导群众开展斗争，因病去世。
② 参看《马克思主义传播者张伯简》，载于《新民晚报》2018 年 4 月 24 日第 10 版。
③ 其今译文见《资本论》第一卷，人民出版社 2004 年版，第 210 页。

自然的冲动。人类的群居是有组织的集合体，就是社会。历史遗留下来的痕迹在现社会可作参考的材料，"以经济学的眼光推测之"，也可以得到原始社会的大概。马克思说："经济形式的区分，不在生产什么，而在如何生产，用什么劳动工具。劳动工具不仅可测量劳动力的发展，并且可以在某社会关系下完成的劳动工具，测知其社会关系"①。"所以研究原始共产社会，也应当从经济开始，换言之，就是须从生产工具开始"。原始共产社会的经济，可以按照它的生产工具发展的程序，分作三个时期。第一时期"为自有人类以来生产力最低的时期"，此时人类与自然界的斗争远不能致胜，人类还受自然界的压迫，为自然界的奴隶；在这种经济条件下，说不上什么共产，说不上社会经济。第二时期"为工具开始发展的时期"，火的发现是原始人类的新纪元，同时引起渔业的发展，生产力因之较前进步。第三时期"是发现皮与木相联而成弓箭的时期"，即打猎的发展。原始共产社会也有相当的组织，完全是一种宗族的组织，又称"原始的宗族共产社会"。其根本生产关系是"简单的协作"，按照男女老幼分工，为"自然的互助的分工劳动"；消费（分配）按照生产与组织的形式而定，对每个分子的相当需要直接分配，没有剩余生产品，没有私产。政治建筑在共同生产共同分配之上，社会的分子平均，没有贫富之差，阶级之分，自然也说不上政治组织。原始人类最初思想的表现，就是语言。"马克思派的学者以唯物的眼光去观察各种社会科学和自然科学的结果，以为各种科学的起源，与人类为生存和发展与自然界竞争的劳动过程有绝大的关系；换句话说：就是社会上一切物质的和精神的现象，都是根据劳动过程而发生的"。语言也是如此，而思想是从语言发生的。原始时代的思想带有守旧性质，生产组织也就"自然而然的成了阻碍经济发展的唯一原因"。原始社会向前发展的动力，来自人类与自然界斗争的自然力和不同血族冲突和迁移的地域关系。②

此章在书中各章所占篇幅最多，既介绍原始共产社会，也奠定了全书运用唯物史观阐述社会发展史的理论基础。关于唯物史观，编者另有一种说法，即"经济学的眼光"，不仅根据《资本论》的论述来推测原始社会的大概状况，还从原始共产社会起，便把考察社会进化历史的重心，放在社会的经济基础之上。

第2章"族长的血族公社"："大凡由这个社会谈到那个社会，必定是他的经济基础变更，即生产技术进步的动力使之推进"。由原始共产社会过渡到族长的血

---

① 其今译文见《资本论》第一卷，人民出版社2004年版，第210页。
② 引文除另注外，均见张伯简编《社会进化简史》，国光书局1925年版，第1—18页。

族社会的动力，不仅由于技术进步，还受"绝对的人口过剩律"的支配。其经济因铜器和铁器的发明代替前期的石器与木器，为生活所压迫，在捕鱼打猎等生产之外，渐次发生农业畜牧的生产。最初的耕种是自然轮流的轮耕法，后来游移的家庭居处渐渐固定，由自然的分工形成技术的分工，跟着协作改变为生产部门的协作，随着发生剩余生产品与储蓄，分配也改变为按照一定的计划实行，于是公社中发生剥削、私产和交易的事实。交易最初发生在公社与公社之间的偶然行为，交易发生后，公社内部起了变化，形成小的家庭。政治上，自然产生一种指导者来支配全部工作，先由女子担任，后来男子由服从女子的地位，变为女子的统治者，进而发生家族的萌芽和阶级的萌芽，奴隶的发生亦由此开端。文化上，发生粗简的文字符号，发生个人主义的心理，宗教具有相当的形式，为"有威权的宗教社会"，不过公社整体上还是集体主义的组织，保存祖宗共产的观念。中国古代社会，按照历史的记载，包牺（又作伏羲——引者注）氏以前为原始社会，自包牺氏至尧舜为族长血族社会，自禹至秦为"纯粹封建社会"，秦以后到欧洲资本主义侵入为"特别封建社会"。[①]

此章未见引用马克思的论述，但贯穿的分析精神与唯物史观是一致的。其中提到由原始共产社会到氏族公社的演变过程与特征，许多观点明显出自马克思和恩格斯的有关著作，特别是他们研究摩尔根《古代社会》一书的结论。另外提到中国古代社会的历史分期，未见奴隶社会一说，尽管本章曾提及氏族公社的末期已见阶级的萌芽和奴隶的开端；强调以秦代划界，分为"纯粹"（即封邦建国制）与"特别"（即中央集权的君主制）两种封建社会，这也是至今仍有代表性的我国古代分期观点。

第3章"封建社会"：接着族长血族社会而来，由当时生产力的变迁即技术的进步而促成。生产方面发生专门的农业和小手工业两种重要现象，分配方面发生商人这一特别现象，由此集合的关系发生家长制的家庭制度，出现贫富不均的事，前期的族长也变为封建社会的诸侯，具有处置土地，统治人民的权利。从前公社的公共分配法，变成单独的小家庭分配与交易的分配，不过此时的生产不是为市场生产，为各家庭的需要生产，交易虽有商人居中，但还是自然的交易。政治的组织建筑在阶级上面，统治阶级组织起来治理其余一切阶级。当时社会阶级分化为诸侯阶

---

① 张伯简编《社会进化简史》，国光书局1925年版，第19—32页。

级、僧侣阶级、农民阶级，此外还有奴隶、农奴的阶级，在统治地位的为神权阶级与人权阶级，在被压迫地位的为农民阶级及其附属者；统治阶级以种种徭役和租税方法剥削农民，社会愈发展，剥削程度愈厉害；封建主各有军队和政治组织，在战争中互相联盟，遂发生盟主和王；农民因剥削苛暴时有暴动，于是形成阶级斗争。文化上一面促智识进步，一面因阶级的保守性与偏见，又阻碍新智识的发明。①

此章所指封建社会，直接承续氏族社会，与现在通常的理解不同，既不同于欧洲中世纪的封建制度，也不同于我国西周时期的封建制度。这里主要用来说明氏族社会随着生产力的发展，进入一个新的生产关系阶段，集体主义的共产观念不复存在，出现了家庭、商人交易、私产制度、贫富不均、阶级分化，以及建立在统治阶级剥削压迫被统治阶级之上的政治组织和宗教控制等现象。

第4章"奴隶制度与农奴制度"：封建社会的发展因环境不同，发生两种不同的倾向，一种倾向奴隶制度，一种倾向农奴制度。奴隶与农奴的区别，一是来源上，农奴从农民蜕化而来，奴隶则从战争俘虏蜕化而来；二是生产上，农奴还能独立生产，能自由处置其一小部分生产品，奴隶则完全属于主人。自原始共产社会到封建社会，生产为自己消费而生产，不是为交易而生产（封建社会末期发生商品交易不过是很小部分的现象而不是普遍的制度），生产与分配依人的意志来执行，这个时期"叫做自然（或自给）经济时代，又名有组织的社会"。自封建社会以来，生产不是为自己而为交易，各种生产组织各自为市场而生产，没有共同的统计，社会的生产变成一种无政府的状态，"叫做商品交易经济时代，或名无组织的社会"。②

此章的分期颇为模糊，所谓奴隶制度与农奴制度，既像同时期并列的两种制度，又像不同时期前后相承的两种制度。如果把这两种制度说成封建社会之后因环境不同而发展的两种倾向，那就更加模糊了。如介绍奴隶制度的发展倾向，以希腊罗马的奴隶制为例，等于说欧洲先有封建社会，然后再有古代希腊罗马的奴隶制度，这样排列封建制与奴隶制的时代先后位置，同现行的理解正好颠倒过来。又如介绍农奴制度的发展倾向，提到它不同于奴隶制度之处是手工业已能在城市中发展起来，而这种经济的进步随后引起解放农奴的运动和思想色彩，这实际上说的是欧洲中世纪继奴隶制度而起的农奴制度，即如今通常所说的封建制度。不论这里的分

---

① 张伯简编《社会进化简史》，国光书局1925年版，第32—43页。
② 张伯简编《社会进化简史》，国光书局1925年版，第44—51页。

期或介绍怎样含混，它的本意是要说明，经过奴隶制度和农奴制度，社会经济关系发生了重大转变：从原先为消费而生产，依照人的意志来进行生产与分配的自然或自给经济时代，或有组织的社会，变成为交易或市场而生产，各种生产组织各行其是而没有共同统计以致社会生产处于无政府状态的商品交易经济时代，或无组织的社会。

第 5 章"城市手工业制度"：城市大半产生于诸侯乡村中住所集中、交通便利、商人和手工业者便于集聚交易之地，随着人口增加，经济关系巩固则变成城市。城市居民差不多完全由手工业者和商人构成，初期附属于诸侯，后来通过用金钱赎买对诸侯的义务，成为自由民，并接纳乡村的逃亡农奴。城市手工业者组织行会管理生产，对外防御诸侯压迫，对内实行互助，随着商业的发展和财富的增加，行会成为专利的阶级组织。于是手工业者的底层组织联合会与行会对立，目的在于互相救助，不是阶级觉悟的组织，但"工人运动的历史就由此开始了"。政治上封建诸侯中有人利用手工业者和商人统一了诸侯，成立近代绝对君主专制的统一国家。文化上并存手工业者技术专有的保守思想，个人主义的发达，以及商人将商业盛衰归于命运的拜物主义。①

此章实为与诸侯乡村的农奴制度相并列的城市手工业制度，同属欧洲中世纪封建社会。这里出现"封建诸侯"概念，即为明证，于此也说明了前述封建社会概念的使用之混淆与不恰当。将同一社会阶段的经济成分划为两章分开论述，其意是从城市以手工业者和商人为主的市民阶级，引出后面的资本主义社会。

第 6 章"商业资本社会——手工工厂制度"：城市手工业时代的行会制度，转变到商业资本社会时代的手工工厂制度，由市场的推广，生产技术的进步，人口的增殖而促进，"主要动力在于资本之增加和一班企业家之兴起"，"最显著的特点是企业家居于生产者与消费者之间"，这种企业家多半是商人。他们对雇用工人的剥削非常厉害，常引起工人的反抗，"开近世纪阶级争斗的新纪元"。当商人可以统治许多小手工业者为自己生产时，"这种经济制度，就叫做家庭工业或家庭资本主义制度"。商人不单有商业的作用，而且成了工业的资本家，召集手工业者或工人到公共的作坊作工，节省费用，精密分工，增高劳动的生产力从而增高利润，"这种组织就叫做手工业工厂的制度"。此时近代国家开始形成，君主专制政体，

① 张伯简编《社会进化简史》，国光书局 1925 年版，第 51—55 页。

"适应当时商业资本的发展"，"商业资本家在政治上遂占有很大的权力"。文化上因私产发达，个人主义思想随之增加，又因自由竞争，趋利主义成为社会普遍现象。[①]

此章所说的手工工厂制度，应是《资本论》所分析的工场手工业形式，也是以分工为基础的协作占居统治地位，作为资本主义生产过程的具有特征的形式。这里又将手工工厂制度与商业资本社会联系起来，并以君主专制政体为其政治形式，这实际上说的是商业资本或商人资本转化为工业资本即资本原始积累时期的状况，由此引出后面的工业资本社会。

第 7 章 "工业资本社会"：商业资本时代的手工工场制度，替代了封建社会遗留下来的各行组合之间的分工，以应付新市场的需要。可是接着市场的扩大和需要的增加，手工工场制度也不能应付市场的需要了，于是蒸汽及大机器应运而生，"出来演了一场生产事业底革命"。从此大规模的近代工业取代了手工工业的地位，机器代替了人工。"这种急激改变的生产方法，克服了全世界，使全世界成为资产阶级所统治"。大工业资本主义生产，必须有两个条件：一是企业家有充分的金钱以便收买原料、工具和劳动力用于创办企业；二是社会中有自由的工人，可以让人买他们的劳动力。商业资本时代已经创造出这种必须的条件，社会上无产阶级骤然增加，成为资本主义经济所需要的自由劳动力，可由资本家任意选购以供剥削。资本主义时代的社会生产关系起了很大变化，生产上显出无政府的生产和工具的私有两种特别的现象。"资本主义的社会是建筑在自由竞争的商品生产，利润生产之上"。实业界出现循环不已、一次比一次凶的恐慌，社会一切工商业破产，"这就是资本主义社会的无政府生产，以致生产过度所必然产出的结果"。资本主义社会的私有财产制度太过狭小，不能包含大生产力所产出的财富，于是生产力受束缚，一旦打破束缚，又使中等阶级的底层和社会各阶级不断地补充到无产阶级中来。近世无产阶级不能随着产业发展同时上进，反而沉沦到自己阶级的生存条件以下，贫困的发展比人口和财富的增加要快，由此"就可晓得，资产阶级已不配再当社会的权力阶级，已不配再强要社会维持他的存在了"，"社会已不能在资产阶级底下生存了；换言之，资产阶级底存在，已不适合于社会了"。资本主义社会的末期还产生一种新的现象，就是帝国主义，"帝国主义的形成是资本主义发展的结果"。

① 张伯简编《社会进化简史》，国光书局 1925 年版，第 55—60 页。

自由竞争开创的巨大工业，把生产工具和资本集中起来，达到某种程度，结果成了资本的垄断。银行通过与企业的借贷关系，逐渐成为企业的支配者，"银行资本汇合各种工业而组成财政资本"，又组成财政资本家的团体，"这种团体就成为财政上的寡头专政"，"寡头专政的发展于是变成现代世界上最凶恶的帝国主义"。1914—1918 年的战争，"在资本主义发展的阶段上，必然要变为被压迫的劳动群众反抗资产阶级的社会主义的革命，至推翻了资本主义为止"。政治上，近代代议制度的国家，其政权都被资本家一手把持，国家机关"成为只保护资产阶级的利益，而压迫劳动阶级的利器"。新式资本家的国际同盟组织，有系统地剥削世界上的弱小民族，直接压制各国无产阶级的革命运动。同时与之敌对而成立无产阶级的国际联盟，指导各国无产阶级的革命运动。"现在全世界的共产国际，就是负这种使命的组织"。"在共产国际旗帜之下，工人阶级必能消灭资本主义，而引人类到真正自由平等的社会"。文化上，资本主义社会的阶级已划分为对立的资产阶级与无产阶级两大阶级，"思想也就非常显明的成资产阶级的自由竞争的个人主义与无产阶级的社会主义两大思潮"。"无产阶级的社会主义到马克思始集其大成；大旨就是无产阶级社会革命，废除私有财产，消灭一切不平等阶级，解放全体被压迫的人类"。因为阶级的观点不同，"对于宇宙的解说也分成资产阶级的唯心派与无产阶级的唯物派"。资本社会里除资产阶级思想外，还有机会主义和社会主义的爱国主义即"口头社会主义和实际狭义的爱国主义"等思想，"这种思想，完全是各过渡阶级的心理之反映"，自大战后，"这种思潮，已经为资产阶级所利用，变成无产阶级的反动思想了"。①

　　此章是全书的核心思想之所在，前半段极为简略地概括了《资本论》有关资本主义生产特别是大机器工业生产的条件、实质和特征，以及资本主义积累的历史趋势等思想，后半段转向列宁论述帝国主义和国家与革命等思想。这里的分析，从叙述的逻辑和表达方式看，显然既不是引自《资本论》原著，也不是引自列宁原著，应是借助于共产国际的讲解宣传，或得自在莫斯科东方劳动大学的学习教材。关键是有了这一章，全书的宗旨豁然贯通，运用唯物史观来简述社会进化的历史，意在证明资本主义社会就像来自以往各种社会形态逐步演变进化的结果一样，其自身最终也必将因内在矛盾的激化和历史规律的支配而为社会主义社会所取代。顺便

---

① 张伯简编《社会进化简史》，国光书局 1925 年版，第 60—72 页。

指出，本章开头即说，为了应付新市场的需要，产生商业资本时代的手工工场制度，替代了封建社会遗留下来的各种行会组合的分工，也就是说，商业资本时代之前的社会形态是封建社会。这里说的封建社会，显然不同于第3章所说的接续氏族公社并引出奴隶制度与农奴制度两个倾向的封建社会。同一个封建社会概念分别代表了社会进化的两个不同历史阶段，又未见任何说明，这样的分期很难让人理解。可能的解释，编者在编纂过程中参考了有关历史分期的多种观点，却未及消除这些不同观点之间的分歧或不一致之处。

第8章"共产社会"：资本主义社会的基础，在于生产资料工具的私有制及雇佣劳动；"共产主义社会的根据，在于社会公有的集产制，一切生产资料和工具，属于劳动者全体，单个的主人是没有的"。资本主义私有制度既然消灭，它的恶果也就没有了。"社会之中，没有阶级，没有阶级的仇视，也没有阶级的斗争，更没有剥削及不平的现象"。到那个时候，这些现象只剩下历史上的记载。"共产主义的根本原则，就是'各尽所能，各取所需'"。共产社会的分子，发于良心，自愿贡献其能力及才能，为全社会的幸福工作，并可以取得一切需要的东西。"不过要达到这种境地，必须生产力非常发达，才有可能"。共产主义社会，"是几百万人共同协作的劳动公社，是有组织的社会"，社会生产有大规模的组织，用极完备的机器和一切自然力，"照着预定的确切计画进行"；设立专门机关总理一切经济企业，精密统计全社会现有的生产力及消费量，不存在生产无政府状态和经济危机，必能改善全社会的生活状况，每人用更少的劳动时间，得到更多的消费品。政治上，实行共产主义的第一步：由于生产力尚未充分发达，社会生产不能满足人类的需要，共产主义意识还没有十分发达，资本主义的恶习也没有根绝消灭，"一定还要有国家的政权机关，就是要在无产阶级革命后，实行无产阶级专政，还是带有强迫性质的组织"。第一步的时期称为社会主义，"现在俄罗斯苏维埃联邦共和国，已经做到这一步"。"从社会主义过渡到共产主义是渐进的"，以生产力的发达及共产意识的了解为标准。假如共产主义意识的发达，生产方法的进步，使资产阶级在政治上和经济上没有可能反抗无产阶级政府，阶级已经消灭，那么无产阶级也随之消灭，"于是形成无阶级，无国家，只有经济组织而无政治组织的共产社会"。文化上，共产主义社会既无阶级、私产等障碍，当然社会团体中的各种知识等级的区别也完全消灭；科学可以无限地自由发展，尽可能地公开；人类有多余的闲暇从事美术生活，出现团体化、集体化、群众化的艺术；此时宗教观念完全不能深入一般人的思想，成为历史的材料。①

此章讲述共产社会，与第 1 章原始共产社会相呼应，但社会的经济、政治及文化基础经过一系列历史阶段的沿革，已发生根本变化。从这些讲述里，可以看到马克思学说中关于资本主义向社会主义的过渡、关于无产阶级国家的作用和演变以及关于共产主义社会的发展阶段等理论问题的阐发，也可以看到苏联作为第一个社会主义国家的理论探索和实践总结，还可以看到对于未来共产社会的若干理论推测。将未来的共产社会也纳入社会进化简史的范畴，似乎有些矛盾，因为共产社会尚未实现，只是未来的理想，还不是已经过去的历史。然而这恰恰是早期共产党人编纂社会进化简史的真正目的，通过说明人类社会进化的历史进程和内在规律，揭示未来共产社会是人类社会进化的最终理想，而承担着为实现这一理想而奋斗的历史使命，正是共产党人的信仰。

### （二）附录简析

附录所谓"各时代"，分为 11 个时代："原始共产社会""族长宗法社会""封建社会""奴隶及农奴国家""城市手工业制度""手工工场制度""资本主义社会""末期的资本主义财政资本帝国主义""过渡时代""社会主义社会""共产主义社会"。这同正文的分期，大致相仿，不过将正文第 7 章工业资本社会，细分为资本主义社会与末期的帝国主义两段，将第 8 章共产社会，细分为过渡社会、社会主义社会与共产主义社会三段。附录所谓"社会经济结构原素表"，一则注重各时代的社会经济结构，从社会经济基础上去考察各时代的状态及其演变，这是遵循唯物史观的基本原理。二则突出社会经济结构中的基本元素，并把这些元素归纳为 19 类，分别是"生产性质""生产形式""协作形式""生产单位""技术""剩余生产品及掠夺""分配形式与交换""阶级与统治阶级""社会政治的组织""主要动力""知识的构成及教育的发展（思想）""艺术""宗教""战争""革命运动""社会不平等的矛盾性及共产主义思想""发展力""那时代的口号及法则""年代的标记"。这些元素也体现了以经济因素为基础，经济基础决定上层建筑（包括意识形态）的关系。三则以列表方式，按照时代的顺序，分项叙述各自的特征，以资对照比较。依此而论，附录实则为正文的要点浓缩，更为简洁地显示社会进化在各个历史阶段的发展状况与特征。或者不如说，正文是在附录的要点基础上，扩展而

①　张伯简编《社会进化简史》，国光书局 1925 年版，第 72—76 页。

成。先行出版的附录，既然是学习莫斯科东方劳动大学的教材心得，后来编纂的正文，也应该对此教材有所参考。

这里选取附录中后面 5 个时代，以资本主义、帝国主义、过渡时代、社会主义、共产主义为序，依次排列和对比它们在 19 类元素里的各自特征如下。

生产性质：商品生产；高度发展的商品生产；"商品自然的生产"；自然的生产；自然的生产。生产形式：制造厂使用机器及蒸汽发动力；巨大工厂企业，股份公司，托拉斯、辛迪加及银行资本联合，国家托拉斯；保存前期形式，主要企业操于国家（无产阶级）之手；废除一切旧生产形式，国家有计划组织一切经济；一切生产在世界规模内按照统一的计划整顿，过渡到社会的最高形式。协作形式：工人使用机器的协作，企业组织力达到最高度，各企业无组织地协作（竞争）；企业里面仍是前期组织，企业团体内部同志式协作，团体之间竭力斗争和竞争；企业内部保持旧有形式，企业之间逐渐发生集体主义精神，团体有组织地管理生产；减少生产内部分工，全部达到有组织；按照科学技术和统计机关的指导，进行自然和有组织的协作。生产单位：工厂、作坊及农业经济中资本主义的土地与农业；巨大工厂企业（部分联合）；保存旧有形式与单位，由劳动者管理，生产联合与协作；在国家内的广大土地上实行统一的有组织生产；统一的世界生产。技术：蒸汽发动机，机器制造，机器交通，科学技术；技术进步，内部燃烧的轻便发动机，电气应用，飞行；发明物用于生产及劳动者的利益，最高度和比较广泛地利用机器发展和机器能力；极大利用自然力，发展自动机械如完全电气化、自动调剂器；最终用机器人（原为"钢铁奴隶"）做艰难工作，统治自然界而无限制增长。剩余生产品及掠夺：技术改良缩短必要劳动时间，延长剩余劳动时间，增加劳动强度（原为密度）；提高资本有机构成，增大剩余劳动，用资本主义方法剥削殖民地，增加利润；剩余劳动用于恢复经济和社会生产组织，消灭剥削；缩短剩余劳动时间，并应用于生产、社会中缺乏劳动能力者的保险和长远发展；一切财富属于社会，消灭必要劳动和剩余劳动的差别，劳动时间减少到最低限度。分配形式与交换：资本家明白定出利润与工钱，一切必须经过市场，国际贸易；利用垄断保护利润，商业属于工业资本家，大资本占领生产机关和交换机关，资本在国家战争时采用强制的分配；商品元素逐渐减至零，过渡到集体的交换，工人政府逐渐掌握分配权；国家分配首先用于生产发展和有利于共产主义发展，逐渐过渡到完全满足劳动者及不能劳动者的需要上；从规定的分配过渡到自由的分配，各尽所能，各取所需，发展集体需要形式。阶级与统治阶级：资产阶级发展同时意味着无产阶级发展，仍保存资本主义以前的阶级及团体，知识者服务于团体的发展；分出财政资本阶级，一切旧团体消灭在根本的斗争势力即资产阶级与无产阶级之前；无产阶级专政，地主和资本家逐渐消灭，服务团体开始混合在劳动者中间，小私产者逐渐与无产阶级结合；小私有财产者引入社会生产内，提高普及教育，消除智识界线，社会失去阶级性；阶级分化完全消灭，分化的痕迹也同样消灭。社会政治组织：实行纳税人的共和政体，各地仍单独保存极老形式的代议制度；虚伪民主之下的资产阶级专政，苏维埃政权，无产阶级专政；阶级消灭，战争终止，国家也随之消灭，全世界联邦组织；有组织的阶级需要的国家权力完全消灭，国与国之间的种种界线也完全消灭。主要动力：资本；托拉斯及银行；国际；国际；人类的集体意志。知识构成及教育发展（思想）：科学发展（发明或发现），但科学思想被生活境遇的偏见束缚，理想主义，教育初步发展；科学分工细化，一方面服务于资产阶级，他方面破坏资产阶级的偏见，知识通俗化，无产阶级思想增长；科学脱离资产阶级偏见的束缚，社会科学发展，知识民主化；科学知识变为构成社会宇宙的材料，科学接近生产劳动，普及学校教育；科学无限制地自由发展，尽可能公开，完全消灭社会团体中知识等级的各种差别。艺术：一切艺术分科或分科萌芽中贯彻发展写实派与个人主义，艺术的装饰大多保存在资产阶级利益范围内；人工艺术发展（技术支配艺术理想内容），寻找新道路，产生无产阶级创作；群众享有并占领资产阶级的艺术（重新估定其价值），艺术民主化，创作无产阶级集体主义的新路径；艺术接近生活，艺术开始发展集体主义，最后估定旧艺术的价值；艺术及美术贯彻于一切现实生活，出现团体化集体化群众化的艺术，实现闲暇时间和美术生活的一般发展，艺术发展无量广阔。宗教：资产阶级回复宗教偏见，利用宗教反对无产阶级的生长，无产阶级无宗教，科学知识的增加破坏宗教的根本；宗教在不劳动者团体内堕落到迷信和神秘之中，在落后群众中还保存宗教形式，但逐渐丧失其意义；宗教失去上层依靠，落后群众和不固定生活者中尚存在宗教的残余，这些群众消灭了，宗教偏见也随之消灭；经济组织的普遍保证和教育发展，宗教偏见根本消灭；宗教偏见完全脱离宗教观念，完全不能渗入一般思想，宗教成为历史博物馆的陈列品。战争：殖民地战争，民族形式的扩张领土（关税）战争，武装的增长，普遍的兵役义务（常备军）；不同国家资本之间为瓜分世界和占领市场的帝国主义战争，军国主义；无产阶级国家与有产阶级国家之间的战争，资产阶级企图恢复统治权，资产阶级国家之间为获得帝国主义战争的战利品而冲突；消灭剥削阶级的压迫，战争也随之消灭，暂时保存武装，防御旧时的资产阶级破坏新制度；完全消灭任何可能的战争，完全废除兵役。革命运动：资产阶级革命及无产阶级参加并提出自己的要求，工人阶级的组织与斗争；无产阶级斗争的增长与国家压迫手段的发展，议会斗争的结果变帝国主义战争为国内战争；阶级斗争变为国内战争，阶级战争同反革命的斗争；消灭阶级分化的痕迹；消灭阶级及一切阶级团体。社会不平等的矛盾及共产主义思想：乌托邦社会主义（傅立叶、圣西门等），社会改良主义（欧文），科学社会主义的发生（马克思、恩格斯）；马克思主义的发展及社会党的成长，机会主义、妥协政策与倾向于革命之路；胜利阶级离开投机及小资产阶级团体而实现共产主义思想的过程；思想的实现在社会建设实践与科学唯物宇宙观的统一中得到发展；共产主义不是理想而已经实现。发展力：劳动生产力非常发展，资本主义竞争，有组织的阶级斗争；国际竞争及帝国主义战争，无产阶级的增长及其革命意识的发展；无产阶级最后胜利，生产组织有觉悟及经济计划明晰，需要满足国内必需品及恢复与发展经济；倾向于满足一切社会需要和有计划发展经济，国际联合发展；与自然界斗争的集体意志与人类意志，取得最大限度的生产品，竭力免除偶然事变的发生。时代口号及法则：资产阶级个人私有财产神圣，贸易竞争自由，全世界无产阶级联合起来；资产阶级方面如英吉利是世界的主人翁，德意志超出一切，无产阶级方面觉悟到在帝国主义战争中被资产阶级及妥协派引入错误之路；无产阶级专政，剥夺剥削者，提高生产，劳动义务，社会主义建设；从必然的世界过渡到自由的世界，生产完全有计划，闲暇完全自由。年代标记：欧洲 18 世纪末至 19 世纪，1848 年明白分出资产阶级革命的风潮，《共产党宣言》问世；自 20 世纪开始，包括 19 世纪最后 10 年的发展；在俄国是现在，在其他资本主义国家是最近的将来；从无产阶级占有一切生产及分配时起；从资本主义生产分配及其思想残余不再扰乱发展，社会能够利用一切力量破坏改革旧的创造发展新的那个时候起。①

以上 19 个元素的分类，作为反映各个历史时代或社会制度相互区别之特征的指标体系，具体地说，未必科学或妥帖，而对不同时代或制度的归类特征概括，个别地看，也未必准确或典型。但综合起来考察，通过这些元素的排列和对照，姑且不论资本主义社会以前的各个时代，确实可以比较系统、全面、简要和清晰地看到

---

① 以上内容均见张伯简编《社会进化简史》，国光书局 1925 年版，第 97—116 页。

从资本主义社会到帝国主义，然后经过从资本主义到社会主义的过渡，再到社会主义社会乃至共产主义社会的阶段演变和历史进化过程。所有这些元素，在附录的列表中，都被当作"社会经济结构"的元素。其实细心分析，它们之间还是有区别的。大体言之，前 7 个元素如生产性质、生产形式、协作形式、生产单位、技术、剩余生产品及掠夺、分配形式与交换，属于纯粹经济尤其生产力方面的要素；阶级与统治阶级、主要动力、发展力、社会不平等矛盾等元素，同样反映了经济关系的各种要素，与前面诸元素一道，共同组成经济结构的主体部分；社会政治组织、知识构成及教育发展、艺术、宗教、共产主义思想、时代口号及法则乃至战争和革命运动等元素，应属于受到经济结构制约的上层建筑包括意识形态，或者说是物质生活的生产方式所制约的社会生活、政治生活与精神生活方面的要素；年代标记元素，则是各时代的分期要素。通过这样的方式，将社会经济结构分解为各种基本元素，依据这些元素，以物质生活的生产方式为基础，进而影响到社会生活、政治生活及精神生活各方面，也就是根据诸元素的状态、变化及相互作用，描述历史上每个时代的主要特征，再把各个时代的特征串连和组合起来，由此形成社会进化历史的基本脉络与框架，此乃一大特色。这种特色，不在于理论深度，毋宁说贯穿了马克思主义关于社会发展历史的各种知识要点，便于体会唯物史观的历史基础与主要精神；也不在于表述简略，毋宁说突出了唯物史观对于历史关节点的把握，便于理解人类社会发展的一般规律。正因为具有如此特色，所以《各时代社会经济结构原素表》才先行出版，随后又附录于《社会进化简史》一书。它实际上在建党早期，以极为简要而又系统的方式，宣传和普及了共产党人关于社会发展的历史趋势和必然结局的认识与主张。

## （三）结语

张伯简编纂的《社会进化简史》，以唯物史观为指导，重视社会经济结构及其变化在社会进化历史中的基础性作用。书中开篇说明，辨别人类与生物的学理，"多半是从经济着眼"；接着引用马克思在《资本论》中的论述，不仅认为应当"以经济学的眼光"来推测原始社会的大概，应当从经济也就是从生产工具开始来研究原始社会，而且把这种经济学的眼光贯穿到各个时代的研究，随后每一章的叙述，都是先从经济开始，然后在经济的基础上论及政治、文化等历史现象。这种以经济为重心的论述方式，虽然在随后各章限于简史篇幅，不可能也未再看到详细引用马克思的原著观点，但许多内容显然摘自马克思主义原著的大意，或者不如说，全书主要内容基于此类原著大意而构成。因此，书中涉及马克思主义经济学的理论观点，在在皆是。然而，如同那时许多共产党人的理论著作，常常以非经济学专题的哲学、社会学、社会思想史、社会运动史、社会问题等形式而论及马克思经济学说，张伯简也是以社会进化史的形式来论述马克思主义经济学，表现为不必遵循马克思学说本身的理论体系，而是借助其理论观点服务于有关社会进化史的论述逻辑。不过张氏此书，又不同于那些著作以其他论题为主以经济论题为次或为辅，以经济学眼光为主导，对于马克思主义经济学的传播，也更具有推进的作用。

以社会进化而非社会发展为历史论述的名目，这是那个时期国内流行的概念，从其内容看，主要按照马克思主义的历史观所构成。这些内容，有些已经见过，有些则是新鲜的论述，尤其抓住历史上体现唯物史观原理的关键经济元素来显示社会进化从古至今的演变过程乃至未来趋势这种叙述方式，更是前所未见。显然，此书从形式到内容，都是舶来品，其参考来源就像前编考察共产党人的一些社会科学讲义一样，无非来自苏联或共产国际的宣传资料及讲课教材。这一点，从书中引述马克思主义理论观点的同时，以苏联为典范，不时引用与列宁著作相关（尽管从未提及列宁的名字）的理论成果和革命经验，也可以看得出来，特别是最后论述帝国主义、过渡时期、社会主义和共产主义几个阶段，表现得更为明显。另外从书中，还可以看出编纂者在参考过程中，可能取自多种参考资料，或者有所选择，或者未及处理相互间的一些矛盾现象。如前述关于封建社会分期的前后不同说法，便是显著一例。又如一面在正文里，称苏联已经做到共产主义的第一步即社会主义，一面又在附录里，说苏维埃政权的无产阶级专政是过渡时代的社会政治组织，也就是仍处于从资本主义到社会主义的过渡时期，尚未做到社会主义。再如正文里所说的帝国主义是"财政资本家"团体或"财政上的寡头专政"发展的结果，以及附录里所说的末期资本主义为"财政资本帝国主义"，都是突出帝国主义的金融资本特征，这与列宁的帝国主义论突出资本垄断特征，也不尽相同。尽管存在这些问题，但编纂者能够紧扣唯物史观原理，从纷繁的社会发展史料中归纳和勾勒出各时代社会经济结构的元素表，又在这个元素表的基础上发展为社会进化简史，毕竟显露出在理解马克思主义经济学方面的敏锐领悟能力和出众学习心得，而且弥补了当时共产党人著作中运用唯物史观来系统阐述社会发展史的一个薄弱环节，所以许多年后，还被推荐为延安党内整风运动的必读书目。

## 五、《现代社会学》

李达撰写这本书，1926 年 6 月湖南现代丛书社初版，1928 年 11 月上海昆仑书店出版修订本，至 1933 年印行 14 版，流传甚广，影响极大，被认为"是一本系统地阐述历史唯物主义和科学社会主义原理的著作"[①]；"是中国人自己写的最早的一部联系中国革命实际系统论述唯物史观的专著"，或当时"是最准确最系统而又最通俗的联系中国实际阐发唯物史观的著作"[②]。我国几乎所有比较有系统地考察中国马克思主义传播史和中国共产党发展史的著作，都把这本书列为早期的重要代表作。兹对照初版本，以修订本为准予以评介，按照著者 1928 年"例言"的说法，修订本对原书"略加修改"，没有大的改动。

著者 1926 年 6 月 13 日作于湖南大学的初版本"序言"，将社会学的研究目的，确定为"探求社会进化之原理"，其研究方法，"追溯过去以说明现在，更由现在以逆测将来"；论述社会学的阶级性，恍然大悟一般社会学者何以"对于马克思社会学说异常忽视"，因为它反映了阶级斗争的背景。"马克思固未尝著述社会学，亦未尝以社会学者自称，然其所创之唯物史观学说，其在社会学上之价值，实可谓空前绝后。彼不仅发现社会组织之核心，且能明示社会进化之方向，提供社会改造之方针，其贡献之功实有不可磨灭者"。由于现代社会学的趋势由唯物论进入唯心论，这种社会心理学的方向，"反因为果，倒果为因，推其极致，殆将愈使社会学趋于空化灵化而愈无补于国计民生"，于是，"特采唯物史观学说为根据，编著此书，……对于斯学之体系，自信已略具规模，学者苟循此以求之，必了然于国计民生之根本，洞悉其症结之所在，更进而改造之不难也。……此书之作，聊欲应用唯物史观作改造社会科学之一尝试而已，非敢谓于社会学上自标新帜"[③]。简而言之，著者尝试运用马克思的唯物史观来改造社会科学，既是针对现行社会学走向空灵虚幻的唯心论趋势，更是在阶级斗争的背景下，以国计民生为根本来洞悉其症结，发现社会组织的核心，明示社会进化的方向，提供社会改造的方针，这就是编著的宗旨。此书以社会学命名，实则包含了马克思的经济学说。下面从运用唯物史观改造社会学的整体结构及叙述马克思经济学说两个方面，予以评介。

---

[①] 《李达文集》第 1 卷，人民出版社 1980 年版，第 236 页注。
[②] 李达著《现代社会学》，武汉大学出版社 2007 年版，陶德麟"再版前言"。
[③] 《李达文集》第 1 卷，人民出版社 1980 年版，第 236—237 页。

### （一）关于整体结构

此书18章，分别是"社会学之性质""社会之本质""社会之构造""社会之起源""社会之发达""家族""氏族""国家""社会意识""社会之变革""社会之进化""社会阶级""社会问题""社会思想""社会运动""帝国主义""世界革命"与"社会之将来"。这是全书的结构，处处可以看到运用唯物史观的论述。例如：

第2章讨论社会的本质：完成社会学真正的使命，须力辟历史上旧的契约、生物与心理三大社会说的谬误，"主张历史的唯物论"，"应用历史的唯物论说明社会之本质"。"历史的唯物论之社会本质说之概要"："社会生活之历程，即物质的生产历程，而物质的生产历程，完全受生产技术及生产力之支配。在物质的生产历程中，所谓精神文化，皆由物质的生产关系中产出，随生产力之发达而发达，随生产关系之变迁而变迁。社会之进步，亦即生产力之进步"。由此可得简括定义："人类间立于生产关系上之结合，谓之社会"。① 这是作者对唯物史观的基本理解。第3章讨论社会构成的基础与上层建筑：上层建筑由生产关系与生产力而造成，上层建筑又能影响于生产力与生产关系；惟应注意，社会的构成"恒受生产力之状态所规定，而其形式之变化，又受生产力之变动所规定，故上层建筑仅能成为经济之量的变化之助因，而不能成为经济之质的变化之主因"②。显然，这些看法也由唯物史观引申而来。

第10章讨论社会的变革：人类社会的历史变革分为四大阶段，古代公有土地制度崩坏以后，从无阶级社会变为自由民或贵族阶级剥削奴隶或平民阶级的奴隶经济或谓"初期封建社会"；小土地私有制度崩坏以后，形成大地主贵族阶段剥削工商农奴阶级的"高级封建社会"；新兴资本阶级推翻封建阶级，建立剥削工农无产阶级的"工银奴隶经济"即资本主义社会；"资本主义发展过度之结果，社会裂成有产及无产两大阶级，形成最后之阶级对抗，无产阶级利用其生产上之优越势力，企图推翻有产阶级，树立社会主义经济，以期实现无产阶级之社会"。以上社会四次大革命，"社会由旧而且低之生产关系进至新而较高之生产关系，并变更其上层建筑之全部"。社会革命可分为经济革命及政治革命，"经济革命即社会基础之变

---

① 《现代社会学》，武汉大学出版社2007年版，第16—17页。
② 《现代社会学》，武汉大学出版社2007年版，第21页。

革，政治革命即社会上层建筑之变革"；实现经济革命以渐进，非一朝一夕所能完成，实现政治革命可一蹴而几，无须长久年月；"惟经济革命与政治革命，必相须并进，而后社会革命始能完成"。近世社会革命的性质，可分为资本主义社会革命及社会主义社会革命两大类。资本主义社会革命，有缓进而平和与急进而激烈之别。俄罗斯 1917 年 11 月大革命以后，"无产阶级饱经战斗之苦，卒能树立劳农政治，借政治权力以徐图完成其经济革命，此社会主义社会革命之急进而激烈者"；此后或将有以和平而建设的手段，完成社会主义社会革命，"固非吾人所能确说"。① 这里的社会革命阶段论及其说明，都来自对唯物史观的进一步解释，社会主义社会革命的榜样，也变成以俄国十月革命为典范。于此亦可见有关唯物史观的解释，受到苏俄方面的影响。

第 11 章讨论社会的进化："社会进化之原动力实为生产力，生产力继续发达，则经济组织继续进化，政治法制及其他意识形态亦随而继续进化"，根据此原理来说明经济、政治、法律、道德、宗教、哲学、艺术的进化。研究社会经济的进化而"最有心得最中肯要者"，莫如摩尔根（原译"莫尔甘"）及马克思二人。摩尔根的研究注重古代社会，马克思的研究注重文明社会，"其研究之方向虽各不同，而其论进化之原理则一"。依据经济发达的历程说明社会进化的阶段，当以二人的"经济的分类法"为确当。马克思说明经济的进化，"依据亚细亚的，古代的，封建的，及现代资本家的四种生产方法，列成经济的社会构造之四大时期"。"第一期为生产力尚属幼稚之时期"。经济组织尚无文明社会阶级的区别，不存在奴隶制度。"第二期为奴隶制度盛行之时代"。出现奴隶制度，为物质文明已发展到相当程度（劳动能生产剩余生产物）的明证。"第三期为农奴制度盛行之时代"。农奴制度比较奴隶制度稍为和缓，因奴隶劳动不灵敏不热心，为增加生产力，不能不改良其境遇，使从事农业劳动的奴隶得以其一部分劳动力而独立生活。"第四期为工银劳动制度盛行之时代，现代多数文明国正属于此期"。今日的工银劳动者又称为自由劳动者，"劳动者自由范围之所以扩张，实与劳动生产力之增进有重要关系。而自由范围扩张之次第，又与武力的强制减杀之程序相同"。如农业方面，必在土地完全被少数人占有，然后始能成立工银劳动制度；到一切土地都成为私人财产，武力的强制失其必要，所以奴隶与农奴被解放而成为自由劳动者。工业方面亦然，

---

① 《现代社会学》，武汉大学出版社 2007 年版，第 75—76 页。

重要劳动手段由单纯的器具发展为复杂的机械，劳动者无能力获得机械，结果多数劳动者成为使用劳动手段之人，少数资本家成为私有劳动手段之人；此时劳动者完全不受武力强制，自当服从资本家的劳动条件从事劳动，于是产生自由劳动者；近代所谓民治国家，宪法上规定一切人民皆自由平等，实际生活上存在阶级区别，"一部分人仍得利用他一部分人为自身生活之手段，名义上虽曰自由平等，而实际上则不自由不平等"。① 这是根据马克思在《政治经济学批判》序言里有关社会形态演变的几个时代，具体说明经济进化的四个时期划分及其特征。其实相关时期的划分依据与主要特征，也来自马克思经济学说。

第12章讨论社会阶级："阶级由历史的特定原因而生，而此特定原因存于经济的构造，实与生产历程之种类与生产物分配之种类有直接关系"；决定阶级关系的实为生产力。"马克思常以土地，资本，及工银劳动为三大系统观察社会阶级，盖以阶级由分配而生者也。生产之社会所得，分配于土地所有者、资本家及劳动者。此种分配之前提，在社会的生产方法之中，地代以土地所有权为前提，资本利息与企业所得以生产手段与无产劳动者为前提，工银以劳动力之价格为前提。故分配方法与分配关系，乃生产方法与生产关系之里面。在工银劳动制度之下，直接从事生产之个人，亦惟以工银之形态参与社会所得之分配而已"。普通经济学所研究的分配，专以享乐财的分配为限，但享乐财的分配以前，更有生产手段的分配与社会人员的分配。② 阶级与阶级斗争学说是唯物史观的重要组成部分，这也是引入唯物史观，分析马克思经济学说与普通或正统经济学看待社会阶级的根本区别。

第16章讨论帝国主义："经济的帝国主义，即资本主义的帝国主义"。帝国主义作为现代的特征，是19世纪末叶以来所产生的社会现象，经霍布森（原译"霍布逊"）、考茨基（原译"柯祖基"）、希法亭（原译"赫鲁发丁"）、列宁、布哈林诸人的研究，"其真相乃大白于天下"。上述诸人，惟列宁对帝国主义"能为精刻透辟之研究"。列宁所著《资本主义末期之帝国主义》（今译《帝国主义是资本主义的最高阶段》），"所言洞中肯要，今之研究帝国主义者皆宗之，本章所论，亦以列宁氏之研究为根据，并参考布哈林之说而引申之"。在列宁看来，"帝国主义为资本主义之最高阶段"。由资本主义到帝国主义，中间有一个过渡时期，其经济基础，"为资本主义的独占组织之成立与自由竞争之排除"。自由竞争为资本主义及

① 《现代社会学》，武汉大学出版社2007年版，第92—96页。
② 《现代社会学》，武汉大学出版社2007年版，第114—115页。

商品生产的根本特征，独占则与自由竞争正相反对。自由竞争开始变成独占组织，大资本吞并小资本，大企业驱逐小企业，形成资本集积与生产集积的现象，结果是卡特尔、辛迪加、托拉斯等企业团体的资本与银行的资本相融合，"形成小数独占的大银行之资本"。独占仍不能脱离自由竞争，与自由竞争共同存在，引起更激烈更广大的轧轹与斗争，于是资本主义转化为帝国主义。"故独占组织实由资本主义达到帝国主义之过渡现象"。根据以上所述的简单界说，"帝国主义者，实独占期之资本主义"。此界说含义甚广，概括了帝国主义的五个特征："生产与资本之集积达于高级程度，而决定经济生活之独占以生"；"银行资本与产业资本融合，成为金融资本，而金融寡头政治以生"；"资本输出代替商品输出之位置，而取得重要之意义"；"资本家国际的团结成立，遂至分割世界"；"资本主义列强对于世界领土之分割，完全终结"。"五者之中，要以独占组织为最基本之特征，其余四者皆为独占之另一形式"。布哈林的界说，"其意义尤易明了"："独占产生之结果，遂以促金融资本之成立，金融资本成立，则各国资本家及资本主义各强国，即利用之以实行其宰割天下分裂河山之侵略政策，而其侵略之目的物，无非在争得贩卖商品之市场，争得产生原料之地域，争得输出资本之处所以增殖其资本而已"；故帝国主义"即利用金融资本以争得商品市场，原料产地，投资处所之侵略政策"。①这是将唯物史观的解释，从资本主义阶段延伸到垄断资本主义的帝国主义阶段，并以列宁的《帝国主义论》为研究准绳。本章不仅帝国主义之界说一节，其他帝国主义之特征、帝国主义与中国、帝国主义之消灭各节，均引用《帝国主义论》的基本结论、具体论述及案例资料等作为依据。至于布哈林的观点，不过列宁思想的简化或具体化而已。这等于说，用来改造社会科学的马克思唯物史观，发展到帝国主义阶段，其继承者是精深透辟研究帝国主义的列宁学说，又较早把列宁《帝国主义论》的理论要点，以大体完整的形式介绍给国人。

第17章讨论世界革命：考察"世界最近反帝国主义运动之大势"，发现三种倾向，"即无产阶级国际的联合，弱小民族国际的联合，及先进国无产阶级与弱小民族之国际的联合"。世界无产阶级政党的国际联合，势力最大者是第二国际与第三国际。第二国际由英国劳动党、德国社会民主党及其他共同宗旨的30国劳动政党组成，"采取缓进之方针"；第三国际由俄德共产党及世界各国各民族的共产党

---

① 《现代社会学》，武汉大学出版社2007年版，第172—173页。

组成，"取急进之方针"。另有劳动组合方面阿姆斯特丹的黄色国际与莫斯科的赤色国际，前者与第二国际同调，后者与第三国际同调。"此类无产者之国际联合，虽有急进缓进之别，而其反帝国主义之倾向则一，惟程度有深浅"；此等国际固有可能结成共同战线。弱小民族的民族运动，其国际联络虽不如无产者国际有长期历史，亦有各民族革命党派协议谋求联合作战的事实，往年集合于莫斯科的东方民族会议，即其一例。各弱小民族的民族革命党派，大都参与第三国际，与各国无产阶级携手进行世界革命工作；"此类弱小民族之共产党，皆民族革命之中坚，实为弱小民族与先进国无产阶级联络之唯一导线"。根据马克思的推测，资本主义运动已在19世纪后半期自掘坟墓，其所以能苟延残喘而不即亡，"实因世界尚有如许殖民地半殖民地为其避难之场"。如今资本主义发展到最后阶段，"举世被剥削阶级皆大有觉悟群起操戈而环击之"，"弱小民族之解放与先进国无产阶级之解放，必互相协助，而后有成"。① 这些内容，让人看到作者当时对第三国际或共产国际或莫斯科的赤色国际，有较为深入的了解，这一渠道，也给作者较早并较为及时地接触及认识列宁和布哈林等人的马克思主义学说，提供了可靠的思想来源。至于本章把第二国际与第三国际并列为国际反帝国主义共同战线中分别持缓进与急进方针的两类世界无产阶级政党的国际联合组织，又认为欧战期间因违背平时的非战主张而参加帝国主义大战，故导致自身瓦解的第二国际，如今"复活"并争论当初盲目爱国行动的责任问题，"足见其尚有悔悟之心"②，这番说辞，也体现了作者那时对第二国际及黄色国际所寄予的理解和期待。

上述例证，显示此书的整体结构，试图运用马克思的唯物史观，建立起现代社会学的理论体系。这个理论体系，其基础原理，来自马克思在《政治经济学批判》序言和《资本论》里所阐发的基本道理，其实践样板，来自苏俄十月革命。从发展阶段上看，又把马克思对一般资本主义发展趋势的分析与列宁对资本主义发展到垄断阶段即帝国主义阶段的分析衔接起来，形成社会学中唯物史观论证的连贯链条。由此得出结论，社会学既然以推测社会进化的目的，预言其途径，探究人类遵行此途径与达到此目的的方法为最大的任务，则尽管社会学的派别甚多，推论社会的最高原理也各有不同的见解，如谓未来社会应是最大多数最大幸福的社会，或是个性充分发达的社会，或是实现自由平等的社会等，但综合观察，社会由强制暴乱

---

① 《现代社会学》，武汉大学出版社 2007 年版，第 180—182 页。

② 《现代社会学》，武汉大学出版社 2007 年版，第 184—185 页。

不正义的状态进入自由平等博爱的状态，是一切社会学者的学说的一致之点；"惟此种自由平等博爱之未来社会状态，非经济进于最高阶段不能实现，故所谓自由平等博爱之社会实即共产社会"；"社会进化之极致必达于共产社会，此乃一切社会思想家所公认，而与近今社会学者之主张亦无冲突之点"①。这个结论，等于将不同的社会学派别及其学说见解，在唯物史观的基础上，都统一到共产社会的共同进化目标上来。如此说法，在当时尤其在 1927 年大革命失败后的白色恐怖中，可谓惊世骇俗的离经叛道之论，故反动当局曾以此书宣传赤化甚力的罪名通缉其作者。

### （二）关于马克思经济学说

此书第 14 章讨论社会思想：社会思想的种类，实质上的类别，分为有产阶级的社会思想与无产阶级的社会思想两大派；形式上的类别，分为自由主义、保守主义、改良主义、社会主义、无政府主义五大派。"社会主义为现代资本主义经济组织直接之产物，所以谋人类之生存幸福而以废除私产为目的"。空想的社会主义，重点是圣西门、傅立叶、路易·勃朗、欧文等人的思想，作为"科学的社会主义之先导"，均属于道德的宗教的政治的性质，"未有根据生产及分配之事实举行科学的研究"；"专凭一己之思索，描写对于未来社会之主观的要求或希望而止，至于实现其理想之条件果已存在于现社会与否，则不详加考虑"；"其理想虽高，而缺乏实现之可能性"。等到马克思出现，"社会主义始获得充分之科学的根据，空想的社会主义遂进化而成为科学的社会主义"。马克思的社会主义，"系根据历史的社会的事实，研求伊古社会组织变迁之原因，而发见其进化之法则；次更依据此进化之法则，以观察现代之社会，决定现代社会之必然变革而达于理想社会，故谓之科学的社会主义"。

马克思社会主义，可分为历史观、经济论、政治论三大部分。历史观与经济论属于理论方面，政治论属于实际政策方面。历史观的根柢为唯物史观说，经济论的根柢为剩余价值说，政治论的根柢为劳工专政说，贯串这三大原理使之成为有机的联络关系者，则为阶级斗争说。关于唯物史观说和阶级斗争说，其大意已见前面的介绍，兹从略。关于剩余价值说，有如下叙述：

"劳动为一切商品所共通之社会本质，即制造商品时必耗费若干量之劳动"。所谓劳动系社会劳动，不是为自己使用及消费而生产物品，乃生产商品供社会的需

---

① 《现代社会学》，武汉大学出版社 2007 年版，第 187 页。

要，其劳动构成社会劳动总额的一部分，又属于社会内的分业，与其他部门的劳动互相为用。"商品为社会劳动之结晶，为社会劳动之现实化"。考察商品价值，可从社会劳动着手。"商品之有价值，乃因其为社会劳动之结晶。价值大小，仅由现实化之劳动分量决定"。商品的价值应由生产所必需的劳动相对分量决定，还是由工银决定，二者之间大有差异。劳动者的工银虽受制于生产物的价值，生产物的价值却不受制于工银。"通例劳动者所得之工银，恒在其所生产之商品价值以下。故决定生产物之相对价值，与其生产所使用之劳动价值，实无关系"。以劳动分量决定，是说"于一定社会状态之下，依社会平均强度之生产条件生产，且为生产所必需使用之劳动分量"。如果各种商品所需的劳动分量为一定不变，此等商品的相对价值也应当一定不变。然而商品生产所需的劳动分量，随其所使用的劳动力而不断变化，故劳动生产力愈增大，一定劳动时间内所造成的生产物也增多。"劳动生产力愈大，一定量生产物所需之劳动愈少，而生产物之价值亦因而逐渐减少；劳动生产力愈小，一定量生产物所需之劳动愈多，而生产物之价值亦因而逐渐增大。是故商品之价值与生产所使用之劳动时间为正比例，与劳动生产力为反比例"。

"劳动者每日所售之物为劳动，故劳动须有价格"。商品的价格用货币表现其价值，亦可称为劳动价值。惟普通所说的价值不是指构成商品的劳动价值，所谓劳动价值，是说劳动者所售之物乃劳动力而非劳动。劳动者接受资本家的工银而暂时让与其劳动力的处分权，"故劳动价值即劳动力价值之意"。劳动力的价值，与一切商品价值相同，也由生产所需的劳动分量决定。人必生存始有劳动力，维持其生命，必给以必需资料供其消费；此外须养育子孙，以成为劳动者的延续，故又须给以一定的必需资料供其消费。生产不同性质劳动力的费用既然不同，用于不同职业的劳动力价值也不同。"故要求工银平等之呼声实属谬误"。在工银制度基础上要求工银平等，就像在奴隶制度上要求自由。"可知劳动力之价值，实由劳动力之生产发达与继续所需之必要品价值决定"。

资本主义生产及其社会组织，人与人的关系在经济上都是买卖关系。劳动者在一定时间一定条件下，以一定代价出售其劳动力给资本家，资本家通过劳动力获得商品出售给市场，"劳动力代价之决定，遂引起劳资两阶级之利害冲突，而成为阶级斗争之根本原因"。资本家出售生产物所得的利益，大于支付给劳动者的工银，"于是乃有剩余价值发生"。例如，假设劳动者每日要获得生存资料，须作工 6 小时，又假设 6 小时工作成果相当于 3 元，此 3 元即劳动价值的货币表现；劳动者以此能维持一日的生活，但这是他出售给资本家的劳动力价值，是工银的对等价，"此时资本家并未获得剩余价值，亦未获得剩余生产物"。这正是问题之所在。资本家买进劳动者的劳动力，支付代价，就像买进商品一样，拥有任意消费和使用的权利；"故资本家因由劳动者买进劳动力之价值，即有终日使用劳动力之权利"。劳动力的价值虽由维持或再生产劳动力的劳动分量决定，劳动力的使用却受劳动者的活动力及体力限制；"故限制劳动力价值之劳动分量，决不能限制其劳动力所能为之劳动分量"。因此，资本家必欲使劳动者工作 12 小时方能满意。多作的 6 小时工作，即剩余劳动，"此剩余劳动必成为剩余价值或剩余生产物实现而出"。资本家暂时垫付工银 3 元，却获得 6 元的价值，多出的 3 元并未支付相当代价。"劳资两阶级间此种交换，遂成为资本主义生产与工银制度之基础。其结果劳动者永为劳动者，资本家永为资本家"。

如上所述，"剩余价值率，实由再生产劳动力价值所必需之部分与资本家强制操作之剩余劳动部分两者间之比例决定；换言之，即剩余价值率，除劳动者再生产其劳动力价值或偿还工银之劳动时间外，实由其劳动日延长之比例率决定者"。要而言之，剩余价值"实即劳动者被资本家强制操作之劳动而已"。资本主义经济制度下，就工银制度而言，劳动者每日所做的劳动，仅有一部分获得工银，其余部分为无偿劳动。"此无偿劳动，实际上已成为剩余劳动与利润之基础，而形式上对于劳动全体似已支给代价，此混视劳动与劳动力两概念所致"。殊不知劳动的价值，实乃劳动力的价值，由维持劳动力所必需的商品价值来决定。若将前述 3 元的工银视为 12 小时劳动的价值，"实大误"。利润也来自剩余价值。如使用的原料和机械等花费 24 小时的平均劳动，价值 12 元；资本家所雇的劳动者使用这些劳动对象又花费 12 小时的劳动，价值 6 元；于是生产物的总价值，实现 36 小时的劳动，相当于价值 18 元；但资本家仅支付工银 3 元，商品价值中的 6 小时剩余劳动未支付代价；商品如以 18 元卖出，此 3 元即为资本家所得，构成利润——剩余价值。故资本家即令以实价卖出此商品，亦足以构成 3 元的剩余价值。"就此点言，利润亦可谓剩余价值之一部"。

"由此可知商品价值，由商品中所包含之社会劳动总量决定。惟劳动中一部分所实现之价值，虽以工银形式支给代价，而其他一部分实未支给代价。故自原则上言，商品即不按实价以上之价值出售，而仅以实价出售，亦足以构成利润。此为剩余价值说之梗概"。

接着叙述劳工专政说："由唯物史观说得推知资本主义社会必然变革而进于社会主义社会，由剩余价值说得推知资本主义经济组织必然崩坏而达于社会主义经济组织，由阶级斗争说得推知资本家的生产方法为阶级最后之敌抗形式，而阶级与阶级斗争之必归于消灭。是故社会主义唯一目的，在将私有资本收归公有，而达到此目的之唯一政治手段，厥为劳工专政"。依照唯物史观的推论，政治组织必与经济组织相适应。资本主义社会建筑在资本主义经济组织之上，适应此经济组织的政治为资本阶级民主主义政治；社会主义建筑在社会主义经济组织之上，适应此经济组织的政治为普遍的民主主义政治。介于两种经济组织之间，有一个过渡期的经济组织，因而介于两种政治组织之间，有一个过渡期的政治组织。"此过渡期经济之组织为国家资本主义，此过渡期之政治组织为无产阶级民主主义。资本社会中所称之国家为资本家之国家，所谓资本阶级民主主义，实即资本阶级专政；过渡期之国家为劳动者之国家，实即劳动阶级专政"。劳工专政以劳工自治团体为政治机关。劳工专政的特质，劳动者自治团体概由劳动民众组织，资本阶级除外；有觉悟的劳动者尽力组成良好的大团体，以其经验训练一般民众进入政治生活，直至促进普遍的民主主义的实现。"社会主义革命之目的，在改变资本主义经济组织为社会主义经济组织，而达到目的之手段，则在推倒资本阶级权势，由自己阶级掌握国家政权"。劳工专政之所以必要，在于无产阶级夺取资本阶级的政权，以及无产阶级掌握国家权力后，利用政权夺取资本阶级的一切资本，将一切生产手段集中于国家，同时解除资本阶级的武装并镇压反革命；有产阶级被完全征服即政治革命实现后，进入从事经营产业的经济革命时期，从此加速发展生产力，实现社会主义经济组织。①

李达关于马克思社会主义的以上论述，看起来有些眼熟，特别是对照数年前李大钊发表在《新青年》"马克思研究号"的《我的马克思主义观》一文，二人对马克思主义学说体系的认识，如出一辙。如都把马克思主义分为历史观（或历史论）、经济论与政治论（或政策论）三部分，又分别以唯物史观对应历史论，剩余价值学说对应经济论，社会主义运动论或劳工专政说对应政治论，并用阶级斗争学说这条线把三大原理有机地或从根本上联系起来。他们叙述马克思主义，也都是从这几大原理和贯串其中的阶级斗争学说入手。就这一共同点而言，他们似乎都受到日本研究马克思主义学者的影响。当然，更多的是二人的区别。如李达着眼于运用唯物史观来改造社会学，其书只在第 14 章第 4 节专门论及马克思社会主义，不同于李大钊整篇文章都是论述马克思主义；李达在第 14 章从社会思想角度论述马克思主义，尽管篇幅最多，却并列论及自由主义、保守主义、空想社会主义、马克思社会主义的分化、无政府主义、I. W. W.（今译世界产业工人联盟）、社会改良主义等其他社会思想，不同于李大钊观察马克思主义在经济思想史的地位，虽然也将经济学的派别分为个人主义、社会主义与人道主义三大系统，但始终突出马克思主义的地位；李达叙述马克思主义，使用浅近的文言文，注重通俗性讲解，不同于李大钊的叙述，立足马克思著作的原典，不避讳理论难点问题；李达讲解马克思学说的基本原理，各点并重而以剩余价值说的内容稍多，特别是以苏俄革命为典范，详述劳工专政说即无产阶级专政学说的道理，不同于李大钊的解说，专注于马克思学说本身，详于历史论（含阶级斗争学说）及经济论，省略政策论，亦未延及苏俄例证。

这些不同之处，反映到有关马克思经济学说的论述，更为明显。李大钊的论述，将马克思经济学说归纳为"余工余值说"和"资本集中说"两个要点，从前一要点即剩余劳动与剩余价值学说中，又引出"平均利润率说"和"资本说"两个重点，由此形成四个部分的解说，具有颇为专深的理论色彩。李达的论述，浅显易懂。它说明剩余价值说的梗概，实际上主要根据劳动价值论，讲述剩余价值如何在商品等价交换原则的前提下，从劳动力的买与卖，资本家使用雇佣劳动者超过其本身价值的偿还中产生出来，从而确立了劳动者永远是劳动者、资本家永远是资本家的资本主义生产方式及其工资制度。这种论述方式，也体现了从李大钊之文到李达之书，对马克思经济学说的宣讲，经历了由难转易、由繁转简过程的特点。当然，这个特点，也有后来能够更多吸收国外学者尤其是日本学者的研究成果这一时代条件。

其实，更让人眼熟的是李达此书有关马克思经济学说的论述，同他 4 年多前翻译日人著作《社会问题总览》中有关马克思剩余价值说的论述，非常相似。可以说，那个译本的相关论述，就是此书论述马克思经济学说的直接参考来源。指出这个来源，不是否定此书论述者的独立理解能力和其他参考来源，而是提醒对此书作评价，不要忽视这一因素，这也是那个时期国内马克思主义者吸收有关马克思经济学说知识的重要渠道。

此书叙述马克思社会主义之后，接着叙述马克思社会主义的分化。对此，李大钊早就提到马克思去世之后，许多马克思派的社会主义者或各国社会党消极等待经济革命的自然实现而放弃阶级斗争，并给予发动苏俄革命的布尔什维主义以高度赞扬。李达对此予以扩展，更加具体介绍这个分化现象："马克思学说出世以后，旧日空想的社会主义乃一变而成为科学的社会主义，于是社会主义遂为马克思社会主义所代表"。此后马克思社会主义的派别分歧，内容复杂，分化为"五种范畴"。

一是"正统派社会主义"。此名称发生于19世纪末叶伯恩施坦（原译"柏伦斯泰因"）一派提倡修正说，考茨基"为保存马克思主义之本体，与修正派争论甚烈，因而正统派社会主义遂与修正派社会主义并立"。19世纪70年代前后，欧洲各国信仰马克思主义者无不热心运动，以期早日实现社会革命。起初极力主张实行阶级斗争说，排斥妥协，直接行动；认定资本阶级特权的存在足以妨害社会主义的发展，认定社会党应由纯粹无产者组织，故以根本改造社会组织为目的，以纠合无产者实行有组织的阶级斗争为手段，务期实行革命的政治运动，在社会主义基础上建设社会主义社会，以致反对劳动救济立法及劳动组合运动。"质言之，此时马克思主义者之运动，仅知以无产阶级之直接行动，谋社会主义实现，其成效虽未著，而对于马克思主义则能彻底举行者"。当时劳动者阶级的自觉尚属幼稚，劳动者的组织与运动未能发达；产业界虽有集中倾向，尚未如马克思所预言的急速成就；中小产业似已较前增加，农业方面亦然，地主的数量不仅未见减少，反有增加的趋势；"于是马克思主义者观此现状，遂感知马克思学说不易奏效，乃于理论及实行两方面，改弦更张"。德国社会民主党首先变更昔日宗旨，采用议会主义；随后愈演愈进，到19世纪末叶，马克思主义者之间发生冲突，分为正统派与修正派。"正统派以马克思主义嫡派自称，较之修正派尤能保存马克思学说之精神，惟笃信议会主义而与资本阶级妥协，则不无可议之处"。

二是"修正派社会主义"。修正派的代表首推伯恩施坦，1899年脱离正统派：实行社会主义的手段，主张逐渐接受国家干涉；著有多种修正马克思学说的论文，欲在社会主义内部改革社会主义。他的主张博得一部分人的信仰，德国社会民主党人受其影响者尤多。同时英法两国也发生修正派运动。如法国提倡改良主义一派，主张实行社会主义应与一切政党携手，排斥马克思派的意见，不主张无产阶级共同团结以实行无产阶级革命。英国正统派的社会民主同盟势力衰竭以后，费边主义产生的独立劳动党的势力日见增大，这也是修正派。修正派的学说虽各不相同，"其共通之性质要不外为进化的或改良的社会主义而已"。其特征可分为五项："谋产业组合或消费组合之发达"；"助成产业归国有或市有之倾向"；"组织改良地位之劳动组合"；"使劳动者获得选举权"；"由国家征收累进率之所得税"。修正派社会主义的目的或对象，与正统派无不相同，也是推倒私有制度，将生产机关收归社会公有，"惟以改良主义为达到目的之手段，则与马克思主义完全相反"。

三是"工团主义"。根本思想为阶级斗争，认为社会由掠夺者与被掠夺者两大阶级组成，雇主与被雇者的利益完全相反，故主张劳动者应与握有生产机关的资本家继续斗争；劳动者谋求经济的解放，须凭借自身力量，在经济领域实行有效的战斗；若信仰议会政策，专事投票竞争而不惜与其他阶级妥协，反会丧失革命的精神，故反对民主主义，不重视态度冷淡的多数，重视有觉悟的少数，反对将生产手段集中于国家，因国家束缚了个人。其理想是使劳动者有自主的"自由工场"，主张劳动阶级的解放应来自劳动阶级的自动；反对专事改良劳动者地位的运动，主张实行自然的总同盟罢工，不主张为罢工准备基本金。其手段以直接行动为主，宣扬社会常处于战争状态，劳资两阶级之间有极大的隔阂，利害完全相反；故劳动者须以一切手段征服资本阶级，不断努力奋斗，最后举行总同盟罢工，一举实现社会革命，变革社会组织。"工团主义可谓为马克思主义之反动，又可谓为马克思主义之还原"。它以为资本家社会决不会自然破灭，只有依赖劳动阶级的牺牲与斗争始能成就根本的变革。"马克思谓力为旧社会孕育新社会之产姆，而工团主义则主张将此力提前运用"。关于此点，"工团主义已与马克思主义相反"，有人说马克思主义复兴于工团主义的形式中，似乎工团主义又与马克思主义无甚冲突。工团主义对革命以后的政治组织，主张由劳动阶级组织组合管理一切生产机关，各组合联合组成中央大组合，召开全国会议决定各种职业及产业的关系，尽统治的责任。工团主义的国家也有统治者，由各职业的全国会议选出代表开总会议，决定各组合会员应获得的分配额，有余裕的组合须补助无余裕的组合。工团主义否定政治的方法，但所谓总组合的组织，仍以代表制度为基础，别开妥协、术数及其他种种政略之门径；况且社会上各人的结合，经济方面还须有行政裁判、国民教育等事，工团主义主张经济结合，仍不能排斥政治结合，这是显然的矛盾。"工团主义主张经济行动而排斥政治行动之效力，足以促进产业进步国家劳动组合之发达，然革命的工团主义者多年奋斗之结果，又逐渐感知纯粹经济行动之迂缓不易奏效，而有采用政治行动之倾向"。

四是"基尔特社会主义"。组合社会主义主张以劳动组合与国家共同管理产业，生产机关归社会公有，委托组合管理；其管理权利不仅属于生产者，即使消费者亦须经由地方团体或中央团体来表达自身要求，生产的过程与方法虽归组合管理，但不能决定生产的种类及其需要的缓急。基尔特社会主义"欲将现有组合变成合理想之组合，使适宜于将来产业之管理，并推倒工钱制度，使达到组合与国家共同管理产业之目的"。进行方法，第一步结合劳动者向此目的前进，以与资本阶级对抗；第二步要求共同管理产业，国家收买资本家的资本，允许组合经营产业。组合社会主义者拥护个人权利，不干涉生产者的自由。国家收入每年以单税法形式，按各组合所得纯利益提出若干充实；国家用此项收入办理教育、公共道德以及裁判与国际事务。惟今日社会，各种复杂活动，关系异常纷繁，组合社会主义者欲以国际关系委托国家管理，以生产事业委托组合管理，"恐难容易划分"；国际关系常含有经济的生产问题，经济的生产问题又常含有国际关系，"殊不易明确区别"；即使成立组合制度，也不能保全产业的平和，"此种思想亦仅成为空想而止"。组合社会主义者以为人性本善，皆有爱他人的本能，故主张以平和方法促成社会革命，"此未免失之太过"；"殊不知欲使人类不事营利生产而事效用生产，苟无强制的权力为之指导，决难达于新社会之境界者"。

五是"布尔什维主义"。此即"纯粹的马克思主义，其指导的原理，即为劳工专政"。劳工专政是马克思学说的政治论，观看列宁等人的阐明，征诸马克思的文献，殆已了无疑义，欲了解布尔什维主义，只须研究列宁对劳工专政的解释即可。列宁在《国家与革命》一书中说："劳动阶级革命的独裁政治，系被压迫者为谋推倒施压迫者而造成之先锋的支配阶级之组织"①。又在《劳农会之建设》（今译《苏维埃政权的当前任务》）一书中说："劳工专政乃一伟大之言，不可滥用。劳工专政者，即征服剥削者与恶人而决然实行之强权的铁血支配也"②。还在论社会革命一文中说："世人非难共产党使用暴力，由于不明劳工专政之意义。盖革命之自身，纯系强力之行动。专政之语义，由各国语言解释之，要不外为使用强力之意。革命之地位愈困难，专政之程度愈辛辣"。依照列宁的解释，劳工专政"即劳动阶级对资本阶级运用之强力政治"。"劳工专政之本质，即一阶级对他阶级实行革命之强有力之国家。换言之，所谓劳动者之国家是也"。何谓劳动者的国家，"列宁之解释亦与马克思恩格斯之意见相同"。马克思说："国家乃阶级的支配之机关，

① 其今译文见《列宁选集》第3卷，人民出版社1995年版，第190页。
② 其今译文见《列宁选集》第3卷，人民出版社1995年版，第497页。

乃一阶级压迫他阶级，因此制定法律，使此种压迫继续持久，借以缓和阶级冲突而造成者"。恩格斯说："国家为阶级的社会历程中之产物，乃阶级冲突及阶级利益不能妥协之证据"。列宁引申二人之论，"谓国家为阶级冲突之产物，为阶级不调和性之表现，故国家仅发生于阶级冲突不能调协之时"。"换言之，国家所以存在，乃阶级冲突不能调和之明证。依国家发展之程序言，承资本阶级国家之后而起者为劳动者国家；而劳动者国家已非真正之国家，要不外于劳工专政形式之中实现社会主义而已。故资本阶级国家为资本阶级专政；劳动者国家为劳动阶级专政"。列宁说："劳工专政之目的，在征服资本阶级，根本铲除资本主义一切思想风俗习惯与制度，而确定社会主义之根基，同时以强制的权力，破坏资本阶级压迫劳动阶级之机关，武装劳动阶级以解除资本阶级武装，制服一切反革命之反动力，徐图经过此政治过渡期，巩固新社会之基础"。又说："劳工专政之形式为劳农会共和制度"。托洛茨基也说："劳农会乃劳动阶级之组织，其目的在为革命的权力而战，故劳农会又为劳动阶级意思之表现"。至于劳农会的组成，列宁说："一切劳动者与下等工人农民均包含在内，故劳农会为劳动阶级运用权力征服资本阶级之机关，将一切立法上行政上之权力，结合一致，不以地方分别选举区域，而以工厂工作场等产业单位为选举区域者"。以上所述，即"布尔什维主义创始者"列宁对劳工专政的解释，亦即布尔什维主义的解释。"布尔什维主义今已改名共产党，布尔什维主义实即马克思主义社会主义，亦已为一般人所公认，所以布尔什维主义亦将成为历史上之名词而已"。①

　　以上所谓马克思社会主义的派别分化为五种范畴，似乎与马克思经济学说没有直接关系。然而这正是李达此书介绍马克思学说的一个特征，即从后来的分化看，马克思主义的各个派别里，究竟哪一派真正继承了马克思学说的初衷。在作者看来，这种分化挑战的主要不是马克思学说的基本原理，不是以社会主义为唯一目的的理论体系，如唯物史观、剩余价值论和阶级斗争学说等，而是如何达到这个目的的政治手段。细查所述五个派别，尽管意在客观介绍其涵义，而且将工团主义和基尔特社会主义也列入分化后的马克思主义派别，显得不伦不类，但终究反映了介绍者的主观判断与倾向。实际上，书中对前四个派别与马克思主义的关系，都在不同程度上提出疑义。诸如：正统派社会主义虽自称马克思主义嫡系，能够保存马克思

---

① 以上引文除另注外，均见《现代社会学》，武汉大学出版社 2007 年版，第 150—155 页。

学说的精神，但鉴于实现社会主义的成效不显著，或马克思的预言与学说不易奏效，于是变更原来的宗旨，笃信议会主义而与资本阶级妥协，这种改弦更张，"不无可议之处"；修正派社会主义在目标上与正统派无不相同，但以改良主义为达到目标的手段，"与马克思主义完全相反"；工团主义将马克思所说的"暴力是每一个孕育着新社会的旧社会的助产婆"中的暴力，提前运用到新社会孕育之前，"与马克思主义相反"，否定政治方法的同时又不能排斥与政治的结合，"是其显然之矛盾"；基尔特社会主义主张生产机关归社会公有，委托劳动组合管理，"仅成为空想"，又主张以和平方法促成社会革命，"未免失之太过"。惟有第五个派别布尔什维主义，以无产阶级专政为指导原理，才是"纯粹的马克思主义"。换句话说，在作者看来，分化后的五个派别，尽管在社会主义的目的和对象上无多差异，但在实现社会主义的政治方法上大相径庭，真正坚持马克思的无产阶级专政原理的派别，只有布尔什维主义。由此也说明，《现代社会学》评介马克思主义，重点不在其经济学说，而在比较解决社会问题的各种根本思想，辨别何谓科学的社会主义，以及马克思主义分化后，哪一派在实现社会主义的政治方法上，继承和坚持了马克思主义。须注意，这里比较马克思主义分化后的各派学说，明显参考了《社会问题总览》译本中有关马克思主义改造说的各派材料。只不过列举的五个派别里，补充了以考茨基为代表的正统派社会主义，删去了无政府主义；又把原译本试图通过分化后的各派学说来暴露马克思主义的矛盾和破绽，改变为由此鉴别哪一派才是纯粹的或真正的马克思主义，这也是基本倾向上的根本性转变。

这个评介重点，还体现在书中第18章有关"马克思之共产主义"的论述。这里须注意，以上引用此书1928年的修订版，虽说只对1926年的初版本略加修改，无大变更，毕竟有所变动，最大的变动，恐怕就是把第18章的标题改为"社会之将来"，其内容亦压缩为笼统概括"社会学最大之任务"及"社会进化之极致必达于共产社会"。现将初版本这一章的内容还原如下：

"马克思之共产主义，既能阐明实现共产主义所必需之物质基础，又能指示完成此物质基础之程途，其贡献之功实至伟大"。根据马克思学说，实现未来共产社会的步骤或由资本社会到共产社会的步骤，可以分为三期。一是"共产主义过渡期"。"过渡期介于资本主义社会与共产主义社会之间，严格言之，此时期尚未入于共产主义，由经济方面言，是为革命的变革之时期；由政治方面言，是为无产阶级专政之时期，即属于政治的过渡期"。资本主义发达到一定程度，无产者能组织为一个阶级，推倒有产阶级的统治，掌握国家的政治权力。"无产阶级掌握国家权力以后，则社会即由资本社会进至共产社会之过渡期，而过渡期遂以开幕"。此时期最重要的工作，政治方面，无产阶级升为统治阶级，变有产阶级统治的社会为无产阶级统治的社会，无产阶级开始专政，社会进入政治的过渡期。经济方面，无产阶级掌握政权后，利用政治权力，对有产阶级的所有权，对旧社会组织所维持的资本家本位生产关系，"实行专制的侵害"，收集一切生产手段归国家公有。此时经济上因革命的变更，不能避免生产力或呈减退现象的暂时损失，待社会秩序恢复后，暂时损失必次第消灭，生产力的总量得以加速地充分增加。"要而言之，过渡期之特征，从政治方面言，即无产阶级专政，从经济方面言，即将一切生产手段收归国有"。过渡期内，阶级区别依然存在，生产事业概由无产阶级国家管理；工钱制度仍旧不能撤废，惟劳动条件概由国家规定，劳动者无论在国家直接管理的生产机关或经国家许可的私人机关工作，劳动的报酬与待遇均比资本社会时为优，且随生产发展而日趋良善，工钱也将失其工钱的性质。此时劳动者贡献劳动力给自己阶级的国家，为国家增加生产货物的总量，助长社会进入共产主义的趋势，自然可以消除劳动的苦痛。"今日之劳农俄国正属于此时期"。

二是"共产主义半熟期"。"过渡期完结，则一切生产机关完全收归国有。生产机关完全国有，则社会无私有生产机关之阶级，而有产者与无产者之阶级区别亦归于消灭。阶级之区别消灭，则无产阶级之自身亦归于消灭，而无产阶级专政亦自然消除。于是生产力大见增加，社会遂由过渡期进至共产主义半熟期。半熟期者，即谓此时期内共产主义未能完全实现之意。盖由过渡期进至共产主义完成期，仍须经历若干时期始能实现，未可一蹴而几"。这一时期，各个人皆有生存权、劳动权及劳动全收权，仍不能完全实现自由平等博爱；经济的道德的精神的一切关系，仍未能完全脱离旧社会母胎的习染；此时各个生产者提供给社会的一定分量的劳动，除扣除一小部分作为公益费用之外，大部分仍以另外形式由社会还给每个生产者；生产者的权利，与其所提供的劳动量为比例，皆用同一的劳动标准来测定，就形式而言，各个人的权利似乎平等，但就实际而言，产生不平等的结果，故所谓平等的权利，"实即不平等劳动之不平等权利而已"；惟此时人人皆是劳动者，无所谓阶级区别，不平等的个人天分与不平等的个人劳动能力，无异于自然的特权；各个人消费的多寡也不必一致，劳动能力的优劣又不必与所需生活资料的多寡相适应，于是产生弊害。这些弊害在共产主义半熟期，实属不可避免。

三是"共产主义完成期"。"过渡期须继续若干年月，半熟期须继续若干年月，此非吾人之智识所能精确预断，但共产主义苟在其固有之基础上发展时，则社会生产力必能成就巨大之发展，足以保证人类之生存，共产主义必更由半熟期而进于完成期"。"共产主义完成期之根本原则为'各尽所能，各取所需'。'各尽所能'者，即各人按照其能力为生产财富而劳动之意；'各取所需'者，即各人按照其欲望以消费社会之财富之意。惟此种原则之实现，必在社会达到共产主义最高阶段，各人得以完全自由发展，生产力得以充分发达，共同财富一切渊源充分流溢之后，始有实现之可能"。苟能实现"各取所需"的原则，则各人都有一定的生活保证；劳动不仅为谋生的手段，劳动自身也转成生活的唯一要求，更在工作中发现自己的目的，然后各个人始能完全自由发展；各个人热心从事，社会生产力势必充分增加，而共同财富自当充分发达；教育归社会公有，因处境不同而产生的个人才能的人为悬隔，归于消灭；当肉体劳动归社会全体负担时，机械的发明应用与普及，也使精神劳动与肉体劳动的对立归于消灭。过渡期的无产阶级专政，组成统治阶级的无产者占据最多数，"以最多数阶级统治最少数阶级，较之以最少数阶级统治最多数阶级，进行自然容易"；故凭借武力实行强制的必要性，必随过渡期的进程而次第减轻。进入半熟期，阶级区别消灭，一个阶级压迫其他阶级而利用的组织力失去必要性；惟此时尚未完全除去旧社会的习染，有必要按照各个人所提供的劳动进行分配消费，为此仍不能不行使一种有组织的社会力来保护各个人享有的一定权利，虽然这种有组织的社会力的强制性质非常薄弱，但不能绝对不加强制。进入完成期，各尽所能，各取所需，完全没有必要利用组织的社会力，各人生活既有保证，则无须强制可以调处民间争执；完成期的政治状态，"不使用强制权力，而社会之秩序井然，虽谓为'无为而治'亦无不可"。我们不能预为推测共产社会的实现是多少年以后的事情，"惟人类历史之进行，必有达到共产社会之一日，则无容疑"。①

如果说此书初版本第 14 章第 4 节马克思社会主义，重点论述科学社会主义的内容，以唯物史观、剩余价值与无产阶级专政三大原理及阶级斗争学说为组成部分；第 5 节马克思社会主义的分化，重点论述马克思主义分化后的各个派别，以布尔什维主义为"纯粹的马克思主义"；那么，第 18 章马克思的共产主义，重点论述从资本主义、社会主义到共产主义社会，须经历从过渡期到半熟期再到完成期三

① 以上引文均见《李达文集》第 1 卷，人民出版社 1980 年版，第 383—387 页。

个步骤。三类论述，分别着眼于三个不同的时代。一是马克思的时代，在剖析现实资本主义社会的基础上奠立了科学社会主义的理论体系，为推翻现存资本制度和实现社会主义新社会树起了一面大旗；二是马克思身后的时代，社会主义运动在新形势下出现各个派别的分化，尤其对待无产阶级专政问题上，一面从不同程度上修正和偏离马克思主义，一面布尔什维主义继续坚持纯粹马克思主义的立场；三是苏俄革命的时代，需要解决推翻资本制度的无产阶级革命成功后，继续向哪里去的问题。第18章的内容，讲的正是第三个时代的问题。这一章以"马克思之共产主义"为题，可以包含两个意思。一个意思是说马克思的共产主义学说不尽相同于马克思的社会主义学说，后者的研究对象，揭示现行资本主义社会无法克服的制度性弊端及其必然为新的社会制度所取代的发展趋势，落脚在推翻现存资本制度的革命上；前者的研究对象，革命胜利后如何逐步实现共产主义的进程，落脚在推进新社会发展的建设上。另一个意思是说共产主义分为过渡期、半熟期及完成期三个步骤，并非作者的自行杜撰，以马克思的理论作为依据。说到依据，其实作者可以从张伯简此前出版的《社会进化简史》，或更早出版的《各时代社会经济结构原素表》里找到关于共产社会分为三个进化时代的现成说法，不必查寻马克思学说的原著。即便如此，第18章论述以苏维埃俄国为起点的共产主义建设步骤，仍有许多细节带着推测色彩，超出了马克思对未来社会的原则性设想。对此，同样能够适用恩格斯评论空想社会主义所说的一句话，这种新的社会制度"愈是制定得详尽周密，就愈是要陷入纯粹的幻想"①。后来的修订版改换初版本第18章的标题与内容，不知由于原来的推测过于具体而缺少了原典的依据，还是由于这种推测触犯了当局者的忌讳，或是二者兼而有之。于此可以看到，这本讨论现代社会学的专著，虽然强调马克思的伟大贡献，既阐明实现共产主义所必需的物质基础，又指示完成这一物质基础的途径，但终究不是以研究物质基础的经济学为主要内容，而是以研究物质基础上的社会行为和人类群体的社会学为主要内容。所以此书根据唯物史观来改造社会学的结构，涉及马克思经济学说的阐释与应用部分，所占分量不算多，只是简略介绍，意谓构成马克思主义社会学的一个理论基础后，便不再单独和深入予以评介。

## 六、关于苏俄经济制度的论著

这里列举三本著作，一本译著，两本自撰之作，均与苏俄的经济组织与政策有

---

① 《马克思恩格斯选集》第3卷，人民出版社1972年版，第409页。

关，但基本倾向大有差异。

## （一）《俄国新经济政策》译本

王国源译述，三民出版部 1927 年 3 月再版，初版时间不详，译述者情况亦不详。译本封面和版权页均未标明原作者，只在全书末尾的不显眼处，留名"史黎雯"，大概便是原作者，根据书中所述，用到 1925 年的资料。

这本小册子 59 页，开篇说：

"新经济政策，不是经济改良政策，也不是向资产阶级让步的经济政策，更不是脱离了共产社会主义的经济政策，而是在经济落后的国家以革命铲除了一切障碍工农专政向着共产社会主义道路上走的建设共产社会主义经济基础的政策，这是研究政治经济的人们，更应当注意的地方"。"凡是以科学方法研究政治经济的人，谁也知道生产非发达到一定的程度（最高程度）是不能够实行共产的。可是在经济落后的国家，社会革命合了条件，依然要发生的，还可以成功，不过要达到最后的目的（共产社会），当然要提高生产，建设共产社会主义的经济基础"。十月革命后，废除金钱，打破私有，形成农人无钱买制造品，工人得不到粮食，农产品的剪刀差，工农分离，这对于生产发达有很大危险。由于国家力量薄弱，不能恢复并扩充一切生产机关，于是产生新经济政策："承认私有而加以限制"，可以在限制范围内使用金钱自由买卖；国家经济委员会推行有计划的工农生产以缩小剪刀差，对于个体为主而落后的农业生产，国家帮助实行农村电气化和农民团体生产化，"这是建设共产社会主义经济基础的事实"；组织协作社、消费社及一切团体，有限制地让私人经营工业生产，而大多数的大生产机关均在国家手中，将来私人经营竞争不过国家，终归要消灭。到 1925 年，苏联的生产已恢复到战前 80%，"这是新经济政策之成功"。有人说新经济政策是改良，是让步，是脱离了共产社会主义道路之类的话，这就要深刻研究苏俄的政治经济状况。①

这个开篇是全书的主旨，十分鲜明地表达了苏俄新经济政策是为共产社会主义建立经济基础的性质。它不回避马克思经济学说的科学研究证明，共产社会主义的实现只能建立在生产高度发达的基础之上，同时承认经济落后的国家在条件适合时，也会发生社会革命并可以成功，但要达到实现共产社会的最后目的，必须提高生产力以形成其经济基础，而新经济政策的成功推行，意图正在于此。所以，不能

---

① 王国源译述《俄国新经济政策》，三民出版部 1927 年版，第 1—3 页。

说新经济政策是经济改良，是向资产阶级让步，脱离了共产社会主义的轨道，这是由苏俄特殊的政治经济状况所决定的。类似的态度，较早在国人著述中见之于林可彝的《俄国为什么改行新经济政策》一文，但终究不如此译本接着以 12 节的论证，深入研究当时苏俄的政治经济状况。

第 1 节说明俄国采用新经济政策，受到资本主义世界反对共产主义者和降服无产阶级者的欢迎，第二国际的社会主义改良派以此证明共产主义者见解的错误并反夸自己的识见高明，连共产主义者的左翼也以为苏俄向农民让步是失去了无产阶级政府的性质。因为单看在无产阶级的独裁或限制下，许可资本主义的生产和交换，已足以获得要驱逐无产主义者的资本主义世界的高声喝彩。这样看来，采用新经济政策在俄国无产阶级革命的进展上到底有什么意义？用马克思学说来观察又有什么意义？"这是极有趣味的一种问题"，既要着手研究"经济政策和马克斯学说的关系"，也要关注"新经济政策采用的路径与实际的情形"。第 2 节说明俄国革命后把没收大地主的土地分配给一般农民，可以说是社会主义对农民小资产思想的让步。"现在从马克斯的说法上来看，俄国革命的第一步岂不是就弄错了吗？不然那就该和马克斯一致。依马克斯说社会主义实现的根本条件，要生产方法成社会化，社会主义好像把甜柿子接在涩柿子树枝上一样，小资产主义的生产制度，不是从社会主义的理想接枝后可以实现的"。假如俄国革命要想在原始农业经济状况的基础上，"做社会主义实现的梦"，就不去从速解决分配土地的问题，那么没有话说，立刻破坏了"俄国无产阶级革命与农民之间的连络"。第 3 节说明俄国革命后劳农政府面对外患内乱不期而至，工业生产力元气尚未恢复的形势，要维持革命，不得不采取战时强制征收农民剩余谷物和禁止自由买卖的非常手段，结果农民怨声大作。布哈林曾说，农民虽然苦，未必那样厉害，且不必说政治权利，从经济上看，"农民比一切的阶级都要占利益些，无产阶级虽说是胜利阶级，而在经济方面，农民所得的利益，超过无产阶级好几倍"。然而这种强制征收制度具有经济上的矛盾，毕竟"不是稳当的政策"，又阻碍了社会主义农业的进步。第 4 节说明到 1921年，形势忽然一变，内外战时状态消除，和平状态复元，强制政策的经济根据丧失，建设社会主义经济组织要求增加生产力，也不能维持这个制度，一般农民更是反对这个制度。在此形势下，共产党开大会，"做出一大有英断的事"，废除谷物征收制度，采用按生产物纳税制度，税后剩余者可以自由买卖或交换。于是农民的负担减轻了，全俄农村大受激励，扩张耕地，增加播种。第 5 节说明当时俄国的生产大部分是农民的生产，工业生产靠手工业和家庭工业，或称小工业，社会化的大工业生产只占一小部分，所以俄国的经济生活为了国民生存，有依赖小工业的必要。既然私有财产主义的自作农业不能随便和社会主义接枝，那么与社会主义生产方法完全相反的无数小工业，虽然收归国家手中，也不可能把它们立刻改变成社会主义的生产组织。"实行马克斯主义的俄国共产主义者，处于如此的窘境，在当初亦可以说是梦想不到的"。第6节说明孟什维克和社会革命党等反对派认为，布尔什维克既然抛弃了自己的纲领，就没有必要把权力委托给列宁和托洛茨基。对此，布尔什维克者回答，我们的纲领，"从前现在是一样的"：目的是为了完全实现社会主义，打倒资产阶级权力，树立劳动阶级在政治和经济上的独裁，恢复被世界大战破坏了的俄国经济和受压迫的全世界无产阶级的经济。其经济政策的核心是国有化，将原来资本家经营产业与交通机关所准备的基础，转变为国有，使包括农业在内的整个经济社会化成为可能，造成技术上的根底并大为扩张。同时认识到小私有农民占人口大部分的俄国经济特质，在经济生活方面实现生产阶级的独裁，离不开小资产阶级经济的帮助，因此少数工业劳动者和多数农民有提携的必要；并十分有把握在达到纲领根本目标的过程中，把农民的私有意识限制在必要的自觉之下。另外在工业方面，首先主张大中规模的资本家工业实行国有化，而不是把一切小工业生产都弄成国有化。列宁1921年10月21日在"第二回政治教育劳动大会上"的演说提道："我看苏维埃政府与共产党的采用新经济政策，没有人不吃惊说他们变化得太激烈。……实行'共产主义的'生产分配，不过是短时间的经验，社会主义的管理与社会主义的经验的时期，尚未通过，共产主义最低程度的发达尚不可能的一种实情，给我们一回大教训"①。因此，缩短小资本主义经济组织与共产主义之间的距离，这是俄国共产主义者在资本主义发展落后的俄国进行共产主义"唯一无二的法子"。②

第7节说明新经济政策出现后，跟着这种变化就有必要革新许多东西。如商业复兴，有必要改良货币；为了个人或产业组合的事业融通资本的必要，开设国立银行；既然承认私人企业，则要在无产阶级国家的严密限制下处理好劳资关系。第8

---

① 应是列宁1921年10月17日在"全俄政治教育委员会第二次代表大会"上的报告，此译文与原文相近，但不确切。

② 以上各节引文除另注外，分别见王国源译述《俄国新经济政策》，三民出版部1927年版，第5—6、8—9、13—14、19、24、25、28—30页。

节说明采用新经济政策后，非难者和欢喜者都以此证明俄国共产主义者或放弃或不能实行共产制度。但第一不可不注意，根据马克思的论说，"在俄国，并未实现过共产主义"。过去迫于战时的非常状态，按照共产主义的方法分配所有东西，列宁特别称之为"战时共产主义"，这是不得已勉强实行的"生硬的机械的共产主义"。列宁说明新经济政策的意义时有名的文句是："在共产主义里面，——社会主义苏维埃共和国的名称，是表示相向社会主义进行并理解苏维埃政制的决意为目的；决不可以为现在的经济状况，就算社会主义的，我想这种意思或者没有一人反对。"① 第二不可随便看过，"在俄国实现的东西，不是共产主义，是无产阶级独裁制度而已"。无产阶级独裁是走向社会主义的一种过渡政治形态，列宁说在此制度下，可以意味着"经济上有半资本主义的要素和半社会主义的要素"。第三应当留心，农民本来就带有小资产制度的性质，满足其根本要求后，当然会谋求谷物自由买卖。俄国的社会主义共和国，掌握着大工业，没有对大资本主义让步，反而向农民和小产业即小资本主义让步，这是由俄国特殊的小资产家环境所造成的。这也是在国际资本主义的链条里，俄国这一环节太脆弱的缘故。俄国资产阶级在政治上的地位还未巩固，不像先进资本主义国家那样有强大的资产阶级组织，所以无产阶级革命比较容易些。反过来可以推知俄国小资产阶级的特别和强大，亦可见所谓无产阶级独裁的过渡时期之长久和困难。列宁说，先进资本主义国家的社会革命尽管比俄国迟点，但收拾起来一定比俄国早些。要想充分理解俄国的社会改革和一定阶段实行新经济政策的大意，就不能不仔细品味俄国特殊和极度的小资产环境。第9节说明俄国无产阶级国家的战线，逐渐从军事转到经济上来，"经济上的战争，可以说是和小资产的经济在交锋"。这是俄国无产阶级独裁的特别之处，有特别的意义，就有特别的作用和任务。其办法，通过恢复小产业和提高农民的生产力，利用增大的生产力组织大工业，提倡大工业而逐渐使小工业变得无用，从而将小资产的生产用于建设社会主义的经济组织。结果"总不外俄国的工业化"，或允许外国资本享有同样的利权并加以利用，或国内工业托拉斯化。第10节说明这种工业化任何人不可否认，表现为资本主义化。对此，列宁冷静地说："资本主义，比较社会主义，是有害的东西。但是与封建主义来比较，与小生产来比较，又与隶属于官僚政府下面的小生产来比较，就很进步了。我们想是从小生产推移到社会主义实现以

---

① 其今译文见列宁：《论粮食税》，引自《列宁选集》第4卷，人民出版社1995年版，第489—490页。

外，在其范围内的资本主义，小生产与小买卖所依赖为基本的生产物，有时候是难免的。单就其程度而论，把小资本主义，系于必生产与社会主义间接之间，和生产力增加的手段及其路径与方法，都非利用不可。"① 依据列宁的说法，现在俄国社会经济的要素，不单是资本主义与社会主义的对立。"现在的斗争，不是国家资本主义与社会主义的斗争，而是国家资本主义和社会主义对于小资产阶级与私人资本主义的联军的战争。于是帮助国家资本主义的发展，是'苏维埃国家（无产阶级国家）与国家资本主义，互相提携结合同盟以对待小资产经济'的战略"。列宁曾说，如果我们能在短时间内实现国家资本主义，就算是我们的胜利。第 11 节说明俄国共产主义者所主张的国家资本主义，是实行于苏维埃国家范围内的国家资本主义，一点也不怕。因为列宁说，"苏维埃国家，是保护劳动者与贫民的权力的国家"。这"不外乎属于无产阶级独裁下的工业化而已"，不是巩固资本主义，而是向社会主义的一种过渡。俄国无产阶级独裁的经济意味，不外乎按照无产阶级的意志来指导经济管理势力，将其引入必经的道路，然后在最小限度的时间内实现工业化，建立社会主义的经济基础。第 12 节说明所谓经济战争失败、共产主义退却一步的话，不是批评家和反对者的造谣，反而是列宁亲自说的。明白承认新经济政策对于俄国小资产阶级的环境，不得不让步。但是，"这种让步，比改良派对于资本主义的让步有根本的不同处：一方是保护资本主义的安定，才让步；一方〔是〕保护无产阶级独裁的安定，才让步，——不过这点而已"。②

以上梳理译本各节的要点，省略许多的解析、事例、数据和引文，并疏浚译文的滞碍不通之处（此为译本的一大缺陷），可见这些要点环环相扣，从前后逻辑的衔接和不同角度的比较上，论证了开篇的主旨，意在为苏俄实行新经济政策的合理性、必要性、可行性和有效性，进行辩护。这个辩护引用多方面的论据，坦率并真实，系统而全面，为以前所鲜见。其中特别值得一提的是：正视各种非难和曲解观点，包括来自资产阶级反对派、第二国际改良派、孟什维克和社会革命党人、布尔什维克内部的"左派"等，有针对性地从理论和实际的结合上予以反驳；承认用马克思学说来观察俄国革命，在经济基础方面存在着明显差距，但俄国革命发生于国内外形势发展的特定条件，其革命目标与纲领与马克思学说相同，惟革命的路

① 此译文与今译文差异较大，其今译文见《列宁选集》第 4 卷，人民出版社 1995 年版，第 525 页。
② 以上各节引文除另注外，分别见王国源译述《俄国新经济政策》，三民出版部 1927 年版，第 39—41、46、48、52—54、55、59 页。

径、方式与方法依照本国的特殊国情而有所不同；新经济政策体现了俄国经济发展落后而小资产阶级经济占主体的特殊国情，在无产阶级专政的条件下促进生产力的提高和小资产阶级经济的改造，本来就是这个政策的指导原则，后来一度未能坚持这一原则而对农民和小生产采取强制的征收和国有措施，缘于国外武装干涉和国内战争的严峻情况，但随着形势的好转，重新回到这个政策的轨道上；任何国家迫于战时的非常状态，都会采取类似于战时共产主义的统制政策，然而这并不意味着苏俄实现过共产主义，因此实行新经济政策，也不能说放弃了共产主义；大量引用列宁的论述，阐明新经济政策是俄国革命实现无产阶级专政后，通过国家资本主义，引导小资产阶级经济盛行的落后状态过渡到工业化社会主义的唯一途径。这些论证，站在正面维护的立场上，客观地列举事实，系统地讲明道理，比起那时国内有关新经济政策的介绍和评论，不仅是较早问世的专题著作，也是在反驳所谓这个政策是经济改良，向资产阶级让步，脱离了共产社会主义轨道等非难方面，更有说服力的专著，只是其译文时常出现难解甚至误译之处，影响了对原文的理解。

### （二）《苏俄经济组织与实业政策》

陈彬和①著，共和书局 1927 年 7 月初版。国人自撰介绍苏俄经济组织与实业政策的专著，当时颇为少见。大概作者任职中俄大学，具备有利条件，既有兴趣，亦可借助相关资料。这本小册子 81 页，分 2 编。第 1 编 "苏俄的经济组织和实业情形"，含 4 章："苏俄的经济组织" "苏俄的经济改造问题" "苏俄的实业和劳动情形" 及 "苏俄的劳动组织"；第 2 编 "苏俄的共产党的实业政策"，含 3 章："劳农政府的新经济政策" "劳农政府的新劳动政策" 及 "苏俄共产党的主义和政策"。主要介绍苏俄的经济实务而非经济理论，大致分为苏俄的经济组织改造及实行新经济政策两段。

经济实务不是我们考察的重点，翻开此书，其实务性介绍只须看个开头，即能大体判断它的基本倾向。如第 1 编第 1 章有如下叙述：

"构成苏俄经济组织的是会议制度，所谓政治的会议制度即是将立法、行政合

---

① 陈彬和（1897—1945），江苏吴县人；1917 年到上海任教，20 世纪 20 年代去北方担任中俄大学总务长、天津南开学校总务长等职，1926 年因参加 3 月 18 日反帝爱国运动，遭段祺瑞政府通缉；1928 年与日本驻沪总领事馆谍报人员拉上关系，1929 年起在日本特务支持下编辑出版《日本研究》；1931 年任申报馆社评主撰，1932 年底参加中国民权保障同盟，1936 年去香港，1942 年由日本海军部支持出任《申报》社长，1943 年发起组织上海市新闻联合会，自任理事长，替日伪宣传；1945 年日本投降后潜逃日本，死于东京郊区一家精神病院。

并在一体的。苏维埃和经济的会议制度两者并立，为新俄的特征。在理论上，经济会议统制总生产并调节财货的分配，它是社会主义经济的头脑，也是苏维埃制度的神经。因为国内行保安政策的关系，加入了苏维埃的代表。实际上，经济会议是苏维埃政策会议的手足，结果不外是经济的苏维埃自体罢了。俄国革命后，无产阶级执政以来，把资产阶级排斥到生活管理之外，用土地所有权的没收，大企业的国民化，商业及银行的国有化，来葬送他们的地位。从此发生了许多弊病，如劳动者占领工厂，无政府主义的直接行动，中央权力的不安，等等。最高国家经济会议要执行农产物的分配，第一先要预备各项经济的总表，其次把金属机械和化学、纺织等工厂都收归国家支配之下，让经济会议来管理。这样一来，国有化的绝对权限便在最高国家经济会议手中了。然而受此委任的工会和劳动者会议之间，乃起了剧烈的争端"。最高经济会议在各工厂内组织工厂管理机关，人数的分配，地方经济会议的代表占 2/3，工厂劳动者占 1/3。集合工厂管理机关，组织中央管理机关即中央局，由工厂管理机关和工会所选出的代表来组织。国家经济会议的第一次会议，以劳动监督和劳动组织化为主题，产生劳动组织会议。此时确定独占国外贸易的办法，以及对私商的限制，"一切经济上的集中、独裁和强制均在会议制度之下实行"。最高经济会议统制调节总的生产分配，管理苏维埃共和国的财产。地方经济会议由地方苏维埃的政治代表及工厂代表组成，在最高经济会议所定方针之下，统制地方经济。最高国家经济会议，由中央执行委员会 10 名、全俄总工会会员 30 名、地方经济会议议员 20 名、全俄消费协社联合代表 2 名、其他有关系的 6 省代表者 1 名组成。其总会由最高经济会议代表 10 名、地方经济会议代表 3 名、全俄总工会 2 名、消费协社联合 5 名组成。"此总会和会议的关系，适各中央执行委员会和全俄苏维埃会议的关系一样。工会是为强制劳动者的加入而组成的，消费协社的联合也在强制加入的原则之下，苏维埃俄国的根基，就是这种经济制度做成的"。

"所谓共产主义的苏俄，和旧帝制俄国时代比较起来"，到底哪个经济状况好一点呢？旧帝政时代的俄国，"经济上的缺点"，材料和劳动冗费，经营不敏活，大部分的基础放在外国资本之上。"发达迟缓的主因"，天然资源丰富，产业制度甚幼稚，地域广大，生存竞争太单调；尚未实行合理的经济制度，大战中帝国政府屡屡报告缺乏燃料、金属和食料，但一般人不相信，以为不过是商品分配不匀的结果。"革命后的共产主义便是国有主义的经济组织"，到 1921 年下半年，新经济政策方才树立起来。"所以能勉强支持三年有半的原因是因为国内隐藏着雄大的预备资源。恐怕除去俄国之外，没有一国能让共产主义这样慢慢儿试验的。共产主义经了几年的经验，即在俄国也觉得天然资源的缺乏并非统计上的拟议，已成为现实的悲惨了。在共产主义经济中，一切生产十分减退，所以一九二〇年整顿共产主义下的经济，惟一的要谛并非依着经济活力的方法，乃是靠着军事的征服当做救济的手段"。当时可以改善经济的方法，只体现在某些地方的煤田、油田和谷类。这样继续了 6 个月，"不久新获得的贮藏告罄了，新危险又发了"。1921 年 2 月因燃料不足，主要铁路停运，彼得格勒缺煤，据说 64 种事业一齐停止。结果共产党考虑和英国缔结通商协议，以黄金购入煤、谷及各种原料，以期改善，但这是不能持续长久的。"要之，生产的资本当时虽增加了，既不能把从来消极的生产变成积极的生产，即维持现状也失败了"。1920 年以来的进展证明，"共产主义确乎不变的经济制度，当然是不可能的"。1921 年以后的新政策，"也不过弄到国家资源损失罢了，好似逆行到一八六〇年衰沉的状态中去了"。今日的生产总额，还不够当年双倍人口的消费，"因而各阶级的生产标准都非常下落了"。"社会道德也甚颓废"，1921年精神劳动者的人数竟达到肉体劳动者的 63% ，"这含着什么意味呢"？①

以上两段叙述苏俄的经济组织，并非作者自己研究归纳的结果，而是参阅或取材别人的著述。后一段引述，来自一位俄国人 1921 年 4 月对俄国实业改造所发表的意见书，据说这个意见书获得在伦敦的俄国经济协会的认可，同年 5 月又在巴黎召开的俄国实业及商业代表者会议上提出过。在引述者看来，此意见不论是否得到苏维埃政府的考虑，它和 1921 年下半年以后苏维埃政府的政策改变，有吻合之处。也就是说，陈彬和撰写此书介绍苏俄的经济组织和实业政策，主要参考西方人或在西方的俄国人的批评观点，排除了类似于前述《俄国新经济政策》译本的正面维护观点。从这个选择里，也可以看到陈氏引导国内读者观察苏俄经济问题的主要倾向。

首先，对于苏俄作为根基的经济制度，即统制生产与分配的国有国营经济组织，持完全否定态度。这种否定，不止出于反对无产阶级执政的阶级情感及利益上的敌意，还指向缺乏管理的合理性与有效性，包含多重因素。诸如通过没收土地所有权，实行大企业、商业及银行国有化等方式，剥夺资产阶级的地位并把他们排斥在生产管理之外，由此造成劳动者占领工厂、无政府主义直接行动、中央权力不稳

---

① 以上引文均见陈彬和著《苏俄经济组织与实业政策》，共和书局 1927 年版，第 1—6 页。

等弊病；由国家统一支配资源，实行计划性生产与分配，独占对外贸易和限制私商，不仅在执行落实过程中产生激烈的争端，还形成经济上的高度集中、独裁和强制；基层经济组织的架构，以强制方式排除资产阶级的参与，亦以强制方式吸收劳动者及其他成员的加入；等等。书中描述新俄国即苏俄经济组织的特征，可能出于翻译的原因，涉及不少制度、机构或政策的名词，并未厘清它们的内涵及其相互之间的关系，如苏维埃制度、政治的或经济的会议制度、保安政策、最高国家经济会议、地方经济会议、劳动者会议、中央管理局、全俄总工会、全俄消费协社等，但不妨碍其意是要说明苏俄的国有化实则在于国家掌握经济上的绝对权限。这种经济组织形式，尽管在这里以否定的口气来介绍，可是按理说，这正是当时其他新经济学著作所预言或设想的典型社会主义范式，那些著作推崇这种范式，均限于抽象理论，不以苏俄为例，应另有缘故。

其次，介绍苏俄实行新经济政策，是不可能维持当初确定不变的共产主义经济制度即国有主义经济组织的产物。这个介绍，选取的视角是资源消耗即经济效益。从俄国十月革命后实行国有制算起，到 1921 年下半年转向确立新经济政策，在三年半期间，苏俄之所以能够慢慢试验共产主义以积累经验，在于它拥有其他国家所没有的丰富自然资源；即使如此，也无法承受共产主义经济下一切生产倒退即缺乏效益的消耗，试图靠"军事的征服"即战时共产主义而非提高经济活力的办法作为救济的手段，只能获得一时和局部的改善，不可能支撑长久，一旦新积蓄的资源告罄，又会产生新的危险。其原因在于生产资本的增加未能把以往消极的生产变成积极的生产，所以连现状也不能维持。换句话说，苏俄失败的原因，在于共产主义制度本身徒耗资源、没有效益。这和那时通常从理论上批评社会主义或共产主义社会缺乏生产动力的说法，道理是一致的，不过多了一个苏俄的举证。至于说到新经济政策，由于苏俄没有放弃无产阶级执政的基本经济制度，只是调整政策，所以仍被看作以损失国家资源为归宿。但不论如何，从实行战时共产主义政策到实行向社会主义过渡的新经济政策，以征收粮食税代替余粮收集制，允许外资企业暂时管理本国无力经营的企业，恢复商品货币关系以调节生产的作用等，毕竟不同于纯粹的国有制度。这大概也是其他新经济学著作论述典范的社会主义经济学，不愿以苏俄为例的原因。可见，反对共产主义经济制度实际上反对马克思主义经济学的一方，宣扬从战时共产主义政策向新经济政策的转变，标志着苏俄经济组织的失败；而以马克思主义经济学为教条或加以曲解的一方，又因苏俄政策的这种转变，拒绝将其列为社会主义经济学的范例。

最后，比较实行共产主义制度的苏俄和帝制时代的沙皇俄国，结论是前者无论物质生活还是社会道德，都在倒退，甚至回到沙皇倒台前半个世纪的衰落状态。这个结论，建立在二者都没有合理的经济制度这个基础上。帝俄时代在经济上的缺点，徒有丰富自然资料和广大地域，却因产业制度幼稚并缺乏竞争能力而发展迟缓，表现为原料和劳动的不必要消耗，经营死板，过分依赖外国资本等，以致大战期间缺乏基本资源的供应。苏俄时代虽然凭借自然资源，支撑了几年国有化的共产主义试验，同样因其制度不善而陷于失败，即使改变经济政策也不能挽回它与帝俄时代同样的衰落命运。这种分析，利用历史数据来对比苏俄时代的经济状况甚至不如帝俄时代，虽说其意在于否定苏俄的经济组织或经济制度，却也道出了在当时的国情和国内战争等特定历史条件下，苏俄按照马克思经济学说来尝试社会主义或共产主义经济制度的困窘和艰难。这也难怪那些新经济学著作对苏俄的例证避而远之，因为苏俄此时在实践上的经济困境，与那些著作谈到新经济学，在理论上对社会主义经济发展具有强劲原动力的乐观预测，大相径庭；同时，对苏俄从战时共产主义政策转向新经济政策，那些著作也不以为然，未曾看到这是苏俄在小农占优势的国情条件下，探索向社会主义经济过渡的一条道路。

总之，陈彬和专门介绍苏俄经济组织与实业政策的著作，可谓率先提出了系统梳理和认识苏俄经济实践的效果，从中判断其经济制度与组织的合理性，以及它所依据的马克思经济学说的正确性这个问题。尽管他的或引用他人的结论，对此都持否定意见，也对马克思主义经济学在中国的传播产生了负面影响，但专门和系统介绍苏俄经济的实际情况本身，势必引起国人关注苏俄经济现状和探讨其背后的经济制度、经济组织与经济理论等因素的兴趣；而且随着介绍资料的增加、丰富和全面完整，尤其随着苏俄自身建设的推进和发展，又会引出判断苏俄成败前景的各种不同观点，可供国人的多样性选择，从而为马克思主义经济学的传播，增添了新的考量因素。

将这本介绍苏俄经济组织与实业政策的小册子，列入本节考察，不同于前面所列举与研究社会经济制度有关的著作或译著，以批判现行资本主义经济制度和确认必将实现社会主义经济制度为主旨，因此从正面支持了马克思主义经济学的传播。这本小册子是一个负面因素，它的出版，在时间上也正好与国内反革命政变的出现相吻合。但它又不同于那些一味谩骂或谴责苏俄经济制度与政策的著作，似乎想从经济效益方面说明其道理，这从传播马克思主义经济学的苏俄例证看，也不失为围绕新的实践探索而促进新的理论思考。

### （三）《苏俄新经济政策》

顾树森①编，上海中华书局 1927 年 12 月初版，1929 年 6 月再版，列入欧游丛刊。此书开篇的导言称：

我因求知心和好奇心的急切，一到莫斯科，勾留未久，便要知道其国内经济情况和政治变迁，到处搜集这种材料，但是所得不多。回国后，看到日本新时代出版物中关于这类书籍很多，"可知道他们，虽是不赞成共产党的政策，但是却能把苏俄革命以后变迁的实际情形，研究得很清楚，这是很可以佩服的"。返国未久，革命军北伐节节胜利，一时轰轰烈烈，倍受各处民众热诚欢迎。"不幸中途为一部分共产分子，要利用机会，想把人家已经试验而失败的共产政策，推行于我国，这虽是由于一部分的人，被人家所利用，但是也可说其中一大部分的人，都因缺乏常识，没有切实研究他们实在情形所致"。所以我就把搜得资料中"关于苏俄试行共产政策的失败和改用新经济政策中间经过的情形"，整理出来，以供同志参考。编这本书的目的：一是"要使大家知道，不论赞成与反对共产主义，都应该知道苏俄实行共产政策的失败和中间经过的情形；然后赞成的人，不致再为人利用，而反对的人，也得有所依据"。二是"要知道他们试行共产政策失败以后，就用新经济政策来补救"。三是"要知道他们的新经济政策，就是允许恢复一部分资本主义的余地"。四是"在他们国内尚不能试行的共产政策，何以再要来推行于我国，这是我们很应该细细研究的"。五是"他们试行新经济政策，成绩很有可观，我们不应该因反对共产政策的缘故，连带一笔抹杀他们的新经济政策，不加研究"。另外编译本书的参考书籍，取自 6 种日文书籍和 4 种英文书籍。②

这里把编书的目的，说得很清楚。概括起来，不论是否赞成共产主义或共产党的政策，都应了解苏俄实行共产政策失败并转而采用新经济政策来补救，即从共产

---

① 顾树森（1886—1967），江苏嘉定人（今属上海）；1904 年起在上海龙门书院求学，1917 年为《中华教育界》编辑主任，同年发起成立中华职业教育社，1918 年为中华职业学校首任校长；1922 年赴英国伦敦大学研究教育，去德、法、意等国考察职业教育，写出游欧丛刊；1927 年至 1946 年，先后任武进县长、南京特别市教育局局长、国民政府教育部普通教育司司长、国民教育司司长，兼任中央大学职业教育科教授；1946 年任中华工商专科学校校长；新中国成立后历任中华职教社上海分社主任，江苏师范学院教育学科教授，江苏教育科学研究所研究员。

② 顾树森编《苏俄新经济政策》上编，中华书局 1927 年版，第 1—3 页。

政策转变为允许恢复部分资本主义政策的事实情况，以便作出独立判断；共产党人何以要把苏俄试验失败的共产政策推行到我国，究其原因，既是被人家利用，更是缺乏常识而没有研究苏俄的实际情况；苏俄实行新经济政策的成绩可观，不能因为反对共产政策，连带也抹杀了新经济政策而不予研究。总之，应当认真研究苏俄的新经济政策，这是全书的宗旨，即便这种研究是为了否定共产主义的可行性，特别是为了反对共产党人在我国效法苏俄的革命道路。

本着这一宗旨，此书约 650 页的篇幅，汇集整理出大量的史实资料。全书分上中下三部分，第一部分第 1 编总论，含苏俄试行共产政策与失败的经过情形，苏俄改行新经济政策的决心，苏俄新经济政策的基本原则与经过情形 3 章；第 2 编苏俄对内的新经济政策，含国有经营事业及工业政策，苏俄劳动新法典的内容，苏俄工场委员会的组织，苏俄工场委员会对于生产组织工场管理工资问题的关系 4 章。第二部分续第 2 编，含农业政策，商业政策，租税政策，苏俄关税政策，保险政策，苏俄金融机关及纸币制度 6 章；第 3 编苏俄对外的新经济政策，含苏俄外国贸易制度及组织的变迁，对外贸易机关，对外贸易实施手续 3 章。第三部分总论，含导言，苏俄合作事业运动的变迁大纲 2 章；第 1 编苏俄在共产主义时代的合作运动，含苏维埃的合作政策，在苏维埃经济制度下面的合作事业，苏俄共产政策对于合作制度的影响 3 章；第 2 编苏俄新经济政策的过渡，含国家资本主义合作社，自 1921 年至 1924 年苏俄一般经济状况为 2 章中的 1 章；第 3 编新经济政策下面的消费合作社组织，含消费合作社的改组，消费合作社的经济活动，改组后合作运动的工作，苏俄经济生活下面消费合作运动的业务 4 章；第 4 编消费合作运动最近的发展，含 1923 年及 1924 年的改造，最近的合作政策，1924 年合作政策的效果 3 章；第 5 编苏俄最近年间各种合作社概况，含最近消费合作社概况，苏俄最近农业合作社概况，苏俄手工业合作社最近概况，苏俄信用合作社最近概况，苏俄其他各种合作社最近概况 5 章。从以上结构布局看，涵盖了苏俄新经济政策的各方面情况。

更能显示此书表达宗旨的一些特点，可从其具体论述中摘录若干段落。

第一部分第 1 编第 1 章叙述苏俄试行共产政策的大纲：苏俄 1917 年十月革命成功后，宣布实行共产制度。对于从前政治上社会上所谓阶级的制度，都要打破，不留余地；对于经济组织上历来的资本主义制度，从根本上推翻破坏。"凡一切财产，悉归国有，绝对否认个人私有权，以理想家马克斯的经济主义，而以孤注一掷的精神，把全国的国民来牺牲试验。所以有人称苏俄国民是试验中的国民，这句话虽近似戏谑，实在很可玩味"。（第4页①）经过三年多的试验，足以证明一种理想的共产经济政策实在是不可能的，造成极大的牺牲和损失。这种失败的政策还不仔细研究，"便要来抄袭，任意仿行，这是真可谓其愚不可及了"（第13页）。这是认为苏俄的共产政策出自马克思经济学说，而马克思关于根本推翻资本主义的主张只是一种理想，如今试行于苏俄，无异于牺牲其全体国民来作试验。这种否定观点，实则把苏俄绝对否认个人私有权的战时共产主义政策，混同于马克思的经济理论，并不真正理解马克思经济学说；同时又把我国共产党人效法苏俄革命，说成抄袭仿行这种共产政策的愚不可及行为，其实也不真正理解共产党人的建党宗旨。

第2章叙述列宁对于改行新经济政策的宣言及其实施大纲：列宁称新经济政策为国家资本主义，为了改造经济，利用一切资本主义的经济机关为政府所支配而发挥效力，"以为劳动者国家由资本主义以达到社会主义必经的阶级"（第17页）。新经济政策无异于劈开极端共产制度的城堡，在一定程度容许私有财产制度的参加。"所以有人批评这新经济政策，实为苏俄政府由共产主义折回而转向资本主义的一种步骤，良非厚诬"（第22页）。叙述苏俄改行新经济政策后的批评与辩护："国内一般反对党和世界学者，都以为马克司的学说，从实验过后，宣告失败"。换句话说，"社会共产主义道穷路尽，要他实行，差不多还要隔开多少年代"。但是苏俄政府当局，竭力声明辩护，"以为并不是共产主义的失败，乃是达到吾人所谓产业社会化的理想界所必经的阶级。现在新经济政策的实施，是当初预定的一种计画，决非如反对党和世界一般有产阶级所宣传的失败事实"。新经济政策施行以后，苏俄政府往往被反对者攻击是共产主义的叛徒，时常感受非常痛苦，于是"常向国民剖白解答，措词亦大同小异"。（第22页）书中所引用的列宁本人和苏俄法令的解释，清楚说明了新经济政策是无产阶级国家在经济落后条件下，通过国家资本主义措施来改造和发展经济，实现从资本主义过渡到社会主义的必经阶段。然而，从引用者的眼光看，总是倾向于把苏俄改行新经济政策，不仅说成战时共产主义政策的失败，还说成放弃共产主义宗旨而转向资本主义的一种步骤，甚至是对共产主义事业的背叛。

第三部分总论第2章叙述合作运动事业与实行民生主义的关系：苏俄当局试行马克思所主张的共产政策，不能通行，退而改用新经济政策。此政策最重要的两大

---

① 此页码见顾树森编《苏俄新经济政策》上编，中华书局1927年版。

问题，一是采用国有工业政策，大工业都归国家经营；二是提倡合作运动，使合作事业兼营商品，与私人商业并立。"这种政策，可说是与当初的共产政策完全不同。在当初他们竭力要想废除资本，结果还是要来利用资本。不过这种资本，是要普及于民众方面，发达起来，并不是发达少数人的资本，这是真所谓节制资本"。我国现在如实行孙中山的民生主义，就要平均地权和节制资本。孙中山批评马克思学说的错误，即马克思以为资本家和商人都有害于工人，有害于世界的，应该消灭；并且以为先消灭资本家，商人才能消灭。对此，孙中山引用合作社的方法来批评，以为不必这样，也可以解决社会问题；现在合作社发生，商人便先消灭，马克思的判断与这种事实不相符合。由此可知孙中山"竭力反对马克斯主张的消灭资本家和商人的政策，而主张采用合作社的办法来解决社会问题"。"我国一般盲从的人，对于俄国经过失败的事实，和我国实际社会的状况，不能加以详细研究，反要把人家已经走过而失败的冤枉路径，再要来尝试。而对于中山先生所主张的，和最近俄国改变政策而采用的合作事业，毫不注意，实在是很可浩叹的。要之，我国今日要实现民生主义，解决社会问题，实行节制资本，则提倡合作运动，要算是最重的事业"。（第13—15页①）这段论述，体现了编者强调应该认真研究苏俄新经济政策的意图之所在。此即针对我国所谓盲从苏俄道路的人，引用新经济政策所推动的合作事业为例，试图把共产党人信奉马克思经济学说同孙中山主张节制资本的民生主义，割裂开来，对立起来。这也迎合了当时国共合作破裂后，联俄联共政策被抛弃的局势。

以上摘录，侧重于说明编者本人的思想倾向。不过这部分内容，在书中只占很小的比重，大部分内容比较客观地介绍苏俄改行新经济政策的前因后果、基本原则、经历过程、实施效果，内外政策方面涉及工业政策、新劳动法、组织机构及其职能、农业政策、商业政策、租税政策、关税政策、保险政策、金融机构与货币制度、对外贸易制度及其变迁，特别是合作事业运动的变化与发展；其中大量引用列宁和政府法则的相关论述，包括不同的看法或批评意见，也尽量列举正反双方的观点。因此，尽管编者有自己的倾向性意见，但大体恪守了他在导言中所说的原则：可以不赞成共产党的政策，却要研究清楚这个政策的来龙去脉与变迁过程，尤其不能随意抹杀具有可观实施成绩的新经济政策。这样也就能够让读者得以了解新经济

---

① 此页码见顾树森编《苏俄新经济政策》下编，中华书局1927年版。

政策的真实情况，不必完全拘泥于或受限于编者的个人评判导向。这个介绍的梳理颇有条理，然而根据编者的说法，他在苏俄实地调查其国内经济情况的材料，收获不多，看来只有一些粗浅的印象和感受，真正的系统性资料，主要得自日本学者的搜集整理，并辅之以若干英文著述。不论如何，编者是当时国内学者中少有的到过苏俄而有亲身体验之人，抵俄之际，又恰好目睹了新经济政策推出后开始见效的成绩，这种切身经历，多少也会反映到他编撰苏俄新经济政策的潜意识里。

所以，比较前面两本论及同样议题的著作，顾氏此作既不像《俄国新经济政策》译本那样，为新经济政策辩护，认为这个政策不是经济改良，也不是向资产阶级让步，更不是脱离共产社会主义的轨道，而是工农专政国家通过革命铲除一切障碍后，在经济落后条件下沿着共产社会主义的道路建设相应的经济基础；也不同于《苏俄经济组织与实业政策》，贬抑新经济政策，认为这个政策取代失败的战时共产主义政策，却没有改变苏俄政府坚持社会主义或共产主义经济制度的基本性质，由于此类经济制度缺乏经济效率，因而以此为基础的新经济政策也是无效的。顾氏试图把共产主义政策与新经济政策切断开来，前者是失败的政策，后者是有效的政策，在他看来，后者意味着苏俄政府从共产主义道路转向资本主义道路，或者转向类似于节制资本的民生主义道路；并试图以此打消国人追随共产党人信奉马克思经济学说和走苏俄革命道路的念头，在他眼里，既然苏俄根据马克思经济学说试验共产政策已经失败而改行新经济政策，我国也就没有必要仿行苏俄已经失败的共产理论与政策。这是从发展资本主义的意愿出发，由苏俄取代战时共产主义的新经济政策中，推导出马克思经济学说不可信，社会主义或共产主义道路行不通的结论，实际上仍然回到我国走资本主义道路还是走社会主义道路的两条道路选择问题。

## 第三节　关于新经济学尝试的各种译本

这里说的新经济学尝试，指运用马克思主义或社会主义原理，对传统或正统经济学加以改造的尝试。在此之前，马克思主义经济学在中国的传播，除了翻译马克思主义经典作家的经济学原著或专题阐释《资本论》等原著的通俗解说本之外，通常借助论述社会主义或其他社会论题的著作，获得正面传播的渠道；而在一般经济学领域，往往遇到不同程度的抵制。经济学领域可以区分各种类型，经济史学的著作，承认马克思经济学说的地位和影响者逐渐有所增加，但客观介绍之后，除少数例外，一般持反对或否定的态度；应用经济学的著作，也会提到马克思经济学说的理论观点、政策思想及苏俄例证，惟不是放在次要位置，就是当作批评对象；最顽固的是理论经济学的主流著作，对于马克思经济学说，或者试图经过加工修改而纳入自己传统的理论框架，或者完全否定而不留任何余地，或者唯恐避之不及。到本时期，在最顽固的传统理论经济学领域，也开始出现马克思主义经济学的挑战。当然，这个挑战首先表现为引进国外的相关经济学著作，下面就是 1927 年间相继翻译出版的译本例证。

## 一、《新经济学》译本

德国罗莎·卢森堡（原译"罗撒·卢森堡"）原著，陈寿僧翻译，胡汉民校订，中国新文社（上海）1927 年 3 月初版。卢森堡作为德国社会民主党的马克思主义理论家和革命家，此前曾在《民风》周刊 1919 年 10 月 11 日第 21 号上，看到雷声翻译她的《布尔雪维克是什么？》一文[1]，现在看到的，是她以"新经济学"命名的经济学专著。

### （一）各类序言简介

先看译者 1927 年 1 月以绥荪之名[2]撰写的"序例"：

"本书的原著者，是德国有数的社会革命运动家并是马克思学说的唯一信仰者，也可说是马氏的第一个得意门生。读者在著者的小传中，一定惊佩她的才腕和她的不屈不挠的革命精神的"。本书与《资本的集积》（今译《资本积累论》，1913年初版），"可说是著者的毕生事业"。"从来资本主义的帝国主义，横行了一种大规模的组织的杀人行为和榨取手段，来虐害一般无产阶级的群众。著者本其天赋的革命精神，将资本主义的帝国主义传统的密秘、丑态、阴谋，完全搜集在这本书内，并且加一种正鹄的理论的批评和痛骂，正如把资本主义的帝国主义的魂魄和肉体，一并放在解剖台上，借马克思的利刃，精细的解剖给与读者。可是著者对于这个解剖，尚未完成之先，就被反对党，中道击毙，使我们在这本书上，不能尽窥全豹，这是一件遗憾的事。著者尤其是痛恨那般资本主义的经济学者所妄倡各种的谬

---

[1] 参看《1917—1919：马克思主义经济学在中国的传播启蒙》，上海财经大学出版社 2016 年版，第 2 编第 4 章第 2 节三。

[2] 陈寿僧又名绥荪，生卒年份不详，湖南澧县人，毕业于日本东京文理科大学；后为民建会员，1953 年由湖南大学调入中南财经学院国民经济计划教研室，曾任图书馆馆长。

说，各篇中，著者以学理的攻击，骂得他们狗血淋头，这就是著者超人的性格和贯彻的精神，最足为吾人所敬服的"。

本书内容详见佐野的序言介绍。完全根据佐野的日译本转译，以最短的时间完成这项工作，虽细心校对一次，恐怕与原书和日译本有忽略或误译的地方，希望读者的热心指教，以便日后有再版机会时予以订正。著者的小传，多半以井口孝亲译著的《罗撒·卢森堡的书信和生涯》为根据，尚有添加删裁。罗莎一生复杂的历史和赫赫烈烈的事迹，引出许多重大的问题，并且给我们许多有益的教训，读者幸勿忘却了自我，而当作是罗莎一人的事看！①

这篇序言，对卢森堡运用马克思学说，从理论上精细解剖资本帝国主义的魂魄和本体，本着天赋的革命精神，揭露这种主义以大规模的组织行为和榨取手段残害无产阶级群众，痛斥经济学者维护此主义的各种谬说，表示由衷的敬服。其中称卢森堡为德国社会革命运动中马克思学说的"唯一"信仰者或"第一个"得意门生，姑且不论确切与否，表明了译者对待马克思学说及其信仰者的敬服态度，哪怕敬服的意思，更多体现在佩服卢森堡的胆量、天赋、超人性格和痛骂精神，而不是同样信仰马克思学说。由此也表明译者翻译卢森堡的《新经济学》，具有积极倾向，出于理解、推广和运用马克思主义经济学的目的。

把本书和《资本积累论》说成卢森堡的毕生事业，意味着她借用马克思主义经济学进行理论研究和现实批判，其时代特征，重点针对帝国主义。《资本积累论》主要从资本积累角度，阐述资本主义的发展，通过控制、剥削和压榨非资本主义领域来实现，体现"资本主义的发展离不开非资本主义"的主旨。意即以资本主义发展到帝国主义阶段为背景，剖析资本积累的扩大再生产，单靠资本主义生产方式内部资本家和工人之间的关系，难以实现，须借助非资本主义生产方式的外部市场。本书的宗旨，则将矛头指向"资本主义的帝国主义"，从帝国主义残害和榨取一般无产阶级的组织规模与强制手段上，解剖它的内在灵魂和制度本体，驳斥为之辩护的各种经济学谬论。这些认识，同列宁分析帝国主义，有相互契合之处，到帝国主义阶段才能做出更清晰的观察。遗憾的是本书因作者被反对党杀害而未能完成，无法尽窥其全貌。

中译本并非直接译自卢森堡的原著，转译自佐野文夫②的日译本。佐野的共产

① 罗撒·卢森堡著，陈寿僧译，胡汉民校订《新经济学》，中国新文社1927年版，译者"序例"。
② 佐野文夫（1892—1931），日本共产主义者，共产党干部。

党员身份及其理想追求，显然对中译者有影响，中译者接受佐野对原著的说明，包括敬服原著者信仰马克思学说的革命精神、超人性格、解剖能力、批评锐利并贯彻始终，"以最短的时间"完成转译工作，让国人先睹为快。此外，中译者根据其他的日译本，增补卢森堡的小传，也是为了让国人通过卢森堡一生的复杂经历和显赫事迹，领悟许多重大的问题和有益的教训，而不是置身事外。所有这些，都把卢森堡的理论学说和经历事迹，当作可资效法的典范或值得尊崇的榜样，推荐给国人。

再看胡汉民同年 1 月 30 日的序言：

"卢森堡是一个最聪明精锐的马克斯主义者，同时为劳动运动、世界革命而牺牲的第一个人物"。她的生平，详载于陈寿僧所编写的小传，不必赘说。我所以向新文社提议翻译这本书，有两个理由。其一，"如马克斯忠告槐脱灵所说的话，'足下的宣传，虽然惹起德意志很大的喧骚，惹起许多的劳动者……究竟足下是依什么主张，辩护足下之社会革命运动？把运动之将来的基础放在何处？……无正确的科学的观念，无坚固的学说，而想鼓励德意志的劳动者，这是等于缺乏分别的良心之宣传游戏'"。其二，就是卢森堡说的，"成功为科学的经济学，在资本主义之无秩序的经济，让位于劳动社会总体意识的所编成所指挥的经济制度之时，其职务便算告终，近代劳动阶级的胜利，与社会主义之实现，就是说成为科学的经济学之没落……如此资本主义的出现的学说，变为论理的资本主义没落的学说，关于资本的生产式的科学，变为社会主义科学的基础，资产阶级之理论的支配工具，变为劳动阶级解放的革命的斗争之武器"。总之，"社会主义与劳动者运动，要安置于科学的认识之坚确不移的基础上面"。"中国现时出版界关于科学的经济学之著作译述，固然贫乏得可怜，而且大抵是只可做资产阶级理论的工具。这些著述者，叫他做资产阶级的辩护士，也不为过。说到革命斗争的武器，更是离题万丈。卢森堡这本书却是依据马克斯主义，将一切最有名的资产阶级经济学者之谬说尽数推翻，而给我们以极正确的科学的观念。所以现时中国出版界得卢森堡这本书，真是应于需要中之最需要的"。

原书是卢森堡在社会民主党学校自录的讲义稿本，原名"经济学入门"。我觉得这个名字与书中内容不甚切当，"以劳动阶级之经济学推翻资产阶级之经济学"，从这个要点看，不如叫做"新经济学"，更名副其实。再详细说，此书的性质，"以社会主义的见地，为分析现在资本生产经济与原始以来经济的出发点，认识整个经济学体系的秘密，打破一切资产阶级经济学者的隐瞒，而使社会主义得到科学的坚确不移的基础之经济学"。陈先生的译述，以日译为底本，参照德文原书，"译笔非常的忠实透辟"（日译本因受到检查，好几处文句被勾抹了，都补正完全），"使人十分满意"。新文社因我是起初的提议者，让我比对日译本进行校订，但我的校订，"真不过千虑之一而已"。

我读此书，还有一个感想。书中第 2 章开篇，将 1847 年马克思所说的"从来所有社会的历史，是阶级争斗的历史"这一句"极有名的批判"，加以修改。卢氏说，"我们关于人类社会的旧经济状态，差不多每年有新发见，而这些研究，引起一个结论，是在过去历史中，必定有一个非常长时期间，未曾起何等阶级争斗的时代。因为那时期中，一般社会上还没有分裂成种种阶级，也没有贫富的差别，也并无何等私有财产"。这一点，"不仅见得卢氏对于学问的忠实，更可见真正马克斯主义的信徒，是以马克斯主义为理论与行动的指针，而不是作为教会里面的圣典。这个意思，应该是真理的信仰，与宗教的信仰，一个分别的要素。正统派的马克斯主义者，便是不曾理解到这一点"。佐野文夫说，卢氏理论的著作，取能动的变革的立场始终一致，这些地方，我们应该注意。①

比起陈寿僧的序例，胡汉民作为翻译提议者和校订者，其序言更明确说明了卢森堡原著在马克思主义经济学的传播历史上的意义与作用。胡序评价卢森堡是"最聪明精锐"的马克思主义，是为劳动运动和世界革命而牺牲的"第一个人物"，强调她所处的特殊历史地位，较之陈序泛言她是马克思学说在德国的"唯一信仰者"，马克思的"第一个得意门生"，要妥贴一些。值得注意的是他提议翻译卢氏原著的两个理由。前一个理由引自马克思一段忠告，其对象"槐脱灵"，应指魏特林②。忠告原文尚待查明出处，但意思非常清楚，鼓动德国劳动者的革命运动，应当建立在正确的科学观念和坚固的理论学说的基础之上，否则就是一种宣传游戏。依此证明翻译卢氏原著的必要性，等于肯定此著具有正确、科学而坚固的理论基础。后一个理由引自卢森堡的原话，译文不那么顺口，直白的意思应是：当无秩序的资本主义经济让位于具有总体意识的劳动社会的经济制度，即近代劳动阶级胜利和社会主义实现之后，曾经科学的经济学也就没落并结束其职责；随着资本主义而出现的学说，变为替没落资本主义辩护的学说，关于资本生产方式的科学，变为社会主义的科学基础，由资产阶级支配的理论工具，变为解放劳动阶级的革命斗争的

① 罗撒·卢森堡著，陈寿僧译，胡汉民校订《新经济学》，中国新文社 1927 年版，胡汉民"序"。
② 魏特林（1808—1871），职业裁缝，德国工人运动初期的著名活动家，主张空想平均共产主义理论。

武器。这个理由，同样论证了社会主义与劳动运动要建立在坚定不移的科学认识的基础之上。由此又引出对当时中国出版界的不满，有关经济科学的著译作贫乏，已有的经济学著述，大抵是些为资产阶级辩护的理论工具，不可能作为革命斗争的武器。于是推崇卢森堡这本书依据马克思主义，完全推翻一切最有名的资产阶级经济学者的谬说，给我们极正确的科学观念，它能够在中国出版，满足了国人最急迫的需要。胡序直截了当，推崇卢森堡的著作为极正确的科学观念，以马克思主义批判资产阶级经济学，比起陈序着重于敬服卢森堡的信仰、精神、人格、能力等，明显的不同在于，期待国人能够运用这本书所阐述的马克思主义的科学观念，作为反对资产阶级的实际革命斗争的武器。这不止是把卢森堡这本书当作一支好箭来欣赏，还要作为适用于现实斗争的指导思想把它射出去。殊不知，时隔未久，此作序者便转到反共的立场上，所谓以马克思主义为指导思想，几成一场儿戏！

看来，在稍后发生四一二事件之前，胡汉民作为国民党右派代表人物之一，他高唱的马克思主义调门，仍未脱去自我欣赏的纯粹学问范围。在这个范围内，他可以把调子唱到极致，一旦超出这个范围，那又是另一回事，立马翻脸。胡序后半部分的说明，还是徜徉于此范围。其中说到卢森堡这本书的原稿名为经济学入门，似乎经胡氏的提议，才改名为新经济学。其依据也是从上面的理由推导而来，即不同于资产阶级经济学及其入门，这本书是劳动阶级的经济学，用社会主义的观点来分析原始经济以来直至现在的资本生产经济，打破资产阶级经济学者的一切隐瞒，认识整个经济学体系的秘密，使得社会主义具有科学经济学的巩固基础。当初卢森堡面向社会民主党学校的学员授课，取名经济学入门，本来已有宣传社会主义经济学或劳动阶级经济学的基本知识之意，谓之入门，同样名副其实。只是现在翻译成中文，面对不同的阅读对象，起名新经济学，更有利于同旧的资产阶级经济学区别开来。从中还可以了解到，此书的日译本，受到日本当局的新闻检查限制，被迫删去一些文句，中译本参照其德文原著，补齐了被删文句。也就是说，中译本比起日译本，更为完整，所以胡氏感到十分满意。

至于读后感想，胡氏以卢氏之书修改马克思的一个著名论断为例，发表一番议论。围绕《共产党宣言》第1章起首的名句，"到目前为止的一切社会的历史都是阶级斗争的历史"，胡氏认为，卢氏此书第2章引用后来研究人类社会远古经济状态的不少新发现，得出一个不同的结论，即远古有一个漫长时期，没有阶级分裂、贫富差别和私有财产，因此也没有阶级斗争。其实，这个修改，早在1888年恩格斯为《共产党宣言》英文版所加的注释里，已经注明有关阶级斗争的论断，"确切地说，这是指有文字记载的历史"。其依据，便是在他和马克思撰写宣言的1847年，"社会的史前状态，全部成文史以前的社会组织，几乎还完全没有人知道"；在此之后，经过研究发现，随着共产主义原始公社的解体，"社会开始分解为各个独特的、终于彼此对立的阶级"。① 照此说来，卢森堡的修改，不过以另一种方式，转述恩格斯的注释。但这并未妨碍胡氏提醒国人注意，日译者佐野说过，卢氏的理论著作，始终一贯地采取"能动的变革的立场"；并用上述所谓修改来显示卢氏"对于学问的忠实"，即真正的马克思主义信徒不是把马克思主义当作教会的圣典，而是作为理论与行动的指针。以忠实于学问为标准，引申出信仰真理还是信仰宗教的区别，其矛头指向所谓"正统派"马克思主义者。对此，可以有两种理解，一种是把马克思主义当作一成不变的教条而不懂得结合理论与实际的发展与时俱进，另一种则以修改为名而最终走向偏离、曲解乃至反对马克思主义的基本宗旨。事实上，胡氏后来选择了后者。

最后看佐野文夫1926年2月的"日译序"：

本书是卢森堡在德国社会民主党学校亲自教授经济学讲义的内容。她没有机会完成这部讲义，在公开发表之前，就遇着斯巴达克团的叛乱，被反革命暴徒虐杀了。曾与卢森堡同党的保罗·利维后来编纂上述遗稿，1925年在柏林出版。本书所载的材料，不过是卢森堡设想的一部分，即便如此，仍有几处尚未完结，或不过是随笔。这篇未竟的遗著，利维曾推测："不知是因为著者突如之死，所以阻住了著者企图的成就呢？或是因为此处所短的原稿，被闯进她住宅的凶汉偷了去的原故呢"？编纂者还推测，本书收集的原稿，大概一部分写于世界战争爆发前，另一部分执笔于战争前半期。

卢森堡是20世纪德国无产阶级运动所产出的"最伟大的革命的马克思主义者"，她的理论著作，"能动的变革的立脚点，常常一贯到底"。"这种态度在她这部向劳动者讲释的讲义的章法中，表示得很显明的。这种态度，才真是纯正马克思主义的态度，欲求理论普及众人，只有立于这种见解，才能做得到的"。考茨基离开"应当如何作"，"纯粹以勉强附会'祖述'资本论"为事，"波尔哈尔特""漠视马克思的方法，而专以机械的'摘要'，和一种琐屑的解说"为事，他们的态度

① 《共产党宣言》注②，见《马克思恩格斯选集》第1卷，人民出版社1972年版，第251页。

与卢森堡此书的态度两相比较，"两者的根本差异，当能一目了然"。

这本讲义的内容，首先讨论有产阶级的"国民经济学"的本质，彻底暴露其代表者的思想之矛盾和暧昧，阐明经济学上阶级的地位；其次移到经济之历史的考察，用详细的材料，解释原始共产社会之历史的地位，说明资本家与无产者对经济史的见解；再次在商品生产、赁银法则的题目下，解说马克思主义经济学的基本法则；最后著者打算说明资本主义经济的诸倾向时，讲义原稿至此中绝。本书之所以缺少关于资本的机能与运动的重要项目，想来是原稿那部分已丧失的原故。最后一章，著者本欲用来说明资本主义崩坏的法则，未及展开，原稿竟然中断，诚为可惜。"本书构造上，虽不无缺陷，而著者贯串本书全局的见解，使本书不失为与从来经济学解说品质不同，超然杰出的'入门书'"。

本书的注脚，凡对读者不必要的，如著者的备忘之类，概付省略。原著的卷头，本来附有编纂者利维的序文，因其内容无意味，也省略了。为读者方便起见，译者暂给各节目录附以标题，并加细目。①

日译者佐野的序言，对卢森堡原著的来龙去脉、个性特征及内容宗旨，交代得更加清楚。一则这是一部未完稿，大约执笔于一次大战之前至开战前半期，也就是1910年代前半期，原稿不全的原因，或系著者未曾完成，或系著者遇难而散失部分原稿，或系后人编纂过程中有所删减。这些客观介绍，为中译者所采纳，为中译校订者所忽略。二则著者作为20世纪德国无产阶级运动中最伟大的革命的马克思主义者，其理论著作贯彻到底的"能动的变革的立脚点"，指的是面向劳动者普及理论知识的明确态度，不像有些人一味祖述《资本论》，或解说方式机械和琐屑，漠视马克思的方法，脱离应当怎样做的实际情况。这种认识，对待真正的或纯正的马克思主义的态度，比较胡汉民批评马克思主义正统派不理解卢森堡修改马克思的著名论点的意义，二者之间存在着差异。三则这本讲义的结构，从彻底揭露有产阶级学者所谓国民经济学的思想矛盾与暧昧，阐明经济学的阶级性质，到详细考察原始共产社会在经济史上的地位，说明资产阶级和无产阶级对经济史的不同见解，再到以商品生产和工资法则为题来解说马克思主义经济学的基本法则，直至打算说明资本主义经济的各种倾向，最后尽管书稿中断而未及通过资本的机能与运动来展开说明资本主义崩坏的法则，但凭借贯穿全书而不同于传统经济学的见解，已然成为

---

① 罗撒·卢森堡著，陈寿僧译，胡汉民校订《新经济学》，中国新文社1927年版，"日译序"。

杰出的入门书。这样来解释原著"经济学入门"的名称，比起胡汉民更名为"新经济学"，应该更符合著者的原意。

不论如何，继日译本之后，中译本的翻译者或校订者，都把卢森堡这本书，视作马克思学说的信仰者和马克思的得意门生，或聪明精锐的马克思主义者和真正的马克思主义信徒，以革命精神和正确的科学观念，解剖资本帝国主义的秘密，推翻资产阶级经济学者的谬说，为社会主义建立坚确不移的经济学基础的一部杰出著作，值得国人敬服并适应了我国的急迫需要。这样将卢氏之书与马克思学说紧密联系在一起，在当时国内舆论界犹如异峰突起，颇具特点，此中原委，显然离不开日译者大力推崇的影响。

**（二）译本简析**

译本以正文为主，作为正文的铺垫，译者 1926 年 11 月在东京转译编纂的著者小传，同样起到提示和补充的作用：

卢森堡 1871 年出生在曾为俄国领地的波兰。她的诞生，"可巧与世界许多触心惊目的事，有多大的奇缘"。看到 1871 年的标记，不能不想到普法战争的结果，德国统一，凯撒即位（指 1 月 18 日普鲁士国王威廉一世正式即位德意志帝国皇帝——引者注），巴黎陷落；法国忍泪吞声，5 月被迫签订后来酿成世界大战的《法兰克福和约》；5 月 5 日更让人联想到 50 年前 1821 年的这一天是拿破仑的忌日，再推前 3 年即 1818 年的这一天是马克思的生辰；1919 年卢森堡在柏林遭凶徒杀害，又恰是世界大战结束，德国屈服于法国而缔结凡尔赛条约的那一年。以上背景，都与卢森堡"有起伏相映的关系，可算是奇人奇迹"。卢氏一生，"世界上闹得五洲鼎沸，人鬼失宁"，不知卢氏所使然，或时势使卢氏而然！

卢氏的少年时代，"可算是她将来出世的一个伟大征象"。有犹太人血统，其父相当于一个穷商人，她从少年时代家庭境遇的感受中，"早就将'贫困'二字，深刻在脏腑间了"。生于贫困家中，却禀承一种光明磊落的精神，不像那些阴郁烦恼的犹太人，大概少时得母教助力居多，常教读德国古典和波兰文学等书。贫苦家庭并未疏忽子女教育，她在中学，"发挥一种天赋的特性，头脑清明，优秀无比，并热心研究社会主义的文献"。15 岁有"非凡的文才"，著有多部小说；同时思想上受波兰社会主义运动先辈和浪漫主义者的不少影响，尤其受自由思想感化更多。18 岁与波兰社会党接洽甚多，颇为当时俄国政府所不容，于是受天主教（原译"加特力教"）洗礼，在牧师的帮助下逃亡。在新的地方以坚忍的精力与才能，发奋读书，对数学和自然科学颇有心得。她的社会主义思想得到促进，一方面固然是波兰和俄国社会主义者的影响，他方面不能不归功于同来亡命的德国社会民主党员，他们全家苦于病痛，加上物质上不自由，濒于离散。卢氏住在他们家中，挽回颓势，支撑门户，获得令誉；尤其对马克思、恩格斯的书籍，潜心研究。1889 到 1992 年间，放弃正规学习，在各地研究社会主义历史的学问。与俄国社会主义者的接触，就在这个时期。1892 年，可算是她最初加入社会运动的时期，与波兰社会主义者的小团体联系，"以全副协力，以期在波兰的马克思主义之确立"。

卢氏"政治生活的第一步，就是在波兰努力马克思主义为基础的劳动运动"。当时波兰说不上有劳动运动，社会主义团体中"无产阶级"最有势力，同国家的、封建的和资本主义的、自由主义的世界观，进行巧妙的斗争，给她以不少影响。她以旁观的态度，鉴于"无产阶级"被少数知识阶级的思想团体操纵，后来"纠合劳动者，努力于真正民众的实际运动，而组织所谓'劳动者同盟'的一个新团体"。当时波兰长期处于俄国皇帝专制的独裁统治之下，一般资本家受其庇护，榨取贫民血肉，当然不可能默认波兰的独立运动。1892 年，独立运动与波兰社会党合并，共同站在以劳动运动为目的而期望波兰独立成功的战线上。她纠合同志，得到波兰劳动阶级的后援，1893 年创立"俄罗斯波兰社会民主党"。同年在波兰组织社会主义新闻报刊《劳动问题》，为该党最初的机关报。该党的创立，"不待言是基础于马克思主义的"，年方 22 岁，"一跃而为名实相符的首领了"。机关报《劳动问题》出现后，在波兰社会党内部引起主义上的争斗。一派对于这个新兴的马克思派，大加攻击，并将她从出席当地社会党国际会议的代表中除名。1895 年在巴黎图书馆埋头于蒐集波兰史的材料，形成她后来获得博士的论文，即 1897 年公开发表的《波兰产业的发达》与《波兰的社会爱国主义》。两篇论文，"基于深刻广博的历史研究，来描写现代的一切经济的发展倾向"，以精透的眼光，研究波兰重新建国的可能性与无产者建设国民国家的任务，"实为波兰独立的不朽之作"。当时内忧外患交集，她以坚强不屈的精神，努力奋斗，终于在俄罗斯波兰社会民主党创立后三年，"完成了马克思主义的社会主义建设的事业"，并得到 1896 年伦敦国际会议的承认，1900 年又在巴黎获得新旧两党同样的资格承认。

结束波兰的运动，她转而投身德国的社会主义运动。德国社会民主党内部限制较严，第一个条件要有博士学位，所以她在 1897 年努力于博士学位；第二个条件要有本国国籍，她为此颇费工夫，不得已通过假结婚取得德国国籍，随后解除假婚约。1898 年正是德国帝国议会选举运动的激烈时期，她也加入运动。选举运动结束后，投身于理论的论战，"颇惊大众的耳目"。同年发表《社会主义诸问题》，当时德国社会民主党内部差不多起了动摇，她因这篇论文，乘此颓势，大加整理，才有中兴之业。不久又发表《社会改良？革命？》，对修正派彻底攻击。"这篇文章，对于革命事业所收的功效甚大"。此时世界社会主义中视为难题者，除了修正派的问题外，还有社会党与有产阶级党成立联合政府的问题。当时各国社会党对这个问题大加辩护，德国也没有人反对，只有她以长篇文章，痛加攻击。终于在 1904 年的国际会议上，反联合政府派获得最后的胜利。

1905 年俄国革命时代，她以热烈的眼光，注视当时的运动，以健笔精详解释无产者的革命任务及目的。同年 12 月，假名密赴俄国参加革命运动，翌年 3 月不幸被俄国官府逮捕，同年 6 月获保释出狱，不久经芬兰、瑞典回到德国。俄国革命对她有不少影响，后来著《总同盟罢业与德国社会民主党》，可算是这场革命的收获。这篇文章，"攻击社会民主党不彻底的平和改良主义，应采革命的手段，集团运动，总同盟罢业的战略"。至今德国共产党与社会民主党之所以能够持久，大半归功于这篇文章的集团策略。

欧洲大战时，她"以明慧的眼光，从理论与实行的两方面摘发战争的内幕"。理论方面，著有《资本的集积》，"这书的内容差不多把帝国主义，放在肉俎上纵横的解剖"；实际方面，"从正面与军国主义挑战，大唱其过激的非战论，向全劳动阶级，警告大战争的危险"。因此 1913 年秋，招致法庭一年禁锢。1907 年，卡尔·李卜克内西（原译"喀尔·李普克尼希"）发表《军国主义与反军国主义》，作为反军国主义的健将，与卢氏友情甚笃。此后两人以互助精神，合作革命事业。他们两人的关系，本书编纂者利维说：卢氏好比指导者，卡尔好比击物的铁锤，卢氏用思想，卡尔用腕力。他俩"倾全副的精神，以非战论攻击政府的运动，向好战的德国民众，大加宣传，经几多失败挫折，好［不］容易把德国议会内外的主战空气，排挤到稀薄而终成真空的程度"。后来达到成功的结局，"这就是德国社会主义运动史上不朽的盛业"，也是两人"伟大的贡献"。1914 年 12 月 2 日，卡尔在德国议会，公然声明反对政府的第二次军事公债。"这句话的功效，就决定了全世界和平运动的乾坤，也可说是亿万民众的大福音了"。当时德国议会表决反对战争、同政府不合作的议案，招致 1917 年 4 月社会民主党党员的脱离，另行组织德国独立社会民主党，也潜伏了德帝国的国体组织"改造的运命，革命的先声"。这个影响，我们不能忘却议会内卡尔的行动和议会外卢氏的思想传播。

1915 年 2 月，卢氏在法兰克福，因有关士兵虐待的演说触犯政府禁令，被投入牢狱一年。因此前组织《国际》杂志，她的少数党被称为"国际派"。入狱 2 个月后，匿名在杂志上发表《德国社会民主党内部的危机》，今日称为《尤尼乌斯小册子》，"在社会主义文献中，颇负盛名，并视为至宝"。1916 年 1 月，《国际》在柏林秘密召开第一次全国会议，决议同志间发行《斯巴达克信札》为报道机关，此即今日广行于世的斯巴达克团的由来。1916 年 2 月出狱后，与卡尔一道参加五一劳动纪念日民众对战争的示威运动，卡尔被捕，惩罚劳役 4 年 6 个月，同年 7 月卢氏亦被捕，投入监狱，惩处无期徒刑。1918 年 11 月，德帝国破灭，革命成功，她与卡尔同时恢复自由。革命中，她以理论指导民众，在柏林创刊斯巴达克团的中央机关报《红旗报》。十一月革命成功，斯巴达克团不与他党合作，全然成为一个独立的新政党，同年 12 月 30 日改为德国共产党。此时可算她一生"最盛期"。"当时德国革命，以纯粹无产者左右政权，为时尚早"。拥有最大势力的新德国社会民主党，对无产者实行高压手段，一面与有产者的中坚分子和左翼联手，抵挡极右的反革命派，一面以武器对付极左的革命派，"所以德国革命，未至彻底"。

后来卢氏之死，与德国革命有极为密切的关系，惟事迹冗长，不便详记。这里只就其梗概，略说一二：1918 年 11 月 9 日，德国革命成功，社会民主党首领艾伯特就任宰相，翌日社会民主党和独立社会党各以同样数量的党员组织内阁，自称人民委员会。12 月 29 日，因水兵团与斯巴达克团暴动事件，艾伯特内阁改组，社会民主党诺斯克继任，德国政权悉归该党掌握。翌年 1 月 4 日，为罢免柏林警察总监一事，斯巴达克团再举反旗，攻击政府，竟酿成柏林市街头激战一个星期，斯巴达克团寡不敌众，终归失败，革命军也随"骚扰事件"而告一段落。骚扰事件的主谋卡尔与卢氏二人，不免于难。卢氏被暗杀在 1 月 13 日夜间，死后 4 个月才在某桥旁发现遗骸，凶手果系何人，至今尚未判明。[①]

以上传记，可以说是国内公开出版的著作中，迄于此时能够看到的有关罗莎·卢森堡生平事迹最详细的介绍。整个介绍，始终围绕着她怎样走上信仰社会主义和马克思主义的道路，怎样在投身劳动运动和革命斗争中坚持以马克思主义为理论指导，直至献出生命这一核心线索，突出以高昂的斗志、天赋的才能、刻苦的努力、

---

① 以上引文均见罗撒·卢森堡著，陈寿僧译，胡汉民校订《新经济学》，中国新文社 1927 年版，"著者的小传"。

执著的精神，毫不动摇地反对资本主义、修正主义和帝国主义战争。一系列介绍，涉及时代背景的因缘际会，出身贫困家庭的特殊影响，接受社会主义思想熏染的深化过程，转战波兰、俄国和德国等地的艰难经历，创建马克思主义政党的矢志不渝，攻击修正派及社会民主党中和平改良主义的坚决彻底，一再被捕又一再重新斗争的不畏强暴，反对军国主义、为推翻帝国统治并为发展德国社会主义运动所作出的伟大贡献，撰写大量著述成为推进革命事业的不朽之作或社会主义文献中负有盛名的至宝等，鲜活地显现一位杰出的马克思主义理论家和革命家的成长历史，也让人真切地体会她何以被列宁誉为暴风骤雨中的"革命之鹰"。

介绍中如此赞扬像卢森堡这样的马克思主义者，当时颇属鲜见，等于在推出她的著作之前，先给一个引导性定论。传记里也提到，当时德国革命并不彻底，原因在于纯粹的无产者试图掌握政权，"为时尚早"，卡尔和卢氏所代表的"极左的革命派"，遭到与有产者中坚分子及其左翼联手的社会民主党政府的武力镇压。这个分析，在一定程度上揭示了德国十一月革命虽由无产阶级主导，仍属于推翻君主专制统治的民主革命的特征；同时含有某种寓意，似乎卢氏等人在德国的革命努力，有些脱离实际，急于求成。按照后一种理解，传记评价卢氏为人行事，更多赞叹她的"奇人奇迹奇缘"，是否引为效法的榜样，则属未定之天。看来，译者对卢氏的著作，亦可作如是理解。

译本共6章，每章的各节标题及其细目，根据佐野日译本的说法，为了方便读者而暂且编加。通过这些详细的目录，大致可以了解全书的结构安排和主旨观点。

第1章"国民经济学是什么？"，分6节。第1节"经济学的对象"："有产阶级学者解释经济学对象的暧昧"，可见若干代表人物的解释；"关于经济学发生时期见解的差异"，列举富兰克林、杜林、拉萨尔、马克思等人的解释。第2节"'国民经济'的本质"："有产阶级学者解释国民经济本质的差异"，列举某位代表人物的解释及对这个解释的批评。第3节"国民经济？世界经济？"："一国民之自立的经济果然存在么""德国国民的经济生活""国际的经济之存立""有产阶级学者否认世界经济的存立""对于有产阶级学者否认世界经济的存立之批评""对于国际贸易由工业国与农业国之对立而发生的批评""德国的输出输入""国民经济没有自立""世界上经济的联结基础不是单纯商品交换""由政治的支配关系之经济的联结""由资本输出的联结"。第4节"国民经济？世界经济？（续）"："英国木棉工业之发达与世界的影响""资本主义经济使世界成为经济的全一体""有产阶级学者否认世界经济之阶级的根据"。第 5 节"资本主义生产样式之法则的发见":"自然经济时代的农民经济""加路路大帝的经济""自然经济的特征""资本主义经济的特征——以商业恐慌为例、以失业为例、以价格变动为例""经济学的任务是资本主义生产样式之法则的发见""古代经济与封建经济的计划性""资本主义经济的无秩序性""资本阶级的经济学与劳动阶级的经济学"。第 6 节"经济学与劳动阶级":"经济学的存立随资本主义的存立""为有产阶级革命武器的古典经济学""社会主义之实现同时经济学告终""为无产阶级解放运动武器的经济学""法国革命与社会主义""乌托邦社会主义""科学的社会主义之发生""经济学与无产阶级运动之特殊关系"。

第 2 章"经济史(一)",分 4 节。第 1 节"原始共产社会之历史的地位":毛勒(原译"毛拉")的发见,日耳曼民族共产体的发生过程,哈克斯特豪森(原译"哈克士陶孙")的发见,斯拉夫民族共产体,印度共产体,阿拉伯民族共产体,古代秘鲁共产体,"原始共产主义是在一定阶段的普遍的形态",摩尔根(原译"莫尔干")的原始共产主义学说,"阶级榨取社会不过是在文化发展的一时的阶段",摩尔根的业绩与马克思主义。第 2 节"原始共产主义学说与资本家的阶级利害":"有产阶级学者反对原始共产主义学说的阶级的根据",列举若干代表人物的反对论及相关的反驳。第 3 节"原始种族的共产主义":"未至农业程度的最原始的种族生活",列举一些地区的种族生活,"在未至农业程度的种族间行共产主义经济""农业共产主义是原始共产主义之最高并且最终的形态"。第 4 节"对于经济史之资本阶级的见地与劳动阶级的见地":"为经济史发展的要因须选择什么呢""对于生产手段之劳动力的关系""有产阶级学者经济史之阶段的分类",列举某个代表人物的分类及相关的批评,"有产阶级学者以经济史的尺度而选择交换分配消费的阶级根据""对于经济史阶级的地位之相反"。

第 3 章"经济史(二)",分 2 节。第 1 节"原始共产社会之内部的组织与各种崩坏样式":日耳曼、古代秘鲁、古代希腊共同体内部的组织,"原始的社会组织之崩坏的经路""与资本主义的冲突""在西班牙殖民地的西印度共同体之崩坏样式""印度共同体内部的组织与其崩坏样式""俄罗斯共同体内部的组织与其崩坏样式"。第 2 节"原始共产社会的崩坏过程总说":"土地共产体的顺应性与耐久性""劳动生产力与生产关系的冲突""集约的耕作之必要与土地私有之发生""公共的事业之增大与身份的分化""非洲黑人社会的专制政治""资本主义的侵入"。

第 4 章 "商品生产"，分 4 节。第 1 节 "商品交换的成立"："假设共产体的共有与共同劳动计划突然被废止" "由交换而再建社会的联结" "商品生产的发生" "在交换社会私的劳动如何变成社会的劳动" "商品交换影响于社会关系的变化"。第 2 节 "商品交换的成立"（续）："如何样社会的交换才得成立呢" "一般的商品之发生" "货币出现与货币诸机能"。第 3 节 "商品经济之历史的发展"："共有崩坏与私有发生" "分业的发达" "由偶发的交换到规则的交换" "一般的商品金属货币之出现与商品经济的支配"。第 4 节 "由单纯商品生产到资本家的生产"："商品交换的基础" ——斯密（原译 "斯密思"）与李嘉图（原译 "李加特"）的劳动价值学说，"马克思的功绩" "依货币废止的社会主义实现的企图" "行价值那样的交换何以还有富的不平等出现"。

第 5 章 "赁银法则"，分 7 节。第 1 节 "劳动力商品"："劳动力商品的出现" "劳动力的价值" "劳动力商品的特殊性" "劳动力变成商品的诸条件" "劳动生产的发达" "劳动者之身体的自由" "由生产手段的分离" "商品经济的存立"。第 2 节 "劳动日"："支付劳动时间与剩余劳动时间" "奴隶劳动的榨取与赁银劳动的榨取" "增大剩余价值的二方法——劳动日的延长与赁银的减少" "劳动日的长短视资本家对劳动者的实力而后决定" "以劳动日作中心的争斗史" "最短劳动日制定的时代" "最长劳动日制定的时代"。第 3 节 "赁银形成的基准"："名目赁银与实质赁银" "买卖劳动力的资本家的地位与劳动者的地位" "仅依劳动公会组织的劳动力能照价值那样的卖出" "劳动者生活标准减少到生理的最低限度的倾向"。第 4 节 "产业预备军的发生"："产业预备军的存在" "以资本主义经济的存立条件" "产业预备军的诸层" "产业预备军的形成是资本主义特有的现象" "有产阶级学者以失业者层的存在当作自然律"。第 5 节 "相对赁银与社会主义运动"："绝对赁银与相对赁银" "相对赁银的低下是资本主义发展的必要条件" "对于相对赁银的争抗成为对于资本主义的争抗" "公会运动与社会主义运动"。第 6 节 "影响于赁银形成的劳动公会的作用"："劳动者生活标准仅依劳动公会组织而抬高" "在影响于生活标准向上的劳动公会的作用有界限" "'赁银铁则' 理论与批评"。第 7 节 "赁银劳动者的发生"："最初的无产阶级是从何处发生的呢"。

第 6 章 "资本主义经济的诸倾向"，仅 1 节。此节 "资本主义生产样式的矛盾"："以无秩序为原则的资本主义经济使之可能的诸条件" "使资本主义可能的法则转为使之不可能的法则" "资本之世界的司令——世界贸易与殖民地侵略" "资本主义的矛盾到世界经济的成立现出赤裸的原身""资本主义生产的扩张欲与市场限界的冲突"。

通观全书目录，尽管最后一章说明资本主义经济的发展趋势，内容严重残缺，但确如日译者的序文所说，前面各章贯串全局的见解，显示在本质上不同于历来的经济学解说，是一本揭示资本主义必然崩坏之发展规律的入门书。此书从论证"国民经济学是什么"入手，至少有两个特点：一是用国民经济学指代现行占支配地位的传统经济学，带有德国学者研究经济学的特色。二是强调一国经济的世界属性，非仅限于本国国民，这同资本主义发展到帝国主义阶段的时代经济特征密切相关。这个论证所引导的取向：传统经济学伴随资本主义经济的兴起而产生，发现资本主义生产方式的运行法则，但作为资产阶级的革命武器，又将随着社会主义的实现而告终；适应于劳动阶级的社会主义经济学，经过革命斗争的孕育以及从空想到科学的发展，最终成为无产阶级解放运动的思想武器。接着论证经济史，主要围绕原始共产社会的问题，这也是全书篇幅最大的2章。何以费这么多功夫来讨论这个问题，看来同《共产党宣言》发布"到目前为止的一切社会的历史都是阶级斗争的历史"这一名言以后，学术界研究社会的史前状态即原始共产主义社会的一系列新的发现有关，因此在这个名言所说的历史前面，须加上有文字记载的历史这一限制词。对此，胡汉民惊为对马克思主义论点的重要修改。实则卢氏著作中提到有功于这些发现的那些代表人物如毛勒、哈克斯特豪森、摩尔根等，恩格斯1888年宣言英文版的注释里，均有所论及，也就是说，不必等待卢氏的修改，恩格斯早已用注释形式做出确切的表达。至于商品生产与赁银法则2章，佐野认为解说马克思主义的基本法则，但从上面的目录看，商品生产一章不尽然，穿插着作者自己的看法，当然主要依据《资本论》第一卷有关商品、交换过程、货币转化为资本等内容，论述从商品交换到商品经济再到资本家生产的发展过程；赁银法则一章基本上按照《资本论》第一卷有关剩余价值生产和工资等内容，论述劳动力商品、工作日、工资标准、产业后备军、雇佣劳动者等要素，同时说明工会组织对提高劳动者生活标准的局限性，并批评工资铁律说。最后一章论述资本主义经济的各种倾向，强调资本主义生产方式的矛盾，其内容结合世界贸易、殖民地侵略、世界经济等体现资本主义进入帝国主义阶段新的时代特点，显示这个矛盾暴露得更加彻底，资本扩张欲望与有限市场之间的冲突也更加严重；不过单从目录的表述看，诸如资本主义经济以无秩序为原则，资本主义的法则从可能转为不可能，资本世界的司令，世界经济的形成让资本主义的矛盾显现其赤裸裸的原形等译文，意思说得并非十分明了，相互的联系也不那么清晰，让人感觉到本章论述未能完成而留下的缺陷。

可见，不论叫作经济学入门或新经济学，通过这本书的译本目录，都能看出它站在马克思主义经济学的立场上，根据新的时代背景和史料研究，揭示资本主义经济必然崩坏而为社会主义经济所取代的发展规律，以及古典或传统经济学作为维护资本主义经济的思想武器，必将让位于指导无产阶级解放运动和实现社会主义的劳动阶级经济学的历史趋势。卢氏忠实地信奉马克思主义经济学这一点，还可以举出正文的例子以资证明。例如：

论述经济学的对象，批评资产阶级学者用"暧昧糊涂的文句"解说经济学的本质，关于经济学产生时期的争辩，有人认为产生于古希腊古罗马时期，差不多和人类有记录的历史一样古老；有人认为产生于 18 世纪后半期，不过一个世纪左右；还有人认为现在只是端绪，刚从摇篮里出来，有待我们去建设。《资本论》第一卷，附有"政治经济学批判"的副标题，"把自己的著作，放在从来经济学的圈外，把从来的经济学，作为一种已完成的学问，而他自己便从旁加以批判的格局"；也就是说，"这学问已经死亡，正在批判的埋葬时代了"。于此可以明白，经济学这个学问，如何成为奇特而错综的问题。

旧派社会主义即乌托邦社会主义消失，"马克思与恩格斯的社会主义理想，另在一个新基础上，建立起来了"。两人所谋求的社会主义的基础，不是对现行制度的"道德的非难"，也不是"发明迎合人心的计划案"，不去说可以将社会平等输入今日国家那一类的话，只研究"今日的社会的经济关系"。"马克思在资本主义无秩序的法则中，为社会主义的努力，发见了实际的端绪"。英法两国的古典经济学者发现了资本主义经济生存发展的法则，马克思在半个世纪后，"正在他们研究中止的地方着手工作起来"。"马克思发见了今日经济制度的法则，是向着它自身的破灭而进行的，盖由于无秩序的生育，不断的摧残社会的存立，以至于成破灭的经济政治之破局的连续原故"。正如马克思的证明，社会总体与人类文化，没有没落于不可收拾的混乱，倒是在资本支配成熟的某个阶段，"资本支配自身的发展倾向，必然的使社会总体与人类文化，向劳动社会总体所编成计划的经济样式推移"。支配的资本，通过两种方法竭力促迫它自身的寿命，"不住的多多纠合那些为自己掘墓的无产者，又使资本散在世界各国，成一个无秩序的世界经济，于是同时就造成万国无产阶级团结起来，排斥资本主义的阶级社会，行最激烈的革命运动的基础"。社会主义不是设计的方案，不是华美的空想，也不是各国的劳动者群体单独进行的实验。社会主义作为"国际无产阶级之共同政治的行动纲领"，"因为是资本主义之经济的发展倾向之一成果，所以是一个历史的必然"。

于此可以明白，马克思为什么把他自己的经济学说，放在现有经济学的圈外，名为政治经济学批判。"依马克思所说明的资本主义的无秩序与其将来没落的法则，确实是有产阶级学者所创始的经济学的继续，可是在最后结果，与有产阶级经济学的出发点，成为判然相反的继续。马克思的学说，譬如是有产阶级经济学的儿，并且是母亲以生命换来的儿。经济学是完成于马克思的理论中，但是同时经济学这门科学，也就告终了。今后继续他的是什么呢——除将马克思学说中各个部分完成之外——就只有把这个学说移转到行为方面的一件事，换言之，仅是为实现社会主义经济秩序起见，与国际的无产阶级争斗而已。如此，经济学这门科学的终结，就成了一件世界史的事迹——就是将经济学移转到依计划所编成的世界经济的实行意义。经济学说的最后一章，是讲世界无产阶级的社会革命"。

"于是我们证明经济学与近代的劳动阶级之特殊联结，是一个互相关系。在一方面如由马克思所完成的经济学，是在其他一切的学问以上，为启发无产阶级所不可缺的基础；在他方面，有阶级意识的无产阶级，对于今日经济学的学说，是唯一的有理解能力与感受能力的倾听者"。起初法国的魁奈（原译"撰内"）和布阿吉尔贝尔（原译"波纠白耳"），英国的亚当·斯密和李嘉图，看到旧封建社会的崩坏与衰亡，曾以一种矜持与感谢，眺望新兴的有产阶级社会，将有产阶级千年王国的抬头与"自然的"社会相调和，怀着坚定的确信，慧眼注视资本主义法则的精义。近来不断扩张势力的无产阶级的阶级斗争，尤其巴黎无产阶级的六月骚扰（指 1848 年巴黎工人武装起义——引者注），早已打破了有产阶级社会自以为神圣不可侵犯的信念。有产阶级社会尝到了近代阶级对立的智慧果实以后，就嫌他们的经济学创始者不应该将这个事实暴露于世界。然而近代无产阶级的代言人拿出来的武器，还是出于有产阶级经济学者所发现的学问，"这是今日一个很明白的事实"。数十年来，不仅社会主义经济学，就连曾经是现实科学的有产阶级经济学，也完全不肯倾听今日有产阶级的各种解释了。今日有产阶级的学者，对有产阶级经济学的伟大前辈，已经没有理解的能力，对生于有产阶级社会而敲响有产阶级的警钟的马克思学说，当然更没有容受的能力。今日他们只是借经济学的名目，讲些繁杂的学问上的思想，随手留下乱糟糟的碎屑，"他们早就不依研究资本主义现实的倾向为目的了，反而隐蔽这种倾向，以资本主义为最上的、唯一的、可能的、永久的一个经济制度而拥护之"。今日经济科学，已为有产阶级社会所忘却、所背离，只有从具有阶级意识的无产阶级中间得到同情，无产阶级不仅谋求理论的理解，还谋求强有力的实行。所以，经济学正好适合有名的拉萨尔所说："科学与劳动者，这个社会的两端，到相抱合的时候，一切文化的障碍，怕要被他们的手所绞杀！"①

以上论述，其译笔，并非像胡汉民所说的那样，"使人十分满意"，也很难称得上"非常的忠实透辟"，但透过生涩难解的译文，仍能体会作者的大致意思。所谓经济学的对象，所谓资产阶级学者用暧昧糊涂的文句来解说经济学的本质，所谓围绕经济学何时产生而出现的见解差异等，其实都指向经济学是否具有阶级属性的问题。这个问题之所以被当成错综复杂的奇特问题，因为它一直被隐瞒、回避或模糊认识，唯有马克思的《资本论》以"政治经济学批判"的方式，跳出传统经济学的范围，视之为已经完成其使命的一种学问，从外部加以批判；这个批判的格局，宣布传统经济学的学问已经死亡，进入正在被埋葬的时代。换言之，传统经济学在本质上属于资产阶级经济学，它以资本主义经济的存在与否为转移。最初对资本主义经济的批评，来自旧派或乌托邦社会主义，那是建立在对现行制度的道德非难，或输入社会平等观念、发明迎合人心的规划上。随着这一派社会主义因陷于空想而消失，马克思与恩格斯的社会主义理想应运而生，并建立在专门研究今日社会经济关系的新的基础之上。也就是说，马克思从资本主义的无秩序法则中，发现了实行社会主义的端绪。进而言之，传统经济学的先驱即英法两国的古典经济学者，曾经发现了资本主义经济生存与发展的法则，然后止步不前；半个世纪后，马克思正是在他们研究中止的地方着手工作，发现了今日经济制度由于生产的无秩序，不断地摧残社会存立的基础，长期延续下去，导致经济政治局势的破坏，这是朝着自我破灭方向行进的法则。马克思证明了，这种破灭，不是产生于不可收拾的没落混乱，而是资本支配成熟到某个阶段，由于自身发展趋势，必然使社会总体与人类文化转向按照劳动社会总体进行计划编制的经济方式；资本支配寿命的终结，通过不断造就更多为自己掘墓的无产者，以及让资本散布在各国从而形成无秩序的世界经济两种方法，奠定了各国无产阶级团结起来，为推翻资本主义阶级社会而实行激烈革命运动的基础。社会主义不是设计和空想的产物，也不是一国劳动者的独自实

① 以上引文均见罗撒·卢森堡著，陈寿僧译，胡汉民校订《新经济学》，中国新文社 1927 年版，第20—21、80—83 页。

验，它作为国际无产阶级在政治上共同行动的纲领，是资本主义经济发展的结果，是历史的必然。可见，马克思的经济学说，延续了资产阶级学者所创始的经济学，最终又宣布了资产阶级经济学作为一门科学的结束，今后继续的事业，除了完成马克思学说的各个部分之外，完全转向实现社会主义的经济秩序与国际无产阶级的斗争，在世界范围内实行依照计划的经济活动。所以说，经济学说的最后一章，讲的是世界无产阶级的社会革命。

作者用自己的语言方式，表达对马克思经济学说的忠实信奉。其特点，一是揭示现行占据支配地位的传统经济学的暧昧之处，在于掩饰其为资本主义经济张目或辩护的阶级实质。一方面，古典经济学以法国重农学派和英国斯密、李嘉图等人为代表，从阶级属性上看到旧的封建社会的崩坏与衰亡，发现新的资本主义经济的法则，具有一定的科学性，同时确信新兴的资本主义社会能够与自然的社会调和在一起，企图建立起资产阶级的千年王国，从而中断其科学性；另一方面，今日资产阶级社会从其经济学创始者分析近代阶级对立的智慧果实里尝到甜头后，就想掩盖阶级对立这个事实，借用经济学的名义去谈论繁琐的学问和细枝末节，不去研究反而隐藏现实资本主义的发展趋势，把资本主义当作最好的、唯一可能永久持续的经济制度来加以拥护，从而完全丧失其科学性。二是证明经济学与近代劳动阶级的特殊关系，二者互为依存。一方面，马克思综合其他各种学问所完成的经济学，为启发无产阶级建立了不可或缺的基础；另一方面，围绕今日经济学说，形成阶级意识的无产阶级是唯一具有理解能力与感受能力的倾听者。这里说的经济学说，指给予现实社会以科学分析并将阶级对立的事实暴露于世的学说。近来无产阶级不断扩张势力，通过阶级斗争，特别是1848年巴黎无产阶级起义，早已打破资产阶级社会自以为神圣不可侵犯的信念，将今日资产阶级经济学的各种解释抛在一边，不仅积极理解马克思从古典经济学者所发现的学问中发展而来的社会主义经济学，还谋求强有力地实行这一学说；相反，今日资产阶级学者已经失去对古典经济学前辈的理解能力，更没有能力容纳和接受敲响资产阶级警钟的马克思学说，既然忘却和背离经济科学的本质，一味遮掩真相，吹捧资本主义经济制度，也就宣告传统经济学走向了末路。

这样以对比的方式，依据经济学的阶级属性，判断其经济分析是否具有适应于特定历史阶段与特定研究对象的科学性；又依据经济学的科学性，鉴别资产阶级经济学的转化过程，从古典经济学前辈曾经拥有科学理解能力，到他们将资本主义社会视同自然社会而中断这个能力，再到今日经济学者故意暧昧或掩盖现实社会的本质特征而完全丧失这个能力；进而评价马克思批判地继承古典经济学的科学精神，摆脱空想规划并专注于研究现实经济关系，从资本主义经济自身去发现其发展规律和必然趋势，超过传统经济学的范围而创立崭新的社会主义经济学，既启发了无产阶级的阶级意识，更为无产阶级通过社会革命，取代无秩序的资本主义经济而建立有秩序的社会主义经济，提供了指导方向和共同行动纲领。这些判断、鉴别和评价，最后落脚在宣告旧的资产阶级经济学已经死亡，新的社会主义经济学正在兴起，其核心要素，便是对马克思经济学说的崇信。这也是卢森堡的经济学原著，或被称作经济学入门，或被称作新经济学的根本标志。但不知何故，讨论经济学与无产阶级运动的特殊关系的末尾，搬出拉萨尔的话作为概括，认为处于社会两端的科学与劳动者一旦结合在一起，将扫除一切文化的障碍。借用这句话，意在表达劳动者用科学思想来武装，具有不可估量的影响，但以拉萨尔作为马克思创立科学社会主义的评价者，依此解说经济学将成为无产阶级解放运动的武器，多少可以看出卢森堡对拉萨尔作为德国无产阶级运动元老的敬意，而把马克思批评拉萨尔的思想分歧，置诸脑后。

## （三）结语

根据前面的介绍，卢森堡的讲义未完稿自 1925 年由利维整理出版后，1926 年初佐野翻译出版日译本，1927 年初陈寿僧又以最短时间完成中译本的出版，可以说创造了引进马克思主义经济学著作的一个新速度。

按照胡汉民的说法，当时中国出版界推出的经济学著译作，能够称得上科学者少得可怜，大多数是为资产阶级辩护的理论工具，无法成为革命斗争的武器，而卢森堡这本书提供极正确的科学观念，恰恰在于依据马克思主义，推翻了一切最有名的资产阶级经济学者的谬说，所以也是当前我国最需要的一本书。言下之意，一则经济学的科学性，在于质疑和否定资产阶级经济学的自我辩护意图；二则我国需要经济科学的紧迫性，在于用作革命斗争的理论武器。前面一个意思，来自卢森堡本人的论述，她在书中，正是把现行经济学用暧昧之词来掩饰其阶级本质，作为它们中断或丧失科学性的理由，也正是把马克思继承古典经济学家从已经衰亡的封建社会发现新兴资本主义社会的经济法则的科学研究，进一步发现资本主义经济必然崩溃并为社会主义经济所代替的发展趋势，作为他的经济学说具有科学性的标志。胡汉民拿来这一论述，批评中国出版的经济学论著以辩护性居多而缺少科学性，可谓活学活用。后面一个意思，从前者引申而来，同样见于卢氏论述经济学与无产阶级运动的特殊关系，意谓当务之急是运用马克思经济学说的科学理论，启发无产阶级的阶级觉悟，开展世界范围内的社会革命，以新的有计划的社会主义经济去取代旧的无秩序的资本主义经济。但胡氏不问中国的实际情况，套用这个论述说是国内急迫需要，不免有些生搬硬套。从胡氏后来的行为表现看，这番说教，言不由衷，因为脱离中国现实抽象谈论马克思主义经济学及其运用的特征，只是说说而已，不必承担任何责任。不过，在国内出版界以维护既得阶级利益为主导取向的经济学著作占据支配地位的情况下，有人为一部站在劳动阶级立场上，推翻资产阶级学者的主流辩护词而挑战现行社会制度的新经济学著作呐喊助威，不论其主观意向如何，客观上毕竟为马克思主义经济学在中国的传播史册，留下了值得记忆的痕迹。

说到新经济学，卢森堡的著作里，已经明确马克思置身现行经济学圈外，批判旧经济学失去科学性，是奠立新的社会主义经济学基础的创建者，何以胡氏还特地举荐卢氏著作的中译本为新经济学的代表作。对此，除了举荐者本人此时尚未改变对马克思主义及其相关著述的研究兴趣之外，另有几点值得考虑。

一是来自日译者的影响。多年来，我国引进西方各种新兴社会思潮的主要渠道，往往借助于转译日本国内所发表的著述，包括社会主义思潮和马克思主义的传播也是如此，进而形成一种跟踪、检索、选择、吸收和翻译日文有关著述的敏感与偏好。通过佐野的日译本，发现新编纂而成的卢森堡的遗著，便是追踪和扫描的成果。同时，转译这个成果的过程中，接受日译者如佐野作为日共党员的解说或诠释倾向，也属于附着在西方原著上的另一种影响。

二是基于通俗宣扬马克思主义经济学的需要。卢氏著作原是德国社会民主党学校的讲义，用于普及马克思主义经济学，不同于纯粹研究性著作以艰深的理论逻辑去说明复杂的社会现象，更加注重理论阐述面向普通党员的通俗易懂和可接受性。这种讲授特性，也适应了我国传播马克思主义经济学的阶段性需要，引进马克思主义经济学的原著逐渐走出书斋式研究的小圈子，以通俗解说或浅显易懂的方式，用作启发和动员大众尤其劳动阶级的思想武器。至于说现有中译本读起来不那么顺畅，常见生僻拗口的表述，不是原作者有意如此，而是中译者的翻译问题。

三是体现新时代的新内容。马克思经济学说诞生以来，社会经济的发展变化和研究领域的发现积累，需要及时补充到马克思主义经济学的理论体系之中或用马克思主义经济学加以解释，这是马克思主义者的一项新任务。在卢氏著作的举荐者和中译者看来，这本书的新内容，至少体现了作者运用马克思学说的利刃，解剖资本主义在帝国主义时代掠夺和榨取无产阶级群众的秘密，揭露资产阶级经济学用暧昧文句隐瞒其阶级本质的辩护伎俩，以及重新认识原始时代至现行资本制度的整个发展过程，从而为社会主义经济建立确定不移的理论基础；此外提到卢氏另一名著《资本积累论》，似乎认可她以"资本主义的发展离不开非资本主义"的新思路来充实新经济学。不管怎样，这些内容都被视为卢氏作为马克思学说的屈指可数的忠实信仰者和革命实践者的新贡献，值得翻译介绍给国人，以便了解和吸收马克思主义经济学的新进展。

四是质疑所谓正统派马克思主义者。翻看卢氏著作300余页的正文译本，一大特色是用1/3多的篇幅，从经济史角度，利用有关原始社会研究的新发现成果，阐释原始共产社会的历史地位、形态特征及其崩坏过程，驳斥资产阶级经济学者试图否定这一原始阶段而辩解现行私有和剥削制度具有天然属性的观点；这个特色的逻辑，贯穿于全书其他各章。如说明国民经济学的阶级特性，商品生产源自导致原始共产社会崩坏的早期商品交换并发展为现代资本制度，工资法则作为资本制度的典型特征以劳动力商品所创造的剩余价值为前提，资本主义经济因其不可克服的内部矛盾而必然为社会主义所代替等，以历史的全过程视野，从原始共产社会崩坏到现代资本社会趋于崩坏的整个发展过程中，去说明新经济学的道理。对此，日译者称之为伟大的革命的或纯正的马克思主义者，面向劳动者讲解理论时所贯彻始终的"能动的变革的立脚点"，同那些脱离革命实践或漠视马克思的方法，只是勉强附会地祖述《资本论》或机械琐屑地摘录马克思学说的解说者，具有根本的差异。中译本的校订者更进一步，认为这种立脚点或立场，是用以区别信仰真理还是信仰宗教的重要标志；提醒国人注意，卢氏忠实于学问上的新发现，据此修改马克思的著名论断，正说明她不同于正统派，是真正马克思主义的信徒，以马克思主义作为理论与行动相结合的指针，不是作为教会的圣典。这里所针对的正统派马克思主义者，有别于日译者明确指向考茨基等人，比较含混，由此埋下了既有可能批评教条主义，也有可能滑向修正主义的伏笔。除此之外，可以注意，无论日译者还是中译者或校订者，谈及卢氏新经济学对劳动阶级开展社会革命的指导作用，均未提到业已宣称劳动阶级成功执政的苏俄革命。其中的缘由，耐人寻味。

## 二、《经济科学概论》译本

这个译本的原名 *A Short Course of Economic Science*，又可译"经济科学简编"。

原著者"波达诺夫"（A. Bogdanoff，今译波格丹诺夫①），译述者周佛海，商务印书馆 1927 年 4 月初版，列入经济丛书。

## （一）译者序及译本目录

这本书，据说出自俄国马克思派学者之手，具有不同于资产阶级经济学著作的特色。对此，周佛海提出自己的看法，可见 1926 年 9 月 20 日作于上海寓所的"译者序"：

这本书叫做"经济科学"（Economical Science），不叫做"经济学"（Economics），也不叫做"经济原理"（Principles of Political Economy，今译政治经济学原理），"这个名目的不同，就是表示他们内容的差异"。经济组织从原始到现在，经过几次变迁，才达到现代的资本主义经济组织。"经济学"或"经济原理"以资本主义为研究对象，它的任务，"只在阐明支配'现在'经济生活的原则"。经济组织从原始进化到现在，自然从现在又要发展到将来。"经济科学""以一般经济生活为研究对象"，它的任务，"就在阐明支配'过去''现在'和'将来'的经济生活的原则"。"所以'经济科学'的研究范围，比'经济学'或'经济原理'要广"。它除了阐述现在的经济现象并说明其原则外，更要"叙述经济发展的历史的事实，并阐明其法则，再以历史和现代的事实为基础，推测将来的趋势"。"这便是本书的特色"。②

他对本书特色的理解，比较传统的或资产阶级的经济学著作而言。除了书名形式上的不同之外，实质上的不同，一是研究对象从资本主义到一般经济生活，从阐明支配现在的经济生活的原则到阐明支配过去、现在与将来的经济生活的原则；二是研究范围相应发生变化，从阐述现在的经济现象及其内在原则，延伸到阐述经济发展的整个历史，不仅包括历史和现代的事实基础及其法则，还要预测将来的趋势。这个理解，含有唯物史观的经济分析之意，但表述上容易引起误解。资产阶级的经济史学著作，在研究对象与研究范围方面，同样不拘泥于资本主义或现在的经

---

① 可能指亚历山大·亚历山德罗维奇·波格丹诺夫（1873—1928），白俄罗斯族革命家，19 世纪 90 年代参加俄国社会民主主义小组，1903 年起成为布尔什维克，1905 年当选党中央委员，在布尔什维克机关报《前进报》《无产者报》《新生活报》编辑部工作；1905 年革命失败后成为"前进集团"首领并领导召回派，哲学上转向马赫主义，试图建立唯心主义的经验一元论，受到列宁的批判，1909 年被开除出布尔什维克；十月革命后从事高等教育工作，担任"无产阶级文化协会"领导职务。

② 波达诺夫著，周佛海译述《经济科学概论》，商务印书馆 1927 年版，"译者序"。

济生活而扩展到所谓一般经济生活或历史的回溯与将来的推测，关键是对同样的研究对象和研究范围，采取截然不同的研究立场、观点与方法。

周氏如此理解，看来同全书的内容安排，有密切关系。这在译本的目录体系里，亦可见一斑。其目录如下：

"序论"，分"经济学的定义""经济学的方法""说明的体系"3节。"自然的自足社会"，分3章："原始的种族共产主义"，含"人与自然之原始的关系""原始的家庭集团之构成""观念的起源""原始社会中的发展力"4节；"权威的种族社会"，含"农业和畜牧的发生""氏族中生产关系的发展""分配形态的发展""观念的发展""家长的种族时代的发展力和生活的新形式"5节；"封建社会"，含"技术的发展""封建团体中的生产关系和分配关系"（又含"农业的团体""封建诸侯的发生""僧侣阶级的独立"），"封建社会中观念的发展""封建社会中发展的原动力及其倾向""过去自然自足社会之一般特征"5节。"商业社会"，分6章："交换的发展"，含"交换社会的概念""交换的三形态""货币""劳动价值和其生产调剂上的意义"4节；"奴隶制度"，含"奴隶所有团体的起原""集团相互间的生产关系""观念""奴隶所有社会灭亡的原因和过程""农奴制度"5节；"都市手工业制度"，含"技术的发展""都市的发展""都市和新政治制度的形成""中世都市发展的原动力""前期资本主义时代的观念之主要特征"5节；"商业资本主义"，含"资本之一般的概念""生产之技术的关系""商业资本对于生产的支配力的扩大""小企业的灭亡和阶级斗争的发展""国家的任务""商业资本主义时代的观念和发展的原动力"6节；"工业资本主义"，含"原始的蓄积""技术的发展和资本家的大规模生产"（又含"商业资本主义活动范围的扩大""工场手工业的起源和性质""机器生产的发展"），"资本主义生产过程""资本家的企业的发展对于低级生产形态的影响""货币的流通""各种资本阶级间社会生产物的分配"（又含"利润""地租""工资""租税"），"资本主义发展的主要倾向""市场和恐慌的概念"8节；"金融资本主义时代"，含"信用""股份公司""资本家之私的独立""为产业之组织中心的银行""为金融资本主义之政策的帝国主义""资本主义制度崩坏的路径""工业和金融的资本主义的观念"7节。"社会的组织的社会"，仅"社会主义社会"一章，含"社会和自然的关系""社会的生产关系""分配""社会的观念""发展的原动力"5节。"附录"为"经济学的新生命"。

这个目录，除序论外，逻辑顺序大致按照经济生活发展的过去、现代与将来三个阶段安排叙述。首先是"自然的自足社会",包含原始共产主义社会,从氏族家长制产生的种族权威社会及封建社会3章,大体指过去的阶段。其次是"商业社会",先包含交换的发展、奴隶制度与都市手工业制度3章,与过去阶段相重合,不过重点在于说明商品交换出现、奴隶关系、中世纪都市手工业作为现代资本主义的先行或前期要素的发展及演变过程。然后包含商业资本主义、工业资本主义及金融资本主义3章,大体指现在的阶段,意味着资本主义自身也经历了从商业资本到工业资本再到金融资本的发展过程。后一部分是全书的重点,几占正文篇幅的2/3;尤以工业资本主义一章,内容最多,明显带有马克思经济学说的分析印记,分目也更细,如"机器生产的发展"下面分有"机器的起源""甚么是机器""机器生产的扩大"等项,"工资"下面分有"工资的各种形态""工资的分量""资本主义的预备军""劳动团体""劳动立法"等项;金融资本主义时代一章,体现马克思以后资本主义的新发展,同前面评介的《帝国主义的政策底基础》译本,特别是同其中所介绍的列宁《帝国主义论》,有不少相同或相似的内容。最后是"社会的组织的社会",以论述社会主义社会为主,大体指将来的阶段。

单看三个阶段的目录安排,还不足以说明这本命名为"经济科学"的著作,比传统的"经济学"或"经济原理"之类著作,具有多少特色。但至少可以从形式上表示,它类似经济史学类著作而非单纯的经济理论类著作,试图用社会经济组织从原始时代到现今时代几经变迁的历史事实证明,资本主义社会既不是与世俱生,也不会永久不变地存在下去,同样有其发生、发展和趋于灭亡的过程,取而代之的将是社会主义社会。这也是马克思主义经济学著作的基本定位。

**(二)关于经济学的定义**

了解译本的基本定位后,选录正文若干内容,进一步认识它把握马克思经济学说的程度,或运用马克思经济学说开展分析的水准。

先看序论有关经济学定义的论述:

一切科学都是对人类经验现象的系统理解,科学所要理解的现象,并非茫无涯际,只限于人类经验的一定范围;理解现象,应是理解并确定各种现象之间的相互关系,能够利用来谋求人类的利益。"这样欲理解现象的努力,亦发生于人类劳动斗争过程中的人类经济活动之内";劳动的斗争,是人类为谋生存和发展而不断同自然进行的斗争。"经济学的研究对象,乃是人与人之间社会的劳动关系的范围"。在生产过程中,人类必然结成一定的相互关系。人类历史上,决没有完全孤立生

第一章 传播马克思主义经济学的各种著作

活、个人单独获取生活资料的时代。即使太古时代，狩猎和搬运重物，也要有简单的协力。经济活动日趋复杂，于是发生分工，完成团体的共同工作。简单的协力和分工，使人类相互间确立最初的基本生产关系。人类从较低的发展阶段到较高的发展阶段，可以看到这样的事实：农奴缴纳生产物的一部分给地主；劳动者为资本家劳动；工匠不是为自己消费而生产，大部分为农民生产，农民则将自己劳动生产物的一部分或直接或经商人之手，给与工匠；这些现象，都是社会的劳动关系，由此构成广义的整个生产关系体系，包含社会生产物的获取和分配。生产关系的复杂和广泛，尤其在发达的商业社会，表现得特别明显。例如在资本主义，从来没有会面的许多人之间，会建立永久的社会关系，并且这种结合的牢固线索，时常没有丝毫感觉到。"社会科学，就须研究这种无形的社会关系"。

马克思在《政治经济学批判》中说："人类在社会生活之中，相互加入一定的生产关系，而这种生产关系，不能由人类的意表决定。这些关系，常适应其物质的生产力之发展阶段"①。所谓生产力，是人类对外部自然的"社会的技术关系"，或"社会的劳动关系"。"人类在对外部自然斗争的过程中，必然的相互结成一种关系，而这种关系，是适应其斗争的方法的"。马克思接着说："这些生产关系的总和，构成社会的经济构造。这种经济构造，乃是法律的及政治的上部构造据以成立的真实基础，并且是一定的社会意识形态所适应的真实基础。生产方法，决定一般社会的、政治的和精神的生活过程"②。这种思想，"构成唯物史观之本质"。由此观察，经济关系完全是必然的，适应生产力的发展而必然发生，构成社会的基础构造；"乃是一种画布，在这个上面，描写人类社会的劳动生活的种种复杂关系"。无论通观整个历史，或论述社会意识的发展，无论研究外交问题或宗教问题，"都不能不顾及社会之经济的纽带（社会之基础的构造），并不能不借用经济学的结论"。所以，"经济学实可以看做社会科学体系中的基础"。经济学在社会科学中的使命，无异于物理学和化学在研究一切有机过程和无机过程中的使命。不知道物理学和化学的结论的自然科学家，等于解除武装的士兵，同样，各种社会科学家如果没有经济学的结论，就和自然科学家的境遇一样。想在社会斗争和社会事业方面活动的人，如果不知道经济学，也和没有武装的士兵一样。

经济学的产生，本来适应于人类和自然的劳动斗争的实际要求，这和别的一切

---

①② 其今译文见《马克思恩格斯选集》第 2 卷，人民出版社 1972 年版，第 82 页。

科学一样。在社会发展的一定阶段，形成一种形态，人类受其社会的劳动关系支配。于是市场、竞争、价格动荡，以及别的许多经济现象，开始支配人类及其幸福和劳动。无论如何，人类都要适应这种关系，换句话说，人类变成这种关系的奴隶。为此，自然会发生企图理解这种现象的努力，并创造出预测及左右这些现象的可能性。经济学到16、17世纪才成为一种科学而开始发展，就是这个原因。在这个时代，商业制度的发达，促成支配人类的市场和货币势力。经济学的"根本任务"，研究人与人之间的社会劳动关系，同时不能不论及生产过程的技术与观念方面，必须考虑它们能够决定社会劳动关系的发展范围。决定一般经济关系的，乃是技术的生产手段的发展，技术生活的事实对于研究的重要性，不言而喻。如果我们不考察18世纪末叶的技术革命等现象，如蒸汽机和纺织机的发明，或蒸汽应用于航海，一定不能理解许多最重要的经济现象。观念方面也是一样，它的一切形态如语言、知识、习惯、法律、道德、政治构造等，实际上都是社会的组织工具。观念的各种形态本身，是从生产的技术条件和经济关系中发生的，但是观念一经发生，便以组织工具的资格，反过来影响技术和经济。换句话说，"观念促进生产的发达，或为其开拓道路"。比如经济学和天主教教会的教义，全无关系，但是等到这种教会变成衰朽的封建关系的庇护物，从经济学的观点看，妨碍比较进步的资本主义各种关系的进行，经济学就不能不考虑这些事实。

社会关系不是永久不变的，它和整个自然界一样，不断地变化。这些变化，表现为社会各种势力的进步或退步，表现为社会对自然界的胜利，或自然界对社会的胜利。人类历史上曾经有过构成狭小而紧密的共同团体，过着相互孤立生活的时代，在这个时代，生产关系非常狭小和单纯，分配关系采取直接分配的形式。现在人类社会非常庞大，经济关系也极其复杂。过去和现在之间，有不绝的发展的连锁，不过常常发生性质完全不同的事件。有时社会势力对自然界的斗争衰微，广泛的社会纽带崩坏，经济关系逐渐狭小而简单。这个时候，科学须追求另一种变化的连锁，不是追求发展的连锁，而是追求衰微退化的连锁。"科学的兴味，集中于这个发展和衰退的问题。因为科学乃是人类为生存和发展而斗争的一个武器"。"本书说明之本质的特征和顺序，也是以这个问题为中心"。①

以上定义，强调经济学的研究对象或根本任务，研究人与人之间的社会劳动关

---

① 以上引文除另注外，均见周佛海译述《经济科学概论》，商务印书馆1927年版，第1—6页。

系（狭义）或社会生产关系（广义）。这个定义，没有像周佛海序中所说的那样，刻意从"经济科学"与"经济学"或"经济原理"的不同名称上，表示它们在内容上的差异。与此相反，原著作者特地注解："经济学又名'国民经济学'。通用很广的'政治经济学'（Political Economy）一语，是由两个希腊字构成的。Economy 的意义为管理学，Political 的意义为'社会的'"①。也就是说，作者采用的是通常的经济学概念，无意在形式上标新立异，而且认为经济学自 16、17 世纪以来，随着商业制度的发达，朝着科学的方向发展，亦即将古典经济学也纳入科学的范畴；同时又给传统的经济学概念，赋予新的内涵，强调以人类社会的劳动关系或生产关系作为研究的核心内容，便是一例。更为明显的是，作者进一步用马克思的唯物史观来诠释经济学的涵义。书中引用马克思两句话的译文，见《政治经济学批判》序言有关唯物史观的经典公式。这个公式，早已通过日本社会主义者的转译而传入我国，并初步形成约定俗成的译名和表达形式。周氏作为汉译者，曾在日本京都大学专修经济科，但并未参考已有的翻译成果，另行重译，所以显得陌生和涩滞。这也表明当时国内翻译界的各行其是状况，依然盛行，对马克思经济学说的翻译，亦复如此。

根据这个诠释，书中展开阐述几层意思：一是经济关系在社会发展中具有基础性地位，专门研究经济关系的经济学，在社会科学体系中同样起着基础性作用。也就是说，研究其他社会科学或从事社会科学活动，离不开经济学的结论，就像士兵离不开武器一样。这个比喻，不一定恰当，但其用意，为了突出经济基础的决定性作用，引起人们对经济学的充分重视。二是决定经济关系的因素，首先是影响生产手段发展与变化的技术因素，这也是生产力发展的主要因素；从生产的技术条件和经济关系中产生的观念一旦形成，又会反过来起影响作用，推进或阻碍技术与经济的发展。经济学的研究，必须同时注意技术与观念两方面的事实。这里说的，实际上是唯物史观有关物质与精神、社会存在与社会意识的辩证关系原理。三是经济关系从而社会关系不是永久不变，而是处于不断的变化之中，既包括从狭小到广泛、从简单到复杂的不断发展变化，也包括中断发展而导致社会关系纽带崩坏的衰退变化。经济学作为人类为生存和发展而斗争的科学武器，其中心问题，不仅集中于发展问题，还集中于衰退问题。这个说法，又被称作经济学说明的本质的特征和顺

① 周佛海译述《经济科学概论》，商务印书馆 1927 年版，第 2 页 ［注］。

序，表达得比较隐晦。所谓本质的特征，应指唯物史观有关生产力与生产关系的矛盾将导致社会革命的到来，从而经济基础的变更将引起上层建筑的变革这一原理，包括现存资本主义社会在内的任何社会，都不能摆脱这一发展规律；所谓本质的顺序，从本书的结构安排看，应指现代资本主义社会经过过去的连续发展，现在到了衰退阶段，将为社会主义社会所取代。

看了这几层意思，可以明白，译本的特色，至少从它对经济学的定义来说，不在于起了经济科学的名称，或研究的范围更广，而在于给经济学研究赋予了唯物史观的内涵。尽管作者运用马克思这个原理，以自己的解说来覆盖原理本身的原貌，又把有关原理的释义嫁接到有关经济学的说明上，不免喧宾夺主或引起歧义。

### （三）关于社会主义的论述

译本在金融资本主义时代一章的末尾，有如下一段概括性论述：

经济学和其他社会科学发生大变化的出发点，"暴露商品的拜物主义，在价值的外壳之下，发见结晶的集团的劳动和合作的劳力"；"创造史的唯物主义的学说——以社会的生产过程为社会发展的基础的学说，并创造阶级斗争的理论——以人类由其生产关系决定，而组织团体的理论"。"这就是无产阶级的观念——科学的社会主义。其实行的方面，则表现于为社会主义理想而行的斗争"。"这种观念的发展，虽然进行甚慢，且时出轨道，但是却不绝的有加速的倾向"。①

这个论述所表达的意思，应指区别于流行的资产阶级经济学及其相关社会科学，产生了马克思的科学社会主义。在理论上，揭露了现行社会在商品拜物教的价值外壳下所隐藏的内在劳动结晶和劳动力合作，也就是发现了剩余价值学说，又创造了历史唯物主义学说以及建立在这个基础之上的阶级斗争学说；在实践上，为了社会主义理想进行斗争。虽然这种理论的发展进行得缓慢，并且不时偏离马克思学说或科学社会主义的轨道，但总的看来在不间断地发展并且有加速的倾向。所谓加速倾向，笼统言之，没有涉及具体的代表性理论，如帝国主义和无产阶级革命理论，也没有涉及具体的代表人物如列宁。看来作者习惯于用自己的语言来阐述科学社会主义的理论及其实践趋向，不太愿意假托别人，哪怕是马克思主义经典作家的表达方式。

关于社会主义社会的论述，主要见最后一部分第 10 章。其中说道：

---

① 周佛海译述《经济科学概论》，商务印书馆 1927 年版，第 352 页。

资本主义时代虽然还未完结，然而它的各种关系的不安定，愈益暴露；推翻这个制度的根本矛盾和创造新制度基础的发展原动力，更加明了；社会势力移动的"方向"的主要特征，也明白显现。所以，关于新制度将采取什么形式，哪一点和现行制度不同，"可以下些结论"。

关于将来的事，没有经验提供实例，科学似乎没有议论的权能，其实这是错误的。"科学之所以存在，其目的正在'预言'将来"。未曾经验的事物，科学自然不能有正确的预测。但是如果我们知道一般存在什么事物，这种事物向着什么方向变化，科学就一定能从这种事物将变成什么的同一问题中，引出一定的结论。这是让人类自己的行动，有意识地适应周围的情形，以免逆行，浪费劳力和阻碍新形态的发展，而促进和援助这种发展。社会科学关于未来社会的结论，不可能精确，因为社会现象复杂，现在还不能完全观察其细微之处，只不过观察其主要特征罢了。"新制度的状态，也不过只能描写其大体的轮廓"。但对现代人来说，这已是最重要的考虑。

人类社会在古代和某些东方国家，存在有时退步、衰微甚至灭亡，或者长期停滞的可能。从严密的社会科学观点说，社会变迁为新形态，不能无条件地承认。新的高等形态之所以发生，有一个条件，社会像以前的发展一样，将来能够继续发展。近世社会生活中，还未发现退步和停滞的原因，虽然潜在许多矛盾，但这些矛盾经常使生活急激地进步，没有什么停滞。只有发展的形态和要素不再充分存在，这些内在矛盾才会引起退步。人类的生产力不断增加，就是世界大战这样的社会大灾害，也不过暂时使之衰弱。社会中正在成长和组织"一个巨大阶级"，努力于实现这些新形态。所以，"预测退步，实没有足取的根据，而相信社会继续进行，并创造破坏和废止资本主义的矛盾的新制度，却有充分的根据"。①

诸如社会和自然的关系方面，资本主义时代机器技术的发展，本性是持续和活跃的，能够决定将来的发展倾向②；社会的生产关系方面，"社会主义社会的特征"，整个生产体系是同质的组织，要素和要素的配置是机动的，劳动者作为整体发展的自觉生产者，具有高度发达的精神平等③；分配和社会观念方面，也发生很大变化。最后"发展的原动力"一节说：

---

① 周佛海译述《经济科学概论》，商务印书馆 1927 年版，第 353—354 页。
② 周佛海译述《经济科学概论》，商务印书馆 1927 年版，第 354 页。
③ 周佛海译述《经济科学概论》，商务印书馆 1927 年版，第 359 页。

"新社会的基础，不是交换，乃是自然自足的经济。生产和消费之间，没有买卖市场，仅有意识并系统的组织的分配"。"新自足经济"，不同于古代的原始共产主义。如不是包含在大小不一的共同团体内，而是包括数亿人组成的全社会，最后包括全人类。交换社会发展的原动力，是"相对的人口过剩"竞争，即阶级斗争，实为社会生活的内在矛盾。自给自足社会、种族社会、封建社会发展的原动力，是"绝对的人口过剩"，实为自然与社会之间的外在矛盾，即由人口增加而发生的生活资料需要的增加，和一定社会的自然界所能提供的生活资料份量之间的外在矛盾。"新自足社会"发展的原动力，也是社会和自然之间的外在矛盾，即社会和自然的斗争过程本身。但这个社会人口过剩的过程，非常缓慢，不足以引诱人类追求更加完善的劳动和知识；人类的要求之所以增加，全在于劳动和经验的过程。"新人类"有"高度组织的心意"，能够感觉到极细微的妨碍和矛盾，在探求自然及其秘密的过程中得到胜利，同时又能发现新问题。社会从外界自然不断获得精力的蓄积，"蓄积的精力"寻求发泄的出路，由此创造劳动和知识的新势力。当然，精力的蓄积不一定都能引起创造，有时还引起退步。如近代社会的寄生阶级和以前的寄生阶级一样，让别的阶级劳动，自己蓄积的精力不是寻求创造，而是寻求沉溺、奢侈、邪恶和文雅，这足以引起心思的堕落和阶级的衰微。"但是社会主义社会，却没有这种寄生虫。一切人都是劳动者，他们因精力过剩所生的创造欲，都在劳动范围内求满足。他们完成技术，因之完成其自身"。与自然斗争和从劳动经验中所产生的新发展的原动力，随着经验愈趋广泛、复杂和多样，其作用愈益强烈和迅速。具有广泛而复杂的劳动组织，具有统一和复杂人种（虽然发展得不很平均）的经验的新社会，发展的原动力，"一定会创造我们现在不能想象的急速的进步"。未来社会的调和的进步，一半是自然的进步，比较现在动摇于矛盾之间，一定要强烈得多。

　　"发展之经济的障碍，在新制度之下，一切都会除去"。今日资本主义是否采用机器，取决于有没有利润，到了新制度，取决于生产力如何发展。有些机器，从节省劳动方面看，非常有用，从利润方面看，非常无用。"在社会主义社会之下，一般都不从利润的观点判断，因之节省劳动的机器，就不会遇着甚么障碍"。这个阶段的主要发展原动力，不是"新力"，以前就在起作用。自然自足社会，这些原动力，被当时一般盛行的保守主义压服；资本主义社会，这些原动力也被压服，"因为夺取剩余劳动的生产物——社会发展的原动力的主要源泉——的阶级，自己不参加对自然的直接争斗，自己不经营产业，而由别人经营，因此立在这种争斗所创造的原动力的影响之外"。"在社会主义之下，剩余劳动的总量，归社会全体，各人都直接参加对自然的争斗"。所以主要和最大的推进力，能自由并全速发动，发动不是由少数人选择，而是全人类的行动，"发展的范围，不绝的扩大"。"社会主义制度——我们所能想象的社会的最高阶段——之一般的特征，乃是：支配自然的势力（power over nature）、组织（organization）、社会性（socialness）、自由（freedom）和进步（progress）"。①

以上关于社会主义社会的描述，不知原文如此还是翻译的缘故，一些用词，如"新自足经济"或"新自足社会"，"高度组织的心意"，"蓄积的精力"，"发展原动力"不是"新力"等，颇令人费解。这让人感觉到作者热衷于自创新词的著述特点。但总体看来，译本描写未来新制度状态的大体轮廓，更像是在发达资本主义的基础上实现社会主义社会的思路，也就是依循马克思的经济学说，而不是在欠发达资本主义的基础上建设社会主义社会的思路，也就是依循列宁的经济学说。所以，译本的描写，看不到苏俄革命的任何痕迹，也没有具体涉及从现行社会向社会主义社会过渡期间，诸如苏俄执政实行无产阶级专政的方式和特点，只是抽象地预测，资本主义制度因其不可克服的根本矛盾而被推翻后，创造新的社会主义制度的基础动力、发展方向和主要特征等，并就未来新制度所采取的形式和现行制度有哪些不同之处，作出一些结论。这个地方有些令人不解，明明苏俄革命已在从事社会主义建设的尝试，而作者以俄国马克思派的身份，却在描述社会主义社会时，一面谈论预言未来社会的不精确性，一面又回避眼前正在进行的苏俄社会主义实践。对此，可能的解释，或者认为目前苏俄的革命与建设实践，不符合马克思关于社会主义是发达资本主义的产物的原意，属于非典型的社会主义道路；或者试图用理想的或正宗的社会主义形态，来规范或指导包括苏俄在内的社会主义实践方向。

书中预测，有一个前提，社会生产力的发展，将不同于古代社会的倒退衰亡和东方国家的长期停滞，仍像资本主义社会一样持续并迅速提高。也就是说，新的比现行社会更高形态的社会之所以产生，在于社会生产力仍然保持进步而非退步。这个说法，容易让人产生疑惑：既然资本主义的社会生产力能够高速发展，甚至世界大战的灾难也只是暂缓这种发展的速度，何以需要用新的高等社会形态来代替它？

---

① 本节引文均见周佛海译述《经济科学概论》，商务印书馆 1927 年版，第 364—366 页。

大概这又是翻译的缘故，未能分清生产力本身的退化与资本主义制度因其固有矛盾而导致束缚生产力发展的制度退化二者之间的区别。看来原文想说的是，生产力的迅速发展，以及劳动者这个巨大阶级的成长并组织起来，为破除资本主义的内在矛盾和实现新制度或新社会形态，创造了条件。

预测或结论中谈到的几个方面，如社会和自然的关系、社会的生产关系、分配、社会的观念、发展的原动力等，主要针对发达资本主义社会的制度弊端，解说在新的社会主义社会将会出现的根本性变化。比如说在人类与自然关系的机器技术发展方面，将消除因追求利润而产生的人为阻碍，节省劳动的消耗；在生产关系方面改变生产和消费对交换的依赖关系，组织上形成不同于旧官僚的科学的中央集权，其中心如同巨大的统计局，以严密的计算为基础来分配劳动力和劳动工具；在这个生产制度下，每个劳动者都是有机整体中的一分子，得到全面而普遍发展其劳动力的一切机会，得到为了一切人的利益而使用劳动力的机会，成为完全自觉和平等的生产者；从社会内部的阶级斗争转向社会与自然之间的斗争；人人都是劳动者并取消寄生阶级，人们的多余精力用于完善自身的创造性活动；无产阶级支配的国家，最终将废除社会的阶级分裂和国家形态；等等。这些内容所具有的想象力，严格说来，并未超出许多先行者对美好社会的勾画，而且显然以发达的资本主义社会为基础来谈论未来的社会主义社会，但从中也能看到一些由实际情况而引发的联想。如谈到新社会的组织从一开始就要世界性或接近世界性的规模，以便生产和消费不再依赖于交换，列举了这样一个事例：世界大战和随着发生的革命的经验证明，这种依赖，即刻就会变成破坏新制度的手段①。这似乎是说，苏俄革命后，如果仍然依赖和没有加入新社会组织的国家进行交换，这种依赖性交换，将破坏苏俄的新制度。换言之，正是从苏俄首先单独建立新社会的"经验"或教训中，体会到只有在世界性规模的新社会组织里，才有可能建立不依赖于交换而进行生产和消费的新制度。

说到交换，预言或结论明确表示，这不是新社会的基础，也就是说，新社会的生产和消费之间，不需要买卖市场；由此形成的"新自足经济"或"新自足社会"，实行有意识、有系统、有组织的生产与消费分配。为了区别新自足社会与商业社会或交换社会的不同，引入所谓"相对的人口过剩"概念，后一社会陷于社

---

① 周佛海译述《经济科学概论》，商务印书馆 1927 年版，第 359 页。

会阶级斗争的内部矛盾，而前一社会摆脱了这个矛盾；为了区别新自足社会与资本主义社会以前的传统自足社会的不同，又引入所谓"绝对的人口过剩"概念，后一社会无法解决人口增长与生活资料的供给不足，亦即社会与自然之间的外部矛盾，而前一社会解决了这个矛盾。摆脱前一个区别中的矛盾，似乎毋庸置疑，无须赘述，而解决后一个区别中的矛盾，需要回答在失去交换或市场竞争的条件下，如何保持发展动力的问题。对此，结论是新自足社会仍然以社会与自然之间的外部矛盾或斗争过程作为"发展的原动力"，但不同于旧自足社会和资本主义社会，一则生活资料的供给已经大为缓解人口过剩的问题，经过高度组织的新的人类，不仅能够发现自然的秘密，克服阻碍发展的各种矛盾，而且有条件不断地积蓄力量，用于新的劳动和知识创造；二则废除导致思想堕落和阶级衰微的社会寄生虫，人人都是劳动者，可以将所积蓄的精力，完全投入劳动范围的技术与完善自身的创造性活动；三则形成广泛而复杂的劳动组织和统一各类人种的平等经验，一定会创造出现在不能想象的快速进步，消除动荡不安而实现和谐进步；四则以有利于生产力发展而非以获取利润为标准，将除去影响经济发展的一切障碍；五则作为发展动力主要来源的剩余劳动的生产物，从不劳而获的阶级手中转归直接参加与自然斗争的社会全体所有，将自由和全力推进符合全人类利益的活动，使发展的范围不断扩大。所以说，社会主义制度作为社会的最高阶段，其一般特征是支配自然、有组织、社会性、自由和进步。

看了以上预测性结论，有关社会主义社会的具体描述，虽然力求根据马克思经济学说的理论原则来延伸推论，面对现实却显得比较隔膜。特别是同业已建立的苏俄政权及其施政行为，似乎有意保持一段距离。从马克思主义经济学在中国传播的角度看，译本的上述宏论，固然可以起到普及社会主义理想的作用，但就实际应用而论，留给人的印象是想象的成分多，现实的成分少。况且那时像中国这样落后的国家，如此宣扬社会主义，有些不切实际，还为我国后来的社会主义实践活动，埋下了一些脱离实际而好高骛远的早期种子。

**（四）附录简析**

译本附录《经济学的新生命》，系转载北京大学《社会科学季刊》第3卷第2期的文章。看来想用这篇文章，附议或印证《经济科学概论》译本的结论。此文比较通俗，共8节，大意如下：

经济学以社会经济现象作为研究对象，经济现象一旦变化，以此为研究对象的经济学的内容，也非变化不可。经济学研究的根本问题，一是社会整体何以富或贫，二是社会中何以有富人或穷人。由此引出两个经济问题，一是生产问题，二是分配问题。无论经济组织采取何种形式，从古代原始的共产社会，经过奴隶制度、农奴制度，到现在的资本制度，以后更发展为社会主义制度、共产制度，都不会也不可缺少生产行为和分配行为。人类经济生活中这两个不可缺少的要素，其意义及决定方法，随经济组织的变化而不同。所以，以生产和分配为研究对象的经济学，其内容也不得不随经济组织的不同而有差异。

经济学的成立始于亚当·斯密1776年出版的《原富》，这可视为经济学成为独立科学的一年。从那时到现在，都是资本主义的经济组织时期，现在的经济学也以资本制度的经济组织为研究对象。资本制度一瓦解，以它为研究对象的经济学，"恐怕也要同归于尽"。正如有人说，"立在资本家的商品生产上面的社会一告终，也就是经济学的告终"。从历史上看，"资本制度乃是历史的产物，不是永久的制度"。历史可以生它，当然也能够灭它。从资本制度本身看，"其中也含有许多矛盾，将来总要破灭在这种矛盾上面"。"所以资本制度，或迟或早，总有破灭的一日"。资本制度一破灭，资本主义经济学也就归于无用了。如我们现在日夜研究的经济学，若拿到俄国去，一点都没用，至少是不大适用。

经济学因资本制度的破灭而归于无用，起而代之的是什么经济学？这要看代资本制度而起的经济组织是什么。"照一般的趋势看，照时代的要求看，起而代资本制度，大约是社会主义制度。所以将来的经济学，就和资本主义的经济学不同，而是社会主义经济学了"。现在许多人以为马克思的《资本论》是社会主义经济学的圣经，都想在里面去求社会主义经济学，"其实这是大错特错"。"资本主义经济学不能存在于社会主义制度之下，同样，社会主义经济学，亦不能成立于资本制度之中"。社会主义经济学成立，必先有社会主义经济组织为研究对象，它不能先于它的研究对象而成立。"所以在社会主义经济组织这种研究对象没有成立的资本制度之下，决没有社会主义经济学发生的余地。马克斯的《资本论》，是以资本制度为其研究对象的。《资本论》开头就说须从分析商品开始，而商品在社会主义社会之中是没有的。于是可见马克斯的《资本论》，也是资本主义经济学，不是社会主义经济学"。资本主义经济学和社会主义经济学之所以不同，因为它们的研究对象各异。以同一资本制度为研究对象的人，决不能根据他们所抱的见解是拥护资本主义还是拥护社会主义，来说他们的学说是资本主义经济学还是社会主义经济学；要知道"以资本主义经济组织为研究对象的，才是资本主义经济学，以社会主义经济组织为研究对象的，才是社会主义经济学"。资本主义经济学和将来发生的社会主义经济学之间，具有差异，"经济学的生命，将和资本制度一同告终，我们须为他另创新生命"。

要明白资本主义经济学的特质，须先明白它的研究对象的特质；要明白资本主义经济学的研究对象的特质，又须明白资本制度下的生产和分配的特质。以"最简单而最含蓄的话"表达，"在资本制度下，是为交换而生产，由交换而分配的"。其特质，"生产的目的在交换，分配的方法是交换"。交换既然在现在的经济组织中占有重要地位，现有经济学就不得不特别研究交换行为。许多学者说，现在的经济学以价格为中心问题。价格是交换的比例，以价格为经济学的中心问题，无异于以交换为经济学的中心问题。然而将来应产生的社会主义经济学，"一定没有交换论"。在社会主义经济组织下，生产不是为交换而行，分配也不是由交换而决定。"交换行为，至少现在所谓的交换行为，在社会主义经济组织之下决不会发生"。

经济学的任务之一，研究支配生产的原因是什么，或者说发现支配生产的原因。由此发现其原因不是欲望，而是需要。本来认为欲望是人类一切经济行为的动机，但在现行资本制度下，欲望对于生产，差不多没有支配力。现在生产的目的是为了交换，生产之前，先看什么东西有人购买和购买多少，然后再定生产的东西和分量，否则将无人过问或销售不完。"这是制度如此，个人莫可如何"。要购买，必须有购买力才能实现，只有欲望，没有购买力，购买行为不能成立。"在资本制度之下，决定生产的质和量的，乃是需要"。"总而言之，决定生产甚么，生产多少的原因，在为交换而生产的制度之下，是和为消费而生产的制度之下不同的"。以发见和研究这种原因为其职责的经济学，"当然是随着这种生产制度的消灭而同归于尽的"。

经济学的另一任务，研究分配的方法和分配的比例。现行资本制下，经济学研究交换怎样影响分配，决定分配比例的标准，不得不是价格，也就不得不研究价格涨落的法则，以及价格涨落怎样影响财富的分配。财富分配的状态，经过各产业之间、产业内各企业之间、同一企业内有关各方如地主、企业家、借贷资本家和劳动者之间几个阶段，最后分配于社会各个成员。这种分配按照货币形式交换，各人所得的货币，只代表各人从社会生产的实物中应得到的一部分权利。各人由这个货币而实际得到的实物，也是通过交换，因而社会的所有生产物，都以这种买卖交换，实际分配于各人之间。所以说现在的分配方法，就是交换。"然而在社会主义制度之下，分配就不是由这个方法的。社会的生产物，是由政府直接分配于各人，决不取交换的形式"。各个阶级的分配比例，由价格决定，包括地主的地租、借贷资本家的利息、企业家的利润和劳动者的工资，虽然各有特殊的决定原因，但大体说来，也是由价格决定的。"然而这种分配的标准，在社会主义制下是完全没用的。社会主义制下的分配，是由政府直接执行"。它的分配标准，"或由个人所需而决定，或由个人的劳动成效而决定，决不致由价格而决定"。现在经济学的分配理论，研究交换行为和价格现象，这在现行财富的分配上占有重要地位，具有重要机能，可是"一到社会主义之下，不但不能影响分配，就是他们本身的存在也要消灭。因为在社会主义之下，分配不是各人间私的行为（交换），乃是政府公行为（直接分配），分配标准不是无意识的发生的现象（价格），乃是意识的决定的比例（或应各人所能，或因各人所需），所以研究交换行为、价格现象的经济学，在没有交换行为和价格现象的社会主义之下，其要归于无用，也显而易见了"。

再从别的方面考察现在的经济学和将来应发生的社会主义经济学之间的不同性质。现在的经济学是一种因果学，将来应发生的经济学是一种目的学，前者可以叫做"经济的因果法则之学"，后者可以叫做"目的学之经济学"。经济社会的组织原则，在资本主义制下，大异于社会主义制。说明两者之间的不同，可以证明经济学的性质，因时而异。"在社会主义组织之下，社会意识的对于社会各分子的物质生活，积极的负责，而在资本主义经济组织之下，社会对于其分子，是不负这种责任的，各人的物质生活，由各人自己负责"。社会是否保障每个人的物质生活，就是两个社会在根本原则上的不同。"在社会主义社会之下，社会一定要有一种决定该社会的生产和分配的机关，以为社会的意识之代表"。社会既然对每个人的物质生活负担责任，自然就要有尽这种责任的机关。"各个人关于劳动的秩序和生产分配，就都立在这种社会机关的中央管理之下，各个人因这种中央管理，都自己意识着自己乃是一个生产共同体的一分子，相互结成一定的生产关系"。这些生产关系，表现为直接的社会关系，"各个人的社会关系，只要是在经济生活的范围内，都是由社会的机关，直接的、意识的决定的，并不是各个人本诸私的意志而行动的种种行为之无意识的结果"。换句话说，"不是自然的而成的秩序，乃是意识的而决定的关系"。用法学的术语表示，"各个人的经济关系，不是私法的关系，乃是公法的关系"。社会主义社会的经济组织原则，社会的机关直接和有意识地规定各个人的经济关系，所以研究这些经济关系的经济学，不得不成为一种目的学。资本主义社会的情形完全不同，各个人由私的意志来决定应生产什么和生产多少，政府不加干涉；社会所有生产物分配于各个人，也是个人的私交换行为的自然结果。各个人各自独立，任意生产，通过私的交换行为来分配，没有一种有意识的机关来有秩序、有组织地规定生产和分配的整个计划，结果，经济界非完全陷于无政府状态不可。无政府的经济界为什么还能维持相当的秩序呢？原因是"冥冥之中，有一种自然的法则，来支配各人的行动"；使各人有意识地为自己谋利益的行为，可以无意识地增进社会全体的幸福，维持社会整体的秩序。"这就是所谓意识的行动之无意识的结果"。资本主义社会的经济界虽然是无政府的，却还维持着一定的秩序，实在因为亚当·斯密所谓"无形的手"作用于其中，自然地生出支配各人行动的法则。现在的经济学以发见和研究这个原则为职责，它的性质，和社会主义经济学的目的学不一样，乃是因果学。

如上所述，"经济学的生命，将和资本主义社会的灭亡一同告终"。这是必然发生的事，以社会现象为研究对象的社会科学，一定要随着社会现象的变化而改变内容。经济学是社会科学一个分支，当然不能逃出这个公例。严格地说，经济学成为一种独立科学，和资本制度的产生先后同时。"随资本制度而生的经济学，当然应殉资本制度而葬"。"旧经济学虽将命尽而死，新经济学须要应运而生。为经济学创造新生命的，其责任自在我们研究经济学者"。①

这篇文章对应于《经济科学概论》译本，最显明之处，认为社会主义社会没有商品和交换，同资本主义社会存在本质区别，反映在以经济现象或经济组织为研究对象的经济学上，决定了社会主义经济学与资本主义经济学的根本差异。前面的译本里，尚能看到类似的结论从马克思经济学说中推导出来的理论痕迹，而附录的文章中，除了以研究资本制度的理由，否定《资本论》是社会主义经济学的圣经，将其归入资本主义经济学的范畴之外，看不出它断言社会主义社会没有商品的结论，出自何人的理论学说，似乎这是人所共知的道理。

这是最重要的假设，此文围绕经济学及其新旧变迁的逻辑推理，几乎都以此为前提而展开。譬如：经济学的根本任务是研究生产问题和分配问题，这两个基本要素，为人类经济生活不可或缺，其涵义和方法随着社会经济组织的变化而成为不同经济学的研究对象；起始于斯密《国富论》而成为独立科学的经济学，以资本制度的经济组织为研究对象，也将随着资本制度的破灭而告终；取代资本主义经济学而起的，不是从研究商品开始的《资本论》，是以没有商品的社会主义社会为研究对象的社会主义经济学；资本制度下生产和分配的特殊性质，可以概括为生产的目的为了交换，分配的方法通过交换，交换的比例表现为价格，所以研究价格即交换行为成为资本主义经济学的中心问题，而社会主义经济组织决不会发生交换行为，因此社会主义经济学也没有这个研究对象；资本主义经济学发现，支配生产的原因是有购买能力的需求，不是满足各种消费的欲望，这是根据交换来决定生产什么和生产多少的必然结果，不同于为消费而生产的社会制度；同理，资本主义经济学的分配理论，重点研究交换行为和价格现象，而在社会主义，这些行为和现象已经消灭，影响分配的不是各人之间交换的私自行为，是政府直接执行的公共行为，不是无意识的价格现象，是有意识地决定分配比例，或按能力分配，或按需要分配，原先的分配理论也就归于无用；社会主义社会的经济组织原则，负责保障社会成员的物质生活，因此一定要有一个代表社会意识的机关，有组织有秩序地决定生产和分配的社会整体计划，在中央管理之下，每个成员都是生产共同体的一分子而结成一定的生产关系，表现为直接的社会关系，研究由社会机关直接和有意识地规定各个成员的经济关系的经济学，成为一种目的学；与此相反，资本主义社会不保障社会成员的物质生活，各人自己负责，经济界陷于无政府状态，但仍能维持相当的秩序，这是无形之手的自然法则在支配人们的行动，使个人有意识的谋私利行为，无意识地增进社会全体的幸福和维持社会整体的秩序，发现和研究这个原则的资本主义经济学，成为一种因果学；和资本制度一起产生的旧经济学，其生命必将随着资本主义社会的灭亡而告终，新经济学应运而生，又为经济学创造了新生命，这也是我们研究经济学者的责任。

可见，此文的责任，意在塑造一个不以商品、交换、价格为研究对象的新经济学。在这一点上，它和前面译本所说的新自足经济或新自足社会的经济学，是同样的意思。以此为依据，二者又引出共同的结论，需要一个中央集权的管理机构，有意识有秩序地去规划、组织和实施全社会（甚至全世界）的生产与分配。国外译本与国内文章的相互吻合，说明当时国人的认识中，有关社会主义社会的典型范式，应当是这样的内涵。然而比较起来，二者的理解似乎又有些差异。例如：译本更多理论探索的意味，对一些问题钻研得较为深入；此文显得有点概念化，把有待进一步理论分析的预测，当作无须置疑的既定信条。译本谈论新自足社会不需要买卖市场，不以交换为基础，暗含着建立在资本私有制基础上的旧商业社会或旧交换社会已被推翻这一前提；此文把交换本身而不是私有制，当作区别资本主义制度与社会主义制度的生产和分配的"最简单而最含蓄"的标准。译本没有明说苏俄，但提到随着第一次世界大战而爆发的革命，经验证明，若依赖与他国的交换，会变成破坏新制度的手段，暗指苏俄在其他国家未实行新制度的情况下，进行国际交换将危及自身的生存；此文没有这种经验体会，认为苏俄没有交换，已不适用于资本主义经济学。译本基本上根据马克思分析资本制度的经济学说（虽然总是试图用自己的语言方式表达出来），引申出有关社会主义制度的预测；此文从其引文或参考著作中显示，它的理论依据具有多种来源，既有《资本论》，也有坎南（Cannan）为《国富论》所作的序言、布哈林的《转型时期的经济学》、克拉克（Clark）的《财富的分配》、Canver 的《财富的分配》、斯马特（Smart）的《收入分配》、波勒（Pohle）的《资本主义与社会主义》及河上肇的《资本主义经济学之史的发达》等，显得比较纷杂。

看来，周佛海把此文附录于译本，应是冲着二者的相似而来，至于说二者的差异，未曾介意。那时周氏本人同样不专注于某一理论，对多样思想来源感兴趣。这大概也是他在全书末尾，专门开列译者出版各种关于社会经济的译著书单的原因。这个书单，除了《马克斯经济学原理》外，还有《互助论》《经济学史概论》《国际商业政策》《金融经济概论》《商业经济概论》《物价问题》《国际投资浅说》《中山先生思想概观》《社会问题概观》等。如此众多的译著，可以看作周氏炫耀自己的博学，也可以看作为推销自己的翻译成果作广告，更可以看作用心于引进和传播国外的各种新思想新观点，而不是执著和信奉其中的一种理论，即便马克思的经济理论，也是如此。由此说来，周氏推出《经济科学概论》译本，关注其"特色"，辅之以《经济学的新生命》一文作为通俗的诠释，并不在乎其中所论证的社会主义社会的经典范式，是否具有现实可行性，是否为苏俄革命的案例所证实，是否能够成为指导中国革命实践的指导思想，而在乎这是一种舶来的新思想，具有学问上的介绍价值，仅此而已。

### 三、《经济学新论》译本

安部矶雄①原著，曾毅②翻译，上海太平洋书店 1927 年 7 月初版。安部早年留学德国和美国，回国后任教早稻田大学 25 年，和幸德秋水一起建立日本社会民主党，翻译《共产党宣言》，李大钊在早稻田大学留学时曾深受他的影响；他一度退出政治，一次大战后的大正民主时代又积极参加社会主义运动。翻译此书的曾毅，据说同样因办报宣传民主宪政，反对袁世凯专制而遭查封和逮捕，避难日本期间，受到安部矶雄著作的影响。不过安部的原著究为何书，尚待查证。

曾毅 1927 年 5 月的"弁言"说：安部矶雄为"日本新思潮中有名之经济学者"，此书"极明白透彻，能举至深微之经济条理而浅显出之"。"欲政治之改善，实在于经济之安排。欲民权之扩张，须本于民生之安定。此书大旨所归，与吾总理标示之平均地权、节制资本政策，若合符节。实足为我三民主义之宣传品"。"其中虽偶有激讦之处，然终未脱东方文化"。其中所说吾人的物质生活，乃为精神生活之手段，而决非目的。此言"不特足以淑洗虚伪的物质之欲，且足以示人生真意义之一端，为彼崇拜唯物者所未及察"。③

这里有两点值得注意，一则把安部的经济学著作，当作三民主义的宣传品，限于平均地权和节制资本的民生主义范围；其主张言词亦非过于激烈率直，以东方文化的收敛式表达为准。二则所谓"崇拜唯物者"，显系针对唯物史观，虽然承认经济安排对政治改善，民生安定对民权扩张的意义，但质疑物质生活决定精神生活的涵义，认为物质欲望是虚伪的，以物质生活为手段、精神生活为目的，才是人生的真正意义。凭此两点，译者翻译此书的意图，可大致了然。

此书目录，除"总论"叙述"富之意义""富之效用""无价财货与经济财货""有形财货与无形财货""效用之种类"和"经济学之部门"外，完全按照经济学四分法的传统样式，论述"生产"（含"生产之意义""土地""劳动""资

---

① 安部矶雄（1865—1949），日本社会主义运动创建者之一。

② 曾毅（1879—1950），字松乔，湖南汉寿人；学生时代投身反清活动，1906 年赴日考入明治大学，加入同盟会；1908 年回国，1912 年受宋教仁委托，在汉口创办《民国日报》，次年被查封并遭逮捕，获法国领事馆保释，东渡日本避难，攻读政治经济学；1915 年回国，任上海《中华新报》总编，1920 年以后主要从事教育工作，曾任湖南省议会议员，1928 年任金陵大学教授，30 年代一度任国民政府司法院书记长；1937 年回乡任汉寿县教育局长、县参议会议长等职。

③ 安部矶雄著，曾毅译《经济学新论》，太平洋书局 1927 年版，译者"弁言"。

本""企业之形式""分业与分劳""现在生产制度之缺陷"），"分配"（含"分配之意义""地租""工值""利息""利润""现在分配制度之缺陷"），"交换"（含"价值""货币""信用与银行""国际贸易""对于交换制度之批评"），"消费"（含"何谓消费""需要之原则""有利之消费""生产与消费""奢侈""奢侈之取缔""对于消费之考察"）4 章，看起来，像是大学的普通经济学教科书。其中没有采用马克思经济学说的分析框架，也没有引用马克思经济学说的理论观点。如果说此书能够体现著者作为日本新思潮的有名经济学者，恐怕是在套用流行经济学讲义框架的同时，指出现行生产与分配制度的缺陷，批评交换制度，质疑奢侈消费；比较能够显示著者创建日本社会主义运动的地方，是提出"社会主义之分配制度"。有关论述如下：

现行经济制度四个要素的分配，"固属当然"。"今之分配，诚不可谓为完全无憾者，如使四要素之关系，若兄弟之亲密，则无论已。以予所见，地主性质之要素决不能与他要素调和。考地租所生之原因，盖无时而不与绦虫相连想。绦虫在人体内，吸取营养分愈多，即愈益发达。酷类绦虫与吸血鬼之地主，令长保其受领分配者之权，欲以致分配之公平，敢决其必无是事矣"。"然则社会主义之分配如何，其为法极简，仅对于劳动行之。土地资本，不过视为生产之手段，而以隶之于劳动也。至其间，虽存有类似企业家之必要，非如今日之个人的企图，乃专以公众利益为目的。因而不受企业家之分配，止受其劳动之分配。若是以一切生产物，但分配于劳动之唯一要素，自无今日所谓企业家对劳动者之问题。阶级斗争之虞，即无由而起也。此现在分配法之应加改造，所以为研究经济学者，当然兴起之一问题也"。"社会主义之理想，世之人或有认为绝远难到者。予以为将来必有实现之一时，至果为何时，容不免需相当之年月。然迄于今日，不许地租利息利润存在之经济制度，殆已表见于吾人之前。顾世之人，多未尝重视之耳"。诚为征其事实，如文明诸国现在所实行的"协同组合制度"，便是明证。[1]

这些论述，让人感到，作者对社会主义及其分配制度的理解，不是出自马克思经济学说的理论逻辑，有自己的一套推论。其思路：首先，在现行经济制度下，当然按照地租、工资、利息和利润四要素来分配，但这种分配方式有缺憾，只有四个要素之间的关系像兄弟一样亲密，才可能延续。这是用分配要素之间关系的密切与

① 安部矶雄著，曾毅译《经济学新论》，太平洋书局 1927 年版，第 98—99 页。

否，反推现行分配制度是否存在缺陷，实则已超出经济分析的范围，转入伦理道德领域。其次，地主性质的要素即地租不可能与其他三个要素调和，地租的产生从来都是不劳而获的结果，像寄生虫或吸血鬼一样，吸收人体的养分越多，自身也越发达，所以只要地主保持分配的权利，决不可能有分配的公平。四个要素中，特别挑出地主的地租要素作为抨击的对象，可谓一大特点。这大概也是译者夸赞此书之大旨，与平均地权政策若合符节的一个原因。再次，社会主义的分配方法极为简单，将四个要素合并为一个要素，按照劳动要素来分配，土地和资本作为生产的手段，隶属于劳动；至于说劳动者使用土地和资本，虽然有类似于企业家管理的必要，但不同于今日为了个人的私利，以公众利益为目的，因此排除企业家参与分配，一切生产物的分配只以劳动为唯一要素，自然也就不存在今日企业家对待劳动者的问题，亦即不必担忧阶级斗争的发生。这里所说的社会主义分配方法，以劳动要素取代其他三个要素，不主张通过阶级斗争方式来实现，意在改进现在的分配法，以此作为经济学研究的新课题，期待改进取得效果后，自然消除资本家与劳动者之间的阶级斗争。这大概又是译者夸赞此书之大旨，与节制资本政策若合符节的另一个原因。最后，有关社会主义理想，区别于他人认为绝难实现的看法，相信将来必然会实现，不过何时实现，需要相当的年月；现在摆在面前的事实，不允许地租、利息和利润存在的经济制度，已经表现出来，这就是文明诸国正在实行的"协同组合制度"，只是世人大多未重视这种制度罢了。所谓"协同组合制度"，便是合作社或合作运动或协作主义。看来，作者心目中实现社会主义理想，或实现以劳动为唯一分配要素的最佳路径，应为协同合作运动之类的和平渐进方式。显然，这种方式颇为符合译者的心意。在译者的眼里，完全否定资本家或企业家的利润与利息，似乎有违节制资本仍以资本存在为前提的宗旨，属于"偶有激讦之处"，而转向协同合作方式来逐步达到目的，在一定程度上回归节制资本的本意，故称之为"终未脱东方文化"。

这样说来，安部的著作，至少从《经济学新论》译本看，不同于那时其他的日本社会主义者如河上肇的经济学译本以大量篇幅介绍和宣传马克思经济学说，主张在现行经济学的框架内加以改进，宣扬另外的社会主义样式如协同合作道路。译者作为三民主义的信奉者，拿来这个译本，未必接受它所宣扬的社会主义道路，倒是视之为纯粹的宣传品，用于支持平均地权和节制资本的民生主义政策。这也让人看到日本社会主义者的经济学著作，对待马克思经济学说，具有较大的差异，因而对马克思主义经济学在中国的传播，自会产生不同的影响。

本章考察之初，曾预示各节所列举的著作（含译本），构成了本时期从正面传播马克思主义经济学的主体部分。这个判断，在考察之后，总体上可以成立。同时须指出，所谓正面传播，考虑到特定的时代因素，在涵义上存在着差异。就考察过的大多数著作来说，正面传播就是信仰、接受或在主导倾向上肯定马克思学说，即使在理解和解说过程中存在某些瑕疵甚至错误，其主旨以各种方式宣扬从而推进马克思主义经济学的传播，尤其坚信马克思主义的共产党人的著作，更是如此。另外本章也选择少数著作，从其内容看，客观上起到介绍和认识马克思经济学说及其实施案例的作用，而且能够提供一些新的材料、释义、依据和视角，但作者或译者的主观倾向，不是为了提倡马克思主义经济学，相反只限定在纯粹学术范围甚至有所抵触。尤以1927年四一二政变以后出版的此类著作，表现得更为明显。如7月出版的《资本论解说》译本，在译者或补译者的眼里，所关注的主要是学问上的价值；同月出版的《苏俄经济组织与实业政策》，作为国人中少见的专注于苏俄经济层面的自撰著作，其意却在说明这种经济组织与政策违背经济效益原则的不合理性；10月出版的《经济学新论》译本，其作者企图在现行经济学框架内运用社会主义分配原则加以改进，其译者则拿来当作支持民生主义政策的宣传品。这样少数的著作例证，未必符合正面传播的涵义，然而在当时的传播史实里面，无疑属于不容忽视的一部分，这也是由特定的历史条件所决定的。

附带指出，上面所说的现象，同样出现在本时期有关社会主义论题的著作方面。比如：此前曾考察共产党人面向中学生宣讲马克思学说的《社会主义浅说》一书（1923年出版），时隔4年，又一本同名的《社会主义浅说》，唐卢锋编辑，中央图书馆1927年4月初版。其编辑例言："本书以浅显文字，叙述社会主义的概要，足供一般初步研究社会主义者参考之用"。"本书取材，系选集社会主义近著十数种及孙中山先生《民生主义演讲录》而成"。内容分7章：前4章"说明社会主义之发生、定义、主张"，第5章"说明各派社会主义的思想、目的、特质、方法、异同等"，第6章"说明社会主义史略"，第7章"说明中国的社会主义"；"分类叙述，极为扼要，读之可得各派社会主义的基础概念"。"本书所述之中国的社会主义——民生主义——乃孙中山先生民生主义的意义、步骤、办法与各派社会主义的异同"。"本书可供一般国民阅读，及中小学校学生补充读物之用"。[1]

---

[1]　唐卢锋编辑《社会主义浅说》，中央图书局1927年版，"编辑例言"。

看了这个体例说明，此书的宗旨，大致可得。翻开阅读，还可见前 5 章许多内容，摘自《社会问题总览》的叙述，编者也不避讳这一点。谈到社会主义的定义、主张，以及派别如科学的社会主义、修正派社会主义、工团主义、布尔什维（原译"布尔札维"）主义等，均系如此；包括把马克思社会主义分为唯物史观、剩余价值、资本主义的集中和倒坏、阶级争斗四个方面，亦无例外，仅稍有补充其他论著的内容。以这样的内容面向普通国民乃至中小学生进行宣传教育，也在一定程度上普及了有关马克思学说的知识。可是，书中的结论和落脚点，均系说明孙中山的民生主义，"完全依据中国历史背景，经济组织社会制度……而创造出来的，所以是一种中国的社会主义。不是外国的，也不能够移到外国去的。由这民生主义，可以造成中国的新社会，给中国人以一种新生命"；完成三民主义，"民治民有民享的理想的新中国也就产生了"①。换言之，此书的基本思想，指望用不同于外国社会主义的"中国的社会主义"即民生主义或三民主义来拯救中国。

1927 年还有一本贺良著《各派社会主义浅说》，同年 6 月世界书局初版。其例言称：社会主义种类繁多，性质各不相同，本书第 1 章说明其性质，让读者了解。各种社会主义的目的虽有相同之点，但动机不必尽同，第 2 章将其动机分为"以进化观念为动机"和"以理想为动机"两大派。社会主义运动自 19 世纪后，目的大都为改变社会经济制度，马克思"为影响此种运动最力之人物"；第 3 章分述其各种主要学说如"唯物史论""价值论""集中论""累积论""灾害论""危机论"，并附"马氏学说总论"与修正派对马氏学说的批评。第 4 章先后叙述俄国社会党的渊源，劳工专政在政治上与经济上的目的，布尔什维克与马克思主义的区别，布尔什维克主义的各种色彩，布尔什维克主义的结果，布尔什维克主义即共产主义，"可称为苏俄社会主义"。第 7 章说明社会主义与共产主义国家的大概情形及社会党徒对共同生产的希望，末尾简单地批评。书中"共产"有时解作共同生产，有时解作共同生产，共同消费；"私产"有时解作私人生产，有时解作私人财产；"社会主义"有时代表社会主义的一种，有时统指各种社会主义；"产业"指生产事业。② 例言未提的第 5、第 6、第 8 章，分别是"国际劳工联合之概观""土地社会主义"及"共产社会小史"。也就是说，此书将有关社会主义的"浅说"，集中在社会主义的"各派"上。

---

① 唐卢锋编辑《社会主义浅说》，中央图书局 1927 年版，第 86 页。
② 贺良著《各派社会主义浅说》，世界书局 1927 年版，"例言"。

这个"浅说",同样摘取别人的著述,书末列举的参考书籍,都是德文原版书,也显得更为芜杂。其中评介马克思经济学说,《资本论》的优点在于"说明社会经济之进化程序与各种经济政策之主张",但其价值论,"信者甚少,且矛盾颇显","以人工为价值之标准,于事实不符",事实上物价"莫不随供给与需要之多少";剩余价值"亦有可批评之余地","其余人工不过为生产之辅助品,货物之生产,尚有其他元素,非人工一种所能成"[1]。引用修正主义对马克思学说的批评,为其根据。此外评介布尔什维主义既脱胎于马克思主义,又区别于马克思主义,"区别点最大者"如否认马克思关于"社会主义实行有一定时期,社会主义运动者应待而动",等到"一国资本产业集中的时候"的学说,主张社会革命也比马克思"激烈";其他方面,如马克思主张"劳工专政为暂时情况","赞成民主政体",取消私产的步骤不必"迅速",主张富者在共同生产时得以消费私产交换生活品,主张人民同时有工作的义务等,布尔什维克亦有不同[2]。书中还根据马克思和恩格斯(原译"应艾儿")等人的著作,介绍社会主义国家在共同生产、统计工作、工作义务与强迫、生产品分配、消费自由、生产效果等方面的大概情况,接着批评社会主义,如限制人类自由,共同生产难以实行,不可能按需分配,阻碍发明,紊乱社会经济秩序,经济不可能绝对平等,公有违背人类天性等。这种浅说式评介,等于在普及马克思经济学说的同时,又致力于清除这个学说的"流毒"。如此作法,同当年四一二政变的形势,也是相吻合的。

---

[1] 贺良著《各派社会主义浅说》,世界书局1927年版,第25—26页。

[2] 贺良著《各派社会主义浅说》,世界书局1927年版,第38—40页。

# 第二章 论述中国经济和劳动问题的
## 著作与马克思经济学说

马克思主义经济学在中国的传播，从外部因素看，体现了从舶来新思潮中寻求救国救民的道理以为指导思想的迫切愿望，从内部因素看，反映了目睹国家和民众遭受沉重苦难而谋求解决之道的深入思索。结合中国实际而联系到马克思学说和社会主义道路，这在多年前已经见诸国内的舆论界，惟比较零散、薄弱而未成气候。中国共产党创建后，确立了运用马克思主义指导中国走社会主义道路的方向，但对中国国情和现实问题的系统研究与深化认识，尚待加强。进入本时期，相继出现一批关注中国社会经济现实特别是所面临问题的专题论著，而且以国人自行撰述为主，显示开始进入比较有系统和深入地观察、梳理及探究自身状况与问题的新阶段。在这个过程中，相关著作重视中国经济问题尤其劳动或劳工、面临经济侵略、经济政策等问题，虽然未必采纳或接受马克思主义经济学的指导，但不同程度地把马克思经济学说摆在国人的面前。与此相联结，本章还涉及协作或合作、劳动立法和农民问题研究等。所有这些，都为马克思主义经济学的传播，增添了结合自身实际的新鲜内容。

## 第一节 关于中国经济问题的著作

这些著作的例证，反映了当时国人研究中国经济问题所关注的几个重要方面。

## 一、《中国劳工问题》

马超俊①著，上海民智书局 1925 年 12 月初版，翌年 4 月再版，颇受时人重视。这本书运用经济学理论来解决中国的实际问题，直指当时日益突出的劳工问题。劳工问题是理论经济学的重要论题，更是实际生活里矛盾不断集中和尖锐的社会问题之一。围绕这个问题，我国曾有不少著述参与讨论，但像《中国劳工问题》这样的专题著作，早期似不多见；国人自撰这部著作，也不同于前面的译本，有自己的特点。

### （一）序言评析

先看邵元冲② 1924 年冬末的序言：

无论何种社会运动或劳工运动，从发生到成熟，其间必须经过萌芽、困难、奋斗和发展的过程。萌芽时期，社会上不甚注意，反对与赞成的都居少数，影响也很小。这种运动继续下去，赞成和参加的逐渐增多，社会的注意逐渐增加，反对的势力也跟着增大，会发生种种困难和阻力。此时如果做社会运动或劳工运动的能力薄弱，缺乏持续性，势必受到反对势力的压迫而停顿或消灭；反之则继续前进，与反对势力斗争，那就属于奋斗时期。如此继续不懈，基础必渐渐稳固，影响必渐渐扩大，达到发展时期。"这种程序是一定不移的"。做社会运动或劳工运动的尤其要注意，"对于团体运动所采的策略，应该根据社会的情形、经济的组织、劳工的环境、工业发达的程度，而采用适当的政策，确定合宜的主张，来做奋斗的目标和口

---

① 马超俊（1885—1977），字星樵，广东台山人；早年赴美，结识孙中山，1905 年到日本入读明治大学，加入同盟会；毕业后奉孙中山之命回国策动革命，1911 年参加武昌起义；民国建立后任国会议员，参加讨袁运动，护法运动，1920 年任广州市府特别助理，继任广州市政府委员；1927 年任国民政府劳工局局长兼劳工法起草委员会主任委员，以劳方代表身份出席日内瓦国际劳工大会，任欧美各国劳工考察专员；历任国民党广东省党部整理委员、广州特别市党部指导委员兼宣传部长、广东农工厅厅长、建设厅长，南京市长，中央训练部民众训练处处长、华北党务特派员、中央训练部长、中央社会部副部长、组织部副部长、农工部部长，第六届国民党中央执行委员和第一届"国大代表"；1949 年到台湾直至去世。

② 邵元冲（1890—1936），字翼如，浙江绍兴人；1906 年考入杭州浙江高等学堂，同年加入同盟会；1911 年赴日留学，因辛亥革命爆发回国，参加讨袁革命，加入中华革命党；1917 年任孙中山大元帅府机要秘书，代行秘书长职务；1919 年赴美国留学，先后就读威斯康星大学和哥伦比亚大学，游历英、法、德等国，并去苏联学习军事；1924 年后历任国民党中央执行委员、常委、中央政治委员会委员，黄埔军校政治部代主任，孙中山机要室主任秘书兼《民国日报》社社长，国民党中央青年部部长、浙江省政治分会委员兼杭州市市长、广州政治分会秘书长，国民党中央党史资料编纂委员会常委、国民政府考试院考选委员会委员长，国民政府委员、立法院副院长、代理院长及国民党中央宣传委员会主任委员；死于西安事变。

号。决不可以随便抄取一种别团体或别国的政策或口号，来呆板的应用，如果这样做，其结果一定是失败的"。所以，"对于当地或本国的劳工状况应该特别加以详密的研究和调查，然后才有讨论计划的根据，而不致流于空泛或理想，这种基础的功夫，是决不可缺，且决不可草率的"。

中国的劳工运动，近来慢慢由萌芽时代向前进，经过几次重大的压迫、奋斗和牺牲。在这种情况下，"最紧要的就是如何根据实地的研究和调查，来作决定主张和策略的标准"。马超俊感觉到这种必要，才做这本书，以适应群众的需要。"马君是实际的工界中一分子。所以他的叙述和材料，大概根据他自己的经验和实际观察是很确实可信的"。现在中国的户口调查和工商业统计等都不完备，不能得到很多统计材料以供确实的研究，但我们已能够根据这部书而得到许多实际的印象。"这是现在中国劳工运动中所最需要的。所以我认这部书是中国劳工运动中一种很好的参考，并希望马君或其他的同志继续有更详备的著作出版，作我们的研究参考"。①

邵氏序言，强调中国劳工运动，应当根据不同的发展阶段和本国国情或当地状况，进行确实可信的实际观察、实地调查和经验性研究。这是针对我国劳工运动尚带有萌芽阶段特征的不发达状态而言，体现了一定的合理性。这种说法强调实证研究而非理论研究，也体现了邵氏不仅受到孙中山思想的影响，而且刚从欧美国家数年留学和游历归来，目睹美、英、法、德和苏联这些截然不同的国家的社会运动或劳工运动，虽然承认此类运动的必要性以及从发生到成熟的必然过程，却拿不准应当用什么样的理论去指导我国的运动，或者说内心存在其他的想法。从稍后邵氏所著《美国劳工状况》的广告介绍看，他在美国实地调查两年，走了七八十个地方，获得材料后又加上大半年的整理，方才不负使命，完成"我国空前的著作，是劳工界的福音，是劳动运动者的向导"；"著者要将美国过去和现在劳工运动的经验及现在劳工状况，指示我国人以劳工运动的组织方法，并指出应该免除的歧途"②。可见，此书的用意，用类似于美国的劳工运动作为我国的指导性参照。所以，次年孙中山一去世，邵氏即成为"西山会议"的主要参与者之一，公开反对孙中山的联俄、联共、扶助农工三大政策。

---

① 马超俊著《中国劳工问题》，民智书局1926年版，邵元冲序。
② 马超俊著《中国劳工问题》，民智书局1926年版，版权页，邵元冲著《美国劳工状况》广告。

再看孙科①1924年12月25日的序言：

对中国劳工问题，我有两种见解，借此供献于智识阶级研究劳工问题及提倡劳工运动者。其一，"对于劳资阶级之争斗，认为时机未到"。我国现在产业落后，"无所谓资本阶级专制之可言，故劳资对抗之势，尚未成立，于此时而倡为劳资阶级争斗之说，事实上无多大利益，徒招人忌，甚无谓"。然则不谈阶级争斗，将置劳工问题于不闻不问？这又不然。"我国目前虽无劳资阶级斗争事实，而仍有劳工问题，两者非必同时存在"。今日中国的劳工问题，"第一要著在促成产业之发达，产业发达，工人始有工可作，劳工问题始有解决之趋势"。其二，"应急造成产业发展之必要条件"。中国产业落后，工商事业无从兴起，人们只知是政治不良、军阀专政、频年战争和资本缺乏，固然有道理，但"皆片面一部分之附属原因，而非全部的主要原因"。全部的主要原因，"我国数千（应为'十'之误——引者注）年来为帝国主义所压迫，受不平等之待遇，国家关税完全为外人操纵，以至国内幼稚工业，无关税保护，不能与外国已发达之工业立于平等自由竞争之地位"。"保护关税为产业等落后国家促成产业发达之惟一条件，我国既缺此要件，宜乎产业无从发达，劳工生活日趋于困境"。如何恢复此种必要条件？"曰废止不平等条约，收回税权如是而已！愿我国之研究劳工问题提倡劳工运动者，共认劳工问题症结之所在，一致主张废止不平等条约，收回税权以急速造成我国产业发达之必要条件，则今后之劳工问题当可迎刃而解"。马超俊以所著见示，并嘱为序；"行期匆遽，未及卒读，不能依其内容有所评论，故只拟己见为书数言以应"。②

孙氏序言，未曾阅读原稿，依照自己的见解论说一番，实则与原稿的旨意凿枘不合。在他看来，中国作为产业落后的国家，根本不存在劳资阶级斗争或资本阶级专制的事实，所谓劳工问题，主要表现在工人难以获得就业机会，提供这种机会，最重要的是发展产业，而目前阻碍国内产业发展或工商业兴起的唯一关键因素，是我国在帝国主义列强的压迫下不能关税自主，不能保护国内幼稚工业，无法与国外的发达工业平等进行自由竞争；因此，只要大家一致主张废除不平等条约，收回关税主权，为我国产业发展创造必要条件，劳工问题自然也就解决了。收回关税主权

---

① 孙科（1891—1973），孙中山长子；早年檀香山中学毕业，1907年加入同盟会，先后获得美国加州大学伯克利分校文学学士、哥伦比亚大学硕士；1917年起先后任广州大元帅府秘书、非常国会参议院秘书、广州市市长、南京国民政府行政院长、立法院长、副主席；1949年后旅居香港、法国、美国等地，1965年任台湾"总统府"高级咨议、考试院长，病逝于台北。

② 《中国劳工问题》，民智书局1926年版，孙科序。

与提倡劳工运动原本是两个问题，这里却变成后者依附于前者的从属问题。或者说，既然丧失关税主权是引起产业落后的根源，产业落后又是产生劳工问题的根源，那就没有必要单独研究劳工问题和提倡劳动运动。这岂不是给《中国劳工问题》专著扇了一记耳光！姑且不论发展产业与预防或解决劳资矛盾孰轻孰重的争议在我国由来已久，也不论收回关税权是否以放弃劳工运动为前提，单就劳工问题本身而言，把它只看作从属于关税权和产业发展之后的就业问题，未免太简单化了。

最后看马超俊 1924 年 10 月的自序：

我们所焦虑的社会问题中，"劳动问题，不消说要算是近世社会问题中最重要的问题了。因为近世的资本制度发达到最高的程度，有产者和无产者两个阶级的界线越发现得鲜明，范围也越发扩大了"。"资本制度是少数资本家利用多数劳动者的制度，是多数的劳动者永远为少数资本家的奴隶的制度，这种残酷、苛刻、横暴、凌虐的恶制度如果不大加改革，世界万千人数，是会天天陷落到衣食贫乏的穷困境遇里；所以劳动问题，在现在看起来，完完全全是一种世界大潮流，无论什么阻力，都不能阻止他的发展"。欧美劳动运动，发生在 18 世纪产业革命以后，从 18 世纪下半叶到现在，"我们历史中一个顶大的现象，就是各国的劳动者和资产阶级的人，天天在那里相争相杀"。"最近几年来中国的劳动者也受着这种潮流的感觉和自动的倾向，渐渐地注意他们自己的地位很不合宜了；所以蜂似的一哄而起，时时向雇主提出要求工钱的增加、劳动时间的减少以及种种优良的待遇，而零碎罢工的事件，我们可以从每日的新闻纸上看得到处发生，一九一九年香港机器工人大罢工，民国十年海员大罢工，和民国十一年京汉路工大罢工，十三年广州沙面华工大罢工，我们承认这几次工潮已经指示我们：中国的劳动者都知道结合起来，做革命的工夫了"。

"但是，中国人研究劳动问题的很少！书报杂志上不常见有讨论劳动问题的文字，大抵以工人的事不屑道及；间或有之，也不过是一般学士摆起文学家的派头单独取出深奥名词和玄学概念的空空洞洞的话堆积起来；他们并不找出中国劳动者现在的趋势和中国劳动者对于经济的继长增高的需要，而指出劳动运动的方向来。这是因为对于中国的劳工状况及其所需要的是什么这些问题，多半不懂得"。"作者不是坐在书房里的著书专家，乃是一个在工厂里服务的真实的劳动者，我的文字不好，我更没有研究过修辞学，对于著书一层没有多大经验的。不过，我是天天和劳动朋友们在一块儿，凡是劳动者的生活状况及其他一切的一切，点滴我都知道，我就将我所知道的和我个人的意思，贡献出来，我虽然不敢说这就算是指示劳动运动的方向，但至少可以供我们现在作劳动运动的朋友们一部分参考。对于讨论这个重要问题的这一本书，我自己认为有经过直接的观察来证明的"。最后，"我相信劳动者是社会生存的维持者，我相信劳动者是世界文明的创造者，我赞美劳动，我喜欢劳动。然以现在劳动者所过的地狱生活而论，我们应该提倡劳工组织和劳工运动，我们应该提倡反对资本主义，并且应该反对那调和派、维持现状派、劳资妥协派等种种的妥协政策的。但是我们在做这种工作之先，应该先研究中国劳动者现时的状况及其所需要的是什么？从根本上着手进行，才不至走错了路。因此，我就以工作、教育、储金、保险、团结等等视为中国劳动者几个当前应研究的问题"。①

马氏自序，对待劳工问题和劳动运动的认识，与孙氏完全不同，明确表示这是欧美产业革命后，随着资本制度发展到高峰，形成少数资本家残酷剥夺多数劳动者的恶制度的产物，是无产者和有产者两个阶级不断斗争的结果；中国劳动者同样并自然而然地受到这种世界性潮流的影响，为了维护自身的地位，向雇主们提出增加工资、减少劳动时间和改善工作条件的要求，并以罢工形式团结起来开展革命运动。换言之，中国的劳工问题或劳动运动，并非因产业落后而能置身事外，面临与欧美劳动界相同的共性问题，也并非因部分主权丧失而只能等待主权问题解决后的机会恩赐，具有自身主动争取的独立意志与阶级利益。马氏鲜明提出，为了改变现在劳动者的地狱般生活状况，应该提倡劳工组织和劳工运动，应该反对资本主义，连同那些调和劳资关系和维持现状的妥协政策，亦在反对之列。态度如此决然，不仅透露出同孙氏观点的重大分歧（大概马氏嘱托孙氏作序时也未曾料到），而且表达了一位出身工人的著作者的观察立场和强烈情感。马氏少时进入九龙江南船坞马宏记机器厂当学徒，1902 年赴美又在旧金山庇利鲁机器造船厂工作；后来追随孙中山，1917 年受命拟订"开展全国劳工运动计划"，年底在广州成立"全国机器工人联合会"，1919—1922 年间参与策动广州和香港等地的工人罢工，1923 年起先后担任广东石井兵工厂的副厂长和厂长。其自序落款标明作于广东兵工厂，正是指的这一阶段。可见自序称"一个在工厂里服务的真实的劳动者"，每天和劳动朋友在一起，知道他们的生活状况及其一切底细，相信劳动者是社会生存的维持者和世界文明的创造者，这些赞美并喜欢劳动的话，确系发自内心且建立在直接观察的基础上。据此，他呼吁中国人研究劳动问题，要多研究，更要从根本上研究，反对脱离实际的坐而论道和空话连篇，认清中国劳动者的现状、趋势以及需要的改变，指出劳动运动的方向而不至走错了路。说到这里，他对劳工问题和劳动运动的一腔热情，明白可鉴。可是，防止走错路之说，把研究中国劳工问题的对象限制在工作、教育、储金、保险、团结等范围，又隐含马氏不愿或难以冲破的思想界线。这一点，也体现在他的著作中。

### （二）内容简介

本书目录，包括绪论，中国劳动者的种类（含奴隶工人、工业工人、农业工人、血汗工人4节），工作问题（含劳动时间、工钱2节），女工和童工（内含女工、童工工作2节），失业问题（含失业的人数、失业的原因、救济失业的办法3节），工人教育（含工人教育实施的方针、工人教育方面的课程、工人教育方面的设备3节），工人团体（含工人团体的趋势、工会进行的步骤2节），工人保险（含健康保险、失业保险、养老及废疾保险、寡妇孤儿保险4节），工人储蓄（含工人储蓄的利益、工人储蓄的办法2节）和结论共10章。有几章的内容，颇值得注意。

首先"绪论"①，进入本论之前，预先声明两点。一是研究"完全根据于事实方面，是实际的，不是抽象的"。"现在中国言论界多半犯着一个说话不切实际的毛病，徒然唱高调，打空腔，所说的尽是关于空泛的理想方面的话，于事实上反毫不注意。我这一部书就专在事实上平心静气来研究这一个问题，讨论这一个问题"。

强调研究和讨论的切合实际，这个观点自序里格外突出，可见在中国劳工问题上，作者不满意当时国内舆论界缺乏事实依据的空谈现象。这里似乎还对引进国外劳工理论与实践以用于中国的参考，包含某种抵触心理。

二是讨论"单独在中国劳动者范围以内说话"。"我以为世界各国的劳动者都各有各的特殊情形不能相同的。各国劳动者的地位，各国劳动者的习惯，各国劳动者的性情，未必完全一样；所以同是提倡劳动运动，在德国主张社会民主主义，在英国主张基尔特主义，在法国主张工团主义，而在俄国则主张共产主义；这就是因为德英法俄的劳动者有特殊的情形，各在各的方面。那末，中国劳动者当然也有特殊情形，又不能和德英法俄及任何国家的劳动者相同，这是一定的"。

---

① 以下引文凡出于本章者，均见《中国劳工问题》，民智书局1926年版，第1—4页。

劳动运动方面，强调各国的特殊国情和劳动者的特殊情况，固然有其道理。但从社会主义和马克思主义在中国传播的早期历史中早已看到，这种强调可能导致两种全然不同的结果：一种将舶来的主义与中国的特殊国情结合，走出一条自己的道路；另一种以中国的国情特殊为托辞，拒绝舶来的主义。况且把苏俄的主义与欧洲其他国家的诸如社会民主主义、基尔特主义、工团主义等混同一起，统统作为各国特殊国情的特殊产物，意味着这些主义都不适合于更为特殊的中国国情。由此也可以印证前面批评的那些唱高调、打空调、尽是空泛理想的现象，在某种程度上是针对这些舶来主义在中国的传播。

作者接着说："本来，劳动者和资本家完全处于相抵触的地位，成了一个对垒，这是无庸讳言的"。资本家不劳动而获得最大的报酬，劳动者以最大的劳动而得到最少的报酬，"这种不适当不公平的分配，任资本家如何巧辩，是辩不过去的"；各地随时可以发现，"资本家的财产是从劳动者的劳力的结果里头榨取出来的"。"劳动者起来打倒资本家这种呼声，是很合乎正义"。这种呼声目前只在欧美各国喊得起劲，因为经过18世纪的产业革命，用大机械与工厂制去生产，产业发达到了绝顶，手工业遇着工场制，小企业家碰着大实业家，被排挤得不能立足，于是资本慢慢集中于少数经营工厂的企业者手里。一个煤油大王可以运用全美国的煤油，别人不能占丝毫股份，"真令人舌吐不能入了"；那些替煤油大王做工的劳动者，一天做到晚只能得一片面包而不够吃，单举这一例，就可以知道"富者大富，贫者愈贫，截然成了有产和无产两个阶级"。"无产阶级要想排除贫乏的根源，不推倒这些大资本家，要求经济上的正义之分配，还有别的什么法子？年来欧美劳动运动之所以蓬蓬勃起，就是这个原因"。现在中国也有好些人高喊"劳动者起来打倒资本家"的口号，"我们良心上不能不崇拜其热诚和忠实；不过这一个口号用之于现在的中国还有点不妥帖不适当，说一句俏皮话，就是不大识得时务，还不明白现在中国到底是怎样的一个国家"。"我以为现在的中国并没有什么资本家"，读者不要误会我的意思，我从根本上主张消灭资本主义，拉下资本家来和我们劳动者同桌吃饭，一起工作，不过"现在中国的资本家，简直不成资本家，还没有资本家的资格，实实在在够不上我们来反对，够不上我们殊死搏斗"。现在中国的产业还没有发达，机械生产不多，几个生产多一点的大工场，都是洋大人的资本，中国人独资经营的几如凤毛麟角不可多见，哪有机会造成资本家？"这是显而易见的。所以我们今日来讨论中国劳动问题，不是中国劳动者对本国资本家的问题，而是中国劳动者对世界帝国主义经济压迫的反抗，因为这种压迫的痛苦，为中国人民共同所身受，即中国的劳动阶级尤其是特别感受痛苦的"。中国产业为什么不发达？"赅括说来，只有两句话，就是本国的经济和工业不能独立，及帝国资本主义的压迫而已"。凡是稍微懂得一点经济学理的，一定知道生产的三大要素是土地、人工和资本，三者缺一是做不成功的。中国有了土地，有了人工，然而"受资本的限制，经济上的权利多半落在外国资本家的手里，并受外国资本家重重的压迫，中国人没有力量来自由开发，所以产业落后"；这个问题又和中国的政治问题有莫大关系，本书不能牵扯论及，只在劳动范围以内发言。

上引段落开头的"本来"一词，大有玄机。这意味着，作者前面提倡劳工组织和劳动运动，反对资本主义，这种提倡，有着严格的界线划分。"本来"的涵义，劳动者和资本家的相互抵触与对立，资本家的不劳而获和劳动者的劳而贫穷，资本家靠榨取劳动者的劳力来积累自身的财富，此类不适当不公平分配的现象之毋庸置疑，劳动者要求打倒资本家的呼声之正义，仅仅存在于经历了产业革命从而产业发展到极致，资本集中于少数人手里而其他人无立锥之地的欧美国家，根本不适用于只有土地与人工而缺乏资本和资本家的中国；所以说，在中国呼吁劳动者起来打倒资本家，是不识时务的一句口号，既不妥贴，亦不适当。在劳工问题和劳动运动上，将欧美国家与中国如此区别开来，等于拐了一个弯，最终居然和看似唱反调的孙氏序言，唱起了同一个调子。难怪作者会推重孙氏的序言，他们之间有共鸣。二者的区别仅在于，孙氏否定中国劳工问题或劳动运动具有独立存在的意义，不仅依赖于产业发达与否，更依赖于关税权收回与否，所以在我国产业落后的情况下，无须考虑资本专制、劳资阶级斗争以及与此相关的理论及实践；作者同样关注本国经济和工业的不能独立以及外来帝国资本主义的压迫，同样强调我国还没有内生像样的资本和资本家，但不否定劳工问题或劳动运动的必要性，只不过把中国劳动者钉针对的目标，从本国资本家转移到实施经济侵略与压迫的世界帝国主义身上罢了。这大概也可以解释，作者何以一面认为当前在中国鼓吹劳资之间的阶级斗争为不识时务，一面又引用类似于马克思的经济学说，相信资本家的财产来自对劳动者的榨取，相信资本集中在少数人手中是造成贫富差距和阶级对立的根源，自称在根本上主张消灭资本主义；其中的分界线，在于中国与欧美各国的国情不同，因此没必要反对中国的资本家，只须对抗外国的资本家。

其次"工人团体"方面，谈到"工人团体的趋势"：西方经济的发达，很明显由手工制到家庭工业制，再到工厂制。《经济学批评》的"叙文"说："生产关系的总和，就成社会经济的构造"。由此可以知道经济发展由于生产力增加而来，"在这里就可以找到资本掠夺的一种证据"。《近世资本主义进化》说："用武力强劫，不平等的交易和强劫劳动者以开发世界的别的地方，是欧洲资本主义成长的一个重要条件"。恩格斯（原译"昂格思"）说："生产器具的主人，把生产器具工作的结果，都当作他自己的生产，至于别人的劳动，就置之于例外。这个矛盾就是给新式生产制以资本家抢掠性质，也就是包含今日社会倾突的种子"。由此可知，"资本阶级的财产，完全是掠夺赁佣劳动者阶级的生产品，这是毫无疑惑的"。资本家完全不工作，一举手间收入几百万几千万，于情理上无论如何说不过去；那些胼手胝足的劳动者每天长时间工作，反而没有饭吃，没有衣穿，没有房子住；"这种非正义非人道的现象，达到了极点，凡是稍微有点知识有点人道的人，一定明白这资本主义是伤害人群的洪水猛兽，应该扑灭的"。"现在的中国虽没有极大的资本家，难保将来不会有极大的资本家产生出来，而且已经有洋资本家在国内大肆其抢掠的伎俩了。我们是反对一切资本家，不问是现在，还是未来，又不论是国内国外，当速起运动唤醒劳动者觉悟。因此，我觉得工人团结是今日中国劳动问题中的一个当前的问题，因为有了团结，就可以和资本家作战了"。①

这些说法，重新回到对资本家的抢掠本性的认识上。其中引用一些经典论述，如"叙文"之说，即马克思《政治经济学批判》序言所说的，"这些生产关系的总和构成社会的经济结构"。又如恩格斯之说，出自《社会主义从空想到科学的发展》中的一段话②。虽然作者的译文不那么准确，但显然了解并赞成马克思和恩格斯关于唯物史观以及生产社会化与资本主义私人占有之间矛盾的论述，才会拿来作为理论依据，论证资本阶级通过掠夺雇佣劳动阶级的生产品积累起巨额财富，势必造成劳动者贫困的非正义非人道现象并使之达到极点，因此阻止这种伤害人群的洪水猛兽，只有消灭资本主义。说到这里，作者的态度似乎突然一变，越过国情不同的分界线，撇开中国劳动者起来打倒资本家为不识时务的论断，大谈不管现在还是未来、国内还是国外，反对一切资本家，现在中国没有大资本家，难保将来不会出现，况且国内已经有外国资本家在大肆抢掠中国劳动者。这种转变，出于亟需发起劳动运动以唤醒中国劳动者觉悟的考虑，当前中国的劳动问题，工人团结起来才可

① 《中国劳工问题》，民智书局1926年版，第77—78页。
② 其今译文见《马克思恩格斯选集》第3卷，人民出版社1972年版，第428页。

以和资本家作战；为此还提到北京大学陈启修教授曾详细说明中国以前盛行帮口制或行头制的工人团体组织，如手工帮、机器帮、地方帮等，但不过是劳动者自己对自己的观念，"没有一点阶级的觉悟"。换言之，作者多多少少意识到，中国劳动者要团结起来和资本家作战，必须提高自身的阶级觉悟。这也说明，只要投身于中国劳工问题和劳动运动的研究与实践，不是把它当作依附或从属的问题撇在一边，就不能回避劳资矛盾的现实以及对资本性质的认识。这或许又是作者与孙氏序言有所不同的一个特点。

最后"结论"，概括前面各章的内容："今日中国劳工问题的症结，最可怕的是失业的人数，以及关于劳工方面种种的设备，缺乏不齐"。我承认有必要解决失业问题，实施工人教育，促进工人团结，提倡办理工人保险和储蓄，"希望劳动者维持现在的危险以谋进取将来的地位"。以上方法，"虽然有点根据社会政策的主张来立论，而不是根本解决的方法；但是在今日我国资本主义不甚发达和生产能率尚在幼稚的时候，我承认有注意的价值"。什么是根本解决的方法呢？社会主义派主张，"要根本推翻资本主义的制度和组织，将一切生产机关收回公有，所有生产，应平均的分配；打破阶级制度，大家工作，使社会不再有资本家剥削工人的事实，不再有上层阶级役使下层阶级的事实，一切过去的制度，完全销毁"。这种办法，诚然是好，不过，"我以为应该渐渐地作去，缓缓使其成功；在目前的中国实在还谈不到此着。此时若遽欲实行革命的手段，突然收回私有的财产，归为国有，社会秩序必大混乱，试看俄国革命数年来全国骚扰不宁，岂不可怕？何况现在中国的情形还远不如未革命以前的俄国呢。所以此时若能依我的主张做去，比较用激烈手段去解决劳工问题，实在稳当得多"！[①]

至此，作者终于露出自己的底线：今日中国有必要解决劳工问题和开展劳动运动，按照马克思派的社会主义主张，通过推翻资本主义的制度和组织来实现生产资料公有，平均分配，消灭阶级和剥削，诚然是根本解决劳工问题的好办法；但是当前在中国资本主义不甚发达和生产效率不高的幼稚条件下，没必要也不可能采取根本解决的办法，只能实施诸如工人教育、团结、保险和储蓄之类的社会政策，让劳动者先维持现在的危险状况，然后谋求将来的进取；应该奉行逐渐解决问题和缓慢取得成功的宗旨，切不可突然实行变私有为国有的革命手段，其教训是俄国曾经比

---

[①] 《中国劳工问题》，民智书局1926年版，第113—114页。

我国情况还好，因发动十月革命，造成数年来可怕的秩序混乱和骚扰不安，这个前车之鉴，也说明用类似于社会政策的主张去解决中国劳工问题，比较用激烈手段更加稳当。明了这个底线，再看作者前面翻云覆雨式的说法，一会儿提倡劳动组织、劳动运动和反对资本主义，认为这是中国劳动者接受世界潮流影响的必然趋势，一会儿又说在中国鼓吹劳动者打倒资本家是不识时务，一会儿推崇马克思、恩格斯主张唯物史观和分析资本主义矛盾性质的论述，宣称自己的根本主张是消灭资本主义和反对国内外一切资本家，一会儿又说中国还没有反对资本家的资格，不适用推翻资本主义的根本解决办法，其内在逻辑，解决中国的劳工问题并开展相应的劳动运动，只能选择向现政府争取社会政策的渐进而合法的缓慢道路，不能陷入苏俄式打破现行社会秩序的激进而可怕的革命泥潭。

## （三）结语

经过介绍与分析，可以看到《中国劳工问题》一书，无论作者还是作序者，都不否认中国存在劳工问题，不否认中国解决劳工问题乃至发展劳动运动的必要性，不否认现代劳工问题源于欧美各国自产业革命后而产生的资本主义弊端，不否认重视劳工问题作为世界性潮流对中国劳动者及劳动运动的影响，而且他们都曾留学西方国家或到欧美各国专门考察过劳工状况及劳动运动，也都曾经是孙中山的忠实信徒和追随者。几个人中，尤以作者马超俊对劳工问题和劳动运动的感受更为深切。他自称工厂劳动者，多年和工人在一起，追随孙中山从事革命，组织工人参加革命，策动广东和香港的劳工运动，拟定全国劳工运动计划，奉派南北美洲考察工人运动，后来又担任国民政府的劳工部长，主持劳工立法，以劳工代表身份参加国际劳工大会，就任欧美各国劳工考察专员等，其代表性著作也以劳工运动或劳动政策为主。基于这样的背景经历，他不讳言劳资之间的阶级对立以及资本主义制度和组织的弊端，也不掩饰对马克思、恩格斯及社会主义派主张从根本上推翻资本主义的赞许，甚至把自己也列为公开反对资本主义和一切资本家的提倡者。但是，怎样把这些观察、主张以及盛行于欧美国家的劳工理论与劳动运动实践，同中国的实际结合起来，他所强调的，和其他作序者一样，不约而同地提到中国的特殊国情，诸如产业落后、尚未进入产业革命后的资本主义发展阶段、缺乏资本和资本家等。

自西方社会主义思潮最初传入我国以来，国内有关国情不同的讨论或争论，一直相伴而行，现在这本书不过把讨论的重点，又放到劳动问题或劳动运动上面而已。对此，其他两位作序者，一位对国外的政府政策或团体口号，保持高度警惕，生怕呆板的应用将招致失败，但对我国的劳工运动应当怎样开展，又说不出个所以然，只强调要加强本国劳工状况的调查研究，不要流于空泛或理想，这似乎也是对国外理论与实践的排斥性戒备。另一位则直截了当，宣称中国劳工问题的症结，主要归咎于帝国主义的压迫特别是缺乏关税权的保护，换言之，中国解决了关税自主问题，自然也就解决了劳工问题。这两位的国情不同论，面对中国劳工和劳动运动问题，都将马克思主义经济学的引进、消化、吸收和应用，排除在外。作者似乎有所不同，论述解决劳工和劳动运动问题之必要性的基本理论依据，显然出自马克思经济学说，而且津津乐道资本家抢掠工人的劳动产品，生产资料集中于资本家之手是造成贫富悬殊的根源，消灭劳动者贫困和阶级对立的根本出路在于推翻资本主义制度及组织等观点。可是，理论归理论，实际归实际，一旦落实到中国，同样举起国情不同论的盾牌，在反对唱高调、打空腔、追求抽象空洞的深奥名词和玄学概念而不切实际的名义下，把马克社会主义派的根本解决方法抛在一边，批评那是不识时务的空谈。结果，三人殊途同归，最后走到一条道上来。

不仅如此，看来作者还道出了三人共同的忧虑：必须将解决中国劳工问题及开展劳动运动，纳入由政府以社会政策来控制的渐进解决和缓慢发展的稳当轨道，以防出现苏俄式激进革命所带来的全国性混乱和骚扰。仅此一点，即能明白他们三人何以当孙中山在世时，便对"联俄"政策存有异议；孙中山一去世，更是急不可耐地否定这个政策。

## 二、《中国劳动问题》

唐海编著，1926 年 10 月付印，同年 12 月上海光华书局初版。它与前述马氏的书名，仅一字之差，却包含不同的内容，从经济学上看，也有一些新的研究特点。

### （一）序文简介

先看杨贤江 11 月 15 日的序言：

"劳动问题是现代社会问题的最主要部分，也可说是社会问题的核心。在我们中国，这几年来劳资间的纠纷已经不少概见，可知在中国也着实有了劳动问题"。惟中国的劳动问题，从其现象、进展形势、解决所应走的途径等方面关心或努力研究的人，固然不是没有，但能把这些情形详细记述出来，供一般人参考，使一般人都能注意并能明了概况，在本书出版以前，实在尚无所闻。现在本书出版了，它对我国劳动者的困苦情况、历次劳动问题的真相、五卅事件的爆发、解决劳动问题的根本办法等，皆有详细的论述。"本书的应时出世，可说是极合实际的需要"。我愿意郑重介绍，不仅在于合乎需要，还在于"本书的编者是个实际在劳动界服务的人，他对于中国劳动者的情况，是目睹的，是身受的，是感到切忌的痛苦的，所以本书所记述的，不特详尽分明而已，而在他所写的字里行间，还另寓有一种时代趋势上最可宝贵的精神；明白言之，他是具有正确的观点与真挚的态度来叙述中国的劳动问题，也用了正确的观点与真挚的态度来透视中国的劳动问题的"。我希望读者能够体会出和感受到这种精神、观点及态度。年来国内劳动问题的勃发，似乎已经引起各方面人的注意。更有一批学者抱着"仁爱心肠""慈善态度"，为谋改进现状，拟议从事劳动状况的调查。"我们不反对这种行为。但是读者要知道：劳动问题，无论在那一国，靠学者们的'热心'是不会解决的。'人权'被剥夺了要去'争'回；'民权'被剥夺了要去'争'回。我们应当不望着人家的'给与'，我们应当凭着自己的'力取'！我们对于解决劳动问题所抱的态度，也不外此"。本书论列这一点，也值得我们注意。①

首先须指出，杨贤江②此时已是中共党员，参加过五卅运动和上海工人第一次武装起义的组织工作，因此对劳动问题的认识，大不同于建党前1919年翻译发表《社会问题之本质及其解决》一文的看法。那篇译文，不赞成将劳动问题视为社会问题的本质，解决社会问题方面，还把马克思派社会主义的主张列为批评的对象③。现在这篇序文，认为劳动问题是现代社会问题的最主要部分或核心，中国同样出现了以劳资纠纷为代表的劳动问题，还认为解决中国的劳动问题，既需要切合实际的详尽研究，又需要符合时代趋势的宝贵精神、正确观点和真挚态度，更需要走出书斋的实际行动，鼓动被剥夺了人权或民权的劳动者力争夺回自身权利，而不是乞求他人的恩赐。对照前后思想上的深刻变化，几年间，他已完成了从最初寻求用改良方式解决社会问题，向最终坚持马克思主义立场的转化。这个转变，体现在评论《中国劳动问题》的序文里，主张以马克思主义的正确观点来研究、对待和

---

① 唐海编著《中国劳动问题》，光华书局1926年版，杨贤江序。
② 杨贤江（1895—1931），浙江慈溪人，早年家境贫困，曾任小学教师，1912年考入省立第一师范，毕业后到南京高等师范工作和进修；1919年10月经邓中夏介绍，参加少年中国学会；1921年被商务印书馆聘为《学生杂志》主编，任职6年；1923年加入中国共产党，参与五卅运动和上海三次工人武装起义的组织工作；大革命失败后转移到日本，1929年秘密回国，积劳成疾，1931年去日本治疗，不治病逝。
③ 参看《1917—1919：马克思主义经济学在中国的传播启蒙》，上海财经大学出版社2016年版，第4编第2章第3节二。

解决中国的劳动问题。说到此书的编著者唐海，原本不详其生平事迹，经杨序介绍，方才了解他从事劳动界的服务，曾经目睹、亲历和切己感受劳动者的痛苦，因而能够带着真挚的感情，以正确的观点来叙述和透视中国的劳动状况。这被认为是最可宝贵的精神，蕴含着时代趋势，如此说法，同作序者的马克思主义立场，也是相一致的。

再看"编者赘语"：

我国社会一向以"士农工商"为四民，民国成立以后，商人教育都有组织，而农工地位非常幼稚。"五卅以后，工人组织，始形严密，而劳动问题，亦益形扩大"。五卅事件发生时，编者服务于纱厂，目击劳资两阶级的对峙，"深觉人类一切不幸事件，都由劳动问题而起，而我国的劳动问题，又最为复杂，欲求劳动问题之解决，自以调查劳动者实在的状况为必要"。那时在工厂服务，每天须工作 12 小时，身心劳顿，无暇编述。直至五卅事件发生，工厂停工，得以"凭着个人的直觉"，写成此书。惟因参考材料不易得到，又为他事牵绊，匆匆成书，不妥之处，自知难免。"不过在我国社会上向无讨论劳动问题的专书，那么本书的出版，或者是聊胜于无"。①

编者这番话，比起杨贤江的序文，有所逊色，没去论证劳动问题在现代社会问题中的突出地位，也没强调研究和解决中国劳动问题所需要的宝贵精神、正确观点、真挚态度和力争斗志。它以"赘语"形式，透露几则信息。一则以 1925 年五卅事件为分界，标志中国开始形成严密的工人组织，使劳动问题日益扩大；二则经历这个事件，从实际案例中，认识到以劳资两个阶级对立为特征的劳动问题，不仅是人类一切不幸事件的根源，也是中国当前面临的现实问题；三则中国的劳动问题有其复杂性，谋求解决这一问题，必须先调查了解劳动者的实际状况；四则编者当时应在上海的日商纱厂工作，曾目睹事件的发生，亲身体验长时间劳动而不能休息的辛苦，这也是他编写《中国劳动问题》的重要生活基础；五则那个时期我国还没有讨论劳动问题的专书，编者自谦其著聊胜于无，总比没有好。这些信息，正是杨序评价的依据，又借此加以提炼，概括出理解和解决中国劳动问题的若干要素，这也是他以中共党员的眼光来看待此书而不同于编写者之处。不过说到我国社会一向没有讨论劳动问题的专书，这个信息大概由于编写者不易得到相关的参考材料，

---

① 《中国劳动问题》，光华书局 1926 年版，"编者赘语"。

有所偏差。不久前，便有马超俊的《中国劳工问题》一书出版（1925年12月初版，1926年4月再版）。这同样是国内讨论劳动问题的专书，而且马氏同样以工人身份自诩，即便马氏后来事实上处于上层地位，他讨论中国劳工问题的立场、观点、感情、材料来源和论述角度，可能也与唐氏存在着差异。

（二）内容简析

此书正文538页，分5编22章108节，目录如此详尽，稍加浏览，便可大致了解全书的基本框架。

第1编"总论"：第1章"我国之社会状态"，分"劳动色彩的我国社会""我国的企业界与劳动"2节；第2章"我国劳动者之生活"，分"劳动者的衣食住""劳动者之婚姻性欲及丧葬""我国劳动者与富人的生活比较"3节；第3章"我国的思想界与劳动问题"，分"我国现代思想的源流""社会主义与我国的劳动者""上海广州的思想界与劳动者""我国劳动社会之心理"4节；第4章"我国的劳动制度"，分"奴隶时代的劳动者""我国劳动者之调节""我国劳动者之分工""上海的劳动状况"4节；第5章"我国之粗工"，分"农业劳动者""苦力与矿工""粗工之区别"3节；第6章"我国之细工"，分"家庭工业与机械工业""纺织工业"2节；第7章"我国的劳动团体"，分"我国劳动团体的起源""我国的劳动者与劳动团体"2节。

第2编"我国劳动者之工资工作时间与能率"：第1章"工资"，分"工资之意义""我国劳动者所得工资之种类""我国之工资与钱币""时间制与包工制""劳动者工资之支付方法""对于劳动者之赏金""红利及利益之分配""劳动者工资之决定""我国劳动者工资问题之将来"9节；第2章"各业之工资"，分"我国各地纱厂工资比较""上海各纱厂之工资标准""苦力搬运棉花之工价""广东最近之工资额""我国邮政员役之工资""上海毛绒厂之工资""上海之劳银与物价"7节；第3章"各地产业界之平均工资"，分"粗工""细工""杂工""北方劳动者之工资"4节；第4章"我国劳动者的工作时间"，分"工作时间问题""我国各大都市工厂之劳动时间""上海的劳动时间与工资"3节；第5章"女工与童工"，分"女工""童工""工部局与童工""童工的教育""女工童工的工作时间问题"5节；第6章"我国的劳动能率"，分"劳动者之能率与性行""粗工的劳动能率""细工的劳动能率""工资与能率之比较""我国劳动者之能率增进策"5节。

第3编"劳动者幸福的设施"：第1章"幸福的设施"，分"幸福设施的意义"

1920—1929 从民国著作看马克思主义经济学的传播

"我国对于劳动者的幸福设施""我国向来之社会政策""上海的救济事业""劳动者之教育"5 节;第 2 章"劳动之法制及习俗",分"我国各地之劳动法制""习俗上之农民小作法""我国之劳动法规""国际劳动法"4 节;第 3 章"我国劳动者之移殖",分"国内的移殖""国外的移殖""失业者的危暴实业界之预备军"3 节。

第 4 编"劳动运动":第 1 章"劳动运动之意义",分"我国劳动运动之观察""促进劳动运动之帝国资本主义""最近各界对于劳动者之舆论"3 节;第 2 章"劳动运动之同情者",分"国民党与劳动者""世界劳动者对于我国劳动运动之同情""学生与劳动运动"3 节;第 3 章"劳动运动之手段与目的",分"五一节与我国劳动运动""劳资争议""同盟罢工""政治的劳动运动"4 节。

第 5 编"我国劳动运动之概况":第 1 章"农民运动",分"农民运动的意义""河南卢氏县的农民运动""陕西农民的困苦及其运动"3 节;第 2 章"工人运动",分"最近四年内重要罢工表""近年来上海的罢工事件""京汉路工人之罢工与惨杀""粤汉铁路罢工之胜利""安徽印刷工人的罢工""最近各地罢工运动之一斑""庐山舆夫不甘剥削""上海米价与罢工运动""北京炮兵工厂的罢工""天津苦力的罢工""广东丝厂的大罢工""湘潭锰矿工人的罢工""旅顺日警惨杀华工""南京和记案之情形""天津的工潮""萍乡煤矿工人的罢工""开滦煤矿工潮""青岛罢工事件""内外棉罢工事件""五卅惨案的前因后果""邮局罢工潮""商务印书馆的罢工事件""中华书局的罢工""沪宁铁路员役之要求""电报局的罢工事件""日华纱厂罢工之再起""粤港工潮之调解""上海总工会"28 节;第 3 章"结论",分"社会进化与劳动问题""劳动问题之解决"2 节。

以上目录,对照前述马超俊《中国劳工问题》一书的目录,其实颇多相似之处。二者都谈到中国的劳动者种类或劳动制度、工资与工作时间、女工与童工、失业与劳动救助、工人团体或劳动运动等问题,惟唐海之书的考察更为广泛和细致,这也表明两位作者重视中国的劳工或劳动问题,曾经深入劳动第一线,不尚空谈而以调查劳动者的实际状况为基本前提的共同特征。但再往下看,谈到解决中国劳工或劳动问题的理念,便显出二者的差异。马超俊作为孙中山的信徒,在书中承认欧美国家的劳资阶级对立体现了资本主义制度及其经济组织的弊端,赞成马克思派社会主义根本推翻资本主义的主张,甚至自称是反对一切资本家的提倡者;然而一旦转向中国的劳工问题,腔调为之一变,以尚未经历产业革命、缺乏资本和资本家而产业落后等国情不同为由,批评引入马克思派社会主义来解决中国劳工问题,是空谈和不识时务。马氏之书谈论中国劳工问题的解决方向与路径，更关注诸如实施工人教育，安抚工人团体，加强工人保险与储蓄等社会政策，以便其进程能够控制在渐进式缓慢发展的稳妥轨道内，特别要防止出现像苏俄革命那样的全国性骚乱。此书的撰写恰好处于五卅惨案发生时期，可是从它的内容看，似乎对这一惨案在解决劳动问题方面的影响，无动于衷。与此不同，唐海之书看到了惨案的发生与我国开始形成严密的工人组织之间的内在联系，估计将日益扩大劳动问题，也就是把解决国内外资本家对我国劳动者的压迫和剥削问题，提上议事日程；所以，他在书里，用很大篇幅来考察中国的劳动运动及其概况，乃至列举近 30 个农民运动尤其工人运动的案例。下面从唐海的书里摘引若干内容，看看他解决中国劳动问题的有关理念。

介绍我国现代思想的源流：民国革命变专制为共和，在约法中载明言论自由，民间思想界较为活跃；此后经袁氏称帝的重大打击，五四运动又让思想界大为亢进，不过许多人总是朝三暮四，没有自己的定见，起初为社会主义者，后来往往变为复辟派。我国近年思想界的各派："投机派"；"科学人生观派"；"马克斯主义派"，其提倡者为陈独秀、李大钊，附和者为瞿秋白、施存统等；"孔家哲学派"；"无政府主义派"；"三民主义派"。以上各派，除了孔家哲学派在政治上没有什么主张外，其他各派都有它们的政治主张。如投机派主张"立宪政体"，科学人生派主张"好人政府"，马克思主义派主张"劳动政府"，无政府主义派主张"无政府"，三民主义派主张"民主政府"。"在各派的思想和政治主张的中间，过半数是站在劳动者这方面说话的，因为我国劳动者的苦况，的确是处于很艰困的地位，没有受教育的机会，不能享受丰美的衣、食、住，更没有人生的乐趣，受了压迫，莫处申诉，我们为人道主义起见，不得不站在劳动者的地位上，说几句公平的话。我们为补救民众的痛苦起见，不得不从有益于全民的主义上面，努力做去"。

接着介绍社会主义与我国的劳动者："俄国的列宁，依马克斯主义，组织了劳农政府以后，公布土地国有令，以土地为国家所有，这种制度，在中国三千五百年以前，已经行之，而与孙文的三民主义，实际上并不矛盾，这种政策，确是最合于中国的国情"。"我国向来的社会情形，与社会主义有密切的关系。向来对于人权，是看得很重的，不论贵贱贫富，都可以做王侯将相，没有什么阶级制度的差别"。"这种上古文明的风气，确是我们中国的特色。我们中国四千年来，立足于平等主义之上，不料近来因为外国帝国资本主义的侵入，使社会趋向于工业化，资本阶级压迫着弱小的劳动民众，于是劳动者永远处于困境，难得出头之日"。我国向来的社会生活，大概依职业的种类，有等级的差别，即所谓士农工商四民，春秋战国时代，学者以此为世袭的阶级，然而在社会地位上是平等的。虽然有世袭的名义，实际上农工之子进为士人的例子举不胜举，"在我国的历史上，社会民主主义的现象，确是一种根本思想"。自从我国的社会现象形成半殖民地的情形以后，机械工业夺去手工业的生活，物价腾贵，生计艰困，人口过剩，"产业革命的结果，愈促进社会主义的宣扬"。"所以在我国这种不安的现象之下，要免去破坏思想的过激状态，是在全国国民的大彻大悟"。①

上面两段内容，见唐书第1编第3章前2节，大概属于杨序所谓用正确的观点与真挚的态度来叙述和透视中国劳动问题的精神范畴。其醒目的一点，把以李大钊为代表的马克思主义派，与以孙文为代表的三民主义派，以胡适为代表的科学人生观派，包括与以吴雅晖、李石曾为代表的无政府主义派一道，共同作为有益于全民的主义与派别，关注我国劳动者处于艰难地位、没有受教育机会、不能享受丰美生活、没有人生乐趣、受到压迫而无处申诉的困苦状况，站在劳动者方面说话，为补救民众的痛苦说公平的话；又把马克思主义派的劳动政府，有别于三民主义派的民主政府、科学人生观派的好人政府和无政府主义派的无政府，在政治上直接而鲜明地体现了劳动者阶级的利益。更有甚者，认为列宁依据马克思主义所组织的俄国劳农政府，宣布土地国有法令，这是中国3500年前已经实行的制度（大概指井田制），与孙文的三民主义也不矛盾，其政策最适合中国国情。如此说法，同《中国劳工问题》的作者及作序者的观点，大相径庭。也就是说，二书从考察相同的问题出发，引用相似的资料，最后在选择用于解决中国劳动问题的指导理念上，竟得出几乎相反的结论。

不过，细心推敲，唐书考察思想界与劳动问题，认可马克思主义，把奉行马克思主义的苏俄列宁政府所推行的土地国有制度，看作最符合中国国情的政策，有特定的涵义或特殊的理解。首先，从一般人道主义的角度，辛亥革命特别是五四运动以后流行的各种新思潮，凡以自由观念破除帝王的专制压迫，有利于反映劳动者诉求的各派思想，均在赞许之列，这也是把马克思主义派与三民主义派、科学人生观派、无政府主义派等并列一起，或把劳动政府与民主政府、好人政府、无政府之类等量齐观的主要理由。其次，说到中国国情，更多着眼于中国的古代文明，具有所

---

① 　以上两段引文均见《中国劳动问题》，光华书局1926年版，第17—21页。

谓土地国有、阶级差别观念淡薄、重视人权、各业社会地位平等一类的传统因素，称之为我国历史上的社会民主主义现象，甚至是一种根本思想；照此推理，社会主义也就与我国的社会情况有了密切关系。再次，一边调和苏俄的土地国有政策与孙中山的三民主义，认为二者并不矛盾，一边又说宣扬社会主义，需要全体国民的大彻大悟，在国家不安定的情况下，避免过激的破坏思想；这等于暗示，不能采用过激的破坏手段，推行苏俄式的社会主义或马克思主义。最后，把我国劳动者沐浴数千年历史传统所形成的文明风气和平等特色遭到破坏，归咎于外国帝国资本主义的侵入，使我国社会趋向工业化的同时沦为半殖民地，产业革命又造成资本阶级压迫弱小劳动民众，机械工业夺去手工业生活，让劳动者永远处于物价腾贵、生计艰难、人口过剩的困境而没有出头之日；这个说法，模糊了近代帝国主义侵略所造成的半殖民地与长期君王统治所遗留的半封建性质之间的内在联系，混淆了产业革命推进社会工业化或机械发展与资本阶级剥削压迫劳动阶级之间的本质区别。由此可见，唐书对马克思主义或苏俄政策适合于中国国情的理解，恐怕同杨序所说的观点存在一定差异。这种差异，也见于书中的其他论述。

例如，谈到我国劳动者将来的工资问题：向来的问题在于，资本家的工资支付经常过少，劳动者的提高工资要求也不免过分，将来在工资问题上应当"防止劳资的争执"和"消弭工潮"。五卅惨案后，外国人的工厂工人因义愤而激成罢工，风潮未息，华人的工厂工人为增加工资及其他原因，相继罢工。但罢工对企业家与劳动者两方面，均造成很大的损失，尤其资本家方面。所以，资本家要预防罢工，应当让工人有明白圆满的理解，必要的方法，一定期间支付一定量的工资，以工作年限的长短和工作的轻重来确定工价的标准，资本家与劳动者应当经常交换意见而不要隔膜。"资本家对于工人待遇的责任，实在就是对于社会的责任，而我国资本家，不明这种道理，在国家亦无保护劳动者的条件，于是社会的现象，益加紊乱，劳动者的痛苦，益加深切，这是我国企业家和政府不可不明了的。至于工资问题的将来，必达到共同经营或收归国有的目的，而废除工资，大家劳动，大家吃饭，庶几社会的争端可免。这一点马克斯派论之很详，在这里也不多赘了"。[①]

这是将我国劳动者的工资问题，划为现在与将来两段，分别采取不同的解决方式。现在的解决方式，取决于资本家的态度，资本家应当承担起社会责任，通过支

---

① 《中国劳动问题》，光华书局 1926 年版，第 148—149 页。

付适当的工资，确定合理的工资标准和劳资之间的经常性交流，让工人对勤勉工作以增进生产效率，节省生产费用和提高企业业绩，"有明白圆满的理解"，避免罢工所造成的两败俱伤；然而现在的资本家（或称企业家）和政府都不明了这个道理，以致社会更加紊乱，劳动者更加痛苦。将来的解决方式，按照马克思派的主张，大家共同经营企业，或将企业收归国有，废除工资，实现同样的劳动和生活，或许可以避免社会的争端。可是，若以防止劳资争执和消弭工潮为前提，现在如何促使资本家（连同政府）履行社会责任，将来又如何从前一解决方式过渡到后一解决方式，均未见说明，看来这只是一个良好的愿望，实现与否，似乎无解。

又如，谈到劳动运动的意义，观察我国的劳动运动，讨论帝国资本主义对劳动运动的促进，以及最近各界对劳动者和工人方面的舆论，概括如下："中国工业的发展，是资本阶级有利，劳动阶级的工人是得不到利益的，不但得不到利益，反而增加了许多苦痛，所以工人的最后目的，有共产制的理想，以管理生产，如此则工业的发展，都为国有的产业，而对于工人阶级，亦有利益。且因我国社会的现势，生产衰退，全社会将都要变成失业的状态，工人方面的问题，以广设工场，以谋他们的生计为要。然工场的增设，无产阶级也因之增加，所以要解决这种问题，非实行共产制度不可。""一般工人的舆论，现在大都是这样，然而他们的心理，也决不是据他人之产，为自己之产，食他人之所有物，而自己不去生产的。要是这样，那么失去了共产的意义，失去了人生的意义，并且失去了劳动的价值，是一种很可怕的舆论"！在中国，工人的数量当以上海最多，上海的工人都服务于洋商工厂。外国人有治外法权，外国军警和工厂职员压迫工人的行为，促成了反帝国主义的劳动运动。"这种反帝国主义运动，已成为工人阶级及其他各阶级一致的目标，我们在工人游行的时候，所听见的口号，是打倒帝国主义，取消一切不平等条约，我们中国劳动者的运动，已经由劳资问题，进而为民族运动了"。①

这个概括，等于论证了共产制度或马克思主义在中国流行的阶级基础。现代工业在中国的发展，造就了新兴工人阶级。与此同时，一则由于资本阶级的压迫与剥削，工人阶级从工业发展的结果中得不到利益，反而增加许多痛苦，于是产生共产制的理想，最后目的是通过国有产业的共同管理生产，同样享有工业发展的利益。二则我国社会的生产衰退形势带来全社会的失业状况，解决失业者的生计问题，就

---

① 《中国劳动问题》，光华书局 1926 年版，第 342—343 页。

要增设工厂，结果大量增加无产阶级，而无产阶级的增加，无疑又为实行共产制度创造了条件。问题在于避免这样一种可怕的舆论，工人要求共产，意在将他人之产据为己有，或自己不生产而占有他人的所有物；这决不是工人的心理，也失去了人生的意义和劳动的价值。中国的劳动运动不止反映了劳资矛盾，更体现了工人阶级与其他各阶级一道，反对帝国主义压迫，要求取消一切不平等条约的民族运动精神。总之，劳资矛盾与民族矛盾结合在一起，共同促成了中国工人阶级队伍的壮大和劳动运动的发展，也推动了共产制度或马克思主义在中国的传播。这个论证，确实揭示了劳动运动的中国特点与时代特色。但从这里，仍能看到将共产制度简单理解为产业国有和共同管理的理想化倾向，既未考虑现代工业发展与传统封建束缚的区别，亦未考虑民族工业发展与帝国主义经济侵略的区别。

照此说来，唐书对马克思主义经济学的理解和应用，距离其本来的原意，总显得有些差异。不过，看到全书最后的结论部分，终于明白，体现在这本书里的所谓正确观点，实际上主张中国走苏俄革命的道路，也就是杨序以含蓄方式所说的，被剥夺了人权或民权的劳动者，不应当指望别人的恩赐，应当自己去力争夺回。

结论中谈到劳动问题的解决，先引用国外"治标的方法"，同时声明这不是解决问题的根本办法；"根本的办法"，认为伊利（原译"伊黎"）教授剖析社会所主张的"四个要件"，"对于劳动问题的解决，非常切当"。四个要件，"就是社会主义的神髓"，包括"物质的生产机关即土地资本之公有"；"生产之公共的经营"；"公共生产的收入，必归社会公共所领有"；"以社会收入之大半，归诸个人之私有"。"上面的四个要件，果然能够实行，则资本家即可消灭，劳动者也可以脱去工资之桎梏，各人供给社会以相当的劳动，社会即供给个人以必要的需用；有分配而无商业，有统计而无投机，有协同而无争斗，岂有生产过多的恐慌么？且人类之支配，不以财富，而以致富之能力，所以现时产业组织的矛盾，不会发生，而一切弊害，都可扫除，劳资之争，岂不是根本上自然调和了吗"？社会主义的好处现在已为多数识者所承认，不过怎样实施，却是一个大问题。我国目前的经济情况，集中资本的银行界，直接受外人节制；大企业如矿山、铁道、邮电等，无不为外人所垄断；海关不能自主，市场金融受外国人支配；"在洋人铁蹄之下，要发达产业，真是比跨上天还难能，劳动者的处处受人压迫，自然是当然的事"。照现在的资本制度一直下去，果然能解放劳动者的压迫么？我国现在果然需要"全民革命"么？"全民的革命成功之后，是否也像德国社会民主党专政时之压迫劳动阶级，而能完全消灭争斗"？现在无论什么人都知道打倒帝国主义，然而怎样打倒帝国主义，却没有考虑。如何打倒帝国主义，如何免除劳资的争斗，"列宁早已告诉我们，说是实行无产阶级专政，——实行劳动阶级专政"！如果我们依照现社会的资本制度，来发达我国的产业（"实际上不会如此，因为帝国主义的资本势力，在我国已经稳固了"），"我国劳动者的生活，至多也像英美一样的沉沦于工资生活的地狱，物质上的生产品尽管过剩，而劳动者之不得温饱，依然如旧"。"我们与其到那时再来倡言革命，不如在现在联络全世界被压迫的劳动者，同时向资本家进攻，以图全人类幸福之能够实现"！"阶级的争斗，是不能免的事实，但如果能免除阶级争斗，而能够实现全人类的幸福，那么何必多一翻牺牲，可是这种话，终究是梦想罢了！资本家与压迫阶级，怎肯抛弃黄金美人，以为劳动者谋福利？怎肯牺牲原有的地位，以为全人类谋幸福呢"！①

上述解决中国劳动问题的根本办法，若看其前半部分所谓"四个要件"，仍不得要领。这里的理论根据，不是来自马克思主义经济学，而是引用美国经济学家伊利的观点。关于社会主义四要件之说，早在 1903 年日本学者幸德秋水传入中国的名著《社会主义神髓》的译本里，已见转述，据说引自伊利的《社会主义与社会改革》一书②。伊利此书后来有何飞雄翻译的译本，名为《社会主义与社会改良》，1922 年商务印书馆出版。其书名从"社会改革"变为"社会改良"，已经提示了此书主张社会主义的基本宗旨。唐书把四个要件称为"社会主义的神髓"，不知引自1903 年的转述译本，还是引自 1922 年的原著译本。它以此作为社会主义解决劳动问题的"非常切要"主张，看来对此持赞成的态度。换言之，唐书理解社会主义及其好处，主要不是依据马克思主义经济学，倒是取自像伊利著作那样的描述。诸如实行四个要件，可以消灭资本家，解脱工资对劳动者的束缚；按照各人的劳动贡献，从社会获得必要的需求供给；保留分配、统计与协同，消除商业、投机与争斗，杜绝生产过剩的恐慌；用致富的能力而非财富本身来支配人类；等等，避免发生现行产业组织的矛盾，扫除一切弊害，从根本上自然调和劳资之争。显然，这个描述，仍然停留在实行所谓四个要件的理想假设上，回避了能否实行以及如何实行的严酷现实。

---

① 《中国劳动问题》，光华书局 1926 年版，第 535—536 页。
② 参看《回溯历史——马克思主义经济学在中国的传播前史》，上海财经大学出版社 2008 年版，第 177 页。

从理想到现实，是一个关节点。在这个关节点上，其他不少著作，包括马超俊的《中国劳工问题》在内，尽管承认社会主义有好处，却总是以中国国情特殊，推托或拒绝社会主义的任何可行性。唐书与众不同之处，其结论的后半部分，不仅宣扬社会主义的好处已为国内多数有识者所公认，还提出怎样在中国实施社会主义这样一个大问题。这个大问题，又含有当时曾引起争议的几个重要问题。

一是当我国经济为外人和外国资本所控制、垄断或支配，产业在洋人铁蹄之下难以发展，劳动者处处受压迫而被视为当然时，能否按照现有的资本制度一直延续下去，直至将劳动者从受压迫状态中解放出来？此系针对当时国内比较流行的观点，认为中国只有先发展资本主义，改变贫穷落后面貌，才有可能为劳动者的解放创造条件。唐书明确表示不赞成这种观点。其理由，暂且不论帝国主义的侵入已经巩固其资本势力，致使我国实际上难以发展自己的现代产业，即使我国按照现代资本制度，实现本国产业的发达，劳动者也不过像英美国家一样，生活在靠工资养家糊口的地狱里，即便生产过剩，劳动者依然如故，得不到温饱。这是认定西方资本制度的剥削性质和劳资对立与生俱来，不可能随着资本制度的延续发展而自然得到解决，更何况中国劳动者在资本制度的压迫之外，又多了一重帝国主义侵略的压迫。

二是我国现在确实需要全民革命，然而全民革命成功之后，是否也像德国社会民主党的专政那样，通过压迫劳动阶级就能完全消灭争斗？此系针对走什么样的革命道路，实际上摆出两条道路，一条是 1917 年俄国十月革命的道路，另一条是 1918 年德国十一月革命的道路。后者受苏俄革命的影响，通过工人和士兵的武装起义，推翻君主专制制度，结果德国社会民主党右翼掌握政权后，镇压德国共产党及其领导的工人起义，建立起具有资产阶级议会民主制性质的魏玛共和国。显然，唐书也不赞同最终由右翼社会民主党专政，靠压迫劳动阶级来消灭阶级斗争的道路。唐书提出这个问题，显得颇为独特。当时国内舆论界在道路选择问题上的争论焦点，一般集中在走资本主义的改良道路还是走社会主义的革命道路方面，很少有人提及全民革命成功之后，还会出现不同道路的选择问题。特别是对德国社会民主党执政后压迫劳动阶级的专政行为，持否定态度，显示唐书的国际视野和政治敏感性，已超出国内有关社会主义革命道路的一般议论。

三是现在国人都知道打倒帝国主义的道理，却没有考虑怎样打倒帝国主义，或如何打倒帝国主义才能免除劳资之间的斗争？此说所指，实系前两个问题的延伸说法。第一个问题的重点是，在帝国主义的经济侵略条件下，我国根本不可能独立发展自身的产业和资本制度，即使发展，也不可能改善劳动者的被压迫地位；现在问题的重点则是，不仅要找到打倒帝国主义的办法，还要找到从根本上解决劳资对立的办法。第二个问题的重点是，全民革命成功后，若由压迫劳动阶级的社会民主党执政，仍然不可能消除阶级斗争现象；现在问题的重点则是，阶级斗争作为不能避免的事实，必须把打倒帝国主义与消除劳资对立结合起来，不能靠牺牲劳动者的利益来解决问题。由此引出唐书结论中一个发人深省的观点：在中国同时解决帝国主义侵略和劳资对立的根本办法，列宁早已告诉我们，就是实行无产阶级专政，也就是实行劳农阶级专政！进一步解释，我们与其等到中国发展资本制度后，劳动者的困境仍得不到解决，那时再来提倡革命，不如现在就联合全世界被压迫的劳动者阶级，共同向资本家阶级发起革命进攻，谋求实现全人类的幸福；企图避免阶级斗争的牺牲来实现这个理想，终究是梦想，因为资本家和压迫阶级不可能抛弃他们既有的地位和利益，为劳动者和全人类谋幸福。这是唐书结论中最核心的观点，宣示中国劳动者面对帝国主义侵略和资本制度盘剥的双重压迫，其出路只能效法列宁领导苏俄革命所实行的无产阶级专政或劳农阶级专政。这个结论的内在涵义，可以说是站在劳动者阶级的立场上，针对当时国内只反帝国主义不反资本制度的流行观点，把二者看作互为表里共同压迫劳动者阶级的敌人，因而接受列宁的无产阶级革命（而非超阶级的全民革命）学说，将同时打倒帝国主义和消灭资本制度，建立工农苏维埃政权或劳农政府的无产阶级专政，作为解放中国乃至全世界劳动者阶级的根本出路。

## （三）补充分析

唐书的最终结论，放在那时的舆论环境中，可谓惊世骇俗，放在全书的论述里，又感到有些突兀。先看结论中论述解决劳动问题的根本方法，分为前后两部分，前半部分从理论上说明，依据是伊利用于社会改良的所谓社会主义四要件，据说"非常切当"；后半部分从实施上说明，接受列宁的无产阶级专政学说，列宁又被认为是依循马克思主义来组织俄国劳农政府的革命实践者。二者之间，并不匹配，既不能从伊利的社会主义理论中引出列宁的无产阶级专政学说，也不能以苏俄革命的实践结果来证实伊利理论的切当性质。再看书中其他地方的论述，诸如从人道主义的观点来评价包括马克思主义在内的各种新思潮，赞许它们的共同特点是为处于困境的劳动者说话；称道社会主义和苏俄政府的土地国有法令符合中国国情，建立在中国古代文明以社会民主主义为根本思想的理解基础上；调和苏俄的土地国有政策与孙中山的三民主义，认为国民的觉悟表现在国家不安定时，避免宣扬过激社会主义的破坏思想；强调帝国资本主义侵入的破坏作用，同时赞美我国传统的文明与平等要素，避而不谈与半殖民地压迫相伴而行的封建束缚，谴责外国资本阶级通过工业机械化进程来加深压榨我国的劳动者，同时未曾划分产业发展与资本剥削之间的区别；批评我国的资本家和政府，都不明白解决劳动问题的当前关键，在于资本家承担起按量按质支付工人工资并经常与工人交流的社会责任；提出我国劳动者队伍中流行的共产制理想，是劳资矛盾与民族矛盾共同促成的结果，但不曾说明共产制能否实行的社会历史条件；等等。这些论述表明，唐书考察中国劳动问题，确实对劳动阶级身处被压迫地位的困境，有痛切的体悟，对造成这种困境的帝国资本主义侵略势力，有强烈的义愤，对从根本上解放劳动阶级，有真挚的态度，对社会主义为劳动者带来的好处，有热情的诉求，但它们更多出于阶级的感情、直观的认识和社会主义现成结论的简单运用，不是在理解马克思主义经济学的基础上，用理论指导实践。因此，对照马克思经济学说，以那些多少带有理论偏差的论述为依据，猝然得出解决中国劳动问题，应当走苏俄革命的道路，建立劳农政府，实行无产阶级专政的结论，难免让人有突如其来的感觉。

可是，换个角度看，唐书在结论中作出这个选择，又在某种程度上体现了中国劳动运动或解决中国劳动问题的时代特点。那些主张以社会改良或渐进稳妥方式来缓解劳资矛盾和劳动者困境的劳动问题论者，如马超俊的《中国劳工问题》，反对帝国主义的经济侵略和外国资本的独占压榨，不反对进而鼓励发展本国的资本制度，哪怕这种制度建立在剥削劳动者的基础上。区别于此，唐书的突出特点，全力维护劳动者的阶级利益，把外国资本势力和本国资本势力同样视为站在劳动阶级对立面的压迫与剥削阶级，主张从根本上消除劳资矛盾或劳资斗争，唯有消灭国内外所有的资本家阶级。以此为前提，唐书即使缺乏对马克思主义经济学的深入研究与透彻理解，也能通过亲身体验劳动者苦难的阶级情感和系统搜集劳资对立与斗争的实际案例，从经验知识上去摸索根本解决中国劳动问题的革命途径；加上当时国内有关马克思主义或社会主义的经济学知识，已有一定程度的普及，所以，当苏俄范例传来劳农政权巩固的实践成果和列宁有关无产阶级专政的理论学说时，正在苦苦探求解决中国劳动问题的根本方法的唐氏，一拍即合，选择苏俄革命道路作为我国的榜样，也就在情理之中。

关于这一点，唐氏书中，也有踪迹可寻。如开头论述我国的思想界与劳动问题，提到以中国共产党人为代表的马克思主义派在政治上主张劳动政府，为后来选择苏俄式革命道路，作了最初的铺垫；接着论述列宁依照马克思主义，组织劳农政府和颁布土地国有法令，明确了列宁思想与马克思主义之间的传承关系；然后论述我国劳动者的工资问题，既然企业的前景势必走向共同经营或收归国有，大家一道劳动和生活，也就避免了社会争端，这同样是用马克思派的观点，解释将来解决工资问题的根本出路在于废除工资制度；直至最后论述解决中国劳动问题的结论，落脚于实行列宁的无产阶级专政或劳农阶级专政学说。这些论述的轨迹，应该就是杨序所说的贯穿于全书的正确观点，尽管同马克思主义经济学的理论体系尚有一些隔膜。这也说明，真心实意关注中国劳动问题的著书立说者，基于国内实证研究尤其系统梳理劳动运动案例的切身体验，同样支持了从接受马克思的社会主义学说到接受列宁的无产阶级专政学说的思想演变，因为它们在指导解决中国劳动问题的根本方法上，一脉相承。

### 三、《经济侵略下之中国》

漆树芬①这本书，是当时国人自撰的一部经济学名著，1925 年 10 月光华书局初版，1932 年发行第 9 版，1954 年初三联书店还出版了它的新版。这里使用新版作为考察的版本，因除了增补序言，其正文内容与初版没有什么出入。

此书顾名思义，矛头直指帝国主义对中国的经济侵略。据说原来的书名冗长，郭沫若曾改为《帝国主义铁蹄下的中国》。但"在那个时代未免显得忤目，因为敢于直呼'帝国主义'的人，往往被当作共产党"，后来马寅初改成现名（初版的封面，亦由马寅初题写书名）。郭沫若当初接触这部书稿，恰逢一次大战结束后，目睹外国棉纱大量输入中国，日本资本家在上海附近开办几个大工厂，我国民族资本家根本无法与之匹敌，最大的大中华纱厂也已倒闭，于是，他思考和探讨"中国今后到底应当走哪条路？有人提倡资本主义，有人说要实行共产主义。究竟孰是孰非"？先后问过不少经济学家，对此好像漠不关心，恰巧研究经济学的老同学漆树芬就住在附近，常来串门，两人就这个问题交换看法。郭氏知道漆氏留日时曾师事

---

① 漆树芬（？—1927），又名漆南薰，重庆江津人；1915 年留学日本，从东京第四高等学校毕业后考入京都大学经济学部；1924 年回国，任教上海法政大学，从事中国经济问题的研究和著述，完成《经济侵略下的中国》一书；1926 年初离沪回川，任《新蜀报》主笔，1927 年在重庆参加抗议北京三一八惨案的大会，被暴徒绑架并杀害。

河上肇，进而得知他写了一部专门论述这个问题的书稿。所以，漆氏拿来厚厚两大册30余万字的书稿时，郭氏不仅允诺作序，读完全稿后，"觉得自己的一些直观的见解在这里都得到了系统的论证"，"叹服这位不修边幅的老同学居然写出了这么精辟的著作"，"浮薄的学术界有希望了"，"为笃挚的研究家的出现而欢跃，同时真诚地希望这部书的问世，能帮助广大同胞认清帝国主义的真面目"。① 这本书出版前后，漆树芬为反对帝国主义，不断口诛笔伐，如上海五卅惨案后，参与组织四川旅沪学界同学会，支持郭沫若起草的"五卅案宣言"提出反对英、日帝国主义的方略，废除一切不平等条约，实现全民大团结；接替萧楚女任《新蜀报》主笔，主持该报社论，几乎每天都为报纸写一篇揭露帝国主义和封建军阀祸国殃民的"时评"及其他文章；直至1927年参加在重庆举行的抗议北京三一八惨案的大会，反对帝国主义和封建军阀，被暴徒杀害；可谓鞠躬尽瘁，死而后已，被郭沫若誉为"中国的河上肇"②。从这个背景看，《经济侵略下之中国》一书帮助国人认清帝国主义的真面目，尽管不是直接阐述马克思主义经济学的著作，却为马克思主义经济学在黑暗中国的传播，点明了一条道路。

**（一）各种序言**

先看郭沫若1925年7月30日作于上海的序言：

漆树芬是我15年来的老同学。民国光复时，我们同在成都住过中学，先后留学日本，又先后进了日本帝国大学，"我们的学籍几乎完全相同"。他进京都大学，研究的是经济学，我进九州大学，研究的是医学，我们学籍虽同，但也有多年不见面了。去年冬季，我浪游日本回来，漆君也寄寓上海，我们是少年时代的旧友，时相过从，但"我们于思想上、主义上，彼此得到一个彻底底共鸣，都是最近的事件"。大约今年三四月间，漆君有一次来访，谈话"渐渐归纳到中国的经济问题上来"。"我们都承认中国的产业的状况还幼稚得很，刚好达到资本化的前门，我们都承认中国有提高产业必要。但是我们要如何去提高？我们提高的手段和程序是怎样的？这在我们中国还是纷争未已的问题，我在这儿便先表示我的意见"。

我说："在中国状况之下，我是极力讴歌资本主义的人的反对者。我不相信在我国这种状况之下有资本主义发达之可能"。我举出那年纱厂的倒闭风潮作为论

① 参看龚济民著《郭沫若传》，北京十月文艺出版社1988年版，第5章"登上'宝筏'前后"。
② 参看《问道者——周辅成文存》，中信出版社2012年版，"我所亲历的二十世纪"一节。

据。欧战剧烈时，西洋资本家暂时中止了对远东的经营，中国的纱厂便应运而生，真有雨后春笋之势。但不数年间，欧战一告终结，资本家的营业渐渐恢复起来，中国的纱厂便一家一家倒闭了。"这个事实，明明证明我们中国已经没有发达资本主义的可能"。一是我们的资本敌不过国际的大资本家们，"我们不能和他们自由竞争"；二是"我们于发展资本主义上最重要的自国市场，已经被国际资本家占领了"。我当时的证据只有这一个，其实这正是"顶重要的证据"。"资本化的初步，照例是由消费品发轫的。消费品制造中极重要的棉纱市场，已不能在我们中国发展，那还说得上生产部门中机械工业吗"？这个显而易见的证明，最近得到一个极有力的援助，便是上海工部局停止电力。我们为五卅案，以经济的战略对付敌人，敌人亦以经济战略反攻。上海工部局把上海各工场的电力一停，中国各工场同时辍业。"这可见我们的生杀之权，是全操在他们手里。我们的产业，随早随迟，是终竟要归他们吞噬的。我们中国的小小的资产家们哟！你们就想在厝火的积薪之上，做个黄金好梦，是没有多少时候的了"。

"要拯救中国，不能不提高实业，要提高实业，不能不积聚资本，要积聚资本，而在我们的现状之下，这积聚资本的条件，通通被他们限制完了，我们这种希望简直没有几分可能性。然而为这根本上的原动力，就是帝国主义压迫我们缔结了种种不平等条约。由是他们便能够束缚我们的关税，能够设定无制限的治外法权，能够在我国自由投资，能够自由贸易与航业，于不知不觉间便把我们的市场独占了"。由此看来，"我们目前可走的路惟有一条，就是要把国际资本家从我们的市场赶出。而赶出的方法，第一是在废除不平等条约；第二是以国家之力集中资本"。废除不平等条约，国际资本家在我国便失其发展根据，不得不从我国退出；以国家之力集中资本，竞争能力便增大数倍，在经济战争上实可与之决一雌雄，这是"目前我国民最大之责任"！"除废除不平等条约，与厉行国家资本主义外，实无他道，这便是我对于中国经济问题解决上所怀抱的管见"。

那天先向漆君表明了这些意见，万不料漆君是同样的意见，不但意见相同，他数年前到现在，已经就这个问题著作了一本书，定名《经济侵略下之中国》。我这种意见，就是他书中所得的结论。不久他把这部"巨大的著作"给我阅读。"我读了之后，真是惊喜出自望外了。我惊喜的，是现在这样浮薄的学术界，竟有漆君这样笃挚的研究家。我惊喜的，是漆君这样的笃志家，恰好是我十几年来的老同学。我惊喜的，是我自己这一种直观的见解，完全被漆君把真凭实据来替我证明了"。

漆君现在要把这部著作刊梓问世，不消说我是很快乐的，漆君叫我做篇序文介绍，不消说我更是快乐的。介绍的当然是漆君的著书和漆君的精神与学问，我敢于僭妄地承受漆君的嘱托，只是表示我的同感，表示我的惊喜罢了。"我在此敬祝漆君的大作功成！而同时由这部书，能使我国同胞，对于资本帝国主义得到一个明确的观念，能于我国前途，投出一道光明，那漆君这一番苦心庶不至辜负，而我亦深所愉快的"。①

看了郭沫若这篇序言，马上联想到他 3 个月前，作于 1925 年 4 月 16 日夜半、5 月 1 日发表于《晨报》副刊"劳动节纪念号"的短论《一个伟大的教训》。此文从一次大战后各资本主义国家加紧侵略中国，使中国的民族工业渐趋衰颓的事实中，得出一个"伟大的教训"："中国是全世界资本主义国家的重要市场"，个人资本主义在中国无从发展；"我们假使不想永远做人奴隶，不想永远做世界的资本家的附庸，我们中国人只剩着一条路好走——便是走社会主义的道路，走劳农俄国的道路。我们不要只看着红的颜色便缩头缩尾吧。这是我们的生死关头，我们临到了穷途，为甚么还不走"！这番大声疾呼，大概也是他和漆树芬一起讨论时，彼此得到思想上主义上"彻底底共鸣"。共鸣的依据，面对战后外国资本家的侵入，我国资本敌不过国际大资本家，不能和他们自由竞争，发展资本主义最重要的本国市场已被国际资本家占领；拯救中国需要提高实业从而需要积聚资本的条件，由于帝国主义压迫我国缔结种种不平等条约而受到限制，诸如束缚关税自主，设定无限制的治外法权，享有在我国自由投资、自由贸易与航行进而独占我国市场的权利等。单看这些依据，似乎与前述《中国劳工问题》一书的各位作序者反对资本帝国主义压迫的观点，没有什么差异，都是要求废除不平等条约，特别是收回关税自主权。但是，比较二者的结论，马上发现他们的实质性区别。凭借这些类似的依据，那几位作序者以国情不同为由，或者把希望完全放在收回关税权上，或者主张扶植本国的资本家及其产业，或者强调渐进而缓慢地解决我国的劳工和劳动运动问题，切不可采取苏俄的激进革命方式。与此相反，郭沫若的序言断言，中国已经没有发展资本主义的可能，生杀大权都操在外国帝国主义势力的手里，我们以经济的战略来对付敌人，抑或通过自身的小资产家来发展产业，不是遭到敌人的经济战略的反攻，就是犹如厝火积薪，终究要被敌人吞噬；因此我们的出路只有一条，通过废除不平

① 以上引文均见漆树芬著《经济侵略下之中国》，三联书店 1954 年版，"郭沫若序"。

等条约和以国家之力集中资本或实行国家资本主义，把国际资本家从我国的市场里赶出去。怎样做到这一点，此序未进一步明言，不过借助此前的短评《一个伟大的教训》，可知当时郭氏的内心，已明确"走社会主义的道路，走劳农俄国的道路"。这应当同样是他与漆树芬在思想主义上的彻底共鸣。

再看漆树芬 1925 年 7 月 4 日"识于申江五卅潮中"的序言：

近日五卅事起，"霹雳一声，全国震骇"。导火线发生于上海，英国巡捕在我领土内枪杀同胞数十人，继之以汉口、广东的事变，我男女同胞饮弹英人枪下死者又无数。英人一再屠杀我同胞而无忌，"我同胞鉴覆亡之无日，痛英人之蛮横，已全国一致，实行对英经济绝交以为抵抗，至必要时，诉诸武力亦在所不辞"！这关系到我国的生死存亡问题，看今后能否坚持下去。"我之对英抗争，非仅为沪上工部局，乃为自争生存权之抗争。亦非概对英全国民之抗争，乃为对英之向我行使资本帝国主义侵略者之抗争。幸现在全世界之工党无产阶级，已翕然同情于我，今后世界大势将由此问题影响至如何程度，殊难预言"。拙著《经济侵略下之中国》适于此时脱稿，"不可不谓勉应时世之需要"。现在我国同胞，经一度警悟，知此次事变，非仅一次英捕枪杀事件，"乃系资本帝国主义侵略之流毒，与不平等条约缔结后数十年酝酿而成之结果"。"今后若欲极全力以排除此资本帝国主义之侵略，不可不详析资本帝国主义之为何物。若欲废此等不平等条约，不可不明了其内容，与及于我之利害关系，否则月晕必风，础润必雨，非一朝一夕之故。若云祸之作仅作于作之日，而不知其所由起，无怪乎资本帝国主义何以必出于侵略，不平等条约何以必出于强迫，我国人多未注意，犹之病症未明，而遽投药剂，欲无偾事，岂可得乎！此拙著所以瞻顾徘徊，以研究资本帝国主义为职志，以分析不平等条约为目的，以推论我国所受之利害关系为主意，以筹谋对付方法为归结"。

自工业革命以来，机械日精，交通愈便，生产力愈以加速度之势而发展。其所制造货物，不仅足供本国需要，并供给他国而有余；所蓄集资本，不仅足供本国各种投资之用，并可输向他国而吸收厚利。于是崇尚市场与投资地，以免"生产过剩之忧"。"有市场方足分销其过多之货物，有投资地，方足收容其大量之资本"。从世界史发展看，"工业革命，实可划为一新时期，自兹以后数世纪，列强一切之军事、外交、政治、经济诸设施，无不以投资地与市场为中心，而极其纵横捭阖之能事。盖其目的，端在于攘得商埠与殖民地而已。其造端微，其结果钜，故世界舆图，因之屡呈变色矣"。非洲之瓜分，南洋之侵掠，印度之附属，至 20 世纪，不特不能恢复自由，且有灭种之忧，夫岂无故哉？我中华人口拥有 4 亿之众，面积广袤达千万方英里，"最适于列强之商场与投资地"。鸦片一役，海禁大开，"国际资本帝国主义遂如狂飚怒涛之袭至"。我国大片领土沦为列强的殖民地。商埠自"南京条约"五口通商起，不断开放以供资本帝国主义销货之用，商埠关税又受到条约的极大束缚，外货反得自由输入，在我国解决其市场问题；缔结"马关条约"，外人在我国擅有工业制造权，缔结"中英续约"与"中日通商条约"，外人得在我国有股东权与合办事业权；数次发布"内河航行章程"，我国不论领海与内河，皆变为万国航业投资地。列强的资本，不但直接得以源源输入我国，间接供给我外债亦复不少，皆以复利式榨取我资金，几不可以数计，解决其投资地问题。外人既然解决市场与投资地，加上无限扩张治外法权，行使领事裁判权，结果俨然成为我国的贵族，他们设立的租界，犹如我领土内无数的独立小王国；"而在我则经济被其榨尽，利权被其攫尽，以故国民之脂膏遂日剥月削以趋于枯竭，驯至金融恐慌，利息腾贵，企业因之愈难，我国人民中之有产者，降为中产，中产沦为无产以酿成今日穷困之境，虽无五卅事件发生，国民其可儳焉终日乎"？

"由是观之，弱我中国者，资本帝国主义也，致我于危亡者，由此产生之不平等条约也。资本帝国主义实为蚕食我之封豕长蛇，不平等条约，实为束缚我之桎梏陷阱。国人如欲坐以待亡则已，否则排除此资本帝国主义之侵略，取消此种条约之不平等，时乎时乎不再来，匪伊异人任也。惟排除之必有其道，取消之必有其法，断非空言所能了事，亦非徒唱高调所能竟功耳。撮要言之，第一须明我受病之所在；第二须析其及于我之利害关系；第三须研究其补救之方策。综合数者而熟察之，然后于事有济，此拙著之编作所以不容已也；阅此书者，其将奋袂兴起乎"？①

读了这篇序言，真让人热血沸腾，有奋起抗争之感。此序从五卅惨案入手，分析英人在我国领土上枪杀同胞的蛮横暴行，背后原因在于资本帝国主义侵略的流毒，强迫我国缔结不平等条约数十年来酝酿的恶果，这种经济侵略与不平等条约，又是工业革命以来，外国列强为了解决生产过剩问题，向外扩张以寻找投资地和市场的必然结局；因此，即便没有五卅惨案发生，资本帝国主义也会强化对中国的经济侵略及不平等条约压迫，凌驾于国人之上，设立独立王国，以各种方式占领市场和投资领域，通过剥削、蚕食和束缚，榨尽国民的脂膏，攫尽国家的利权，陷国民

---

① 以上引文均见漆树芬著《经济侵略下之中国》，三联书店 1954 年版，"著者序"。

于日益穷困之境，毁国家于资源枯竭和濒临危亡之地。这个分析，可以清晰看到漆树芬受河上肇影响的思想痕迹，实际上是运用马克思学说或列宁学说，剖析资本主义或帝国主义进行世界性经济扩张的必然性。漆氏主张排除资本帝国主义的侵略和取消不平等条约，虽然像马超俊主张解决中国劳工问题一样，强调断非空言或徒唱高调而能完成功业，但他所说的空言或唱高调，不同于马氏意在用渐进和缓慢式发展来抵制苏俄的激进革命，恰恰相反，他呼吁付诸实际行动，庆幸我国国民反抗英人暴行时所体现出来的对资本帝国主义的集体抗争精神，得到"全世界之工党无产阶级"的一致同情。也就是说，他的定位，不是着眼于扶植国内的资本家，乃着眼于与外国资本家相对立的全世界工党和无产阶级。

著者第3版序言，虽然不属于初版内容，却与初版的背景相同，1926年3月30日作于"北京惨杀潮中"，此即北京三一八惨案，故补充其内容如下：

拙著自去岁双十节初版，11月2版，到今岁2月已售罄无遗，"读者对著者如此之热烈同情，与社会对读者属望如此之重大，真令芬尽惭愧无地"！我可以向读者告白："默察我国一年以来之人心，对于帝国主义侵略我国之真象，弥觉观察得清楚，对于帝国主义之敌忾，弥觉与日俱涨，对于不平等条约，弥觉有废除之必要。只此一点，已就使著者鼓起莫大之勇气，涌起无限之希望。著者之心情，实非常之感激而愉慰"！

不幸的是，我国现势，五卅恶潮未息，京中惨杀案又相见告。我志士青年舍生取义，前仆后继，以赤手空拳，反抗"卖国军阀之恶魔"和"联合一致向我压迫之帝国主义"，以图废除不平等条约。"此等崇高之精神，决死之气魄，莹然皦然照耀于我国之黑暗世界，深刻于我们之心底，烈士在天之灵，已催促我们四万万众一步一步的向着打倒军阀与帝国主义之战线前进"。比年以来，帝国主义与军阀狼狈为奸，"加重我内乱，掠夺我金钱，屠戮我民命，已成不可掩之事实"。他们最便于勾结，最利于进攻的工具，犹当数一部不平等条约。有了不平等条约，"在政治上，帝国主义遂得向我行其极严重之压迫，他们在我国为最有特权之阶级，我们遂侪于被压迫之阶级。在经济上，他们为榨取之阶级，我们为被榨取之阶级，而我遂成为一国困民穷之现象"。有了不平等条约，海关遂由英帝国主义者管理，"各国政治嗾使之，各资本主义式的商人贩卖之，而军阀特以为威胁民众抢夺民财之大批军械子弹，遂得源源输入我国，我国循环式之内乱乃以发作，纷乱扰攘，迭为起伏而尚不知所止"。有了不平等条约，军阀之间相互火并，打败了可躲藏在外国人家里，跳上外国轮船与军舰，遁逃于外国租界与租借地，我行政司法权不能达其逮捕搜查审判之目的，"军阀之生命遂得无限延长，甲来乙去，甲去乙来，使我之循环式内乱愈演愈烈"。有了不平等条约，外国人可以在我国到处设置银行，购置不动产，军阀抢了大批银钱，有外国银行为之存储，无没收之虞；购买广大田园土地可以登入外籍，无充公之患；"军阀一依傍了帝国主义，杀人利械即可自由到手，生命毫无危险，财用又无匮竭之虞，焉得不靠乱事以为生活，焉得不仰承洋大人之鼻息"。

"帝国主义则根据不平等条约以达其压迫榨取之目的，军阀则靠此不平等条约以酿成此循环式之内乱，所以这一部不平等条约，实为我之酸心疾致命伤"。"最近帝国主义更复滥用此不平等条约以为杀甲活乙之手段而图竟其侵略之素志"。军阀见有利于帝国主义，务必援引不平等条约以维护之，见有反抗帝国主义的工作，不论军人或民众，务必援引不平等条约使之倾陷。此次日舰炮击大沽口事件，干涉我内争，勾结列强向我提出最严酷的最后通牒，不外帝国主义者利用"辛丑条约"。"呜呼！帝国主义与军阀之在我国，已有相依为命之概，决不容我新兴之民气发生，见有兴起者则务必扑灭之摧残之以为快"。"然而为其根本上之原动力，即在一不平等条约。如吾人欲救自己以救同胞，则不可不首先打破此军阀与帝国主义之勾结。欲打破彼辈之勾结，则不可不致力于不平等条约之废除。不平等条约若除，我四万万同胞始有自由解放之望"。"不平等条约关系我国万分重大，拙著对不平等条约研究较详，所以于第三版付梓时，感慨时势，特列论数言，以便读者进行救国工夫知所注意"。①

这篇序言，将 1925 年上海的五卅惨案与 1926 年北京的三一八惨案联系起来，比起初版序言突出资本帝国主义基于不平等条约而对中国的经济侵略，其明显变化，揭露不平等条约背后内部封建军阀与外部帝国主义的相互勾结。这个揭露，从马克思主义经济学在中国的传播看，不止要求废除不平等条约以排除资本帝国主义的侵略，更把马克思主义与中国实际的结合，落脚在反对封建军阀祸国殃民与反对帝国主义侵略二者并重之上。这恐怕也是漆树芬对其著作所产生的社会影响，在前面着眼于"全世界之工党无产阶级"的基础上，又有了新的认识和期待。

--------

① 以上引文均见漆树芬著《经济侵略下之中国》，三联书店 1954 年版，"著者第三版序"。

## （二）内容简介

这本书分"资本帝国主义在我国之史的发展""我国条约的性质之分析""资本帝国主义在我国商埠之政治的侵略"（含"一般商埠之种类""专设租界之特质""公共租界之特质"三部分），"帝国主义在我国商埠之经济的侵略""帝国主义对于我国交通之侵略"（含"航业""铁路"两部分），"帝国主义在我国之投资的侵略"6章，另有"结论"及"附录"。通览全书目录，其主旨，列举大量翔实的资料和案例，系统而深入地剖析资本帝国主义侵略我国的历史沿革、基本性质、主要路径、分布领域、利益攫夺以及给国计民生造成的严重伤害。如此剖析，也正是具有同样想法的郭沫若为之心悦诚服的道理所在。

具体内容不必详细胪列，只须证之以书中的"结论"：

本书研究的结果证明，"近代国家之真相毕露，即外标文明人道之美名，内怀侵略野蛮之实"。其根柢，"则在一资本帝国主义之发纵有以致之"。市场与投资是帝国主义所必要的"绝对二个条件"，"环顾今日世界，已多无存，是为其外围之区域日益减少而崩坏之机迫于目前"。惟我中国，土地广袤数千万方哩，人口拥有四万万众，对货物与资本的需要量，对原料、粮食的供给量，"大而无伦，恰为资本帝国主义欲继续其生存发达之最好的理想地"。"外国之资本帝国主义国家，遂如万马奔腾之势，以践踏于我国"。为解决其市场问题，我国提供上百个商埠；为解决其投资问题，我国吸收20余亿元资本，丧失诸多利权；为圆滑其市场与投资地的经营，我国让与巨大交通权。"我国一部之对外关系史略，具于此矣"。政治上，他们在我国设定治外法权与领事裁判权，俨然成为"支配阶级"；经济上，他们在我国获得关税束缚权与投资优先权，成为"剩余价值榨取之阶级"。他们这种行动，"实如大盗之入我室而搜我财绑我票，使我身家财产荡然无存一样，特我国民不自觉耳"！"今日国家之大病，实在于国民生活维艰；而生活维艰之所以，即在外国帝国主义之侵略与榨取"。因此，"解决中国之政治问题，根本上尤不可不使我国经济开发"。"我国今日之经济，从本书看来，已受资本帝国主义层层束缚，万不能有发达之势。换言之，即我们欲使我国成为万人诅咒之资本主义国家，亦事实有不能也，遑论其他！然则欲救我中国，非从经济改造不可，而欲改造我国经济，实非抵抗帝国资本主义国家不可。以个人意见，今日中国，已成为国际资本阶级联合对我之局，并常唆使军阀以助长我之内乱。故我除一方联合世界无产阶级、弱小民族以抗此共同之敌，他方内部实行革命，使国家之公正得实现外，实无良法也。虽然，此岂易事哉。须协我亿众之力，出以必死奋斗之精神，建设强有力之国家始获有济。然此非使我四万万人个个都根本觉悟不为功。本书者，即为使我同胞人人皆悉帝国主义之侵略我之戾害，并促之起而奋斗者"。①

这个结论的前半部分，综述全书的研究成果，揭露资本帝国主义国家对我国的侵略，在政治上成为侵害我国政治主权而享有治外法权和领事裁判权的支配阶级，在经济上成为把握我国经济命脉而榨取"剩余价值"的剥削阶级。这里使用剩余价值概念，又把帝国主义的经济侵略视为解决中国政治问题的症结所在，透露出作者以马克思的剩余价值学说，作为全书分析的重要理论基础。结论的后半部分，呼吁同胞们奋起抗争，必须以"根本觉悟"为前提，它所提示的觉悟内涵，有两点值得注意。一是认为我国经济在资本帝国主义的层层束缚下，根本不可能发达，同时又说明，资本主义国家既为万众所诅咒，则我国事实上也不能走发展资本主义的道路。这个认识，同《中国劳工问题》各位作序者一面谴责帝国主义的侵略，一面期待通过发展本国的资本主义以取而代之的观点，正好相反。二是认为拯救中国，不仅须从经济改造入手，亦即从抵抗资本帝国主义国家入手，依据其个人意见，这种改造或抵抗的途径与方式或谓"良法"，应当是对外联合世界无产阶级及弱小民族，对抗国际资本阶级的联合侵略及其与国内军阀的勾结，对内实行革命，建设强有力的国家以实现国家之间的公正与平等。这个认识，同前书一面提出中国劳动运动不是针对本国资本家而是针对国际资本家，一面主张以渐进缓慢的发展来防范苏俄式激进革命的观点，又是大相径庭。也就是说，本书结论的后半部分反对中国走资本主义道路，公开要求联合世界无产阶级和实行国内革命的良法建议，正是建立在前半部分运用剩余价值理论进行分析的基础之上。

附录"五卅潮感言"："吾书脱稿之翌日，即五卅潮起之时。呜呼！本书实一深痛之纪念物矣。吾书研究最后之结果，即断定不平等条约为我国致命伤，促我国人一致起而奋斗改约。苟有阻我者，于必要时，即与之实行经济绝交，亦在所不惜。五卅潮起，烈士殉身，而我国民觉悟矣。已举国一致身临战线矣。即以对英经济绝交为战斗之利器矣。呜呼！国民！国家之生存问题，将于尔等能否奋斗卜之，既奋斗矣，将于尔等能否坚持卜之。呜呼！奋斗坚持！国之脉，民之命，皆在于尔"②。

---

① 漆树芬著《经济侵略下之中国》，三联书店 1954 年版，第 211—212 页。
② 漆树芬著《经济侵略下之中国》，三联书店 1954 年版，第 212 页。

这番慷慨陈词，出于对帝国主义势力制造五卅惨案的义愤，又出于由此促使国民觉悟的欣慰，更出于坚持反抗帝国主义以维护国家生存的国民奋斗精神的属望。与全书的结论联系起来看，感言的显著特征，从反对帝国主义的经济侵略入手，呼吁实行国内革命同联合国际无产阶级与弱小民族结合起来。这个号召不同寻常，不同于过去谈论革命寄希望于国内的被压迫阶级团结起来反抗国内的压迫阶级，拓展到号召国内外的被压迫阶级联合起来，共同反对国际资本帝国主义侵略和国内封建军阀势力。

### （三）结语

翻阅《经济侵略下之中国》，似乎与马克思主义经济学在中国的传播没有直接关系，或者只是极为简略地提到剩余价值概念。但是，从马克思主义与中国实际的结合看，外国帝国主义的经济侵略以及与国内军阀势力勾结起来压榨民众和造成国家内乱，恰恰是当时中国最重要的实际，此书对这一实际尤其对帝国主义通过不平等条约侵略中国的史实与现状的系统分析，正好为切合中国实际来传播马克思主义经济学，从史料上、认识上和基本结论上，提供了适时和强有力的支持。

前面介绍郭沫若作序的背景资料，了解到郭氏此前发表的短评，针对一次大战后各资本主义国家加紧侵略中国，造成中国民族工业渐趋衰颓的事实，得出一个"伟大的教训"：中国无法发展个人资本主义，又不想永远做世界资本家的附庸和奴隶，只有"走社会主义的道路，走劳农俄国的道路"；面临无路可走的生死关头，我们不要恐惧社会主义和苏俄的红色而犹豫，要赶快走上这条道路。郭氏以这样鲜明的观点，同漆树芬交流讨论，在思想和主义上得到彻底的共鸣，既然具有同样的意见，何以在漆氏的书中特别是结论中，未能同样鲜明地反映出来。对此做出的解释，可能是防范出版审查的封杀，须以比较含蓄的方式，表达类似的倾向。这也可以说是那个时期从马克思主义经济学的传播中，推导出中国必须走苏俄式社会主义道路的一种策略性安排。

## 四、关于帝国主义经济侵略中国的其他著作

继漆树芬的《经济侵略下之中国》一书出版后，国内掀起了分析、揭露和抨击帝国主义经济侵略的著述热潮，并成为共产党人宣传救国救民道理以推进马克思主义经济学传播的重要思想资源。

### （一）两本专题文集

一本是《经济侵略与中国》，高尔松①、高尔柏编，青年政治宣传会 1926 年 1 月初版，同年 7 月再版，内载 24 篇文章。所有文章都把矛头指向帝国主义对中国的侵略特别是经济侵略，其中大多数文章出于共产党人之手，包括陈独秀、李达、张国焘②、瞿秋白、周恩来、萧楚女③、赵世炎④、彭述之⑤、刘昌群⑥、李春蕃等，另外还有像漆树芬这样的同道者。这些文章只须翻阅题目，其内容便可大致了然。诸如"帝国主义浅说""何谓帝国主义""帝国主义的性质之研究""经济的帝国主义""帝国主义侵略中国之各种方式""中国民众与帝国主义""帝国主义侵

---

① 高尔松（1900—1986），笔名高希圣，江苏青浦（今属上海市）练塘镇人；1918 年考入南洋公学，1922 年毕业；翌年加入国民党，同年加入共产党；1924 年进东亚同文书院攻读日语，在上海大学听课；国民党江苏省党部成立时被选为监察委员，1927 年在青浦各界代表迎接北伐军的大会上，被推选为青浦县长；四一二政变后，被通缉流亡日本，与共产党失去组织联系；1929 年回国，在上海从事文化出版事业，相继开设平凡、开华、中学生等书局，编著社会科学著作，精通日、英、德、俄和世界语；1949 年新中国成立后到北京，任出版总署编审，后在古籍出版社、中华书局、商务印书馆任编辑工作。

② 张国焘（1897—1979），江西萍乡人；1916 年入北京大学读书，五四运动中任北京学联主席，1920 年参与创建北京的共产党早期组织，1921 年参加中共一大，成为中共早期领导人之一；1932 年进入鄂豫皖苏区，成为根据地事实上的领导者。1935 年长征会师后，反对中央北上决定，宣布另立"中央"，后被迫取消并受到中央批判，1938 年逃出陕甘宁边区，投靠中国国民党，被中共开除党籍，不久加入军统从事反共特务活动。

③ 萧楚女（1891—1927），原名树烈，湖北汉阳人；早年打工自学，后考入武昌实业学校，毕业后任报社编辑；1922 年加入中国共产党，到四川任教并从事革命宣传活动，1924 年回湖北当选中国社会主义青年团中央委员，先后到上海协助恽代英主编《中国青年》，在广州协助毛泽东编辑《政治周报》，并任广州农民运动讲习所专职教员、黄埔军校政治教官；四一二政变后被蒋介石当局逮捕杀害。

④ 赵世炎（1901—1927），重庆酉阳人；1915 年考入北京高等师范学校附中，1919 年加入中国少年学会，五四运动中被附中学生推选为学生会干事长；1920 年赴法勤工俭学，1921 年联合创建中共旅欧支部并加入中国共产党，1922 年联合发起成立旅欧中国少年共产党，先后任中央执行委员会书记、中共旅欧总支部委员和中共法国组书记，并到莫斯科东方劳动者共产主义大学学习；1924 年回国，先后任中共北京地方执委会委员长、中共北方区执委会宣传部部长兼职工运动委员会主任，1925 年领导上海三次工人大罢工，1927 年参与领导上海工人武装起义，因叛徒出卖被牺牲。

⑤ 彭述之（1895—1983），湖南邵阳人；1919 年入北京大学学习，参加五四运动；1921 年进莫斯科东方劳动者共产主义大学学习，同年转为中国共产党党员并为中共莫斯科支部负责人之一；1924 年回上海，主编《向导》和《新青年》，任上海大学社会科学系教授；1925 年当选中共中央委员，任中央宣传部部长，1927 年先后任中共中央北方局委员、中共顺直省委书记，因不同意中央路线被解除领导职务，1928 年被开除出中央委员会，1929 年被开除出党；1931 年参加托派组织，1932 年被捕入狱，1937 年获释；1948 年去香港，先后流亡越南与欧洲，1973 年移居美国直至去世。

⑥ 刘昌群（1902—1948），湖北黄陂人；1921 年在私立中华大学读书期间参与发起武昌社会主义青年团，后任书记，1922 年加入中国共产党；1923 年任中共武昌地委宣传委员，1924 年任国民党湖北省临时党部执行委员，1925 年当选中国社会主义青年团中央候补委员，1927 年当选团中央委员，1928 年春奉调上海共青团中央工作后脱党；抗战期间任国民党广西政府高级参议、党部书记长，病逝于香港。

略中国的实况""帝国主义者侵略中国之间接方式""中国已脱离了国际帝国主义侵略的危险么？""驳心史君的帝国主义""帝国主义与义和团运动""辛丑条约与帝国主义""五七国耻与日本帝国主义""日本帝国主义和中国工人""一九二三年列强对华之回顾""反帝国主义运动与国民党""反帝国主义运动""世界第一名帝国主义者""传教与帝国主义""怎样打倒帝国主义""江浙战争与外国帝国主义""成都外人势力之调查""帝国主义者的经济侵略与汉冶萍的危险"① 等，体现了1922 年 7 月党的第二次全国代表大会上明确提出反帝反封建的民主革命纲领之后，引导国内舆论反对帝国主义经济侵略并在理论认识上不断深化的宣传形势与效果。

另一本是《反帝国主义概要》，反帝国主义大联盟编辑，经济研究会 1926 年初版，内载 12 篇文章，文集标题取自第 1 篇胡南湖②的文章名称。胡氏 1924 年 7月 13 日联合参众两院议员和进步团体 150 余人发起成立反对帝国主义运动大联盟并任主席委员，开展反帝及要求废约运动，发行《反帝国主义运动》旬刊。此文集即其宣传成果之一，通过掀起反帝运动高潮，配合了中共中央发动的反帝斗争活动。

文集第 1 篇文章的篇幅最长，代表了文集的主旨。兹以此为例，选摘其中有关论述：

"近来在中国，反帝国主义已经成了一种很普遍的运动了。然而什么是反帝国主义呢？这是很值得我们来作一个适当的解释的"。要了解什么是反帝国主义，必须先了解什么是帝国主义。因为反帝国主义继帝国主义而兴起，不先了解什么是帝国主义，就不能了解反帝国主义的由来和意义。要了解什么是帝国主义，又不能不先了解资本主义发达的趋势。"因为现代的帝国主义是由资本主义变化而成的，是资本主义发达之最高阶级，是资本帝国主义"。从资本主义发达的趋势来讲，近代有产阶级降伏了产业界的中等阶级，"他们领有了生产机关，得藉以榨取劳动者的剩余劳动力，形成了横行近代的资本主义"。那些劳动者从手工工业及农村溃败下

---

① 高尔松、高尔柏编《经济侵略与中国》，青年政治宣传会 1926 年版，目录。

② 胡南湖，原名胡鄂公（1884—1951），湖北江陵人；1908 年赴北京入江汉学堂，次年考入保定直隶高等农业学堂，1910 年组建共和会任干事长，翌年转入江西高等农业学堂；武昌起义后任鄂军水陆总指挥等职，作为鄂军政府全权代表派赴京津，在天津组建北方革命协会，自任会长，1912 年加入共和党，创办《大中华日报》，反对袁世凯；1913 年当选国会议员，1917 年任广东潮循道尹，1921年任湖北政务厅长，旋赴北京，联络湖北在京青年成立"马克思主义研究会"，创办《今日》杂志；1922 年恢复国会议员，任北京政府教育部次长；抗战后在上海任《时事新报》发行人兼总经理，后去了台湾。

来，除两只手外，别无所有，他们虽然是生产事业的主要部分，却"成了把劳动力当做商品，每天零卖给资本家的自由奴隶"；他们与生产机关的所有完全分离，而"生产者——劳动者——与生产机关的所有完全分离这一点，是资本主义的前提，也是资本主义根本的矛盾"，"其他包含在资本主义里面的种种矛盾，都是从这个根本矛盾出发的，也都是这个根本矛盾的扩大"。资本主义的进展不但给劳动者以重大和无情的压迫，"资本家自己亦不能避免资本主义放肆的狂暴"。因为古代和中世的生产是满足了生产者的欲求之后，再从事剩余的生产；现代资本主义则不然，"生产的目的，乃是在获得利润，与聚积资本。换句话说，资本主义的生产是受资本的压迫而生产"。资本家受资本无节制进展的拖曳，只谋求于多获得利润，多聚积资本。"要多获得利润，多聚积资本，只有尽力榨取劳动者的剩余劳动力，使生产物多含有剩余价值，并把此含有剩余价值的生产物投到市场去出卖以收利润。资本家越多榨取劳动者的剩余价值，他出卖商品而收利润的机会与聚积资本的机会，就越确实。然而越要多榨取劳动者的剩余价值，就越要尽力设法从劳动者的劳动或机械的构造上，多量榨取劳动者的剩余劳动力，资本主义的矛盾也就越要随着资本主义的进展而进展"。（第 3 页）资本主义生产及流通的组织构造所生出的结果，换句话说，生产剩余价值与实现剩余价值所生出的结果，"都是促进生产集中和资本集中"。（第 13 页）

"帝国主义挣扎于其本身固有的矛盾法则之中，最后的结果，必然至于灭亡，无可幸免已经是不成问题了"。但是，对于帝国主义，究竟应该让它自然地连带着全社会，在其矛盾中一同倾陷于灭亡呢，还是"急速的从其根本矛盾上解决，将帝国主义打倒，使之再永不发生，重新向着进化律所规定的进步的路程前进，以促进社会的进化呢"？要解决这个问题，只看我们是不是能够不要生存？现在暂不论帝国主义如何连带着社会同归于灭亡，只看帝国主义如何骑在我们的背上，对我们的生存加以鞭挞？"像我们中国，虽然国内没有极大的资本家，中国人民确是深受资本家的压迫，这资本家就是国际资本帝国主义；中国人民在国际资本帝国主义的榨取之下，已经成了世界的无产阶级"。资本帝国主义在经济、政治、文化方面压迫我们，危害我们的生存。既然我们没有一个愿意不生存，则帝国主义这样骑在我们的背上，鞭挞我们的生存，"我们当然不应该苟延残喘以至随着帝国主义一同倾陷于灭亡，而应该从帝国主义的根本矛盾上解决，为人类的解放，为社会的进化而拼命的奋斗"。我们斗争的对象是帝国主义，我们所拥护的便是反帝国主义。"帝国主义是以资本主义为基础的，反帝国主义是以社会主义为基础的。换句话说，帝国主义是资本主义的最末一幕，反帝国主义是社会主义起头的一幕"。"我们要使中国能成为真正独立自由的国家，仍只有一条路，这一条路，就是反帝国主义。能肩起这反帝国主义的重任的，只有全世界的无产阶级"。"反帝国主义要能成功，只有与全世界的无产阶级革命发生一种不可分离的关系起来"。帝国主义国内的无产阶级运动站在反帝国主义的战线上。产业落后国家的无产阶级在还没有充分实力的时候，抓住没有发达的希望，打消幼稚资本阶级作为帝国主义代理人和使用者的飞跃梦想，"实行社会革命，厉行国家资本主义，以无产阶级的权力和理想努力建造共产主义的物质的存在条件，以反抗帝国主义"，这也是站在反帝国主义的战线上。"反帝国主义在帝国主义国家与在产业落后国家所采取的策略虽然略有不同，但所根据的原则，都一样的是根据社会主义的原则"。帝国主义国内的反帝国主义，显而易见应该采取社会主义原则；而产业落后国家的反帝国主义，何以必须根据社会主义的原则，这是由帝国主义发展的必然结果决定的。现在说的是"产业落后国家与帝国主义国内的劳动阶级，应该怎样根据社会主义的原则，以结成广大的反帝国主义的战线"。①

以上论述，虽然只是全文的部分观点，但已清晰和简要地表明，其分析的基本依据，主要建立在马克思解剖资本主义制度的经济理论基础上，并与列宁的帝国主义论相结合。分析从解释什么是反帝国主义入手，了解这一点必须先了解什么是帝国主义，了解帝国主义又必须先了解它是资本主义发展的趋势，资本主义发展到最高阶段便形成资本帝国主义；近代资本主义产生的前提，一面是资本家占有生产资料而得以剥削雇佣劳动者，一面是劳动者与生产资料的所有权完全分离，成为除了双手之外一无所有而只能将劳动力像商品一样卖给资本家的自由奴隶，由此也就包含了资本主义的根本矛盾并由此引出其他各种矛盾；资本主义的生产目的不同于以前任何一种生产方式，旨在获得利润和积累资本，为此需要大量生产含有剩余价值的产品并投放市场卖出以实现剩余价值，其办法就是设法从劳动者的劳动和机器的更新中榨取劳动者的剩余劳动，这是一个在资本逼迫下无节制的放肆狂暴进程，同时也是一个不断扩大和深化资本主义矛盾的过程；资本主义生产和流通的组织结构都围绕着剩余价值的生产和实现，结果不以资本家的个人意志为转移，促进了生产

---

① 以上引文均见反帝国主义大联盟编《反帝国主义概要》，经济研究会1926年版，第1—3、13、33—41 页。

集中和资本集中，这是资本主义自身的固有矛盾法则，帝国主义挣扎于其中，最后必然导致灭亡；面临这个无可幸免的结局，是听任帝国主义的矛盾连带全社会一同陷于灭亡，还是尽快打倒帝国主义以解决其根本矛盾使之不再发生而重新回到促进社会进步的轨道，这是和我们的生存密切相关的问题；虽然我国现在没有大资本家，但国际资本帝国主义骑在我们身上从经济、政治、文化等方面压迫我们，这种资本家的榨取使我国人民成为世界的无产阶级；我们既然不愿苟延残喘随着帝国主义一道陷于灭亡，就应该起来为了人类的解放和社会的进化而同帝国主义殊死斗争；帝国主义以资本主义为基础，反帝国主义以社会主义为基础，帝国主义是资本主义的末日，反帝国主义是社会主义的开始，而反帝国主义是中国真正成为独立自由国家的唯一道路，又只有与全世界的无产阶级革命联合起来才能成功；帝国主义国家的无产阶级运动站在反帝国主义的战线上，产业落后国家的无产阶级打消本国幼稚资本阶级跟在帝国主义后面的发展梦想，实行社会革命，凭借无产阶级的权力和理想，通过国家资本主义来努力创造共产主义的物质存在条件，同样也是站在反帝国主义的战线上，二者采取的策略有所不同，但都是根据社会主义的原则；产业落后国家的反帝国主义像帝国主义国家的反帝国主义一样根据社会主义的原则，这取决于帝国主义发展的必然结果，因此，两类国家的劳动阶级，应该根据社会主义原则，结成广大的反帝国主义战线。

这是一个依据马克思主义经济学而推导的连贯逻辑思路，既含有马克思的经济理论，也含有苏俄的经济实践。其中体现中国特点的经济分析是，作为产业落后的国家处于国际资本帝国主义的压榨之下，不可能独立发展资本主义，那是一条任人宰割并为帝国主义殉葬的死路，只有本国劳动阶级与帝国主义国家的无产阶级联合起来，根据社会主义的原则反对帝国主义，才是唯一的出路。显然，这个分析接受了当时中国共产党在共产国际影响下所形成的反帝反封建民主革命纲领的引导，所以论及帝国主义对中国的经济侵略，比起前面漆树芬系统论证各种侵略事实的专著，更加明确地提出了反帝国主义所依据的原则不是资本主义而是社会主义的结论。

**（二）《帝国主义经济侵略中国史略》**

邓定人①编著，上海东南书局 1927 年 6 月 5 日初版。湖南大同乡李石岑为之题

---

① 邓定人（1900—1974），湖南零陵人；大学毕业，曾任《湖南民报》编辑、四川万县地方法院院长、辅成法学院教授；新中国成立后曾任最高人民法院中南分院审判员，1953 年任职武汉市政府参事室文史馆。

签，湖南零陵小同乡李达为之作序。李石岑①早年在东京编辑《民铎》杂志，因抨击军阀专权和日本帝国主义侵略行径，遭到日本政府查封，后来成为国内文名大震的哲学和心理学教授；李达此时虽脱离党组织，仍坚持研究和宣传马克思主义；他们在揭露帝国主义对中国的经济侵略方面，具有强烈的共识，因此他们的题签和作序，既属同乡之谊，又系表达共同信念。

关于帝国主义的经济侵略，当时成为国内著作和译作的热点话题，但进行系统梳理和论证的专题著述，仍属屈指可数。同时期具有代表性的专著，前面列举了漆树芬的名著《经济侵略下之中国》，抨击国外帝国主义势力勾结国内军阀势力，通过不平等条约来侵略中国的恶劣行径，为之作序的郭沫若由此还得出一个"伟大的教训"，这种侵略致使中国无法发展资本主义，不愿永远做世界资本家的附庸和奴隶的中国人，只有走苏俄的社会主义道路。列举了两本关于帝国主义经济侵略中国的论文集，更是明确表达了共产党人的反帝国主义主张。另外还列举了俄国人讲演集《帝国主义的政策底基础》的中译本，比较系统和完整地介绍了列宁《帝国主义论》的主要观点。相比之下，邓定人的编著，"编"的成分较多，不同于前书以"著"或独立评判为主。邓书184页，11章，除"总论"外，分别是"从古代到南京条约""从南京条约到天津条约""从天津条约到芝罘条约""从芝罘条约到马关条约""从马关条约到辛丑条约""从辛丑条约到辛亥革命""从辛亥革命到欧洲大战""从欧洲大战到巴黎和会""从巴黎和会到万县惨案""结论"；另有两个附录，"中外缔约各国一览表"和"中外不平等条约年表"。这个布局结构，以重大的不平等条约为节点，相互串连起来，形成帝国主义经济侵略中国的简略历史，也体现了编著的特点。

邓定人这本小册子，李达评价颇高，1926年12月25日作序：

今日中国的人民，学生没有书读，百余万劳苦的弟兄们要在外国资本家的鞭策下做工，做手艺的没有生意了，无数种田的兄弟姐妹们制不起一件粗布衣服了，素不出闺门的家庭妇女也要走出闺门，离开家庭跑进外国资本铁蹄之下去作工了，整

① 李石岑（1892—1934），原名李邦藩，湖南醴陵人；1913年入日本东京高等师范学校，1916年在东京参与创办学术研究会并编发《民铎》杂志；1918年因留日学生示威事件遭警察镇压，罢课回国，任上海商务印书馆编辑，继续主编《民铎》，兼任《时事新报》副刊"学灯"主笔，1922年任《教育杂志》主编，被上海大夏大学、光华大学等校聘为哲学、心理学教授；1927年赴法、英、德等国考察西方哲学；1930年底返回上海，先后任中国公学、大夏大学、复旦大学、暨南大学、中山大学哲学系教授。参看《1917—1919：马克思主义经济学在中国的传播启蒙》，上海财经大学出版社2016年版，第7编第1章第1节。

个的民众，洋大人也是随意直接地屠杀起来了。这是什么原因呢？我们知道，"世界资本主义已发达〔到〕登峰造极的地位了"，"资本主义已发达到最高形式——帝国主义，临近它的末日了"，帝国主义虽到了末日，然而始终想延长其残喘，"于是就拼命的向经济落伍的中国——次殖民地去掠夺，剜次殖民地之肉以医己腐之疮"。"帝国主义者，用政治、经济、文化、武力的侵略手段，陷中国人民于水深火热之中，可是这一来提醒了和引导了中国人民一致的来反抗国际帝国主义者，掘好了它——帝国主义者——自己最后的坟墓。今日中国民众已是很热烈的，很勇敢的，组织起来，准备着作最后的欢送它——帝国主义者——入它自己掘好的坟墓中去，向着世界大同的目标前进了"。

看了我的朋友邓定人最近所著《帝国主义经济侵略中国史略》，"觉得他的观点非常正确，实可供反帝国主义者的参考，他将帝国主义者在中国经济侵略的历史及现在反帝国主义应走的道路，在这本小册子上面说得清清楚楚，给一般注意反帝国主义运动者的一个明了的概念，对于现在中国的反帝国主义运动实有莫大的贡献，这本小册子虽小，而它的意义却是很大的"。"定人本身应是反帝国主义者的象征，他是很负有革命的热忱的一个青年，参加了一般的反帝国主义运动及种种的革命运动的。我相信中国的民众反帝国主义运动，总有脱离帝国主义者的束缚之一日，而定人的这本小册子，及定人的个人，将在中国民众的解放运动史上占一光荣的位置"。①

这个评价，对国人如何认识帝国主义问题，提出几个新的概念：一是显然接受以列宁为代表的帝国主义论，认为帝国主义是资本主义发展的"最高形式"即最高阶段，同时意味着临近末日。有关帝国主义是资本主义的最高阶段从而临近其末日这个概念，前面漆树芬专论帝国主义经济侵略的著作里，不曾出现过。二是"次殖民地"概念，不同于完全的殖民地，指半殖民地。有关半殖民地的说法，前已有之，显然是从苏俄或共产国际那里引进的新概念，先由中国共产党人用之，后又在国人著述中传布开来。但李达强调，中国作为经济落伍的次殖民地，一则临近末日的帝国主义苟延残喘时，成为拼命掠夺的对象，借此剜肉补疮。这是次殖民地概念在帝国主义时代的一个特定涵义。二则帝国主义者通过各种手段使中国人民陷于水深火热之中，诸如外国资本的侵略影响到工农商学各个阶层，洋大人还制造各

---

① 邓定人编著《帝国主义经济侵略中国史略》，东南书局1927年版，"李达序"。

种惨案随意屠杀民众；这种侵略促进了中国人民的觉醒，热烈而勇敢地组织起来，一致反抗国际帝国主义者，追求世界大同的目的，等于是帝国主义者为自己掘好了坟墓。这是次殖民地概念在帝国主义时代的另一个特定涵义。三是"反帝国主义者"或"反帝国主义运动"概念，面对帝国主义对中国的经济侵略，要有正确的观点，认清其历史、现实以及我们应走的道路，还要身体力行，投入反对帝国主义的各种革命运动，并呼吁和发动民众广泛参与这场解放运动，相信中国终有一天能够摆脱帝国主义者的束缚。正是在这个意义上，李达对邓定人其作其人，给予不同寻常的评价，放到中国民众解放运动史的光荣位置上。

李达实际上借助这本小册子，运用列宁的帝国主义理论，阐发资本主义发展到登峰造极的最高阶段，物极必反，意味其末日的来临。这是激励正遭受帝国主义经济侵略的中国民众，树立信心，投身到摆脱帝国主义者束缚的解放运动中去。对比之下，邓定人1927年2月作于上海的自序，更重视确定国民革命的主要打击对象。如谓：

"八十余年来的中外交涉史，是国际资本帝国主义者压迫宰割中国的史，是国际资本帝国主义者用军事、政治、文化、宗教、外交等威吓诱胁的手段，以向中国厉行其经济侵略使中国社会经济、人民生计日沦于艰难破产的史。所以今日中国国民革命的对象，第一应是要打倒侵略我们唯一的敌人国际资本帝国主义者；至于军阀、官僚、土豪、买办阶级和一切封建势力，不过是它们——国际帝国主义——利用侵略中国的工具罢了"。它们侵略中国的实况，侵略中国唯一的目的，是为了发展其经济势力。对此，"我们每个被压迫的中国人，每个参加国民革命斗争的中国人，都应该要有一个很正确的认识。譬之医者之治病，既已明了其病势的危险，尤望明了其病症病原的所在，然后按症施药才能医得病好"。我在研究之余，特意写成这篇东西，"将它们经济侵略中国的原委，作为一个很真实的有系统的历史的说明，俾国人读之，了然于它们侵略中国的真像，及中国致病的症结所在，自然鼓励其如火如荼的革命热忱，稳定其不屈不挠的革命观点，与国际资本帝国主义者，作殊死战，而博得最后的胜利了"。这篇东西，去年冬季曾在《湖南民报》副刊"先驱"上面发表过，现在再行整理付印。惟作者学识浅陋，加上事体繁多，在时间上未容许凝精聚神一气写下，谬误的地方，一定很多，尚望读者诸君原谅和指正。[①]

---

① 邓定人编著《帝国主义经济侵略中国史略》，东南书局1927年版，"自序"。

邓氏的自序，将 1840 年鸦片战争以来 80 多年的中外交涉史，定性为国际资本帝国主义者压迫宰割中国，用各种威胁利诱手段实行经济侵略，使中国社会经济和人民生活日益陷于艰难与破产境地的历史，因此中国国民革命的首要对象或唯一敌人，就是打倒国际资本帝国主义者，而国内一切封建势力，只是帝国主义利用来侵略中国的工具。这是主张将我国当时正在进行的国民革命的主要目标，对准国际资本帝国主义者，国内封建势力作为次要目标。这个见解，按照邓氏自己的说法，建立在对帝国主义经济侵略中国的原委与真相，进行真实的、系统的和历史的说明的基础上；这种经济分析，像医者一样，把握了中国致病的症结及其病势的危险，只有鼓励民众与国际资本帝国主义作不屈不挠的殊死斗争，取得最后的胜利，才能治好中国的病症。此说有独特之处，实际上把反帝反封建而以反帝为主，不仅作为经济分析的结论，还要求落实到国民革命的目标选择上。

自序这个见解，如同一根主线，贯穿全书，或者说，全书列举真实和系统的史实，意在梳理和凸显这根主线。对此，其"总论"进一步诠释：

中国能够卓然自立于世界，聚集 4 万万的优秀民众，拥有 3 千 4 百万方里的膏腴领土，兼擅寒温热三带的自然产物，真所谓"天府之国"。何以国势凌夷，陷于"次殖民的地位"，人民困苦，沦于万劫不复的境遇，骤视之，自然由于国内频年战祸，军阀官僚横征暴敛，强夺豪取，致使政治不上轨道；细察之，"实由于帝国主义列强八十年来经济势力侵略的结果"。"军阀们的作恶，显而易见，不过是中国今日表面的状态；帝国主义列强经济势力的侵略，隐而难知，实中国今日'病入膏肓'的症结所在"。分析中国军阀势力的互相消长、恣睢暴戾，无不是帝国主义列强欲利用军阀以图在华发展经济势力，"因而孳乳卵翼的原故"。

帝国主义者用经济势力征服弱小民族，是它们"唯一无二的妙诀"，与欧洲上古、亚洲中古及封建时代的大国家主义只有军事掠夺性质、并非永久挟制盘剥的侵蚀，迥不相同。现在的帝国主义者，自 18 世纪工业革命后，资本主义循着生产集中和资本集中"两条定律"的发展，早已演进到"经济的帝国主义"。它们四处开拓殖民地，排泄过剩的资本和商品，购买廉价的生产原料和劳动力，"藉以掠取其剩余价值以增殖其资本"。初始只是零碎的、不自觉的，偶尔凭借武力来侵占土地，也不过本着商业上的需要；继而竟挟其有组织的国家权力，如强大的海陆军及航空队，强有力的宣传机关及文化机关等手段，自觉地、不断地向殖民地进攻，"务使创造为一新式市场，牵入于资本主义的旋涡，以施行其经济帝国主义的伎俩，使其民族精竭肌尽，自然地归于淘汰"。受了这种经济侵略的国家，"现在其民族不特不能恢复其自由平等，还岌岌乎有灭种之虞，这样看来，这种经济的侵略，真是'杀人不见血'的唯一手段"。

中国地大物博和人口众多，生产力不发达，处于农业经济手工企业的质朴状况，"适足形成为帝国主义列强在全世界中一个经济鹿逐的天字号的好市场"。英帝国主义者在鸦片战争中打破了中国闭关自守主义，以后法、美、俄、德、日、意、奥等帝国主义者，"皆风驰电掣般的向中国进攻，用尽种种威吓诱胁的手段，使中国糊涂的政府缔结了一部如卖身契的不平等条约"。它们在中国，攫取了单方义务的门户开放、机会均等的实业投资，破坏国际法例的领事裁判权，无限制的内河航行权，割让变相的租界和关税协定种种优越权力，"其势力之伟大，真'至矣尽矣，蔑以加矣'"。"帝国主义列强系工业先进的国家，中国是产业落伍的国家，相形已觉见绌，再加上了这些不平等条约，以受其枷锁镣铐，还有不辗转挣轧于他们铁蹄之下，任其恣意宰割，陷民众于痛苦呻吟的境遇、国势于次殖民的地位吗"？所以我特意把各帝国主义在中国经济势力发展的原委，简单叙述出来，"藉以唤醒国人的觉悟，俾得对症以施药，奋袂而兴起"。①

以上"总论"所述，是全书的宗旨，将自序的主线铺展开来。为了确认帝国主义列强的经济侵略是中华民族面临生存危险的主要威胁，首先，指出中国拥有优秀民众、膏腴领土和丰富自然资源，何以沦陷于国势衰败的次殖民地位和人民困苦的万劫不复状况，乍看起来，因国内政治未走上良性轨道，军阀官僚在连年战乱中肆意搜刮而造成，细察之下，则是近代以来帝国主义列强长达80多年经济侵略的结果。李达使用"次殖民地"概念，便是由此"次殖民的地位"而来。这个细察，否定了国内政治不良、封建军阀官僚当道是中国衰退落后的主要原因，却未说明帝国主义列强为何能在中国实施其经济侵略，也就是中国具有这么好的资源禀赋，竟然遭受外来的经济侵略，其原因除了外部因素外，有什么内在因素。看来，这不是"总论"思考的问题，它沿着自己的思路进一步说，对比军阀的作恶与帝国主义列强的经济侵略给今日中国的影响，一个显而易见，只是表面的病态，一个隐而难知，实为病入膏肓的症结所在；正是由于帝国主义列强利用军阀势力来发展在华经济图谋，才扶植助长了军阀们的互相消长和恣意妄为。这样，也就把帝国主义列强

① 以上引文均见邓定人编著《帝国主义经济侵略中国史略》，东南书局1927年版，第1—5页。

与封建军阀势力相互勾结的病态现象，引导到以帝国主义列强为主、封建军阀势力为辅的病因分析上。

接着，区分现代帝国主义不同于以往大国家主义的特征，后者开疆扩土，仅带有发扬国威、伸张国权的军事掠夺性质，"人存政举，人亡政息"；前者独一无二的妙诀，用经济势力征服弱小民族，置对方于死地。这个比较，突出现代经济侵略和以往军事侵略的时代差异，其实也属于表面现象。重要的是，它引用类似于马克思的剩余价值学说和列宁的帝国主义理论，说明现代经济侵略的本质或内在原因。此即帝国主义是资本主义在经济上演进的产物，演进的特点是生产集中和资本集中。两个集中何以为两条定律，姑且不论，其结果帝国主义为了掠取更多的剩余价值来增殖资本，势必向外开拓殖民地以推销过剩的资本和商品，购买廉价的生产原料和劳动力。这个分析，同李达强调帝国主义是资本主义的最高形式从而临近其末日的观点，重点有所不同，强调帝国主义的产生原因及其对外经济侵略的发展历史。如最初受商业需要的驱动而对外侵占土地，是零散和不自觉的行为，偶尔使用武力；随后自觉和不断地进攻殖民地，瓜分世界领土，依仗有组织的国家权力，凭借强大的军事力量和强有力的文化宣传手段，服务于经济帝国主义伎俩的实施，在世界范围内开辟新兴市场，将落后国家卷入资本主义的旋涡，使其丧失民族精神，自然归于淘汰，不仅得不到自由平等，甚至有灭种危险，这种经济侵略的手段，犹如杀人不见血。如此剖析帝国主义经济侵略的真相，体现了不俗的理论深度和观察视野。

然后，将有关帝国主义经济侵略本性的一般理论与历史分析，应用到中国，证明中国具有优越资源条件，却处于农业及手工业发展阶段的落后状况，恰好成为帝国主义列强在世界范围内争夺市场的最好去处。其具体表现，自鸦片战争打破中国闭关自守的门户后，各国帝国主义者纷纷进入中国，采用各种手段逼迫中国政府签订一系列犹如卖身契的不平等条约，获得在实业投资、领事裁判、内河航行、租界割让、关税协定等方面无以复加的大量特殊权利，像枷锁镣铐一样，将产业落伍的中国束缚在它们的铁蹄之下，任凭其依托先进产业的优势恣意宰割，造成国民痛苦呻吟的次殖民国家。本书的用意，揭示帝国主义列强通过经济侵略在中国发展其经济势力的来龙去脉，唤醒国人的觉悟，对症下药，奋起反抗。此番分析，不是一味表达对帝国主义的民族义愤，也不是单纯诉说帝国主义经济侵略给我国带来的灾害性后果，而是理论联系实际，将剩余价值学说和帝国主义理论结合在一起，用于解说帝国主义列强对中国的经济侵略，受其本质属性的驱使，不能幻想有任何改变，忍辱屈服只会陷于越来越深重的半殖民地苦难，因此必须揭露其真相，唤起国民的自觉反抗。

此书以后各章，利用一系列不平等条约和事件的重要史料，具体论证"总论"的结论。从鸦片战争后1842年签订第一个不平等条约《南京条约》，历经1858年《天津条约》、1876年《芝罘条约》（即《烟台条约》）、1895年《马关条约》，至1901年《辛丑条约》，我国已沦为彻底的半殖民地国家；此后辛亥革命推翻满清政府，接着爆发第一次世界大战，到1919年巴黎和会，我国作为战胜国，仍未改变屈辱地位，不能收回被强占领土的主权；直至1926年9月5日，英国帝国主义者干涉广东国民革命军的北伐未果，在长江一带寻衅滋事，遭到回击后，竟用军舰炮轰四川万县县城，屠杀中国军民，造成重大伤亡，又称万县惨案。由此证明，帝国主义的侵略本性不改，我国民众除了奋起反抗，别无他途。

附带指出，李达翻译高柳松一郎所著《中国关税制度论》上下册（商务印书馆1927年版，列入经济丛书社丛书），从日本人著作的另一个侧面，也反映了帝国主义对我国经济侵略的特征。

此书除绪论外，分关税制度之沿革、关税制度之特质、海关论、关税制度之内容、关税制度之影响及将来5编。其绪论称：中国现行关税制度的特质，"由内外二重制度而成，即受条约上所制限之外部关税与基于财政上之必要之内部关税并存"。此二者，"一则处于进步的组织之下由外人所统一，实行在规则之课税；一则由一班国内贪官污吏举行不法之征税至今仍未变"。"中国关税制度，既有旧制度之弊害，又有新制度之缺点，即谓为世界中最不良之税则，亦不为过"。在这种制度下，"由外国之地位而论，欲增加进口税，有先废内国关税之必要，然由中国之地位而论，欲废止内国关税，有先增进口税之必要；而内国关税之全废，又必须根本改革中国行政组织与财政制度，此难题也"。因此，"中国关税问题，与有关税主权各文明国家之关税问题，其意义完全不同"。欲研究此种"独特无比之关税制度"，一方面"须从条约上所规定之国际关系，下一番外面的观察"；他方面"又须从行政上加以内面的观察而后可"。[①]

以上所谓中国"内外二重制度"的关税特质，既有旧制度弊害又有新制度缺

---

① 日本高柳松一郎著，李达译《中国关税制度论》，商务印书馆1927年版，第1—3页。

点的"世界中最不良之税则",其关税难题与各文明国家拥有关税主权的关税问题"意义完全不同",关税制度"独特无比"等,实际上都是帝国主义的经济侵略迫使中国丧失关税自主权所带来的恶果。作者回避这个根源问题,只说外国人控制中国海关关税的新制度虽有缺点,却是统一关税的进步组织,而国内贪官污吏对内征税一直沿袭的旧制度,才是不法弊害。但他在研究这个独特关税制度的过程中,从外部观察各种条约所规定的国际关系,从内部观察关税管理的行政关系,又在客观上为认识帝国主义经济侵略的真相,提供了事实证据。这应当也是李达为什么会选择翻译这部日本人著作介绍给国人的一个原因,借用侵略国的研究资料为佐证来为被侵略国的中国伸张正义。

以上国人自撰有关帝国主义经济侵略的叙述,虽然不是直接运用马克思经济学说(连同列宁学说)来联系和分析中国的实际情况,但全书紧扣帝国主义经济侵略的实质,系统地梳理真实的历史证据,从中得出国际资本帝国主义是我国国民革命的首要对象,甚至是唯一的敌人的结论,对正确理解中国的国情和明确国民革命的任务,具有一定的启发意义,进而如同漆树芬的《经济侵略下之中国》,也为马克思主义经济学的传播形成中国自己的特色,特别是为共产党人的反帝纲领,起到某种铺垫作用。

## 五、《中国新经济政策》与《中国经济问题纲要》

两本书都谈论中国经济,又具有类似的倾向,故放在一起评介。

### (一)《中国新经济政策》

署名"前溪"著,天津国闻周报社 1927 年 3 月初版。共 4 章,分别是"总论""生产"(含生产、资本、劳力 3 节),"分配"和"结论",附录"三民主义之评论"。

"厚照"1927 年 1 月的序言说:"中国今日而言均者,非均富,直均贫耳",因"今工商业犹未发达,无所谓大资本家"。"吾友前溪草为《中国新经济政策》,独不以无限制的发达国家资本为然,为别树一义曰均富于社会。不欲集富于个人,亦不欲集富于国家。其视中国社会也,为伦理的结构,其解中国伦理也,为互助的秩序"。"中山言均贫,而切于求富;前溪言均富,而意实患贫,此则吾国今日特殊之情形。前溪所谓'既患寡又患不均'者,吾人言经济政策,所应念兹在兹者已"。①

---

① 前溪著《中国新经济政策》,天津国闻周报社 1927 年版,"序"。

此序认为，面对我国工商业尚未发达，没有类似于西方国家的大资本家的国情，谈论均平，不是均富，等于均贫。这个前提，一直为国内的社会革命派或社会改良派共同认可。按照这样的认识来解释前溪的中国新经济政策，不能效法发达国家的资本无限制发展，应实现社会的均富；所谓均富，不要集富于个人，也不要集富于国家，须符合中国社会以互助秩序为基础的伦理结构；根据孔子"不患寡而患不均"的思想，我国今日制定经济政策，应考虑既患寡又患不均的特殊情形，或者像孙中山那样，谈均贫而旨在求富，或者像前溪那样，谈均富而生怕患贫，二者殊途同归。从这个解释里，能够体会所谓新经济政策之"新"，立足于中国现实，既要避免将财富集中到个人如现今资本主义发达国家的资本无节制，又要避免将财富集中到国家如社会主义的国有理论与实践，或者也可以说，既要借鉴资本主义国家的经济发展经验，又要吸收社会主义的财富平均思想，同时拒绝二者的极端。

这个愿望，在此书的论述里，具体化为对马克思经济学说的相应理解。例如：

"自马克司倡明物质为人类历史重心之说，于是研究物质关系之经济问题，在人类生活中所占地位，遂可为科学的说明"。"明乎此，则知研究物质关系之经济问题，实支配人类生活中唯一先决问题，自不待烦言而解"。[1] 可见，此书以马克思的唯物史观作为科学说明的依据，将研究物质关系的经济问题及其在人类生活中所占的地位，视为支配人类生活的"唯一先决问题"，此乃毋庸置疑。

"今日中国经济政策，应本何种主义，为之规定，此问题之大，至可骇人。而世界上经济学说，又复纷奇错杂，各是其是，各非其非。以马克思一人学说而论，传之德国者，异于俄，传入俄国者，异于德，英人之奉其说者不同，法人之奉其说者又不同。以列宁一人主张而论，一千九百二十一年以前与是年以后不同，今日列宁之党徒，犹是昔日列宁之党徒，而史杜异论矣。故举今日世界各种经济学说与夫政策，而求其贯串，实不可能之事。今世界国家，已无绝对之资本主义，亦无绝对之共产主义"。"吾人舍其备而求其实，所可得而明确认识者有二"：一是"偏于资本主义，即欧美近代以来所实行者，其精神所注，在集富于国家，集富于个人，在政治上表现之名词，所谓帝国主义是也"。二是"偏于共产及各种社会主义，即苏联共产党及各国共产社会各党近年以来所提倡者，其精神所在，在集富于国家，均

---

① 前溪著《中国新经济政策》，天津国闻周报社 1927 年版，第 1 页。

富于个人，在政治上表现之名词，所谓反帝国主义是也"。两种主张，是非若何，"吾人若以中国五千年以来所本之均富主义，一为比较，自知优劣之所在"。"中国之均富主义，精神所注，在均富于社会，易言之，不集富于国家，亦不集富于个人。所谓社会者，合国家与个人而言之，国家不独富，个人不专富，国家与个人求其均，个人与个人求其均，不许国家为大资本家，亦不许个人为大资本家也。不重视个性，亦不漠视个人"。"支配欧美各国经济者，为少数大资本家与夫少数之政府中人而已。苏俄式政策，集富于国家之结果，支配苏俄全国经济者，仅少数之政府中人而已"。"欧美近代之政策，偏重个性，至造成特殊之大资本家，而来过激之反动。苏联一千九百二十一年前之政策，漠视个性，致生产能率，一蹶不振，不能不改行新经济政策，即其明证"。"中庸之道，其惟'均富于社会'一策乎"。①

上述议论，可谓切题之论。归纳其意，至少有三：一则虽然接受马克思的唯物史观，以物质经济关系为人类历史的重心或科学说明人类生活的支配性问题，却拒绝运用马克思学说来规定今日中国的经济政策；就像世界上的各种经济学说与政策之错综复杂一样，马克思学说在它的传承过程中，也不可能贯穿一致，比如这一学说在德国、俄国、英国和法国的信奉者，各不相同；再以俄国的继承者列宁而言，他本人的主张在1921年前后也有很大变化，他的党徒仍是那一批人，其前后观点亦有明显差异。这意味着不能拿同一个马克思学说，去套用不同的国家情况或同一个国家的各个不同发展阶段。这个看法不能说没有道理，但以此为理由而抛弃马克思学说，又另当别论。二则认为如今世界上的国家，没有绝对的资本主义或绝对的共产主义，大体说来，仍可区分为偏于资本主义的帝国主义国家，与偏于共产或社会主义的反帝国主义国家两类；前者如欧美各国的经济政策，偏重个性，集富于国家和个人即少数大资本家和政府官员，结果带来过激的革命；后者如苏俄最初的经济政策，漠视个性，集富于国家即少数政府官员，均富于个人，结果导致生产能力下降到极点，不得不改行新经济政策。这里的意思是说，两个极端的发展，都没有好结果，于是相互折衷与融合，走向放弃绝对的资本主义或共产主义而互为渗透的国家经济政策。三则比较上述二者之优劣，中国应取中庸之道，奉行5千年来所遵循的均富主义，不重视个性，亦不漠视个性，不集富于国家，亦不集富于个人，不许国家为大资本家，亦不许个人为大资本家；国家不独富，个人不专富，则均富于社

_____

① 前溪著《中国新经济政策》，天津国闻周报社1927年版，第4—6页。

会，合国家与个人在内，无论国家与个人之间或个人与个人之间，皆求其均。以中庸之道来诠释和推广传统的均富政策，为此书一大特色。然而试图沿用 5 千年来的古老政策以为今日中国的新经济政策，虽将中国国情发挥到极致，却忽略和脱离了当代中国与世界的经济发展基础及其阶段特征，也同前面以物质关系的经济问题作为支配人类生活之唯一先决问题的唯物史观，凿枘不合。

"世界学说中，反对一切财产个人私有权者，略别之约分两派"。一派"绝对否认说"。如克鲁泡特金（原译"克鲁巴金"）派主张的要点，"谓一切财产与各种科学及各种发明，为过去人类共同之所产，当归于后代人类之公有，无论何人，不得占为私有"。另一派"相对否认说"。其中马克思派主张的要点，"谓关于生产之财产私有权，系掠夺劳力者所得之保障，应予废止，然如庖厨什物及文具，又制造必需品之用具，则可私有，其用于享乐手段中，大体可为私有"。蒲鲁东（原译"布鲁东"）派主张的要点，"谓财产私有系掠夺之结果，应予废止。至于土地，使用耕种之土地财产，虽私有不为不正，不使用耕种之土地，虽共有亦为不正"。至于专门反对土地个人私有权，其说尤盛，不独共产主义派而已；国家社会主义派及其他各种社会主义派，多主是说，其结论均主张公有或国有。"然共产派主张，土地应与其他一切生产财产私有权，同时废止，法至为简单"。其余各派，颇有区别。综合各说大意，须承认克鲁泡特金的主张，"理论上为最彻底"。"共产派之马克思，拟将一切财产，别为生产用、非生产用，或享乐用，而定个人私有权之范围，已由理论上过渡为事实上之研究，非废止个人一切私有权单纯之理论主张"。吾人认为，人类生活，先有事实，后有理论；对于克氏彻底主张废止财产私有权的理论，共产派学说已认为须加以区别；"马克思氏完全主张废止生产的财产私有权之理论，试行于苏联者，未及三年，而颁布新经济政策，又民多所变更矣"。①

以上论述，实际上仍延续前面所谓世界各国的经济政策，无绝对的资本主义和绝对的共产主义之说。单就共产主义或社会主义方面看，核心观点是反对私有制，包括克鲁泡特金派的绝对否认说和马克思派的相对否认说。克氏一派的主张，最为彻底，却从未实施；其他各派的主张，将废止的私有权从一切个人财产收缩到生产资料或单纯土地方面，不那么彻底或绝对，具有相对性；即使如此，除了国家社会

① 前溪著《中国新经济政策》，天津国闻周报社 1927 年版，第 8—9 页。

主义派的土地公有或国有主张在资本主义国家曾得到宣扬外，真正从理论到实践得以在社会主义国家试行的，只有马克思的废止生产资料私有制主张，但苏联实施不到三年便加以变更，另行颁布新经济政策。这是要证明，经济政策中已经没有绝对的共产主义，不论彻底的废除私有制理论如克氏一派，还是相对的废除私有制理论如马克思派，或不可能付诸实践，或付诸实践不久即遭失败。

"近世欧美式经济组织中，商业实为支配全体经济之重心，已为世人所公认。故共产主义学说中，首先否认商业之存在。因商业组织苟存在，共产精神即难贯彻也。共产主义者，主张以公家机关，代替私人商业，专任分配职务，不容生产者与消费者之间，有第三者侵占利益。由理论上观之，主张至为贯彻，乃就事实上考察，举人类一切复杂之要求，举物类一切错综之供给，而概属之公家机关，实为不可能之事。苏俄试验结果，列宁氏一千九百二十一年改行新经济政策时之演说，遂公然承认商业为必要矣。故商业存在之是非，理论上如何，姑不必论，事实上，今日世界中，固无国无商业者，不过其范围大小不同而已"。①

这个说法意在证明，否认商业的必要性，同上述废除私有制一样，不管共产主义在理论上有多么彻底或绝对，在事实上即实践上却不可能实现。一则取消连接生产者与消费者之间关系的私人商业，由公家机关承担所有分配职责，不可能满足人类的一切复杂要求和完成所有物品的错综供给，所以至今世界各国都存在不同范围和程度的商业活动；二则苏俄试验的失败，从战时共产主义时期取消商业活动，到改为新经济政策而公开承认商业的必要性，即其明证。这个论证，忽略了马克思经济学说的理论前提，在资本主义充分发展所造成的社会化基础上去实现社会主义，又把实行公有制的主体地位同消除商品经济的弊端二者混为一谈，特别是忽略了苏俄在相对不发达的经济基础上尝试社会主义实践的探索性质，因而否定苏俄的战时共产主义政策之不切实际，同时也否定了苏俄的社会主义属性。

附录"三民主义之评议"：

"马学根据，在'剩余价值'，马学主张，在'阶级战争'，孙先生已予以根本的反对"。吾人认为，"孙先生学说，与其谓为与马克思不同，勿宁谓为与马克思反对"。"许多人不看见'民生主义'这部书，或有只看前面一页，'民生主义即社会主义即是共产主义'，那种不明不白的话，以为民生主义学说，即是马克思学

---

① 前溪著《中国新经济政策》，天津国闻周报社 1927 年版，第 35—36 页。

说，即是共产主义学说，孙先生又不便反对，我实在为之呼冤不已。但是孙先生说了许多反对马克思的话，那马克思嫡派之列宁学说，孙先生竟未加以批评。……专说马克思不涉及列宁，这是孙先生最苦痛的地方，但是避开列宁而不回护马克思，这正是孙先生的优点"。"孙先生研究社会主义学说最早，我二十年前会见孙先生，他就同我讲社会主义。总算在中国，是讲社会主义的鼻祖了。民生主义第一二讲中，评论马学，极为精当。非读书极多，研究甚久之人，不能说出来的。以威廉氏'生存重心'之说，代马氏'物质重心'之说，那是很进步的眼光，也许比列宁见解高得多"。①

从这段文字看，作者资格颇老，早在20年前就聆教孙中山有关社会主义的言谈，称为中国讲社会主义的鼻祖。显摆这个资格，意在澄清孙中山的民生主义学说，并非如表面说的那样是社会主义或共产主义，而是根本反对马克思的剩余价值和阶级斗争学说。至于孙先生何以反对马克思学说而不涉及其嫡传的列宁学说，未说明缘由，大概碍于其联俄政策而不便道明，但又猜测因此避开批评列宁学说，是孙先生最痛苦的地方。可谓拿自己的心思去揣度别人，力图坐实孙中山根本反对马克思学说这个说法。为此，还把所谓用威廉的"生存重心"之说来代替马克思的"物质重心"之说，看作孙中山比列宁更高明的进步见解。这等于为了印证孙中山既反对马克思学说又反对列宁学说，连此书开篇时认为无须赘述而具有唯一先决地位的唯物史观，也一并给否定了。其实，孙中山当初对马克思经济学说的评介，根本不像此书所说之决绝反对，倒是结合中国实际积极借鉴马克思学说，同时也有一些附会和偏颇解释，据此形成民生主义即列宁所说的"伟大的中国民主派的纲领"②。

附录又说："我归纳这民生主义，是偏重在国家社会主义。纵不必说他是反对共产主义，至少也可说是与共产主义无关。如果说他是赤化，也不能说他是共产主义的赤化，只可说略带新经济政策色彩的赤化。但是比新经济政策那种限制的范围，却宽大了许多，甚至有许多并未加以限制，不过注意在预防大资本家发生一点而已。就这点而论，不讲社会主义则已，若讲社会主义，无论是何种，谁能不在这一点上下功夫。所以无论何种社会主义均可谓之带新经济政策色彩的赤化，不过在

---

① 前溪著《中国新经济政策》，天津国闻周报社1927年版，附录，第3—4页。
② 参看《回溯历史——马克思主义经济学在中国的传播前史》，上海财经大学出版社2008年版，第4编第1章第1节。

限制宽严一点而已。老实说，照理论讲，民生主义，谓之为赤化，则欧美资本主义之国家，大概都可以说是赤化，因为民生主义所述的办法，大都是由欧美资本家国家抄来的，不是由共产主义国家抄来的"。"就已说出的办法，我硬断定他不是共产主义，是国家社会主义，也并不踌躇"。"'民生主义'的议论，我说他是'国家社会主义'，纵使有人反对，总不能说是完全的'共产主义'，不是完全的'共产主义'，就是证明带'国家社会主义'了"。①

这个断论，以国家社会主义来定义民生主义，同前面所说的不集富于国家亦不集富于个人的社会均富之说，并不吻合，这是一种运用国家权力进行社会改良的经济政策概念。引入国家社会主义概念，很大程度上是为了抵制从共产主义或马克思学说的方向来解释民生主义。但这个解释，原本来源于孙中山自己的说法，又如何加以抵制？于是，附录对于民生主义，施展了一套独特的评论手段。首先声称民生主义即使不是反对共产主义，至少也与共产主义无关。接着要抹去民生主义被共产主义赤化的所有印记，认为民生主义如果说赤化，也只能说略带新经济政策的色彩，而且比新经济政策放宽对资本的限制范围，还要更加宽大，不过预防产生大资本家而已。这里比较民生主义与苏俄的新经济政策，可谓牵强附会。根据列宁的说法，新经济政策是无产阶级专政国家为了恢复和发展社会经济而采取的国家资本主义措施。这同贵族地主或资产阶级专政国家为了缓解社会矛盾和进行社会改良而采取的国家社会主义措施，完全不同。附录的评论罔顾于此，继续沿着国家社会主义的轨道推论，任何一种社会主义都要在预防大资本家上下点功夫，因此都会沾上带有新经济政策色彩的赤化，只是限制的宽严程度有点差异；这种赤化，在理论上可以说都是从欧美资本主义国家抄来的，不是从共产主义国家抄来的，所以能够毫不踌躇地断定，民生主义就是国家社会主义。如果说上面的论据，故意混淆国家资本主义与国家社会主义两类概念，那么最后一句话，逻辑更是荒唐：反对这一断论者若不能证明民生主义是完全的共产主义，那就证明它带有国家社会主义的特征了。如此强词夺理，硬把民生主义说成国家社会主义，无非要撇清它与马克思学说的任何可能关系。然而这种评论方式，过于武断，不仅违背了民生主义的初衷，连此书所津津乐道的中国新经济政策，也失去其均富于社会的独创特色，蜕变为抄袭欧美资本主义国家之社会政策的亦步亦趋者。

---

① 《中国新经济政策》附录，天津国闻周报社 1927 年版，第 8—9、22 页。

## （二）《中国经济问题纲要》

李权时①这本小册子，上海世界书局 1927 年 8 月初版。同年 4 月 25 日著者所写的"例言"，列了四条：

"本书的目的仅在说明中国各种经济问题之概略，故名'中国经济问题纲要'"；"本书共分九章，每章讨论一个概括的经济问题，而每个概括的经济问题之中，又有若干个的经济问题"；"中国现在最大的经济问题，就是社会经济问题中之劳动问题，也就是共产主义与私产主义之争。著者之意以为，绝对的共产和绝对的私产，都非解决纠纷之善法，还是折衷乎二者之意的可行"；"本书分类暨说明，或有未尽妥善之处，海内明达，幸垂教焉"。②

以上四条，除了一般性介绍和谦词之外，第三条亮出了自己的观点。把劳动问题看作中国现在社会经济的最大问题，这个观点并不新鲜；把劳动问题的症结看作共产主义与私产主义之争，也可以说是资本主义与社会主义之争，或资本阶级与劳动阶级之争的另一种表达形式，这个观点同样比较流行；关键是著者自己的观点。所谓绝对的共产和绝对的私产都不是解决纠纷的善法一说，其前提把资本家与劳动者之间的矛盾，当作可以调解而非根本性对立的纠纷，又可以理解为资本家一方不必坚持绝对的私产主义，有可能约束资本的谋利动机，劳动者一方不必坚持绝对的共产主义，有可能改进维护自身利益的目标与方式，于是想到的可行"善法"，无非是双方各在自己的立场上后退一步，相互考虑对方的利益和诉求，或者说保持相对的共产主义与相对的私产主义，通过折衷妥协，最后达到解决纠纷的目的。这个观点，照样有前例可循，而且由来已久，但它终究表明了著者对待劳动问题以及在如何解决劳动问题上所持的基本态度。

基于这种折衷妥协的态度，著者在他的小册子里，从相对而非绝对的意义上看，并不反对引进和运用共产主义学说。如"绪言"开篇说："中国目前应当解决的问题很多，但是经济问题是其中最要紧不过的；因为按照唯物史观——或经济史

---

① 李权时（1895—1982），浙江镇海人；1918 年毕业于清华学堂，1920 年获芝加哥大学经济学硕士学位，1922 年获得哥伦比亚大学财政学方向的博士学位，同年回国，历任上海商科大学、大夏大学、复旦大学、中国公学、暨南大学、交通大学、劳动大学等校教授，曾任复旦大学商学院院长、中国经济学社理论刊物《经济学季刊》总编辑、上海银行工会主办《银行周报》社经理兼编辑；抗战爆发后留在上海，抗战胜利后转去香港；1950 年回上海，1956 年受聘东北人民大学（后改为吉林大学）。

② 李权时著《中国经济问题纲要》，世界书局 1927 年版，"例言"。

观——来推论，社会间各种的问题，是间接或直接十之八九与经济有密切的关系的"[1]。接着把中国目前的经济问题，分为社会经济问题、政治经济或财政问题、金融经济问题、交通经济问题、工业经济问题、商业经济问题、农业经济问题、消费经济问题、国际经济问题等9种，作为小册子的概括或研究对象，建立在唯物史观的推论基础上，尽管他同样把唯物史观曲解为经济史观。

但引入非绝对的共产主义学说或运用马克思唯物史观，同时极力想把这种学说或原理，引导到与现存社会经济制度相互妥协或折衷的方向上去。如论述"社会制度问题"，面对生产方面的劳逸不均和消费方面的分配不公，一边提到"'各尽所能，各取所需'的二句话，是共产主义的精髓"；一边又说：这两句格言，连一个大家庭中都不能人人永久做到，"必定会变做'各不尽其所能，各必取其所需'的两句谰言"，这样一来，"一家中的生产还能够发达么？家家如此，那么一国中的生产，还能够发达么"[2]？这就是他否定所谓绝对的共产主义的逻辑。先把反对现行私产主义或资本主义的替代者，越过低级的过渡阶段如社会主义，一下提升到共产主义，然后说共产主义目前在家庭中都不可能实现，又怎么可能在一个国家实现，因而只能以折衷方式来解决现实社会制度问题。

又如论述"劳动问题"，列举几种解决方法，说到不能实行共产主义的理由："这就是把国内一切的生产工具——不论大小——都归政府所有，人人各尽所能，各取所需，无所谓利润、利息、地代，亦无所谓工资，人人为消费为生产，有生产在能消费。这样一来，阶级区别，完全消灭，劳动问题，彻底解决，实在是经济制度的极则。但是这种共产制度何时何地才能实行呢？苏俄曾一度大规模行之而失败，他国各有效之者，其结局盖可想而知"。这个理由，其逻辑如前述，不仅限于分配领域，更涉及整个经济制度，从而强化前面的结论，即达于极致的共产制度，根本不可能实现于现在的社会。其例证则是苏俄以新经济政策取代战时共产主义政策，意味着实行共产制度的失败；这是一个新的理由，惟其未看到苏俄仍在坚持新社会的建设尝试，而是以此证明解决劳动问题的方法，只能与现行制度折衷妥协。究竟有什么可行的解决方法，著者举出六种，不必逐一转述，只须看看"施行国家社会主义"即可："这就是把一国所有的大规模生产工具都归国家占有及经营的制度。这样一来，小资本家虽依然还能存在，大资本家却毫无立足之余地，那么贫

① 李权时著《中国经济问题纲要》，世界书局1927年版，第1页。
② 李权时著《中国经济问题纲要》，世界书局1927年版，第10页。

富阶级就自然可以消灭一大半了。贫富阶级消灭，那么劳动问题也就消灭了"。这种仍然保留私有制的所谓国家社会主义，看来是著者心仪的解决方法之一。但以折衷或妥协而论，这还不是理想的方法，最后又概括说，六种方法"有相当的价值"，"不妨兼筹并顾"："产业可以国营而有利者，则国营之；不能国营者，则提倡合作社或由私人经营之。至于分红法，社会保险法，劳工保护法和政府干涉法，则无论国营私营事业都可以适用"。① 这样，说来说去，著者心目中的折衷方法，不外乎杂糅国家社会主义、合作社与政府推行社会政策的产物。所有这些解决方法，只是拾前人之牙慧，没有超出以往流行的社会改良方案。

总之，李权时谈论中国经济问题纲要的小册子，不排除引用马克思经济学说作为分析的理论工具，分析的结论，则引入与现实社会经济制度折衷妥协的方向。这种倾向，在马克思主义经济学传播于中国的过程中，不时翻转变换，以各种不同的面目表现出来。

以上几本论述中国经济问题的著作例证，显出不同的类型特点。一类论述中国劳工或劳动问题的著作，对于实际接触或了解底层劳动者状况的撰述者来说，目睹中国劳动者的真实困境，只要有利于解释和改善这种困境，愿意引进包括马克思经济学说在内的各种理论学说，或者说，有关中国劳动者的实证资料，成为促进马克思主义经济学传播的鲜活证据；然而一旦面对国内正在兴起的劳动运动，又马上基于不同的立场而出现分歧，或者借口国情不同，要么否认劳资矛盾而主张先发展资本主义，要么把劳动运动引入逐渐改良的方向，或者与之相反，提出效法苏俄革命，由劳动者自己争回被剥夺的权益。另一类论述中国遭受帝国主义经济侵略的著作，可以说是本时期国人结合本国重大实际给予马克思主义经济学的传播以有力支持的重要拓展和突出表现，这些本土资料的系统整理与深入剖析，其结论都指向对外反对帝国主义对内反对封建军阀的社会革命道路。再一类从政策上或从理论上论述中国经济问题的著作，涉及解决中国经济问题的基本理念或原则，虽然不排斥引入马克思经济学说作为分析的依据，但显然不同于共产党人的指导思想，或者曲意解释孙中山的民生主义政策，或者在反对极端的名义下打出国家社会主义的旗号，最后都步入折衷妥协的社会改良路径。从这几种著作类型中，不难看到当时研究中国国情与马克思主义经济学传播之间的复杂和曲折关系。

---

① 以上引文均见李权时著《中国经济问题纲要》，世界书局1927年版，第22—23页。

## 第二节　关于劳动与合作问题的著作

这里说的劳动问题，就其广义而言，不仅指中国劳动问题，毋宁说，研究中国劳动或劳工问题，由西方国家产生劳资之间的尖锐矛盾而来，因而将劳动问题视为研究社会问题中的最重要者或最突出者。本时期一个值得注意的现象，国人关注劳动问题，连带把西方国家在现行制度范围内应付这一问题的时髦思潮，特别是协作或合作主义，一并引进国内，好像劳动问题与解决劳动问题的协作或合作主义，成为一对孪生子，也就是把协作或合作主义当作解决劳动问题的有效理想方式。由于劳动问题同样包含农民问题，而且中国号称农业国，农民问题尤显重要，故当时有关农民问题的著作，亦放入本节考察。

### 一、《协作》译本

法国查理季特原著，楼桐孙①译述，商务印书馆 1925 年 1 月初版。目现存1927 年 6 月再版本，列入经济名著，其内容除了增补作者为中译本再版所作的序言之外，一仍其旧。法国作者原名 Charles Gide，今译夏尔·季德，前面已介绍过他的《协力主义政治经济学》《经济学史》《经济学要旨》等书的译本。

#### （一）各类序言

这些序言的排列没有一定的时间次序，好像取决于译者心目中的重要性或必要性。先看季德为中译本再版所写的"著者再版序"：

著者半个世纪以来，一直从事协作思想的宣传。本书包含的 12 篇演讲，从百余篇中拣选而来，"代表协作主义的各种现相"。关于协社的组织，另有一本书研究（译者注：即《消费协社》，1916 年 6 月商务印书馆出版），"这些演讲的目的，无非要使大家了解协作的精义及协作在社会生活中的任务而加以爱护。这是一种协

---

① 楼桐孙（1896—1992），字佩兰，浙江永康人；早年入私立浙江法政专门学校法律专科，毕业后在地方任职，1919 年到广东任浙军司令部秘书；翌年赴法国勤工俭学，1924 年获巴黎法科大学法学、经济学硕士；1925 年回国，任职浙江省和江苏省的行政及国民党党部，并在学校任教；1928 年起连任立法院立法委员，1935 年任全国经济合作事业委员会委员，后任秘书长，1942 年任考试院法规委员会委员、外交部条约委员会专门委员；1945 年当选国民党中央执委，1946 年当选制宪国民大会国民党代表；1947 年任全国经济委员会委员、行政院经济委员会秘书长，任教国立中央大学、政治大学、复旦大学，1948 年当选行宪第一届立法委员；1949 年任教香港东方大学，翌年去台湾至去世。

作的哲学"。这些演讲,或纂译成书,或分译为许多小册子,经由好多种文字传入大部分国家,尤其东欧一带的国家如俄罗斯、波兰,许多地方有很多的演讲,都利用这些演讲的材料。收集这些证言,"我想够得说这些演讲对于欧洲及美洲的协作运动,实有相当的贡献"。协作主义若能进一步,传入直到现在差不多漠不相关的4万万人口的大世界,"著者更将甚为欣幸"。本书第1版的中文译本,现已售罄,"这就是中国对于协作主义颇有兴味的证据"。也说明把协作留作白种人的专利品,"断没有这种道理"。"我想,恰是相反,那协作主义'各人为大家,大家为各人'的格言,在一个工业演化尚在萌芽的国家里,如同中国,却将要比在自数世纪以来,早被自由竞争和利润斗争所分裂的欧洲各国,格外容易受人了解和实行"。中国历代出过很多圣贤,以节欲、克己、互助诸德垂训万世。本书的读者将可以知道,"中国圣贤最好的格言,皆发现在协作主义的纲目里"。①

这个序言,面向中国读者,宣扬作者的协作主义思想,经过多种文字的传播,已经在世界范围,特别是对东欧和美洲的协作运动,产生广泛的影响。尤以这本书精选自大量著述,论述协作主义的各种表现形式,第1版中译本已销售一空,表明我为人人、人人为我的协作主义精神,不是白种人的专利,而且比起欧洲各国几个世纪以来自由竞争和追求利润而造成分裂的社会现状,中国尚处于工业发展萌芽阶段,历来尊崇古先圣贤的道德垂训,更容易了解和实行早已蕴含在中国圣贤教诲中的协作主义要素。这番宣扬,确非虚言。这位声名远播的法国经济学家,似乎也从其著作译本在中国的脱销中获得启示,以为协作主义在落后而质朴尚存的中国,较之先进和沉疴难治的欧洲,或许更有发展的前景。不管怎么说,国外著名经济学家在他的晚年,直接为其书的中译本撰写序言,对中国寄予期望,这是那时经济学领域少见的一种中外思想交流。为此,译者特地把季德这篇序言的法文原件附在中译文后面,以示真实和郑重。

译者还把翻译期间,写信给季德教授有所商榷,很快接到教授来函的译文,登载出来,仍附其法文,以供参阅,并在函中加注译者按语。实际上法文原信未刊出,其回函的中译文,则见"季特教授覆译者函":

亲爱的先生,接到一封署名素不相识者的信件,我并不惊异,对我来说这是常有的事,但接到中国人的信却是颇少的。然而这也不是第一次。两年前,我认识一

① 查理季特原著,楼桐孙译述《协作》,商务印书馆1927年版,"著者再版序"。

位在巴黎的中国学生汤士先生（M. S. Tang），他寄给我一封信，说要翻译我的《消费协社》，后来打消了这个念头，想自著一本。去年，收到孔宪铿先生（译者注：孔先生是广东人，一直在巴黎高等政治经济学校读书，毕业后赴比利时读博士，译者的朋友）的信，他在比利时首都布鲁塞尔求学，说要翻译我们的《政治经济学史》，正在找出版社，据说还没有找到。孔先生告诉我，我的《政治经济学》在中国已有译本，我从来不知道，他还送给我一部样本。若就那"奇异的名目"（指陶乐勤所译《协力主义政治经济学》——引者注）来推断，我恐怕这部译本"难免稍有私心自用的地方"（译者注：我访谒季德教授，他曾询问能否正确评判陶先生的译本；我说没有时间细读陶译的内容，不便妄断，但据一般的意见，都说是好译本）。一年前，我又收到北京大学一位俄国教授的信，说要从我所著关于协作主义的书中翻译一本，但没有说明哪一本，大概已经作罢，因为我曾去函询问详情，没有答复。所以，《协作》一书如承翻译，"我实极为欣悦，而且以我看来，此书必可受贵国人士的欢迎"。书中有几处关于法国的特别情形，不妨酌加删削（译者注："译书难，删书尤难"，"译书如描帖，删书却又如修面，万一不好，将眉毛剃去一条，或者就是半条，便可使大家难识真相"；所以拙译除了第8篇第4节略去1页左右的小注，以及第11篇第2节略去数句外，"一律照书请客，不敢擅加删削"）。此书在俄国发行的版本，不知几千几万，比在法国还要多过10倍。先生所译的究系何版，来信并未说明。"我希望是最新的版"，即第4版，1922年刚印行。此版与前版差异的地方，删去第1篇而增加最末一篇"万国协作联盟"，这"极为重要"。先生已商定出版社与否？我还有一本小册子《政治经济学要旨》（译者注：我曾看过此书，与季德晤谈时，他又重申前言，极有让我翻译的意思；"我告以稍有余暇，遵当着手"），"是我自己生平最得意的，此书亦已译入五六国的文字，这是供平民教育用的"。希望能与先生见面，我每天上午必在家中，午后1、2点钟前，通常亦不外出，先生必可知道我在法兰西学院任课。另外，日本将印行《政治经济学史》，《消费协社》一书亦已译完，尚未付印。①

　　这通覆函，是译者打算翻译《协作》一书，季德回复的商榷意见，显示这位法国教授晚年与中国留学生交往的少有几次经历，也道出他期待在中国推销其经济学著作的欣悦心情，还可以明白他后来在中译本的再版序言里，何以会说中国要比

① 　查理季特原著，楼桐孙译述《协作》，商务印书馆1927年版，"季特教授覆译者函"。

欧洲更容易了解和实行协作主义，其初衷即相信此书必定受到中国人士的欢迎。覆函提到的几本书，当时我国除了季德最著名的《经济学说史》（原译"政治经济学史"）一书，只译出前面一部分，或常为其他著述所引用而未见其全译本之外，其余均有完整的翻译，包括作者最得意的那本小册子，稍后还有李璜 1924 年的《经济学要旨》译本。可见那个时期，季德的经济学著作在中国的影响之大，20 年代初的短短几年间，便有 4、5 部著作的中译本问世，可以说是国人引进的西方经济学家著作中，十分耀眼的一位。何以如此，1924 年 1 月《协作》译本的"译者自序"，能够为我们提供如下一些线索：

译者 1920 年 1 月来法国，在乡间补习法文，除了文法书不计外，读的第一部法文著作，就是季德教授的《政治经济学大纲》（今译《政治经济学原理》）。这本书"学理清新，文笔流畅"，读完后掩卷回想，"犹觉津津有余味——几如看言情小说一般"。1921 年到巴黎进入法科大学，陆续购读季德的各种杰作，"既可参考学理，又可练习法文，课暇自修，实为两便"。他的"重要名著"，除《政治经济学大纲》及拙译《协作》外，尚有《政治经济学》（即陶乐勤所译）及《政治经济学史》两书。《政治经济学》及《政治经济学大纲》"系论辩式，以供教授上的应用"；《政治经济学史》"系考据式，而有历史上的价值"；以上三本书，"虽都丰富宏丽，超绝恒流，但与各家的著作，性质既同，区别亦少"；惟《协作》一书，"系演讲式而为宣传的作用"，实为"特出心裁的著作，而为留心社会问题者所不可不读"，季德"乃当代协作主义的泰斗"。

该书纂辑 12 篇讲稿而成，初版 1900 年印行。我到巴黎时，3 版早已告罄，未能寻获。1922 年夏季新出第 4 版，译者立行购阅。"尽暑假的余暇，细加研读，本拟译成中文，以供国内学者一新耳目；但后因课务羁身，不获如愿。这是我翻译本书的动机"。直至去年 10 月间，在友人书桌上，得见陶乐勤先生所译季德教授的《政治经济学》。陶译的内容如何，译者无暇细读，未便悬揣，但全书三巨册，计七百数十页，"陶先生竟尽期年之力，独手译成，其坚毅的精神，自己可佩！'见贤思齐'，于是我就再想到《协作》，我就决意翻译《协作》"。译者与陶先生素昧平生，但两家所译的书，同出季德老教授一人之手，"亦可谓有学问的姻娅关系"。

季德原书只称《政治经济学》，陶译在原名上加了"协力主义"四字，"我初见心中颇觉怀疑"。等到看了陶先生的自序，乃恍然大悟，始知对"协力主义之协社，国人已可谓同是趋向矣"！陈独秀在《新青年》的"劳动号"，戴季陶在《星期评论》的"劳动号"上,"结论均以改造社会,当从事于协社之组织";《时事新报》《民国日报》与复旦大学的《平民周刊》等,"亦均竭力鼓吹而介绍之"。戴季陶为陶译所作的序文也说:季德教授重要的著作,英、俄、意、德、荷兰、芬兰、波兰、瑞典、西班牙各国文字已经翻译的不下 10 余种,而"最博世人欢迎,最能看出教授主张所在的 La Coopération(协作),日文也没有翻译,所以我还没有得到机会读他"。综合这两段话,可知国人对季德教授所著《协作》一书,"想望之殷,甚于饥渴"。该书"声誉之隆,遍于全球,而中日两文中,至今没有译本",这从季德覆译者函中,亦可证实,"岂非东方经济学界及社会学界一大的缺憾"?我特地赶译,"以偿初衷,而慰国内学者的渴望"。

本书以直译为主,有所难通的地方(没有很多),始用己意稍加融会。书中的名词,或音译,或意译,总求通俗易懂,不尚新异。总之,译书要以"信""雅""达"三字为准,"译者文笔荒俚,何敢言'雅',惟'信''达'二字或可稍告无罪而已"。季德"以经济学大家而擅长词藻,有'文学巨擘'之誉"(季德曾对译者说,"他的著作所以能得世人这样的欢迎,一半亦由于文体及笔法的关系"),"每有著述,无不庄谐杂出,雅俗兼通,以浅豁的文章,表深明的学理",实是"天赋的特长",其他诸教授难望其项背。"法文既比中文富丽,译者的中文又极为疏拙,所以罣误牵强的地方,要所难免,尚乞阅者教原"。

全书的纲要摘述,宗旨"改造经济:解放劳动界,拥护消费者,废除利润,芟除寄生";方法"组织协社:自由结合,和平进行,直接贸易,自消自产"。"依此看来,可见协作主义的宗旨,与什么共产主义、集产主义及工团主义等无不大体相同,所异的全在方法:——共产主义的方法是革命;集产主义的方法是没收,或假公家的政权,或用工人的武力,前者可谓强制,后者也是革命;工团主义的方法是罢工;——至于协作主义的方法,却是依照演化的自然律而行和平且自由的结社"。或说:宗旨既同,方法的区别又有什么了不得的关系?否,"这个关系却是非同小可"!譬如登山,"激烈的方法",猛冲直上,万一失足,且失足只怕不止万一,将一蹶不振,而山巅依然高耸云霄,可望而不可即!"倘遵循山路,迂回渐进,虽羊肠鸟道,危险障碍,固亦难免,但只须小心坚忍,迟早总有达到目的地的一天"。我们现在正站在山下,是徘徊观望,或鼓起勇气,猛冲直上,还是携手偕行,循序渐进?请大家尚未决意以前,务必先咨询一下《协作》,"一定可以指点我们的路径"。《协作》"最重自由",大家不愿听从它的意见,"尽可各行其是,也不为晚"。

韩文公（愈）曾说："莫为之前，虽美而不彰"。近人每有著译，都冠以一二名人的序文，大抵也是"为前彰美"的意思。此话固有一部分真理，逻辑上却属不合：如果"美"，虽"莫为之前"，也未必尽"不彰"；反之，"为之前"，又安能保其尽"美"？译书就像描帖，描得极工整，人家看了，总说颜体写得好，或柳体、赵体等等。在体字上冠以他姓，如同在某某译之上冠以某某著，就算真"美"，非属己有，又何足彰？况译者学识浅薄，文笔粗陋，既无美可彰，只得自叙其缘起如此。①

根据译者自序，可以看到季德的经济学著作之流行我国，至少有以下一些理由。一是他的经济学成就斐然，涵盖理论、考据和宣传等方面，尤以号称当代协作主义的泰斗，而为关心社会问题者所重视。二是他的经济学著作，正好迎合我国劳动者和平民中间追求协作精神的共同趋向；惟其著作传播于各国受到世人的欢迎，在我国乃至日本却缺少相关的译本，可谓东方经济学界和社会学界的一大缺憾，亟待翻译以满足国人的渴望。三是他为经济学大家，又享有文学巨擘的声誉，兼擅学理与文笔，故每有著述问世，总能深入浅出，雅俗共赏，获得广为流传的效果。四是他的协作主义，在改造经济的宗旨上，与包含马克思主义（即所谓集产主义）在内的其他主义大体相同；在组织协社的方法上，又与其他主义的革命、没收、强制、罢工等激进方式不同，强调依循自然演化规律而推行和平、自由与自治的结社。最后一点也是最重要的一点，不仅认为马克思主义与其他旨在改造现行社会经济的主义没有什么不同，把解放劳动阶级和拥护消费者、废除利润及消灭寄生现象等抽象目标混同在一起；而且认为马克思主义属于猛冲直上的激进一类，很容易失足而一蹶不振，无法实现理想目标，不如协作主义面对曲折和充满危险障碍的前路，迂回渐进，小心坚忍，总有一天能够达到目的地。换言之，在改造经济组织或解决社会问题上，季德的协作主义，比起国内曾经或正在流行的包括马克思主义在内的所有其他主义，都要高明、稳妥、持续和没有风险。除去这些理由，那个时期国人特别关注像季德这样的法国经济学家及其著作，恐怕同五四运动前后在我国知识青年群体中兴起的留法勤工俭学运动，不无关系。这让在法国的中国留学生，有更多的机会、更好的条件和更开阔的眼界，了解和接触当地的经济学家，翻译和引进他们的经济学成果，并由此扩展开来，直接观察和熟悉欧美国家的经济学研究动

---

① 以上引文均见查理季特原著，楼桐孙译述《协作》，商务印书馆1927年版，"译者自序"。

态，改变了以往较多依靠日本渠道来传播西方经济学的惯例。此外，季德认为中国比起欧洲，更容易了解和实行协作主义，或许也是一个理由。这个理由鞭策译者，尽快和完整准确地将季德著作的中译本介绍给国人。译者在自序里，一再说其译本不可能做到像原作的文笔那样"雅"，但力求以"信"与"达"二字为标准；其译本之美是否彰显，不全在于译笔的转述是否工整，而在于原作本身的内在之美；如此等等。这不止是译者的自谦之词，还是当时环境下国内一部分人奉季德之说为圭臬的时代写照。

最后看季德对 1922 年新版著作的自我评价，见"著者自序"：

本书第 3 版久已告罄，本想早出第 4 版，因大战爆发，未得如愿。这本书所说的，虽然是好几年前的话，但"不是明日黄花而仍有相当的价值，故再出此版以答多数人屡次要求的雅意"。"这次大战实在给协作主义以一种意外的奖励"，各国比法国尤甚，试看东欧的俄罗斯以及由奥地利、匈牙利分裂出来的各小共和国，"都勇往直前的跑向协作主义来，好似许多覆船失水的人趋向救生艇一般"。就法国而论，各种平民的组织，如工会、互助会、协社等，"也只有最后这种协社比战前格外发达"。私人方面，大家已经知道协社的好处，就是从前一向很少同情的政府，每每也不得不救助于协社：或在前敌广设协社，以免数百万战士被刁商敲诈，或行之国内，以防物价暴涨补捐税的不足，或在北部曾被德人蹂躏的省份，用协社的办法以助早些恢复事业。还有，协社高等委员会成立后，凡公家一切法制和消费者的利益有关系的，委员会都可自行建议或加入讨论，差不多成了一种公共职务。消费者是经济舞台上一个最重要的角色，世人常常置之脑后，不加注意，以致一般经济学家称之为"被遗忘的第三者"，"实属谑而有理"。可见，"从前一向皈依协作主义而为大众所揶揄的诸人，却似乎已走上近年经济演化的途境，实因协社的组织，不仅开商务企业上一种新形式，而且是改造社会的一种新要素"。

"本书真正的名字应叫作协作主义，因著者底目的在于说明一种社会制度的物质及其所以和个人主义及共产主义都大不相同的地方"。惟 1900 年本书问世时，"协作主义这个名辞还不很通行，现在此书已到了成人的年龄，若再换名，行洗礼，未免无谓，所以仍用旧名，单称协作"。"本书的内容不过是表明少数人的理想、信德和数十年来所实历的经验"。这是几个人的学派，大家称为尼姆斯学派（原译"尼墨学派"）。这个学派在本地不甚知名，在外国却颇负时誉，将来在协作史上，也能附骥于罗奇代尔先锋（原译"罗斯塔诸先进"）①的名后，占一个小小的位置。

本书纂集12次讲稿及许多别的材料而成，以演讲的年月为次序编纂，先后差不多有30年。这种演讲都以研究消费协社为主旨，对法国协作运动的变迁和步骤，也按实纪述，层次井然，"所以本书虽然不能说有历史的兴味，至少也有供参考的价值"。关于协社的实际组织，另在他处说明，关于学理及方法的讨论，本书也一概不及。读者应知道，"本书不是分章别目研究学理的著作，而是一种对群众宣传的演讲。他底目的，是要使一向不懂协作主义的人，来相信协作主义，故我简直可说是对凡人说道"。本书第1版发行于平民大学最发达的时候，几次演讲，也在此类大学举行。"平民大学是为宣传协作思想而设的，现在此等大学都不存在了"，但本书已出到第4版，全书或单篇译成好几国（如俄国及邻近各国）的文字，"也可算不辜负各大学的初衷"。凡与协作主义有关的问题，本书大都论及，散见各篇，无甚系统；读者只须查阅每篇篇首的要目，便易寻考。12篇演讲，"每有本同一事而先后重出的，也有原属一意而彼此互发的，故重复的地方在所难免"，读者果能自始至终，贯通大意，那就无关紧要。本人最不如意的，只怕读者看完本书后，"觉得这些那些都是在别处已经见过的东西，因而脑筋中起了一种陈旧的感想，倘若如此，我希望阅者每看一篇，应先将该篇演讲的年月查考一查考，那末他一定就可明白这个名词或那段学说，在今日虽已很普通，但在当时却不如此"。②

看了这篇"著者自序"，不仅对《协作》一书第4版的结构、内容、主旨和特点有所了解，还可以印证西方学者对季德其人的评价：家庭传统造就了他"注重道德的品格"，他的"堪称有创造性的著作"在社会伦理学领域，作为竞争制度的"道德批判者"，"反对唯利是图的竞争精神，坚持社会团结与合作的价值准则"，"作为胡格诺教派的知识中心——尼姆斯学院的创建人，他一生都在宣扬合作主义"；"他那艺术家的头脑，不愿意屈从于任何严密科学准则的约束"，认为"经济学的宗旨就是要指明通向一个更美好世界的道路，并鼓舞人们为之而奋斗，尽管他对这一信念也有几分怀疑"③。换句话说，他对现行唯利是图的竞争制度，从道德

---

① 此系指1844年在英国的罗奇代尔镇由28个失业纺织工人自发成立的"公平先锋消费合作社"，由此建立的罗奇代尔原则，后来成为指导国际合作社发展的基本原则。

② 以上引文除另注外，均见楼桐孙译述《协作》，商务印书馆1927年版，"著者自序"。

③ 参看《新帕尔格雷夫经济学大辞典》中文版第2卷，经济科学出版社1992年版，第559—560页"Gide Charles 吉德，查尔斯"条目。

批判者的层面提出具有创造性的社会伦理观念，就是合作主义或称协作主义，以社会团结与合作为价值准则，不受任何严密科学准则的约束。这种合作主义与合作组织，据说在大战期间及以后得到迅猛发展，担当战乱中无所依靠的人们的救生场所，成为政府支援前线军队，防范物价暴涨时征税不足，恢复各类事业所求助的对象，维护经济舞台上最重要角色的消费者的利益，意味着开创了新的商业模式，特别是构成改造社会的新要素。著者谈到这种新要素，不像译者那样兼顾协作主义与共产主义、集产主义及工团主义等在宗旨上的大体相同和在方法上的差异，强调它作为社会制度的一种特质，和个人主义及共产主义都大不相同；也就是说，既不同于现存的个人主义即资本主义社会制度，也不同于未来在马克思主义指导下的社会主义或共产主义社会制度。著者的愿望，追随布罗代尔先锋合作社之后占有一席之地。为此，他的新版《协作》一书，积30年的合作社尤其消费合作社的实践经验及文本修改，重点不是研究合作社的学理及方法，也不是说明合作社的实际组织，而是面向大众宣传和推广协作主义。换言之，协作主义或合作主义同马克思主义之间具有本质的差别，这一点也体现在《协作》译本里。

### （二）论述马克思学说部分

译本谈到马克思及其学说，十分零散，只是作为论述协作主义的一个陪衬。例如：

第1篇"协作主义与法国工党"，有"协作主义与集产主义的奋斗"一节说：法国工党很早就受到各种主义的"缠扰"。这些主义，"和我们法兰西人的耳鼓颇有格格不入之势"，都是从外面传来的。有一种叫做"集产主义"，它的"祖师"是德意志人卡尔·马克思；另有一种叫做"无治主义"，它的"祖师"是俄罗斯人巴枯宁。两种主义，第一种从莱茵河外来的集产主义，"在法国较为流播"。主张这个主义的不是工人，是一般青年，大部分属于学生或新闻记者。他们在公共集会和几家报纸极力宣传，"颇有几分魄力"。1878年全国工人大会在里昂举行，曾提出一件修正案："本会请求全国各种工人的组织，对于实行土地及工具归作共有财产的方法加以研究"。"这件修正案为大多数所反对而打消，所以他们不能如愿"。过了一年到1879年，第三届工人大会在马赛举行，"环境的情形就骤然改变了"。每想到这一年，我"总忍不住要说马赛人究对协作主义不起"。此次大会，协作主义虽然失败，却非不战而逃。许多人的演说，大都赞成协作主义，不过所选出的几个起草委员会成员，大半是集产主义分子，所以对各协社的宣言，有许多词句，

"实在令人难受"。宣言书草案说："本会以为欲求无产阶级的解放，协作主义的各种协社是断然不能为力的……我们只能将此等协社和各种普通结社同样看待，作为革命运动的一种机关以达到解决社会问题为惟一底目的"。这个草案竟被大会通过采用。

另有"国际协作主义"一节说："协作思想是和人类同其普遍的，故任何一国都不能占为己有"，我们主张将全世界的协社联成一气。全球联合会的名词不是新的，事实上也是旧的，一般社会学简直可说他们的全球联合会早已成立了。马克思发起"全球工人联合会"（今译国际工人协会），"将涣散的势力集中一点，这却是一个伟大的思想，我们也不敢掠美"。然而应当立即声明："我们所主张那全球联合会底目的，断不是以阶级的仇恨来替代民族的仇恨，也不是以国内（或社会）的战争来替代国际（或国家）的战争"；对人类的祖国，"并不主张废除"；对国家的分界，"并不以为陈腐而无用"。"我们人类得有今日的文化，也无非是由于分疆划土，好功争胜而来，一切过去及未来的冲突，我们都不能顾虑，因为这种国家的分界，要不外是自然界一种分工的作用，而人类的进步端赖于此"。"如果一天将所有世界各国并为一团，犹之万颗明星，乱行混合，那时只单就社会问题的解决上一点而言，恐怕人类已将不堪其损失"。废除祖国和组织万国联合会是截然两事，不可并为一谈。"万国联合会不仅不以消泯各民族的个性为目的，而反使各民族以己之长，补人之短，互相交换智能以图共同的利益，犹之协社底目的断然不在消灭各人的个性，而在使各人各尽所能以发展人类本能的作用"；所以我对废除祖国固是反对，对组织万国联合会却极赞成。①

作者把协作主义放在与以马克思为祖师的集产主义相对立的位置上，认为就法国工人运动而言，恰恰是集产主义阻碍了协作主义的推广。这种对立，在作者看来，不仅限于方法，简直是全方位的：集产主义像无政府主义一样，是外来学说，与一般法国人格格不入，协作主义则是与人类共存的内生产物；集产主义在法国的传播，与工人无关，仅限于年青知识分子，故其提出土地和生产工具公有的方案，遭到大多数工人的反对；法国的集产主义分子谋求以无产阶级的解放作为解决社会问题的唯一目的，用革命运动排斥协作主义及其他各种普通结社组织；马克思发起国际工人协会以集中涣散的工人力量，固然是伟大思想，但以阶级仇恨代替民族仇

---

① 第 1 篇引文见《协作》，商务印书馆 1927 年版，第 12—13、20—21 页。

恨，以国内战争或社会阶级之间的战争（暗指俄国十月革命）代替国际战争或国家之间的战争，否定工人有祖国等，借此实现国际联合，截然不同于协作主义的国际联合，仍以祖国或国家的划分为文明发展的前提，保护各民族及各人的个性，取长补短，互换智能，谋求共同的利益。这里的核心思想，采用集产主义来解决社会问题，将打破现有格局，给人类带来损失，而推行协作主义，在既有的国家与民族范围内，不去触动现行社会制度，反而可以带来超出阶级利益并广为受益的国际成效。

第3篇"协作主义在经济改革上应负的任务"，有"协作主义的党纲"一节说：协社主要的或"革命的性质"，"并非在于减除资本，或轻视资本，……而在使资本回复原位，遵守本分，听从劳动的指使而为一种生产普通的工具"。现行统治制度，资本是主，劳动是仆，工人是被雇佣者，资本家是雇佣者，工人生产的利益为资本家所收取；"在将来协社制度的治下，就完全相反，主人是工人或消费者，所以一切利益亦应归属于工人，而资本却应退处于彼佣者的地位"。或者说，"这种协社制度未免带有共产主义的彩色"。毋庸讳饰，"如果协作主义推行到极端的地步，那时社会组织与现在集产主义的意像实有许多相同的地方"。这是我所承认的，还承认"协作主义亦将发现几种与集产主义相同的危险"。"私心欣慰"的是，"有一个不同的要点"："我们既不向公家争夺政权，也不用强力压迫群众，我们奉行主义，改革社会，本各人自由的创意，行大家热诚的结合，在法律范围以内，循序渐进，以期必底于成而后已。对于各人的自由丝毫不必牺牲，对于原有的权利丝毫不加侵害，这是我们协作主义特别的优点；以我们的眼光看来，无论那一别的主义都及他不上。在这种条件的范围以内，如果我们又与社会党邂逅相逢，不谋而合，那末我们对于社会党又何致见而生畏；就是社会党中最激烈的分子，一进过协作学校以后，都必改头换面与我们声求气合，并没有什么可以疑惧的道理"。①

以上要点，关键在于澄清协作主义推行到极端，可能与集产主义有相同的地方或产生相同的危险，或带有共产主义的色彩这种说法，是多余的担心。合作社的所谓"革命"性质，让资本回复本位，听从工人的指使而作为一种普通的生产工具，为了工人和消费者的利益而不是为了资本家收取工人的生产利益，结果看起来改变了现行制度下资本驾驭劳动、资本家雇佣工人的状况，似乎和集产主义相似，实际

① 第3篇引文见《协作》，商务印书馆1927年版，第102—103页。

上二者的实现方式完全不同。集产主义的危险在于走极端，同现有政府争夺政权，强制压迫群众；协作主义则是在现行法律范围内循序渐进，不牺牲个人自由，也不侵害原有权利。照作者的看法，正因为协作主义具有其他任何主义都比不上的这一特别优点，所以它还能够改造社会党的最激烈分子，使之皈依协作主义，消除人们对社会党的畏惧和疑虑。可见，这里澄清协作主义不会走向极端而产生危险的主旨，就是它不会像马克思主义那样去挑战现行政府、法律和社会条件。

第4篇"以连带思想为经济的政策"，有"连带能否作为一种新学派的基础"一节说：无治主义者和工团主义者经常用连带二字来惹动众人的观听，不过他们采用的连带和我们所说的连带完全不合。他们的方法是阶级战争，先将一国以内各阶级之间的连带关系无形打破，然后巩固每个阶级各自的连带关系，以便对付其他阶级，结果每个阶级内部的连带关系越深，各阶级相互之间的连带关系也就越浅；这样将连带关系仅限于一个阶级之内，"究不能称为真正的连带"。社会主义主张废除社会上的各种不平等，然而连带必须以社会各分子的差异及不平等为条件；社会主义学派既主张连带，又要求平等，"未免自相矛盾"。一切事物如果它的构成分子互相类似，没有差别，只能算作一盘散沙式的并列而非连带，或者至多称为机械的连带而"非真正的连带"。协作需要各个个体越纷异越生动，欲求连带关系的发展，不宜使各个分子一律平等，反而应使它们互相纷异。我理解社会主义废除不平等的主张，指人为的不平等而非自然的不平等，"不过人为的不平等每为自然的不平等的效果，这是社会党所应知道的"。当然，以连带为标榜的学派也承认，社会上过分的不平等如贫富悬殊，与连带的宗旨完全不相合，这是"和社会主义意见一致的地方"。①

简而言之，协作主义的连带思想，不同于无政府主义和工团主义的阶级斗争学说（其实包含马克思的社会主义在内），只讲本阶级的连带关系，忽视超阶级的连带关系；也不同于社会主义的平等学说，无视自然不平等所带来的人为不平等效应，强求所有人的平等而否定个体之间差异的重要性。这个说法，实际上是引申所谓协作主义能够防范集产主义或社会党的极端性危险。

第10篇"废除利润"，有"利润从何而来"一节说：利润是卖价超过买价的余额，或卖价超过成本的余额。商人或制造家有什么神妙的方法，能够让人支付这

---

① 第4篇引文见《协作》，商务印书馆1927年版，第132—133页。

个余额，或说明利润的原因何在，"这是政治经济学上一个最困难的问题"。第一个说明以为，老板是利润的唯一创造人，一切产品的价值也应归老板所有，至于老板给工人一部分价值，那是老板的度量大和工人的侥幸。这个说明，与其说是经济学家的说明，毋宁说是悲剧家的意想。另外有一个解释，与上面的说明恰恰相反。"这个解释充满了十九世纪中一本最著名的书，引证此书的人极多，但读过此书的人却少，至于懂得此书的人更少，这本书就是马克思的《资本论》，而为集产主义全座的基础"。根据马克思的意思，"一切产品的价值都由劳工而来"。"不过老板对于这宗价值，横起贪心，不愿将全部归还工人；他将其中的一部分勒为己有，这就是他的利润。依此说来，所以利润就是一种白做的工作，所以利润系从工人的头上，系从工人的工资上刮取而来。因此所以利润率和工价率必永处于反向的地位：利润大则工价低，工价增则利润减"（原注：老板到底怎样刮取工人，用武力还是用诡计？对这些以老板为窃贼的俗见，马克思的理论"要高出十倍"："工人值得多少，老板也就付他多少；不过就工人方面说来，真是运道不通，无可奈何，因为人工的价值总常常是比工人所生产出来的价值小——这是一种经济律的把戏，在此不能作详细的说明"）。对于马克思这个学说，断非一次演讲讨论得清楚。现在只统括说一句：马克思的学说虽然与前面的说明完全相反，但"两者同趋极端，不合事理"。"我们不信'一切产品的价值，都由劳工而来'，以劳工为价值之基础的原则，我们亦难表赞同"。

根据协作学理，企业家买入人工，实系按值给值（除少数例外），不过转卖时，抬高价钱。"所以与其说利润是对于工人的少付，实不如说利润是对于消费者的多收"。由此生出一个结果，如果将来把利润废掉，从中得利的人大概是消费者，而非工人。"这是协作主义者所以异于集产主义者的地方"。在我们看来，"现在经济组织的被害人并非尽是工人，而却尤是消费者，所以诚欲解放社会，必先从解放消费者起"。事实上，"消费者中的最大部分，恰恰都是工人，工人以消费者的资格被资本家所抽取的利润，无非都是由于他们作工所得的代价上而来，所以实际上我们的主张与马克思的学说，并没有什么根本的冲突，但就理论上说，两说却是相反而应加以区别"。

马克思和第一个说明，"都趋于极端"，此外还有第三个说明较为折衷。此即一般经济学家以为，产品的价值，一部分固然由工人的工作而来，但一部分也由老板的工作而来，不管老板是制造家还是商人。由老板的工作而来的这部分价值，就是利润。但这种说法不对，老板的管理工作所得到的报酬应包括在生产费之内，不能称为利润。再找别的解释，果然有第四种说法，以为老板不仅担任经理的事务，通常还供给企业的全部或部分资本，利润可算是一种资本的报酬。但这种说法又将利润和利息混淆，利息是租用资本的租金，也列入生产费之内，不管这个资本是老板自己的还是向他人借的。又有人说这是风险的代价，不过风险的预测和代价是所谓保险，保险费作为生产费之一，仍然不是利润。可见，纯粹的利润既不是工作的薪俸，也不是资本的利息和保险的费用，最新的说明认为利润是一种专利的结果，同样不能成立。

另有"为什么利润将归于消灭"一节说：根据自由派学者的说法，如果自由竞争能够充分实行，一切生产物的卖价将回复生产费的水平，利润便归于零。此外，政治经济学有一条定律，包括马克思在内的经济学家无不众口赞同，即所谓利润递减律，利润必将逐渐减少而趋于有限的状态。"这样的一个现象果属真实，与我们的理论却是极相符合"。在协作学派看来，一般消费者购买一切东西，须支付高价给生产商或销售者，而消费合作社将一般消费者团结起来，自行谋取一切需要的物品，"照成本拆售，而革除利润，或虽不革除利润，而将利润归还于各人，亦即与革除无异"。这样一来，所有利润仍归还买主，由此亦可知，利润的性质及根源，显而易见是从买主的头上抽取而来。①

这一篇的论述，翻来覆去，说的都是废除利润的道理。在现行社会经济制度不变的前提下，如何废除利润？作者立足协作主义的理论，提出如下辩词。一是重点指向马克思的劳动价值论和剩余价值学说，认为《资本论》作为集产主义的全部理论基础，虽然非常高明地解释了资本家对工人的掠取，不是凭借武力或玩弄诡计，而是基于商品等价交换的原则；但根据劳动创造价值的理论，说明利润产生于工人的工资低于他们所生产的价值之差额，就像站在资本家的立场上说明老板是利润的唯一创造者一样，表现为方向相反的两个极端，故马克思的高明解释，不过是打着经济规律名号的一种"把戏"而已。作者尽管认为马克思揭露剩余价值的来源以维护工人利益，结果同协作主义废除利润以维护消费者利益的主张，没有根本的冲突，却强调二者的理论差别正相反对，明确表示难以赞同马克思以劳动价值论为基础原则。二是辩称利润并非产生于生产领域，而是产生于流通领域，并列举除

① 第10篇引文见《协作》，商务印书馆1927年版，第303—311、318—319页。

上述两个极端之外的各种流行或折衷说法，如资本家和工人共同创造价值、资本的报酬、风险的代价、专利的结果等，试图证明所有从生产领域寻找利润来源的说法，都可归入生产费范围，不能说明利润作为产品卖价超过其生产费或成本之余额的来源。于是，利润的来源，只能从生产商或商人抬高其产品价格的买卖中去寻找，进而表明现代经济组织的受害人主要是消费者而不是工人（尽管工人占消费者的大多数），因此解放社会必须先从解放消费者开始，其办法是废除产生于流通领域的利润；这就是所谓协作学理或协作主义，不同于集产主义的地方。三是确定利润来源于流通领域后，进而推演协作主义的奥妙：无须触动现行制度，即可废除利润。其办法是建立消费合作社，把消费者组织起来，按照成本自行销售一切生活必需品，直接取消利润；或者按照市场价格自行销售，年终把由此得到的盈利全部返还合作社成员，间接取消利润。还引用现成的理论，如传统经济学的自由竞争学说，证明充分竞争的结果将使利润趋于零，又如连同马克思在内的一般经济学家所赞同的利润递减规律，从欧美各国的经验中发现利润逐渐减少乃至趋向于零的现象；这些理论与协作学理极相符合，也加强了在现行制度下可以废除利润的依据。以上几点理由，否定马克思的劳动价值与剩余价值学说，防止将利润与掠夺工人的劳动联系起来，从根底上挑战现行社会经济组织与制度；坚称利润来源于流通领域而非生产领域，借此清除生产环节雇佣者与被雇佣者相互对立的所有痕迹，把资本家与工人之间的阶级矛盾转换为消费者蒙受高价之苦的买卖矛盾，主张从消费者而不是从工人或从劳动者入手去解放社会；宣扬协作尤其消费合作社的功能，意在避开任何可能危及现行制度的经济因素，既然资本家给工人的工资是等价交换，其他经营的薪俸、资本的报酬、风险的代价及专利发明等都可纳入生产费用，不可能产生利润，亦即利润只能来自销售环节对消费者的高价多收，那么就与现行制度的基础没有多大关系，只须将消费者统统组织在自行销售的合作社里，便能废除利润，从而解决社会问题。这些理由的内在逻辑，就是如此。

第12篇"万国协作联盟"，有"社会主义时代"一节，大意解释这种协作主义的联盟"何以突然染上社会主义的彩色"，主要内容是社会党人的参与及影响，不必赘述。

另有"自主时代"一节说：协作联盟面对"变成社会主义的彩色，而且几至为社会主义所吞灭"的形势，在这个陡坡上，"自主的协作主义"起到"悬崖勒马的工夫"，发生新的"变象"。"协作联盟对于社会党的侵略，在相当时期，确发生有一种反动"。协作者们不肯轻易牺牲他们的主义，作他人的傀儡，对协作主义具有"高尚的野心"，"要使协作主义有独立的生命，行自己的宗旨，达自己的目的，与社会主义及工团主义均系截然不同"。有人说，协作主义的宗旨就是社会主义的宗旨，彼此没有什么差异。我回答："未必尽然！消费协社的章程，也多多少少含有一点儿资本主义，因为消费协社的自身，都是一种合资会社（或股份公司），因为消费协社也必须要求各社员投资而给以利息。而且消费协社的章程，并没有规定财产的没收，对于有产阶级的东西，协作主义并没有一手攫夺的意见，不过推行协社以后，由于自由竞争的结果，协作主义的企业，倘果强过资本主义的企业，资本主义的企业归于败没而为协作制度所征服，这或者也可说是没收，然而此乃一种自由竞争的胜利，与集产主义的没收究属有别"！还有一个"重大的区别"："社会主义的要着，在于阶级战争，而在协作主义的纲目中，阶级战争四字断然没有插足的余地，其理由极为明显，因消费者的物质，恰恰就在于没有阶级或党派的畛域；人人都要吃要穿，消费不能算作一种意见。所以不问是男是女，是社会主义者或非社会主义者，都有加入消费协社的资格，单就此点而言，协作主义已应有自主的权力"。①

这一篇是第 4 版新增的一篇，具有历史、理论和实践的概括性质。其重点之一，便是论述协作主义排除社会主义干扰的历史进程，强调协作主义与社会主义或集产主义的重大区别。根据这个概括，足以打消那些试图把协作主义归入社会主义范畴的各种念头。在作者看来，贯彻协作主义的消费合作社，目前有点类似于资本主义的合资企业或股份公司，规定必须给社员的投资支付利息和保护有产阶级的财产；它能否实现自身的目标如免遭高价销售的损害，取决于在平等的自由竞争中能否胜过乃至征服传统的资本主义企业；这是一个在现行制度范围内，面向大多数消费者的和平、渐进与稳妥的发展过程，既不同于集产主义要求没收私有资本和消灭私有制的激进目标，也不同于社会主义划分阶级或党派畛域的阶级斗争方式。依此而论，抽掉消灭私有制和阶级斗争两个要素，再谈协作主义和社会主义的相似之处，那纯粹是一种摆设了。

### （三）结语

综合以上论述，可以明白，作者注意到资本主义社会的严重弊端，从道德批判者的角度提出改造社会或解放社会的"革命"任务，但这种"革命"，主要就实现

① 第 12 篇引文见《协作》，商务印书馆 1927 年版，第 368、375—377 页。

自由公正平等的结果而言，如没有资本家和工人之间的雇佣与被雇佣关系，没有贫富悬殊，没有经济组织的压迫与损害等，不是指设立革命的目标和运用革命的手段，如消灭私有制，开展阶级斗争，夺取政权，没收资本家的财产等。为此，理论上的首要目标，清理马克思基于劳动价值论和剩余价值论来说明资本家掠取工人所创造的剩余价值，工人阶级的解放必须消灭现存资本私有制度，工人阶级联合起来通过阶级斗争去夺取政权才能实现自身的解放等整个学说体系，认为站在工人一边把价值的创造都归于劳动者的劳动，就像站在资本家一边把利润的创造都归于老板的付出一样，属于两个极端，均不合情理；这个情理，意味着完全切断了与马克思主义的理论关联，也意味着对马克思学说之影响的任何评价，无论有多大，都不能成为从事社会改造的理论依据。实践上的基本思路，从生产领域转向流通领域，从论证作为利润之本源的剩余价值来自劳动所创造的价值和工资之间的差异，转向确认利润来自交易过程中贱买贵卖而产生的差额，从致力于工人和劳动者的解放，转向着眼于消费者的利益；经过这样的转换，改造社会的重点，关键是把消费者组织在合作社，按照投资入股方式，自产自销，互相协作，避开流通环节的抬价盘剥，通过销售盈利返还给消费者的方式，逐步废除利润，最终实现所有人的自由与社会的公平。在宣传上的突出策略，协作主义及其协作组织作为一种新的商业模式和社会要素，不排斥传统的经营方式和社会因素，也不是为了某个阶级如工人阶级或某个党派如社会党的利益，更不是采取阶级斗争、夺取政权、没收财产等激烈或危险手段，而是以道德批判的精神，站在消费者的立场上，维护现行社会制度和法律秩序，通过合法、和平、渐进、稳妥的自然演变方式，在与不合理的经济组织和社会现象进行自由竞争和对照比较的过程中，取得优势，进而达到改善社会的目的。这就是说，在批评社会不平等现象的出发点和追求社会公正的落脚点方面，协作主义与马克思主义的某些相似之处或存在彼此联手的可能性，是一种假象，二者在本质上互相排斥。这也是以上论述中，作者为什么反复陈说难以赞同马克思学说的基本经济理论，协作主义几乎在各个重要方面都不同于集产主义或社会主义的内在原因；或者说，作者主张协作主义，试图游走于解放工人阶级的马克思主义和维护资本家阶级利益的正统经济学之间，创出第三条路径，成为"被遗忘的第三者"即消费者群体的代言人。

《协作》译本 1925 年初版之前，季德已有数部经济学著作被翻译介绍到我国，其中除了 1923 年的《经济学史》译本外，其他译本都或多或少地提到协作主义。

《经济学史》译本只是节译本，没有看到谈及协作主义或类似的主义；它对马克思学说的敬意，只限于在经济学说史上的独特性和影响力，并不认可和相信这个学说，这也是它宣扬协作主义的典型特征。1920年的《协力主义政治经济学》译本，将协作主义译成"协力主义"，置诸书名以示醒目，虽然作者疑虑此为"奇异的名目"，却可见译者的推崇，誉之为"和平无争"并"轻而易举"改造社会的最好工具和唯一途径；作者本人则自称协力主义是社会主义的一个变种，不必改变现行制度，可通过合作社来实现社会主义。1924年的《经济学要旨》译本，作者被看作法国消费合作社主义的领袖：宣扬消费合作社的一半是建设社会主义，鼓励人们投资，核心是不必推翻资本主义的基础，由工作者和消费者代替资本家从事经营，通过竞争将利润压到最小限度，在现行资本制度的旁边，建立以合作、连带、互助为精神的消费合作社，辅之以政府干预，突出消费者的地位；批评马克思从古典经济学家那里汲取滋养，却要消灭私有资本制度的基础；认为资本家与资本主义可以分离开来，资本家个人是寄生的、自私的和贪婪的，而资本的经济制度基础是好的、仁爱和恩惠的；诸如此类。这些译本，贯穿一个共同宗旨，改造社会不能采用从根本上推翻现行资本制度的马克思主义，只能与这个制度共存，利用它的良好基础或在它的旁边，培育起可以弥补现行社会缺陷的合作互助精神。不过此类译本所提到的协力主义或消费合作主义，同包含马克思主义在内的社会主义的关系比较模糊，一会儿说是社会主义的变种，一会儿又说具有一半的社会主义精神。直到专论协作主义的《协作》译本出现，才清晰地说明协作主义与以马克思学说为代表的社会主义根本不是一回事，二者无论目标、内容、路径还是方法手段，都存在本质的区别。

协作主义传入中国，作为鼓吹社会改造的一种新兴思潮，对马克思主义经济学的传播会带来怎样的影响？这是一个值得探讨的问题。前面分析《协力主义政治经济学》译本，曾经指出，这种影响比较独特。表现在：按照协作主义的改造社会宗旨来重建政治经济学理论框架，在一定程度上肯定马克思经济学说的历史价值与地位，同时将其限制在某种范围内，避免危及现行制度和妨害主流经济学的支配地位，等于一边拓展其传播通道，一边又削弱其传播力度；这种有限度的肯定，包含对马克思经济学说的介绍、引用和解说，以及质疑、反驳和修正，在对外隔膜的国人那里，会产生吸引注意和普及知识的某些传播效果，乃至以为马克思主义虽已过时或不及协作主义，但旨在实现由社会主义代替资本主义的未来目标，殊途同归；

对马克思学说的肯定中包含否定，否定中又有所肯定，一切以有利于协作主义的推广为尺度，其衡量标准是不改变现行私有资本制度，用循序渐进的和平方式，自然而然地实现协作主义的理想目标；等等。从这个分析里，也可以看到马克思主义经济学在中国传播的早期过程中，与社会改良主义、修正主义、机会主义等各种思潮交织在一起而产生互动影响的若干共同特征。面对这些思潮，就像面对协作主义思潮一样，国内有人欢呼这是和平无争和轻而易举来改造社会的最佳方式，有人质疑这是调和个人主义与社会主义的无奈之举，不同的态度反映了不同的影响。待到《协作》译本出版，支持的态度似乎更占上风。作者宣称比起欧洲各国，中国的国情和历史文化传统更容易了解和实行协作主义，无疑给国人带来赶超西方发达国家的新的憧憬；译者又宣扬我国普遍趋向于协作主义的合作社，惟整个东方的经济学界和社会学界缺少协作主义代表作的输入，吸引国内学者渴望看到其代表人物季德享誉世界的名著。这作为一个案例，再次说明马克思主义经济学在我国的早期传播，经历创建中国共产党的洗礼之后，仍然不断面临从西方传入的各种更新潮更时髦或貌似更先进的社会思潮的挑战，需要国人中的先驱者作出识别和抉择。只不过在这个波澜起伏的影响过程中，以往搅动国内思想界的西方形形色色思潮的传输者，较多借助于日本学者或中国留日学生的间接力量，现在逐渐转移到直接从西方国家输入，就像季德几部经济学著作的翻译引进，主要依靠中国在欧美国家的留学生尤其留法学生，这也算是影响马克思主义经济学在中国传播的一个新的变化因素。

## 二、其他论述合作主义的著作

列举两本书，先后出版于 1927 年。

### （一）《合作主义通论》

王世颖①著，1927 年 5 月上海世界书局初版，1929 年 3 月发行第 3 版。其初版"例言"：

"五年前，合作运动一度出现于我国，但不久便相继失败了。合作人才之缺乏，社会态度底冷淡，都是失败底原因。可是这正不必过虑，以为合作与我国将永

① 王世颖是薛仙舟（中国合作运动的创始人，被誉为"中国合作运动之父"）的学生，曾任国民政府合作事业管理局第二任局长。

远无缘。我们试一查欧洲各国底初期合作运动，差不多便是一部失败的历史"。作者竭诚希望，在我国社会转变异常迅速的时代，能够将这本小书献给读者，"引起读者对于合作之兴趣，从而形成合作底复兴运动来，那便再幸运没有了"。本书在于让读者知道合作是什么，不在于论述合作社的详细组织与经营方法。对合作运动今后的趋势和各国合作运动以往的历史，应有相当的认识，本书因篇幅有限，只列举几个重要的国家，余均从略。①

正如例言所说，这本小册子重点论述合作是什么，其 62 页的篇幅，分为"引言""合作之意义及其分类""消费合作""生产合作""信用合作""合作小史""各个为全体全体为各个"7 章。这些章目名称，并不陌生。此前 5 年我国出现过合作运动，虽然失败，却传扬了有关合作的知识；更早一些时期，我国从国外引进合作思想，使经济学意义上的合作涵义，成为经济学界耳熟能详的内容。较为典型者，如法国宣扬合作主义的著名经济学者季德，我国自 1920 年起，先后翻译出版他的著作译本，不绝如缕，均与合作主义有密切的关系。关于这本小册子，我们的考察，更感兴趣的是论述合作的简略历史，列举俄国作为其中一个重要国家。如谓：

早在 1860 年，俄国就出现了第一个合作社，当时发展颇为迅速。不幸"其进锐者其退速"，不久暮气沉沉。原来俄国先是绝对专制的国家，对平民运动如合作社，自然横加摧残。直至 1905 年革命失败，政府为了缓和民气，对合作运动不再施行从前那样的压迫手段。合作运动渐呈蓬勃之象，世界大战期间，发展尤速。至 1919 年，有合作社 7.5 万所，社员 3 千万人，其中 2.6 万所是消费合作社，2.6 万所是生产合作社，2.3 万所是信用合作社。同年，消费合作社的营业额达 10 兆（万亿）卢布。"俄国竟成了世界最大的合作运动的国家了"。1917 年皇室崩坏，克伦斯基政府成立，政府成员多系合作领袖，故进行仍顺利。布尔什维克党（原译"鲍尔雪维克党"）获胜后，"苏维埃政府成立，主张所有分配机关尽归国有，致合作社底财产渐被没收，列宁复一度摧残合作社"。结果经营被没收的各私家工业，处处失败，意识到苏维埃本身在经济上亦须依赖合作社，于是重新恢复，将各项工业交给消费合作社经营，并将分配粮食的事，委托合作社办理，又通过许多保护合作社的法律。据 1926 年的统计，俄国有合作社 78865 所，社员 19129033 人。"这

① 王世颖著《合作主义通论》，世界书局 1929 年版，"例言"。

是真的，合作对于苏俄有甚大的贡献"。一个美国人说得好："假使合作运动底生产和分配不能实现和有效力，那么，这次俄国革命底经济骚乱，必使俄国人民不能生活。"①

这个论述，看起来如实举证，其寓意无非表明，不论俄国专制皇权，还是实行国有制度的苏俄政权，都不容许或不接受作为平民运动成果的合作社，不是摧残合作社，就是没收合作社的财产。合作社在俄国的生机，或者受到1905年革命的经济刺激，或者出现于国有制企业经营失败后的恢复需要。前者意谓反对专制皇权的民主革命创造了新的氛围，后者应指以新经济政策取代战时共产主义政策后的不同状况。总之，俄国之所以成为世界上最大的合作运动国家，在作者看来，既不取决于专制皇权，也不取决于国有制度，它同二者格格不入；其动力，倒是得益于具有资产阶级性质的民主革命如1905年革命与1917年二月革命，以及国有制经营的失败。由此也为理解合作思想在我国传播马克思主义经济学过程中的影响作用，提供了一个新的视角。

一般说来，从西方学者如季德的著述看，宣扬合作主义可以和传播社会主义思潮，取得同向或携手的进展，然而合作主义一旦涉及马克思经济学说的核心理论，二者势必发生冲突。现在，又增添了新的苏俄因素，被看作马克思预言资本主义社会必将被社会主义社会取代的理论分析，第一次有了实践上成功的范例，于是苏俄的施政纲领及其实际表现，也成了时人认识和检验马克思经济学说之涵义与效果的依据。此书介绍合作社或合作运动在俄国的历史，便是一个例子。它的意思，姑且不论沙俄皇权对合作运动的压迫摧残，苏俄政权实行国有政策，同样危害合作运动；只有当国有制在经济上无法施行，面临经济骚乱，才不得不转而依赖合作社；所以说，合作运动在苏俄的成功，不是苏俄奉行既定的国有纲领即实践马克思主义经济学的结果，而是改弦易辙，放弃国有政策而恢复民间私营合作并在生产和消费上取得成效的结果，等于合作运动拯救了人民的生活，从而拯救了苏俄。根据苏俄的例证，合作主义与马克思主义经济学，无论在理论上和实践上，都难以同道而行。如果用这个意思来解释《合作主义通论》的宗旨，则此书希望引起国内读者对合作的兴趣，既是为了复兴合作运动，同时通过宣传苏俄实施国有制失败而被迫转向合作社的实例，也在某种程度上起到遏制马克思主义经济学在中国传播的作用。

① 王世颖著《合作主义通论》，世界书局1929年版，第51—53页。

## （二）《合作主义与劳动问题》

这本小册子 86 页，翁渭民著，1927 年 8 月 3 日脱稿，同年 11 月上海现代书局初版。作者不详，其书名倒是一个热门题目。将合作主义与劳动问题联系在一起，大致显出意在用合作主义解决劳动问题的取向。这个取向，有点赶时髦的味道，不妨看看它所陈述的一些道理：

今日的经济组织，大多数人民只有最少数的财产，最少数的人民反而据有最多数的财产。如果经济的组织没有改换，"这种现象是不会变更的，不会移动的"；非但不会变更，不会移动，而且像立体三角形一样，上层变得越尖，下层就越大。"因有产阶级底财产的增加，工业越发达，工业越发达，有产阶级底财产越增加；又因工业越发达，劳动家越多，劳动家越多，即无产阶级底人口越增加，而财产底分配，越失其平衡"。"各国现在的经济组织，既这样的不完全，不平均，如立在一条很危险的线上"。回头看我国的情况。有人说，中国的工业还很幼稚，没有孕育出多么了不得的大资本家；我也说中国没有这样的大资本家，可是中国虽没有像外国资本工业制一样厉害的资本家，"无论如何，富者或有产阶级，贫者或无产阶级，终是有的"。中国几千年来，虽说没有怎样崇拜金钱主义，其流毒也不至像外国这样厉害，"富者阶级底法则，剥夺无产阶级的惨酷行为，实不亚于外国底资本家"。凡是稍微留意于社会现象或到过贫民窟的人，都可以见到或感觉有产阶级欺迫无产阶级的死命和不法行为。现在中国未曾接触各种新机械新工业的地方，"简直完全是有产阶级统驭无产阶级的时代"，以各种盘剥方法而苛刻起家的有产阶级，触目皆是。他们的巨额财产，"无一非压迫无产阶级底血汗而积集的"。"资本家是剥夺劳动家底工资，劳力报酬，并劫掠社会上消费者利益；有产阶级是直接掠夺，攘取无产阶级底劳力生产品。这样看来，有产阶级掠取的罪恶，岂下于外国所谓资本家么"？至于工业稍微发达一点的地方，"正在那里陶铸外国式的资本家，去增加无产阶级底痛苦"。有人说，制造资本家也不是容易的事，中国现在缺乏大资本家去振兴实业，资本集中，提倡尤恐不及，哪可妄加摧残，致使中国实业不振；我们现在不妨利用资本家来振兴实业，等到实业发达，资本充足以后，再来限制它，那又何妨。殊不知资本这种东西不是好弄的，待它羽翼丰满，再来限制，是做不到的。到了那时，任你怎样去限制和抵御，它的势力只有日益膨胀，不会缩小，不会动摇。"试看欧美各国资本膨胀的势力，就是一个最好的先例"。若要限制它，非根本打破它不可，然而要根本打破它，也不是一件容易的事。要避免它的流弊和罪恶，最好在它尚未完全发展的时候，就加以制裁，使之在我们的权力范围内服务，不让它来束缚和指挥我们人类。

不过有一句话要声明，"我们并不是反对集中资本，也不是反对振兴实业。资本集中，是我们所需要的；实业振兴，是我们求之不得的。但是集中有集中的善法，振兴有振兴的妙径，我们所反对〔的〕，不是资本自身和工业自身的问题，乃是方法的问题。至若用资本制去集中资本，用资本工业制去振兴实业，这是我们所极端反对的"。资本集中和振兴实业的妙法依据什么准则呢？"资本集中了以后，要使各个人都有制裁资本的权力和机会，我们都应为资本的主人翁，而不为彼的奴隶。工业振兴了以后，要使各个人都能享受工业振兴的利益，不能损失一大部分的人，或无论何部分的人底利益，而利于一小部分的人，或无论何部〔分〕的人"。"这样的准则，在资本制下的资本集中和工业振兴，是否能够达到？如果可以达到，那就不必说，我们是无限欢迎。如果不可以达到，大家可有怎样的方法，能够替代呢？这种准则，是否比现在的制度好得多？是否可以减少贫富不均的痛苦，机会不等的流弊？都应该仔细想想才好"。为了未雨绸缪，先发制人，依据世界各国学者的研究而得到的医治办法，大概不外两种：一种"治标的方法"，"仍想维持现在的经济组织，不过对于彼所发生的弊病，加以纠正罢了；这种医方，如世界各国底社会改良论者所倡的各种社会政策——铁路国营，邮政、电政国营，劳动组合及各种合作社等皆是"。另一种"治本的方法"，"想把现在的经济组织根本推翻，打破私有财产和自由竞争，使贫富阶级不留一点痕迹；这种医方，世界各国社会主义者所倡的共产主义、集团主义等皆是。可是治本的方法，已有几国采用，而遭失败"。我们中国的经济很幼稚，组织极散漫，又处于帝国主义压迫之下，"第二种方法，当然不适合，绝对不能采用"。所以我们不去救贫者阶级、劳动阶级或无产阶级则已，"否则非用第一种方法（原文误为第二种方法——引者注）——治标的方法——即采用和实行合作主义不可"。

解说合作主义的定义："处于今日潮流之中，社会问题这样的复杂、混乱，而不能得到一个可以解决的方法。但是我们对于'互助''合作'这二个名字，能尽力发挥，认是一条为人类谋幸福的途径；个人主义实无存在的余地，我们须竭力打破彼，铲除彼，消灭彼，大家过共同合作的生活"。这里说合作主义，"邀合大家来实行我们人类共同生活的理想"。这个主义，"立在资本主义与社会主义的中间，是用和平的调剂的手段，即用治标的方法去解决平民经济，与现行社会上秩序的基础，不发生危险的冲突。不过是把强的弱的、富的贫的、资产阶级无产阶级，约束起来，连络起来，互相提携，减去所有不平等待遇，渐渐的同在一条路上过生活"。换言之，"就是要现在的弱的贫的无产阶级，自己先有小小的组织，自己动手，自己设法，来解决经济的压迫；不必天天去寻资本家直接开仗，各自干各的前程，在不知不觉的中间，用无形无踪的手段和工具，减少资本家底力量。假使信仰合作主义的实行合作主义的人越多，资本家底力量越小，说一句总括的话，实行合作主义的人充满了全世界之日，即全世界底资本家消灭的那一天。但是我们应更进一步，要明白，要知道，这种运动是稳妥可靠的，是能够免除一切意外的危险的；只要大家懂得，大家肯做，就可以成功了"。合作主义一面讲一面做，有理论有方法，不像"社会主义底乌托邦派"空空洞洞，也不像"共产派"摧残捣乱，"近之可以解决无产阶级底痛苦，远之也可以与社会主义相遇于一个交点的一天"。它所用的工具和抵御资本家的器械，名曰合作社；根据性质的不同，又可以分为信用合作社、消费合作社、生产合作社、农业合作社和房屋合作社五种。①

以上陈述，摘录前两节的部分内容，已足以能够判断全书的基本宗旨、理论思路与解决之道。书中提出的社会问题（包含劳动问题），其矛头主要指向今日的经济组织造成了大多数人占有极少数财产和极少数人占有大多数财产的贫富两极分化弊端，现行经济组织不改变，这种分化现象不会消除，反而会扩大到分配更加不平衡的地步；随着工业的发达，一面是有产阶级的财富的不断积累，一面是无产阶级的人口从而劳动者的不断增加，以至于每天的工资不足以供给日常生活需要，遑论增加财产。这种经济组织现在支配欧美各国，在作者看来，其不完全的缺陷在于不平均，处在很危险的导火线上。这仍是用古老的平均概念，来看待和批评当今资本主义经济制度，实为带来更大贫富差距的社会经济组织。

看到西方国家的贫富差距现象，那时在国内思想界已是比较普遍的认识，没有什么稀奇。同样不稀奇的是，对比西方国家，看到中国工业的幼稚，没有孕育出像外国资本主义工业制那样了不得的大资本家，也没有产生像外国那样厉害的拜金主义流毒。不过，作者强调，虽然如此，中国数千年来同样存在富者与贫者、有产阶级与无产阶级的差别，而且富者阶级剥夺无产阶级的残酷程度，不亚于外国资本家。如今国内未曾接触新机器工业的乡野地区，有产阶级对无产阶级的统驭，采取

---

① 以上引文均见翁谓民著《合作主义与劳动问题》，现代书局 1927 年版，第 4—14 页。

直接掠夺劳动生产品的苛刻盘剥办法和血汗压榨方式，不同于资本家通过工资剥夺劳力报酬和通过消费劫掠消费者利益，表现得更为赤裸；国内新工业有所发展的地方，培育外国式资本家，更增加无产阶级的痛苦。

面对现代资本主义工业国家和工业幼稚的中国所存在的两类贫富差距或有产阶级剥夺无产阶级的现象，应该寻求怎样的解决思路。在这里，作者提出早已听闻的两种思路。一种思路，中国要集中资本振兴实业，缺乏大资本家，而制造资本家不容易，岂可妄加摧残；现在不妨利用资本家去振兴实业，等到实业发达和资本充足后，再来限制也不迟。另一种思路，资本势力具有日益膨胀而不会缩小和动摇的倾向，一旦羽翼丰满，不可能限制和抵御它，欧美各国资本膨胀的趋势就是最好的先例；到那时，即使想根本打破资本势力来限制它，也不是容易的事，所以要避免资本的流弊和罪恶，最好的办法是在它尚未完全发展的时候，通过制裁使之服务于我们的权力范围，不让它反过来束缚和指挥人类。从这两种思路中，依稀可以看到早年《民报》与《新民丛报》之间围绕资本和社会主义问题的争论观点。作者倾向于后一种思路，也可以看到孙中山提出节制资本思想的影响。

当年孙中山一派和梁启超一派的论战，作为社会革命论与社会改良论势不两立，如今这本小册子的作者，将两种对立的论调逐渐融合起来。这种融合，声明不是反对而是迫切需要振兴实业和资本集中，由此入手，提出振兴的妙径和集中的善法；"极端反对"采用资本主义制度的方法，提出一个准则，资本集中须使每个人都有权力和机会制裁资本，成为资本的主人而不是资本的奴隶，工业振兴须使每个人都能享受利益，不是一部分人受损和另一部分人受益；然后话头一转，又说在资本主义制度下如果实现这一准则，当然无保留地欢迎，问题是如果不能实现，则需要考虑比现行制度更好的替代办法，减少贫富不均的痛苦和机会不等的流弊。这样看来，所谓"极端反对"，开始打了一个折扣。更大的折扣，作者一面似乎不愿中国走现在资本主义国家的道路，那将引来更大的贫富差距，一面借着事先防范重蹈资本主义覆辙的先发制人计策，又绕回到资本主义的道路上去。这些计策，据说依据世界上各位学者的研究而得到的医治现存弊端的药方，不外乎治标与治本两种。治标者仍维持现有的经济组织，提倡国营、劳动互助及各种合作社等社会政策来纠正其弊病，这个药方来自世界各国的社会改良论者；治本者主张根本推翻现在的经济组织，消灭私有制和自由竞争，铲除贫富阶级的痕迹，这个药方来自世界各国社会主义者所倡导的共产主义或集产主义等。两相对比，治本的方法经几个国家的实践，已经失败；所以，尚未走上资本主义道路并处于帝国主义压迫下的中国，"当然不适合"也"绝对不能采用"治本的方法，只能采用治标的方法。结果，作者从"极端反对"采用资本主义的方法，转向"绝对不能采用"推翻资本主义的方法，以这个更大的折扣，迈出了融合社会革命论与社会改良论的关键一步。

作者在这里玩弄了一个花样。前面说的治标或治本，分明指维持或推翻现行资本主义经济组织，可是后面说中国只能采用治标的方法，却回避直接回答中国是否走资本主义道路的问题，将此转换为只能采用和实行合作主义的概念。经过这一转换，引入合作主义概念，上述融合的任务也就完成了。作者把合作主义视为资本主义与社会主义中间的一条道路，似乎既涵盖世界各国的发展趋势，又专指中国自身的发展道路。中国经济幼稚，组织散漫，又受帝国主义的压迫，不容易发展资本主义；若走社会主义道路，有其他国家的失败先例（大概指匈牙利苏维埃共和国的垮台、德国十一月革命企图建立苏维埃政权而遭到镇压、苏俄用新经济政策取代战时共产主义政策等），更是一条绝路。于是，选择消除个人主义而发挥互助合作精神的合作主义，便成了唯一的途径。合作主义究竟是怎样一种解决问题的善法或妙径，在作者看来，有以下几点：

其一，用和平与协调的手段解决平民经济问题，不与现行社会秩序的基础发生危险的冲突，通过约束和联络强弱、贫富及资产阶级与无产阶级之间的关系，使之互相提携，减少不平等待遇，逐渐实现共同的合作生活。其二，贫弱者和无产阶级要先设法组织小的合作团体来解决经济压迫问题，不要天天想着去和资本家斗，各自为自己的前程奋斗，就会在不知不觉中，运用无影无踪的手段和工具来减少资本家的力量；持有这种信仰并实行的人越多，资本家的力量便越小，等到全世界的人都实行合作主义之时，也就是全世界资本家消灭之日；合作运动之稳妥可靠，在于能够避免一切意外的危险，只要大家明白和肯做，就可以成功。其三，合作主义不同于乌托邦社会主义之空谈理论，也不同于共产派之摧残捣乱，既讲又做，既有理论又有方法，采用各种类型的合作社作为工具和抵御资本家的方法，其效果从近期看可以解决无产阶级的痛苦，从远期看可以与社会主义交织在一起。

这样解说合作主义，在当时国内流行的各种有关合作主义或协力主义的中外著述里，有足够的理论与实践资料可供选择和编排，不需要作者花费多少心力去思考。作者的偏好，突出合作主义游走于资本主义和社会主义之间的中间道路特色：医治资本主义经济组织的弊病，又不去触动它的基础，避免与资本家的直接斗争；

承认社会主义为治本的方法，却拒绝根本推翻现行制度的共产主义或集产主义，尤其反对共产派否定现存制度的摧毁捣乱，期待将来有一天合作主义能够和社会主义自然而然地相互交织；极力渲染合作主义或合作运动的效果，在于贫弱的无产阶级一方，通过起于微末的互助合作式自我救助，能够不知不觉、无形无踪、稳妥可靠而没有任何危险地削弱资本家的力量，实现共同平等的生活。概括言之，作者脑子里理想的合作主义，在现行经济组织中进行没有任何冲突危险的社会改良，和平而无形地逐渐削减资本家的力量，最终自然达到社会革命所期待的社会主义前景；这样也就完成了将社会改良与社会革命融合在一起的全部步骤。这里所说的社会主义，既排除空想社会主义和无政府共产主义，也排除马克思主义和苏俄布尔什维主义，那么剩下来的是什么主义，恐怕连作者自己都说不清楚。

根据以上分析，不难看出当时对作者影响较大的思想因素，一是国内自有的节制资本思想，一是国外输入的合作主义思潮。这些思想因素，在马克思主义经济学传播于中国的历史进程中，特别是在遇到很大阻力的坎坷曲折阶段，曾经起到某种同道助推的积极作用。然而随着传播的深入推进，同样这些思想因素，逐渐分化，有的产生抵牾，有的转向消极，有的则站在了对立面。翁渭民的小册子《合作主义与劳动问题》，便是一个明证。

### 三、《劳动立法原理》

樊弘①这本书，商务印书馆 1925 年初版，列入政法丛书。此书涉及当时经济学界日益受到重视的劳动问题，借此也可以了解后来成为著名经济学家的作者，在北京大学读书期间发表第一部专著的取向。

#### （一）序言简析

樊弘 1925 年 6 月 28 日作于北京大学的序言：

本书叫做《劳动立法原理》，"是想拿来帮助解决中国的劳动问题的"。凡是研究劳动问题的人，脑海里都要产生这些问题：第一，什么叫做劳动？第二，劳动怎么有问题？第三，解决劳动问题的学理和实行，究竟共有几项？以哪一类为最适

---

① 樊弘（1900—1988），四川江津人，1921 年由北京大学预科考入本科英语系，两年后转入政治系，1925 年毕业；1924—1926 年任北平《国民公报》编辑，1927 年任北平社会调查所编辑兼秘书，1934—1937 年任河北省立法商学院经济学教授；1937 年赴英国剑桥大学经济学院进修，1939 年回国，先后任湖南大学、中央大学经济系教授，复旦大学经济系教授兼系主任，中央研究院社会科学研究所研究员；1946 年起任北京大学经济系教授直至去世。

当、最通行？第四，现代的劳动保护法规，怎么是解决劳动问题的"锁钥"，有这么高的地位和这么大的势力？第五，用劳动保护法规来解决劳动问题，形式上有什么种类？第六，有了劳动保护法则，怎样才能使它执行？这本书便是尽力回答这些问题，力求简明，不尽在机械地叙述这些答案，还要尽力说明存在的理由。换句话说，本书叙述方法，"重在解决劳动问题之劳动立法的原理原则"。

本书正文所取的材料，都是关于国内而非国际的，所以末尾加入一章，叫做"万国劳动立法的进化"。一则说明万国劳动立法的必要，二则说明万国劳动立法的过去，三则说明万国劳动立法的现在；所搜集的材料，大半来自杂志报章，一直到去年的万国劳动大会的议决案，此章的附录，或真能补正文之不足。材料大半取自康孟士（Commons）和安德鲁士（Andrews）所做的《劳动立法原理》（*Principles of Labor Legislation*），以及日本关一博士原著、马凌甫翻译的《工业政策》。其余如法国夏尔·季德（Charles Gide，原译"查尔斯基特"）所做的《政治经济学》（*Political Economy*，应为 *Principles of Political Economy*），以及美国洛（B. E. Lowe，原译"勒昧"）所做的《国际劳动保护法规》（*The International Protection of Labor*），都是本书所根据的重要材料。此外参考几种别的著作，不必尽录。编辑这本书的成功，全赖北大政治系主任教授周鲠生①先生的启发和鼓励。原文又承先生改了数处，受益殊深。②

根据此序，作者在政治系学习期间，受到系主任的启发和鼓励而选择"劳动立法原理"的政法类题目为著述对象，乃题中应有之义；同时关注劳动和劳动问题的来龙去脉，以及解决劳动问题的学理依据和实行情况，由此引申出劳动保护法规的地位、作用、形式、种类及如何执行等问题，实际上把经济学分析与立法研究结合在一起，重在从原理原则上去思索解决中国的劳动问题。这个著述特点，也体现在书中的取材和参考资料上，既有劳动立法方面的相关者，也有经济理论和政策方面的相关者。严格说来，这本书不能算是独立创作，乃汇集各种资料和他人之

---

① 周鲠生（1889—1971），原名周览，湖南长沙人；1906 年留学日本早稻田大学，加入同盟会；辛亥革命前回国，1912 年共同创办《汉口民国日报》，被政府查封和通缉；1913 年留学英法，分别获爱丁堡大学政治学硕士学位和巴黎大学国际法学博士学位；1921 年回国，历任北京大学政治系教授、东南大学教授兼政治系主任、武汉大学教授兼政治系和法律系主任、法科所所长、教务长；1939 年赴美讲学研究，1945 年回国任武汉大学校长、中央研究院院士；新中国成立后历任中南军政委员会委员兼文教委员会副主任、外交部顾问、中国人民外交学会副会长、全国人大常委会法案委员会副主任，1956 年加入中国共产党。
② 樊弘著《劳动立法原理》，商务印书馆 1925 年版，"序"。

说，这大概也是作者称此书出版为"编辑"成功的原因。既然如此，考察此书的取向，主要不是看作者的独立观点，而是看选择各家学说的倾向，或者用他自己的话说，列举解决劳动问题的学理和实行的类型时，看哪一种最适当或最通行。以序言中提到的参考书目为准，不包括马克思主义的著述，是否可以说，作者选择解决中国劳动问题的理想学理及实行类型，将马克思学说排除在外。对此，看了此书内容，才能回答。

### （二）内容摘录与评介

回答上述提问，可以搜索书中是否涉及马克思学说以及如何认识马克思学说的相关论述，据此作出评介。此书12章："劳动的意义与劳动契约的特质""劳动问题何以有别于无产阶级的问题""劳动保护法规的学理基础""雇佣关系的进化""雇佣争议的平和解决""工资制度与最低工资立法""最多时间与休息""失业""卫生与安全""劳动保险""执行""万国劳动立法的进化"。值得注意的是第2、第3章，摘录如下。

第2章先从客观上说明，"工业革命是劳动问题的主要原因"，换句话说，"这便是对劳动阶级何以不同于古代的无产阶级的一个解答"，不过单是这个原因，"还不至于引起劳动阶级的觉悟"。然后"思想解放与劳动阶级"一节，叙述"劳动问题发生的主观的（或思想上的）原因"，这也是"一般学者所主张的劳动神圣论"。

自古以来，一般智识阶级轻视劳动阶级。劳动者整日忙于工作，毫无智识经验来评判他们自身的价值；社会上不反对他们受虐待，他们自己也就不知不觉默认了。"在一种乌烟瘴气的空气里面，便极难发生疑问。这便是劳动问题何以在最近始产生的原故"。劳动是生产要素之一，劳动的量愈增加，劳动的地位愈惹人重视。18世纪初，"在经济思想里面，对于劳动之评价，亦渐渐打破从前的奴隶劳动的观念，而代之以劳动神圣的观念"。讲个人主义的亚当·斯密和讲社会主义的马克思，"他们两人的思想尽管在旁的方面，互相倾轧，但是一到劳动本身的评价上，他们却是彼此相互提携，大家都对于劳动神圣的观念，极力发挥"。"马克斯是提倡社会主义的健将，他的人工价值论，便是他那解放劳动阶级的利器。从逻辑上说，他是自然要主张劳动神圣的，这个不用申述。最有趣的，是提倡经济自由的老祖宗斯密亚丹，他的结论，是根本与劳动阶级的利益不相容的。但他却也是首先提倡的说：'各国民年年之劳动，乃供给其年年所消费之必要品和享乐品的根本也'。接着他又说：'各人享有自己劳动之结果，——财产权利，为一切权利之基础，最神圣而不可侵犯者也'"。

其余如杜尔哥（Turgot，原译"屠尔果"）的《组合废止令宣言》（指废除行会——引者注）的序文，费希得（Fichite）的《劳动的国家》和圣西门的《工业国家》（今译《论实业体系》），"无一不是极力为劳动神圣的主张"。这个时候正遇着1789年法国大革命，自由平等博爱的原则，一时间在政治上大告成功。换句话说，在宪法上，自由平等博爱已构成人们神圣不可侵犯的自然权利。"然而在事实上，这些权利却只为有产阶级所独占，完全置无产阶级的劳动者于不顾。因此，劳动阶级便力想更进一步，出而主张他们的共同权利。凑巧在这一个时候，劳动神圣的呼声又忽然震动一世。因此，便唤起了他们的勇气，刚强果敢的出而对他们的经济上层层压制，提出抗议。所以我说劳动神圣论是劳动问题的又一个的主要问题。这便是对于劳动阶级何以不同于古代的无产阶级的第二个解答"。

经过两重剖析，现在可以总括说明劳动阶级问题。本来劳动活动的本质是最痛苦的，所以古代已有劳动阶级的救济。到18世纪，他们的环境忽然变动，"一方面产业革命史把他们的境遇降至最低度，他方面劳动神圣论又把他们的功绩提到最高度"。劳动阶级本身，便从根本上对他们的地位，起了疑问。"这个疑问，就是如何的才能在这个最低的待遇与最高的功绩之间，求个调济"。桑巴特（Combart，原译"松巴尔特"）说，劳动问题的意义就是："要用如何手段，且要应该采用如何手段，才能使这个等于机械附属物的赁银劳动阶级，由非人的生活而得到人类生活的地位"。①

可见，书中所说的劳动问题，专指产业革命以后也就是在资本主义生产方式下，如何调剂劳动阶级的待遇降到最低点而对劳动功绩的重视提升到最高点之间的悖论关系。换言之，此时的劳动问题，在客观条件和主观思想方面，都不同于古代处于被奴役受虐待状态而不自知的劳动阶级及其救济问题，提出了劳动阶级的觉悟问题，或者不如说，试图将这种觉悟，引导到可以与现行制度相互调剂的范围内。此书谈到劳动神圣论，涉及面十分广泛，似乎成了资本主义时代一般学者的共同主张。就经济思想而言，资本主义经济中，由于劳动作为生产要素之一的地位与作用日益凸显，日益引起人们的重视，所以主张劳动神圣的代表人物，也包括各色人

---

① 以上引文均见《劳动立法原理》，商务印书馆1925年版，第20—23页。

等。既有社会主义的健将马克思，以劳动价值论作为解放劳动阶级的利器；也有讲求个人主义而提倡经济自由的祖宗亚当·斯密，把国民的劳动看作供给必要消费品和享乐品的根本，把各人享有自己劳动成果的财产权，视为一切权利中神圣不可侵犯的基础；此外还有重农学派、空想社会主义的代表人物及其他资产阶级学者，而且宪法都说自由平等博爱是人们神圣不可侵犯的自然权利。这等于将资本主义社会中相互不同甚至完全对立的各派代表人物，都汇集在劳动神圣论的旗帜下面，进而也为调和劳动问题中的悖论，找到了各方都可以接受的共同语言。特别是把一个致力于解放劳动阶级以维护其利益，一个在根本上与劳动阶级的利益不相容，分别代表社会主义经济学和个人主义即资产阶级经济学而相互倾轧的马克思和斯密放在一起，说他们对劳动本身的评价，彼此相互提携，都在极力发挥劳动神圣的观念。既然如此，无异于在解决劳动问题的名义下，调和两种根本对立的经济学。这样认识马克思经济学说，与其说用作解决劳动问题的指导思想，不如说将这种运用，等同于在现行制度下采取某种手段，使雇佣劳动阶级从陷于机器附属物的非人生活状态，改善到能够过上正常的人类生活。至于这种手段的理论基础是什么，又见第3章的论述。

第3章讨论劳动保护法规的学理基础，首先提出："社会制度，是不能无缺恨的。资本制度，更是不能无缺恨的。所以在社会制度发生缺恨的时候，便有社会立法。在资本制度发生缺恨的时候，便有劳动立法。换句话说，就是劳动立法，是医治资本制度的药"。有关的学理基础，来自个人主义，"个人所作的事业，个人负责"。如果个人的成败都让社会去干预，从成功的方面说，社会无功而受赏；从失败的方面说，社会无罪而受罚。所以由个人的努力而获得的财富，绝对应该让个人去使用、处分及收益，绝不能让国家去干涉，"这便是个人主义从个人自决的观念上反对劳动立法的论据"。但这个主义，大为社会主义所反对，"可惜同时社会主义，也极端的对劳动立法大施攻击"。

"社会主义中，原本分作两派。从财富的分配上说，一派是主张共同生产共同消费的，叫做共产主义。一派是主张共同生产私的消费的，叫做半共产主义或社会主义"。两派的主张，都对劳动立法大施反对。共产主义认为个人是社会的产物，个人的成败，都是社会给与的机会，应该社会负其咎。至于个人的贫富，更是社会的责任，个人所有的一切财产，应该社会享受，应该国家支配。换句话说，"共产主义，是主张完全的打倒私有财产制度，完全的推翻自由契约制度，而不主张像劳动立法式的不彻底的改革"。第一，共产主义认为个人是社会的产物，个人财产也是社会的产物，社会给与个人的利益，个人不应独自享受，应平均分配。因此极力攻击私有财产制度，说资本家是强盗，是骗客，是扒手，所得的财富"完全不是他自己的力，是劳动者的血"。像这种强盗式的赃物，赃物式的强盗，统统应取消，统统应改造。"不独主张废除私有财产制度，而且要想利用革命的手段，殄灭现在的强盗式的资本阶级"。为此，自然反对劳动立法，反对对私有财产制度的不彻底改革。杜威有一段话，说得最明白："马克斯以为财产私有的制度初起时，尚有存在的理由。因为那时工厂尚未发达，货物都是自己造来自己卖。所得财产，自然是他自己的。工厂发达后，货物都是机器制造，所以用不着自己，所以制造一样货物，因为分工的关系，必要经过许许多多的手。造好以后，卖的时候，又要经过许许多多的手。故他说，工厂发达以后，制造与分配，已成为社会化，而经济制度，却还是非社会的，故决无存在的理由，应变为以社会利益为标准的财产分配。"第二，共产主义既然认为个人财产是社会给与的，个人享受社会给与的东西，便是最不公平的事。"比如现在的资本家的财富，不过是在劳动者应得的工资里面，强夺其一小部分，并非由于资本家自己的力量。换句话说，就是如果没有劳动阶级，没有社会，就令有资本家存在，那末他的资本到结果来，还是没有巨额的成长。因为这样，所以资本家所有的福，尽是劳动者的血。如果这种不公平的制度，是继续不变，将来这种受不公平的待遇的劳动阶级，一定要对资本阶级革命。为了免除这个革命起见，便不能不将社会上所有的财富一概给与国家去分配，不能让诸个人去干预，所以这个共产派的社会主义又反对自由契约制度"。第三，共产主义依据"工资铁律说及工资基金说"，工资的多寡取决于人口的比例。如果劳动阶级的人口不会减少，工资实质上永久不会加多。"但是据现今的资本企业制度发达的趋势，这个无产阶级的增多，已成为统计上的定论。是则劳动阶级减少的期望，已成为不可能的状态。因为这样，所以劳动阶级的苦痛，便不能任意的改变。像这样一种情形，完全是由于私有财产制度的罪过。现在不如把他一脚推翻，干脆的多。如果这个革命果然实现，那末社会上根本就没有无产阶级，还有什么无产阶级的苦痛呢"？

根据上面几点，"共产主义所反对劳动立法的理由，刚刚与个人主义的立足点相反"。个人主义的根据，说社会的财产是个人的力量所得的，应该个人去享受。共产主义的根据，则说个人的财产是社会的力量所得的，应该社会去分配。所以，个人主义不主张国家干涉个人，共产主义不主张个人干涉国家。但两者的结论，

"同样的反对劳动立法的调和论调"。

社会主义也反对劳动立法，其论据，"劳力为一切财产的亲生父"。不主张共同生产，共同消费，主张公的生产，私的消费。换句话说，"按照个人劳力的多少，以为消费的标准"。社会主义认为人类的幸福是财富，财富的造成完全源于天然、资本与劳力三种要素结构。三种要素中，天然与资本都不应该私有。"天然为上帝与人类之恩惠物，非人之所得而私"，"资本为过去生产之结果，亦非现在之人民所得而享受"，所以，"土地与资本（包含一切的生产器具），统应归诸国有"。"独有现在的财富，应该归功于现在的劳力。所以应该归诸劳动者去消费"。根据这些理由，社会主义也反对劳动立法。第一，社会主义要求"根本的改造现代的私有财产制度，把一切的生产器具，统统归诸国有"；但劳动立法"不是主张根本改造，而是主张零碎修补的"。第二，社会主义主张"极端国家干涉的"；但劳动立法在原则上主张自由契约，"换句话说，就是只对自由契约略加限制而已"。

上面两大派反对劳动立法的理由，"本文不愿一一加以批驳"。专门批驳，不是几句话可以说得清楚的。"不过本文为了明了这两大派的历史的价值起见，也采用了一种客观的态度，约略的将这两派的经过情形，叙述一遍，以便引起新近的第三派的折衷调和的社会改良主义"。这个主义，"就是劳动立法的根据"。

在欧洲历史上，个人主义是最老的学派。它的时代，已成过去。欧洲自18世纪发生产业革命以来，社会上渐渐产生了资本阶级，一般叫做中产阶级。"这个阶级的利益，纯粹是以发达资本制的大企业为中心的"。当时的环境与其利益相反，一则特许公司及同业组合最多，二则劳动者的团结渐渐勃兴，三则原料关税和谷物关税很重，所以个人主义极力拥护私有财产制度，极力掊击这三个压制。凑巧这个时候，极端的自由主义平等主义在法国获胜，1830年左右，一批抱负远大的中产阶级利用个人主义学说，在政治上获得权势，进而用政治势力打倒一切对资本制企业的束缚。英国的中产阶级自1832年在政治上获得以财产为资格的参政权以后，1835年起打倒同业组合的特殊权利，1846年打倒谷物条例，1899年颁布集会结社禁止令。法国的中产阶级更为得利，早在1791年就有禁止劳工结社的法令，1798年又有废止同业组合特权的规定。其余各国随时间的不同，先后有中产阶级在政治上取得权利解放资本的事实。18世纪末19世纪初，"个人主义在政治上和社会上获得最高的崇拜"。当时提倡个人主义的健将，如亚当·斯密、李嘉图（原序"利加图"）、马尔萨斯、穆勒（原译"密尔"）、麦克库洛赫（J. R. MacCulloch，原译

"马加洛克")、西尼尔（N. W. Senior，"塞尼阿尔"）和凯尔恩斯（J. E. Cairnes）等人物，也在历史上备极一时之盛。不料到了19世纪中叶，社会情势大变，一般学者先后反对个人主义。"按照19世纪的实在状况，在经济上的需要已经不是资本的解放，而是劳动的解放了"。

分析当时的社会经济状况，一是"因为工业革命的结果，资本制企业产生，大量生产发达，社会上忽然显出二阶级：一方是富力万能的资本阶级，一方是穷苦难生的无产阶级，或劳动阶级"。二是"社会上亦随现代文明的进步、发达，而呈富力的状态，人生的幸与不幸，至以财富的多寡为断"。三是"资本家便恃其财产之威力，以压迫贫寒，尤其是压迫劳动阶级，因而劳动阶级在雇佣契约上所受的种种的不平的待遇，便悲痛不可言状"。四是"当时由个人主义所觉醒的自由平等思想，却渐与劳动神圣的观念结合，而唤起劳动阶级的觉悟。一者对不公平的劳动待遇，提出抗议，再者对自身的团结，极力巩固"。五是"一致相信，现在的经济社会的种种不平等的现象，是原于财产私有的罪恶"。因为这五种事实，个人主义的主张，如个人自决主义、国家放任主义，便被一般学者攻击。"这个攻击的先声，便是社会主义。社会主义的根本要求，就是要想推翻私有财产制度，而代之以公有财产制度，至少亦须生产手段公有"。主张这种学说的先驱，是托马斯·莫尔（原译"摩尔"）、欧文（原译"涡文"）、汤普逊（William Thompson，原译"汤卜森"）、巴贝夫（原译"巴比夫"）、卡贝（原译"加伯特"）、蒲鲁东、马克思、恩格斯（原译"恩格尔"）、洛贝尔图斯（原译"罗伯尔图斯"）及拉萨尔等人物，尤以马克思、洛贝尔图斯及拉萨尔为"中坚分子"。不过现在"最不可忽略"，"马克斯的嫡系"考茨基（原译"柯资基"）在《共产党宣言》1906年的序文中说："《共产党宣言》发表的时候，无产阶级的堕落，可谓悲剧已极。如工资的下落，劳动时间的延长，肉体的和精神的颓败，均是他的特色。但是现在的无产阶级则异是。因为现在的无产劳动者的所有，反视有生活基础的劳动者为优"。劳动阶级的境遇逐渐改良，欧战以后，"马克斯的预测，便有两重失败"：一则"马克斯说，按照现在的资本制企业的趋势，一定是富的愈富，贫的愈贫，但在大战以后，劳动阶级却获益不少，工资也逐渐提高了"。二则"根据马克斯的科学的推算，以为社会主义实现最早的国家，一定是经济制度最完备的国家，他以为理想的实现，一定在英、法、德、美诸国。殊不知反转发生在经济制度极不完备的俄国"。"这都是社会主义的根据发生动摇的地方，因为社会主义认为私有财产制度之下，劳动阶级的苦痛，决无改进的余地。不料在事实上所得的结果刚刚与他相左"。

综括来说，个人主义的时代虽说已成过去，"社会主义的根据，却仍是不免薄弱"。所以 1872 年 10 月，"便有崭新的整然划然的社会改良主义产出"，这派学说的领袖，是施穆勒（原译"薛磨拉"）、瓦格纳（原译"华格纳"）、布伦坦诺（原译"布棱他诺"）、希尔德布兰德（原译"郜特不兰"）、康拉德、纽曼（原译"纽满"）诸位教授。"社会改良主义，认为社会是个人的环境，个人的成功，不能外乎社会的反映。国家是社会的强力，国家的干涉，常有助于社会的发达。个人是社会的先驱，社会的事业全有赖乎个人去努力。所以社会改良主义，既不完全的赞成个人主义，说个人所得的财产应该个人所有，又不笼统的附和社会主义，说个人所得财产应该国家所有。而只是想把这个个人的财产，重新按个原则去修正。不过这个修正，不独为社会主义所不明白，就是个人主义，亦多反对"。①

至此，不必更多引述，已经清晰回答了此书序言里提出的问题，解决现代劳动问题的最适当最通行的学理基础，是社会改良主义，或者说，劳动保护法规是解决劳动问题的锁钥，而劳动立法的根据，是社会改良主义。第 2 章主要论述工业革命后出现的劳动问题，不同于古代的劳动问题，体现在各种派别，包括相互对立的斯密派个人主义和马克思派社会主义，都提倡劳动神圣论，把劳动的功绩提升到最高点；同时劳动阶级的实际生活却降到最低点，因而问题聚焦于怎样才能解决这个悖论。接着第 3 章的论述，主要比较个人主义和社会主义对待劳动问题的理论，结论是唯有在二者之间妥协调和的社会改良主义，才是最适当最通行的解决办法。这里有个基本前提，任何社会制度都有缺陷，资本制度也是一样，既不能让缺陷无限扩大，又不能靠推翻现行社会而以同样有缺陷的其他社会来取代，那么，处理缺陷的最好办法，只有社会立法，医治资本制度的药方，就是实行劳动保护的立法。说到劳动立法的学理基础，个人主义以个人自决观念为论据，反对国家干涉个人的劳动立法，社会主义以个人财富来自社会力量或社会财富来自劳动为论据，主张根本改造私有财产制度而实行社会分配财富或按劳分配，同样反对立足于私有制和维护劳资雇佣之间自由契约原则的劳动立法；两种主义偏于两个极端，都反对劳动立法，则妥协调和于两个极端之间，救治现行社会的制度缺陷而实行劳动立法的学理基础，只能求助于号称新近第三派的社会改良主义。从历史上看，个人主义和社会主

---

① 以上引文均见《劳动立法原理》，商务印书馆 1925 年版，第 23—37 页。

义相继出现，都有特定的经济背景、产生理由和代表人物，但前者造成劳资阶级的对立和严重的劳动待遇不公平问题，后者关于劳动问题及其解决办法的预测，又被实践证明是失败的；当个人主义时代已成为过去，社会主义的根据发生动摇或不免薄弱时，现行制度下为改进劳动阶级的痛苦处境，社会改良主义便应运而生。经过这一番论证，基于社会改良主义的劳动保护法规，成了医治资本制度缺陷的灵丹妙药。然而书中列举的社会改良主义的代表人物，不过是 19 世纪七八十年代在德国大学里鼓吹讲坛社会主义的一批教授而已。

用社会改良主义的眼光来看待马克思学说，通常将其归入一般社会主义的范畴；如同对待个人主义，首先持批驳的观点，批驳的同时又对其历史价值，采取一种客观的态度。具体到马克思经济学说，由于混入一般社会主义之中，这种批驳＋客观的态度，实则批驳有余，客观不足。如对马克思的理论体系，只提到"人工价值论"或"劳力为一切财产的亲生父"，也就是马克思的劳动价值论，而且后一概念又来自威廉·配第所说"劳动是财富之父，土地是财富之母"前半句的意思，表达得并不确切；以劳动价值论作为马克思解放劳动阶级的利器，反而疏漏了更重要的剩余价值理论。另外转述杜威的表达，提到马克思有关从自产自销的私人手工业生产到实行分工和采用机器的工厂生产社会化，经济制度应当改变财产私有制而实行以社会利益为标准的财产分配这一理论；不知这种间接的转述，何以比马克思本人的表述更明白。除了这两个理论，其他则将马克思的理论学说，或者混淆于共产主义和所谓半共产主义的社会主义，或者混淆于空想社会主义者、无政府主义者及洛贝尔图斯和拉萨尔之流，以至于像工资铁律说及工资基金说那样的非马克思学说，都通过所谓共产主义之说，模糊地与马克思学说挂起钩来。对马克思学说的批驳，实则也是对整个社会主义的批驳，主要落脚在马克思的预测上，称此预测经欧战以后的事实证明，有双重失败。一则引用所谓马克思的嫡系考茨基为《共产党宣言》所作的序言，说明现在劳动阶级的痛苦已不如当初宣言发表时那样严重了，特别是大战以后劳动阶级逐步提高工资及其他获益，否定了马克思所说的现代资本制企业一定会造成富者愈富、贫者愈贫的趋势。二则社会主义发生在经济制度极不完备的俄国，否定了马克思认为最早实现社会主义理想的一定是经济制度最完备的英、法、德、美诸国的科学推算。这两个理由，也是当时批驳马克思学说最新的流行依据，确实值得注意。但以此断言社会主义的理论根据不免薄弱而发生动摇，则言之尚早。

**（三）结语**

樊弘著《劳动立法原理》，时年 25 岁，两年前刚从英语系转入政治系，如此资历，出手颇有份量的政法类专著，殊为不易。这部著作着眼于劳动保护立法的"原理"，首先考虑在现行制度下解决劳动问题。于是一方面排除以斯密为代表的个人主义原理，放任劳动问题的产生与发展，另一方面排除以马克思为代表的社会主义原理，通过推翻现行制度来解决劳动问题，结果奉社会改良主义原理为圭臬，以制订劳动保护法规为"锁钥"即关键之举。为此，书中分别考察了三派学理的历史背景、理论特征、流行缘由和代表人物，许多内容涉及经济学领域，可见作者的涉猎面和参考范围相当广泛。不过，由于著书的宗旨是在三派学理中，确认社会改良主义才是支撑劳动保护法则以解决劳动问题的最适当和最通行的学理基础，对其他两派的学理持批驳立场，所以尽管表示用客观态度来叙述这两派的历史价值，终究比较笼统和带有选择性。特别是对待马克思经济学说，看来主要参考一些二手资料和流行观点，缺乏深入系统的研究。因此将马克思学说一会儿列为共产主义的依据如社会化生产与私有制分配的矛盾，一会儿又列为半共产主义或社会主义的依据如劳动价值论；重点则指出马克思在未来预测或科学推算上的失败，或者把战后劳动阶级的待遇有所改善看作预测失败的理由，否定资本主义社会的贫富分化趋势，或者把苏俄革命看作推算失败的证据，而不是看作马克思学说同俄国实际相结合的理论与实践创新。

在马克思主义经济学传播于中国的早期历史进程中，引入社会改良主义来抵制这种传播，如影随形，早已有之。樊弘此著，依据社会改良主义，同时批驳个人主义和社会主义，视之为两个极端，既反对社会主义推翻现行制度来根本解决劳动问题，也反对个人主义在现行制度下放任劳动问题的存在，主张采用妥协调和的劳动立法方式作为解决问题的钥匙，这也反映了那个时期国内知识界对社会改良主义的新潮理解和流行态度。受这种思想的影响，樊弘初出茅庐之作推崇社会改良主义，在所难免。或者说，他最初以这种方式，走上了研究经济学和马克思经济学说的道路。1939 年，他留学英国剑桥大学进修期间，在伦敦《经济研究评论》第 7 卷第 1 号上，发表了蜚声英美学界的论文《评凯恩斯和马克思的资本蓄积、货币和利息的理论》，成为国内著名的经济学家。

## 四、《农民问题研究》译本

原著者日本河西太一郎①，周亚屏翻译，上海民智书局 1927 年 10 月初版。

---

① 河西太一郎（1895—1986），1920 年东京大学法学部毕业，任职大原社会问题研究所；1953 年以农业方面马克思主义理论的发展获立教大学经济学博士，并任该大学教授，1971 年退休后为名誉教授。

## （一）译本简介

胡汉民 1927 年 8 月 15 日作序称：

"中国国民革命过程中，对于民众运动，第一重要就是农民问题"。出版界却缺乏可供青年参考研究的书，这不用说，是目前一件"憾事"。我去年看过河西太一郎所著的《农民问题研究》，"觉得很有科学的态度"。他就许多重要的问题和许多名人的主张，"都用过一番分析底功夫，并且以事实统计来证明，才下批判，极力避去武断的危险"。例如大农经营优越论，他仔细检查过反对者的理由后，"仍然参加到马克斯一面"。马克斯的《资本论》等著作，"专以英国农业为根据，忽略了农工业生产性质底本质的差别，他并不为之回护"。"他极赞许恩格斯农民政策底原则，却不以大中农列作一起对付为然"。苏俄共产党人往往自夸其农民政策为列宁所创作，河西却说："实在不过依据恩格斯底政策，按照俄罗斯情形，具体的使它发展"。河西很不恭维考茨基之为人，可是自序上明确说，以考茨基 1899 年出版的《农业问题》（今译《土地问题》）为"研究底础石"。这些地方，"可以见得著者底眼光和态度都很不错"。

"由马克斯到列宁，不管他们专为无产阶级专政讲战术，而对于农民问题，只有越做越小心，怕农民走向反动底方面"。到了最近的斯大林（原译"史丹林"），更是因为季诺维也夫①（原译"辛诺维耶夫"）、加米涅夫②（原译"加密尼夫"）几个人，过大估量大农的势力，又不主张和中农提携，说非要集中攻击大农不可。"反转来看中国底 CP 在两湖做农民运动，却有目共睹，并不是这一回事。——如推地痞为革命先锋，一味扩大流氓无产阶级，剥夺中小农底利益生活等等——弄到完全失败，而那发踪指示底人，坐在莫斯科，还只会把'幼稚'两字来推诿。我

---

① 季诺维也夫（1883—1936），1901 年加入俄国社会民主工党，站在布尔什维克一边，1906 年被选为彼得堡党委委员，次年当选党中央委员，1908 年被捕，获释后侨居西欧；1917 年二月革命后当选党中央政治局委员，十月革命后被派往乌克兰组织地方苏维埃政权，1919 年当选共产国际执委会首任主席，1921 年为彼得格勒党组织领导人、苏维埃主席，党中央政治局委员；1925 年因在党内形成"新反对派"受到批判，1926 年因和托洛茨基结成"反党联盟"被开除出政治局和共产国际，翌年被开除出党，1934 年被捕，后被处决。

② 加米涅夫，列甫·波里索维奇（1883—1936），1901 年加入俄国社会民主工党，属布尔什维克派，1908 年流亡西欧，1914 年回国后被捕并流放西伯利亚；1917 年二月革命后当选党中央委员，十月革命后任全俄苏维埃代表大会执行委员会第一任主席，1919 年俄共第八次代表大会上当选中央委员并进入政治局，后任莫斯科苏维埃主席，1922 年起任苏联人民委员会副主席兼劳动和国防会议副主席、主席；1925 年因与季诺维也夫等结成"新反对派"，受到批判和降职处分，1926 年又因参与组织托洛茨基—季诺维也夫"反党联盟"被解职，1927 年被开除党籍，1928 年重新入党，1932 年又被开除，1934 年被捕，后被处决。

不知凡是马克斯主义研究者，或是列宁主义研究，对此作何感想"？

周亚屏译此书，"忠实而明畅"。最末三章因为德国农民运动的材料太旧，自耕农创制是日本的事情，叙述一个农业新村过去的事实等，在农民问题研究上没有多少价值，所以把它们略去了。另外加上河西在《社会问题讲座》第 10 号上发表的《世界农民运动现势》，材料比较好，"使原书更加完善"。①

这篇序言表明三个意向：一是欣赏著者在研究农民问题上"很科学的态度"。主要指对待马克思主义农业理论的态度，例如，在大农业经营具有优势方面，经仔细检查反对者的理由，最终站在马克思一边，同时不祖护所谓马克思著作中忽略了农业与工业的性质具有本质差别等缺陷；尤其赞许恩格斯将富民与中农区别开来的农民政策原则，并指出苏俄共产党自夸列宁所创立的农民政策，不过依据恩格斯的政策原则而结合俄国实际情况的具体运用；既不恭维考茨基以后的为人，又肯定他以前的著作即《土地问题》，以此作为自己研究农民问题的理论基础。也就是说，作序者在纯粹的农业理论方面，倾向于支持马克思、恩格斯和列宁的思想，特别是关于农民问题的政策原则。二是质疑斯大林等人所实行的农民政策，放弃马克思、恩格斯和列宁谨慎防止农民走向反对共产党的对立面的理论观点和政策思想，夸大富农势力，不主张团结中农，转而采取打击他们的政策。这是指列宁去世和斯大林执政后，逐渐取消新经济政策中减轻农民负担和放宽经营范围的作法。质疑由此可能产生的不利后果，不能说没有一定的道理，然而这个质疑却另有用意。三是指责中国共产党人在湖南湖北等地开展的农民运动，认为那是以地痞为革命先锋，放纵流氓无产阶级并损害中小农利益的完全失败行为，进而指责共产国际的遥控指挥并用幼稚二字来推诿失败。这看起来好像是说中国共产党领导的农民运动，违背了马克思列宁主义的农民理论与政策原则，共产国际亦与有过失，实质上是反对中国选择社会主义革命道路，同时也反映了四一二政变后公开抛弃联俄容共政策的时代背景。这几个意向，从欣赏到质疑再到指责，很能体现当时胡汉民研究马克思主义学说的特点：有兴趣进行纯理论或纯学术的研究，一旦运用这个学说付诸革命实践，不是挑剔质疑，就是指责谩骂。这种特点，在中国马克思主义经济学的传播过程中，时有所见，不过以此序更加突出和典型罢了。

胡序还介绍原著的特点，如给予许多重要的问题和名人的主张以事实和统计分

---

① 河西太一郎著，周亚屏译《农民问题研究》，民智书局 1927 年版，胡汉民"序"。

析，以及介绍译本的翻译水准和增删内容。译本分 3 编，第 1 编"农业问题底基础的考察"，含"资本主义与农业""农业在资本主义社会内展开的倾向"2 章；第 2 编"农业理论及农业政策底研究"，含"马克斯底农业理论及政策""恩格斯底农民政策""列宁底农业政策""伐尔加底农业理论""社会主义与小农土地私有权""法国劳动党及德国共产党底农业纲领"6 章；第 3 编"农民运动"，含"俄国农民运动史概观""世界农民运动现势底一斑"2 章。以第 2 编占一半以上的篇幅，可见是全书的重点。

## （二）译本评介

第 1 编第 1 章，谈到资本主义下农业的发展，引用《资本论》第三卷的论述："资本制度底生产方法，使光只依靠经验方法的——社会中最不进化的分子，机械式地相传授相承继的——农业，变为意识地科学地应用农业学的农业"，不过，"这事底可能，是在附属于私有财产制的各种关系底范围之内"。又说："一方面使农业合理化——有了这个合理化，农业才能够行社会的经营——一方面证明土地私有是不合理的制度，这都是资本主义生产方法底伟大功绩"①。谈到资本主义下农业的衰退，引用前书的论述："佃户经营过小农业，他所付出的田租里面包含的利润，比在什么关系之下还多，甚至于有的时候，田租里面包含着从工资扣除下来的部分。在这样的时候，田租已成了名义上的田租，而不是和那工资、利润相对立的独立范畴的田租"②。又引用列宁在《19 世纪末俄国的土地问题》中的论述："连那中农底经济也都显著地依靠着市场，至大农和半无产阶级的贫农底经济，那更不必说了。……商业和交换，侵入了农业，就使农业化为一种专业：而这'专业化'，现在也正是一天比一天发达着"③。最后说到"农业问题解决的方向"："真要振兴农业，第一非把抑压农业底发达的根本原因除去不可——这不是消灭资本主义还有什么！换句话说，农业发达底可能性，要等现在使农业衰退的根源，资本主义灭亡之后才能实现"④。

① 河西太一郎著，周亚屏译《农民问题研究》，民智书局 1927 年版，第 6—7 页。其今译文见《资本论》第三卷，人民出版社 2004 年版，第 696—697 页。
② 河西太一郎著，周亚屏译《农民问题研究》，民智书局 1927 年版，第 9—10 页。其今译文见《资本论》第三卷，人民出版社 2004 年版，第 915 页。
③ 河西太一郎著，周亚屏译《农民问题研究》，民智书局 1927 年版，第 19 页。其今译文见《列宁全集》第 17 卷，人民出版社 1988 年版，第 105—106 页。
④ 河西太一郎著，周亚屏译《农民问题研究》，民智书局 1927 年版，第 30—31 页。

第 2 章，谈到资本主义的发展倾向，引用《资本论》第三卷的论述："一切剩余价值底生产或一切资本底发达，完全是以农业劳动底生产力作为自然的基础。……农业劳动力，必须满足他自己个人底欲望而有余；这个条件是社会一切的基础，尤其是资本制度生产底基础"①。谈到农业经营形态的发展倾向，各先进国的农业发展倾向告诉我们，既"不像马克斯主义所说地那样大经营压倒小经营"，也"不像非马克斯主义所主张地那样小经营驱逐大经营"；"较为妥当"的说法应当是，农业整体随着资本主义的发展，"渐生衰微底倾向"，在这当中，"大小经营两者都不表示显著的移动"。谈到农业阶级构成的发展倾向，农业劳动者的运动和佃农阶级的运动成为阶级斗争的两大形态，逐渐在各国发展，这是事实；从这一点看，"不能不说马克斯主义所谓无产阶级底组织及阶级意识发展的事实，在农业方面也是正在实现"，可是它和工业界不同，"现在中间阶级在农业界还有重要的意义"。最后的结语：关于农业在资本主义社会的发展倾向，就是说农业自身是否有一种要素在发展，将废除抑制农业发展并使农村疲惫的资本主义和创设更高的新制度这个问题，其前途有"很多困难而不许乐观"；除了大农经营占优势的地方之外，没有农业社会化的基础准备，农业中间阶级至今还有不少，其向背对大局的影响很大，农业无产阶级的数量虽然在增加，但大多数受到土地私有欲望的羁绊。②

第 1 编两章，考察农业问题的基础，实际上摆出在农业问题上，马克思主义和非马克思主义双方的不同意见。这些意见聚焦于两个问题，农业在资本主义社会是否如马克思所说的那样，也就是像在工业资本主义中那样，存在着两种倾向：一是大农业经营压倒小农业经营，二是农业的中间阶级逐渐分化到两端，大多数成为农业无产阶级。书中大量引用非马克思主义即反对马克思学说的观点，在此未予摘录。上面主要引用马克思在《资本论》第一、第三两卷中的有关论述，以及引用列宁在《19 世纪末俄国的土地问题》中的论述作为佐证。这些论述，在国内以往的著作里，几乎不曾有人注意到。从译本后面的考察看，其意向在主体上，也是为了证实或支持马克思的观点。

第 2 编第 1 章"马克思底农业理论及政策"。提出马克思主义者以外的学者，差不多都说马克思的农业理论及政策"是不顾现实的事实的谬论"，"断言社会主

---

① 河西太一郎著，周亚屏译《农民问题研究》，民智书局 1927 年版，第 34 页。其今译文见《资本论》第三卷，人民出版社 2004 年版，第 713 页。

② 河西太一郎著，周亚屏译《农民问题研究》，民智书局 1927 年版，第 54、66、70—71 页。

义最少也在农业方面不能适应",看起来"好像农业马克斯主义几乎完全被学界所弃"。可是马克思的农业理论及政策并非这样"薄弱无力",应当先追溯马克思自己的主张,然后再看农业事实的推移。

　　马克思的农业发展论,被攻击最厉害的,大多是些片断发表的观点。关于资本主义对农业的影响,《资本论》第一卷说:"只要大工业破灭了那旧社会底脆薄的屏障——自耕农并且使他们成了工资劳动者,那末,对于农业方面是最有革命影响的。所以社会变革底要求和阶级对立的事实,在农村里边也就和在都会一样。旧来最陈腐的最不合理的经营方法被那意识的、工艺的科学应用所淘汰"①。第三卷说:"一方面使仅只依靠经验方法之……(中略)农业,变为意识地科学地应用农业学之农业;一方面把土地私有完全从支配及隶属关系之下解放出来,同时,把那劳动条件的土地,从土地私有及土地私有者——在于他,土地不外乎是为了是他所独占着的缘故,而从产业资本家的佃户征收的货币租税——完全地分离开来。这两件事,是资本主义生产方法底一个很大的成绩"②。马克思在《哲学底贫困》中说:"依据普鲁东所说,'土地耕种底改良'——'技术改良'底结果——常是田租涨价底原因。其实正是相反,这种改良反使田租暂时减低。……(中略)十七世纪的英国底地主,关于这事情知道的很清楚,他们为了怕自己底收入要减少所以反抗农业底进步"③。《资本论》第三卷说:"在农业普通的生产行程中,较为短时期的投资,完完全全都是出于佃户底手里的;……(中略)凡是不能在佃租的期间当中确实地转收回来的改良和费用,佃户一概都是要避的";第一卷又说:"以购买土地为目的而支出货币资本,并不能算为投下了什么'农业资本',……(中略)那种支出也是农业底障碍"④。还说:"资本制度生产之下,聚集在大中心地的都会人口,一天比一天地占了优势;……(中略)所谓的资本制生产,是这样地必须破坏那一切的财富底泉源——土地与劳动者——才能使社会的生产行程底'技术'和'结合'发展"⑤。关于农业在资本主义社会的发展倾向,《共产党宣言》说:"以前的小中产阶级,就是小工业家、商人、手工业者和自耕农,这些阶级都没落

①　其今译文见《资本论》第一卷,人民出版社2004年版,第78页。
②　其今译文见《资本论》第三卷,人民出版社2004年版,第696—697页。
③　其今译文见《马克思格斯选集》第1卷,人民出版社1972年版,第153—154页。
④　其今译文见《资本论》第三卷,人民出版社2004年版,第699—700、916页。
⑤　其今译文见《资本论》第一卷,人民出版社2004年版,第579—580页。

下去，成为无产阶级"①。马克思 1852 年在《路易·波拿巴的雾月十八日》（原译"勃鲁梅尔第十八日"）中谈到法国小农状况时说："在他们底生产舞台，碎小的土地上面，耕种底时候又不能分工工作又不能应用科学。……（中略）现在使法国农民趋向没落的，实在是他们底碎小的土地"②。《资本论》第三卷第 47 章第 5 节"分成制和农民的小块土地所有制"（原译"分益佃农制度及农民底过小私有地"）概括小农没落的原因："大工业底发达，破坏了农村底家庭工业……（中略）遭逢殖民地农式的或资本主义经营的大规模耕种底竞争"；"农业上的各种改良，……（中略）这也是上述的原因之一"；"在碎小土地，劳动底社会生产力底发达，劳动底社会形态，资本底社会集积，大规模的畜牧，累进的科学应用，这些事情从性质上看起来都是不可能的"；"高利借贷业和租税制度，……（中略）生产条件底累进的恶化和生产手段底腾贵，乃是土地过于碎小了之后的必然的法则"③。马克思在《1848 年至 1850 年的法兰西阶级斗争》（原译"法国底阶级斗争"）中说："土地底分割，伴着人口底增加而增加；……（中略）农业衰微下去，自耕农负起债来"④。关于大农经营，马克思起草的《国际工人协会成立宣言》（原译"第一国际成立宣言"）说："如果翻看一下一千八百六十一年官厅底统计，……（中略）所以如果全体的私有地也以这样的比例集中到少数人底手里，……（中略）那时候一样地非常单纯吧"⑤。

关于马克思的农业政策，从《共产党宣言》看，无产阶级执政之后，列举"最进步的各国很可以普遍地采用这些方策"，农业方面有四种："废弃土地私有权，将地租充为国费"；"以共同的计画，开垦及改良土地"；"编设产业（尤其是农业）军"；"连结农工业底经营，逐渐地除去都会和农村底差别"⑥。从马克思起草的《德国共产党底要求》（今译《共产党在德国的要求》⑦）的 19 个项目看，第 7 项"君侯所有的以及其他的封建的农地，一切的矿山矿坑，一概变为国有。在这

---

① 其今译文见《马克思恩格斯选集》第 1 卷，人民出版社 1972 年版，第 259 页。
② 其今译文见《马克思恩格斯选集》第 1 卷，人民出版社 1972 年版，第 693 页。
③ 其今译文见《资本论》第三卷，人民出版社 2004 年版，第 912 页。
④ 其今译文见《马克思恩格斯选集》第 1 卷，人民出版社 1972 年版，第 472 页。
⑤ 其今译文见《马克思恩格斯选集》第 2 卷，人民出版社 1972 年版，第 129—130 页。
⑥ 其今译文见《马克思恩格斯选集》第 1 卷，人民出版社 1972 年版，第 272—273 页。
⑦ 《共产党在德国的要求》，马克思和恩格斯 1848 年 3 月 21 日至 29 日间在巴黎写成，3 月 30 日印成传单，4 月初发表于德国一些民主报纸。当时德国革命刚开始，这是作为指示性的文件分发给回国的共产主义者同盟盟员，并在革命进程中竭力向人民群众宣传这个政治纲领。参看《马克思恩格斯全集》第 5 卷，人民出版社 1958 年版，第 609 页注释 1。

些土地上面的农业，大规模地并且以最新式的科学的辅助手段，为着全体底利益经营"；第8项"宣告农民私有地底抵押，作为国有；农民将典当底利息交付国家"；第9项"佃农制度发达的地方，地租或佃租，作为租税付国家"①。

看了《资本论》第一卷关于英国的农业无产阶级和英国农民土地被剥夺的精细叙述，可以知道他的立论以英国的农业情形作为"主要的或是唯一的根据"，似乎无暇顾及其他。假设马克思能够离开像英国那样农业的集积过程几乎和工业一样盛行的地方，有机会根本地研究一下别国农业的不同情形，我想马克思的农业理论"定要比现在所指示我们的更要伟大"。可惜天不作美，没有让马克思完成他对俄国农业的明确研究。恩格斯也这样叹惜马克思的地租论。俄国和英国不同，大私有地占优势的同时也盛行着小农经营，所以我想研究俄国农业情形，"定能对于马克斯底农业发展观发生了影响"。现在资本主义生产方法支配我们的社会，即使资本主义的经营不能在农业上发展，农业也不能站在资本主义影响的范围之外。关于这点，列宁在《19世纪末俄国的土地问题》中说："在农业上面资本主义底复杂的发展行程，惟有研究了农业底现实的各种特性之后，才能把握。只拿了农业有许多特殊的性质这个理由，而就说农业决不随从资本主义底发展法则，这完全不是正当的主张"②。马克思关于"用最新式的科学的补助手段去行大农经营谋农业生产底增加"，关于"联结农工业逐渐除去都会和农村底差别"等指针，"实在足以表示马克斯底炯眼而有余"。我们不能因为这些要求在那时不曾实现而嘲笑它是空想，问题在于将来。"现在排击着农业马克斯主义的那些学者，真能够保持他们底胜利直到最后吗？最后的胜利，不会归到被攻击的马克斯底手上吗？问题还在将来残留着"。③

这一章为马克思的农业理论及政策辩护，有两个特点，一是力求从马克思有关农业的片断论述里，梳理出确切的指导原则。这些论述，分别从马克思的《资本论》第一及第三卷、《哲学的贫困》《路易·波拿巴的雾月十八日》《国际工人协会成立宣言》《共产党宣言》《共产党在德国的要求》等著述里爬梳出来，其中有些是国人熟悉的马克思著述里的陌生资料，有些则是国人完全陌生的马克思著述。二是承认马克思关于农业的理论分析，以大农业发达的国家如英国为对象，未能顾及

① 其今译文见《马克思恩格斯全集》第5卷，人民出版社1958年版，第3页。
② 其今译文见《列宁全集》第17卷，人民出版社1988年版，第106页。
③ 第2编第1章引文除另注外，均见周亚屏译《农民问题研究》，民智书局1927年版，第75—95页。

小农业盛行的国家如法国等，又承认各发达国家的农业现状，事实上至今尚未实现马克思所说的两种发展倾向，但这并不能证明马克思的农业理论是谬论或已经失效；从将来或长远看，马克思的农业理论仍具有指导意义，而且马克思本人若有机会研究英国农业以外的其他国家例证，也未必会赞同那些非马克思主义的农业观点。本章以论述马克思的农业理论为主，辅之以他的农业政策而非农民政策。

第2章"恩格斯底农民政策"。恩格斯去世前一年，即"思想最圆熟的"1894年，在《新时代》上发表《德法两国底农民问题》（今译《法德农民问题》），对法国劳动党的农业纲领给予"极有权威的批评"，明确展开自己的农民政策，"真是窥探马克斯主义农业理论，尤其是农民问题的时候最难得的资料"。恩格斯所谓农民问题的中心点，在于社会党是否甘心把濒于没落的农民，交给邪恶的大地主"保护者"手上，"使农民从工业劳动者底受动的敌人化为能动的敌人"。分析农民阶级，恩格斯先从小农研究着手。"小农和过去的生产方法底一切的遗物一样地没落下去，无法救济。他是未来的无产者。——这就是恩格斯底小农观"。法国劳动党的农业纲领，是在小农经营典型的法国作成的，"所以很有注意底价值"；恩格斯对这个农业纲领的批评，包含社会主义与农业问题"极有含蓄的见解"，"所以也很重要"。恩格斯说："在一千八百九十二年的马赛大会，法国劳动党通过了最始的农业纲领。……（中略）设置农业试验场及免费的农业补习教育机关"。同年9月南特大会通过说明书："本党底总纲上说，生产者，惟在持有生产手段的时候才能自由。……（中略）就是在各权限之下利用着国土的那些一切的活动，结合起来向着共同的敌人——土地私有底封建制——一致作战，通过了以下的农业纲领"。① 恩格斯对说明书给予"极精细的批评"，其重要部分："纲领上，'生产者底自由须以持有生产手段一事作为前提'的那个句子，自然要以接在下面的'生产手段底持有，只有两种形式，不是分有就是共有；第一种，就是生产手段分有于各生产者的那种形式，在什么地方都不曾普遍地存在过，而且产业底发达使它一天一天地衰落下去，第二种，那种'共有'底形式可就不同，这种形式底物质的及理智的前提，都已经由资本主义底发展造成着。所以无产阶级应当用尽一切所可能的手段，去争得生产手段底共有'，那个句子作为补充。……然而在我们底党，资本家式的，中产阶级式的，或是中农式的谋利团体，是完全没有必要的"②。恩格

① 其今译文见《马克思恩格斯选集》第4卷，人民出版社1972年版，第299—300页。
② 其今译文见《马克思恩格斯选集》第4卷，人民出版社1972年版，第302—305页。

斯"毫无容赦地"驳斥了法国劳动党农业纲领中违反社会主义本义的各点，以免发生误解。他的总括批评："说法国劳动党底意见，要是敌对小农，法国底革新就无法久续，这是完全正当的。但是他们把援助农民的方策弄错了"①。

具体的农民政策方面，恩格斯在《法德农民问题》中，一是明示对付小农政策的"根干"："我们对于小农阶级的态度是怎样的呢？国权归了我们的时候，我们就应怎样地处置小农阶级？……（中略）至于那时候使小农了解——即在现在都能懂得的——利益的手段，自然是很多"②。恩格斯相信小农受到资本主义大经营的压迫必然要没落下去，但社会主义没有促进这个没落的义务；断然反对以图谋维持小自耕农作为社会主义者必须的任务，这在理论上矛盾，在事实上也不可能；小农没落的原因实是以个别小私有地为基础的过小经营，小农不能因延期没落而得到解放；要使农民自觉：小农的地位在资本主义支配下绝对无法救济，确实要被资本主义大生产所驱逐；拯救农民的真正方法是把他们的个别的小规模私有地及经营，改为协同合作的归属及经营；社会党掌握了政权，也决不能强制收用农民的私有地，而应诱导到协作生产上去，需要提供一切援助的方法，使农民成为社会主义的友人。二是对付中农及大农的政策，恩格斯主张也和对付小农一样，整理他们的所有地，改为不榨取工资劳动的协作经营。他说："对于中农和大农，我们也可不必信服那种强制的收用。并且可以确信经济上的发达，毕竟可把这益发顽固的头脑，也转换来近于理性"③。三是对付大地主的政策，恩格斯认为"极其简单"，社会主义一旦掌握政权，立刻收用他们的土地，这和对付工业没有区别；至于收用时是否赔偿，根据社会党掌权的情况及大地主的态度而定。并说："我们决没有，在无论如何的情况之下都不能允许偿价的那种想头。马克斯把他底——要是我们把一切的土地都能收买过来，那事情就再容易没有了——那个意见，不知向我说过了多少遍数"④。四是对付农业劳动者（今译"农村无产者"）的政策，恩格斯认为能把农业劳动者变为我们的同事。说到德国："获得那易北河以东的普鲁士底农业劳动者，在我们已不过是时期底问题，而且只是极短的时期底问题了。……（中略）我们毕竟是要获得这农业无产阶级的"⑤。

---

① 其今译文见《马克思恩格斯选集》第4卷，人民出版社1972年版，第308页。
② 其今译文见《马克思恩格斯选集》第4卷，人民出版社1972年版，第309—310页。
③ 其今译文见《马克思恩格斯选集》第4卷，人民出版社1972年版，第314页。
④ 其今译文见《马克思恩格斯选集》第4卷，人民出版社1972年版，第314—315页。
⑤ 其今译文见《马克思恩格斯选集》第4卷，人民出版社1972年版，第315—316页。

概括恩格斯对农民政策的见解，其理论根据是"小农经营底必然没落论"。这个根据和马克思一样，"把资本主义下面的农业底和工业底发展法则一样地扑街，以为在农业方面，小经营也要受资本主义大经营底压迫而必然地没落下去"。这个理论从实际上看，"未必是适合的"。可是，除了产业协作社高度发达的地方之外，在资本主义制度下面，小农和中农事实上的确限于穷迫境遇。所以，恩格斯的小农政策，"实是非常地妥当"。我觉得小农的实在情形，"有和恩格斯底主张渐趋接近的倾向"。恩格斯把大农和中农放在一起安排的政策，我觉得"大农榨取的色彩比较强烈，应和中农分别看待，另外立一种对付的方策"。此外对于大地主和农业劳动者的政策，以及私有地的收用问题和收用时的赔偿问题，我看恩格斯的原则见解，"没有可以非难的余地"。恩格斯的农业政策，20多年后的1917年俄国革命，借着列宁的手，指导了布尔什维克的农业政策，"这不能不说是极有兴趣的事实"。俄国革命的"主脑"列宁的农业政策，实际上以恩格斯的农业政策为基础，不过参照俄国的实情而具体发展罢了。所以恩格斯的农业政策，可说是对许多资产阶级学者的嗤笑嘲弄，"堂堂然地踏了历史上的胜利底第一步了"。这样的胜利，无非说明那政策的理论根据，即恩格斯的资本主义发展观，"不曾失也正鹄"。这样说来，决定一切论争的根干，毕竟是马克思和恩格斯关于资本主义发展法则的科学的真伪问题，一切论争者应到这一点上来，一个个问题要是不和这个全局关联，那不过是一种井中蛙的见解。[1]

这一章考察恩格斯的农民政策，几乎在完整地转述他的《法德农民问题》一文，要么大段地引用原文，甚至连引长达4页之多，要么连接每个引用段落之间的叙述，实际上也都是引用者用自己的话来解说原文的意思。这里尤为注重恩格斯对农村社会阶级中各个阶层的不同政策，而不仅是一般的农业理论及政策，同时又通过这些农民政策本身的合理性及其运用于苏俄革命实践的成功，反过来证明马克思和恩格斯关于资本主义发展法则在农业领域的适用性，虽然遭到非难，却具有科学的理论根据。书中尽管对恩格斯的农民政策的一些具体环节，如将富农与中农放在一起施策，存在异议，但总体上认为无可非议。这大概也是译本作序者认为作者"极赞许"恩格斯的农民政策原则的原因。

第3章"列宁底农业政策"。马克思主义者列宁将资产阶级是社会主义的敌

---

[1] 第2编第2章引文除另注外，均见周亚屏译《农民问题研究》，民智书局1927年版，第96—124页。

人，无产阶级是社会主义的友人这个见解，照样适用于农村，对于农村资产阶级的地主，同对于工商资产阶级一样让它彻底覆灭，并完全采用强制的手段；反之，农业无产阶级是无产阶级独裁在乡间的支柱，是社会主义的支持者，其政策是让他们和都市无产阶级极紧密地提携与结合。所谓农民阶级，就是自耕农阶级。列宁在1919 年 3 月 23 日"俄国共产党第八回大会"的演说中，引用恩格斯的话，并说明："这是农业问题成了大会底讨论题目的一千八百九十四年，就是恩格斯死的前一年的意见。……（中略）我们在理论上，都是和这个意见完全相同的"。对于大农阶级，不用对于地主和资产阶级所用的彻底方策，只止于"抑压大农阶级底反抗，压迫他们底反革命的倾向"。最讨厌的是中农阶级，列宁说这个阶级"在大农和小农之间动摇着，一方面也是有产者，一方面也是劳动者。……（中略）它还是有产阶级"。① 列宁对中农阶级所采取的完全是妥协的非强制的政策。他说："我们对于资产阶级和对于中农阶级的态度底差异是，一方面对于资产阶级，宣告完全的收夺，而一方面对于中农——只要他们不是榨取者——承认和他们提携、结合。……（中略）此地所需要的，是继续的教育事业"②。列宁确信："要是我们把一种正当的政策施行下去，他们底踌躇和动摇自然会停止下来；中农，结局总是要同我们来结合的"③。他反复说，"关于这个问题，施用暴力和强制，在本质上没有半点效力，我们断不可以离开这个真理"；"在这里施用暴力，就是要把一切的事情根本破坏"④，用以警戒速望成功的共产党员。

列宁的土地政策，可见布尔什维克革命第二天迅速宣布的有名的《土地布告》。这个布告以列宁起草的原文作根底，宣布在社会主义社会，永远废除土地私有权，一切土地归公有。然而这个原则不是立刻毫无变通地贯彻到底，第 1 条说地主的土地所有权无代价地立刻充公，第 5 条规定不没收农民和服兵役的高加索人的土地。"列宁底土地政策底主眼，就在这里"。这里适用的原则，避免把自耕农赶到反革命阵营，避免因他们产生动摇和混乱而使农业生产出现极大的障碍。这不是放弃原则，是以俄国的情形和需要作为基础。列宁的农业经营政策，将原则与实际结合，一面实施奖励大农经营的政策，一面设法保护和改良旧存的小农组织。

---

① 其今译文见《列宁选集》第 3 卷，人民出版社 1995 年版，第 779—781 页。
② 其今译文见《列宁选集》第 3 卷，人民出版社 1995 年版，第 780、784 页。
③ 其今译文见《列宁选集》第 3 卷，人民出版社 1995 年版，第 788 页。
④ 其今译文见《列宁选集》第 3 卷，人民出版社 1995 年版，第 784 页。

俄国那样的农业国，农业问题重大而且困难，其农业政策"可以直接地左右苏维埃共和国底兴亡"。现在苏维埃共和国的基础有些安固了，这个事实同时也证明它的农业政策虽然经历几多变迁，"终究也未曾大错"，这和列宁的苏俄农业政策有重大的关系。①

这一章考察列宁的农业政策，分为农民政策、土地政策与农业经营政策三部分。关于农民政策，主要指对待自耕农（包括小农和中农）的政策，重点引用列宁在俄共（布）第八次代表大会上的演说即《关于农村工作的报告》中的有关论述，意在说明他继承和发展马克思特别是恩格斯的农民政策原则，并在苏俄革命的实践中取得了成功。这个报告，此前国人很少注意到。关于土地政策和农业经营政策，依照本章末的说明，大部分以列宁的《布色维克底农业政策论》《共产党对于中农阶级的关系》《俄国底农业革命》三篇文章为根据。这三篇的原文尚待查实，它们当时同样在国人的视野之外，则可以确定。

第4章考察"伐尔加"（今译瓦尔加②）的农业理论，他以马克思主义为立脚点，"极锐利地解剖批评现实的诸种问题"，在列宁死后，对第三国际的农业问题，"实演着指导的脚色"。他的研究重心，集中在分析农业阶级的构成，检讨这些阶级对于无产阶级独裁的态度。③

第5章考察社会主义与小农土地私有权，社会主义明确否认资本主义的土地私有，可是不能"妄断"或"误解"为社会主义社会要把一切土地（如小私有地）同样地立刻收为公有；用苏维埃直接经营的农场、协作生产、集体耕种那些有利于社会主义农业生产的模范实例，以及各种宣传等方式，不用强制收买或没收的方式，自然而然地将小私有地融化为社会所有这一点，科学社会主义者的见解和他们所摈弃的空想社会主义者的见解，只在外观上一致，本质上存在着区别④。马克思的《共产党在德国的要求》有关条文，没有侵害自耕农民的土地私有权的话。

---

① 第2编第3章引文除另注外，均见《农民问题研究》，民智书局1927年版，第125—143页。
② 瓦尔加，叶夫根尼·萨穆伊洛维奇（Eugen Samuilovich Varga，1879—1964），生于匈牙利，在布达佩斯大学学习哲学和经济地理学；1906年加入匈牙利社会民主党，1909年获哲学博士学位，1918年任布达佩斯大学教授；1919年先后任匈牙利苏维埃共和国财政人民委员和最高国民经济委员会主席，匈牙利革命失败后逃到奥地利；1920年移居苏俄，加入俄共（布），1927年起领导苏联科学院世界经济和世界政治研究所，1939年起为苏联科学院院士；1946年被打压，1953年斯大林去世后复出，在莫斯科去世。
③ 周亚屏译《农民问题研究》，民智书局1927年版，第146—147页。
④ 周亚屏译《农民问题研究》，民智书局1927年版，第166—168页。

恩格斯的《法德农民问题》，相信不应强制将小自耕农的私有地收为公有，相信借着实例和劝导，能够使小农和社会主义的组织融合。威廉·李卜克内西（原译"里普克内希"）1870 年 3 月演说、1873 年初版、1876 年再版的有名的《土地问题论》，关于小农土地私有权的见解和恩格斯的见解"完全无异"[1]。考茨基"被推为恩格斯以后的先觉者"，尤其"对于农业问题的深造，实是占着极重要的地位"[2]，如 1899 年出版的《农业问题，关于近世农业倾向的概观和社会民主党底农业政策》（今译《土地问题》），1902 年初版的《社会革命》，1899 年初版的《农业社会化》。俄国布尔什维克掌握政权后的土地布告等文件，能否感化农民，使他们自动地抛弃小经营而引导到社会主义的经营，"这是一个很有意义的实验，而必须经过久长的时日"[3]。另外还有中途夭折的匈牙利苏维埃共和国的实验，德国共产党 1919 年夏秋之交发表的农业纲领。

第 6 章考察法国劳动党 1882 年制定、1892 年审查的农业纲领，德国共产党 1894 年完成的农业纲领，翻译其全文，认为两党都自称信奉马克思主义，但后者的纲领"尖锐地表现着马克斯主义"，前者的纲领却"很堕于修正派式子的见解"，二者在理论的立足点上，"约略有马克斯主义和修正主义的悬隔"[4]。

第 3 编第 1 章考察"俄国农民运动史概观"，这个运动的核心，根基要从"土地饥馑"的"土地斗争"中去寻求。1861 年的农奴解放，列宁说："俄国人谁都对那大改革——农奴解放——加以赞美的评价，但这完全是虚妄是错误"[5]。经过 1905 年的农民运动，到 1917 年的革命，权力转移到布尔什维克手上，其土地布告第 1 条就宣布立即废弃大私有地，农民分到土地，数十年之久的农民土地斗争，于是达到目的。发表土地布告之前，列宁在演说中说得很明白："预先把关于土地的问题很鲜明地提了出来——这事情底若何重大，已是有这次的革命向我们证明的了。……（中略）劳动者和农民底革命政府，第一非先解决农业问题不可。使大多数的农民得到满足并且使他们归于平静的关键，就在这一点上面"[6]。我觉得，

① 周亚屏译《农民问题研究》，民智书局 1927 年版，第 172 页。
② 周亚屏译《农民问题研究》，民智书局 1927 年版，第 173 页。
③ 周亚屏译《农民问题研究》，民智书局 1927 年版，第 180 页。
④ 周亚屏译《农民问题研究》，民智书局 1927 年版，第 189 页。
⑤ 周亚屏译《农民问题研究》，民智书局 1927 年版，第 221 页。
⑥ 其今译文引自《全俄工兵代表苏维埃第二次代表大会文献》中《关于土地问题的报告》（1919 年 11 月 8 日），见《列宁全集》第 33 卷，人民出版社 1985 年版，第 17 页。

"俄国农民运动底本质和土地斗争底全个精神，都被列宁确乎地把握着"。①

第2章考察"世界农民运动现势底一斑"，依次分析农民和所谓农民的特殊心理；欧战前的农民运动之一瞥；欧战与农民的觉醒；欧战后的农民运动特色，包括农民运动在政治上的冲进，农民团体的组织及纲领变化；保加利亚（原译"布加利亚"）农民党政府的经验；农民的国际运动。结论是，展望最近的将来，一是以战争及战争结果为动机的农民政治上的觉醒还要继续前进，农村阶级分裂的进展和因此而产生的阶级斗争激化，要打破农民大众的因袭的保守精神，使他们在经济上和政治上的斗争益发猛烈；二是农民积极的政治活动成为一种团结的努力发露出来，以后还要继续发展农民的这种结党运动；三是包括一切农业关系者的以前的农业团体现在有的已经开始分裂，以后还要继续下去，这是农村里正在进行的阶级分裂的当然结果；四是以贫农为主的左倾团体以后要在农村发达起来，贫农对地主及大农的支配失望，对资本主义政党的政策失望，以后会想到要同被榨取的阶级协力；五是不能"妄断"这种左倾是共产主义化，他们只在反抗现在抑压他们的支配关系和财产关系这一点上是革命的，他们的理想是共产主义还是想把土地夺回到生产者手里再私有和继续私人经营，"这是一个很大的疑问"，我觉得农业民众的小生产心理依然是很浓厚的②。

第3编对农民运动的分析，延续马克思主义农业理论及政策的实际应用。关于俄国农民运动部分，突出以列宁的论述为准。其中引用十月革命后的第二天列宁在全俄工兵代表苏维埃第二次代表大会上《关于土地问题的报告》，可能第一次为国人所见。关于世界农民运动部分，突出一面是大多数农民反抗压迫榨取的阶级意识的觉醒和开展农村经济与政治斗争的革命运动的发展，另一面是农民浓厚的私有小生产心理对共产主义的抵触。这种矛盾或"疑问"现象，同样是从马克思主义的农业理论及政策中引申出来的。

### （三）结语

此译本研究农民问题，实际上是从非马克思主义者对马克思农业理论及政策的攻击入手，也就是认为自马克思之后各国农业发展与变化的普遍事实证明，并没有出现如马克思所预期的那样，农业的小生产经营为大生产经营所取代，以及农村中

① 周亚屏译《农民问题研究》，民智书局1927年版，第227—228页。
② 周亚屏译《农民问题研究》，民智书局1927年版，第261—262页。

间阶级经过分化，大多数沦为农民无产阶级或半无产阶级，由此断言马克思的农业理论存在薄弱之处或属谬误。对此，译本认为这种非难虽然有事实依据，说明资本主义在农业中的发展特点不同于在工业中的发展类型，但仍不能否定马克思学说在农业领域的理论与政策指导意义。其中最有价值的部分，不止在于为马克思的农业理论及政策辩护，更在于系统和仔细地搜集、整理和归类分析马克思的农业理论与政策，恩格斯分别对待农村不同阶层的农民政策，列宁包括农民政策、土地政策和农业经营政策在内的农业政策，并辅之以其他马克思主义者如瓦尔加、威廉·李卜克内西、考茨基等人的农业理论，以及社会党的农业纲领如《爱尔福特纲领》。这方面的内容，有的是大量摘录原文，有的是详细转述原意，有的是完整引用全部纲领，既有原理，亦有政策，既有理论预期，亦有实践检验，其涉及原典著述之广泛，挖掘相关论述之深入，梳理理论政策之系统，分析内在涵义之精细，在当时国内的著作和译作中罕有其匹，使国人得以比较全面地了解马克思主义农业理论与政策的原貌和真实演进过程。

这个译本传入中国，引起人们的重视，自有其道理。因为如何解决农民问题和农业问题，对于像中国这样的农业国，尤为重要；在马克思主义经济学传入中国的潮流中，如何认识马克思主义的农业理论和政策，在指导我国的农民革命运动方面，具有特殊的意义；苏俄革命发生在同样以农业为主的国度，如何结合本国实际来运用和发展马克思主义的农业理论及政策，其经验更成为我国可以效法的直接借鉴。所有这些，都是译本的本意，站在维护马克思农业理论及政策的立场上，汲取其科学滋养以为指导原则。然而，译本的作序者胡汉民，却从另外方面来解读。他感兴趣于作者"科学的态度"，如所谓大农经营优越论，是马克思根据英国农业而得出的武断结论，忽略了农业生产和工业生产的本质差别；恩格斯的农民政策原则，存在将富农与中农放在一起的问题；列宁的农民政策无须苏俄共产党自夸，实则依据恩格斯的政策而具体用于俄罗斯；等等，这不过是想说马克思、恩格斯和列宁关于农业的经典论述，同样有其缺陷、不足或不值得炫耀。这些评论，仅限于理论争论的范畴，同马克思主义农业理论揭示资本主义农业的发展趋势及其向社会主义农业转化的内在联系分离开来，似乎成为纯粹的学术问题。接着，又把从马克思的农业政策，到恩格斯的农民政策，再到列宁包含农民、土地与农业经营的农业政策，一概说成无产阶级专政条件下生怕大多数农民走向对立面的战术问题，结果一旦列宁去世，苏联政府便过高估计富农的势力并放弃与中农提携的主张，转而采取打击的政策。这个政策变化本来可以讨论，可是作序者迫不及待了。既然马克思的农业理论有可以非难之处，马克思、恩格斯和列宁的谨慎农业或农民政策又被后来的苏联政权轻易放弃了，于是随即拿起的大棒，直接砸向中国共产党领导的农民运动。所谓这种运动以地痞为革命先锋，让流氓无产阶级剥夺中小农生活利益，是完全失败之举，所谓这种运动得到共产国际的袒护并用幼稚之说来推诿其失败等，都能够归咎于马克思农业理论本身存在着谬误，以及马克思主义农业或农民政策本身具有战术权宜特点或不稳定性。经过这样的解读，译本原本旨在维护马克思主义农业理论及政策的特征，居然变成用来指责中国共产党发动农民运动的工具。至于说译本的翻译水准，若对照引用马克思、恩格斯和列宁原文的那些译文，文意大体可通，却不乏漏译和误译之处，很难说"忠实而明畅"。总的说来，这个译本可以成为马克思主义经济学在中国传播的一个另类案例，把系统认识马克思主义农业理论及政策并为之辩护的舶来著作，解读成指责国内的马克思列宁主义研究者，特别是反对中国共产党人的农民运动的"科学"依据。

顺便指出，胡汉民在撰写《农民问题研究》译本的序言之前，曾兴致勃勃地翻译出版了德国人"俺·伯亚"（N. Bear）的《社会主义史》（上海民智书局1927年6月初版）。为此写了两篇译者序言，一篇写于同年1月2日，介绍本书由日文转译德国伯亚的《社会主义及社会斗争通史》，日译者西雅雄[1]改称《社会主义史》，比较简便，而且社会斗争是社会主义发展过程和事实的表现，离开社会斗争便没有社会主义；所以觉得西雅雄这个名称"很可以包括一切，令人一看社会主义史底内容，就对于社会主义底认识不会错误了"。伯亚是"现今有数底马克斯主义者"，著有《马克斯之生源及其学说》，也是有名的著作。我们读他的书，"便看出他哲学和经济学造诣很深，而他本身底立场，是无疑站在斗争的唯物论和革命的社会主义上面"；"他脑筋里再没有一点妥协主义、投机主义、骑墙主义底毒气，所以他底批评，也是非常严格的"。伯亚的自序，"已经估定了本书底价值"。《资本论》第一卷第2版序文说："所谓研究，是占有一切材料至到琐末为止，分析其种种发展形态，追探其内的连结。这个工作完成之后，才与现实的运动，以适应的说明"[2]。伯亚此书的叙述批评，"全用这方法"。引证公私出版物，不下千几百种，

---

[1] 西雅雄（1896—1944），日本政治活动家，1921年任《社会主义研究》杂志编辑部主任，1922年加入日本共产党；1942年因满铁调查部事件被检举，死于狱中。

[2] 此引文系引自"第二版跋"，其今译文见《资本论》第一卷，人民出版社2004年版，第21—22页。

对每个运动事实，必探究其因果联系，对一种学理理想，必为系统的说明，许多见解和普通历史家、社会学者、经济学者、社会批评家迥然不同，"正是他独立研究底成绩"。自 1918 年德国革命后，发现了许多社会主义的文献，他获得这种材料为有力的帮助，更为别的著作家所不及。无怪乎西雅雄说："著者以马克斯主义的方法，从劳动者阶级的立场，研究广大的过去三千年间底世界史，以简明直截的文章，叙述其结果，可以说是一部完璧底社会主义史。当我国（日本）多年痛感要有适当的社会主义史之时，在这个方面介绍世界唯一底名著，是译者所最愉快的"。原书分 5 篇：古代的社会斗争，中世的社会思想，近世农民战争，产业革命的时代，马克思主义的时代。我为切近有用起见，先译产业革命时代和马克思主义时代，伯亚在第 4 篇序文中也说，"本篇是社会主义最重要的部分之一，成为现代向社会主义之实际的序论"。西雅雄译作日文，也是分卷出版的。

　　另一篇写于第二天即 1 月 3 日，介绍伯亚以 1800 年至 1920 年的社会主义史为"马克斯主义时代"，诚然是这时代社会主义运动的中心，包括了社会运动事实的大部分。"以马克斯主义学者处理马克斯主义底时代，自是得意之作"。关于马克思主义的评述，虽然译成中文不过 20 多页，却"精审透辟到极地"，如"辩证法""阶级斗争""经济学底核心""进化与革命"几节，便是运用马克思的研究方法得来的结果，我们很可以拿来和其他马克思批评者的书切实比较。著者对于恩格斯晚年的主张，"还有多少微词"，这是"著者极大胆独断底地方"；虽然极力推扬考茨基宣扬马克思主义的功绩，但由于德意志社会民主党陷入改良的社会主义，以及第二国际在欧洲大战时的变节破产，对考茨基和其他社会民主党、第二国际的领袖们不留一点余地，"可见他无所偏袒"。本篇记述德意志的事实较详，因为 1875 年至 1914 年，真是如著者所说，"德意志劳动者阶级在社会主义底理论和实际上演指导的脚色"，"德意志社会民主党几乎是世界近代的劳动运动底先锋"。著者再三期望德意志的社会主义运动，"收决定的胜利，完成其使命"；完全是社会革命者的立场，并非杂何种民族国家的观念。此书完成于 1923 年，叙述欧美以及亚洲各国的事实，都以 1920 年为止，所以中国和日本所占的篇幅很少，"好在一切事实都在我们眼前，我们应该从自己底经验得到教训"。

　　此外附有著者 1923 年 3 月的原序：回顾社会主义从"黄金时代"或"乐园时代"以来一千年的期望，从异端的社会运动和空想描写开始，成为 9 世纪以来"伟大的运动"。这个运动，在 1917—1920 年，"可认为最大的社会势力，而且征服欧罗巴全土"。1920年以后兴起的反动，不过是一时的事情。如本书终篇撰述，"能不能从铁网里解放自己？全视乎社会主义运动底固着不离，克服一切反动底势力"。这本书所得的最好报酬是，"鼓舞了读者，以绝大的决心，参加于社会主义运动底进行"；欧罗巴尤其是德意志民众的命运，就在这个运动的胜利上。欧罗巴现今进入英法争霸战，其国内又因胜败未定的阶级斗争而分裂，在争夺资本主义国家的"月桂冠"过程中，德意志民众不过是这个争霸战的一个对象。但是，"如果决然承认破绽，更和过去断绝，则它可以为世界底革新者"；德意志民众的将来，是1918年以来"最密切和社会主义结合的"。[①]

译本上下两卷，后来在1928年和1929年又分开来，以《马克斯主义时代社会主义史》和《产业革命时代社会主义史》的书名各自独立出版。这里姑且不论著者相信欧洲尤其德意志民众坚持社会主义运动并战胜一切反动势力，才能将自己从铁网中解放出来的理想，以及期待德意志民众承认缺失，与过去决裂，将自己的未来同1918年以来的社会主义紧密结合在一起的意愿，须注意的是胡汉民借助这个译本，曾经大发感慨。先引经据典，评价此书是知名马克思主义学者运用马克思主义的研究方法，凭借深厚的哲学和经济学造诣，站在斗争的唯物论和革命的社会主义立场上，经过毫不妥协的严格批评和系统深入的探究说明，并利用许多新发现的社会主义文献，独立提供了一部完整和适当的社会主义史；又专门评价书中关于马克思主义的评述，篇幅虽短，却极为"精审透辟"，不仅体现马克思主义是社会主义运动的中心，而且大胆独断，对恩格斯晚年的主张颇有微词，更对曾为宣传马克思主义立下功绩的考茨基和其他德国社会民主党及第二国际的领袖们后来陷入改良社会主义乃至变节破产的行为，给予不留余地的批评。这番感慨，正好发表在四一二政变之前（出版在其后），胡汉民还表示借鉴这本《社会主义史》，根据我们眼前的事实，应该从自己的经验中得到教训；谁知不出几个月，政变发生之后，他在《农民问题研究》的译本译文里，马上就换了一副腔调，把自己的经验教训，指向所谓中国共产党领导农民运动的完全失败。于此可见他对马克思主义的兴趣，不止是叶公好龙，反倒转来用口头上的马克思主义，反对中国实践中的马克思主义。

前一节论述中国经济问题的几类著作，置身劳动者为改变自身困境而出现劳动运动的端倪，以及遭受帝国主义的经济侵略而找寻出路的艰难，面对这些残酷现实，促使国人中的撰述者在著作中，多多少少把眼光转向马克思主义理论学说和苏俄实践案例，以为救困扶危的重要参考乃至效法的榜样，从而推进了马克思主义经济学的传播。从那些著作例证看，对于这种危难了解得越深切，渴望解救的方案或思路也就越倾向于激进的革命办法，尤其表现为共产党人的民主革命纲领，相反，如果与现实有一定的距离或比较隔膜，如谈论单纯的经济政策或抽象的经济理论，则更多对社会革命道路保持戒备并倡导社会改良方式，从而又牵制了马克思主义经济学的传播。相比之下，本节论述劳动与合作问题的著作或译本，虽然同样看到现存社会制度的弊病，但大多不是出于解决国内现实危难的迫切需求，因此显得颇为"从容"和淡定。一般是拿来西方颇为时髦的思潮如协作主义或合作主义，作为解决诸如劳动问题一类的社会经济问题，实际上延续了在现行制度下进行社会改良的传统套路。这些著作或译本，通常对马克思主义经济学持否定态度，甚至像《农民问题研究》这样从正面阐释和维护马克思主义农民理论及政策的译本，在译者的眼里，也反过来成为攻击中国共产党人组织农民运动的权威依据。

# 第三章　各种经济学著作与马克思经济学说

本章所考察的经济学著作，同样不包括前述有关马克思、列宁的专题经济学译本，以西方流行的或正统的经济学著作为主。从这些经济学著作的例证看，比较前一时期，形式上有一个变化，不再是清一色的译本，开始出现国人自撰的经济学专著，尽管其内容仍可能是转述西方经济学的东西。为了叙述的方便，将相关经济学著作，大致分为经济学基本理论与经济史学及应用经济学两部分。

## 第一节　论述经济学基本理论的著作

此类著作在本时期，明显增多，而且翻译引进本与国人自撰本，平分秋色，可算一个新的特色。

### 一、关于李斯特的经济学著作

李斯特①的经济学说引起国人关注，与其学说特色及中国国情，有密切关系。这一点，率先体现在本时期的经济学著作里，兹以相关的自撰著作和译本，作为例证。

#### （一）《李士特经济学说与传记》

刘秉麟（原为刘炳麟）著，商务印书馆 1925 年 11 月初版，列入经济丛书社丛书。这是继前述《亚当士财政学大纲》译本之后，刘氏另一本研究西方经济学代

1920—1929 从民国著作看马克思主义经济学的传播

---

① 李斯特，乔治·弗里德里希（List, Georg Friedrich，1789—1846），德国经济学家，李斯特派代表人物，倡导保护贸易论。曾任图宾根大学行政学教授，鼓吹德国统一，废除多邦关卡，不见容于当局，被迫辞职；主持德国工商同盟工作，当选符腾堡州议会议员，提出改革方案受迫害，被判处 10 个月监禁；1825 年赴美，1830 年入籍，曾任美驻莱比锡、汉堡领事，留居德国；1834 年成立以普鲁士为中心的关税同盟，因无法开展政策活动，遂赴巴黎从事写作，1841 年出版代表作《政治经济学的国民体系》，1846 年赴英宣扬，仍不得志，直至去世。

表人物的专著。他在"自序"中说：

"读书者多不喜欢读其序"，大概因为序的数量太多，又多请一二负时望者作序，"除照例恭维数句，或敷衍数句而外，于其著作之本身上，不发生密切之关系，故此种序本在可读可不读之列"。我一向不求人作序，"本书之序，实与其书之本身，与著者著此书之本旨，有连带之关系，要非于全书告成后，加以一言不可。不然，则可以不言而言，吾又何以蹈此画蛇添足者之所为，而为此一番笔墨乎"。

经济学理的著作虽多，"名著究竟无几"。名著乃"代表一说或一派之宗匠，穷其一生研究之力，以成此轰动一时之大著作"。若不知著者所处的境遇与各种环境关系，"其说之所以受人推崇者，无从而明"。一说之成，非一人之力，当时及以前的思想给予此宗匠的影响如果不明，"其学说之势力，所以能如此之伟大，经久而不衰者，亦无从而晓"。因此，"不读名著不可，读名著而不先明白作者之背景与当时思潮更不可"。以经济学而言，派别虽多，其间最重要之本，能代表一派者，就初学来说，不可不择几本读之。不知英国工业革命的情形，则《原富》一书之重要，读者不得而知。"舍思想而专言事实，则听者只觉其干燥，舍事实而专谈思想，每多苦其言之空泛者"。若能先明了英国工业革命的情形与《原富》一书之所由成，犹如读医方者先读病况，病之是否宜于此药，药之何以能对症，读者了然于胸，虽谈医方，亦不觉其干燥而索然无味。本于此义，"欲以经济学上之少数名著，与其著者所处之背景，先择其最重要、为一派之壁垒者，撮其精萃，以贡于世，为初学者之助"。去年暑假，曾著有亚当·斯密与李嘉图（原译"理嘉图"）两部，今年暑假，原拟从事于李士特（今译李斯特）与马克思，但不自振作，用了两个月，仅完成一部。"马克思之著作，既较亚丹斯密与李士特为繁，欲撮其精要，诚非容易，且即以《资本论》一书而言，仆往日虽穷三月之功，读完一道，而其中深义之难明，实不能与《原富》一书之文字清晰，与李士特著作之流畅者，所可比拟"。以背景而言，马克思之所处者，亦非1760年之英伦与1848年之德国，"彰彰在人耳目者，所可同日语"。"因此迟滞，不能脱稿，假以时日，或有以贡献于世"。

"自以为经济思想，在今日最占势力者，一为个人主义，其著作能代表此主义，而为此派之所宗仰者，亚丹斯密也"。其次为国家主义，"能发扬此主义，而为人所宗仰者，李士特也"。再次为社会主义，"其说之能震动一时，而为万流所归者，马克思主义也"。"三人之著作，既皆有声于时，而欲明一派之渊源者，更不可不读"。读名著，不同于读教科书只求其新出者可比，"不可以其旧而忽略之"。由此而能审察今日世界情形，我国特殊地位，何种学说可以采用，以及思想变化与不同之处，"盲从与瞎吹之弊，或可一日免"。三种不同的学说，我以学者研究的态度，"尽情以绍介于公众，非为某一种而鼓吹"。我负指导社会之责，但抉择之权，"深望人之各用其知识，以从事于判断，而毋为一时意气所蔽"。至于本人对三说研究的结果，"虽亦有自信者存，但不欲于此书中附言之，亦不敢为初学者言之"。

以本书而言，李士特的学说，有三点可以提醒我们，希望读者留意。一是"吾国今日大多数人之思想，每有政治不良，而专从事于社会事业，且以经济事业，为社会事业之一。此理适与李士特之所见相反"。在他看来，不仅与政治结合，与历史结合，同时还要与经济结合；"欲谋一国社会事业之进步，必先从一国之国家组织研究起"。即使社会主义，"岂有乱法横行之政府，而能实行经济上之国有事业乎"？即使个人主义，"岂有兵匪蔽地之国家，而能使私人经营之事业，尽量以发展乎"？由此看来，李士特的见解，"不为不平允"，他的主张，"非以国家为归宿者也，不过以今日各人之背后，皆有一国家观念，存乎其间，此念一日不打破，则经济上之事业，又焉能自外"。最后的目的，"固以人类全体之幸福为归宿者"。二是"国内统一，实为经济事业发达之先决条件"。李士特夙持此说，详见于本书。在这一点上，持个人主义与放任主义的亚当·斯密，持有同一论调，称英国经济事业发达的原因，最重要的一个是 1707 年英伦与苏格兰的联合。根据斯密的看法，此种联合在英国经济史上，关系极重要。可见李士特的主张，事实上也与反对派暗中相同，故他以为德国经济事业，不谋发达则已，否则非先谋国内统一不可。"自吾人观之，吾国今日经济事业不能发达之原因，其故亦可由此而推求之"。三是"吾国人士之稍识经济学理者，常受英人著作之毒，谓经济事业无国界"。试问各国政治家，世界经济事业，是否毫无国界观念存于其间？以募债而言，英国政府招募的债票，与各国政府发行的公债，在伦敦市场上是否没有分别？"经济事业者，实受政治上之支配，而不能不低首以惟命是听者。斯密自由交易之抽象说，实非可语于今日之普通政治家"。此语在今日，无论何人，难以否认，言之最精者，为意大利的帕累托。

最后，希望读者对今日全世界经济学的名人与名著，各国的后起者，"无不为之珍重绍介于世，并对于各派，分别加以尽量之研究"。斯密学说虽在德国驳者纷纷，德国今日经济学者中，犹有属于斯密学派的；李士特学说虽为英国大多数学者所反对，今日英国学者中，仍有属于李士特一派的。"盖拒之而不加以研究，则感情用事之徒，非可列于学者之林者也。若置之而不理，似乎无关紧要者，则不悦学者之言，一国学术界之当引为最痛心者"。我国今日研究经济学的人不少，但未闻有分为各派尽力研究，以发挥前人之说者。著者深望这本小书能引起读者的兴味，进而研究其深者，或对其中不详不妥之处加以指驳，发表其详者妥者，"要皆斯学前途一线之光明"。当初斯密出版《原富》，全国欢迎，当初李士特出版《国家经济学》，全国反对，但"二者之学说，终不以反对与欢迎之不同，而其效力有异"。一说之能行，不关乎当初出版时的欢迎与反对，而在人之理与不理。"若社会置之不理，则著者之气自馁"。［我国］自《原富》出版后，其他经济学名著的译本，"恍若绝迹"，其原因或即由于社会之不理。这实在是今日学者应当引为憾事者。①

这篇序言，刘秉麟自称 1925 年 8 月 24 日病后所作，实系 1920 年出国留学，先后在英国伦敦大学经济学院研究生班和德国柏林大学经济系研究员班经过 5 年学习，1925 年（1924 年？）回国之际所写下的研究欧洲经济学的心得体会。因此，序言并非只就李斯特的经济学说而言，还延伸到对整个欧洲经济学状况的基本判断，尤其针对我国引进和初学西方经济学所存在的缺陷，提出忠告。这大概也是刘氏忌讳恭维或敷衍，写书一向不求人作序，而于本书非要用自序费一番笔墨的道理。其忠告大体有三：

一是应当通过代表一种学说或一个学派的宗匠之名著，去了解经济学理。名著的数量很少，名著之所以轰动一时而受人推崇，除了作者个人付出一生研究的努力之外，还在于一说之成，非一人之力，同时体现了作者的时代背景与当时及以前的社会思潮。另一层意思，读名著的重要性，在于认识思想与事实相结合的重要性。正如知晓英国工业革命的情况才能知晓《国富论》（原译《原富》）的问世缘由，读者只有先明白病况，才能对名著之药是否宜于此病以及何以对症下药，了然于胸。惟其如此，刘氏身体力行，先编写斯密和李嘉图的经济学说，继之又编写李斯特的经济学说。不过，这是通过阅读三人的名著来介绍他们的经济学说，还不是直接翻译其名著，仅在介绍时提到有关名著的书名，如斯密的《国富论》和李斯特的《国家经济学》，从刘氏后来的著述看，似乎也无意于继续这种专门介绍国外经

---

① 以上引文均见刘炳麟著《李士特经济学说与传记》，商务印书馆 1925 年版，"自序"。

济学名著的努力。刘氏自述，曾打算如法炮制，编写马克思的经济学说，但用了三个月读完《资本论》，发现马克思的著作比斯密和李斯特的著作繁复而深义难明，既不如斯密的著作文字清晰，亦不如李斯特的著作叙述流畅；况且马克思所处的背景，又不像1760年代工业革命时的英国与1848年革命前的德国那样易于人们识别，故一直未能成稿。这也从一个侧面，反映当时国人理解《资本论》之艰难，连刘氏这样的专业经济学人士，亦无例外。

二是应当懂得读名著不同于读教科书只求其新，不可忽略旧的经济学名著。由此能够观察今日世界形势与我国特殊地位，选择采取何种学说及其思想变化和不同之处，避免盲从和瞎吹之弊。以今日的经济思想为例，最有势力者，一为个人主义，以亚当·斯密为代表；二为国家主义，以李斯特为发扬者；三为社会主义，以马克思为其万流所归者。要明白各派的渊源，不可不读三人的名著；又要充分介绍三种不同的学说，而非单独鼓吹某一种学说，让国人根据自己的知识进行判断与抉择，以免一时意气的蒙蔽。这番话批评盲从、瞎吹和意气用事，如同前一忠告劝戒初学经济学而不读名著，意有所指，针对那个时期国内引进、传播和运用西方经济学过程中时常出现的现象。刘氏经过经济学素养的多年训练又刚从欧洲留学回国，具有这种看法，不足为奇。然而他的说法也未必尽然，如将国家主义与个人主义和社会主义并列为经济学三足鼎立的派别之一，便是一家之言，前二种主义只是治理方式或手段的不同，同社会主义存在本质的差别。又如坚持以学者研究的态度向国人客观介绍三种主义，让初学者自行判断，尽管自信个人对三种不同学说的研究结果，负有指导社会的责任，却不敢在书中用个人观点去影响读者的判断；其实，自序里并未掩饰个人观点的影响，而有明确表露，这可见下一个忠告。

三是应当留意李斯特学说的若干提醒，以资解决我国今日的经济不发达问题。这些提醒归结为三点：第一点针对我国大多数人避开不良的政治状况而专门从事社会与经济事业的想法，认为正好与李斯特的见解相反。在李斯特看来，国家是政治、历史、经济等各种因素的结合，一国社会事业的进步，必须先着手研究其国家组织，不论实行国有经济事业的社会主义，还是发展私人经济事业的个人主义，都需要合法的政府或稳定的国家，否则无所从事；主张之公允，不是以国家为归宿，最后目的是打破以各自国家观念来分割经济事业的状况，以人类全体的幸福为归宿。第二点针对我国今日经济事业的不发达，认为李斯特一向坚持国内统一是经济事业发达的先决条件，这同反对斯密秉持个人主义与放任主义的派别观点暗相吻合，并用作德国经济事业发达的宗旨，可以由此来推求我国自身的原因。第三点针对我国稍识经济学理的人士所谓经济事业无国界的看法，认为受到英国人著作的毒害。这一点同样从李斯特的国家经济学引申而来，认定目前世界经济事业不可能不受各国国界观念的影响，不可能不向政治上的支配低头，也不可能实行斯密抽象的自由交易学说。根据以上几点，可以体会刘秉麟面对今日经济思想领域最占势力的三种主义，表面上予以同等客观的介绍，实际上偏好李斯特的国家经济学。在他看来，马克思的著作难明深义，不容易概括精要，也就谈不上用来指导解决中国的实际问题；以斯密著作为代表的个人主义和自由放任思想，既然是误导我国经济学初学者的毒剂，更谈不上对中国的指导，况且刘氏早就对传统的个人主义经济学看不顺眼而谋求改造之①；这样，在三种主义中，能够产生指导意义的，便只有李斯特的国家主义了。刘氏自序，最后说到经济学在中国发展前途的一线光明，一再劝告国内读者不要感情用事，不要以哪派的学说更为流行，或哪派的名著出版时更受欢迎作为选择性研究的依据，对其他派别的学说或名著采取置之不理或似乎无关紧要的态度；这也是他对我国自《原富》译本出版后，其他经济学名著的译本"恍若绝迹"的状况，引以为憾事的缘由。这个遗憾，实际上指的是国内未曾理会李斯特的国家经济学名著。

刘秉麟介绍李斯特，主要分为1815至1848年的德国经济状况与李斯特、18世纪和19世纪的思潮与李斯特、李斯特的学说以及李斯特的生涯4章。这个介绍，结合思想与史实，试图从李斯特所处时代的经济背景及思潮影响中，考察其经济学说的主旨，并以第3章的学说内容占了全书几近一半的篇幅。有的地方，还将马克思与李斯特联系起来进行评点和比较。例如：

第2章乙节论述各家保护学说与经济上的各种政策，提及李斯特曾受费里埃②（原译"菲利厄"）的影响。有人说，费里埃所著《政府与商务上关系之考虑》的主张，与李斯特学说如出一辙。"谓李氏受其影响亦非全无根据，倡此论者，为马克思。在其所著余值论中，曾谓李士特之根本源泉，实出自菲利厄"。③

这个说法的出处，见马克思《剩余价值理论》"关于生产劳动和非生产劳动的

---

① 刘秉麟1919年3月发表于《新群》第3期的《经济学上之新学说》。参看《1917—1919：马克思主义经济学在中国的传播启蒙》，上海财经大学出版社2016年版，第8编第2章第3节四。
② 费里埃，弗·路·奥（Ferrier, F. L. A., 1777—1861），法国经济学家，重商主义的追随者。
③ 《李士特经济学说与传记》，商务印书馆1925年版，第38页。

理论"，有这样一个段落："弗·路·奥·费里埃（海关副督察）著有《论政府和贸易的相互关系》（1805年巴黎版）一书。（这本书是弗·李斯特论据的主要来源）此人是波拿巴王室的禁止性关税制度等等的赞颂者。实际上，他认为政府（因而国家官吏这些非生产劳动者）具有重要意义，说政府是直接干预生产的领导者。所以，这个海关官吏对亚·斯密把国家官吏叫做非生产劳动者这一点非常恼火"①。说马克思所著"余值论"，指马克思的《剩余价值理论》，所谓马克思曾说李斯特的根本源泉实出自费里埃，便是上引段落的括号里，提示费里埃之书是李斯特论据的主要来源。刘秉麟介绍李斯特，注意到马克思评点的这个细节，实属不易。不过，刘氏只是把这个评点当作影响李斯特学说的众多前代思潮之一，并未留意马克思对费里埃作为现代重商主义者的嘲讽。这个嘲讽，还可见马克思的其他著述，如《资本论》说费里埃是重商主义的"现代复兴者"，其"错觉"是"看重价值表现的质的方面，从而看重在货币上取得完成形态的商品等价形式"②。总之，刘氏关注的是影响李斯特学说的思想来源之特征，如费里埃的关税保护思想，而不是这些思想本身的理论曲直。

第4章介绍李斯特的生平事迹，有几段综述性评论：阅读德国工商业发达史，虽成就此种大事业者不止一人，需要各方面的人物至多，但"在迷途之中，能指出一光明之路，并为之通盘计划，使之认清线索，以做去者，推论首功，实无人能与李士特相并题者，而此发纵指示之人，为国家计，曾牺牲其健康，牺牲其产业，结果并牺牲其生命者"。综括李斯特的事业，"实为一富于思想之先觉者，一自强不息之著作家，一奋勇直前之政治上鼓动者"；他的主张，"实能与时相应，所谓对症而下药者，故其成就之大，过于寻常"。他死后，其主张不仅德国方面实行，"凡工业后进之国，如法如美，几皆采用其政策"，在美国势力之大，几使昔日主张自由贸易的代表人物，一变而为李斯特的信徒，极力主张保护政策；后进国均能由此自谋保护，遂使英国对世界制造业的垄断，丧失一部分势力，故"英人嫉恨之深，达于极点"；英国经济学家的大多数著作，皆驳斥李斯特之说，"其制英人死命之处，不可谓不烈，故欲就英籍中考究李士特之学说，庶几无往而不为其一偏之见所蒙蔽，此读李士特著作者，所不可不知者"。"李士特一生之事业，既若是之伟烈，而其在经济学史上所处之地位，实不亚于亚丹斯密。就历史上之比较，以

① 《剩余价值理论》第1册第4章，人民出版社1975年版，第258页。
② 《资本论》第一卷，人民出版社2004年版，第76页。

阐明经济学理，李士特实为后来历史学派之首创者。虽此派之成立，留待于后人之修正者不少，顾创造之首功，终不可没，历史学派之对于李士特，亦由正宗派之对于亚丹斯密也。此非吾一人之私言，凡叙述历史学派之成立者，类多如此言之"。最近历史学派的"国家经济学大著"，最后一段"称述历史学派之时，其对于李士特在历史学派上之地位，好如放任派之有斯密，社会主义派之有马克思"。①

这个评论，推崇李斯特及其学说，可以说达到极致。其意蕴，与刘秉麟自序的涵义，有相通之处。一则李斯特在经济学说史上的地位，实在不亚于亚当·斯密，二人分别代表了相互对立的两种不同学说，一种是基于个人主义的自由贸易学说，另一种是基于国家主义的保护学说。不能因为英国大多数经济学家出于嫉恨而纷纷著书批驳李斯特学说，就受此蒙蔽，对李斯特的著作产生偏见。二则李斯特学说在德国及其他欧美工业后进国家的成功运用，启示这个学说同样适用于工业更加落后的中国，或者说，中国经济学界应当摆脱英人著作宣扬自由贸易学说的毒害，转而采纳李斯特的国家保护学说。这个说法，明显针对1902年出版严复的《原富》译本以来，国内流行的斯密学说。三则借人之口，确信李斯特在历史学派的地位，犹如斯密在放任派或正宗派的地位，马克思在社会主义派的地位。刘秉麟并列提及三派的领袖人物，其实主要比较新起的李斯特学说与传统的斯密学说之间的对立关系，至于和马克思学说之间的关系，并非考察的重点。其所以如此，固然与刘氏难以解读马克思经济学著作的研究经历有关，但比较他当初任职北京大学又恰逢五四运动期间，在《新青年》马克思研究专号上发表《马克思传略》②，尽管同样感到《资本论》谈理太深而难读，却仍试图介绍的心境，认识上显然产生了新的变化。

顺便指出，按照刘秉麟的说法，他在介绍李斯特的学说之前，先行介绍了斯密和李嘉图的学说。可是我们看到他所著的《亚丹斯密》和《理嘉图》二书，却分别是此后商务印书馆1926年和1928年的版本，都列入百科小丛书。根据他1924年8月12日的"自跋"：著这两本书的目的，因为归国后看到最近出版界的现象，觉得要知道清楚并真正了解一种学说，必定要先弄明白当时的经济状况。"时代变了，学说的根据就动摇了，所以学说的本身，就要修正一下，或改造一下"。"我们对于研究各种学说的态度，应当慎重"。一是介绍或采用欧美各种学说，先要看

---

① 《李士特经济学说与传记》，商务印书馆1925年版，第120—122页。
② 参看《1917—1919：马克思主义经济学在中国的传播启蒙》，上海财经大学出版社2016年版，第4编第1章第3节二。

我们的环境与它们所设定的以及所处的背景是否有相同之点，"若是完全不同，就不要挂起洋旗，去瞎吹"。二是为了透彻研究学说或通过批评以谋学说的光明前途，应当清楚研究当时政治、社会及各方面情形，而后再去考究它们的观念、推论和所设定的公例，既不要盲从，也不要冤枉；就是偶然指摘它们的不对，也不是专在挑剔错处，乃要讲出时代进化和学说本身进步的关系，至于它们"所设定之永久不变的公例，自然是我们根本不能承认的"。按照这种方法去研究，"适用历史的方法，去打破以前抽象的方法，结果不仅现在研究经济学史的方法，要完全改变，就是讲演经济学理的方法，也要完全改变"。我邦人士如"对于我提出来的史学派研究法，有几分认可"，希望大家起来深深研究和热诚鼓吹，"或能在中华民国经济学界中，造出一番生气来，寻出一番头绪来，前途的希望，真正无穷"。①所谓"史学派研究法"，应指用德国历史学派的先驱李斯特的研究方法来介绍亚当·斯密和李嘉图。《亚丹斯密》一书，分4章，分别是1760年前后的英伦经济状况与斯密，17世纪和18世纪哲学上经济学上的思潮与斯密，斯密的行状及著作，斯密的经济学说。这样安排，同时体现了著者意在弥补国内很少研究斯密所处的环境和影响这一不足，"把经济学史和经济史的研究，打成一片，处处注意背景与影响"②。《理嘉图》一书，亦分4章，分别是李嘉图的根本经济观念及其学说的背景与影响，李嘉图的哲学根据和自由主义的关系，李嘉图的经济公例和社会主义的关系，李嘉图的行状及其著作。据于此，也可以看到刘氏对于马克思经济学说的理论来源即英国古典经济学，有他自己的理解和介绍方式。

**（二）《国家经济学》译本**

署名 F. List 著，王开化译，商务印书馆 1927 年 8 月初版，列入经济名著。现存 1933 年 5 月国难后第 1 版，与初版无异。

译本原名 *The National System of Political Economy*，即李斯特 1841 年出版的著名代表作《政治经济学的国民体系》。王开化③翻译此书，应在德国杜平根大学攻读

---

① 刘秉麟著《理嘉图》，商务印书馆 1928 年版，"自跋"。

② 刘秉麟著《亚丹斯密》，商务印书馆 1930 年版，"导言"。

③ 王开化（1894—1976），别字治斋，湖北郧县人；中学毕业后在基督教青年会学生部任干事，1923 年自费赴德国图宾根大学攻读经济学，以《李士特学说对于中国之关系》一文获经济学博士学位；1926 年毕业回国，任黄埔军校政治教官、国民革命军总司令部总政治部国防编译局编译委员，次年任国立武昌中山大学德文讲师、经济学教授，后历任河南省政府禁烟处长，第二集团军财政军需学校副校长兼教育长，1931 年任南京国民党中央军校上校德文教官；1945 年授陆军少将，任湖北省第八区行政督察专员兼保安司令，随即调任湖北省政府委员兼民政厅长；1949 年到台湾。

经济学博士期间，有这样的学术背景，其译文质量也应有不错的水准。译本分"历史""学说"（今译"理论"），"学派"和"政治"（今译"国民经济政治学"）4 编，涵盖整个原著。惟各章译名，对比今译本，有的属于用词的枝节差别，有的存在歧义。如第 2 编第 11 章"政治经济与世界经济"，今译"政治和世界主义经济学"；第 13 章"商业经营之国家分业及国家生产力之联合"，今译"国家商业活动的划分和国家生产能力的联合"；第 16 章"人民及国家财政管理政治经济及国家经济"，今译"大众经济与国家财政管理，政治经济学与国民经济学"；第 17 章"制造力与个人的社会的政治的国家生产力"，今译"制造能力与国家的个人、社会和政治的能力"；第 26 章"关税制度为护植内国制造力之主要工具"，今译"作为建立和保护国内制造能力主要手段的关税制度"。第 3 编第 29 章"实业派（斯密派误称为重商派）"，今译"工业体系（流行学派误称为'重商主义'）"；第 31 章"交易价值派（斯密派误称为实业派）——亚丹斯密"，今译"交换价值理论体系（流行学派误称为'工业体系'）——亚当·斯密"。第 4 编第 33 章"海上王国与大陆列强——北美及法国"，今译"英国的海岛优势与大陆强国——美国和法国"；第 35 章"大陆政治"，今译"大陆政治学"；等等。这些译名的差异和歧义，不影响对原著基本精神的理解，可以感受李斯特作为西方经济学中历史学派的先驱者之一，阐发国家体系经济学，论证实行关税保护以发展德国工业资本的必要性。

李斯特这部名著在经济学史上的意义和重要性，不必赘述。重要的是引进我国后，它对那时国内经济思想的演进，会产生怎样的影响。这里不妨看看中译本的两篇序言。一篇是魏宸组[1]1925 年 6 月作于柏林驻德使馆的序言：

王开化以所译《李士特经济学》向我征序。"李氏之书主张以保护政策奖励国内实业，抑遏外货"。在实业未全盛发达的国家，要使本国不成为他人市场，崇尚保护政策。德人李氏的时代，德国实业幼稚，加上国内税卡遍设，关税废弛，故其说深足重视。"以视中国今日情形，则又不啻为中国道"。中国关税不得自由增订税率，而且国人日趋欧化，致使外货充斥，国内工业因之失败。"生产力弱，凡百所需，仰给于人，则李氏之说，固宜为中国所当采法者矣。以中国人口之众，土地

① 魏宸组（1885—1942），字注东，湖北江夏人；清法政通榜举人，1903 年底由清政府选派赴比利时留学，1905 年加入同盟会，为译法、留比学生联系人；1912 年初任南京临时政府外交部次长，后任国务院秘书长，同年辞职，赴荷兰任公使；1919—1921 年任驻比利时公使，1921—1925 年任驻德国公使，1925 年被派任监督全国铁道筹办，1937—1938 年任驻波兰公使；定居比利时，研究欧洲文化。

之大，物产之富，使得尽力从事生产，受其赐者岂惟一国。乃近日列强囿于目前私利，竟多方束缚，使此世界四分之一之人口不能发展其固有之能力，损失之大，经济学者宁能忽之！然则保护政策，殆又非仅为一国利害计"。王君译此书以饷国人，深望国人能细察之。进一步说，"中国以受不平等条约拘束，保护政策能行与否，全视国人自觉心为转移。众志成城，亦在国人奋勉而已。若只图小近，乐于苟安，不谋根本之方，且托庇外人，助长外力，辇钜金以实外货，逞私忿以召外侮，滔滔者自速灭亡。保护政策将何托哉！此又读斯译者所当猛省者"。①

魏宸组长期担任驻外公使，1919 年作为中国代表出席巴黎和会，拒绝在和约上签字，表现出维护国家主权利益的强烈意愿；其时又在德国任职多年，熟稔当地情况。他向国人推荐李斯特之作的中译本，尽管主要凭借外交经验而非经济学知识，却深悉保护关税政策对一国尤其对弱国经济发展的重要性。在他看来，李斯特倡导这一政策，是德国那个时代的产物，工业尚未发达，国内市场因税卡遍布而分割，又因关税废弛而被外货占领，所以主张保护政策以奖励本国实业和限制外货涌入。相比之下，中国今日的情况更加糟糕，丧失关税主权，外货充斥，国内工业无法发展，导致生产力薄弱而大量需求仰给于外人的局面，因此更适宜或更应当采用保护政策。问题是列强囿于私利对我国多方束缚，致使人口众多和地广物博的偌大国家不能发挥自身固有的能力。对此，经济学者须注意，中国实行保护政策以发展生产，不止有利于本国，其他国家也从中得益。国人应猛省，在不平等条约的约束下，保护政策能否实行，在于国人共同奋勉的自觉心，不能苟且偷安，忘却根本，更不能与外人勾连，或输送利益，或召来外侮，那是自取灭亡之道。面对旨在采纳关税保护政策却受到外部压制而不能的尴尬局面，魏氏的主张，无非两条，一条诉诸经济学者的说明，让各国列强明白，中国实业通过保护政策而得到发展，对它们也有利；另一条寄希望于国人的觉悟，只要不去顺从、依附或勾结外国势力，就有可能摆脱不平等条约对实施保护政策的束缚。这种观点，同样可以融汇到当时国内反对帝国主义的思想洪流中，但不同于要求废除不平等条约或打倒帝国主义的呼声，更不同于运用马克思列宁学说来揭露帝国主义本性的分析，走的是另一条引入西方国家经济学派的关税保护概念，谋求关税自主的道路。

另一篇是王开化 1925 年 5 月作于德国杜平根大学的"译者原序"：

① F. List 著，王开化译《国家经济学》，商务印书馆 1933 年版，"魏序"。

李士特《国家经济学》一书，根据当时各国历史上的事实，说明工商业幼稚国家实行保护关税政策的利益。"欧美二大陆各国工业之兴，今日能与英人相颉颃者，李氏之说，实与有力焉"。19世纪中叶，欧美多数国家仅受到一个工业霸权者英国的压迫，已觉大有不可终日之势。"今日我国一国，备受全世界强暴工业国家之剥夺，以致农业衰落，工商凋零，航业与凡百交通机关，均落于外人之手，财政经济——海关、盐税、银行业等——全为外人所把持，外人之陆军兵舰，可以随意往来中国沿海，出入腹地各埠，外人犯罪，不受中国法庭之裁判，是名为一独立国，实尚不及列强一殖民地，国人于此，所受之痛苦，所怀之感想，果何如乎"？近20年来，国人感受外人经济的压迫，力谋振兴工商业，然而工商业之凋零如故；"所以然者，盖以我国海关为外人所把持，不能实行保护关税制，以高税或禁止其足以妨害国内工业之外货故也"。"我国欲谋富强，非振兴工商业不可，欲振兴工商业，非驱除外货在内国市场之竞争，而使国货稳占内国市场莫由。保护关税制者，即驱除外货之良策，保护工商之利器也。望国人努力谋取消我国与外人所订关税协定之亡国条约，实行保护关税制，则工商业可兴，国家前途，庶有豸乎"？

李氏之书，已经国人多次介绍，"惟往往摘录一斑，未呈全豹"。近数月来，读李氏之书，"极服膺其言，且以为针灸我国现下病症之良药，故译而出之，以供爱国君子与治经济学者研究焉"。译此书为日极短，但求无背于原意，未遑修饰辞句。译稿既竟，复经吾友杨奎廷校阅一次，无任感铭，又夙夕翘盼国内贤达进而教之。①

先看序言后半部分，于此获知，关于李斯特的名著，当时国内虽屡作介绍，却仅有摘录，未见全貌，所以，王开化的翻译，可谓此著的第一个中译本，只不过将其原名"政治经济学的国民体系"，译作"国家经济学"罢了。与王开化翻译此著的时间大致同时，前述刘秉麟撰写并出版《李士特经济学说与传记》，也在1925年，而且同在留学德国回国之际完成，又同为商务印书馆出版。惟刘氏之书对李斯特经济学说，属于摘录介绍。如将李斯特的国家主义与斯密的个人主义和马克思的社会主义并列，作为今日经济思想上最占势力的三足鼎立之一，介绍其学说要点，提到《国家经济学》一书。二人同时关注李斯特学说，先后以摘录和完整译本形式引进国内，一个对李斯特其人其说推崇备至，一个极为服膺李氏之言并当作医治

---

① F. List 著，王开化译《国家经济学》，商务印书馆1933年版，"译者原序"。

我国当前病症的良药，此现象决非偶然，可见他们视之为救国药方的重视程度，亦可见他们从西方经济学中搜求救国药方的迫切态度，同时还可见留学德国归国者对于德国经济学名家著作的兴趣，如同当时留学法国归国者对于法国经济学名家著作的兴趣，各取所需，各有所好。说到王开化译稿的校阅者杨奎廷，此即后来成为马克思主义理论家的杨献珍①。杨献珍和王开化同乡，民国期间，他俩与其他二人，被民间称为"郧阳四才子"。校阅译稿后的第 2 年，杨献珍便成为中共党员，说明那时他对李斯特学说，也有较为深入的了解。

序言前半部分，主要体现译者对李斯特经济学说的认识。这个认识，和前述魏宸组的观点基本一致，但更为明确。译者从经济学方面，以西方国家的经济发展历史为借鉴，直率提出我国与外国列强签订的关税协定是亡国条约，应予取消而实行保护关税制，方有可能解决振兴工商业的国家前途问题。此类主张，表面看来，似乎与马克思主义经济学在中国的传播没有什么关系。可是换个角度看，译者认为国人感受外人经济的压迫，是近 20 年来的事，这一期间，又正是西方社会主义思潮和马克思主义经济学传入中国从零星到系统、从陌生到熟悉、从边缘到流行、从先期散布到思想启蒙再到扩展影响的不断推进过程。换言之，国外列强对中国的经济压迫，同时成为激励国人为摆脱这一压迫而努力寻求新办法新出路的肥沃思想土壤。在这片土壤里，当时国人孕育的主流共识，取消关税协定的不平等条约，收回关税自主权，实行扶植本国工商业发展的保护关税制度。这个共识把矛头对准国外列强，也为引进和吸收其他新思想以求彻底解决问题，创造了机会和条件。

王开化撰写"译者原序"，与漆树芬 1925 年出版的《经济侵略下之中国》大致同时，同样揭露了我国遭受全世界列强的强暴剥夺，被迫签订各种不平等条约，造成农业衰落，工商业凋零，航运与各类交通机构落入外人手里，包括海关、盐税、银行在内的财政经济全被外人把持，外国军队和兵舰可以随意在中国沿海和内地码头往来出入，外人犯罪不受中国法庭的裁判等事实，中国名义上是独立国家，实则连列强的殖民地都不如。依据相同的事实，王开化主张取消不平等条约和实行

---

① 杨献珍（1896—1992），生于湖北郧县，原名杨奎廷；1913 年考入省立郧阳第八中学，1916 年考入国立武昌商业学校，1920 年毕业后留校任教；1926 年加入中国共产党，担任武汉第三区区委委员，1927 年任湖北省第二中学（汉口）训育主任、党总支书记；长期从事党的地下工作，1927 年和1931 年两次被捕入狱；1940 年任北方局秘书长，1944 年调任延安中央党校教务处副处长兼二部主任职务；1953 年任马列学院副院长，后任中共中央党校党委书记兼校长；"文化大革命"中遭迫害，1978 年平反后任中央党校顾问。

保护关税，仍是为了能像欧美国家一样发展资本主义工商业；漆树芬同样主张废除不平等条约，但按照郭沫若的说法，否定在中国发展资本主义经济的可能性，结论是走苏俄的道路。王开化谴责外国列强对中国的经济压迫和强暴剥夺，同时希望我国能够借鉴当时德国对英国或欧美多数国家对工业霸权者英国的做法，力争通过保护关税制来发展本国经济。他的译本出版之际，国内已有专题论述帝国主义的自撰著作和译本问世，像邓定人编著《帝国主义经济侵略中国史略》，文砥整理《帝国主义的政策底基础》译本等，连同前述漆树芬的著作，它们都不曾主张效法外国列强以保护政策而后来居上的经济发展先例，而是运用或转述马克思的剩余价值学说和列宁的帝国主义理论，抨击帝国主义的经济侵略本质，提出打倒帝国主义的口号，阐述帝国主义是资本主义发展的最高阶段，将来必然为社会主义所代替。

所以说，在全国上下出现反对外国列强的压迫掠夺，呼吁取消不平等条约的强烈舆论氛围，自然会引出有关帝国主义经济侵略本性的认识，也自然会引进与这种认识相关的各种学说，特别是马克思经济学说，以及用于指导苏俄革命实践的列宁学说。评介王开化翻译李斯特的《国家经济学》，正是借以说明帝国主义列强对中国进行经济侵略的恶劣时代环境，不仅激起国人的愤慨，同时也造就了传播马克思主义经济学的生生不息的思想土壤。

## 二、《经济学概要》

杨道腴①编纂，封面又题《经济学概论》，1926 年 9 月中央军事政治学校政治部宣传科初版，列入政治讲义。编纂者同年 9 月 5 日的"编辑大意"：

此讲义"乃在中央军校第一期讲授功课时随讲随编的"。阐明"个人主义经济组织之如何构成"及其"弱点"，总论之后，分章论及资本主义的构造，它的发生和发展；"社会主义因我们迫切要求，渐次有由言论入于事实之势"，自应了解它的经济组织大纲，第 4 章"讲及社会主义的经济状态"；"我们研究经济学是要施诸实用的，现世的经济组织有无变更的必要？有无变更的可能？单就我国而言，又应当如何变更？这三个问题都要我们明白解答，因附述新旧经济学重要代表人物的见解，而于最后一章略述我国经济发展的束缚，指明我们努力的方向"。讲演的目的既如上述，"讲义的编制与普通经济学微有不同"。本来经济学的范围至为广博，

---

① 杨道腴（1897—?），广东中山人，时任黄埔军校第四期（1926 年）政治教员。

讲义所录只是大纲，"简略肤浅，知所不免，好在参考书籍，所在都有，即当它为经济学入门，亦无不可"。①

这里说的"中央军校第一期"，指黄埔军校的初始名称"中国国民党陆军军官学校"，自1926年3月第四期起，更名"中央军事政治学校"，首次增设政治课程和聘任政治教官，于是有编者的第一期之谓。也就是说，这本有关经济学的小册子，最先用于黄埔军校为学员讲授政治课的讲义。其目的：阐明个人主义亦即资本主义经济组织的结构、发生、发展与其弱点；适应于对社会主义的迫切要求从言论进入事实的形势，应当了解社会主义经济组织的大纲；研究经济学的实用性在于明白解答三个问题：现行经济组织变更的必要性、可能性以及我国应当如何变更，附带述及新旧经济学重要代表人物的见解，略述我国经济发展所受到的束缚以指明努力的方向。以上编纂目的，典型体现了黄埔军校最初作为国共合作的产物而设计教学课程的特点。具体落实到经济学的教学上，把说明资本主义经济组织的结构性弱点，了解社会主义经济组织的基本状况，结合二者的优劣利弊来解答为什么和怎样变更包括我国在内的现行经济组织的理由，当作讲授经济学的入门。换句话说，此时编纂经济学讲义，不是照抄从西方传入中国的一般经济学内容，从要求社会主义的迫切情势出发，讲授社会主义经济组织为何物以及如何改变现行资本主义经济组织的内容。显然，这反映了苏俄革命巩固其政权和中国共产党创立数年后，孙中山晚年在新旧民主革命转变时期所作出的具有联俄、联共、扶助农工涵义的重大决策。

编纂讲义的指导思想，分别见于各章，为了突出这个指导思想，每章开头提出若干研究题目，意在提纲挈领，再从理论上加以阐述，也算别具一格。

**（一）第1章"总论"简介**

先提出7个研究题目，如男耕女织、共劳共享的家庭，他们的劳动可否叫作经济的行为；研究政治何以必须先研究经济，讲民生主义又何以必须先讲民族主义、民权主义；一般经济学家，自正统学派至自命为科学家，均说经济学只是研究财富的学问，这种错误有何流弊；试述亚当·斯密和马克思的经济理论和政策；旧派经济学者主张自由竞争，新派经济学者主张资本公有，两派思想都反对"独占"，何以结果绝不相同；改造我国现时的经济状况，应否采用阶级斗争的策略；民生主义

---

① 杨道腴编纂《经济学概要》，中央军事政治学校政治部宣传科1926年版，"编辑大意"。

的经济学和普通经济学有何区别。针对这些研究题目，分4节阐述。

第1节"经济和经济学"：为了满足各种生存欲望，不得不去生产。所谓生产，就是将劳力加到自然物质上去，使无用的物变成有用，价值小的物增大价值。自有人类以来，即有共同结合的组织，人的生活早已不是孤立的，是社会的。"所以生产的时候，人类还要互相加入那共同的关系里面（生产、流通、分配等关系），人类因生产物质的享用物时，而发生的人与人的社会关系，就叫作经济。研究如何生产、如何流通和如何分配那社会的物质享用物的科学，就叫作经济学"。

第2节"经济学的对象"："经济学是讲求生产或分配人生生活上必要的物质时，所发生的人与人间的社会关系。所以经济学的对象，不但是讲及物质享用物的如何生产和如何分配，而且同时并讲及到生产或分配那物质享用物时的人与人的关系"。由此可知18世纪末英国经济学者以为经济学只是关于富的学问这一见解，"大不妥当"。"经济学实在是研究'财富'和'社会的人生'的关系的学问"。

第3节"研究经济学的目的"：马克思的"唯物史观"明确表示，"经济生活是一切生活的基本条件"。马克思指出："社会之物质的生产力发展到一定程度以上，则社会经济组织，不得不变动，经济组织一变动，则社会关系和社会思想，也必跟着改变"。经济和人生的关系，其密切可想而知。经济和人生息息相关，我们要建设一个"向上的和合理的社会"，不得不先从改良经济组织着手。"现时我们所要求的是个各尽所能、各取所需的社会，所以我们应先探讨经济的原理，研究现时经济的组织，而后利用自然，发挥人力，用互助方策去求最大的幸福和向上的生活。此即我们研究经济学的目的"。

第4节"现在经济学上有重要关系的两大学派及其趋势"：自18世纪末经济学成立以来，两种学派"互相径庭"，一派"个人主义的经济学"，其创始者为亚当·斯密，一派"社会主义的经济学"，其始祖为卡尔·马克思。"他们俩均能注意到历史的进化和社会全体的利益，可是因各人所处的时代不同，观察各异，因之主张也适得其反"。个人主义经济学又叫作"资本主义经济学"。这一派经济学者以为，社会经济组织以资本和资本家的利益为本位，少数资本家私有的利益便是社会全体的利益，是社会公有的财富的增进；资本家的利益和劳动者的利益发生冲突时，劳动者的利益应当为社会而牺牲。他们以为，由资本家的利益心而发生的自由竞争，不期然而然地增进社会全体的利益，因而主张国家不必对个人加以保护或干涉，国家对个人应采取自由放任主义。社会主义的经济学者却主张"打破私有财产制度和自由竞争制度"。他们以为，现今社会，一方有少数怠惰的资本家，专用剥削手段增殖资本，一方又有终日勤劳而仅得一饱的劳动者，这是资本主义发达的结果，这种现象足以妨碍社会生产力的发展；社会的生产力若被妨碍，社会的经济组织非改造不可，如何改造，只有采取阶级斗争这一个方略，"联合所有无产阶级组织政治团体，利用威权，把所有生产机关收归公有，而建设个共劳共享的社会"；到那时，"私有财产就变成公有，人人不去作工，即无生活，社会既无阶级，即人类无被压迫的苦楚"。这个学说成立后，有人赞成而主张，也有人"囿于成见而怀疑反对"。它和个人主义经济学相对立，"各在经济学中占了个重要地位"。"现在两派固然仍是并存，但是个人主义经济学的弊病已尽情毕露，即极力主张者，亦觉得非加以改良不可。这一点就足以证明社会主义的势力，日益膨胀，大有取而代之的形势"。①

以上 4 节阐述，同前面提出的研究题目，并不完全对应，解释经济及经济学的定义、对象和研究目的，缺乏系统，极为简略。但显而易见，这个总论的基本意旨，将民生主义的经济学区别于普通经济学即个人主义或资本主义的经济学，实则归类于社会主义的经济学，又以马克思主义经济学作为社会主义经济学的代名词或主要组成部分。这表现在，根据马克思的经济学说来定义经济及经济学的概念和对象，如不同意正统经济学派或自命为科学的一般经济学家把经济学只理解为研究财富的学问，强调经济是人类为了满足自身生存需要，将劳力运用于创造自然物质的价值的生产活动中所形成的人与人之间的社会关系，经济学是研究在这种社会关系中如何生产、流通和分配社会物质享用物的科学；运用马克思的唯物史观来说明研究经济学的目的，既然社会关系和社会思想随着社会经济组织的变动而改变，必须先行探讨经济原理和研究现时经济组织，其理想目标是实现各尽所能、各取所需的社会；以斯密为创始者的个人主义经济学和以马克思为始祖的社会主义经济学，是经济学上有重要关系而又相互对立的新旧两大学派，社会主义经济学主张打破私有财产制度和自由竞争制度，旨在通过唯一的阶级斗争方略来改造现行社会经济组织，联合所有无产阶级组成政党，以"威权"即暴力方式将生产资料收归公有，消除资本家剥削劳动者的现象，建设共劳共享的社会，这将取代弊病丛生的个人主义经济学而成为一种趋势。

① 本章引文均见杨道腴编纂《经济学概要》，中央军事政治学校政治部宣传科 1926 年版，第 3—6 页。

总论代表整个讲义的宗旨，实际上用马克思主义经济学来阐释民生主义，但这未必表明讲义编纂者同样信奉马克思主义。他不过根据迫切要求实行社会主义或民生主义的形势从舆论进入现实，依此安排经济学课程的要求，客观讲述何谓社会主义；同时注意到，个人主义经济学在实施过程中确实存在弊病，连此派的极力主张者也觉得必须改良，而对社会主义经济学，既有赞成和主张者，也有怀疑和反对者，惟后者更多囿于成见。所以说，编纂者依据马克思经济学说来编写经济学概要的讲义，虽不必出于对马克思主义的信仰，当时却具有客观需求的背景和主观理解的基础。

### （二）第 2 章"资本主义经济的构造方面"简介

从本章起，因讲授时间限制，"把那些比较抽象的理论，先行撇开，而注意那些比较实际的几点"。先提出 18 个研究题目，如商品生产者和享用物生产者的地位是否相同；何以现时社会的财富被商品化；如何使工人的劳动变为商品；以何物做标准来决定商品的使用价值和交换价值；何谓"社会的劳动量"；商品市场价格的上下波动，总以自然价格作为中心点，这是什么缘故；试述交易发生的原因和货币的历史；"为买而卖"和"为卖而买"的目的是否相同；试解释资本；货币如何变成资本；何谓剩余价值；原料是不变资本还是可变资本；如何区别相对剩余价值和绝对剩余价值；何以资本家想得到利润，必须经过生产商品这个阶段；生产力分配的标准，在资本制度下和在自给自足的经济下，有何不同；试述现社会分配的行程、方法和标准；何以现社会分配的方法对劳动者尤为不利。针对这些研究题目，分 4 节阐述。

第 1 节"商品生产与商品的价值和价格"：了解资本制度如何构造成功，不得不从研究商品开始。商品满足人们的欲望，"是以贩卖或交换为目的，由劳动所生产的一种东西"。财富成为商品，必须具备私有、拿出来交换、可供使用、经过劳动生产四个条件。"资本社会中的财富，大抵都商品化了"。资本社会里，劳动者为维持自己的生活，只有出卖自己的劳动力给雇主，供他使用，交换工银回来，"所以劳动力在现时社会内，也是一个商品"。凡物皆有价值，分为"具有充足欲望的效用"的使用价值，以及"具有可以交换他种物件的效用"的交换价值。使用价值"随各人主观上的情形而定，不能在客观上社会关系内说明"，交换价值"可以在客观上社会关系内说明"；使用价值的决定，根据人的主观，交换价值的决定，以物件本体做标准。两件不同商品的使用，品质有异，可以互相交换，因为它们"必含有一种共同的物",这便是生产它们的劳动。"所有商品,都必须经过劳动,所以商品的交换价值,是以生产他们所费的劳动量为标准"。怠惰者和不熟练者生产商品多花费劳动时间,其价值好像高些,这是一种误解。我们说的劳动量指社会的劳动,商品的价值(交换价值)以某时代某社会制造它所需的"平均的必要劳动量(以劳动时间为准)"来决定。"所谓社会的劳动(非个别的劳动)是在一定时代的社会劳动状态之下,将各种特殊的社会关系(如物品之有用无用,必要非必要,对于这物品欲求的多寡,及对于这欲求的供给需要关系,科学及其工艺应用的发达程度,生产行程的社会结合,生产机关的范围,以及种种自然关系)化为普通平均的关系,将各种劳动的特殊性化为普通平均的性质,将各种效率不同的工具的效率化为一般的平均效率,将各个勤勉能力熟练程度不同劳动者的这些程度化为一般的平均程度了,而考虑的各个商品里面所包含的劳动"。价格是用金钱表现出来的价值,与价值相等的价格,叫作"自然价格",高于或低于价值的价格,叫作"市场价格"。商品有市场价格,因为商品的供给和需求不能平均,商品供求不能平均,又因为资本家志在营利,导致生产过剩或限制生产。"市场价格的上下摇动,总以自然价格做个中心点"。

第2节"货币资本":人类的经济交换,根源于三个原因。一是欲望发达,单靠自身能力不能满足,不得不借助他人,因而兴起交易;二是人类的生产各有能力的短长和土地的适应性,通过交易可以互补以丰富生活;三是自从共有财产制度破坏后,私有财产制度继之而起,各人所有物的种类和分量极不一致,互相交换可以彼此受益。可见交易是随着人类社会进化的大势而自然发生的一种现象。经济交换的方式,初始以物换物,但双方供求不易投合,又难以确定物值标准,故寻找一种媒介合于交换众人的商品,这是货币的滥觞;黄金特别适合为货币,在于它的可爱光彩、不变性质、分割便利、有限数量,还在于它的无用,不能应用于实业需要。发明纸币,其价值基于使用货币者的彼此契约,"纸币必须有金银或实在财富来做担保"。货币出现后,商品交换的形式,由"甲商品—乙商品"变为"甲商品—货币—乙商品"。从甲商品到货币是卖出,从货币到乙商品是买入,这种方式叫作为买而卖,为求别的生活必需品而做买卖。有货币的人为了积财,不必自己生产而做买卖,以手中的货币去买商品,再将商品卖出,这个过程是货币—商品—货币,叫作为卖而买。为卖而买的人,希望在买卖中获得利润,从社会方面看,货币好像仍然起流通作用,其实已变成私人的资本了。"所谓资本,是指可以生利的金钱,或产生剩余价值的价值"。

第3节"剩余价值与资本积累":为卖而买的形式中,商品是可以变出较多价值的商品,后一货币比前一货币要多,其形态应当是货币—商品＋商品—货币＋货币。这里的商品,是劳动者的劳动力。要让劳动者的劳动力变成商品:一是"非使劳动者变成完全自由的人不可",否则劳动者必为奴隶而非工资劳动者;二是"必使那劳动力的使用价值,由所有者看来,一定是非使用价值不可",通过"劳动者与生产机关,脱离关系","劳力之使用权,与劳力之产出品,非劳动者所私有,而被资本家所支配"。公式终点的第二个货币,马克思称之为剩余价值。其他利润、利息、地租(原译"地代")等等,"都是这剩余价值的显现态"。"剩余价值是由窃夺而来的,或用商业资本,依商品流通而享有他人的价值,或直接用高利资本,来领有他人的价值"。这两种资本的成立,推翻了商品的流通原则,也就是只能进行同额价值之间的交换原则(今译"等价交换原则")。剩余价值如何得来?可以举例说明,如一个纺纱工人每日生活费只需3元,每日做工6小时所得的价值等于3元。现在工厂主人给他棉花12斤、每斤1元,纺织机一部、价值10元,命他纺成棉线;假设1斤棉花可以纺成1斤棉线,每纺1斤棉线纺机折旧1%,1小时可以制成2斤棉线。工人在6小时内能纺成棉线12斤,领去工钱3元,其结果,资本家支出16.2元,收入也是16.2元,两相比较,没有剩余。倘若资本家要求工人增加工作时间,由6小时延至12小时,工钱照旧,其结果,资本家支出29.4元,收入32.4元,两相比较,获得剩余价值3元,此即"资本家从剥削工人的劳动而得来的利益"。资本家从事生产,不但购买劳力,还购买原料、房屋、器具等。生产用具是过去的劳动,在生产过程中不能变出更多的价值,"只有劳力才能变出多的价值"。劳力的代价即工钱是可变资本,生产用具的代价是不变资本,结合这两种资本,才能生产,但"剩余价值的生产实在是由于劳力"。剩余价值有绝对的和相对的两种。"延长工人工作时间,而榨取剩余劳动所生产的价值,那种价值,就叫作绝对剩余价值"。延长工作时间受到工人精力的限制,达到一定限度后不能再延长,于是"另用缩短必需劳动时间的手段,榨取相对剩余劳动",如改良生产工具以增加生产力,增加生产工具使用的速度,减少工资。资本家获得的剩余价值,不全用于消费,拿出一部分或全部来加大资本。"资本越大,所得的剩余价值越多,因此资本不断地积累起来。在资本制度下,生产是可以自由竞争的,小资本常为大资本所吸收。社会的财富,乃不断地集中于小数人之手,而社会间贫富悬殊越远了"。

第 4 节 "资本制度下的经济状态"：分为生产方面和分配方面的状态。资本家生产的目的完全为了获得利润，为什么必须经过生产商品这一阶段？因为"经过生产界，才能生出必要价格以上的剩余价格"。资本家先拿货币去购买生产商品所必要的工场、原料、工具和劳动力，然后使生产手段与劳力结合，生产出商品，这种商品比初次购入的商品的交换价值增大，因为附加了剩余价值。资本家卖出这个价值较大的商品，所得货币比以前就更多了。"资本一侵入生产界，生产已经不是单纯的商品生产，而是资本家的商品生产了"。生产力的分配，在资本制度下面不同于在自给自足的经济下面。自给自足经济，生产的种类和分量由社会一般的实际欲望所决定；而资本制度，只有利润多寡足以决定生产的种类和分量。换句话说，如果某种物品为有购买能力的人所需要，纵使不重要或无用之物，资本家仍极力去生产；如果购买者的能力不足，所得利润不多，即使此种物品为生活所必需，资本家也不肯去生产。生产的决定以购买人的金力和所得的利润为标准，其结果：一是"必定限制生活必需品的生产"。富人所需的生活必需品分量有限，贫民的急迫要求缺乏购买能力，资本得利无几，于是宁可为资本家生产奢侈品，也不愿为贫民生产必需品。现今社会贫富悬殊的矛盾现象，来自只求获利的生产目的。二是"发生恐慌"。"所谓恐慌，就是生产界的无政府状态"。自给自足的社会，生产的目的在消费，不在买卖，不会发生恐慌。但资本制度里，生产的目的是卖出和营利；如果商品太多，社会大部分人的购买能力又极为薄弱，商品将无人过问，不仅利润得不到，甚至成本也不能收回，资本家哪有不发生恐慌之理。恐慌如传染病，极易蔓延：大工厂停业，小工厂倒闭，社会增加无产者；许多靠卖力来维持生活的工人，无工可做，流于饥寒；资本家为避免全部损失，宁可毁坏大量生产物，减少供给以维持利润，这种悲惨现象，在资本社会里真是司空见惯。

分配是把社会所得即社会各种生产物的总和，分配于社会各分子，形成个人所得（消费品）。"在资本社会下，分配的方法，是由交换而行的。所以各人的所得，无论是货币或是实物，均由交换行为来分配"。没有交换行为，生产物必不能如此普遍地分配到社会的各人手上。分配的比例，各人获得社会各种生产物的多少，在资本制度下，以各人所有的货币为标准；货币的所得，又视各人所生产或所私有货物的价格为标准。价格的高低，"受供给与需要律的支配"。工人的劳动力或土地的用途，如供给超过需要，则工人的工钱或地主的地租，必然低落；如资本的需要超过供给，或货物的需要超过供给，则利息与利润必然增高，"此即各种价格所以涨落之理，亦即货币所得及实物所得之所以或多或少"。"在资本社会里，各人所得的多少，纯视物价的高低，而物价又或涨或落，时生变动。所以今日社会中由赤贫而暴富，由巨富而破产，是个普通现象。简言之，今日社会财富的分配，极不充足，极不安定。此种方法，尤影响于劳动者的生活。因劳动者劳力的需要，动摇不定，工资亦必无常，生活当然不能安定。此从分配方面观察，资本主义的经济组织，实有变更的必要"。①

本章阐述，基本对应所提出的研究题目。尤其前三节，隐然按照《资本论》第一卷的逻辑，以资本主义经济的构造为标题，依次讲述商品和货币，货币转化为资本，绝对剩余价值和相对剩余价值的生产，直至资本的积累过程。有些提法，如所谓"社会的劳动量"及其解释，可以在《资本论》原著有关社会必要劳动的论述中，找到出处。其他的重要经济概念，如使用价值和价值（交换价值）、从一般价值形式到货币形式、货币转化为资本、资本的总公式、劳动力成为商品（或劳动力的买和卖）、不变资本和可变资本、简单再生产、剩余价值转化为资本（扩大再生产）、资本积累等，本章一些表述虽有不同，仍能在《资本论》中看到相应的论述。对比原著，此章的编纂，一面以马克思经济学说为基准，一面又作了较大幅度的改动。其理由，一则如前章所说，因讲授时间限制，故撇开比较抽象的理论而注意比较实际的内容。结果马克思原著中阐释上述那些经济概念的前提条件、基本内涵、深入论证、内在逻辑、相互关联等抽象理论，在本章叙述中都不见了踪影，只剩下围绕若干概念的零散而缺乏系统的介绍，也就是所谓比较实际的结论性观点，或者说是简单回复前设若干研究问题的提示性答案。二则显然出于通俗化的要求，讲授体例上采用集中问答的方式，讲授内容上尽量简化那些复杂的理论内涵和论证过程。其长处是重点突出，简明易懂，明白诸如商品生产者不同于自给自足生产者，资本主义社会的特征是所有财富被商品化，工人的劳动力变为商品有其前提条件，商品具有使用价值和交换价值的决定标准（本章只涉及商品二重性，未提出劳动二重性），社会必要劳动概念，货币是商品交换长期发展的产物，"为买而卖"的消费目的不同于"为卖而买"的赢利目的，资本的性质，货币转化为资本的条件，剩余价值概念，不变资本与可变资本的区别与联系，绝对剩余价值的生产

① 本章引文均见杨道腴编纂《经济学概要》，中央军事政治学校政治部宣传科 1926 年版，第 6—19 页。

和相对剩余价值的生产，资本的利润来自商品生产过程，资本制度下生产力分配的利润导向不同于自给自足经济的消费导向，以利润决定生产的社会恶果，现行社会的分配方法尤其不利于劳动者等。其短处是割断内在联系，缺乏深入理解，停留在表象层面，易于宣传，却难以形成坚实的理论基础。三则引入不少马克思原著以外的解释依据，或来自其他经济学说，或出于自己的理解，或为了便于讲授。诸如财富成为商品必须具备的四个条件，使用价值决定的主观性与交换价值决定的客观性，商品的市场价格围绕其自然价格上下波动，人类发生经济交换的三个原因，金子成为货币在于它不能适应实业需要的无用特性，货币具有价值的三个特点等。这也表明，本章的讲述与马克思经济学说的相似之处，不是编纂者在阅读和理解《资本论》原著的基础上进行深入浅出的解说，而是借助他人对马克思经济学说的通俗性解释，再加上自己引用不同的经济学著述并加以梳理和编辑的结果。

本章第 4 节的内容，谈论资本制度下生产与分配两方面的经济状态，虽然依循马克思经济学说的基本思路，却脱离《资本论》原著的论证轨迹，另行概括资本主义经济的弊端。如资本家的商品生产，以获得利润的多少和购买人的经济实力来决定生产的种类和数量，不是根据生活的需要作为分配或安排生产能力的标准，因而产生两种恶果：一是不愿为大多数贫民生产生活必需品，宁可为少数资本家生产奢侈品，以致产生贫富对立的矛盾现象；另一是生产的无政府状态所造成的经济恐慌，表现为工厂或停业或倒闭，增加无产者队伍，工人失业而饥寒交迫，资本家销毁大量生产物，减少供给以维持利润，这是资本社会司空见惯的悲惨现象。又如在资本制度下，社会生产物或社会所得分配给社会各个成员的方法通过交换来进行，分配比例依各人所有的货币为标准，货币所得取决于各人所生产或所私有的货物的价格，其价格受到供求规律的支配，供大于求时价格低落，求大于供时价格上涨；这种物价或涨或落的经常变动作为普遍现象，造成今日社会财富分配的极不充分和极不安定状态，尤其影响劳动者的生活，所以从分配方面看，资本主义经济组织确实有变更的必要。这样的概括，既有取自马克思经济学说的观点，如关于经济危机的论述；又有偏离马克思经济学说的观点，如以分配方法通过交换进行从而受制于供求规律的说法，取代资本主义分配方式体现了生产社会化和生产资料私人占有之间矛盾的精神。本节还有一些说法，诸如资本家的利润是在生产过程中获得"必要价格以上的剩余价格"，资本社会的分配过程分为"大群的分配""小群的分配"和"终极的分配"三段等，也都是脱离马克思原著的自说自话或转录他人之说。

## （三） 第3章"资本主义之发生和发展"简介

先提出6个研究题目，如何谓资本主义；试述资本社会的特点；何以资本社会必须存在私有财产和继承制度；试述商人发生的历史及其剥削的方法；我国现时是在商业资本时代还是在工业资本时代；说明托拉斯和辛迪加的组织。这几个研究题目，从前面论述资本主义的经济构造，进入论述资本主义的发展历史，题目之间的内在联系虽然不连贯，但由此引出以下解说内容：

"所谓资本主义的经济组织，是指国内一切生产事业，皆由资本家挟营利的目的来经营。社会内所有重要的生产工具（如工厂器具、土地、矿山、铁道等），均归资本家所占有。凡生产事业，皆有资本家与劳动者两阶级分立。资本家指挥生产，或得利润，或得地代，或得利息。劳动者只有将其劳动力卖与资本家，取得劳银，以营生活"。解剖资本主义社会，可以找出三个特点："个人主义的经济""生产手段的独占""工钱奴隶"。所谓个人主义经济，"社会或公共团体对于个人的生活不负责任，让各人自己去找寻"。这种现象发生于"原始的共产社会被破坏后"，到今日"达到登峰造极的境地"。其结果，社会上有的人田连阡陌，有的人无立锥之地，贫富极其悬殊。各人自行负担自己的生活，所有生产成果归诸私有，势必独占生产工具；为了预防生老病死，社会不但产生私有制度，还实行继承制度。社会的财富和生产机关既被一部分人独占殆尽，其他一部分人只有把自己的身体气力像商品一样卖给资本家去使用，而所有资本家的共同目的就是榨取剩余价值；工人未尝不可自由择业和自由迁移，但他们到哪里都未见得满意，为了养家活口，"只有忍气吞声，做工钱奴隶罢了"。

资本主义社会的发生约在15世纪末，至今已有400多年。资本社会以前，生产出自师徒制和手工制造的小规模作坊，其少数产品在附近的小市场出卖（如同我国现时市镇的工业）。这种小市场不能长久地大量吸纳各种生产品，手工业者找不到相当的买主，必须另寻扩大的市场。于是经纪人应时而生，从手工业者手里收集各种生产品，运到远处转卖，此即为卖而买的商人。手工业者把自己的一部分劳动力白送给商人，商人"便剥削了手工业者劳力之一部分"；"这种从手工业者剥削而来的利润越多，即商业资本越加扩大。商人竟变成资本家了"。市镇越繁盛，商业越集中，劳动者越求助商人的帮助，他们受剥削的程度也越深。久而久之，手工业者不得不向商人借债来新添原料或购置器具，"商人第一步便有权干涉手工业者的生产，要求他们生产商店所出卖的货物。第二步便取手工业者的生产权而有之。这种经济，叫做商业资本的经济，而这个时代，亦即商业资本掌权的时代"。商业资本拓展后，拥有资本者自己开设工厂，大部分劳动者不能单独从事生产，不得不向资本家出卖劳力，"资本家便有劳力的全部使用权，可以任意剥削"。蒸汽机发明后，一部机器的工作足以抵挡千百人而有余，从前的手工业被根本扫除，"靠两手以自活者，遂集中都市，俯受厂主的鞭策"。"这个时代就叫做工业资本时代"。

资本家生产的目的完全在增加利润，他们将国内劳动阶级剥削殆尽，还贪得无厌地去剥削弱小民族。机器生产的商品数量陡增，必须向外寻找市场；本国工业发达到极点，必须向外寻找原料；弱小民族中劳动力既多且廉，资本家为节省运费，在殖民地或半殖民地开设工厂；资本家贪图利息，为了吸收财富，更在殖民地开设银行，用借债手段来夺取政治经济权，使这些地方不能向上发展。最初资本家之间互相竞争，大资本家吸收小资本家的事业，后来他们在国内联合起来，建立大银行、托拉斯、辛迪加，"一面剥削本国劳动阶级，一面侵略弱小民族"。"工业资本与银行资本合二为一便成财政资本。此即资本主义的最高阶段，亦即帝国主义的起源"。①

本章的讲述，同样离开《资本论》第一卷的逻辑思路，却又不时引用其有关内容或结论。比如，讲述资本主义经济组织具有资本家以赢利为目的、独占生产资料、与工资雇佣劳动者相对立等本质和特点，可以看作对前面两章内容的补充性概括，源出于马克思的经济学说尤其《资本论》；但以原始共产社会破坏后出现的个人主义经济，作为资本主义社会的首要特点，又不尽符合马克思解剖资本主义社会的原意。讲述商人或商业资本对独立手工业者的剥削，以此作为工业资本产生的源头，也能在《资本论》里找到类似的论述，即商人或商业资本向工业资本的转化；但把资本主义的发展历史归结为这一点，只限于工业资本家的产生前史，距离马克思有关资本积累过程的历史论述，相差甚远。至于说我国当时处在商业资本时代还是工业资本时代，本章没有直接回答这个问题，仅附带注明我国现时的市镇工业类似于西方早期的作坊手工业，以此来表示尚未进入工业资本时代。本章讲述资本家为了增加利润，不满足于剥削本国劳动阶级，还要向外扩张去剥削弱小民族，已经超出马克思原著的论述范围，引入新的时代特色。一则列举若干缘故，如为本国的大量机器商品开拓海外市场，寻找海外原料以满足国内工业发展的需要，在殖民地

① 本章引文均见杨道腴编纂《经济学概要》，中央军事政治学校政治部宣传科 1926 年版，第 19—22 页。

或半殖民地开设工厂以降低生产成本，在殖民地开设银行并通过借债来控制当地的政治经济权利等，这些都暗示中国的贫弱将沦为国外资本家的剥削对象。二则指出资本家由最初的互相竞争发展到大资本家吞并小资本家，在国内建立大银行和联合垄断组织，剥削本国劳动阶级和侵略国外弱小民族，这种工业资本与银行资本结合而成的金融资本，代表资本主义的最高阶段，也就是帝国主义的起源；从这些讲述里，已经可以看到类似于列宁所提出的帝国主义是资本主义发展的最高阶段这一概念。

**（四）第 4 章"社会主义的经济状态"简介**

先提出 12 个研究题目，如比较资本主义与社会主义的经济组织；社会主义的目的是否只求人人丰衣足食；社会主义社会是否可以完全免除所有生产上的危险；何以只有社会主义社会，才能充分发展社会的生产力；简略说明亚当·斯密、马尔萨斯和马克思三人的思想背景；举例证明金钱报酬的多寡，必有相应的偿付损益；举出《原富》《人口论》和《资本论》的要义；试述空想社会主义的特色；略述圣西门、傅立叶（原译"福利耶"）和欧文三人的思想；何谓劳动价值；试用井田制的变迁来证明唯物史观的意义。针对这些研究题目，用两节和一个附录予以阐述。

第 1 节"社会主义经济组织与资本主义经济组织之区别"：从原则上讲，二者的相异之点，"只在社会是否保证各人的经济生活"。社会主义社会，"老有所终，壮有所用，幼有所长，矜寡孤独废疾者皆有所养"；资本主义社会，一部分人占有所有生产机关，又有遗产继承制度，财富越来越集中。"社会主义的目的，在社会平等的保障。个人的物质生活，使各个人得完全而自由的发展人格，而以公有生产手段为达到这个目的的手段"。社会主义经济组织，应注意六点："主要的生产物是生活必需品，次要的才是奢侈品"；"生产的目的，完全在满足全社会的欲望，而非在营利"；"生产手段的支配，采取公有制，而非私有制"；"经济的道德，是博爱的，而非利己的"；"经济的政策，采管理主义，而非采自由放任主义"；"各人有向社会要求生存的权利"。

第 2 节"社会主义下的生产和分配"：在社会主义，人类为消费而生产，非为交换而生产，"断没有生产过剩，或限制主义等弊病"，可以免掉今日社会生产不能避免的两种危险。一种是"技术的危险"，如农业因天气不良而歉收；另一种是"经济的危险"，如货物太多卖不出去。社会主义社会的生产增多，可以通过增加各人所得和储备待用来解决，不必急着贬值出售，"绝无经济恐慌"。至于技术的危险，可以用科学来救济，虽然难以免去出于自然的某些危险，但由大家承担，个人所受的损失轻微。社会主义的生产组织，"由中央机关根据各方的统计，将需要物的种类和分量，有计划地生产"；"所有生产之间，均互有联络，非如资本主义下的各自独立，而陷生产于无政府状态"。生产的目的，"既在满足社会全体的欲望，而非增加一阶级的利益，而且生产的计划，又由社会来主持，那社会的生产力，必能充分发展"。现在的社会，资本家要多获得利润，当土地耕种的利益不如商业经营时，便任其荒芜，虚废地力；当雇佣工人比装置机器的成本少时，便不思应用电力、蒸汽力等自然界的原动力来增加生产。社会主义社会，生产非为获利，个人的利害与社会的利害"互相调和"，凡足以发展生产力者，"无不尽量利用，绝不肯加以束缚"。此外如消耗于阶级斗争方面的警察、士兵、罢工、暴动等精力，以及消耗于竞争方面的富力，都可利用到生产方面。

社会主义分配的目的，"不在报酬个人的劳动，而在保证个人的生活"。不能劳动者如老幼废疾及产妇等，固然得到社会的抚养，即使能劳动而不愿劳动的人，在生产充分发展后，也有向社会要求生存的权利（当然生产情况不容许时，社会应当有计划地干涉）。资本社会则绝不相同，没有财产或不能劳动，就得不到分配，至于社会周济废疾或年老者，乃出于慈善动机，非法律规定。社会主义的分配方法，是独立的，不是附属于别种经济行为而发生的；是有计划的，不是无意识的；是直接的，不是假借别种经济行为而实现的。"各人生产的结果，统由社会的机关，依预定计划，分配到各个人，并不像这以买卖为分配的媒介"。至于分配的标准，"断不是如一般人之所想象，主张平等的分配，又不是主张各人全收其劳动产物的权利"。各人的生理要求和嗜好欲望，极不一致，"若采机械式的平等分配，其结果即不能满足各人的需要"；如今一切生产物大都由多人协力造成，而且社会成员未必个个从事生产，"若以各人劳动的结果，归诸各人，那不能劳动或非直接从事生产者，如教育家行政员等，将何以维持生活"，当然更谈不到拓展生产或补充消耗的生产手段。究竟怎样确定分配的标准，"应看社会生产的程度而定"。如果社会的产业还未充分发展，"分配的标准，只能各取所值"；如果产业已十分发达，"分配的标准，自当为各取所需"。

附录"新旧经济学者对于资本主义经济组织的观察及批评"：我们都明白资本主义经济的弱点，一致要求建设社会主义经济，但社会主义经济能否实现，"第一应看资本社会有无改变之必要，第二应看资本社会有无变更之可能"。解答这两个问题，只须评论那些拥护和反对资本社会的经济学者的观察，就能获得。下面简单说明三个人的观察，对资本的经济组织，斯密"极抱乐观"，马尔萨斯"主张维持"，马克思"预言必然崩溃"。

斯密以为，今日的经济组织是长期以来自然发展的结果，是最良好的制度。在这个制度下，各人都基于自然的性情，从事利己的活动，"其结果必不期然而增进社会全体的公益"。这是从生产方面观察现社会的乐观态度。从分配方面观察，他也乐观地认为，今日社会的财富，不外由工资、利息、地租三者集合而成，"若自由竞争能完全行于社会，则社会全体的富，未有不能公平分配于个人之间"。斯密生于纺织机械、铁路、汽船还未发明，产业革命还未发生的时代，当时社会虽有资本家与劳动者两阶级的对立，利害冲突还不是十分厉害，所以他把资本制度看作尽善尽美的制度。以我们的眼光批评他的乐观观察，可以发现种种错误。一是以为社会每年产生的财富，与该社会各种事业每年生产货物的交换价值相等，各人努力使自己生产货物的交换价值达到最大限度，结果社会年生产的财富便达到最大限度。其错误在于"以交换价值的大小，为富之大小"，不明白"今日社会生产者私利，与社会公益本不调和"。二是以为在资本主义经济组织下，若能完全自由竞争，分配也就极为公平。其实在现时社会，不独企业家独占资本，与劳动者全卖气力之间，"本无自由竞争之可言"，即使企业家与企业家、劳动者与劳动者之间，"亦不能自由竞争"。原来斯密主张各人自由实行自利的活动和互相自由竞争，"无非是反对'独占'"。单就这个思想而论，"谓他的主张实已孕育社会主义的根芽亦无不可"。

个人主义经济的流弊，尤在法国革命期间"彰明较著"，当时有人一面主张财产共有，一面主张劳动分担。他们只看见经济组织应当变更，而不能证明它有无变更的余地。他们的希望，自然不是"科学的客观的必然论"。无怪乎马尔萨斯一出现，依据其人口原理，说明贫穷乃是必不可免的现象，与现在的经济组织无关，又说明贫富悬殊的必要性以及不可破坏现在的经济组织，便把空想社会主义的议论一笔勾销。他的人口论是"主张维持资本主义经济组织的唯一武器"，首先说明社会大多数人陷于贫穷是必然的，其次说明贫富悬隔是必要的。"其实马氏的见解，亦有不甚健全之处"。人口增加的速度超过食物增加的速度，在科学未发达和机器未发明的手工业时代，容或有之。但今日科学进步大有一日千里之势，生产能力远超前古，废物也堪利用，何致有食物不足的恐惧。何况今日社会存在贫穷，不是因为生产能力枯竭，不能再生产，实因生产目的志在营利，无人过问利润微小的农工业，遂致一部分人感受饥寒。即使有一天人口数目超过食物，到那时也应是社会全体同受限制，安可独让一部分人遭遇缺乏。所以"马氏的维持论，证诸事实，理由均欠充足"。

马尔萨斯的议论，在今日看来，可被指摘之处虽多，但在当时固然持之有故、言之成理，能根本动摇风起云涌的社会主义思想，让资本主义的经济组织获得一重强有力的保障。等到马克思出现，"创造劳动价值说，极言社会组织应当变更，发明唯物史观，推论社会组织可能变更，经济思潮，为之丕变，风行一时的马尔萨斯学说，失了时间性，遂寂然无闻了"。马克思说现在的社会组织应当变更，其理由根于他的劳动价值说。认为"商品的交换价值，视社会上平均劳动量而定"。一种商品交换价值的大小，从表面看，好像依据生产费（工人的工资、资本的利息和利润）的多寡，其实价值的增加，全是劳动的结果。但在现时社会，劳动的结果，全归资本家，工人所得不过仅足糊口的一份劳银。资本家利用剩余价值来拓展生产，增大资本，其初压迫劳动者，继而征服小资本家，使资本日益集中，社会逐渐劳动化。工人因数目日增，竞争日烈，时常劳力供给超过需要，而衣食又不能一日缺乏，只有廉价出卖，社会的消费力因此日益缩小。于是富者越富，贫者越贫。马克思根据这一观察，"断定贫穷的原因，乃现在经济组织当然结果。非把资本收归国有，由国家生产，由国家分配，不能救治社会贫富的不平均"。马克思不但根究社会的贫穷，由于经济组织不良，从而推论现时社会组织应当变更，还从经济史上着眼，创造唯物史观，纵论社会组织实有必然变更的趋势。他的见解，根据事实，不托空言，能给与马尔萨斯的人口论以重大打击，不像从前的空想社会主义者只谈改变的必要，不谈改变的可能，"所以我们独称他为科学的社会主义者，而他的学说亦竟能在经济思想史上放一异彩，把以前种种学说一扫而空"。"唯物史观是以物质说明历史变迁的原因"，"历史的运动、发展和前途，皆根于社会里的生产力"。一个时代有一个时代的劳动工具和劳动方法（即生产力），因此一个时代的生产者相互结成的社会关系，也与别个时代有所不同。"生产关系一变化，与生产关系互为表里的分配关系必定变化，生产和分配的关系既都变化，由他们两者所构成的经济组织当然也要变化"。政治、法律乃是把社会实质的经济生活表现于形式，实质的经济组织一变化，作为其形式的法律、政治当然非变动不可，"所以社会全部构造完全随生产力的变动而变动、发展而发展"。如近代生产力发展的结果，中世纪工匠对主人的生产关系，变为近世劳动者对资本家的生产关系，中世纪同业公会的经济组织，变为近世资本主义的经济组织，中世纪的封建制度，也变为近世的统一国家。根据唯物史观的见解，社会组织当然随生产力的发展而变化，但是生产力因科学发达而不断发展，社会组织却有固定性，不易变化；"如果社会组织到了束缚生产力发展的时候，必为生产力所冲破，不得不发生变动，以适应生产力"。今日社会，工人失业、机器停工，大部分人饥寒交迫，虽有气力而无处施用。"若生产力已进一级，而生产关系（经济组织）仍然不变，其间必生种种矛盾，而其制度必因之而坏"，据此说法，现时社会已束缚生产力的发展，到了改变的时期。少数资本家竭力维持拥护现行社会，但因资本集中，大资本征服小资本，小资本家变为劳动者，全社会有劳动化的趋势；又因工厂集中，劳动者也集中，造成其团体扩大，势力雄厚。大多数劳动者集合在一起，处境极为不利时，倘若与资本家发生阶级斗争，胜利可操左券。现时社会当然有崩坏之一日，结果必产出新社会，"把所有生产机关，尽归国有，因人民的欲望计划生产，那生产力才能循序发展，人民才能家给人足"。

"今日研究经济学的人，无不反对资本主义的经济组织，而赞成社会主义的经济组织。社会主义渐次有由言论入于事实的趋势"。但是我们何以独要求实现社会主义，我们的要求究竟能否实现？解释这两个问题，第一应当研究资本社会有没有变更的必要，第二应当研究资本社会有没有变更的可能。为帮助研究起见，对新旧经济学者有关资本社会的观察加以批评，未始不无小补。①

这一章又名"科学的社会主义的经济"，篇幅仅次于第 2 章，两章的内容在讲义中，恰是讲述马克思经济学说最多的部分。根据以上引用的内容，本章前两节主要回答研究题目中前 5 个有关社会主义的问题，其主旨，比较资本主义与社会主义的经济组织，凡表现为资本主义经济组织的弊端者，在社会主义经济组织内均得到克服并展现为新的优势和特点，如社会主义的目的只求人人丰衣足食，实行生产资料公有制和计划生产，完全免除所有生产上的危险，能够充分发展社会的生产力；分配的标准根据生产发展的程度，先后实行各取所值或各取所需，而不是实行机械的平等分配或劳动产物全收权即直接从事生产者享有全部生产物等。其理由显然是从马克思解剖资本主义经济的论证中推演出来，主要针对西方发达国家，同时充溢

① 本章引文均见杨道腴编纂《经济学概要》，中央军事政治学校政治部宣传科 1926 年版，第 23—33 页。

着一种十分乐观的态度，认为如今研究经济学的人都反对资本主义经济组织和赞成社会主义经济组织，而且当前的趋势是社会主义已经逐渐由谈论或设想的阶段进入推行或实现的阶段。这种乐观情绪，不知是受苏俄革命与建设的影响，还是为了诠释孙中山的联俄政策，但奇怪的是，讲授社会主义的实行趋势时竟然只字未提苏俄的例证，让人不解其意。或许苏俄式的革命暴力和无产阶级专政，超出了马克思分析西方资本主义和论述劳动与资本两个阶级之间斗争的范围，讲述者难以用马克思的经济学说给予充分的理论解释。若确系如此，则表明讲述者关于社会主义可望实行的乐观判断，纯粹是基于马克思对资本主义的经济学批判而从理论上推理的结果，并未提出也不重视实践的验证，似乎这是一个无须检验即能自然而然实现的过程。

关于这一点，本章的附录说明社会主义能否实现时，又提出资本社会有无改变的必要与变更的可能两个问题，其论证方式，如出一辙，也纯然是理论推导，只须把拥护或反对资本社会的新旧经济学家的观察理由加以比较和批评，便能得出解答的结论。与此相关，回顾本章开头所提出的其他几个研究题目，除了略述三位空想社会主义代表人物的思想，以及用井田制的变迁来证明唯物史观的意义两个题目，在附录中未见讲述之外，同样服从于这种理论推导的需要。如从思想背景上说明新旧经济学家对资本经济组织的不同态度，亚当·斯密极为乐观地认为这是长期自然发展的结果和尽善尽美的制度，因为他处于产业革命之前劳资两个阶级的对立尚未十分严重的时代；马尔萨斯在 1789 年法国大革命暴露现行经济组织的显著流弊后，仍主张维持，乃鉴于空想社会主义只看见这一经济组织应当变更的必要性而不能证明其可能性，随即提出他的人口原理作为武器，以贫穷的不可避免和存在贫富差距的必要性，说明现行经济组织不能破坏而必须维持的理由，从根本上动摇了当时风起云涌的社会主义思潮；马克思预言这个经济组织必然崩溃，是在新的历史条件下，基于劳动价值论和唯物史观的科学而客观的必然论，同时解决了现行社会必须变更与可能变更的理论证明，从空想社会主义进入科学社会主义，因此能在经济思想史上大放异彩，将以前的各种旧经济学说一扫而空。

这种理论推导，主要建立在比较《原富》《人口论》和《资本论》三本经济学代表作之要义的基础上，依此划分新旧经济学家的界限，证明社会主义取代资本主义的必然趋势。例如，斯密的《原富》，相信资本经济组织为发挥人的自利天性提供了良好条件，各人追求利己活动的结果于不经意中增加了社会全体的公益；各人为自己的利益竭尽全力，使其生产物的交换价值达到最大限度，结果也使社会的所得或财富达到最大限度；从分配上看，自由竞争同样是社会财富公平分配于各人的最好方式，通过金钱报酬的优劣利益补偿，使得各项事业的利益经常保持一定的平准。然而这个理论的错误，将交换价值的大小等同于财富的大小，未看到个人私利与社会公益的冲突；资本独占条件下的劳动者，以及不同行业间企业家的经营转换，很难谈得上真正的自由竞争。斯密在生产和分配上主张自由、自利、自由竞争而反对独占的思想，无法得到今日事实的证明，这实际上已经孕育了社会主义的萌芽。马尔萨斯的《人口论》，认为食和色（性）是人类的本性，人口增加率为几何级数，食物增加率为算术级数，性欲的结果（人口增加）总是超过劳动的结果（食物生产），因此社会大多数陷于贫穷是必然的，与社会经济组织的改变无关；贫穷的存在只有实行道德抑制来激发人的生产能力，才能避免贫穷，而改变资本主义经济组织，取消私有财产和自由竞争制度，人们势必不肯努力和砥砺道德，社会反而越来越贫穷，因此维持贫富悬隔是必要的。然而这个理论的欠缺，未考虑到今日科学的进步，生产能力的提高，能够解决食物不足问题；社会贫穷的产生，不是因为生产能力的枯竭，而是因为生产受到利润的驱动；即使食物总量不足，也应是社会全体的问题，不应是一部分人的问题。以上两部经济学著作的要义，被认为代表了旧经济学家的意见，它们对资本社会的乐观态度或维持主张，不是早期资本社会的生产尚未充分发展及阶级矛盾尚未激化的时代反映，便是资本社会的弊端暴露后，社会主义思潮只说改造的必要性而未能提出改造的可能性的时代产物。这些批评旧经济学家的意见，不必完全出自马克思的经济学说，但显然综合了后来社会主义经济学家及主张社会改良的资产阶级经济学家的各种批评观点。

关于《资本论》的要义，因第2章有所涉及，本章附录不再简单重复，重点讲述马克思的两个理论贡献。一个是所谓创造劳动价值说，实为剩余价值学说；另一个是发明唯物史观。这里的讲述，不同于恩格斯对这两大理论贡献的归纳，更多着意于比较新旧经济学家在观察资本社会上的不同。如马克思根据劳动价值说，认为商品的交换价值决定于社会必要劳动量，不是取决于包括工资、利润和利息等在内的生产费用，然而在现行社会，劳动的结果全归资本家所有，工人所得的工资只够养家糊口；资本家利用剩余价值来扩大生产和增加资本，压迫劳动者，吞并小资本家，日益集中资本，使更多的人成为劳动者，而劳动力供给时常超过需求，又造成工人更加廉价，社会消费力不断缩小，因而造成贫富悬殊。这就从贫穷形成的原因即剩余价值的分析上，证明了变更现有经济组织的必要性，只有将资本收归国有，由国家进行生产和分配，才能救治社会的贫富不平均现象。这个证明，推翻了马尔萨斯的解释，使社会主义从空想发展到科学。又如马克思根据唯物史观，着眼于经济史，从物质上说明历史变迁的原因，认为历史的运动、发展和前途，根源于社会的生产力；不同时代的生产力即劳动工具和劳动方法，形成不同时代的生产者相互结合的社会关系，生产关系与分配关系互为表里，由此构成社会的经济组织，政治和法律等则是社会经济生活的表现形式，所有这些社会构造都随着生产力的发展而变化；生产力的发展具有不竭的动力，社会组织却具有不易变动的固定性，社会组织束缚生产力的发展，必然产生种种矛盾，最终将被生产力冲破以适应新的发展；如今资本的集中已束缚生产力的发展，造成工人失业、工厂停工、大多数人饥寒交迫，同时劳动者的集中形成强大的势力，为了改变自身的不利地位，一旦联合起来与资本家展开阶级斗争，一定会取得胜利。唯物史观的分析，证明了变更现行经济组织的可能性，预言资本社会终有崩溃的一天，必然被生产资料国有、按人民需求实行计划生产、有利于生产力发展的新社会取代。这个证明，解决了以往空想社会主义者从未提出和解决的问题。

附录的比较分析，最后落脚在马克思的两个理论贡献，分别证明了资本社会应当更改的必要性与可能性上。到此为止，这本讲义算是完成了从资本主义到社会主义的经济学讲述。可以发现，讲述者的相关经济学知识，主要限于以斯密和马尔萨斯为代表的古典经济学，即所谓旧经济学，以及马克思的经济学说，即所谓新经济学，此后半个多世纪经济思想的发展与演变，无论资产阶级经济学的理论变化，还是社会主义经济学的曲折反复以及在苏俄的付诸实践，均未进入其视野。显然，讲述者只考虑单纯的理论推导，通过现成结论的通俗解释，去说明现行资本经济组织应当变更和可能变更的理由，以及社会主义取代资本主义的必然趋势，至于新的历史条件所带来的进一步理论探索，特别是这种趋势究竟怎样才能实现或以什么样的方式来实现，不在考虑之列。

**（五）第 5 章"中国经济发展之束缚"简介**

从这一章起，抽象的理论讲述，转入中国的实际状况。先提出 7 个研究题目，如我国现时的经济状态；不平等条约如何影响我国实业的发展；我国关税制度的弱点及其影响；何谓子口关税；外人何以要在我国内地设立工厂；单靠军队剿抚的方法能否消灭土匪等。针对这些研究题目，引出以下讲述：

我国经济现时只发展到商业资本及最幼稚的工业资本，就不能再发展了。可以看到手工业时代的工具逐渐匿迹于乡村，新式工厂日益集中于都市，好像我国的资本主义在天天发展。"其实这种变动是不自然的，非自动的，外受资本主义之压迫，而不得不如此"。资本主义压迫我国经济使之不能发展的工具，正是不平等条约。和外国缔结的不平等条约，最著名者，首推1842年的南京条约，开放五口通商，为外货提供销售地，以此为导线，至今已有90余埠先后开放；其次为1843年中英通商条约的关税协定，断送税则规定权，为外货源源输入开其端；再次为中日战争后缔结的马关条约，允许外人在我国有工业制造权；接着1902年签订的中英续约和1903年签订的中日通商条约，允许外人在我国有权做股东或合办公司；自1898年满清政府颁布内地水路航行章程后，我国所有领海与内河，皆为万国航业的投资地；除此之外，治外法权的无限扩张，领事裁判权的自由行使，所有利权尽被攘夺。"人民之有产者降为中产，中产者沦为无产，以酿成今日穷困之境，沿流溯源，皆不平等条约为厉之阶"。

一个国家的经济能否发展，须看是否具备生产的条件，如工厂位置、良好市场、原料、劳动力、资本、经营能力和技术人才，以及实行促进生产的政策，如关税政策、奖励政策和关税免税政策。工厂位置当然以交通便利的航路或铁路必经之地最适宜，可是马关条约允许外人在通商口岸拥有工业制造权，意味帝国主义攘夺了我国生产的第一个条件。由于关税协定和马关条约准许外货不断输入或在我国大批生产，市场为其所独占，演成今日供过于求的现象，虽有良好市场，自己无从利用。原料分为特殊的煤铁和一般的天然产物，所有重要的特殊原料都被帝国主义者掌握，一般原料又因国内税则不良，厘金繁重，不能从内地运到口岸以供工厂使用，以致我国原料虽多，但受条约束缚，仍是货弃于地。我国人口占世界1/4，人民又以耐劳著称，如发展工业，劳动力条件十分充足；但外国流入的资本雄厚，外人又有权在境内开设工厂，结果我国的廉价劳动力完全供其使用，"真无异藉寇兵而资盗贼"。我国资本与欧美比较，望尘莫及，要让薄弱的资本有补于工业的发展，有待保障的方法；但中英续约和中日通商条约竟准许外人有投资权，结果资本雄厚的外国公司垄断一切，国人中稍有资本者被其压迫，不能独立，只有流为买办阶级，追随外国资本之后，沾其余润。此外，我国的经营能力和技术人才似嫌不足，其实加倍锻炼和培养，亦非绝对不具备条件；只是所有重要工业和强大公司均为外人所操纵，国人难以有机会来锻炼能力和雇佣人才。以上七个条件，本来前四个我国早已具备，后三个亦未尝不能具备，但是受不平等条约的束缚，所具备的条件不能充分利用，未具备的条件不能逐渐培育，因而产业不能发展，农业凋落，荒地日增，农民与工人有力无处出卖，大部分流为兵匪，小部分集中于新式工厂。"要求改变这种现象，只有打倒帝国主义，取消不平等条约"。

生产条件受不平等条约的束缚，我们已不能自由运用。观察促进生产的政策，我们也发现同样的结果。关税政策方面，我国关税税则不论货物输出或输入，均值百抽五，丧失保护本国产业之微意；况且外货运遍内地，只须缴子口半税，无须缴厘金，这是国人不能享有的特许权；于是我国关税不但不能保护国货，反而帮助推销洋货，其所以如此，当然是不平等条约的结果。至于奖励政策，有赖国家财政收入的丰富，而现时种种税源均被军阀把持割据，一方外债日增，他方军费诛求，北京政府已是司农仰屋，经常费用都苦短绌，哪有余钱来津贴实业；可见在军阀被打倒以前，谈不上奖励政策。关税免税政策，本可实行，让国货价格比洋货便宜；然而条约明白规定，凡我国给与本国工业品的特别利益，外人所制的同类工业品亦得均沾，此即不平等条件的保障；政府如对本国实业实行免税或减税，列强即根据条约提出要求，所以有了政策，也不能自由施展。

我国现时无一领域不是困苦颠连，农民失耕，工人失业，商民失利，倾家破产者到处都是。"推其原因，无非帝国主义者利用他们的大资本，从经济上剥削我们。坚持时移世迁、本难存在的不平等条约，从国际关系上来束缚我们。又复豢养卖国军阀，从政治上压迫我们，蹂躏我们。我们如欲发展经济，解决民生问题，第一步当把帝国主义打倒，第二步当用国家势力来发达实业"。[1]

进入这一章，与前几章分别讲述资本主义与社会主义的经济学道理，迥然有别，重点讲述中国经济发展受到的实际束缚。在讲述者看来，中国的经济发展，尚处于商业资本及幼稚工业资本的落后阶段，国内出现资本主义的新式工业，不是自然内生的，是受外来资本主义压迫的结果，突出表现就是外国列强利用不平等条约作为工具，限制我国自身经济的发展。以此为前提，前面讲述的那些理论内容，无论资本主义经济还是社会主义经济，似乎都不适用于中国国情，失去用武之地。于是，讲述的重点，转向分析中国在外来束缚下，何以难于发展实业或现代经济的原因。从经济要素上看，无论区位、市场、原料、劳动力、资本、经营能力、技术人

① 本章引文均见杨道腴编纂《经济学概要》，中央军事政治学校政治部宣传科1926年版，第34—38页。

才，无一不受到各种不平等条约的压制和盘剥，或者损害主权，或者出让市场，或者遭致垄断，或者开门揖盗，或者缺乏保护，或者优劣悬殊，或者丧失自身培育和更新能力，结果不是将国内经济资源与优势拱手相让，就是屈从于外国资本势力的侵占和扩张，根本不可能正常发展本国经济。要改变这种状况，只有打倒帝国主义，取消不平等条约。从经济政策上看，同样由于不平等条约的制约，加上军阀割据的弊害，政府无法行使主权，为促进国内生产实施关税保护、奖励资助、减税免税等政策。为此不仅要打倒帝国主义，还要打倒军阀。这些经济分析，诠释中国经济不能发展的原因，其矛头所指，主要是帝国主义，其次是国内军阀，已经模糊地勾勒出当时中国经济所具有的殖民地性质与封建性质相结合的特点。正如本章末尾的总结，我国现时各界民众的一切苦难，推其原因，无非是帝国主义者利用雄厚资本从经济上剥削我们，坚持不平等条约从国际关系上束缚我们，豢养卖国军阀从政治上压迫和蹂躏我们。然而就像前面讲述资本主义经济或社会主义经济，只限于纯粹的理论推导而得出资本社会必然崩坏和社会主义必然实行的结论，不必关注如何崩坏或如何实行的实践过程一样，这里的分析，也只限于指出牵制中国经济发展的主要原因，在于帝国主义勾结卖国军阀的经济剥削、条约束缚和政治压迫，特别是不平等条约，而不去过问如何才能打倒帝国主义和军阀的实践活动。

本章最后说，我国要发展经济，解决民生问题，除了第一步应当打倒帝国主义外，第二步应当运用国家力量来发展实业。第二步做法，直接涵义是恢复促进生产的各种政策，间接涵义可以与前述实行国有国营的社会主义相联系，具体应用到中国，便是所谓民生主义。但点题之后，便止步不前。关于进一步的说明，这本讲义不是就经济学理论问题和中国实际问题进行独立的创造性研究，只是从已有研究中拿来现成的材料和结论，删繁就简，取其通俗部分编写，用于普及性讲授之用。但不管怎样，编纂者的讲义宗旨或思想倾向，按照马克思经济学说或社会主义经济学来编写经济学概要，却是明白无疑的。这从他所开列的五本参考书中，亦可见一斑。五本书分别是陈溥贤译《马克斯经济学说》、李培天译《近世经济思想史论》、周佛海著《社会主义概论》、李汉俊译《马格斯资本论入门》、漆树芬著《经济侵略下之中国》，均出版于20年代前五年间，其中除了周佛海的著作，其他几本书在前面都做过详尽评介，可以说代表了当时中国介绍马克思经济理论或研究帝国主义侵略中国现实的最新著作。杨道腴编写讲义，选择这几本书作为参考读物，有其眼光，不仅借此显示了自己的思想倾向，也足以覆盖讲义的全部内容。换句话说，杨氏讲义是参考和摘录这几本书的内容，并根据讲授宗旨与特点进行编排的结果，此所以说是编纂，而非独著。

### （六）结语

杨道腴的《经济学概要》讲义，就其理论的容量和深度来说，在马克思主义经济学传入中国的 20 年代，没有什么特殊的新意，不过是一本汲取时人翻译、研究和应用马克思经济学说或社会主义经济学的既有成果，并以通俗方式对其中的现成结论或流行观点加以梳理、解说和命题的小册子而已。但是，如果认识到这本小册子，作为 1926 年黄埔军校首次增设政治课的经济学入门讲义，那就不同寻常，有了特殊的涵义。这意味着，黄埔军校创办的早期，这所国共合作为国民革命培养军队人才的著名军事学校，最初的政治训练和思想灌输，至少在经济学课程方面，乃以马克思经济学说或社会主义经济学为主导。其内容包含：经济学常识方面，宣扬以马克思为代表的社会主义经济学一派将取代以斯密为代表的个人主义或资本主义经济学一派；按照《资本论》的理路，剖析资本主义经济的构造；从社会主义经济学甚至列宁学说的视角，讲述资本主义的发展历史及其进入帝国主义阶段的经济状态；论证科学社会主义的重点，区别社会主义经济组织与资本主义经济组织，突出社会主义的生产和分配；通过比较新旧经济学者对资本主义经济组织的观察及批评，确信马克思的剩余价值学说和唯物史观，扫除一切旧经济学说，从理论上分别解决了资本社会变更的必要性和可能性问题；结合中国国情，指出不平等条约是束缚我国经济发展的主要原因，把矛头指向帝国主义和卖国军阀；等等。

具有这样旨趣的经济学讲义，在当时的黄埔军校教育中得以出现，足资成为一个范本，反映马克思主义经济学的传播，已经渗透到更为广泛的领域，包括军事人才的培养领域。尽管这本讲义只是收集、整理和讲述别人的著译成果的单薄小册子，却在正规的军校讲台上，起到了宣讲和普及马克思主义经济学的推动作用；尽管这本讲义重在一般的理论推导和转述现成的结论，却为从事实际斗争所培育的人才选择未来的人生道路，撒播了信奉马克思主义经济学的种子；尽管这本讲义撇开苏俄革命与建设的实践经验来谈论社会主义已从宣传阶段进入实行阶段，却引入类似于列宁的帝国主义论，实际上将马克思主义和列宁思想结合在一起；尽管这本讲义论证社会主义经济取代资本主义经济的必然趋势，与分析束缚中国经济发展的基本原因之间有所脱节，却也通过呼吁打倒帝国主义和卖国军阀，为应用马克思主义经济学来认识中国国情并给予指导，作了积极的思想铺垫。所有这些，都说明这本讲义的出现，并非偶然。考虑到黄埔军校作为中国现代历史上第一所培养革命干部的新型军事政治学校，以孙中山的"创造革命军队，来挽救中国的危亡"为宗旨，其创办得到中国共产党和苏联的积极支持和帮助，进行军事教育的同时，一面进行孙中山的三民主义教育，一面引入苏联和中国共产党的教员，介绍马克思列宁主义，那么，最初出现这样的经济学讲义，也就不难理解了。

## 三、《共产主义与中国》

徐江编著，1927 年 3 月进化出版部发行初版本，现存 1928 年 3 月再版本。

编著者其人不详，但书中透露了几则信息。一则书尾注明"民国十五年秋脱稿于国立政大"，似此时正在由张君劢创办于上海的国立政治大学（1925 年由"国立自治学院"改为现名）就学或进修。二则书末对"本文经陆鼎揆①博士校阅"，表示感谢。陆氏时为有名法学家，据此推测编著者的个人专长或兴趣，可能与法学有关。三则此书开篇的缘起或导言里，说明这个"浅尝"之作，最初是应中法教育会以"共产主义与中国"为题而面向国内青年的征文，"嗣以其有关吾国前途者甚大，故将原稿加以修改，刊印成册，以就正于今之学者"；因"素欲一窥'共产主义'真面目"，想要探讨这个主义是美好还是丑恶，对于中国社会是适合还是不适合，是有利还是有害，于是利用暑假之暇，"遍读中西经济学社会学杂志、古书、共产书籍约五十册，以窥其制度之由来与内容，察其利害与长短，又参以私意之论断，成此文以应征焉"②。换言之，这原是一个年青人临时拼凑的应时之作，缺乏独立研究的成熟功底，也不是专门的经济学著述，本不值得给与专题评介。然而换个角度看，又有了特别予以关注的必要。一是这本书的撰写尤其是出版时间，恰好处在 1927 年四一二事变的前夕，并以其批评共产主义在中国流行的激烈态度和典型观点，为事变的发生作了思想舆论上的渲染铺垫，从而也成为中国马克思主义经济学的传播由革命时期转入动荡时期的一个象征性标识。二是这本书的编著本身虽然粗率浅陋，却是短时间内搜罗和阅读数十本相关中外书刊而摘抄与拼合的结果，也就是反映了当时流行于国内的围绕共产主义思潮的各种理论观点，特别是那些反

① 陆鼎揆，江苏无锡人，毕业于东吴大学法科，留学美国密歇根大学法学院攻读博士学位，博士论文题为《庞德之社会学的法学之范围及其目的》；中国国家社会党成员，法学教授；曾任上海各界抗敌后援会编审委员会委员。
② 徐江编著《共产主义与中国》，进化出版部 1928 年版，第 1—2 页。

共论点；这些论点不必都针对马克思经济学说，但马克思经济学说显然是其中重要的组成部分，随后国人自撰的反对马克思主义的一系列专题著作，其主要论点都可以看作呼应此书反共论调的形形色色共鸣。

## （一）内容简介

此书 136 页，除导言或原文缘起外，分为总论，中国历史中之社会主义，泰西各国之社会主义，在远东共产主义之进行及理想，共产式之组织能使任何一国之情形改良否（甲、此组织能使中国改良否；乙、中国目下之经济政治教育与道德状况），如何使一中国人民明晓其对于社会应尽之责任等章，最后是结论。这些章节的内容，主要抄录别人的东西并加以编排，再以激烈乃至恐吓的措辞表达出来，各章之间经常重复，故无须详作介绍。这里只是指出各章的构架、重点、主要论据和推断结果，以及全书或编著者"参以私意之论断"的基本倾向。

总论一章，声称挽救中华河山与人民任凭外人宰割和杀戮而失去自由的救国之道，不可能依赖军阀，也不可能指望政客，只有"恃主义以救国"，"主义救国，实为根本救国之法"。然而研究尤其信仰一种主义的真理和价值，先决条件是认识它的历史渊源、时代背景及能否实现，明白主义本身乃应付环境而起，再考虑如何运用主义以应付环境；"凡成功之主义，最初总由少数者为之运用，领民众入奋斗正轨"，因此还要看信仰某主义者的动机。具备了这样的态度，方才进入本文宗旨："观共产主义焉！观共产主义之信仰者焉！观共产主义于中国之利害焉！"[1] 这是为论证共产主义与中国的关系，所作的先期铺陈。

中国历史中的社会主义一章，提出共产主义是否适合中国，在确定可否之前，应先披阅史乘，研究我国古代的社会主义，否则即"非学者所宜出"的"武断"。叙述社会主义的本意并对照中国原有的社会主义，可以看到如下"史事"："中国阶级制度消灭最早，除皇帝外，在法律之前，万人平等。经济组织以全国人机会均等为原则，全无欧洲大地主和农奴对峙之现象"；古代的"无治主义""大同"命意虽高，"以其徒涉幻想，迄未实现"。这些史事让人感叹，如今共产党人来中国宣传"阶级战争""资本集中""唯物史观""工人无祖国"者，"何昧于我五千年之史乘，若此其甚耶"？照此敢说共产主义对于现在的中国，"必其为不宜"。另外，中国历史上"盛行人治礼治法治主义"，属于精神现象，属于社会科学范围而

---

[1] 引文见徐江编著《共产主义与中国》，进化出版部 1928 年版，第 3—4、6 页。

不属于自然科学范围，因而我国历来以为政治道德"是人存则存，人亡则亡，决不随外界物质而变化，是随内在之人心而变化"。马克思却认为"一国政治道德，都随生产机器之变化而变化"。如此说来，今日一旦废除我国固有的社会主义即人治主义与礼治主义，而代以科学的社会主义即共产主义，"何异刃下生人之头，而装上死人之头"，无补于实际，"徒丧失其生命而已"。可见在我国历史中，生产机会均等，万人在法律面前平等，又没有西欧封建时代的大地主，"实无资本家与阶级之名"；所以现在共产主义者打着"资本集中"与"阶级战争"两面旗帜到中国来招摇呐喊，"属不谙我史事"。至于说将"社会制度随物质条件而变化"的观念应用到中国，"更为不通"，这无法解释我国历史上诸如"鞠躬尽瘁""以礼让治天下"之类的事迹；或者说，对比西洋东洋强调面包与饭碗等物质现象，我国历史上那些伦理的精神现象，"岂可与唯物主义同日而语"，因此，"共产主义不适我遗传下来之民情风俗社会制度也彰彰明甚"。① 此章引用古先圣贤的大量语录，又堆砌历代制度的所谓史实，无非是说社会主义因素自古以来早已渗入我国古代的社会制度和民情风俗之中，形成固定不移的自身传统，与来自西洋或东洋根基的马克思学说或科学社会主义格格不入，因而反复申明共产主义不适合中国国情，如若不然，仍在中国宣传和鼓噪共产主义，便是昧于我国五千年的历史，不谙我国遗传至今的史实，等于自寻死路。

欧洲各国的社会主义一章，考察法国、英国、德国以及其他众多欧洲国家的社会主义历史，相信那里的工人生活状况已有明显改善。到 20 世纪，社会主义"已经承认现今先进国工人之困苦，是心理之困苦。至于物质享用，无甚不满意处。此乃欧洲先进国几十年建设之工夫，各方同时共进之结果，决不是几句空谈，一番革命如高唱马克思主义者，高谈共产主义者，专败坏社会秩序，掀起人类恶感所能造成"。至于美国，一面工业极为发达，一面社会主义并无极大声势。"因为美国是共和国体，无阶级之分，加以地大物博，产业发达，机会甚多，一般人觉自己前途有大希望，对于现状甚满意"；另外"美国富豪，创业者居多，一般人亦觉得此等富豪，享受自己正当努力之结果，是分属应当"。所以，"美国对社会改良政策，亦极进行，而一般人对于宣传革命之社会主义，认为'挑拨阶级恶感'。则共产主义，目前不能畅行于美国也明甚"。美国如此，西欧各国的进展，又何尝不是如

① 引文见徐江编著《共产主义与中国》，进化出版部 1928 年版，第 7、21—23 页。

此。① 这里分别举出欧洲各国和美国两类案例，旨在说明在西方先进国家，不再适用马克思主义或共产主义或革命的社会主义，那是专门败坏社会秩序和挑拨人类或阶级恶感的空谈，于是转向社会改良政策。一类是欧洲各国曾经历工业发展过程中的贫富悬隔阶段，由此引发社会主义的兴起和马克思主义的流行，后来经过各方共同建设，工人已解决物质享用问题，仅存心理上的困苦，意味着无须革命手段而只须社会改良即可缓解。另一类是美国由于各种主客观条件，从一开始就抵制社会主义的革命宣传，推崇社会改良政策而形成共产主义不能畅行的局面。二者殊途同归，都用社会改良取代了马克思学说所代表的共产主义。其弦外之音，共产主义在其诞生地的西方先进国家都被抛弃了，那么在落后的中国更没有宣传推广的必要。

共产主义在远东的推进及理想一章，认为共产主义的成熟始于马克思，归结为唯物史观、资本集中律和阶级战争三要义，"吾人要明白共产主义，先应明白此三项学说之原理"。明白之后，再看现今世界各国谁在奉行共产主义，并如何把共产主义推行到远东。这就是"赤俄"，它的宣传在西欧遭致失败，遂不得不着眼于远东。俄国共产主义者的"大政方针"，"以宣传为能事，宣传共产主义于世界，使世界纷乱，然后俄国于此纷纷扰乱中，从事坚固其劳农政府，并从事于世界革命，从事于世界赤化"；它如何在远东宣传，其方略"不外抄袭以前中产阶级推翻封建制度之监本"，打着"阶级争斗"的招牌，"至远东鼓励劳动，使起而扰乱社会，以达到其共产之目的"。这种运动宣传，首先"以中国为出发点"："中国今日，内受军阀之蹂躏，外受列强之压迫，人民处此水深火热之中，处此列强经济侵略之下，共产主义，最易深入人心"；中国地大物博，民庶产阜，此时内政分裂，军阀倾轧，"正宣传共产主义千载一时之机"；如今的宣传既失败于西欧，"安可再失良机于东亚"，于是急忙在东亚和中国散布宣传军，扩展其战线，固防其营塞，从此东亚和中国也陷入多事之秋。苏俄"本以世界革命自负"，其应有策略为"统治中国之野心"。鉴于今日中国"实为帝国主义之大商场"，苏俄如要蛊动帝国主义国家的劳动运动，第一步须紊乱其市场，所以苏俄每年不惜重金从事东方宣传，"如将中国赤化，则帝国主义之劳动，才有发动机会"。不仅如此，苏俄又组织东方共产大学及中山大学为布尔什维克（原译"宝雪维克"）的养成所。共产党赤化中国的方式是"麻醉青年"，"利用群众"，进而赤化远东。其理想，借此扰乱英国的属

① 引文见徐江编著《共产主义与中国》，进化出版部 1928 年版，第 49—50 页。

地，使英国根本动摇，"然后共产党到欧洲各国，可以阔步以前行，宣传其主义"。① 此章把叙述马克思学说的三要义或三原理，同认识苏俄在远东推行共产主义的过程与理想凑合在一起，实属牵强，应该是抄录中的衔接失当。其本意是想说明苏俄原来打算从西欧先进国家入手，通过共产主义的宣传鼓动来推进世界革命，可是未能成功，不得已才转向远东，特别是趁着中国内忧外患之机，开展赤化活动，以期扰乱英帝国所依托的中国这个大市场，动摇其根基，进而创造在西欧国家宣传共产主义的机会。这里潜在的意思，在西欧先进国家推行共产主义式劳动运动才符合马克思学说的原意，在落后的中国进行阶级斗争的赤化活动，纯属乘人之危以扰乱帝国主义属地的社会秩序和庞大市场；结果，中国变成苏俄手上的一颗棋子，赤化中国不过是一种策略或手段，迂回地服务于苏俄的世界革命理想而已。

共产式组织能否改良任何国家的情形一章，副标题是此组织能否使中国改良，及中国目下的经济政治教育与道德状况。前章讨论的末尾，提出共产主义究竟能否如其所望，能否改良任何一国的情形，能否革除人类现在的痛苦而给予"无上之快乐"与"无上之安慰"，这是本章探讨的问题。首先批评共产主义，也就是马克思科学社会主义的三个"最要理论"。那些反对共产主义者，"根本否认"马克思的学识，称唯物史观不过英国曼彻斯特（原译"孟加斯得"）工业区的反映，"不能概括全球"；资本集中律，"可用社会政策来防止"；而阶级斗争，"无明显界限，不能成为学说"。这几条，我"客观"地"平心论之"：马克思的唯物史观，"只能解释人类历史进展和人类社会活动之一部分事实"，或"只能解释人类经济一方面活动"，"人类活动是多方面的，苟观察点不同，解释也就不同"；唯物史观"偏于极端"，马克思和恩格斯（原译"英格尔士"）也知道不完全，所以到晚年加以修正，虽认定历史上经济原因的重要，也未尝不承认精神作用；我始终以为："一方面应顾到物质文明，以促进国民物质生活；一方面也应当发扬固有的精神文明，以培养国民之精神生活"。关于资本集中律，已有经济学家指出"并不确实"。关于阶级斗争，在于社会经济组织"决不像"马克思所说的那样"简单"，即划分为资产阶级和无产阶级两部分。根据以上批评，可知马克思的理论，"其论证有不甚妥者，其结论有不甚健全者"。由此看来，布尔什维克主义即共产主义的敌人不是他人，正是布尔什维克主义者"所崇拜信奉、视为祖师之马克思其人"；依据马克思"不

① 引文见徐江编著《共产主义与中国》，进化出版部 1928 年版，第 50、70—74、81—82 页。

甚妥之论证，不甚健全之结果"，共产党怎么可能成功于天下，"即令无敌攻之，吾甚恐其自己将不攻而自破"。同样，马克思的敌人，也正是布尔什维克主义者；布尔什维克主义的特质，其实是俄国原有的"独裁政治"，不同于马克思在"共产党宣言"和"哥达纲领批评"中所说的"无产阶级之独裁"。马克思主张从资本主义到社会主义中间，必须经过革命变形时期，由获得胜利的无产阶级设立一种独裁政治，这"全出乎自己信念"，即根据资本集中说，相信无产阶级的增大必然使社会革命成为不可避免的势力，无产阶级独裁一定是多数人把握了时机，并非固定的国家制度，只是一时的必要手段，更不是一人一党之独裁政治，而是一阶级之独裁政治；由此说来，"马氏所谓无产阶级独裁乃根据民主主义之治理，且不久要使归于消灭者，绝非现今苏俄施行之数人专制、资本主义式之独裁之比"。退一步说，即使列宁所施行的无产阶级独裁，"完全私淑马克思"，但马氏自己在1871年"巴黎自治区"（指巴黎公社——引者注）失败以后，已完全抛弃此观念；不料列宁在农业国的俄罗斯，却挂起马克思"无产阶级独裁政治"的招牌；"马克思有知，必在黄泉之下，掉头而顾曰，此我主义之蟊贼也"。马克思痛恨资本主义，尤其痛恨国家资本主义，所以我们说：马克思的敌人不是别人，正是布尔什维克主义者。以上是理论上、逻辑上、客观上的批评，若要表明马克思主义即共产主义在实际上的利害，断定共产主义在中国的利害究竟如何，还要引证事实。这个事实就看俄国实行布尔什维克主义后，国情得到改良与否，是进步还是退步，是建设还是败坏？俄国革命之后，使历代积蓄盖藏，完全破产，"破坏有价值之重宝，有价值之道德，有价值之人才，恐几十年不能恢复原状"。现在苏俄认识到其最初手段的谬误，改变方针，一方面"取昔日共产主义所视为万恶不赦之资本政制，改头换面，一一复举而行之"，称之为新经济政策，"以欺国人，以瞒世界耳目"；另一方面为了推翻英国资本主义，在中国和印度等地进行破坏活动，"岂知英人帝国侵略主义未尝为俄破坏，而我中国，反大受其祸哉！或者竟至亡国也哉！"如今俄国改造社会，"非所以求人类幸福"，"何足取哉"！中国能否实行共产主义，先看中国眼下状况：经济上本已千疮百孔，"今奈何中国共产党，昧于中国经济状况，而竟引叵测之苏俄，入我腹地，倡其主义"；政治上外受列强压迫，内则分崩离析，自相鱼肉，"苟于此时行共产组织，则必召共管之祸"；教育上乱象丛生，"何堪共产党再从中扰乱"；道德上正待从精神方面整顿其颓丧现象，"胡可专以'唯物史观''阶级战争'之共产主义"，来中国"试验"和"扰乱"。再看共产式组织能否使中国改良：

中国眼下的各类状况，虽不令人满意，但"数千年来之遗制，犹足以定风俗，正人心，为社会之利赖"；未料"今竟有共产主义，与我国遗风逸俗不相容之共产主义，来扰乱我国家，来鼓动我工人"。基于中国过去的历史，固然也不能实行共产制。为什么不能实行？一是中国"无产可共"，即"经济状况上不能共产"。共产的前提是马克思所说的"资本集中"，必须取消农奴制度，工作（即劳动）变成商品，可以自由买卖时才行，共产制度必与实业制度相辅而行。如果确认这个说法，则"中国现在达到此时代乎"？中国目前政权旁落，经济落后，人民生活比较欧美平民，还处在18世纪状态，"有何实业制度之可言"。中国的生计"不独谈不到资本集中，并且谈不到资本之名"；产业尚未发达，尚有农奴制，更无论马克思所谓殖民地的掠取，不特事实上不能，中国本身且"渐变为人家殖民而大受掠取，安能语于掠人之土而为殖民地也哉"！由此言之，现今中国"实不能与英美各社会相提并论"；"英美各国，尚不能实行共产，而谓中国能实行乎"？提倡共产说者，"岂非丧心病狂，别有居心"，否则何以对我国情，"昏瞆若是"。有人说，俄国赤色革命以前，仍是农奴制度，并未达到劳动自由和资本集中，为什么"依然树立其共产之旗，行其共产之政"；回答是正因为如此，所以俄国"革命以后，社会萧条民不聊生"。中国"受帝国主义压迫，全是资本主义罪过"，但不可因此说与俄国合作，即能一举打倒资本主义与帝国主义。要这样做，至少应照马克思所说的，等到世界各国平民真有觉悟和团结时，才行之有效。何况中国现在，列强早已杀入腹心，楚歌四面，不能团结国民一致对外，如此"还来鼓吹共产主义，以减少对外战斗力"，既未遵守马克思所指出的"条件"与"时间"，又不明中国与俄国的不同形势，乃"任意孤行，徒滋纷扰"，有识者应当"急起矫正之救济之，挽狂澜于将倒，树国本于久远"。二是"中国政治教育道德上无劳农专政之可能"。中国当下谈不到资本，更谈不到资本阶级与劳动阶级；"既然无如虎似狼之资本家，共产党人何以尚在高呼'阶级斗争，无产阶级专政'"？"岂非是无的放矢，庸人自扰"？退一步说，我国果真有无产与有产两阶级的对峙，无产阶级有可能专政吗？以今日人民的政治教育道德状况，命其实行共产，"中国真亡无日矣"！"奈何今之共产党，不揣国家固有之真本，固有之道德文明，而惟苏俄主义是趋，且拾异族之余吐，藉为炫奇斗巧，图快一己权利之私，不惜戕贼祖宗数千年来立国之精髓耶，是真大可痛哉"！况且"专政者是否为无产阶级，又属一疑问"。俄国共产革命以后，无产阶级"不特未得到专政之权，而其生杀予夺，一切自由之权，反都操之于少数共产党人之手"。"所谓无产阶级专政，完全为欺人之谈"；"原来俄国为自由而牺牲，而今反把自由完全牺牲"；"俄国赤政如此专横宰割，中国果实行共产，是反民治而复为专制政治，是岂吾人所望哉"！三是"苏俄野心叵测"。苏俄历史上几百年来一直侵略中国边境，现在更可发现它的侵略证据：以金钱收买中国青年，使之丧失民族自信力，养成坠落品格，"推其所极，足以亡中国于不知不觉中"；"不全抛弃帝国时代所侵得之权利和政策"；一边取侵略蒙古政策，一边对我宣传共产主义，"其用意正如'司马昭'之心，路人皆可洞鉴"。"吾人安忍此绚烂中华，任其陆沉耶"。四是"外交上不许中国行共产"。爽快地说，"中国如行共产，一则必召帝国主义未来之大混乱，一则必召列强之共管"。英日法美等"白色帝国主义"，"素与赤色之共产党，势不两立"；对于救中国危亡，无论"白色帝国主义"或"赤色帝国主义"，"吾人均不可因目前小利而让步"，尤须"对共产主义猛省"，"毋使其酿成我'国破山河在'之惨象"！再看国外著名社会学家对马克思"科学社会主义"的批评，"共产主义不适宜中国环境与过去之历史也更彰彰明甚"。① 此章是全书最长的一章，约占三分之一篇幅；又是核心论据最集中的一章，从批判马克思学说的基础理论，到举证布尔什维主义与马克思主义的互为敌人，再到数落苏俄统治荒谬的事实证据以支持其理论逻辑证据，最后落脚于中国不能实行共产主义或共产主义不能改良中国眼下状况的若干理由；更是倾向最显明、态度最坚决和言辞最激烈的一章，整个叙述都在为共产主义在中国的流行而感到痛心疾首。因此，这也是全书在论证基础上最值得关注的一章。

如何使每个中国人民明晓其应尽的社会责任一章，强调按照马克思的说法，实行共产主义应是资本主义发达程度最高的国家；然而英美两国的共产主义，何以不甚发达，俄国资本尚不及日本，何以独先实行共产，于此可见"马氏学识之武断"。中国在物质与精神两方面条件均未具备，如欲强行共产主义，"不召共管，即召瓜分"。为了让读者醒目，"如何排斥盲目宣传共产主义者"，如何使每个中国人民明晓其应尽社会责任，我提出"惟有以国家主义"去教育人民和宣传民众。国家主义"乃是对于其所属之国家而特有的一定的志愿"，"乃是被压迫之国性的政治上的要求"，"乃是反乎国际主义而言"，"乃是疾视一切所有不以国家之旧信仰为根本之学识"。唯物史观派必然反对我这个观点，依据其集产主义，以为只要

① 引文见徐江编著《共产主义与中国》，进化出版部 1928 年版，第 84—85、88—91、94、97—101、106、109、115—122、124、127 页。

吃饱肚皮，大家万事如意，天下太平，有什么"爱国"或"效国"。实则"人之本性，精神要求，往往有急于物质者，往往非物质所能解决者"；就像张君劢①与丁文江②论辩"科学与人生观"，张氏用"人生观千变万化"来质疑科学派。唯物史观派坚持解决生计条件才能解决人生，然而我们何以"往往有美食而不能下咽"，"有华屋而不能安寝"？因此，"吾主张宣传国家主义，以促进人民对国家应尽之责；且亦唯有藉国家主义，能引起其爱家爱国之同情，能使人民明晓其对于社会应尽之责任"；换言之，"主张国家主义教育始能得人民同情，始能使吾国人，明晓其对于社会应尽之责任，始能免去共产主义之大祸，始能救我强我中国，始能光华我河山，恢复我领土与权利"。③ 此章终于亮出编著者的底牌，在前述评定马克思学说之武断、宣传共产主义之盲目及中国强行共产主义之灾难的基础上，推出国家主义教育以抵制共产主义宣传，也就是用效忠国家的精神要求来代替解决生计困难的物质要求，以人生观无定式的社会责任来消除如同科学因果律而讲求社会发展规律的唯物史观。由此亦可见编著者的国家主义立场，脱胎于张君劢的唯心主义哲学。

最后结论一章，宣称中国共产党对此书唇焦舌燥的劝告，应"三思""猛醒"而"暂放下其主义"，"毋'盲人骑瞎马'，日临深池而不悟"：看到如今共产党实行于俄国的利害关系；看到马克思共产学识的科学性，仅囿于英国曼彻斯特一带而断不能说有"普遍有效性"；看到中国历史上的社会主义，现在的经济政治教育道德状况，都不具备实行共产主义的先决条件；看到似已具备条件的泰西各国，尤其是工业发达和社会主义盛行的英国，尚未实现共产主义，怎么说中国能行共产主义；看到我国共产主义的信仰者，或以金钱，或以幼稚，"多是盲目的信从"，对

---

① 张君劢（1887—1969），江苏宝山（今属上海）人；1899年考入江南制造局广方言馆，1902年考中秀才，1906年留学日本考入早稻田大学，1910年获政治学学士学位，回国经考试殿试被授予翰林院庶吉士；1913年赴德国入柏林大学，为参加反袁斗争回国，一次大战后随梁启超赴欧洲观察巴黎和会，二度留学德国，未毕业回国，1923年的演讲引发玄学与科学的争论；曾创办大学或学院，担任大学教授，创建中国国家社会党，制定中国宪法至1946年由旧政协通过；蒋介石发动内战前夕，率领民主社会党参加国民政府；1949年移居澳门，1952年转赴美国，致力于提倡复兴儒学。

② 丁文江（1887—1936），江苏泰兴人；1902年东渡日本，1904年前往英国，1906年在剑桥大学学习，翌年在格拉斯哥大学攻读动物学及地质学并获双学士学位；1911年回国在滇、黔等省调查地质矿产，在上海南洋中学授课；1913年任工商部矿政司地质科科长，不久创办农商部地质研究所所长，1916年组建农商部地质调查所所长，1917年随梁启超赴欧洲考察，列席巴黎和会，1921年任北票煤矿总经理；1922年主持召开中国地质学会第一次筹备会议，翌年当选该学会第二届会长，1931年任北京大学地质学教授；任职中央研究院总干事期间，考察煤矿时因煤气中毒去世。

③ 以上引文除另注外，见徐江编著《共产主义与中国》，进化出版部1928年版，第127—131、134页。

共产主义的来源与价值，信仰者应有的条件，"均漠无所知"，不可能认识"共产主义始祖马克思的学识之不健全，结论之武断信如一瞎马"；凡此种种，皆不符合本书总论中论证主义信仰应有的态度，则"中国之不能行共产主义也明甚，夫复何疑焉"！然而，"共产主义的盲目信徒，仍旧毫不犹豫，骑了不健全之瞎马——马克思科学社会主义，——到中原来驰骋"；所幸中国没有被它蹂躏，它本身反可能有"陨灭之惨"。作者撰文呼吁中国共产党"猛省"和"回头"，出于"殷殷所希望于共产党者之苦心"。本人"无党籍，尤无色彩，共产党切毋以本文为先有成见，有宣传意味，因河汉斯言而不顾"。这里再用"四语"概括全文意思，以之告马克思信徒并就正于国内学者："共产主义学识本身有破绽"，"假定共产主义是健全的"，则"中国尚未具备实行共产主义之精神与物质两方面条件"，故"中国不能实行共产制度"。① 此章的结论，重复前面的理由而加以归类，其主旨是把全书论述"共产主义与中国"的攻击指向，从前述主要针对马克思主义和苏俄布尔什维主义，现在转向了全力对准中国共产党。攻击者声称自己既无党籍亦无色彩，对共产党没有事先的成见，只是为了国家利益而苦心相劝。但他的书里从始至终，都是用深恶痛绝的口吻在斥责共产党所依据的马克思主义和布尔什维主义，其结论更加丑化共产党人是骑着理论上不健全的马克思主义的瞎马到中国来盲目推行共产主义，并警告说切不要以为这是虚夸不实的宣传言论，如此"蹂躏"中国，很可能使自身遭致灭顶之灾。这样的仇视态度，编著者完全把自己放在与中国共产党势不两存的对立位置上。

## （二）综合评论

徐江编著这本书，尚处在国共合作期间，也是经由五四运动启蒙、中国共产党建立和国民革命兴起而推动马克思主义在中国迅速传播的时期。值此之际，谋划并抛出此书，不论其编写水准如何蹩脚，出版方式如何惨淡，却是逆潮流而动，不仅把当时局势下潜藏的或分散的或缺乏系统表述的各种反共论调，以某种整合形式公开地、集中地和敌视地发泄出来，而且成为一种象征，提前预示了国共合作的破裂及传播形势的逆转。从此书对马克思主义经济学的认识来说，除了宣称以国家主义救中国来清除共产主义流行的祸患这一点，可算是编著者依附于张君劢一派的个人见解之外，其余都不过在搜罗、选择、分类和汇总别人的观点，并将个人的私意倾

---

① 引文见徐江编著《共产主义与中国》，进化出版部 1928 年版，第 134—136 页。

向，渗透于这种筛选之中；然而即便如此，仍能看到当时国内不断涌动的反共暗潮，在贬抑马克思经济学说从而否定科学社会主义适用于中国的论点方面，经过编著者的挑拣、重述和渲染，至少具有以下几个特点。

一是对马克思经济学说缺乏起码的认识。书中一再重复说，马克思学说有三个要义或三项原理，并归之为唯物史观、资本集中律和阶级斗争说。这不知是装糊涂，还是无心失误，居然漏掉了作为马克思经济学说的理论基石的剩余价值论。无论有意或无意，统观全书，同样只字未提剩余价值学说，这足以证明编著者对于马克思经济学说的认识，极为浅薄。书中批判马克思学说，编著者为了显示自己不同于那些反对共产主义者全盘否定马克思学说的客观性，表面上降低一些反对的调门，只说马克思学说不甚妥适或不甚健全，似乎还有相对妥适或相对健全的另一面；实际上在具体论据方面，几乎完全照搬了那些全盘否定的观点。特别是涉及批判马克思的经济学说如所谓资本集中律，更暴露出编著者的空虚和不知所措。他想彻底否定这个理论，却又不知道怎样从逻辑上去反驳马克思关于资本主义社会资本集中趋势的严密论证，于是只好匆匆引用别人的几句断语以作搪塞，或谓可用社会政策来防范此规律，或谓此规律存在与否并不确实。何谓资本集中律，书中介绍马克思科学社会主义的要义时，为此也费了不少笔墨。可是这种说明并非严格按照马克思学说的自身逻辑，若即若离，七拼八凑。如把资本主义分为酝酿、发展和帝国主义三个时期：第一期突出了社会分工；第二期又分为协业、工厂手工业和机器工业三段，相继具有手工业者转为工人而体现自由竞争，农民脱离土地而失业，贫富分化而使资本日渐集中，国内国际均要求经济与政治的统一等特点；第三期未见专论，重点是说生产者与生产手段的分离，按照马克思的理论，将导致失去生产手段的大多数生产者，最终剥夺占有生产手段的少数资产者。这样来解说马克思的资本集中律，令人啼笑皆非。显然，编著者不曾读过马克思的经济学著作，甚至未读过那些简要的通俗读本，才会把所谓资本集中律当作马克思经济学说的唯一理论要义，也才会把马克思的资本集中理论解读成不伦不类的那副模样。连他自己都弄不清楚，何以让读者领会明白。更为荒唐的是，抽去了剩余价值论基石的所谓资本集中律，又怎么能代表整个马克思经济学说。当然，其书也提到马克思认定资本主义的发展形式，表现为工作变为商品，可以自由买卖，似乎接触到马克思价值学说中关于劳动力买卖的理论。但这种接触之浮泛，不仅浅尝即止，还把劳动力说成了"工作"，反而丢尽了编著者所谓客观解说的脸面。其实，在那个时期流行的经济学著作特别是舶来经济学译本里，稍作翻阅，即不难看到有关马克思剩余价值学说的介绍，包括正面解说和负面批评的内容，在在皆是。这些可供参考的内容，编著者视而不见，或是有意忽略，以免复杂难解；或是外行不懂，不知从何处下手。对于一个不谙经济学理论知识而又缺乏现代资本主义实际经验的青年学生来说，单凭情感上的冲动，就想去解说和批判马克思的剩余价值理论，确实不是一件容易的事情。照理说知难而退，亦情有可原。可是编著者偏要为扳倒马克思经济学说，摆出一副志在必得的姿态。于是他悄悄绕过艰深难懂的剩余价值理论，找到了所谓资本集中律。因为从后一理论的有关评介中，他听说了马克思根据此理论而判断社会主义革命将实现于发达资本主义国家的预测，在后来的实践中未能得到证实，这是他能明白的简单事实，也是他自以为得计的有力证据。这样，他在书里，便索性用资本集中律替换剩余价值理论来代表整个马克思经济学说，既然马克思的预测失效了，就等于资本集中律垮台了，而资本集中律的垮台，又意味着整个马克思经济学说都被否定了。如此扳倒马克思的经济学说，也算是编著者的一个独门绝技。

二是以资本主义发展不充分作为中国不能实行共产主义的主要理由。前面指出编著者不具备有关马克思经济学说的起码认识，但受到五四运动以来推介唯物史观的流行思潮的影响，对此观多少有些皮毛的了解。如其书曾专门介绍唯物史观，包括：马克思将唯心论的辩证法应用于唯物方面，构成如今的唯物史观；马克思在《政治经济学批判》序言中，为构成唯物史观写下了系统而又完备的结论；社会历史的发展和变迁不是由绝对精神或理性支配，取决于客观物质条件，并非主观理想条件；物质条件的基础是经济，经济又表现为广义的生产力；与生产力相适应的生产关系，具有"必需的""一定的""独立的"三个特性；下层的经济构造决定了上层构造与意识形态；等等。由此又与分别介绍的阶级斗争说联系起来，从经济上支配者与被支配者的关系，引出资本主义分为无产与有产两大阶级，无产阶级势必通过社会革命来推翻资本主义制度等。这些介绍，同样应是抄引他人的著述，编列得又不那么通畅和严谨，而且不明白在马克思学说中，唯物史观作为经济学说的哲学基础这一关联关系，所以将二者割裂开来。此类介绍，说起来是为了起底共产主义的真相与来源，实则用意有二：一则用于批驳唯物史观，认为将社会历史发展和变迁的根本原因归结于经济要素，未免绝对化，由此证明了马克思学说的不健全；二则用于认定共产主义的实行须经济高度发达的前提条件，根本不适用于经济落后的中国。编著者并列两方面的意图，显然也不是出自他的独立思考，而且没有意识到二者并列可能会有的内在矛盾。他拿着这些论据，如获至宝，翻来覆去以此为基础来陈述中国不能实行共产主义。不仅如此，他还添油加醋，引用并堆积了更多的理由：从我国历史上的社会主义看，一直偏重伦理上的精神因素，由此形成独特的民情风俗和社会制度，既与唯物主义不可同日而语，又明显同舶来的共产主义不相适应；从西方的社会主义看，曾经历贫富悬殊而刺激马克思主义盛行的欧洲各国，已使工人解决了物质享用问题或仅余留心理上的困苦，而具有得天独厚条件的美国自始就不接受社会主义，结果它们皆排斥革命的社会主义而主张社会改良，为中国显示出不同于马克思预期的另一条道路；由于经济上没有可以共产的资产，政治、教育、道德上没有可能让劳农阶级专政，苏俄心怀叵测具有侵略野心，外交上白色帝国主义与赤色帝国主义势不两立的约束等，共同决定了中国根本无法实行共产主义；诸如此类。这里的重点，批判唯物史观尚居其次，更为倚重的是从唯物史观里推导出实行共产主义必须具备一系列的尤其是资本主义经济高度发达的严格条件。就像书中最后结论的概括逻辑：共产主义学识即包括唯物史观在内的马克思学说本身有破绽，但假定不考虑这种破绽而以马克思学说是健全的，则中国在精神与物质两方面都不具备实行共产主义的条件，所以中国不能实行共产制度。从这里，再次看到了当初中国共产党在创立时期所面对的理论辩难，其主旨正是用唯物史观来质疑中国在经济落后条件下实行社会主义革命的可能性与可行性。共产党人的驳难，无论在唯物史观本身的释义方面，反对机械式的解读或教条化的理解，还是在运用唯物史观联系中国具体情况的认识方面，把特殊国情演变的内因分析与国际形势动态的外因观察结合起来，都体现了对于马克思经济学说与中国实际相结合，对于马克思主义中国化的初步探索。相形之下，这位编著者仍是老调重弹，而且以更加固执和声色俱厉的态度，预先鸣响了严令共产党人放弃自己的主义而猛省回头，否则将遭遇灭顶之灾即予以剿灭的信号枪。

三是把苏俄视为创行社会主义革命的恶例。大革命时期国共合作的一个重要因素，是苏俄的影响和参与，体现了孙中山晚年所主张的联俄联共政策。对此，编著者这本书，为了拒绝中国实行共产主义的可能性，必须否定作为中国共产党榜样的苏俄革命的合理性和有效性。这个否定，穿插列举了不少容易引起国人恶感的例证，如苏俄居心叵测，一直对中国存有野心，不仅历史上不断掠取我国领土，即便现在仍经常侵犯我国利益；为了实现其赤色帝国主义的世界革命目的，不择手段，企图通过扰乱市场和社会秩序来削弱白色帝国主义的根基；在欧洲国家推行世界革命受阻，便把祸水引向远东，通过扰乱中国来迂回达到其目的，结果目的未能达到，中国反受其害；等等。不过，真正能够拿得出手的论据，还是试图以其矛攻其盾，用苏俄所崇奉的马克思学说，特别是马克思经济学说，来否定苏俄的革命道路。其中较为典型的，先是从理论逻辑上证明布尔什维主义与马克思学说之间，实为一种互为敌对的关系：布尔什维主义者以马克思为其祖师，然而马克思有关唯物史观、资本集中律和阶级斗争论的学说均非妥当而不健全，因而决定了苏俄共产党不可能在世界范围内取得成功，即使没有敌人攻击，它也会不攻自破，这意味着马克思学说成了布尔什维主义者的敌人。同样，布尔什维主义者也是马克思的敌人，布尔什维主义传承沙皇俄国独裁政治的特质，不同于马克思所说的无产阶级独裁；马克思相信随着资本的集中，无产阶级势力必然扩大为多数人把握社会革命时机的胜利者，进而在资本主义到社会主义的过渡时期建立起一种基于民主主义治理的独裁政治，这是无产阶级的而非一人一党的独裁政治，是权宜的必要手段而非固定的国家制度，并且不久将归于消灭，由此比较苏俄现今实行的个别人专制和资本垄断式独裁，二者判然有别；况且马克思自巴黎公社失败以后，已经抛弃了无产阶级独裁观念，而列宁自称继承马克思学说，却不顾落后的农业国俄国尚未出现资本集中局势而执意实施无产阶级独裁，并推行马克思所痛恨的国家资本主义，马克思若泉下有知，必定以此举在戕害他的主义，所以说马克思的敌人正是布尔什维主义者。这些理论证据的关键点，仍是围绕着资本集中律之类的经济学说。接着再从事实上证明，俄国在落后的经济状况下实行布尔什维主义，最初不仅国家未得到进步与建设的改良，反而因革命破坏而发生恐怕几十年都不能恢复原状的退步和败坏；后来为了纠正这个谬误而改变方针，竟用新经济政策的名义，采取当初被共产主义视为万恶不赦的资本制度，加以改头换面的恢复，以此欺瞒国人和世界耳目。所有这些，均系用于证明苏俄的社会改造不是谋求人类幸福，不足为中国所取法；同时也可以用来堵住一些人的嘴，即何以还处于农奴制度时代，未达到劳动（实为劳动力）自由买卖和资本集中程度的俄国，能够实行共产主义的赤色革命，回答是那将产生社会萧条，民不聊生的祸害，甚至带来亡国的厄运。如此耸人听闻的警告，已经把我国尚在奉行联俄政策时期的苏俄社会制度，公开置之于危险的敌对一方。须注意的是，编著此书，以苏俄为恶劣先例，所有的证据，均取自1927年之前苏俄的所作所为，由此得出的结论，也带有那个时代的印记。如对战时共产主义的骤变刻骨铭心，所以把对马克思主义、科学社会主义、布尔什维主义等在内的一切诅咒，都集中于共产主义，连书名也题为"共产主义与中国"；对新经济政策纠正先前的失误大喜过望，以为这是在欺瞒世人的幌子下向国家资本主义的倒退，证实了落后俄国根本不可能实行共产主义，遑论比俄国还要落后的中国，因此诱导中国走社会主义道路的任何企图，都是包藏祸心的阴谋；对苏俄在自身经济萧条而民不聊生的状况下，仍试图通过输出革命来扰乱世界、远东尤其中国的市场与社会秩序，更是切齿痛恨，认为这决非谋求人类幸福，而是为了实现其赤色帝国主义的扩张与侵略野心；等等。然而苏俄的发展一旦突破这些时代局限，包括与革命前的旧俄国相比，打破编著者预言未来几十年都不可能恢复其社会经济原状的魔咒，那么新的事实又将证明什么，实在值得期待。恐怕此时编著者以苏俄为例，断言马克思主义经济学存在缺陷，中国不可能实行社会主义革命的各种结论，到那时都要被动摇了。

## 四、其他有关基本经济理论的著作

此类著作，大体反映了当时西方经济学传入我国的主流趋势，很少提及马克思经济学说，即使提及，也是放在陪衬的位置或当作负面的因素，重点在于突出西方经济学的正统主旨。兹举几例以示之。

### （一）《政治经济的基本原理》译本

法国查理季特著，永康楼桐孙译述，上海政法大学 1927 年 1 月初版。著者今译夏尔·季德，在前面的考察里，已接触过他的多本汉译著作，或全译或节译，其他的著译作，特别是有关经济思想史的著译作，也不时摘引他的论点，俨然为当时我国经济学界热捧的一位外国经济学家。他受到追捧，大概由于不满英国古典经济学的理论宗旨，作为合作主义和基督教社会主义的创立者之一，试图改进和克服现存社会的弊端，从而为国内一些学者所欣赏。译者楼桐孙就是其中的一位，此前曾翻译季德的《协作》，现在又翻译他的《政治经济的基本原理》。后一本著作，大约三年前，已有李璜的中译本，取名《经济学要旨》。不过，李璜纯学外语出身，翻译经济学著作的功力，远不及曾在法国留学并取得经济学硕士学位的楼桐孙。这一点，从下面举例的文本介绍与比较里，亦能管窥一豹。

既然先前已有李璜的译本，并专门考察过，则对楼氏译本，不必详加评析，只须指出译者的译后感想并对前后两个译本稍加比较即可。

楼桐孙是中国翻译者中，与原著作者季德有过直接交往的一位。此前翻译《协作》，便互有通信，现在翻译这本书，又在 1926 年 9 月的"译者序"中重叙前缘：

1924 年春季，季德教授给我一封回信，曾说："我还有一册小著《政治经济的基本原理》（原注：余旧译政治经济学要旨，现改今名），是我自己生平所最得意的，此书亦已译有五六国的文字。这是供平民教育用的"。我明白，其言外之意，不外希望我替他将这册最得意的小著译成中文。季德教授的著作，我大都涉猎一遍，惟这册最得意的小著，从未寓目，老实供认，从未知道！我马上买了一本，一气读完。"心中固喜其结构的赅括（至于季氏文笔的美丽及条达是不用说的），但其时以为，唉！错了！这等小品似不甚值得翻译"。过了数月，1924 年五六月间，我访问季氏，言谈之际，他又提及这册最得意的小著，并絮絮述其做这本书的缘起。说它原是在巴黎某女子中学所作的暑期演讲稿，后费了三个月的工夫整理一番，乃应某书局的要求拿出来付梓。说话时，脸上微笑，"确足以窥出他得意的心情"。那时我正忙于预备考试，虽已决定要译他这册最得意的小著，卒未暇着手。去年（1925 年）7 月，我决意回国，与季德教授话别。他给我该书的一册中文译本（但以为是越南学生译的），并称听说译得不甚好，何不校阅一下。归途多暇，乃取出《政治经济的基本原理》法文原本与《经济学要旨》（李璜译，上海中华书局出版），细细比核，觉得实在有许多不甚妥帖的地方，于是对季德教授，对国内学子，心里就起了一种责任心的观念。"现在不惜全行重译：不敢说我的译本定可改正别的译本不少的错误，但别的译本到底总还给我的译本有不少的帮助，这是我应在此声明的"。

季德教授是"当代世界大经济学家之一"，《政治经济的基本原理》是他生平十余部名著中最得意的作品。以大学者而著小作品，所谓"最得意"到底在什么地方？还须请阅者自行寻绎。"在这等最得意的小作品里，最足以看出著作人在学术上的性格和地位"。据我对本书以及其他各书的观察，便可知道季德教授"是一个唯心派的经济学家，是一个乐观派的经济学家，是一个极诙谐但极恳挚的协作主义者"；"他固然不为资本主义张目，却亦不全赞成社会主义，他处处都站在真理上说公道话：总之，他是一个纯正的学者"（他生平没有加入过政党，没有从事过政治生涯）。最后还有一句话：这本书开头就说法国人偏重于实用上的问题而疏忽普通知识和理论的问题，那岂不是一种可惜的现象吗？我以为，"近来中国人的毛病却是相反：开口主义，合口主义，主来主去，每每都与吾国的社会环境、实际生活漠不相干。故阅者如能于看完这些基本原理之后，再作进一步之研究，以求读得下去，用得出来，这是我所尤其希望的"。①

这篇序言，可以看到译者此前在《协作》译本的序言里对著者学说的类似评价。不同于这位号称世界大经济学家的其他名著，对这个新的译本，译者反复说明，原来以为它是不为人注意不值得翻译的小作品，未料季德自称是最得意的著作，于是便从大学者所著的得意小作品中，寻绎其特殊的涵义。这个涵义，说起来显示著者的学术性格和地位，实则透过此作，判断季德作为唯心而乐观的经济学家和协作主义者，既不助长资本主义势力，亦不完全赞成社会主义，体现了一位依据真理说公道话的纯正学者形象；由此引申出近来中国人的毛病，不像季德那样重视实用问题，开口闭口谈主义，脱离中国的社会环境与实际生活，因而希望国内读者能够从阅读季德论述政治经济的基本原理入手，作为进一步研究的基础并适用于中国。看到这里，也就明白了。原来译者的初衷，将季德视为真理的代言人和经济学界的纯正学者，鼓动国人沿着既不满于资本主义又不偏向社会主义的协作主义思路，用来指导和解决中国的实际问题。这个判断，对于那些把季德的协作主义或合作主义理解为反对资本主义的社会主义康庄大道的人来说，不啻当头一棒，否定季德是科学社会主义的完全支持者，突出其唯心特点，拒绝把他的学说与马克思主义经济学联系在一起的任何可能性。至于说国人侈谈主义而不顾实际，应当学习季德的重视实用精神，不过是一种障眼法。因为季德同样谈了许多主义，如协作主义、基督教社会主义等，译者的愿望，其实是要用季德的这些主义，取代旨在改进现实社会弊端的其他主义，包括科学社会主义或马克思主义。

楼氏译本的缘起，不止因为季德最得意这本书，还因为季德不满意已有的李璜译本。对此，单看"著者序"里的一小段译文，便能感到二者在通畅表达方面的明显差距。李璜的译文，已见前述，虽大体能明其意，却生涩得很。楼氏的译文，便顺畅多了："写了这本小书，我们绝不想要做出一个经济科学的缩影，更不想要为学生们编成一册应试的题解——但对于从未研究过政治经济学的人，我们只想引起他们学习经济学的意愿"。"所以在这本小书里，人家差不多找不出什么定义、争辩及现时各种问题的说明，但只有几个关于社会基本观念之源起及演化的说略——至多不过一打，藉以形成政治经济学的脉络——可以知道这些观念在思想上怎样的慢慢成立而在法制上怎样的慢慢实行"。②

---

① 查理季特著，楼桐孙译《政治经济的基本原理》，上海政法大学 1927 年版，"译者序"。
② 查理季特著，楼桐孙译《政治经济的基本原理》，上海政法大学 1927 年版，"著者序"。

这个译文，除了纠正李璜译文的用语偏差之外，还表达出李璜译文里所没有的细微含义。诸如，此书只是概述若干社会基本观念的起源和演化，既非讨论抽象的经济学定义和理论争辩，也未说明现时的各种问题，这和楼氏所说的法国人偏重实用问题而忽略理论知识，并不吻合；关于社会基本观念和政治经济学的脉络之类的用语，也不等于李璜所译的社会学的浅近概念或概括经济学纲领的概念；从原题目"经济学要旨"改为现题目"政治经济的基本原理"，其中"政治经济"一词，实际上与"政治经济学"一词同义；等等。

从译本目录看，基于同一著作，如楼氏所说，也能感受到他从李璜译本所获得的帮助。其修改部分，大多是用语或表述上的差异。如"不费力的工作"被改为"不劳苦的工作"，"最初的资本：私有行为"被改为"第一宗资本：私占"，"商行为的来源：职工的来源"被改为"商业的源起：行业的根源"，"商人的行为"被改为"商人的诞世"，"现物交易解体而分作贩卖与购置"被改为"由物物交换分成买卖"，"货币的神妙权力：价值之调剂者：宝藏"被改为"货币的神通：价值的贮藏机宝藏"，"货币流通的价值是从何处来的？"被改为"货币的信托价值是什么构成的？"，"最初的私有物：房屋，土地的私有"被改为"私产的原始客体：宅地私有"，"私产的社会化：在组织上的社会意义，在目的上的社会意义"被改为"私产的社会化：因社会而构成，因社会而存在"，"产业为公众的职务"被改为"公共任务的私产"，"劳银与赢利"被改为"雇工制及利润"，"实业国有问题"被改为"国有工业化"，"个利的好处"被改为"对于私利的恭维"，"对于互竞上的慈善意义的错谬"被改为"关于竞争美德上的迷谬"，"工作的自由或生活的战争"被改为"劳工自由或生存竞争"，"需要呼援于别的力量以保护社会的利益"被改为"为保护社会利益，有求援于他种势力的必要"，"自由团结"被改为"自由结社"等。

以上差异，无伤大体，不论翻译的通畅或生涩，所表达的意思，基本上一致。重要的是，不同的译者对同一著作的理解，居然存在很大的区别。季德的原著，在李璜的眼里，当作社会主义学说来对待，而在楼氏看来，它站在真理方面所说的公道话，既不偏向资本主义，也不偏向社会主义，另树一帜，倡导协作主义。从这个角度来说，楼氏在序言中批评国人空谈主义的毛病，所针对的，也应该包括李璜其人其说，于是通过诠释季德的最得意著作，防止国人的注意力被误导到社会主义或马克思主义经济学的方向上去。当然，从楼桐孙作为法国留学生推崇法国经济学家季德的协作主义中，也再次看到了当时德国留学生推崇德国经济学家李斯特的国民政治经济学的同一特征。

#### （二）《经济浅说》

杨庆同、王海初著，商务印书馆 1927 年 10 月初版，列入百科小丛书。二位著者情况不详，所谓"经济浅说"，不同于有系统的经济学著作或讲义，选取若干经济概念简要解释，确实十分浅显。如第 1 章"需要和工作"，含需要、工作、资本 3 节；第 2 章"交易和价值"，含交易的起源、价值、商业 3 节；第 3 章"货币"，含物物交易、售买、货币、信用的价值 4 节；第 4 章"财产与遗产"，含财产的演进、非物质的财产、遗产、财产的社会化 4 节；第 5 章"赁银和利息"，含赁银、资本的借贷、房租、不事生计的阶级 4 节；第 6 章"工资和余利"，含工资制度、余利 2 节；第 7 章"竞争与合作"。

这个浅说里，不时看到有关社会主义的观点，又总是用西方经济学的流行思想去消解这些观点。如论及财产的社会化，认为"虽不是社会主义者，也承认财产应更趋于社会化，这就是说有财产者应从有利于社会方面设想"；同时又说，我们不必费神讨论财产的起源，可以不问它是来自劳力，还是来自战胜、占领、时效或自然权利，只问它对国民经济是否有贡献①。这样避开财产私有制的本质来谈财产的社会化，同社会主义的主张不是一回事。又如论及不事生计的阶级，认为这种阶级最容易变得怠惰而依赖他人生活，"所以社会主义者当然反对这种财产权的结果，而且认其有害于权利者"；同时又说，这种阶级也有辩护的理由，因为有不从事生产的空闲，才可能进行艺术、科学、哲学、慈善事业等活动并担任政府高级职务，并产生伟大的人物和成果②。这是混淆不同概念的强词夺理，不仅把体力劳动与脑力劳力二者对立起来，还把不劳而获的坐享其成，混同于生产事业之外的各种职业。另如论及余利，认为各派主张不一，社会主义者说"余利是因为雇主没有付给应付的工资，所以是从工人的劳力扣减下来的"，其他派别则有余利来自消费者多支付物价，或来自偶然所得等说法；同时又说，无论赞成哪种说明，"余利总不能认为劳力的产物"，尽管这是不劳而获之物，也不能算是盗窃或赃物，这在世界上带有幸运成分。可见这里首先反对的是马克思的剩余价值学说，否定剩余价值

① 杨庆同、王海初著《经济浅说》，商务印书馆 1927 年版，第 59 页。
② 杨庆同、王海初著《经济浅说》，商务印书馆 1927 年版，第 77—78 页。

来自工人的剩余劳动，并倾向于把余利看成运气的产物。再如论及资本制度，认为社会主义者也知道，"没有资本主义，社会主义也就不能发生；所以社会主义便是资本主义的产物，马克斯也就是李嘉图的继承者"；社会主义者"也不想完全推翻资本的组织，不过想从资本家手里把资本提出来罢了"①。这又是另一种形式的混淆。马克思主义者从未否认资本主义在人类社会发展中的历史作用，从未否认古典经济学是马克思经济学说的思想来源，也从未否认社会主义的实现须建立在资本主义的发展基础之上，此书的用意，假借这种历史作用、思想来源和发展基础，试图证明资本制度及其理论学说，具有不可替代的永存性质。可见当时在普通的经济知识领域，同样渗透着社会主义观念与反社会主义观念的较量。此书不讳言社会主义，偶尔也提及马克思，但它的基本意向，则是在这个领域也能抵制或清除社会主义经济思想日渐扩大的影响。

### （三）《经济学大纲》

武汉大学出版社 1927 年初版，此书封面标出"郑孝齐"，似为此人所著，而正文第 1 页又标明"舒城陶因述"，此人即 1924 年翻译出版坎南《富之研究》的译者。书中的内容，偏重于德国经济学界的著述，看来也与陶因从德国法兰克福大学获得博士学位的身份相吻合。

这本书的写法，从目录看，分为 4 篇。第 1 篇绪论，含经济的意义、经济学研究的对象、经济学的分科、经济进化的阶级 4 章；第 2 篇生产论，含生产的概念、生产的技术条件、生产的社会形态 3 章；第 3 篇交换论，含价值论、价值形态的发展与货币、供求的法则、生产费与价格、需要与生产力的分配、价值与价格的背离 6 章；第 4 篇分配论，含个人所得及社会所得、工资、利润、利息、地租 5 章。这是传统经济学著作的三分法样式，未论及消费。尽管书中颇为垂青德国经济学家的论著，一些题目如从价值形态的发展看货币的形成，讨论差额地租和绝对地租等，好像与《资本论》的专题研究有关，其实仍以西方正统经济学的论述为主线，并未给马克思经济学说留下任何位置。当然，这也是那时国内学者参考西方经济学著作编撰经济学大纲的通行做法，惟此书的讲述，较为通俗易懂而已。

以上论述经济学基本理论的著作，就其译本来看，无非向国人推销西方经济学中自己所偏好的各派理论，如德国李斯特的国家经济学或法国季德的合作主义经济

---

① 杨庆同、王诲初著《经济浅说》，商务印书馆 1927 年版，第 91—92 页。

学。就其自撰著作来看，分化为不同的取向，大体说来表现为相互对立的两类取向。一类取向占主导地位，除了转述西方经济学的一般原理（或以留学所在国的经济学著作为选择对象）之外，在基本经济理论领域，不容许马克思经济学说有所染指，总是设法用各种理由将马克思经济学说从这个领域排除出去。另一类取向可以视为一种新的动向，引进马克思主义经济学来阐释经济学基本理论，就像本时期出现在黄埔军校课堂上的那本讲义。这本《经济学概要》，尽管是参考国内现成著作加以编纂的结果，谈不上有什么新意，却不同于当时那些试图用马克思主义经济学来改造或替代传统经济学的译本，均系出自国外学者特别是马克思主义者之手，乃由国人自行编写而成。这种发生在经济学理论基础范围内的新动向，不仅意味着国内经济学著作方面的一个突破，而且显示了将马克思主义经济学的理论分析与中国谋求摆脱帝国主义经济侵略和军阀专制统治的革命形势相结合，呼唤用新的经济学来认识和引导中国现实斗争的迫切需要。

## 第二节　论述经济史学的著作及其他

本节的著作例证比较杂，既有经济史学著作，也有其他理论或应用经济学著作，对应于不同的著作类型，接触马克思经济学说的程度及其评介的态度，也有所区别。

### 一、《经济思想史》译本

这个译本近 800 页，美国韩讷（今译哈尼①）原著，臧启芳硕士译述，列入经济名著，商务印书馆 1925 年 1 月初版。现存 1933 年 1 月国难后第 1 版，与初版相同。

在此之前，国内已出版多种经济思想史方面的译本，仅以前面的考察而论，便有 1920 年译自河上肇的《近世经济思想史论》译本，1921 年和 1922 年分别译自小林丑三郎的《经济思潮史》和《最新经济思潮史》译本，1923 年节译自法国季

---

① 哈尼，刘易斯·亨利（Haney，Lewis H.，1882—1969），出生于美国伊利诺伊州，在卫斯理大学接受教育，1908 年在纽约大学讲课，后在爱荷华大学和密歇根大学进修，任德克萨斯大学经济学教授，1920 年任纽约大学商业研究所所长和经济学教授，1921 年被选为美国统计协会研究员；任经济学专栏作家多年，作为保守派经济学家，多方面攻击新政，1955 年退休。

德的《经济学史》译本，1924 年译自北泽新次郎的《经济学史概论》译本等。这些译本的原作，大多为日本学者所著，不同程度地论及社会主义或马克思经济学说。然而究其实，仍主要以欧美尤其欧洲的经济思想或经济学说之沿革为研究对象，或者说，日本学者在这个研究领域，很大程度上承担了一个搬运工的角色。现在摆在面前的《经济思想史》译本，直接译自美国学者的知名专著。它和前述法国季德的《经济学史》译本一道，共同构成了那个时期在我国流传的关于西方经济学说史或经济思想史的权威版本，也意味着在这个研究领域，原来出自日本学者的相关成果，以间接转贩方式而在我国发挥主导影响的沟通媒介功能，正为直接出自欧美学者的同类成果所取代。关于季德之作对马克思经济学说的评介，前面考察其译本，已有深入的认识。下面再通过韩讷之作的译本，看看它怎样评介马克思经济学说。

### （一）各种序论

臧启芳 1922 年 4 月 20 日作于美国亚利桑那（原译"亚丽藏那"）州立大学的译者序称：

"译者闻吴稚晖①先生言国人如欲言文化当先译书三万卷，乍闻之颇有疑问；何以不先译书即不能言文化？然试一详察我国文化现状，当知此言之不谬"。除中等学校教科书稍称齐备外（亦非真齐备），"关于大学与专门高深科目之著本或译本实寥寥可数"。"因而大学与专门高深科目之教授几于全用西文原书。其结果因语言之隔阂，欲学生一一彻底领悟，势恐难能；教授对于解释原书之意义必须格外用力，讲授之效率亦遂较用中文著本为迟"。"一言以蔽之，间接由外国语言文字以求智识必费时而成功少，我国大学与专门若不全用国文讲义，不全用国语教授，我国学术必难进步"。然而今日我国专门著作不足，专门教授人才也不足，于此无他，惟力求其充足而已。"充足之方虽多，译书其切要者也。译书既多，国人得其参考，学术自可进步。至是始知吴稚晖先生所谓不先译书不能言文化之说之有由来"。

---

① 吴稚晖（1865—1953），原名敬恒，字稚晖，江苏武进人；清朝举人，1898 年任教上海南洋公学；1901 年留学日本，1902 年发起成立上海爱国学社，任学监兼国文教员，参与《苏报》工作，因清政府迫害，转道香港，留学英国；1905 年在法国参加同盟会，出版《新世纪》周刊，鼓吹无政府主义；1911 年后从事新文化运动，1916 年任上海《中华新报》主笔，1918 年起任唐山路矿学校国文教员；1919 年发起组织勤工俭学会，创办里昂中法大学并发起留法勤工俭学运动；1923 年创建北京世界语专门学校；1924 年起任国民党中央监察委员、国民政府委员等职，卒于台湾。

"尝闻日本留学欧美之学生多不长于语言而长于译述，往往欧美一有新书，日本即有译本。学术进步，此其原因之一。吾国留学政策行之已数十年，文化上所得供献殊少"。今日国内译本绝非甚多，未免太少。"译书既形太少，文化何由进步？译者深愿吾国学者亦极力从事于译书事业。否则，再过一世我国文化亦未必能优于今日"。译者译毕经济思想史，联想甚多。

其一，"思想不能不为环境所影响，环境不能不为思想所转移。此种公例殆莫可逃"。"人之思想虽为主观，若不依据环境情况以施其主观判断，则将为谁谋"？"由此观之，思想不独为环境所影响且当以一半为研究之范围；环境不独为思想所转移，且必藉思想之推阐而为用始宏"。"总之，学者言学，一应知其所处之国家为如何之国家，二应知其所处之时代为如何之时代，三应知其所处之国家与时代有如何之思想与如何之自然情况"。

其二，"事实之进步由渐而入，思想之进步亦由渐而入；无论为事实或为思想皆不可躐等而进，亦不能躐等而进。证以历史经验则此理立见"。昔在雅典，柏拉图提倡共产主义，然不惟当时社会情况不适于此主义，当时学者亦多反对此主义，亚里士多德正为其例。"且由兹以迄今日，因社会推演终未达于可以实施此主义之时期，遂未有能反于渐进之理而强行此主义者。今之俄国可谓为初达于试验时期，然功效未见而人民之痛苦愈深，实行此主义之时期果已达到否，殊是疑问"。柏拉图自称所期许之国为"理想国"，可谓名符其实。迨至 19 世纪初叶，蒲鲁东提倡无政府主义，然法国革命后民治方有进步，小农小工小商又颇形发达，贫富不甚悬殊，其说卒难实现。"虽以马克思与英哲尔士（今译恩格斯）之宏才毅力倡世界社会主义于十九世纪中叶，终不能使德意志弃其狭义国家社会主义以免除二十世纪开幕之大战争。社会主义在德之影响多属于国家社会主义，属于世界社会主义者殊少。自理论上观之，世界社会主义自优于国家社会主义，然时机未至，躐等不可，理论自亦不能独步当前"。反之，重商主义承中古消极之弊，力倡保护主义，大生效力，竟使各国实施其理论逾两世纪之久。重农学派与亚当·斯密又承重商主义之弊，力倡放任与个人主义，亦大生效力，影响几遍全欧。"共产主义、无政府主义与社会主义未尝不优于重商主义与个人主义；然一则时机未至，不可以强行，一则应时而出，遂得以风行于世。纯就理论而言，前三主义之发生亦极有功于学术，惟其影响属于反动。反动之于进化常事倍而功半。以社会之进化考之，必有达于共产主义、无政府主义或世界社会主义之时。然进化以渐，不可以一蹴而就。就学者论学，不可徒眩于高超理论，舍应研究之阶段而不研究；政治家言政亦不可专骛于理想制度，舍应趋行之步骤而不趋行。否则将必欲速而反迟"。

其三，"不察于已往，不知现代制度之由来，不明于现代制度，不知弊害之所在；欲察已往专赖于历史，欲明现在专赖于统计"。我国今日无经济史，无统计记录。"此不独使实行改革者无从着手，亦且使有意研究者无所依据"。

其四，"西方学者重批评不事攻讦。思想进步端赖批评。一人之思想有限，多数人之思想无穷；一人之观察狭陋，多数人之观察广大；果能互相参证，互相辩难，真理必随之而出现"。西方呼亚当·斯密为政治经济学始祖，后世批评其说者竟层出不穷。不惟反对派批评之，祖述者亦批评之。赖于批评之力，经济学之哲学、方法与理论遂有今日之进步；今后之进步，则又为今世批评家之责任。"然批评非攻讦。批评是以己之所见评人之是非，是者和之，非者驳之。社会主义者虽采取古典主义之劳力原费说而驳斥其分配理论，然不因驳斥其分配理论并劳力原费说而亦弃之"。"好攻讦者专以排除异己为事，但患人之说伸，己之说屈，而不问理之何在"。西方学者亦未尝无犯此弊者，如非议马尔萨斯人口论、非议李嘉图地租论的学者，与认为历史学派趋于极端，皆显有攻讦之意。"盖凡事一走极端则真理即不可见，故贵在'好而知其恶，恶而知其美'"。

其五，"范围不清，条理不整，系统不明，不可以称为科学。既曰科学，则选择材料须有范围，排列方法须有条理，推论关系须有系统"。中古以前，经济学不能成为独立科学。迨亚当·斯密承重农主义而起，划分范围，整饬条理，创立系统，经济学遂得以进为独立科学。"文明愈进步，科学分类愈复杂。晚近社会学已成为独立科学，实用经济学中如财政学、保险学、运输学与银行货币学等亦皆离于纯正经济学而独立"。

其六，"真理寓于相对之中。所谓相对适与绝对立于相反之地位。盖任何主义不能尽善，亦不能尽恶。吾人不惟深知一种主义不能完全适宜于各时各地，即在一时一地吾人亦不能完全依赖一种主义。若因承个人主义之弊而欲实施社会主义，遂完全限制个人活动，毫不容社会中犹存有竞争之意，势必至以人类为社会机件。任其智愚高下皆须屈服于机械行动之中，社会进步岂有不被抑阻之理？反之，若因个人活动可以发展其本能，遂完全信赖个人主义，凡事纯取放任，亦必至竞争无度，互相倾轧，其结果强者特占优势，弱者尽被蹂躏。故所谓真理，只是相对之真，比较之真。值此时，处此地，此主义可用，亦只限于侧重其所长，而当兼取于其他主义以补救其所短"。

其七，"历史常显有进步之循环"。

其八，"人类生活必难逃于互助之理。此不独个人与个人之间有赖于互助，即个人与社会之间亦有赖于互助。社会赖个人之努力而进化，个人赖社会之维持而生活。此不独个人与社会之间有赖于互助，即社会与社会之间亦有赖于互助"。

最后，"取我国经济思想与西方经济思想略相比较而勉求一补偏之策，亦必饶有兴味"。以译者观之，"我国经济思想短于纯粹经济观念而长于人生哲学（旧称伦理学）观念，西方经济思想长于纯粹经济观念而短于人生哲学观念"。在西方，自亚当·斯密以降，多纯言经济主义，几不容人生哲学观念参杂于经济思想之中。故所谓"自利"，所谓"快乐与痛苦之比较"，所谓"以最小牺牲得最大效用"，"皆成为谈经济学者莫能更易之原理"。与此项区别紧相关联者，又有"重社会观与重个人之不同"。我国前哲之旨归，"皆所以限制个人活动，牺牲个人利益，以希图社会之安宁与进步"。至于西方，由重农学派以迄今日，"放任""竞争"与"个人主义"，"终为其经济进步之要因"。"盖我国既重人生哲学即不能不重社会观，西方既重纯粹经济观即不能不重个人观"。因此，"我国经济思想遂散漫而混淆，西方经济思想遂整齐而分明。散漫与混淆之结果思想毫无进步，整齐与分明之结果思想大有进步"。虽然，"西方思想之缺陷亦正非少"。百余年来，西方人士受个人观与纯粹经济观念之赐，只为产业发达与科学进步两端，至于相伴而来的罪恶实不胜枚举。"荦荦大者则有阶级倾轧，贫富悬殊，与残害生命数端"。"数十来资本与劳动之战争日加一日，世界大战之后尤甚于其前"。"总之，时至今日，西方经济思想之弱点殆已尽形披露而无余。彼虽遑遑不暇，终日讲求失虞保险、老年赡养、失业救济与儿童保育，皆属舍本逐末，得不偿失之举动。倘或犹不觉悟，则来日艰难正未可量"。

"惟译者殊不暇哀人而当自哀之"。上述比较在我国为上古思想，在西方为近世思想。"我国上古之思想犹可与他人相比拟，迨至近世直无思想之可言，可怜孰甚"？自清末以迄今日，因惩于西方之势力，悚于西方之富强，则几欲尽数抛弃我所固有之美德，完全讲"自利""竞争"与"个人主义"。"一言以蔽之，我国之美德殆已尽丧，他人之优点又未取得，今所摭拾者多为他人之所短。于是补偏救弊，当竭力恢复我所固有之美德而推阐之，尽量吸取他人之优点而利用之"。欲求经济思想之调剂与经济学之进步，译者再具体申言：一是"当竭力保存我所固有之人生哲学思想与社会观念"；二是"不当使其复与纯粹经济观念相混淆，或抑制纯粹经济观念之发达，以防害科学进步"；三是"当合群策群力以从事于统计调查，庶可使研究者有所依据"；四是"当一方鼓舞经济之研究，一方力谋增进一般人之经济生活"。

原书用于美国大学高年级学生，讲的是思想史，读者顺利阅读，先要具备几种基本观念：最要者为经济学与经济史；次要者为哲学与论理学。其他如社会学、心理学、人生哲学、政治学、法学与历史等，亦皆有相当关系。完成此译本，译者特别感谢吴柳隅（吴贯因）先生和李光忠二人。吴先生曾审定译稿全文，纠正极多。李君与译者同学美国加州，对此稿协助最多，不惟逐字逐句校阅一遍，举凡名词之审定，体裁之规画，疑难之讨论，误谬之改正，字句之斟酌，皆深赖于李君；而翻译法文书名与人名全赖李君协助。又周天放（原名周守一）与韩隆毅曾校阅第 1 章及对前半部的名辞商榷多有助力；宋介①对后半部字句的斟酌与名辞讨论殊多裨补。②

这个长篇序言，比较典型地表露了当时臧启芳留学美国，通过翻译美国学者的经济名著，对经济学或经济思想的一种认识心态。要点有三：一是强调翻译对我国促进学术进步乃至改变文化现状的重要性。这里不仅具体地指那时国内大学与高等专科教育使用西文原版教材，受语言隔阂的限制，讲授效果不及使用译本的现状，而且隐含更深的用意。如深切感到，我国学术水准比较欧美国家具有明显差距，译书是缩短这个差距的行之有效办法；我国推行数十年的留学政策成效不彰，应效法日本留学者跟踪欧美新书及时译述的擅长方式，对本国文化进步作出更多的贡献；作为我国留学欧美的早期成员，须摆脱间接通过日本译本来转贩西文原著的依赖状况，承担起直接从欧美国家选择各类名著并翻译介绍给国人的责任；等等。这些体会，有感而发，着手之处，便以译者所长，翻译经济学名著。二是翻译《经济思想史》一书产生诸多联想。有些属于原则性概括，如所谓思想受环境影响、环境又为思想所转移的公例，事实或思想的发展皆不可越级而应渐进的历史经验，了解现代制度之由来及其弊害有赖于历史和统计的结论，真理寓于相对之中而任何主义皆有长短；有些涉及经济学在西方成为科学的常识，如思想进步端赖以是非为准的批评而避免排除异己的攻讦，科学须以选择材料有范围、排列方法有条理、推论关系有系统为前提；有些则来自对经济思想史现象的引申，如历史经常显现进步的循环即类似于否定之否定的进步原理，人类生活离不开互助之理等。这些联想，可算译者学习西方经济学和翻译《经济思想史》的心得之谈，既有真知灼见存焉，亦含个人倾向于此。三是比较我国经济思想与西方经济思想而谋求补偏救弊之策。前述内容已有类似比较，惟着重于中国现状的差距。这里则从历史传承上，指出我国短于纯粹经济观念而长于人生观念，西方正好与之相反的各自经济思想特点，并以此作为我国具有数千年文明却迄今没有经济学专书的症结；进而引出我国自古以来重视社会观而西方近代以来重视个人观的不同，形成我国经济思想因散漫和混淆而毫无进步，西方经济思想因整齐和分明而大有进步的对比结果。这个比较，虽说有合理之处，却限于皮毛。至于说补偏救弊之策，除了痛感中国近代照搬西方自利、竞争与个人主义原理，既抛弃自身的传统美德，又丧失舶来原理的实际功效与科学精神之外，只是抽象谈论中西经济思想应扬长避短而已。此外，序中致谢的一干人等，除去吴贯因系早年留学日本的前辈，其余如李光忠、周守一、韩隆毅、宋介，多数前面已有介绍，都是大致同一时期留学美国的学友或同窗。他们留美期间围绕经济学著作的翻译（另如前述李光忠1924年翻译出版《近世欧洲经济发展史》一书），相互协助，共同切磋，开始对国内经济学界产生一定的影响。

上面说到译者的个人倾向，可见序中有关共产主义或社会主义的举例。如谓今日社会尚未推演到可以实施共产主义，不能违反渐进之理而强行；否则便如今日俄国初次试验此主义，"功效未见而人民之痛苦愈深"，更加让人怀疑是否已经达到实行此主义的时期。此说指苏俄初期实行的战时共产主义政策，虽然在1922年4月作此序前一年，苏俄已改行新经济政策，但不影响反而愈益证明此说有合理性。不过此说以社会只可渐进发展而不可强行躐等为由，否定苏俄革命的尝试，则显出其个人倾向。又谓马克思、恩格斯以其雄才大略而在19世纪中叶倡导世界社会主义，事实上无法抵御德国的狭隘国家主义和免除第一次世界大战，反而在德国形成持国家社会主义者居多的现象；这在理论上说明，即便世界社会主义优于国家社会主义，即便共产主义、无政府主义或世界社会主义极有功于学术，优于重商主义与个人主义，未来有可能实现，但时机未到而强力推行，势必事半功倍甚至欲速不达。此说的依据与前说相同，姑且不论对无政府主义的认识，虽尊重马克思学说的学术贡献和远大理想，却称之为超越历史阶段而缺乏适用价值的思想。因此劝戒学者和政治家不可眩惑于这种高超理论或专骛于此类理想制度，应将其束之高阁，正像否定苏俄革命的倾向一样。另谓社会主义者虽驳斥古典学派的分配理论，但不抛弃其"劳力原费说"即劳动价值论；这也适用于真理的相对性，任何主义都不能尽善或尽恶，正如为了纠正个人主义之弊而要实施社会主义，既不能完全限制个人本能和社会竞争，也不能完全放任个人活动和竞争无度，要因时因地用此主义之长兼取他主义以补己之短。此说看起来十分合理，惟放在其个人倾向的特定语境里，实则主张个人主义与社会主义的相互妥协与融合以实现社会的渐进式发展，这也是那个时期我国知识界较为普遍的想法。

韩纳 1910 年 12 月作于德克萨斯州（原译"塔格塞州"）奥斯汀的初版序称：

此书"以批评态度叙述西方领袖诸国全部经济思想之发达，以纯粹经济观察说明由来经济思想与哲学及环境所牵连之重要关系"。欲供高级学生研究经济学史之用，"尝力求无所遗于明备与通达之思想，而不欲取于虽新而僻与虽奇而晦之议论"。选择材料的依据分为两层："经济学家在经济思想之潮流中有无影响"？"经济学家在经济理论中有无发明或推阐"？本书特重"其供献既为经济理论中之发现，又有影响于当时思潮"。叙述依据的标准，"论究一经济学者之时先略陈其环境——主观与客观——之适宜情况"；"详究其论述物值与分配之经济思想"；"说明其依据之哲学及采取之方法"。"一言以蔽之，物值与分配确常为作者所侧重，而作者又不专以论物值与分配为其任务"。此书叙述社会主义"比较简略，或不免为人所议"。法人著书"多喜以其大半部之篇幅叙述此主义"，英人名著如"殷格郎"之《政治经济学史》"竟毫未涉及此主义"。"今作者折衷详略，仅叙述社会主义中之经济理论，如重要社会主义家对于英国古典派经济思想所加之批评是已。至于论述社会主义之发达，英文固不乏颇完善之著作"。此书的重要见解，"皆出于作者之独立研究"。"经济思想史中之问题既甚为繁密，作者深信不易得确切与正当观察，尤以叙述晚近之思想为甚"。

25 年前（1885 年），伊黎（今译伊利）博士任教约翰·霍普金斯大学，曾撰写经济思想史著作，稿成因其他著作所阻未能修改。5 年前（1905 年）作者在爱荷华州立大学任讲师，伊黎教授将其不完备的旧稿交给作者修正并提议以合著名义出版，后因作者致力于此书的材料、组织与安排者独多，便劝作者以个人名义出版。这位"前日之师、今日之友"，作者深谢其"鼓励之功"，"直接对于体裁与材料所赐之诸多提示"，以及"一切间接问难与鼓舞"，否则此书"必大失其今所具有之优点"。①

通过初版序，可以了解此书以西方发达国家的经济思想发展为研究对象，意在表现与众不同的著书宗旨、特点及独立判断能力。这些内容，前面的译者序里，有的予以强调，有的感慨系之，有的忽略未提，有的则借题发挥。其中论及处理社会主义经济理论的方式，注重此理论与批评古典学派之间的关系，这在译者的眼里，也被归入"重批评不事攻讦"的西方学者传统。至于说到伊利教授，前面曾看到他所著《社会主义与社会改良》《近世社会主义论》《人类经济进化史略》等的译本，又不时在其他著作里见到引用他关于社会主义的定义等内容。既然韩纳著书曾与伊利有如此合作因缘，则他俩对社会主义经济理论的认识应取大致相同的倾向，亦在情理之中。

作者1919年2月作于首都华盛顿的再版序又称：

此书获得修正机会，重要变更都在增补，"首重视者为哲学与经济学之关系"，尤其注意扩充讨论包括科学社会主义在内的各个学派，此外对经济理论也有更为完备的讨论。希望读者，一是把《经济思想史》当作书读，不是当作百科全书看；二是须知1900年以后不属于此书的范围，虽然书中对以后的发展常有甚为简略的"试验之谈"。欲读此书而无暇读，请检阅书前的目录与书后的索引。"自一部分学者观之，世界大战之后经济思想必发生极大之变化。然果能与否，殊是疑问。即便果能，吾人亦不得不视洞悉现今经济主义所以进化之由来为最要之事。世之读此书者将考见重商主义者与国家主义者之思想，将考见共产主义与社会主义，将考见历史观察与制度观察，将考见历史中其他无数之'变革'——且将考见方今天下殆未有全新之学说"。②

从再版序里，可以感觉作者比初版时更加自信。他一面说，此书不能当作经济思想史的百科全书来读，而且只写到1900年以前；一面又质疑有关一次大战后经济思想必然发生极大变化的说法，好像在暗示，此书能够洞悉现今经济思想或主义之所以进化的由来，而且增补修订后，读者通过书中关于重商主义与国家主义者的

---

① 美国韩纳著，臧启芳译《经济思想史》，商务印书馆1933年版，"原书初版序"。
② 美国韩纳著，臧启芳译《经济思想史》，商务印书馆1933年版，"原书再版序"。

思想、共产主义与社会主义的论述、历史与制度的观察、历史中其他无数"变革"的考察等内容，可以判断当今天下还没有出现全新的学说。换句话说，这本书对1900年以前西方经济思想的历史考察，以及对此后这一思想继续发展的试验性简略探讨，已经把握了世界上发达国家的整个经济思想发展的历史源流和基本趋势，没有经济思想的重大变化或全新学说，能够游离在外或不在预料之中。表达这样的意思，需要一定的底气。这大概也是译者选择这本经济思想史的代表作，翻译介绍给国人并由此引发诸多联想的原因。

译者还在例言里，说明译本的翻译体例：一是原书用作大学高年级学生的教科书，译本亦力求适合大学或专门教科书及参考书之用。二是为了便利读外国书，凡原书所列举的参考书及著者名称，悉附原文，以备检阅；"今日我国固未有如是完备之图书馆能使读者尽得其所欲参考之书，然不能永久无如是完备之图书馆，故译者认为有全附原文之必要"。三是"中国译者从未有附索引于书后者。然在西文，索引竟成书中必不可缺之物。实则索引之用最大"。西人著书往往参考书至百卷之多，何能取各书而悉读之？各书既有索引，可以检阅索引选其所欲参考部分阅之。有索引可查，则可在一日内对某一问题参考数十卷书，否则虽数卷书恐亦为力所不迨。本书从西例附索引于书后，所难者西文可按字母排列，中文索引不易排列，无论根据偏旁或字划都不大便利，"译者深盼有能发明排列索引之方法者"。现不得已仍按西文排列，先西文，后中文，以便检阅。四是为求名词统一与科学进步，附名词商榷以请教于国内学者。五是原文注释一概译出，原书所有者皆可见于译本。六是一般译者多将注释附于一篇或一章之后，本书尽用括号里的小字双行附于正文之内，以免不便利之弊。七是国人译书喜将原字夹写在正格内，本书为便利读者，重要原字如科学术语及书名、人名等，全附注在正格外，以免颠倒比阅之苦。八是译者对书中史事与费解之处，往往别有增注，并用"译者案"的记号表明。九是本书所用的符号。十是本书悉从新式标点。①

如此详录其翻译体例，意在说明译者推出此译本，着实花费了一番工夫，为当时国内翻译欧美经济学著作，树立了新的榜样。如何确切而真实地引进国外经济学著作（实际上对其他领域的国外著作也是如此），长期以来，国内学者一直在翻译实践中摸索。最初在一般情况下（除了个别时期或个别案例），大多只是摘译若干

---

① 美国韩纳著，臧启芳译《经济思想史》，商务印书馆 1933 年版，译者"例言"。

观点或转述大体意思，后来出于完整理解原著精神的需要，着手成段落或整章整编的翻译，直至译出整个原著，现在又提出原原本本呈现原著全貌的翻译要求，包括注释及索引在内。此前国内的经济学译书，主要借助日人著作，日人又多以译述转贩西人原著为事，日人为了突出原著主要内容而掐头去尾，经过如此加工处理，留下的很难是西人著作的原貌。此后随着越来越多的国人留学欧美国家，亲身感受现代科学传统及其整套学术规范，于是希望通过译书，把这种科学精神和学术规范也介绍给国人，在国内学术研究和高等教育方面能够起到引领作用。所以，这部《经济思想史》译本的译者例言，不仅在形式上规定翻译的体例，还有意引进西方的现代学术范式。不过，译者试图用欧美学术范式来整顿当初以引进日人著作为主而形成的某些路径依赖和习惯，难免遇到时代条件的限制。特别是经济学的专用名词术语，经过多年来的翻译沿用，尽管仍未统一，存在混乱现象，却已在约定俗成或既有取向之中形成许多译名，为多数人所使用，很难再作全盘的改换。这也体现在译者的"名辞商榷"中：

"译书固非易事，译名辞尤为非易；当我国今日一切科学皆不发达，使译书人无从取用，无从参证之时，其困难必更有不可以道里计者"。"审定名辞既为扶助科学进步之一法，我国又当力求科学之进步，译书人必当对于翻译名辞一事加意考究，以冀我国科学名辞早达其统一之时期"。当用何法方可达到目的？往年日本审定科学名辞有悬赏一法，听说一个名辞被采用，报酬曾逾千金，国家奖励学术不可谓不尽心。我国苦贫，政府似无力出此。今日国内虽有科学名辞审定会，其效力甚微。所谓科学，范围太广，若不多集各科专家，分门讨论，何能奏效？而产出多数专家又是科学进步以后的事，其需时之久远，概可想见。"三两年来国人译书者渐多，然对于译名一事多各随己意，鲜有统一之趋势。盖任何译者果欲创译一名未有不煞费经营者，创译所得亦必别有会心"。昔严几道以《原富》一名译亚当·斯密的 The Wealth of Nations，尝于译本序文内历述其取"原富"二字之意。所可惜者，未能取书中重要名辞——说明其采用理由（"严氏所译之名辞确有极可通用者"），英文原名又概付厥如，遂使后来者苦无依傍。"鄙意译书者若皆能以其创译之名列诸卷首，加以说明，以待国内学者公判，译名必渐趋于统一"。结果可获两个极显著的利益："此举必有助于名辞统一，可以促进科学之研究"；"此举对于译书者必可收人己交利之功"。

按照"信、达、雅"三字为翻译名辞的标准，"不失原意之谓信，而信为最难"。两国的风俗习惯、文物制度，多有不同，译名所含之意不能与原名恰合。此为今日采音译说者之口实，但不为鄙人所取。译书者的责任惟在竭尽所能以期不失于原意，倘有以更佳者见教，须立即舍己而从人。"通用之谓达"。通用之意以切合实际生活所习用之语为前提，学术皆为研究生活而存立，否则学术自学术，生活自生活，国家进步必仍不可期。"清伤之谓雅，而雅为文学之美"。音译一则最不清伤，二则不可谓达；须另加解释，多费辞句，不如译为较近似之字；不明了其意义，亦不得谓之信。《经济思想史》一书关涉太广，含有各学科名辞，这里列入商榷的只是经济名辞，也不包括那些为国人所习用而本人所采取者。

商榷名辞有 22 个，基本意见：Abstinence 译为"忍欲"，而非时人所译"节欲"；Cameralism 译为"计臣学"或"计臣学派"，而非国人沿用日本所译"房官学派"（今译"官房学派"）；Cosmopolitanism 译为"世界主义"，而非时人所译"大同主义"；Cost 译为"原费"，而非时人所译"费用"；Differential 译为"优异报酬之观念"（今译"差别报酬"）；Economic interpretation of history 译为"历史之经济解释"，而非时人所译"经济史观"；Hedonism 译为"唯乐主义"（今译"享乐主义"）；Inheritances 译为"嗣产"，而非日本所译"相续税"和国人所译"遗产税"；Price 译为"价"或"物价"，Value 译为"值"或"物值"，而非国人沿用日本所译"价格"与"价值"，于是 intrinsic value 译为"由内之值"（今译"内在价值"），extinsic value 译为"由外之值"（今译"外在价值"），natural value 译为"经值"（今译"自然价值"），market value 译为"市值"，normal value 译为"正值"（今译"标准值"），just value 译为"平值"（今译"适时值"），与 price 的组词亦如此；Profits 译为"赢益"，而非时人所译"利润"，于是 rate of profits 译为"赢率"（今译"利润率"），total profits 译为"总赢"（今译"总利润"）；Rent 译为"地租"，而非国人沿用日本所译"地代"；Residual claimant 译为"结余要求者"，而非时人所译"剩余要求权"（今译"剩余索取权"）；Share 译为"应得"，而非商业习惯中所译"股份"；Utilitarianism 译为"实利主义"，而非时人所译"功利主义"；Valuation 译为"评值"，而非时人所译"评价"；Wages 译为"工资"，而非时人所译"工钱"或日本所译"赁银"；Ophelimity 译为"使用限界"，来自意大利学者的独创，欲取代"效用"一词；Humanism 译为"人文主义"；Epicureans 译为"唯欲派"（今译"伊壁鸠鲁派"或"享乐主义者"），Stoics 译为"窒欲派"（今译"斯多葛派"或"禁欲主义者"）；Chrematistics 译为"牟利之学"（今译

"理财学"）；Earned income 译为"劳力所得"（今译"劳动所得"），Unearned income 译为"非劳力所得"（今译"非劳动所得"）；Balance of trade 译为"贸易差额"或"贸易均衡"，favorable balance 译为"有利差额"（今译"顺差"），unfavorable balance 译为"有损差额"（今译"逆差"）。①

以上商榷，除了少数译名纠正来自日本的翻译，如以"地租"代替"地代"，以"工资"代替"赁银"并为后人所接受，以及某些新创的译名未列出时人习用的对应译名之外，其他多数译名的创译，从后来的使用看，或仍沿用原有的译名，或尽数被淘汰了。译者推崇信、达、雅的译书标准，十分欣赏当年严复所创造的一系列经济学译名，认为更符合舶来经济学术语的本意，可以通用，他自己据此解释现行旧译名的缺陷及所创新译名的理由，从专有名词本身的经济学涵义入手，也不无道理。而且看得出来，译者像严复一样，留学欧美国家，直接从西方经济学著作吸取滋养，不曾假道于日本的转售捷径，因而不熟悉甚或不屑于从日本搬来的众多译名，旨在自创一套更合理的经济学译名，统一当时使用译名的混乱状况。殊不知，严复从古汉语的词库里翻检那些自以为合意的字或词作为译名，因晦涩难懂，本来就缺乏为大众所采用的生命力。译者沿着这条路径仿效创译，前景自不会看好。何况当时流行的许多译名，经过多年的使用和阐释，正趋向统一。尽管这些译名对照中文原意，或者不尽贴切，或者容易引起歧义，或者很多由日本转译而来，但在使用过程中逐渐为国人所接受、理解和习惯，即所谓约定俗成。这个翻译现象和经济学译名演化过程，同样适用于马克思主义经济学在中国的引进、翻译和传播。不管怎么说，译者提出翻译名词的考究与统一，对科学的进步十分重要，是确定无疑的，对经济学如此，对马克思主义经济学也是如此。

## （二）内容简介

再版序中曾说，打算读此书而无暇去读，可以检阅书前的目录与书后的索引。为了这个目的，译本的目录，甚为详细，达 31 页之多，分 4 部 34 章 206 节：第 1 部"总论"，分"经济思想史之性质及其重要"（含 7 节），"经济思想之起原及其发达之迟缓"（含 2 节）2 章。第 2 部"经济学未成科学以前之经济思想"，第 1 编"上古之经济思想"，分"希伯来人及印度人之经济思想"（含 9 节），"雅典哲学家之经济思想"（含 13 节），"罗马之经济思想"（含 12 节）3 章；第 2 编"中古

---

① 美国韩纳著，臧启芳译《经济思想史》，商务印书馆 1933 年版，"名辞商榷"。

之经济思想"，分"中古时代之经济思想"（含10节）1章；第3编"近世经济思想之曙光"，分"重商主义"（含10节），"计臣学派"（含4节）2章。第3部"经济学成为科学后之进化"，第1编"建立者"，分"重农学派及社会哲学之革命"（含9节），"斯密亚丹、斯密亚丹之直接前辈及工业革命"（含15节）2章；第2编"初期之祖述者"，第1卷"悲观之趋势"，分"马尔萨与人口论"（含8节），"李嘉图与分配论及其地租说之特要"（含5节）2章，第2卷"乐观之趋势"，分"加雷与'美国学派'"（含9节），"巴师夏及法国乐观主义派"（含4节）2章，第3卷"英国古典派政治经济之其他注疏家"，第1目"英国之注疏家"，分"沈尼耶及其忍欲说"（含10节）1章，第2目"英国以外注疏家"，分"史霭、雷羡及德法两国之其他诸注疏家"（含5节）、"屠能与孤立国"（含6节）2章；第3编"反对派及批评者之领袖"，第1卷"对于古典派哲学上及人生哲学上之攻击"，第1目"个人主义派之批评"，分"劳德待尔及雷依：财富之定义"（含3节）、"西斯孟迪：所得及消费之着重"（含4节）2章，第2目"国家主义派之批评"，分"穆勒、李士特及加雷：初期之国家主义派"（含3节）1章，第3目"社会主义派之批评"，分"十九世纪初叶之社会主义"（含3节）1章；第4编"整统者"，分"密尔约翰"（含6节）1章；第5编"反对派及批评者之领袖"，第1卷"对于古典派哲学上及人生哲学上之攻击"，分"德国'科学'社会主义之建立者"（含6节）1章，第2卷"对于古典派经济学范围及方法之攻击"，分"以狭义交易值解释经济学之诸家：对于古典派经济学范围之批评"（含3节），"英国实体历史派之批评"（含7节），"德国历史学派"（含4节）3章，第3卷"对于古典派论理学上之攻击"，分"劳德待尔及赫尔曼：对于资本、赢益及物值论最早之批评"（含3节），"工资基金说之倾覆"（含1节）2章；第6编"改造者"，分"奥大利学派以前限界效用观念之发达：洛意、高申、叶万"（含5节），"奥大利学派：主观物值说之发达"（含8节）2章。第4部"十九世纪下半期各主要学派通论"，分"十九世纪下半期德意志及意大利之经济思想"（含2节），"十九世纪下半期英吉利及法兰西之经济思想"（含2节），"十九世纪下半期美利坚之经济思想"（含4节），"结论"（含4节）4章。后附"参考书表"即"主要参考之材料"与"经济思想史之主要著作"，以及"索引"即"人名索引"与"名词索引"。

看了以上目录，可知全书之梗概，若全部转录各节标题，对全书内容，当能一目了然。从考察西方社会主义的思想源流来看，译本也从经济思想史角度，提供了经过梳理的线索。例如：

第 4 章 24 节 "共产主义"，指出 "此主义为希腊哲学中经济思想之特征"。谈论共产主义的范围，柏拉图与亚里士多德二人不同。柏拉图主张 "合财产、妻子于一" 的 "完全共产主义"，对社会财产虽未有详细论述，却可考知 "其欲使人民合享公共之福利，以免民事诉讼之发生"。其理想国的特点是 "妻子归社会公有"，"盖半为免除争夺与嫉妒，半为改良人口与操纵人口计"。亚里士多德未深论社会共产之说，但完全反对柏拉图的 "社会公妻说"。"其反对共产主义之议论，已成为后世之典则"。反对柏拉图的观念，"未趋于极端"。"最有价值之主张"："物有应归私有者，亦有应归公用者"；以当时公有财产甚少，似宜扩张其范围，更应反对希腊人 "过信个人主义"。急进改革者常将人生目的及人生快乐与寻求快乐的方法混为一事，亚里士多德则分论之，"不认财富之均一说，而认满足欲望之均一说"。以为 "各人之欲望既不同，供其满足欲望之财富亦必异，财富何能均一"？假使认为希腊哲学家所倡的共产主义含有平民主义精神，则 "大误"。当时思想常以人有上中下三级，共产主义只适用于上中两级之人，乃 "贵族之共产主义"。① 这是书中追溯西方最早的共产主义经济思想，有论点，有争议，也有时代特点，更成为后世同类或相关思想的直接起源。

第 19 章将西斯蒙第（原译 "西斯孟迪"）称为 "最早反抗古典派经济学家之哲学与人生哲学" 的法国学者，"颇欲以国家法规为社会改造利器，然无所祖于社会主义，故终当视其为有限制之个人主义家"。143 节介绍其经济思想，谈到 "劳动阶级之被陵夺与社会主义"："西氏虽未定有社会主义之结论，其主张实有类于马克思，自其认劳动阶级被陵夺之思想观之，确有影响于社会主义派之批评"。其说 "常以劳力为财富泉源"，对资本家陵夺劳动家曾使用 "掠夺" 一词，此观念来自生产过剩一说的推论。批评竞争，以为容易导致劳动过度与雇佣妇女之弊，更提倡国家干涉；"惟终未言社会主义"，对欧文（原译 "奥文"）及其他社会主义家的学说有所批评。145 节介绍其影响，"西氏大有影响于社会主义家"，有时 "误认其为社会主义家"。约翰·穆勒读西氏之书，"观于其侧重人道之精神，造成国家之干涉，甚至晚年倾向社会主义之观察，皆为表同情于西氏书之读者"。② 这个评介，

---

① 美国韩纳著，臧启芳译《经济思想史》，商务印书馆 1933 年版，第 54—57 页。
② 美国韩纳著，臧启芳译《经济思想史》，商务印书馆 1933 年版，第 405、415—417 页。

认为尽管西斯蒙第自己从未偏袒或肯定社会主义，甚至还批评空想社会主义者，但他提出劳动阶级遭受资本家剥夺、生产过剩、竞争之弊等观点，主张国家干涉，不是类似于马克思学说，就是对后来的社会主义者产生了很大影响。由此也让人看到西方早期的社会主义经济思想，包含各种不同的来源。

第21章从19世纪初叶的社会主义方面，评介社会主义派对古典学派的批评。此章"非欲尽述社会主义中之社会与政治现象，所欲述者惟为有关批评经济思想之现象"。这一派或为社会主义家，或为共产主义家，与西斯蒙第等批评家大不相同，赞同当时技术工业进步及大规模生产与分工，"极反对当时之社会制度及根本思想，极攻击经济学家以最终认为可行之态度所推断之社会组织"；他们的"观念不出于幻想，其推论不专以道德为依据"，其计划迥异于早期那些人；"其经济思想以经济观察为依据，其批评尽出于产业革命与法国革命所引起之痛苦。一言以蔽之，此诸家皆为反对资本主义，提倡经济根本改革之人。彼所批评者为私有财产与竞争制度"。"初期社会主义家之思想以表征过渡情况为特色"，实含有初期法国革命的乐观主义之幼稚。但中等阶级或资本社会与日益增多的贫民或劳动阶级之间的贫富悬殊日甚，阶级的利害冲突皆形暴露，随着产业革命而产生的罪恶渐显端倪，人们争相起来反抗压制，同时贫民阶级教育缺乏，能力薄弱，自觉心犹未发达，自助似不足以为解决的方法；在这种情形下，出现乌托邦派三个学者即圣西门、欧文与傅立叶（原译"富利耶"）。三人同时认为，"上级社会救助下级社会为必要，欲以教育改造社会，而使贫民生活于理想之社会中，指导社会者又必为社会最聪明、最良善之人"。"三子之社会改造计划皆属臆造而出于理想之根本前题。虽甚重视人道观念，独未能从事于劳动阶级之组织以与资本阶级相抵抗，故有别于后来之社会主义家。此三子之所争惟在以教育训练增进人类幸福。观于其求助于中产以上之阶级，其思想不可称为革命，其主义似亦未尽离于中产阶级"，直至1830年始有显著的贫民运动出现于世。① 149节介绍"乌托邦派或中产阶级派之社会主义"，包括圣西门及圣西门派，"已暗示国家社会主义之方法"；"结社主义派"欧文、傅立叶、汤普森（原译"汤姆生"）与之不同，"提倡之组织纯属自愿性质，起于各社会之相互同意"；汤普森出版于1842年的主要著作《最能促进人类幸福的财富分配原理的研究》（原译"人生快乐与财富分配原理之研究"），"已含有形成后来

---

① 美国韩纳著，臧启芳译《经济思想史》，商务印书馆1933年版，第439—441页。

马克思社会主义之思想"，然而他自己所提倡的改革，仅为欧文之后的继起者；后来社会主义家洛贝尔图斯（原译"罗贝尔图"）与马克思之论究"剩余值"，"皆以汤姆生之说为根据，是为汤氏之重要供献"。① 150 节介绍 1840—1848 年"法国社会主义愈趋于唯实及贫民倾向之过渡时代"（此标题在目录中为"法国社会主义达于较切实及较平民之过渡时代"），"社会主义家或有多少近于唯实主义之处，然犹未能尽脱乌托邦之思想，故谓改造社会当先定一理想计画，是即为过渡时代之思想"；其代表为路易·勃朗（原译"布朗路易"）和蒲鲁东（原译"普鲁东"）。蒲鲁东的贫民社会主义及无政府主义思想，确已为后来马克思与恩格斯提倡的"科学"社会主义，"树立先声"；"集中于攻击财产权一端，较其他学者之说直接而敏捷"，也反对"均产国家之公有财产"，可见社会主义与无政府主义的区别。② 151 节"撮要"，概括上述社会主义家自西斯蒙第提倡激烈的社会改革计划起，至蒲鲁东的探究含有晚近社会主义性质的近世阶级自觉止，"几无说不备"。他们所赞成的分配依据，各有不同，"皆为社会主义思想之前驱，皆多少染有乌托邦派或'非科学派'之彩色"。乌托邦主义片面强调唯心主义，以中产阶级为主，不足以呼应痛苦而自觉的贫民要求；其弱点在于未能按照所提倡的需要或其他依据来确定分配的实际计划，前后矛盾；学者批评蒲鲁东的"物值说"，与批评受蒲鲁东影响的马克思"物值说"相同。19 世纪前半期各社会主义家对经济思想的影响，虽属间接和渐进，却颇为重要，如分配公允问题大为学者所重视而渐得新解；重视所得分配之前的财产分配，认为私有财产不是固定事实而是随历史进化的相对制度，"此意诚然"，但不谋求先加条件或限制即欲立即废除私有财产，"未免不合于理"；论分配不以竞争性费用为依据，主张按各人能力的生产结果，或按资本、劳力与技能，或按需要，或按各人完成社会事业的能力等来定报酬，无疑大有影响于工资理论及政策；重视社会观察及生产过程与社会的关系，足以纠正古典学派极端个人主义的趋势；实际协作的经验影响理论研究，尤其对劳力说与工资说的影响显著；皆有社会进化的观念。③ 以上介绍英法早期社会主义，先后定性为乌托邦派或中产阶级派的社会主义（里面又分为倾向于国家社会主义的圣西门派与主张地方团体自愿进行社会改革的结社主义派），以及过渡时代趋于现实和贫民倾向的法国社会主

① 美国韩纳著，臧启芳译《经济思想史》，商务印书馆 1933 年版，第 443、446—447 页。
② 美国韩纳著，臧启芳译《经济思想史》，商务印书馆 1933 年版，第 448、450 页。
③ 美国韩纳著，臧启芳译《经济思想史》，商务印书馆 1933 年版，第 454—457 页。

义，实际上说的都是科学社会主义产生之前的空想社会主义，并以距离科学社会主义的时代之远近或给予科学社会主义的影响之大小，作为初期或过渡社会主义的分类标准。关于空想社会主义及其代表人物的时代背景、不同学说、各自特征、共同影响等评介内容，体现评介者的贯通能力和独立见解，既有合理的分析，亦含个人的倾向，其中不少的材料梳理和观点判断，为后人所沿用或借鉴。

第22章以约翰·穆勒（原译"密尔约翰"）为古典派经济学的"整统者"，一面"必当搜罗万象兼取反对旧制度之批评及当时情势以研究之"；一面"须承认当时政治经济学之不足以解决近世社会诸问题，而急为新经济学导其先路"。与社会主义的关系，如154节介绍穆勒对社会问题的观察，引用他的自传引言，大意说，其代表作《政治经济学原理》，对社会主义之意已有所宣扬，"第一版不清楚不充畅，第二版稍清楚稍充畅，第三版最清楚最充畅"；"第一版多申述社会主义之难行，自大体上观之，其论调直与社会主义相反"；一两年后，世上阅读欧陆各派社会主义著作者既多，反对社会主义的研究与讨论亦众，"结果，第一版所言多被删除而代之以代表进步思想之议论与主张"。他对社会主义的最后判语，社会主义为有价值之理想，又为最终可行之事实，"独不可认其为今日可以依据之主义；察之今日，犹未有具有实施此类新制度之道德与智能之人，此之所谓道德与智能必为众多奇才所不及，为全体人民所依赖"。"极赞成旧有之放任主义"，又"推论其不当而谓个人自私不足以挽救时弊"；研究劳动问题，"全取于社会主义，而不取于放任主义。是之谓两走极端"；他的学说，"可比之罗马神之两面头，一面向后观看过去，一面向前观看未来之事。又似人逢歧路而不能自定其何从"。① 这些引证和评论，讲述约翰·穆勒尤其在晚年的社会主义倾向，也是后来国人在经济思想史著作中常常把穆勒与社会主义联系在一起的重要依据，不过联系时不如此书这样摆事实讲道理，往往只摘取其中的某些材料与结论，很容易引起误解。

第23章论述德国"科学"社会主义的建立者，下面专门介绍，这里再看最后一章第34章的结论。203节"总括"：19世纪初叶，因法国犹存18世纪自然哲学的精神，其趋势与社会主义哲学相合，于是社会主义的宣传"独盛于法国"。社会主义兴起，激烈反抗古典主义，最初的提倡者为圣西门、欧文与傅立叶等乌托邦派与中产阶级派思想家；至1848年，马克思与恩格斯出而宣传唯物主义与革命思想，

---

① 美国韩纳著，臧启芳译《经济思想史》，商务印书馆1933年版，第459、484—485、495页。

"社会主义竟达其登峰造极之趋势"。"社会主义既形发达，哲学观念亦显其惊人变化。一则由唯心主义经唯实主义以达于唯物主义，一则由结社主义经国家主义（国家社会主义）以达于世界主义。此发达实随于革命现象而增进"。"晚近机会主义派与进化主义派既渐得势，马克思之唯物主义已形动摇。社会主义既为积极动力之表示，自不能不与唯心主义之哲学相结合"。社会主义作为"反对经济思想之学派"，"常视分配公平问题为先决问题，常研究经济学中私有财产'权'与契约之意义，更常使经济学家提出劳力物值说与剩余观念诸问题以供讨论"。穆勒曾受西斯蒙第、汤普森及其他社会主义者与社会改造者的影响，观看其学说，足以证明他与反对派"有联成一气之表示"。① 205 节"经济思想中不同之各要点"：各种剩余学说中，社会主义的"剩余值之说"，虽出于屠能与西斯蒙第，终以洛贝尔图斯与马克思之所言最明了。在他们看来，"资本阶级常保留劳力之生产以为其剩余，因而劳动者之生产或尽被陵夺，或有时有一部被陵夺"。人生哲学观的剩余说重在公平与正当，认为资本阶级取得剩余常由于不公平、不正当的方法。"社会主义家之说虽与经济分析紧相关联，其要旨终出于人生哲学之观念"。② 以上总结，站在历史观察的角度，对社会主义反对古典经济学的各种主要观点，以及最终形成马克思的科学社会主义学说，给予不同程度的肯定。不过这种肯定，从 206 节"现在及将来：哲学、方法、理论"的叙述看，以为经济思想的发展是一个不断融合的过程，如谓社会主义与历史学派反抗古典主义，但新古典主义的兴起，常能将反对古典主义的思想融化于古典主义之中；所以说，"现今与最近之将来似未有可以形成革命于经济学之思想"，今日已进入可以忍受各种争论的时代，学者也多取于"广义之折衷主义"，包括社会主义者对自己的主张已有所修正③。也就是说，包括马克思学说在内的社会主义，经过自我修正或广义折衷，最后都被融化到统一或主流的经济学之中。这便是所谓如今及最近的将来，经济学的思想领域尚未形成革命性变化的可能迹象的真正涵义。

由上可见，译本考察西方经济思想史的一个宗旨，说明在经济学成为科学以前，经过上古经济思想、中古经济思想的漫长历史演变，直到近世出现经济思想的曙光，随后的社会哲学革命及工业革命，产生重农学派尤其以亚当·斯密为代表的

---

① 美国韩纳著，臧启芳译《经济思想史》，商务印书馆 1933 年版，第 752、755—757 页。
② 美国韩纳著，臧启芳译《经济思想史》，商务印书馆 1933 年版，第 767—768 页。
③ 美国韩纳著，臧启芳译《经济思想史》，商务印书馆 1933 年版，第 776、778 页。

古典经济学派，才标志着经济学的真正建立而成为科学；自此以后，古典经济学沿着其发展路径，尽管由于环境的变化，不断遇到各式各样的批评者、反对者或改造者，包括空想社会主义，继承古典学派而具有某种社会主义倾向者，以及将社会主义经济思想发展到顶峰的马克思主义或科学社会主义，但都没有改变古典经济学发展的基本取向，或者说，未曾发生动摇现行经济学的主流思想或主体部分的革命性影响，只不过把那些体现在批评或反对思想中的某些合理因素，适时吸收、整合或融化到现行经济学中去，使之更为完善以适应时代的发展变化。这个宗旨，可以说贯穿于《经济思想史》译本的整个分析过程。

### （三）关于马克思学说的简介

译本专辟一章，介绍德国"科学"社会主义的建立者。给科学二字加上引号，可见作者对马克思主义者所自称的科学社会主义概念，虽用作其标识，却不完全赞同，持有保留意见。此章开篇称：较早的英法两国社会主义，1848 年前"多属于乌托邦派与唯心主义"。路易·勃朗与蒲鲁东虽提倡劳动反抗资本，"使社会主义渐达于贫民精神之过渡时代"，但在 1848 年，仍盛行中产阶级或中等社会的精神，"鲜有专为劳动阶级谋福利者"。前述诸学者亦未有可称"国家社会主义家"，乃"欲以现存政府施行其改革社会诸计画之人"。勃朗与蒲鲁东有些仰赖国家设施之处，勃朗"半为结社主义者或集群社会主义家"，蒲鲁东"仅为无政府主义而已"。19 世纪下半期"德国之单纯贫民社会主义"，"笃守此主义者虽多取材于其英法诸先进，常非笑乌托邦之理想而自傲其所有发明于'科学'之唯实主义"。人所共知的"国家社会主义派"，其领袖为洛贝尔图斯与拉萨尔。"皆以国家为实施其理论之机关，因而常欲扩充国家之经济活动"，正可称为"提倡积极社会改革计画而欲以政府施行其计画之人"。他们作为国家主义者，一面"反对世界主义，国际主义，或马克思之大同社会主义"；一面反对欧文、傅立叶及勃朗所提倡的结社主义或集群社会主义。

158 节国家社会主义："除马克思外，社会主义家对于经济思想所加之直接影响鲜有能及"洛贝尔图斯，"尤以在德国为甚"，名家瓦格纳（原译"华格奈"）尝受其影响，"美国经济学家之思想亦往往得其惠赐"。洛氏经济思想可分为"劳力生产力说"与"工资应得渐减说"，后一观念与"工资铁律说"即"资生费说"（今译生活维持费理论）相合。因有此观念萦绕于中，"遂侧重分配公允问题，且鼓吹恐慌理论"。扫除贫乏与恐慌而达到分配公允的目的，"非举所有财产归社会公有不可"，但"当随进化程序而行"，洛氏"实非仅注重激烈革命之人"。为求直接与实际的救济，首重制定劳动契约的法规，意在增加劳力之应得；赞成法定正当工作时间，更要均平工人在一定时间内正当工作的数量；均平生产为价值标准，劳动者不应逾越标准，亦应确定物价而以劳动券来衡量。为此，洛氏批评古典学派的竞争制度、原始平等状态推想、工资基金说、地租说等。拉萨尔"生平功绩全在鼓吹与宣传，曾创立社会民主党"；他的思想大类于勃朗、洛贝尔图斯与马克思诸人所言，故不必深述。

159 节"国际革命之社会主义"："马克思为社会主义思想中一世无敌之领袖"，其名著《资本论》，"人多呼之为'科学'社会主义派之经典"。其他著作有：《黑格尔法哲学批判》（原译"对于黑智儿权利哲学之批评"），1843 年版，含有"对于历史之唯物观察之主旨"；《哲学的贫困》，1847 年版，以批评蒲鲁东为要义；《关于自由贸易的演说》（原译"自由汇兑问题"），1848 年版；《政治经济学批判》（原译"政治经济学之批评"），1859 年版，1867 年出版的《资本论》仅为其第一册，其他二册皆出于马克思死后，为恩格斯所印。恩格斯的主要著作为《反杜林论（欧根·杜林先生在科学中实行的变革）》（原译"杜龄之科学革命"），第 1 版出于 1886 年（此为第 2 版时间，第 1 版为 1878 年——引者注）。1848 年出版的《共产党宣言》，出于马克思与恩格斯二人之手。有人说，"马克思学说之尊威至二十世纪初叶见动于'较高批评'者"，即使如此，"其主义亦仍为大多数著名社会主义家思想之泉源"。

马克思 1818 年生于特里尔（原译"特来维"），与拉萨尔同为犹太苗裔。曾在波恩（原译"报恩"）研究哲学与史学，深受黑格尔思想的影响。认为社会运动为进化事业，又受到史坦恩①（原译"锡丹"）的影响。他作为"激烈著作家"，被德国政府驱逐，赴法兰西，又赴比利时，最后居住伦敦，老死其地，是为 1883 年，"德国当时之精神适为马克思之精神"。1895 年有论者说：这是"少年德意志所应有之不靖状况与革命精神"，是"不受诱惑，不信上帝，不取于无情良善之民族精神"，又是"酷苛、讽刺而常无礼仪之精神"；"直至最近之德意志时代，德国社会主义者，实得之于智能，而失之于道德"。"马克思之社会主义纯以唯物主义为纲领，其范围以国际主义或世界主义为限度，大反于其先进诸家所倡之国家工业主

---

① 史坦恩（Lorenz von Stein，1815—1890），1841 年在德国基尔大学获得法学博士后，赴法国巴黎研究法制史；1855 年起任维也纳大学政治经济学教职。

义、结社主义或国家社会主义。马克思主义为社会主义思想之古典派，以抽象、演绎与大同为特征"。洛贝尔图斯原为唯心主义家，较早的法国社会主义家亦皆重视制度而深信人类具有自然之良善。"马克思最反对人为制度与现代国家，更不信善良为人类天生所具有"；他将黑格尔哲学置于唯物主义之上，认为"社会进化全为物质力与经济力之变迁"，"理想不过物界对于人心之返照，固未有其他意味"①。

"历史之唯物解释"："与马克思之名有非常重要关系者自为其历史之唯物解释一说，尤以其分析现存资本主义之时代为特点"。此说与阶级竞争说皆为国际革命社会主义的重要依据。其他社会主义家固然有人曾分析社会发达为数个时代，亦曾多少注意各时代的物质特征，然而"独至马克思始认一切社会变迁之最终原因皆寓于生产与交易之中，亦独至马克思始谓经济要素超越一切历史事实并决定社会组织、阶级与阶级之利益"。（恩格斯 1895 年曾说，马克思"未尝取如是极端之观念"；"如谓马克思认经济要素为历史发达中独一无二之要素，亦未尝不失于过当"。）马克思以"历史观念"观察资本，与洛贝尔图斯相同，现代资本"适与劳力处于相反之地位，劳力常为资本所陵夺"。马克思"对于产业状况有精密分析，虽其分析甚为曲折，确颇有价值"。

"资本与陵夺"："马克思之资本观与常说不同，故研究氏之思想者以先明其资本观为重要"。在他看来，资本起源于货物流通，16 世纪为世界商业发展时期，亦为资本"近世"史的开始时期，"察于历史资本以货币为其不变之形式，适与土地财产处于相反之地位；……资本初现之时即为货币"②。货币常能借购买劳力之力而以少购多，保留的剩余既多，资本之势力遂成。"资本家一方以其货币购买货物供新生产之物质原素与辅佐劳力之要素，一方以其无生命之材料与有生命之劳力并用以使其所有之值逐渐增加，使其所有之资本逐渐发达，如此辗转剥削，愈趋愈烈，必使其资本变为食人怪物"③，变为吮血之虫，吸食劳动者之血液。"资本直为用于陵夺劳动之财富"。马克思由"历史观念"所得的资本观，"半与其剩余物值说有关系"，"为劳力所生产为资本所掠夺之剩余物值"。"剩余物值说为马克思有名之供献"。

"剩余之值"：首先应当知道，多数较早社会主义家对此都有相同的观念，英

---

① 其今译文见《资本论》第一卷，人民出版社 2004 年版，第 22 页。
② 其今译文见《资本论》第一卷，人民出版社 2004 年版，第 171—172 页。
③ 其今译文见《资本论》第一卷，人民出版社 2004 年版，第 227 页。

国学者汤普森之说尤为确定。"马克思胜人之点在于学说完备"。他推论物值以抽象为起端，常以使用值与交易值，或单言曰值，分别论之。"使吾人抽出货物之使用值"，所存于货物中皆谓之值，一切物值皆劳力所生，资本仅能侵蚀劳力；抽象值仅存在于人类劳力在抽象中与货物合一之时。物值"仅为同一人类劳力之凝聚"，为"社会体质"之"结晶"。① 凡此诸义皆与物值的品质有关，马克思予以思考，"经济学家常忽于此，是其过"。既然以"抽象观"推究一物之值，不问其形式或使用之关系，必当进而论述如何决定交易值或物值容量。就现存的社会制度来说，"马克思以社会必需之劳力时间为物值之依据，——即生存现代社会状况下每一均平劳动者所费之时间"。假使织布所需的劳力时间为 X，缝衣所需的劳力时间为 2X，则衣之值即 2 倍于布之值。"马克思每批评经济学家未能分析劳力之品质现象及容量现象（今译定性及定量）与物值之关系，更批评其未视劳力为抽象之社会劳力"。"因劳力之性质与强弱多有不同，欲视劳力为抽象物值亦极困难"；马克思所说的"抽象值"，与不同的生产效用无关，亚里士多德则将生产效用视为物值的标准。马克思也部分承认其困难，常用的两个解决办法：一是"认一切劳力能力与一切物值为同一社会总集，分之为相等单位"；二是"以'经常生产状况'与'当时劳力所具巧拙疾徐之均度'为结论"②。基于上述物值定义，以劳力时间为物值的依据，"资本家雇佣劳力实尽取劳力之剩余"。"虽其说属于旧有，其发挥特为尽致"。假使一日劳动力的交易值为一定数量，换言之，劳动力一日工作所需的生活费如果仅等于半日劳动，马克思认为这种关系不能阻碍劳动者终日勤苦，更不能决定劳动者终日生产之所值。"简而言之，资本家实仅以劳动者一日劳动力之交易值或原费购买劳动者一日劳动力所生产之'使用值'，而以其比差为自己之剩余或'赢益'"③。

"马克思经济学说之批评"：马克思经济思想的要点，"其说正多可议之处"。"先就其背影之历史哲学而论，已不免倾于一偏。证之历史陈迹尽可得不全由经济原因而变迁之往事，甚且有毫不关于经济原因者。历史之经济解释已不完全，若如马氏之专言唯物解释，其范围愈形狭小。马氏之经济思想多属于唯物主义，其误谬

---

① 将引号里的引文串连一起，其今译文见《资本论》第一卷，人民出版社 2004 年版，第 51 页。
② 这两点可见马克思关于"社会平均劳动力"及"社会必要劳动时间"的阐述。见《资本论》第一卷，人民出版社 2004 年版，第 52 页。
③ 译本在这里有注释称，阅《资本论》第 174—176 页。据此，应指《资本论》第一卷第 2 篇第 4 章"货币转化为资本"中"劳动力的买和卖"一节的内容。

亦即在斯"。所言经济动力为形成历史的最要原素,"固有至理,而可以重视";惟此前已有孔德的著作言之,另外多少得力于国人史坦恩的思想。"马克思之主要历史结论归重于资本,故其思想受于欲证明剩余物值与陵夺之影响者多,受于欲研究历史之影响者少"。如果说人们生产时所用的器具经常不存在资本概念,"必先采取特殊而有疑问之资本定义方可以维持其说"。"忽视社会劳役与资本阶级之经济职务",也"颇反于其历史解释之方法"。"推翻封建制度原为发生资本阶级之根本动力,虽在今日亦不能谓资本阶级毫无供献于企业之经营与管理"。假使马克思形成特殊的"科学社会主义"及其所提倡的政策,皆为其物值说及与物值说有关的剩余物值说的功绩,那在《共产党宣言》内,并无物值说,对社会主义,也没有表示一定的范围。"马克思派社会主义家常欲以一定方法救济一定罪恶。陵夺为其所认定之主要罪恶,换言之,剥削剩余物值即为陵夺,而剩余物值之观念复以物值说为依据"。其他社会主义家如蒲鲁东,与马氏之说不同,一方面以马氏物值说为决定物值的科学说明,另一方面又以自己的思想形成实行的计划。马克思的经济学与他的社会主义"实紧相关联"。因此,经济学家批评马克思的物值说,大有影响于他的社会主义。

一则"马氏物值说之弱点首在于乖僻之效用抽象论"(实际上,马氏言效用之时甚少,所言"使用值","不过为物之原质,且仅具为抽象劳力时间各单位所预备之消极品质")。"此论不足为物值渊源之普通说明"。根据马氏计划,无论物的形式与效用如何,其值皆当决定于抽象的劳动时间。执此推论,出于自然惠赐之物必无物值可言,其他一切无所费于劳力之物亦应无有所值。"惟马氏自知其说非是,曾为物值与物价强定一矛盾而不合理之区别,认出于自然惠赐与无所费于劳力之物为有价而无值!然反而观之,当必发生一极大疑问:凡成于劳力之物皆有值乎?马克思谓虽成于劳力之物亦有时可以无值。其意盖谓有值之物必以'为社会所通用而可藉以取得交易价值者'为限。然自此说观之,马克思似又认所费劳力无重要关系,更轻忽货物效用为决定物值根本动力之事实"。推想社会及认为劳力为此过程所指导、所分配,"皆轻视效用之困难"。假使此过程一旦分解,效用立显其功用。

二则即使认为交易值的决定只来自原费,也不能说一切原费都是劳力。虽在集产国家,也需要资本,"资本原为经济学必具之要素"。"马克思对此所论不甚深邃,观于其满意于资本之'历史概念'可为左证"。假使纺锤的制成独由于劳力,制造纺锤所用的机器，制造机器所用的铁，与产铁的矿，皆由何而成？"无论私人所有权存在与否，社会对于储蓄与守候两要素不能不有所酬劳。马克思谓资本家之剩余全为劳力之产物，然何由而证明之。使无所证明，必不可谓劳力尽为资本所陵夺"。

三则"抽象劳动力单位说适足以破坏劳力品质所必具之区别"。如果物值的决定，必以艺术家1日的劳动与挑土者30日的劳动相交易，始可谓平；细绸一两可以交易黄土数十斤！"世间劳动所为之事固甚不同"。"如欲使劳动之值皆等于一律，必先毁灭一切不同性之劳动专留同性之劳动，又或使艺术或技巧亦有如非人动力之'凝聚'与'结晶'"。

四则马克思所说的"剩余物值"与李嘉图所说的"劳力原费物值说"，"感同一之困难"，难以决定资本的时间要素。马氏推想，剩余值率常与赢率（今译利润率）相等，"然必使各种工业中所用之固定资本与流动资本之比例相等，马氏之推想始为不谬"。又说，只有"变动资本"（今译可变资本）能生产"剩余物值"，因只有变动资本可以雇佣劳力。于是，剩余物值的绝对数量必随着变动（流动）资本而增加，赢益高低亦决定于所用资本的总量，更必随流动资本与固定资本相差之比例而变更。"马氏既认赢益与剩余值皆半随资本而决定，其学说之论理关系已形破坏"。就事实而言，各业间的赢率（利息）常有趋于相等的现象。马氏为解此难，曾加以他种说明，"然亦徒形其缺陷而已"。《资本论》第三卷所说的物值，"仅欲说明总物值，及证明一切物值之总集必与总劳动时间相等之一事"。他说，"特殊物价之涨落非由于劳动时间值之变更，乃由于信用制度与竞争等之影响"！"一言以蔽之，马克思与李嘉图同，终不能不认时间要素（利率）为判定物值之条件"。

上面不过说马克思经济主义的重要观念，非"详究其思想之为得为失"。（克卡朴的《社会主义史》，对马克思的优点有"同情之议论"："自综合学识、哲学颖悟与文学力量于一而言之，马克思为十九世纪独一无二经济思想家。统经济著述而观之，似可称马克思为先师，而又擅长于名学。然其最优之点尤在富于发展近世工业之技术与经济之智识，尤在洞悉社会进化中为技术与经济要素所决定之趋势。就此部关系言之，无论其理论之或是或不是，皆足以引起后来多数经济思想家所应注意而必需注意之问题。马克思所以成为科学经济学家之原因全在于此，不在于其剩余物值之理论"。）"马克思为学识渊深之著作家，更长于名学。然因其热烈于未来观察，每喜用有疑问之推想及一偏之分解。斯密与李嘉图两氏为马克思最尊敬之经济学家，又时常袭取其说而用之于两氏所未能为之抽象观察"。

160 节"修正主义派或机会主义派之社会主义"：此派继马克思与恩格斯之后而兴起，"不以革命为改革方法，而以'进化'为改革方法，故常有待于社会之发达"。他们对马克思主义皆多少有所批评。德国伯恩施坦曾批评剩余物值说，否认劳动者的状况日趋险恶，不承认有必要立即废除资本主义；其倾向唯物主义的趋势亦较马克思淡泊。法国饶勒斯（原译"若雷"）的思想大致与伯恩施坦相同。英国韦伯（原译"魏白"）为费边派（原译"斐炳派"）社会主义的领袖，不赞成历史之唯物解释说，反对剩余物值说，独采取阶级竞争、国际主义及社会公有生产器具诸端。

161 节"社会主义之哲学"："社会主义既在经济思想发达系统中占重要位置，对于征验玄学与经济学之关系遂大饶兴味"。"平心论之，不惟初期社会主义家属于唯心派，如欲求社会主义不自相矛盾而建立其强固制度，始终不能不以唯心主义为旨归"。一是"激烈派社会主义家皆深信人类判断力有战胜自然物之本能：人类可以'用其思想'扫除现代社会之一切痛苦与罪恶"。此乃广义唯心主义。二是"如特殊激烈派所为，社会主义家皆赞成集合动作"。他们不仅因目睹现代社会的罪恶，排斥现代私有财产制度，更相信创设新制度可以挽救现代的罪恶。"此信仰自为乐观主义之表示，——亦为倾向唯心主义之表示"。根据这两点，社会主义家的指教，采取集合所有权或废弃一切私人所有权以战胜自然稀缺及土地供给有限之事。纯正社会主义家，大多非议古典派所说的报酬渐减法则。乌托邦派社会主义家大体上也承认唯物主义，惟无条理，且自相矛盾；初期社会主义思想家与共产主义思想家多染有贵族专制性质，常承认人类天生有差别；稍后有以唯物主义为依据者，认为人类自然平等，假使自然环境的支配也相同，必可以养成真正的平等。如此重视自然界的本能，有损其以理想能力及人为制度作为改造依据的唯心主义。与经济思想有直接重要关系者，还是社会主义家的物值说。这种物值说以原费为依据，尤重在劳力原费，经马克思影响，"竟不认效用为决定物值之要素"。"使社会主义家皆认人类之值定于自然之物，未有不放弃其唯心主义之改革观者。马克思所言历史之唯物解释，半欲使社会主义与其物值说及当时科学相调剂，又欲藉自然物及自然力之推演以求其理想中之制度。盖即以唯心主义为体，以唯物主义为用——藉进化方法而趋行其革命途程"。社会主义就要丧失而尚未丧失其思想一贯之时，"修正主义派必已急急抛弃其自相矛盾之唯物主义诸要素"，这是可以预期之事。

162 节"社会主义派之影响":"社会主义家对于经济思想之影响极关重要",尤以马克思与洛贝尔图斯二人为甚。此二人受先前诸家的影响,亦非浅鲜。细查社会主义家的批评对经济思想的影响,可分为两层。一层为"直接之影响":一是从根本影响看,提出社会制度为历史发达的产物,且与环境成相对关系;"自'科学社会主义'起而引申继长之,此说愈盛,尤以马克思之功为大"。"马氏盖常以工业史为说明财富之方法。此说对于推翻自然哲学与'自然'二者,厥功最伟"。二是"经济学家之注重社会观察亦多受社会学家之影响"。社会学家认为近世生产是协作的结果,社会产物当归社会公有。在社会学家看来,恐慌与生产过剩皆出于社会效用观的错误,与经济学家就私人观与个人观而单论交易值之说,正好相反。三是"经济学家对于国家经济职务分析精确亦出于社会主义家批评之影响"。无论集产社会主义、国家社会主义、共产主义或无政府主义,皆对国家职务或多或少有根本改革,对个人活动范围有极大变更。细加研究,必然明晰区别何者为国家的适宜职务,何者为个人的正当活动。其结果,一方面个人主义获得较真实的意义,另一方面个人不必惊讶国家干涉工业的举措。从政治与经济主义来看,国家谋划公共福利,其效用终非浅鲜。四是"经济学家多专重生产问题,社会主义家常专重分配问题,分配公允之说大足以引起经济学家之注意"。经济学家并非完全忽视分配问题,但其分配观念多狭小,议论多抽象;从社会主义家开始,常以陵夺说警惕经济学家,使其留心何谓正当工资的问题。五是"统观社会主义极侧重非劳力所得之观念,尤以'均田社会主义'为甚"。注意土地财产,侧重于非因劳力而增加的地值。六是"自为社会主义家所攻击,经济学家对于资本职务与赢益性质皆得有较真解释,可无疑义"。最显明为洛贝尔图斯与马克思以后的学者,为了驳斥资本仅为劳力之凝聚及赢益皆为劫掠之说,特别谨慎分析斯密与李嘉图学说。此外从消极的影响看,"虽不显明,亦确有之"。如工资基金说的倾覆,深得社会主义家批评之力;赢益与利息之所以区分,半由于社会主义家认为资本为不生产物,半由于经济学家欲将利息置于较明确的地位。但这两个学说的发明,皆与社会主义无大关系。

另一层为"反动之影响":一是社会主义对经济学家的著作,深有影响。"今日一切经济学教科书未有不对于社会主义加批评者,且皆有与社会主义相反之理论"。二是今日所侧重的学说,必有一部分为驳斥社会主义而起。如奥地利学派所发明的生产力分配说,说明每个生产要素各得享受其所生产之时,分配公允问题即已解决。限界效用说所以勃兴于 1870 年，未始不是为反对社会主义家所说狭小的劳力原费说而起。"马克思之以狭小而趋极端之眼光推论斯密与李嘉图两氏物值说，适足以证明其谬妄之结果"。忍欲说虽发生于限界效用说之前，亦见激于社会主义家的批评；此后经济学家采取"储蓄"与"守候"两义以改善忍欲说，乃社会主义家经常攻击忍欲说之反动。

163 节"社会主义对于经济学家最早影响之论略"：社会主义发源于法兰西，当先看法国社会主义对经济学的影响。如圣西门及其门徒、傅立叶、路易·勃朗、蒲鲁东等人的影响，"总而言之，法国初期诸社会主义家之所持者皆为一机械历史社会观"。1848 年革命失败，法国社会主义几等消亡，然其影响终未能尽灭。"法国经济学家对于社会主义之反动极大，自由主义之走入极端亦半由于仇视社会主义而起"。德国思想家也深为此关系所牵连，1842 年史坦恩"有当世法国之社会主义与共产主义之著作"。他 1846 年预言："社会主义派文字之供献甚大，常能于旧有之政治经济学外别立一宗。虽其思想之系统犹未完成，若欲永摈其说于一切学说之外实为不可能之事。"稍后，这个预言完全实现于德意志。首出世者为德国"科学"社会主义，以洛贝尔图斯与马克思为其领袖。此派起端或在《共产党宣言》发表之时（1848 年），社会进化说因而成立；"社会进化说所重者为物质原素与阶级战争，对于经济学有极深之影响"。降至 1850 年，德国杂志与经济论文多不谈社会主义思想，纵有之，亦极稀少。但 1848 年以来，"燎原之势已成，经济学家之思想鲜有不带社会主义色彩者"。总之，德国学者已得较新较确定的社会观念；"一则视法律与国家为进化之产物，再则明了分析国家观与社会观之区别"。德国学者既具有社会观，"其思想不能不大有进步"；更因其他关系，"竟使德国社会主义派之哲学优越于他国之所有"。"德学者社会观之'发现'对于德国经济学之扰害亦极轻微"。1860 年代，"社会主义之动力及属于历史与人生哲学之社会概念已多见于著名经济学家之思想"。到 1872 年瓦格纳所著《社会问题之研究》问世及 1873 年"社会政治学会"（今译社会政策学会）成立，"社会主义之发达底于极巅"。社会主义与历史学派在英国的影响虽不如在德国之甚，"此时英国思想之发达亦有相同之步骤，殊足以供人研究"。社会主义更自德国传入美国，效果显著犹在 1885 年，"因美国社会主义之著作至是始日见其多，而经济学著作亦至是始受有社会主义之影响"。"美国社会主义发达迟缓之理由极为简单。一则个人主义特为昌盛，二则环境供给异常丰盈；再益以资本主义与阶级自觉之发达轻微，培养社会主义种子之土质遂形浅薄"。然而经过1873年的恐慌，"土质渐深而渐美"。①

以上简介，比较当时国内流传的评介马克思及其学说的著述，有一些内容相同或相似，如生平史实、理论要点和代表著作等方面，但更值得注意的是那些与众不同的特点，由此也体现了译本从经济思想史的视野去看待马克思学说的传统精神与独立见解。

其一，把德国科学社会主义，分为以洛贝尔图斯和拉萨尔为代表的"国家社会主义"与以马克思为代表的"大同社会主义"或世界主义或国际主义两派。换言之，科学社会主义不独马克思学说为然，还包括了洛贝尔图斯和拉萨尔的理论。这是一个新奇的提法，虽然承认马克思更具代表性或有更大的影响力，但等于否定了马克思独立创立科学社会主义的概念，在科学社会主义中掺入了非马克思学说的因素。这里尽管没有渲染西方经济学界有关马克思的剩余价值等学说抄袭洛氏理论的说法，却以二人并列方式，为这种渲染提供了口实。按照这个提法，所谓科学社会主义的"科学"二字，果真应当打上引号了。另外，这里所说的国家社会主义，比起此前看到的定义，也稍有不同。一则与马克思的社会主义相比，强调一国的范围而非世界、国际或大同；二则与空想社会主义者的"结社"或"集群"社会主义相比，强调国家的权力运用而非民间的自治管理。

其二，介绍马克思及其学说的叙述方式与重点，在貌似客观的形式下夹杂着主观褒贬评价。比如，一面说马克思是社会主义思想中一时举世无敌的领袖，《资本论》被称为科学社会主义的经典；一面又说马克思学说的尊崇与威严地位，到20世纪初遭致更高一层的批评而发生动摇，尽管此后仍是大多数著名社会主义者的思想源泉。一面说马克思作为激烈著作家而为各国政府所不容的内在精神，是德国骚乱状况与革命精神的时代体现；一面又说这种精神是不受诱惑、不信上帝与苛刻讽刺、礼仪失范的混合物，得之于智能而失之于道德。在此突出的是马克思的古典派社会主义，以唯物主义为纲领，以国际或世界主义为范围，以抽象、演绎与大同为特征，彻底消除了早期社会主义者重视人为制度与现存国家，并相信人类天然善良的秉性。接着重点提出马克思学说的三个要点，其中有关唯物史观与剩余价值学说两个要点，已为国人所熟悉，译本的介绍亦甚为简略。关于唯物史观，强调这是把经济要素视为一切社会变迁的最终原因，超越一切历史事实，决定社会组织、阶级

---

① 以上引文除另注外，均见《经济思想史》，商务印书馆1933年版，第23章，第497—527页。

与阶级的利益，或称之为历史发展中独一无二的要素，尽管恩格斯曾说过，马克思未尝采取如此极端的观念。关于剩余价值学说，曾引用《资本论》第一卷几个概念，强调这是从抽象的劳动价值论中推导出剩余价值论，区别于以生产效用为价值的标准，不考虑具体劳力在性质和强弱上的不同，单纯用抽象价值来解决实际推导中的困难。此类强调，与其说是客观介绍，不如说是挑选标靶，为后面的批判埋下伏笔。这个伏笔里最明显的是所谓另一个要点，即资本与剥削（原译"陵夺"）。此前介绍马克思学说的著述，不曾看到以资本剥削作为要点，与唯物史观和剩余价值论相提并列，或者说，关于资本主义社会资本的剥削特性，已经包含在前面两个要点里，无须单列。译本这个做法，意在强调马克思的资本概念与通常所说的不同，专指16世纪以来货币转化为资本的近世史；正是基于这个历史观念，通常所说的一般资本概念，才变成了剥削劳动力所生产的剩余价值的特有资本概念。实际上，这个不同资本概念的比较，已经潜藏着作者的批判意图。

其三，介绍与批评并重，质疑马克思经济学说的科学性。译本用专节评介马克思经济学说，分为介绍与批评两部分，所谓客观介绍，已经隐含批判的意向，而其批评，更是占了一半甚至超过一半的篇幅。这个批评，首先指向马克思经济学说的哲学基础即唯物史观。认为这种历史哲学不免偏颇，用经济因素解释历史的范围过于狭小，过去的历史可以证明，历史变迁不全由于经济原因，甚至与经济原因毫无关系。所以，以经济动力作为形成历史的最重要原素，虽然有其道理，却是马克思学说的谬误之所在。如马克思的主要历史结论以资本为重，大多用来证明它对剩余价值与剥削的影响，很少用来研究它对一般历史的影响，这种资本定义特殊而有疑问，时常把人们使用工具来扶助生产的普遍现象，排除在资本概念之外。此类历史解释的方法，还忽视了社会劳役与资本阶级各自承担的经济职能。推翻封建制度本来是产生资本阶级的根本动力，即使在今日，也不能完全否定资本阶级对企业经营与管理的贡献。假使马克思的劳动价值论与剩余价值学说，有功于形成他的特殊的科学社会主义及其提倡的政策，那么当初《共产党宣言》论述社会主义，并没有说到劳动价值论。马克思派社会主义者不同于其他的社会主义者，认定剥削为主要罪恶，专指剥削剩余价值，而剩余价值的观念又以劳动价值论为依据，一面以劳动价值论作为决定商品价值的科学说明，一面根据这一思想形成实行的计划，这样马克思的经济学就与马克思的社会主义紧密联系在一起。因此，经济学家批评马克思的劳动价值论，大有影响于马克思的社会主义。按照这个批评，马克思的经济学说影响了或牵累了马克思的社会主义。首先是马克思经济学说的唯物史观哲学基础，一则过于狭隘，用来解释历史变迁的原因忽略了其他非经济因素；二则以这种历史观念来定义资本，只看到资本具有剥削剩余价值的特殊属性，看不到资本扶助生产的一般工具属性；三则根据这个资本定义，否定了资本阶级在历史上推翻封建阶级的积极作用，也否定了资本阶级在现实中承担与劳动阶级不同的经济职能，即对企业经营管理所作出的贡献。这些批评观点，站在维护资本阶级利益的立场上，曲解马克思唯物史观的经济学解释，听起来并不陌生，但把它们放在经济思想史的框架里来加以审视、综合和作出定论，为后来者树立了一个示范。以后的正统经济思想史著作，沿用、照搬这个示范观点或加以渲染和扩展者，不乏其例。批评马克思经济学说的哲学基础及其引申解释之后，又把矛头指向马克思的经济学说本身。

其四，围绕劳动价值论，重点批评马克思的经济学说。译本举出四点批评理由：一是马克思的劳动价值论的弱点，首先在于"乖僻之效用抽象论"。指马克思很少谈到效用，他所说的使用价值，不过是物的原有品质，仅具有为各个抽象劳动时间单位所预备的消极品质，所以不足以用来普遍说明商品价值的来源。根据马克思的说法，无论商品具有怎样的形式与效用，其价值都应当取决于抽象的劳动时间。照此推论，自然恩赐的物品，都没有价值可言；其他一切没有花费劳动的物品，也没有价值。马克思自知这个说法有问题，所以强行把商品的价值与价格区别开来，认为自然恩赐之物与没有花费劳动之物为有价格而无价值，这种区别"矛盾而不合理"。反过来看，同样发生极大的疑问，一切劳动之物是否都有价值？马克思说劳动之物有时可以没有价值，有价值之物必须是可以社会通用而借此获得交换价值的物品。这样看来，似乎又认为劳动的花费无关紧要，完全忽略了商品效用是决定商品价值的根本动力这一事实。马克思所推想的社会过程，以及由这个过程所指导和分配的劳动，都存在轻视效用的困难。其困难在于，人们为什么工作？又为什么把劳动时间用于产棉而不是用于产麻？马克思所说的社会过程一旦瓦解，效用的功能立刻显现出来。这个批评的核心观点，用效用价值论取代劳动价值论。二是即使认为交换价值取决于生产费用，也不能说一切生产费用都是劳动。集产国家也离不开资本，资本原本就是经济学必须具备的要素。马克思既然满足于资本的历史概念，对此无法有深邃的认识。如谓纺织机独由劳动制成，那么制造纺织机所用的机器，制造机器所用的钢铁与生产钢铁所用的矿石，又由何而成？无论是否存在私人所有制，社会对形成资本的储蓄与等候两要素，都要给予报酬。马克思无法证明资本家的剩余都是劳动者的产物，既然如此，就不能说资本剥削劳动。这个批评由前一批评引申而来，不过悄然把价值改换为交换价值，又把决定价值的劳动改换为决定交换价值的生产费用。三是关于抽象劳动单位的推论，正好破坏了劳动品质必定具备的区别。如果说艺术家 1 天的劳动与挑土者 30 天的劳动相交换，以此决定二者价值的均平，等于说可以用 1 两细绸来交换数十斤黄土。这样把世间完全不同的劳动的价值一律看待，必先毁灭不同性质的劳动，只留下相同性质的劳动，也就是使艺术或技巧等同于脱离了具体个人劳动的所谓劳动"凝聚"与"结晶"。这个批评，仍回到效用价值概念，先质疑马克思的商品二因素和二重性学说，再质疑马克思的劳动二重性学说。四是马克思所说的剩余价值与李嘉图所说的劳动成本价值，都难以决定资本的时间要素。根据马克思的推想，剩余价值率常与利润率相等；然而这种推想不产生谬误，前提是各生产部门所使用的固定资本与流动资本的比例相等。马克思又说只有可变资本能够产生剩余价值，因为可变资本用于雇佣劳动力。于是，剩余价值的绝对数量必然随着可变（或流动）资本的增加而增加，利润的高低也随着所使用的资本的总量而决定，更随着流动资本与固定资本的不同比例而变更。马克思既然承认利润与剩余价值部分地决定于资本的数量，其学说的理论基础已经被破坏了。事实上，各个生产部门之间的利润率（利息）经常有趋于相等的现象。马克思为解决这个难点所作的其他说明，徒然暴露其缺陷。《资本论》第三卷谈论商品价值，只是说明商品的总价值，以及证明一切商品价值的总量必然与总劳动时间相等。谈到特殊商品价格的涨落，不是由于劳动时间价值的变更，而是由于信用制度与竞争等因素的影响。由此可见，马克思与李嘉图一样，最终不能不承认时间要素即利率是判定商品价值的条件。这个批评，姑且不论将剩余价值率与利润率、可变资本与流动资本、利润率与利息率等概念相混淆，其前半截是说马克思论述剩余价值与资本数量的关系，破坏了自己的劳动价值论基础；后半截是说马克思的劳动价值论，无法解释一般利润率趋于平均这个难点问题，或者说，不得不放弃劳动价值论，转而采用利率即来自储蓄和等待的资本报酬与竞争等其他要素来解释。最后，译本又把马克思关于劳动价值论与剩余价值论的抽象理论，归咎为因擅长逻辑学和热衷于观察未来，所以喜好假设的推想和片面的分析，并时常袭取他所尊敬的经济学家斯密和李嘉图的学说，用于他们未能发挥的抽象观察。总之，马克思的经济学说，无论具体的基本理论内容或抽象的逻辑推理方式，都成为质疑的对象。

其五，继批评马克思经济学说之后，突出修正主义或机会主义派的社会主义。这也是一般经济学著作中常见的内容。此译本则从经济思想史的角度，一面宣布马克思经济学说的所谓谬误或缺陷，一面引出社会主义内部修正主义派或机会主义派的自我纠正，并将这些派别同样纳入"科学"社会主义的范畴。其纠正包括：改革的方法从革命转为进化，等待社会的发展；批评剩余价值说，否认劳动者的状况日趋贫困，认为没有必要立即废除资本主义；淡化唯物主义的趋势或不赞成唯物史观；等等。其代表人物从德国的伯恩施坦到法国的饶勒斯和英国以韦伯为领袖的费边派，他们在阶级斗争、国际主义及社会公有生产器具等观点上虽有差异，但在批评马克思的主要学说方面存在着共同点。译本作这样的安排，既是为了说明"科学"社会主义内部已经出现分化，很难再称为"科学"，也是为了铺垫"科学"社会主义给予古典经济学的反对或攻击，已成过眼烟云，经济思想史的发展趋势，最终仍回归到改造和发展古典经济学的道路上去。

其六，专论社会主义的哲学，居然将马克思学说的主体说成唯心主义。这又是一个奇谈怪论。译本的论据：从初期乌托邦派和激进派社会主义者到今日真实社会主义者，都深信人类有战胜自然事物的判断本能，可以不问成本多寡而用思想和创设新制度来扫除现代社会的一切痛苦与罪恶，可以采取集体所有制或废弃一切私人所有权来战胜自然稀缺及土地供给有限与报酬递减之事，这种乐观主义的表现，也是广义唯心主义的表现；初期社会主义思想家和共产主义思想家在大体上承认唯物主义，如承认人类天生有差别，若使自然环境的支配相同，必然可以养成人类的真正平等，但这样重视自然界的本能，有损于他们以理想能力和人为制度为改造依据的唯心主义。与经济思想有直接重要关系的是社会主义者的价值论，认为商品价值以成本为依据，尤其重视劳动成本，而且受马克思的影响，竟然不承认效用是决定价值的要素；他们用成本衡量自然对人类的反抗，也就是唯物主义古典派经济学家用成本来衡量商品的价值，假使社会主义者承认人类的价值取决于自然之物，势必放弃其唯心主义的改革观；马克思所说的唯物史观，既要使社会主义调和于其价值论及当时的科学，又要借自然物与自然力的推演来谋求理想中的制度，这样借进化方法来实现革命进程，即所谓"以唯心主义为体，以唯物主义为用"。社会主义的自相矛盾之处，一面依照主观判断，由掌握主权的领袖意志或由平民投票所判定的总效用观，来支配工业活动，一面又以劳动单位或时间单位所衡量的成本，作为确定经济价值的依据；社会主义者既然用成本作为决定商品价值的依据，据我们所知，决定生产活动或工业活动的依据，应当是客观的效用；正因为社会主义走向丧失其思想的一贯性，所以修正主义派急忙出来抛弃自相矛盾的各种唯物主义要素，乃是可以预期之事。这些论据，绕了一个很大的圈子。其主旨简化地说，社会主义企图以主观愿望和人为制度来改造现实社会，在哲学基础上从始至终都属于唯心主义，即使有些唯物主义倾向，也与其唯心主义的本质相矛盾；这个矛盾反映在经济思想上，便是马克思的劳动价值论借用古典学派具有唯物主义观念的成本学说，却拒绝效用价值论而仍然坚持唯心主义的社会改革观，结果陷入更大的自相矛盾，直至修正主义派抛弃马克思的唯物史观、劳动价值论和剩余价值学说，才使社会主义重新回归其唯心主义的一贯逻辑。照此说法，一厢情愿地把现行资本主义视为永久制度的古典学派，成了唯物主义的经济学典范，运用唯物史观来剖析资本主义制度必将为社会主义制度所取代的马克思经济学说，反而具有唯心主义的本质属性。这大概是此译本里，可以看到的最不可思议的论断。

其七，站在正统经济学的立场上，分析社会主义对经济思想的影响。译本将这种影响分为两类，尤其突出马克思和洛贝尔图斯二人的影响，以及他们的学说又含有前人的影响。一类所谓直接的影响，正统经济学吸收或借鉴了社会主义批评的若干因素。主要表现在：把社会制度看作历史发展的产物，与环境相对应，尤其马克思创立的科学社会主义，常用工业史实作为说明财富的方法，推翻了自然哲学的自然解释；注重社会观察，认为近世生产是协作的结果，社会生产物应当归社会公有，这不同于传统经济学家只从私人或个人观点来论述交换价值的学说，只根据社会效用观点来看待恐慌与生产过剩的错误；精确分析国家的经济职能，仔细研究和明晰区别什么是国家的适宜职能，什么是个人的正当活动，既让个人主义获得真实的意义，又不让个人惊讶于国家干涉工业的举措，良好效用是由国家谋划公共福利；重视生产问题的同时，留心分配公允学说如正当工资问题；注意非劳动所得观念，特别是土地财产的价值因非劳动因素而增加；更真切地解释资本职能与利润性质，更谨慎地分析斯密与李嘉图的学说，以便驳斥马克思和洛贝尔图斯关于资本只是劳动的凝聚及利润皆为掠夺之物的说法。以上六点可谓积极的影响，此外还有消极的影响，但不那么明显。如工资基金说被推翻，深得社会主义者的批评之力；利润与利息的区分，部分由于社会主义者将资本视为不生产之物，部分由于经济学家要明确二者的各自地位。另一类是所谓反动的影响，引发正统经济学否定或抵制社会主义。主要表现在：针对社会主义而出现的奥地利学派之类的著作，如果不先了解其思想来源，必难明白其真正用意；此所以今日一切经济学教科书，都包含对社会主义的批评，并建立起与社会主义相反的理论。凡是今日有成就的学说，必有一部分因为驳斥社会主义而起，如生产力分配理论，强调每个生产要素享受其生产成果的同时即解决了分配公允问题；又如边际效用理论，适足以证明马克思用狭小和趋于极端的眼光来推论斯密和李嘉图的劳动价值论之谬妄；再如曾被社会主义者批评的节欲说，经过经济学家赋予其储蓄与等候的含义，改善了原有的节欲说。最后还略述社会主义对经济学的最早影响：法国社会主义者圣西门攻击以自利为经济学最大动力的乐观议论，其门徒更通过劳动者与生产工具的分离来推论社会的浪费问题；傅立叶特别重视消费观念及生产协作的价值；勃朗与蒲鲁东均指摘竞争的黑暗状况，旨在维持一切人类的生活权利，尤其蒲鲁东攻击私有财产制度，否定利润为正当收入，提倡劳动成本说等。这些思想遭到法国经济学家的极大反对，其系统化完成，则实现于德国以洛贝尔图斯和马克思为领袖的"科学"社会主义；此派建立社会进化论，重视物质要素和阶级斗争，对经济学有极深的影响；德国经济学家比英国较易于提倡国家干涉工业之说，具有社会观念，视法律与国家为进化的产物，明确区分国家观念与社会观念，新历史学派的出现更使社会主义发展到巅峰。社会主义与历史学派在英国的影响不如在德国之甚，也有相同之处，如见于约翰·穆勒等人的经济学著作。社会主义还从德国传到美国，但发展迟缓，源于个人主义昌盛、资源供给丰富、资本主义和阶级自觉的程度较低，培育社会主义种子的土壤浅薄，直至资本主义迅速发展，出现经济恐慌，激起劳动运动，其土壤才逐渐深厚，在经济学著作里显现出社会主义的影响。诸如此类的影响，可以分为不同的类别、层次和取向，总的说来，都是站在正统经济学的立场上，或者从积极方面吸纳社会主义的若干因素以完善或强化自身的理论体系，或者从消极方面剔除或澄清自身体系中易于遭受社会主义攻击的薄弱部分，或者从相反方向全面反击社会主义的批评而建筑起针锋相对的理论堡垒，或者适应各国的不同情况而将社会主义的影响转化为或改换为维护现行资本主义制度的调和因素等。这样论述社会主义对经济思想的影响，不是削弱和动摇正统经济学的地位，与此相反，正是为了巩固和加强正统经济学的权威。或者说，把社会主义的影响，引导到让正统经济学为现行资本主义制度更好或更有效地代言的方向上去。

## （四）结语

统观韩纳所著《经济思想史》的译本，其一大特点，在欧美经济思想发展的历史论述中，给予马克思的科学社会主义以独特的一席之地。此前传入中国的西方经济思想史著作，多出自日人之手，也论及马克思经济学说，但以抄录西方学者的叙述为主，没有什么新意。偶尔可见直接译自西方学者的著作如季德的《经济学史》，内含对马克思经济学说的独立评价，不乏称许之论，然而从后来流行的经济思想史著作看，采纳或沿用其观点者难得一见。韩纳之作则不同，不仅坚持对马克思经济学说的独立见解，还有不少"创意"，为后起者所效法或进一步拓展，几成评介马克思经济学说在经济思想史上地位的一种新的定式。这种定式，大致可以包含以下几层意思。

一是给马克思的"科学"社会主义加上引号，质疑其科学性。此质疑并不完全否定马克思经济学说有一定的合理性，但认为这种合理性具有根本缺陷、趋于极端并无法持久。例如，将代表国家社会主义的洛贝尔图斯和拉萨尔，同代表国际革命社会主义的马克思一道，列入德国科学社会主义的建立者范畴，于是，洛氏及拉氏学说的任何理论缺陷，也成为科学社会主义的缺陷；从哲学基础上断言马克思经济学说自相矛盾，一面承认社会进化来自物质与经济力量的变迁，反对人为制度和现存国家，更不相信人类的善良天性，一面又借用进化方法来推进革命过程，这是以唯心主义为体，以唯物主义为用；归纳马克思经济学说的要点，从唯物史观引出带有阶级属性和抽象观察的劳动价值论、资本剥削论及剩余价值论，批评它们偏离历史变迁存在诸多原因，是狭窄经济解释的谬误，忽略资本阶级的历史贡献与经济职能，偏执于抽象的劳动价值而否定现实的效用价值，单讲劳动要素而忽视资本要素将无法解决剩余价值与平均利润之间的矛盾等；随后兴起的修正主义派或机会主义派，用进化方式取代革命方式，反对唯物史观，批评剩余价值论，否认劳动者日趋贫困状况，从社会主义阵营内部改变了或颠覆了马克思经济学说；等等。所有这些，都是为了表明马克思所创立的科学社会主义，从经济思想史角度看，几乎所有重要理论都遭到后人包括自己人的抵制或反对，因此不能称为科学。

二是将马克思经济学说的若干合理因素，最后都融化于或整合到统一或正统的经济学之中。此即译本中所说的以马克思为代表的社会主义派对经济思想的直接影响（包括积极和消极两方面）。此类影响，又被分为两段：前一段是早期或乌托邦社会主义以及法国西斯蒙第、德国史坦恩、英国约翰·穆勒等人学说中的社会主义因素，对经济思想和马克思的影响；后一段主要说马克思经济学说对经济思想的影响。前一影响后来还翻出不少花样，通过渲染或拔高前人的理论价值，用来挑战马克思创立科学社会主义的独立性或原创功绩。后一影响则被概括为吸收或借鉴社会主义批评中的某些观点，如社会制度是历史发展的产物并对应于环境关系，不能解释为纯粹自然发展的结果；用社会效用和近世生产协作的观点来观察社会生产物的归属问题如社会公有，认识恐慌与生产过剩的错误，而非只从私人或个人观点来论述交换价值；研究和区别经济事务中国家的适宜职能与个人的正当活动，各司其职，干涉与放任并行，发挥国家在公共福利方面的良好作用；重视生产效率的同时，留心分配公平特别是工资问题；注意非劳动所得问题，其典型是单凭资产的所得特别是土地财产的自然增殖；更加确切和谨慎地解释古典经济学的有关概念与学说，以防从中引出将资本和利润视为剥削劳动结果的观念；以及取消工资基金说，区分利润与利息；等等。显而易见，这些影响，都被用来补救和完善古典经济学的理论体系，或弥补其缺失，或调和其偏颇，或堵塞其疏漏，或装点其门面，一句话，后来成为大多数著名社会主义者的思想源泉的马克思经济学说，其部分合理因素已被融合到正统经济学的体系之中，并没有从根本上颠覆它的理论基础。所以译本的作者会说，自古典经济学派的建立者使经济学成为科学之后，尽管经历各种变化乃至批评和攻击，西方经济思想终究没有发生革命性的重大变化，这恐怕在很大程度上，正是针对马克思的科学社会主义而言。

三是为了抵制马克思经济学说的不利影响，在正统经济学的理论体系里建立起专门用于防范的壁垒。这也是译本所说的以马克思为代表的社会主义派对经济思想的反动影响，即引起正统经济学的对抗性反应。因此，当译本说如今西方国家的一切经济学教科书，都含有批评社会主义的内容并建立起与社会主义相反的理论时，实际上表达了两个涵义。一个涵义是马克思学说或科学社会主义的形成与发展，迫使整个正统经济学不得不放下自以为科学化身的身段，正视马克思经济学说的强大影响；另一个涵义是面对这个影响，正统经济学为了巩固自身基础，开始在既有的体系范围内，重新构筑起一整套用来反对社会主义尤其马克思经济学说的理论堡垒，从而使马克思主义经济学与资产阶级经济学之间的对垒斗争，内化为资产阶级经济学著作或教科书里专门用来对付马克思主义经济学的一套理论体系。这是以前从未有过的现象。译本关于现有正统经济学中出现一些新的派别如奥地利学派，如果不了解它们针对社会主义影响的思想来源，难以明白其真实用意一说，指的正是这两个涵义。译本还把有系统地构筑起这种理论堡垒，看作正统经济学的新的成就，提到所谓生产力分配说、边际效用说、具有储蓄和等候含义的节欲说等，均系针对社会主义的分配不公论、劳动价值论、资本剥削论等。沿着这个思路，此后还会产生更多类似的经济思想成就。这也意味着有关经济思想史的论述，从此出现了一条新的主要线索，正统的资产阶级经济学在应对马克思主义经济学不断扩大影响的过程中，如何建立起自己的一套反驳或防范体系。

《经济思想史》译本提出上述定式的几层意思，以后的经济思想史或经济学说史著作，凡论及马克思经济学说在经济思想史或经济学说史的地位时，都被不同程度地继承下来或扩展开来；而且随着《经济思想史》译本在我国的流传，国人仿效此等舶来著作来编撰同类著作，也将这个定式当作论述马克思经济学说的示范。其影响所及，颇为深远，其宗旨意图，无非是维护正统经济学的权威地位。

## 二、关于中国经济思想史著作

随着西方经济思想史著作传入中国，国内也开始出现仿效这种研究体例而撰述中国经济思想史的专题著作，并在本时期形成一个热潮，涌现出多本专著。仿效西方的研究体例，实则将现代经济学的研究方法引进中国经济思想史研究领域。这个研究领域起初主要参照正统经济学的知识结构和分析方法，其内容虽然不像舶来经济思想或经济学说史著作那样，经常论及马克思经济学说，但伴随这种新式结构和方法的应用及普及，以及接触舶来社会主义思潮的影响，进而也为引进马克思主义经济学的理论与方法，铺垫了相应的基础。以下几个例子，旨在说明这种仿效的开端。

### （一）《墨子经济思想》与《老子商君经济思想》

这是熊梦①所著两本小册子，前一本《墨子经济思想》，北京佩文斋 1925 年初版，现存 9 月 13 日第 2 版。郁嶷②同年秋为之作序，大意是：

---

① 熊梦（1902—1983），字今生，湖南宝庆（今邵阳）人；幼年通读经史百家，后入北京朝阳大学经济系，毕业后转入北京大学国学研究所；1929 年任职国民党中央党训练部，负责编审全国大专院校有关社会科学教科书；1931 年留学美国华盛顿州立大学，获经济学博士学位，回国后任国民党中央政治会议经济组专门委员，西安事变后辞职，任财政部全国田赋租税整理委员；武汉沦陷后回籍任湖南省简任高参及教育厅副厅长，1939 年任沅陵税务局局长，1940 年挂冠归里，应聘三民中学教务主任，后任校长。

② 郁嶷（1890—?），湖南省澧县津市人；早年就读湖南法政学堂，后入天津北洋法政学堂，1913 年和李大钊等人一同毕业于北洋法政专门学校；此后留学日本，毕业于早稻田大学法科，1918 年任教朝阳大学，兼任北京大学教授，1925 年任善后会议经济专门委员，1934 年任河北省立法商学院法律系主任兼教授，后任北京大学教授；曾任江宁地方审判厅厅长，湖南财政厅厅长，国民政府法制局编审等。

我国学术，以春秋战国为极盛，秦汉而降，抱残守阙，逐渐衰败，直至今日。"欧学东渐，晚生新进，震骇其说，趋承恐后"，于是荒废先哲名论，不可爬梳。"文化盛衰，关系国运，董理疏导，岂假外求"。士君子研学之职志，在于"远承坠绪阐扬光辉，兼采众长攻错损益，融会沟通，蔚为大观"。如今却让人困惑，"蔑弃古籍，徒驰域外，异邦名理，珍为拱璧，而不知固有为吾国先圣昔贤所已言者"。近来胡适之著《中国哲学史大纲》，梁任公著《先秦政治思想史》，"整理旧闻，阐发幽光，斐然鸿制，振瀹暗愚"。只是二氏所述，或尚哲理，或主政思，对于晚周诸子之经济思想，未遑专门研讨。熊梦治学精劬，笃于考古，数年来研究墨老商管孔孟荀杨庄韩诸子之经济思想，"探玄索微，积稿60余万言"。先取墨子经济思想付印，问序于余。"欧战而后，经济潮流，披靡坤舆，熊君优于计学，独见其大，成此伟著，足与胡梁之书，鼎峙禹甸，后先辉映"。从熊君的撰述可见，欧美计学专家争论的观点，"墨子固已先启其绪，前无师承，独辟宏愿"。"好学沉思之士，倘因此窥见先哲之怀负，复绝远响，则于流俗厌故喜新，昧于考古之积习，庶几少瘳乎"。①

此序将熊梦之书与胡适和梁启超的著作相提并论，专论墨子经济思想而能同专论中国哲学史和专论先秦政治思想史者鼎足而立，这是一个很高的评价。其意在于我国春秋战国时代先哲的学术名论长期以来被埋没了，时至今日欧学东渐，国内学者纷纷推崇后起的西方理论而荒废本国的古籍，这是令人困惑的现象；文化盛衰关系国家命运，只有把传统思想的精华与舶来众长融会贯通，才能造成盛大的文化景象，而我国几部著作整理古籍中的圣贤思想与抱负，正是起到了振聋发聩的作用；熊梦长于经济学研究，意识到欧战之后经济潮流席卷我国的重要性，于是钻研先秦诸子的经济思想，形成60多万字的草稿，又从先行付印的墨子经济思想中，可以看到欧美经济学所争论的一些理论观点，早在我国古人那里已启其端绪并表达了高远的志向，这对于诊治当前喜新厌旧而忽视考古的流俗积习，是一副良药。此序质疑抛弃本国优良传统思想而一味追逐西方理论学说，却并不反对运用西方现代理论和方法来发掘整理中国古代经济思想，主张古今中外思想的融会贯通，这是作序者的开明之处。

另有湖南零陵人胡己任同年为之作序：本人曾在他邦研习经济学史，"每苦中

---

① 熊梦著《墨子经济思想》，北京佩文斋1925年版，"郁序"。

土无此类专籍，足资借镜"。近来胡适之力倡整理国故，"国中起而和者，不下数十百人，然于此方面有所贡献者，实罕闻觏，甚矣学业之不易也"。去岁（1924年）任教朝阳大学期间，有高材生熊梦时相研讨，得悉熊君久已寝馈于此，而且著作哀然成帙，"空谷足音，能不兴感"。在此预祝其《墨子经济思想》不胫而驰。① 作序者曾留学国外专门学习经济学史，当时即感中国缺乏类似的经济思想史专著以资借鉴。后来胡适倡导整理国故，国内不少人响应，仍难看到这方面的贡献，作序者本人也曾有志于此，终未能成，说明研究中国古代经济思想实属不易，所以将熊梦此书称为"空谷足音"之作。此说应反映了当时这一领域研究的实情。

其兄熊冲②同年 9 月 14 日在青岛组织雪耻活动时，也为之作序：余弟 1922 年毕业长沙嶽云中校，以北京朝阳大学法科蜚声寰宇，故投入其中精研经济各科学理，课余整理吾国经史百家之经济思想，现已积稿 60 余万言，将次第刊行。"余取读之，觉其阐述幽微，时有妙悟，功足不朽，诚堪嘉尚"。"吾国近来士不悦学，徒骛盲动，吾弟竟能潜修默学，成此伟著，空谷足音，诚快事也。惟吾弟年仅弱冠，尚希不以与梁胡'鼎峙'吾国学界为限，更继此精进，而与世界名家校长短，则更幸矣"。③ 看来，其兄对熊梦的中国先秦经济思想研究寄予更高的期望，不仅限于同梁启超和胡适的著作相比较，更要与世界名家论长短。

著者同年 9 月 6 日作于朝阳大学宿舍的自序称：余自 1923 年秋，"从事撰著中国经济思想史一书，朝夕攻讨，几废寝馈，积稿现已 60 余万言"。惟以兹事体大，治学年少，撰写仓卒，修订未遑，遗谬难免，本来不愿刊以问世。然而，"举世研此者惟余一人，而此又为中外学者所急应知而苦于无由者"。既然"吾国未有有系统有条理而合于科学之著述以供学者之研究"，所以拙著即使不值，因时会所迫，也不能不刊印，以蒙教正。另外，墨子经济思想为拙著中之一编，因最先草于1923 年秋，故独先付梓。又因拙著过巨，全部刊竣，历时较长，而师友索观甚急，故决定诸篇依次刊行，俟全部完成，然后合订。④ 著者此序，自谦之余，自视颇高，以为举世研究中国经济思想史的只有他一人，而他研究的又是中外学者亟待了

① 熊梦著《墨子经济思想》，北京佩文斋 1925 年版，"胡序"。
② 熊冲（1893—1944），湖南宝庆人；1922 年大学毕业，任职北京慈幼院胶澳观象台；1925 年 5 月底发生"青岛惨案"，倡议组织雪耻会，发动群众揭露日方残杀华工的罪行；1927 年任职国民党中央训练部，1929 年任南京文化大学教授，并创办三民公学；1931 年组织爱国师生成立"铁血救国团"，自任团长，率团出关服务于抗日部队，1937 年迁校湖南邵阳，因颠沛劳顿病逝。
③ 熊梦著《墨子经济思想》，北京佩文斋 1925 年版，"熊序"。
④ 熊梦著《墨子经济思想》，北京佩文斋 1925 年版，"自序"。

解却苦于无从了解的内容；他的研究方法为以前我国所未有，就是对中国历史上的经济思想进行有系统有条理并符合科学著述的研究。这实际上说的是引进现代科学研究方法，系统梳理先秦诸子的经济思想，并打算逐个研究，分别出版，待全部完成后再合订出版。这个研究计划雄心勃勃，同时也令人感到意外，中国经济思想史研究的最初起步，竟始于一个21岁动笔、23岁出书的在校大学生。

此书分8章，总论后分别是墨子之欲望论、生产论、人口论、交易论、分配论、消费论及经济思想之评论。可见其框架结构和理论概念，都是借鉴西方经济思想史的样式，而这种研究方式，也影响了后来的中国经济思想史研究。这本书主要采用正统经济学的分析方法，难以看到马克思主义经济学的分析痕迹。

另一本是《老子商君经济思想》，朝阳大学1925年初版。如前所述，这是熊梦继《墨子经济思想》之后，分篇出版的另一本同类小册子。此书不具论，令人感兴趣的是书中附录二，刊载章行严与熊梦讨论前书《墨子经济思想》的往来文函。

章行严①在《甲寅》周刊第1卷第14号上发表《评墨子经济思想》一文称：

熊梦为"年才弱冠之少年著作家"，自称所著中国经济思想史一书，积稿60余万言，惟今所得见者仅墨子一部82页的小册子。粗读著者赠书，有作家规范，惟其旨趣有可商者。熊君"取近世生计学之普通讲章，为之骨干，以墨子书中散见近似之说一一条分而隶属之"，谓墨子如何论欲望、生产、人口、交通、分配、消费等。姑且不论"墨子所云，脱略不完，系统未具，不足与今世成科之学，絜长而较短"，假使熊君所言无误释，应当由此引申而补正者，"墨子之学，终亦今欧美大学三等讲师所同具耳，何足贵哉"。世界大师的述作，"贯乎久与宇间，光焰逾长而钻研无尽者，必其于人类根性，有所捉搦，从源头上树立大义"，此其"真值"所在。不考虑这一点，先以西方一般人所言为无上，然后说吾国某代某家之书无背于是。对此西方一般人只能一笑了之，"吾何从以其道易天下哉"。熊君说："嘉猷卓筹，深谋远虑，暗与二千余年后列宁之政见相契"；又说："墨子之主张国营交通事业，如日中天"。如此比附，并不有益于提倡墨学。梁任公"曩年好作今义，今已悔而不为"。熊君"年少气盛，其不能不经此一阶也，亦宜"。另外英文

① 章行严即章士钊（1881—1973），湖南善化（今长沙市）；清末任上海《苏报》主笔，1905年流亡日本，1907年赴英留学，入阿伯丁大学；1911年回国，曾任同济大学教授，北京大学教授，北京农业学校校长，广东军政府秘书长，南北议和南方代表，北洋政府段祺瑞政府司法总长兼教育总长，国民政府国民参政会参政员；新中国成立后曾任中央文史研究馆副馆长、馆长全国政协常委，全国人大常委。

Economy 译为"经济"二字，"似亦未可因仍日译，不为匡正"。

对于以上评论，熊梦 1925 年 10 月 31 日"致章行严先生书"予以回复，大意说：

教海所示"学忌比附，文禁俚语"，乃高言伟论，沾丐后生多矣。这是迷于"所谓新文学之狂潮所卷"缘故，"新潮误入，一致于此，可胜浩叹"。本人修晚周诸子经济思想史，"仅罗列先哲遗说，加以疏证，聊尽整理旧闻之责而已"，至于"其说之真值如何，则非所计"，与先生所言"似颇相违"，这全是本人"学业幼稚使然"，"惟著书主旨如是，故不敢不以奉告"。至于中译 Economy 为经济，先生斥为不辞，本人"亦久觉其非"。惟以国人习用已久，约定俗成，独标异词，恐滋误解，权且照旧，这也是不得已。然而"究译何辞为善，亦无定论"。严几道译为计学，本人以为 Cameralism（日本译为官房学，指日本掌财政之官，中国最好译为计臣学）或可译为计学。以计学解释 Economy，其义过狭，且容易与会计学、统计学相混，"殊不足取"。先生与梁任公均主用生计二字，本人则以为《史记》货殖传中有治生一词，译作治生学，涵义适与 Economy 相当。"拙著分量过钜，前此几无人研及，漫无师承，空绝依傍"，加上所在学校图书缺陋，本人家贫购书艰难，到处借书苦学力读，事倍功半。两年中独自梳理散见于经史百家之一丝一缕经济思想，成此 60 余万言之著述，难免疏漏牴牾。本不愿出版，只因师友敦促，本人又深感孤学之敝，故毅然付印以求教于海内名贤。

此回复等于全盘接受批评，只围绕经济的中译名稍作解释，并述说其著述之艰难不易，于是章行严随后发表于《甲寅》周刊第 1 卷第 18 号的回应，又有如下说法：

熊君"才高意广，著述惊人"，因"惧其博而寡要，满而招损，稍稍以微词导之"。今读来函，见其虚心接受意见，"他日所成，焉可限哉"。整理国故之声，闻之已久，但浅尝而止，不见特殊成绩。因为钻研古书的功力远逊于先辈，借助西方书籍之所得又未超出一般讲义范围，支离曼衍，徒以欺世盗名，对于东西两学互通之真谛，无所开发。熊君妙年，所成已达如此境界，"今后惟当务其大者远者"，奋力攻读西方相应名著，"非确有心得，勿轻比附，非踌躇满志，勿以刊行，凡所研习，务穷原竟委，殚见恰闻，勿以所谓第二手知识自限"。这些意见，只是为了有益于熊君。①

这是一个插曲，典型反映了当时初尝中国经济思想史研究的时代特点。其基本

---

① 以上各段引言，均见熊梦著《老子商君经济思想》，朝阳大学 1925 年版，"附录二"。

特征，意在引进西方现代经济理论和方法为主干，系统梳理中国古代典籍特别是先秦诸子的经济思想；同时由于研究者整理古籍的功力不及先辈，对西方现代经济学说的理解又未得其要领而限于一些皮毛，结果只能对照西方学说的一些简单概念，将古人书中散见的近似之说作牵强附会的比较。于是便如批评者所说，叙述墨子的欲望、生产、人口、交易、分配、消费等经济观念，缺乏系统性，不足以匹配今世经济科学，只能算是欧美大学三流讲师的经济知识，不值得重视；特别是叙述者崇尚西方流行的一般理论，然后说我国古代某人的说法与此不相抵触，这种研究，不了解世界大师的著述精髓在于从人性的根本源头上阐发大义，具有真正长久的价值，因此只能被西方人取笑，又何谈以古人之道来改变天下。批评者还举例用墨子的主张来比附列宁的政见和国营交通事业之类，反而不利于提倡墨学。于此可见著者所比附的对象，不仅以西方一般经济学概念为主，还涉及苏俄的经济理念与政策；亦可见批评者不待见类似于社会主义观念的倾向。批评者对著者这番开导，期待年轻人整理国故不可欺世盗名，要放眼远大，开发国学与西学二者互通的真谛，为此须努力攻读西方名著，不要轻易比附，不要轻易发表，不要限于二手知识，务求追根溯源，见多识广。大概受这个开导的影响，此后未见熊梦继续出版其他诸子的经济思想，没过几年，他也到美国大学去读经济学博士学位了。

面对如此批评，熊梦除了承受外，只对英文 Economy 的中译名稍作辩解。章行严显然不赞成沿袭日译而译为"经济"二字，力求匡正。熊梦对此译名也一直觉得不妥，但又不同意章氏等人译为计学，以为使用经济一词已久，约定俗成，无须改换，而计学之义狭窄，颇类日译官房学一词，又易与会计学、统计学混淆；同时在他心里，另以治生学的译名为恰当。可见，时至1925年，国内学界仍纠结于经济或经济学译名。这表明，舶来经济学的译名统一，是一个艰难曲折的过程。其影响所及，不仅妨碍了对西方正统经济学的理解，同样也妨碍了对马克思经济学的理解。

### （二）《先秦经济思想史》

甘乃光①著，商务印书馆1926年1月初版，现存1927年版，列入国学小丛书。

---

① 甘乃光（1897—1956），广西岑溪人；1922年毕业于岭南大学经济系后留校任教，1924年任黄埔军校英文秘书兼政治教官；1925年任国民政府监察院监察委员，1926年当选国民党中央常委并兼中央青年部长和农民部长，1927年任广东省党部改组委员，广州市长；1928年留学美国芝加哥大学，1932年任内政部政务次长，1935年任军事委员会委员长行营第五处处长；抗战爆发后历任国防参议会秘书长，中央党部副秘书长，三青团临时中央干事会干事；1945年任外交部政务次长，1947年任行政院秘书长，1948年任驻澳大利亚大使，1951年卸任后定居澳洲。

马君武 1924 年 5 月 4 日以工学博士名义为之作序："同乡甘乃光研究国民生计学，湛然学者。近著《先秦经济思想史》，据近世发展之生计学说，以解剖我国先哲所有关于此方面之思想，诚整理国故中一宗大事，甘君乃于短时期中成就之，其敏锐尤足异"①。大概因为同乡的缘故，马君武对于同样 20 多岁的年轻人甘乃光撰写先秦经济思想史，勉励有加，称之为整理国故中一件大事，其成就敏锐足异，这比起章行严给予熊梦之作的苛评，要宽容得多。不过马、章二人对于此类研究的评判，也有一致之处，都认为这是运用现代经济学说来梳理或解剖中国先哲的经济思想，而且都坚持将经济一词译为生计。

著者 1924 年 10 月 28 日的自序称：

这部小册子是在岭南大学教授中国经济思想史的一部分，何以只编出先秦一个时期？"实在来讲，我国经济思想除了先秦以外，汉后的思想家实不能越先秦思想家的雷池一步，汉后的经济思想不过延先秦的余绪罢了。这里最重要的原因，就是汉后我国经济界无多大变动，二千余年仍依旧滞落在农业手工业时期，故汉后只有些经济政策聊以应付环境而已"。汉后什么王莽、李觏、王安石以至最近的谭嗣同等，"实在无特别研究的价值"，故本书提出先秦一部分，即作结束。这里特别提出这一层意思，以免阅者误会。另外，经济思想随着物质的变动而生，本书应有一章叙述先秦的经济情形，但本书成后著者忙于他事，或要待诸异日了。②

此序重点解释了何以只编写先秦经济思想史的原委，因为秦汉以后的经济思想不过承袭先秦之余绪，不能越雷池一步；其所以如此，又因为秦汉以后两千多年的经济状况一直停滞在农业与手工业阶段，没有多大变化；既然经济思想产生于物质经济的变动，则物质经济没有变化，经济思想也不会发展，只是变换一些经济政策以应付环境的改变，所以后来在古代经济政策调整方面引人注目的王莽、李觏、王安石乃至近代因改革而献身的谭嗣同等人，均没有特别研究的价值。这个解释，听起来似乎有点唯物史观分析的意味，而且和西方近代学者看待古老中国为一成不变或停滞不前的观点，十分吻合。其实这是一叶障目，拿西方现代资本主义的经济发展业绩以及经济学说成果来衡量古代中国，忽略了秦汉以来至鸦片战争以前的漫长历史时期里，一直处于同时期世界经济发展前列的中国古代经济，同样孕育了丰富而具有自身特色的中国古代经济思想，值得认真梳理和研究；即便近代中国落伍

① 甘乃光著《先秦经济思想史》，商务印书馆 1927 年版，"马序"。

② 甘乃光著《先秦经济思想史》，商务印书馆 1927 年版，"自序"。

了，从经济思想角度探索其原因并考察其设法摆脱落后面貌的努力进程，仍有其研究价值。

以上两个序言的落款时间，都是 1924 年。这说明《先秦经济思想史》一书在 1926 年初正式出版之前，基于大学的讲授教本，已经脱稿完成，也就是早于熊梦 1925 年出版的两本同类小册子。从这一点说，有人称甘乃光为研究中国经济思想史第一人，似可成立。但以初版年代而论，则熊梦之书又在甘乃光之前。其实，二人的研究内容，非常相似，均以先秦诸子为对象。甘氏之书共 9 章，分别是导论，老子，孔子，墨子，孟子，先秦的社会主义思想，荀子，管子，结论。其中专设"先秦的社会主义思想"一章，尤为醒目，可见从古代典籍中挖掘先行社会主义思想因素，成为早期中国经济思想史研究的一个重要内容。比较起来，熊梦的著作孜孜于逐个对照西方一般经济概念来梳理古人思想，而甘乃光的著作比较老到一些，除了这种对照之外，还提出研究的理念和方法问题。例如：

简单地讲，"经济思想史就是用主观的批判，记载经济思想的起源、发达和影响的记述，并无成学与未成学的分别"①。这是试图给经济思想史概念下个定义，以确定其内涵与外延。所谓成学与未成学，应指经济思想史与经济学说史的区别，后者已然是经济学成为一门科学后的历史考察，前者则不必强调于此，未成为科学以前历史上出现的经济思想，亦可作为研究对象。

又说：我们如果研究过经济思想史，一则"可知经济思想是连贯的，有系统的。历代的思潮，都有他的前因后果"。二则"可以明白学术进化的途径，我们可以知道工业未革命以前的经济思想多是没有系统或未成学的思想。那末，研究我们未经工业革命国家的经济思想便可明白其陈迹如何了"。三则"从事历史的研究，我们更有一种利益，即是可以从事比较的研究"；可以在一国内进行各时代的自行比较，也可以拿出来和别国比较，"我们在最近的将来必定经过工业革命"，而别国经过工业革命的利害和如何对待的方法，便可拿它们来作借鉴；"更进一步，我们若细心研究我们经济思想史，便可知我国经济思想在世界的位置，而我们国粹派的夸大性或可稍灭。要自知不足，才可以进步，或可当为我国将来经济思想的努力或进步的起源呢"！②

甘氏这些议论，从经济思想史能够连贯和系统地反映一国的历史演变过程，借

① 甘乃光著《先秦经济思想史》，商务印书馆 1927 年版，第 2 页。
② 甘乃光著《先秦经济思想史》，商务印书馆 1927 年版，第 16—17 页。

此不仅可以进行国内各时代的比较，还可以进行国际间的比较，从而判断本国经济思想在世界整个经济思想史上的地位，这样评价经济思想史研究的意义，有其道理。不过按照这些道理，等于推翻了他自序中所说的汉以后的经济思想不值得研究的说法，因为无论中国哪个时代的经济思想，都是中国经济思想史连贯和系统链条中不可或缺的一环。比起熊梦时常比附西方某些经济思想而称道中国古人的远见卓识，甘氏也不以为然，提出要防范国粹派的自我夸大，自知不足。关于自知不足一说，曾被看作中国经济思想史研究中妄自菲薄的代表性说法。其实联系此说的上下文，除了针对国粹派的妄自尊大而外，意在表明中国尚未经历工业革命的经济落后状态，决定了其经济思想比较西方发达国家的经济学说亦处于落后状态，只有认识到这种不足，才能奋起努力，并可望成为我国将来经济思想进步的起源。如此认识，同样有其道理。这样看来，甘氏的治学观点瑕瑜互见。而且他当初在先秦经济思想史研究中积极发掘社会主义思想因素，后来又借政变之机积极反对孙中山的联俄联共扶助农工主张，可见他的本意并不赞成马克思主义经济学的传播。

### （三）《孟子经济思想》及其他

李福星著《孟子经济思想》，交通大学 1926 年版。

同年夏月朱我农①为这本 24 页的小册子作序，其大意：孟子之学，比照晚近士大夫所称道的科学，论及哲学、政治学、军事学、法律学、教育学、理财学、音乐学与机械学，"举凡古今中外建邦立国之大纲，兼容并包于其一身"。其宗旨注重于民生，"此又其经济思想之所由来"。孔子罕言利，孟子曰何必曰利，后代祖述大相刺谬。"不知利之聚于己者，利之私而小者也，利之散于民者，利之公而大者也。夫小之极必至其身且不保，大之极虽不言利，而自无不利也"。孟子经济思想，"其所以为民者，即其所以自为也"。②

以上取序中部分观点，按照前面对熊梦之作的评论，同样有比附之嫌。不过，此序观点与章行严不以社会主义观念为然有所不同，强调孟子何必曰利之说一直被后代误解，实为区别小利与大利或私利与公利，大利或公利即不言利而自无不利的为民思想。这种解说，无异于从孟子经济思想中引申出具有社会主义要素的观念成分。作序者还由此推论，孟子若能当政行其志向，不难恢复唐虞三代之治；现在不

---

① 朱我农（生卒不详），宝山人；中国教育家，中华民国政治人物，1924—1927 年任北京交通大学校长；1925 年五卅运动中，被公推为北京教职工联合会主席。
② 李福星著《孟子经济思想》，交通大学 1926 年版，朱为农序。

见升平景象，风俗日益浮薄，民生日益憔悴，皆是由于未能身体力行孟子之学所使然。此类说法，假借孟子之学来指陈时弊，也等于以古代经济思想研究来呼应当时的社会主义思潮。不仅作序者如此，著者之书也把孟子所谓大同主义放在突出位置。书中分绪论、本论、杂论和绪论4章，本论第1节便是大同主义，另外还有农本主义、职业问题、租税问题、货财分配、奖励储蓄及救荒政策共6节。可见此书一面借用西方经济学概念来分析孟子经济思想，一面又以大同主义为孟子经济思想的精髓。不过通过大同主义，尚难说中国经济思想史研究支持了马克思主义经济学的传播，前举甘乃光的前后变化，便是一例。

岭南大学经济学会编辑的《中山经济思想研究集》，现存上海三民公司1927年3月第4版（另有民义书局1927年版），其初版本应当更早。这本文集包含8篇文章，以研究孙中山的平均地权和单税制思想为主①，里面也提到这些思想与社会主义的关系。前面的著作，显示中国经济思想史的最初研究，集中于古代先秦部分，并在研究思路和方法上存在着争议或歧见。随后的研究涉及近代部分，先是集中于孙中山的经济思想，这是当时国内起主导影响的经济思想，起初研究的意旨比较一致。在此只须指出，这个研究的背景，在孙中山去世之后，以取代旧三民主义的新三民主义为主旨来阐释其经济思想。然而不久发生四一二政变，为了争夺在国内经济思想方面的主导权，对于孙中山经济思想的阐释，随之出现明显变化，表现在专题著作方面，其基本倾向便是背离或修改新三民主义的宗旨。

李权时著《中国经济思想小史》，世界书局1927年7月初版。此书与他的《中国经济问题纲要》一书几乎同时出版，一个研究中国的经济思想历史，一个讨论中国的经济现实问题。

这本小册子的"例言"，有几条值得注意。一是"中国历来经济思想之可述者，当推古代与近代，故本书对于先秦及近世之经济思想，述之特详"；二是"孙中山为中华民国的国父，其经济思想亦有集古今中外经济制度优点的大成之观，故本书对于其民生主义特别注重"；"本书对于中国历来经济思想之关于经济制度者特别注重，盖现在中国最重要的经济问题即在决定一种最合乎国情和最合乎公理的一种经济制度"；"本书之参考书取材于近代之著作者为多"②。看来，此书兼取前

---

① 各篇文章的题目，见岭南大学经济学会编《中山经济思想研究集》，上海三民公司1927年版，"目录"。
② 李权时著《中国经济思想小史》，世界书局1927年版，"例言"。

述各书的内容，将古代先秦经济思想与近世孙中山的民生主义经济思想合为一处，又突出经济思想中涉及经济制度部分，以便为解决中国当前最重要的经济问题即选择一种最合乎国情与公理的经济制度，提供借鉴。这里说到其参考书大多取材于近代著作，也印证了此书的写作，主要参考前面那些现成的中国经济思想史著作。所以所谓小史，重点不在于考察中国历史上的经济思想本身，而在于借此论证什么样的经济制度对于当前的中国才是最合适或最合理的。

此书除绪论外，分4章，分别讨论中国历代经济思想中的经济制度及分配，欲望及消费，生产、人口及租税，交易、货币及唯物史观。这些经济概念的梳理和分类，均见于此前已有的中国经济思想史研究，无须赘述。令人回味的是利用这些历史资料，引申出作者选择心目中理想的现代中国经济制度的方法取向。较为典型的是第1章谈到以分配为主的经济制度时，分8节依次列举了无政府主义、均产主义、富国主义、共产主义、国家社会主义、资本制度改良主义、新均产主义和民生主义，暗示中国当前所流行的各种舶来主义或经济思想，在中国自身的经济思想发展史上都出现过，包括第4章提到中国历来经济思想中的唯物史观，意味马克思主义的唯物史观也早已见之于中国古代经济思想。列举这些主义，并非简单比附或为了追本溯源，另有其深意。这就是把所有主义的归宿，最后都指向集古今中外经济制度优点之大成的民生主义。其实，作者对于民生主义的诠释，与其说是继承孙中山的遗志，毋宁说是打着这个旗号以贩卖自己的货色。正如他在《中国经济问题纲要》中所宣扬的主旨，试图从所谓绝对的共产和绝对的私有中间找出一条折衷妥协之路，或者把马克思主义唯物史观曲解为社会制度自然改良的经济史观，现在又试图借用中国经济思想的历史证据，来确认民生主义就是这种可行的折衷妥协道路，从而把民生主义变成阻挡马克思主义经济学传播的思想工具。

### 三、《近世资本主义发展史》译本及其他经济史著作

法国 Henri See（应为 Sée，今译亨利·赛）原著，胡鸿勋译，上海新月书店1927年11月初版。

译本连同参考书目及附录，286页，正文9章："中古资本主义之发端""近世初叶之资本主义""十六世纪海外贸易及殖民事业与资本主义之发展""十七世纪之商业资本主义与金融资本主义""十八世纪商业资本主义与金融资本主义之扩张""殖民事业之衰落，资本主义发达之征象及影响""工业资本主义与大工业之

起原""十九世纪资本主义之发展""资本主义发展之社会的影响"和"结论"。这本著作,试图完整叙述西方国家资本主义的发展历史,起自上古和中古封建时代的发端,追溯得很远,迄于20世纪之前,主要涵盖16—19世纪。这里的考察,重点不是经济史沿革与史实资料,而是围绕经济史研究的观点与方法。

### (一) 中外序言

先看胡焕庸①1927年7月作于巴黎的序言:

世界近代史上,有文艺复兴、宗教改革、政治革命与实业革命四大运动。文艺复兴起于意大利,除复古文学艺术外,"开欧洲思想解放之端"。宗教改革发于德国,路德、加尔文(原译"加尔凡")之说,"终中古政教抗立之局"。政治革命作于法国,"民主共和之说胜,阶级特权之制破"。实业革命起始于西班牙、葡萄牙的经商殖民,发展于英国的工业革命,"其结果产生近世之物质文明,而社会劳资阶级之分,与国际经济侵略之局本焉"。"四种运动,皆相因果,相激荡,相随相续,相启相成,为近代世界史之躯干。就中势力之大,范围之广,影响之深,涉及之众,则实业革命,尤驾其他三者而上之。故虽谓近代史为一部实业革命史,不为过也"。

"资本者,人所以营生谋利之工具。人有生活,即不可无资本。故广义的资本主义,实与人类终始。狭义的资本主义,乃集合多数资本,行大量生产,排挤垄断,损人利己,以达其营利之目的。此所谓近世资本主义,即实业革命之精髓"。近世资本主义的发展,如赛教授所述,上溯到意大利诸城的东方贸易,继起于西班牙、葡萄牙两国的探险殖民,兴盛于英国大工业制度的确立。资本主义初期为商业的,后期为工业的。商业的资本主义以垄断市场为务,贸易的货品仰给于他人。工业的资本主义并交易的货品而操纵之,势力益大。强凌弱、众暴寡为物之性,资本主义的发展亦如是。以机器与手工较,必机器胜;以汽船与帆船较,必汽船胜;以大工业与小作坊较,大工厂必胜;以托拉斯与单一工厂较,则托拉斯又胜。"此自然之理,不可以人力争。近世资本主义,积有数百年之历史,所谓根深蒂固,不可

---

① 胡焕庸(1901—1998),字肖堂,江苏宜兴人;1919年考取南京高等师范学校文史地部,1923年毕业后任教江苏省立第八中学,1926年补读东南大学学分,获理学学士学位;同年赴法国巴黎大学和法兰西学院进修,1928年回国任中央大学地学系教授兼中央研究院气象研究所研究员,1930年任地理系主任;抗战期间随中央大学西迁入川,1941年任地理研究部主任,1943年任教务长,同年被推举为中国地理学会理事长;1946年应美国马里兰大学聘请,任地理系研究教授;1953年起任教华东师范大学。

动摇，推移广进，以有今日，诚社会演进必然之阶段，非偶现之事实"。

19 世纪初年，英人击毁机器的风潮，时有所闻。中叶，外人来华，初建铁路于我国淞沪间，政府竟拆而投之于海。"及今思之，诚堪发笑。而奈何今日之中国，犹时闻有推倒资本主义之声浪耶"。资本主义发展的"罪恶史"，固尽人而知之。至于今日，其流弊所及，如劳资阶级的冲突、民族待遇的不平、国际相互的倾轧，莫非由此。然而"资本主义之声势，则犹如烈风猛雨，洋流海潮，奔腾澎湃而来，不可以人力遏止。顺之者昌，逆之者亡"。如德、美、日等国，皆后起之邦，一旦工商兴起，国势即盛。美国以殖民新辟之地，独立 150 年，"已骎骎执世界经济之牛耳，有左右国际政局之势力"。我国面积和欧洲一样大，人口是美国的 4 倍，"经济原素，三有其二，反奄奄一息，莫由振作，国内机阢不象，多发生于经济贫乏；其所受资本主义之摧残压迫，固在在见其征象矣"。"为今之计，我国民当急起直追。人以资本主义侵我，速以资本主义报之。兴制造，振商业，抗外资，挽利权，庶几国犹可救。欲保持国际势力之平衡，舍武装和平外无他法。欲解除经济侵略之压迫，舍采用资本主义外，更有何术"？

以往资本主义的演进，由商业进而为工业。其将来趋势，我以为将由工业更进而为农业。农业兴而原料足，原料足乃工业盛，工业盛则商业自兴，如此农工商打成一片，资本主义更加确立不可动摇。观察世界工业发达的国家，"皆亟亟以攫取原料供给地为务"，美国由于农工并兴，其势远凌驾于他国之上，其缘故可深长思。"我国素以地大物博著称，天产丰饶，只须工商起而利用之，则将来资本之雄厚稳固，又谁得侮之"。那些原料不能自给之工业国，坐以待毙，"吾何畏彼哉"！"如何采用资本主义，如何采用资本主义而不蒙其弊，则舍研究他国资本主义发展之历史，以为借鉴，免蹈覆辙外，其道莫由"。这也是族兄纪常翻译此书之意。本人"性喜史地之学，尤注意于其经济方面之研究"。1926 年夏与纪常同舟来法。纪常专攻经济，因旨趣相同，一年来颇得切磋琢磨之益。今译书既终，乞序于余，因而略述所见如此。①

此序的主导思想，借鉴国外资本主义发展的历史，强调我国要改变落后面貌，解除他国经济侵略的压迫，无论资本主义有多少流弊或罪恶，目前的解决之道，唯有采用资本主义的办法。实际上，这是那个时期国内知识界的普遍看法。其时胡焕

① Henri See 著，胡鸿勋译《近世资本主义发展史》，新月书店 1927 年版，"胡序"。

庸正在法国进修，经过一年的切磋琢磨，亲眼目睹国外资本主义发展的盛况并亲身体验我国与之相比的差距，表达这种看法的意愿更强烈，语气也更明确。他看待资本主义，并非就事论事，综合考虑这是文艺复兴、宗教改革、政治革命和实业革命四大运动互为因果、相互激荡、连续不断、相辅相成的产物，共同促进了思想解放、政教对抗局面终结、民主共和学说和阶级特权制度产生、物质文明基础奠定，又以实业革命的势力范围最广大、影响波及最深远。他不讳言资本主义的弊端，如形成社会劳资阶级，国际经济侵略局面的根源；以垄断排斥和损人利己的方式，达到营利的目的；造成劳资阶级的冲突，民族待遇的不平，国际间的相互倾轧等。同时，通过法国人考察近代资本主义发展史的原著，看到资本主义的发展轨迹，战胜以前的强势经济力量，经过数百年的发展已经根深蒂固而不可动摇，成为社会演进中决非偶然出现的必然阶段；看到资本主义的发展潮流不可能人为阻止，顺昌逆亡，后起国家一旦走上这条道路，便国势强盛，甚至执世界经济之牛耳以左右国际政局如美国，否则纵然拥有丰饶土地与众多人口的经济元素，反而经济贫乏并遭资本主义的摧残压迫如中国。这样运用历史的眼光来认识资本主义发展的必然性，有其见识，由此得出中国只能走资本主义发展道路的结论，不屑于国内出现推倒资本主义的声浪，在逻辑推理上看起来也顺理成章。他还从中悟出一些新的感受，大概考虑到中国是自然资源富饶的农业国，若发展资本主义工业，立于不败之地，应像美国那样农工并兴，避免走世界工业发达国家原料不能自给、靠攫取国外原料供给地来发展的老路。但问题是，如何才能在我国实现发展资本主义的美好愿望。对此，胡氏以其时年 26 岁、性喜史地之学又正在法国进修的经历背景，看来没有成熟的答案，只能建议研究他国资本主义发展的历史以为借鉴，找到采用资本主义的办法并避免其弊端。

根据胡焕庸的序言，可以知道此书的译者胡鸿勋（字纪常）是他的族兄，同船赴法国留学并专攻经济。译者同年 7 月 14 日即法国革命纪念日作于巴黎南郊玫瑰村的序言说：

资本主义是习闻的名词，然而何谓资本主义，其定义的范围，发展的过程、起源及现象，"执途人而叩之，鲜有能言者；即以质诸一般学子，亦多侈言泛论，炎炎无当"。"以习闻之名词，而不求甚解，人云亦云，此学荒也"。打倒资本主义是崭新的口号，然而资本主义何以应当打倒，我们对外来资本主义的侵略与国内资本主义的萌蘖是否持同一态度，我国资本主义的发展如何，资本主义的种类不同且其势力的程度互异，是否一概扑灭，或审其利害而予以相当的限制，"凡此问题，即饱学之士，亦有嗫嚅而不能断言者"。"以群众高呼之口号，而不明其源委，不审其然否，此盲从也"。"以学荒之民，为盲从之举，其如国事何"！"补救之道，在明乎世界资本主义发达之过程，新经济组织之对象，与夫今日吾国资本主义之现状"。各国资本主义的发达，迟速不同。我国今日虽犹未臻商业资本主义的发益时期，但国际贸易的扩张，金融事业的兴盛，以及工业革命的发生，"均尽早间事"。"明乎他国资本主义发展之经过，则利弊得失，借镜有自。以他国补偏救弊之方，作吾国防患未然之法；斟酌损益，因势利导；吾国经济之发达，必收事半功倍之效。准是以观，则近世资本主义发展史之介绍，又乌有容缓"。

亨利·赛教授是"法国治社会经济史者之泰斗"，近以比较研究之法，作《近世资本主义发展史》，"篇幅不多，而内容殊富"：一学说"必穷其原委，述其衍流"；一制度"必考其利弊，辨其得失"；"撷群籍之英华，为翔实之纪载"；"不特辞意简赅，抑且持论不颇"。近世固不乏资本主义史之作，求其明白晓畅，信达持平，最能给予读者深切的资本主义概括观念者，则莫若赛氏之作。译出献给国人，"亦足为研究经济学说及确立经济政策之一助"。译者学识谫陋，愧无传神之笔，迫于学校课程，更无暇修润辞句，纰漏之处，深望读者不吝指正。译时析疑辨难，多赖族兄肖堂之助，谨志于此，以表谢忱。①

这个序言，比起胡焕庸的序言，观点一致，却多了一些咄咄逼人之势。自恃握有法国研究社会经济史的泰斗之著作译本，斥责国内许多人，包括学子乃至饱学之士，既不了解资本主义究竟为何物，又跟着人家喊打倒资本主义的口号，这种"学荒之民"的"盲目之举"，对国家能有什么益处。以当时大多数国人对国外资本主义的认识只是隔靴搔痒而论，此说法可能是实情。但译者的补救之道，除了介绍这本《近世资本主义发展史》之外，也未见更高明的主张。在他看来，无非需要明了两条：一是按照世界资本主义的发展进程，中国逐步走上这条道路，为迟早的事；另一是借镜他国资本主义发展的利弊得失及其补偏救弊办法，通过斟酌损益、因势利导和防患未然，以收事半功倍之效。其实这两条建议，早已见于国内舆论界，并不时重复。译者的努力，不过新译了一本有关资本主义发展史的专著罢了。

---

① Henri See 著，胡鸿勋译《近世资本主义发展史》，新月书店1927年版，"译序"。

译者对亨利·赛①的著作，给以很高评价。称其篇幅不多，内容丰富，考察每个学说的源流衔接及每项制度的利弊得失，撷取各种著述的英华给予翔实记载，词意简明扼要，持论公正不偏，可谓有关近世资本主义史的各种著作中，最能深切概括资本主义的观念并明白晓畅和信达持平者。这个评价，表明此译本的出版，有助于国人研究经济学说和确定经济政策。但仅此而已，甚至不如其族兄的序言还有些新的体悟，恐怕更直接的目的，为了反驳国内那些打倒资本主义的言论。再看著者自己的序言：

本书的写作，不是资本主义的普通史，更无意于试为社会学之作。资本主义名著，有德国教授桑巴特的《近世资本主义论》②。"其内容渊博，思想新颖，虽时略混淆，而无伤大体。浅学如作者，何敢以此书与之比拟，此固不待辞费者"。"作者之计划，仅欲搜求若干翔信可考之史实，集而成之，冀于社会学及政治经济学，有一得之贡献。其蒐求史实也，不分邦国畛域，均详为考证。论事立说，更无政治上社会上之成见。其所欲考求者，为十九世纪大工业资本主义经济的及社会的发展"。

尤应陈明本书所采用的方法。"作者虽欲略供历史材料于社会学及政治经济学，然于此二种科学所用之方法，则力求免避"。社会学视空间与时间为次要，最大目的，在于抽象地描写社会组织。治经济史者则不然，空与时两大要素最重要，研究经济现象在确定区域的发展。政治经济学考求财货生产、分配及消费的定律，虽逐渐注重"发展"及历史事实，但未能深究"偶然之事"。治史者又不然，总是特别注意"偶然之事"。并非说社会学及经济学者无补于史学。"现今社会之观察，为社会学者及经济学者之本务。治史者，欲明已往，必先知现在，且须洞悉之。苟其心目中无一资本组织所支配之现在社会，则考求其起源之意念，无自发生"。著者以比较法为"最适宜而最有效之方法"。说到空间，此作的目的研究任何国家资本主义的起源，"比较历史法，益觉有用"。说到时间，中古资本的积聚，不同于近世，其资本组织犹在萌芽，大异于18、19世纪的制度；"惟比较各时代异同之点，而后始可得其发展之真诠，与夫今日资本社会之实性"。

本书所引事实，都是信史。但以概括的方法作综合的研究，抽象之论，有所不

---

① 赛，亨利（1864—1936），法国历史学家；研究侧重于历史上经济、政治和社会因素的相互影响，代表作是 1926 年出版的《现代资本主义的起源》（*Les Origines du capitalisme moderne*），主要研究资本主义从古代到 19 世纪末的发展历史。胡鸿勋的《近世资本主义发展史》译本，应译自此，原著出版第 2 年，即译成中文发行。

② 即 Der Moderne Kapitalismus，今译《现代资本主义》，1902 年出版。

免，概括与抽象的关系非常密切。另外一个困难，所有一切政治、宗教、文化等重要史实，不得不略而不详；但这些史实，对资本主义的起源，固有重大影响。还有历史人物与经济的发展关系极重，如柯尔贝尔（原译"过尔培"）对法国资本主义的进步，显然有重大的势力；但限于篇幅，亦从略。总之，个人事迹足以为普通史的主体，不得不全部割爱。此书作为综合研究的比较史，能够有补于普通史；对他种历史的发展，也能够作较详细的讨论，有以启发其关系。"惟个人合符于事实"之说，固无疑义；但共同的事实，往往比特殊者容易解释。"历史中尽多共同而犹湮没不彰之事实，综合比较研究之，不较易于阐发，而有补于斯作耶"？①

看来，原著者比起中译者，对此书的评价要谦逊得多。一是从未狂言自己的书是当时所有研究资本主义史的著作中，最能让读者深切感到概括资本主义观念的一部，反而坦承此书在内容渊博和思想新颖方面，无法与德国学者桑巴特的《现代资本主义》一书相比拟。桑巴特写这本书，据说"沉浸于马克思"，自己也声称是马克思工作的继续和对马克思工作的完善，体现了他早年倾向于马克思主义的思想特点，不同于后来背弃马克思主义并成为马克思主义的疯狂反对者②。对此，这位法国原著者显然也心知肚明，不曾回避。二是强调自己的书从经济史方面研究资本主义的特色，以比较历史法为研究方法的特色。既不同于社会学抽象描述社会组织，重视研究经济现象在确定的空间与时间范围内的发展；也不同于政治经济学主要考求商品生产、分配与消费的定律，重视研究经济发展过程中的历史事实与偶然事件。另外比较各国资本主义的起源，资本组织从萌芽到19世纪制度的异同之处，以概括的方法作综合的研究，省略政治、宗教和文化等方面对资本主义起源的重要影响，以及历史人物在普通史中的重要作用，从个别和特殊的事实中找出被湮没不彰的共同事实，进行综合比较研究，从而更容易解释资本主义的发展。

此序涉及研究资本主义的方法论问题，似乎不为中译者所看重。然而事实上，正因为原著只述及19世纪末以前资本主义的发展史实，所以突出的是资本主义产生与发展的历史必然性，并未涉及资本主义今后继续演变的未来趋势。惟其如此，译本的中外序言，除了质疑国内打倒资本主义的舆论声浪外，均未提及马克思主义或社会主义经济学。不过，从后面的介绍可以看到，这本书的结论，曾经小心翼翼地依据既有资本主义的发展历史，剔除来自马克思经济学说的研究方法与观点。

---

① 胡鸿勋译《近世资本主义发展史》，新月书店1927年版，著者"序"。
② 参看百度百科"维尔纳·桑巴特"条。

附带指出，译本 1930 年 12 月修正再版，著者由外文名译为亨利·赛，译者由胡鸿勋改为胡纪常。译者的"再版弁言"，进一步介绍与评价说：

本书译本出版年余，即已告罄。"初译得此，深自荣幸。惟出版后自审译文，罅漏殊多。计维俟再出版时，悉心修正，以期无负读者奖掖之厚意"。正好其英译本于 1928 年冬，由哈佛大学商业管理研究院商业经济教授"范德勃罗"与工艺学副教授"杜留脱"合译出版，"非特译笔信达，且内容间有增补"。本人窃喜拙译再版修正时，得据以参考。只是去秋（1929 年）回国后，入冬始得偿此宿愿。原著出版后，备受经济史学界的推崇。哈佛大学范教授"鉴于此著之不特为经济史学上一大贡献，且其内容简赅晓畅，最合于美国一般读者之需要"，故译为英文，并对第 1、第 8、第 9 章内容，有所增补。英译文杀青后，曾经原著者赛教授校阅，并二人为之序。

范教授 1928 年 3 月的英译序称："本译原著，非特文笔动人，且能表示著者于极小范围内，能作详细之研究，得精深之造诣。于页数仅百，易入衣袋之小册内，赛教授探讨资本主义之发展，其所得实至可欣羡。盖原著之妙处，除其简明之文笔外，在能自错杂无章之史料内，抉集重要之明证。原著之成功，足以表示赛教授为一非常之学者，善于自觅途径，作历史上精致之研究。彼于史料，撷其英华，弃其糟粕，以求精辟之结论。其为技也，可谓出神而入化。史家艺术之表现，本著其良例也"。"原著之成，为经三十五年以上研究之结晶"。赛教授自 1893 年起，任雷恩大学近世史教授，到 1920 年退休，开始终身的研究事业。近年来他所发表的著作，即长时期工作丰熟的收获，著述甚多，均为经心刻意之作。"本书为赛教授近年名著之一。其性质，似最合于美国一般学子之需要"。

赛教授的序称：拙著 1926 年出版，列入"阁阆书局丛书"。"自各方面观之，此项英译，不啻原书之修正版。缘自原著印行后，关于资本主义发展之研究，续有新著"。英译增补之处颇多，参考书亦益见充实而完备。"但本书仍保持其原有之性质。盖本著既非课书，复非简本，而为一广泛题目经综合比较研究后之略述。此项广泛之题，如欲为详备之叙述，则非有册数众多之洋洋巨著，不能尽其说。而此种详尽之叙述，自需依据多数深刻之专著。而不幸此类专著，尚待作述。资本主义领域之国际性，他种现象，无有出其右者。即当资本主义尚未发达时，其国际性亦已昭然可见。探讨之方法，以比较研究法，最为适当。且各国学者，可共同研究，以收分工合作之效。本书仅足为此种研究之导线。世之经济及社会史学者，以至于普通史家，能因拙著而继续努力于本问题之穷搜冥讨，以求更有所得，则余之厚望"。

因为英译本不啻原著修正版，故拙译再版，所有修正之处，大多以英译为依据。"世事之演进，历史为经，地理为纬。资本主义之发展，既富于国际性，则其与地理之关系尤切。故此次再版，特加附史图数幅，以资参考"。此次修正，赛教授于英译本与原著出入之要点，曾予以指示，便利殊多。"所惜修正之稿，以文字关系，不能如英译之就正于赛教授。此则英译者之幸，而汉译者之不幸"。①

再版序言，主要用来说明赛氏此书在西方经济史学界的广泛影响，以及哈佛大学教授在原著基础上加以增补和翻译的缘起与评价，英译本仍保持法文原著的本来特征，对资本主义发达前的广泛选题，经综合比较研究而加以略述。英译者突出此作最适合于美国一般学子的需要，似有用作教科书之意，原作者则强调此作既非教科书，亦非简读本，可供各国学者共同研究的导线或学术基础，以收分工合作之效。由此也可见英译者虽有高度评价，其用意却与原作者稍有差异。但不论法文原著还是英译增订本，叙述近代资本主义发展史，都不曾留下马克思主义理论分析的任何印记。反映到修正再版的中译本上，也同样如此。

**（二）从译本结论看对待马克思学说的态度**

此书内容，无须赘述，关键是结论。其结论亦不必面面俱到，重点是与马克思学说有关的部分。从中可以看到如下论述：

欲明悉近世资本主义的性质，不可不先知其发展的过程。"吾人研究资本主义，不应如马克斯之仅范于劳动一端"。商业与金融是资本主义发展史的最重要成分，安可忽视。"马克斯以'不劳而获'，为资本制度最显著之特性，诚属有理。但吾人苟并从产生种种投机事业之商业技术，流动资本定期交易所含危险性，以及种种保险事业各方面，以观察资本主义，则此'不劳而获'之理解，不更切实耶"？"马克斯于资本主义发展之如何影响于社会，资本主义胜利之如何使社会阶级由法律的而成为经济的，社会状况如何因以愈加活动而日益不宁，均能言之深切著明，非以前学者所能道。但马克斯学说，只以近世之事实为根据。实则欲明社会复杂错综之变化，应详考其历史上之发展，以及今世新组织之初征。盖必悉心考究史实，屏绝臆断，以及一切政治上社会上之成见，然后于近世资本主义之起原，以

---

① 以上引文均见赛亨利著，胡纪常译《近世资本主义发展史》，上海新月书店1930年版，"再版弁言"。

及今日充分发达之经济组织之真实性质，始能得较为公允之理解"。"吾人依据历史的事实，而知劳动界阶级观念之发生，并非猝然而致，且亦非仅由经济的变化而来者。历史种种学说及思想之影响，亦不可忽视焉"。①

初看起来，以上论述对马克思经济学说的评论，模棱两可，加上翻译的滞碍，似乎犹疑在否定与肯定之间。其实，稍加辨析，不难发现，其主导取向，对马克思有关资本主义性质的学说，即使局部肯定，总体上却不认可，或者说，用最终的否定意见来覆盖先前可能包含的肯定观点。这里的逻辑前提，明白资本主义的性质，先要了解它的发展过程。这个意思举例来说，从资本主义的发展过程看，商业和金融是其最重要部分，所以研究资本主义，不应像马克思那样，仅限于劳动一端，忽视商业和金融的重要性。如此理解，未免把生产要素和产业分类混淆在一起，但混淆的真正意图，否定马克思以劳动价值论来分析资本主义属性的理论体系。从劳动价值论中，又引出马克思以"不劳而获"作为资本制度最显著的特性。对此，结论认为，这个认识有道理，但如果同时从其他方面来观察资本主义，如商业技术的发展产生种种投机事业，流通资本的定期交易包含着危险性，以及各种保险事业出现等，对"不劳而获"会有更切实的理解。这里的意思是说，"不劳而获"并非全是资本主义消极堕落的产物，还是诸如发展商业技术以创造投资机会，承担流通资本交易风险，建立各种保险事业等资本主义积极发展的结果。如此理解，又不啻否定了从马克思劳动价值论及剩余价值学说中所得出的剥削理论。

所谓先了解资本主义的历史发展过程，然后才能明白它的性质，借此来评价马克思经济学说，还有另外一种说法：关于资本主义的发展如何影响社会，资本主义的胜利如何使社会阶级由法律的关系变为经济的关系，社会状况如何因此而更加活跃和动荡不安等，马克思均能超过以前的学者，给予深切显明的分析，但马克思学说只以近世的事实为根据；明了社会错综复杂的变化，应当详细考察其历史发展以及今世新组织的初征，悉心考究这种史实，要摒弃臆断和一切政治上社会上的成见，才能较为公允地理解近世资本主义的起源，以及今日充分发达的经济组织的真实性质。这个意思，换一种更为直率的说法，马克思关于资本主义的分析，虽然有独到之处，但存在臆断或带有成见，对资本主义的起源及现代经济组织的性质的理解，不够公允，其原因在于未能详细和悉心考察整个发展史实而只依据近世的事

---

① 胡鸿勋译《近世资本主义发展史》，新月书店1927年版，第241—242页。

实。这个说法本身是否公允，姑且不论，由此能够看到，仍是质疑马克思有关劳动阶级的理论；以为依据历史事实，劳动界阶级观念的发生，不是突然到来的，也不仅是由于经济的变化而到来的，不能忽视长期以来各种学说及思想的影响。其中的涵义，实际上指向马克思的唯物史观，即劳动阶级观念的变化，不能只从经济的变化中找原因，还要从各种学说和思想的影响中找原因。这样，马克思从劳动（或劳动价值论）角度研究资本主义，揭露资本制度最显著的"不劳而获"特性，通过经济变化来考察劳动阶级观念的变化等，均遭到质疑，被说成具有局限性、理解片面、存在政治和社会成见或主观臆断。这样的结论，应该也为译本的中文作序者提供了依据，所以面对国内舆论界有人站在劳动阶级立场上，提出打倒资本主义的口号或出现推倒资本主义的声浪，表示不屑或讥讽，强调资本主义发展的必然性与合理性。

译本的上述结论，还可以举出其附录的有关评论以为佐证。评论节译美国教授奈特（M. M. Knight，原译"那蔼脱"）所著《关于现代资本主义起源的最新文献》（*Recent Literature on the Origins of Modern Capitalism*，原译"资本主义起原之最近作物评论"，载1927年5月哈佛大学出版的《经济学季刊》）①，其中说道：

"迩来治经济学、史学、社会学及社会政治学者，靡不渴望有饱学之士，将近世资本主义之起原及发展，作一简明翔实之记载。今教授赛亨利氏著《近世资本主义发展史》，于二百页内，成此巨著，其有以慰当世学者之望，殊无庸疑。此项新作，系一种通论，为民众之适宜读品。美国于此种作品，实不多觏"。有人说，资本主义远见于上古及中古时代，不能否认，凡有财货贸易，即有资本主义等。赛氏亦以其言为然，但又说中古欧洲甚少流动资本，探求近世资本主义之源，应否远溯到十字军之前，成一疑问。他以为，今日资本主义社会的要素，"非特由于国际贸易之扩张，抑且由于大工业之发达，机械之广用，以及种种金融机关势力之昌盛"。叙述中古末叶资本积贮的第1章，"力言国际商业及金融之较为重要"；对有人描写中古城市经济为一种"闭关制度"，大加抨击。"著者于此，似可略言马克斯所持近世资本主义发展理论于一般学者之影响。……马克斯以为资本家承中古行会制度破坏之后，攫取生产工具，藉新起国家政府之助力，得更订规章，宰制劳工。殊不知输出生产，于中古城市时代，既极兴盛，而近代新起之国家，实将城市时代

① 胡鸿勋译《近世资本主义发展史》，新月书店1927年版，"译例"之八。

束缚工匠之行会条例，大加删减。16、17 世纪经济组织与中古末叶之相似，实际上既较马克斯所见者为甚，而马克斯以十九世纪中叶之工业资本主义，为早见于近古之初，亦属过当。今日之资本主义，为渐进、坚固，经长时期而成之产物。马克斯之说，不睹易此种渐进之变化，为转瞬忽生之异象"。

赛氏亦以为近世资本主义，有强固基础，非可一蹴即几，他对资本主义既往的变化及将来的发展，"并不以为求得一二简单之原由及程式，即可解释已往而预言将来"。也不以为中古经济制度的衰减，"能如剧情之急变"。他"以冷静之态度，有规律之方法"，返溯欧洲人口增加后经济新组织的发生，国家的渐见巩固，以及商业及殖民事业的海外发展。"中古城市经济时代之特别制度，仅以不能适应新时代之要求，故失其效用，而渐归于淘汰；非朝犹盛行，而暮即全废"。赛氏序文，列举近世资本主义的性质："今日之资本主义，由于转让票据之增多；货物及证券交易以及新式银行之兴起；巨资企业之发达；旧制度之衰废，与新国家制度之代兴；信用事业之推广；以及国际间与个人间谋利之竞争"。"观于此言，则近世资本主义之由来，可知概要矣"。①

此文对亨利·赛的原著，评价甚高，称其为适宜民众阅读而实不多觏的"巨著"，具备"冷静之态度"和"有规律之方法"，还推崇其著"言之明晰"，"有不可不读之价值"，"既能不受时代偏见之影响，又有正确无误之评判，非第一等史家，曷克臻此"等。如此评价，一个重要目的，借此清除马克思有关近代资本主义发展的理论对一般学者的影响。这个理论被概括成，中世纪行会制度破坏之后，资本家掌握了生产工具，借助新兴的国家政府，更新规章制度，得以支配劳工。其内在含义，突出资本家与劳工的对立。对马克思的理论，评论者不以为然，还从赛氏原著里找出几个批驳的理由。诸如：

在中世纪城市经济时代，并非实行闭关制度，生产输出极为兴盛；近代新起的国家，无非对城市时代束缚手工业者的行会条例，大加删减；16、17 世纪的经济组织与中世纪末叶相似，比马克思所看到的更为明显，马克思认为 19 世纪中叶的工业资本主义，最早见于中世纪结束以后的近古之初，亦属"过当"；今日资本主义是渐进、稳固和长时期发展的产物，马克思之说则将这种渐进的变化，改换成转瞬间忽然发生的现象。简而言之，现代资本主义来源于中世纪末叶生产输出的城市

---

① 胡鸿勋译《近世资本主义发展史》，新月书店 1927 年版，第 281—285 页。

经济组织，是经历了漫长发展过程的产物，这种渐进而稳固的发展历史，决不同于马克思视之为短暂时间内突然发生的变化。言下之意，既然资本主义不是突然出现的，也就不存在资本家阶级与劳工阶级的突然对立。此其一。其二，近世资本主义有稳固的基础，并非一蹴而就，因此对资本主义以往的变化和将来的发展，不能通过一二个简单的缘由和公式来解释和预言，也不能将中世纪经济制度的衰落，看作如同剧情的急变；用冷静的态度和有规律的分析方式看，随着欧洲人口增加后新经济组织的发生，国家的逐渐巩固，以及商业和殖民事业的海外发展，中世纪城市经济时代的特别制度渐渐被淘汰，只是因为不能适应新时代的要求而失去效用；今日资本主义的由来之概要，在于票据转让的增多，货物和证券交易及新式银行的兴起，大资本企业的发达，旧制度的衰退与新国家制度的代兴，信用事业的推广，国际间与个人间谋利的竞争等，这也体现了近世资本主义的性质。这番引述，仍然把矛头指向马克思学说，否定资本主义经济取代封建经济的所谓简单化和突发性解释，实则否定以资本家掌握生产资料及资本家和劳工的对立等所有制关系和阶级关系，来判断资本主义的性质及其由来变化。其三，关于18世纪发明的起源及其在近代初叶以来商业发展中所占的地位，以及此后近百年内商业支配经济生活的地位被工业取代这两个问题，足以让其他作者流于武断，或让读者涉于冥想，对此给予明晰说明，需要有正确无误评判的第一等史家，不受时代偏见影响。这个说法有点拐弯抹角，但同样把马克思的理论分析，归入流于武断、引发冥想和带有时代偏见影响的类型。

可见，在否定马克思对资本主义的分析方面，比起原著者的委婉和客套，评论者更加直率而严厉。无论原著者还是评论者，讨论资本主义的发展，都是回头看它的起源与历史，因而描述这个发展的多元因素及其渐进、稳固和长期等性质与特征，不仅强调其发生发展的合理性与必然性，还试图抹杀诸如量变转化为质变、革命因素孕育等影响未来发展趋势的其他性质与特征，意在将这种历史上的合理性和必然性，解释为永续的自然特性。此书论证资本主义的起源和发展时所引用的许多史实，如商业、金融及对外殖民开拓的重要性，在经济生活中工业取代商业支配地位的转移，国家政府的助力，人口的增加等，在马克思的著作中都有不同程度的引用，其实问题不在于史实本身，而在于引用者的意图。上述原著者和评论者使用这些史实，同时刻意回避、掩饰或否定资本家攫取生产资料，不劳而获占有劳动所创造的价值，形成资本家阶级与劳工阶级的对立，革命在资本主义经济取代封建经济中的作用等史实，等于预期资本主义的未来发展趋势，排除那些危及资本主义生存的理论要素。所有这些，都成为中译者和中文作序者的理论根据，可以理直气壮地抵制国内推倒资本主义的声浪或打倒资本主义的口号。至此，中译者何以特意将评论者的文章附录于译本，看来评论文章比原著更为明确清晰地否定马克思批评资本主义的学说，正是其中一个理由。

### （三）其他经济史著作

这里列举的三本书，第一本为商业专史，第二、第三本为中山大学政治训育丛书，它们与前书一样，同属经济史类型，故附录于此。

第一本是《中国商业史》，陈灿①编，商务印书馆 1925 年 11 月初版（现存 1926 年 10 月再版本），187 页，列入新学制高级商业学校教科书。编者 1924 年 4 月 6 日作序于厦门大学称：

"编史难事也，编商业史更难，编中国商业史尤难。盖历史根据事实，非可全凭理想，苟非材料丰富，选择谨严，不贻挂漏之讥，即有蹖驳之病"。通史取材较易，"商业史为专史之一，蒐罗史料，限于贸迁，援引群书，易于芜杂，此其所以较难"。编世界商业史，尚不若编中国商业史困难。"欧美各国商业兴盛者，类多注重贸迁之事，故其盛衰递嬗，多有册籍可供参考；中国立国虽古，历史綦长，顾商业非古代所重，纪载多阙焉不详"。如《路史》《绎史》《稽古录》等书，无待论矣；东周列国学术昌明，而经济财政之书，以农家名编；《二十四史》《九通》《图书集成》为我国最大典籍，有食货诸门，但商业纪载极少；至于近世，除海关报告外，精确统计，仍不易得。"蒐集材料之难如此，则中国商业史之编辑诚非易易矣"。近顷商务印书馆编印各种科学课本，编者担任商业史的编辑，"虽旁稽博引，凡古籍中一言一事足以推求当日状况及近世中外统计与中国商业进化及各国在华商业有关者，广为蒐罗，编成一帙，然以编者谫陋，且匆匆脱稿，挂漏之讥，在所不免"。②

可见此书的编辑，缘于商务印书馆出版各种科学教科书的编印计划，由此也促成了据说是中国第一部商业通史的面世。既然是第一部，则编者首先面临的困难，便是史料的搜集、选择和整理，以免重要遗漏或驳杂无序。具体地说，在于从大量

---

① 陈灿（生卒不详），湖南长沙人，曾在厦门大学任教。
② 陈灿编《中国商业史》，商务印书馆 1926 年版，"序"。

典籍中遴选适用于商业专史资料的难度，更在于中国历代不重视商业，反映到各类典籍里，虽有经济财政之类的内容，但商业记载极少或语焉不详，不如欧美各国的商业兴盛时代，注重贸易事务，留下许多商业盛衰更替演变的史册可供参考。对此，作为中国商业通史的创始人，编者采取如下方法："以详今略古为主，故于近世商业，叙述较详"；"限于篇幅，历代商业事迹，不能穷源竟委，惟于重要事实，间志一二语以资警省"；"近世商业，变迁甚多，举凡商业统计，择要列入，聊徵进步而备参考"；"区分时代，系按普通历史区分之法，自邃古至周末为上古史，自秦至于明代中叶为中古史，自明代中叶至于民国十年为近世史"；参考甚多中西书籍杂志；"中国古代重农贱商，无商业专书以供参考"，近世商业虽稍重要，但到最近才开始发现统计表册，"蒐罗材料既难，挂漏在所不免"；"悉用新式标点，以醒眉目"①。这些方法，就不到 200 页的通史类著作而言，只能取径简明扼要，不得展开铺陈，同时从中国远古时代写到 1921 年，也为中国商业史的系统深入研究，奠定了值得后人承续的最初基础。

编者的意图，并非囿于简单地编史，而是赋予中国商业史以更为深远的涵义。这也体现了那个时期国内涌现出各类中国经济专门史的共同背景，为了摆脱困境，谋求经济振兴，必要条件之一是更好地认识中国自己的历史与现实，以便结合国情来选择正确的发展道路。编者在"绪论"中说：中国商业史记载中国历代商业事迹，"考其因果，察其沿革，以备研究之资料，而促商业之进步"。商业方面与欧美相较，"我国发达早而进化迟，欧美开化迟而进步速，其间盛衰消长之理，已非研究历史不可"。"我国历代之商业，亦复时与时异，或由盛而衰，或由衰而盛，均非莫之为而为者，察往知来，执因证果，此商业所以不仅为商业事迹之记载已也"。商业史虽是记载商业的专史，但"人群事业如政治财政教育宗教及农工各业，性质虽殊，关系綦切"。凡此诸端，尽管不属于商业范围，"亦非加以研究不可"。此外"如天时地质，民情俗尚，交通币制以及学说思想，均与商业关系至切，不可不加以考察"。我国商业素乏专书，"尤非旁稽博考不能知其真象"。本书不仅注重商业变迁，"历朝时局治安，政治得失，以及赋税财政币制交通外交等事，凡与商业有关者，均略述大概，盖不独供习商学者之参考，且欲举盛衰得失之故，以为主持商政及经营商业者之龟鉴"②。

---

① 陈灿编《中国商业史》，商务印书馆 1926 年版，"例言"。

② 陈灿编《中国商业史》，商务印书馆 1926 年版，第 1—2 页。

这是把中国商业史的研究，不仅放在考察历代商业史实的因果联系与沿革变迁上，为促进我国商业进步提供研究材料；而且放在研究与欧美比较历史上商业盛衰消长的道理，研究我国历代商业盛衰交替的由来起因与相应结果，研究不属于商业性质却相互关联的各种社会与经济事业，研究与商业关系密切的自然条件、民情风俗、经济制度及学说思想，包括略述治安形势、执政得失、外交关系及各种经济政策等广泛范围上，弥补我国素来缺乏商业专书而难以了解商业真相的不足，其经验教训，除了可供学习商学者参考外，还可供主持商政及经营商业者借鉴。如此研究，等于把商业放到牵动中国整个制度环境或为整个制度环境所牵动的关键地位，由此带来的启示，引人深思，亦可见编者治中国商业史所蕴含的心志抱负。

编者又在"结论"中说：本书记载中国数千年商业的变迁递嬗，"虽未能穷源竟委，详细靡遗，然其盛衰得失之故，亦可藉以推求"。我国发达最早，得天独厚，发展商业所不可少的人口、物产、幅员、河流等，"莫不应有尽有"；历朝兵力强盛时，若能利用军威远震的时机力图发展，"商业振兴，宁有涯涘"？近世反逊于欧美各国，"最重要"的原因，一是学说影响。"我国重农贱商，相沿甚久，……农商两业，轩轾显然，商业遂无人注意"。二是崇尚俭朴。生产所需满足于本地自给，"不必有贸迁有无之事，此商业所以不振"。三是地势阻隔。上古中古的世界商业已盛极一时，且已开辟欧亚商途，"中国迄未加入，此亦商业进步迟缓之一原因"。四是无商业竞争。中国与国外民族通商时养成倨傲习惯，"睥睨一切，以中国工商各业登峰造极，遂无力求进步之意"。五是外力压迫。中国沿袭"轻视商业，又复庞然自大"的习俗，不知国外有强大民族，一旦国势衰微，外患侵入，国内商业毫无准备，"一任各国扩张其势力，不能与之抵抗"；起初"冥然罔觉"那些条约条款"皆足制我国商业之死命"，"以后觉悟，急谋改革，然时机已失，极难挽回"，"税权早已丧失，关税不能自由，外商势力日张，根本十分稳固，优劣势殊，胜负已判，欲谋发展，已极难矣"。面对"我国商业不振之重大原因"，"果无挽救之法乎？则殊不然"。"惟救济之方，不易实行"。近年内乱频仍，兵连祸结，土匪横行，哀鸿遍野，不独商业不能振兴，且难维持现状，时局治安关系商业甚大，"此平定内乱为振兴商业之最要者"。清末外交失败，赔款割地，影响妨碍商业最大者，为江宁条约以后所缔商约，便利外商，箝制本国商业，外商得利甚多，本国商人反受束缚，"为渊驱鱼，为丛驱雀，此商约之必须修改"。我国税制不良，本国商人须纳出口关税，加上厘金杂税及各地军阀横征暴敛，负担极重，成本甚多，不能与他国竞争，"改革税制，以恤商艰，亦振兴商业最要者"。欧美商业兴盛国家，极力提倡轮船铁路电话电报等，进步甚大，我国交通事业不能与之齐驱并驾，影响到商业，"此亦振兴商业者所宜注意"。币制关系极大，我国币制仍极紊乱，在近年日益繁多的国际贸易与债权债务关系中所受损失日多，影响商业更大，"谋汇兑之便利，促商业之发达，又非改革币制不可"。金融机关更为切要，英美等国在华莫不设立银行，以助商业发达，我国海外则无金融机关，债权债务清偿，款项汇兑，悉赖外国银行，利权外溢，深感不便，"此海外金融机关急宜设立"。商业兴盛之国不仅本国商情消息灵敏，国外商业亦由本国商务参赞外交人员及领事等官调查考察，详细报告，我国虽有国外领事，甚少商业报告，国外商情不免隔阂，"此亦振兴商业者所宜注意"。上述各种振兴商业之道，"实为切要之图，果能逐渐施行，则商业振兴，可操左券，中国商业史上，必辟一新纪元"。①

　　这本《中国商业史》篇幅不大，却从记载中国数千年商业变迁演化的简要史实中，颇具说服力地推求出盛衰得失的理由，特别是中国历史上拥有众多商业优势或良好条件，何以到近代反而落后于欧美各国的五大原因。前四个原因如重农贱商思想、崇尚俭朴习俗、地势阻隔限制和缺乏商业竞争意识，系指自古以来阻碍我国商业发展的主客观原因，虽提到民间传统相沿和客观地理因素，但矛头主要指向历代统治者的保守、愚昧、封闭和倨傲。第五个原因外力压迫，实为近代以来国内当权者的昏聩与国外列强的侵略共同制造的产物，也是国势衰微后给我国商业带来灾难性危害的更重要因素，以致书中对于国内商业被不平等条约扼住命脉，不能抵抗各国势力的扩张，极难挽回已经失去的改革时机，或者极难改变外商在华势力基础稳固和优势明显的局面，流露出某种悲观情绪。不过此书的可贵之处，在于不气馁不放弃，相信有挽救或救济我国商业不振的方法，尽管认为它们实行起来不容易，仍表现出某种乐观心境。这些方法，大多指向上面第五个原因，包括平定内乱，修改商约，改革税制，改革币制，设立海外金融机构，建立国外商情报告制度等，实际针对的是国内封建势力和国外帝国主义侵略势力，意在为我国新兴资产阶级在艰难条件下，争取相对有利的商业经营环境。编者认为，如能逐渐施行这些确切扼要的谋略，就有把握振兴商业，并将在中国商业史上开辟一个新纪元。看到这里，可以明白，编者的信念，立足于现行制度下能够逐步清除障碍和改善营商环境，而且一面诅咒外患侵入，一面又以外患背后的欧美国家作为这种改善的效法榜样。当时国内出版的著作分析中国国情，业已提出打倒封建割据军阀和废除不平等条约的政纲，而此书谋求振兴商业，还在指望由军阀政府平定内乱，同帝国主义各国协商修改不平等条约，让勾结列强的现行统治势力落实各项经济改革政策，这种妥协态度与渐进改良主张，恰是新兴资产阶级利益代表者的一个明显特征。所以，像《中国商业史》这样的专书，以开辟新的学术领域与探求适合国情的经济发展方式相结合，既代表新兴资产阶级的利益来对抗国内封建势力和国外侵略势力，在一定时期和范围内成为马克思主义经济学传播道路上的同盟者，又带有资产阶级妥协调和与社会改良的特性而屈服于现有支配势力，从而必将与马克思主义经济学的传播分道扬镳。

第二本是《现代中国经济略史》，陈友琴[1]著，中山大学 1927 年版。这本国人自撰的小册子，41 页，包含"甚么是中国经济史""我国人口的现象""我国农业的衰落""我国工业的进化""我国的劳动组合和劳动立法""结论"6 章。

此书定义"经济史是历史的一种，专研究人类社会生活的现象中，以最小的劳费，求最大的效果做动机所做出来的经济行为的过程和发展"。又将经济行为的研究，分为几类："专研究个人的经济行为，叫做个人经济学或私经济学，比方商业学家庭经济学等。研究一个社会或人类团体的经济行为，叫做国民经济学，比方本党孙总理所创的民生主义，是谋民族全体生活的发展。换句话说，就是谋人民的生活，社会的生存，国民的生计，群众的生命的向上。研究一个国家的经济行为，叫做国家经济学或财政学"。国民经济学研究的内容也分为两种：一种是系统的研究，比方研究普通经济现象的原理，叫做经济学原理；研究国家或政治团体在某个时代所采用经济行为的方法，叫做经济政策。一种是发展的研究，比方研究国民经济思想的发展，叫做经济学史；"就过去的经济现象，研究其发展和变迁的痕迹，叫做经济史"。[2]

这是仿照舶来经济史著作，研究我国现代经济的发展概况。其理论依据同样按照西方流行的经济学原理，专注于历史上人类经济行为的动机是用最小的成本获取最大的效益，以此原则来研究人类社会生活的发展过程。既然只关注研究过去经济现象的发展和变迁痕迹，不重视在此基础上研究经济活动的规律，也就谈不上应用

---

① 陈友琴，北京大学经济系毕业，曾任《北京大学经济学会半月刊》编辑。
② 陈友琴著《现代中国经济略史》，中山大学 1927 年版，第 3—4 页。

马克思主义经济学的研究方法。同时由于信奉孙中山的民生主义，为了体现其谋求人民生活、社会生存、国民生计向上即整个民族生活发展的思想，书中不仅整理人口、农业和工业等方面的经济现象，还将劳动组合和劳动立法方面的发展变化也列入其中，算是一个特色。此书可视为中国经济史研究的早期探索，但过于简略，充其量只能看作一个入门的提纲。

第三本是《近代欧美社会经济之组织及其发展》译本，Charles Gide（即夏尔·季德）著，何思源①译，中山大学 1927 年版。

关于法国经济学家季德的著作，此前曾有多本翻译介绍到国内，对其理论观点已有大致的了解。现在这个译本，253 页，除"绪论（十九世纪的社会经济）"外，分工资、生活、安全、独立 4 章。有人评介说，这本书依照"四个大运动"，即"为增进工人劳动生活的运动（工资），为改良工人社会生活的运动（生活），为顾全工人将来安全的运动（安全），为维持工人独立地位的运动（独立）"，详细叙述近代欧美社会经济的组织及其发展，"材料极为丰富，很可以供我们注意民生问题的同志的参考"②。可见此译本的主旨，延续了著者此前几个译本的精神，无须详述。

既然这个译本引入国内，提供给注意民生问题的同志参考，那么在引入者看来，它的思想倾向应与民生主义相关联，或者说，季德的经济学说所排斥者，亦为引入者所警惕。这个推论，可见林霖③1927 年 7 月 17 日所作的序言：

"孙总理一生努力国民革命，他的目的，是在于求中国的自由平等，三民主义的实现；换言之，就是要把中华民族自帝国主义及其工具军阀的重重压迫下解放出来，使人民在政治上的立足点一律平等，并使人民一律均等底得到良好的生活与幸

---

① 何思源（1896—1982），山东菏泽人；1915 年考入京师大学堂，1919 年考取官费留美生，1922 年去欧洲，次年入柏林大学研究政治经济，1924 年到巴黎；1926 年回广州，任中山大学教授兼图书馆馆长；1927 年加入国民党，任山东省党部改组委员会委员兼宣传部长，1928 年任国民革命军总司令部政治训练部副主任兼法科主任，同年任山东省政府委员兼教育厅长；抗战期间在鲁北一带组织抵抗，1944 年任国民党山东省政府主席兼保安司令，1945 年当选国民党中央监察委员，1946 年任北平市市长，1949 年为北平市和平谈判首席代表；新中国成立后任全国政协委员、民革中央委员等。

② Charles Gide 著，何思源译《近代欧美社会经济之组织及其发展》，中山大学 1927 年版，林霖"序"。

③ 林霖（1905—1970），广东梅县人；1926 年从上海大夏大学商学院毕业后，任职中山大学；1930 年留学美国俄亥俄州立大学，1931 年获经济学硕士学位，1934 年获经济学博士学位，1935—1937 年任布鲁金斯研究院研究员，1938 年任纽约中国经济社会咨询委员会研究员，次年任中国国民党宣传部驻北美办事处研究组专员，不久升主任；1947 年回国任国民党宣传部秘书，1949 年任台湾大学经济系教授至去世。

1920—1929 从民国著作看马克思主义经济学的传播

福，更进而造成一个世界的大同的社会"。总理手定的建国大纲第二条说：建设首要在民生，民生问题不解决，国民革命仍不能算作完全成功。因此，"我们对于民生问题不可不下深刻的研究，以求得一个完满解决的方略"。

民生问题就是社会经济问题。工业革命以后，欧美各国的社会经济问题日益扩大而紧张，遂兴起解决这个问题的各种社会运动。"欧美各国是经济发达的国家，故他们的社会经济问题是着重于公平的分配，我们中国之经济落后且受资本帝国主义压迫与侵略的次殖民地，故中国的社会经济问题是一方要求生产的革命，财富的增加，一方要求分配的公道，防止欧美私有资本主义祸害的再生，同时更要求脱离国际资本帝国主义的束缚，求得自由发展的机会"。因此我们所应采行的解决方法，自不能盲从照抄各国的成法："苏俄的无产阶级专政固不适于我国，即其他欧美各国现行的社会政策，亦非足以根本解决中国的民生问题"。最适当的是"参考别人的成法与经验，按照自己的实际状况和需要，以计划解决的新方法"。所以孙总理"在一切社会主义之外，另创民生主义"，写出平均地权与节制资本二个原则，并在政纲内列举扶助农工的多条政策。本党主张以党治国，以党执行解决民生问题的一切政策，而本党同志包含农工商学兵各界觉悟的分子，联合中华民族一切觉悟的革命的民众，以求根本解决中国社会经济问题，即求中华民族全体的生存和幸福。"这显然和苏俄的劳农专政及欧美各国的少数贵族财阀或军阀专政，以求社会经济问题的解决者完全不同。这是我们要特别注意并须彻底了解的"。总理在时对于解决中国的社会经济问题即民生问题，不过指示几个大原则和几种大体计划。至于详细的具体计划和积极实现它的工作，我们要负起完全的责任。我们定方法要按照自己的实际状况和需要，同时也应参考别人的成法和经验，因此特将这部书付印，并介绍给各位读者。①

此序遵行孙中山的教导，以三民主义作为我国摆脱帝国主义侵略和封建军阀压迫，实现人民政治上一律平等，经济上共同幸福，进而造成世界大同社会的指导思想，尤以解决民生问题为建国之首要。随后比较我国与欧美国家解决民生问题的方法之不同，欧美各国由于经济发达，解决的重点在于公平分配，而我国因为经济落后，既要解决生产发展问题以增加财富，又要解决分配公道问题以防再生欧美资本主义的祸害，更要解决帝国主义的束缚问题以求自由发展机会，所以不能盲目照抄

---

① 何思源译《近代欧美社会经济之组织及其发展》，中山大学 1927 年版，林霖"序"。

其他国家的做法。说到这里，都是合情合理，言之有据。接着话锋一转，首先把苏俄无产阶级专政的解决办法排除在外，认定这是最不适合我国的办法，然后又说欧美各国所实行的社会政策也不足以从根本上解决中国的民生问题。此序的写作时间恰好在四一二反革命政变发生后不久，受当时联俄联共的形势逆转而掀起反俄反共风气的影响，序中对于孙中山参考别人的经验，根据自己的实际情况和需要而另创民主主义的新解决办法的解释，也开始发生变化。如强调民生主义在一切社会主义之外，体现平均地权和节制资本的原则与扶助农工的政策，就撇清了与联俄联共的关系；同时强调解决民生问题要包含或联合各界或全民族的一切觉悟分子，意味着不能从某个阶级或少数人的利益出发，这也是特别针对苏俄的劳农专政像欧美各国的少数贵族财阀或军阀专政一样，无法根本解决社会经济问题即同时解决全体民众的生存和幸福。在这里，虽然认为欧美各国的资产阶级专政同样存在弊端，其社会政策也不足以为中国所效法，但主要矛头指向了苏俄无产阶级专政。序中推荐参考季德的著作，其合作主义的主旨，既然不要求推翻资本主义经济制度，则参考的寓意，仍是解决中国民生问题，首先要拒绝苏俄模式。此时的拒绝，尚属初露端倪，将反对苏俄的无产阶级专政与反对欧美各国的资产阶级专政捆绑在一起。此后在反对者的著作里，愈益不加掩饰，专门抨击苏俄模式而对欧美模式青眼相待。

## 四、《资本问题》

吴应图①编的这本书，在他去世后，1926 年 4 月由上海中华书局初版，列入常识丛书，现存 1929 年 4 月第 3 版。

此书"例言"称："资本为人类满足欲望之要具，其范围至广。本编自资本之意义起，迄乎资本主义的生产之崩坏止，计七章。问题由浅而深，叙论自简至详，条分缕析，阅之可一目了然"；"本编理论与事实，均由著者以锐利之目光，根据现实社会考察而得，故语语皆有经验，阅之可以正确明了资本在社会上之价值，及其趋势"；"凡一问题之学说分歧者，如资本意义之解释，资本与土地之关系，资

---

① 吴应图（1885—1925），湖南邵阳人，早年从家乡私塾到省城求学，后留学日本就读山口高等商业学校商贸科，1914 年左右毕业回国；1915 年任北京《中华新报》记者，后任上海《中华新报》经理，其间当选北京政府议员，1916 年以议员身份在上海参加政学会；1920 年代初获北京政府授予的会计师证书，嗣后在上海开设吴应图会计师事务所，兼任上海几所高校的经济学与会计学教授；1925 年发起成立上海市中华民国会计师公会，当选理事；在社会学、经济学和会计学等领域的不少著作去世后才出版，被认为是中国审计的拓荒者。

本构成之原因等，皆列举各说，评其得失，俾阅者得以折衷参考"；"马克思之资本复生产论，及资本主义的生产之崩坏，为资本问题之最重要者，本编叙述特详，以便阅者深造研究"；"本编有与本局出版常识丛书之《利息问题》关联处，阅者可并读而对照之"。①

这个例言，非作者所写，或许由校对者代言。从介绍看，此书作为常识读本叙述资本问题，体现由浅入深、自简至详、条分缕析、一目了然的特点；根据现实社会的经验来考察资本的理论与史实，说明资本的社会价值及其趋势，列举各种学说有关资本问题的分歧来分析其得失，供折衷参考；特别是详细叙述马克思关于资本再生产及资本主义生产崩坏的理论，作为最重要的资本问题，以便进一步研究。本书一大特色，把马克思的资本理论当作资本问题的最重要部分，列入常识性读本。这样一来，作者本人不必信奉马克思经济学说，但随着常识读本的普及推广，马克思经济学说也由此得以扩散。

**（一）内容简介**

此书 7 章，分别是"资本之意义"（含"财产与资本之关系""资本与土地之关系""生产资本与死资本""国民经济上之资本与私经济上之资本"4 节），"资本之种类"（含"流动资本与固定资本""运转资本与设备资本""生产资本与营利资本""增加性资本与不增加性资本""有形资本与无形资本"5 节），"资本之构成"（含"资本构成之原因""资本构成大小之原因"2 节），"资本之效用""资本之发生及消灭""资本聚集之必然倾向"（含"资本之聚集集中及积蓄""所谓结合生产费之理论""固定资本之使用与生产费之结合""一般工业与结合生产费之关系"4 节），"马克思资本复生产论"。第 7 章篇幅达 42 页，几占全书 110 页篇幅的 40%。

除第 7 章专论马克思的资本理论外，其他章节，也不时论及马克思的观点。比如，第 6 章第 1 节叙述"资本之聚集集中及积蓄"，有如下内容：

资本的聚集过程逐渐加速，"此为资本主义经济组织之一种必然倾向"。所谓资本聚集，意指"一单位事业所用资本分量之增大，而事业之规模，亦随所用资本而增大"。在资本主义经济组织下，所谓有资本聚集的必然倾向，即所谓事业的规模有愈益扩大的必然倾向。某一单位事业所用资本分量的增大，即所谓"资本

---

① 吴应图编，方钦照校《资本问题》，中华书局 1929 年版，"例言"。

之聚集"，与某一资本家所掌握资本分量的日益增大，即所谓"资本之集中"，存在明显差别。如某事业为大规模的股份组织，其股份由多数股东分别持有，资本诚然聚集，却未出现资本的集中。

马克思的用语，"于资本之聚集、资本之集中而外，有所谓资本之积蓄，其意与资本之增殖相同。资本家于其所新获之剩余价值，除消费一部分外，化其一部分为资本，于是新资本成立，此马克思所谓资本之积蓄"。马克思时代，股份公司的组织尚未大盛，他对资本的聚集，"不以一企业为单位，而以一资本家为单位"。以为资本的聚集有两种："因资本家之积蓄而生新资本者，与因资本家抢夺他资本家所有之现成资本而生新资本者，遂单指前者为聚集，而后者为集中"。大概以为，"资本之聚集，有出于资本之积蓄者，与不出于资本之积蓄者，于其不出于积蓄者，特名之曰集中。今使资本之积蓄行，而又用诸产业资本，则生产规模，必随之扩张，而所谓生产规模之扩张，即资本之所以聚集"。由此而言，"资本之积蓄与聚集，殆同一事"。故马克思说："逐次积蓄，即新积蓄之手段。而资本之积蓄，既增加富（用充资本）之分量，且扩大各资本家掌中富（用充资本）之聚集；此种聚集，直接出于积蓄，或竟与积蓄同，是有两特征焉"。把"资本家因自行积蓄资本，而增大其所营事业之资本聚集量"，称为"单纯聚集"或"与积蓄同义之聚集"。聚集也有不属于"单纯聚集"及"与积蓄同义之聚集"的，此即"原有资本之聚集"。此类资本废止各自的独立性，系"资本家对资本家之抢夺，与多数小资本家化为少数大资本家"。"资本一方面脱离多数人之手，一方面增大于一人之手，此则固有之集中，与积蓄及聚集，皆有分别者"。观此说明，"可知马克思所谓资本之聚集、积蓄、集中之意义"。

今日股份公司发达，资本的聚集，除直接出于积蓄与集中外，有其他方法能行之，"故吾人用诸语时，以脱离马克思说明之字面解释为宜"。这里所谓资本的聚集，意即"某一单位事业所用资本分量之增大，而其事业规模因而扩大"，至于其资本如何增大及属于何人，"所不问也"。"资本之积蓄，为新资本之造成及其增殖之意。资本之集中，为一资本家所握资本分量增大之意。夫资本之积蓄、集中、聚集各问题，固皆有密切关系；但兹所述者，则为资本聚集问题"。①

以上内容，颠来倒去地引用资本的聚集、集中与积蓄或增殖概念，这在马克思的今译用语里，指的是资本的积聚、集中、积累和增殖。根据马克思学说，所谓资本增殖，即预付资本经过生产过程增大原有的价值，这个增大的部分是工人劳动所创造的剩余价值；所谓资本积累，即剩余价值转化为资本，这是资本主义扩大再生产的源泉；所谓资本积聚，即通过剩余价值资本化以增大个别资本总额，是个别资本增大的一种途径，亦即个别资本积累的结果；所谓资本集中，即已经存在的资本合并成一个更大的资本，是扩大个别资本总额的一种形式，通过大资本吞并中小资本和组织股份公司来实现，它与资本积聚不同，只改变资本在资本家之间的分配，不增加社会资本总量。马克思的这些概念，本来相互关联，归于资本主义积累的一般规律，而此书这一节，不知何故，刻意突出其中的资本聚集即资本积聚问题。这一节还特别强调，马克思时代的股份公司组织不如今日盛行，而大规模的股份公司乃由多数股东分别持有股份，属于资本的积聚，不是资本的集中。这个说法，同马克思关于资本积聚为个别资本通过剩余价值资本化以增大其总额，资本集中为个别资本通过大资本吞并中小资本和组织股份公司来合并已经存在的资本以扩大其总额的定义，恰好相反。马克思本已把组织股份公司作为资本集中的一种形式，可是此节偏偏说众多股东持股的股份公司是资本积聚而不是资本集中。其潜在之意，马克思的资本理论已经过时，不能适应股份公司发达后的资本变化情况；其公开之意，不必按照马克思关于资本积聚以及资本积聚和集中的说明来解释企业规模随着资本分量的增多而扩大的现象，也就是不必过问资本如何增大以及属于何人的问题。概言之，只须了解资本的积聚增加企业所用资本的分量，扩大企业的规模即可，无须了解这种积聚通过剩余价值转化为资本而来，也无须了解剩余价值属于资本家阶级。这样脱离马克思的剩余价值学说来谈资本的积聚，无异于脱离资本的内在实质而专注于其外在的表面现象。

不论如何，此节论述资本的聚集、集中及积蓄，终究围绕马克思的资本积累理论而展开。尽管摘引马克思的原意或原话，有失完整和准确，却接触到此前国人介绍《资本论》时，较少关注的内容。这些内容大多见于《资本论》第一卷，譬如：

此节说明马克思所谓资本的积蓄，指资本家在新获得的剩余价值中，除用于消费部分，其余部分转化为资本，形成新的资本。《资本论》的表述是："把剩余价值当作资本使用，或者说，把剩余价值再转化为资本，叫作资本积累。"[1] 此节引

---

[1] 《资本论》第一卷，人民出版社 2004 年版，第 668 页。

用马克思一大段话，说明资本聚集、积蓄与集中的意义。《资本论》的表述是："每一个积累都成为新的积累的手段。这种积累随着执行资本职能的财富数量的增多而扩大这种财富在单个资本家手中的积聚，从而扩大大规模生产和特殊的资本主义的生产方法的基础。社会资本的增长是通过许多单个资本的增长来实现的。……这种直接以积累为基础的或不如说和积累等同的积聚，有两个特征。第一，在其他条件不变的情况下，社会生产资料在单个资本家手中积聚的增进，受社会财富增长程度的限制。第二，社会资本中固定在每个特殊生产部门的部分，分在许多资本家身上，他们作为独立的和互相竞争的商品生产者彼此对立着。……社会总资本这样分散为许多单个资本，或它的各部分间的互相排斥，又遇到各部分间的互相吸引的反作用。这已不再是生产资料和对劳动的支配权的简单的和积累等同的积聚。这是已经形成的各资本的积聚，是它们的个体独立性的消灭，是资本家剥夺资本家，是许多小资本变成少数大资本。这一过程和前一过程不同的地方就在于，它仅仅以已经存在的并且执行职能的资本在分配上的变化为前提，因而，它的作用范围不受社会财富的绝对增长或积累的绝对界限的限制。资本所以能在这里，在一个人手中膨胀成很大的量，是因为它在那里，在许多人手中丧失了。这是不同于积累和积聚的本来意义的集中。"①

对比原文，此节的摘引支离破碎。马克思的原意，借此说明资本主义积累的一般规律，即资产阶级的财富积累同无产阶级的贫困积累之间的内在联系和必然性。此节的摘引，只是借助马克思的原话来说明资本的积累、积聚与集中之间在形式上的关系，所谓以脱离马克思说明的字面解释为宜，无非是摆脱马克思有关资本积累的阶级属性的解释。

再看第6章第4节"一般工业与结合生产费之关系"，说到资本主义的组织本体，存在排除竞争而趋于独占的因素，有如下论述：

自由竞争为资本主义的保护神，生产上资本主义的各种长处，惟以自由竞争为前提，始能有所保证。但某一事业所用固定资本的总额愈多，同业竞争愈不能行；即使能竞争，亦必经过马克思所说的行程，"现成资本之各别独立性之废止，资本家对资本家之抢夺，多数小资本家之化为少数大资本家"，竞争之为物，乃自然废止。一般生产界重要的固定资本，产生如下倾向：机械的发明及其应用范围的扩张，与技术的进步，皆以急剧的势力，增加生产手段（即积蓄固定资本）的分量。

---

① 《资本论》第一卷，人民出版社2004年版，第721—722页。

近代工业的各种重要产业，无不拥有巨大的固定资本；也只有需要巨大固定资本的产业，才是重要产业。惟其如此，"资本主义之发展，其必然倾向之一，即排除一切重要产业之自由竞争。所谓自由竞争，不期而增进社会全体利益者，早成过去之格言"。需要固定资本性质的经营，小规模事业必为大规模事业所压倒；此类各种企业，膨胀为联合，进而为合同，最后乃成混合经营，"此则资本主义经济组织下，资本聚集之必然倾向"。"竞争废而独占兴，小规模事业废，大规模事业兴，此即资本主义之组织本体中，有自坏作用之活动。资本主义组织之本身，准备自动的转为社会主义之意也。彼以自由竞争之利益，为资本主义之辩护者，果何所见而云然乎"？①

此节论述，认为资本主义经济组织，随着固定资本增多从而企业规模扩大，势必排除曾经作为资本主义保护神的自由竞争，通过资本积聚而趋于独占，为自动转向社会主义准备了内在破坏因素。其中引用马克思原话并驳斥资本主义辩护者以自由竞争为理由的论据，应出自《资本论》第一卷"资本的积累过程"一编末尾，有关"生产资料的集中和劳动的社会化，达到了同它们的资本主义外壳不能相容的地步。这个外壳就要炸毁了"② 那一大段的著名论断。比较起来，此节论述有所不同，除了突出固定资本的不断增加体现出资本主义本体含有排除自由竞争的必然倾向之外，一则坚持以资本积聚而非资本集中来说明资本主义经济组织的独占或垄断现象，二则把资本主义向社会主义的转化，说成"自动"实现的过程而不是联合和组织起来的工人阶级的反抗过程。

**（二）关于马克思资本再生产理论的评介**

此前国内介绍马克思经济学说的著述，专门介绍马克思的再生产理论者，十分少见。吴氏书中称马克思这一理论为"资本复生产论"，单列一章，作为最重要的资本问题予以介绍，并占有最大篇幅，值得认真考察和分析。

这一章含7节，第1节"产业资本之循环"：

"欲研究资本之复生产，必先知产业资本之循环。所谓产业资本，即投于各种生产业之资本"。依照马克思的说法，"资本种类虽多，然其利润之生，无不由于产业资本之循环"。产业资本的循环形式：G—W( = Pm + A)…P…W′—G′。资本家以一定货币资本 G，购买包含生产手段 Pm 及劳动力 A 的商品 W，成为生产资本 P，

---

① 《资本问题》，中华书局1929年版，第67—69页。
② 《资本论》第一卷，人民出版社2004年版，第874页。

经过劳动力的工作，再变为商品资本 W′，出卖后复归为货币 G′。终点的货币 G′，与起点的货币 G 比，其价值有差别即 G＋g，增加的 g 是利润，否则资本家终年辛劳无意义。利润从哪里产生？根据前面的循环形式，前半部分为货币与商品的交换 G—W，后半部分为商品与货币的交换 W—G。如果利润发生于商品与货币的交换，则资本家最初以自己的货币交换他人的商品，等于让他人获利，或最后以自己的商品交换他人的货币，等于让自己获利，"前亏后赢，毫无所得"。因此利润的产生，不在前半部分及后半部分的交换过程，在于中间的生产过程，最初卖的商品 W，加上劳动者的工作，产生别种商品 W′，这才是利润发生的根本原因。资本家的独占之业购入一定商品投入生产而产生别种商品，此别种商品当然能够附加独占价格，"资本家可用生产费以上之价格，贩卖其物，由此而得利润"。最初所购商品（W＝Pm＋A）的价格，如果也是生产费以上的独占价格，则资本家应当将利润让与他人，"两抵之后，仍无所得"。因此，资本家要得到利润，第一必须自己所卖的商品是资本家的生产品，含有一定的独占价格；第二必须自己所买的商品（Pm＋A），至少有一部分不是资本家的生产品，具有和生产费同等的价格。"马克思所假定之纯粹资本主义的社会，除劳动力（A）之外，一切商品，皆为资本家的生产品；盖此时社会分为资本家及劳动者二阶级，故能供给非资本主义的生产之商品于市场者，惟有以其自己劳动力为商品之劳动者也。故马克思说明剩余价值之成立，惟注意于劳动力之购买"。

"以上所言，为产业资本之循环，但产业资本之外，尚有商业资本及利贷资本"。产业资本的循环形式，最初是货币与商品交换，最后是商品与货币交换。交换过程的某一部分，如果因分工结果而独立，专属于与生产毫无关系的商人，则商人可用其独立资本从事交换，这种独立资本称为商业资本。商业资本的循环形式是：G—W—G′。借贷资本是拥有货币者自己不生产，将货币贷给产业资本家或商业资本家而取得一定利息。借贷资本的循环形式是：G—G′。"资本种类虽多，然资本家的利润之本源，则无一不在于产业资本之运转。盖商业资本家，流通运转产业资本家所生产之商品，而取赢余；利贷资本家，不过贷其资本于产业资本家或商业资本家，而取利息也。故曰全部资本家所瓜分之利润，无不生自产业资本之循环形式中之生产行程中"。①

--------

① 此节引文均见《资本问题》，中华书局 1929 年版，第 69—74 页。

此节介绍，进入《资本论》第二卷的内容，主要介绍第 1 编第 1 章货币资本的循环，通过货币资本循环的公式 G—W…P…W′—G′，说明第一阶段的 G—W 和第三阶段的 W′—G′属于流通过程，交换中产生的赢亏，相互抵销，不产生利润；利润产生于第二阶段的生产资本 P 的职能，让所购买的劳动力 A 在生产过程中使用生产资料 Pm 以创造剩余价值，剩余价值才是利润的来源。附带介绍商业资本和借贷资本的利润，均以生产资本的利润为其本源，又涉及《资本论》第三卷的有关内容。这个介绍不是严格按照《资本论》的内在逻辑，掺入介绍者自己的理解、选择和表述方式，但总体说来以《资本论》的论述作为依据。这种特点，也贯穿于后面的介绍。

第 2 节 "各种生产业圆滑进行之两条件"：

产业资本由前述循环公式而产生利润，资本家要让利润源源不断地产生，必须反复前面的循环运动。资本在这种循环运动中，变为新商品，所以资本家要反复产生利润，必须反复生产商品，此即商品的再生产（原称"商品之复生产"）。商品的再生产可分为两种：生产规模与以前相同；生产规模比以前扩大。产业资本经过一次循环，原来的 G，增加为 G + g。此时资本家若消费全部利润 g，只以原先的 G 投入产业，生产规模依然如旧，毫不扩张，此即简单再生产（原称"单纯复生产"）。反之，资本家若不消费全部利润，以其一部分化作资本，加入原先的 G 投入产业，生产规模比以前扩大，所生产的商品分量也必然比以前多，此即扩大的再生产（原称"扩张复生产"）。这时可以实现资本的积累。

生产规模虽说可以扩张或照旧，但根据上列公式，产业资本继续运用，必当时时脱离货币形态，又必当时时复归于货币形态。直言之，产业资本家一面须从他人那里购买生产资料，一面又须出卖制造品给他人。如果时买时卖即循环运动的始点与终点，不能圆滑进行，社会全体资本的再生产，也难圆滑进行。所以资本主义的生产若要圆滑进行，必须具备以下两个条件：一是"社会之生产力与社会之消费力互相平均"。社会所生产的财货，可分为生产资料与消费资料两种，前者用于生产他种财货如织布机械，后者用于供给人类生活如布帛之类。生产资料中，有直接生产消费资料的，如织布的纱；有生产生产手段的，如纺纱的纺织器械及制造纺织器械的铁。铁为生产纺织器械的手段，纺织器械为生产棉纱的手段，棉纱为生产布帛的手段，生产资料不能说全部是直接生产消费资料的手段，却必然是间接生产消费资料的手段。消费资料找不到买主，一切生产资料的生产，皆难进行。如布帛不能出卖，则织布之人不能购买棉纱，纺纱之人不能购买纺织器械，制造纺织器械之人也不能购买铁。所以说，"一切之生产手段，无不朝宗于消费，而社会之生产力，常受社会消费力之制限"。二是"各种生产业之比例的关系"。资本家要按照上述循环公式运用资本，必须让各种生产上所必要的商品，继续供给于市场，尤须保持一定的比例关系。生产生产手段的资本家，若要继续生产，必须购买原料 Pm 和劳动力 A，同时必须有人生产此类原料及劳动力所有者的消费资料；反之，生产消费资料的资本家，若要继续生产，必须购买生产手段以补充每年的消耗，同时又必须有人生产此类生产手段。"否则，生产不能进行，而资本家之剩余价值，不能获得"。

"综上所言，即剩余价值之创造，受社会生产力之制限；剩余价值之实现，受社会消费力之制限；而其中，则各种生产业之比例的关系，对于一定生产业，一面保其得购原料品，使其可得创造剩余价值，一面保其得卖制造品，使其可得实现剩余价值"。①

此节介绍，可见《资本论》第二卷第 1 篇第 2 章生产资本的循环中有关简单再生产、积累和规模扩大的再生产等内容。所谓资本主义再生产顺利进行的两个条件，即社会生产力与社会消费力的互相平衡，以及各种产业之间的比例关系。介绍者依据马克思的论述而概括的要点，旨在说明剩余价值的创造与实现，分别受到社会生产力与社会消费力的限制，这种限制里，还包括各种产业内部须持续符合相应的比例关系，如得以购买生产资料才得以创造剩余价值，得以卖掉生产品才得以实现剩余价值。

第 3 节"生产业之二大部门"：

在产业资本循环的上述方程式中，资本家购买商品的资本，可分为购买生产资料的资本和购买劳动力的资本。前者称为"不变资本"，后者称为"可变资本"，二者相合所生产的商品，比最初投下的资本，价值大有增加，增加的价值，称为剩余价值。用 C 表示不变资本，V 表示可变资本，M 表示剩余价值，其方程式为 C + V + M。就特定产业的生产资本看，生产物全是同类商品，如制糖业的生产物都是糖；按照产品的物理成分，不能区分哪一部分为 C，或为 V，或为 M，只能用来表示产品价值的构成分子。这个方程式如果从社会总资本的全部生产物来看，既可表示生产物的价值的构成分子，又可表示生产物的实质的构成货物；C 表示生产资

---

① 此节引文均见《资本问题》，中华书局 1929 年版，第 74—79 页。

料，V 表示劳动者所需要的消费资料，M 在简单再生产时，表示资本家的消费资料，在扩大再生产时，表示资本家的消费资料及生产扩张时用于生产的生产资料和用于劳动者的消费资料。可见，社会总资本的全部生产物，不出于生产所用的生产资料，劳动者所用的消费资料，资本家所用的消费资料。"简言之，即社会总资本之全部生产物，不外生产手段及消费资料二种"。"社会之资本家，亦可归结为'生产手段'之生产部门，及'消费资料'之生产部门。二大部门所生产之货物，虽有'生产手段'及'消费资料'之别，然'生产手段'及'消费资料'之价值之构成分子，皆可用'C+V+M'之方程式表之"。马克思的再生产论，即由此而发。①

此节介绍，主要见《资本论》第二卷第 3 编第 20 章"简单再生产"前 3 节有关社会生产两个部类的内容。介绍者从资本划分为不变资本和可变资本两部分及其所产生的剩余价值入手，叙述它们在社会总资本的生产品中，分别表现为物理或物质与价值的构成成分，由此引出马克思再生产理论中有关社会生产的两大部门概念。马克思把社会生产划分为生产资料生产和消费资料生产两大部类，意在说明两大部类之间相互依存、相互制约，生产资料及消费资料的供给与需求，应保持平衡，一旦出现不平衡，将影响两大部类内部和两大部类之间的比例均衡，从而影响整个社会再生产的顺利进行。介绍者的叙述，似乎有点舍本逐末，又或许是为进一步的介绍做准备。

第 4 节"单纯复生产之表式"：

讨论再生产之前，首先应当注意，"马克思注意之对象，乃纯粹资本主义之社会"。马克思研究各种生产业的相互关系，划分社会全体的生产业为生产资料的生产部门及消费资料的生产部门；称各部门的生产物，从其价值的构成要素看，都采取 C+V+M 的方程式。由此出发，资本主义社会的简单再生产的表式如下（表中 I 表示生产生产资料的第一部门，II 表示生产消费资料的第二部门）：

I . 4000c + 1000v + 1000m = 6000 生产资料；

II . 2000c + 500v + 500m = 3000 消费资料。

这是简单再生产时，用来说明两大部门的比例关系。此比例关系，有一定的法则。第一，生产生产资料的第一部门，对社会全体的生产（包括第一部门自己的生产及第二部门的生产），供给所必需的生产资料。生产若要圆滑进行，必须第一部门的全部生产物的价值，等于第一第二部门不变资本的价值之和，即 I . 6000 =

① 此节引文均见《资本问题》，中华书局 1929 年版，第 79—82 页。

Ⅰ.4000c＋Ⅱ.2000c。第二，生产消费资料的第二部门，对社会全体的消费（包括第二部门自己的资本家及劳动者的消费，以及第一部门的资本家及劳动者的消费），供给所必需的消费资料。社会的消费及其生产若要圆滑进行，必须第二部门所供给的消费资料的全部价值，等于第一第二部门的资本家的剩余价值与第一第二两部门劳动者的工资之和，即Ⅱ.3000＝Ⅰ.（1000v＋1000m）＋Ⅱ.（500v＋500m）。第三，第一部门的生产资料，移到第二部门供其使用；第二部门的消费资料，移到第一部门供其资本家及劳动者的消费。第一部门的资本家及劳动者所获得的消费资料的分量，须受第二部门所需生产资料的分量的制约；第二部门所需生产资料的分量，又须以自己部门每年消耗的不变资本的分量为标准。社会的生产及其消费若要圆滑进行，必须第一部门的可变资本及剩余价值之和，等于第二部门的不变资本之额，即Ⅰ.（1000v＋1000m）＝Ⅱ.2000c。

综上所述，简单再生产若要圆滑进行，两部门之间应当保持下列连络：

1. Ⅰ.6000＝Ⅰ.4000c＋Ⅱ.2000c；

2. Ⅱ.3000＝Ⅰ.（1000v＋1000m）＋Ⅱ.（500v＋500m）；

3. Ⅱ.2000c＝Ⅰ.（1000v＋1000m）。

有此连络，社会的生产与消费，始能保持以往规模，不至停滞。换言之，第一部门生产6000单位的生产资料，其中4000留作自用，所余2000卖给第二部门；第二部门相应提供2000的消费资料给生产部门（其中1000为劳动者所消费，1000为资本家所消费），于是第二部门所生产的3000单位的消费资料，仅余1000；此1000中，又以500供给第二部门的劳动者消费，500供给第二部门的资本家消费；因此，"一切生产之物，毫无残余，而社会之生产消费，亦可进行无碍"。①

此节介绍，采用的表式及其数字，全都出自《资本论》第二卷第3篇第20章"社会生产的两个部类"一节，说明两大部类之间与其内部的比例关系的三个法则，以及如何保持生产资料生产与消费资料生产之间的交换平衡，才能保证社会再生产顺利进行的条件，则是介绍者根据本章其他各节的论证，简略概括而成。

第5节"扩张复生产之表式"：

"资本家之目的，在于获得剩余价值，尤在于获得无限增加之剩余价值。然剩

---

① 此节引文均见《资本问题》，中华书局1929年版，第82—86页。

余价值之能无限增加者，必须扩张生产规模。且今日自由竞争之下，资本家欲获商品之销路者，必须廉其商品之价格，而商品价格之能低廉者，又须有待于生产规模之扩张，有此关系，故资本家，半出自己动机，半出外部强制，不得不年年扩张生产"。就扩大再生产看，马克思的表式如下：

Ⅰ. 4000c + 1000v + 1000m = 6000 生产资料；

Ⅱ. 1500c + 750v + 750m = 3000 消费资料。

此时两个部门的生产与消费之间，有下列比例关系。其一，第一部门生产的生产资料总额，必须比社会所消费的生产资料总额多，即 Ⅰ. 6000 > Ⅰ. 4000c + Ⅱ. 1500c。资本家欲谋扩张生产，必须以其剩余价值的一部分，购买生产资料及劳动力，而此生产资料又当预先供给市场；故新生产的生产资料，除补充消耗之外，应当有余，可用以扩张生产规模。其二，第二部门生产的消费资料总额，必须比劳动者的工资及资本家的剩余价值的总额少，即 Ⅱ. 3000 < Ⅰ. (1000v + 1000m) + Ⅱ. (750v + 750m)。扩大再生产时，资本家的剩余价值以其一部分化作资本，未曾全部用于消费，此时所生产的消费资料，若与资本家消费其全部剩余价值的分量相同，则消费资料的一部分必无销售之地，令资本家的企业发生一定障碍。

因此，简单再生产继续进行时，与第二年扩大再生产时相比，若其生产物的全部价值相同，会产生下列差异（公式略）。扩大再生产时，资本逐渐增加，规模逐渐扩大，其表式也必须年年变更。变更以上述扩大再生产时所必需的条件表式为基本年度的表式，由此推论其结果。就第一部门来说，假定第一部门的资本家以其剩余价值 1000m 的一半作为资本，此时 500 用于购买消费资料，500 用于购买生产所必需的各种商品。生产所必需的商品分为生产资料和劳动力，投入生产资料的购买部分，变为不变资本 C，投入劳动力的购买部分，变为可变资本 V。假定剩余价值投入不变资本及可变资本的比例 C：V，仍保持以前的比率 4000c：1000v 即 4：1，则 500 单位的增加资本中，400 用于购买生产资料，100 用于购买劳动力。因此问题又可分为两种：一是 400 单位的生产资料从何而得？根据上列表式，本年第一部门所生产的生产资料的总量 6000，比第一部门及第二部门所消耗的生产资料的总量 Ⅰ. 4000c + Ⅱ. 1500c，要多 500 单位，新增加 400 单位的生产资料，可由此 500 单位购买，500 减去 400，尚余 100。二是 100 单位的劳动力所有主即劳动者的消费资料从何而得？本年第二部门所生产的消费资料为 3000 单位，第一部门的劳动者用去 1000，资本家用去 500，第二部门的劳动者用去 750，尚余 750；此 750 为第二部门的资本家的剩余价值，第一部门若要增加 100 的消费资料，惟有仰赖于此，但这个问题尚未解决。综上所述，第一部门的资本，本年度初始为 $4000c + 1000v = 5000$，等到资本积累之后，不变资本及可变资本皆有增加，次年的生产规模，可扩张为 $4400c + 1100v = 5500$。

就第二部门来说，此时第二部门所生产的消费资料，由于第一部门的劳动者增加，也相应增加。第二部门若要增加消费资料的生产，必须增加生产资料及劳动力。现第一部门所需要的消费资料增加 100 单位，第二部门的生产资料，亦须增加 100，其所用的劳动力数量也要相应增加。假定生产资料与劳动力的比例仍保持以前的比率即 $1500 : 750 = 2 : 1$，增加 100 单位的生产资料，同时增加 50 单位的劳动力。因此问题可分为两种：一是 100 单位的生产资料从何而得？据前所述，第一部门多生产 500 单位的生产资料，除自己用去 400 外，尚余 100，可由第二部门购买。第一部门多生产的 500 单位的生产资料，全部为社会所消费。但第二部门的资本家，必须节约其剩余价值 750 中 100 单位的消费，用来交换第一部门 100 单位的生产资料；根据上面的叙述，第一部门尚缺 100 单位的消费资料，二者可以互相买卖。第一部门所欠缺的 100 单位的消费资料，由此解决。这时第二部门资本家的剩余价值为 $750 - 100 = 650$。二是 50 单位的劳动力所有主即劳动者的消费资料从何而得？消费资料为第二部门所生产，第二部门的资本家若能再拿出其剩余价值中的 50 单位作为工资，让劳动者购买自己部门所生产的消费资料，则问题即可解决。此时第二部门的资本家的剩余价值为 $750 - 100 - 50 = 600$。此 600 单位为第二部门资本家自由消费，不能再积累以作资本。综上所述，第二部门的资本，本年度初始为 $1500c + 750v = 2250$，等到资本积累之后，不变资本及可变资本皆有增加，次年的生产规模可扩张为 $1600c + 800v = 2400$。

因此，生产扩张第一年度的资本，与上一年比较，可增加如下（表略）。生产规模扩张后，剩余价值率（$M/V$）若与上年相同为 $100\%$，其生产结果如下：

$$\left.\begin{array}{l} \text{I}. 4400c + 1100v + 1100m = \text{生产资料} 6600 \\ \text{II}. 1600c + 800v + 800m = \text{消费资料} 3200 \end{array}\right\} \text{合计} = 9800。$$

与上年比较，社会全部生产物由 9000 单位增至 9800 单位。第一部门的剩余价值由 1000 增至 1100，第二部门的剩余价值由 750 增至 800，于是资本家可以通过扩大再生产来实现剩余价值的增加。此时两大部门的比例关系，由下面三种表式构成：

　　I. $6600 > $ I. $4400c + $ II. $1600c$；

Ⅱ.3200 < Ⅰ.(1100v + 1100m) + Ⅱ.(800v + 800m);

Ⅱ.1600 < Ⅰ.(1100v + 1100m)。

此即生产资料除填补消耗之外，尚可用来扩张生产规模；反之，消费资料乃不足以供给资本家消费其全部剩余价值之用。资本的积累、生产的扩张所必要的一切物质条件，皆已具备，生产规模一旦扩张，受自然法则的强制，年年皆须扩张。

假定第一部门的资本积累，每年皆为剩余价值的一半，两部门的不变资本与可变资本的比例保持以前的比率，两部门的剩余价值率都是100%，根据上述计算方法，可以得到此后每年的资本额及生产额。列举基本年度的表式，以及生产扩张后5年间的表式如下（表略）。由此可见，5年之后，社会的总生产物由9000增至14348，社会的总资本由7250（4000c + 1500c + 1000v + 750v）增至11566（6442c + 2342c + 1610v + 1172v），剩余价值由1750（Ⅰ.1000m + Ⅱ.750m）增至2782（Ⅰ.1610m + Ⅱ.1172m）；资本家个人的消费，第一部门由500（1000m之半）增至805（1610m之半），"即资本家一面奢侈愈富，一面资本愈丰"。然而，"资本之积蓄，生产之扩张，固可任其发展毫无障碍乎"？①

此节介绍，出自《资本论》第二卷第3篇第21章"积累和扩大再生产"的论证思路，尤其依据"用公式来说明积累"一节，其中关于扩大再生产5年间的规模扩大表式，几乎照搬此节第一例的公式，但内容大为简化了。公式的数字，除了存在明显的讹误（引述时已修正）外，介绍者也有所调整和改动，尽管不影响对原著论证骨架的理解，却过于偏爱数字，不免舍去了数字背后的丰富理论观点。

第6节"扩张复生产之内部的矛盾"：

前述各种生产，若要圆滑进行所应当具备的两种条件，即各种生产业须有比例的关系，以及社会生产力须与社会消费力保持平均，扩大再生产时也不能避免其拘束。然而扩大再生产果真能合乎这些条件吗？

先说比例关系，考察扩大再生产的表式，即知资本主义社会，产业扩张如何困难。根据前表所示，第一部门的资本家在其剩余价值1000单位中，若以500化作资本，第二部门的资本家，必须在其剩余价值750单位中，转化150为资本；资本的积累，先由第一部门自动地谋划，再由第二部门受动地响应。须同时进行，更须第二部门的不变资本的增加额，等于第一部门的可变资本的增加额与资本家个人消

---

① 此节引文均见《资本问题》，中华书局1929年版，第87—99页。

费的增加额之和，即Ⅱc的增加额＝Ⅰv的增加额＋Ⅰm用于消费的增加额。应用于上述表式，得到的结果如下（表略）。由此第二部门的资本积累及生产扩张，按照数学的规则，依附于第一部门的积累及其生产扩张。"此种数学的规则，严守不误，实为扩张复生产圆滑进行之一种条件。今资本主义的生产界，全为无政府状态，其难具备此种条件，盖所当然，故常发生恐慌之状"。

再看社会消费力，资本主义的生产圆滑进行，必须全部出卖其生产物转为货币，如果"全部不能贩卖，或一部分不能贩卖，或卖而价格须在生产费以下者，则剩余价值，非全部不能实现，即仅实现其一部分；资本非全部归于丧失，即当丧失其一部分"。扩大再生产的表式，"即指示生产物，由于社会消费之不足，而致一部分不能贩卖之状态"。根据前述扩大再生产的表式，第一部门的资本家在剩余价值1000单位中，消费500，另外500作为资本；第二部门的资本家在剩余价值750单位中，消费600，另外150作为资本，依据纸上计算，可以毫无障碍；然而在资本主义社会，应当检查全部生产物能否圆满地出卖。"奴隶经济之奴隶主，或社会主义经济之中央机关，惟求适宜分配社会之全部生产物，故用加减计算，即可解决问题。至于资本主义的社会，则全部生产物之分配，由于私的买卖，故须检查社会之购买力（即社会之消费力），果能购买全部生产物否"。回顾上列表式，第一部门的资本家在剩余价值中消费500，第二部门的资本家在剩余价值中消费600，二者相加，共计1100单位。因此，社会生产的消费资料总额，从3000单位中减去1100单位，尚余1900单位。然而第一部门的可变资本1000单位，第二部门的可变资本750单位，二者以货币形式付给劳动者，劳动者再用货币购买消费资料，两个部门的劳动者所消费的消费资料，共计1750单位。从1900单位中减去1750单位，尚余150单位，此150单位，即不能销售之物。

两部门的生产规模在第二年扩张，劳动者的数量也有增加。故150单位的消费资料中，100用作第一部门的新增劳动者的生活资料，50用作第二部门的新增劳动者的生活资料，决非无用之物。"但在资本主义的社会之下，劳动者之生活资料，不能给以实物，必当与以货币，而令劳动者自己购买生活资料"。劳动者阶级具有多买生活资料（150单位）的工资，乃为第二年生产扩张的条件，而资本家扩张生产规模能够预先多发工资，在剩余价值转化为货币之后。因为资本家将其资本投入产业，应当采取下列循环形式（表略）。因此，剩余价值M的一部分（150单位），要付给劳动者，必先变为货币资本G，经过G—W（Pm＝C，A＝V）的流通过程，归于劳动者之手，而后劳动者才能用货币购买剩余产物。现在剩余价值还固着在商品形式中，资本家不能多发工资，劳动者也不能多购买生活资料。根据上列表式，资本家要扩张生产，必当多用货币资本 G 购买劳动力 A；换言之，资本家必须预先多发工资给劳动者，而后才能扩张生产。预先多发的工资，必须仰赖于剩余价值，而剩余价值固着在商品形式中，不能变作货币，故生产扩张之事，实无实现的希望。"资本主义的扩张复生产（资本之积蓄），内部包藏矛盾，可以知矣"。①

　　此节介绍，同样依据《资本论》第二卷第 3 篇第 21 章的论证，不过重点有所转变。前节介绍的重点，扩大再生产的正常或顺利进行，在生产资料生产和消费资料生产两个部类之间，需要满足哪些比例关系或符合哪些必要条件。本节介绍的重点，在资本主义社会，能否满足这些比例关系或符合这些必要条件。正如二者的标题之不同，前节侧重于说明扩大再生产的正常公式，本节侧重于说明扩大再生产的内部矛盾。前节的末尾，已经提出资本的积累和生产的扩张是否可以毫无障碍发展的问题。本节则试图回答，积累和扩大再生产同样受到两个条件的约束，两个部类的生产之间需要保持一定的比例，以及社会生产与社会消费之间需要保持均衡的关系，而合乎这些条件，在资本主义社会存在着障碍。本节列举的那些表式，大概归并整理原著第 21 章的公式而成，不像前节那样可以找到直接的样本。介绍者借助这些表式，意在揭示资本主义社会的内部矛盾：在生产无政府状态下，难以严守如同数学规则一样准确的扩大再生产顺利进行的比例条件，经常发生经济恐慌；不同于奴隶经济的奴隶主或社会主义经济的中央机关，可以通过增减计划来解决社会生产与社会消费之间的适宜分配问题，资本主义私有制条件下的分配方式，包藏的内部矛盾，生产物不能在买卖中出售，固着在商品形式中的剩余价值不能变作货币，无法实现资本积累和生产扩张。这样的表达，在原著第 21 章里找不到直接对应的说法，但可以看到更准确的论述："商品生产是资本主义生产的一般形式这个事实，已经包含着在资本主义生产中货币不仅起流通手段的作用，而且也起货币资本的作用，同时又会产生这种生产方式所特有的、使交换从而也使再生产（或者是简单再生产，或者是扩大再生产）得以正常进行的某些条件，而这些条件转变为同样多的造成过程失常的条件，转变为同样多的危机的可能性；因为在这种生产的自发形式中，平衡本身就是一种偶然现象。"②

---

① 此节引文均见《资本问题》，中华书局 1929 年版，第 99—107 页。
② 《资本论》第二卷，人民出版社 2004 年版，第 557 页。

第 7 节 "资本主义的生产之崩坏"：

资本主义的扩大再生产既然存在"根本的矛盾"，何以今日还能进行？"盖吾人（马克思自称）讨论之对象，乃为纯粹资本主义的社会，而此纯粹资本主义的社会，今日尚未存在"。纯粹的资本主义社会，从事生产的人，只有资本家和劳动者二阶级。资本家以剩余价值作为自己的收入，劳动者以工资作为自己的收入。此外"非生产的阶级"如国王、僧侣、教授、军人、娼妓之类，只是二者的附属物，其收入（购买力）派生于资本家阶级或劳动者阶级的收入，其消费的消费资料，可归于资本家阶级或劳动者阶级的消费。马克思以此种社会为前提，说明资本再生产的理法。因此，上述 150 单位的消费资料，如果资本家与劳动者二阶级不能购买，除残存之外，别无他法。反之，现实社会从事生产之人，除资本家与劳动者之外，尚有简单商品生产者（原称"单纯商品生产者"）。简单商品生产者是未曾购买劳动力，只以自己力量生产商品的人。这些人一面出卖自己生产的商品，一面购买资本家生产的商品，上述 150 单位，可由他们购买。因此，简单商品生产者"在于资本主义的组织之外围，实扩张复生产必需之要件"。资本主义与外圈的简单商品生产者交易物品，实为资本主义发展的要件。然而"资本主义如传染病，一与外圈交通，即令外圈亦化作资本主义。故资本主义行之既久，则资本主义之领域，日见扩张，资本主义之外圈，日见缩少，终至全世界无不采用资本主义。斯时世界已为纯粹资本主义的组织，全体人民，分为资本家劳动者二阶级。资本主义的生产之内的矛盾，遂失弥缝手段，而资本主义，亦必由此而崩坏矣"。①

此节介绍，首先提出一个问题，既然资本主义的扩大再生产存在上述根本矛盾，何以今日还能继续运行？接着以马克思本人的口吻解释说，这是因为前面讨论的对象为纯粹资本主义的社会，而今日实际上不存在这样的社会。所谓纯粹资本主义的社会，从事生产的只有资本家和劳动者两个阶级，分别以剩余价值和工资作为自己的收入，其他非生产阶级不过是他们的附属物，依附于他们取得收入和消费；这是马克思说明资本再生产的基本法则所设定的社会前提，如上述第二部类的剩余价值中资本家用于投资的消费资料 150 单位，在扩大再生产情况下应当由两个部类的新增劳动者全部购买或消费，否则就会残存而成为扩大再生产的障碍。可是现实社会并不那么纯粹，在资本家和劳动者之外，从事生产的还有简单商品生产者，即依靠自身力量的个体生产者，而非被资本家雇佣的劳动者，他们不仅出售自己的产品，还购买资本家的产品；这些生产者存在于资本主义组织的外围，可以购买其组织内部无法出卖的如150单位的消费资料，从而成为资本扩大再生产的"要件"。然而资本主义像传染病一样发展，不断把它所接触到的那些外围领域转化为资本主义，如此日益扩张，行之既久，势必将全世界纳入资本主义范围。当全世界都成为纯粹资本主义的组织，亦即全体人民都分为资本家和劳动者两个阶级，资本主义生产的内部矛盾便丧失那些外围组织用以弥补缝合其缺陷的补救调和手段，也就必然走向崩坏。这个解释，从资本扩大再生产的矛盾角度，具体地说是从资本家增加的消费资料生产投资无法被劳动者充分吸收的矛盾角度，去说明资本主义必然趋于崩坏的趋势，比起《资本论》第一卷阐述资本主义积累的历史趋势要狭窄得多，但毕竟指出资本主义生产内部所包藏的根本矛盾，其自身无法克服。联系前面一节谈到扩大再生产的内部矛盾，提及只有奴隶经济时代的奴隶主和社会主义经济时代的中央机构，才有可能解决制约资本主义扩大再生产的两个先决条件即全部社会生产品的适宜分配问题，既然不可能回到奴隶经济时代，则社会主义经济便似乎成了资本主义崩坏后的唯一选择。

### （三）结语

吴应图的《资本问题》，颇具特点，不仅介绍资产阶级经济学的资本理论，还花费很大篇幅介绍马克思经济学说的资本理论。这种介绍，未必是吴氏本人的创意，很可能受到日本经济学界有关著述的影响，也未必是吴氏自觉接受马克思的资本理论，很可能是向国人普及有关资本问题的知识，认为有必要涵盖与此相关的各种知识，特别是那些见解独到、影响广泛的理论观点。这样看来，单就吴氏此书涉及马克思资本理论的部分而言，至少有以下几个特点值得注意。

其一，整个框架结构，并非遵循马克思论述资本问题的内在逻辑，同时又默认马克思的一些重要理论观点作为其基本前提。全书7章的安排，除了第7章专门介绍马克思的资本再生产理论外，其余6章如资本的意义、资本的种类、资本的构成、资本的效用、资本的发生及消灭、资本积聚的必然倾向等，分门别类，无非将有关资本的各种知识和理论观点汇合在一起。用编校者的话来说，一是资本作为满足人类欲望的重要工具，其范围极为广泛，此书的叙述从简到详，条分缕析，可以让读者一目了然；二是理论与事实结合，此书根据现实社会的经验来考察资本问题，可以让读者正确明了资本在社会上的价值及其趋势；三是围绕资本问题的解释，存在分歧，此书列举各种学说，评价其得失，可以让读者得以折衷和参考。此外还建议读者将此书与《利息问题》一书联系起来阅读，以便对照。可见其编写主旨、出版意图以及与整个丛书的关系，都是把资本问题当作一个知识对象进行普及性介绍，不是特意宣扬马克思经济学说，当然也就谈不上按照马克思的理论逻辑去作系统论述。不过，面对各种学说分歧，此书的介绍，有意无意地吸收其中某些学说的观点作为自己的理论依据或默认前提，亦可见作者对马克思资本学说留下深刻印象，不仅用很大篇幅专论马克思的资本再生产论，还在介绍其他资本问题时，事实上隐含着把马克思分析资本问题的若干重要论断当作前提。如劳动力变成商品、劳动创造价值、劳动者在生产中所创造的剩余价值被资产阶级无偿占有等，此书未曾专门介绍马克思这些基础理论，却不时将这些概念或其类似含义用于其他的介绍分析中，似乎成为理所当然的依据。

其二，论及马克思的资本理论部分，大多见于《资本论》第一、第二两卷的内容，尤其专论部分，主要见于《资本论》第二卷，这从《资本论》传入中国的早期历史过程看，也算是一个独特现象。此前国内著述介绍《资本论》，从简单提及其书名或粗略概括其主旨或大致比较其在经济学说史的地位看，可以追溯到比较远的年代，也可以说随着西方社会主义思潮传入中国不久，便能看到类似的属于皮毛表面的介绍。实质性的介绍，亦即深入《资本论》原著，摘录其论断，引用其表述，评价其观点，要晚得多，大约在五四运动前后，围绕原著第一卷的转述或解说为主，偶而涉及第三卷的内容如平均利润率问题。对比这个传播背景，此书谈论资本问题，根据其引述内容：一是同样关注《资本论》第一卷的分析，但重点有所不同。关注资本积累的必然倾向，由此得出结论，资本积累发展到极致，将排除自由竞争而产生独占，从而使资本主义失去其保护神，自动转向社会主义。这种关注，前人的介绍也曾提到过，不足为奇，而它的关注，感兴趣于有关细节，如资本积累的两种形式即资本积聚与资本集中，强调资本积聚的重要性，试图以此取代资本积累的概念；以股份公司在马克思去世后的盛行为例，暗示马克思的资本积累或积聚概念已经落后于时势，如某个股份公司内部的众多股东持股，意味着资本的积聚（实为集中），并未积聚于个别资本家而是分散在众多股东手上。按照后一暗示，前面所说的由于独占或垄断，资本主义必将转向社会主义，这个提法也就不成立了，但这并未影响它仍然根据《资本论》关于资本主义积累一般规律的分析结论，断定资本主义转向社会主义是一个必然趋势，只不过强调的理由，积聚的结果排除了作为资本主义保护神的自由竞争，这种转向是在不知不觉中自动完成的。这样来理解马克思的资本积累理论，显然存在着偏差，这也说明此书关注《资本论》第一卷，仅限于用资本积累理论服务于自己说明资本问题的需要，并不是为了宣扬马克思经济学说，因此比较国内以前介绍《资本论》第一卷的那些著述，没有提供多少新的内容或新的认识。

二是特别关注《资本论》第二卷的有关分析，在当时的同类介绍中，可谓耳目一新，别具一格。首先，以专章介绍马克思资本再生产论的形式，将《资本论》第二卷的内容纳入国人的视野，这在以前的介绍中不曾有过，也意味着国人对《资本论》的认识，从资本的生产过程进入资本的流通过程，朝着更加全面和完整地理解《资本论》整个体系的方向推进。其次，从产业资本的循环、各种生产业顺利进行的两个条件、生产业的两大部门、简单再生产的表式、扩大再生产的表式、扩大再生产的内部矛盾和资本主义生产的崩坏七个方面，涵盖《资本论》第二卷整个3篇中前后2篇有关"资本形态变化及其循环"和"社会总资本的再生产和流通"的内容，惟第2篇有关资本周转的内容姑置不论；第1、第3两篇，又以第1章"货币资本的循环"、第20章"简单再生产"及第21章"积累和扩大再生产"的内容为主，兼及相关各章；也就是说，涉及原著第二卷的介绍，不再是零散而隔离的摘录，具有一定的系统性和内在演化逻辑。再次，虽然很少引用《资本论》的原话，但时常用马克思的口吻来表述，特别是大量使用各种循环公式和数字排列以说明理论问题，完全仿照原著的数量化分析方式，直接照搬那些公式与数字，或稍作调整和修改；由此揭示资本扩大再生产存在着不可克服的内部矛盾，得出资本主义必然崩坏的结论，也是遵循马克思的分析逻辑，并与前面介绍资本积累时得出资本主义必然转向社会主义的结论，相互呼应，不过不像前面的解说那样有所质疑，突出了马克思分析的自身逻辑。此书以上评价，用第7章的最多篇幅，详细叙述《资本论》第二卷的有关理论，体现资本问题最重要的是根据马克思的资本再生产论，揭示资本主义生产崩坏的命题。这个叙述，以编校者的眼光看，作为全书由浅入深、自简至详推演的最后一章，方便读者的深造研究，是单纯的学术问题。以作者的眼光看，同样限于单纯的学术范围，看重马克思资本再生产论所涉及的各种内部关系与其表现形式，并通过自己的简化处理来突出这些关系形式。如从产业资本（实为货币资本）的循环公式出发，提出各种生产的顺利循环须具备两个前提条件，再将社会生产归结为两个部类，分别列举简单再生产与扩大再生产的循环公式，然后指出其前提条件因社会生产的无政府状态以及社会生产力与社会消费力不相匹配即剩余价值不能充分实现，致使扩大再生产存在障碍或内部矛盾，进而断定随着资本主义的纯粹化即扩展到世界上各个领域，排挤掉本来可以补救扩大再生产内部矛盾的那些资本主义外围组织，资本主义生产必将走向崩坏。这个结论，主要是形式上推论的结果，没有说明资本主义经济组织何以存在社会生产无政府状态和消费不足等实质性问题，这也是此书依照自己所设定的讨论资本问题的研究框架，跳过资本的生产过程而直接进入资本的流通过程的相应反映。

其三，此书列入常识丛书，说明书中重点介绍的马克思资本理论，成为普及性推广的知识。从马克思主义经济学在我国的传播过程看，由此产生两种取向。一种取向是扩大了国人了解马克思经济学说的知识面和群体范围，也就是让马克思的经济学说特别是《资本论》，从只有少数专门研究者才可能涉足的艰深禁脔中开放出来，成为广大普通人也能理解的对象；又从《资本论》第一卷延伸到第二卷，经过常识性介绍，让国人对马克思经济学说的认识，趋于更加系统和完整。另一种取向是这种常识性介绍，势必对马克思原著作通俗化解说，这个过程有各种各样的做法，可能产生互不相同的效果，有的贴近原意，有的化作教条，有的任意截取，有的扭曲走样等；此书自设论题，引入马克思的资本理论，在通俗介绍这个理论时，以隐含方式省略《资本论》第一卷有关资本主义社会资本性质的一系列重要论证，只留下第二卷有关资本再生产循环中各种表式的关系与规定，结果单从形式上推定资本主义的崩坏，不足以令人信服。这个例子也难免让人猜测，吴应图的《资本问题》对马克思的资本理论尤其资本再生产问题，作如此简化处理，不是基于自身理解的概括，而是引用他人如日本经济学者的概括。

## 五、其他经济学著作

这些著作涉及不同的论题，或自撰或翻译，列举如下。

### （一）《财政学》

寿景伟①编纂，列为"新学制高级商业学校教科书"，商务印书馆1925年1月

---

① 寿景伟，后改名寿毅成（1891—1959），浙江诸暨人；考入北京财政学堂，后并入国立法政专门学校经济本科，1914年毕业，任教浙江法政专门学校，曾任商科主任；6年后赴沪任商务印书馆业务科副科长，参与创办公民书局，任《公民月刊》编辑主任，兼任吴淞中国公学财政学教授，后回浙江任教；1923年公费留学美国，在哥伦比亚大学经济研究院专攻财政，历时3年，获博士学位；30年代历任上海绸业银行董事、中国茶叶公司总经理、中央银行业务局副局长、中国银行杭州分行副经理；新中国成立后任浙江省政协委员。

初版，250页，分绪论、经费论、收入论、公债论、财务行政论 5 编。这是寿氏留学国外期间的成果，掺入有关马克思学说的内容。

其一，解释财政学为"研究政治团体施行职务所需经费之收支管理，而讲明其原理及政策之科学"。"欧战以后，平民政治，又为更进一步之发展，而'社会主义之财政'与'国家财政社会化'等论议，亦遂益为学者之所唱道。叙而论之，亦当世得失之林"①。这就是说，随着战后平民政治在欧美国家的蔓延发展，社会主义财政议论也成为财政学学者们所倡导的重要内容，以便与现行财政理论和政策比较得失。可见当时马克思学说向财政学等应用经济学领域的渗透，不单是理论传播的结果，还出于改善现行政策及其执行效果的实际需要。

其二，论述财政学的历史，将 19 世纪中叶德国社会政策学派的崛起，视为财政学面貌为之一新的发达时代特征。其原因：一是社会问题的趋势。西欧各国的工业革命大功告成，财富增进一日千里，经济势力称雄一时。同时，"贫富悬隔，日甚一日，不平之鸣，遂以时作。明哲之士，惧社会革命之祸，溃裂而百出也，于是创为国家社会主义。欲以国家之权力，干涉社会上财富之生产分配，而使自由放任之弊，得以矫正，贫富倾轧之患，得以消弭。此即世所称讲坛学派之社会政策"。德国名相俾斯麦，首采其说，认为足以泯除社会无穷隐患，诚为高瞻远瞩的政治家。如今素来主张自由放任的英国，也不能不酌采社会政策，以定财政方针。"时势推移，相激使然，则社会政策学派之崛兴，又曷足怪乎"。二是国家观念的变迁。欧洲学者倡导人权主义，国权限制主义，民权思想因以潮涌，固然厥功至伟。惟德国历史派法学的兴起，依据历史研究国家，认为国家职务从积极方面说，尤当增进国民全体之幸福。"治政学者，翕然宗之"。最近德国财政学家瓦格纳（原译"华格南"）提出，依国家权力以增进下级社会地位，亦国家职务之一。"国家观念之变迁，不已大可见乎"。三是"经济科学之发达"。这是社会政策学派崛兴的另一个原因。经济学者研求经济进化的历史与财富分配的方法，发现"公私经济制度，皆当因时制宜之理"。德国财政学者盛唱社会政策主义，"当世治财政者，大抵不能无取于其说"。这方面，中国"发达最早，而进步最迟"。《周礼》所述，"古代最良之财务行政制度"；儒家井田，"世界最古之土地国有主义"；法家官山海，"世界最古之消费单税主义"；"惜后起者不能发挥光大，此学遂以陵夷，致令今之

---

① 寿景伟编《财政学》，商务印书馆 1925 年版，第 1—2 页。

言财政者，礼失求野，亦可慨已，振而起之，责在学者"。①

这里说到财政学的社会政策学派或国家社会主义或讲坛学派，同马克思学说没有什么关系，却提出了随着资本主义经济的迅速发展而日益严重的贫富悬殊现象。西方无论专制或民主政体的国家，为了防止这种不公平现象演变成社会革命的祸端，为了消除社会隐患，相继运用国家权力，干涉社会财富的生产与分配，矫正自由放任的弊病，调整公私经济制度的关系，形成具有国家社会主义特色的所谓社会政策派别。社会政策学派出现后，往往有人将它与其他社会主义学说甚至与马克思学说混淆在一起，看作基于同一原因的不同解决方案。上述引文对此派大加赞赏，称首创者高瞻远瞩，其实不过现行制度下的社会改良而已。尽管如此，毕竟将财政学的学理研究与解决社会贫富不均的实际问题联系起来，也为引进包括马克思学说在内的其他社会主义学说，打开了门径。书中从中国古代的财政思想与制度里去寻找最古和最良的损益安排办法，也是在发掘传统观念中的社会主义因素。

其三，经费论一编论述国家职务的范围，胪列五家学说。即：俄国无政府主义家巴枯宁绝对主张废除国家，要在旦夕之间废国家，废法律，平等级，均财产；此属"偏激之论，虽足以耸动一时之耳目，而非从容中道之说"。英国哲学家斯宾塞与经济学家亚当·斯密，承认国家有存在的必要，但主张极端限制其权力，因为国权的行动与人民的权利两相抵触；此说"不知国权之行动，转足以为民权之保障。若能范以法律，严加监督，则不独无损于民权，而国权民权，固相反而相成"。英国经济学家约翰·穆勒认为国家在维持公共安宁，保护人民权利以外，应当适量干涉经济事业，或迳由国家办理；"此足见氏于国权限制主义，已有折衷矫正之意"。德国经济学家谢夫莱与瓦格纳，素持国权扩张说，鼓吹最盛，最为世人所服膺；德国最近数十年来，采行强迫教育，交通机关国有，强制劳动保险与其他奖励小额储金等社会政策，其故可思，"世界大战以后，此派学说，可云最为盛行"。德国社会主义家马克思，1867 年著《资本论》一书，"即世所称为社会主义派之圣经"；"欲以资本归国有，排除资本家之阶级，而由国家直接从事于财富之生产分配"；"此说果行，则国家职务之范围，其广漠自无涯际。惟国家职务过繁，是否必能胜任愉快，实属疑问。况私有财产制度，本于人类先天之利己心，而为促成社会进步之惟一利器，以财产而归国有，恐于社会进化，重有妨碍"；"欧战以后，马克思

① 寿景伟编《财政学》，商务印书馆 1925 年版，第 20—23 页。

派之学说，固已见诸实行，惟是否能利余于弊，且维持以至于不敝，则有待于事实之证明"。观于上述各说，可知国家政务，繁简靡常。诸说之中，自以瓦格纳的社会政策之说，"最为切实可行"。惟收效多寡，仍视行政良否而定。"若徒托空言，不务实际，则亦何乐有此社会政策之假面目为哉"。①

这是一个明证，将马克思学说引入财政学，不过放在被质疑的位置上。财政学涉及国家职能问题，首先否定无政府主义者的废除国家学说，继则批评古典经济学家主张严格限制国家权力的自由放任学说，接着肯定经济学家矫正国家权力限制说的折衷学说，然后大力推崇德国经济学家扩大国家权力的社会政策学说；这几种学说，体现在国家权能上，从否定到限制到矫正再到扩大的趋势，以现行社会制度下扩大国家的权力，为最佳范式。可是，再往前走一步，如同马克思的社会主义学说，主张推翻现行私有制度而在更广范围和更深程度上实行资本国有制度，立即又成为质疑的对象。从理论上看，根本否定这个新制度的可行性，违反人类天生的利己心，严重妨碍了推动社会进步的唯一动力；然而从实践上看，苏俄等社会主义国家的出现，使得马克思学说见诸实行，成为不能否认的客观存在，故只能等待事实的进一步证明，以确定是否利大于弊，或可否维持下去。此质疑给自己留了一条后路，对苏俄实践的客观现实不能视而不见。正如推崇社会政策学说的切实可行，同样给自己留了一条后路，不能只看社会政策的假面具，还要看实施的行政良否与实际效果。惟其如此，这份小心谨慎态度，也为讲解财政学而引入包括马克思学说在内的各种学说，留下了余地。

其四，收入论一编讲到赋税收入中的资本单税论，认为其谬误，"全在违反赋税均平之原则"。生产要素的大端有劳力、土地和资本，如果一国赋税，尽由资本家负担，非资本家的大多数人民一无所纳，"又陷于不平之甚者"。此论起因于欧战期间，参战各国苦于公债负担过重，提倡"资本征课"，以为急治标之计。"社会主义派之经济学者翕然和之"。但至今除个别小国，其他各国均以慎重态度对之，可见单税之说，尤为事实上所不可能。② 关于资本单税论能否或是否实行，不必去纠缠。这里说社会主义派经济学者赞成只对资本征税，或征收资本单一税，实际上也从一个侧面，反映社会主义对待资本的态度，并体现在各种财政税收观点的比较中。

---

① 寿景伟编《财政学》，商务印书馆1925年版，第24—27页。
② 寿景伟编《财政学》，商务印书馆1925年版，第112页。

其五，讲到非赋税收入中的国营事业收入，从性质上分为两类。一类"偏于公经济收入者，为准公经济收入"，如国营专卖事业及国营造币业；另一类"偏于私经济收入者，为准私经济收入"，如国营工业及国营银行业。合并二者，统称为国营事业收入，包括国有土地、森林、铁路，国营邮电、工业、造币业、银行业、专卖业等。这些事业，常为国家收入的源泉。如矿业国营，现时尤为英国工党所主张；该党因资本集中于银行，主张以铁路业、矿业及银行业为国家的三大独占事业。"此种政策，实不失为救济资本制度之弊害之一方案。我国言财政者，不可不研究及之"。① 这里所说的来自国有国营事业而偏于公经济收入或准公经济收入，类似于前面所说的社会政策涵义，作为救济现行资本制度弊害的方案之一，同真正的社会主义学说没有任何关系。二者的根本差异，就像比较马克思学说和社会政策学说对待国家的职能一样，在于维护还是推翻现行资本制度。可是不少人把国有国营事业或所谓公经济收入，有意无意地混同于马克思学说或社会主义学说，认为前者体现了后者的宗旨，或认为后者舍前者之途，便无可取之处。此书谈论财政学，引入马克思学说和社会主义学说，也不外乎此道。

通过上述数例，可以判断，寿景伟的《财政学》教科书，适应商业高校新学制的要求，在应用经济学领域引入国外新学说的同时，也引入马克思的社会主义学说。这个新的尝试，仅限于以维护和救济资本私有制度为前提，聊备一说。一旦超过这个限度，即给予批判性或质疑式封杀。

**（二）《贫穷之旋涡》译本**

英文原名 *Poverty and its Cicious Circles*（今译《贫困及其恶性循环》），英国赫娄哲密孙（Jamieson B. Hurry，今译贾米森·赫里②）原著，许善斋、英国莫安仁（Even Morgan）、周云路译述，上海广学会 1927 年 6 月初版。

这是外国基督教传教士在上海创办的出版机构所发行的宣传品，从这个角度来看待贫穷问题，与一般经济学读物的异同之处，可见译述者莫安仁的序言：

"贫穷为人生之累，切肤之病，此乃自古以来人所共知者。然人或多未十分用心思考，设法消除此大害，故历来虽不乏行善之人，但总未得根本解决方法。在人或以为贫穷乃人生社会不能不有，无法消灭净尽。但依吾人眼光，若能改良社会组

---

① 寿景伟编《财政学》，商务印书馆 1925 年版，第 215—225 页。
② 贾米森·赫里（1857—1930），英国作家。

织，可使贫穷关系不致为人生之大害矣。近来西国论贫穷之作不少，其中于救贫方法，多有发明"。如英国教士查麦尔，一生为天算名家，又热心宗教，本其热诚，苦口婆心，变通旧法，改为量力捐助，民风大变，大收功效。此外如德国、法国，皆有救贫政策，然均未到完全地步。

"对于中国贫穷问题，尤为复杂。虽说中国地大物博，然而人口过剩，终不免酿成贫穷之累"。从前有传教士得一报告，言中国贫穷人食物不充分者占50%，似乎言之过甚，惟不为无稽。例如某省人口过多，其地之出产，不足赡养当地之人，势必出外谋生，以迁地为良。"考因原因，半为婚嫁太早，以致生齿太繁，急宜设法改革，免人满为患"。人烟繁盛的市区，房价昂贵，地产均握于富商之手，贫人难觅安身之所。"此不独中国为然，几成世界各国通例，因此尤为世界问题，宜各国急起共谋改良之策"。或有人归咎于"窭人子"（浅薄鄙陋者的子弟），称贫穷为自作之孽，如放纵挥霍，肆无忌惮，鲜有不贫穷者。然此不过致穷之一途。"而穷之累人，弊非一端，实难枚举自何弊病使人一贫至此，而陷于穷坑"。

本书为英国医士赫娄哲密孙所作，详陈贫穷之为病，不仅害个人身家，亦害社会安全。曾煞费苦心，多方调查，又参考各家救贫著作，其有利民而合用之方法，皆援引列于本著，以期有美必臻。更将济贫善政条分缕析，展览一通，引人思索有何方法，可将人造的恶劣旋涡一举而攻破之，俾天下饥者寒者有衣食之乐，无冻馁之苦。原著为英文，已译有法、意诸国文字行世。今以白话译为华文，"深愿读者唤起同情群起而解决中国贫穷之厄"。①

可知译本的作者是一名医生，把贫穷当作为危害个人身家及社会安全的一种疾病，多方调查和寻求各种济贫善政加以诊治，以期攻破恶性循环的贫困病症，解决天下饥寒者的饱暖问题。这同一般的经济学著作从经济学角度分析贫穷问题，既有联系，又有区别。

译本206页，分3编，第1编"贫穷循环的害处"，含住宅、食物、衣服、教育、信用的不完备，失业，无远虑，不稳固，物价上涨，犯罪，无助，疾病，酗酒，赌博，人口增加，依赖女工童工，不平等的课税与裁判，浪费，堕落，贫穷相随的恶劣循环，自作孽的恶劣旋涡等22章，列举贫穷的各种害处，涉及其现象与原因，几占全书近70%篇幅；第2编"恶劣循环的效果"，含贫穷的扰乱病自我传

---

① 英国赫娄哲密孙著，许善斋等译《贫穷之旋涡》，上海广学会1927年版，"序"。

染，自己加重自己及致命 3 章，分析贫穷的病态特征；第 3 编"寻求甚方法破坏这恶劣环境"，含从法律上制定救济法，自愿组织起来，个人行善及结论 4 章，提出救治贫穷的办法。经过稽考讨论，最后结论说："所得的救贫改良方法，以国家立法，救贫的议案，最为有力，如强迫教育和工厂保障法等等，收效最多"；《救贫法律》没有什么功效，弊病太多；友谊相助会等方法，也很有成绩；个人的好善，更为救济贫穷之善举。"那样，吾人对于恶劣环境不必悲观，仍抱定乐观主义，大家努力，攻破穷垒，把一般贫苦的人，都登衽席，那是吾人所深切盼望的"。①

总之，此书的译者，把贫困或贫穷问题看作人类与生俱来的一种普遍现象，中国如此，世界各国亦然。解决的办法，虽然提到改良社会组织，但既然贫穷是人类在各个时代所面临的共同问题，便与特定的社会经济组织如资本主义制度没有直接关系，改良社会组织也就变成一个抽象的概念。根据这个抽象概念，以贫穷不再成为人类的大害为目标，脱离资本主义私有制的时代环境与条件，只需要谈论具体的救贫改良办法，即译本所说的国家立法议案或社会政策，加上自愿互助组织和个人慈善捐助。有了这些，在作者看来，不必再对贫困的恶性循环感到悲观，可以乐观主义态度，共同努力，攻克贫穷的堡垒，让一般贫苦人都过上太平安居的生活。这也是译者最感兴趣的地方，并以宗教式眼光来渲染这种乐观主义，似乎从译本里拿到了灵丹妙药，可自然解除中国贫穷的厄运。这就像前面的《富之研究》译本，用正统经济学的道理来解释贫富不均的社会现象一样，《贫穷之旋涡》译本，又给现行国家的社会政策和互助行善措施，赋与社会贫穷问题得以药到病除的乐观灵验属性，二者事实上都在消解马克思主义经济学传播的影响，以维护资本主义制度，只是维护的角度和方式有所不同罢了。

### （三）《国际经济政策》

何思源著，又名《中国对外经济政策之研究》，上海商务印书馆 1927 年 11 月初版，现存 1932 年 12 月国难后第 1 版。

作者留学法国时撰成此书，1926 年 6 月作于巴黎的"著者序言"说：

"在现代一个国家，要图生存，经济问题，恐怕是第一个重要的问题。各国侵略中国，其经济压迫的手段，恐怕比什么手段都要毒辣。中国民族独立的生命，也是决于这个问题最后的争持"。"国家不只是一个政治团体，而又是一个经济团体。

---

① 英国赫娄哲密孙著，许善斋等译《贫穷之旋涡》，上海广学会 1927 年版，第 206 页。

1920–1929 从民国著作看马克思主义经济学的传播

多年来吾国工商凋敝，民生穷困，对外贸易，日处于不利地位，归究本源，都是因为吾国的国家政治团体，无对外的经济政策。现在环境日恶，外人逼迫日急，中国民族应当怎样应付这种问题？为中国主持国是的——现在或将来的——有什么有系统的和有眼光的政策，抵抗这种侵略？中国的学者，虽然现在也有，但是有多少人，对于这种问题，动手做精密的有根据的研究"？"'中国的对外经济政策'，这个问题，关系中国全部民族的生存，是重大而且最急切不过的，断非一个人的知识和研究所能解决，何况不学的著者"！著者觉得这种研究的重要，本着自己研究的兴趣和在外国图书馆的便利，作为一个发轫，发表一点最初所得的结果，待国内专家的参考。

著者认为，现在国际间的经济关系，和蛛网一般，结在一块；这种现象，经各国学者长期研究，有原则可寻。"应付这种现象的政策，各国有数百年的经验，又有先例可据的。目前世界经济的基本组织未变，则他人辛苦求得的原则，及各国多年实行的政策，自然仍可为了解一切经济事实和统治一切经济变动的出发点。中国的经济生活，既操于各国侵略者之手，则补救中国的经济地位，更不能不知道各国运用经济的手段，利用他们的前规，做我们方法的借鉴"。此书名为《中国对外经济政策之研究》，大部分均系先述经济政策之原理，各国过去及现在的经验，而后及于中国经济情形，以将来中国应有之经济政策为指归。非如此，是无法说明的。

"近年以来，国内一般人均知道中国深巨的创痛，是由于各国经济的侵略，于是'打倒帝国资本主义'的声浪，布满于任何阶级。这实在是中国民族思想的一大进步。但是有许多问题，不是藉口号所能成功的。实际方面，似乎应当注意。凡是中国人自然当要求废除不平等条约；一切不平等条约之中，尤以经济的不平等条约为最甚。但是设如我国今日竟能达到收回关税自主了，请问收回以后，我们的关税政策如何？以及税率规定如何？从普通人想起来，似乎把关税一律加重好了，但是事实上并没有这样的简单。如加重关税，有利于吾国工业之发达的，亦有不利于吾国工业之发达的；如提高税率，有由外国商人完全担负的，有由本国人民完全担负的，亦有由两方面分担的。这就是最有妙用的问题，这就是非通盘打算不可。这问题在各国就劳多少经济学专家的研究。所以这本书不敢专重理论，尤注重经济政策实际的运用与技术"。本书虽有几年的预备，获得种种材料的方便，但不完备与错误的地方，一定不免。著者谨希望海内专家的教正，并当随着日后继续的研究结果，增订修改。著者学浅，不敢希望以此影响中国对外的经济政策，但是希望能随国内有志者之后，以继续研究此项关系民族生存的问题。①

这篇序言，从中国的民族生存与独立，摆脱外国经济压迫和侵略而实现自身经济独立的角度，去看待中国对外经济政策的研究问题。面对外国经济侵略所造成的工商凋敝、民生穷困和恶劣外贸处境，我国最重大而急切的问题，不止表达政治上的意愿，还应当基于大量精密和有根据的研究，形成有系统有眼光的对外经济政策，去抵抗这种侵略。既然现在国际之间的经济关系如蛛网一般联结在一起，世界经济的基本组织又没有改变，研究这种现象，就应当借鉴各国学者经过长期研究而用以应对的原则和政策，以及各国从实行数百年的原则与政策中所积累起来的先例经验，作为了解一切经济事实和支配一切经济变动的出发点。同此理，中国要在外国侵略者的操纵中补救自己的经济地位，更需要知道各国的经济手段和既定规则并加以借鉴与利用，作为中国制定应有经济政策的旨归。近年来深知各国经济侵略之巨大创痛的各阶层国人，掀起打倒帝国资本主义的浪潮，固然是民族独立思想的一大进步，但单凭喊口号不能取得成功，应当注意解决许多实际和具体问题。如不仅要求废除不平等条约尤其经济上的不平等条约，还要知道收回关税自主权后制定各种关税和税率政策的奥妙之处，作通盘打算。所以研究对外经济政策，不能专重经济学理论，尤须注重实际的运用与技术。这些论述，足以表明此书的特色。具体反映到全书 500 余页的篇幅，除"绪论"外，分 4 部 24 章。第 1 部"国际贸易原理""世界商业之发展""商业平衡与收支平衡""国家经济平衡""商业平衡与物价之高低"5 章；第 2 部"国外汇兑的几个根本观念""国际间债权与债务抵偿之运用""国际间现币之流动""银价之涨落与中国对外之贸易""中国国外汇兑之计算""中国之国内汇兑""变态的国外汇兑"7 章；第 3 部"商业政策""国际间关税负担之分配""商业政策与经济分配""商业政策与人口问题""殖民地商业政策"5 章；第 4 部"关税制度""关税法""特别税""税率之规定""转运保护制度""奖助制度""通商条约"7 章。

反对帝国主义经济侵略，谋求民族经济独立，这是五四运动以来促进马克思主义经济学在中国传播的一个重要动因，在打倒帝国主义的呼声背后，往往积蓄着这种传播的势头。从前面的考察看，直接把矛头指向帝国主义的几本专题著作或译作，都不同程度地体现出这个特点，特别是通过苏俄的范例，把反对帝国主义的声

① 何思源著《国际经济政策》，上海商务印书馆 1932 年版，"著者序言"。

1920—1929 从民国著作看马克思主义经济学的传播

势与传播马克思主义经济学的取向联系在一起。如1925年漆树芬的《经济侵略下之中国》问世，在系统研究帝国主义对中国的经济侵略的基础上，较早提出走苏俄道路的问题；1927年《帝国主义的政策底基础》译本出版，分别介绍马克思主义各派的帝国主义理论，尤其突出列宁学说，让人看到马克思学说、苏俄革命与反帝国主义之间的内在关系；同年邓定人的《帝国主义经济侵略中国史略》出版，梳理历史证据，揭露帝国主义经济侵略的实质，将国际资本帝国主义列为我国国民革命的首要对象，虽然未曾运用马克思经济学说作为分析工具，却为马克思主义经济学传播的中国特色，作出了铺垫。现在又看到何思源的《国际经济政策》，同样把抵抗资本帝国主义的经济侵略，作为研究中国对外经济政策的宗旨，但不同于前述著作注重事实的揭露，理论的阐释或历史的叙述，偏重于借鉴和利用国外的政策原则与经验，从实际和技术层面为我国制定相关政策提供参考。这样把中华民族从外国侵略者的操控中谋求生存和独立的抗争，落实到对外政策的具体细节和技术上，可以弥补空喊口号之不足，同时也因不敢专重理论而与马克思学说和列宁学说有所隔膜。不过，处于国民普遍反对帝国主义经济侵略的舆论环境中，马克思主义经济学在中国的传播及其应用，正是同各种各样反帝国主义的理论、思路和方式，相互激荡而发展，相互补充而丰富，相互比较而鉴别。

### （四）其他应用经济学著作

以上考察，侧重于理论经济学和经济史学的著作，因为这些著作更能体现与马克思主义经济学传播之间的关系。在这些著作之外，还有不少应用经济学类的著作，共同构成了这一时期我国经济学界的出版面貌，而且前面的考察中，亦不乏应用经济学著作的例证。这里再补充一些例证，以便对马克思主义经济学在中国传播的经济学著作背景，有较为全面和系统的了解。例如：

凌道扬[①]著《中国农业之经济观》，商务印书馆1925年8月初版，现存1926年5月再版本。这本小册子96页，除绪言外共10章，分别是中国农田之面积，中

---

[①] 凌道扬（1888—1993），广东新安（今属深圳）人；生于基督教家庭，幼年在檀香山亲戚家做工，1900年回老家，入上海圣约翰书院，1910年赴美，1912年入麻省农学院习农科，后入耶鲁大学林学院并获林学硕士学位；1914年回国，历任北京政府农商部技正、金陵大学林科主任、交通部及山东省长公署顾问、青岛农林试验所所长、北平大学农学院教授、中华林学会理事长、国民政府实业部中央模范林区管理局局长、广东农林局局长、黄河水利委员会执行委员、善后救济总署广东分署署长等；1948年从联合国粮食农业总署职上退休，定居香港，1955年任崇基学院院长，1960年任香港联合书院院长；1980年移居美国。

国农家之户数，中国农民之营业，中国之农作物，中国之畜产业，中国农业之收入，中国农业实用之方法，中国农业上之需要，中国农业上之问题，结论。

作者同年 4 月作于青岛的序言称："晚近以来吾国士夫之著书，言政治者多矣，而于农事之状况，农民之经济，鲜有道及之者，有之仅译自西籍供学校教授而已"。"吾国自黄农而降，以农立国者垂五千年而四万万人口中农又居三万万，舍此重且大者而不闻问，欲国之强何可得耶"。本书名为中国农业之经济观，包括过去所学所研究与近来所调查者，"盖欲使国人晓然于农事之不可忽，起而注视之"。其"凡例"又称，书中一概不用科学名词，"因寻常辞句，便于普通人之了解"。① 可见这是一本从经济上宣讲我国农业重要性的普及读物，既引入西方的农业经济原理，又不愿这些原理仅局限在课堂讲授的范围，力求与中国的农事状况和农民经济实际相结合，并在宣讲中尽量采用便于普通人了解的通俗词句而非专业科学术语，以期引起国人对我国素来以农立国而农民人口又占绝大多数的农业问题的关注。由此也披露了那时知识分子著书多谈论政治问题而很少关心农业问题的窘况，而农业在我国经济中却占有举足轻重的地位。同样，如何认识我国的农业和农民问题，在我国马克思主义经济学的传播过程中也是至关重要的问题。

唐启宇②编辑《农业经济学》，上海中国印刷厂 1926 年版，列入国立东南大学农科丛书。其编辑宗旨，可见"凡例"所示："供农科大学及农业专门学校作农业经济学教本或参考书之用，并可为研究政治经济学作参考书之用"；"采取最新学术，详论农业生产分配之原理及其次序，以便研究农业经济学者得有基本之知识"；第 23 章阐明研究农业经济问题的方法，第 24、第 25 章专述中国农业经济问题、中国乡村社会问题，"俾学者有所印证而使农人社会经济生活得以达改良之目的"。另附参考书 10 种，如"戴氏农业经济学""保氏农业经济学""伊氏土地经济学""海氏农产品贸易学""史氏报酬渐减律论""甲氏农产品组合贸易学""冯裴二氏世界农业地理""世界农业杂志""亚氏财政学""唐氏中国农业之经济的研究"。③此凡例比较前述凌氏之著书凡例，适成不同的取向。凌书不满西方农业经济学书籍仅用于学校教授，旨在以通俗方式在中国民众中普及现代农业经济观念，而唐书恰

① 以上分别见凌道扬著《中国农业之经济观》，商务印书馆 1926 年版，著者"序"和"例言"。
② 唐启宇（1895—1977），字御仲；1924 年获美国康奈尔大学农业经济学博士，回国后曾任东南大学农科教授，抗战初期首任江西省垦务处处长，投身大后方垦荒事业，1946 年任南通学院院长。
③ 唐启宇编《农业经济学》，上海中国印刷厂 1926 年版，"凡例"。

1244

恰是根据农业经济学的最新英文学术成果，以供大学教科书和专业研究者之用。唐氏所列举的那些参考书，应该也是他编书的理论依据和知识来源，其专业特征，同样体现在25章共333页的系统里，如农业经济之意义及其范围，农业上经济的动机观念及性质，经济货及其价值，独立国应产何种农产品，土地利用之原则及方法，农场设备，人工，生产分子之选择及配合，生产分子之比例，农工及工值，农业贷款制度，地租与利息，农人获得土地方法，贩卖，运输，交易所，价格，组合，作物调查制度，保险，税则，人口食粮与土地之利用，研究农业经济问题之方法，中国农业经济问题，中国乡村社会问题。

其实，在引进西方农业经济学理论以结合中国实际方面，无论宣讲普及还是专门教学与研究，都为时势所需要。同年4月10日金陵大学农林学院同仁为唐氏此书所作序言，也说明了这一点："尝谓二十世纪，经济竞争之世界也。明乎经济原理者，营业则业盛，齐家则家兴，治国则国富。昧乎经济原理者，无论为农为工为商为士，均不足以制胜而自存"。吾国立国政策以重农自名，但自通商以来，民穷而农业日衰，工商交困，这是"不知适合世界经济潮流之所致"。吾国试行农事改造多年，但成绩尚未昭著，结果鲜能实用，这是"未能顾及经济原则之可致"。因此，"农业经济之学，不惟新农业家之可必知，而亦为治农学者，任行政者之所须注意者"。唐博士研究农业经济学，蜚声海外，归国以后，鉴于缺乏农业经济参考书籍，在教学之余，出其心得，著成农业经济学一巨册。捧读之下，深悟其书"引证详博，讨论切当，最新学说，既应有尽有，复能各举成例，详确说明，读者更易于融会贯通"；不仅对各国农业经济问题，"已列数家珍"，对吾国农业经济问题以及乡村社会问题，又"能了如指掌"，关于各种问题的解决方法，"尤属切实可行"；"非研究有素，学术经验两臻丰富者不能办"。此书"乃经世之文非建党之教科书可比"，读此书者共同起来，合作研究农人利源的各种互相关系，以及农业与他业的关系，可望求农业之兴盛。①

这里所谓唐氏之书为经世之文，非建党教科书可比，正好呼应了前面凌氏序言中批评知识界著书多论政治而不关心农业状况和农民经济的现象，表达了其时国内面临严重的农业和农民问题，迫切需要引进现代农业经济理论与方法来解决问题的共同意志。至于说到经济原理的重要性，此序虽指出我国自门户开放以来，以重农

① 唐启宇编《农业经济学》，上海中国印刷厂1926年版，"序"。

为名的立国政策不知适应世界经济潮流，以致农业衰落、工商交困而国民贫穷，尝试改革农业的做法未能顺应现代经济原则，以致效果不能彰显和实际运用等状况，但这主要是将西方农业经济学同中国传统的农业观念和政策相比，而西方农业经济学的理论基础，则建立在西方正统经济学的原理或原则之上。换句话说，随着西方农业经济学的传入，同时也在国内扩展了正统经济学的理论地盘。关于这一点，从后面唐氏论述中国农业改造问题的著作将会看到，不仅为这个改造提供了新的思路和方法，还在正统经济学的支配下，坚持这个改造只能走资本主义的道路，必须拒绝苏俄的模式。这等于在引进西方农业经济学来指导解决中国农业问题的同时，又把它变成了阻碍马克思主义经济学传播的理论工具。

龚厥民编，黄通①校《农业经济学》，版权页标明商务印书馆1926年版，其封面又有"中华民国十七年六月经大学院审定"字样，或许1926年为初版时间。这本小册子83页，列入"新学制初级农业学校教科书"，或如其"编辑大意"所说，"本书编纂宗旨，在供初级农业学校、农村师范、职业学校教材之用"。全书分总论，农业之要素，农业组织，农场，农场管理法5章，前三章论农业经济之大概，后两章论农场之组织及管理方法，以期读者"可以实地应用"。

此书在原理方面，强调经济观念"欲以最少的劳力与费用，得最大之效果"，经济乃"依照经济的观念经营经济的行动"，经济学乃"研究关于经济的一切动作之学问"；农业经济学作为应用经济学的一门学问，"说明农业与天然的及经济的法则之关系，研究如何应用此种法则于农业经营上，使常得多量纯收入"②。这是突出成本效益的经济原则及其在农业经济学中的应用，将获得更多纯收入作为农业经营的主要目标。至于与农业经济相关的其他基本理论、制度、道路和政策等问题，则弃之不论，这也体现了此书用于初级职业学校教科书的实用特点。

日本饭岛嶓司原著，周佛海译述《金融经济概论》，商务印书馆1926年版，列入"新学制高级商业学校教科书"。这个译本306页，除绪言外，分"通化的需要供给关系""资金之融通""银行通货的构成""正货在金融组织中之职能""通货与物价""利息的原理""市况的循环和利息的调剂""资金之国际的移动""支付的均衡""外国汇兑""正货政策""银行主义与兼营银行主义"12章。这种金融经济专著，当时国内颇为少见，作为高等商业学校的教科书，显示了较强的专业

1920-1929 从民国著作看马克思主义经济学的传播

性。这是周佛海脱离中国共产党后不久所译之书，由此亦可见他在志向和兴趣上的转移。

日本小川乡太郎的财政著作，前面曾考察他的《社会问题与财政》一书译本，对其主旨有清晰的了解。看来小川氏的专著颇有影响，本期又翻译引进他的两本书，而且都是四五百页的大部头著作。一本是何崧龄译《财政总论》，商务印书馆1927年12月初版，另一本是萨孟武译《租税总论》，商务印书馆1926年初版，二书均列入经济丛书。后一译本出版于前一译本之先，实则在原作的撰述体系中，租税总论安排在财政总论之后，故这里的介绍亦依照其原先的逻辑次序。

《财政总论》译本，记录著者1919年5月29日作于京都大学经济学研究室的自序称："世界战熄，世界将要改造了。世界的改造，不能不随带财政的改造。要想改造财政，必须鉴于财政学理的发达，财政事实的进步，更与将来新世界的思潮相调和，以满足其要求。换言之，即应了解关于财政的理论及实际的过去与现在，以策将来。可见财政学的研究，即就改造世界言，亦属必要"。改造后的世界将成为怎样的世界，虽然难以预言，但至少可以断言，"将来的世界，必以诸般制度文物的社会化，民众化，为其一特色。按诸财政学，社会化的气运，已自很早的时候起，渐趋成熟了"。①

这里把随着战后世界改造而来的财政改造，必须适应财政学理的发展、财政现实的进步和将来新世界的思潮，以满足其要求，归结为一个特色，即所谓财政学的社会化趋势，实则与著者所谓财政的社会政策，密切相关。其主旨，无非体现国家从财政入手来调和资本家阶级与劳动者阶级之间的贫富悬隔矛盾，运用社会政策来消弭社会主义潮流在解决社会问题方面的影响。不过，这个译本更为关注的，不是主旨上的阐释，而是将此主旨落实到具体的财政学论述之中。译本包括绪论及经费论与收入论2编，从其第6版的例言看，著者将财政总论列为他的财政学著作体系的第1卷，另外还有第2卷租税论，第3卷公债论和第4卷预算决算论；并强调对于财政学的许多问题，首先是"理论的研究"，其次是"比较的研究"和"历史的研究"，最后"努力于日本财政的发达与现状"②。换句话说，意在为财政学支撑起国家在现行制度下的社会政策，搭建起一套完整的理论体系。

《租税总论》译本，共9章，分别是租税之本质，租税之技术术语及其分类，

---

① 小川乡太郎著，何崧龄译《财政总论》，商务印书馆1927年版，著者"自序"。
② 小川乡太郎著，何崧龄译《财政总论》，商务印书馆1927年版，"例言"。

租税之发达，租税之根据，租税之最高原则，租税之国民经济的原则及租税对于国民经济之影响，租税之社会的原则及租税之分配，财政的原则，税制之组织。这也是上述财政学体系第 2 卷的一部分，其论述范围，着眼于国家公共团体的经常收入，分为私经济收入与公经济收入二种，公经济收入又分为政务收入及租税二种；由于私经济收入及政务收入详于财政总论中，故本卷仅研究租税。"租税为现代文明国收入之中枢，非仅财政上视为必要，即在经济上及社会道德上亦有重大意义"，所以对于租税"尤当细加研究"①。租税论分总论及各论，总论讨论租税全体，各论特别研究各种租税，本书所述为租税总论。可见，此译本所论，完全是从著者的整个财政学主旨中派生出来的，也就是服务于其财政学主旨。

日本堀江归一②著，王首春译《国际经济总论》，商务印书馆 1927 年 12 月初版，同前两个财政译本一样列入经济丛书。译本 251 页，共 8 章，分别是闭关经济，国际共通经济，外国贸易和国际借贷，外国贸易和国际共通经济，国际经济和日本的贸易，国际间的货币问题，兑换制度和正货政策，国际金融的中心点。

这个译本作为国际经济方面的专著，具有较强的专业性，著者本人被认为是日本的进步教授，对华友善，曾对中国的银行事业有所帮助。这里不必详论译本内容，只须指出，那时接二连三地从日本引进诸如金融经济、财政税收、国际经济等方面的应用经济学著作，显示国人对于现代经济学的需求，范围不断扩大，视野逐步提升，这应是来自我国现实经济环境及其发展变化的推动。将这些译本与前面国人自撰的同类著作结合起来看，在本时期，农业经济学更为国人所看重，出现好几个自撰本；财政学方面既有以欧美著作为样板的自撰本，又有引自日本著作的翻译本，二者各有千秋；国际经济方面或以国人自撰者运用欧美理论与政策服务于国内反帝国主义经济侵略的形势，或以译自日人著作者面向国人普及相关知识；金融经济方面则引入日人著作用作国内高级商业学校的教科书；诸如此类。现代应用经济学著作的引进、流行和应用，大为扩展了国人的经济学眼界，同时也为马克思主义经济学的传播，开拓了新的领域，注入了新的因素，铺设了新的基础，指引了新的方向。

---

① 小川乡太郎著，萨孟武译《租税总论》，商务印书馆 1926 年版，第 1 页。
② 堀江归一，日本法学博士，庆应大学教授，历任理财科主任、经济学部长等职；曾于 1917 年 10 月应中国银行邀请，来华讲演 3 个月并指导改进银行业务；著述颇多，广泛涉及银行学、货币学、财政学、金融学和国际经济、劳工问题等领域。

本章所列举的各种经济学著作，不同于翻译和解说马克思经济学说的专著，也不同于国外共产党人或马克思主义学者尝试改造现行经济学或用新经济学取而代之的译本，一般属于正统经济学的范围，或国内具有经济学素养者的编撰之作。这些经济学著作（含译著），以基本经济理论和经济史学方面的论题居多，虽然涉及马克思经济学说的内容和倾向有较大差异，但大体上也从一个侧面，体现了《经济思想史》译本所归纳的，马克思经济学说影响西方传统经济学的几种类型：或者为传统经济学所吸收而纳入其理论体系，或者促使传统经济学修补其漏洞和薄弱环节，或者在传统经济学中建立起专门用于对付和消除这些影响的防范壁垒。这是站在西方正统经济学的立场上来看待马克思经济学说的影响，如果掉转过来，站在马克思经济学说的立场上来看待这种影响，正好说明进入本时期，马克思主义经济学在中国的传播，已经渗透到传统上更为保守和顽固的西方经济学领域。这种渗透，既是随着舶来经济学著作的传入而反映了国外经济学领域马克思主义学说与资产阶级学说的较量状况，也是国内经济学界不得不正视马克思主义经济学的传播发展到一个新阶段的真实写照。尽管在这个范围内，以不同方式抵制马克思经济学说的著作占据支配地位，但也能看到一些出人意料的表现，或者跳出西方经济学的传统理论框架，在课堂讲义里，全然用马克思主义或社会主义经济学来诠释民生主义，以及用于摆脱帝国主义经济侵略和军阀专制统治的指导理念，如《经济学概要》；或者仍保留西方经济学的传统解释，同时大为扩展对《资本论》的学术兴趣，以常识普及的形式，介绍国人以往不曾涉足的许多复杂而具体的理论内容，如《资本问题》。此外随着应用经济学领域著作的增多，又逐渐把理论经济学领域马克思主义经济学与正统经济学的较量，引入更加广阔的范围。

# 第四章　本编考察概述

本编考察的 70 余本著作（含译著）显示，继前面具有转折意义的时期之后，1925—1927 年间马克思主义经济学的传播，呈现出一些新的特点。首先，在马克思经济学著作的翻译、解说和通俗化介绍方面，延续既有的趋势，扩展其广度和深度乃至涵盖《资本论》三卷本的内容，并出现国人自撰的宣传本；同时突出列宁学说继承和发展马克思学说的理论联系，尤其表现在围绕帝国主义现象、农民问题等比较贴近当代现实问题的理论认识上，也就是共产党人和赞成社会主义理想的人，不仅从马克思经济学说中，而且从列宁经济学说中，去寻找分析和解决当前面临问题的系统性理论滋养以为指导思想，包括系统阐释苏俄的新经济政策。其次，一面继续借助日本及欧洲马克思主义者或社会主义者的研究成果，在研究社会经济组织与制度及至财产进化的论题下，吸收其中具有经济学意义的理论内容，由此转化为自己的主导性经济观念；一面开始引进国外特别是欧洲马克思主义者和俄国布尔什维克学者着手创建新经济学理论系统的研究成果，这不仅意味着全盘推倒传统经济学体系而挑战其长期的统治地位，也意味着马克思经济学说的传播，不再局限于社会组织与制度之类的社会学或政治学论题，同时在经济学领域显露出与传统经济学相抗衡的独立地位。再次，同中国实际相结合的研究互动，迈进了一大步，也就是随着研究中国国情的深入、细致和系统化，尤其聚焦于帝国主义经济侵略的肆意掠夺、军阀专制的为虎作伥、劳动者的深重苦难，激励研究者从民族义愤和同情劳动民众的感情宣泄，转向寻求根本出路的理性思考，从而在反帝反军阀和提倡劳动运动的社会舆论中，推动了马克思主义经济学的传播。最后，在素来保守而且封闭的传统经济学领域，也日益显现出马克思主义经济学的渗透性影响；虽然这种影响从传统经济学的角度看，是维护自身支配地位须加强防范的外部刺激因素，但换个角度看，几乎所有列举的经济学类著作，都在不同程度上提到马克思经济学说，有的完全否定，有的在批判的同时承认有一定的合理性，有的从学术上感兴趣于《资本论》的诸多理论细节，有的甚至干脆以马克思经济学说为主体来编写讲义，这是一般经济学领域以前不曾看到的现象。

以上特点，在一定程度上也受益于当时国共合作给思想界所带来的相对宽松环境。但这并没有消除马克思主义经济学传播过程中的那些阻力，只不过使它的表现形式有所变化，如避免正面对抗或谴责马克思经济学说，转为更多用论理的方式，特别是利用马克思恩格斯去世后经济发展的实际资料和修正主义的理论驳议，去寻找马克思学说中的漏洞、矛盾和失误，进而断言这个学说已经失效或过时，即便有其创见或曾经辉煌过，现在已成为历史的遗迹；论述中国的劳动问题和劳动运动以及相应的理论认识和经济政策，不能无视马克思经济学说的深远影响，却小心翼翼地避其锋芒，矫正挑战现行制度的社会革命思想，力求引向与现实制度调和妥协的社会改良道路；引进国外解决劳动问题的各种思潮，与马克思经济学说进行比较，突出协作主义或合作主义的优势，宣传现行制度下劳动立法的原理，实际上为取代社会革命的社会改良推介具体的实现形式；在翻译西方经济学著作的同时，增加自行撰写各个领域的经济学著作的分量，其中大多数仍沿袭正统经济学对待马克思经济学说的态度，或者在学术上认可其地位而在信仰上排斥其宗旨，或者将其压缩到传统理论体系中的某个角落或局部如分配领域，或者用作宣扬正统理论观点的陪衬或批判对象；自撰或翻译引进各种应用经济学著作，主要建立在正统经济学的理论基础之上，或用来支持维护现行制度的社会政策，否定社会主义作为解决社会问题的办法；等等。尤其自四一二反革命政变后，那些特点反映在一些著作或译者的序言里，又在发生逆转。如解说《资本论》的译本，被当作纯粹的学术兴趣，可以精益求精地翻译，也可以残缺不全地出版；自行系统梳理和介绍苏俄的经济组织与实业政策，主要为了证明这种经济制度的不合理从而不可能持续；日本学者意在引入马克思经济学说以有限改造现行经济学体系的新论，在译者眼里，完全成为三民主义的宣传品；日本学者研究农民问题，明明是在阐释和维护马克思、恩格斯、列宁等人的农民或农业理论及政策，在译者那里，却成为攻击中国共产党人开展农民运动的理论武器；总之，本时期考察1927年4月以后出版的经济学著作，比较此前，谈到马克思经济学说的批评口气，明显严厉起来。

国家出版基金项目
NATIONAL PUBLICATION FOUNDATION

# 1920-1929

## 从民国著作
## 看马克思主义经济学的传播

谈　敏◎著

中国财经出版传媒集团
经济科学出版社
Economic Science Press

# 本卷目录

# 第四编

# 1928年：动荡时期马克思主义经济学的传播

国共合作破裂后，国民党统治集团抛弃孙中山制定的联俄、联共、扶助农工三大政策，血腥镇压共产党人和革命运动，中国共产党人吸收大革命失败的惨痛教训，逐步认识独立领导革命斗争的极端重要性，开始了土地革命战争的新的历史时期。这是一个动荡的时期。然而，从马克思主义经济学的传播进程看，进入1928年，这个进程不仅没有中止，反而愈拙愈坚，出现更多的著作和译本，围绕马克思主义经济学，不论开展正面的阐发和宣扬，或者面对负面的质疑和批评，又把传播进程推向一个新的阶段。

# 第一章 传播马克思主义经济学的著作及其对立面

本年度的传播从著作上看，其显著特征，一方面继续翻译和阐释马克思、恩格斯、列宁等人的论说，并运用马克思主义经济学进行专题的理论分析和实际观察，以译本为主，兼有国人自撰本；另一方面出现了以国人自撰形式专门批判马克思主义和社会主义的系统性著作，也就是在马克思主义经济学传播领域，从理论上公开质疑和挑战这一传播的科学性与合理性。这样的理论交锋，采用系统专著的论辩方式，在以往的传播历史上还从未见过。

## 第一节 关于马克思等人论说的译本

这些译本，虽然产生于恶劣的舆论环境，但比较以前的同类译本，在翻译和解释马克思主义经济学方面，先后相承，又有自身的重点。

### 一、关于恩格斯原著的译本

这里包括恩格斯不同原著的两个译本。

#### （一）《社会主义底发展》

朱镜我①翻译的这本书，上海创造社出版部 1928 年 5 月 30 日初版（此书错印为 1925 年 5 月 30 日），列入社会科学丛书。它的封面及版权页均未标明原著者，其"要目"分 3 章，每章又有"细目"，亦不得要领。直到看了译者序言，方才明

---

① 朱镜我（1901—1941），浙江省鄞县人；1918 年赴日本学习，先后入东京第一高等学校、名古屋第八高等学校和东京大学，专攻社会科学，1927 年回上海，加入创造社，主编《文化批判》月刊；1928 年加入中国共产党，1929 年为中共中央文化工作委员会成员，参与筹建中国左翼作家联盟，1930 年先后任文委书记、中共江苏省委宣传部长、中国社会科学家联盟党团书记及中国左翼文化总同盟党团书记，1931 年调中共中央宣传部工作，1933 年任中共上海中央局宣传部长，1935 年被捕，1937 年经营救获释，1938 年任新四军政治部宣传教育部部长，皖南事变突围时牺牲。

白译本的原著，正是恩格斯的《社会主义从空想到科学的发展》一书。

译者 1928 年 3 月旅居日本京都期间的序言说：

"从前的人间——现在亦比比皆是——犯了一个极大的误谬：他们以为社会底一切的文物制度，一切的思想学说，都不外是伟大的天才底独自的创造性的结果。所以，他们的结论必然地是这样的——无论那一个时代的社会，只要这社会里诞生了一位绝对的天才，那末，这天才马上可把这社会改良起来，以至于把这社会超度到天堂似的极乐土来。换言之，他们漠视着物质的经济的基础，——在他们这不过是一种文明史的附属物——以为社会底一切不合理、矛盾、反目、悲惨、凄惨以及种种的不幸，都是原因于没有天才去发见、道破及解决这种种的恶制度、恶组织的社会之故；所以他们只晓得期望着天才的出现，英雄的诞生；或自负着我是天才，我是英雄也未可知的妄想。结局，只不过在迷魂阵里做几场伟大的春梦，实际上，客观的社会依旧是充溢着不合理、不幸、悲惨等等的地狱似的苦恼与悲鸣"。"这也是当然而必然的报应，因为仿照正确的科学的见解，社会的文物制度，一切的思想或学说，却不是某某的天才的个人的独创性的结果，倒反是社会的客观的条件，即物质的经济的基础反映于人的脑中，刺激人间的头脑的运行，才能产生种种的思想和学说，才能设立种种的制度和规范"。所以，有了纪元前 600 年的雅典社会的经济组织的破产，才产生伟大的立法家梭伦（原译"梭龙"）；有了希腊国家的自由民与奴隶的阶级，伟大的理想主义者柏拉图的说教才不得不把奴隶当作一种工具；有了 18 世纪的法兰西社会的停滞，固化，贵族的专横，平民的萎缩，才产生热情的反抗者卢梭；有了俄罗斯的贵族地主无底的贪婪，农民农奴无制限的被剥削，才产生托尔斯泰的诸作品；等等。

"因此，一切文物制度，学说思想都有它们的历史的存在理由，就是存在过的或存在着的一切东西，都有它自己的历史的社会的存在理由；它们不能因有伟大的天才的任意的改废就被破弃，也不能因有玄妙的催生婆被诞生。所以，有存在的必然性的一切东西，——学说也好，制度也好，道德也好，法律也好，不管你喜欢不喜欢，有利于你或不利于你，与你对立或与你并立的——一样地都是合理的东西。任你暗暗地用草蒿人形去诅咒它，或明白地用暴力去抹杀它，它却不管你怎样阴险，怎样凶猛，俨然地主张它自己的生存权！不，压制愈厉则反拨愈烈，它不但主张自己的生存权，并要由它的生存权来扬弃你的失却了社会的存在理由的生存权！这是历史的事实所告诉我们底铁一般正确的结论，任你怎样地顽固或怯懦，或迟或早，不是今天，就是明天，你总非承认这个结论不可的"。"社会的文物制度及思想学说虽由它们的社会的历史的存在理由而发生发展起来的东西，但是它们的实现的过程，却不是这么死般般地所可了事的，这是要求无数的血和肉去交换才能得到实现化的机会的。所以，在狂风暴雨似的革命的前夜，或革命高潮的正旺的期间，就出现那互殴，互搏，互杀，血溅，肉飞的大恶战的现象"！

"一睡千余年的麻木的我们中国人，现在正经验着这个狂风暴雨的时期，未死的而且要想努力于新社会的建设的青年，在踏进实践的行动的时候，应该把自己的思想及中国的现状来仔细地思量一番"！对于这样的青年，这本译书或许有多少贡献的地方。"这本小册子，在分量上虽然不是很浩瀚的大著作，但从它的性质讲，却能告诉我们许多的关键：——世界是怎样地运动着；社会是怎样地进化着；人的思惟是怎样地发展去；空想的社会主义的思想为什么不能成立，为什么不能看作一个革命理论？封建社会是怎样地崩坏的；资本主义的社会是怎样地发生，发展起来的；它的内部的矛盾是什么？它的矛盾的解决法在何处，社会运动为什么不得不发生？它的发生的意义如何，它的目的又如何？将来的社会是怎样的，而现在的国家究竟是一种什么东西？……关于这种种的问题它皆能一一地给予我们以一种极简明的解答；——这也是当然的，因它的著者是创始科学的社会主义的二大巨头之一的昂格斯"。

这本书从著者所著《狄幼林氏的科学变革》（今译《欧根·杜林先生在科学中实行的变革》）蝉蜕而成，简称《狄幼林驳论》（今译《反杜林论》）。此书本为反驳杜林的"哲学体系""经济学及社会主义的统系"及"经济学的批判史"而作，因杜林的议论涉及精神的道德的历史的以及其他种种的广泛部门，所以为反驳其内容，著者恩格斯也"不得不在论争的形态以内，尽量地把科学的社会主义详细地一贯地展开起来了"；这样论争式的庞大著述，经过多少年月，论争的问题不免使人难于理解（这当然是指一般初步的读者而言），所以著者应法兰西友人（指保尔·拉法格——引者注）的请求，拣择出《反杜林论》中"紧要的、主题的社会主义的中心思想"，做成这本小册子，题曰《从空想到科学的社会主义》。自从1880年发行以来，接连被数个国语翻译，1892年的英译序文，著者曾指出那时已有10种国语的翻译，"这么样广泛的多数的翻译实在是罕有的现象"。现在恐怕更要增加了，就记者所知便有日译本一种，所以不计其他的翻译，到现在连我这本拙译可算有12个国语的翻译了。"这回事当然一方面足可证明本书的价值的伟大，同时他方面我们也可以看取世界的趋势——人类大部分的所欲求的世界变革的方向"。译本根据"杜克（Dunker）"的英译本翻译，文义与辞句参考堺利彦的日译本和其他英译本；注释及分节概从"杜克"译本，不曾更改；卷头的细目参照堺氏的日译本，间加译者的私见而成。这是译者第一次尝试翻译，"所以文句的流畅及译语的正确与否，实在没有多大的自信可向读者夸言"。"这本中译对于一般的青年如有多少的贡献，则译者的希望已经达到大半了"。①

译者这篇序文，说得很清楚。翻译的用意：一是重点说明唯物史观的道理，认识一切社会制度和思想学说的产生、发展与变化的历史，不是取决于少数天才人物的出现，是以物质经济的存在为基础，有其必然性；这种社会历史发展的必然性又不是以死板的方式实现，充满着用无数血肉交换并如狂风暴雨般的革命，此即阶级斗争学说的另一种表达形式。二是运用创建科学社会主义两大巨头之一的恩格斯的这部名著，唤醒沉睡麻木的中国人，激励致力于新社会建设实践的中国青年，经历目前狂风暴雨的革命之际，应该仔细思量自己的思想和中国的现状，通过这个译本认清诸如世界怎样运动，社会怎样进化，人类思想怎样发展，空想社会主义为什么不能成为革命理论，封建社会怎样崩坏，资本主义社会怎样发生和发展、其内部矛盾是什么及如何解决这个矛盾、为什么必然发生社会运动及其意义和目的，将来的社会怎样，现在的国家究竟是什么等许多关键问题，或者说从这个译本中得到一种极简明的解答。三是介绍原著的由来、主旨及特色，阐述了以社会主义为主题的紧要的中心思想，尤其从它后来被翻译为多国文字的世界影响看，不仅足以证明具有伟大的价值，还可以看到人类大多数要求变革的世界趋势。但不知何故，译者明明知道这本根据《反杜林论》择要而成的小册子，名为《从空想到科学的社会主义》，却仍将中译本的书名改为《社会主义底发展》。四是介绍中译本的原作依据及参考译本。在这里，译者说到这是自己的第一次翻译尝试，又暗示这是恩格斯此书的第一个中译本。从后人的评价看，一般也把此译本看作"我国最早出版的恩格斯名著的全译中文单行本"，或"大革命失败后中国最早出版的马克思主义著作"②。

译本对应原著三个部分，分为3章，并给每章加了一个题目。第1章"空想的社会主义"，完全按照原著第一部分翻译，并在全书要目后面的细目里，提示本章

① 朱镜我译《社会主义底发展》，上海创造社出版部1925年版，"译者序"。
② 参看百度网"朱镜我"词条有关朱镜我的介绍。

的要点："法兰西大革命的意义""近世普罗列塔利亚的先驱""三大空想家的出现""革命后的新社会的失望""未熟的情状与未熟的思想""圣西门""傅利叶""倭文""折衷的社会主义的混合物"。翻译逐字逐句对应，原著的注释也一并翻译，还附加德译本的一些注释。惟对照今译本，原译名有较多差异，如将"资产阶级"译为"布尔乔亚"，将"无产阶级"或"无产者"译为"普罗塔利亚"，将"日内瓦书简"译为"盖甫书简"，将"政变"译为"库台脱"，将"劳动券"译为"劳动纸币"，将"不伦不类"译为"平均"等；原译文亦有很大不同，如将"法国伟大启蒙学者"译为"法国的诸大家"，将"思维着的悟性"译为"理性"等。

第 2 章"辩证法的唯物论"，同样对照原著第二部分翻译，其细目提示本章的要点："辩证法与形而上学""形而上学的思考方法""辩证法的思考方法""唯物史观""剩余价值学说"。此章译文的问题亦与前章相同，碰到一些较难理解的句子，还把德语译文附在后面。即使如此，一些原译文比较今译文，仍很难读懂。举两个例子，如今译文："我们注意得更多的是运动、变化、产生和消失，而不是什么在运动、转变和联系"①；原译文："我们在注意这能运动，能移推，能起关系之事物本身以前，我们先注意这种运动，推移及关系"②。又如今译文："对辩证法来说，上述过程正好证明了它自己的方法是正确的，因为辩证法在考察事物及其在头脑中的反映时，本质上是从它们的联系、它们的连结、它们的运动、它们的产生和消失方面去考察的"③；原译文："所谓辩证法因能本质地理解事物与它的观念的模写，两者间之关联，连络，运动，起源及其终结，所以如前述的自然界的诸过程皆不外是确证辩证法本身的移行方法"④。这两个句子的今译文与原译文之间，除了若干词汇的相同或相似，语意上根本无法贯通。另外，引入德文版本的大量注解，一般是用马克思和恩格斯其他著述的论断来说明本章的有关概念或观点。

第 3 章"资本主义的发展"，翻译原著第三部分，其细目提示本章的要点："唯物史观底前提""近世社会主义""社会的生产与资本家领有""普罗列塔利亚物与布尔乔亚泛""生产界的无政府状态""产业预备军""恐慌之性质""资本的集中""普罗列塔利亚利的社会""国家的死灭""自由的王国""中世的社会"

---

① 《马克思恩格斯选集》第 3 卷，人民出版社 1972 年版，第 417 页。
② 朱镜我译《社会主义底发展》，上海创造社出版部 1925 年版，第 29 页。
③ 《马克思恩格斯选集》第 3 卷，人民出版社 1972 年版，第 419—420 页。
④ 朱镜我译《社会主义底发展》，上海创造社出版部 1925 年版，第 33—34 页。

"资本家的革命""布尔乔亚社会的根本的矛盾""普罗列塔利亚的革命""社会运动的意义及其任务"。本章的翻译水准，类似前面两章，也可以用两个例子说明。如今译文："有计划的组织要比自发的分工有力；实行社会化劳动的工厂里所制造的产品，要比分散的小生产者所制造的便宜"①；原译文："有计画的组织是比自然发生的要有力的；社会地用着劳动的工场比个别的生产者可以安价地出产商品"②。又如今译文："生产力的国家所有不是冲突的解决，但是它包含着解决冲突的形式上的手段，解决冲突的线索"③；原译文："生产力的国有不是解决矛盾的方法，不过潜藏着解决法的外表的手段——即解决法的把柄而已"④。原译文里，都出现了用词不当或难免产生歧义的现象。哪怕翻译基本正确，比较今译文，原译文的表达也显得有些笨拙。如表达资本主义的矛盾方面，今译文分别是："社会化生产和资本主义占有的不相容性，也必然愈加鲜明地表现出来"；"社会化生产和资本主义占有之间的矛盾表现为无产阶级和资产阶级的对立"，"表现为个别工厂中的生产的组织性和整个社会的生产的无政府状态之间的对立"⑤。原译文则分别说成："社会的生产与资本家的领有间的不合致愈能明了地显露出来了"；"社会的生产与资本家的领有的矛盾变形于普罗列搭利亚特与布尔乔亚泛的对立而显露于世上了"，"当作了在个个的工场的生产组织与在全社会的生产的无政府状态间的对立而出现了"⑥。二者的差别，一望可知。

《社会主义底发展》译本，纵然在译文方面存在这样或那样的问题，就像译者自己所说，没有多大的自信可以夸耀文句的流畅和译语的正确，但它却力求把每一句话，每一条原注，每一个德译本的附加注释都翻译出来，从而把《社会主义从空想到科学的发展》原著，第一次以单行本形式，完整地呈现给国内读者。而且译本明确表达了原著一个重要思想，一切社会变迁和政治变革的终极原因，不应当在人们的头脑中，在人们对永恒的真理和正义的日益增进的认识中去寻找，而应当在生产方式和交换方式的变更中去寻找；"不应当在有关的时代的哲学中去寻找，而应当在有关的时代的经济学中去寻找"⑦。这个论述对于当时国人理解马克思主

---

① 《马克思恩格斯选集》第 3 卷，人民出版社 1972 年版，第 427 页。
② 朱镜我译《社会主义底发展》，上海创造社出版部 1925 年版，第 52—53 页。
③ 《马克思恩格斯选集》第 3 卷，人民出版社 1972 年版，第 436 页。
④ 朱镜我译《社会主义底发展》，上海创造社出版部 1925 年版，第 71—72 页。
⑤ 《马克思恩格斯选集》第 3 卷，人民出版社 1972 年版，第 428、429、431 页。
⑥ 朱镜我译《社会主义底发展》，上海创造社出版部 1925 年版，第 55、56、60 页。
⑦ 《马克思恩格斯选集》第 3 卷，人民出版社 1972 年版，第 425 页。

义经济学传播的重要性，具有特殊意义。惜乎原译文将原著的"经济学"，又译成了"经济"①。

附带说明，继前个译本之后，又有"因倪斯"（即恩格斯）著，堺利彦译，黄思越重译的《社会主义发展史纲》，上海泰东图书局 1928 年 8 月初版。换言之，这是恩格斯所著《社会主义从空想到科学的发展》的另一个中译版本。对照前一译本，此译本的异同之处：一是可以明白前个译本的译者原本知道原著名称，何以还要取名《社会主义底发展》，看来是参考了堺利彦的日译本书名。

二是转译堺利彦 1927 年（昭和二年）8 月的译者序，其大意：关于此书的由来，为便宜计，摘录英译本所附著者 1892 年 4 月 20 日的"序论"（今译"英文版导言"）中一部分如下："此小册子元来为大著述之一部。一八七五年顷，柏林大学讲师周仁（今译杜林）博士，突然并甚嚣然发表其归依于社会主义。不仅以一种巧妙社会主义学说，更作成对于社会改造绵密实行案，贡献于德意志公众。当然与其先进者相冲突。就中对马克斯，以贯注猛烈的怒气，表示敬意。……（中略）此小册子合此英吉利译，以十国语言流行。其他社会主义书，即《共产党宣言》《资本论》，若是多方翻译者，尚未前闻。在德意志已重版四次，合计约出二万部矣"。序论接着说明："此书中经济的用语，限于新语外，与马克斯《资本论》英吉利译之用语相一致……（中略）近代的产业时代，生产物依于动力运转之机械而生产，因是劳动者所事者，限于监督矫正机械力之作业而已"。② 我是此书的日译者，1906 年 7 月发表于我所出版的《社会主义研究》杂志。1918 年在同样由我出版的《新社会》杂志的 3 月号和 4 月号，发表订正前译的新译本，其后再作订正，并分别于 1921 年和 1924 年发行单行本。我以前的译文，均由英译本重译，此次乃直接从德文原文译出，即此新版。除"序论"前面两节外，省略其后面部分，以"史的唯物论评"为题另成小册子。本书各章标题及各章内小标题，为原文所无，章内分段，亦与原文有些差异。注释部分为著者所自注者，标以"原注"。其他取材于德文本者，根据译者思维加入一些内容。③ 此序最重要的是，补充了《社会主义从空想到科学的发展》"英文版导言"开头 7 段中的 6 段内容。另外知道较早日译本的译者序里，还有导言中接着前 7 段之后所论述的唯物主义内容，后来由

---

① 朱镜我译《社会主义底发展》，上海创造社出版部 1925 年版，第 48 页。
② 其今译文见《马克思恩格斯选集》第 3 卷，人民出版社 1972 年版，第 379—382 页。
③ 以上内容除另注外，均见黄思越译《社会主义发展史纲》，上海泰东图书局 1928 年版，"译者序"。

日译者单列出来另行发表。至于说到日译本的标题、分段和注释与原著不同者，也能发现这些不同，恰是前面《社会主义底发展》译本所取法者。

三是译本末尾附有黄思越 1928 年 3 月 20 日作于日本江户的"重译者跋"，其大意：恩格斯"为仅次于马克斯之社会主义著作家"。此小册子与《资本论》《共产党宣言》"共为马克司派社会主义三大杰作，风行欧美"。据英译本"出版者小序"，1883—1892 年在德意志发行 2 万册，1900—1908 年在美国发行 3 万册，近日在日本尤有一日千里之势。"大抵资本主义盛行之地，即其流行尤速"。小册子在欧美已有 10 国译本，输入东亚，亦在距今 20 年前。堺利彦发表在《新时代》杂志的译本，尚余第 3 章未译，突遭禁止；其后 1920 年，河上肇翻译第 3 章发表于《社会问题研究》杂志。堺利彦最初出版的单行本，名为《由空想向科学》，后改称《社会主义之发展》，即重译本之蓝本。"汉民族百不如人，即区区学术研究，亦在在落伍。迩来震动全球之社会主义运动，虽稍有所闻，而为其主义之不朽杰作，乃尚绝少介绍，因是模糊影响，错误百出。排之者大都吠影吠声，不问其造因，和之者大都扣数扣篇，不究其真相，纷纠日亟，滋祸无穷"。"故余为学术研究不能不重译此书，甚望排之者与和之者各深加以研究"。原译本被涂抹各部分，一一依据英译本补足；并于栏外加以小注，以便读者。① 可见，这个中译者的重译，不同于前面的中译者翻译《社会主义底发展》，用恩格斯这部名著来唤醒中国人和激励中国青年致力于新社会建设实践，并用于解释世界和中国革命的许多关键问题，乃是保持一种站在排斥社会主义者和迎合社会主义者之间的中立态度，纯粹从学术研究的角度为他们提供权威的资料。这种传播方式，为当时国内学界不少人所信奉，只求学术研究，不求信仰与实践。

四是通过此译本，同样作为原著的全译本，可以对比纠正前译本的差误。如将第 2 章的标题从"辩证法的唯物论"改为"马克斯二大发见"，将第 3 章的标题从"资本主义的发展"改为"科学的社会主义"，更符合日译本的原意；又如将原来的许多生涩译名尤其音译名，改为比较通俗或流行的译名；再如译文的表述，也较为通顺流畅。所以，尽管此译本在翻译方面仍存在不少问题，终究有所改善。这也说明马克思主义经典原著早期在中国的完整翻译和流传，往往不是一蹴而就，经历了不断积累和完善的过程。

---

① 以上内容见黄思越译《社会主义发展史纲》，上海泰东图书局 1928 年版，第 81—82 页"重译者跋"。

此前国内的著述或译本里，已经经常看到摘引或节译《社会主义从空想到科学的发展》一书的内容或段落，经过这样的不断积累，到 1928 年，终于将恩格斯这部名著，以单行本形式完整地介绍给国人。

**（二）《马克斯主义的人种由来说》译本**

署名"恩克斯"（今译恩格斯）遗稿，"哥来佛"（今译哥列夫）长序，陆一远译，上海春潮书局 1928 年 11 月 30 日初版。

这个译本的主要特点，收录了恩格斯生前没有发表的未完手稿《劳动在从猿到人转变过程中的作用》（原译"劳动是猿到人的进化过程中的产物"）；另外附有恩格斯的一篇短文《人类进化的过程》，同样为遗稿，生前未发表，因同属论人类早期进化问题，故二文放在一起。前篇论文，经后人整理收入恩格斯的《自然辩证法》一书出版，现在这个译本将这篇论文单独抽出来发表并给予专门评介。就其译文而论，被认为是国内最早翻译恩格斯这个重要论著的译本，内容完整，翻译水准亦算通畅，惟对照今译本，在段落划分上稍有差异。

整个译本分为两卷，第二卷即恩格斯的两篇论文，第一卷是苏联学者哥列夫的一篇序言，题为《达尔文主义与马克斯主义》（今译《马克思主义观点的达尔文主义》），内分 10 节，其篇幅竟是恩格斯两篇论文的两倍有余，意在诠释恩格斯的论著，并多次引用马克思、恩格斯的相关经济论述。其大意如下：

第 1 节"恩格斯是达尔文主义者"：我们数千万年以前和猿类相似的祖先怎样变为人类这个问题，对确定我们的宇宙观有莫大的意义；恩格斯"最能了解"问题的意义，解决问题也比任何学者"都要深刻独到"；他"有名的杰作（原稿散失，惜非完璧）"，用很具体很简要的例子，说明了达尔文主义与马克思主义的关系（第 1 页①）。大部分达尔文主义的学者，不曾立足马克思主义的观点，"他们决不会注意到劳动在人类进化中的作用"（第 3 页）。达尔文主义与马克思主义的共同点在于，"一切有机物界和人类社会生活所有的一切现象，都是可以用科学的自然的原则来确定的"（同前）。马克思的《政治经济学批判》序言说："法权关系，和国家的形式一样，是不能从它的本身和人类灵魂演进的过程中去认识的，法权关系的基础是建筑在人类生活的物质条件上面的……所以，解剖社会，必须要从政治

---

① 此页码见陆一远译《马克斯主义的人种由来说》，上海春潮书局 1928 年版，下同。

经济学着手"①（第4页）。恩格斯1858年7月14日给马克思的信，曾经简略地说明他的意见②。

第2节"达尔文主义的真谛"：恩格斯在《社会主义从空想到科学的发展》中说："达尔文对于神学的自然观，曾给以重大的打击，达尔文证明说，现代的有机物界，不论它是动物的，植物的或是人类的，皆是数千万年进化过程的产物"③。《反杜林论》中，很简单而又明了真确地说明达尔文的根本观念："达尔文从他的科学方法探究的结果，得到这样的一个结论，就是说，动植物的形式与构造，非固定的，而是变异的，他在研究室中要向前推究这一个结论，他除了人工方法来研究动植物以外，再没有较好的方法了。……（中略）动植物之受自然淘汰而后引起的变异，就是由此得来的"④。（第7—9页）达尔文根据有机物的繁殖性、变异性和遗传法，"用唯物的观点来解释生物界的进化的因果"（第10页）。

第3节"自然的技术"：马克思探究达尔文主义，"诚能一语道中深远的意义"，《资本论》第一卷说："达尔文对于自然技术的历史，富于研究的兴味，换言之，动植物的器官，在动植物的生活中是具有生产工具的作用的"⑤（第11页）。恩格斯《在马克思墓前的讲话》中说："达尔文发现了生物进化的法则，马克思发现了人类历史的法则"⑥（第13页）。

第4节"人是社会的动物"："社会是为生存而竞争的工具，又是适应自然和环境的工具"（第14页）。恩格斯在《路德维希·费尔巴哈和德国古典哲学的终结》中说："在我们左右的，不单是自然，而又是人类的社会，它有它的发展的历史，有它自己的科学"⑦（第17页）。

第5节"两个发展的形式"：恩格斯说："动物只利用外界的自然，使之适应于环境；人类则以人工的变化，制服自然，任其使用。人类与其他动物的主要区别，就在这里"⑧（第21页）。"总之，生物的进化，其形式有二：除达尔文所研究的生物进化的形式外，尚有另一种的进化的形式即工具演进的形式，其进化的法则

---

① 其今译文见《马克思恩格斯选集》第2卷，人民出版社1972年版，第82页。
② 其今译文参看《马克思恩格斯选集》第4卷，人民出版社1972年版，第336—338页。
③ 其今译文见《马克思恩格斯选集》第3卷，人民出版社1972年版，第420页。
④ 其今译文见《马克思恩格斯选集》第3卷，人民出版社1972年版，第107—108页。
⑤ 其今译文见《资本论》第一卷，人民出版社2004年版，第429页注（89）。
⑥ 其今译文见《马克思恩格斯选集》第3卷，人民出版社1972年版，第574页。
⑦ 其今译文见《马克思恩格斯选集》第4卷，人民出版社1972年版，第226页。
⑧ 其今译文见《马克思恩格斯选集》第3卷，人民出版社1972年版，第517页。

与性质，是首由马克斯发现的"（第22页）。达尔文学说告诉我们"有机体之消极的适应自然之法则"，马克思学说是"人类的技术的积极的适应自然之法则"，说明"动物进化的法则，不能简单地应用之于人类的社会"；"动物——永远是自然的奴隶，人类将以自然变为经济，而自己成为自然的主人翁了"（第25页）。

第6节"人与动物的根本区别在哪里"：人不同于一般生活，"主要的原因在于只有人类是劳动工具的生产者"（第28页）。《资本论》第一卷中，认为富兰克林（原译"佛兰克林"）所说"人是制造劳动工具的动物"为唯一真确的定义，也是这个意思（第31页）；又说："骨骼构造的遗骸，对于研究灭迹的动物的组织，有重大的意义；劳动工具的遗型，对于研究社会经济的组织，有同样的重大的意义"①（第34页）。

第7节"劳动在人类进化中的作用"：马克思有十分重要的意见："劳动是人与自然间相互活动过程中的重要事件，人在这个过程中，用自己的活动力，来约束、调节、支配人与自然间之物质的交换。……（中略）这样，自然所给与的材料，就成为人类活动的器官；人以此器官与自身的器官相接合，那就改进了人的器官的自然形态了"（第36—37页）。又说："蜘蛛的经营，使我们联想到纺织工人的活动，蜂以蜜蜡建筑蜂窠，足使建筑家惊叹不已。但是最拙劣的建筑家，与最上乘的蜜蜂之间，一开始就有不同的地方，就是：人在建筑以前，已有成竹在胸了。……（中略）人类劳动时，如有意志的支配能力，那工作时间，就能省减而工作效力增大了"②（第38—39页）。恩格斯在《路德维希·费尔巴哈和德国古典哲学的终结》中说："劳动发展史是认识一切社会历史的关键"③（第40页）。"劳动的过程是人类社会的基本的过程，这是因为'劳动创造人的本身'④的缘故"（第42页）。

第8节"从达尔文主义到马克斯主义"：马克思说："人类史与自然史的区别，在前者是由我们演成的，而后者则否。人类对于自然的主动关系，生产的过程，生活的社会关系，以及精神的概念，都是由技术产生的结果"⑤（第48页）。恩格斯

---

① 其今译文见《资本论》第一卷，人民出版社2004年版，第210页。
② 其今译文见《资本论》第一卷，人民出版社2004年版，第207—208页。原译文最后一句话，对照今译文，意思完全扭曲了。
③ 其今译文见《马克思恩格斯选集》第4卷，人民出版社1972年版，第254页。
④ 其今译文见《马克思恩格斯选集》第3卷，人民出版社1972年版，第568页。
⑤ 其今译文见《资本论》第一卷，人民出版社2004年版，第429页注（89）。

说得很对："马克思主义包涵了达尔文主义，而达尔文主义是不能包涵马克思主义的。要从马克思主义回复到达尔文主义，只要把'主动的适应'除外就够了。反之，要从达尔文主义进到马克思主义，就有容纳'主动的适应'的必要了。这样，主动的适应不啻成为由此一学理转变到彼一学理的过渡的桥梁了"①（第48—49页）。

第9节"劳动是有机体进化的要素"：恩格斯在《反杜林论》中说："当达尔文注意阐说自然选择的重要的时候，他就丢开了那引起个体变异的原因，过于侧重物种的变异。这一种的缺点，此后的科学家也同达尔文一样，不免重蹈覆辙，——但事实是事实，研究有机体的变异问题，当以达尔文为首创者，因为有了他的发现，社会对此问题的究竟，才有研究的兴味的"②。又说："进化论虽则得了事实的助力，但进化论的本身，仍然是很幼稚的。因此，将来的探考，必然会改换目前的研究的结论，内中达尔文主义者对于物种进化过程的概念也该有相当的更改"③（第53—54页）。恩格斯明确告诉我们："我们的手，语言的器官，以及其他的器官，是在必需劳动的过程中逐步进化的，改善的"④。按照恩格斯的意见，"在各种劳动过程中，人类器官的习练，对于人类有机体的变化，具有莫大的作用。只有劳动和习练的助力，才能使我们的器官适应新的动作，并以新的特性传之于后"。所以在恩格斯看来，"生物有机体的变异的原因就是劳动"。当然，劳动不是唯一的原因，但"它是一个十分重要的原因，这是没有什么疑义的"（第54—55页）。

第10节"结论"：马克思主义和达尔文主义"这两种学理，是科学的唯物的学理的一部分，它们相互间，有合度的关系，也有分划的界限；因为同出一源的学理，自有他们相互为用的意义的"（第58页）。

浏览这篇序言，其标题与前述荷兰学者潘涅库克所著《马克思主义和达尔文主义》的译本，非常相似。前译本同样引用恩格斯在《社会主义从空想到科学的发展》中一段话，意在说明资本主义制度把达尔文的生存斗争学说从自然界搬到人类社会，由此凸显分别代表资本主义和社会主义的达尔文主义与马克思主义的区别，也就是二者虽然都把生产工具的改善看作生产力发展即社会进化的动力，但前者使动物的自然状态表现为人类发展的顶点，后者则努力让人类自身从动物状态中

---

① 此句引文的出处待查。
② 其今译文参看《马克思恩格斯选集》第3卷，人民出版社1972年版，第109—110页。
③ 其今译文参看《马克思恩格斯选集》第3卷，人民出版社1972年版，第113—114页。
④ 其今译文参看《马克思恩格斯选集》第3卷，人民出版社1972年版，第510—512页。

脱离出来；换言之，前译本关注的是现实社会变化，并未特别在意恩格斯所遗留的《劳动在从猿到人转变过程中的作用》手稿。此序言关注的是对这个手稿本身的解释，既不同于那些极端的达尔文主义者把达尔文学说当作教条，也不同于那些否定者把达尔文学说说得一无是处，注重用马克思主义观点来分析和评价达尔文主义。在序言中，可以看到除引用恩格斯手稿的基本观点外，还广泛引用马克思和恩格斯其他著作有关人类进化和达尔文学说的论述。据此，一方面确信达尔文主义与马克思主义具有共同点，都认为可以用科学的自然原则来确定有机物界和人类社会生活的一切现象，都使用唯物方法来解释生物进化和人类进化的因果联系，二者既有吻合关系，又有界限划分，达尔文发现了生物进化的法则，马克思发现了人类历史的法则。另一方面指出自然界与人类社会各有自己的发展历史和科学规律，达尔文看到动植物的器官在其生活中具有生产工具的作用，那是消极适应自然的法则，永远是自然的奴隶，马克思则认识到制造劳动工具是人类与动物的根本区别，人类通过工具的演进形成积极适应自然的法则，使自己成为自然的主人；因此不能简单地将动物进化的法则应用于人类社会，应看到劳动在人类进化中的作用，或者说劳动发展史是理解全部社会史的锁钥；所以说，马克思主义包含了达尔文主义，而达尔文主义不能包含马克思主义。不论这个解说准确与否，恩格斯的《劳动在从猿到人转变过程中的作用》手稿，阐述劳动在人类进化过程中的关键作用，具有深远意义。这篇未完稿的开头和最后部分，都提到政治经济学或古典政治经济学。开头部分，否认"劳动是一切财富的源泉"的传统经济学观点，认为"劳动和自然界一起才是一切财富的源泉"，自然界为劳动提供材料，劳动把材料变为财富，不止如此，劳动还是"整个人类生活的第一个基本条件"，以致不得不说，"劳动创造了人本身"。最后部分，指明"资产阶级社会科学，即古典政治经济学，主要只研究人在生产和交换中的行为所产生的可以直接预期的社会影响"，或者说，"在今天的生产方式中，对自然界和社会，主要只注意到最初的最重要的结果"，然而为达到这一结果而采取的行为所产生的比较远的影响，"却完全是另一回事，在大多数情形下甚至是完全相反的"，如"需要和供给之间的协调，变成二者的绝对对立"；"建立在劳动者本人的劳动之上的私有制，必然发展为劳动者的丧失一切财产，而同时一切财富却愈来愈集中到不劳动者手中"。[1] 这些论述，通过恩格斯手稿的中译本

---

[1] 以上引用恩格斯的论述，均见《马克思恩格斯选集》第 3 卷，人民出版社 1972 年版，第 508、520 页。

传达给国人，比起苏联学者的长序强调马克思主义观点的达尔文主义，更有政治经济学意义上的针对性，也更有助于理解马克思"对市民社会的解剖应该到政治经济学中去寻求"的思想。

## 二、关于农业及农民问题的译本

列举两个译本，分别转译马克思、列宁等人的论述和翻译恩格斯的论文。

### （一）《马克思与列宁之农业政策》译本

刘宝书①编译，上海太平洋书店 1928 年 3 月初版，列入社会问题丛书。编译者称：

"工商立国在劳工，农业立国在农民。劳工有不宁静，工商为之阻滞；农民离村，则农村为之枯竭。自欧战以来，各国情势大变，劳工农民求解放。非特俄国然，欧洲各国，亦莫不然"。我中国为农国，自国民革命军兴起以来，社会组织渐有变迁，自一省以至数省，又达本部三分之二区域，将及全国；从政治上说，自军政进于训政，又将进于宪政，其社会变迁更有非今日可比者。凡我国农业中重大的问题，如土地、佃农、农民，"无在不待解决者"。"使全国之土地果归公有，则与土地相连之问题，亦当俱随而解决之。使其私有制度，仍然而存在，或至相当程度而存续，则吾所举之问题，或恐成为他日政治之中心问题"。"吾意他日之执政，对于上举之问题，准之于历史，察之于情事，而窥其当时之需要，并借镜于外国先进之所诏示，而定一适于中国之制焉，为社会策安全，为人类谋幸福，是则编译此书之启其端"。本书共两章，一为马克思的农业政策，一为列宁的农业政策；以恩格斯的农业政策，和河西氏（即河西太一郎）的农业问题之于社会民主党与共产党二文，附录于后。"其于农业之社会化诸问题，皆有所讨论诏示，以为阅者通晓近世国家社会变迁之一助"。②

这番话，比较前面胡汉民为河西太一郎著作《农民问题研究》的中译本所作

---

① 刘宝书（1890—1969），字子民，湖南邵东县人；高小毕业到长沙邵阳中学读书，后自费留学日本，在明治大学先学政治经济，后专攻农业，毕业于园艺研究科；1916 年回国，受聘浙江农业学校，后任北京农业大学教授；1923 年回湖南，任湖南省第一甲种农业学校校长；1936 年任湖南省第三农事试验场长，1938 年任湖南省农业改进所茶作组主任；1944 年离职回乡经营果园，邵阳沦陷后因参加日军维持会召开的会议，抗战胜利后以汉奸嫌疑被囚至 1949 年；新中国成立后任湖南农学院园艺教授，主办农业综合试验场。

② 刘宝书编译《马克思与列宁之农业政策》，上海太平洋书店 1928 年版，"编者言"。

的序言，有相似之处：同样把解决农民问题或农业问题，放在我国作为农业国而实行国民革命的首要地位；也试图借鉴马克思、恩格斯和列宁的农业政策，以为通过国民革命促进社会组织的变迁，以及贯彻孙中山从军政到训政再到宪政的政治思想之参考。同时又有所不同：不是借用马克思主义的农业理论及政策来攻击中国共产党人的农民运动，或指责国内的马克思主义和列宁主义研究者，而是真心借此来解决我国农业中诸如土地、佃农和农民等重大问题；甚至认为这些问题将随着全国土地的公有而一并解决，若仍然保存私有制度或在很大程度上延续私有制度，则这些问题将成为政治上的中心问题，那时仍需要借镜马克思、恩格斯和列宁的农业政策来制定适用于中国的相应制度，才能谋求社会的安全和人类的幸福。由此也显现出对待同样的马克思主义农业政策，当时国内民间人士和高层当权者的不同态度。

这个编译本，第 1 章叙述马克思的农业政策，称"以唯物的历史观为其基本理论"，认为过去社会的历史皆为阶级斗争史，人类的行动"半受经济动机之影响"，封建制度与奴隶制度的衰退因经济的破坏，资本主义的形成因工业发展与商业扩张，资本主义破败后，一切生产工具概属国家管理，实现"组合主义的国家"；从资本主义制度到共产社会，"必经无产阶级之专断"，由此实现正谊友爱社会，消灭贫穷，"人类共登平和自由幸福"。怀抱此理想来指导实际运动，其农业政策，见于《共产党宣言》和《德国共产党之要求》（今译《共产党在德国的要求》），前者是"对于将来之要求"，后者是"关于当日之需要"。① 接着摘录其中有关农业政策的条文。第 2 章叙述列宁的农业政策，分为三点：一是"对于农村构成社会阶级政策"，即分为地主阶级、农民阶级（又可分为大农、中农、小农）及农业劳动阶级，统称为农民政策；二是"对于土地所有权之政策"或名为土地政策；三是"关于农业经营政策"②。然后分别论述，主要引用或转述列宁的原话再加以解释，确信列宁信奉"'马克思法则'之科学的本质"，作为马克思的信徒"自当造成大农之经营"③ 等。附录一为恩格斯的农业政策，包括"农民政策""大地主及农业劳动者之对策"；二为社会民主党与共产党关于农业问题的讨论，包括"大小农经营之优劣问题""劳动者与农民提携问题""收用地之赔偿问题"及"结论"。

浏览这些内容，第一印象是几乎全都能够在《农民问题研究》译本里找到，

① 刘宝书编译《马克思与列宁之农业政策》，上海太平洋书店 1928 年版，第 3—5 页。
② 刘宝书编译《马克思与列宁之农业政策》，上海太平洋书店 1928 年版，第 9—10 页。
③ 刘宝书编译《马克思与列宁之农业政策》，上海太平洋书店 1928 年版，第 18、23 页。

而且许多译名也很相似。据此以这个编译本是摘录编辑河西著作之译本的产物，亦不为过。编译本标注完成时间为 1927 年 12 月 15 日，距离河西著作的译本初版于同年 10 月，相隔约 2 个月，在此时间内，选定参照本，编译一本 66 页的小册子，一半篇幅为摘录，另一半篇幅为转录，应不是什么难事。也就是说，这个编译本并非像编者所承认的那样，只有附录二是抄录河西的著作，整本书的所有内容都来自河西著作的译本。这样看来，河西著作的翻译引进，立刻在国内出版界显出其影响，由此也推进了农业理论和政策领域马克思主义经济学在中国的传播。

### （二）《农民问题》译本

今译《法德农民问题》，恩格斯原著，陆一远翻译，上海远东图书公司 1928 年 5 月 20 日初版。陆一远的译本应译自恩格斯原著的俄文版，因为译本有普列汉诺夫（原译"辟雷汉诺夫"）的序言①，这个序言长达 31 页，几占整个译本 72 页（连同附录）的一半篇幅。序言说：

"这一篇值得读者注意的恩格斯的杰作，和恩氏其他一切的杰作一样，是毋庸加以评语的，不过我们加以几句关于此书的开场白也不是一件全无意义的事情"。此书 1894 年在《新时代》发表以后，各资本主义国家对于农民的生活状况都有正式和非正式的调查，有人根据调查结果，认为恩格斯之文"不免有陈腐之点"，但"此种推论是绝对错误的"。因为新的探求关于土地问题所发现的材料，"恰证实了恩格斯关于资本主义统治下的小农生活状况的观点"。诚然，新近调查所得的事实，有许多复杂的原因，尤其所谓乡村恐慌的影响，各地如法国小农私有财产的没落过程非常迟缓，有的地方如德国简直完全停顿。于是资本主义的保护者及其"改良主义者"坚持认为，"'马克斯的教义'，至少它对于农业的关系，已为实际生活所推翻了"。我们的研究则说明："小农私有财产没落过程的迟缓和停顿，正是社会经济现象所必有的结果，而此种现象，恰证实了马克斯学说关于资本主义发展的论述的正确。所以，欲以此论点来反对马克斯的学说，是一件可笑的事情"。

马克思从没有发表过这种意见，即资本主义社会土地私有财产的集中，依照资本主义发展的本质是不可避免的。他是 19 世纪"最著名的辩证论者"，很知道社会经济不论任何地方，都有赖于时间与空间的条件。1850 年他曾批评法国人"施

---

① 恩格斯《法德农民问题》的第一个俄文单行版本由格·瓦·普列汉诺夫校订并写序言，1904 年在日内瓦出版。参看《马克思恩格斯全集》第 22 卷，人民出版社 1965 年版，第 765 页注释 502。

拉尔顿"（今译日拉丹①）的书（今译《社会主义和捐税》）说，"如果法国已开始了小农经济的集中，那英国的大农经济已迅捷地倾向于新的分裂了"。马克思为了他的观点不致再被疑虑，又补充说，"资产阶级的生产关系存在一日，那农业必然经常地由集中转移到分裂，再由分裂而至于集中"。② 希望读者切不可轻易放过这一点。假使任何资本主义国家，实际上大农经济开始转变为小农经济，在这个场合，必须说这是资本主义社会可能发生的现象，"这一点马克斯已在五十年前说过了"。但这不能说"马克斯教义已到了动摇的地步"。在马克思看来，所谓土地是否集中的问题，"仅仅是一个事实问题，而不是'教义'问题"。他根据现代资本主义社会所发生的现象，解决问题时，在正面的意义上着想，不仅在法国为然，在英国亦然（注："第一次国际工人同盟的宣言"，说到英吉利与威尔士在1851至1861年间土地私有者人数的减少和土地的集中，"马克斯认定，如果土地集中于少数人之手的过程若是甚速，那土地问题的解决，就十分简单了"。由此看来，他说话很谨慎，"绝没有一成不变的方式"）。此外，五花八门的"马克斯批评者"口口声声说马克思的教义将近破产了，"然而小农经济的优越地位仍然是一桩可疑的事情"。法国是模范的小农国家，然而"法国小农经济的作用，微小已极"。用法国统计来看能否推翻"马克斯教义"，"可谓弄巧反拙了"。可以断定，恩格斯所谓现在世界经济的情况下，稳固小农的生活，实际上等于加固束缚他们身上的锁链，"这一句话是对的了"。

　　这本小册子告诉我们，"证明一般人们怎样不了解现在社会主义运动的责任"。这些人以为马克思的预言不曾证实农业的发展情形，因此想出"特殊的农民的'土地'社会主义"。他们大部分在"改良主义"的队伍中活动，对无产阶级的革命旨趣没有任何感觉。我们俄国拥护"土地"社会主义的人，要算是社会革命党，他们以为一切劳苦群众属于自立的小私有者，靠自己的劳动而不是剥削雇佣劳动来谋生活。但是恩格斯的小册子里说得很清楚，这一类小私有者是资本主义以前的生产方法留给资产阶级社会的残余。现代无产阶级的产生是此种旧的生产关系破产的结果，若是停止在这些旧关系的观点上，就像《共产党宣言》所说的一样，等于

---

① 日拉丹，艾米尔·德（1808—1881），法国政论家和政治活动家；19世纪30—60年代断续担任《新闻报》编辑；1848年革命前反对基佐政府，革命期间是共和主义者，曾任立法议会议员（1850—1851），1850年为资产阶级社会主义的代表，后为波拿巴主义者。参看《马克思恩格斯全集》第7卷，人民出版社1965年版，第707页。

② 这两句话的完整今译文，见《马克思恩格斯全集》第7卷，人民出版社1965年版，第341页。

倒转历史的车轮。俄国社会革命党人实质上是 1848 年法国民主主义者的亲兄弟，马克思对于法国的民主主义者，在《路易·波拿巴的雾月十八日》中，曾有几句很有意味的话："可是民主主义者，自己代表了小资产阶级——是一个中间的阶级，两端系有两个利害不同的阶级的——却又以为自己是超乎一般阶级矛盾的人……（中略）他们只须给一个信号，那时人民就把所有的力量与压迫者火拼了。假使他们的利益，谁也不发生兴趣，那他们的力量就等于零，这时不是归咎于多事的诡辩家，说他们把不可分离的人民分成为各个仇视的队伍，就归咎于军队的过火和盲目，说他们不曾看出民主主义目的所在地的幸福，执行者的错误就把一切的事情弄糟了，或归咎于不测的变故，以致好事多折磨了"①。小资产阶级民主主义者不论在什么地方、什么时候，都把他自己狭隘的观点看作社会一致趋向的广泛观念。"改良主义者"又用协作社当作他们攻击马克思教义的唯一法宝，但马克思在大多数改良主义者未出世以前已反驳了此种意见。马克思深深有感于 1848 年的事变，对当时的借贷银行及工人协作社有所指摘，说"一八四八年失败以后的无产阶级已不愿以旧社会的工具来促进旧社会，他们所需要的是本身的解放"。对于小农协作社组织，恩格斯在论著中说得异常明确："不论在任何时候，此种协作的组织须以当时环境为标准，就是说，政权握在我们的手中以后，才能进行这种协作的组织"。恩格斯深恐以保护小农为职志的小资产者曲解他的意见，又反复申说他的根本意见："我们无论如何不能答应小农，帮助他们的财产和经济来反抗蒸蒸日上的资本主义的力量"。

末了还要向读者说明，我们在附录中，摘印了恩格斯出版于 1850 年的《德国农民战争》一书的两页。"在这两页的论述中，我们已能看出恩格斯在当时对于农民的观点，和这本小册子中所说的是一个样的"。这就证明，社会革命党的著述家称恩格斯写这本小册子时，关于马克思教义已因恩格斯思想的变化而被推翻，似乎恩格斯决定应该变换对于乡村的策略这一类的话，"一望而知其为没有根据的了"②。

这篇序言针对的对象，是那些批评所谓马克思教条的资本主义维护者、改良主义者及其在俄国的代表社会革命党人。他们以为事实证明，小农私有财产或小农土地没落过程的迟缓或停顿，推翻了马克思关于资本主义社会的私有土地，将依据资

① 其今译文见《马克思恩格斯选集》第 1 卷，人民出版社 1972 年版，第 635 页。
② 以上引文除另注外，均见恩格斯著，陆一远译《农民问题》，上海远东图书公司 1928 年版，普列汉诺夫"序言"。

本主义发展的本质而不可避免地集中的论断。这一点，在前面河西著作的译本里，也看到对马克思农业理论的相似非难。对此，河西在承认这个非难有其存在理由的前提下，试图为马克思的农业理论及政策的科学性进行辩护。普列汉诺夫更进一步，完全否定这种批评或非难有理论和事实依据。在理论上，他从马克思和恩格斯的原著引经据典，证明根本不存在所谓武断的马克思教条。这些原著，既有像《路易·波拿巴的雾月十八日》那样的名著，也有似乎不起眼而很容易被忽略的像《评艾米尔·德·日拉丹"社会主义和捐税"1850年巴黎版》那样的《新莱茵报》书评，都是当时值得国人珍视的新鲜资料。在事实上，他引用大量的史料、数据和其他代表人物的论述，指出历史发展的进程恰恰证明了马克思和恩格斯关于农业问题的理论观点的正确性。尽管普氏的序言在河西氏的著作之前，但普氏所引用的一些重要理论与史实证据，是河西未曾注意到的；而且普氏对那些批评马克思教条者的反驳，比起河西为马克思农业理论辩护的言词，具有更加强烈的针对性和更加鲜明的论辩立场。

说到陆一远译本的正文，也就是恩格斯原著《法德农民问题》的译本，虽然河西著作的译本里同样大量地引用这本原著的原文或转述其意思，几乎覆盖了原著的各种重要观点，但终不及陆氏译本的逐字逐句翻译，为国人提供了原著的第一个完整译本。进一步比较，河西著作的译本之"忠实而明畅"，亦未必比得上陆氏译本，更不用说刘宝书的编译本，抄录河西著作之译本的相关译文时，加上一些文言修饰，又增加了理解的难度。当然，陆氏译本对照今译文，也有不确切的问题，如将"非常重要的因素"译作"中心分子"，将"政治力量的因素"译作"政治的主动力"，将"农民小块土地所有制"译作"小农私有经济"，将"命脉"译作"神经系"，将"各个过渡阶段以及农村居民的混合情况"译作"乡村人民的过渡经济的转变"，将"重心"译作"基本力量"，将"市镇委员会"译作"公社苏维埃"，将"过分"译作"不十分宽泛"，将"颇得人心"译作"极普遍的事情"，将"化为事实上极其无伤大体的措施"译作"混而为实际的计划"，将"示范"译作"实例"，将"甚有见识"译作"过于敏捷"等。这些问题多属译名方面，译句方面同样可以举出一些问题，如将"到那时候，我们将有足够的手段，使小农懂得他们本来现在就应该明了的好处"（今译本第310页[①]），译作"我们在那时候

① 此页码见《马克思恩格斯选集》第4卷，人民出版社1972年版，下同。

才有充分的工具，使小农站在优越的地位，这一点，此时已不能不为他们详细解释的了"（原译本第 57 页①）；将"如果他们得不到了解，他们的言论被人滥用，——实际上已经发生这种情形，——那当然是他们自己的过错"（今译本第313 页），译作"当然，若是他们不知道其所以然，仅以各种声明书再三饶舌——实际上他们已有这样的事实了——那便是他们自己的错误，谁也不能否认的"（原译本第 62 页）；等等。但总体说来，这些译文的瑕疵，不足以抹杀整个译本全面体现了原著基本精神的贡献。

此外，陆氏译本的附录，还有摘录恩格斯《德国农民战争》一书的两页内容。须注意，普列汉诺夫的序言曾提示恩格斯此书出版于 1850 年，据此很容易误认为这两页的内容亦摘自当年的论述。其实不然，这些内容原是摘自恩格斯 1870 年为该书德文第 2 版所写的序言。由于普氏翻译的俄文版直接译自德文第 2 版，所以当他提示此书最初出版于 1850 年，并指出恩格斯当初在这本书里有关农民的观点，和后来在《法德农民问题》小册子里所说的一样时，中译者不知就里，未能区别1850 年的原著与 1870 年的第 2 版序言，结果给读者以错觉，以为早在 1850 年而不是 1870 年，恩格斯就有了与 1894 年的小册子相同的观点。附录摘引《德国农民战争》第 2 版序言的内容，是序言末的最后几个连续段落。其起讫及与小土地私有农民相关的几句话是：

"小农——，大的，不消说，是属于资产阶级的——可分为数种。……（中略）最后尚有这样的一种农民，他们的经济是在一块小小的私有地上经营的。他们大部分负典债至重，同时又为高利借贷者所制，犹如佃农之于地主然。他们劳力所得的报酬，非常细微，其大小以年成好坏为标准。他们对于资产阶级的希望是很少的，因为资产阶级就是高利借贷的新家，剥削农民的就是他。但是，他们的土地实际上虽已为高利借贷者所有，而他们对于自己的土地，仍然死不放地株守着。但他们仍须加以详细的解释，谓他们要经高利借贷者解放出来，只有以人民意志为依据的政府把一切典债变为国债并减少其利率的时候，才能做到。这里亦只有工人阶级，负得起责任。……（中略）农业无产阶级——这正是编成国王军队的一个阶级，是普选中选派诸侯贵族到国会去的一个阶级，但它又是接近城市工人与工人生活同一条件且又受饥寒最深的一个阶级。此种阶级因其散漫如盘沙似的，故没有实力的表现，但其潜势力之大，却为当局与贵族所深知，他们故意轻视民众的教育，作将来剥夺的余地——所以我们欲兴奋这个阶级，使之积极活动起来，德国工人运动之最近的最紧要的任务，就在这里，农业无产阶级一有觉悟之日，则德国反动的封建的，官僚或是资产阶级的政府，必无存在的可能了"①。

这些译文同样不能说妥帖恰当，然而这是让我国读者第一次了解到恩格斯的《德国农民战争》第2版序言，就像第一次看到恩格斯著《法德农民问题》的全译本一样。再加上普列汉诺夫的序言评论，有利于让国人更为全面和准确地认识恩格斯的农业理论与政策，比起先前那些评介马克思主义农业理论及政策的著作，更胜一筹。

### 三、《马克斯的经济概念》译本

这是亨利希·库诺②（Hrinrieh Cunow，原译"柯诺"）的原著，朱应祺、朱应会翻译，上海泰东图书局1928年初版，列入马克思研究丛书。现存1937年再版本，与初版本的差异，可能只是将书名由原来的"马克思之经济概念"，改为"马克斯的经济概念"，故以再版本替代初版本予以评介。

译者1927年12月作于上海的"译者小引"介绍，此书译自库诺所著《马克斯之历史社会及国家理论》（ Die Marxsche Geschichts – Gesellschafts-und Staatstheorie，今译《马克思的历史，社会和政治理论》）的第2卷第5章，原名"社会生活机能之经济方法"（Die Wirtschaftsweise als Lebensfunktion der Gesellschaft，今译"经济方式的社会生活职能"）。其中如"生产关系""生产力""生产条件""技术""交换"等，"概是关于马克斯之经济理论之基础观念"，故名"马克斯之经济概念"。"以学者态度，阐明马克斯之学说，并对于马克斯批评家之见解，一一加以辩证，洵不愧为研究马克斯之名著。故特译出，以供研究马克斯学说者之资料，权作为本丛书之第一种"。③

译者朱氏二人的情况不详，检索当时有关马克思学说的著作，可知二人在此译本之前，1927年4月曾翻译出版《马克思的工资价格及利润》。这是继1922年商

① 其今译文见《马克思恩格斯全集》第16卷，人民出版社1964年版，第453—455页。
② 库诺，亨利希（1862—1936），德国社会民主党政治家，号称马克思主义理论家；1914年反对一次大战，后来转而支持；继考茨基之后，1917—1923年主编社会民主党的理论杂志《新时代》；1919年任柏林洪堡大学教授。
③ Hernrich Cunow原著，朱应祺、朱应会合译《马克斯的经济概念》，泰东图书局1937年版，"译者小引"。

务印书馆出版李季译、陶孟和校《价值、价格及利润》译本后，马克思原著《工资、价格和利润》的又一部中译本问世，惟目录译名①有所不同，想必译文也有些差异。此外，节译出版库诺的原著《马克斯的经济概念》之后，朱氏二人又在1928—1930年间，以"马克思研究丛书"的名义，将此原著分拆为多个译本，大约都是100多页的篇幅，分别由泰东图书局出版。如1928年的《马克斯的伦理概念》译本，1929年的《马克斯的民族社会及国家概念》译本，1930年的《马克斯的阶级斗争理论》译本、《马克斯的唯物历史理论》译本、《马克斯的家族发展过程》译本、《马克斯的国家发展过程》译本等。所以，上面"译者小引"里关于库诺原著不愧为研究马克思的名著这个评价，不止适用于《马克斯的经济概念》译本，也适用于其他的分拆译本。库诺的德文原著出版于1920年，朱氏二人的节译本出版于1928年，应不算太晚。1929年，二人还翻译了马克思的《雇佣劳动与资本》一书，名为《工资劳动与资本》，其目录编排试图更清晰地反映原著内容②，仍由泰东图书局列入马克思研究丛书出版，可见他们当时对翻译马克思经济学著作的浓厚兴趣。

考虑到《马克斯的经济概念》译本是研究马克思基本经济理论的专题著作，译者又称它是以学者态度对那些批评马克思的观点予以辩解论证的名著，不妨对译本近100页篇幅的9章内容，参照今译本《马克思的历史、社会和国家学说》③ 第17章，逐章做些考察和分析。

### （一）第1章简介

本章题为"马克斯之经济概念"（今译"马克思的经济概念"），在全书各章论

---

① 其目录14章的译名分别是："劳动者要求增加工资是无益的事情吗？""工资腾贵对于生产物分量及价格的影响""工资的涨跌对于货币增减的影响""需要供给的法则""工资与物价""价值（及价格）与劳动""劳动力""剩余价值的生产""劳动的价值""利润是依照商品实在的价值出卖所得的""剩余价值的构成部分""利润、工资及价格间的一般关系""劳动者运动增加工资或反抗减少工资的重要事例""资本和劳动之间的斗争及结果"。见朱应祺、朱应会译《马克思的工资价格及利润》，泰东图书局1927年版。

② 此目录分为"绪言""工资是什么？究竟如何决定的？"以及"商品的价格是如何决定的呢？"3章，第3章又含7节："劳动（力）的生产费""资本是什么""工资劳动与资本的相互关系""名义上的工资、实质上的工资及相对的工资""决定工资和利润的相互关系上涨跌的一般法则""资本和劳动的利害是正相反对""生产资本的增加对于工资的影响"。见马克斯原著、朱应祺、朱应会译《工资劳动与资本》，泰东图书局1929年版。

③ ［德］亨利希·库诺著，袁志英译《马克思的历史、社会和国家学说：马克思的社会学的基本要点》，上海译文出版社2006年版。

述中篇幅最多，可见其重要性。里面说到①：

若要完全理解马克思的"社会观和历史观之真意义"，应当先认清马克思以经济活动为社会政治组织的基础之见解。根据黑格尔（原译"黑智尔"）的解释，"社会生活是欲望或满足欲望的劳动活动之一体系"，社会概念"决不是单纯之集合的概念"。"马克斯所意想的社会，是一切人类于某时代中在特定形式之下，无论直接间接实行经济上的交互作用之复合体"。马克思常常（如《资本论》第一卷）将物质的生产过程直称为"社会的生活过程"②，"社会本身的生活之诸机能，亦包括在经济过程中"。换言之，"社会必先获得生活资料以为维持生活与继续生活为第一条件"。欲图社会的生存，凡能满足其物质的生活欲望之各种物品，必须继续反复地生产；尤其各社会具备特有物质生活的诸条件，社会始能长久生存，即马克思所谓"永久的、且是惨淡经营的发展史上之自然所产生的"③。"所以经济过程，是一切社会的生活之基础；不仅为物质的生活关系之基础，且是精神上生活关系之基础"。马克思曾在《经济学批评》序文中，说明此理（省略原文的摘录）。

马克思的见解，引起一般反对马克思的学者（他们对马克思的"社会"概念及经济概念，"均尚未了解"），"发表各种奇妙曲解的批评"。例如马萨里克④（原译"马沙里克"）教授所著《马克思主义的哲学和社会学基础》（原译"马克斯主义之哲学的及社会学的基础"）说：考茨基对马克思的唯物史观公式，称之为"古典的"（Classic，今译"经典的"），"实不敢赞同"。"他的公式，缺乏古典的特质，即缺少正确与明晰"。马克思很想创造一种思想，"但弄巧反拙，他的思想，并没有明白的结构表现出来"。所谓"上层建筑"所由"立定"（今译"上层建筑""竖立其上"），"这种比喻的说明法，并没有切实解释，完全是概念学上所谓生产关系之一种表征（Sympton）或指标（Index）之意义"。所谓"条件"，"也是一种极不确定的语句"。对同样的概念，以"生产关系"或"生产方法"或"生产条

① 以下引文凡出于此章者，均见朱应祺等译《马克斯的经济概念》，泰东图书局1937年版，第1—22页。
② 译本说到马克思这个指称，提示见《资本论》第一卷第4版第46页。经查，其今译文应指"社会生活过程即物质生产过程"一语，见《资本论》第一卷，人民出版社2004年版，第97页。
③ 其今译文见《资本论》第一卷，人民出版社2004年版，第97页。
④ 马萨里克，托马斯·加里格（Masaryk, Tomáš Garrigue, 1850—1937），1876年获维也纳大学哲学博士学位，1879年任该校哲学讲师，1882—1914年任布拉格大学哲学教授，1898年出版《马克思主义的哲学和社会学基础》；1900年与同事创建捷克人民党，1905年改名捷克进步党，1914年大战后逃亡伦敦，为捷克国民大会主席，开展捷克独立运动；1918年为捷克斯洛伐克共和国首任总统，至1935年三次当选总统。

件"等三种不同的语句来表现；最使人注目的是"心理学"辞句，如"意识状态"或"一般意识"等，"不知究何所指"。又说存在可以决定意识，这种话是真的吗？"从人类方面说来，存在和意识，完全是同一的东西。岂不是明若观火的事实吗"。费尔巴哈（原译"费尔巴黑"）由上述"定义"，推论"我们由存在，才能说思想（不是意识），决没有由思想，而说存在"。我认为无论如何，这比马克思说的"较为明确"。这个定义中，前句以"意识"及"存在"为问题，后句又附上"社会的存在"之语，岂不是含有"欺瞒"的意思。再说"意识"与"概念"混同一意，"其误谬可想而知了"！

保罗·巴特（Paul Bart）教授著《社会学的历史哲学》，批评马克思"亦有极奇怪的论断"：不根据概念而常以比喻来说明社会的生产关系，"马克斯对于这些思想，还是幼稚得很"。所谓"社会之经济的构造"，用语意义广泛，"真不知究何所指"。不得不对其前后的连络及散见于马克思著述的用语，仔细考究一番。原来"构造"一词不过表明建筑物的意思，各种不同的要素结合，造成整个全体的意思。所谓经济的构造，是多数部分相结合而形成经济的完全一体的意思。马克思由"经济的构造"，联想出"经营形式"这个名词，"在他随便发表的言语中，可以看出来"。例如《哲学之贫困》中有这样一段话："机械之不属于经济的范畴，犹之耕田的牛不属于经济的范畴一样。盖机械不过是一种生产力罢了。利用机械之近代的工厂，是一社会生产机关，是一个经济的范畴"①。巴特把"社会之经济的构造"和经营形式，尤其工厂经营形式，看做同一意义的东西；并知道经营形式立于利用技术的地位。把社会经济的构造，也看做和技术同一意义。于是得出结论："据马克斯所说'经济的构造'的意义，即是有一定之技术状态，而后有一定之经营形式，有一定之经营形式，而后有一定之所有权秩序。依此一定之顺序变化，而生出因果关系的排列。此种因果关系的排列，若再继续推行，就是有一定之所有权秩序，然后有一定之政治的上层建筑，有一定之政治的上层建筑，然后有一定之社会的意识形态。如此类推，更依其一定之社会的意识形态，可分为宗教的艺术的哲学的等等意识形态"。

稍微研究一下马萨里克教授所谓马克思"欺瞒"的诋毁性字句。"马克斯的学说，实在是从'社会'概念，即是从社会的欲望之总量，及因满足该欲望所实行

① 其今译文见《马克思恩格斯选集》第1卷，人民出版社1972年版，第127—128页。

之社会的劳动活动之总量上，继续说明他的理论；他在唯物史观上，本来单用"生产"二字，就可以充分表现出来的，而他偏要说人类生活之'社会的生产'，就是这个缘故"。马萨里克指摘马克思唯物史观的定义，须在经济学中研究"有产者的社会之真相"，那么"人类生活之社会的生产"一语，是什么意思呢？是"劳动活动之社会的总体生产"，即"社会组成分子，于特定状态之下，实行经济的交互作用之意义"。"社会的组成分子，不能各自孤立的劳动，必须彼此互相联络，实行一般的协同动作及交互作用。此等关系，马氏名之为'生产关系'。其交互作用之总和，遂形成为'社会之经济的构造'。换言之，社会之经济的构造，就是政治的法律的上层建筑之基础。即是该社会之法律生活及国家生活之所由成立，且为适应于特定状态之社会思想的基础。盖人类之精神的生活过程，因社会物质的生活过程——经济过程——而决定；故人类之思想，不能决定人类社会之存在的式样，反之，社会之存在，即是社会的生活，倒可以决定人类的思想方法"。

以上是研究马克思诸定义的"思想途径"，马萨里克不理解马克思的社会理论，所以不能理解其思想途径。马克思所说的"人类意识，不能决定社会之存在，而社会之存在，反可以决定人类意识"这些语句，并没有"欺瞒"的意思。不仅此也，我认为马克思所谓"法律的政治的上层建筑"这种辞句，也没有什么不可以。如果把社会的精神生活过程（马萨里克说是"概念"），仅看作生产的关系（马克思称生产关系，别有用意）的一个表征或指标（马萨里克在同一意义上使用这两个名词），又把物质的"生产关系""生产方法""生产条件"三种术语都看作同一意义，那必然生出许多错误，"这种错误，马克斯不能负何等责任"。这些语句看作同一解释，确是马萨里克的误解，"实非马克斯梦想得到的"。所以误解这些语句的责任，完全归咎于马萨里克一人。

了解马萨里克"批评之误谬"后，急需研究"人类生活之社会的生产""物质的生活之生产方法"及"生产关系""生产力"等术语，马克思究竟作何解释。马克思曾说，"一切生产，都是社会的机能，何则？盖一切生产，必与社会的先决之诸条件及牵联之诸条件有密切的关系"。欲满足社会的欲望，必先实行社会的共同劳动，即所谓社会的手段。有此社会的手段，才能发挥社会的生产作用。马克思在《经济学批评》的片断草稿内，有如下议论：

"以社会上生产之各个人——即是以因社会而决定之个人的生产为前提，而讨论生产关系，自不用说。但是亚丹斯密司氏和李嘉特氏均以各个孤立之狩猎者及渔猎者为前提，全系属于十八世纪想象力缺乏之幻想。……我们越发追溯历史的泉源，越觉得个人，即经营生产的个人，非单独自立的东西。换句话说，就是属于比个人大的全体。再详言之：社会最初之各个人，由个人扩充至家族和部族，都是纯粹的自然现象。后来因部族之对立，及混交的关系，个人遂为种种状态之共同团体的组成分子。至十八世纪，'有产者的社会'发生之后，遂变成种种共同依存的状态了。此时的个人，或因达私人目的，或因外部的压迫，就不得不利用这种状态了。但是产生此种'孤立的个人状态'的时代，恐怕是从来没有的（在孤立的个人之状态时，则是一般的）。社会关系最发达的时代，人类是什么东西呢？以最普通的话说来，人类是一种'社会的动物'。不单是社交的动物，且是要在社会内部才可以孤立的动物。在社会外部，孤立的个人之生产，绝对不能存在——假设因天灾水患，一旦漂流于荒山旷野之文明人，或能孤立的从事个人的生产，亦未可知；从动物的方面来观察，这个文明人，也可说他已具有社会力。——恰与言语同样，不和其他各个人共同生活，共同说白，则言语当然无从发达的。……所以我们讨论'生产'的意义，当然是指在某种特定社会的发达阶段之生产，或指各个社会生活的个人之生产了"①。

马克思的著述，每当遇到"生产"字样，如未明确指定个人的生产，均须当作"社会的生产"之意来解释。劳动分业、生产的全组织（或机构）和生产物的分配，同样由社会统制，由各个人的劳力结合而成。马克思在《资本论》中，具体叙述生产组织的意义如下：

"社会的生产组织体，是将组织之各个分子，编入于劳动分业之组织内的东西。这个生产组织体之量的组成与质的组成相同，系自然发生的，又是偶然的。因此那些商品所有者，就发见次述之事实。即（一）分业这个东西，使商品所有者，变为独立的、个人的生产者，又使社会的生产过程，和过程上商品所有者之互相关系，也和商品所有者分离。（二）各人相互间之独立性，由一种完全有物产的互相依赖关系之组织补充之"②。

马克思所说的"生产方法"，不知究系何意？马克思在《经济学批评》中，不采用此种说法，必称"人类生活之社会的生产"或"物质的生活之生产方法"等，又不知系何意义？此事决非如"教授"所说，"因不能明确表现其思想，所以用此

---

① 其今译文见《马克思恩格斯全集》第 46 卷，人民出版社 1979 年版，第 18、21—22 页。

② 其今译文见《资本论》第一卷，人民出版社 2004 年版，第 129 页。

喻说明其概念"。巴特不能理解马克思的"生产"或"生产方法"之意义。资本主义经济学中，"生产"或"生产方法"比较马克思所说的范围小得多，巴特"不明此理，所以误会了"。通常所谓"生产"，大概指制造商品的意思。有时仅指个人的使用物及生活资料、享乐品，如衣服、靴鞋、日用品等的生产。至于用作制造过程所消费的资料的生产，如劳动器具机械、工厂建筑物、仓库、运输机关等的生产的意义，间或有之。若从技术方面观察，"生产方法"一词，就是制造此等物品的式样方法之意。"这都是普通的解释"。而马克思的"社会的生产"概念，范围很广。"于某种社会之发达阶级［段］上，为维持社会组成分子之生活计生产必要的物品，以满足其生产的欲望；这满足生产欲望之总和，就叫做社会的生产。换言之，凡维持特定之文化阶段之社会生活，生产一切必要物品之行为，都叫做生产。所以马克斯之所谓'生产'，引申说来，不独指社会生活之现在阶段的生产，且包括社会生活之继续的维持与发展之'再生产'"。若要再生产不断更新，就要其先决条件也反复地重新生产。所谓先决条件，今天说起来，如设立各种学校，创设及维持文化事业，都包括在内。"马克斯所说'生产'二字，是包含着教育机关、化学试验所、博物馆等的施设。上述各种机关之必要的施设，如教育指导及劳力、教育手段等之继续的再生产，亦包含在内"。生产出来的物品，若不能和经济的发展阶段相当，分配于社会组成分子间而共同消费，则不能继续再生产了。尤其那些不能专供个人消费的生产物，须适合于生产过程，根据一定的经济基础，继续不断地反复生产，才可以继续再生产。所以"社会的生产，又包含'分配之维持'"。详言之，建设铁路，制造船舶，修筑街道、桥梁、仓库、商馆等及其维持的行为，一并包括在内。再生产之意，《资本论》第一卷有如下记述：

"生产之各种条件，同样又是再生产之各种条件。一个社会，如果不继续将他的生产物中之一部分，转换于生产要素，做为生产手段，他便不能够继续生产。即是不能够再生产了。假定社会没有什么变化发生，又不用同种等量的新物品，去补足一年内所消耗的生产手段，如劳动工具、原料及补助材料等时，那社会就不能再生产，或维持同一规模的财富。所谓同种等量之新物品，就是要从每年生产物中抽出，复用于生产方面，以从事生产的东西。所以每年生产物的全量之一部分，是居于生产之领域内。"①

---

① 其今译文见《资本论》第一卷，人民出版社 2004 年版，第 653 页。

"照这样说来，我们可以知道马克斯之'社会的生产'概念，比一般经济学上所用的术语之范围大得多。所谓'社会的生产'，是反复不绝，满足社会全体之物质的生活需要之意。所以马克斯用'社会的生活之生产'或'物质的生活之生产方法'或'生活生产过程'等语句，以表示之"。这种表示方法，或者有人说过于咬文嚼字，难于了解，没有经过磨练；据我看来，"这种表示方法，不唯不（此'不'字似衍文——引者注）是证明马克斯的思想，没有混乱，反可以证明他是根本理解社会的经济过程"。

巴特批评马克思的思想还没有到成熟之域，"谁知这句话，反不若说是他自己批评他自己罢了"。谁都明白，马克思的"生产"概念，和巴特所说的"经营形式"及"技术"，不是同样的东西。试问运河、街道、铁路的建设，或设立化学实验所及专门学校等，属于"经营形式"的哪一部分？还有一层，马克思的著书中，不仅反复数次说明这个定义，还在《资本论》中，到处解释生产概念的意思。如《资本论》第一卷说：

"据广义的解释，劳动过程上之手段内，包括劳动作用和劳动目的物相结合之各种物品。即是以种种方法，引导劳动活动之各种物品。此外，又包括一般劳动过程上之必要的一切对象的条件。这些条件，虽不能直接用于劳动过程内，但若欠缺了他，那劳动过程，必定完全不能运用。纵能运用，也是不完全的。这种劳动手段，最普通的东西，就是土地。因土地是劳动者立脚之物，又是劳动者对于劳动过程上活动之所。因劳动而成立之劳动手段，例如劳动建筑物、运河、道路等，都是的"[1]。

又如，马克思的片断草稿中关于分配，即综合生产过程的一部分，有下列说明：

"有人说：'分配'是生产物之分配，又是和生产分离，对于生产是一种'半独立的东西'云云。这是最浅近最皮相之见解。'分配'这种行为，在没有分配生产物之先，还要经过两种分配。第一，是生产器具之分配；第二，是将这个关系，详言之，即社会之构成分子，分配于种种生产形势之下（在特定生产关系之下，包含着个人）。所谓'生产物之分配'，当然包括于生产过程中，且是决定生产组织之一种结果。若是把'生产'，和包括生产中的'分配'分开观察之，就是一种没有内容的抽象了。若由别的方面说来，所谓'生产物之分配'，是由本来为生产

---

[1] 其今译文见《资本论》第一卷，人民出版社 2004 年版，第 211 页。

之一要素的'分配'（即这种生产要具之分配，和社会组成分子之分配——译者注），而决定的"①。

马克思得出结论：

"然则，吾人所得的结果，不是说'生产''分配''交换''消费'，都是同一意义的行为。这些行为，都是一个集合体的组成分子，在一个统一体内部，所生的差别。生产是包含与别种行为对立定义时之生产，和其他种种要素"②。

《资本论》第三卷的叙述更为明了：

"他方面，资本主义的生产方法，若以生产诸条件之特定社会状态为前提，则资本主义的生产方法，当然是继续不断的，把这些条件再生产。这种生产方法，不仅生出物质的生产物，并且把生产这种物品之生产关系，和对应生产关系之分配关系，继续的再生产"③。

又说：

"所谓分配关系这个东西，是适应于生产过程中，历史上一定的社会上特殊的各种状态。又是适应于人类生活中再生产之互相关系的各种状态。且分配关系，是由各种形态生出来的东西。这些分配关系之历史的物质，就是生产关系之历史的物质，即是分配关系对于生产关系之历史的物质之一面的表现"④。

考茨基在《唯物史观所欲说的是什么，能说什么》（今译《唯物史观要和能做什么?》），《新时代》（原译《现代》）第15卷第1号中，主张把应用数学也加入技术的生产条件，"颇受外人误解"。文中有一段：在自然科学上，如果没有望远镜、显微镜、衡度器、测量器、实验所、观测所等这些东西，哲学家们决没有所谓"思想革命"发生。这些东西，不单是解决自然科学的问题的手段，而且是提出问题的手段。"但这些东西，不外是经济发达的结果。——这个结果，为人类利用，又为从新发展的原因，自然科学之发展，和极广义的技术之发展，是携手同行的东西"。我们说某个时代的技术条件，不仅指那个时代的器具和机械，近代的化学研究方法及数学，"都是现在各种技术之主要成分"。试问没有数学的应用，能够造成轮船和铁路吗？假如没有今日的数学，资本主义社会当然不会存在。"现今数学

① 其今译文见《马克思恩格斯全集》第46卷，人民出版社1979年版，第33—34页。
② 其今译文见《马克思恩格斯全集》第46卷，人民出版社1979年版，第36—37页。
③ 其今译文见《资本论》第三卷，人民出版社2004年版，第995页。
④ 其今译文见《资本论》第三卷，人民出版社2004年版，第998—999页。

之状态，为机械上之技术，世界商业上之技术不可缺少的。且系现存社会之一种经济的条件"。于此可知它的重要。考茨基上述议论，"当然正当"。数学的一定状态，属于生产的技术条件，"极为明了"。那个状态的再生产（更新及维持），就是马克思所谓"物质的生活之生产"，即"劳动活动的复合物了"。

这一章的叙述，如今看来，有些抠字眼，在当时却是质疑马克思经济学说的焦点之一。叙述中首先确认马克思主义研究的出发点是唯物史观，这个理论不仅体现马克思特有的社会观，还强调经济活动在组成社会生活机能中的意义；引用马克思在《政治经济学批判》序言里有关唯物史观的见解，主要摘录前面四句话；由此引出马萨里克和巴特两位教授批评马克思的"谬论"或"谬见"，围绕诸如社会生产、社会的经济结构、物质生活的生产方式、生产力与生产关系、经济基础与上层建筑、社会存在与社会意识等基本经济概念，发表各种"奇妙的曲解的批评"或"奇怪的论断"；接着解释马克思对这些基本概念的定义，指出那些批评者所谓"欺瞒"和"错误"之类的指责，其实归咎于他们自己的不理解、误解和混乱。然后重点转入研究马克思有关"人们在自己生活的社会生产中""物质生活的生产方式""生产关系""生产力"等术语的意义，阐述"一切生产皆决于社会的先决条件或社会的支配条件"；引用《政治经济学批判》导言、《资本论》第一和第三卷有关论述，说明"个人孤立的生产皆属空想，万事仍由社会决定"；"社会的生产除于现代阶段之单纯的生产外，尚含有继续的再生产即是所谓社会生活之继续与发展"；"再生产之条件的更新"；"要这样说明，才能理解马克斯之'生产'概念"；"所谓'生产''分配''交换''消费'各项，虽非同一意义，然总算是全体生产过程之一组成分子"。最后引用考茨基的论文，说明他主张在技术的生产条件中加入应用数学，"也有道理"。

可见，此章诠释马克思的基本经济概念，以唯物史观为出发点，针对批评者的曲解或误解，意在阐明马克思所说的生产概念以及由此产生的一系列经济概念，比起通常的理解要广泛得多。不是指个人孤立的生产，是指社会的生产；不是指永恒不变的一般生产，是指特定历史阶段的资本主义生产；不是指单纯的生产，是指包含生产、分配、交换与消费各个组成部分在内的整体生产过程；不仅指维持现有阶段水平的简单再生产，而且指社会生活继续发展的扩大再生产；不仅指现有技术等条件下的生产，而且指再生产条件更新下的生产；不仅指物质的再生产，而且指现有生产关系的再生产；不仅指与生产直接相关的生产条件，而且指与生产间接相关的生产条件，乃至于应用数学；等等。这样的理论阐释，涉及马克思基本经济概念，在国内相关著述里，非常少见，对国人理解马克思经济学说，可以在基础理论方面产生一定的助益。特别是引经据典，引用马克思的著作原文来阐释其基本经济概念，除了有关《政治经济学批判》序言的引文早已见诸中译文之外，许多段落的内容对当时的国人来说，可谓闻所未闻，无疑扩展了国人认识马克思原著的视野。尤须一提，引用《1857—1858年经济学手稿》的《导言》即《政治经济学批判》导言的有关内容，这些内容在马克思生前没有发表过。译本的作者以马克思所著"《经济学批评》之断片的草稿"名义，引自《新时代》第21卷第1号，显然是后来发掘出来并予以发表的内容，这恐怕也是国人初次听说马克思的经济学草稿及其相关论述。

### （二）第2、第3章简介

第2章"生产与交换"①：

马克思所说的社会生产物的分配，不等于生产，但确是整个生产所依赖的部分机能，分配"是继续不断的，活动于社会综合生产过程之中"。这种见解，恩格斯"早已发见"。恩格斯与杜林（原译"雕林"）论争的著作，其第2章"经济学"，"反复力说生产之式样方法，可以决定其生产物分配之式样方法"，"'生产'之方法不同，而其生产物分配之方法亦异"。并且非难杜林，"把分配'做为第二次的，或全然附带的事实'，置于生产之外"②。许多学者看到恩格斯这样"简单说明唯物史观之根本思想"，还以为恩格斯的思想和马克思的《政治经济学批判》序言的定义，"互相矛盾"。纵然不相矛盾，也以为恩格斯见马克思的定义"太狭"，所以《反杜林论》"想把这个定义扩充补足"。"这都是人云亦云之论，没有什么价值的"。试记述恩格斯所说："生产及与生产相连之生产物交换，是一切社会秩序之基础"。换句话说："凡在历史上，一切的社会生产物之分配，及与生产物分配相连之阶级，或身份之社会的组织，是因生产之种类方法，及生产物之交换方法而决定的。唯物史观，就是以这种题辞为出发点"。③

所有反对马克思主义的批评家，都以这种题辞作为他们的论据。他们说，

① 以下引文凡出于此章者，均见朱应祺等译《马克斯的经济概念》，泰东图书局1937年版，第23—26页。

② 这句引语的今译文，见《马克思恩格斯选集》第3卷，人民出版社1972年版，第193页。

③ 其今译文见《马克思恩格斯选集》第3卷，人民出版社1972年版，第307页。

"马克斯仅论到'生产关系',而恩格斯则于生产关系之外,更附加'分配'和'交换'两种关系,修正马克斯之学说而已"。前面说明马克思的经济概念,说明了世人误解马克思的原因。所以对这种论辩,差不多没有再加说明的必要。"这种论辩,明明是完全没有把马克斯的说明,了解清楚"。马克思关于物质生活的生产概念,包括个人生产物的消费和用于生产物品的消费。"分配关系,尤其交换关系,也应包含于生产关系之内"。马克思恩格斯二人的概念,只有以下"差异"。马克思在《政治经济学批判》序言中,"说明社会生活之综合的生产"。恩格斯在《反杜林论》中,"单是说明'商品生产'之概念";比较马克思所说,"其范围狭得多"。恩格斯"恐怕有人误会,于经济的生活内,没有说明分配(商业)关系,所以特将'及与生产相连之生产物交换'之语句,附加于'生产'之后"。生产物的分配,因生产物制造的作用关系,成为社会全部生产过程的部分机能。我们可以说:"分配关系和分配形态,在经济发展之过程中,是常常变化的。并且对于社会生活,亦有种种的不同的意义"。如原始时代的渔狩民间及比较幼稚的农业时代,所谓生产物的分配,只能是一种从属意义的行为。那个时代,生产的意义,完全出于个人尤其家族的需要。但是到了今日,生产物的分配,以及与维持生产所必要的商业上及交易上的技术等,"同占极重要的位置";比较古代生产物的分配,"实有极大的差别"。"今日的分配方法,还是决定于制造方法。又分配关系,不过是经济交互作用——由生活资料之生产而起的作用——之一部分罢了。现今之分配关系,虽比较文明程度较低之时代,占经济构造的重大部分,但亦不过占着一部分而已"。

从这一章起,分别对前章提到的马克思的各种经济概念,作进一步阐释。本章论述生产与交换概念,重点说明马克思和恩格斯对唯物史观中的生产概念的提法,看起来有"外观的矛盾",成为反对马克思主义的批评论据;所谓存在矛盾,不过是"反对马克斯的低能论者的见解",实则反映马克思恩格斯二人的生产概念,"当然有广狭二义"。这个说明引用恩格斯《反杜林论》中有关唯物主义历史观的原理表述,从考察马克思主义经济学在中国传播的早期历史看,也是一段以往未曾见过的新的引文。

第3章"生产关系之意义"①:

① 以下引文凡出于此章者,均见朱应祺等译《马克斯的经济概念》,泰东图书局1937年版,第27—38页。

有人连马克思所说的"物质生活的生产",都没有懂得清楚,更不消说单论"生产关系"。生产关系是什么?"一般赞成资本主义的批评家"都说:"生产关系,是技术的关系"。换言之,即工厂设备,产业部门的互相关系,取得原料的行为,贩卖商品的方法,农业经济的地质关系,分配耕作的区域等各种关系。这种定义和马克思的见解,完全不同。马克思说:"生产关系,是一种所有关系,即以个人在社会上生存诸条件为基础的'二律背反'所生之所有关系。同时又是资本主义的生产关系"。"若依此解释,则凡人都是很容易明白的"。试问技术的设备、地质、耕作方法等,是不是有社会"二律背反"性质的所有关系呢?① 读马克思的其他著述如《资本论》,问题更加复杂。马克思说:"所谓生产关系,同时又是法律关系、支配关系、隶属关系",或是"资本家对工资劳动者及土地所有者之关系"。又说:"工资之法律关系,也应该做为生产关系之一种";或"所谓生产关系者,是生产力和取得生活资料之方法相结合之社会关系"。② 资本是什么? 马克思说:"资本是以物为媒介的人类互相间之社会关系。换言之,是一种历史的生产关系。那种关系是某人对于社会将来之生产的权利名义。即指不支付工钱,亦能领得他人之劳动,或领得其生产物之权利"③。

"生产关系"一语,一般人都说是"技术的"或"机械的"经营关系。马克思的解释,与他们不同。以为生产关系"是组成社会的分子,参加社会的生产过程,分担过程各部分所发生的种种经济关系"。《资本论》第三卷说:"生产关系,是人类于其社会的生活过程,即于人类之社会的生活之生产(人类为维持社会生活,而从事生产——译者注),互相参加,互相动作之种种关系";又定义:"生产关

---

① 此句引文的出处待查。袁志英的译本里,将这段话译为:"马克思把生产关系同时还称之为财产关系和市民的生产关系,正如马克思所说,这种关系产生于以个人的社会生活条件为基础的对抗中。难道技术设施,土壤质地,耕作方法也都是植根于社会财产关系吗?"见《马克思的历史、社会和国家学说》,上海译文出版社 2006 年版,第 257 页。

② 这里引用马克思的四个说法,均有提示,前三个说法见"《资本论》第三卷第二部",分别标明页码,第四个说法见《哲学的贫困》1885 年版,也标明页码。然而据此查找马克思有关原著的今译文,不容易找到对应的今译文。其中的缘故,或许是翻译上有差别,或许是引用者对马克思的原文作了加工概括。如第四个说法,查《哲学的贫困》原著,可看到类似的今译文,见《马克思恩格斯选集》第 1 卷,人民出版社 1972 年版,第 108 页。

③ 这一小段引文,从引号和见于《资本论》第一卷某页的注释看,似乎出自马克思一段连贯的原话。但查看原著,并非如此,而是表述:韦克菲尔德发现,"资本不是一种物,而是一种以物为媒介的人和人之间的社会关系"。对此,马克思有个注释,引用《雇佣劳动与资本》所说:"资本是一种社会生产关系。它是一种历史的生产关系。"(见《资本论》第一卷,第 877—878 页)至于后面所谓"那种关系……"的话,既不与前面的话连贯,亦未找到出处。由此也可见引用者引用马克思的原话,不那么确切。

系，是有特别的，历史的，经过的一性质之种种关系"①。"生产关系"的意义究竟是什么？把唯物史观再说一遍，我们就晓得，生产关系并不是经营的技术的关系，"乃是人类在社会的经济过程中，协同动作时，参加者间所生的一种互相作用罢了"。马克思在《雇佣劳动与资本》（原译"工资劳动与资本"）中，"确切说明此理"。"但世人还有不能理解的，实属怪事"。那里有一节说：

"人类生产物品时，不独对于自然，施以动作；且人类之间，亦互相协动。人类在一定方法之下，共同动作，且互相交换各人之活动，才能够生产物品。因为要生产物品，所以人类都加入一定之联络，一定之关系。并且社会上也有一定之联络，和一定之关系，对自然施以动作时，才能有效，若此才能生产。……

生产者互相加入的，这些社会关系，——人类在这些社会关系之下，交换各人之活动，分担生产总和中之工作，——因生产手段之性质不同，而这些社会关系也当然不同了。……

各人在某种条件之下，从事生产之社会关系，即是社会的生产关系。那生产关系，随着物质的生产手段，——生产力——之变动及发展而变化，各种生产关系的总和，就叫做'社会关系'，又名'社会'。这个社会有一定的历史的发展阶段，有固有的特殊的性质。……

……资本，也是一种社会的生产关系，就是有产者的生产关系。引申之，就是有产者之社会的生产关系。资本这个东西，是生活资料、劳动器具、原料等所构成的。这些东西，岂不是在某种社会条件之下，一定社会关系之内，所产出、所贮蓄的吗？又岂不是在某种条件之下，一定社会关系之内，利用于新生产的吗？这种一定之社会的性质的东西，利用于新生产的生产物，岂不是资本吗？"②

部落和部落联合，从事狩猎生产，可以说部落之间成立了一种生产关系。假设某个岛上的酋长把所有的大船借给某个从事掠夺的战争团体，相约坐地分赃，这也是一种生产关系。同样，今日工厂主用工资雇佣工人，或向银行借款支付工人工资，这也是一种生产关系。"所谓生产关系，是社会各人之相互作用，就是在社会的劳动过程内，依各人之经济的共同活动而发生的"。恩格斯曾于 1859 年 8 月 20

① 其今译文：生产关系"即人们在他们的社会生活过程中、在他们的社会生活的生产中所处的各种关系，——具有独特的、历史的和暂时的性质"。见《资本论》第三卷，人民出版社 2004 年版，第994 页。

② 其今译文见《马克思恩格斯选集》第 1 卷，人民出版社 1972 年版，第 362—363 页。

日，在伦敦劳动者的《民众》日报（今译《人民报》）上，评论马克思所著《政治经济学批判》，"把这个理由，说得极为确切"：

"资本主义经济学，以商品为出发点，换言之，生产物——不问其在个人间，和自然发生的团体间，——互相交换的时候，即是资本主义经济学的出发点。生产物一入交换之范围，就算是商品。但是生产物，要和两个人间之关系，或两个共同团体间之关系结合，换言之，即要和生产者与消费者间之关系连结，——生产者和消费者，此时已不是同一个人了，——才能变为商品。这就是把经济学全体，并且是把资本经济学者先生们的脑筋，弄得一塌糊涂的特别地方。经济学不是研究物品的学问，是研究人类各种之互相关系的，即是研究各阶级间之关系的学问。而这种关系，又是常常和物品结合，以物品表现的"①。

马克思也屡次说明同样的事实，《资本论》有一节说："要之，'生产的劳动'之概念，不唯含有活动和利用的效果，及劳动者和劳动生产物之间之关系，且含有以劳动者为增加资本价值之直接手段，及有一定之历史的特别社会之生产关系"②。

因为社会的生产含有生产物的分配，所以分配关系，当然也属于生产关系。这从马克思的立论说来，"自无庸讳"。"马克斯有时把分配关系之本质，也看做和生产关系是同一的东西"。他说："分配关系，不外是生产关系的反面，所以两者都有同一的历史的过程的性质"③。马克思批评西斯蒙第："他对于以下的两个问题，常踌躇再三，不知如何决定才好。就是：（一）欲将生产力适应于生产关系时，那生产力，是否应受国家的支配；（二）欲将生产关系适应于生产力时，那生产关系，是否应受国家的制限。关于这两个问题，他总是以过去作例解，总可算是一个美赞尧天舜日的人了。他的种种矛盾，就是对于资本，则欲以别种方法处理收入，又对于生产，则欲以别种方法处理分配。他不解分配关系不外是生产关系之一种变形的道理"④。某社会内一切生产关系的总和，马克思叫作"经济的构造"，这个名词，在批评唯物史观时，"引出许多奇怪的解释"。其实"经济的构造"的真正意义，不外"由各时代之社会的劳动组织，所发生的经济的相互作用之总和"罢了。

许多"社会主义理论家"，尚不能了解马克思所说"生产关系"的意义，"这

① 其今译文见《马克思恩格斯选集》第2卷，人民出版社1972年版，第123页。
② 其今译文见《资本论》第一卷，人民出版社2004年版，第582页。
③ 其今译文见《资本论》第三卷，人民出版社2004年版，第994页。
④ 其今译文见马克思：《剩余价值理论》第3册上，人民出版社1975年版，第55页。

也是诱导一般人，对于马克斯之定义，生出奇怪批评之一原因"。例如马科斯·阿德勒①（Max Adler，原译"玛柯思阿德拉"）在其著《马克斯理论之社会的意义》（今译《卡尔·马克思学说的社会学意义》，1914 年德文版）中说："生产关系，是制造、保障、维持人类生活之必要品的，人类之基础关系"。又说："人类生存地方之地质，及自然之特质，也属于生产关系。生产关系的总和，就是形成所谓社会的领域。人类应各种时代，生活于社会的领域内，且于此能寻出自己的活动"。只要对"生产关系"稍有误解，就不能理解马克思的社会观。人类居住地域的地质及其他地理的性质，"是一种自然关系，不是生产关系"。经济发展的过程中，地质能引诱人类，使其构成一定的生产关系。地质能助长发生特定的"用益关系"，如"租借""所有""劳动"等关系，所以可以说能引诱人类造出一定的生产关系。"若说地质本身，就是马克斯之所谓生产关系，那是不可以的"。马克思自己也说过"封建的"生产关系及"有产者"或"资本家的"生产关系；并且说"这些生产关系，就是社会的关系，同时又是所有关系及法律关系"。比如土地的用益关系，或租借关系、所有关系等，从法律上考察，不用说就是法律关系。某团体或某个人在一定条件下，被赋与利用土地的权利，这是用益权者对所有权者的一种法律关系。这种关系，同时又是所有关系。因为赋与使用收益土地的权利于他人的团体或个人，必系该土地的所有权者，或占有权者。团体或个人交付土地于用益者，纵然没有给他完全的所有权，也必须把属于个人或团体的用益权或处分权的一部分让与用益者。同样，工厂主与劳动者的关系，不用说既是法律关系，也是所有关系。劳动者取得工资，出卖劳力给工厂主；反之，工厂主支付工资，取得劳力，因而取得在工厂使用劳力的权利。工厂主依凭其所有的、不是劳动者所有的各种器具、原料及补助材料等，让劳动者造出一定的生产物，获得生产物的所有权。

许多人也没有了解，生产关系具有法律的所有权的性质。"连许多信奉马克斯主义的人，也没有弄清楚，岂不是笑话吗"。德国第一次社会学会 1910 年 10 月19—22 日在法兰克福开会，"罕尔克"（今译马克斯·夸克）博士反驳桑巴特（原

---

① 阿德勒，马科斯（1873—1937），奥地利马克思主义的代表人物。在维也纳大学攻读法学后成为律师，大部分时间用于哲学和社会学研究，从事大学校内外的教学工作，参加奥地利社会民主党的活动；1903 年在维也纳建立工人学校，1904 年和希法亭创办《马克思研究》；从一次大战起，同奥地利社会民主党的左翼联系，支持工人委员会的运动，为德国社会民主党左翼期刊《阶级斗争》撰稿。试图建立一种作为社会学理论的马克思主义的认识论基础，受到科学哲学中新康德主义和马赫实证论的强烈影响。

译"遵姆伯特")教授："据唯物史观所论，经济关系或生产关系，是决定社会生活之形态的东西；同样，所有关系和'所有关系在经济的技术的事物上所生之反作用'，也是决定社会生活之形态的东西"。"这话说错了。要知道，生产关系和所有关系，依马克斯的见解，决不是并存的关系，也不是全然不同的关系。生产关系由法律上观之，是所有关系。换言之：依唯物史观的定义，所有关系不过是生产关系之'简单的法律的表现'罢了"。马克思所谓"社会之经济的构造"一语，使批评解释的人，生出种种不同的意义。通俗说，这个名词被看作技术的关系。详言之，被说成"技术的经营关系之总和"。"生产方法和生产技术，屡有混同，就是这个原因"。所以有人发出"奇怪的问难"："生产之'机构'，如何能转置于一定之观念形态呢"？这种混同，当然是不合理的。马克思的"社会之经济的构造"一语，没有"技术的经营关系之总和"的意思，乃是"人类于一定社会形态之下，制造生活资料时，由种种构成社会分子之间，所生经济的互相关系（团体关系及个人关系）之总和"的意思。马克思"有名的历史理论（即唯物史观——译者注）"，并没有说什么生产技术的各种关系，或工厂技术的各种关系，只说："人类为维持其生活计，加入于社会生产之'一定的必然的与人类意识独立的关系'（即强制于其经济发展的关系）"；又附加一句："此生产关系之总和即形成社会之经济的构造"①。"由是观之，马克斯的见解，可以明白了"。

这一章的论述，阐发生产关系的意义，从前面两章引申而来，意在维护马克思的基本经济概念。其中反复强调生产关系是人们在物质资料的生产过程中形成的社会关系，作为生产方式的社会形式，包括生产资料所有制的形式，人们在生产中的地位和相互关系，产品分配的形式等，这是政治经济学的研究对象，建立在唯物史观的基础之上。比较前两章，本章的论证又有一些新的特点。一是批评的对象，不仅针对一般赞成资本主义的人的说法，而且针对许多社会主义理论家或信奉马克思主义的人的误解，或因不理解而闹出的笑话。如前者把生产关系说成是技术关系，后者或者混同生产关系和自然关系二者，或者认为生产关系又是法律关系，二者并存时，法律关系可以反作用于生产关系，未弄清生产关系是在社会生产中发生的一定的、必然的、不以人们意志为转移的关系。二是作为论证的依据，引用马克思、恩格斯原著的范围又有所扩展。除了继续引用《资本论》第一卷和第三卷，以及

---

① 这两句话的引文，来自《政治经济学批判》序言，但与译本第 1 章引自同一出处的译文有所不同。见《马克思恩格斯选集》第 2 卷，人民出版社 1972 年版，第 82 页。

《政治经济学批判》序言的有关内容外，还引用其他一些原著。如马克思的《雇佣劳动与资本》，尽管早在 1919 年 5、6 月间的《晨报》"马克思研究"专栏上，已有食力转译河上肇原译本的《劳动与资本》中文全译本问世，稍后 7、8 月间又由《时事新报》全文转载①，而国人著译作里摘录此原著的节译文句，更是不计其数，但像本章这样引录此原著的有关观点，用作澄清对马克思的经济概念有所误解的批驳依据，仍难得一见。又如恩格斯的《卡尔·马克思〈政治经济学批判〉》，在以往国内流传的有关马克思主义经济著述的名目里，尚未见到恩格斯这篇评论性文章。再如马克思的《剩余价值理论》或《剩余价值学说史》，国内以前的著译作曾耳闻此书名称，但具体看到其译文内容，恐怕以本章的引用为头一遭。诸如此类，都为拓展国人认识马克思经济著作的广度和深度，提供了新的视界。

### （三）第 4、第 5 章简介

第 4 章 "生产力与生产条件"②：

"生产力"及"生产条件"也和生产关系一样，"屡屡招人误解"。有人说：生产力专指"各种技术力"的总和，包括用于生产上的各种机械，原始器具也应该包括在内。"这是一种大错特错的解释"。根据马克思的见解，生产力"是应用于社会生产过程之种种力量之谓，所以应该包括自然力、人类之力和所谓'技术之力'数种"。生产力有"物的生产力"和"人的生产力"两种。物的生产力如土地的生产力（肥沃程度）、热力、水力、风力、蒸汽力、电气力等，以及各种机械力。物的生产力不单用作动力，用于生产物使起化学变化，同样是一种生产力。自然力有时不单独作用，往往和人类的劳力结合，或和一定的技术力结合，在生产过程中发生作用。自然力不唯没有失去它的生产力性质，而且和各种生产力协同作用，成为生产过程进步的一个特性。所以马克思也说："'劳动和自然'，换言之，'土地和劳动者'，都是一切财富的泉源"③。他在《哥达纲领批判》（原译"皋塔纲领批评"）中，反对该纲领的头一句话："劳动是一切财富的泉源"。他说："劳动决不是一切财富的泉源，自然也和劳动一样，——劳动本身不外是一种自然力，即'人类'劳力之表现，——同是使用价值之泉源（而物质的财富，实是由这种

① 参看《1917—1919：马克思主义经济学在中国的传播启蒙》，上海财经大学出版社 2016 年版，第 4 编第 2 章第 4 节。
② 以下引文凡出于此章者，均见朱应祺等译《马克斯的经济概念》，泰东图书局 1937 年版，第 39—49 页。
③ 这句引文截取了今译文中的一段，见《资本论》第一卷，人民出版社 2004 年版，第 580 页。

1920-1929 从民国著作看马克思主义经济学的传播

使用价值成立的!)。以上所引用的'劳动是一切财富的泉源'一语,凡是儿童用的初步书中,也可以找得出。那句话的意思,要照以下的解说,才是正当。就是,单只劳动,不能为一切财富的泉源,须与自己所有的目的物,及劳动手段相结合,而从事劳动,才能为一切财富的泉源。但社会主义的纲领,不应该用资本主义的语法;即是社会主义的纲领中,不应该使用仅于资本主义之下,始可视为有意义的诸条件之语法。本来人类对于'自然'这个东西,要在所有权范围以内,才能为一切劳动手段及劳动目的物之第一泉源。即是,那自然要属于人类自己所有权范围以内,那末,人类的劳动,才能产生使用价值,才能为一切财富的泉源"①。

依照马克思的见解,"人类的劳力,是于全生产力中,占最重要的地位"。人类的劳力,除肉体的劳力外,还有精神的劳力。劳动过程是全体的统一的,不是单纯的个别的,包括脑筋劳动和手工劳动②。"自然力起初是单纯的,即是发源于人类之肉体属性的劳力,在发展过程中,渐次受社会的影响,遂变成一种有社会性的力量。盖劳动者对于外界之自然,施以劳动作用,且从而变化之;同时,他又适应自然,改变自己的本性"。"劳动者发展自己之自然的潜势力,并将其活动置于自己支配之下"。③ 所以,"今日人类的生产力,是一个历史发展的产物。社会的生产过程愈发展,则人类的劳力愈进步;并且生产过程中,很需要这种进步的劳力"。现今资本主义的生产,劳动者的工资,并不是单纯的劳力支付,劳力之外,还有劳动者习得的知识、熟练、习惯和其他各种特性等,都是历史发展的产物。所以支付工资的时候,不可不一并考虑。今日的劳动关系,也是一样。劳动关系不仅是活动和利用效果之间的关系,同时又是历史发展的社会关系。

劳动过程的生产性增大,不只靠着劳动者技术的熟练和劳动的强度才会发生,分业的扩充与分业相结合的协同作用,如在同一工厂内各种劳力的协同作用,都能增大生产性。这些力量的综合,能发生新的作用力。机械能促进劳动能率,所以能促进劳动过程,机械也能担任一部分人类和动物的劳力所不胜任的工作。所以技术的进步,如器具的改良和机械用途的增加等,必须继续不绝。马克思在《剩余价值学说史》中说:

"劳动生产性之增大,与机械大有关系,应用机械之数目和范围愈多,则劳动

---

① 其今译文见《马克思恩格斯选集》第3卷,人民出版社1972年版,第5页。
② 这个意思,其今译文见《资本论》第一卷,人民出版社2004年版,第582页
③ 这两个引文的意思,其今译文见《资本论》第一卷,人民出版社2004年版,第208页。

者之数目愈少，就是应用机械之数目及范围，与劳动者之数目，成反比例。机械是一切器具之完全的集合体，虽是形状略有变更，都是为废止单纯的、廉价的器具而出现的。这各种器具的集合体，当有其集合体之力量，且传达该力量的机械之全部，亦算在内。又造出蒸汽动力必要之煤炭，及其他材料及建筑物等，亦须附加在那里面。所以劳动者不运转一台之纺织车，而仅看管千八百之纺缍便了。现在想必没有这种蠢人，问'为什么千八百之纺缍的价格，没有一台之纺车这样的低廉呢？'因为生产性之增大，全恃投于机械之资本数量而定的"①。

技术的劳动手段（工具），实是人类劳力的产物，而技术的劳动手段，又要劳力运转，才能发生作用。所以我们可以说，技术力是人类劳力的增加或增加的表现。换言之，是一种"增加的"生产力。照以下说法，也是通的，技术的劳动手段，是生产过程内一种独立的要素，且使人类劳力的机能（同样是存在于各种生产领域的各种关系），跟着其技术的劳动手段的各种条件而动作。所以我们可以说，"在生产过程内，人类的劳力依赖于有效的技术力"。

"生产条件"是什么呢？马克思说的"生产条件"，当然和"生产力"不同。生产条件"是社会的劳动过程，和其继续的更新之前提条件之全部"。在这种条件下，那些过程才能有效成立。生产的第一个条件，是"自然条件"。马克思说："这些自然的条件，经济上可大别为二类：第一，是生活资料之自然的富源；如土地之肥沃程度，富于鱼类之河海湖沼等；第二，是劳动手段之自然富源；如瀑布、河川、木材、金属、煤炭等。在初期之文化阶段，第一种自然富源，最为重要。在比较文化发达之阶段，第二种自然富源，有决定生产种类之力量"②。

社会的生产过程的发展，除依赖上述各种自然条件之外，更依赖一定的技术的劳动手段和社会的施设行为。假设织布的机械毁坏或缺乏，若不新造机械来代替，当然不能继续制造一定的织物。各种一般的社会先决条件，也和社会生产过程的发展有关系。例如有一定特质的多数劳动者存在，欲使这些劳动者再生产，须有维持其生活的必要条件。另外，获得必要原料的可能性，贩卖过剩商品于国外的可能性，由铁路、轮船输送商品的可能性等，都是社会的先决条件，都和社会的生产过程有关系。由是观之，"生产条件"的意思，"是继续一定之社会的劳动过程，所必需之自然的技术的及社会的前提条件"。"生产力"的意思，"是使用于劳动过程

---

① 其今译文见《剩余价值理论》第 2 册下，人民出版社 1975 年版，第 403 页。

② 其今译文见《资本论》第一卷，人民出版社 2004 年版，第 586 页。

的自然力及劳力及机械"。"生产关系"的意思，"是由劳动过程自然发生之社会关系"。所以马萨里克说，马克思将"生产关系""生产方法"及"生产条件"三个词，用为"同一概念"，"适足以证明他对于马克斯所主张者，毫没有理解了"。假设马克思把完全不同的三种概念，视为同一意义，置于同一基础下，很容易证明他的论理的错误。马克思在《政治经济学批判》序言中所说的唯物史观，据马萨里克的解释，最初就会生出论理的矛盾。因为"生产关系是适应于物质的生产力之一定发展阶段……"一语，据马萨里克的解释，不外"生产关系适应于生产关系本身之作用性"的意思。但是马克思的解释，实在和他不同。马克思说："社会分子之经济的相互作用之形态，由生产社会上全部之生活资料时，所用的生产力如何，及此等生产力如何协同动作，而决定的"。

马萨里克又怎样解释马克思《哲学的贫困》中所说的一段话。为了研究他的批评是否正当，将马克思这段话的原文摘录于下：

"经济学者普鲁东君，对于人类在一定生产关系之下，制造毛织物、麻布、绢织物等事情，是很理解的。但这些一定之社会关系，也和麻布、亚麻布等同样，是由人类生产出来的，他就没有理解了。社会关系，是与生产力互相密接的。人类获得新生产力之后，即变更其生产方法。生产方法——换言之，即人类获得生活资料之样式——一有变更，同时人类之社会关系，也一定会起变化的"①。

假设"生产关系""生产力""生产方法"三个名词，正像马萨里克所说，是同一概念的不同表现，上述马克思的引文，可以说同义反复。其实马克思的解释，完全不是这样的。他的意思是："无论那一社会的生产，都是以一定之经济关系为前提（例如今日之资本主义的生产，以工资劳动者为前提的一样），所以社会上，要有这种关系存在，才能生产。但是这种关系，决不是自然发生的，乃是人类于其发展过程内造成的。此种经济关系，和下列各问题，是不能分开的。即人类欲图一社会之生存，生产社会上必要之生活资料时，应采用什么方法；生产时，应用何种自然力；能够用什么样人或动物的劳力；能够用什么样的机械等，都是与经济关系互相密接的问题。假设这些种种的新力量，能用于社会生活之总生产内（例如发见新力量，或发明新技术之结果），那末，生产方法，一定会起变化；同时，社会分子之经济关系（生产关系），也会跟着变化的了"。

---

① 其今译文见《马克思恩格斯选集》第 1 卷，人民出版社 1972 年版，第 108 页。

这一章诠释生产力与生产条件两个概念，仍以马克思的论述为依据，澄清有关误解或错误解释。关于生产力的涵义，不同意只包含机械和器具在内的各种技术力之总和的解释，而是涉及适用于社会生产过程的各种"力"，如劳力、技术力、自然力；划分"物的生产力"与"人的生产力"，自然力是构成生产力的要素之一，人类的劳力在生产力中占有最重要的地位，以及劳力的历史发展；人类的劳力在肉体（体力）劳动外还有精神（脑力）劳动；劳动生产力的增大，不仅基于技术的熟练和劳动的强度，而且依赖分工的协同活动；技术力是人类劳力增加的表现，是一种能够支配人类劳力的独立要素，所以人类的劳力在生产过程中完全依赖于有效的技术力；等等。其中引用马克思《哥达纲领批判》中的观点，说明劳动不是一切财富的源泉，以及《剩余价值理论》中的观点，说明机械对于劳动过程的作用。这里新增有关《哥达纲领批判》的引文，虽然早在 1918 年《劳动》杂志第 1 卷第 2 号劳人的《十九世纪欧美劳动党之主张》里，已经有所接触[1]，但明显不如此章的引述之清晰完整并用于批驳论敌的理论依据。关于生产条件的涵义，引用《资本论》第一卷的观点，指出这是社会的劳动过程及其不断更新的自然的技术的社会的前提条件；又引用《哲学的贫困》的观点，回过头来再次反驳第 1 章中所提到的，马萨里克把"生产条件"与"生产力"和"生产关系"三个概念相互混同，称之为"异词同义"的说法。

第 5 章"经济生产过程之构成要素"[2]：

社会的生产过程是一种有组织的组合体，其中各种因素互相协同发生作用。在这个过程的最低发达阶段，人类的劳动以获得天然的物品为目的。原始人类完全依靠自然之力，伴随自然力，依赖天然物品，他们住的地方，当然也是自然物产富饶、容易繁殖果实之地。这都是他们生存的必要条件，若在荒芜、广漠或寒冷的地方，当然不能生存。但人类智力日渐发达，有所谓人工的器具即劳动手段，作为人类的臂助。这种器具，增加人类身体固有诸器官的力量，互相作用，以取得人类欲求之目的物，作为达到目的的有力手段。最初极幼稚的器具如木棒和坚石，实开我们今日生产过程所获进步的技术机械之先河。原始人类获得生活资料的范围，渐渐

---

①　参看《1917—1919：马克思主义经济学在中国的传播启蒙》，上海财经大学出版社 2016 年版，第 1 编第 2 章第 2 节二。

②　以下引文凡出于此章者，均见朱应祺等译《马克斯的经济概念》，泰东图书局 1937 年版，第 51—58 页。

扩大，利用肉体的器具和人工的器具，使自己的劳动进而利用自然力，从事于耕作及驯养野兽等，文明程度比以前更加发达进步。由此看来，所谓劳动过程，"是在技术的劳动手段助力之下，自然力和劳力两者互相协作动作而表现出来的"。所以"劳力、自然、技术三者，可谓之为构成生产过程之三大要素"。马克思也将生产过程视为"一种人类的活动，即人类假劳动工具之助力，于劳动目的物之上，引起预计的变化"①。《资本论》第一卷有如下文句：

"劳动过程之单纯的要素有三：即（一）人类之目的活动，换言之，即劳动本身；（二）人类活动的劳动目的物；（三）因劳动目的物而活动之劳动的器具是也。

供给人类必要品——生活资料——之土地，本来即是存在的（由经济上言之，水也在内），此土地的存在，不须人类的助力，且可以作为人类劳动之一般的对象。因劳动之作用，凡与地球直接的结合，而可分离的一切事物，不问其种类如何，都可视为天然存在的劳动对象。例如与生活要素之'水'所分离的鱼，换言之，人类由水中所捕获之鱼，由原始的森林中砍伐之树木，由矿山中所采掘之粗矿石等，都是。……又……所谓'劳动手段'者，是劳动者自己与'劳动对象'之间，利用后者（劳动对象）为传达自己的活动之一种东西。或是这种东西的复合体。劳动者根据自己之目的，以甲种东西为劳力的手段，使于乙种东西，发生作用，所以常利用前者（甲种东西——译者注）之机械的，物理的，化学的种种性质，比方采取已熟之果实，为生活资料时，劳动者自己之身体上诸器官，虽为采取果实之有效的劳动手段，但此种事实，暂且不论，然劳动者直接采取的对象（目的物），不是'劳动对象'，乃是'劳动手段'。此种时期，'自然物'这个东西，就是劳动者的活动之器具。换言之，自然物附加于劳动者的身体上诸器官，——虽有圣经教训，也不管他，——就是把劳动者本来的体格增大，或延长的一器官。土地这个东西，是人类生活必要品之原有储藏所，同时又是劳动者的劳动手段之原有储藏所。例如土地供给劳动者之石头，他就能把石头自由利用，如投之，磨之，压物，切物等，皆可听其自由利用。且土地本身，也可算是一种劳动手段。但若利用土地为农业上之劳动手段时，则非有他种劳动手段，和比较发达的劳力与之协同动作，必不能发生效力。总之，劳动过程发达至一定程度时，即感觉有熟练的劳动手段之必要"②。

① 其今译文见《资本论》第一卷，人民出版社 2004 年版，第 211 页。
② 其今译文见《资本论》第一卷，人民出版社 2004 年版，第 202—204 页。

"劳力""自然""技术"三要素，在生产过程中互相协同作用时，看作三个完全独立的要素，"确是一种错误"。从其形态及作用上，说三种要素互相牵制，"这种见解，就越发的错了"。① 因为劳动的发展，无论精神的或肉体的，都根据劳力所利用的劳动手段（技术）而定，同时又根据劳力对技术所使用的自然对象而定。劳动过程反复的次数愈多，熟练和能力也就越发的进步。现今文明人所以有熟练的特长，就是这个原因。从另一方面说，劳力在相当程度内，对自然和技术有积极的反复作用。人类渐渐征服自然，如垦荒、饲养动物、采伐森林、开拓殖民地、开凿运河、排沼泽之水、掘地下之坑等，都是征服自然的工作。然而要征服自然，必须发明技术进步的劳动手段，并且须熟练之后，才能奏效。常言说，技术是聪明的"人类精神"的产物，这是不对的。技术全恃乎自然的环境或社会的环境而定其优劣，所以技术的成立和利用，与自然的条件及社会的条件有极大关系。各种生产力之间，均有密切关系，有互相牵制与互相影响的作用，因此才会发生社会的生产过程。② 若把此种力量的一部分如自然要素或技术等，从社会的生产过程中抽出来，仍与生产过程同样看待，那是不合理的，属于"全部和一部的混同的错误"（今译"以偏概全"）。

　　这一章的解释，从社会生产在其最低阶段的构成要素说起，最初原始人的劳动获得天然的物品，以人类身体各器官为劳动手段并用作达到目的的有力手段，然后发明器具与机械，发展技术的劳动手段，由此构成生产过程的三个要素即劳动、自然和技术。这个解释，同样建立在引用《资本论》有关见解的基础上。不过，显然由于翻译的原因，谈到这三个要素互相作用互相牵制的关系时，有些前后矛盾。一面说不能把三者看作完全独立的要素，以此强调它们在生产过程中具有互相协同的作用，既否定了将三要素独立开来的错误，也否定了三要素互相牵制的见解，认为这更加错误；另一面概括本章的要点，又确认了三者之间存在这种互相牵制的关系。实际上，其原意从未否定三要素互相牵制的见解，只说它们相互牵制的形态和

1920—1929 从民国著作看马克思主义经济学的传播

---

① 这两句话，在袁志英的译本里译为："人们往往把劳动力、自然和技术看成是三个完全独立的因素，这是错误的。之所以错误，不仅是因为它们在生产过程中共同起作用，而且还因为它们自身在形态和作用方面相互制约。"见《马克思的历史、社会和国家学说》，上海译文出版社2006年版，第263页。

② 这两句话，在袁志英的译本里译为："这决不是说，正如人们通常所认为的那样，技术仅是聪明的'人的头脑'的作品，技术的出现和应用，又和自然条件（同样也和社会条件）分不开的。……由此可见，在生产力之间存在着密切的联系，它们相互制约相互影响，只有在它们共同作用下才出现了社会劳动过程。"见《马克思的历史、社会和国家学说》，上海译文出版社2006年版，第263页。

作用是不同的，即所谓"劳力之发展全恃乎技术"，"应用技术之劳力能支配自然"，"技术之优劣全恃乎自然的社会的环境"等。

**（四）第 6、第 7 章简介**

第 6 章"地理的生活区域"①：

我们考察社会和历史，若把现在社会劳动过程中协同作用的三个构成要素看作互相分离而独立，就会只以某种要素作为决定社会生活及其历史发展的因子。如认为气候、地势都是决定人类性格的东西，又是决定社会性质的东西。这种自然环境说，如"人类地理学的历史观"，马克思认为："上述对于'自然作用'的批评，并没有错误。但这种见解，是把经济的生活过程中之一要素（即自然——译者注），由其他二要素（即劳力和技术——译者注）扯开的考察，只能说是一面的观察"。人类地理学的见解错误在于，所谓地理的要素，若孤立分离开来，必全无作用。这种要素在经济生产过程中，作为一个成分，换言之，这种要素因为劳力和技术的作用而加入经济生产过程的范围，始能发生作用，否则无所作为。地理要素影响生活资料的生产，即影响一定地域内住民的经济方法时，才可算作住民发展的一个要素。人类的发展，是在社会里面，同时又是在一定地域的表面。虽然如此，创造历史的不是地域之"自然"，乃是人类和自然共同动作才能创造的。因此可以说，自然不过对人类发展供给前提条件及手段，人类是否利用、如何利用这种手段，以及由此所生的结果如何，都是依人类的劳动活动与劳动手段（即工具）而定。由此类推，假设技术未达到必要的发展阶段，单有海洋和大河川存在，绝对不能发生航行和商业。

单是地理的状态及气候的状态二者，对人类文化，影响极少。"自然"影响人类，人类也影响"自然"。不仅此也，人类征服自然的方法，在各个发展阶段，不必尽同，可以随时变更。同时，人类通过别种地理的区域，了解劳动过程所必需的劳动对象（原料）的用途和劳动手段（工具），又知道不必靠着当地生活区域的自然条件，也能够生活的道理。"如是以往，人类对于自然环境之从属性之一部分，渐次变为社会环境之从属性。即人类本受自然环境之支配，渐次变为受社会环境之支配了"。马克思和恩格斯都认定，"生产方法，不单靠着地理的环境之自然条

---

① 以下引文凡出于此章者，均见朱应祺等译《马克斯的经济概念》，泰东图书局 1937 年版，第59—68 页。

件"。如《反杜林论》说：

"资本主义的工业，已经可以相对的脱却那原料生产地之地方的限制了。纺织工业，多有依赖输入的原料。西班牙的铁矿，反在英德二国精炼。西班牙和南美洲的铜矿，亦在英国炼造。炭田地方，都是输出煤炭于工业地域，以供给其燃料。现今英德比诸国，运载煤炭的轮船，可谓已航驶于全欧海岸。这种情形，若是一社会由资本主义生产之束缚解放之后，必更加旺盛。在这种社会组织之下（即社会主义的社会——译者注），能教养一群劳动者，使理解工业全体的生产之科学的根据。又能使劳动者实际从事于生产部门全系统之工作，所以能创造一种新生产力。这种新生产力，所生产物品之价值，除支付远方运来的原料及燃料代价之外，还有剩余的"①。

这一章讨论地理因素，进一步引申解释前章所谓生产过程三要素中的自然要素。借以证明一旦将诸如地理之类的自然环境或自然条件从三个要素中分离开来，独立作为决定人类生活方式进而人类思维方式的观察点，便会产生谬误。其依据同样引入马克思对"自然环境说"的批评，论证单纯的地理要素不能影响生产过程；地理条件只有在影响一定区域住民的经济方式即生活资料的生产时，才可算一个要素；是否利用自然条件，全看人类的劳动方法和劳动手段而定；人类对地理的生活区域的从属性，逐渐变为对社会环境的从属性；等等。最后的论据，又落脚在引用《反杜林论》的有关论述上。

第7章"社会的劳动过程之技术"②：

地理学者、人类学者及人种学者等，倡导自然要素即地理要素是决定社会生活的要素。反之，"国民经济学者"则说，经济过程三要素中，"生产技术是决定社会生活的要素"。国民经济学者眩惑于现代生产利用机械所增加的莫大生产量和生产利得，又不知技术的历史与其幼稚状态，所以得出这样的结论。巴特教授在其著《社会学的历史哲学》（今译《作为历史哲学的社会学》）中，引用《资本论》第一卷所谓"技术是人类劳力之发展的尺度，又是社会关系的标准"一语，简单得出结论：工厂以机械为基础，所以工厂以技术为基础；技术的本来意义和"经营形态"相同，所以马克思说"技术有一定之地位，而后有一定之经营形态，有一

---

① 其今译文见《马克思恩格斯选集》第3卷，人民出版社1972年版，第335—336页。

② 以下引文凡出于此章者，均见朱应祺等译《马克斯的经济概念》，泰东图书局1937年版，第69—80页。

定之经营形态，而后有一定之所有秩序"，才有存在的因果顺序。巴特"由这种奇妙的推论，遂到达一种奇妙的结论"。他说："马克斯所谓生产方法，不过是技术的意思罢了"；又拟证明"经济不仅依赖于技术的使用之事实"等。其全部推论，"自始至终，一竟错到底"。把技术当作生产过程的同样之物，就是把生产者的一个构成要素，作为全部构成要素的见解。马克思从没有说过这样的话，主张"在生产过程中所使用的技术，是测量生产发达之进步的程度，尤其是测量人类如何变化的自然材料，始能适应其必要，且利用自然力以从事生产，可以至何种程度之尺度"。巴特引用马克思的语句："所谓技术（学），是说明人类对于自然之主动的态度，及人类生活之直接的生产过程的学问"①；由此说生产过程单以技术为基础，生产方法和技术的经营方法是同一的东西。"如此论断，是吾人全然不能了解的"。马克思曾说：社会劳动过程，是"人类和文化之间的过程"，又是"人类与自然之间之代谢机能"。根据这种语句，只要对马克思所说的生活方法观念稍能了解的人，就可以明白了。这种语句，"是指技术（学）之地位，换句话说，是指示人类获得其全体之生活资料时，——用马克斯的语气，人类对其生活之生产时，——利用那自然材料和自然力至如何程度之意义"。

除以上证明外，马克思还在各种地方说明技术和经济方法，即技术的生产形态和生产本身，"切不可混用"。例如马克思说明《资本论》的内容纲目的论文，有以下言词：

"用为生产之一般的东西，没有存在的时候，一般的说来，也就没有生产的行为了。生产这个东西，是特殊生产部门——例如农业、畜牧、工厂、手工业，——等的一个完全的形态。但经济学不是技术学，于一定社会的阶段中，生产之一般的条件，对于特殊的生产形态之关系，拟于别处说明之"②。

一般的国民经济学者，误解发展过程的自然的社会的条件，与利用技术的结果，以为技术不过"精神的产物"，将技术和生产方法"混同一起"。事实上，"一切技术都是由劳动过程这个东西发生的，并不是那个特殊思想的发明家之精神的产物，乃是由于在劳动活动中所观察的结果，而发见的东西"。另外，"不能增加利润"的技术，依企业家的见解，实是无用之物。"这种理由，马克斯已正式说明过了"。他说："利用机械的目的，由工业家方面言之，与其说是能轻减劳动，不如

---

①　其今译文见《资本论》第一卷，人民出版社 2004 年版，第 429 页注（89）。
②　其今译文见《马克思恩格斯全集》第 46 卷上册，人民出版社 1979 年版，第 23 页。

说是能低下生产费"。"机械这个东西，和劳动之生产力及其他（生产）构成要素之发展一样，是使商品价格低廉，使劳动者之必要劳动日缩短一部分的东西。利用机械的结果，使劳动者无报酬的奉献于资本家之劳动日延长其他一部分，换句话说，机械是生产剩余价值的手段了"①。

这一章与前一章相呼应，在生产过程的三个要素里，既不能孤立地强调自然要素如地理要素，也不能孤立地强调技术要素如机械要素。本章的批评对象，不仅再次拎出第1章驳斥过的巴特教授及其著作，更从注重自然要素的地理学者、人类学者和人种学者，转向注重生产技术的所谓"一般国民经济学者"，揭示这些主流经济学家的主张背后，隐藏着资本家获得剩余价值的谋利动机。其中澄清马克思之说，所谓技术是人类劳动力发展的尺度和社会关系的标准，不是社会生产专以技术为基础的意思，是以技术来测量生产发展的进步程度；引用马克思的观点，强调经济学不是技术学（工艺学）；论证技术是劳动过程的产物，技术的发明不是个人精神的产物，其唯物基础在于技术与自然条件之间存在着依赖关系，技术又受到社会条件的牵制或与之相关；说明资本主义社会的企业采取技术以降低生产费用，机器作为手段，正是为了生产剩余价值。这些论述，不论用于批驳错误观点，或证明正确观点，都围绕马克思的原意而展开。尽管本章随处引用马克思的原话，有些不见标注出处，难以查寻译文准确与否，但均应有所本，而且从可以查寻的主要引文看，作者在马克思的经济著作中，对《资本论》及新近发掘和发表的《政治经济学批判》导言，颇多倚重。这些引文，在当时国内引述马克思经济理论的著译作里，恰恰是比较少见的内容，只可惜引文的翻译质量，不能尽如人意。

### （五）第8、第9章简介

第8章"技术和生产方法之区别"②：

马克思虽然说过技术是构成生产过程的三个要素之一，但还是有许多人把技术看作和生产方法同样的东西，把生产方法的范围，弄得比马克思所说的更加狭小。许多国民经济学者，不知道技术的发展历史，固不足怪。但反对马克思主义的人，他们研究马克思的文献，思想"亦极为偏隘"，以为马克思的概念，或由黑格尔演绎而来，或有希伯来（原译"希波来"）法典学者的书呆气等，因为存在反感，所

---

① 其今译文见《资本论》第一卷，人民出版社2004年版，第427页。
② 以下引文凡出于此章者，均见朱应祺等译《马克斯的经济概念》，泰东图书局1937年版，第81—87页。

以把技术和生产方法，"混做一起了"。桑巴特教授在德国第一次社会学会上讲演"技术和文化"，把技术和生产方法混做一团，就是他们误解"技术"的一个证据。

马克思说："所谓生产条件，第一是自然条件，第二是特别的社会条件，尤其是有特定特质之劳力存在的社会条件，第三是特别的技术的条件之意"。反之，桑巴特说："马克斯之所谓生产条件，除技术条件之外，别无他物"；"据马克斯之解释，所谓经济，就是技术之一种机能，而'其余的文化'，也是经济之一种机能。所以马克斯之唯物史观，本来就是工艺学的（或技术学的）历史观"。这种推理，就整体说来，或有成立的可能性，但严密说来，是不妥当的。"经济"决不是技术的单一机能，乃是社会生活中人类的一种机能，即使用技术的劳动手段的人类劳力的一种机能。"技术本身，完全没有什么作用。技术是要用在生产上面，始能发生作用的。若要用技术，非有劳力不行"。劳力，确切地说，不是普通的劳力，是适应生产发达程度、有一定特性的劳力。其次，一般的生产过程，要一种技术上有作用的东西，才能成立。要劳动对象如金属、石材、木材等自然材料之类，才能成立。所以马克思说："无论文明社会的生产状态如何，劳动之生产性，是和自然条件结合的。劳动生产性，和人种一样，对于人类的性质和人类的环境（自然），都有反作用"①。

桑巴特教授说："经济为技术之一机能，技术本身——没有劳力，——亦有作用的"。他说这是马克思的见解，因此，依照"技术本身，绝对没有作用，要人类使用技术于生产过程，才有作用。所以技术若没人使用，在经济上即等于零"的说法，可以证明"马克斯的唯物史观之误谬"。又说：马克思没有把"使用的技术"和"不使用的技术"区别开来，所以马克思相信，在生产过程中，没有使用的技术，也有"作用"。"这是由于误解马克斯的说明而来的"。马克思常常说："没有加入生产过程的劳动对象（目的物）和劳动手段（工具），当然与生产过程的成立，丝毫没有影响。所以一般都说，生产过程中没有这种东西的存在"。《资本论》第一卷，也有如下一段可以证明：

"在劳动过程中，没有作用的机械，不独没有益处，并且是自然代谢机能之破坏力的牺牲物。铁生锈，木材腐朽，不能用为织布、编物的棉丝，就是和那废物的棉花同样。有生命的劳动，当然把这些无用的东西，化为有用。即系收那些东西，

---

① 此句引文，袁志英的译本译为："撇开社会生产发展程度不同的形态不说，劳动的生产率和自然条件分不开的。而自然条件又都可以归结为人自身的自然，诸如种族之类，以及围绕着人的自然。"见《马克思的历史、社会和国家学说》，上海译文出版社 2006 年版，第 268 页。

由可能的使用价值状态，转化为现实作用之使用价值。这些东西，受劳动的熏陶，与劳动合为一件，直到他们的机能，变为与劳动过程上的所谓机能同样的程度，仍是不断的消费，到是真的。但这种消费，是根据一定目的之消费。即或为个人之生活资料而消费，或为新劳动过程上生产手段而消费。即为产出新使用价值而消费，或为形成新生产物之要素而消费的便是"①。

最奇怪者，社会学会的听众中，没有一人起来对桑巴特说："你完全没有了解马克斯的关于生产过程之解释"！其实讨论后，也有人晓得桑氏的概念，不大明了，但仅认定技术与文化的关系，以文化为主动这一种事实罢了。只有"斯讨丁加（Standinger）教授"② 一人，认定桑巴特犯了"根本的错误，那错误虽不是全部，至少也是一部分"。他说：桑巴特最初认为技术是取得特定物质的"手续"（今译"手段"），丢开附随于技术的有生命的人类。谁来用这个"手续"呢？我想当然是有生命的人类，所以不必把人类当作别种东西，而与技术对立，须将人类包含于技术里面。"活动的技术中，一方有有意识劳动之'人类'，他方有'技术'之实体存在"。桑巴特教授完全忘记技术中的一部分，即和技术合体的精神（指人类），仅把技术作为死的机械看待，这是极为遗憾的！

这一章继续前面的论证，认为混同技术和生产方法的原因，产生于把构成生产过程的要素之一的"技术"，当作生产的全部；桑巴特的谬误，在于误解技术的本质，把唯物史观视为技术史观；马克思真的混淆"潜伏的技术"和"显然的技术"了吗？事实上，"潜伏的技术"依赖于劳力才能实现，正如有人批评桑巴特，"技术不是死机械，是有意识的人类所利用的东西"。本章多次提到的主角人物桑巴特，第3章论述生产关系的意义时，也曾作为误解唯物史观的对象提到过。大概由于原译名"遵姆伯特"的缘故，译本里乍闻此人，很是陌生。一经查实底细，便即恍然。前面施存统1922年编译出版的《社会经济丛刊》，收入河上肇的《见于〈共产党宣言〉中底唯物史观》，便提及桑巴特曾经赞赏《共产党宣言》百读不厌的言论；后来胡鸿勋1927年翻译出版《近世资本主义发展史》，转述原作者的序言，也提及桑巴特曾经"沉浸于马克思"，其《现代资本主义》为研究资本主义的名著。换句话说，二者都把桑巴特当作追随马克思主义的正面人物予以介绍。那是就桑氏早年而言，后来他转变立场，成为反对马克思主义的活跃分子。此译本所记

---

① 其今译文见《资本论》第一卷，人民出版社2004年版，第214页。
② 此人或为德国新康德主义者、马堡学派重要人物施坦丁格（1849—1921）。

载的，正是桑氏作为反马克思主义者的代表性言论。个中变化，当时国内读者未必能够领会。译本针对桑氏言论，引用马克思的原话作为反驳依据，却让国人领悟到马克思经济学说的新的理论观点。

第9章"综合技术与个别技术"①：

有些学者将技术和生产方法的概念，看作同样的东西。他们说：马克思认为在特定经济部门的内部，若要变更其生产关系，须预先有技术的变化，即"不可不先有技术的进步之意"。常常听闻这种"牵强附会的主张"。比如巴特教授在《社会学的历史哲学》中，说这种理论不对（其实马克思并没有说过这些话），由此推论马克思的历史理论的谬误。他说：公元1世纪，罗马庄园的大农地主，由大规模经营变为小规模经营，这是根据什么原因？洛贝尔图斯（原译"洛柏尔图斯"）说明：实行集约经济的必要性，因为地方供给谷物的需要减少，同时对农业上比较精良的生产物的需要增加。集约经济的实行方法，把庄园的大农地分散为小农地，给与个体劳动者耕作。所以当时的罗马，并非因技术进步而变更经营，乃因富源增加和地方人民的财产减少，产生市场及需要的变革，才引起这种变化。换句话说，并不是因技术上的改良，才产生经营的新样式，乃因财产的新状态（或减少或增加）而起的变化。所以新技术或新构造等一个方面，绝对不能充分地说明经营的变革。由此可以推论，巴特对马克思所说的"生产方法"概念，"不甚了解"。根据马克思所说的"生产方法，不仅是技术的作用，乃是劳力、自然及技术三种构成要素的作用"，此事已没有论证的必要了。生产方法如此，社会生产继之不断的再生产，也必受这三种要素的支配。所以马克思又断言："若要生产过程反复同样生产，则须以生产条件之'特定社会的状态为前提'，并须把这些条件，也是同样的不断的再生产"。

有人说，"马克斯主张，只要技术上有进步，就可以充分的变更生产方法"，"这是全然误解马氏的说法"。生产方法的变更，不必要技术上如何进步，也不必要技术上各种改良，只要自然条件变更，就可以变更生产方法。社会劳力的变化，同样也可以变更生产方法。如劳动强度增高，劳动品质向上或下落，劳力增大或减退，劳动阶级的一部分由一个生产部门移到其他部门等种种现象的发生，皆可以使生产方法发生或多或少的变动。马克思只说"生产方法之变更，认为是技术上进步之一种结果"，没有说在一个生产部门，若要变更生产关系，应当预先使该部门的

---

① 以下引文凡出于此章者，均见朱应祺等译《马克斯的经济概念》，泰东图书局1937年版，第89—95页。

技术进步。"以这种不合理的结论，反说是马克斯的结论，未免冤枉了马克斯"。① 根据马克斯的说法，农业、畜牧、商业、手工业、大工业等，绝对没有独自存在的，这些生产行业，互相有密切关系；"所以社会生产一部分之变更，就会惹起其他一切部分之变更。这些变更作用，绝对没有土地的限界和国家的境界的"。又说："社会的生产过程之各部分，都是关系密切，互相依赖，互相影响的。所以社会之'经济的构造'，不是生产关系之一部分形成的，乃是生产关系之总和作成的"。这种解释，可以在马克斯对蒲鲁东的雄辩书中看出来。书中反驳蒲氏"不该把生产关系本身分开，当做个个的范畴观察；应该说，各社会之生产关系，是形成一个完全的集合体，若不由这种集合体的连锁，分析个个范畴，再去观察那范畴的交互结合，那就不啻把'部分'当做'全体'的议论了"!②

马克斯说："若考察社会的生产过程，单只注意于应用技术之品质的组织，把那技术应用范围之大小，即数量的大小丢开，也是同样的不合理"。在生产上，不单技术的方法、技术的品质状态有关系，技术应用范围的数量也很有关系。用黑格尔的话说："品质可以变化数量，数量亦可以变化品质"。换句话说，"生产方法的特质，一般皆由技术的因素而决定的。所以不独技术的形式，有决定生产方法的力量，即技术的应用程度，也有决定的力量"。由是观之，虽然各个生产部门的技术形式没有变化，"经济构造"也能实际变更，但个别技术在各种生产区域内的应用数量，或增加或减少，互相推移，影响于生产方法，"经济构造"就是因此才发生变动的。

"对于马克斯之理论，批评者很多；以巴特尔教授之富于学识，尚且不能了解，何况其他！他们把那种不是马克斯所说的概念，强说是马克斯的经济概念。由这种概念，推论马克斯的错误，所以他们就想证明马克斯的结论不对，以作他们的反对论据。其实他们研究马克斯的学说，所用之客观的批评，完全没有科学的根据；依此说来，他们的批评，当然没有什么价值，可断言了"!③

---

① 这两句话，在袁志英的译本里译为："马克思的确谈起过生产方式的改变是技术进步的结果，而仅以此来强加给他以下的观点则是荒谬的：技术的进步必定永远在后来使生产关系发生明显改变的同一生产部门中取得。"见《马克思的历史、社会和国家学说》，上海译文出版社 2006 年版，第 270 页。

② 这个反驳，大概来自《哲学的贫困》，其今译文见《马克思恩格斯选集》第 1 卷，人民出版社 1972 年版，第 109 页。

③ 最后一段在袁志英的译本里译为："对于这一点，很多马克思学说的批评者，首先是巴尔特也是不理解的。他们武断地认为，马克思的经济概念不是他自己的概念；并证明，根据这些概念，这个或那个马克思的结论是不对的。他们还自以为他们业已证实了这些结论的不正确性。他们实际上所证实的仅仅是他们缺少对马克思的观点进行实事求是地批评的科学预见。"见《马克思的历史、社会和国家学说》，上海译文出版社 2006 年版，第 271 页。

这一章先提出变更生产方法，是否预先非有技术进步不可的问题，接着引出"巴特尔教授"批评唯物史观的"牵强附会"议论；此议论犯了将生产方法和技术相混同的错误，如罗马大庄园的崩溃，不是因为技术的变化；出于自然条件变化与社会劳动力变化的原因，生产方法都可以发生变更；马克思以生产方法的变化作为技术进步的结果，其真实意义是将影响生产方法变更的各种生产要素看作相互依存的关系，将变更后的各种社会生产关系看作一种完整的集合体，从这个意义上说，一个生产部门的技术进步可以改变其他生产部门的生产方法，而且应用技术的量的变化可以产生质的变更。本章虽然像前面各章那样，每每引用马克思的原话作为反驳批评者的根据，却不同于前面各章重要的引述，标明引文的出处，而是信手拈来，且引用与转述兼而有之，不利于查明原话今译文的准确表述，可谓一个缺陷（或许是翻译的原因）。此外，本章的论述还带有总结的性质，最后一段概括说：马克思理论的很多批评者，并不了解马克思理论；其特点是把并非马克思所说的经济概念，强加给马克思，依此推论马克思的错误；所以未能以客观的态度来批评马克思学说，缺乏科学的根据，也没有什么价值可言。

## （六）结语

从我们的考察看，《马克斯的经济概念》译本值得逐章评介，不是由于作者号称德国马克思主义理论家，此乃其代表作的组成部分，也不是由于它体现了作者尝试将散见于马克思、恩格斯各种著述中的社会哲学或社会学论述剥离出来，按其逻辑联系加以整理，追溯其确切的基本涵义并给予系统表述的意图①，而是由于译本围绕马克思的若干基本经济概念，从唯物史观的立场出发，针对那些误解或歪曲性观点而予以反驳、澄清和深入阐释的撰述方式，在国内同类著作中非常少见；特别是作者的写作手法，"为了使每个读者都能够详加审核，在所有较为重要的场合我都引用了马克思和恩格斯的原话，尽管这些羼入的引语有时会打断表达的语流"②，从而为在中国传播马克思主义经济学，起到了就专门经济概念引证马克思和恩格斯原话的指示器作用。惟译本禀承整个原著的意旨，将重点放在梳理马克思的社会学的基本要点上，因而谈论马克思的经济概念，其出发点也是以解释与所谓马克思的社会哲学即唯物史观有关的基本概念为主，不那么关注与马克思的剩余价值理论相

---

① 参看《马克思的历史、社会和国家学说》译本中亨利希·库诺1920年7月作于柏林的"前言"。
② 《马克思的历史、社会和国家学说》，上海译文出版社2006年版，"前言"。

关的基本概念，不免使它所包含的马克思经济概念的范围，打了一个很大的折扣。

由此说来，这个译本受制于原著宗旨的约束，阐释马克思的经济概念，大多限于与唯物史观有关的基本概念，较少涉及与剩余价值学说有关的基本概念，故不能说是关于马克思经济概念的系统而完整阐释。即便如此，译本仍显出两个特征，不同于其他一般性介绍马克思经济学说的著述。

一是其矛头不仅对准那些批评马克思主义的主流经济学家和各类反对人士，还对准那些误解或曲解马克思主义的社会主义理论家和信奉马克思主义的人士。作者在《马克思的历史、社会和国家学说》的"前言"中说："当前马克思主义正处在严重的危机之中，特别是与马克思的政治经济学有别而通常称为社会哲学的马克思主义的那一部分"；"自从'非常法'被取消和恩格斯逝世之后，世界经济的发展提出了新的、迄今尚未注意或不知道的问题，于是一种常常得到官方承认的庸俗马克思主义便在德国一步步地占了上风"；"首先我认为把马克思主义从错误的诠释中和令人困惑的七拼八凑的混合中解脱出来是很必要的，然后才能对马克思的社会学进行批评和继续发展。……本着马克思的精神继续发展马克思的基本观点而超越马克思"。又在"导言"中说："最近几年，由于受到世界大战及其后果的影响，越来越陷于一种脱离实际的教条主义之中。这种繁琐的庸俗马克思主义之空虚贫乏，只能通过以下方法来证明。……在某种程度上重建马克思的基本观点"。[1] 这种论辩针对德国的"庸俗马克思主义"，同样在《马克思的经济概念》译本里得到充分的反映，成为译本的一大特色。同时，这里所说的马克思主义的严重危机，主要指"脱离实际的教条主义"，陷于繁琐而空虚贫乏的错误诠释和拼凑混合之中，对借用世界经济发展的新问题来修正马克思学说的修正主义或机会主义，则鲜见论及。所以译本中仍然把考茨基后来的论述当作诠释马克思经济学说的重要依据，所谓"继续发展马克思的基本观点而超越马克思"或"重建马克思的基本观点"，也没有超出就概念论概念的纯理论范围，几乎看不到运用马克思经济理论来指导实际革命斗争的论述。这种反对庸俗的教条主义而回避修正主义的论辩性著作传入中国后，对国人认识马克思主义经济学会产生怎样的影响，恐怕只能引起少数钻研纯理论者的兴趣。当然，这种钻研对准确和深入理解马克思经济学说的重要理论范畴，同样是必不可少的。

---

[1] 以上引文均见袁志英中译本的"前言"和"导言"。

二是注重引用马克思、恩格斯的原话，作为论辩中澄清或解释各种基本经济概念的重要依据。就作者主观而言，贯穿于译本各章到处可见的原文引用，为了便于读者审核，标注其出处，以示言必有据，不失其真。在客观上，这种引用方式，让国内读者广泛浏览到马克思和恩格斯的各种经济学著述，以及围绕若干经济概念的大量专题论述。译本所引用的这些著述，从名称看，达 10 种之多，如《政治经济学批判》序言、《资本论》第一卷和第三卷、《剩余价值理论》《雇佣劳动与资本》《哲学的贫困》《哥达纲领批判》《政治经济学批判》导言、《反杜林论》《卡尔·马克思〈政治经济学批判〉》等。其中有些著述，如《政治经济学批判》序言和《雇佣劳动与资本》，不论翻译水准如何，此前国内已有完整译本；更多的著述，如《资本论》第一卷和第三卷、《剩余价值理论》《哲学的贫困》《哥达纲领批判》《反杜林论》等，此前国内或有提及，或有部分引文摘译，或有相关观点转述大意，但各自引用的重点有所不同；还有一些著述，如《政治经济学批判》导言和《卡尔·马克思〈政治经济学批判〉》，此前国内从未听闻，尤以导言作为马克思的经济学手稿，被《新时代》杂志披露后即成为难得的引用文献。译本中来自这些著述的引用段落，长短结合，多少不一，据粗略统计，多达三十五六处，还有许多地方，虽不是直接引用马克思、恩格斯的原话，而是大意转述，亦有其所本。这些内容，比较国内著译作中引用马恩著述的已有译文，以论述生产、生产力、生产关系、生产条件、生产方式、社会生产过程、经济结构、社会生产三要素（劳动力、自然与技术）等概念为主，或系首次引用，或非首次引用却引述得更加完整和重点突出，或因用作论辩的依据而显得更有针对性，其参考的著作之多，涉及的范围之广，探究的观点之深，发掘的内容之新，提示的出处之细，堪称译本另一大特色。其缺陷是随着引文所讨论的概念术语触及专深领域越多，翻译的信达雅要求越高，译本在这方面显得不足，难以准确表达其精微涵义，常常出现一些词不达意甚至扭曲之处，不免影响马克思经济学说的传播效果。

## 四、《马克思主义经济学》译本

河上肇著，温盛光译，上海启智书局 1928 年 11 月初版，现存 1930 年 4 月 1 日再版本。

### （一）序言介绍

先看译者 1928 年 10 月 27 日的序言：

这里无需多介绍著者，"国内稍治现代社会科学的人大约都已经晓得河上博士的深刻的观察，透辟的议论，精警的文字和丰富的著述了"。著者自己说，这书是"亘二十年的长期间坐在大学研究室的椅子上所完成的最后的论著"。"他清晰地分析现实社会的种种矛盾，同时明确地指示出现实社会的必然的去路。'现在我们正编着人类社会的前史的最后一页，描写着人类社会的本史的第一页的前夜'"。"在混沌的中国社会中，这书的介绍，许不是全无意义的"。①

撰写这篇序言的温盛光情况不详，但他提出的观点有一定的代表性。当时国内研究现代社会科学的人，凡有心运用马克思主义经济学来为中国社会的混沌局势指点迷津者，都会在不同程度上关注日本河上肇的有关著作，于此也可见那个时期河上之作在我国的影响之广泛与深入；这部《马克思主义经济学》，作为河上因"左翼教授"身份而被迫离开任教 20 年的京都大学前的最后一部著作，更被称作为人类社会指明了脱离其前史而进入其正史之必然去路的代表作。

再看作者 1928 年 6 月 24 日的原序：

本书是马克思主义讲座第 2 篇的第 1 章，本讲座的其他部分，马克思整个经济论的最初基础的劳动价值说，由友人梐田民藏讲述，本书的范围为其所限制，不能详细讲解；"在这有限的篇幅中想表现马克思主义经济学之全豹，微力如著者自然是一件困难的工作"。总之，写成这本小书，避免了讲述"最难解的价值说"。梐田的讲座论文出版，能够补本书未讲述基础的缺憾。我的近著《资本论入门》的第 3 分册与第 4 分册，几乎都是解说劳动价值说，可供读者多少参考。除价值论外，不用说，还有许多其他重要的问题为本书所遗漏，然而和价值论一样，也由本讲座的其他适当担任者，如村山藤四郎的《马克思主义与农业问题》讲述地租论。我和友人大山郁夫②共同负责监修马克思主义讲座，并以讲座式的丛书流布于世，"我相信实在是最有价值的"。"本书对于初学的人，虽然有不少的缺点，然而对于传播马克思主义经济学的根本纲要却有多少成效，这是著者聊足以自负的"。我着

① 日本河上肇著，温盛光译《马克思主义经济学》，启智书局 1930 年版，"译序"。
② 大山郁夫（1880—1955），毕业于早稻田大学政治学科，1910 年赴德国慕尼黑大学、美国芝加哥大学留学；1914 年为早稻田大学教授，1917 年任《大阪朝日新闻》社论委员，1918 年因笔祸事件退社，1920 年再任早稻田大学教授，与吉野作造创立黎明会，1924 年与安部矶雄等创立政治研究会；1926 年创立劳动农民党并任中央执行委员长，1928 年被政府下令解散，1929 年与河上肇等创立新劳农党；1930 年当选众议员，1932 年为避免迫害流亡美国；1947 年回国，第三次在早稻田大学执教；1948 年任日本拥护和平委员会委员长，世界和平理事会理事，1950 年当选参议员，1951 年获"斯大林国际和平奖金"。

手写这篇论文时，正是本年总选举以后，"为我国（指日本译注）无产阶级最初进出于选举场里的纪念"。可是我无论写完这篇论文与否，都要退出大学。"这种偶然概括马克思主义经济学大纲的论文几乎是我亘二十年的长期间坐在大学研究室的椅子上所完成的最后的东西"。离开大学的原因，照当局所说的三个理由中，一是"我做马克思主义讲座的监修时所讲的言论"，二是总选举时我的演说。"过去一切都几乎忘记了的我，这篇论文或许是我难忘的一种"。①

这篇序言篇幅不长，却含有较多信息。一则《马克思主义经济学》是马克思主义系列讲座的成果之一，讲座又由日本一些马克思主义研究者和社会活动家分别讲述，因此，该书虽说意在表现马克思主义经济学的全貌，或概括马克思主义经济学的大纲，其实并非如此，如未包括作为初步基础的劳动价值论，以及地租论等重要理论。二则此书面对初学者，尚存在不少缺点，但在传播马克思主义经济学的根本纲要方面，颇见成效。三则把撰写此书作为日本无产阶级参加全国总选举的一种纪念，意味作者已经转到马克思主义立场上，不仅身体力行，同大山郁夫一道作为劳动农民党的公认候选人参加选举演说，而且把参选当作代表日本无产阶级的实际行动。四则因言获罪，由于组织讲座宣传马克思主义和从事国会选举演说，在1928年日本政府镇压共产党人的三一五事件中，随着劳动农民党等组织被下令解散，作者被迫离开大学，作为在大学期间撰写的最后一部书，也给作者留下难忘的记忆。由此看来，这部书在作者的撰述生涯里，有着特殊的意义。

### （二）内容简介

译本分为五部分，第一部分"为科学的马克思主义经济学"，开头引用列宁《唯物主义和经验批判主义》（原译"唯物论与经验批判论"）中的一段话："人类的最高任务应是在能够把握住一般根本过程中的经济进化（社会之存在的进化）的客观理论，使人类的社会意识明白地明了地批判地和一切资本主义国家中的进步的阶级意识相适合"②。然后分4节，第1节"科学的任务——事物的本质和现象形态"，说明对自然现象和社会现象常常有颠倒事物本质的错觉，科学的革命就是把这些错觉再颠倒过来，"马克思在经济学的领域中所成就的也就是这种革命的工

① 温盛光译《马克思主义经济学》，启智书局1930年版，"原译"。
② 温盛光译《马克思主义经济学》，启智书局1930年版，第1页。其今译文见《列宁选集》第2卷，人民出版社1995年版，第221页。

作"（第 5 页①）。第 2 节"资本主义社会的特殊运动法则的暴露"，说明《资本论》研究，"乃以暴露近代社会（资本主义社会）的特殊的历史的法则为目的"（第 10 页）。第 3 节"唯物论的出发点——为研究的出发点的外的现象——为资本主义社会细胞的商品"，说明正确的认识要有正确的认识方法，"正确的认识方法便是唯物辩证法"（第 15 页）；引用列宁在《谈谈辩证法问题》（原译"列宁的辩证法"）中所说，商品交换是"在资产阶级的商品社会的最简单最普通最基本最多数最常见的亿万回中可以观察出来的关系"②，一言以蔽之，这是资本主义社会的"细胞"（第 21 页）。第 4 节"辩证法的把握——由分析商品所发现的资本主义社会的一切矛盾的胚胎"，引用列宁《谈谈辩证法问题》中的一段话："分析统一底事物，和在认识充满矛盾的构成分子，便是辩证法的本质。……（中略）发展便是对立物的斗争"；又引用列宁关于商品交换的分析的一段话："这些分析，在最简单的现象（资产阶级社会的细胞）中，也可以发现现代社会的一切矛盾（乃至一切矛盾的胚胎）。……（略）"③；"马克思主义经济学的辩证法的把握的方法，在列宁简单的说话中已经毫无遗漏地说出来了"（第 24 页）。

第二部分"在单纯商品流通中含有的恐慌可能性"，只讲述"货币或商品流通"（《资本论》第一卷第 1 篇第 3 章的题目）中含有恐慌的可能性。分 2 节，第 1 节"为流通手段的货币和恐慌可能性"，说明以货币为媒介的商品流通，"无论什么人也不能预知伏在其中的恐慌勃发的可能性"，生产物的交换分开为卖和买两个相对立的运动，彼此独立地产生着破坏商品的对立物统一的可能性，商品不能出卖的恐慌，便强制地实现出来（第 37 页）。第 2 节"为支付手段的货币和恐慌可能性"，说明跟着商品流通的发展而发生的货币作为支付手段的信用关系次第复杂，一旦出现不能支付的破绽，"原来货币的恐慌也次第增为可能"（第 39 页）。

第三部分"在资本家的各种生产关系内部各种生产力的发展（其一）——各种生产力和各种生产关系的冲突酿成的劳动阶级的困厄"。分 5 节，第 1 节"剩余价值和资本"，说明资本运动的形式，循环的始点和终点都是货币，其内容不是质的差异而是量的不同，货币所有者交换的目的在于价值的增殖，增殖的价值叫做剩余价值，"这样获得剩余价值的价值——自己增殖的价值——便是资本"，资本运

① 此页码见《列宁选集》第 2 卷，人民出版社 1995 年版，第 221 页。
② 其今译文见《列宁选集》第 2 卷，人民出版社 1995 年版，第 558 页。
③ 其今译文见《列宁选集》第 2 卷，人民出版社 1995 年版，第 556—557、558 页。

动是无限际的（第 42 页）。第 2 节 "剩余价值的泉源——资本家的生产"，说明严密和科学地暴露等物交换前提下剩余价值的生产即资本家生产的秘密，其详细叙述可见《资本论》第一卷第 2 篇以下部分，其简单叙述可见马克思的《工银劳动与资本》和《工银价格及利润》，更简单的叙述可见《工银劳动与资本》卷头恩格斯的序文；资本家的生产方法的前提是劳动力成为商品，劳动力商品的特性即比较其自身的价值产生更多的价值，这就是剩余价值的唯一泉源；资本家榨取工银劳动者的劳动的价值增殖运动所含有的谜语，不在流通过程，而在生产过程，购买劳动力的资本部分为可变资本，购买生产手段的资本部分为不变资本；剩余价值和可变资本的比率叫做剩余价值率，"这是依资产阶级对于劳动阶级的榨取程度如实地表现出来"，剩余价值和全体资本的比率叫做利润率，"隐蔽这些事情，当然是全有产阶级和那些空论的代辩者非常关心的"（第 58 页）。第 3 节 "绝对剩余价值的生产——以劳动时间和工银为中心的阶级斗争——阶级斗争之质的转形"，说明资本家通过延长劳动时间所榨取的剩余价值叫做绝对剩余价值，资本家阶级竭力延长劳动时间和减低工银，而劳动阶级要求缩短劳动时间和增加工银，必然产生资产阶级和无产阶级在资本家的生产关系范畴内 "第一期的斗争"（第 60 页）。第 4 节 "劳动生产力的发展和相对剩余价值的递次增大——相对工银的递次减少"，说明《资本论》第一卷第 4 篇第 12 章分业和第 13 章机械里详细论述资本家为了图利不绝地提高劳动生产力，减少生产必需品的价值从而减少劳动力商品的价值，也就是缩短必要劳动时间和增大剩余劳动时间，由此相对增加的剩余价值叫做相对剩余价值；相对剩余价值的增大意味着劳动者所供给的劳动总量中被资本家榨取的部分逐渐增多，劳动者阶级的社会地位相对地越发悲惨，于是劳动者和资本家的阶级斗争乃冲破第一期的界限而发生质的变化，"关于商品法则的斗争转化为非革命的和革命的斗争"（第 73 页）。第 5 节 "劳动生产力的发展和失业者数目的递次增加"，说明《资本论》第一卷第 7 篇详细论述劳动生产力的发展必然产生劳动阶级的困厄即失业率的增大，因为资本的增加率和劳动人数的增加率相差很远，资本的构成随着资本家生产的发展越发高级，必然的结果是资本的无用即资本家不能雇佣的过剩人口的递次增大；资本的相对减少被看作人口的绝对增加，一方的过少，以为是一方的过剩，"这些事实的真相，在常识上都颠倒地表现出来"（第 78 页）。

第四部分 "在资本家的各种生产关系内部各种生产力的发展（其二）——各种生产力和各种生产关系的冲突酿成的资本家的再生产的末路"。分 2 节，第 1 节

"一般利润率的递次低落"，说明随着资本家生产的发展而显示一般利润率（平均利润率）次第低落的倾向，只有马克思明白指出这种现象的根本原因，即资本的构成逐渐进入高级（全体资本中不变资本所占部分的比重逐渐增多），可变资本的分量和剩余价值率却没有变化，结果一定的可变资本和大量的不变资本组合在一起，全体资本对剩余价值之比的利润率便自然逐渐低落；随着资本构成的变化，资本家的生产关系转化为束缚生产力发展的桎梏，表现为失业者数量的增加是"强制的消耗人类的劳动力于无用"，也表现为"随着资本家的生产的发展，小资本越发没落，越发集中于大资本，自由竞争必然转化为相反的独占"（第82页）。第2节"资本家的生产的末路"，说明马克思不仅晓得资本家再生产的末路即必然爆发恐慌的根本原因，在于消费不足（劳动阶级的购买力不足），而且《资本论》第一卷第1篇第3章"货币或商品流通"和全部第二卷特别是最后第3篇"社会总资本的再生产和流通"中，还充分论述了使恐慌成为可能的直接原因；劳动阶级的消费不足和各种生产部门之间的比例关系的破坏乃是不能分离的问题，"前者以后者为媒介，资本家的生产关系和在这关系中发展的生产力之冲突的具体表现便是必然的恐慌的根本原因"，"生产力的发展必然破坏生产的均衡，成为资本阶级积蓄自身的根本障碍"（第102页）。

第五部分"竞争转化为独占——金融资本的霸权——资本主义最后的阶段"。分4节，第1节"股份公司的勃兴"，说明股份公司和信用机关即银行这些组织成为支配的势力，已是各资本主义国家共同的现象；股份公司的特征是事业经营和资本所有的分开，股东类似于利贷资本家，事业经营完全委托一般经理人，股票买卖脱离企业本身而独立，这样使用生产手段便"从所有权的束缚内解放出来，资本主义因为要发展其自身乃不能［不］采用资本主义制度范畴内的社会主义制"（第109页）。第2节"资本信用与银行"，说明银行一方面将一切贷付的货币资本大量集中在自己手中，作为供给一切资金的代理人，和产业资本家、商业资本家及地主相对立，他方面将对这些资金的需要集中在自己手中；能够最大规模地利用资本信用的资本家，便是最大的资本家，"所利用的他人的资本超过自己所有的资本而成为社会总资本的支配者"（第112页）。第3节"资本集中——托拉斯之勃兴"，说明一方面股份公司的组织能够集中大资本，而大资本的集中使小资本急速在竞争场中没落，他方面由股份集中来或动员来的资本所产生的利得更成为促进大资本集中的动力，"这样，资本的集中便无穷的发达"（第118页）。第4节"金融资本的霸权"，说明银行的社会经济机能近年来发生根本变化，既是金融业者，又具备事业经营的性质，资本同时有银行资本、产业资本和商业资本的实质，这便是金融资本；把证券的民众化看作企业的民主化很明白是谬误，"在现象形态上所表现的资本民众化的事态的进行，他的本质不外资本极度的集中"（第 119 页），"大资本主义经济时代的特色就是集合小资本而大经营"（第 123 页）；资本家的社会到底向哪个方面进行，根据《资本论》的论述可以晓得，"现在我们正编著人类社会的前史的最后一页，描写着人类社会的本史的第一页的前夜"（第 129 页）；人类面临着大变革，生产力的发展，一年比一年地将代表生产力发展，从而必然要为这个大变革负责的无产阶级陷落于穷困之境，"现在，我们正遇着无产阶级自觉其历史的使命的时代"，"我们的灵魂，我们的脑细胞都充满着看得见的就要来到的新社会的希望和喜悦"（第 131 页）。

根据以上简介，不难看到译本解说马克思主义经济学，有自己的特点。一是作为系列讲座的成果之一，在既定的讲演篇幅和分工范围内，力求抓住马克思经济学说的若干要点予以阐释，既以马克思经济学原著为依据，又不严格按照其逻辑体系逐次展开，同时为了通俗讲演的需要，还增添大量的实例和数据，特别是来自日本的实证资料。二是首先着眼于马克思经济学说的哲学基础，并借助列宁的论述，强调唯物辩证法是认识马克思主义经济学的科学的正确方法，由此才能认识马克思在经济学领域的成就，透过表面现象发现事物的本质，暴露资本主义社会的特殊的历史的运动法则，从资本主义社会的细胞形态商品入手，分析并发现资本主义社会一切矛盾的胚胎等。三是用第 2、第 3、第 4 部分的主要篇幅，先是揭示简单商品流通中存在危机的可能性，一则以货币为媒介的商品流通使买和卖分开而彼此独立，有可能破坏商品内部的对立统一；二则货币随着商品流通的发展而产生支付手段的信用职能，使得买与卖分开的关系更为复杂，不断增加支付不能实现的危机可能性。接着分析这种危机的可能性，在资本主义生产关系下，随着生产力迅猛发展到一定程度，必然产生一系列矛盾和冲突。从劳动阶级方面看，资本家的生产以无止境地增殖剩余价值为目的，而剩余价值的唯一源泉，是在劳动力成为商品的前提下，榨取工资劳动者的剩余劳动所创造的价值，这个真相被资本家及其辩护士用利润或利润率的形式掩盖了；在绝对剩余价值情况下，劳动阶级的斗争主要表现为要求缩短工作日和增加工资，也就是资本主义生产关系范畴内的斗争；在相对剩余价值情况下，由于分工的发展和机器的运用，劳动生产力的提高同时意味着劳动者在劳动总量中所占有的比重减少也就是社会地位的下降,特别是陷入雇佣劳动人口相对过剩的困境,因而劳动阶级的斗争也超出资本主义生产关系的界限而发生质的变化,转化为各种革命或非革命的斗争。从资本家阶级方面看,一般或平均利润率趋于下降的倾向,与资本有机构成的不断提高有关,结果资本主义生产关系转化为束缚生产力发展的桎梏,不仅产生大量失业者,而且通过小资本的没落和大资本的集中必然使自由竞争变为独占;由于劳动阶级消费不足的根本原因,以及各生产部门之间再生产尤其扩大再生产的比例关系无法维持的直接原因,必然造成破坏生产均衡的经济危机和限制资本积累的根本障碍,从而显示资本主义生产进入其最后阶段。这样说明资本主义生产的内在矛盾与冲突,均以马克思经济学说为依据,同时又按照演说者的需要给予重新安排和通俗化解释。四是最后部分论述资本主义最后阶段的特征,以金融资本支配为标志的垄断代替自由竞争,实质上继续演绎马克思经济学说并补充大量近来的新资料。照理说,这部分内容应与列宁的帝国主义论相衔接,但演说中除了突出和引用希法亭(原译"希尔福丁")的金融资本概念外,未见对列宁学说的评介,只是隐约地提到,资本主义制度下资本经营权和所有权的分离,为社会主义制度摆脱资本私有权的束缚创造了条件;垄断资本主义的发展方向,意味着将结束人类社会的前史和开辟人类社会的正史;代表生产力发展的无产阶级在资本主义制度下陷入穷困境地,表明无产阶级在大变革时代正在觉悟自己将要建设新社会的历史使命;等等。译本的末尾,还连续看到被省略的内容并有"此句被检去""此句亦被检去""此句又被检去"的译注,显示在日本检查当局的监督下,讲演内容的发表受到了限制。但总的说来,在马克思主义经济学的题目下,讲演者的叙述思路和基本倾向,清晰可见。

### (三) 引用马克思经济学说的出处和范围

译本以讲演内容为基础,面对初学者的听众,讲求浅近易懂,叙述上不那么严谨。讲演者一再强调他的主要理论依据来自马克思的原著,不过为了简便起见,往往只是指出某卷某篇某章的范围,然后简述或引申其要点。另外时常掺入列宁的论述,主要用于解释马克思学说。即便如此,仍能看到讲演者在阐释过程中随手引用马克思的原话,显现出研究马克思经济学说的良好素养。诸如:

第一部分,谈到马克思在经济学领域所成就的革命工作,引用《资本论》第一卷第1版序言:"自由科学的研究,在经济学的领域中和在其他一切科学的领域中,并不是碰见同一的敌人。因为经济学所处理的材料的特殊性质,所以叫人类最偏激、最小器、最坏的皮气，只顾个人利益的'法利神'是经济学战场上的敌人"。《资本论》的最终目的是，"近代社会的经济的运动法则的暴露"。① 谈到《资本论》的研究以暴露近代社会（资本主义社会）的特殊历史法则为目的，引用第一卷第 2 版跋："人们或许会这样说，经济生活的一般法则是同一的东西，无论在那一方面，适用我们现在的也同样可以适用过去。可是这正是马克思所否定的。……（中略）以前的经济学者们以经济法则和物理学化学的法则相比较，实在是误解经济法则的性质。将现象作更深一层的分析看起来，社会的有机体和种种动植物的有机体一样根本上是互相异致的"②。接着引用《政治经济学批判》导言："所以在资产阶级经济学的各范畴中，对于其他各种社会形态，纵有真理的存在，然无论怎样，也只要打折扣地去理解它便得了。……（中略）所谓历史的发展通常对于最后的形态，常基于一面的理解，以过去的一切形态，为其自身的阶段，因为最后的形态很少，并且仅在许多条件之下，才能够自己批判自己的缘故，所以会生出这样的见解"③。又引用《资本论》第一卷第 1 版序言："我在这书里所必要研究的是资本家的生产方法和与这方法相适应的生产关系及交换关系"；然后引用第一卷开头的话，说明这是"资本家的生产方法成为支配势力的社会"④。谈到经济生活中劳动的必要性，引用马克思 1868 年 7 月 11 日致路·库格曼（原译"枯格尔曼"）的信："不要说一年就是几个星期停止劳动，那无论谁也要死亡，这是小孩子也晓得的事。……（中略）自然的法则并不是一切都要废止。在不同的历史的各种状态中其变更的不过是这样的法则贯彻其自身的形态罢了"⑤。谈到今日社会商品生产的特殊方式，引用《资本论》第一卷起首一句话："如资本家的生产方法所支配的一切社会的富，是一种可怕的庞大的商品的集大成，各种商品便都是富的原基形态"⑥。谈到资本家社会生产力和生产关系冲突的根本原因，引用马克思《政治经济学批判》序言的一般结论（略）。

第二部分，谈到资本家的生产方法支配社会时必然大规模地再生产简单商品流通的内在矛盾，引用《剩余价值理论》的说法："因为在商品流通或在货币流通中

① 其今译文见《资本论》第一卷，人民出版社 2004 年版，第 10 页。
② 其今译文见《资本论》第一卷，人民出版社 2004 年版，第 21 页。
③ 其今译文见《马克思恩格斯选集》第 2 卷，人民出版社 1972 年版，第 108 页。
④ 其今译文见《资本论》第一卷，人民出版社 2004 年版，第 8、47 页。
⑤ 其今译文见《马克思恩格斯选集》第 4 卷，人民出版社 1972 年版，第 368 页。
⑥ 其今译文见《资本论》第一卷，人民出版社 2004 年版，第 47 页。

展开的各种矛盾——恐慌可能性的原因——在资本自身中所再生产的，事实上在资本的基础上已发展着商品流通与货币流通了"①。接着引用《资本论》第一卷所说："相互补充适合，在其内部虽不是独立的而其外部的独立化进行至一定程度时其统一性便因一种恐慌而要强制地维持。商品内在所含的使用价值和价值之对立……这内在的矛盾，依商品变态的各种对立而取其发展运动的各种形态，因此，这各种形态便包含着恐慌的可能性——可是，只不过是可能性"②。又引用《政治经济学批判》的说法："货币流通没有恐慌也可以进行，而没有货币流通恐慌便不能够发生"③。谈到信用关系，引用《资本论》第一卷所说："迷醉于兴隆的景象的自负的市民们从前以为货币不过是空洞的幻影，说商品便是货币。可是，现在却谓货币便是商品了！这样的呼声已经响彻世界的市场。鹿为求新鲜的水而啼，而市场之魂却为求唯一的富——货币而啼"④。

第三部分，谈到资本家不过是资本的经济范畴的人格化，引用《资本论》第一卷第1版序言："为避免引起误解起见，让我说一句话，我决不想明明白白的描写资本家与地主的姿态。……（中略）我的立场是要把握社会的经济构造的发展之自然史的过程，而很少以个人对于社会关系——主观地，他虽怎样的想超越，但是他依然为社会所支配——要负怎样的责任为立场"⑤。谈到价值法则，引用第一卷所说，"在资本家的生产之基础上才开始自行展开"⑥。谈到资本家之间的竞争，大段引用《雇佣劳动与资本》（原译"工银劳动及资本"）的论述："一个资本家想将其他资本家驱逐出战场，而取得他们的资本，惟有将其商品贱价卖出去，因为要贱价卖出去，而又不使他自己破产，便要贱价的生产，所以他要竭力提高劳动的生产力。……（中略）这法则不断的将资本的生产方法从旧轨道驱逐出来，而强制资本使紧张其劳动的生产力，因为他们已经使其紧张了——这是不让他们休息，只在耳边不绝地说'快走！快走！'的法则"⑦。谈到劳动生产力，引用《资本论》第一卷所说："劳动手段不独是测量人间的劳动力的发展的尺度，且是指示和人类

① 其今译文见《马克思恩格斯全集》第26卷第2册，人民出版社1973年版，第585页。
② 其今译文见《资本论》第一卷，人民出版社2004年版，第135页。
③ 其今译文尚未查到。
④ 其今译文见《资本论》第一卷，人民出版社2004年版，第162页。
⑤ 其今译文见《资本论》第一卷，人民出版社2004年版，第10页。
⑥ 其今译文见《资本论》第一卷，人民出版社2004年版，第614页。
⑦ 其今译文见《马克思恩格斯选集》第2卷，人民出版社1972年版，第373—375页。

的劳动相连结的社会关系"①。谈到相对工资，引用《雇佣劳动与资本》所说，"对于资本家的利得即利润和工银的关系所决定的相对的工银"②。谈到劳动生产力的发展和资本构成高级化的关系，引用《工资、价格和利润》（原译"价值价格及利润"）的论述："随着资本蓄积的进行同时资本的构成也递增的起某种变化。全体资本中之固定资本——机械原料和各种形态的生产手段所成立的部分（不变资本）较之那些用以购买劳动力的资本部分（可变资本部分）次第的增大"。又引用说："资本的两个要素（指可变资本与不变资本——译注）本来是一与一之比的，跟着产业的进步用成为五与一之比，以至类推。……（中略）在产业的进展中对于劳动者的需要不能和资本的积蓄并进。它仍然增加，可是和资本的增殖比较起来却次第递减"。③

第四部分，谈到简单再生产，引用《资本论》第二卷的论述："积蓄的进行，必形成一部分单纯再生产……在积蓄中便是一个现实的因子"④。还不时引用或转述列宁《帝国主义论》中的有关论点，诸如"因不平均的发展而陷大众于半饿死的状态，正是资本家的生产方法的本质上不可避免的条件的前提"；"这样的资本主义便达到其最后的阶段而成为帝国主义"；等等。

第五部分，谈到资本信用与银行，摘录《资本论》第三卷有关大意："暂时用不着的资本都集中于一切银行，而随着银行的发展更有许多其他方面的资金注入银行。第一，那些利贷资本家（自己以货币资本直接贷与他人而得其利息的）存款于银行，而又将贷付的事委托银行办理。第二，不独资本家，就是各阶级的人如手中有一时不用的货币，便也存入银行。小额的货币的自身没有资本的机能，而集中于银行后，便新获得资本的性质"⑤。谈到资本家社会的发展方向，引用《资本论》第一卷的结论："劳动者变为无产阶级时，他们的劳动条件（生产手段）会或不会变为资本，资本家的生产方法自身，能或不能站稳脚跟；劳动还不断的社会化，和土地与其他生产手段一样社会化，所以共同底生产手段也不断地转化，对于私有财产的所有者也不断地转化，这样乃成一个新形态。现在要被剥夺的已经不是自营劳动者而是榨取多数劳动者的资本家了。……（中略）由于生产手段的集中与劳动

---

① 其今译文见《资本论》第一卷，人民出版社 2004 年版，第 210 页。
② 其今译文见《马克思恩格斯选集》第 2 卷，人民出版社 1972 年版，第 369 页。
③ 其今译文见《马克思恩格斯选集》第 2 卷，人民出版社 1972 年版，第 202—203 页。
④ 其今译文见《资本论》第二卷，人民出版社 2004 年版，第 438 页。
⑤ 其今译文参看《资本论》第三卷，人民出版社 2004 年版，第 453—454 页。

的社会化遂致和资本家的外被不能两立。而那外被便爆发。资本家的私有财产的丧钟也撞起来了。剥夺的人，变为被剥夺的"①。

通过以上引文的摘录汇集，可以看出译本几乎涉及马克思的所有经济学代表作，既有最主要的代表作《资本论》及其早期版本《政治经济学批判》（包括序言、导言和正文），也有简要读本如《雇佣劳动与资本》《工资、价格和利润》等，还穿插着马克思的个别通信内容和列宁的若干解说。这些引文的分布不均，一是从各原著看，重点以《资本论》第一卷为主，兼及第二卷，第三卷仅提到有关银行的个别论述，其他简要读本和早期版本也有大段的引用，但主要起辅助的作用，或用于通俗讲演的需要，或为了讲明唯物史观的基本原理。引文的不少内容已通过先前流传的译著和著作而为国人所了解，但也有许多内容应是初次见到，特别是阐释理论细节的部分和原著中较为陌生的章节，这就为国人中的有心者作进一步钻研，提供了新的线索。缺陷是这些引文的中文翻译，不甚理想，虽能体会其大意，但表述欠精细，且不时有偏误之处。二是从译本的各部分看，引文的或多或少，并不意味着对马克思原著的重视程度有差异，而与讲演的叙述方式有关。也就是说，有的部分引文较多，在于原著论述不仅科学严谨，而且易于理解，自行解释不如直接引用原著；有的部分引文较少，在于原著论述比较复杂，限于篇幅，只好根据其精神，转用自行表达的简单概括形式。不论从哪个角度看，都表明译本讲解马克思主义经济学，有自己所选择的重点和要点，既要体现马克思经济学原著的主旨精神，又不完全恪守原著的理论体系和逻辑顺序，其讲演意图重在揭示资本主义经济发展的内在矛盾和基本趋势。

**（四）结语**

河上肇研究马克思主义的著述，翻译成中文者颇多，流传于中国有年，而《马克思主义经济学》译本，仍有其特色。一是这个译本可谓中国早期研究马克思主义经济学的专题著作，或者说是从马克思整个学说中，将经济学说独立出来予以专门研究，从而成为考察马克思主义经济学在中国早期传播的一部代表作。二是这个译本所基于的讲演原作，面向大众宣传马克思主义经济学，讲解资本主义经济制度的掠夺本质、不可避免的内在矛盾和必然灭亡的趋势，以唤起无产阶级的觉悟，并且在日本当局的监视和打压下，不顾失去多年大学教授职务的威胁，坚持公开出

① 其今译文见《资本论》第一卷，人民出版社 2004 年版，第 873—874 页。

1920-1929 从民国著作看马克思主义经济学的传播

版，显示河上肇在研究马克思主义经济学方面，突破纯粹学术探讨的范围，确立起坚定的信仰，表现出鲜明的战斗精神。惟其如此，他在讲演中，不是教科书般地讲述《资本论》的完整理论体系，而是有意选取其中最能暴露资本主义制度矛盾的那些内容。当然，这种讲解方式，更有利于初学者的认识，若论全面、系统、准确和深入地理解马克思经济学说，则有待其他的讲解方式。

附带指出，河上肇这部著作，稍后又有邓毅的中译本，题名《社会主义经济学》，上海光华书局 1929 年 7 月初版，列入新世纪社会科学丛书，现存上海大光书局 1936 年 3 月再版本，与初版本内容完全一致。邓毅其人不详，但他 1928 年 12 月 11 日的序言，表达了与译者温盛光类似的对原作的评价："社会主义经济学，是现代社会人人应该晓得的东西。只是各种著译，不是太深繁，就嫌过简略。这两种毛病，本书都没有，的确是便利于一般读者的书"。原著出版于本年 8 月，为著者最近之作。"著者经过总选举失败之后，感觉急需暴露事实的真相于一般民众之前，所以益发以最浅显的文字，说明极深奥的道理"。本书 5 章 17 节，不满 6 万言，"但社会主义经济学的全面都已说到"；读了这本书，"于经济学的基础知识，可称具备"。① 可见，译者不仅认为社会主义经济学是现代社会每个人都应该了解的知识，而且同样突出河上肇撰写此书的特殊背景，促使他迫切地以深入浅出方式全面讲述社会主义经济学，向一般民众揭露事实的真相。在译者看来，读了这本书，等于具备了经济学的基础知识，也就是把社会主义经济学或马克思主义经济学，当作基础性的经济学知识。这样来理解经济学，无异于颠覆了传统的经济学概念。

河上肇研究和翻译马克思学说的多种原作，自 1919 年起，陆续被迻译到中国。先是通过报刊转载，如《马克思的唯物史观》《劳动与资本》《社会主义进化》《马克司社会主义之理论的体系》《河上肇博士关于马克司之唯物史观》等译本，后又出版其著作，如前述《近世经济思想史论》《社会主义底进化》及《见于〈共产党宣言〉中底唯物史观》《资本主义之史的发展》等译本。通过这些译本，对河上评介马克思经济学说的范围、深度、倾向、变化及特点等，已有大体的了解。《社会主义经济学》译本，从论述"科学的马克思主义经济学"起步，大致延续这个评介基础，无须重复。

说到译者的介绍，值得重视的是这本书的背景。一是日本政府公布普选法后，

---

① 日本河上肇著，邓毅译《社会主义经济学》，光华书局 1929 年版，"译者弁言"。

共产党组织和劳工运动曾一度活跃，然而 1928 年初国会选举中，政府为了镇压共产党和扼杀工农运动，3 月 15 日逮捕大批共产党员和进步人士，随后又下令解散各种进步党群组织，史称三一五事件。受这一事件的影响，河上肇本人也被迫辞去京都大学教授职务。二是这个时期，河上肇近 50 岁，经过多年学习研究，才真正接受马克思主义，用他自己的话，成为彻底的唯物论者。自此以后，他虽被迫离开大学讲坛，却全身心投入马克思主义经济学的研究宣传和共产党的活动。《社会主义经济学》译本的原著，可谓他在艰难时刻，率先推出的一本宣传马克思经济学说的著作。译者称此书既不太嫌深繁、又不过于简略，以最浅显的文字说明了最深奥的有关社会主义经济学的道理，向一般民众暴露了三一五事件政府镇压共产党和劳工运动的真相，恰恰反映了它在 1928 年 8 月问世的特殊时代背景。另外，译者宣称现代社会，人人都应该晓得社会主义经济学。这也表明，马克思主义经济学在中国的传播，经过启蒙时期的突破性推进，开始提出面向一般民众的普及性要求。

本节列举的这些译本，在翻译和解说马克思等经典作家的经济学说方面，比较此前在一些领域又有明显拓展，但仍未改变从国外引进相关著作，未见国人自行翻译和解释的局面。

## 第二节　运用马克思主义经济学的各类著作

这些著作，或许作者在主观上倚重马克思主义经济学来观察和分析各种经济现象与问题，产生的实际效果却未必一致或属同一取向。兹举例如下。

### 一、《劳动经济论》译本

日本北泽新次郎原著，朱应祺、朱应会编译，上海泰东图书局 1928 年 4 月初版。

关于著者，前面考察施存统编译出版的《社会经济丛刊》，其第 1 篇译文《劳动问题》的作者，便是北泽氏。那篇译文包含"劳动问题底本质""劳动问题底起源""对于劳动问题的思潮""劳动组合""失业问题""净利分配""工场法"7 章，对照起来，《劳动经济论》译本同样包含 7 章，分别是"劳动问题之发生及其特征""失业问题""关于工资之各种问题""工会""劳动争议解决之诸制度""工厂法"和"关于劳动问题之诸思潮"。也就是说，二者有相似之处，又都由上海泰东图书局出版，但前者仅 66 页，后者 276 页，显然大量增添和扩展。关于编译者，前面考察同为上海泰东图书局出版的库诺所著《马克斯的经济概念》的译本，译者便是朱氏二人。二人当时对翻译马克思经济学说的书籍有特殊兴趣，看来选择北泽此书，也把它当作同一类型的著作。

## （一）各种序言

先看李剑农①1927 年 11 月 14 日作于上海的序言：

有人说："法兰西的大革命，与其说是争自由，毋宁说是争面包"。这句话的意思，法兰西的政治革命已含有经济革命的意味。"但是我们试把法国大革命时的各种宣言，和俄国大革命时的各种宣言，两相比较，便知道前者，虽含有经济革命的意味，其根本精神，还是注意个人的自由，尊重私有财产权，至于后者的根本精神，则完全否认个人的自由，否认私有财产权了"。换句话说，"法国的大革命，以打倒君主贵族的特权为目的，还是一个政治平民化的问题。俄国的大革命，以打倒资产阶级为目的，完全成了个经济革命的问题了"。经济革命的问题，若过细推求，"渊源于 19 世纪争得了自由、不善运用的缘故"，现在不必细说。

法兰西大革命为 19 世纪各国革命的"先驱"。现在共产党也说，"俄罗斯大革命为［廿］世纪各国革命的前驱"。趋势很有点相像，但是略微回顾 19 世纪各国革命的情况，觉得流血之惨，纷扰之多，莫若法兰西，直到 1870 年普法战役告终，才巩固了现在的共和政体。其他各国所走的革命途径，多不如法国艰险崎岖，但是同样达到了政治民主化的目的，不让于法国。"因此我们知道革命并不是只有一条途径，一定要呆板板的跟着别人走。俄国的大革命，纵然说是廿世纪各国革命的前驱，我不相信除了俄国'无产专政'一条崎岖艰险的道路以外，就没有别的道路可走了"。"现在先进各国的社会经济学者，有许多人看见俄国杀人流血的惨状，胆战心惊。却又推想经济革命终究是不可避的，因为觉悟到十九世纪所争得的自由，有些运用错了。所以大家绞脑焦思，在那里寻觅经济革命的平坦途径。我国非

---

① 李剑农（1880—1963），湖南邵阳人，1904 年入读长沙湖南师范学堂史地科，1906 年加入同盟会；1910 年东渡日本，在早稻田大学学习政治经济学；辛亥革命时回国，1912 年参与在汉口创办《民国日报》，遭查封被通缉，1913 年到伦敦政治经济学院旁听自由研究；1916 年回国，1917 年自创《太平洋》任主编，1919—1922 年受聘汉口明德大学教授；曾当选湖南省自治政府省务院长，不久辞职；1925 年在长沙创办晨光大学，停办后 1927 年赴上海，任太平洋书店编译主任；1930 年受聘武汉大学，日军侵华期间，回老家创办松坡中学，集资建松坡图书馆；1940—1945 年执教蓝田国立师范学院，1947 年执教武汉大学；1950 年被聘为中南军政委员会顾问，1954 年任全国政协委员。

徒经济状况落后，一切都是落后，学问也自然是落后。许多有为的青年，心里异常烦闷，烦闷到极点，便不知不觉走入俄国那条艰险崎岖的道路上去了。不知道我国的情况，固然是要革命的，但是除了那条艰险崎岖的革命道路以外，还有比较平坦的革命道路可寻呢"。"本书的著者，可以说是找寻平坦道路的第一人。可惜我国这种找寻平坦道路的人太少了"。朱君兄弟译这本书的意思，"就是要提倡我国的青年，去找寻平坦的道路"。译稿完成后，要我作序，我也觉得这本书可以帮助我们去找寻平坦的道路，所以潦潦草草，写了这些感想。①

这篇序言，有些文不对题，根本没有接触劳动问题；将译本的著者北泽称为"找寻平坦道路的第一人"，也有点信口开河，国内此前的著作或译作中，以相同的口吻或类似的内容来讨论劳动或劳工问题者，不在少数。然而此序借题发挥，提出一个令时人关注的重大问题。这就是引用历史上的革命例证，证明无论政治革命方面，以法国大革命为代表，被世人称为 19 世纪各国革命打倒君主贵族特权而建立共和政体的前驱，还是经济革命方面，以苏俄革命为代表，被共产党人预期为 20 世纪各国革命推倒资产阶级而建立无产阶级专政的前驱，都是历经杀人流血的艰险崎岖道路才实现革命的目的；既然除了法国大革命的道路之外，其他国家通过非艰险崎岖的道路，同样达到政治民主化或平民化的目的，而且不逊色于法国，那么，现在面临不可避免的经济革命，同样也可以拒绝苏俄式令人胆战心惊的悲惨道路，另选其他平坦的道路。借此告诫中国的有为青年，不要因为中国的落后，在烦闷中不知不觉地走入苏俄式的革命道路，而要先改变学问的落后面貌，从那些提倡平坦道路的舶来品入手，去寻找中国革命的道路。此番说辞，近乎将选择苏俄式道路，说成误入歧途的不归路，这同作序者 10 年前在《太平洋》杂志创刊号上发表《调和之本义》所宣扬的"调和立国说"②，有前后相续之意。

再看译者 1927 年孟冬作于上海的序言：

"世局杌隉，人心惟危，揆厥原因，社会问题，阶之厉也。尝考近世社会问题之渊源，劳动问题，实为其中心，劳动问题不解决，则社会问题日益纠纷，此必然之理"。本书著者的劳动经济论，"精要则在钻研劳动问题，层次井然，辞详意丰，

---

① 北泽新次郎原著，朱应祺、朱应会编译《劳动经济论》，上海泰东图书局 1928 年版，李剑农"序"。

② 参看《1917—1919：马克思主义经济学在中国的传播启蒙》，上海财经大学出版社 2016 年版，第 6 篇第 3 章第 2 节。

志在以和平方法，解决劳动问题，非欲以激烈手段，而扰乱社会秩序"。"我国劳动问题，发轫伊始，将来变迁如何，岂能预知。余以为，'故为抑压，不若从事疏浚，与其强制，何如先行调节。盖思潮之勃兴，时势之推移，如水之就下，火之炎上，不先有以防范之，容纳之，一旦溃决爆发，势必土崩鱼烂，一举而不可收拾'"。此书"持论平允，旨趣公正，可为解决劳动问题者之龟鉴，可为研究劳动问题者之臂助"，故不揣冒昧，移译成篇，以饷当世读者。①

这篇译者序，道出了翻译这本书的宗旨。首先将时局动荡不安而人人自危的近世形势，归咎于社会问题引来的祸患，考究社会问题的根源，又以劳动问题为中心，故称不解决劳动问题，即无法根除社会问题日益纷扰的症结。此所谓"必然之理"，突出了解决劳动问题的至关重要地位。这也是当时国内涌现出来的以劳动或劳工问题以及劳动运动为主题的诸多著译作，所表达的共同意愿，代表了那个时代的一种思潮。其次转述著者的基本观点，所谓劳动经济论的精要就是研究和解决劳动问题，而解决的办法，只能用和平手段而不能用扰乱社会秩序的激烈手段。这个主旨，也是李剑农之序加以引申和发挥的依据，进而呼吁中国青年应当去寻找平坦的革命道路，不要相信和错误选择苏俄革命的艰险崎岖道路。译者序称道此书观点之平允公正，可以作为研究并解决劳动问题的臂助与借镜，李氏之序更将著者擢升为找寻平坦道路的"第一人"。最后提出我国面临刚出现的劳动问题的应对之策，反对抑压或强制，主张疏导和调节，承认这是正在勃兴的思潮和不断推移的时势，需要因势利导，防范与容纳兼而有之，避免出现因爆发冲突而导致国家内部动乱的不可收拾局面。看来这个对策与李氏之序有所不同，不是因我国选择革命的去向，以平坦的道路抵制艰难崎岖的道路，而是站在当权者的立场上，力求将初生的劳动问题纳入平稳解决的轨道，防止产生不可控制的后果。就解决的手段而言，这应该更符合著者的原意。不过继续推导下去，也会得到和李氏之序同样的结论。于此亦可见在李氏那里，更忧虑的还不是劳动问题，而是由于落后愚昧而在我国出现类似苏俄革命那样的惨状结局。

最后看著者的原序：

"劳资问题，关乎近世社会之浮沉，无论何人，均不可否定者"。其活动的范围，今后必有逐年扩大，日益复杂的趋势。本书所论，不过劳动问题的一部分。

---

① 朱应祺等译《劳动经济论》，上海泰东图书局1928年版，"译者序"。

"浅学如余，亦极知此中之不彻底，不充实，补备完整，惟俟后日之次第增订而已"。卷末附以各种劳动法规及其他要项，聊供读者参考之便。①

这篇原序，一上来就点明劳动经济论或劳动问题的核心，是劳资关系问题。这在前两篇国人的序言里，都不曾触及。那个时期，如原序所说，无论何人均不可否定这个问题；国人自撰或翻译的著作谈到劳动问题，也屡屡论及劳资关系问题。何以前两篇序言置此核心问题于不顾，恰恰说明当时我国的劳资矛盾受到经济发展程度的制约，尚未充分显露，故在国内或者未引起知识界人士的高度重视，或者以经济状况乃至一切都落后为借口而予以搪塞。避开了劳资矛盾，自然也就难以正确地理解马克思的经济学说。另外，不同于前序所称著者对劳动问题的钻研，"层次井然，辞详意丰"，原序坦承书中所论只是劳动问题的一部分，且不彻底，不充裕，有待补备完整。这虽是自谦"浅学"之词，却也除去了前序为其涂抹的"平允""公正""臂助""龟鉴""第一人"之类色彩，让读者通过自己的阅读，还其本来面目。

### （二）"关于劳动问题之诸思潮"

前面已经指出，同样出于北泽原作的《劳动问题》译文与《劳动经济论》译本，主旨非常相似，二者一简一详，后者可以说是前者的扩展详述本。关于这一点，特别体现于《劳动经济论》译本第7章"关于劳动问题之诸思潮"。与这一章的主题类似而大为简化的内容，在《劳动问题》译文里，放在第3章，译名"对于劳动问题的思潮"。以译本第7章为考察重点，其中谈到马克思的社会主义，比起译文第3章的论述，增加了许多内容。

第7章分为"概说""个人主义""人情主义"（原译"温情主义"），"社会改良主义（社会政策）"和"社会主义"5节，前三节不必多议，后两节可相互参照。在《劳动问题》译文里，社会改良主义一节本来放在社会主义之后，而在《劳动经济论》译本里，换到社会主义的前面。此节内容如下：

社会改良主义即社会政策，主张维持社会的根本组织，并在其范围内实行预防社会上种种弊害的设施及改良，以资解决劳动问题。社会改良主义者的主张，认定今日社会组织，各方面皆有缺陷，并认为劳资阶级的轧轹，绝对不能避免。"此点与社会主义者所见相同"。但社会改良主义"非如社会主义者主张废止私有财产，

① 朱应祺等译《劳动经济论》，上海泰东图书局1928年版，"原序"。

破坏现代经济组织，使资本家永不存在"；主张"维持现在之私有财产经济组织，于其范围内，依个人之活动与国家之权力，防止阶级斗争，以期社会之调和"。"又非如个人主义者认容无限之自由竞争，盖极端之自由竞争，使社会之弱者工人，为强者资本家所左右，而社会之弊害，更日益扩大"。故社会政策者，一面在一定范围内限制自由竞争，另一面"于不破坏社会国家之根本组织范围内，谋劳资二阶级之调和，以期社会之健全存在，与社会之发达者"。社会改良主义虽然主张保护工人，但不是左袒一方而压抑资本家，又不是仅以改善工人的境遇为最后目的。其所以如此，要在近代经济组织下发挥劳工阶级的自由，伸张其当然的权利，使之与其他阶级在社会上处于对等的地位，而后才能得到社会的调和。此学派甚多，系统亦杂，实行方法有注重国家的设施者，有要求个人的自助者。前者代表的硕学为瓦格纳（原译"瓦格涅"），后者代表的泰斗为布伦坦诺（原译"布稜他诺"）。"但关于社会改良主义之精神及其使命，则意见一致"。"要之，社会改良主义者，以劳资两阶级之存在对抗为前提，而解决劳动问题，是否能得完满之结果，实属疑问。纵能得一时之平和，是否能得永久之圆满社会生活，余甚惑焉"。①

这里解说社会改良主义或社会政策的本意，对照《劳动问题》译文，大体相仿，没有什么变化。增加的内容，无非将社会改良主义与处于两端的社会主义和个人主义进行比较：一方面，同社会主义一样承认现行社会的缺陷主要表现为不可避免地存在着劳资之间的阶级对立，但不愿像社会主义那样要求废除私有制从而破坏现有经济组织和消灭资本家，主张维持建立在私有制基础上的现代经济组织；另一方面，又不愿像个人主义那样容忍无限制的或极端的自由竞争，日益扩大强者资本家左右或操纵弱者工人的社会弊害，主张加以限制。由此得到的结论，就是在维护私有制的前提下，或者在不破坏社会与国家的根本组织的范围内，谋求劳资阶级之间的调和，防止矛盾发展到阶级斗争的地步，以期保存社会的健全和发达；由此提出的原则是，这种调和对工人的保护，既不是偏袒工人而压制资本家，也不是以改善工人待遇为最后目的，而是提升工人在现行经济组织的自由与权利，使之与资本家等其他阶级处于对等的社会地位，才有可能开展社会的调和；由此采取的办法，防范社会弊害以解决劳动问题的各种改良措施，即所谓社会政策，无论借助国家权力或通过个人自助运动来实施，其一致的精神与使命，便是阶级或社会的调和。对

---

① 以上引文均见朱应祺等译《劳动经济论》，上海泰东图书局 1928 年版，第 151—152 页。

此，在劳资阶级存在对抗的前提下，解决劳动问题能否获得圆满的效果，或许能获得一时的和平，但能否获得永久的圆满社会生活，著者并没有十足的信心。此前的译文，曾经说社会改良只是一种"弥缝"办法，不能根本解决劳动问题，现在的译本，更对社会改良主义表示怀疑和迷惑。

接下来第5节社会主义，包含"概说""马克思之社会主义""无政府主义""工团主义""行会主义"5项。概说中定义社会主义，"主张废除现在之自由竞争制度及私有财产制度，由根底改造社会，其一切生产手段，俱以共有制度代之，建设新社会"。此种主义种类颇多，内容亦复杂，难以统括全部社会主义，只是分别说明其主旨中的重要者。这里不必关注其他主义，重点考察对马克思的社会主义，增改了哪些内容。如谓：

"以科学方法，说明现代社会主义之理论者，马克思一人而已"。马克思以前，路易·勃朗、拉萨尔等，也曾以系统方法，说明社会主义理论。然而，"使社会主义能成为今日社会上经济上一大势力者，马克思也。马克思实为近代社会主义之鼻祖。近代社会主义之特征，乃是一种科学的，非若从前社会主义之仅为空想已也。换言之，即非空论的，乃历史的也。马克思者，智识宏博，脑精明晰。其所著之资本论，可谓不朽之盛业，而近代社会主义之基础，社会主义之圣经"。采黑格尔（原译"黑智尔"）之辩证法的立论，取费尔巴哈（原译"费儿巴黑"）之唯物的思想，以阶级斗争将炽之1840年代英国资本主义经济组织为背景，"费二十年间之思索，励精奋发，而大成之世界观"，即"所谓科学的社会主义"。考究其主义之先，特述其生涯之大要。

马克思生于德国特利尔（原译"德里佛斯"）市，其父母皆有相当教养。父为法律家，故马克思曾受法律教育；在波恩及柏林两所大学颇负盛名，备受友人尊敬。但热心研究的不是法学，专注于哲学及历史，尤以受当时声望隆隆的黑格尔思想感化为多。1841年毕业，获得最高学位，正欲就任波恩大学的哲学教师职位，旋以教育界官僚的空气浓厚，不屑为之，遂辞不就职，竟投当时过激思想的《莱茵报》为记者，"渡其挫折多端之生涯"。其后移居巴黎，爱与思想家和诗人相交，影响其思想甚大。其友人有蒲鲁东、卢格、海涅等，常相过从。尤其与恩格斯的交游，为其一生最可贵之事。历时未久，被法国政府放逐，移居布鲁塞尔，闲居三年。当时正好伦敦一个社会主义者团体赞成马克思的主张，委托起草宣言书，马克思很快承诺，执笔于伦敦，此即1847年发表有名的《共产党宣言》，"亦可谓马氏思想最初之具体的表现"。1848 年，德国骚动，曾返国，翌年再回伦敦。以后数十年，埋身于伦敦博物馆，"苦心孤诣，爬罗剔抉"，作成 1867 年出版第一卷的《资本论》，第二第三两卷，尚未发行，已在伦敦的寓所溘然长逝。"马克思费十数年之力，著成《资本论》一书，其间所受之物质的精神的痛苦，实为吾人意料所不及，其内容之丰富，岂偶然哉"。

马克思的思想，究竟如何，为吾人所急欲研究。马克思主张的理论，颇为复杂，决不能简略说明，最重要有三个部分，即"阶级斗争""唯物史观"及"剩余价值"。现将三者简单说明如下。

据马克思所说，最初的社会即为掠夺者及被掠夺者两阶级，其形态虽因时代而异，但常有此现象存在，则毫无疑义。以今日的经济社会来说，掠夺者为资本家，被掠夺者为工人即无产阶级，资本主义制度愈加发达，掠夺者与被掠夺者之争斗，愈加剧烈。最后结果，资本主义必被破坏，继起者为社会主义之新社会。阶级斗争思想表现最显明者，为《共产党宣言》。其内容姑不彰，要之，该宣言将阶级斗争思想，确已阐发无余。最后劝告工人谋世界的结合，方可制胜，"以热烈的有名的警句"，激励工人说："世界的工人团结起来，汝等所失者，仅铁锁也，而所得者，乃世界全体"①。"以吾人观之，马克思之阶级斗争论，说明资本主义之社会的进展，可谓彻底，其论旨亦极为正当"。马克思其他种种理论，"或有欠缺之处"，"阶级斗争论，则理论整然，几无攻击之余地，马克思主义之所以见重于世者，职是故耳"。

唯物史观本非创始于马克思，以前主唱此说者，颇不乏人，如孔多塞、圣西门、蒲鲁东等。"而祖述之，以说明人类发达之历史者，则滥觞于马克思"。马克思的唯物史观，可在其著《政治经济学批判》（原译"经济学批评"）的序言，及其友人恩格斯所著《社会主义从空想到科学的发展》（原译"社会主义之发展"）中，窥其底蕴。试将马克思所力说的唯物史观的意义，略述如下："人类对于社会的生产，必然的且无意识的，构成某种一定之生产关系。……（中略）社会制度，非至一切生产力充分发达，绝对不能与既存制度调和时，亦不易崩坏。再较以前进步之新生产关系，其物质条件，若非在旧社会内充分发达之后，则不能废去旧有之生产关系而代之"。要之，根据唯物史观，"人类社会之发达，最重要之基础，阙为

---

① 其今译文见《马克思恩格斯选集》第 1 卷，人民出版社 1972 年版，第 285—286 页。

经济的动机"；此外"政治的法律的哲学的精神的诸现象皆不外经济现象之一种反映，故人类之一切历史皆可以物质的见解说明之"。

马克思以唯物史观说明人类社会的发达，"更欲以剩余价值论，阐明资本主义生产之本质及趋势"。论述剩余价值，"当先研究其前提'价值'之必要"。对于价值，马克思说，不可将"价值用役"及"价格"二者混为一谈，须有明确的区别。分解价值，定义"在资本主义之社会，所谓'富'者，即商品之蓄积之谓也。商品者，劳力之生产物，而满足人类欲望之物也"①。故马克思与亚当·斯密和李嘉图（原译"李克图"）等一样，将价值分为"使用价值"和"交换价值"二种。所谓交换价值，即商品甲与商品乙两相比较的交换比率。"比率之为物，凡商品皆有之，此共通的标准，即劳力"。换言之，"商品之价值，因劳力而决定，商品为劳力之生产物，有一种共通性，即生产时所消费人类之劳动是也。此共通性'劳力'，即为创造交换价值者，故交换时，商品之比率即生产该商品所消费之劳力之比率也。即生产某种商品所消费劳力之量，即为其商品之价值。故商品之价值，与劳力之时间成正比例。此种价值，包含于商品之内，与市场之涨跌，毫无关系"。据此，商品的价值，如果是劳力时间所测定的一种劳力之量，则同一时间的劳力，能否制造同一价值的商品，此为马克思学说在论理上应归结的一个疑问。马克思说明："决定价值大小之劳力分量，并非一种特别劳动者生产实际的货物时，所要之劳力分量，乃社会上认为必要之劳动分量"②。"考剩余价值，实非马克思所发明者"。此前英国有许多社会主义者倡言之，如"托穆逊""古特文""伯莱""霍基斯金"等，"叙述最巧妙者，马克思也"。马克思说"劳力"乃一种商品，与其他商品同样，在市场上买卖。决定其价值的大小，亦与商品同一原则，取决于生产所消费的社会必要劳力的分量。工人仅取得足以支持自己及其家族的工资。具体言之，工人一日工作6小时即可生产其所得工资的价值，然而雇主强制工人一日工作如12小时，结局"工人一日生产之总价值，半为雇主所掠夺，此部分即谓之剩余价值，理应归工人所有者"。换言之，"所谓劳动价值者，即是消费于生产之劳动分量，工资者，不外消费于生产之劳动分量之代价，然工人仅能取得支持自己及其家族相当之工资以为劳动之代价，此工资与劳动价值之差额，即所谓剩余价值"。剩余价值，"即为今日资本主义生产之基础"。资本家通过延长工作时间或增进工

---

① 此定义在马克思著作里未能找到直接对应的原话，应是摘录其大意而成。
② 这个说明虽然带有引号，亦非马克思的原话，同样是摘录其大意而成。

人的生产力，"使剩余价值益行增加，而工人则化为肥其私腹之资料"。

以上是马克思的主张，"顾其社会主义思想，固有缺点，而其为现今改造社会之中心势力，则确乎不可拔之事实"。①

比起前一节论述社会改良主义，此节对马克思的社会主义，给予更多赞誉之词。这大概也是译本为什么把有关社会主义的论述移到社会改良主义后面的原因之一。比起前述《劳动问题》译文对马克思的评介，此译本在内容上明显补充而在批评上有所隐匿。一是补充对马克思的社会主义的总体评价。从译文略称马克思是近代社会主义的鼻祖，到译本详述马克思超出前人的理由。一则不同于前人至多以系统方法说明社会主义的理论，第一次予以科学方法的说明，确立了社会主义在今日社会经济领域成为一大势力。二则不同于前人的社会主义仅为空想或空论，赋予其科学的即历史的内涵，形成近代社会主义的特征，并以《资本论》的不朽盛业，犹如社会主义的圣经，奠定近代社会主义的基础。三则吸收前人的智慧如黑格尔的辩证法思想和费尔巴哈的唯物论，以19世纪40年代阶级斗争将要高涨的英国资本主义经济组织为背景，经过20年的深入思索和奋发努力，构建了科学社会主义的完整世界观。这个评价，除了以所谓"系统方法"对照"科学方法"而未曾解释系统与科学的区别之外，其余的说法此前在他人的有关评论中均有所听闻，惟将这些说法汇合在一起，从研究方法、理论成就、先行思想、社会影响到时代背景等多方面予以综合评价，当时仍不多见。

二是补充介绍马克思的生平经历。这也是从译文仅提到马克思积20年的功力成就《资本论》这一不朽著作，扩展而来。那时国内流传的著述里，或详或略论及马克思的传记者，已不计其数。就史实而论，此译本的补充，没有多少新内容。它的特点，侧重于从马克思的生平，去说明他能写出像《资本论》这样的著作，决非偶然。其要点：具有良好的家庭教养，惟偏重于法律教育；大学期间在朋友圈内已颇负盛名，备受尊敬，显露卓异的研究秉赋，同时兴趣从法学转向哲学和历史，尤其受到声望正隆的黑格尔思想的感化；获得博士学位后，原本可就任大学教职，却不屑"教育界官僚的空气浓厚"而放弃，选择具有过激思想的杂志做记者，从此走上了激进批评政府的道路；以后的生涯不断被各国政府放逐而"挫折多端"，继续接受各种思想的影响，最可贵的是与恩格斯结识，发表《共产党宣言》

① 以上引文除另注外，均见朱应祺等译《劳动经济论》，上海泰东图书局1928年版，第153—159页。

作为其社会主义思想的最初表现；1848 年回德国经历革命运动再返伦敦，全身心投入《资本论》研究，历经 20 年，直至 1867 年出版第一卷，留下第二第三卷的遗稿。这个介绍，具体内容，耳熟能详，但从贯穿其中的脉络看，又另有深意。实际上是说，马克思撰写《资本论》，集中体现了教养熏陶、天赋才能、独立意志、深厚功底、批判精神、逆境磨炼、广交朋友、博学多识、领袖气质、革命实践、潜心研究、锲而不舍、头脑明晰、精深思索、苦心孤诣、爬罗剔抉等各种因素的交汇，此所以能够经受常人难以想象的物质与精神上的痛苦，奉献出如此丰富的内容。也就是说，这本书的问世，不是偶然的。这样的介绍，突出《资本论》得以诞生的线索，也就舍弃或简化了马克思的其他事迹，特别是指导国际工人运动的事迹。

三是补充介绍马克思的阶级斗争论。比较此前的译文，那里按照通常方式，介绍马克思学说中最重要的唯物史观和剩余价值论，此译本在二者之外，提出阶级斗争为三个最重要的理论之一，列居首位。此系泛指自古以来存在掠夺者与被掠夺者的阶级现象，随时代的不同而变化其形态，又特指今日资本主义社会掠夺者资本家与被掠夺者工人或无产阶级之间日益剧烈的斗争，最终结果，资本主义必然被破坏，为继起的社会主义新社会所取代。阶级斗争思想在《共产党宣言》中得到最为显明和阐发无余的表达，并引述其末尾用来激励工人的有名警句，作为马克思主义之所以见重于世的证明。这些内容，在以往的介绍中，一再出现过，也不足为奇。但令人奇怪的是，译本增列介绍的阶级斗争论，本来是马克思学说中最具争议的论点之一，介绍者却屡屡表示，马克思揭示历来存在掠夺者与被掠夺者的阶级对立，是"毫无疑义"的社会现象；马克思运用阶级斗争论来说明资本主义社会的进展，论旨之彻底，"极为正当"；马克思的阶级斗争论，理论之完整，"几无攻击之余地"；诸如此类。换言之，马克思的其他理论，或有欠妥当之处，而阶级斗争论，无可指摘。增加这些前述译文里所没有的评论意见，是否意味着介绍者在马克思学说中，真正赞成的是它的阶级斗争论。综观整个译本的宗旨，又并非如此。可以得出的解释是，著者认为劳资对立，即阶级斗争在资本主义社会的现代表现形式，是不容否定的客观存在，就像马克思证明的那样，无须为之辩解、掩饰或攻击，问题是面对这个事实，怎样才能消解或缓和劳资对立的激化，防止两个阶级的斗争超出可控范围而发展到极端。

四是补充介绍马克思的唯物史观。对照前译文，这部分的补充不多。诸如列出一些先行倡导者，证明唯物史观的创始者不是马克思，旨在说明人类发展历史之滥筋；从《政治经济学批判》序言里，引出有关唯物史观的部分论述等。同时列出唯物史观的要点，如谓人类社会发展最重要的基础为"经济的动机"，其他政治、法律、哲学等精神现象不外是"经济现象"的反映，以"物质的见解"来说明人类的历史；至于此前的译文对这些要点的评论，则全数略去。

五是补充马克思的剩余价值论。这部分补充，主要有两点。一点是剩余价值论的"前提"，名曰"价值"，实为劳动价值论。内容涉及商品的二重性即分为使用价值与交换价值，据说斯密、李嘉图等人已划分在先；劳动力变为商品后，劳动力的价值与劳动力所创造的价值在概念上的区别，以及社会平均必要劳动的涵义等，不过翻译时，时常将"劳力"与劳动二词相混淆。另一点是马克思实非剩余价值的"发明者"，而是叙述上的"最巧妙者"。认为此前英国社会主义者中已有许多人倡言剩余价值，并列举若干译名比较陌生的人物；至于所谓剩余价值的巧妙论述，仍沿用前译文的例子，增加说明剩余价值是劳动创造的价值（原译简称"劳动价值"）与工资之间的差额，并附带提到绝对剩余价值和相对剩余价值的涵义。这里的补充，其"新意"在于，如同否认马克思在唯物史观方面的创始者地位，也否认马克思在剩余价值论的发明者地位。另外，前译文对剩余价值论的批评，在此译本里，同样被略去了。

六是隐匿对马克思学说的批评意见。译本介绍马克思的社会主义，除了在其生涯部分表现出极大的敬意，以及在阶级斗争部分给予充分的肯定之外，对花费更多篇幅的唯物史观和剩余价值论，似乎只是客观介绍其内容或史实，不予或很少评论，尤其不作负面的批评。实际上，这是一个假象。只要对照此前的译文，便真相大白。在那里，同一著者，批评马克思的唯物史观在社会发展的各种动机（或现象）中，只拿出经济的或物质的动机（或现象）来解释一切，是一件危险的事情；批评马克思的剩余价值论虽然指出劳动者工资微薄而资本家收益过大这一事实，但不能说全是真理，没有谬误，因为它的价值论基础以斯密、李嘉图的劳动价值论为根据，而劳动价值论有很多谬误，这是谁也不能否认的；批评马克思主张以社会主义作为改造世界的一大要素，矫正资本主义生产的缺陷和矛盾等弊害，尽管有远见卓识，却不能专靠社会主义来解决劳动问题，因为劳动问题在经济或物质因素之外，还有文化及伦理的动机和本质，这也是批评唯物史观的引申之论；等等。基于以上批评，最后的结论，就解决劳动问题而言，单凭马克思的社会主义，哪怕它排除了个人主义和温情主义的谬误，包藏许多真理，仅有这一个主义到底是不行的，也不能造成圆满的社会。这些批评的基调，认为马克思经济学说含有危险的谬误，即使不乏正确或真理的因素，亦无法取得"圆满"的解决效果，需要纠偏与调和。这些批评之词，何以到了此译本，在直接评介马克思的社会主义一节里，竟然消失不见了。或许前译文里的一段话，提供了某种解释。那里曾说，马克思的不朽名著《资本论》，内容极为广泛、复杂和难解，想要说明它的一部分已很困难；可是接着说明它的唯物史观和剩余价值论，又提出如上批评意见。连马克思代表作的整个理论尚未完全弄明白，就予以挞伐，岂非不自量力，且自相矛盾。这大概便是此译本注重介绍马克思的事迹与理论本身，而非妄加批评的原因之一，也算表现出对马克思及其学说的某种敬畏之心。但这并不意味着著者放弃了那些批评意见，只不过将其隐匿起来而已。此所以这个译本传入我国，在译者与读者的评论里，都能感觉这种批评的基调。

### （三）结语

从对待马克思经济学说的态度看，《劳动经济论》译本在我国那个时期相继出现的论述劳动（劳工）问题或劳动（劳工）运动的众多著译作里，对比排斥马克思学说影响或接受马克思学说指导的两个截然不同倾向，可以说居其中间，采取既借鉴又批评的调和姿态，这也是著者北泽的一贯风格。北泽以研究劳动问题为特长，追溯他以往传入中国的著述，如《劳动运动之改造》，曾以苏俄政府的改造为范例之一，并注意到国际劳动运动从合法的经济运动转向通过阶级斗争来对抗的政治运动的新趋势，但立足点仍是议会民主或其他和平改良方式；《劳动问题》，将马克思学说引入分析范围作为重要的借鉴，一面肯定其所包含的事实或真理因素，一面又批评其谬误，试图寻找"圆满"的解决办法。现在的《劳动经济论》，丰富了对马克思的社会主义的评介，同时隐匿了对马克思学说存在谬误的批评。从这一点说，似乎更有利于马克思主义经济学在中国的传播。惟就其内容而言，感慨马克思成就不朽著作《资本论》的生平经历与积累，着重于钦敬马克思的个人奋斗事迹，推崇马克思阶级斗争论的正当而无可指摘，着重于确认劳资对立这一既成事实，而对马克思学说中最重要的理论贡献，此前否认马克思是唯物史观的创始者，现在否认他是剩余价值论的发明者，似乎又削弱了马克思主义经济学在中国传播的理论力量。它的隐匿方式，可谓藏之于整个译本的其他各个章节。比如：讨论失业问题，提出减少失业的政策，重点是介绍劳动岗位以增加就业，包括介绍的方法与种类，欧美诸国建立公共劳动介绍所的情况，经营公共劳动介绍所的相关政策等；建立失业保险制度，包括保险的种类、根特（原译"根脱"）制度、英国的直接强制失业保险制度等。此后也提到失业问题的根本解决策，但终究以前面的政策而津津乐道。讨论工资问题，重点是实行最低工资制，"纯益"分配制即劳动者参与利润分配，以及科学管理法即吸收工人的主张。讨论工会，重点是工会的组织与手段，包含和平手段与权力手段。讨论解决劳动争议的制度，重点是"任意和解"即不受约束的和解与强制和解及其仲裁机关。讨论工厂法，重点是该法的意义、起源、范围和内容。诸如此类，可见著者关注劳动问题的范围及其解决办法，都是基于现行经济制度，通过国家制定相关制度与政策，或个人组织工会等途径，引导资本家和工人以和平方式解决问题。这里所涉及的范围和办法，还比较传统，未包含合作主义或消费合作社之类的新内容，但足以显示所谓"劳动经济论"的基本思想，在承认资本家与劳动者对立的前提下，采取合法途径或和平手段来缓解对立情绪，调和阶级矛盾。所以，李剑农之序从中看到的是寻找平坦的道路，避免重蹈苏俄式杀人流血的艰险崎岖道路；译者之序从中看到的是以和平方法解决劳动问题，避免以激烈手段扰乱社会秩序。

北泽的《劳动经济论》被引入中国，看起来好像为国人防范和解决随着经济发展而势必产生的劳动问题或劳资问题，提供了新的选择。它表现出对马克思经济学说的更多尊重，甚至将那些尖锐的批评意见隐匿起来。然而没有改变其实质，只不过比起其他主张强力维护现有资本制度和社会秩序的防范思想和解决方案，要求放松一下勒紧劳动者脖颈的缰绳，可以倾听甚至吸收马克思经济学说代表劳动阶级说话的某些因素。既让劳动者一方有更多的自由和权利以保持与牵制者资本家一方的某种平衡（美其名曰"对等地位"），以防勒得过紧而激化矛盾，最终演成不可收拾的局面，就像译者序中所说的那样，压抑不如疏浚，强制不如调节，要因势利导，寓防范于容纳之中，否则就会决堤崩溃；又给人们展示达到这一目的有各式各样的合法途径与和平手段，无一不是避开阶级斗争的结果，就像李氏序中所说的那样，寻找平坦的道路，以防在不知不觉中走入苏俄革命的歧途。这样看来，所谓新的选择，无非是为两端之间的调和增加点或紧或松的弹性而已。因此，这里无须改变此前分析北泽《劳动问题》所作的结论。他的《劳动经济论》，虽然在关于劳动问题的诸思潮中，不吝篇幅给予马克思经济学说以显著位置，或隐匿对马克思经济学说的负面评价，但其用意是要把这个学说整合到解决劳动问题的圆满方案之中，不承认此学说具有独立的指导地位，而所谓圆满整合的主旨，现在可以进一步补充说，是在现行资本制度的范围内提升保护劳动者的弹性，调和劳资双方的矛盾，使劳动阶级不会因被掠夺过甚而失去控制，导致阶级斗争的爆发，结果冲击或破坏社会发展的现有秩序。

## 二、《金融资本论》译本

日本猪俣津南雄[①]原著，林伯修[②]译，上海江南书店1928年1月20日初版，现存1930年2月20日第3版。这是译者1919—1920年间，以杜国庠的原名译述日本经济学家河田嗣郎的《现代之社会与经济》并连载于《世界大势概要》杂志，介绍马克思经济学说的许多理论[③]之后，时隔8年，加入中国共产党之际，又以林伯修的笔名翻译出版日本社会主义者的经济学著作。

这个译本344页，分"货币·资本·信用""金融资本""金融资本的政策"3篇，共15章。介绍马克思经济理论的内容，主要见第2章"资本"。第1章"货币"，提到货币"依其普遍的流通性，给与其所有者个人的利器"；"随着货币的资本化，利器的锋锐也增加起来"；"也和其他私有制生产社会的一切经济的利器一样，有随其发达，愈益反社会地被使用的运命"[④]。这里所谓在私有制社会下，货币资本化的发展命运将日益反社会一说，意味着什么，正是"资本"一章2节所研究的内容。

### （一）第1节"资本与剩余价值"

本节含6目，第1目"资本流通与货币"：货币作为私有制分工社会继续社会

① 猪俣津南雄应为猪俣津南雄（1889—1942），日本新潟县人，早稻田大学毕业；1915年留学美国威斯康星州大学，结识流亡美国的日本共产主义者片山潜等人；回国后任早稻田大学讲师，1922年加入日本共产党，翌年被捕，后逐渐脱离日共；1927年成为《劳农》杂志同仁，参加日本资本主义论战，领导合法左翼运动，以劳农派理论家著称；1937年受人民阵线问题株连入狱，因病恶化出狱，不久去世。

② 林伯修（1889—1961），杜国庠的笔名，广东澄海人；1907年赴日本留学，先后在早稻田大学、东京第一高等学校预科，京都大学政治经济科学习，1919年获经济学学士回国；1926年任澄海中学校长，后任教北京大学，与谭平山合编《社会问题》杂志，在北洋政府内务部兼任编译处编辑；1928年参加中国共产党，1930年作为发起人之一出席中国左翼作家联盟成立大会，1934年任中国社会科学家联盟党团书记；1935年因叛徒出卖被捕，1936年出狱，1938年在武汉国民政府军事委员会政治部第三厅任职；1941年赴香港，不久去重庆，抗战胜利后返上海；1947年主编香港《大公报》周刊及《文汇报》副刊；新中国成立后，先后任中共中央华南分局宣传部副部长、广东人民政府文教厅厅长、中国科学院广东分院院长等。

③ 参看《1917—1919：马克思主义经济学在中国的传播启蒙》，上海财经大学出版社2016年版，第8编第2章第2节三。

④ 猪俣津南雄原著，林伯修译《金融资本论》，上海江南书店1930年版，第26页。

生活所不可欠缺的社会必要的交换媒介和价值尺度，在某种新的生产关系下，能够变成资本。"资本，一句话说，就是'生出剩余价值的价值'"。前面说过，货币是价值的显现体。现在要说明，作为价值的货币，究竟起什么作用的时候，变成资本。专就购买消费品而先行出卖的交换关系而言，生产者出卖自己的商品而获得货币，这种货币交换，可用"商品—货币"表示，然后把所得的货币交付他人而购买货物，这种货币交换，可用"货币—商品"表示，二者所合成的交换关系，即商品流通。马克思称之为"单纯的商品流通"，用"商品—货币"和"货币—商品"两段结合起来的"商品—货币—商品"公式表示。货币作为流通工具，产生于负责商品流通的媒介，能够在异其性质的商品流通中发生作用。"代表着商品生产的进化达到更高度的发达阶段的第二种商品流通，对于第一种的'商品—货币—商品'，可用'货币—商品—（货币＋货币）'的定式来表示"，马克思称之为"资本流通的定式"。"倘若第一种是表示为欲购买而卖却的时候，这里可以说是表示为要卖却赚钱而购买。跟着资本流通态的流通普及起来，同时单纯的商品生产便把时代让给资本制商品生产去了"。

第 2 目"营利用消费的购买手段"：货币存在的理由，无论在什么人手里，都会发挥购买手段的功能。货币所以能够变成资本，正因为它是购买手段，也只有作为购买手段，才能够变成资本。只要解剖资本流通的公式"货币—商品—（货币＋货币）"，就可知道是由支付货币购入商品的"货币—商品"和出卖商品收回货币的"商品—货币"二段构成。以货币开始，又以货币终结，这时候表示为购入商品而一度支出的货币，通常又因出卖商品而复归于同一人。至少，这时候的货币支付，乃预期其回归而支付。在这种意义上，货币可以说是先垫付。换句话说，作为资金而投下的东西，当然预想着能够再行收回。应该特别注意，投下的货币，不仅期待能够收回其全部，并且期待能够带回若干增加额，通常也的确变为更多数量的货币而回归。公式中的（货币＋货币）就是表示这件事，大写的货币表示从前所支付者的全部回归，小写的货币表示收回时增加的分量，和普通所说的"赚头"部分相当。"要之，商品流通时候的货币，从其所有者看来，是可用作购买适合于生活用消费的目的物的购买手段，在资本流通的时候，则是可用以购买适合于营利用消费的目的物的购买手段"。

第 3 目"劳动力的购买"：为出卖赚钱而购买的一个典型，可以用工业家为例。他开始制造时，购买生产所需的一切设备、器具、原料、辅助材料和燃料之类，即购买生产手段，那是买入的商品。如果他自己动手来烧煤炭，运转机器，送进原料，如此从事一切工场工作，可以立即开始生产。如果他没有生产上的技术、熟练和体力等，就不能不雇用有这种能力的其他人，须把他人的劳动力和生产手段一同买入。人类的劳动，一旦成为货币交换的目的，拿来买卖，就是商品，即生产手段和劳动力都不能不购买，并为此支付货币。这样，公式第一段"货币—商品"中的商品，就由生产资料和劳动力两种东西所构成，可以用货币—商品

$$\text{商品}\begin{cases}\text{生产资料}\\\text{劳动力}\end{cases}$$

的公式表示。这样的准备一经完成，生产过程就开始了。劳动力劳动，机器运转，经过一定时间，原料失其原状而变成制品形态。这个生产过程中，原料和机器及其他设施物，都是必要要素，但都是"物"，都是死物，如果不加进劳动者（不论技师或伙夫）的劳动力的活动，什么生产工作都不成功。"生产的诸必要要素中，只有劳动是唯一的能动的要素"。但是生产的果实，其目的物即生产物制品，却不归属劳动的供给者所有，归属支付货币去购买生产手段和劳动力的工业家所有。他从前支付货币，要让所购入的劳动力把购入的生产手段变形成商品。现在他出卖这种商品，收回先前垫付的货币，同时获得若干增加的货币，即所谓利益。

第 4 目 "剩余价值"：现在用"生产…"来表示生产过程，用"商品"来表示已经变更了形状而出卖的商品，这种典型的资本流通公式，可以换写为：货币—商品 $\begin{cases}\text{生产资料}\\\text{劳动力}\end{cases}$ —生产…"商品"—（货币＋货币）。公式中小写的货币所体现的一定的价值，马克思主义称之为剩余价值。"这明明白白地是收回的价值和前垫的价值的差额"。马克思并不只因它是这样的差额，就称它为剩余价值。举例中的工业家，如果因某种理由，在价值以下购买生产手段和劳动力，或在价值以上出卖其制品即商品，此时他手里所收回的价值，当然比他所垫付的价值要多，这里产生了差额即所谓利益。但这里所谓利益，不过代表在价值以下出卖，或在价值以上买入的人的损失而已。"无论他得到怎样多的利益，社会全体的富——价值总额，是丝毫不会增加的"。"原则上，一定量的价值是不能不和等量的价值交换的"。因此，在原则上，他购买劳动力和生产手段，不能不支付有同等价值的货币，他出卖自己的商品，也不能不接受等价的货币。只有依照这个原则进行交换而产生的支付价值与收回价值的差额，才是马克思所谓的剩余价值。"剩余价值，虽为个人所获得，然同时也是代表社会全体的富的纯增加量的东西"。剩余价值是怎样产生出来的？

"马克思著了庞大的《资本论》第一卷",说明这个问题。在这里,只能满足于单纯摘记其结论,获得一般概念。"剩余价值,不是由不等价值的交换而生的差额,而是经过生产过程所增的新的价值部分"。例如工业家出卖制品百吨,收回 3 千圆。制造百吨所需金额,假设为 2 千圆。以等价交换原则为前提,假若这 3 千圆的货币体现 3 千单位的价值量,则 2 千圆代表 2 千单位的价值量。工业家支付的 2 千单位价值,假定用 1 千单位支付生产手段,1 千单位支付劳动力。生产手段里的原料和燃料为 5 百圆,一次消耗掉而体现在百吨的制品内;设备和机器等能够使用多年,一次仅消耗一部分,假定 1/200,又假定购买它们支付万圆,其 1/200 为 5 百圆,此即为百吨的制品支付的价值。这样,等价交换收回的 3 千圆价值,代表百吨的生产所必要的社会的平均劳动量,如 3 千单位。换句话说,百吨的生产用了 3 千单位的社会平均劳动量。支付机器和原料等生产手段的 1 千圆,也代表这些商品的生产所必要的社会平均劳动量的 1 千单位。机器和原料是受动的要素,是死物,自身不会劳动,所以它们在这百吨的生产过程中能够投入的社会平均劳动量,只限于从前生产它们所要的 1 千单位。若以价值而论,生产手段的价值,不增不减,一仍旧贯地转入生产物即百吨制品的价值,构成其一部分而已。这样说来,投入于百吨的生产过程而成为 3 千圆价值的 3 千单位劳动里面所余的 2 千单位,除看作劳动者的投入之外,别无他法。事实上从事劳动的劳动者投入劳动,毫无足怪。工业家购买劳动力用来制造百吨,的确发挥了与 3 千单位社会的平均劳动相等的东西,了无疑义。已经和投入的 1 千圆生产手段一道,共同形成了 3 千单位的百吨制品。这里工业家支付劳动力的价值只有 1 千圆,却生出 2 千圆价值的东西。"这就表示着他所购买的劳动力这种东西,是有希望的东西。因为活的劳动是唯一能动的要素"。那不是说他对劳动力这种特殊商品,支付了其价值以下的价值,打破了等价交换的前提。2 千价值是劳动力所产出的价值,然而工业家只支付了劳动力 1 千价值,"那是等于作为商品的劳动力这种东西自身的价值"。"活的劳动力会造出本身价值以上的价值。唯其有这种事实存在,社会全体的富——价值的总额——才能够增加"。

第 5 目 "劳动力的价值":劳动力自身的价值,怎会在劳动力所造出的价值以下呢?"一句话说,就是造出一定价值量的一定劳动力的发挥即能够从事一定时期的社会平均劳动的劳动者,他自身因为要劳动不能不消费的生活资料,原则上是能够以更少量劳动力即较短时间的社会平均劳动来生产;而作为商品的劳动力的价值,原则上是与这时间较短的社会的所必要的劳动量一致"。举例说明,假定按社会的平均程度，10 时间为标准的劳动，能造出 10 单位的价值。从事 10 时间劳动的劳动者，为生存而从事劳动，平均无论如何不能不消费若干量的生活资料。劳动者所要的生活资料，自有其标准的种类分量。生产这种标准量的生活资料，不待说也需一定时间的社会平均劳动。然而这社会平均劳动时间，原则上比 10 时间更少，假定是 5 时间。换句话说，总体上，劳动者消费平均 5 时间的劳动便能生产自己每日所要的生活资料，但通常从事 5 时间以上的劳动，假定是 10 时间。标准的 5 时间劳动，应该和 5 单位的价值相等。所以各劳动者能够以 5 单位价值获得所要的生活资料。于是雇主工业家对劳动者，只要支付 5 单位价值，就能够使他们劳动 10 时间。依照所支付的 5 单位价值而换取生活资料，却有劳动 10 时间的能力，这是因为那些没有被雇佣劳动的无产者没有出卖自己的劳动力，必会受着饥寒交迫的缘故。如果雇主有所要求，不但 10 时间，就是 12 时间，也得劳动。作为商品的劳动力自身的价值，和 5 时间的社会平均劳动一致，原则上只有 5 单位价值。因之，工业家购买劳动力，使它造出 10 单位的价值，只用支付 5 单位的价值，就恰如其所有价值都支付了。前面曾假定，支付 1 千价值购买劳动力，所购买的劳动力体现为制品中的 2 千价值，那 2 千和 1 千的差额，是如何生出来的，成了问题。如果 2 千价值的东西，代表所雇来的几百劳动者所从事的合计与 2 千时间的社会平均劳动相等的劳动，同时，支付给劳动的 1 千价值，等于生产该 2 千价值的劳动者所消费的生活资料所要的社会平均劳动 1 千时间，只要这样看，作为问题的价值的差额之所以发生，那不是很明白的么？具体的数字，无论怎样都好。"只要明白劳动者常则上能够造出比自己所消费的更为多额的价值，问题就可以解决了。至于他们给与雇主以比自己消费用货物的生产更多的劳动时间这事实，那是日常经验所明示的，极为陈腐无奇的事情"。

第 6 目 "资本的成立与社会劳动"：由上例看，工业家支付 1 千价值购买的劳动力，依其自身的作用，造出 2 千价值而产生的剩余，那就是马克思所说的剩余价值。这是先垫的价值和收回的价值的差额，而且无论买或卖，"均一如原则地施行等价的交换"，也会生出价值差额，它代表着特殊商品的劳动力即活物的运作而新生产出来的价值部分。"剩余价值，是进入货物的生产过程的一切劳动所造出。然而依劳动者们的社会的劳动所造出的剩余价值，不归劳动者所有，而购买他们的劳动力的雇主却获得它的全部。获得剩余价值，就是他增殖自己的富的根源。而被佣劳动者，在原则上却仅仅得到为从事造出有利于雇主这种剩余价值的自己的劳动之所要生活资料相等的价值而已。他在营利社会，不算是损失。但是，也别无赚头，不能致富，通则上，只是生来为人作嫁的罢了。那末，就是在一如原则的等价交换的时候，劳动者把剩余价值尽所有贡给雇主，雇主也榨去这么多的劳动的道理，可以藉此明白"。通常生出剩余价值的办法里先垫的货币即价值，就是资本。先垫的货币，与生产手段同时购入劳动力，乃该货币资本化的必要条件。通常能够收回剩余价值而先垫货币的人，就是资本家。"凡以利润、利息、地租等名目归属于资本家的各种利得，只要同时是代表社会全体的价值的增加部分，都是由这种剩余价值流出来的东西。它们都是出于同一源头，不过因为资本关系的相异而现出相异的形态而已"。单说剩余价值是劳动的所产，不能十分表现出它的特质。其实那是被佣劳动的所产。一个社会全部货币中用于先垫的一部分，只有什么人来购买劳动力的时候，才生出剩余价值。一个社会有劳动技术和熟练程度的人们，只有谁出卖劳动力的时候，才能够生出剩余价值。"他们所以卖却劳动力的原故，是因为失却了自己劳动时应该使用的生产手段。在私有制分业社会的无产者，除受佣于那些握有生产手段而不事劳动的任何一人之外，没有生存的方法。所以，一个社会的生产手段的所有权集中到不事劳动的人们手里，因而被佣者就多起来，而随伴社会的生产的大部分用被佣劳动而施行，资本制生产就发达起来。资本制生产，是资本家所获得剩余价值为目的的生产。在用独立劳动的生产，虽有剩余生产物，却不能有剩余价值。劳动的全生产物——所造出的全价值，至少也有一度归属于劳动者所有，那是独立生产的原则，因为没有雇者和被雇者的缘故。剩余价值，因而固有的意义的资本，只是在用被佣劳动生产的时候才能成立的概念"。①

第 1 节六目阐释"资本与剩余价值"，完全依据《资本论》第一卷的理论。不过，阐释的逻辑顺序、理论深度、表述方式和例证引用等方面，不尽相同，体现自身特点。一是契合"金融资本论"的主题，突出从货币的角度切入。如第 1 目论述资本流通与货币，便是从货币的流通手段和价值尺度职能出发，说明货币作为私有制和分工的社会进行生产所不可缺少的必要产物，在新的生产关系下，转变为资本，成为能够产生剩余价值的价值。这个说明，先以货币在其中发生作用的形式变化为主：在生产者以消费为目的而生产的简单商品流通阶段，为了买而卖，其流通形式是商品—货币—商品，货币只是流通的媒介；在生产者为了赚钱而生产的资本

① 以上引文均见猪俣津南雄原著，林伯修译《金融资本论》，上海江南书店 1930 年版，第 29—44 页。

流通阶段，为了卖而买，其流通形式是货币—商品—货币（＋货币），货币转化为资本。这是对马克思论证货币转化为资本，在流通领域直接表现为从 W—G—W 公式向 G—W—G′公式的转变，采取另一种表述方式。又如第 2 目论述用于营利性消费的购买手段，也是从货币的支付手段职能出发，说明上述公式的转变，货币的作用已经从购买消费品而付出，转变为垫付，为了收回更多的货币而先行购买适合于营利的目的物。这是把马克思论证资本的总公式，原预付货币额带来一个增殖额或超过原价值的余额这个特征，表述为货币职能的作用转化。

二是省略结构严谨的理论环节，突出其中的若干重点。前述二目，已经可以看到这种或许有利于普及剩余价值理论的简化特点。接着，第 3 目论述劳动力的购买，说明生产资料的购买者不能自己直接生产而以交换为目的时，购买劳动力以活的劳动来推动那些死物的生产资料变成可以出售的商品，因为各种生产要素中，只有劳动是唯一能动的要素；然而生产的果实不归劳动者所有而归劳动力的购买者所有，购买者从商品的出售中，不仅收回先前垫付的货币，还获得一个增加额。这是简化马克思关于劳动力的买和卖的论证，用大致意思来解释转化为资本的货币的价值变化，不可能发生在这个货币本身的购买手段和支付手段职能上，而是发生在劳动力这种特殊商品上。经过这个简化，固然凸显了劳动力要素，却又使之脱离原有的理论环境而孤立起来。第 4 目论述剩余价值，以文字形式引入典型的资本流通公式，即《资本论》的代码形式 $G—W \begin{cases} Pm \\ A \end{cases} \cdots P \cdots W'(W+w)—G'(G+g)$，据此说明，按照等价交换原则，剩余价值不是产生于交换或流通领域，产生于生产过程；又另行举例，以等价交换原则和社会平均劳动时间为前提，说明剩余价值来自劳动力在生产过程中，创造了超出劳动力商品本身价值以上的价值。这样解释马克思的剩余价值概念，不仅过于简化，还窜改了原有的逻辑次序，未见得更加通俗。特别是其中的自创例证，试图从社会资本生产的价值总量而非单个资本生产的价值均量方面，去解释社会整体财富增加的来源，语义不清，绕来绕去，反而模糊了原意。第 5 目论述劳动力的价值，举例说明劳动力自身的价值与劳动力所创造的价值，是两个不同的概念：前者取决于劳动者平均所需的生活资料的价值，可以在较短的时间内生产出来；后者取决于购买劳动力商品的雇主能够支配劳动者劳动的时间长短，通常超过生产其生活资料的时间，而雇主之所以能这样做，因为存在未被雇佣而饥寒交迫的大量无产者，由此也使劳动者为雇主提供比自己消费所用的生产更多的劳动时间，成为见怪不怪的日常经验。这个解释，一边回过头去补述马克思有关劳动力的买和卖的论述，一边引用马克思有关价值增殖过程的内容，但都停留在浅尝便止的层面。第6目论述资本的形成与社会劳动，说明购入生产资料的同时购入劳动力，这是货币转化为资本的必要条件；为了取得剩余价值而先垫付货币的人，是资本家；资本家以利润、利息、地租等名义获得的利益，都来自剩余价值的同一源头，惟因资本形态的不同而表现为不同的形式；剩余价值为雇佣劳动所生产，而雇佣劳动者之所以出卖劳动力，因为失去了生产资料，为了生存，不得不受雇于那些拥有生产资料而不事劳动者，而且生产资料的所有权越集中到这些人手里，参与社会生产的雇佣劳动者也越多，这是自食其力的私有制生产发展为通过雇佣劳动而获得剩余价值的资本制生产的原因。这个解释在资本形成部分，主要重复前面的论述，并掺入有关剩余价值转化为利润等其他形式的内容；在社会劳动部分，有些不知所云，对雇佣劳动的说明，似乎又回到有关劳动力成为商品的历史条件等论证。总之，这一节讨论资本与剩余价值，主要从《资本论》第一卷里拎出几个要点或关键环节，以期给人醒目的印象，固然有利于普及相关知识；未知不大顾及它们之间环环相扣的理论脉络和内在联系，结果颠来倒去，用例轻率，分解零散，通俗失当，反倒损伤了马克思原著的科学严谨性。

**（二）第2节"资本利得与资本形态"**

本节含9目，第1目"可变资本与不变资本"："剩余价值，不外是被佣劳动者所造出的价值和所消费的价值的差额。如果后者一定，则剩余价值的大小，等于以劳动时间乘他们的人数；如果人数一定，则劳动时间愈大。这无论在一个社会全体，在一个生产部门，或在一个资本家，都是一样。于是，资本家雇主要尽量扩大剩余价值，就要尽量延长劳动时间。一方面，如果劳动时间一定，则剩余价值的大小比例于劳动者的人数。而资本家能够雇佣怎样多数的劳动者，那是依着他的资本的大小，尤其是用来购买劳动力的资本部分的大小而决定"。资本家垫付的货币总额，一部分投于劳动力。投于生产手段的价值，不增不减，原数转入生产物的价值而构成其一部分，在生产过程中不发生量的变化，所以称这部分资本为不变资本。另外支付雇佣劳动者的部分，"依着他们劳动力的作用，能够在生产过程中增大其价值，连同剩余价值收回"，从发生价值变化的意义上说，这部分资本叫做可变资本。"生出剩余价值的可变资本和剩余价值的比例，就是剩余价值率"。若可变资本千圆可生出千圆剩余价值，剩余价值率为100%。

第 2 目"剩余价值与利润"：如果其他条件一样，资本家希望巨大的剩余价值率和剩余价值（可变资本和剩余价值率的乘积）。剩余价值量和利润有一致的时候，也有不一致的时候。"利润是可和一样构成剩余价值量之一部的利息和地租分别的"。假若资本家支出的所有货币，用来购买生产手段和劳动力，收回的全部货币总量的差额，是剩余价值量，同时也形成他的利润。但是，如果用来购买生产手段和劳动力的一部分货币是借来的，这部分的利息，须从他的资本所生的剩余价值中除去，他的利润就是剩余价值减少此数。如果他借用别人的土地而支付地租，也会产生同样的结果。另外，他所收回的货币（价值）总额和所支出的差额，有时也能超出自己的资本所产生的剩余价值以上。这是所谓"独占利得"的最重要一例，"由于竞争的制限或废止，从等价交换关系的破坏生出的利得，它和金融资本的发达有极大的关系"。无论如何，每个资本家以资本家资格而努力的目标，在于获得最大可能的利润，"至于那是代表自己的投下资本所生的剩余价值，抑是合法的横夺他人的资本所生产的东西，可以无须询问"。获得最大可能的利润所贯注的努力，第一利用自己的剩余价值的积蓄和信用，将自身投下运转的资本额扩至最大；第二使投下的每个单位资本的利润扩至最大，于是，资本对利润的比例即利润率，就不得不成为问题。

第 3 目"利润率"："剩余价值率是剩余价值对于可变资本的比例，利润率则是利润对于全部投下资本——可变资本部分加上不变资本部分——的比例"。因此，剩余价值和利润等量的时候，剩余价值率和利润率当然不同。剩余价值是新生的增加价值，不仅对资本家个人有意义，还有社会意义。在资本家个人看来，扩大剩余价值和剩余价值率，不外是使利润总额扩至最大的一种方法，"遇着必要的时候，当然可以为利润率而置剩余价值率于不顾"。利润率产生差异的有力原因，明明白白因为投下的总资本中，含有不变部分和可变部分的比例。利润等于剩余价值时，后者的大小，既然比例于可变资本，则总资本中可变资本所占的分量愈大，利润率也跟着扩大。然而"事实上，可变资本对不变资本的比例，即用于佣雇劳动者的资本部分和投下于原料机器等等的部分的比例，在各种生产部门即生产相异的货物的各事业，有很著的差异"。例如在纺织工业和火柴工业等部门投下的资本，用于劳动的雇佣比较多些，而在电力、造船、制铁等部门，购买机器原料等的不变资本部分更占优势。"这种资本构成的差异，多基于各生产部门的技术的性质的差异。马克思说：'资本之由技术的构成所决定，其所反映的资本（价值）的构成，叫做资本的有机的构成'。这有机的构成即可变不变两资本部分的比例，也自有其社会的平均。马克思称平均制度的东西做平均构成，和它比较，不变资本的成数大的叫做高级构成，小的叫做低级构成"。例如两种企业，剩余价值率即可变资本对剩余价值的比例，完全相同，一方的资本构成低，另一方高。现在假定各方的可变资本 10 万圆，生出 10 万圆的剩余价值，剩余价值率都是 100%。又假定低级构成的资本，其不变资本 10 万圆，高级构成的资本的不变资本，增至可变资本的 5 倍即 50 万圆。这样，低级构成的剩余价值 10 万圆与其总资本额 20 万圆的比例即利润率，为 50%；而高级构成的利润率，即剩余价值 10 万圆与其总资本额 60 万圆之比，只有 16% 强而已。

第 4 目 "资本家间的竞争"：剩余价值的总额，以等价交换为前提。利润率的差异，也以等价交换为前提。"在无计划无统制的私有制分业生产底下代表的商品的交换，以劳动价值做基准的等价交换虽常为其中心的倾向，然现实的各个交换，却不免于常为不等价交换"。一定商品的生产者，如果因不等价交换，得到特殊利益，则许多竞争者都想生产该种商品而得同样的特殊利得，所以该商品的供给不免增加，那种特殊利得便因之有减少消灭的倾向。这样的倾向，"对于等量劳动与以等量价值"的原则，能够支配独立的劳动生产。采用雇佣劳动的资本制生产，也有相同的竞争作用。"在这时候，竞争的人不是想欲尽量扩大自己的劳动报酬的独立劳动生产者，而是想欲尽量获得对于用来购买他人劳动力及其他等等的自己资本的利得"。资本制生产下，等价交换时，由于资本有机构成的差异，资本利得的比例，会产生很大的差异。"这种差异，如果资本家之间，没有竞争，就会现为现实的差异，而且永久继续。但是敏于逐利的他们，一见到或种事业的利润因资本构成的差异——其他或种理由——稍有些少超于高率的倾向，便争先恐后，创办那种事业，想来获得同样的特殊利得。这种竞争的结果，生出比较地高利润率的事业，其生产物的供给增加，不得不惹起价格的跌落，故利润因之也不免减少。他方利润比较低率的事业，因为缩小和歇业，其生产物的供给减少，故价格腾高，利润也因而增加。这样的一方的利润增大，他方的利润减少的倾向时常存在的时候，则各种事业的利润率，自然平均而对于一定额的资本的利润不得不归于约略同额。又，只要有竞争，则事实上通于各种事业，利润是不会有很大的差异，也为人们所熟知"。

第 5 目 "平均利润率"："一个社会的一切资本家间竞争结果所应生的平均程度的利润率，是那个社会的平均利润率"。"平均利润率的利润是平均利润"。所谓一个社会的各种资本企业生出大略相同的利润，指那个社会一定额的资本，无论由什么资本家用于生产什么商品，都生出约略同一的利得。"在不用独立劳动而用雇佣劳动的资本制生产社会，'对于等量资本给与等量剩余价值（利润）'代替了'对于等量劳动给与等量价值'而为现实的交换关系的支配原理。前者（应是后者——引者注）是劳动本位的平等主义，后者（应是前者——引者注）是资本本位的平等主义。这是所有交换生产物的当事者，不是独立劳动的生产者，而是不劳营利的资本家当然的结果"。按照前面的例子，资本企业家间竞争的结果，甲种企业的利润率减少，乙种企业的利润率增加，假定都是25%，甲方原本可以获得10万圆的利润（即全部剩余价值），事实上只得到5万。这不是说甲方所生产的剩余价值减至5万，只要它所雇劳动者的人数、劳动时间和生产力等不减少，所造出的剩余价值量不会发生变化，不外因为竞争的结果，其另一半5万圆不为甲方的资本家所得，而归于乙方的资本家。两个企业的剩余价值或利润，加起来的总额依旧是20万圆。这仅仅是等量的剩余价值总量，依照相异的比例，分配于两种事业之间，这样分配的结果，两个企业的资本家对各人自己的一定额资本，获得等量的利得。"这剩余价值的分配或移转，不待说是通过各企业所卖却的商品的交换关系而生出"。

第6目"生产价格与价值"：上述甲乙两企业的利润都发生变化，生出平均利润，"这件事当然含有等价交换关系已经破坏了的意义"。换句话说，现在仅能得到25%利润的甲企业生产物，其价格不能不低于其劳动价值，而从原来16%强到现在25%利润的乙企业，其价格也不能不高于其劳动价值了。为了简化，假定现在两企业投下的一切资本，都在一年内消耗掉，而且到年度结束，其生产物才能全部卖出。这时，甲企业的生产物，合计所有资本的价值20万圆，与剩余价值相当的10万圆，应该有30万圆的价值；乙企业的生产物，依照同样计算，应该有70万圆的价值。然而从平均利润看，甲方生产物只能卖得总资本的价值20万圆加上25%的利润5万圆，共计25万圆，比较原有的价值，贱卖了5万圆。乙方生产物卖得总资本的价值60万圆加上25%的利润15万圆，合计75万圆，比较其固有的价值，恰好贵卖了5万圆。再假定两企业的生产物数量都是10万个，每个生产物的价值和价格，甲方价值3圆的东西只卖2.5圆，乙方价值7圆的东西却卖到7.5圆，这显然是不平等交换。"这不待说是市场的交换率，在私有制分业社会现实的交换即市场中的交换，商品的价值——市场价值——常是互相不等。但是在独立劳动的生产社会，市场价值或市场价格是不断以自然价值或自然价格为中心而移动，原则上，有不断地和它一致的倾向。然而在雇佣劳动的资本制生产的时候，市场价值不以自然价格为中心，而以马克思所谓生产价格为中心，原则上有不断地和它一致的倾向，同时这样的为市场价格运动的中心的生产价格，许多时候和自然价值之间，常保有一定间隔的倾向"。所谓生产价格，不外是给与生产该商品所投下的资本以平均利润的价格。"在以资本的利得为本位，'等量利润对于等量资本'为支配原理的资本主义生产底下，商品的市场价值，必然的有不断地和其生产价格一致的倾向"。一个事业的利润若降至平均以下，资本即从该事业流出，生产减少，因而市场价格不能不提高。反之，如果高于生产价格，利润也高出平均以上，随着投资的增加，不免于生产的增加和价格的跌落。有人以为，市场价格既然以生产价格为中心而移动，自然价值即劳动价值，早已不能支配交换关系了，"这是大错特错的"。资本制生产的时候，负担独立劳动生产的自然价值的任务，固然是生产价格；但"生产价格自身，还是受自然价格所支配"。前者的水准固然不和后者的水准一致，但常在其上下；"生产价格的水准，决不是和自然价格的水准毫无关系，毫无交涉，后者常为决定前者的一个最重要的要素"。换句话说，"自然价格的变化，常与生产价格以影响，如果其他的条件同一，则前者的一定变化，常惹起后者的一定变化"。"商品的生产费，常于自然价格和生产价格共通量，因而自然价格的'大度'的变化能使生产价格的'大度'发生变化的，限于前者的剩余价值部分；而随自然价格的变化，能够使生产价值（价格之误——引者注）发生变化的，限于后者的利润部分。而剩余价值的一定变化，常使利润生出一定变化，更不待言。即是，自然价值——劳动价值——虽在资本制生产底下，仍然是支配着商品的交换关系"。生产价格和自然价格之所以异其水准，理论上可适用于多数时候，但两者也有一致的时候，例如诸事业的生产物有平均程度的资本构成的时候。

第7目"利润率的递减"：关于利润，有两点不可不注意。首先，"利润是由剩余价值得来的，所以利润的量不能超过剩余价值的量。一定资本所能生出的剩余价值量，如果劳动的生产力一定，则和劳动者的人数和劳动时间为正比例。资本家为要使剩余价值率增高，正在努力使劳动时间尽量延长。但是人类所能够从事的劳动时间本有一定限度，兼之随着劳动运动的发达，劳动时间遂渐次缩短，剩余价值也如量减少，因之，利润率不免于低跌"。其次，"一定资本所能雇佣的劳动者数，也有相对地减少的倾向。随着资本主义的生产的发达，投于机器和其他施设物的资本的部分愈益增加，用于雇入劳动者的可变资本的部分，比较的减少。换句话说，就是资本的有机的构成进于高度构成。如果其他的条件同一，资本的构成越高度，则利润率越低"。"一个社会资本全体的平均构成的水准越高，则平均利润不免越跌"。"利润率的递减，实为资本主义的生产方法的发达所难避免的倾向。但是资本家以资本家的资格来参与生产的唯一目的，乃在获得利润，在获得尽可能的巨大的利润。所以，打破利润率递减的倾向，在资本家是一个致命的问题，值得百方努力的"。关于利润率形成的说明，我们假定，资本家间的竞争是绝对自由的，资本在各种事业间的流出和流入是绝对自由的。但是，"随着资本主义生产的发达，资本集中的发展，资本家间竞争的范围逐渐狭狭，资本的流出流入也渐次困难。这是跟着资本进于高度的构成，不变资本中形成固定资本形态的部分特大的缘故。而这样的竞争上的制限是招来挽近的所谓'独占时代'的一大动因。独占时代的特色，在平均利润率的破坏，在独占原因的特殊利润的成立"。

第 8 目 "产业资本商业资本"：说明资本概念成立要件的剩余价值概念，依照资本流通的典型公式形态而流通的资本，叫做产业资本。具体地说，投于工业的资本是其最适切的实例，投于矿业和大农业的资本，也采取这样的流通形态。"产业资本的特色，不待说是它的一部常用于劳动者的雇入即投于劳动力，以生出剩余价值这一点。只有有这特质的产业资本，其自身中含有生产行程，因而能够从他自身中造出剩余价值"。因为包含生产过程，所以在流通始点所购买的商品，变形为生产物后，能够作为和原初不同形相的商品而卖出。"剩余价值，是和生产行程的完了同时，已经于生产物中成立的东西。生产物的卖却，其市场价值或有增加，但这不是自然价值增加，也不是既成的剩余价值增加。然而要使剩余价值实现——即为资本家所获得，却无论如何，不能不把生产物卖值"。为了贩卖目的，资本家不能不特地投入其资本的一部分，而且数量决不少，我们看到实业家怎样为了卖出而煞费苦心，大量投入广告和其他费用，就可以明白。为此，投下的资本全额，可以分为两部分：一部分转化为生产手段和劳动力而作用于造出剩余价值的生产过程，此外还有一部分和剩余价值的成立无直接关系，专门投于为其实现而必要的诸工作。凡为所谓"办货"和"批发"的工作所支付的薪水之类，都属于这部分。如果前者叫做生产用资本，后者可以叫做流通用资本。流通用资本常常是产业资本总额的一部分，为资本家承担圆滑进行商品流通即交易的职能。这部分的资本职能也能够独立，由独立资本家的资本去经营，商业资本和商业资本家就是例证。"商业资本和产业资本相异的地方，就在它自身的流通形态中，不包含生产行程这一点"。商业资本先垫付的货币，连同增加额即利得而被收回的一次周转期间，只有一次性转化为商品，其商品不再变形为生产物。表示这个资本的流通公式，"货币——商品——（货币＋货币）"，不特"商品"不分化为生产资料和劳动力，而且以同一形相的"商品"相始终。因此，（货币＋货币）中的小写"货币"，也容易知道它不是表示商业资本自身的流通过程所产生的剩余价值。"商业资本的利得或利润，一部是由产业资本的流通行程内所生出的剩余价值或利润里分出来的"。产业资本家为要卖出其生产物给最后的消费者，贩卖工作若由自己从事而投入资本，原则上会使利润率降低，所以他很高兴割让自己的一部分剩余价值，由商业资本家代他投下资本以从事贩卖业务。商业资本的其他部分，或者来自市场价格变动的投机利得，或者来自独占利得。这些利得，不是来自新增加价值的一部分，而是代表其他商业资本家或产业资本家的损失，或劳动者和其他消费者的损失。"随着挽近产业界的一个主要特征，企业结合就中企业联合的发展，商业资本的活动区域，为之缩狭，商业利润绝对地和相对地都有减少的倾向"。

第9目"贷借资本与利息"："反之，随着股份企业和银行业的发达而大发达起来的就是贷借资本。这种资本所采取的流通形态，可以单纯的'货币——（货币＋货币）'定式来表示。即由流通的始点至回归点的中间，不含'商品'一项为这种资本的特色。至于不包含生产行程的事，更不待言。定式中以小文字货币表示的这种资本的利得，即是所谓利息。所以贷借资本又叫做取得利息资本（放息资本——译者）"。这种资本，和其他一切形态的资本一样，先显现货币形态，其所有者不是用它购买商品，也不是用来购买劳动力和生产手段，仍其旧有的货币形态，付托他人使用，就是放债。"贷借资本家，把自己的货币，交付于他人约定于一定期间后母利还清。即他的职能，仅在履行这种法律行为而已。他欲确实能够获得利息，他的资本即有适用于生产行程的必要，因之，也有以这种适用为放债的条件。但是，贷借资本家是以绝对不躬与生产行程为原则"。利息由利润支付，所以利息的限度不能超过利润的限度。"一般地说，利息量是依存利润量的东西，利润的若干部分支付为利息，利息应该若干，这是依贷借资本的需给而决定的。利息是贷者由借者所征收的货币使用费，所以，货币的贷借可以看做'货币使用'的买卖，利息可以看做'货币使用'的价格"。这种商品即"货币使用"，不待说没有生产价格，它的价格即利息，单受需给的支配。"即决定一定时候利息的水准的，是货币的供给者贷借资本家和其需要者工商资本家的竞争。这种竞争，在使平均利润率成立的时候同样的作用底下，使社会的平均利息和利率成立"。谁都晓得，随着贷借的种类性质不同，利息有颇大的间隔。高比率的利息，在单纯的货币使用费之外，还含有母本的保险费，"作为一个经济的范畴的利息，是以平均利息为中心而移动，和它相去不远"。平均利息的成立，尤其银行业发达之后，一切一定数额的货币，常被看做带有一定数额的利息的东西。换句话说，"资本主义社会中的货币的一定额，都代表着对于一定额的剩余价值的请求权，在今日，'财产'的意义，就专在这种请求权，这从市井的谈话里，也可明白地听得到。在银行和股份企业发达的资本主义后期，因为利润的利息化，'对于等量资本的等量利润'的原则，遂渐次变化为'对于等量资本的等量利息'"。关于平均利率成立的具体表现，可以用企业家计算资本的习惯来说明。如平均利率 7 分，资本企业家个人若以 10 万圆资本金赚得 3 万圆收益，其计算是先从中划出 7 千圆算作自己资本的利息。这种计算习惯所表明的事实，即"信用利用"的普及。"这种习惯，是一切企业借资本，看信用能力巨大做优良企业的一个资格，因而看利息是企业的常态支出的一个项目至于构成生产价格的一部的反映。从全利润之中除开利息后的余额叫做企业家利得，企业家利得也有社会的平均"。贷借资本在其所有者的手里，常保持货币形态，使人想起价值自身的货币形态。"称它做货币资本或货币态资本，称贷借资本家做货币资本家"。"货币资本家虽不躬与生产，因而不能为剩余价值的直接获得者，然而由他的资本常保存货币形态这种事实，在一定的生产关系底下，能够站在优越的地位，足以制其他的资本家——产业的、商业的——的死命的"。一切资本首先以货币形态登场，唯有货币形态能够发挥购买手段、支付手段之力。商业和产业资本家的大部分货币，常保持商品形态或生产用资本即生产手段和劳动力的形态，这部分不能适应需要而立刻拿来做购买或支付的手段。这时候，工商资本家只有请求货币资本家始能获得所要的手段。货币资本家的资本是"常有战斗准备"的资本。"货币资本的发达和其朝着胜利的过程，是金融资本论所要讲说的全体的重要的一个断面"。①

第 2 节九目，围绕"资本利得与资本形态"论题，意图是从第 1 节阐释资本与剩余价值，也就是资本主义生产的本质特征，转向阐释这种本质特征在社会表面的

---

① 以上引文均见猪俣津南雄原著，林伯修译《金融资本论》，上海江南书店 1930 年版，第 44—69 页。

各种转化分类与形态，或者说，重点阐释资本主义生产与流通中的资本收益类型与形态转化，作为显露在社会现实层面的各种表现形式，仍然受其本质特征的制约。这个阐释，延续前节的特点，既以马克思经济学说为依据，坚持其基本论断，又用自己的通俗说法取代严谨的逻辑论证，而且更具有跳跃性，在《资本论》三卷本之间来回穿插，以适用于自身的著述主旨。譬如，第 1 目论述可变资本与不变资本以及剩余价值率，与前节的论述相联系，继续介绍《资本论》第一卷的若干基本概念，但又不是介绍到底，不时中途刹车，取其所需而已。从第 2 目起，论述剩余价值与利润，开始跳入第三卷关于剩余价值转化为利润的内容。第 3 目论述利润率，先跳回第一卷介绍资本的有机构成，其中引用马克思的相关定义，注明出自第二卷，实则出处是第一卷里"我把由资本技术构成决定并且反映技术构成变化的资本价值构成，叫作资本的有机构成"一语①；然后解说第三卷有关利润率及利润率和剩余价值率的关系等。第 4 目论述资本家之间的竞争，说明以劳动价值为基准的等价交换原则，在现实交换中实为不等价交换，由于资本在各行业间的自由流动即竞争，利润趋向于平均，主要也取自第三卷的内容。第 5 目论述平均利润率，重复前面的思路并举例细化，重点说明现实交换关系的支配原理，从过去独立劳动的私有制生产社会以等量劳动获得等量价值，到现在雇佣劳动的资本制生产社会以等量资本获得等量利润，代表了从劳动本位的平等主义向资本本位的平等主义的转化。第 6 目论述生产价格与价值，接续前面平均利润率的形成理论，举例说明马克思关于商品转化为生产价格的概念；并针对有人以生产价格为基准来否定以劳动价值为基准的错误观念，强调这个转化并未改变劳动价值在资本主义生产和交换关系中的支配地位。第 7 目论述利润率的递减，主要解说第三卷有关利润率趋向下降的规律，并不时跳到近来的趋势，即限制绝对自由的竞争而形成独占即垄断，打破平均利润率而获得特殊利润。第 8 目论述产业资本和商业资本，实际上是说产业或生产资本循环中的商品资本转化为独立的商品经营资本或商业资本，虽然不直接参与剩余价值的生产过程，但承担生产物即剩余价值的实现职能，因而能从总利润中分得商业利润，这也是第三卷的内容。第 9 目论述借贷资本与利息，与前述内容并列，同样讲述第三卷有关产业资本循环中的货币资本转化为独立的货币经营资本及其利息；特别感兴趣于在银行和股份企业发达的资本主义后期，所谓利润的利息化概念，即

---

① 《资本论》第一卷，人民出版社 2004 年版，第 707 页。

等量资本获得等量利润的原则逐渐转变为等量资本获得等量利息的原则。

通过以上梳理，不难看出，基于第 1 节的本质特征说明，第 2 节谈到资本主义经济的表面现象，关注的是剩余价值的各种转化形态，亦即所谓资本"利得"的各种形态。这些资本利得形态，包括从不变资本与可变资本的不同比率引出不同的剩余价值率，从剩余价值引出向利润的转化，从资本有机构成的差异引出资本家之间的竞争，从这种竞争引出平均利润率，从平均利润率引出商品价值转化为生产价格，从资本有机构成的提高引出利润率下降的趋向，从导致平均利润的自由竞争引出相反的获得特殊利润的独占现象，从产业资本引出分享利润的商业资本，从产业资本引出分享利润的借贷资本和利息等，也就是从内含的剩余价值本质，一步步走向其外在的各种表现形式。第 2 节的理论依据，继第 1 节主要取自《资本论》第一卷有关货币或商品流通、货币转化为资本等内容，接续引用不变资本和可变资本及剩余价值率等内容，然后突然有一个跳跃，舍弃第一卷有关剩余价值的绝对与相对生产方式，简单再生产和扩大再生产，以及工资和资本积累过程等内容，越过几乎整个第二卷，一下跳到第三卷的一系列转化理论。换言之，第 2 节对《资本论》三卷的取舍，不大重视生产领域的相关理论，更重视流通或交换领域的转化理论。这同译本意在考察金融资本的本旨，相互一致。或者说，这也是译本题名"金融资本论"的本意，从马克思的《资本论》中选取与金融（货币）相关的要点，分为内在实质与表现形式两方面，由此为构建所谓金融资本论的著述框架奠定理论基础。从金融资本的角度来介绍《资本论》，是一个独特的视角，自成其介绍的系统性和涉及面。但局限性在于按照介绍者的自我意向来剔抉选录，虽能把握《资本论》的若干理论要点，却打乱原有的逻辑体系，这在第 2 节表现得尤为明显；加上介绍者采用自行解说的通俗表述方式，以及译文中欠准确或易产生误解的用词和引文，更使这种源于《资本论》的介绍，难以产生完整和准确地理解《资本论》的效果。

### （三）其他内容

以上两节内容之外，其他章节，也有与马克思学说相关的内容。例如，第 14 章"金融资本的劳动政策"内"资本团体的成立"一节，论述"无产政党与劳动组合"：

"经济斗争，是资本主义社会内的斗争，其胜负如何，依存于劳动者阶级在该社会内所有的政治势力。在经济斗争上的实力，资本家阶级愈占有优越的地位，则为使该斗争不至于失败起见，劳动者阶级愈有组织自己的政党并使之强大的必要。不待说，无论在什么意义，都不是说组合成为不必要。不，政党只能比例于组合的强大而强大，只有利用组合的强大的经济斗争力，才能使布尔乔亚泛国家权力的发动有利于劳动阶级，或不至不利于劳动阶级。只有关于经济斗争，政党不过为组合的补助。但是组合运动，如果资本主义的发达已到达一定的进化阶段，则由该经济斗争自身的变质，便绝对的发生政治行动的必要，且使无产政党的发生和发达成为必然。而政党的发达和强大，更使需要其发生的补足的次义的政治斗争，渐次变质而成为解放全无产阶级的第一义的斗争"。另外，"资本团体的经济斗争力，虽说压倒着劳动团体的经济斗争力，但是劳动组合的工钱斗争，并不因此变为无用或无效"。企业家在特定的营业状态，尤其在畅旺时代，经常觉得与其斗争，毋宁做出若干让步更为有利。假使劳动组合因为衰沉时代的战败而甚为削弱，在行情畅旺时期也常能增加足以获得让步的压力。"只有让步的程度，比诸企业家团体成立前，不免减少而已"。①

以上叙述，未见引用《资本论》。但其中说到在资本主义社会，资本家阶级占有优势地位，劳动者阶级有必要组织起来，以劳动组合乃至无产阶级政党的方式，同资本家阶级进行经济斗争，迫使资产阶级国家权力对劳动者阶级做出让步；随着资本主义发展到一定阶段，经济斗争必然转变为政治斗争，无产阶级政党也必然从辅助劳动组合开展经济斗争，转变为将解放整个无产阶级的政治斗争放在第一位；等等。此类说法，同样可以从马克思学说中找到相关的理论依据。不过，接着又强调，劳动组合争取提高工资的经济斗争力量，虽然不及资本团体的力量具有压倒性，然而经营状态兴旺时，比较容易获得企业家为了避免斗争而做出的让步，所以劳动组合的斗争即使在萧条衰落时期往往失败，也要等待兴旺时期让步的机会。这个说法，脱离马克思学说，引自希法亭（Hilferding）的《金融资本》一书。

又如，第15章"结论"：

金融资本因其固有的性质，将生产从其所有者中分离出来，推进"社会的统制生产的范围"。这将使无产阶级以某种方法确实取得政权后，"很容易实行其生产社会化的政策"。一个社会的各种重要产业部门，既然受到金融资本家的统一支配，"只有有效的将统制机关替换，便能够实现对于那些部门的新的社会的统制"，

① 林伯修译《金融资本论》，上海江南书店1930年版，第329—330页。

而作为金融资本家支配基础的所有权，"已经变质为单纯的利润名义，早已不含有事实上的生产的指导职能"；所以"生产的续行，当不因旧支配者的退场而受着什么障碍"。加上其他一切产业部门都依存于这种生产部门，"金融资本的政治的社会的地位成为压倒一切的地位"；于是，"能够确握着该中枢部门的统制权的新统制机关，虽不进行更进一步的社会化，也可以对于全社会的生产加以有效的统制"。能够统制从重要矿山、制铁工业到机器、电气、化学工业的诸大经营和海陆交通诸机关的新社会，显然能够以其统制，处理其余诸产业的原料辅助材料的分配和配给，因而能够支配它们。如果社会主义的过渡期需要这样，则第一轮的社会化，除去农业工业及其他许多中小经营，也可以有效地举行。那些分散的各种部门，由于技术及人的关系，实现社会化需要很长的时日，并且带有政治危险；如果它们能够在金融资本的支配下间接地实现社会化，"社会主义的政策的发达，可以非常地容易实现，这是不须絮说的"。"以集中和统制为特质的金融资本主义的支配，自然而然使一社会的生产社会化起来。这种社会化的过程，可以在资本主义的社会进行至可能的极大限度，但仅仅进行到这个限度为止"。对资本主义的"社会化"的限制，首先是闭锁国家的经济地域的对立，超越它的办法，只能想象国际卡特尔（原译"加尔贴"）的形成，但有许多困难，即使不困难，也极不完全。其次是土地私有制度，不容易使农业集中。一方面，资本主义所必要的许多经济政策，人为地保存许多没有生存能力的小经营。另一方面，金融资本对社会生产的统制，是寡头政治的统制，不能超越榨取关系。真正的社会统制和社会化，"只有等到因可以获得全部、同时什么都不丧失的新兴阶级得着光荣的胜利，始有可能"。[①]

　　这些论述，说的是《资本论》问世以后新出现的以金融资本的集中和统制为特征的垄断资本主义现象。这是马克思曾经预言而未能详细分析的现象，其中提到一些新的论点。如金融资本促成资本主义所有权与生产管理分离的现象，有利于分散的部门及其生产的社会化进程；金融资本对社会各重要产业部门及其附属部门的统一支配地位，使得整个社会生产形成一个有效的中枢机构，为过渡到社会主义奠定了社会化基础，只须替换这个中枢机构的支配者，就可以实现从旧社会向新社会的过渡；在资本主义社会，金融资本对社会生产的寡头统制，可以最大限度地推进

————————
① 　林伯修译《金融资本论》，上海江南书店 1930 年版，第 342—344 页。

生产的社会化，但终究不能超越资本榨取的利益限制，所以说真正的社会统制和社会化，只有在旧社会里一无所有的新兴无产阶级取得政权，才有可能；等等。这些论点，显然受到希法亭《金融资本》一书的影响。希法亭的著作试图用马克思主义的观点，对马克思以后的世界经济发展进行全面科学的分析，当时曾被理论界视作《资本论》第四卷。看来，《金融资本论》一书，至少从名称上说，也是雄心勃勃，试图打造一本金融领域的《资本论》。然而姑且不论其译本对《资本论》的通俗化解说缺乏创意，倒是从《金融资本》一书那里，又吸收了将马克思主义与机会主义调和起来的若干倾向。如强调先在金融资本的支配下使农业和各种中小经营社会化，那将非常容易地实现社会主义政策的发展。这种寄托于金融资本统制的观念，同前述从事经济斗争的劳动团体等待资本家让步的观念，有相通之处。

## （四）结语

《金融资本论》译本，以《资本论》为理据来阐述资本主义发展到垄断阶段的金融资本现象。尽管从《资本论》的严谨论证看，译本围绕自设主题而挑拣其要点并穿插引用，未免肢解原有的逻辑体系，再从所参考的《金融资本》看，又未免沾染其调和倾向，但它毕竟是在形式与内容上都以依据和仿效《资本论》为旨趣。其中为阐释金融资本而引用《资本论》的那些理论观点，无论就资本获取剩余价值的实质而言，还是就根源于剩余价值的资本及其收益的各种转化形态而言，虽经简化加工而未遵循原著的经典论证，但在基本概念及其涵义上，仍不失其所本。这也提示后人注意，三卷本《资本论》传入中国，有一个为时不短的前期渗透和积累过程。除了以前考察过的语录摘引、概念诠释、通俗解说、选段节译等形式之外，还有从某个角度或某个领域，对《资本论》的理论进行比较系统的阐释。如前面的相关著述，有的从马克思的经济概念角度，系统阐释《资本论》的若干重要理论范畴；有的从生产角度，系统阐释资本的简单再生产和扩大再生产过程；现在又从金融资本角度，系统阐释剩余价值在流通或交换领域的各种转化形态。这样的渗透和积累，也为后来《资本论》中文全译本的问世，铺垫了前进的道路。此外，林伯修选用日本社会主义者的《金融资本论》一书，作为他入党时期的翻译对象。尽管原作的通俗写法，未免有些失真，但对国人理解《资本论》中颇具难度的货币与货币资本理论，以及发展为垄断资本主义时期的金融资本理论，仍能起到一定的普及作用。

### 三、《帝国主义的真面目》

李士刚编，上海大东书局1928年12月初版。编者其人不详，从他1927年8月的"卷头言"看，其意甚明：

"帝国主义之名词，吾国尽人皆能知之，我国在帝国主义压迫之下，非打倒帝国主义不能救中国，吾国亦尽人能道之。试问帝国主义究为何物？其性质若何？其历史若何？其在世界之地位若何？其与我国之关系若何？如何而可以打倒？则十九瞠目不能答"。漆树芬先生说："帝国主义之侵略我国，若一种猛烈凶险之重病，我辈救国，犹之医生之治病，若病原不清，病症不明，病何能治"。我们既欲打倒帝国主义以救中国，焉可不彻底了解之？著者不揣谫陋，参考帝国主义专书，旁及社会主义、资本主义、殖民政策、政治学、经济学以及中外近世史，不下四五十种，编纂而成。"说明务求简要，专供普通民众阅读，及中小学校教授或课外阅读之用。苟读者能阅读一过，于帝国主义之研究，必能详悉无遗"。为了读者参考或作进一步研究，著者代为介绍下列诸书：巴布鲁著《帝国主义政策的基础》，列宁著《帝国主义浅说》，刘文海著《近世大国家主义》，高尔松、高尔柏著《帝国主义与中国》，漆树芬著《帝国经济侵略下之中国》，王懋廷著《帝国主义大纲》，汪精卫著《国际问题草案》《中国国民党第二次代表大会宣言》。[1]

可见，这是继漆树芬等人之后，说明帝国主义的性质、历史、世界地位及与我国关系的一本通俗读物，旨在彻底了解帝国主义的基础上，明白如何打倒的办法以拯救中国。从其列举的书目看，亦可见当时已有多部翻译或自撰的有关帝国主义的专著。其中列宁（原译"李宁"）的《帝国主义浅说》，是《帝国主义论》的节译本；漆树芬的《帝国经济侵略下之中国》，其原名应是《经济侵略下之中国》；巴布鲁的《帝国主义政策的基础》，实为前述帕夫洛维奇所著《帝国主义的政策底基础》的译本。此外前面曾介绍1927年出版的《帝国主义经济侵略中国史略》等专著，尚未列入。这说明中国处于帝国主义侵略的蹂躏之中，如何认识和摆脱这个蹂躏，成为国人关注的重大问题，于是众多的相关专著，应运而生。

帝国主义问题并非只限于经济问题，但经济因素占有十分重要的地位，这从此书128页的5章目录也可以看得出来。如第1章"帝国主义之界说"（含"帝国主

① 李士刚编著《帝国主义的真面目》，上海大东书局1928年版，"卷头言"。

义之定名"及"帝国主义之解释"2节），第2章"帝国主义之发展"（含"自资本主义至帝国主义"及"自政治帝国主义至经济帝国主义"2节），第3章"帝国主义侵略之方式"（含"政治的侵略"及"经济的侵略"2节），第4章"反帝国主义之运动"（含"帝国主义基础之摇动""世界无产阶级之革命"及"弱小民族运动之勃兴"3节），第5章"帝国主义与中国"（含"帝国主义侵略中国之实况"及"中国与反帝国主义"2节）。更为清晰的说明，见书中有关章节。

### （一）关于帝国主义的定义和解释

帝国主义的英文原名，望文生义，容易误解为有皇帝的国家。其实不然，"此帝国二字，非指国体而言，乃指强盛国家对于其他弱小民族及国家所施行的一种政策。其手段之毒辣，结果之可惊，比之君主之对于人民，尤厉害万倍"。刘文海之书将帝国主义译作"大国家主义"，意谓国家主义为自卫的，正当的，大国家主义即帝国主义为损害他人的，自私的，二者性质迥然不同。但对比国家主义和帝国主义的英文原意，后者丝毫没有国家涵义，故刘氏译名，"不过为权宜计，实不甚妥切"。近年来，我国受帝国主义者侵略的痛苦，以及有志之士提倡反帝国主义，"帝国主义之名词，遂成社会上最流行之一事物"。不但报纸的记载，宣传的标语，公共的演说，私人的口头，时得见其面闻其名，即三尺之童子，亦能口讲而指划。然而一问帝国主义究为何物，其特征何在，恐怕绝大多数人不能回答。所以，我们反帝国主义，非彻底明了帝国主义的性质与特征不可。历年解释帝国主义的学者，多于过江之鲫，但大致可分为三派。除了哲学派的曲解和历史派的说法外，可见马克思派的解释："帝国主义之武力侵略，乃其外形，其基础并非人心不善，乃资本主义发达极盛时代之产物"。这样说明帝国主义，"颇为中肯"。其学派极多，最显著者共四派，"皆属马克思主义"。

一是考茨基的"工业资本政策的帝国主义论"。他说："帝国主义，系工业资本主义非常发达时之产物，即各个工业资本国家努力于并吞农地而发生之侵略现象。因工业国家制造之货物，在己国不能销售，则非向农业国销售其过剩货物不可。于是帝国主义，由此发生。盖工业国富于制造品，农业国富于原料品。工业国吸收农业国原料品，农业国之制造品，亦须仰给于工业国。从经济方面观察，工业国有侵略农业国之必要。又工业国军械精良，容易征服农业国"。大如世界第一工业国英国，小如弹丸之法兰西，均征服亚非等农业国。"四万万众之中国，因以农立国，仅足维持国家之兵力，亦不克创立。历年与资本国家宣战，屡次败北"。此皆足以证明农业国家军事上之弱点，"帝国主义者，实为一侵略农业国的资本主义。是以帝国主义的世界，工业国为宗主国，农业国为殖民地"。这是考茨基说明帝国主义之大概。"此说固有一部分之真理，但是仅足以说明十九世纪以前资本主义的现象。现代帝国主义侵略的方式，不仅在于货物销售，而尤在于财政的统治"。

二是希法亭（原译"喜尔科丁"）的"金融资本政策的帝国主义论"。其学说要点，"大概以帝国主义为发源于近代之资本金融政策"。其大意："银行之发达，从时间上，可分为两期。第一期，为银行借贷营业期。第二期，为银行侵入于工商期。银行之初期，不过是放款存款死资本事业，在社会上不占重要位置。自工业发达，交通发达，银行存款渐多，工业上亦正需多量资本，银行逐次侵入于工商业界，遂入第二期。银行既经营工商业，不但一切工厂，归其支配，即远在数千里之铁路轮船，亦在其掌握，全国之市场亦受其指挥，巨大之矿山亦供其开采。银行家渐次变成工商业之主人，而旧时之工场主商业主则反降于一种代理人之地位。而原属于银行之资本，遂由此夺工商业之资本而代之，即名曰金融资本。金融资本，不但操纵一国之经济界，实际上为各种事业之支配人。现代政治，名义上虽有民主共和，有国会内阁，而实际政权，操于少数匿名银行家之手，形成财阀专政。以上为银行由第一期至第二期经过之情形"。金融资本的政策，能使帝国主义发生的理由是什么？据希法亭之说，原因有二：一则"金融资本，实含有获得新领土最强之欲望。且侵略之程度，实较工业资本更为厉害。盖工业资本，以输出货物为目的，金融资本，则以资金输出为主要，二者极端相异。夫货物输出，所受限制极大，资金输出，所受限制极小"。二则"资金输出于殖民地，于银行既无危险，且有大利"；资本既容易收集，投资地方亦毫无限制，每得一新殖民地，皆可作为获得新利益的媒介。"此实为金融资本政策含有侵略性质之原因，而为帝国主义发生之原动力"。

三是列宁的"资本主义最后阶级的帝国主义论"。列宁论帝国主义，较之希法亭又进一层。据列宁之说，"帝国主义是垄断时代的资本主义"，特征有五：其一，"生产与资本集中至最高度，垄断由此而生。资本主义之初期，为自由竞争，其后则渐次发展，依资本集中之定律，资本屡次集中，贫者愈贫，富者愈富，经济状况，大起变化。一方面，小资本者破产，一方面，大资本家扩张势力，操纵全国经济之命脉。全国资本，操于少数人之手，此少数人，鉴于互相竞争之损失，于是组织新棣加（今译辛迪加——引者注）、托拉斯等，独占机关，垄断生产，霸占市场"。其二，"银行资本与工业资本镕合，并支配工业资本而建立财政的寡头政治。现代银行之特质，由于放款存款之死资本事业，而透入工业。银行放债于工业家，扩充银行领土，使各种工业托拉斯，成为银行联号。而银行资本遂镕合于工业资本，握全国经济之势力，攫取工业归其掌握"。其三，"资本之输出，异于货物之输出，而有特殊的重要。旧资本主义自由竞争得势，其特殊现象，即货物输出。新资本主义垄断得势，国内原料及劳动力疲乏，不得不转变方向，改投货为投资，加紧向殖民地剥削"。其四，"资本家组成国际垄断的大组合，瓜分全世界。托拉斯既占国内市场，而国内市场与国外市场，有密切关系，于是不得不国际化，而组织国际托拉斯。银行资本集中，钢铁工业发达，而国际竞争剧烈。资本家为避免冲突计，不得不有国际独占之组织，以分割全世界之原料及市场。国际托拉斯之垄断，有时公开，有时秘密"。资本主义者以为借此可以废止世界市场的竞争，间接可以保持各国间的和平。"实则此说无异痴人说梦，盖此等财阀，皆贪婪无厌。而现代资本主义，又以垄断为特质。故虽有名义之联合，而各国暗中皆思一有机会，即攫取全世界，归其垄断，而建立法国或德国或英国统辖全世界的帝国。故此种组合，不但不能保证世界和平之维持，反为帝国主义互相冲突之动因"。其五，"最大之资本主义国，瓜分世界，业已完毕"。列宁从地理学书中，引出欧美列强的殖民地获得面积比较表。据此，凡地球上的荒僻地方，于 20 世纪之初，悉已为人所占领，亚洲与非洲已无余地可分。"除向所有者夺取而外，实无别法。盖五六十年前，地球表面未经人占领之地甚多，凡有志殖民者，可不与他国冲突，而自由获得土地。是以不久而世界土地，皆被占领无遗。一国欲取新殖民地，必侵入他国地域，而发生冲突。且列强之境界，均犬牙相错，即仅前行一步，亦侵入他国境界，虽欲不相冲突而不可。不但侵入一等强国之领土内，发生危险，即小如葡萄牙、比利时、荷兰之殖民地，亦不能任他人侵略。非此等小国之富于抵抗力，盖背后大有人在。即藉保持黄黑两大陆均势为名，而干涉他国之侵略。是以现在之世界，已分割完毕。各国之境界业已确定。资本主义之列强为黑色黄色最后大陆之分割，必有引起世界战争之出现"。"帝国主义之特征，起于垄断而终于世界分割。故帝国主义即资本主义的最后阶段"。

四是帕夫洛维奇（原译"巴布鲁"）的"钢铁政策的帝国主义论"。此实为马克思主义"最新之学说"。帕氏说："由钢铁工业发达为工业中心，乃成军国主义。考工业发达之过程，轻工业发达在先，重工业发达在后，资本中之不变资本渐加，而可变资本渐减。因工业进步，机器及其他生产工具，渐占资本之多数，而工钱、材料之价值，逐渐减少。十八世纪时不变资本与可变资本，为一与一之比，而现在则为七与一之比。不变资本中以钢铁为主要部分，故钢铁工业虽发达较缓，而现今已驾乎各资本工业之上"。"十九世纪资本主义之重心，自纺织工业而移于钢铁工业。不仅为发达各工业的基本工业，且将和平的资本主义，一变而为侵略的军国主义，增加帝国主义侵略殖民地之欲望"。其原因：一则"纺织工业之发达与否，全恃社会之购买力如何，羊毛棉花亦需仰给于农业国。故纺织时代之资本家，通常反对战争，带有和平主义之色彩"。二则"钢铁工业至要生产，为军用器及铁路煤铁等原料，不必仰赖于农业国，铁路或军港可以深入荒原沙漠，扩大侵略范围，故钢铁与军事及殖民政策，有密切关系"。"钢铁工业，固赖战争及侵略而发达，其实侵略政策，亦有赖于钢铁工业。钢铁工业发达，军事上必占优势"。帝国主义工业，以军用工业为主体，托拉斯以钢铁最有势力，煤炭、电气、炼油完全受钢铁托拉斯的支配。战争中一切企业皆受损失，钢铁工业反形发达。因此银行家及钢铁托拉斯常与国家勾结，造成破坏人类的战争。钢铁托拉斯最重要的营业为铁路，在军事运输上亦极重要，而铁路问题，更为各帝国主义间之导火线。各国竭力伸长铁路，实为欧洲大战主要原因。

根据以上四种学说，获得帝国主义的概念："最后阶级的资本主义，银行资本垄断一切生产，专利代替自由竞争。国内资本及劳动力，国际市场及殖民地，莫不为银行家及托拉斯所把持。银行托拉斯，专以榨取劳动及殖民地为生活，扩张军备，发达钢铁工业，而酿成帝国侵略"。综观三派之说，"哲学派就帝国主义立场发论，为帝国主义者之偏见，不足为据。历史派太觉浑含，不足说明现代帝国主义之真象。马克斯派，虽皆就唯物史观立论，而说明现代帝国主义之内容，纤毫毕露，故当以马克斯派为准"。"简言之，帝国主义者，乃强大国家对于弱小国家及民族所施行一种目的与手段。其行动之表现，为政治的侵略，其根基实在于经济要素，而尤以生产关系为重要。政治其果，经济其因也。马克斯派对于帝国主义之定义曰：'帝国主义，即最后阶段的资本主义，生产与资本集中至最高度，财政资本垄断市场而形成军国主义与财阀专政。'汪精卫对于帝国主义之定义曰：'凡一国家，利用其政治军事上优越的势力，对于其他国家或地方或民族，施行经济侵略者，曰帝国主义。'前者就帝国主义之内容而立论，后者就帝国主义之行动立论，读者衷合二说，于帝国主义之定义，当了然于心中"。①

看完上面的论述，方才发现，除了一头一尾分别引入刘文海和汪精卫的相关定义之外，其余的内容，与文砥等人翻译并于 1927 年出版的《帝国主义的政策底基础》译本，完全相同，惟表述上有所精简。其中对马克思主义四派的排序，考茨基按本名翻译、希法亭译作"喜尔科丁"、列宁译作"李宁"等，也完全一致。惟有巴布鲁的译名，为此书所自创。文砥等人的译本里，只保留其外文原名 Pavlovitch，没有中译名，故此书无从因袭。这位 Pavlovitch，今译帕夫洛维奇，正是文砥译本的原作者，并借助其原作而把自己有关帝国主义的定义，列为所谓马克思主义四派的代表性观点之一。四派的观点，后来在韩亮仙编著并于 1928 年出版的《经济地理与国际问题》（见后述）里，又补充加入卢森堡的观点，再次出现过。可以注意，李士刚编书之"卷头言"所推荐的各种著作，第一本便是巴布鲁的《帝国主义政策的基础》，但没有注明这是原作还是译本，似乎编者直接译自外文原作。其实从此书的内容、译名以及附列英文原名的拼写错讹之多来看，更可能是抄录式参考文砥译本或类似的转述本。然而编者所列的 7、8 本参考书，恰恰没有这些译本或转述本。这不知是编者的疏忽，还是有意为之，以显示编者参考中外书籍之广博。

尽管如此，此书在揭露帝国主义的真面目方面，有一点是明确的。认为其他非马克思派的定义和解释，不是带有偏见如哲学派，就是过于含混如历史派，唯有马克思派基于唯物史观的说明，才颇为中肯，应当以此作为认识现代帝国主义的准绳。具体说到马克思派的四种学说，就其内容而言，此书的叙述也较为简洁和明确，基本上概括出各自的特点，尤以对列宁所阐述的帝国主义五个特征，有清晰的表达（这个表达，显然也不是引自列宁的《帝国主义论》原著，而是另有借鉴）。可是，一旦脱离借鉴的依据，由编者自行归纳或判断，问题就出现了。如认为从考茨基到希法亭到列宁再到帕夫洛维奇，对帝国主义的说明，属于层层递进而深入的一脉相承关系，尤以帕氏之说，代表了马克思主义的最新学说；这个看法，显然未能了解这些学说之间的联系与差异，特别是有些学说偏离马克思主义之处。又如归纳有关帝国主义的概念，试图将四种学说的内容拼凑在一起，东截一块，西补一处，反而削弱了对帝国主义本质的认识。再如将汪精卫关于帝国主义的定义，与

① 以上引文均见李士刚编著《帝国主义的真面目》，上海大东书局 1928 年版，第 3、8—27 页。

马克思派的定义并列为理论与行动互补综合的完整涵义，虽说旨在表达弱势国家和民族如中国反对帝国主义经济侵略的意向，却属牵强附会，并非马克思主义理论学说指导下的实际运动。

**（二）关于帝国主义的发展**

帝国主义作为最后阶段的资本主义，其若干特征，皆由资本主义发展而来。"欲明了帝国主义之发展，不得不先说明资本主义至帝国主义之过程"。

一是资本主义的发生。自财产私有制成立，至14、15世纪，为资本主义的酝酿时期。自15世纪末，欧洲人发现新航路，觅得美洲、印度，欧洲的工业生产品，获得广大的市场及殖民地，资本主义逐渐成立。惟当时欧洲尚在手工时代，交通仍用旧式工具，无大生产可言。自18世纪末叶，迄19世纪初期，实业革命完成，各种产业，由手工工业而入于机械工业，趋于大生产化；交通机关，由帆船、马车而进于汽船、火车，能为完全大量之运输。于是货物的分销，原料的采取，日趋便易，资本遂能为巨量之集中，资本主义乃完全成功。

二是资本主义的特征。在资本主义组织下，必发生两个阶级的对立。一为有产阶级，通称资本阶级。一为无产阶级，通称劳动阶级。自产业革命，打开农业国的闭关生活，破坏手工业个人主义的生产，及乡村农民的静谧生活。"手工业者及农民，既失其生活，只有售去其家具及田产，至劳动市场，贱卖劳动力，是为劳动阶级。资本家有工厂、原料、机器、劳力及广大市场，于是开始生产，机器发动，工人流汗，结果商品出现于市场，大量之剩余价值，回至资本家手中。劳动者除贱卖劳力所得之工钱外，一无所有。资本家独揽一切，垄断所有权，垄断管理权，剩余价值亦归其所有。此种组织，不啻以资本家为单位，故名曰资本主义。而其特点，亦在此处。马克斯之言曰：'比较有多数的劳动者，在同一资本家支配之下。以同时同地而从事于同种货物之制造的一个事实。不论在观念上，历史上，都为资本家第一之出发点。他们的制造事业如愈发展，他们的范围即愈扩大。由无意识的分业，进而为有意识的分业。组织上，系统上，由一个工场而跨数工场。其结果，这一种事业愈为大规模之发展。'① 观此可于资本主义之特征，更加明了"。

三是资本主义的制度。"货币制度，为资本主义之起源。但货币作用之不同，

---

① 这段马克思的引文，实际上将两个部分拼合在一起。其今译文见《资本论》第一卷，人民出版社2004年版，第374、421页。

而名称即有种种。据马克斯《资本论》之分类，货币如用之于生产事业，则称为生产资本。如用之于商业方面，则称为商业资本。如用于借贷方面，则称为附利资本。此三种资本，互有密切之关系，不能分离"。根据马克思的说明，生产的关系公式为：$G—W\begin{cases}Pm\\A\end{cases}—W'—G'(G+g)$。$G$ = 金钱，$W$ = 货物，$Pm$ = 生产工具，$A$ = 劳力，$W'$ = 新货物，$G'$ = 新得金钱，$G$ = 原有资本，$g$ = 新赚利益。依据公式，资本家以金钱（$G$）购买货物（$W$，含有生产上所需的工具 $Pm$ 及劳动力 $A$），投下的资本，称为生产资本。购入货物后，经一次消费，促成一种新货物（$W'$）。此种货物，由生产资本变形而来，可称为货物资本。新货物经过一次买卖的形式，收回资本，原有的货币转型为新得金钱（$G'$）。新得金钱，除原有货币（$G$）外，尚有新得的一种利益（$g$），"此即所称资本家赚得之红利，马氏称之为剩余价值"。"此时资本家，再以原有资本从事生产，名曰单纯再生产。如将其资本所得利益，全部加入而从事于生产，名曰扩张的复生产。如是照报酬递增法则，货物既得大量之生产，资本为无限之增殖，而生产资本，日趋膨胀"。商业资本增殖的循环路径，如下表：$G—W—G'(G+g)$。资本家以货币资本（$G$），购得工业资本家所造的货物（$W$），又以一定价格，经过买卖形式，取得新资本（$G'$）。此资本不仅含有原资本（$G$），且加上新得的利益（$g$）。"工业资本与商业资本二者，甚有关系。二者相同之点，即俱使原有资本之新所得，为货币之实现化。而相异之点，即在资本之流通行程。因商业资本，实为工业资本流通行程中之一段，其相关处，即工业资本非依商业资本不能使货物化为货币价值，而商业资本又非工业资本不能为无限之扩张。二者互相为用，而商业资本，本为工业资本之附属品，商业资本之事务，本为工业资本之一部。后因工业为大规模之扩张，乃分离而独立"。附利资本流通的路径，如下表：$G—G'(G+g)$。资本家以自己所有的资本（$G$），经过借贷关系，复返于原有的资本家。新还的资本（$G'$），不仅含原有资本（$G$），且新加入一部分资本（$g$），通常称为利息。

四是资本主义侵略的手段。"资本主义以侵略为生命，不特对于国内之劳动者为然，即对于殖民地及半殖民地之国家亦如是。其侵略之手段，即在工业资本、商业资本、附利资本之三种循环行程。再伸言之，即工业资本家以工场为中心，商业资本家以商店为中心，附利资本家以金融机关为中心。对内对外，其资本以一定之时间，经过一定之流通行程，行一次资本之膨胀。于是时间无限，流通行程无限，而资本遂为巨大之膨胀。资本家高车驷马，坐享厚资。劳动［者］为资本家日作八小时以上之工作，而其所得报酬，仅一小部分。资本家自劳动者身上，榨取剩余价值。至劳动者血汗出尽，即驱出工场以外。劳动者所得工资，不足以养妻子，而童工女工日益加多，为资本家之奴隶。且此种侵略手段，不特对于其国内如斯，而殖民地及半殖民地之人民，其受资本家侵略，且更进一步。彼等当出卖原料时，已受资本家之剥削，迄购买工业品等，又受第二次之榨取。于是该地居民，遂渐次降为无产阶级，失业人民愈形增加。浸假而富户变为中户，中户沦为第四阶级之劳动者，及无业之流氓"。中山先生谓我国无富人，中国所谓资本家，比起外国资本家，不过一贫人，中国只有大贫小贫二阶级，而无富人。"可知中国之财富，皆由资本家之三种侵略收括而去，中国人民处于被压服之一阶级"。

五是资本主义生存的两大条件。市场获得与投资地独占，"此二点，在世界近世殖民史、外交史、商业史上，占重要之地位。资本主义之生存与发达，全恃此二点以为维持。按资本主义之组织，内容含有极大矛盾之存在。第一矛盾点，资本家专以制造货物为目的，劳动者制出之货物愈多，则资本家之利益愈巨。然资本家欲继续享得巨利，必将货物化为货币，再行制造货物不可。惟机械制造商品，速率快而分量又多。此大量大生产，资本阶级固消费不尽，而无产阶级又未具大购买力，货物遂呈生产过剩之现象。第二矛盾点，资本主义之目的，是在牟利，其趋势即为资本集中。然此种现象，使资本家拥资日富，资本阶级以外之多数人日趋贫乏，而社会购买力亦日趋减少。于是货物销路日减，而呈生产过剩之现象。此二矛盾点，实为资本家之制命伤。资本家欲求销纳过剩之商品，遂不得不觅取殖民地，及侵略非工业国家，而攫取新市场。然非殖民地及工业国家，对于资本主义之货物，无甚需要，且亦无购买资力。于是资本家更投资于其地，如开辟商埠，修浚河道，航行轮船，敷设铁道，开采矿山，供给借款等等，使变为资本主义之国家，为其过剩货物之销纳地。故资本主义之不至崩溃，全赖投资地与新市场之获得。试观近世史之国际交涉，无非投资地之争夺，新市场之竞争。即我国八十年来之外交失败史，利权丧失史，皆可用此二点以说明之"。

六是资本主义的帝国化。"资本主义发展之结果，则为经济帝国主义。其特征，对内以资本家为单位，而垄断一切特权。对外亦以资本家为重心，而使其他国家民族政治上受其支配，经济上受其榨取。故现代帝国主义，必联带资本主义，即李宁氏所谓最后阶级之资本主义是也。试伸论之，人类自有史以来，每呈阶级斗争之现象。即通常一社会或一国家中，有两种阶级之对立，一阶级立于支配地位，其他一阶级立于被支配地位。优越阶级为欲长久维持其特权起见，必攫取政治经济之特权，以维持其优越之地位。如实业革命之前，贵族僧侣大地主为国家之优越阶级。自工业革命，皆行推倒，一切政治上经济上之权利，反落于第三阶级资本家之手。政治之表面，虽有宪法议会，以平等自由为号召，其实仍不外以资本阶级为中心，以维持特权之利益为本位。一切对内对外政策，皆以此为标准。故国家系资本家精神所组织而成，国家赖资本家之维持，而向外发展。资本家以国家为后盾，而到处肆其经济之侵略。二者辅车相依，不可复离，而帝国主义于是成立"。①

以上叙述资本主义的发生、特征、制度、侵略手段、生存条件和帝国化，除了发生一项有历史共识之外，其他内容基本上都是从马克思学说中引用或引申而来。例如：关于资本主义的特征，归纳为有产阶级与无产阶级，或资本阶级与劳动阶级的对立：失去生产资料的劳动阶级不得不在市场上出卖劳动力，靠雇佣工资维持生计，而垄断生产资料所有权及管理权的资本阶级，通过榨取工人的血汗而获得剩余价值；引用马克思在《资本论》第一卷第4编相对剩余价值的生产中有关"协作"和"工场手工业的资本主义性质"的两段话，明了这一特征。关于资本主义的制度，主要引用《资本论》第二卷有关生产资本、商品资本和货币资本（实为第三卷中的生息资本）三个循环公式，说明剩余价值产生于资本的简单再生产和扩大再生产，经由流通过程来实现。关于资本主义的侵略手段，实则内含两层意思，一层意思是说资本家对国内工人的剥削，更多涉及包括剥削女工与童工在内的绝对剩余价值的生产方式；另一层意思是说通过在殖民地和半殖民地掠夺原料和推销工业品，让那里的人民遭受双重榨取，涉及对外经济侵略。关于资本主义的生存条件，概括为争夺国外市场和独占国外投资地，由此引出资本主义组织的两大内在矛盾；两大矛盾，其实指向同一回事，即资本主义以牟利为目的，一边不断扩大生产和实行资本集中，一边造成更大的贫富差距，结果大量商品因缺乏购买力而无法转化为货币，导致生产过剩，成为资本主义的致命伤；为了缓解这个矛盾或防止资本主义的崩溃，资本家转向国外去争夺新市场和投资地，这是从资本主义积累的历史趋势所推导出来的结论。关于资本主义的帝国化，以经济帝国主义立论，体现为对内以资本家为本位而垄断一切特权，对外以资本家为重心而对其他国家和民族实行政治

① 以上引文除另注外，均见高希圣译《帝国主义的真面目》，上海大东书局1928年版，第28—38页。

支配与经济榨取，也就是列宁所说的进入资本主义发展的最后阶段；这是阶级斗争学说在新的历史阶段的表现形式，资本阶级在宪法民主和自由平等的名义下，一切政策以维护本阶级的特权利益为中心和标准，由国家作后盾，对外肆意经济侵略。

可见，本节论述从资本主义发展到帝国主义的实际进程，其分析依据，几乎都取自马克思学说或被看作继承马克思学说的列宁学说，如同前节论述帝国主义的界说，其理论依据，也都来自马克思派的各种定义与解释。本节与前节的关联，实际上从资本主义的本质特征和内在矛盾，引出资本主义发展到一定阶段，必然转化为帝国主义的结论，这也是运用马克思学说，进一步揭示帝国主义的真面目。不过说到本节对马克思经济学说的理解和引述，又如同前节对马克思派的帝国主义定义诠释，存在明显缺陷。如按照自己的分类去讲解从资本主义到帝国主义的过程，随手寻找马克思学说的证据，虽然看起来比较简易和便于记忆，却只是穿梭式引用一些概念或结论，无法深入了解其理论内涵；引用马克思的原话来强调资本主义的特征，既不准确，亦非典型；接触《资本论》第一第二卷的若干内容，但浅尝即止，而且用第二卷资本循环过程的三个公式去说明资本主义的制度，有些答非所问；归纳资本主义生存的两大条件及其两大矛盾，前者有点类似卢森堡的观点，但更为狭窄，后者不免同义反复；用列宁关于帝国主义是资本主义最高阶段的论断去说明资本主义的帝国化，同此书自己的说明不相吻合，连带出阶级斗争学说，也未能讲清其中的道理；等等。由此亦可见此书编者虽然重视马克思学说对揭露帝国主义的指导作用，但在引用马克思学说方面（或在引用他人所转述的马克思学说方面），存在的毛病是求其广博，不求其准确、严谨和深入。

### （三）关于反帝国主义的运动

包含三点：其一，论及帝国主义基础的动摇：欧战的结果，帝国主义最庞大的俄罗斯帝国，已归于覆灭；世界六分之一的土地，脱离帝国主义的区域。"苏俄之政策，在西方主张联络各国无产阶级，从事于共产之宣传。在东方则提倡各弱小民族之独立，为帝国主义者之劲敌"。"一切殖民地与半殖民地民族，已于继续的民族运动中，表示其自觉。此等自觉，因苏俄与土耳其革命独立，与以暗示，且与以模范。其最大之意义，则为苏俄与土耳其能以民族群众的势力，而打倒强有力的帝国主义军队"。帝国主义本国，因群众失业，生活程度日益低落，货币日益跌价，不得不陷于贫穷的境遇。而货币跌价，又使中等阶级失其储蓄之资。"此种经济上之惨淡与恐慌，足使阶级斗争，更形激烈。其结果必至于将大多数民众，驱入革命战线之内，而兴起无产阶级大革命，而与经济帝国主义为敌。即马克斯所谓资本家自掘坟墓，速其死亡"。根据以上现象，"乃知帝国主义之基础，已被摇动，其崩溃之远近，惟在被压服民族努力之程度而定"。

其二，论及世界无产阶级的革命：一是第三国际的组织。世界无产阶级的结合极早，1864 年产生第一国际，"系革命的理论宣传，代表工人的阶级之觉悟"；但其基础并未建立在广大工人群众上面，故普法战争后，无形消灭。1889 年成立第二国际，"系工人组织之群众化"，拥有 2 千余万会员。"第一国际之主张，不过问政事，第二国际渐树立政党，夺取政权，从事推翻资本家之运动。惟因欧战之爆发，而发生分裂"。第二国际的首领，提倡保护祖国，加入帝国主义，从事战争。到 1919 年，"革命的工人阶级，遂开始组织第三国际，及赤色职工国际。第三国际形成，以苏俄为中心，从事世界之革命"。现在职工国际所属的工人，已达 1300 万人，"为帝国主义之劲敌"。

二是苏俄与世界革命。欧战后的工人阶级，不仅发展成为革命的国际组织，而且夺取一部分政权，"建立苏维埃政府，成为世界无产革命之总指挥部"。苏俄成立之初，主义激进。外部为帝国主义者所反对，实行经济封锁；内部得不到各地同情，乌克兰、高加索诸邦，皆离俄而独立。"李宁政府，厉行共产政策，国内经济秩序益紊，灾荒叠见，内乱时起"。自 1923 年（实为 1921 年——引者注）改行新经济政策，国内政治渐趋轨道；国外获得 20 余国的正式承认；乌克兰诸邦亦取消独立，与苏俄联合。"破坏之时期已过，建设之时期开始，已正式成为一巩固之国家。且彼不但以建设工人政府为目的，更从事于世界无产阶级革命之宣传"。其宣传步骤，一则"依马克斯所作《共产党宣言》，世界工人联合起来，今共产党所注意者，无非联络世界工人，使其为强有力之组织"；二则"引起阶级之自觉心，使全世界劳工，认定资本家为彼等之仇人，共起而对付之"；三则"工人既有强有力之组织，又有阶级之自觉心，然后采用武力革命手段，以推翻现在之资本阶段。盖资本阶级，已有数百年历史，根深蒂固，不可理喻，非用武力，决不足打倒"；四则"资本阶级势力既被铲除，全国政权及经济，由劳动阶级主持，分配大权，操其掌握，务使资本阶级，死灰不能复燃。然此仍非共产党之最后目的，其最后步骤，最后目的，乃在第五条"；五则"马克斯之所谓无阶级，因资本主义消灭，全世界均化为一劳动阶级，彼时世界大同，如登天堂，不惟无阶级之可言，且无国界地域人种之别"。"苏俄不但仅从事口头之宣传，且从事实际之工作，德国、捷克之共产运动，皆与苏俄有关，虽事未成功，亦可见其势力之巨"。

三是各国无产阶级的骚动。欧战的结果，帝国主义方面，不但俄国革命，德国战败，使帝国主义同盟组织自行破裂；而且战后工人因生活痛苦及失业人数增多，不得不趋向革命之途。德国工人，累次暴动，虽为帝国主义者苦心孤诣所压服，但现时失业工人仍有250万之多（1925年）。一般工人，生活困难，达于极点，终有爆发之一日。夙号和平之英国工人，亦因煤矿厂主欲减少工资，恢复八小时工作，酝酿至五月四日，宣布总罢工，全国工人响应，使英国趋入恐慌时代，火车、电车等俱停止，交通阻碍，报纸停刊。相持数月之久，帝国主义者万方压迫，虽使煤工复业，而终未彻底解决。"昔日帝国主义包围工人阶级之国家，今由工人阶级包围帝国主义之国家，可知世界革命之时期，已达成熟之度"。

其三，论及弱小民族运动的勃兴："其原因，一为殖民地半殖民地，被帝国主义压迫剥削之反动。二为民族自决潮流之刺激之自觉。其尤要者，为苏俄世界革命之指挥，与土耳其革命成功之暗示"。欧战时协约国拟利用全世界中立国家，一致参战，由美国总统威尔逊以民族自决为号召。称德国用武力压迫欧洲协约国，主张打倒德国强权，令世界上各弱小民族，以后皆有自主的机会。此种主张，颇为世界所欢迎。我国亦追随美国之后，对德宣战。迨同盟国战败，协约国得胜，巴黎和会，纯为五大强国（英、美、法、意、日）所把持，威尔逊主张的十四条，维持世界和平、容许弱小国家民族自决之说，"等于一张废纸"。"各种议案，皆以五大强国之利益为前提，世界弱小民族，非但不得自由，且以后所受压迫，比以前更甚"。欧洲诸小国如波兰、捷克，各帝国主义者为自身之利益，尚令其独立的机会。"至于亚洲诸弱小民族，自决之愿望，几等于零。各弱小民族乃大觉悟，以前帝国主义者之宣传，乃系骗局，民族之自决，非本身解决不可。适当时苏俄、土耳其之革命，更与以暗示及模范，而苏俄之东方宣传，尤予弱小民族之运动以莫大助力"。苏俄的东方宣传，开创于俄人驻库伦大使舒氏，其继承者威氏，任东方管理部长。两人皆曾到东方，实行运动事业，韩国的少年派与中国的共产党，皆二氏所建设。第三国际会议决定，组织东方革命运动机关，以日本社会学者片山潜主其事，并提出50万金卢布为东方宣传费。苏俄的东方宣传，以各使馆为机关，派员加入各民族团体，从事工作，并助以军械，与以津贴。其国内设立东方共产大学，学生、教员达千余人，东方各国皆有之，国别达14国之多，专养成东方共产人才，其学科除俄文外，皆教授关于共产的学科。"苏俄之东方宣传，虽其用心不甚纯正，而与东方各国革命之助力，其力亦不可没"。①

以上论述反帝国主义的运动，可以说是前述有关帝国主义的界说与发展的理论说明，在实践上的印证与延伸，也可以说是运用马克思主义观点，观察战后反对帝国主义的世界性潮流。如果说前面的理论说明，尚存在若干缺陷或不足，这里的实践观察，较之同期其他著作的类似观察，更加全面和有条理性。列举三个方面的典型因素：一是帝国主义基础的动摇，主要指帝国主义阵营的分裂与内部矛盾激化，战败国如德国的势力衰微，处于被追究战争责任的受压迫地位，战胜国亦面临因战争而带来的经济惨淡与恐慌境遇，由此引起国内激烈的阶级斗争，其资本阶级如同马克思所说，正在自掘坟墓；苏俄革命的成功崛起，不仅脱离帝国主义阵营，还通过联络各国无产阶级从事共产主义的宣传和提倡弱小民族的独立，成为帝国主义的劲敌；殖民地与半殖民地持续的民族运动，在苏俄革命和土耳其独立的示范与启示下，日益自觉，加入打倒帝国主义列强的行列。二是世界无产阶级的革命，主要表现为第三国际即共产国际的成立，继承第一国际的遗志，纠正第二国际后来转向帝国主义战争的立场，以苏俄为主导，形成指引世界革命的中心；苏俄政府作为世界无产阶级革命的总指挥部，在列宁的领导下，改变国内激进的共产主义政策而推行新经济政策，不仅走上巩固国家的正确轨道，而且按照马克思学说，联合全世界无产者以形成强有力组织，培育全世界劳动者与资本家斗争的阶级自觉性，通过武装暴力革命推翻资本阶级的统治，由劳动阶级掌握全国政治和经济大权，最后实现无阶级无国界无地域无人种区别的世界大同等一系列步骤，在世界范围内进行无产阶级革命的宣传；帝国主义各国的工人趋向于阶级革命，改变过去帝国主义包围工人阶级的态势，形成现在工人阶级包围帝国主义的态势，说明世界革命已达到成熟时期。三是殖民地半殖民地民族运动的勃兴，主要反映为被压迫民族反抗帝国主义的压迫与剥削；战后列强把持巴黎和会以谋求自身利益，违背世界和平让弱小民族独立的承诺，使弱小民族觉悟到民族自决只能靠自身来解决；以及苏俄给予世界民族运动和东方各国革命以极大的助力，哪怕这种宣传和帮助夹杂着不很纯正的用心。

应当说，这三方面因素，从帝国主义自身基础的动摇，到以苏俄为代表的世界无产阶级革命的兴起，再到殖民地半殖民地国家的民族自决与独立运动的潮流，确实是从马克思主义角度，比较全面地概括了当时反对帝国主义的世界形势；梳理这

---

① 以上引文均见高希圣译《帝国主义的真面目》，上海大东书局1928年版，第84—93页。

些因素产生的内在与外在原因，如战后帝国主义因其固有矛盾而导致国内无产阶级与资本阶级的阶级斗争激化，苏俄经历内部政策的转化而从破坏时期进入建设时代并在巩固政权后开展世界无产阶级革命的宣传，殖民地半殖民地人民的觉醒以及在苏俄的榜样激励和实际帮助下掀起民族自治、独立与解放的高潮等，也确实是运用马克思主义学说，给予反帝国主义运动的时代因素以多种视角的分析。所以这些，在当时国内论述帝国主义的专著里，还比较少见。于此亦可见编者参考数十种中外书籍而编纂此书，得以吸收和综合各种观点，意在对帝国主义的研究能够详悉无遗，并非全是虚言。

### （四）结语

根据以上评介，这本小册子揭露帝国主义真面目，比较其他的类似专著，除了强调帝国主义对内经济压榨和对外经济侵略的本质特征为其共同之处外，至少有两个特点应予指出。一是不仅试图运用马克思学说来剖析帝国主义问题，还尝试综合运用于帝国主义阵营、与此对立的苏俄及其共产国际阵营、殖民地半殖民地的民族解放运动和东方革命运动等多重因素的理论与实践分析，初步形成这个分析的世界视野和理论系统。二是论述中国的反帝国主义形势（见第 5 章帝国主义与中国），不是就中国来论中国，而是放在全世界反帝国主义运动的背景之下，让人领会中国与世界之间的互动关系，决不是孤立无援的单独行动。这样的扩展式分析具有世界眼光，虽然未必需要深奥的经济学道理，但对开启国人的对外封闭眼界，仍十分有益。所以，编者在他的卷头语里，将此书的阅读对象，定位于普通民众和中小学生，由此也可体会编书者旨在启迪民众的普及用意。

### 四、《农民问题大纲》

唐仁著，励群书店 1928 年 12 月初版。大纲分 7 节，根据全书的结构和各节的题目，便能感觉到这是尝试运用马克思主义农业理论与政策来研究中国农业和农民问题的一部纲要式著作。其大意：

第 1 节 "中国农业的崩坏"，含 "从农业人口上观察中国农业" 和 "农业的衰落倾向" 2 目，指出中国农业人口占绝大多数的农业国特征，以及中国农业趋于衰落的现实。第 2 节 "资本主义与中国农业"，第 1 目 "资本主义三要素与农业"，提出中国农业崩坏的最大原因是资本主义的发展，分别分析反映资本主义特征的商品生产、生产机关私有和工资劳动制三个要素侵入农村或农业领域的表现；说到地主榨取田租极重，不仅使农民投下的资本回报低于一般利润，甚至连工资都不够，引用《资本论》第三卷有关名义地租不同于与工资、利润相并列并作为独立范畴的地租概念的一段论述。第 2 目"资本主义社会中农业的集中"，称中国是国际资本主义的农村，帝国主义的高技术产品代替了中国家庭手工业；帝国主义的侵入使商品经济发展，地主加紧对农民的剥削，富农也可以尽量剥削雇农而致富；帝国主义的勒索赔款和放债，最后均取之于农民；封建式军阀的统治，有苛捐杂税、战争和土匪扰乱，又有军阀官僚搜刮地皮，霸占农民的土地，可以推知中国大多数农民已处在"水干鱼自死"的境地。第 3 节"中国农民生活的不安"，含"农民生活不安的原因"和"农民生活不安的现象"2 目，列举许多实例、数据和各种反映予以分析。第 4 节"中国农村人口的构成"，第 1 目"农村中的生产者"，主要指农村中占绝大多数的自耕农、半自耕农、佃农和雇农四种农民，地位非常低下，生活非常不安，日益陷于恶劣的境地，这是农民问题所以成为严重问题的原因；第 2 目"农村中的敌对者"，主要指同样生活在农村并压迫生产者的地主和乡绅土豪；第 3 目"影响到农村的反动势力"，主要指不生活在农村却给与农村很大影响的帝国主义、军阀官僚及买办阶级，通常和地主及乡绅土豪结合起来，成为压迫谋求解放独立的农村生产者的反动势力。第 5 节"农民问题的意义及其重要"，第 1 目"农民问题的定义"，狭义的农民问题乃以农民的立场来研究摆脱现在农民所面临的经济、社会、政治、文化的困难及缺陷的方策，从广义方面说，一切社会问题都可归入农民问题；第 2 目"农民问题的地位"，劳动解放问题是现代社会问题的中心问题，其他问题都是附属的问题，农民问题和妇女问题、民族问题等一样，是帮助劳动解放的问题，其本身的解决也是在劳动问题解决以后；第 3 目"农民问题的重要"，这决不是一个等闲问题，非常重要而又急需解决，在农业国的中国，农民问题更加重要，尤其中国现在已转入农民革命时代，更加急需解决农民问题。第 6 节"农民问题的内容"，含三个问题，第 1 目"大小农经营的优劣问题"，属于理论上的重要问题；第 2 目"农民与劳动者提携问题"，属于战术上的重要问题；第 3 目"土地收用问题"，属于实际上的重要问题。第 7 节"农民问题的对策"，第 1 目"农民问题解决的趋向"，先提出解决这个问题有资本主义的与非资本主义的两条路；随后四目作为解决中国农民问题的参考，分别简单考察马克思、恩格斯、列宁和"伐尔加"（今译瓦尔加）对于农民问题的意见。

通过以上简介，这本大纲专题讨论农民问题，给人留下的印象，不是重新发现或发掘马克思主义的农业理论与政策，也不是系统考察中国特有的农民问题，试图从已有的研究成果中，把这两部分内容结合在一起，特别是按照马克思主义论述农业或农民问题的框架和方式，对应地填充中国农业或农民问题的实际材料。这样的结合，用著者在书末的附言来说，取材于河西太一郎等人所著的9本书，虽然显得有些生硬，却显露出较为鲜明的接受马克思主义理论分析和相应政策的思想取向。

例如，论及农民问题的地位，先设定一个前提，现在全世界"所有的社会问题归结起来，只是一个问题：如何推翻现在世界的资本主义制度"。由此展开的论述：现今资本主义制度中，一方面极少数人垄断生产工具，另一面数百万无产者缺乏生产工具，被迫出卖他们的劳动力以维持生活，垄断生产工具的资产阶级可以对无产者施行无限制的权力，任意剥削他们的剩余劳动以增加剩余价值，无产阶级在人口中的数量不断增加，"遂成了资产阶级的利息之不尽的源泉"；榨取剩余价值的有加无已，自然要引起无产阶级与资产阶级的对抗，同时资本主义社会基于个人财产和商品生产关系的无组织无计划生产，产生企业家之间相互竞争及定期恐慌等无政府状态，"这阶级对抗和生产无政府是资本主义制度两个根本的病症"；资产阶级为追求剩余价值而被逼着持续发展生产力，不断增加资本主义的统治，由此日益险恶地显露其资本病症，即剩余价值循环无已的增加，足以使生产日益集中，生产集中一面壮大阶级斗争，一面扩大生产无政府的种种恐慌，此类恐慌又转过来促进生产集中并加剧阶级斗争，如此循环不已，"所以我们可以说资本主义制度是随着它的发展日益坑陷在无以自拔的矛盾中"。到了帝国主义时代，垄断资本主义时代，资本主义的根本病症更加恶化：阶级对抗方面，垄断资本主义不独使生产更加集中，阶级悬殊更加厉害，阶级对抗更加紧张，并且为维持大的托拉斯生产，争取原料供给、商品销售地、资本输出及各种势力范围，必须对殖民地或附属国进行最无耻的剥削和非人道的压迫，因此引起当地的民族解放运动，这个运动对于无产阶级的斗争极为重要，在挖资本主义的墙脚，"将殖民地之帝国主义的后备队，变为无产阶级斗争的后备队"；生产无政府方面：一个资本主义国家所有重要的生产机关都集中在垄断的托拉斯和辛迪加手中，似乎消灭了自由竞争和生产的无政府，实际上"这种无政府症状是由国内的变成了国际的"，从前只影响一国的经济恐慌，现在影响到全世界，从前只是国内企业家间相互争斗的自由竞争，现在是国际托拉斯和整个资本主义国家相互间的争斗，从前以减价为工具的竞争，现在是帝国主义的战争；资本主义制度日益陷于这种矛盾现象，人类社会中的剥削、压迫、穷困、残杀、战争、仇恨等由此而生，要消灭这许许多多的不幸，看起来千头万绪，实际上很简单，只须取消剩余价值，"因为这许许多多的事件，穷根究底都是剩余价值作祟"。为了取消剩余价值的榨取，"必须解放劳动，使劳动与生产工具联结起来，增长全人类的共同幸福，而不为少数人所剥削"，一切纠纷将由此而解；"照这样看来，推翻资本主义的问题，只是一个劳动解放的问题"，解决这个问题以后，才能解决包括农民问题在内的其他现代社会问题。① 这些论述，从头到尾，讲的都是在全世界范围内推翻资本主义制度的问题，所运用的基本分析工具，也是马克思的剩余价值理论及其在自由竞争的资本主义阶段和垄断的资本主义阶段即帝国主义阶段的矛盾表现形式。由此得出的结论，落脚在整个劳动阶级的解放，也就是劳动者掌握生产资料并摆脱剩余价值的剥削上面，而农民问题只是附属在劳动解放问题后面才能解决的问题。这样的结论，对于资本主义发展比较落后而农民占绝大多数的中国来说，虽然提示殖民地和附属国的民族解放运动，但如何引导解决本国的农民问题，未免显得有些空泛。这也是那时引进马克思主义经济学的过程中，先拿来别人的研究成果作为指导原则，尚缺乏自己的独立调研分析作为基础的一种现象，反映了著者开始学习运用马克思主义经济学作为分析农民问题的理论工具，但还处于与本国实际联系不那么密切的早期阶段。

又如，论及农民问题的重要性，其根据："劳动解放的问题之出发点在现在就是实现劳动阶级执政，建立这个执政的条件及使这个执政巩固的问题。农民问题就是劳动阶级为政权的争斗找一个同盟者的问题"。国际上一般社会党人向来轻视农民问题，这不仅由于西欧的特殊状况，主要原因是这帮先生们"不相信劳动阶级执政，迟疑于革命，并毫不梦想过要引导劳动阶级夺取政权"，自然没有找同盟者的必要，"然而这是完全错误的"。农民问题的重要意义：一是在资本主义不发达的国家，农民在人口中占绝对的重要位置，即便在资本主义最发达的国家，农民在人口中仍占相当重要的位置；在资本主义制度的剥削压迫下一天天趋向穷困的广大农民群众，"只有与城市的劳动阶级联合起来共同做反抗资本家及大地主的争斗才有出路"，同时都市劳动阶级在解放斗争中为提高自己的政治地位，夺取并巩固政权，"必须尽量取得农民群众的信任做一个同盟者"。二是在资本主义关系动摇的时候，农民本为劳动阶级革命的后备队，同时又为资产阶级及大地主反革命的后备

① 以上引文均见高希圣译《农民问题大纲》，励群书店 1928 年版，第68—74 页。

队，差不多所有国家的统治阶级都以各种形式，用各种方法与农民阶级结成联合战线；统治阶级先在富裕农民中建立根据地，再利用富农在整个农民中巩固其影响，形成反抗劳动阶级革命的战线；对此，"劳动阶级若不迅速在农民中树立他的基础，破坏统治阶级在农民中的势力，要想夺取政权和巩固政权，是绝对不可能的"。三是现在的革命运动完全是国际的，而在世界革命运动中，"殖民地问题占一个极重要的位置"，"所谓殖民地问题实际上就是一个国际的农民问题，也可以说就是世界的都市与世界的农村之关系的问题"；从农民在全球人口中占很大比重的数量上看，"劳动阶级假使不取得这漫大的农民群众，要想推翻资产阶级的统治，取得世界的胜利是不可能的"。四是殖民地本身的农民占人口绝大多数，通常受到封建制度、资本主义的剥削，以及民族不平等的三层压制，中国农民还受到帝国主义的侵略及军阀的种种扰乱与苛求；广大农民群众到了饥饿无以为生时，必须起而反抗，"革命者的责任，就在领导这起而反抗的农民群众走上真正革命的道路，否则要想完成民族的解放及促进世界革命是不可能的"。① 这些根据，全都出于马克思主义，特别是布尔什维主义和共产国际关于农民问题的理论学说，著者只是把这些现成的结论拿过来放在自己的大纲里，当作认识农民问题重要性的准则，至于联系中国自身的实际，虽然比起前说有所触及，仍着墨不多。

另如，论及农民问题的内容，列举的三个重要问题关乎理论、战术、实际等要素，都以马克思主义代表人物的观点为依据。一是大小农经营的优劣问题，这个问题不仅和资本主义社会农业的发展倾向有重大关联，而且对将来农业社会化的理论基础也有重要意味，同时又是一个有争论的问题。主张小农经营优越论者以为农业与工业不同，雇佣许多农业劳动者的大经营不能同使用自己和家族劳动的小经营相比。然而小农经营的优点，在理论上略可承认，实际结果却反证了小经营的不利。主张大农经营优越论者从劳动生产力上看，技术上占优势的大农经营无疑要胜过小农经营。"大农经营的优越是自然的，小农经营的优越是畸形的"。大农经营在理论上的优越性经常不能实现的缘故，其内在原因不在大经营本身，而在资本主义制度：一则大农经营需要较大的资本，而资本主义社会的资本逐渐转移和集中到比农业有利的工商业上，以致大农经营有极大的障碍；二则农业最重要的生产手段土地不像工业的生产手段那样可以随意增加，扩充经营必须合并他人的土地，但这种可

---

① 以上引文均见高希圣译《农民问题大纲》，励群书店 1928 年版，第 74—80 页。

1920-1929 从民国著作看马克思主义经济学的传播

能性受到土地私有制度的严重限制；三则大农经营所必需的农业劳动力，因有减少倾向而感到非常困难；四则资本主义下的土地因继承制度而被细碎分割。这些原因阻碍了大农经营的发展，"如果资本主义一被撤废，这些障碍自然也就消灭，结果，大经营在农业方面也占优越的地位，使农业技术发达，农业生产力骤增起来"。二是农民与劳动者的提携问题，同样存在不同意见。有人以为有产者的农民和无产者的劳动者，或生产者的农民和消费者的劳动者，绝对不能提携，其实除了少数地主和大自耕农外，大多数中小自耕农的农民和劳动者的利害并不冲突；另外，农民得到土地分配的目标，像劳动者得到工业社会化的目标一样，只有打破资本主义制度才能实现，"所以打破资本主义制度是农民和劳动者的共同标的"，二者有必要和可能相互提携，"解决农民自身的各种问题"。三是土地收用问题。解决了土地问题，可算解决了大部分的农民问题。现在的土地私有制度是不应该的，土地是自然物，具有独占性质，集中于少数人会产生种种弊害；解决土地问题的普遍主张是土地国有，使公众享受此公有利益，问题是土地收为国有时是否给与赔偿。按照苏俄革命后的土地政策，原则上永远废除土地私有制，实际上只限于没收地主等大私有地，仍允许农民使用原有的私有地，不干涉小农的财产，把高度耕作的土地用作教育目的以图自耕农民逐渐转向社会主义的经营方法；"所以即使无赔偿收用土地，也是有步骤的，按着必经的过程而进行"。① 围绕这三个问题，面对正反不同的观点，著者的判断，均站在马克思主义的立场上，或以苏俄所颁布的土地法令原则作为标准，但仅此而已。也就是说，仅停留在理论上明确大农经营优越于小农经营，战术上或策略上强调城市工人阶级应当联合广大农民群众，实际上将废除土地私有制的目标与当前区别不同对象处理土地问题的方案结合起来。至于怎样解决中国的土地问题，只是说一定要看当时的客观条件和农民的自身力量才能决定，或者说，"只有农民自己有力量，土地问题才能解决"。这样的说法，等于寻到马克思主义解决农民问题的理论与政策原则，但如何应用于中国的具体国情，尚无着落。

再如，论及农民问题的对策，提出进入帝国主义时代，摆在中国面前解决农民问题的趋向，有两条路。第一条是资本主义的道路：面对资本主义国家应用新技术和新武器争夺世界市场，搜取原料地，征服殖民地与半殖民地的现状，遭受帝国主

① 高希圣译《农民问题大纲》，励群书店 1928 年版，第 81—103 页。

义剥削和军阀压迫的中国，"只能够非常痛苦迟滞的发展到资本主义的道路上去"；这条道路对于中国，就是流血的掠夺战争，巨大的水旱灾害，残酷的剥削工人，大大增加外国资本输入中国的速度，帝国主义更加侵略地攫取矿山、铁路、租借地，瓜分势力范围，几辈工人和一般劳动农民很快死亡，全国人口大量减少，"从崩溃的旧中国社会非常迟滞痛苦的转入新式的资本主义之道路，便有这些不可免的结果"，然而"农民问题仍不能解决，且日趋于恶化"。第二条是非资本主义的道路："劳动农民与都市劳动者联合反抗治者阶级与帝国主义之联盟统治的极艰苦的斗争，以群众的武装斗争统一中国解放中国，推翻帝国主义，消灭一切剥削制，除尽一切种种的剥削者，将一般民众从帝国主义压迫之下解放出来，从地主豪绅重利盘剥者的压迫之下解放出来，与全世界革命的民众及被压迫民族联合起来；经过第一期艰苦的斗争之后，运用革命的胜利，而进于新式技术的生产方法，工业农业大大发展，造成新的习俗，提高一般民众的文化程度，行向劳动农民解放后之光明的将来，自由的劳动，一直到进于自由世界，没有一切阶级的世界——社会主义。所以第二条路，便是实行社会主义。而农民问题的解决，也只有这条路"。解决农民问题，首先要振兴农业，也就是除去抑压农业发达的根本原因，消灭资本主义；"所以农民问题的根本解决，就在资本主义的灭亡"，"一方面撤废土地私有制和工银劳动制，谋农业生产力伟大的发达，一方面除去都会与农村间的对立，使都会和农村融合在一个有机的统一之内，以谋农业的振兴，而根本的解决农民问题"。① 这是全书最后也是最重要的结论，明确表达了著者对于解决中国农民问题的态度，走资本主义道路是一条死路，只有走社会主义道路才是从根本上解放农民和全国民众的唯一出路。从这个结论里，可以看到取自马克思主义学说和苏俄革命范例的一系列概念，如推翻帝国主义，消灭一切剥削制度，工农联盟，群众武装斗争，联合全世界的革命民众及被压迫民族，从第一期摆脱压迫获得解放的革命胜利进入第二期极大发展经济和提高民众文化程度的社会主义建设，土地私有制和雇佣劳动制是压制农业发展的根本原因，消除城乡对立等，然而这些概念更多是堆砌在一起，除了从中得出解决农民问题乃至整个中国问题应当走社会主义道路的基本理念外，还看不到结合中国国情的深入细致分析。

上述例证，集中见于此书后三节，适与前四节形成一个对照。大体上说，前四

---

① 以上引文均见高希圣译《农民问题大纲》，励群书店 1928 年版，第 104—107 页。

节主要描述中国农业和农民的基本状况，属于国情介绍部分；后三节以阐发农民问题的理论与政策依据为主，可以看得出基本上引自马克思主义学说。这种安排，显然便利于著者从现有论述农业问题或农民问题的著作中，分门别类地取材或摘录分属两大部分的有关内容，但由此也使两部分隔膜开来，或使两部分的衔接颇为生硬。但不管怎么说，这是马克思主义的农业理论与政策传入中国的一个新现象，不仅引起国内关注者的重视，并且引导一些信奉者尝试与自身实际相结合以分析和解决中国的农业或农民问题。说到解决中国农民问题的参考学说，此书最后一节还分别考察了马克思、恩格斯、列宁和瓦尔加对于农民问题的意见。结果发现，这个考察，连同书中第 2 节第 1 目引用《资本论》第三卷论述地租概念的一段话，几乎全都抄自一年前出版的河西太一郎所著《农民问题研究》中译本的有关内容，只不过删繁就简，取其要点而已。这同著者附言所取材的参考书中，把河西氏这本书放在第一位的分量，也是相一致的。河西此书的中译本问世不到半年，即有刘宝书编译的《马克思与列宁之农业政策》初版，借助河西之书进行专题宣传，一年后，又有唐仁的《农民问题大纲》初版，抄录河西之书而尝试用马克思主义来解决中国的农民问题，于此既可见河西之书在我国的影响，亦可见这种影响的指向，经历了从消化吸收马克思主义的农业理论与政策，到初步结合中国实际以运用这种理论与政策的递进式延伸。

唐仁相信拿来马克思等人的见解，用以考察中国农业的实际状况，"不难决定"中国农民问题的解决对策，这是此书一个基本特征。但这种自信又是初步的，认识到农民问题非常复杂，尤其中国的农民问题，"并不是看一二本关于农民问题的书，或是看到了一二个农村，便能下断语的"；只有考察中国农民的历史发展，扩大研究中国农民的现状，以及旁证世界的趋势，参考各派的主张，"才能决定正确的对策"，本书"只是给与读者一个农民问题的概念罢了"。① 这个结语之坦诚和真实，就像当时马克思主义经济学的传播所产生的启迪效果一样，对于国内的追寻者来说，既从这个传播中看到了解决中国农民问题的新的希望和路径，又意识到若将这种希望变为现实，使这条道路走得通畅，尚须在理论联系实际方面，在了解国情和世界动向方面，付出艰苦的努力。

---

① 高希圣译《农民问题大纲》，励群书店 1928 年版，第 126 页。

［附］《中国农民问题论》。郭真①著这本小册子，上海平凡书局 1929 年 10 月初版，列入平凡丛书。此书与《农民问题大纲》有什么关系，可见郭真 1929 年 9 月的"附言"："我觉得农民问题是中国当前的最重大问题"，所以在去年（1928年）春，草成一本《农民问题大纲》，但此稿太偏于一般的理论，并非专论中国农民问题。今年暑期，我因病休养在家，于是想把此稿修改一下，另加上一些别方面所收集的材料，改名为《中国农民问题论》。"但因提不起精神，直延迟到现在，才算修改好了，可是也不过三万多字"。② 这里叙说写作这本小册子的经过和精神状态，无关紧要，重要的是提到它以《农民问题大纲》为基础，一则把农民问题看作中国当前最重大的问题，二则把农民问题的一般理论与中国实际相结合。因此值得关注的是，此附言所说的《农民问题大纲》，是否与前述署名唐仁的《农民问题大纲》为同一本书。

果然，翻看《中国农民问题论》，其目录和《农民问题大纲》大同小异。总共 8 章，第 1 章绪论，含农民问题的定义、地位与重要 3 节；第 2 章中国农业的崩坏，含从农业人口上观察中国农业、中国农业的衰落倾向、中国农村经济的危机 3 节；第 3 章资本主义与中国农业，含资本主义三要素与农业、资本主义社会中农业的集中、中国农业经济中资本主义的发达 3 节；第 4 章中国农民生活的不安，含农民生活不安的原因与现象 2 节；第 5 章中国农村人口的构成，含农村中的生产者与敌对者，及影响农村的反动势力 3 节；第 6 章帝国主义与中国农民问题；第 7 章中国的土地问题，含土地收用问题、中国的土地关系 2 节；第 8 章中国的农民政策，含中国国民党的农民政策 1 节。这个目录安排，保留了大纲的基本部分而稍作内容与次序上的调整，如增加帝国主义与中国农民问题、中国国民党的农民政策等论题，略去马克思、恩格斯、列宁和瓦尔加关于农民问题的意见等。关于国民党的农民政策，用较多篇幅摘录孙中山的耕者有其田思想和国民党有关农民政策的主要文献，

① 郭真系高尔柏（1901—1986）的笔名，上海青浦练塘镇人；早年就读南洋公学中院，1922 年毕业后组织"青年问题讨论会"，1924 年进上海大学，同时任附中教师兼训育主任，并为上海学联主要负责人；同年加入中国共产党，国共合作时期加入国民党；曾任国民党上海市党部秘书，东南军政委员会委员，江苏省党部委员、宣传部代部长、政府委员兼秘书长；1927 年四一二政变后逃亡日本，1929 年秘密回国，蛰居上海创设书店；1938 年接办私立华华中学，1942 年在松江办莘光中学，抗战胜利后任上海市教育会常务理事和私立中小学联合董事长；1949 年去北京任高教部第二处副处长，翌年参加中国民主促进会任宣传委员；1957 年被错划为右派，后改正。
② 郭真著《中国农民问题论》，平凡书局 1929 年版，"附言"。

并提出"现在的中国国民党是否实行此种政策，抑是有所更变了，那是又一问题"①。好像赞同国民党原来以孙中山的耕者有其田思想为指导的农民政策，后来又对国民党能否坚持这个政策，持质疑态度。如此说来，《农民问题大纲》的著者唐仁，本来不知其为何人，现在可以确定，就像郭真是高尔柏的笔名一样，唐仁应是高尔柏较早的另一笔名。

从《农民问题大纲》到《中国农民问题论》，其间高尔柏还以郭真的笔名分别编译和撰写了《中日经济关系论》与《中国资本主义史》两本书（后面另有考察），都在不同程度上试图运用马克思主义经济学来分析相关问题。在其专论中国农民问题的著作内页，还登载平凡书局的一则"出版预告"：高希圣和郭真最近的大著《社会科学大纲》，全书20万言，内容有绪论、社会论、唯物论、资本论、文化论、国家论、民族论、政党论、阶级论、战争论、宗教论、人口论等章，"叙述详明，立论新颖，实为现代研究社会科学者之必要读物"；书已付印，一个月内出版②。看来这也是涉论马克思学说的一本新作，算上这本书，应是高尔柏在大约一年时间内出版的第5本具有同类指导理念的著作，也意味着他开始进入研究的高峰期。

## 五、《资本主义批判》译本

日本山川均原著，高希圣③翻译，上海励群书店1928年10月初版。这是高氏流亡日本旅居京都期间，潜心著译的成果之一。此时他与党组织失去联系，仍选择翻译日本社会主义者的著作。这个译本135页，分12节："对于资本主义的非难""资本主义批评的前提""资本主义社会的三大特征""支配资本主义社会的两个主要法则""以社会的大多数为牺牲""恐慌""资产阶级和劳动阶级""资本主义社会的阶级组织""生产力和生产关系的矛盾""资本主义的现阶段""资本主义和世界战争""结语"。不难看出，这是站在社会主义的立场上去批判资本主义。了解这个批判与马克思经济学说之间的联系，从中选取若干节予以评介。

### （一）第1节

开宗明义："对于资本主义下最深刻最根本之批评的，当然是站在社会主义立

---

① 郭真著《中国农民问题论》，平凡书局1929年版，第100页。
② 郭真著《中国农民问题论》，平凡书局1929年版，"出版预告"。
③ 高希圣是高尔松的笔名。

场上所下的批评了"。美国有位社会主义者莱德勒①（原译"莱特楼"），从一般社会主义的立场，举出下列各条，非难资本主义。一是"经济上的浪费和人生的浪费"：生产力不能利用，资本主义下从事有利事业的劳动者，只有极小部分直接从事重要生产资料的生产，资本主义以利润为目的而生产的商品，许多都是无用的东西；限制必需品的生产，在资本主义下，大部分劳动者从事社会上少数人所用的奢侈品的生产，重要生活资料的生产受到很大的限制；工业的浪费，用于必要生活资料范围的劳动，其生产也极不经济极为浪费，譬如许多企业互相竞争，各有独自的建筑物和耗费相当的营业费，这种浪费在集中的大规模的协同组织的经营下，可以大大节约；农业的浪费，和工业方面一样很大，如美国的大规模耕作，大部分农场因资本不足，使用旧式农具，不能充分有效地利用新式机械；天然资源的损失，只以个人利益和分配红利为目的，致使浪费许多天然资料，如美国每年浪费大量的天然瓦斯；广告的浪费，除了生产过程中的浪费，分配方面因广告一项便产生莫大的浪费，大部分的生产劳动者被用于这种无用的事业；贩卖的浪费，因竞争而谋求扩张销路所产生的一切浪费；生产物到达消费者手中以前的浪费，彼此竞争的工厂分别把商品输送到远地，经由经手人、批发商、投机者、小商人等，以及无数小商人各自设立店铺、雇佣店员、贮藏商品等可惊的浪费。以上经济上的浪费，也是人类精力上和生活上可悲的浪费。另外还有：失业，因产业的无政府状态、消费过少、事业破绽、工业的季节变动、新机械的发明和新式管理方法的采用、职业介绍所的不完备和其他原因等，不绝地发生失业；伤害，因设备的不完备而产生的职业伤害；疾病，因不健康的劳动条件和劳动群众的贫困，如衣食住的不充分、童工劳动、妇女劳动、一家收入不安定、医药不能充分利用、饮酒、精神打击等，产生疾病和死亡；职业病的增加。

二是"富的不平等"：资本主义社会存在可惊的财富悬隔，这是最最热心赞美资本主义的人也不能不承认的，如美国一个大富豪，竟拥有250万普通贫乏人所有的财产。绝大多数劳动者只领受最低生活费以下的工银，如战前美国最低生活费每年800元美金，但主要产业的劳动者，一家之长的男劳动者仅有1/10领受1000元美金的年工银，领受600元美金以下者占了3/4，此后工银虽见提高，生活费却更加腾贵；结果是不绝的生活不安，如因衣食住特别是不健康的居住而产生疾病，家

---

① 莱德勒（H. W. Laidler, 1884—1970），美国社会主义作家、杂志编辑、政治家。

庭离散，独身生活者增加，因夜工、女工及童工劳动而破坏家庭生活等。即使除去社会大多数因贫困而遭受的肉体痛苦，劳动者的生活得到相当的保证，但生产以获取利润为动机，依然足以使人类的精神生活和伦理生活堕落，在资本主义下，利润本能和必然地浸透于一切社会关系；生产以获取利润为动机，社会公众消费者的利害不被重视，所以企业者和商人常常以不道德的行为对待消费者；雇主以不道德的行为对待劳动者和使用者；一般事业家因竞争而产生不道德行为；以利润为动机而产生政府及政治的腐败；在获得利润的竞争中获得胜利便为优越者的思想，充满于社会各阶级的脑筋；竞争中的胜利本身，也因狂热于利润的获得，妨害智力和道德的发展，显著事实是独占享乐机会的有闲阶级在精神上的堕落。贫困成了各种犯罪和社会病的直接与间接原因，如卖淫，又如现在的环境拒绝让社会大多数人拥有肉体上和精神上平等发展的机会，使一般人陷于道德的颓废和无节制之中；大众在经济生活上隶属于少数人，破坏了民主主义精神；现在的利润制度，使得街市、住宅、工厂、服装、富者的享乐和其他一切，都恶俗化了。

以上是莱德勒反对和批评资本主义的大意。许多显现于现代生活的极明显弊害，一些进步思想家不是站在社会主义的立场上，也毫不踌躇地承认这是社会上的重大弊害。一般社会主义者批判资本主义，同样指出这样的事实。这里必须注意：其一，"指出资本主义所有这样的弊害和缺点，并不是由社会主义的立场而对于资本主义所下批评的全部，而且不是他那批评之最最重要的部分"。以上所揭露的诸点，果然表现出资本主义社会的许多性质，可是资本主义不只包容这些特征。"单是承认这些特征的事实而加以批评，还不是真实地根本的理解了资本主义，根本的批评了资本主义"。其二，"社会主义对于资本主义的批评，并没有因承认这些特征的弊害而另立了除去这些弊害和缺点的社会制度，即提出替代资本主义之绝对永久而又正确的社会制度"。的确，从前也有过设计这样的社会制度而称为社会主义的时代。"马克思以前一切空想的社会主义者也是由批评资本主义社会出发，对于资本主义发见了几多的不正、弊害和缺点，而另外提出了他们那理想的社会制度的设计。所以在这个世界中，有充满了不正和弊害的资本主义社会和所谓永久的真理的社会主义社会这两个社会制度相对立着，只是随着人们的选择"。"所谓马克思由空想的社会主义而成为科学的社会主义的意义，第一，不单是举出了资本主义社会之特征的几多弊害和缺点而加以批评，［而且］理解资本主义为人类社会的种种社会形态之一，它那发展之必然的阶段，由发生而长成，而又必然地达到衰亡的过程。其次，不单是指摘并批评资本主义所表现之几多的弊害和缺点，而且理解它是种种社会形态中之一，以及和其他社会形态根本相异的特质"。①

以上列举非难资本主义的观点，显示整个小册子的著述思路，其切入点颇有独特之处。一是主张透过现象看本质。引自美国某位社会主义者的这些非难，达20余条之多，涉及经济与人力上的浪费，以及财富的不平等方面，确实属于资本主义的明显弊端，作为事实，不仅为社会主义者所反对，亦为许多进步的思想家所承认。但是，指出资本主义所表露出来的各种弊端，并不是站在社会主义立场上批评资本主义的全部内容，而且不是这种批评的最重要部分；或者说，尽管这些非难揭露了资本主义社会的诸多性质，却并未包含它的全部特征，所以只就这些非难加以批评，还不是从根本上对资本主义的真实理解和深入批评。简而言之，表象事实的罗列，可以继续扩展下去，但社会主义对资本主义的批评，应当从最深刻最根本之处入手。二是质疑以理想来代替现行资本主义社会制度。社会主义批评资本主义的弊害特征，并不是说要设计一种克服了这些弊害或缺陷的绝对永久和正确的社会制度，来替代资本主义。从前确实出现过这样的社会主义，马克思以前的空想社会主义，批评资本主义，又设计理想的社会制度；以为在现实世界中，并存对立着两种社会制度，一种是充满着不公正弊害的资本主义社会，另一种是具有永久真理的社会主义社会，可供人们任意选择。言下之意，这种理想社会的设计属于空想，不可能以此取代现实的资本主义社会。三是推崇马克思的科学社会主义的意义。不同于空想社会主义，除了列举、指摘和批评资本主义社会所特有的诸多弊害和缺陷之外，一则把资本主义理解为人类社会的各种社会形态之一，作为一个必然的发展阶段，同样要经历发生、成熟到衰亡的过程；二则理解资本主义作为各种社会形态之一，与其他社会形态在根本上不同的特质。这实际上已经点明马克思的唯物史观，并暗示包括剩余价值理论在内的其他学说。概括起来，这个切入点表明，对资本主义的批判，不能停留在表面现象上，也不能耽于空想，只有马克思的科学社会主义，才是进行最深刻和最根本批判的理论依据。

（二）第4节

随后各节，虽大致依循马克思学说的理论路径予以解说，却很少直接提及马克思的理论观点。这一节谈到支配资本主义社会的两个主要法则，算是一个例

---

① 以上引文均见高希圣译《资本主义批判》，上海励群书店1928年版，第1—12页。

外。其中说：

各个历史时期都有独特的法则，通过一定的发展期间，生活由这个阶段进入下一阶段，同时为不同的法则所支配。在自足经济的社会，渐次发生商品经济，商品经济向前发展，具备前述特质时，已不是单纯商品经济的社会，成了资本主义的社会，作为另一种社会形态，受到和其他社会形态相异的独特法则的支配。现在这个社会，立足于根本事实而具备的根本特征，究竟受到怎样的法则支配呢？"第一是剥削劳动力的法则，第二是经济上的无组织状态，乃至无政府状态的法则"。

第一个法则，资本家在市场上买入原料和燃料，同时买入成为商品的劳动力；劳动力用于生产而消费，劳动者在工场劳动，除了原料和燃料的价值，工场和机械的损耗，以及劳动力的代价即工银之外，产生含有若干剩余价值的商品。"这个从劳动中引出来的差额，即名为剩余价值，这是归资本家所有，成为蓄积着以增多他们之资本的泉源，这样增多了的资本，又用以更大规模的剥削劳动力，以产生更多的剩余价值。这好像无端的轮那样，无限地增加资本家手中的资本，复生了规模大而又大的剥削关系。这样没有终局的追求剩余价值——即利润——和无限地要求资本的增加，是在资本主义之下，生产于社会生存上所必要之资料的动机，是资本主义社会的根本动力"。

第二个法则，"所谓生产以追求利润为动机而进行的结果，因而为继续社会的生命而行的生产是没有何等的计划和相当的统一，只是盲目地在完全无组织状态无政府状态之中进行的。各个的资本家或资本家的集团都为了要获得最大的利润，各自的只知生产多量的商品，所以生产是多少带有投机性质的，在各个资本家之间，或是资本家的集团和集团之间，发生了激烈的斗争"。资本主义社会的资本，作为资本家所有，用来剥削劳动力以获得利润的生产手段，其特质是不断地吸收利润而使它无限增大。资本在生产行程中不只是如本来那样大小的再生产，好像滚雪球，每一次旋转，必附上些利润而加大，然后为剥削更大的利润再进行下一次的旋转。"资本是只有从这个样子——只有从无限的扩大——始能存续"。这样，资本和资本，资本家和资本家之间，各自想推倒其他的资本家而使自己得以存在和发展，不得不发生激烈的竞争。"资本主义所固有的这种无政府状态和竞争的结果，第一是发生生产（或是企业）的集积集中"。应用机械力的生产，除了特殊的场合以外，生产的规模愈大，愈能减低生产费。生产费减低了，可以廉价地供给同一的商品，得以在大市场中打倒别的竞争者。生产规模一大，能采用小规模生产所不能采用的高价机械，能采用小平等的场合所不能应用的作业方法和劳动编制，能得到建筑物、原动力和其他方面的节约，原料买入上的利益，事务费和贩卖费的节约等，不仅如此，某种产业部门，非大企业绝对不能着手。这样，资本家间的市场竞争，成为减低生产费的竞争。结果，促成生产技术的改良和新的发现与发明，利用各种更加精巧的大规模的机械，因此资本主义使社会的生产力异常地发达了。"马克思这样的说道：'资产阶级在不满百年的统治中，创造了比以前一切时代相合起来更为巨大的生产力'"①。"资本家间的竞争，以减低生产费为必要，而减低生产费的必要便引致生产力可惊的发达，但是同时资本主义的无政府状态和竞争又是包含了可惊的浪费"。首节所述资本主义在经济上和人生上的浪费，大都基于资本主义的这种性质。譬如贩卖的费用，某种商品的广告费多过增多这种商品本来的生产费。这些贩卖费在资本主义的竞争制度下，是和竞争者争夺市场所必要而不可或缺的，资本家将它和生产费用同样看待，加在那种商品的价格中。

"资本家的竞争促起了企业上的集积集中，资本主义必然地由小规模生产而渐次进展到应用大规模机械和设备从事大量生产的大规模生产"。资本家投于生产商品的资本，一部分用来购买工场、机械、其他设备、原料、燃料等，其他一部分用来买入劳动力，即劳动力的工银。"前一部分的资本不过由同一分量的价值再现于生产物的价值中，但后一部分——充足买入劳动力的部分——却在它的价值之上更加了笔剩余价值，表现于生产物之中的价值增大了。因此在资本家投于生产上的资本中，成为利润的源泉，成为增多资本之泉源的是这一部分的资本"。生产渐次集积，应用大规模的机械和设备，消耗大量的原料，进行大量的生产，资本家投于这些工场、机械、原料等方面的资本额，在总资本中所占的比例渐渐增大，反之，用于买入劳动力部分所占的比例相对地减少了。因而资本家所获得的剩余价值，和成为这个剩余价值的泉源，即用于买入劳动力的资本额，在数量上虽增加很多，但对总资本额的比例却减少了。利润率的计算，和资本家所投下的总资本额成比例，所以生产愈变得大规模，投入工场、机械、原料等方面的资本在比例上愈增多，利润的总额虽在增加，但利润率却降低了。"这种利润率渐趋低减的倾向，一方使资本家为了增加利润的总额更加把生产扩大，他方施用增大榨取劳动者的手段——这是延长劳动时间和增加劳动强度等——以补偿这个低减"。"由小规模生产而变为大

---

① 出自《共产党宣言》，其今译文见《马克思恩格斯选集》第 1 卷，人民出版社 1972 年版，第 256 页。

规模生产，各个企业的单位变大了，这便是企业的集积。企业的集积，不必说就是资本的集积。就是资本渐渐地蓄积到少数资本家的手中，由这样蓄积而增大了的资本，更用以生产大宗的剩余价值"。"这样，集积于许多的单位或中心的资本，更集积到少数的大中心。这种集积的作用，一方是由竞争的结果，一个资本家打倒了许多资本家而进行的，他方是由许多资本家手中的资本，因大公司，辛笛加、托拉斯等的组织，结合到一个支配中心之下而进行的。总之，资本主义的发达因它固有的结果，必定引致资本的集积和集中"。①

这一节论述的依据，离不开马克思学说。这也是一个典型例证，如同其他各节，尽管只是个别地方明确指出马克思的说法，或者说，大部分地方都未明确来自马克思的理论，但整个论述，无疑建立在马克思学说的基础上。例如，本节开头讲述，各个历史时期都有不同于其他历史时期的独特的支配法则，就像资本主义社会具有不同于自给自足社会和简单商品经济社会的支配法则一样。这便是运用马克思的唯物史观，说明出现于各个历史发展阶段的不同社会形态，都有独特的支配法则。由此引申出支配资本主义社会的两个主要法则，一个是剥削劳动力的法则。虽然说得十分简略，只是点明若干要点，如资本家购买和投入使用的生产要素，惟有劳动力的消费即劳动，在收回劳动力的成本即工资之后，还能够产生剩余价值；剩余价值归资本家所有，这是资本不断积累和扩大再生产的源泉，也是在更大规模上复制资本主义剥削关系的基础；无限制地追求剩余价值即利润，以及追求资本的增加，这是资本主义生产的根本动力等；显而易见，这些要点，都引自马克思的剩余价值学说。另一个法则是经济上的无组织或无政府状态。以此作为两个主要的支配法则之一，其内涵并不完整，未能指明资本私有制的根源，以及个别工厂中的生产的组织性和整个社会的生产的无政府状态之间的对立。不过借此也披露了资本主义经济无政府状态的若干特征，如资本家或资本家集团之间，为了追求最大利润而发生旨在推倒对方的激烈竞争；竞争的结果，促成生产或企业即资本的积聚与集中，一方面表现为生产规模的扩大，复杂机器的应用，生产技术的改良，新发现和发明的涌现，生产与管理方法的改进，经营费用的节约等，创造出巨大的生产力，另一方面造成经济和人力的极大浪费；随着企业即资本的积聚和集中，小规模生产转变为运用复杂机器和大量设备的大规模生产，投入生产要素的资本总额的结构也相应

① 以上引文除另注外，均见高希圣译《资本主义批判》，上海励群书店 1928 年版，第 29—39 页。

发生变化，用于购买劳动力即获得剩余价值部分的绝对数额增加，相对比例降低，于是利润总额增加，利润率降低；利润率趋于下降的倾向，促使资本家一面继续扩大生产以增加利润总额，一面采用延长劳动时间和提高劳动强度等榨取劳动者的手段来补偿这种降低；企业和资本的积聚，促进资本逐渐集中到少数资本家手中，以更大的资本生产更多的剩余价值，而资本从许多单位向少数中心集中的过程，既是通过竞争，少数资本家打倒多数资本家的结果，也是许多资本家组织辛迪加、托拉斯等大企业，建立支配中心的结果，显示资本主义的发展必定导致资本的积聚和集中；等等。这些特征，实际上已经超出所谓经济无政府状态的法则范围，涉及资本主义生产的竞争与垄断、剩余价值转化为资本、扩大再生产与生产社会化、绝对与相对剩余价值的生产、资本的积累过程及其趋势、利润率趋向下降的规律等内容。此类内容，均可在《资本论》中找到其理论出处。换句话说，作者把马克思的经济理论，编排进自己概括的所谓支配法则，尽管这些法则的概括，出自臆造，但用来编排的内容，却出自真实的马克思学说。这种做法，也是译本各节的通例。

**（三）第 12 节**

这一节作为结语，也是全书的总结，体现作者的著述用意：

这篇小小的论文，首先考察给予资本主义的那种非难，其次"由究明资本主义的根本性质，知道这许多受人非难的弊害，不是资本主义偶然的弊害，一时的病症，乃是它生来之瘤疾的表现，是它那根本性质之必然的结果"。我们"追求这些资本主义弊病的根底，支配资本主义的法则，一直观察到含在它中间的根本矛盾"。在这个法则下，资本主义提高了社会的生产力，提高了人间的生活水准，给了人间以思考的时间和余裕，扩大了他们的精神生活。"但到了这个生产力达到一定的发展阶段时，那已经在资本主义的外壳中再也不能生长了。资本主义的法则，因资本主义的发达，不仅造出了社会化的生产手段和社会化的劳动，而且产生了要应用这个社会化的劳动社会化的生产手段上之意识的阶级。这个在资本主义中因资本主义的发展法则而发展了的生产力，现在是和资本主义的生产关系相对立，生产关系成为拘束生产力的东西了"。"某种的社会形态，苟一切的生产力在其中尚有发展的余地时，那是不会灭亡的。一种新的更高级的生产关系，苟不在它那物质的存在条件已孕育于旧社会的胎内之后，那也决不会出现的。所以，人类常常只能以能够解决的问题为问题"。"资本主义现在真是具备了这样的条件。给资本主义以根本的批评，跟着这个批评，我们开始创造新生活的活动，那已经不是空想，而是个能够解决的问题了"。①

以上结论，除了头尾两部分外，中间的主要内容，都是复述马克思所揭示的若干原理。一是《共产党宣言》所说，资产阶级在它的阶级统治中创造了比以往一切世代都要巨大的生产力，现在这个生产力已经强大到资产阶级所有制关系所不能适应的阶段，资产阶级的关系已经太狭窄了，再也容纳不了它本身所造成的财富了；资产阶级不仅锻造了置自身于死地的武器，还产生了将要运用这种武器的现代工人即无产者。二是《政治经济学批判》序言所说，"无论哪一个社会形态，在它们所能容纳的全部生产力发挥出来以前，是决不会灭亡的；而新的更高的生产关系，在它存在的物质条件在旧社会的胎胞里成熟以前，是决不会出现的。所以人类始终只提出自己能够解决的任务"。除此之外，总结者增加的内容，无非是说，这本小册子批判资本主义，从考察那些非难其弊病的说法入手，探究这些弊病不是资本主义偶然的一时的病症，而是与生俱来的痼疾，是资本主义的本性、根底、支配法则和根本矛盾所决定的必然结果；现在已经具备了真正的即成熟的条件，不止从根本上批判资本主义，而且能够开始创造新生活的运动，不再是空想，而是解决问题。换言之，这本小册子自信既揭示了资本主义的本质特征与基本矛盾，又提出了创造新生活以根除资本主义痼疾的成熟条件和时代任务。

**（四）结语**

通过以上数节的评介，可以表明，山川均的《资本主义批判》，以简略和通俗的方式，按照自己设定的批判逻辑，首先着眼于人们较为普遍承认的对资本主义的那些非难，然后从表面的病症现象一步步剖析其内在的痼疾本质，最后得出结论，解决资本主义根本矛盾的条件已经成熟，创造新生活的运动不再是空想，成为现实。所有这些批判，外表上是作者自己的表述，内容全以马克思学说为主要理论依据，或者不如说，以作者自己的语言，表达马克思学说的理论观点。其中所运用的最重要的认识方法，是马克思的唯物史观，以此统领马克思将空想转变为科学的各种经济理论。高希圣选择这本小册子作为译本，应当不止是钦敬作者山川均传播社会主义的名声，大概还看中了它解读马克思经济学说之循序善诱和通俗易懂的特点。正因为如此，时隔一年，译本仅在个别字词上稍作修正，又以同名转由平凡书局列入平凡丛书，于1929年10月初版。

---

① 以上引文均见高希圣译《资本主义批判》，上海励群书店1928年版，第133—135页。

《资本主义批判》译本，可以说是本年度不多见的运用马克思经济学说批判资本主义的理论著作之一。不过它不同于上个时期依据马克思经济学说尝试创新经济学体系的理论经济学著作类型，或者说，到本年度，由于形势逆转，这种创新尝试的潮流，刚起头似乎就被遏制了或被中断了。然而不能说绝迹，仔细搜寻，仍可从看似不惹人注意的寻常书名里，发现继续努力的线索。如《政治经济的基本知识》译本，便是一例。此书由彼得罗利罗夫、士威得罗夫著，熊岗译，新东方书店1928年版。这个译本331页，一旦翻开目录，便能看到它所说的政治经济学基本知识，并不符合正统经济学的理论知识规范。此书分7章，每章标题之下，均以问题引导来展开基本知识的论述。例如：

第1章经济学的根本观念，提出39个问题：何谓经济学？资本制度的根本特质是什么？商品经济是怎样的形态？一般商品是什么？商品经济的基础是什么？单纯商品经济是什么？资本主义商品经济是什么？商品的两种价值是什么？何谓使用价值？何谓交换价值？商品的交换价值怎样测定？价格是什么？货币是什么？货币是怎样的形态？纸币是什么？货币有怎样的职务？工银劳动是什么？无产者是什么？何为工银？付工银给劳动者，资本家有什么利益？何为资本？资本是怎样的形态？商业资本是什么？贷付（今译借贷）资本是什么？工业资本是什么？金融资本是什么？资本由哪几部分成立？剩余价值是什么？剩余价值怎样形成？剩余价值［率］是什么？绝对的剩余价值是什么？相对的剩余价值是什么？资本有怎样的收入（企业者的利润）？地代是什么？利息是什么？信用是什么？市场怎样分类？内地市场是什么？外国市场是什么？

这些问题的大部分及其简略回答，几乎都是以《资本论》第一卷的论述要点和逻辑为参照依据。

第2章金融时代的资本主义国家之发达，提出19个问题：社会发展的途径是什么？资本制度的主义法则是什么？资本主义的榨取法则是什么？无产阶级为什么甘愿被榨取？资本主义下的无政府状态若何？这两个法则有怎样的意义？资本主义固有的无政府状态如何？资本集积是什么，为什么是资本主义的必然现象？大规模生产和生产集积有什么利益？生产集积的结果如何？资本主义之下，为什么工学尤其机械生产能这样发达？资本主义的工学特别是机械生产有力发达的结果如何？机械生产的发达在资本构造上给与什么影响？资本的集积与集中是什么？资本的集积与集中有怎样的意义？何为恐慌，资本主义为什么起恐慌？资本主义的发达给与失业怎样的影响？竞争对资本主义个人之间的斗争有什么影响？资本主义发达了，无政府状态、竞争、资本的集积和集中等现象，是减少还是增大？

本章标题突出金融时代与资本主义发展之间的关系，却未见相关的问题设计。大量问题的提出及回答，也未必按照《资本论》的论述逻辑，但显然同样出自马克思经济学说。

第 3 章金融资本与帝国主义，提出 30 个问题：近代（金融资本的形成与生产的时期）作为资本主义特征的经济现象是什么？资本家之间的企业怎样团结的？资本家在经济方面结合的主要形态是什么？股份公司是什么？资本家的股份公司比起个人企业有什么相异的利益？资本家的康采恩（原译"康拔引"）是什么？资本家的卡特尔（原译"加帖尔"）、辛迪加（原译"新迪加"）、托拉斯（原译"脱辣斯"）是什么，其不同点安在？资本家的卡特尔、辛迪加是什么？资本家的托拉斯是什么？卡特尔、辛迪加、托拉斯给与竞争怎样的影响？资本家的独占发达有什么意义？资本家的独占发达对资本主义的竞争与无政府状态有什么影响？资本家的卡特尔、辛迪加、托拉斯发达后的商业任务如何？资本主义发达为什么金融资本成长？银行与工业间的密切关系经由怎样的方法？资本家的卡特尔、辛迪加、托拉斯发达的结果使银行资本怎样变化？所谓金融资本是什么？金融资本的支配对于资本主义固有的竞争与无政府状态有怎样的影响？金融资本下的保护关税有怎样的任务？近代帝国主义是什么？帝国主义在资本主义发展中占怎样的位置？何种资本家集团、何种产业部门在帝国主义发达上特别厉害？帝国主义通过哪两个阶段？军国主义、海国主义是什么？帝国主义战争是什么？帝国主义大战争有怎样的特质？金融资本的支配与帝国主义让什么人最受压迫，怎样受压迫？1914—1918 年的帝国主义战争解决了帝国主义根本的对立么？金融资本与帝国主义存在期间，资本主义社会发生什么现象？资本主义必然闭幕，为之掘墓的是什么人？

这些问题，集中于金融资本垄断与帝国主义之间的关系，更为注重资本垄断的各种具体形式，不过从中仍能看到依据马克思经济学说的分析逻辑，通过资本主义积累发展到垄断资本主义即帝国主义阶段的必然性。

第 4 章战争与资本主义的运命，提出 20 个问题，其中有关欧洲战争的原因、结果、战前特征、战后特征尤其经济特征及其矛盾与危机等问题，可以省略，最后的问题是苏联的存在对于资本主义衰颓期有怎样的任务，可见已在提示战后资本主义的命运，将因苏联的存在而促使其进一步衰颓。

第 5 章经济形态的发达，提出 38 个问题，姑且不论从原始共产制度到奴隶制度，到封建制度，再到资本主义生产方法直至形成以金融资本主义为特征的帝国主义政策等一系列问题，从第 34 个问题起，相继提出：衰朽了的资本主义组织能够退出历史的舞台吗？在资本主义社会，阶级与阶级斗争的特征是什么？阶级是什么？社会常有阶级与阶级斗争么？社会的变革期是什么样？这些问题，实际上暗示资本主义组织尽管衰朽，却不会自行退出历史舞台，需要通过阶级斗争来推进社会的变革。

第 6 章新社会与过渡的制度，提出 19 个问题：新社会的特质是什么？有组织有计划的社会生产有什么意义？新社会有商品吗，社会成员及各国之间还有商品交换吗？从社会的生产力发展与财富增长上观察，新社会优于资本主义社会的是哪一点？在社会全体与各人的自由上有什么利益？组织形态怎样？在世界规模上执行社会计画所确定的庞大生产组织的职务，不会造成官僚政治或特权集团吗？新社会怎样施行强制呢？新社会能够在资本阶级没落后立即实现于全世界吗？共产主义与社会主义的用语有什么相异之点？在什么意义上使用社会主义名词？科学的社会主义或无产阶级的社会主义是什么？史的唯物（今译唯物史观）的神髓是什么？什么样的社会主义叫作空想的社会主义？资产阶级政权失坠后，明日就能实现社会主义吗？资本主义与社会主义中间的过渡期与其制度怎样？这个过渡制度哪里与社会主义不同？这个过渡制度哪里与资本主义不同？俄国的新经济政策，意义何在？

这里所说的新社会及其过渡制度，从提出的问题看，实际上是以新兴的苏联制度为样本，并针对那些质疑这一制度的论点。同时重点放在经济领域，也就避开了过渡时期的无产阶级专政问题。

第 7 章政治组织，提出 27 个问题，不必一一列举。最后提到无产阶级能否因资本主义的民主而从奴隶状态中解放出来，具有阶级意识的无产阶级先进分子对于资产阶级民主采取什么态度，何为革命等问题，实际上接着第 5 章提出的问题，继表明资本主义经济形态不可能因其衰落而自行退出历史舞台，必须通过阶级斗争来推动之外，又表明无产阶级在政治上不可能因资产阶级民主而得到解放，必须通过革命来实现。

以上单看各章的标题，还不能感受此书与一般流行的经济学知识读物有多大差别，等到浏览完每章的问题，才发现它的不同寻常，等于完全根据马克思主义的经济理论和苏联的经济实践，用来诠释政治经济的基本知识。而且开篇指出，"经济学是考察并说明资本主义社会的经济生活法则的科学，那是阐明在资本家的生产和资本家的交换的根底上发生的人类相互关系"①。这也是马克思主义定义政治经济学的主要含意，意谓书中对于近 200 个问题的解答，始终贯穿着马克思主义经济学的基本宗旨。只是由于本书采用问答式的写法，解答过于简略，许多问题仅见类似于标准答案的回复，不见具有理论逻辑的阐释，况且问题的选择，也未能覆盖马克思主义经济学的各种重要理论，特别是关于帝国主义和社会主义过渡阶段的理论，更显得比较零散，或偏重现象，或缺少内在联系。因此整体看来，这个译本只能说是提供了有关马克思主义经济学的许多知识点，还谈不上经济理论体系的创新性尝试。

## 六、《资本主义与战争》与《近世社会思想史》译本

两个译本，均由徐文亮译自日文原著。徐氏其人不详，亦未见对译本的任何说明，但从译本内容看，都给予马克思主义经济学以正面评介。

### （一）《资本主义与战争》译本

松下芳男②著，上海启智书局 1928 年版，160 页，列入社会科学丛书。原著出版于 1925 年（日本文化协会出版社），三年后即见中译本，是运用马克思主义经济学来研究现代战争的一本较为独特的著作。这一点，从译本目录里便可窥其大概：

第一章"现代战争及其原因"，包含"悲惨的现代战争""现代战争底意义""战争底原因"三节；第二章"资本主义发展底过程"，包含"商品底质和量""商品交换底尺度""资本是什么？""不变资本和可变资本""剩余价值底源泉""一种特别商品""剩余价值率和利润率""资本底有机构成""利润率低落底倾向"九节；第三章"资本主义底绝路"，包含"绝路底珠胎""不变资本底增加""高级资本家底多卖""大资本家底膨涨""生产过剩底打开"五节；第四章"帝国主义底形相"，包含"帝国主义底意义""帝国主义底特征"两节；第五章"贱

---

① 彼得罗利罗夫、士威得罗夫著，熊岗译《政治经济的基本知识》，新东方书店 1928 年版，第 1 页。
② 松下芳男（1892—1983），生于新潟县柴田町，1913 年毕业于日本军事学院任少尉，1917 年升陆军中尉，1920 年因"对社会主义产生共鸣"的报道被停职；同年进日本大学法律与文学学院，1924 年毕业并获法学博士，其间任《中央法律新报》主编，后参加明治文化研究小组开始研究日本近代军事史，受和平主义思想影响；二战期间任日本大学讲师，后任教育总监，1953—1970 年任小学院大学教授。

价劳动者底雇佣",包含"外国劳动者底欢迎""向未开国投资"两节;第六章"过剩生产物底疏通",包含"贩路扩张底两个阶段""纤维工业和铁工业""日美问题底焦点""加特尔、托辣斯""从自由竞争到独占""银行集中底倾向""银行支配下的企业""国际资本战底现状"八节;第七章"原料产出地底争夺",包含"石油田底争夺战""铁和煤底产出地"二节;第八章"资本主义和人口问题",包含"人口增加及其对策""移民排斥底必然性"二节;第九章"植民政策和帝国主义",包含"植民政策和下次战争""军国主义底惨状""产生战争的帝国主义"三节;第十章"战争底精神原因",包含"无产阶级底战争感激""唯物的说明""从物质的到精神的""帝国主义的教理""斗争性质底方向转换"五节;第十一章"结论"。全书11章,第1章提出研究命题,即现代战争的悲惨性及其意义与原因;第2章将这个命题与分析资本主义结合起来,所含各节显然遵循着《资本论》第一卷的分析逻辑;第3章延续第2章的分析逻辑,判断资本主义已经走上绝路;从第4章起,转向资本主义发展到帝国主义形态(或阶段)的论证,接下来第5到第9章,涉及帝国主义诸特征,如雇佣廉价劳动者,疏通过剩生产物,争夺原料产地,对付人口增加和排斥移民,推行殖民政策等,其中也透露出列宁帝国主义论中有关垄断资本主义的分析要素;第10章从前述分析战争的物质(经济)原因转入分析其精神原因,回到唯物史观的原理;最后是结论。从篇幅上看,第2章、第6章、第7章和第10章明显多于其他各章,分别体现了依据马克思《资本论》、列宁《帝国主义论》和唯物史观的理论分析特点。单凭目录显示,也可以体会著者与社会主义共鸣,受和平主义思想影响的写作色彩。

下面再从译本里摘录若干论述,借以印证著者的主导思想。诸如:

"我们这里并不想详细查究各个战争底原因。我们只想探究一切战争底原因及其根本原因。因此,我们只得暂时离开战争的概念,先来解剖一下那为战争主体的近代国家底经济组织——即资本主义经济组织,由此再进一步去研究战争"(第7页①)。这是全书的主旨,研究现代战争,不是详查每场战争的具体原因,而是探究包括每场战争在内的一切战争的原因,也就是现代战争的根本原因;为此不能就战争论战争,先要解剖作为战争主体的近代国家的资本主义经济组织,然后再去研究现代战争。这个主旨,同样具有方法论的意义。

---

① 此页码见松下芳男著,徐文亮译《资本主义与战争》,启智书店1928年版,下同。

"要详细解剖资本主义经济组织，自然不是我这本小册子所能办到。我这里只能记述其发展底大要"。"我们要解剖现代经济组织，第一须知道商品底价值。要知道商品底价值，须先从质和量两方面来考察商品"。（第8页）从解剖资本主义经济组织入手来研究现代战争发生的原因，是不同于一般近代军事史研究的独特思路；接着提出对现代经济组织的解剖，首先需要考察商品，通过质与量两方面来了解商品的价值，于是又把《资本论》的分析方法引入本书的研究。

资本是什么这个问题，"人们向来糊里糊涂地看过"。资本有时是货币，有时是原料，有时是机器，有时是工厂建筑物，有时是完成的商品。"不论其形式怎样，它总是一定的价值。然而一切价值，并非都是资本，只有在那种价值行一定的运动时，才刻上资本的烙印"。所谓一定的运动，这里我们只要知道，"在这种运动中的资本实在是生产剩余价值的"。资本概念，"需要历史的条件，并非任何时代都有资本存在的"。"资本底存在，需要一种特殊的社会。这种社会，要一方面有握有资本的资本阶级，他方面有除劳动能力以外一无所有的劳动阶级。在这种历史上特殊的社会关系中，才有资本用来榨取劳动，生产剩余价值。所以资本是历史的社会的存在物，并非像后来经济学者所说的那样暧昧不明的东西"。（第12—14页）"我们学习经济学，决不是因为想做研究室内的学者，专弄概念的游戏。我们实在是因为要正确理解我们现今生活着的社会底经济组织。现今经济组织，是一种以资本生产剩余价值的制度"。那么，"我们要正确理解这资本制度的经济组织，究竟应该怎样分析研究这资本呢"？"向来经济学者，关于资本，有种种的分类"。有的区别资本使用的目的为生产手段和收益手段，把资本分为生产资本和收益资本；有的根据资本在企业中使用期间的长短，把资本分为流动资本和固定资本；有的因资本的性质，把资本分为有形资本和无形资本；又有人以所有者为区别，把资本分为社会资本和个人资本。"然而以上各种分类，对于理解现今经济组织，都没有用处。能够适合这个目的的区分法，只有马克思所区分的不变资本和可变资本。我们应该注意，这种区分与以上诸经济学者底区分，实在是似是而非，可以说大不相同。现在居然还有著名学者，混同不变资本和固定资本"。（第14—15页）这些内容，只是书中论述资本主义发展过程的一些片段，却足以证明著者所运用的分析工具，均采自马克思的经济学说。其运用特点：一则将深奥的理论简易化，既不失原意，亦适用于特定的研究对象；二则与正统经济学的暧昧认识或流行观点严格区分开来，以防既定研究方向的偏移。

"产业革命以来，对于人类有大贡献大进步的资本主义生产组织，也已经到了发展途上的尽头了。人类生产底不断进步，用资本主义的生产组织，已经不能再有在这以上的伸张了。本来它是生产力发达底形式，现在却一变而为生产底桎梏了"。"资本主义生产组织底绝路，原来其组织底本身，怀有绝路底珠胎。这种珠胎底成长，必然与其母体不能两立。这种珠胎，究竟现出如何样态呢？我们现在必须考察资本主义内在的这种矛盾底发展状态"。（第35—36页）"资本主义生产必然的结果，总是压迫小资本家，捧戴大资本家为产业界霸王的。马克思所谓'一个资本家杀死十个资本家'的可怕的言语，在这以自由竞争为基调的资本主义发展底过程中，遂成为真确的结论，难掩的事实"。随着资本逐渐移归少数大资本家掌握，"于是在这一味追逐利润盲目进行的无政府的生产中，便发生重大的矛盾。这就是一方面必须日益扩大生产和他方面不许无限扩大生产的矛盾"。应该怎样驱除"这个可怕的恶魔"？卖出一国庞大的过剩生产物，"决非各个人底力量所能解决"，防止不良市况的袭击，"亦不是一二个人所能胜任"，"要解决这种问题，必须有更大的力量"。有什么方策打开"资本家扩大生产的必要和生产过剩底矛盾"？"这种打开策，必须依赖更大的力量，这自然只有一国政府的力量。于是这种国家底政策，便不能不采取所谓帝国主义的政策"。（第42、44—46页）这是第3章在分析重点上的一个转换。沿着马克思的分析逻辑，资本主义生产组织从产业革命以来推进生产力发展的重大贡献，已经走到它的尽头，无力再推动生产的进步，变成生产的桎梏；这正是资本主义生产组织的绝路，那么这种绝路有什么样的表现形态，怎样从它的母体里孕育出来，就必须考察资本主义内在矛盾的发展状况；资本主义在自由竞争的发展过程中，必然形成资本向少数大资本家集中的趋势，而追逐利润的无政府生产方式，又必然随着生产的无限扩大和消费的有限制约而产生生产过剩与市况不良即经济恐慌的矛盾；这个矛盾决非个人力量能够解决，只有依赖国家政府的力量，因而必定催生国家的帝国主义政策。这样就将分析的重点，从资本主义转换到帝国主义，也就是结合帝国主义的发展阶段，延续马克思分析资本主义走向绝路的具体实现形式。

"帝国主义底特征，是对应前述国内资本主义底绝路而出现的。它之所以成为侵略，是因为要展开国内资本主义底绝路，图谋更高度的发展"。"列宁指出现代资本主义最重要的特征有五个"；"统一这五个特征的，就是资本家的独占这一个事实。所以帝国主义，可以定义为资本主义底独占的阶段，即独占的资本主义"。

这里记述帝国主义，不是谋求解说于述诸特征，"而是求于前述国内资本主义绝路底打开策方面，顺便指出上述诸特征"。（第 48 页）"资本主义生产到了绝路，必须谋过剩生产物贩路底扩张。这种疏通口，不能不求于比较未开化的国家"。（第 54 页）"说来说去，我们看见战争底原因在于帝国主义"。"资本主义发展底必然，达到最后的阶段帝国主义"。帝国主义又表现为殖民政策，即侵略政策；"这种政策，又必然要同他国发生冲突"。在许多人眼中，国际战争一向反映为一个"社会现象"；"就是把战争看做这社会所现出的一种怪物，一种病患"。可是我们认为，"战争为'社会组织'的问题，不看做仅仅是'社会现象'。换句话说，我们认战争是今日资本主义社会组织内在的机制。我们确认它是由其经济理由而生的必然物"。近代国家的战争正是这样，第一次世界战争也是这样，"今后的战争，只要资本主义存在，亦一定是这样"。（第 137—138 页）以上关于帝国主义特征的分析，在基本理论方面，同样依据列宁的《帝国主义论》，强调帝国主义是独占的即垄断阶段的资本主义。不过不像前面分析资本主义那样，根据马克思的理论逻辑加以解说，而是突出列宁分析帝国主义的主要特征，论证国内资本主义意在依此打开其绝路困境，由此也会涉及帝国主义的其他特征。如为了给过剩生产物疏通和扩大销路，势必对准那些不发达国家。诸如此类，归结起来，显示战争的原因在于帝国主义。其中的本质联系，帝国主义是资本主义为了从绝路中求生存，必然达到的最后发展阶段，它奉行对外殖民之类的侵略政策，又必然与他国发生冲突，也就是挑起战争。这样看来，帝国主义与战争密不可分地连为一体，形成一而二，二而一的关系。按照著者的说法，现代国际战争不只是一种社会现象，或今日社会出现的一种病态怪物，还是发源自资本主义社会组织的内在机制，是有其经济理由的必然产物；过去的战争和一次大战均是这样，而且只要资本主义存在，今后的战争也一定是这样。这个认识，尽管未超出马克思主义经济学的分析范畴，但用于以战争为主题的论证，仍是较为深刻的。

我们既然明了现代战争的原因，为什么还不能避免战争，都认为这是命运呢？无产阶级既不能由战争得到什么利益，为什么还踊跃参加战争呢？战争既不能有建设和生产，徒然毁坏人类生命和社会物质，演出悽凉悲惨的景况，为什么人们还肯定战争，认同战争甚至欢迎战争呢？"这种思想底原动力究竟是什么呢？就是说战争虽是资本主义经济组织底机制，但发生战争的精神原因究竟是什么呢？我们必须进一步去说明这个道理"。"解答这种精神原因的基础，实在是马克思所完成的唯物史观说"。我所应用的，便是他在其名著《经济学批评》序文中，写有所谓唯物史观公式的一节："生产关系底总和，形成该时代底经济组织；这经济组织，成为该社会底真实基础，在其上面建立该时代底法制上及政治上的殿堂，又该社会一定的思想上精神上的主义、风潮等一切关于人类意识的一切状态，都适应它而发生。简约地说，不是人类底思想产生其生活状态，反是人类底思想从其生活状态中产生。所以在今日资本主义经济组织上面，今日现存的一切法制、政治思想、宗教、道德、风潮等，都是适应资本主义的"。"唯物史观说不是动机论，它是跑入社会组织底里面，去说明其存在底理由和动摇底原动力的"。"适应资本主义的诸精神的反映，到了资本主义底末期，便同样地反映出资本主义移动期底情形。新兴阶级渐渐怀抱着新思想，然当时支配阶级，却以旧思想来压迫，于是便发生新旧思想底冲突"。因此，要解答"战争既违反无产阶级底利益，为什么无产阶级还以感激之情去迎接战争"这种疑问，"必须仍旧回头去解剖产生此种思想的经济组织"。我们已经发见战争的"经济原因"存在于现代资本主义的经济组织中，同样，"我们要知道战争底精神原因，也应该向资本主义的经济组织中去觅求"。（第140—143页）马克思说，"万国劳动者，团结起来！"这一句话和他的学说一样，"现在已成为全世界无产阶级底信条"。无产阶级的团结逐年扩大并巩固，将使资本阶级战栗。他们在国内，确能以其团结和资本阶级战斗，然而一遇国际问题，便在"举国一致"的口号之下，彼此以枪炮相应酬。"这究竟是什么理由呢？这不用说，是帝国主义的教理。这种教理，就是把无产阶级为共同生活而斗争的本能，从那应当行向的方向，引入不应当行向的不自然的方向。他们把无产阶级底憎恶心和斗争心，从对于资本阶级的方向，转移到对于他民族他国家的方向"。（第157页）这里与战争的经济原因并列，提出战争的精神原因，针对的是帝国主义国家的人民包括无产阶级，何以心甘情愿地支持和参加对外战争，以致在理论上揭示战争的根源是走上绝路的资本主义进入最后的帝国主义阶段的必然产物，在实践上感受战争的巨大破坏性和悲惨状况之后，仍不能避免战争反而看作命中注定的事情。可见，所谓战争的精神原因，是要说明维持现代战争思想存在的原动力。为了解答其中的道理，著者明言要依据和运用马克思在《政治经济学批判》序言里所表达的唯物史观。也就是不能根据主观动机，必须深入现行社会组织内部去说明这种战争思想存在或动摇的原动力。换言之，不仅应当从现代资本主义经济组织中去寻求战争的经济原因，也应当从中去寻求战争的精神原因，意即适应资本主义的各种精神反映，同样反映了资本主义末期的变化情况：新兴阶级正在酝酿的新思想，受到支配阶级的旧思想压制，发生新旧思想的冲突；这个变化表现在战争方面，无产阶级虽然在国内能够响应马克思的号召，团结起来与资产阶级作斗争，但遇到对外战争，受举国一致口号的蛊惑，彼此参战对抗，这背后正是帝国主义教理的影响；这个教理的本质，旨在把无产阶级为自身解放而本能产生的斗争方向和憎恶对象，加以扭曲的引导，从瞄准资本阶级，转向瞄准其他民族或其他国家。这样从资本主义经济组织中去说明战争的精神原因，遵循着人们的社会存在决定人们的意识这个唯物史观原理，意思是说帝国主义的战争教理一经形成，作为资本主义进入垄断阶段的精神反映，将纠缠并困扰着无产阶级而不能轻易退去。这便是战争的精神原因之诠释，最后的解决办法，见之于全书的如下结论。

现代战争的悲惨与悽怆，不可言状。"从事战争的几千万国民，几百万将卒，大多数都只是盲从帝国主义的教理，和那些素不相知（连颜色尚不知道）素无仇怨的人，互相杀戮于硝烟弹雨之间，恰如百年深仇宿恨一样。这种情形，是何等的可怜可痛"！战争会不会再起，可不可以避免，能不能够绝灭呢？"我们底答复，现代战争是要发生的，第二次世界大战已在我们底目前。只要资本主义存在一天，战争决不能消灭。要消灭战争，须先消灭资本主义。我们关于战争的结论和未来的预测，必须从这里出发"。（第158—160页）总归一句话，战争与资本主义如影随形，这个结论，不仅预测到第二次世界大战近在眼前，而且确认现代战争的根源就是资本主义，战争消灭与否，直接取决于资本主义消灭与否。

以上是《资本主义与战争》译本的主旨脉络，反映了日本社会主义运动在20世纪初被镇压后到20年代前期重新恢复发展的时代影响因素，所以连原著者这样出身军事世家并曾挂中尉军衔的人，其时一旦对战争史或军事史研究感兴趣，也拿起马克思主义经济学作为理论分析工具。这样的译本传入中国，虽然对于马克思的经济理论和唯物史观，以及列宁的帝国主义论本身，在解说和援引方面谈不上有什么新意，但运用这些理论来阐释资本主义与战争之间的本质关系，从具体的战争形式中抽象出来，论证现代战争的根本原因在于资本主义经济组织走入绝路而最后乞助于帝国主义的挽救方法，并得出只有消灭资本主义才能最终消灭战争的结论，这是一个较为独特的视角，在当时国内的著作界还很少见。就此而言，把这个译本列入传播马克思主义经济学的范围，有其参考意义。

### （二）《近世社会思想史》译本

波多野鼎①著，开明书店 1928 年 9 月 1 日初版，217 页。这个译本所说的社会思想史，实为广义的社会主义思想史。全书五章，除第一章绪论外，其余各章分别为空想的社会主义、科学的社会主义、共产主义和无政府主义。各章内容，不含绪论，以无政府主义最多，科学社会主义次之，空想社会主义再次之，共产主义殿后；具体到每个代表人物的评介，又以马克思的篇幅最多。

先看第一章绪论的要点：

今日我们常听到社会主义、共产主义、无政府主义等名词，它们究竟是什么，"这些问题，大多数人却还不很明了"。名词是思想或感情的媒介，颇有重要作用。不过向来陌生名词成为一种流行语，被似懂非懂地使用时，往往误传它原来的意义。"在这种时候，该名词便不是正确传达思想或感情的工具，反成了误传思想或感情的工具"。其结果人们因误解而加以不当的非难，或发生无谓的恐惧。"社会主义、共产主义、无政府主义等名词，也不能逃出此例，尤其以我国（指日本——引者注）为甚"。十几年前甚至几年前，还绝对不许使用社会主义等名词，只限于大学讲演、研究杂志或学者著述，多数场合仍用来非难社会主义等；政府当局非常嫌恶社会主义思想和社会运动，热心于把"社会主义是洪水猛兽"这种偏见输送到一般国民头脑中，作为压迫社会主义的方法。"这种努力底效果，就是使一般国民一提起社会主义就认为罪恶，一谈及无政府主义者就好像是强盗或杀人犯"。因此，"许多人对于社会主义或无政府主义等名词，抱有一种偏见或先入为主的成见，很不容易去掉"。今日社会状况起了很大变化，可以在报纸上或杂志上堂皇讨论社会主义或无政府主义，从事实际运动以实现这种思想的热心运动家也不断增多。可是"社会主义或无政府主义底思想和运动越旺盛，那反对的思想和运动也越旺盛，因之那种比以前更强的偏见宣传得更广"。"我们必须认定：社会主义或无政府主义底思想和运动一旺盛，那反对的偏见便强固化"。站在"大公无私的立场上"观察，"不能不相信社会主义或无政府主义底思想和运动，今后不但不会衰减，反而只有日益旺盛"。"如果懂得社会主义和无政府主义是什么，因什么理由

---

① 波多野鼎（1896—1976），生于爱知县，1917 年入东京大学，1920 年毕业于法学院并获法学学士，就职南满铁路公司的大亚经济研究局，1922 年为同志社大学教授；后获经济学博士，为九州国立大学教授；二战后加入日本社会主义党，1947 年当选上议院参议员，任片山内阁农林部长；社会主义党分裂后，为右翼社会党的理论领导人之一，退出政界后为中央大学教授。

而发生，便可以知道，社会主义和无政府主义决不是一时的流行思想，也不是马上会消灭的"。这里我只想指出，"社会主义或无政府主义底思想和运动，对于我们底社会生活具有重大的意义。只要是一个现代的人，便不能不明白这些社会思想"。

集产主义分为共产主义、社会主义和农业社会主义三种思想，说明三种主义的区别以前，应当先从经济学上了生产财和消费财、财产所得和勤劳所得的区别。共产主义"主张生产财和消费财都归社会或国家所有"，"不许财产所得和勤劳所得那种个人的所得存在"。社会主义"主张生产财归社会或国家所有，消费财归个人所有"，不许存在财产所得，但容许存在勤劳所得。"'不劳动者不得食'，这是共产主义底原则，同时也是社会主义的原则"。农业社会主义"主张把生产财中的土地收归社会或国家所有"，"此外的生产财及消费财，概让个人私有"，因此又叫"土地社会主义"。另外空想社会主义和科学社会主义的区别，由马克思和恩格斯（原译"昂格斯"）提出。空想社会主义"认定社会主义的人类生活底理想"，符合社会正义，能由人类的努力来实现。反之，科学社会主义"主张社会主义无所谓好坏，它是人类社会发达底必然结果；不管人们欢喜它努力求其实现也好，嫌恶它设法妨碍其出现也好，它总是必然要到来的，社会主义底到来，是历史所告诉我们的"。马克思和恩格斯以前的人，"不能发见关于社会主义实现的强固的根据，只能自作聪明地在头脑中构成未来社会的想像国，便以此为理想而向人宣传，以为这样便可以实现社会主义"；这种主张"并没有什么科学的根据，无异一种空中楼阁，所以说它是空想的"。马克思和恩格斯大不相同，"先以科学的方法详细研究了从来的历史，然后主张将来不能不达到社会主义，所以他们底主张，根柢上横有强固的科学的根据"。恰如自然科学者研究明白水的本性，才主张河水入海一样，马克思和恩格斯"把历史底本性研究清楚了，才主张社会主义的时代一定要到来"。"私有财产主义"主张现存的私有财产社会永久不变，科学社会主义则说明了建筑在私有财产上面的资本主义究竟是什么东西。①

这个绪论有如综述，略去其无政府主义部分，突出有关马克思社会主义的论述，大体表达了两个意思。一个意思是说社会如何形成对社会主义等的偏见：当大多数人还不真正明了社会主义之类的名词时，这些名词在流行过程中，往往被误解

---

① 以上引文分别见波多野鼎著，徐文亮译《近世社会思想史》，开明书店 1928 年版，第 2—4、6—12 页。

或似是而非地使用，引起不当的非难或无谓的恐惧；厌恶社会主义等思想与运动的现行政府更是禁止传播，或者向一般国民灌输洪水猛兽、罪恶或强盗一类的观念，结果许多人对此抱有先入为主的成见；即使如今看起来放松社会主义等的思想讨论和实际运动，实则这种思想和运动越旺盛，反对的偏见宣传也越强固，认定其兴盛只是流行于一时。与这些偏见不同，绪论中提出一个"大公无私的立场"，相信社会主义等的思想和运动今后将日益旺盛而不会衰减，决非一时流行或马上消灭，重要的是要懂得这些主义的内涵、产生的原因及其对社会生活的重大意义。既然将这些社会思想看作每个现代人都必须明白的道理，则其书命名"近世社会思想史"，也是把社会主义之类思想的发展演变历史，当作近代社会思想史中最重要的组成部分。另一个意思是说各种类型的社会主义、共产主义和无政府主义，相互区别，针对现行私产制度而在不同的演进过程中互为影响，共同具有存在的价值。这里举出集产主义内三种思想类别在经济学意义上的内涵区分，就是一例。这种区分的具体内容，耳熟能详，无需再述，但此例可以说明它的重点不在于不同思想的优劣，在于各有其特点。至于空想社会主义和科学社会主义的区别，强调前者基于社会正义之类的理想和人类的努力，或者说来自头脑中对未来社会的空中楼阁式想象而没有任何科学根据，后者则通过科学的历史研究，证明社会主义不以个人的好恶意志为转移，是人类社会发达的必然结果，从而奠定了坚固的科学基础，这似乎体现了二者之间的优劣之别；其实这里说的是社会主义从空想发展到科学，空想者同样作出了贡献而不应忽视。这一点，从后面的论述中看得更加清楚。

下面推后第三章的内容，接着摘要介绍其余各章。

第二章有言："所谓空想的社会主义，就是指马克思以前的一切社会主义思想（更严格地说，马克思以后的社会主义思想中，凡不依据所谓唯物史观的思想，也可以说都是空想的）"；不过这里只提出法国的圣西门和傅立叶（原译"傅利叶"）及英国的欧文三个人，"通常称为空想的社会主义底三大代表者"。圣西门的思想中，在社会主义思想史上"不应看落的，就是他抱有阶级斗争和唯物史观的思想"。这些思想"在马克思底思想中占很重要的地位，为马克思思想底中心"；"有人说马克思这个思想是承继圣西门的"。傅立叶"把空想的社会主义底特色表现得最鲜明"。[1] 诸如此类，仅系选录，一面把马克思以前及以后所有违背唯物史观的

① 波多野鼎著，徐文亮译《近世社会思想史》，开明书店 1928 年版，第 13、24 页。

社会主义思想，都归类为空想社会主义；一面从空想社会主义的代表人物那里，努力发掘影响马克思乃至影响马克思中心思想的要素。也就是说，空想社会主义不只是空想，还为后来的科学社会主义贡献了先行思想资料。

第四章共产主义，先后介绍英国人莫尔（原译"穆尔"）那本使他名垂不朽的名著《乌托邦》（又称《理想乡》），"以小说的体裁，描写理想的世界，即共产主义的社会"；法国人巴贝夫（原译"巴布夫"）的共产主义，"决不仅是诗人底梦"，"高揭这个理想，欲从实际上实现出来"；美国"阿玛拿共产村"则为"已实现的共产主义的社会"，此即德国一批虔诚的基督教徒为免受宗教压迫，享有完全和平与宗教自由，"依神底启示"，约于1840年在美国爱荷华州（原译"阿伊俄华州"）以爱荷华市为中心收买土地而建立的由7个小村组成的宗教团体，至今约80年，"现在还繁荣着，而且还处于大资本国的美利坚底中心，这实在不能不说是一个奇迹"。以上三种类型，分别代表"诗人头脑中所描写的共产主义"，"革命家作为实际运动底纲领的共产主义"，以及"已经实现的共产主义"，经过简单说明，大体可以了解"共产主义是什么东西"。① 这样描述共产主义，从诗人头脑中的乌托邦，到革命家用作实际运动的纲领，再到已在资本主义大国的美国内部实现并繁荣着的奇迹，就像一个三部曲，暗示包括马克思学说在内的社会主义思想与运动，也经历着同样的发展进程。

第五章无政府主义，篇幅最多，除概说外，分别介绍了威廉·戈德温（原译"高德文"）、蒲鲁东、麦克斯·施蒂纳（原译"斯梯纳"）、巴枯宁和克鲁泡特金五位代表人物。其中：英国人戈德温是"最初系统地构成无政府主义理论的人"，欧文的先辈；无政府主义的三个建设者，戈德温生在英国，蒲鲁东生在法国，施蒂纳生在德国，"各自展开多少不同的思想"，"无政府主义思想，可以认为综合他们这些思想而生"；无政府主义者中，戈德温和施蒂纳二人"和实际运动没有一点关系"，蒲鲁东二月革命时曾站在街头，他的思想也给后代人以相当影响，但相比俄国人巴枯宁的影响，"差得很远，几乎不足言道"；"巴枯宁与其说是理论家，毋宁说是运动家"，他的思想，和前述三人不同，"是科学的实证的"；克鲁泡特金式无政府共产主义，"主张不带权力的共产主义"，意味无政府主义的理想是"不带法的强制、不带权力的共产主义"；和无政府主义对立的思想，"以带着法的强制的

<hr />

① 以上引文分别见波多野鼎著，徐文亮译《近世社会思想史》，开明书店1928年版，第117、121、125、128页。

社会生活为理想"，包括社会主义、共产主义等，"换句话说，是带着权力的"，但马克思认为最后理想的共产主义及列宁所谓第二期的共产主义，"也实现着无国家的社会，所以那时的共产主义，也许会变成和克鲁泡特金底无政府主义一样的东西"；等等。① 这些介绍，尽管也梳理无政府主义者之间的差异与演进，以及和其他社会主义或共产主义在思想上的对立，但基本倾向，把无政府主义与各种社会主义及共产主义放在受到现政府敌视和压迫的同一阵营，不仅谋求消除社会对它们的偏见并宣扬它们对社会生活的重大意义，还在讲述它们各自特色的同时努力寻找它们之间的共同点，正如说克鲁泡特金不带权力的共产主义，即马克思最终理想的共产主义和列宁论证第二期的共产主义，均属实现消灭国家后的共产主义。

总之，以上介绍空想社会主义、共产主义和无政府主义的思想，比较它们之间的短长和相互关联，不是为了贬抑或否定其中某个代表人物的某种学说或某种类型的主义，而是说它们的出现，不论简陋或成熟、激进或稳健、耽于想象或付诸实际，皆有合理的历史原因，适应了不同发展阶段的特定社会需求，因此重要的也不是揭露它们中间的矛盾、缺陷和失误，而是突出它们以各自特有的历史形式，为改变陈旧的制度与观念，创造美好的理想社会，共同作出了贡献。下面第三章关于科学社会主义，作为介绍的重点，也应从这个角度去认识。

此章分5节，第1节马克思的生平，其中说道："为社会主义思想底完成者，且为社会运动底实际指导者的马克思，他底伟大的名声，恐怕在人类历史底继续中，要永远被人记忆着"。马克思晚年和一切革命家的生活一样，"也是很寂寞的"："和疾病及贫乏战斗"；"不能看见他底一生活动底目标——世界革命，也不能完成他后半世费尽心血的《资本论》"。然而"马克思底思想，现在还活现于世界无产阶级底胸中，驱使他们从事着活动"。他的《资本论》，借恩格斯和考茨基的力量完成了。"马克思生平的二大事业，一件已经完成了，一件还正在完成的途中。马克思这个人虽然死了，他底事业却并没有消灭。恐怕永远不会消灭吧"。② 这个评价充满着敬意，表明原著对于马克思及其学说的基本态度。特别从后人的眼光看，马克思作为社会主义思想完成者和社会运动实际指导者的伟大名声，将永远被人记住；马克思的思想现在还活在世界无产阶级的心中，鼓励他们努力于世界革

① 以上引文分别见波多野鼎著，徐文亮译《近世社会思想史》，开明书店1928年版，第134、165—166、191—192、199—200页。

② 波多野鼎著，徐文亮译《近世社会思想史》，开明书店1928年版，第60、66页。

1402

命的目标；马克思死了，他的事业没有消灭，也永远不会消灭；如此等等，这在前述对其他代表人物的评语中，还不曾见到。

第2节唯物史观，其要点："我们要理解马克思底社会思想，非先知道横在他底思想根据上的唯物史观不可"。可以分做三段说明："第一段叙述社会常在进化之中，第二段说明推动社会进化的动力是什么，第三段叙述在何种时机社会会发生变动（即社会会起革命）"。"从辽远的过去到辽远的将来，都没有固定不变的社会，只有因时代而不同的社会"，"人类社会是有历史的"。"唯物史观，最坚强地主张这一点。因此叫做唯物'史观'。唯物史观是一种历史观，换句话说，是历史底一种看法"。社会经常变动的原动力，唯物史观以"当然明白的事情"为理论。人类最强的欲望是生存欲望，必需许多物质，"生产物质的力，即'生产力'"。马克思说："一定的生产力，造出一定的生产关系"。物质生产"是对于人类最重要最根本的事，所以人类底一切关系之中，以生产关系（或经济组织）为最重要最根本的关系，其它一切关系，都以这为基础而建筑于其上"。"生产力一变化，生产关系（即经济关系）便跟着变化，而一切社会上、政治上、法律上的全组织，又跟着生产关系而变化。换句话说，社会进化底原动力是生产力"。生产力发达到什么程度，生产关系（经济关系）才会发生变化，因之社会上、政治上、法律上的一切组织也会发生变化，即社会组织才会发生革命？一定的生产组织在一定时期，有利于生产力的作用及发达，但经济组织一旦造成，不能日日变化，具有固定性质；反之，生产力因机器发明和人口增长等，常在日益增加之中，发达进到一定程度，以前为其有利条件的生产组织，现在变成妨碍其发达的东西。"到了这时，才需要打破以前的生产组织，改造成适合那发达的生产力的组织"。"马克思在这唯物史观底光辉照射之下，深刻地研究了现代资本主义"。研究的结果，知道资本主义经济组织已经尽了它的任务，使社会生产力大大增加了，"这一点是资本主义底伟大的功绩"；然而资本主义的力量发达起来的生产力，已经和资本主义经济组织不相容了，不但无用，而且有害，"所以资本主义不可不加以改造"，"社会革命的时期，已经到了"。"这便是马克思应用唯物史观来研究资本主义所得的结论"。①以上有关唯物史观的解说，简明而通俗，这也是当时国内已经较为普及的见识。此节的本意，将唯物史观作为马克思社会思想的基础，并非偏向纯学术的诠释，重点

① 以上引文分别见波多野鼎著，徐文亮译《近世社会思想史》，开明书店1928年版，第67、69—75页。

落在马克思如何运用唯物史观的基本原理，判断资本主义的经济组织同生产力的发展不再相容，从有功者变成有害者，进而得出根本改造资本主义的社会革命时机已经到来的结论。对于这个结论，原著的称许态度也很明确，认为这是在唯物史观"光辉照射"下"深刻"研究现代社会主义的结果，由此又引出下面马克思在哪些方面发现了资本主义对于生产力的发展"无用有害"的分析。

第3节资本主义崩坏论，其要点："马克思怎样应用唯物史观来认识资本主义底本体？依据马克思底见解，资本主义经济组织底趋势怎样？""资本主义经济组织底最大特色"，在于生产手段的所有者和利用生产手段实际从事生产者，是不同的人，"前者叫做资本家阶级，后者叫做劳动者阶级"。"资本家以利益为目标来经营生产，实是无可怀疑的事实"。马克思并不攻击各个资本家，以为资本主义经济组织使他们不得不如此。资本家要得到利益，"若不减低生产费，便须增加价格"。因为和其他资本家竞争，减低生产费决不能节省设备费，"自然只有力求减少支给劳动者的工钱"，或者"工作时间不变，单削减工钱"，或者"工钱照旧，单延长工作时间"，或者"工钱和工作时间都依旧不变，只鞭挞劳动者更勤勉地工作，即所谓提高劳动者底能力"。提高价格很困难，在资本主义社会，买卖商品"以自由竞争为原则"。于是资本家想出"薄利多卖"主义，"小资本家便不能竞争，纷纷倒灭"；形成马克思所说的"企业集中"，资本日益集中于少数人，又叫做"资本集中"。"这一点，在我们了解资本主义经济组织底趋势上，是最重要的一点"。资本家"以市场为目标来生产"，生产出来的东西卖不出去，产生"生产过剩"现象，这种恐慌加强了企业集中与资本集中。恐慌发生的原因，简括说，一是"资本家各以自己底利益为目的来经营生产"，二是"许多资本家之间没有联络"。在资本主义经济组织下，劳动者造出的东西入于资本家手里，只领得工钱作为劳动的报酬。"这是资本主义组织底一个特色"，也是"最重大的一点"。据马克思所说，大体上"工钱是依照劳动者养活自己家族所需要的费用来决定的"，即"劳动力这种商品底价格，依其生产费（即生活费）来决定"。但各个场合，"由劳动底需要和供给关系来决定"，这与一般商品"完全相同"。劳动者的工钱倾向于增高还是低落？对劳动的需要，随着资本总额的增加而增加；可是劳动的供给，因人口增加，小资本家破产，没有巨额资本者不能做独立资本家，女工和童工等，增加得更多，"这是资本主义以前所不能看见的现象"；所以，"工钱到了资本主义社会，一般有下落的倾向"。而且资本家和劳动者双方的斗争，多半是资本家方面胜利，劳动者方面屈服，所以"工钱有越益低廉的倾向"。这样看来，劳动者的地位"极悲惨极不安"。但"他们是人类生活中最必要的物质底生产者"，"决不能永远甘于那种地位"。"自然是公平的。它给与那生产者的劳动者以一个有力的武器，使他们能够获得合于生产者的地位。那就是劳动者底团结"。资本主义经济组织提供了许多机会，"不知不觉之中帮助了劳动者底团结"。一是把多数劳动者集合在同一场所，为他们创造互相认识和交际的机会；二是交通机关的发达，让国内劳动者和别国劳动者也有团结的机会。现在资本主义"促进那灭亡资本主义的武器——劳动者底团结，使巩固的工会到处发生"。"资本家阶级和劳动者阶级底阶级斗争，现在正一天更激烈一天"；正如约 70 年前马克思在《共产党宣言》中所说的话，"在这个战争中，劳动者阶级终能获得最后的胜利，已和水之流下一样，是毫无可疑的真理"。①

　　本节内容，明面上出自马克思经济学说，宣称是马克思应用唯物史观来认识资本主义本体的思想，是依据马克思关于资本主义经济组织发展趋势的见解；其中确实也论及马克思经济学说的诸多要素，诸如：资本家阶级是生产资料的所有者，劳动者阶级是使用生产资料的实际生产者；资本家的生产与买卖以盈利为目标，以自由竞争为原则，各自为政，结果出现生产过剩的恐慌现象，形成大资本家吞并小资本家的企业集中与资本集中趋势；劳动者创造的东西归资本家所有，自己只能从中获得工钱作为劳动的报酬，其工钱取决于劳动者养活家庭所需要的费用；劳动力商品的价格决定于生活费是基准，同时如同一般商品，受劳动供求关系的影响，劳动的供给一般超过资本家对劳动的需求，所以劳动者的工钱相比资本家的盈利，有下落或日益低廉的趋向；资本主义经济组织一面使劳动者处于极为悲惨不安的地位，一面又为劳动者提供团结的各种机会，给劳动者锻造了消灭资本主义的有力武器，促使劳动者阶级与资本家阶级之间的斗争日益激烈，劳动者阶级必将获得最后的胜利；等等。这些要素，似乎说明了资本主义崩坏论，即资本主义必然趋于崩溃的理论。但如果说依据马克思的经济理论，那么它最大的缺陷，就是只字未提剩余价值概念，或者说代之以资本家得到利益、以利益为目的之类的模糊概念。失去这个理论根基，于是看到论述资本家的利益来源，不是减少生产费，就是提高价格。前者说生产费中，只有劳动者的工钱有可能减少，等于说资本家的盈利靠剥夺劳动者的

①　以上引文分别见波多野鼎著，徐文亮译《近世社会思想史》，开明书店 1928 年版，第 76—84、86—88 页。

工钱来实现，这个说法明显违背了剩余价值学说的原理，也与本节一再强调劳动者的工钱须以养活其家庭的基本生活费为前提的涵义相冲突；后者说在难以提高价格的情况下，资本家"想出"薄利多销的办法通过企业和资本的集中来达到目的，这个说法同样偏离了剩余价值学说，把资本积累趋势说成资本家个人主观想法的结果，无意中也否定了前述马克思并不攻击资本家个人的盈利活动，认为资本主义经济组织使他们不得不如此的说法。因此，本节对马克思经济理论的说明，明显不如前节对唯物史观的说明。

第4节政治革命，在说明马克思的唯物史观和"马克思关于资本主义经济组织底趋势的思想"后，还须说明马克思关于资本主义如何走向灭亡，即社会主义怎样实现的思想。其要点："资本主义必定崩坏，社会主义必定到来，这事从历史上看来，是明白无疑的"。那么劳动者阶级是不是可以抱手以待社会主义的到来呢？"决不可以"。不论何种社会组织，支配者阶级决不肯自动实行组织的变革，"历史上从没有这一种的例子"。资本主义经济组织中，国民大多数陷于赤贫和悲惨之中，资本家阶级也往往因恐慌和市况不良，失去大半的既得利益；但他们情愿维持资本主义组织，因为它比社会主义组织总有利于他们得多。"所以劳动者阶级如果沉默着不做什么运动，结局只有和资本家一同灭亡"。"要想好好跳过这个难关，充分利用那发达的生产力，使一切人底物质生活丰富起来，无论如何都非变更经济组织不可"。"决不能期待于资本家阶级"，这是"劳动者阶级对于全人类的历史使命"。马克思常常区别社会革命和政治革命。社会革命是生产关系的变革，"使整个社会状况焕然一新"；政治革命是政治组织的变化，适应于生产关系的政治组织，"到了某种生产关系已不能与一定的生产力相容之后，还对于维持那生产关系有很大的用处"。资本主义政治组织，是"资本家阶级，握着政治上的权力"。"他们以政治的权力，极力防止经济关系底变革（即经济组织底变化）。换句话说，他们以政治权力的人为力量，来防止那种因生产力发达而欲改变经济组织的强烈的自然倾向。因此，资本家阶级所握的这个政治权力，必须归劳动者阶级掌握，以促进经济组织底变革（即社会革命）。这里，便发生政治革命的必要"。《共产党宣言》说："阶级斗争是政治的斗争，劳动阶级运动底第一目标，在于从资本阶级手里夺取政权"。政治革命应当用"平和的方法"，还是用"暴力的方法"进行？换句话说，劳动者阶级应当"藉议会里获得多数党"，还是"依群众的直接行动"来夺取政权？关于这一点，马克思的意见"好像没有一定"。"劳动者阶级，怎样取得政治上的支配者地位，要依各国实际情形来决定，不能一模一样"。有些国家可用平和的方法，有些国家非用暴力的方法不可。《共产党宣言》明白写着"无产阶级夺取政权，非用暴力的方法不能成就"。不过它起草发表的当时，劳动阶级藉参加政治在议会里获得多数来取得政权，"是任何国家都几乎完全不可能的事情"。"所以我们不能因为马克思曾说过非用暴力方法不可的话，便说他欢喜暴力的方法过于平和的方法；其实，马克思好像比较欢喜平和的方法"。处于支配者地位、握有一切权力的资产阶级，和处于被支配者地位、没有什么权力的无产阶级的斗争，"这种斗争，或平和地解决，或展开流血的场面，完全决于支配阶级底态度如何"。"不论政治革命采取何种形式，结局总是无产阶级掌握国家政权。即政治革命，可以看做能够告终于比较短少的期间"。《共产党宣言》说："无产阶级渐次从资产阶级手里夺取一切生产手段，集中于国家手里，利用其权力来谋生产力尽可能地迅速发展。到了一切生产手段完全集中于国家手里，财物底生产依一定的方针来进行，国民全体变为劳动者，资本家完全消灭的时候，社会革命才算告成"。生产手段移归国家手里以后的未来社会主义国家将变成怎样？马克思、恩格斯和一般科学社会主义者，"都没有明确的说明"，"这一点是和空想的社会主义者大不相同的"。不过我们推测：一是"以需要为本位，实行集中的生产，便可以消灭所谓生产界底无政府状态，无秩序情形"；二是"为保持需要和供给底步调"，大体调查需要什么和能够生产什么，"指导并管理生产"；三是"一切人都有劳动的义务"，同时力谋减少不能自由选择职业的弊害，"使各人从事各种劳动，以造出完全的人"，并减少劳动时间；四是"各尽所能，各取所需"为社会主义的理想，不过在社会生产力极大增加而产出足够丰富的财物之前，"不能不按照劳动来行分配"；五是和共产主义不同，"消费什么东西，是各人底自由"，但限制奢侈品消费；六是社会主义中人的生活，"非由国家来保证，只由劳动来保证，不劳动便不能生存，劳动越多，生活便越好"，大概没有"共产主义中易生的弊害——懒惰者底发生"。以上对政治革命的说明"颇不充分"，"那是属于今日被容许的言论自由范围以外的事，所以不得不割爱"；对以政治革命为目的的社会民主党运动，也没有时间叙述，只好不说。①

本节不止说明政治革命，还推测无产阶级政治革命后未来社会主义国家的大体

① 以上引文均见波多野鼎著，徐文亮译《近世社会思想史》，开明书店 1928 年版，第 89—102 页。

样式。关于政治革命的说明，建立在前述关于社会革命的唯物史观说明之上。其关注点，一则社会革命虽然体现了在资本主义社会，生产力的发展势必改变原有生产关系即经济组织的自然倾向，但并不是说劳动者阶级可以消极等待社会主义的到来，或者期待资本家阶级能够自动顺应这种变革趋势；即使资本主义经济组织已成为生产力发展的桎梏，占据支配地位的资本家阶级仍不会放弃自身利益，必然极力维护现有经济组织，因此，劳动者阶级要取代资本家阶级来掌握政权以推进经济组织的变革即社会革命，必须实行政治革命。二则政治革命的实现方式，分为通过议会选举获得多数党地位的和平方法与依靠群众采取直接行动的暴力方法两种；选用何种方法，取决于处在支配地位并握有政权的资本家阶级对待处在被支配地位且没有任何权力的劳动者阶级的态度，同时依据各国的实际情形而不可能完全一样；当初马克思主张无产阶级夺取政权必须采用暴力方法才能成功，那是基于当时任何国家的劳动阶级都不可能通过获得议会多数的和平政治方式来取得政权的客观条件，如果有条件，其实马克思并不排斥和平的方法。这些说明，从马克思的唯物史观和阶级斗争学说引申而来，更加强调劳动者阶级夺取政权的政治革命的必要性及其实现方法，虽然不必是马克思本人的观点，甚而根据后来的变化情况来重新解释马克思观点的内涵，但具有一定的合理性；至于说明"颇不充分"，看来关于政治革命的敏感问题讨论，因日本当局的舆论禁令，只能割爱，恐怕没有时间叙述以政治革命为目的的社会民主党运动，亦系如此，由此也可见本节说明的局限性。关于未来社会主义国家样式的推测，放在政治革命的说明之后，显得有跑题之嫌，况且推测的具体内容，可增可减，未必确定，又与科学社会主义者不尚空想的特征似相矛盾，不过考虑到有关政治革命的说明受到打压限制，那么通过推测方式来比较社会主义与资本主义的实质性区别，也算是对无产阶级实行政治革命必要性的一个补充。

第 5 节布尔什维主义（原译"布尔雪维主义"），其要点：马克思和恩格斯的科学社会主义，"是社会主义思想底本流，直到今日还没有衰减，而且成了劳动运动、社会民主党运动底根柢"。"可是无论什么思想，经过若干年后，总有多少变化"。"关于科学的社会主义，也有同样的情形"。如德国考茨基一派主张的"正统社会主义"和俄国列宁一派主张的布尔什维主义，"两者都自称承继马克思主义底思想，但两者之间颇有显著的差异"。又如德国伯恩斯坦（原译"本斯泰因"）所主唱的修正派社会主义，法国的工团主义，英国的基尔特社会主义，"这一些都可以看做从马克思底社会主义中流出来的支流"。这里简单说明"在现代具有最重要的意义，且能给与后世社会思想以最重要的影响的主义，即布尔雪维主义"。日本人通常叫做"过激派"或"过激主义"，包含"乱暴、残忍的意义"，"其实这是不对的"。布尔什维主义"大体和马克思底科学的社会主义思想相同"，承继了马克思主义的唯物史观、资本主义崩坏论、政治革命论等。这里只说明"布尔雪维主义和马克思主义不同的处所，或马克思自己不曾明了叙述的东西，为布尔雪维主义所彻底发展了的处所"；以及布尔什维主义的初期思想，即"初握政权时底思想"。布尔什维主义的许多学者和思想家中，"最卓越的，自然是列宁"。他的名著《国家和革命》，"可以说是布尔雪维主义底教典，其中包含着布尔雪维主义底一切根本思想"。"据列宁底意见（同时也是马克思和昂格斯底意见），国家是一阶级对于别阶级的压迫支配的组织。阶级底支配这一件事，是国家之所以为国家的本质，因之在那没有什么阶级，也没有什么阶级支配的古代，便没有国家存在"。国家在人类悠长的历史中，几次改变它的形式，有时为专制国家，有时为封建国家，有时又为立宪国家，但是"国家底原理，总是不劳动的阶级支配劳动的阶级，经过几千年而不变"。"这种人支配人的事，实为人类生活中的一大污点。因为几千年来如此，将来也一定如此，这是决没有的事。没有人支配人的现象的社会，才是最理想的社会"。这不是说原始社会是理想的社会，人类历史不能回归原来的出发点。"无阶级支配的社会，即无国家的社会，决不是现在就能够实现的。要实现那种社会，必须经过悠长的过渡时期"。无政府主义者以为推翻现在的国家，马上可以实现无国家的社会。"列宁认这种思想，完全是一种空想"。"列宁底最后目的，是无国家的社会，这一点和无政府主义者相同，但他承认未达到那最后目标以前的过渡期的国家，实和无政府主义者大不相同"。"今日所谓实行民主主义，实在是假的民主主义，只是少数的资产阶级，支配着多数的无产阶级"。列宁的意见，无产阶级发起向资产阶级夺取政权的运动，掌握政权成为支配阶级，造出压迫支配资产阶级的无产阶级国家或社会主义国家，"这是向无国家的社会进行的中间的国家"。列宁关于"无产阶级应当采用何种手段，从资产阶级手里夺取政权"的意见，"割爱不说"。无产阶级夺取政权后的无产阶级国家，"简单说，在政治方面是'无产阶级底专政'，在经济方面是社会主义底实行"。社会主义国家和资本主义国家不同，一是"在社会主义国家中，其支配阶级是无产阶级。只有无产阶级能够享有政治上的权利"；二是"无产阶级底独裁是多数者底支配"，"比资产阶级底独裁，自然更多接近于完全的民主主义"；三是"握有社会主义国家权力的无产阶级，决不是为永久维持社会主义国家，或为拥护无产阶级底利益，来利用其权力"。"无产阶级利用其权力，要把一切国民变为无产者（即劳动者），即把一切国民提到支配者的地位，把什么阶级区别、阶级支配完全消灭，换句话说，把社会主义国家消灭"。把全体国民变为支配者，"据列宁说，那只有实行了完全的共产主义才是可能的"。列宁说共产主义有两个阶段，"第一期共产主义，就是社会主义；第二期共产主义，就是真正意义的共产主义"。"布尔雪维主义，只是马克思学说底一个延长，所以在根本思想上，和马克思学说没有什么不同"。"布尔雪维主义具有重要的意义，在于实现其主义思想所用的手段政策的方面"，"极力发挥它底特色"。若不说到这些政策方面，便遗漏了布尔什维主义的"精髓"。①

本节对布尔什维主义的说明，不管出于"割爱"或别的什么原因，确如著者自己所说，是"不充分的"。例如，将考茨基的所谓正统社会主义与列宁的布尔什维主义，都看作科学社会主义的派别，又将伯恩斯坦的修正主义、法国的工团主义和英国的基尔特社会主义，都看作出自马克思社会主义本流的支流，并认为上述五者都不能"看落"，也就是看好它们的行情见涨，惟因布尔什维主义的意义最重要或影响最重要，才予以简单说明。这个说法，容易模糊各派别之间的界限，似乎它们作为马克思学说经过若干年后总会变化的正常现象，只有形式上的差异，在理论根底上仍坚持了马克思主义的基本立场与观点。其实当时国内流行的不少著译作里，已在不同程度上揭示了这些派别当中的本质区别，本节则一带而过，用相同出处掩饰了本质差异。又如：确认布尔什维主义和马克思的科学社会主义大体相同，因而注重说明前者和后者不同的地方，或马克思自己不曾明确叙述而由布尔什维主义彻底发展的地方，并限于布尔什维主义刚掌握政权时的思想；在这些前提下，实际上只说明了列宁撰写于十月革命前夕、出版于夺取政权之初的名著《国家与革命》之要旨。此著固然极为重要，不过终究仅代表列宁发展或彻底阐述马克思学说的一部分理论，并不是全部。所以可以称此著是布尔什维主义的"教典"，但称其包含着布尔什维主义的"一切根本思想"，似忽略了列宁其他重要著作的贡献，恐怕这是受制于说明者个人的研究视野。再如，宣称布尔什维主义的重要意义或特色，在于实现其主义思想所采用的"手段政策"，因为该主义只是马克思学说的一个延长，在根本思想上和马克思学说没有什么不同；这种只见手段政策而不见基本

---

① 以上引文分别见波多野鼎著，徐文亮译《近世社会思想史》，开明书店 1928 年版，第 103、106—115 页。

原理的判断，明显低估了列宁在继承马克思主义的基础上结合本国实际而予以发展的一系列理论创新。实际上，本节有关《国家与革命》的说明，也不仅限于手段政策。诸如概括马克思、恩格斯的基本思想，凸显国家的阶级本质；发挥马克思主义的国家学说，论证无产阶级专政的必要性；阐发无产阶级专政与社会主义新型民主的一致性；探讨无产阶级专政在过渡时期的职能，以及消灭阶级差别从而实现国家消亡的基本条件；等等。所有这些，应属于布尔什维主义的理论精髓，不能简单归之于手段政策方面的实践特色。

总之，《近世社会思想史》译本，在社会思想史的名目下讲述社会主义思想史，集中说明空想社会主义、科学社会主义、共产主义、无政府主义四种类型，又在科学社会主义一章，以解说马克思学说为主，接着介绍作为马克思主义之"延长"的布尔什维主义或列宁的《国家与革命》，并提及考茨基的"正统社会主义"、伯恩斯坦的修正主义、法国的工团主义和英国的基尔特社会主义等派别。其宗旨是为了消除人们尤其在现政府的灌输蛊惑下，对这些社会思想类型所形成的偏见或先入为主的成见，认识到它们在人类社会发展与进步方面所具有的重要意义。这样的宗旨，与一般的社会思想史著述明显不同。引入这样的著作，无疑为马克思主义经济学在中国的传播开辟了道路。不过比较起来，这个译本强调被压制的各类社会思想具有共同的价值或重要意义，无意于甄别它们之间的优劣差异，特别是含糊其词地把考茨基形为正统社会主义实为机会主义的思想观念与列宁所代表的布尔什维主义一同归入科学社会主义范畴，把伯恩斯坦的修正主义与法英二国的工团主义和基尔特社会主义一并视为源于马克思主义本流的支流，那就很容易将马克思主义经济学与其他形形色色的主义混同起来；更不用说阐述马克思的资本主义崩坏论，居然看不到剩余价值概念，这样去认识马克思经济学说，显然不是一般的瑕疵，也不能用被迫割爱之类的托辞来搪塞。

## 第三节 批判马克思主义和社会主义的著作

从自撰著作看，正如传播马克思主义经济学的著作需要历史的积累和时间的检验，系统批判马克思主义和社会主义的著作，同样是长期以来站在对立面抵制这一传播并加以渲染的舆论氛围的产物，从而为国内有人将这些批判性观点汇集起来编纂成书，提供了素材。这些批判性著作并非专门针对马克思主义经济学，然而显然把马克思、列宁等人的经济学说当作靶子并以此奠立批判的基础。这里举出若干比较典型的著作例证，以资说明。

## 一、《马克思主义的破产》

自由丛书社编著，上海自由书店 1928 年 6 月初版，列入自由丛书第 5 种。这里一再标榜的"自由"，从其丛书社的出版物看，偏向无政府主义思潮，意味着站在无政府主义的自由立场上去看待和评价马克思主义。所谓编著，也并非编著者的独立著作，而是汇集多人的译作和著作编纂而成，也就是本着同一立场，针对同一对象，集中同一方向，表达同一批判观念，由此形成论述马克思主义破产的一定体系。全书包含 9 个论题，254 页，兹分类简要评介如下。

### （一）译自同一著者的四个专题

著者名为柴尔凯索夫①，不同署名的四个译者分别从他的著作中抽出四个专题，作为证明马克思主义破产的四个论据。

第一个专题是诚言译柴氏著《马克思"资本集中说"的谬误》。其绪言先列举圣西门、傅立叶、欧文（原译"奥文"）各派所共同的社会主义根本观念，"这是社会主义的基础，无论何人，只要自称是个社会主义者，一定要赞成这些主张"（第 2 页②）。但是现在许多自命社会主义的人，或者全然不知这些根本要求，或者误解社会主义。结果把大陆各国执政阶级为了维持其特权地位而对平民的一些让步，也视为对于实现社会主义有功效的步骤。"这些改革只是一时的缓和物，并不就是社会主义"（第 3 页）。但是到 1860 年左右，这些小改革的制度在德国竟被称为"科学的"社会主义，而上述社会主义各派的学说居然被讥为"空想的"并予以反对。研究比较科学的社会主义与"空想的"著作家的著作，"大为骇异"，马克思和恩格斯（原译"昂格思"）在《共产党宣言》中，居然会抄袭傅立叶派的书，在《英国工人阶级状况》（原译"英国劳动阶级状况"），又抄袭其他"空想"

---

① 此著者应指尼古拉·瓦西里耶维奇·柴可夫斯基，生于俄国地主家庭，1872 年毕业于彼得堡大学；1869 年加入民粹派学生团体，后为柴可夫斯基派，1874 年该团体被破坏后迁居美国，生活于堪萨斯一个社会主义公社（1875—1877）；公社垮台后去伦敦为俄国革命运动募捐和办报，加入社会革命党；1907 年回国从事合作社运动，1917 年二月革命后为彼得格勒工兵代表苏维埃和全俄农民代表苏维埃执行委员会委员，十月革命后任阿尔汉格尔斯克的白卫政府主席，1920 年该政府垮台后支持邓尼金，此后流亡法国和英国。

② 此引文页码，见自由丛书社编著《马克思主义的破产》，上海自由书店 1928 年版，下同。

者的著作；并且"非常惊异"马克思与恩格斯对当时及以前的社会主义者和经济学家的引证和批评。现在只讨论"资本集中"，"这是他们政治的经济的教义底基础"（第4页）。接下来分5节讨论。

第1节：社会主义者无论哪个党派，都迷信"一个错误的公式"，即"资本集中的定律（Law of Concentration of Capital）"。"这是马克思很精密确实地说明过，全世界社会主义的著作家及演说家无不鼓吹的"。依照这个公律，资本家的数目越来越少，资本有集中在少数资本家手中的趋势，大资本的增加是由于小资本的消灭。"这个普遍的公式，就是国家社会主义者的议会政策之基础"。据此解决社会问题，"变成极简单极容易的事了"。工人只要投自称社会主义者的票，让他们做国会议员并在议会里达到多数，就能通过决议施行集产主义或共产主义，因为那时掠夺者资本家的数目一定非常少，所以只好屈服，安稳地服从议会的决议案。"这个希望，是多么的巧妙，多么的轻易呵"！不用一点努力，不受一点痛苦，资本集中的必然公律正在替我们备办一个"幸福的将来"。这是"带了一副蔷薇色的眼镜，去看一个复杂的问题的难处"，尤其当我们迷信那令人满意的现代科学及哲学的真理的时候，"马克思所发明这个所谓的'公律'，就是穿戴了哲学及科学的表皮的"。《资本论》第一卷根据黑格尔形而上学辩证法关于"否定的否定"的"荒谬的三段论"说："资本主义的生产方法的结果，以资本主义的方法去占有财富产生了资本主义的私有财产制。……（略）资本主义的生产的本身之必然的公律之作用，使资本集中，已能使少数资本家并吞多数资本家了。那独占垄断这变化历程中一切利益的大资本家的数目，越过越少，同时那惨苦、压制、奴隶、堕落、掠夺的范围，却越过越广。"[①]（第5—7页）但从马克思的研究所根据的英国经济情况看，最近几十年来，"小资本家的数目，非但没有减少，反而增加得很快，这是很明显的了"。马克思说少数资本家吞并多数资本家的这个公律，一定以"自然变化的绝对必然"发生作用，"但在实际上，结果却正相反"，这是因为"这个公律是没有的，不能存在的"（第18页）。"这个想像上的公律，在近代社会主义中所发生的恶影响，为害之大，真是难以计算"（第19页）。一切社会民主党的政策都以这个为根据，那些德国社会主义的议员，竟无耻地胡说社会改造只是政治改革的事。统治阶级的势力以平民生产的财富为基础，工人要把他们工作的剩余价值留给

---

① 此译文对照原文，有些前后颠倒，其今译文见《资本论》第一卷，人民出版社2004年版，第873—874页。

自己，"这件事是不能由政治的斗争得到的，只有经济的斗争，才能达到目的"；只有同盟罢工和组织严密、可操胜券的总同盟罢工，"平民才能创造一个新时代"，即"经济的社会的平等的时代"（第20页）。历史数据显示，"资本有'平民化'的趋势"（第25页）。无论从哪方面研究，掠夺者的人数总是有增无减。现在还悖谬地继续宣传资本家人数依照必然的公律，时常减少以致减至最少数，于是中产阶级安静服从议会决议而充公，"不知是何居心"。1848年要求社会主义的平民血流满街，1871年压服巴黎公社的大屠杀，这些教训，还不让"那些乐观主义者及议会主义者"觉悟吗？（第26页）

第2节：以上统计数据，"宣告资本主义的罪恶，比那欺人的集中公律更确切得多，更严酷得多"（第26—27页）。那些拥护资本主义不平等制度的人，据此证明富人数量增加，便可表示穷人的数量一定减少了。他忘掉了人口数量的增加，历史上人口、富人及穷人数量的增加，不仅"与马克思宿命论的公律相反"，表明资本家尤其小资本家的数量增加数倍，而且"与中产阶级的科学家的断语相反"，表明工人的困苦也更增加了。资产阶级的阶级偏见与"马克思玄学及辩证法的偏见"，使二者的结论彼此完全相反，却同样错误（第28页）。要使掠夺平民的人数永不增加，要完全消灭做国家及资本的奴隶的苦痛，"只有革命，那些小改良，是不行的"（第29页）。

第3节：现代工商业界资本集中的真正性质，须明了赚大钱并不是靠消灭小资本家，而是靠将物品及公用事业的价格降低到人人都能取用，最小限度地掠夺每个人，最大限度地增加被掠夺的人数，"这便是现代生产及消费的格言"（第34页）。资本聚集在某一事业，不是要夺去资本家的资本，也不是为了一个资本家一定要消灭其他许多资本家，恰恰相反，为了掠夺工人更得法而结合，为了替股东得到更大利益而结合。所以最近几十年内，做老板的人数和领红利的寄生者人数大大增加。

第4节：关于人类最重要的实业即农业是否有集中的趋势，我敢说马克思除了在万国劳动会的一次演说外，从来没有将他的公式一定应用到土地问题上。"小地主的被并吞，土地集中在少数大地主的手里"的教条，是恩格斯及其他马克思的教徒们所宣传的。依照后者的说法，土地所有应该集中，少数大地主并吞其他许多小地主，而且"在农民没有失去土地，变为无产阶级以前，社会主义无论在那一国，都不能发展的"。几十年来这个教条被热烈地在全世界传播，尤其在德俄两国的社会民主党的演说及机关报上，"变成了一句口头禅"。这个教条只根据英国近代史，但这些"伪科学者"应该知道，英国历史上平民的土地，是被地主用暴力及欺骗方式抢掠去，后来又用议会法令将抢掠变为合法，"这与什么集中定律，完全没有关系"（第40—41页）。此后议会制止这件可耻的事，英国小地主的数目开始增加。法国的情形更是如此。

第5节：我1894年在"英国无政府主义者唯一的机关报"《自由》上，反对资本集中"这个命定主义的偏见"时，这个学说正时髦，各派社会主义者大都赞许。我的意见被看作"大邪说"，但不久马克思的党徒也渐渐承认了，包括德国社会民主党最著名的著作家伯恩斯坦（原译"伯因斯担"）。"这个宣言，对于马克思教条的基础，给了一个大打击，使社会民主党的全体党员，非常惊奇"。于是那些首领们用理论及统计资料加以维护，"不过他们的辩护，使他们的'科学的'方法的弱点，更为显著，足以表示他们的没有真知识"（第47—48页）。最著名的辩护人是考茨基，他知道小资本家及中等资本家的数目正在增加，于是不用绝对数而用百分比的相对数，证明大资本家的数目比小资本家的数目增加得更快，"这个把戏，完全是牛头不对马嘴"（第49页）。"最出乎意料"的是那些拥护资本集中论的人，不知道"马克思的科学的定律"的发现者，是法国社会主义"空想家"（第50—51页）。后者明白地说资本集中是社会的大罪恶，而"马克思及其教徒们，助以黑格尔的辩证法，使资本集中论变为一个社会有用的定律了"。在他们看来，"社会不要一点努力，这个定律，已经可以很机械地很平稳地将人类社会解放了"。近几十年来，受到这个教义的影响，各国的革命行动，总同盟罢工，都被社会民主党的首领们看作无智识者的愚暴无益之事，阻碍了马克思命定主义教义的自然发展。正如恩格斯在《法国阶级斗争的序言》（今译《卡尔·马克思"1848年至1850年的法兰西阶级斗争"一书的导言》）中所说："我们革命者宁采用合法的方法，而不愿采用不合法的方法和暴动"[1]。但是资本主义和劳动运动的历史发展，让盲目信仰这种学说的人也知道：资本家及掠夺者的数目并未减少，增加得很快；工人的痛苦不只由于资本家的掠夺，还由于国家与资本主义组合的压迫，永远不会承认任何政治及经济的改良，"要有改革，非威吓以平民继续不断的奋斗不可"（第53—54页）。

以上论述，以批驳马克思主义为主，批驳资产阶级学说为次。重点围绕马克思

---

① 其今译文见《马克思恩格斯全集》第22卷，人民出版社1965年版，第610页。

的资本集中理论，否定在资本积累过程中，资本家之间进行激烈的竞争，大资本打倒小资本，吞并或控制小资本，使资本越来越集中在少数大资本家手中的历史趋势，纠缠于小资本数量的绝对增加上。这种否定观点，也见于国内其他著作，而这里的论证，恐怕恰是其他那些著作所引用的本源。著者自诩，他的宣言首次给予马克思教条的基础以很大打击，并为伯恩斯坦等社会民主党人所接受。而其真实用意，将马克思阐述资本主义积累的历史趋势的理论，同宿命论混为一谈，故意抹去马克思关于阶级斗争和无产阶级革命的学说；又同社会民主党或国际工人运动中迷信议会斗争并以此作为无产阶级革命唯一的、决定一切的形式的机会主义思潮混为一谈，断言其思想根源在于马克思的资本集中论。其中还有意将恩格斯与马克思分离开来，意谓恩格斯及其信徒更将资本集中论推到极端，把农业土地的集中也包含在内。如此曲解马克思经济学说，无非要排除马克思主义在工人运动中的指导地位，一则放弃政治斗争而专注于经济斗争，二则放弃夺取国家政权而专注于通过同盟罢工或总同盟罢工以实行工人民主自治。所谓工人不仅面临资本家的掠夺，还面临国家与资本主义联合的压迫，所谓数量不断增加的小资本家，是使工人不自由的现行社会"最贪婪、最无良心、最凶狠的拥护者"（第49页）等，都是用来批驳资本集中论的内含依据。所有这些，正是无政府主义的典型论调。

第二个专题是震天译自柴氏著《社会主义史》第8章的《唯物史观》。其内容：恩格斯解释说："唯物史观的概念是筑在这种观念上：生产，与生产品的交换，价值……等形成了一切社会组织的基础；在每一人类的社会中，财富的分配，阶级地位的形成都是生产与交换方法的结果。"这种观念除了有些地方言过其实外，"其本身还是不错的"；但它早在恩格斯生前，人们就已知道了，不过不叫唯物史观罢了（第55—56页）。那可名为经济说，生产方法不过其中的一种原素或原因。经济的解释，在19世纪之初，一切头脑清醒的人都已知道采用了。"如果昂格思以为把已经蕴酿很久的，而又早已普遍人间的思想，换了名词，攫为己有，就能成为人类的恩人，我以为他大错而特错了"（第63页）。恩格斯为什么"要大施其欺骗，并尽力在无产阶级的头脑中创起甚于可悲的混乱"，是为了使读者入歧途还是为其他目的，"当然不是为社会主义的前途与利益"（第67页）。

这些议论，其实对唯物史观本身并没有作多少解释，只是把脏水泼在恩格斯身上，说他把创造唯物史观的功绩归于自己，无视前人已有的先行思想。同时继续渲染恩格斯与马克思之间的冲突，一边解释马克思"是信心的革命者，从没有否认过力（force）与斗争在历史中的作用；也没有断言过归纳的科学，'是在形而上学的名下而得名'的话"（第 55 页），一边批评恩格斯"沉溺于形而上学的愚蠢的观念中"（第 65 页），以此欺骗无产阶级。这又与所谓各地社会民主党的编述者，都认为有关历史的唯物说明是属于恩格斯的，马克思只不过述其梗概一说，密切相关。换言之，既然恩格斯在马克思去世后对各地社会民主党的影响更大，那么只要否定了恩格斯，也等于架空了马克思。这样把唯物论的先行思想与唯物史观混淆在一起，同样曾见诸其他著作，而在这里，却成为无政府主义者宣布马克思主义破产的一个伎俩。

第三个专题是震天译自柴氏著《社会主义史》第 9 章的《唯物论与奴隶制》。其内容：恩格斯及其信徒说他们发明"辩证的唯物论"，这与自然科学家的唯物论即归纳科学完全不同。这是"何等奇怪的名词"！在我们的时代，所谓唯物论可以说就是归纳科学本身，这是实证知识与进化哲学的总基础，"除以社会民主主义为名的诡辩的混淆的学理不以自然科学家的平凡的唯物论为根基外，什么科学都以此为根基，除此之外，即无所谓科学"。（第 69—70 页）恩格斯的信徒"把唯物论的发明攘为己有，并尽力攻击自然科学家的真正唯物论"，如此做"完全出于无知"（第 71 页）。从恩格斯与杜林教授的论战中，"可以看出他不是唯物论者，也不是科学家，他否认强力在历史中的影响，他颂扬奴隶制为人类的一善举"。他说："私有财产在历史中大概不是劫略与暴力的结果。……它是从经济的原因中来的。……（略）财产，在人们能以强力占据它之前，由劳动创起的。……在奴隶制成为可能之前就已有生产与分配的不平等存在了"①。恩格斯"承认压迫与奴隶制为合理的莫名其妙的学理"，其根据说是阐明马克思的思想，但马克思"从没有否论过强力与粗暴在经济生活与政治上的作用"。"马克思照历史的事实，承认暴力的作用，昂格思却向工人们宣传说他们之所以被压制，被垄断，都出于他们甘心为奴隶的意志，二者到底谁有理呢"？恩格斯说："没有奴隶制，古希腊必不能有所发展，而它的艺术、科学……也不至于有那样光荣灿烂"；或者"奴隶制在这个时代是一极大的进步之道"②。这与奴隶制的辩护者是同一口气。专制与奴隶制的拥护者至少说明他们是武装权力的代表，平民应该服从他们；"所谓科学社会主义

---

① 此译文对照原文，后半部分有较大差异，其今译文见《马克思恩格斯选集》第 3 卷，人民出版社 1972 年版，第 201—203 页。
② 其今译文见《马克思恩格斯选集》第 3 卷，人民出版社 1972 年版，第 220 页。

的领袖却向工人叙述他们的祖先甘心屈服于富人，强力不是使他们的祖先卖自身与卖孩子所必需的"！"从来没有人如这样的侮辱无产阶级"。"那些自称为科学的信徒，情愿拜倒于这个思想的作伪者的'伟大的'先生之前的糊涂虫，却仍能留为他忠实的学生：他们太无知了，那能知道真理，爱护真理"！（第74—78页）

这个专题，仍然把矛头指向恩格斯。先说恩格斯所主张的辩证唯物论不同于自然科学家真正的唯物论即所谓归纳科学，属于无知。接着又以恩格斯《反杜林论》里有关暴力的论述为例，证明他不是唯物论者，进而扯到这个论述中否认暴力在产生奴隶制方面的基础性作用，肯定奴隶制在社会历史进化中的进步意义，就是与奴隶制的辩护者一个鼻孔出气，就是背叛或侮辱无产阶级，属于更加虚伪的无知。实际上，恩格斯的论述是从唯物史观的原理出发，阐明社会发展的决定因素，不是政治暴力，而是经济条件；私有制产生的根源在于经济要素，不在于暴力，奴隶制的产生同样是经济发展的产物；暴力虽然可以改变财产的占有状况，但不能创造私有财产本身，财产占有形式的变更，最终根源于经济自身合乎规律的运动；应当全面分析暴力在历史上的作用，当暴力违背经济规律时，对社会经济发展显然起阻碍作用，而当暴力适应经济规律时，又对社会发展起到重要的推动作用。对此，专题论者视而不见，却别有用心地宣称，只要不承认奴隶制是暴力掠夺的结果而是经济进步的产物，就等于承认无产阶级的祖先是心甘情愿地屈服于富人而做奴隶。这种荒唐的推论，加上前面抨击恩格斯骗取创造唯物史观的名义，这里又有意回避恩格斯的唯物史观分析，以及继续挑唆恩格斯与马克思之间的观点差别，可谓把无政府主义者的伎俩，要弄到无所不用其极的地步。

第四个专题是抱朴译柴氏著《马克思学说底根据》（"原名考茨基也承认了"）。文前译者有个附注："马克思主义者常将马克思比诸达尔文、牛顿，以为马氏是第一位科学的社会主义者（？），不啻是人类史上第一等社会主义的发明者"。本文作者曾在马克思主义学说一书中，"痛驳马派偷窃各家学说，自命为马氏所创"。该书译成德文后，马派健将也只得认怂。"可怜中国一般马氏信徒，一开口便说这是马克思讲的，那是马克思讲的，我请他细续此文"！（第127页）文末译者有个按语：本文发表于20世纪初，"当时马克思主义者一致赞成议会政策，否认社会革命"；但1917年布尔什维克（原译"布尔雪维克"）因为同情革命民众，主张直接行动等（第148—149页）。

正文大意：考茨基、倍倍尔（原译"柏柏尔"）等人，一向称《共产党宣言》

是马克思与恩格斯的大发明，现在考氏不得不加以否认，说该宣言不是马克思的发见，实为1843年法国社会主义者的旧说，从那里偷来的。社会民主党人常说马克思主义的科学社会主义的特色，建筑在1848年《共产党宣言》所发明的社会原则中。他们说这种发明比别的政党高明，因此社会民主党人也不得不认为是马克思与恩格斯的后裔。这些科学的社会主义不但否认19世纪上半期的社会主义，德国和俄国的社会民主党人在19世纪80年代，还一直将欧文、圣西门、傅立叶各派与俄国的民意派，称为空想的社会主义。凡是社会主义要求消灭雇佣制与资本家和地主的剥削，"主张将生产工具交诸自由联合的工人，并将土地及农具交诸自由的共产团、农会与农业工人"，马克思主义者都称之为空想而非科学；包括19世纪60年代的民粹派，也极力鼓动人民及工人实现此种社会组织，"惟有自由的劳动合作社与自治的公社"方能平等与联合地开始有组织地利用土地、劳动工具、手工场与工厂等。但恩格斯所统率的德国人，依据他们的信仰和伟大发明，"想用蠢愚的论辩"来证明他们的主张有利于全人类，所以农人应当失去土地，公社应该消灭，变成无房无地的佃户，不是为自由公社工作，而是到工厂做工，在资本家和地主那里不得不为了些微工资而做八小时以上的工作。"为全人类利益，而使一般人民贫困的思想"，特别被恩格斯、考茨基、普列汉诺夫（原译"布连哈诺夫"）及其他正统派马克思主义者提倡。20年来他们的宣传，用所谓科学蒙昧了一般正直的人（第128—129页）。

然而恩格斯所说的许多伟大发明，如剩余价值，劳动价值说，历史的经济解释或历史中经济的影响，历史中的阶级斗争，资本集中，工人的议会代表，"国际"组织，规定工人运动的形式即工人阶级的解放是工人自己的事，辩证的方法，归纳的方法，工人立法的重要，最低工资律等，早在马克思、恩格斯以前已有发明，或为他们同时代的人所发明而不被注意。这些所谓发明，有的是"玄学的马克思经济学的错误"（第132页）；有的表现为马克思"欲做无产阶级的专政者"（第133页）；有的"非常有害"，"妨害思想，使马克思主义变成诡辩家"（同前页）；有的成为愚蠢或夸耀者头脑中生造出来而实际上没有的东西，如"经济的及辩证论的唯物主义"（第134页）。马克思与恩格斯的语句，从前一般学者与社会主义者不敢去批评，特别是民粹派与无政府主义者非常容忍这般伪社会主义，"于是就变为神圣"（第135页）。我们"非常奇怪"，被颂扬的《共产党宣言》中，没有一句谈到共产主义！共产主义的格言是"人类平等"与"各取所需，各尽所能"等，但宣言里只讲国家的专利，劳动军，耕地应照共通的计划，农民应服从长官的命令，恩格斯还说要总体支配愚蠢涣散的农民。我说："这不是共产主义，这是宣传兵营、纪律与奴隶生活！"（第135—136页）而且这些内容是从孔西德朗①（原译"昆西大朗"）的宣言里偷窃来的。"马克思与昂格思并没有发明什么科学原则，提倡抢夺农民的土地，完全是人类仇视的野蛮思想。无论在自然界、历史、经济与社会主义中，并没有这样下品的思想。总之使农民贫困的科学实在是污辱了科学及社会主义与人类"（第137页）。恩格斯在《共产党宣言》1883年德文版序言和1888年英文版序言里，把历史中的进化学说和政治中的阶级斗争学说，也就是上世纪（指19世纪）的政治、社会与历史科学，都说成马克思发明的。"我们否认昂格思所谓的发明。并可怜他偷窃别人的著作，称为自己的作品，在这种地方真谈不到什么政党与思想的关系"（第146页）。考茨基说傅立叶派不是革命者，而是和平的改良主义者，不错，但各派社会主义的创始者都是和平的改良派，而现代社会主义与工人运动的形式，如协会、合作社、总同盟罢工等，都为他们所主张。"西欧社会民主党采用马克思主义的思想，以为生产关系于社会生活最有影响，何尝不是和平的改良派呢！生产［关系］主张，就是承认生产与交易的自然进化，而轻视革命党人的努力，所以按照社会关系的学说，决不用着革命党人"。考茨基"是公开议会主义的理论家与进化学说的宣扬者，并不是生产关系的革命者"，为什么反而苛责傅立叶派宣传和平的改良呢？考茨基"决不能欺骗一般明白人，他也不能涤清他老师抄袭的污点"。（第147—148页）

这个专题，一面继续否认马克思和恩格斯在建立科学社会主义体系中的创造性贡献，把他们几乎所有的理论学说，或者说是早已有人提出而非创者，或者说是抄袭偷窃却自我夸耀，特别是以空想社会主义的著作为证，蓄意掩盖马克思和恩格斯曾高度评价空想社会主义，以此作为基本理论来源之一而创建科学社会主义的历史事实；一面把矛头转向考茨基，以为抓到了马克思主义的薄弱环节，也就是其著作中承认了马克思和恩格斯的代表作与前人著作的相似性，而且其理论表现相互矛盾或前后不一。这是利用考茨基后来背离马克思主义基本原则而具有的机会主义和改良主义倾向，否定他前期作为马克思主义理论权威所作出的一系列有价值的理论阐释。这些否定式批判，更加清晰地显露出作者假借空想社会主义来推崇无政府主

① 维克多·孔西德朗（Victor Considerant, 1808—1893），法国19世纪空想社会主义者之一，傅立叶的信徒，代表作有《社会命运》等。

1420

义的意图：消灭雇佣劳动制以及资本家和地主剥削的目的，将土地和生产工具，直接交给自由联合的工人以及自由的农村共产团体与农业协会的工人，无须借助无产阶级的国家政权；因此消灭的途径，只能通过和平的改良进化，而不是夺取国家政权的无产阶级革命。作者这个意图，在译者那里，又直率地表达为，既然马克思主义的理论学说都是偷窃各家学说而自命创造的结果，意味着马克思不是第一位的科学社会主义者和第一等的社会主义发明者，那在中国也就没有必要推崇和传播马克思学说。同时译者也注意到，作者撰文时，马克思主义者普遍赞成议会方式而否认社会革命，尚未出现 1917 年俄国布尔什维克的直接革命行动，因此无从对这个行动作出任何评价。

附带指出，上述四个专题的译文，均欠通畅，虽不影响对其大意的理解，但涉及一些精细涵义或引文内容，便难以确切把握。另外，译文显示，作者否定马克思主义，非常自负，自以为第一个拿到了确凿证据，足以置马克思主义于死地，所以表现得很狂妄，不少鄙夷马克思和恩格斯的用语近于谩骂之词。其实许多证据都似是而非，不过用先行思想因素来抹杀后来的成熟科学体系，并以无政府主义式的狂躁来曲解和诋毁马克思主义。

### （二）自撰的三个专题

这些专题的作者，如同前面的译者，都以当时无政府主义者的时髦特征，去掉姓氏，只留名字或为化名。

第一个专题是天心著《马克思主义的讨论》。其内容：青年们有的了解现代的时代是无产阶级的时代，于是加入共产党。但"共产党的主张和实际，果真足以谋无产阶级彻底的利益吗"？加入共产党的青年大半相信两种主义，一是马克思主义，一是布尔什维克主义。这个主义究竟对不对，"须加以正确的判断，有较深的研究"。马克思著作比较宏富，立说比较艰涩，青年们看见他的主张，易为它所迷，觉得完全无缺。"不知研究学问，必须怀疑，必须比较，必须自己加以正确的判断。随声附和，人云亦云，那是为学的大戒，而且虚心也是求学的要素，如果已经相信一学说了，不肯对于他种学说一加研究，就以它为天经地义，结果是闭目塞聪，是偶像崇拜，实则是太菲薄自己的"。马克思的著作，号称难读。他的主张，有许多晚年的和早年的不一致，有许多歧义，因此不少马克思主义的解释者，各立一说，不能一致。究竟哪一种是深合马克思的原意，哪一种是穿凿附会，很费研究的工夫。"中国共产党的首领们，也有以为做党员的，只须绝对服从首领的命令就是了，用不着详细地研究"；又以为革命的工作在于实行，而研究减少实行的勇气。这一类话，足以动血性青年的耳听，其实是"变相的愚民政策"。首领们赞同群盲、群愚，可以支配一切，命令一切，压迫一切，大权独揽，专断自私。他们的手段高妙，想出许多掩饰的话以自欺欺人，如党的纪律，党的训练，"都是陷人入奴隶状态的名词"。加入共产党的青年，不可盲从，不要为首领们的谬说所惑，第一步工作是自由研究，要真实地懂马克思主义；第二步应该知道反驳马克思主义的主张及其立脚点，和马克思主义有怎样的不同，应该去掉成见和私见，平心静气地研究。（第79—81页）

马克思主义不像三民主义那样简单，经过研究一定会渐渐知道，马克思主义"还不是真正谋无产阶级利益的主义"。这里只能提出怀疑马克思主义的要点，只是希望青年们知道"马克思主义并不是天经地义，合理地批评马克思主义的也大有其人"，可以耳目一新，"不至囿于马克思主义的圈中而末由窥见马克思主义以外的天地"。第一，马克思主义的学说，"有不少是抄袭的，而不是创造的"。这是"学术界中极不道德的事，严格地说，是著作界的大贼了"。（第82—83页）如马克思主义者奉为圣经的《共产党宣言》，其抄袭的来源是傅立叶主义者维克多·孔西德朗1843年初版、1847年再版的《社会主义原理——十九世纪民主主义宣言》。其他如阶级斗争、剩余价值、资本集中律、最低赁银法则、唯物史观等，都是采取别人的学说，"却处处自以为发明"（第88页）。第二，"马克思主义是空想的不是科学的"（第89页）。从科学方法上看，马克思使用黑格尔的辩证法，这是"空想的玄学的方法"即"非科学的"方法，因此马克思的主张不可称为科学的社会主义（第91页）。从科学精神上看，如唯物史观是马克思学说的根柢，其公式第一段（引文略）表明，生产力作为生产关系的根本原因，必然独立于意识之外，但这不符合精确的事实。事实上，"社会的状态，很多由于有理想有努力而且才有发展。否则教育、宣传、思想运动都没有用处了"。试问马克思自己当年为了宣传自己的主张，受了不少的艰难困苦，"如果必然论是对的，他为什么要如此呢"（第97页）。又如资本集中作为马克思的重要学说之一，也不符合精确的事实，是"非科学的"（第98页）。另如剩余价值说和唯物史观并列为马克思的大发明，其意指资本家榨取劳动者剩余劳动所得的价值，但《资本论》第三卷又说等量资本获得等量利润，前后矛盾，"可以知道剩余价值说并不完全和事实相符了"（第99页）。第三，"马克思主义是主张私产的，并不主张共产的"（同前页）。真正的共产主义主张各尽所能，共同生产，各取所需，共同消费。马克思主张生产工具为政府所有，生产品为私人所有。"其结果，政府和私人都成为资本家。名为废除私产制度，实则维持私产制度"（第 100 页）。第四，"马克思主义是主张妥协，并不主张革命的"（同前页）。从恩格斯 1890 年（应为 1895 年）在马克思的《法国阶级斗争》再版序言（今译《卡尔·马克思"1848 年至 1850 年的法兰西阶级斗争"一书的导言》）中所说的几句话看，马克思和恩格斯"完全是改良派议会派了"。从《共产党宣言》的一些措施看，"都是改良派的社会政策，那里说得上共产主义"！（第 101 页）第五，"马克思主义是主张少数人专政"。对比《共产党宣言》与巴枯宁的说法，"劳动阶级如果夺取政权，结果只是劳动者的少数人成为官僚而实行专制，而大多数的劳动者依然是奴隶"。（同前页）第六，"马克思主义偏重工业而忽视农业"。"马克思的学说，几乎全以工业状况为根据。如果依据他的主张而实行革命，一定会无好结果，因为不能得多数农民的同情"（第 102 页）。以上论述大多采用别人的材料，虽然简略，却不难知道，"马克思主义是非科学的，是不足以谋无产阶级真正的利益的"。青年们如果相信科学，企图无产阶级的革命，"只有舍弃马克思主义而信从无政府共产主义；那是真正的共产主义，那是完全建筑在科学基础上的主义，克鲁泡特金的《近世科学和无政府主义》以及《互助论》中，有不少的精确事实作为根据"。（第 102—103 页）

看了这个专题的论述，便可明白前面连续翻译柴氏的几篇著述，原来是假借西方无政府主义者攻击马克思主义的言论，试图抵制中国共产党的影响，劝告无论已经加入或准备加入共产党的青年，放弃对马克思主义的信仰，转而追求无政府主义。其中否定马克思主义的所有主要论据，几乎全盘照搬舶来材料。如谓马克思主义的许多学说，尤其经济学的基础理论，都是抄袭而非创造；马克思主义从科学方法和科学精神上看，或以玄学为主，或不符合事实，都是空想而非科学；马克思主义在实际运用方面，主张私产而非共产，主张妥协而非革命，主张少数人专政，偏重工业忽视农业；等等。这些论据，有的似与柴氏之说存在差异，如一个主张和平的改良方法，一个鼓吹社会革命；有的掺入中国因素，如中国农业劳动者占全国人口的绝大多数等。但总体说来，不见作者的独立研究而纯系转用抄录，尽管这种转抄蒙上一层看似有系统的面纱。所以可笑的是，当作者一本正经地奉劝中国青年不要盲目崇信马克思主义而加入共产党时，自己却不加验证地一味盲从国外的反对说辞而追求无政府主义。

第二个专题是芾甘①著《马克思的"无产阶级专政"》。此文分 4 节，第 1 节：马克思的"无产阶级专政"主张，在他与恩格斯合著的《共产党宣言》里说得很明白（4 段引文略），又可见《哥达纲领批判》（1 段引文略）。马克思这个主张，受到巴贝夫（原译"巴布夫"）、路易·勃朗（原译"路易布郎"）和布朗基（原译"白郎基"）等人的影响。"可见这种无产阶级专政的观念，则与马克思其他的主张一样，并非马克思发明的"（第 107 页）。

第 2 节：无产阶级专政能否成为事实，这是"马克思的伟大的'幻想'"（同前页）。马克思没有告诉我们无产阶级专政怎样才能实行，是指无产阶级全体还是指少数人。然而数千年历史所给我们的教训中，从没有最大多数人独裁的事实。"因此马克思的无产阶级专政也不过如他所说的有产阶级专政一样，只不过少数人的专政罢了。真正的无产阶级专政是永做不到的。俄国的'劳工专政'便是说明这个最好的例子"。俄国的"劳工专政"在名义上是无产阶级的专政，实际上一切政权操之于少数共产党人的手里，"劳动者仍然处于奴隶的地位"；而且共产党区别无产阶级和无产阶级"有奇妙的解释"，这少数人的专政还可以是"非无产阶级的专政"。此外可以从考茨基对无产阶级专政的批评中证明，"真正的无产阶级专政非但事实上做不到，且一党的少数首领可借此来实行一党的专政"。（第 109—110 页）无产阶级专政应否实行，这是马克思的"社会革命"观（第 111 页）。社会革命不是无产阶级利用政权来压迫有产阶级的单纯复仇的革命，是为人类谋幸福，推倒不良组织，建设自由平等新社会的革命，因此，"无产阶级专政也是不应该实行的，因为它违反社会革命的原理"（第 113 页）。无产阶级专政能否消灭阶级的差别，这是"马克思主张的矛盾"（同前页）。消灭阶级的区别是对的，但马克思主张无产阶级掌握政权后，由它来消灭阶级的区别，"只是自欺欺人的话"！"无产阶级大权在握，便可为所欲为"，一切生产机关收归国有，废止土地私有权，有产阶级变为新无产阶级，无产阶级变为新资产阶级、新支配阶级，"这样反复循环下去，阶级斗争定会没有停止的时候"。（第 114—115 页）马克思把这个矛盾视

① 芾甘即巴金（1904—2005）的字，原名李尧棠，四川成都人；1920 年考入成都外语专门学校，1923 年去上海、南京，1925 年毕业于东南大学附中；1927 年初赴法国求学，1928 年底回上海从事文学编辑与创作，1933 年任《文学季刊》编委；1934 年赴日，翌年回国，主持上海文化生活出版社编务；1937 年任《救亡日报》编委，共同主编《呐喊》杂志，1940 年辗转各地从事抗日文化宣传活动；1949 年参加第一次文代会并当选文联委员，1950 年后任平明出版社总编，上海市文联副主席，中国作协上海分会主席，1957 年任《收获》主编；1983 年当选中国作协主席，2003 年当选全国政协副主席。

为真理，在《共产党宣言》中想出消灭阶级的十项措施（引文略），以为有权力集中的国家存在，阶级的差别自然消灭，"我总不相信"（第 116 页）。马克思没有回答这个过渡期要继续多久，列宁也说不知道。假若过渡期要继续数百年，则那些屈服于无产阶级专政下的新无产阶级岂不是又要起来夺取政权，实行新无产阶级专政？"我知道共产党人定会反对这种说法"。但俄国的事实是绝大的证据，证明完全实现生产机关的国有，不可能消灭阶级的区别。而且从上面来强迫实行社会主义的十项办法，也不必兴起社会革命，"只要努力于议会活动便成功了"。（第 117 页）

第 3 节：无产阶级专政既然不能消灭阶级，也就不可能建设无阶级的社会，那么无产阶级专政能否建设无国家的新社会？马克思说劳动者没有国家，说得"狡猾"，又有"一大谬误"。劳动者既无国家，则生产工具收归国有，究竟集中到什么人的国家的手里，"岂不是自相矛盾"？由共产党代表无产阶级运动全体的利益，"岂不是暗中操纵无产阶级，以实行共产党专政"？这是马克思的矛盾主张之一，"于此也可见共产党的居心"！（第 118—119 页）恩格斯对于国家的意见，见其有关无产阶级夺取政权后，国家自行消亡的一段论述（引文略），"假若这不算空想，则世界上更没有所谓'空想'了"！无产阶级专政走上权力阶级的地位，社会中仍有统治阶级存在，事事仍须压制，国家也无从消灭，"虽然把名称和组织改变过，而实质却是一样的"。"这样的国家要它自行灭亡，真是最奇怪的事，简直是梦想"！（第 120—121 页）

第 4 节：根据以上批评，可得结论如下：（1）"真正的无产阶级专政在事实上是做不到的。所谓无产阶级专政，不过是自命为倾向于无产阶级的共产党领袖专政"。考茨基承认这一点，俄国的事实便是明证。（2）"无产阶级专政是不应有的。因为社会革命并非单纯复仇的革命"。（3）"无产阶级专政不能达到消灭阶级差别的目的，因为马克思的主张是矛盾的"。（4）"无产阶级专政不能建设无国家无阶级的新社会。国家是掠夺阶级的一种机关，但不能自行消灭"。（第 123—124 页）

这个专题的批评，是典型的无政府主义论调。如果说前一专题从各个方面来全盘否定马克思主义，那么这个专题则集中在无产阶级专政一点上。无政府主义的基本特征就是反对一切强权，主张消灭一切政府、国家、军队、警察、监狱和法律条规，不论这个强权是来自封建阶级、资产阶级还是无产阶级。尤其当中国共产党成立后，以马克思主义为指导，选择走苏俄革命通过无产阶级专政来实现社会主义的道路，更是与无政府主义的基本宗旨发生直接的冲突。所以那些接受无政府主义思潮并相信这是救国之道的国内人士，才会在与中国共产党人争夺革命思想主导权的论战中，把焦点集中于无产阶级专政不应行，不可行，也不可能达到建设无阶级无国家的新社会等论题之上，将无政府主义的本质更为典型地表现出来。然而除此之外，这篇文章只是空泛谈论全人类的利益和自由平等的新社会，只是断然否决马克思和恩格斯所谓"伟大的梦想"，却提不出能够实现这种利益和新社会的切实有效办法。因此全文结尾处，仍在反复念叨无政府主义的宗旨："任何政府，任何名称的政府，都是平民的仇敌，因为政府的本质是如此"；"无论是一个人压制百万人的政府，或是百万人压制一个人的政府，一个无政府主义反对多数压制与反对少数压制是一样的"（第123页）。

第三个专题是鲁智著《马克思主义批评》。末尾附有著者1926年9月1日的"自序"，表达三层意思。一是"马克思派的国家社会主义"，由一部分革命者目睹私人资本主义的弊害，"主张用严格的政党专政，去减少社会的紊乱现象"。这种学说能否实现，"不在资本主义的必然灭亡，而在马克思主义的本身是否有科学的基础"。此派学说之外，还有"克鲁泡特金的无国家社会主义"，以为"理想中的未来社会，只有民众的自由组织，才有实现的可能性"。我因厌恶资本主义而决心研究社会主义，特别是马克思主义，深感"应该用公正的眼光"去批评马克思主义。二是本书1924年秋季著成，辗转几家报社发表未成，后由《民钟》社出版。三是本书5、6两章从柴尔凯索夫著作中译出。柴氏（1840—1925）去年8月18日在伦敦去世，他是"俄国的老社会主义者"，在60年的社会运动中，著过几种批评马克思主义的书籍。（第227—228页）据此，可知著者把马克思派看作国家社会主义，引入无国家社会主义，对马克思主义的科学基础持批评态度；此书写成于1924年，初版于1926年；有关柴氏的生卒简历，有了大致了解。全书11章，大意如下。

第1章"社会主义与国家"：现在各派社会主义，对于未来的理想社会，主张上似乎都很一致。"如马克思主义与无政府主义，均认共产社会是无政府的，一切土地、工厂与生产工具等，应由工农组织的自由协社共同管理。因他们认经济剥削是政治压迫的基础，故欲达到人类间的平等自由，须先消灭统治阶级的经济特权"。但假定共产社会的政治组织未得适当的解决，经济上的平等也不可能。从社会主义史上可知，"一般社会主义者对于共产社会的政治组织，不但意见与形式上未能一致，且有许多绝对相反的主张"。（第152—153页）马克思与恩格斯虽主张过渡时期应组织强有力的国家，但"对于未来的共产社会，似因受巴黎公社与无政府派的影响，渐渐抛弃国家管理生产的论调"。他们承认国家是古代共产制度消灭后才有的，马克思说国家"不过是经济制度的产物"。马克思又说国家权力决不能减少社会的矛盾现象，不过因社会阶级冲突颇烈，"似需一种超然的暴力，站在社会的最高级，去调和阶级间的冲突"。恩格斯说国家的发生，与克鲁泡特金的记载相同（引文略）。马克思与恩格斯"以为国家是维持阶级差别的，所以当社会主义消灭阶级后，国家也遂跟着废止了"（引文略）。（第154—155页）列宁主义者虽高唱无产阶级专政，但他们"也承认共产社会里没有国家"（第156页）。由此可以知道，"马克思主义的国家观，已对无政府社会主义者让步，因他们也知共产主义的社会里，不能再有人治人的国家组织"（第157页）。

第2章"马克思与巴黎公社"：最初马克思为国家社会主义派，曾极力反对巴枯宁的无国家派，后因受了巴黎公社的影响，不得不抛弃国家观念。马克思在《法兰西内战》（原译"法国的国内战争"）那本名著里，"抛弃平素高唱的中央集权，而赞助国家的破坏论，虽然他仍言保存民族单位，但到底没有说另创国家政治"（引文略）。据此所下结论，"似马克思派的国家观，在巴黎公社以后已与巴枯宁的无政府派相同"。但实际并不这样简单，后来恩格斯与无政府派辩论时，仍辩护他们的国家观。（第161—162页）

第3章"过渡时期与政治"："马克思派虽因巴黎公社的影响，相对的承认在共产社会里，可以根本消灭国家组织，但同时又不愿抛弃旧思想，仍大唱无产阶级于革命中，应创造一种过渡的国家，去达到共产主义的社会"（第163页）。《共产党宣言》是马克思主义左右派公认的圣经，其根本思想就是劳动阶级应掌握政权，管理一切生产机关（引文略）。由此可知，"马克思派的无产阶级专政，并不是真能代表无产阶级的意志，至于他们的国有产业的主张，却根本违反社会主义"。"这种奇特的国家社会主义，自然不能满足无产阶级的欲望"。（第166页）但恩格斯却以种种名义诱惑工人不可破坏国家（引文略）。马克思派的过渡时期，其实延长了国家的生命，但"阶级政治决不能造成自由社会"（第167页）。

第4章"和平改造与武装革命"：马克思主义的改造方略，有和平与革命两派，其中心思想，都是经济的宿命论。"所谓经济宿命论，即承认生产力的发展，是政治改变的唯一动力"（第168页）。马克思早年思想倾向于经济宿命论，另外提倡过武装革命，以后逐渐抛弃武装革命，倾向于和平改造（引文略）。因此除战后的列宁派外，马克思派的书报都劝告工人不要暴动，主张迟缓的政治运动（恩格斯引文略）。马克思派所说的"社会革命"，即社会制度的改变，可用和平的方法达到目的；另外社会革命即工人的思想革命化，提高阶级自尊心，故"马克思派采用这种名词，仍不失为和平改造的政党"。不过欧战以后，列宁统率的马克思派又提倡武装方法，这与马克思晚年的学说，"显然是绝对相反的"，所以马克思主义的右派，说列宁派的革命方略"含有无政府主义的色彩"。（第171—172页）

第5章"辩证论与唯物主义"："辩证论与唯物主义，是绝对冲突的思想"，恩格斯却想把两者联合起来，作为马克思的"新发明"（引文略）（第172页）。

第6章"昂格思与科学发明"：恩格斯与其党徒称自己的哲学、政治学与社会学等，"并不是幻想的玄学，而是真实的科学"（第182页）。恩格斯说辩证论是他们在玄学中的大发明，还说他们的大发明是用辩证法解说历史，并在80年代和90年代再三声明，他与马克思在1845年"已完成这次科学的发明"，后来又以1859年《政治经济学批判》（原译"经济学批评"）序言的20行论述为"该党唯一的大发明"（引文略）。但比起那时记述历史中经济影响的著作，这"说不上发明了"。（第183—184页）恩格斯注释摩尔根（原译"莫尔根"）的著作，认为是马克思的发明（引文略），这不是恩格斯"年老健忘的问题"，实在是"抄袭"（第185页）。恩格斯说唯物史观和剩余价值是马克思完成的两大发明，可以知道剩余价值是经济学研究的科学结果，但"决不能说是马克思发明的"（第191页）。关于工资的最低限度原则，这是科学家和社会主义者研究的结果，恩格斯编书宣传社会主义，确有相当功绩，"但这种编辑的东西，我们决不能称作发明"（第193页）。

第7章"阶级斗争"：恩格斯说阶级斗争也是马克思发明出来的（引文略），然而这话"毫无根据"，"阶级斗争是件事实，而不是从思想家脑中生出来的理论，这是任何人都不能'发明的'"（第195页）。许多非马克思主义者都承认阶级斗争的事实，然而马克思"过于重视政治的斗争"，他所说的阶级斗争为着政治的目的，"主张夺取政权，用阶级来统治阶级，即是用政治的方法来解决经济的斗争"。（第200—201页）"实则阶级斗争是为着经济上的解放，所以一般无政府主义者和工团主义者的结论，以为解放人类应用经济的方法，就是须打倒私有财产与治人的国家"（第202页）。"事实上无产阶级的大部分已觉悟了，他们已从马克思派的含糊的阶级斗争说中逃出来了"。各国的革命工团主义者坚决反对一切专政以及任何政治行动，主张劳动群众的直接行动，破坏一切政权与资产阶级，而由劳动者来管

理生产，"这才是真正的革命行动"。(第203页)

第8章"柏恩斯泰（今译伯恩斯坦）与修正派"："研究马克思主义的理论与实际，便可发现种种矛盾点。如口里高唱社会革命，但实际却与资产阶级妥协，干无聊的参政运动"（第205页）。伯恩斯坦是德国社会民主派的领袖，因顾及实际运动，开始从理论方面，修正马克思主义。伯氏的修正，"虽否认马克思主义的理论，但他们的实际的政策，仍未丝毫抛弃"，也和马克思正宗派一样，提倡社会改造与参政运动（第209页）。

第9章"列宁派与政党专政"：伯氏从理论方面修改马克思主义，列宁则从马克思的实际政策上增加许多革命的色彩；马克思晚年曾放弃暴力革命，主张文明较高的国家可以用和平手段达到社会主义，列宁则根据马克思早年的学说（引文略），大倡武装暴动，特别标出"无产阶级专政"的口号。列宁是把无产阶级专政作为"自己的中心学说"，但"他采用这个名词，并非为提高工人的人格，却把他们看做政党的附属品"（引文略）；"列宁的无产阶级专政，实际上即是政党专政"。（第210—211页）"列宁派的真实主张，是在政党独裁的政治组织下，施行变相的资本主义"（第213页）。列宁反对社会民主派，因为两者在夺取政权的策略上完全不同。"列宁派主张用革命手段，达到一党的独裁政治，而社会民主派则主用议会政策，去达到社会主义"（第214页）。

第10章"社会民主派"：马克思主义者的通称是社会民主派，自俄国十月革命后，这个名词才变为马克思主义右派的专称。如孟什维克（原译"孟雪维克"），即俄国社会民主派的别号。社会民主派的国际团体即第二国际，自称革命的马克思派，但其行动与思想颇为和平，似反对马克思早年的革命论，拥护其晚年的议会政策。"因马克思的经济宿命论，使其党徒不得不暂时抛弃社会革命，而主张劳资合作的国民革命"（第215页）。如他们引用恩格斯的论述（引文略）。

第11章"苏维埃与独裁政治"："工农苏维埃并非一种新思想，也不是俄国革命的产物"（第220页）。它最初发生于第一国际一部分急进派的社会革命方法，这些国际中的"左派"明白知道，实行社会主义决非政府的命令所能奏效，所以主张由工农直接管理生产与分配。但这种思想显然与国家社会主义冲突，这些是"马克思派与巴枯宁派在争论焦点"（第221页）。"由此可知苏维埃的根本思想，完全是无国家社会主义的产物"，它与一切独裁政治"处于绝对相反的地位"；"专政是资产阶级的思想，仅适于资本主义的社会"。所以列宁与其信徒非难"共产"

的社会主义是小资产阶级思想，"真是一种大笑话"，其实布尔什维克的政见"却染了小资产阶级的思想"。（第222页）无产阶级专政的"真义"是政党的专政，不过"窃取工人阶级的权力"，假借它的名词。"俄国现状是极好的例子，那里已不讲政党专政，仅说几个人的专政，即政党也没影响"。（第225页）"现在俄国的'无产阶级专政'，并没有阶级上的赞助，无非纯恃刀剑的威权"。现在布尔什维克已抛弃预定的目的，"完全投入资产阶级的队伍去了"。讴歌无产阶级专政既"使俄国工人变成奴隶"，又是"倾向新的资产阶级统治的桥梁"。（第226页）

这个专题批评马克思主义，分了许多章目，大量引用马克思主义经典作家特别是恩格斯的论述，并给马克思主义戴上一项国家社会主义的帽子。其实就是围绕一个主题：依据所谓无国家社会主义即无政府主义的观点，论证马克思主义的国家社会主义缺乏科学的基础。这个批评沿袭作者所欣赏的那位俄国老社会主义者柴氏的套路，一面照搬那些或者似是而非，或者夸大其词，或者虚张声势的所谓证据，拿着鸡毛当令箭，到处抨击马克思、恩格斯的理论学说，不是抄袭，就是剽窃，要么便是自相矛盾或前后冲突，几乎一无是处，企图以此颠覆马克思主义的整个科学基础；一面又以无政府主义的观点作为衡量标准，不仅把马克思和恩格斯放在对立面，还把延伸出来的各种马克思主义派别，如正宗派、修正派、社会民主派、列宁派等，都列为批判的对象，惟程度有所不同而已，其中最为忌讳的就是国家、政治、政党、阶级斗争、无产阶级专政之类的理论概念，竭力将它们等同于政党专政、几个人专权、视大多数工人为奴隶、变相资本主义统治等负面涵义，这同无政府主义者自我标榜为无国家的社会主义，亦若合符节。至于说引用马克思主义经典作家的论述，就像前面的几篇译文或自撰文章一样，由于只是用作批判的根据，未免断章取义，或攻其一点不及其余，所以参考价值不大，一概略去。不过由此也能注意到此书批评者如同柴氏，一则把攻击的重点，集中于马克思和恩格斯的几本书或专挑其中的几段话而大加挞伐，却丢弃像《资本论》这样的系统性理论阐述于不顾；二则总是试图从所谓马克思早年与晚年的差异，或恩格斯与马克思的不同论述中寻找漏洞，作为突破口来达到否定整个马克思主义的目的。结果所有批判看起来咄咄逼人，口气很大，其实只是建立在一些经不起推敲的曲解、猜测、栽赃甚至谩骂的基础上，不足为凭。

### （三）译自不同著者的两个专题

一个专题是八太舟三著，无无译《马克思主义纠谬》。开篇提出四个论点：

"资本主义并不发生于近代，在封建制度以前已存在了"；"'支配'和'资本主义'相始终，'支配'勃兴，资本主义就发达，共产村就衰息"；"辩证法似是而非，束缚人类自由的理论，是阻碍无产者解放的理论"；"唯物史观不合于历史上的事实，历史的动力，是求生的意志，不是经济的支配"。（第229页）

第一个论点：马克思将资本主义当做近代的东西去考察，"漠视了存于古代和中世中的资本主义"。那时将掠夺的赃物叫做商品，将掠夺行为合理化，出现个人营利的企业，掠夺和榨取的商业行为，生产机关的私有等，"已经很具有资本主义的要素了"。（第230页）将科学应用于生产而形成大规模的生产组织这一点，不论在集产制度或共产制度下都有可能，不足为资本主义的特征。雇佣工银制度不一定是资本主义，不论什么时代都有。"在人类的历史上，资本主义是从古代曾经几度反复演过的"（第232页）。

第二个论点：人类历史显示，"支配"资本主义与共产村互相替代。唯物史观抹杀了这个事实，也不能说明这个事实。唯物史观以资本主义作为生产形式发展上的一个必经阶段，这个辩证法不能证明资本主义在绝对不该出现的时候却出现过这一事实。"唯物史观是用所谓辩证法这论理的铁锁来束缚自己的"（第234—235页）。

第三个论点：古代中国的阴阳诡辩哲学和黑格尔的辩证法诡辩哲学，是世间"最可笑的事"（第235页）。将辩证法应用到历史上，社会主义一定要经过资本主义才能发生；除"正""反""合"定律外，辩证法是不许发见自由天地的论理的铁锁，"是束缚人类自由的决定论"。"假使用唯物史观和辩证法，无产者得以解放，那么用铁锁大概也可以解放因人罢！"（第236页）

第四个论点：历史没有像辩证法的唯物史观所说的那样，证明资本主义在生产形式上成为现代发展的必然阶段而表现出来。"'求生'的意志，这种意志的源流，是构成历史的；唯物史观流中的生产形式，不是构成历史的。必然的论理的形式，造不出历史，活着的人类的意志，才能形成历史"（第237页）。制造历史的力量不是经济的力量，经济力虽然是历史上的重要现象，占有基础的位置，却非历史的动力。"求生"的意志中没有论理的必然性，不能成立辩证法的唯物史观。自由意志不是机械的，不能束缚于论理的铁锁。自由意志也会产生私有和强权的错误，对此不能不彻底加以否定。"资本主义是不应该发现而发现的一大过误，并不是生产发展的一阶段，是完全可以否定的病理，是辩证法不能说明的病理"。私有和强权几度袭来的事实，虽然想要吞噬共产村和自由市，但是，"'求生'的自由意志的无形的自由市已扩张到全世界，'求生'的意志的最后的胜利已不远了，将要成为哄声表现了出来"。（第238—239页）

这个专题企图纠正所谓马克思主义的谬误，然而其论辩水准十分蹩脚，无异于胡搅蛮缠。它不仅拒绝辩证唯物论和唯物史观，否认资本主义是社会发展的一个特定阶段，断言资本主义（包括雇佣工资制度）在古代和中世纪早已存在，宣扬人类历史是私有和强权的资本主义与共产和自由的理想局面的盛衰交替过程，而且为了对抗唯物史观关于经济因素在历史发展中的最终决定作用的原理，还信口开河地把求生的自由意志当作历史的动力，认为这种无形的不存在必然性的求生意愿，才是扩张到全世界并即将取得最后胜利的共同呼声。这样鼓吹无政府主义，除了异想天开之外，其本身充满着谬误，又何谈纠正马克思主义的谬误。

另一个专题是石川三四郎[①]著，晨鸟译《布尔塞维主义和法西士主义》。译者附论：俄国的布尔什维主义和意大利的法西斯主义，"就它的根本说，都是脱胎自马克斯教；就它的实际说，也是一样的压迫农工；从它的政治形式看起来，又是无独有偶的厉行一党专政的独裁制"（第241页）。俄国有布哈林之流的巧妙广告商，把恶东西吹嘘成香美无比的好货。推销给欧美工人没有轻信，于是又推销给可怜而没有经验的东洋劳动者。结果那里的劳动者或一知半解的革命者，以为布尔什维克是代表农工阶级利益的革命党，法西斯是压迫农工的恶魔，谁都不晓得两者原是一样的货色。为了明是非，辨真假，特将"日本社会革命运动老斗士"石川三四郎所著《世界社会运动史》中关于两个主义的一段叙述，译述于此，"俾国人免因一时广告之欺，致上莫大之当"（第242—243页）。

正文大意：可以说，德意志的马克思主义，传到俄国成为布尔什维主义，传到意大利又成为法西斯主义。世人公认的正统马克思主义者考茨基，说布尔什维主义是"真正的马克思主义的叛徒"；而布尔什维主义的祖师列宁，说独裁暴力的布尔什维主义，"乃真的马克思主义之实行"（第245页）。关于布尔什维克与马克思主义的意见，言人人殊。马克思自己的意见，原是随着时代而变异；同样布尔什维主义也无所谓一定的原理或理想。就其历史观察，布尔什维主义的思想，"实受之于

---

[①] 石川三四郎（1876—1956），笔名旭山；毕业于日本东京法学院，早年出国，1920年从欧洲回国；创刊基督教社会主义的《新纪元》，1927年建立共学社，1929年发行《动力》期刊；1946年任日本无政府主义联盟顾问。

马克思"，而其战斗的态度，事实上恐免不了受暴力论的很大影响。从思想上看，从社会运动史上看，布尔什维主义和法西斯主义"属于同系的双生儿"。（第251页）二者"唯一差异之点"，一个为国际主义奋斗，一个以国家主义起家，一个依靠暴力革命夺取政权，一个实行比较和平的政变。可是布尔什维克国际的革命"已归于失败"，今日颇汲汲努力于确立自身国家的权力；反之，法西斯主义虽由国粹主义而起，却与共鸣诸国，大唱其协调。（第253页）

这个专题，针对列宁的布尔什维主义，实则主要针对苏俄的无产阶级专政理论与实践，但换了一个攻击的角度，把它与创始于意大利墨索里尼①（原译"慕沙里尼"）的法西斯主义相提并论。在我国劳动者或倾向革命者的眼里，一般公认法西斯以压迫农工为其特征，而把布尔什维克看作农工阶级利益的代表。然而经过此文将二者等量齐观的比较，两个本来相互对立的主义，居然被说成同出一源，都归咎于马克思主义。而且对比二者的差异，法西斯主义的出现似乎还存在可同情的理由，寓意布尔什维主义的产生更缺乏合理性。译者翻译这篇文章，意图非常清楚，就是从无政府主义的眼光看来，共产党人信奉马克思主义，选择走苏俄革命的道路，结局将同法西斯主义一样，不会代表农工的利益，势必走向压迫农工的相反方向。换言之，这是在拐弯抹角地表白，只有否定了一切专政或集权的无政府主义，才能真正代表农工阶级的利益。

## （四）结语

这本文集为了论证马克思主义的破产，东拼西凑了一些译文和著述，其基本立场，主要从无政府主义的宗旨出发。但奇怪的是，其理论根据，主要建立在俄国柴氏几篇文章的基础上，反而不见了国际上那些无政府主义大家们的论著。看来编著者的意图，一则集中于攻击马克思主义，以此争夺无政府主义在引领农工运动中的主导地位；二则看到柴氏在社会主义阵营内部率先反对马克思主义并倾向于无政府主义的著述，如获至宝。其实柴氏的反对论据，几乎都是从那些先行思想里去寻找与马克思学说的某些理论观点相关或相似之处，然后张大其辞，不顾继承、发展与创造之间的有机联系，把马克思所创立的科学社会主义的基础理

---

① 贝尼托·墨索里尼（1883—1945），早年当过新闻记者、社会党党员，一次大战爆发后，因鼓动意大利参战被社会党开除，1915年入伍参战；1921年创建"意大利国家法西斯党"并任该党领袖，1922年指挥该党军事组织发动暴乱并夺取政权，任内阁总理，1928年终止议会制度，建立法西斯独裁统治；1936年与德国结成柏林—罗马轴心，对外侵略扩张；1943年被撤职并被监禁，后被德军伞兵救出，任"意大利社会共和国"傀儡政府总理，1945年逃往德国途中被捕获和处决。

论，一概说成抄袭、偷窃、自相矛盾或前后冲突，又处处挑剔恩格斯所说与马克思的不一致之处，只能算是一些旁敲侧击的手段或捕风捉影的伎俩，不可能撼动马克思主义整个理论体系的根基。这些论据，除了搜寻历史资料来证明不存在资本集中即资本主义积累的一般规律和历史趋势之外，其他较少涉及经济学领域，大多数是用来证明唯物史观和辩证唯物论等一般被公认由马克思创立的基本理论，并非马克思所独创或首创，而且往往拿来后来社会民主党人背离、修正或曲解马克思学说的各种论点，当作马克思学说本身的错误。文集中自撰的那些著述，在理论上缺乏独立分析，通常都是照搬、复制或仿效柴氏的论据。其特点：一是把柴氏针对马克思主义的批判，扩展到针对列宁的布尔什维主义，特别是苏俄的无产阶级专政制度，因为柴氏著述出版在 1917 年十月革命之前；二是借机把无政府主义理念推崇到极致，认为这是实现平民自由平等和解放全人类的唯一出路，而中国共产党人选择马克思主义和苏俄道路，被视为阻碍实现其理念的主要对手；三是主要围绕哲学和政治议题，更少涉足经济学领域，不仅在于从柴氏那里较少得到经济学方面可资抄录的论据，也在于作者本身缺少经济学的分析功底与能力。至于说其他两篇译文，为了用无政府主义来诋毁马克思主义和布尔什维主义，连起码的分析证据也顾不上了，或者随意杜撰各种理由，竟成为纠正马克思主义"谬误"的根据，或者先定下罪名，然后硬把彼此对立的布尔什维主义与法西斯主义说成同一货色。

在马克思主义经济学向中国传播的早期历史过程中，无政府主义者及其刊物，曾经是 20 世纪初年国人中率先比较有条理地评介或译介马克思经济学说的代表者①。如今时隔 20 余年，这本文集的问世，却以极端反对马克思主义的面目出现。文集中的各类著述，可能撰成发表的时间更早，特别是透露出中国共产党成立后与之对抗而同马克思主义及布尔什维主义相较量的明显痕迹。其实到文集编纂出版时，无政府主义思潮在我国已呈衰败之势，但仍有此一举，不能仅看作是一种回光返照现象，客观上为四一二政变后的反共反俄潮流，起到了某种推波助澜的配合作用。然而毕竟大势已去，这本旨以无政府主义的胜利姿态来公布马克思主义破产的文集，结果却宣告了无政府主义自身的破产。

---

① 参看《回溯历史——马克思主义经济学在中国的传播前史》，上海财经大学出版社 2008 年版，第 2 编第 3 章第 2 节、第 3 编第 1 章。

## 二、《社会主义批判》及其他

批判一书为毛一波①所著，出版合作社 1928 年 10 月发行，列入现代文化社丛书。据说除《社会主义批判》外，1926 年至 1928 年间，毛氏还出版了《马克思主义评论》《马克思经济学批评》等书；评论一书有一篇长文《评李季的马克思传》，挑战李季的马克思主义观点，又认为苏俄政治经济措施是新的帝国主义，批评陈独秀的"国民革命论"等，但这些书均未得见。

### （一）几篇序言

卢剑波②1928 年 2 月 22 日作于上海的序言称：

假如认定一种社会制度的理想已经在部分群众（即便是少数）中获得显著的势力，适应民众的实际生活，并且由单纯理论的宣传进而为行动的推进，"这些理想，总是值得我们研究的，并且值得我们挑选的"。假如认定民众自身与这些社会理想有密切的关系，那么它总有研讨的自由。假如认定社会进化是一个真理，新社会秩序的理想比现社会秩序的观念形态更进化一步，那么以思想或行动方式信奉"最可靠最彻底而又可能的新理想"，至少总有选择自由和信仰自由，"社会主义便是从资本主义的壳中产生的新理想"。假如"生产的一切工具和原料应归生产者自身管理"这个格言（Motto）是合理的，那么社会主义也不是什么洪水猛兽；维护破坏了的和垂死的现存事物秩序（existing order of things）的人，总是舍却真理而迷恋骸骨，这不是说教可以劝服的事。但事情不是这么简单，经过长期酝酿而来的事变，经常不是由于暴力或让步，"筑堤以防水，反不若导水使之入海"。一切人类社会的历史，告诉了我们革命前后的一切情景。譬如在中国，无论清室或民国以来的反对军阀如何压迫民众的理想与行动，清室终于倒坍在民众的力量之下，反动军阀的命运也可以预见。

社会主义不是洪水猛兽，但若把它禁闭起来，它多少要成为危害现存社会秩序

① 毛一波（1901—1996），四川自贡人；1919 年考入自贡市树人学堂，1922 年考取泸县川南师范学校，1924 年考入上海大学社会学系，1926 年毕业后主要从事报刊编辑和写作；1929 年留学日本，先后入成城学校、正川学校和日本大学；1931 年回上海，翌年回四川，历任各报社的主笔兼副刊编辑、社长兼总编辑；1980 年赴美定居至去世。

② 卢剑波（1904—1991），四川合江人；1920 年自学世界语，1922 年到南京入江苏省第一中学三年级文科，1925 年到上海，1928 年毕业于上海国民大学；1931 年回四川三台执教高中，1933 年创建成都世界语学会并任主席，1944 年入四川大学任教，后为历史系教授；新中国成立后一直在该校执教，1979 年当选四川省世界语协会副理事长。

的洪水猛兽，这一点，近代新兴的和聪明的统治者应当明白。中国评述社会主义的书，大部分是翻译而来的，其中大都又是由反动的资产阶级知识分子所著，此外没有几本是用简切明确的笔调来写的，这对于青年人产生不好的结果。譬如无数青年信奉"强权的集产主义"（"这正是称呼马克思列宁共产主义的恰切名词"）而为之效力，很显然，这是在"无产阶级独裁"的美名之下，做领袖或一党对无产阶级实行独裁的工具。最近，我的朋友一波把他在厦门编的《社会主义批判》出版。这虽然是一本小册子，但它的好处是，"公正地锐敏地抛开了为个人为一党争权利的观点，而站在为万人福利上，在社会主义真正的原理上（不像一班机会主义者或小资产阶级的学者那样），给各派社会主义以正确的批判"。希望它能够普遍挽救已入迷途的一般青年，"认识社会主义的真面目"。①

这篇序言，用一连串的"假如"起头，也就是在一系列的假设前提之下，认可社会主义是从资本主义的外壳里产生出来，可供自由研讨、选择和信仰的最可靠最彻底而又可行的新理想，是已经赢得一部分群众，适应于民众实际生活而由理论宣传进入实际行动推进，体现了社会进化真理的新的社会制度理想，是以一切生产资料应由生产者自行管理的新社会秩序，改变业已趋于崩坏和灭亡的现存社会秩序的合理信条，因此并非洪水猛兽等。那么，这些假设的前提究竟是什么？序中未予明示，但接下来所谓"事情不是这么简单"的转折语，实际上提到了两点。一点是面向统治者，劝导不能用暴力或让步的方式去封闭社会主义，那样反而使社会主义成为危害现存社会秩序的洪水猛兽，因为人类社会的历史已经证明，事变经过长期的酝酿终究会发生，企图压迫民众的理想与行动，结果总是适得其反，故筑堤防水不如导水入海。另一点在形式上面向社会主义的评述者，实质上却针对马克思和列宁的无产阶级专政学说，这也是更为重要的一点。但令人疑惑的是，作序者把评述马克思和列宁学说的大多数社会主义著作，一会儿说是出自反动的资产阶级知识分子之手，一会儿又说是由机会主义者或小资产阶级学者所为。其实他想要表达的是，社会主义的真正原理，不应像马克思和列宁的无产阶级专政学说那样，建立在所谓争夺个人或一党权利的前提下，而应像作者那样，以万人福利为标准来批判社会主义。这样说来，作者此书的主旨，是想把我国青年从信奉马克思列宁主义的"迷途"中挽救出来，转而相信作者所揭示的社会主义真面目。

谦弟同年 5 月 1 日作于上海的序言称：

在社会中生活的人，他的生活方式均与其所生存的社会一切文物制度相适应，这是很平常的事实，而不是难懂的新发明，是什么"唯物论的鸟辩证法"。正如封建制度崩坏时，资本主义正在向前发展而尚未臻于完善之际，免不了残存的封建势力的阻抑，"社会主义的社会尚未建造成功，只是在资本主义社会的怀抱中孕育成一个雏形的时期，社会主义的社会之建造也是必然地要受资本主义社会残存的势力之阻抑的"。这便是社会维持其残体的"惰性原理"，是"生物公例中的适应环境说的实践"。封建社会推移到资本主义社会的过程中，中产阶级要革贵族阶级的命，常遭社会的反对，常被视为洪水猛兽而不能立足，这是因为社会自身尚未到完全破败的时期，还有伸缩的弹性足以维持其平衡状态。所以 19 世纪遗传下来的社会主义思潮的理论，到 20 世纪仍不能完全通过社会进化的过程，反而发生停滞不前、不能实现的情况。社会主义被"布尔热窘"（今译资产阶级）视为洪水猛兽，被"普诺塔利亚"（今译无产阶级）看作解放的武器，这个对抗的关键主因，完全是两个阶级经济利益的冲突，"完全是由社会组织形成了对垒的阶级"。"人类组织社会的目的，是在生活的保证与生活的经济，而不是在剥削或掠夺多数人的生产与乎浪费多数生活以去维持少数者的享乐的，并且社会组织是宜乎健全的平衡；这即是说要保全人类和平与安宁的平等"。然而人类社会自私有产业的经济组织建立、工业革命成功以后，已经成了"非生物的社会"，人与人之间划成对抗的阶级。社会组织也呈现出不平衡的状态，"人类的生活与安宁便成了镜中花水中月，而社会中所充塞的现象，只有饥饿、贫困、死亡、战争、失业、罢工等"。社会陷于这样衰颓的状态，已超过物体的弹性极限，濒于坟墓的境地。因而社会本身便需要革命，但革命的实际行动又需要一种由此产生的理论作基础。"自然，那解决社会问题的社会主义，便应了革命理论之需求而成了社会革命的理论"。

"社会主义是用来解决已经破败的社会所不能解决的问题而建设适合于人类生活状况的新社会"，依此而言，可以说，"社会主义是负了完成历史的使命，促进社会进化，使人类生活的发展与社会进化的发展相适应的，而不是洪水猛兽"。应当知道，现在反对社会主义者，"一半乃由于完全的无知昧于历史的事实，一半乃由于资本主义残存的势力在作祟"。但社会主义的朝向已经由资本主义社会决定了，已经指明是"人类的唯一生路"，不论反抗或赞成都不中用，"要在历史由所造成的伟大的社会势力之下低头"。社会主义不是私有财产，不能由法律规定属于谁独占。所以说，"社会主义专指马克思主义而言的英雄论，完全是封建社会下之理论"。社会主义一语，包含了无政府共产主义、工团主义、基尔特主义、马克思主义等，有许多派别，这是事实，不能抹煞。我们生存在社会大变革的20世纪，为了生存，时刻不断地与社会制度斗争，工农无产者更是不断地举行罢工、抗税、罢耕等反叛，"时时刻刻都是在准备倾覆资本主义的社会"。然而代替资本主义社会的是什么社会主义的社会呢？是无政府共产主义的社会，工团主义的社会，基尔特主义的社会，还是马克思主义的社会？对此，有人不知何所适从，分辨不清未来社会建设的朝向，所以急需有人负担社会主义的批判工作。回顾中国出版的社会主义书籍，虽然有抄袭的社会主义浅说或翻译的近世社会主义论与社会主义史等，"均不能给我们对于社会主义一个明确的概念"，可以说"没有一本"综合批判社会主义的书，所以中国确实需要这种书。一波这本小册子《社会主义批判》，比起坊间出版的社会主义书籍"比较有意义一点"，在社会主义文献中"是值得称许的"，虽然它还未达到成功的综合批判，还不是必须人手一册的杰作。"为了中国没有社会主义综合批判的书，为了使中国青年能有这样一本社会主义批判可读的书，进而决定他们对于社会主义的确信，努力为社会工作"，我愿意将此书介绍给中国有志于社会主义研究的读者。这篇文字与其说是作序，毋宁说是对于社会主义的一点意见，姑以此代序。①

这篇序言比起前篇序言，意旨方面异曲同工，但表现这个意旨的明确指向方面，又显得有些隐晦曲折。它所说的社会主义批判，有两个涵义值得注意。一个涵义是说，社会主义取代资本主义而成为人类社会发展的方向，有其历史必然性，或谓"唯一生路"，但对于这种历史必然性的认识，不是取决于什么辩证唯物论，而是取决于所谓社会"惰性原理"或实践适应于环境的"生物公例"。也就是说，旧社会具有维持其平衡状态的伸缩弹性，当其衰败程度超过弹性极限而濒临死亡时，自会产生革命而由新社会取而代之。根据这个原理或公例，在弹性之内，不管社会主义多早出现，都不能实现，只会停滞不前，反之，超出弹性极限，无论资本主义的残存势力怎么阻碍，都无济于事，终将归于灭亡。至于怎样判断和把握这个弹性，未见解释，看来其用意就是在阐释社会主义产生的历史必然性时，把辩证唯物论或唯物史观排除在外。作序者一再强调社会主义不是洪水猛兽，是用来解决破败

① 毛一波著《社会主义批判》，出版合作社 1928 年版，"谦弟序"。

社会不能解决的问题而建设适合于人类生活的新社会，是担负和完成促进社会进化而使人类生活发展与社会进化发展相适应的历史使命，可见，他在此所说的社会主义批判，不是批判或否定社会主义本身，而是批判或否定认识社会主义的马克思主义方法论，也就是辩证唯物主义和历史唯物主义。另一个涵义是说，社会主义作为解决资本主义社会问题的革命理论，面临两类反对者，一类是完全昧于历史事实的无知，一类是资本主义残余势力的作祟；后一类按照上述原理或公例，其残余势力将自然屈服于由历史造成的伟大社会势力，故无须多论，前一类则需要根据社会主义来辨明未来社会建设的方向，但由于社会主义派别众多，要消除这种无知，必须通过综合批判而在各派社会主义中进行甄别选择。作序者在这里没有明确说明要采纳什么样的社会主义，或剔除什么样的社会主义，却若隐若显地透露出某些倾向。如序中尽管提到资本主义社会划分为少数人剥削或掠夺多数人的两个对抗阶级，工农无产者正在不断斗争准备推翻资本主义社会，但谈到社会主义时，总是从抽象的人类概念出发而避免陷入某个阶级概念；所以当他说社会主义不是私有财产，不能由法律规定属于谁独占时，实际上是说实现社会主义革命后，不能由国家法律规定财产为某个阶级所独占私有，也就是反对无产阶级专政条件下的财产公有制，因为这种财产公有无异于归属无产阶级的财产私有；进而又说社会主义并非专指马克思主义的英雄论，那完全是封建社会的理论，实质上把矛头指向以马克思主义为指导的共产党组织，认为这种组织观念类似于封建社会的英雄论。又如贬抑那时国内出版的各种社会主义书籍，认为它们不是抄袭的浅说，就是不切国情的翻译，不能给国人明确的社会主义概念。其实这里所列举的社会主义浅说、近世社会主义论、社会主义史等著作，共同具有一个明确概念，就是以马克思主义为真正具有科学理论体系的社会主义，但作序者显然不愿接受这样的社会主义概念，才提出中国需要一本与此概念不同的综合批判社会主义的书。总之，这篇序言所理解的社会主义批判，究其本质，企图在社会主义可能取代走向衰颓的资本主义之际，选择一种既不依据马克思主义的方法论，也不接受马克思主义的无产阶级革命和无产阶级专政学说的社会主义，作为解决现实社会问题的指导思想。

作者同年 1 月 2 日作于厦门一个荒岛的自序称：

两三个月前放弃上海学校的粉笔生涯跑到这荒岛上，一晃已是 1928 年的新春了。过去的这些时间，终日伴着剪刀浆糊之类，"全身心都感到无聊和疲乏"。在这荒岛上，寂寞得看不见一个人。我写的文章，十之八九是杂感，想从杂感中找到几个朋友，然而"我至今仍是孤独着"。在这百无聊赖的生涯中，我正经写的东西便是这册《社会主义批判》。这东西按日发表在我自己主编的《民国日报》上，但听不见一点回声，正如一个小小的石子投入在大海中，一个浪花也没有。"我是多么失望"。近来在新年假期把这册东西修正一遍，加上几篇附录出版。"后事如何，我已无心多管了"。①

这样一种消沉和沮丧的写作心境，很难想象会有积极向上的批判性选择。或许正是作者的社会主义批判，发表后得不到什么回应，才由失望而产生这种心境。但于此也如前序所说，这本书的批判还不那么成功，更谈不上杰作，只是试图引导国内青年摆脱马克思的科学社会主义，并通过综合批判选择其他社会主义而已。

**（二）内容简介**

此书 129 页，含 7 章及两个附录。另附"重要参考书目" 27 种，其中有马克思、恩格斯、普列汉诺夫、布哈林、斯大林等人的著作，有蒲鲁东、巴枯宁、克鲁泡特金等人的著作，还有李达、李季、黄凌霜等人翻译的著作，当然也包括了毛一波自己的《马克思主义评论》和《马克思经济学批评》两本书，诸如此类。这让人联想到上面作者自序中所谓终日与剪刀浆糊为伴一说，看来这些参考书目，也是作者写作时裁剪粘贴的对象，故下面的简介，可以省略书中许多摘录他人论述的内容，主要介绍作者本人的倾向性论点。

第 1 章"绪论"：这里要批评的是社会主义各派的理论，至于它的定义完整与否，不必多去讨论。我假定社会主义包含以下各派："十九世纪初期各派社会主义""马克思主义""工团主义""基尔特主义""无政府主义""列宁主义"（第3—4 页②）。

这就是此书所谓社会主义批判的本旨，意在从这些社会主义派别中，进行取舍选择。

第 2 章"十九世纪早期的社会主义"：圣西门、傅立叶、欧文（原译"阿文"）这三个人的社会主义，虽然在社会主义文献中占重要位置，但在近代社会运动中已丧失其力量。这里并不想多批评他们，"我们应注意的是后来的社会主义如马克思派等"（第 8 页）。依照《社会主义史》的著者俄国人柴尔凯索夫的意见，上述三

---

① 毛一波著《社会主义批判》，出版合作社 1928 年版，"自序"。

② 此页码见毛一波著《社会主义批判》，出版合作社 1928 年版。

派具有共同的社会主义的根本观念，无论何人，只要自称是社会主义者，一定要赞成这些主张。这一点，"我们也相信"，而且这些根本观念，也可以说是更为完全的"社会主义底定义"（第10页）。

这里介绍空想社会主义的三位代表人物，并非批判的重点，但依照柴氏之说，把他们有关社会主义的共同观念，看作更能代表社会主义的完整定义。而且只有赞成这些定义，才称得上社会主义者，否则便不是真正的社会主义，无形中把此类定义当作衡量真假社会主义的标准。另外本章还介绍柴氏是克鲁泡特金的老友，曾写过几本批评马克思主义的有力著作。如此说来，又给他从空想社会主义者那里概括得来的所谓社会主义定义，赋予了无政府主义的解释权。

第3章"马克思主义"：我以为马克思的《资本论》艰深晦塞，断不是工人阶级所能了解的，《共产党宣言》也不会为一般工人阶级所了解，但我相信马克思主义在过去的社会运动中的确有其力量。这力量发生于马克思主义的口号如"阶级斗争""劳动者专政""劳动者联合起来"等，"因为这些口号，催眠了工人阶级向资本阶级报仇的心理，所以他们便一致拥护起马克思主义来了"。其实马克思主义究竟是什么，是否"科学"等问题，一般工人阶级是不知道的。1848年以来，马克思主义的存在已有长久的历史，"但马克思主义的系至今仍是不完全的，破碎的"。马克思死后，虽有马克思主义的恩格斯、考茨基、列宁等想努力完成，"然而都没有好的结果"。好多浅薄的学者说马克思主义早已建设好了，"其实这是靠不住的"；又有人认为马克思主义是社会科学，"这也是错的可笑"。至于我们中国，更是糊涂极了，还认为马克思主义是社会学。"老实说，马克思主义并无科学的价值，既不是社会学，也不是社会科学"。我们为什么要批评它，就因为"它没有科学的价值，没有在社会运动中存在的价值"。我们要从它的一切著作中指出"它的错误的地方"，企图"消灭"它在社会运动中的现有力量。"因为有马克思主义的灵魂存在的社会运动中，这社会运动的结果并不能解放工人阶级，而反在压迫和奴隶他们。比如马克思主义的阶级斗争并不是去消灭阶级，而是在利用工人阶级的弱点，向着资本阶级复仇，去抢得支配者的地位。又如无产者专政，简直是在愚弄工人阶级这一点，已经十月革命后的赤俄的事实证明了。证明了马克思主义是谬误的"。（第11—13页）

马克思主义的要点据说完全在《共产党宣言》上，然而经柴氏证明，宣言的大部分（十有六七）是抄袭傅立叶派主义者孔西德朗（原译"昆西太朗"）的著作而成。我以为，"马克思本人并未创立甚么主义，而是把别人的著作剽窃起来，东拼西凑的成了他的'马克思社会主义'（因为马氏抄袭别人的著作不只一家，所以我说他是东拼西凑的）"。有人说马克思的主义虽然是剽窃来的，但他是集大成者，把剽窃来的社会主义做得更"系统"，更"完成"，这是他的功劳。"其实这是错误的话"，我可以就马克思主义的几个要点加以证明。（第15页）一是"辩证法的唯物论"。我怀疑马克思的辩证法与唯物论（史的唯物论）之间，"两相冲突"（第16页）。我敢说，马克思的史的唯物论，"还是史的唯心论"，而且他对这个学问，"还未做得完全，还是一个破碎不完的"。它只是"史的技术论"，认为历史过程的原动力在于劳动技术的改变。（第17—18页）结论是"马克思并无史的唯物论（即习称的唯物史观），而只有史的技术论"，这是不能解释历史的（21页）。二是"阶级斗争"。阶级斗争的目的应是消灭阶级而不是阶级统治。"马克思主义者误以政治斗争为阶级斗争，而且主张某一阶级的专政，实行新兴阶级的统治，这是完全错误了的"（第25页）。"马克思主义者第一是不懂得过去的阶级斗争的史实，第二是他们并不主张阶级斗争而只主张政治斗争"，而只主张政治斗争是一切反动资产阶级学者所提倡的（第27页）。三是"经济论"。资本主义的经济学固然是图谋某一阶级利益的工具，而马克思的经济学更是明白地作为无产阶级利益的工具，由此出发是"最可惜的"，这是马克思主义经济学"最大的弱点"（第29页）。《资本论》有不少"谬误之处"，它的经济学"不是归纳事实以演绎出来的结论"，而是"预存观念的武断论"。马克思的经济学虽然是为无产阶级而做，却"不合经济事实"，不能不指出它的谬误（第30页）。四是"政策论"。这是马克思主义"最谬误之点"，因为采用政策的荒谬，所以常常不能达到它所理想的目的（第31页）。马克思主义者"极端崇拜政治的权力"，把政治斗争的手腕用作实现社会主义的方法；"主张利用国家实行无产阶级专政，以新的强权阶级（无产阶级）去统治去支配其他的被压迫阶级"，这种以暴易暴的政策一定不会有消灭阶级的希望（第31—32页）。我的感想，比较无政府主义和马克思主义，"更深深地感到马克思主义的不科学了"。马克思主义是"假科学"，虽然它老早挂上"科学的社会主义"招牌。前面指出马克思主义的许多"谬点"，即"我说它是假科学的确凿证据"。"马克思主义，在原理方面是谬误的，而它的行动纲领（即是它的政策论）更是错误得一塌糊涂"！所以在整个马克思主义中，除了解剖资本主义部分做得有相当一点系统而外，"其他毫无可取的地方"。后来的列宁主义虽然接受了马克思主义的大部分，

然而读其著书，"不胜有每下愈况（此为每况愈下之误——引者注）之感"。（第37—38页）

本章篇幅稍逊于无政府主义一章，从头到尾，都在批驳或否定马克思主义。然而查其论据，又都是拾他人之牙慧，却据此得出马克思主义是假科学，是破碎而不完整的体系，在科学方面和社会运动中均无任何价值的极端结论。其所谓确凿证据，无非说辩证唯物论与唯物史观相互冲突，而唯物史观只是技术史观；阶级斗争学说偏于政治斗争，像资产阶级一样为了实现个别阶级的专政；经济学说仅代表无产阶级的利益，以预设的观念而非事实的归纳作出武断的结论；特别是行动纲领方面崇尚政治权力，利用国家实行无产阶级专政而以新的强权去压迫和支配其他阶级。这些证据，实际上均系抄录无政府主义的现成观点，所以作者才会说比较无政府主义，马克思主义是"不科学"或"假科学"，也就是公开表明自己的社会主义批判，站在无政府主义的立场上。

第4章"工团主义"：在各派社会主义中，除了无政府主义而外，"只有工团主义是最彻底的切实的"。它"完全有科学的基础"，其原理和方法"差不多与无政府主义一样"。（第46页）但工团主义的教义比无政府主义更狭小，而且主张有劳动总会，"显然有集权的倾向"。无政府主义有"博大的理想（根于科学事实来的）"，有"多方面的进行革命的方法"；它认定工团主义不过是社会革命过渡时期的一种战略，不满意工团主义最终的理想社会组织，这是二者之间的大差别。工团主义是无政府主义的"儿子"，是社会革命后起的年青战士。工团主义要在劳动运动中发挥力量，应该与无政府主义结合起来，避免改良派的职工组合主义。"成为'无政府工团主义'，这才有力，这才能做着劳动阶级的'圣经'"。（第47—48页）

此章称道工团主义具有彻底而切实的科学基础，纯系因为它是无政府主义的"儿子"，而比起无政府主义有所差别，也是因为它还不那么彻底，如教义狭窄和有集权倾向。那么更为彻底的取向，便是完全附属无政府主义而变成"无政府工团主义"。

第5章"基尔特主义"：主张经济和政治分开，管理经济属于生产机关即为了生产者，管理政治属于国家机关即为了消费者，这是错误的。假定像基尔特主义那样，只片面在生产上略加改良，根本上维持私有财产制度和国家制度，则所谓劳动者会自由地渐进地改良，"恐怕是自欺欺人之谈了"（第52页）。

这里批评基尔特主义属于改良性质，在根本上仍维持私有制度和国家制度，实际上同样出自无政府主义的眼光。

第6章"无政府主义":在各派无政府主义中,"共产的无政府主义,即是科学的无政府主义",只有这一派才有科学的根据,其"理论系统的完成者"是克鲁泡特金(第77页)。"我们很可以说,无政府主义是被压迫阶级的观念学,或是生产阶级的哲学",它的阶级性属于被压迫阶级;它在原理和行动上"都是主张阶级斗争而反对各阶级合作或调和的"(第79页)。无政府主义者的阶级斗争与马克思派的主张"大异",它并非为着政治的目的,排斥一切专政,包括马克思派所主张的无产阶级专政;它注重的是经济目的,"用武力把现存社会的财富从资产阶级手中夺取回来,归还于社会,由生产者——工人——自己组织去接收",消灭国家和政府(第82—83页)。反对无政府主义的大多是资产阶级的学者或思想顽固的老人,他们的反对论不值一辩。然而有一派强有力的反对者即许多马克思主义的信徒,"他们反对无政府主义的理由也是很可笑的,不过他们穿上了科学的外衣,常自许是'科学的社会主义者',所以他们的言论,常足以淆惑人们的观听"(第96页)。无政府主义到了现在,"已成为唯一的真理,已有了坚固的科学基础"(第97页)。无政府主义有自己的原理和实行方法,"藉直接行动去达到社会革命的完成"。一般人以为它不去抢夺政权,便没有方法,"那是多么的可怜的误解了无政府主义"。(第98页)

这是此书篇幅最多的一章,可见也是作者属意的重点。其中关于无政府主义的介绍,无须多论,都是些转录之词。作者的体会,一则强调无政府主义各派中,只有克鲁泡特金的无政府共产主义才有科学的根据,如今已成为具有坚固科学基础的唯一真理。这是表明他自己的态度。二则突出无政府主义具有代表被压迫阶级的鲜明阶级性,惟其主张阶级斗争不是为了政治的目的而专注于经济的目的。这个说法,其实与克氏学说更为主张自由、自治与互助的特点有所不同,也有别于其他作序者看重无政府主义代表全人类而非某个阶级的说法。三则在反对无政府主义的观点方面,不屑于资产阶级学者的言论,更重视马克思主义一派的理由,因为后者在科学的外衣下常常能够迷惑人。这实际上是为了争夺社会革命运动的主导权,力图以无政府主义来排斥马克思主义。

第7章"列宁主义":布尔什维克主义并不能代表1917年以来俄罗斯"变相的马克思主义",与其把布尔什维克放入社会主义的论述中,不如真切详明地论述列宁主义;事实上俄国的布尔什维克只是一个革命党的名称,它的主义多是列宁的理论。列宁接受马克思的教义，但随着时代的变迁，已不是"一个固执的马克思主义者"，他在俄罗斯实施的理论，"有许多地方都离开了纯正的马克思主义"。（第 99 页）马克思解剖资本主义社会的《资本论》，"有许多均是错误的"。我曾批评马克思，"指出了资本集中与资本主义的必然坏崩说的谬妄"。"我自己至今仍然相信马克思主义是非科学的，然而列宁却是个努力为马克思理论辩护和实践的一个人"。列宁这十年来在俄罗斯试验的主义，"早已回到了资本主义的路上"，这至少可以证明"列宁主义是有几分空想性的"，不然何以不能到达社会主义的社会。"若说物质条件不够，那完全是马克思主义者藏拙和偷巧的假话，事实上俄国是可以老早实行社会主义的社会生活的"。（第 101—102 页）

此章末尾，附记"本章系未完稿，以后当另著专书评述之"。说明对于列宁主义的论述并不充分，但在这草率的论述中，仍可见作者的大体思路：列宁信奉却不固执马克思主义，根据时代变迁在俄国实施的许多理论，都离开了纯正的马克思主义，同时还要维护和实施马克思的非科学理论；列宁主义的空想性表现在俄国的试验，未能实现社会主义，反而回到资本主义的老路上；这种试验结果，不能用俄国缺乏物质条件的假话来搪塞，事实上俄国老早可以实现社会主义的社会生活。这些断语，没有提供什么依据，却说得理直气壮，真可谓无知者无畏。

附录 1 "评陈独秀演讲录"（1924 年 10 月 8 日作于上海大学）："陈独秀是最不懂得社会主义的人"（第 103 页）。他根据唯物的历史观来解答为什么相信社会主义，"有不少的谬见"（第 104 页）。马克思主义"只注意分配方法的公平，其实就不公平了；须知公平的分配方法是'各取所需'"（第 105 页）。陈氏"主张的财产公有实际上并未脱离私有制度"（因消费资料私有），加上资本集中使国家的职权扩大，将"变国家成大资本家"（第 107 页）。这也是马克思主义的"弱点"（第 108 页）。他解答相信何种社会主义，批评各派社会主义，"信口雌黄，犯了不少强不知以为知的毛病"（第 109 页）。社会进化不一定循着"必然律"，有时陷入"或然律"。如俄国实现劳农政府，"早已在马克思预想之外"。"须知理想社会的时期虽然未到，我们可用人力在可能范围内去促成它实现"。他解答社会主义如何在中国开始进行，"完全抛弃"社会主义，认定国民革命是达到社会主义即马克思的集产主义的过程。所谓国民革命，"完全是第三阶级的革命结果，是保护资产阶级的利益"。（第 116 页）

这个批评，针对的是 1923 年 5—6 月间陈独秀在广东高师所作关于社会主义的三次讲演。具体的批评内容，乱扣帽子，无足深论。倒是将这篇陈年旧稿附录在批判社会主义一书之后，别有用意。意味着否定马克思主义的同时，也否定了共产党人对于马克思主义的选择。

附录2"资本主义经济组织底几个特点"：分别是私有财产，工钱制度，自由竞争，商品生产，恐慌现象，阶级斗争，资本的浪费，妇女与儿童的悲惨状况。

这个论题实则同本书的主题没有直接关系，附录于此，一面显示无政府主义者的指证，一面引用各种不同来源的资料，显得颇为芜杂。

## （三）结语

如果说东拼西凑，毛氏这本小册子才是东拼西凑的典型例证。书中各章，几乎都是拿来别人的论述充数，或者大量引述作为证据资料，或者成段摘录代为自己的结论，还不时插入作者往年的旧稿以充新论，甚至连未完稿也拿来凑数，更不用说文字表述的粗疏错讹。如此草率急迫，足见其书只是应时之作，缺少认真和深入的研究。赶制此书，看来就是要表明一个意思：马克思主义不如无政府主义。为了证明这个论断，居然完全照搬无政府主义方面反对马克思主义所提供的理由，而对马克思主义方面剖析无政府主义的观点，一味回避或打压，仅此一点，即可见作者缺乏理论上的自信。在批驳马克思主义方面，书中很少看到经过独立分析的新颖证据，倒是反对的调子喊得比谁都高；借此也能明白作者此前两本著作《马克思主义评论》和《马克思经济学批评》，虽未得见，其大旨不出此调门之外。在推崇无政府主义方面，书中同样看不到什么独立的证明，又由于各派无政府主义的观点纷呈，虽说以克氏一派为准，却不免看花了眼，或者理解有误，或者与他人说法矛盾，这样看来，作者顶多算个半吊子的无政府主义。但作者有一点看得很清楚，在反对无政府主义方面，资产阶级学者的观点不足为虑，担心的是马克思主义者的有力影响。这实际上涉及由哪一个主义来主导我国社会革命运动的问题。此书宣扬由无政府主义来取代或排斥马克思主义，或者如一位作序者所说，旨在把我国青年从崇信马克思主义的迷途中挽救出来，转而选择无政府主义。以这样的宗旨来批判社会主义，就像前书用无政府主义来宣告马克思主义的破产一样，不论其主观意图如何，客观上起到了配合四一二政变后反共反俄潮流的作用。

顺便指出，毛氏此书批驳马克思主义，企图全盘否定，其中虽然包含马克思经济学说，但所占比重不大，看来并非批驳的重点。为此，这里正好有毛氏1927年12月7日夜在厦门民国日报馆为《经济学底革命》译本所作的一篇序言，可资补充。译本的副标题为"克鲁泡特金的'田园工场、制造所'之研究",可见是研究克氏《田野、工厂和工场》一书的心得。这本 32 页的小册子由日本伊藤野枝①女士著,卫惠林②译,上海民众书店 1928 年 1 月 1 日初版。毛氏为之作序:

> 彼得·克鲁泡特金"乃是古今来的博大的学者",他的学问有多方面,"既博且精,所以有人称他本身就是一个大学校"。他提倡无政府主义,许多人都知道他是社会革命者,但有人知道他在生物学、社会学、伦理学、教育学、经济学等学问上面,"也是一个革命者吗"?"我敢说,怕没有几个人知道呢,特别是在中国"!克氏一生的著作涉及多方面,对于多方面的学问都有新的创见。"至于经济学方面,他完全推翻了资本主义经济学和所谓社会主义经济学的解说,而提出了他对于经济学的革命的主张。他反对亚丹斯密、马尔塞斯等资产阶级的著作,同时,他也反对马克思的不合经济事实的论断,他曾说亚丹斯密等人的经济学固然不对,而马克思的经济学说,也还是隔离真正的经济学远得狠呢"!依照他的意思,经济学要想成为科学,必须犹如生理学与人类的关系一样,所以他命名"真正的经济学曰'社会生理学'"。因此,克氏在他的经济名著如"面包略取"(今译《面包与自由》)与"田庄工厂和手作场"中,不再去争辩名词如价值、价格、商品、贸易之类,只讨论经济事实。"这实际的知识是建设真正的经济科学之基础"。在惠林同志所译这本著作中,可以多少看见一点克氏对于经济学的意见。这本小册子译印伊藤野枝女士所著《克鲁泡特金经济学》(原题名)一文,是前年译好的,译稿存在我的书箱中已有两年多。今年来到厦门,始检出在《民钟日报》副刊发表一次,现在又有机会把它印成小册子,更换这样一个"名实相称的名字"。③

毛氏对克氏的学问推崇备至,认为他在多方面都是具有新创见的革命者。尤其在经济学方面,号称完全推翻了来自以亚当·斯密和马尔萨斯为代表的资本主义经济学和以马克思为代表的社会主义经济学两方面的解说。然而何谓克氏的经济学革命主张,一面说真正的经济学即社会生理学,一面又说不争辩经济理论概念而只讨

---

① 伊藤野枝(1895—1923),日本无政府主义者、社会评论家、作家和妇女解放运动家。
② 卫惠林(1904—1992),山西阳城人,1921 年留学日本早稻田大学,1925 年获文学士学位,1927 年赴法国巴黎大学攻读民族学及社会学,1929 年获硕士学位;从 1932 年起先后任职中央大学社会系、中山文化教育馆、金陵大学社会学系、复旦大学社会学系、中央大学边政学系、中山大学人类学研究所、台湾大学考古人类学系、中央研究院民族学研究所等。
③ 伊藤野枝著,卫惠林译《经济学底革命》,民众书店 1928 年版,一波"序"。

论经济事实或实际经济知识，才是建设真正经济科学的基础。这种无需理论根据而只求事实知识的所谓经济学革命，究竟是个什么东西，恐怕连作序者自己也解释不清楚。但这未曾妨碍他既断言资产阶级古典经济学不对，又宣称马克思经济学说距离真正的经济学还差得很远，并依此作为批判社会主义时根本否定马克思主义经济学的主要依据。这种唯克氏之说独尊的观念，也使批判者失去了客观分析马克思经济学说的机会和能力。

### （四）其他论及社会主义的译本

毛氏之书号称综合批判社会主义，其实并不那么综合，有所遗漏，而且以无政府主义作为衡量尺度，颇有顺我者昌逆我者亡的意味，也缺乏客观评论的态度。为此，这里附带列举几本有关社会主义的译作，可见当时的形形色色观念。例如：

《基督教社会主义论》译本，贺川丰彦①著，阮有秋②译，太平洋书店 1928 年版，列入社会问题丛书。这本小册子 66 页，分别讨论"广义的基督教社会主义""使徒时代之共产生活""纪元第一世纪之共产生活""中世纪之共产生活与基督教""中世伙计营业与兄弟爱运动""共同生活兄弟团之共产生活""再浸礼教徒之共产村""宗教的解放运动与民主主义之勃兴""莫勒比亚教徒之兄弟爱运动""产业革命与基督教""新基督教与社会主义""德意志之产业革命与宗教""英吉利之基督教社会主义""奴隶解放与工资奴隶之出现""美利坚之基督教社会主义""精神运动之衰退与唯物主义""耶稣之生命价值说与劳动价值说""耶稣之人格价值说""社会革命呢？社会进化呢？"。此论基督教社会主义，不在前述毛氏之书的社会主义批判范围之内。

这种基督教社会主义，显而易见，同马克思主义经济学相抵触。它宣扬"务须明白"的是："耶稣宗教运动之根本的基础决不仅仅是以共产运动为目的"，在所谓财产的分配或所有之外，"还要救济那些有生理缺陷的人们和那些有精神烦闷

---

① 贺川丰彦（1888—1960），生于日本神户，皈依基督教后在东京长老学院接受教育，后去美国，在普林斯顿神学院学习；回到日本后，在神户的贫民窟从事传教和社会福利工作，加入友爱会，任关西劳动同盟会理事长；1921 年领导川崎、三菱造船厂罢工，1922 年创办《土地与自由》杂志，参加创立日本农民组合，1926 年创建劳动农民党，分裂后又组成社会民众党，主张以基督教之爱解决社会问题；二次大战后参与组织日本社会党，1945 年当选贵族院议员。
② 阮有秋（1902—1980），湖南岳阳人；长沙省立第一师范毕业后，考入北京大学，后在日本东京大学攻读哲学和经济学，1935 年获经济博士学位；1936 年加入中国共产党，长期在白区工作，历任香港《新中国报》"学艺"副刊主编，上海《中华书局》、国民党《中央周刊》主编，中央设计局专门委员，安徽大学、上海大夏大学教授等职；一度与党组织失去联系，新中国成立后，在华东检察署、上海高等法院、上海辞书社工作，1979 年恢复党的组织生活。

的人们"，为了心中的"上帝"之光荣显现，"要在生命之一切的方面修正而且救济一切的人间苦"，这可以说实是它的事业发展之"根本的动机"；"经济的平等之运动确不过这种大运动之一方面的开展，确非这种运动之全体。今日之社会主义等等运动把一切的运动都归结到经济运动，这是与耶稣之事业的一个非常重要的差别点"。四福音处处表明耶稣之运动自始至终是一种天国运动，"我们不能不承认天国运动是社会运动之永远的根本原理，这不单单底限于经济问题之范围内，这乃是一种以永远的正义和永远的爱为基础的人的运动"；从耶稣到如今 1900 年间的基督教历史，"完全不过是这种天国运动之发展罢了"。① 这里口口声声说的共产运动或社会主义运动，也就是所谓以解决财产分配与所有的平等为主的经济运动，重点包括了马克思主义唯物史观。但它不是谋求从无政府主义角度去否定马克思主义，而是试图以上帝面向所有人和所有领域的永远正义或爱的天国运动，去覆盖马克思主义。

《基尔特社会主义》译本，北泽新次郎著，佘叔奎②译，太平洋书店 1928 年版，亦列入社会问题丛书。此书 115 页，分 7 章，论述"基尔特社会主义之发生及其普及""基尔特社会主义与中世基尔特之交涉""基尔特社会主义之产业观（主张废止工钱制度）""基尔特社会主义与劳工教育""基尔特社会主义的思想的背景""基尔特社会主义与国家""基尔特社会主义批评"。这本书批评基尔特社会主义，也不同于毛氏的批判，首先介绍它"是社会主义的新主张，发生于劳动运动祖国的英国"；它的思想到了近年才具体化，1906 年是它的思想的最初表现；从 1910 年起到欧洲大战勃发的 1914 年止，"英国劳工状态，极感不安，就制造一个极好的背景和素地，给基尔特社会主义思想以普及的机会"，这就是英国劳工对于工党"极表不满和失望"，因此劳工思想"发生动摇"③。此类介绍，比起毛氏动辄宣布基尔特主义为错误或自欺欺人之谈，至少是多了一些客观分析的成分。

---

① 引文分别见贺川丰彦著，阮有秋译《基督教社会主义论》，太平洋书店 1928 年版，第 4—6 页。
② 佘叔奎（1887—1954），湖南平江人，1902 年入岳州（今岳阳）考取秀才，1906 年赴湖北考入方言学校，后留学日本，考入宏文中学，结识孙中山并加入同盟会；1907 年考取公费名额，入日本东京第一高等学校学习，后转入庆应大学理财科学习；1916 年回国，在汉口任职，1918 年任日本电通社上海分社汉文部主任，后兼任《申报》主编，1931 年九一八事变后辞去职务，闲居上海，以写作投稿为生，1937 年举家回乡；1951 年任湖南省人民政府参事室参事。
③ 北泽新次郎著，佘叔奎译《基尔特社会主义》，太平洋书店 1928 年版，第 1—2 页。

《资本主义文化与社会主义文化》译本，平林初之辅①著，阮有秋译，太平洋书店1928年版，同样列入社会问题丛书。这本小册子86页，分"序言（资本主义以前的社会文化）"，以及"资本主义社会之文化"（含"经济的自由主义""政治自由""人口之增加都市之膨胀""精神生活上的自由主义"4节），"资本主义文化黑暗面"（含"经济的自由主义之末路""无产阶级之发生""失业者——产业之预备军""政治的自由主义之末路""资本主义社会之社会相"5节），"帝国主义之文化"（含"帝国主义之经济的基础""军备扩张竞争——世界战争""国家之反动化文化之帝国主义化"3节），"社会主义文化之展望"4章。作者被称为日本著名的无产阶级文学运动的理论家，单看这个译本，也能体察他运用马克思主义唯物史观来论述无产阶级文学的鲜明特征。这些内容，更是完全超出了毛氏综合批判社会主义的视野之外。

本章所考察的著作，在传播马克思主义经济学的基本原理方面，仍延续以往以翻译马克思主义经典原著、国外学者的有关译本或解说本为主的路径，同时拓宽其范围或突出其专题，在运用马克思主义经济学进行分析观察方面，不仅继续引进国外学者尤其日本学者的有特色论著，还自行编著，尝试比较有系统地根据马克思主义的基本经济原理，揭露帝国主义的真面目或概括农民问题的大纲，意在结合中国实际情况从理论上寻找解决自身特殊问题的合理有效途径。这个尝试，既有共产党人的努力，也有非共产党人的探索，从中可以看到将马克思主义经济学中国化的早期轨迹。同时还要注意，随着国内反俄反共逆流的活跃，在通常被看作属于广义社会主义阵营的内部，罕见出现了无政府主义倾向者以系统著作形式公开挑战或反对马克思主义的现象，马克思经济学说当然也包括其中。尽管这些著作的内容不少类似于以前无政府主义者与马克思主义者进行论争的报刊文章，但以马克思主义为主要攻击对象的无政府主义思潮的沉渣泛起，事实上成为趁着逆流而企图阻碍马克思主义经济学传播的一块绊脚石。

---

① 平林初之辅（1892—1931），生于日本京都；进京都师范学校，后退学，入早稻田大学文学系英文科，同时学习希腊语、法语，1917年毕业后进入大和新闻，任职该报文艺时评栏目，1920年因劳动争议辞职，入职国际通信社，从事外电翻译，关心并研究社会主义、马克思主义；1926年进入博文馆，为太阳杂志主编；赴法国巴黎参加第一届国际文艺家协会期间，因病猝死。

# 第二章　论述中国和世界问题的著作与马克思经济学说

这里列举的著作，涉及我国和世界上包括劳工运动、苏俄革命、农业改造、经济政策、经济地理、社会病理分析在内的各种论题，不少由国人自行编撰，体现了视野的扩展，也反映了从不同角度看待马克思经济学说的观点和态度。

## 第一节　关于劳工运动和苏俄革命的论著

两方面的论著，具有某种相通性，放在一起予以考察。

### 一、论述劳工运动的著作

下面列举的三个例证，大致属于相同的论题，一个官方编写，一个民间撰述，另一个则系译本，也显出各自的异同之处。

#### （一）《各国劳工运动概观》

这本小册子由国民政府财政部驻沪调查货价处编印，商务印书馆 1928 年 1 月初版，列入劳工问题丛书。与前述中国劳工或劳动问题的专题著作以私人撰述为主有所不同，这是政府部门编纂劳工运动问题的著作。从整个劳工问题丛书的序言看，无论私人撰述还是政府部门编纂，当时国内对现代劳工问题产生的原因、实质及应对办法的基本认识，还是比较一致的。这可以以盛俊 1927 年 5 月 9 日的序言要点为证：

劳工问题的发生，始自工业革命；随着机械的发明，技术的进步，分工的精密，市场的扩大，"手工业有自然淘汰之势，工场制度应运而生，资本主义之经济组织，日益盛行，贫富阶级之利害冲突，日益显著，而劳工社会之解放运动，亦日益剧烈，不可遏止"。英国工业革命肇端于 18 世纪中叶，劳工问题发生最早，法国次之，德、美等国又次之。劳工运动在远东各国，日本勃兴于欧战之中，我国则继起于欧战之后的 1919 年。劳工问题的由来既非朝夕所成，要消弭和解决，自非经年累月不为功。欧洲各国有劳动问题，迄今 150 年，"其间苦心焦思之学者及政治家，无虑数十百辈，而欲求根本解决，相去犹远，诚哉戛戛乎其难"。我国工业的发达，远逊于欧洲各国，"亦不若彼邦资本主义之经济组织，有积重难返之势"。如今"急起直追，防患未然，采取当世各国之良法美意、名家学说，以贯彻我国民政府节制资本，扶助农工之政策，事半功倍，要可逆睹"。于是搜集欧洲日本各国劳动法令及私人著述，如劳工立法、劳工组合、同盟罢工、消费合作、劳工保险、工资工时、仲裁以及失业、住宅等问题，征集同志从事迻译。从宏篇巨制中，"间或断章取义，删繁就简，要以便于明体达用为主，邦人君子，幸省览焉"。①

这番说辞，耳熟能详，主要沿袭孙中山的民生主义学说来认识和处理劳工问题或劳工运动。其要点无非是，西方工业革命后资本主义经济组织日益盛行，导致贫富阶级利害冲突日益显著，从而劳工运动日益剧烈；这个问题在西方国家已成积重难返之势，短期内不可能根本解决；我国既不如西方国家经济发达，同时也不像它们那样存在严重的劳工问题，有条件一面急起直追发展经济，一面防患于未然预先防范因贫富阶级利益冲突而产生的劳工问题；其政策宗旨便是节制资本、扶助农工，同时借鉴西方国家解决劳工问题的各种思路与办法以为我所用。这种应对劳工问题或劳工运动的方案，既要发展资本主义经济，又要预防劳资冲突以缓解矛盾，当时不仅是官方施政的理念，也是民间颇为流行的思想，试图以非激进的和平方式，实现两全其美又事半功倍的理想结局。

依照这个序言，《各国劳工运动概观》，循着既有的丛书编辑路径，从国外的相关参考资料中去找寻借鉴。其"凡例"：此系译自日人永井亨著《各国劳动运动之批判的观察》（东京制本合资会社印行），"关于欧美日本各国劳工运动之起源、发达之过程，以及劳工在社会上之地位，所遭之境遇诸端，叙述简明"；读者浏览后，对各国劳工运动史，"当可粗知其梗概"。"劳工运动之发生，在现今资本主义发达之下，为不可避免之事实，征诸各国，无不一致。惟因各国政府与资本家观察劳工运动之过程与确定将来之途径，见解不同，故各国劳工运动之发达与其进行之方向，亦迥然有异。苟措置失当，未有不使劳工运动流于偏激之一途"。著者曾谓"劳工组织或劳工运动，本为反乎暴动，反乎暴力的行动，惟遇绝望之时，不当化

———————————
① 国民政府财政部驻沪调查货价处编印《各国劳工运动概观》，商务印书馆 1928 年版，"劳工问题丛书序"。

为暴力，或暴动就是了"。我国劳工运动正处在萌芽时期，劳工方面有"认题不清之通病"，社会方面"不免缺乏同情之谅解"，希望通过阅读此书，"劳资双方各有彻底之觉悟，则邦家之福"。①

显然，此书的编印者作为官方代表，对劳工运动的看法，比起丛书作序者，更加明确和典型。除了认为伴随资本主义的发展，不可避免会发生劳工运动之外，重点放在政府和资本家对待劳工运动的举措是否恰当上。如果失当，劳工运动将走向偏激；反之，如果恰当，可以避免劳工因绝望而产生的暴动或暴力行为。换言之，关键是站在同一立场上的政府和资本家，不能把劳工逼上绝路。将这种理念运用于尚处在萌芽时期的我国劳工运动，便是通过劝导，一面让劳工认清自己的诉求不要过分，一面又让资本家培育起对劳工的同情心，也就是所谓劳资双方各自的彻底觉悟。在此观念支配下，官方编印者选择日人著作作为观察各国劳工运动史的范例，对待马克思经济学说会采取什么样的态度，也就了然于心。兹举两例。

其一，谈到劳工运动的由来及其走向：劳工们在近代企业组织里，已将自身变为机械的一部分，境遇单调，备受压迫，久而久之，自然涌出一种要求革新解放的思想；又因为职业不稳固，日常生活常见动摇，迫使他们或挺身反抗，或感到绝望，或陷于空想；凡此种种，"很容易引他们到极端的方向去"，"发生本能的憎恶与偏见"，"孕育阶级的意识"，同时有意无意地将政治上的自由平等主义与经济上的贫富悬殊，"深印于脑海之中"；于是本着自卫的精神或攻击的动机，"起来组织团体，发为劳工运动，形成阶级斗争，益以与当时社会主义互相结托，一旦更受着外界的压迫，与时代的风潮，卒致勃发为很鲜明的革命的色彩"。通观劳工运动，最初只发生在产业上，继则移植到政治上，公然成立政党或化作秘密结社，"产业上的劳工组合运动，与经济上的产业组合运动，相需为用，力量益大，及与社会主义运动相表里，而其力量更大"，究其极，从工业到农业，从运输业到商业，从筋肉劳工到精神劳工，从劳工阶级到无产阶级，其企业范围，劳工种类，阶级境遇，均逐步益形扩大；"遂致无论那一国的政府和资本家，都陷于毫无办法的状态，同时劳工们自身亦陷于无办法的境遇"。此种现象，决非欧美社会所独有，不过各国因人种、地形、国情的不同，发生时期略有迟早，程度略有差异，"故可以说是世界共通的现象"。

① 国民政府财政部驻沪调查货价处编印《各国劳工运动概观》，商务印书馆1928年版，"凡例"。

关于劳工组织及劳工运动中劳工们的心理，近来学者的说明极透辟。本来有放浪的气质与习惯，又有要求平等的理想，再受到近代文明的激荡，"三者互相辐辏，遂构成劳工们表现其特别心理的原动力"。他们所有嫌恶怨憎的感情，大都由境遇和本能而生，未必是自觉理解或推理的结果，等到渐能理解和推理，"这就是促进劳工们驱于革命的气概与热情的大原因"。一般劳工莫不有本能的反抗心，为生存而争斗的心理，欲避免职业上单调及压迫的愿望，一旦变为永续的反抗心，遂成为阶级意识。"可见劳工们之所以能把自觉的争斗心构成一个共通心理，以成劳动运动，大半均为由谋生而起的斗争运动。阶级斗争这种事情，未必因为听了马克斯的理论而后发生的。当劳工组织阙如的时候，切不可当做劳工们正在心满意足。这不过是社会的凝结力，及团体的活动力尚未充分发达而已。至如劳工组织或劳工运动，本为反乎暴动反乎暴力的行动。唯遇绝望之时，其行动不免化为暴力或暴动就是了"。劳工运动以协同为基础而次第发达，目的在于以团体的交涉与协约代替个人的交涉与协约；劳工组合通常由彼此在财产上或社会上立于平等地位者组成，其本身确实为民主的组织；劳工组织不单欲达物质的目的，还要助长责任、智识、协同等观念，故其重大任务乃在对劳工的物质上社会上精神上均有所贡献；"要之，劳工运动无非是以团体的势力，代替个人的势力，作一种自卫的对抗的运动"。劳工运动有联合至国际化的趋势，惯常使用同盟罢工的手段，这并非其本来的基本手段，争斗原为组织团体而生，运动原为达到将来的理想而起，"劳工运动的生命在此，劳动运动之革命的特色亦即在乎此"。如今日本的劳工运动因劳动组织极不完备，往往诉诸暴力，发生骚扰，"这真是值得识者深思熟虑的"。①

以上关于劳工运动的叙述，不否认这个运动来自劳工们在产业经济中被机器支配的受压迫地位、社会贫富悬殊的影响以及追求革新解放和平等理想的诉求，不否认这个运动具有阶级意识、阶级斗争、鲜明革命色彩、从经济领域延展到政治领域、从不同行业联合扩大到国际化等特征，也不否认这个运动同社会主义运动互相依托、互为表里的推进效果。同时强调两点，一点是这里所说的体现在劳工运动中的阶级斗争，以及连带而来的阶级自觉和革命精神等，同马克思的理论没有什么关系。言下之意，无须马克思学说的理论指导，劳工们也会从一般的怨愤走向阶级的自觉，从通常的诉求走向阶级的斗争，从个人个别的反抗走向团体联合的革命，这

① 国民政府财政部驻沪调查货价处编印《各国劳工运动概观》，商务印书馆1928年版，第6—11页。

是出于劳工本能的自然而然的过程，而且是世界共通的现象。这一点还同另一点密切相关，认为劳工运动在本质上反对暴力或暴动行为。理由是劳工运动的目的为提升劳工在物质上社会上和精神上的平等地位，这在现行制度下可以通过团体的交涉和协约来实现，没有必要以暴力方式去挑战现行制度安排。况且平等地位的实现，主要涉及劳工们的心理，只要不把他们逼到绝望的地步，就不会采取暴动或暴力行动，所以也没有必要拿来马克思诸如唯物史观和剩余价值学说的理论，这很容易引导劳工走到极端的方向。可见，此书论述劳工运动，将马克思经济学说排除在外。

其二，谈到劳工运动的发展历史：劳工运动既然是劳工们迫于境遇，发于本能，逐渐成为阶级意识，则他们受到压迫起而反抗，当然会有感情的冲动。此时社会思想舆论"不能指导他一条正路"，政府、资本家及学者又"听其自然，不求谅解，不表同情"，"劳工运动前途的危险，岂不可想而知"。"通观全部劳工运动史，乃知劳工运动实受着社会主义运动的刺激与援助，彼此相互结托相互提携几成一体。且常以马克斯的理论为信条，以阶级争斗为主义，以迄于今日，真是不为无因的"。

要明白劳工运动，不能不明白劳工的国际运动，此乃基于阶级思想与世界劳工同盟的观念，其目的不在和平而在奋斗，驱逐国际公敌的资本阶级，竭力反对资本主义与帝国主义互相勾结而成的战争产物。1864年成立的第一国际即国际劳工协会，以马克思为中心人物。"马克斯且提议将该机关，为社会主义的宣传机关，着手于劳工的联合"。协会"一方面为有力的国际劳工组合，他方面又为国际的政治结社"，"劳工运动与社会主义运动，无论其在国内，或在国际间，都是互相援助的"。当时的指导者，除马克思外，还有"一个有力的社会主义者巴枯宁"。"马克斯与巴枯宁凡事不相融洽，如同水火，以致失却国际运动的重心。结果马克思以英德为势力范围，巴枯宁以意西为势力范围，遂两相对峙了"。1872年海牙会议，议决"把马克斯的国际工人协会的总机关从伦敦迁到纽约去，同时又通过追放巴枯宁的提案"。这是第一国际的结局。此前经过普法战争，巴黎组织"地方自治团"（即巴黎公社——引者注），第一国际的会员为数不少，"一时法国的国际劳工运动，竟变做爱国的革命团体，而劳工组合主义则全然消灭了"；马克思派以德意志为根据，巴枯宁派以西班牙为根据，"均不过暂保其余势而已，且经海牙会议之结果，两派均已失势"。

"国际劳工运动的变迁，亦可作为欧美诸国国内劳工运动的印证"，上个世纪

（19 世纪）欧美劳工运动的大势，"即从第一国际的沿革中看起来，已可思过半了"。1889 年建立第二国际，后来设立"国际社会主义局"（即社会党国际局）。"以提倡阶级争斗主义与防止战争运动为职志，这一点实为第二国际的特征"，盖以德意志伯恩施坦（原译"勃尔斯坦"）的"改革派社会主义为基础"。当时的德意志不仅是国际运动的中心地，而且是"理论的策源地"。但第二国际终因大战的影响，寂然无闻，不再为人们所注意了。大战开始后，德法意俄的社会主义者聚会，发表宣言以非战为目的，"俄国的列宁也隐在里面而签过名"，他还主张将恢复和平以外的事项包含在内，"但结局是失败的"。1917 年俄国革命急转直下，"竟成功了"，"革命新团体苏维埃政府"主张召开国际会议，归于失败。后来一派有志者通过非正式的集会，议决创设新的国际劳工协会，是为第三国际。1919 年在莫斯科召开第一次正式会议，"系以革命与共产为目标，而以布尔什维克为主义的，只与革命派的无政府主义者相联合，在改革派则率行排斥"。第三国际创设之际，第二国际又复活过来，开会"宣布布尔什维克的罪状"；其目的"以进化的合法的立宪的手段，以实现其社会主义的理想，即为带和平性质的国际会议"。第二国际的成员不问是否本来为革命派或共产主义者，"均为纯然社会主义化"。至于劳工组合运动，处于独立的地位，一方面依凭第二国际继续国际运动，他方面基于和平条件的各国派代表出席国际劳工会议，"这种情形，至今犹是如此"。

劳工组合的国际运动，与前述国际劳工协会的运动不同，这一点，"从第一国际消灭后，劳工组合与社会主义运动的界限，就已分得很明"，进入 20 世纪，更形显著，并经常召开国际会议。此外各国政府对国际劳工会议，亦非全然漠视。1919 年凡尔赛开会，人所共知，设立国际劳工立法委员会，在和平条约中编入劳工宪法的条款，决定常设国际劳工事务局与开设国际劳工总会。"后进国的政府资本家与劳工们，自应探究国际劳工运动的历史，明了其变迁，尤其是对于国际劳工总会的态度，须格外慎重"。

"劳工组合运动，从来都以英国为世界之冠，这是不容否认的事实；而劳工的产业组合运动，亦以英国最称发达，因其已积了半世纪以上的经验，故其规模之大，组织之良，管理之周密，处处都可以显示他卓著的成绩。若说以劳工团体，在代议政治的历史上，得占势力，也只有英国与德国为然。德国社会民主党以一般劳工组合为基础发达而成，大战后经过革命，竟一跃而掌握政权，"是为特殊的情形，这里姑不细说"。英国在 19 世纪末，因劳工组合运动的发达，试行直接公选劳工阶级代表的计划，矿工阶级及其他劳工阶级，先后成为众议会的议员，直至政治上的劳工势力，终以工党为代表。1917年的俄国革命，却对英国的劳工运动产生"异常影响"。当年英国的劳工组合、工党及社会主义者非正式集会，表示同情俄国革命，决议督促承认劳农政府，并准备在国内设立劳兵会诸事项。为此英国的劳工运动还集中力量采取直接行动，其罢工带着浓厚的革命色彩。此后罢工事件圆满解决，趋于平息，其缘故，"在政府方面既为劳资调节的施设，在工党方面亦努力于纠正劳工运动的误点"。"要之，战后劳工组合的决议，与劳工运动的方向，其要点殆为劳工在产业上务须协力，对于劳工条件及管理的决定须共同分担，关于产业管理的平等权及产业的民主权须切实改造等事项而已"。①

以上论述国际劳工运动史，可以说为前面论述劳工运动之实质与走向的观点，提供史实案例的证明。证明的重点，对劳工运动的产生与发展，政府、资本家和学者方面，须为其指引一条"正路"，否则，听其自然，不给予谅解和同情，会导入危险的前途。所谓危险的前途，举出的历史教训，首先在劳工运动史上，受到社会主义运动的刺激与援助而相互结托相互提携，其过程常以马克思学说为信条，以阶级斗争为主义，意味着偏离了劳工运动的实质，以非暴力或非暴动方式为劳工们谋求物质上、社会上及精神上的平等地位。具体言之，欧洲最初的劳工运动，往往带有社会主义的色彩或是社会主义的产物，这在劳工国际运动中表现得更明显，不以和平为目的，而以阶级斗争方式谋求驱逐作为国际公敌的资本阶级，至于后来反对战争，也因为战争是资本主义与帝国主义互相勾结的产物。从马克思作为中心人物创立国际工人协会即第一国际开始，便脱离乃至消灭劳工组合主义，宣传社会主义，支持革命，随即陷入马克思派与巴枯宁派两大势力范围的对峙，以致归于瓦解。第一国际的消亡，划分了劳工组合运动与社会主义运动的界限。此后第二国际代之而起，仍提倡阶级斗争和防止战争，其理论基础已转向伯恩施坦的"改革派社会主义"即修正主义，惟受一次大战的影响，第二国际不久寂然无闻。第三国际是苏俄革命突然成功的结果，奉行布尔什维主义，以革命和共产为目标，排斥修正派而与无政府主义革命派相联合。此举遭到战后复活的第二国际的谴责，相反提出以进化、合法和立宪手段来实现社会主义理想的和平宗旨，将各派"纯然社会主义化"；此时劳工组合运动处于独立地位，一面依托第二国际继续国际运动，一

①　国民政府财政部驻沪调查货价处编印《各国劳工运动概观》，商务印书馆1928年版，第16—28页。

面基于和平条约自行组织国际劳工会议。进入 20 世纪，劳工组合的国际运动，得到各国政府的重视，并在 1919 年的巴黎和会上编制劳工宪法和建立国际劳工机构。劳工组合运动以英国最发达且成绩显著，很早试行直接公选劳工阶级代表进入议会的代议政治，存在"以立宪的合理的方法以图解决劳工问题"和"主张直接行动而谋革命"的两派；德国社会民主党的发展以劳工组合为基础，战后经过革命掌握政权，属于特殊的例外，不必细说。英国劳动运动曾受到苏俄革命的"异常影响"，一度致力于罢工之类的直接行动，要求承认苏俄政府并准备效法苏维埃政权；通过政府方面采取措施进行劳资调节，工党方面努力纠正劳工运动的失误，最终圆满解决罢工问题，使战后劳工组合的决议和劳工运动的方向，重新回到轨道：劳工在产业上协力，共同参与劳动条件及管理的决定，切实改造产业管理的平等权及产业的民主权。英国劳工们之所以寄希望于由社会、政府及资本家来解决问题，也是因为在战争时期付出巨大牺牲却没有获得产业地位提升和生活改善而产生的觉悟。

梳理国际劳工运动史，作者无非要证明，劳工运动的发展，不仅在理论层面上无须马克思学说的指导，在实践层面上也要摆脱马克思学说的影响。其证据，虽然各国劳工运动的起步，从一开始便与社会主义运动结合在一起，并以马克思倡导创立的第一国际为其国际联合的标志，但它旨在以阶级斗争方式驱逐国际资本阶级，并不符合劳工们的实际利益，所以第一国际一瓦解，各国劳工运动便独自发展起来；第二国际的建立，后来转向以修正马克思学说为理论基础，为各国劳工运动的联手创造了新的条件，同时也促成各国独立劳工运动的国际联合趋势；第三国际是苏俄革命的产物，信奉布尔什维主义，宣扬共产革命，甚至影响到英国的劳工运动，但终究是一条错误的道路。于是，所谓劳工运动的"正路"，被说成含有以下构成要素。一则寄希望于政府、资本家和社会舆论，而不是推翻现行政府和资本制度，同时要谅解和同情劳工，不能让劳工运动放任自流而陷于危险境地。二则划清劳动运动与社会主义运动的界限，第一国际信奉马克思的阶级斗争学说固不可取，第三国际宣扬列宁的布尔什维主义更是误入歧途，苏俄革命成功是偶然事件，德国社会民主党通过革命而执政属于特殊案例，均可排除在外；第二国际的修正主义理论及其以渐进、合法、立宪方式实现社会主义理想的和平宗旨，或可成为劳工运动与之联手的基础，但仍须谋求独立的发展。三则以英国的劳工运动为效法的榜样，致力于让劳工参与产业管理，体现平等权利与民主权利；政府方面着手劳资调节，工党方面进行自我纠错，保障在立宪的合理的路径上解决劳工问题，避免革命的直接行动。这些要素，无论哪一条，都与马克思的经济理论和革命实践，格格不入。当时国内流传的有关劳动问题或劳动运动的专题著译作里，像这样完全排斥马克思经济学说的论述，也是不多见的。

### （二）《各国劳工运动史》

这本小书 148 页，林定平、邓伯粹撰述，邵元冲校阅，列入蔡元培、吴敬恒、王岫庐主编的新时代史地丛书，商务印书馆 1928 年 5 月初版。两位撰述者的情况不详，校阅者则不陌生，这是时任国民党中央执行委员会委员的政治要员，此前在马超俊 1925 年初版的专题著作《中国劳工问题》里，就看到过他的序言。当时马克思主义经济学传播于中国，有关劳动问题或劳工运动的著述，就像有关社会主义的著述一样，是重要的载体，不论持赞成、反对或中立的态度，或多或少都会提到马克思的经济学说或在后代的实践形式，如苏俄的影响。此书不同于马超俊的著作专论中国劳动问题，也不同于稍前由官方编印的《各国劳工运动概观》，译自日本人所谓批判的观察，试图排除马克思学说的观察，这是民间选择若干具有代表性的国家，论述劳工运动历史的著作。

（1）内容简介。本书 7 章，分别论述英国、美国、法国、俄国、德国、意大利和日本的劳动运动发展史。从关注马克思主义对各国劳工运动的影响角度看，值得一提者选录于下。

关于英国，首先指出，在世界史上，英国作为资本主义国家的先行者，其发达过程，最足资考证。"英国资本家之生产方法，及其生产与交换等关系，在在足为说明近世社会主义学理之实例。其资本主义之发达既最早，故其劳动阶级之发生，亦先于各国"。于是专门考察"英国劳工阶级之发生"，也就是英国近代劳工阶级即无产阶级的发生过程。接着相继考察"近代阶级斗争之发生""劳工组织之发生与初期之斗争""革命时代（一八二九——一八四二）""旧工会主义时代""新工会主义之勃兴""帝国主义时代之劳动运动"等各个阶段，随后进入"世界大战中及大战后之英国劳工运动"阶段。在这个阶段，有如下论述：

政府预料工人的不平将勃发，为图缓和起见，特设调查机关，由政府组织劳动者与资本家的代表委员会，反映劳动者对产业经营的意见；此种组织很快暴露的事实，它与其他协调机关同样的无能。劳工运动因战争的爆发，表面上一时中断，后来由于战争的继续，劳动运动又趋激烈。"一九一七年之苏俄革命，尤与英国劳工运动以绝大之影响，故此次大战，仍于产业不安之中宣告终结"。英国的劳工运动激烈到如何地步，可见当时的背景。

苏俄社会主义革命勃发，一年后，德国革命复起，欧洲大战，遂告终结。"战争渐近终结，劳工运动亦急速发展，俄国大革命后，英国劳工运动遂复战前之旧观。各国劳工运动，因战后市况之混沌，亦急激进展，全欧各国革命勃发之说，且喧腾一时，即在英国，亦不免受此影响"。从此工会会员非常态增加，同盟罢工的次数和参加的劳动者人数上升，"罢工之目的，不仅限于经济利益，如铁路及矿山罢工，均与国有问题大有关系"。1919 年初，矿工准备实行总同盟罢工，不仅主张七小时劳动制及增加三成工资，还主张"矿业界排除一切私有资本，要求劳动者管理下之矿业国有"。政府命判事委员会调查，虽保障七小时工作制及增加工资，但"对于国有问题，全行拒绝"。同年 30 万纺纱工人同盟罢工，铁路职员的罢工随之而起，交通事业参加的劳动者达 50 万人，消费合作社也竭全力援助，结果罢工获胜。1920 年矿工再起要求增加工资的运动，虽以暂定协议权解决，但终为1921 年大罢工的动因。当时劳工协会大会的常设机构委员会，忽然提出与劳动党之间密切提携与联络的运动，此项决定经 1919 年末的临时大会通过，翌年劳动党与工会的共同战线，遂告完成。"对于英政府干涉苏俄、波兰之战争问题，旋作反对之大示威运动"。全国铁路职员工会发表通牒，绝对不载运往波兰的军需品；劳动党与工会委员组织"实行委员会"，准备反对干涉俄波战争运动的一切实际行动。英国的劳工运动，战前与国际运动的关系甚少，只有总工会联合会与国际运动发生交涉。然而 1919 年"国际工会联合会"在阿姆斯特丹成立后，英国劳工协会大会随即加入，成为国际运动的主要势力。

"英国劳工运动，乘战后经济状况之繁荣，在经济斗争及议会运动上，俱作异常之进展。然罢工风潮，披靡全国，使全英资本家手足无措。而一九二〇年以后之大恐慌，复与英国产业界以空前之大打击，于是劳工运动之形势，亦大为变易"。由此进入"英国劳工运动之现势"阶段，1920 年发生的战后大恐慌，影响世界劳工运动者匪浅，"而在战后对于世界资本主义地位感受动摇之英国，影响尤巨"。英国资本阶级为了突破难关，"对于劳动阶级，势不得不取镇压政策"。1921 年的煤矿罢工失败，三角同盟破裂，由此开始资本阶级的镇压政策。迄于今日，历次罢工及种种纷争，劳工阶级多归失败。从此工资减少，时间延长，加以产业不振，失业者激增。"英国劳动阶级之状况，迥非战前可比矣。故战后英国劳工运动之状态，急激左倾，对于资本阶级，起而为激烈之抵抗，同时劳工运动内部，亦激成左右两派之对立，终使左派作有利之进展，此为英国劳工运动最近之特征"。①

当时在国内，谈到劳动问题的处理与解决，往往奉老牌资本主义国家的英国为楷模。其要旨，无非说政府出台各种措施和政策，用来调和资本家与劳动者之间的矛盾，以求和平共处并推动经济发展。但在上面的论述里，却听到了不同的声音。一则英国资本主义的发展过程，作为充足的实例，恰恰说明了社会主义的学理，印证了资本主义的生产方式及其生产与交换等关系，是产生近代劳工阶级即无产阶级的根本原因。二则英国政府为缓和工人的不满而采取的各种办法，包括成立协调机构和特设调查机关，借组织劳动者和资本家的代表委员会来反映劳动者对产业经营的意见，事实上都是无能的，并未解决劳动问题。三则苏俄社会主义革命，对英国劳工运动的影响极大，不仅促成工会组织和罢工活动的急剧增长，而且在举行罢工，主张经济利益之外，还提出排除私有资本的国有要求，甚至反对政府对苏俄的武装干涉。四则战后给予英国产业界以空前打击的大恐慌形势，引起资本阶级为挽救资本主义地位的动摇，转而对劳动阶级采取镇压政策，造成罢工的接连失败和大量失业现象，使英国劳工运动出现挫折，也导致这个运动急剧转向左倾，更为激烈地反抗资本阶级，并在运动内部形成有利于左派发展的特征。所有这些，作为案例传布开来，也为马克思主义的传播创造了有利条件。

接着论述美国、法国、德国、意大利等国的劳工运动，各有特点，不必一一列举。有关俄国的论述，因不同于其他列强，放到后面单列考察。

关于近邻日本，其劳工运动划为三个时期，前两个时期分别为1883—1894年和1895—1912年，无须赘述。第三个时期从1912年到1925年，其社会背景，因世界大战为欧洲帝国主义诸国的冲突，大战结束，各国的疲惫达于极度，"欧洲资本主义，亦入于凋落之第一步"；"日本因欧战影响，经济上及思想上，俱受一大冲动，结果助成无产阶级运动之急激的兴起"。经济方面，日本乘欧洲诸国趋全力从事战争之际，对外贸易非常发展。在海外各地扩张新销路，各国亦纷向日本定购商品货物，因此新设或扩张的公司及工场，相继而起，"使日本产业界，呈空前之盛况"。产业急激发展，日本资本阶级获利之厚，自可想见。劳工阶级因产业发展，工资虽略有增加，但与物价腾贵率相较，出入尚不相偿，生活之难，无可言状；对骤发富豪的奢靡逸乐，多抱不平，而资本家的压迫，又无所不至。"故劳资之间，

① 以上引文均见林定平、邓伯粹撰述《各国劳工运动史》，商务印书馆1928年版，第1、30—33页。

纷争频起，是亦势所必然者"。思想方面，欧洲大战爆发后，日本思想界，民主主义的思想盛行，对阀族官僚的封建传统势力，掊击不遗余力。加上大战后劳工阶级的生计不安，劳工问题也成为议论的目标，久受极端压迫的社会主义者及无政府主义者，复为言论界所欢迎。"民主主义及社会主义之议论，风动一时，新思想团体，普通选举运动，及劳工团体等，相继发生，社会运动之热情，遂充满于无产阶级间"。除此之外，"苏俄十一月大革命之成功，及德奥诸国无产阶级革命之事实，尤与日本无产阶级以非常的冲动"。1918年无产阶级妇女愤于米价暴涨，群起袭击米店的局部风潮，"忽然波及全国，酿成空前之无产阶级的暴动"。政府对于暴动，虽借军警之力镇压，但"潜伏于无产阶级内险恶之气流，已无可掩"。"劳工运动受此影响，亦急激进展，劳动纷争，层出不穷"。1919年以来，工会丛生，工会运动，顿呈盛况。欧战终止后，日本经济界险象骤生，输入超过输出，金融梗塞，恐慌之状，布满全国。工场公司的倒闭，旋踵迭起，工人的失业者日多。"故劳工纷争之目的，由增加工资，一变而为维持工资。劳工运动之根本方针，亦由理想主义的倾向，一变而为现实主义的倾向"。劳工运动的主流日本劳动总同盟，于1924年开大会，正式宣布方向转换。但因具体的政策问题，劳动总同盟内发生现实派与理想派的抗争。自此以后，双方衅隙日深，1925年，多数派的现实派开除少数派的理想派，总同盟因之分裂，日本无产阶级运动，也分为左右两派。

日本劳工运动以世界大战前后分界，此前1912年创设友爱会，"鉴于过去劳工运动之失败，故力持协调主义，因此政府及资本家之压迫甚少，会务亦得到顺利的发达"。1912年至1915年，工会运动除友爱会的活动外，其他殆无所见。自欧战勃发，日本经济界所受影响极大，因物价腾贵，同盟罢工激增，劳工阶级的生活极度不安，故除友爱社的发达与进步之外，其他组织的活动，先后出现。1919年以降，"因工会之丛兴，与劳工纷争之频发，一般思想及组织，急激变化"。友爱社的态度及方针，"为之大异"，且更名为日本劳动总同盟友爱社。此后素持协调主义的友爱社，"突现斗争的色彩，大会宣言之中，攻击资本主义之流毒，高唱工资劳动者之解放，且提出主张二十项，一反平日之协调主张"。最近劳工运动的发展，以1920年第一次举办五一劳动节为机缘，形成工会同盟会与社会主义者的大同团结，为工会向共同战线进展之始。"同时社会主义及无政府主义思潮，横溢于急进知识阶级及工会之间，因此社会主义同盟运动以起"。"工会之社会主义化，于此可见一斑。故自社会主义同盟成立之后，无产阶级之共同战线，更为扩大，社会主义者与工会之大规模的提携，于兹开始"。第三期初期的日本劳动运动，以友爱会为先驱。自1912年至1917年，实为未来工会的准备时期。1918年以来，工会运动急激发展，劳工纷争频发，罢工突然增加，友爱会八年来培养的工会运动势力，至此可谓进入成熟期。1919年及1920年间，日本工会运动不仅在数量上发展，内容亦大为充实。两年中，日本工会运动一是与国际劳工运动发生联系，二是政治行动与经济行动同时并行，三是思想的进步。"其视从来之国内的、经济偏重的、思想根底薄弱的工会运动，不能不谓为新时期的进步"。

　　日本劳工运动的现势，1921年以来，经济界的颓势仍无转机，行政整理及军备限制的结果，益使劳动阶级生计不安；政治方面的压迫及破坏，无所不至；故劳动阶级的斗争，率以防止失业及反对恶法律为标的，劳工问题的争点，亦以维持工资，改善解职恩给金，获得团体交涉权，设置工场委员会等为多。"劳工阶级汲汲于防御战争，然结果失败之处仍多"。各种罢工，"均因政府之压迫，资本家之妨止，无一不归失败。此种结果，遂使劳工运动之思想上发生重大变化，工会方面之现实派与理论派，终至正面冲突"。1919年以来，"工会内外，急进思想如工团主义，风动一时。一般急进派工人，每忘却自身工会运动，趋于社会主义运动，影响于劳工运动前途者，实为不少"。理论派得社会主义及无政府主义之助，现实派人物不得已而去职。1923年以后，工会运动益趋不利，"从来视为唯一指导精神之工团主义，至此遂为一般工会所疑视"。全国工会总联合运动失败后，工团主义的势力日衰，"一般无产阶级之运动方向，遂作第一步之转换"。开会决议"避免空漠的形式的议论，倾心于实际政策"。"'到民间去'一语，遂为日本无产阶级运动之新标语"。随着1923年激进无政府主义者被军警屠杀，"工团主义之势力扫地，工会运动方向转换之倾向益著，劳工运动，遂脱出理论偏重的倾向而实际化"。劳工运动方向转换之后，其具体的政策，向政治行动进取，积极利用国际劳工会议。劳工运动实际化之倾向，虽着着进展，但工会分裂之征兆亦同时并起，直至日本劳动运动之中心势力劳动总同盟，因开除左派工会，左派旋即另创立工会组织，遂完全分裂。"劳工运动阵营内之分解作用虽起，然无产阶级之政治运动仍作具体的进展，无产政党组织之议，甚嚣尘上"。惟1925年决定设立无产政党组织准备委员会，召开第一次纲领规约调查委员会，无端发生左右两派的对立与抗争，"遂使单一无产政党成立之前途，暗云低迷"。后来成立农民劳动党，刚一结党，警察总监即根据治安警察法，命其解散。"农民劳动党之存在，仅三小时，生命之短促，可云极矣"。要之，日本的工会运动，1921 年为"修正时代"。此后"因经济界之混乱，表面虽云沉静，实质反趋深刻"，故 1922 年及 1923 年，为"共产主义侵入工会时代"。但到 1924 年，"由反对共产主义所生之现实主义，渐见勃起"。1925 年，"左右两派之冲突，继以两派之分裂。日本无产阶级解放运动，无论经济上或政治上，俱形成左右两派"。①

以上论述日本的劳工运动，如同前面论述英国的劳工运动，对马克思主义的影响，未置一词。可是事实上仍能看到这个影响的痕迹，特别是日本基于欧战期间的独特地位，经济的迅猛发展，带来无产阶级队伍的明显壮大，以及战后随着独特优势的丧失，无产阶级遭受来自资本家和政府在经济上和政治上的双重打击，其工会组织的斗争方式，也从原来主张劳资协调主义，一变而为攻击资本主义的流毒和高唱雇佣劳动者的解放。所有这些，都为马克思主义的传播，创造了有利条件。诸如苏俄革命的成功以及德奥等国无产阶级革命的事实，对日本无产阶级产生了非同寻常的冲击；日本劳工运动，曾经出现社会主义化的倾向；日本劳工运动内部，因为社会主义等思潮的渗入，形成所谓理想主义的理论派与讲究现实的现实派之间左右两派的对立，最终导致劳工运动的分裂；等等。同时，从这些论述里，也能看到不利于马克思主义在日本劳工运动中传播的各种障碍。例如，所谓劳工运动与社会主义携手甚至社会主义化，其社会主义，往往与无政府主义或工团主义裹挟在一起，这是日本社会激进者的一个特色，与马克思主义或苏俄革命格格不入。政府对社会激进人士或激进倾向的严密监视和严厉镇压，可谓日本的另一特色，尤其对成立类似无产阶级政党的任何苗头的警觉以及任何行动的打击，成为典型案例，由此也扼杀了传播、应用和实践马克思主义的组织基础。另外，撰述者的评论，同样流露某些偏向性意见：一方面肯定日本劳工运动改变原来只着眼国内、偏重经济和思想根底薄弱的状况，加强与国际劳工运动的联系、政治行动与经济行动并行、重视思想影响，是一种进步；另一方面又对一般急进工人忘却工会运动本身的功能而趋向于社会主义运动，理想派或理论派忽略现实而崇尚空漠的形式的议论，左派引起劳工运动内部的分裂等，颇有微词。这应该也体现了对日本劳工运动的主流看法，对共产主义"侵入"工会，以及随后反对共产主义的现实主义"勃起"，持有褒贬不同的态度。据此，还可以引出进一步的分析。此前，考察马克思主义经济学在中国的

① 以上引文均见林定平、邓伯粹撰述《各国劳工运动史》，商务印书馆 1928 年版，第 137—148 页。

传播，其一大特点是借助日本知识界对马克思经济学说的翻译、阐释和研究成果，这同日本明治维新后，以更大的广度和深度向西方发达国家学习，更早进入资本主义乃至帝国主义发展阶段的背景是分不开的，加之具有所谓同文同种的近邻优势，日本便如同桥梁或中转站，在一段时间内，成为国人引进和吸引马克思主义经济学的重要甚至主要来源。然而进入 20 年代，根据上面的论述，日本自身的劳工运动和社会主义运动，跌宕起伏，虽有进步，却一直受到严格的限制，致使马克思主义的理论研究与马克思主义的实践运动逐渐脱节；在这种情况下，从马克思主义经济学传播于中国的进程看，来自日本的影响，相比来自欧美国家的影响，不论著述的数量，还是内容的质量，尽管仍保持一定的权重，但已逐步减弱，不再起到决定性的或举足轻重的作用，这也是包含劳工运动因素在内的日本国内时势之所致。

（2）俄国劳工运动史简介。考察这个历史的 5 节内容，可以分为前后两段，前段是"发生期之劳工运动""一九〇五年之革命与工会""三月革命与工会"，到 1917 年俄国二月革命（按俄历计，公历 3 月）为止；后段是"十一月革命与工会"及"新经济政策与工会"，从 1917 年俄国十月革命（按俄历计，公历 11 月）开始。下面的简介，以十月革命及以后的历史为主，这也是将俄国劳工运动史单列的理由。

二月革命，据说是有产阶级与无产阶级为打倒专制君主的共同目标，作一时之结合。推倒专制政府后，各阶级自身的利害冲突兴起，两者之间开始剧烈的斗争。"此乃历史之必然性使然"。有产阶级虽在政治上表示让步，尤其同意民主的选举权及一切自由的宣言，但对经济上的特权，丝毫不能相让。劳工阶级的要求，最初是实施八小时工作制及增加工资等，在这个范围内，劳工阶级着着成功。雇主方面，对这些要求，起初不得已而让步，不久即以解职为手段相抗，进而关闭工场，欲藉工业的解体来与劳动阶级对抗。劳动阶级，早已不能满足这部分的要求。因此，斗争的形势日烈，"减少时间及增加工资之斗争，终不得不变为资本家与劳动者执握工场支配权之斗争"。支配工场之先，首须获得国家权力，故"部分的经济斗争，更一变而为政治的斗争，部分的经济要求，结局变为国家权力之要求"。当时联合成立的临时政府，欲使资本家与工人和解，不成功，劳动阶级益激烈，工会运动遂脱离少数派（指孟什维克）及社会革命党的指导，趋于多数派（指布尔什维克）指挥之下，于是发生十月革命。[1]

---

[1]　林定平、邓伯粹撰述《各国劳工运动史》，商务印书馆 1928 年版，第 82—83 页。

俄国从二月革命到十月革命，先谈到有产阶级与无产阶级联手推翻专制君主，随后势必产生两个阶级之间的利害冲突，这是历史的必然性。此系根据欧洲国家的普遍政治实践，来谈历史的必然性。然后有产阶级与无产阶级的冲突，有产阶级对无产阶级有关民主选举权和自由宣言的政治诉求，有所让步，却决不放弃经济特权；即使满足劳工阶级关于缩短劳动时间和提高工资的部分要求，也要以解职工人、关闭工厂等手段来对抗，由此引起劳工阶级反对资本家的激烈斗争，并且从部分经济要求转向争取国家权力的政治要求；面对激烈的经济斗争，临时政府只能在资本家和工人之间进行调解。这些描述，也同欧美国家进入资本主义时代，普遍发生的工人与资本家之间的斗争历程，大同小异。然而根本的不同是，俄国在资本家与工人的和解不成后，何以发生十月革命？对此，描述者只作客观介绍，未予评论，同时透露出一个重要线索，俄国工会运动在政府调解失败后，脱离原来接受其指导的孟什维克及社会革命党，转向接受布尔什维克的指挥。可见其中的关键因素，由于布尔什维克的存在。

十月革命与工会一节说：十月革命，"初意并非欲从资本家手里，没收其一切工场，然革命实现之结果，工场主与工人之关系，适与革命前相反"。工人向工会提出的要求，如果得到工会的采纳，国家即予实施。工场主如不奉命，昔日资本家用来制裁工人的监狱，不难一变而为制裁工场主的机关。"故举过去资本家用以压迫工人之种种手段，今则一变而为压迫资本家之利器"。工会制定的工资率，由政府以法律形式公布；不遵守工会命令的雇主，以违反劳动法规论罪；抗拒不服从、一意孤行者，国家没收其产业。故十月革命，"政治上之权力，完全归于劳动阶级之手，同时经济上之实力，亦为劳工阶级所掌握，工会之权力与职责，洞非昔日可比"。

1918年1月7日至14日，第一次全俄工会大会在彼得堡召开，时距十月革命仅两个月。大会决议，承认十月革命"为无产阶级之革命，工会誓以全力拥护社会主义苏维埃政府"。并决议，"工会注全力于全国之管理与编制，以图着手恢复破坏荒废之国力"；"工会必须化为社会主义的政府之机关，服务于某产业之人员俱有加入之义务，更声明工会固有参加一切国家机关之必要"；但"以工会现在之发达程度，及不完全之现在国家组织，直将工会合并于国家机关，或独断的将国家之职责移归工会之手，实为大误"；"工会与国家机关之完全合并，乃两者密接融合作用必然之结果，工会对于工人大众，既与以管理国家机关及一切行政机关的训练，工会自必与国家机关合并"。此次大会，虽然解决不少政治上的重大问题，但对经济问题，惟承诺第三次会议之后，"确立产业类别的工会主义之原则，且使工会组织与行动统一集中之原则，更为具体化而已"。

1919年1月16日至20日［应为25日］，第二次全俄工会大会在莫斯科召开。虽然当时反动势力的白卫军，得到国际帝国主义者的暗中援助，横行于边境，阻碍乌克兰、西伯利亚、高加索等地的委员出席，但此次大会对第一次大会从理论上及原则上所决定的国家与工会的关系，根据其后一年经验，决定工会的组织及形态，更阐明产业工会的意义，决定产业类别工会的条件。其条件："对于某种产业之一切工人及使用人，不论其职务如何，须使之共同团结"；"须有中央之基金"；"须设立根据民主的集中原则之管理机关"；"由单一中央机关，决定属于其产业各种劳动之工资率与劳动条件"；"工会自上至下，须有一贯而且同一之组织"；"工会之支部，惟负技术上之补助的职分"；"对外由单一中央机关，代表属于其产业之工会工人及使用人全体之利害"；"虽非从事直接生产，而帮助生产者之人员或一时的劳动者，均须隶属于其产业之工会"。具备以上八条的工会，被认可为大会的产业类别。准此原则，无论何种产业，惟有独一的全国产业类别的工会，一个工场，只能设一个工会。譬如金属工场，凡在其工场服务的人员，不问熟练工、非熟练工、木工、事务员或专门技师，均须加入同一的金属工会。又如服务于纺纱工场的机械工人，不得另立金属工会或加入其他金属工会，须为纺织工会成员。"此种结果，工会组织之集中，自不待言"。英国全国的工会，为数200，法国80，组织最集中的德国，亦达48处之多。苏俄经第二次大会整理的结果，全国工会仅32处，第三次大会之后，更集中为23处。

1920年4月6日至13日，召开第三次全俄工会大会。此时赤军正击败反革命的白军，故边境地方，也有多数工会参加。"此次大会，为代表苏俄共和国最初之大会"。消灭白军势力后，"苏俄革命斗争之重心，乃由军事而移于经济问题之上"。故"增加生产一节，遂为一切问题之中心"。当时有三种主张，为争论的中心：由国家机关，即时收回生产管理的职责，移交工会；工会与国家机关必须合并；现在工会的组织与工人的经验，尚不能直接管理产业，而且现在劳工阶级的国家尚不完全，工场管理者易犯种种谬误，并有堕于官僚化的危险，故工会对此等问题，必须努力奋斗，须分别存立国家与工会，互相协力，互相补助。①

---

① 以上引文均见林定平、邓伯粹撰述《各国劳工运动史》，商务印书馆1928年版，第83—87页。

这一节的内容，从二月革命后工人与资本家的对抗日益激烈，工人的要求，"由消极的财产管理，更进而为积极的生产管理，终乃掌握产业"，延伸而来。十月革命后，劳动阶级获得政治上的权力，同时也掌握经济上的实力。表现为工人运用国家政权的力量，将过去资本家或工场主用来制裁和压迫工人的专政工具与手段，反过来用作制裁和压迫资本家或工场主的利器。如政府以法律形式公布工会制定的工资制度；雇主不遵从工会命令，以违反劳动法规论罪；抗拒不服从法律者，国家没收其产业等。至此，工人与工场主之间的关系，正好与革命前相反，工会的权力与职责，亦今非昔比。同时，此节一开头，便提出十月革命的所谓"初意"，并非要求从资本家手中没收一切工厂。接着以1918年初至1920年间召开的三次全俄工会代表大会为例，其重点之一，也是说明这个"初意"的沿革与变化情况。

第一次代表大会，首先承认十月革命为无产阶级革命，工会全力拥护社会主义苏维埃政府，工会致力于恢复国力的过程，必须化为社会主义的政府机关等。这个表态，典型体现了代表广大劳动阶级的工会，在布尔什维克指挥下的整体意志。此次大会召开于革命后不久，从其声明中，可以明显看到存在不同的意见。如谓现在的工会尚不发达，国家组织亦不完全，直接将工会合并于国家机关，或将国家职责独断地移归工会，实为"大误"；工会与国家机关完全合并，是两者密切融合其作用的必然结果，需要对工人群众进行管理国家机关和一切行政机关的训练，然后才能实现合并等。这里虽然说的是如何解决重大政治问题，但也暗示了解决经济问题，包括从资本家手里接管一切工场，需要训练或提高工人管理能力的初意。

第二次代表大会，在前面从理论原则上决定国家与工会关系的基础上，根据一年的经验，决定工会的组织形态，阐明产业工会的意义及成立各类别产业工会的条件。履行这些条件的结果，使苏俄的全国性工会，比起欧洲各国，具有更高的集中度。其实，这只是此次大会所确定的按生产单位建立工会的原则。除此之外，更重要的是大会以多数票通过了共产党党团提出的决议案，谴责打着工会运动"统一""独立"的旗号而把无产阶级同苏维埃国家机关对立起来的企图，"拥护这一口号的集团走上了公开反对苏维埃政权的道路，使他们自外于工人阶级的队伍"；还驳斥将国家政权的职能交给工会行使的无政府工团主义要求。另外，大会向各级工会组织提出，特别注意提高劳动生产率和加强劳动纪律的任务，建议把准确规定超定额增加报酬的计件奖励工资制作为工资制度的基础；注意组织社会保险和劳动保护以及加强工会在培养熟练技术干部方面的作用。① 从这里，不仅可以证实前面所判断的不同意见的存在，因为代表中除了布尔什维克及其同情者占大多数外，还有少数孟什维克和其他政党人士；而且可以证明，工人或工会没收资本家的工厂后接管一切管理业务，已经成为事实，否则没有必要让工会组织去注意提高劳动生产率，加强劳动纪律，实施计件奖励工资制度，组织社会保险和劳动保护等具体工厂事务。

第三次代表大会，随着革命斗争的重心从军事问题转向经济问题，以增加生产作为讨论的中心。主要争论三种主张，或者由国家机关立即收回生产管理职责并交给工会；或者工会必须与国家机关合并；或者鉴于工会组织与工人治理尚缺乏能力和经验，劳工组织的国家也不完全，直接管理工厂容易产生各种错误并有陷于官僚化的危险，故工会与国家机关须分别存立而互相协助。由此看来，当时工人或工会接管工厂一切生产管理职责，可能尚未普及，或者实施后因存在问题而产生质疑。其实，此次大会不止这三种主张，它以刚刚闭幕的俄共（布）第九次代表大会所提出的经济建设纲领为全部工作的基础，其议程除各种工作报告外，还有工会的任务、组织问题、工资政策、工人的物质生活资料的供应、工会和国民经济、国际工会运动、文化教育工作等；大会通过决议，号召苏维埃俄国的工人和全体劳动人民积极同经济破坏作斗争，立即在所有工会组织中实行严格的劳动纪律，在共产党的领导下通过工会积极吸引工人群众参加共产主义建设；大会还驳斥了孟什维克党团代表所作的主张工会独立、把工会与共产党对立起来的发言②。通过这些工作重心转向经济建设的大会议程和决议，可见当初不主张从资本家手中没收一切工厂的意见，更有可能主要来自孟什维克党团等非布尔什维克政党所代表的利益集团。这个意见不是公开维护资本家的利益，而是以工人和工人国家尚不具备直接管理工厂的能力以及由此产生的风险为理由，并且在各次代表大会中一直坚持这个理由，其特定表现形式，便是主张工会独立从而摆脱共产党对工会的领导。

本节所述，为认识苏俄革命及其政权，提供了一个以往很少触及的新的视角。从工会的角度，观察苏俄革命所建立的无产阶级专政，如何在经济领域得到贯彻执行。从政治制度看，革命一旦成功，即宣布以往资本家用来制裁和压迫工人和劳动阶级的国家机器及其手段，现在颠倒过来，成为工人和劳动阶级维护自身利益，特

---

① 参看《列宁全集》第 35 卷，注释 180，人民出版社 1985 年版，第 589 页。
② 参看《列宁全集》第 38 卷，注释 155，人民出版社 1986 年版，第 409—410 页。

别是实现工会提出的经济要求，并用来镇压一切反抗势力的利器，工会的权力与职责由此得到根本性提升。从理论原则看，工会赞成无产阶级革命，拥护社会主义苏维埃政府，乃至化为社会主义政府的机关，以便致力于恢复国力的经济建设和服务于产业工作人员，也是理所当然。然而从具体实施看，又面临许多矛盾与困难，如工会组织不发达，国家组织不完善，工会及工人的经验尚不能直接管理产业，需要国家管理能力的提高、工会与国家机关之间的密切融合、对工人群众进行管理国家机关及一切行政机关的训练、根据统一集中的原则去制定工会组织与行动的具体条件等；实际上提出了在社会经济发展相对落后的国家，实施无产阶级专政要达到其有效性，尚须一个适应、培育和发展的过程。本节的叙述，着眼于革命后本来不打算没收资本家一切工厂的初意，尚未做好接收管理的队伍与能力的准备，以及事实上劳动阶级已经掌握政治权力与经济实力的现状；如何处理二者之间的关系，便成为考察三次全俄工会代表大会的重点。从中能够看到那些争论或反对的意见，如目前无论将工会合并于国家机关，或将国家职责独断地转给工会，都是大误之举；工会与国家机关的合并，需要一个紧密融合的过程；由工人或国家直接管理产业，容易犯各种错误并有官僚化的危险；国家机关与工会必须分别存立，然后相互协力和补助；等等。这些内容，看起来只是客观介绍，实则偏重于劳动阶级掌握政权后在经济领域所遇到的困境，以及工会组织与国家机构的关系及其在管理政治经济事务中所面对的矛盾。对此，不管论者出于什么意图，毕竟为国人铺展出苏俄革命后不平坦的执政道路的一个新的方面。

接着新经济政策与工会一节说：1921年苏俄实行新经济政策，同时采用工会与国家机关分立的见解。同年5月召开全俄工会第四次大会，仍然提出"劳动阶级之经济的利益，有拥护之必要"。12月全俄工会中央委员会所决定的纲领，明白解释这个问题："在资本主义制度之下，工会运动之目标，在破坏政府之机关，与打倒阶级的政府，此乃显明之事实。然在过渡期间之无产阶级国家如苏俄者，劳动阶级一切斗争之目的，不外巩固无产阶级之实力。此种抗争，惟当对于政府之官僚化而斗争，对于政府之过失与优柔而斗争，为欲避免以资本家蟠据政府而斗争。故无论为共产党，为苏维埃政府，为工会，在无产阶级国家，用同盟罢工为斗争之武器一节，大概在无产阶级政府官僚化，或其制度尚残留昔日资本主义遗物之时而起，且惟此种地方始能容忍，即不然，亦必因工人之政治的发达尚不充分，及教养之迟缓而起。此乃不可忽略之处，且必明白告知工人者也。职是之故，某劳工团体所属之工人与劳动者政府之机关或其事业之间，生倾轧或冲突，务必迅速稳妥解决之，且对于当事的劳动者，宜与以最大限度之利益，此即工会之任务。但当事的劳动者之利益，不得与其他劳动者以不利，且必以无害劳动者政府及其经济上之经营为限。工会应布置周密，坚忍不拔，为政府之协助者。而在此政府中，由劳动阶级中阶级的自觉之前导分子，指挥政治上及经济上之一切行动。工会为学习社会主义的工业经营管理之学校，亦即劳动者大众之学校，进而言之，必为从事劳动之一切民众之学校。共产党与苏维埃机关及工会内之一切革命分子，对于工会中小资产阶级之影响与趋势之智力的斗争，更宜加倍注意。新经济政策实施之结果，多少不免助长资本主义，故更有充分注意之必要"。

根据这个决议，"工会政策大为变更，从来工会直接干预工场管理，自是之后，仅派代表参加国家机关，经此机关而行统治而已"。工会经费，一向受国家补助，第四次大会以后，工会财政，均使之独立，工会遂依会员的会费以自活。工资政策方面，废止支给物品，恢复货币工资。关于劳动条件，采取团体契约的原则。工会的内部组织，亦应新形势而变易。劳动者加入工会，根据第二次大会决议，原采强制主义，但全俄工会中央委员会决定改强制为任意。1922 年 2 月 25 日，根据新定的任意政策，决然着手改组。结果主要工业地方，无若何增减，其中知识劳动者稍微减少，但就全体而论，绝大多数旧会员加入新工会。而且这种减少，只是一时的现象，随后会员人数又在大量增加。"斗争之形势虽变，然苏俄联邦之工会，今犹继续阶级斗争。确立无产阶级独裁之第一段任务虽告完成，然于生产力极度破坏之余，欲建设社会主义的社会，不能不谓为极困难之任务"。①

本节所述，又是以往论及苏俄的著作里难得见到的内容。从工会的角度来看新经济政策的实施，提供一些新的情况。一是实行新经济政策的同时，采纳工会与国家机关分立的见解。这意味着前面几次大会期间一直争论的话题，到此有了一个着落，否定原先主张工会与国家机关合并，将工会化为政府机关，或将国家职责完全交给工会的观点。二是所谓全俄工会第四次代表大会，仍认为有必要拥护劳动阶级的经济利益。此意何解？查列宁起草的《俄共（布）中央关于全俄工会第四次代表大会共产党党团决议问题的决定草案》，原来否决大会俄共党团草案中有关工资政策的部分，强调要正确估计俄国资源、人力和资金的实际情况，"这种实际状况

---

① 以上引文均见《各国劳工运动史》，商务印书馆 1928 年版，第 88—90 页。

要求我们必须把实现我们最近目标的步子放慢一些"，不能陷于"脱离生活的幻想"；"在提高生产率的前提下，在某些企业中试行集体供应制以代替个人凭卡配给制"。这等于说维护工人的经济利益，要把企业的分配制度，与提高劳动生产率结合起来，取代原来不问生产效率的个人凭卡配给制，这也是新经济政策带来的变化。三是引述全俄工会中央委员会适应新经济政策的实施，转变工会政策而制定新纲领的有关内容。其要点如：工会运动的目标，已经由资本主义制度下破坏政府机关和打倒资本阶级的政府，转为在无产阶级国家的过渡期巩固无产阶级的实力，包括与政府的官僚化、政府的过失与优柔寡断、政府制度中的资本主义遗留物作斗争；运用同盟罢工的斗争武器，既是为了共产党、苏维埃政府和工会，也不可忽略工人在政治上的不发达和教养方面的迟缓；务必迅速稳妥地解决劳工团体与劳动者政府机关及其事业之间的倾轧或冲突，既要最大限度地维护当事人劳动者的利益，又要防止损害其他劳动者的利益以及影响政府工作及其经济运营，更要工会协助政府，由政府中劳动阶级的自觉先进分子来指挥一切政治与经济行动；工会应当成为广大劳动者以及一切从事劳动的民众，学习社会主义工业经营管理的学校；充分注意新经济政策的实施，不免助长资本主义，因此共产党与苏维埃机关以及工会内的一切革命分子，要加倍注意在思想领域同工会里小资产阶级的影响与趋势进行斗争。这份纲领的摘要，十分难得地记录了实行新经济政策，从一开始就对俄国工会运动产生了深刻影响。这不仅表现在劳动阶级夺取政权后，随着工会运动的目标从破坏和推翻资本主义政府转向巩固无产阶级政权，工会的职能、任务、斗争方式、打击对象以及与政府的关系，发生根本变化，还表现在认识俄国工人自身的缺陷，如政治上的不发达，教养的迟缓，资本主义影响向工人队伍的渗透等，因此需要劳动阶级中自觉先进分子在政治经济上的领导，需要工会协助政府的周密和坚韧布置，以及吸收广大劳动者和民众来学习社会主义的工业经营管理等。四是根据上述纲领，概述工会内外政策的一系列重大变化。如工会不再直接干预工厂管理，派代表参与国家机关的统治；工会经费由政府拨款补助，改为依靠会员会费实行财政独立；废止实物工资制，恢复货币工资制；更改劳动条件，以团体契约为原则；工会的内部组织，改变强制入会制为自愿入会制等。这些变化，虽然只限于工会的局部领域，但能够让人看到，取消战时共产主义政策而实行向社会主义过渡的新经济政策，其范围之广泛，转变之深入，影响之重大，可谓改变了整个局面。

　　对此，叙述者的评论，有独到之处。认为苏俄联邦工会的这些变化，不过是第一阶段完成确立无产阶级专政的任务后，在斗争形态上的变化，也就是继续无产阶级专政下的阶级斗争，在生产力遭到极度破坏的情况下，开始转向建设社会主义社会的新任务，这是极为困难的任务。其言外之意，奉行无产阶级专政和阶级斗争为主旨的苏俄工会组织，难以承担起恢复和提高社会生产力的社会主义建设任务。事实上，这也是当时国内观察和评论苏俄事务者比较普遍的看法，惟不如该叙述者表达得如此简明扼要。

（3）结语。以上从《各国劳工运动史》中，分别选取英国、日本和俄国三国劳动运动的有关内容，进行评介。其代表性在于，英国是老牌资本主义国家，劳工运动的发展，既具有典型意义，又能够覆盖其他欧美国家劳工运动的一般性特征；日本作为后起的资本主义国家，加之地理位置、文化传统等方面的条件，曾给中国的发展以独特的借鉴作用，它的劳工运动也在这一借鉴中，产生过相应的影响；俄国自十月革命后，劳工运动走上一条截然不同于欧美国家的发展道路，与无产阶级专政的实践相结合，更为国人所瞩目。通过这些例证，能够体会到撰述者的一些特点。

一是谈论各国的劳工运动，却看不到有关马克思学说的指导或影响方面的直接论述。这或许以客观叙述史实的线索为主，避开理论学说线索的枝蔓；或许将马克思及其学说对劳工运动的影响，主要限于各国工人的国际联合如国际工人协会方面，或以工人运动为基础的共产党组织如德国社会民主党方面，而与各国劳工运动尤其工会本身的历史，缺少联系；又或许在一本小册子里，容纳不了丰富而复杂的理论争议内容。这容易给人一个错觉，似乎各国劳工运动的发展，同马克思主义的传播没有什么关系。其实，只要仔细阅读，仍能看到马克思学说的深入影响。如英国劳工运动素来被认为是保守或调解处事的典范，但相关的论述明确指出，英国无产阶级的产生，正好证明了资本主义生产方式及其一切生产与交换关系，是造就无产阶级的原因所在的社会主义学理。从而也间接证明了，马克思学说有关资本主义社会的基本阶级矛盾的理论分析，在指导劳工运动方面的影响，已经相当普及。

二是突出苏俄革命对各国劳工运动的重大影响，由此带来的变化可以说翻天覆地。每一位历史叙述者，如果秉持客观的态度，都不会忽略苏俄革命对各国劳工运动所发挥的重要推动作用。这种推动作用，当苏俄革命以马克思学说的继承者和实践者的面貌出现时，事实上又极大地推动了马克思主义在各国劳工运动中的传播，只不过当时的表现形态，凸显为苏俄革命的影响罢了。上面有关英国和日本劳工运动的举例，都体现了这个特征，惟反映各异。共同特征是劳工运动的激进倾向或趋势，由原来重在协调或调和劳资矛盾，转向同资本阶级进行激烈的斗争，而且随着战争导致劳工阶级生活状况的恶化，斗争的激烈程度也在加强。一则在同盟罢工中公开提出取消资本私有的国有化主张，并强有力地反对本国政府对苏俄政权的武装干涉如英国；一则出现由米价暴涨而引起的全国性暴动，乃至形成劳工运动的社会主义化现象如日本。二者都受到苏俄革命的刺激或鼓舞，将本国的劳工运动，推向一个以往从未有过的新的高潮，其中也蕴含了马克思主义传播的乘势而上。尽管二者后来的发展取向不同，英国的劳工运动在政府的诱导下趋向于妥协与调和，日本的劳工运动在政府的严厉打压下被限制在一定范围内，但在那个特定的历史阶段，它们所开创的发展业绩和营造的舆论氛围，就像其他列强国内的劳工运动一样，是史无前例的。

　　三是讲述无产阶级专政初期的苏俄工会史实，披露许多不曾见过的新鲜资料。这些资料，对认识在经济发展上比较欧美列强相对落后的俄国，率先革命以践行马克思的无产阶级专政学说后，如何体现和发挥劳动阶级在经济上的领导作用，具有独特的意义。讲述的线索，始于二月革命无产阶级与有产阶级共同推翻专制君主的统治之后，两个阶级之间爆发激烈的利益冲突，劳动阶级谋求自身政治经济权利的主张，遭到享有特权的有产阶级（除了局部让步外）的根本否决，工人为了对抗资本家的阻挠，从一般的经济斗争，转向参与生产管理进而掌握产业需要获得国家权力的政治斗争；在这个斗争过程中，大多数工人脱离由孟什维克和社会革命党构成的临时政府的指导，归属布尔什维克，成为十月革命爆发的动因。接着分为两段，重点讲述工会与工厂经营管理之间的关系。前一段，讲述革命成功后，起初并未打算全部没收资本家的工厂，意即并非由工人或工会立即接管资本家的所有工厂。但工人掌握政权的现实，将过去资本家利用国家权力制裁和压迫工人的状况完全颠倒过来，出台重要的经济政策与措施，都听命于工会的意见。结果劳工阶级不仅握有政治权力，也支配经济实力，意谓事实上接管了资本家的全部工厂。为此列举全俄工会前三次代表大会的主旨，从不同侧面反映了这个演变过程。其中既有主张工会必须转化为社会主义国家的政府机关，将生产管理职责移交工会，所有产业人员必须加入工会的意见；也有主张工会的管理水平和国家的组织程度尚不发达或完善，不必将工会并入国家机关或将国家职责转移给工会，须密切二者的融合，加强工会对工人的管理培训，完善工会组织的类别条件以实现统一集中的意见；更有主张国家工会必须分立，反对工会或工人直接管理产业，否则将因经验不足和国家制度缺陷，造成工厂管理失误乃至堕入官僚化危险的意见。总之，这一段是说巩固无产阶级专政的初期，即实行战时共产主义政策时期，由工会或工人直接接手工厂的经营管理，由于既有经济条件及其管理能力水平的缺失与落后，带来各种矛盾和弊端。后一段，讲述随着苏俄斗争的重心由军事问题转移到经济问题，取消战时共产主义政策，实行新经济政策，工会政策也发生重大转变。最典型的，便是工会不再直接干预工厂管理，工会与国家机关实行分立，通过派代表参加国家机关来实现间接管理。为此引用全俄工人中央委员会的新颁纲领要点，明白解释了无产阶级国家的工会的斗争目标、任务与职责，在巩固无产阶级专政的前提下，既要同政府中的官僚化倾向和资本主义残留物作斗争，维护劳动者的利益，又要重视工人队伍中政治素质的欠缺与个人教养的落后、劳动者之间的利益冲突、同小资产阶级的影响与趋势开展思想斗争等问题，自觉接受无产阶级先进分子的领导，成为组织劳动者大众学习社会主义工业经营管理的学校。总之，这一段是说完成无产阶级专政第一阶段的任务，转向社会主义建设以期恢复遭受极度破坏的生产力后，工会退出对工厂管理的直接干预，走向协助或配合社会主义国家建设的独立发展道路；同时继续坚持阶级斗争的宗旨，包括警惕因实施新经济政策而不免助长资本主义倾向，所以恢复经济建设被认为是极度困难的任务。这里可以感受到讲述者的心境，暗喻阶级斗争与工厂经营管理是一对矛盾，继续坚持阶级斗争，工厂经济管理难以有成效。尽管如此，以上有关苏俄工会的史料，仍极为可贵。它们让国人有可能看到，苏俄在国情落后条件下进行社会主义革命与建设，已经超出了恪守马克思经济学说的理论预测所能理解的范围，需要新的理论创新；苏俄在无产阶级专政的实践中，从适应军事斗争需要的战时共产主义政策，转向以恢复和发展生产力为重心的新经济政策，这种经济领域的重大探索，亦为马克思经济学说未曾论及，需要新的实践创新。所有这些内容与思考，来自工会或劳工运动角度的观察，这在以往评介苏俄的经济著作中，很少看到，故称之为可贵。

### （三）《国际劳动组织》译本

法国皮力葛（Paul Perigord[①]）著，韦荣译，商务印书馆 1928 年版，列入经济丛书。译者 1927 年 9 月 4 日的序言称：

---

[①] 今译保罗·佩里戈，1882 年出生于法国。

"国际劳动组织"又名"国际劳工机关"，系凡尔赛和约创造出来的机关之一。它的首要目的，"提倡国际的劳工法，改善世界工人的生活"。由会员国的政府、雇主、工人三方面的代表组成，里面分作"国际劳工大会"和"国际劳工局"两部。"国际劳工大会"每年开会一次，主要任务讨论改善工人生活的办法，并表决会员提出的公约或建议书。如果是公约，通过后会员国应在相应时间内提交本国的立法机关批准，颁布必需的律例，使公约的规定发生效力；如果是建议书，会员国可以送交国会考虑，并不一定实施。"国际劳工局"办理这个组织的一切行政事务。"国际劳工大会"好比立法机关，"国际劳工局"是个行政机关，另外还有"国际永久法庭"，也可以说是"国际劳动组织"的司法机关，一切法律争执的问题，都由它解决。这个组织成立已经六年，成绩虽不能算多，因草创时代有种种障碍，然而"它的价值和重要我们是不能否认"。"它提倡国际的合作，用和平的科学的进化的方法，解决全世界劳资冲突的大问题，挽回人类经济争斗的劫运。这种努力这种精神确是可敬可佩的"。

我国也是"国际劳动组织"的会员，但"国际劳工大会"通过的公约，我国都没有实行。"首要的原因，我国是工业后进国，本国的劳动法尚没有，国际的劳工法更是谈不到了"。这几年我国劳工运动渐渐扩大，国人渐渐知道劳动问题的重要，国民党治下的国民政府现在从事编纂劳工律。"这当然是社会进步的好现象。我很希望保障工人的律例早日实现——尤其是关于保障女工童工青年工的基本律"。社会应承认劳工的尊贵和重要，破除数千年来鄙视劳工的习惯。"但是年来劳工团体纷纷成立，工人初次觉悟自己的势力，况且又有共产党从中煽动，所以提出改善待遇的条件有时未免过奢"。我国劳工运动尚在幼稚时期，缺少经验，社会应该原谅、帮助和指导劳工，决不可因此存着仇视的心；同时"劳工应该纠正这种苛求的态度，须知劳工的生活标准系一般经济情形决定出来，只靠人为的手段去提高，非特是无效并且是有害"。例如工资增加太奢，结果不是工厂关门，工人失业，就是增加一般生活代价，减少工资购买力，等于不加工资一样。中国经济情形不发展，自然因为中国是工业后进国，工业组织不完善，机械不精良，工人的技能和效能比不上工业先进国的工人，所以生产力也是比不上。除了经济原因之外，还有两个极重要的政治原因：没有关税保护，政局杌陧不安。"这两种困难是别的工业先进国所没有"。美国的劳工生活标准在全世界最高，家里有各种奢华的东西，我国许多资产阶级都赶不上。这没有什么稀奇，因为美国的经济很发达。我们中国在政治经济方面都处于种种不利的地位。现在工人的生活的确苦，然而其他阶级的生活何尝不苦？这是人所共知的事实。我们必须先致力于中国经济事业的发展，然后才可以提高劳工的生活标准和其他阶级的生活标准。若要经济发展，积极方面必须改善经济组织，增加劳工效能，消极方面要扫除障碍发展的关税束缚和内乱。我赞成把工资加到很高，赞成八小时工作制，赞成施行欧美工业先进国一切保障工人的律例，然而"在目下百业凋敝，疮痍满目的时候，这件事在经济上是办不到的"。"现在我国工会高唱入云的八小时工作制，我们须要知道在欧美尚没有一律实行"。我国现在的情形更比战后欧洲国家糟得多，但是我国的天然富源很多，"我相信如果劳资双方肯诚心合作，促进经济的发展，扫除一切障碍，那末工业先进国那些八小时工作律、社会保险律、工人补偿金律等等，将来必定可以次第实行的。到了那个时候，我们有资格去实行国际的劳工律了"。

这本书的著者皮力葛博士很熟悉国际劳动组织的情形，他是法国人，又熟悉欧洲的政局情形，曾任法国赴美高级成员团的团员，他还在美国加利福尼亚工科大学教授经济学多年，对美国的情形也很熟悉。他做这本书时，美国派往和会的劳工委员会代表帮忙很多。这本书是关于国际劳动组织的第一本英文著作，不仅把国际劳动组织叙述得很清楚，并且把国际合作的必要，劳工立法的哲理，国际劳工立法的历史，放任主义、干涉主义、社会主义三者的优劣，各国劳工运动的大势，都说得异常明了。读国际劳工立法史一章，就可以知道各国的劳工法随着本国经济发展的情形，不是一朝一夕可以办得到。现在我国研究劳动问题的人正多，所以把它译出介绍给国人。①

这本书共 10 章，分别叙述国际的政治才能，劳工是一个国际劳力，劳工立法的哲理，国际劳工立法的历史，国际劳动组织的诞生，国际劳动组织之组织法，成绩，批评和辩论，美国参加问题，结论。其译者情况不详，而他借着翻译国际劳动组织的著作所发表的一番关于中国劳工运动的议论，在基本态度和倾向上，与前述两本关注同一问题的国内编撰者，大体相同。他实际上说了两层意思，一层意思就国际劳动组织来说，虽然它的目的是改善世界工人的生活，其途径却是经由会员国政府、雇主、工人三方面的代表，通过和平的科学的进化的国际合作方法来解决全世界劳资冲突的大问题，从而避免人类经济斗争的劫运，或者说把人类从这一斗争

① 法国皮力葛著，韦荣译《国际劳动组织》，商务印书馆 1928 年版，译者"序"。

灾难中挽救回来。这里的关键，在国际组织的努力和各国政府的干预下，通过劳资合作来解决劳资冲突问题，意在排除阶级斗争的解决方式。同时在很大程度上，这又是那些经济发达的会员国才有可能实行的解决方式，既然在这些国家，尚且需要随着本国经济的发展，经历很长时间的努力方能制订和实施保障劳工利益的立法，那么它显然不适用于经济落后的国家，哪怕是会员国。另一层意思就中国劳动问题来说，实则从前一层意思引申而来，面对我国工人开始觉悟，纷纷成立劳工团体要求改善劳工待遇的局势，即使有心提高工资和缩短工时，也不能如此去做，即欧美发达国家用来解决劳资冲突的适度满足工人经济要求的调解手段，我国都不能采用。因为我国工业落后，从组织管理、机器设备到工人的技能和效率等生产力条件，都比不上工业先进国，再加上工业先进国所没有的丧失关税保护和政局动荡不安两大困难，所以提出改善工人待遇的任何条件都属于人为拔高的不切实际想法，未免过分或苛求，只会产生停工失业或减少工资购买力的有害无效影响，何况国内生活苦的不只是工人，其他阶级亦同，连资产阶级也不例外。其用意无非要纠正我国所谓幼稚期劳工运动的无理要求，让劳工接受社会的指导，配合资本家一道发展经济，期待经济发展后再同其他阶级一道提高自身的生活标准。这样以经济落后为由，从西方国家的劳资调和手段退到我国劳工应放弃自己的经济要求而努力生产，另有一个用意是把矛头指向共产党人煽动劳工起来维护自身利益。这也意味着在当时国内的政治逆转形势下，不仅抛弃联俄联共政策而转向反俄反共，还给扶助农工政策打了一个很大的折扣，使之成为继续忍耐受苦以等待未来经济发展而自然改善生活条件的空头许诺。

## 二、论述苏俄革命的著作

列举两本著作，在类似的论题下，一本官方翻译，一本民间编写，其取向有相似之处。

### （一）《苏俄新劳动法》译本

这个译本不到60页，由国民政府财政部驻沪调查货价处编辑发行，列入劳工问题丛书，商务印书馆及中华书局1928年10月初版。此前该调查货价处编印《各国劳工运动概观》，列入同一丛书。可见这个时期，劳动问题，特别是由此产生的各国劳工运动和苏俄劳动法则，同样引起我国政府有关部门的重视。译本的"凡例"，有如下说明：

其一，苏俄旧劳动法，7 章 157 条，1918 年公布施行；本篇所译，为新劳动法，17 章 191 条，系 1921 年实行新经济政策后，1922 年 11 月 9 日由全俄苏维埃中央执行委员会颁布。

其二，1921 年以前的苏俄经济政策，"乃极端国家干涉主义之表现"；新经济政策，"乃恢复放任主义之先声"。新劳动法的工资部分，"不问实际上工给之多寡，而仅规定其最低之限度"；劳工契约部分，"雇主及工人，在劳动法所规定之范围以内，俱有雇用、解雇、受雇或不受雇之自由权"；工会部分，"其权力仅及于保护工人之利益，而不及于管理方面"。"溯自新经济政策实施以来，私人资本制度，已有复活之趋势。其影响于苏俄工商业及人民生计者，盖匪浅鲜也"。

其三，苏俄新劳动法所规定的最低工资，"仅为实给工资之一种法律的制限，而不作为工人生活之保障，盖此最低工资之限度，尚在工人所必需生活费以下。实给工资，每二三倍于此数，迳由工会与雇主直接商订，为政府权力之所不及"。查苏俄 1922 年及 1923 年的平均工资，日趋高涨，几倍蓰于 1921 年工人的所得。"如以工业而论，则小工业之工资，高于大工业，大工业之工资，高于国有工业。工人工资之增高，其无所仰赖于政府之律令者，彰彰明矣"。

其四，"苏俄劳工市场及工人状况，亦因新劳动法，而生重大之变化"。新劳动法实施以前，雇主雇用工人，须经政府职业介绍所推荐，但职业介绍所介绍的工人，经常不问学识经验如何，仅就报告（申请）的先后，为推荐的顺序。工人既不能获得相当的工作，雇主也不能获得相当的工人。"劳资两方，交受其害。因之每有直接订约者，厥后沿为通例，职业介绍所之权限，日就收缩"。关于此点，新劳动法的规定，不过追认已成事实。"雇主与工人，既得在劳动法范围以内，自由直接订约，工资之高低，工作之状况，乃视供给与需要之程度而异，一仍旧社会之经济状态"。

其五，在新经济政策下，苏俄的社会保险，虽属强迫性质，其范围仅限于一部分工人。"劳工生计，既感困难，保险费用，亦多拖欠"。以 1923 年论，失业者及残废者享受保险赔偿的利益，不及最低预算的 60%；疾病保险者享受保险赔偿的利益，不及最低预算的 80%；而最低预算，又仅及平日工资之半。"是为苏俄社会保险，对于失业或疾病之保障能事，犹有未尽之明证"。"总之，欲收社会保险之效，必先振兴实业，使工人生计，不感困难，则保险款项，始得按期收集，否则皮之不存，毛将焉附。此提倡劳工保险者所宜知"。

其六，苏俄自新劳动法颁布以后，工会的权限职务，亦发生种种变化。国有企业的管理权，自 1923 年以来，皆收归政府；国有企业的董事，概由最高经济委员会指派。"工会既退处于监察地位，乃专注力于保护工人之利益。其政策方针，亦集中团体订约及协定工资两端，与政府分工合作，不可谓非苏俄实业前途之幸"。

其七，本书系转译日本浅野利三郎所译《苏俄劳动法》，校订时又取山川均的《劳农之俄国》及末川博的《苏俄民法与劳动法》诸译本，互相对照，求其信达。然谬误之处，恐仍不免，海内明达，幸赐教焉。[1]

以上七点，除最后一点注明译本参照的日译本之外，其余六点，是对苏俄新劳动法的评述。首先指出新劳动法是苏俄实施新经济政策后修改旧劳动法的产物，基本取向从极端国家干涉主义转为恢复放任主义。然后列出若干重大变化，逐一评论这种转变的主要表现形式及其意蕴。诸如工资方面，只从法律上规定最低工资的限度，并不保障工人的生活，实际工资由工会与雇主直接商定，而非仰赖政府的权力，结果工资水平随着企业从私有到非国有再到国有的性质变化，呈现由高而低的走势；劳工契约方面，改变政府职业介绍所的推荐办法，由劳资之间在劳动法范围内，自由订约，如同旧社会，根据市场供求状况，各自确定不同的工资标准和工作条件；社会保险方面，因经济困难和预算不足，无法实现对劳工失业、疾病、残疾等的强制保险，故转向先振兴实业，以为按期征收保险款项的基础；工会职权方面，退出对国有企业的直接管理而转为以监督为主，专注于保护工人利益如集体协议和商定工资，与政府分工合作；等等。这些变化，在评述者看来，有利于苏俄发展工商业和改善人民生计，是苏俄实业前途的幸事。但其着眼点，决不是以此作为向社会主义经济阶段过渡的重要探索，而是视之为苏俄脱离社会主义轨道而回归资本主义的宗旨转变，象征苏俄革命的失败。如谓苏俄新经济政策已有复活私人资本制度的趋势，重新回到旧社会以市场供求决定劳工契约的经济状态等，便是明证。这也显示苏俄经济政策的转变，当时给予中国社会的影响，无论学术界还是政府，比较普遍的认识，不是看作在马克思主义指导下，结合自身国情来探索社会主义道路的创新措施，而是看作背离或抛弃马克思主义，实施社会主义失败后不得不复活资本主义的无奈之举。

此类评述，在以前或当时的著述里，分别出现过，不足为奇。但专就苏俄新劳

---

[1] 以上引文均见国民政府财政部驻沪调查货价处编《苏俄新劳动法》，上海商务印书馆、中华书局 1928 年版，"凡例"。

动法而言，这个译本的问世，仍为国人能够真实、全面和系统地认识苏俄在劳动关系方面的新举措新思想新探索，率先提供了完整的法规文本。译本中包含"全俄中央执行委员会关于劳动法施行之命令"，以及"俄罗斯社会主义联邦'苏维埃'共和国劳动法"。根据目录，劳动法17章的题目译名，分别是"总则""雇佣及劳力之供给""俄罗斯社会主义联邦'苏维埃'共和国人民之义务劳动""团体契约""劳动契约""内部管理规则""生产额之标准""劳动之报酬""保障及赔偿""劳动时间""休假""徒弟制度""妇女及未成年人之劳动""劳动之保护""职业（产业的）组合及其机关""关于解决争议及违反劳动法规事件之裁判机关"和"社会保险"。通过这些内容，确实可以看到改变了战时共产主义时期的所谓极端国家干涉主义，但也不能说是"恢复放任主义之先声"，如列宁所说，这是采用国家资本主义方式来促进国民经济的恢复和发展。在这里，如何看待国家资本主义方式的采用，两种认识并存，一种认识如译者，认为这是复活资本主义，另一种认识如列宁，认为这是为了过渡到社会主义经济阶段。这两种认识，在我国随着苏俄革命和建设实践的推进而此消彼长，影响国人对苏俄实践与马克思主义之间关系的判断。

### （二）《俄国革命史》

杨幼炯[1]编著，上海民智书局1928年10月初版。此书与前书同月出版，同样论述俄国问题，但不同于前书仅一本小册子，正文和附录440页，洋洋大观。此书费时一载编撰而成，编著者同年6月8日在上海作了一篇长序：

"俄国革命在近代政治史上是一件重大的事变。近世革命运动的勃兴，都根源于多数人民要求'民治'而起"。"布尔谢维克党人把俄国的革命，称为社会革命的开始，其实我们若拿俄国革命实现的客观条件来观察，则俄国的革命，始终还是脱不了民主革命的范围"。俄国革命的爆发，由于人民争民族、政治、经济的平等与自由而起，因为革命运动的势力复杂，派别分歧，结果俄国革命始终停顿在混沌状态，"到了十一月革命以后，俄国的革命势力，又陷入布尔谢维克党人阶级独裁政潮之中"。俄国的政治虽然经过几度革命，"实际上不过是俄国的政权由俄皇沙

---

① 杨幼炯（1902—1973），湖南常德人；幼时留学日本，入成城学堂读兵学，1923年回国，入上海复旦大学政治系完成学业；历任《神州月报》和中央通讯社总编辑，民智书局编辑所所长，国立中央大学、上海法政大学、中国公学、暨南大学教授，中山文化教育馆研究部主任，中央政治会议专门委员，司法院法官训练所教授，建国法商学院院长，《中华日报》总主笔等职。

的专制主义,转移到布尔谢维克的阶级独裁主义,人民所希求的平等与自由,只是昙花一现而已"。俄国 1917 年三月革命后克伦斯基政府失败的遭际,"却给布尔谢维克以投机取巧的机会"。列宁当时所取的策略,"迎合当时人民的意旨,实行民主主义的革命"。当时就想拿民主革命作为控制群众,夺取政权的工具。"可知布党所以造成十一月革命的最大的原因,就全在利用当时俄国民众争民族的政治的经济的自由底狂潮,顺水推舟,夺取政权,取得一时的胜利,但是这种胜利,全是靠当时民众一时的误解,因为布尔谢维克所允许给予民众所热望的东西,只是一种手段,而民众所要求的却是一种目的,布尔谢维克便利用这种民众的误解,施用权术,以取得政权,所以布尔谢维克人在十一月革命所标榜的主义,所实行的策略,都是在'夺取政权'的一个总目标上面"。

"我们试思以一个崇奉马克思主义的列宁,向来视'民族为资产阶级的祖国'及'民族自决在社会革命时代适成为联合反革命势力的口号'底共产党,一旦牺牲反民族的信仰,而主张最相反的'民族自决'的口号,这明明是太妥协,太矛盾了,然而列宁不顾一切与各民族周旋,况且农民是共产党所认为'不革命'的,但俄国共产党偏又高唱'无产阶级与农民联合'的口号,且以与'土地国有'原则相反的'自由分配'来拉拢农民,这更是与共产主义相违背,其实'只问目的,不择手段',在布尔谢维克看来,假使能夺得政权,这是值不得顾虑的"。概括地说,十一月革命在民众希望实现他们民主主义的要求,在布党则认为是夺取政权的机会;只要能"获得民众""夺取政权",不惜采取极端相反的手段与策略,"所以布党十一月革命的内幕,就是夺取政权"。"等到夺取政权的目的达到以后,他们便采取了以前相反的政策"。列宁政府成立后,第一便觉得原来要求"和平土地自由"的农工兵群众只不过是一时的工具,不是造起一种巩固政权的中心组织,所以"他们首先造炼赤军,巩固他们的武力,准备和一切反抗的势力战斗;更施行红色恐怖,把原有的一切革命势力铲除,这样便可以使列宁政府组织强固,至于民众所要求的民族、政治、社会及经济各方面的自由,更是与前相反了"。

民族方面,"实际上俄皇统治下的各民族,仍是受苏俄的压迫"。政治方面,"所谓'独裁政治',一方面固然是'无产阶级专政',而实际上就是共产党领袖的独裁,所谓苏维埃仍不外是一种'御用制度',人民的自由意志,丝毫不能表现";"可知在列宁独裁政治之下,人民依然得不到任何政治上的自由"。经济方面,主要是农民问题。十一月革命之初,列宁政府为迎合农民当时的要求,发布"土地国有令"，没收大地主、寺院及皇家所有的土地，划归国有，由地方委员会管理，由土地委员会负责分配给农民；但是等到革命成功以后，列宁政府什么也不分给农民，并颁布设立"贫农委员会"的法令，以武力征收粮食，拿农民剩余的谷物，养活赤军，维持军需工业，这样使农民大感痛苦。"列宁政府又实行军事共产政策，采取最严厉的方法，取缔私人的资产事业，国家管理粮食分配，企图立刻废除一切旧有的法律制度"；但受欧战及革命混乱的影响，各种产业衰颓不堪，加上管理不善，技术不精，致生产能量锐减不已，加上旱灾大作，荒区蔓延，民食陷于绝境，人民生活困乏不堪。可知苏俄的革命，"由游离的纷歧的革命势力，统辖于专断的偏锋的共产党独裁政治之下"。

"布尔谢维克利用民主革命夺取政权的策略虽成功，但是他们对于社会革命的企图完全失败，列宁政府想由军事共产时期逐渐实现共产主义，但是施行未久全国即有纷扰不安的现象发生，国内经济情形，破坏已达极点"。因此，"列宁辈便不得不改变政策，依然回到国家资本主义的旧路去，而实行所谓'新经济政策'"。列宁1921年10月17日在"第二次政治教育劳动大会"（今译全俄政治教育委员会第二次代表大会）演说，解释新经济政策："我看苏维埃政府与共产党的采用新经济政策，没有人不吃惊说他们变化得太激烈，……（中略）共产主义最低程度的发达，尚不可能的一种实情，给我们一回大教训"①。由此看来，新经济政策的实施，完全是"共产主义最低程度的发达，尚不可能"的结果。

本来独裁政治的勃兴是很偶然的，俄国共产党的独裁政治原是拿专政的强制武力，镇压一时的革命势力。但是到了现在，"一方面因新经济政策施行后，共产党采取'退步'的战术，已经使无产阶级专政发生动摇；他方面因暴力专政的结果，又孕育了未来的新的革命"。"从客观方面观察，就可以知这俄国革命的狂潮，仍有爆发于来日的可能"。第一，实施新经济政策后，在无产阶级独裁或限制之下的资本主义生产，许可生产物的资本主义生产与交换，有产生新的资产阶级的危险，无产阶级与农人的关系会变为私人资本与农人的关系，"因此对于无产阶级专政的政治，根本上发生动摇"。第二，农民问题是苏俄的"致命伤"，施行新经济政策以来，苏俄政府处处对农民让步，但农民始终不信任布党；同时布党仍不肯放弃强力征收谷物的命令，以致农民至今还是与政府成对峙的局面；"若是苏俄政府对于

---

① 这段引文并不确切，其今译文参看《列宁全集》第42卷，人民出版社1987年版，第180—183页。

俄国农民问题无适当的解决，这种农民问题就可以制布党的死命"。第三，苏俄政府自十一月革命至列宁病前，可以说是列宁实行个人独裁的时期；此后苏俄政令歧出，发生混乱，斯大林（原译"斯达林"）夺取大权，排斥异己；自列宁至斯大林，"都是俄国的政治独裁者，这种独裁政治与十六世纪的寡头政治，无大差异"，其凶横武断，更与沙皇的行为，"毫无二致"，"在这种专政之下的革命势力，仍时时发动，更生新的革命运动"；"虽然这种种革命运动常被镇压下去，但孵化于独裁政治下的革命势力，日有发展，将来必有新的革命爆发之一日"。

编者撰述本书的微意，原来在国民革命高潮澎湃之下的我国民众，曾经受到俄国革命的很大影响，这种影响又全是由于民众对一般革命的感情而来。10 年来俄国实行西守东进的政策，以我国为其东方政策的中心，对于我国民间的宣传非常猛进，"遂致民众于他们的宣传而误解"；实际上他们所宣传的只是布尔什维克控制俄国革命的表面，始终不曾明了俄国革命发生的真实内情与民众对于革命的热烈要求，"遂使大家只知道俄国革命的表面，而不能得知俄国人民革命的精神"。"数年之间中国共产党受俄国布党之指导，处处就拿俄国革命的旧圈套，想笼络中国的国民革命"。斯大林断定中国现在正进行资产阶级民主主义革命，"这种论断不独曲解了中国革命的真义，同时并且抹杀了俄国革命的背景，其实中国革命的意义，完全是三民主义整个的革命理论为基础，自有其规定的革命程序，并不能容许中国共产党来曲解的，而且俄国革命的客观背景，也很显然的脱不了三民主义革命理论的范围"。据此，本书系统叙述俄国革命的经过及目前正在进展的一切现局，上篇说明俄国革命的造因及其经过，详细叙述 1905 年以来以迄 1917 年 11 月革命；中篇具体论述布尔什维克治下的苏俄政府，简明地鸟瞰俄国民族问题、政治经济制度、劳动组织、农民政策及教育制度各方面，而于苏俄 10 年来外交政策的变迁，记载尤详；下篇更加系统和具体地解剖列宁逝世后的俄国现局，与最近发生的党争内幕。材料多取自国内各种零碎的书籍或杂志及英日两国论俄的专书，不过供给俄事研究者一种参考，"略将俄国革命之真相与苏俄政府各种制度之分析，使国人对于俄国革命有明白的认识；更由他们革命历史的因缘，作我们借镜之资"。①

这篇序言，杨幼炯从一个政治学者的视角看待俄国革命史中的布尔什维克，就像稍前赵兰坪从一个经济学者的视角看待社会主义史中的布尔什维主义一样（见

---

① 以上引文除另注外，均见杨幼炯编著《俄国革命史》，民智书局 1928 年版，"序言"。

后面的考察），二人都把俄国布尔什维克执政后，被迫放弃战时（或军事）共产主义政策而采取新经济政策，以及列宁等人为此发表的论述作为重要依据，借以证明苏俄革命或布尔什维主义已经走向失败或具有被继起的新的革命推翻的危险。从理论根基上分析，赵氏认为源出于马克思主义的布尔什维主义，违背了马克思的唯物史观和激进与和平手段并举的精神，在资本主义未臻于发达阶段的落后基础上，试图通过暴力革命、恐怖政治和无产阶级专政的强制方式实现共产主义，结果发生诸多弊端不得不退而求其次；杨氏则认为崇奉马克思主义的列宁，明明知道自己的信仰所在，但为了夺取政权，不择手段使出与马克思学说相矛盾或与反马克思学说相妥协的欺瞒政治手腕，利用民主革命的机会推行一系列迎合民众对和平、土地和自由的强烈要求的作法，一旦权力到手，马上变换另一套相反的作法，并通过暴力压迫、红色恐怖和无产阶级专政的手段来强制实施，其独裁统治的凶横武断程度，比起沙皇时代有过之无不及，结果处处碰壁，反而孕育着推翻自己的新的革命。在战时共产主义被新经济政策取代的例证方面，赵氏侧重于叙述战时共产主义的内容及其失败结局，对新经济政策未多着墨，但暗示了新政策已经背离布尔什维主义的初衷；杨氏则在介绍战时共产主义失败的同时，把重点放在论证新经济政策何以必然使无产阶级专政发生动摇，何以无法改变农民对布尔什维克党的不信任以致制该党于死命，何以不断孵化与布尔什维克相对立的新的革命势力。杨氏的论证还延续到列宁去世后的斯大林时代，以示苏俄革命的穷途末路，特别是明确指出，必须纠正我国民众受苏俄革命影响的误解或曲解：一是必须认清苏俄革命决非社会革命的真相而不能受其表面影响的迷惑，不能像布尔什维克党指导下的中国共产党所宣扬的那样，将中国革命纳入苏俄革命的旧圈套；二是必须明白中国革命的理论基础和进程规定是三民主义而不是布尔什维主义，况且布尔什维克党退回到新经济政策，反倒证明苏俄革命同样不能脱离三民主义的范围，这和中国共产党的解释也是不同的。可见，为了肃清苏俄革命对中国国民的影响，杨氏之序不仅把三民主义与布尔什维主义对立起来，还把矛头指向中国共产党人。

当时国内知识界，类似这样对待苏俄革命的态度，并非个别现象，而且这种态度亦非空穴来风，往往建立在系统考察苏俄革命的历史与现实的基础上。杨氏编著此书，便是其中一例。上篇"俄国革命之造因及其经过"，其10章分别是导言，俄国革命之政治、经济与社会的背景，俄国革命之造端，三月革命之爆发，临时政府之更迭，十一月革命之始末（一、二），布党革命策略之解剖；也就是自1905年以来，经 1917 年二月革命到十月革命的历史。这段历史，对于国人中的关注者来说，并不陌生，那时国内关于苏俄论题的著述，经常有所述及，惟此书解剖布尔什维克党的革命策略，从前面的序言看，有意鄙夷其为了夺权的目的而不择手段。中篇"布党治下之苏俄"，其 10 章分别是绪论，苏俄民族问题之内幕，苏俄政治组织之特质，苏俄之经济状况与政策（一、二），苏俄劳动组合之内容及其趋势，苏俄之农民问题与政策，苏俄外交政策之变迁，苏俄东方政策之猛进，苏俄之教育制度与文化设施；也就是在布尔什维克党统治下，俄国 10 年来各方面的情况及其变化。这段历史，流行于国内的有关著述也多有论及，但重点有所不同，时限亦有长短。下篇"列宁逝世之俄国现局"，其 5 章分别是绪论，列宁逝世前后的政局，两派关于经济政策的纷争，共产党内部分裂的开展，共产党内讧的最近趋势；也就是从前述 10 年的历史中，分离出近三四年的情况。这段历史，大多为国人所未知，而且突出列宁去世后俄国共产党内的争论、分裂与内讧，别有意味。至于说佐证俄国党内争论的资料，此前 1927 年 5 月 15 日由播种社初版斯大林《论反对派》的译本，也可以作为权威依据。此外，正文还有七个附录，分别是"劳苦的与被侵夺的平民权利宣言""社会主义苏维埃共和国联邦条约及宣言""俄罗斯社会主义苏维埃共和国宪法""俄罗斯苏维埃联邦共和国劳动法典""俄罗斯社会主义苏维埃共和国土地国有法""俄罗斯社会主义苏维埃共和国婚姻婴儿登记法""俄罗斯社会主义苏维埃共和国离婚法"。这些内容，不必都与经济问题有关，但经济问题显然占有相当大的比重，并且成为编著者阐明自己态度的重要佐证。这样看来，国内一些学者对苏俄革命的成效尤其对中国共产党人效法布尔什维克党的主张持有疑义，又提出应当如何认识马克思经济学说的理论内涵及其在落后国家的实践性探索等问题，既然不是徒托空言而力求拿出事实依据，实质上仍在延续前面译本所涉及的话题，即面对同样的事实，究竟怎样去看待，看主流趋势并从中获得借鉴，还是看存在缺陷从而予以否定。这种从事实出发而产生的意见对峙或争论，同样在理论与实际的结合上，推动了国人认识马克思主义经济学的问题聚焦与思想深化。

以上四本著作，包括前两本关于劳工运动的著作，其实都与苏俄革命有关。姑且不论官方的编撰或翻译意图，对苏俄革命的现状和影响，在关注的同时保持明显的戒备之意，就是民间的著述，在客观介绍这种现状与影响之际，也对苏俄革命的性质和前景给与强烈的质疑，由此还牵连到对待中国共产党的提防态度。在这样的氛围下谈论马克思经济学说，已大不同于联俄、联共、扶助农工的政策主导时代，亦可见进入动荡时期的主流思想特征。

## 第二节　关于中国和世界经济问题的著作

这些著作例证，以国人自撰为主，当然也有翻译之作。如《近代工业社会的病理》译本，英文原名 The Acquisitive Society（今译《贪婪的社会》），塔尼（R. H. Tawney，今译托尼①）原著，吴之椿②译述，商务印书馆1928年1月初版。

托尼被称为"经济史家和社会主义哲学家"，"他的英国国教信仰是他有关财富分配的伦理学这个恒久问题具有影响的研究的核心所在"，在经济史学科"成为一个思想学派的代表，它界定这个学科是考察过去的群体和个人抵抗加诸于他们的资本主义思想和行为方式的历史"。其书"认为资本主义是一个反宗教的个人和集体行为系统，因为它是建立在基于继承或获得财富的人们之间的区别被制度化的基础之上的"；"对一个基督徒来说，这样的划分证明是，否定了所有的人都是违背上帝律法的平等孩子，在上帝眼里都是同样微小的这一真理"。③ 又被称为"英国经济史学家、社会批评家和改革家"；出版于1920年的《贪婪的社会》，"认为资本主义社会的贪得无厌是道德败坏的原动力，它使富人和穷人都受到腐蚀；在资本主义社会中，劳动不过是作为获得其他物品的手段，它已丧失其固有价值而成为苦工"④。从这些评介里，大体能够看到托尼及其著作，依据基督教社会主义来批评资本主义社会的特征。

《近代工业社会的病理》译本的出版时机，正是译者在国共合作破裂后，辞去

---

① 托尼（R. H. Tawney，1880—1962），在英国拉格比学校及牛津大学巴利奥尔学院接受教育；先后从事伦敦托因比服务所、兰开夏罗奇代尔工人教育协会的社会工作，1928—1944年任该协会主席；在牛津大学给工人学生辅导班上课，1913年在伦敦经济学院授课，1921年为经济史教授，1949年为荣誉教授；曾在许多经济部门和委员会工作，并担任一些政府机构的顾问。

② 吴之椿（1894—1971），湖北江陵人，毕业于武昌文华书院，1917年官费入美国伊利诺伊大学，1920年获文学士学位，又入哈佛大学，次年获硕士学位，后在伦敦政治研究院和法国巴黎大学深造；1922年归国，历任中州大学、武昌商科大学、中山大学教授；1926年任武汉国民政府外交部秘书兼政务处长，1927年辞职，随宋庆龄前往莫斯科，1928年取道西欧回国，任清华大学政治学系教授、系主任，兼教务长，1931年春因病辞职；翌年起至解放前，历任山东大学、武汉大学、西南联合大学、北京大学教授；新中国成立后，任北大教授，1952年任北京政法学院教授，1961年被聘为中央文史研究馆馆员。

③ 参看Tawney, Richard Henry（托尼，里查德·亨利）条目，见《新帕尔格雷夫经济学大辞典》中文版第4卷，经济科学出版社1992年版，第645页。

④ 参看Tawney, Richard Henry（托尼）条目，见《不列颠百科全书》国际中文版第16册，中国大百科全书出版社1999年版，第472页。

国民政府外交部职务，随宋庆龄、陈友仁（曾任国民政府外交部长）前往莫斯科之际。由此也可看到选择此译本，同译者信奉孙中山的联俄联共扶助农工政策，有着某种一致之处。译本分"导言""权利与职务""贪得的社会""工业主义的报应""财产与创造的事业""职务的社会""以工业为专门职业""万恶的循环""初次的条件""劳心者的地位"及"结论"11章。从译名看，"贪得"或贪婪的社会是其中一章，强调工业主义社会的特征，故译本将原著书名"贪婪的社会"，改译为"近代工业社会的病理"，应是凸现这个特征。突出近代工业社会即资本主义社会贪得无厌的病理原因，尽管同马克思经济学说的理论分析，存在很大差异，但在国人看来，既然都把矛头指向现行资本主义社会，则二者的流传，便有了可以在经济学领域互为支撑的因素。这也算是此译本被介绍到国内后，值得关注的一个原因。下面主要考察国人自撰的那些著作。

## 一、《经济地理与国际问题》

韩亮仙编著这本书，上海民智书局 1928 年 5 月初版，看似专谈地理，实则大量涉及经济问题，从中同样能够看到马克思学说以及苏俄革命的影响，可资考察这种影响在当时的渗透程度。

### （一）各类序言及凡例

先看周佛海 1928 年 1 有 20 日作于上海寓所的序言：

自产业革命以后，交通工具日渐发达，国际间的往来交易日渐频繁，国际间的经济关系日趋密接，"经济组织，遂有从国民经济，进化为世界经济的趋势"。现在无论哪个国家，如果离开世界而孤立，国民的经济生活一定不能继续维持，至少也是生活艰难而不舒适。"这种国际间的经济上的互相倚赖，就是促成国际间经济统一的一个动因。所以最近经济发展的趋势，告诉我们全世界将形成为一个经济上的单位，而成立整个的世界经济"。世界在经济上有统一的趋势，"在政治上，世界却仍继续割据的现象"。简单形容世界的政治现象，就是"世界的封建制度"。如壁垒森严的关税，争相扩张的军备，各国实行消极的防御和积极的进攻，各自割据一块土地独占为领土，还恃强凌弱，扩张自己的割据领域。这种群雄割据、列强争斗的世界制度，不仅不能使经济生活所产生的世界人类互相倚赖的客观事实，体现为主观的互相亲爱，反而促成人类的互相仇视和斗争。经济的统一与政治的分裂，是目前世界上的一种矛盾现象。怎样去解决这种矛盾现象？社会进化的原则和历史发展的经验告诉我们，"这种矛盾，必然的要趋于调和和一致的"。经济的要求，比任何要求都有力量。在经济迫切要求统一之下，政治的分裂是不能继续维持的。现在，世界经济的成立，必须会促成世界大国家的出现。

世界的封建制度破坏之后，有可能产生两种政治形式，或者说，现在促成世界大国家出现的潮流，已经明显地表现为两种形式。一种是"世界的帝国"，一个强大的国家征服世界上一切国家，以为领土，形成世界的大帝国。一种是"世界的联邦"，世界上一切民族和国家，立在平等自决的原则和地位上，组织世界的大联邦。"前者是帝国主义的要求，后者是民族主义的主张"。帝国主义也要求消灭经济统一和政治分裂的矛盾现象，也要求政治统一和经济统一同时实现。不过是以自己的民族或国家统一征服别的民族和国家，这种世界政治的统一，一定要牺牲许多民族和国家的独立自由，才能实现。"我们之所以要同时实现世界政治和经济的统一，其目的在谋全人类的幸福。如果牺牲大部分人类的独立自由，即使世界的大国家能够实现，也失却了神圣的目的。所以以帝国主义的方法，谋世界政治的统一，是我们所不能赞成，而且要极力反抗的"。民族主义在政治上主张一切民族有自决的权利，任何民族不能以任何口实，牺牲其他民族的独立与自由，一切民族都站在平等的地位，自动地联合组成世界的联邦，以谋世界政治的统一；在经济上主张世界上的一切出产和物品，应该归世界上一切人类所共享，任何民族不得据为私有，各民族各应其特殊的经济地理，实行国际的分工合作，以谋世界经济的统一。"所以只有民族主义实现以后，才能使国际间无意识的互相倚赖，进为意识的互助，国际间客观的密切关系，进为主观的友爱情谊。总而言之，只有以民族主义为基础，谋世界经济的和政治的统一，才能实现人类共存共荣的大同世界"。

客观上，究竟怎样密切国际间的经济关系？我们要明了国际间经济上互相倚赖的状态和程度，须先对世界的经济地理，有正确的认识。关于经济地理的研究，国内的出版界尚不多见。韩亮仙同志"留学苏俄，专心研究经济地理有年"。归国后，以研究所得，著为《经济地理与国际问题》一书，以经济地理的眼光，说明国际问题的内容、发生和归宿。"叙述周详，所引统计，也很正确"，预想此书一出，"对于国内的出版界，一定有很大的贡献"。①

按照此序，未料从经济地理的角度来说明国际问题，竟引出世界经济的统一趋

---

① 韩亮仙编著《经济地理与国际问题》，民智书局 1928 年版，周佛海"序"。

势必然导致世界政治的统一趋势这个偌大论题。所谓世界经济的统一趋势，指产业革命以来，随着交通工具的发达，国际往来交易的频繁和各国之间经济关系的密切，经济组织上原来自给自足或相互孤立的国民经济，现在逐渐进化为互相依赖而日趋统一的国际经济。这个说法，有点像如今称为经济全球化的早年版本，它所反映的经济现象，确实客观存在，明眼人都可以看得出来。而所谓世界政治的统一趋势，这个说法不易理解。如果说世界经济的统一势必带来世界政治的统一，从理论上看，套用经济决定政治的概念，似乎与作序者曾经钻研过马克思学说特别是唯物史观，有些关系。从实践上看，显然受到一次大战虽过去10年，其惨痛教训仍记忆犹新的影响。所谓世界政治统一的两种形式，其一为"世界的帝国"，以牺牲许多民族和国家之独立自由的征服方式来实现统一的帝国主义，是这次大战的典型形态。不过，对这种政治统一形式，作序者认为它不符合谋求全人类幸福的神圣目的，持否定的态度。那么，何以会提出"世界的联邦"的另一种形式，以各民族的平等自决为原则，自觉联合成为世界的联邦？这种政治统一形式，又被称为民族主义，其实并不确切。因为它对各民族，不仅赋予政治上的独立、自由和平等一类涵义，还赋予经济上共享一切生产物而不得私有，顺应各自特殊的经济地理条件而实行国际分工，也就是国际之间从无意识的互相依赖变为有意识的互助，从客观的密切关系变为主观的友爱情谊等涵义。这些涵义，无异于倡导在世界范围内，建立一个统一的社会主义联邦国家！如此诠释经济地理与国际问题，真让人意想不到。

这里有一个关键线索，此书的编著者曾在苏俄留学数年，意味着运用留学期间研究经济地理的心得来著书立说，自会流露出受苏联政治制度和意识形态影响的观点倾向，由此也会感染其作序者，如此序所向往的"世界的联邦"形式，便带有来自苏联的苏维埃社会主义联邦国家的色彩。周佛海时任中央陆军军官学校政治总教官、军事委员会训练总监部政治训练处处长、总司令部政治部主任等职，把握军队的政治导向是他的主要职责。看来那个时期在国民政府的政治训导中，仍保留孙中山联俄政策之余绪，故周氏作序，会出此言。至于编著者韩亮仙，周氏称其为同志，可见时为同道中人。至于韩氏返国后的具体经历，只知1946年7月31日被国民政府晋任为陆军少将，其余则不详。

另一篇是黄琴1928年1月28日作于南京的序言：

自有人类占领这大地以来，不知经过几千万年的奋斗，到了能征服一切，驾驭一切，便不客气地成为地球上的主人翁了。人类历史推演到这个阶段，谁不承认是长足的进步。但是，深察一下，"他们自有历史以来，所搬［扮］演的却是一幕茫无止境的惨剧，他们日日在相残杀着，这种日日的残杀的血，染红了他们一部繁重而富贵的历史，他们并不曾惋惜一点，惊恐一点，仍旧继续着他们的迷梦，使整个世界，坠入黑暗，得不到一些光明，他们辜负了主人翁的责任了！他们再不知急遽改途，我敢大胆的说：他们的绝境，就在眼前。到了那时，他们全部的历史，便可一页一页的扯碎下来；他们的生命，也可一笔勾销，全盘抹煞"。如果痛苦的哀音永远地跑不入我们的耳朵，那就罢了。否则，我们总会有这样的疑问："人们的行动，不该如此糊涂吧？人生的意义，也不该如此惨酷吧？此路不通，究竟有什么的路可走"？"大概现在一般觉悟者都在那里彷徨的找寻了"。友人亮仙，"算是早在那里找寻的一个人，他以他那聪敏灵敏的脑力，和奋斗凌厉的精神，时时想着替社会找条出路"，于是以其研究所得，在短促时间内，完成这部《经济地理与国际问题》的"巨著"。

他的观察以为，"现在世界经济的演进，已隐然包含着矛盾的现象，——资本主义的发展，和社会化的经济基础。——有资本主义的发展，便有掠夺，有战争，而演成各国的冲突，结果就是帝国主义的蚕食鲸吞；有社会化的经济基础，便有分工，有互助，而潜伏世界的大同，结果就是各民族的自由平等"。这部著作，"将历史和事实告诉我们的材料，用锐利的眼光，科学的方法，从繁芜纷乱中整理出来，明显的指示人们以造成这两种矛盾现象的原因，和将来人们应取的途径，同时也就［是］人类生活必然的归宿"。换句话说，"本客观观察，确知各民族在不远的将来，必能因其经济上的互相依赖性，以革命的方式，打倒帝国主义的障碍，而实现世界的大同"。

这部书的价值，"不仅在学理的充足，而且在方法的完备"。大概一种科学的著述，均应用两种研究方法。一是归纳法，"自特异的归结到一般的"；二是演绎法，"应用自一般的所得到的结论于特异的"。生活行程的繁复，使一个简单的叙述，容易变得紊乱，在互相密切关系的现象中，寻找时有时无的某种现象，时而表现得很显著，时而表现得很模糊。凡此种种，常使总合异常困难，使叙述变得复杂。在此情形下，我们必须采取另一种方法即"统计归纳法"。有此种方法，即能知道，"在数种一定的现象中，某种现象遇着多少次，表现到如何程度"。统计法固然可以"更完备更正确"叙述事实，却"不能解释事实"。每种现象，尤其经济现象，是许多复杂原因的结果，统计法不能把这些原因进行联系和分离，不能解释其中哪个更普遍或是主要的，不能告诉我们各个原因在实际上如何与其他的原因互相连合。因此，我们又必须采用"抽象分析法"。这种方法考察事实，以分析的方法，隔离并除去各种纷乱的条件，采取实验的想象的方法，使事实简单化。这部书的叙述，"完全应用以上数种方法，而为现象的真确叙述"。现象的数量的计算，以及现象的基本法则的设立，都是解释现象的；这些解释又替科学的预知，打下巩固的基础。所以单就方法而论，此书"已有存在不朽的价值"，况且又能"根据经济的事实，而为国际问题的探求，一方面暴露帝国主义的狰狞面目，一方面计划世界革命的策略，使人们更容易明了利害得失，而咸知适从"。

在寂寞的中国出版界，一般社会都感到智识的缺乏和惊慌，真有价值的著作，实在不容易寻找。亮仙这部书，"不但经济科学的研究，实且革命理论的宣传，我尤特别的认为对于唤醒人群，改造社会，有重大的贡献，所以郑重的在这里说几句话"。①

黄琴何许人也？亦不得其详。称呼韩亮仙为友人，二人关系似更密切。从评论之深入细致，尤其关于方法论部分，从评价之高度推崇，如称其人有"聪明灵敏的脑力"和"奋斗凌厉的精神"，其书为"巨著"，有"不朽的价值"和"重大的贡献"等来看，对韩著内容也更为熟稔。黄序不曾点破作者留学苏联的背景，也未曾大发有关世界政治将随世界经济的统一，最终在各民族独立、自由、平等的基础上，形成资源共享、产品公有、互助友爱的统一联邦等宏论，但抨击时势，鼓吹革命的激进程度，比起周序，有过之而无不及。

首先，把人类的历史，视为相互残杀的惨剧史和不知悔改的黑暗史，实则指愈演愈烈而引发世界大战的帝国主义而言。此序尽管未像周序那样构想出世界政治统一于帝国主义或民族主义的两种对立形式，却呼吁人类作为地球的主人翁，应承担起"急遽改途"以摆脱目前痛苦和绝境的责任。此所以序中把韩氏誉为不同于一般觉悟者的彷徨，早在寻找出路之一人，把其著誉为替社会找到一条出路的巨著，宣传革命理论，唤醒人群，改造社会。其次，认为现在世界经济的演进，包含矛盾的现象，一面资本主义的发展，以掠夺、战争并造成各国的冲突为特征，结果是帝国主义吞并世界；一面社会化的经济基础，以分工、互助并潜伏世界的大同为特征，结果是各民族的自由平等。这个叙述，比起周序所谓世界经济的统一与世界政

① 韩亮仙编著《经济地理与国际问题》，民智书局 1928 年版，黄琴"序"。

治的割据之矛盾一说，更接近于马克思关于生产的社会化和生产资料资本主义私人占有之间的矛盾，以及列宁关于帝国主义之类的理论；比起周序所谓世界政治将随着世界经济的统一趋势而统一为世界的联邦一说，更强调各民族必将顺应经济上的互相依赖性质，"以革命的方式"，打倒帝国主义的障碍和实现世界的大同。最后，夸赞韩著以方法的完备来支持学理的充足，综合使用归纳法、演绎法、统计归纳法、抽象分析法等，其目的不止通过数量分析和设立基本法则来解释真实的现象，也不止为科学的预测奠立巩固的基础，还要根据经济的事实来探求国际问题，借以暴露帝国主义的狰狞面目，筹划世界革命的策略，让人们更容易明了利害得失而知道往哪里走。

这些评述，口口声声高谈革命理论、革命方式与革命策略，其激进程度，非周序论全人类幸福和大同世界而回避革命一说，可以同日而语。不过，黄序的激进，如同周序的玄想，其施加影响的范围，并未超出打破中国出版界的寂寞或闭塞状态。也就是说，不论多么激进，无非为国内出版界增添一种新的说法，这些说法在二人序中，同中国的实际情况和需要完全脱离开来。此外，黄序根据自己的理解，把这部叙述经济地理或从经济地理角度来观察国际问题的专著，当作研究经济科学而且具有充足学理和完备方法的经济学著作。惟其没有说明相关的理由，只是强调这种经济学的理论研究，有功于唤醒人们，宣传改造社会的革命理论。

再一篇序言是编著者的自序：

现在国际上重要的问题，是民生问题，即经济问题（"民生问题包括甚广，但不得不以经济为主要原素"）。"自资本主义的经济发达到形成帝国主义时代，即要囊括世界的原料（包括人的劳动力），掠夺世界的市场，和运输物料到工业中心及很远市场去所必经的海道和陆路。因此我们欲彻底了解帝国主义的性质，必须从实际上用功研究：怎样造成和断定这个资本主义的动作的地理上的事实，所以在这一点，我人能知道越多越好"。这本小册子决不能完全包括为地理而研究的大量事实的资料和统计，它的目的，"不是叙述纯粹的地理，而是叙述地理在过去现在和经济发达的关系"。故不把地理看作研究的对象，而把地理当作研究过去和现在人类历史的一部分；运用地理事实的智识，"帮助我们了解社会经济发展的途径，以求解决人类生存的问题"。①

---

① 韩亮仙编著《经济地理与国际问题》，民智书局 1928 年版，"自序"。

看了这篇自序，才算回归此著的本意，通过研究地理上的大量事实和统计资料，认识现在国际上重要的以经济为主要元素的民生问题，核心是资本主义经济发展到帝国主义阶段，要控制和掠夺全世界的资源、市场及交通要道，如何彻底了解帝国主义的性质，以及怎样判断资本主义发展过程在地理上的形成特征。据此才算明白此著何以被看作经济学著作，因为它不是叙述纯粹的地理或以地理为研究的对象，而是通过研究过去和现在的人类历史中地理因素与经济发展的关系，有助于扩展了解社会经济发展的途径，以便解决人类生存的问题。序中自称，出于上述目的，这本小册子没有容量包括地理方面的众多事实和资料。这是实话，但所谓小册子，也达到390余页的篇幅。

最后看此书的凡例，作为编著者自序的一个补充：

其一，现在是帝国主义时代的国际问题，反映"帝国主义自身所包含的矛盾"。帝国主义也不是从天上掉下来的，"实由于经济地理的发展事实所构成"。我们要明白由帝国主义所产生的国际问题，"不可不先明白帝国主义发育的背景，——经济地理的事实"。"这种经济科学的研究，尤其是革命家所应十分注意的"。革命有"破坏与建设"两种含义，"如果不了解世界经济地理的状况，以及由这个状况所产生的种种事实问题，又安能达破坏与建设的目的呢"？所以说"这本小册子为革命而编著，亦未尝不可"。其二，本书分为上下两编，上编乃一般叙述，属于总论；下编为各别说明，属于各论。"始终一贯的方针，多生事实而少理论；且所有的理论，均由归纳事实中而推演出来，盖必如此，方不谬于科学的方法"。其三，本书材料多采自西洋书籍，惟远东集团的中国一章，多取材于中国书籍。"可惜中国的统计材料甚少，加以本人的孤陋，致最近的各种统计，均未搜得，这是本人所引为缺恨的。如得读者诸君加以指教，尤为欣幸"。其四，本书辞句均用白话，因时间关系，未仔细修饰；许多材料多出于翻译，"因译笔不很浏亮，致辞句颇多艰涩，望读者勿以辞害意为幸"。其五，本书编述耗费几4个月，并得李进为之设图，使臻完成，这是编者十分感谢的。书成乞教，又得周佛海、黄琴、邵力子①三先生为作序言，蔡子民、于右任②、何成浚③三先生及何香凝④女士为之

1920—1929 从民国著作看马克思主义经济学的传播

---

① 邵力子（1882—1967），浙江绍兴人，时任国民党中央政治会议委员、中国公学校长等职。随便指出，此书未见邵氏序言。

② 于右任（1879—1964），陕西三原人，时任国民政府审计院长、监察院长。

③ 何成浚（1882—1961），湖北随州人，时任南京国民政府军事委员会委员兼国民革命军高等顾问。

④ 何香凝（1878—1972），广东南海人，时任国民党中央执行委员会妇女部长。

题字，尤是编者所引为无限光荣的，谨志此以示不忘。①

这里有几点值得注意：一是把经济地理与国际问题联系起来，意在反映国际上帝国主义时代的内在矛盾，包含这个矛盾的帝国主义发育的背景，又建立在经济地理的事实基础上。在此没有明确说明帝国主义自身的矛盾是什么，而前面的周序和黄序，分别看到有关这个矛盾的不同表述。二是公开申明为革命而编著，只有了解世界经济地理的状况以及由此产生的种种实际问题，才能完成革命所包含的破坏与建设两个目标。这大概是黄序的评论，几乎抛开经济地理的议题而大谈革命的原因。三是一边归类于经济科学的研究，一边又说始终一贯的方针是注重事实而少谈理论，采用所谓科学的方法，从事实的归纳中推演出所有理论。黄序用不少篇幅来介绍此书的研究方法，认为方法的完备和学理的充足二者共同提升了革命理论的宣传效果，应该也是受此凡例主旨的影响。四是自称编写在资料方面大多取自西洋书籍，以自行翻译为主，却对周序里所说的留学苏俄专心研究经济地理一事，只字未提。不知是无意疏忽，还是有意回避，也不知在大量的西洋书籍中，是否包含来自苏联的资料或占有多大比重，这里留下了一个悬念。至于说书中研究中国一章，大多取材于中国书籍，但相关的统计资料很少，甚至连最近的统计资料也搜集未得，这似乎又从侧面印证了作者曾在国外留学，一回国便抓紧用将近4个月的时间着手编著，无暇于国内资料的继续搜寻。五是列举了众多为此书作序或题字的知名人士，本是常见的捧场造势之举。不过，这些人士，以新成立的南京国民政府或国民党机构中显现进步姿态的要员为主，一则表明此书确因其独特的创意而获得高层人士的瞩目，二则从他们的思想政治倾向中，也可以对此书所宣扬的革命理论，有更为深入的理解。

### （二）内容简介

上编"总论"，分4章："绪论""经济发展的四时期"（含"河面经济时期""海面经济时期""洋面经济时期""陆路经济时期"4节并附"结论"），"现代国民经济的发展"（含"国民经济的工业国际化""国际贸易之主要货物与生产区域""国际的制造区域与世界商业的发展""资本的输出与帝国主义的方式"4节并附"结论"），"国际分工与国际互相依赖"（含"概论""经济上的统一与政治的隔离""资本制度的障碍与劳动阶级的责任"3节）。下编"各论"，分6章："绪论"

---

① 韩亮仙编著《经济地理与国际问题》，民智书局1928年版，"凡例"。

"美利坚集团：北美合众国、中美和南美、加拿大"（其"结论"为"争霸世界的美利坚"），"大不列颠集团：英国、英属澳大利亚、英殖民地印度"（其"结论"为"英国富源和其国势相对的衰落"），"远东集团：中国、日本"（其"结论"为"中国革命与太平洋问题：太平洋问题的美国对华政策、太平洋问题的日本对华政策、太平洋问题的英国对华政策、太平洋问题的苏俄对华政策"），"苏联集团"（其"结论"为"俄罗斯的将来"），"法兰西集团：法国、法国殖民地及附属地、德国"（其"结论"为"称霸欧大陆的法兰西"）。最后"总结论"，包括"现代的国际问题：帝国主义理论""国际问题的斗争方式""大战后国际斗争的新形势""世界革命问题与民族国际的趋势"。

以上目录，可对全书的结构及要点，有大致的了解。再深入一些，通过个别例证，还可以体察书中的若干主旨观点。如有关中国一章，论述地理的形胜与国家的富力之后，专设"今后的中国问题与反帝国主义"一节，其中说：

根据以上考察，一方面看到，我国已大半具备农工商发展的条件，即天然的富源、广大的耕地面积、低廉的生产劳动力、便利的地理位置。另一方面又看到，我国受帝国主义的侵略和不平等条约的束缚，关税不能自立、工业专有权丧失、铁路航道被占，"致我国固有的优胜条件，不过为供给帝国主义的市场、原料、劳动力的共同殖民地，而我国农工商业，不但不能发达，以使国富增加、民生饶裕，反每况愈下，漏卮日多，国民经济，益枯竭而不可救药"。这是多么让人伤心的事。"今后的中国问题先决的条件，就是反帝国主义，——废除不平等条件，以求民族的独立自由平等"。我们应用什么方法才能达到这个目的呢？"帝国主义乃资本主义发展最高的一形式，也就是最后的一阶级"。帝国主义为继续生存，不得不解决市场问题、投资问题，"以地大物博、拥有四万万人口的我国为理想的殖民地，以肆其侵蚀剥削"；我国为了生存，"除非用革命手段，与之肉搏外，还有什么废约的运动，以求民族的独立自由呢"？中山先生通过中法战争，看见"非革命不能救国"；通过二次革命失败，看见"非反帝国主义，不能完成革命"。从经济条件上观察，我国轻工业发展时期，就是军阀崩坏时期。中山先生始终不能亲自完成国民革命的事业，"唯一的原因就是吃帝国主义的亏"。我们只要看每次革命运动，帝国主义者不但进行有形的武装干涉，还秘密提供枪械给军阀，就可以明白了。"所以中国今日唯一的问题，即是革命问题，——反帝国主义问题"。此外是经济的建设问题，振兴农工业和交通的问题。中国农民占人口80%，农业在国民经济的地位，很是重要，发展农业经济，是工商经济的基础，故"农民的解放，农业生产力求增加，为建设中国的最大问题"。其次是工业，工业经济发达的基础，为天然富源；我国富源充足，如能善于利用外资，开采得法，不及10年，工业将大大振兴；这样看来，"我国的经济建设，即是以农工业的调和发振为原则"。获取富源，发展农工业的"锁匙"，首在交通，"所以铁路河道的开筑，又为经济建设中的首要问题"。此可见中山先生《建国方略》，对发展中国实业"规划周详"的纲领。归纳以上所述，可以得出一个结论："解决今后中国问题的唯一出路，唯有革命的孙文主义"。①

至此，方能明白，所谓具有"破坏与建设"双重含义的革命，是反帝国主义，以肉搏方式开展废除不平等条约的运动，以及实现《建国方略》发展中国实业的纲领，一句话，就是"革命的孙文主义"。从这个例证中，可以体会如何将中国的经济地理与国际问题联系起来，这里的国际问题，即反帝国主义问题；也可以体会怎样把革命家的注意力与经济科学的研究联系起来，这里的经济科学，突出了帝国主义是资本主义发展的最高或最后阶段的理论。这两个涵义，在此前反对帝国主义经济侵略的多本著作里，已经出现或多次强调过。韩氏之书换成经济地理的视角并高举革命的旗帜，又为此增添了独特而炫目的色彩。另外，论述中国一章之外，下编分别论述美利坚集团、大不列颠集团和法兰西集团，再加上日本，都属于帝国主义阵营（包括集团内的殖民地或附属国），呈现出企图称霸世界、老牌帝国国势相对衰落、意欲称霸欧洲大陆、作为新帝国而跃跃欲试等不同态势，恰与遭受各帝国主义列强联手侵略而提出以反帝国主义为唯一出路的中国，形成强烈的背景对照。这个对比效果，是此书不同于当时国内同类著作的一个特点。还有一个不同的特点，把苏联集团作为独立和重要的参照对象，这也是下面引用的另一个例证。

有关苏联集团一章，论述其地理形胜、国家富力及经济分区与电气化计划之后，第4节提出俄国现在的问题如下：

"革命后的俄罗斯，乃标榜无产阶级专政、社会主义开始之工人国家；但是欲建设社会主义的经济社会，必须企图全国工业化电气化，而以经济落后的苏联（观苏联农民之众多及家庭工业在经济上的地位即可明白），加以国内外战争的破坏，帝国主义的四围封锁，在这种困难环境之中，试问他有何能力担这个责任"？

---

① 以上引文均见韩亮仙编著《经济地理与国际问题》，民智书局1928年版，第249—253页。

他们的工业计划，首先遇到的困难是缺乏资本与技术人才、熟练矿工三者。"新政策经济，不过欲维持现状，徐图发展"。消极方面节制资本，使之不能发达；积极方面统筹全国，以建立自给的经济需要。就是说，它的经济组织的计划，虽受帝国主义的封锁，也能自存；另一方面实现自足的经济计划，可减少帝国主义的市场和投资地，使其进入迅速崩坏的过程。"这一点对于我们研究新经济政策所应注意的"。实现这个经济计划，摆在面前的第一个条件，陆路交通问题。俄国的铁路，战前本来就很缺乏，战时差不多完全破坏了，加上几年的国内战争，破坏得更厉害了。现在国家的重要工作，就是恢复和扩张陆路交通。这是工业，也是农业发展的先决条件，如果俄国有很便利的交通机关，就可以养活自己了。如某一地方发生饥馑，可以用其他地方的剩余粮食来调剂。俄国要是能够把陆路交通问题完全解决，就是世界各国共同封锁，也不可能，因为它有丰足的财富。如东南两地的麦子，北方的木材，库兹巴斯（原译"顿尼次"）及西伯利亚的煤，巴库的煤油，都是俄国改造成功的钥匙。所以俄国要完成自给的国家经济所需要的计划，目前最大的问题，就是大规模地发展交通工具。①

这个分析，有几点需要指出。一是强调苏俄革命后所建立的，是无产阶级专政并以工人为主的社会主义国家。对此，书中用"标榜"一词，只作客观陈述而未持立场，似乎不愿卷入赞成与否的争论之中。同时申明苏联集团的阶级属性，既与其他的帝国主义集团区别开来，也与作者所声称的中国革命区别开来。二是充分认识到，当时苏联建设社会主义经济社会所必须完成的工业化与电气化任务，以及实施这一任务所面临的严重困境。不过，这个认识同样没有显示为支持苏联的立场，只是当作一个现成案例，看看有无可能或怎样才能摆脱困境和达到目的。当然，这个认识的背后，也潜藏着一个用意。如果经济落后的苏联能够在如此逆境中发展起来，或许能够为同样落后而且饱受列强侵略的中国，提供浴火重生的难得借鉴。三是诠释新经济政策的目的，具有独到见解。当时不少人认为，苏俄推行新经济政策，放弃社会主义经济目标，倒退到原来的资本主义经济轨道，是一个标志，证明苏俄革命的失败。这个看法在我国知识界也颇为流行。此书的考察却得出与此相反的判断：新经济政策不过改变原来的激进方式，在维持现状的缓和过程中徐图实现既定的目标，一面节制资本以约束资本主义的发展，一面为建立自给的经济体系而

① 本节引文均见韩亮仙编著《经济地理与国际问题》，民智书局 1928 年版，第 330—331 页。

统筹全国的资源与力量；一旦完成这个经济组织的计划，不但能抵制帝国主义的封锁而独立生存，还能缩小帝国主义对外扩张的市场和投资区域并致使其迅速没落。同时指出，俄国实现这个经济计划，有利条件是国内具有丰足的财富，完全可以自己养活自己，足以对付世界各国列强的共同封锁；但先决条件是要有便利的交通系统，能够在全国范围内调剂资源和促进工农业振兴，因此，大规模地恢复和扩张原本薄弱而又在经年战争中遭受严重破坏的交通工具，成为目前完成国家经济自给体系所需要的计划的最大问题。从这些诠释里，依稀可见孙中山的节制资本思想，以及《建国方略》关于中国实业计划的发展思路。从这个意义上说，此书对苏联经济地理及现在问题的考察，尽管避开政治立场上的主观选择，无意于无产阶级专政的工人国家的取向，只当作客观分析的个案之一，实际上已经渗入了相同或相似的思想倾向。也就是同类的国家，面对帝国主义封锁或侵略的经济落后国家，寻找摆脱困境和发展经济的类似出路，可以在限制资本的同时，利用国内地大物博的丰厚资源，从发展交通和工农业等实业入手，建立独立自主的国民经济体系。换言之，作者是运用反帝国主义的"革命的孙文主义"，观察、认识和借鉴苏联的案例。

第 4 节之后，第 5 节俄罗斯的将来有如下结论：

"苏维埃联邦共和国，与自治省构上的俄罗斯集团，能不能与其他集团在富源潜能上相比较呢"？实际发展上，俄罗斯比它们落后，然而富源潜能上，或者只在美国之下，其他国家都不及它。俄国的富源，只用了表面的一层，出产已经很可观了：煤油产量仅次于美国，木材居世界第一；俄国与乌克兰出产的小麦总量也仅比美国少些，1913 年还超过了美国，虽然其生产方法很原始，平均亩产只及美国的一半。获得这些富源的秘诀，仍是交通。土地气候、森林和矿产，不能造成一个大国，只能作为物质基础。俄国目前需要火车头及工业机器，所以要依靠工业比它更发达的国家来发挥它的力量。如果有一天能把交通问题解决了，它的广大面积与丰足富源，可以使它实际上与其他国家的关系隔绝。它在政治上，比较其他集团，早已密切地组织成一个单位，只要在经济上与工业上的发展战胜了从前阻止进步的天然障碍，"这些工人集团的将来，正不可限量啊"！

如果仔细观察苏俄眼下政治经济的实际状况，它们未来的危机，也实不可掩饰。一方面"因资本缺乏，所有的经济建设计划，徒托空言，不能实现"，工人失业据最近统计，有 200 万之多；另一方面"因左右派的不两立斗争，工农阶级不能坚固地联合"，"左派代表产业工人"，由托洛茨基领导，"右派代表农民及其他职工"，由布哈林、斯大林（原译"史达林"）领导，"苏维埃政权时有动摇的现象"。这样一来，苏联一旦遇到灾荒及其他意外祸患，农民生活不安，国内外的反对派乘虚而入，"俄国国家的政权，能否于最近的将来继续维持下去，实是一个可疑问题，我们姑且拭目以观其后"。[1]

这个结论，从前述苏联现在的问题，引出将来的前途，提供了以往国内涉足苏俄的著述里，很少听闻的一些资料。诸如苏联集团在各种经济资源的丰富程度方面具有仅次于美国的优势，因缺乏资本而导致工人失业的数量众多，政权内部分别代表产业工人和农民及其他职工的左右派对立等。姑且不论这些资料应有所依据，重要的是由此推论苏联的将来，颇有先见之明。一方面，在物质基础上具有广大而丰富的资源，关键是解决交通问题以充分利用和开发这些资源，在政治条件上已形成紧密的联邦关系，只待从经济和工业发展上去克服阻碍进步的天然壁垒，如此可以独立于其他国家以免各种外部牵制，前途不可限量；另一方面，面临各种政治经济的内部危机，经济上的缺乏资金导致经济建设计划无法实现和工人大量失业，政治上的派别斗争导致工农阶级的联合不能巩固，任何意外的灾害祸患，都有可能造成众多农民生活的不安并为国内外反对派提供可乘之机，动摇国家政权的维系。这个分析在当时很有见地，它的着眼点主要不是放在帝国主义的封锁等外因上，而是放在能否发挥自身优势和克服内部危机的内因上。如果不能解决问题，结果就是苏联政权的垮台，如果能够解决问题，也不讳言这个"工人集团"的将来不可限量。

### （三）"总结论"的评介

全书末尾，有关于现代国际问题的"总结论"，体现作者经过前面两编的考察之后，所要论证的基本观点，单列出来，另作评介。其内容分为帝国主义理论与现代国际问题两部分，前者为后者的引子。先介绍前一部分：

这本小书，已经把人类经过几千百年的历史，顺因经济地理的事实，怎样逐渐进入全世界的互相依赖状态，叙述了一个大概。又看到经济地理的事实构成今日世界经济的相依并存，比以前任何时代都更切要。现在全世界的政治，已被几个强大的帝国主义分割，这些帝国主义之间，为了管理那些尚未分割的土地而引起争斗，致使世界的经济利益陷于混乱和矛盾。一方面，全世界的每一部分，经济上都要依赖其他部分；他方面，全世界的各部分，政治上都分裂隔离着，各取敌对的态度。

---

[1] 本节引文均见韩亮仙编著《经济地理与国际问题》，民智书局 1928 年版，第 331—333 页。

"这样阻碍世界经济调和的发展，很明显的原因，就是帝国主义，即是大资本家集团的政策"。所以我们未讨论现代的国际问题之前，应先研究什么是帝国主义，作为讨论国际问题的一个引子。

有人说，一种主义可以扩大，便是帝国主义。如法国某大哲学家说，马克思、蒲鲁东主义都是帝国主义。像这样什么都叫做帝国主义，帝国主义就没有意义了。又有人说，帝国主义含有侵略的意义，自古就有一国侵略一国，自古就有帝国主义。这也是非常错误的。一国的侵略自然含有经济动力，罗马时代就有资本家，也有资本，它的侵略当然带有经济的动力。然而我们比较现在资本主义的侵略形式与罗马时代的侵略形式，就觉得不同了。当时罗马的经济，非常落后，完全是奴隶的生产，人民非常穷困，它为抢夺生产品以救济这种穷困，实行向外侵略政策。"帝国主义的侵略，却是经济发达，生产过剩，危机迭至，人民非常痛苦等原因，逼得他不得不向外掠夺市场，实行侵略政策"。两个侵略政策，均含有经济的意义，但是动因完全不同。一个因为太落后，欲获得生产的奴隶；一个为了经济太发达而销售生产品。所以不能说罗马时代的经济侵略，也是帝国主义。马克思主义者对帝国主义的理论，也各有不同之点，兹节录于下：

一是卢森堡的帝国主义理论。她说："资本主义是一种扩大的再生产"，要扩大再生产来购买商品，必须破坏原始经济而建设商品经济。非资本主义的生产变成资本主义的生产后，又要寻找新的非资本主义生产的地方，可惜这种地方实在太少，所以"必然的争夺殖民，以为尾闾"；每一个帝国主义得到殖民地后，"实行关税保护政策，以垄断市场"。"这种侵占殖民地的方法越利害，争夺殖民地形式越紧张，于是不但争夺没有宗祖国的殖民地，而且争夺已经霸占的殖民地，因此遂发生争夺殖民地的战争，这即是帝国主义的来源，就是资本主义的最后一个阶级"。

二是希法亭（原译"克力林"）的帝国主义理论。他的理论，完全以"财政资本"（今译金融资本，下同）为根据。他将资产阶级分成商业资本、工业资本、财政资本几部分，各部分在每个时期都有各自的作用，"到现在帝国主义时代，就是工业资本与银行资本联合，由银行资本统治的新方式，——财政资本统治的方式"。财政资本的时代，工业需要资本，向银行借债以扩充企业，以股份公司股票为抵押，故银行以股份公司的形式，统治一切企业。于是发生两个现象：第一，产生辛迪加（原译"新提加"）、托拉斯的组织形式。其原因是各企业家的实业均向银行借款来创办，如果他们各为自己的利益而互相竞争，互相倾轧，结果必有一个失败；无论哪个失败，均由银行承担损失，因此银行家必不许他们中间发生冲突，设法维持，将他们联合起来组织托拉斯或辛迪加。在这个组织下，资本益加集中在数个大公司之手。为了垄断市场，政治上采取的关税政策，不但是保护性关税政策，而且是进攻性关税政策。一方面提高关税，限制外国商品的输入；另一方面任意提高国内的商品价格，以获得高额利润，又用低廉的价格向国外市场输出商品，以与敌人竞争时求得胜利。然而各国倘若均如此做法，结果亦各蒙不利。于是第二，产生国际托拉斯组织，企图消灭世界市场的激烈竞争。如法德两国，即有这种托拉斯组织。但这种组织，又发生互争统治权的冲突，而且以各国的主力作为战争的后盾，结果惹起国际间的大战。所以"帝国主义的战争，即是财政资本统治时代引起的"。财政资本时代，还可以看到一种特别的形式，即资本的输出。资本发达的初期，只是商品的输出。到了这个时代，才特别表现出资本输出的作用（自然在商品时代，也有资本输出，但它的作用和意义，均不甚重要）。帝国主义有很多的剩余资本，本国已无投资的余地，即或勉强创办一个企业，得利亦很少；而殖民地一面需要资本，一面劳动力和原料非常便宜，"唯利是图的资本家，即争先恐后将资本输出于殖民地"。另一个原因，资本家倘由本国制造商品，运往殖民地，又买回原料再行制造，再运往殖民地，一来一往，经过许多时日，消耗许多运费，"与其投货，远不如投资的简便，而且获得极多"。资本主义国家将其资本输入某个殖民地，无论投向何种事业，结果必定要破坏该地的原有经济，"必然的引起殖民地的反抗运动"。如果不凭借武力以为后盾，它的一切事业将被破坏，所以"不得不用很残暴的武力，以压服殖民地人民的暴动，这就是财政资本帝国主义的侵略方式"。"总括起来，帝国主义是财政资本的政策"。包含银行资本投入工业，通过集合，银行资本统治了工业资本；将企业集中组成托拉斯，用关税政策包围国家，使托拉斯垄断国内市场，最后有组织国际托拉斯的倾向，以消灭世界市场的竞争；扩张领土，占领殖民地，以保证资本的输出。

三是列宁的帝国主义理论。他的定义："帝国主义即是垄断式的资本主义"。包含五个要点："银行资本与工业资本集合，形成财政资本""投资的势力，一天比一天扩大，与投货却成反比""工业集中，自由竞争被垄断代替""照经济的观点，世界已分成几块，每部分都有一定的资本势力，在那里统治""世界上再找不出新的土地，来供给资本家的开发，世界的瓜分已完"。后面三个要点，分开叙述：其一，自由竞争是资本主义进步的引导，若没有自由竞争，即没有扩大的再生产，

没有扩大的再生产，即没有资本社会里的一切文明。现在垄断日渐扩大，自由竞争逐渐减少，若到消失的一天，资本主义必将停止发展，资本社会必归于消灭。"因为在垄断时期，资本家即可安枕的任意剥削，用不着技术的进步了"。这种事实，在帝国主义时代已非常明显。如有的发明被托拉斯买去销毁了，证明资本家不愿毁弃从前一切旧的机器和技术，而改用新的发明。"所以资本主义在垄断时期，变成社会发展的障碍，而为社会的寄生虫，使社会归于消灭"。其二，现在的世界被分成几部分，每部分都有一定的资本势力在那里统治。例如战前的德国，想在美属的地方建立电业公司，美国也想在德属的地方建立电业公司，它们在竞争时发生利益的冲突，结果互不相许。这种表现，说明不同的地方已属于不同的帝国主义，"成为帝国主义的私有物了"。如果帝国主义者只守着各自占领的土地，仍可互免冲突，谁知帝国主义在发展中，它们的经济力量不同，"强者总想并吞弱者，而弱者亦想超过强者，结果遂不得不引起帝国主义者间的斗争"。其三，20世纪以前，非资本主义生产的国家还很多，帝国主义还可以自由派兵占领，并不发生很大的冲突。如果世界上像这样的土地不可胜数，帝国主义的掠夺还可以维持下去。可惜世界上有限的土地，到20世纪已被分割完了，若哪个帝国主义者要想扩大殖民地，绝没有如从前的简单派兵占领之可能，必定开始帝国主义者间的战争，如欧洲大战即其明证。另外，资本主义在发展中，常常发生新的需要，又惹起新的冲突。如橡皮最初没有多大的作用，后来发明新的技术，可以制造车轮汽管等，于是社会上产生新的需要，但橡皮不是随地皆有，没有橡皮生产的国家，设法争夺橡皮的土地，结果因争夺原料地的冲突，发生帝国主义的战争。"总之，从各方面看来，帝国主义都是一贯的争夺殖民地；从前为销售商品，现在为争夺原料，从前是和平的，现在是恐怖的；无论他争夺的形式是怎样变迁，而帝国主义者的冲突，只是一天比一天利害！帝国主义者的战争，只是一次比一次残酷"！

四是考茨基的帝国主义理论。他认为"资本主义始终是向农业国家侵略的"：资本主义尚未发展时，工业与农业是联合的，一个农民，同时也是一个工人；等到资本主义逐渐发展，农业与工业却一天一天的分离；农业经济逐渐破坏，农民的破产失业日益增加，无业的农民，一批一批出发到城市，于是城里的工人逐渐扩大，乡村的农民逐渐减少。在这种情形下，产生两个结果：农民既然一天一天的减少，农村的生产也同时减少，农产品自然跟着减少；农民既然减少，农业的消费者也就减少，即工业品的购买者减少。这两个结果又产生两种新的现象：因为农产品生产减少，社会的需要增多，于是农产品的价格高涨；工业品的生产力增加，消费者却减少，于是形成工业品的生产过剩，价格跌落，为此资本家停止生产，工人失业。工人无业，生活困苦，必激起工人暴动，使社会的秩序根本动摇，资本主义遂濒于倾覆。为免除这些危机，资本家首先要觅得销售商品的市场，其次购买贱价的农产品和原料，"唯一的出路，就是向非资本生产国家进攻，换句话说，就是掠夺殖民地"。完成进攻的目的，就要破坏殖民地的原始经济，这又必然引起殖民地的反抗，为了压迫这种反抗，就不得不用武力征服；然而征服的结果，殖民地的经济变为资本主义的生产，宗主国的资本主义亦随之破产。"所以资本主义的国家，必不肯让殖民［地］的经济自由发展，而用武力以限制之，破坏之，以维持其将死的生命，这种政策即是帝国主义"。

五是"卜比尔"的帝国主义理论。"卜氏说，帝国主义是一种工业资本的反动政策，而且肯定说是五金工业资本的反动政策，因为纺织工业（轻工业）是和平的，而五金工业（重工业）是战争的"。为什么纺织工业是和平的呢？我们知道，一种工业的存在，原料为第一条件，若缺乏原料，任何工业都不能发展。我们又知道，纺织工业的原料，不是出自一国，而是产自各地，战争爆发，交通停滞，原料的来源立即断绝，于是纺织工业将因缺乏原料而关闭；另一方面，完成的商品不能运到外国市场，本国市场亦因战争而减少一般的购买能力，必然形成生产过剩的危机，往往由减价而破产。所以纺织工业从它的经济观点来估计自身利益，"自然反对战争，主张和平"。至于重工业即五金工业主张战争，也是出于自身利益的估计。例如德法两国均预备战争，法国造一艘军舰，德国就造一门能打穿此舰的大炮，法国再造德国大炮不能洞穿的更坚固的军舰，而德国又造更猛烈的大炮，如此互竞不已，五金工业的资本家遂从中获得最大的利益。此外如飞机、轮船速度的竞争，毒气炮的竞争，以及一切战前种种设施，无一不是使五金工业获得厚利。等到大战爆发，它的利益更见伟大：第一轮赶造枪炮子弹；第二轮战争破坏得愈多，重工业的新市场愈大；第三轮战争结束，得到许多煤铁原料，如法国占据德国鲁尔地区即是证明。"总之战争的结果，只有重工业资本家得着很大的利益"，所以他们拼命地主张战争。此外五金工业的统治时代，有一种很重要的铁路政策。它的作用，一则将本国剩余的生产品输入殖民地；二则运回殖民地的廉价原料；三则在铁路沿线建设车站，各车站之间逐渐发展市场，形成城市，增加商品的销路；四则修筑铁路过程，可以促进国内五金工业的发展，如对铁轨、火车头等的需要，即其发

1920-1929 从民国著作看马克思主义经济学的传播

展的动力。这样一来，铁路的修筑，不断向殖民地发展，从中掠得很大的得益；另一方面，修路时可以藉此名义，募集股份，利用许多小资产阶级的股本，完成资本主义的侵略。至于铁路本身，有无利息或利息多少，重工业资本家已无暇顾及。铁路既有如此重大的得益，所以帝国主义者往往因争夺铁路而引起战争。总之卜氏的理论，认为"帝国主义是五金工业的一种侵略政策"。

"综合以上五氏的学说，那末我们对于帝国主义的特质，可以得到一个概念：帝国主义就是资本主义发达的最高一种形式，也就是资本主义发达的最后一个阶级"。[1]

这个引子，可以看作全书考察经济地理和讨论国际问题的理论基础。其核心问题，如何认识帝国主义的本质。其显著特点，否定那些把包括马克思主义在内的扩张性主义都视为帝国主义，或把自古以来凡出于经济动机对他国的侵略都称作帝国主义的看法，专注于现在资本主义的侵略形式，即在经济发达而导致生产过剩，危机不断而造成人民非常痛苦等条件下，势必实行对外掠夺市场的侵略政策的帝国主义；为此所引用的帝国主义理论，也清一色地出自据说各有不同观点的马克思主义。如果说此书的论述，通篇以马克思主义为理论依据，显然难以令人信服。因为书中虽然高唱反帝国主义的革命口号，并提出帝国主义是资本主义的最高或最后阶段作为理论要点，但从未明确表示信奉马克思学说，尤其谈到社会主义苏联实行无产阶级专政的工人国家性质，更是讳莫如深，只肯介绍其现状而不愿附和其宗旨。然而换个角度看，为了充实自身为革命而编著的理论根据，从各式各样的马克思主义中汲取理论滋养，则又另当别论。

引论中列举五位所谓马克思主义者的帝国主义理论，其荦荦大端，颇为醒目。可是通览之后，蓦然发现，许多内容同1927年初由武昌太平洋书店出版的《帝国主义的政策底基础》译本，非常相似。这个译本的原著是俄国学者帕夫洛维奇的讲演集，其中除了缺失卢森堡的理论外，其他四人的理论，赫然在列，而且以考茨基、希法亭和列宁三人的理论为考察重点，最后附以讲演者自己的理论即"帝国主义是组合的冶金工业的政策"。这样说来，引论中提到的第五人"卜比尔"或简称"卜氏"，应该就是帕夫洛维奇或简称帕氏。将引论所述与此译本进行比照，也存在一些不同之处。首先，增加卢森堡的理论，最先介绍。国内以往引进的理论学

[1]　以上引文均见韩亮仙编著《经济地理与国际问题》，民智书局1928年版，第375—383页。

说，不曾见卢森堡有关帝国主义理论的如此概括和完整的表述，这个介绍，可谓第一例。介绍所依据的"资本累积"理论，应出自卢氏的《资本积累论》。前面考察中国新文社 1927 年出版的卢森堡所著《新经济学》的译本，里面曾提到《资本积累论》（原译《资本的集积》）是卢氏的毕生事业。此书阐述资本主义的发展离不开非资本主义的思想，即资本主义发展到帝国主义阶段，资本积累的扩大再生产，难以单靠资本主义生产方式在其内部实现，须借助非资本主义的外部市场。类似的思想，也偶尔出现在此前国内引进的其他著作里，但未曾点明是卢森堡的思想。其次，把五人的学说一并归入马克思主义范畴，认为从不同的观点角度，概括了帝国主义的特质。但帕氏的讲演集，除卢森堡而外，判断其他几人的帝国主义理论，不只是观点上的区别，还有正确与错误的划分。主要以列宁的理论为基准，把矛头指向考茨基理论的错误；希法亭的理论作为一个过渡，既为列宁的理论提供了正确的借鉴，也在考茨基的理论那里得到了错误的引申；讲演者自己的理论，则是对马克思和列宁理论的进一步发展。也就是说，帕氏不是把几人的理论放在并列和角度有所不同的地位上，而是突出列宁的理论，贬抑考茨基的理论，中立希法亭的理论，抬高自己的理论。最后，介绍各人的理论，以简化和通俗为特征。对照帕氏的介绍，此引论不仅抹去批评的痕迹和自我吹嘘的色彩，还压缩篇幅和避开复杂的细节，力求通俗地显示各自的理论特色：有关卢森堡的理论姑且不论；有关希法亭的理论，可以说是以简化形式，显示了以金融资本理论来分析资本主义发展进入其最后阶段的要点；有关列宁的理论，突出帝国主义是垄断的资本主义这一定义及其内含的五个要点，重在论述其中三个要点，并给人留下吸收希法亭和卢森堡之理论内涵的印象；有关考茨基的理论，可见把帝国主义定义为工业资本主义民族力图愈来愈多地吞并或征服农业区域的一种政策，同时丢掉他拿来希法亭的金融资本理论，认为资本主义可能进入金融资本主义实行国际联合以共同剥削世界的"超帝国主义"新阶段的说法；有关"卜氏"即帕氏的理论，则强调帝国主义是冶金工业的一种侵略政策。总之，引论中汇集各位的理论，相信他们都是马克思主义者，从不同的角度论证或丰富了帝国主义是资本主义发展的最高即最后阶段的性质。换言之，引论的重点，不是鉴别和区分各种帝国主义理论的差异和是非，而是广泛搜罗反对帝国主义的理论来为自己的"反帝国主义"革命论寻找依据和壮大声势。既然这样的理论不可能在传统的西方经济学中找到，那就只有从笼统的马克思主义范围内去发掘。由此又可以表明，这本讨论经济地理的著作，虽说其资料多采自西洋书籍，实际上所谓的"西洋"概念，应当不乏类似帕氏讲演集那样来自苏联的资料，这也同作者留学苏俄的身份相吻合。

介绍引子之后，再看"总结论"后一部分：

经过上述所说，"彻底了解帝国主义是什么"，"现代是帝国主义时代，现代的国际问题，就是帝国主义所包含的矛盾性构成的反映了"。现代的国际问题，有三种斗争的方式。第一种斗争方式，"劳资间的冲突"。帝国主义是"在各产业国家中垄断的托辣斯，和银行及财政资本家寡头式的万能政治"，这时各国的无产阶级，如果不愿乞恩于资本家而过穷苦的生活并堕落下去，"必然用种种方法，与之争斗"。只要看看英德各产业国的工人罢工数目逐年增加，"即可证明阶级斗争的利害了"。第二种斗争方式，"帝国主义的列强，为争原料出产地及投资地，彼此间的冲突"。帝国主义是"资本向着原料出产地输出与垄断，得到这些地方的市场，并且把已经瓜分过的世界而引起的剧烈斗争"，如 1810 年的英法战争，1870年的普法战争，1904 年的日俄战争，以及前次的世界大战。"其根本的原因，无不是他们争夺殖民地、争夺霸权的结果。吾恐最近的将来，第二次世界大战，又将在太平洋中实现啊"！第三种斗争方式，"几个统治世界的帝国主义，与世界的殖民地及半殖民地民族间的冲突"。帝国主义是"无廉耻的剥削和不合人道的压迫"，在各地实行建筑铁路、制造厂和工厂，以及开辟商埠和中心地的政策，"结果遂使殖民地的工业化无产阶级的出现，民族观念的形成，而引各殖民地的民族解放运动"。1803 年印度的第一次抗英运动，1810 年南美洲各西班牙属地的叛变，1831年波兰的革命扬独立之旗，1844 年法国与摩洛哥的战争，1857 年印度人的第二次抗英运动，1882 年朝鲜人的排日风潮，1899 年英国与南非洲的战争，以及现在中国的国民革命，"何一非殖民地及被压迫国家的反抗战争，实行促短帝国主义的寿命呢"？

从大战后国际斗争的新形势看，我们欲明白战后的国际斗争，应十分注意战后所发生的三大事件："世界民族主义的觉醒，以及近东土耳其革命成功，远东中国革命潮流的高涨"；"苏联十月革命成功，以及第三国际的设立"；"帝国主义者为弭战争起见，而倡国际联盟"。国际联盟表面上标榜裁判军备，维持和平，"实际上帝国主义的列强，日日暗储军实，预备未来的世界大战"。只要看华盛顿会议后，英国开始建筑新加坡海军根据地，以及英法的航空战争计划、日美的海军战事计划，即可证明。它们的军事计划既如此，它们的外交策略又如何呢？在欧洲，英联美以制法，法又与德妥协以抗美；在近东，英助希腊以制法，法又联土耳其以抗英；在远东，美联英以抗日，日又卖好于苏联以制英美。"这种纵横捭阖政策，真算是世界的大观，也算是人类的蟊贼"。"国际联盟的真意，并不是为弭兵，并不是爱和平，不过企图减少帝国主义内部的冲突，以共同征服世界弱小民族的革命运动"；"帝国主义自身，既包含种种矛盾，必酿成种种斗争，又岂是白纸黑字所能排解？这一点，是我们留心国际问题者，所应格外注意的"。

至于苏俄十月革命成功后，"虽自命为世界革命的先锋，以扶助弱小民族为己任，然核其实际，实一赤色的帝国主义罢了：既不得逞于土耳其，乃转而侵略于中国，但观第三国际最近捣乱中国国民革命的议决案，以及中国共产党在国民政府下之种种杀人放火、作奸犯科的暴动阴谋，那末，赤色帝国主义侵略弱小民族的狰狞面目，实远出于白色帝国主义之上了"。但是，"世界民族主义既觉醒，民族争生存的革命潮流，实在具有一种不可抵抗的力量，任他白色帝国主义也好，赤色帝国主义也好，均不足以当民族主义之一击"。所以，"西方的土耳其民族革命，居然成功；东方的中国国民革命亦必于最短的时期间，从赤白帝国主义包围中而完成其历史的使命；如果世界的民族革命陆续成功，那末，在这最后阶段，仅生存于剥削弱小民族的一切帝国主义，即将逐渐灭亡了"。因此，"战后的国际斗争的新形势，变成为不可调和的两个营垒。——革命及反革命的营垒，革命的以世界无产阶级及被压迫民族为力的来源，反革命的以世界的一切帝国主义为力的来源"。

世界革命问题与民族国际的趋势综上所述，"我们已经明白，现代国际问题的纠纷，世界和平的障碍，实以帝国主义为唯一的祸源，那末赤白帝国主义这个怪东西，实是人类大不祥物了。我们为解决人类的生存起见，为发展世界的经济起见，安得不努力打倒他"。我们用什么主义，用什么方法，方能打倒它们，完成"世界革命"呢？这个问题很值得我们研究。

"马克斯研究社会进化的程序，著为唯物史观；同时即断定工业资本社会的特征，以为必然的产生两个阶级——资产阶级和无产阶级；而这两个阶级，因阶级性的利害不同，又必然为剧烈的斗争，结果是无产阶级因组织扩大而得最后的胜利，完成世界革命。所以马氏主义者的世界革命方式，是资本主义下面的阶级斗争"。资本主义下阶级斗争的出发点，乃由无产阶级被资产阶级无情的掠夺，以致生活痛苦不堪，遂起而与资产阶级做坚决的斗争。然而"现在的世界既为帝国主义时代，自然世界的土地，一定有许多殖民地与半殖民地的国家。这些国家的内部，一方面因经济落后，阶级分化尚未清楚；一方面因有许多的原料市场，供帝国主义者的剥削，以供养他们国内的无产阶级，于是产生一部分的所谓贵族工人，股东工人，他们因自己生活状况的改善，遂不愿从事于斗争了"。这样看来，全世界 12 万 5 千万人中，从事于阶级斗争的仅有最少的无产阶级，"试问这少数人的力量，怎能打倒握有世界统治权的资本主义呢"？所以，"单靠马氏阶级斗争的方法，决不能完成世界革命"。

"于是自命私淑马氏的列宁，遂弥缝其师说的短处，一方面主张阶级斗争，一方面主张民族革命。第三国际即本这意义而设立，在西方问题则取阶级斗争的方式，在东方问题则取民族革命的方式。他们以为，非东方民族革命的成功，则西方的阶级斗争不能奏效；非西方阶级斗争的牵制，则东方的民族革命也不能成功。所以有双管齐下、同时并举的世界革命策略，但他们心目中所谓民族革命，不过为阶级斗争的工具而已。可是我们考察世界的历史，并不是阶级的生存斗争史，而是民族的生存斗争史。固然各民族的内部，亦不免发生阶级斗争的状况，但是人类生存斗争的起源，实以民族为单位，而非以阶级为单位：因为人类与自然或异族斗争之时，整个民族如果不能生存，还说什么内部的阶级斗争呢？所谓'皮之不存毛将安附'？我们但观察各民族的发展史，即可证明了。列宁不明白这点，乃欲于世界革命的过程中，抹杀民族的生存性，而以各民族的民众为世界革命的牺牲品。这样一来，世界的被压迫民族的革命运动，又有什么意义呢？而且从事实上观察，第三国际，也决不能负指挥世界革命的责任：因为世界民族的经济环境既不同，他们的历史文化又各异，所以各民族革命的方策，也将因时因地而不能拘墟一式。第三国际的几个半通委员，高坐莫斯科，单凭书本上的理论，纸片上的报告，便欲指挥世界革命，真是世界的大笑话了！所以马氏知有阶级斗争，而不知有民族革命，不能完成世界革命；列氏知有民族革命，而不知尊重各民族的生存性，也不能完成民族革命，而完成世界革命"。

"只有中山先生，是集世界革命主义的大成，创设民族民权民生的三民主义"。三民主义"虽然以民族为先锋，以民权为后盾，以民生为归宿，然实在是整个的，连环性的，不可分开的"。没有民生，何需民族民权；没有民权，怎能保障民族民生；没有民族，又何能维持民权民生呢？世界的历史，既为民族的生存斗争史，所以三民主义，即"适合社会进化的定律"。试问以全民族的力量顺自然的进化而争生存，谁能抵抗呢，又怎能不完成民族革命呢？世界的被压迫民族革命成功后，世界的帝国主义者即失其生存的营养地，那时候，它们国内的无产阶级，"自然因生活痛苦所迫而整个为坚决剧烈的斗争了"。所以"帝国主义时代，世界革命问题的重心，不在阶级斗争，而在民族革命；民族革命成功的秘诀，不在牺牲各民族的利益，而在尊重各民族的生存"。"只有三民主义，才是世界革命主义的后来居上，才能解决世界革命的问题，这是中国国民党所应负的使命"。

世界革命成功后，世界经济社会的组织，又怎么样呢？"自然，世界历史的创造，既以民族争生存为原动力，世界将来的经济社会的组织，也将无疑的适合于社会进化的定律，而以民族为单位，建设民族国家，根据经济地理的事实，从事于世界的分工协作了"。至于将来"民族国际"怎样组织，方式怎样？"我们不是傻子，也不是空想家，暂且搁下不提了"。①

以上关于现代国际问题的总结，可以说是全书最具特色的部分，既有维护民族生存（尤其指被压迫民族和弱小民族）、民族革命、民族国际的精彩论述，也有抨击第三国际（即共产国际）、马克思与列宁学说的尖锐批评。主要理论依据，从前面引用所谓马克思主义有关帝国主义的各种不同理论观点而来，但又不是简单照搬这些理论来分析现代国际问题，而是按照自己的意旨，重新加工整理，由此显现出三组相互联系而选择各异的演绎推论。第一组推论，根据对帝国主义及其内含矛盾性构成的"彻底了解"，提出现代国际问题中的三种斗争方式：一为劳资之间即工人无产阶级与资本家阶级之间的冲突；二为帝国主义列强之间的冲突；三为统治世界的少数帝国主义国家与殖民地半殖民地民族之间的冲突，包括中国正在进行的国民革命，也被划入殖民地及被压迫国家的反抗战争之列，有利于缩短帝国主义的寿命。第二组推论，前三种斗争方式的演进，在一次大战后形成国际斗争的新形势，相应派生出三大事件：一为世界民族主义的觉醒，以近东土耳其革命成功和远东中国革命潮流高涨为标志，可看作第三种斗争方式的演进结果；二为俄国十月革命的成功，以成立第三国际为标志，可看作第一种斗争方式的演进结果；三为帝国主义列强以战胜国为主，在巴黎和会期间谋求消除战争，以建立国际联盟为标志，可看作第二种斗争方式的演进结果。经过前面两组推论的铺垫，第三组推论，实际上对上述解决国际问题的三种斗争方式及其演进结果的三大事件，作出最终的选择，这也是总结论的核心观点。

———————————

① 以上引文均见韩亮仙编著《经济地理与国际问题》，民智书局 1928 年版，第 383—390 页。

首先被排除在外的，是帝国主义列强建立国际联盟，以求消弭相互之间的冲突。其理由来自对帝国主义本性的理论说明：既然帝国主义是资本控制和垄断原料产地、瓜分世界、争夺殖民地和世界霸权的产物，不可能改变这个本性；不仅第一次世界大战的根本原因在于此，恐怕不久的将来，又会在太平洋出现第二次世界大战。这个预见非常准确，预见的理论基础，便是马克思主义的帝国主义论。何以强调太平洋，大概认为一次大战的主战场在欧洲，未来二次大战的争夺区域，应主要在产生新兴帝国主义强国和具有广大待瓜分领地的太平洋地区。至于说到新建立的国际联盟，观察也很深刻：表面上标榜裁减军备和维持和平，实际上暗中做足军事准备以待新的世界大战；企图减少帝国主义内部的冲突，共同征服世界上弱小民族的革命运动，实属人类的蟊贼；国际联盟的白纸黑字，终究掩盖不了帝国主义自身所包含的种种矛盾及其必然酿成的种种斗争。

其次被质疑的，是苏俄革命成功后，宣称以扶助弱小民族为己任，自命为世界革命的先锋。这个质疑，初看有些令人疑惑。前面说到劳资之间的冲突，曾经肯定在帝国主义时代，各产业发达国家的无产阶级，面对垄断的托拉斯和银行及金融资本家寡头式的万能政治，如果不愿乞求资本家的恩典而继续穷苦的生活并堕落下去，必然用种种方法开展阶级斗争；说到苏联的经济地理，还评论这个工人集团如能克服自身的困难，其前途不可限量。那么，苏联谋求进一步的世界革命，作为劳资之间斗争方式的革命成果，为何受到质疑呢？这正是总结论中最着力的地方，也是其主旨观点得以成立的关键之举。为此所作的论证，值得注意的有三个维度。第一个维度站在国民党的立场上观察问题，认为苏联建立第三国际，在世界范围内扶植和联合各国的共产党，作出决议扰乱中国的国民革命，纵容中国共产党在国民政府的眼皮底下从事暴动阴谋，无异于侵略中国。这同 1927 年四一二政变后，国民党整体的反共立场，也是一致的。第二个维度站在被压迫民族或弱小民族的立场上观察问题，认为中国属于这一民族类型，中国的国民革命，如同土耳其的民族革命，体现了世界民族主义觉醒、民族争生存的革命潮流，这个潮流不可抵制；而苏联对中国的所作所为，暴露了它侵略弱小民族的狰狞面目，更远在白色帝国主义之上，故称之为赤色帝国主义。这个谴责，固然同政变后国民党政府抛弃联俄联共扶助农工的政策有关，但也反映出苏联当时所奉行的某些观念和作法，与中国在国家或民族利益上的摩擦和冲突，以及国内反对帝国主义侵略的民族主义思潮的兴起。这些因素结合在一起，于是总结论表达反帝国主义的概念，除了针对老牌帝国主义列强的传统涵义之外，还率先把苏联也纳入帝国主义的新涵义之内，前者为白色帝国主义，后者为赤色帝国主义，而且在论者看来，赤色帝国主义给中国带来的危险，甚至远远超过白色帝国主义。这是一个令人惊诧的结论，很难相信出自一个留学苏俄的人之口，倒像是在积极迎合政变后的国民党政府的政治导向。其结果，他分析战后国际斗争的新形势，所谓变成不可调和的革命与反革命两个营垒，即革命营垒以世界无产阶级及被压迫民族为力量的来源，反革命营垒以世界一切帝国主义为力量的来源；这个说法的实质，在于突出"赤白"两种帝国主义，都属于反革命营垒的怪东西，都处于靠剥削弱小民族而生存并即将逐渐灭亡的最后阶段，都是世界和平的障碍、唯一祸源和人类的大不祥物，因此也都是中国国民革命完成其历史使命，世界民族革命陆续成功所要突破的包围圈，是解决人类生存、发展世界经济所要努力打倒的对象。总之，不仅否定苏联作为世界革命旗手的领导地位，而且将苏联放在中国革命和世界革命的对立面，归类于帝国主义范畴，这就是前两个维度观察的结论。

由此又引出第三个维度的观察，用什么样的主义和方法，方能打倒赤白帝国主义而完成世界革命，实际上继续质疑苏联所依据的马克思列宁主义的理论基础。关于马克思学说，根据唯物史观的社会进化论，断定工业资本社会的特征是必然产生资产阶级和无产阶级；这两个阶级由于阶级利害不同，又必然产生斗争，结果无产阶级因为组织上的扩大而获得最后胜利，从而完成世界革命。对此，质疑者认为，马克思以资本主义下面的阶级斗争作为世界革命的方式，出发点是无产阶级受到资产阶级的无情掠夺，生活痛苦不堪，于是起来同资产阶级作坚决斗争。然而现在世界进入帝国主义时代，存在许多殖民地与半殖民地的国家，这些国家经济落后，内部尚未清晰阶级分化，其原料市场又通过帝国主义者的剥削，用来供养帝国主义国家的无产阶级，于是产生一部分工人贵族或工人股东，他们由于生活状况得到改善，不愿再从事斗争；这样在全世界的人口中，从事阶级斗争的仅有极少数无产阶级，以他们的力量，根本不可能打倒拥有世界统治权的资本主义；所以单靠马克思的阶级斗争方法，决不能完成世界革命。换言之，马克思的阶级斗争学说只是资本主义时代的产物，到了帝国主义时代，这个学说不再适用了，因为无产阶级也能从本国帝国主义者对大量殖民地与半殖民地的剥削中获益，从而削弱了阶级斗争的力量。类似的理由，在以前的著作里也看到过，但一般用于反驳马克思有关无产阶级贫困化的理论，像这样用来证明世界革命不能单靠帝国主义国家无产阶级的阶级斗争，还要靠被压迫民族的解放运动的说法，还不曾见过。由此也可以理解，此书口口声声谈论革命，而在总结论之前的大量篇幅里，对马克思学说却只字不提，看来是当作过时的学说丢弃了。

关于列宁学说，据称自命为马克思学说的继承者，试图弥补马克思学说的短处，又主张阶级斗争和民族革命；这也是列宁成立第三国际的本意：解决西方问题采取阶级斗争方式，解决东方问题采取民族革命方式；没有东方民族革命的成功，西方的阶级斗争不能奏效，没有西方阶级斗争的牵制，东方的民族革命也不能成功，此为双管齐下和同时并进的世界革命策略。对此，质疑者认为，这不过把民族革命当作阶级斗争的工具。于是搬出所谓世界的历史，意在说明它不是阶级斗争的历史，而是民族生存斗争的历史。论据是，人类的生存斗争，起源于与自然的斗争或与民族的斗争，以民族为单位，而不是以阶级为单位，阶级斗争不过发生在各民族的内部，依附于民族而存在，整个民族若不能生存，遑论其内部的阶级斗争。在质疑者看来，列宁不明白这一点，在世界革命的过程中，企图抹杀民族的"生存性"即各民族独立平等自由生存的必要性，以各民族的民众作为世界革命的牺牲品，也就失去了全世界被压迫民族的革命运动的意义。说到这里，只涉及世界革命的方式方法问题，如谓马克思只知阶级斗争，不知民族革命，不能完成世界革命；列宁知道民族革命，却不尊重各民族的生存性，也不能完成民族革命乃至世界革命。照此说来，质疑马克思列宁主义的革命理论，主要在于此理论对各民族尤其弱小民族的自身诉求认识不足或尊重不够，还不至于把苏联放在世界革命的对立面，视为赤色帝国主义而与白色帝国主义同流合污。为什么对待苏联的态度如此决绝？看来是极端不满于莫斯科所主导的第三国际的作派，认为它不能担负起指挥世界革命的责任。如谓不是见识狭隘，决策刻板，不了解世界各民族不同的经济环境和历史文化，不能因时因地来制定不同民族的革命方策；就是高高在上，脱离实际，单凭几个委员靠书本理论和纸面报告就想指挥世界革命，岂非天大的笑话。这个批评，具有很强的时代性与合理性，非亲身经历或感触者不足以有此洞察力。再加上正值国共合作分裂之际，由此刺激站在国民党立场上的质疑者全盘否定支持共产党的苏联以及第三国际，也就不难理解了。但是，不满于第三国际，便迁怒于苏联，斥之为赤色帝国主义，进而质疑马克思和列宁的整个革命学说，与此前承认苏俄革命的影响及马克思主义的帝国主义理论相矛盾，又未免过为已甚了。

经过上面的论证，所谓世界性的三大事件，先是排除帝国主义列强为联手压迫弱小民族而建立的国际联盟；接着从事实上质疑苏联成立第三国际，自命扶助弱小民族的世界革命先锋而实为阻碍其实现的障碍，又从理论上质疑马克思和列宁的革命学说忽略了或不尊重民族革命在帝国主义时代的特殊地位，甚至将苏联与西方列强并列，直斥为赤白帝国主义的怪东西。最后剩下的可资称道的重大世界事件，只有包含中国革命潮流高涨在内的世界民族主义的觉醒。作为这一觉醒的理论代表，就像在总结论的末尾所看到的，论者把全部赞誉之词，都献给了孙中山的三民主义。这也是整部著作论述经济地理与国际问题，所要表达的最终结论。

总结论认为，只有孙中山所创设的三民主义，才是集世界革命主义之大成，体现了民族、民权与民生连环在一起的整体性或不可分割性，适应了世界历史作为民族生存斗争史的社会进化定律，显示了以各民族争取生存的力量顺其自然而进化，具有天下无人能敌的力量；由此也就回答了民族革命与阶级斗争的关系问题，先完成民族革命，在世界被压迫民族的革命成功之后，世界的帝国主义将失去获取营养的生存来源地，其国内的无产阶级也将因生活痛苦所迫，自然会整体奋起进行坚决和激烈的斗争。根据这个说法，又引出一个关键结论，帝国主义时代，世界革命的重心，不在阶级斗争而在民族革命，民族革命的秘诀，不在牺牲各民族的利益而在尊重各民族的生存。这样诠释三民主义，存在着偏颇。把阶级斗争和民族革命割裂开来，简单限定其先后次序，已属主观臆断；再谈民族革命的秘诀，内含取决于某个主宰者尊重而非牺牲各民族的利益，更是荒唐。显然，这都是针对前述所谓马克思和列宁的理论，反其道而行之。但不论如何，把民族革命置于帝国主义时代世界革命的重心地位，是一个高明的见识。由此也说明论者公开否定苏联在世界革命中的先锋作用，质疑马克思和列宁的革命理论的同时，暗中又借鉴苏联的经验和汲取马克思列宁学说的滋养。当然，论者这样做，目的为了宣示国民党应负的使命，只有三民主义，才是世界革命主义的后来居上者，才能解决世界革命的问题。这似乎是说，继马克思主义和列宁主义的世界革命主义之后，三民主义将后来居上，成为解决世界革命问题的唯一理论。如此宣称国民党的使命，等于重新将三民主义与马克思列宁主义联系在一起。

论者还说到世界革命成功后，世界经济社会的组织会是什么样的问题。回答：既然以民族争生存为创造世界历史的原动力，将来世界的经济社会组织，无疑也将适合于社会进化的定律，以民族为单位来建设民族国际，根据经济地理的实际从事世界的分工协作。这是把前面有关三民主义的说法，从解决世界革命的问题，延伸到世界革命成功以后的世界经济社会的组织问题。从这个回答里，似乎又可以看到1918年苏俄宪法或1924年苏联宪法的影子。如其中规定：俄罗斯苏维埃共和国建立于各自由民族之自由联盟基础上，成为各民族苏维埃共和国联邦；联盟由各平等的民族自愿联合而成，在宪法范围内，各加盟共和国均享有主权，并保有自由退出联盟的权利等。说到这里，反倒看不见三民主义的唯一指导作用了。于是，论者聪明地托词自己不是傻子，也不是空想家，不必为未来民族国际的组织方式而操心，就此搁笔，回避了这个话题。

## （四）结语

通过以上介绍和分析，令人对韩亮仙编著《经济地理与国际问题》一书的判断，前后产生很大的反差。原来以为这是一部偏重于经济地理的技术性或实证类著作，不会触及多少经济理论。看了它的各种序言和凡例，注意到这不是纯技术性的论著，是以经济地理的视角来论证帝国主义时代的国际问题，尤其民生问题即经济问题，因而需要经济实证的分析，也需要经济理论的分析。不过单看周佛海和黄琴的序言，理解起来还比较隔膜。如周序称，现代世界已呈现各国经济密切联系的统一经济体趋势，势必在政治上也要求实现统一，其可能形式不是"世界的帝国"，就是"世界的联邦"；既然反对以帝国主义方式谋求世界政治的统一，则世界大同的理想在于以民族主义方式，一切民族有自决的权利，不得牺牲其独立与自由，站在平等的地位上，自愿联合组成世界的联邦，实行取消私有制的人类共享产品和国际分工合作等。描述这种政治统一模式，加上介绍作者曾留学苏俄，很容易让人联想到是否以革命成功后的苏联为样板。黄序大谈以革命方式打倒帝国主义和实现世界大同，更强化了这个印象。作者的自序和凡例，强调资本主义经济发展到帝国主义时代，必须认清帝国主义的本质才能完成解决国际问题的革命，而从经济地理角度弄清帝国主义发育的背景，其编著意图正是为了革命。这些说法，不仅没有改变前面的印象，还以为在加深这个印象，为其提供经济科学的依据。然而，这个印象是错误的。

翻阅全书的正文，仍未动摇已有的印象。如谈到中国今后的问题与反帝国主义之间的关系，感慨中国拥有丰富资源和有利条件，何以不能振兴经济，唯一的原因是吃帝国主义的亏，如不平等条约束缚之类的经济侵略，因此唯一的出路也是反帝国主义的革命，包含破坏与建设。看上去这是跟随国内方兴未艾的反帝国主义潮流，给予经济地理上的事实与理论支持。其中提及孙中山《建国方略》的发展实业纲领，也未抵销有关反帝国主义革命的论述，还运用类似马克思主义的帝国主义理论作为其理论根据。又如把实行无产阶级专政的社会主义工人国家即苏联集团，列为考察的对象，特别与众不同。让人感觉这是一个与传统的帝国主义列强相对立的新兴集团，具有得天独厚的优势条件，正在实施新经济政策以打破帝国主义的经济封锁，一旦成功，其前景不可限量。这个考察，将前面留下的印象，升华到一个新的高度，似乎坐实了作者留学苏俄期间，倾向于用苏联的政治经济制度作为解决国际问题的标准，尽管他尚未对这个政治经济制度正式表过态。

变化出现在考察世界上各大集团在经济地理方面的基本事实之后，转入总结论也就是理论总结部分。这一部分又可划为三段，分别论述帝国主义的理论，国际问题的斗争方式，大战后国际斗争的新形势。单看前两段，还延续已有的印象，甚至有所提升。如引用几种不同的理论来解释帝国主义，虽然将卢森堡、希法亭、列宁、考茨基和帕夫洛维奇等人的理论混同一起，不分轩轾，认为从不同方面说明了帝国主义的特质，但毕竟将这些理论都归入马克思主义的范畴，旨在论证帝国主义是资本主义发展的最高和最后阶段这个概念，并以此作为分析国际问题的理论准绳，给人留下非常强烈的印象。又如列举劳资之间的冲突，帝国主义列强之间的冲突，以及几个统治世界的帝国主义与世界上大多数殖民地半殖民地的民族之间的冲突，作为处理国际问题的三种斗争方式，并分别指出产业发达国家工人反抗资本家的阶级斗争正在逐年发展，预测帝国主义的本性决定了不久可能会发生第二次世界大战，判断殖民地及被压迫国家的民族解放运动将缩短帝国主义的寿命等，也让人耳目一新，感到与马克思主义的理论分析及苏联的目标追求十分相似。

此类印象，到了第三段，突然发生逆转。那是从论述战后国际上发生的三大事件开始，大致对应于前面的三种斗争方式，解说新的形势。新形势之一，揭露帝国主义列强倡导设立的国际联盟，不是真的为了平息战争和爱好和平，而是企图减少内部冲突以便共同压制世界上弱小民族的革命运动，同时仍然难以克服它们之间的各种矛盾并必然酿成各种争斗。这个解说，基于前面有关帝国主义特性的理论分析，继续表现出透过表象见实质的洞察力。新形势之二，阐释苏俄革命后以世界革命的先锋自居，以扶助弱小民族为己任的真实用意。按理说，这是对应解决劳资冲突的阶级斗争方式，在苏俄一国获得成功后，继续推行到其他各国以形成世界革命，其用意顺理成章。但此书作者不这么看，认为苏联的一举一动，别有用心，而且居心险恶，给它戴上一顶赤色帝国主义的大帽子。其结果，前面叙述中积累起来的有关苏联的正面印象，至此全部被颠覆了。究其原因，矛头直指莫斯科主导下的第三国际，支持中国共产党，不利于国民党的国民政府。特别是在国共合作破裂后的反共浪潮下，更加不能容忍第三国际的这种作法。为此，进而质疑马克思和列宁关于世界革命的理论学说。认为马克思只知有阶级斗争，不知有民族革命，不知在帝国主义时代，一部分工人也从帝国主义的对外侵略中获益，只有先实行民族革命，断绝帝国主义国家工人的这一利益来源，他们才有可能因重新陷入痛苦生活而起来进行阶级斗争；列宁知有民族革命，却不知尊重各民族的生存权，体现为第三国际的指手画脚和脱离实际，抹杀各民族的独立自由平等权利，以其民众作为世界革命的牺牲品。一句话，马克思学说过时了，列宁学说带有赤色帝国主义的特征，都不能作为世界革命的理论指导。这个解说对于苏联，既取决于不同立场的评价，也想从理论上釜底抽薪，通过质疑马克思列宁学说来彻底否定苏联的世界革命主张。新形势之三，宣扬孙中山的三民主义，才是集世界革命主义之大成，又能适应社会进化定律，并以民族革命为重心来解决世界革命问题的唯一理论；中国国民党的使命，就是推进三民主义在世界革命主义中后来居上。这个解说，意在用三民主义代替马克思主义或列宁主义，此即后来居上之含义。这同集大成的世界革命主义，本应包括马克思主义或列宁主义的世界革命学说之含义，大同小异或异曲同工。这样看来，所谓代替或集大成，又未完全否定马克思列宁主义及其在苏联的表现方式。不过，最后说到世界革命成功后，世界经济社会的组织模式，强调以民族为单位和以各民族所处的经济地理为依据，建设实行世界分工协作的民族国际，这与周佛海序言中所强调的世界民族的联邦取消了私有制，有所差异。周序似乎更贴近现成的苏联模式，作者则刻意回避这个模式。

总之，翻阅此书，从一路看来给人留下的印象，到收尾时猛然产生的强烈反差，在某种意义上，也反映了国民党中信奉孙中山三民主义并主张反帝国主义的民族革命与世界革命的人士的矛盾心理。一方面，为了支撑自己反帝国主义的革命主张，在经济科学方面公开和系统地引进马克思主义的理论学说作为基本依据，而且或明或暗地借鉴苏联的政治经济制度作为参照准绳；另一方面，基于国共合作破裂后的反共立场，又必须同苏联和共产国际拉开距离，于是不惜将它们存在的一些缺陷扩大化，甚至与西方列强归为一类，同视为压迫弱小民族和阻碍世界革命的赤白帝国主义。这种矛盾心理，也构成了那个时期在中国传播马克思主义经济学的典型特征之一，在以前的时期不曾出现过。

## 二、《世界各国新经济政策》

郑斌撰述，郭任远[1]校阅，这本书像前面的《各国劳工运动史》一样，列入新时代史地丛书，商务印书馆1928年6月初版。撰述者情况不详，只知曾住上海并在南京讲演，大概邀约那时同在上海和南京两地任教的友人郭氏校阅。书名所称"新经济政策"，原本专指苏俄取消战时共产主义政策后的过渡之举，现在却被用于"世界各国"。此可谓新颖用法，其中缘故，见于序文与正文。

### （一）序文评介

撰述者1928年2月11日作于上海寓所的序文：

实业文明乃实业革命之结果。世界各国的实业革命，殆循同一途径，又起同一变化。"实业革命之结果，资本主义经济制度托庇于自由主义之思想而成长，资本优势之政治组织更随资本专制之经济组织而确立。政治上之民主立宪，归于有名无实。惟凭藉土地与资本之有产阶级，政治运动上占优势之地位。然实业革命之结果，世人切感社会状态与社会生产理想矛盾之苦痛，发生社会问题。于是社会运动求欲解决社会问题而勃兴，社会主义运动更为声援社会运动而激发。经济上之封建制度，渐呈动摇之状；专恃劳动与智识为生计之无产阶级，政治运动上崭然露头角。一面有产阶级之资本主义，坚守故垒，牢不可破。一面无产阶级之社会主义，积极进攻，不遗余力。自由主义与保守主义之古战场，今也变为社会主义与资本主义之新舞台"。

现代的资本主义经济，虽有亚当·斯密始料所不及之流弊，其于生产的发达，国富的增进，确有不可埋没之功绩。"社会主义新社会秩序，不必诉于阶级争斗而后建设，在社会进化中已实现马克思学说之一部。其以阶级争斗相号召而破坏现代社会秩序者，固不乏其例，究属操切躁暴，所失或有甚于所得，为识者所不取。是故从来之自由主义社会主义及其余之社会思想，革新修正，几经变迁，其间影响于各种思想之动力，恐莫大于民主主义乎！"欧洲大战后经济上的民主主义，犹如法兰西大革命后政治上的民主主义，为新时代之有力思想。"虽各国国情国性经济政

---

[1] 郭任远（1898—1970），广东潮阳县人；约1916年考入复旦大学，1918年赴美国加州大学伯克利分校以心理学为专业方向，1921年毕业，1923年完成哲学博士学业，同年回国，辞退北京大学的聘书到复旦大学任教；1927年赴南京中央大学任教，1933年被任命为浙江大学校长，1936年辞职，赴美讲学和研究；1945年回国，任中国生理心理研究所所长，1946年举家迁往香港定居，直至病逝。

治互异，社会思想从而不能尽同，然大体不离乎民主主义。非特社会思想之变迁为然，政治运动及经济政策之变迁亦无不然"。20 世纪初各国的新政治运动，"以劳动党及社会党之组织及活动为其中心"。虽然新政党的主义政纲，全然不同于从来的自由保守等资本党，"大体含有社会主义思想"，但"社会党及劳动党渐疏远阶级争斗之思想，向社会改革之实际政策进行"。欧洲大战后，此等新政党"以社会民主主义的新经济政策"对抗原有的政党，而信奉保护主义的保守党，标榜自由主义的自由党，高唱社会改良、积极自由的新社会政策，冀保其政治舞台上的地位；各国政府亦采用"实业民主化实业社会化等新经济政策"。可见建设"民主立宪经济制度"，成为实业先进各国的国是。"要之，劳资协力全民合作之思想，适于财富之生产，亦适于财富之分配。政党之政纲，以此为旨归，则政党可历久存在。经济政策以此为基础，则政治可免急激之反动"。各国的社会思想、政治运动及经济政策，今后皆将趋向于此欤？

吾国政治窳败，实业不振，外患内乱又迭相起伏，"有改革之必要，无改革之机会"。是以政治退化，呈封建割据形势；经济消沉，有产者亦沦为无产者。"或者绝望之余，效法苏俄失败之陈迹，谓可以挽救颓运于俄顷，抑亦矫枉过正者矣。吾国经济政治改革上之障碍，不在于大资本家及大地主之势力，而在于外力之压迫及军阀之恣纵。今后全力扫除改革上之障碍后，首宜确立经济政治之民主立宪制度。顾民主立宪，非一蹴可几。实业幼稚，尤重生产，则委指导训练之责于教育机关，寓保育助长之意于经济政策，庶几不背潮流而适合国情欤！"

余于前岁讲学江宁，时与知友谈起，当研究"经济政策之中正思想"，与当代学者商榷。自惭寡学，有志未逮。去夏以来，公余辄读经济政策著作，尤于比尔德（Charles A. Beard）著《今日欧洲之大潮流》，奥本海默（Oppenheimer）著《德意志共和国宪法》，伊利（Richard T. Ely）著《实业进化论》，永井亨著《新产业政策论》及《社会政策纲领》，室伏高信著《共产主义批评》等书，颇有所得，爰编各国之经济政策一书。后来添补最新史料，嫌其篇幅过多，乃搁置旧稿，以最新史料为基础，编成本书。其间一再为俗务所阻而中辍，今幸告成，诸友之勖励，与有大力；郭任远指导编制，寿毅成、盛灼三斟酌字义，吴蓉镜圈点誊写，尤费心力。铭感无既，并志于此，以示不忘云尔。[1]

---

[1] 郑斌撰述，郭任远校阅《世界各国新经济政策》，商务印书馆 1928 年版，"序文"。

看了此序，大致明白撰述者所谓的"新经济政策"，乃广义言之，非特指苏俄的政策，另有他意。其一，从广阔的背景看，实业革命后形成的资本主义经济制度，凭借资本专制和自由主义的经济组织而建立有产阶级的优势政治地位，让民主立宪变得有名无实，结果因社会理想与社会现实的矛盾而产生世人深感痛苦的社会问题；为了解决社会问题，由此激发社会运动及其后援的社会主义运动，出现有产阶级的资本主义与无产阶级的社会主义的对立。简言之，这是采行新经济政策的背景因素。其二，从对立双方的理论依据看，以亚当·斯密为代表的学说维护资本主义经济组织，虽然没有料到其流弊，但在发展生产和增进国富方面，确有不可埋没的功绩；马克思的学说开创社会主义新社会秩序，虽然在社会进化中有所实现，但号召以阶级斗争来破坏现行社会秩序，终究属于操切暴躁之举，失大于得而为识者所不取。所以，思想上的变迁与历史上的经验证明，各国尽管国情各异，其政治运动与经济政策，却都在自由主义与社会主义的学说（含其余社会思想）之间，进行革新修正，影响的动力则在于民主主义。简言之，这是采行新经济政策的理论因素。其三，从近年来的实际情况看，随着劳动党和社会党疏远阶级斗争思想，转向推进社会改革的实际政策，并成为20世纪初以来组织与活动的中心，新成立的政党在主义政纲方面，不同于老牌资本主义政党之自由保守，大体含有社会主义思想；特别是欧洲大战后，不仅新政党用社会民主主义的新经济政策来对抗原有政策，连信奉保护主义的保守党和标榜自由主义的自由党，为了维持政治地位，也高唱社会改良与积极自由的社会政策，更不用说各实业先进国的政府，采用实业民主化与社会化等政策。所有这些政纲或政策之思想旨归，关键是"劳资协力，全民合作"，避免政治上的激进反动。简言之，这是采行新经济政策的实践因素。其四，从我国的具体情况看，由于政治腐败，实业不振，封建割据，经济消沉，外患内乱迭起，有产者沦为无产者，在现行体制下根本没有实行必要改革的机会，绝望之际，于是想到效法苏俄革命，以为可挽救衰败的命运于一时，或须矫枉过正；但这是已被证明失败的道路，未看到我国政治经济改革的障碍，不在于大资本家及大地主的势力，而在于外力的压迫和军阀的任性，扫除这些障碍后的首要之举，是建立经济政治上的民主立宪制度，为此又须通过教育机关的指导训练和经济政策的培育助长，以顺应潮流和适合国情。简言之，这是采行新经济政策的国情因素。

综合以上各点，所谓"新经济政策"，意在解决资本主义经济制度的资本专制与两极分化弊端，理论上分别汲取以斯密为代表的资产阶级经济学和以马克思为代表的无产阶级经济学的滋养，既不能忽略现行社会的流弊，也不能鼓吹阶级斗争来破坏现有社会秩序；实践上区别于传统资本主义政党的自由与保守政策，转向含有社会主义思想因素的社会改革、社会改良、积极自由、实业民主化与社会化等新政策，要旨在财富的生产和分配方面，实行劳资协调，全民合作，避免走向反动的激进道路；具体落实到政治经济方面远远落后于各实业先进国家的中国，改革对象不是大资本家和大地主，须扫除外部势力压迫和内部军阀横行的障碍，切不可因绝望而效法苏俄革命，仍应顺应世界潮流，在引导和培育经济政治的民主立宪制度上下功夫。换句话说，所谓"新经济政策"，或称欧洲大战后出现的"社会民主主义的新经济政策"，是调和劳资矛盾的既往经济政策在新形势下的翻版，不仅针对理论上的马克思阶级斗争学说，更针对现实中的苏俄革命。这从撰述者所列举的各种国外著作的参照本中，亦可见一斑。此序将苏俄称为"失败之陈迹"，其含义，现在苏俄自身都放弃了战时共产主义的激进政策而代之以新经济政策，中国更没有必要去仿效苏俄革命的失败作法。由此又可引申出两个含义，一则苏俄的新经济政策，同样纳入世界各国新经济政策的范畴，作为考察的对象，区别于以往革命的或阶级斗争的激进政策；二则将新经济政策赖以存在的民主立宪制度理念搬到中国，指出当前须扫除外力压迫和军阀猖獗的障碍，但为了避免革命或阶级斗争的激进反动，甚至连当时国内著作中常见的反帝国主义或打倒帝国主义与军阀的说法，也不敢再提了，故不知如何单凭教育机构的诱导和经济政策的培育，去清除这些障碍。总之，明白了撰述者关于"新经济政策"概念的内涵，对全书意旨的理解，亦思之过半。

### （二）内容简介

此书分 8 章："新经济政策之基础""新经济政策之源流""资本主义经济组织""苏俄之土地国有政策及各国之新农民政策""苏俄之实业国有政策及各国之新实业政策""苏俄之劳动自由政策及各国之新劳动政策""法美诸国之新经济政策""新经济政策之归宿"。这个结构布局，可见苏俄实行新经济政策，被放在引导世界各国经济政策变更的先行者地位。

关于新经济政策的基础一章，提到 19 世纪中叶以来，德国的社会主义反对个人自由的自由放任政策，"势必至，理固然"。如果昧者不察，未知改弦易辙，弃旧行新，则新社会思想的实现，竟诉诸革命手段，根本破坏社会原有的制度组织。远者如 1789 年的法兰西，近者如 1917 年的俄罗斯，皆其明证。向来倡导社会新思想者，往往有矫枉过正之失，不是偏重国家权力，就是偏重个人自由，结果一方所失，未必另一方所得。今后的新经济政策，"苟非别有至中至正之社会思想为其基础，则社会之和平发展，又曷可冀乎"！

"从来社会思想之误谬"：自由主义主张个人自由竞争，国家不可干涉个人的活动，确信天赋人权及财产私有，"尊契约自由而不顾社会正义"；社会主义主张阶级争斗及社会革命，坚持劳动强制及财产公有，"重社会平等而轻个人人格"。自由主义与社会主义，"各有真理，同时又各有误谬，虽至辩者不能为之讳"。一则社会不是有机组织而是心理组织。社会包含个人及阶级，但不仅是个人或阶级的集合体。社会自成一个心理组织体，是不可分割的一个单位。"自由主义欲使社会从属个人，社会主义欲使社会吸收个人，更使阶级吸收社会"，其失误一样。二则社会中有个人之间的竞争与互助，有阶级之间的轧轹与合作，社会秩序因而成立，社会组织因而进化。"自由主义偏重个人自由竞争，社会主义偏重阶级争斗事实"，其弊端相同。三则社会不可分割。社会活动随着社会组织进化而复杂，如表现在伦理、宗教、政治、经济、艺术等方面，但社会自身决不可分为相异的数种，社会生活的原则，亦决非划然限定而不可移易。"自由主义不顾社会正义，社会主义不顾个人人格，皆坐于分裂社会为经济社会与伦理社会之误"。四则财产固然有适于公有或适于私有者，适于公有而犹主私有，有害公益，适于私有而犹主公有，有害私益；"公有财产而委诸官僚经营，私有财产而全任资方独裁，各有流弊"。故财产所有问题，一为适合与否，二为经营问题。"自由主义主张财产私有，社会主义主张财产公有，皆属偏见"。要之，从来的社会思想，观察同一社会，因立足点不同，有全然相反的意见。"其实，均含一部分之真理而已。是故自由主义欲依个人之自由而达社会之平等，社会主义欲依社会之平等而个人之自由，结果皆与始愿相背。自由主义实现个人自由而牺牲社会平等，社会主义实现社会平等而牺牲个人自由"。今日法律上的契约自由，劳资双方均有此权。但在不承认团体协约的国家，弱者的劳工不得不屈从于强者的资本家，"劳工依形式上之自由而丧失其实质上之平等"。"苏俄共产党订立之宪法，确定人尽劳动之原则，其有不劳动者，强制其劳动。人民迫于政府之淫威，或走避农村，或远遁外邦，如此丧失平等自由之惨苦，斯密亚丹及马克思所不及料者"。因此，"从来之自由主义及社会主义，均不足为指导社会之健全思想，然则欲改造社会，当自改造社会思想始"。

先看"自由主义之变化"：18 世纪以来，斯密及杜尔哥（原译"堵哥"）倡导劳动价值论，19 世纪以来，世人都认为契约自由原则为当然，然而经济社会不顾社会正义，个人人格，团体平等，同胞友爱。近代社会的经济关系及阶级关系日益复杂，惟阶级观念及利己思想发达，社会意识及社会道义却不进步。从来的自由主义及社会主义，养成于此环境中。自由主义者及社会主义者，固不乏识者。要之，"从来经济上之自由放任主义，一面受民主主义之影响，一面受社会主义及国家主义之感化，方改革其内容"。今日英美二国称为新自由主义者，"即欲依民主主义而调和自由主义与社会主义者"。所谓新自由主义，"即经济上之自由平等主义"。其所谓自由，非从来之消极自由而积极自由。"实现积极自由之道，在于国家之立法保障及劳工之团结活动"。

再看"社会主义之变化"：德国的社会主义，依据当初马克思、恩格斯共同起草的《共产党宣言》，"怂恿全世界劳工起社会革命"；称"无产阶级须向有产阶级争斗，无产阶级胜利，则废止一切阶级，毫无阶级分别之新社会出现"。然而马克思及恩格斯"晚年均自谓误观社会革命之时期。在民主国家，劳工之目的，可以和平达到"。马克思派与拉萨尔派合组社会民主党，其爱尔福特（原译"爱弗尔"）纲领，"主张生产手段公有并社会的生产，男女平等普通选举，所得累进税，奖励工会组织，是欲依议会政策而实行社会主义"。"修正派集产主义领袖"伯恩施坦（原译"本斯泰因"）说："社会决非如马克思所谓依阶级对接而发展者"。又说："凡进步国家，资本家所有阶级之特权，渐移于民主主义组织。例如工场法，地方政治之民主化，工会之解放，劳动标准之公定是。近代国民之政治组织，愈民主主义化，则政治上之大难可以减少"。"马克思嫡系、现民主党领袖"考茨基说明社会民主主义的"真义"："当依理智及道德之阶级争斗而行社会革命，由是建设民主的新社会"。"要之，德国的社会主义容纳国家主义、自由主义及民主主义，或为社会改良主义，或为修正派集产主义，或为社会民主主义。其社会民主主义，即经济上之社会主义与政治上之民主主义结合而成者也。所谓社会民主主义，即经济上之自由平等主义也。其所谓平等，非依暴力的阶级争斗而达到者，乃依议会政策或理智及道德之优胜而达到者。实现社会民主主义之道，在于尊重不背社会正义之个人自由及财产权，实业之社会化，产业之代议制及其他之社会政策"。法国的工团主义（原译"商迭克主义"），包含传统的革命思想及生产者自治思想，生产者独占市民权，以工团为新社会组织的中心，否认议会政治，主张直接行动；近时工团主义同时承认精神劳工为劳工，工团组织也承认消费者有代表权，显然倾向民主主义。英国的基尔特主义（原译"基特主义"）一面受工团主义的影响，一面受国家社会主义的感化，承认国家为消费者的代表；所有一切生产手段，以基尔特为生产者的代表，管理一切生产事业；基尔特与国家共组委员会，统制实业；主张政治组织的民主化社会化，以个人自由及个性创造为其根本；韦伯（原译"卫布"）的实业民主主义，即基尔特主义的精神。苏俄的布尔什维主义，其革命主义及生产本位的社会组织，与工团主义相同；"其无产阶级专政主义及国际主义，与马克思共产主义同"；最近承认劳工自治，劳资共同统制实业，"经济上有倾向民主主义之势"。

最后"民主主义为中正之社会思想"：从来经济上的自由主义，即个人主义或资本主义的代名词；到 19 世纪后半期，与社会主义冲突，成为对立或鼎立之势，然后各起变化。从来政治上的民主主义，虽标榜自由平等博爱，不过是政治的自由思想及个人的自由思想，然后亦起变化。这对自由主义及社会主义，均有重大的影响，故个人放任及阶级争斗两大思潮，渐趋向民主协力思想，政治上的民主主义，适用于经济及社会，使社会现象及社会阶级之间调和协力。"如此社会上经济上之民主主义，今后当为社会改造之南针，当为新经济政策之基础"。观看欧洲大战后新思想新设施上勃兴实业民主主义，可思过半矣。从来只视社会为个人集合体的个人自由主义及专制的资本主义，偏重社会阶级争斗的社会主义，国家超越社会神授国权的国家主义及军国主义，否认一切国家权力而专事暴力破坏的无政府主义，"恐皆将失其存在之理由"。知有国家而不见有社会及个人的国家主义，知有社会及个人而不认国家的无政府主义，知有个人而忘有社会及国家的个人主义，知有社会阶级而不悟有个人的社会主义，"恐皆将失其独立之价值"。坚守国家主义的保守党、布尔什维主义，自由主义的自由党，信奉社会主义的社会党及劳动党，"恐皆将一变从来之态度"。英国的自由党已提出"新自由主义"，劳动党标榜"民主协力"；德国的社会民主党与传统的自由主义派携手，已在新宪法的"经济生活"一章实现社会民主主义。其余诸国社会主义者，欲依总同盟罢工或暴力的革命而实行苏俄式的无产阶级专政，"已先后经验惨败，一蹶不振"；此后当在民主的社会经济思想上建设新社会。"要之，政治上经济上以民主主义的新社会思想为基础，兼顾社会正义及个人人格为方针，则新社会秩序始能构成"。政治民主化而经济社会不民主化，则政治民主主义不稳固；经济民主主义、社会民主主义发达，而政治民主主义不经济化不社会化，则真正民主主义不能实现。民主主义思想在社会各方面发达，然后社会各阶级可调和协力，政治经济法律道德可以统一；不然，国家社会不能健全发达。①

这一章称作新经济政策的基础，也是全书论证的基础，又是对序文中所提示的背景、理论、实践等因素的展开论述。所谓基础，指为了社会的和平发展，寻求最中正的社会思想以指导新经济政策，落脚在社会思想是否"至中至正"上。若论此基础的理论成分，本章所显示的理论素养并不高，更多的是对以往支撑不同经济政策背后的各种社会思想，进行梳理并予以价值评判，鲜有深入的经济理论分析。若论其偏好，又展现明确的推理逻辑。在它看来，首先，各种社会思想的出现与流行，适应于所处的时代，自有其道理，惟需要适时改变更新，在抛弃旧社会思想和实现新社会思想的过程中，避免出现偏差。从指导经济政策的经济思想角度看，可以将以往的社会思想，归类为先后出现的自由主义与社会主义两种对立的代表性经济学说。其次，两种代表性学说，既包含真理，又存在谬误：自由主义主张自由竞争、政府不可干涉，崇信天赋人权和财产私有，尊重契约自由而不顾社会正义；社会主义主张阶级斗争和社会革命，坚持劳动强制和财产公有，重社会平等而轻个人人格。二者出现偏差之误的原因，据说观察同一社会，立足点不同：社会是统一的心理组织单位，并非可分的有机组织；社会秩序的形成和社会组织的进化，源于个人及阶级之间的竞争相斗与互助合作；支配复杂和多样的社会生活的原则，因社会的不可分割性而决非分裂为经济社会与伦理社会两部分；财产所有问题，在于是否适于公有或私有，以及经营问题。结果两派学说的创始人亚当·斯密和马克思，对自由主义和社会主义所带来的形式上自由而实质上不平等，或迫于政府淫威而丧失平等自由的惨剧，均始料不及。再次，两种学说在近代社会环境中养成，其信奉者中不乏有见识的人，推动了两种学说发生变化，均趋向于经济上的自由平等主义。经济上的自由主义，受到民主主义的影响和社会主义的感化，正在改革其内容，依据民主主义来调和自由主义与社会主义，形成新自由主义，通过国家的立法保障及劳工的团结活动，实现经济上的自由平等。德国的社会主义，容纳国家主义、自由主义及民主主义，成为社会改良主义或修正主义或社会民主主义，放弃暴力的阶级斗争，通过议会政策，以理性或道德而取胜，尊重不违背社会正义的个人自由及财产权，推行产业社会化、代议制及其他社会政策，实现经济上的自由平等。另外，法国的工团主义、英国的基尔特主义以及苏俄的布尔什维主义，也都发生倾向于民

---

① 以上引文均见郑斌撰述，郭任远校阅《世界各国新经济政策》，商务印书馆1928年版，第2—10页。

主主义的变化。最后，欧洲大战后的经验证明，视社会为个人集合体的个人自由主义，专制的资本主义，偏重阶级斗争的社会主义，保守的国家主义及军国主义，否认国家权力的无政府主义，都失去存在的理由和独立的价值，由此而产生的保守党、自由党、社会党及劳动党，也都改变过去的态度，转向在政治经济上以民主主义的新社会思想为基础，兼顾社会正义与个人人格，调和社会各阶级，统一政治、经济、法律与道德，亦即以民主主义为中正的社会思想。总之，上述基本逻辑，以自由主义和社会主义为代表的两类社会思想，均系应运而生，各有道理，亦各有偏执的谬误；经过相互影响，有识之士的矫正和战后实践的经验，两类经济学说都在克服自身缺陷，趋向于以调和、协力、改良、修正为特征的民主主义，结果证明民主主义是实现经济上自由平等的中正社会思想，也是新经济政策的基础。

从这个逻辑能够体会，其矛头表面上同时指向自由主义和社会主义，但由于科学社会主义产生于近代自由主义的弊病充分暴露之后，重点实际上指向科学社会主义。这个指向，主要也不是从理论上挑战马克思学说，乃针对其实现新社会思想的行为方式，即诉诸革命手段，根本破坏社会原有的制度与组织，革命后又利用国家权力，实行无产阶级专政。具体例证，便是1917年的苏俄革命，违背了社会和平发展的中正宗旨。对此，又列举这种社会主义自行纠正"谬误"的若干理由和依据。如谓：马克思同样追求社会的平等自由，但由于指导社会的思想不健全，未料到后来苏俄共产党订立宪法，确定人人劳动的原则，对不劳动者强制劳动，结果人民迫于政府的淫威，避走逃遁，反而造成丧失平等自由的惨苦。马克思和恩格斯当初起草《共产党宣言》，怂恿全世界劳工发起社会革命，认为无产阶级通过与有产阶级的斗争取得胜利，可废止一切阶级，实现无阶级的新社会，然而他们晚年都承认，错误判断了社会革命形势，在民主国家可以和平达到劳工的目的。马克思派与拉萨尔派合并而组成的社会民主党，在爱尔福特纲领中主张生产手段公有和社会化生产，实行男女平等的普遍选举，累进所得税，确保结社权利，试图依靠议会政策来实行社会主义。伯恩施坦和考茨基等社会民主党的修正派或马克思嫡系认为，社会决非通过阶级对抗而发展，进步国家资本家阶级的特权逐渐向维护工人利益方面转移，通过民主主义化而减少政治上的灾难；阶级斗争和社会革命的真义是依靠理智和道德，建设民主的新社会等。德国的社会主义吸收国家主义、自由主义及民主主义，转变为社会民主主义或修正主义，放弃暴力的阶级斗争，依靠议会政策，尊重不违背社会正义的个人自由及财产权，实行产业社会化、代议制以及其他社会政策，结合经济上的社会主义和政治上的民主主义，达到经济上的自由平等主义。苏俄的布尔什维主义，原本主张革命主义及生产本位的社会组织，与工团主义相同，主张无产阶级专政及国际主义，与马克思共产主义相同；近来也倾向于民主主义，承认劳工自治，劳资共同统制实业，可见依靠总同盟罢工或暴力革命而实行苏俄式的无产阶级专政，已被经验证明遭到惨败，一蹶不振。以上理由和依据，所谓马克思和恩格斯晚年承认误判革命形势，德国社会民主党放弃暴力革命而转向议会斗争为主，身后出现修正主义等说法，此前已在各种著作里不同程度地见过，不足为奇；所谓苏俄实行无产阶级专政而导致人民丧失自由平等的惨状，在此前的著作里，更是屡见不鲜。值得注意的是有关苏俄从无产阶级专政转向民主主义的说法，这里所谓民主主义倾向，指新经济政策的实施。其实是一个误解，苏俄从未改变无产阶级专政的态势，是用新经济政策取代战时共产主义政策。尽管用新经济政策的推行来证明苏俄革命和无产阶级专政的失败，也是当时流行的观点，但像本章的寓意那样，以苏俄作为世界各国采行新经济政策的民主主义趋势的典型案例，乃至具有标志性和引导性意义的说法，则颇为奇特。

关于新经济政策的源流一章，先论述经济政策随经济状况而转移，如 17 世纪后半叶至 18 世纪的法国，为柯尔贝尔（原译"科尔伯特"）重商主义的实业保护干涉政策时代；18 世纪末到 19 世纪前半叶的英国，为亚当·斯密自由主义的实业自由政策时代；19 世纪后半叶到 20 世纪前半叶的德国，为李斯特保护主义的实业保护政策时代，同时也是采用历史派经济学说及社会主义理论的社会政策时代。先进各国根据本国的经济状况而树立经济政策，施行有效，每为他国所仿行，遂成为一个时代的潮流。然后论述最近各国经济政策的趋势，"经济政策与社会政策有合并之势"，欧洲大战以来，能率增进，生产增加，实业国有化，实业代议制，实行最低工资及最低限度的国民生活水准，实业裁判制，国家及实业对失业问题负责等，成为各国恢复经济力的"中心问题"。经济政策、社会政策及劳动政策日益向同一目的同一方针集中，自由党及保守党依然代表资本主义，但打算用社会政策来解决实业问题；劳动党虽以社会主义为理想，却正在贯彻社会政策的任务。"自由政策与保护政策互争优势之古战场，变为资本主义与社会主义互争优势之新舞台。而专制的资本主义与争斗的社会主义，有依民主协力的社会政策而调和之趋向"。这种现象，不必专见于英国。欧洲大战后的法国，有必要恢复财政信用及生产事业，试图依照社会政策中的经济政策而着手改造实业及经济；社会党的社会主义，

"亦甚社会政策化"；工团派劳动主义的总同盟罢工失败以来，"革命色彩显然淡薄"。欧洲大战后的德国，社会民主党与自由派工会结交，建设新社会；斯巴达克派（原译"斯巴塔克斯"）过激运动，被社会民主党新政府镇压，从那时起，"以社会民主主义的经济政策为新共和国之国是"。"惟欧洲一时受俄国革命之影响，战败诸国发生恐怖的革命"。如意大利的劳工占领工场，英法二国的全国同盟罢工，均系事实；近时共产党以俄国为本部而发起第三国际运动，致使各国社会党分裂，组织共产党新团体，亦系事实。尽管如此，"苏俄之共产党，自没收财物、强制劳动之实业国有政策失败以来，采用新经济政策，以资本主义改造实业。恐共产党之觉悟及俄人之努力，不久可与西欧诸国之民主的经济政策接近"。美国发表威尔逊的新实业和平政策，正好遭遇世界恐慌失业时代，遂不得不坚守资本主义保护政策。欧洲大战后的日本，社会主义思想呈蓬蓬勃勃之势；但教育普及的结果，国民运动较能依凭理智；政府方采用社会政策，致力于劳资合作；若干无产阶级的政党于最近成立，将根据议会政策而实现其主义主张。①

这一章的所谓源流，不过用更多的历史资料，特别是欧洲大战后的经验事实，印证前一章的所谓基础，即民主主义作为中正的社会思想，正体现为世界各国的新经济政策，基本特征是将经济政策与社会政策及劳动政策融合在一起，推动各个不同的政党，共同走向调和劳资关系，以民主协力的非激进方式来恢复经济的道路。谈到苏俄，又成为资本主义与社会主义互争优势这个新舞台上的主角：一方面，苏俄成立第三国际或共产国际，对外输出革命，在各国造成社会党的分裂和共产党的组织，影响欧洲诸国的工人运动产生恐怖的革命；另一方面，苏俄内部出现转变，觉悟到没收财物和强制劳动等实业国有政策的失败，努力采用以资本主义来改造实业的新经济政策。对比两个方面，意谓苏俄既然也采用资本主义的经济政策，等于否定了向他国输出革命的必要性。预测不久以后，苏俄共产党的"觉悟"及"努力"，将接近西欧诸国所采用的民主的经济政策。这个预测之大胆，同前一章的寓意之奇特，二者一脉相通。

关于资本主义经济组织一章，谈到实业革命最显著的特色，工资劳工阶级与企业家资本阶级的对立，工场制度及企业组织的确立，劳动团结组织及企业合同经营等；现代的新社会经济组织，建立于遵从这个发展的途径。现代经济组织以私有财

---

① 以上引文均见郑斌撰述，郭任远校阅《世界各国新经济政策》，商务印书馆1928年版，第11、20—21页。

产制度为基础，不必深究私有财产权及财产继承制的理论根据，这是法律的力量，或劳动的成果，或社会维持的必要，今日财产私有思想，已深入人心，成为经济生活上必要而不可或缺的基础观念。财产私有观念经历长时期的历史，直至今日仍变迁不绝，其种类和范围随而日异，尚未达到完成之域。如增加对私有财产的限制和公有财产制度，乃出于公益财政及其他理由，不必因社会主义思想理论而使然；又如具有自然独占性质的"天产"公有问题，也常依据时代的社会状态及社会心理而定。"要之，私有财产制度，为今日经济组织之根本，依法律之力而保障。即令为公共利益而收用财产，但可收买而不可没收，今日世界各国共通之原则"。革命后的德国新宪法，对此有明文规定。像苏俄及东欧诸国那样的任意没收财产，究属例外。继资本主义而起的社会主义，试图通过土地资本的国有公有来建设无产阶级新社会，或由生产劳工建设职业的社会。然而即使废止资本私有，实业归于国有，"结果不过为国家资本主义"；实业若归劳工管理，从消费者及一般社会方面看，同样不能安危无虑。为此，"新自由主义、社会民主主义、社会改良主义起而纠正其失"。①

　　这一章论说今后的新社会经济组织，必须遵从现行资本主义经济组织的发展路径来建立，填补了前面两章讨论新经济政策的基础与源流，大谈抽象的民主主义趋势或非激进革命的调和协作方式而较少具体经济内容的缺陷，指明这个遵从的关键点，在于不能轻易触动财产私有制度，当然也不能让劳工去管理。这两点，都是针对苏俄革命后的无产阶级专政措施。关于财产私有制度，强调这是长期历史形成的制度，早已深入人心而在生活中不可或缺；只有出于公共利益或处理具有独占性质的自然资源归属问题，才会根据社会情况和心理状态，对私有制度加以一定限制或实行某种公有制度，这与社会主义的思想理论没有什么关系；即使需要将财产收为公有，根据依法原则和各国通例，也只能收买而不能强制没收。于是，赞扬德国社会民主党政府的立法规定收买原则，抨击苏俄及追随它的东欧诸国的违法任意没收行为，并称将资本或土地从私人手中转归国有，并非社会主义，不过是国家资本主义。关于生产劳动者实施管理，实指无产阶级专政在经济领域的表现形式，对此，强调消费者和一般非劳动者的社会人士存在忧虑，不相信生产劳动者的管理能力、水平和效果。这样看来，前面两章所称道的新自由主义、社会民主主义和社会改良

---

① 以上引文均见郑斌撰述，郭任远校阅《世界各国新经济政策》，商务印书馆 1928 年版，第 24—25、30 页。

主义，本章具体落实到纠正苏俄以没收方式实行公有制和让生产劳动者管理经济的所谓失误上来。

### （三）关于苏俄经济政策及其转变的评述

以上三章的简介，大体勾勒出全书的主旨。随后各章更令人感兴趣，以苏俄为主导讲述其主要经济政策以及后来的转变，因涉及不少具体经济内容而且为相关著作所鲜见，故单列出来，另予评介。

关于苏俄的土地国有政策及各国的新农民政策一章，内含苏俄的土地国有政策、中欧诸国的农民政策与东欧诸国的农民政策3节，重点关注第1节。

"苏俄共产党夺取政权之策略"：欧洲大战的变动，引起各种革命，俄罗斯的"农民革命"，使东欧中欧地方发生同样的结果，"其影响之大，可以想见"。1917年11月的布尔什维克革命，"不论赞成或者与反对者，无不认为农民军人都会劳工三者共同表示热烈感情之革命"。假使克伦斯基临时政府用革命手段破坏地主制度，无偿没收土地分给农民，此后的布尔什维克革命，"未必能成功"。"凡研究俄罗斯者，殆无不谓布尔札维革命，农民与有大力"。俄罗斯的农民何以为布尔什维克革命的后援，难道了解"马克思之艰深学说"使然？难道托洛茨基（原译"脱洛资基"）的雄辩动人使然？俄罗斯的农民，亦如1789年8月4日的法兰西农民，热烈要求土地与自由。1861年的农民解放，1905年的农政改革，均不能使农民满意。1917年俄罗斯各都会的劳动阶级，人数上势力上团结力上显然占据优势，农民欲达取得土地与自由的目的，"与其有产阶级提携，毋宁与都会之无产阶级合作"。"共产党亦洞然农民之实情，乘机利用之"。故初期布尔什维克政府的法令，标示三端：第一恢复和平，第二土地分给农民，第三工场由劳工管领。与德国言和后，即实行第二政策，此布尔什维克"成功之关键"。

"苏俄共产党之农民政策"：1917年冬，彼得格勒地方的过激革命党人，毫不补偿地主而没收其土地财产，分给农民。同年11月8日发布"土地布告"，斯维尔德诺夫①（原译"黎德维诺夫"）说："此重大之布告，将以前大地主、皇族、教会等私有土地移归农民全体之手。农民及其家族共能耕作之面积以上多受分配，农民及其家族维持生计之面积以下少受分配，均属不可。于此基础条件之下，土地归

---

① 雅可夫·米哈依诺维奇·斯维尔德洛夫（1885—1919），俄共（布）和苏维埃俄国领导人之一，革命成功后任全俄苏维埃代表大会中央执行委员会主席，是苏俄第一个名义上的国家元首。

农民委员会管理分配。该委员会与地方苏维亚有共同权"。1918 年 2 月 19 日发布"土地社会化布告","铺陈上述之原则而制定者"。"苏俄共产主义系集产主义,私有财产废止之后,理当由国家经营统制,固不仅国有而已"。然而考察土地社会化布告,接受土地分配者,有协同经营团体与个人两大类。1919 年 2 月 14 日又发布"土地布告",设立苏维埃农场,"为国家直接经营之农地"。如此,全俄土地分配给农民个人者,占十分之八点六,"农业经营大体委诸个人","可谓集产主义虚名之下依然采用个人主义的农业制度"。于是苏俄当局限制农民的土地使用权,凡土地生产的谷物,除农民自己及家族下次收获前一年间的食料及土地耕作上必要的种子外,须缴纳官府。违者处 10 年以下的徒刑,没收其财产,并逐出自治团体。1918 年 5 月 14 日发布"谷物管理令",此项限制,"可谓对于个人主义之严重束缚"。但农民既由个人经营,"纵有此项限制,究非共产主义之真面目,不过承认个人主义而照集产主义之理想加以干涉耳"。

"农民政策之失败":苏俄共产党的农民政策,"土地所有权归于国家,而农业经营权在于个人,可谓社会主义与资本主义妥协之一证"。不宁惟是,苏俄共产党的农民政策,尚不能施行无阻。限制土地使用权的结果,农民是否愿意将余谷缴纳官府?如其不愿,共产政府能否厉行其征发政策?三年的经验证明,"此项农民政策不能奏效"。1920 年春,都会食料缺乏居半,"共产党大会新设食料军,强制不受征发之农民,并定食物分配额及赏与制,务期征发政策之实行"。然而"结果全与预期相反"。1920 年征发额不达预定的六成,且食料军及其他官府的强制,"引起各处农民之反对,叛乱不绝。投机商业勃兴,商业禁止,等于具文。物价腾贵,前无先例"。同年 10 月,莫斯科劳工工资每人每月最高额 1 万 2 千卢布,但 1 磅黑面包值 4 百卢布,1 磅半奶酪值 5 千卢布,生活必需品如此昂贵。1920 年至 1921 年之交,都会生活全然陷于绝境。"食料征发政策既归失败,共产党之分配政策亦穷。其影响所及,一面任都会与农村联络之商业应运而兴,一面迫于饥寒之都会劳工纷避农村"。

"农民政策之再失败":苏俄共产党的农民政策,失败至此,不得不再变计。1921 年春,列宁说:"本年初农民状态愈恶,农民对劳工阶级之关系,致俄罗斯内政动摇。农民经济之危机,致从来之食料政策不能维持"。同年冬,列宁又说:"我等依征发方法而分配必要之食料于工场,以为共产主义之生产分配必能成功;不幸而过去不久之经验,使我等知此经济组织之谬。我等之经济组织,尚未立于确实基础之上，村落征发与都会共产组织，阻害生产力之发达，此实为一九二一年春政治经济危机之根本原因"。1921 年 3 月第十次全俄共产党会议，听从列宁的劝告，确定新农民政策的基础。3 月 31 日颁布"租税法"，"施行农民税，废止从来之征发制度，代以轻微之农民税。许农民自由处分其劳动结果，保障其经济手段，确立农民经济，增加生产力"。苏俄土地的大部分分给农民个人，农业经营又依各农民的利益与责任而行，"生产手段不集中于国家，生产过程不由国家统制，重以劳动果实之自由处分，非特非共产主义，且亦非国家资本主义，实个人资本主义也。其异于纯粹之个人资本主义者，国家尚保留土地国有之虚名耳"。

"新农民政策"：农民税政策，允许农民自由处分劳动果实，结果不得不承认商业。1921 年 4 月 21 日列宁承认共产的强制农民政策的失败后，又说："今后第一要务在于增加农民之生产力，不得不变从来之共产的食料政策，废征发制度而行农业税。既收农业税，须许可地方的自由商业。彼武断的共产主义，不过为应付战时破坏之一时的手段，不适应于无产者的政策。故小农国无产者之正当阶级的政策，为谷物与工业生产品之交换政策。农业税即为向此政策之过渡期。以租税形式征发劳动阶级所必需之最小限度谷物，其剩余谷物令与工业生产品交换"①。"要之，苏俄共产党之农民政策，步步退到资本主义，观于以上之事实及共产党领袖之言论，已可充分证实"。②

本节所说的背景，正是苏俄从战时共产主义政策向新经济政策转变的一项重要内容，以征收粮食税代替余粮收集制，农民按国家规定交纳一定的粮食税，超过税额的余粮归个人所有，由此减轻农民的负担，并且恢复商品货币关系对工农业生产与分配的调节作用。但撰述者不满足于此，增添了不少实证资料，还引申出各种评论分析。例如，认为苏俄共产党或布尔什维克能够夺取政权，其成功之处是将广大农民吸引到城市劳工阶级一边，吸引的关键性策略，让农民获得土地与自由，这同农民是否了解马克思的艰深理论，或是否听信布尔什维克领导人的雄辩劝告，没有什么关系。这个分析，有一定道理。由此又提出一个假设：如果当初克伦斯基的临时政府运用革命手段，无偿将地主的土地分给农民，就不会有后来布尔什维克革命

---

① 此引文摘自列宁在俄共（布）第十次代表大会闭幕后不久开始撰写，并于 1921 年 4 月 21 日完稿的小册子《论粮食税（新政策的意义及其条件）》。其今译文见《列宁选集》第 4 卷，人民出版社 1995 年版，第 501—502 页。

② 以上引文除另注外，均见郑斌撰述，郭任远校阅《世界各国新经济政策》，商务印书馆 1928 年版，第 31—36 页。

的成功。这个假设极为荒唐，基于农民倒向哪一边取决于其自身利益实现与否的中性立场，与马克思学说的理论指导和布尔什维克的革命实践无关，完全抹杀了临时政府与苏俄革命的不同性质。又如，将苏俄共产党的农民政策归结为土地国有与农民个人经营相结合，一面像历史上的过激革命党那样，破坏现行制度，不作任何补偿没收地主的土地财产归于国有，然后分给农民；一面在废除私有财产和国家统制经营的原则下，实则只有极少数的国营农场，大多数土地仍由农民自己经营，形成集产主义虚名下以个人主义经营为主的农业制度。这个分析，点出了苏俄在小农国家实行土地国有的特点。其主要意图，想说苏俄土地国有政策的真面目并非共产主义，只不过按照集产主义的理想对农民的个人主义经营加以干涉，从而为论证这个农民政策的失败埋下伏笔。再如，判断苏俄由国家掌握土地所有权，让农民个人享有农业经营权，本来是社会主义与资本主义妥协的一个例证，可是实施过程中，由于农民不愿自动缴纳余粮，政府推行强制收集余粮政策，结果导致与预期效果完全相反的失败，引起农民反对，各地叛乱，投机活跃，物价暴涨，城市生活陷于绝境的内政危机；于是苏俄共产党不得不转变政策，废止余粮收集制，代之以征收粮食税，允许农民自由处分税后余粮，按照农民的利益和责任以从事农业经营，生产手段不再集中于国家，生产过程不再由国家统制，在国家保留土地国有的虚名下，一步步退到资本主义。这个分析，指出苏俄经济政策发生重大的调整转变，确系事实；指出新经济政策具有资本主义因素，也是事实。然而说到苏俄农民政策的两次失败，另含玄机：以个人主义经营为主，仍保留土地国有或集产主义的虚名，以便为政府干涉农民个人经营提供借口，这是一次失败；农民不愿缴纳余粮时，政府实行强制征收，结果事与愿违，反而造成各种社会经济危机，被迫改弦易辙，这是再次失败。此失败之说，姑且不论苏俄在革命后内战持续和经济苦难的情况下，采取战时共产主义政策具有其特殊性和临时性，实质上根本否定苏俄实行土地国有的社会主义道路。因此，它从所谓失败中得出的结论，苏俄将国有土地分给农民而自由经营，不仅不是共产主义，连国家资本主义也不是，不过为纯粹的个人资本主义保留了土地国有的虚名而已。换言之，它对苏俄的农民政策，赞成的是去除土地国有虚名的纯粹个人资本主义。

　　本章后面两节，论述中欧和东欧诸国的农民政策，其实也是借助其他国家的资料，重申撰述者所赞成的主旨，避免苏俄实行土地国有政策的失败。如谓德国曾经历与俄国一样的革命危机，但德国革命不像苏俄共产党那样依赖农民的支持，德国革命家除了少数极左派之外，大多数也不像苏俄共产党那样主张无条件地将私有大土地收归国有，认为大工业的国有时机尚未成熟，对土地社会化的提案更为犹豫；通过宪法会议来议定矿山森林等自然资料移归国有，国家监督其余土地的分配及利用，对无地或有地而不足维持生活者提供足以经营的土地，对有地而不利用或滥用者采取收买方式收用土地并废止家产继承权等①。这里说的，正是 1918 年十一月革命后靠镇压左派而登台的德国社会民主党政府，与十月革命后的苏俄政府在土地政策上的本质区别。不过，撰述者论述苏俄土地国有政策及农民政策，除去自己的评论意见，还介绍了不少历史资料以反映这个政策的沿革与演变过程，特别是引用列宁的著述要点以阐明政策转变的指导思想，让人能够从撰述者的否定性评价中，看到政策发展与变化的真实一面，看到在小农经济占优势的苏俄探索向社会主义经济阶段过渡的道路，这又是此撰述的可取之处。

关于苏俄的实业国有政策及各国的新实业政策一章，内含苏俄的实业国有政策、苏俄的新经济政策、英国的实业国有政策、德国的实业国有政策 4 节，这里重点关注前两节。关于苏俄的实业国有政策一节：

苏俄共产党 1918 年 1 月召开第三次全俄苏维埃会议，决议创立劳工管理的工场委员会及最高经济会议。最高经济会议为实业国有化的总机关，这是一切工场、矿山、铁路、制粉所及其他生产运输手段全归国有的第一步。凡地产的没收，大企业、商业及银行的国有化，悉归该会议办理。"其目的在于排斥资产阶级之管理经济生活。劳工委员会在最高经济会议监理之下，与地方苏维亚共同监督工场，管理生产，同时亦为驱除战时得暴利者、投机商及反革命阴谋者之手段。共产党虽公然称此为向社会主义前进之第一步，按其实际，则所有者之地位，技术家之报酬等，尚未解决；银行抵押外债、财政组织等依然存在。但资本主义之组织，确在存亡之秋"。同年 2 月 11 日，否认外债内债，仅内债的否认附带条件。4 月 23 日，私立银行及对外贸易移归国有。5 月 15 日，230 家企业移归国有。"着着进行共产主义之政策。生产取强制劳动手段，分配诉于征发方法。交换直接用实物，消费限以定量。消灭资本家企业家，废止商业，无须货币。如此状态，可谓共产主义新社会之新秩序。虽然，在此试验时期，共产党遭遇若干困难问题，为其哲学及智识所不能解决"。

―――――――――

① 见郑斌撰述，郭任远校阅《世界各国新经济政策》，商务印书馆 1928 年版，第 36—37 页。

苏俄共产党曾说自己继承旧时代的废墟之时，俄罗斯已残破至不可收拾的地步。"今如让一步，承认共产党之主张，尚觉共产党掌握国家之机关而无恢复俄罗斯元气之实力，共产党常不得不与资本主义妥协。盖分配以生产为其前提，而生产须有充分之劳动与资本。然苏俄共产党之经济政策，致劳动与资本共告不足"。就劳动言，都市人口剧减。其原因，"食粮缺乏，饥饿苦痛，共产党压制等结果，遁避农村""劳工厌恶国家之干涉，转业于农村""动员或诱惑之结果，投身赤军""转业于投机商""置身于政府"。就资本言，苏俄自 1917 年 11 月至 1920 年后半叶的三年半间，国内有预备资源维持共产主义的经济组织；到 1921 年，天然资源告罄，一切生产显然减少。1920 年共产主义经济能勉强维持，全靠军事征服的救济手段，但新得的财物用尽，即发生新危机。1921 年 2 月燃料不足，主要铁路停运；彼得格勒煤炭不足，64 项事业关闭。作为缓和新危机的手段，共产党与英国订立通商条约，购入煤炭、谷类原料；但依据外交政策而增加资本，不足以历久维持共产主义经济。"要之，一九二〇年生产要素之资本增加政策，不能一变从来之消极的生产而为积极的生产。不能变更共产主义经济之特征，虽维持现状，犹且困难。至一九二一年，共产主义经济困难，达于极点"。

1921 年春，列宁向其同僚提出两个预备案。关于第一案，列宁说："几百万人小生产者生存上必要之私人交易，即商业，我辈若欲禁止防止之，则可如愿以偿。然此项政策，愚笨自杀。曷云愚笨？经济上不可能也。曷云自杀？实行此项政策之政党，必然凋落也。某共产主义者——思想家宣传家实行家，就此政策陷于误谬。虽然，我等无须隐蔽其误谬及罪恶，我等非应纠正其误谬乎！若不能纠正此误谬，则我等他日必遭悲惨之运命"。关于第二案，列宁说："故我等宁不防止禁止资本主义之发展，当转向国家资本主义方面。余意此为唯一之预备案，且为最合理之政策，在经济上可能。何则？在自由贸易主义与资本主义共存在之处，国家资本主义虽形式上有多少不同，到处存在故也"。[1] "列宁演说中之要领，不禁止防止商业，采用国家资本主义，此即列宁欲变共产主义经济为资本主义经济之意，实为苏俄经济政策之根据"。1921 年春，苏俄施行所谓新经济政策，整理统一实业，生产分配渐得其所，人心转入安定状态。新经济政策所含的原则："在小规模范围内承认财物之经济的交通""以个人资本主义经济之程度代政府经济之运行""改造政府之

① 这两段引文均见列宁的《论粮食税（新政策的意义及其条件）》。其今译文见《列宁选集》第 4 卷，人民出版社 1995 年版，第 503—504 页。

关系、组织及财政政策"。换言之，"承认私营商业自由、私营工业自由及私营农业自由"。根据 1919 年的土地法，农民仅有土地使用权，如今确定农民生产成果的自由处分权，生产物的一定部分纳官外，其余可自由贩卖。工业上的生产手段，当初均归国有，由最高经济会议管理，如今缩小官僚主义，扩张私人企业的范围；重要实业由国立企业合同掌管生产，轻小工业任个人经营；工资依生产与能率而定。银行经营仍由国家掌控，阻止滥发纸币，允许新纸币与旧纸币交换，力图稳定卢布价值。至于商业，则设立股份公司，个人资本的出现渐盛，市场顿呈生气；但对外贸易，仍归政府独占。①

这一节谈实业国有政策的出台、困难与变化，与前一章谈土地国有政策或农民政策的出台、失败与转变，综合起来，比较完整和客观地呈现：苏俄革命后，为了渡过国内战争的危机，实行战时共产主义政策，除了前面所说的颁布余粮收集制法令，强制征收农民维持生存之外的所有粮食外，大中企业收归国有、对小企业实行监督，取消商品贸易、一切生活必需品由国家集中配给，强制劳动、不劳动者不得食，国家经营所有外贸活动等；然而内战基本结束后仍坚持或强化这一政策，造成经济上的严重困难甚至出现政权危机，证明不可能用无产阶级国家直接下命令的办法，在一个小农国家里按共产主义原则来调整国家的产品生产和分配；为了纠正这个错误，1921 年 3 月俄共（布）第十次代表大会通过了由战时共产主义过渡到新经济政策的决议，以粮食税代替征收，国家通过合作社组织工业品直接交换农民手中的余粮，允许私人在地方范围内进行商业往来，工业方面涉及国家经济命脉的重要厂矿企业仍归国家所有和国家经营，中小企业和国家暂时无力兴办的企业允许私人经营等。其中继续引用列宁在《论粮食税》中的论证要点，也从侧面证明了这本小册子在当时的重要性，俄共（布）中央曾专门作出决定，要求各级党委按照列宁《论粮食税》的基本精神向劳动人民解释新经济政策的实质和意义②。这些内容，让国人在多年来听闻苏俄新经济政策的变故消息却不得其要领，或只是把它当作苏俄将要崩溃的标识之后，终于通过史实的举证、原典的引用和细节的描述，看到了它的真面目。当然，撰述者的用意，如同叙述苏俄土地国有政策或农民政策，不止否定战时共产主义政策，也不止权衡政策出台与转变的时代背景、国情条件及

---

① 以上引文除另注外，均见郑斌撰述，郭任远校阅《世界各国新经济政策》，商务印书馆 1928 年版，第 44—48 页。

② 参看《列宁全集》第 41 卷，人民出版社 1986 年版，第 431 页注 94。

合理因素，还借此否定掌握国家政权的苏俄共产党具有恢复经济的实力，只能与资本主义妥协，或者借列宁的话来证明，只能将共产主义经济转变为资本主义经济。这里的意思，不是说通过新经济政策，在小农国家的苏俄放弃不切实际的共产主义原则，另行寻找从资本主义过渡到社会主义的道路，而是说这种社会主义道路的探索本身，根本就没有必要。

为了证明这一点，随后又详细介绍新经济政策如何改变原来的实业国有政策。大概出乎撰述者的意料，结果并非印证了苏俄不可能走社会主义道路的初衷，反而通过更多的史料和细节，加深和丰富了国人对新经济政策之内涵与创意的认识。这是本章第 2 节的内容：

关于民有企业及国有企业的种类。苏俄的新经济政策，"以实业国有政策之变化，为其最重要之施设"。1920 年，国有企业达 6 千家以上，其中 2 千 9 百家归最高经济会议直接经营，3 千 5 百家归地方经济会议经营。1921 年 7 月命令，对使用 20 人以下的小企业，将免除国有公有；18 岁以上者，悉为自由职业人，许其从事独立职业，组织小企业；其制品的出售，原料的购入，悉任自由。另外生产合作的企业及其制品、材料、贮藏器具等，悉免除国有公有。"原则上小企业视为前所有者之财产，大中企业仍归国有。不过对于国家之管理组织施行变革耳"。1921 年夏，共产党政府觉察国有企业所需原料、燃料、食料，国家不能尽供给义务，同年 8 月命令："大企业及一切重要企业悉归最高经济会议及地方机关统制，在商业基础之下管理""国家对于此等企业不供资本及劳动，令其取给于市场""此等企业许私人租借"。1920 年 11 月以后，"共产党政府已特许外国人经营国有企业及国有财产，又设立若干官民合办之股份公司"。故大中企业大概分为："国家管理之国营企业""私人管理之租借企业""外国人管理之特许企业""官民合办之公司企业"。国营企业又可分两种："原料食料仰给于国家者""原料食料不仰给于国家者"。

关于国营企业。国有企业原来由最高经济会议下属的 59 个中央管理机关管理，1921 年末，废止若干中央管理机关，仅设 16 个管理机关。同年 8 月，设立国家信托制度，其设备与组织完备的重要企业，统一于企业"合同"（Trust，今译托管）；企业合同的设立，须经中央工会会议同意，最高经济会议承认；企业合同的管理，归中央管理机关或地方经济会议负责；此项国家信托，可分为四种：结合某种产业全体的信托，结合一地方同类企业的信托，结合一地方数种企业的信托，结合国内数种企业的信托。同年 12 月命令，"国家管理企业，不拘原料食料等之供给如何，在营业基础之下管理，以严格生产及最少生产费为原则"。1922 年 2 月命令，"军需品煤炭矿油金属等企业，依然由国家供给原料食料"；维持困难者，不妨在市场上售去一部分生产品；其后决定生产品性质上专为国家使用而不得出售者如军需品，生产品大部分须交付国家者如汽罐、金属等，由国家供给各企业原料与食料。同年 2 月命令，国家供给的企业及企业合同，也承认其有管理上的自治权；此等企业及企业合同，其设备、材料、燃料、原料、半制品并附属企业，置于所定管理者之下；国家对管理者给与一定基金，用于生产所必需的资金及置备食料、燃料、原料，由管理者直接从市场购入，或从外国购入，均无不可。同年 8 月命令，国家企业的生产总额，除一部分为国家所有贮藏外，其余允许以市价自由处分（交付国家之额随企业的种类而定）；国家企业的资本，可依制品的出售、信用的获得、新债的发行而自由增加。国家企业中原料、食料、燃料不仰给于国家者，所必要的原料，可求诸市场，国家无权任意要求其交付制品及原料；若国家随时分给资金、原料、燃料等，则该企业须向国家交付生产品。"国家对于一切生产品有优先购入权，国立银行即为此项企业经济上之目的而设立"；对国家企业、消费合作私营农业授受信用，放款时，国立银行审查决定后行之，不必要物质上的担保。"一九一八年没收公债及银行金库之共产党，今恢复国立银行，奖励信用之授受"。

关于租借特许公司等企业。国有企业中除国家管理的企业外，"最重要者为私人管理之租借企业"。1921 年 7 月，租借企业限于停业的国家企业；其后开业的企业，亦许租借。1922 年 4 月声明，除适于国家商业经营者、须国家直接管理者、出租后可能有害其他国家企业者之外，其余企业，均可租借。同时命令，最重要企业的租借，须经最高经济会议承认；承租人以大规模的消费合作社有优先权，其次为个人。1922 年 4 月命令，作为前所有者及曾经长期承租的事实，不能成为拒绝出租的理由。1921 年 7 月命令，出租条件，只须保证承租人的管理能力（即履历、经验、性行等）；承租人应正式支付租金给国家。1922 年 4 月命令，租金不妨以实物充当，此外须付生产额的一部分给国家，须以市价交付。1921 年 10 月命令，一切租借企业，应提出定期报告给政府及最高经济会议。1922 年 7 月命令，地方经济会议对租借企业，行使监督权，但不得干预企业的作业。1921 年 7 月命令，租借期限一般 1—6 年，6 年以上须得最高经济会议承认。期满后承租人有继续租借的优先权；期限的继续若不利于国家，可取消租借权（改正案）。至于外国人管理的特许企业，根据 1920 年 11 月命令，按照契约所定的生产分配方法，允许一定生产额的输出；当时未能与俄亚合同股份公司订约，1921 年 12 月的草案，其规定与租借企业相似。另外原来设立的股份公司，由国家与私人合办，以国家股份占全额的半数以上为条件。

"此外采用新经济政策之结果，恢复商业、金融、租税、手续费及消费合作社之活动。而共产党治下经济信用之破坏，财产权之分割，致租税制度不得不根本解决。乃设农民税，累进所得税，消费税等。又官僚阶级剧增，货币需要愈多，国家发行短期债券、国库券等，为支付之手段。因滥发纸币之结果，币价暴落，乃研究卢布价格，制定计划而实施之。此外又发行谷物公债、国立银行兑换券等"。①

以上一节，让国人第一次（或至少是率先）对苏俄新经济政策实施后，有关实业国有政策的重大变化，看到如此系统、细致而又具有权威依据的描述。这应该得益于此书专论各国新经济政策，其出版时间距离苏俄新经济政策的实际出台，已有 7 年之久，有可能恰当观察这个政策的实施过程与效果，也有条件充分吸收国外学者的各种研究成果。其中许多论述，如国有企业划分不同的种类，中小企业放开由社会团体或个人经营而形成面向市场的民有企业；国有大企业或重要企业，即使实行国家统制或国营，也在不同程度上放松管制或减少政府直接干预，根据企业分类或采取信托管理等方式，推向市场，激活生产要素，讲求成本效益；创设租借特许公司，将国有企业租借给社会团体或私人管理，以市场化原则建立合同契约关系，并依此准许外国人管理特许企业，设立国家与私人合办而由国家占半数以上大股的股份公司；此外还恢复商品交换、金融信贷、货币政策、租税征收、手续费缴纳及消费合作社的市场活动等；诸如此类，作为苏俄试行向社会主义经济过渡的最早实践，对后来落后国家进行社会主义经济建设的探索，也有启示意义。

不过，在作者看来，无论实业国有政策或向国家资本主义转变，都不必与社会主义制度联系起来，这在资本主义制度下同样可以实现。后面两节谈论英国的实业国有化政策与德国的实业社会化政策，正是此意。如谈到英国，国有化观念，"不必一定"，一般"包含所有归属问题与统制管理问题二者"。生产运输机关如土地、矿山、铁路等基本社会财产，从国民全体的利益考虑，由私有改为国有。但"国有公有，不过为达某目的之手段，非终局之目的。国有公有后之统制管理问题，斯为

---

① 以上引文均见郑斌撰述，郭任远校阅《世界各国新经济政策》，商务印书馆 1928 年版，第 49—54 页。

国有化之最终目的。国有公有之形式，或中央集权，或地方分权。国有公有之方法，或价买，或没收"。苏俄的实业国有政策，没收人民的土地与企业，由国家统制管理。英国的实业国有化政策，从劳动党 1918 年 6 月的宣言看，"欲真正科学的改造国家实业"；实则在不触动国家基本政治制度的前提下，拟采用生产手段的公有，生产过程的公平分配，为增进公益而统制管理经济组织等计划，主张土地共有原则，铁路、矿山、电力马上直接国有化，即国有兼国家统制。[①] 照此说来，国有或公有，只是手段，不是目的，最后目的是让国家统制管理经济。那么，社会主义国家可以利用，如苏俄通过革命夺取政权后的强制没收方式，从根本上推翻资本主义私有制，实现土地与资本的国有；资本主义国家也可以利用，如英国劳动党在现行制度范围内，以和平方式呼吁实行国有兼国家统制的实业国有化。显然，作者倾向于后一种方式，这也是其书强调苏俄式实业国有政策不得不转向国家资本主义的根由。

关于苏俄的劳动自由政策及各国的新劳动政策一章，内含苏俄的劳动自由政策、英国的新劳动政策、德国的新劳动政策 3 节，这里重点关注第 1 节。

"自由劳动原则及劳动介绍"："苏俄树立新经济政策以来，劳动政策骤示变化，采用'当事人间合意之自由劳动原则'"。1921 年 11 月命令，"免除一切筋肉及精神劳工之强制劳动"；从事国有企业、机械农园者，"免除定期劳动义务"，并适用于农业合作社及工会所用的劳工；惟救助火灾、雪灾、洪水等公共灾害，则强制劳动，此外如要强制劳动，须经劳动及防卫会议特别议决。同年 8 月命令，雇人及解雇，"依企业管理者与关系工会之合意而决定"。但 1922 年 2 月命令，地方苏维埃附属的劳动局，对一切企业负责供给劳动，企业缺人，管理者有通知该局的义务，管理者须先经地方劳动局雇入劳工及使用人，若不得，始能自由雇人；至于解雇，其原因为企业全部或一部分关闭、事业中止 1 个月以上、契约期满，或试用后认为不适宜者（须在 2 个星期前预告），此外为违背法令或企业内部规则、不法行为、患病 2 个月以上、随意退职等。

"社会保险及劳动监督"：苏俄采用新经济政策的结果，"抛弃'一切劳工社会保险均等主义'"，因为缺少国家经费。苏俄采用实业国有政策的结果，"政府负担甚巨"，财政不堪支付社会保险年金领取者。1921 年 11 月命令，"将独立劳工（农

① 郑斌撰述，郭任远校阅《世界各国新经济政策》，商务印书馆 1928 年版，第 54—55 页。

民、技师、职人、家内劳工、精神劳工）置于相互扶助主义社会保险制度之下，国家之补助，限于重大之天灾人祸"。1921 年 11 月的社会保险法及同年 12 月的产妇津贴法、废疾保险法、失业保险法、疾病津贴法，命令改造工资劳工的保险制度。1922 年 1 月及 2 月命令，新制度之大要："保险目的之危险，为劳动能力之一时或永久丧失、失业、死亡。被保险者限于国有、私有、租借、特许、合作等企业设备及农园者。保险费由企业设备之管理者占有者负担，不许扣减被保险者之工资。比照使用劳工之人数及健康死亡之危险而定其醵出数。保险费率经工会中央会议及人民委员会会议之承认，由社会保险委员局决定"。至于保险金，对一时不能劳动者，给与工资相当额，随基金多寡可减至 2/3；对产妇，给与平均工资额，乳儿哺育，给与平均工资 1/4，期限 9 个月；失业津贴，给与地方平均工资 1/6 至 1/2，由社会保险局决定其期限。同年 4 月命令，"一切劳动监督官设于劳动委员局及其地方机关"。1921 年 9 月命令，"创设儿童社会监督制度"。

"工资政策"：1921 年 11 月命令，"国家管理供给之企业工资政策，建于工资基金预算制度之上。国家为各企业设定每年度预算基金，该基金由次年度一年间应付工资之实物总额及现金总额而成。预算之概算，以战前之预算为基础。先决定生产额单位所需之劳动单位，次算出企业必需劳动单位之最少数，又次决定最低级劳工之最低生活费及熟练劳工之平均生活费，最后算出'一定期间企业所保障之全工资基金'，又附加百分之八，充丧失劳动能力者之工资基金。若国家不能供给所定之基金，则经最高经济会议及工会中央会议之承认，该企业可将生产额之某部分充工资基金。工资基金分配于该企业之劳工也。废止工资标准化主义，一切劳工，随其性质而分为十七级，以此为标准而分配。又设工资基金中央委员会，解决一切劳动报酬问题。该会由政府部内关系委员会、最高经济会议及工会中央会议等代表五名以上组成，工会中央会议代表为其委员长。此项委员会制定改废国家企业工资规则，监督工资支给状态，管理工资基金，决定标准工资率，决定最低生活费。工会中央会议更命该委员会制定国内一切企业最低强制工资，但未实现。工资基金中央委员会又设定中央工资基金，由现金、食料、日用品而成，决定工资要素间之关系，监督各产业、企业、地方间工资基金分配方法，并亦监督受基金分配之企业，掌管工资基金之机关。除中央委员会外，尚有地方委员会，由三名以上之代表委员组成，创设分配地方工资基金。工资构成之要素，为一定现金、住宅、食料、日用品、安慰费、企业支出费、社会服务费、运输费、家族扶助费等。原则上工资大部给现金，余依情形而给与实物。实物给与，以市价计算。工资随生产额之增加而增加，原则上废止赏与制。但财政充裕，则每年给与二次赏与。此外亦认利益分配方法"。"国家单任管理而不任供给之企业，由国家信托管理者与工会共同协约，决定工资规则。在中央劳动委员局下设上级工资委员会，由工会及经济会议同数代表组成。该会监督共同协约之适用，以包工工资制度为决定工资之一般基础。生产之增减，即影响于工资额。至于租借、合作、私有等企业，则认团体协约主义，工资依企业管理者与关系工会地方支部之共同协约而定。但须经工会地方会议之承认。其在五人以下之企业，不强制共同协约，依工会地方会议所定之规则决定之。各业主与各劳工间之单独契约，一概禁止。凡共同协约所定之工资率，不得低于类似国家企业所采之平均率。又共同协约须规定工资支付方法及劳动标准，保障产额、品质、数量。外国人特许企业之工资关系，大体依特许者与工会中央会议之共同协约而定"。

"工场委员会及联合委员会"：苏俄采用新经济政策的结果，"业主劳工之关系，有密切之必要"，故建立工场委员会。1922年4月命令，一切私企业强制设置工场委员会及使用人委员会，规定其组织及任务；"工场委员由所属劳工总会选举，选举方法工会决定之，委员数比照劳工总数而定。委员免除劳动，受所属阶级之平均工资。委员会之任务，关于企业之管理，对于劳资关系一切问题代表劳工；关于国家公共组织，亦立于劳工代表之地位，拥护劳工之利益。援助官宪，保护劳动，改善劳工精神上物质上之状态"。1921年8月命令，"一切企业设立联合委员会，在大企业设于各工场或作场，更统一于联合中央委员会之下"；联合委员会由工场委员会或使用人委员会代表与企业者之同数代表组成；不满30人的企业，其联合委员会劳工代表，由关系工会地方支部代表担任；委员会设常任书记，在劳动时间开会，支给委员平均工资；其任务为适用团体协约的规定，解决团体协约的争议，决定生产标准，决定解雇命令，起草企业规则，办理职业试验等；企业者代表与劳工代表不论人数多少，均有平等投票权；一切问题，24小时以内处理；其决议约束当事人，不许上诉；委员会所不同意的问题，付调停会议或仲裁裁判所审理。

"同盟罢工及和解仲裁"："苏俄政府既采实业国有政策，以同盟罢工为反革命，屡处严罚。但亦因事情而异，或加制裁，或与默认。然在罢工宣言前，强令提付争议于仲裁机关。通例先由企业内联合委员会处理，而后付劳动委员局地方机关附属之调停会议所调停。最后待仲裁裁判所裁定"。1922年1月及2月命令，"凡未经工会同意之罢工，工会可宣言其不法，处罚违背者"；全俄工会中央会议以外的工会中央机关，未经上级机关的承认，不许宣布罢工；发生争议，工会代表先与企业管理者会见，会见结果不圆满，宣布存在争议；劝告劳工继续作业，请求调停会议所的决定；调停会议所须以友谊方法，48 小时内处理该问题；调停会议所由地方工会联合指名的劳工代表及地方经济机关指名的管理者代表（如系国家企业，则地方经济会议代表）各 2 名组成；若调停会议所的和解失败，当事人须允付仲裁，由双方同数代表及仲裁者组织仲裁裁判所；仲裁裁判所的判决有约束力，且为终审；若当事人对仲裁者的选定意见不一致，工会机关有权任命劳动委员局地方机关的国家代表为裁判长；至于无工会组织的劳工或家内劳工违反法令，劳动委员局的机关与关系工会协力决定终审；租借、合作、私有等企业内的争议，发生于团体协约订立前，由工会机关决定，发生于团体协约的适用，由联合委员会处理；此外的争议，待订立协约的工会机关决定；不服决定，可向地方劳动局的争议委员会申诉；外国人特许企业的争议，付地方争议委员会和解，和解不成，则待中央争议委员会裁定。

"企业管理参加权"：采用新经济政策，"使共产党、工会、经济会议考虑工会参加企业管理问题"。1921 年 12 月，第九次苏维埃会议声明："随新经济政策而起之一切问题，须工会协力及共同研究，而欲使组织劳工获得企业管理者之地位，应施必要之训练。此项训练责任，使工会负荷"。同月，共产党中央委员会就工会对企业管理的任务，获得全俄工会中央会议的同意，议决如下："工会须选出候补人，分任国家经济组织之责。其指名权惟属于事业唯一责任者之经济会议，经济机关须考虑审查工会选出候补人之资格。工会之责任，在于训练劳工，俾得选出管理者"。全俄工会中央会议，采用同样的决议："企业管理主义，要求受权于国家者严格尽其责任。故须管理责任者之自由意思与创造心之发挥。此惟单一权限在于企业管理者，方能达目的。是以工会与经济机关之关系，工会须抛弃直接干涉管理之权。关于管理者之指名，不望同等参加。然工会选出候补人与经济会议协议之原则已确立，又关于国家及经济计划之起草、生产功程、劳动供给之分配，工会参加一切组织机关之权限，更须扩张"。全俄工会中央会议及最高经济会议还宣布："直接经济机关（国家信托管理者）关于国家信托企业之管理，对于一切事项有全权。负全责之企业管理者，不得以工会干涉为生产不成功之口实。同时工会亦不得直接干涉管理。工场委员会及其他工会，若见经济机关之错误过失，不可直接干涉，应警告工会及有权之经济机关"。并声明："经济机关须奖励工会选出候补人。最后之决定，在于经济机关之手。然指名候选人时，须与工会协议审查之。管理者当时时报告生产状况于劳工总会"。"要之，苏俄政府固希望工会参加国有企业之管理，然工会之管理参加权，实际难行，结局工会抛弃此权"。①

不同于前两章论述苏俄的土地国有政策及实业国有政策，有一个从战时共产主义政策转向新经济政策的变化过程，因而有一个前后政策变化的对照比较，本章这一节，论述推行新经济政策之后，形成所谓"劳动自由政策"。这里的"劳动自由"，蕴含着新政策推出之前，劳动不自由或被强制之意。姑且不论劳动政策从不自由或被强制到倾向于自由的转变，与前述土地国有或实业国有政策向国家资本主义的转变，表达的是同一个意思。值得注意的是在"劳动自由政策"的名目下，又提供了许多以往不曾提及或仅一带而过的具体内容，即新经济政策推出后的苏俄劳动政策，究竟有哪些变化。文中的叙述，其重要者，一是取消以前的强制劳动和定期义务劳动制度，实行当事人之间适合各自意愿的"自由劳动原则"，企业管理者和相关工会之间按照一定的规则，可以自行决定劳动的用工和解聘；后来又规定各地苏维埃劳动部门负责劳动供给，各企业管理者有义务向劳动部门通知劳动需求情况，并优先安排该部门所介绍的用工人选，显然是为了避免企业自由雇人和解雇对劳动者产生的损害。二是放弃以前在实业国有政策下政府对所有社会劳工保险采取同一办法的"均等主义"，转而实行"相互扶助主义"的社会保障制度；国家限于财政压力，只对重大的天灾人祸实施补助，同时就新制度做出相应规定并加强劳动监督，降低劳动者在一时或永久丧失劳动能力及失业和死亡等不同情况下的生活风险。三是废除战时共产主义政策的实物配给制度或"工资标准化主义"，实行与生产效益相挂钩、根据劳动性质而划分等级、规定最低标准并以货币支付为主的工资政策；国家按照企业的不同类型，分别建立或由国家制定工资基金的预算、概算、审批、分配、管理、监督程序，或由国家信托管理者与工会共同协约决定而实行包干工资，或由企业管理者与相关工会共同协约决定而不得低于国家企业的平均工资标准等制度，禁止业主与劳工之间单独议定工资契约。四是新经济政策的实施意味着工会退出对企业的直接管理，重新出现业主与劳工之间的关系，于是有必要建立工场委员会，代表劳工处理劳资关系，在国家公共组织中维护劳动利益，协助

① 以上引文均见郑斌撰述，郭任远校阅《世界各国新经济政策》，商务印书馆 1928 年版，第 66—74 页。

政府改善劳工的各种待遇；建立由工场委员会与企业管理者代表组成的联合委员会，按照团体协约的规定，及时解决企业管理问题，双方代表享有平等的投票权。五是缓解视同盟罢工为反革命的严厉处罚，同时加强罢工前的调停与和解仲裁，通常先由企业内的联合委员会处理，然后交付地方劳动部门所属的调停机构调解，最后让仲裁机关裁定。六是新经济政策规定工会放弃直接干涉企业管理之权，着重于通过培训以组织劳工获得企业管理者的地位，同时负责提名候选人来参加国家经济组织的管理；苏俄政府希望工会参加国有企业的管理，然而难于实行，结果工会等于放弃了此项权利。

以上苏俄新劳动政策的内容，比起前面《各国劳工运动史》介绍苏俄工会的职责，在新经济政策出台前后，发生很大变化，从原先直接干预企业管理，转向以培训工人的管理能力从而协助国家经济建设为主等，又向前推进一大步，增加了更多的史实和细节。就像前面两章介绍苏俄土地国有和实业国有政策的变化一样，这也是让国人得以认识苏俄新经济政策之真相的最值得称述的地方。不过，仔细体味，这里所说的"劳动自由政策"，针对苏俄无产阶级专政初始时期的劳动强制政策，从强制转向自由的变化，放到世界范围内，又被等同于资本主义国家采取新劳动政策的取向。如称英国为了应对实业的血汗工资制，推出随着生活费的升降来调整最低工资标准的最低工资制度，获得议会的通过，并得到劳动阶级的欢迎[①]。此类新劳动政策，与苏俄的所谓劳动自由政策放在一起，无非是想说，改善劳动者的待遇与条件，是世界性趋势，同经济发展的水平和劳动者的利益相关，同国家政权或所有制的性质无关，不论无产阶级专政的强制还是资本家血汗剥削的强制，都改变不了这个趋势，最终都走向劳动自由政策或新劳动政策的同一道路，因此也就没有必要实行无产阶级专政或推翻现行资本家制度。

此书介绍法美诸国的新经济政策一章，表达大致相似的用意，无须再述。最后进入新经济政策的归宿一章，内含经济组织的归宿、实业国有及新劳动政策的归宿、将来的经济政策 3 节，下面重点关注第 1 节。

关于"社会主义经济组织之成立"："社会主义者每谓资本主义经济组织以私有财产及自由竞争为基础。现代社会经济之种种弊病，如生产浪费，分配不均，由此发生。如欲生产适宜，分配平均，莫如废止私有财产及自由竞争，生产手段全归

---

① 郑斌撰述，郭任远校阅《世界各国新经济政策》，商务印书馆 1928 年版，第 75 页。

国有公有，生产事业全归国营公营。资本主义经济组织，须变为无产阶级胜利，资产阶级消灭。又谓商业为寄生虫，侵蚀生产者与消费者之利益。社会主义经济组织成立后，生产者直接分配财物于消费者，不许商人从中渔利。如此新经济组织，在欧洲大战以前，不过为社会主义者之理想乡而已。虽然，一九一七年以来，俄国之革命，竟实现社会主义之理想。苏俄共产党实行共产主义，土地资本国有，生产事业国营，无产阶级专政，有产阶级消灭。人民所需之物品，由国家直接分与，商业绝对禁止。资本主义经济组织，可谓已完全破坏。虽然，社会主义之新社会秩序，共产党竟无力维持"。

关于"社会主义经济组织之失败"："苏俄共产党初欲依实业国有及强制劳动而建设共产主义之新社会。然没收及强制究不能开发国土资源，发展生产事业。结果适得其反，贮藏枯竭，生产减少，经济缺乏，财政紊乱，产业劳工剧减，新式官僚激增。饥饿之苦痛及政治之压迫，都市人口相率而避农村。官宪诛求及奸商（投机商）榨取，地方农民亦不能安堵。加之赤军之威胁，官僚之干涉，人心惶惶，实业不振。劳动保护法及社会保险制，在实业国有化、劳动军队化之下，等于具文。工会工场委员会，消费合作社，不过为共产党政府之执行机关，实际与劳工经济上之利害及责任无关系。市民之政治权利及社会自由，悉被阶级专制所侵害。而多数之无知劳工，困于衣食，境遇尤惨。如此政治、实业、都市、农村一切社会状态，实为共产党试验其主义之结果。至一九二一年，已到山穷水尽之时，乃一变其政策，即同年三月以来之新经济政策也。新经济政策赋课农民税，改造国有企业之管理，出租企业、特许企业、官民合办企业并由是而发生。承认小企业私有私营，恢复国立银行，恢复市场交易，解放消费合作社，再设生产合作社。免除强制劳动，采用团体协约主义。改正社会保险法，变更工资政策，采用劳动争议调停方法。工会抛弃企业管理参加权，其最著者也。要之，共产主义经济组织之不能维持，观于新经济政策之采用，立可证明"。

关于"苏俄实业国有政策之趋向"：苏俄共产党的新经济政策，"依然不舍实业国有主义之原则"，仅废止小企业的国有，"谓苏俄完全变为私有资本主义组织，原不免为武断"。"实业国有主义及土地国有主义，为共产党之生命，共产党决不愿抛弃。不过新经济政策实行后之实业国有主义，已为国家资本主义而非社会主义，可断言也"。新经济政策的国有企业管理，采取商业的经营方法，也不再被共产党诟病。"无论采社会主义或采资本主义，增进生产能率，为经营实业之原则"。

新经济政策既然适于国家直接管理的企业，则国营企业范围逐渐缩小，出租企业种类逐渐增加，"结局或与资本主义国家因国防、财政、公益等必要而国有独占实业相同"。国有企业出租的结果，或如国有土地的利用，"国家仅为名义上之所有者，征收租金以代租税而已"；若出租企业国家仅有名义上的所有权，则与日本国法律规定地下矿物归国家所有而允许矿山业及矿产业私有，又有什么差别！国营企业中国家不供给原料与食料者，允许管理自治及资本自由，国家供给原料与食料者，根据国家信托主义设立企业合同，由受托管理者负责管理；"统制与管理分离，与资本主义企业制下之责任管理制无异"。将来外人特许的营利企业日益发达，私有企业的范围日益扩张，产业合作企业勃兴，官民合办的股份公司相继设立，"列宁之国家资本主义，或变为私有资本主义。所谓实业国有主义，名存而实亡，亦未可知"。"要之，苏俄共产党之实业国有政策，有堕入私有资本主义深渊之危险"。

关于"苏俄劳动政策之趋向"：苏俄共产党采用新经济政策的结果，"更施行新劳动政策，废止强制劳动制度，承认自由劳动原则"。"惟劳工之雇用，须经国家机关，此即采用国立劳动介绍制之端绪"。然而国立劳动介绍制，以英国为最善。另外公认团体交涉共同协约，为决定劳动条件与标准的基础，"殆仿西欧诸国劳动契约自由主义者钦"？国家管理企业在工资政策方面的变革，废止过去的一律标准制度，以生活费与生产额为基础，"结局在于保障最低生活费及增进劳动能率，惟尚未施行一般最低工资制度"。至于包干工资、一年两次奖赏及利益分配制度，"与资本主义诸国毫无异趣"。社会保险法的改正，"大体仿英德诸国制度"；惟一切保险费由业主及管理者负担，"则其特色"。工场委员会、联合委员会、争议调停机关、同盟罢工等，"大体取法乎德奥"，"惟强制主义稍稍过度"。工会抛弃企业管理权，此乃管理者对业主和劳工负责而执行职务，劳工只是代议团体一分子，分担统制的责任，"实共产党经验失败之后，觉须采用民主立宪之原则"。最后苏俄的最高经济会议及中央工会会议，在大规模国有实业时代，有存在的价值；"若在民主主义之国家，此项职业本位生产单位之中央会议制度，有紊乱国家组织之危险"，因为"与普通选举之立法议会对立，则机关重复，易于发生权限争议，社会平和及阶级协调，不可望也"。[1]

这一节的论述具有总结性质，既是呼应最初三章从理论上阐释民主主义是指导

---

[1] 以上引文均见郑斌撰述，郭任远校阅《世界各国新经济政策》，商务印书馆 1928 年版，第100—104 页。

新经济政策的中正思想与世界趋势，也是综述后面几章从案例上列举苏俄经济政策的转变。其核心思想，首先提出以欧洲大战分界，经过 1917 年苏俄革命，建立以生产资料国有或公有、生产事业国营或公营、生产物直接分配给消费者而无需商品交换活动为特征的社会主义经济组织，彻底消除资本主义经济组织的私有制、自由竞争与阶级对立等弊端，竟然从理想变为现实；然而事实证明，苏俄共产党消灭有产阶级和破坏资本主义经济组织之后，无力维持社会主义或共产主义的新社会秩序，等于宣布苏俄革命的失败。这主要针对战时共产主义政策的无法继续维持而言。其次说明社会主义经济组织失败的原因，在于苏俄共产党以无产阶级专政方式没收财产、强制劳动、禁止商业活动及实行余粮收集制，进行共产主义的试验，适得其反，非但不能开发国土资源和发展生产事业，反而带来社会经济及各方面的枯竭、剧减、缺乏、紊乱、痛苦、压迫、威胁、干涉、侵害、逃避、形同具文与人心惶惶现象；结果不得不放弃原有政策而改行新经济政策，用粮食税代替余粮收集制，通过出租企业、特许企业、官民合办企业等方式改造国有企业管理，允许小企业私有私营，恢复国立银行和市场交易，解放消费合作社并再设生产合作社，免除强制劳动和采用团体合约，修改社会保险法，变更工资政策，采用劳动争议调解办法，特别是工会放弃企业管理参与权。总之，在说明者看来，新经济政策的这些内容，不再属于社会主义经济组织的范畴，也与向这个组织的过渡无关，只能意味它的失败。最后论述失败后的苏俄实业国有政策与劳动政策向哪里去的问题，基本意思是，苏俄共产党固然不愿完全舍弃实业国有和土地国有的原则而变为私有资本主义组织，但既然推行新经济政策已是国家资本主义而非社会主义，则这种国有政策未来的发展，很有可能趋向于名存实亡而堕入私有资本主义的深渊。诸如逐渐缩小国营企业的范围和增加出租企业的种类，结果与资本主义国家出于国家利益而需要国有独占实业相同；出租国有企业或利用国家土地，国家仅为名义上的所有者而收取企业租金和土地租税，结果与资本主义国家法定地下矿藏归国家所有而允许私有采矿业及其矿产没有差别；国营企业允许管理自治及资本自由，或由国家信托而建立企业合同，实行统制与管理分离，结果与资本主义国家的企业责任管理制度无异；外人特许企业的发达、私有企业的扩张、合作企业的勃兴、官民合办股份公司企业的设立，结果都走向私有资本主义。又如承认劳动自由原则，规定劳工雇用须经国家机关程序，等于采用国立劳动介绍制度，但这种制度本以英国为最好；确认由团体交涉的共同协议来决定劳动条件与标准，应是仿效西欧各国的劳动契约自由原则；变革国家管理企业的工资政策，废除原来的单一标准，以生活费与生产量为基础，旨在保障最低生活标准和增进劳动效率，此类利益分配制度，与资本主义各国毫无区别；改正社会保险法，大体效法英德等国的制度；建立工场委员会、联合委员会、争议调解机关及同盟罢工，大体取法于德奥两国；工会退出直接干预企业管理而交由管理者对业主和劳工负责，劳工仅通过代议制参与企业统制，更是西方国家通行的民主立宪原则；至于苏俄的最高经济会议及工会中央会议制度，立足于以管理生产单位为本位职责，这在大规模的国有实业时代过去后，已失去价值，从民主主义国家的角度看，这种中央会议制度又与普选的立法议会相对立，紊乱国家组织，造成机关重复，容易引发权限争议，难以实现社会和平与阶级协调。至此，可以明白，此书介绍世界各国的新经济政策案例，每每以苏俄当先，随后对比欧美各国的作法，原来是借此证明，苏俄实施新经济政策，最后的归宿，别无选择，只能趋向于欧美式资本主义经济组织下的社会改良。

经过这一节的总结，既然认定苏俄的社会主义经济组织已经失败，又把堕入私有资本主义的深渊视为一种危险，则所谓经济组织的归宿，就变成在避开社会主义经济组织的失败与私有资本主义的危险之间进行选择。这一选择的宗旨，可见接下来的实业国有及新劳动政策的归宿一节。

苏俄共产党固已实行无产阶级专政及实业国有国营，英德诸国受其余波的影响，社会主义者亦欲尝试一直所怀抱的理想，此所以英德诸国实业国有化社会化问题之喧嚣不置。先进诸国因财政、军事、公益、技术等种种目的，早已国有国营或公有公营铁路、邮政、电报、电话等交通运输手段，或烟、磷、盐等专卖独占事业。将来天然资料的利用与保存，必常为国有国营问题的中心。土地的国有公有，因小农地的设定，公地的出租等，日益成为事实；大规模的私有地，依照立法税制及其他的政策，日见减少。尽管如此，"土地及主要实业之国有公有，法治国家既不许用任意没收手段，则必出于价买或补偿收用，此非巨额之财源不为功"。假令财政余裕，有力论价收买或补偿收用，国家或公共团体自当从事经营管理，然而官僚组织的国营公营，果能增进生产创造福利吗？倘若国家或公共团体的经营管理不能奏效，结果除因国防、财政、公益及独占性质等理由须归国家或公共团体经营外，其余依照信托、出租、特许等方法经营管理，"不过蹈苏俄之覆辙而已"。因此，"实业国有公有问题，姑无论财政能力可办与否，如专由官僚经营管理，不必可收所以国有公有之效果，此实业之国有化社会化问题所由渐离所有归属问题，而趋向统制经营问题"。"实业之统制经营，仍属资本家，固不免资本家之专制。如属劳工，不免劳工之专制。如属国家或公共团体，又不免官僚之专制。结局以生产者消费者各要素共同统制经营，为最合乎民主精神。故实业之社会化国有化，向民主的统制经营前进"。欧战以后德国的社会化问题，实为实业民主的统制问题；英国的国有化观念，亦以实业民主的统制为骨干；法国的国民化观念亦然。"在普通观念，社会化国有化固以价买或补偿收用之国有公有为其前提，按其本体，则实业之民主的统制经营也。今日诸国之实业国有化社会化，决非对于土地实业之社会主义或共产主义思想，乃主要实业之社会政策或国家社会主义观念。其与国家社会主义相异者，国家自身非统制经营之唯一主体耳"。[①]

　　这是从世界范围来看实业国有的趋向，有几层意思。第一层意思，按照苏俄共产党的作法，实行无产阶级专政下的实业国有国营，其趋向已被证明是失败的，但在西方国家仍有其"余波"影响，那里的社会主义者仍企图尝试实业国有化或社会化的理想。第二层意思，西方先进国家出于自身需要，早已对若干交通工具、专卖独占项目、自然资源及关系社会公众的公益事业，实行国有国营或公有公营，惟作为法治国家，禁止采用随意没收手段，必须按价购买或补偿收用，因此能否收购，取决于国家财力的大小。第三层意思，一旦收归国有，意味着应当由国家或公共团体之类的官僚机构来承担经营管理之职，然而国营或公营能否增进生产、创造福利和达到预期效果，本身就是疑问；如若不能，再将部分国有企业转为信托、出租、特许等方法经营，又重蹈苏俄的覆辙。可见实业的国有化或社会化趋向，逐渐由所有制方面的归属问题，转变为统制经营方面的效益问题。第四层意思，单就实业的统制经营而言，归谁掌管，存在三种模式，均有弊端：归资本家，难免资本家的专制，归劳工，不免劳工的专制，归国家或公共团体，又不免官僚的专制。因此，最合乎民主精神的方式，让生产者和消费者各种要素共同参与实业的统制经营。这也是如今西方各国的实业国有化社会化趋向，决非苏俄实行土地与实业国有的社会主义或共产主义思想，类似于主要实业的社会政策或国家社会主义观念，但又不同于国家社会主义以国家为统制经营的唯一主体。四层意思，说来说去，无非将实业国有问题，从苏俄的典型问题变为世界各国的普遍问题，从暴力革命的强制征收问题变为和平交易的购买补偿问题，从所有制的归属问题变为实业统制的经营

---

① 以上引文均见郑斌撰述，郭任远校阅《世界各国新经济政策》，商务印书馆1928年版，第105—106页。

管理问题，从统制经营的各类专制问题变为不同群体共同参与的民主经营问题，最后变成在主要实业中实施社会政策或贯彻有差异的国家社会主义观念的问题。所谓有差异的国家社会主义，即打着社会主义招牌并去除国家唯一一主体地位的社会改良主义。换言之，这被认为是苏俄失败后实业国有趋向的最后归宿。

将以上有关实业国有的归宿逻辑，运用到新劳动政策的归宿上，道理也是一样。例如，历来有关工资及其他劳动条件的决定，劳工以团体交涉及团体协约方式来制裁业主的专制，"团体交涉及团体协约不失为经济民主主义之制度"。对此，战前英国早已承认，战后德法二国也赋与其法律效果。然而团体交涉及团体协约经常为实力威力所左右，"结局或变为劳工之专制"。因此，"欲适合经济民主主义之精神，莫如采经济代议制度。经济代议制度之主旨，不在于劳资对抗而在于劳资协力"。如各国的工场委员会、实业会议、经济会议，工场委员会为代议体的最基层单位。英国的工场委员会采取劳资联合组织，德国新宪法的企业会议采取劳工单独组织。"工场企业内之代议体，当以劳资双方之团体为基础而联合组织之。若专由劳工组织，则仍嫌有劳资对抗之形势"。为此，英制优于德制。英国全国及地方的实业会议，系劳资联合组织；德国全国及地方的经济会议，系劳资及公众联合组织；二者都是实业全体的代议体，应当兼重消费者的意思，故除劳资代表外，更须加上公众方面的代表。为此，德国的经济会议又优于英国的实业会议。[①]

用这个例子来说明新劳动政策的趋向，不仅以苏俄实施强制劳动政策的失败为前提，而且把所谓劳动自由的新经济政策，同样转换为各国普遍采用的新劳动政策。同时更进一步，认为劳工通过集体交涉与协议的方式来决定工资及其他劳动条件，固然有利于抵制资本家的专制，不失为经济民主主义的制度，但随着集体实力的增强，也会形成劳工的专制；因此提出所谓经济或实业代议制度，以期彻底适合经济民主主义精神，其主旨就是从劳资对抗转向劳资协作，更扩展为实业全体与消费者公众的合作。这同上述的社会政策或社会改良主义观念，完全一致。如此说来，整部著作的案例部分，以苏俄的新经济政策为起头，最后引出的结论，除了宣布苏俄的社会主义或共产主义尝试失败之外，还宣称其新经济政策所体现的土地与实业国有政策及劳动政策的变化，要么经由国家资本主义而重新堕入私有资本主义的深渊，要么转向西方国家的经济民主主义趋向即实行劳资合作乃至生产者与消费

---

① 郑斌撰述，郭任远校阅《世界各国新经济政策》，商务印书馆 1928 年版，第 107 页。

者合作的社会改良主义，那才是这些政策的真正归宿。

### （四）结语

《世界各国新经济政策》一书，具有鲜明的特点。一方面，从考察苏俄的新经济政策入手，通过描述时代背景、梳理沿革线索、列举文献资料、引用权威论述等，系统和翔实地呈现出这个政策的范围、对象、内容、旨意和影响，比较以前的有关介绍，史实更为丰富，也更贴近其原貌。当然，这些考察，很有可能参考或直接采自国外学者的研究成果，即便如此，能够依据真实材料，较为全面并条理清晰地将这个政策的精神和实施过程转达给国人，已属难能可贵；惟不时显露的翻译痕迹，往往有不甚达意之处，如对照有关列宁的原话引用，即可为证。另一方面，戴着有色眼镜去看苏俄所作的一切，不论先前的战时共产主义政策，还是此后的新经济政策，评论的语调都显得悲观而阴暗。其有色眼镜，在书中理论部分先定下调子，以所谓民主主义作为经济建设中调和社会各阶级并统一政治、经济、法律与道德的最中正思想。然后在书中案例部分，以苏俄作为具有牵引性的典型例证，把它放在这个有色眼镜下面仔细扫描。进而得出两个结论，其一，战时共产主义政策以及整个社会主义经济组织都是失败的。它依靠暴力革命，在无产阶级专政条件下，通过没收私有财产转为国有或公有，消灭资产阶级和自由竞争，实行余粮收集制和强制劳动等来实现，违背了立宪民主、阶级调和、收买补偿、劳动自由、协力合作、和平推进的经济民主主义精神。其二，新经济政策的推出，旨在纠正战时共产主义政策的错误，但立足于国家资本主义的发展趋向，不可能再回到建设无产阶级专政下的社会主义新社会的初衷。按照这个发展趋向，危险是重新堕入私有资本主义的深渊，出路是仿效西方国家的实业国有政策和新劳动政策。这个仿效过程，同国家政权及所有制的归属没有多大关系，关键在实业统制的经营管理方式，同时避免资本家的专制、劳工的专制和官僚的专制，建立以实业代议制即劳资合作直至社会公众合作为基础的经济民主主义秩序，也就是以社会政策或社会民主主义为其归宿。一句话，无论苏俄怎么做，只要坚持原来共产党的主张，都是没有出路的；要想有出路，惟有转入西方国家的经济民主主义轨道。

须注意，此书以苏俄为例，大谈其经济政策的谬误或失败，却很少提及作为苏俄革命指导思想的马克思经济学说。这也从一个侧面说明，苏俄的革命实践，同马克思经济学说的理论预期，在经济条件、发展程度以及相应的目标任务等方面，有很大差异，实际上在进行一个没有前例的创造性尝试，在相对落后的国家基础上率先建设社会主义社会。这个探索之艰难曲折，表现在经济领域，如同书中那些描述，最初实行战时共产主义政策，结果造成资源奇缺、储备枯竭、生产减少、劳工剧减、经费缺乏、财政紊乱、政治压迫、官府诛求、官僚干涉、投机盛行、饥饿痛苦、市民逃遁、专政强制、民心不安等悲惨现象，几乎走到山穷水尽的地步；不得已转而实行新经济政策，虽然仍坚持共产党的土地与实业国有主义原则，但含有更多的资本主义因素，或转向私有资本主义方面。此类描述，不能说都是恶意抹黑，具有很强的真实性。让国人从中看到了苏俄建设社会主义国家的时代特征、困难重重与巨大风险，和马克思所预想的社会主义社会，简直是完全不同的另一个样子。惟其如此，书中引用列宁阐述从战时共产主义政策转变为新经济政策的原文，即使知道其中说的道理，是在小农占优势的国家寻找向社会主义经济阶段过渡的道路，仍一口咬定这条路走不通，因为无论理论上或实践上，从来没有人尝试走过这条路。在作者眼里，苏俄新经济政策的前景，只有两条路可以选择，一条重回传统的私有资本主义道路，那是危险之途；另一条效法西方各国正在着手的经济民主主义道路，那是中正之路。这里的判断标准，像苏俄这样的相对落后国家，以社会主义经济制度或经济组织为宗旨，不可能解决发展社会经济、提高生产力和改善人民生活的问题。然而由此也留下了这样一个悬念，如果苏俄解决了经济发展、生产力提高与人民生活改善的问题，国人又将如何看待苏俄的社会主义探索？

附带指出，论及世界各国的经济政策，此时还有其他一些著作，研讨类似的问题，虽不曾接触苏俄经济制度，但可以提供其他的启示。如《国际经济问题》译本，可为一例。

此系日本堀江归一著，陈家瓒①译，商务印书馆1928年9月初版，列入经济丛书。著者1922年8月31日的"题卷头"称：本书以当年在各地的讲演为蓝本，整理半年内所发表的论文而成一小书，共10章（即"世界和平与国民经济并国际经济""从世界经济上所见之日内瓦会议""对外债务废弃问题""欧洲经济复兴问题""世界和平与对华经济政策""欧洲战后之银行合并""国民经济与之交涉""坏市面与国民经济""经济政策上之退缩与进取""税法上之问题"）。连同去年

---

① 陈家瓒（1870—1945），湖南善化（今长沙）人；早年赴日本留学，习法政科，在日本东京创办群益书社；回国后1907年在上海开设群益分社，共同创办《中国新报》，1908年授法政科举人，1910年任邮传部员外郎，1911年任湖南都督府财政次长（副厅长）；1916年任湖南实业科科长，1933—1941年任私立厚生讲习所所长，兼任教行政财务、经济学、统计学等课程。

12 月发行的《世界之经济如何动的》及本年 4 月修订的《续编世界之经济如何动的》两书，均借以说明国际状况。"今日承世界大战之后，希望国际和平之思想，虽充满于国民头脑中，然究未能彻底"。此不独国际间为然，即在国内，凡政策之所以蹂躏国民生活上之和平者，既进行而不纠正，始终不得不引为遗憾。因而本书对于误行政策之人，"皆不惮痛加掊击，究之亦不过以其居于公人之地位，始竭力批评之"；对于其私人则并无何等恩怨。此后 1925 年 9 月中旬，著者在"改版赘言"中又称：本书当初出版的目的，"专为明了内外经济上之状态"。迩来叠经重版，颇为有识者所赞许，私衷良慰。不意 1923 年大震灾时，原版烧毁，遂致绝版。为应付坊间需要，改版发行，订正时务期接触当今时势，无有遗漏。①

据此，著者着眼于国际经济状况，是为了日本国内经济政策作相应的调整，即适应战后国内外民众想望和平生活的普遍观念，纠正当权者一直奉行的蹂躏国民和平生活的错误政策，为此不惮痛加掊击和竭力批评。译者从这种抨击或批评获得的启示，可见其在 1927 年五卅纪念日作于上海的译者序：

"我国国民经济，至今日疲惫极矣。推原其故，则近八十年以来，列强之协以谋我者致之。今国人既涣汗大号，欲以取消不平等条约，打倒帝国主义，以作振兴我国国民经济之基础"。列强何以联合起来谋求"必以不平等条约束缚我，必以帝国主义压迫我"，其原因除了列强"宁我薄人，毋人薄我"的本性外，在于经过欧洲大战后，列强本国国民经济亦已疲惫不堪，而我国又给它们提供了可乘之机，它们"岂能弃而不顾"。因此，我国国民果欲振兴国民经济，一方"必研究本国受病之源，与以后力求所以革新之道"，他方"对于世界之经济，即所谓国际经济，亦必溯之既往，按诸现今，考究其变动情形，夫而后乃能得其下手之处"。知己知彼，百战百胜；前事之不忘，后事之师。经济无国界，"我国既为国际经济间之一员，则世界经济中一有变动，殆无一不影响于我国者"。惟其如此，则研究世界经济，尤其欧战以后的国际经济，"为刻不容缓"。日本崛江归一博士近来发表关于国际经济诸书，皆"足为吾人他山之助者"，其中许多议论虽就日本对症而发，"要其裨益于吾人者良非浅鲜"。故先以本书为之导而亟逐译之以饷国人。本书原名国际经济与国民经济，但从我国来看，日本经济问题也是国际经济问题之一，故改用

① 以上引文分别见堀江归一著，陈家瓒译《国际经济问题》，商务印书馆 1928 年版，著者"题卷头"与"改版赘言"。

"国际经济问题"，似较切实。①

简言之，我国国民经济的疲乏不堪，既是长期以来国际上列强合谋侵略的结果，又是战后未能利用列强本国经济的疲弱以谋自身发展，反而让列强有可乘之机继续侵略的原因。为此，译者像当时国内许多学者一样，特别是在北伐战争的胜利趋势下，赞成以打倒帝国主义的压迫，取消不平等条约的束缚，作为振兴我国国民经济的基础。当此之际，主张一面对内研究本国的病根，以求革新的办法，一面对外考究国际经济影响于我国的变化形势，以便趁势而动；于是先行推出日本学者结合本国经济病症来分析国际经济状况以谋改正错误政策的意见，作为可供帮助我国振兴国民经济的他山之石。然而能否实现这样的愿望，仅此参考显然无助于摆脱压迫和束缚，根本问题还在于中国选择自身经济发展道路的正确取向。这也是当时不少著作在提出打倒帝国主义的同时，把眼光投向马克思主义经济学和苏俄模式的原因。

与此相似的例子，还有周培兰编《日本之关税制度与政策》，政治经济学会1928年版。同年8月日本人北代真幸为之作序：

周培兰平素奉公于民国海关，笃学敏才，恪勤膺职，精通海关事务。最近著有此书，对于日本海关之形形色色，本其所亲历精查者，悉为叙述，博引旁搜，煞费经营。此书一出，"裨益实非浅鲜"。其功有三：一则明了我国（指日本——注，下同）海关之历史；二则供将来当局者之参考；三则"切当时局，尤足觉醒民国政论家所陷溺之迷路焉"。我国通商开港，基于外国强迫要求，当时税关由外人专任指导之责，"其制度纯属外人管理性质，对于日本极为不利"。正如著者所论，"嗣后全国上下，同心戮力，内进民智，外敦国交，历尽艰难困苦，始恢复税关之自主权"，前后达40余年。"今民国政论家，急起直追，欲以口舌收得自主权于旦夕间，殊不容易，必须先读此书，然后起而行之，庶有所遵循成功耳"。②

这位掌管大连海关的日本税务官员，直把我国大连海关视同日本海关。同时介绍日本当年在外国的强迫下通商开放港口，也有过完全由外人管理税关而丧失关税自主权的极为不利经历，并认为周氏编撰此书叙述日本历经40多年得以恢复关税自主权的艰难过程，对于民国政论家仿效日本，走出企图单凭口舌而在短期内收回关税自主权的迷途，同样是可以遵循的成功之路。周氏曾在中国海关任职，他8月

---

① 堀江归一著，陈家瓛译《国际经济问题》，商务印书馆1928年版，译者"序"。
② 周培兰编《日本之关税制度与政策》，政治经济学会1928年版，北代真幸"序"。

的自序，表达了更为深切的忧虑：

我国自 1942 年缔结《南京条约》后，"关税受片面协定之束缚"，财政之拮据，产业之凋敝，民生之憔悴，"其故皆片面协定关税为之厉阶耳"。我国虽然属于独立自主的国家，但"税权劫持于强虎狼之列邦，竟历悠久之岁月，而不克收回，究何故哉"。回顾清季以来，政府昏庸，纪纲失坠，人民亦只图瓦全，不顾玉碎，税权一再剥夺，而莫能挽回，盖有由矣。"幸近年来，国民政治经济常识较前大见进步，已能督促政府，废除不平等条约，及收回关税自主权，不可谓非觉醒之曙光"。我国的关税自主运动，肇始于巴黎和会之提案，复据理力争于华府会议。曩昔日本的关税制度亦基于外国的强迫要求，"与我国几出一辙"。考日本收回关税自主权的经过，其所以能如愿以偿，"一则因明治时代，文治武功，震古铄金，而国威大张，再则因人民全体之进步，而国势骎盛"。如此仍经过 30 余年的奋斗，而后始得之。本人深疾"太阿倒持，税权沦丧"；近年来因升斗之禄，服务海关，"惟夷门折腰，愧为主人"。于是以平日蒐集所得，详加研究，尤其反复申论日本收回关税自主权之经过，关税制度之内容，政策之实施与修改税则之方针，"其于吾国，虽不得为南针之示，要不乏借鉴之处"。①

显然，周氏此书，为了配合我国正在开展的关税自主运动，以服务于中国自己的海关却听命于日本人管辖的亲身屈辱体验，立志研究日本同样经历过关税自主权从丧失到收回的奋斗历史，以此为借鉴，推进国民的觉醒曙光转化为努力于国家强大和人民进步的现实行动。此书 275 页，分 4 编叙述日本的关税制度之沿革，现行关税制度，关税政策，修改一般关税之经过，在当时确实具有独特的参考价值。正像前面的《国际经济问题》译本，译者希望从中汲取有助于我国打倒帝国主义和取消不平等条约的滋养一样，此书编者也希望借鉴日本的案例，推进我国的关税自主权运动。这些引入国际经济知识、经验与教训的努力不断地汇集和积累，如果仍不能让中国在根本上从帝国主义的压迫和不平等条约的束缚中解放出来，则势必为马克思主义经济学的传播和苏俄道路的选择，创造更多的推动因素和更加强烈的尝试诉求。

### 三、《中国农业改造问题丛著》及其他

唐启宇这本丛著，中国农林学社发行，民智书局 1928 年 6 月初版。唐氏为留

---

① 周培兰编《日本之关税制度与政策》，政治经济学会 1928 年版，编者"自序"。

洋归国的农业专家，此书还介绍了他编写的其他两本书，可见其农业研究方面的造诣。一本《农业政策》，上编叙述土地政策、佃租问题、关税政策、保险政策、分配政策、消费政策、推广组织、农业行政组织等，下编详列英、美、法、德、日、俄等各国的农业政策，最后列举中国的农业政策；"乃外察世界大势、内酌国情而定者，当兹训政初期，欲解除农民之痛苦，改善农民之生活，不可不三复此书之奥义"。另一本《农业经济学》，前面已考察过，被称为"诚治农学及经济学者不可不备之书"。说到待考察的这本书，其写作背景及经过，见唐氏作于南京的序言①：

本人研究农业学有 13 年，初学于金陵大学，所学者不过普通和基本的科学。毕业后，负笈美国，"思欲于我国特用作物之改进有所致力"，首选治植棉与烟草之学。一年之中，接触既多，情感变迁，"所足震荡我心弦、萦迴我脑际者，厥维彼邦人士之注意于农民经济状况，及所以改善其生活之道而已"。印象既深，便迫切想到，吾国农民经济之窘迫，尤其甚于美国不知多少，"岂可无学而奢言拯农救国耶"？于是来到"以治农业经济学著名"的康奈尔（原译"康乃尔"）大学，"精治博览，慎思明辨"，学习经济学、农场管理学、土地经济学、乡村教育等；"课业之余，饫聆谈论，教诲谆谆，如坐春风，不自知其进步"；随后到美国首都华盛顿搜集论文材料，又与农业部土壤司、气象司、农业经济司，内政部土地司，商业部诸专家交流，并在图书馆涉猎所欲得的知识；回到康奈尔大学后写成《中国农业之经济的研究》一书。1924 年，与朋友一道游历欧洲，遍访英、法、德、意诸邦，"谒其名都，考察其家政之得失"，途经各城市而返回上海。适逢齐卢战事（又称江浙战争）起，江南 9 县沦于兵革，于是有兵灾调查之举，继则建议办理江苏省农业借款。又遇粤中党争渐烈（指围绕联俄联共扶助农工政策的争论——引者注），异议滋多，"急激者流，徒鹜于苏俄革命之成功，而罔恤国情，贸然取法，惧酿大乱而不可收拾"，于是讨论中国农业经济问题。1925 年春，因国之大患惟在兵多，兵多之源由于生计窘迫，写成裁兵兴垦之作。同年夏，亲率学生赴蒙疆，深入五原河套一带，希望开发西北的富源，撰写西北农垦计划。1926、1927 年间，再度赴粤，探讨农民运动情况，其后任职中央党部，发表几篇有关农民运动的文章，"凡所以树立国民党农民运动理论之基础，与夫实施农民运动之方案，罔不本一得之愚，有所创述，固不敢谓垂空文以自见"。去年与今年，鉴于租佃纠纷

① 此作序时间标明 1928 年 7 月 24 日，居然在其书初版时间 6 月之后，作序时间或初版时间二者，必有一误。从序中所述看，似乎更可能是初版时间标注有误。

以及尚未确立土地政策，又商榷提出《佃租制度之背景以及中国佃租制度之改良办法》及《民生主义与土地政策》二文。再以中国的合作事业，亟待提倡推行，故发表《农民销运合作社会与农人经济的改造》等三篇文章。综上所陈，此书积四年点滴的闻见研究而成，"准于事而衡其情，达于理而述其情，覆瓿与否，读者知之，毋待予之辞费"。①

于此可知，唐氏自南京金陵大学毕业后赴美国留学，在康奈尔大学专修农业经济，其博士论文的题目便是《中国农业之经济的研究》。所谓"丛著"，乃是他回国4年间考察和讨论有关农业改造问题的各种著述，按时间先后编排，汇集而成。严格地说，这是一部围绕同一主题的文集，不是具有严密逻辑的系统著作。此分为"农业经济问题""农民运动""民生主义与土地问题"和"运销合作之经营"4编，尤须注意"农民运动"一编。根据序言的说法，讨论中国农业经济问题的初衷之一，因广东军政府内部围绕三大政策产生争论，一些激进者看到苏俄革命成功，便不顾国情，盲目提出取法苏俄的"异议"，担心由此酿成不可收拾的大乱。随后在广州国民党中央党部任职期间，专门考察农民运动情况，针对上面的忧虑，撰文试图为国民党建立农民运动的理论基础及其实施方案。这些创述，集中体现在第2编第5章"苏俄的农民运动及其批评"。

**（一）第5章评介**

这一章含7节②，第1节"绪言"：

"近来经济的新运动，以农民运动为最可注意。一切国家农民运动的方式，以苏俄农民运动的方式为最显著。一切农民运动的结果，以苏俄式农民运动的结果为最恶劣，因为苏俄式的农民运动是带着欺骗性的，是带着诈伪性的，是带着利用性的"。执笔写这一篇时，"想苏俄农民，受苏俄少数执政的压迫和操纵，受种种的痛苦，不敢呻吟，不敢呼号的状况，不禁心痛"。我们研究学问，不可先存成见，以为只要是新颖的就有价值。"如果以这种错误观念来看，苏俄农民运动，以为它的方式是新奇的，就无论它对与不对，也就拿到中国生吞活剥的实行起来，惟恐不力，其结果便是陷于卤莽灭裂，不可挽救"。做这篇文章的目的，不是说农民运动不应当，是说"农民运动的方式，应当依照一国的实际状况，用冷静的头脑去研

① 唐启宇著《中国农业改造问题丛著》，民智书局1928年版，"序"。
② 以下引文凡出于本章者，均见唐启宇著《中国农业改造问题丛著》，民智书局1928年版，第26—51页。

究出来施用，而不可削足适履，致陷于苏俄的窠臼，起无限的恐怖"。"我们要研究苏俄农民运动，就是希望从这个当中反证起来，可以认识中国国民党农民运动的原则，才是惟一救国救世界的正路"。

以上绪言，是全章的主旨。宣判苏俄的农民运动，方式最显著，结果最恶劣，带有欺骗性、诈伪性和利用性；苏俄农民受到少数执政者的压迫和操纵，处于不敢呻吟与呼号而令人心痛的痛苦状态；其他国家一旦陷于苏俄农民运动的窠臼，将出现无限的恐怖；等等。这个宣判，理由冠冕堂皇，从学问上劝诫国内的激进者，若以苏俄农民运动方式为新奇而硬搬到中国实行，势必因草率粗疏而产生不可挽救的后果。产生这样的印象，除了国情不同的说教外，恐怕也与作序者自己的成见有关。他把苏俄当作反面教材，想从原则上为国民党的农民运动找到一条正路，直接针对的，正是国共合作期间由中共所主导的中央农民运动讲习所。这里不说工人运动或劳动运动，单提农民运动，既有当时中国革命以农业和农民问题为主的特点，也有作序者以研究农业与农民问题为专长的视角，此外或许还有突出苏俄在战时共产主义期间因工人阶级专政而压制和剥夺农民的用意。

第2节"俄国农业之时代的背景与农民运动"，提出俄国革命思潮何以得到全国人民包括全国农民的同情，由于贵族与农民两个阶级之间的冲突，以及欧洲战争的结果，物质上的莫大影响引起思想上的极大变动，这是不可复制的国情。接着分别考察1861年的解放农奴令，米尔组织（原译"密尔"，沙俄时代的一种村社形式），解放的结果，1905年人民的骚动等。直至欧战期间，"列宁一派的共产党，对于农民问题，加以敏锐的注意，晓得群众的缺乏和需要，遂发土地分配与农民的论调，博农民的同情"。所以1917年，农民与共产党形成联合战线，背靠这样大的力量，十月革命成功了。"革命成功的原因，乃由于绝对大多数的农民参加革命，是无可疑的"。共产党执政之后，树立农民政策的第一点，"依照共产党的宣言，将政权归到无产阶级的手里，实现劳农专政，推翻资本经济的制度"。

这个考察，分析列宁领导共产党取得十月革命的成功，关键在于重视土地分配问题并得到农民的支持，符合历史事实。但把革命后首先实现无产阶级专政和推翻资本主义制度，完全归于农民政策的成果，又过于狭窄了。

第3节"苏俄共产党经济政策的基础"："布哈林说俄国共产党经济政策的基础，为生产手段的国家化。国家化的意义，就是将生产的手段统统操于国家的手里。不过共产主义与国家社会主义者有点不同。因为共产主义者主张集中财产于无产阶级国家的掌握，不是主张集中财产于资产阶级国家的掌握。要达到这目的，有两种方式。第一由无产阶级的国家，没收资产阶级的土地，废除土地私有的制度，移其所有权于国家。第二废止土地农有的或小规模的经济组织，而易为集产的大规模的经济政策。所以苏俄共产党的农民政策的理论，专在农业的社会化，国民化或国家集产化"。

这里将国家掌握所有生产资料，作为苏俄共产党的经济政策基础，毋庸置疑。同时又从理论上着重解释苏俄共产党的农民政策：一则不同于国家社会主义将土地财产集中由资产阶级国家掌握，意即国家社会主义仍属于资产阶级性质。二则无产阶级国家掌握土地财产的方式，从所有权上看，通过强制没收方式，废除土地私有制度以收归国家所有；从经济组织上看，通过改变土地个体或小规模经营为集体或大规模经营的方式，实现农业的社会化或国家集产化。这个分析，同样有其眼光，惟较多体现了战时共产主义时期的政策色彩。然后对这个政策基础，从以下几个方面，予以具体介绍。

一是"国有土地"。首先"没收地产"：1917 年 11 月 8 日（俄历 10 月 26 日），俄国共产党占领冬宫的第二天，全俄工农兵第二次大会发表土地布告。"宣言无赔偿的废止土地的所有权"，私人的地产，不问属于皇帝、王室、寺院、教会，都要没收，由土地委员会与农民代表大会办理接收的手续。该委员会等可决定实行到什么程度，并负责保护各项地产，包括土地上的建筑物、牲畜、农具及商店等。"如此一来，旧时代的地主贵族是完全打倒了，更无死灰复燃的希望"。其次"分配地产"："凡苏俄所有的土地，须依人口的增加率同生产及耕种的改良情形，按时平均重行分配于各农民。换句话讲，就是土地的使用权将依一地域的人工供给的多寡与每家需要的多寡，平均分配。以后耕种的方法或由一家族的全体经营，或由各个人分头经营，纯看各地方情形而定。但无论如何不得雇用工人。因为共产党认雇用工人，谋自己的利益，是不对的"。国家可以将人民从稠密的地方迁徙到荒凉的区域，并承担移民的费用，确定移民的程序。结果，"地主阶级完全消灭，劳农阶级增加劳力"。1918 年 3 月 3 日，劳农政府第二次布告，"宣布永久废除土地的私有权，就是农地农有权，也在废止之列。农人有力量可以耕种若干的田地，就得若干亩田地的使用权，不能够用购买、租借、赠与、遗传或其他的方法来拥有土地"。按照共产党人当时的见解，这些拥有方式"是不公道的，是不合法的，是无存在的可能性的"。再次"分配地产与工作力的关系"："劳农政府既将从前的制度，一概抹杀，对于土地的分配，就不得不创立一种新标准"。新标准根据"消费及工作的平常单位"，以18—60岁男子的工作力为一单位，其余类推。"土地分配的目的，就是要使得无地的人民情愿从事农业的，有土地可以耕种"。以极轻微的代价，第一将土地交给当地失业的农人及农工，第二交给外地迁来的农人，第三交给以前未曾从事农业的其他人。地方自治团体、农会或农社、家族也可分得土地，但农业劳工组织具有优先权。"政府因为全体人民都实行工作，维持生活，所以替他们保寿险、保衰老、疾病之险，保无力工作之险，如果遇有病症的时候，可以入政府所设立的医院医治，不必纳费"。

二是"集产组织"。"苏俄当局欲达到共产主义的目的，所以主张打倒资本主义，利用集产的组织经营农业，所以鼓励集团农场的经营，并使集团农场能供给食粮及肉品于市民"。1918年，"苏俄共产党用全部的力量，煽动一般困穷的农民反对富裕的农民，恰如以前鼓励全体农民，打倒地主一般"。"以前是农民对外的阶级斗争，现在是小农的里面，又重演阶级斗争的一幕"。政府尽力帮助无产阶级，1919年2月14日颁布法令，更主张集团经营农业的方式。其中说："为达破坏一人之剥削他人之利益，根据社会主义，组织农业，利用科学与技术之改良，引导全体之平民，以及乡村间之贫民联合一致，打倒资本主义之目的，则对于土地之利用，应由个人组织而移于集团组织。苏维埃农场、农业自治团、共同耕种土地者以及其他土地之集合使用，则为达上项目的之最良方法，而现行个人使用土地之方法，则当逐渐废止"。按照这个条文，"农业政策的中心，已经移到苏维埃农场与土地使用的集团组织"。接着分述苏维埃农场与其他集团组织的内容：苏维埃农场所有的土地，由没收大地主的土地得来；从生产方面看，"具有共耕性质"，其生产品不独满足农民的需要，还要满足市民、政府官吏及红军的需要；从管理方面看，"具有共治性质"，而且是国家经营任务的一种，其管理员或委员会由国家或省行政长官任命，并建立劳工委员会；指导当地农民应用科学方法改良农业，鼓励农民舍去各人独立耕种，转而以集合全体的力量去经营农场；共产党将农业组织起来的"大原因"或"意像中的良果"，使苏维埃农场变为苏维埃行政当局供给农产品的策源地，变为谷物食品等的社会化工厂，加强城市与乡村之间的联络，灌输和推广新知识；农民部委员有权直接管辖重要的苏维埃农场，国家地方经济委员会有权直接指挥苏维埃农场，实行科学耕种方法。农业工人联合会是集团耕种组织的创始团体，将分离的工人集合起来互助，共同工作，共同使用生产工具，组织简单，又是暂时的。集合耕种会根据社会生产和自愿的原则，由全乡或各组会员共同使用工人和生产工具，从事耕种、收获等事项，并规定大体的耕种计划和直接管理办法；任何个人或家庭，都必须承担一部分工作，不能雇人代做，不能缴费免做，带有强迫性质；用集团耕种法所得的生产品，须经地方农部的同意，分配于会员。农业自治团体是集团耕种中最复杂的组织，依据法律，这是劳农的自动联合会，"本共同的原则从事耕种，对于生产、分配、消费，一律平均摊派"；其模范方式，"须以普遍的友爱的工作之平等以及享受利益之平等，为其目的"，会员"应交出个人的财产、金钱、器具、牲畜等以及其他必需的物件，以图共同耕种事业之发达"；此系集合多数小农场而成，促进与苏维埃农场的密切关系，承担教育邻里的责任，帮助农人与剥削者斗争，受到政府的绝对控制；其土地由当地苏维埃农部发给，生产工具属于政府的财产，剩余生产品移交粮食机关，"禁止一切剥削农工所得的利益"；苏维埃农场为政府组织的农场，农业自治团体为政府与人民联合组织的农场，"照共产党的意思，这两种强有力的组织，使得各个小农能够各尽他们的力量，从事社会的事业，农业上的共产主义，可以步步实现"。

三是"防止土地细分的布告"。自从革命以来，土地平均分配的过程逐渐强化，无地的农人、红军的兵士以及战时的俘虏，不论地势的高低、土壤的肥瘠，个个有了土地。但经过一次又一次的分地，收成渐渐减少，精耕和施肥渐渐遇着阻碍，也不能规定农作所用的人工。所以苏维埃行政当局 1919 年 7 月 1 日颁布公告，"限止土地的区分"。1920 年 4 月 30 日农民部部长又颁布土地细分的公告，其要义，"凡土地的完全或一部分配，均须得当地管理地产行政当局的同意。凡完全分配，只许于三循环期轮种制度完成时行之"。依俄国的习惯，三田制度盛行，每块田地实行三年轮种法。照此规定，每九年才有一次完全分配。

以上从三个方面，具体阐述苏俄的基本经济政策，主要是基本农业政策。其内在关系：通过没收地主和贵族的地产而实现土地国有，再无偿或以极低微代价，按一定程序平均分配给农民，继则取消一切形式的土地私人所有权，农民只有使用权而无其他产权，并由政府承担农民的养老、疾病等生活保险；在国有土地的前提下，由政府或与农民联合组织各种形式的集体生产与自治团体，引导农业生产经营方式从个人独立为主转向集体互助为主，既是为了消灭一切剥削现象以实现共产主义目标，也是为了满足政府、市民和军队对农产品的需求，加强城乡联系以传播新知识，运用科学技术以改良农业生产，教育邻里以发挥示范作用等；国有土地在分配过程中，为了避免土地不断细化分配对农业连续生产所造成的损害，根据轮种生产习惯，限制土地细分以稳定土地的使用权。这种内在关系，从实行彻底的土地国有，到相应推进农业生产组织经营方式的集体化，再到讲求生产效率以免经常性调整土地分配关系不利于稳定土地使用权从而不利于农业生产，不仅体现了苏俄农业政策的基本特征，还让人看到它在具体实施过程中的立意、定性、举措、步骤、影响和效果。如此连贯、细化而真实的史料，当时难得一见，经梳理而被率先介绍到国内。从引证的资料看，以上苏俄农业政策的出台与实施，主要集中于战时共产主义时期，因此也带有那个时期的特点。

第4节"农业革命的进展"：一是从"给与小农的土地"看，革命后完全消灭私有财产制度，大部分土地由大地主掌握转移到小农手里，小部分土地归政府组织苏维埃农场或归农会和农业自治团体，不仅大地主的农场被消灭了，连大农的农场也被消灭了。可见"苏俄共产党的第一步计划，将土地分配于农民，得农民的同情，他的效果非常之伟大"。然而，城市工业不发达，许多市民回到农村从事耕种自给，因此每个小农从大量没收的地产中所分得的地产很少；土地一再分配，与土地的充分利用南辕北辙；欧战后断绝进口来源和生产减少，农业生产工具缺乏，又难于像土地那样重新分配，故许多土地不能完全耕种；加上内战的破坏，阻碍调拨丰产地的粮食供应市民需要，小农不愿用剩余的粮食交换贬值的货币等，于是造成城市居民的粮食恐慌。

二是从"农产品与工艺品交换"看，"苏俄共产党以为欲推翻资本主义，应将贸易权采到国家的手里，不必有市场，不必有买卖"。所以苏维埃行政当局的农产品供给政策，生产者与消费者直接发生关系，政府的责任即负责各项生产品的交换。他们不明了要实施这种计划，必定是农产品与工业品双方之间以及各自内部，受到"供给与需要的经济率"的支配，才能够适合。他们以为不是全体农民反对他们，只是富裕的农民反对。其实贫农所以赞成共产主义，因为立于贫穷的地位，希望分到富人的钱财。这个交换计划，"不久就失败了"。城市方面，制造品不够用，所以将制造品藏起来不愿交给政府以换取农产品，这样也断绝了粮食来源。乡村方面，有钱的农民不愿多生产以换取工业品，货物的缺乏增加了投机家的盈余，大部分用来贿赂政府官吏。"所以政府独占国内贸易的策略，是完全失败"。救济这个局势，只有两条路可走。第一条路恢复国内的自由贸易，无异于共产党认错，这是共产党的领袖不愿做的。第二条路强制征发农产品。"不幸的苏俄，竟先走第二条路，走到不通，才又转到第一条路去"。

三是从"农产品的强制征发与其结果"看，1918年5月13日，全俄中央委员会通过农产品强制征发的布告："欧陆四年之战争，遗赐于吾人者，为食粮供给机关之破坏，以至今日，情形更为严重。消费地方虞食粮之缺乏，生产地方乃有一九一六及一九一七年收获时剩余之谷粮而未经打出者。其故乃由于资本家牟利者以及中产阶级，囤藏谷粮，而不愿恤市民之饿殍，以及小农之困穷。彼辈既不将谷粮运至市场，遂使政府不得不提高食粮之价格，价格一高，彼市场买卖现货于投机者而获收其利。政府为一般人民之利益计，故禁止一切谷物之自由处分，所有粮食之备办，以及粮食贸易之专利，全操之于政府之手。其农人自身所得保有者，仅足维持自己及家族之食粮，及土地耕作上必需之种子而已。除此之外，一切均不许自储。倘有剩余产物，应以官定价格缴纳于国家，且负有此缴纳之义务。倘玩视此义务时，则宣告为'人民之敌'，处以十年以下之徒刑，没收其全部财产，自治团体驱逐之。苟酿造者酿造违禁品之酒类时，则罚以做苦工若干日。所有农产均须报告政府而由政府依'不作工者不得食'之原则，分配之于各人"。当时官价大大低于市价，没人愿意维持农业生产并将剩余谷物缴纳给政府，于是政府全力强行征发。"共产党政府要叫每个农民只为一供给食粮的机关，是反乎人类的本能的"。共产党当局要在乡村"造成阶级斗争的一幕戏"，使强迫征发的方法容易成功。1918年5月29日，全国成立贫农委员会，作为地方苏维埃的代表，受食粮部部长与全俄中央执行委员会的直接指挥，决定每户应征发谷粮的数量并监察其交付情况。"贫农委员，遂一跃而为一村的主宰。他们攫取牲畜，攫收谷粮，大家分配，对于城市，持不闻不问的态度。原来共产党的意思，要无产阶级的农人，帮助无产阶级的工人。到这个时候，才证明差误了"。实际上乡村的成分几乎坚固维持，贫富之间的差距不如共产党所想象的那么大。经过革命，赤贫固然赤贫，大富也变为赤贫，"结果反而增加农人仇视市民的恶感，农人看市民是不中用的人，是寄生物"。共产党利用贫农与富农阶级斗争的方法，强制征发农产品，既然没有成功，不得不用武力以应付严重的粮食问题。1918年夏，全俄中央执行委员会布告，给与食粮部全权，用武力对付反对征发谷粮或其他农产品者。1919年，在食粮委员的指挥下，调动兵力强迫农民缴纳剩余的谷粮。强制征发农产品的结果，数量有所增加，仍远不敷俄国人民的消费；惹起大部分农民的直接反对，采取各种消极办法，如将大农场分成多个小农场，改变耕种方法，减少牲畜、耕种面积和单位面积产量等。"农人既然不情愿把他们辛辛苦苦的收成无代价的缴给政府，所以他们宁可回复到原始经济的状况，废止一切取得城市制造品的希望，而使生产粮食仅够他们自己的需要。同时只依靠着手织机与粗笨的机械，供给他们衣服、农具等等"。"农人拿这副态度，对付市民，当然于城市有绝大的影响，然而他们的自身，也难逃免所得的恶结果"。饥馑流行，人有菜色，人畜都不能得到充足的粮食；死者日以千计，货物日益缺乏，一时俄国所有人差不多都变成投机家，什么事物都可以投机；市民带着什物到乡村去换取食粮，采用原始货物交换的办法，城乡间的感情，更加恶化，不久农民也感受饥饿的痛苦。"现在用机关枪建设共产主义的计划，又遭失败。在常人的理想，共产党的当局或许要改换方针，农民不情愿做国家的奴隶，也自显然可见，但是共产党仍旧不承认他的错误"。

四是从"农田的强迫播种"看，"苏俄共产党既然保持他们不妥协的政策，所以他们就想到如何使强烈的药剂，能够增加效力"。他们以为小农用减少田亩播种量的方法来抵制政府，所以强压命令农人多播种。1920 年 12 月，全俄工农兵第八次大会，对恶劣的农业情形，议论颇多，并宣言："工农联合会以与大地主牟利者及资本家之奋斗，使农事为所牺牲，农业为内争所破坏，农民应征为红军以维持工农之自由。加以比年以来工场为敌所毁，机械器具之能用诸农场者甚少。至于外国货之于农人日常生活极为重要者，其输入几完全停止。虽以农业行政人员之尽心竭力以图谋农业之利益，而耕种之面积乃逐渐减少，耕事为人所恝置，牲畜之数目亦逐渐减低"。大会起草布告包含"援助及发展小农场的条例"："苏俄政府认农业政策为各项政策中之最重要者，故凡苏维埃之组织，均有帮助农人从事农业工作之义务。农业之维持，非特别分所应尔，抑亦国家责任之最重要者"。苏俄政府命令各省指定区域，办理种场，供应种子及农具给居民。又限定农工必须在自己的土地面积上全部播种，并且须用政府所指定的几类谷种。"但是纸上的农业社会化，与用阶级斗争及机关枪方法的农产品社会化相等，都是没有成效的。情势只有愈趋于恶劣，农业生产，下落甚著"。"列宁以前常常的讲共产党政府决不在农民的前头退缩的"，但到 1921 年 3 月，开大会提议废止强迫征收的制度，实行农产税的方法，"可算无条件的降服于农民了"。

五是从"集团农业与苏维埃农场"看，"苏俄共产党对于农业的社会化，既然注重集产的组织，既然要拿集产的组织，代替分产的组织，所以集产组织的结果，是值得我们注意的"。首先看苏维埃农场。"政府对于苏维埃农场有独立行使权，因为农场的生产品应该完全交给公家"。1920 年末期，苏维埃农场已成规模，这是政府所经营的事业，若经营不良，也由政府补助。其次看农业自治团体。1918 年的农业组织差不多都属于这一类，将大地主的产业分给其他小农的时候，小农不得不互相集合，用共同的力量从事农业。再次看农业工人联合会。此会起初很少有人注意，1919 年竟有蓬勃发展的趋势，到 1921 年又慢慢下落；许多工人联合会采用合作社的条例，不愿接受 1920 年公布的模范规则，因为这个规则，规定凡注册的会员，应该清理他们的财产，将牲畜和农具等任由联合会处置，这是农民所反对的。最后看集合耕种会。土地的集合耕种不过是暂时的，渐渐地流于生产合作社的途径；其人数占俄国农民总数的比例很低，足见"俄国的集团组织的事业，并不发达"。人民为什么要组织集团农场，有的要实现共产理论，这是共产党人所主张的；有的要维持寺庙旧产业，集团耕种可以得到政府的保护；有的因缺乏土地和牲畜，穷得不得了，不得不集合耕种；有的因为集合耕种，政府可以供给粮票、种子、器具，并先期供给农人款项，所以不是将集合耕种当作一个目标，乃是当作一种方法。"多半加入自治团体的农人，不是很不安定的分子，就是很懒惰的分子"。

　　这一节从五个方面叙述俄国农业革命的进展，实际上是说它的失败，全面予以否定。没收大地主土地分配给农民方面，表面上效果非常伟大，实则受到各种因素的制约，未能避免粮食恐慌现象的发生。取消市场交易而由国家控制农产品与工业品的交换方面，因违背经济供求规律，城乡双方都无法推行，导致投机盛行、贿赂腐败和粮食来源断绝，又不肯认错，不幸走上强制征收农产品的道路。强制征收的效果方面，禁止粮食自由交易，政府以低价强制让农民缴纳剩余农产品，再将征收的粮食按不劳动者不得食的原则分配到人，此法违背人类的本性；征收采取以贫农监督富农的阶级斗争方式，让无产阶级的农民帮助无产阶级的工人，这是判断失误，因农民维护自身利益和农村贫富情况变化而未成功；于是动用武力逼迫，又造成农业退回到原始状态、物物交换、城乡对立和饥馑流行的更加恶劣结果，宣告用机关枪建设社会主义计划的失败。继续强迫农田播种方面，以农业政策为国家最重要的政策名义，强令农民使用政府指定的种子在自己的全部土地上播种，无异于用阶级斗争和机关枪的方法推行纸面上的农业社会化，不仅没有成效，农业生产状况反而日趋恶劣；结果共产党政府不得不退缩，列宁提议废止强迫征收制度，实行农业税办法，等于无条件降服于农民。农业社会化组织和集体农庄方面，除了一些人以实现共产理论为目标外，多数集体组织或经营不善，或反对共享财产，或流于生产合作社，成为权宜办法，而且往往由不安分或懒惰分子组成。这些叙述，用词尖刻，把苏俄共产党的农业革命效果，说得一无是处。同时也以少见的详尽史料，逼真地反映了在农村实施战时共产主义政策，从最初为农民争取土地的权利，到后来明显损害农民的利益，以致不得不转变经济政策。

第5节"苏俄的农业行政组织"：一是农民部。这是苏俄农业行政的中心组织，成立于1917年11月28日，代替前政府的农业部，"图谋解决农业上的重要问题"。内设部长与农民部委员会，各部门分别负责与各地方合作，供给中央和各地方农业行政机关的经费及设备；实行社会化的农业制度，规定各种土地事项及土地移垦的规程；指导农业生产工作，组织试验区及演示区管理农业合作社及集团农场；供给农场机械用具、种子、肥料；收集农业统计及经济数据，联合各部分的工作，规定实行的步骤，预备制定农业政策的种种材料等。农民部部长在苏俄政府里占很重要的地位。二是农民代表大会。1917年11月3日布告，规定设立中央同地方代表会，暂时解决制度变更的各项问题。地方代表会由人民直接选举，责任是废除各区域所残留的农奴制度及耕种依赖方式，汇集皇室、教堂、大地主、集团小农、独立小农所有土地的数量，进行各地农业改革的工作。此外有仲裁委员会，解决各项争端。农民代表大会的费用由政府负担，每年举行一次代表大会。中央代表大会由各方面代表组成，其中央委员会的工作，收集和整理关于农业的特别事项，以谋农业的革新；起草和认可法律上关于农事的建议，向政府各委员陈述。革命初期，各地都有这种代表会，但组织繁复，且同苏维埃其他组织的关系不明确，后来改变为各苏维埃的农区部。农区部直接隶属农民部，1919年5月10日公布其规程。它的功用是设立集团共产的农场、集团农场，即"苏维埃对于农业改革理想中的结晶体"，工作范围很大。包含农场和农民的统计，土地重新分配，土地生产率增加的奖励，技术方法的改善，农业知识的散布，以及指定土地首先供苏维埃农场的用途，其次供自治团体及农业工人联合会农场的用途，再次供农民个人维持生活的用途。1921年1月10日指令设立播种委员会和乡村委员会，政府宣布强迫征发农产品以后，各自治区各县各乡都有此类组织。其事项包括起草强迫播种的计划，分配食粮部供给的种子，采用改良苏维埃农场的方法；希望在短促时间内能够取得成效；可以利用红军、工团军、食粮队、收获队等，从事政治及农业的宣传，增加生产。苏俄政府又设置乡村委员会，发展耕种者的劳力，执行强迫播种的计划以及有规则的耕种方法，但不久也成具文。"这是新经济政策实施以前农业行政组织的状况"。

换言之，以上农业行政组织适应于战时共产主义政策，为了实现农业改革的理想，在机构设立和职能安排上，既体现农业社会化方面的尝试，也体现政府对基层农业生产活动的直接干预，而且带有浓厚的强迫命令性质。

第 6 节 "共产主义下农民的经济及社会情形"：一是播种的面积。农业社会化的制度对农民和农业的影响，可以表现在农场播种的面积明显增加上，"但是这种农场是很难维持生活的"。二是"农场性质的变动"。既然减少自由贸易，农场同外来的影响自然不发生关系；小农生产仅以维持家庭为限度，以前在市场上购办的谷粮，现在自行耕种以备手工业用度的需要，并自制生活用品和家具，"复还到原始的状况"。三是生活程度的减低。俄国小农的生活本来很简单，欧洲大战时，消费增加，生活程度也逐渐提高。"革命以后，共产主义的盛行，以前种类很多的食品，是寻不着了，食粮的品质，渐渐趋于恶劣，拿黑麦代替小麦，减少上等面粉的数量"。比较欧战前，革命后的生活情形，可以表现在购买农具和生活用品的价值减少上。至于农人卖到市场的农产品，更是大为减少。四是农具牲畜购买价值的下落。贸易歇绝，粮食缺乏，城市人民依靠乡村人民提供的口粮，不及战前的一半；物价腾贵，不可抑制，城市劳动者的工资不敷生活之用；强迫征发，农民为了自卫，到处发生暴动。"以共产党手段的恶辣，看见当前状况的恶劣，境遇的悲惨，不得不改他们向来所抱的方针"。

前面曾从农业革命的进展角度，分五个方面数落它的失败，最后被迫改变战时共产主义政策，实施新经济政策。现在变换一下，再从农民的经济与社会生活受战时共产主义政策的影响角度，也分五个方面，指责在这个政策的施压下，扩大播种面积并未给农场维持自身生活带来好处；禁止自由贸易使农场和小农的生产回复到原始状态；农民的生活水平降低；农民迫于生活不得不以低价出卖农具和牲畜来换取粮食；贸易断绝和粮食缺乏致使物价日益昂贵，强制征发粮食引起各地农民暴动。结论是共产党自己的恶毒手段造成了悲惨的境遇，又迫使自己不得不改变原来的经济方针。

第 7 节 "共产党主义下苏俄农民运动的批评"：苏俄人民尤其占全体 85% 的农民，他们受贵族大地主残虐而无人道的待遇，向来令人痛心疾首。帝国政府与这些大地主有密切的关系，同它们讲解放农民，无异于与虎谋皮。"列宁等共产党，看到农民的心理，便以'土地分配于人民'的口号，号召农民，激昂慷慨，深得农民的同情。所以一下的工夫，送了几百年的独裁政府的运命，再一下的工夫，送了克伦斯基临时政府的运命。但是人民所欢迎的，是为群众利益奋斗的过激党，不是欢迎为自己利益打算，破坏群众利益的共产党"。下面说明"在战时共产主义时期中俄国共产党失败的原因"。

一则"苏俄共产党是利用农民不是为农民服务的"。苏俄共产党的农民政策如土地国有、集团耕种，"是要利用农民做国家的奴隶，利用农民巩固无产阶级的专政，利用农民巩固共产党少数人的专政，利用农民聚会游行，打倒这一个，打倒那一个，任农民的牺牲流血。增加很微末的土地，反而要将辛苦所得的生产品，归国家的分配，把农民完全看着一个生产的机器，没有一毫自由权的"。至于如何增加农民的生产率，改善农民的经济、政治和教育状况，"他们是全不讲究的"。"苏俄农民在共产主义旗帜之下，大有憔悴呻吟欲哭不得的情形。积极的反抗，他们明知是无效果，就是大有效果，也是牺牲很大的，所以他们就不得不从事种种消极的抵抗，终于得到胜利了"。

二则"苏俄共产党是帮助自己使农民破产的不是帮助农民为国家造产的"。"苏俄共产党要成就他们的目的，不惜用大破坏的方法，将社会生产破坏。所以强迫征发农产品，强迫播种粮食，使得农民个个人不情愿生产，等到饥馑荒年一来，就没有办法，只有同归于尽"。他们不知道小农的贫困，由于所有土地的不足和知识的缺乏，不能充分利用已有的土地。单给小农土地，不帮助农民开垦荒地，制造农具，改良种子，输入优良牲畜，使用肥料，驱除作物与家畜的病虫害，这对农民与国家都是无利益的。

三则"苏俄共产党是为主观的利益垄断农民组织不是为客观的要求指导农民组织的"。苏维埃的农区部，是共产党实行办理集团农场的组织；苏维埃的播种委员会和乡村委员会，是共产党实行强迫播种的组织。"苏维埃的农民组织，不能够代表农民的意见，只不过政府假托民意，强奸民意，包办把持，权利独享的机关。因为共产党不让真正的农民，为自己的利益，有自由发展他们组织的机会，所以真正的农民对于各个假冒的农民组织是不信任的，但是假冒的农民组织也就站不住了"。

四则"苏俄共产党对于农民的态度系制造阶级的惨苦斗争不是为免除阶级的惨苦斗争"。革命的目的为着解除人民的痛苦，革命时期有若干牺牲，但这种牺牲是不得已的，"并不是可以不牺牲而一定要千方百计造成大牺牲的局面来攘夺政权"。"苏俄共产党首先煽动农民同地主的斗争，又煽动贫穷的农民同稍为富裕的农民斗争，又煽动无产阶级市民同无产阶级农民的斗争，不惜用种种阴谋、残酷的手段，杀人如麻，流血遍野，成就他们的目的。这是只求共产党生活而不顾无产阶级的生活，更不顾其他阶级生活的结果"。

五则"苏俄共产党土地国有平均分配的政策是不能满足农民的要求的"。苏俄共产党以为解决土地问题的方法，"莫妙于将土地收回国有，把所有耕田的农人，都变成国家的佃户，让农民只有使用土地的权柄，享受一部分果实的权柄，没有所有土地的权柄"。但是农业富于永久性，如果农民只有暂时使用的权利，而且随着人口增加，要经常依照平均分配的手续来重新分配，那末谁情愿改良作物，养殖动物，保存土地呢？苏俄的农民要求，是要把贵族大地主的土地，分给他们，让他们耕者有其田，并不是要把全国的土地归于国家，做国家的奴隶，而是做国家的自由民。所以苏俄的政策，"是不能满足农民的要求的"。

六则"苏俄共产党集团耕种的方法是不合于实际的需要的"。"苏俄共产党以为'各尽所能各取所需'的原则，可以应用到各方面。但是各尽所能各取所需是人类知识相等的状况。现在要把各种阶级铲除了，要把知识技能高的铲除了，要把耕种的方式，都要归于集团的方式，回复原始的状况。勤恳力作的，反而是罪恶，游手好闲的，反而有奖赏，是非颠倒，黑白混淆，尽所能的未必能取所需，取所需的未必能尽所能。所以集团耕种只能在一时间号召贫苦的小农，但是终久就被时代实际的需要所淘汰了"。

我们看看苏俄的农民运动及其结果，"就晓得欺骗农民，愚弄农民，利用农民，总有一天破露，遭民众的厌恶。惟有指导农民积极的组织起来，谋他们自己的利益，才能够真实的解放农民，真真的为农民谋幸福"。

如果说以上第4第6两节，分别从苏俄共产党推行农业革命的全面失败，以及农民在农业革命中陷于社会经济的悲惨境遇两个角度，亦即从上下两端的实际效果上，彻底否定战时共产主义政策，那么，第7节对苏俄共产党发动农民运动的批评，再从理论原则上，彻底否定这个政策，而且呼应绪言的主旨论断，作为全章的结论，进一步从六个方面，充分展开其理论批判。须注意，批判者通篇号称站在农民的立场上，农民既然占俄国人口的绝大多数，则农民的立场又几乎等同于全体人民的立场。依此而论，苏俄共产党既然立足于以工人阶级及其军队为主，意味有自己的私利（或称阶级利益），也就不会天然站在农民的立场上以维护近乎全体人民的利益。这是本节理论批判的一个基本前提，不同于以前或其他的著作谈及苏俄革命，常常把它所代表的工农兵无产阶级，看作一个统一体，站在共同的阶级立场上去推翻地主贵族和资产阶级，而是把苏俄共产党看作仅代表占人口少数的城市工人阶级或掌握政权者的利益，与大多数农民的利益并不一致。这从理论上看，固然是分析的深化，但由此也成为否定苏俄共产党统治的重要理论支撑点。

依据这个理论支撑点，批判者顺理成章，把列宁领导的共产党与广大农民的关系，视为先是引诱利用农民达到夺权目的，然后为自身利益而损害农民利益的关系。如最初揣摩农民的心理，用分配土地给人民的口号来获取他们的同情与支持，相继推倒君主专制政府和资产阶级临时政府之后，又推行战时共产主义政策去破坏农民的利益，这也被归结为苏俄共产党失败的原因。具体扩展开来：实施土地国有和集体耕种，分给农民很少的土地，把农民当作国家的奴隶而失去自由权利，农产品收归国家统一分配，却不关心农民的经济、政治和教育条件改善，这是利用农民的流血牺牲来巩固无产阶级和共产党少数人的专政，反而将农民置于痛苦之中，以致招来各种消极和积极的抵抗；采取强制征收农产品和强迫播种等方式，造成农业生产的大破坏，却不知道农民的贫困在于需要土地、知识及各种生产改良和支持办法，结果走上国家与农民同归于尽的道路；建立各种农民组织机构来执行和落实一系列强制措施，以主观代替客观，并非真正代表农民意见和维护农民利益，通过专政垄断以假冒民意和包办把持，既得不到农民的信任，也不可能长久维持；先后煽动农民同地主、富农，以及无产阶级市民同无产阶级农民的斗争，手段阴险残酷，通过杀人流血来达到目的，这是制造而非免除阶级斗争，只顾共产党的生活而不顾农民和其他阶级的生活；限定农民只有土地的使用权而无所有权，又按照平均分配的原则不断重新分配，结果产生农业永久效益与暂时使用权利之间的矛盾，违背耕者有其田的本意，也不能满足农民成为国家的自由民而非奴隶的要求；采用各尽所能、各取所需的原则，不切实际，而铲除各阶级的有知识技能者，以及回归原始的集体生产方式，更是与此背道而驰，让游手好闲者大行其道。总之，在批判者看来，苏俄共产党所推行的农民运动，全都是在欺骗、愚弄和利用农民，终于败露而遭到民众的厌恶和痛恨，不得不抛弃；正确的道路，应当是指导农民为了自己的利益而积极组织起来，获得真正的解放和幸福。

以上理论批判，如果单独用来分析苏俄实施战时共产主义政策的弊端，特别是帮助新生政权渡过国内战争的危机后，这个政策仍未收缩反而强化的失误，应当说不乏合理因素。这也是其批判内容值得详细征引的原因，可资从中吸取经验教训，作为相对落后国家探索社会主义建设道路的理论与实践的借鉴。然而将苏俄共产党与广大农民对立起来，借批评战时共产主义政策之机而从根本上丑化、抹黑和否定苏俄共产党，那又夸大其词，别有用意。作者先在序言里告诫国人中的激进者不要看到苏俄革命的成功，贸然取法，现在再提供其失败而不可效法的理论与事实依据。比较起来，其他那些抨击苏俄革命的著作，也纷纷举出战时共产主义期间的各种专政强制方式，作为典型例证，但像唐启宇这样条分缕析地列举史实资料并据此展开理论分析，仍属难得一见。不过唐氏之作只限于叙述战时共产主义政策的推行与失败，虽提示后来有新经济政策取而代之，却未及或不愿论述这个新政策。否则，他对苏俄共产党的那些责难之词，恐怕会产生一些难以解释的矛盾。

### （二）补充分析

除了第5章专论苏俄的农民运动及其批评外，第3编第2章"解决土地问题的政策"，也提到"共产主义国家解决土地的政策"，实即苏俄的土地政策：

"共产主义国家解决土地政策的第一个特征，就是土地国有"。土地国有与土地私有相对立，资本主义下的农奴，无论男女老少，绝无一点自由权。其后农奴解放了，土地仍属于养尊处优、高拱无为的贵族及大业主，一般农民的贫困，未能舒解且有更趋恶化之势。农民怀抱怨愤不平的心理，默念土地与自由的口号，不时发出他们郁结的声音。等到呼声高了，土地与自由的口号便成为推倒俄国独裁政治的基础，树立劳农政府的根由。"共产党徒，以为土地所有权，操之于贵族大业主之手，与操之于自耕农之手，是一样的。因为农业与其他产业，同样受集中法则的支配，操之于贵族大业主之手里，固然属于私有财产，操之于自耕农手里，也是属于私有财产。保护自耕农无异于保护私人财产权，所以自耕农非消灭不可。自耕农既然消灭，土地当然归为国有，然后本'各尽所能，各取所需'之原则，举行分配之方法。本来耕者只想有地来慰藉他们的饥渴，一旦碰见了这土地国有的招牌，在精神上物质上都受到强烈的刺激。革命的冲动，敌不过切身的情感，高尚的理想应不了冷酷的事实。共产主义国家的土地政策，在没收土地分给农民时，便已经生出不可治的破绽了"。

"共产主义国家解决土地政策之第二个特征，就是集团耕种"。集团耕种"实在是共产主义的基础，而共产主义之所以成立，实由集团经营极端发达所致"。工业能够集团经营，商业能够集团经营，为什么农业不能够集团经营呢？集团经营使商人无从独擅贸迁之利，工人无从独显技术之精，农人无从独著生产之能，共同生产，共同分配。"但共同生产四字，绝非容易办得到的，尤其在农业方面，不容易办得到的。尽所能者未必能取所需，取所需者未必能尽所能，个性消沉，社会如何能改造呢"？

"共产主义国家解决土地政策之第三个特征，就是剩余农产品之国家支配，将乡村的剩余农产品与城市所生产的工艺品相交换，由国家支配之方式，取自由竞争及私人独占之位而代之"。原来各项事业的自由竞争，需要技术的改良，经营的经济，新式机器的应用。"所以在工业上自由竞争之结果，资本家不惜剥削工人的劳动，形成劳资间的纠纷。在农业上自由竞争的结果，业主不惜剥削佃户的劳动，形成业佃间的纠纷。在市场上自由竞争的结果，一方面有但知自饱不管人饥的消费者，他方面有但求利己不惜损人的生产者。于是经济上发生生产过剩的恐慌。等到自由竞争发达到极点，而变为独占，货物价格的一定，任意放盘的不准，互相竞争的防止，破坏规约的受极重大之处罚。于是独占市场的支配权，一般人民，无论是农民，是工人，都要俯伏于一般资本家的足下，寄托他们的生命于一般资本家的掌握。所以共产主义的国家，鉴于自由竞争与独占的危害，趋向于他一极端"。可是农人辛辛苦苦，胼手胝足，仅仅生产一些农产品，就要拿去与工业品交换，他们的心里是否情愿？农产品与工业品各受供给与需要的支配，如何能使农产品生产的数量与工业品生产的数量恰合？"这样重大的问题，共产党的学者，或许未能作精密的考虑罢"。

以上内容，在叙述资本主义国家解决土地的政策之后提出来，接着说到三民主义国家解决土地的政策。有两个特征：一是平均地权。"含着重大的意义，在一方面不采用土地国有，在他方面不废除土地私有权，使农民'自决'其生产的性质，'自治'其生产的事业，'自获'其生产的结果"。"换言之，不是消灭土地所有权，而是平均土地所有权"。二是鼓励垦殖。中国既有大片可耕的土地而任其荒废，又有众多勤劳的农民而终年不能维持生活，原因就在于铁路交通不发达及农民不能利用机械力。补救这个缺陷，只有用国家的力量鼓励垦殖，使用机械力。"同时根据民族相互间的谅解，造成一个新文明社会。并且要将来鼓励全世界的移垦运动，使各个民族都有向上发展的机会，都有要求生存的可能性，人类的幸福才可以期望其实现"。比较三类国家解决土地政策的不同点，"如果我们相信三民主义国家解决土地政策是对的，我们便应该切实地研究土地政策，应用于各种土地的方法，要依着已往的背景，现在的环境，人类的性质，树立坚固不磨的道理，指点迷津，前途便是岸了"。

上述说法，在第3章"农地政策"里，还有相应的理论阐述。如谓：土地所有权的变迁，以及土地变为私有的过程，无可置疑，经历了下列四个时期："土地无所有权的时期""土地共有共用的时期""土地共有私用的时期"和"土地私有时期"。土地私有制建立之后，经过几千年的历史，经过种种的变化和改革，"然而耕地国有的办法，终究不能恢复"。现在的学者，鉴于私有财产制度的弊害，就要完全破坏私有耕地的制度，重新恢复国有耕地的制度。这种国有土地的思想倾向，"已种生出世界上不少的波澜"。他们否认财产个人私有权的思想背景，简单说起来，可以归纳为绝对否认的克鲁泡特金（原译"克鲁巴金"）派（指无政府共产主义派），与相对否认的马克思派和蒲鲁东派。①

看了增添的这些内容，须补充以下分析：一是所谓共产主义国家，指实施战时共产主义时期的苏俄。这里将苏俄解决土地的政策，概括为土地国有、集体耕种和国家支配剩余农产品三个特征，虽有提纲挈领之意，其内涵在前面已有详细阐释，无需再述。值得分析的是，关于土地国有的特征，首先承认缘于土地私有的弊端，一般农民无论受贵族大地主的控制还是处于资本主义之下，都不能改变贫困的命运，于是呼唤土地与自由，由此也为推翻俄国君主独裁统治和建立劳农政权奠定了基础。其次批评苏俄共产党把产业集中的法则搬到农业领域，企图像对待贵族大地主一样，消灭自耕农的土地私有权，实行国有土地制度下的共产分配方法，其破绽在于革命的冲动和高尚的理想，无法改变农民只想有自己的地来耕种的切身情感和冷酷事实。这是说苏俄尚处于小农国家，根本不可能打消小农的私有土地欲望。关于集体耕种的特征，既指出共产主义的基础需要集体经营发展到极致，也就是充分的社会化，又指出比起工业领域和商业领域，农业领域更难做到各尽所能的共同生产与各取所需的共同分配。这实际上是说俄国经济尤其农业的落后状况，其社会化程度远不足以支持农业的共同生产与共同分配。关于国家支配剩余农产品及其与工业品交换的特征，一面说这是针对资本私有制下的自由竞争，原本用于改良技术，降低经营成本和应用新机器的自由竞争，结果却造成资本家剥削工人、地主剥削佃户的对立矛盾，造成在市场上损人利己的生产和消费而产生的生产过剩恐慌，发展到极点又转变为控制物价、限定生产、防止竞争和惩罚违反规约者的独占即垄断，

① 以上引文均见《中国农业改造问题丛著》，民智书局1928年版，第9—13页。

将一般人民的生死命运完全掌握在资本家的手中；一面又说共产党用于消除这些危害的对策，走向另一极端，没有想过农民是否情愿，也没有考虑如此实行交换是否符合供求规律。这个说法的前半截带有马克思学说分析资本主义经济的理论意味，后半截仍然回到这样的命题，在小农经济的落后基础上，难以实现由国家支配而取消自由竞争的工农产品交换制度。综上所述，将战时共产主义的权宜之策作为解决土地问题的根本办法，不符合苏俄当时以小农为主的相对落后国情，不断诉诸强制方式予以执行，势必损害农民的利益并招致强烈反对，这个分析有合理之处；但借此从根本上否定苏俄共产党，否定将马克思主义经济学运用于俄国革命实践的探索性尝试，这个论断又有偏颇之处。

二是相信国民党的民生主义，才是解决土地问题的正确政策。此说既专门针对苏俄共产党的政策，亦特指解决中国自身的土地问题。所谓平均地权，特意强调不是土地国有制，也不废除土地私有权，是通过地权的平均让农民得到土地后，能够自行决定生产性质，自行治理生产事业，自行获得生产成果。这里的重点，不在于地权平均的实施，是否具有强制性（当然不同意没收手段）的问题，而在于实施之后，农民拥有土地所有权，能够自主处置相关生产与分配事宜。看来，这被当作执中之道，不仅能克服资本主义国家的私有土地政策的危害，更能避免共产主义国家的国有土地政策的恐怖。所谓鼓励垦殖，需要借助国家的力量，如修筑铁路，拓展交通，使用机器，开辟荒地等，乃至建造新文明社会来鼓励全世界的移民垦荒运动，让各民族都有发展的机会和生存幸福的可能。此心愿不可谓不博大，但它的立足点，仍是期望依靠耕者有其田来改变中国农业的落后面貌，并未提出农业生产的社会化问题。由此也可以明白，作者著书立说，谈论中国农业改造问题，其主旨之一，不要仿效苏俄共产党的土地政策，应推崇国民党的民生主义土地政策。

三是大谈苏俄的共产主义土地政策，却极少提及马克思经济学说。只是在讨论农地政策中的耕地国有运动时，偶尔提到马克思派属于相对否认财产私有权的一派，还与无政府主义的蒲鲁东派搅混在一起。这里似乎暗示，苏俄的国有土地政策，更多与绝对否认财产私有权的非马克思一派相联系。对于马克思学说，从此书的间接论述看，未见提出明确的反对意见，相反还吸取和引用其批判资本主义社会的一些理论观点，或至少表明对这些理论观点不那么陌生。这就引出一个问题：苏俄的战时共产主义政策，与马克思主义之间，究竟有什么关系？书中没有也不可能回答这个问题。但马克思学说所论证的在发达资本主义的基础上建设社会主义的理论，显然同苏俄在相对落后的基础上推行战时共产主义政策，存在着难以契合之处。当时不仅资本主义国家统统站在苏俄共产党的对立面，马克思主义阵营中的反对苏俄者也不在少数。由此产生的理论困惑，恰恰说明新的无产阶级革命实践，呼唤马克思主义的新的理论创新。所以，不论苏俄初期实行战时共产主义政策，还是后来转行新经济政策，均应看作马克思主义同苏俄革命和建设实践相结合的创造性尝试，包括它的若干错误和失败在内，都是在摸索前人未曾走过的社会主义道路的曲折过程中，不可避免付出的代价。

### （三）结语

唐启宇的著作论述和批评苏俄的农民运动，同前述郑斌的《世界各国新经济政策》考察和评论苏俄的新经济政策，相映成趣。二者都着手于客观史实和文献资料的挖掘、梳理与引用，以此来介绍和分析苏俄的经济政策及其变化，不尚空言，这是一个重要前提和良好基础。对比起来，郑氏之作以苏俄的新经济政策为重点，较为全面，除了论述战时共产主义政策的实施情况与效果，以及农民政策之外，还论述实业国有政策、劳动自由政策，特别是这些政策在新经济政策指导下的转变成效；其结论是新经济政策不再属于社会主义经济组织的范畴，转向国家资本主义，其合理趋势或归宿应是遍及西方各国而以阶级调和为主的经济民主主义。唐氏之作则以战时共产主义政策为重点，集中于农业领域，涉及国有土地与农村集体组织，针对农民的各种强制措施，农业行政组织机构，以及农业革命的实施效果等方面；其结论是这个政策已经完全失败，不能作为中国的取法对象，正确的选择应避开资本主义国家和共产主义国家两个极端，走不采取土地国有制和不废除土地私有权而又借助国家力量的民生主义道路。从论述的重点看，二者各有侧重，合起来可以比较完整地反映苏俄从战时共产主义政策到新经济政策的实际面貌；从得出的结论看，二者殊途同归，合起来可以比较真实地显现早期国内学者对苏俄在经济领域施政的普遍或主流看法。依此而论，当时国内较为严肃并尊重客观事实的学者中，用质疑或否定的眼光来评价苏俄的经济政策及其效果的意见，具有很大的影响力。这里的原因，除了评价者自身的主观成见外，还有重要的客观因素，如苏俄革命在相对落后的国度获得成功与马克思论证社会主义革命建立在资本主义发达基础上而产生的理论与实践差异，在这种情况下探索社会主义经济建设所面临的风险与不确定性，战时共产主义政策未能适时转变的失误和恶果，以及实行新经济政策所包含的资本主义成分等。但不论如何，坚持以客观真实的态度看待苏俄，跟踪、收集、整理和分析相关的经济史料，积累起来，终归有利于做出合理和正确的评价。

由此也可以解释二者的另一个共同点，避而不谈苏俄经济政策与马克思经济学说之间的相互联系。以往国内谈论苏俄革命的著作，突出以暴力革命方式夺取国家政权，实行无产阶级专政，没收地主和资本家的私有财产而转归国有等激进特征，比较容易与马克思的革命理论联系在一起，所以一般都肯定列宁或布尔什维克党是马克思主义的继承者。于是，否定了苏俄革命，也就等于否定了马克思主义。现在来看郑氏与唐氏的两本著作，罔顾这种继承关系，在质疑或否定苏俄的经济政策时，同样只字不提马克思经济学说。相反，两本著作倒是在不同程度上，指责资本主义经济组织或制度的缺陷和危害，主张纠正与改革，其理由还与马克思经济学说有些相似之处。这样，就把在某种程度上肯定马克思经济学说，同完全否定苏俄经济政策，区别开来，从而形成只论苏俄经济政策而不论马克思经济学说的著述格局。大概在两本著作的作者心目中，已经感觉到苏俄所建设的社会主义或共产主义社会，同马克思所设想的社会主义社会，具有不同的社会经济基础或物质与精神条件，但又说不清其中的道理，干脆避开不提。然而苏俄确实是在马克思主义的指导下，进行社会主义经济建设的探索。国人通过苏俄这个典型案例，认识、感受乃至接受马克思主义经济学的传播，从其历史进程看，实际上分为前后两个阶段。前一个阶段是苏俄革命的成功，让人清楚地看到这是将马克思学说运用于俄国革命实践的范例，对落后国家具有示范作用；后一个阶段是苏俄革命后的社会经济建设，起初的艰难、挫折和转变，让人看得不那么清晰，随着内战结束而逐步取得经济成效并日益明显，才使得人们开始认识到这是将马克思学说运用于苏俄经济建设实践的创造性尝试，对落后国家同样具有示范作用。自此以后，国人中的有识者便逐渐扫去笼罩在苏俄案例上的阴霾，把苏俄的革命与建设，与马克思主义经济学的传播紧密联系在一起。

## （四）其他有关中国经济问题的著作

前面唐氏著作讨论中国农业改造问题，其特点是对照苏俄的农民运动而引为可以汲取的教训，此外本年度还有一些专论中国经济问题的著作，大多局限在中国范围内，就问题谈问题，不大触及其他参照物。但这样的经济问题积累多了，终将超出就事论事的具体局限而不得不思索更为基本的指导思想与发展道路问题。正在积累中的此类著作，不妨列举几例。

陈铭勋①著《经济改造中之中国工业问题》，新时代教育社1928年6月初版。著者同年5月1日作于上海寓所的自序称：1927年春季，沪上以人文荟萃、工业最盛之区，适当军事要冲，加上劳资争执，上海丝厂、纱厂、面粉厂各有宣言载诸报端，"均系历诉军事之影响，及不平等条约束缚之痛苦"。此所感之痛苦，"亦即全国工商界所同受之痛苦，其关系于国计民生者甚大，吾人不容忽视，思为文以讨论之"。"我国著述最感困难者，莫如统计之缺乏，而关于工商业之论著，统计又居最要"。本书根据大都采于农商公报、上海总商会月报、各种年鉴以及地质调查所之中国矿业纪要、中国铁矿志等书，"材料务求翔实，言论皆浅显易行"，至于一切来源难考之统计，皆摒而未采。②

著者从上海工业联想到全国工业问题，面临的最大痛苦是军事战乱的影响和不平等条约的束缚，而且正当经济改造之际，全国工商界所共同感受的这种痛苦，又极大关系于整个国计民生，这也是撰写此书专门探讨这个问题的初衷。书分绪言，中国工业状况，时局纠纷、经济紊乱对于中国工商业所发生之各种影响，社会状况对于中国工商业所发生之各种影响，不平等条约对于中国工商业所发生之各种影响，发展中国工业之各种问题，结论7章。但显而易见，无论时局纠纷、经济紊乱、社会状况或不平等条约，都不是单从工商业角度所能解决的问题，这取决于维持改良现行制度还是彻底改革这一制度的根本道路选择。另外，从我国统计资料的缺乏上，也能看到当时影响国人自撰经济学理论与应用类著作的制约因素。

金国宝③著《中国币制问题》，商务印书馆1928年7月初版，列入经济丛书社丛书。钱永铭④同年同月为之作序："欲统一财政，必先统一币制"。此著"抉精阐微，洞中窥奥"。金君本是学者，"尤邃于经济原理，故平日所为文，能以经世之

① 陈铭勋其人不详，20世纪40年代曾任上海鼎泰公司董事长。
② 陈铭勋著《经济改造中之中国工业问题》，新时代教育社1928年版，"自序"。
③ 金国宝（1894—1963），字侣琴，江苏吴江人；早年在复旦大学学习经济学，1919年毕业回吴江中学任英文教师；曾赴美国哥伦比亚大学专攻统计学，获硕士学位，回国后任暨南大学、上海商学院、上海法学院等，任职政府财政局和银行界，并赴欧美考察；新中国成立后，先后任复旦大学、上海财经学院教授，上海社会科学院经济研究所教授。
④ 钱永铭（1885—1958），浙江吴兴人；1897年入上海育才学堂，1902年入天津北洋大学学习财政经济，1903年留学日本入神户高等商业学校学习财经及银行学；1909年回国，任教南京高等商业学校，1912年赴北京参加接收旧农工商部，任会计课长，不久辞职回沪；1917年起任交通银行上海分行副经理、经理，总行协理、行长；1920年任上海银行公会会长，1925年任四行储蓄会副主任及联合准备库主任；1927年为南京国民政府财政部次长，次年任浙江省省府委员兼财政厅厅长；此后一直在实业界和银行界担任主要职务，曾为国民参政会参政员；1948年任复兴航业公司董事长，次年前往香港，后定居台湾。

大愿，发为建国之弘谟"。坐而言之，不难起而行之。"世之言财政者，罔不以整理币制为先决问题，然必如此书之详较其得失，熟权其利害，而后有正确之轨辙可循"。马寅初同年 7 月 21 日亦作序称：关于银价低落对于吾国财政与物价的影响，金先生书中言之极详。"今读先生之书，与鄙人意见，适相符合，并因其主张之新颖，论谈之精当，特为之介绍于留心币制问题者"。① 两位作序者，均系知名专业人士，一个重实务，一个重理论，对金氏之作都有较高的评价。

此书分本位问题，银辅币问题，铜辅币问题，纸币问题，银两问题 5 篇，附录国家有关币制条例和章程，以及各省银行及钱业发行纸币比较表。从这些有关币制问题的专业论述里，也能看到当时中国建立独立和规范货币制度的艰难历程。这里特别要提到其著者，对于考察马克思主义经济学在中国的传播进程来说，并不陌生。1919 年间最早把列宁的著作翻译介绍到国内，便是其人，那时署名金侣琴②。而如今，他已是以统计学家的身份，专门讨论中国的币制问题。

《中国农村经济实况》一书是译自英文的论文集，戴乐仁等著，李锡周编译，王建祖等校，农民运动研究会 1928 年版。书中 5 篇论文分别是"中国农村经济之调查""安徽芜湖附近百零二个田家之经济及社会调查""四川峨眉山二十五个田区之调查""四川成都平原五十个田家之调查""中国之农村借贷"。

编译者同年 7 月 8 日作于北平燕京大学的例言说明：第 1 篇的著者为燕京大学农村经济学系教授戴乐仁（J. B. tayler）③，第 2 篇的著者为金陵大学农林经济学系教授白克（J. J. Buck），第 3 篇的著者为成都大学经济系教授布郎博士（H. D. Brown），第 4 篇的著者同前，第 5 篇的著者为许继廉④。此书利用课余之暇，集译而成，原无心出版，不过现下北伐成功，中国统一有望，北平市满街贴着"清查户口，整理耕地，调正粮额，以谋民食均足"的标语，遂以为这几篇稿子能

---

① 二序分别见金国宝著《中国币制问题》，商务印书馆 1928 年版，"钱序"与"马序"。

② 参看《1917—1919：马克思主义经济学在中国的传播启蒙》上卷，上海财经大学出版社 2016 年版，第 2 篇第 4 章第 1 节一、二。

③ 戴乐仁（John Bernard Tayler, 1878—1951），出生于英格兰，1901 年毕业于利物浦大学维多利亚学院化学系，获硕士学位；1906 年作为传教士由伦敦会派往中国，先在天津新学书院任教，1917 年任北京汇文大学经济系副教授、系主任；1919 年受聘组建燕京大学经济系并任系主任兼教授，直至 1937 年，其间曾到伦敦经济学院进修经济学课程，1934 年一度任南京政府农业研究会农林工业主任；后在英国庚子赔款委员会任理事，1943 年前往印度，1945 年回国。

④ 许继廉，江苏淮安人，1921 年毕业于清华学校，1924 年获宾夕法尼亚大学经济学学士学位，1926 年获芝加哥大学硕士学位，1933 年任南京中国银行行长。

为"清查"及"整理"农民生活之助，于是胆敢印行。①

这本书就其著者而言，运用西方经济学理论分析中国经济问题，致力于调查中国底层经济特别是农业经济的状况与特征，将经济学授课与中国国情结合，也推动了经济学的中国案例调查；尤以牵头者戴乐仁，还积极推动了中国经济学社的建立并担任最初两届的副社长。就编译者而言，其时应是燕京大学的经济系学生，出版此书为了配合北伐成功后的清查整顿形势，以助农民生活的改善，也就是借用现代经济学的基层调查成果，服务于政府谋求民食均足的民生政策。由此联系上述几本专论中国经济问题的著作，广泛涉及农业、工商业和货币金融等论题，意味着现代经济理论与知识的应用，正普及到国内各个经济领域。这种普及，其实在某种程度上，也为马克思主义经济学在这些经济领域的传播，铺垫了基础。

本章列举的著作，其典型性在于，前一节专门论述劳工运动和苏俄革命的著作，深入探究苏俄案例的内情、特征与影响，由此得出苏俄模式不如社会改良方式的结论，后一节以国际经济地理、各国新经济政策和中国农业改造为论题的著作，也在讨论各自专题的过程中，从不同的角度纷纷聚焦于苏俄模式，并用更加系统、详尽的史料和专业分析的眼光，或者否定苏俄道路的可行性，或者断定苏俄施政的自我调整势必走到欧美国家进行社会改良的共同趋势上去。这些论述，针对苏俄革命，同时又与谴责中国共产党的作为联系起来，或将民主主义与中国共产党效法苏俄革命的经济主张对立起来。这是那个时期否定联俄联共政策在经济类著作里的典型体现，然而为了强化这种否定而加深对苏俄历史与现状、理论与实际的经济学分析，又意想不到地将苏俄探索社会主义道路的独特经历和艰难进程，毫无掩饰地展现在国人面前，为马克思主义经济学在中国的传播，提供了更加鲜活而可资借鉴的实证案例。

---

① 戴乐仁等著，李锡周编译《中国农村经济实况》，农民运动研究会1928年版，"例言"。

# 第三章　各种经济学著作与马克思经济学说

这一年时局动荡，但未影响经济学著作的数量明显增多，国人自撰的比例也在明显增长。这些著作没有摆脱西方经济学的支配性影响，却体现了翻译者或编著者各自的偏好。

## 第一节　关于经济史学的著作

下面考察的经济史学著作，比较以前几个时期的同类著作以译本为主或几乎清一色的译本，一个特色是出现了出自国人之手的有分量的成果，并占有可观的比重，举例如下。

### 一、《近代欧洲经济学说》

赵兰坪①编辑，商务印书馆1928年1月初版，列入经济丛书。编者1927年5月14日作于南京的"自序"说：

欧美经济学说、经济思想等书，往往有两种"缺点"：一是"国家观念太浓"。作者若为德国人，必列举德国经济学说之长，而暴其他各国之短；若为法国人，必称经济科学始于法国，不始于英国。二是"偏见太深"。作者常喜以主观的眼光，解释各家学说；故作者的见解不同，各家学说也随之而互异。如提倡主观价值论者，称李嘉图的价值论为主观价值论；从事劳动价值论者，必称李嘉图的价值论为劳动价值论；主张生产费价值论者，又称李嘉图的价值论为生产费价值论。"诸如此类，而读者苦矣"。本书自18世纪后半期起，至19世纪后半期止，记述一百年

---

① 赵兰坪（1892—1967），浙江嘉兴人；幼年随父母移居上海，后留学日本，获庆应大学经济学学士；回国后历任暨南学校、东南大学、中央大学及中央政治学校经济学教授；曾任中央银行顾问，1945年5月当选中国国民党候补中央监察委员；1949年到台湾，任台湾大学经济学教授。

间欧洲经济学说之大要。内容以英国的古典派、德国的马克思为主体，对各家主要学说的解释，比欧美一般普通经济学说书籍详尽。"然识陋如余，误谬难免，亟盼读者进而教之，则幸甚"!①

看来，赵兰坪编辑此书，应是利用欧美经济学说或经济思想一类书籍的现成资料，旨在克服其主观上存在的两种缺陷。全书近 300 页，共 10 章，又分主体与其他。第 1—5 章，分别论述亚当·斯密（原译"亚丹史密斯"）、萨伊（原译"珊依"）、马尔萨斯、李嘉图和古典派后继者（边沁与詹姆斯·穆勒）的经济学说，此为英国古典派，包含法国经济学家萨伊在内；第 6 章初期社会主义者的经济学说，含圣西门、傅立叶、路易·勃朗（原译"路易柏朗"）和欧文（原译"涡文"）；第 7、第 8 章分别论述李斯特（原译"李士特"）和约翰·穆勒的经济学说；第 9 章"国家社会主义者"的经济学说，含洛贝尔图斯（原译"罗彼尔塔斯"）和拉萨尔（原译"拉塞列"）；第 10 章马克思的经济学说。书中分别用 59页、44 页、89 页论述斯密、李嘉图和马克思的经济学说，几占 2/3 篇幅，确实体现主体的份量。论述马克思经济学说，又细分为"传略""著述""唯物史观""社会革命""阶级斗争""价值论""资本之意义及其循环运动""剩余价值""协业""机械""再生产"11 个方面，也是下面考察的重点。

### （一）传略与著述

关于马克思的生平事迹，此前国内的著译作多有介绍，对关注者而言，属尽人皆知。赵氏此书，介绍马克思的传略，大体到 1876 年国际工人协会解散为止，详略重点有所不同，补充了一些鲜为人知或令人感兴趣的内容和评论。例如：

马克思本来打算获得教授职位以"指导民众"，"使自由之风，行于天下"。按照当时德国大学教授的任职资格，先提出论文获得博士学位始可，而论文的检查，"凡平日言论，稍有激烈者，即难入选"。马克思"平日议论，已趋极端，故无及格之望"（指在柏林大学）。于是 1841 年到耶拿大学（原译"奇乃大学"）提出题为《德谟克利特的自然哲学和伊壁鸠鲁的自然哲学的差别》（原译"弟穆克多斯与爱比克拉斯之自然哲学之不同"）的论文，并获得哲学博士学位。但自 1840 年以来，专制政治重演于普鲁士，"马克斯之教授梦，遂无实现之望，乃作笔墨生涯"。

1847 年 7 月，马克思等人在比利时的布鲁塞尔发起成立"德国工人俱乐部"。

---

① 赵兰坪编《近代欧洲经济学说》，商务印书馆 1928 年版，"自序"。

中心人物除马克思、恩格斯外，还有威廉·沃尔弗（原译"何尔夫"），别名"赤狼"，马克思的"契友"，本为农夫，从事劳动运动有功，卒于1864年。逝世时以遗产的一部分800余英镑，赠给马克思以助其完成《资本论》。故《资本论》第一卷扉页，写有"以献亡友威廉何尔夫之灵"（今译"献给我的不能忘记的朋友、勇敢的忠实的无产阶级先锋战士威廉·沃尔弗"）。

1848年德国爆发革命，马克思等人回国创办《新莱茵报》（原译"新来因新闻"），自为主笔，"为当时欧洲革命之南针"。发表10余篇论文，"皆以唯物史观为基础，证明革命之不可避者"。后因反革命运动势力日涨，劳动者的革命事业渐归失败，马克思亦被各国政府视为危险人物。1849年到伦敦，"以唯物史观为基础，而论革命"。"以为革命一定有革命之时期，革命之可能性。若时期已过，可能性已失，虽恃人力，亦难成功。所谓革命之时期，革命之可能性，即旧有之经济组织，已有破坏之势，未来之经济组织，已具成立之可能。在此新旧交替之时，发现经济恐慌。故经济恐慌，即革命时期已至，革命之可能性已具之现象。此时从事革命运动，事半功倍。二月革命，起于一八四七年之世界经济恐慌。后因美洲发见金矿，革命遂失其可能性。今若知其不可为而为之，徒重牺牲，无补于事。然资本主义之经济组织，本有矛盾在内。革命之时期，必然再至。革命之可能性，必然再现。届时再事革命，可以事半功倍"。此论一出，"年少气甚之急进主义者大哗"。共产主义者同盟的党员，遂分两派，一派"奉马克斯之稳健主义"，一派"主急进"，各不相让。马克思见其不可为，乃于1850年脱离同盟，与一切亡命客断绝往来，"专以研究经济学为事焉"。自此时起，经常出入大英博物馆，研究经济学与社会主义。凡自亚当·斯密以来各家的经济著述，莫不诵读；然后又将社会主义的一切文献著作，详加研究；于是自斯密而至古代的亚里士多德、柏拉图，凡与经济学、社会主义有关的书籍，亦皆饱览无遗。"故其研究之深邃，猎涉之广泛，在经济学者之中，无出其右"。马克思既无经常收入，又非富农子弟，"故其生活之艰难，在经济学者之中，亦首屈一指"。①

以上记述，集中于马克思生涯的早期，也是此书撰写马克思传略的一个特点。这些补充资料，为其他相关传记介绍所鲜见，并非纯粹客观的平铺直叙，而是带有主观情感的夹叙夹议，尤其突出马克思早年痛恨专制统治的反抗精神，投身革命运

---

① 以上引文见赵兰坪编《近代欧洲经济学说》，商务印书馆1928年版，第207—212页。

动的领导作用，以及运用唯物史观分析革命形势变化的冷静稳健态度和转而专注于研究经济学及社会主义理论的艰苦卓绝努力，也为他后来在理论研究和革命实践领域开创无与伦比的贡献，做了先行铺垫。

介绍马克思"著述极多，几有穷毕生之力，亦难遍诵之感"。引录其主要者 19 部：《犹太人问题》（今译《论犹太人问题》），1844 年载《德法年鉴》，1919 年出版单行本。《哲学之贫困》（今译《哲学的贫困》），反对蒲鲁东的《贫困之哲学》而作，写于 1847 年，原为法文，英译本 1920 年出版。《自由贸易问题》（今译《关于自由贸易问题的演说》），1848 年的演讲稿，曾有法文本发行于布鲁塞尔，今已不可得，英译本出版于 1902 年。《佣雇劳动与资本》（今译《雇佣劳动与资本》），1847 年讲演稿，1848 年 4 月载《新莱茵报》，1891 年恩格斯另加序言，翌年由考茨基（原译"柯尔基"）编校出版，其英译本约三种。《自一八四八年至一八五〇年之法国阶级争斗》（今译《1848 年至 1850 年的法兰西阶级斗争》），1850 年著，1859 年出版。《路易包乃伯之二月十八日》（今译《路易·波拿巴的雾月十八日》），1851 年著，曾载美国发行的《革命》杂志，1852 年出版，英译本 1897 年出版于芝加哥。《革命与反革命》（今译《德国的革命和反革命》），1851 年至 1852 年著（实为恩格斯撰写），曾载《纽约每日论坛报》（原译"纽约讲台"），1896 年出版。《坑河共产党审判之真相》（今译《揭露科隆共产党人案件》），1852 年出版后被没收，1914 年经弗兰茨·梅林（原译"美林"）编辑，在柏林出版。《十八世纪外交史之秘密》（今译《十八世纪外交史内幕》），著于 1856 年，英文本 1859 年出版于伦敦，德译本 1909 年出版。《经济学批评》（今译《政治经济学批判》），1859 年著，英译本 1903 年出版于芝加哥。《傅格君》（今译《福格特先生》），为短篇论文集，"辩护马克斯自身之人格而作"，1859 年著，1860 年出版于伦敦。《国际工人协会之成立宣言》（今译《国际工人协会成立宣言》），1864 年著，同年出版于伦敦，德译本 1922 年出版。《价值价格与利润》（今译《工资、价格和利润》）1865 年 6 月在国际工人协会（总委员会）会议上的讲演稿，原本英文；马克思逝世后，其女爱琳娜将遗稿（题为《价值、价格和利润》）公之于世。《资本论》第一卷为"资本之生产程序"（今译"资本的生产过程"），出版于 1867 年；马克思去世后，恩格斯继其业，1885 年出版第二卷，为"资本之流通程序"（今译"资本的流通过程"）；1894 年出版第三卷，为"资本主义生产程序总论"（今译"资本主义生产的总过程"）；各国皆有译本。《剩余价值学说史》，共三卷，考茨基编，出版于 1905 年至 1910 年。《法国之内乱》（今译《法兰西内战》），1871 年的演讲稿，出版于 1920 年（实则 1871 年出版并有多种译本）。《对于德国劳动党党纲之批评》（今译《哥达纲领批判》），此即 1875 年所著哥达（原译"哥泰"）纲领的批评，1922 年新版于柏林（最早 1891 年发表于《新时代》）。《神圣之家族》（今译《神圣家族》），又名"批评的批评之批评"（今译"对批判的批判所做的批判"），1844 年与恩格斯合著。《共产主义宣言》（今译《共产党宣言》），1848 年与恩格斯合著，英译本甚多。①

列举马克思（含恩格斯）著作如此多的书目，大致按照时间顺序或独著与合著分类，注明写作与出版的时间，虽然不免带点随机性质，但毋庸置疑，几乎囊括了马克思的重要著作特别是经济学代表作。这在当时国内介绍马克思的著述中，极为少见。尽管列举者本人未必读过其中几本书，这个做法，却为国人中的有心者了解和钻研马克思学说的代表性原著，提供了一个具有指导意义的阅读方向，也为后面介绍马克思的经济学说，划定了一个可以深入查考的大致范围。

**（二）唯物史观、社会革命与阶级斗争**

这是介绍马克思经济学说的前三个理论，相互之间有密切关系。关于唯物史观，书中说：

马克思的经济学说，"以唯物史观为基础"。唯物史观结合辩证法与唯物论而成，辩证法得自黑格尔的正、负（反）、合观念，唯物论得自费尔巴哈（原译"福尔巴哈"）反对黑格尔唯心论的唯物说。马克思采纳黑格尔的辩证法，舍弃其唯心论，而与费尔巴哈的唯物论结合，遂成唯物史观。马克思不同意黑格尔关于观念有正负而冲突的说法，此乃物质生活的进化。"人之物质生活，发生正负，互相对峙，以至冲突，遂成较高之物质生活。在此较高之物质生活之中，又有相反之物质生活，潜伏在内，一旦成熟，发现于外，遂与已存之物质生活冲突，结果又进为较高之物质生活。此为人类物质生活之进步，亦即社会之进化也。观念者，不外物质之反映。物质既进步，思想亦随之而进步。物质生活，经一度冲突，经一度变化，即得一较高之新物质生活。思想亦然，经一度冲突，经一度变化，即得一较高之新思想。思想不外物质之表现"。黑格尔把思想的发生与存在，都看作独立的。"马克斯以为思想不能独生，不能独存，不过物质之反映"。马克思所谓物质，非如一般唯

① 赵兰坪编《近代欧洲经济学说》，商务印书馆 1928 年版，第 213—217 页。

物主义者指人种、气候、地理以及其他一切天然之物，"乃专就经济生活而言"；"盖一切物质要件之中，能变化发达者，经济而已。其他如人种、气候、地理，不能发生重大变化。纵有重大变化，亦不过经济变化之结果。在历史进化上，可不置重"。此所以塞利格曼以为马克思的唯物史观，"实为经济的历史观"。

马克思的唯物史观，"散见诸著，而无专书讨论"。1844 年的《神圣家族》，反对鲍威尔（原译"巴爱"）的唯心论，倡导唯物论。其言曰："此等学者，置人与自然之关系、自然与产业之关系于不顾，何能知历史之为何物？不明当时之产业状况及其生产方法，何能知当时之情形？……此皆不求历史之渊源于物质之生产，而归诸上帝之创造故也"①。又在《哲学的贫困》中说："彼蒲尔东，固未知社会之进化，与生产力有密切关系。社会关系，随生产方法之变化而变化。又随生产力之改易而改易。手工业产生封建诸侯之社会，蒸汽机产生资本制度之社会"②。《共产党宣言》有云："凡过去之社会历史，皆为阶级争斗之历史。希腊之自由民与奴隶，罗马之贵族与平民，中世之地主与农奴，简言之，即为压迫者被压迫者，或明或暗，争斗不止。至全社会之革命成功，或二阶级同时倾覆始止"③。"此皆唯物史观一部分之见解，不足以言全貌"。1859 年《政治经济学批判》的序言，唯物史观"言之最详"，"译其大要"④ 如下（略）。根据"唯物史观公式"，约得两点：一是"社会进化论，即谓社会关系，随生产力之发展而进步"。二是"精神与物质之关系，即谓精神不能独存，精神不过物质之反映"。

"唯物史观，不外从物质方面，或从经济方面，说明历史之进化耳。今欲明唯物史观之真相，当先知历史之为何物"。"真正历史，当以社会全体为对象，记录其状态之变化，探求其变化之本源。所谓社会状态之变化者，社会关系之变革也。社会状态之所以变化者，生产力之进步也。因生产力之进步，经济关系为之变化。因经济关系之变化，社会关系为之变革，社会关系既变，社会状况未有不随之而变者"。一国之内，人民有贫富贵贱各种阶级之别，此即社会状态；阶级与阶级、个人与个人、阶级与个人，各有其互相关系，此即社会关系。唯物史观说明社会状态之变化，阐明一切历史事实之基础，及其所以变化之原因。社会状态有变化，原因

---

① 其今译文见《马克思恩格斯全集》第 2 卷，人民出版社 1957 年版，第 191 页。
② 其今译文见《马克思恩格斯选集》第 1 卷，人民出版社 1972 年版，第 108 页。
③ 所略此句的今译文，见《马克思恩格斯选集》第 1 卷，人民出版社 1972 年版，第 250—251 页。
④ 所谓"译其大要"，涵盖整个唯物史观公式，但对照原文，并不准确，且遗漏颇多。

在于经济关系的变化；经济关系有变化，原因又在于生产方法的变动，但推本归源，仍不外生产力的变化。生产方法既已不同，社会状态也已变革，则建筑在此基础之上的社会思想，安能不变。如果生产关系固定不变，生产力继长增高，结果必至冲突，马克思称之为社会革命。冲突的结果，生产力必然得胜，生产关系必被破坏，从而获得新的生产关系，此新生产关系必能包容此新增的生产力。然而生产力无日不在继续发展中，将来也必有与此生产关系发生冲突之一日，产生更新的生产关系。物质上有新生产力与旧生产关系的冲突，精神上也有新思想与旧思想的冲突。生产关系之和为经济组织，经济组织又为社会状态的基础。对一定的社会状态，必有相应的心理、道德、习惯、政治、法律、宗教、艺术以及哲学思想之类，新生产力也有作为代表的种种新思想。故新生产力与旧生产关系的冲突，在精神上即为新旧思想的冲突，旧思想维持已有的权势，新思想主张新生的权势，各不相让。然而思想冲突，不过是物质冲突的反映。①

以上有关唯物史观的说明，基本上按照马克思著作的原典，特别是《政治经济学批判》序言的公式，予以展开。这同日本马克思主义学者的解释路数，非常相似，或者取自此类学者的有关著述，亦未可知。对比之下，赵氏的说明，引用《神圣家族》的一段话，以及《哲学的贫困》和《共产党宣言》的论述，追溯马克思的唯物史观的起源与流变，似有新意。殊不知往前查考，早在1919年《建设》第1卷第5号发表胡汉民《唯物史观批评之批评》里，已有类似的引述，而且引用得内容更多、范围更广，包括《神圣家族》那段话，其译文也十分相似②。这不禁让人猜想，至少在唯物史观的说明上，后起的赵兰坪与先前的胡汉民，采用的是同一日本的参考资料。

关于社会革命，书中说：

马克思的社会革命，与政治革命不同。社会革命"即今之所谓社会状态之变化，经济组织之改造，即由旧社会进而为生产力更高之新社会"。这个变化是自然发展的结果，"自然发展，非人力所能左右，非法律所能干涉"。如果旧社会的生产力发展到极点，经济组织不能容纳，反为其障碍，则旧社会自然崩坏，此非人力所能挽回。如果尚未到此境地，则旧社会仍有存在的可能，亦非人力所能破坏。

---

① 以上引文除另注外，均见《近代欧洲经济学说》，商务印书馆1928年版，第217—225页。
② 参看《1917—1919：马克思主义经济学在中国的传播启蒙》，上海财经大学出版社2016年版，第1编第3章第1节二。

《资本论》1867年序言说："经济发达之国，实为经济未发达之前车之鉴。社会之自然发达顺序，不能跳越而过，亦非立法所能免除。而其痛苦时期，则可缩短缓和"①。"若未至自然破坏之时，而欲以政权武力，从事革命，皆属妄为，必归失败"。政治革命则不然，此为"武力革命"，"驱逐前之当局，攫得政权，取而代之"。"政治革命，以人力为依归，以政治为基础。社会之自然发展顺序，可置不问。跳越与否，更可不计。可由少数人之智力，指挥无意识之大众而行之"。马克思"以社会革命为目标，以政治革命为手段"。旧社会已到必然崩坏之时，则用政治革命手段，使旧社会速亡，新社会速生。"是以政治革命，实为自旧社会至新社会之过渡办法"。过渡办法，非可能过而不过，不能过而过。"政治革命，惟社会革命是依。若未至社会革命之时，而欲以政治革命，化旧社会为新社会者，违背历史进化原则，自取败亡之道"。

"但旧社会覆亡之期，社会革命实现之时，最难观察。观察而误，遗害非浅。马克斯即观察而误者"。1848年，马克思以为旧社会覆亡之期已届，实行政治革命的时机已到。《共产党宣言》说："资本家已无制御彼之生产方法，及其社会之力。……商业恐慌，即其明证。……盖可供社会用之生产力，已不足为资本家所有关系之助，而适得其反。……生产力每次破坏彼之束缚时，有产阶级，为之手足无措"②。末尾又说："各国之劳动者乎，群起团结！"③ "此即马克斯观察之误"。19世纪中叶，资本主义尚在幼稚时代，说覆亡已在眼前者，"非神经过敏之革命家，不能至此"。与马克思合作的恩格斯知其非，1895年在马克思所著《1848年至1850年的法兰西阶级斗争》（原译《法国阶级争斗》）的导言中说："历史足以证明吾人与吾人作同样思想（即旧社会已届覆亡之期，无产阶级之政治革命，已在目前）之人，陷于误谬。按诸历史，当时欧洲大陆之经济发展，尚未成熟，不足以促资本主义之亡"④。马克思也"自承其说之误谬"。他1872年在《共产党宣言》的序言中说："二十五年以来，事实上之变迁虽多，而此宣言中之一般原理，大概仍属有效。惟此原理之应用，须以历史为依归。故宣言中之种种革命方法，已不置重，盖与今之事实不同故也。按之过去二十五年间，大工业之进步，劳动阶级之组

———————
① 其今译文见《资本论》第一卷第1版序言，人民出版社2004年版，第9—10页。
② 其今译文见《马克思恩格斯选集》第1卷，人民出版社1972年版，第256—257页。
③ 其今译文见《马克思恩格斯选集》第1卷，人民出版社1972年版，第286页。
④ 其今译文见《马克思恩格斯全集》第22卷，人民出版社1965年版，第597页。

织政党，再观昔之二月革命，则此宣言在今日，已属陈腐矣"①。所谓一般原理，即社会进化的原理及其崩坏的过程。所谓原理的应用，即旧社会已届崩坏之期，无产阶级的政治革命就在眼前之断案。此言社会革命的原理，尚有维持的价值，而政治革命时期的推测，已陷误谬。社会革命的根本原因，在生产力与生产关系的冲突，其表面则为压迫阶级与被压迫阶级的争斗。马克思的阶级斗争说，以唯物史观为根据，唯物史观，说明历史的进化，而历史的进化，不外阶级斗争。所以，解释马克思的阶级斗争，不能脱离他的唯物史观，而论其唯物史观，未有不及他的阶级斗争说。②

这一节解释社会革命，很值得注意。它从马克思的唯物史观定义中，引出旧社会的崩坏与新社会的产生，必须以生产力与生产关系的冲突是否达到无法克服或已经成熟的程度为转移的原理，否则，没有出现社会革命的时机，试图通过政治革命去改变旧社会为新社会，那是违背历史进化原理的自取败亡之道。同时，如何观察和判断时机，又是最困难的事情，一旦失误，"遗害非浅"；唯物史观的创立者马克思本人，都不免会犯或承认犯过类似的错误。为此引用恩格斯1895年导言中的话，可以说第一次见诸国人。至于引用马克思1872年序言中的话，其译文有些失真，但大致意思早已见诸国人此前的著述；只不过国人以前转述这段语录，主要说明当初《共产党宣言》里列举的十条具体革命措施，不再适用于后来的形势，而此节的引用，是为了证明马克思"自承其说之误谬"，也就是错误估计了资本主义生产方式即将被社会革命铲除的形势。意在以马克思之矛去攻马克思之盾。类似的说法，此前国内的著作或译作里，也看到过，但不如此节讲得如此明确、突出和有经典依据。特别是把所谓自然发展结果的社会革命和依托人为武力的政治革命搭配在一起，认为虽然前者为目的，后者为手段，但后者以少数人的智力来指挥无意识的大众，难免会忽略或超越前者的自然进化阶段而随意妄为，导致必然的失败。以往国内的著述、包括社会主义或马克思主义的著述，曾经运用这样的解释，对轻言社会革命，采取小心谨慎的态度。社会经济发达的欧美国家，尚且没有出现铲除资本主义生产方式的社会革命时机，遑论社会经济发展落后的国家，这也是国内舆论界经常冒出不看好中国革命和苏俄革命之言论的一个缘由。赵氏之书采纳这种解释，将作怎样的应用分析，可拭目以待。

---

① 其今译文见《马克思恩格斯选集》第1卷，人民出版社1972年版，第228—229页。
② 以上引文除另注外，均见《近代欧洲经济学说》，商务印书馆1928年版，第225—227页。

关于阶级斗争，书中说：

恩格斯在《共产党宣言》1883 年第 4 版序言中曾说："自原始社会之土地共有制度崩坏以来，一切历史，皆为阶级争斗之历史。即在社会发达之各时代中，被榨取阶级对榨取阶级、被支配阶级对支配阶级之争斗历史。……此种根本思想，全为马克斯所发见"①。"此说推尊马克斯过甚"。查尔斯·安德勒（Charles Andler，原译"恩德来"）在法译《共产党宣言》的小引中说：恩格斯"矫情过甚，吾人不无异议"；阶级争斗之说，决非新奇发见，古代社会主义中即已有之；称马克思独创，是恩格斯的"谦让"，但此谦让"不足为信"。况且按照恩格斯所说，"不无自相矛盾之嫌"：1845 年，恩格斯著《英国工人阶级状况》（原译《英国劳动阶级之状况》），"对于阶级争斗之发见，有自负之处"；今则完全归功于马克思，是自相矛盾。"故阶级争斗说，非马克斯一人所发见，亦非最先发见之人"。西姆克赫维奇（Simkhovitch，原译"新高维起"）也在其著《马克斯主义与社会主义》（原译"马克斯主义对于社会主义"）中说：恩格斯在《共产党宣言》中，主张阶级争斗说为马克思所独创，"不无有夸张过甚之感"；贫富阶级之反目，自古已然，"初步之社会主义者，即已注意及之"。以上二人解释阶级争斗，虽各不同，但反对恩格斯夸张此说为马克斯所独创，"则皆一致者"。马克斯自称阶级争斗说非一时之产物，则恩格斯所谓前人未至之境者，"更不足信矣"。"但马克斯集前人之说，加以有系统之说明，而大成之，其功亦不可没也。今考马克斯阶级争斗说之渊源，及其发达之径路，以见此说非马氏所独创"。

马克思在《资本论》中，不时引用亚当·弗格森②（原译"傅格生"）之说。弗格森是亚当·斯密的老师，1767 年著有《市民社会史》（原译《市民社会历史论》），"盛言分工之害，目为不平之源"。又说财产分配的不均，势力威望的不等，社会上遂生压迫与被压迫、支配与被支配阶级的区别；压迫阶级、支配阶级立法规，设制度，保护其财产，维持其势力，是为国家之始，故国家为压迫、支配阶级所设立，保障其权利地位。法国在大革命前，阶级争斗说已散见于诸大思想家的著作。昂利·兰盖③（原译"林牛"）1767 年著《民法论，或社会的基本原理》（原

---

① 其今译文见《马克思恩格斯选集》第 1 卷，人民出版社 1972 年版，第 232 页。

② 弗格森，亚当（Adam Ferguson，1723—1816），苏格兰历史学家，哲学家和社会学家。

③ 兰盖，西蒙·尼古拉·昂利（Simon Nicolas Henri Linguet，1936—1794），法国律师，政论家，历史学家和经济学家，重农学派的反对者。

译《社会之根本原理》），以为国家是以压迫下层阶级为目的，以财产的多寡、阶级的不同为基础的支配组织。杜尔哥（原译"杜尔阁"）1766 年著《关于财富的形成和分配的考察》（原译《财富之成立及其分配》），已知劳资二阶级之不同，其特点重在财富的生产及其分配；生产时，资本家有资本，劳动者只有劳力，分配时，劳动者除工资外，一无所得。雷纳尔①（原译"莱那尔"）著《两个印度的哲学和政治史》（原译《政治哲学史》），也有同样的见解。谈阶级的分裂与对峙，到雅克·内克尔②（原译"纳凯"）1775 年著《关于谷物立法和贸易》（原译《五谷业及其法规论》），更为明显。"法国自大革命以来，阶级争斗之说，长足进步，阶级争斗思想，亦渐普及。昔之零星断片，今则已有系统之学说。其贡献最大，堪称马克斯之前驱者，常推圣西门"。他在 1802 年的《一个日内瓦居民给当代人的信》（原译《日内瓦人之通信》）中，已言及有产阶级与无产阶级的关系，以阶级争斗为根据，说明法国大革命的原因与结果。后于 1823 年至 1824 年在《实业家问答》中，言之尤详，以为法兰西的历史，不外一部实业家阶级与非实业家阶级的争斗史。资本家与劳动者同属实业家阶级，与马克思所谓资本家与劳动者对峙不同；一切阶级中最重要之实业家阶级的社会革命，主和平而斥暴力，用温和的方法来达到实业为主体的新社会；此为 19 世纪初封建制度之遗物，将有产阶级与无产阶级混为一谈。英国则不然。1830 年，英国的资本主义已渐趋成熟，有产者与无产者各成一大阶级，互相对峙；两大阶级的分离，已成不可避免的事实，二者的冲突，亦为必然的趋势。对当时的阶级争斗理解最明确、议论最透彻者，当推奥布赖恩③（原译"亚伯令"）。他的阶级争斗说，见 1832 年的《选举法修正案之批评》，较之圣西门、内克尔、弗格森诸人之说，"进步多多矣"。此言社会阶级的冲突，非一时的感情作用，乃社会进化的必然结果。"十年后，马克斯受其影响，以唯物史观为基础，而作阶级争斗说"。除奥布赖恩外，对马克思的阶级斗争说"有极大影响者"，当推史坦恩（原译"陆伦斯登"）的《法国当代社会主义与共产主义》（原译《近代法国之社会主义与共产主义》）一书。"此书本为马克斯所爱读。对于阶级争斗，论述其详。如有产阶级与无产阶级之对峙，无产阶级与共产主义、社会主

---

① 雷纳尔（Guillaume–Thomas Raynal，1713—1796），法国神父，作家和宣传家。
② 雅克·内克尔（Jacques Necker，1732—1804），法国路易十六的财政总监与银行家。
③ 奥布赖恩（James Bronterre O'Brien，1805—1864），在爱尔兰都柏林三一学院接受教育，1829 年移居伦敦，宪章派工人阶级运动的领导人。

义之结合。二者之中，尤以后说为前人所不道，而为马克斯阶级争斗说之要素"。其说独到之处，共产主义主张财产共有，能去社会阶级之不平，社会主义主张资本受劳动之支配，亦能打破有产阶级之压迫，"为马克斯所继承者"。但其说排斥社会革命，主张社会改良，以期无产阶级也有取得资本的可能，"此与马克斯之说，背道而驰"。"马克斯以为有产阶级，必与无产阶级冲突。冲突之结果，无产阶级必占胜利，获得政权，实行无产阶级之独裁政治，剥夺有产阶级之生产用具。有产阶级之生产用具，既被剥夺，即无榨取剩余劳动之工具。于是榨取掠夺之事，再不发生。而阶级对峙，以掠夺劳动生产物为成立要素。既无榨取掠夺之事，即成无阶级之事。其论国家，亦以为为国家不过压迫阶级之机关"。

马克思的《资本论》，"明言阶级冲突之处甚寡，所论亦甚含糊，不能得一明确观念"。《德国的革命和反革命》，列举的阶级甚多，如贵族阶级、大资产阶级、中产阶级、大农与中农阶级、小农与半自由农阶级、农业劳动阶级、工业劳动阶级等。"所举之阶级愈多，阶级争斗之意义愈晦"。然而观《共产党宣言》第1章开头的论述，"可知马克斯所谓阶级争斗者，为二大阶级之冲突，非数阶级之混斗"。他所谓阶级，"不特支配与被支配、压迫与被压迫而已，尤须以剩余劳动之被榨取与否，为阶级成立之要素"。今日资本主义经济组织，则为资本家与劳动者的对峙。前者为榨取阶级，后者为被榨取阶级。二大阶级外，虽有其他阶级，但马克思以为，"其他阶级，迟早必然并入二大阶级之内，不能永在二大阶级之外"。又以为，自阶级发生以至阶级成立，中间所需时间甚久。约可分为两期：第一期，阶级本身尚未成立。与其他阶级对抗之时，始成一阶级，对抗既过，立刻涣散。此时的阶级，为被动而非主动，为消极而非积极，为暂时而非永久。"马克斯以为此种阶级，不得谓之为阶级"。第二期，抵抗其他阶级之时，固能团结一致，即在平日，亦能明了阶级全体所处的地位，具有共同的阶级意识。"此时之阶级，始得谓之阶级"。一旦阶级成立，始有大规模的冲突。此时非若同盟罢工之要求改良待遇、增加工资、减少时间，"必然更进一步，实行推翻支配阶级者矣"。冲突之结果，二阶级同时消灭，或被支配阶级独占胜利，此即《共产党宣言》所说之意。于是人类历史，另开一新纪元，人类社会，另有一出发点。但新社会中，未来的反抗阶级，已在逐渐发展之中；及其成立，又与此旧有支配阶级发生冲突。"阶级发达，历时甚久，阶级争斗，为时甚暂。故人类历史之中，阶级争斗甚寡，而阶级发达，则无日或已"。马克思说，"剩余劳动榨取之方法甚多，或赖迷信，或凭武力，或恃政治。然此种种凭藉，自古以来，皆已破坏无遗。今所存者，惟有经济而已。即在资本主义经济组织之中，有产阶级之掠夺无产阶级"。如果最后的掠夺原因也被破坏，社会上无掠夺的工具，即无掠夺的可能。掠夺为阶级成立的要素，既不掠夺，即无阶级。"故资本主义经济组织，一旦推翻，有产阶级与无产阶级，必然消灭，遂成无阶级对峙之真正平等之世"。此即《政治经济学批判》序言所说社会史前时期告终的意思。

"马克思曾谓一切阶级争斗，皆为政治争斗。此非阶级争斗，即政治争斗之意"。马克思以为，榨取阶级若欲维持自己的地位，榨取他人的剩余劳动，不得不借强制之力，以备被榨取阶级的反抗。强制力的中心，就是国家。国家为榨取阶级所设立，为强制力的表现。榨取阶级掌握政权，支配被榨取阶级。经济上的榨取阶级，变成政治上的支配阶级。如自由民与奴隶，则为自由民的国家；贵族与平民，则为贵族的国家；地主与农奴，则为地主的国家；资本家与劳动者，则为资本家的国家。是以今日共和政体的国家，不外资本家掠夺劳动者的中央机关而已。国家既由榨取阶级设立，为保护其权利地位的工具，则被榨取阶级谋求推翻榨取阶级，必自国家始。换言之，用政治革命获得政权，借国家强制之力而作经济解放。经济解放乃废除有产阶级，不再阶级掠夺之谓。故阶级争斗，种因于经济上的掠夺，实现于中央政权的获得，以经济解放为依归。这是由经济上的争斗，化为政治上的争斗，再由政治上的争斗，而入经济平等；经济既已平等，阶级既归消灭，国家亦必随之废止。此即恩格斯所谓国家之"逝世"或"永眠"（今译"消亡"），《资本论》第一卷第7篇所谓"高级社会"（今译"重新建立个人所有制"）。

马克思的阶级斗争说，虽受史坦恩、圣西门、内克尔等人的影响，但其本身，"以唯物史观为基础"。故不知唯物史观，不足以明其阶级斗争说。"唯物史观之外，可为马克斯经济学说之柱石者，当推彼之剩余价值论。剩余价值论，以劳动价值论为基础。故徵劳动价值论，亦不足以知剩余价值"。[1]

这一节先用很多篇幅，论证阶级斗争学说不是马克思独创的。实际上，这是马克思本人也承认的道理。本节举出恩格斯在《共产党宣言》1883年德文版序言中的一段话，用作推尊马克思之独创为"夸张过甚"的证据，有断章取义之嫌。在那里，恩格斯所说的"完全是属于马克思一个人的"基本思想，系指唯物史观

---

[1] 以上引文除另注外，均见《近代欧洲经济学说》，商务印书馆1928年版，第227—241页。

的基本原理而言，并非单指阶级斗争学说，所以列举者抽出其中有关阶级斗争的论述，孤立地把它与所谓马克思的独创联系起来而大加挞伐，可算欲加之罪。这种批驳方式，在当时国内的著述里很少见，显然也不是赵氏自己的"独创"，应有国外的资料可供借鉴。不过，由此引来本节对马克思的阶级斗争学说之先行思想的考察，论及马克思之前多个代表人物及其代表著作有关阶级与阶级斗争的各种思想表述，从零散到系统，从个别到普及，从直观到深入，以及对马克思产生影响的可能性与程度，其内容之多样和新颖，亦为当时国内的著述所少见。经过这样的铺陈和比较，再回到解说马克思的阶级斗争学说，称其集前人之说而加以系统说明，以唯物史观为基础而大成之，其功亦不可没，这比起以往的寻常解释，对此学说的要素、内涵和作为长期思想积累的历史产物，多了一层深入的理解。这也可以说是本节解释马克思的阶级斗争学说，不同于其他一般解释的一个特色。

### （三）从价值论到剩余价值论

前面一节介绍马克思阶级斗争学说，末尾总结说，不知马克思的唯物史观，不足以明了他的阶级斗争学说，此即以唯物史观作为马克思经济学说的一个"柱石"。接着提出该学说的另一个"柱石"，即剩余价值论；又说此论以劳动价值论为基础，但证明了劳动价值论，亦不足以知晓剩余价值论。下面三节，便围绕此论而展开。

关于价值论，书中说：

马克思的价值论，以英国的劳动价值论为"先驱"，又以李嘉图的价值论"尤为重要"。《资本论》第一卷第1章说："各种有用之物，如纸、铁等，皆可从二方面观察。可从物质方面，又可从数量方面"①。所谓物质方面，指物的使用价值；数量方面，指物的交换价值。马克思与斯密相同，以为物有使用价值与交换价值。说明"使用价值，生自物之有用性。但此有用性，非空漠不定之物，常受各种物质之束缚，不能离商品而独存。故凡商品，如米、铁、宝石之类，凡有物质之物，无一非使用价值而可用者"②。商品之所以为人需求，"因有种种性质，可以满足人类种种欲望"③。如果没有满足人类欲望的性质，即成无用之物，没有使用价值，也就不能成为商品。以为使用价值的起源有二：一是劳动。此处的劳动，非一般人类

---

① ②　其今译文见《资本论》第一卷，人民出版社2004年版，第48页。

③　其今译文见《资本论》第一卷，人民出版社2004年版，第47页。

的劳动，而为特殊形态的劳动。劳动的形态既殊，所产的使用价值自异。二是自然。有使用价值，为商品所必具，而有使用价值之物，非尽商品。

马克思又论："交换价值，初视之，似为数量关系。即一种使用价值，与他种使用价值，互相交换之比例。而此比率，因时因地而互异。故交换价值，似属偶然而又相对者"①。交换价值，二物相易之比。甲商品与乙商品相易，则乙商品为甲商品的交换价值；若甲商品又与丙商品相易，则丙商品又为甲商品的交换价值；故甲商品似有种种交换价值。"有一商品于此，例如有麦一斗，与 x 量之鞋油、y 量之丝、z 量之金相易。简言之，即与其他商品交换。则麦之交换价值，不止一种。然 x 量之鞋油、y 量之丝、z 量之金，各自表示一斗麦之交换价值，故彼等必为可以互相代替，而又大小相等之交换价值。于是有下列二种结论发生：第一，一定商品之各种交换价值必等。第二，一切交换价值，不过在包含商品之内，而又可以分离之表现形式，或即现象形态而已"②。此言一切交换价值，大小虽同，表现形态则各不同。又说："试取二种商品，例如谷与铁，二者交换之比，不论其大小若何，常能用方程式表示之。即一定量之谷，等于某数量之铁。例如一斗谷 = x 吨铁。其意即在二种相异之物之间，即在一斗谷与 x 吨铁之间，有一等量之共通之物在内。故此二物，必等于共通之第三物，但此第三物，非谷非铁。然谷铁二物，既能相等，必可还元至此第三物"③。所谓二者之间有一共通之物，即价值。此处的价值，为交换价值，而非使用价值。价值的内容："然此共通之物，非商品之几何性，亦非商品之其他天然性。凡此种种性质，影响商品之有用性，使之成为使用价值之时，吾人始注意及之。但二物相易，显然与使用价值无涉。……商品而作使用价值观，则其性质互异。商品而作交换价值观，不过数量不同而已。故在交换价值中，绝无使用价值之分子在内"④。使用价值各不相同，故不能比。今能相易者，必有共通性在内，此即劳动生产物。若将房屋桌椅，除去其使用价值而抽象观之，则所剩者，已无房屋桌椅之形，亦无房屋桌椅之实，不过一般劳动之产物。一般劳动之产物，即劳动生产物之一切特殊形态皆已消灭之谓。房屋桌椅，已非建筑劳动、木工劳动的产物，而为一般人类劳动的结晶，头脑、筋肉的支出。建筑劳动与木工劳

① 其今译文见《资本论》第一卷，人民出版社 2004 年版，第 49 页。
② 其今译文见《资本论》第一卷，人民出版社 2004 年版，第 48 页。
③ 其今译文见《资本论》第一卷，人民出版社 2004 年版，第 49—50 页。
④ 其今译文见《资本论》第一卷，人民出版社 2004 年版，第 50 页。

动不相等，一般人类劳动则莫不皆同，所不同者，数量之多寡，性质则一。"若将商品之使用价值，置诸不顾，则其所剩之唯一共通之物，劳动之生产品而已"①；"今若将各种生产物中所残余者，一加考察，……不外等类人类劳动之结晶体。此即不拘支出之形式若何，而支出之劳动力也。故知人类劳动力，消费于物之生产之中，包含于生产物之内。若就各物所共通之社会性之结晶体观之，不外价值"②；易言之，商品因一般人类劳动消费在内，故有价值（交换价值的简称）。因此，劳动为价值的唯一成份，所含的劳动多，则商品的价值大，所含的劳动少，则商品的价值小。"商品价值之大小，所含劳动量之多寡测定之。而劳动量之多寡，又由劳动时间测定之。生产时之劳动时间长，则价值大。短则价值小"。有人说，商品价值的大小，既以生产所费劳动时间的多寡以为断，则劳动者愈贪懒，工作愈不精熟，所需的时间必愈久，生产物的价值也将愈大。马克思回答："然构成价值本质之劳动，为相等之人类劳动，为均一之劳动力之支出。社会劳动力之全体，虽集无数个人之劳动力而成，而在测定价值之大小时，则作均一劳动力看待。各人之劳动力，而具社会平均劳动力之特性时，则莫不相等。易言之，生产商品之时，所费之劳动时间，当平均计算，或以社会必要劳动时间为标准。所谓社会必要劳动时间者，即在一般生产条件之下，而用当时之平均生产能率与精熟程度，制造物品之劳动时间之谓"③。如英国采用蒸汽织布机以来，所需纺织劳动约减一半。但手织机所需的劳动时间未变，则用手织机者劳动一小时，等于社会上必须劳动半小时。生产物的价值，也较未用蒸汽织布机时，跌去一半。故"决定商品价值之大小者，为当时社会上之必须劳动量，或在生产时，社会上之必须劳动时间。……是以各种商品所含之劳动量相等，或所费之劳动时间相同，则其价值必等"④。观此可知，马克思的价值论，"为纯粹劳动价值论"，比起李嘉图的价值论在劳动外，加入时间一项，"更为极端"，所以有人名之曰"绝对劳动价值论"。

劳动有直接劳动与间接劳动之别。《工资、价格和利润》所谓"计算商品之交换价值时，除最后所用之劳动量外，凡以前造成原料所用之劳动量，以及消费于机械、工具、房屋中之劳动量，皆非计算在内不可"⑤，即为此意。据马克思之意，

---

① 其今译文见《资本论》第一卷，人民出版社 2004 年版，第 50—51 页。
② 其今译文见《资本论》第一卷，人民出版社 2004 年版，第 51 页。
③ 其今译文见《资本论》第一卷，人民出版社 2004 年版，第 52 页。
④ 其今译文见《资本论》第一卷，人民出版社 2004 年版，第 52—53 页。
⑤ 其今译文见《马克思恩格斯选集》第 2 卷，人民出版社 1972 年版，第 173—174 页。

劳动的生产能率愈高，生产物的价值愈小。此劳动的生产能率为社会上一般生产能率，非个人的生产能率。金刚钻的价值极大，若能用科学方法，化炭素为金刚钻，则其价值恐将降至砖瓦价值以下。① 商品价值虽跌，一国的财富并不因之减少。因为一国财富，积集全国的使用价值而成。使用价值既不受价值的影响，则全体财富当然也与价值无涉。事实上，不特不随商品价值的大小而变化，往往商品价值下落，财富反增，商品价值增加，财富反减。

商品价值虽由所费的劳动量测定，事实上不说某物的价值等于几小时，而说物价多少钱。商品价值由货币来表现，谓之价格，"价格为价值之货币形态"。价格的大小，与价值一致为原则。事实上二者往往不能一致。马克思以为不能一致的原因有二：一为"独占"。独占事业有专卖权、专卖价格，因无竞争，常在价值以上。二为"需要与供给之不一致"。需要大于供给，则购买者之间竞争剧烈，价格贵至价值以上；供给大于需要，则贩卖者之间竞争剧烈，价格落至价值以下。但腾贵下落，决难持久。腾贵足令生产者增加，消费者减少，而供给增加，价格下落；下落足令消费者增加，生产者减少，而供给减少，价格腾贵。"经长时间之观察，价格与价值，必然一致"。价格既为价值的货币表现，必先有货币，始有价格。价格由何而生？在《资本论》第一卷第1章第3节的"价值形态论"（今译"价值形式或交换价值"）中，"可得其大概"。商品发达之初，一切交换，不过是一种偶然的现象，各以剩余之物，易其不足，如以1匹布换1只羊，或方程式A，1匹布＝1只羊。此种等式，名之曰"单纯价值形态"（今译"简单的、个别的或偶然的价值形式"）。后因交换发达，从单纯到复杂，化偶然为常习，形成交换的方程式B，即1匹布的价值可以由其他各物来表现。此种等式，名之曰"全体价值形态，或扩张价值形态"（今译"总和的或扩大的价值形式"）。以上两种形态，"皆为直接交换时代之现象"。后因商品交换更发达，交换的数量更繁多，各种商品中，往往有一种商品，为其他商品的中心，其他商品的价值，皆由此特殊商品来表示，也就是将方程式B倒置过来，形成方程式C。此种等式，名之曰"一般价值形态"（今译"一般价值形式"）。一般价值形态一旦成立，交换方法即发生变化，直接交换已难存在，间接交换由此开始。这种作为交换媒介的特殊商品，即货币的起源。"货币与一般价值形态，形式上虽有不同，实际上无稍差异。货币本为一般价值形态。一

① 参看其今译文见《资本论》第一卷，人民出版社2004年版，第53页。

般价值形态，而得社会公认，即成货币"。后因金银最宜为货币，故代替特殊商品而为货币，即金属货币。[1]

这一节的论述，涵盖号称最难理解的《资本论》第一卷第 1 章，尤详于"商品的两个因素：使用价值和价值"以及"价值形式或交换价值"两个部分。关于前一部分，本节连续引用原著一系列表述，连这些引文之间不少用作解释性的语句，看似出于引用者自己的理解，其实也是依据原著本来的表述，稍加改变或概括而成。表达了引用者的两个意思。一是说明马克思的价值论，来自英国尤其是李嘉图的劳动价值论，但更"极端"，故称之为"纯粹"或"绝对"劳动价值论。这里的"极端""纯粹"或"绝对"，可以理解为在理论上更加彻底，带有褒义；也可以理解为偏执于一端，带有贬义。二是插入《工资、价格和利润》的一句引文，说明直接劳动与间接劳动的差别。这句引文游离在前一部分的连贯引述之外，又不是说明另一部分"体现在商品中的劳动的二重性"，显得有点突兀。这或许是隐喻劳动概念的复杂性，显示以劳动决定价值的理论，亦有其复杂性。但无论如何，像这样从商品的使用价值和价值两重属性的原典论述中，详细说明马克思劳动价值论的理论根基，毕竟在当时的国内著述里，提供了马克思论证劳动价值论的部分原貌，难得一见。

关于后一部分，更是如此。马克思曾说，价值形式是《资本论》第一卷中最难懂的一部分[2]。国内以往专题介绍马克思经济学说的著作，几乎看不到有关价值形式的系统介绍。赵氏此书的介绍，虽不像介绍商品的二重性那样，以援引原著的论述为主，但仍按照原著的逻辑顺序，列举了价值形式从简单的、个别的或偶然的价值形式，到总和的或扩大的价值形式，再到一般价值形式，及至最终转化为货币形式的几个发展阶段。以上转述赵氏的介绍，考虑到篇幅的限制，只摘录了马克思对这几个发展阶段的命名，以及相应的几个方程式如 A、B、C 之间的逐一转变或过渡形态；对介绍者以自己的语句，解释这些不同的价值形式或方程式各自的涵义、特征、举例及其相互转化或过渡的缘由，一并略去。其实介绍者的引申解释，同样包含源于原著本意的叙述，连方程式两边的物品举例等细节，也带有原著的明显痕迹，惟此解释经过介绍者的加工处理，远不及原著的论述之准确和精细。总

---

① 以上引文除另注外均见《近代欧洲经济学说》，商务印书馆 1928 年版，第 241—250 页。

② 马克思在《资本论》第一卷第 1 版序言中的原话："因此，除了价值形式那一部分外，不能说这本书难懂。"见《资本论》第一卷，人民出版社 2004 年版，第 8 页。

之，在国人的著作里，至此总算有了关于《资本论》开头最难部分的初步介绍和解读。

关于"资本之意义及其循环运动"，这是穿插在价值论和剩余价值论中间的一段介绍，书中说：

马克思以为有货币始有资本，又以为生产剩余价值之物，谓之资本；"故凡商品货币等，凡能生产剩余价值，或以生产剩余价值为目的者，皆得谓之资本"。未有货币时，物物相易，二物之值相等，剩余价值当然无从产生，故不存在资本；货币经济时代，也有资本与非资本之别。根据《资本论》第一卷第 3 章第 2 节，以 W 代表商品（原文误为 M，代表货币），G 代表货币（原文误为 C，代表商品）。则 G—W，表示买进，以货币买进商品；W—G，表示卖出，以商品售得货币。今若将两种公式，分别先后，联成两种较为复杂的公式，可得 W—G—W 与 G—W—G，二者的意义互异，代表的事实，亦各不相同。前者因买进而卖出，出售自己的商品，以售得的货币购买其他商品；后者因卖出而买进，以货币购买商品，再将商品出售而得货币。前者始于出售，终于购买；后者始于购买，终于出售。前者的始点为商品，目的亦在商品；后者的始点为货币，目的亦在货币。前者以消费为目的，故公式不再继续，不再重复；后者以流通为目的，故公式可以继续重复，以致无穷。前者的商品价值相等，后者的商品价值不同，故前者的货币非资本，后者的货币已化为资本。

W—G—W 的两种商品，价值相等；G—W—G 中的两种货币，数量必然不同。前者的第一种商品，对本人并无使用价值，出售而购买有使用价值的商品以代之。根据马克思的价值论，"二物相易，价值必等"。今以商品 W 交换货币 G，G 的价值必等于 W；再以货币 G 交换第二种商品 W，G 的价值亦必等于第二种商品 W；W 与 G 等，G 与 W 等，W 必与 W 等，故 W—G—W 中两种商品的价值，必然相等，不相等的是两种商品的使用价值。若使用价值也都一致，公式即难成立。此公式的目的在于获得有使用价值的商品，用于消费。G—W—G 则不然，两种货币的数量，必不相等。在 W—G—W 中，两种商品的使用价值不同，故需先卖后买。在 G—W—G 中，前后货币的使用价值决无不同之理，有何先卖后买之必要？故在 G—W—G 中的第二个 G，当在原有的 G 之外，另加 $\triangle$ G，可写作 G—W—G'（G + $\triangle$ G）。$\triangle$ G 即增加的货币，也就是所谓实现后的剩余价值。这与马克思的"等价相易原则"，似有冲突，实则不然。"价值与价格，在事实上未必一致"。如今 G—

W—G 中的商品，已有剩余价值在内。商人购买此商品而转售与人，在卖买之间，获得剩余价值的一部分而实现之。剩余价值在商品完成时，已包含在内。生产者出售商品而得利，商业家转售商品而有盈余，不过实现生产者已完成的剩余价值而化为货币。故 G—W—G，名之曰"商业资本之循环运动"。商人以货币购买商品，再将商品换得较多的货币；所增加的货币，实现剩余价值而来；剩余价值生于产业资本的循环运动，商业资本家不过分享其一部分。借贷（原译"息借"）资本循环运动的公式，为 G—G′。资本家以货币借贷于人，偿还时在本钱外另加利息，故 G′ 大于 G，即 G—G′（G + $\triangle$ G）之意。$\triangle$ G 表示利息，也是剩余价值的一部分。此时剩余价值的来源，与商业资本相同。

马克思"屡言一切剩余价值，皆生于生产行程。出卖转售等流通行程，不过实现之，非生产之"。其他如利息、地租等，亦莫不剥削已有的剩余价值而来，非生产之。是以各种利得之源，皆在剩余价值，而剩余价值生于产业资本循环运动中的生产行程。《资本论》第二卷第 1 篇第 1 章，将产业资本的循环运动，分为三期：

第一期 G—W$\begin{cases} Pm \\ A \end{cases}$。G 表示货币，W 表示商品，Pm 表示生产用具与原料，A（原文误为 L）表示劳动力。资本家用货币到商品商场购买生产用具与原料，到劳动市场购买劳动力，劳动力亦为商品之一，故可总称之为商品 W。此时资本家的货币 G，为货币资本，购买商品 W 后，则为生产资本。第二期 W…P…W′。P 表示生产行程，W′ 表示价值较大的新商品。资本家用购得的商品作为生产的消费，经生产过程，而成价值较大的新商品，故 W′ = W + w。大 W 即原有的 W，小 w 为新增的剩余价值，故公式可写作：W$\begin{cases} Pm \\ A \end{cases}$…P…W′（W + w）。此时生产资本 W，已成商品资本 W′。第三期 W′—G′。G′ 表示数量较多的货币。资本家用所产的新商品，出售与人，以商品易货币，实现其剩余价值，故 G′ = G + g。大 G 即原有的货币额，小 g 为实现剩余价值而来，故公式可写作：W′（W + w）—G′（G + g）。此时商品资本 W′，又化为货币资本 G。

从整个产业资本循环运动看，可得下列公式：G—W…P…W′—G′。详言之，即 G—W$\begin{cases} Pm \\ A \end{cases}$…P…W′（W + w）—G′（G + g）。资本家以货币 G，购买商品 W，如劳动力、生产用具以及原料等物，造成新商品 W′。新商品的价值，大于旧商品，因有剩余价值在内。新商品造成，资本家到商品市场出售，得较多的货币 G′。若从资本的形态来说，自货币资本为生产资本，自生产资本为商品资本，再自商品资本为货币资本。此时的货币资本，大于以前的货币资本，所增之额，为 G′中的小 g，即剩余价值的实现，今之所谓利润。资本家得此利润后，必将其一部分加入资本，再到商品市场购买商品；将购得的商品进行生产的消费，遂成价值更大的新商品，换得数量更多的货币额，依此递推，资本日增。马克思以为，"今之资本制度之所以日形发达者在此。所以终归覆亡者，亦在此"。然而资本的增加，在于化利润为资本；利润的发生，在于剩余价值的构成。故"剩余价值，实为资本主义经济组织之中心，而为劳资二阶级必然冲突之根本原因"。①

以上介绍资本的意义及其循环运动，其理论根据仍限于《资本论》的范围，但表述方式未严格遵循《资本论》的逻辑次序，分别从第一卷和第二卷的有关章节，抽出与资本在流通过程中的形态变化相关的内容，也就是先行从形式上说明，能够带来剩余价值的资本，其循环运动表现为什么样的公式。第一卷的内容，说是参见第 3 章"货币或商品流通"第 2 节"流通手段"的论述，实际上只引用商品在交换过程中的形态变化公式即商品—货币—商品或 W—G—W。以此说明货币在以消费为目的的商品交换中，不会转化为资本，只有当这个公式变为 G—W—G，以不断重复的流通为目的时，货币才转化为资本。接着说明后一公式，作为资本的货币，不会追求同量货币，必定追求含有剩余价值的增量货币；但根据等价交换原则，这种增量不可能产生于流通过程，不仅货币资本如此，其他商业资本和借贷资本也是如此；这种增量在进入流通领域之前已经存在，商业资本和借贷资本不过是通过流通过程分享此增量而已。由此又引出剩余价值的来源问题，来自产业资本循环运动中的生产过程。如果说引用第一卷第 3 章第 2 节的内容，与前面引用第一卷第 1 章的内容来说明马克思的劳动价值论，还有比较密切的衔接关系，那么随后引用第二卷第 1 篇"资本形态变化及其循环"中第 1 章"货币资本的循环"的内容，说明产业资本循环运动的三个阶段及其总循环，在逻辑上是一个很大的跳跃。看来，将分别存在于两卷的不同内容腾挪在一起，依然是为了理解资本循环运动的形式变换和形式构成，进而从形式上提出剩余价值从哪里来的问题，也就是为后面从实质上介绍剩余价值做一铺垫。这种介绍方式不按常规路径，应该不是赵氏自创，

① 以上引文均见《近代欧洲经济学说》，商务印书馆 1928 年版，第 250—255 页。

另有参考。这样介绍商品在交换过程中的形式变换，以及资本循环运动在不同阶段的形式变换，正像前面介绍价值形式的转化一样，尽管省略了原著在各种形式之下的许多重要内涵分析，但从国内已有的专题著作看，仍属凤毛麟角之论。

关于剩余价值，书中说：

剩余价值产生于生产行程 W…P…W′。商品 W 可分为劳动力 A 与原料及生产用具 Pm，中间经过生产过程，消灭原料的形态，其价值移入新商品；生产用具亦必消耗一部分，其价值也移入新商品。二者皆为新商品价值的一部分，Pm 的价值不过再现于新商品，对剩余价值的产生，一无贡献。"而劳动力则不然。在资本家所购之劳动力外，又有剩余劳动，为创造剩余价值之本源。故剩余价值之研究，当自劳动力之研究始"。此即《资本论》第一卷第 2 篇第 4 章（原文误为第 6 章）的内容。

马克思给劳动力下定义："劳动力者，生于人类身体，精神与肉体之能力，劳动者用以生产各种使用价值者"①。以为劳动力也是商品之一，惟与其他商品略有不同。劳动力在劳动者身体之内，不能离开劳动者而独存。一旦出售，劳动者必须亲自前往，在资本家指挥下，从事劳动。其他商品，一旦出售，即与以前的所有者分离，故购买商品的人，虽极端利用商品，亦与以前的所有者无涉。而购买劳动力者，若极端利用所购的劳动力，出售劳动力的人即大受影响。且劳动力作为商品，须有种种先决条件：一是劳动者的人格自由，劳动者须有自由处分其劳动力之权。劳动力虽属劳动者，而劳动者未必能自由处分其劳动力者，不得谓之商品。不能自由处分，即难随意出售，而商品以能出售为要素，不能出售者，即非商品。然而连同劳动者的身体而出售者，谓之奴隶；奴隶本身，亦为商品之一，已失却其独立人格。故劳动力为商品，以承认劳动者的独立人格为前提。二是劳动者须与生产机关分离，换言之，生产用具与原料为他人所有。往昔的独立手工业者则不然，皆有相当资本，以购原料，备有简单工具，以助生产，故其劳动力无出售的必要。如今劳动者，除劳动力外，一无所有，既无单独生产的可能，又无相当财产以维持，除出售其劳动力给拥有生产机关的资本家外，别无他法。以上两条先决条件，名之曰"劳动者之二重自由"。一为一无所有之自由，一为人格之自由。有此二重自由，

---

① 其今译文见《资本论》第一卷，人民出版社 2004 年版，第 195 页。

劳动力始为商品，而能出售。①

劳动力既为商品，由何决定其价值？马克思以为，"劳动力之价值，与其他商品价值同，亦由生产时所费之社会必须劳动时间定之"②。但劳动力在劳动者身体之内，为劳动者所有之能力。今谓生产劳动力，即继续生产劳动者之能力，不令其中绝之意。换言之，不外维持劳动者的生命而已。维持劳动者的生命，须有一定量的生活资料。生产此一定量的生活资料，亦须有相当的劳动时间。结果，生产劳动力的社会必须劳动时间，即等于生产一定量的生活资料的劳动时间。劳动力的价值，即等于劳动者的生活资料的价值。但一定量的生活资料中，劳动者家族的生活费，亦非包括在内不可。若只是维持其一身，不及其家族，劳动者一旦死亡，即难补充。30 年后，劳动者必然绝迹，生产事业必然停顿。劳动者的生活程度，极不一致。人各不同，姑置不论，平均言之，亦因时代的不同，文化程度的高下，风俗习惯的互异，而各不同。然而在一定社会，一定时期，劳动者的一般生产程度，大概一定。劳动者的生活资料，亦可推测而得。劳动力的价值，既由一定生活资料的价值而成，其大小，亦由一定生活资料的价值来测定，一定生活资料的价值大，劳动力的价值亦随之而大，小亦随之而小。一定生活资料的价值，由生产时所费的社会必须劳动时间来测定。所费的劳动时间多，生活资料的价值大，所费的劳动时间少，生活资料的价值小。所费劳动时间的多寡，随劳动生产力的发达与否而转移。劳动生产力发达，所费的劳动时间减少，劳动生产力不发达，所费的劳动时间加多。故劳动生产力愈发达，生产一定生活资料的社会必须劳动时间愈少，一定生活资料的价值愈低，劳动力的价值亦愈小。生活资料中，如食物、燃料，每日消费殆尽，故须每日补充；衣服、家具，可以使用的时间甚久，故须补充的时间亦甚长。是以劳动者的生活资料，有须每日购买一次者，有须每季购买一次者，其总数虽杂，支出虽繁，但其补充，非恃每日的平均收入不可，以应对每日平均所需的生活资料。今若假定每日平均所需的生活资料，含有 6 小时的社会劳动时间，生产劳动者一日所需的生活资料，费时 6 小时。换言之，劳动力一日的价值，等于社会劳动时间 6 小时。如果 6 小时产银 3 先令，则劳动力一天的价值，等于 3 先令，3 先令即为一天劳动力的价格。故以 3 先令，可以购买一日的劳动力。劳动 6 小时，即可

---

① 这个关于劳动者的二重自由的表述，同马克思原著的表述，有些差异，见《资本论》第一卷，人民出版社 2004 年版，第 197 页。

② 其今译文见《资本论》第一卷，人民出版社 2004 年版，第 198 页。

生产劳动者一日所需的生活资料，恢复所付 3 先令的损失。

　　资本家购买劳动力的目的，在于使用和消费。劳动力的使用和消费，即为劳动。资本家使用所购的劳动力，不外令劳动者为之工作而已。劳动者的劳动有两种特征：一是劳动者在资本家监督指导下，从事劳动，劳动者丝毫不得自由。二是所产之物，属于资本家，不属于直接生产的劳动者。资本家按照劳动力的价值，将一日的劳动力购为己有，则此一日的劳动力，已属资本家；一日内劳动力所产之物，当然属于资本家。资本家一面购得劳动力，一面又有生产用具，乃从事生产。资本家的生产，有两种目的：一是生产可以出售之物，即有交换价值之物。二是生产价值较大之物，即生产物的价值，大于生产时所用一切商品的价值。换言之，按照《资本论》第一卷第 3 篇第 5 章（原文误为第 7 章）第 2 节的说法：资本家的目的，"不但生产一使用价值，且须生产一商品。不但使用价值，且须价值。不但价值，且须剩余价值"①。商品价值的大小，由商品中所含的劳动量决定，或由一定社会状态下生产时所需的劳动时间决定。以生产棉纱为例计算：纺纱必需原料。棉纱之原料，为棉花。今假定棉纱 10 磅，需棉花 10 磅。而棉花 10 磅之价为 10 先令。即 10 先令的价值，与 10 磅棉花的价值相等。生产用具的消耗，值 2 先令。二者合计，共 12 先令。今若产金 12 先令，费时 24 小时（即按上述 6 小时，生产 3 先令之比）。而一日的劳动时间，为 12 小时。则此棉纱之内，已有二日的劳动。再自棉花纺成棉纱，需有纺织劳动。纺织劳动，亦以社会必须的劳动时间计算。假定在 1 小时内，将 1 磅 2/3 的棉花，纺成 1 磅 2/3 的棉纱。故在 6 小时内，可将棉花 10 磅，纺成棉纱 10 磅，其中含有纺织劳动 6 小时。换言之，纺织之时，棉花 10 磅，吸收劳动 6 小时。而 6 小时劳动，可产金 3 先令，值 3 先令。于是纺棉纱 10 磅内，共有二日半劳动量，与产金 15 先令的劳动时间相等。故 10 磅棉纱的价值，等于 15 先令的价值。棉纱 10 磅，值 15 先令。每磅值 1 先令半。"前付资本之价值，恰与生产品之价值相等"②。观此可知所得的价值，并未扩大，完全与所费者相等。然而资本家以生产剩余价值为目的，若生产的结果，在所费的价值守，一无所增，"将瞠目结舌，惊诧不知所措矣"③。

---

① 其今译文见《资本论》第一卷，人民出版社 2004 年版，第 217—218 页。
② 其今译文见《资本论》第一卷，人民出版社 2004 年版，第 218、220—222 页。对照原文和今译文，不难看到，赵氏引用马克思的原话，有时不确切，不仅将几个段落的内容压缩合并为一段话，表达也不尽准确。
③ 此二句的今译文见《资本论》第一卷，人民出版社 2004 年版，第 222 页。

但资本家所购的劳动力，为一日的劳动力；所付的 3 先令，为劳动者 24 小时的生活费。资本家购买一日的劳动力，在一日之内可以随意使用，固不以 6 小时为限。资本家知其然，故购买一日的劳动力，使劳动者工作在 6 小时以上。如工作 12 小时，则棉花须用 20 磅，生产用具的消耗增至 4 先令，所产的棉纱也增至 20 磅。此时生产品的价值，大于前付资本的价值。即棉纱 20 磅的价格（与价值相等）为 30 先令，所费的价格共 27 先令，尚余 3 先令即剩余价值，为资本家所得，资本家达到目的。此处可注意之点，劳动力的价值，与劳动力在劳动过程中所生产的价值不相等，后者大于前者，二者之差，即为剩余价值。资本家的目的，即获得此相差额，故购买劳动力而用之。

棉花制成棉纱，纺织劳动者的劳动，发生两种现象：一是将原料、生产用具等旧有的价值，移至新商品；另一是劳动时，另生新价值。前者为价值的保存，后者为价值的创造。两种现象，皆生自劳动的二重特性。同一劳动，可分两方面观察：一方面为一般普通的人类劳动，他方面为特殊形态的人类劳动。前者生产交换价值，创造新价值；后者生产使用价值，转移旧价值。前者为劳动的量，后者为劳动的质。二者的性质既异，其作用自然不同。作用既已不同，结果必随之而异。例如棉花 10 磅，纺成棉纱 10 磅，需时 6 小时。今因劳动生产力增加 1 倍，以前需 6 小时，今则 3 小时即可。若仍劳动 6 小时，则能产纱 20 磅。即以前 6 小时劳动，含于棉纱 10 磅之中，今则含于 20 磅之中。以前每磅棉纱所含的劳动量为 3/5 小时，今则只有 3/10 小时。所含的劳动量既已减去一半，其价值亦必下落一半。但劳动的特殊状态，依然如故，其作用亦与前同。旧有的价值，仍能转移到新商品上，故棉花 20 磅仍可产纱 20 磅。可知生产等量棉纱，所费的社会必须劳动多，其价值大，少则反是；生产用具与原料的价值，转移于生产品，依然未变。反之，劳动生产力未变，原料的价值发生变化，则生产品的价值，当随原料价值的大小而大小。生产用具的价值，其转移与原料相同。但不论原料与生产用具的价值变动与否，其转移到生产品上的价值，决不大于旧有的价值。劳动力的价值则不然，所生的价值，往往大于旧价值；并且在资本主义经济组织中，所生的新价值必然大于旧价值。例如资本家以 10 先令购得棉花 10 磅消费，棉花的价值完全转移于生产品后，棉花的使用价值即归消灭，棉花也已无存。劳动力则不然。今若以 3 先令购买一日的劳动力，工作 6 小时，可生产值银 3 先令之物。但工作 6 小时后，劳动力虽已消去一部分，尚未完全消灭；况且此一日的劳动力，已属于资本家，故劳动 6 小时后，资本家势必仍令其继续工作，以达获得剩余价值的目的。故劳动力能在其本有的价值外，生产剩余价值，而生产用具与原料则无。

今资本家以货币资本 G，购买商品 W，其公式为 G—W。公式可分为二：G—Pm，资本家以货币资本购买生产用具与原料；G—A，资本家以货币资本购买劳动力。劳动力在原有的价值外，产生剩余价值；生产用具与原料，除原有价值外，一无所增。故资本家的货币资本，可分为二：购买劳动力的资本，名曰可变资本；购买生产用具与原料的资本，名曰不变资本。《资本论》第一卷第 3 篇第 6 章（原文误为第 8 章）说："化成原料、生产用具……等之资本，在生产行程之内，不变其价值之大小者，谓之资本之不变部分，简称之不变资本"。"反之，化成劳动力之资本，在生产行程之内，变化其价值，除生产劳动力自身之等价外，又生剩余价值。但此剩余价值，能大能小，变化不绝。故此资本，常自不变量化成可变量。故名之曰资本之可变部分，简称之曰可变资本"。① 以 c 表示不变资本，v 表示可变资本，另以 C 表示资本总额，则 C = c + v。例如资本家有资本 500 金镑，其中以 410 镑购买生产用具与原料，90 镑购买劳动力，可写作：500 镑 C = 410 镑 c + 90 镑 v。若依前例，劳动力一日的价值等于劳动时间 6 小时，资本家以 6 小时的代价购之，令其工作 12 小时，结果是生产物的价值比劳动力的价值增加 1 倍。生产物的价值（c + v）+ m（原文误为 s），m 表示剩余价值。故不变资本 410 镑，可变资本 90 镑，剩余价值 90 镑，生产品的价值 590 镑，即 410 镑 c + 90 镑 v + 90 镑 m = 590 镑。此处的剩余价值，何以为 90 镑，非知马克思的剩余价值率不可。

劳动者一日劳动时间，分必须劳动（今译"必要劳动"）时间与剩余劳动时间二种。必须劳动时间，在此时间内所产的价值，与劳动者生活资料的价值相等，简言之，生产劳动者一日所需生活资料的劳动时间。剩余劳动时间，在生产劳动者一日所需生活资料的劳动时间以外，生产剩余价值的劳动时间。剩余价值属于资本家，故剩余劳动时间，即为资本家劳动的劳动时间。生活资料属于劳动者，故必须劳动时间，为劳动者自身而劳动的劳动时间。二者之比为 $\dfrac{剩余劳动时间}{必须劳动时间}$，可以表现榨取劳动率的大小，资本所得的多寡。今若一日的劳动时间 12 小时，必须劳动时间 6 小时，剩余劳动时间也是 6 小时。二者之比，为 100%。若必须劳动时间 8 小

① 其今译文见《资本论》第一卷，人民出版社 2004 年版，第 235—236 页。

时，剩余劳动时间 4 小时，二者之比，为 50% 。必须劳动时间，不外收回以前所付劳动力的代价，故与劳动力的价值相等。可变资本为劳动力价值的代表，亦可为必须劳动时间的代表。剩余价值产生于剩余劳动时间，为剩余劳动时间的结晶，亦可为剩余劳动时间的代表。必须劳动时间与剩余劳动时间之比，化为可变资本与剩余价值之比，即 $\dfrac{剩余价值}{可变资本}$，名之曰"剩余价值率"。前面的 $\dfrac{剩余劳动时间}{必须劳动时间}$，表示同一事实。依照前例，资本 500 镑，不变资本 410 镑，可变资本 90 镑，必须劳动时间与剩余劳动时间之比为 100% ，则剩余价值率或可变资本与剩余价值之比，亦为 100% ，故生产品的价值等于 410 镑 c + 90 镑 v + 90 镑 m = 590 镑，内有剩余价值 90 镑。

剩余价值时有大小和增减，增减原因，各不相同。剩余价值分为两种：一曰绝对剩余价值，一曰相对剩余价值。若必须劳动时间不变，一日的劳动时间，名曰"劳动日"（今译"工作日"），多寡不定。因劳动时间的多寡而产生剩余价值的增减，名曰"绝对剩余价值"。绝对剩余价值的大小，与劳动日的长短成正比。绝对剩余价值的大小，可以必须劳动时间与剩余劳动时间之比来表示。可知劳动日愈长，剩余价值愈大，剩余价值愈大，资本家的所得愈多。故资本家用尽种种方法，延长劳动者的劳动时间。但劳动者的能力有限，劳动过久，疲乏过甚，能率下落。于是必须劳动时间加多，资本家反而得不偿失。此即延长劳动时间的生理上的限制。劳动者既属于人类，当然也有种种社会欲望，精神欲望，以求满足。如果工作过久，剥夺少许精神及社会上的幸福，必受劳动者的反抗和社会上的攻击。此即延长劳动时间的道德上的限制。后因国家明了劳动者地位的薄弱，劳动者的势力也日益膨胀，要求缩短劳动时间，国家乃以法律规定最长劳动时间。此即延长劳动时间的法律上的限制。有此三种限制，资本家虽欲延长过度，亦不可得。

劳动时间既有一定限制，剩余价值难以无穷增加。若以 12 小时为劳动时间的最大限度，6 小时为必须劳动时间，则剩余价值率等于 100% 。此时要增加剩余价值，惟有减少必须劳动时间。若将 6 小时的必须劳动时间减至 4 小时，则剩余劳动时间自 6 小时延长至 8 小时，剩余价值率亦自 100% 增加到 200% 。故劳动日的长短不变，剩余价值因必须劳动时间的伸缩而有多寡。此时的剩余价值，名曰"相对剩余价值"。缩短必须劳动时间，表面上为减少工资。但工资的大小，原则上须与劳动力的价值一致。今所论者，亦以二者的大小完全一致为原则。缩短必须劳动时间，不外减少劳动力的价值。劳动力的价值由劳动者生活资料的价值决定，故缩短必须劳动时间，须以减少劳动者生活资料的价值为前提。减少劳动者生活资料的价值，当以增加劳动生产力为前提。生产力既增，所需的时间即减，则等量的生活资料所含的劳动时间减少，其价值亦下落。生活资料的价值既减，劳动力的价值即低，必须劳动时间，亦随之缩短。故相对剩余价值的增加，以增进劳动生产力为前提。增进劳动生产力的办法甚多，最显著的，一是改良劳动方法，即分工协作（原译"协业"）；二是采用优良生产用具，即如今的机械。①

以上有关剩余价值的介绍，在介绍马克思经济学说的 11 个方面，超过阶级斗争一节而篇幅最长。前面介绍阶级斗争学说，其篇幅之长，在于引入不少马克思之前的先行思想，借以证明此说非马克思所独创。也就是说，那一部分的许多内容，介绍的不是马克思学说，是别人的思想。这一节不同，完全取自《资本论》第一卷的内容。并且不同于上一节介绍资本的意义及其循环运动，跳跃式地从第一卷跨到第二卷，以交换过程的商品形态或流通过程的资本循环的形式变换与形成为主，重新回到第一卷资本的生产过程的逻辑轨道。本节的介绍，延续此前对价值论即劳动价值论的介绍，继介绍第一卷第 1 篇有关商品的两个因素、价值形式，以及后来又介绍商品的形态变化等之后，一面补充介绍第 1 篇的有关内容如体现在商品中的劳动的二重性，一面从第 2 篇起，转向重点介绍剩余价值理论。从这个介绍里，也可以体会介绍者此前将剩余价值论与唯物史观并列为马克思经济学说的两个柱石，何以说剩余价值论以劳动价值论为基础，而证明了劳动价值论，不足以懂得剩余价值论，亦即剩余价值论含有为一般劳动价值论所不及的新的理论创造。

此节介绍的内容顺序，大体按照《资本论》第一卷的论述顺序，不是大段引用原著的论述（尽管有些出入），就是在概括整理后标明原著的出处，即使有些内容未曾标明出处，对照原著，亦有所本，包括许多公式、符号、数字、线段之类的举例（其中一些举例在转述时被省略了），也引自原著的创意（虽然未免误用）。所涵盖的范围，始于第 2 篇第 4 章"货币转化为资本"，涉及"资本的总公式""总公式的矛盾""劳动力的买和卖"；然后进入第 3 篇，涉及第 5 章"劳动过程和价值增殖过程"，第 6 章"不变资本和可变资本"，第 7 章"剩余价值率"；接着是绝对剩余价值与相对剩余价值，分别涉及第 3 篇第 8 章绝对剩余价值生产中的"工

①　以上引文除另注外，均见《近代欧洲经济学说》，商务印书馆 1928 年版，第 255—269 页。

作日"，以及第4篇第10章"相对剩余价值的概念"等。这些内容，即便在介绍过程中，因为介绍者的选择、摘录和压缩概括，前后顺序和衔接难免有些变化，尤其省略了许多深入而细致的分析，但总的看来，基本上完整反映了原著关于剩余价值理论的核心思想和主导论证结构。当然，这部分内容，也是当时及此前国内诸多介绍马克思经济学说的著译作都要突出的重点，故有关剩余价值理论的体系结构和关键要点，对那时国人中的关注者而言，已不再陌生。赵氏介绍剩余价值的特色，联系其介绍马克思经济学说的上下文看，可以说是试图以简化或概括的方式，复述《资本论》第一卷第2至4篇有关剩余价值的主体内容。这种介绍方式，比起国内其他同类著述的介绍，毕竟在《资本论》中译本问世之前，更为贴近《资本论》原著。

### （四）协作、机器与再生产论

如果说此前几节对马克思经济学说的介绍，除了个别例外，如资本的意义及其循环运动，其余则沿着已为人们所熟悉的套路，介绍马克思的传略、著作、唯物史观（含阶级斗争与社会革命）、劳动价值论与剩余价值论，那么，自此之后，以协作（原译协业）、机器（原译机械）和再生产论为题所做的介绍，尽管从内容看，仍以马克思的原著为准，但至少从形式上看，有些别出心裁。

关于协作，书中说：

斯密对劳动组织，只见其分割，故他的分工论全从分割方面立言，以为一种工作，分成数个或数十个部分，令劳动者各专其一部分，劳动者的生产能率增加，生产物品增多。马克思除劳动的分割外，又能见到劳动的协作。"以为一种工作，虽分数部数十部，各部有劳动者专司其事，而在各部之间，不相连络，各部劳动者，不在同一雇主指挥之下，协力工作，则其效果亦微。故马克斯在尽人皆知之分工之效益外，特举协业之利，以见协业足以增进劳动生产力，缩短必须劳动时间，增加资本家之相对剩余价值"。

根据《资本论》第一卷第4篇第11章（原文误为第15章），协作以集合多数劳动者于一地，同时从事工作为前提。定义："协业者，在同一生产行程之中，或在相联之生产行程之间，互相协力之多数劳动者之劳动形态之谓"①。同时同地使用多数劳动者的利益有二：一是劳动的平均化。人数愈少，个人的特征愈显；人类

---

① 其今译文见《资本论》第一卷，人民出版社2004年版，第378页。

愈多，个人的特征愈晦。劳动者的个人能率，即其明证。若用劳动者一人，能率高者，雇主所得的剩余价值多；能率低者，雇主所得的剩余价值少，或竟受损。若集劳动者数十人于此，个人的能率，高低相杀，可得一平均能率。二是生产用具的节省。例如有劳动者百人于此，建一可容百人的大工厂，所费必较十人各建一小工厂而建十所者节省。故劳动者加多，所投的不变资本，并不成比例增加。转移到生产品上的价值，反能成比例减少。生产物的价值，为之下落。即资本总额中，不变资本减少，可变资本加多。可变资本既增，剩余价值亦随之而增。这只是就生产用具的数量立论，未及性质的变更。以上利益，非协作所独有，为协作所必具。协作所特有的是协力。一吨之重，一人不能举，十人亦难举，百人则虽一指之力，亦能举之，此协力之效。再如石匠 12 人于此，分立于扶梯上，互递石砖，以便运到屋顶上，必较 12 人各自负石至屋顶迅速，此亦协力之效。人本社会动物，集数十人数百人于一地，同时工作，名誉竞争之心发动，而生产能力增加。除协作外，能增加劳动生产力而为近代大工业之特点者，即为机器。"采用机械之目的，在减低商品价值，与缩短必须劳动时间，以期延长剩余劳动时间，增加剩余价值"①。

以上介绍协作②，实际上继续前面相对剩余价值的介绍。不仅如此，接着介绍机器，同样继续这个介绍。也就是说，协作和机器两节，理应归入剩余价值一节。现在将这两节抽出来单独介绍，只能说介绍者或者认为二节内容有独特性，值得另行介绍，或者说为了避免剩余价值一节篇幅过大，需要分拆开来。无论出于什么原因，这种介绍形式之别出心裁，从解说马克思的经济理论看，都没有什么特殊之处。

关于机器，书中说：

何谓机器，机器与工具有何不同？马克思的见解与一般经济学者不同："数学家、机械学家，以及少数英国经济学家，以为工具即简单之机械，机械即复杂之工具。二者之间，不加严密界说。……此种解释，从经济方面观之，一无价值。又有以为机械与工具之不同，在发动力之互异。工具之动力为人，而机械之动力，则与人异，为兽力、风力、水力之类者。从此说，牛耕之犁，将为机械。手摇之织机，反为工具矣。且此机械，用人力之时，谓之工具，用蒸气之时，又当谓之机械矣。

---

① 其今译文见《资本论》第一卷，人民出版社 2004 年版，第 427 页。
② 《近代欧洲经济学说》，商务印书馆 1928 年版，第 269—271 页。

不特此也。兽力之应用，发明最早，则机械生产，将在手工业以前"①。此普通工具与机器之别不可信，虽信亦不足以明了机器为何物。

马克思以为："一切进化之机械，皆可分为三部：一为动力机，二为传力机，三为工作机或工具"②。动力机即发生动力的总机关。动力的来源，可分二种：一为自身的动力，如蒸汽机、热气机、电磁机之类。二为受外界自然的刺激而来的动力，如水车之得力于水，风车之得力于风之类。传力机由飞轮、齿轮、动轴、滑车、皮带等而成，调和机器的动作，变更动作的形态，分布于工作机之间者。以上两者的唯一目的，在于使工作机活动，因工作机的活动，始达工作的目的。工作机由工具进化而成，形状虽已大变，作用仍与前同；所不同者，工具为人类的器具，工作机为机构的器具。机器与工具之别，亦即在此。器具在人手是工具，装置于机构则为机器。吾人手中的锯子是工具，若以此锯装在机构上，通上电力，则成机器。故从工具方面说，直接附属于人类者，谓之工具，直接附属于机构者，谓之机器。人类五官有限，能直接管理的工具不多。机器的动力极大，附属的器具，虽增至几千百倍也无妨。昔日一人之力，只能运用一斧一针者，今则以极大之斧，千百之针，装置于机构，一人或数人之力，可以自由操纵，生产力的剧增，不言可喻。机器所以能促进产业革命者在此。

蒸汽机发明在 17 世纪末，直至 1780 年，蒸汽机与过去的工具结合，而成机器，遂开产业革命之端。过去独立的工具，亦降为机器一部分的工作机。机器初发明时，制造机器的人，皆由精熟的手工业者担任。手工业者中，有属于工厂手工业者，有独立的手工业者，皆以个人的精熟程度为基础。但精熟劳动不易得，以致生产的机器极寡。生产既以精熟劳动为限，其所含的社会必须劳动必多，故机器的价值极贵，这是机器不能普及的原因之一。机器材料，也与工具不同。工具的材料，木材多而铜铁少。机器的材料，以钢铁为主。初发明时，优良的材料，不易获得，这是机器不能普及的原因之二。生产事业的发展，皆有连带关系。一种生产事业发生变化，与此相关的其他生产事业，亦必随之变化。例如棉纱事业，因用机器而生产品剧增。生产品既多，必求出路。旧式织布机已难尽量消费，遂有采用机器织布的必要。采用机器织布机，则漂白染色等业，亦非购置机器，应用化学不可。其他各业，莫不皆然。而且各种生产事业与交通机关，亦有连带关系。工业方面，因采

① 其今译文见《资本论》第一卷，人民出版社 2004 年版，第 428 页。
② 其今译文见《资本论》第一卷，人民出版社 2004 年版，第 429 页。

用机器而长足进步，其所需的原料，所产的物品，必然剧增。旧式交通机关，必难应付，而有改革的必要。于是轮船代替帆船，火车代替车马，遂成交通机关的革命。机器初发明时，供给的缺乏与需要的殷繁如此，遂感人力之不足恃，非有制造机器的机器，以代人工，不足以应付剧增的需要。19世纪初，亨利·莫兹利（原译"亨利穆斯来"）发明滑动台以来，过去的艰难，一律解决。专恃精熟劳动始能制造的机器，皆可代之以机器。以机器制造机器，机器的生产量大增，赖以应付一时勃兴的需要，赖以巩固大工业制度。19世纪以来，机器工业遂得长足进步。

机器的发明既已普及，结果有三：一为商品价值的下落，二为劳动价值的减低，三为延长劳动时间。三者互为因果，不易分别论述。机器能增加劳动生产力，但机器作为精熟劳动的产物，其本身价值已巨，转移于生产品的旧有价值亦大。一旦出现制造机器的机器，同时制造机器所必须的精熟，亦为不精熟劳动所代替，机器本身的价值下落，转移到生产品上的旧有价值，随之减少，则商品价值安有不同比例而减少？此就保存旧有价值而言。至于新生的价值，因劳动生产力的增进，所需劳动时间的减少，商品价值亦必随之而减。不特此也，机器能利用空间、时间以及种种天然之力，加到所产物品上。天然之力虽有使用价值，无交换价值，若回到所产物品上，其使用价值虽大，交换价值不增，或交换价值下落，使用价值不变。例如构成工作机的器具，数量不变，机器的全部动力也已一定，则生产物的多寡，当视机器的动作速率为转移。机器的年龄，虽因速率增加而减少，其减少的程度，决不若速率增加之甚。今若速率增加一倍，机器的年龄未有减少一半，此时移殖到生产品的旧价值，既已比例而减，分布于生产品的新价值，亦因生产品的增加而减少，则生产品的价值，必然减少。商品价值的下落，既已得其大概，则机器生产力的大小，与其移殖到生产品的价值的关系，以及移殖到生产品上的价值，与所制生产品的多寡的关系，皆可推敲而得之。机器生产力的大小，与其移殖到一定量的生产品的价值，成反比例。生产物的数量一定，则机器的生产力愈大，移殖到生产品的价值愈小，而机器的年龄愈久；机器的生产力愈小，移殖到生产品的价值愈大，而机器的年龄愈短。移殖到生产品的价值，与所制生产品的多寡，亦成反比例。所制的生产品愈多，则其移殖到生产品的价值愈少，所制的生产品愈少，则其移殖到生产品的价值愈多。今机器的生产力，与所制的生产品，无日不在增加之中，则其移殖到生产品的价值，亦无日不在减少之列。故商品价值，无日不在下落之中。

采用机器，劳动力的价值下落。考其动因有二：一为商品价值下落，即生活资料价值的下落；生活资料的价值下落，即劳动力价值的下落。这对资本家有利，对劳动者无害。二为排斥精熟劳动者，采用不精熟劳动者。这对资本家有极大利益，对劳动者有极大害处。机器普及的结果，过去需用体力的劳动，今皆代之以机器，柔弱无能的儿童和妇女，皆能为之。过去需用精熟劳动，今亦代之以机器，不精熟劳动者亦能与精熟劳动者抗衡，而精熟劳动者遂失其精熟之用。于是昔日为男子精熟劳动者所专有之业，今则男女老幼皆可问津，劳动者的竞争，遂日趋剧烈。故机器尚未普及时，受资本家的支配者为劳动者一人，普及之后，受资本家支配者，化劳动者一人而为一家。劳动者的妻女子弟，目睹工作的简易，感受生产的艰难，乃入工厂，以增一家收入。于是举凡家庭的操作，儿童的游玩，概行抛弃，而加入一般劳动者之列，为资本家生产剩余价值。劳动者的家族，既已加入工厂劳动而为劳动者之一，直接受其影响者，则为劳动力价值的下落。劳动力的价值，本由维持劳动者一身及其一家的生活资料来决定，如今劳动者的妻子，也各出售劳动力而得相当代价，皆可各自维持其一身，则此一家之主的劳动者的负担，为之减轻。昔日须兼顾其一家者，如今只顾其一身即可。换言之，劳动力一日的价值，在机器尚未普及时，等于劳动者一身及其一家的生活资料的价值，机器普及后，只等于劳动者一身的生活资料。于是劳动力的价值，在无形中，已自一家数口的生活资料的价值，降至一人生活资料的价值。劳动力的价值，既已下落，劳动力的价格（即劳动者的工资）亦难维持。势必因劳动者的竞争剧烈而下降，与其价值一致。于是劳动者一人的收入，只能维持其一身，不若昔日之丰多，可以维持一家者。劳动者的收入既减，不足维持一家的生活，乃不得不令妻子出入工厂，各自为计。故在昔日，为增加一家的收入而令妻子加入工作者，今则为一家的生存而不得不令妻子加入工作。昔日劳动者以一人的劳力售诸资本家，在自由价格的名义下，服从资本家；今则并其妻子而亦售之于资本家，如同出售奴隶的商人。马克思"作此激烈之结论时，历引英国工厂监督之报告，以证其言之非妄。并谓劳动者全家从事劳动，所得固较昔之一人劳动者为大。然其一家之支出亦大。例如有婴孩之家，因须劳动，而无暇顾及，势非托诸他人不可，乃不得不负相当支出。家庭中之种种消费，如衣服、伙食之类，昔日能自备者，今则不得不直接购自店铺，而费用较增。故其结果，所增之收入，亦必因费用之增加，而化为乌有"。资本家则不然。对劳动者一家的支出，固较前增加，而对劳动者一人的支出，较前减少，故剩余价值增加而收入丰多。

机器既能使商品价值低廉，劳动价值下落，又能超越一切天然的限制，将劳动时间延长至于无穷。如今工厂中，一方面为机器，一方面为劳动者。机器的闭启，虽受制于人，而全厂劳动者的工作，皆视机器的动作为转移。机器止，劳动者亦止，机器动，劳动者不得不动，机器动作有徐疾，劳动者的动作亦不得不随之徐疾。实际上几若机器为主，劳动者为宾，机器使用劳动者，非劳动者使用机器。故拥有机器的资本家，将机器运转不止，足令劳动者工作不息；增加机器的速率，足使劳动者无暇他顾。机器不仅能延长劳动时间，而且不得不延长。根本原因有五：一是资本的复利作用。例如一台机器每日使用 8 小时，可用 15 年；每日使用 16 小时，可用 7 年半。这在数学上并无差异，移殖于生产物的价值，依然相等。在经济学上的作用则不同。每日使用 16 小时，则 15 年可得的剩余价值能在 7 年半全部得到。资本家以此添购机器，再来生产，利上加利，长期而又利少者不可同日而语。二是机器的天然消耗。机器使用过度，价值消耗极速。若置之不用，价值的消耗，或较使用更甚。优良的机器，往往因搁置不用，遂致锈朽，不适于用，价值全失，即其例证。三是机器的社会消耗。以上所述，皆为机器的物质消耗。今则不然，使用机器，在于增进劳动生产力。昔日须 100 小时者，今 50 小时即可。此已成之物，只等于 50 小时，价值只是以前的一半。在资本家方面，生产力愈大，生产物的价值愈低。价值低廉之物，始可角逐于竞争剧烈之场。故资本家莫不惟求优良的机器，日新月异，无日不在竞相发明之中。一旦能用等量的劳动，生产较良的机器，或用较少的劳力，生产同样的机器，与旧机器比较，旧机器的价值下落。故有机器的资本家，莫不求在优良的机器尚未发现时，极端利用，以冀收回其原有的价值。此亦延长劳动时间的要因。四是搁置的损失。如今大工业时代，不变资本之额极巨，搁置不用，剩余价值不能获得，利息薪金仍须支付，皆为资本家的无形损失。故资本家莫不昼夜利用，不肯片断放松。四者之外，足为资本家之致命伤，不得不延长劳动时间，以资补救者，即不变资本的增加，可变资本的减少，使得剩余价值的源泉，为之涸竭。生产剩余价值的是可变资本，而非不变资本。购置机器的是不变资本，而非可变资本。机器日新，价值日大，不变资本日增，可变资本日减。可变资本购买劳动力，劳动力生产剩余价值，可变资本的减少，即剩余价值的减少。剩余价值的减少，虽可求偿于生产力的增进，然而因一人生产力的增进而获得的相对剩余价值，往往不敌因数人不劳动而失去的剩余价值。故资本家在增收相对剩余价值外，又须延长劳动时间，增加绝对剩余价值，补偿因劳动者的减少而损失的剩余价值。此亦延长劳动时间的要因。因此，机器之为物，不特为延长劳动时间的手段，而且有延长劳动时间的动机。采用机器，有不得不延长劳动时间的趋势，机器又是最适于延长劳动时间之物。然而事实上，因为自然、社会、法律的妨碍，不致延长过度。①

以上介绍机器一节，连同介绍协作一节，就像前面介绍价值形式和资本循环运动的形式变换一样，是当时国内著述涉足马克思经济学说、特别是《资本论》的各种评介或解说里，难得看到的内容。有关协作部分，如将其利益概括为劳动的平均化和生产资料的节约，这种概括的形式，应出于介绍者的理解（或介绍者引用他人的理解），而概括的内容，全部出自原著第4篇"相对剩余价值的生产"中"协作"一章。这种摘要式概括，同样用于机器部分，采自原著同篇"机器和大工业"一章，此系"协作"一章之后，越过"分工和工场手工业"一章而在本篇中分量最重的一章。介绍马克思经济学说，单列机器一节并给予较大篇幅，这在既有的同类介绍中，可谓绝无仅有。这个介绍，除了引用马克思的原话外，可以看到诠释马克思所说的所有发达的机器，都由发动机、传动机构、工具机或工作机三个本质上不同的部分组成，以及机器的发明如何引起工业革命；说明使用机器的普及，带来商品价值的下降、劳动力价值的减少、劳动时间的延长三个结果，包括引起劳动力价值减低的两个动因，造成劳动时间延长的五个原因等。这些介绍，以介绍者的自述式解说为主，很少引用原文，也没有交代出处，实际上却涵盖"机器和大工业"一章前三节，即"机器的发展""机器的价值向产品的转移""机器生产对工人的直接影响"（内含"资本对补充劳动力的占有。妇女劳动和儿童劳动""工作日的延长""劳动的强化"）的部分内容。尽管没有完整介绍本章其他各节，所谓三个结果、两个动因、五个原因之类的归纳，也不是原著的表述，恐怕是介绍者自求简省的方便，但用如此篇幅来介绍马克思有关机器的论述，终究为揭开《资本论》第一卷的全貌，又填补了一处空白。

关于再生产论，书中说：

马克思以为资本家不特以获得剩余价值为事，而且将获得的剩余价值作为资本，加入原有的资本，以资扩充，故资本日增，获利益多；然而纯粹资本制度社会，扩充资本含有一个根本矛盾，资本扩充愈甚，根本矛盾益显，必至自相冲突，

---

① 以上引文除另注外，均见《近代欧洲经济学说》，商务印书馆1928年版，第271—278页。

第三章 各种经济学著作与马克思经济学说

生产不能进行而同归于尽始止。马克思的再生产论，即说明这个矛盾。

商品的再生产，可分两种：简单再生产与扩张再生产。所谓简单再生产，产业资本经过一次循环运动，资本 M 增加为 M′（M + m）；资本家将剩余价值 m 完全消费，仍以最初的资本 M 从事生产，故生产规模依然如旧，并无扩张。所谓扩张再生产，资本家以所得的剩余价值 m，分为两部分，一部分消费，另一部分作为资本，故再生产时，生产规模必较前扩大。商品价值本可由下列公式表示：W′（所产商品）= c（不变资本）+ v（可变资本）+ m（剩余价值）。公式对生产品的价值，不能分析何者为 c，何者为 v，何者为 m，不过用来表示商品价值的构成分子。从生产方面观察公式，可以表示实质上的构成物。公式 c + v + m 在简单再生产时，为 c（生产时用的生产用具）+ v（劳动者用的消费资料）+ m（资本家用的消费资料）。在扩张再生产时，为 c（生产时用的生产用具）+ v（劳动者用的消费资料）+

$$m\begin{cases} x\text{资本家用的生活资料} \\ y\text{资本家用的生产资本} \end{cases}$$ 。由此观之，资本家所生产者，不外四种：生产用的生

产用具、劳动者用的消费资料、资本家用的消费资料、再生产用的扩张消费资料与生产用具。综合言之，仅得两种：生产用具与消费资料。马克思的再生产论，"亦但以此二者为对象"。

在资本制度下，一切生产须有两个重要条件。第一要件，社会上的生产力与社会上的购买力，当互保均衡。社会上所产之物，不外生产用具与消费资料。前者用于生产物品，如机器等；后者用于维持人类生命，如布帛五谷之类。生产用具中，有直接生产消费资料的用具，如棉纱、织布机之类；有直接生产生产用具、间接生产消费资料的用具，如纺纱所需的机器，制造机器的机器等。纺纱机为棉纱的生产用具，织布机与棉纱又为布帛的生产用具。生产用具虽不能说全部用于直接生产消费资料，必是间接都用于生产消费资料。一切生产用具，皆为生产消费资料之用，若购买力不大，一切生产事业都产生障碍。例如布帛无人购买，则织布之人不敢再织，棉纱即无销路，织布机亦难出售；纺纱之人不能再纺，纺纱机与棉花亦无人购买；织布机既无销路，则制造织布机之人亦必停制，而钢铁等物，亦难觅得主顾。故一切生产用具，无不准于消费。社会的生产力，常受社会购买力的限制，二者不得不保均衡。第二要件，社会上各种生产事业之间，皆有一定比例关系。资本家从事生产而继续不辍，当以生产所需的各种商品继续供给于市场为先决条件。若供过于求或求过于供，二者居其一，生产事业必有一部分为之停顿。例如生产生产用具

的资本家，要继续生产，必先补充消耗的生产用具，获得所需的劳动力。消耗的生产用具，虽可立即以其所产之物补充，而劳动力必须有生活资料以资维持，此非依赖其他资本家不可。生产消费资料的资本家，要继续生活，必先购买生产用具以补充此前的消耗，则生产用具又当有人来生产。不然，生产不能进行，剩余价值不能获得。故生产生产用具的生产事业，与生产消费资料的生产事业之间，须有一定比例关系始可。

具备以上要件，才可以谈再生产。《资本论》第二卷第 3 篇（原文误为第 2 篇）第 20 章，以 c 表示不变资本，v 表示可变资本，m 表示剩余价值，剩余价值率假定 100%，得到如下简单再生产的表式：

第 I 部类（原译"I第一部"）$4000c + 1000v + 1000m = 6000$ 生产用具

第 II 部类（原译"II第二部"）$2000c + 500v + 500m = 3000$ 消费资料

生产生产用具的第 I 部类与生产消费资料的第 II 部类之间，必有一定比例关系。可分三点：第一点，第 I 部类所产的生产用具，必须等于第 I 部类的不变资本与第 II 部类的不变资本之和。即：$I.6000 = I.4000c + II.2000c$。第 I 第 II 两部类所消耗的生产用具，再生产时必须完全补充，始能进行无阻。故生产生产用具的第 I 部类，非生产 6000 单位的生产用具不可。生产过多，超过需要，过多之额，并无销路，不能出售，第 I 部类的生产事业，必受影响而停顿其一部分。第二点，第 II 部类所产的消费资料，必须等于第 I 第 II 两部类的可变资本，与两部类的剩余价值之和。即：$II.3000 = I.(1000v + 1000m) + II.(500v + 500m)$。第 I 第 II 两部类的可变资本，为购买劳动力的工资，劳动者得到后必须全部用来购买消费资料，以维持生命。第 I 第 II 两部类的剩余价值，虽为资本家所得，但简单再生产时，资本家不以所得剩余价值的一部分化为资本来从事再生产，而将所得剩余价值的总和都用来购买消费资料。观此可知，第 II 部类所产的消费资料，非与第 I 第 II 两部类的可变资本与剩余价值之和相等不可。否则，劳动者与资本家皆有消费不足之虞；或者生产过多，超过所需的 3000 单位，结果与第一点的生产用具相同。第三点，第 I 部类的可变资本与剩余价值之和，必须等于第 II 部类的不变资本。即：$I.(1000v + 1000m) = II.2000c$。第 I 部类的资本家与劳动者的消费资料，来自第 II 部类；第 II 部类所需补充的生产用具，来自第 I 部类。二物相易，价值必等，一旦过或不足，生产即难继续进行。所以简单再生产能够继续进行，不致停顿，须符合上述定律。简言之，第 I 部类所产 6000 单位的生产用具，其中 4000 单位留为自用，2000 单位与第 Ⅱ 部类的消费资料交换，换来的 2000 单位消费资料，1000 单位供劳动者的消费，1000 单位供资本家的消费。第 Ⅱ 部类所需补充的生产用具，有 2000 单位，其得自第 Ⅰ 部类者，亦为 2000 单位；所产 3000 单位的消费资料，有 2000 单位已属第 Ⅰ 部类，尚余 1000 单位，500 单位供给自己的劳动者，500 单位供给资本家。如此则双方所产之物，并无剩余；双方所需之物，并无不定。全社会的生产与消费，供给与需要，完全一致，一切生产事业，皆能进行无阻。

但资本家的生产，以日益扩张、利上加利为特点。简单再生产只能维持旧日的规模，绝无扩张的余地，不足以显示资本家的生产。扩张再生产则不然，资本家以剩余价值的一部分化为资本，加入原有的资本额，再进行生产，故资本日增。资本既增，资本的可变部分，亦必比例而增；可变资本既增，剩余价值亦比以前增加。《资本论》第二卷第 3 篇第 21 章，作扩张再生产的表式如下：

Ⅰ. $4000c + 1000v + 1000m = 6000$ 生产用具

Ⅱ. $1500c + 750v + 750m = 3000$ 消费资料

此时剩余价值率亦为 100%，但第 Ⅰ 部类的资本家将所得剩余价值的一半 500 单位留为自用，将所剩的 500 单位作为资本，再生产时加入原有资本额。此时第 Ⅰ 与第 Ⅱ 部类之间，也有一定比例关系，同样可分为三点：第一点，第Ⅰ部类所产的生产用具，必大于第Ⅰ第Ⅱ两部类所需补充的生产用具之和。即：Ⅰ. $6000 > ($Ⅰ. $4000c +$ Ⅱ. $1500c)$。资本家欲谋生产的扩张，当先生产扩张的材料，生产用具即为其一。若所产的生产用具，悉作补充以前消耗之用而无剩余，即第 Ⅰ 部类 6000 单位的生产用具，与第 Ⅰ 第 Ⅱ 两部类的不变资本之和相等，则无扩张的可能，故前者非大于后者不可。第二点，第 Ⅱ 部类所产的消费资料，必小于第 Ⅰ 第 Ⅱ 两部类的可变资本与剩余价值之和。即：Ⅱ. $3000 <$ Ⅰ. $(1000v + 1000m) +$ Ⅱ. $(750v + 750m)$。扩张再生产时，资本家以其剩余价值的一部分作为资本，非消费其全部。故此时所产的消费资料，除第 Ⅰ 第 Ⅱ 两部类劳动者所需外，若仍与资本家消费其全部剩余价值时的分量相同，则消费资料的一部分，必无出售之地，第 Ⅱ 部类的再生产发生障碍。第三点，第 Ⅱ 部类的不变资本，必小于第 Ⅰ 部类的可变资本与剩余价值之和。即：Ⅱ. $1500c <$ Ⅰ. $(1000v + 1000m)$。第 Ⅰ 部类的资本家与劳动者的消费资料，来自第 Ⅱ 部类；第 Ⅱ 部类所需补充的生产用具，来自第 Ⅰ 部类。双方以等价之物，互易而得。但扩张再生产时，资本家所消费的是剩余价值的一部分，故剩余价值的全

部，必较资本家的消费额为大，而劳动者的消费额，与可变资本相等，则可变资本与剩余价值之和，必较劳动者与资本家的消费资料为大。第Ⅰ部类的劳动者与资本家的消费资料，易自第Ⅱ部类，并与第Ⅱ部类需补充的生产用具或不变资本相等，故第Ⅰ部类的可变资本与剩余价值之和，大于第Ⅱ部类的不变资本，即第Ⅱ部类的不变资本，小于第Ⅰ部类的可变资本与剩余价值之和，否则第Ⅰ部类的再生产为之停止。

扩张再生产应当以符合上述定律为先决条件。扩张再生产时，资本日益增加，规模日益扩张，其表式也每年有变更。推论：在第Ⅰ部类，假定资本家将剩余价值（1000m）之半，化为资本，另一半购买消费资料。此资本化的剩余价值，亦须分为不变资本与可变资本。假定不变资本与可变资本之比仍与前同，则所增 500 单位资本的分配，其比例为：$c : v = 4000 : 1000$，或 $c : v = 4 : 1$。所增 500 单位资本中，400 为不变资本，100 为可变资本。今按所产 6000 单位的生产用具，内有 4000 单位留为自用，以资补充消耗；400 单位亦须保留，作为再生产时扩张之用，尚余 1600 单位可以交换第Ⅱ部类所产 1600 单位的消费资料。1600 单位的消费资料中，劳动者消费 1000 单位，资本家消费 500 单位，尚余 100 单位，作为再生产时所增劳动者的消费（即与 100 单位可变资本相等），故资本增加，生产扩张。生产之初，第Ⅰ部类的资本总额为：$4000c + 1000v = 5000$；生产之末，或再生产之初，则为：$4400c + 1100v = 5500$。在第Ⅱ部类，以 1600 单位的消费资料，换得 1600 单位的生产用具。其中以 1500 单位补充消耗，100 单位作为扩充之用。不变资本既增加 100 单位，可变资本亦必同比例增加，不变资本与可变资本之比为：$c : v = 1500 : 750$，或 $c : v + 2 : 1$。不变资本既为 100，可变资本必为 50。于是初生产之末或再生产之始，不变资本增加 100，可变资本增加 50。现在第Ⅱ部类的资本已增加，所产的消费资料是否有过或不足之虞，根据计算，供求亦皆一致。第Ⅱ部类所产 3000 单位的消费资料中，以 1600 单位与第Ⅰ部类的生产用具交换，所剩 1400 单位中，再以 750 单位供给本部类劳动者之用，余 650 单位。再生产时所增的劳动者，必须消费，其数即增加 50 单位的可变资本，650 中除去 50，尚余 600 单位，为资本家所消费。资本家所得的剩余价值，共计 750 单位，内以 150 作为资本（不变资本 100，可变资本 50），600 充作消费，故所产的消费资料，消费尽绝；交换的生产用具，亦分配完毕；供求一致，生产日益扩张。生产之初，第Ⅱ部类的资本总额为：$1500c + 750v = 2250$；生产之末或再生产之初，则为：$1600c + 800v = 2400$。

从社会生产的全体看，基本年度的资本（公式略）合计 7250，扩张再生产第一年度的资本（公式略）合计 7900，故经一个年度的生产，资本家的资本总额，从 7250 单位增至 7900 单位，若剩余价值率仍为 100%，则生产物的价值，从基本年度（公式略）合计 9000，增至扩张再生产的第一年度（公式略）合计 9800。此时第 I 部类与第 II 部类的比例关系，仍与前同。即：I.6600 > I.4400c + II.1600c；II.3200 < I.(1100v + 1100m) + II.(800v + 800m)；II.1600c < I.(1100v + 1100m)。假定第 I 部类的剩余价值中，资本化与消费的仍各居其半，不变资本与可变资本之比亦与前同，剩余价值率亦为 100%，用上述推算之法，可得逐年扩张之象。现将从基本年度到第 5 年度的生产扩张现象，列举如下（公式略）。由此观之，5 年之后，生产品自 9000 增至 14348，资本自 7250 增至 11566，剩余价值自 1750 增至 2782。资本家的生产，能否日益扩张，至于无穷？马克思以为不然。以上扩张再生产的种种表式，不特不足以表示资本家的生产可以扩张无碍，反而证明里面有一个根本矛盾，"愈扩张，而矛盾愈甚，非至资本制度覆亡不止"。

　　凡生产扩张者，皆可用扩张再生产的表式，固无奴隶经济组织、封建经济组织以及资本经济组织之别，此即所谓"扩张再生产之通律"。惟在奴隶与封建之世，可以说明生产扩张的现象，而在纯粹资本主义时代，反为生产不能扩张之明证。考察其不同的原因，全在分配方法之互异。奴隶与封建之世，全社会的生产消费，在一切生产事业皆有一种指导机关，使生产消费完全一致。资本主义经济组织中，无此中央机关来指导和监督，使供求一致，即所谓"在无政府状态之中"。无政府状态的资本家的生产，能供求一致者，惟有依赖买卖。资本家将所产之物，悉行出售，将售得的货币，购置别物，再从事生产。即产业资本循环运动（G—W…P…W′—G′）中的商品资本 W′化为货币资本 G′，再将货币资本购买生产用具与劳动力。若商品资本 W′不能化为货币资本 G′，生产即难继续；或只有一部分化为货币资本，生产即难扩张。故从商品资本 W′到货币资本 G′，名之曰"资本家性命所系之飞跃"①。飞跃而过，资本家的生命赖以存续；不过，资本家的生命即告中止。商品资本化为货币资本，不外出售而已。但"扩张再生产时，必有一部分生产品，不能出售。商品资本 W′，不能都化为货币资本 G′。资本家性命所系之飞跃，不能完全飞跃而过。故资本家之生命，必有中止之一日"。

————————————

① 此话原文的今译文见《资本论》第一卷，人民出版社 2004 年版，第 127 页。

现试扩张再生产，第Ⅱ部类所产3000单位的消费资料中，1500单位售于第Ⅰ部类的劳动者与资本家，750单位售于第Ⅱ部类的劳动者，600单位为第Ⅱ部类的资本家所自用，三者共计2850，尚余150未能出售。若根据前说，150中有100为第Ⅰ部类再生产时所增劳动者的消费资料，50为第Ⅱ部类再生产时所增劳动者的消费资料。然而现在的研究以资本主义经济组织为对象。实行资本制度的社会，一切交换皆以货币为媒介，与过去的直接交换不同。资本制度在货币经济时代，不在物物交换时代；劳动者的工资亦为货币工资，而非实物工资。雇佣劳动者时，不能以所产的消费资料交给劳动者作为工资，必先将消费资料换成货币，再用货币支付工资，劳动者得此货币工资后，始能购取所需的消费资料。此为货币经济时代，一定不变之程序。现看第Ⅱ部类所余150单位的消费资料，社会上是否还有购买余力。第Ⅰ第Ⅱ两部类的劳动者所得1750单位的可变资本，尽数购买消费资料，无余力再购。第Ⅰ部类的资本家，以所得剩余价值（生产用具）之半，购买消费资料，尚余500单位中，400单位留为自用，以资扩充；100单位必须换成货币，以充扩张再生产时支付工资之用。第Ⅱ部类资本家所得的剩余价值为750单位（消费资料），除自用600单位外，尚余150单位。其中50单位必须换成货币，以充扩张再生产时支付工资之用，但无人与之交易。100单位必须换成生产用具，而第Ⅰ部类的资本家虽剩余100单位的生产用具，但所需者为货币而非消费资料，亦不能与第Ⅱ部类的资本家交易。于是第Ⅱ部类的资本家只有150单位的消费资料，既无生产用具，又无货币资本以购劳力，生产即难扩张。第Ⅰ部类的资本家有100单位的生产用具不能换成货币资本以购劳力，虽有400单位的生产用具以资扩张，而生产扩张，亦归停顿。"此即资本家生产之根本矛盾，资本制度必然覆亡之原因"。

资本主义在今日仍能继续扩张，因为尚非纯粹资本主义的社会。马克思的扩张再生产论，"以证资本主义之必然覆亡者，以纯粹资本主义之社会为对象"。以为社会中只有资本家与劳动者二大阶级，资本家所得为剩余价值，劳动者所得为工资；其他如官吏、军人、僧道等，莫不分隶于二大阶级中，所得亦不外剩余价值与工资二种；另如独立的小工商业者、自耕自食的农夫，也一概摈斥，归入资本家或劳动者之内。"此非马克斯之但凭空想，不顾事实，盖既以实行资本主义之社会为其研究之对象，不得不作抽象之论耳"。

社会进化本难绝对区别，何时为何种组织，何时为何种制度？新组织内，往往尚有旧组织的遗迹，旧组织中，已具新组织的萌芽。今称资本制度、封建制度，就其大体言之，固难绝对区别说，自何时起至何时止，为封建制度，自何时始，为资本制度；亦不能从历史上断言，何种特征为纯粹封建制度，何种现象为纯粹资本制度。从人类历史事实看，所谓纯粹的某种制度，未之有也。封建制度中尚存奴隶制度的遗物，又已具资本制度的萌芽。资本制度中亦有奴隶、封建的遗迹，又已有社会主义的萌芽。故在盛行资本主义生产方法的社会，除劳资二大阶级，以及军人、官吏、僧道未能分隶于二大阶级，姑不具论外，又有独立经营的小工商业者，名之曰"一般生产者"。供给生产用具者有之，供给消费资料者亦有之；需要生产用具者有之，需要消费资料者亦有之。资本家所余的生产用具与消费资料而不能出售者，往往为他们所购买，资本家的生产赖以扩张。扩张后新增劳动者所需的消费资料，又往往为他们所供给，资本家的扩张生产赖以维持。故有此一般生产者，资本家的扩张再生产事业得以继续不辍，资本制度得以日臻发达。但从扩张再生产的表式看，扩张愈甚，不能出售的生产物愈多，需资本制度以外的主顾亦愈众。因此资本制度的发达，以一般生产者的存在为前提，愈发达，所需的一般生产者愈多。从发达的结果看，愈发达而商品价值愈低，价格愈廉，独立的小工商业者愈难与之竞争。故失败者愈多，所存小工商业者的人数愈减。"是以资本制度之发达条件，在一般生产者之增加。然其发达之结果，日促一般生产者之减少。发达条件与发达结果，背道而驰。故资本制度愈发达，资本制度自身之生存愈艰难。一旦纯粹资本制度之社会实现，即资本制度之死期已届。今资本制度，日在继长发达之中，足证将来必有自然崩坏之一日，此即马克斯之本意"。①

以上介绍协作和机器之后，也就是介绍相对剩余价值生产的有关内容之后，转而介绍再生产论，起初给人的感觉，接着介绍《资本论》第一卷第 7 篇同"资本的积累过程"相关的内容。此篇从简单再生产入手，论及剩余价值转化为资本亦即规模扩大的资本主义生产过程或简称扩大再生产，然后据以分析"资本主义积累的一般规律"和"所谓原始积累"等，并得出一系列重要结论。这也是那个时期国内专论马克思经济学说的不少著述，循着《资本论》第一卷的论证顺序，给予评介的通常做法。然而赵氏此节的介绍，又一次别出心裁，或者说，拿来当他人的相关论述（如吴应图编写并于 1926 年出版的《资本问题》）而别出心裁，游离于原有的逻辑之外。此节介绍马克思的再生产论，从起首的话看，似乎也是依照

① 以上引文除另注外，均见《近代欧洲经济学说》，商务印书馆 1928 年版，第 278—295 页。

马克思的逻辑。意在说明资本家不仅要获得剩余价值，而且要将剩余价值转化为资本，通过扩大再生产来获得更多的剩余价值；然而在纯粹资本制度的社会，扩大再生产含有一个根本矛盾，以致资本扩充越厉害，根本矛盾越显著，最终必将发展到自相冲突，无法进行生产而同归于尽的地步。那么，这个根本矛盾是什么？接下来的说明，绕过《资本论》第一卷关于资本积累过程的实质性说明，一下跳到第二卷最后两章关于"简单再生产"及"积累和扩大再生产"的以形式为主的说明上。

这些说明，无论是简单再生产与扩大再生产的定义，商品价值的组成部分代码，社会生产以生产资料和消费资料为考察对象的基本分类，资本生产的重要条件如社会生产力与社会购买力保持均衡、各种生产事业之间存在一定的比例关系，还是大量用来表示再生产运行过程的各种公式，都在马克思的原著里有所依凭，但又不完全按照原著的论证方式予以表述，摘录某些内容或穿插自行梳理后的一些解说，重点落在围绕各种数字公式的铺展与诠释上，使得整个说明，看似出自原著又让人感觉与原著主旨有所隔膜。其主要内容，先是依据《资本论》第二卷第 20 章有关简单再生产的论述，提出社会生产的两个部类之间的比例关系。所谓简单再生产持续进行的三点"定律"，以几个公式为例，指这些比例关系而言。接着依据同卷第 21 章有关扩大再生产的论述，突破简单再生产的均衡限制，将这些比例关系，进一步引申为在部分剩余价值转化为资本的条件下，也就是用上述公式的扩展形式，确认扩大再生产得以持续进行的所谓三点"定律"或"先决条件"。这种"定律"式的简单概括，着意于说明公式中的比例关系一旦被破坏或失去平衡，整个再生产（不论简单再生产还是扩大再生产）过程也就受到阻碍而无法维持。实际上，马克思的原著，对再生产过程各种比例关系的分析，远比上述几点概括要丰富得多，也不曾概括为类似的"定律"。然而赵氏的介绍，其兴趣一直停留在这几点"定律"的形式上。于是从《资本论》第二卷第 21 章，根据扩大再生产逐年扩张的公式变更例证的推论或计算，引出更多的公式变例，尤其引用原著"用公式来说明积累"一节中的第一例，说明扩大再生产在基本年度及随后五个年度的公式演变进程及其内在比例关系和现象形式。借助这些公式形式，突然话题一转，又回到起首那句话。即马克思认为资本家的生产不可能无障碍地一直扩张下去，上述公式足以证明，它含有一个根本矛盾，而且越扩张，矛盾越加剧，直至资本制度的覆亡。

关于这个根本矛盾，从赵氏的解说看，主要指资本制度下的再生产特别是扩大再生产，无法维系公式所要求的那些比例条件。关于这一点，翻开《资本论》第二卷第21章，马克思的类似表述如：资本主义生产中的货币，"会产生这种生产方式所特有的、使交换从而也使再生产（或者是简单再生产，或者是扩大再生产）得以正常进行的某些条件，而这些条件转变为同样多的造成过程失控的条件，转变为同样多的危机的可能性；因为在这种生产的自发形式中，平衡本身就是一种偶然现象"；第Ⅰ第Ⅱ两部类之间不变资本与可变资本的相互补偿，"这一切必要的前提是互为条件的，但是，它们是用一个极为复杂的过程作为媒介的。这个过程，包括三个彼此独立进行但又互相交错在一起的流通过程。过程本身的复杂性，呈现出同样多的造成过程失常的原因"；等等。① 简而言之，马克思通过对资本主义生产的"自发形式"即无政府状态的实质分析，已经揭示了其再生产（无论简单再生产还是扩大再生产）正常进行的平衡本身是一种偶然现象，存在着过程失控或失常的原因和转变为危机的可能性。后面采用一系列公式的推导演示，更多是从形式上凸显维持这种平衡所需要的各种数量计算或比例关系，借以印证资本主义生产保持平衡的偶然性和发生危机的可能性。赵氏的解说却反过来，用形式来说明实质，先引入各种公式以显现进行再生产所需要的各种数量或比例关系，然后再说资本制度下的再生产过程，存在着难以实现这些平衡关系的根本矛盾，所以资本制度必然趋于覆亡。

按照这种反过来的解说方式，在本节末尾，有三段关于资本家生产之根本矛盾的诠释，颇耐人寻味。前一段内容，打着马克思所谓扩大再生产是各种经济形态之"通律"的旗号，认为扩大再生产同样存在于奴隶、封建和资本的经济组织内，没有什么区别；又认为在奴隶和封建时代，可以"说明"或掌握再生产的扩大现象，而在"纯粹"资本主义时代，无法把握再生产的能否扩大，二者不同的原因，全在于"分配方法"的不同。奴隶和封建时代，有某种指导机关凌驾于一切生产事业之上，负责使全社会的生产与消费完全一致；而资本主义经济组织没有类似的中央机关进行指导和监督，以保证供求一致，此即马克思所说的无政府状态。资本家在无政府状态中生产，只有通过买卖来实现供求之间的对应关系，也就是通过产业资本的循环运动，将商品资本转化为货币资本，再用货币资本购买生产资料和劳动力，以便继续再生产或扩大再生产。然而一旦商品资本不能转化为货币资本，或只有一部分商品资本转化为货币资本，即难以继续再生产或扩大再生产。换言之，在无政府状态中，从商品到货币是一个惊险的跳跃，直接关系到资本家的生命，而且势必有跳不过去以致再生产中止的一天。以上便是赵氏对资本家生产之根本矛盾的全部理解。他用来诠释的理由，只是原地踏步，又回到扩大再生产公式的形式演算上。即举例说，第Ⅱ部类的资本家为了扩大再生产，其剩余价值除自留部分外，须拿出其余部分用于第Ⅰ第Ⅱ两部类新增劳动者的生活资料；然而以货币为交换媒介的资本社会，要先将这部分生活资料转换成货币，支付劳动者的工资后，劳动者才能用货币工资来购买生活资料；于是产生新增购买力的不匹配问题，两部类资本家用于可变资本的新增部分，分别以生产资料和生活资料的实物形式存在，由于不能物物交换而必须换成货币，就会出现无人与之交易的停顿现象。实际上，如此解释资本主义生产的根本矛盾或资本制度必然覆亡的原因，很容易偏离马克思的本意。因为它对资本循环运动公式的关注，只限于从形式上比较资本家的生产与奴隶和封建经济时代的生产之不同，并把这种不同简单归结于以前实行实物交换可以控制，现在实行货币交换不可控制，也就是以前有某种中央机关对所有生产活动进行指导与监督以保持供求关系的一致性，现在的社会生产活动处于无政府状态，其结论是考察资本制度的根本矛盾或必将覆亡的原因，停留在所谓"分配方法"上而非所有制上，这显然不符合《资本论》第二卷的原意。

后两段内容，着重于解释何谓"纯粹"资本主义社会。在解释者看来，现行资本主义社会之所以仍能继续扩大再生产，在于它还不那么"纯粹"；马克思用扩大再生产论来证明资本主义的必然覆亡，以"纯粹"资本主义社会为研究对象，也就是认为社会上只有追求剩余价值的资本家和靠工资为生的劳动者两大阶级，其他类型的社会阶层分属于两大阶级，这不是罔顾事实的凭空想象，而是基于资本主义社会现实的理论抽象。再从社会进化的历史进程看，虽然资本制度的存在就像新旧组织的转化一样，往往保留旧组织如奴隶或封建制度的遗迹和含有新组织如社会主义的萌芽，不可能有绝对的纯粹性，虽然盛行资本主义生产方式的社会，除劳动者和资本家两大阶级外，还会存在诸如独立小工商业者之类的一般生产者，能够缓解新增生产资料与消费资料在流通过程中的供求矛盾，但扩大再生产的公式表明，资本制度越发达，商品价值与价格越低廉，其他一般生产者在竞争中的失败者也就越多、人数也就越少。简言之，资本制度的发达本来以一般生产者的增加为前提条件，发达的结果却是一般生产者的减少，这种背道而驰的现象，正是"纯粹"资本制度的社会实现过程，也是资本制度的死期临近过程。上述关于"纯粹"资本主义社会的解释，同样是从扩大再生产的公式引申而来。意思是说资本制度的纯粹化过程，同时也是该制度将来必定"自然崩坏"的过程。这个解释，据说是马克思的本意，而且似乎返回到《资本论》第一卷有关资本主义积累的一般规律及其历史趋势等论述。不过，解释者终究没有超出扩大再生产公式的形式规定范围，所以才会把资本主义社会中独立小工商业者等所谓一般生产者的削减趋势，或谓纯粹化趋势，直接等同于资本制度的自然崩坏趋势。如此解释，也很难说出于马克思的本意。顺便指出，将所谓资本主义社会的纯粹化过程与资本制度的自然崩坏趋势联系在一起，倒是为前面解说马克思的社会革命思想，提供了一个新的注解。把社会革命事实上理解成一个自然而然的过程，就像资本主义社会的纯粹化自然会导致资本制度的崩坏一样。这样来理解马克思的社会革命思想，无异于只有等待所谓纯粹化的自然演进之一途，那么在发展资本主义的道路上尚处于十分落后位置的国家如中国，更应免谈社会革命。

不管怎样，此书介绍马克思经济学说的最后一节，确实用不少篇幅介绍了马克思的再生产论。这个介绍，尽管别出心裁，未曾按照《资本论》第一卷的逻辑去解说资本积累的过程，而是跳到第二卷去描述这个过程的各种再生产公式，也尽管未必出自赵氏自己的研究心得，而是借鉴他人的研究模式，但它还是产生了一些令人意外的效果，让国人看到了马克思用于论证社会总资本的再生产和流通的有关公式例证。这在当时国内介绍《资本论》的著述里，可以说是难得的新鲜资料。惟其运用和解释不当，也有可能产生偏离马克思本意的负面效果。说到这里，须特别指出，赵氏此书的上述新鲜资料，同前面吴应图编写并于1926年初出版（早近两年）的《资本问题》，在引用《资本论》第二卷的内容尤其是重视各种形式的公式上，非常相似。吴氏之书既是编而非著，显然以编录他人的研究成果为主，赵氏为国内有影响的经济学者，但在当时亦非有能力独立厘清如此复杂和精细的演算公式及其内涵，看来二人都有舶来的甚至是共同的参考著述，而且很可能来自某位日本学者的著述。尽管如此，在不到两年的时间里，国内先后有人感兴趣于马克思关于社会总资本的再生产与流通的各种公式，并予以相当详细的介绍，总是《资本家》研究与传播的一个新进展。

### （五）结语

系统梳理赵兰坪《近代欧洲经济学说》有关"马克斯经济学说"部分之后，比较其他评介马克思经济学说的国内著述，可以归纳出以下几个特点。

其一，在欧洲经济学说史类型的著作中，给予马克思经济学说以举足轻重的地位。用赵氏自己的话来说，18世纪后半期至19世纪后半期的一百年间，近代欧洲经济学说以英国的古典学派和德国的马克思为主体。从全书结构看，马克思经济学说一章，占据所有10章近1/3的篇幅。不仅此也，其余各章还有"初期社会主义者"，即以圣西门、傅立叶、路易·勃朗和欧文为代表的空想社会主义者的经济学说，以及所谓"国家社会主义者"，即洛贝尔图斯和拉萨尔二人的经济学说。此书至少在结构安排上，将马克思经济学说与空想社会主义者的经济学说，特别是与洛氏和拉氏的经济学说区别开来。这一点，也不同于其他一些评介类著述，经常有意或无意地将它们混淆在一起。所以说，此书如此突出马克思经济学说在近代欧洲经济学说史中的独立地位，对比国内那个时期的同类著述，体现了一种超乎寻常的理论见识。

其二，试图以客观无偏见的态度，评介包括马克思经济学说在内的近代欧洲经济学说。这是针对现有欧美经济学说或经济思想的著作，往往存在国家观念太浓或派别偏见太重的两种缺陷而言，但缺陷得到纠正的两条理由，又显得有些独特和无奈。根据赵氏自序，一则我国古代的经济思想，比较如今欧美各国的经济学说，"本无一顾之价值自不待言"，而且至今尚未产生经济科学，因而评介欧洲经济学说，丝毫谈不上受国家观念的影响，可以本着"公平无私之精神"进行"客观之研究"。二则作者既未自成一家，又无自列一派，况且距离自称派别的研究资格相差很远，因而也说不上派别偏见，能够秉持"坦白无私之态度"来研究各家学说。说穿了，就是中国在经济学说领域的落后，反倒促成了国人在评介欧洲各国各派的经济学说时，既没有什么国家观念可以拘泥，也没有什么派别偏见可以坚守，从而能够保持一种客观公正的态度。这些理由听起来不免寒碜，然而在那时确实是评介欧洲各家经济学说，特别是评介非主流的马克思经济学说，摆脱已有观念或偏见影响的一个很好理由。从此书后来对马克思经济学说的实际评介看，这种无偏见的客观态度，并非虚言。马克思经济学说在书中能够与古典经济学派相并立而成为近代欧洲经济学说的主体之一，便是一个明证。

其三，对马克思经济学说的评介，不落俗套、透露新意却又若即若离。首先须指出，此书的评介，围绕马克思经济学说，呈现与众不同的多样特点，明显不是作者自己独立研究的见解，应是吸收他人研究成果的产物。然而在吸收过程中能够具有较为宽阔的视野，力求不受拘束，真切反映马克思经济学说的原貌，显然又与作者坚持无偏见的客观态度，不无关系。其评介特点的多样性，让人感触较深者，至少有几个方面。

一是从评介马克思经济学说的整体布局看，不落俗套。此前国内有代表性的著作，尤其经过日本学者的著作之转译或转述的引领，在介绍马克思经济学说的要点和评价这个学说的地位方面，已形成一定的表述范式。评介最多的，自然是唯物史观与剩余价值理论，然后不同的评介著作又有不同的偏好或侧重点，如进一步延伸到马克思的生平事迹、劳动价值论、阶级斗争学说、资本积累与集中理论等。这些内容，对国人认识马克思经济学说，固然很有帮助，但如果只是照搬重复此类资料，毕竟不足以丰富国人对作为舶来品的马克思经济学说的认识。特别是当国内还没有完整引进以《资本论》为代表的马克思一系列重要原著、没有将它们翻译为中文时，如果只是停留于别人加工整理的要点摘录或简化叙述，将无法全面和深入领会马克思经济学说的博大精深并感悟这个学说的科学精神。此书既吸收已有的评介成果，又不拘泥现成的评介套路，力图增加新的资料、解说与细节，力求更加贴近马克思的本意，虽然未必能得偿所愿，却为拓展对马克思经济学说的认识，进行了不落俗套的尝试。例如在唯物史观和剩余价值论之外，不仅涉及传略、社会革命、阶级斗争、价值论等已为国人所了解的内容，还增辟著述、资本的意义及其循环运动、协作、机器、再生产等鲜为人知的专论。这种布局结构，不一定合理，也不一定包容所有重要理论，但体现了不拘成规的开放性，试图通过这种方式，继续从有关马克思及其原著的各种海外资料中，发掘新的内容，充实那些已知或未知的领域，再以更新的面貌展现出来。马克思主义经济学的传入发展到这样一个阶段，大体知晓其梗概与主旨，却仍难窥其原貌或全貌，此时对于国内读者来说，提供更多详实可信的原始资料或新鲜内容，比起简单重复既有的要点框架，显然更有意义。

二是从评介马克思经济学说的内容安排看，处处透露着新意。这也是与其他的评介著作相比较而言，除了马克思经济学原著的译本之外，此书基本上涵盖了此前同类著作的评介范围（大概有关资本的积累过程部分是一个例外），分门别类的11节，几乎每节都或多或少地增添了一些令人感兴趣或值得进一步探究的内容。譬如：关于传略和著述部分，尽管叙述马克思生平事迹的重点在 1872 年国际工人协会迁址之前，并像其他评介著作一样突出其致力于革命事业和经济学研究的成就，但更注重细节，补充了若干以往不熟悉或较为模糊的历史资料；尤须一提的是集中开列了马克思19部代表作的书目（2部与恩格斯合著），囊括了所有重要的经济学代表作，为以前所未见（此前只是分散提到有关书目，并有遗漏）。关于唯物史观部分，仍保留引用马克思原著论述予以评介的基本格局，同时增加其思想来源的追溯如吸收黑格尔和费尔巴哈的思想要素，以及从原著系列引文中，提炼最初创立到成熟表述唯物史观思想的要点。又引申出有关社会革命和阶级斗争涵义的进一步解说，新补充的内容，如马克思、恩格斯对变化的社会革命形势的判断，包括引用恩格斯1895年为马克思所著《1848年至1850年的法兰西阶级斗争》一书撰写导言中的原话；又如论证阶级斗争学说并不是马克思所独创，列举大量的先行思想论据，均为以前所鲜见（当然也有先例可援，如关于史坦恩的影响可见韩讷所著《经济思想史》的译本）。从价值论一节起，以后六节的内容，实际上进入《资本论》的范围，这也是评介马克思经济学说最有新意的部分。整体上说，评介以第一卷为主，同时许多内容扩展到第二卷；评介基本上遵循原著的逻辑，但经常会打乱原有顺序或出现大的跳跃；评介重视引用原著的论述，或者自行概括时标明原著的出处，或者未曾标明出处而在原著中有其所本，总之要体现切合马克思本意的客观精神；评价力求通过比较简化和通俗的解说，突出有关理论要点并梳理这些要点之间的相互衔接关系，最后落脚在现行资本制度何以必然崩坏的经济学道理上。分节看，价值论一节，介绍商品的两个因素即使用价值和价值后，重点转入价值形式的内涵及其演变，这是《资本论》第一卷第1章的内容，也被认为最难懂；此节不畏其难，专门拣出来予以阐释，可谓弥补了《资本论》解说的一个空白。资本的意义及其循环运动一节，从第一卷第3章第2节论述商品的形态变化，一下跳到第二卷第1章论述货币资本的循环所经过的三个阶段的表现形式及其循环公式，意在从循环公式上说明，货币出现后才有可能形成生产剩余价值的资本；这个说明，割断了原著论证的一系列环节，虽显突兀，却也弥补了《资本论》解说中有关资本循环公式的另一个空白。剩余价值一节，重新回到原著的论证序列，先是补充第一卷第1章有关劳动二重性的论述，接着分量不等地依次触及第一卷第2篇到第4篇的内容，也就是从货币转化为资本到绝对剩余价值的生产，再到相对剩余价值的生产；这部分内容，其他著作里多有介绍，但此节的介绍，引用原著的深度及细节，仍有特色。协作与机器二节，事实上是从原著相对剩余价值的生产一篇抽出来的两个部分，由此也大致补齐了上一节详于绝对剩余价值的生产而略于相对剩余价值的生产之不足；这两节单列，另有用意，虽然同样有割裂原著体系之嫌，但如此突出协作尤其是机器的内容，又是以往鲜有所闻的弥补空白之举。再生产论一节，为了说明资本家的生产存在着自相冲突并导致资本制度同归于尽的根本矛盾，再次从第一卷第7篇资本的积累过程点题后，直接跳到第二卷最后两章有关简单再生产和扩大再生产的各种公式举例，用以论证再生产所需要的诸多平衡条件和比例关系，以及在资本制度下难以持续实现的必然性；这个说明不同其他著作按照马克思原著的精神重点论证资本积累的一般规律与历史趋势，偏重于简单或扩大再生产过程中两个部类之间的交换形式，然而恰恰由于这个让人意外的跳跃，又把第二卷第20、21两章的有关内容，继吴应图的《资本问题》之后，再次如此清晰地摆在国内读者的面前。所以说，此书有关马克思经济学说的评介，可谓《资本论》中译本问世之前，将国人认识《资本论》原貌的章节范围和论述本旨，从原有的基础上，向前推进了一大步，在《资本论》传播于中国的历史进程中，应占有一席之地。

三是从评介马克思经济学说的分析引导看，存在若即若离的倾向。整个评介的最后结论，证明纯粹资本制度将来必定有自然崩坏的一天。这个结论，据说是马克思的本意，看起来同马克思论证资本主义必然崩溃的经济学主旨相吻合，而且所运用的分析依据，也主要来自马克思的经济学原著。不过，经过对照辨析，发现整个评介过程，时隐时显贯穿着一条引导的线索。引导的方向，意在强调资本制度必然崩坏的两个关键性因素，一个是非人为的"自然"属性，另一个是与之相联系的排除其他非资本因素的"纯粹"化进程，亦即随着资本制度的纯粹化，其崩坏的末日也就自然来临了。这种引导，始于对唯物史观公式的两点归纳，一则社会进化论体现社会关系随着生产力的发展而进步；二则精神与物质的关系显示精神不能独存而不过是物质的反映。这个归纳本身谈不上什么偏差，问题是由此引出对同样属于唯物史观涵义的社会革命与阶级斗争学说的质疑。如认为马克思和恩格斯都承认在预测社会革命的问题上犯过错误，又认为恩格斯评价马克思独创阶级斗争论的说法夸张过甚，其实不过受前人的影响而已。这些质疑，唯独出现在评介中的社会革命与阶级斗争二节，似乎是想表明二者具有人为性质，与前面对唯物史观的自然属性的归纳，有所冲突，故须纠偏。其中还提到，《资本论》"明言阶级冲突之处甚寡，所论亦甚含糊，不能得一明确观念"。这大概也为后面的评介，之所以选择《资本论》为主要对象，意在避免阶级冲突之类的人为干扰，做了先期铺垫。根据这样的理解，转入对《资本论》的重点评介后，也可以明白，除了像其他同类著作那样，必须评介劳动价值论及剩余价值论这些奠基性的核心理论外，何以有意突出资本的意义及其循环运动、协作、机器等为其他同类著作所忽略而不曾接触的理论，因为它们更能体现资本运动的自然属性。特别是再生产论一节，避开原著有关资本主义制度下生产社会性和私人资本主义占有形式之间的矛盾，周期性经济危机的日益暴露和不可避免性，资本主义积累的一般规律显示资本积累必然造成社会两极分化、无产阶级与资产阶级之间的对抗更为尖锐，生产资料的集中和劳动的社会化达到同资本主义私有制外壳不能相容的地步，从而资本主义必将让位于社会主义等论证，津津乐道于简单再生产尤其扩大再生产过程中的各种资本循环公式，以及两个部类之间的交换表式例证，从而将重心转移到具体探究资本流通过程中的均衡条件和比例关系及其形式计算上。这个探究固然重要，但离开原著前面的论证要点，只剩下各种公式或表式举例的形式计算，会在引导上产生偏差。正如评介将再生产论的涵义，转变为资本制度的崩坏是通过该制度的纯粹化过程来自然而然地完成一样。这种理解，当时哪怕不是出于评介者本人的考察结论而是来自他人的研究成果，也需要不俗的经济学素养。惟其在引进马克思经济学说的同时，又会产生别样的实际效果，把阶级斗争和社会革命学说同马克思的经济学说剥离开来，前者属于人为的过程，后者属于自然的过程，而等待资本制度纯粹化所导致的自然崩坏，就像评介所暗示的那样，无异于否定苏俄革命的必要性，也无异于将中国置于社会革命旁观者的位置，因为对落后的中国来说，那是遥遥无期的未来之事。

## 二、《资本主义经济学之史的发展》译本

这是河上肇的另一本原著，林植夫①译述，商务印书馆 1928 年 3 月初版，应是林氏投笔从戎前的译作。

河上肇作为日本研究马克思主义的先驱之一，多年来他的著述传入中国，亦以评介和翻译马克思学说最有影响。此译本专门考察资本主义经济学的发展历史，在引进他的著述里反倒少见，这也反映了中译者当时的选择眼光和兴趣。译本正文 5

---

① 林植夫（1891—1965），福建闽侯人；1906 年留学日本，1910 年考入第一高等学校预科，并参加同盟会，次年转学熊本第五高等学校工科；武昌起义后回国，被孙中山委任为同盟会福建特派员；不久回日本复学，毕业后考入东京大学农林部林学科；1920 年毕业回国，先后在黑龙江铁嫩森林公司、北京农业专科学校、哈尔滨《国际协报》、上海商务印书馆任职；1927 年到南京任政治部宣传处少校股员，参加国民党，后任国民党驻闽海军陆战队第一独立旅政治部主任，国民党广东省党部书记长，私立福建学院院长，1933 年参加福建事变；抗战爆发后，1938 年参加新四军，任政治部敌工部部长，加入共产党，皖南事变后脱离；1947 年加入中国民主同盟，新中国成立后任福建省民盟主任委员、农业厅厅长、政协副主席，全国政协委员。

章，分别为亚当·斯密之"先锋"、亚当·斯密、马尔萨斯及李嘉图、边沁及詹姆斯·穆勒、约翰·斯图亚特·穆勒，实际上以英国古典经济学的代表人物为研究对象。还有一个附录"个人主义（资本主义）及社会主义"，在研究英国古典经济学的基础上，比较个人主义经济学与社会主义经济学相互对立的各自特征。这个附录，虽然在近400页的译本里，只占20余页的篇幅，但它才是真正体现了作者的研究用意，也是下面评介的重点。

### （一）附录的前言

附录分6节，前面有几段话，姑称之为前言：

个人主义与社会主义两个术语，在今日根据种种见地，被用于种种意义。我想在这里阐明，个人主义与社会主义关于社会组织原则的概念，是"相互对立的两个极限"。以我所见，这两个主义，因社会对其成员的物质生活有无应负的责任而分别。社会主义的组织，社会有意识地对其成员的物质生活负担着责任。反之，个人主义的组织，社会不负这种责任，成员的物质生活由成员自己各负其责；所谓资本主义的组织，是个人主义的组织经过一定的发展而完成的"特殊的历史的状态"。社会组织上的两个主义，实际上可以相互交错而行。某种小社会，只是施行一方的主义，而包括若干个小社会的比较大的社会，有时施行他方的主义。就近代社会而言，所谓家族的小团体，大概都施行社会主义制，反之，包括这些家族的国家，大概都采用个人主义制。所以，尽管说个人主义制，但不是以个人为单位，实是以若干个人由血族结成的小团体的家族为单位。现在我们一般所说的个人主义制，其意义由国家采用；我们一般所说的社会主义制，把社会主义的原则，施行到比血族结合的家族更大的团体（如协社或国家等）。个人主义与社会主义之间的根本不同，略如上述。这些根本不同，派生出种种差异，下面的本论，打算列举主要的差异，加以大体说明。

叙述作为社会组织原则的个人主义（资本主义）及社会主义的特征，附带说说个人主义（资本主义）经济学与社会主义经济学的特征。这里所说的个人主义（资本主义）经济学或社会主义经济学，不是以研究的对象作为区别的标准，不是分别以个人主义（资本主义）或社会主义的经济组织为研究的对象，以此为标准来区别两派经济学。资本主义社会至今为止所建立起来的经济学，不问属于何派，都以资本主义社会为研究的对象。其研究对象不但大致相同，而且资本主义经济学"以承认资本主义的组织而主张其永久性为其特征"。反之，社会主义经济学"以为资本主义的组织，只有历史的一时的性质，而主张将来代兴之社会主义的组织，必然的会实现出来，此点实其特征"。"我们不外以关于资本主义的组织之价值或运命的根本的见解为标准，而将其作为相对立东西，而分别资本主义经济学与社会主义经济学罢了"！以下所述，是两派经济学，尤其资本主义经济学所包含的种种主张，如何顺应资本主义经济组织的种种特征。①

这个前言（连同后面各节），或许由于翻译的缘故，有些拗口。但大体说来，打算从社会组织的原则上，去比较个人主义（资本主义）与社会主义的对立性特征。这里将资本主义与个人主义并列放在括号里，意思是说个人主义的历史比资本主义更长久，而资本主义是个人主义发展到一定历史阶段的特殊产物。社会主义也是这样，如谓血缘家族的小团体实行社会主义制，意味着社会主义的历史与家族并存，也很长久。不过，既然标明个人主义系指资本主义下的个人主义，则个人主义与社会主义的对立，并非跨越不同历史阶段的一种抽象，特指资本主义与社会主义的对立。所谓个人主义（资本主义）经济学与社会主义经济学的区别，不是以研究的对象即各自的经济组织为标准。这句话乍听之下，让人有些摸不着头脑。实际上说的是，两个主义作为社会组织原则上相互对立的两端，根本区别在于如何认识现行资本主义组织的价值及其未来命运，与此相适应，代表两个主义的两派经济学，一个以承认并主张资本主义组织的永久性为特征，另一个以资本主义组织只有一时的历史性质、必将被社会主义组织代替为特征。换言之，附录的重点，不是分开来看两派经济学各自研究其经济组织所得出的那些观点，而是进一步对比二者在社会组织原则上的尖锐对立。

**（二）"无意识的法则与意识的法则"**

这是第 1 节的差异比较：

不论何种经济社会，人们的物质生活既已保持非偶然的不断连络而组成一个社会，则支配社会成员的行动，"必不能没有一定的法则"。这一点，在个人主义的社会和社会主义的社会，都是同样的。不同之处，在于法则的性质。可以说，支配社会各成员的经济生活的法则，在社会主义社会，作为一定的有意识的法则来实行；在个人主义社会，则作为无意识的法则起作用。这是两个社会之间"第一的

---

① 以上引文均见日本河上肇原著，林植夫译述《资本主义经济学之史的发展》，商务印书馆 1928 年版，第 367—368 页。

差异"。

一个社会采用社会主义的组织，因为社会有保证其成员的经济生活的责任，为了达到这个目的，社会作为社会意识的表现者，设立一定的机关，用于支配社会中物质的生产及分配之事。共产的氏族族长，社会主义国家的人民委员，即属于此类代表。社会成员在这种社会机关的中央管理之下，对其劳动（因为生产社会全员生活上所必要的生产物，所以社会成员不能不在一定的秩序下从事劳动）与生产物的分配（所生产的物质也不能不同在一定的秩序下分配于各成员之间），有一定秩序。各成员须自行意识是一个"生产共同体"的分子，互相投入于一定的生产关系、又在一定的分配关系之中。不必说，人们既已在经济上（在物质生活方面）结成一个社会，对生活上所必要的物质的生产有一定的关系（即生产关系），对生产的物质的分配，也不能没有一定的关系（即分配关系）。这些生产关系与分配关系的总和，不外所谓"社会之经济的构造"，即社会的经济组织。其组织依据各个私人意志的相互交通，自然的无意识的成立时，这个社会没有意识的共同目的，不能认为这个社会组成了一个共同体。根据社会主义的原则组织，社会有意识的共同目的，各成员意识到其共同目的而互相投入于一定的社会关系，这些社会关系，现在成为直接而且有意识的社会关系。详言之，各成员间的关系，只要与经济生活有关系，便由社会机关直接和有意识地决定下来，而不是产生于各个私人意志的种种行为的无意识的结果。从法学上说，各个人的经济关系，非私法的关系，为公法的关系。社会主义的组织如何将其成员的经济关系公法化的事情，征之于刚过去的世界大战期间，欧洲各国对粮食管理及其他广行的"战时社会主义"的立法，就可以明白了。社会主义的组织再进一步，即革命后德意志的宪法及俄罗斯的根本法，与迄今为止的宪法殊异其选，大量包含关于人民经济生活的规定，这也是一个实例，可以表示社会主义化的经济生活的公法化。"一言以蔽之，在社会主义的社会，各成员的经济关系，要之是支配于社会机关所制定之意识的法则的"。

社会以个人主义为其组织的原则，事情就完全不同了。个人主义的社会，对成员的经济生活不负保证责任，也不认为有必要对其管理和支配。这种社会组织，社会各成员对任何种类的生产物生产多少分量，放任于各自的私人意志。所生产之物分配于社会成员，也是各成员以自发的意志，相互间进行买卖交换的私人行为的结果。各个私人间，通过任意取与的买卖交换这种私人行为，实现所谓社会所得（即社会新生产的全部生产物）的分配这个社会效果。不必说，在社会主义社会，社会所得分配之后，各私人之间也交换所分配的货物，但这与小孩子们将其从家长那里所分配的货物或玩具，彼此调换，同其性质。其交换不是社会生产物的社会分配的必然过程。在个人主义社会，社会生产物的社会分配，通过各成员的相互交换，才能施行。各个人各自独立地生产一定的货物，彼此互相交换其生产物，通过所谓"无意识的分业"才有社会的连络。"并非有一定的机关，作为社会意识的代表者，预筹一定的计划，由着其计划而管理社会全体之生产和分配"。所以社会各成员的经济活动，"不是能制御统一于意识的所定之一种计划之下的"，从这种意义上来说，"经济界是完全无政府的"。"社会主义与无政府主义往往被作为属于同一范畴的，但是以经济界之无政府、无强制、无支配为主义之点，个人主义（因而其发展形态的资本主义）才是无政府主义呢"！尽管个人主义社会是无政府的，但可以维持一定的秩序。"所谓无政府这个名词之堕落的意义下所生的混乱"，在某种程度上竟然能够避免，因为各成员进行私人交换时，存在非偶然的不断的连络，其间自然会建立起支配各个人行动的秩序。但是这些秩序不同于社会主义社会通过社会机关进行有意识的规定，不是社会意识的直接的表现，只是有意识者在社会中为了各自的经济利益而经营的各种活动（从各个人的立足点说，是有意识的活动）的综合结果，是显现在社会全体之上的无意识的产物，在某种意义上是一种"自然的秩序"。"一言以蔽之，就是在个人主义的社会，各成员之经济关系，盖由着没有何人意识的规定之一种自然法则支配着"。

如上所述，个人主义社会与社会主义社会所以支配社会各成员的经济生活的法则，"完全异其性质"。此事自然给与个人主义社会的经济学和社会主义社会的经济学（"我以为这是与社会主义经济学完全不同"），以内容互有不同的各自职分。个人主义制下的社会秩序，是各个人的有意识活动的综合结果，显现在社会全体上意味着无意识的产物，在这个意义上，可以看作一种自然的秩序，发现它的亚当·斯密在《原富》里说，由"一只看不见的手"或"一种不可知的原理"所规定。说明这个自然法则，是建立在个人主义制的社会的经济学（"在这里头包含着我所谓资本主义经济学与社会主义经济学两种"）的任务。所谓经济学的原理，都是由这种自然法则（即不是人们有意识地制定的法则）构成的。在个人主义制的社会，像这样作为"一种不可知的原理"而起作用的无意识的自然法则，在社会主义制的社会，如前所述，显现为社会的公开机关有意识地规定的符合目的的公法上的法则。在这种社会，建立于个人主义制社会的所谓经济学，没有存立的必要；如果要建立经济学，与其是以发见因果法则为职分，毋宁是近似于以目的的确定为主职分的行政学或公法学的学问。故以经济学的术语而单指先前的经济学，可以按照俄罗斯的布哈林（原译"布哈灵"）所说，"立脚于资本家的商品生产之社会之终点，就是经济学之终点的意思"（原注：引自布哈林《过渡时期的经济》一书）。想来，将来要是实现了社会主义社会，像今日的民法学、商法学等会一变其性质，或差不多竟至于绝迹一样，今日的经济学，不问其为资本主义的经济学，抑为社会主义的经济学，除了成为历史的资料之外，差不多会没有任何用处了。"我们从事于经济学之人的事业，从这一点说起来，真不过只有一时的过渡的价值啊"！[1]

照以上说法，所谓个人主义社会与社会主义社会的第一个差异，即人们的生产关系与分配关系的组织方面，存在着不同性质的支配法则或秩序，前者在经济界的无政府状态中，通过各个私人的谋利活动而无意识地形成，后者则在中央机关的统一管理下，通过有计划地安排生产与分配事业而有意识地规定。适应于此，两个社会的经济学的职能也有明显差异，前者的任务是发现和说明作为社会无意识的产物的自然秩序，如亚当·斯密在《国富论》中用看不见的手或不可知原理所发现和说明的自然法则；后者的职能则是呈现由社会公开机关有意识地规定的合于一定目的并表现为公法的法则，如德国共和政府的宪法和苏俄政府的根本法中包含大量有关人民经济生活的规定。不过，阐述这个差异的过程，一方面可以看到运用马克思的唯物史观和经济学说，以及苏俄革命的案例，去论证社会组织的经济基础、资本主义生产的无政府特征和社会主义的计划经济，另一方面又掺入一些自己的理解和解释，或者似是而非，或者节外生枝。例如，关于社会主义组织的概念，十分宽泛，没有严格的区分界线。除了前面提到的古代共产氏族社会、血缘家族团体等之外，还包括大战期间欧洲各国实施的所谓"战时社会主义"立法即国家经济统制政策，德国1918年十一月革命后由社会民主党领导的共和政府所制定的魏玛宪法，以及俄国1917年十月革命后由布尔什维克政府所制定的苏俄宪法等，简直是一盘大杂烩。照此理解，可以无限制地推演下去，为这盘杂烩增添更多的佐料。因此，本节虽然提及苏俄的根本法及社会主义国家的人民委员等新型制度，却被淹没在社会主义组织概念的混乱泡沫中，以致与远古氏族社会的族长制等量齐观。又如，关于社会主义经济学的概念，枝节甚多。一会儿说社会主义经济学完全不同于社会主

[1] 以上引文均见日本河上肇原著，林植夫译述《资本主义经济学之史的发展》，商务印书馆1928年版，第369—374页。

义社会的经济学，因为也产生于个人主义或资本主义的社会，如同资本主义经济学，其经济学的原理，同样研究资本主义社会的自然法则，即不是由人们有意识地制定的法则；言下之意，在社会主义经济学之外，等到实现社会主义社会，还有专门适应于社会主义社会的经济学，就像如今我们所说的政治经济学（资本主义部分）和政治经济学（社会主义部分）一样。一会儿又说在社会主义社会，既然由社会公开机关有意识地规定的合于目的并体现为公法的法则，取代了个人主义社会由一种不可知的原理起作用的无意识的自然法则，那么，不仅产生于个人主义社会的经济学（包括个人主义经济学和社会主义经济学在内），没有存立的必要，连经济学本身，也将被行政学或公法学代替，因为此时已不需要发现无意识的因果法则，只须研究按照一定目的而有意识地制定的公法；为此还引用时为苏联领导人的布哈林的语录，意思是说经济学将随着其所立足的资本家的商品生产社会的终结而终结，也就是说，一旦实现社会主义社会，经济学将因为没有任何用处而进入历史的博物馆，或者说只具有一时的过渡的价值，换言之，根本没有什么社会主义社会的经济学。如此颠来倒去，不论出于炫耀学问或其他什么用意，结果只是徒滋纷扰。

### （三）"利己主义与利他主义"

这是第 2 节的差异比较：

个人主义制的社会与社会主义制的社会，其次可以举出"道德原理的不同"，"经济道德之原理"，前者为利己主义，后者为利他主义。

个人主义的社会组织，社会一切成员对自己的经济生存各自负责，在经济道德方面，当然承认各个人的利己主义，在各成员各谋自己利益的前提下，才能够达到社会全体的经济繁荣。社会在原则上保证我们的经济生存，我们对自己的物质生活没有必要特别考虑，可以任意筹划他人或社会的利益而生活。如若不然，社会在原则上不能保证我们的经济生活，我们在考虑他人或社会的利益之前，自然不得不先努力保全自己的利益，既有这种必要，当然也不得不在道德上承认。所以在个人主义制之下，各人追求自己的经济利益，常为道德上所承认，没有保全利益的能力与思虑之人，反而要受道德的摈斥。但是施行社会主义制的社会，不能承认这种个人利己主义。今日的资本主义国家，固然个人主义很发展，可是这些国家的构成单位即家族的小团体，依然采用社会主义的组织，故家族范围内，经济的利己主义不但受道德的排斥，而且现在国家还以法律的规定强制家族相互之间一定的抚养义务。

依此而论，今日社会，家庭内外并行着两种相反的道德原理。所以，对社会想广做利他活动的人，一定苦于家庭关系，决心服务于社会的心情，多少总要窘迫于仰事俯蓄问题。因为家庭内外所施行的道德上的原理，存在着"根本的矛盾"。

社会组织与社会道德有直接的连络，何为原因何为结果，人异其见。譬如今日社会所以采用个人主义制，因为我们本来具有利己的性情；或者说因为现在的社会组织是个人主义制，所以今日在道德上不能不承认社会经济的利己主义。又如今日的国家在其构成单位之一的家族内部，承认社会主义的原则，而包括这些家族组织的国家方面，相反以个人主义为原则，像这种事实，到底是不是因为没有密切血族关系的人，难以圆满实行利他主义？或者说不论社会中个人主义如何蔓延，具有密切血族关系的家族同人，除了施行社会主义外，没有其他办法。类似这样的因果解释，真是因人而异其见。重要的是，"个人主义的社会组织，必伴着利己主义的道德原理，社会主义的社会组织，必伴着利他主义的道德原理，这件事情，我相信任何人大略都会观察到"。

根据上述观察，"资本主义经济学的根本信条之一，在于承认社会中各个人之利己的活动，实是理所当然"。亚当·斯密以"自爱心""利己心"或"改良其自己生活状态的各个人之自然的努力"为社会繁荣的根本动力，由此建立他的经济学，人所深知。马尔萨斯的《人口论》，可以看作"资本主义经济学的三大创设者之一"，结论也是"以自爱心为这个大机器之主要发条的社会"。到了边沁的功利主义原理用于经济、政治、法律等各方面，更以功利主义的哲学为背景，遂使边沁主义术语与经济学术语差不多成为一物，功利主义的哲学与资本主义的哲学互相融合一气，实是不足怪的事情。

与此同时，对资本主义经济学发生怀疑的历史，先从非难利己活动的攻击开始，也可以看作自然的路径。1848 年发表约翰·斯图亚特·穆勒的《经济学原理》（今译《政治经济学原理》）、卡尔·马克思的《共产党宣言》二书，"是思想界划一转期的"。考察当时思想界的变化，不能错过这个时代前后英国文坛的情势。实如"巴刻"所说，1848 年以后的英国文坛，"是对于一切资本主义的弊害的反抗声，尤其以非难利己的活动为其重心"。"喀莱尔"的《过去及现在》一书公开刊行，马克思以为这是"关于社会问题的著作中最可注意的之一"；这本书的主张，譬如说"著者以为'贤明的利己主义'这个东西，无论如何派头，决不是可以成为指导人类生活的规则的"。这件事情，"可以看做由道德原理方面对于资本主经济所发出反抗的第一声"。据此考察约翰·穆勒对功利主义的态度，"可以发现有兴味的变化"。穆勒"代表从资本主义经济学与［到］社会主义经济学的过渡的时代，是最适当的学者"。青年时代，专门受教于父亲詹姆斯·穆勒与父亲的朋友边沁二人的资本主义经济学及功利主义哲学，自己也热心自任为宣传这些学派的使徒。但是经过了自传上所谓的精神危机之后，"渐渐的长成为传来的正统派经济学的异端者"。到1840年，自称"成为可以编入于一般所谓社会主义者这个名称之下了"，更将传统的经济学称为"旧派经济学"。惟其如此，最后尽管没有抛弃功利主义的名目，但他所主张的功利主义，"把原来的可以称作利己（self-interest）的哲学的东西，由他手上差不多改造成为可以称作牺牲（self-sacrifice）的哲学了"。他1863年发表《功利主义》，明明说道："我们在拿撒勒的基督金律中，可以读出功利主义伦理学的全精神。即以己所欲施之于人，爱汝邻人如汝自己的事情，是功利主义的道德之理想的完成啊"！"抛弃了资本主义的经济学，同时遂不能不跟着抛弃了以承认利己的活动为重心之从来的功利主义了"！①

这个差异，从前个差异引申出来。谈论第一个差异时，已经将个人主义或资本主义社会与社会主义社会之间的差异，通过前者不对社会成员的经济生活负责，后者承担这种责任的所谓组织原则上的差异，引向无意识的自然法则与有意识的规定法则的意识观念上的差异。现在谈论第二个差异，进一步从组织原则上的承担责任与否，完全落脚到利己主义与利他主义的经济道德原理上。换句话说，原来的组织原则问题，先变为意识观念问题，再变为道德原理问题。也就是把比较相互对立的两类社会的差异，变成了脱离物质经济基础而在纯粹的意识观念和道德原理中转圈子。这种比较方式，同以往河上肇传入中国的著述，重点解说以马克思学说为代表的社会主义的评介方式，有很大的不同。比较第二个差异，还有两个特点。一是提出所谓道德原理上的根本矛盾。今日资本主义国家，一方面利己主义是资本主义经济学的根本信条之一，另一方面利他主义也有立足之地。理由仍是老调重弹：从国家整体看，固然奉行个人主义，从国家的构成单位即家庭范围看，却采用社会主义，家庭内外，并行利己主义与利他主义两个相反的道德原理，也就难免产生根本的矛盾。进而认为，说不清社会组织与社会道德的直接连络之间的因果关系，就更加困窘于相互对立的道德原理，尽管个人主义或社会主义的社会组织，必然伴随着

---

① 以上引文均见日本河上肇原著，林植夫译述《资本主义经济学之史的发展》，商务印书馆1928年版，第374—378页。

利己主义或利他主义的道德原理。像这样从抽象的道德原理上去阐释资本主义与社会主义的差异，又把道德原理上的对立归结于更为抽象的家庭内外的差别，真让人怀疑这是出自号称日本研究马克思主义权威的河上肇之手。二是从道德原理上，把约翰·穆勒看作资本主义经济学向社会主义经济学过渡时代的最适当的学者。有关这个过渡的解释，首先见于道德原理方面对资本主义经济亦即利己主义的反抗，由此发展为对资本主义经济学的怀疑，又首先表现在穆勒的《政治经济学原理》与马克思的《共产党宣言》，同时出版于1848年，成为思想界划时代的代表作。对此，后来的西方学者曾经确信，穆勒的一系列著作，"提出了一套从演绎推理到社会主义的思维体系"①，但并未否定穆勒是资产阶级古典经济学的集大成者。马克思同样谈到1848年欧洲大陆的革命在英国产生的反应，并评论说："那些还要求有科学地位、不愿单纯充当统治阶级的诡辩家和献媚者的人，力图使资本的政治经济学同这时已不容忽视的无产阶级的要求调和起来。于是，以约翰·斯图亚特·穆勒为最著名代表的毫无生气的混合主义产生了。这宣告了'资产阶级'经济学的破产，关于这一点，俄国的伟大学者和批评家尼·车尔尼雪夫斯基在他的《穆勒政治经济学概述》中已作了出色的说明"。又将追随穆勒而"以经济学教授资望自负的人"，归入"资产阶级政治经济学的代表人物"中"企图调和不能调和的东西"一派，将穆勒本人称为"英国的博爱主义经济学家"。同时为了避免误解，也说明"约·斯·穆勒之流由于他们的陈旧的经济学教条和他们的现代倾向发生矛盾，固然应当受到谴责，但是，如果把他们和庸俗经济学的一帮辩护士混为一谈，也是很不公平的"。② 根据马克思的评论和说明，把《政治经济学原理》与《共产党宣言》并列，把穆勒提升为向社会主义经济学过渡的标志性人物，显然是不合适的。

### （四）"经济政策上的放任与管理"

这是第3节的差异比较：

个人主义制的社会与社会主义制的社会之间，经济政策的原则不同，前者为自由放任主义，后者为管理主义。

个人主义制的社会，社会对成员的经济生活，实行各自负其责，社会对他们的经济生活，当然以不干涉为原则。既然自负责任，则不能没有行动的自由，故采用

---

① 《新帕尔格雷夫经济学大辞典》中文版第3卷，经济科学出版社1992年版，"Mill, John Stuart（穆勒，约翰·斯图亚特）"条目，第501页。
② 《资本论》第一卷，人民出版社2004年版，第17—18页，第859页注（237），第705页注（65）。

个人主义制的近代社会，国家对国民的经济生活，采用所谓自由放任主义为经济政策的原则。干涉或束缚是这个"根本原则"的例外，一定要有积极的法令的规定。只要没有特别规定，用何种方法生产何种货物到何种分量，或用何种方法消费何种货物到何种分量，在法律上完全是各个人的自由。从这个意义上说，"劳动及生产的自由以及消费的自由，可称作近代社会的特征"。没有一定的秩序，不能维持共同的生活，无论任何社会，都有由于共同生产的约束而产生的自由的限制。不过在个人主义制的社会，对自由的限制，其特色不是由社会有意识的机关通过直接命令来施行。对自由的限制，适用于近代国家，不是以法律规定为基础的权力强制实行的结果，"只是因为各自的生存受经济上必要之压迫，不得已而出于为着要出于一定行动而行的罢了"！

在社会主义制之下，社会保证成员的生活，社会有意识的机关（在家族内是族长或主妇，在社会主义国家是人民委员会之类），对社会全部货物的生产、分配以及消费，不能不直接管理。这种管理要是不施行到没有缺点的地步，不能履行保证社会全体成员生活的责任。"在个人主义制之下，由于所谓经济法则的强制而无意识的施行着的自由的限制，在社会主义制之下，则由于公开的机关所规定而意识的施行之"。由于个人主义组织的这种特征，亚当·斯密以来的历代资本主义经济学者，都主张以所谓自由放任主义为经济政策的原则。①

看到这里，已经没有什么新意。仍然从所谓社会是否对其成员的生活承担责任，引出个人主义与社会主义两种不同制度下的差异，前面说的是道德原理上利己主义与利他主义的差异，这里说的是政策原则上放任与管理的差异。加上翻译的因素，这种乏味的比较，更变成莫名其妙的咬文嚼字。如谓自由的限制方面，与个人主义制相对立的社会主义制，通过社会有意识的机关诸如家族内的族长或社会主义国家的人民委员会之类，进行直接管理或强制实施；在个人主义制下，迫于经济法则的强制，表现为无意识地实施，或称"不得已而出于为着要出于一定行动而行"。最后一句译文，简直不知所云。所谓社会主义，演化成同时包含着从最古老的家长制或主妇制到最新式的苏俄人民委员会的极为抽象的概念。也就是说，比较个人主义与社会主义两种制度，决不仅限于资本主义发展阶段，跨越一切历史阶段，变成了个人主义与家长式主义之间的抽象比较。

---

① 以上引文均见林植夫译述《资本主义经济学之史的发展》，商务印书馆 1928 年版，第 378—380 页。

### （五）"生存权之否认与承认"

这是第 4 节的差异比较：

个人主义制社会与社会主义制社会之间的差异，还可以举出社会对其成员的生存权的态度的不同，前者否认而后者承认这个权利。

个人主义制的社会，成员各自负责经济生活，对社会没有主张生存权的理由。近代国家为救助贫民耗费了不少资金，但长久以来，不认为这些被救助的人有受救助的权利，把没有能力维持自己生存的人视为缺乏公民资格，转而剥夺他们的种种公权。此类人在个人主义制之下，实在不具有一个人的条件。在社会负有保证其成员一切生存责任的社会主义制之下，作为经济的基本权之一，承认各成员有生存权。近代国家即便采用个人主义制，对家族内的关系，认为有抚养的义务，或者在相续法上有决定遗产分配的制度等，家族成员对家族团体，在法律上承认其可以主张某种程度的生存权，"因为家族这个团体大体由着社会主义制的缘故"。近时各国制定的种种社会立法，譬如个人主义精神最旺盛的英国，其养老年金法，也承认向社会要求这种年金，是具有一定条件者的权利，"不能不看做社会组织是渐从个人主义制移到社会主义制的一个征证啊"！

社会组织上个人主义与社会主义的这种特征，自然与个人主义经济学者及社会学者的思想特征，有相照应的地方。本来生存权的主张，以人类平等的思想为基础。譬如世人曾认为主人对奴隶有生杀与夺之权，奴隶没有生存权。然而世人也承认这个道理，一切人在人这个字上是平等的，不应牺牲某人的生活而以此作为他人生活的手段。如果生活资料支持一切人的生活而有余，各人应其必要，可以有消费的自由。假使一定的资料还没有达到可以容许自由消费的丰富程度，则其消费与使用，比例于各人的必要而受到限制，可是无论如何，社会成员应该共其生存，共其繁荣，并共其缺乏。"社会主义制对于一切成员认有生存权，要之是把一切成员当作平等人格者而处置的一个反面罢了。这与其只说是认识生存权，不如说是认识平等的生存权，还更较精确。在社会主义制下之各成员，与其说是共其生存，不如说是存亡与共的好"。我起先说明社会主义制的特征，说的是社会保证其成员生活的组织，但社会不必限定其常有这种实力。精确言之，"与其说这只是保证其成员生活的组织，毋宁可说是同样保证其成员生活的组织罢"！今日家族内部说是施行社会主义制，也因为密切的血族关系之间，相互有亲密的爱情，能避去将对方视作奴隶或化为手段的缘故。若是同为家族的一员，夫视妻为奴隶，父以子为手段，这样的家族，"不能不看做还在没有社会主义化的状态"。总而言之，"生存权的主张是本着人类平等的观念，而唯有这人类平等的观念，是一切社会主义的思想共通的基调"。

但是一到资本主义的经济学，立脚点完全不同。个人主义的经济组织，制度自身有不能不否认生存权的性质，立于辩护其组织的地位的资本主义经济学，主要职分之一，不能不将这种生存权从理论上证明为错的。最有力地尽了这种职分的，不必说，是资本主义经济学三大创设者之一的马尔萨斯的《人口论》。"即对于食物之极其仅少的分配，亦没有何等向着社会请求的权利"一语，就是否认生存权的主张。①

进入这一节，围绕是否承认生存权的比较，除了社会是否对其成员的经济生活负责任之类的老生常谈外，又生出一些新的名堂，搅混了原来泾渭分明的一潭池水。例如：一面说个人主义制的社会否认其成员有向社会要求救助的生存权，甚至因为缺乏维持个人生存的能力而不具备公民资格；一面又说个人主义制的国家纷纷制定养老保险金之类的社会立法，承认具有一定条件的成员可以要求这种权利，并认为这是社会组织逐渐从个人主义制转移到社会主义制的一个证明。一面说家族内由于密切的血族关系，实行对其成员的生存负责任的社会主义制，承认各成员的生存权为经济的基本权之一，进而影响个人主义制的近代国家也承认家族内的抚养关系并建立家族遗产继承法制度；一面又说家族内如果出现奴役关系或相互作为支配手段，那只能说明家族还没有进入社会主义化的状态，即家族团体并非天然实行社会主义制。一面说社会主义制的社会承认人人平等的生存权，表现为生活资料有余时，各人根据需要可以自由消费，类似于富裕的社会主义；一面又说这种平等的生存权在生活资料不足时，各人必要的消费受到限制，需要存亡与共，类似于贫穷的社会主义。诸如此类的说法，相互抵触或相互矛盾，虽然最后的结论，仍以资本主义经济学的主要职能，是为个人主义经济组织否认生存权的性质进行辩护，实际上已模糊了原来个人主义制与社会主义制之间壁垒清晰的对立界线。诸如个人主义制国家的社会立法或社会政策，可以自然过渡到社会主义制的社会组织，这是把社会主义泛化为现行国家所实行的社会政策；因为血缘关系而天然具有社会主义制属性的家族团体，也会出现未能进入社会主义化的状态，这是自我否定了自古以来家族

---

① 以上引文均见林植夫译述《资本主义经济学之史的发展》，商务印书馆1928年版，第380—384页。

即为社会主义之基础的理论依据；社会主义所承认的平等的生存权，既指富裕状况下的共繁荣、共消费，亦指贫穷状况下的共缺乏、共存亡，这是脱离物质生产条件或发展阶段的前提来谈论社会主义；等等。出现这样的悖论，显然同作者抽象讨论个人主义与社会主义之差异的分析方法，不无关系。

**（六）"生产手段之私有制与公有制"**

这是第 5 节的差异比较：

个人主义制社会与社会主义制社会的差异，又可以举出生产手段的支配原则的不同，前者维持私有制，后者维持公有制。

社会主义制的社会，社会对其成员的经济生活负责，社会为达到此目的，自身在某种程度上不得不经营生产，因而生产手段在某种程度上也不能不归于社会所有。社会的生产手段是社会生产所必要的手段，社会必须完全掌握其"最高所有权"，这是"社会主义制下的原则"。作为例外，私人的完全所有权只限于小范围内某种类型的私人手段，譬如调理自用的食物所使用的炊事上的生产手段。反之，个人主义制的社会，供给社会的生产所使用的生产手段，以属于社会成员私有为原则，不但各人自由处分，所生产的生产物，也同样属于成员私有；社会有意识机关的任务，只是保护这些私有财产的安全而已。各人既已各自负担经济生存的责任，社会应当承担重大责任，让各自所有其财产，并保护其私有财产的安全。"所以在个人主义制之下，私有财产被视为神圣权利之一。若一旦侵犯其神圣时，社会的维持竟会有绝对困难的观念。即个人主义的社会，是蔑视个人的生存权，同时把财产的私有权置于人类权利之最高位的社会"。

对私有财产制度的态度不同，具有极其重要的意义，说明个人主义制与社会主义制的区别，往往以承认私有财产与否作为标准。"社会主义，是要废除生产手段的私有制，而代之以公有制的主义，这是我们屡屡听见过的说明，而此既已为若干人们所指摘，决不是正确的说明。生产手段之废除私有只不外是对于目的之一种手段罢了。但是这个手段特重要，差不多可以标示社会主义制的特征，而为实现社会主义之目的上所不可缺乏的手段啊"！个人主义制与私有财产制之间，具有密切的关系。"这件事情不用说，自然反射于资本主义经济学，而构成其主要特征之一的财产神圣论"。边沁的"财产安全论"，便是一例。边沁的功利主义，从理论上引出财产的平等分配之说，然而谋求平等分配的事情，只要稍有伤害财产安全的危险，便断乎反对这种平等化。因为维持财产的安全，是个人主义的根本信条。主张以维持私有财产的安全为"生活的基础，生存的基础，丰富的基础，幸福的基础"，一切均依存于此，这是横在那里的资本主义经济学的根本主张之一。试比较马克思《共产党宣言》等著作的"倾覆所有制的主张"，"无产者利用其政治的支配，渐渐的把一切的资本从有产者手上夺下，把一切的生产机关集中于国家，即作为支配阶级而组织的无产者的手中"；"这件事情，自然最初对于所有权，并对于有产者的生产关系，唯有由着专制的侵害，才能实行的"①。由此可以比较"作为思想的个人主义与社会主义"，各自很显著的特征。②

　　比较生产资料的私有制抑或公有制，确实是区别资本主义制度与社会主义制度的极为重要标准。不过在本节，这个比较被泛化为个人主义制社会与社会主义制关于生产资料的"支配原则"或"思想"特征，虽然列举边沁的"财产安全论"和马克思的《共产党宣言》，分别作为维护私有财产神圣不可侵犯和推翻私有制的代表性观点，但质疑有关社会主义要求废除生产资料私有制并取而代之的说明，因受到人们的指摘而决不是正确的说明。这个意思是说，废除生产资料私有制只是实现社会主义的手段而不是目的，尽管这个手段非常重要，可以标明为社会主义制度的特征，并且是实现社会主义目的所不可缺少的手段。指出这个标志性特征，何以会受到指摘，又为什么是不正确的，文中没有做进一步解释。给人留下的感觉，似乎只有谈论抽象的目的，才是对社会主义的正确说明。可见，脱离具体的资本主义物质生产方式，仅仅从原则上或思想上抽象地讨论适用于所有历史阶段的个人主义与社会主义的差异，终究会露出各种难以理喻的破绽。

### （七）"营利的生产自足的生产"

这是第 6 节的差异比较：

个人主义制社会与社会主义制社会的差异，另外可以指出生产目的在原则上的不同，前者为营利的生产，后者为自足的生产。

不必说，无论何种社会组织下的生产，都必然伴有一定损失或失败的危险。譬如因气候不顺而农产物的收获不良；由于技术的原因，或技术过程如预期，但制造的生产物不能符合人们的需要；另外还有经济的原因。个人主义制的特征，不只是让从事经营生产的个人单独负担这些危险，由此获得的利益，也专归个人所得。这

① 其今译文见《马克思恩格斯选集》第 1 卷，人民出版社 1972 年版，第 272 页。
② 以上引文除另注外，均见林植夫译述《资本主义经济学之史的发展》，商务印书馆 1928 年版，第 384—386 页。

种在损失的危险与利益的预期下所经历的个人主义的生产，谓之营利的生产。

社会主义制，生产不是个人营利的经营，代之以社会的自足的施行。与生产相伴而生的危险，由社会即构成社会的一切成员来负担。不是某个社会成员为了供给其他成员的需要而经营自己承担危险或利益的生产，社会自身为了供给一切成员的需要而经营负有全部危险的生产。不是生产物为了卖给别人而生产，为了自己消费而生产。"即生产之目的，不在于获得利润，而在于充足欲望。今日如俄国以外的社会，在这种主义下经营生产的，更于家族之外，则只限于所谓消费协社"。家族团体的内部组织，"大概都依据于社会主义制"，为了满足家族成员的需要而进行的家族内的生产，如烹调食物、缝纫衣裳之类，以非营利为特征。夫妇、父子之间的生产物，没有以营利为目的而交换的，属于非商品性，因而生产所伴生的损失，波及于家族全体成员。现在想象把这种生产上的原则，扩充到有密切血族关系的范围以外，就是所谓消费协社的组织。"今日由于普及这消费协社而想改造社会组织的主义，名叫协会社会主义，所以将其编入于社会主义之中，也是依据上述理由的缘故"。

今日各文明诸国的营利的生产，发展成为可以称作资本主义的企业，"现代的个人主义制，特称之为资本主义制。这是个人主义制达到特殊发展的一个历史的形态"。所谓营利的生产，因应他人的需要而自己担负危险。单纯的商品生产者，详言之，以自己的劳动及自己的生产手段而生产商品的人，固已不失为一种营利的生产者。"然而今日之资本家的企业者，与这种单纯的商品生产者不同，不但以自己的劳动与资本曝之于危险，更进一层，买收他人的劳动力（换言之，雇入工资劳动者），或借入他人的资本，以自己的责任投之于商品生产的目的，而担负更行较多的危险"。这些企业家，不但在生产他人所需要的财货上，为了消费者而担负生产的危险，进而给为生产提供劳动力的工资劳动者，预先支付一定的工资，又给为生产提供资本的资本家，预约支付一定的利息，"他们对于这些参加生产的劳动者与资本家，仍然也要担负着生产的危险"。不必说，资本家的企业的特征，在于以所拥有的资本力而买收他人的劳动力，以增殖自己的资本为目的而经营企业，"工资劳动者与资本家既已对立，就不能不说是有资本主义制成立在那里了"。但是资本主义制发展的结果，促成资本家阶级内部的分化。今日同一资本阶级，有实际运转资本的产业资本家（the employer of capital），与贷借资本于他人而收获利息的放款资本家（the mere owner of capital）的区别，这就把伴生于个人主义的生产责任集中于某个人的特征，使之愈益发挥起来。"要之，某个人负担生产危险的个人主义的生产，在今日的资本家的企业，可以说是取着最发展的形势了。社会主义制之最后的发展形态，不能不为完全的共产主义制。与此同样，在个人主义的原则下，渐遂其固有的发展的今日的社会，不但把社会分裂成工资劳动者与资本家的二大阶级，更将资本家阶级分化成产业资本家与放款资本家二种，盖是这样的产出了个人主义的最后的发展形态之今日的资本主义啊"！

现在的资本主义经济学，以上述意义的资本主义组织，"为人类所能够实现的最上组织"，是"永世不变的制度"。反之，社会主义经济学，"看出这种资本主义的组织中具备着不久必然的发展到社会主义的组织之条件"。前者把施行于资本主义社会的经济诸法则看作一种自然法则（"不是意识的规定的法则这个意义的自然法则，是永世不变这个意义的自然法则"），反之，后者将其看作"在所谓资本主义这个一时的历史的之社会形态下所行之只是有一时的历史的性质之社会法则"。"资本主义经济学是这样的拒绝进化论的见解，反之，社会主义经济学则将一切的制度看为历史的。马克思的唯物史观是这种见解的理论的确立，但纵然不把现存的制度看作可以变更，而希望或预想与这个原则不同的社会主义制的实现，本来有可能的道理。从这种见解看起来，这资本主义经济学转移到社会主义经济学过渡时代的代表者约翰·斯图亚特·穆勒，只对于社会法则中之某物，认出历史的性质一事，实有特别兴味可以寻出"。他在自传中，说他的著作《政治经济学原理》以为，"只有关于分配的法则是历史的之物，关于生产的法则，则与旧派的人们同样依然以为是自然的之物"。实如马克思所说，这是"'才醒起来的但是还被拘束着的'过渡期的思想家"。社会主义经济学所以产生，"全部切离了这拘束的地方"。"但是那社会主义所说的资本主义之必然的崩溃，并与此相伴的社会主义之必然的发生的事实，任是客观的科学的如何论据，而因为多数的人们不欢迎其事实的自体，故不容易去努力理解承认其理论，因之其理解承认的，也只限于希望社会主义实现的社会主义者。所以这尽管是关于资本主义之经济组织的客观的科学的研究之结果，而承认之人，只限于社会主义者，故在此意义上可以称之为社会主义经济学。我对于同以资本主义之经济组织为研究对象的经济学，所以分之为资本主义经济学与社会主义经济学的二派，就是因为这个缘故啊"！①

谈到个人主义与社会主义的最后一个差异，作者的想象空间，发挥到了极致。

---

① 以上引文均见林植夫译述《资本主义经济学之史的发展》，商务印书馆1928年版，第386—391页。

一是所谓营利的生产与自足的生产，据说是生产动机或生产目的的原则问题，为他人生产商品而获利，还是为满足自身消费而生产。可是接下来话题一转，讨论二者的这个差异，却变成了由谁来承担生产中的风险问题，一个由生产者个人单独承担，另一个由社会也就是构成社会的所有成员共同承担，结果用风险的分析取代了剩余价值的分析。

二是认为以自足而不是以营利或获得利润为生产目的的社会主义，表现为多种类型。既有苏俄社会以社会主义为指导的生产经营；也有家族内部组织依据社会主义制度的生产，满足家族成员的需要，不以营利为目的，其生产物不是为了交换或具有非商品性，家族全体共同承担生产损失的风险；另外还有将这种生产原则扩大到血族关系范围以外的消费合作社，以此改造社会组织的主义，名为合作社会主义。换言之，社会主义既然具有如此多的类型，不分历史阶段，超越阶级属性，由此也就封堵了像马克思那样，从特定的资本主义生产中去揭示其剥削剩余价值本质的研究路径。

三是提出个人主义制的最后发展形态是今日资本主义，就像社会主义制的最后发展形态是完全的共产主义一样，而今日资本主义，不但把社会分裂成工资劳动者与资本家两大阶级，还将资本家阶级分化成产业资本家与放贷资本家两种。也就是说，产业资本家或企业家不同于单纯的商品生产者，既要用自己的劳动和资本去生产他人所需要的商品，为了消费者而承担生产的风险，更要预先支付雇佣劳动者的工资和借贷资本家的利息而承担风险，意味着产业资本家或企业家成了现代生产的最大风险承担者。在这里，也提到资本家的企业利用所拥有的资本力去购买他人的劳动力，目的为了增殖自己的资本，但给出的理由是因为他们比起工资劳动者和借贷资本家，承担了最大的生产风险，这样就完全抹去了剩余价值的痕迹。

四是比起马克思的唯物史观，渲染约·斯·穆勒作为从资本主义经济学转移到社会主义经济学的过渡时代的代表，可以寻出"特别兴味"。他的著作《政治经济学原理》谈到社会法则，已经提出不同于传统经济学的"特别论调"：分配的法则是历史的产物，生产的法则仍是自然的产物。关于这一点，马克思曾经说："约·斯·穆勒等把资产阶级的生产形式看成绝对的，而把资产阶级的分配形式看成相对的，历史的，因而暂时的，是多么愚蠢，……分配形式只不过是从另一个角度看的生产形式"①。又说："更有学识、更有批判意识的人们（以约·斯·穆勒的著作为

---

① 《剩余价值理论》第 3 册上，人民出版社 1975 年版，第 85 页。

例——引者注），虽然承认分配关系的历史发展性质，但同时却更加固执地认为，生产关系本身具有不变的、从人类本性产生出来的、因而与一切历史发展无关的性质"①。可见，从穆勒关于分配法则的历史性区别于生产法则的自然性这个"特别论调"里，马克思看到的是愚蠢和固执，河上肇却欣赏它代表了从资本主义经济学向社会主义经济学过渡的"特别兴味"。这样的特别兴趣，着眼于分配领域，那么源于生产领域的剩余价值学说，也就消失得无影无踪了。关于这一点，作者在下面的发挥中，展现得更加充分。

五是强调社会主义经济学的产生，虽然像马克思所说的那样，将束缚过渡时期的思想家如穆勒的局限之处全部切割掉，对资本主义必然崩溃及与此相伴的社会主义必然发生的事实，给予客观和科学的论证，但对现实社会的大多数人来说，"不欢迎"这个事实，也"不容易"理解与此相关的理论，更不用说去努力承认这个理论。或者说，承认客观和科学论证资本主义经济组织的结果的人，只是希望社会主义实现的少数社会主义者，也只有在这个意义上，才可以称为社会主义经济学。惟其如此，作者在最后的结论中又说，这正是同样以资本主义经济组织为研究对象的经济学，区分为资本主义经济学与社会主义经济学两派的原因。这个说法，此前也屡次出现过，它究竟要表达什么意思？现在联系上面所谓现在社会大多数人不欢迎社会主义将要取代资本主义的发展趋势，也不容易理解和承认社会主义经济学的理论这个论调，可以明白，作者把他的希望，寄托在多数人所理解和承认的资本主义经济学自身的转变上，避免宣传社会主义经济学只限于少数社会主义者而带来的尴尬。这大概也是作者在本书中，把兴趣转向研究资本主义经济学的历史发展，并把研究的重点，从先行者亚当·斯密起始，经过斯密、马尔萨斯及李嘉图、边沁及詹姆斯·穆勒，最后收尾于约翰·斯图亚特·穆勒的真正原因，认为传统的资本主义经济学发展到约·斯·穆勒的手上，已经开始产生向社会主义经济学转化的过渡了。

### （八）结语

这个附录比较个人主义（资本主义）及社会主义的差异，经过逐节分析，足以明了其意图，毋庸再作赘述。这里只须指出，五四运动以来，我国引进河上肇评介马克思学说的众多著述，他已经成为早期中国传播马克思主义经济学的一个标志

---

① 《资本论》第三卷下，人民出版社 2004 年版，第 994 页。

性人物。他的评介，尽管也曾流露出对马克思若干理论的游移和质疑之处，但总体说来，不仅扩展了国人认识马克思经济学说的广度与深度，而且以其遵循马克思学说本意的忠实解说或阐释，成为国人中的追随者经常引用和仿效的重要对象。然而看了河上肇此书的附录，大感意外。附录中所描述的社会主义、社会主义社会与社会主义经济学，同他以往传入中国的著述，介绍以马克思学说为代表的社会主义，几乎风马牛不相及。姑且不论他以前的介绍，按照马克思的原典精神，注重从社会经济基础或经济关系的物质存在中去揭示资本主义生产方式的本质特征，现在则比较专注于意识、道德、政策、态度、原则等精神或观念层面的差异。更重要的是，他以前介绍时所突出的马克思的两大理论贡献即唯物史观和剩余价值学说，如今介绍社会主义经济学，唯物史观虽说证明了资本主义制度的历史性并为社会主义经济学的确立奠定了理论基础，却不受人待见，剩余价值学说则全然不见了踪影，两种介绍对比之下，简直判若两人。何以竟至如此，看了附录最后一节的最后结论，方才明白这是担忧社会主义经济学只限于少数社会主义者，不足以左右社会多数人的理解、承认和欢迎态度，于是转而从大多数人所理解和承认的资本主义社会以及资产阶级经济学的自身变化中，去寻求那些具有"特别兴味"的转折性动态。这也是作者为什么把近代欧洲各国的社会立法，说成个人主义制转移到社会主义制的一个证明，把穆勒在《政治经济学原理》中承认分配法则的历史性，说成资本主义经济学过渡到社会主义经济学的代表性标志的内在原因。由此还可以明白，整个附录比较个人主义（资本主义）及社会主义的差异，为什么在比较方法上大费周章，不去直接比较资本主义与社会主义的差异，而是绕过资本主义大谈个人主义与社会主义的差异，因为如此一来，对应于贯穿在各个历史时期的个人主义制度，社会主义制度也同样普遍存在于从古代共产氏族社会，到历代具有血缘关系的家族团体，再到近代国家的社会立法、民间消费合作社、德国社会民主党政府主导的宪法乃至苏俄根本法等各种历史阶段、社会类型和阶级属性之中。经过这样的抽象，自然也就避开了具体谈论资本主义与社会主义的对立，不得不面对马克思所揭示的诸如剩余价值学说等敏感理论话题，可以在跨越所有历史阶段、社会类型与阶级属性的个人主义与社会主义的对立范围内，抽象而且漫无边际地去谈论什么无意识的法则与有意识的法则、利己主义与利他主义、经济政策上的放任与管理、生存权的否认与承认、生产手段的私有制与公有制、营利的生产与自足的生产等差异。至此，河上肇的形象，完全变了一个模样，从马克思经济学说的研究者、信奉者和推广者，变成有意绕开马克思经济学说的虚构者、胆怯者和阻碍者。这个案例也表明，在马克思主义经济学传播于中国的早期过程中，来自日本学术界的影响，不论正面与负面，均不能忽视。特别是当曾经推动马克思主义经济学在中国传播的代表人物如河上肇，宣扬背离马克思经济学说的所谓社会主义经济学时，由此产生的反面影响，更不容忽视。当然，须查证的是，这里所考察的河上肇附录的原作，究竟产生于哪个年代，是早期旧作，还是近来新作。若系前者，不足为虑，可以说是译者拿来他的旧作以充时兴；若系后者，则值得注意，说明作者在理论观点上发生了重要变化。

## 三、其他经济史学著作

这里再列举两个例证，分属同类著作中的译本与国人自撰本。

### （一）《世界资本主义经济之现势》译本

日本丸冈重尧著，佘叔奎译，上海太平洋书店 1928 年 3 月出版，现存 10 月再版本。

译本分 10 节："大战前欧洲经济之位置""欧洲资本主义经济衰退底内的事情""通货膨胀通过的影响""致欧洲资本主义经济衰退底外的事情""购买力底世界的减少""殖民地及后进国家的工业化""美国资本主义的发展""美国金融资本的世界征服""欧洲的对美反感"及"结论"。依此而论，所谓世界资本主义经济的现势，主要比较第一次世界大战前的世界经济形势，如今欧洲经济的地位下降，出现经济衰退，内部因素表现为通货膨胀的影响，外部因素表现为全世界购买力的缩减，殖民地及后进国家工业化的兴起，以及美国经济的发展并通过金融资本来征服世界，引起欧洲对美国的反感等。

可以注意，作者在序言里说："不信唯物史观的人，断不能说社会问题乃至社会运动，不是经济的基础底派生的现象。各国社会运动界，能理解这一点，多半是由于经济界的恐慌而来。社会运动界，不能不顺应这经济界的变革，以决定运动的战略。在这种事情之下，研究或调查经济事情，是必要不可缺的"[1]。换言之，即使不相信唯物史观的人，面对主要由于经济恐慌而引起的各国社会运动，也不得不承认社会问题或者社会运动，是从经济基础派生出来的现象；于是不能不顺应经济上的变革，从研究或调查经济事务入手，决定社会运动的战略。这等于说，世界资

---

[1]　丸冈重尧著，佘叔奎译《世界资本主义经济之现势》，上海太平洋书店 1928 年版，"序言"。

本主义经济的演进，特别是经济衰退或经济恐慌的事实，教育了人们应当运用唯物史观的眼光去理解产生于资本主义经济内部的变革，并从社会运动方面来顺应这种变革。如此说来，马克思主义经济学的传播，不单纯是理论教育的结果，还是世界资本主义现实教育的结果。

### （二）《近世欧美经济史》

宓汝卓[1]述，上海爱文书店 1928 年 10 月初版。述者生卒不详，从 1926 年 9 月 9 日的自序里，可以略见其旨意。

此书原为上海法科大学欧美经济史的讲义，付梓的理由：一则"欲明了欧美经济，产业发达之经过，已为我国人共有之心理。惜时至今日，尚无简洁明快之欧美经济史出世。则将何以启牖国人开发实业之心理，而指引救国救贫之途乎？作者草此书时，为引起学子研究之兴味计，对于简要有趣诸点，曾努力为之，而自信有几分实现者"。二则"述欧美经济史而独详近世，此固因授课时间所限，未能详及上古。然欧美诸邦物质文明之发达，实不过数百年间事。我人所欲知者，乃其发达之原因，与将来之趋势，并其转换期中之曲折，藉以为我人今后努力之参考而已。是以撮要钩玄，每叙其大者远者，对于次要部分，容待异日续成之耳"。三则"是书述产业革命之经过及英国经济发达之历史特详。此盖因产业革命，为近世经济组织所由生。若无产业革命，则无资本主义；无资本主义，则今日之经济组织，必不若是。是以能明了产业革命之因果，则对于近数百年来，经济上所起之各种变化，必能洞悉其性质。至英国为产业革命之发源地，又为近世资本主义之标本国，故述英国即所以说明欧美"。四则"俄国革命，于近世经济组织中别开生面。既名曰近世经济史，对于此事之来踪去谜，自不可以不一述。本书虽有俄罗斯之勃兴一节，然叙述过简。拟出续编，专论此事发生之因果，及欧战后各国经济变化之大势焉"。最后，感谢日师平沼淑郎博士（曾任日本早稻田大学校长——引者注）的讲述，给与作者不少暗示。往时讲堂上作者所作的摘述，遂为今日写书的重要材料；此外参考的西文书籍尚多，兹不一一枚举。又承沈衡山（钧儒）及黄宾虹先生题签，于此敬申谢意！[2]

这本小册子，早于 1926 年拟就，自信弥补了至今尚无简洁明快之欧美经济史

---

[1] 宓汝卓（1903—？），浙江慈溪人；日本早稻田大学商学士，回国后历任上海法科大学教授，上海市农工商局商业调查委员，江苏省政府典业改进设计委员会委员，行政院农村复兴委员会委员等。

[2] 宓汝卓述《近世欧美经济史》，上海爱文书店 1928 年版，"自序"。

的空白，时隔两年才得以问世，可见耽延时间之长，出版之不易。这恐怕也是作者请出时任上海法科大学教务长沈钧儒和著名画家黄宾虹等贤达人士，为之题签的原因。说到付梓的四点理由，其实每一点都在已经传入我国的西方著作译本里，得到更为详尽的阐释。如此前介绍 1924 年的《近世欧洲经济发达史》译本和 1927 年的《近世资本主义发展史》译本，均叙述了欧美经济即产业发达的经过，欧美诸国的物质文明在数百年间得以发达的原因与将来趋势，英国产业革命为建立今日资本主义经济组织所起到的发源地和标本国作用，以及俄国革命在近世经济组织中具有别开生面影响的来龙去脉等，皆比这本小册子更胜一筹。

小册子 114 页，共 8 章，分别是"欧洲经济发达之地理的背景""产业革命前欧洲经济状况之一瞥"（含人口、农业、工商业），"产业革命""英国产业革命之起因"（含欧洲之战争、新经济势力之勃兴），"英国之产业革命"（含交通之改善、农村之破坏、工商业组织之变化、制造方法之革新），"新经济组织"（含绪论、新旧学说与贸易政策之变化、俄罗斯之勃兴与中立国宣言、自由贸易运动与关税之改正、外国移住之状态、销路之扩张），"十九世纪后半期至欧战前主要各国经济发达之状况"（含英吉利、德意志、北美合众国），"欧洲大战"。这个著述结构，确实把英国放在突出地位，占有一大半的篇幅。这个构思，不是出自作者的独立研究，受到其日本业师的讲课启示，先用作国内授课的讲义，再谋求公开出版。这和前述两本译作由欧美作者独自完成，大异其趣。所以，小册子的著者，自称述者，也有转述他人研究成果之意。为此，既然难于比较叙述的广博和深入，则只能比较叙述的简洁明快和钩玄撮要。其实在这方面，小册子也未见得有什么优势。但值得注意，它的立意，以启牖国人开发实业的心理来指引救国救贫的道路为旨，把苏俄革命对现行经济组织的改变，同样纳入救国救贫之途，不仅必须叙述其来龙去脉，还打算更为详细地专论其因果关系以及对战后各国经济变化大势的影响。这说明，即使在国内教科书里，简略讲述欧美经济史，而且以讲述产业革命造就近世资本主义经济组织为主，也不排除苏俄革命用以改变这种经济组织的有关内容，以此为国人今后救国救贫的努力，提供别开生面的参考。

## 第二节　关于理论经济学的各类著作

理论经济学著作方面，本年度数量的增多，不在译本，尤其体现在国人自撰上，而且从专著到教科书到通俗读本，种类各异。

## 一、《经济学》教科书

这是赵兰坪响应教育部征集自编讲义而择优刊印的举措，为职业学校编写的经济学科教科书，商务印书馆 1928 年 3 月初版，1932 年 8 月和 1938 年 10 月分别发行国难后第 1 版与第 7 版，可见影响颇广。

这本书 180 页，按照流行经济学讲义的样式，分为 6 篇："总论"（含经济学、欲望、财、经济之发展、经济发展之要素 5 章），"生产论"（含生产、土地、劳动、资本、分业、机械、企业 7 章），"流通"（含流通论之意义、交换、市场、价值、价格、货币、纸币、银行 8 章），"分配"（含分配、地租、工资、利息、利润 5 章），"消费论"（含消费 1 章），"近代经济思潮"（含自由主义、社会主义 2 章）。其中一个显明特点，将赵氏同年初版的《近代欧洲经济学说》里有关马克思经济学说的评介，以非常简略的形式，纳入这本面向各省市职业学校的经济学讲义。

### （一）马克思的劳动价值论

此书第 3 篇第 4 章论述价值，将价值论分为客观价值论与主观价值论两大派。客观价值论认为价值的大小与人的认识无关，从财货本身去寻找价值产生的原因，分为劳动价值论和生产费价值论；主观价值论认为价值的大小取决于人的欲望之强弱，与财货的性质无关，分为限界效用价值论（今译边际效用价值论）和欲望价值论。关于马克思的劳动价值论，先介绍斯密的价值论，叙述李嘉图的劳动价值论，概括物的价值有大小，其大小的原因即所含劳动量的多寡，物的价值有变动，其变动的原因不外所投劳动量的变动，此论到马克思更为明了，产生他的剩余价值论。接着专辟一节介绍：

马克思说："在盛行资本制度生产方法之国家之中，全国之财富，由无数商品而成"①。商品作为生产劳动的生产物，以贩卖为目的，但商品须交换，交换须有相同之点。例如 10 石米 = 1 吨铁，表示两个商品之间，必有共通点在内。然而二者的数量不等、形式不同，物质上化学上的性质，皆无共通的可能。"若将种种不等性，一律抽去，则所余者，同为劳动之产物。故劳动之产物，实为二物之共通

---

① 其今译文见《资本论》第一卷，人民出版社 2004 年版，第 47 页。

点。若二物所含之劳动量相等，例如各含 X 量之劳动，则二物即可互相交换"。劳动量由劳动时间测定，但劳动者有勤惰，劳动有熟练。马克思说："劳动时间，即指在一定社会之中，普通一般生产条件之下，以普通应有之熟练与能率，从事生产之劳动时间之谓"①。故生产时所费之劳动时间相等，则价值相等，原料与机械，亦为劳动之产物，当亦包括在内。②

以上摘录马克思的原话说明其劳动价值论，以压缩的形式，引用《资本论》第一卷第 1 章第 1 节有关商品具有二重性（使用价值和价值）的论述。这里的摘引，只是简单复述原意，不像《近代欧洲经济学说》一书，评论这是将李嘉图的劳动价值论推向极端，被称为绝对劳动价值论，透露出一点疑虑之意。这大概也是出于客观而无偏见的编著宗旨。这种不作评论的客观态度，一方面可以打破禁忌，把挑战现行资本制度的马克思的劳动价值论，引入面广量大的普通经济学教科书之中，扩展其影响；另一方面又把它与各式各样的价值论搅和在一起，或者说，马克思的劳动价值论只是众多价值论中的一种说法、一个流派而已，各自互不干扰，相安无事。

### （二）马克思的社会主义

这部分内容，见于第 6 篇近代经济思潮。该篇列举的主要思潮，只有自由主义和社会主义。这在某种程度上，沿用了《近代欧洲经济学说》中以英国古典学派和德国马克思为论述主体的思路。第 1 章自由主义姑且不论，从第 2 章社会主义看，内分 5 节③。

第 1 节论述社会主义的意义。追溯社会主义思想的发生，以两千年前柏拉图、亚里士多德等人的古籍之论已见其端。但社会主义名词始见于 1833 年的"贫人之保护党"（the poor man's guardian），英国的欧文及信奉欧文学说之人经常使用，其义指"社会之改造与改良"。法国的圣西门等人亦采用此说，"其意义，并改造（reconstruction）与改良（reformation）为一谈，易生流弊"。法国的蒲鲁东则说，"凡不满意今之社会之学说思想，谓之社会主义，不满意今之社会之人，谓之社会主义者"。"此义过于广泛，不足以明社会主义之真相"。依从此说，世人都将成为社会主义者。其他界说甚多，广狭各有不同。但按照社会主义的发生原因看，有两

---

① 其今译文见《资本论》第一卷，人民出版社 2004 年版，第 52 页。
② 以上引文除另注外，均见赵兰坪编著《经济学》，商务印书馆 1938 年版，第 89—90 页。
③ 以下引文凡出于此 5 节者，均见赵兰坪编著《经济学》，商务印书馆 1938 年版，第 173—180 页。

点：一是思想史上，社会主义"起于反对十八世纪所起之极端自由"。二是经济组织上，"自实行资本制度以来，有产者与无产者，渐成二大阶级，后者受前者之迫压，及后者之智识渐开，势力渐大，二阶级乃成对峙之局"。有产者以自由主义（或个人主义）为他们的经济哲学，主张他们的权利。无产者或同情于无产者之人，乃创立社会主义，主张无产者的权利，以对抗资本阶级，谋求根本改造；"非反抗资本家个人，乃反对有利于资本家之今之资本制度"。社会主义"实为无产阶级（劳动阶级）之经济哲学"，恩格斯所谓"第四阶级（proletariat）之哲学"，即指此意。有人说社会主义是被压迫各阶级的经济哲学，其意尚觉广泛。古代奴隶受自由民的压迫，市民受贵族的压迫，社会主义并不代表被压迫的奴隶与市民的权利。严格地说，"社会主义，在实行资本制度国家之中，始能成立，社会主义之目的，在拥护劳动阶级之经济权利，而谋根本改造者"。

此节论述，重点说明社会主义的真相，并非泛指各种社会改造与改良之说，亦非代表历代所有被压迫阶级的权利，专指18世纪以来在实行资本制度的国家，无产阶级或劳动阶级的经济哲学，对抗维护资本阶级权利的自由主义或个人主义，谋求社会的根本改造，同时它反对的不是资本家个人，是整个资本制度。这个真相说明，把社会主义与历史上的各种先行思想以及近代以来形形色色的社会改造或改良之说区别开来，突出其代表无产阶级或劳动阶级的阶级属性，主张根本改造现行资本制度的目标特征，又以恩格斯的说法为准绳，实际上赋予马克思主义的涵义。适用于这个说明，在国内读者看来，自然会提出一个问题：中国目前距离欧美式的资本制度，相差甚远，社会主义对我们究竟有什么意义？这也是自社会主义思潮传入中国以来，与之相伴，国人中的有识者一直在思考和探索的问题。本节的说明，不过把在中国运用社会主义的这个约束条件，再次明确地提示出来。

第2节论述社会主义的派别。据说派别甚多，划分类别的办法亦甚众。如今所谓社会主义，广义上可分为狭义社会主义与共产主义二者。狭义社会主义主张，凡生产用具，如工厂机械、铁路、电话、农田、牧场等，皆归公有；凡一切消费财，如衣食住之物，仍归私有。共产主义则称，生产用具应当归公；一切消费之财，亦不得私有。此即二者之大别。狭义社会主义，可分为空想社会主义与科学社会主义。空想社会主义"以正义为根据，拥护无产者而攻击有产者，思想高远，而不切实际，不无有空中楼阁之感"。科学社会主义"以社会进化原理为基础，说明资本制度之必然崩坏，社会主义制度之必然代兴，无产者当代有产者而执政，不如空想社会主义之以正义为根据，而攻击有产阶级者"；"其言社会进化原理，与宿命论（fatalism）无异"。此即二者之大别。近代空想社会主义者如法国的圣西门、傅立叶（原译"傅立爱"）、路易·勃朗（原译"路易柏郎"），英国的欧文（原译"乌文"）等；科学社会主义如德国的马克思和恩格斯（原译"恩格尔斯"）。

以上的派别分类与定义，力求其简，难免粗糙。就狭义社会主义与共产主义的区别而言，在生产资料归公的共同前提下，以消费资料的私有或公有为分界，这是那时流行的看法。至于说空想社会主义与科学社会主义的区别，除了指出一个以正义即主观伦理为根据、一个以社会进化原理即客观事实为基础之外，比起《近代欧洲经济学说》解说马克思唯物史观，新增一个带有否定色彩的判断，社会进化原理无异于宿命论。从这个判断里，也可以体味前书评介唯物史观之后，何以又抽出本属唯物史观概念的社会革命与阶级斗争两个涵义单独予以评介，并强调马克思在预测社会革命时机上的失误，以及在阶级斗争学说方面不存在独创性。因为排除了具有主观能动性的社会革命与阶级斗争涵义，剩下只有纯客观的社会进化涵义，也就可以同所谓宿命论挂起钩来。但不论如何，在作者的心目中，马克思经济学说不仅是近代经济思潮的两个主体之一，还是社会主义学说的主体。所以，社会主义一章接下来的3节，介绍的都是马克思及其学说，介绍的架构，等于《近代欧洲经济学说》介绍马克思经济学说的压缩或简略版本。

第3节马克思的传略及其著述。马克思本犹太种族，1818年5月5日生于莱茵河边的特里尔一个小镇，父亲为律师。6岁时，全家放弃犹太教而信奉耶稣教。就学于波恩大学及柏林大学，专修法律与哲学。毕业后，1842年10月任《莱茵报》主笔，攻击普鲁士政府，被禁止出版。1843年结婚后，移居巴黎，研究经济学及法国社会主义，并得与恩格斯为友。1845年法国政府接受普鲁士政府的要求，将马克思驱逐出境，遂移居比利时的布鲁塞尔。1848年2月巴黎革命时，被逐出比利时，再到巴黎，不久返回本国，重起《新莱茵报》，发行不久，又被逐出，到巴黎，也不能久居，1849年乃渡海到英国，卜居伦敦，自此时起，不再到其他地方，伦敦遂为他的墓地，至1883年3月14日去世。

马克思的重要著作有四部：《哲学的贫困》，为反对蒲鲁东的《贫困的哲学》而作。《共产党宣言》，与恩格斯合著。《政治经济学批判》，此为《资本论》的未定稿。《资本论》为"毕生大作"，共计三卷，第一卷出版于1867年，第二卷死后由恩格斯编纂其遗稿而成，至1885年始出版，第三卷出版于1894年；自第一卷至

第三卷，前后相隔 27 年，尚未完成，恩格斯于 1895 年去世，乃由考茨基（原译"柯尔基"）继承其业，另成一书，名曰《剩余价值学说》，也分为三大卷，分别出版于 1904 年、1905 年、1910 年；《资本论》原稿，经三大学者之手，历 43 年之久，始完全发表于世。

以上介绍，限于篇幅，其传略部分，比起《近代欧洲经济学说》限于国际工人协会解散前的一段经历，更收缩到 30 岁出头以前，突出马克思早年因攻击政府而到处颠沛流离的生涯；其著述部分，比起前书开列 19 部著作，简缩为 4 部重要著作，尤其集中于《资本论》，这同经济学讲义主要介绍马克思经济学说的初衷，也是一致的。

第 4 节马克思的唯物史观。可分为两大要点："社会必循序进化"；"进化之根本动力，即生产力之变化"。社会非固定不变，必循序而进，如蛆化而为蛹，蛹化而为蝶。古代自由民与奴隶的社会，发达至极点，自然崩坏而成为封建制度的社会；封建制度的社会，发达至极点，自然崩坏而成为如今资本制度的社会；"而资本制度社会，发达至极点，亦必自然崩坏，而成未来之社会主义制度之社会"。"此自然发展之结果，非人力所能促进，亦非人力所能挽回者"。变化的原动力，即生产力，"生产力变化，社会制度必随之而变，生产力不变，社会制度亦必不变，虽用人力使之变化，结果终归无效"。生产力为物质的生产力，如以前使用的工具，如今使用的机器。人为社会动物，生活所需之物，不能单独生产，"必合他人而成社会以行之，必与他人而行交换以成之"。人类相互之间发生一种关系，此即马克思所谓生产关系，如交换关系、信用关系之类。生产关系必须与生产力相一致，生产力与生产关系的结合，谓之经济组织，实为社会的基础，若经济组织发生变化，其他制度如法律、政治、道德、文学等，亦必随之而变。经济组织的变化，生于生产力与生产关系的冲突，若生产关系"尚属幼稚"，生产力发展甚速，致生产关系不能与生产力相适应，则生产关系不足为生产力之助，反为其障碍。此时冲突即起，结果旧有的经济组织必然崩坏，新生的经济组织代之而兴，于是其他一切社会关系，皆随之而变。社会虽然也受人类思想的影响而变更，但思想不能离开物质环境而独存，不过经济组织的反映而已。故人的意识，不能决定人类生活，反为人类生活所决定。

这个介绍，没有引用马克思的原话，然而基本上以《政治经济学批判》序言中所谓唯物史观公式作为解说的依据，同时将这个公式解释为社会进化论，强调历史上各种社会制度的交替更迭，以及现行资本制度未来将为社会主义制度所代替的过程，具有非人力所能影响的"自然发展"或"自然崩坏"性质。这同《近代欧洲经济学说》的介绍比较起来，虽说大体一致，但离开马克思的原文引用，更强化了社会制度变迁的所谓"自然"属性；尽管也提到人类思想对社会变更的影响，却在复述马克思关于人们的社会存在决定人们的意识这个涵义的同时，抹去了马克思关于社会生产关系由生产力的发展形式变成生产力的桎梏时，社会革命的时代就到来了的另一涵义。这种看似不经意的延伸强化，实则包含着一种深意，把社会进化论等同于宿命论。

第5节剩余价值论。根据前面所介绍的马克思的劳动价值论，商品价值的大小，视生产时所花费的"劳动力"（应为劳动量）的多寡以为断，若二物生产时所花费的"劳动力"（同前）相等，则二物的价值相等。劳动力自身也是一种商品，劳动力的价值，等于生产此劳动力时所花费的劳动量。劳动力不能离开劳动者而独存，生产劳动力，不外维持劳动者及其家族的生命而已。维持劳动者及其家族的生产之物，即劳动者全家的生活必需品，亦即劳动者全家的生活费，因此劳动力的价值，等于劳动者全家的生活必需品。劳动力一日的价值，等于生产劳动者全家一日的生活必需品的劳动时间。例如生产一日的生活必需品，须费6小时，劳动者工作6小时，即能偿还其所得。若一日的生活必需品等于1元，6小时的劳力，亦必等于1元。如今资本家以1元的工资，购买劳动者一日的劳动力，让其工作6小时以上，如12小时，6小时所产之物，已足偿1元的工资，其他6小时所产之物，即为剩余价值。"剩余价值，虽为劳动者之产物，而归资本家所有，此即资本家之掠夺"。"马克斯虽为掠夺之说，而不攻击资本家之横暴，进而为废止之说，此亦科学社会主义与空想社会主义之所以不同"。

介绍者清晰地知道，马克思的理论功绩，主要体现为唯物史观和剩余价值学说。所以在《经济学》讲义里介绍以马克思为代表的社会主义时，除了介绍马克思的传略与著述外，重点也是放在这两大理论贡献上。这也反过来证明，《近代欧洲经济学说》中评介马克思经济学说，特意从唯物史观里，专门列出社会革命和阶级斗争两个涵义，予以纠偏或澄清；又从建立在劳动价值论基础上的剩余价值学说里，专门列出资本的意义及其循环、协作、机器、再生产论等涵义，给予强调或注重其形式上的对应关系，确实别有用意。前者意在突出社会发展与变革不以人们意志为转移的客观物质本义，同时把社会革命和阶级斗争涵义都当作可能影响其自然属性的歧义而加以清除，结果唯物史观变成了宿命论；后者意在突出科学社会主义根据商品价值的等价交换原则去揭示剩余价值为资本家掠夺劳动者的产物，不同于空想社会主义从道德上谴责这种掠夺的非正义，同时又把不是反对资本家个人而是反对整个资本制度的道理，解说成既不攻击资本家的横暴，也不要求人为废止之说，意即等待资本制度的"自然"崩坏，结果剩余价值学说变成了不主张消灭资本私有制度。

### （三）结语

《经济学》讲义有关马克思学说部分，可以说是赵兰坪两个月前初版《欧洲近代经济学说》评介马克思经济学说部分的浓缩概括。这个概括，既体现了赵氏对马克思经济学说的理解，有其客观与深刻的一面，并列入普及性的经济学教科书，在近代两大经济思潮中，作为社会主义思潮的主要代表，与自由主义思潮分庭抗礼；又表达了他在前书评介马克思经济学说时，想说而未曾明确说出的话，如社会进化论无异于宿命论，以及剩余价值的掠夺之说，并不意味着要废止或消灭资本制度，显示出理解马克思经济学说的主观和偏执的另一面。关于宿命论一说，自唯物史观传入中国后，不时出现类似的说法，将唯物史观定义为经济史观，便是典型表现。与此同时，反驳这种说法，或者从马克思、恩格斯的著作中引经据典，澄清此说法的产生缘由及其误解者，也不乏其见。围绕唯物史观的论辩，赵氏选用宿命论一说，虽不能说否定唯物史观，相反还有可能用作支撑对资本主义未来必将崩溃的看法的证据，但受此影响，终究偏离了马克思唯物史观的本义。根据宿命论的解释，站在修正马克思主义的立场上，必定会引出资本制度无须人为推翻而自然崩坏的结论。然而像赵氏那样，为了证明这个结论，从《资本论》第一、第二卷中，系统而大量地引用马克思的论述，接触到许多不曾或很少为国人所知的理论内容，在当时国内的著作中又非常罕见。这样的证明，对那个时期的国人来说，实际上产生了正反两方面的效果。从正面看，通过深入理解马克思的理论体系，促使人们认识到社会革命并非随心所欲，受到经济发展水平和阶段的限制，必须适应于这个约束条件，或者在特定的经济发展条件下去探索进行社会革命的新的方式和路径。从负面看，既然说自古以来的所有社会制度乃至现行资本制度都不受人力的影响，不能被废止、消灭或推翻，只能自然崩坏，所谓社会革命和阶级斗争，也就没有什么必要，或者成为随波逐流而消极等待的代名词。

附带说明，赵兰坪继 1928 年 1 月和 3 月分别出版《近代欧洲经济学说》和

《经济学》两本书后不久，又有《社会主义史》一书（吴敬恒①校阅），商务印书馆同年8月初版，1933年3月又出国难后第1版。1927年11月7日的自序说：社会主义的派别很多，各派有各派的背景和渊源，各派之间有互相连带的关系，各派又有各派的特长和缺点。"不过对于第一次看社会主义史的人，批评和讨论，似乎以不用为佳。因为不论什么学问，对于初学的人，最重要的，就是一个简单明确的概念。有了这种初步的基础，然后再做进一步的研究，可以不致毫无头绪。这本小书，就为这种目的做的"②。

以经济学家的身份撰述社会主义史，可见在当时国内一些经济学家的眼里，经济学与社会主义有着密切关系。此书8章，前4章"社会主义概说""初期的社会主义""一八四八年法国的社会主义""国家社会主义"，几乎都能够在《近代欧洲经济学说》里找到相同或相似的内容。特别是第5章"马克斯主义"，包含"马克斯的小传与著作""唯物史观""社会革命与政治革命""阶级争斗""剩余价值论""资本主义制度的崩坏原因"6节，共39页，比起《经济学》讲义，更像是《近代欧洲经济学说》用89页篇论述马克思经济学说的压缩版。也就是说，赵兰坪在前面专论经济学的著作里有关马克思经济学说的独到叙述，在他这本专论社会主义的著作论及马克思的社会主义时，也都以简略的形式体现出来了。至于后面3章"基尔特社会主义""工团主义""布尔什维主义"，同样保持只作介绍不予批评讨论的客观态度，形式上有些类似于先前《社会问题总览》里论述社会主义的派别分类，但内容上互有详略有无之不同。尤为值得注意的是有关布尔什维主义一章，大意如下③：

第1节"布尔什维主义的来源"，来自俄国的社会民主劳动党，"完全根据马克斯主义而组织"。后来因党的组织问题，分裂为列宁领导的多数派即布尔什维克和对立的少数派。直到1918年，决议放弃俄国社会民主劳动党的名称，改称俄国共产党或多数派。改名的理由，党的系统方面，"表示继承马克斯所创立的共产主义同盟"；党的理论方面，"抛弃根据唯物史观的《资本论》，而取偏重阶级争斗的《共产党宣言》"。改名的目的，"无非表示根据马克斯主义，实行无产阶级独裁，

① 吴敬恒即吴稚晖。
② 赵兰坪撰述《社会主义史》，商务印书馆1933年版，"自序"。
③ 以下引文除另注外，凡出于本章者，均见赵兰坪撰述《社会主义史》，商务印书馆1933年版，第125—133页。

而把马克斯的唯物史观,逐渐放弃不谈"。"所以布尔什维主义,虽说是马克斯主义的嫡系,已和马克斯的根本思想,完全不同了"。

第2节"布尔什维主义的根本思想","大部分来自马克斯主义",像劳动价值论、剩余价值说、阶级争斗论等,"完全是马克斯的东西";"所异的,只有唯物史观"。马克思主义的社会革命以唯物史观为根据,布尔什维主义的社会革命,"不以唯物史观做基础"。布尔什维主义者的国家论,也和马恩二人完全一致。"不过马恩二人对于国家,没有详细说明,因此引起后人无穷纠纷"。有的以为近乎无政府主义,有的以为近乎国家社会主义。列宁以为不然,1917年发表《国家与革命》,"以马克斯的遗稿做根据,说明国家的性质与革命的原理":"以为现在的国家,是有产阶级的国家。国家的职务,全在拥护有产阶级的利权,掠夺无产阶级的产物。所以无产阶级要免掠夺,当从推翻有产阶级的国家着手。推翻的方法,只有革命。革命成功,无产阶级掌握政权,组织无产阶级的国家,实行无产阶级的独裁,也用有产阶级掠夺无产阶级的方法,掠夺有产阶级,没收他们的财产,剥夺他们的地位。结果,有产阶级也都化成无产阶级。于是全国人民,只有无产阶级。但是一种阶级,等于没有阶级。然而国家是以阶级做基础的,阶级既已没有,无产阶级的国家也必自然消灭,遂成没有国家的社会"。布尔什维主义者的国家论,大约可以分为两点。一是有产阶级的国家,其职务在掠夺无产阶级的生产物,结果被无产阶级用武力推翻;二是无产阶级的国家又叫半国家,其职务在没收有产阶级的财产,结果自然消灭。这种议论和马恩二人的见解相同。不过马恩二人虽有这种意见,却无详细说明,所以也可以看作列宁的国家论。

马克思晚年"已不注重"暴力革命,布尔什维主义者所继承的,"依旧是马克斯年轻时候的主张"。"他们反对一切和平行动,主张但用暴力革命,实现恐怖政治。以为没有恐怖,内乱不生,没有内乱,有产阶级的特权不能消灭,有产阶级的特权不消灭,无产阶级的革命永远不能成功,所以要使无产阶级的革命成功,只有战争,只有暴力"。布哈林著《布尔什维主义纲领》,曾说"只有内乱和劳动者冷酷的独裁,能够达到共产主义的经济组织"。列宁的《社会主义与战争》也说:"和平主义与抽象的和平解决方法,把劳动阶级,领入迷途";"以前有二三个左派的同志,提倡撤废军备。但是信仰布尔什维主义的人,不以为然。吾们以为吾们的责任,在解除有产阶级的武装,而使劳动阶级一律武装起来。何以呢? 一切暴力,只有用暴力能够破坏。一切武装,只有用武装可以解除";"吾们承认内乱是不能免的。被压迫阶级对于支配阶级的战争，也完全承认的"①。这样看来，布尔什维主义者只有一种暴力革命，排斥一切和平手段，"这和马克斯的主张，并不完全一致"。按照马克斯的为人，本有两种性质，一种是"激烈的革命精神"，另一种是"和平的学者态度"。"他的思想，也有这样二种倾向"。逢着社会不安，恐慌发生的时候，他的主张就非常激烈；到了社会平安，产业发达的时候，他的主张也就稳健和平。"布尔什维主义所采用的，是马克斯主义激烈的半面"。"讲到唯物史观，就和马克斯主义，根本相反了"。马克斯以为资本主义发达到极点，然后发生社会革命。但是布尔什维主义者以为："革命不生于资本主义最发达的地方，而生于无产阶级被人榨取最为剧烈的国家"。比如俄罗斯、意大利等国，资本主义虽不发达，劳动的榨取倒很剧烈。"这种国家，最易发生社会革命，最易实行共产主义"。英、美、德、法等国，虽极发达，社会革命反难实现。"所以社会革命，不是进化的结果，而是意识的创造，人类的劳作。这种主张，和马克斯主义的根本原则，背道而驰了"。

第3节"布尔什维主义的经济纲领"，主张推翻有产阶级的国家，实行无产阶级独裁，没收有产阶级的财产，施行纯粹的共产制度。施行的程序和组织的方法，大概分为五项。一是生产事业：第一步把公私银行一律收归国有，实行银行集中，以便掌握全国的生产事业。第二步没收工业，先从大工业着手，等到大工业完全收归国有，然后没收一切小工业。第三步土地国有化，必须与共同耕作制度同时进行。土地收归国有后，倘若仍由个人分别经营，有酿成个人经济的危险，足以动摇共产制度的基础。共同耕作的方法大约分为两种，大规模的农场可用产业团体制度，由农业劳动者共同经营；小规模农场可以组织劳动者，利用大生产制度共同耕种。第四步对外贸易也归国家经营，不以俄国人民为限，凡侨居俄国的外人也没有权利向国外资本家买卖货物。二是组织方法：一切生产事业收归国有后，管理必须集中，指挥必须统一。其方法设立三种机关：每个地方必须设立地方的经济委员会，指挥当地的生产事业；每种生产事业有委员会，如中央纺织事业委员会、中央冶金事业委员会等，各自指挥本业的生产行为，支配本业的生产数量；另行设立最高国民经济委员会，作为全国一切生产事业的中央机关，可以支配各地的消费量，规定各业的生产额。"布尔什维主义者以为：有了这种组织，共产制度，才能施行

---

① 查阅列宁原著，尚未找到这些引文的表述。

第三章 各种经济学著作与马克思经济学说

1663

无阻"。三是劳动：对每月收入 500 卢布以上的人，先行强迫作工，然后推及一般人民。对从事劳动的人给以劳动账簿，专记工作，需要货物时用所记的劳动做凭据，向货栈领取所要的货物；倘若账簿里没有劳动账目，没有劳动证据，货栈可以拒绝支付货物。"所以工资制度，早已不再存在。劳动者所得的酬报，已经不是金钱，而为货物了"。全国各业和各地劳动者的分配与分布，预先有精密统计，可以随时由最高国民经济委员会将劳动者从过多的地方移到不足的地方，从过剩的事业分布于不足的事业，"务使各地各业的劳动者没有过不足的弊害"。四是分配：实行共产制度以后，不再存在商业投机，货物的分配要得其宜，必先调查各地人民的需要，预算每年货物的产额；市镇各区组织消费团，全国的货物分配到各地的消费团，一地的消费团有一地的消费统计，消费团收到货物后，可根据统计，委托素有信用的人，按额分配给一般消费者。五是消费：打破以一家为单位的消费制度，实行共同生活；衣服在公有工厂大规模制造，分配各地人民；伙食设立公共食堂，禁止个人分炊；住宅也由地方团体按照需要，平均分配。列宁以为若能实行以上各种制度，可以逐渐进入"各应其能，各应其欲"。这是布尔什维主义的最后目的。俄国自从大革命以来，次第试行这种制度。"结果，在农业方面，发生极大饥馑。工业方面，往往入不敷出。消费方面，有营养不足的危象。所以不久就把这种制度，抛弃不用，另行'新经济政策'了"。

　　以上是赵兰坪用经济学家的眼光来评介布尔什维主义，或者说，用《近代欧洲经济学说》里叙述马克思经济学说的理论认识，评介布尔什维主义。这个评介，已经超出客观介绍的范围，表现出明显的偏好倾向。评介中确认一个基本前提，布尔什维主义从它的来源看，一开始就信奉马克思主义，其主张和行动的大部分理论依据，也都来自马克思主义。可是在这个前提下，重点强调布尔什维主义不同于马克思主义的相异之处。首先在理论上，据说布尔什维主义抛弃了贯穿于《资本论》的唯物史观，也就是抛弃了所谓资本主义发展到极点然后发生社会革命的进化原理，转而偏重于体现在《共产党宣言》中的阶级斗争学说，也就是偏重于社会革命最容易发生在像俄国那样资本主义虽不发达，但无产阶级受剥削受压迫最剧烈的国家之类的有意识创造学说，进而又反对采用马克思的稳健和平一面，只采用马克思的激烈革命一面，只强调暴力革命、恐怖政治和无产阶级专政。关于马克思学说中唯物史观与阶级斗争相矛盾之说，国内早已流传。这就像看待一个硬币的两面：一些人认为阶级斗争本来就是唯物史观的内在涵义，二者之间不存在所谓矛盾，以此认识苏俄革命，在理论与实际的结合上发展马克思学说，这个范例同样适用于指导中国的革命道路，早期中国共产党人即属于这一类人；另一些人则认为苏俄革命与马克思主义的根本原理背道而驰，用阶级斗争的主观意识取代唯物史观的客观进化，既不可能成功，也不可能适用于更加落后的中国，这也是借用马克思学说来主张中国走资本主义道路的理论根据，赵兰坪便属于后一类人。

其次在实践上，系统梳理布尔什维主义的经济纲领，分为生产事业方面的四步走措施，将公私银行、大小工业、所有土地以及对外贸易，全部收归国有；组织管理方面的集中统一指挥，从地方到中央一以贯之，实行各地区各行业生产与消费的共产式调配；劳动方面的强迫工作制度，从资产者到一般人民，先后实行，概莫能外，一律按劳动记账并凭此领取所需生活品，废除货币工资，实行实物酬劳，同时在全国各地区各行业统一调配劳动者；分配方面的按需要预算生产和统计消费制度，取消商业交换，组织消费机构并委托有信用的人面向一般消费者按额度进行分配；消费方面的共同生活制度，打破以家庭为单位的消费传统，统一制作衣服，设立公共食堂，平均分配住房。这些经济纲领，实际上说的是苏俄政权初期所试行的战时共产主义，到赵兰坪撰述这本书时，取而代之实行新经济政策已有四年半时间，取得明显不同的效果。这又是如何看待一个硬币的两面：一些人看到的是列宁领导苏俄政府在艰难时期的开创性尝试，纠正战时共产主义的失误，基于现实国情推行新经济政策所获得的成效，可资借鉴；另一些人虽凭借经济学素养而洞悉战时共产主义全然不同于资本主义社会的经济特征，却不愿承认近年来新经济政策取代战时共产主义所取得的效果，更愿意列举战时共产主义所带来的弊害，如农业饥荒，工业入不敷出，消费营养不足等。这些实践方面的分析，显然也是为了佐证所谓布尔什维主义在理论方面违背马克思的唯物史观与和平方式而招致的失败。不过，就评介者而言，这并非只是为了从经济学角度识别布尔什维主义与马克思主义的差异，其背后的含义，意味着按照马克思的唯物史观，中国不能效法布尔什维主义的阶级斗争模式，须经历漫长的资本主义发展阶段，进入发达的程度，方可把社会主义或共产主义的前景提上未来的议程。

## 二、《基特经济学》译本

原著者法国基特，译述者王建祖，商务印书馆 1928 年 6 月初版，现存 1929 年 10 月再版本。此基特，即早已耳熟能详的夏尔·季德，而王建祖，在 1923 年便节译了季德的大作《经济学说史》。根据译述者 1927 年 6 月 24 日作于北京的序言：

本书为季德在巴黎大学为法科学生讲授的课本。甲子岁（1924 年）我（指原作者）任国立北京大学政治系经济学教授，乃取其纽约出版的英译本 Political Economy 为基本课本，"于余时将书中之意，稍为编订，译成国文，以为诸生之一助，遂成此帙，惟欧战之情形，原书颇多未具，尤以关于劳工部分为然，故又参考他书，酌量代为加入"。季德为"法国有名之经济学者"，与利斯特（原译"里斯"）合著的《经济学史》（今译《经济学说史》），"为国际知名之著"，我已译其上半部，由商务印书馆出版。季德所著《经济学原理》（今译《政治经济学原理》），已有英、德、意、荷、俄、土、日、西班牙、波兰、捷克、匈牙利、芬兰、瑞典、佐治亚诸文译本。我以往亦尝以国文述其义，"嗣因本书出版较后，内容亦较完备，故遂以此付梓"。经济学分为"纯粹经济学"与"实用经济学"两大部分，本书合二为一，经济理论之外，多叙述经济事实。正统经济学者尚自由，言放任，此稍治经济学史之所习知。与此派相反对者，有各种社会政策及社会主义。季德说，"一人之利害，与他人息息相关，徒自由竞争，何以截长补短，调剂经济界之不平，故主张宜以互助代竞争，而提倡'连带责任主义'（solidarity），是其说已与我国墨子'兼相爱，交相利'之旨相似矣"。①

据此可知，译本的原著为季德的《政治经济学教程》。王建祖翻译的初衷，任教北京大学经济学课程用此书作课本，为方便学生阅读，据其意稍加修订而译成国文。也就是说，以季德的原著为底本，取其意而编译，并非严格对照翻译；后来又参考其他著作，补充欧战后有关劳工的内容，遂成此近 600 页的译本。王氏十分推崇季德作为经济学者之有名及其代表作之国际知名，将他的经济学教科书，也当作较新和较完备的样本而翻译推荐给国人。然而王氏更推崇的，还是季德的"连带责任主义"，既不同于正统经济学之强调自由放任，也不同于各种社会政策之注重社会改良或各种社会主义之注重社会革命，并称誉此主义为我国古代墨子的"兼相爱、交相利"之说，暗喻更适于中国国情。所谓"连带责任主义"，即协作主义，在 1920 年的《协力主义政治经济学》、1924 年的《经济学要旨》、1925 年的《协作》、1927 年的《政治经济的基本原理》等一系列引进季德原著的译本里，已有充分的论述，不必重复。这里仅仅关注在这个主义的支配下，新译本对马克思和

① 基特原著，王建祖译述《基特经济学》，商务印书馆 1929 年版，王建祖"序"。

社会主义经济学说的态度。

译本除绪论外，设生产、流通（交易）、分配、消费 4 卷共 27 章，从形式上看是典型的西方经济学范式，内容上则增加一些体现自身特色的东西，如协作主义或协助互助合作等。有关马克思学说和社会主义的论述，可选取以下二例。

### （一）何谓社会主义

译本的绪论，有经济学之学派一章，谈到社会主义各派：

"社会主义之由来甚古，经济学者之发现实可谓在社会主义之后。但社会主义之成为今日之形式，则在经济学成为科学之后；彼与经济学，乃处于对峙的批评的地位；社会主义各派之意见，其繁复较经济学者为甚"。其梗概有四：

一是"一切社会主义派，以为社会扰攘之主因，为财货握于少数坐享之人之手，以为彼等利用工人，使之劳动，以为少数之人之利"。他们要别求新顺序，"欲使资本私有及工资制度消灭或加以限制"。但各派的目的有激缓之分：共产党"主张废除一切私有权"；集产党"主张废除生产工具之私有权"；土地社会党"主张废除土地房屋不动产之私有权"。其余各派所期望的未来社会情形，不甚明晰。起先的社会主义者如莫尔（原译"谟耳"）、圣西门、傅立叶，"轻之者谓为乌托邦主义"，"皆有理想制度之计划"。集产党"自命为科学社会主义者，不预言将来社会之制，而谓依据现在社会可以推定未来社会之情形"；认为"未来社会已在胚胎，谓现在之社会已含有未来之种子"。

二是"经典派经济学者谓，社会主义派欲以革命或命令完全变更社会；但社会主义不认此说，彼等以为彼等之主张与天演相合，彼等以为天演亦有骤变之时，是即渐进的潜变之爆发，不仅社会之进化如此，生物地理之进化亦如此。地震为地球变更之一原因，雏之出卵，即为此理"。可以说社会主义派比起放任派，"更信'天定'"，以为环境有力量限制个人。此谓欧文（原译"奥文"）与傅立叶之说。"马克斯派则演成物质的历史之说，谓生产工艺等之经济情形，能制一切社会之事实，并且能及于最远之政治、道德、宗教、美术等事实。马克斯曰：'人类变更生产之方法，即变更社会之关系：如手工造成君主社会，汽力造成资本家社会。'社会党谓耶稣教之发达，政治之变迁，文艺之复兴，其根源皆在经济"。此天定之说，"非听天由命之谓"，社会的进化，手工汽力的递嬗，"皆经由人工，所以人类合群之举动，为进化之要素"。

三是"社会主义主张日渐广大公的活动，凡国家、地方、工团之群力，皆愿其推广，因其目的在将私人事业改为公众事业"。以"个人之事业"变为"国家之公务"，不过一种过渡手段，一旦达到目的，将更废除国家，认为"国家为中等阶级之国家，为政客雇主谋个人利益之国家"。其所拟再建的，不称为"国家"，称为"社会"，至此，"国家不为政治团体，而为经济机关，其极为包含全国大协作社之管理局"。此为"纯粹之社会主义（亦曰劳动社会主义，德国谓之庶民社会主义）"，这也是它与国家社会主义区别的要点。

四是"社会主义之目的在工界，其所讨论为工界之利害；以为他界皆与工界利害相冲突，以为中等阶级与资本家虽造成今日之社会，然在今日实为分利之徒，当摒除之。是以阶级斗争，为社会主义之说之纲领"。须知社会主义本来无此特性，1848 年未有，所谓无政府主义的社会主义亦未有。"自马克斯之社会主义出，然后阶级斗争之义定，是以未来之革命，将始于工人之总罢工"。

社会主义派中，无政府主义派情形特异，当另立一目，本难加诸社会主义四字，"因其为绝端之个人主义，而深恶法律规程之限制"。此可谓"绝端之放任派，其主义在完全自由（可谓自由社会主义）"。惟放任派目的在于减少立法家的责任以至于极小，无政府派则并法律而废除之。其乐天如放任派，以为能自由则人欲能调和；其异于放任派而被社会主义之名者，因其以个人之自由与私产之私有为绝对不通相容。

今日各地社会主义的发达，"其对于现社会之批评，当有是处，以其批评言，固有益之言"。但各派社会主义实行改造今日经济条件的计划，"皆经失败"。其所拟的制度由信徒奉行，"或废弃，或仅成希望，至所谓科学社会主义之集产主义，则不预定组织之方法，不承认其气盛之徒所定之计划（此主义俄国今在试验中）"。

国家社会主义即国家的职务，与上述社会主义各派不同，"可为攻社会主义之消毒剂，为政府所欢喜，有时亦为专制之君所乐用"。此主义与历史经济学派有关系，历史经济学派与经典派起初因研究方法不同而分离，继则意向与思想亦异趣。历史派反对放任派的听任自然，以实行为目标，不赞成将经济研究分为学与术两部分，以为社会科学中，学与术有相互关系，重返最初经济学者的见解；又称社会改良不能不依据历史所示的途径，科学必包含技术，过去必包含未来；经典派以私有土地、工资制度为不可变，历史派则仅视为历史上的事情，可随时随地按环境的不同而异。历史派不重视定理公例，重视国家立法，以为这是社会进化的要素，愿扩充国家活动的范围，与放任派不信任国家，异其旨趣。国家社会主义在战前已颇占势力。19 世纪后 25 年的劳动法，各国缔结的国际工约及舆论与金钱所有者之愿意帮助社会建设，"皆由之而来"。国家社会主义扩大经典派所以为自足的狭小观念，展开其简单的思想以及乐天主义，"甚有造于经济学，使经济学不徒为想象的高远的物，不全倚赖'自然'一语而求有以解决实在的贫乏之问题"。放任派不信任国家，"盖无科学及历史之根据"；他们所划定的国家责任，"是预备国家自己消灭之步骤而已"。国家的责任，不仅不会消灭，而且日有增广。国家的组织，虽不完善，但至少在经济历史上有伟大的善果。从理论和事实上说，近代国家常见设立完备的组织为民众的模范，或在组织完备后将机关交给有直接利害关系者运作；又期望能按新责任来组织国家，使之有效实行经济事务。

还有所谓"天主教社会主义"，因反对现行社会秩序如资本、赢余、利息、公司、自由贸易、竞争等，故放任派以此称之。"此名实为不当，因其性质与社会主义绝对不同"：不主张废止现社会的根本条件如物权、继承、工资制度，主张加入基督教精神使之更加尊严；不相信进化的事实和改良的可能，忽视未来，重视陈迹，以为保存以往的精神便可赋与人以快乐的生活等。①

以上经济学的学派分类，都冠以社会主义的名号，内涵却判若鸿沟。有两点值得认真关注：

其一，所谓社会主义各派，虽说意见繁复，但剔除特异的无政府主义或将其归类于自由社会主义之后，实际上主要指马克思的科学社会主义或称集产党的学说。这见之于书中综述社会主义各派批评经典派经济学或传统经济学的四点梗概。一是将社会纷扰的主因归咎于少数人掌握社会财货而坐享其成，据此通过雇佣工人的劳动来谋取利益。前者指责私有制，正是在这一点上，形成社会主义各派的最大公约数，只是反对的激进程度有所区别，如共产党（指激进共产主义学说）主张废除一切私有制，集产党主张废除生产资料私有制，土地社会党主张废除土地及房屋等不动产私有制之类；后者指责资本家靠榨取雇佣劳动谋利，则决非各派的共识，只有马克思以剩余价值学说揭示了其中的道理。至于废除私有制以后的未来社会状况，又指出乌托邦或空想社会主义者之制定理想社会的计划，与自命科学社会主义的集产党不去预言将来的社会制度而依据现在社会的发展趋势去作推定，形成鲜明的对比。这一点，已把马克思学说放在各派中的突出地位。二是解释社会主义并非

---

① 以上引文均见基特原著，王建祖译述《基特经济学》，商务印书馆 1929 年版，第 15—21 页。

如经典派经济学者所说，完全靠革命或命令方式来变更社会，主张社会进化之渐进式潜移默化的积累，直至发生骤变的革命爆发，就像地震和孵卵的自然进化道理一样。这一点，尽管也提到空想社会主义者有关个人受环境限制的观点，但主要引用马克思的唯物史观，不过译文显示有的说法比较随意，如信奉"天定"，以及所谓未来社会胚胎于现在社会，现在社会已包含未来社会的种子等。重点是引用时，或者间接表述，意指物质生活的生产方式制约着整个社会生活、政治生活和精神生活的过程；或者直接转述，即今译文"随着生产方式即保证自己生活的方式的改变，人们也就会改变自己的一切社会关系。手推磨产生的是封建主为首的社会，蒸汽磨产生的是工业资本家为首的社会"①。另外解释所谓天定之说，不是听天由命，因为社会进化的要素离不开人类合群的行动。三是说明社会主义主张凭借国家权力将私人事业改变为公众事业，只是一种过渡手段，一旦达到目的，将废除国家，把资产阶级的国家或为政客雇主谋求个人利益的国家，改造为不是政治团体而是经济机关，涵盖全国大协作社的管理局，也就是纯粹的社会主义。这一点，其实应来自马克思学说的国家自行消亡思想，而不是无政府主义的废除国家概念，因为无政府主义已被排除在各派社会主义之外。四是强调社会主义维护工人阶级的利益，就要摒除如今资本家的社会，以阶级斗争作为社会主义的纲领。这一点，明确自马克思的社会主义出现后，才确定了阶级斗争的意义。惟其将未来的革命或阶级斗争，限定于工人总罢工，又偏离马克思的本意。可见，译本谈论各派社会主义，以马克思经济学说作为典型代表。

说到这里，作者评价以马克思学说为代表的社会主义，褒贬皆有。褒的一面主要表现在理论上，社会主义对现行社会的不满及批评，有恰当的地方，实为有益之言，这也是今日社会主义在各地发达的原因。贬的一面表现在事实上，各派社会主义改造今日经济条件的计划，在实行的过程中都是失败的，其信徒拟定的制度，不是废弃，就是成为无法实现的希望，以致科学社会主义的集产主义，拒绝那些预先制定的组织方法和计划。如果说社会主义批评现行社会的恰当和有益之言，用于改造今日经济制度的实践无一能逃脱失败的命运，无异于说这些批评或许可资改良现行经济制度，却缺乏改造现行经济制度的可行性或有效性。所以，这种改造被视为"气盛之徒"的狂悖举动，似乎违背了马克思通过考察现行社会进化来推定未来社

① 《马克思恩格斯选集》第1卷，人民出版社1972年版，第108页。

会而非人为预定其组织与计划的天定之说，以及顶多通过工人总罢工来推动未来革命的阶级斗争学说。接着点到如今俄国正在试验马克思的科学社会主义或集产主义，也似乎暗示这种试验不会有什么好结果。由此看来，作者对马克思学说，不否认它的理论价值及其在社会主义中的开创意义，但更多限于纸面上的抽象讨论，戒备用于改造社会的革命实践。

其二，将社会主义各派，在理论内涵及实际作用方面，与挂着社会主义旗号而实非社会主义的其他派别，严格区分开来。作者所理解的社会主义各派，根据其梗概定义，限制在一定范围内，或者以实现其目标如废除私有制的激进程度为准，包含共产党、集产党及土地社会党等；或者以关于未来社会理想制度的推定方式为准，包含乌托邦社会主义与科学社会主义。无论采用什么标准，事实上突出的是马克思的科学社会主义或谓集产主义。除此之外，其他形形色色的社会主义，经过界定而逐一剔除。例如：无政府主义披上社会主义的外衣，实属特异的一类，难以配得上社会主义四个字；在政治上是极端的个人主义，深恶法律规章的限制而要求废除，主张完全自由放任，又与财产私有绝对不能相容。国家社会主义实为履行国家的职责，不同于上述定义的社会主义，反而成为攻击社会主义的消毒剂，因此受到政府的欢迎，甚至为专制君主所乐用；在经济学上与历史学派有关，反对经典学派的自由放任和现行制度符合自然规律等思想，重视国家责任与立法，确信历史变化而不相信定理公例；19 世纪后期以来的劳动法、国际工人协约及解决贫困问题的各种社会政策，均得益于此派。基督教社会主义被冠以社会主义，实为不当，虽然反对现行社会的一些经济秩序，却不主张废除作为现行社会根本条件的私有制和工资制度，也不相信进化，提倡基督教精神和恢复传统生活，在性质上与社会主义绝对不同。以上鉴别，分开来看，在过去的著作里不时见过，但不如此译本说得综合、明确和有理有据。长期以来，无论引进的还是自撰的著作，把包括上述名目在内的各类社会主义不加区别地混为一谈，倒是十分常见的现象，不免对马克思主义经济学的传播产生一定的干扰影响。因此，作者在其经济学教科书里，一边突出马克思学说在各派社会主义中的代表性，一边辨明其他所谓社会主义不属于社会主义范畴的虚假性，这对国内读者来说，具有去伪存真的辅助作用，也显示了作者的理论功力。

**（二）关于社会主义的各种分配主张**

这是译本第 3 卷分配第 1 编分配方法中的一章，共 5 节：

"现行之分配，似甚不公，于是有各种社会主义之主张，皆以改良社会为目的"。社会党人所欲改革者，不独分配，改良生产与交易制度，亦在计划之内。他们不是最注意改良财货的分配，实较注意生产的增加。"马克斯视今昔一切之分配方法，为生产方法之结果，非徒分配"。我们研究社会党对分配的各种计划，看到诸派多是贫富的争论。根据前面有关社会主义各派相同之点的论述，现将"各社会主义宗派之主要特性"，分为"各人均分主义""各人依其需要以享用之主义""各人依其功绩以享用之主义"和"各人依其劳力以享用之主义"四类。

第1节"均分主义"。这种"简单"的分配方法，似已见于往古，如上古有名的立法家主张均分田地。其均分不是依照人口，就是依照家庭，数代之后，每家人丁有增减，乃重新均分。这种制度，可行于古代社会人烟稀少，都市不多，仅有一种田地财货之时，不能行于今世。今日"革命的社会党，亦不提倡此种均分制度"。然而如今仍存在这种简易观念，"为社会主义家之所不能舍弃"。现时社会主义者说，文明社会的财货，若分配得当，完全满足人人的欲望而有余；贫困是以大并小的结果，主张收回富者之所侵占。"激进社会党主张迳剥夺富者之所有以充公，渐进社会党则主张经由租税之途径以渐致平均之结果"。但一国的富人为少数，如在金字塔社会的顶部，贫者为其底基，"即使将富者之所有均分于全国，每人之所得亦不多"。社会主义之所以能号召群众，在于主张资产均分，每人自享其劳动的收入，在理论上岂不甚好？然而生产的事实是，上述均分，非一次即完，需定期按各人盈绌再均分，如此则"资本不集中，无大资本，而资主常换人"；"恃此而生产，恐生产之力不大，而可享之生产结果，大为减少"。均产之制，既然不一定获利，要实行，"何必用暴力流多血，和和平平地一步一步走，不亦可乎"？

第2节"共产主义"。均分不可，可否将货物公诸社会分子，依照各人之所需而供给？"此谓最简最古之社会主义，由来旧矣，近为无政府主义之所再提倡"。无政府主义的目的，原非共产，乃个人完全自由，共产主义是达到目的的方法。依照其说，甚小的私有权，也是有者对无者的限制，有者役使无者劳力的器具，以为"由积聚中各人自取其所需"，是仅有的妥当分配方法。"'各人自取其所需'当然为可人之说，然求其能实行，须有无限之财货，当如空气与水，然后各人得尽量取其所需"。欲望愈容易满足，则欲望愈多，人人自取其所需的方法，必不能行，必须有主宰分配者。但无政府主义排斥一切权力与政府，以为财物可由平和与互让的美意来分配享用，这是不知人性并非性善。不过，共产之制也不是绝对不可能，世上实有共产社会。人类最初的社会，多数是共产社会。今日小范围内，共产制固能实行，如许多宗教团体和美国的几个共产团体。共产制能使人在劳动生产的同时享有一定的快乐，其相对成效，取决于"团体当甚小，限于数百或千人"，各人能直接看到其劳动所得的利益；"团体当服从严格之约束"，个人消费不可超过其所应得，个人不可怠惰而不作相当的工作。可见，"共产主义之实行，其条件实与无政府主义相反。后者之旨，在废尽一切规则法律，是其旨与共产之实行不相入，与近世生活之趋向，亦如风马牛之不相及"。

第3节"自由集合主义（Associationism）"。"解决社会问题，而不革命，不废私有权，不废利息，不均财产，此亦一种之社会主义，吾人以自由集合主义名之"。19世纪上半期，此主义在法国大盛，其领袖为傅立叶、圣西门、皮埃尔·勒鲁、蒲鲁东、路易·勃朗等。集产主义出现后，其言者已少，"归于幻想的'乌托邦'主义之列"，但没熄灭，今日复兴为"连带责任主义"及"协作主义"。傅立叶的共产，为生产与消费的共产，不涉及财货的分配；其理想的多人合居的公共生活，用最经济的方法组织生产与消费，无均分财货的目的；解决社会问题，劳作者宜组成小团体，各人可以任意选择团体为其分子，此方法为使工作有趣味；其著述"有独到之见，亦有狂幻之想"。圣西门之说曾在法国非常流行，现已成为历史陈迹；其社会主义为贵族及资本的社会主义，不主张裁撤大制造家、大雇主、银行家，以他们为社会的负责者，不反对来自功绩的不均，其分配公式为"各人依能力取所需，依各人工作定能力"；主张废除遗产继承，理想是遗产自由传给有能力负责的人，政府利用权力武断地分配财产，不如私人的自由遗传；但此法给与天赋异才以更多的物质享用，增加自然的不平均而不可谓公道。路易·勃朗以为社会不好的原因全在竞争，救助之道是工人联结起来从事生产，国家应当为工人组织的后盾。蒲鲁东自称无政府主义，实则代表中等阶级的意见；根本在于将社会组成一大联结团体，成员之所得如其所供，无过不及，被称为"相互主义"，以此消除少做多取及利息与地租之类的寄生虫收入；"私产者，盗窃也"之说，被误为共产党，其实并非主张废除私产，针对的是凭借物权以征用他人劳力而自利的私产权，应当以物权为劳力的扶助而不得凭物权来剥削劳力，又以自由信用为解决社会问题的方法。

第4节"集产主义"。这是"较平和之共产主义"，仅拟将生产器具如土地、矿产、工厂、银行、铁路、原料等归公有，消费之物任其隶属于私产制度，"仍主张妥协分配"。集产主义发生于近代，1850年比利时人最先使用此名，惟注重农田；1838年及1846年法国人最先区分生产器具与消费物品。到1847年（实为1848年）马克思与恩格斯发表《共产党宣言》，"集产主义乃成为有力之说"；马克思的《资本论》，是"攻击近世社会之精利的武器"。后来比利时人又提出集产主义的实行计画。"集产主义，虽常谓之马克斯主义，但非一切集产党人皆崇奉马克斯，与马克斯主义分离者盖日多"。集产主义不同于前述各种社会主义，自名为科学的社会主义。集产主义者称其说为"自然的趋势之说明，而非主观的公平或亲善之提倡"，"为社会在进化定理上必需经过之步骤之说明"。"集产主义'进化决定于经济之需要'之说，谓之'历史的物质主义'"。

科学的社会主义之说："往者虽财产私有，而生产之事亦私有，故生产与分配之间有调剂，例如中世纪之小工店。今日之大工厂、大商业、大财产，则为集中定理所驱，而使个人之生产，渐变为团体之生产"；"今日之分配，却仍是以私产为根据，是以生产之事与分配之事不能调和，而力厚者多取，无力者吃亏，至社会情状失其均衡"。社会进化逐渐消灭个人的生产事业，"生产工具将全为大生产者之所有，而小生产家将全为大生产之所吸收"；再进一步，"大生产者之所有，为社会所收，则生产之事，将为社会之职务，而生产之目的，将为社会之福利，是生产集中，分配亦集中，而生产与分配之事可调和矣，此集产主义之说"。社会通过什么途径，将生产工具（资本）收归社会所有？集产主义说："或由法律之途径，依多数人之公意，制定征收之方法。若中等阶级操纵选举，把持国会，不能经由和平方法以达到目的，则需用革命之方法。若出于此，是为自有生民以来，贫富阶级斗争最后之大举，马克斯之所以为历史上最要之事者"。征收私产归公，有无报酬？温和派说：若业主善意让出，可有报酬，但报酬之所得不能作为资本；若报酬所得可为资本，则享利的生产家变为享息的资本家；报酬当为一种消费权，消费尽则一向的业主地位与他人相等，不致永远有坐食的阶级。又有提倡逐渐没收遗产的方法，通过四代收完遗产，玄孙尚未出生，夺其所有为无害。"集产主义不如常人所忖度禁止继承，人由劳力而有得，而以所得传于其所欲传之人，俾得消费之益，固集产主义之所许。谓消费物之继承，与地及资本之继承，轻重不同"。生产器具归公后，生产之事由社会或由劳动团体办理；生产之所得收入国库，除去社会费用，将所余部分分配给工人。这种社会费用，必超过今日之税，"因社会主义之实行，将有养育孩提、恤老、医病、灾害保险、公家房屋器用折旧及增加国有资本诸需要，此集产主义之计划"。集产主义与共产主义的根本不同之点，共产的目的"共有一切"，集产的目的"公有生产工具，消费之物仍得为私产"。今日的集产主义，"尚未主张以一切生产器具归公，而主张以已经私人集合利用劳工以生产之器具先行归公；农人自耕之地，渔人之网，匠人之店，谓仍可暂为私产"。生产器具归公后，生产所得分配给个人，根据什么标准？集产主义说，"据各人之劳力"。此说可有两种解释：以成绩为断，如圣西门学派之说；以劳力的多少为断。集产主义实为后说，认为"分配当依各人所用劳力之量以为标准，而劳力当以时间计算"；不能工作之人，主张给与最低程度的赡养费。总之，"集产主义之目的，为渐集生产器具以归于公，集产主义之方法，为阶级斗争（工界与资本界之斗争）"。

对集产主义的批评如下：集产主义称"历史定理，渐使个人之生产变为集合之生产"，不过"大略之推论"，"不独不能包括一切事实，且与多数事实相背"。农业生产，不见集中，田产渐分渐小，人口渐密，非小田笃耕不能足食，股份制的大农业，为极少数；即便工业，小规模工业亦不见消灭，且见增加。集产派称小生产渐集于大生产，于其既成，收为国有，集产主义便可实现，与事实不符，"其以此为根据之主义亦不能成立"。集产派称现在的社会，生产集中而分配不集中，亦与事实不符，例如股份公司的产业属于股东，股东之数有时多于工人之数。至于阶级斗争，虽为事实，"其由来已旧，其内容复杂，马克斯派欲一举而清其源，亦过望矣"。"有产阶级，其实日增，有赅括一切人民之势"。法国的佣仆、邮民、工人，购买政府公债、巴黎市政府债票、土地信用债票，为数不少，"此皆欲保护其证券之安全"，如同农夫之保护其田亩；富者必不愿减其所有以试验集产主义，"以博得全国财富一部分主人翁之头衔"。

批评集产主义，最重要的说法，如果人们不能顾其私，将停止做事而消灭生产之事。集产派回应说，"驱除寄生之人，使人人皆能获得其劳力之所生产，岂非大利"？这个回应，固非牺牲个人之私，亦非高远的感情，博爱的空论；"集产派不叙述未来社会之情形，而欲人自得之于天然之进化，使打击之者，挽弓欲射而无的，其为说至巧"。然而其说若实行，将遇"重大之困难"。一则"集产派准个人财产之私有，而以个人劳力所生产之财为限，以此为均平，不过空言耳"。假如承认物权及其一切附属物，如借贷、出卖、生息，财产将仍然不均，债户债主、雇工雇主，卖者买者各阶级，将仍然存在，经济之事，仍是旧观。集产派说，我将规定，有财货者不得出卖出借其所有，不得以所有役使他人劳力，仅能消费或保存或赠送，不得以之为博利的工具。但以此为轨，阻碍未来的生产，且除去物权的主要附属性，与共产社会差不了多少。"集产党谓其主义为个人主义与共产主义之折衷，非确论"，"实行集产主义之结果，不为共产社会，则仍为个人主义之社会"。二则"集产派欲除去一切工业领袖、雇主、地主、财主，而以工党、工人联合会、工人理事会所举之工业管理人代之，此何可能？工界之人之经济经验与训练，岂能任此？此言固亦有以施诸吾人所信用之协作制度者，但协作制之消除物权，由竞争之途以渐致，非以一纸命令即日行之，其进行之途，乃在可能的范围之内及与社会有利益之界限之中，此其与集产主义之异点"。最可忧的是他们要消灭的经济阶级，"节省积储以产出资本之阶级"，这是"国家生产力之泉源"。此阶级之所以积蓄，诚然自顾其私，但关系社会者极大，"若实行集产主义，则此泉源之涸，可立而待"。人之所需，有人供给，人人将不再积蓄而尽用其所得；即便仍有一部分积蓄，亦不过满足自己之欲，被禁止用来生息，其积蓄无利于社会。国家需要维持和增加资本数量，既无私蓄，又何以致此。集产者说，将代以公共储蓄，国家可从公司收入中提成储为基金。但"自古以来之政府，未见有能节省愿积蓄者，岂集产主义之政府便能异此乎"？三则"集产社会中无独立之生产者，而社会为唯一之企业家，是个人无复劳力之自由也。是人民不能自由择业，皆如近日雇主所雇工人，唯有执雇主指定之业，无自己选择之余地也。今日工人之非受雇者，尚可自由择业，集产社会之工人将并此而制代之矣。集产主义学者，非不欲免此弊，尚未得其道也"。或者有人说，如今全体工人已处于可惊的情形之下，我们正因此而设法使既入牢笼者逃出，岂可再圈入目前尚自由者？四则"集产党之分配公式曰，'依各人之劳力之时之数以定享用之量'，在实行上，此方法有困难，在道德上，此方式亦有困难"。事实上的困难，"马克斯主义谓劳力为价值唯一之根本，多数经济学者则信劳力仅为价值之一原素，而效用实为价值之基础"，据此则"马克斯主义之分配制度，与事实不能符合"；按照集产主义，一人的劳力可以作为交易劳力时间数量的债权，但谁能保证此债权可得到同等数量劳力时间所生产的货物？稀有之物，若其制造所费的时间与普通物品相同，安能制止人们愿多出劳力时间与之交易？道德上的问题，各人所得的报酬，依其劳力时间数量而定，这就公平吗？时间与成效不必相同，以成效为准，岂不更公平？马克思派没有论及道德问题，但我们不能轻率忽视。

以上论辩已旧，近来集产主义变更方式，其主义与手段与往昔不同。"新马克斯主义者，已有承认供求定理为好机括，为可以致按劳力定分配之目的者矣。新派已不复在理论上，辩论现行经济制度之根据是否剩余价值或剩余劳力，亦不更讨论未来社会当根据何种理论以组织矣。社会主义盖已变为实行的，用全力排除有产阶级，以求将经济管理之权交付于工人，'工界的集产主义'，是其宣传较前有力之题目，此近时社会党之力之所以加大"。各新派主张虽同，手段却有分别。"纯粹马克斯主义之徒"，欲社会党人加入地方议会与国会以获得公权，同时深信集中定理，称"资本制之进化，将自然达到集产之结果"。事实上各国国会中社会党员之数已渐多，但非尽是工人。"革命的集产派"不注重政治，不循法律的社会的改良途径，通过工界的组织及联合以求工人的解放，主张不经由政治手续而"直接行动"。此派称为"工团主义者"，由其名可知其成员限于工人，主要手段为随时罢工，预备革命的工人全体罢工。"改进的集产派"与此相反，虽不否认阶级斗争主义和罢工手段，但"不轻视和平的社会改革，惟注意使此等改革经由法律形式，而不经由慈善形式"。他们不说资本制度的末日已到，不说工界之力已能担任经济之事，主张"经由自由联合之团体，如消费协作社，尤其是工联，以使工人渐达到管理社会经济之目的"。长久以来，协作社被社会党轻视，如今也知其好处。

第5节"协作主义（协助、互助、合作）"。"协作主义是新名词，提倡此主义者，希望甚大，不仅以为其能改进社会之情形，且以之为完美的改良社会之大计画"。此主义实有所本，由前述自由集合的社会主义（联结主义）直接递嬗而来。"其特异之点，在下手实行较为容易，故未被'乌托邦'之徽号。协作主义乃以现时之经济局面为起点而进行之主义。社会主义之目的，经由协作之途径而进行者，已不在少。是以一社会之人民，若多数运动，则此社会之经济境地，可以立见增进"。19世纪初，英国有欧文，法国有傅立叶，皆称人类境地可用自由集合之方法以改良，曾实行建设此种小团体；试验虽无大效，但二人的试验以来，已有多种联结自动地发生于各国，如英国的消费协作社，法国的生产协作社，德国的信用协作社，丹麦的农业协作社，美国的建筑协作社等。此等团体，规模虽有大小，"皆能对于现在之经济情形，大有裨补，皆能使人类有较大希望"。

协作主义与其他社会主义之异同：一是"协作社之目的，在救济社会中某阶级之经济情形，使免被中间人之腾削而可得经济之自足"。消费协作社能使消费者向生产者直接购买，进一步，更可使消费者自制所需之物；信用协作社使债户脱离重利者的掌握，直接供给必须的资本，或用各种储蓄与互助的方法助其积储资本；

生产协作社使工人不需雇主而能自己执行生产之事，直接售货给民众，使工人劳力的结果完全归于工人，此皆协作之力。二是"协作者以连带责任及相互扶助主义代竞争主义，以'各人为全体'之态度，代'各人为自己'之态度"。协作乃"个人之间无竞争而联合互助以满足需要之组织"，此组织更可联为大团体。协作主义者不否认竞争是一种兴奋剂，但以为"剧烈竞争败道德而亦耗生产力"。三是"协作之目的，不在废止私产，而在使私产权广遍，使人人皆为一小部分财产之主义，而同时使人人皆互助积蓄一种公有之基金，而由社会运用之以办理有益社会之事"。集产党甚至无政府党也提倡协作，但集产主义者非以此而忘情于财产公有，他们"以协作为达到其根本主义之过渡方法，以协作为无产阶级之暂时立脚点，为阶级斗争之预备而已"。对协作主义来说，"协作便是最后之目的，而协作社是未来社会之胚胎"；协作主义的手段，"为组织小协作社以待其逐渐发达，如农夫播种后之待苗长"。四是"协作之目的，不在消灭资本，而在排除资本包揽生产管理之权"。协作主义也反对资本的赢利，多数协作社的章程，明定协作社所用资本不得有赢利，或规定需以资本所得赢利作为协作社的基金。协作社的章程允许资本有赢利者，需将赢利分给社员，分派的标准，在消费协作社，比例每人消费之数，在生产协作社，比例各人劳动之量，"协作社永不以各人所出股本之数为分配赢利之标准"。协作社的股份性质仅为借入之资，享有极小利息或没有任何利息，此与股份公司不同。协作社的方法，与公司操企业之全权，得企业之全利，公司工人所得服从劳资关系的方法，反其道而行之，可以说协作社的方法，"为革命的"。五是"协作社之目的，使社员不必牺牲个人与企业之精神，而能发达个人之力以助人而且自助；协作社变求有所得之经济活动为满足社会需要之经济活动；协作社免除虚妄、劣货、榨汗等经济的罪恶；协作社排斥一切人搜括人之方法而清斗争之源；消费协作免除买卖间之争执，建筑协作免除地主租户间之争执，信用协作免除债主债户间之争执，生产协作免除雇工雇主间之争执；由此言之，协作社调和相反之利害，息社会之争端，提高个人之品格，不但于经济有功，于民品之调育，亦有大效"。

协作团体究竟能否达到目的？如今尚未能言。最老的协作社设立于70年前，曾被称作"十九世纪独一的成功之试验"。以往法国热心社会改良之人，对生产协作，希望甚大，但生产协作社之有功者不多。各国的信用协作，尤其消费协作，则有大效，其发达令反对者惊愕，使赞成者始料不及。"信用协作为保护中等社会之组织，消费协作之目的，则在赅括一切协作以造成协作的世界，在使一切生产管理之权尽入消费者之手，其志至远大"。此种大计画，即令不能完全实行，"究有使人类活动各别不尽出于一模之利"，因为协作社有任人取舍的余地。"协作主义不主张以革命或政府势力变更现时之经济组织"，主张以协作组织，"利用现时社会所许之自由与竞争，以与现时社会组织为长短利害之比较"。社会主义对协作主义的态度，不常一致。19世纪上半期，社会主义与协作主义实是一事。"马克斯主义起，然后社会主义绝端反对协作主义"，如谓协作是有产阶级以物质利益引诱工人的方法，让工界尝到有储蓄有财产的滋味，便不思革命。经典派经济学者所陈述的协作主义，确是让工人有储蓄有财产，社会主义所怪罪的，正是协作信徒所努力的。今日社会党的党章，已容纳协作主义，正如其容纳工团主义，也以协作为解放工界的有效方法。然而社会党人"不以协作为能达到社会主义之目的，不以协作为能将生产机关归诸公有，以为协作不过社会主义之先锋耳"。社会党所能同意的仅为消费协作，而信用协作及生产协作，社会主义认此"能以中等阶级之精神注入工界之事，以为不利于社会主义"。①

　　将上述有关各种社会主义的分配主张梳理完毕，再对比此前引进的季德各种著作的译本，发现这些内容，与陶乐勤所译《协力主义政治经济学》论述社会主义分配法，同出一辙（其实前面有关社会主义各派的内容，也与陶氏译本的对应论述有许多相似之处）。这种相同或相似，让人看到《协力主义政治经济学》作为理论专著，和《基特经济学》作为大学教科书之间的内在联系。陶氏选择前者为翻译对象，应当说难度更大，惟以文言为主，强求典雅，不堪卒读或难于理解之处，比比皆是，加上洋洋洒洒达750页，自然会影响译本在民众中的普及。王建祖选择后者为翻译对象，经过讲授过程的消化与编订，又改为文白兼有而以白话文为主，使译本显得更加简洁、清晰和通俗，尽管仍近600页之多，却利于发挥教科书的推广功能。王氏译本是否参考陶氏译本而加以改进，不得而知，况且二者对许多专门术语的译名，既有相同者亦有很大差异，差异较大者如将"会社主义"更换为"自由集合主义"或"联结主义"，较小者如将"协力主义"更换为"协作主义"等，但王氏显然对季德著作在国内的各种译本，特别关注。如《基特经济学》译本里，除了不时注明参照他以前所译的《经济学史》外，还在译述协作主义之分

---

① 以上引文均见王建祖译述《基特经济学》，商务印书馆1929年版，第363—383页。

配主张的末尾，特意注明，经参考楼桐孙所译《协作》一书，确信季德乃主张消费协作。这个判断有点以偏概全，季德主张的是一般协作主义，不过认为在既有实践中更为有效的是其具体形式之一的消费协作。

须注意，陶氏译本初版于 1920 年，也就是中国共产党成立之前。对此分析时，曾指出译本虽然宣扬协力主义，否认剩余价值和阶级斗争等学说，从根本和长远看，难免与马克思主义在中国的传播相对立，但在当时的特定环境下，国内传播马克思学说的起步仍较薄弱，译本中哪怕以批评或修正的口吻去介绍马克思经济学说及其理论价值，以和平渐进的协作方式去缓解社会矛盾进而期待社会主义形成于资本主义的自然消亡之中，客观上也会对国人认识马克思的社会主义学说，产生某种传播的效果。正如该译本的国内作序者，几乎都把它视为否定正统经济学甚至可与马克思学说媲美的社会主义经济学代表作。惟在操作层面，有人称道这种和平无争又轻而易举的改造社会方式，符合成本收益原理，避免挑战现行私有制度的得不偿失；有人则质疑这是对个人主义与社会主义的调和，是没有办法的办法。二者的争议，只是茶杯里的风波。然而，近八年后，王氏的类似译本 1928 年初版时，情况发生了显著变化，国人中的有识者对马克思经济学说已不再那么陌生。王氏为之作序，也只字不提它同马克思学说或社会主义有什么关系，顶多是说各种社会政策或社会主义出而反对正统经济学的自由放任学说之际，季德提倡"连带责任主义"即协作主义，以互助替代竞争，其旨意与古代墨家的"兼相爱交相利"之说相似。于是，译本里同马克思经济学说相冲突或相对立的那些内容和观点，便处处凸显出来，尤其表现在各种社会主义的分配主张一章。

在这一章，作者论述马克思的经济理论，评论各派社会主义的分配主张，并非信口开河，均有其所本，这也是学者的本色，同时又染上时代的色彩及个人的偏好。例如：称马克思将古今一切分配方法均视为生产方式的结果，并不只是重视分配，这个说法是恰当的。称土地均分制度，常行于古代人少地多之时，其缺陷在于一次均分后，经数代繁衍又会产生新的不均现象，需要重新均分，这个见识有其历史依据；但以少数富人的土地或财富充公，均分给多数贫民，因每人所得极少而无意义，或不利于资本集中以提高生产力，则属片面之见。称共产主义的按需分配，须以财富的无限供给为前提，这个判断同样有道理；惟将共产主义在今日的实施条件，限定在小团体内并严格约束其范围，仅系对现有理论设想及实际试验的简单概括。称空想社会主义者的分配主张，为不通过革命、废除私有权及利润、均分财产来解决社会问题的一种社会主义，也是一语中的；同时力图从这种已成为历史陈迹的独到而狂幻的学说中，去发掘所谓"连带责任主义"要素，以为协作主义的思想奠基，则显示自己的偏爱。称马克思的科学社会主义，体现在《共产党宣言》和《资本论》等攻击现行社会的尖锐武器中，以唯物史观而非主观提倡公平或道德，来考察社会进化取决于经济的需要，以生产的社会化与私有资本的分配之不调和，来论证分配以生产资料公有制为前提的必要性，以阶级斗争方式来实现按劳分配的新制度，这个评价未失其真；然而又把马克思学说说成集产主义的有力支持者，把集产主义说成仅限于公有生产资料而允许私有消费资料的"较平和"共产主义，是一种私产制度下的分配"妥协"主张，并与提倡逐渐没收遗产之类"无害"主张的其他集产主义混淆在一起。称各种协作社的发展沿革变化，各自的功能、特点与效果，以及社会主义学派对其态度的转变等，在很大程度上也是事实；可是出于自身的偏好，称颂协作主义的提倡者能够完美地改进社会状况，具有诸多好处，如救济社会某阶级免受中间剥削而得以经济自足，以连带责任及相互扶助来代替竞争，不废除私产而遍布私有权并通过互助积蓄以形成社会公有基金，不消灭资本而排除资本赢利以避免劳资冲突，不牺牲个人与企业精神而调和各种对立争端以发展经济和培育人格等，则系溢美之词。

除此之外，本章格外显眼的，不止是给集产主义一节以最多篇幅，还不同于其他各节，专门用大半节的内容来批评集产主义，实则主要对准马克思学说。这些内容，在陶氏译本里也能看到，但不如王氏的表述之扼要、明了和易懂。如谓：唯物史观认为生产逐渐由个人为主转变为集中或社会化，只是大概的推论，违背大多数事实；像法国的农业生产并未集中，或股份制的大农业仅为极少数，多数田产随人口的密集而逐渐划小以满足人们的生活需求，小规模工业也未见消灭反而不断增加；以为小生产逐渐集中在大生产手中，可实现国有，这不符合事实，更不能成为集产主义立足的根据。以为现代社会的生产集中或社会化后，分配未能相应地集中或社会化，也与事实不符；像股份公司使产业属于全体股东，股东的数量比工人还多。阶级斗争虽是事实，但马克思企图以此来廓清所有根源和囊括一切人民，言过其实；像法国一般人民通过购买政府债券、土地信用债券和其他证券，也成为有产阶级的一员，不愿通过阶级斗争的试验来减少自己的收入而成为全国财富名义上的主人翁。集产派不谈未来社会而寄希望于自然而然的进化，实行起来有重大困难：既准许个人财产私有，又为均平而以个人所生产的财产为限，这与物权的属性相矛盾，结果不是走向虚幻的共产社会，就是回到个人主义社会；以一纸命令，让工人团体代替资本家来进行工业管理，不仅工人因缺乏经验与训练无法胜任，还会断绝资本家因节省和储蓄而积累资本以提高国家生产力的源泉；集产后的社会以国家为唯一的企业家，没有独立的个人生产者，劳动者将丧失选择的自由；马克思主义的按劳分配制度，以劳动为价值的唯一来源，既不符合效用为价值基础的事实，也难以用劳动时间来计量分配，而且在道德上未必比按成效分配更公平。近来新马克思主义变更原来马克思派的主义与手段，承认供求定理是关键，由此可达到按劳分配的目的，因而不再从理论上去剖析现行经济制度的剩余价值或剩余劳动性质，也不再讨论根据什么理论来组织未来社会，只须在实践中全力排除有产阶级并为工人争取经济管理之权即可。新派马克思主义分为几种类型，纯粹派通过参加议会来获得公权，同时深信资本制度的进化将自然达到集产结果的集中定理；革命派不重视议会政治斗争，也不遵循经由法律进行社会改良的途径，主张直接行动，如工团主义者通过经常性罢工来预备革命性的工人总罢工；改进派虽不否认阶级斗争和罢工手段，但重视和平的社会改革，不必强调资本制度的末日和工人承担经济管理的能力，主张通过各种自由联合团体，使工人逐渐达到管理社会经济的目的。

以上批评，由两类理由组成。一类从外部质疑马克思学说本身的科学性、合理性及其与现实趋势的契合程度，基本上否定了唯物史观、劳动价值论、剩余价值理论和阶级斗争学说，即便有所承认，也限定在过去的时代或狭小的范围内，认为这个学说已经过时了。另一类则强调马克思主义内部正在发生对马克思学说的自我变更或修正，不再坚持原来的理论证明，只求在实际运动中有所推进，无论走议会道路而等待资本制度自然进化到可以集产的程度，还是采取直接行动以不断积累罢工的成果，抑或结合阶级斗争手段与和平改革方式而引导工人经过自由联合来提高自身管理能力，均已偏离马克思学说而形成所谓新马克思主义。对于新马克思主义，批评者同时感兴趣的是它们也在改变对协作主义的态度，从轻视转向提倡；但问题是只把协作当作实现财产公有等根本目的的过渡方法，或为无产阶级寻找阶级斗争的立足点做准备，不像协作主义把协作本身作为最后的目的，把协作社直接当成未来社会的胚胎。这些批评，将马克思学说置于过时或不再为所有党人所崇奉而被修正的地位，其理由也在其他的著作里分别见过，却不及此译本之系统、集中和富于学术意味；又将马克思学说放在协作主义的对立面，其影响虽然早在八年前的陶氏译本已见端倪，但随着时间的推移，已经褪去附带介绍马克思学说的客观色彩而突出阻碍马克思主义经济学传播的主观意愿。

## （三）结语

季德经济学传入中国，仅 20 年代前 8 年，至少有 5、6 部原著被翻译成中文，有些还是大部头译本，由此刮起一阵协作主义的旋风，可谓一时之盛。产生这种现象，可能有多种原因。例如，季德本人作为法国经济学界的翘楚和世界经济学界的名家，其代表作连同各种普及性著作，自会通过国际上的传播而引起国内经济学界的关注；国人留学欧洲包括法国者不断增多，直接同国外经济学家接触的机会也日益增多，季德的某些著作能有中译本，便通过直接接触而促成；协作主义借助社会主义思潮的影响，宣扬在不破坏现行制度的前提下，通过发展协作社或合作社的办法来解决社会问题，使资本主义自行灭亡并和平建立社会主义，这个经济观念迎合了国内不少人的想法；等等。这个现象也说明，国内经济学界引进舶来经济学说和社会主义思想，其重点已经从素来以转贩、诠释和解说为主而间接传播的日本学界，转到直接向其发源地或具有原创意义的欧美学界索取。然而从马克思主义经济学在中国的传播来看，更值得关注的是，这些直接来自发源地的欧美经济思想，往往更加需要一个消化、吸收、辨别和适用的过程。在这个过程中，就像季德的协作主义，当初在国人的眼里，貌似社会主义甚至被拿来媲美马克思经济学说，时隔八年，再看类似的译本，竟然成为传播马克思主义经济学的绊脚石。

## 三、《经济学》专著

刘秉麟编纂，上海商务印书馆 1928 年 11 月初版，现存 1929 年 2 月再版本，近400 页。其时刘氏在我国经济学界，已颇具影响。他的经济学著作，以 1920 年出国留学前后为界，出国前重在研究经济学的基本原理与问题，如 1919 年发表或出版的《经济学上之新学说》（《新潮》第 3 期）、《分配问题发端》（《新潮》第 4期）、《什么是社会主义　怎样可以实行》（《新群》第 1 卷第 1 号）、《劳动问题发端》（《新群》第 1 卷第 2 号）等①，尤以《经济学原理》为其代表作②；出国后至回国初期，重在介绍西方经济学家的学说，如前述《亚当士财政学大纲》译本、

---

① 参看《1917—1919：马克思主义经济学在中国的传播启蒙》，上海财经大学出版社 2016 年版，第 8编第 2 章第 3 节四。

② 参看《1917—1919：马克思主义经济学在中国的传播启蒙》，上海财经大学出版社 2016 年版，第 8编第 1 章第 1 节二。

《公有收入分配论》译本和《李士特经济学说与传记》译本等。如今编纂出版《经济学》，应是他多年来各方面研究积累的新成果。

单从著述结构看，《经济学》已不同于原先《经济学原理》传统的生产、交换、分配与消费四分法结构，在四分法的基础上，增添许多新的内容。分 5 编："绪论"（含经济学的定义、范围、研究方法和派别 4 章），"经济社会的变化及各国经济状况"（含经济社会变化的过程、欧美各大国经济状况、中国经济状况 3 章），"经济的理论"（含消费、生产、交易、分配 4 章），"公共财政"（含国家支出、国家收入 2 章），"经济问题"（含劳动问题、农人问题、田赋问题 3 章）。比起早先的《经济学原理》，此书第 1 编绪论，更为集中和概括，尤重经济学的派别，包括"经济学成立前之思想上两大派别"，即重商派与重农派，以及"经济学成立后之思想上三大派别"，即亚当·斯密与正宗派、李士特与历史学派、马克思与社会主义派；第 2 编论经济社会的变化主要分为渔猎时代、游牧时代、农业时代、手工业时代和实业时代，论欧美各大国主要是英国、美国、德国与法国，特别重视论中国经济状况，分为农业、工业、商业和交通状况；第 3 编谈经济理论，沿用老的四分法，却体现新的潮流，将消费放在第一位；第 4 编论公共财政，和李权时将财政论或公共经济论列在四分法之后，纳入经济学 ABC 的用意，大致相同；第 5 编论经济问题，可资注意者，将工资制度、工厂组织、资本制度和私产制度作为产生劳动问题的原因，将女工、童工、血汗制和失业等作为劳动问题的内容，以俄国革命与农民运动、欧战后东欧的农民运动、日本的农民运动及其政治组织为例，论述最近各国农民运动的经过；于此可知新增内容之大概。书末附录参考书籍，包括"经济学上各派的基本书籍""十九世纪的几本名著""几本过去最流行的教科书""现在各大学教授的几本重要著作"及"经济字典与经济学报"，亦可见编纂者在本专业范围内的浏览视野之宽广。我们的考察，更关注书中有关马克思学说和苏俄革命的论述。

## （一）关于马克思学说的评介

此书将马克思的社会主义派同斯密的正宗派和李斯特的历史学派并列，作为经济学形成后思想上的三大派别之一，这与《经济学原理》将经济学的派别分为古派、社会派、国家社会政策派、耶稣改革派及大同派等，已然有了较大差别，显示出国留学后在认识上的变化。刘氏研究马克思及其学说的兴趣，由来已久，早在

1919 年的《新青年》马克思研究专号上，即发表《马克思传略》①；此后他的各种经济学著述，不断增补有关马克思经济学说的内容。到撰写此书，关于马克思与社会主义派，开始形成较有系统却又简略的论述：

"社会主义派的主张，原来千差万别，就其旧者而观，有主张均分的，有主张各就所需以取的，有主张各就其成就的成绩以取的，有主张各就其每天的工作以取的。以各派主张的不同，于是有自号为集产主义的，有号为共产主义的，有号为农业派社会主义的，有号为国家社会主义的，有号为耶教社会主义的，有号为连带主义的。又有以各人所师承的学说不同，于是有奉其领袖的名目，以自成一派"。以领袖之名为派名，如西斯蒙第（原译"西斯门第"）派、蒲鲁东派、傅立叶（原译"福利"）派，以及其他各派。"凡此各派，均后来所谓乌托邦派的社会主义"。"集合各派的学说，并为他们修正，而造成社会主义上的泰斗，并自命为科学的社会主义的，是马克思"。马克思的学说，为求简明，分三点说明：

一是"唯物史观"。马克思以为，"人类思想的变动，结果影响及于社会组织方面的，均在生活上的物质方面情形。而各种物质品的生产，纯恃生产力。至于生产力的组织，一部分由于非自动的，如土壤、天气、水润、原料品、工具、机器等是，一部分由于人之本身的，如劳力、发明、创造、机师等是。在此组成生产力的中间，占前列的，为用苦力的劳动，与用心思的劳动。他们在资本主义的社会中，实为交换价值的真正创造人。在社会中，惟此有改变改造的能力。所以物质上的生产，实为社会的根基，他如法律、政治、宗教、道德、哲学以及科学等，好如一屋内的楼上各层。若当新生产力渐渐披露的时候，则旧时的生产条件，只适合于旧生产力的，必渐渐觉得不适用。社会上的上层构造，亦必不愿与新的相呼应，社会上越轨的事，必不能免，社会恐慌，遂因而起，到此时候，社会遂转入革命的旋涡中"。

二是"阶级战争"。"自私产制度发生后，于是社会内分为若干阶级，马克思根据经济上的性质，将近世社会中分为两阶级，一部分的人，其生活上的源泉，由于劳动力的，组成工人阶级，其他一部分生活上的源泉，由于产业的，如地皮、房屋、工厂、矿产、公司等，组成资本家阶级。换句话说，就是一种人，靠工钱维持生活，一种人靠财产与红利维持生活。工人虽亦偶有红利，但不能恃此以维持生

① 参看《1917—1919：马克思主义经济学在中国的传播启蒙》，上海财经大学出版社 2016 年版，第 4 编第 1 章第 3 节二。

活，资本家所得，虽亦有薪水在内，但并不靠他维持生活。故照马克思说来，社会上实只有两级，其一则仅据劳动力，其他则据生活上用具。在此两者间，其彼此利益不能相和合，与冲突处，自不能免。大概此种根本上的冲突，根诸经济上性质，靠工钱生活的工人，具有劳动力的，对于出售劳动力，总想得一善价，即愈高愈好，而同时具有资本的人，买此种劳力的，总想得到一便宜的价格，即愈贱愈好。但是具有劳动力的人，与具有资本的人，并不能够站在讲买卖的地位上。因为具有劳动力的人，若一旦不卖，即有立刻饿死的现象。因之具有资本的人，在社会上，能显出最大的权威。但工人阶级以与资本阶级利益相反的原故，照马克思看来，结果对于此种资本式社会制度，必起反抗，故阶级战争，乃历史上所不能免"。

三是"余值论"。"照马克思的观念，惟劳动能产生价格，并以为资本不能生产，而租利息的来源，乃由于余值。此项余值，即价值的一部分，由于劳力或劳心的人工所生产，为一部分人扣去，未曾付诸原来的生产人。此种被他人不付相当报酬，与带抢劫性质，并受勒诈的劳动力，即资本的唯一源泉。因此一般事业家的热情，咸趋重于此种余值，多半用红利等等名义取去。不过此种余值，须就经济社会全体而言，决不能一个一个单独计算。资本家以谋余值的多得，不得不极力延长工作时间，并用多数妇孺，以替代男工，运用新机器以节省人工，使事业愈发达，余值亦愈多"。

"自马克思所著的《资本论》出版后，谈社会主义的人，咸尊若圣经。他的学说，真是风靡一时，凡各国社会党中的领袖，皆与马克思主义，成一联结。直到最近，以各国中心人物所定的计划不相同，故始分为数派"。一为"基尔特社会主义"。此派自 19 世纪末叶，开始活动于英国，代表人物为科尔、霍布森等。照他们的主张，各种实业的管理与布置，均应责成各种实业的劳工，各业劳工的组织，一如中世纪的行会。二为"费边社"。此派初创时，本是研究学术的团体，后来形成社会党，并成为英国独立工党的中坚。其主张在社会党中，比较缓进，政治方面，极力活动。代表人物为萧伯纳和韦伯等，会员比较少。三为"德国修正派社会党"。"此派对于马克思主义，有所讨论，而主张直接从利于工人方面的事业进行"。欧战前，本与德国社会民主党联合，大战时分开。四为"马克思主义派"。"此派与前派相较，乃主张从政治方面，实行激烈的活动，以实行马克思的学说为目标"。五为"工团主义派"。此派不主张从现在的政治方面，有所行动，以实行阶级战争、大罢工等为手段。法国的工人联合会、美国的世界实业工人联合会，均属此派。此外英国的工党、德国的社会民主党，"在初创时，虽各有各的历史，与以社会主义相号召的不同，不过欧战以后，均有趋向社会主义的趋势"。又如"俄国的多数主义，在事实上，是否社会主义，本为一可研究的问题，不过照其所宣布者而言，亦马克思主义中实行派，故附述于此"。[①]

以上内容，说明马克思学说，若从"简明"的标准看，简则简矣，明晰与否，其实未必。那个时期国内有关马克思学说的翻译、解说和阐释，已经有了较为丰富的资料，比较下来，刘氏的说明，过于简略，未曾增加新的释义，也不那么贴切。这是由他的著述特点，习惯于用自己的表达来转述原作者的论断所决定的。比如，对于唯物史观，突出物质决定精神，物质生产的根本即经济基础决定上层建筑，曾经适合旧生产力的生产条件即生产关系一旦不再适用于新生产力，将不可避免地发生社会恐慌乃至社会革命等涵义；同时把所谓生产力区别为非自动的物质部分和自动的人本身，把体力和脑力劳动在资本主义社会中实为创造交换价值的根基即劳动价值论，也塞入其中，这并不符合马克思的经典论述。对于阶级斗争学说，一边引用马克思关于近世社会分为雇佣劳动者和资本家两个阶级并相互冲突的论断，一边又把这种根源于经济利益的根本冲突，说成一方谋求提高出卖劳动力的价格而另一方具有社会权威能压低其价格的经济不平等地位；这种解释，等于限定阶级斗争在经济斗争的范围。对于剩余价值论，涉及劳动创造价值，剩余价值属于资本家并成为地租、利润、地租等各种分配形式的来源，绝对与相对剩余价值等内涵；同时掺入一些模糊概念，如前面说劳动创造交换价值，这里又说劳动产生价格，并从道德伦理上把资本家不付报酬而获得剩余价值，说成带有抢劫和勒索欺诈性质等，均偏离了马克思的原意。然而不论如何，刘氏把当时从国外引进的、经国内学者研究而较为一致认同的有关马克思学说主要贡献的认识，即唯物史观、剩余价值论和阶级斗争学说，整体搬入经济学的理论体系；又不同于其他一些经济学著作介绍马克思经济学说，往往站在正统经济学的立场上，予以批判或否定，注重客观介绍，以马克思学说的理论本身为主。

**（二）关于苏俄革命的评介**

这些内容，见第5编第2章讨论农民问题，有"最近各国农人运动的经过"一节，首先列举俄国革命与农民运动：

---

① 以上引文均见刘秉麟编《经济学》，上海商务印书馆1929年版，第44—48页。

"俄国革命所以能成功，实赖农人消极的赞助；并革命政府初起时，能得农人的欢心。其后数年来的骚扰不宁，亦即由于土地问题、粮食问题，不能解决，与农人抵抗的原因。至后来新经济政策实行，完全由于俄政府牺牲其主张，以徇农人的要求"。最近两年（指1925、1926年），对外贸易发展及金融市场巩固，不知道的皆归功于财政方面整理得宜，与工商业进步，其实全由于农业。"由此可知俄国革命，与农人运动的密切"。

按照苏俄统计院1920年的报告，农民占全国人口的84%—90%，耕地大约有4亿9百兆亩。农奴的解放，比较其他欧洲各国最迟，至1861年2月19日，始见于俄皇敕令；政治上虽得解放之名，经济上的结果，仍极恶劣。俄国农人之数，既若是之多，其生活状况，又若是之恶，故在革命之前，早知必有爆发的一日。"苏俄革命时代的政府，明知农人不见得赞成彼等的革命与政策，而同时又知农人的力量实在大，决不可轻视。故积极的帮助，纵不可得，消极的不抵抗，实不可少。因此之故，革命政府最初的政策，纯是一种手段，用之以笼络农人。笼络手段的第一步，就是宣布一道法令，将国家的教会以及大地主的土地，一律交给地方土地委员会，及地方苏维埃。此种法令，就是农人数十年来的所希望，以为从此可以剥夺大地主和教会的土地，而增加彼等自己的农田"。当时（1917年至1918年）俄国政府因对内对外事务的困难，实在无时间来处置农村方面的事务。"因此各处农地的重要分配，均由各农村自行处置。但自行分配的结果，亦无骚扰暴动的事发现。各地农人均领到土地，而实行其小农制。千百年来之痛苦，恍惚由此而除。那时候俄国的农田，几全部分均在此小农（由五亩至五十亩）的手中"。

"原来政府此种办法，是一时的手段"。到1918年夏季，政府以粮食问题紧急的原因，不得不对供给粮食的农人，加以干涉；"此种小农所有制，仍与根本上的国有政策相违背，政府决不能让乡间小地主小财主的存在"。考虑的结果，是实行第一次干涉。其法先组织乡间无产阶级贫民委员会，"此委员会恍惚一种军队组织，彼等且挟有武装，势力很大"。政府利用这种势力，强迫农人交出粮食。"结果闹得农人痛恨到万分，各处均起极激烈的反对"。至1918年底，无产阶级贫民委员会，遂告终结。苏俄政府虽遭第一次失败，"其根本改革俄国农业之心，仍未稍衰"。1919年2月14日的法令，表示他们的农业政策，"以为按照社会主义，凡农业组织，必有一集中机关，使农业上之出产品，能达于至多额"。第二次采用的方法，即"苏维埃农田制"。此种农田，从没收大地主的田地而来，由政府筹集款项，交给多数退伍兵士及地市中的工人，让他们去组织。"其目的在使农人之农田，变为共产化，使农田上之管理权，在城市人民之掌握中，而一切工作，则由农人去作。结果农人仍不肯将他们所有的农田交出来，而所谓'苏维埃农田'为数无几，大部分之农业上出产品，仍在农人手中"。1920 年，此项计划完全失败，可名曰第二次失败。

"粮食问题，本为苏维埃政府成立后第一难解决的。以各种工商业收归国有，官吏数目，大大增加"。到 1920 年，官吏人数增至 3500 万，粮食方面，大有嗷嗷待哺之势。原来苏俄政府，已定了"粮食上的狄克推特制"（指粮食专政制度），此时因粮食发生困难，不得不实行，作为第三次试验。按照此种办法，凡农民除个人的需要及下年的种子外，所有多余的粮食，一律交给政府。中央政府设立粮食部，派出收粮食的队伍到农村。这支粮食军队，皆由退伍兵士与城市工人组成，分为各个队伍，携带武装，搜括农人的粮食。"结果又闹得农人痛恨到万分，因此项军队到乡村后，藉搜括粮食的名，无恶不作。政府不仅不加干涉，反从而袒护他们。农人积恨既深，于是集合团体，起而反抗。有许多乡村，将搜括粮食的委员杀死。他们以为杀死委员，还不足制政府的死命，结果大家决定从消极方面来抵抗。就是减少耕种，除他们自己的需要的粮食而外，决不从事多种，使政府无处可搜括，是时俄国耕地，几全部在停耕的状态下"。比较 1920 年与 1916 年的耕地，大约减少 50%。农田的生产力，因此大减。"经济社会，立时陷入惊慌状况中，苏俄政府，根本动摇。全俄各地均发生农人革命，反抗政府的搜括粮食政策"。1921 年 3 月 7 日，苏俄政府不得不从根本上改变经济政策。列宁在第十次共产党会议上宣布："今后的政策，若不得农人的帮助，政府本身，势难维持。且以为中等农人的力量，在俄国非常雄厚，欲维持无产阶级代表下的政府，势必依从今日农人的要求"。第三次搜括粮食政策，根本失败，"于是采用新经济政策，承认中等农人（即有产阶级之农人）的要求。故新经济政策的成功，实农人革命农人大运动的力量"。

"自新经济政策实行而后，数年以来俄国经济社会方面的情形，似乎较前进步，不知者方夸其财政上如何措置得法，实业上如何整顿适宜，实则其背后均是农业方面的成绩。俄为农业国，农业不振，则各业皆因而不振。反而言之，如农业进步，农业上的出产多，则出口货亦随而增多。出口货增多，则各项进口货的价值，均可以支付。进出口货可以相抵，则金融市场上，亦可稳定；国内的币制，亦可因而巩固；政府的财政，亦可因而维持"。证明农业方面的实际情形，可从伦敦1927年2月12日出版的商业史专号的统计上推求。1925年俄国农业出产品，为7000万吨；1926年为7500万吨，其中农人卖给政府约1400万吨，政府运出口约1/6。从这两年俄国西边的进出口看，其所以能相抵，实因出口的增加，这纯粹由于农产品的增加。"粮食问题，既可以制俄国政府的死命，农产品问题，亦可以保全俄国的国运。农人运动之影响于俄国，可谓至深且厚"。①

以上论述，实际上是说苏俄的农业或农民政策，从战时共产主义政策向新经济政策的转变。这个转变，根据刘氏说法，完全取决于农民运动在苏俄的深厚影响，正如当初苏俄革命的成功，有赖于农民的消极赞助，如今苏俄政策的改变，也有赖于农民的消极抵抗，因为俄国本为农业国，农民占据全国人口的绝大多数。如此说法，并非刘氏的创意，稍前唐启宇的《中国农业改造问题丛著》，谈到苏俄的农民运动及其批评，说得更加详细、犀利和透彻。刘氏之说，不过将苏俄革命后没收地主和教会的土地分配给农民，说成彻底消灭包括小农在内的私有制之前的一种权宜手段，并将战时共产主义政策在农村实施并遭到农民消极抵抗的表现，概括为组织贫民强迫农民交出粮食而未遂、采用苏维埃农庄制以期农民效法而未成、以专政方式用武力强制推行余粮收集制而导致农业大幅减产的先后三次失败。看来这也是苏俄实行战时共产主义政策，特别是这个政策对农民和农业生产所产生的影响，当时给中国经济学界留下较为普遍的负面印象。

至于说新经济政策及其对农民和农业的影响，刘氏之论，也不如稍前郑斌的《世界各国新经济政策》之全面和翔实。比如郑氏之书引用列宁有关改行粮食税的论述，较为准确，可查其出处。而刘氏引用列宁有关粮食政策改变的一段话，虽说明引自俄共（布）第十次代表大会上的讲话，却查不到完全对应的内容。取其大意，可能是指："从前我们适应的是战争任务。现在则要适应和平时期的条件。这个任务，已经摆在中央面前，这就是要在无产阶级政权存在的条件下，改行实物税，……。在这个过渡时期，在农民占大多数的国家里，我们必须会采取从经济上满足农民要求的办法，采取尽量多的措施来改善农民的经济状况"②。这也符合刘氏著述的引用习惯。不过，不同于郑氏之书的评价，把苏俄新经济政策看作趋向于

① 以上引文均见刘秉麟编《经济学》，上海商务印书馆1929年版，第315—321页。
② 《俄共（布）第十次代表大会文献》2、《俄共（布）中央政治工作报告》，引自《列宁全集》第41卷，人民出版社1986年版，第23页。

欧美国家之新经济政策的共同性质，刘氏仅客观陈述，这个新政策牺牲苏俄政府的原有主张而迎合农民的要求，在实业振兴、对外贸易稳定和金融财政巩固等方面均取得成功。惟强调这个成功，不是财政措施得法、实业整顿适宜及工商业进步的结果，背后的主要原因，在于农业的振兴，也就是新经济政策在农业领域产生的效果。这个论述，同其他著作谈到苏俄的新经济政策，或者断言这表明苏俄社会主义革命的失败，或者预期这是走向欧美资本主义国家的社会改良道路，存在一定的差异。

### （三）结语

综合看《经济学》有关马克思学说和苏俄革命的论述，再来体味书中把俄国布尔什维主义在事实上是否属于社会主义，当作一个可以研究的问题，同时根据布尔什维主义所宣称的宗旨，又不能否认它是马克思主义的实行派这个说法，可以感觉到作者心中有某种疑惑。疑惑的根子，在于马克思学说所讲的道理，和苏俄革命的实践之间，难以相通。作者没有点明其中的原因，但从书中的论述看，谈到苏俄革命，仅与农民运动联系在一起，强调二者之间的密切联系，只字不提资本主义经济基础和工业无产阶级。也就是说，苏俄革命尚处于农民占大多数的落后环境，在这种旧生产力基础上，何以建设适用于新生产力的社会主义。当然，此书未能清晰提出和明确回答这个新的时代命题，但接触到这一命题，并置之于相对客观的舆论中，不是轻易予以否定，这也为新的理论创新和实践探索，提供了余地。就作者本身而言，同样想研究这个问题，如他同年由商务印书馆出版的小册子《俄罗斯经济状况》，列入百科小丛书，包括总论、各大经济区、富源、交通、国外贸易、工业、财政等内容①，便是试图弄清苏俄基本经济情况的一个例子，但似乎仅此而已。

## 四、《经济学 ABC》及其他通俗经济学读本

这里列举李权时的几本书，兼及其他。

### （一）《经济学 ABC》

这是李权时的一本小册子，列入"ABC 丛书"，世界书局 1928 年 6 月印刷，现存 1929 年 3 月第 3 版。此前李氏 1927 年由同一出版社初版的小册子《中国经济

---

① 参看刘秉麟著《俄罗斯经济状况》，商务印书馆 1928 年版。

问题纲要》，已能大致看到他的经济学取向。徐蔚南①在《ABC丛书发刊旨趣》中说，"要把各种学术通俗起来，普遍起来，使人人都有获得各种学术的机会，使人人都能找到各种学术的门径"；"写得非常浅显而且有味，青年们看时，绝不会感到一点疲倦，所以不特可以启发他们的智识欲，并且可以使他们于极经济的时间内收到很大的效果"。李权时便是以"海内当代闻名的"学者即美国哥伦比亚大学经济学博士和国内大学教授的身份，用通俗和普及的方式，宣扬他的经济学取向。

李氏1928年6月25日编写"例言"：

本书"篇幅有限，所以仅能论及经济学原理之纲领"。"大半是凭编者的学识与经验"，编者的学识，"大半又从古今中外的书籍中得来"，其中"一本最不离手的参考书，就是美国伊利与维克教授合编的《经济学初步》"。"本书论欲望或自利心及分配，特别费力气，因为编者觉得欲望或自利心为一切私产经济现象的总原因。如果这到处存在的人类自利心不消灭，那末共产社会的理想是万万不会大规模式实现的，即使实现，亦不过如朝露，不会永久的。但是私产制度若不加以限制，亦是违反大多数人民的自然倾向的。所以编者主张一切分配所得的工资化或生活程度化，也就是合理化，俾将来可以达到民生主义或均产主义的理想"。本书在交易论中"痛斥保护关税之为世界和平与人类大同之大敌"，乃就理论而言，也就事实而言，"因为世界各强国统统不肯以身作则先自己来实行自由贸易"；长此下去，"一定不是人类之幸福，这尤可见提倡人类真正自利论之必要"。"本书理论或者是犯了主观的毛病，但理论是必带几分抽象性、主观性或武断性"。②

这个例言，可以看到李氏撰写这本通俗经济学读物，一边自信自身的学识和经验，一边主要参考美国经济学教授伊利等人的经济学入门之作。据此表达他的写作要点，一是把自利心视为私有经济现象的总原因或私有制度的基础，既然人类的自利心不可能消灭，则共产主义理想也不可能大规模实现，顶多昙花一现，这大概暗指苏俄革命；同时考虑到大多数人民的自然倾向，又须对私产制度加以限制，让分配合理化或均等化一些，这也是对民生主义的诠释。二是极力反对世界列强的保护关税做法而

① 徐蔚南（？—1952），原名毓麟，江苏盛泽人；后入上海震旦学院，留学日本，毕业于庆应大学；归国后在绍兴浙江省立第五中学任教，1924年经柳亚子推荐，参加新南社；1925年来上海，在复旦大学实验中学任国文教员，加入文学研究会，一年后在复旦大学、大夏大学执教；1928年起任世界书局编辑，主编《ABC丛书》；抗战胜利后，主持《民国日报》复刊工作，任《大晚报·上海通》主编、上海通志馆副馆长，兼任大东书局编纂主任；新中国成立后任上海文献委员会副主任。
② 李权时著《经济学ABC》，世界书局1929年版，"例言"。

提倡自由贸易，将此提升到关系世界和平、人类大同、人类真正实现自利的高度；这同当时国内主张收回关税自主权以保护本国免受列强经济侵略的舆论，有些不合调。三是把理论的抽象性混同于主观性和武断性，似乎在为书中的一些判断或结论作辩护。姑且不论后面两点，单就第一点来说，隐然感觉到伊利思想的影响。根据西方学者的评价："从19世纪末到20世纪初，伊利是美国最出名的经济学家，甚至是名声很糟的经济学家"；"伊利是个激进的基督教社会主义者，他直言不讳地批评自由放任的个人主义和'老派的'英国古典主义经济学。他撰文评论一些当时有争议的问题，如社会主义和美国工人运动，深受改良派的欢迎，但却因此得罪了保守分子"①。从这个评价里，也能体会李氏对待私有制度既无法消灭亦须限制的改良态度。

此书分绪论、消费论、生产论、交易论、分配论、财政论或公共经济论6章，最后是结论。除绪论外，正文主要沿袭西方经济学流行的四分法结构而在次序上有所调整，另附财政论或公共经济论，恐怕与作者在哥伦比亚大学攻读财政学方向的博士学位有关。这里仅选取书中有关马克思学说、社会主义学说及苏俄制度的一些论述，以明其主要倾向。

其一，经济学是"社会科学中的一个关键科学，因为人类活动及其互相关系，到处是直接或间接地脱不了经济的意义"；所以，"民国伟人"孙中山的"民生史观（即历史以民生为重心），固是千古不拔的至言"，"所痛驳的马克斯的惟物史观（马氏之意就是经济史观，即历史以经济为重心），亦是大部分具有真理的"。不过孙中山之说的范围大于马克思之说。"其实如果我们能够打破名词的观念和偏见，那末民生史观就是经济史观，就是惟物史观，三者是一样的东西"。② 这个说法并不否认马克思唯物史观在经济学中所具有的真理意义，但像那时流行的解释一样，将唯物史观说成经济史观，而且不做任何说明，便把所谓民生史观与孙中山所"痛驳"的唯物史观调和在一起，不仅断言几个概念是一样的东西，而且认为民生史观在范围上可以涵盖它的倡导者所反对的唯物史观。由此不能不让人怀疑作者理解马克思学说的独立能力，更让人领教了作者指鹿为马的主观武断风格。

其二，斯密的自由主义是"英国正统派经济学家的根本信仰"，此后英国有所谓曼彻斯特（原译"孟楷斯透"）派，信仰斯密的自由主义并运用于国际贸易。自

---

① 参见《新帕尔格雷夫经济学大辞典》中译本第2卷，"Ely, Richard Throdore 伊利，理查德·西奥多"条目，经济科学出版社1992年版，第138页。

② 《经济学ABC》，世界书局1929年版，第2—3页。

由主义宰制欧洲几乎一个世纪，到19世纪中叶出现反动：国际贸易论方面，有德国人李斯特创立的保护关税论或新重商论；分配论方面，有"乌托邦社会主义者之小共产社会论及科学社会主义者之无产阶级专政论"。19世纪末叶，又有所谓合作运动、国家社会主义、费边（原译"费宾"）社会主义、行会社会主义及修正派社会主义等风起云涌。及至20世纪初叶也就是现在的时代，讲关税政策，保护政策盛极一时，大有回复到16、17世纪重商主义的气象；"讲经济制度，则赤色的共产主义在欧战后数年风行东欧，大有回复到上中古时代的共产社会倾向"。"总之，经济学或思想之发达之方向，完全受经济界环境的支配，有非人力所能勉强挽回者"。① 这些说法，看起来，似乎循着唯物史观的思路，论述经济学的发展方向，受到经济环境的支配，非人力所能改变。实则根据例言中提倡自由贸易和反对保护关税的观点，将空想社会主义、科学社会主义及其他形形色色的社会主义，统统放在自由贸易的对立面，直至非议以苏俄为代表的赤色共产主义，倒退到远古和中世纪的共产社会。这里责难社会主义和赤色共产主义，决不仅限于自由贸易领域，扩展到分配和经济制度领域，也就是说，反对挑战以斯密自由主义经济学为信仰的现行经济组织与制度。

其三，关于经济学的分类，最近有所谓"新经济学者"即"共产主义或过激社会主义的经济学者"，把经济学只分为消费论及生产论两类。"因为在真正的共产主义之下，一切的资本财货都是国有的，人民一方面为国家的雇员而生产，一方面向国家领用日用品而消费，国家一方面为人民而生产，一方面把消费品分给人民，这样一来，既无所谓交易，亦无所谓分配，更无所谓财政和租税。不过这类的经济学者，个个是犯了海市蜃楼虚构幻像的毛病，因为这种理想的经济社会，究竟何时何地能够实现呢？观乎苏俄之开倒车——就是从纯粹共产主义的一条路上开回国家社会主义新经济政策的一路上去——益觉与大规模的真正共产社会之万万的做不到。所以共产主义者之分经济学为两部，必定是与事实不符的"。② 这样从经济学的分类上，比较西方主流经济学家与共产主义或过激社会主义经济学家之间的差异，是一个新奇的视角，足以说明以苏俄为代表的新经济学，正在对主流经济学的支配地位产生一定程度的冲击。然而比较者的用意，正如例言中的声明，意在阻止这个冲击，维护主流经济学的正统分类。进而还能看到，作者所说的真正或纯粹共产主义，在国有经济中由国家直接管理人民的生产与消费，没有交易、分配以及财政和租税，主要指向苏俄的战时共产主义政策，也比较接近马克思的科学社会主义预想。对此，作者断定这种理想的经济社会，在理论上属于虚构幻想，在实践上决无实现的可能性。这个论断，面对相对落后的苏俄试图一步实现共产主义，确有几分真实性。然而，据此连同调整后的新经济政策，探索过渡到社会主义经济制度的可能性，也一并全盘否定，未免过于武断。至于把新经济政策所具有的国家资本主义性质说成国家社会主义，更是张冠李戴，尚未弄清苏俄经济政策转变的真正内涵，便大发议论。可见当时国内经济学界不看好苏俄的经济发展前景，是比较普遍的观点，以致随便用什么方式予以否定，都没人去计较。

其四，工资就供给方面说，至少须等于工人维持自己及家庭生计的最低生活费，就需求方面说，决定于工人的生产能力，所以工人的生产能力至少必须与其生活必需费相等。生产能力越高，工资超过生产必需费的程度越多；"如果工人能竭力增高工作的效率而企业家亦能抱一种开明的政策及观念，那末工资之能达到一种安适的程度，使工人仰事俯蓄，都不成问题，是很容易做到的"。"重商主义者的贫乏工资论，那是太无人道的一种理论"；"马克斯的工资榨取论，那又未免太含有离间劳资两方的感情的嫌疑"；"工资基金说和团体竞争说，亦不过是工资供求说之另换辞句而已"。① 在作者看来，解决资本主义制度下的工资问题，很容易做到，只须工人努力提高工作效率和资本家抱有开明态度即可。如此轻松的一句话，似乎全部化解了资本私有制的痼疾和劳资阶级对立的矛盾，这也是作者主张阶级调和与社会改良的简单出发点。所以，他对除此之外的其他工资理论，都不屑一顾。不仅反对重商主义者刻意压低工人待遇的贫乏工资论，而且质疑马克思建立在剩余价值理论基础上的工资榨取论，是在挑拨劳资之间的关系，离间双方的感情；甚至对工人集体争取提高工资的斗争，也一概否决，认为与工资水平决定于工人人口数量的工资基金说相反，没有摆脱工资供求说的限制。总之，他的想法很简单，只要工人提高了生产效率，资本家一发善心，享有安适工资的前景就在眼前。

看了以上例证，其中对马克思学说、社会主义和苏俄革命的论断，可以说比起不到一年前出版的《中国经济问题纲要》，还退后了一步。那本书也谈到马克思的唯物史观或经济史观，劳动问题上的共产主义与私产主义之争或资本主义与社会主义之争或资本阶级与劳动阶级之争，苏俄出台新经济政策证明了大规模推行共产制

---

① 《经济学 ABC》，世界书局 1929 年版，第 104—105 页。

度的失败等，其基调是绝对的共产和绝对的私产都不是解决资本家与劳动者之间纠纷的善法，双方在各自的立场上都让一步，就能找到调解的办法，所以不排除以马克思经济学说作为分析纠纷的工具，惟分析的目的是为了引向基于现行经济制度的折衷妥协。现在这本《经济学ABC》，则告诉国人这样的经济学常识：马克思的唯物史观虽然有真理的成分，但以剩余价值学说来解释现行工资制度的榨取或剥削性质，那是离间劳资双方感情的阴谋，苏俄的社会主义革命与建设，更是陷于空想和开历史倒车的行为，根本不可能成功；解决劳资双方的纠纷很容易也很简单，一方努力生产，一方多点开明，包括工资在内的所有问题便迎刃而解。如此说来，处理老大难的劳资矛盾问题，不仅不需要马克思经济学说的理论分析和苏俄革命与建设的实践借鉴，连现行制度下的妥协调和办法也不需要了，似乎只凭作者一句抽象、主观和武断的普及之语，即可手到擒来。

**（二）《消费论》**

这是李权时的另一本书，列入消费丛书，上海东南书店1928年初版，现存1929年4月再版本。其"凡例"称：

本书的目的在于阐明消费的理论，以供大学生及一般国人参考；可供"经济学原理"课程上学期头两个月的教科书之用；这是著者正在编著的《经济学原理》第1编，"其讨论的地位比世界上任何经济学者所讨论者为多"；并无讨论中国目前的消费经济问题，"读者如能按照书中原则，逐个去研究，那末自可迎刃而解了"①。可见这不过是作者编写《经济学原理》教科书第1编的内容并用于大学本科生的入门教学，从开列的8本西文参考书看，又以转述国外的消费理论为主。作者的自我评价甚高：讨论消费理论，比世界上任何经济学者的讨论都要多，置之于经济学原理的更高地位；其原则如用来研究中国目前的消费经济问题，一切自可迎刃而解。如此评价，可谓国内外的消费理论之魁首。

此书138页，共8章，除"绪论"外，分别为"消费论在经济学上的地位""人类的欲望""消费的定义和种类""消费律和消费原则""消费者在经济界的地位""消费标准或生活程度（附录民生问题中的最低生活程度）"和"奢侈与节俭"。翻看全书，未曾提到马克思学说和社会主义理论。这也表明，本书把马克思学说排除在消费理论之外，或者说，完全按照西方非马克思主义的经济学著作，阐

① 李权时著《消费论》，上海东南书店1929年版，"凡例"。

述消费理论。作者对马克思经济学说的认识，此前评介他的两本小册子《中国经济问题纲要》和《经济学ABC》，已能把握其要点。这里只附带指出此书"绪论"里一个有趣的说法：

"在我国的文字里，'经济'两个字，本含有'经国济民'的意思，所以'经济学'三个字，就我国固有的字义讲，也着实有英文'政治经济学'的意义。西学东渐，有一个中国人，就把英文Political Economy译为'政治经济学'。日本人见之，遂大赞赏，于是经济学这个名词遂通行于扶桑三岛。中日与日俄二战役之后，国人震日本维新之名，乃相率负笈东瀛，因之'经济学'这个名词亦随留东学生而流入中土，固不知其最初之译此名者为一中国人"。"除掉经济学这个名词之外，亦有人主张用'生计学''谋生学''货殖学''食货学''计学''计然学'及'民生学'者，而尤以'生计学'及'民生学'两个名词为高唱入云。然而'经济学'三字已深入人们脑海之中，人们对之已有一定之观念，我们又何必多事纷更呢？所以我以为不如仍用经济学这个名词之为妙"。①

这个说法，以为最早由一个中国人，根据古代"经济"一词的本意，采用"政治经济学"的中译名来对译英文专门术语Political Economy，但未见流传；后来这个译名被日本人发见而赞赏接受，遂使"经济学"译名在日本得到广泛应用；随即通过中日甲午战争和日俄战争的相继影响，国人感于明治维新的成效，纷纷到日本留学，又将那里通行的"经济学"译名传回国内，并放弃各种纷杂的译名使之约定俗成，却忘记了这个译名的最初译者为一个中国人。此说未进一步考证这个中国人究竟为何人，只是笼统言之，并无确凿证据。然而后人援以为说，从其依据看②，这恐怕是一个较早的出处，也为考察经济学译名在中国的早期源流史，留下了一个未解之谜。

### （三）《生产论》

这本书亦为李权时所著，列入经济丛书，上海东南书店1928年11月初版。此系继《经济学ABC》《消费论》等小册子之后，李氏另一本按照流行经济学的结构，分拆开来予以论述的通俗读物。

此书152页，共7章，分别为"生产的意义和方式""生产要素概论""土地

---

① 李权时著《消费论》，上海东南书店1929年版，第2页。
② 参看胡寄窗：《中国近代经济思想史大纲》，中国社会科学出版社1984年版，第9页注1；以及《回溯历史——马克思主义经济学在中国的传播前史》，上海财经大学出版社2008年版，第429页。

论""劳力论""资本论""企业论""社会和政治组织论"。重点论述生产诸要素如土地、劳力、资本、企业以及社会和政治组织背景。第 5 章"资本论"涉及马克思经济学说，如谈到资本的由来：

关于资本的构成或起源的学说甚多。"正统派的经济学者"如亚当·斯密、西尼尔（原译"辛尼侯"）及穆勒（原译"米尔"）等以为，"资本之由来在于储蓄或节约"。"社会主义的经济学者"如拉萨尔、马克思等以为，"资本之由来在于人类的劳力"。"折衷派的经济学者"如伊利、庞巴维克（原译"邦保卫克"）及津村秀松等以为，"以上二说都有所偏，只有劳力而无自然界，何来生产物；既无生产物，何来储蓄；即有储蓄的财货，若不利用之以事再生产，又何来资本"。所以，伊利以为，资本的构成必需经过三四种步骤，一是努力生产，二是有剩余的生产物，三是有储蓄或延期消费剩余的生产物，四是利用储蓄或剩余生产物以事再生产即所谓投资；如此则储蓄是不能增加生产的资本了。庞巴维克以为，资本不过是自然界与劳力的中间品，它自己当然也是自然界与劳力合作所产生出来的。津村秀松则说：资本构成的原因，不宜单归于储蓄，亦不宜归于劳动或生产，因为资本是供生产及营利使用所储置的财产；财产化为资本，一是须有化为资本的财产，二是须有化资本之力；制造可化为资本的财产，其途径为所得化为资本之力，即储蓄或储蓄心；储蓄心虽盛，若无可以储蓄之财产，则资本不生，劳动虽力，造财虽多，若无储蓄心，举其所得而尽用于享受，资本亦不起；资本构成的原因，"乃二元而非一元，且非劳动非生产非储蓄而为所得与储蓄二者而已"。津村的资本构成二元论，言之有理持之有故，然而其说似尚不如伊利之周到。但伊利阐明的乃是资本构成的步骤，非资本的起源或由来。"说到资本由来的总原因，著者以为若从全社会的立场看来，一切资本的成因，厥惟利用或制服自然界的劳力。所谓劳力者，不但是指现在的劳力，并且是指过去的劳力；不但是指一己的劳力，并且是指他人的劳力；不但是指劳体的劳力，并且是指劳心的劳力"。"我以为资本由来的总原因或最初的原因是在乎劳力——当然这劳力是与自然界不能脱离关系的"。"如果只有努力的生产财产，而无努力的或相当的储蓄财产，把所得完全消费得精光，那末资本还是不能构成的。所以我们如果要增加一国的资本或物质的设备，那末国民的储蓄，是不可不鼓励的"。①

① 李权时著《生产论》，上海东南书店 1928 年版，第 107—111 页。

1920-1929 从民国著作看马克思主义经济学的传播

这是小册子里少见的提到马克思之处，用来对照正统派经济学家的论点，说明资本的由来或起源，既不能只归于储蓄或节约，也不能只归于劳动或生产，而是折衷二者的所谓二元论。也就是说，李权时实际上倾向于折衷派经济学者，特别是日本人津村秀松的观点，故其篇幅主要用于阐释此派的论点，对斯密等正统派与马克思等社会主义派的论点，一带而过，当作修正的靶子。李氏引用津村的说法，出自十多年前马凌甫翻译津村所著《国民经济学原论》的译本（1915年初版，1920年订正再版）①，并不是什么新鲜材料。评点津村的二元论之说不够周全，也不过将"所得与储蓄"二元中的"所得"，改为"劳力"而已，虽给劳力赋与现在与过去、一己与他人、体力与脑力等多种涵义，却未改变二元论的实质。说到马克思的资本由来在于劳力一说，实指资本来源于劳动者所创造的剩余价值，亦即建立在劳动价值论基础上的剩余价值学说。对此，李氏把并非创造这个理论的拉萨尔同马克思放在一起，不仅表现出一种漫不经心的随意态度，而且流露出对马克思剩余价值学说的抵制心理，所谓二元论针对的正是劳动创造价值和剩余价值的一元论。这种态度和心理，与前述李氏其他著作的倾向，也是一致的。

这本小册子的第7章，把社会和政治组织也看作和土地、劳力、资本、企业相并列的一个生产要素。其理由，如果没有私有权、遗产权、契约权、自由企业和竞争权，我们现在的生产不能相当的发达，英美等国的国民经济不会发达到现在的地步，中国现在的国民经济因历来受大家族制度的牵累而弄得如此衰落，弄到快要破产的地步；所以著者也承认社会和政治组织与企业一样，是劳力的一种，"因为社会和政治组织的良恶，统统是人类努力不努力的结果"。"经验告诉我们，有限制的个人主义的国家或民族的生产能力，是大大超过于无限制的社会主义的国家或民族的生产能力的。观乎最近共产主义的苏俄的生产猝减和我国大家族制度之失败，我们就可以晓得此中的道理了。苏俄为什么弄到经济破产，因为采行大规模的共产主义或无限制的社会主义的缘故。中国的国民经济为什么弄到现在这样的奄奄一息，因为数千年来采行小规模的共产主义或无限制的社会主义的大家族制度的缘故"。"我国小规模的共产主义尚且失败，那末无怪苏俄大规模的共产主义之一败涂地了。然则为什么共产主义组织的社会的生产力是大大的不如有限制的个人主义（即私产主义）组织的社会呢？这是因为永久的共产主义是根本上违反人类的天

---

① 参看《回溯历史——马克思主义经济学在中国的传播前史》，上海财经大学出版社2008年版，第4编第3章第2节一。

性，而有限制的私产主义是根本上适合人类的天性的"。人类的天性一面要自由，一面又要平等。要自由所以私产欲或占有欲很发达，要平等所以限制太富有者的财富而使之相当平均。"共产主义或无限制的社会主义虽能满足人类求平等的欲望，但不能满足人类求自由的欲望。私产主义或非限制的个人主义虽能满足人类求自由的欲望，但不能满足人类求平等的欲望。而均产主义或有限制的个人主义（亦即有限制的社会主义）则既能满足人类求自由的欲望，又能满足人类求平等的欲望。欧美各国挽近之采行种种节制资本（平均地权亦是节制资本的一种）——如提创合作社及抽取累进直接税——等等，就是往均产制度路上走的倾向"。这样看来，"最能辅助一国国民经济发达的社会组织，乃是均产制度或有限制的私产制度。如果我们要求国民生产的发达，那末私产制是万万不能完全打倒的了，不过限制、改善及修正是可以的。私产制既只有限制而不取消，那末跟私产制而发生的自由契约制、自由企业制、自由竞争制、自由遗产制等，也不能完全打倒，而只能限制、改善和修正的了"。国家也是生产要素之一，是一国政治组织的抽象名词，也是国民生产所不可少的条件。具体到政府和法制，以良好的政府、法制和官吏为生产的要素。"所谓治法者，就是不偏于个人主义，也不偏于社会主义，不偏于放任主义，也不偏于干涉主义，不偏于私产主义，也不偏于共产主义的各种良好的法制。这种良好的法制，是必然的要允执厥中，积极的，建设的，以均产主义为目的的"。①

　　这个允执厥中的折衷结论，此前李权时在《中国经济问题纲要》中，已经充分表达过了。在那里，他就把苏俄的共产主义当作一个极端，比喻为中国家族式共产主义的大规模扩展，注定招致彻底的失败，并把绝对的个人主义或私产主义作为另一个极端，同样为良好的社会和政治组织所不可取，于是提出与现实社会经济制度相妥协的折衷方案，无非推崇西方国家的社会政策或社会改良办法如建立合作社和征收累进所得税等，对现行私有制度加以适当的限制、改善和修正。《生产论》更为明确，哪怕比较两个极端，个人主义或私产主义的社会组织的生产能力也大大超过社会主义或共产主义的社会组织的生产能力，因为从根本上说，前者违反人类的天性，后者适合人类的天性。这个判断，据说是经验的证明，并分别给前者加上有限制的、给后者加上无限制的限定词。意思是说，个人主义主张有限制的自由，社会主义主张无限制的平等。实际上，这已转移了两个极端之间的比较前提，变成

① 《生产论》，上海东南书店1928年版，第145—150页。

有限制与无限制之间，亦即极端与非极端、绝对与相对之间的不对称比较。其用意，当然是为了彻底否定社会主义或共产主义的社会和政治组织。所以当它说最能辅助一国国民经济发展的社会组织，是均产制度或有限制的私产制度或有限制的社会主义时，这里所谓的均产制度或有限制的社会主义，已同马克思的社会主义没有任何关系，专指近来欧美各国所采取的倾向于所谓均产制度的节制资本办法。看来，李权时的经验，也仅限于此。

### （四）《分配论 ABC》

殷寿光著这本小册子，如同李权时的《经济学 ABC》，列入"ABC 丛书"，世界书局 1928 年 9 月初版。作者情况不详，他 1928 年 8 月 15 日作于上海大陆大学的例言说：

本书分上下 2 编，上编原论，专论分配的名词及其各种制度的得失，"其结论一以民生主义的理论为依归"；下编本论，分论地租、工资、利息和利润。落笔之前，编辑次序及主义方面，曾一度得高一涵、戴蔼庐二先生的指示；名词及理论方面，曾一度向刘秉麟先生讨教，"不过不能时常去请教，教的曲子唱不会，所以依旧不免于谬误百出，甚是惭悚"。著者担任数校的教课，还要给报纸作稿，自编书籍，读书时间固少，"写此文连斟酌复阅的时候也很少，时作时辍，前后名词，如有不一定处，还请读者鉴谅并指正"。①

如此说法，若非自谦，则此书的编写质量不高，亦可见 ABC 丛书的选题，重在普及，而非学术品质。从普及的角度看，马克思主义经济学的传播在国人应予掌握的基本常识的编写方面，产生了怎样的影响，成为考察此书的一个重点。这些内容，比较集中地体现在上编第 4 章"社会主义的分配制度"。

这一章分 4 节，第 1 节"社会主义的分配方式与其办法"："现行的分配制度，既不公平，于是一般有心世道和不平不满的分子，都奋然而起。他们的主张，起初不过是种理想，但到现在，已到了实行的时代。他们不但要改革分配的制度，且对于现行的生产和交换制度，都起了怀疑，要一齐改弦更张。不过这很复杂，各有主张，但他们主要的共同的特质，大略相同"。其分配的方式有"各人均分""各就其所需而取""各就其所成就而取""各就其所工作而取"。起初大概都主张第一项，希望达到各人均分，"不过却不可能"，于是有后三项之说。从现在看来，"这

① 殷寿光著《分配论 ABC》，世界书局 1928 年版，"例言"。

许多说话，都嫌陈旧难行，所以大家都集中于生产器具集中的一点上"，讨论的人也很多。我们对此可说，"社会主义并不反对资本，他们所反对的，是私资本，是个人资本，他们所希望的，是使资本公有，使资本成为社会化，而消灭特殊阶级的资本家，使大家都能享有资本，使大家都能享受资本的幸福"。他们的办法："生产器具公有"；"生产器具公共管理"；"关于实业上的出产品，归公共机关去分配"；"有一部分的收入，仍当划归私有"。因为办法的不同，社会主义产生了许多派别。

第 2 节 "现在各国社会运动的派别"：社会党的起源，已不是一日，社会党的派别，也难以尽述；"如乌托邦派，基督教社会主义派，国家社会主义派等，不一而足，不过在现在看起来，都嫌空洞，不切实际"。现在只好权且略述各国所风行的派别：一是 "基尔特社会主义派"。这种运动虽然到 19 世纪末才在英国开始发动，可是中世纪的行业制度和它一样。他们主张，各种实业应该由各种行业的劳动者各自组织起来，各自去管理和处置。二是 "马克斯主义派"。"此派主张激烈，要从政治方面去活动，以达到实行马克斯学说的目的"。三是 "修正派社会党"。对马克思学说有所修改，"主张从直接有利于劳动者的方面去进行"。起初与德国社会民主党联合一致，后来欧战时分裂。四是 "多数主义（Bolshevism）"。"俄国曾经一度施行，与马克斯主义有相同处"。五是 "工团主义"。"这派最为激烈，他们不主张藉政治去活动。他们以为一上了政治舞台，便入了堕落的途径。他们主张阶级斗争，以实行同盟罢工，为唯一手段"。六是 "费边社社会党"。英国所特有，势力尚小。"他们主张缓进，拟从政治方面进攻"。这几派的主张，谁是谁非，自然是一个问题，"不过我们可以说无论那一种主义，都没有绝对的是，也没有绝对的非，应当看看时间和空间的关系，以为转移"。我们中国自然有我们中国的特性，"不能任抄那一国或那一派的成文，这是显而易见的"，所以我讨论分配，自当略说民生主义的分配论。

第 3 节 "民生主义"：总理曾说 "民生主义就是社会主义，又名共产主义，即是大同主义"。可见民生主义自然是社会主义，"他并不是整个抄袭，他已化过一番整理和设计的工夫"。新近周佛海的《三民主义之理论的体系》一书，说得很透彻。其中引用总理关于分配的几段理论，归纳起来：一是民生主义的根本原则，和资本主义不同。"资本主义以赚钱为目的，民生主义以养民为目的"。资本主义社会不负责保证个人的生活，优胜劣败，任凭自然法则的支配；民生主义的国家或社会有保证个人生活的义务，个人对国家和社会也有要求生存的权利。照这样看来，"现在的社会组织，还要大大变更"。二是民生主义的生产目的，绝不同于资本主义为交换而生产，为赚钱而生产，谋求一个人或一个阶级的利润；是为消费而生产，谋求满足全社会的欲望。三是民生主义的生产力分配，不同于资本主义全靠需求，生产的种类和分量只知以需求为决定，哪种货物销售大、获利多，就努力于它的生产，不顾社会上是否必需；是以欲望为依归，不问社会的购买力如何，需求如何，只管生产生活上所必需的物品，不去生产供给资产阶级的奢侈品。四是民生主义的生产组织，"由一种中央机关，预定了全部的生产计划，决定生产些什么物品，某种物品应该生产多少，然后就根据这种计划，去分配他的生产力于各种产业"；不像资本主义的各生产企业，"均系各自独立经营，无计划的联络，成功了无意识的无政府状态"。

第4节"民生主义的分配制度"：与资本主义不同之处，一是"分配的性质"。资本主义社会分配的性质，分为劳动报酬和财产。一个人要想得到分配，只有以"资本家""劳动者""企业者"的资格才能享受这种权利，若以单个人的资格要求分配，不是颠狂，便是笑谈，"因为资本主义之下，从来就没有这回事"。所以没有财产的人，不能劳动的人，如老年、废疾等人，除了社会慈善外，都无权去享受分配，法律上也没有权利去要求生存。不但如此，能劳动而一旦失去劳动机会者，除了铤而走险外，也只好饿死。这种种惨象，我们都经历过。民生主义的目的不是拿劳动者、企业者的资本主义资格，做分配的单位，以"人"的资格，就可以要求得到分配的权利，并在法律上予以规定。二是"分配的方法"。资本主义社会分配生产物，不是由国家出面，是交换行为的无意识的结果；双方交换的动机，不是为社会分配生产物，是要得到自己想要的东西，一方是物品，一方是金钱。分配行为，就这样不知不觉地在交换行为中形成了。"所以资本主义下的分配，不是独立的，不是有意识的，不是直接的行为；不过于交换行为中副生的一种结果罢了"。民生主义的分配，不是通过各人私的交换，当作私的行为来进行，"由社会设立一种机关，收集社会的生产物，而直接分配于消费者，完全是直接的，当做公行为来行的"。"到那时候，买卖现象和商业机关，都完全废除；因为民生主义下的社会组织，是没有买卖和商业的必要的。但我们要达到这个目的，并不是一蹴可儿，全靠慢慢的用节制资本和平均地权的两个原则，而渐达于这个境域，以免除激烈的斗争，这是我们不能不知道的"。①

①　以上引文均见殷寿光著《分配论 ABC》，世界书局 1928 年版，第 24—37 页。

以上论述，关于国外社会主义分配的理论学说、方式方法与流行派别部分，颇显简陋粗糙。正如作者在例言中所承认的那样，虽得高人指点而未能真切领会。这表现在：一面说社会主义的兴起，产生于对现行不公平分配制度的不满，不仅从单纯的理想进入实行的时代，还从要求改革分配制度进入怀疑从而要求根本改革现行生产和交换制度；一面又说各种社会主义的分配主张，不是不可能做到，就是陈旧难行，似乎统统过时了。强调社会主义的共同点是生产资料集中，不是反对资本，是反对资本私有，主张资本公有、资本社会化从而消灭资本家阶级，让大家共享资本带来的幸福，并由生产资料的公有延伸出生产资料公共管理、公共机关统一分配生产品以及部分收入划归私有等办法；然而接着列举的各派社会主义或社会运动，其各自主张并非都符合上述社会主义的共同点，甚至存在很大偏差，所谓共同点，其实更多取自马克思的科学社会主义。谈到现代社会主义或各国社会运动的派别，既把国外严谨学者所剔除的若干派别如国家社会主义，不加说明地重新塞了进来，又把各式各样的社会主义派别，不分主辅轻重，不论性质差异，纯粹按照风行程度堆砌在一起，让人不得要领；把马克思主义派定义为从政治方面活动的主张激烈者，不知什么意思，所谓政治活动，既可以理解为武力夺取政权，也可以理解为走议会道路，抑或二者兼而有之，但这只是指行动方式而言，并未体现理论主张；称修正主义派修改马克思学说，依据的是从直接有利于劳动者的方面开展运动，亦不知为何意，是否借此证明马克思学说不是直接有利于劳动者；认为俄国布尔什维主义与马克思主义有相同之处，似乎承认二者之间的先后继承关系，但说布尔什维主义曾经一度施行，又似乎意味这个主义现在已经不存在了，等于睁眼说瞎话；将马克思主义和工团主义同列入主张激烈或最为激烈的范畴，二者的区别好像仅在于是否借助政治的途径，并把否定政治途径与阶级斗争观念联系在一起；等等。这说明作者多少了解一些社会主义和马克思主义经济学的内容，但浅尝即止，不求甚解，结果自己还没有完全弄明白，就拿来当作普及的材料了。

作者的真实意图，宣扬民生主义及其分配主张，所以这些内容在社会主义的分配制度一章里，占了六成以上的篇幅。在他看来，社会主义各派的主张，无法确认谁是谁非，亦没有绝对的是非，一切都随时间和空间的变化为转移。这个看法，用来说明中国有自己的国情特性，不能照抄硬搬他国或他派的现成规定，自有其道理。可是一旦把民生主义绝对化，又与作者自己的看法，相互矛盾。况且书中有关民生主义及其分配观的叙述，还包含了大量曾被作者认为无法确认正确或根本没有绝对正确的那些社会主义内容。这些叙述，看来也不是基于作者自己的研究，主要参考他人如周佛海的有关著述。如称民生主义不是抄袭社会主义，是经过消化吸收后的整理与设计，并引用孙中山的几段分配理论。其大意说：人类发明货币和买卖制度，是商人分配制度，使消费者无形中受到很大损失，对此可以改良，不必由商人分配，而由社会组织团体或由政府分配，新方法是分配的社会化，实行社会主义分配货物；实行三民主义造就一个新世界，让大家的衣食住行需要都不短少，一定要国家来担负这种责任，无论何人都可以向国家要求供应以满足这些需要；今日一般国民的道德程度，不可能都做到尽其所能以求所需，任取所需者未尝稍尽所能，尽所能者未必得取所需，取所需者又恐所取为过量之需，故改良今日社会组织，主张集产主义，实为今日唯一要图；等等。这里所说的取代商人分配的社会主义分配方法，国家承担分配责任，集产主义不同于各尽所能各取所需等，其理论来源都取自国外的社会主义学说，而集产主义更是意指马克思主义。

看来作者作为三民主义的信徒，更倾向于用国外社会主义学说来解释民生主义。如谓：民生主义的根本原则、生产目的、生产力分配和生产组织，均不同于资本主义受优胜劣败的自然法则支配，企业各自独立经营，无计划联络，为了交换赚钱或为了一个人一个阶级的利润，全靠购买力的需求即市场销售和赢利多少，形成无政府状态等特征，而是国家或社会有保护个人生活的义务，个人也有向国家或社会要求生存的权利，为了养民和谋求满足全社会的欲望，取决于生活必需品而非奢侈品的需求，由某个中央机关预定整个生产计划并据此决定生产力的分配。又引申解释民生主义的分配性质和方法，亦不同于资本主义只以资本家、企业家或劳动者的身份来享受分配的权利，不顾失去劳动能力与劳动机会者的死活，只能通过私人交换的间接和无意识方式附带进行分配，而是按照人的资格来享受分配的权利并获得法律上的保护，由社会公共机关直接将生产物分配给消费者并废除商业机构和买卖现象。所有这些解释，都同中国的特殊国情没有什么关系，实际上是在民生主义及其分配制度的外壳下，填充西方社会主义的内容。单就这一点而论，宣扬民生主义，等于宣传社会主义乃至马克思主义经济学。然而如此宣扬，又与前述社会主义各派主张无是非定论或无绝对是非的说法，有些抵触。于是作者亮出了底牌：要达到民生主义的上述目的，不可一蹴而就，必须全面而缓慢地运用节制资本与平均地权两个原则，关键是避免激烈的斗争，逐渐接近这个理想境地。此牌一出，才算重新扣题。所谓中国自己的国情特性，无非是说，可以借用国外社会主义和马克思主义的理论要素来理解民生主义及其分配制度，但决不能采用激进社会主义和马克思主义的阶级斗争方式来推进实现民生主义的分配制度。书中宣称与马克思主义相同的布尔什维主义，曾经一度施行于俄国，不愿承认这个主义至今仍在实行，大概也是这个意思。

下编"论利息"一章，讨论"利息的发生与是否正当问题"，也谈到社会主义和马克思的理论。其中说：

研究资本产生利息是否正当，应当先研究资本可否作为私产。关于这个问题，争论者不外两派。一派是"正宗派的经济学者"，以为资本是劳力（指劳动）或节省的结果，可以认作私产；另一派是社会主义者，以为"一切大资本，都是榨取剥削他人的劳力而来，并非一己的劳力所得"。"平心而论，资本的本身，没有罪恶，只不过不可被私人独占了很大的数目。在现代私产制度没有破坏之下，资本私有，自然也不能单独废除，所以资本是否可认为私产，实在是另一问题；而此所讨论者，就是资本应不应当生息？那么我们可以说，既然其他的私产都存留，无论资本是掠夺是榨取，暂时事实上是归他所有，他既然肯将暂时事实上所有的使用权，去让给别人，也未始不可受一种相当的酬报。并且借资本的人，他是拿去营利的，只有被榨取被掠夺者，才能和资本家去争论，至于借他资本去谋自己的利益的，似乎不能再有所非议了"。"总而言之，私产制度存在之日，资本生息，大概是无法免除的"。与此相关的理论，有"收刮说"。这是洛贝尔图斯（原译"洛波图斯"）和马克思的理论，他们以为，"不应取利息，便是地租和利润，也该废除。地租利润等，都是不劳而获，正当而合理的收获，必须要拿劳力换来才对。资本家的资本，都是由收刮剩余价值而来，这种价值，本应归工人所有，而他们除攫为已有外，还要利用他们的资本，利上滚利，实在是没有道理的"。①

这番议论，再次印证作者关于社会主义和马克思学说的知识，既肤浅又充满了语意闪烁之词。如关于资本产生利息是否正当的问题，实质上与资本产生利润和土地产生地租是否正当一样，归属于资本（包括土地）的所有权问题。对此，前面评论社会主义不反对资本而反对资本私有和特殊的资本家阶级，主张资本公有和社会化以共享资本的幸福，好像已经回答了这个问题。不过，对社会主义的这个评论，将资本与资本所有权分开，旨在保护资本免受所有权归属问题的冲击，并不代

① 以上引文均见殷寿光著《分配论ABC》，世界书局1928年版，第79—83页。

表作者赞同社会主义的意见。在利息的正当性问题上，抛开社会主义的答案，又提出一套新的解释。这个解释，表面看来，不偏不倚，既不表态正宗经济学派以资本为勤劳或节省的结果而认可其私有的观点是否合理，也不表态社会主义者以大资本为榨取和剥削他人劳动的结果而否认其私有的观点是否正确，摆出一副"平心而论"的公正姿态，实则暗渡陈仓，换一个方式来为现行制度辩护。其辩解的逻辑，资本本身没有罪恶，资本可否私有，尽管私人独占很大数目的资本并不合适，但那是另一问题，权且放在一边，不必讨论；在现行私有制度未被破坏的前提下，既然不能单独废除资本私有，则无论私有资本来自掠夺或榨取，资本的所有者一旦出借资本让别人去谋利，就可以获得相当于利息的报酬，对此不应非议。换言之，可以将资本私有的合理性与资本产生利息的正当性，分开来处理，也可以撇开资本私有的争议，专论资本产生利息的正当性。其中的奥妙，从切割资本与资本所有权的关系，进一步延伸到切割资本所有权与凭借资本所有权而获得利益的关系，由此得出结论，既然无法废除现行私有制度，那么以私有资本获得利息与利润，以私有土地获得地租，都是正当的。这个断语，且不论有本末倒置之嫌，其实表明在作者的内心深处，早已认定现行私有制度不可挑战，即便有所质疑，也如前面诠释民生主义的分配制度那样，需要慢慢地逐渐地加以改善而避免激烈的斗争，在漫长的改善过程中，哪怕资本通过掠夺和榨取而来，其获取利息（连同利润和地租），无疑也是正当的。这是将个人的价值判断，掺入有关社会主义和民生主义的普及性评论，难免言不及义，闪烁其词。

又如列举"收刮论"即剥削理论，认为这是洛贝尔图斯和马克思共同提出来的，包括废除不劳而获的利息、地租与利润，各种收益必须以劳动换来才是正当而合理的；资本家的资本来源于剩余价值，这种价值本应归工人所有，却被资本家据为己有；资本家利用他们的资本，实现利上加利，是没有道理的。此说是另一个误导。洛氏接受李嘉图的劳动价值理论，承认劳动创造了"租金"（包括利息和地租），指出剥削现象，支持提高工人的工资，其相关论证曾被恩格斯认为"接近于发现剩余价值"；但他只强调价值的使用价值意义，反对牺牲地租和利息的收入而转移到工资方面，认为工人提高劳动生产率便能增加工资，赞成资本家和地主履行社会功能后有权分享劳动成果，否认工人展开阶级斗争的正确性，谋求劳动同土地和资本所有权之间的妥协以保持阶级和谐等。这种具有浓厚容克地主色彩而从未否定地租和利息等收入的所谓剥削理论，根本不能与马克思的理论等量齐观，却被拿来同马克思相并列而认为更有代表性。由此也可以看到当时国内外经济学中的一些流行说法，对作者编写经济学普及读物的影响。他不明就里，照搬过来，以讹传讹，正好说明了对马克思学说的理解之肤浅。这样说来，《分配论 ABC》这本小册子，介绍有关马克思主义经济学的常识，未免塞进了不少似是而非的货色。

### （五）《世界社会经济名著提要》1—4 集

章士元、章士骥译述，新文化学会 1928 年 7 月初版（世界书局发行），254 页，列入世界名著提要丛刊。两位译述者情况不详，亦未见他们有关 4 集提要的说明或介绍，应是遵循整个丛刊的编辑意旨。丛刊编者 1928 年 6 月 16 日撰写"导言"如下：

"近世各民族间的文化，已达到交流状态，一般学者的兴趣和欲念，都尽量的向外扩大。从多方交互涉猎的结果，有几种东西便为公意所集中，而超然于一切之上。凡是被认做世界名著的，价值便在于此"。从事世界名著的整理工作，"当然也属于繁难而切实的要图"。《世界名著提要》，"意在揭明几种名著的内容，仿佛开了一张世界名著的书单，在每种书下写几句客观的介绍语"。"从前把中国册籍吞下肚皮的读书人，每不为现代学者所赞同。以科学方法运用到读书里面，是一种极端需求的运动。在走向'青年之路'的途上，读书固为青年最亢进的欲念，但饥渴也决非'不择而食'的要求。《世界名著提要》，夹杂在现代读书运动里，所给与青年的书单，也许可以当做食单用吧"？

接着导言，丛书还有"编例"如下：

一是"编译此书的目的，系使一般读者没有读原书能力的，没有时间读原书的，和在读原书前想先得书中纲领的，可以很经济的知道原书的性质和价值"。二是"本书系根据日本木村一郎、平林松雄、高木敏雄诸君所著《世界名著题解》编译而成，特为依类分别发行，以重体系"。三是本书内容分为小说、戏曲、诗歌、哲学、社会经济、教育、科学七类。四是中国名著很多，已有《四库提要》一类的专书，故未列入，以免重复。①

通过以上导言和编例，可知丛书乃根据日本人编写的原书编译而成，包括题解体例和内容分类，均依此成规；惟未将中国名著列入其中，以免与国内已有的提要

---

① 以上引文分别见章士元、章士骥译述《世界社会经济名著提要》，新文化学会 1928 年版，丛刊"导言"和"编例"。

类专书重复。这样看来，此丛书严格地说是一个编译本。不过，中文编译者适应国内的需求，又引申出一些特别的涵义。诸如：近代各民族之间的文化交流，尽可能地向外扩大了一般学者的兴趣和欲望，多方面相互交流的结果，集中了一些超然于一切东西之上的公意或共同认识，世界名著的价值便在于体现了这种公意；整理世界名著是一项繁难和切实的重要谋划，丛书介绍若干名著的提要，给每本书写几句客观的评语，就像开列一张世界名著的书单；现代学者不赞同以前中国读书人对典籍的生吞活剥，极为需要开展运用科学方法读书的运动，特别对于渴求读书的青年来说，决不应饥不择食；丛书开列的书单，在现代读书运动中或许可以当作青年们的食单，也就是让没有读原书能力，或没有时间读原书，或读原书前想先了解书中纲领的一般读者，可以很经济地知道原书的性质和价值；等等。这些涵义，既是就整个丛书而言，同样适用于其中的《世界社会经济名著提要》。

本提要属于丛书七类中的社会经济一类，其 4 集的选书，虽然均在社会经济著作的范围内，却显得颇为杂乱，各种著作的分集与排列，看不出在类型、性质、时间和影响上有什么明确的依据或标准，比较随意；以社会经济领域的名著而论，明显有遗漏，即使入选的著作，亦未必是著者最重要的代表作。所以，从选择世界社会经济名著方面看，尽管有日人著作为参照本，也只能算一个初步的尝试。然而换个角度看，提要在 250 余页的篇幅里，选书 28 本，涉及面甚广，以近代著作为主，除了较多经济学名著外，还有不少社会主义者乃至马克思的代表作。这样的名著书单，确实能为当时渴望了解世界社会经济学术概况的国内读者，提供接触、认识和比较包括社会主义和马克思经济学说在内的各类代表作的入门机会。4 集提要分集计页，每集内各书亦分书计页。

第一集 6 本书，65 页。包括：《乌有乡》（今译《乌有乡的消息》），英国"诗人、图案家、社会主义者""莫利士"（William Morris，今译威廉·莫里斯，1834—1896）著；"劳动之组织"（今译《劳动的组织》），法国"白朗"（Louis Blanc，今译路易·布朗，（原为 1813）1811—1882）著；《乌托邦》，英人"莫亚"（Thomas More，今译托马斯·莫尔，（原为 1498）1478—1535）著；《国民经济论》（今译《政治经济学的国民体系》，德国"李斯德"（Friedrich List，今译弗里德里希·李斯特，1789—（原为 1849）1846）著；《产业者之问答教示》（今译《实业家问答》），［法国］"桑辛孟"（Saint‐Simon，圣西门，1760—（原为 1855）1825）著；《论吾国国家经济状态之认识》（今译《关于德国国家经济状况的认识》），德国"国家社会主义者洛道部尔"（Johann Karl Rodbertus，今译约翰·卡尔·洛贝尔图斯，1805—1875）著。大致说来，本集选书以英法空想社会主义的著作为主，另有德国国民经济学和国家社会主义的著作，每本书的评介篇幅相差较大，少则3页，多则20页。

第二集10本书，78页。包括：《共和国》（又译《理想国》），柏拉图（Plato，前427—前347）著；《自由论》（今译《论自由》），英国"哲学家经济家弥尔"（J. S. Mill，今译约翰·斯图亚特·穆勒，1806—1873）著；《何为财产》（今译《什么是财产?》），法国"普罗敦"（Pierre - Joseph Proudhon，今译皮埃尔 - 约瑟夫·蒲鲁东，1809—1865）著；《社会主义的前提和社会民主党的任务》，德国"柏能修丁"（Eduard Bernstein，今译爱德华·伯恩斯坦，1850—（原空缺）1932）著；《社会改造的原理》（又译《社会重建原理》），"现代英国的哲学者，社会改造家"罗素（Bertrand Russell，（原空缺）1872—1970）著；《近代乌托邦》（今译《现代乌托邦》），"英国现代最大思想家韦尔斯"（H. G. Wells，今译赫伯特·乔治·威尔斯，（原空缺）1866—1946）著；《新基督教》，"法国社会主义者之祖"圣西门（Saint - Simon，1760—1855）著；《商业总论》（今译《商业性质概论》），（应为爱尔兰裔法国经济学家）"康梯龙"（Richard Cantillon，又译理查德·坎蒂隆，（原缺失）1680—1734）著；《模仿的法则》，法国"泰尔特"（Gabriel Tarde，今译加布里尔·塔尔德，1843—1904）著；《运动及一般的运命之理论》（今译《关于四种运动和普遍命运的理论》），法国"空想的社会主义者富利埃"（Charles Fourier，今译夏尔·傅立叶，1772—（原为1834）1837）著。本集选书的历史时段很长，上至古希腊，下至当代，一些当代著者有生年无卒年，说明他们的著作入选时尚活在世间；类型也很复杂，从古人的著作到近代以来古典经济学、无政府主义、空想社会主义、修正主义、哲学、社会学、政治学之类的著作；评介各书的分量同样参差不齐，多则18页，少则4页。另外失误较多，或者弄错年份，或者一名两译，如前集译桑辛孟，本集译圣西门，可见编译者对入选的著者并不那么熟悉。

第三集7本书，67页。包括：《经济原论》（今译《政治经济学原理及其在社会哲学上的若干应用》），英国"弥尔"（J. S. Mill，今译约翰·穆勒，1806—1873）著；《公开回答》（今译《给筹备莱比锡全德工人代表大会的中央委员会的公开答复》），"德国社会主义者拉塞尔"（Ferdinand Lassalle，今译斐迪南·拉萨尔，1825—1864）著；《经济表》，法国"恺奈"（Francois Quesnay，今译弗朗索瓦·魁奈，1694—1774）著；《经济学纲要》（今译《政治经济学的一些主要原理》），英国（爱尔兰）"开恩士"（John Elliott Cairnes，今译约翰·埃利奥特·凯恩斯，（原为1823）1824—1875）著；《经济学原理》，"英国经济学者玛希尔"（Alfred Marshall，今译阿尔弗雷德·马歇尔，（原为1885）1842—（原为1926）1924）著；《经济及租税的原理》（今译《政治经济学及赋税原理》），英国"李卡特"（David Ricardo，今译大卫·李嘉图，1772—（原为1834）1823）著；《经济学批评》（今译《政治经济学批判》），德国卡尔·马克思（Karl Marx，1918—1883）著。本集选书基本上是经济学著作，以英国和法国古典经济学到新古典经济学的代表作为主，穿插着德国拉萨尔和马克思的著作，这也是提要4集里唯一看到的马克思著作。从篇幅看，对马克思著作的评介（6页），尚不及拉萨尔（10页），更不用说穆勒（17页）、李嘉图（14页）和马歇尔（10页）了，可见在编译者眼里，低估了马克思的地位。

第四集5本书，44页。包括：《互助论》，"俄国的社会主义者革命家""克罗波特金"（Peter Alexeyevich Kropotkin，今译彼得·阿历克塞维奇·克鲁泡特金，1842—1921）著；《田园 工场 作场》（今译《田野、工厂和工场》），"克罗波特金"（同前）著；《政治学》，"亚里斯多德"（Aristoteles，今译亚里士多德，前（原为383）384—前322）著；《产业的及社会的新社会》（今译《新的工业世界和社会事业》），法国"空想的社会主义者富利"（Charles Fourier，今译夏尔·傅立叶，1772—（原为1834）1837）著；《新亚土拉蒂斯》（今译《新大西岛》），英国"哲学者倍根"（Francis Bacon，今译弗朗西斯·培根，1561—1626）著。本集选书从无政府主义者跳到古希腊学者，然后又跳到空想社会主义者，评介语亦是少则5页，多则15页。至此可知，提要内一般一人选一本书，也有一人选两本书，如圣西门、傅立叶、穆勒、克鲁泡特金，实为24人的28本书。这种选法，或者反映了编译者的倾向，或者错把一个人当作两个人如圣西门。

说到编译者的倾向，这里关注的是对待马克思经济学说的态度。一般地说，提要里不少著作，尤其涉及空想社会主义、正统经济学或社会改造的著作，都与马克思学说有不同程度的关联，评介一些著作时亦点名提到对马克思及其学说的评价。相对集中的评介，则见诸伯恩斯坦和马克思的著作。先看对伯恩斯坦《社会主义的前提和社会民主党的任务》一书的评介：

此书可说是伯恩斯坦的代表著述，"作成了修正派社会主义者的思想及论理的根本基调"。马克思把社会进化和人类历史发展的原因归之于物质要素中的经济要素，但伯恩斯坦"力说只是物质的要素不能成为其原因，他以精神的方面的活动，为历史开展的重要的一要素"。"他指摘出作为马克思主义的基础思想的唯物史观，是偏依唯物论而无视人的精神的要求的谬见。他以为社会的进化和人的历史的开展是有待于理想的要素的精神的要求的发展。即修正派的特色，在于高扬此理想的要素，同时最近社会主义运动的主要的意义，也在于此"。"'马克思主义'是立脚于唯物论的科学。故以为人的历史，不过是机械的开展。……故全无人事可尽的余地"。然而"马克思在一方更力主阶级争斗。这不得不说是一个大大的矛盾了"。"倘若社会的进化和历史的开展不过是必然的机械的过程，社会主义的制度的实现是自然的结果，便没有作暴戾阶级争斗的必要了。倘若时机一到新社会自会产生，就当没有作什么人为的社会运动的必要了。只要拱手静待时机便行了。否，倘若社会的进化是自然的运命，则除静待以外便无他法"。即使依照马克思的希望，"若时机不来，理想社会是不能产生的"。然而马克思一派又不时力说阶级争斗，"焦虑着新社会的火速实现"，"施以人工的腐熟法"，"这不是一个大大的矛盾吗"？伯恩斯坦如此决断之后，"痛击马克思说为'自杀说'"。

伯恩斯坦还批评马克思的剩余价值论，"驳之为一种十分抽象的议论，全不与现实的意义相结合，且不是科学的社会主义的基础的研究"。更说"马氏的资本集积说也是一种谬误"。马克思说由于资本的集积，不时有恐慌状态袭来，资本主义的崩坏是必然的运命，"但此信念被事实打破了"。事实上除极小资本外，"小资本家与中资本家反而增加，与大资本家相并立"。又说恐慌现象因银行制度的进步和其他原因，"得以缓和而减少"。正如劳动标准的公定，工厂法的进步，劳动组合的发展，地方政治的民主等，"在进步的近代国家中，资本家，有产阶级的特权，渐次在移至民主主义的组织中去，其结果，政治上的革命运动的机会大被减杀"。故他"不同意于使劳资二阶级互相对立而以阶级争斗为惟一的实行政策的马克思主义"；"应高唱民主主义，因民主主义是社会主义的精神，故在政治上主张民主主义，不仅是实现社会主义的社会的手段，也就是社会主义的目的，把政治的民主主义看得十分重要"。他"不说劳动者阶级的革命运动而主张把社会民主主义化"，"不提倡劳动者的霸权而主张下层民主的选举权获得"，"主张生产机关的国有或公有，由民主的国家实行实业的经营及管理，即生产分配及交换的统制"。"如此一切的实业既须集中于国家，乃到了集产主义的道路"。以上意义，"我们可说修正派社会主义是真真的国家社会主义"。此派具体方策：一是实业组合，尤其是消费组合的发达；二是在可能范围内，兴办地方有及国有实业；三是多组织劳动组合；四是把选举权扩张到一切赁银劳动者；五是征收累进所得税。修正派这个运动，"给了十分夸慢的马克思主义以非凡的动摇"。轻躁的社会主义反对者，于是便说社会主义学说已破产。但修正派的倡导，"不是社会主义的排弃"，亦指望"社会主义的新社会的建设"。"惟马克思主义主唯物，修正派反之，他们加入了理想的精神的要素；其实行方法则不依阶级争斗而依社会的民主主义及集产主义的手段，两者的差异，只有这几点"。①

这个评介，就伯恩斯坦批评马克思学说的修正理由看，有几点须指出：一则这些修正直指马克思学说的理论根基，如谓：唯物史观是只强调物质经济要素而无视精神要素的谬见，是机械式等待理想社会必然到来的自杀说，又是与人为的阶级斗争主张相互冲突的重大矛盾；剩余价值论是完全脱离现实并缺乏科学研究基础的抽象议论；资本积累和经济危机说是已为事实所否定的谬误；强化劳资对立的阶级斗争学说与社会革命运动，将被保护劳动者利益、缓和劳资矛盾和限制资产阶级特权的民主主义取而代之；等等。对此，评介者站在修正派一方，确信他们的批评完全动摇了马克思主义。仅从称呼马克思主义为"十分夸慢"即傲慢自大一点看，便能体味评介者不愿接受马克思主义传播的广泛影响力之心境，这恐怕也是编译名著提要时低估马克思著作的原因之一。二则站在伯恩斯坦一边肯定动摇了马克思学说的修正理由，系着眼于二者理论较量的优劣或胜负判断，并不等于说评介者是修正派学说的拥趸。如果跳出伯氏对马克思学说的质疑，单看伯氏自己的主张，诸如在政治上取消劳动者阶级的革命运动而致力于社会民主主义化即以民主主义作为社会主义的目的，放弃劳动者专政而转向扩大选举权到下层，在经济上走集产主义道路，由民主国家通过国有或公有生产机构来经营管理实业即统制生产、分配与交换，包括发展实业、消费、劳动之类的合作组织，兴办地方公有和国有实业，争取所有雇佣劳动者获得选举权，开征累进所得税等具体对策，那么在评介者的眼里，修正派是典型的国家社会主义，仍属于社会主义范畴，仍在期待建设社会主义新社会；因此不赞成那些反对社会主义的轻率狂躁者，把修正派说成排斥社会主义，相反认为马克思主义与修正派的差异，不过一个主张唯物，一个加入理想的精神要素，一个采用阶级斗争的方法，一个依凭社会民主主义和集产主义的手段。这个认

---

① 以上引文均见章士元、章士骥译述《世界社会经济名著提要》第2集，新文化学会1928年版，"社会主义的前提和社会民主党的任务"。

识，把修正派对马克思主义的批评视为社会主义内部的分歧，意在不同于反社会主义者与社会主义者之间更为本质的对立。持有这样的认识，不是说已经转向反对社会主义的立场，但评介者既然不愿接受马克思主义传播的影响，则对于修正派批评马克思学说后仍滞留在社会主义领域，继续与马克思主义保持在理想目标上的关联，看来有些扫兴，所以才会对反社会主义者宣称修正派已经排斥了社会主义的莽撞论断，加以纠正。三则提要出版的同时，国内也看到引进伯恩斯坦修正言论的其他著述，但相比之下，这里对伯氏代表作《社会主义的前提和社会民主党的任务》的专题评介，更具有简化形式下的系统性，不仅让国人看到"修正派社会主义者的思想及论理的根本基调"，也给理解和推进马克思主义经济学在中国的传播，增添了理论上的难度和参照系上的复杂性，需要做进一步的思想锤炼。

再看对马克思著《经济学批评》（今译《政治经济学批判》）一书的评介：

马克思 1859 年发表他的《哲学的贫困》（原译《哲学穷乏》）后，接连在柏林出版了他的"经济学上的大著"《经济学批评》。"他在序文中统括他的科学的研究的行程，并揭起'唯物史观'的命题"。（接着依据河上肇博士所著《唯物史观》的译文，转述序言中关于唯物史观的论述原文，此略）在《经济学批评》中，马克思由亚当·斯密（原译"史密斯"）、李嘉图（原译"李卡特"）所创立的"市民的经济学"，"更决定的踏出了一步"。"市民的经济学者"以为商品价值依劳动时间而决定，又认为"市民的生产为社会的生产之永久的自然形态"，价值构成"为各个人的劳动的自然的特质"，于是"陷于不可解释的矛盾之中"。反之，马克思以为"市民的生产，不是永久的自然形态，不过是形成社会的生产一系列的发展阶段之一的历史的形态"。根据这个立场，"彻底的研究'价值'构成'物的劳动'的特质"。他研究怎样的"劳动"构成"价值"，为什么构成"价值"等问题，区别"使用价值"和"交换价值"，"具体的劳动"构成"使用价值"，"社会的劳动"构成"交换价值"，论述作为"使用价值"和"交换价值"总体的商品，"在市民的社会中的特质"。这种问题后来在《资本论》第一卷中也曾讲到。"这个《经济学批评》可说是《资本论》的序论"。①

这个评介，将主要篇幅或 2/3 以上篇幅，放在唯物史观上，完整引用《政治经济学批判》序言中的经典论述。此引用在日文题解版本里，以河上肇的翻译为准，

---

① 以上引文见章士元、章士骥译述《世界社会经济名著提要》第 3 集，新文化学会 1928 年版，"经济学批评"。

应该比较准确，而中文提要经过转译，却比较粗糙。一开头提出马克思 1859 年发表《哲学的贫困》后接连出版《政治经济学批判》，就有些莫名其妙。《哲学的贫困》发表于 1847 年而不是 1859 年，此说大概是想表示唯物史观早已见诸前书，后书予以经典概括，但表达不当，造成二书同时出版的错觉。类似的失当还表现在，如马克思的原文说，"我在巴黎开始研究政治经济学，后来因基佐先生下令驱逐移居布鲁塞尔，在那里继续进行研究"；这里的译文却说，关于经济学，"我曾在巴黎研究过基沙氏（今译基佐）的《追放命令》，也是此研究的结果"。法国首相基佐对马克思下达的驱逐令，居然被说成马克思研究的对象。又如在上面一句话后面，前后错置地插入一段"我因事迁于普鲁士，更在其地继续研究这种阶级（指社会物质生产力的发展有一定的阶段——引者注）"的话，让人不明就里。再如原文"不以他们的意志为转移的关系，即同他们的物质生产力的一定发展阶段相适合的生产关系"，被译为"从他们的意志，达到独立的关系，而入于适应他们物质的生产力的发展阶级之中"；原文"生产的经济条件方面所发生的物质的、可以用自然科学的精确性指明的变革"，被译为"可以作自然科学的忠实的论据"；原文"人们借以意识到这个冲突并力求把它克服的那些法律的、政治的、宗教的、艺术的或哲学的，简言之，意识形态的形式"，被译为"人类必须依着走于经济的生产条件之上的物质的变革意识，出此冲突，且决议之，藉以区别法制上，政治上，宗教上，艺术上，或哲学上的各种形态，简单的就是必须区别观念上的诸形态"；原文"亚细亚的、古代的、封建的和现代资产阶级的生产方式"，被译为"亚洲的古代封建，及近代有产者的生产方法"；等等。在此提要出版之前，国内已有《政治经济学批判》序言中论述唯物史观公式的完整且较为成熟的译文，对照起来，上述译文相形见绌。评介中的次要部分，是说比起斯密、李嘉图等人所创立的"市民的"或资产阶级的或古典的经济学，马克思的《政治经济学批判》跨出了更具决定性的一步。前者一面提出商品价值决定于劳动时间，一面又认为资产阶级生产是社会生产永久的自然形态，劳动构成价值属于每个人的自然特质，二说相互矛盾。马克思否定资产阶级生产为永久自然形态的说法，它不过是社会生产一系列发展阶段中的一种历史形态；据此彻底研究构成价值的劳动的特质，什么样的劳动构成及为什么构成价值，包括具体劳动构成使用价值，社会劳动构成交换价值，具有使用价值和交换价值的商品在资产阶级社会的特征等；后来《资本论》第一卷也讲到这些问题，因此《政治经济学批判》可以说是《资本论》的"序论"。这种评介，揭示了马克思学说在古典经济学基础上更为彻底与科学的发展，具有一定的客观性，但仅此而止，比起那时国内关于马克思经济学说的已有评介，不过是浮光掠影而已。

总的说来，本提要对马克思著作的评介平平，从选书时放在低估的位置，到确信修正派从根本上动摇了马克思学说的根基，到警戒马克思主义传播的影响力，到有些敷衍而不予置评地转述序言中关于唯物史观的原文且误译频出，到提及马克思劳动价值论与古典经济学之间的关联却浅尝即止，到点出《政治经济学批判》是《资本论》的序论而回避更为重要的剩余价值理论，诸如此类。当然，提要的宗旨，也想为入选的每本书写下客观的评语，以期展示这些世界名著超然于一切的"公意"价值。可是具体到马克思著作，面对从剩余价值理论推导出来的劳资对立与阶级斗争、资本主义制度必然灭亡、劳动阶级的社会革命等学说，看来又不愿将这些学说当作人类的"公意"，于是绕开《资本论》，一面借修正派的著作来否定这些学说，一面挑选《政治经济学批判》一书而将评介重点放在唯物史观及继承和发展古典经济学的劳动价值论等学术问题上，以示其"客观"。由此可见编译者在挑选马克思著作上的局限性，尽管这样说，并不否认提要中推荐的各种社会经济名著，便利于国人按图索骥，从世界范围内吸取学术滋养，包括对照传承下来的社会主义和经济学代表作，可以加深对马克思经济学说的认识和研究。

### （六）《经济学纲要》

张和编著，上海法学社校阅出版，广益书局 1928 年 11 月付印，现存 1929 年 3 月再版本，列入考试丛书。也就是说，这是当时用于经济学科目考试的参考书，具有经济学的规范或标准答案。

根据作者 1928 年 9 月 12 日的"例言"：本书省略一切序述，虽不能详尽，但读者看了，也可以知其大概；所说的只在原理方面，因为篇幅所限，经济的理论、思想和学识，多不曾说到，要请读者原谅。作为供读者考试前预备的书籍，每章末尾，多列表格，以便读者易于记忆。内容分引论、生产、交易、分配、消费和公共经济 6 章，"这种排列是旧式的，现在应当以消费论放在前面讨论"；不过为考试预备，顺着次序讨论，也是帮助读者容易记忆的意思。公共经济论，所有的分类按照现在中国经济社会原则加以区别；分配论，"讨论分配不均的原因和补救的方法是很尽力的，所以这本小册子是适合我们在青天白日旗下青年们参考的"。①

---

① 张和编著《经济学纲要》，上海广益书局 1929 年版，"例言"。

显然，这本经济学的纲要，套用类似于李权时的《经济学 ABC》格式，以消费论应放在首位讨论，为新式时髦，而坚持旧式排序，为了便于考试复习预备的记忆。因为当时国内大多数的经济学教科书，仍按照旧的次序讲授。从上述例言看，纲要的特点，以经济学的基本原理为主，遵循主流经济学的讨论次序，用于经济学科目的考试准备，面向青年学生等。这些特点，等于删去经济学的延伸或扩展内容，留下最核心的要点，用作向国内青年学生灌输经济学常识的范本。以此而论，这样的范本里，根本看不到马克思和社会主义经济学说的痕迹。至于说其他经济学著作，经常引用马克思或社会主义学说以为一派之言的分配部分，在这本纲要中，虽尽力讨论分配不均的原因和补救的办法，却也不见马克思学说和社会主义的踪影。这说明，当时我国的经济学领域，虽然引述马克思经济学说已成为较为普遍的现象，但大多数场合只是作为一派理论观点而提供学术上的参考，一旦需要确立和考核正统或主导的经济学理论知识，仍必须恪守规范的标准答案，不容马克思经济学说有所染指。这也是考察那个时期的经济学著作，需要注意的意识形态背景，不仅官方如此，学术界亦然。

本章列举的著作，分为经济史学和理论经济学两类，其共同特点，一是给与马克思经济学说以不同比重的介绍，有的还颇为详细；二是出于国人之手的比例在提高，不过以教科书或通俗读本为主。前一特点或者保持以往传入国内的舶来经济史学类著作已有的叙述特点，不可能无视马克思主义经济学的历史地位和影响，或者国内学者传承这种叙述方式时，继续增补和拓展有关马克思经济学说的内容；但所有这些叙述，都不是为了宣传或传播的目的，而是作为单纯的学术研究甚或作为批判的对象，不是认为已经过时，就是试图用其他的社会改良学说取而代之，以至于连素来被看作传播马克思主义之标杆的河上肇，也被找出他的全然不同于马克思经济学说的著述，当作比较个人主义（资本主义）与社会主义的经济学标准而予以翻译推介。后一特点说明舶来经济学经过在我国的多年流传，开始由假借各种译本，逐步转向同时由国人中的具有经济学素养者自行编撰，其中既有进行深入研究的少量专著，更有用于教学推广和知识普及的较多讲义和通俗读物；一般说来，进行专深研究者，即使不赞成马克思经济学说，尚能较为客观的评介，而普及通俗类著作，对马克思经济学说的容忍度更为苛刻，哪怕将其列入世界名著提要，也要并列颠覆其学说的其他著作，至于那些用于考核经济学基本知识的标准规范之类著作，则干脆将马克思经济学说摈弃在外。

# 第四章 本编考察概述

本编考察的近 50 余部著作，集中于一年，比较前面几个时期，数量上延续不断增长的趋势，内容上则体现了自上个时期末年的反转动荡以来，在评介马克思主义经济学方面更多遭遇负面压力的博弈特征。

其一，从传播和运用马克思主义经济学的著作看，虽然其数量未尝稍减，而且理论的传播有所拓展，实际的运用深化到专题领域，仍能看到共产党人的影响，但同时可以感觉到国共合作时期的相对宽松氛围正在收紧的态势。如在理论传播方面，未能改变以翻译为主或几乎都是译本的面貌。即使引进这些著作，客观上起到传播马克思主义经济学的作用，而在翻译引进者的主观上，却未必有这样的自觉意识，有的继续热潮时期的翻译惯性而无意识地留下一些成果，有的纯粹出于学术或专业研究的兴趣。或许有这样的自觉意识，惟在当时的形势下，必须有所掩饰，不加评论或不表明翻译者的态度意向，只是假借国外著作的名义推出其译本，也算是一种策略。特别是在实际运用方面，一些专题性较强而颇具特色的著作，基本上来自日本学者论述的译本，国人自己的运用，则限于当时比较有共识的论题如反对帝国主义侵略和重视农民问题等，很少像此前共产党人运用马克思学说指导中国实际的著述，直指现行社会基本制度的存废并提出走苏俄式社会主义道路的方向。

其二，出现公开宣称马克思主义破产或批判马克思科学社会主义的系统性著作，这是国内处于强弩之末的无政府主义思潮，借着政治局势逆转之机的又一次回潮。在中国共产党成立前后，马克思主义与无政府主义有过正面交锋，争论的内容同样涉及马克思经济学说，实则关系中国革命的指导思想和道路选择问题。在受到理论上的批判和遭遇实践中的挫折之后，无政府主义思潮已呈衰退之势。这次回潮，虽然其内容多是老调重弹，但力求以更加集中和系统的著作方式予以宣示，试图重新挑起与马克思主义争夺我国革命主导权的理论论争。正如这些著作的编撰者所言，在引导中国革命方面，来自资产阶级方面的反对意见不足担心，须重视的是来自马克思主义方面的强有力影响。然而这种对于中国共产党人信奉马克思主义的挑战，恰同政治上的反俄反共逆流成呼应之势。

其三，苏俄例证成为重点抨击的对象，并把矛头指向主张效法苏俄革命的中国共产党人，这既是国共合作破裂后联俄联共政策被否定的结果，也是马克思主义经济学的传播遭遇新一轮抵制的原因。这一年，不管专论苏俄革命或劳工运动的著作，还是论述其他经济问题的著作，往往都会提到苏俄这个案例，由此引出两个值得注意的取向。一则此类著作中，苏俄革命几乎被异口同声地当成反面榜样或不合时宜的异端，这同先前社会舆论中时常出现的赞赏态度、友好口吻或至少是持比较客观的立场来观察其动态的状况相比，形同完全的逆转。在这个逆转潮流里，不仅公开出版物中很难看到当初共产党人借鉴苏俄模式为中国谋求出路的一系列理论主张和实际措施，而且共产党本身也被看作造成社会动乱的祸端。二则此类著作为了否定苏俄模式，明白单靠污辱和谩骂无济于事，无法抹杀苏俄业已有 10 年革命与建设实践经验而屹立未倒的事实，更无法消除经过联俄联共政策的熏染而留下的深刻影响，于是，新一轮的抵制，较多采取看似摆事实讲道理的论证方式。比如，为了证明苏俄模式所依据的马克思学说已经过时，就去比较系统地考察马克思主义的源流及其理论要素；为了证明苏俄模式不得不改弦易辙，最终转入欧美国家的社会改良轨道，就去较为全面地对比苏俄新经济政策与世界范围内各国经济政策变化的异同之处；为了证明苏俄模式在农业改造和农民问题上陷于绝境，就去比较详尽地考察战时共产主义措施的内容及其影响；等等。如此证明，初衷是要清算苏俄模式的劣根性，从而彻底否定它的可行性，结果却为马克思主义经济学的传播提供了更丰富的历史文献、更深入的理论研究和更翔实的苏俄史实。

其四，试图把苏俄的经济实践与马克思经济学说分离开来，使之在理论上成为无源之水、无本之木。从马克思主义经济学在中国传播的以往历史看，尽管出现过对马克思学说与苏俄革命之间关系的质疑，但总的趋势是认可发动苏俄革命的布尔什维克党及其领袖列宁继承和发展了马克思主义，并以苏俄革命的成功作为马克思主义的理论付诸实践而显示其具有真实可行性的重要标志。因此，在国人中的许多关注者看来，二者的关系，一荣俱荣，一损俱损。若肯定马克思学说，则以苏俄革命作为典型范例，若否定马克思学说，亦以苏俄革命作为负面标靶。然而本年所考察的各类著作，却透露出另外一种不同的倾向，对马克思经济学说的历史地位尚能保持相对客观乃至比较积极的评介，对苏俄经济实践的评价则一无是处。将二者分离，除了当时形势的逆转变化以外，以理论分析而论，概括起来无非几个理由。在马克思经济学说方面，姑且不论那些极端反对者的意见，但凡持某种程度的客观评介者，一般都承认马克思的经济理论有一定科学道理，故而其经济学代表作能够产生广泛而深入的影响；即使了解这个学说对资本主义的解剖，否定现行经济制度并成为无产阶级革命运动的理论根源，但一再强调它的唯物史观基础，在于社会革命的产生或实现，只能是资本主义经济充分发展到一定阶段的自然结果，任何违背这一自然趋势的人为举措都将一事无成，而且后来的马克思主义者也在根据时势的变化不断修正马克思的理论原则，使之纳入和平、合法的社会改良轨道。经过这样的解说，逐渐磨去马克思经济学说的锋芒，也就可以当作遥远未来的理想而无后顾之忧了。与此相反，在苏俄经济实践方面，这被看作眼前面临的现实威胁，必须加以消除。其基本依据，从此类著作看，一是苏俄最初实行战时共产主义，将基于发达经济阶段的未来理想实施于经济落后的国度，造成各种灾难，证明这条道路是失败的。二是后来用体现国家资本主义性质的新经济政策取代战时共产主义，同欧美各国旨在社会改良的经济政策变化具有相似之处，又证明社会主义道路已被苏俄放弃而转向资本主义国家自我调节与改善其经济政策的统一潮流。这些理由，意在割断马克思经济理论与苏俄经济实践之间的联系，前者虽有价值却可束之高阁，后者危及当前而亟待肃清其影响。于是，本章的各种著作，一面显示对待马克思经济学说的相对客观态度，一面对待苏俄经济实践则绝不允许有丝毫的宽容。不过，此类分离意图在抽去苏俄经济实践乃至中国共产党人主张学习苏俄的理论支撑即马克思经济学说的同时，又激励国人中的有志者特别是共产党人更为确切地把握马克思主义经济学的基本原理和方法，更为深入地认识本国国情，从而把理论与实际有效地结合在一起。

其五，将马克思经济学说束之高阁及全面抨击苏俄经济实践的双重压力，形成严峻的负面舆论氛围，一度中断了运用马克思主义经济学改造现代经济学的理论尝试。上个时期，接连引进几部名为新经济学或经济科学概论或经济学新论的译本，分别出自德国马克思主义者或苏俄学者或日本社会主义者之手，探索重建全新的经济学理论框架，或创立与资产阶级经济学完全不同的经济科学体系，或在现行经济学结构中按照若干社会主义经济理论予以实质性修改，这对国内正统经济学的一统天下，无疑是一个集中的冲击。然而进入本年度，这个进程突然中断了，曾经带来的冲击也似乎不见了踪影，尽管在介绍政治经济基本知识的译本里仍留下明显的痕迹。此时可以看到的是不断增长的经济学著作，持正统或主流观念者在增加客观介绍马克思经济理论的内容，而且大量反映在国人自撰的经济学著作中，但它们从未承认马克思主义经济学的正统或主流地位，不是以为过时，就是嫌弃过激，而且一遇到与正统经济学的支配观念相冲突，马上就站在正统经济学一边去批评、否定甚至谴责马克思主义经济学，决不愿就主导权而分一杯羹。可是随着经济学著作里有关马克思经济学说的评介内容持续积累，以及国人参与经济学著作编撰的自主性增强，无形中也在孕育着挑战舶来正统经济学支配地位的因素，以马克思主义经济学为主导的新经济学的产生，这是一个水到渠成的发展过程。

国家出版基金项目
NATIONAL PUBLICATION FOUNDATION

# 1920-1929

## 从民国著作
## 看马克思主义经济学的传播

谈 敏◎著

5

中国财经出版传媒集团
经济科学出版社
Economic Science Press

# 本卷目录

第五编

1929年：恢复时期马克思主义经济学的传播（上）

这里所说的恢复期，专指马克思主义经济学的传播，经过动荡期的冲击和压抑，很快恢复过来，并以更加迅猛的速度向前发展。这个发展势头之猛，典型表现为这一年相关的著作在经济学领域涉及的论题之深入，范围之广阔，为以往所不可比拟，尤以其数量之多，直追此前数年的数量之总和，以致为了各编安排的相对均衡，不得不将本年度的著作考察，划分为上下两编。

# 第一章 传播马克思主义经济学的各种著作

这些著作的梳理，不同于此前几个时期的同类著作，数量较少，往往只有几本，顶多10本出头，比较容易集中在一起予以评介，而是达数十本之多，超出前述各个时期的数倍，而且有些是大部头著作，需要加以分类。分类的原则，先评介翻译马克思主义代表作的那些译本，再评介直接阐述此类代表作的译本或著作，同时考虑到国内经济学界率先阐释马克思经济学说的若干自撰著作的范本；然后对更多地运用马克思主义经济学展开各方面分析说明和系统论述的译本和著作，进行同类项合并，归入不同的经济学领域，并按时间顺序（实际上是这一年的出版月份先后）排列。当然，这些分类原则只是大体言之，并不那么严格，有些分类的界线也不那么清晰，主要为了叙述的便利。

## 第一节 翻译马克思主义代表作的各种译本

这里所说的代表作，并非都属于马克思主义经济学的范畴，但都与马克思主义经济学有着密切的关系。其中有些译本的原著者署名颇为含混，或匿名，或用其他国人不那么熟悉的名字，似乎有意为之，以免出版时遭遇不测。这些译本，归并于同一著者名下，同时大致按出版先后排列。

### 一、《科学的社会主义之梗概》与《帝国主义论》译本

两个译本，原著者都是列宁。

### （一）《科学的社会主义之梗概》

这个译本由上海泰东图书局 1929 年 6 月初版，没有标出原著者，译者"画室"显然也是别名。其真实情况，可见"重译者"1929 年 2 月的"译者小序"：

这个小册子从日译重译过来，原译者是"社会思想社"。书名按照原来的样

子，应写作《卡尔·马克思（马克思底略传及马克思主义底梗概）》，现在名为《科学的社会主义之梗概》，能够包括其内容。另外，原著者在第 1 版序文里所说的"马克思主义底梗概底最后的部分"，在日译本第 5 版，根据德译本转译而增补。这就是本书的第 5 节，原文 1923 年公布在俄国某历史杂志上。原译者在第 5 版序中说：本书原文，原著者用他的别名"伊林"发表，现在德国有它的完全的译文，载在原著者的德文全集第 1 卷里。①

这个说明，还有点模糊，若隐若现，但已显出小册子为"伊林"所著《卡尔·马克思》的重要线索。根据这个线索，再看著者 1918 年 5 月 14 日的"原著第一版序文"，便逐渐清晰起来：

"在这里出版的马克思底略传与马克思主义底梗概，是我所作而揭载在一九一三年的'Granat 百科全书'里的东西"。在这梗概的末尾曾附了关于马克思文献的目录，"但在这小册子里我把它省略了"。还想在这里特别附说一句，"我在马克思主义底梗概底最后部分里，本有一节关于马克思底革命战术的记述"，但"Granat 百科全书"的发行所（今译编辑部）因为"要受当局的检阅"，"预先把那节全部消除了"。"倘若我现在还记忆着那部分的内容，我一定在这里把它加上了，但可惜，那时的原稿既已不见，又所写的大部分也都已忘记了，因此那一节是不能使读者看见了"。我想这原稿现在一定还在克拉科夫或瑞士的什么地方残留着吧，不过也不十分清楚了。但是有一件事情，现在也漠然记忆着，就是其中曾引用了马克思 1856 年 3 月 16 日写给恩格斯的信。"马克思在这信中说着这样意思的话：'在德意志的一切事件，是看现在能不能够再引起农民斗争来援助无产阶级革命的一事而决定的。'这文句是非常重要的东西"。这实在是我们俄国的"门西维克"（今译孟什维克）的人们在 1905 年所不能理解的一点，他们现在说的话，"甚至堕落到转换方向于布尔塞维克的方面去，叛逆着社会主义了"（今译"现在，他们已完全背叛社会主义而投到资产阶级方面去了"）。②

至此，方才明白，这个小册子正是列宁撰写的《卡尔·马克思（传略和马克思主义概述）》一文。按照权威说明，这是列宁为当时在俄国颇为驰名的《格拉纳特百科词典》写的一个词条，着手于 1914 年春，因故一再推迟，至当年 11 月初才完稿并寄给编辑部。该词典 1915 年第 7 版第 28 卷刊载了这个词条，署名弗·伊

---

① 画室译《科学的社会主义之梗概》，泰东图书局 1929 年版，"译者小序"。
② 画室译《科学的社会主义之梗概》，泰东图书局 1929 年版，"原著第一版序文"。

林。因书报检查，编辑部未刊出原稿的"社会主义"和"无产阶级阶级斗争的策略"两节，并对原文做了一些修改。词条附有"马克思主义书目"。1918年，波涛出版社根据该词典的词条出版《卡尔·马克思》一文的单行本，但没有附"马克思主义书目"。此文的全文1925年第一次按手稿发表于俄共（布）中央列宁研究院出版的列宁《论马克思恩格斯及马克思主义》文集。① 比较这个说明，译者序中根据日本"社会思想社"的译本，提出原文作为词条初次刊载时曾被删去的有关马克思的革命策略一节，1923年发表在俄国某历史杂志上。此说法比上述所说的原稿全文第一次发表于1925年，时间上早了约两年，或许此节被发现后先单独发表，后又收入原稿第一次全文发表，抑未可知。下面再依据原稿今译本，比较此重译本的异同之处。这个今译本②，也是前面考察著者序时引用今译文的出处。

重译本分2章，第1章"马克思略传"；第2章"马克思主义"，又分"唯物观""辩证法""唯物史观""经济学说""实际政策"5节。这个结构，同今译本不尽一致。今译本开头介绍马克思的传略，然后分4个部分，第1部分马克思的学说，含哲学唯物主义、辩证法、唯物主义历史观、阶级斗争4节；第2部分马克思的经济学说，含价值、剩余价值、资本积累、资本主义积累的历史趋势、平均利润率、地租论、农业资本主义进化7节；第3部分社会主义；第4部分无产阶级阶级斗争的策略。单从结构上看，重译本将马克思传略专门列为一章，略去马克思学说中的社会主义部分，又把无产阶级阶级斗争的策略部分换作实际政策的名称，并入马克思主义一章第5节。关于译文，以马克思的传略为例。重译本大致完整地转述了原稿内容，但除了译名、人物简历、注释等细节方面的差异或省略外，也有一些较为重要的遗漏和不准确之处。例如，重译本说到费尔巴哈（原译"法耶尔哈"）的著作时，引用恩格斯的话："这些著书底解放的意义及影响是非常大的，我们——即包含马克思的黑格尔左党，读了这些著书即刻就参加了法耶尔巴哈党了。"（第3页③）今译本则是："这些书的'解放作用，只有亲身体验过的人才能想象得到'。'我们〈即左派黑格尔派，包括马克思〉一时都成为费尔巴哈派了'。"（第48页④）重译本说到马克思1843年在《德法年鉴》上的论文，"可以知道他是

---

① 参看《列宁全集》第26卷，人民出版社1988年版，第398—399页注释85。
② 参看《列宁全集》第26卷，人民出版社1988年版，第47—82页。
③ 此页码见《科学的社会主义之梗概》，泰东图书局1929年版，下同。
④ 此页码见《列宁全集》第26卷，人民出版社1988年版，下同。

已经分明地取了阐明对于现存着的一切东西的无容赦的批评，及对于大众即无产阶级的同情与庇护的革命家底态度的"（第 5 页）。今译本则是："马克思在这个杂志上发表的文章表明他已经是一个革命家。他主张'对现存的一切进行无情的批判'，尤其是'武器的批判'；他诉诸群众，诉诸无产阶级"（第 49 页）。重译本说到《共产党宣言》，"以天才的明了与确实，发表了新的世界观——组织的唯物论——底论旨了。这论文所包含的范围，亘及全般社会生活，并亘及到当作进化底最深刻而且全面的学说底辩证法，在那儿关于阶级斗争底理论，及当作新的共产社会底创造者无产阶级所负的全世界史的革命的任务，也极直截地简明地说及着"（第 7 页）。今译本则是："这部以天才的透彻而鲜明的语言描述了新的世界观，即把社会生活领域也包括在内的彻底的唯物主义，作为最全面最深刻的发展学说的辩证法，以及关于阶级斗争和共产主义新社会创造者无产阶级肩负的世界历史性的革命使命的理论"（第 50 页）。重译本说到 1871 年巴黎公社，省略有关评论（第 10 页）。今译本则是："马克思对它作过极其深刻、准确、出色而有影响的、革命的分析（1871 年的《法兰西内战》）"（第 51 页）。末尾重译本说到马克思的三个女儿分给嫁给英国和法国的社会主义者后，附说一句，"最后的隆格这姑娘是法兰西社会主义党员"（第 12 页）。今译本则是："燕妮的儿子是法国社会党党员"（第 52 页）。经过这几例的比较，对于重译本的翻译质量，已能有大体的判断。

重译本翻译第 2 章马克思主义的第 1 节，能够从中领会唯物论的大意。最大的问题，原稿主要引用马克思和恩格斯的原著论述来阐释唯物论，对于这些原文，重译本的译文显得那么别扭，或者词不达意，如把"承认"译作"敷衍"，把"总和"译作"集团"等；或者漏掉大段的内容，如比较重译本第 17 页和今译本第 54—55 页。特别是重译本说到旧唯物论者的最后一句，"因此，只在发生了关于世界底变化的问题的时候，才始来'说明了'世界，换言之，就是没有理解进化的实践的活动莫方面"（第 18 页），不知所云。查看今译本，才明白是说，"所以他们只是'解释'世界，而问题却在于'改变'世界，也就是说，他们不理解'革命实践活动'的意义"（第 55 页）。重译本翻译第 2 节辩证法，前面部分看起来要通顺一些，但不知何故，原稿最后一大段突然被截掉了（比较重译本第 22 页和今译本第 57 页）。重译本翻译第 3 节唯物史观，颇为奇特。一是把原稿第 2 部分第 4 节的阶级斗争内容，并入唯物史观一节而隐去其标题。二是比原稿增加一些内容，如原稿引用《政治经济学批判》序言有关唯物史观的公式，其中部分内容被省略了，用省略号显示出来（见今译本第 58 页），而重译本又恢复了这些内容（第 25 页）。三是比原稿减少一些内容，如原稿引用《共产党宣言》中一大段话（见今译本第 61 页），在重译本里都不见了（对照第 32 页）。当然，通过重译本，也能看到列宁引用马克思恩格斯著作的视野非常广阔。如说明唯物史观，引用马克思的有关论述："工艺学是使人类对于自然的能动的态度，人类生活底直接的生产过程，以及同时人类生活之社会的关系及从它生出的心理的思惟等，明了起来了。"（第 22 页）可是把出处删去了，对照今译本，才知此话出自《资本论》第一卷（第 57—58 页）。

原稿中篇幅最多的是马克思的经济学说，这一点，也在重译本的第 4 节经济学说里得到体现，不过此节拿掉了原稿所有的小标题。重译本里面，有关价值、剩余价值、资本积累、资本主义积累的历史趋势等内容，均属于《资本论》第一卷范围，占此节 60% 以上篇幅，译文比较完整、确切和顺畅；原稿一般转述马克思原著的要点，引用原文不多。有关平均利润率和地租论的内容，属于《资本论》第二第三卷范围，约占 20% 多的篇幅，译文亦属完整和通顺；原稿同样以转述马克思原著的要点为主，比较简略，第二卷突出平均利润率问题，第三卷则在各种收入形式中突出地租形式。有关农业资本主义进化的内容，与资本主义地租的产生相联系而引申出来，因为它对像俄国这样的落后国家有特别重要的意义，所以格外受到重视，这应是原稿的一个特色，而且接连引用马克思的原著论述予以阐释，引用的原著可见《资本论》第一卷、第三卷，《法兰西阶级斗争》《雾月十八日》等，而以《资本论》第三卷的引文居多。从重译本看，这部分内容的译文，总体尚可，占的篇幅亦较小，但随着引用原著论述的增多，其引文仅存《资本论》出处的清晰标识，其他原著的出处均被略去；另外，将原稿最后有关小土地所有制的规律和资本主义农业的特点的一大段话删去（比较重译本第 59 页和今译本第 72—73 页），以致这一节到最后，未能保持原稿的完整性。

前已提及，重译本未录原稿"社会主义"部分，并把原稿"无产阶级阶级斗争的策略"部分并入其第 2 章第 5 节"实际政策"。原稿介绍这个策略（重译本译作"战术"）问题，大量引用马克思和恩格斯通信集里面所提供的材料，许多论述在当时我国有关马克思学说的著作里，从不曾见过。如马克思给恩格斯的信中，说要辩证地理解运动的变化："在这种伟大的发展中，二十年等于一天，虽然以后可能又会有一天等于二十年的时期"（第 78 页，在重译本第 61 页，看到这样的对应译文："二十年是比一日更重要的。虽然把这二十年结在一束上的那样的几日是能够即将到来的"，可谓驴唇不对马嘴）。原稿还重点指出在这个问题上马克思有两个论点特别重要，一个见于《哲学的贫困》论述无产阶级的经济斗争和经济组织，另一个见于《共产党宣言》论述无产阶级的政治任务（第78页）。所有这些介绍以及引用的材料和相关评论，在通常评介马克思学说或马克思主义的著作中都很难看得到，因而也形成此原稿的又一大特色。庆幸的是，这一节的内容，在重译本里被完整地保留下来，虽然其译文仍存在不少问题，但逐字逐句翻译力求忠实于原文，连马克思与恩格斯通信的出处也详细标明出来，可以说是翻译原稿中有关马克思学说部分最完整的一节。

经过对《科学的社会主义之梗概》译本各章节的比照考察，可以断定译本在主体内容上反映了列宁原稿《卡尔·马克思》的基本面貌和评介宗旨，同时也体现了这是站在无产阶级立场上概述马克思传略和马克思主义的权威评价。主要缺陷，一是翻译的质量参差不齐，有时连原文意思都不能正确转达，遑论信达雅；二是虽然部分还原了原稿的原貌（除了社会主义和书目两部分），但不时有重要段落的遗漏。说到后一个缺陷，也可能不全是中文重译者的问题，或许还可以追究到日文译者，这需要拿来日中两个译本对照比较，方可知晓。这又涉及另一个疑惑，汉译本既然从日译本重译而来，何以多此一举，要改变原来的书名，而且不仅以伊林的别名隐匿原著者的真名且不见诸封面和版权页，还以画室的别名隐匿汉译者自己的名字，似乎不想让别人知道这是列宁评介马克思及其学说的著作，也不想让人知道谁在翻译列宁的著作。这种掩饰，多少反映了当时政局的压力。但这个译本以此方式得以出版，其内容终究会对国人以什么标准认识马克思及其学说，产生深远的影响。

### （二）《帝国主义论》译本

又名《资本主义最后阶段帝国主义论》，伊里基著，刘野（埜）平译，上海启智书局1929年6月初版。译者不详，而他1929年1月20日的弁言，却对原著有清晰的评价：

"本书是世界名著之一。著者完全以辩证法唯物论观点，详细分析帝国主义的一切经济现象及其特征，尤其对于资产阶级学者和小资产阶级改良主义者的荒诞理论，抨击无余，关于中国问题，虽略略涉及，但确有独见之处。所以本书堪称研究帝国主义之最完善最正确最深刻最独到唯一好书；欲研究帝国主义，欲明了国际情势，非人手一编不可"。因初次试译，且匆促赶印，译语未免生涩，错误在所难免。本书根据纽约出版的英文本第 2 版译出，间有参看东京丛文阁出版的日文本。①

这个评价，不管是否曾参考英文本或日文本的有关评论，译者鲜明的态度表明，此书不仅运用辩证唯物论观点详细分析了帝国主义的各种经济现象和特征，而且彻底抨击了资产阶级学者和小资产阶级改良主义者的荒诞理论，因此综合其基本理论、研究方法和阶级立场，以最完善最正确最深刻最独到的"四最"标准，推崇到极致，称这是研究帝国主义的世界名著和唯一好书。至于论及中国问题的独到见解，应指书中有几处以中国为例证，说明帝国主义列强侵略、分割和争夺殖民地或半殖民地国家的本性。这也是译者呼吁每个中国人要明了国际形势，反抗帝国主义的侵略，非人手一册《帝国主义论》不可的道理之所在。

译本除"绪论"外，包括"生产集中与垄断""银行及其新任务""金融资本与金融寡头政治""资本输出""资本家集团间底世界分割""列强间底世界分割""资本主义的特殊阶段之帝国主义""寄生生活与资本主义底没落""帝国主义底批判""帝国主义底历史的地位" 10 章。对照今译本，此译本涵盖原著的全部内容，重要的译名也基本一致。当然，出现这样的完整译本，并非突如其来。从上面的考察能够看到，在此之前，国内已有包含《帝国主义论》主体部分的节译本如《帝国主义浅说》，更有不少比较全面介绍原著大意精神或以此作为论证依据的解说本和引用本。因此，这个全译本的问世，可以说是时代呼唤，水到渠成。也就是当我们推重这是最早的《帝国主义论》全译本时，应该看到那些前期的铺垫。

译本的质量，能够比较通畅地表达原著的意思，只是比较今译本，在译名和表述方式上存在着差异。举个例子，原译本的"绪论"即今译本正文前的开头语部分，一上来就把原文的"在最近十五年到二十年里"，译成"在最近十年或十五年间"，提前了 5 年，这是明显的过错。此外，则把"美西战争"译作"西美战争"，"英布战争"译作"英巴战争"，"新旧两大陆"译作"东西两半球"，霍布森的"资产阶级社会改良主义与和平主义的观点"译作"霍蒲孙"的"社会改良主义与和平主义的观点"，"过去的马克思主义者卡尔·考茨基"只译作"考次基"，奥地利的希法亭译作"奥地利亚"的"喜尔斐丁"，"资本主义发展的最新阶段"译作"资本主义最近发展底阶段"，"帝国主义的基本经济特点的联系和相互关系"译作

---

① 伊里基著，刘野平译《帝国主义论》，上海启智书局 1929 年版，"译者弁言"。

"资本主义的主要经济特征底联系及其相互关系"等①。这些差异，无碍大体，由此也能看到马克思主义经典经济学原著在翻译传入我国过程中的不断完善轨迹。

## 二、《农民与革命》《国家与革命》和《列宁经济学》译本

三个译本，亦同为列宁所著。

### （一）《农民与革命》译本

俄国 U. I. Ulianoff 原著，石英译，上海沪滨书店 1929 年 10 月初版。

译者情况均不详，他 1929 年 6 月 9 日附记：

"这是一本关于劳动者与农民在争取最后的决定的胜利途上应该怎样提携结合这问题之最天才的，最正确的著书"。"在目前世界革命不是遥在远处，而是逼着眼前的历史的大转换的时期，无产阶级为获得政权的争斗必须与农民——尤其是贫农——结成巩固不拔的同盟才能遂行其任务，这在现在已经是一种常识，用不着译者来哓哓多说的"。"中国革命底主要任务之一是彻底的解决土地，因而农民问题之解决是使中国革命能否彻底的完成其任务之一关键；又因而农民运动能不能在正确的路线上发展下去这问题是非常之重要的"。从这几个理由出发，译者很不自揣地把这本小册子译成中文，"提供给一般的革命青年及农村的斗士"。假使这一拙劣的移植能够提供多少的帮助，那就是译者的万幸了。

1903 年 5 月，本书以小册子的形式散布于全俄罗斯各村落，"在六百万有余的贫农之中震起了异常的感动底浪潮，因为它触动了贫农底心胸之深处，激发了他们在极度的、非人的压迫与摧残的深渊中几微地残留着的希望的热情。光辉的易列基底思想就在这时候深深地在农民底脑中种下丕基了"。因记者的拙劣文字，以及手边没有英德的译文，只依照日译第 1 版翻译出来，其中不免损伤了原著者的文派与真意，这是译者最觉不安的地方。把这本译本当作"译述"，也是想要这一事实，并想在最近的将来有改订增补的机会。②

译者上述附记，对这个中译本的原著，给予极高评价。誉之为劳动者与农民在争取最后的决定性胜利的道路上，应该怎样结合这个问题的最天才最正确的著作；称之为当世界革命逼在眼前的历史大转变时期，使得无产阶级夺取政权，必须与农

① 以上比较分别见《列宁选集》第 2 卷，人民出版社 1972 年版，第 738 页；刘楚平译《帝国主义论》，上海启智书局 1929 年版，"绪论"，第 1—2 页。
② Ulianoff 原著，石英译《农民与革命》，上海沪滨书店 1929 年版，"译者的话"。

1732

民尤其贫农结成牢不可破的同盟，才能完成其任务这一点，现在已成为一种常识；让我们明白，中国革命的主要任务之一是彻底解决土地问题，因而解决农民问题是中国革命能否彻底完成其任务的关键，为此非常重要的是能否使农民运动在正确的路线上发展下去。这些评价，不仅指出通过中译本，能够为我国的革命青年和农村斗士提供帮助，而且指出原著当年曾以小册子形式散布于俄国农村各地，在广大贫农中掀起异常感动的浪潮，触动他们的心灵深处，激发他们摆脱极度受压迫与摧残之处境的希望热情，在他们头脑里深深种下"光辉的易列基思想"的根基。何人谈论农民与革命，能在俄国1905年革命前的广大贫农中赢得如此高的声誉？"光辉的易列基思想"中的"易列基"，究竟又是谁？这是初看译者附记的一个待解之谜。

经过查考对比，译本的原著者 U. I. Ulianoff（其中第一个缩写字母 U，应为 V），原来是列宁的原名弗拉基米尔·伊里奇·乌里扬诺夫；上面所说的"易列基"，即指伊里奇，此书封面只注明其外文名而不使用中译名，又不知是否为了避开官方的审查。译本的书名，原本是《给农村贫民（向农民讲解社会民主党人要求什么）》；其中译名《农民与革命》，只述其大意，由此也可体会，中译者通过日译本来转译原著，感觉最不安的是不免损害原著的文派与真意，这个担心是有道理的。根据对原著的注解，列宁这本小册子写于1903年3月上半月，5月由俄国革命社会民主党人国外同盟在日内瓦出版，小册子里附有俄国社会民主工党纲领草案原文以及列宁写的纲领草案的序言；它从国外秘密运入俄国，转送各城市，再从各城市散发到农村，传播很广，1904年俄国社会民主工党中央委员会曾经在国外再版这本小册子①。

下面对照今译本，考察一下此译本的有关内容。

译本 130 余页，共 7 章，分别是"都市劳动者底斗争"（今译"城市工人的斗争"），"社会民主主义者要的是什么？"（今译"社会民主党人要求什么？"），"富与穷，农村中的财产底私有者和劳动者"（今译"农村中的富和穷，私有主和工人"），"中农到何处去？到土地私有者或地主方面去呢还是到劳动者或无产者方面去呢？"（今译"中农会往哪里走？会走到私有主和富人那边去，还是会走到工人和穷人这边来？"），"社会民主主义者要想为一切的人民一切的劳动者获得怎么样

---

① 参看《列宁选集》第 1 卷，人民出版社 1972 年版，第 819 页注释 206。

的改善呢?"（今译"社会民主党人正在为全体人民和工人争取哪些改善?"），"社会民主主义者为凡百的农民获得着怎么样的改善?"（今译"社会民主党人正在为全体农民争取哪些改善?"），"农村中的阶级斗争"（今译相同）。另外，在今译本里，原著附有"《火星报》和《曙光》杂志共同提出的俄国社会民主工党的纲领"，译本删去未录。比较下来，除了附录之外，此译本是原著的完整译本，各章的标题译文也基本一致。

选择第1章的内容，逐段进行比较①：

原译："许多的农民恐怕已经耳闻了都市中所发生着的劳动者底不安和动摇吧。农民中有一些眼见了此处彼处的都市及工场中所生的，而警察称之谓暴动的这东西。其他的农民晓得了劳动者为参加这种暴动而被官厅追放到乡下来的事实。第三的农民得到了各种关于劳动者底斗争之小册子，宣传品。第四的农民听闻了有些人在好奇的话说着都会中所发生的事情。"

今译："很多农民大概已经听说过城市工人闹风潮的消息。有的人自己到过大城市和工厂，看见过被警察叫做造反的事情。有的人认识一些参加过风潮而被官长赶到乡下来的工人。有的人拿到了讲工人斗争的传单和小册子。有的人只是听那些见过世面的人说过城里人的这种事情。"

原译："以前只有学生去发起革命；但是现在呢，在一切的大都市上有几千、几万的劳动者奋起着。他们常常与其各自的主人、工厂主、资本家作着斗争。劳动者发起罢工，把工厂底工作一齐的停止起来，要求增加工钱。要求废止十一小时劳动、十小时劳动，实行八小时劳动制。劳动者更要求改善他们的一切生活，他们有各种各式的希望，例如要工作场好好的设备起来；机械要用特别的装置使不至危害劳动者底生命，不至使他们变成残废；要他们自己的儿女能够进学校；有病的时候能够在病院受诊；要他们的住居不是狗窝一般的陋狭，而应是适于人住的房子；凡此一切都是他们的切身的希望。"

今译："以前闹风潮的只是大学生，而现在在各大城市里，成千上万的工人都起来闹风潮了。他们多半是跟自己的老板、厂主和资本家作斗争。工人常常罢工，大家一下子在工厂里就停了工，要求加工钱，要求不强迫他们每天做十一个钟头或者十个钟头的工，而只做八个钟头的工。工人们还提出其他各种要求，改善做的人

---

① 以下比较，原译文见石英译《农民与革命》，上海沪滨书店1929年版，第1—5页，今译文见《列宁选集》第1卷，人民出版社1972年版，第390—392页。

的生活。他们要求工厂的设备好一些。要求机器装上特别的安全设备，干活的人不会受伤，让他们的孩子能够上学念书，让病人在医院里得到应有的治疗，让工人的住房像家人住的房子而不是狗窝。"

原译："警察干涉劳动者要实现这种希望的斗争。他捕缚劳动者，使他们坐监牢；不用什么法律的裁判便追放他们到乡下或西伯利亚去。政府则用法律来禁止劳动者底罢工及集会。但是他们对政府及警察官宪作斗争。劳动者说：我们百万的劳动者已经工作了一生，仍旧是像叫花子一样；我们为有钱人已经工作了不知多少，再不愿将我们自己做出来的东西被人家这样掠夺了去；我们要结合一切的劳动者来组织一大劳动者底同盟（劳动者党），互相协力来获得较善较良的生活。我们要获得新的，较良的社会组织；在新组织之下，不许有富者与贫者的区别。一切的人们必须从事劳动。能利用共同劳动的成果的，不是有钱的人的小团体，必须是一切劳动的人们。机械及其他的完全的设备是为使一切人们的劳动能容易起来，不是为使一部分的人们富庶起来而牺牲数百万、数千万的民众底幸福的。这新的较良的社会底名字应是社会主义的社会。关于这新社会的教义就叫作社会主义。为要建设这样的社会而奋斗着的劳动者底同盟就叫作社会民主主义者的党（用现代话说就叫作前卫党——译者）。社会民主党公然的在世界底一切国家里（除了俄罗斯与土耳其）存在着。我国的劳动者和有教养的社会主义者一块儿也组织了一个叫作俄罗斯社会民主劳动党的政党（就是现在的俄国共产党底前身——译者）。"

今译："警察常常干涉工人的斗争。常常抓工人，把他们关在监牢里，不经法庭的审判就把他们驱逐还乡，甚至放逐到西伯利亚去。政府定出法律不许工人罢工和开会。可是工人既跟警察也跟政府作斗争。工人说，我们千百万工人，弯腰曲背地干活已经干够了！我们再不能替富人做工而自己仍旧当穷光蛋了！我们不能让人家掠夺了！我们要联合起来，把一切工人都组织到一个工人的大联盟（工人政党）里去，一起争取改善生活。我们要争取新的、美好的社会制度：在这个新的、美好的社会里不应该有穷有富，应该归全体劳动者享受。机器和其他技术改良应该用来减轻大家的工作，不应该牺牲千百万人民的利益来使少数人发财。这个新的、美好的社会就叫社会主义社会。关于这个社会的学说就叫社会主义。为这个美好的社会制度进行斗争的工人联盟就叫社会民主党。这样的党差不多在所有国家（俄国和土耳其除外）都公开存在着，我们的工人和知识分子中的社会主义者也已经建立了这样的党，这就是俄国社会民主工党。"

原译："政府迫害着这个党；但是，这党是秘密地存在着。虽有一切的禁止，但仍发行着机关报与小册子，且结成着秘密的同盟。劳动者不但开秘密的会议，而且成群地冲到街头去，飘飏起写着'八小时劳动万岁！自由万岁！社会主义万岁！'的旗帜。政府因此非常愤怒，要迫害劳动者。有时为镇压他们调出军队来干涉。俄罗斯的军队已经在耶罗斯拉夫，圣彼得堡，里加，罗斯托夫·奈·东，慈拉特斯屠杀了俄罗斯的劳动者。"

今译："虽说政府在迫害这个党，可是党还是不顾各种禁令秘密地存在着；还是出版着自己的报纸和小册子，组织秘密的联盟。工人不仅秘密集会，而且还成群结队地上街去游行，高举写着'八小时工作万岁！自由万岁！社会主义万岁！'的旗帜。为了这个缘故政府拼命迫害工人。它甚至派军队来向工人开枪。在雅罗斯拉夫里和彼得堡，在里加，在顿河岸罗斯托夫，在兹拉托乌斯特，俄国兵都屠杀过俄国工人。"

原译："然而劳动者决不屈服于这些之前。他们继续着争斗。他们说：我们决不怕怎么样种类的迫害，压制，追放，屠杀，也不怕死；我们的运动是正当的；我们是为劳动着的一切人们底自由与幸福而斗争着的；我们是为要解放压制和压迫，为要解放几千万，几亿的民众底贫困而斗争着的。劳动者益发觉悟着。社会民主主义者底数目在一切的地方都增加着。无论怎么样来迫害我们，但是胜利总归是属于我们的。"

今译："可是工人并不屈服。他们继续斗争。他们说，无论什么迫害，无论监狱、流放、苦役或死刑，都吓不倒我们。我们的事业是正当的。我们是为一切劳动者的自由和幸福而斗争。我们是为亿万人民摆脱暴力、压迫和贫困而斗争。工人已经一天比一天觉悟起来了。各国社会民主主义者的人数都增加得很快。不管怎么样的迫害，我们是一定要胜利的。"

原译："农民诸君必须明确地理解社会民主主义者是怎样的人，他们的要求是什么，及为争得民众底幸福去帮助他们计，在农村应该采取怎么样的行动，凡此一切是农民诸君必须明确地去理解的。"

今译："农村贫民应该明白，社会民主党人是些什么人，他们要求什么，农村贫民应该在农村里怎样活动来帮助社会民主党人为人民争取幸福。"

经过以上比较，大致可以看出，译本虽然有些不那么准确的地方，但逐段逐句地对应翻译，基本上表达了原著的精神。原著本来就是以通俗方式向农民讲解俄国社会民主党人的要求，以便获得农民尤其农村贫民的理解与支持，所以也应该比较容易翻译。依此而论，这是完整翻译列宁的小册子《给农村贫民》的中译本，只不过将书名改为《农民与革命》而已。有关这本小册子，早在10年前，已经看到金侣琴作为"最早中译列宁著作的人"，1919年5月中旬发表署名列宁著《俄国问题》的中译本，连载于《时事新报》"译述"栏目，此即摘译《给农村贫民》的一章①。惟金氏译本不仅改换了书名，属于节译而非全译，其译文也不是严格对照原著的表述。但从中译者的用意看，都是为了给具有相似国情的我国读者提供借鉴。金氏认为列宁论述俄国问题，同样是"世界之大问题"，我国将来也必会发生土地问题，故不能采取隔岸观火的态度；对此或实行防范的办法，改善农民的生活，或适应社会主义的潮流，彻底解决分配问题，如将土地收归国有。同时金氏又认为土地国有"兹事体大，非一言两语所能尽"，需他日有空时再作论述。石英翻译时则提出，彻底解决土地问题是中国革命的主要任务之一，为彻底完成这一任务，解决农民问题就成为中国革命的关键，因而非常重要的是能否在正确的道路上发展农民运动。这个提法，实际上是把翻译列宁的这本小册子，明确作为引领中国的农民运动进入正确道路的指导思想。可见，相隔10年，当初金氏将列宁的思想，当作比防范办法更为彻底的解决分配问题即实行土地国有的社会主义潮流，虽可以适应却需从长计议，这在那时已是不简单的认识；如今石英明确提出，列宁思想正是指引中国农民运动走在正确道路上、从而彻底完成中国革命任务的保证。这种围绕同一部列宁著作，在结合中国实际时所表现出来的态度差异，也从一个侧面说明，经过10年马克思主义经济学在中国的传播，持中国革命论者对于适应以列宁学说为代表的新的社会主义潮流，态度更加明晰了，要求也更加迫切了。

### （二）《国家与革命》译本

署名列宁著，中外研究学会译，上海中外研究学会社1929年初版，列为该会丛书之一，213页；1930年再版，署名N. Lenin著，209页。其中外研究学会丛书总序说：

我们编译这部丛书的意思，也和"美国王格尔德书店"（今译美国先锋出版社）改行"劳作研究丛书"的意思相同。不过它着重编著，而我们因财力两限，

---

① 参看《1917—1919：马克思主义经济学在中国的传播启蒙》，上海财经大学出版社2016年版，第2编第4章第1节一。

"第一步还是以翻译为主罢了"。它发刊丛书时，"深恐外界误会"，所以做文章说明编辑大意，附在每部著作前面。"里面所说的话，我们也是极端赞成的"。现在借它的几句话，作为本丛书的序言：

"俄国革命将我们这饱受战争流毒的世界给哤毁了，将在这二十世纪当中的一个很冒险的政治和经济的大试验开始实行了。它所直接影响到的区域非常广袤，它所创的转变非常激烈，而它对于全世界的国际关系的已经和未来的影响则更不可衡量。单就这方面看来，我们已经可以说：它——无论是好是坏——总算是近世史内最伟大的一件史绩了。……到了今日，我们对于那个面积约占全世界总面积六分之一的大国却不能有相当的了解，却只是一味懵然"。

美国和苏俄只隔着一个大西洋（译者注：中国则简直境壤相接），"而美国人对于它的偏见、误解，以及胡说八道的宣传却和这个大西洋一样的深。我们对于苏俄还是当它做洪水猛兽。这样带来的结果无他，只是糊涂，只是无知"。"每个科学家都相信：'糊涂'是世界上的最危险的势力之一。所以我们对于苏俄——无论它的制度是怎样的坏，或是怎样地好——我们总要知个究竟。我们现在所能听到的只是一些道听途说的消息，和毫无实据的宣传"。"在已往的十年当中，苏俄政府业经饱受揶揄，饱受离间，甚而至于有些娴于词令的演讲家们竟想以一手掩尽天下人耳目的方法，用几句动人听闻的言词，便把苏俄很轻情地带到棺材里去。但就事实观察起来，则苏俄并不因此而中夭，反更能蒸蒸日上地进入富强之域。它的国势较之以往还强，它的领袖的指导任期较之世界上任何国家的内阁都久远。现在我们用科学的方法和无偏无党的精神来考究苏俄的时期业已成熟了！我们深信：世界上的人类绝不会永远地这样糊涂的"。"无论我们把共产党看做社会的公敌，或是人群的救主，在我们对于他们来上判语之前，我们总得把一般和他们有关系的事实（和他们的理论）考究一下。无论我们对于它的判语是怎样，我们总得承认：他们正在从事于一个新的政治统御工具的创制。他们的这种创制的试验，应该受有科学方法的观察，而不应受有含有敌意的军队的光临，应该受有理性的批评，而不应受有无理性的谩骂"。此外，我们对于中国的读者再多加一句话，"只要不自甘糊涂的人，只要懂得糊涂是我们最有害的敌人的人，他必然赞同我们上面所引的一番话，而以十二分的热情来欢迎本丛书的发刊和持续的"。①

---

① 列宁著，中外研究会译《国家与革命》，中外研究会社 1929 年版，"中外研究学会丛书总序"。

以上认识，宣示美国出版机构编辑苏联研究丛书的宗旨，出自一个确凿无疑的事实：占全世界总面积1/6的俄国，正在通过革命，开始实行政治和经济上一个很冒险的大试验，这个试验不仅把饱受战争流毒的整个世界都吓唬住了，而且涉及的区域广袤，开创的转变激烈，对全世界当前和未来国际关系的影响，更是不可估量。对于这样一件可算是近代历史上最伟大的历史事迹，不论其是好是坏，不能懵然无知，缺乏了解。这就是出版社出版这套丛书的宗旨，可谓义正辞严。同时出版社也恐怕外界误会这是为苏联说话，所以既反对当权者军事干涉苏俄和恶意抹黑苏俄的见解，更尽力显示其无偏无党的客观立场，讲求以科学家的理性态度和科学方法来观察苏俄，在作出判断之前，先要认真考究相关的事实和理论。为此，序言中一面承认苏俄创建新的政治统治工具的试验，正在使其国势避免夭折而富强起来，一面奉劝美国人不要受敌对宣传的蛊惑欺瞒而对苏俄持有偏见和误解，无视事实成为糊涂之人。中文丛书的总序全盘接受美国出版社的这番说辞，也把这些话转给中国的读者，让国人在苏俄问题上要成为不甘糊涂的人。如何不自甘糊涂，这正是中外研究学会编辑丛书的用意所在，打算持续发行客观介绍苏俄理论与实际的各种书籍，而翻译出版列宁的原著《国家与革命》，便是其中的重头戏。

此书的译本目录，包括序言，"著者的声明"（今译"初版跋"），以及6章25节。对照今译本，应是原著的完整译本，目录的译名，也比较切确，稍有差异。如第1章第4节将"国家的'自行消亡'和暴力革命"译为"国家的衰亡与暴力革命"；第3章第1节将"公社社员这次尝试的英雄主义何在？"译为"公社社员的伟大在什么地方？"，第2节将"用什么东西来代替被打碎的国家机器呢？"译为"拿什么来代替一旦被破毁的国家机关？"，第4节将"组织民族的统一"译为"国民统一的组织"，第5节将"消灭寄生虫——国家"译为"寄生虫式的国家之破坏"；第4章将恩格斯译为"恩格尔斯"，第1节将"住宅问题"译为"居住问题"，第6节将"恩格斯论民主的消除"译为"恩格尔斯对于废止德谟克拉西的见解"；第5章第1节将"马克思如何提出问题"译为"马克思对于本问题的提出方法"；第6章将"马克思主义被机会主义者庸俗化了"译为"被机会主义者所糟蹋的马克思主义"，第1节将普列汉诺夫译为"朴列哈诺夫"，第3节将潘涅库克译为"班纳科克"；等等。总之，这是自1921年5月7日，署名卫生（即茅盾）将《国家与革命》第1、第2两节译为中文，发表于上海出版的《共产党》杂志第5期之后，最初看到的原著全译本，尽管其间在国内的各种著作或译本里，不时看到引用该书的语句段落或概述式介绍。

### （三）《列宁经济学》译本

（苏俄）杜夫莱斯基编，社会调查部出版，年代不详，369页。另有一个版本，标明（苏）乌里安诺夫著，（苏）杜夫莱斯基等编，四川经济学会译并出版，年代亦不详，387页（只见简介未见译本），与前面的译本系同一内容。此书初版年代待查，仍予以介绍，考虑到这是专题编辑列宁经济学说的著述，又属于早期引进的译本，当时国内很少见，具有珍贵价值；另外根据编者序言，原书编辑完成于1924年7月夏季，也就是列宁去世后约半年期内，估计不会拖延很久便被译成中文，故姑且放在本章，以示译本初版不晚于1929年的时间范围。

编者在序言中说：

［编辑本书］，把"佛拉德米尔·伊立契（Vladimir Ilych Ulianov，是列宁的本名，今译弗拉基米尔·伊里奇·乌里扬诺夫）的一切著作"，"在价格中的理论与实践的融合，都表现出来了"。"这种表现，不但在他分析无产阶级战术指令党员作战的著述中，可以看见，并且在他对于理论经济学的最抽象问题所致力的劳作中，也可以看见"。"研究资本主义的（就广义说——交换的）社会上一般法则与进展的这种理论经济学的抽象问题，有时似乎与无产阶级的实地斗争，漠不相关。但在实际上，却是不然，因为由抽象或分析所得的资本主义的一切法则，就是照引无产阶级进入胜利之途的灯塔。然而佛拉德米尔·伊立契是常把理论经济学的问题放在与——俄国或国际的——历史环境所生的密切关系之中的，所以我们对于他在经济学上的劳作，实无须用上面的解释来作辩护"。例如："绝对地代论"（今译绝对地租论），"纯然属于理论经济学中最抽象的方面"，列宁却"极其注意"。"他首先就看出了革命斗争与这理论的关系。换句话说，就是：被许多修正主义者所否认的那个绝对地代的实存，纵令在资产阶级的组织上，还是把完成土地国有的任务，放在无产阶级的面前了"。又如"更抽象的"市场论问题，也是列宁"最喜欢研究的要项之一"。1890年代初叶（或竟至中叶），小资产阶级的理论家等，由市场论上的错误理论下手研究，得着一种结论，"说在俄国资本主义是无发达的可能性"。这个结论如果是对的，那末"无产党及其革命，在俄国的质地上，是不会有的了"。对此，列宁当然立即加以研究。"他用抽象的或分析的方法，把马克思的市场论考察得十分精到，并详细分析俄国实际上的具体资料，来打定了市场论的基础"。这些特征，在"经济学者列宁"的全部科学工作与著述中，"显然的流露出

来"。他30年前的最初著作《何谓人民之友》，"把这特征，化为如下的定式，恰像日后劳作的程序单一样"。这是他在科学及政治活动的初期所写的：

"社会主义的智识阶级，只要他脱离幻影，不在俄国将来会有的发达之中，而在其现实之中，不在应该会有的社会经济关系之中，而在其现实的关系之中，去求把柄的时候，才能够有成功的劳作。此时，这种理论的劳作，就不得不具体的去研究俄国一切经济的对立，去研究此等相互的关系与继起的发达了。这个对立，是被政治史，被法律秩序的特殊性，被从前理论的偏见所遮掩了的，实非用劳作来把它尽行揭破不可。必须以生产关系的一定体系，举出俄国现实的全景，显示这体系上的勤劳者的榨取与收夺的必然性，又须明示经济发展所表现的此等秩序上的出路。"①

列宁"经济劳作的对象与方法，就由这些话中表示出来"。"他的任务，是在于具体的研究俄国经济的现实，研究现有的实况，不是要研究将来会有或应该会有的情形"；他的说明，"纵蹈干燥无味之嫌，而不愿引起读者去揣测他的见解是依据《资本论》中的文句而未依据俄国的实际研究的"。他"以分析经济上的一切对立形态为目的"，"想举出俄国现实的全景"。这些事在列宁的"唯物辩证法中添加了异彩"，又在"经济研究的对象的各种问题上规定了范围"。列宁"是严密的正统的马克思主义者"。"他在一切地方，即令在细致末节的地方，也未曾由科学的共产主义创始者的理论退后一步。而这种迈进，不是因为他对于伟大导师的权威尽只一味的（就一般说，完全是当然的）服从所致，实是因为他洞彻了那些经济理论的奥蕴的缘故"。在他的立场上，"引用前贤文句以凭作证的方法"，"是无切要的"。"他固然喜欢引用马克思的原文，但是常把他〔它〕被很正统的马克思主义精神所陶冶的自己的见解展布出来"。列宁对俄国资本主义在工农业上的发达，"详加分析"。在他以前，也有"某某俄国马克思主义者"，观察过俄国实况"各种具体的复杂性"，区别了"历史所致的衰落原因与新发展阶段的诸现象"。但"这些研究，多少总带有偶然的性质"。"惟独列宁才把俄国资本主义的发达过程整个的概括的分析了。在一切马克思主义的典籍中——这不是夸张的话——能与佛拉德米尔·伊立契的基础的经济劳作相匹敌的，这种国民的资本主义动力学的研究，却

---

① 这段引文的原文，引自列宁1894年撰写的《什么是"人民之友"以及他们如何攻击社会民主党人？》一书第3编，见《列宁选集》第1卷，人民出版社1972年版，第75—76页；此译文对比今译文，措辞出入较多，但大意未变。

是找不出来的"。

列宁的著作，"对于研究马克思主义经济学体系的时候，供给我们唯一无二的资料"。但这些资料，"散见于列宁全集的各卷中，而最主要的理论经济学诸问题，有时却罗列在大部的劳作里面，换句话说，不过是他在记述的便中有所分析罢了"。尤其郡县党校的学生，若参考列宁的著作，更是困难。党部中央委员会宣传部经过考虑，委托亚历山大罗夫、卡加诺威契、塞格诺威契同志与我，"选编列宁劳作的这部经济文集"。选编时，我们"把两件事作为任务"：一方面，"为读者能了解列宁起见，把这经济学各种问题，都照他的本色而编列"；他方面，"为便于研究马克思主义经济学的体系起见，把这资料编成一种参考书的性质"。"我们以为后者是根本的任务，于是把各个概论与选录，不照列宁的著作年次，特按照经济学研究的普通纲目，分别配置起来"。编这经济文集的时候，"遇着一种很显著的困难"："就我们所知，列宁的一切经济劳作中，含有争论的特质，他本是勇敢的实践家革命家，而在理论的领域上，又是一位勇敢的斗士。他是连守带攻既攻且守的。并且，他所著成的各种劳作，往往都是因为对于反对论者（即民众派或各种倾向的修正主义者等）的见解而发的"。所以，他"最精彩的页内，都引用着反对派的文句，这种文句，既无兴味，甚至有一部分已无人过问，然而列宁的页面都被这些引用文溅污了"。"为减省文集的分量与细密的注释"，我们在可能范围内，"把争论的要素，极力删去"。因此，文中的项目与注解，只得割爱，有时还须删节语句。"我们在编选上，这样的力求简约，是因为要把这文集编成参考书的性质的缘故"。（下略——译本原来如此）①

这个序言，不仅叙述了选编列宁经济文集的初衷和指导原则，也不仅在列宁去世的当年，即面向苏俄读者特别是党校学生，阐明了列宁在经济理论研究方面，坚持并发展马克思主义学说的贡献，以及结合俄国国情和国际形势来指导无产阶级革命运动的重要性，而且对于中国传播马克思主义经济学，在认识、理解和运用列宁经济学方面，同样具有现实的指导意义。序言包括两大部分，前一部分是对列宁经济学论著总的评价：融合市场经济中的理论与实践，既见于分析和指示无产阶级政党组织的战斗，还见于研究理论经济学的最抽象问题；通过理论经济学的抽象分析，得出资本主义社会的一般法则及其发展，并非与无产阶级的实际斗争无关，相

---

① 以上引文除另注外，均见杜夫莱斯基编《列宁经济学》中译本，社会调查部 1924 年版，"编者序"。

反是指引无产阶级走向胜利道路的灯塔，所以列宁的论著，经常把理论经济学问题放在与俄国或国际由其历史环境所产生的密切关系之中；如极为注意理论经济学中最抽象的绝对地租问题，驳斥修正主义者否认它的实际存在，首先指出这个理论与革命斗争之间的关系，把在资产阶级组织上完成土地国有的任务，摆到无产阶级的面前；又如最喜欢研究更抽象的市场论问题，针对小资产阶级理论家依据错误的市场理论，得出俄国不可能发展资本主义的研究结论，无异于断言在俄国土壤上不会有无产阶级政党及其革命，列宁运用抽象分析的方法，精确考察马克思的市场论，详细分析俄国现实的具体资料，奠定了市场论的基础；列宁作为经济学家在科学研究与著述中明显流露出来的这些特征，早在他最初的著作中，就熔炼成以后研究与著述所依循的"定式"。接着转述列宁早年回答所谓"人民之友"即《俄国财富》杂志反对马克思主义者的论文中的一段论述，大意是：社会主义知识分子指望自己的工作获得成效，只有抛弃幻想，在俄国现实的而不是合乎心愿的发展或可能的社会经济关系中去寻找支撑点；其理论工作的方向应当是具体地研究俄国经济对抗的一切形式、它们的联系及其一贯的发展，揭露这种对抗被政治史、法制特点和业已固定的理论偏见掩盖的地方；应当完备地说明我国现实作为一定生产关系的体系，表明劳动者在这个体系下遭受剥削和剥夺的必然性，指明经济发展所暗示的摆脱这个制度的出路。转述之后，继续评价说：这些话显示了列宁经济著述的对象与方法，任务在于说明俄国经济的具体现实、现有实况，不是研究将来会有或应该有的情形；研究基于俄国实际，不是依据《资本论》的文句；以分析经济上的一切对立形态为目的，展现俄国现实的全貌，为唯物辩证法添加了异彩，又规定了经济研究对象的范围；作为严谨和正统的马克思主义者，在一切领域即令是细节，坚持科学共产主义创始人的理论，同时不是盲目服从伟大导师的权威，而是洞彻那些经济理论的奥蕴；引用马克思的原文，不是简单把前贤文句当作凭证，而是经过正统马克思主义精神的熏陶，用自己的见解展示出来；详细分析俄国资本主义在工农业方面的发展，不同于以前相关研究所带有的偶然性质，独一无二地概括分析了俄国资本主义的整个发展过程，这种从社会中研究资本主义发展动力的基础性经济学论著，在现有马克思主义典籍中找不到与之相匹敌者。所有这些评价，特别是引用列宁本人一直坚守的理论研究工作的宗旨，为马克思主义经济学在中国的传播提供了极为重要的启示，也就是科学的经济学理论必须摆脱空想，以详尽研究本国的历史和现实为基础，应当解答无产阶级和劳苦大众急需解答的一切问题。这样的启示，在当时国内流传的评介马克思主义经济学的著作中，难得一见，却适逢其会。

后一部分介绍选编列宁经济文集的理由和方式：列宁著作所提供的资料，对于研究马克思主义经济学体系，具有"唯一无二"的价值，但散见于列宁全集，其中最主要的理论经济学问题，有时见诸大部头著作，只在论述中顺便分析，这给读者尤其各地党校学生的参考，带来困难，于是俄共中央宣传部决定并委托编者根据列宁著作选编这部经济文集；选编的任务，一是为了读者能够了解，按照列宁论述经济学各种问题的本色来选编，二是为了便于研究，根据马克思主义经济学的体系把选出的资料编成参考书，后者为根本任务，也就是按照经济学研究的一般纲目而不是按照列宁著作的年代，配置选录的资料；编辑文集的显著困难，是列宁的经济论著具有争论的特性，往往针对民粹派或修正主义者之类反对论者的见解而发，以至于他的精彩论述被所引用的已经过时而索然无味的反对派的文句溅污了，因此尽量删去那些争论的要素，有时为了简约还须割爱若干内容和删节语句。根据以上选编思路，可以明白，这本经济文集的内容，全部选自列宁本人的著述，或者说，这不是由别人诠释或解说列宁的经济学说，而是以列宁自己的经济学论述作为选编的资料；列宁的经济学论著，具有浓厚的论战色彩，这是由他所处的特定环境，在革命实践过程中经常面对那些民粹派或修正主义者从理论领域发起的攻击所决定的，所以将这些"连守带攻既攻且守"的论辩性论著，转变为专题研究马克思主义经济学体系的参考资料，会成为选编的突出困难；选编内容的排列方式，不是依据列宁撰写或发表著述的年代顺序，而是将选录出来的内容资料，参照经济学的研究体例，分门别类地配置在相应的纲目里。简而言之，《列宁经济学》译本，其原书就是列宁经济学原著经过特定方式编辑后的选集。类似这样的专题选集，在当时传入国内的马克思主义经济学著作或译本里，可谓绝无仅有。

译本从目录看，分为"马克思主义的本质""前资本主义的经营形态与向资本主义的经济形态""工业上的资本主义（或工业上的资本主义的发达）""农业上的资本主义的发达""市场论""地代论""帝国主义""从资本主义到社会主义的过渡时代（副题：苏维埃组织下的国家资本主义）"八个部分。每个部分包含若干节或目，各自计算页码，并分别注明引自列宁哪些原著、俄文版《列宁全集》哪一卷及其页码范围，另附编者或译者的简要背景介绍和评点。

第一部分 22 页，分哲学的唯物论、辩证法、唯物史观、阶级斗争、马克思的经济学说、剩余价值 6 节，注明引自列宁撰于 1914 年秋季的《卡尔·马克思》

（今译《卡尔·马克思（传略和马克思主义概述）》）；评点"列宁在这限定由〔的〕文章中，实以极简的文字，描写马克思学说的全面目"①。

第二部分 62 页，分 6 节。第 1 节"赋役经营的根本特征"，注明引自列宁撰于 1896—1898（实为 1899）年的《俄罗斯资本主义的发达》（今译《俄国资本主义的发展（大工业的国内市场的形成过程）》）；评点这是"研究俄国经济组织及其发达，和资本主义关系的成立之一大著作"。第 2 节"赋役经营制度与资本主义经营制度的结合"，注明引自同上书。第 3 节"雇役制度"，注明引自列宁撰于 1908 年的《十九世纪末俄国农村问题》（今译《19 世纪末俄国的土地问题》）；评点"他对于俄国农业问题的马克思主义的研究作了一个总决算"②。第 4 节"地主经营的资本主义的进步"，注明引自同上书。第 5 节"农民共同体的分化"，注明引自同上书。第 6 节"从赋役经营到资本主义经营"，注明引自列宁撰于 1894 年秋（应为 1894 年底—1895 年初）的《人生主义的经济内容和斯托耳味氏著作中关于同上内容的批判》（今译《民粹主义的经济内容及其在司徒卢威先生的书中受到的批评（马克思主义在资产阶级著作中的反映）评彼·司徒卢威〈俄国经济发展问题的述评〉一书 1894 年圣彼得堡版》）一文；介绍司徒氏是 1890 年"合法的马克思主义的最著名代表者"等，评点列宁的"痛驳"，将他的见解"断为马克思主义的资产阶级的曲解"③。

第三部分 64 页，分 4 节，注明均引自列宁的《俄国资本主义的发达》。第 1 节"家庭工业和手工业"，含"工业上的小商品生产者和小规模副业上的行会精神""小商品生产者的分化和莫斯科郡家庭工业者户别调查资料""单纯资本主义的协业""小规模副业中的商业资本""副业和农业的结合"5 目；第 2 节"制造业的成立及其根本的特质"，含"机械工业的技术分业及其意义""地域的分业及农业与工业的分离""制造业的经济的组织""制造业的商业资本与工业资本'买占人'与'厂主'""制造业附带物的资本主义的家庭劳动""俄国工业上的资本主义发达的三阶段"6 目；第 3 节"工业上的生产集积"；第 4 节"资本主义的使命"。

第四部分 77 页，分 3 节，除第 3 节未注外，前两节注明引自列宁撰于 1903 年

① 杜夫莱斯基编《列宁经济学》中译本，社会调查部 1924 年版，"马克思主义的本质"部分，第 22 页注二。
② 杜夫莱斯基编《列宁经济学》中译本，社会调查部 1924 年版，"前资本主义的经营形态与向资本主义的经济形态"部分，第 14 页注五。
③ 杜夫莱斯基编《列宁经济学》中译本，社会调查部 1924 年版，第 62 页注一。

的"《与贫农者》（对农民说明社会民主主义的所欲）"（今译《给农村贫民（向农民讲解社会民主党人要求什么）》第三篇"富与贫困，农村中的有产者与劳动者"（今译"农村中的富和穷，私有主和工人"）。第 1 节"农村的富和贵　资产和劳动者"，评点列宁的原著是"通俗的小册子"，"用简单明了的语句，研究农村阶级分化的问题"①；第 2 节"农业的机械之意义"；第 3 节"俄国农业的资本主义之意义"。

第五部分 60 页，分 4 节。第 1 节"民众派经济学者的理论的误谬"，含"社会的分业""工业人口因农业人口的增加""小生产者的衰落""民众派关于剩余价值不能实现的理论""斯密司对于资本主义社会上的社会全生产物的生产与流通的见解及马克思对此等见解的批评""马克思的实现论""国民收入的理论""资本主义的国民何以有国外市场的必要""结论"9 目，注明引自列宁的《俄罗斯资本主义的发达》。第 2 节"边境地方的意义——国内市场与国外市场"，注明引自同上书。第 3 节"再论关于实现的问题"，注明引自同上书。第 4 节"恐慌"，注明引自列宁发表于 1901 年的《恐慌的教训》（今译《危机的教训》）一文；评点此文"将二十世纪初期俄国恐慌的原因与教训加以通俗的说明。这是以俄国实际的具体的资料明白描写资本主义的恐慌的概状"②。

第六部分 24 页，分 3 节。第 1 节"地代论"，注明引自列宁撰于 1907 年的"一九〇五年——一九〇七年俄罗斯革命时社会民主党的《农业纲领》"（今译《社会民主党在 1905—1907 年俄国第一次革命中的土地纲领》）第三章"土地国有及公有之理论的基础"（今译"国有化和地方公有化的理论基础"）；评点这是"批判和讨论一九〇五年后俄罗斯社会民主劳动党的农业纲领应加以如何的变革"③。第 2 节"差额地代与绝对地代"，注明引自列宁（分别撰于 1901 年和 1907 年）的《农业问题的批评家》（今译《土地问题和"马克思的批评家"》）第二章"地代论"（今译"地租理论"）；评点这是 1901 年到 1908 年（应为 1907 年）间"专对讨论农业问题的布鲁加科夫（今译布尔加柯夫）及其他资产阶级批评家加以批评的论文集"④。第 3 节"土地丰度递减法则"，注明引自同上书第一章"土地丰度递减

① 杜夫莱斯基编《列宁经济学》中译本，社会调查部 1924 年版，"农业上的资本主义的发达"部分，第 15 页注。
② 杜夫莱斯基编《列宁经济学》中译本，社会调查部 1924 年版，"市场论"部分，第 57 页注一。
③ 杜夫莱斯基编《列宁经济学》中译本，社会调查部 1924 年版，"地代论"部分，第 10 页译注。
④ 杜夫莱斯基编《列宁经济学》中译本，社会调查部 1924 年版，第 16 页注一。

法则"（今译"土地肥力递减'规律'"）。

第七部分 68 页，分"生产之集中与独占""银行及其新职分""金融资本及金融寡头政治""资本输出""资本家同盟间的世界分割""列强各国的世界分割""资本主义特别段阶上的帝国主义""寄生生活与资本主义颓废""帝国主义的历史的地位"9 节，注明均引自列宁（撰于 1916 年）的《资本主义最后段阶上的帝国主义》（今译《帝国主义是资本主义的最高阶段》）。

第八部分 42 页，分 5 节。第 1 节"苏维埃政权下的国家资本主义的概念"，注明引自列宁（撰于 1918 年）的《关于苏维埃政权的当面任务的报告》（今译《苏维埃政权的当前任务》）。第 2 节"粮食问题（新政策意义及其条件）"，未见注明，实为列宁撰于 1921 年的《论粮食税（新经济的意义及其条件）》。第 3 节"关于苏俄现在的经济（摘录一九一八年的小册子）"，见同上书。第 4 节"合作社"，引自列宁（撰于 1923 年）的《论合作社》。第 5 节"社会主义与共产主义的区别"，注明引自列宁初刊于 1917 年的《国家与革命》；原译者注，"这是列宁著书中的最有意义的书的一种，内中确立马克思的国家学说，并阐明能成为无产阶级的社会组织的转化形态的，只有无产阶级的专政"[1]。

上述各部分内容，涵盖了列宁从早年到生命最后时期 30 年间的各种重要经济学著述。当时及此前在不同程度上介绍到我国的有关列宁经济学说的代表作及其基本理论观点，在这个译本里可以说包罗无遗，而且以更为系统、简明和权威可信的方式，不仅弥补了国内已有介绍中的缺失与不足，而且延伸扩展到国内不曾介绍到的许多重要内容，从而把一个完整的列宁经济学体系，呈现在国人的面前。当然也注意到，现有的《列宁经济学》译本，虽然未见说明，却很可能不是直接译自俄文原版，从译文中保留"地代"之类译名及原译者注等痕迹看，估计转译自日文译本。不过这并不影响这个译本的出现，以列宁运用经济学理论来指导苏俄革命实践的创造性研究，有力支持了马克思主义经济学在中国的传播。

## 三、《哲学之贫困》译本

卡尔·马克思原著，杜竹君翻译，上海水沫书店 1929 年 10 月初版，现存 1930

---

[1]　杜夫莱斯基编《列宁经济学》中译本，社会调查部 1924 年版，"从资本主义到社会主义的过渡时代"部分，第 42 页"原译者注"。

年 10 月再版本。译者为何许人，待查，他 1929 年 6 月 15 日留下简短的附言：

《哲学之贫困》一书，马克思为回答蒲鲁东的《贫困之哲学》而作；"其中多系阐发经济学与唯物辩证法两方面的根本理论，是为马克思的名著之一"。马克思的原本用法文写作，我是根据 Marcel Giard 刊行的法文本来翻译的。"因为本书内容不易了解，加以译笔不甚高明，不免稍有晦涩之处"。①

仅以这篇附言而论，译者对于《哲学的贫困》一书在马克思学说体系中的地位，特别是在阐发马克思的经济学说和唯物辩证法的理论基础方面的重要性，具有明确的认识；同时又直接译自马克思的法文原著，不像那时国内翻译马克思的原著，通常转译自日文译本，并在转译过程中往往容易产生偏离原文的失真现象；惟译者对于准确而通畅地表达原著内容，似乎没有把握，这既与原著本身的难度有关，也与译者对自己的译笔缺乏自信心有关。

即便如此，译本终究是率先完整翻译马克思这本名著的一个重要尝试。译本里包括恩格斯（原译"昂格斯"）序，德译本第 2 版序和马克思的原序；正文第 1 章科学的发现（原译"科学上的一种发现"）及其内含 3 节，第 2 章政治经济学的形而上学（原译"经济学之形而上学"）及其内含 5 节；另外有三个附录，分别是卡尔·马克思对于蒲鲁东的批评，关于劳动券的理论，自由贸易问题。也就是说，译本除了包括原著中马克思的序言以及全部正文内容外，还增加了恩格斯的两篇序言和三个附录，共计 285 页。在此之前，国内的著作或译作里，颇早可见提及《哲学的贫困》书名和引用其中的个别论述，随之引用的内容逐渐增多，从片断的引用到整个段落的翻译，日益显示出这部原著在理解马克思学说方面的重要意义。这一点，也从前面对我国 20 年代著作的考察中，得到确切的印证。正是经过这样的前期积累，才会激起国人了解其原著全貌的期待，并产生像杜竹君那样的全译本。实际上，在马克思主义经济学传播于中国的过程中，马克思、恩格斯的许多经济学代表作被完整地翻译介绍到国内，亦非突兀而来，同样经历了类似的先期积累或铺垫，而且越到后来，越是在这种积累或铺垫中体现了国内的实际需求，而不是如同早期，引用马克思的某些经济理论或论述，仅仅为了满足一些人的好奇心或猎奇欲望。

顺便指出，当时国内引进马克思主义经济学，除了经过逐渐积累，从翻译马克

1920—1929 从民国著作看马克思主义经济学的传播

---

① 卡尔·马克思原著，杜竹君译《哲学之贫困》，水沫书店 1930 年版，"译者附言"。

思主义经济学代表作的个别文句到成段节译直至形成完整译本之外，还以专题汇编形式翻译马克思主义的相关论文或文献，从中亦可搜索到关于某一问题的经济学论述。如1929年5月初版（未注明出版社）的文集《马克思主义的民族革命论》，便是一例。其中包括：《中国及欧洲的革命》《中国的战争》《复兴的中国》《亚洲的醒悟》《工人阶级与民族问题》《落后的欧洲及先进的亚洲》《社会主义革命与民族自决权》《中国的德谟克拉西与民权主义》《第三国际第二次大会关于民族与殖民地问题的议决案》《在第二次国际大会的演说》《民族与殖民地问题的附加议案》《民族问题》《十月革命与民族问题》《东方大学政治的任务》《列宁主义在民族问题中底原理》等15篇文献，既有马克思、恩格斯、列宁等人的原作译文，也有第三国际等组织的会议文件译本。这些汇编的论文译本与单独的著作译本一道，共同构成了马克思主义经济学传入中国的原著资料来源。

### 四、《宗教·哲学·社会主义》与《家族私有财产及国家之起源》译本

两个译本，均译自恩格斯的原著。

#### （一）《宗教·哲学·社会主义》译本

这是恩格斯几部著作的合集，林超真①译，沪滨书局1929年10月初版，现存亚东图书馆1929年12月初版本（1934年3月再版，1936年3月3版，1949年7月4版）。

译者1929年6月22日作于上海的序言说明：

这本书包含恩格斯的三部著作：《原始基督教史论》（今译《论原始基督教的历史》）、《空想社会主义与科学社会主义》（今译《社会主义从空想到科学的发展》）和《费儿巴赫与德国古典哲学的末日》（今译《路德维希·费尔巴哈和德国古典哲学的终结》）。第二部著作除正文外还有分量几与正文相等的一篇导论，第三部著作附录是有名的马克思的《费儿巴赫论纲要》（今译《关于费尔巴哈的提纲》）。我翻译所根据的原文，是法文1901年汇集这三部著作出版的本子，在其他文字中不知是否有过；"在法文中这种本子似乎也已绝版，因为我在巴黎时搜求多时终未获得，巴黎市场中，除《空想社会主义与科学社会主义》之外，其他二部

---

① 林超真即郑超麟以其原名倒念谐音而起的笔名。

著作以及那篇长导论，是连单行本都买不着的"。首先应该感谢朋友尹君①，他在巴黎《人道报》报馆地窖里找得这本破烂不堪的旧书，承他的好意借给我翻译。

这本书除了《空想社会主义与科学社会主义》之外，其余连那篇长导论在内，都是恩格斯晚年的著作，都未曾译成中文出版。恰好相反，中国人翻译《空想社会主义与科学社会主义》，"在马克思和恩格斯著作的中文翻译中，算得是最勤恳努力的"。据我个人所知，五四运动时，已经有某定期刊物按期译载过；随后有某大书馆译出其关于资本主义生产发展的后半部，印成单行本出版，并改名《科学社会主义》；1924—1925 年，上海《民国日报》副刊"觉悟"又按期译载一次；去年创造社出版部又出版朱镜我的译本；现在我又在这个译本里译出。"这里，我不能够解释为甚么中国人特别勤恳努力的来翻译恩格斯这一部著作。但我可以说明我这一次不嫌重复也来翻译这一部著作的动机"。很简单：第一因为我所根据的版本中有这部著作在内，不好独舍弃不译；第二因为我要译那篇长导论，它"在哲学上的重要不减于这部正文"，更不好舍弃正文不译；第三因为这部著作在这本书中所占并不多，约 1/4 强，译出并不费事，也不会妨碍市上其他译本的销行；第四"最后的同时亦是主要的，因为读了那篇长导论以后我们知道，这一部著作，在现在形式之下，第一次是法文出版，三年以后德文原文才出版的，所以现今世界各种文字译本，有几种是根据法文译成的，有几种是根据德文译成的"。法文译者保尔·拉法格（原译"保罗拉发格"）（"法国正统派马克思主义的理论代表"）及其妻劳拉·拉法格（原译"罗拉拉发格"）（马克思的女儿）是请求恩格斯出版这部著作的人，他们的译本不是直译，与其他文字译本对照看，在形式上（如全不分段并无小题目）和字句都有许多出入，"我认为根据法文译本再译成中文出版也不至于全没有用的"。书中著者和法文译者的所有注释，这个译本仍保存着，此外译者还加上若干条译注。书中引用《圣经》的话，尽可能地采取中文官话和合译本新旧约全书的译文。这个译本出版以后，如果能够在精神上鼓励我继续多多翻译这一类著作，那就是我的意外的报酬了。

---

① 尹君应指尹宽（1897—1967），原名王竞博，安徽桐城人；1919 年赴法国勤工俭学，1922 年参与组织旅欧中国少年共产党并任中央执委，1923 年先后加入国民党和共产党，遂赴苏联入莫斯科东方大学学习；1924 年回上海任中共中央局秘书，1925 年任中共山东执委会书记，同年任上海区执委会书记兼宣传部部长，参与组织领导上海工人武装起义，后任中央宣传部宣传科科长，1928 年任中共安徽临时省委书记；1929 年脱离中共，参与中国托派团体，1931 年参加组织"中国共产主义者同盟"，1935 年被此临时中央选为领导成员，曾两次被捕入狱；1950 年被上海人民政府逮捕关押，1965 年释放。

译者同年 10 月 18 日作于上海的后记又说：

我译这本书时，希望能有他种文字译本足供参校。译完之后，才借到几本俄文书：一是恩格斯的驳杜林，其中可以参校《空想社会主义与科学社会主义》的正文；二是《马克思主义论文集》，其中选有费尔巴哈论书中的好几段和马克思的"纲要"；三是《历史的唯物论》（也是一本选集），其中有本书中的"导论"。我根据俄文细心将我的译本改正了好几处（但关于宗教一部分，我无论如何找不到别种文字可以参校）。读者如果拿法文本去对看我的译本时，一定会发现有几处字句与法文本不一样。"译者自信译时是很细心的，但错误总归是不能避免，尤其是关于宗教一部分"。如有可能，新发现的错误将于第 2 版时更正，并添入人名索引和更多的译注。①

根据以上两部分的说明，一则这个译本由恩格斯原著的法文版译出，其所以将恩格斯这几部著作合为一集，也因 1901 年的法文版本来便是如此。二则其中《论原始基督教的历史》与《费尔巴哈论》及其附录马克思的《关于费尔巴哈的提纲》，均系首次译成中文。三则《社会主义从空想到科学的发展》一书，虽然此前已有多种中译本，此译本仍有其特色，如该书 1892 年的"英文版导言"像恩格斯的前两本书一样，是他晚年的著作，这是第一次译为中文；又如该书的初版为法文，后来世界其他文字的一些译本亦根据法文译成，故直接从法文译为中文，不同于转译自其他文字的译本，应有其特殊意义。四则译者利用留学法国的机会，搜集到这本在法国也几乎绝版的著作，殊为不易，翻译时尽量保留原著的本来面貌，译后又与俄版相参校，可见翻译的精审程度。

对照三部原著，此译本 381 页，包括《论原始基督教的历史》所有三章；《社会主义从空想到科学的发展》有拉法格序，恩格斯序一、二、三，正文及附录"马克"；《费尔巴哈论》有普列汉诺夫序，恩格斯序，正文四章，以及附录马克思《关于费尔巴哈的提纲》。也就是说，这是所有原著的中文全译本，而且增译相关的序言和附录。通过这个译本也能看到，当时国内翻译引进马克思主义的经典著作，已经涉及颇为广泛的领域，同时又集中于若干代表作。尽管译者表示不能解释国内何以不断重复翻译出版某些代表作，然而这种现象本身，已经表明马克思主义在中国的影响持续扩大，不论信奉者、反对者或迟疑未定者，开始纷纷关注这些代

① 以上两部分引文，分别见恩格斯著，林超真译《宗教·哲学·社会主义》，亚东图书馆 1929 年版，"译者序"和"校后记"。

表作。其实在同时期的报刊载文里，还能看到更多有关马克思、恩格斯著作的各种译文。这里只是重点介绍以著作形式出版的一些全译本，因为它们更能体现这些经典著作的完整体系。这些译本可能较少或未曾接触有关经济学的内容，如论述宗教与哲学等，但正是放在更为广阔和系统的理论学说范围内，才有利于全面、深入和准确地理解马克思主义经济学的立场、观点与方法，使之得到正确的传播。

### （二）《家族私有财产及国家之起源》译本

恩格斯（原译"恩格儿"）这本书，李膺扬（实即杨贤江）翻译，新生命书局1929年6月10日初版（1934年3月10日第5版），列入社会科学名著译丛。这也是较早看到的有关恩格斯这部名著的中文全译本。这个译本，有两篇中文序言值得一提，故附于此。一篇是陶希圣①1929年6月14日作于上海的序言：

约60年前，欧洲的人类学家、社会学家多以为人类是上帝创造的，世界上多数民族是由于人类史上发生大灾异后才分散到各地；文化落后的民族从创造的原状退化下来，这叫作退化说。约前50年间，人类学家、社会学家开始普遍承认社会进化说。但70年前，就有卓识的学者已经建立进化论。有人说，康德在几个观念上是一个进化论者，黑格尔辩证的三分法包括简贱的进化论；黑格尔潜在的进化论，有待其门徒之一的马克思，"以'物'的观念转换黑格儿精神的观念哲学，遂奠定历史的唯物论之基础"。1859年，马克思发表《政治经济学批判》，达尔文发表《物种由来》（今译《物种起源》）。前书序文，"已决定唯物史观的结论"。接着民族学家、社会学家相继发表进化论著作，1877年摩尔根（原译"莫尔干"）发表《古代社会》的巨著，依据人类使用的工具来划分人类文化为若干阶段，以此说明最初的社会进化。1884年恩格斯根据马克思的遗志，依照《古代社会》一书，并参考希腊及罗马与日耳曼民族的历史，发表了《家族私有财产及国家之起源》。这本书的重要性，"以历史的唯物论来叙述民族学家所发见的材料"；这本书的价值，"民族学家所发见的事实能作历史的唯物论的证明"。50年来，摩尔根《古代社会》的论断，支配着民族学与社会学；70年来，"马克斯的唯物史观及经济学说

---

① 陶希圣（1899—1988），湖北黄冈人；1922年北京大学法科毕业后任安徽省立法政专门学校教员，1924年任上海商务印书馆编辑，在多所大学讲授法学和政治学，1927年初任中央军事政治学校武汉分校中校教官；1929年后在上海复旦大学等校任教，参与创办新生命书局；1931年任中央大学教授，同年被聘为北京大学教授；1938年任第一届国民参政会参政员，年底随汪精卫出走，1939年任汪伪中央常委兼中央宣传部部长，1940年脱离汪精卫集团去香港；1941年到重庆任蒋介石侍从秘书，1947年兼任国民党中央宣传部副部长，当选立法院立法委员；1949年赴台湾。

支配着社会思想"。这本书作为两家巨著的联锁，"无论如何有介绍给读者的必要"。

应当说明，近年来，摩尔根的《古代社会》是民族学家、社会学家批评的众矢之的；恩格斯这本书"也是马克思主义文献中最受批评的一种"。50年来民族学、人类学、考古学的发现，足资以推翻《古代社会》的假想与论断者，不一而足。同时社会思想家也莫不从批评或确认马克思的唯物史观与经济学说着手，本书受批评最多，便由于此。如上所说，本书是民族学开山巨著与历史学巨著交流的产物。因此介绍本书也有两方面的意义，一是"使读者得知历史唯物论的具体论据"，二是"引起读者对民族学研究的端绪和兴趣"。①

这篇序言介绍恩格斯的《家庭、私有制和国家的起源》一书，着眼于此书的学术价值。认为社会进化论取代上帝创造人类论，已成为学术界的普遍共识，在这个背景下，此书连锁着支配民族学与社会学的摩尔根《古代社会》和支配历史学与社会思想的马克思《政治经济学批判》两本巨著，也就是将它看作摩尔根关于人类最初的进化依据所使用的工具来划分其文化阶段的论断，和马克思的唯物史观和经济学说进行交流的产物。所以，尽管恩格斯这本书如同摩尔根的著作，后来成为学术界数十年新发现的批评对象，但对读者来说，仍具有认知唯物史观的具体论据和启发对民族学的研究兴趣的重要性及意义。此番论说，把马克思的唯物史观和经济学说当作单纯的学术议题，既肯定它们在社会进化论的发展过程中产生了支配性影响，又特别指出这种影响正受到新发现的挑战。也就是说，作序者更想表达一种看似客观的态度，只关注恩格斯这本书有什么价值或受到怎样的批评，至于这种价值或批评在纯学术之外意味着什么，不在关心之列。

另一篇译者的序言，1928年9月25日作于日本，比较前篇序言，介绍更为细致，重点也有所不同：

恩格斯这本书是他"最有名的主要著作之一"，第1版行世于1884年，他65岁，也是马克思去世的第二年；大加修补的第4版行世于1891年，在他去世前4年；"故读了本书，可以知道他们二人对于唯物史观、国家、家族等之最成熟的意见"。本书有如著者序言中所说，是恩格斯"继承马克思在生前有志而未遂的工作所完成者，他根据关于这一问题的摩尔根之划时代的研究，加上自己的研究，并补

---

① 恩格尔著，李膺扬译《家族私有财产及国家之起源》，新生命书局1929年版，陶希圣"序"。

入马克思的评注——在本书中引用马克思所说之处就是——把自蒙昧、野蛮以至文明的人类生活之历史，由唯物史观的见地，简单地论述"。我们从本书"不仅获得在历史研究方法上的一般的指示，更可看到人类原始生活中许多有趣味的事实，与三千年来为我们文明基础的一夫一妻家族，私有财产制度及国家之沿革，还有锐利的马克思主义的对此之批判"。要想知道马克思学派怎样看男女关系和国家，"本书便是极有兴味而且重要的指针"。

为了帮助读者容易了解，特简单解说本书的内容如下：

现代社会以"布尔乔亚泛"（今译资产阶级）与"普罗列搭利亚特"（今译无产阶级）的对立斗争做中心，国家作为这种斗争的一个机关，这些原是研究社会科学的常识，毋庸在此多加说明。恩格斯的断言：社会生活上的这一斗争，在家庭生活中也表现其缩影；今日的一夫一妻家族，是代表社会生活上布尔乔亚泛之夫与代表普罗列搭利亚特之妻的斗争的场面；因此其结果不属于法兰西式盛行的通奸，便属于德意志式家庭的倦怠。国家与家族这两种斗争形态是不是永远不离人间呢？出则阶级斗争，入则家庭斗争，这二者是不是人间不能免的运命？它的原因何在？过去的社会生活家庭生活是怎样的？将来又会怎样？"从唯物史观的立场，研究这些问题，同时以过去及现在之事实证明唯物史观之理论者，即为本书"。

读本书最先值得注意者，是第1章区别时代的标准。恩格斯依从摩尔根将世界史分为蒙昧、野蛮及文明三大期，又将前二期各分为下中上三段；"这个区别之标准，决不是任意的，而是以生活资料获得手段之发达程度——生产力之发达程度——来规定的"。以火的使用，弓矢的发明，制陶器术的应用，家畜的饲养，植物的栽培以及铁的发见等，"作为划时代之唯一标准"。这个标准之妥善，换言之，唯物史观理论之正确，读本书特别是第9章自会知道。其中最重要的是两项：最初的人类以获得自然长成的动植物来生活，因畜牧及植物栽培的发明，开始了用人力支配自然的作用；这一支配又因铁的发见更得到决定的发达。"这二者，实成就了人类生活上未曾有的大革命"。人类专靠自然产物来生活时，人的劳动力只能产生维持自己所必要的生产物，不能产生比必要更多的生产物；住在一定地域的一团人，只向共有的自然界共同取得每日必要的生活资料以共同消费；"在那里没有发生私有财产之余地——除出极其微细之物——而是共产主义的"。然而畜牧及植物栽培的发明，人间劳动的生产力急速增加，铁的使用更促进它的发达。于是人的劳动力产生比维持生活所必要的更多的生产物，由此发生剩余物，开始交换，并且出现以前完全不知道的两种事实：一是人的劳动力得以产生必要生活以上的生产物，造成了榨取他人劳动力的可能性；二是所蓄积的财富，不属于团体而归于个人之手，即成为私有财产。"这个与他人之榨取相连结的私有财产之发生，究有如何影响及于人类之社会生活及家庭生活：便是本书之中心问题"。恩格斯先在第 2 章说明对于家庭生活的影响，读了这一章，就能够明白了解今日的一夫一妻制（含有男女斗争、男性支配、通奸、卖淫或倦怠），"全为私有财产之产物，而决非人间本来之男女关系，且因之它的运命是必然地与私有财产之运命相一致的"。第 3 章至第 8 章，详细述说私有财产对于社会生活的影响。恩格斯先就各民族说明，尚未发生私有财产时，人间如何过自由平等友爱的共同生活；然后说明这样的社会如何因财产的私有而转化为相反对的社会。"'私有财产'同在家庭生活上产生如今日的一夫一妻'家族'一样，在社会生活上便产生了'国家'"。至于私有财产因何种理由而产生国家，又让国家尽如何的使命，这在第 5、第 6、第 8 及第 9 章有详细的说明。

于此可见，"今日之家族及国家是私有财产所生之双生儿"。在私有财产的基础上发达生产力，国家的形态也有种种变动。然而"国家之本质是不变的，因做它的基础的私有财产之本质不变"；"今后只要在这一基础存在的限度内，无论如何修正宪法，如何改订选举法，而国家之本质将不会变"。本书当作自明的道理议论：私有财产是要消灭的。"因为私有财产如何消灭这个重大问题是在马克思的《资本论》中被说明的。《资本论》中说私有财产并非因人间之意志而是因经济的必然，不得不归于消灭"。因这个必然性而消灭时的家族及国家将变成怎样？这是本书第 2 章末及第 9 章末所论及的，"这在形态上在许多点将和私有财产发生以前的状态相似"，因为"两者都有所谓缺少私有财产这一共通基础之故"。由此我们可以了解恩格斯之所以要在第 3 第 4 章中详说私有财产发生以前的氏族制度之用意。"原来他是不用空想以描写未来社会之光景，故特就与未来社会有共通基础的原始社会详为叙述"。然而"未来社会并不是原始社会之复现"："前者乃是与后者在重大点上有差异的即生产力为极大发达之社会"，一是"为了生产力发达而灭亡的社会"，一是"生产力极大发达的结果所生的社会"。"用想像来描写这一社会要取如何的样态，是科学者的马克思与恩格尔所不为的"。另外声明，本书以 *Ernest*

Untermann 的英译本为底本，翻译时并参照根据德文版的两种日译本。①

　　以上序言，是译者杨贤江（化名李膺扬）作为中共党员，在大革命失败后转移到日本期间，翻译恩格斯这部名著所留下的感言。他对此书的认识和理解，比起前面陶希圣的序言，不仅在把握全书用来阐述唯物史观原理的要点和历史资料方面，要全面、深入和细致得多，而且超出纯粹的学术范围，通过书中关于人类早期发展阶段的家庭关系演变、生产力的发展、私有财产的出现、阶级社会的形成、国家的起源和实质等分析，以此印证马克思在《资本论》中所说明的私有制将因经济因素而非人们意志被消灭的历史必然性，以及马克思和恩格斯根据历史事实来预见而非凭想象来描写未来社会的科学态度。也就是说，阅读恩格斯这本书，不只是欣赏它的学术价值和满足对古代社会的研究兴趣，还具有破除对私有制的迷信，并确认国家和阶级、私有制一样，将随着私有制的消灭、阶级的消亡而消亡的现实意义。这种解说，也体现了一名共产党员翻译和宣传恩格斯著作的初衷。

　　从陶希圣的序言看，虽然同样提到马克思的唯物史观和经济学说及其对社会思想的支配性影响，却回避了恩格斯著作中最核心的内容，运用唯物史观来阐明家庭、私有制、阶级产生和国家起源之间的关系，更回避了马克思经济学说通过解剖现代资本主义而得出消灭私有制的重要结论。与此相反，杨贤江在序言中的解说，紧紧扣住这一核心环节。比如，一开始就提出资产阶级与无产阶级的对立斗争成为现代社会的中心，国家成为这种斗争的机关，以及社会斗争在一夫一妻制家庭中成为其缩影的表现等，是不是人类永远的斗争形态或人类不可避免的命运这一问题；随即从恩格斯的著作里寻找答案，说明私有制、阶级和国家都不是从来就有的，是经济发展到一定阶段的产物，这是可以由人类早期发展阶段的社会生活和家庭生活历史来证明的唯物史观原理，并能由此预测人类将来的发展状况；书中依据获得生活资料的手段或工具的发展程度即生产力的发展水平，作为划分人类不同时代的唯一标准；当人类劳动生产力只能维持必要生活而无剩余的原始条件下，只能实行各个团体在一定地域内从共有的自然界共同取得必要生活资料以共同消费的共产主义方式，只有随着劳动生产力的提高而产生超出维持必要生活的剩余生产物，才造成榨取他人劳动力并将蓄积财富据为己有即形成私有财产的可能性，如今的家庭一夫一妻制和国家同样是私有制的产物，其命运也必然与私有制的命运相一致；在私有

　　① 恩格尔著，李膺扬译《家族私有财产及国家之起源》，新生命书局 1929 年版，"译者序言"。

制的基础上，由于生产力发展水平不同，国家形态也有各种变化，但无论怎样修改宪法或选举法，国家的本质都不会变，除非消灭它的私有制基础，而消灭私有制正是马克思在《资本论》中所论证的经济发展的必然结果；私有财产消灭后，家庭和国家将变成什么样，其形态在许多方面和私有制产生以前的状态相似，但未来社会决不是原始社会的复现，也不能凭想象或空想来描写，那是生产力高度发达后的结果；等等。这样的解说，即使存在不确切之处，但通过恩格斯这部考察人类早期发展历史的著作，诠释了原始公社制度解体和以私有制为基础的阶级社会形成的过程，以及未来国家将随着消灭私有制从而没有阶级的共产主义社会的彻底胜利而消亡的历史必然性。这也是它与陶氏序言的根本差异。可见面对恩格斯的同一本代表作，国内持有不同立场和态度的人，所做出的解释和导向也明显不同。

另外，译者毕竟是在通读原著的基础上着手完整的翻译，所以能够深刻理解原著第 1 版是恩格斯继承马克思的遗志而运用唯物史观来阐述摩尔根的划时代著作《古代社会》或根据摩尔根这一著作来证实唯物史观的重大研究成果，其第 4 版则依据新发现的资料进行许多修改和补充，又使恩格斯的结论得到新的证实，从而展现马克思和恩格斯在唯物史观、国家、家庭等方面"最成熟的意见"。这个介绍，也比陶序泛泛介绍社会进化论的发展背景，更为切题和妥帖。至于译者说他的中译本以 Ernest Untermann 的英译为底本，又让人想到这位英译者便是数年前周佛海所译《马克斯经济学原理》一书的作者乌恩特曼，那本论述马克思经济学原理的著作，除了主要引用《资本论》的内容外，还多次引用恩格斯《家庭、私有制和国家的起源》一书的论述。看来乌氏借重恩格斯这本书来阐述马克思的经济学原理，既同乌氏因翻译恩格斯这本原著而熟稔其内容有关，也同恩格斯的原著本身充实和丰富了马克思主义经济学原理有关。

## 五、《土地问题论》译本

李布克内希特（今译李卜克内西）著，郭之奇译，上海启智书局 1929 年 10 月初版。译者情况不详，著者则是德国社会民主党的领袖威廉·李卜克内西①，其原

---

① 威廉·李卜克内西（1826—1900），德国和国际工人运动的著名活动家，德国社会民主党创始人和领袖，第二国际创始人；参加 1848—1849 年革命，共产主义者同盟盟员，第一国际会员；1867 年起为德国国会议员，历任《人民国家报》《前进报》编辑，国际社会主义工人代表大会代表；马克思和恩格斯的朋友和战友，卡尔·李卜克内西之父。

著今译《论土地问题》。

根据著者 1876 年 5 月 1 日的原序：

这本小册子的第 1 版，原名为"在一八七〇年三月十二日美尔奈俱乐部大厅的讲演"（今译"1870 年 3 月 12 日在梅兰射手之家礼堂作的报告"）。大家都知道"巴尔塞"关于土地所有的决议①，"现在成了极惹人注意的问题，所以我不得已对于土地问题作了多次的讲演"。其中"最费了力而有统系的议论"，即上述讲演，"这个讲演，是我讲了之后写下来的"。然而最初出版却在 1873 年末，"原来是想用它作最近总选举的宣传本，因为我被禁锢，在禁锢中一切出版活动都被禁止，所以出版迟滞了已经赶不上选举之期，可是我因此能够自己把它校订"。

第 1 版的序和跋如下：

1873 年 12 月出版者的序：此书最初集成一本小册子，内容和现在一样，预拟在李卜克内西出狱后出版。然而因种种理由，我们觉得将此书付印才好，所以不能等待他重新修订。

1874 年 6 月 15 日李卜克内西作于莱比锡（原译"莱蒲济希"）的跋：此书最初出版的目的是想用于最近的选举，因种种事情竟迟了半年，待我再获自由的时候，印刷早已着手，不能加以重要的变更，所以我所有的新材料只能利用一小部分，就此稍加修订而已。"德国的农民——农业劳动者和小农——从他们的睡眠中醒起来了，在最近的总选举的五十万的社会民主党选举人的中间他们占了比较的大数量，是我党所非常满足的。已经打破魔力的农村的劳动民众团结起来和都市的劳动民众互相提携，在共同旗帜之下，已无敌视之心，和兄弟一样，为共同劳动问题的斗争"。"如果没有农业劳动者和农民，我们的斗争是绝望的。有了他们的共同工作，最后的胜利，的确是我们的。至于促进我们这个胜利，我们就委之于我们的敌人的手中——就是这些天才的或非天才的政治家、检事、警察、新闻收买者等等的人和其他的救济国家和社会的人们，我们所望的就是他们不要放弃他们的热心"。

我的原意本想不用讲演的形式，但"用直接说话的形式，无论如何比间接说

---

① 此即巴塞尔决议，指第一国际巴塞尔代表大会（1869 年 9 月 6—11 日）通过关于土地所有制的决议："（1）社会有权废除土地的私有制，而把它变成公有制。（2）必须废除土地私有制，而把它变成公有制。"这个决议是马克思的辩护者提出的。见《列宁全集》第 59 卷，人民出版社 1990 年版，第 562 页注 45。

话远为有效，尤其是以煽动为目的的这种形式是特别适用的"。这篇讲演的末尾有附录，补足原稿的疏漏，对原稿加了部分改订，也在附录里面；关于德国土地问题和农业劳动者问题的状态研究，以及对"那威勒（Laveleye）"所著《财产及其原始形态论》的批评，也包括在附录中。这回"订正增补的第二版"，我们很希望能获得和第一版同样的欢迎，这又寄希望于反对我党的宣传者的努力。①

看了这些序和跋，可以明白威廉·李卜克内西这本书，起因于第一国际的巴塞尔决议，围绕土地所有制问题（要点是废除土地私有制而变为公有制），予以系统的阐述；此书从煽动性讲演到汇集出版，最初目的是为了当时社会民主党的选举宣传，惟因作者入狱而被拖延，出狱后原稿已经付印，无法充分利用新材料来作重要修改，故第1版仍保持了讲演稿的原样，现在看到的是订正增补后的第2版；由此体现了德国社会民主党对农民问题的重视，因为农民已经打破魔力，开始觉醒，不仅成为该党在选举中的重要力量，而且与城市劳动者联合起来，在同一旗帜下为解决共同的劳动问题而斗争；德国社会民主党必须同时依靠农业劳动者和小农的共同斗争，才能取得胜利，这既是该党从正面努力争取的结果，也是反对该党的敌人从反面打压推动的结果。不管怎样，这是我们第一次看到威廉·李卜克内西有关经济问题的原著完整译本。至于译者何以有兴趣将半个世纪以前的这本书翻译成中文，未见任何说明，不得而知，也不知译自何种文字，但显而易见，其中研究德国的土地问题和农业劳动者状态问题，对于号称农业国的中国，具有参考和借鉴价值。

译本的目录，划分很细，开列出来，可见内容之大概：问题之规定，财产的历史性，希腊人的财产观念，柏拉图（原译"柏柟图"）和亚里士多德（原译"亚里斯多德"）的财产说，罗马人的财产观念，犹太人的财产观念，基督教的财产观念，古代日耳曼（原译"日尔曼"）的财产制度，封建制度下的财产制度，对私有财产的抗议，入题，布鲁塞尔（原译"蒲卢塞"）的决议②，巴塞尔的决议，巴塞尔决议的特质，土地状态的现状，小土地私有制度和大土地私有制度，法国的土地制度及其结果，英国的土地制度及其由来，英国农业阶级构成的特色，英国地主的

---

① 李布克内希特著，郭之奇译《土地问题论》，上海启智书局1929年版，"著者原序"。
② 此即第一国际1868年的布鲁塞尔代表大会，左派蒲鲁东主义者赞成实行土地集体所有制，被称为"集体派"；会上多数代表与右派蒲鲁东主义者就所有制问题进行激烈辩论，最后通过建立土地和矿藏公有制的决议，表明马克思主义反对蒲鲁东主义的斗争取得决定性的胜利。右派蒲鲁东主义者要求在下届代表大会上再次讨论这个问题。于是，土地所有制问题成为巴塞尔代表大会的中心议题。通过激烈辩论，大会通过决议，重申布鲁塞尔大会关于土地公有化的决议，右派蒲鲁东主义者遭到彻底失败。

巨大财富，英国农业劳动者的悲惨的生活状态，马克思的叙述，道德的颓败，强制劳役场，农业劳动者阶级觉醒的曙光，苏格兰的农民住屋状态，苏格兰的农民放逐，被救恤的贫民，人口过剩的正体，英国私的大农经营的结果，自由土地，英国地主数量的减少，社会发达的法则，英法土地制度论的结论，德国土地制度的特色，东北德意志农业劳动者的状态，日工（原译"日佣"）劳动者契约，借赁及劳动契约，德国的家庭生活，德国的强制劳役场，自由的曙光，小屋住日工劳动者，仆人（原译"仆婢"），田舍农夫，西南及中部德意志的小农状态，黑森（原译"赫孙"），"那苏"，巴登—符腾堡—巴伐利亚—萨克森（原译"巴样威登堡—巴登—沙克逊"），莱茵普鲁士的土地状态，不伦瑞克—汉诺威（原译"卜郎斯歪格—哈诺佛"），严峻的经济法则，"自由"农业劳动者的状态，征兵检查统计，移民（原译"移住"）的事实，不变的法则，私有财产制度对农业的影响，姑息的改善策，根本的方法，穆勒（原译"弥勒"）之说，李比希之说，使用（原译"收用"）权，萨维尼之说，私有财产和劳动的刺激，穆勒的同感，土地所有权的特质，所谓先占权利，土地问题批评的最高原理，改良或□□使用或□□，在英国的土地使用问题，法国和德国的支配问题，使用问题和支配者阶级的态度，未来社会的事，巴塞尔决议和爱森纳赫（原译"哀扎纳黑"）纲领的类似，社会主义及农业，社会改造之途，劳动者及农民，附录。

以上目录所反映的内容，根据列宁 1901 年 8—9 月所作的提要，可见如下要点：直接理由，来自"巴塞尔决议引起极大震动"；"'人民党'① 要求我们拒绝巴塞尔决议——企图利用该决议挑拨农村居民反对我们。李卜克内西决心捍卫巴塞尔决议"；"'私有财产'（特别是在农业中）不是什么神圣的、永恒的东西等"；"在希腊过去没有私有财产"；"古代最伟大的思想家是私有财产的敌人（柏拉图、亚里士多德）"；"李卜克内西援引关于私有财产的种种否定意见"；介绍布鲁塞尔决议、巴塞尔决议，"李卜克内西讥笑那种认为这是必须立即执行的'命令'的意见"；"两种典型的制度：小块土地经营制度和大规模的经营制度（法国和英国）"；"小块土地征服了君主制的欧洲（1789—1815 年）"；"现在小块土地成了被人诅咒的东西，成了枷锁、绳索"；引用有关法国农民在革命前的状况，法国和英国的收成，《1851年财产普查统计》，比较法国和英国等著述资料；"李卜克内西在对英国的经济矛盾作了比较详细的描述之后，接着进行总结"；"法国——小块土地——'过时的观点'。大生产的排斥不可避免"；"在德国是英国制度和法国制度相结合"；描述德国农业工人状况，仆人的可怜状况，小农及苦活，普鲁士农村每户家庭收入，萨克森许多来自农村的新兵因营养不良而不合格，主要来自农村的移民是贫困的结果，农村中的掠夺性经营等"；"反动分子（1874年3月15日《北德总汇报》）想把工人拴在土地，李卜克内西坚决反对"；"对待小农应该谨慎的例子及其他（在社会主义变革的条件下）"；"国有土地（'幸亏在德国还很可观'）应当转交给农村工人团体"；"社会主义不但不是农业的对立物，而且是农业进一步发展所必需的"；"至于实现社会主义，那么在农村中甚至比在城市工业中还要容易些。村社，农村——本身就是天然的联合体，而且现代村社可以转变为联合体，完全保留现存财产关系而对村社全体成员有直接的明显的好处"①；附录包括马克思《资本论》第一卷中有关"英国农村工人"和"论农业中的机器"，以及"德国农业评述"；如此等等。②

这个提要，对理解此书的宗旨，很有帮助，但过于简略。在前面考察过的《农民问题研究》译本里，还可以看到日本学者评论李氏这本有名的《土地问题论》，关于小农土地私有权的见解和恩格斯的见解"完全无异"。对此，不妨再举出此名作里面的两节内容为例，看看其中有关社会主义的论述。须先说明，译文的表述，大概直接译自西文的缘故，生硬而佶屈，倒装句又多，不大符合国人的表达习惯，故在转述时稍作梳理，以便于理解。一节是"社会主义及农业"：

常常听见有许多人说，社会主义思想可以适合于都市和工业，但不知道不适合于农村和农业。这种议论，或者因为大部分农民对社会的努力，到现在还是冷淡，或者因为农民没有实行和采取过敌对的态度。这两件事是不可争的事实，然而想以此为根据，用作这种主张，那就错误了。"农民的态度其所以这么样的冷淡，没有取敌对的态度，是因为他们对于社会主义的原理知识缺乏的缘故"。他们的居住分散在各地，像在工业中心地的都会，社会纠纷放射出精神的火花，这在农村是极罕

---

① 据李布克内希特著，郭之奇译《土地问题论》，上海启智书局1929年版，第563页注48："这个非马克思主义的论点曾被维·米·切尔诺夫和弗·奥·赫茨所利用"。切尔诺夫（1873—1952）是俄国社会革命党领袖和理论家；赫茨（1878—1964）是奥地利经济学家。

② 引自列宁：《威·李卜克内西《论土地问题》一书的提要》，见《列宁全集》第59卷，人民出版社1990年版，第145—149页。此提要应摘自该书第2版。

有的，因此，新思想的普及，在农村比较在都会尤其大都会，远远困难些。因为这个缘故，所以从创造"朕即国家"这个名词而恶评最高的路易十四，到普鲁士的贵族俾斯麦，乃至所有人类进步的反对者，算是把大都会看作他们的眼中钉。农民差不多可以说没有政治，政治生活在农村的环境里，比较起来，最不宜于发达，所以发达得很迟，这也是确定的事实。

"社会主义，不单是对于农业非敌对的，和我所已经指示的一样，是为农业的发达所不可缺的。不仅是这么样，至于社会主义的实现，在农业方面，比在都市的工业还要容易些。我从前讲过的，地方团体，尤其是村落，是自然的共同组合，地方团体，一般固属是有这种性质"。村落团体尤其有这种性质，这个事实在地方团体这个名词中已经表现出其意义，就是"协同或协力"。协同或协力只在"私有财产制的文政和文化"方面得到充分扩张，在经济方面丝毫未用这种方法。很久以后才有必要把它扩大到经济方面，到那个时候，"都市和田园的对立，会要销灭，同时就是都会和村落的区别，工业和农业的分离，也会销灭的"。但无论怎样，社会主义要以今日的都会和农村作为出发点，所以"将来的社会的新构成，不得不适合于现在地方团体的轮廓，而这种新构成的成功，在农村比较在都市，远远的要容易些"。"到了和社会主义对立的偏见，一旦克复之后，就没有困难之可言，于是就可以把今日的村落，变成共同组合。就是现在的财产关系，一面也可以充分的宽容，而其结果，于一切社会的成员，是有直接且显著的利益。所有的民族，和最卓越的思想家，都因土地特别是土地，有超越私有财产的性质，所以多主张公有，就是因为土地是一切人类所绝对的不可缺乏的。纵令土质有种种的不同，土地是有统一性和同种性的，这两种性质，就可以促进共同组合的组织，所以就在今日的状态之下，关于土地的共同组合，也比较容易。土地的生产物，直接为人类生活所必需，所以常常有确立的销场，至于工业生产品，就有几分要受流行的支配，又易受商业和工业恐慌的影响。关于土地的协同组合，比较工业的协同组合，困难也少些，因为土地的性质，易于把各个人所有的合并。至于都会的种种工业，于各个人的所有，要为相互的秤定，就很不容易，所以组织也难。在多少地方，已在这个方向做了试验的工作，都充分成功了。农民在在以共同费用购用农业机械，他们又创立了农业和畜牧组合——尤其是在西部霍尔斯泰，实例很多，不待言。这些不是狭义的社会主义的东西，却是以今日的财产关系为基础而设立的组合，因维持现在的

1920—1929 从民国著作看马克思主义经济学的传播

财产关系而设的一样的组合，这真是社会主义组织的自然的通路了"。①

以上有关社会主义与农业的分析，从译文看，分为两部分。前一部分是说一般人认为，社会主义思想适合于城市和工业而不适合于农村和农业，理由是大部分农民对此冷淡，或者没有表示过敌对态度（译文此意表达得不确切）。在作者看来，这是事实，但同样的事实是，农民缺乏社会主义的原理知识，又因居住分散而不如城市容易普及新思想和发展政治生活，所以单以态度冷淡为由来否定社会主义对农村和农业的适合性，那是错误的。后一部分是说社会主义不仅与农业不敌对，不仅为农业的发展所不可缺少，而且比起城市工业还要容易实现。因为农村的地方团体尤其村落，是自然的共同组合（即天然的联合体），也就是协同或协作的性质，一旦克服与社会主义对立的偏见，就可以在充分宽容现行财产关系的条件下，无困难地把今日村落转变为共同组合，并对一切社会成员有直接和显著的利益；土地具有超越私有财产的性质，为人类所绝对不可缺乏，故历代许多人主张公有；土地具有统一性和同类性，其生产品为人类生活所必需并有确定的销售市场，而工业生产品易受流行风气和工商业危机的影响，个人所有的土地易于合并，而个人所有的各种工业因需比较鉴定而难于组织，所以农村或农业比城市工业更容易促进协同组合或联合体的组织，这已为不少地方农民共同出资购买农业机械和创立农业与畜牧合作组织的成功试验所证明；因此，如今以现行财产关系为基础而设立的协同组合，将来会扩展到消灭城市与田园的对立，消灭城市和村落的区别、工业和农业的分离，成为实现社会主义组织的自然通道。

这个分析，特别是后一部分的说法，被认为是非马克思主义的论点。用马克思主义的观点衡量，确实也可以看到它的局限性。如果说这个分析曾被俄国社会革命党的理论设计者切尔诺夫利用，进而建立该党的农业土地社会化纲领，主张消灭土地私有制并借助俄国村社传统的平均—劳动原则，将土地转由全体劳动者支配，那么，这个纲领在十月革命胜利之初，又成为苏俄政权颁布《土地法令》的直接样本。尽管当时列宁认为这是考虑到农民现实利益的一种妥协，并不代表布尔什维主义的理想目标，但从列宁后来的认识和实施的效果看，此法的推行仍体现出结合本国国情的一些合理因素。这样说来，对这个分析，也不宜一概抹杀。

另一节"社会改造之途"：

① 李布克内希特著，郭之奇译《土地问题论》，上海启智书局1929年版，第280—283页。

详细描写社会主义社会的新生命并诉之于空想，这是很容易的，然而对这个严肃问题，不能耽于空想。在这一点上，我只是暗示出其特征和轮廓，只是指明现状难于维持，公众安全受到损害，让大家知道有改造的必要，就已经足够了。所谓必要，既是权利，也是义务。对人体的必要，在于驱除病素，对人类社会的必要，在于驱除妨害社会自身发展的制度和设施。"新社会的幼稚，不得不打破旧社会的卵壳，不然，就会闭死了。和马克斯所说的一样，'生产手段的集积，和劳动的社会化，达到了难堪资本家的外被的地点，就把外被突破'①。引导我们陷入今日的状态的自然法则，又会引导我们出来，只有无识的人，有休止的观念。我们的问题，就是将被事情的强制方谋改造之法，或为自发且自觉的突进的改造，目标是明明在那里，我们所看见的——道路还有几分遮闭了，我们不看见——我们一面前进，慢慢就会发见的。我们恐怕不免踏错脚步，不免迷行，然而认识目标明了的人，总要发见一条路的。我们社会民主党员，并不夸说自己没有错失，我们在种种地方，承认我们是有错失的，然而经验会把所有的错误订正的，而在现在的社会的状态，所有的变更都是改善。但是将来的繁荣，和平静的有机的发达的最确实的保证，就在于田园和都市劳动民众的提携"。②

这一段论述，若看引文的字面部分，颇难理解，可见翻译之糟糕，而且文中的逗号几乎一逗到底，不见句号（上面引文中的句号是整理后补上的），令人不堪卒读。但细心辨析，仍能感到作者信奉马克思唯物史观的坚定态度：不尚空想，勾勒社会主义社会的新生命特征与轮廓，指明改变现行制度与现状对人类社会发展的必要性，使大家认识到，不能让正孕育着的新社会在旧社会的外壳封闭下胎死腹中；相信生产资料的集中和劳动的社会化，已经达到要炸毁它们的资本主义外壳的地步，这就像引导人们走出今日困境的自然法则一样；目标一旦明确，不论被迫谋求改造办法，还是自发或自觉地进行主动改造，总会在探索中发现到达目标的道路；我们社会民主党人在探索时不免会走错路，出现迷茫和失误，但经验的积累会帮助我们改正错误，对现行社会状态的所有变更都是改善；等等。虽然最后一句话，把乡村和城市劳动民众的相互提携，当作将来繁荣及平静而有机发展的最确实保证，强调和平与合法的改造环境，但整段论述坚信马克思所阐述的道理，执着于实现社会主义的新社会目标，并脚踏实地和不畏艰难地为之探索，这种精神，足以令人钦

① 其今译文见《资本论》第一卷，人民出版社2004年版，第874页。
② 李布克内希特著，郭之奇译《土地问题论》，上海启智书局1929年版，第283—284页。

敬。至于说到具体的土地问题，译本谈古论今，旁征博引，注重实际，主题鲜明，在已有的谈论土地问题的社会主义著述中，难得一见。可算是为传播马克思主义经济学，增添了一个奇葩。

本节介绍马克思、恩格斯、列宁和李卜克内西几本原著的译本，包含丰富的经济学内容。它们最大的特点，不论篇幅多少，都是全译本。因为是全译本，所以前面介绍的重点，不在于正文内容，这可以直接阅读原著，而在于说明译本的背景、完整程度，翻译的用意及其水准等。这也表明，到这个时期，国人已不满足于零星引用、片断摘录或部分节译马克思主义的经济学代表作，要求完整地展现其原貌。这些译本，一方面就其本身而言，大多数是前面不断地提及和引录而促进的产物，然而全译本的翻译质量普遍不甚理想，有的还比较糟糕，意味着以后的全译本在前人铺垫的基础上，将继续提高其准确性和通畅程度；另一方面就它们的影响力而言，既通过系统和完整地传播不同领域的马克思主义理论与知识，推广和普及了马克思主义经济学，同时也积累了翻译的成果和经验，为攻坚克难，完整翻译像《资本论》这样艰深的经济学经典，创造了条件。另外，上述几个译本，尽管相互之间没有明确的联系，但也能看到国人在选择翻译时的需求倾向。如《科学的社会主义之梗概》译本，反映了列宁对于马克思传略及其学说的经典解说；《哲学之贫困》译本，在批判蒲鲁东的《贫困的哲学》一书过程中，第一次将马克思主义的新世界观和经济科学的决定性内容公诸于世；《家族私有财产及国家之起源》译本，根据研究古代社会的新材料，补充阐述了唯物主义的历史观；《宗教·哲学·社会主义》译本，延伸到恩格斯晚年一些重要而又鲜为国人所知的著作；至于《帝国主义论》《国家与革命》《农民与革命》《土地问题论》等译本，更是分别被译者看作指导中国反对帝国主义、解决农民与土地问题、理解马克思主义国家学说特别是无产阶级专政学说的范本。由这些代表作的全译本推展开来，将逐渐覆盖更多的马克思主义代表作，从而延伸到马克思主义经济学的完整理论体系和各种经济政策与应用范畴。

## 第二节　阐释马克思主义经济学的代表性著作

从阐释的意义上说，此类著作的分布面比较广。这里取其相对狭义的解释，一则集中于马克思经济学说的原理部分，二则从正面而不是站在批判的立场上予以阐释。不过从本年所归类的相关著作看，这样的狭义标准也有弹性。如有的从科学社会主义的角度来阐释马克思的经济学说，另外涉及马克思学说的其他科学原理；有的从更为广泛的中国产业革命或社会基础知识方面，运用马克思经济学说来加以阐释；还有的属于专题阐述的范围，惟从书名看容易与其他的经济学著作相混淆。但以代表性而论，归类于本节的这些著作或译本，各自体现了相对狭义解释的某种代表性，或可资比较国人自撰著作与引进译本在相同或相似论题下阐释马克思经济学说的异同之处，或显示国人率先独立理解马克思经济学说的特殊背景与阐释特点，或反映借助舶来阐释以引导国人理解马克思经济学说的自创路径等。同时，作为对照，也将本年度关于社会主义的若干著作或译本汇聚并附录于此，可见在相对广义范围内对于马克思经济学说的阐释。

## 一、《科学的社会主义底基本原理》译本

萨克思（A. S. Sachs）原著，彭芮生译，上海创造社出版部 1929 年 1 月 1 日初版。著者及译者情况均不详，可通过他们的前言或后记以获得有关信息。

### （一）著者前言与译者后记

著者 1925 年 4 月作于纽约的简短前言："在人类历史上说有那种政治的和经济的运动底学说底说义引起了一方面这样剧烈的反对，他方面这样热心的赞成，如像社会主义一样；特别地是在大战时期和过后，一种社会势力重新准备重新安排的企图在全欧各国盛行的时候。因此，近代社会主义底基本的思想和原理，哲学和经济底简单的叙述似乎是切时的和必要的罢"。这书的原稿经兰德社会科学院的导师李亚吉伦（Algernon Lee①）看过一遍，在此表示感谢。②

这段前言的译文很拗口，大意是说，在人类历史上没有一种政治和经济运动的学说含义像社会主义一样，一面引起激烈的反对，一面又获得热心的赞成，特别是在大战期间和战后，社会主义作为一种社会势力经过重新准备和安排而企图盛行整个欧洲时，更是如此；因此，似乎有必要适时地从哲学和经济上简单叙述

---

① 今译阿尔杰农·李（1873—1954），美国社会主义政治家和教育家。生于技工和木匠家庭，1892—1897 年就读明尼苏达大学；1895 年加入美国社会主义劳动党（SLP）；1899 年离党并到纽约，任报社编辑；1901 年为美国社会主义党（SPA）的创始成员，参加第二国际活动，一次大战期间反战，并任纽约市议会议员；1909 年加入兰德社会科学院，后任教育总监直至去世。

② A. S. Sachs 原著，彭芮生译《科学的社会主义底基本原理》，上海创造社出版部 1929 年版，"著者前言"。

近代社会主义的基本思想和原理。这样看来，这位美国学者撰写科学社会主义的基本原理，纯系出于科学社会主义在欧洲政治运动和经济运动中产生极大影响而无法回避的现实考虑，而不是基于主观上的赞成或反对态度，试图就此作出客观评介，以供参考和对付。这种看似不偏不倚的说法，好像不同于那些公开信奉或批评科学社会主义的著作，其真实意图，有待考察具体的评介内容。不过就其原稿事先给著者的导师也就是美国社会主义党的领导人审阅这一点看，应该不是站在批判的立场上。

译者 1928 年 9 月 25 日在书末留下"一条短尾巴"也就是后记：

"现在是个'混乱的时代'，也是一个'大时代'。阶级的对立成了尖锐化，同时社会的转变也成了剧遽化"！正因为这样，"思想界便也反映着极其零乱混杂的情形"：一方面想维持旧有的行将没落的势力以传给万世子孙，一方面想促进这行将没落的势力的颠覆而造成一个新的时代；于是，各自把握各自的思想武器，其中一个武器便是近代社会主义的理论。"近代社会主义！多么一个好听的名词！多么一个危险的名词！正是这，于是社会上的人们显然地分成了两大群，一个剧烈地反对它，一个热心地拥护它，特别地是在我们贵国现在的时候。然而可惜！它究竟是什么，反对它的固不消说，断章取义地抓住一两点来做攻击之的；就是拥护它的也很多只是像盲者摸着象的一条尾巴便以为象是长圆形。即使热心想研究的也找不到一本初步入门的书籍；自己便是其中的一个"。萨克思这本书，向一般读者简略扼要地叙述近代社会主义的基本原理，是"最好的一本"。因此我把它介绍过来，我想，"在现在，也正是'合时的和必要的罢'"。以上是我在 4 月间着手译书的动机。

"我没有自信力——一点也没有，每每一件事情，刚做完之后便又觉得是无聊的了，无意义的了；在别人也许是有很大的意义，很大的目的，但在我却一点都没有，因此，每事一完之后，心里觉得异样的惘然"。翻译这书虽然在 4 月一个月内就已经竣事，可是始终没有发表的愿望，甚至好几次想把它撕毁！然而又没有勇气，好像多少有点心血在上面，总舍不得丢掉。迁延又迁延，一直到了现在，因为失业的痛苦，不能维持每日的食用，有些朋友看见译稿，屡次劝我把它出版，好收入一点版税维持最低限度的生活，同时谢谢创造社出版部的好意答应出版，"不得已厚着脸皮把它介绍给读者们见面了"。在此对丁恝先生的怂恿和朱镜我先生的指正致以诚恳的谢意，没有两位，"连这样蹩脚的东西也许都不能译出来"。还有感谢我的哥哥也帮了不少忙。①

这篇译者后记，更为清晰地表达了著者的原意：近代社会主义是当时阶级尖锐对立、社会急剧转变的"混乱""大时代"在思想界的混乱反映，是想要颠覆旧势力而创造新时代者同想要永久维持行将没落的旧势力者进行斗争的思想理论武器，拥护者称之为好听的名词，反对者称之为危险的名词，然而双方都不明白近代社会主义究竟是什么；反对者的攻击固然断章取义，攻其一点不及其余，拥护者也如瞎子摸象一般不着边际。须注意，此番描述，把著者针对欧洲对立双方的说法，搬到了我国，而且后记采用"一条短尾巴"的滑稽题名，似乎也在讥讽近代社会主义的国内拥护者只是摸到了大象的一条长圆形尾巴。另外，后记中的一些说法有点相互矛盾。如一边自信地说，在国内连拥护者也找不到有关近代社会主义的初步入门书的情况下，这本原著是最好的一本，一边又说没有自信力出版自己的译本。当然，这可能指他的翻译蹩脚（确实如此！），而不是质疑原著水准，但看来不尽如此，先是把缺乏自信力说成个人天性使然，后又表示为了生存才厚着脸皮交付出版以获得版税。这些托词，特别是把出版这个译本当作为稻粱谋，显然对近代社会主义不会有什么信仰，这也应了译者自己所说的一句话，他只是在国内对立双方都不了解近代社会主义而又找不到一本初级入门书时，不那么自信地想弄明白此主义究竟为何物的其中一位热心研究者而已。序中感谢的上海创造社出版部，是当时的一个进步机构，出版这个译本后不久即 1929 年 2 月，该社便被国民党政府封闭了；感谢予以指正的朱镜我，其时已是共产党员。照理说，这些都会鼓励译者产生倾向于科学社会主义的情感。但译者序中并未显露这样的情感，倒是比照著者前言，表达出一种中立态度，重点关注科学社会主义是什么，至于如何对待科学社会主义，则好似顾左右而言他。

## （二）内容简介

译本 8 章，215 页。第 1 章"科学的社会主义底方法"，分 4 节。第 1 节辩证法，第 2 节黑格尔的辩证法。第 3 节"辩证法为科学的社会主义之关键"：

黑格尔的辩证法是马克思"用以去沉思及观察社会现象的关键"，没有辩证法的帮助，这些现象将无法解明，仍是超乎人类智慧范围以外的神秘。"思维底辩证

---

① A. S. Sachs 原著，彭苇生译《科学的社会主义底基本原理》，上海创造社出版部 1929 年版，译者"一条短尾巴"。

法给马克斯作了一个疑难道上的指路碑，作了一枝火炬，使他能够找到社会生活各种现象底特质及事件底真确的科学的思维与观察底真正途径。诚然，完全是因为应用辩证法，马克斯才发明了人类社会生活的法则，并在这些法则之上建筑了科学的社会主义"。科学的社会主义并不像许多批评家所相信的单是依靠黑格尔的辩证法，然而这个方法是用来达到科学的社会主义的"好法则"，所以在我们的研究中很重要。黑格尔留下的辩证法在马克思手里改变了许多，"自由思想者"马克思不相信黑格尔所说的观念灵性，"完全的倒转了黑格尔式的辩证法"，"主张辩证法的发展之缘由是外观的，物质的宇宙辩证法地发展着那事实"。"黑格尔底辩证法现在颠倒了，马克斯把它改正了成为原来的位置"。马克思不像以前的乌托邦派社会主义者以占有权是好是坏为出发点，从私有权的整个变动和发展阶段的历史状况中去考查和分析私有财产制；"换句话说，马克斯用辩证法去研究和评价现制度"，结论是私有权依着社会发展的程度，在某时代是必需的、有益的，在别时代是多余的、有害的。"社会主义不能够只要我们有建立它的意思便可在任何时候，任何地方建立起来。止有在某种条件已经具备了，社会发展已经到了某种程度了的一定时候，社会主义才可以代替现存制度而建立"。马克思对于国家的意见也和其他革命者如无政府党完全两样，无政府者反对国家是玄学者，"马克斯派社会主义者才是辩证论者"。

第4节 "马克斯底发见"：

根据辩证法，我们知道现存的制度一定会变成它的反面的制度。可是这个反面的制度将是怎样一个形态？什么时候才会到来？为社会现象所依照的有些社会法则到底是什么？在黑格尔的辩证法里面，完全没马克思所发见的法则。"辩证法告诉了马克斯怎样去找出及思索每个社会现象，可是指示我们怎样去明白这些现象的人则是马克思"。社会现象假若没有支配它们的法则，我们只能知道很少的社会现象，"这些法则就是马克斯所发见的"。"没有马克斯底这些法则，社会底演进对于我们仍然是神秘的"。现在可以明白何以我要重复讲述，黑格尔的辩证法只是"指引马克斯到直达科学的社会主义的途径上的领导"。"马克斯之所以成功为科学的社会主义者不是因为他战取了辩证法，倒是因为他自己发见了几种社会进化底法则"。马克斯所发见的使社会主义成功科学化了的重要法则，是由什么东西组织的？这些法则，"包括最重要的史的唯物论和剩余价值论"。恩格斯（原译"昂格斯"）说得好："感谢这些重要的发见，史的唯物论的发见和因剩余价值论，那些隐藏于资本主义制度的生产下的秘密的发见，社会主义变成了科学代替从前的乌托邦了"①。在讨论史的唯物论之前，有必要懂得一点唯物论及唯物的一般概念。②

上面两节，从黑格尔的辩证法入手，将辩证法作为科学社会主义的关键，引出马克思关于唯物史观和剩余价值论的两大发现，由此使社会主义从空想变成科学。这不止介绍马克思经济学说，着眼于科学社会主义的整个理论体系。虽然有关辩证法的介绍并不陌生，但以此作为切入点并放在如此关键的地位，这种介绍方式，明显不同于有关科学社会主义的其他评介，显出本书解说其基本原理的独特路径。特别需要指出，从第 1 章起，就可以发现本书并不像著者在前言里所表达的那样，似乎漫不经心，超脱于各派之外，不持任何立场，只为客观说明科学社会主义是什么，以供对立双方争论时有一个共同的参照物，而是说明的同时带有肯定的口吻，力求揭示马克思学说的真髓，还原其原貌。也就是说，著者的意图，首先不是表白自己的倾向，而是注重从基本原理方面说明科学社会主义的真相，真相说明了，说明者的倾向也自然蕴含其中。看来译者误会了著者的原意，所以才会在贬抑国内围绕近代社会主义的反对者和拥护者的同时，表现出一种不参与争论而只求弄清争论的东西究竟是什么的独立态度，至于说到自己的立场，则以没有自信力、为了版税以维持生存、厚着脸皮付梓等托词以为搪塞。

第 2 章"唯物的宇宙观（唯物哲学）"，分 4 节。第 1 节关于"精神"与"物质"的一般讨论，第 2 节唯心论和唯物论的哲学系统，第 3 节唯物论的确证，第 4 节一元论的宇宙哲学。这一章意在说明马克思是"辩证法的唯物论者"。

第 3 章"唯物史观"，分 2 节。第 1 节"马克斯以前的学说"，最后提到，从历史进化本身去寻求社会发展的根本原因，必须合并 18 世纪的唯物论与唯心论者的辩证法，"这一紧要的阶段是马克斯完成了的"，"他把唯物论的基础加在黑格尔底辩证法之上面"，开始运用唯物的辩证法考察历史的现象。"马克斯从十八世纪的唯物论用以观察宇宙的同一唯物的立脚点去观察历史，可是他以唯心论者底辩证法，去代替这些唯物论者底玄学的方法。就是藉这史的唯物论，马克斯表出政治的和社会的进化论底真面目来了"。

第 2 节"历史底客观法则"：

① 其今译文见《马克思恩格斯选集》第 3 卷，人民出版社 1972 年版，第 67 页。

② 以上两节引文除另注外，见彭芮生译《科学的社会主义底基本原理》，上海创造社出版部 1929 年版，第 14—22 页。

马克思接受这个断案：个人的以及整个社会的观念、思想、情绪，即社会意识，只是环境状况的结果或产物。决定人们意志趋向的外在原因不像以前唯物论者所想是永久不变的，应是演进的历史的，遵循进化的无穷进程而前进。"潜在历史发展中和一切社会变化中的原因不是为自然底固定的法则，而是为社会自身底活动的法则。产出进化的根本要因它们自身必是进化的，就是在这些要因底变动之中，我们可以寻找历史进化这问题底解答"。这个"高明的断案"，是马克思把费尔巴哈（原译"荷尔巴哈"）的唯物论和黑格尔的唯心论这两个似乎不一致的原理结合成"一个调和的形式"，但这个断案的形成，"不足以使马克斯之名垂不朽"。"马克斯之所以不朽不止是在他了解了怎样去研究和分析问题，倒是在他发见了那潜在历史进化中的真正原因"。马克思的荣誉成就不是在辩证法的唯物论，这个方法不过是达到目的之手段，是考究历史现象的一个路灯。许多别的研究家也曾经利用这同一路灯、同一方法，可是半途停止了，不是倒退便是旁入斜途。马克思热情研究，终于达到久在寻求的标的；"马克斯深入于历史之圣地，胜利地发露了它底真正的法则和驱动的势力，这就是何以马克斯底名字在科学底金册上求久不可磨灭的理由"。正如达尔文的名字因发见了有机体进化的法则而不可磨灭一样，"马克斯底名字也因他发见了社会进化底法则永垂不朽"。"马克斯证明了历史事件不是主观的要求底结果，而是历史的必然性底客观的法则底结局；不是主观的意志支配生活，而恰恰相反，是主观的意志被客观的法则所决定"。

马克思观察出来社会进化的秘密："物质的生产力，并没有别种要因，构成这些引起社会生活底各种历史的形式的客观的状况"；"历史进化纯是物质的生产力进化底结果"。恩格斯在《反杜林论》（原译"反丢尔林"）里说："唯物的历史解释是从这根本原理底确实性而来，这根本原理是生产和与生产一块的生产品之交换构成每一社会组织底基础；在每一社会生活底历史形式中，生产品之分配和社会之分成阶级同是被商品生产之状况和人们间互相交换生产品之习惯所决定。……（中略）所有这些都是这样底显示，在生产底和交换底状况里的变化渐渐地，不觉地引起了，新的状况不能是那适应旧的经济状况之旧社会组织底表现了"①。马克思说："我深信在现存法律和工业生活底形式下的人们间的关系既不是在人们自然性里，也不是在人类精神底发展里表现它们，而它们却是在物质的生活状况（生

---

① 其今译文见《马克思恩格斯选集》第 3 卷，人民出版社 1972 年版，第 307 页。

产力）里常常地生着根"①。"史的唯物论"最终证明进化的原因和历史的推动力是社会在生存竞争中发展的那些物质的生产力，"马克斯这一重要的发现结果创出一个评价各种社会的新方法新标准"。运用唯物史观的方法，"我们可以决定真正的社会的价值和任一历史现象底意义"。为避免引起误会，应该知道，唯物史观指出支配历史的必然法则及说明历史适应生产力的要求而照着客观的法则变动，并不是从历史中除掉有意志有智慧的人，只把人当作生产力的被动机器。"恰恰相反，上面所说的一切反而明白地指出了人底一切意志、情绪、意识，尤其是智识动作在决定社会现象底和社会制度性质及方向时是占了重要地位。实在，社会制度不过是人类底欲望和偏见底具体的表现"。说马克思否认心和心理作用在进化中的影响，"是完全错误了"，这个责难的不高明，正如责难达尔文及其信徒否认心灵的存在一样。"任何学者底思想大致是被物质和他所得的先前的智识所影响所引导。所以我们可以说一切发明和创作都是依靠那决定人类智慧方面的生产力底状况"。马克思说得好，"如果没有池塘，恐怕没有学者能够想出一个钓鱼的新方法来罢"②。③

以上有关唯物史观的说明，只是抽出一些结论性论述，特别是引用马克思、恩格斯的原话。单看这些说明，均属比较熟悉的内容，同样见于其他著作或译本。此外书中还有其他的论述，一是像前面几章一样，从唯物史观的先行思想资料中，去探寻马克思吸收了前人的哪些思想资源，并加以创造性的发展，进而从哲学上为科学社会主义奠定了理论基础。这种论证方式本身，也是基于历史发展的观念，表明唯物史观的产生不是无源之水、无本之木，而是在特定历史条件下将唯物论与辩证法相结合并运用于观察历史进化的产物。这样的说明也能在其他解说马克思学说的著作里看到，而本书较为明晰地区分了马克思以前的学说与马克思对唯物史观的创造性贡献。二是在结论性观点之外，有不少围绕这些结论的阐释性论述，用于将唯物史观的各个要点串连起来。这些论述，看起来是著者自己的用语和讲解次序，实则细心体味，仍是出自马克思学说自身的逻辑与表达。三是原本用比较通俗易懂的方式来讲解唯物史观，又省略了繁难的注释和引文出处，可是蹩脚的译文，反而使这些通俗表述变得不那么通俗了，需要经过整理才能大略还其原貌。这种现象，同样见于前面各章，但从本章有关恩格斯原著大段引文的今译文对比中，可以看得更加清楚，并在以后各章反复表现出来。不论如何，本章的说明强化了前面所说的印象，排除那些对于马克思学说的误会或曲解，维护唯物史观的科学性和历史贡献。

第 4 章"社会主义底历史的必然性"，分 2 节。第 1 节"社会里面的阶级斗争"：

马克思说："支配人们间的关系的那状况是依着生产底手段。后者如有变化，生产者间的关系也随之变化。他们合作努力底情形及他们在全生产进程中底职分经过着一个变迁。……（中略）例如，古罗马底社会关系树立在奴隶制度上，在后来的封建制度里，它们又成另一个形式；同样布尔乔亚底社会和封建社会组织情形不同"①。社会分成集团或阶级的原因，或像马克思所谓"人们间的关系里的变化"一样，就在生产力状态里面。"在现存社会制度下得利者和受难者间的，统治者和被统治者间的，剥削者和被剥削者间的这一阶级斗争，从人类分成了阶级和发展了阶级意识后，便可以从历史进程中各种形式里面找得出来。在这社会抗争中，不可免地是那个道理和要求更适于那时候的生产力的阶级得到胜利。在它那边握有生产力，就是经济势力的那个阶级迟早会得到政治势力底管理权，并且藉着这个去引致一个基于本阶级主旨之上及在新的生产力底利益中的社会改造"。"任何革命，任何社会发动是政治势力全部地或一部地移到一个新兴的阶级，以前被压迫的阶级底手里去了的意义。史的唯物论指明政治势力止能移到那表现生产力底利益的阶级底手里去的"。

第 2 节"普罗列搭利亚特（今译无产阶级——引者注）底胜利"：

从集合生产制度而得的推理的结论，很显然是这样："生产品之使用和消费应该公平地属于一切社会，并且分配也应该是集合的社会主义的"。可是实际上，生产品的使用和分配只限于少数人，应该共同享受的生产品竟被少数人占有了。"少数人占有多数人底生活手段于是在社会里面构造了一个根本矛盾。私人去占有去支配生产品是和现在的那要求共同使用和分配生产品的生产力完全不相调洽。基于私产观念之上的私人占有是那已经不存在的为现今生产手段所代替了的以前的生产力底结果"。"危机是现代社会所苦楚的一个病态底征象，它们表明着生产力不能支持那用现习惯、法律、制度的社会组织了。'这组织是被它自身底肥满所壅塞了'"。"社会各阶级发出的许多要求中只有那种要求生产品和财富手段应该从私人管有移到公共管有，分配应该是非个人而为共同的，社会应该是为一个为一切人谋幸福的有组织的社会主义的制度来管理的这一种要求才适合现代的生产力。这就是劳动阶级或普罗列搭利亚特，而没有别的阶级所要求的，所以，依历史的必然性，劳动阶级终久会得到胜利"。"史的唯物论告诉我们，社会主义之到来是不可避免的，不是因为这是更好的，比别的社会制度更公道些，不是因为高尚的性质要求这样；社会主义之一定地会到来是因为历史的必然性，人类历史底客观的法则和生产力带着我们一天天和它接近"。"从马克斯启发史的唯物论，——从他发明一切的社会进化都是依靠物质的生产力以后，社会主义不是一个好听的名词了，不是一个幻梦了，不是一个虚渺的乌托邦了；它变成了代替一个必然性，一个生产力底不可避免的产物。这样，给了社会主义一个科学的基础"。

那些反对社会主义的言论说：假若社会主义不可避免，历史的必然性终究会把我们引到社会主义，那么宣传和运动有何必要？马克斯把历史作为已经写好或定好的东西，人类不过是历史手里的玩偶，没有自己的意志能力，被驱使无意识地去完成生产力的要求。"这样的说法真是不高明得很。没有那个比马克斯再重视人类底智慧的了。更没有那个比马克斯更重视人类意志底他底精神进程底及欲望底影响的了"。马克斯并不把历史事件当作可以发生也可以不发生的偶然事件，而且人类在这些事件上丝毫没有影响。这样说来，人类显然能够引导和决定自己的命运。"历史开展是依照社会实行的某些法则。马克斯底功绩就在发明这些支配历史的法则"。"意识必是生产力和那一定适合于表现生产力底利益的社会组织中间的媒介物。意识和意志必为新组织的原因就犹如它们是现行生产力底结果一样。意识是环境和一切社会生活的改良中间的一个连圈。我们说这组织这制度或那组织那制度是历史底必然性时，我们底意思不是说如果没有人类意识底和意志底勉力，历史底必然性也会使之它实现；我们是说依照历史底必然性，则人底意志一定会恰恰被引到某个路径，并且人们一定会愿意和要求恰恰这样一个无（似为'与'——引者注）生产力相适合的组织"。宣传和教育是开辟途径，预备按照客观的法则带引社会迅速地容易地达到其不可避免的目的地。"袖手端坐的等待那历史底必然之完成即是等于延长旧社会底残余命运"。"宣传和教育不能创造出社会主义底自然的必然性；宣传和教育不过是铲除障碍，清理道路，使历史底必然性底完成更为美好罢了"。马克斯发明史的唯物论，在隔绝灿烂的社会主义的未来和充满了憎恨、仇视和暴戾的现在的深渊之上造起了一道桥梁。"马克斯指明出来社会主义之必然性临到不是因为人类底好意，而是历史进化底客观的法则。社会主义不是属于天上的一个理想，而是一个具体的实际。不是因为一个神秘的意志，人们会停止互相剥削，互相压迫，而是因历史的自然的进步。上天不会馈送社会主义给我们，社会主义一定要从地上产生出来。社会主义的未来底种子已经布满了在我们底现制度里。史的唯物论告诉我们，现在资本主义的生产力便是那个已经在来着的社会主义的组织的基础。现在和未来间的裂痕快会消灭了！明日底较美世界在组织上是和今日底破产世界相连着的”。“马克斯不但证明了社会主义的组织一定地会临到，并且还指出了它怎样地产生出来，——它一定会从普罗列搭利亚特中间发生出来，因为在普罗列搭利亚特身上存着那把资本主义制度改变到社会主义的组织的伟大的力量。把今日底社会改变到新组织的那个历史的大任务，只有普罗列搭利亚特能够完成，因为在普罗列搭利亚特底双肩上负担了社会上一切的人们。社会底命运和财产是握在劳动阶级底手里”。“这个伟大的经济势力，含孕在劳动阶级中的并且劳动藉着它终久会实现社会主义的理想的这个伟大的经济势力，马克斯在他底剩余价值论里面启发出来了”。①

　　本章内容的摘录，如同对上一章的分析，尽管其要点已为当时的人们所熟悉，但它的说明撇开翻译的因素，仍有简洁、明晰和确定的特点。其中说明社会主义的历史必然性或无产阶级的胜利，可以理解为客观地转述马克思学说的主张，也可以理解为主观上相信这种主张，或者二者兼而有之。这也印证了前面所说的，如果著者确实说明了马克思学说的真相，他自己的倾向也就蕴含其中。当然，这里的说明，强调这种历史必然性和胜利，是生产力发展的客观法则的必然结果，虽说不能消极等待历史的必然完成，承认人类意识、意志和心理的能动作用，不过更为注重宣传和教育可以起到为历史必然性的迅速和容易实现开辟道路的效果，不那么鼓吹阶级斗争、暴力革命和无产阶级专政之类的促进因素。另外译者用好听的名词来称呼近代社会主义，看来也是取自此章的说法。不过此章专指乌托邦的社会主义，带有贬义，以此表明它与科学社会主义的区别。译者却以此贬称国内拥护社会主义的人，并与视之为危险名词而反对社会主义者相列，看来不愿迎合著者对待科学社会主义的态度，因此无意或有意用错了方向。

　　第 5 章“价值论”，分 3 节。第 1 节概论，第 2 节主观的或实用的学说，第 3

---

① 以上两节引文除另注外，均见彭芮生译《科学的社会主义底基本原理》，上海创造社出版部 1929 年版，第 99—100、103—116 页。

节奥地利（原译"奥太利"）学派，均系"为明了剩余价值论，我们首先应该一般地来研究价值论"①，也就是像前面说明唯物辩证法和唯物史观的先行思想一样，为阐明剩余价值论，先一般地考察价值论。

第6章"客观的或劳动价值论"，分2节。第1节亚当·斯密和李嘉图的学说，延续前章的价值论考察，说明李嘉图没有回答的问题，在马克思的学说里找出了问题的解答，"马克斯用他稀有的聪颖发展这劳动价值论，使这学说升高为在人类思想中的主要因素的地位"②。

第2节"马克斯派的价值论"：

马克思同意李嘉图所说，货物的价值决定于它生产中的劳动量。可是除了证明劳动价值和李嘉图的假定完全不同外，马克思还将整个主题明白地放在我们面前，"使我们运用这一学说可以解释一切市场的现象"。马克思的理论给以确切的解释，他用的社会例子，不以金钱作为交换货物的媒介，而是货物直接交换。物品交换成为可能，只是因为它们本来不相同，满足各种需要，因而有各种使用价值。"决定物品底交换价值的主要的且是惟一的那标准是人类底辛劳，劳动力"；"含在每一物品底生产中的那劳动力，那人类精力，就是那些一切可叫做经济的货物的商品底共同性质，而且就是因为这个共同性质，那些商品归入同一种类并且是互相交换的"。现在能够看出马克思的劳动价值论和李嘉图的重要差别。李嘉图的解释只包括那些在自由竞争情形下所生产的商品，而马克思的解释包括一切商品，甚至包括那些独占的商品和稀有物品。"只有那些含有共同性质的东西才能相比，这个共同性质不是别的，就是劳动力"。含在商品里面的劳动量依所费的时间来计量，依商品生产一般合理地一定要费的日或时而计量。有经验的劳动即熟练劳动比一般不需经验的单纯劳动估值更高些。"马克斯派的价值论无疑难地解释了我们底经济生活里许多现象"。马克思注重社会必要的劳动，一件商品的价值不是个人在生产中所费的劳动，倒是"普通工人在平常的工业情形中必须要费的平均劳动量"。"实际上，考察那决定价值的因素不只是那些平均劳动时间而且也是需要底情形"。"在商品里面的劳动底那社会效用不只是在生产中决定，也是在市场上决定"。"每个商品底市场价值便是它底价格，价格是供给和需要间的关系底表现"。这一学说使我们用"社会的有用的劳动"这个原理，可以满意地解释一切经济的现象，甚至

① 彭芮生译《科学的社会主义底基本原理》，上海创造社出版部1929年版，第117页。

② 彭芮生译《科学的社会主义底基本原理》，上海创造社出版部1929年版，第152页。

价格的现象。"价格也是被劳动底社会的效用所决定；但不是被每个生产品依生产情形应该需要的那些社会的劳动时间底数量所决定，而倒是被那以实际生产了的生产品数目去除这社会所指定给予这类生产品的社会劳动总量所得到的结果数量来决定"。同样，那些稀罕物品、独占物品及一切不为竞争所影响的商品的价格，也不能够不成比例地升涨，"因为它不能超脱社会在指定给予这类物品以一定量的劳动时所加于它的那个束缚"，"同是遵照某种客观的法则决定它们底价格，而不是依照卖和买者底任意"。①

本章解说马克思的劳动价值论，并不按照《资本论》的论证逻辑，试图避其繁难而采用另一套比较通俗的路数。其要点，一则说明劳动价值论来源于古典经济学的理论，马克思突破古典经济学家的局限或未能解答的问题而予以发展，将劳动价值论提升到人类思想中主要因素的地位。二则重点指出生产物品不用于自行消费而用于交换以满足他人需要的价值，其决定的唯一标准是劳动（有时误译为劳动力），同时并非决定于个别人的具体劳动，而决定于生产中所耗费的社会必要的或平均的劳动，这种凝结在商品中的无差别的人类劳动，具有能够交换比较的共同性质，适用于一切商品，可以解释经济生活中的许多现象。三则商品的价值在市场上表现为价格，不仅决定于生产中的社会劳动时间量，而且决定于市场供求关系，但商品的供求同样遵循客观的法则，不能超脱于社会劳动总量中给予该商品以一定劳动量的那个束缚，不能由买者或卖者任意决定其价格。对于劳动价值论的这种简化解说，还表现在连接每个要点的许多举例中，好像仿照《资本论》列举的公式和释义，又似像非像。如此解说，取马克思原著之大意，却不求其连贯和准确。有些译文，看来译者也不很明白，所以硬译出来，让人颇费思量。

第 7 章 "剩余价值和利润论"，分 2 节。第 1 节 "劳动——利润之源"：

在商品按照其价值出卖和等量交换的情况下，利润从什么地方来？马克思回答说，"利润是从剩余价值中得来"。"剩余价值论是马克斯底发明里面最主要的一个"。说到价值论，马克思以前就有许多先行者，但剩余价值论"是这位科学的社会主义的创始者独立之说"。剩余价值论无疑是非常重要的，"它在那混乱的没有整理的经济生活底现象上放了新的光彩"，所以恩格斯把它和史的唯物论视为同等重要。

---

① 本章引文均见彭芮生译《科学的社会主义底基本原理》，上海创造社出版部 1929 年版，第 152—165 页。

马克思首先详细分析经济的货物或商品，由此解释剩余价值论。经济的货物必须有自然的和社会的两种主要属性，商品的自然属性足以满足人类某种需要，商品的社会属性必须含有社会劳动量；"没有自然的属性，社会的属性永不得表现出来"，"货物具有的那劳动量就是一切有用物品里面的社会性底标记"。此外经济的货物还有一个属性，必须有个所有者，是可以自由地处理它的人的所有物。资本主义工厂制兴起后，劳动力变为商品，和别的商品一同出现在市场上。劳动力商品也有自然的和社会的两种固有属性，自然属性是它能使原料变成社会有用物件的性质，社会属性是因产出劳力而应该使用的社会的劳动量。马克思确切证明了在如今雇用劳动制度下，劳动力商品和其他商品一样有共同的属性和进行买卖。马克思又证明了劳力怎样产生。劳力不能和生命分离，但需要能力去劳动，人只有满足了生活的需要，才有能力去劳动。综合关于劳动价值的讨论，得到一个结论："劳动底价值就是那依劳动者所居之国度里自然的、社会的及文化的情形，供给劳动者自身及其家庭底生活主要物品——衣、食、住所必需的那社会劳动量"。马克思说劳力是产生剩余价值的惟一的商品。"任何劳力底正确的社会的价值是小于劳力（似指劳动——引者注）自身，而那在生产劳力必须消费的劳动量和劳力自身间的这一差额就构成剩余价值"。劳动的生产比消费多这一属性，就是经济生活里利润现象成为可能的潜在要因。在今日私有制社会，资本家占有生产手段，劳动者被迫出卖劳力给他们，"所以剩余价值底利益完全被资本家榨取了"，劳动者的报酬仅是自己劳动结果的一小部分。从表面上看，根据交易原理，厂主将剩余价值作为自己的利润而不抽出来给劳动者，没有什么不公道。但只有在上面所说的私有制社会，剩余价值才有可能。"利润和一切财富底源泉都是在剩余价值里，无数的劳力构成资本家底收入"。政治经济学中有个著名的原理，"同样投资产生同样利润"。剩余价值不一定由产生它的那个资本家得到，而由一切资本家分得，有些到放债者手里，有些到贩卖者手里，一般地说，投资于任何企业的资本家都得到一部分剩余价值，纵然这剩余价值是在别的企业产生的。利润公式：利润 = 社会生产的剩余价值总量÷每个投资数目。

第 2 节 "劳动和资本间的矛盾"：

马克思发明剩余价值，"对于政治经济学上的重要并不低于他底史的唯物论对于历史学上的重要"。恩格斯公正地说，"现代社会主义是建筑在马克斯底两个发明——史的唯物论和剩余价值论之上面"。根据附着在这两个重要原理里面的涵义所构成的整个理论，"可以看出在现今社会的那可怖的阶级斗争底真正意义"。如果史的唯物论告诉我们普罗列搭利亚特是要求新的社会主义组织发展的生产力的代表，那么剩余价值论就告诉我们普罗列搭利亚特是替社会赚取面包者唯一的支柱，其他一切社会都凭倚在它上面，"没有劳动阶级则全体社会将束手待毙"，这是促进新社会组织的力量。剩余价值论还指明，虽然劳动生产一切社会财富，然而劳力在自己所生产的物品中所得却愈变愈少。这是因为工人的劳力价值在持续减低，因为现代工业的功能高度发展，生产工人生存的主要物品所必须的劳动时间持续减少，而资本家所得的剩余价值就不断增加。剩余价值变得越来越大，工人在自己创造的财富里的享受越来越小，"劳动和资本间的鸿沟日愈深愈宽，伟大的阶级斗争日愈可怖愈剧烈，而社会底颠覆是不可避免的事实"。马克思不但指明普罗列搭利亚特将得到胜利，并且指明怎样和用什么手段一定会胜利。马克思"详细解释阶级斗争底进程和它底预定的出路在那逼成社会革命的势力底永久的进程里"。马克思告诉我们："工业发展到最高阶段，小产业为那集中的和集量的大工业组织所吸收，小商人被'大贸易'的竞争所压服而被逼到普罗列搭利亚特底队伍里来；因中产阶级继续地降入队伍里来，普罗列搭利亚特数目上继续地加多，而且因童工和女工增多，普罗列搭利亚特底阵营变成庞大的一个了。他方面资本日见集中于少数私人手里，富人数目比较的继续地减少了，愈富愈有权力，贫人数目愈大而愈贫愈悲惨；从前相接近的阶级现在变成距离愈远了，这时候竟达到一切社会组成着两个相仇的阶级，有权力的资本家贵族（小部分），无数的工银劳动者（大部分）。因阶级斗争愈见尖锐化社会的分裂愈见显明，为着领导那反抗资本主义底庞大势力的经济的、政治的斗争，工人阶级必须地要去团结起来去组织起来。这一组织内在地愈强有力，外在地愈加扩大。藉着那些组织底协助，劳动阶级在这一决定了的阶级斗争里获得了新的势力，找出了最有效的手段去阻止资本主义底发展而抑压它；到后来，进化底过程完满的时候，普罗列搭利亚特将会完全觉悟他们底力量，劳动组织将会变为更加强有力，于是那所谓社会革命的社会颠覆自将到来，因这一社会革命那经济的势力将从资本家手里移到普罗列搭利亚特手里来，这个将使社会底制度、习惯、法律适应于普罗列搭利亚特底要求和利益。正如奴隶制度降伏于农奴制度，正如封建制度湮没而为那胜利的资本主义所代替，同样地，今日的资本主义统治底组织终必屈服于社会革命底强大的压力之下而让社会主义的制度开始"。"马克斯视这一新的社会组织底变革不是那些被压迫大众发动的盲目的无理智的暴发，不是须臾的泛滥，而是社会进化底必然的终极的结果，是社会上阶级斗争底不可避免的产物"。①

经过前面两章关于价值论和劳动价值论的铺叙，本章介绍马克思经济学说的核心内容即剩余价值学说。不过这个介绍从上面的摘录看，对《资本论》的简化处理，以自行表述方式，收缩到重点论述在资本私有制度下，劳动力变成商品，并具有所有商品共同的自然与社会双重属性，其特征是在生产使用价值的自然属性中，劳动力的社会属性即维持其劳动能力所消费的生活资料的价值，低于它的劳动所创造的价值，由此产生的差额，便是一切利润（包括利息和商业赢利等）的来源，同时不违背商品等价交换的原则。换言之，围绕剩余价值理论的各种严谨概念、逻辑推理、史实论证和精确分析，都被省略了，意在通俗和简要地说明劳动如何成为资本家利润的源泉。然后说明劳动和资本之间的矛盾，实际上同样把马克思关于资本主义积累一般规律的原理，收缩到重点论述建立在利润或剩余价值基础上的资本积累，何以不断扩大少数资本家阶级财富集中和广大工人阶级贫困恶化之间的鸿沟，造成日益减少的资本家集团与日益庞大的无产阶级队伍之间的尖锐对立和阶级斗争，结果必然导致颠覆现行社会制度的社会革命，其不可避免的产物即由社会主义取代资本主义。此结论十分清晰和明确，而基于马克思经济学原著的论证过程却大为简化了。尤其后面一节，虽然口口声声说马克思发明了什么或告诉我们什么，但相关的具体内容，都出自著者自己的通俗用语而不是马克思的精确表述。这也造成一个印象，所有这些结论，不过以另一种语言形式转述马克思的原意而已。

（三）著者的评价意见

如果说前面 7 章的内容，主要说明马克思创建科学社会主义的思想来源和理论贡献，属于客观介绍，那么第 8 章即最后一章"科学的社会主义底批评"，则是评论马克思学说的特点及其理论在实践中的检验，带有主观成分，也更能体现著者本人的倾向。此章分两节，第 1 节"马克斯派分析里面底主要的和次要的特点"：

科学社会主义引起了各方面的批评，"这文明的世界发觉了这位现代社会主义底始祖对着现存制度宣布了可怖的可厌的死刑断词了"。不久，"那些领受资产团体底津贴的著作家"便在资本主义的报纸上发表反对社会主义的辱骂文章。明白

---

① 以上引文均见彭芮生译《科学的社会主义底基本原理》，上海创造社出版部 1929 年版，第 174—192 页。

懂得社会主义的真正科学意义的人们欢迎这些批评，因为这些批评给了我们机会去反复说明马克思主义的根本理论。但恐惧介绍社会主义的顽固者们更欢迎这些批评，因为社会主义的实现就是他们的权势的末日。一切过于热望去接受反马克思主义，赞成现社会而发出公开阻碍社会主义的议论，和用浅薄的辩驳去反对社会主义的人们，"愿意着受欺骗，并让那投在自己眼睛里面的尘雾去蒙蔽真理"。反社会主义的"学者"被抬举到荣耀的巅峰，对他们敞开着一切名誉和机会之门。"真的，几多人因为'批评'马克斯派社会主义而达到了荣华的境遇，又有几多人被夺去了智识界的地位和权威仅只因为他是忠实地承认马克斯主义底实现性呢？"我们现在并不讨论那些资本主义的"批评"。资本主义有十分充足的本性去同科学社会主义理论和阶级斗争学说争论，现制度对于资本主义者是适宜的，十分自然，资本主义要用全力去和视现制度为完全无信任、虚伪、根本不健全的理论争论。"更加引起兴趣的是那些从社会主义的列队里面发出来的批评"。这似乎有些奇怪，但假若不检讨社会主义自身发出的反马克思主义的几个重要的固执的驳论，我将不满足我关于马克思派社会主义的解答。

最遭批评的是"史的唯物论"或"历史底唯物解释"，这和整个的唯物论（似应为唯心论——引者注）相反。"马克斯主义发展一个整个的、融和的'世界观'，另一个系统的宇宙哲学。我们已经知道，这一概念是建基在进化原理上。否认这一概念即是必须否认近代的宇宙哲学"。假如批评家是从玄学的即唯心的观点出发，我们可以不和他争论，因为我们会从完全相反的方面去观察问题。我们承认唯物的即一元论的哲学观点为出发点，"史的唯物论"就在这个基础上形成。显然，一个人不能用第二个哲学观点去批评另一个观点，尤其它们的出发点不能用试验去证明的时候。

那些激烈的批评直接针对马克思的经济学说。许多马克思的批评者十分不满意剩余价值论和阶级斗争说，"阶级斗争告诉我们劳动和资本间的自然的矛盾会愈变愈激难，一直等到它引出那不可避免的洪涛，社会革命"。批评者说，劳动阶级的境遇逐渐改良了，普罗列搭利亚特和布尔乔亚之间的裂痕渐渐狭小了，最终会堵塞，从而消灭社会革命的景象。"社会上的阶级斗争无疑地会逐渐地停止的。要建设一个新的社会主义的组织，不是一定要首先推翻现存的制度，再在这残骸上建设起一个改革的社会组织来；却倒是应该渐渐地改良现社会状况，使在时间底进程中，将平和地产出一个实现社会正义的制度。这些改良主义者以为每一个为着劳动阶级底利益的新的改革都是在新社会构造上加多一个基础，所以每一社会改革不应该视作只是一种手段，应视它自身就是一个目的。社会主义的组织不能从那社会革命引出来，都是缓缓地，但是一定地，一步一步地会到来，并且劳动阶级底境遇每改良一次，则我们就向着那最终的目的前进一步"。总之，"这些改良主义者用以来证明的主要的争论是说阶级斗争不是在变成剧烈化，那未来的社会组织却是从改良产出，而不是从社会颠覆产出"。

改良主义依赖统计学来建筑它的辩论，首先证明资本集中的进程不是照马克思所叙述的路线发展着，中产阶级没有渐渐地消灭投入普罗列搭利亚特的队伍中，恰恰相反，他们的数目和重要性继续增加，社会不是尖锐地裂成两个相敌的阵营，劳动者的境遇不断地改良，"结局，马克斯底阶级斗争说实际上不能产出"。这样短的篇幅不允许我对资本集中做较长的统计，这不难确切地计算，说明"这整个进程是根本地照着马克斯所预言的形状发展着的"。纵使马克思没有确切地叙述资本集中进程，但是这有什么重要呢？这推翻了他的剩余价值说么？"我们已经明白知道这科学的社会主义底根基是存在那附含在史的唯物论和剩余价值说里面的原理里面的。资本集中说不过是个注解而已，并没有列入马克斯底主要理论里面"。然而很容易证明美国大托拉斯的强有力组合和管理已经握住了国家财富的独占权及一切国家生产业，"恰巧和马克斯在半世纪以前所说资本主义的管理和资本主义的竞争的制度一定不可避免地会达到庞大财富会集合和集中在少数私人手里一样"。

改良主义还倡言大多数中产阶级没有变成和普罗列搭利亚特一样境遇，小工业的数目和小生产小企业的范围倒是不断地加多。但是中产阶级变得愈多并不是这个阶级社会变得愈强有力。今日的小商人不是大部分或全部依赖于有势力的托拉斯么？那些貌似独立的小企业不是典质给大资本家了么？一般都知道，许多小的个人企业实际上属于一个百万翁，结果是为那些有权力任意增减价格和生产的大商业巨头所支配么？

改良主义者还告诉我们说劳动者的境遇渐次改良了，不是增加了贫困。诚然，劳动者的境遇在改良着，今日的劳动者比起多少年代以前有较好的生产境遇，可是实际上这些渐次的改良是如何产生出来的呢？不是从阶级斗争本身得来的么？不是劳动者从反抗那些征服和压迫工人的恶势力的长期和剧烈的斗争里面持续得来的么？不是因为劳动组合已经成为职工同盟和政党，才能有艰苦得来的胜利么？即使我们承认社会上会发生马克思所谓"贫化进程"或"贫困增加的进程"，但马克思说这话事实上是有条件的，我们不应漠视：假若工人驯服地把他们的命运让给资本主义发展的强有力进程，他们的命运自然会变得更坏。可是这个贫穷进程强迫工人们在政治上经济上团结起来，必然不会让劳动阶级的境遇变得更坏，所以"贫化进程"就没有发生。"贫化进程"的意义并不是像批评家所争论的那样，我们谈工人境遇的降低，不是说变得绝对的恶劣，是说相对的恶劣，"是说劳动阶级底境遇比起别的阶级底来愈加变成恶劣了"。劳动者现今的状况诚然比以前好过多少倍，但同样显明的事实，那些富而有势的工业领袖们在同一时期变得更富更有势了。"假使我们说劳动阶级底境遇是否是在改良着，一定要从那社会组织的压迫阶级来观察。把财富增加和劳动者底境遇改良一相比较，就会看出那财富底生产比劳动境况底改善是以一个无量的速度进行着的。今日的剩余价值比以前的大许多倍了，而且还继续地在增加比例；剩余价值变成愈多则那未付价的劳动量比例地也变成愈多。如若工人今日比起以前来有较好的生活状况的话，那末，同时他们在自己辛劳所产生出来的财富里所享受的部分是比以前也比例地更小了。劳动和资本间的矛盾愈加尖锐化，社会两个成因间的仇抗愈加增加了程度"。

反对社会主义原理的批评家，还用图表和统计来指明劳动者没有构成社会人口的大多数，所以普罗列搭利亚特不能以数目的势力来得到统治。关于这一点，一般地说，这不是马克思主义的重要部分。马克思自己也许是用这个多数的意思使劳动者的胜利更加显明；并且实际上普罗列搭利亚特的最后胜利不是因为他们构成社会的大多数，而是因为他们"组成社会上生死关头的经济势力"。"历史证明那个具有经济势力的阶级迟早总会统治着政治势力，只是数目的多少并不关什么紧要"。"普罗列搭利亚特一定会最后用于胜利者不是倚藉他们底数目多，却是因为普罗列搭利亚特是为一切社会赚取面包者的原故。普罗列搭利亚特底伟大的手腕以它底血汗来支持着社会，就是这同一手腕终久会统治社会；财富底生产者在一个长期行程中一定会成为这财富底管理人。历史就有很多的这一根本法则底证明。经济地是最强大的那个阶级常常是掌理了政治势力，即使它是人民底一小部分"。中世纪的封建地主是统治阶级，因为他们具有经济的优越地位，其余一切社会都是依靠他们生存。资本变成人民生活中最强大的经济势力，占取政治势力的资本家，不管实际上他们在数目上比较起来是少数。经济的优越现在渐渐地移到劳动阶级方面。"如史的唯物论所告诉我们的，劳动是成为生产力底代表了，并且，如剩余价值所告诉我们的，劳动是成为社会上底经济的支柱了；一句话，劳动是决意着自己经济地进到那最有势力的阶级，所以必然的劳动也终会得到政治的优越地位的。普罗列搭利亚特底胜利是确保的"。①

显而易见，面对批评科学社会主义的各种论点，著者鲜明地站在马克思一派的立场上。其重要特点，把来自资本主义阵营的御用学者的批评搁在一边，认为他们出于反对社会主义的阶级本性，固执地蒙蔽真理以维护现行制度，不值得反驳。值得关注的来自社会主义阵营的反马克思主义者的批评，把矛头指向唯物史观和剩余价值论。围绕唯物史观的批评，不是这里反驳的重点，只是说这些批评出于唯心论，同唯物论的出发点根本不同，又不能通过试验来证明二者的是非，若是反驳，犹如鸡同鸭讲，不可能进行沟通。于是重点放在对剩余价值论以及基于这个理论而引出劳动和资本之间阶级斗争不可避免的批评上，实质是反驳改良主义者试图以渐进的平和的社会改良来代替阶级斗争和社会革命的各种理论依据。这些依据主要有两点，都是用统计资料证明，一则没有出现如马克思所说的资本集中趋势，相反小生产不断增加，因此也没有出现无产阶级数量增加的趋势，相反中产阶级不断增多；二则没有出现如马克思所说的工人阶级贫困化趋势，相反工人阶级的待遇比起以前在不断改善。这两点，此前有关著作在维护马克思的经济理论特别是批驳修正主义的论点时，均多次提到过。本节的反驳，比较此前的著作也大同小异，但仍有自己的特色。对于前者，认为资本集中趋势的具体进程和表现形式，在马克思学说中并不重要，不影响更不可能推翻剩余价值论的根基，同时大托拉斯在国家经济活动中的独占事实，以及小企业无法摆脱大企业支配的现状，都证实了资本集中现象的客观存在。对于后者，所谓贫困化进程看起来没有继续恶化，恰好证明了工人阶级团结起来反抗资本家压迫的阶级斗争成效，否则其恶化程度不堪设想；而且贫困不是指绝对贫困是指相对贫困，比较压迫阶级资本家寡头通过扩大剩余价值的财富迅速积累，被压迫的劳动阶级待遇的改善极为有限，在他们创造的财富总额中所占比重越来越小，贫富差距不断扩大，因此劳动和资本之间的矛盾日益尖锐。另外有一点辩驳，其他著作不大提到。对于批评者同样用统计资料来证明无产阶级并未在社会人口中占大多数，故不可能利用数量优势获得统治地位一说，一面回应无产阶级是否占大多数并不是马克思学说的重要部分，一面指出无产阶级的优势在于，唯物史观论证了它是发展生产力的代表，剩余价值论论证了它是引领其他社会民众的

---

① 本节以上引文均见彭芮生译《科学的社会主义底基本原理》，上海创造社出版部1929年版，第193—204页。

经济支柱，即使无产阶级是人民中的少数，仍将必然通过其经济上的优势地位得到政治上的优势地位，因此可以确保无产阶级的胜利。这些反驳意见，不论得当与否，完全不同于前面在客观介绍马克思科学社会主义的真相中蕴含自己的倾向，已然从理论上表明著者信奉和维护马克思学说的主观态度。

第2节"美国工业发展底趋向证实了科学的社会主义底诸理论"：

要找出科学的社会主义原理逐渐接近于实现的具体实证，看看马克思派理论怎样在美国今日生活实际里生长出来，就来考查一下美国财富相对人口增长的统计。比较20年前的图表，"就会指明财富集合在少数资本家手里，劳动者数目增多而相对的贫弱，工业向活动集中了并且完成了；这会指明劳动在国家财富里底享受是继续减少着，而劳动和资本间的对抗是日日地变成扩大而更显明"。1912年华盛顿经济调查局的主要统计家公布了1910年底的一些调查结果。这些公布的图表，不但给了我们国家财富增长和分配的一个明了观念，还给我们指明工业现象的发展、工业劳动者的数目和劳动的平均工价，"一句话，把美国经济生活里的发展和趋向统统明确地表示出了"。应该注意这个事实，10年间，"财富比人口增加更快而比例更大"。马尔萨斯派常常被视作反马克思学说，其人口"法则"建筑在这个学说上，一国的财富增加没有人口增加快，人口照几何比例增加，财富照算术比例增加。这里引证的图表，"完全推翻了马尔萨斯底所谓'人口法则'"。值得特别注意的是1900年到1910年10年间工业和制造业的增长速度。除去价格增长因素，整个工业很快发展扩张，自然地，工人数目有很大增加。同时期劳动阶级的数目比普通人口增加得快，这意思是在美国实现了普罗列搭利亚化进程，"恰好〔与〕马克斯所预言的一样"。"这些统计不但只给我们指明普罗列搭利亚特底数目是继续地增加，还给我们指出那在普罗列搭利亚特和有产阶级间的鸿沟变成愈深愈宽了，普罗列搭利亚特底在国家财富中的享受日日地变得少而又少了"。

这些统计还证明了在美国，资本持续地集合。数字上生产品的价值和所消费的原料的价值的差异，并不是代表制造家所得纯利的数目。从这个数额里要抽出工资、机器消耗、工厂积金、保险金及其他等，可是即使抽出这几笔款项，仍有很大的数目为制造家的利润，不断增大起来的就是这个数目。全国工业企业的扩张发展，以及劳动者数目的加多，是另一个表征，显示统御美国的集中的势力。与此相适合，"明证美国工业主对于劳动的榨取更加刻毒更加扩大了"。劳动状况的低下不只是因为榨取，还有一个主要因素。美国工业的发展，兴起一大群不直接生产商品，却从劳动者生产的商品而得生活的人，如会计、管理等职员。从政治经济学的观点来说，雇员真正是生产工人，因为一切社会有用的工作都视作生产工作，不论这个工作是否确切地体现在具体的物品里或者这是管理企业事务的工作。可是从劳动阶级的观点来说，为社会赚取面包的劳动，看待社会经济生活里那些不直接生产而依赖劳动者产生的物品来生活的这部分人的数目是多是少，此事致命的重要；这种劳动状况的退步，表示劳动阶级的负担更重了。统计还指明了工资状况。从华盛顿政府机关调查得来的这些统计，一定不能对于劳动有多少偏重，它给予我们一个明了证明的事实，"资本家从生产了的国家财富里所收获的利润底百分比是不断地增多，而别方面呢，劳动工资表示的百分比是愈变愈小了"。

"这么一来，我们从这个简单的观察美国工业发展底趋向，可以看出马克斯底说义几乎是逐条证实了。剩余价值底差数是在愈大了，资本是照着一个继续增加的比例集合着，'普罗列搭利亚化底进行'继续地前进着，劳动在国家财富里底享受是继续地减少，——一句话，在劳动和资本间的根本的敌对是日见日猛烈，日见日明显，社会上的公然的阶级斗争有意识或是无意识地，增加着强度，增加着剧烈"。"今日的状况底无情的事实把那些社会改善者及改良主义者所建立在这社会两个反对的阶级——劳动和资本间的鸿沟上的幻虚之桥扫开了。事实没错误地指着那正在来着的社会的变革，像旧制度底崩溃一样危迫。普罗列搭利亚特底完全解放临近了，而首先为马克斯所创立的科学的社会主义底说义是到了实现底前夕"。①

本节的论证可以说，继前节从理论上反驳那些批评科学社会主义的论点后，再从实证上支持这些反驳意见，这种论证方式，在此前的著作里极为少见。前节的反驳，题目还有些令人费解，明明针对那些批评科学社会主义的论点，却何以标明为马克思分析里面的主要特点和次要特点，似乎是说这些批评论点只是抓住马克思分析的次要特点，没有撼动马克思分析的主要特点。本节则非常清楚，无论前节的批评从理论上提出什么样的统计依据，无论触及马克思学说的主要特点或次要特点，华盛顿官方关于1900—1910年间的调查统计数据，都表明美国工业发展的趋向，证实了科学社会主义的理论或马克思的预言。这是以子之矛攻子之盾，既然批评者拿出统计材料从理论上对科学社会主义加以辩难，那么反驳者同样根据官方统计材料从实证上予以回应，而且后者的每一项统计数据都对应着前者的统计依据，等于

① 本节以上引文均见彭芮生译《科学的社会主义底基本原理》，上海创造社出版部1929年版，第204—215页。

全盘推翻了前者的批评辩难。虽然对本节所利用的统计资料，只取其结论，省略了具体数据，但仍然能够看到，它的实证主要针对前节所说的资本集中趋势，以及无产阶级相对贫困化趋势。也就是美国官方的统计数据不仅没有附和前节批评者用来否定科学社会主义理论的统计依据，反而全面证实了马克思创立科学社会主义的理论预测，意味着科学社会主义已经从理论预期进入实现阶段。这里所用的统计实证，有两点须说明。一是以资本主义发达的美国为例，符合著者前面介绍唯物史观时所说的社会主义的实现和无产阶级的胜利，是生产力发展的客观法则的必然结果，以资本主义的充分发展为前提。二是最近的统计资料截止到1917年，也就是苏俄十月革命以前，不知著者看到像俄国这样落后的国家爆发社会主义革命，会有什么样的感想。还要说明，此书以科学社会主义的基本原理为研究对象，涉及马克思学说的整个理论体系，但在最后一章回答对科学社会主义的批评，表明著者本人的态度时，无论根据马克思的分析来反驳各种辩难，还是根据美国关于工业发展的统计资料来证实马克思的预言，除了就哲学上批评唯物史观的论点稍作评点外，主要篇幅都落脚在维护和证实马克思的经济学说上。这也可以掂量出在著者眼里，批评者攻击马克思学说的重点，以及对维护马克思的经济学说应予重视。

### （四）结语

《科学的社会主义底基本原理》译本，说是简单叙述近代社会主义在哲学和经济学方面的基本思想原理，或被称为初步的入门书，其实有一定的深度，著者意在表现自己独立理解马克思学说并予以通俗解说的能力和特点，又使这种深度较难对照马克思原著的思维逻辑来梳理，再加上翻译欠佳，更增添了阅读的难度。可是，即使译本比照以前的同类著作，在解说上未必有什么创见或新意，但它力求以自己的表述方式来讲解科学社会主义的基本原理或要点，既无实质性的偏差，又将个人主观倾向寓于客观合理的介绍之中，确实显示著者具有这种独立消化吸收和解说的能力，不是简单地摘录或转述马克思原著的论述；特别是最后一章超出一般客观介绍的范围，从理论与实证的结合上，回击社会主义阵营内部那些反马克思主义者的批评观点，引用最新统计资料来说明美国工业发展的趋向证实了科学社会主义的各个理论，典型体现了这位美国学者信奉马克思主义和维护科学社会主义基本原理的个人态度，其中一些辩护性论点和论证方式，在当时国内可观的论述马克思学说和社会主义的著作里，都极为少见，尽管我们尚不了解此美国学者究为何人。既然这个译本的内容如此醒目，著者的倾向又如此突出，为什么译者的后记里好像在刻意模糊这种特征，既不站在激烈反对社会主义者一边，也不站在热心拥护社会主义者一边，只是从外部为国内这些对立方介绍一个简略扼要叙述近代社会主义基本原理的文本；即便这个文本是最好的，译者仍一再声明自己没有自信力，是在别人的恳愿下，为了生活得到版税，才勉强同意出版。这种暧昧态度，固然有译者个人的因素，同时也应考虑当时环境的因素。译本完成于1928年4、5月间，正处于国共合作形势逆转后的动荡时期，此时出版这种鲜明支持科学社会主义原理并证实其临近实现的译本，对于只是有兴趣或靠翻译生活的普通译者来说，存在一定的风险。于是，译者的犹疑或以各种托词拖延出版，有了更为合理的理由，并不仅仅因为译文的蹩脚而不好意思。反过来说，这样的态度，客观上也起到了降低风险和掩饰译本锋芒的作用。

## 二、《科学的社会主义》

高希圣著，励群书店1929年4月初版。这是他半年前翻译出版山川均的《资本主义批判》一书后，自撰出版的系统论述科学社会主义的一本新作，也是当时在系统研究马克思主义方面，从原来一般翻译引进国外相关著作而较少看到自撰者，开始转向至少名义上由国人独立撰写专门的著作。借此，也可以比较此书与前述几乎同名译本二者的异同。

### （一）内容简介

此书5章，117页。第1章"序论"，分3节。第1节"科学的社会主义的创始者——马克斯"："社会主义思想的完成者同时且为社会运动上实际的指导者的马克思（Karl Marx），他那伟大的功绩和声誉，在人类的历史的继续中是永远不会磨灭的"（第1—2页①）。马克思的一生可以约略分为四个时期，第一期少年和青年时代，从1810年（应为1818年）到1843年，是他和恩格斯缔结终生莫逆的友谊，成为社会主义者的时期；第二期从事实际的革命运动，从1843年到1849年；第三期自定居伦敦到1867年出版《资本论》第一卷；第四期从1867年直至1883年去世。"马克思虽死，然而他的事业是永远不灭的"（第12页）。

第2节"科学的社会主义之产生的时代背景"：马克思的科学社会主义的产生，"不是凭他一人的意造，而是有一种客观环境，为形成他的主义之背景"（第

---

① 此页码见高希圣著《科学的社会主义》，励群书店1929年版，下同。

13 页）。当时英国首先发生产业革命，完成了资本主义的形态；马克思发明经济发展的进程和定律，一大半取材于英国，根据英国的经济情况，写出《经济学批评》和《资本论》等经济学著作。当时法国在工业上比英国落后，资产阶级为了自身发展，起来革封建阶级的命，又因压迫劳苦群众而激起反动，发生多次革命；在这样的革命中容易看出各阶级间的分化及其利益冲突，马克思从法国革命的经验中，完成了阶级斗争的理论。当时德国工业资本的发展更落后，国内经济组织尚未脱离封建分权状态，各贵族君主压迫人民又非常残酷，由此发生谋求自由解放统一的各种革命哲学，但不过是各种不同形式的空想和唯心论调；马克思根据此类哲学考察当时及过去的世界环境，形成有系统的唯物史观理论。"这样，英国的经济，法国的革命和德国的哲学，三种的原素汇合起来，便形成了马克思之科学的社会主义"（第 15 页）。

第 3 节 "科学的社会主义与空想的社会主义的区别"：马克思和恩格斯以前的人，尚不能发见实现社会主义确切的根据，只能从头脑中描写出未来社会的理想国，然后拿这种理想的根据来宣传，以期社会主义的实现；总之，他们没有什么科学的根据，只是空中楼阁，因此说它是空想的。"马克思和昂格尔则由科学的方法，研究了过去之历史的结果，断言社会主义是必须实现的，他们所主张的是有确切不移之科学的根据的。恰如自然科学者，由研究了水的本性，而断定河水是注入海中的，同样，马克思和昂格尔研究了历史的本性，以为社会主义的时代是必然要到来的，因此这就称为科学的社会主义"（第 18 页）。

以上三节论述，从马克思的生平事迹，到科学社会主义产生的时代背景，再到科学社会主义与空想社会主义的区别，其内容均已见诸此前国内流传的有关著作，无必要详尽引录。但采取这样的连接贯通方式，仍显出其特点。一是综合了科学社会主义形成的若干主要因素，包括其创始者马克思的不朽功绩，其时代因素阐释了马克思学说的三个思想来源和三个组成部分，其本质特征是社会主义从空想发展到科学。这种综合，实际上来自恩格斯关于社会主义的经典论述。二是简明清晰，要言不烦。如此概括能力，既体现著者的自身素养，也可能受到一些日本马克思学者的著述影响。三是称颂马克思创立科学社会主义并据此指导实际社会运动的伟大功绩和声誉在人类历史的长河中永远不会磨灭，或马克思的事业在他死后永远不灭，明确表达了对科学社会主义的忠诚信念。这是著者流亡日本失去同党的联系后，仍保持共产党人的信仰，也体现了他自撰此书的鲜明倾向。

第 2 章 "唯物史观",分 4 节。第 1 节 "怎样说明唯物史观":"唯物史观是马克思思想的根基",可以分三段:说明社会是继续不断进化的;说明什么是社会进化的原动力;说明到了什么时机社会才生变动,即发生社会革命。这样一讲,"唯物史观的大要,大家可了了"(第 19—20 页)。第 2 节 "社会是进化的":人类断不能离开社会而独自生存;所谓社会,决不是一成不变的;国家的演进和先前家族制度的演进相同,如由君主专制国家而封建国家,而立宪国家,而劳农国家等,虽同是国家,却各各不同其形式;一切社会都不是停滞固定而时常变动,生在社会中的学问、法律等,也跟着社会的变动而变动;从古至今,某种时代即有某种社会,这便是人类社会历史的本质,唯物史观最坚决主张这一点。"唯物史观实际就是一种历史观,一种观察历史的方法"(第 23 页)。第 3 节 "社会进化的原动力":"简单说来,生产关系即经济关系随着生产力的变化而变化,跟着一切社会上、政治上、法律上的各种组织也变化了,社会进化的原动力就是生产力"(第 29 页)。第 4 节 "社会革命的时机":一定的生产组织在某个时期足以助长生产力的发展,然而经济组织一旦形成,往往不能变化,多少带有固定性质;反之,生产力因机械的发明和人口的增加等一天天强大起来,发展到一定程度,曾经适合的生产组织,现在却成为生产力发展的障碍;到了这个时候,有必要另造一个合乎发达了的生产力的新组织,于是社会革命的时机到来了。马克思依照这个原则,深切研究现代资本主义,"断定资本主义经济组织已经完毕了它的使命",不能不变为社会主义经济组织了(第 33—34 页)。

这一章内容,同样已为那时关注唯物史观的国人所熟悉,不必详述。由此却进一步凸显了分析前一章的特点,以十分简单的例子和口语化的表述,说明唯物史观的原理。这也体现整本书的意图,正是面向普通民众来通俗讲述科学社会主义的道理。

第 3 章 "资本主义崩坏论",接着第 2 章说明 "马克思从什么地方发见了资本主义经济组织对于生产力的发展已是无益而有害" 的问题(第 34 页)。这是集中讲述马克思经济学说的一章,放在后面专门介绍。

第 4 章 "政治革命",前面两章约略说明马克思的唯物史观和关于资本主义经济组织的前途的见解之后,本章稍加说明 "资本主义怎样的归于灭亡,即共产主义怎样的实现出来" 这个问题(第 60 页),分 5 节。第 1 节 "无产阶级之历史的使命":资本主义必然崩坏,社会主义必然到来,这是从历史上看明白无疑的结论，然而无产阶级断不会因此就拱手等待；统治阶级决不会自动变革有利于他们的组织，历史上也从未有过这种例子；资本主义经济组织不能容纳日趋发展的生产力，放任这种生产力日长夜大，资本家必然因恐慌屡屡发生而倒下，无产阶级也必然因日益贫乏而倒下；要避免这种难关，充分利用发达的生产力，使得一切人的物质生活都非常丰富，只有根本改变这个经济组织；然而这不能期诸资产阶级来实现，"这个对于全人类之历史的使命，就只有无产阶级来担负了"（第65页）。

第2节"社会革命和政治革命"：马克思很注意这二者的区别；因为生产关系的变革，使得社会全体的形态都一新面目，就叫作社会革命；一定的生产关系一经确立，便产生相适应的政治组织，当生产关系不能与发达的生产力相容时，保护这种生产关系的政治组织的变化，就叫作政治革命。资本主义的经济组织产生资本主义的政治组织，不外是经济上站在统治地位的资产阶级掌握政治权力；生产力的发达从而生产关系的变革若不利于资产阶级，他们便利用政治权力人为地防止这种自然的变化倾向；无产阶级就有必要进行政治革命，夺取资产阶级掌握的政权，以便实现经济组织的变革即社会革命。马克思和恩格斯在《共产党宣言》中说，"阶级斗争是政治的斗争，所以无产阶级运动的第一目标，是在乎从资产阶级手中夺取政权"（第69页）。这即是政治革命。

第3节"政治革命的方法"：进行政治革命，用平和的方法还是暴力的方法，"马克思对此所持的主张也并不死板的，一定的"（第70页），这要看各国的特殊情形而各有不同。《共产党宣言》明白地说，无产阶级夺取政权，须通过暴力革命方能达到目的。但要注意当时无产阶级要参与政治，从议会中占到多数席位以夺取政权，在任何国家都完全不可能，所以马克思说非采用暴力方法不可。马克思对于暴力方法较之对于平和方法，并不特别欢迎，"实在他是极愿采用平和的方法的"（第71页）；只是统治阶级方面不给无产阶级以参加政治的机会，还拼命压迫无产阶级的各种运动，无产阶级虽欲采用平和方法，事实上也完全不可能，不得已只有采用暴力方法。站在统治者地位的资产阶级和站在被统治者地位的无产阶级之间的斗争，究竟平和的解决，还是诉诸流血，"完全要看统治阶级的态度怎样而定夺"；要是统治阶级凭借权力，一味施行强压政策，那么被统治者要是不愿听天由命，坐而待毙，只有流血革命武装暴力，舍此没有别的路可走。

第4节"无产阶级夺取政权后的设施"：《共产党宣言》说，无产阶级使用它的权力，渐次从资产阶级方面取得一切生产手段，集中到国家手中，尽量使生产力得以急速发展；到那时，物品生产依照一定的计划进行，国民都成为工人，资本家完全消灭，社会革命方才完成。宣言还说，从资产阶级手中取得一切生产手段以集中于国家这件事，"要徐徐的渐次进行的，并非一时的完全没收的"（第73页）。至于怎样进行，宣言对此也有相当的规定，要点是实行土地国有；重课累进税；没收移民和叛徒的财产；废止遗产相续的制度，一切遗产都作为国库收入。

第5节"无产阶级国家的形态"：关于这一点，不仅马克思和恩格斯，即一般科学的社会主义者，"都没有下过明确的说明"；"这是科学的社会主义者和空想的社会主义者，大大不同的地方"（第75页）。科学的社会主义者极力避免论究将来国家或未来社会的情形，不过可以推测大体的情形。无产阶级夺取政权，把资产阶级手中的生产手段集中到国家之后的社会组织，概略地说：一是"生产工具的国有"（第77页）。一切农业及工业等都归国家集中经营，而非资本家出于利己目的的个人经营；以社会全体的利益为目的，以需要为本位而不以利益为本位，完全消灭生产的无政府状态和无秩序；无产阶级国家在最初时期，先将大企业移到国家手中，有些小资本的小企业仍旧存在，随着它们不堪与国家企业竞争而逐渐没落，结果一切企业都由国家来经营了。二是"生产的指导和管理"（第79页）。要保持需要和供给的平均，调查需要和生产什么东西，生产能力和所需要的必需品总额，加以精密指导和管理，先生产生活必需品，生产力有余时可生产满足较高欲望的物品，决不生产奢侈品。三是"工作的选择，工作的愉快化和工时的短缩"（第81页）。全体人民都有劳动的义务，国家命令各人去做适于各人能力的职业；为了减少限于某种职业分工的弊害，使人人都有从事各色各样劳动的机会和能力，以造成发达完善的人类；各人的劳动时间不一定同样，但工作时间尤其困难劳动的时间必然比现在短得多。四是"分配的方法"（第84页）。在社会生产力的发展还不足以实现"各尽所能，各取所需"的理想以前，不得不依各人劳动的分量，确定各人应分配多少的标准。五是"消费的限制"（第85页）。消费依据各人的自由并充分供给生活必需品，但绝对限制奢侈浪费的现象并使之绝迹。六是"不劳动的不得食"（第85页）。一切人都须从事劳动而不存在浪费生产力的事；只有从事工作的人，国家保障其生活，不劳动的人就没有饭吃。

本章题名政治革命，并不确切。它既包括无产阶级的历史使命与政治革命的方法，也包括政治革命与社会革命的区别，无产阶级夺取政权后的措施尤其经济措施，以及建立无产阶级国家后的社会组织形态特别是经济组织的涵义。这里所说的政治革命，实则讲述马克思学说的哲学与政治经济学部分后，讲述科学社会主义部分。但由于全书以科学的社会主义为题目，涵盖了整个马克思学说，于是讲到这一部分，为了避免混淆，便强调从资本主义的灭亡到共产主义的实现，无产阶级承担的历史使命，就是通过夺取政权的政治革命，达到将资本主义的经济组织与制度转变为社会主义经济组织与制度的社会革命目的，从而为实现未来的共产主义理想奠定基础。突出政治革命的用意，还表现在虽然马克思的唯物史观揭示了从资本主义到社会主义是社会发展的必然趋势，他的经济学说又解剖了资本主义经济组织何以束缚生产力发展的内在原因，但同时指出无产阶级不能消极地等待资本主义的灭亡和社会主义的实现，必须自觉和主动地进行阶级斗争，用政治革命来推动这一进程。这些内容，对于那时的国人，应当说不那么生疏了，或者说已有相当的熟悉程度。不过其中有几点，可见著者的眼光和专注之处，仍值得一提。一是讲解政治革命的方法，比较到位。不仅并列和平的方法与暴力的方法，而且认为不能死板地固定于某种方法，须根据各国的特殊情况而作不同的选择；不仅指出《共产党宣言》曾明白表示，无产阶级夺取政权必须通过暴力革命才能达到目的，而且提请注意当时各国的压制，使得无产阶级不可能通过在议会中占据多数席位的和平方法来参与政治和夺取政权，所以非采用暴力方法不可；不仅说明马克思并不特别称道暴力方法比和平方法更好，还非常愿意采用和平的方法，而且强调被统治的无产阶级在与统治的资产阶级作斗争时，究竟和平解决还是诉诸流血，取决于统治阶级的态度，如果统治阶级一味用权力强压，不愿听天由命而坐以待毙的无产阶级被逼无路，只有走武装暴力的流血革命道路。这样全面的讲解，不偏于一端。二是解说无产阶级夺取政权后的措施，重视将资产阶级的生产资料集中到国家手中这一过程的渐进性或缓慢性，看起来引自《共产党宣言》的说法，并摘录在最先进的国家可以采取的若干革命措施，实际上更多是就不那么先进的国家实行无产阶级政治革命而言。这一点，著者恐怕是受到苏俄在相对落后的国家实现无产阶级革命这个例证的影响。三是花费较多篇幅，描述无产阶级国家的社会经济形态。对此，一面重申以马克思、恩格斯为代表的科学社会主义者，不同于空想社会主义者，避免讨论研究未来的国家或社会情形，一面又推测和概述无产阶级夺取政权后的社会组织，大体是生产工具为了公共利益并以需要为本位而逐步国有，生产为保持供需平衡而加以精密指导和管理，全民劳动并胜任愉快和缩短工时，在不能实现各尽所能各取所需理想的社会生产力发展水平下实行按劳分配，消费保证生活必需品的供给并杜绝奢侈浪费，不劳动者不得食等。这些描述，与其说是猜测马克思关于未来社会主义的理想，不如说是以现实苏联正在推行的社会主义经济原则作为参照。

第6章"马克思主义之开展的列宁主义"，分9节。第1节"什么是列宁主义"：马克思逝世，第一国际没落后，科学社会主义的革命性全被第二国际的机会派闷死；这个革命性，依靠列宁的努力，始得重新复活，所以有人以为列宁主义是1850年代马克思主义的革命思想的复活。这话有一部分的真理，列宁主义不仅是马克思主义的复活，"在目下资本主义最后阶段之帝国主义的新形势下面，和无产阶级革命时期中的列宁，实际上确是使得马克思主义向前进一步的开展"。可以说，"列宁主义就是二十世纪的马克思主义，也就是帝国主义和无产阶级革命时代中的马克思主义。简单说来，列宁主义是无产阶级革命的理论和策略，特别是无产阶级独裁的理论和策略"。马克思和恩格斯生前，帝国主义尚在胚胎时代，无产阶级还在预备革命，无产阶级革命实际上还不是急迫和直接的事。"列宁却是生在帝国主义膨胀和无产阶级革命发展的时期"，这个时期，无产阶级已在占有世界1/6土地的大国取得胜利，"由革命的手段毁灭了资产阶级的民主主义，开创了无产阶级民主主义即苏维埃"（第87—89页）。

第2节"布尔希维克的起源"：列宁主义又称布尔什维克主义。社会主义运动在俄国比在欧洲其他国家迟了许久，大约发生在19世纪末叶。因为俄国最专制，所以在社会主义运动发生以前，早已有各种反抗运动，特有的是虚无主义或无政府主义。普列汉诺夫（原译"蒲列哈讷夫"）首先把社会主义思想介绍到俄国，并创立社会民主党。后来党内对实现社会主义的手段问题，分成两派，一派名为孟什维克即少数派，主张等待时机，与资产阶级政党妥协和地方支部自治；一派名为布尔什维克，即以列宁为首领的多数派，主张革命时机成熟，必须采行中央集权制并绝对排斥妥协。1924年列宁逝世后，"全世界的共产党人为尊重列宁，纪念列宁起见，便把布尔什维克主义，改称了列宁主义"（第93—94页）。

第3节"国家的阶级性"：列宁主义大体上与马克思的科学社会主义相同，相异之处，"乃是把马克思自身所没有明白说述的地方，再加以彻底而明了的附加的说明"；《国家和革命》一书，"可以说包含了列宁主义的根本思想"（第94—95页）。据列宁看来，国家是某一阶级压迫并统治其他阶级的组织，阶级统治是国家的本质。数千年来，国家一定不变的原理，总是不劳动阶级统治劳动阶级。然而没有人类统治人类的社会是最理想的社会，原始共产社会不可能复归，对于未来理想社会的创造，"期待那不是在阶级统治为基础之国家的建立，决不是无根据的期待。历史告诉我们，这种期待，确是有充分之根据的"（第97页）。

第4节"无产阶级组织"：列宁的最后目的与无政府主义一样，实现无国家的社会；不过列宁主张从资产阶级国家到无国家的理想社会之间，须建立一个过渡期的国家，而无政府主义者以为不必如此，"在这一点上，两者是完全相反的"（第98页）。现在各国所实行的政治，不是根据全体国民的利益，参与国家政治并握有实权的不外是资产阶级及其工具，实际上是少数的资产阶级统治大多数的无产阶级，这是假的民主。随着经济的进步，无产阶级的数量日益增多，团结也更加巩固，于是起来运动向资产阶级夺取政权，这个斗争势必以无产阶级胜利而告终。由此产生实行无产阶级独裁以统治并压迫资产阶级的新社会主义国家，这样的国家，乃是达到无国家社会以前的过渡国家。按照列宁的见解，简单地说，"在经济方面是努力以实行社会主义，在政治方面是建立'无产阶级独裁制'"（第101页）。

第5节"无产阶级国家和资产阶级国家"：两类国家相比，在阶级统治一点上没有什么不同，不相同的有三点。首先，无产阶级国家中的统治阶级是无产阶级，只有无产阶级掌握政权，并有选举权和被选举权。其次，无产阶级独裁是多数统治少数，比起资产阶级独裁的少数统治多数，更加民主。最后，资产阶级国家独占政权的资产阶级，企图永远维持资产阶级国家即维护自身的利益，无产阶级国家掌握权力的无产阶级，决不想永远维持无产阶级国家，也不能只是维护自身的利益；"所以统治者的无产阶级决不会永久的保存着以阶级统治为本质的国家"（第106页）。无产阶级掌握政权的国家，使用权力将一切国民都无产阶级化，把一切国民提升到统治者的地位，目的是完全消灭阶级的区别和统治。没有了阶级的区别和统治，国家也就自然消灭了。

第6节"共产主义国家的二阶段"：列宁说，共产主义在实行上有两个阶段，第一期单是生产手段实行共有，第二期消费财也实行共有；第一期是"国家社会主义"，第二期才是真正的共产主义。"总括说来，列宁的终极理想主张在政治上实现无国家的社会，在经济上实现真正的共产主义；不过要达到这个目的，在政治上不得不行无产阶级独裁，在经济上须先努力以实现国家社会主义"（第108—109页）。

第7节"农民问题的重要性"：列宁非常看重农民问题，以为无产阶级革命的成败，全视能否取得大多数农民群众的合作。20世纪初西欧的社会民主党大都很藐视农民问题；那些机会主义者只想利用农民得到选举的胜利，总以为农民和工人的利益及目的互相矛盾；俄国马克思主义的始祖普列汉诺夫也没有注意和了解无产阶级联合农民的问题。所以有人说，"列宁对于农民问题是开历史上无产阶级革命的新纪元"（第110页）。诚非过言！列宁在他一生的革命过程中，"处处证明农民的革命的力量，永认贫苦的农民群众是无产阶级革命的友军，他以为无论在革命过程中及革命以后，无产阶级——革命的指导者——应极力与大多数的贫农结合"（第111页）。至于对中农，须制止其成为反动势力而为资产阶级所利用；平时应与贫苦农民结成亲密关系，援助他们反抗地主，引导他们参加阶级斗争以巩固实力，进而实现无产阶级革命。

第8节"民族主义的理论"：《共产党宣言》喊出"全世界的无产阶级联合起来！"的口号，数十年来的无产阶级运动，莫不以此为经典。列宁更喊出"全世界的工人们和被压迫的民族联合起来啊！"的口号，"这个口号现在已成为世界上千千万万的被压迫民族——尤其是东方的民族如中国等——的普遍呼声"（第112页）。列宁主义最重要的两个理论，就是资产阶级国家与共产主义社会之间的无产阶级独裁，以及反帝国主义的国际民族运动。第二国际派没有解决民族问题的诚意，只有维持帝国主义政策的心理。列宁完全不同，"认民族问题为无产阶级革命总问题之一部分，是无产阶级独裁之一部分。所以无产阶级，尤其是握有政权后的无产阶级，对于民族解放运动，应有实际积极的帮助"（第115—116页）。

第9节"结论"：列宁主义"在根本上，与马克思主义相异的地方差不多是没有的"；列宁主义"最最重要的"含义，"乃是在实现那个主义所用之政策和手段的方面"；在这些方面，"列宁主义尽量的发挥了它的特色"（第116—117页）。著者的一大遗憾，对于列宁主义的这些地方，说得很不充分。

继前面几章讲述创立科学社会主义的马克思学说之后，本章接着讲述继承和发展马克思主义的列宁主义。将列宁主义归入科学社会主义的主要理由，一则列宁主义产生于和马克思、恩格斯所处时代不同的新的历史条件，是帝国主义和无产阶级革命时代的马克思主义；二则列宁主义在根本思想上与马克思主义相同，其特色是在实现社会主义的政策和手段方面做了尽量的发挥。这里一些评价，可以从当时苏联的理论界特别是斯大林有关列宁主义的论述中，找到依据。说明著者撰写列宁主义部分时，参考并吸收了这些新的理论成果。本章讲述列宁主义，重点是《国家与革命》一书的根本思想，如国家的阶级属性，无产阶级专政是无产阶级夺取政权后从资本主义社会到共产主义社会的过渡时期的政治组织形态，无产阶级国家不同于资产阶级国家的特点，实现共产主义分为两个阶段等，都体现了列宁对马克思主义的国家学说特别是无产阶级专政学说的系统阐发；包括重视农民问题，把争取大多数农民的合作视作无产阶级革命成败的关键，也与此密切相关。此外，因为把无产阶级专政和反对帝国主义的世界民族解放运动，看作列宁主义的两个最重要理论，因而又专设一节讲述列宁主义的民族理论。关于列宁主义的这些内容，被认为是彻底而明了地说明了马克思本人没有说明白的地方。但需要指出，本章的讲述，主要部分展现了列宁主义在新时代的理论贡献，可是也有个别提法不大恰当，如把苏联与政治上实行无产阶级专政相对应的经济措施，称作"国家社会主义"，显然不知道国家社会主义不同于科学社会主义，在历史上另外有其强调国家意志的特定涵义。特别是这个讲述疏忽了或回避了国内已在争论的一个问题，即社会主义革命为什么不是像马克思所预测的那样，发生在经济发达的欧美国家，而是发生在经济相对落后的俄国。对此，列宁的帝国主义论回答了这个问题，被认为是对马克思主义政治经济学和无产阶级革命理论的新发展。其实说到工农联盟对于无产阶级革命的极端重要性，也离不开苏俄在落后的农业国基础上发动革命的现实背景。然而列宁的这些理论贡献，均未见诸本章的讲述。反倒是在讲述马克思主义有关政治革命的思想时，一再强调无产阶级夺取政权后将一切生产资料收归国有的措施，须缓慢和渐次推行，似乎马克思指的不是经济发达而条件成熟的先进国家，而是包含了经济条件不成熟的相对落后国家。这也说明本章讲述列宁主义，有其疏漏之处。

### （二）关于"资本主义崩坏论"的评介

这是第 3 章的论题，主要涉及马克思的经济学说，尽管其他章节也有所涉及，却不如本章集中，故单列评介。此章分 9 节，第 1 节"资产阶级和无产阶级"：马克思依据唯物史观的理论，深切研究资本主义的本质。结果观察到，资本主义经济组织的"最大特色"，在于生产手段的所有者和实际上利用这种生产手段进行生产的人"分成了两种界限严明的人"，即"主有土地工厂机械等资本即生产手段的一团人，和没有这些资本而只是主有劳动力的一团人"，结果社会上截然分成两个阶级，"前者是资产阶级，后者是工人阶级"（第 36 页）。

第 2 节"以营利为目的之生产"：马克思认为资本主义生产以何种目的而经营生产，"不必说乃是以收获利益为目的"（第 37 页）。然而我们并不攻击资本家私人，"他们所以这样，乃是资本主义经济组织使然的"（第 39 页）。

第 3 节 "资本家怎样获取利益"：大体从购置原料开始，经过商品的生产以及最后卖掉这些生产物为止，结果利益便落到资本家的怀中。制造商品所需的一切费用叫作生产费，卖掉商品所实收的代价叫作价格；生产费和价格的金额要是同一，就取不到利益；资本家为取得利益，不是减低生产费，就是提高价格，除此没有别的方法。生产费大概包括置办工厂机械等设备费和支付工人的工银，减低生产费就只有减少这二者；然而不可能减少设备费，机械时常有改良和新机械发明，资本家要是不采用改良的机械和新机械，就不能和其他资本家竞争，另外工厂也时常要改良，否则事业就不能进行了；因此只有努力减低工银，有三种方法，第一种减低工银而工时仍旧，第二种不减工银而延长工时，第三种既不减工银也不延长工时而鞭挞工人更加勤勉劳动，即提高工作能率。提高价格方面，资本家制造产品不论能否取得利益，都必须卖掉；资本主义社会以盛行自由竞争为原则，竞相出售商品，顾客当然选购最便宜的商品，资本家无法一味提高价格，于是薄利多卖，虽无从取得利益，结果小资本家因不堪竞争而逐渐倒下；多卖物品需要大量生产，大量机械和工厂，大量资本，马克思把这种现象叫作"企业的集中"，资本渐渐集中到极少数人手中，又叫"资本的集积"，这是"了解资本主义经济组织的实质上之最最重要的一点"（第 43 页）。

第 4 节 "恐慌的发生及其意义"：资本家生产商品，以大概可以卖掉的预测和粗浮计划来进行，这是所谓以市场为目标的生产。在自由竞争的资本主义社会，资本家追逐有利可图的事业，彼此互相重复，于是生产了远远超过市场所能容纳的数量的物品，无法出卖，结果资本家遭受损失，小资本家倒下，工厂关闭，工人失业，这就是所谓"恐慌"，并更加急速和猛烈地造成企业的集中和资本的集积。可见自由竞争造就许多不能出卖的商品，产生所谓"生产过剩"的恐慌现象。恐慌产生的原因，一是资本家以各自的利益为目的而经营生产；二是资本家之间没有联络，各随自己的意思经营生产，这叫作"生产界的无秩序"或"生产界的无政府状态"（第 46—47 页）。恐慌的意义在于，"资本主义经济组织已成充分发展了之生产力的障碍物"；这就是说，"资本主义经济组织是非改造不可了。社会革命的时期这时就到了。这便是唯物史观的教理"（第 48 页）。

第 5 节 "无产阶级的状况"：工人是财富的生产者，但在资本主义经济组织中，他们制造的东西断不会归他们所有，而是落到资本家的手中，工人劳动的报酬不过是些微的工银。"这也是资本主义组织的一特色。这是最最重要之一点，我们非特别注意不可"（第49页）。

第6节"怎样的决定工银"：根据马克思的学说，决定工银的标准，依照各自的情形而不同，大概说来，"工银是照工人所能养活自己家庭上必要的费用而决定的"（第50页）。因此，劳动商品的价格是由生活费来决定的。但各个情形下的工银额，"随劳动的需要和劳动的供给间之关系而决定"（第51页），这和一般商品完全相同。劳动的需要者是资本家，劳动的供给者是工人；劳动的需要或大或小，随着使用于生产的资本额之大小而定；劳动的供给，或因人口的增加，或因不劳动就没饭吃的人的增加而增大。资本的总额即劳动的需要方面虽日益增加，但劳动的供给即工人数量的增加速度更为急速；这是由于人口增加，由于企业集中即小资本家被大资本家压倒而破产沦为无产者，由于以前经营上依赖于大资本的许多独立资本家失去依赖而变为无产者，特别是由于女工和童工取代成年男工；结果工银"自资本主义制度确立后，一般的日趋低下了"（第54页）。另外便是资本家为了自己的利益，力图减低工银，于是资本家和工人之间因利害冲突，兴起斗争，结果胜利往往属于资本家。因为停止生产，资本家至多不能获得利益，工人却要饿死，所以工人不得不按资本家所定的工银劳动，这样，工银便日渐低落下去。

第7节"失业工人的命运"：工人有工可做时，不论工银怎样低下，必不能低于工人养活一家的生活费标准，不至于饿死。但资本主义经济组织的社会屡屡发生恐慌，恐慌使大多数工人失业，无路可走；工人平时因工银勉强用于维持生活，又没有储蓄，"所以失业工人的唯一的命运，就只有饿死了"（第57页）。

第8节"无产阶级的武器"：无产阶级的地位和生活，极为悲惨，极为不安；但无产阶级终究是人类生活上最必要物质的生产者，他们决不愿永远屈服于这样的地位。要是无产阶级永远屈处于这样的地位，那么人类世界实在是可诅咒的世界。自然很公平，给与生产者的无产阶级获得生产上主宰地位的一种有力武器，就是无产阶级的团结。资本主义经济组织提供了许多的机会，不知不觉中助长了无产阶级的团结。一是资本主义将多数无产阶级集合在同一个地方，一个工厂的许多工人有了相互交际的机会，同一区域许多工厂的成千累万工人也有了交际的机会；二是资本主义促成交通机关的发达，不仅一国的工人，而且和其他各国的工人，都有了团结的机会。无产阶级由于团结的力量，渐渐获得在生产上的主宰地位。"资本主义自己促成了那灭亡资本主义的有力武器之无产阶级的团结，巩固有力的工会组织到处的发生了。资产阶级和无产阶级间的阶级斗争现在是日益激烈了。在这个斗争中，无产阶级之能够得到最后的胜利，恰如水之只有向着低处流泻一样，乃是一定的真理"（第59页）。这是距今七八十年前的1848年，马克思和恩格斯在《共产党宣言》中所确切断定的。

第9节"结语"：以上和马克思的唯物史观相联系，约略说明了马克思关于资本主义经济组织的前途的见解。

这一章的说明，从资本主义经济组织的最大特色是社会截然分成资产阶级和工人阶级两个阶级，到该经济组织造成资本家生产以营利为目的，到资本家靠降低工人的工资获取利益并在自由竞争中显现出该经济组织最重要的实质即资本的积聚和集中，到利己的生产和生产的无政府状态导致生产过剩的恐慌并意味着改造此经济组织的社会革命时机的到来，到该经济组织最重要的特色是无产阶级作为财富的生产者只得到极少工资而大部分财富落入资本家手中，到工资标准取决于劳动供求关系并呈现不断下降的趋势，到失业工人在这个经济组织里只有等死的唯一命运，到该经济组织又促成无产阶级的团结从而为无产阶级提供了逐渐获得生产主宰地位和灭亡资本主义的有力武器等，其说明之"约略"，居然简略到对马克思经济学说的核心理论即剩余价值论，只字未提！当然，上述说明从广义上说，也能归入剩余价值论的范畴，或者说以剩余价值论为基础引申而来。但不可思议的是，当时国内流传的各式各样介绍马克思主义或近代社会主义的著作，不论专著还是通俗读物，也不论赞成还是反对，凡涉及其经济理论者，都会或多或少、或深或浅地论及剩余价值学说，这几近成为一个常识，而这本专论科学社会主义即马克思主义的著作，竟在专门论述马克思经济学说的一章里，完全绕过这个核心理论而无一处提到剩余价值这几个字，实在是一个罕见的特例。不能说著者不了解剩余价值论，不久前他翻译的《资本主义批判》译本，里面就有剩余价值的概念。大概他在说明马克思的唯物史观后，接着说明马克思的经济学说时，把重点放在与唯物史观相联系的资本主义经济组织的前途上，也就是突出无产阶级必然胜利和资本主义必然灭亡的最终结论，所以省略了马克思解剖资本主义生产方式的内在秘密的那些基本经济原理。然而这样一来，缺少了剩余价值学说中有关商品、劳动、价值形态变化、劳动力商品、劳动价值论、资本等基础理论的分析，要想说明资本主义崩坏论，其各节内容如资产阶级和无产阶级，以营利为目的的生产，资本家怎样获取利益，恐慌的发生及其意义，无产阶级的状况，怎样决定工资，失业工人的命运，无产阶级的武器等，就不免偏于表面现象。虽然这些说明，有些内容也隐约体现剩余价值论的有关概念，如谓资本家通过减低工资来获取利益的三种方法，实际上不确切地涉及了绝对剩余价值生产与相对剩余价值生产两个概念，但总体说来，停留在对马克思经济学说的肤浅理解和运用上。因此，即便这些说明是站在马克思主义的立场上，意在通俗讲述资本主义崩坏的道理，然而给出一个没有剩余价值论的马克思经济学说，终究是一个很大的缺陷。

### （三）结语

高希圣所著《科学的社会主义》，其明显特点，一是开始初步改变国内在专题和系统介绍科学社会主义或马克思主义方面，几乎一直靠引进国外译本以为参考的一统局面，尝试自行编撰。二是从不怀疑科学社会主义的正确性和现实指导意义，体现了共产党人的信仰。三是吸收新的研究成果并较全面地介绍科学社会主义，包括讲述马克思主义的三个来源和三个组成部分，以及从马克思主义延展到列宁主义。四是力求简要和通俗地说明科学社会主义，有些地方如关于政治革命中采用和平方法与暴力方法的说明，可谓严谨完整而又深入浅出。同时，此书也体现出一些局限性。例如，各章的讲述水准或质量，参差不齐，有些较好或有特色，有些显得粗疏甚至草率，最典型者莫过于讲解马克思经济学说而不提剩余价值论，而介绍列宁主义只强调《国家与革命》的根本思想而舍弃诸如帝国主义论之类的理论学说，也有失公允；把列宁主义看作帝国主义和无产阶级革命时代的马克思主义，却避开苏俄在相对落后的资本主义发展阶段率先实现社会主义革命的理论创新，强调其最重要的涵义和特色在于实现革命的政策和手段，好像马克思的革命学说已经包含了发达和不发达各个发展阶段的资本主义经济基础，因此革命后的生产资料国有措施也应一律采用缓慢而渐进的方式；书中的通俗解说，有时使用的概念不那么科学严谨，如将实现共产主义第一阶段的社会主义称作国家社会主义；不知是否与著者逃亡日本的经历有关，撰写此书极少联系中国的国情实际，一看就是主要以国外著作尤其是日本学者所转述的成果为参照；等等。这些缺陷，应是著者试图以国内一般民众听得懂的方式，自撰著作独立解说科学社会主义时难以避免的时代局限。但随着时间的推移，这种以宣传和推广科学社会主义为主导倾向的独立解说，也将不断矫正自身的缺陷。以上概括，无论特点还是局限，恰与《科学的社会主义底基本原理》译本，形成鲜明的对照。由此也可以体会译本的主旨，在于阐述科学社会主义的"基本原理"本身，而高希圣的著作，更侧重于这些基本原理的现实指导意义以及在新形势下的内涵发展与表现形式。

### 三、《中国产业革命概观》与《社会之基础知识》

两本书的著者都是李达，体现了他对马克思经济学说的独立理解能力及其阐述特点。

#### （一）《中国产业革命概观》

这本小册子216页，上海昆仑书店1929年1月初版，4月再版。著者在"编辑例言"中，说到他的编写动机：

"要晓得现代的中国社会究竟是怎样的社会，只有从经济里去探求。现代中国的社会，已经踏入了产业革命的过程，渐渐脱去封建的衣裳，穿上近代社会的外套了。一切政治和社会的变动，都是随着产业革命进行的。在中国革命的过程中，凡是留心于国家改造的人们，必先依照这产业革命的经过，就中国经济发展的倾向作正确的分析，才能了解革命的理论，树立建设的计划"。

"在经济统计资料缺乏的今日中国，要编这种性质的书籍，实有许多不便。这本小册子所采用的材料的来源，一是从前北京农商部的农商公报，二是日本人所编关于中国经济状况的书籍，三是我国人关于这方面的编著。不过二三两类的书籍，又多以农商公报为根据，而农商公报所刊登的统计之类，又不免有些是官僚式的敷衍的调查，不实不尽的地方是常有的"。"这本小册子，只是一个初稿"。①

这是著者脱离中国共产党后仍然坚持马克思主义研究的成果，并且反映了1927年大革命失败后国内思想理论界围绕中国社会性质以及革命性质的争论背景。对于国情认识，中共党内同样存在着分歧，如陈独秀一派认为，中国资产阶级民主革命的任务基本完成，封建势力受到最后打击，中国社会已是资本主义占优势，无产阶级应当等待资本主义发展到某种程度再去进行社会主义革命，当前只能进行以国民议会为中心的合法运动。另一派则认为中国社会经济中封建半封建经济仍占支配地位，属于半封建半殖民地社会，以此阐明中国共产党领导反帝反封建的革命斗争的必然性和必要性。可以看到，前一派的论点，明显受到有关社会主义革命只能是资本主义经济充分发达的产物这种理解的影响。李达此书从考察中国的产业革命入手，强调对革命理论和建设计划的了解，须建立在对中国经济发展倾向作正确分析的基础上，并运用国内有限的经济统计资料，尽管自称是初稿式小册子，却从理

---

① 李达著《中国产业革命概观》，昆仑书店1929年版，"编辑例言"。

论与实际的结合上支持了后者的立场。所以有人评价此书"是中国人用马克思主义观点系统阐述中国近代经济的第一本著作"①；或者说："开了马克思主义经济学中国化的先河，开创了中国马克思主义经济学的研究范式"②。

此书分 7 章，第 1 章绪论，第 2 章农业和农业崩溃的过程，第 3 章手工业和手工业凋落的过程，第 4 章近代企业的过程，第 5 章近代企业的现状，第 6 章中国境内资本主义之发展，第 7 章怎样发展中国产业。兹摘录有关论点如下：

"数千年来的中国封建社会，自从前世纪中叶被国际帝国主义的政治力经济力侵入以后，就开始踏入产业革命的过程，……而向着近代社会方面推动了。所以中国的产业革命，和欧洲的产业革命，就其原因和内容说，颇不相同。在大体上说，欧洲的产业革命是自力的，是因自力的充实由国内而逐渐展开以及于世界，中国的产业革命是外力的，是因外力的压迫由世界而渗入于国内"。半殖民地的中国"虽然踏入了产业革命的过程，走到初期资本主义的阶段，而结果还是半殖民地"。半殖民地资本主义的发展，只是国际帝国主义发展的助因。"所以现代中国的资本主义，一面是在国际帝国主义的卵翼之下得到了相当的发展，同时又受国际帝国主义巨大的政治力经济力所笼罩所支配，……至多也只能在国际帝国主义的政治力和经济力所不能及的时间和空间，分润一小部分的唾余而已。这种情势，本是半殖民地的资本主义的发展的必然性。所以目前中国社会的新生产力，早已受着国际资本主义生产关系所限制，而绝少发展的余地，何况还有封建势力和封建制度来障碍它的发达呢"。观察现代中国的经济状况，大概可以寻出下列几个倾向：一是"新式的工业的确有了相当的发展，但还只是刚到粗工业的阶段，而且已经现出了停滞的征象"；二是"农业呈现破产的倾向，原料和食粮，大受限制"；三是"手工业逐渐破产"；四是"国际帝国主义和国内封建势力压迫加重，生产力已受束缚殊难顺利发展"；五是"贫困程序增加，劳动问题和农民问题，日形严重"。以上数端，是现代中国经济混乱的现象，而经济混乱现象，又是政治混乱的原因。"中国革命，即是要打破这种经济的混乱和政治的混乱，去求得新的出路的"。③

以上论点，可以视作全书的主旨。以后各章的分析，以此为前提，即中国经济

① 李达：《经济学大纲》，武汉大学出版社 2007 年版，陶德麟"再版前言"，第 3 页。
② 汪信砚、郎廷建：《马克思主义经济学中国化的开启之作——李达的〈中国产业革命概观〉》，载于《湖北社会科学》2015 年第 4 期。
③ 以上引文均见李达著《中国产业革命概观》，昆仑书店 1929 年版，第 6—7、9—10 页。

虽然踏入产业革命的进程，走到资本主义的初期阶段，但由于它的成因和内容是国际帝国主义从外部压迫的结果，主要不是形成于我国自身的内部因素，于是在国际帝国主义和国内封建势力的双重障碍下，经济状况呈现出新生产力绝少发展余地的几种倾向，并对这些倾向逐一论证。这样从经济里去探求中国社会性质的研究，正是运用马克思主义学说考察中国近代经济的范例，同共产党人后来在分析中国国情基础上指导中国革命运动的理论方向相一致。这些论点拆开来看，此前国人论述中国经济问题的著作里也有不同程度的接触，尤其针对国际帝国主义经济侵略有颇为详细的分析。但均不及这本书之自觉、系统和切中肯綮，在清晰认识中国社会性质的同时，条分缕析地指出由此产生的经济混乱现象及其各种趋向，从而为打破这种经济及政治混乱而寻求新出路的中国革命，奠定了理论基础。这些论点，显示著者在当时条件下难得具有的马克思主义经济学功底及联系中国实际进行研究的理论开拓能力，尽管书中并未提及马克思经济学说。

这些主旨论点在各章的分析展开，还通过深入细致的观察和归纳，得出一系列重要的判断和结论。比如：

割取土地，设定专管租界和租借地，夺取利权，划定势力范围等，这是国际资本主义国家"夺取殖民地的旧形式"；借款政策，借款敷设铁路，关税协定，开设商埠，开拓市场等等，这是它们"经营殖民地的新形式"。"它们这样的侵略和经营，终于把中国的国土和人民，变成了它们投出资本、采集原料、贩售商品的对象了"。

"我们可以就中国经济的现状中，抽出下述的倾向"：一是"农村经济破产，特种农产原料虽稍有发展，而食粮的生产大受限制"；二是"旧式手工业衰落，新式手工工场工业虽略见发展，却是不易发达"；三是"新式工业虽然渐渐发达，而显出资本集中的趋势，但生产力已大受限制"；四是"大商业发展颇快，但要依赖于外国资本"；五是"银行事业富于投机性质"；六是"商业偏畸的发达，工业进步之速度较慢"；七是"失业的人民增加，形成了广大的产业预备军"；八是"生产事业困难，不生产事业却过度发展，显出有资本而无生产的现象"；九是"基于六、七、八三种现象，更造出了多余资本作政治投机，失业变为兵匪的现象"。以上各项，是中国经济混乱的原因。"这经济的混乱，助长帝国主义侵略中国的势力，促进内乱战争的延长，结果它影响于经济，因而生产事业更趋于衰落"。"要谋中国经济的发展，必须排除上述经济的混乱，要排除经济的混乱，必须打破政治的混乱，求得中国民族的独立，实行政治的改造"。

"总而言之，处在国际经济侵略之下的中国，幼稚的新式产业，决没有顺利发展的余地，即使稍有发展的机会，也只限于国际经济侵略所不能及的时间或空间而已，然而发展的可能性都是很有限的"。由此可知，"帝国主义的侵略不打破，中国的产业是没有发展的可能的"。"封建势力和封建制度的存在，是发展新式事业的大障碍"。满清的封建政治，未能保护并促进新式产业的发展，同时封建的剥削，如厘金杂税杂捐之类，名目繁多，反成为障碍新式产业发展的桎梏。"辛亥革命的结果，不幸终于流产，徒然造出了虚名共和的军阀割据局面"；所谓民国法制，"虚有其表，换汤不换药，其侵害新式产业的发展，较之满清，只有过之而无不及"；"十余年以来，几无秩序与和平之可言，那里还有助长新式产业发展的可能性"？

"打倒帝国主义的侵略，廓清封建势力和封建制度，是中国革命的唯一对象，同时又是发展产业的唯一前提"。"采用什么主义发展中国产业，这是半殖民地的中国革命的特殊性所命定的，也是半殖民地的中国社会问题的特殊性所命定的"。说中国产业劳动者不过 2 百多万，在 4 万万人当中能发生多大的影响？"这种见解实在是错误的"。

"中国的劳动运动，从民国七八年以来，日见发展，这是和国内资本主义的发展相并行的"。这十多年间，各处的产业劳动者的同盟罢工层出不穷。"中国劳动运动的性质，一面是经济的同时又是政治的，他们迫于生活的困难，不得不要求经济的地位的改善，迫于民族生存的威胁，不得不从事反对帝国主义和封建势力"。"这种趋势，和先进国家的劳动运动，必须经历数十年的经济运动然后转换到政治运动的趋势，截然不同。这可说是帝国主义时代的半殖民地的半封建的社会中的劳动运动的特殊性"。"农民运动的中心，是土地问题"。"孙中山先生在过去三十年以前即已列举平均地权的政纲以为革命的鹄的，真是洞悉了中国社会的症结所在"。"就近代产业的发展的趋势说，手工业终于要被淘汰的，手工工人的问题，只有更趋于重大，要解决这个问题，只有由国家的力量发展国家资本，把手工工人改编到国家产业的部门内去工作"。"要解决这个问题，只有迅速发展国家资本，打破目前畸型的商业资本的发展"；"商业的经营和帝国主义有不解的因缘"。"失业者问题成为严重的社会问题的原因。要解决这个问题，也只有发展国家资本"。"怎样发展中国产业的问题，实是中国革命的根本问题。简单的结论是：要发展中国产业，必须打倒帝国主义的侵略，廓清封建势力和封建制度，树立民众的政权，发展国家资本，解决土地问题"。①

这些论述，基本精神没有超出前面主旨论点的范围，但进一步引申、拓展、细化和深化，而且尽量利用现有的经济统计资料进行实证分析，以便在当时的特定历史条件下，较为准确地把握中国国情中属于基本判断的社会性质，进而确定中国的革命性质。还有两点值得关注。一是强调中国社会问题和中国革命的特殊性。首先指出中国社会已经进入以产业革命为标识的资本主义初期阶段，这是承认马克思主义关于社会发展趋势的普遍原理同样适用于中国。同时认为这个经济变化，来自外因而非内因，形成半封建半殖民地的重叠压迫，因此中国产业不同于也不可能走通西方资本主义发展模式，这是由中国社会问题或社会性质的特殊性所"命定"的，由此又"命定"了中国革命的特殊性，中国的劳动运动不可能像西方发达国家的劳动运动那样，先经历数十年的经济运动再转换趋向于政治运动，必须在从事经济运动的同时开展反对帝国主义和封建势力的政治运动。也就是说，要把马克思主义的普遍原理同中国的特殊实际相结合，根据自身的国情走马克思主义中国化的道路。二是提出发展国家资本的解决问题思路。这是指在打倒帝国主义和廓清封建势力与制度，进而建立民众政权的前提下，与解决农民土地问题相并列而提出的发展中国产业思路。主要解决中国产业发展过程中，因手工业势必被淘汰而将手工工人改编到国家产业部门的问题，打破畸形商业资本发展对产业资本的限制问题，以及社会问题中严重的失业问题等。这个思路，不论恰当与否，应是受到苏俄改行新经济政策以推行国家资本主义的影响。不过，就像运用马克思主义作为分析工具却未提及马克思及其学说一样，书中也没有提及苏俄及其新经济政策，这恐怕与那时恶劣的政治环境，不无关系。

### (二)《社会之基础知识》

此前曾考察李达初版于 1926 年的《现代社会学》一书，提及对于马克思经济学说只有简略的叙述，但并不等于说著者缺少这方面的知识和理解。恰恰相反，在那个时期，他可算是中国共产党的创建人和最早传播马克思主义的先驱者中，有系统地从理论上讲解和运用马克思经济学说的代表人物之一。上述《中国产业革命

---

① 以上各段引文，分别见李达著《中国产业革命概观》，昆仑书店 1929 年版，第 141、176—177、186—188、203—205、211—216 页。

概观》一书，开宗明义："要晓得现代的中国社会究竟是怎样的社会，只有从经济里去探求"；并由此说明编书的动机。可见李达研究中国近代社会，对经济问题高度重视。有人还认为这本书"仿照列宁《俄国资本主义的发展》，阐述了中国资本主义的产生、发展过程及其发展趋势"①。这也反映出他研究中国经济问题，对马克思主义经典作家的经济论著的高度重视。不过就 20 年代而言，在阐述马克思经济理论方面，他更有代表性的著作，是上海新生命书局初版于 1929 年 4 月的《社会之基础知识》一书。

根据此书"小引"，所谓社会的基础知识，"似乎是指着社会学一科说的"。但比较前面的《现代社会学》一书，此书介绍马克思经济学说的内容及其比重，均有明显增加，尽管它没有明确说介绍的是马克思的科学社会主义。书中除小引外，分 5 篇，分别叙述社会进化的原理，现代社会的解剖，社会问题，民族问题与世界的将来。介绍马克思经济学说的部分，主要见于第 2 篇"现代社会之解剖"，内含 4 章。第 1 章"现代社会的本体"，首先叙述"解剖的出发点"：

不同于前述社会的构造和变革的过程，是对社会之纵的研究，这里叙述现代社会的解剖，是对社会之横的研究。现代市民社会"是生产最为发达而且最复杂的历史的组织体"。理解现代的政治、法律等一切文化，要洞悉现代社会问题、民族问题、国际战争等发生的原因及其症结，唯有从现代市民社会的经济结构中去探求去解剖。"所以现代市民社会的解剖，实在是社会的基础知识之一"。这个解剖，"必须要把商品来作我们解剖的出发点"。人类生存必须从事劳动，制造物质，社会全体的劳动适应人类种种欲望而生产各种不同的生产物，又必须按照一定比例分配于各种生产部门，这是一个自然法则。这个自然法则，"在现代的社会中，是采取商品生产的特殊现象形态表现出来的"。所以说，"资本家的生产方法所支配着各种社会的财富，成为一个庞大的商品的集大成表现出来，而个个的商品，又成为这种财富的本原形态表现出来"。商品生产不是自古如此，没有充分发达的时候，人们不得已自己生产所消费的东西。但到资本主义的生产渐渐得势，许多生产物渐渐采取商品的形态。资本家社会的财富表现为庞大的商品堆积，单个商品又表现为社会财富的细胞，成为"本原形态显现出来"。这种映入我们眼帘的外部现象，"即是我们解剖市民的社会的出发点"。

---

① 王毅武主编《中国社会主义经济思想史简编》，青海人民出版社 1988 年版，第 100 页。

其次叙述"商品与货币"：

一是"使用价值与交换价值"。"不供自己使用专为交换而生产的生产物，叫做商品。商品是由使用价值和交换价值两种对立物的统一而成的。阐明商品的这种矛盾，是本章全部研究的根本问题"。任何商品作为消费品或生产手段都有使用价值，不是商品而供人们使用的东西如空气和水，也有使用价值。某种劳动生产物若成为商品，固然要有使用价值，但它是否采取商品形式，与使用价值并无关系。"所以资本制度，对于使用价值，并不注意"。交换价值是可以和任何商品相交换的能力。商品所以有交换价值，不是因为交换行为，也不是因为它的有用性质，乃是因为这些相互交换的商品中存在着一种共通的性质。"这所谓共通的性质，就是投入于这些商品生产的人类的劳动"。两个商品相互交换的比例，决定于各个商品交换价值的大小；商品交换价值的大小，又决定于商品所含的劳动分量。劳动分量的计算以劳动时间为标准，"决定那劳动分量的劳动时间，不是个人的劳动时间，乃是社会的必要劳动时间，即是在一定社会之标准的生产条件之下，在劳动之社会的平均熟练程度及社会的平均强度之下，产出某种使用价值的必要劳动时间"。所以懒惰工人或不熟练工人花费过多劳动时间所造成的商品，决不至有过多的交换价值，因为他所花费的过多的时间不是社会的必要劳动时间。这个劳动分量不是永久不变的，新的发明，工程的改良，劳动生产力的增加等结果，减少商品生产所必要的工作分量，也就减少商品的交换价值。"所以劳动是交换价值的泉源，而商品的交换价值，是由那生产所耗费的社会的必要劳动所决定"。

二是"价格与货币"。"商品的价格，是用货币表现了商品的交换价值的东西。换言之，价格是对于一种商品卖出后所得的货币分量"。价格多少由交换价值决定，因需要供给的关系而略有变动，也不必一致。一切商品所有者认为评定商品价值的东西是货币，"货币是价值之一般的尺度，是交换之一般的手段，因为有它的媒介，任何商品都能交换"。古代人民曾经使用兽皮、家畜、贝壳等作为货币，后来因为不适合交换，改用金属物，最后又改用金银。金银变成价值一般的尺度即货币，因为具有"三大重要性质"："金银在任何形态都不失掉那同样的性质"；"金银容易分合并且不至减少价值"；"金银量少而价高"。在发达的商品社会，除金属货币以外，还使用纸币。在资本主义社会，货币除了做一切商品的价值尺度外，还有流通手段、支付手段和蓄积手段（今译贮藏手段）"三种任务"。所谓流通手段，货币在商品的流通过程中成为媒介物，商品不是单纯和别的商品相交换，乃是先和货币交换，然后再以货币交换别的商品。所谓支付手段，货币可以和任何东西交换，对政府的纳税、劳动的报偿，都用货币支付。所谓蓄积手段，人们借着货币，可以蓄积任何种类的价值，而贮藏蓄积自然物的价值是非常困难的。

三是"劳动力的价值与价格"。"劳动力的商品化，是现代社会的特征"。劳动市场中，劳动力和一切别的商品一样，是买卖的东西。资本家雇用工钱劳动者，购买他的劳动力商品；劳动者从事工钱劳动，出卖他的劳动力商品。劳动力是商品，当然也适用一般商品所适用的原则，也有价值和价格。资本家付给劳动者的工钱，即劳动力的价格。劳动者的价格决定于劳动者的价值，其价值是劳动力的生产所需要的一切衣食住及教育等生活资料的价值的总和。这里也完全适用"商品的价值，是由那商品的生产所消费的社会的劳动来决定的"这个原则。在劳动力的商品方面，不同的劳动力有不同的价值，因而各种劳动者的工钱价格也不同。"质言之，工钱即是劳动者购买生存所必要的生活资料的代价"。一般商品由于需供关系，价值和价格不完全一致；"同样，由于劳动力的需供关系，工钱（劳动力的价格）和生活资料（劳动力的价值），也不完全一致"。但大体上，可以看做是一致的。

四是"劳动力的剥削"。劳动力虽是商品，但它的使用价值和别种商品的使用价值，有一点不同："因为劳动力是存在劳动者的身上的，劳动者把劳动力卖给资本家以后，资本家由劳动者身上的活的劳动所得的使用价值，比较由别种商品所得的使用价值，分量很多。这种活的劳动的效用，不仅可以偿还劳动者的生活费用（即工钱），还可以造出多余的价值。这种剩余价值，归那买了劳动力这种商品的资本家所得"。例如劳动者为资本家作 12 小时的工作，可以用 6 小时的工作生产自己的交换价值即工钱，其余 6 小时工作创造剩余价值。"这种剩余价值，就变为利润，归资本家得去。资本家所以要购买劳动力这种商品的原因，就是如此"。

再次叙述"资本之生产过程"：

"资本是生产手段和工具或货币，是它们的所有主因为要雇用工钱劳动以收回不劳所得而使用它们时的名称。也可以说资本是生产剩余价值的价值。假使握有生产手段和工具的人，不用它们来雇用工钱劳动以收得剩余价值，而只是用来维持自己的生活，就不能叫做资本"。资本的形式最初是商业资本和贷借资本，后来发展为工业资本和金融资本。商业资本"是对于希图取得利润而买卖的商品的支付手段"；贷借资本"是资本家用金银商品的贷借形式以取得利润的资本"；工业资本"是投资于生产方面以希图取得剩余价值时，为买进劳动力而支出的资本"；金融资本"是在市民社会中发达到最高形态的贷借资本"。资本的构成分为不变资本和可变资本。"不变资本，是在生产过程中不变更分量的资本"，指生产手段、原料、燃料、建筑物等；"可变资本，是在生产过程中变更分量的资本"，指工钱。"可变资本，是生产剩余价值的东西"。"剩余价值，是雇主把劳动时间延长到必要劳动时间以上所收得的一部分的价值。所谓必要劳动时间，即是收回工钱所必要的劳动时间"。剩余价值由劳动力的使用而形成。譬如资本家开办工场，除了用金钱建设工场，购买机械、原料、燃料、补助原料等物，还要雇用劳动者才能开始营业。不变资本在生产过程中分量上没有变化，这时假使劳动者的工作时间，也只是维持他们生活所必要的那个部分，资本家就得不到利益。所以资本家不能不把劳动时间延长到必要劳动时间以上。于是劳动者除了必要劳动时间以外，不能不替资本家再做多余劳动时间的工作。"对于那必要劳动时间，劳动者虽得到了工钱，而对于那多余的劳动时间，却是一文也得不到。这多余劳动时间的结果，便形成了剩余价值，归资本家所得。所以剩余价值，是从劳动者的多余劳动时间得来的，是在生产过程中造成的。这样看来，劳动者替雇主服务了的劳动时间，有一部分是得到报酬的，有一部分是没有得到报酬的。这有报酬的劳动和无报酬的劳动的相对关系，质言之，这工钱和剩余价值的关系，叫做剩余价值率。剩余价值率，表示劳动者的剥削的程度"。剩余价值还区别为绝对的剩余价值和相对的剩余价值。"绝对的剩余价值，是资本家因延长劳动时间而取得的剩余价值。相对的剩余价值，是资本家因增进劳动的强度（即增大对于一定时间的劳动的强度）而取得的剩余价值"。

最后叙述"资本主义的矛盾"：

解剖完现代市民社会的本体，再检查已经解剖出来的各重要部分，以便诊断现在社会的病状。"资本主义的致命伤很多"，这里先举出几个重要的。一是"在资本主义之下，商品的生产和分配，一切都是无组织的，即是盛行着'无政府的生产'"。资本家之间自由竞争的结果，生产与分配不相调和，出现"生产过多"的现象。商品山积，无人购买，因为大多数变成了穷人，社会上自然缺乏购买力。于是"经济恐慌"按期袭来，工场陆续锁闭，工人陆续失业。"但所谓'生产过多'，并不真的生产过多，实际上大多数人还没衣穿，没饭吃呢"！无政府生产的影响，国内资本家之间固然发生争夺市场的冲突，国际资本家之间也要发生争夺市场的冲突。"国际资本家间争夺市场的冲突之具体的表现，就是国际战争，上次欧洲大战就是这样演成的"。二是阶级冲突的矛盾。"市民的社会，既然裂成两大利害相反的阶级，阶级间的冲突必然要发生的。可以说，世界凡是发生资本主义的地方，莫不有阶级冲突的事实存在。这是现代市民社会的大致命伤"。以上只是"异常简单"地说出资本主义的矛盾。至于资本主义究竟还有多少年的运命，做最后的诊断，还得把资本主义进化的经历检查一番才行。

第2章"资本主义的进化"，首先叙述"大生产与小生产之争斗"：

现在可以看到许多大工场，备有巨大的机械，雇用成千成万的工人，这是在手工业和小生产衰灭后陆续出现的。这样的大规模生产，"明明是私有财产和自由竞争的结果"。所谓竞争，即资本家之间对于市场的竞争；所谓竞争手段，不外用廉价把商品供给市场。能够这样做的人，是大生产者，大生产者所用的生产费比小生产者要少些，在这一点上非常有利。大生产者拥有大量资本，能够购置最新式最精巧的机械和器具，从事大量的生产；小生产者的资本很少，只能采用大生产者已不使用的旧式机械和器具，从事小量的生产。后者所生产的商品，当然不能和前者竞争。"质言之，生产越是大规模的，技术越是能够精巧，劳动越是经济，生产费越是减少，这样生产出来的商品，自然价廉物美，可以取得胜利，小生产者自然要失败了"。大工场能够将科学和工业紧密结合起来，拥有发明和发现的专利，小生产者当然没有这种能力。大生产规模具有无数复杂的新式的精巧机械和器具，能够进行复杂精细的分业，分业的段数越多，生产的成绩越大，商品越能价廉物美，这也是小生产者不能做到的。"总之，大生产的优点是，一切都是'经济的'，一切都是'有利的'。小生产之被大生产所压倒，实是必然的结果"。在资本主义下，大生产与小生产的斗争，不仅限于工业方面，在农业方面也是一样的。

其次叙述"失业与劳动预备军"：

"在资本主义之下，降为工钱劳动者的群众，逐渐增加。没落了的手工业者、家内劳动者、农民、商人、小资本家等，都被资本所驱逐而降入无产阶级之列，财富越是集中，他们越是化成工钱奴隶"。中间阶级不断地崩坏，劳动者之数超过资本的需要，劳动者不能不忍受一切痛苦，努力为雇主工作，以维持卑劣的存在，否则就有别人来代替他的工作。此外，"雇主们把剩余劳动者排斥出来，造成劳动预备军，增加资本的支配的权威"。机械代替劳动力，采用新式机械，即开除若干劳动者。"工场主永远的继续采用新式机械，即是永远的继续把若干劳动者变为剩余劳动者编入劳动预备军。所以在资本主义之下，'失业'或为恒久的状态"。劳动预备军产出卑鄙、贫穷、饿死、犯罪等事。长久失业的人不免投入流浪群，最终变成乞丐。"所以现今各大都市中，都有一种'浮浪的无产者群'存在。他们都是赤贫者，是资本主义的产物"。采用机械，又产出妇女劳动与幼年劳动的雇佣。机械抹杀天才，无需多大的技术和熟练，只要拼命运动手脚就行。有些机械，连小孩子都能运转。所以机械发明后，女工和童工便多起来。女工和童工的工钱低廉，而且比较柔顺，没有反抗雇主们的勇气，为雇主们所喜用，有时还用他们来代替男工。"这即是无产者家庭生活所以破坏的原因"。女工和童工的待遇，总不免有些不合人道，也不免要被打落在劳动预备军之列，卖淫者人数的增加，就是这个原因。

再次叙述"竞争与恐慌"：

工场主之间的激烈竞争，"原是现代社会的构造中必然发生的现象"。大资本吞并小资本，和大鱼吃小鱼一样，以前成千成万的企业家互相竞争，到后来竞争者的人数渐渐减少；竞争者的人数虽然减少，但竞争的程度却在增大，更形狂暴。"世界受着很少数的资本家所支配，所谓资本家团和资本家团的竞争，就形成国与国的竞争，它们不仅在价格上竞争，而且在武力上斗争，因而演成世界大战，所以竞争的趋势，就由平和的而转成破坏的"。"竞争的结果，必然演出恐慌"。互相竞争，生产和分配不相调和，就要发生某种商品生产过剩的现象，资本家堆栈中充满了商品，无人购买，物价下降，劳动者也没有购买力；于是某种产业部门的中小企业首先倒坏，接着大企业受到影响，和这些企业有关系的其他企业也不能不受影响。"结果，工场关门，工人解雇，劳动群众的生活，更形悲惨，社会上顿呈了暴风雨的现象"。经过这番暴风雨，多数生产物被破坏了，小规模生产被扫灭了，受苦最甚的还是劳动群众。"一次恐慌终熄，产业界经过了三五年或十年的整理，才能恢复原状，但到恢复了原状而向前再进的时候，又遇到了以前同样的障碍，恐慌又来了，所以恐慌的袭来，周而复始，在私有财产和自由竞争两原则存在的期间，恐慌是决不能幸免的"。

又次叙述"劳动者解放运动"：

无政府的生产和两大阶级的对立两个矛盾，"实是资本主义所以要破灭的原因"。"贫富悬绝的结果，无产者和资本家两大阶级的隔离愈远，由于这社会的不平等，便引起了阶级的冲突"。阶级与其生产上所占共通的地位相结合，相对其他阶级而具有共通利害和连带关系，是社会的一部分。社会上有阶级发生，必然有阶级冲突，这是历史的事实。"不过冲突的程度最剧烈的，要算是现代市民社会中的阶级冲突了"。劳动者解放运动，最初要求增加工钱减少工时的斗争。这种斗争，经过若干年月。"后来资本愈集中，财富愈集中于少数人，贫困愈集中于多数人，于是劳动阶级的人数更增加，因而阶级的意识也扩大。劳动阶级就知道组织劳动组合，作为争斗的机关，更进一步，便是组织政党，以为争得政权的手段。于是劳动者解放的运动，便由经济的变为政治的。政治的斗争的结果，势必要变更现社会的经济组织，而用新的代替它"。

最后叙述"资本的积聚与集中"：

资本积聚的意思，"资本因继续的蓄积而增大"。资本越增大，资本家所收得的剩余价值也越增大；资本家为扩张生产再行投资，剩余价值额再行增大，资本因而继续增大。资本集中的意思，"逐渐增大的资本越发集中于少数资本家之手"。资本集中的意思和资本集积的意思不同。资本家的人数减少和资本集中于少数资本家之手，乃是自由竞争的结果，是大资本并吞小资本的结果，又是资本在公司、辛迪加、托拉斯等形态上结合于少数人手中的结果。资本积聚和资本集中，在金融资本的阶段上，随着资本家的辛迪加和托拉斯的普及扩大，达到最高程度。"资本积聚和资本集中的结果，劳动阶级的人数便增加起来，同时劳动群众也随着积聚于大资本家的企业和大工业中心地这种事实，越发促进劳动群众的团结，促进劳动运动的发展，加强劳动斗争的力量，因而短缩了现代市民社会的运命"。①

统观以上两章内容，可以判断主要出自《资本论》第一卷的范围。具体地说，第 1 章前两节的内容，基本上出自《资本论》第一卷前五章的范围，也就是第 1 篇"商品和货币"的三章，第 2 篇"货币转化为资本"的一章，以及第 3 篇"绝对剩余价值的生产"的第 1 章"劳动过程和价值增殖过程"的范围。在这个范围里，上述前两节的内容，首先依据第一卷正文的第一段话，说明解剖现代社会的出发点，从分析商品开始，因为资本主义生产方式占统治地位的社会的财富，表现为"庞大的商品堆积"，单个的商品表现为这种财富的元素形式。然后大体按照第一卷前五章的顺序，以非常扼要和通俗的方式，叙述使用价值与交换价值、价格与货币、劳动力的价值与价格、劳动力的剥削，点明剩余价值学说的劳动价值论基础。这部分内容，经过对照，同样是《现代社会学》一书第 14 章第 4 节介绍马克思的"剩余价值说之梗概"的主要内容，而且此节比起前两节，除了解剖的出发点一节外，还要更详细些。由此也表明，李达对《资本论》第一卷最难理解的第 1 章分

---

① 以上两章的引文，均见《李达文集》第 1 卷，人民出版社 1980 年版，第 519—532 页。

析商品的部分，或因使用当时在经济问题上还没有用过的分析方法而读起来相当困难的前几章①，已有比较深入的理解，故能将其要点以浅显而简明的方式表述出来。至于后两节的内容，虽依然浅显易懂，却不如前两节那样遵循原著的逻辑顺序，更多表现为有选择的摘要和跳跃式的归纳。如"资本之生产过程"一节，以概要介绍原著第6章不变资本和可变资本为主，掺入其他各章的内容或概念，包括绝对剩余价值和相对剩余价值的概念；"资本主义的矛盾"一节，更是将资本主义的致命伤，异常简单地归结为无政府的生产和两大利害相反的阶级之间的冲突两点。

这种选择和跳跃式的介绍，在第2章所含四节的介绍里，表现得更为明显。此章讲"资本主义的进化"，如同前章讲"现代社会的本体"，都是作者自己设计的标题，不是原著的本意。前四节分别介绍"大生产与小生产之争斗""失业与劳动预备军""竞争与恐慌""劳动者解放运动"等内容，可以肯定在《资本论》第一卷后面第3—7篇的范围内，但摘选相关的观点，前后跳跃、重新编排并予以简化，打乱了原著的逻辑次序，也省略了许多理论观点和论证环节，因而不易弄清它们与原著有关篇章的对应关系。只有最后一节介绍"资本的积累与集中"，才能大致确定出自原著第7篇论述资本的积累过程的有关概念。这种挑选式的介绍，可以抓住或突出原著的某些重点，但限于挑选者的眼光和兴趣，也会忽略或舍弃原著的另一些重点，无意中造成介绍方面的畸轻畸重现象。有些介绍还会引起歧义，如谓货币除了作为商品的价值尺度之外，在资本主义社会中还有流通手段、支付手段和贮藏手段三种任务，就是一例，其实货币具有这些职能，为商品社会所共有，非仅为资本主义社会所特有；又如说不变资本是在生产过程中"不变更分量"的资本，可变资本是"变更分量"的资本，这个表述并不准确；再如称世界上凡是发生资本主义的地方，莫不存在阶级冲突的事实，这是把发生资本主义和存在阶级冲突的关系颠倒了，资本主义是把此前早已存在的阶级冲突，日益分化为两大对立的阶级即资产阶级和无产阶级的冲突；等等。

书中第2篇，除了以上两章外，还有第3、第4两章，重点介绍资本主义最后阶段及第一次世界大战以后的内容，超出《资本论》第一卷的范围。第3章"金融资本与帝国主义"，关于金融资本部分，在前章考察完资本主义进化的第一阶段

---

① 《资本论》第一卷，人民出版社2004年版，马克思"第一版序言"及"法文版序言和跋"。

后，考察"资本主义的最后阶段的最重要的金融资本之支配"。首先叙述股份公司：经过多数小资本家破灭，资本和生产都积聚于大资本家之手的过程，到19世纪20年代以前，"已经显出过非常的资本集中"，所谓股份公司，代替各个企业所有者而起。其要点，少数大资本家利用小资本家的资本和中间阶级的积蓄；其构成，由一般有钱的人出钱认股，领受股票，从公司分受若干红利。这样形成股份资本的公司企业，具有胜过个人企业的很多优点。其次叙述资本家的联合：大概是两三个不同的产业部门的结合，其中一方为他方生产原料和燃料。这些有结合的企业，比较无结合的企业，也有很多优点，更有利益。再次叙述卡特尔（原译"加迭尔"）、辛迪加（原译"新的加"）与托拉斯：这是"程度不同而多少带有永久性质的资本家的企业之种种联合"；这种联合，包含许多企业或许多种类的企业；分别介绍以上三种联合的大概。又次叙述银行资本：银行是吸收游离资本的金融机关，资本集中的速度越快，大宗资本的需要越大，游离资本越多，银行越是重要。银行把存入的金钱借给需要金钱的资本家，资本家利用金钱来剥削剩余价值，从中提取一部分作为利息付给银行；银行把利息的一部分付给存款人，其余作为银行利润不断从事运作；银行吸收的资本越大，越发把大宗资本投到产业方面，变成银行资本；于是产业受银行资本的支配，银行资本和产业资本合为一体。最后叙述金融资本："结合于产业资本的银行资本"便是金融资本。银行能够把一切企业的联合打成一片，放在自己的管理之下，"开始握到了产业部门各个系统的完全统御权"；能够任命可以信托的人，支配托拉斯或辛迪加的各个企业，于是全国的产业合并于辛迪加、托拉斯的复合企业，一切都由银行结合起来。"一国全部经济生活的头脑，都归大银行家的小团体所支配，所谓政府当局，不过是执行这些银行主和托拉斯主义的意志而已"。

关于帝国主义部分，一则叙述辛迪加托拉斯之无政府的生产：出现辛迪加与托拉斯掌握市场的支配权，即"资本家的独占"，"在资本主义的历史上划分了一个新时期"。资本家的独占虽然减少了资本家的各经济部门之间、资本主义各国之间的竞争，但资本家独占发达的结果，不仅没有完全除去资本主义所固有的竞争和无政府生产，反而使竞争的程度更加激烈化，不过斗争的舞台由国内转到国际罢了。今日的世界经济，国际间经济的依赖日趋紧密，各国资本的独占各自形成一个国家资本主义的组织，于是各国国家资本主义的托拉斯之间的斗争越发激烈起来。竞争者的数目虽然减少，彼此间的斗争却变为大规模的。这种竞争在和平时代，采取军备竞争的形式，结局终要引起掠夺的战争，"所以金融资本虽能停止各国国内的竞争，但是发达起来以后，就要演出国际间猛烈的斗争"。二则叙述关税政策的意义：辛迪加支配一国产业时，外国竞争者被关税的壁垒驱逐于市场以外，国内的竞争也因为产业的辛迪加化而终止，所以价格容易提高。这时进口贸易越增加，国家收入越多，辛迪加的资本家因为价格提高可以获得附加的剩余价值；然后利用这些剩余价值，压低运往外国的商品的价格，排除外国的竞争者。按照这种办法，辛迪加的剩余价值的多寡，决定于关税地域的广狭，关税地域的广狭，又决定于领土的广狭；现今各国的辛迪加或托拉斯主义为了谋求剩余价值，不得不努力扩张如殖民地之类的政治领域，而扩张领土的手段，只有准备战争。所以辛迪加或托拉斯的支配，必然与侵略战争合为一体，其关税政策和世界市场政策相互并进，诱引了猛烈的冲突。三则叙述资本的输出：在资本主义已经发达的国家，剩余价值的蓄积使过剩资本的量持续增加，这些资本在发达较迟的国家有较高的利润率，所以发达国家努力加强资本输出；资本输出的目的，又因为关税政策的作用，更加容易达到。资本输出更重大的结果，是列强对被投资的地方或弱小国家的竞争。因为大宗资本的输出比商品的输出有更大的危险性，所以投资国的资本家们不能不设法攫取被投资的弱小国家的政治支配权，其方法是利用海陆军的势力做后盾。于是列强对弱国的竞争发生互斗，可见资本的输出能够引起国际战争。四则叙述原料和市场的争夺："由生产的独占，必然引起原料产地的独占和市场的独占，因而诱致原料和市场的争夺"，这是前世纪末叶辛迪加托拉斯发达以后的现象。这种争夺战随着金融资本的发达更趋于激烈，终于酿成猛烈的争斗。19世纪最后25年间，列强略取了无数弱小民族的土地，许多弱小国家变成它们的属国，变成殖民地和奴隶，"这都是国际资本家争夺原料和市场的结果"。五则叙述帝国主义：列强把全世界合并终了时，它们自己内部又掀起猛烈的斗争；掠夺们为了战利品的争夺，为了世界的再分割，又开始猛烈斗争起来。"金融资本为争夺商品市场原料产地和投资处所而实行的侵略政策，叫做帝国主义"。帝国主义从金融资本开始，金融资本没有侵略政策、掠夺、暴力和战争不能存在；各金融资本主义国家的托拉斯的志愿，就是支配世界，"实现世界的帝国，支配各国的资本，榨取一切的劳动力"。金融资本"必然要驱使一切人类，卷入血腥战争的漩涡"，上次世界战争的真相就是这样。六则叙述军国主义：银行王和托拉斯主义的支配，还产生"军国主义"这个重要现象。基于此而生产大规模的海陆军和空前未有的军事费。"列强今日所以必需施行军国主义，其目的不单在镇压殖民地和国内无产阶级，还在于抵抗其他强国"。于是狂热的军备竞争开始，并出现所谓兵器生产的托拉斯大企业，为了取得莫大的利润，鼓吹战争。"这是上次世界大战开始以前的资本主义列强的狂态，现在还是一样"。

关于世界战争部分，说明 1914—1918 年的世界战争，原是欧洲资本主义列强间的经济斗争的结果；"因为不能用和平方法解决殖民地和半殖民地的剥削范围的纷争，不能解决中欧煤和铁的分配的纷争，不得已才诉诸武力来解决"。帝国主义战争一旦发生，必然立即变成世界战争。"因为整个的世界，已被列强所分割，列强已经直接结合于全世界的经济组织之中，牵一发而动全身，所以少数几个国家的战争，必至把全世界一切的国家，都要卷入战争的漩涡"。上次世界大战，死伤的人数非常可惊。"死伤的人口，大都是无产阶级，破坏的财产，全是世界无产阶级和弱小民族的劳动的结果"；"资本阶级在战争中财产的损失，还是要向世界无产阶级和弱小民族取偿，所以近年来前者对于后者的剥削，更是有加无已"。

第 4 章"大战以后的资本主义世界"，首先叙述大战后世界资本主义的趋势，分为三个时期："危险期"，包括 1917 年俄国十月革命，1918 年德国和奥国十一月革命，1919 年 3 月匈牙利革命等，都是世界资本主义的致命伤，直到 1923 年秋季终结这个时期；"半安定期"，各国革命阶级已由攻势转为守势，可以说是各资本主义国家生产力的恢复期；"安定期"，各国资本主义因为技术的改良和经济组织的改革，增大了生产力，同时也增大了内在的矛盾，此即现在的时期。其次叙述世界资本主义的近状，列出数点：资本主义的安定，以金本位的恢复和货币的安定为先决条件；产业合理化的成功，资本主义的集中形态由水平的集中如卡特尔，进到垂直的集中如康采恩（原译"孔瑾恩"），一面促进了企业界国际的集中，一面又形成生产过剩和市场再分割的危险以及恒久的失业状态；世界贸易恢复到大战以前的水准，钢铁和煤的产量也和大战以前差不多，但现在世界资本主义的经济中心已由欧洲移到美洲，其霸权亦由英国移归美国，由此产生新的对立和矛盾，并在各帝国主义者之间造成大战后空前未有的激烈市场竞争，成为下次大战的导火线；大战后资本主义国家不但没有解决失业问题，而且更趋严重，并随着产业合理化节省劳动力而带有恒久的倾向，这是否定帝国主义存在的前提。最后叙述资本主义之崩溃：世界资本主义的现势使其内在的矛盾和危险更加尖锐化，发生资本主义的新的对立。其中两个要素，一是生产增大而市场狭隘，使生产早已达到饱和点，势必引起获得商品市场、原料产地、投资处所的大斗争，"此种大斗争中新的对立，必至引起第二次世界大战"；二是国际托拉斯的增大使各国资本家集团剥削世界的斗争，趋于尖锐化，"也势必掀起第二次世界大战，以谋全世界市场的再分割"。这种新的对立，必然在世界被压迫阶级的面前，提出世界战争还是被压迫阶级与弱小民族革命的问题。①

上面两章显示，第 3 章实际上是作者依据当时国外关于帝国主义的学说，特别是列宁关于帝国主义的五大特征的学说，以自己的语言和排列方式来通俗解说资本主义进化到最后阶段的形态。尤为突出金融资本的支配作用，并在不同程度上提到生产与资本集中的资本家独占即垄断组织在经济生活中起决定作用，在金融资本的基础上形成金融寡头的统治，资本输出具有特别重要的意义，瓜分世界的资本家国际垄断同盟已经形成，最大资本主义列强已把世界上的领土分割完毕等列宁所阐述的特征涵义。第 4 章谈论一次大战后世界资本主义的发展分期、最近状况和崩溃趋势，实际上主要也是从列宁的帝国主义学说推导出相关的结论。但就像前两章解剖资本主义社会，引用马克思《资本论》第一卷的理论观点而未提马克思其人其书一样，这两章分析资本主义的最后阶段，引用列宁的帝国主义论也未提列宁其人其说。这样做的效果，让国内读者看到，对现代社会的解剖，包含资本主义和帝国主义两个阶段，二者前后衔接，相互贯通，揭示前一阶段的本质特征、内在矛盾和发展规律，同时为认识后一阶段的各种现象提供了理论依据，判断这是由其社会制度本性而带来的固有矛盾不断扩展、深化乃至尖锐化的反映，又在原有理论的基础上，根据新的变化、条件和趋势加以发展，用于指导新的革命实践。也就是说，这样的解剖分析，背后的理论逻辑，实质上把马克思学说与列宁学说联系在一起，体现了列宁学说继承和发展马克思学说的一脉相承关系。

根据以上对《社会之基础知识》一书第 2 篇四章的评介，可以得出一个明确的结论，李达领悟马克思经济学说的水准，当时在国人中鲜有其匹。但需要说明，一则不能笼统地说"该书第二篇（共四章）介绍了《资本论》第一卷的主要内容"②。此四章，前两章以介绍《资本论》第一卷为主，后两章以介绍列宁的帝国主义论及其延伸意义为主，前后之间虽有联系，却不能混同。二则认为这本书"可以说是中国人自编的第一个《资本论》缩简本"，"它对《资本论》第一卷的

①　以上 3、4 两章的引文，均见《李达文集》第 1 卷，人民出版社 1980 年版，第 532—543 页。
②　胡培兆、林圃著《〈资本论〉在中国的传播》，山东人民出版社 1985 年版，第 101 页。

内容已简介相当得体，对《资本论》的传播是一个推进"①，对此须作进一步的解释。首先，此书的简介推进了《资本论》的传播，毫无疑义，尽管此书的简介并未提及这是出自《资本论》。其次，所谓"缩简本"，就其理论逻辑的对应性而言，对应程度较高的应是此书第 1 章前两节的简介，基本上对应于《资本论》第一卷前四五章的内容；其他第 1 章后两节及第 2 章共五节的简介，虽均出自第一卷的内容，但以跳跃性地摘录有关观点或概念为主，难以找到对应的逻辑关系。再次，所谓"简介相当得体"，或指通俗性转述与原著本意的吻合度，但既然转述求其大意而非精准，难免有些瑕疵。最后，说整个 20 年代，中国除了解说《资本论》的译本外，尚未有《资本论》一篇一章的译本，并以此来确认《社会之基础知识》一书是中国人在 1929 年"自编""第一个"《资本论》第一卷缩简本的背景涵义，似乎有些过甚其辞。如果把此书对《资本论》第一卷的简介，放入 1929 年马克思主义经济学在中国传播的环境中来考察，可以看到：根据现有的研究成果，那时我国固然还没有独立发表《资本论》某一篇或某一章的完整译本，但在相关的著作或译作里大段引用《资本论》内容的现象，开始不断涌现，不仅覆盖了原著某些篇章的内容，还覆盖整个三卷本的内容，只是未曾将其连接起来并形成独立、完整和统一的译文而已；至于说内容简介，那时在引进的译著里，除了解说本外，还有不少其他的版本或详或略地介绍了《资本论》的内容，特别是第一卷前几章的内容；这些内容的传入，虽然不能替代中国人自编《资本论》缩简本的意义，但它们为这种自编提供了可供借鉴参考的时代条件与影响，却不能忽略。换言之，此时李达能够自编《资本论》第一卷缩简本，决不是偶然、孤立和突兀的现象。关于这一点，后面继续考察 1929 年的传播情况，将看得更加清楚。不论如何，对照同时出版的高希圣自撰《科学的社会主义》一书，介绍马克思的经济学说而未提及剩余价值概念，李达的自撰本阐述马克思经济学说，大大前进了一步。

## 四、《经济学大纲》《资本论入门》译本及《经济现象的体系》

前两个译本的原著者，都是河上肇，于此能看到二者之间的相互联系；第一个译本的译者与后一个自撰本的著者，都是陈豹隐，于此也能看到二书之间的内在关系。

---

① 胡培兆、林圃著《〈资本论〉在中国的传播》，山东人民出版社 1985 年版，第 104 页。

### （一）《经济学大纲》译本

这是陈豹隐翻译河上的一本名著，上海乐群书店 1929 年 4 月 10 日初版。著者 1928 年 8 月 31 日为此作一篇长序：

本书上篇"资本家社会的解剖"，是 1927 年 4 月至 1928 年 3 月一学年间在京都帝国大学经济学部讲授经济原论的讲义稿本。我在这所大学任教授 20 个年头，每年都重新改写讲义稿本，成了习惯。哪怕内容上毫无变化的部分，也得改写一遍，"如果稿本上的墨水痕迹不新鲜，我就不能够提起精神对学生讲授"。不过，最近内容上可以改变的地方非常减少了，我正暗暗忧虑，难道以后每年都要忍着痛苦去宣读同样的讲义吗？正在这时候，我被当局给了一个辞职的机会。我欢喜抓住这个机会，由大学的研究室退回到自己住宅的书斋。这样一来，倒免得负义务年年改订同一题目的稿本了。我想利用这个机会，把以后的研究扩张到经济学以外的范围。在决心进行新的研究以前，先整理讲义的最后稿本，印成一本书。"本书上篇，应是这个决心的结果"。

公布这个稿本，还得做一点报告和说明。首先，稿本虽然称为经济原论的讲义，但只要看一看，就知道"在实质上，几几乎是和马克斯《资本论》的解释一样的东西"。"因为马克斯《资本论》是顶好的经济原论，所以我在自己去讲授经济原论这个课目的时候，就不能不全然依据《资本论》"。"如果马克斯的学说挝住了真理，我们当学究的，无论如何，除了把自己的研究放在他所建设的基础之上，实在别无办法"。按照马克思的研究法和叙述法，《资本论》第一卷专门考察资本的生产进程，第二卷专门考察资本的流通过程，第三卷考察总进程，就是把生产进程和流通进程二者统一起来考察整个进程。单说第一卷也是一样，非采用商品——货币——资本的叙述顺序不可，如果颠倒顺序，一定是没有懂得马克思的方法。"所以，我的讲义的构成，也就不能不一一依据《资本论》的构成了"。在有产者经济学的阵营里面，各学者的著作体系，目前实况是极不一致的，内容和叙述的顺序相差很远。那些学者都觉得，如果自己的书和别人的书比没有标新立异的地方，就好似学者的耻辱。"这完全是无聊的摆架子"。无论什么学问，只要值得叫做科学，各学者对这个学问的研究，就应该被统一在一个体系内。只有这样，诸学者在研究时才有协力的可能，那个科学也才可以实现发展，如理科或医科的学问。"在马克斯学术的阵营内，一切研究，都是被统一在马克斯所安放的基础之上的。并且这个基础工作，建筑得又有秩序，又很巩固，用不着有很大的修改。我这部说明经济学的基础部分的讲义，所以会变得和一本《资本论》解说一样，根本的理由，就在这里"。其次，我的讲义限定每周 6 小时在一学年内讲完，所以不得不把有限的时间分配到各种问题上，随研究对象的重要程度进行或多或少的搭配，免得问题轻重和讲义时间之间不相称。哪怕对"俗流经济学派"（陈豹隐注：此指正统学派以外用通俗的叙述或无谓的议论去敷衍门面，故意隐藏价值和劳动的关系不说的那些经济学派，其中著名的如历史学派或心理学派）的著作，照例也要费许多页去说明，但如果真的不大重要或不过一种常识，只得弃之不顾了。另外，学校规定每隔一年，轮流讲授经济原论和经济学史。后来和我轮换的教授辞职，教授会仍让我照常隔年轮流讲授。所以，凡可以放在经济学史的讲义内，如对诸学派的一些批评，在原论的讲义上都省略不提，并且因为时间的关系也不得不省略。

现在刊行的这本讲义，"差不多是始终祖述马克斯学"，最初的讲义却不是这样。"我的讲义，越到近年，越和马克斯的解说相接近"。这件事足以表明，"我并非起头就是盲信马克斯学的人"。老实说，我的讲义，宁肯说是从非马克思派的经济学，即从现今被排斥的有产者的经济学或俗流经济学出发的。如 1916 年到 1917 年关于分配论的讲义，以经济学上的特殊问题为题，只介绍庞巴维克（原译"贲巴卫"）、陶西格、克拉克、卡佛尔（原译"加福尔"）、费雪（原译"斐雪"）、康芒斯（原译"戢满日"）等人的学说，"几乎一点也没有说到马克斯的学说"。1913 年到 1914 年的经济原论讲义，序论由"什么是经济学"和"什么是富"两节合成，本论由生产论、交换论、分配论三篇而成；第一篇的内容，又由生产和劳动、劳动的社会化、生产手段、再生产、生产力和社会组织等合成。看看这些篇别，就可以推测那时的讲义和现在刊行的这本讲义，体系和内容都大不相同，"离马克斯学是离得很远的"。"总而言之，我最初是从有产者经济学出发去研究，在许多年间，想求一个心安意得之地，不觉得一步一步，走近马克斯，到最后，竟转化到一个和最初出发点完全正相反对的地方去了"。为完成这个转化，我在京都大学竟花费了 20 年的岁月。这个事实，一方面足以证明我的愚鲁迟钝，另一方面，恐怕对世上那些不了解我的人所说的什么我是无批判地盲信马克思学一类的批评，也可以成为一个抗辩。"回顾起来，我向着马克斯说的推移，实在经了多年的踌躇和折衷的态度之后，才能够实现出来，虽然有点惭愧，然而唯其因为是经了许多的思索研究才得到的结果，所以，在今日我倒觉得，纵然有人照中世纪的野蛮习惯，拿烈火烧身之刑来吓唬我，我也不能够把我在学问上的所信，丢了去的"。

本书下篇"资本家的经济学的发展",把我在 1913 年 8 月刊行的《资本主义经济学的史的发展》一书,加以若干修改而成(近来我已经不使用资本主义的生产及资本主义的社会一类的话,都改用资本家的生产或资本家的社会等字样。所以我把"资本主义经济学",新改为"资本家的经济学"。改"史的发展"为"发展"没有别的理由,只不过要想和上篇题目的字数相称罢了)。差不多每页都有文字上的小修改,部分地方改得很多,如说明亚当·斯密的"天然的自由"一条,就是一个例子。不过顶重要的变化,是在开头加了序说数节,在第 2 章和第 3 章加了斯密和李嘉图的劳动价值说。这本书把以前若干年间关于经济学史,以英国经济学者为中心搜集得来的材料,整理而成,也是我当时在京都大学讲授经济学史的稿本的一部分。和这个讲义同时代的经济原论的讲义,前面说过离开马克思学很远,所以和经济原论相关联的这个著作,"若从马克斯学看来,也是有很大的缺憾的"。这回新付印时,我曾努力试行尽量地修改,希望把它引到我现今的立场上来,但是这种办法,犹如不能把已经画成功的中国南画加以修改一样,几乎是不可能的。勉强修改,反觉得会把旧有形成一个统一体的著作面目,损伤了似的。下面对于原来这个著作,说几句话。

1893 到 1902 年,我是东京帝国大学的学生。在此期间,开始阅读耶稣基督教的圣经,看见其中一种可以叫作"绝对的无我主义的东西",心里大为感动。从那时起,我心里常萦绕着利己主义和利他主义的问题。大学毕业后的第 3 年即 1905 年 12 月,抛去一切职务,跑到当时伊藤证信提倡"无我爱"的无我苑,想把积年怀抱的这个问题,求得一个根本的解决,并非偶然一时的兴会所致。再过 3 年到 1908 年秋天,我才开始在京都大学供职,一直到本年春天为止,差不多整整 20 个年头。这个期间的研究,回顾起来,单拿经济思想史的范围说,最初约莫 10 年,仍然是以从前那个积年的问题为中心。为此,旧著《资本主义经济学的史的发展》,才会从曼德维尔承认利己心的主张起笔,到拉斯金否认利己心的主张为止。那本书不像一本经济学史,反倒"好像一本反映在经济范围内的道德思想史"。这次重印时所追加的部分,如斯密或李嘉图的价值说等,在旧著里省略未载,从当时那本书的计划说来,当然是应该的。这回把这些部分加进去,反倒觉得有点破坏了全体一贯的脉络。旧著叙述承认利己活动的思想的历史变迁,这种思想的成立、发展、死亡,以及替代的东西和替代的历史进程等,叙述得很明白。这样一本旧著,承认所谓利己的活动,"在本质上,就是等于资本家的利己的活动的承认"。当封建社会崩坏，过渡到资本家社会的推移期间，也就是资本家社会在崩坏的废墟上成立期间，有产者正站在代表人类劳动的生产力发展的特殊立场上。那时有产者带着一种革命的使命，历史为了使他们这种使命能够实现出来，不能不给他们的活动一种不受任何拘束的自由。所以会发生"私恶就是公利"这种主张，去反抗封建的道德思想，这只不过是那时人类生活在物质条件上发起的变革，反映到人类的"观念形态"上罢了。"这种思想，当时随着资本家的生产的发展而发展过，现今又要随着资本家的生产的崩坏期的到来而崩坏了。所以，我那本旧著，作为表示这种变化的进程的东西，也许能够有若干的价值"。"如今世界正当着第二的变革之期，世界无产者正要替代有产者，站到一种特殊的立场上，去代表人类劳动的生产力的发展。社会形态变革的历史使命已由世界有产者，转移到世界无产者身上去了。然而世界无产者的一切活动，不管是在身体外部或是在精神上，却都受着全般的拘束"。从道德范围说，世界无产者所企图的一切阶级斗争，无论罢工、怠工，都被世人非难，认为无道德。但是从道理上说，世界人类现今所处的社会，也应该像在1700年代初叶发生"私恶就是公利"的思想一样，发生一种"劳动者阶级为自己阶级利益的奋斗，就是为人类全体的利益的奋斗"的思想，并且事实上已经在发生着。"因为，在阶级社会里面，一切公益的实现，必定是要拿私益的实现为媒介的"。

总而言之，本书下篇叙述有产者经济学的历史发展的大体，上篇说明继承这种历史的无产者经济学的大要。把上下两篇合起来称为《经济学大纲》，虽然好像有点僭越，但实际上说来，"在微力所能达到的范围之内，我自己的确觉得已经挝住大纲了"。①

河上肇的《经济学大纲》原著，包括"资本家社会的解剖"和"资本家的经济学的发展"上下两篇。他的原序，也是分别讲述两篇的形成经过、内容结构和主旨大意。上面之所以如此详尽引录这些讲述，不仅借此可以了解到原著是著者多年讲授经济学课程并不断修改完善讲义的心血结晶，可以感受到著者在教学中表现出良好的职业操守和在学术研究方面始终一贯的专注精神和严谨态度，可以触摸到著者面对学问上有人野蛮恐吓和政治上当局的威逼打压，执着坚持自己所信的顽强意志和满腔热情，更是从中能够难得地体会到著者在长期的经济学研究中发生重要

① 以上引文均见河上肇著，陈豹隐译《经济学大纲》，乐群书店1929年版，河上肇"序"。

思想转变的心路历程。提到这个思想转变的缘由，要从介绍原著上篇的基本内容说起。上篇解剖资本家的社会，按照著者的说法，几乎和马克思《资本论》的解释一样，或者说差不多是始终祖述马克思学说。这一点，看了上篇的目录，确实如此。这个目录，除了序说两节外，共4编，第1编商品及货币，分商品、货币2章；第2编资本的生产进程，分货币变形为资本、剩余价值的生产、绝对剩余价值的生产、相对剩余价值的生产、资本的积蓄进程5章；第3编资本的流通进程，分资本的变态及巡环、资本的周转、资本周转和价值增殖的关系、社会总资本的流通和再生产4章；第4编资本的总进程，分利润及利润率、商业资本及商业利润、生利资本及利息、土地所有权及地租、金融资本5章。可见，目录4编的构成，正如著者序中所说，——依据《资本论》三卷的构成，只不过把第一卷的内容分成了前两编。对此，有人认为这种写法太过于偏向马克思，或称之为无批判地盲目相信马克思学说，接着便引出著者回顾其数十年来，从最初以有产者的经济学为研究的出发点，到一步步走近马克思经济学说的思想转变过程。这个过程可以追溯到著者在学生时代，从阅读基督教的圣经中，开始思索利己主义与利他主义的问题，还曾经带着问题抛弃职业去探究绝对无我主义以求根本的解决；后来从事经济学教研事业的20年，起先着手于非马克思派的经济学，也就是马克思派所排斥的资产阶级经济学或庸俗经济学，据此撰写的各种经济学讲义，在体系上和内容上都和现在的讲义大不相同，距离马克思经济学说很远；经过多年的思索研究，包括踌躇和折衷，最终发现《资本论》才是顶好的经济原论，而且一旦相信马克思抓住了真理，便不再犹豫，完全把自己的研究放在在马克思所建立的经济学基础之上，不会像资产阶级经济学的学者那样，在写作经济原论时标新立异，无聊地摆架子；这种信念是把马克思学说看作像理科和医科那样的科学，只有一个真理而不会有两个，因此在马克思的学术阵营里，一切研究都要统一在马克思所建立的既有秩序又很巩固的基础上，用不着很大的修改，这也是著者把自己说明经济学基础的讲义，变得和《资本论》解说一样的理由。著者用这么多篇幅讲述自己思想转变的经过，实际上也是在解释为什么这本《经济学大纲》的上篇解剖资本家的社会，其结构相同于三卷本《资本论》的道理。同时也能注意到，著者所强调的，始终是学问上的信念，从学术上坚持马克思学说的真理性。这种试图把马克思经济学说当作像自然科学一样来研究和坚持的信念，其成果通过翻译传入我国，为那时马克思主义经济学在中国的传播，打下了较为坚实的理论基础，但这种学术或学问信念，虽同运用马克思主义经济学来指导中国革命运动的实践精神密切相关，若只限于学究的范围，显然也存在着差异。

原序对上篇大旨和背景经过的说明，可以在译本里得到印证。不过这个近600页的中译本，只译出原著的上篇，略去其下篇。对于这个省略，原序有关下篇的说明，似乎也提示了某种理由。著者认为下篇叙述资本家经济学的发展，其价值在于，明白叙述了资本家利己思想的发展过程以及替代这种思想的内容及其历史进程，实质上承认在封建社会崩溃期间，资本家代表人类生产力的发展方向，以不受任何束缚的利己自由思想去实现自己的革命使命，也就是在人类生活的物质条件发生变革时，反映了人类反抗封建道德思想的新的观念形态。由此再作引申，当年随着资本家生产的发展而发展出来的经济观念，现在又要随着资本家生产的崩溃即将到来而崩溃了；这就是如今世界正处于新的变革时期，世界无产者将要替代有产者，代表人类生产力的发展方向，承担变革社会形态的历史使命，于是劳动者阶级就像当年的资本家阶级提出利己思想一样，产生为自己的阶级利益奋斗就是为人类的全体利益奋斗的思想。须注意，这样的引申，在下篇的叙述里并未体现出来。那里只叙述了资本家的利己思想的发展历史，并且以利己主义和利他主义的关系问题为中心，照著者的说法，不像经济学史，倒像是反映在经济范围内的道德思想史。如此说来，这个资本家经济学的发展历史，即使加上斯密和李嘉图的价值论，也很难与上篇根据《资本论》三卷本结构来解说的叙述方式相匹配。著者解释上下两篇的关系，下篇叙述有产者经济学的历史发展之大体，上篇叙述继承这种历史的无产者经济学之大要，实则有点牵强。在原序的末尾，陈豹隐有一个注释，说"译者还有一个顶重要的意见，因为太长不便夹在小注里面叙述，所以放在译者所写的跋文里面去了"①。下面就来看看译者跋中这个"顶重要的意见"：

"这本书的著者是日本最负成名，最有真实学问的学者，这本书又是他在大学讲坛上的二十年间的结晶，所以这本书当作大学的经济原理的科学书看来，实在可以说是世上第一的良书，不但日本文当中，此外更没有可以和他比并的书，并且恐怕就是在英法德俄几国文字的书中，也没有一本书赶得上他。这是译者亲自体验得来的，并非信口瞎说，因为译者不但是专门研究经济学，在这五国的文字的经济学书上用过功，并且也在大学教了不少的年数的书，深知此道的内幕"。现在如果把

①　河上肇著，陈豹隐译《经济学大纲》，乐群书店1929年版，河上肇"序"，第11—12页。

这本书当作"一本大学程度的经济原理的教科书"去说它的好处，至少可以举出下列几个要点：

一是"带有纯科学的性质，既无掩饰，又无遗漏，恰恰满足了科学上所谓'必要而且充分的条件'"。普通的大学经济原理的教科书，往往堆着一些掩饰门面的东西，如所谓生产条件论、消费论、欲望论种种。这种东西只是经济现象上的一些常识，只应该用粗浅的经济概论说说，不应该在以解剖经济现象为主要题目的经济原理上铺陈。一方面有这些堆砌粉饰，另一方面却完全不理要紧的关节，如利润、利息、工资各种分配物的相互联络，生产和流通的内部关系等，照例都不说到，所以弄得到处是漏缝，只构成"一盘散沙"式的智识。"这本书却无这种毛病"。二是"纯然根据科学的研究法和科学的叙述法的"。只看它的章节的大体布置就可以明白，由商品到货币，由货币到资本，由资本的成立到资本的积蓄，更进而到资本的集中，真是可以说得上，它的研究方法，"如剥笋壳一般，越剥越到好处"，它的叙述方法，"又好像画家画像一样，一笔一笔的加上去，结局画成一个谁也理解得到的整个的人"。书中这样的例子多得很。"所以，这本书不单是一本经济原理的教科书，并且还是一本很好的社会科学的研究方法论。这一层自然是普通的经济原理的教科书上所绝无的"。三是"注重动的观点"。普通经济原理的教科书，都只是从静止的方面排列一些现象，不肯从动的方面去观察各种现形的变化，所以往往埋没了真理。如资本本来时时变更姿态，时而变成货币，时而变成生产手段和原料，时而变成新商品；从它的机能上说，时而变成潜伏资本，时而变作产业资本，时而变为商业资本、银行资本以及金融资本种种。如果不从变化的观点上去看，就永远不懂得资本的真意。一般经济原理都忽视了这一层，所以会让读者看掉许多经济上的真相。"这本书却没有这种毛病"。四是"所引用的实例，都切近东方人的心理"。普通经济原理所引用的材料，往往是西洋的材料，容易使人发生隔膜之感。"这本书上的实例却不然，大抵都是东洋的实例，所以能够使东方读者格外容易领悟"。

这本书若当作大学经济原理的教科书，是好极了，然而作为一种通俗的入门书，却未免过于高深一点。所以读这本书的人，应该先具有一些粗浅的经济常识，知道什么是生产，什么是流通一类的东西才行。"如果还没具有这种常识，最好购买一本拙著《经济现象的体系》看看。我这本小书，大概可以和《经济学大纲》同时出版"。这本小书是两年前我在国立某学校讲授经济学概要的一部分。讲义分为上下两篇，上篇是"经济现象的体系"，下篇是"经济现象的解剖"。下篇包括"商品价值的形成""剩余价值的分配""资本经济的将来"三部分。这个下篇，有了河上博士的《经济学大纲》之后，自然没有即行出版的必要了。至于上篇九个部分，"尽是极关于现象的粗浅的说明，毫不提到现象的解剖，所以不但不和《经济学大纲》重复，并且还可以作他的一个准备"。因此在《经济学大纲》出版后，有必要赶快出版。"研究经济学的人必得要同时留心现时的经济情况，才能拿事实和学理互相映证，养成一种理论和实际都能通晓的实力"。

读了《经济学大纲》以后，想进一步研究，自然非得研究经济史和经济思想史不可。关于经济史最有用处的书，莫过于日本改造社出版的《经济新史》，分"资本主义以前经济史""资本主义的成立及其后的经济的发展""社会主义经济的发展"三部分，由山川均、石滨知行、河野密几个有名的学者合著。译者想在本年内把它译成中文。"关于经济学史，现在实在没有顶好的"。季德和李斯特（Gide and Rist），韩讷（haney，又译哈尼），斯班（Spann）等人的书，"只是几个杂货店，固不用说"，就是《剩余价值学说史》，"也没有包及近代，况且又太繁重"。河上博士的"资本家的经济学的发展"，也是上无重农学派，后无历史派及心理学派，"当然算不得完全"。这里声明，我在前面河上博士原序的注释里所说的重大的声明，就是指这件事。一则这个"资本家的经济学的发展"并不完全。二则这原来就是他的旧著"资本主义经济学的史的发展"，并在两年前已被上海大学一班人译成中文刊行，现在不必重复。三则经济原理和经济学史本来是两种性质不同、程度复异的东西，混在一起反于读者不便，所以我译这本《经济学大纲》，断然把它割去。如果读书界觉得要一本稍稍完全的经济学史，我可以把《剩余价值学说史》关于重农学派部分，河上博士的"资本家的经济学的发展"，以及布哈林的《吃利的人的经济学》合译为一本《经济学新史》，内容大致是："重农学派的经济思想""资本家的经济学的发展""吃利的人的经济学"（内分马克思以后的国民经济学、限界效用说、价值论、利润论和结论）三部分。"这样一来，就可以得着一本较好的经济学史了"。

不消说，经济学的研究和哲学及社会学都有关系，所以读《经济学大纲》的人还得大体涉猎关于哲学和社会学的书，"才能悠然自得"。翻译《经济学大纲》这本书，"是很用过心的，自信是一点错误也没有"。"译法不但注重达意，并且注重传达原著人的口气，所以全文都是一种讲义口气。这固然在一方面未免觉得过于谆谆不倦，但是，从另一方面说，也许因为这个缘故，反转弄得易于理解，也未可知"。"这书至少还有十年的运命"。原书末尾附有河上博士的年谱和著作年表，我认为没有必要翻译，所以没有译。①

这篇跋文也不短，看来，所谓"顶重要的意见"，是要说明《经济学大纲》译本，何以只译原著上篇关于经济学原理部分而未译下篇关于经济思想史部分的理由。这些理由，如叙述资本家经济学的发展历史不完全，属于旧作且已有译本故不必重复，经济学史内容不宜与经济学原理内容混在一起等，其实不见得有多么重要。倒是译者认为被看作《资本论》第四卷的《剩余价值学说史》，没有包括近代且过于繁重，并设想将此著的重农学派部分与其他两本马克思主义者的著作中的有关内容，合译成一本《经济学新史》，算是一种独特的见解。此跋真正称得上是重要的意见，实际上另有其二。一是对河上肇解剖资本家社会的经济原理解说的高度评价。这些评价，把河上此书视为"世上第一的良书"，包括满足科学上必要和充分条件的纯科学性质，建立在科学基础上的研究方法和叙述方法，注重动态变化的观点，引用实例切近东方人的心理等具体好处，都是从大学经济学原理教科书的角度进行比较分析的结果，而且译者凭着通晓多国文字并专门从事经济学教学和研究所亲自体验的结论，才敢断言英法德俄日等国的同类著作，没有一本赶得上它。这也是为什么译者在整理自己的经济学概要讲义时，只出版上篇"经济现象的体系"而放弃出版下篇"经济现象的解剖"的原因，正是有了更好的样本即河上以"资本家社会的解剖"为主要内容的经济学大纲。根据河上的原序及其原著样本，他所讲的经济学原理，在逻辑结构上和《资本论》三卷本的解说完全一样。这样，译者对河上原著的评价，除了有关东方实例一条外，等于是对马克思《资本论》的评价。译者同样应当明白这一点，那么他的评价，进一步的含义是针对世上流行的那些有关经济原理的普通教科书，赞赏河上运用《资本论》深刻和系统的理论体系，去改造现有的经济原理教科书的各种缺陷，诸如以经济现象的常识来堆砌粉饰而忽略内部关系和紧要关节的分析，缺乏科学的研究方法和叙述方法，只从静态而非动态方面去观察而漏掉经济形态变化的真相，以及照搬西洋材料的隔膜等。这样的改造，又等于用马克思经济学说取代现行的经济学教科书。二是配合较为高深的《经济学大纲》译本，用译者自己的《经济现象的体系》一书，作为通俗读本，

———————————

① 以上引文均见河上肇著，陈豹隐译《经济学大纲》，乐群书店 1929 年版，"译者跋"。

为国人能够更好地阅读这个译本，提供应该先行具备的粗浅经济学常识。同时说明研究经济学应当养成通晓理论和实际的能力，留心现实经济情况以便将事实和理论相互印证，并注意涉猎关于哲学和社会学的智识，从而更加从容地研究经济学。所有这些，都显示了译者陈豹隐倡导马克思经济学说的情怀，具备浓厚经济学素养的视野和引导国人学习和掌握经济学基本原理的能力。

### （二）《资本论入门》译本

河上肇这本著作，刘野平翻译，上海晨曦书社 1929 年 9 月 15 日初版。早在 1920 年 9 月，已有李汉俊重译马尔西的《资本论入门》在国内出版，那是著者按照自己的理解和表述方式，通俗说明《资本论》若干要点的一个译本。现在刘野平这个译本，说是《资本论》"入门"，其实具有相当的难度。那是河上肇对《资本论》第一卷 7 篇 25 章的解释，其解释方式为逐章提出其中的核心问题，加以或详或略的解答。如此解释，没有研习《资本论》的一定基础，是不易理解的。河上的原作从其今译本看，达 860 余页之多，而刘氏译本标明《资本论》第一卷上册之二，仅 225 页，翻阅第 1 页，又是从"第四商品上表示出来的劳动二重性"起始，可见此译本是个去头截尾的节译本。关于译本的内容，不必详细引述，只须举个例子，便可显出其特点。例如：

开头的引言说明，前面结束第 1 章第 1 节（即商品的两个因素）的研究，现在进而研究第 2 节。关于第 2 节标题，有个注释：原来我们的译文是"商品方面表示出来的劳动二重性"，现改为"商品上表示出来的劳动二重性"（今译"体现在商品中的劳动的二重性"）。从其德文原文看，不是表现所谓什么地方的方向，却是表现所谓什么地方的场所。"因此译'商品上……'比译'商品方面……'较为适宜"。第 3 篇"绝对的剩余价值之生产"（今译"绝对剩余价值的生产"）第 7 章"剩余价值本"（今译"剩余价值率"）的第 2 节标题（德文原文略），我们不把它译作"生产物的比例的 ·切部分方面之生产物价值［一切构成分子］的表示"，特译作"生产物的比例的一切部分上之生产物价值［一切构成分子］的表示"（今译"产品价值在产品相应部分上的表现"），就是根据同样的理由。"论述价值的表现时候（因而在处理价值形态那一项下），特别就有明了这种区别之必要"。关于这一点，旧译文往往有不注意的地方，以后想一一改正，每次都大略指摘，希望读者加以注意。对此，英译本中许多地方想得更周到。

本节的起头有如下叙述："最初，商品当做使用价值与交换价值这两个斗争物向我们表现出来。而后，劳动亦在以价值表现出来的范围内，含有和属于当做使用价值的创造者看的劳动之不同特征，这件事也已明白了。含在商品内劳动的这样二种斗争的性质，我最初就用批判眼光去证明过。因这一点是关于理解经济学的枢轴，所以在这里就非更详细阐明不可"①。

最初我们从商品的现象形态出发，先看当作使用价值的表现，再看当作交换价值的表现。由于分析这种现象形态即价值，就可以把握交换价值的本质即价值，"就可以发现价值的实体是在商品中对象化起来之舍象的人类的劳动"。所以可以明白，劳动含有当作使用价值的创造者及价值的创造者这样二重性质。发现"含在商品内的劳动的这样二重斗争的性质"这件事，"对我们是最紧要的"。如恩格斯在《费尔巴哈论》中所说，马克思的观点是"在劳动发展史内认识对社会全历史的理解之关键"。这种劳动在商品生产社会即生产物采取商品形态的生产社会，生产使用价值的同时，也不得不生产价值。换句话说，商品生产社会的劳动本身，含有"充满矛盾、互相排斥之对立的倾向"。商品生产社会的"劳动发展史"，就是当作这种对立物斗争过程看的劳动的"自己运动"，在这样的历史中，就横着"对"资产阶级社会"全历史的理解之关键"。所以传说"这一点是关于理解经济学之枢轴"，"在这里就非更详细阐明不可"。

所谓"含在商品内劳动的这样二种斗争的性质，我最初就用批判眼光去证明过"，马克思在这里是指他的著作《政治经济学批判》。此外，他在《资本论》第1章第4节第31注释中，关于正统派经济学曾说："在关于价值一般的范围内，正统派经济学在文字上且明白是有意识的到处都没有把以价值表示自己的劳动，从以劳动生产物的使用价值表示自己之同一劳动区别出来。不消说正统派经济学，因为把劳动有时在分量上去观察，有时在品质上去观察，所以事实上就有这种区别。但是没有注意到的事情，就是一切劳动单有分量的差异，是以那些生产物的品质上的统一或平等——即一切劳动向舍象的人类的劳动之还元——为前提的"。"含在商品内的劳动，是创造使用价值的劳动与创造价值的劳动，这样对立物的统一"。本节所重视的地方，就是要明白这两个东西的对立。"因为明白这样对立以前，若忽视了它的同一性，就会有危险，所以我先关于这点就要费点工夫来说一说"。掘出1吨煤炭的劳动，是创造使用价值的劳动，掘出值10圆煤炭的劳动，是创造价值

①　其今译文见《资本论》第一卷，人民出版社2004年版，第54—55页。

的劳动，这两样劳动不消说不是各别地存在的。人们不是先掘出几吨煤炭，而后掘出值几圆的煤炭，不是创造使用价值的劳动在创造价值的劳动的不同时间里，各别而行。因为掘出几吨煤炭，同时就是掘出值几圆的煤炭，"所以这二样劳动毕竟不过是一个劳动的两面而已，在这种意义上，这二样劳动是同一的"。"伊里基"（今译列宁）说："对立物的同一性，较正确的说，宁是它的'统一'——但是'同一性'与'统一'的表现的区别，在这个地方并没有何等本质上的区别，在某种意义上，两者都是正确的，……"。这里指的就是这样的关系。这样注意之后，再看马克思下面所说的正文。①

可见，仅是《资本论》第一卷第 1 章第 2 节的标题和第一段的开头语，就用了上面这么多的篇幅来加以解释，足以体现著者所谓入门，在研究《资本论》的理论关键点和概念精微处下工夫的特点。关于标题的翻译用语，主要对照德文原文，主张将体现方向含义的"商品方面"改为体现场所含义的"商品上"。其实，今译文的"体现在商品中"，更好地表达了原文意思。但这已不只是日译文的问题，还有中文转译的问题。著者非常重视译文的准确问题，认为特别有必要明了原文表述的此类区别，不能草率，因为这将关系到后面关于价值问题的理解。为此还根据同样的理由，提前指出其他地方如第 3 篇第 7 章第 2 节标题的译文应予改正之处。另外又对照英译本，说明相关译文的修改依据。如此专注而细致的解说，实际上表明著者所说的入门，不是通常所理解的以通俗易懂的方式放低进入的门槛，而是强调以准确无误的方式找准进入的门径。

从标题进入第一段开头语，在引用原文之后，也是不放过其中从基本概念到任何重要细节，逐一解释，并旁征博引地予以充实。围绕商品具有使用价值和交换价值的二重性，说明当劳动表现为价值时，就不再具有作为使用价值的创造者所具有的那些特征，而是表现为对象化或凝聚于商品中的一般抽象的人类劳动。在此引用恩格斯的话说，马克思这个观点，"在劳动发展史中找到了理解全部社会史的锁钥"②。这里所说的"全部社会史"，指资产阶级社会的整个历史，所说的"锁钥"，是理解政治经济学的枢纽，所以对马克思关于商品中包含着劳动的二重性观点，非更加详细地阐明不可。接着指出，马克思说他首先批判地证明了这个观点，这是指他的《政治经济学批判》一书。然后引用《资本论》里一段注释，说明

---

① 以上引文除另注外，见河上肇著，刘野平译《资本论入门》，晨曦书社 1929 年版，第 1—5 页。
② 《马克思恩格斯选集》第 4 卷，人民出版社 1972 年版，第 254 页。

"古典政治经济学在任何地方也没有明确地和十分有意识地把体现为价值的劳动同体现为产品使用价值的劳动区分开。……它从来没有意识到，劳动的纯粹量的差别是以它们的质的统一或等同为前提的，因而是以它们化为抽象人类劳动为前提的"①。进而强调不能忽视劳动二重性的同一性。为了说明这种关系，又引用列宁在《谈谈辩证法问题》里谈到"对立面的同一"时所说："它们的'统一'，也许这样说更正确些吧？虽然同一和统一这两个名词在这里并没有特别重大的差别"②。经过这样深入的解说，事先提请注意体现在商品中的劳动二重性概念的基本涵义与辩证法因素，这个观点对于理解资产阶级社会的整个历史和理解政治经济学具有锁钥或枢纽作用，以及马克思首先批判地证明了这个观点等要素之后，才进一步阅读和解说第 2 节的正文。这种解说方式，决非一般初学《资本论》者所能轻松掌握，而以这种解说方式贯通全书的译本，自然也不容易翻译。所以这里看到的，不仅只是节译本，而且其翻译质量，许多地方亦不忍卒读，可以说原作的解说越是精细专深之处，翻译的准确度越是打折扣，这一点，只须将上面引用《资本论》论述的原译文与今译本作一比较，便可明白。尽管如此，能够关注并节译引进这种难度更大的《资本论》解读本，也是《资本论》在我国的传播达到一定熟悉程度的产物，只是要攻克这样的理论难度，尚须继续努力。同时也能看到，先后翻译引用河上肇的《经济学大纲》和《资本论入门》两本著作，还体现了二书之间在理论阐释上的递进关系。《经济学大纲》主要以讲义方式，系统解释《资本论》三卷本的基本原理，《资本论入门》更进一步，以专深研究方式，重点解释《资本论》第一卷的核心理论问题，二者相辅相成。正因为专深研究比起讲义式解释需要更深厚的学术功力，所以又能看到，后一著作的译者刘野平缺乏像前一著作的译者陈豹隐那样自信其整个译文没有一点错误并注重达意的豪气，仅译一小部分便就此搁笔，未见后续的译文。是否被其难度难住了，暂且不论，但可以确定的是，《资本论》中文全译本的问世，正需要经历类似的一个个难度之坎。

**（三）《经济现象的体系》**

陈豹隐编，120 余页，上海乐群书店 1929 年 6 月 1 日初版，8 月 1 日再版。著者自记一篇序：

---

① 《资本论》第一卷，人民出版社 2004 年版，第 98 页注（31）。
② 《列宁选集》第 2 卷，人民出版社 1972 年版，第 711—712 页。

过去几年常常有人问："研究经济学原理，有什么顶好的方法"？我常常这样答复："顶好的方法，是先知道一般经济现象的大体，再进一步去研究各种现象之间的关系"。这样的质问确实有根有据，"因为中国现今一般关于经济学原理的教科和教科书，都只是罗到一些抽象空洞的零碎智识，脱离了实际，忘记了各种经济现象的相互作用，所以一些学经济学的人所得的智识，不但往往为老辈有经验的人所讥笑，并且也并不能达他们——学经济学的人们——那种想由经济学的研究入手，去研究社会科学的目的，那种在近几年的多数青年所共同抱着的目的"。这个答复也不是信口瞎说，"我是根据十几年来的教书经验，才敢那样答复的"。"的确，初学经济学的人，最苦的是不能得到一个关于经济现象全体的轮廓，其次就是苦于不能解释各种现象之间的相互关联"。

我想，要向中国青年对症下药，"最好就是改变从来经济学的编次方法"：打破历史上经济学原论的"四分法"，即所谓生产、流通、分配、消费的分篇法，另立一个"两分法"，把经济学原论分为"经济现象的体系"和"经济现象的解剖"。详细点说，先在第一部分"供给学经济学的人以一种有系统的，关于经济现象的全般智识"；第二部分再"说明各种主要的经济现象间的相互关系"。这样办，初学的人"一定不会感觉经济学原理的空洞虚渺和散漫零落了"。我曾经在国立某校的短期班试行这种意见，照上述编次讲授两次"经济学概要"的课，"结果果然是很好的"。于是得了一种自信，修改一个学生整理出来的笔记，让学生交该校作为课程讲义出版，"谁知那学校碰着革命的事变，一时被解散了，那本稿子也随着失了着落"。后来好几次想提笔重新写出来，总是苦于提不起勇气。今年翻译河上肇博士的《经济学大纲》，"我的勇气忽然倍加起来，居然提起笔，照自己原来的讲义纲要的上半截写出了这本小书"。目的在让那些看《经济学大纲》的人得到经济现象的概略。"因为'经济学大纲'原是一部关于经济现象的解剖的，高程度的书，如果没有最基础的经济现象的智识，就恐怕有一部分人还不容易读懂"。关于这一层，我已在《经济学大纲》的跋文里面说过。

本书"既在供给经济学上初步的基础智识，内容自然是依照这个目的，决定了的：材料务求单纯化，说明务求浅显化，全书的体裁虽系别开生面，然而也极力求着系统化"。写完之后，复读一遍，"自己甚为满意"。"我相信，这本书对于初学经济学的人，一定可以给一个大大的帮助"。"不消说，现今的经济现象，都是在国家的制度下面存在着的。所以如果要想彻底的理解经济现象，就得同时研究政治学。特别是关于金融资本经济现象，须得到政治学上的智识的帮助"。我目前正在写一本《新政治学》，它是本书的"姊妹篇"，也分为"政治现象的体系"和"政治现象的解剖"两部分，"以供学经济学的人们的参考"。①

根据这篇序言，可以猜测此书最初的写作，应是 1927 年"革命的事变"即四一二政变之前，陈豹隐任教广州某所国立学校（或许就是黄埔军校和农民运动讲习所）短期班时讲授"经济学概要"课程的讲义，后因政变而未能出版并遗失原稿；直至流亡日本期间，他翻译河上肇的著作《经济学大纲》受到激励，才又根据自己原来的讲义纲要分为"经济现象的体系"和"经济现象的解剖"两部分的设想，写出其上半截即《经济现象的体系》这本小册子并于 1929 年出版。河上肇原著的译本已于当年 4 月即不到两个月前出版，前述陈豹隐所写的译者跋文，说明了国内读者要读懂像《经济学大纲》这样解剖经济现象的高水准著作，必须具备有关经济现象的最基础知识这一层意思。现在陈氏这本小册子的序言又表明，他当初撰写经济学概要的讲义，对症下药的锋芒，正指向传统经济学教科书罗列抽象空洞的零碎知识而脱离实际，以及信奉四分法的编写体系；主张研究经济学原理的最好办法，应当先知道一般经济现象的全体轮廓，然后深入研究各种现象之间的关系，亦即打破现行四分法而另创两分法的原理结构，先让经济学的初学者系统了解关于经济现象的整体知识，再去说明各种主要经济现象之间的相互关联，进而达到从经济学入手去研究社会科学的目的。这个主旨，针对传统经济学的空洞虚渺和散漫零落，实际上信奉的是马克思经济学说的研究方法。这本《经济现象的体系》的写作目的，给那些阅读《经济学大纲》的人提供最基础的经济现象概略，以便能够理解这个解剖经济现象的更高层次的读本，等于说两本书分别承担了新的两分法结构中上半截关于经济现象的体系与下半截关于经济现象的解剖两部分内容。河上肇的《经济学大纲》，完全按照马克思经济学说尤其是《资本论》的逻辑而编撰，如果说《经济现象的体系》与之相匹配，那么陈豹隐也把自己的小册子，视为用马克思学说解剖经济现象的先期基础知识铺垫，同样属于马克思经济学说的范畴。

陈豹隐很满意自己写的这本小册子，在提供经济学基础知识方面，务求材料简单，说明浅显，又以别开生面的体裁而重视其系统性，自信一定可以给初学经济学者很大的帮助。同时还强调彻底理解经济现象与研究政治学之间的密切关系，这在

① 以上引文均见陈豹隐编《经济现象的体系》，上海乐群众书店 1929 年版，"序"。

某种程度上，也体现了他当时对政治经济学的独特认识。这种自信的涵义，通过全书 9 章 16 节 70 目的详细目录，亦能大致了然。

第 1 章 "序说"，分 "什么是经济？"（含经济是人类的物质生活的一种，经济生活上的准则，经济生活的主体，经济行为 4 目），"什么是经济学？"（含经济学是一种研究人类和人类在经济生活上的关系的学问，经济学的内容，国民经济学的内容，资本主义经济学和社会主义经济学，经济学的用途 5 目）2 节；第 2 章 "资本经济的来历和意义"，分 "资本经济以前的经济形态"（含现今的资本经济是经了许多变迁而来的结果，经济形态的各时代的区分，原始共产经济时代，奴隶经济时代，封建经济时代 5 目），"资本经济的特色"（含资本的意义和种类，资本经济的内容，资本经济的内容的变动 3 目），"资本经济的发展"（含商业资本经济时代，产业资本经济时代，金融资本经济时代，经济形态的变动的性质 4 目）3 节；第 3 章 "资本经济现象的基础"，分 "天然"（含天然的意义，关于天然的政策 2 目），"人口"（含人口在经济上的意义，关于人口的政策，人口的本质问题 3 目），"财富"（含财富的意义，财富和资本增殖的关系 2 目）3 节；第 4 章 "资本经济下的经营"，分 "经营形式的发展"（含经营和营业并企业两种东西的差异，经营形式的发展略图，资本经济下的各种经营形式 3 目），"经营部门（产业部门）和经营规模"（含经营部门的意义，经营部门的普通分类，经营规模的大小 3 目）2 节；第 5 章 "资本经济下的企业"，分 "企业的形态"（含单一企业的形态，联合企业的形态，公企业和私企业，企业形态和经营部门 4 目），"企业的内部组织"（含企业上的物的要素，企业上的人的要素，企业的劳动组织 3 目）2 节；第 6 章 "资本经济下的市场"，分 "市场的基础"（含市场的意义和发展，商业的组织，交通的组织，金融机关 4 目），"市场的构成"（含需要供给关系和价格，交易方法并地点 2 目），"市场的种类"（含物品市场和金融市场，劳力市场 2 目）3 节；第 7 章 "生产和消费的关系"，分 "生产和消费的适合（均衡）"（含社会的再生产和经济生活，生产的不足、生产的有余、生产和消费的相抵，经济形态和生产消费的适合方法 3 目），"资本经济下的生产和消费的适合方法"（含自由竞争和自动的生产消费适合方法，循环的恐慌和永久的失业，补助的生产消费适合方法，少数的富裕和多数的贫苦 4 目）2 节；第 8 章 "分配现象和社会问题"，分 "职业和所得"（含资本经济下的收入所得及收益，所得的种类，各种所得的相互关系，资本经济下的阶级 4 目），"分配的不平均和社会问题"（含贫劳阶级和富逸阶级，分配的不均和阶级斗争，社会问题和社会主义运动并社会政策 3 目）2 节；第 9 章"国际经济与帝国主义"，分"国际经济的发展"（含由商品输出竞争到资本输出竞争，由国民经济到世界经济，由单独竞争到联合竞争，由和平竞争到武装竞争 4 目），"世界经济与帝国主义"（含金融资本主义在国际变为帝国主义，帝国主义的战争和世界的恐慌，社会问题和社会主义运动的国际化 3 目）2 节。

以上目录所示，确实体现了简单和浅显的写作宗旨，每目一般一两页，个别内容较多者亦不过四五页。关键在于全书别开生面而又系统化的体裁，不止打破历来经济学的四分法结构，而且挑战传统经济学的整个理论体系。第 1 章依据唯物史观，从人类的物质生活及研究人类在经济生活的关系方面，说明什么是经济和什么是经济学。第 2 章说明如今的资本经济是经历了许多变迁而来的结果，以及其特色、发展和经济形态变动的性质，等于否定了资本主义经济固定不变的永恒性。第 9 章说明当代国际经济发展的重大变化以及进入帝国主义阶段的主要特征，不仅同样运用唯物史观的原理，还在马克思经济学说之外，引入包括列宁在内的帝国主义学说，并点出与资本帝国主义相抗衡的社会主义运动国际化的发展趋势。第 3 至第 5 章，讨论资本经济现象的基础如自然、人口与财富，资本经济的经营如经营形式、产业部门和经营规模，资本经济的企业如企业的形态及其内部组织等，涉及资本主义社会经济现象的基本知识。第 6 至第 8 章，分析资本经济的市场现象，生产与消费的关系即二者是否适合或均衡的现象，分配现象等，分别突出劳力（即劳动力）市场的特征，少数富裕与多数贫苦的矛盾，以及由分配不均而引起的阶级斗争和产生的社会问题；这里既涉及资本主义社会经济现象的基本知识，更揭示其内在的基本矛盾，实际上也解释了何以在资本经济下产生社会主义运动的原因。

因此，所谓"经济现象的体系"，完全不同于传统经济学从生产、流通、分配、消费等抽象概念方面去说明经济学原理的"空洞虚渺和散漫零落"，另从经济现象入手，力求有系统地还原资本主义经济的真实原貌，包括它的历史性质、物质基础、经营方式、组织形态、市场环境、基本矛盾、社会问题及发展趋势等；所谓别开生面的体裁，无异于重新建立经济学的理论体系。这个新的体系，仅从目录看，多次提到社会主义，如序论中提到资本主义经济学和社会主义经济学，第 8 章提到解决社会问题的社会主义运动，第 9 章提到随着资本主义在世界经济范围内变为帝国主义而出现社会主义运动的国际化趋势等，这也意味着用社会主义经济学取代资本主义经济学的全新体系要素。不过，这里所说的经济学新体系，按照陈豹隐原来的设想，只出版了上半部分，也就是关于资本主义经济的现象层面的整体知识，还没有出版下半部分，也就是对这种经济现象的各种内在关系的解剖。或者说，他所编的《经济现象的体系》，尚须与他所翻译的河上肇的著作《经济学大纲》相匹配，才构成一个完整的经济学新体系，而河上肇的著作对经济现象的解剖，正是浓缩了《资本论》三卷本的要点。由此说来，尽管陈氏对自己在经济学体系上破旧立新的讲授效果颇为自信，又对自己撰写上半部分的出版原稿甚为满意，但毕竟没有独自完成整个新体系的出版任务，所以只能算是一个有待继续探索的初步尝试。这个尝试的起步，仅系面对国内初学经济学的人，从资本主义经济现象的系统化知识入手，材料求其单纯，说明求其浅显，作为一本小书，为进一步阅读更高程度的解剖资本主义经济现象的专著《经济学大纲》提供辅助知识，表明在新经济学体系的创建方面虽然迈出了重要一步，却还不那么成熟。陈氏说他讲授过两次"经济学概要"的课程，效果很好，其讲义纲要似乎把经济现象的体系和解剖均包括在内，可是后来只写成上半截《经济现象的体系》出版，未再提及下半截而以河上肇的《经济学大纲》作为替代，这也从另一个侧面表明了他在自创经济学体系方面的不成熟性。所以说，他的自信和满意，应当不是指这本小书本身有多么成熟，关键是借助这本小书，建立起用新体系取代传统体系以阐释经济学原理的初步框架，从而在我国经济学领域打开了一个新局面。

## 五、《资本论概要》译本

英国 W. H. Emmett（原译"恩麦特"，今译埃米特）著，汤澄波①译，上海远东图书公司 1929 年 10 月初版。著者情况不详，译者显系进步民主人士，他对马克思经济学说的态度，可见关于《资本论概要》的译者序。

### （一）译者序评介

此序记于 1928 年 6 月 26 日，其中说：

"国人对于马克斯的经济学说有两种相反而实同一错误的态度——一种是盲目

---

① 汤澄波（1903—1969），广东番禺人，生于华商家庭，精通外文，酷爱文学，1923 年参与组建文学研究会广州分会，任《广州民国日报》编辑，拥护孙中山国民革命的主张；1926 年任黄埔军校第四期政治教官，为黄埔军校编纂《各国革命运动概论》《中国国民党与劳动运动》等政治讲义丛书；1927 年离开军校到上海，其间汉译《资本论概要》《英国社会主义史》《美国社会史》等欧美著作；30 年代曾任南京政府实业部次长；抗战胜利后到香港工作和生活至去世，1974 年其骨灰由香港运回北京安放八宝山。

的服从，一种是盲目的反对。不用说，这两种态度都是绝端违反科学精神的"。我们无论研究什么东西，都只有本着客观的科学态度，才可以获得正当的结论。马克思的经济学说作为一种研究对象而言，自然也不能够是一个例外。"硬把马克斯的经济学说视为圣经，或硬把它视为'罪恶'都似乎是不应该的"。"平心而论，马克斯的经济学说在历史上的重要是谁都不能抹杀的。马克斯自己常常说，他在经济学的研究中，所用的方法是抽象的科学方法，所顾及的只是解释社会的发展，追述它种种不可避免的趋势，而并不加以任何的道德判断。虽然他在《资本论》中还未能做到这个地步，但这句话实可以表示那本著作之富于科学性。所以，如果我们承认经济科学是有用，那就马克斯的经济学说实是我们所应该介绍和小心研究的"。

恩麦特著作这本《资本论概要》的动机在于，"简单说明《资本论》（第一卷）的主旨和纠正一般关于马克斯的学说的错误解释（大部分是就英文的著述而言）"。这本书的价值可以由恩麦特自己的话表示出来。他说，"在解说马克斯学说的著述中，他是第一个依照马克斯原意而提出'资本'这个经济范畴的定义的人。他是第一个指出马克斯改变了或转换了'价值'和'使用价值'这两个名词的科学用义的人。他是第一个郑重注意这两个名词的根本分别的人。他又是第一个指出马克斯并没有肯定商业交易是平等（公平）交易的人"。著者在这本书之前，曾用20多年的时间来研究《资本论》，研究时持有"一种学者的态度"。他对于"最有能干的马克斯学说解说者"恩格斯（原译"安格斯"）的释文，"也有所批评和纠正"。又说，"他著这书时，并没有附属于任何党派（他从前是英国社会主义劳动党的党员）"。"这些事实，可以证明这本著作和一般自命为'无产阶级科学家'或劳工阶级的思想'领袖'们那些窜改马克斯原意的作品全不相同，这本著作是马克斯学说的一种学者的研究而不是马克斯学说的一种'宣传品'"。

关于译本中的翻译名词，译者"似乎"特别要把其中两个提出来说明一下。

第一个名词是"Exploitation（榨绞）"。许多人把这个名词翻作"掠夺"。"这种流行的译法不特不对，并且会使读者完全误解了《资本论》的主旨"。这样译法实在显不出Exploitation和"Expropriation（剥夺所有权的意思）"的分别。然而二者"实是两个很不相同的经济范畴，万不能混为一谈的"。"这样误解Exploitation的真义的现象在外国也很普遍（其实我们可以说，中国人这种误解是由外国输进来的）"。原著者在原著的引论中，曾指出许多外国著者都犯了这个错误。例如

"赖特斯（Radix）"在《能干与劳动》第29页上说，资本家因为购买天才的产品的缘故而 exploit 天才！"依照这样说法，则工人也以因为购买资本家的资本制度生产品而 exploit 资本家了"！又如"邦格（Bang）"在《欧洲历史上的危机》第50页内用过这个名词共35次，"次次都作剥夺或掠夺之类的解释而完全失却马克斯的原意"！也有些人把这个名词译为"榨取"，大概是根据日本文的译名而来的。"然而日本人这个译名也不很对"。比如说"劳动力之榨取"（或"榨取劳动力"），"使读者以为资本家'取'劳动力了"。其实"资本家并不是把劳动力榨而'取'之，他所做的只是把劳动力拿来消费（拿来作工业上的消费）而取得其剩余价值或剩余劳动的生产品罢了"。"Exploit 这个法文动词是'使之工作'的意思。资本家 exploit 劳动者就是说，资本家驱使劳动者工作。所以我根据这种本义把 exploitation 译为'榨绞'。虽然也不能说与原意尽符，然而我觉得总比通常的译法较为切当"。

第二个名词是"concentration of capital"，"我把它译为'资本集成'以别于 centralization of capital（'资本集中'）"。"这两种程序的差别通常的人都注意不到，所以便把二者都译作'资本集中'，因而又发生混乱的毛病（外国解释马克斯学说的人也往往犯着这同一的毛病）"。concentration of capital 是较早（发现较早）的程序（今译过程），"指各个作业者（工人）的生产工具集合于较少数的人（小资本家）的手上而变成小资本的意思（所以我译为'资本集成'）"。centralization of capital 是较后（发现较后）的程序，"指许多小资本家的资本集中在大资本家（或一种大资本组织）的手上的意思（就是'集中'的本义）"。

此序完成后，译者又记道："原著中有些小错误和直译出来不甚清楚的地方，我都根据《资本论》的原义加以修正和补足。因为没有在各该处特别声明，所以在此附带说及一句"。[1]

这篇序文评价原书，一再强调著者本着学者的态度或学者的研究来看待马克思经济学说，包含几种意思。一是针对国人的两端错误态度，或者盲目服从，或者盲目反对，其实质都违反了客观的科学精神或科学态度，因此无法获得正当的结论。须注意，所谓盲目反对，固然指不应该把马克思经济学说视为"罪恶"，而所谓盲目服从，也不赞成把马克思经济学说视为圣经，但《资本论》是工人阶级的"圣经"这个说法，正是出自恩格斯为《资本论》第一卷英文本所写的序言。二是关

---

① 以上引文均见英国 Eammett 著，汤澄波译《资本论概要》，上海远东图书公司1929年版，"译者序"。

于正当或公正的结论，根据译者的理解，谁都不能抹杀马克思经济学说在历史上的重要性，这就是马克思自己所说的在经济学研究中所用的抽象科学方法，只考虑解释社会发展的各种不可避免的趋势而不加以任何的道德判断；由此可以表明《资本论》富于科学性，是有用的经济科学，应该介绍和小心研究，尽管马克思在这本著作中还未能做到这样的科学地步，即排除任何道德判断。三是认可著者注重按照马克思学说的原意来说明《资本论》的主旨，并纠正主要是英文著述中关于这个学说的一般错误解释。至于评判原书的价值时，引用著者自己的说法，号称在解说马克思学说方面具有四个"第一个"的特征，包括提出"资本"经济范畴的定义，指出"价值"和"使用价值"两个名词的科学涵义及其根本区别，指出没有肯定商业交易是平等或公平交易等，似乎有些言过其实。四是突出著者虽然曾是英国社会主义劳动党的党员，但著书时并不附属于任何党派，而是基于自身20多年研究《资本论》的学者态度，包括对恩格斯的释文也有所批评和纠正，特别是把其原书同那些篡改马克思原意而自命为"无产阶级科学家"或劳工阶级思想"领袖"的作品区别开来，体现学者的研究而非马克思学说的"宣传品"。这个意思，显然也是前述反对国人盲从而把马克思经济学说视为圣经那个意思的出处依据。五是以译本中的两个翻译名词为例，说明国外许多著者误解《资本论》主旨或犯混淆毛病并输入国内的具体表现。一个是将"榨绞"（今译剥削）与"剥夺"（今译征用或征收）两个不同的经济范畴混为一谈，另一个是在"资本集成"（今译资本积聚）与"资本集中"之间发生混乱。这里所说的不止是原著者纠正英文著述中的误解或混淆，还有译者纠正汉译名中的误解或混淆。也就是说，译者力求像原著者的研究一样，本着学者的态度进行翻译，不仅严肃对待解说《资本论》中的那些毛病，而且对原著者的书中有些小错误和直译时不甚清楚的地方，也根据《资本论》的原意加以"修正和补足"。换言之，译者需要对照《资本论》外文原著，解决翻译过程中所遇到的一些问题。若确系如此，则随着原书简单说明《资本论》第一卷的主旨，译者很有可能通读了第一卷原版以资对照。这大概也是译者何以"似乎"要特别提出两个翻译名词来说明的缘由，因为原书的问题不限于这两处，但书中存在问题的各个地方没有机会特别声明指出，只能在译者序中附带说及罢了。

看了这篇序文，可知译者与前面考察的那些阐释马克思主义经济学的著作或译本均出于共产党人之手，有所不同。共产党人的阐释，同样重视马克思经济学说的科学性，同时基于这种科学性而确立自身的信仰，把阐释、宣传和指导实际行动结合在一起。译者则只谈学术，不论信仰，将盲目服从与盲目反对同样看作违反客观科学精神的主观意愿。惟其如此，所以对《资本论》是工人阶级的"圣经"一说不以为然，不屑于马克思学说的宣传品，反对从社会主义党派的立场出发来研究马克思学说。由此还欣赏原著者对恩格斯解说马克思学说的释义有所批评和纠正，鄙视那些自命无产阶级科学家或劳工阶级思想领袖的宣传品篡改马克思学说的原意，乃至认为马克思在《资本论》中也未能做到他自己所说的经济学研究只考虑解释社会发展各种不可避免的趋势，不加以任何道德判断这个地步。然而译者毕竟是从科学精神的意义上去看待马克思经济学说，因此能够认识到《资本论》的科学性、有用性及其在历史上的重要性，主张应该介绍和仔细研究。同时这种介绍和研究，又特别注重维护马克思经济学说的原意或《资本论》的主旨，戒备并纠正任何人的误解、混淆和篡改，不论这是来自一般著述者的通常理解，还是来自那些自命为无产阶级或劳工阶级的科学家和思想领袖的引导，甚至来自恩格斯的释文，也不论这是来自国外的输入品，还是来自国内的翻译名词，抑或对照《资本论》原版而发现《资本论概要》原书中的问题。像这样的介绍和研究，不仅同样推进了马克思主义经济学在中国的传播，而且为这一进程注入了独特的科学考证因素。

**（二）译本简介**

译本分"引论"，第1篇"商品与货币"（含"商品""交换程序""货币或商品流通"3章），第2篇"货币之资本化"，第3篇"绝对剩余价值之生产"，第4篇"相对剩余价值之生产"，第5篇"绝对与相对剩余价值之生产"，第6篇"工资"，第7篇"资本之积聚"，第8篇"所谓原始积聚"和"结论"，共378页。此目录除前后的引论和结论外，正文8篇基本上对应于《资本论》第一卷的7篇，连篇名（包含第1篇内3章的译名）也大致相同，惟第7、第8两篇均属原著第7篇的内容，并将原来的积累概念改为"积聚"，或突出其"积聚"涵义。正文部分系简单说明《资本论》第一卷的主旨，无须多作介绍，故重点介绍较多体现著者说明特色的引论及结论部分。

（1）引论。译者对这部分有个注释，表明原来引论中关于作者本人、"榨绞"一词的译释、《资本论》第一卷英译本的错误等内容，"我统统都删去"；前两种的大意已见于译者序，而删去之处在译文中用"……"及"＊＊＊"两种符号表示出来（第9页①）。此删节尤其关于英译本错误的删节，颇为可惜，因为纠正这些错误，正是译者所强调的原书特点。下面是原书的译文大意：

"一切有思想的人，或对于环境的种种伟大实况不是绝无感觉的人，都承认，从人道的观点看来，近代社会——科学上名为'资本制度'的近代社会——总是有点不对"。什么是"资本制度"？"这个很简单问题的唯一适当答案就是马克斯的伟大著作《资本论》"。马克思的《资本论》所论及的不是社会主义或共产主义，也不是无政府主义，实是资本主义。"确切说明这种分别是很需要的"，不仅通常的人关于这一点的意见异常错误，连"海德曼（Hyndman）"② 竟然也弄不清楚这种分别。他出版一本经济学书籍，命名《社会主义的经济学》，"论及资本主义的'经济'的书籍而采取这个名称真是颠倒得厉害"！社会主义的经济并不存在，因为社会主义并不存在，"一直到现在，社会主义都不过是一种理想罢了"。社会主义变成一种事实之后，将会有它的特殊经济，就像在社会主义实现以前的一切不同社会制度（包含现在的制度）一样。"马克斯的《资本论》是分析和解释现存社会制度——'资本制度'——的唯一著作。一个人想了解极端复杂的资本主义社会制度，实只有藉助科学的经济学才可以成功，而我们现在所仅有的这么样的科学就是马克斯的著作了"。医生必须首先诊断和了解病者的隐症，然后才可以有效和切实地治理这种病症；对于任何社会毛病或社会中不健全的情况，也是一样。必须首先分析和了解恶毒的或有害的情况，然后对于那种情况才可以有明智的和预先计划的矫正或处理。"世界上随处皆是的种种工业危机表示出社会一种不健全和从人道上说来极属恶劣的情况，这种情况已经发展到危险的时期了"。在这种恶劣社会情况还未进到现在的危险时期之前，"经济学"已经力求了解资本制度的经济状况了。从17世纪到19世纪，"经济学"一直在"古典"的形态中进展；并且"古典"经济学者已经成功地找出那病症在政治中的什么地方，而"正统经济学忽然发见它发见得太多了"。因为那时资本制度已经进入长成时期，它自出世之日始即已带有的病症也已经进入长成时期了，作为19世纪特色的各种"定期危机"，从1825年起开始进行。于是马克思称呼的"古典经济学"便忽然终止，而为马克思称作"庸俗经济学"的东西所承继；"因为使失业群众了解所谓'失业问题'实是

① 此页码见英国 Eammett 著，汤澄波译《资本论概要》，上海远东图书公司 1929 年版，下同。
② 今译迈尔斯·海因德曼（1842—1921），英国作家和政治家；1881 年推动一些激进团体联合组成民主联盟（1884 年正式更名社会民主联盟），1896 年著《社会主义经济学》。

一件'可怕'之事"！所以，"严格的经济科学的任何再进一步的发展都实不能够有用于资本阶级或取悦于资本阶级了"。"这种科学要不是为愚昧、庸俗及假伪性所摧残，为平凡性、漠视态度及枯朽性所压抑而陷于消灭，便唯有变为一种无产阶级科学而已"。于是马克思的"无匹著作"《资本论》便于1867年出现而"挽救这个科学的危机"。"马克斯这本伟大著作实是资本制度生产和分配的一种精深的分析"。(第9—12页)

　　这里把马克思的《资本论》称作说明什么是资本制度这个问题的唯一适当答案，或分析和解释现存极其复杂的资本主义社会制度的唯一科学的经济学著作，或对资本制度的生产和分配进行精深分析而无可匹比的无产阶级科学的伟大著作，又特别强调两个涵义。一则《资本论》的论述对象是现实的资本主义，而不是社会主义或其他什么主义，因此不能称它是社会主义的经济学。因为在原书写作时，社会主义还是一种理想，不是真实的存在，只有将来社会主义变为事实，才会像过去和现在已经实现的各种社会制度一样，产生可供论述的特殊社会主义经济。原著者认为非常需要说明这个区别，不然就会出现论述资本主义经济的书籍采取社会主义经济学名称的明显颠倒。类似的观点，还见于卢森堡等人更为系统的经济学著作，但显然以此书的提出为较早。其意在于纠正一种错误认识，即《资本论》代表无产阶级的经济科学，但并不等于社会主义经济学，其科学性表现在通过精深分析，真正或唯一揭示了现存资本制度是什么的问题。二则《资本论》犹如有效治病必须事先正确诊断病因的医生，分析资本制度所带来的社会疾病进入危险时期并提出根本医治的办法。在此之前，古典经济学已经在了解资本制度的经济状况的过程中，从政治上看到了诸如工业危机之类的疾病，不过那时的疾病还未发展到危险的地步；此后随着资本制度及其固有病症的成熟，特别是从1825年起开始出现周期性经济危机，正统经济学突然意识到古典经济学所发现的东西太多了，无异于让失业群众了解产生失业问题的原因，将可怕地危及资本制度自身，于是古典经济学也就被庸俗经济学取而代之，严格的经济科学让位于服从或取悦资本阶级的愚昧、虚伪、漠视、平庸等腐朽现象，不再能够进一步发展；《资本论》的出现，正是挽救经济科学的危机，并将资本阶级的经济学转变为无产阶级经济科学以救治危险社会疾病的独一无二产物。这样的观点，同样可见于国内其他阐释马克思经济学说的著述，但不如此书表达得简明清晰。由此也在引论的开篇中，表明了著者积极评价马克思经济学说的基本认识。

《资本论》三卷，第一卷论"资本制度生产"（今译资本的生产过程），或论"对劳工阶级的榨绞"；第二卷论"资本制度转动"（今译资本的流通过程），或论"资本价值的转动"，"自然也论及这种转动的种种阻扰，即工业及商业危机"；第三卷论"资本制度"（今译资本主义生产的总过程），"最重要之点在于解释商品价格那种表面现象之社会的形成（很深固而又很复杂的形成）"。"在资本价值转动的整个周期中，生产程序实是内边一个很重要的分部"。资本价值在资本工业所采取的各种"形相"（今译形态），"必然包括在那共同构成转移资本价值的动作循环的种种形相的连锁之内"。"资本制度的整体就是转动的和资本价值在转移中所依次采取的种种不同形相"。这些资本过渡形相可以总括如下：首先是价值转动或循环的起始形相（货币），其次是这种价值进入工业时的各种形相（一切不同的生产工具和劳动力），再次是各个工业时期那些部分成熟而未完成的形相，再次是出自工业的各种价值的不同形相（完成的新商品），再次是这种价值的实现形相（又是货币）和社会中作为增多的资本价值来分配给各资本家的最后一切形相（如利润、地租、利息等）。整个运动基本上可以分为"两种判然不同的程序或活动"，即生产程序或生产活动与市场流通程序或正式流通活动，这就是马克思用第一卷和第二卷的划分。（第13—14页）

这是提示《资本论》的概要，须着眼于三卷本的整体结构及各卷主旨，包括资本的生产过程是资本价值周转中的很重要部分；资本的流通过程表现为资本价值的形态变化及其循环；资本主义的总生产过程方面，最重要之点在于解释作为社会表面现象的商品价格形成的深刻与复杂原因，以及资本价值在流通中的实现形式和剩余价值在资本阶级之间的分配等。这些认识，说得未必完整和准确，却已是那时国内阐释《资本论》方面较为少见的具有贯通三卷本视野的译本，尽管它不如前述引进河上肇的《经济学大纲》之完全遵循《资本论》三卷本的逻辑。

接着简单概括《资本论》第一卷，也就是概要一书正文8篇的各篇要点，对其中有的地方稍作解释。如第1篇商品和货币之后，第2篇货币转化为资本，预先解释马克思所指出的以商品为流通媒介的"价值"，何以"变为资本而自己流通起来了"：在简单商品流通中，"常常都是等数交换（或平等交换）"，而"'资本的普通公式'只能够是一种表示价值在程序末端增加或涨大起来的公式"。这里我们碰到"一个昭著的矛盾"，商品与货币之间的等数交换，却在经过整个过程之后，投入的资本上涨了！其内里在资本流通中承担流通媒介之职的商品，"必定是发生了某种变故"。资本家必须在市场中找到某种"特别商品",其使用价值是,"当那种商品被消费之时,它的消费同时就是价值之生产";资本家真的在市场中找到了这样的特别商品,这就是"劳工阶级的劳动力"。资本家消费他所买来的劳动力,结果有所得,因为"劳动力的价值和消费劳动力所生产出来的价值原是两种很不相同的分量"。在劳动过程即劳动力的消费中,"劳动力除了抵偿它本有价值之外,还生产出一种'剩余价值'"。(第15—16页)基于这个解释,依次概述绝对剩余价值的生产、相对剩余价值的生产、绝对剩余价值和相对剩余价值的生产、工资即"劳动力的变形价值"(第17页),随后概述"资本之积聚"(实为资本的积累过程)。此即追述剩余价值"变为新资本的转化",资本家先在工业过程中取出剩余价值,并再生产出总资本,这是"单纯再生产"(今译简单再生产)阶段,此外资本积聚或总资本增长,这是把一部分剩余价值转化为新资本的结果,马克思又"充分说明,资本积聚是与穷困积聚和劳工阶级痛苦之增加一并发现的事实";"所谓原始积聚",追述"资本制度程序的真正史的起点",这不是资本家勤劳和俭约的结果,劳工阶级懒惰和浪费的结果,它"大体上含有两种内容",即"两个相反而又密切联系着的时期":"由公民盗取出来的公有土地之积聚于少数私人的手中(因而劫夺了这些公民所藉以自给的自然工具),和这些被剥夺和被驱逐的公民大部分之积聚于城市而变为无所倚靠的'自由'人(因而把他们放在胚胎时期的资本家所需要他们的地方,而使他们的能力或劳动力随着资本家的心意而被榨绞)"(第18—19页)。

以上关于《资本论》第一卷的要点概述,后面的正文里均进一步展开,而此处的引论,可见著者把握其核心论点的能力,如说明资本在商品等价交换的原则下获得增值,看起来是一个明显的矛盾,其实质在于资本家从市场上找到了作为特殊商品的劳动力,可以通过劳动力在生产中的消费,除补偿劳动力本身的价值外,还能生产出剩余价值,以及可见著者根据这一核心论点,用极为简单的表述将第一卷各篇的要点串连起来的概述特点。同时也看到,译者在序文里特别注意纠正翻译名词方面的误解或混乱,其实他的译文中仍存在着瑕疵。如一面正确地将资本积聚与资本集中的涵义区别开来,一面又越过资本积聚的定义边界而用来表示整个资本积累概念,便是一例。

对于第一卷全卷的"关键或主旨",引论说,资本的生产过程,即资本主义社会藉以生活的财富生产,"就是近代对劳工阶级的榨绞"。"榨绞"这个名词的意义，马克思在《价值价格及利润》（今译《工资、价格和利润》）中作过简括的说明：资本制度的榨绞是资本家从工资劳动的所得与工资劳动的维持费之间的比率，这个比率就是"'没有报酬及已报酬'劳动间的真正比率……劳动被榨绞的真正程度"①。这句话清楚表明，"所谓对劳工阶级的'榨绞'，就是把工人视作牛马一般而驱使他们工作的意思；就是资本家为着本人的利益和利润而使一个同类（同属人类的人）的身体能力发出动作（工作）的意思"。对劳工阶级榨绞并不是资本主义创制的东西，在它以前早已发展出来了，新兴的资本主义不过搬来应用这种已确立的习例罢了。"可是资本主义必要改变它的形式"，否则便不能与资本制度联系起来，或者确当地说，便不能变形为资本制度的榨绞了。奴隶制度和封建制度下的榨绞形式很明白，但一般人对于资本主义下的榨绞形式不是这么清楚。"资本制度对劳工阶级的榨绞是有种种圈套和种种形相，种种遮盖，种种服装，种种设备和灿烂的覆蔽物的"。资本家榨绞劳工阶级，藉助于以前已发展出来的剩余劳动和合于剩余劳动外表的商品来进行。"无论如何，资本家之榨绞劳工阶级是藉着商品的生产和分配的遮盖而成功的"。所以，马克思在《资本论》第一卷第 1 篇前 3 章，分析的是商品，从商品所引出而又较商品为完成的货币，以及它们藉以发生作用的必要条件，即交换过程的种种条件。可是资本家对劳工阶级的榨绞，不能单因前已发展出来的商品和货币便变成事实，必须因资本概念已经应用到工业中才能够变成事实。在此之前，这种资本必须首先被看作一种社会实质。所以，第 2 篇指出"价值"的进一步发展，经过纯粹货币阶段而化为"资本"，并且指出这种货币形态的资本被用于购买资本工业的种种必需品，"包括那种最重要的必需品，劳动力"。资本家对劳工阶级的榨绞，必须在劳工阶级发生作用的地方和时间（即工业中）才可以实现，在那里和那时，劳工阶级被迫生产"剩余价值"。所以马克思在第 3 篇，马上论及劳动过程。资本家驱使劳动者工作，当作牛马或汽车一样，使他们不仅生产出自己的生活品，并且被迫生产资本家的生活品。马克思首先分析劳动过程，然后分析资本制度的劳动过程，在绝对剩余价值的生产方面，绝对延长劳动者的劳动时间，使之超过生产他们生活品的"必要"时间，并描写历史上从 14 世纪到 19 世纪中叶，渐次愈加延长劳动时间的情形。到 19 世纪中叶，资本主义已经把榨绞时间延长到极凶残的地步。为了拯救"很有用的劳工阶级"，使之不至于因恶

① 其今译文见《马克思恩格斯全集》第 16 卷，人民出版社 1964 年版，第 154 页。

1846

劣工作条件而更加堕落，国家干涉变得必不可少。于是由法律规定每天的工作时间限额，原来靠侵占"必要"劳动时间而对劳工阶级的榨绞扩张，变为只有靠各种节省劳动的方法来实现，"可以使劳动者用较少的时间来生产他自己的生活品而因此留出较多的时间以生产别人的生活品"。马克思的第4篇论及相对剩余价值的生产，就是从前工作时间中"必要"劳动时间的一部分后来变成了增多的剩余劳动时间以生产剩余价值的意思。这样继续下去，整个第一卷各篇切当的主旨，"一路都是对劳工阶级之客观的和根本的'榨绞'"。（第19—24页）

实际上，这是转换一个角度，继前面概述第一卷各篇的要点之后，又突出全卷的关键或主旨是资本阶级对劳动阶级的剥削。其特点，如果说前面的要点概述，侧重于解释资本何以能够在等价交换原则下获得剩余价值的矛盾，将要点指向资本家在市场上购买并在生产中消费劳动力这个特殊商品，从而得到补偿劳动力价值之外的超额价值，以此作为贯穿全卷的脉络，那么这里的关键或主旨，则侧重于说明资本制度对劳工阶级的剥削，不像以前的奴隶制度和封建制度那样明显，借助于商品生产和分配的各种形态、掩盖或装饰来实现，实质仍在于用绝对延长劳动时间或相对节省劳动等办法来侵占或缩短劳动者的必要劳动时间和增加剩余劳动时间以生产剩余价值，并同样以此体现贯穿全卷的逻辑。不同的视角，实质是一样的，却可使理解《资本论》第一卷的宗旨显得具有更为丰富的层次与内涵。这也显出了引论的引导功用和提示特色。

社会的一切毛病，如贫乏和堕落，近代的各种战争等，"都可以直接或间接溯源到这种对劳工阶级的基本榨绞或求能实现榨绞的种种结果的努力"。这个有关基本榨绞的经济问题的绝端重要之处，"还未为一般人所承认"。经济科学是解释由经济状况所支持的社会的"唯一方法"，"世界上各种不同社会的各种不同经济状况构成使人类可以了解各种社会及其特性，甚且了解各种社会组织及社会各个人的种种特性"，"了解一种社会所藉以生存的财富生产和分配可以使人了解那种社会及其特性"。进一步说，"我们只有首先了解工资才可以了解工资劳动阶级，正好像我们只有首先了解剩余价值才可以了解资本阶级一样。而我们要想完全了解资本制度社会的整体，我们便绝对的必要了解资本制度生产及资本制度分配的整体——那就是说，我们必要首先了解资本制度的经济"。（第24—25页）

这段话既是对前面有关资本制度的本质是剥削劳工阶级这个引论解说的概括，指出剥削问题是近代社会经济问题中的基本问题或绝对重要之处，许多社会弊病都可以直接或间接地溯源到这个基本问题上，然而一般人还不承认或没有认识到这一点，由此也凸显了《资本论》的科学性和伟大意义；同时又转向另一个话题，即通过社会的不同经济结构可以了解世界上各种社会的组织甚至个人特性，同样，要了解整个资本制度社会，必须首先了解它的整个生产和分配，也就是资本制度的经济，而能够做出这种解释的唯一办法就是经济科学。这个话题不尽相同于前面的话题突出资本制度的剥削实质，还以了解工资劳动阶级必先了解工资，了解资本阶级必先了解剩余价值为例，意味着了解社会经济整体须从了解其最初的简单形式乃至细胞形式入手。于是，引论接着转向解说《资本论》第一卷第 1 章和第 3 章的主要线索，也就是转向马克思认为本卷最难理解的部分。

关于第 1 章商品，解说线索涉及商品的二重性和劳动的二重性，特别注重价值形式或交换价值的历史演变过程。不过解说并非严格遵循原著的顺序，而是有所交叉和颠倒，按其大意或难点，简略言之；也并非完全采纳原著的概念用语，意在使之通俗化，加上某些个性化的翻译名词，如将一般等价作"普通等数"，将价值的形式译作"形相"等，反而影响了对原意的理解。关于第 3 章货币或商品流通，总括货币的各种不同作用，如价值尺度、价格标准、会计货币（原著无此概念）、流通媒介、铸币即"标记铸币"（今译价值符号）、纸币、购买的理想工具、支付工具、"地金"（今译世界货币）等。此总括同样不是完全对应原著的论述，大意言之。

有趣的是，为了"一望便可以看见货币的一切作用"，引论中特地画了一幅像仙人掌一样的图，即"货币一切作用发展次序表"，借此表示货币从其基本的价值尺度直接引出来的各种作用及其次序，并标明每种作用在《资本论》中的论述页数（第 34—35 页）。更突出的是，为了说明第 1 章的层次，引论中又列出若干个表。因为这一章实在就是"一本很大的著作"，所以，"我们要是想了解这一章，便要异常小心考察这一章宏伟著作是怎样排布的"。首先，第 1 章商品分为 4 节："使用价值与价值，商品之两个因素"（今译"商品的两个因素：使用价值和价值"），"商品所体现的劳动之两种性质，或模糊性"（今译"体现在商品中的劳动的二重性"），"交换价值，或价值的形相"（今译"价值形式或交换价值"），"商品之拜物教性及当中的秘密"（今译"商品的拜物教性质及其秘密"）。前两节没有什么大困难或复杂之处，第 1 节找出价值的社会实质是社会必要劳动，以别于使用价值，第 2 节找出这种劳动含有两种判别的性质。可是第 3 节便不同了。其次，注意这一节分为 4 目："价值之单纯或偶然形相"（今译"简单的、个别的或偶然的价值形式"），"价值之总括或扩大形相"（今译"总和的或扩大的价值形式"），"价值之普通形相"（今译"一般价值形式"），"价值之货币形相"（今译"货币形式"）。再次，第 1 目又分 4 项："价值形相之两极或相反的两边"（今译"价值表现的两极"），"价值之相对形相，价值表现方式之相对极或相对边"（今译"相对价值形式"），"价值之等数形相，价值表现方式之等数极或等数边"（今译"等价形式"），"价值之整个单纯形相"（今译"简单价值形式的总体"）。其中第 1 项找出价值表现含有两个不同极，"我们马上看见这个问题是很复杂，很精细，并且很烦难而又含有种种丰富及出乎意料之外的细节的"。两极分开考察，"先考察它的本质然后再考察它的广狭"，所以第 2 项再分为 2 个子项："这一极或这一边之本质和意义"（今译"相对价值形式的内容"），"其相对分量之决定"（今译"相对价值形式的量的规定性"）。又次，第 2 个子项含有 4 个"价值变迁实例"："相对边价值变，等数价值不变""相对边价值不变，等数边价值变""相对边及等数边价值俱变""价值形相两边价值的复杂变迁"。"全章最烦难的大概要算"第 3 项的"等数形相"（即等价形式）。"这个单纯'等数'就是那别一种价值的被动表示，为那别一种价值主动地选择出来做这个等数的；这个'等数'就是后来经过种种过渡阶段而发展成为'眩人眼目'的货币的胚胎，马克斯指出它实在包括那在后来数千年间使人类思想觉得神秘的一切巧妙和魔术的种子"。第 4 项"不很困难"。另外注意第 2 目扩大的价值形式，也分为 3 项："价值之扩大的相对形相，或价值之扩大比较"（今译"扩大的相对价值形式"），"特别等数形相"（今译"特殊等价形式"），"价值之扩大形相之缺点"（今译"总和的或扩大的价值形式的缺点"）。最后，第 3 目一般价值形式，同样分为 3 项："这种价值形相之新特性"（今译"价值形式的变化了的性质"），"价值形相两边——相对边及等数边——之交互发展"（今译"相对价值形式和等价形式的发展关系"），"由价值之普通形相到价值之货币形相之过程"（今译"从一般价值形式到货币形式的过渡"）。以上便是"这伟大的第一章的整个计划"。（第 36—41 页）

至此，引论关于《资本论》的解题式引导，从它产生的时代背景和历史地位，到三卷本的基本结构，到第一卷的要点概述，再到第一卷的关键或主旨，随即聚焦于第一卷第 1 篇、尤其第 1 章和第 3 章的主要线索，先简略而形象地勾勒出第 3 章有关货币从其基本的价值尺度职能所引申出来的各种职能，最后落脚在第 1 章分析商品的部分，特别是有关以货币形式为完成形态的价值形式的分析。对于这个最难理解的部分，马克思曾说，"两千多年来人类智慧对这种形式进行探讨的努力，并未得到什么结果"，因为"分析经济形式，既不能用显微镜，也不能用化学试剂。二者都必须用抽象力来代替"，"对资产阶级社会说来，劳动产品的商品形式，或者商品的价值形式，就是经济的细胞形式"①。看来，引论正是试图在这个最难理解部分的解说上有所着力，以期解疑释惑。解说按照章、节、目、项乃至子项的编排层次和顺序，通俗介绍第1章的真正难点或复杂之处，不在第1节的商品两个因素和第2节的劳动二重性，当然也不在第4节的商品拜物教，而在第3节的价值形式。第3节分4目，第1目简单的价值形式又分4项，从第1项价值表现的两极中，便看到这个问题具有复杂、精细、烦难而又丰富和出乎意料的细节；第2项相对价值形式，分项考察它的本质即内容和它的广狭即量的规定性，后者又随着交换等式两端的商品的必要劳动量的变化，含有4个价值变迁的实例；第3项等价形式，大概要算是第1章最烦难的地方，简单等价被动表示另一种价值，是另一种价值主动选择出来而做等价的结果，这个等价就是后来经过各种过渡阶段而发展成为货币的胚胎；第4项简单价值形式的总体，理解起来不很困难。第2目总和的或扩大的价值形式，内分3项，第3目一般价值形式，亦分3项，均未强调它们的难处；连同未提及的第4目货币形式，看来更是如此。马克思这一节的宗旨，在于"指明这种货币形式的起源，就是说，探讨商品价值关系中包含的价值表现，怎样从最简单的最不显眼的样子一直发展到炫目的货币形式。这样，货币的谜就会消失"②。引论显然也是想解这个谜，并根据自己的认识指出解谜的真正难点之所在。不论这个认识是否准确，它能够直面而不是回避最难理解的部分，又尝试从第1章的整个计划的结构布局和层次安排中去寻求破解难点的肯綮之处，这在当时国内流传的阐释《资本论》的各种著作中，还是极为少见的。

（2）结论。译本正文之后，有个"简略的总括"，包括简略考察"马克斯这本伟大的《资本论》第一卷的比较重要之点"（第361页）。

第一卷所胪列的是资本制度生产的组织和本性。资本主义工业，已经被证明是世所仅见的最宏大的工业制度。同时，资本制度生产又已经被证明"基本上是对工资劳动者的榨绞"，是"对劳工阶级的榨绞"，是人类"祝福"和诅咒的"最洪

---

① 《资本论》第一卷"第一版序言"，人民出版社2004年版，第8页。
② 《资本论》第一卷"第一版序言"，人民出版社2004年版，第62页。

大的，最乖戾的和最强横的东西"。资本制度生产虽然是使那些富裕的非生产者获得骇人听闻的或炫人眼目的财富的原因，可是就它"特殊的自然反面"而言，也是"世所仅见的最苛虐的榨绞"的原因，并且是"世所仅见的劳工群众的最堕落和最惨苦的贫乏"的原因。"资本主义就是现代的可怖景象的原因，所谓可怖景象就是，在富有者之中，在家财逾百万者之中，在家财逾万万者之中，却有家贫如洗的现象，却有'身体与道德一并堕落'的现象"。资本阶级与劳工阶级间的交换表面上似乎是平等的，可是财富由生产财富的劳动者的手中白白进到不事生产的资本家的手中，"似乎是平等交换之下是隐伏着资本制度的积聚和资本制度的压迫"。近代资本积聚（今译积累，下同）变为可能的一个条件是"历史上富于搜索性的原始积聚"，而"最重要条件"却是近代借助于机器组织而成功和可怖地消费劳动力，这种劳动力的消费，"实现于那种在历史上由普通商品的报酬发展出来的工资报酬的遮盖之下"。资本积聚的一个很重要条件，旧日和今日一样，都是由前已存在的"绝对剩余劳动"发展出来的"相对剩余价值"的生产。似乎很奇怪的是，这种绝对剩余劳动必须变成"自由"劳动者的劳动，才可以联结在资本之下。资本是由货币发展出来的，就像货币从前是由商品发展出来的一样。由此可以明白，原始商品是资本积聚的很早一个条件，又可以明白，"我们最先的课程就是关于商品问题的课程了"。马克思指出，资本阶级托词"价值换价值"，其实是绝对不给劳工阶级以丝毫东西而换取他们榨绞劳工阶级的财富。不仅如此，他又指出，资本阶级的"所谓原始积聚"，也没有给群众以丝毫东西来换取他们的财富，因为那种财富"只是由群众偷出、窃出、劫出和骗出，而使那些群众变成无产化罢了"。（第361—363页）

这些概括，与引论的提示相呼应，说明《资本论》第一卷从资本主义生产所创造的巨大财富和所造成的严重贫富悬殊等现象中，揭露资本制度的组织本性是对雇佣工人或劳工阶级的剥削。同时指出，这种剥削的特征，不仅借助于机器来消费劳动力，还将历史上的剩余劳动由奴隶劳动变为自由劳动者的劳动，用商品等价交换的形式来掩盖不事生产的资本家从生产财富的劳动者手中获取剩余价值的实质。既然原始商品是资本积累的早期条件，则研究资本制度须先从分析商品入手，但资本原始积累也不是资本阶级与拥有生产资料的劳动者平等交换的产物，而是通过偷窃、抢劫和欺骗来使劳动者无产化的结果。这样也就把揭露资本制度的剥削实质同从商品入手来研究资本制度的道理，联系起来。

在第 1 篇中，马克思清楚地指出，商品制度假定是相等的交换；在第 2 篇中，指出"资本制度怎样潜入商品制度的遮盖之下"，"怎样把它的本性隐匿在外观华丽的商品制度的遮盖之下"；后来又指出，"资本阶级和劳工阶级间的交换实并不是相等和公平的"。所谓原始积聚如果不是在前已经发现，今日的奇伟的资本积聚断不会发现。可是马克思告诉我们，原始积聚实在是"剥夺和劫掠劳工群众而积聚的赃物"，把劳工群众逐出土地并大部分积聚于城市，"使他们变成贫乏和可榨绞的东西"。劫掠群众的生产工具，把这些工具"集成"或积聚于比较少数的人手中，这两件事是构成真正原始积聚的最重要部分，即资本阶级、资本阶级的资本和现在可怖的经济制度的真正基础。正如资本制度生产的进行不能没有原始积聚一样，今日资本积聚的进行也不能没有现代工业，或没有近代借助机器组织大肆榨绞工资工人的结果。这种驱使工资劳动者去工作的可怖榨绞行动，用机器清扫劳动力的残忍行动之所以能够成为事实，因为有工资制，或劳动者的工资式生活养料在前。这就是马克思把第 6 篇工资放在第 7 篇资本积聚之前的原因。可是如果不是已经发展出马克思称为"商品之变形"的过程，则工资也不能够实现。工资是"变了形的劳动力商品，或劳动力之转了形的价值"。劳动力会变形，在于仿效一般商品，而转了形的价值就是商品转化为货币后所实现的价格。工资实际上是已经发展出来的一般商品的价格形式的一种模仿或扩张，所以马克思在论及工资之前，先要分析"商品之变形"。如果没有相对剩余价值的生产，近代资本积聚也断不能成为事实，所以马克思把第 4 篇相对剩余价值的生产放在第 7 篇资本积聚之前。实现相对剩余价值的生产之前，已经确立了由绝对剩余劳动体现在商品中而构成的绝对剩余价值，只有先了解绝对剩余价值，才可以了解相对剩余价值，"相对剩余价值原是一种扩大的或增加的剩余价值"。所以，马克思把第 3 篇绝对剩余价值的生产放在第 4 篇相对剩余价值的生产之前。绝对剩余价值的生产能够成功，由于绝对延长工资劳动者的工作时间，超出生产他自己的生活品的价值那一点，超出他的必要劳动时间。这种延长劳动，把封建主义下的无报酬的奴隶劳动习俗，变成资本主义下的"自由"劳动，以"某种掩人耳目的方法"得到绝对剩余价值，否则，"这种劳动力是断不能与资本联结的"。资本制度的榨绞不能够没有资本，资本主义必须把已发展到某种程度的资本概念及其社会实质，从原始营业者那里搬过来。所以马克思要把第 2 篇货币转化为资本，放在第 3 篇绝对剩余价值的生产之前。从根本上看，货币转化为资本在次第交换的复杂过程中，恰好是与货币行程相反的行程。货币现在不再发生作用而成为流通媒介，不再因为人们用掉它而消失，开始成为流通的东西，成为一种"去以求回的价值"。但是没有货币断不能有任何资本，如果此前不是发展出名为货币的社会实质，资本是不能够发现的。所以马克思要把第 1 篇商品和货币放在第 2 篇货币转化为资本之前。在第 1 篇中，马克思追求由商品的价值表现发展出来的货币的踪迹，又指出没有商品断不能有任何的价值表现或任何的价值。（第 263—268 页）

上述概括，意在简明地显示《资本论》第一卷各篇之间布局的理论逻辑与历史逻辑，但效果并不理想，反而显得有些重复颠倒。如一会儿说第 1 篇到第 2 篇用商品等价交换的外表来掩盖资本制度本性的逻辑轨迹，一会儿又跳到最后一篇说资本原始积累的历史意义和残酷实质；一会儿说第 6 篇在第 7 篇之前因为工资是资本积累的历史前提，一会儿又说第 4 篇在第 7 篇之前因为相对剩余价值的生产是资本积累的本质特征；一会儿说第 3 篇绝对剩余价值的生产从历史上看在第 4 篇相对剩余价值的生产之前，一会儿又说先有第 2 篇货币转化为资本才有第 3 篇绝对剩余价值的生产；最后再回去说第 1 篇在第 2 篇之前的理论逻辑；等等。如此概括，缺乏条理的一贯性，加上表述中或翻译过程中的缺陷，一些用词或语句不知所云或难解其意，也影响了对于原著的准确理解。

"特别要注意"，马克思这本书的主旨，并不是群众被剥夺或被劫掠。"这些剥夺式（消灭群众的所有权）的压迫不过是用来作补助之论或附带之点罢了"，这本书的主旨"实是工资劳动者之被榨绞"。这本书的名目是"资本制度生产"（今译"资本的生产过程"），意思就是"剩余劳动之生产"，即剩余价值为工资劳动者所生产而永远不为他们所占有，这种剩余价值既然非工资劳动者所有，"断无被剥夺之可言"。所谓工人在生产中被人"劫掠"了他的剩余劳动的"胡说废论"，"实是最荒谬和最不真确的"。不错，劳工阶级因为被人剥夺和解除他们生产生活养料的工具而变为无产化，然而这不是资本制度过程的本体；"这不过是后来藉以建树真正资本制度程序的一种条件，一种最重要的准备程序，一个必要的预备阶段罢了"。所以，"全书的主旨实不是剥夺，实不是'劫掠'，也不是解除所有品，而是资本制度对于劳工阶级的劳动能力之有考虑的榨绞"。马克思的"榨绞"这个动词，"实是使某种东西工作的意思"。"榨绞"劳工阶级，就是说"使那个阶级工作以生产或增加你的财富"！许多人说"榨绞劳工阶级的财富"这句话，"实是可笑而又错误的"。"我们只能够说剥夺人家的财富，或者说，资本家劫掠他们的财富。

资本家并不榨绞工人的财富，只是为财富而榨绞工人罢了，只是为财富而使工人工作罢了。剥夺工人就是由工人的所有品中取出某种东西；榨绞工人只不过是为着某种东西而使他们工作，好像一只马或一个奴隶的主人之会使他的马或奴隶工作一样"。（第368—370页）

在这里，终于看到译者序中特别说明有关 Exploitation 一词误解的出处了。此词原译"榨绞"，今已淘汰不用，而译为剥削。所谓误解，指在《资本论》中，剥削一词有其特定涵义，专门用来表示在资本制度下，资本家通过雇佣工资劳动者以消费他们的劳动力而无偿获得他们所生产的剩余价值。这个过程是在资本家按照劳动力价值支付自由劳动者工资的等价交换条件下完成的，所以看起来，既不同于奴隶制度和封建制度下的公开强制性劳动，也不同于剥夺、劫掠等其他词义是对现有财富的剥夺或劫掠，因为雇佣劳动者已经自由得除了自己的劳动力外一无所有，谈不上有什么财富，而资本原始积累时期对一般财产所有者的剥夺，作为形成资本制度的历史准备条件，却不是后来资本生产过程的本体。弄清这个区别，对于正确理解《资本论》，有一定的意义，这也是其他阐释《资本论》的著作很少关注的内容。当然，结论中渲染对这个区别的混淆为可笑、错误、最荒谬和最不真实的胡说废话，又强化了有关这个区别的关注度。

要特别注意"社会主义者和自命为'科学家的人'——包含那自命为'科学的'社会主义劳动党在内"，也要特别提出"几种虽然很通俗的见解以为是马克斯的教训而实在并不是马克斯的教训的东西"。马克思从未说过"劳动生产一切财富"，恰好与此相反，他说"劳动并不生产财富"，劳动"为'自然'所帮忙"。马克思从未肯定"商业上的交换是价值相等的交换"，甚至在"大体上"也不是这样；他肯定恰好与此相反，说"平均价格不是与价值直接相符的"。马克思并没说"价值就是交换价值"；并没说"了解价值是要以了解劳动力为起点的"；并没说"交换价值就是表现与其他各种商品'相关系'的价值"；并没说"一种东西的价值是为别一种东西的价值所表现出来"；并没说"货币有'劳动力隐藏于其中'"；并没说"'一种交换工具'就是工具"；并没说"资本就是'生产工具'"；并没"用'资本集成'来指'资本集中'"；并没说"'司理……及其他事务室的工作人员'都是'财富的生产者'"；并没说"包含雇用自己的雇主在内的中层阶级"；并没说"资本家把劳动者'所生产的财富榨取了去'"；并没说"资本家之'能够生活'只是'因为主有权的原故'"；并没说"劳动者'主管'资本家的工业"；并没说"剩余生产品必要尽消于外边的市场中";并没说"为劳动而得的工资";并没说"剩余价值就是'没有报酬的工资'";并没说"相对的工资";并没说"资本家'劫掠集体劳动'的剩余价值",无论集体或个人"都没有剩余价值给资本家劫掠的";并没说"工人是'在生产中被劫掠的'";并没说"剩余价值属于劳动"。他告诉我们的,"与这一切很浅陋而又很愚笨的社会主义劳动党的废论恰好相反的"!马克思从未肯定"工资是由'供求'定律所规定的",他告诉我们的"恰好与此相反",他说"供求的起跌实不是规定工资,只不过是扰乱工资罢了"。马克思从未肯定"劳工阶级并不纳税",他肯定的"恰好与此相反",论及税项剥夺必需生活养料的效能时,说"甚至资产阶级的意见也没有异致的"。(第370—372页)

通过这些否定的说法举证,同样可以明白译者序里,何以说《资本论概要》的写作动机之一是纠正关于马克思学说的一般错误解释,进而显示著者按照马克思原意在解说其经济范畴方面有所谓第一人之称;何以把矛头指向社会主义者特别是自命为科学的社会主义劳动党的那些所谓科学家,因为正是他们以英文为主的著述在阐释《资本论》时,在基本概念方面产生一系列浅陋、愚笨和废话般的误解,甚至与其原意正好相反;又何以称道著者具有20多年研究经历而不依附于任何党派的学者态度,唯此才能不把马克思学说当作宣传品而正确解释《资本论》的主旨。这些论断,事出有因,有一定的针对性;而这本书注重澄清一般通俗见解中关于《资本论》基础理论概念的模糊认识乃至相反解释,也有助于排除干扰,准确理解马克思经济学说。然而译者把学术上的严谨研究与立场上的理想信念割裂开来,甚至对立起来,则过犹不及,背离了马克思写作《资本论》的初衷。

说过"讨厌的'社会主义者'的废论"之后,现在看看马克思这本书的"主要系统",即《资本论》第一卷的"整个连贯的线索"和"宏伟而简单的壮观":第1篇指出在时间的进程中,工业生产品怎样发展为商品,这些商品的价值怎样进一步表现为货币,以及货币的各种作用怎样随着发展出来。第2篇指出进展为货币的商品价值怎样更发展成名为资本的"物神巨魔",这个巨魔"因为消费或吞噬劳工阶级的劳动力的原故而增加起来,至于产出剩余价值"。第3篇指出这种资本制度消费劳动力的各种条件和过程,即"对劳工阶级的榨绞,或'绝对剩余价值之生产'";资本制度消费劳动力之"无顾忌的和残忍的扩张,甚至过乎劳工阶级生命的忍耐性的限度",因此由"工厂案"制定各种必要的限度和限制。第4篇指出在"工厂案"的限制下，吞食劳动力的资本巨魔怎样和用什么方法来更加迅速地牺牲被榨绞的劳工阶级以使自己不断增长。第5篇总括剩余价值生产的整个过程，指出剩余价值怎样、为什么和在什么地方从人类必需的使用价值的生产中发展出来，剩余价值量和劳动力价值量的变迁的种种数学定律，从数学上表现和表示剩余价值比率的各种公式。第6篇指出"最有效地遮盖着资本制度所施弄于劳工阶级之上的把戏的封面"，就是劳工阶级劳动力的商品形式，或劳动力价值的工资形式；从庸俗和虚假的外形看，工资是劳动（一种没有价值的东西）的报酬，实际上工资是"劳动力商品的变形价值"，是"仿效通常商品而变形为货币及其他东西的特别无产阶级商品的变形价值"。第7篇指出资本制度榨绞劳动者的各种结果：一是被榨绞的劳工阶级所生产而为非生产的榨绞的资本阶级所占有的剩余价值的积聚和积聚的持续增加；二是与此相应的被榨绞的工资劳动者的困苦的增加，劳工群众的贫乏和惨况的积聚，以及种种可怕结果的加重，即"于乘戾的和凶残的榨绞之上又复加以欺骗和卑鄙的劫掠"而导致的加重。第8篇指出这种对劳工阶级的欺骗和劫掠不是新的东西，资本主义之所以能够开始进行，完全依赖于对劳工阶级的"原始的劫掠"；直接的劫掠是夺取生产工具和商业中的公然欺骗，间接的劫掠是课税，夺取中世纪的教会产业以断绝救济劳工阶级的旧收入，以及其他，资本阶级的出现纯粹凭藉"这些原始的大宗劫掠品和赃物"；资本阶级正是借助"所谓原始积聚"才能够出现，资本家经过原始积聚便开始了向劳动阶级进行"资本制度的榨绞"。以上这些，就是马克思论及资本制度生产的伟大著作《资本论》第一卷的"制胜他人的和宏壮的线索"，就是这本书的"不可抗拒的前进步骤"。（第372—375页）

这是在正文解说《资本论》第一卷各篇的要点、主旨或关键之后，特别是在说明资本制度剥削劳工阶级的组织本性，梳理若干篇章的理论难点及其相互之间的逻辑关系，纠正经济范畴或概念方面的一系列误解之后，试图以更为简洁和通俗的方式归纳第一卷的主要系统，也就是贯通各篇的连贯线索、制胜他人的谋篇布局、不可抗拒的推演步骤和宏伟壮观的著作成就。这个愿望固然可嘉，然而能否达到想象的效果，则另当别论。从上面的归纳看，重点是串连起各篇之间的逻辑线索，但因其过于简省，很难体现严谨的理论分析，更不用说反映原著的宏伟壮观面貌。此外，第一卷原著明明分7篇，这本《资本论概要》却口口声声称之为8篇，把所谓原始积累一章从第7篇资本的积累过程中分离出来，单列为一篇。从其结论看（引论亦如此），这样的改动，意在强调所谓原始积累是准备后来资本制度形成的先期条件，还不是资本制度的本体。如此理解，不能说没有道理，但为了讲述自己理解上的便利，硬把原著的 7 篇说成 8 篇，终究不是译者所称颂的学者态度。

马克思生前到处被人驱逐，命运多舛，只能栖息在"经济科学的大藏书室"附近。如果不是被德、法、比国驱逐，"好像他的《资本论》这么样的诉状大概是断不会产生出来的"。伦敦的英国博物馆"实是一切经济科学典籍的大贮藏室"，马克思多年流亡研究的大部分似乎就是这些典籍。《资本论》第一卷是马克思完成的"唯一作品"，曾被人不知多少次"切当地称为一种伟大作品，一种垂久的作品"等。然而简单的断语并不是说明。"我希望并且相信我的读者可以觉得到这一点"："总言之，马克斯的作品实在是比之通常所以为的伟大得多；简言之，它所有的伟大限度是从来所未被人猜想到的"。马克思在他的作品中，"一路到底都用着科学方法来分析资本主义"。"他把种种隐伏在'古典'经济学者的著作中的资本制度真理搜集起来，放入适当的形式和秩序里，并且把这些真理和他自己的种种发现，一并表现出来而为一个可理解的和科学的整体——就是他自己的科学的和批评的说法"。马克思用精通的文笔来追述资本主义，"由他的根源和最初的起点起，经过它的发展，直到它所不可避免的（快要到来的）末端止"。他描写资本主义的开端的种种情况，"追述资本主义的胚胎时期、青年时期、长成时期、衰老时期和快到的崩溃时期"。他的著作详尽分析"资本制度生产，它的结构及本性，它的史的及有史以前的种种原因，和资本积聚的历史趋势"，这种趋势"清清楚楚向着资本主义的没落或过渡及转替而去"。"马克斯的经济作品页页都是冷酷的科学作品。马克斯的著作没有一页是可以使资本制度辩护士或'庸俗经济学者'有可乘之机或闪避之路的"。辩护派的经济学者胆敢攻击马克思的巨大著作，不论攻击其全体或攻击其细节，"只有两条可走之路：要不是误解这本著作，就是有意错解这本著作"。"马克斯的着实科学是极坚固的，所以它能够制胜一切向来所有的攻击而巍然独存。不单是这样，它不单是制胜它所有的自然敌人和诽谤者的恶计而巍然独存，并且最后——但不是最少——他也制胜那些'科学的'小丑，那些太忙吱吱嘲嘲的捧着马克斯主义招牌的'马克斯主义者'的一切蠢拙和恶意而巍然独存"。虽然马克思所担负的各部工作很巨大，虽然有各方面的困难和复杂性，虽然所谓"马克斯主义"的无意错误和有意错误呈现出各种杂色，虽然许多人对于马克思的著作只能一知半解而不免篡改马克思的话并遗害于恳切的学者，虽然资本主义的图利教授们的说话有结构有组织地表现出种种愚拙和怪诞，虽然一切狂怒的私人利益列阵反抗，总之，虽然世界上有一切反对马克思教训的东西，"马克斯的真正辉煌的科学却光耀地清朗地照射出来，好像高的、灿烂的、慈善为怀的正午太阳一样"。（第375—378页）

这是结论的最后部分，同时从前面以概括对《资本论》本意的客观解读为主，转向以提出概括者自己的主观评价为主。其实在前面的概括里，已能看到本书作者维护、阐发和信奉《资本论》主旨的基本倾向，而最后的结论部分，又以更为集中、确定和鲜明的方式表现出来。这里姑且不论假设马克思不被各国政府驱逐而流亡到伦敦寄居在大英博物馆附近，大概就不会写出《资本论》的类似猜测。作者想表达的是，通过他的说明，希望并相信读者对于《资本论》第一卷的认识，不只停留在这是伟大和长久留传的作品的简单断语上，而是感受到这个作品比通常所认识的要伟大得多，它的所有伟大程度从来未被人所猜想得到。对此，结论中特别突出了两点。一是马克思自始至终坚持用科学方法来分析资本主义。包括挖掘和吸收古典经济学中分析资本制度的真理因素，以适当的表述形式和条理秩序，将这些真理和自己的各种发现结合在一起，形成一个可理解的和批判的完整科学体系；用精到的文笔考察资本主义，从它的起源或最初起点，经过持续的发展，直至不可避免而且快要到来的末端，也就是资本主义经历胚胎、青年、长成、衰老和即将到来的崩溃各个时期的整个过程；详尽分析资本的生产过程，连同其制度、结构和本性，历史沿革及从原始积累到形成资本制度的各种原因，资本积累的历史趋势并清楚显示资本主义走向没落或过渡到被新社会代替的结局。二是《资本论》极为坚固的科学基础足以制胜一切攻击、误解和敌对者。这里所说的马克思经济作品的每一页都是"冷酷的"科学产物，主要针对两类目标。一类是资本制度的辩护士或庸俗经济学者，采用误解或有意错解的方式来实施全体或细节的攻击，又表现为借资本主义谋利的教授们，以各种理论结构和组织行为来实施拙劣和怪诞的攻击，更表现为狂怒的私人既得利益者集中一道来实施列阵的攻击，但所有这些天然敌人的恶毒诽谤计谋，都不能撼动马克思学说的"巍然独存"。另一类是不少喧闹地打着马克思主义招牌的所谓马克思主义者，或自命"科学"社会主义的小丑，由于无意或有意的错误乃至愚蠢和恶意的解释，偏离马克思主义而使之呈现出各种杂色，另外也有许多人因一知半解而篡改马克思原意并误导那些诚恳殷切希望了解马克思学说的学者，但所有这些伪装者和似懂非懂者所造成的伤害，同样无损于马克思学说的"巍然独存"。基于此,作者的最终结论是,世界上一切反对马克思学说的对立物,反倒衬托出马克思学说是真正辉煌的科学,就像正午的太阳高悬在上,以其耀眼、清朗和灿烂的阳光普照天下和温暖人间。这个具有浓厚感情色彩的结论,也是全书的结束语,毫不掩饰地彰显了作者的解说宗旨和主导倾向。

### (三)结语

当时国内已有为数不少的专题阐释《资本论》的著作,然而《资本论概要》译本仍有其独特之处。它不只是《资本论》第一卷的概述本或简略本,也并非尽量按照原著的语言形式来体现其原意,而是使用经过自己消化后的通俗表达方式(译文讲求不落俗套的译名和用语又更加强化了这一点),在原著的格局框架之内,注重说明其要点、关键和主旨,注重解析其最难理解而须抽象力分析的经济细胞形式部分,注重寻绎其各篇、章、目、项之间的理论及历史逻辑关系,注重澄清在一系列经济范畴或基本概念方面无意或有意造成的各种误解、混淆和篡改。凡此种种,均使这本概要显现出不完全相同于其他同类著作的独立研究品格,也使人体会到此书基于20多年的研究功力之说并非虚言。这些都是值得花工夫去评介这本书的理由。不过须指出,通览这本书的引论和结论之后,再回头看译者序中对于原书及其作者的某些评论,似乎存在着不相吻合之处,需要有所甄别。

比如,评论说作者尽管曾是英国社会主义劳动党的党员,但以学者的态度来研究《资本论》,著书立说时并不附属于任何党派,反对把马克思学说当作一种宣传品。这番评论,俨然把学术研究和政治信仰分割开来。然而对照书中尤其结论中的原话,又不尽然。诚然,作者不赞成对《资本论》的评价,仅仅停留在伟大和永存之类的断语上,认为需要认真研究后给予详尽和深入的说明而不是从党派的立场出发,体现出严谨的学者态度。但他并非学究式的咬文嚼字和探赜索隐,而是表达出信奉《资本论》主旨的强烈思想倾向。他在结论中希望并相信自己的研究可以让读者感到《资本论》超乎通常认识而无与伦比的伟大程度,不仅体现为始终运用科学方法,吸收前人的研究成果而又有许多新的发现,建立起批判式理解资本主义的完整科学体系,而且力求精确地描述和详尽地分析资本主义的原始起源、发展沿革、生产结构、制度本性和资本积累过程,清楚地证明其不可避免地衰老、没落及崩溃并即将过渡到被新社会替代的历史趋势。作者显然接受了马克思在《资本论》分析中所得出资本主义不可能永久存在而必然灭亡的论断,这就是一种信仰。特别是作者形容马克思学说面对世界上一切反对势力而巍然独立,其科学的辉煌就像高悬在天上的灿烂太阳一样光耀普照着大地，更是把这种信仰升华到一个新的高度。

又如，评论认为原书致力于纠正对《资本论》的误解和混淆，其矛头主要针对那些自命的无产阶级科学家或劳工阶级思想领袖，把马克思学说当作宣传品却篡改其原意；据此又批评国人盲目服从马克思经济学说和盲目反对一样，都是绝对违反科学精神的错误态度，既不应视之为罪恶，也不应视之为圣经。如此评论，同样是在呼应所谓的学者态度，亦即客观中立或不偏不倚。所以译者论及不能抹杀马克思经济学说在历史上的重要地位时，也不像原作者那样富于激情和充满信念，只是说如果承认经济科学有用，那就应该介绍和小心研究马克思经济学说，而且对所谓《资本论》未做到只解释社会发展的必然趋势而不做任何道德判断，还颇有微词。其实，原书所针对的，不止是那些打着马克思主义招牌而进行愚蠢、笨拙甚至恶意解释的所谓马克思主义者，诸如因各种无意和有意的错误而使马克思主义掺入杂色的所谓"科学的"小丑和"讨厌的"社会主义，或者不经意间篡改马克思的原意而遗害他人的一知半解者，还包括那些完全站在资本主义立场上的天然敌人，诸如资本制度的辩护士或庸俗经济学者的误解、有意错解和诽谤恶计，谋利教授们有系统有组织而又拙劣和怪诞的攻击，私人既得利益者集合在一起的疯狂反抗等。换言之，原书所说的马克思经济学说的每一页科学之"冷酷"，针对的是马克思主义阵营内外出于各种目的或原因而误解、篡改、诽谤和恶毒攻击《资本论》的一切错误解说和反对势力，哪怕恩格斯的释文如有失误也不例外。这和译者转而把矛头集中于所谓无产阶级科学家和劳工阶级思想领袖并因此反对国人像崇尚圣经那样盲目服从马克思经济学说，也是有明显差异的。

以上甄别，并不是说原作者的概要尽善尽美，或者如他本人所说是按照马克思的原意解释其若干经济范畴的第一人，而是表明这个概要尝试开辟一条根据自己的理解以准确阐释《资本论》的独特研究路径（尽管此研究并非完全准确），并在研究时将自己接受《资本论》科学论断的信仰寓于其中；也不是说译者歪曲作者的原话以迎合己意，或者完全否定译者所说的国内同时存在盲目服从和盲目反对马克思经济学说的现象，而是表明他更倾心于原作的学者态度并淡化其思想倾向。但不管怎么说，译者能够选择和引进《资本论概要》译本，从新的视角重点解读《资本论》第一卷，提示一些其他阐释类著作所鲜见论及或未予重视的理论难点、逻辑关系、概念诠释、错解纠正、说明思路等颇具特色的内容，呈现长期深入研究的成果，宣扬《资本论》的伟大之处，终究是为丰富马克思主义经济学的研究从而加强它在中国的传播，起到了推动的作用，同时也体现了译者作为进步民主人士的本色。

## 六、关于社会主义的各种著作

有关社会主义的著作通常是评介马克思经济学说的重要媒介，本年度也不例外，而且出现了较前更多的专论社会主义的译本或自撰本，但评介的质量参差不齐。兹选择若干例证，分别译本与自撰本，以示其概略并便于比较。

### （一）关于社会主义的各种译本

列举三个例证如下：

《社会主义思想之史的解说》译本，久保田明光著，丘哲①译，启智书局1929年5月初版。著者不详，译者则在10年前，已有《资本主义的末日》一文发表于《闽星》（1919年12月）②，可知其基本思想倾向。此译本列入社会科学丛书，丛书的发刊旨趣称：

"随着生产力和生产关系的冲突，社会像万花镜似的现出复杂的问题"。人类为求生存起见，不断地努力设法解决这些问题。可是，"一般人多只看见问题的现象形态而昧于问题的本质原因，所以他们解决问题的方法多是'头痛医头脚痛医脚'的局部治疗，而不是斩草除根的根本解决。因此，一切问题，到头来还是不能解决"。这也是许多社会改革家经过一番努力后焦头烂额地长叹息。"我们相信，一切社会问题都有其相互的关系；我们又相信，一切社会问题都以经济问题为中心，只有经济问题解决了，其他一切社会问题才有解决的可能。所以我们认定：现在的社会问题就是怎样改变矛盾的经济制度而使之不矛盾的问题"。我们刊行这个社会科学丛书，便是表示这个认识而努力向前。我们愿竭绵力介绍或贡献一点文字阐明社会发展的过程和解决社会问题的方法。取材大概很复杂，但一致的条件是

---

① 丘哲（1885—1959），广东梅县人；早年就学初级师范，1906年加入同盟会，参加推翻清朝统治的秘密活动和多次起义；辛亥革命后公费留学日本，在早稻田大学学习政治经济学，其间创办《民铎》杂志，因反对袁世凯曾遭日本警视厅扣押；1917年响应孙中山的护法政府组织粤军攻打北洋军阀，随即回国，经上海到福建，出任漳州警务处长；此后作为爱国民主人士从事民主运动，成为中国农工民主党和中国民主同盟的创始人和领导人之一，新中国成立后曾任广东省副省长。

② 参看《1917—1919：马克思主义经济学在中国的传播启蒙》，上海财经大学出版社2016年版，第5编第4章第2节二（二）。

"不抹杀客观的事实而发不科学或反科学的空论"。①

这个旨趣，强调社会问题源于生产力和生产关系的冲突，不能只见问题的现象形态而忽略其本质原因，须从根本上解决而不是局部治疗；相信一切社会问题以经济问题为中心，解决了经济问题，才有可能解决其他一切社会问题，因此根本的解决办法就是改变矛盾的社会经济制度而消除这些矛盾。在这样的指导观念下，丛书出版剔除那些抹杀客观事实而发不科学或反科学的空论者，实际上引入了马克思的科学社会主义的经济理论原则。

译者 1928 年的序言称：

此册为春季游日本时所购读，旅途中抽暇译出，藏诸行箧已数月。兹以启智书局开幕，同人等分任社会科学丛书，乃取而编入首卷。"窃以社会思想，为时代所要求，有某一社会之新建设，必由某种思想之新变化，所谓主义政略，目为根本原则者，亦必有时代性焉"。吾人处于混沌社会之中，应悉心研究从来社会思想诸学说的变迁，以与客观条件的需要相称，然后可以顺应潮流而谋新建设，若假空名，以力的组织来维持其体制于潜在危机之中，则更贻害于社会国家。是篇之译，意在斯乎。②

译者显然是在积极响应编纂丛书的旨趣，力图从历来社会思想变迁的各种学说中，选择符合客观条件和时代需要的主义政略作为根本原则，摆脱混沌社会的迷茫，顺应潮流以建设新社会，而不是依靠强力组织，继续维持已处于潜在危机之中并将贻害国家与社会的现行体制。这里所说的不能维持现行体制，也就是旨趣里所说的改变现存矛盾的社会经济制度。

著者 1926 年的序言称：

"吾侪当社会诸组织不良之际，虽不欲排而去之，亦有所不能，且同时回顾诸先达之如何认识以如何方策而志于改造，则讨究不良诸组织现实之因果，又为吾人所有事"。余早欲追踪和系统记述先达思想，但短时间内未能作广泛研究，正值曹洞宗大学新设讲座，余任社会政策，遂编斯册以为讲义，迩来重加订正，公诸于世。如此小册，又插入各种烦琐注解，自不足以满足读者之望，然丰富之作，期诸异日。"尚冀读者进而研究附注参考书，庶可得其高深，即以斯册为初级阶梯焉，

---

① 久保田明光著，丘哲译《社会主义思想之史的解说》，上海启智书局 1929 年版，"社会科学丛书发刊旨趣"。

② 久保田明光著，丘哲译《社会主义思想之史的解说》，上海启智书局 1929 年版，"译者之言"。

幸甚"。①

著者认为当前社会的各种组织不良，无法维持，不能不予以排除，当此之际，须回顾和研究社会主义前辈如何认识不良社会组织的现实因果关系，又用何种方法对策来进行改造的思想，并以他的讲义作为引导读者进入此类高深思想的初级阶梯。这样将解说社会主义思想史与改造现行不良社会组织联系起来，应当就是译者对此书感兴趣而给予翻译的理由。

这个译本111页，共6章："社会主义本质的意义"，含"社会主义名辞之滥觞""社会主义之概念"2节；"马克斯以前之社会主义"，含"空想家与空想的社会主义""圣西门及圣西门主义者之社会主义""贺利亚（今译傅立叶）之社会主义""欧文之社会主义"4节；"马克斯派社会主义"，含"唯物史观""劳动价值及剩余价值说""社会及经济组织说"3节；"马克斯派社会主义之两修正"，含"马克思派社会主义之修正""平和的修正""革命的修正"3节；"基尔特社会主义"，含"基尔特社会主义之发生""豪布申及戈尔之基尔特社会主义"2节；"农业社会主义"，含"英吉利之土地国有论""社会主义土地改革论""农业社会主义的土地改革论"。

这些内容，初步介绍社会主义思想发展的历史轮廓，实无多少新意。但就其编写理念看，以马克思的社会主义为核心，分别叙述马克思以前的社会主义，马克思的社会主义，以及马克思以后所谓马克思派对马克思社会主义的修正，由此构成全书的主体框架。其中关于马克思学说的三节内容，以经济学说为主，突出唯物史观和剩余价值学说两大贡献。如此看来，著者解说社会主义前辈认识和改造不良社会组织的思想，明显受到马克思经济学说的影响。不过，著者侧重于无偏倚地介绍一些社会主义思想，并未确切表达以马克思主义为信奉的准则，所以在讲述马克思学说被后来的马克思派平和地或革命地修正时，未见有独立见解的表态，然后转向介绍源于英国的基尔特社会主义和农业社会主义，也带有某种选择性偏向，并非如实介绍社会主义思想发展的各种重要历史脉络，如将苏俄革命排除在外。这样来介绍社会主义思想史，更多具有学术上的普及意义，缺乏改造不良社会组织的实际指导作用。

《社会主义评判》译本，潘桂人译著，中山书店1929年版，列入新时代丛书。根据译者同年5月的说明，这本书是从原著者的《社会主义批评》与《社会主义

---

① 久保田明光著，丘哲译《社会主义思想之史的解说》，上海启智书局1929年版，"原序"。

批判》两本文集里选出 8 篇译出的。可见这是本论文集，其原著者在译本的封面及版权页均未署名，只在第一篇文章的标题下有"室伏高信著"字样，这应该就是原著者。

译本 401 页，8 篇文章分别是：国家社会主义，社会民主主义，工团主义，基尔特社会主义与国家及自由，劳动组合主义，布尔雪维克主义，日本之社会主义，以及附录无政府主义。由此目录看，译者显然不具备前个译本的著者以马克思的社会主义为社会主义思想史的核心环节之眼光，所以选译的文章，竟没有马克思主义，却增补了布尔什维主义，也就是缺乏评判社会主义的逻辑连贯性。

书中提到马克思主义的地方不多，如社会民主主义一文里说：

法学博士河上肇的《社会问题研究》，"在我们国里对于社会主义的研究与宣传方面是贵重的努力"。"其社会主义只是马克斯主义，无论如何靠着唯物史观不得不有时代落伍之感，学界泰斗的河上博士，虽然不能免多少时代落伍的批评责难，然而我想在卑小的学者之间，对于社会问题的态度很明了地，且始终继续马克斯主义的研究与宣传——《社会问题研究》的事业这样的态度不能不深加欣敬的"。《社会问题研究》第 9 册（1919 年 10 月发行）所载《评福田博士的社会民主主义论》一篇，见到河上博士的立场，很引起我们的兴趣。特别是这种论战的敌手是现代学界一方重镇之法学博士福田德三，更不可不引起较深的兴趣。[1]

于此可知，著者感兴趣的是河上肇与福田德三之间围绕社会民主主义的论战，而译者未必会对这个论战有什么心得，他特意选译这位据说是日本自由知识分子的著者的文集，其中对于马克思主义者河上肇的敬意，仅限于始终坚持马克思主义的研究与宣传，同时断言河上眼中的社会主义只是马克思主义，这种依靠唯物史观的观念不免有时代落伍之感。据此体味译者翻译《社会主义评判》的用意，虽非完备，然思之过半矣。

《社会主义与进化论》译本，副标题"马克思说与达尔文说之关系"，堺利彦翻译，张定夫[2]重译，昆仑书店 1929 年版。这个译本 72 页，分"达尔文说""马

---

① 潘柱人译著《社会主义评判》，中山书店 1929 年版，第 29—30 页。

② 张定夫（1894—1966），湖北石首人；1913 年考入江汉大学，后留学日本法政大学；1926 年赴广州，随北伐军至武汉，任荆门县长，1928 年参与开办上海昆仑书店，1930 年参加中国社会科学家联盟；九一八事变后，参加组织上海文化界救国会、上海大学教授救国会，任常务理事，1937 年任教复旦大学，后随校迁重庆；1947 年因支持学生运动被捕，不久释放；新中国成立后历任华东军政委员会司法部副部长，华东人民法院副院长，全国人大常委会法制委员会委员、研究室副主任；1957 年被划为右派，1979 年恢复名誉。

克思说""马克思说与阶级斗争""达尔文说与阶级斗争""达尔文说与社会主义""自然法则与社会学说""人类之社会性""道德、思想、言语""动物的器官与人类的工具""资本主义与社会主义"10 章，另有附录。经查，这与施存统重译并由商务印书馆 1922 年初版的《马克思主义和达尔文主义》译本，译自同一个潘涅库克原著，堺利彦翻译的日文译本。相隔七八年后，以社会主义的书名重译同一本论述马克思主义的原著，对比前两个译本，体现了论述社会主义著作的另一种类型。以上三个译本，都译自日文原作或译本，等于把日本学者关于社会主义，尤其是关于马克思主义的不同认识，通过专论社会主义著作的渠道，相继引入我国。

**（二）关于社会主义的各种自撰本**

列举四个例证如下：

陈宗熙①编《世界社会主义运动概况》，北新书局 1928 年 10 月初版，1929 年 3 月再版。因手中只有再版本，故权且放在本节考察。这本书 103 页，分绪言，社会主义，共产主义，工联主义，工团主义，基尔特社会主义，无政府主义，合作主义，民生主义和结论 10 节。

其绪言一节指出：

世界社会主义运动是 18 世纪个人主义极端主张自由竞争以后的一种产物。它所带来的使命，"要使个人主义时代的资本主义推倒；使社会上铲除贫富悬隔的阶级"。因为它们所采取的方法不同，所以有各种各样的方式。如中国的民生主义，英国的基尔特社会主义，法国的工团主义，俄国的共产主义，乃至美国的 I. W. W.，它们所采取的方法虽有不同，可是它们的归点，终究不外集产主义与共产主义二点。所谓集产主义，"生产要件，作为社会所有；消费要件，作为个人所有"。共产主义不但主张"生产要件作为社会所有"，同时也主张"消费要件作为社会所有"。本书叙述各种主义，最后论到我国应取的方针为结语。"这些皆以现在各国所取的各式社会主义为经，而以这些社会主义在各国运动之大势为纬，来织成这一篇短文"。虽然这样的布置未尽妥善，但是于此也足以概见于一般了。

---

① 陈宗熙（1905—2003），字志和，浙江奉化人；南京金陵大学毕业，国防研究院第五期结业，曾任安徽凤台县、定远县县长；1938 年任国民政府军事委员会侍从室机要秘书，1942 年任外交部机要室秘书、科长、主任；1945 年参与接收台湾，1948 年任台中市市长，1951 年起任中国文化学院市政系主任等，1964 年赴美考察市政；1967 年退职，1969 年后任工荣股份有限公司董事长，中国文化学院市政研究所所长等；1981 年起任国民党中央评议委员等。

其社会主义一节又指出：

"社会主义有各种不同的理论和纲领，因此有许多的派别。激烈派主张革命，为改革社会惟一的程径；改良派主张社会的进步，是渐进的，须藉教育的方法的"。社会主义思想的发生，远在于巴贝夫（原译"巴比"）、圣西门、傅立叶及欧文（原译"涡文"）。"其近代的运动则起源于"马克思及恩格斯 1848 年所发表的《共产党宣言》。到 1867 年马克思的《资本论》告竣，"近代社会主义的基础于是乎立"。《资本论》的要义包括唯物史观，剩余价值，资本集中律和阶级争斗四大篇。马克思主义改造的结果，分为两派：一为"进化的社会主义派"，主张渐进主义。伯恩斯坦（原译"卞斯夫"）所著《进化的社会主义》，就是表解这一类的思想。二为"激烈的革命派"。该派的发达借着英国的费边会（今译费边社），其名称从罗马将军费边而来，它在 1870 年到 1890 年比什么会都有势力，尤其在舆论和立法两方面。"因其政治上的成功，欧洲各国均抛弃了原有的马克斯学说，而被迫采取激烈的革命，和集产主义的方法"。有了这种现象，以后"无形地产生了国家的社会主义派"，但这派现在已经失去了重要的地位。从国际的成立看，先后有第一国际；第二国际，"现在社会主义之所以分裂，皆因各社会主义派对波尔雪维主义态度不同的缘故"；第三国际，"这样一来，第二国际就一命呜呼"，而第三国际落在共产党"迪无推多"（今译独裁者或专政者）之手了，一般社会主义者因此也分为列宁和韦伯（原译"卫布"）二派；第四国际，若有若无。①

上述一节除了把中国的民生主义也列入要推到个人主义时代的资本主义和铲除贫富悬隔阶级的世界社会主义运动行列之外，都是一些有关社会主义的流行常识。后一节突出马克思和恩格斯的《共产党宣言》是近代社会主义运动的起源标志，而马克思的《资本论》及其四大学说，更是奠定了近代社会主义的理论基础。这同样是多数社会主义著述中的公认理解。但接下来关于马克思主义经过"改造"或修正后的分化结果，编者的论述对照公认的理解，就有所偏差或让人不解了。把伯恩斯坦的修正主义说成主张渐进主义的进化社会主义派，固然有其依据，但把英国的费边社说成激进革命派的代表，不知依据为何。费边社会主义的典型特征，就是借鉴古罗马将军费边的等待时机、避免决战的战略，主张对资本主义采取渐进措施来实行点滴改良，现在居然变成完全相反的激进革命派代表，岂非滑稽。而且这

① 以上两节的引文，分别见陈宗熙编《世界社会主义运动概况》，北新书局 1929 年版，第 1—3、5—6、8—10 页。

种说法，也与后面关于费边的影响势力主要表现在舆论和立法两方面的说明相矛盾，因为重视舆论与立法，终究不同于激进的革命。至于说由于费边社在政治上的成功，欧洲各国社会主义均抛弃马克思学说而被迫采取激烈革命和集产主义的方法，更令人费解。如果这是指工团主义、基尔特社会主义或无政府主义等思潮的活跃，那么这些思潮究竟与费边主义是相吻合还是相对立，并未讲清楚；如果这是指因集产主义现象而无形产生的国家社会主义派，那么此派恰恰是激进革命派的死对头。后面说到第二国际的分裂缘于各派社会主义对待布尔什维主义的态度不同，也不准确，因为早在欧洲大战之初，第二国际已经由于各国社会党中抛弃反战宗旨而主战的机会主义派别占据上风而破裂了。倒是战后第二国际的恢复，在反对布尔什维主义方面取得了一致意见，并以其主张改良主义而蜕变为与革命的第三国际相对抗的组织。另外的矛盾说法是把第三国际成立后的一般社会主义，划分为列宁与费边社的韦伯两派，等于又否认了前述费边为所谓激进革命派代表的性质，相反成了与列宁革命派相对抗的代表。这些论述，可谓一笔糊涂账。可见编者在选编有关世界社会主义运动的各种著述材料时，未能细心厘清不同社会主义之间的相互关系，这也是当时以参考舶来资料为主的早期自撰本难免会出现的差错，需要不断在引进、消化和吸收的过程中加以更新与完善。好在对于马克思学说基本理论框架的认识大致符合原意，由此也体现了马克思主义在国内多年传播的效果。

熊得山[1]著《社会主义之基础知识》，新生命书局1929年版，列入社会科学常识丛刊。这本书125页，共10章，分别是："序说"（含"社会主义的起源""社会主义的意义""社会主义的发达"3节）；"空想的社会主义"（含"法国大革命后的王政复古时代""圣西门""傅立叶""奥文""对于三大空想家的批评"5节）；"基督教社会主义"（含"基督教社会主义的发生""基督教社会主义的意义""基督教社会主义的尾声"3节）；"无政府主义"（含"无政府主义的意义及其发生""无政府主义发祥地的法国""无政府主义集大成的俄国"3节）；"政治社会主义（拉塞耳主义）"（含"拉塞耳的略历""拉塞耳的学说""拉塞耳主义是

---

[1] 熊得山（1891—1939），原名熊学峻，字子奇，湖北江陵人；1907年赴日留学，先后加入共进会和同盟会，肄业于明治大学；1909年回国，辛亥革命爆发后任"北方革命总司令部指挥处"秘书长；五四运动后参与在北京组织马克思研究会（又称中国共产党同志会），1922年创刊《今日》任主编，加入中国共产党；1927年返回湖北，先后任《商大周刊》主编、武昌法科大学及中山大学教授，1928年任上海法政学院和暨南大学教授，1929年在上海参与创办昆仑书店，次年加入中国社会科学家联盟和中国互济总会；1933年任广西省立师范专科学校（后改广西大学）教授至去世。

比较现实性的"3节）；"科学的社会主义"（含"何谓科学的？""科学的胚胎"
"现社会的出发及其前途""变革社会的主力"4节）；"社会民主主义与修正派"
（含"社会民主党""修正派社会主义""费边社"3节）；"工团主义与 I. W. W."
（含"法国的工团主义""I. W. W."2节）；"基尔特社会主义"（含"概说""基
尔特社会主义的派别""基尔特社会主义的组织""基尔特的任务""基尔特社会主
义的特色""基尔特社会主义的批评"6节）；"多数派主义"（含"多数派主义的
意义""多数派的起源""多数派的目的与手段3节"）。

　　以上结构，从基础知识的角度介绍社会主义，同前述从概况角度介绍世界社会
主义运动，有些类似。其特点是涉及面比较宽泛，在有限的篇幅里介绍了九种类型
的社会主义，因此具体到每一种社会主义，特别是对其中举足轻重者的介绍，非常
简略。如以科学社会主义为名介绍马克思主义，在各节的题目里只有一些含混的提
示，不见那些常用来概括马克思学说重大贡献的主要理论概念。同时这些介绍在展
现社会主义发展的基本沿革方面，仍保留了清晰的逻辑线索。如其序说里指出：

　　社会主义到了德国的拉萨尔时代，"就算有了显著的进步"。"在空想的社会主
义时期，人人都想离开现实，而以所谓新村，新殖民地等作为他们理想的实现"。
到了拉萨尔时代，不仅不离开现实，还成立全德工人联合会，标榜普通选举和生产
协社，作为改造社会的阶梯。"这虽然距社会主义的步骤还属辽远，但比乌托邦派
实远胜一筹，迨马克斯出，又以科学的态度分析社会，故又称为科学的社会主
义"。自马克思以后，"马克斯主义分为左右两翼"。左翼演为工团主义与 I. W. W.
（Industrial Workers of the World 的略称），右翼则演为修正主义与英国的费边主义，
当时在左右两翼之中，"还有一个遵守马克斯主义的正统派社会民主党"；同时又
出现了英国折衷国家社会主义与工团主义的基尔特社会主义；"至欧战后，又有多
数主义发生，即列宁主义"。①

　　这里的逻辑，同样以马克思主义为主线：此前的空想社会主义时期，理想脱离
现实，形成乌托邦；社会主义结合现实方面的显著进步，产生于拉萨尔时代成立全
德工人联合会，以争取普选制和建立合作社作为改造社会的阶梯，但这距离社会主
义的措施仍很遥远；直到马克思出现，以科学态度分析社会，才形成科学的社会主
义；马克思以后的马克思主义，分为左翼的工团主义与美国产联，右翼的修正主义

① 熊得山著《社会主义之基础知识》，新生命书局 1929 年版，第 12 页。

与英国费边主义，以及遵守马克思主义的正统派社会民主党，另外还有折衷国家社会主义与工团主义的英国基尔特社会主义；到欧战期间，又产生俄国的多数主义或布尔什维主义，即列宁主义。这些有关各种社会主义的归类概括，未必恰当或准确，但它在基本逻辑上，勾勒出马克思主义从改造空想社会主义为科学社会主义，以后经历分化为左中右派的演变过程，直至产生继承马克思主义的列宁主义这一主要线索。这样来讲述社会主义的基础知识，虽然没有提供什么新的内容与见解，而且把篇幅平摊在不同名目的社会主义上，显得枝蔓，未能突出重点，但毕竟抓住了马克思的科学社会主义这个中心环节，并据此把各种社会主义串连起来。这对于在国内宣传普及有关社会主义的基本知识，经过国人自撰本的消化吸收，仍是有其益处的。

萨孟武编《财政学之基础知识——社会主义财政学》，新生命书局 1929 年版，列入社会科学常识丛刊。这是从前面介绍社会主义基本理论方面的基础知识，转入介绍社会主义应用理论方面的基础知识，特别是介绍社会主义应用经济学之一的财政学，甚为鲜见。

编者在书中目录前，特意说明本书的读法：可先从附录读起，由附录一读到附录六，而后再读本文，本文读完之后，则读附录七，这样一来，"关于现代财政的构成、特征、弊害，以及将来的倾向，大约都可以知道"。要了解这种读法，须先了解全书的结构。这本书 186 页，第 1 章总论，含财政的阶级性，财政与分配和生产的关系，财政与民主主义 3 节，附录一财政学之史的发展，附录二现代国家的预算制度；第 2 章经费论，含经费的膨胀，经费的内容，帝国主义与经费 3 节，附录三现代国家的经费制度，附录四现代国家的公债制度；第 3 章收入论，含国家经费的分配，租税与社会政策，租税的转嫁 3 节，附录五现代国家的收入制度，附录六现代国家的租税制度；第 4 章企业家和金融家的国家，含国家与企业，国家与金融，国家与债务 3 节；第 5 章将来社会的财政，含过渡期的财政政策，半成期及完成期的财政制度，附录七苏俄的财政：苏俄的财政方针，新经济政策以前的财政，新经济政策以后的财政，苏俄的统制。

从这个结构看，前三章重点论述现代财政的构成与特征，也就是六个附录中分别介绍的财政学的历史发展，以及现代国家的预算制度、经费制度、公债制度、收入制度和租税制度，实际上主要指资本主义国家的财政学史和现行财政制度。第 4 章论述企业家和金融家的国家，体现了现代国家由资产阶级支配的阶级性，也包含了现代财政的弊害。最后第5章论述将来社会的财政，才真正涉及社会主义财政学，其中3节内容，根据这一财政学理论，阐释从资本主义到社会主义的过渡期的财政政策，以及社会主义从半成期到完成期的财政制度；附录七则以苏俄财政为范例，说明苏俄的财政方针，新经济政策前后的财政情况，以及经济统制制度，与前面的理论阐释相印证。关于这种结构安排，编者在1929年11月28日的序言里说：本书最初的计划，分为三部分："说明财政学之史的发展""说明资本主义的财政制度并加以批评""说明社会主义的财政，并引英国劳动党，俄国共产党的财政政策以为证"。后因时间和篇幅的关系，不能实行预定的计划，但"计画的雏形，确已实现在本书之上，不过配置的办法，内容的详略，略有不同而已"。本书正文部分，参考大内兵卫著《财政学概论》和两本有关财政和税收政策的德文著作而成，从其中翻译的亦不少；附录二至附录六，参考陈启修著《财政学总论》、小川乡太郎著《财政学》与《租税总论》的中译本、神户正雄著《财政学要论》四本书而成；附录七抄译阿部贤一著《财政政策论》第4章（载改造社版《经济学全集》第20卷《财政学》下册）而成。① 这样看来，本书的编写结构由编者确定，而内容几乎都是参考或抄译他人的著作而成，其中以日文著作为主，德文著作为辅，另有个别的国人自撰著作。但这不等于说，编者没有自己的主见，实际上他是以社会主义观念为主导来编写财政学的基础知识。例如，书中论述财政的阶级性时说：

"要之，国家非改造为大同主义的国家者，财政乃有阶级的性质"。以国家的收入为例，马克思1853年批评英国的预算说："人们都说所得税对于劳动者没有关系，其实不然。在今日社会制度之下，企业家与劳动者既然互相对立，那末，有产阶级实可减少工资或提高物价，使高率的课税，无害于自己。"② 所得税是对于利息、利润和地租的赋课，"即对于有产阶级的剩余价值而赋课"。然而"有产阶级可设法提高剩余价值率，如工资的减少，物价的抬高，劳动时间的延长，劳动能率的增进，使税金不归于自己负担。这个转嫁能否成功，则视劳动阶级的抵抗力如何而定"。就国家的收入和支出来说，可知道"现代国家的财政，都是在于拥护或增

---

① 萨孟武编《财政学之基础知识——社会主义财政学》，新生命书局1929年版，"序言"。
② 其今译文见《马克思恩格斯全集》第9卷，人民出版社1961年版，第73—74页。须指出，这段引文出自1853年4月23日发表于英文《人民报》第51期的社论《英镑、先令、便士，或阶级的预算，和此预算为谁减轻负担》。此文的作者，人民出版社1998年版的《马克思恩格斯全集》第12卷更正为威廉·皮佩尔，并注明这可能是他受马克思委托写的，文中的看法也与马克思一致。见第12卷，第813页注释347。

进有产阶级的利益"。①

论述财政与民主主义和财政学的历史发展时又分别说：

财政的民主主义通过议会来实现，"民主主义的虚伪自然可想而知了"。"就是无产阶级在名义上虽与有产阶级有同等的财政参与权，其实财政权，乃完全操于有产阶级的手上"。"财政学史可以资本主义为境界线，分别为三期，第一期为资本主义以前的财政思想，第二期为资本主义的财政思想，第三期为社会主义的财政思想"。②

仅看总论中的这几段论述，便可明白编者撰写此书的主旨倾向，这也是何以用社会主义财政学作为书名副标题的寓意之所在。其中不仅表示国家只有改造为大同主义的国家，才能消除财政服务于有产阶级或为有产阶级所支配的阶级性质，抨击资产阶级国家所谓财政民主主义的虚伪，相信财政学的发展历史一定会从资本主义的财政思想进入社会主义的财政思想，而且罕见地引用了马克思批评所得税不会影响到工人之说为无稽之谈的分析观点，揭露了在目前这种雇主与雇工的社会制度下，资产阶级遇到增税时，总是用降低工资或提高物价的办法来使自己得到补偿。这样将马克思经济学说运用于财政学领域，以将来社会的财政原则和苏俄的财政实例来阐述社会主义财政学的基础知识，实属当时难得一见的新颖财政学著作。

华超撰述《各国社会主义运动史》，商务印书馆 1929 年 3 月初版（现存 1931 年版），列入新时代史地丛书。撰述者 1927 年 11 月作于上海的序言称：

"本书既名为《各国社会主义运动史》，自应直叙各国社会主义之发展。但为一般读者计，分全书为绪论与本论二编"。绪论 4 章略示社会主义之定义、起源、派别及与他种主义之比较，"俾读者得一社会主义的普通概念"。本论 5 章直叙各国社会主义之运动史，内容着重于欧美而尤注意于俄、德、英、美、法、意诸国（此即目录中后 4 章：1914 年以来的社会主义运动上、中、下 3 章，及 1914 年以前的社会主义运动 1 章——引者注）；至于社会主义的国际运动方面，目前虽尚在幼稚时期，要亦为应加讨论之问题，故另成一章。绪论内容大多取材于伊利教授的《社会主义与社会改良》及塞利格曼的《经济史观》，"盖伊塞二氏对于社会主义之理论持批评的态度，不致使人信从社会主义之偏面理论而盲目行动"。本论内容取材于列德莱的《社会主义之思潮及运动》者为最多。其他参考书报为数不下十余

---

① 萨孟武编《财政学之基础知识——社会主义财政学》，新生命书局 1929 年版，第 2—5、7 页。
② 萨孟武编《财政学之基础知识——社会主义财政学》，新生命书局 1929 年版，第 17、21 页。

种，举其要者，如《大英百科全书》（第 11 版），《阿美利加百科全书》（1924 年版），《新国际百科全书》（1923 年版），韦尔斯的《世界史纲》，胡汉民译《社会主义史》卷下等。"上列为本书材料之来源，以示不敢掠美。惟尚有不能已于言者，即本书既名曰史则只能就事实说事实，不为无论何方而将事实改头换面。若因是而得罪于任何方，则非予所意料。着重言之，予参加之意见极少，不过将著名社会主义作者之意见揭示而已"。①

观此序言，该书的原貌不难推想而知。首先，此书与其说是撰述，不如说是参考相关各种译本的摘录与拼合。其中提到绪论中主要取材的伊利著《社会主义与社会改良》和塞利格曼著《经济史观》二书，分别见诸何飞雄 1922 年初版的译本和陈石孚 1920 年初版的译本；本论中主要取材的列德莱著《社会主义之思潮及运动》一书，则见诸李季 1923 年初版的译本。这几个译本均出自美国学者之手，亦均由商务印书馆出版，于此便可知撰述者的参考偏好。其次，这几个译本的基本倾向，特别是前两个译本，以否定或修正马克思学说为特征，或如撰述者序中所说，二者对社会主义理论持批评的态度，以免人们信从社会主义的片面理论而盲目行动，这里批评的社会主义理论，都指向马克思主义；至于后一个译本，包含形形色色的社会主义类型，十分芜杂，虽不像前两个译本那样视马克思学说为片面或极端，却也冲淡了或模糊了马克思主义的主导地位。主要参考资料中的这些思想倾向，自然会对此书的撰述主旨产生明显影响。最后，除去上述主要参考书，序中还罗列了其他十余种参考书报，一则公开撰述的材料来源，表示不敢掠美；二则申明这些材料的使用，作为史学著作只能陈述历史事实，不可迁就任何一方而篡改事实。这种说法，无非强调撰述过程中尊重客观事实，极少掺杂个人主观意见。可是末了承认此书不过揭示那些"著名社会主义作者"的意见，等于把上述几位美国学者否定、修改或模糊马克思学说的著作，奉为论述社会主义的权威意见，那么撰述者所自诩的客观立场，也就偏颇动摇了，所掩饰的个人倾向，也就不言自明了。这本书是一个例子，说明在当时舶来的社会主义潮流中，或明或暗地分布着各种背离、曲解或含混马克思学说的旋涡，尽管国内的撰述者试图以客观公正的态度去迎合或介绍这一思潮，但稍不留意，便会脱离马克思主义的流向而卷入其中的某个旋涡里。

---

① 华超撰述《各国社会主义运动史》，商务印书馆 1931 年版，"序言"。

本节暂且不论关于社会主义的各种著作，又除去汤澄波的《资本论概要》译本和彭芮生的《科学的社会主义底基本原理》译本之外，那些阐释马克思主义经济学说的著作，一个显著的特征，一些具有共产党人背景而又具有较好乃至优异经济学素养的国内佼佼者，一面继续翻译引进涉及马克思经济学说的国外著作，一面开始尝试以各种形式，面向国人自行撰写独立和系统阐释马克思经济学说的著作。尽管这些自撰著作比较同期的同类舶来著作，显出一定的差距，但毕竟是在前期引进、消化和吸收的基础上，迈出从依赖他人到求诸并提升自己的新的一步。如高希圣的《科学的社会主义》，虽有明显缺陷，却试图全面阐释包括马克思主义经济学在内的科学社会主义的理论内涵和现实指导意义。特别是李达和陈豹隐的自撰著作，前者的《社会之基础知识》，借鉴已有的解说成果，转化为自行简介《资本论》第一卷的系统性尝试；后者的《经济现象的体系》，更是匹配河上肇系统阐释《资本论》三卷本的《经济学大纲》，成为其基础性经济知识的先行准备，并试图取代现行经济学范式而形成论述经济学原理的新的理论体系。另外在介绍社会主义特别是社会主义财政学的基础知识方面，也有自撰本的普及性尝试。所有这些尝试，都为马克思主义经济学在国内的传播，开拓了新的前景。

## 第三节 《马克思经济学说的发展》译本

这里说的发展，把马克思经济学说的解说，从一般原理扩展到各个专题。这是马克思主义经济学的传播继续深入的进展表现，也是研究和阐释马克思经济学说的过程中不断补充新鲜资料与成果的时代特点。这个译本，由河西太一郎、猪俣津南雄、向坂逸郎原著，萨孟武、樊仲云、陶希圣翻译，上海新生命书局 1929 年 11 月 30 日初版。实际上，这是一部合集，在"马克思经济学说的发展"的共同主题下，分别由三位日本人撰写，三位国人翻译的三种不同译本，由同一家出版社汇总出版。所以只看外表，像是多人围绕统一题目共同撰写的一部 500 多页的鸿篇巨著，实则里面分为三本书，均有自己的专题并各自统计页数，在内容上没有直接的关联。三本书分别从农业理论、金融资本理论和人口理论方面阐述马克思经济学说的发展主题，具有共同属性又各成系统，故单列一节予以评介。

### 一、《农业理论的发展》译本

河西太一郎这本书，见于该合集的是萨孟武的译本。在此译本稍前一个月，有黄枯桐①的译本《农业理论之发展》，上海乐群书店 1929 年 10 月 30 日初版。黄氏同年 9 月 10 日作于上海的"译言"称：

"我今译完了这本书，本想一言不发。试看今日中国的农民究竟过着怎样的生活？有眼的人，当能看见，有心的人，当能体会，所以'予欲无言'。但今没奈何，也来循着欲例，胡诌几句，充本书的译言"。"很粗略的说起来，中国的国民经济状态，还算是农业本位的国民。然而正被资本主义的怒涛冲击，帝国主义的凶炎燃烧着的中国，所谓农业本位的国民经济，老早已失去其本来面目，变成非驴非马的了。个中消息，姑且不论"。"但无论如何，中国的农民如不得解放，不能进于文化的水平线上，那么所谓地大物博、泱泱大国的中国，恐怕就要快到末日了！稍为庄重一点说，中国的农业问题、农民问题苟不谋其解决，解决而又不得其法，中国的前途，就不堪设想了"。"中国的农业土地，农业经济，农民经济，农村社会种种重要的问题，应该用怎样的方策去解决？应该造成怎样的形态？这就是问题的焦点啊"。"本书的内容，诚如著者自己所说：'专以忠实介绍诸家的见解为主旨'（绪论）。我想本书，至少都可以供研究农政的人，以及农校的农业经济系或农村社会系的学生们参考。倘使他们看了此书后，能够有所领会，而于我上边所言问题的焦点，得有若干的启发，那就我所引为至幸的了"。②

黄氏译此书，完全出于对我国农业、农民和农村问题的焦虑。担心在资本主义的怒涛冲击和帝国主义的凶焰燃烧下，号称地大物博、泱泱大国并以农业为本位的中国，将失去农业国的本来面目而走向穷途末路。因此，他提出问题的焦点是谋求解决中国的农业和农民问题并适得其法。怎样才能得其法，译者并没有明确的答案。他求助于从译本里能够有所领会和受到启发，也只是欣赏作者的主旨为忠实介绍诸家的见解，至于书中的诸家都属于马克思主义一派，反而在译言里未曾显示出来。看来译者对于马克思主义诸家的见解，仅系听其言，还谈不上采纳或接受，更谈不上信奉。

比起萨孟武的译本，黄氏译本在某些地方更为细致。如将绪论末尾被萨氏译本

1920-1929

从民国著作看马克思主义经济学的传播

---

① 黄枯桐（？—1963），谱名黄植荪，广东梅县人；14 岁留学日本，先入成城学校，后考入日本东京大学学习农林专业，1920 年左右赴法国里昂大学攻读经济学；1924 年回国，在广东高等师范学校任教之余，到广州农民运动讲习所上课；大革命失败后，因在农讲所讲学的经历，被迫携家人往上海，后在浙江大学任教，数年后回到广州中山大学任农学院院长；新中国成立后被定为右派，遣送回家乡。

② 河西太一郎著，黄枯桐译《农业理论之发展》，上海乐群书店 1929 年版，"译言"。

删去的一段"附记"，完整翻译出来："为供读者参考起见，披阅本书，其顺序如次，谅属适当"。即先从第1章马克思部分起，观察第3章那些忠实的祖述者，进而读第4章考茨基（原译"柯茨基"），然后回头读第2章恩格斯的农民政策，最后及于第5章列宁。"本书的叙述，专以忠实介绍诸家的见解为主旨，不搀进一切的批判"。不过最后第7章介绍了农业理论方面反马克思派的批判，以及马克思主义者的反批判。又如原附记后加"译者附记"：河西氏这部《农业理论之发展》，编入《经济学全集》第26卷《马克斯经济学说之发展（上）》，此卷由日本改造社于昭和四年（1929年）六月十五日发行。① 通过这些附记，可以对译本的作者意图及原著出版情况，有更确切的了解。但总的说来，黄氏译本的译文不及萨氏译本通畅。考虑到两个译本的出版前后相接，几乎在同一时间，故取萨氏译本为考察对象。

萨氏译本稍后，还有李达的译本《农业问题之理论》，昆仑书店1930年初版。这个译本又补齐了河西氏1929年4月的"原序"如下：

"马克思主义的农业理论，当然只是包括在马克思主义全体系中的一部分，所以对于马克思主义根本的理论，如果没有相当的理解，要想理解他的农业理论，这是无异缘木求鱼。像著者这样对马克思主义没有充分研究的人，来负担这种工作，自知不能胜任愉快。因此，著者尽可能的，以忠实的态度，介绍马克思以来各大家的学说。关于要点，多半从原文翻译过来，绝对不敢像所谓'不知马克思的马克思批评家'一样，以一种任意武断的曲解，肆无忌惮的放言，来麻烦读者。本书搁笔之后，虽自觉还有很多不满之处，但这种自问以忠实为宗旨的叙述，如能够引导读者得到关于马克思主义农业理论的有系统的而且正确的理解，我就很满足了"。②

这个原序，不仅表达了著者审慎的研究态度，由此还明白他所谓忠实的叙述宗旨，乃以那些不懂马克思的马克思批评家为借镜，不敢任意武断的曲解和肆无忌惮的放言，力求根据马克思及其后来各位大家的原文翻译来介绍他们的学说，以期读者能够系统和正确地理解马克思主义的农业理论。据此，在原序之前，李达也有一段类似译者序言的话："农业问题是中国革命的中心问题，在调查农业问题决定解决的方案以前，必须获得农业问题的理论。这册书原名《马克思主义农业理论的发展》，刊在日本改造社所出版之经济学全集中，原著者河西氏对于马克思主义的

① 河西太一郎著，黄枯桐译《农业理论之发展》，上海乐群书店1929年版，"绪论"第2—3页。
② 河西太一郎著，李达译《农业问题之理论》，昆仑书店1930年版，"原序"。

农业理论研究有素，其中凡属马克思派关于农业问题的理论及其政策等，都作有系统的历史的研究，确是研究农业理论的一本好参考书"。这段话，明确了在前面译本的译者那里，未曾见到的两个意思。一是以农业问题作为中国革命的中心问题，解决这个问题，需要农业理论的指导；二是这个指导理论，就是马克思主义的农业理论，此译本的参考价值，也在于作者以其良好素养，对马克思派的农业理论与政策，给予了系统和历史的研究。依此而论，李达译本在观念上更贴近原作的本意。但这个译本超出了本书的考察年代范围，故同样不予论列。不过这已让国人看到，河西的原作自 1929 年 6 月初版以来，不到一年的时间内，连续出现三个不同的中译本，足见其影响不同寻常。

萨孟武的译本 186 页，其"绪论"称：

由马克思与恩格斯（原译"恩格尔"），经过埃卡留斯（原译"厄卡纽斯"）与李卜克内西（原译"李普克尼希"），而至于考茨基与列宁，"若综观马克思主义农业理论的发展过程，则可由时代而区别为二个不同的重心点"。一是"由马克思而至于考茨基的农业发展法则论"；二是"由恩格尔而至于列宁的农民对付政策论"。"理论与实践之辩证法的统一，是马克思主义的特色，所以理论与政策之间，亦有有机的关系，不过由时代的情形和时代的要求，而异其重心点罢了。这是因为马克思主义一面是社会进化的科学，同时又是实际运动的指导理论，而使其不得不这样的"。马克思对农业问题的立论重心，"常注意于农业方面的资本主义的发展法则"。其根本见解直至现在，"尚成为马克思主义农业理论之指导原理"。由马克思的农业发展法则论而"更能展开精密的研究者"，为考茨基。"列宁对于这个方面，亦曾发展极彻底的见解，但列宁所视为重心的，乃在他方面"。恩格斯关于农业的发展法则论，"大约完全与马克思相同"。但恩格斯比马克思的命长，"在其晚年，曾看见各国社会党以农民问题为其议事日程，且又成为论争的标的，所以对于农民对付政策论，有很大的贡献"。"马克思主义的农民对付政策论既由恩格尔而确定其大纲，至能展开这个政策论而移于实践者，在世界史上，自然是列宁了。这样，马克思主义的农民对付政策论，遂由列宁及其一派而大成"。①

以上是全书总的脉络，所谓两个不同的重心点，分别命名为"农业发展法则论"与"农民对付政策论"，既体现时代发展的不同重点，又体现理论与政策的有

① 河西太一郎著，萨孟武译《农业理论的发展》，新生命书局 1929 年版，第 1—2 页。

机联系，即理论与实践的辩证统一，由此构成马克思主义农业理论的发展过程。根据这个脉络，分7章论述。

### （一）"马克思的农业理论和政策"

这是第1章的题目，内含三节。第1节"资本主义社会的运动法则与农业"：

"创立马克思主义的卡尔·马克思，其在历史上最大的功绩，乃为'暴露资本主义的生产方法所支配的近代社会之经济的运动法则'。那末，马克思研究农业，只限于同这个见地所视为必要的事项，自然是理之当然了"。马克思如何解释资本主义的运动法则，换句话说，如何解释资本的发生、发展和没落的法则呢？关于这一点，"最能简洁表示马克思的见解者"，乃为《资本论》第一卷第24章最后一节"资本家的蓄积之历史的倾向"（今译"资本主义积累的历史趋势"）。其要旨如下：

"劳动者以生产要具为私有，是小经营的基础。这个小经营则为发展社会的生产及劳动者的自由个性所必要的条件。……（中略）能使其繁荣滋长，发挥精力，而采取适当的典型的形态者，则惟在劳动者变成自己所使用的劳动条件——在农民为耕作的土地，在手工业者为其惯用的器具——的自由私有权者的时候"①。

"这个生产方法，须以土地及其他生产要具的分散为前提。这些生产要具的集积、同一生产行程内的协力和分工、对于自然之社会的支配和统制、社会的生产力之自由发展，在这个生产方法之下，都不可能。这惟能调和生活及社会之原始的制限。……（中略）这个生产方法发达至一定程度之后，乃产生出破坏自己的物质的手段。……（中略）"。"这种生产方法遂不能不破弃，而且终于破弃了。这个破弃就是把个人的分散的生产要具，变为社会的集积的生产要具；又是把多数人零碎的所有，变为少数人大量的所有。夺取民众的土地、生活资料及劳动器具，的确是可怖的危险的夺取，然而这个夺取乃是资本的前史。……对于生产者的直接夺取，用极残忍的暴力，于最可耻的、最不净的、最卑劣的、最可憎的热情之下，而实行之。由是用自己的努力而获得的私有财产，质言之，由个个独立的个人劳动与其劳动条件的合力而获得的私有财产，乃为榨取他人劳动而成立的资本家的私有财产所驱除了。"②

"这个转变过程，一旦把旧社会，无论在深的方面或广的方面，都打碎了的时

---

① 其今译文见《资本论》第一卷，人民出版社2004年版，第872页。
② 其今译文见《资本论》第一卷，人民出版社2004年版，第872—873页。

候，把劳动者变为无产阶级，把劳动条件变为资本的时候，使资本家的生产方法得了独立的时候，其转变的方向又复一变。即变为劳动的社会化，土地及其他生产要具的社会的利用，即变为共同的生产要具，由是私有权者的没收，又采用新的形态了。现在被没收的人已不是自己经营的劳动者，乃是榨取多数劳动者的资本家"①。

"这个没收，乃由资本家的生产内部所含有的法则的作用，即资本的集中，而完全达成。……（中略）在这个转化行程之内横夺而独占一切利益的大资本家的人数，不断地减少下去。同时愈益膨胀的资本家的生产行程，又训练、结合、组织了劳动者阶级；而劳动者阶级则增大其贫穷、压迫、隶属、堕落、榨取和反抗的状态。资本独占遂成为发达于其下的生产方法的桎梏。生产手段的集中和劳动的社会化，遂与资本家的外壳不能调和。外壳破坏了，资本家的私有财产鸣其死亡的钟了，掠夺者被别人所掠夺"②。

"由资本家的生产方法发生出来的资本家的占有方法，以及资本家的私有财产，是最初否定用自己劳动而获得的个人的私有财产的。但是资本家的生产又以自然的行程之必然性，作了自己的否定。这便是否定的否定。但在这里并不复兴私有财产，乃创造了个人的所有，这个个人的所有，即以资本主义时代成果的协业，和由土地与劳动产生出来的生产要具的共有为基础"③。

我之所以引用很长的文句，有两个理由。第一，马克思学说如上面所述，以暴露资本家社会的运动法则为其终局目的而筑成一个大体系，所以研究各个部分，不可无视其与全体系的关系。因此，考察马克思的农业理论及政策的时候，我们必须站在这个一般的观察点上，而后才能得到正确的见解。第二，"马克思的理论，站在这个一般的观察点上，不承认农业与工业之间有所差别，我们若看上面引用的文句，便可知道。就是存在于资本主义之内的运动法则，乃同样地作用于农业和工业两方面，而生出同样的结果，这乃是马克思的根本的见解"。本书的目的，就是"研究这个根本的见解怎样地指导此后的马克思主义者，又由他们怎样地发展起来"。在研究这些问题之前，必须先观察马克思自己的农业理论和政策。考茨基说（见其1899年出版的《土地问题》）："马克思与恩格尔，尤其是马克思对于农业的关系，虽述了重要的意见，但都是断绝的，且惟于短篇之中说及而已"。所以我们

---

① 其今译文见《资本论》第一卷，人民出版社2004年版，第873页。
② 其今译文见《资本论》第一卷，人民出版社2004年版，第873—874页。
③ 其今译文见《资本论》第一卷，人民出版社2004年版，第874页。

必须将散见于各书的马克思关于农业问题的见解集中起来，使其有组织化，由此来窥察马克思的农业理论和政策。"马克思关于地租的锐利而透彻的研究，乃汇集于《资本论》第三卷之中。——不幸尚未完成——这是要理解现代农业之资本主义的性质时，为次于马克思的价值论，而必须研究的物"。这部分在《资本论》中已经有了特别的讨论，又不为马克思主义者所展开，"本书是以马克思主义农业理论的发展为主题，所以割爱这个部分"。①

本节内容，大量引用《资本论》第一卷有关"资本主义积累的历史趋势"的原文，意在说明这个历史趋势或谓"运动法则"，同样适用于资本主义社会的农业，并且是马克思的根本见解。这几段原文，在过去的有关译文里，曾看到个别语句的摘录，尚未见过如此连续和完整的引用。这也预示了，本书确如作者在原序中所说，通过忠实地翻译原文，来理解马克思主义诸位大家的学说要点。对照原文的今译文，上面几段译文虽然时见滞碍之处，总体说来尚能表达其原意。这对理解以翻译原文为解说主旨的本书来说，同样是很重要的，否则，译文不通，遑论理解。说到如何观察马克思的农业理论和政策，此节还援引考茨基在《土地问题》（全称《土地问题。现代农业倾向和社会民主党的土地政策概述》）中的说法。对这本书，列宁评价颇高："考茨基这本书是《资本论》第3卷出版以后当前最出色的一本经济学著作。在此以前马克思主义还缺少一部系统地考察农业中的资本主义的著作"②。考茨基认为，马克思和恩格斯尤其马克思对农业问题的重要意见，都是断续的并只有较短的篇幅。意思是缺少系统的论述，列宁显然赞同这个论点。此节也表示，首先需要把马克思散见于各书中的有关农业问题的见解有组织地集合起来，以此来观察马克思的农业理论和政策；然后据此完成本书的目的，考察这些见解怎样指导此后的马克思主义者并怎样由他们加以发展。此节还提出一个观点，马克思在《资本论》第三卷锐利和透彻地研究了地租问题，这在理解现代农业的资本主义性质方面，具有仅次于马克思价值论的重要性；但由于这部分研究已在第三卷中特别给予集中的讨论，又未被后来的马克思主义者加以展开，故关注马克思主义农业理论之发展历史的本书，对此只能割爱。这个观点有些矛盾，马克思的地租理论既如此重要，岂可因后人未能展开研究而在专门考察马克思主义农业理论的著作里予以割爱即舍弃。但不论怎么说，关于马克思地租理论重要性的这种观点，是一个

① 以上引文除另注外，均见萨孟武译《农业理论的发展》，新生命书局1929年版，第3—6页。
② 《列宁全集》第4卷，人民出版社1984年版，第79页。

新的提法。

第 2 节 "农业之资本主义的发展法则"，内含两部分①。第一部分 "资本主义与农业"：

一是马克思怎样看待资本主义对农业的影响："只要大工业破灭了旧社会的堡垒的'农民'，而使其成为工资劳动者，那末，对于农业方面，一定最有革命的影响了。所以社会变革的要求和阶级对立的事实，在农村方面，亦和在都会一样。从前最陈腐的、最不合理的经营，被那意识的工艺的科学应用所淘汰"②。就是"一面使社会中最不进化的分子，只依靠经验的方法，机械式的相传授而经营的农业，在私有财产关系一般所许可的范围内，变为意识的、科学的应用农业学而经营的农业；他面把土地私有，完全由支配及隶属关系之下，解放出来，同时，把那劳动条件的土地，由土地私有及土地私有者——土地对于他，不外因为他独占土地，而成为由产业资本家的佃农征收的货币租税——完全分离起来。……（中略）"③。根据马克思的意思，"资本主义废弃了附随于土地的私有和利用的封建的束缚，使其采取纯经济的形态，而实现资本主义的大农经营，由此而招致且促进农业的进步"。马克思"同时又指摘资本主义可把土地的所有者和农业的经营者，完全分开，由此而妨害生产力的发展"。这种妨害的作用，经常发生在三种场合，首先由于田租的关系，地主反对农业技术的改良。关于这一点，马克思在《哲学的贫困》中说："据蒲鲁东所说，'土地耕种的改良'——'技术改良'的结果——常是增加田租的原因。其实，这种改良反可使田租暂时减低。……因为这样改良了之后，佃农就不必再用较多的劳动，以获得较少的收获。在同一的土地，顺次投下的资本，依旧能够生产，所以他们不必更移住于更恶劣的土地。……（中略）"④。

二是比较上述更普遍更明显的是，佃农不肯采用进步的技术："在农业普通的生产行程中，比较的短时期的投资，都是出于佃农。这样的投资……可改良土地，增加收获，使土地由单纯的物质，化成土地资本。……那与土地合体而耐长期消耗的比较的永久的固定资本，大多也是由佃农投下，然而一到契约所定的佃租期间满了之后，这与土地合体的改良，就变成与土地不可分离的偶生部分，而归于地主所

---

① 以下本节引文除另注外，均见萨孟武译《农业理论的发展》，新生命书局 1929 年版，第 7—13 页。

② 其今译文见《资本论》第一卷，人民出版社 2004 年版，第 578 页。

③ 其今译文见《资本论》第三卷，人民出版社 2004 年版，第 696—697 页。

④ 其今译文见《马克思恩格斯选集》第 2 卷，人民出版社 1972 年版，第 153—154 页。

有。这也是地主每随着资本主义的发达，而欲缩短佃租期间的理由之一。……（中略）这就是经济愈发展——本来的田租如何变动，现在姑舍而不说——则地主的财富愈增加，而其所收入的田租愈抬高，并且私有地的货币价值亦逐渐增加的秘密之一。就是，他自己毫不费力而竟把社会发展的成果，拿来私有，所以他们可说是只为消费而活着的人。这个事实又可妨害合理的农业的发展；因为佃户由此，将要避去一切在佃租期间内不能完全收回来的改良和费用"①。

三是马克思还指摘购买土地而支出货币资本，亦可妨害农业的发展："为了购买土地而支出货币资本，决不能视为投下了什么农业资本。……（中略）这个现象可使小农隶属于高利贷。……若使土地购买举行于大规模的土地经营之下，则那种支出更是农业的障碍。这与资本的生产方法实在有矛盾的地方"②。

资本主义对农业可以产生何种结果，马克思在《资本论》第一卷的"大工业和农业"部分，"已与以暗示的结论了"。简单言之，"一面是农业与工业的分离结合的过程，同时他面又是农村与都会的对立融合的过程"。"原始的家族的纽带，乃包含农业与工业之幼稚未发达的形态；然由资本家的生产方法，竟然把这个纽带切断了。但是资本家的生产方法，同时又创造了一种物质的前提条件，使互相对立而完成的农业和工业，变成更新的更高级的结合"。"在资本家的生产方法之下，……（中略）上述的那个天然的代谢状态一被破坏之后，代谢机能又不得不变成社会的生产之规制的法则，或在适合于人类的完全发达的形态之下，系统的回复起来"③。要之，"一方面使农业合理化——有了这个合理化，农业才能够行社会的经营——他方面证明土地私有的不合理；这就是资本家的生产方法之伟大的功绩。"④

第二部分"农业经营形态的发展倾向"：

看了以上马克思的议论，便可知道，根据马克思的意思，在资本主义下，农业也与工业一样，可使大经营发展，小经营没落。关于这一点，还应当直接听一下马克思的意见，因为那是学者们争论的焦点。

马克思在许多地方说过小农经营的必然没落。《共产党宣言》说："以前的中小阶级，即小工业家、商人、手工业者和自耕农，这些阶级都没落为无产阶级"⑤。

① 其今译文见《资本论》第三卷，人民出版社 2004 年版，第 699—700 页。
② 其今译文见《资本论》第三卷，人民出版社 2004 年版，第 916 页。
③ 其今译文见《资本论》第一卷，人民出版社 2004 年版，第 578—579 页。
④ 其今译文见《资本论》第三卷，人民出版社 2004 年版，第 697 页。
⑤ 其今译文见《马克思恩格斯选集》第 1 卷，人民出版社 1972 年版，第 259 页。

四年后即 1852 年，又在《路易·波拿巴的雾月十八日》（原译"布尔麦尔十八日"）中，说到法国小农的状况，以为他们的数目虽依然很多，但陷于非常的贫穷。"在他们的生产舞台之零碎的土地上面耕作的时候，既不能分工工作，又不能应用科学。所以各种发展，各种才干，各种社会关系的富，都是不可能的。……使今日法国农民日益没落的，实为他们所有的零碎的土地"①。《资本论》第三卷第 47 章第 5 节"分益农业及农民的零碎私有制"（今译"分成制和农民的小块土地所有制"），总括地讨论这个问题，举出小农没落的原因："大工业的发达，破坏了农村的家内工业，这个家内工业，则因为小农的土地面积过小，而成为他们的副业。土地经了小农式的耕种，地味便渐次消耗，而至于瘦瘠。公有地本为小农经营的后备补充，并用以饲养牲畜，然现在则被大地主横占了。此外，他们又常达到植民地农式的或资本主义经营的大规模耕种的竞争"。又说："农业上的各种改良，一方面引起农产物价格的跌落，他方面需要较多的经费及较丰的生产条件；这也是上述的原因之一"②。"在零碎的私有地，劳动之社会的生产力的发达、劳动之社会的形态、资本之社会的集积、大规模的牲畜、科学之累进的应用，由其性质视之，都是不可能的"③。他举出下述几个原因："高利贷与租税制度，到处都可使小农的私有财产零落。支付资本作为地价，其结果可使资本不能在耕种上使用。生产要具无限的细分，生产者自己亦孤立而隔绝。虚耗许多人力。生产条件之累进的恶化和生产要具的腾贵，乃是土地过小的必然的法则"④。在《1848 年至 1850 年的法兰西阶级斗争》（原译"法国的阶级斗争"）中也述及同样的事："人口愈增加，土地亦愈分割，由是生产要具的土地遂腾贵了，地味遂瘦削了，农业遂衰微了，农民遂负债了"⑤。弄到结果，小农不能不没落。这是马克思的见解。

根据马克思的意见，小农经营是过去的生产方法，代之而居于支配地位者，则为资本家的大农经营。看了以上所述，实在不难推测马克思以哪几点作为大农经营之所长。否定小农经营的部分，则是肯定大农经营的部分。"若要举出其要点，则为：能够累进的应用科学；能够分工和合作；能够应用机器；能够实行排水灌溉及其他较大的改良等。要之，进步的科学和技术的应用，及合理的耕种，惟在大农经

---

① 其今译文见《马克思恩格斯选集》第 1 卷，人民出版社 1972 年版，第 693、695 页。

② 其今译文见《资本论》第三卷，人民出版社 2004 年版，第 912 页。

③ 其今译文见《资本论》第三卷，人民出版社 2004 年版，第 912 页。

④ 其今译文见《资本论》第三卷，人民出版社 2004 年版，第 912 页。

⑤ 其今译文见《马克思恩格斯选集》第 1 卷，人民出版社 1972 年版，第 472 页。

营，才是可能。所以马克思又以为在农业方面，大经营亦必然的压倒小经营而驱逐之"。看马克思起草的《国际工人协会成立宣言》（原译"第一国际成立宣言"）中的一段，可以推测他对此的意见："若把一八六一年的官厅统计翻来一看，诸君就可发现英格兰及威尔士的地主，……（中略）私有地的集中，在十年间，增加了百分之十一。所以全体的私有地如果也以同样的比例集中于少数人的手上，则土地问题恐怕要和罗马帝国……（中略）时代一样非常单纯吧"①。

以上第 2 节的内容，同样大量引用马克思著作的原文，引用的范围，从《资本论》第一卷扩展到第三卷，以及《哲学的贫困》《共产党宣言》《路易·波拿巴的雾月十八日》《1848 年至 1850 年的法兰西阶级斗争》《国际工人协会成立宣言》等，可以说，这一节几乎全是由不同的原文引用而构成的。引用者如此不惜篇幅摘录原文，其意图继第 1 节说明马克思关于资本主义社会的运动法则同样适用于农业领域之后，进一步说明这一运动法则在农业领域的表现形式，也就是小农经营必将为大农经营所淘汰或取代的发展趋势。前一部分重点说明资本主义对农业的影响，包括使农业合理化，即使农业有可能按社会化方式经营，又把土地所有权变成荒谬的东西，证明土地私有限制农业发展的不合理性。后一部分重点说明农业经营形态的发展倾向，即大经营的发展与小经营的没落，同时指出这个论点后来成为学者争论的焦点。从引用原文的选择看，引用者固然想把马克思分散在各书的同类论述汇集在一起，但选择并非都适当，有些引用反而显得零碎，缺少内在逻辑。可是不管怎么说，这些引用的原文，除极少部分外，大部分以前未曾见过，为当时国内的马克思研究者，提供了新的资料或资料线索。这些原文的主体部分，出自《资本论》第一和第三卷，从引文的注释看，又引自高畠素之的日译本《资本论》（潮社版）。高畠在 1924 年，翻译完日文 10 卷本《资本论》。这个全译本出版后，在日本的马克思主义研究界引起一个引用、注释和解说的热潮。稍前出版的《物观经济学史》尤其《社会主义经济学史》译本（后面将予以考察），便是其典型。《农业理论的发展》译本，同样如此。也就是说，当时有关《资本论》三卷本的许多具体内容，通过日本学者在著作里的这种详细引用方式，被传播到中国。

第 3 节"马克思的农业政策"：

---

① 其今译文见《马克思恩格斯选集》第 2 卷，人民出版社 1972 年版，第 129—130 页。

"谁都知道，马克思是稀世的学者，同时又是罕有的实际运动的指导者"。马克思起草了两个"农业纲领"，一个见于《共产党宣言》，"所载的是无产阶级执政后的政策"；另一个见于《德国共产党的要求》（今译《共产党在德国的要求》），"所载的是对于民主主义革命的要求"，"若把二者互相对照，很有兴趣"。要之，马克思的政策与其理论有密切的关系。马克思的理论是对资本家社会的运动法则的客观认识，把它变作主观的要求，则为政策。现在所述马克思的农业政策，亦须与马克思的上述农业理论相对照来考察，才能判然明了其意义。

《共产党宣言》是 1848 年二月革命以前"共产主义者同盟"所发表的宣言和纲领，马克思与恩格斯合写，马克思在其中占有指导的地位。《宣言》第一步主张"无产阶级升为支配阶级而战取民主主义"，其后又规定无产阶级能够利用政权而实行的各种政策。"这些政策固然由国而殊，但在最进步的国家，大约普遍都可采用下列的政策"。一是"废弃土地私有权，把地租充为国费"；二是"以共同的计划，开垦并改良土地"；三是"编设产业军尤其是农业军"；四是"结合农业与工业的经营，逐渐排除都会与农村的区别"。①

起草《共产党宣言》，那是预想无产阶级必有执政的机会而规定夺取政权后的政策大纲。这个纲领发表之后，不久法国勃发二月革命，其波动立刻传到德国。于是秘密团体共产主义者同盟公开出现在德国民众的眼前，并在全国播发《德国共产党的要求》。当时马克思作为同盟本部的理事，指导一切，这个要求"大约是由马克思起草的"。《要求》的第 1 项"宣言德国全部为唯一不可分的共和国"，又期待德国继勃发为有产阶级革命之后，"实现急进民主主义的要求"。因此，若把《共产党宣言》看作"原则的政策纲领"，《德国共产党的要求》则是"过渡期的政策纲领"。比方《宣言》主张"废弃一切土地私有权"，《要求》主张"没收大所有地"，便是一例。《要求》的 19 个项目（实为 17 个项目——引者注），关于农业及农民，为下列 4 项：第 6 项"从来赋课于农民之上的一切封建的负担，如租税、力役、十分一税等，均不须补偿而废止之"；第 7 项"君侯所有的，以及其他封建的领地，一切矿山矿坑，都收归国有。在这些土地之上的农业，大规模地且利用最新式的科学的辅助手段，为着全体利益，而经营之"；第 8 项"宣告农民私有地的抵押，作为国有；农民将典当的利息交付国家"；第 9 项"佃农制度发达的国

① 其今译文见《马克思恩格斯选集》第 1 卷，人民出版社 1972 年版，第 272—273 页。

家，地租或佃租，作为租税，交付国家"。"第六、七、八及九项所举的一切政策，须于不削减国费所必要的资金，且不害生产，而又能减少农民和小佃农的公共负担及其他负担的范围内，实行之"。"不是农民又不是佃农的地主，对于生产，完全没有关系，所以他们的消费只可看做滥费"。①

这些政策当时都未实行，所以有人嘲笑马克思的政策为空想。撰写《德国社会民主党的农业问题》一书的威廉·科因斯塔特②，对此有所批评。这一点，不是我们直接的问题。我们的问题乃为马克思所建树的农业政策，其后马克思主义者如何传承和发展。③

本节内容，又以引用马克思的原文为主。其中引用《共产党宣言》的有关革命措施，以前已经多次见过，这里着眼于解说马克思的农业政策，却是一个新的角度；尤其引用《共产党在德国的要求》中有关农业和农民的措施，更是从未见过的新内容。至于将《共产党宣言》中的农业政策作为无产阶级执政后的原则性政策纲领，将《共产党在德国的要求》中的农业政策作为资产阶级革命之后实现急进民主主义要求的过渡期政策纲领，则是译本作者的引申见解，也为后面的论述作预先的铺垫。说到铺垫，实际上整个第 1 章都如此。用大量的篇幅搜集、汇总和引用马克思各种著作中的原文，然后稍作分类，顺序说明：马克思关于资本家社会的运动法则同样适用于农业领域；马克思的农业理论，主要阐述农业领域资本主义的发展法则，即资本主义对农业的影响，同时表现为农业合理化的可能性和土地私有权的荒谬，以及农业经营形态，倾向于大经营的发展和小经营的没落；马克思的农业政策，体现为两类，《共产党宣言》关于无产阶级执政后的农业纲领，以原则性的政策为主，《共产党在德国的要求》关于实现急进民主主义的农业纲领，以过渡期的政策为主。由此概括马克思的农业理论和政策，成为考察其后马克思主义者如何进行传承和发展的基本前提。

**（二）恩格斯的农民政策**

这是第 2 章的主题，其内容从前章讨论农业理论和政策并重，转向主要讨论农民政策，内含六节。

第 1 节"马克思主义与农民问题"：

---

① 其今译文见《马克思恩格斯选集》第 1 卷，人民出版社 1972 年版，第 3—4 页。
② 威廉·科因斯塔特（Wilhelm Cohnstaedt，1880—1937）。
③ 以上引文除另注外，均见萨孟武译《农业理论的发展》，新生命书局 1929 年版，第 13—17 页。

"与马克思共同创立马克思主义的恩格尔，在农业问题方面所残留的最大功绩，则为确定了马克思主义的农民政策的大纲"。农民尤其自耕农民的问题，从马克思主义看来，"确是很难对付的劲敌"。马克思主义在理论上虽然主张小农的必然没落，实际上小农不但未曾没落，在很多国家反而有增加的事实。"这个现象在经济上和政治上都是不可无视的"。理论的见地应该如何把握这个事实呢？对于应没落而不没落的农民阶级，无产政党应取如何政策来对付呢？从马克思主义者的观点看，这的确是困难的问题。对此，"能够根据马克思主义而给与以明快的解决原则者"，则为恩格斯。恩格斯比马克思晚死12年，"他坚忍的努力，完成亡友的遗业，遂与亡友并称为科学的社会主义之创立者"。他死前一年，即"他的思想最圆熟"的1894年，曾在《新时代》杂志上发表了一篇关于农业问题的论文，题名《法国及德国的农民问题》（今译《法德农民问题》）。这篇论文取材于法德二国，对当时议论焦点的法国劳动党的农业纲领，"下以极有权威的批评，而展开了马克思主义的农民政策"。我专以此为根据，研究"由恩格尔确定的马克思主义的农民政策的大纲"。恩格斯对农业问题，还有些片断的见解，皆与马克思的意见没有什么大的差别。如《住宅问题》的1887年序文说："在工业，机器织机打败了手织机，在农业，大规模农业打败了小经营"。又说："小农的没落，在他们的家内工业给低廉的机器制造品所排除的时候，在他们的家畜以及肥料生产由马尔克制度即共有马尔克及强制耕作的破坏而至绝灭的时候，已成为不可避免的现象了"。[1] 这些见解，"完全是抄袭上述马克思的见解，尤其是马克思关于零碎地私有的见解"。[2]

本节主旨，说明恩格斯在农业理论方面的见解，无非沿袭马克思的见解，特别是马克思关于小块土地私有的见解；他的最大功绩在农民政策方面，面对小农经营或农民阶级理应没落而实际上未曾没落的事实，根据马克思的理论从原则上明快地解决了这个困难问题，确定了马克思主义的农民政策大纲。附带地，此节引用恩格斯在《论住宅问题》一书第2版序言有关小农问题的原文，又是未曾见过的新内容。

第2节 "农民政策的中心点"：

根据恩格斯的意思，"马克思主义的农民政策的中心点，是在使农民离开大地

---

[1] 其今译文见《马克思恩格斯全集》第21卷，人民出版社1965年版，第378、380页。

[2] 以上引文除另注外，均见萨孟武译《农业理论的发展》，新生命书局1929年版，第20—21页。

主的影响和诱惑，而使他们协助社会主义"。这是为什么呢？要用什么政策才是可能的呢？

"由爱尔兰到西西里，由安达卢稷亚（西班牙南部地方的旧名——译者注）到俄罗斯和布加利亚，不论从人口上说，从生产的位置上说，或是从政治的势力上说，农业到处都不失为极重要的要素。在西欧只有二个地方是例外。一是英国的本部；在这个地方，大地主和大农经营已经把自耕农完全驱逐。一是易北河以东的普鲁士；在这个地方，数世纪来乃经过同英国一样的过程，农民的经济的和政治的势力，日益减少下去"①。所以在这些地方，农民问题没有多大的社会意义。但在其他国家和其他地方，农民的地位很重要，绝对不许轻视。这些农民今日处在何种状态中呢？根据恩格斯的见解："资本家的生产方法的发展，可摧残农业小经营的余喘，其结果，小农经营便衰颓而零落，无法可以救济。加以现在南美北美和印度的极贱价的谷物，充斥于欧洲市场，使欧洲的农业濒于危殆。由是西欧的大地主和小农民都要没落了。地主和农民既然这样的陷入穷境，遂为地主所注意，大地主装出拥护小农利益的样子，来笼络农民，而农民亦不觉悟，反而守护着这些蒙着羊皮的豺狼"②。这就是现在的状态。"但是在西欧，已经成立了有力的社会党了。……（中略）这样，社会党夺取政权，固然可说是只在于最近的将来；但要使这事可能，社会党必须由都会到农村去，在农民中，养蓄自己的势力。社会党关于经济的原因与政治的结果之间的关系，是比任何政党，都有明确的洞察力；然而早就探知装做农民的朋友的那些顽强的大地主，外面虽是羊的样子，而内里实是狼的正身，那末，它又何尝把濒于没落的农民，委在邪恶的保护者的手上，致农民们对于工业劳动者由受动的敌人变为能动的敌人呢"？③ 恩格斯所谓农民问题的中心点，实在这个地方。④

从本节起，开始转入引用恩格斯的《法德农民问题》一文的论述，以上内容，主要引自前言部分的原文。于此可见，本节标题所谓"农民政策的中心点"，正是恩格斯在此文所说的"农民问题的中心点"的另一种表述方式。恩格斯这篇文章，被认为是"马克思主义在土地问题方面的最重要文献"。其背景，首先是1894年

① 其今译文见《马克思恩格斯选集》第4集，人民出版社1972年版，第295页。
② 其今译文见《马克思恩格斯选集》第4集，人民出版社1972年版，第296页。
③ 其今译文见《马克思恩格斯选集》第4集，人民出版社1972年版，第296页。
④ 以上引文除另注外，均见萨孟武译《农业理论的发展》，新生命书局1929年版，第21—23页。

10月在德国社会民主党法兰克福代表大会上，福尔马尔①作关于土地纲领的补充报告，提出机会主义的观点。恩格斯认为有必要专门撰文来阐述在农民问题上革命无产阶级立场的基本原则，并对福尔马尔的机会主义观点和法国社会党人的土地纲领中背离马克思主义理论的地方加以批判。② 此节的引述，又使国人得以对恩格斯晚年的这篇重要文章，第一次有了比较完整的认识。

第3节"农业人口的阶级构成"：

要想适当地解决对付农民的政策，必须先分析农业人口的阶级构成。"农业人口是由种种杂多的要素所构成的，而其构成要素的种类，又由各地方而不同。……（中略）此外有些地方，各个农户的私有地或佃租地都不能养活其一家，只能作为家庭工业的基础而已"③。这些农民阶级中，社会主义能够把哪一个做自己的朋友呢？对这个问题的研究最有意义的，是小农的位置。因为小农在西欧是一切农民阶级中最重要的要素，社会主义能够决定对小农所采取的态度，对其他农民阶级的态度，就很容易以此为标准而自然地决定了。由这个见地出发，恩格斯便先从小农的研究着手。

恩格斯的小农观："这里所谓小农，是指他们所耕作的土地，虽不像用一家的劳力犹不能完全耕作那样的大，但也不像一家的人口不能由此而养活那样的小的自耕农或佃农——尤其是自耕农——而说的。所以他们乃和小手工业者一样，可以说是过去的生产方法的遗物，而在保持着生产要具这一点上，则与近代的无产阶级有所不同"。又举出小农与其祖先的农奴、隶民或自由农民等三点不同的地方："第一，由法国革命的结果，小农已脱离了对于领主所负的封建的负担和力役，……（中略）。第二，他们失去了自治的马尔克团体的保护和参与权，同时又失去了公有马尔克的所有权，……（中略）。但是由经济上观之，封建的负担的废止，未必能够赔偿马尔克利用权的丧失；由是没有劳动牲畜的农民，乃天天增加起来了。第三，现在的农民，比之以前的农民，常失了一半的生产的活动力。以前的农民常同

---

① 福尔马尔，格奥尔格·冯·亨利希（1850—1922），出生于德国慕尼黑贵族家庭，15 岁加入巴伐利亚骑兵团，普法战争中受伤致残，侨居巴黎、苏黎世当新闻记者；1877 年加入德国社会民主党，1879 年 9 月至 1880 年初任《社会民主党人报》主编；1881—1918 年多次当选国会议员，1878 年和 1886 年两次被捕入狱，1888 年当选社民党选举协会主席；1890 年社会党人法废除后，主张改良主义，受到恩格斯、倍倍尔的批判；1907 年第二国际斯图加特代表大会上公开为军国主义辩护，一次大战爆发后为社会沙文主义者。
② 参看《马克思恩格斯选集》第 4 卷，人民出版社 1972 年版，第 565 页注释 261。
③ 其今译文见《马克思恩格斯选集》第 4 卷，人民出版社 1972 年版，第 297 页。

自己的家族，用自己生产的原料，制造必需的工业品。……（中略）工业的副业，实和马尔克的使用一样，同是农民生存的根本条件之一。然现在这两个条件都没有了。因此农民遂不能不沉沦下去。……（中略）。要之，小农竟同一切过去生产方法的遗物一样，没落下去，无法救济。他是未来的无产者"。①

在恩格斯看来，小农的状态既是这样，"小农应该是社会主义宣传的热心听聆者了。但是事实却与此相反，这无非因为小农的骨髓里面，尚浸透有土地私有欲。他们的狭小土地，愈濒于危险，他们要保守土地而作的斗争愈见困难，那末，他们愈用悲痛的绝望，谋土地的保存。因此，小农遂把主张私有地公有的社会主义者，当做代高利贷说话的雠敌。社会主义应该如何打破这个偏见？要是社会主义不叛逆它自己，它对于将次没落的小农，能够提供甚么东西"？② 恩格斯正是这样要迫近问题的中心了。③

本节内容，以作者转述恩格斯观点的口吻表达，未见类似引号内的原文抄录。实际上整个一节的论述，基本上都在逐段转录《法德农民问题》一文第 1 章（共两章）的前一部分，仅仅稍作删略和解释，又未加引号而已。这一点，只要对比今译文，便一览无余。其中的解释性提示，如恩格斯何以先从研究小农着手，恩格斯的小农观，以及恩格斯对小农状态的分析正在接近问题的中心等，看起来似乎是作者的自我判断，其实也是引自原文，只不过作者特意用自己的话说出来罢了。

第 4 节 "评法国劳动党的农业纲领"：

恩格斯 "在亲自向着问题的中心下刀以前，先把被称为有马克思主义色彩的法国劳动党的农业纲领，加在俎上，下以周到严正的批评"。"法国劳动党的农业纲领，因为它是作成于小农经营模范国的法兰西，所以很有注意的价值"④。同时恩格斯的批评，"又包含着对于马克思主义与农业问题极有含蓄的见解，所以也很重要"。无必要介绍全部，先介绍恩格斯引用法国劳动党的农业纲领的几节内容，而后把恩格斯的批评，择其最重要部分，介绍如下："在一八九二年的马赛大会，法国劳动党通过了最初的农业纲领。这个纲领替无产农业劳动者（日工和长工）要求……（中略）。替小农——尤其是佃户——要求……（中略）"⑤。

---

① 其今译文见《马克思恩格斯选集》第 4 卷，人民出版社 1972 年版，第 298—299 页。
② 其今译文见《马克思恩格斯选集》第 4 卷，人民出版社 1972 年版，第 299 页。
③ 以上引文除另注外，均见萨孟武译《农业理论的发展》，新生命书局 1929 年版，第 23—25 页。
④ 其今译文见《马克思恩格斯选集》第 4 卷，人民出版社 1972 年版，第 299 页。
⑤ 其今译文见《马克思恩格斯选集》第 4 卷，人民出版社 1972 年版，第 299—300 页。

根据恩格斯的见解，"这里所举的代替农民的要求——代替劳动者的要求，现在姑且不说——决不能算是彻底。其中一部分已在别的地方实施了。……（中略）其他的各点，也是对于既存的资本主义的秩序可不必加以重大的损伤，即能实行的"①。

"法国劳动党宣布这个纲领之后，竟受各地农民的热烈欢迎。该党因此更得意不堪，觉得非使这个纲领益发适合于农民的嗜好不可。固然他们也感到了这事的危险。如果不违背一般社会主义的纲领的根本原则，又如何而能援助农民，即不是将来的无产者而是今日的土地私有者的农民呢？他们要防止世人的非难，乃于实际的提案之上，加了一个理论的说明书，以作序文。这个说明书是论证：小农的私有状态要因资本主义的生产方法而必然的没落，这是自明的道理；但是社会主义的任务则在于保护这个小农，使他们不至没落。同年九月在南特大会通过的说明书如次。……（中略）"②。

对"社会主义与农民"这个极微妙的问题，法国劳动党为了说明其政策纲领的正当，用尽如何苦心，若看上述说明书，便可知道。恩格斯对此书曾加以"极精细的批评"，现在只述其最重要的部分如下。

"第一，……（中略）这样看来，生产手段的共有，乃是应当力求的唯一的主要目标；这不但只对于已经准备了基础的工业而已，一般的产业都是这样，所以对于农业也应如此。纲领以为分有无论在什么地方，都不会存在过，而且产业的发达，使它日益衰落下去。既是这样，那末，社会主义更不应该去帮同维持那分有制度；而当对于它的废灭，感有兴味了。因为在分有所在的地方及范围，共有是不能实现的。

各生产者分有生产要具，在今日并不使生产者得到真正的自由。都市的手工业，现在已经零落了。至于小自耕农，并不能确实保有他们自己的狭小土地，而且也并不自由。他、他的家、他的房子以及他的些许的土地，都是属于高利贷的手里。……（中略）诸君的保证又有甚么用呢？诸君想保障小农的财产的那种愿望，并不是保护他们的自由，乃是保护他们隶属的特殊形式；这不过延长他们死也不能活也不能的那种状态罢了。

……（中略）社会主义的任务是要把生产要具用共有的形式，而依托于生产

---

① 其今译文见《马克思恩格斯选集》第4卷，人民出版社1972年版，第300页。
② 其今译文见《马克思恩格斯选集》第4卷，人民出版社1972年版，第300—301页。

者的手上。要是我们无视这一点，那末上面的文句，就可使我们误会，以为社会主义的使命是要把小农对于耕地现在那种假的私有换为真的私有，就是把佃农改为私有者，负债的私有者改为不负债的私有者。社会主义固然很希望把农民私有形态的那一种邪误的外观，消除净尽，然而所用的方法决不如此。

······（中略）说明书一面主张农民的小私有地，一定没落，无法救济，然同时又把维持这个私有地任务，加在社会主义的身上。国库、重利和新发生的大地主，这些东西岂不是资本家的生产用以造成小自耕农必须没落的工具么？社会主义到底是用如何手段去对抗这三位一体，而保护农民呢？

应受保护的，不只限于小农的私有地。说明书还说：'用佃户或分益佃户的名称而耕种别人土地的生产者，虽然榨取日佣劳动者，但是因为他们自己受了榨取，以致不能不如此，所以对于他们，也须有同样的保护。'这真是奇怪极了。社会主义乃完全反对工资劳动者的榨取。现在却宣言保护那'榨取日佣劳动者'——原文是如此的——的法国佃户，是社会主义必须的义务！并且还说这是'他们自己受了榨取'的不得已的结果。

······（中略）

说明书的结语的一句，······（中略）也非驳斥不可。我断乎不能承认任何国家的社会党，除了农业无产者及小农之外，而又对于中农、大农、甚至大佃农、资本家的牲畜业者，以及其他资本家的国土利用者，有援助的义务。固然土地私有的封建制度，也许是他们共同的敌人，所以我们对于某种问题，或可同他们协同，也许为了某种目的，一时能够做他们的友军。然而在我们的党，一切资本家的、中产阶级的或中农的利益团体，是完全没有必要的"①。

对法国劳动党农业纲领中违反了社会主义本义的各点，恩格斯虽这样驳斥，毫无容赦，但他接着采取了"庇护友党的态度"，附说这样的解释本非合于该党的本意，只是因为该党的农业纲领把几件特殊的事情当成普遍化的事情说了出来，所以我们生出这样的误解。要之，"法国劳动党以为，要是敌对小农，法国的永久的革新是不可能的。这是完全正当的见解。不过他们把援助的方策弄错了"②。这就是恩格斯对该纲领的总批评。既是这样，那么妥当的农民政策是怎样的呢？我们应该

① 其今译文见《马克思恩格斯选集》第4卷，人民出版社1972年版，第302—305页。
② 其今译文见《马克思恩格斯选集》第4卷，人民出版社1972年版，第308页。

更进一步听恩格斯自己对于农民政策的见解。①

　　同上一节一样，本节继续引用《法德农民问题》第 1 章中间部分的内容。起初仍以作者转述的口吻来表达，未见引号的形式，实则完全抄录恩格斯的原文，稍作删略并穿插简单的解说；接着列举法国社会党人的土地纲领中拟予批驳的内容，以引号的形式照录原文。这些内容，均有今译文可资对照，其涵义明白无误，无须解释。至于这一章后面部分，用于批驳法国社会党土地纲领中的其他各点，大约占全章 1/4 多一点的篇幅，舍去未录。这大概表明所录部分为恩格斯所批驳的最重要部分，其余舍弃者为相对不那么重要的部分。然后本节最后一段有关恩格斯概括法国同志的小农观点的原文，引自《法德农民问题》第 2 章的第一段，由此进入恩格斯本人对农民政策的见解部分，也是下面两节引用此文内容的重点。

　　第 5 节"恩格斯的农民政策"，首先论述"对付小农的政策"：

　　恩格斯用自问自答的形式，说明其小农政策：

　　"我们对于小农阶级的态度是怎样的呢？若使国权归到我们的手上，我们应该如何处置他们呢？……（中略）我们对于小农的任务，第一，须把他们私人的经营和私的所有，诱导到协同合作方面去；不过要达到这个目的，须做出必要的实例，来给他们看，并且供给他们以社会的援助，决不可施行强制。至于那时使小农理解——即在现在亦能理解的——利益的手段，自然是很多"②。

　　这就是恩格斯小农政策的原则部分。现在再把他的见解，稍为详细一点介绍。恩格斯相信，小农受着资本主义大经营的压迫，一定要没落下去，但社会主义没有促进其没落的任务。这同法国纲领是一样的。但法国纲领以为维持小自耕农乃是社会主义者必须的任务，恩格斯又非常反对，并且指摘这样的事情不但在理论上矛盾，在事实上也是不可能的。根据恩格斯的意思，小农没落的原因在于以个别的小私有地为基础的过小经营，所以设法维持小私有地，不过把没落延期而已，小农断不能因此而得到解放。社会主义的任务要反复说明：凡在资本主义支配之下，小农的地位绝对无法救济；他们的小私有地，绝对不能维持下去；资本主义的大生产必将驱逐他们这种薄弱的旧式小经营，使农民自觉起来。此外更须使他们了解，拯救农民的方法，惟有把他们那种个别的小规模的私有地和经营，改为协同合作的所有和经营，才有可能。"二十年以前，……（中略）丹麦的社会主义者，已有这种协

---

① 以上引文除另注外，均见萨孟武译《农业理论的发展》，新生命书局 1929 年版，第 25—33 页。
② 其今译文见《马克思恩格斯选集》第 4 卷，人民出版社 1972 年版，第 309—310 页。

同合作的计划了。……（中略）可以照着社会理想，诱导农民协会发展到更高的形态，使协会全体同其会员个人的权利和义务，能够与共同社会内其他一切部门的权利和义务相调和。这个方策才是拯救农民的唯一的方法，并且也是直接合于社会主义的建设。不过实行的时候，应当注意，不可违反农民的意思，强制施行。所以即使社会党得了政权，对于农民的私有地，也决不能施行强制的没收，反而应当诱导他们，使其移为合作的生产。在这当中，必须提供一切援助的方法，……（中略）"。这种方策才能拯救农民，并可使农民成为社会主义的友人。① 这就是恩格斯的"小农政策的骨髓"。②

其次论述"对付中农及大农的政策"：

"对于中农及大农又采怎样的政策呢？……（中略）社会主义是以解放工资劳动者为其首先的目的，所以对于以工资奴隶制度为其存立条件的中农及大农，必不能采取保存维持的政策。并且在事实上，中农及大农因为受了资本主义的大经营和外洋廉价的谷物生产的竞争，也须没落下去，……（中略）"③。恩格斯主张对他们，"也和对付小农一样，整理他们的所有地，而改为不榨取工资劳动者的协作的生产"。"如果中农及大农觉悟了他们自己的没落，是不可避免的现象，而来赞助我们的政策，同样我们应该援助他们，使他们能够利用新的生产方法；不然，要当放任他们自己没落，但必须为那些被他们榨取的工资劳动者打算一个良策才可"。至于他们私有地的收用问题，恩格斯在末尾说："对于他们，我们也不可采用强制的收用。然经济的发展，一定可使这个顽固的头脑，转换为近于理性的"。最后恩格斯举外洋廉价谷物的竞争为中农及大农之必然没落的一个原因，因为当时南美北美及印度的廉价谷物充斥于欧洲的市场，使欧洲的农业濒于危机。

以上针对两类农民的政策，除了开头的两项所谓原则，引用《法德农民问题》第2章的原文部分之外，其余部分大致为引用者的摘要式转述。引用方式的这种改变，也是进入本节后的一个变化，应是为了突出原文论述的最重要部分而省略其辅助或次要部分。但无论引用原文还是摘要转述，其译文对照今译文，在精细的内涵方面，都不很准确。这种翻译上的问题，前面也曾出现过，但不及这一节之集中和

① 其今译文见《马克思恩格斯选集》第4卷，人民出版社1972年版，第310—311页。
② 以上引文除另注外，均见萨孟武译《农业理论的发展》，新生命书局1929年版，第33—35页。
③ 以上内容只是摘录原文，其近似的今译文见《马克思恩格斯选集》第4卷，人民出版社1972年版，第313—314页。

明显，尽管这个偏差，尚不影响对原文基本涵义的理解。

第6节"对付大地主及农业劳动者的政策"，实际上延续上节的相关政策，却另设一节，以示它们之间的差异：

先看对付大地主的政策。根据恩格斯的意思，"对付大地主的问题，是极其简单的。就是社会党一旦得了政权，立刻就可没收他们，这和对付产业资本家是没有区别的。至于要否赔偿的问题，则与其说是由于社会党的见解，不如说是要看社会党得了政权当时的情形，尤其是大地主自己的态度如何而决定的"。恩格斯附记："我们决没有，无论情形如何，都不能允许赔偿的那个想头，马克思常对我说，要是我们能够把一切土地都收买过来，那末，事情就极容易"。"至于归为社会公有的大土地，则当把现在在这个土地上面耕作者的农业劳动者，组织为协同合作，在社会的管理之下，委托他们耕种。要之，在大私有地，欲由资本主义的农业经营改换为社会的经营，其基础已经完全准备了，所以要实行起来，实是容易得很。并且这样成立的农业协同合作的实例，一定能够使那些仍旧固执着小私有地和小经营，而反抗新制度的小自耕农，或至大自耕农都觉醒起来，确信合作的经营的有利"①。

再看对农业劳动者的政策。"在这里，农业劳动者也有救了。这样的大经营才是农业无产者的乐土"②。根据恩格斯的见解，我们可用宣传的方法，使农业劳动者成为我们的友人。对德国，恩格斯有下述说明："获得那易北河以东的普鲁士的农业劳动者，在我们已不过是时期的问题，而且只是极短时期的问题了。我们若能获得易北河以东的农业劳动者，则德国的形势就要一变。易北河以东的农业劳动者的半农奴状态，实在就是乡绅之所以支配普鲁士，同时也就是普鲁士之所以支配德国的主要的原因。……（中略）易北河以东的普鲁士，是我们决定大局的战场。因此，政府和乡绅阶级都用尽全力，来妨碍我们，不使我们侵入。若是为要妨害本党的发展——政府这样的威吓我们——采用了新的强压手段，则一定要使本党不能再在易北河以东的农业无产阶级之间，作种种的宣传。然而这对于我们，没有问题。我们终久必能获得农业无产阶级"③。恩格斯就用这句话，完结了他的论文。④

本节列举的两类政策，分别针对大地主和农业工人或农业无产阶级，这也是

---

① 其今译文见《马克思恩格斯选集》第4卷，人民出版社1972年版，第314—315页。
② 其今译文见《马克思恩格斯选集》第4卷，人民出版社1972年版，第315页。
③ 其今译文见《马克思恩格斯选集》第4卷，人民出版社1972年版，第315—316页。
④ 以上引文除另注外，均见萨孟武译《农业理论的发展》，新生命书局1929年版，第37—39页。

《法德农民问题》第 2 章最后两大段的内容。如果说前一大段，引用者还不时穿插着看起来好像是自己的表述手法，那么后一大段，基本上老老实实地完整引用原文。至此，对恩格斯的农民政策，分若干节，主要是第 2 到第 6 节，等于把《法德农民问题》的主要内容（除第 1 章后面一小部分和第 2 章前面几段外），复述了一遍。

换句话说，这一章讨论恩格斯的农民政策，从头到尾都在引用他的一篇文章，而且完全依照文中的顺序，只是在引用的方式上，多数抄录而有时转述或概括或穿插解说罢了。划分若干节，如农民政策的中心点，农业人口的阶级构成，评法国劳动党的农业纲领，恩格斯的农民政策即对付小农的政策、对付中农及大农的政策、对付大地主的政策以及对付农业劳动者的政策等，同样根据这篇文章的内容加以分类并抽取要点。引用者的最终兴趣，落脚在恩格斯的农民政策上，这也是本章以此作为题目的原因。所以本章的末尾，对这些政策的要点，还有一个专门的概括：

上面介绍恩格斯对农民政策的见解，若加以归纳，大体如下：理论根据是小农的私有经营之必然没落论，从这个根据出发，一是对小农，有三点：使他们知道在资本主义制度下，他们的地位是绝对不能有救的；对他们的私有地，绝对不可施行强制的收用；提供一切援助，把他们诱导到协同合作的经营方面，以适合于新制度。二是对中农和大农，有两点：他们虽是仆婢和农业工资劳动者的仇敌，但如果他们也能知道在资本主义制度下，自己的地位难以维持，而来投归我们，我们也要把他们诱导到协同合作的经营方面；对他们的私有地，大概也不必用强制的收用。三是对大地主和农业劳动者，有三点：对大地主的土地，立刻施行抄没，有无赔偿，则看当时的情形如何而定；抄没的大土地，委托给农业劳动者的协同合作社，在社会的管理下进行耕种；宣传农业劳动者的解放方策，谋求获得农业无产阶级。
"上述的解释，大约没有错误。这就是恩格尔创立的马克思主义农民政策的大纲"。但是如前所述，恩格斯发表这个意见，在 1894 年。距此约 20 余年，有了 1917 年的俄国革命，恩格斯的上述农业和农民政策，"就借着列宁的手，指导了布尔什维克的农业政策，这是很有兴趣的事"。"俄国革命的主脑列宁的农业和农民政策，即根据于恩格尔的见解，不过只参照俄国的实情，而使其具体的发展罢了"。两者的关系问题，实是我们所欲研究的，待后再述。①

--------

① 萨孟武译《农业理论的发展》，新生命书局 1929 年版，第 39—40 页。

通过作者这个简短概括，可以对译本构思的整个思路，有大致的把握。首先从马克思的农业理论入手，重点是从马克思研究资本主义社会的运动法则中，引申出这个发展法则在资本主义农业领域的表现方式；然后考察马克思根据建立在这个法则或历史趋势基础上的农业理论，制订共产党的原则性的农业政策纲领，以及适应于针对君主政体并具有资产阶级民主革命性质的1848年欧洲革命，制订过渡性的农业政策纲领，但这些农业政策当时并未得到实行。继则转入恩格斯的农民政策，重点是恩格斯在他的晚年，面对社会党人围绕农民问题的争论焦点，发表《法德农民问题》一文，表明自己的观点；文中坚持马克思的农业理论，据此分析农业人口中的不同阶级成分，批驳法国社会党人的农业纲领违背马克思理论的论点，提出分别针对小农、中农或大农、大地主以及农业工人或农业无产阶级的不同政策纲领。这也让国人借助于此，第一次比较完整、系统并接近于原汁原味地接触到恩格斯这篇著名文章。这些思路，已经见于前两章的内容。接着的思路，指向这篇文章发表20多年后，随着1917年俄国十月革命的成功，恩格斯的农业和农民政策纲领得以付诸实践；这就是列宁根据恩格斯的见解，用来指导布尔什维克的农业政策，并参照俄国的实际情况，在具体实行过程中进一步发展。这里只是提示了从马克思的农业理论与政策，以及恩格斯的农民政策，最后到苏俄革命实践的思路指向，其间还有一系列过渡性的理论与政策环节，也就是译本所说的以考察马克思主义农业理论与政策的历史发展为目的，直至这个理论和政策最终在列宁手上得以实现其大成。

### （三）埃卡留斯和李卜克内西的农业理论与政策

第3章介绍的这两位人物，被称作"马克思的忠实祖述者"。第一国际及初期的德国社会民主党，大体言之，接受马克思思想的指导，农业的理论及政策方面亦然。当时无数的马克思信徒中，关于农业问题应当特别举出的，为代表第一国际的埃卡留斯①及代表初期德国社会民主党的威廉·李卜克内西二人。"他们两者都是

---

① 埃卡留斯（Eccarius, J. G., 1818—1889），德国裁缝出身，1846年侨居伦敦；伦敦德意志工人教育协会的创建人之一，正义者同盟盟员，1847年为共产主义者同盟盟员，1850—1852年在英国宪章派报刊上宣传马克思主义；60年代初积极参加国际工人协会（第一国际）的筹建工作，1864—1872年任第一国际总委员会委员，1867—1871年任总委员会总书记兼任美国通讯书记，1871年任第一国际土地和劳动同盟书记；1872年在海牙召开的国际第五次代表大会上，站在巴枯宁派一边，反对总委员会路线，海牙大会后成为英国工联改良派领袖，曾出席无政府主义者的国际代表大会，后脱离无政府主义。

1920-1929 从民国著作看马克思主义经济学的传播

马克思的忠实信徒，所以对于马克思学说，并不加以新鲜的解释，只忠实遵守马克思学说，而使其普及，在这一点上，颇有意义罢了。现在所以介绍他们二人关于农业的理论和政策的宗旨者，也是欲假借二人的主张，使马克思的农业理论及政策，能够用更通俗的形式，传布于读者诸君之间而已"。

先看埃卡留斯的"小农经营论"。埃氏本是成衣匠，曾作为第一国际大会的总务委员活动，1866年发表了《一个工人对约翰·斯图亚特·穆勒的一些政治经济学论点的反驳》（原译"一个劳动者对于约翰·斯图亚特·弥尔的经济学说的反驳"）一书。此书印刷前曾求马克思校阅，"马克思的协力如何，固然很有疑问，但其中所展开的思想，是直接或间接祖述马克思的，则无疑义"。该书有一章叫做"小农经营论"，叙述埃氏的农业思想，它与后面所述李卜克内西的著作，10余年来，"都是德国社会民主党在农村宣传的基本材料"。

埃氏的见解，"完全一贯以马克思学派的大农优胜及小农劣败的思想"。他曾引用统计材料，比较英国的大农经营与法国的小农经营之负债奴隶和生产无能力的状态，以证明自己主张的正当："小农经营对于近代的大规模农业的关系，正如手工纺织工业对于机器纺织工业的关系一样"，"小农经营乃是过去形式的农业"；"劳动者每欲创设小农经营，其实，这个努力能够于萌芽之时即归消灭者，反是劳动者的利益。劳动者应该尽其全力，把荒芜地、市村所有地、皇领地、教会所有地等，由国家委托于农业协同合作社，——非视为永久的所有物，乃用佃租契约的形式，保证社会对于一切生产资料的根源的土地，有管理权——无使其变为小农场"。关于后面一点即经营主体问题，当时在马克思主义者之间，有各种不同的意见。最显著表现在1869年［第一国际］巴塞尔大会上，围绕共有地的农业经营应该由国家及市村执行，还是用佃租形式，委托于个体农民及农业协同合作社，曾有一番激烈的论争。

再看李卜克内西的"土地问题论"。威廉·李卜克内西与倍倍尔（原译"倍伯儿"）同是德国社会民主党初期的首领，因其《土地问题论》一书，"遂成为后人研究马克思主义的农业理论及政策时必不可忽的一人"。1869年巴塞尔大会的决议，一是宣布"社会有废弃土地私有权，并把它改为公有的权利"；二是宣布"变更土地为公有，乃是出于社会利益的必要"。这在德国成为争论的目标，该书因此而作。李氏1870年3月有个讲演，该书则以这篇讲演为骨干，1874年初版，1876年再版，其后几成绝版。其直接目的，从土地问题的立场上看，论证巴塞尔决议完全正确；认为反对这个决议的言论，不是由于无敌，便是由于恶意；"我党要是反对巴塞尔决议，其结果就是反对我党自己的主义和政纲"。"其立论的基础，完全是马克思的思想"，与埃卡留斯一样，"只因其能包括地叙述初期马克思主义关于农业的理论和政策而展开之，又因其能用独特的文字，使马克思主义的农业理论和农业政策，勃勃有生气，所以该书尚有存在的价值"。

首先是"土地制度论"。李氏"先用历史的和理论的方法，讨论马克思主义的土地公有论"，说明这些问题后，进而讨论土地制度论。分别以法国和英国为例，根据各自的土地制度特色，详细讨论其经济和社会结果。可以看到马克思派的农业理论，通过李氏的统计资料，得到确实的证明。法国土地分散在多数人手上，为小农制度，这是法国农民用巨大的牺牲和努力来获得和维持的。然而由农民的血和汗而获得和维持的法国零碎所有地制度，却不是农民的乐园。敢下这个断语，其根据一是法国农民的抵押负债状况，二是法国农民生活状态的悲惨。这是对零碎地制度的总括的结论，又根据马克思学说，说明小农经营的劣败。再看大农经营最完善的英国的状态，土地集中在少数地主手中，实行资本主义的大农经营，以致独立的农民阶级灭亡将尽，由工资奴隶代替自由农民。"这是用资本以榨取劳动的资本家的大规模生产"，结果一面产生极大的豪富，一面产生可怖的贫穷，资本家及不劳者积蓄了极大的财富，而真正生产的工资奴隶陷入可怕的贫穷之中。在这样的状态下，英国的私有大农经营，虽比小农经营生产得更多，仍不能得到在完全合理组织的生产经营下所应得的那样多的收获。这样讨论英法二国的土地制度，"用夸张的预测，描写出马克思式的小农经营劣败和大农经营优胜的理论"。进而详细描写德国的土地制度及其结果，介于英法二国制度之间，或并存着两种制度而互相竞争，关于今后的发展趋向，"明白适用马克思的资本集中及集积论于土地之上"。

其次是"土地政策论"。李氏详述土地私有制度对土地耕作可能发生的影响，英法德三国的农民如何陷入悲惨的境遇，以及在私有财产制度支配下造成地力的消耗和枯竭，最后讨论农业的政策。先表明自己的根本态度，"废止土地私有制度，而代以公有制度，用此以去害恶的原因"。进而讨论土地收用问题，英国由于土地制度已经成熟，可以实行马克思所说的"掠夺者的抄没"，不用过渡手段，直接把没收少数人独占的私有土地提上议事日程，打破其阶级支配，成为无产阶级的最初行动。法德二国的土地收用问题进而农民政策，"很有含蓄的见解"。在法国尤其德国，问题决不像英国那样简单。应该注意，"一面虽坚执土地国有及大农经济主义的理想，同时又主张对于农民应取不干涉主义"。论及无产阶级与农民的关系，"我们必须把农业劳动者和小农收为自己的伴侣"；论及社会主义与农业的关系，"惟社会主义才能救济农业及农民"；并根据马克思的见解，指出社会发展的"终局目标"，消灭"都市和田园的对立"，"都会与村落的区别"，"工业与农业的分离"。①

以上两位代表人物"忠实祖述"马克思学说，引用他们的著作，也被看作主要以通俗方式和详细资料，传播和普及马克思的农业理论和政策，同时考虑到两部著作中的农业思想，成为后来10余年间德国社会民主党在农村宣传其纲领所依据的主要材料，故具有代表性。举出二人的著作例证，时间上正好在第一国际巴塞尔代表大会通过关于土地所有制的决议前后，而且都与决议精神相吻合或为之辩护。会前埃卡留斯的著作，主要摘录其书中论小农经营一章比较英国大农经济与法国小农经营之优劣的统计资料，得出小农经营属于过去的农业形式，将归于消灭的结论。附带还提到埃氏此书曾得到马克思的帮助，似乎也证明它在直接或间接祖述马克思学说，但又质疑是否有过这种帮助，因为其中有关观点，如将来社会管理的土地委托谁作为经营主体的问题，后来引起激烈的争论。不过看来更看重会后李卜克内西的著作，不仅篇幅长，还大段引用其原文而不是摘录式概述。关于李氏这本书，稍前已看到郭之奇的中文全译本，那里考察了作者的初版跋、再版原序和全书目录，又辅之以列宁所作的提要，对其内容已有大致了解。所以这里的考察，对其中引用原文的许多内容，只取其大意，并无详述。但仍可以注意，本章介绍李氏的土地问题论，分为土地制度论与土地政策论两部分：前一部分用历史的和理论的方法讨论土地公有论，比较最有典型意义的法国小土地所有制度和英国大土地所有制度，确认分散的小农经营的劣势和集中的大农经营的优势，以及土地私有制对农业经营的限制性影响，据说形象地描述了马克思的相关农业理论；接着介绍德国介于英法两国之间的土地制度，其发展趋向据说也将马克思的资本集中及积聚理论运用于土地问题。后一部分根据前述经过论证的理论，讨论农业的政策，首先表明基本态度，小土地制度和大土地私有制是一对毒瘤，只有废除土地私有制度而代之以公有制度，才能去除这对毒瘤；具体到不同的对象，又应区别对待，如对成熟的英国少数地主所独占的土地，可采取直接没收方式，对分散的法德两国的小土地制度，

---

① 以上引文均见萨孟武译《农业理论的发展》，新生命书局1929年版，第42—59页。

就不能简单行事，一面坚持土地国有和大农经营的理想，一面对现实中的小农经营采取不干涉方式，以宣传和援助的办法加以诱导等。这样的介绍，略去李氏著作中被认为不彻底的地方，结果同前面介绍恩格斯基于马克思农业理论而主张的农民政策纲领，颇多相似之处。埃氏和李氏两本书出版在恩格斯晚年的那篇文章之前，故这种相似，又意味着他们两人的著作，既忠实祖述马克思学说，又同样依据马克思学说而在制定农业或农民政策方面，为后来恩格斯的文章提供了滋养。这或许也能解释《农业理论的发展》一书的作者为什么在绪论末尾的附记里，建议读者阅读此书，其顺序自第1章马克思后，应先观察第3章那些忠实的祖述者，再读第4章考茨基，然后回头看第2章恩格斯，最后及于第5章列宁。因为那些忠实的祖述者在农业方面的代表作，出版在恩格斯晚年那篇著名文章的前面。

**（四）考茨基的农业理论和政策**

这一章最长，几占全书篇幅的1/3，可见作者对考茨基的著作用心之专之多。此章分三节：

第1节考茨基与农业问题。"谁都知道考茨基是恩格尔以后的硕学，是马克思主义的明星"。上世纪末叶伯恩施坦（原译"伯仑斯泰因"）的修正派社会主义出现时，"他最能出力与其斗争，而拥护马克思主义者，至今尚脍炙人口"。当时农业问题也是论争的一个焦点，"考茨基能由马克思主义的见地，整顿堂堂的旗鼓，使马克思主义的农业理论有所发展"。其各种著作，未尝忘记农业问题。"其中关于农业问题能够基本地整个地组织为一个体系，使他自己在马克思主义农业学说史上成为九鼎之重者"，为1899年出版的《农业问题，关于近代农业倾向的概观和社会民主党的农业政策》（今译《土地问题。现代农业倾向和社会民主党的土地政策概述》）一书。当时德国社会民主党和欧洲各国社会党之间，对农业问题有很激烈的论争。因为农业的实际进行状态未必能够与马克思主义所说的相一致。也就是根据各种统计所示，农业方面，大经营失去地盘，小经营反见昌盛。因此，世人称马克思的经济理论若用于农业，必将生出误谬。如果经济理论不能应用于农业，不但社会党的战术，就是其原则亦非变更不可。于是一派人改奉修正派社会主义，还留在马克思主义阵营者，亦焦虑根据马克思主义的见地，应当如何才能说明理论与现实的矛盾——至少其形式上有矛盾。"应这个时代的要求而起的，便是考茨基，其所得的结果，则为《农业问题》一书"。考茨基说："农业发展的事实，对于马克思的信条，曾引起极大的怀疑，指示这个怀疑是不是正当的"，则为本书的使命①。

该书最初部分，考茨基依据马克思主义的立场，说明研究农业问题的方法。首先，主张农业的非资本主义发展的人，往往只研究农业，不顾社会全部生产。其次，人们又往往误认马克思主义是机械地把农业与工业的发展法则视为相同。然后具体说明，马克思关于资本主义生产方法的理论，不能简单归纳为"大经营驱逐小经营"的方程式，并以此来把握近代全部经济，这是不对的；必须研究农业在资本主义生产方法的过程中所受到的一切变化，资本如何支配和变更农业，如何使旧的生产形态和其所有制形态不能维持而发生新的生产形态及其所有制形态；解决这个问题之后，才能知道马克思的理论可否适用于农业，撤废生产要具私有制能否实现于一切生产要具中最重要的土地。考茨基用这样的态度和方法，仔细分析研究复杂的农业问题，其结果使列宁深加叹赏："自任为马克思主义者的著作家，在各国都由共通的见解，结为一体，但对于农业问题，至今尚争论不已，本书则为最初的组织的科学的研究"②。此后考茨基考虑到新发生的农业事实，1919 年又发表《农业的社会化》一书，其根本思想与前著相同。下面介绍考茨基的农业理论和政策的大纲，以前书为主，必要时援引后书，由此可以知道考茨基如何补充和发展马克思以后的农业理论和政策。③

这一节是个开场白，表现出作者对考茨基，比起上节前两个人物，有了更高的评价。一则在马克思主义阵营中的地位更高，既是恩格斯之后的马克思主义代表人物，又是反对修正主义的最有力者。二则在农业方面的代表作，以《土地问题》为主，《农业的社会化》为辅，不只是忠实祖述马克思学说，使之通俗和普及，也不只是具体政策上有所更新，使之丰富和适用，而且补充和发展了马克思的农业理论和政策。三则获得列宁的激赏评价。关于列宁的评价，前面已经提到列宁 1899 年 3 月下旬有关考茨基《土地问题》一书的书评；本节又看到引用列宁于同年 4、5 月间在其《农业中的资本主义》第一篇文章里评价考茨基这本书的原话。此外，出版于同年 3 月底的《俄国资本主义的发展》一书第 1 版的序言里，列宁曾专门附

① 这句话的今译文见考茨基著，梁琳译《土地问题》，生活·读书·新知三联书店 1955 年版，"著者序"。
② 其今译文见《列宁全集》第 4 卷，人民出版社 1984 年版，第 85 页。
③ 以上引文除另注外，均见萨孟武译《农业理论的发展》，新生命书局 1929 年版，第 62—65 页。

言，"最大的遗憾是，我们在本书中未能使用卡·考茨基在其《土地问题》一书中对'资本主义社会中农业的发展'所作的精辟分析"；这本书"是继《资本论》第3卷之后最新经济学著作中最值得注意的杰作"①。这是列宁对考茨基这本书更早的评价，几乎在它出版的同时，就给予高度重视。这同列宁对威廉·李卜克内西的《论土地问题》所作的提要与评价，也有明显的差别。

第2节资本主义社会中农业的发展，这是介绍书中的核心部分，占的篇幅也最大。里面分七小节，分别是"近代农业的特征"，先叙述封建农业的根本特征，由此论证资本主义农业出现的必然性，讨论近代农业的特征；"大农经营与小农经营"，明了近代农业的资本主义性质，而后论大经营和小经营，这也被列宁评论为"考茨基著作中的白眉"②，考茨基还在《农业的社会化》一书中，用实例予以补充；"资本主义的农业的限界"，谈到农业劳动力缺乏马克思所说的劳动预备军时，引用马克思1850年在《新莱茵报》上所说："有产者的关系者尚存在，则农业必反复运动于土地的集中和分散的循环行程之中"③；"农民的无产者化"；"商品生产农业的困难的增加"；"农业的工业化"；"将来的预测"。④

本节内容丰富，大量引用考茨基著作的原文或加以概述，难以——列举，上面仅举出其引用的分类标题，以及摘引列宁的有关评价和转述马克思的有关论述，以作提示。考茨基原著的中译本，是一部500多页的大作，分上下卷。本节的引用连同上节引用的部分内容，均见其上卷"资本主义社会中农村经济的发展"，含11章。从本节的引用看，前面两个小节的标题并不严格对应原著，后面五个小节的标题则对应上卷第7—11章的内容。这种不完全对应以及引用中的重点选择，有些类似于列宁在《农业中的资本主义》一文里对考茨基此书上卷的系统点评。这也让人揣测，引用者引述考茨基的农业理论，主要来自考茨基的《土地问题》一书，同时参照列宁的《农业中的资本主义》一文。至于引用马克思的原话，随原著的引用而来，意在指出农村经济中的某些特殊现象，实则马克思早已有所说明。对照原著，本节的引用除第1章"绪论"、第2章"农民与工业"外，应从第3章"封建时代的农业"开始，涉及三田制（或三圃制）的经营及其为大地主经济所束缚，

① 《列宁全集》第3卷，人民出版社1984年版，第2页。
② 今译"这是考茨基这本书最出色的几章中的一章"。见《列宁全集》第4卷，人民出版社1984年版，第97页。
③ 其今译文见《马克思恩格斯全集》第7卷，人民出版社1959年版，第341页。
④ 本节内容除另注外，均见萨孟武译《农业理论的发展》，新生命书局1929年版，第65—108页。

农民开始过半饱的生活，三田制成为农民难以忍受的锁链；第4章"现代的农村经济"，涉及肉的消费及生产，轮种经营及分工，农业经营中的机器，肥料与细菌，农业是一门科学；第5章"现代农业的资本主义性质"，涉及价值，剩余价值和利润，级差地租，绝对地租，土地价格；第6章"大生产与小生产"，涉及大经营在技术上的优越性，小经营的过度劳动与消费不足，合作社；第7章"资本主义农村经济的界限"，涉及统计资料，工业中小生产的衰落，土地的缺乏，大生产不是绝对优良的生产，大地产，劳动力的缺乏；第8章"农民的无产阶级化"，涉及土地细分的趋势，农民副业的诸形式；第9章"商品性农业所遇困难的激增"，涉及地租，承继制，指定继承制与承继权，城市剥削农村，农村的荒芜；第10章"生活资料生产中的海外竞争及农村经济的工业化"，涉及输出的工业，铁路事业，生活资料生产中竞争的区域，谷物生产的缩减，工业与农业的结合，工业排挤农业；第11章"对未来的展望"，涉及发展的动力，社会主义农业的各种要素；等等。这些内容，在本节的引用中，大多有所提及，惟侧重点不同。

第3节考茨基的农业政策。根据上述农业理论，演绎"社会民主主义的农业政策"并详细说明，这里只介绍其政策条目以明农民政策的要点。第一部分"社会民主主义的农业政策"：一是"农业无产阶级的政策"。包括撤废仆婢规则，在农村保证完全的结社自由和移住自由；禁止童工，禁止青少年做夜工，禁止18岁以下青年出外做工，强制在小学及补习学校肄业；保护出外做工；规定劳动时间；农业劳动者的住宅符合健康和道德上的必要条件；设特定法庭以减少过大的租佃。二是"农业保护政策"。包括撤废世袭财产；撤废私领区而编为共有地；撤废大地主的狩猎区而编为共有地；限制土地私有权以促进分离和撤废混淆地，耕作土地，预防传染病；国家经营灾害保险，必要时家畜保险亦归国营，但没有国家补助；用法律促使协同合作社易于组织；国家奖励农业教育制度；森林及水力国有化。三是"农村住民政策"。包括市村及州实施完善的自治制；义勇兵代替常备军；国家负担教育费、救济费及道路建筑费；国家经营医疗制度；诉讼不需手续费；采用累进所得税、财产税、继承税，并把营利的私有独占产业及卡特尔归为国有或自治体公有，以代替现行租税制度。以上不妨叫做社会民主主义的农业纲领，并非没有遗漏，其目的在于追求一般的方向，有了这个方向，可以容易地实际利用于各个场合。

第二部分"社会主义与农民"：考茨基的农民政策可以叫做"中立化政策"，

争取农民。农民害怕没收私有地，若农民对社会民主党有了这个顾虑，他们必会变成社会民主党的敌人；不应当让他们有这个顾虑，由资本主义的农业转变为社会主义的农业，虽不没收农民的私有土地，亦可成功；寄生的小经营如果看见劳动者在社会主义的大经营中地位改良，劳动时间缩短，工资增加，收入确定，必会舍其陈旧无用的经营，变为近代大经营的劳动者。倘有必要的小经营在社会主义社会仍可存在，由社会供给原料和器具，社会又是其生产物的唯一买主，他们不能不适应于社会的生产组织，在实质上变成社会的劳动者。考茨基1902年初版的《社会革命论》，亦明了述及同样的意思；1919年初版的《农业的社会化》，也有同样的意见。对农民主张非没收主义的政策，并不是考茨基所特有的，乃是马克思主义的传统政策，看了上面关于马克思、恩格斯和李卜克内西的所述，便可知道。①

本节内容，大多引自考茨基《土地问题》一书下卷"社会民主主义的土地政策"的有关论述，辅之以《社会革命论》和《农业的社会化》二书的有关论点。引用时分类为社会民主主义的农业政策以及社会主义与农业两部分，前一部分主要引自下卷前四章即"社会民主党是否需要土地政纲""保护农业无产阶级""保护农业底利益""保护农业人口"；后一部分主要引自下卷最后一章"社会革命与剥夺土地所有者"。这些政策结合新的实际情况，显然更加明确、详实和具体，其中一些基本原则，特别是对小土地所有者主张不采取没收其私有土地的政策，是马克思、恩格斯论述的传统政策。这样结合前面所介绍的考茨基的农业理论，也可以看到他在农业政策方面所作出的新的发展。

考茨基发展马克思主义的农业理论和政策的贡献，除了前面引述列宁的有关评价外，一个很好的判断，是考茨基的自我评价。他在《土地问题》的著者序中有如下说法：

"本书之作乃造因于德国社会民主党土地政纲的争论。……无论对于这些争论的意见怎样，但有一点是无疑的：在这些争论中无论德国社会民主党或国际社会民主党对于现代农业发展之趋势都缺乏一致的意见，因此也就缺乏一种无可争论的原则，足以作为一定的土地政纲的基础""时间才是给这一问题以很大实际及理论的意义。我党的发展及农业危机，使这一问题和社会民主党所接触的最重要实际问题，立于同等地位。虽然马克思主义已到处成为社会主义运动的基础，对地租问题

① 本节内容均见萨孟武译《农业理论的发展》，新生命书局1929年版，第108—116页。

作了完善研究的《资本论》第三卷亦已出版；但是，同时在农村经济发展中，已形成某些现象，似乎与马克思主义学说不相符合，于是就给农业问题以非常的理论兴趣"。"我以为问题不是要用我这一著作以增加现有关于农业问题之不少专著及调查的数目。……我们所实际需要的研究，是要能在全部混乱的事实中，发现其间的联系，阐明隐藏在现象里面及决定现象的性质的根本倾向"。"在现有的文献中我不曾见有一本从现代社会主义的立场来研究这个问题的巨著。……我们在恩格斯著作中，尤其在马克思著作中，虽然可以找到关于农业问题的许多有价值的意见，但大都为一些偶尔的笔记及短篇论文。《资本论》第三卷中地租篇可说是例外，但是它仍然是未完成的。马克思还没有完成他的全部著作就逝世了"。"即使马克思完成了他全部著作，他还是没有解决在现时使我们发生兴趣的一切问题。照他的工作计划，他只是研究资本主义的农村经济；现时我们主要是注意资本主义社会内资本主义前期及非资本主义的农业形态之作用"。"然而《资本论》对于我们研究农村经济关系，却是最可宝贵的，这不仅就他的结果而言，他的方法论也足以使我们在这一领域内顺利地继续这一已经开始的工作。如果这本书内我能够发展一些新的有益思想，那首先便应归功于我这两位伟大的先生。我特别愿意声明这点，因为从某个时候起，甚至在社会主义者中间，已有一种议论，以为马克思和恩格斯底观点是陈旧了"。①

摘录以上说法，清晰地表明，考茨基的农业理论和政策，以《土地问题》一书为例，面对马克思和恩格斯去世后因新出现的农业现象与问题而对马克思主义学说的质疑，继续运用马克思、恩格斯著作中的有价值思想特别是方法论，力图从有关农业问题的全部混乱事实中发现其内在联系，阐明隐藏在现象里面并决定现象的性质的根本倾向，尤其研究马克思未曾关注的资本主义社会内资本主义前期及非资本主义的农业形态的作用，以求为德国社会民主党和国际社会民主党根据现代农业发展的趋势，在制定土地政纲方面确立一种无可争论的原则，奠立一定的基础，同时也回击那些由农村经济发展现象而引起的对所谓"马克思教条"的极严重怀疑态度。所以如同列宁的评价，这本书是《资本论》第三卷出版后"最新经济学著作中最值得注意的杰作"，或"当前最出色的一本经济学著作"，系统考察了农业中的资本主义，也就是发展了马克思主义的农业理论和政策。

①　考茨基著，梁琳译《土地问题》，生活·读书·新知三联书店1955年版，"著者序"。

### （五）列宁的农业理论和政策

此章分三节，第1节"列宁与农业问题"：

"马尔契诺夫"的《列宁与农村问题》一书说：列宁最初为农村问题而写的论文，起草于1893年，但未付发表，约30年后始为读者所阅览，这篇论文便是《农民生活的新经济运动》；列宁自此时起一直到死，"对于农村问题与以最大的注意"。俄国劳农革命之父列宁对农民问题，"在理论和政策两方面，都有了卓越的成绩"。在理论方面，对于从马克思到考茨基的马克思主义农业理论，即农业的资本主义发展法则论，当它受到有产阶级或小资产阶级反对的时候，能够"周到地、彻底地分析研究其后现实的农业过程，重新确定并建设马克思主义农业理论"。在政策方面，又能够"实际应用马克思、恩格尔所提唱的马克思主义的农业和农民政策，而发展之，于世界史上证明其妥当性"。所以，马克思主义的农业理论和政策，到了列宁手上，"几乎集其大成"。①

这是一个总的评价，把列宁称为马克思主义农业理论和政策的集大成者。其内涵包括，在理论上对他所处时代的现实农业发展过程，经过周密和彻底的分析研究，重建马克思主义的农业理论；在政策上将马克思和恩格斯所提倡的农业和农民政策，经过发展并实际运用于苏俄革命，从世界史上得到真正的检验。

第2节"列宁的农业理论"：

列宁1899年执笔的《农业中的资本主义》说："农业方面的资本主义的发展过程，极其复杂，不可测忖，而带有种种杂多的形态"②。1908年执笔的《十九世纪末叶的俄国的农业问题》（今译《19世纪末俄国的土地问题》）又说："在农业方面，资本主义的复杂的发展过程，惟有研究了农业的现实的各种特殊性之后，才能把握。然因为它有许多的特殊性，而就说农业决不随从资本主义的发展法则者，完全是不正当的主张"③。由此可知，"在农业理论方面，列宁的功绩乃现实地——追求而阐明农业方面的资本主义的发展极复杂的过程，以证明马克思主义农业理论的妥当性"。在农业问题方面，可以看出列宁的方法论"透彻的实证的眼光"，乃1913年（实为1915年——引者注）执笔的《关于农业方面的资本主义的发展法则的新资料、第一分册、美国的资本主义与农业》（今译《关于农业中资本主义发展

---

① 萨孟武译《农业理论的发展》，新生命书局1929年版，第120页。
② 其今译文见《列宁全集》第4卷，人民出版社1984年版，第90页。
③ 其今译文见《列宁全集》第17卷，人民出版社1988年版，第106页。

规律的新材料。第一编。美国的资本主义和农业》）。此书利用美国1900年及1910年的农业统计，"阐明美国农业的资本主义化的各种形式，由此以证明马克思主义农业理论的妥当性，并证明有产者的统计如何无视事物的真相，而嘲笑有产阶级的或小资产阶级的农政学者根据这个统计而作机械的解释的浅薄"。①

各国的农业统计，普通皆以土地面积或耕地面积来分类农业经营；而普通的农政学者又以此为根据来讨论农业的发展倾向，但由此实不能指示农业经营的大小及其资本主义的意义。土地面积固然是指示农业经营的最重要目标，但仅此又不充分。第一因为土地面积不能正确表示其经营是由于自己的劳动或在什么程度内采取雇佣劳动。第二因为不能指示农业的集约化过程，又不能指示因牲畜、机器、种子、栽培方法的改良，而使投入一定单位的资本必然增加的那个过程。"经营面积虽然减少，但亦可发展大规模的且资本主义的农业，我们有很多的例子可证"。②"这个过程——除了少数地方及国家尚行原始的、纯粹粗放的农业之外——在资本主义国，却是其最特征的过程。因此，用土地面积的大小以分类经营的方法，在很多的场合，就一般的说只能约略表现出农业的发展，就特殊的说，只能够约略表现出资本主义的发展"③。

如何才能稍微正确一点地比较大经营和小经营，试述列宁的见解，"以明列宁如何拥护马克思主义的农业理论"：

"在农业的进化及其进化法则这个题目之下，一切论文都以大生产和小生产为问题"。"……（中略）要测定资本的影响，必须区别农业方面的自然的经济和商业的经济。……（中略）然同时世上又有经济学者或统计学者未曾注意到怎样才能够指摘、咀嚼并计算可以证明自然的农业转变为商业的农业的征兆。……（中略）。在农业，则各种关系极其复杂，而又互相交错，所以不容易决定生产的规模、生产物的货币价值及工资劳动的使用范围。在决定最后一项的时候，必须计算工资劳动每年的使用量。……（中略）应用合理的研究方法以与农业之技术的特殊性相适应，并从生产的规模、生产物的货币价值、工资劳动使用的程度和分量以作分类方法，这可打破掩饰有产者社会的实情的有产阶级的和小资产阶级的偏

① 参看《列宁全集》第27卷，人民出版社1990年版，第146—238页。
② 其今译文见《列宁全集》第27卷，人民出版社1990年版，第164页。附带指出，译本的注释，误将此引文的出处标注为列宁《农业中的资本主义》一文，而不是《关于农业中资本主义发展规律的新材料》一书，下同。
③ 其今译文见《列宁全集》第27卷，人民出版社1990年版，第192—193页。

见及倾向，而辟出自己一条的出路。但是我们能够大胆保证的，是合理的研究方法的适用每进一步，则在资本主义社会之下，不但工业，便是农业，大生产亦常驱除小生产"①。

列宁利用美国1900年的农业统计，证明普通有产者的统计与应用合理的研究方法，二者所指示的结果如何矛盾。姑且不论其统计数字，只介绍其结论：

"资本主义的农业发展的主要倾向，在于下述一点。就是小经营的土地面积虽然仍是小规模的，但其生产额、牲畜的发达、肥料使用的分量、机器的应用，则皆转变为大经营"。"是故用土地面积以比较各种经营，由其所得的结论，而竟主张农业的集约性乃随着经营的增大而减少者，是无条件地大误特误的。反之，用生产物的价值的大小以比较各种经营，由其所得的结论，而主张农业的集约性乃随着经营的增大而增加者，则常是正当的。……（中略）其实，资本主义的根本的主要倾向，无论工业方面或农业方面，都在于大经营驱逐小经营这一点上。但是这里所谓驱逐，并不是指迅速的收夺。数年数十年间的渐次零落，小农民的经营条件的恶化，也是'驱逐'之一。……（中略）科学的研究者若欲世人不骂自己掩饰零落的受了拘束的小农民的地位，意识的或无意识的用此以讨有产阶级的欢心者，必须正确决定零落的征兆，解剖这些征兆而阐明之，并调查所能调查的范围及各时代不同的形式。但是近代的经济学者和统计学者对于这样重要的方面，乃毫不注意"。②

最后的结论：

"在农业方面，资本主义发展的一般的法则及这些法则表现为各种的形态，我们可以美国为例，而研究之，这个研究又可归结为下述简单的题目中所指示的结论"。"手的劳动，在农业方面，比之在工业方面，乃驾在机器劳动之上。……（中略）在农业方面，资本主义的主要的征兆和指标，是工资劳动。……（中略）农民的增加不及农村人口的增加。阶级的矛盾愈益增大而尖锐化了"。"在农业方面，大生产亦驱逐了小生产。……（中略）资本主义的生产，不但于实行粗放的农业的地方，利用在面积上促进了大经营的发展的方法，且又于实行集约的农业的地方，在更小的面积之上，造出更大的、更资本主义的经营"。"要之，在大经营方面，生产的集中，比之关于由土地面积而分类的各种大小形态的普通资料所指示的，在事实上更厉害；小生产的驱逐，比之这个资料所指示的，在事实上亦更广泛

① 其今译文见《列宁全集》第27卷，人民出版社1990年版，第199—200页。
② 其今译文见《列宁全集》第27卷，人民出版社1990年版，第204—205页。

且深刻"。"小生产的收夺，是进行不已的。在最近十年之间，土地所有主对于农民总数的比率，确实逐渐减少。农民总数的增加亦比较一般人口的增加为缓慢"。"若比较同一时代的工业与农业的资料，则就全体说，农业实在落后得很。然进化的法则即大生产驱逐小生产，在农工业两方面，乃同样的进行"。①

这样，"列宁合理的研究了美国的农业统计，以证明马克思主义农业理论的中核的大经营驱逐小经营、农业的商品生产、资本家的生产的发达、农村人口之阶级的分裂过程"。②

本节内容，通篇由引用列宁原著的论述而构成。这些原著包括1899年的《农业中的资本主义》，1908年的《19世纪末俄国的土地问题》，特别是1913年的《关于农村中资本主义发展规律的新材料。第一篇。美国的资本主义和农业》，均为以往考察传入中国的列宁学说中，从未见过的著述。可以注意到，这些著述都撰写于1917年苏俄革命以前，主要沿着马克思、恩格斯、考茨基以来的农业理论发展脉络，根据新的农业实际情况和数据资料，针对那些怀疑、修改或否定马克思主义农业理论的基本原理的代表性观点，予以剖析、澄清和反驳，并基于丰富详实的统计资料加以补充、整合和完善。这一点，从上面引用的三类著述的框架中，也能体会到。如《农业中的资本主义》一文，其副标题"论考茨基的著作和布尔加柯夫先生的文章"，内分两篇文章，逐章评介考茨基《土地问题》一书的上卷内容并反驳布尔加柯夫③的批评观点。《19世纪末俄国的土地问题》一文，分七节，使用有关土地问题的统计数字和表格，均引自写于1895年底至1899年1月的《俄国资本主义的发展（大工业国内市场形成的过程）》和写于1907年11—12月的《社会民主党在1905—1907年俄国第一次革命中的土地纲领》两部著作，其理论结论，则与前文一致。最重要的引用对象是《关于农业中资本主义发展规律的新材料》一书，主要根据美国官方出版的1900年和1910年人口普查的统计资料，以及1911年的《统计汇编》，就"美国的资本主义和农业"专题，进行分析研究。书中16

① 其今译文见《列宁全集》第27卷，人民出版社1990年版，第237—238页。
② 本节引文除另注外，均见萨孟武译《农业理论的发展》，新生命书局1929年版，第121—127页。
③ 布尔加柯夫·谢尔盖·尼古拉耶维奇（1871—1944），曾是俄国合法马克思主义者，后来成了"马克思的批评家"，修正马克思关于土地问题的学说，企图证明小农经济稳固并优于资本主义经济，用土地肥力递减规律解释人民群众的贫困，试图把马克思主义同康德的批判认识论结合起来，后来转向宗教哲学和基督教。1901—1904年和1906—1918年先后在基辅大学和莫斯科大学任政治经济学教授，1906—1907年加入立宪民主党，1918年起为东正教神父，1923年侨居国外，1925年起在巴黎的俄国神学院任教授。参看《列宁全集》第4卷，人民出版社1984年版，第418页"人名索引"。

章，分别是"三个主要地区概述。垦殖开发中的西部和移民宅地""工业的北部""原先蓄奴的南部""农场的平均面积。南部'资本主义的解体'""农业的资本主义性质""农业集约化程度最高的地区""农业中的机器和雇佣劳动""大农场排挤小农场。耕作面积""续。关于农场的价值的材料""通常采用的经济研究方法的缺点。马克思论农业的特征""比较大小农场的更精确的方法""农业中的各种农场类型""农业中大生产排挤小生产的现象是怎样被缩小的""小农被剥夺""工业和农业演进情形的比较""总结和结论"。此节引用的大量原文段落，重点是第5、10、11和16四章，尤其集中于第11、16两章。这个选择性的引用，强调列宁利用美国政府的农业统计数据，阐明美国农业资本主义化的各种形式，以此证明马克思主义的农业理论，特别是大生产排挤小生产的理论同样适用于农业领域，又证明资产阶级的统计无视事物真相的特征，并嘲笑资产阶级或小资产阶级学者机械地解释这个统计的浅薄。这种论辩性的引用方式，同前面各章的重点放在坚持、补充和发展马克思的农业理论，也是一脉相通的。

第3节"列宁的农业政策"①：

列宁拥护马克思主义的农业理论有显著功绩，而更努力的在政策方面。"因为帝国主义的世界战争的破绽，已使列宁成为俄国无产阶级革命的指导者。又使列宁成为马克思主义的世界政策的实践的试验的舵手。列宁固然也欢然就任"。他在《国家与革命》的序文（实为"初版跋"）中说："参加革命的经验，比之记述革命，更觉愉快而有益"②。从劳农革命来看，农业尤其农民问题，是极重要的问题，又是极艰难的问题。像俄国那样的农业国，没有农民大众的同情，必不能得到权力，得到权力后，亦不容易维持。农民大众的意识和组织都很落后，须领导他们建设社会主义。有人说："无产阶级独裁制最困难的问题乃为农业问题"，我想任何人只要想到像俄国那样的国家，便可知道这句话的正确。

列宁如何处置这个难题？"列宁的胸次固然抱着马克思及恩格尔的农业和农民政策。但是这不过是一个大纲，至把大纲应用于实际的时候，则当考虑那个时期和那个时期的具体的形势。换句话说，应由各时期的具体的形势，使马克思主义变为活泼泼的物。这就是列宁的苦心，又是列宁主义的精髓"。实施政策的时候采取如何态度？"列宁的这个态度，真可暗示马克思主义所谓理论与实践之辩证法的统一

---

① 本节以下引文除另注外，均见萨孟武译《农业理论的发展》，新生命书局1929年版，第127—144页。
② 其今译文见《列宁选集》第3卷，人民出版社1995年版，第221页。

的真相。换句话说，列宁的政策，不是机械的适用马克思主义，乃是看到了在历史上担任社会的进化的民众的意欲和要求，而把马克思主义的原理具体化出来的。因此，列宁的农业政策的问题便是农民政策的问题。如何获得、组织和指导无产阶级的盟友的农民，实是先决问题。关于农业政策的其他问题，不过附属于此，这的确不是过甚的话"。列宁的农民政策大旨，其具体化过程，连带土地政策和农业经营政策，其中农民政策可参看下一章"共产国际的农民政策"。

关于农民政策。列宁把农业人口分为六个阶级：农业无产阶级，半无产阶级或过小农民，小农阶级，中农阶级，大农阶级，地主阶级。对这些阶级采取如何态度呢？马克思主义者列宁的见解："集团的有产阶级是社会主义的敌人，集团的无产阶级是社会主义的友人"。这个见解也照样适用于农村。对农业有产阶级的地主阶级及其他榨取阶级，同对商工资产阶级一样，希望他们彻底覆灭，其手段完全是强制的方法。反之，农业无产阶级是在农村里面实行无产阶级独裁的支柱，又是社会主义的支持者，所以对这个阶级的政策，要使他们和都市的无产阶级极紧密地提携与结合。

剩下来的是本来的农民阶级。列宁1919年2月23日在俄国共产党第八次大会上的演说①，引用恩格斯的文句："对于大农，也不必一定要用强制。若使对于中农反而要用强制去压迫他，那决不是合理的社会主义者所曾想得到的，至于小农则自然是我们的友人了"。列宁说明："这是农业问题成为大会的讨论题目的一八九四年，即恩格尔死的前一年的意见。这个意见，我们往往忘却，其实却是在理论上完全同我们一致的真理"。② 看了这个说明，便可明白他完全接受恩格斯的见解。所以对大农阶级，并不用那些对地主和资产阶级所用的彻底的方案；只限于"抑制大农阶级的反抗，压迫他们的反革命的倾向"③。这大约是在无产阶级独裁的初期，拿他们作为敌人，事实上很有不利的地方。可是他们常带有榨取阶级的色彩，这个榨取的要素非绝灭不可。俄国十月革命之后，农业无产阶级和全体农民阶级，立刻一致地团结起来，去扫荡地主阶级。目的达到之后，进入第二段的运动，第二年1918年夏秋之间，发生农业无产阶级和贫农阶级对豪富的大农阶级的斗争，这实是当然的事。1920年共产党国际第二次大会表决的"关于农业问题的决议"，由

---

① 此系指1919年3月23日列宁在俄共（布）第八次代表大会上"关于农村工作的报告"。
② 其今译文见《列宁全集》第36卷，人民出版社1985年版，第184—185页。
③ 其今译文见《列宁全集》第36卷，人民出版社1985年版，第185页。

第一章 传播马克思主义经济学的各种著作

列宁起草，述及大农阶级是"无产阶级的大敌"。政策的变迁，不外求其能够与时局的变迁相对应。其次小农阶级是半无产阶级，大体是社会主义的友人，所以列宁的政策，要唤起这个阶级的阶级意识，使他们能够同纯粹的农业无产阶级及都市劳动者阶级互相提携，进而参加社会主义的斗争和建设。贫民委员会的组织，是这个政策主要的具体方案之一。

最有问题的是中农阶级。列宁以为："中农阶级是动摇不定的阶级，一方是有产者，同时他方又是无产者。这个阶级并不榨取劳动阶级。他们为要维持自己的地位，数十年来，不知尝了多少的辛苦。亲身经验着地主和资本家的榨取，而竟能忍耐下来。虽是这样，而他还是有产阶级"①。对中农阶级，列宁所采取的政策，"乃欲实行恩格尔所树立的马克思主义农民政策，实是很有兴趣的"。在俄国中农很多，中农的向背，对无产阶级革命的命运，实可予以决定的影响。在无产阶级独裁的初期，最为迫切的自然是都市无产阶级和军队的粮食问题，如果这个时候引起中农阶级有组织的反抗，都市的粮食问题立刻就要陷于危险。加上他们政治上要是参加反革命军，无产阶级的新政府就处于非常的苦境。所以社会主义对中农阶级，至少也须使他们立于中立的地位。不过从经济上的地位说，他们虽然未必是社会主义的敌人，我们也不可忘却，他们本来有保守的性质，又曾维持有产阶级的阶级支配。中农问题重大而且复杂，列宁的政策，完全是妥协政策，又是非强制主义的中立政策。他说："我们对于有产阶级和对于中农阶级的态度，很有差异。一方对于有产阶级，宣告完全的收寂，他方对于中农——只要他们不是榨取的——承认和他们提携、结合。……对于后者若加以强制，是没有半点好处。……用强制手段加于中农，只有引起莫大的危险罢了。……这里所需要的，是继续的教育事业"②。一方面，竭力拿新式农具和其他一切中农所需要的东西供给他们，使他们知道社会主义不是他们的敌人，资本主义的覆灭，对他们是有益无损的。对他们的保守性而不肯投归社会主义的阵营，列宁断言惟有采取继续的教育事业之一法。教育事业不只依赖理论和演讲，乃以创设或奖励那些农业公社及其他协同的经营为主。对于中农，不用强制或暴力去压迫他们加入，只给他们一个具体例子，使他们知道没有比农业公社还要有利于他们的农业经营，然后等他们自己来归附。这个事情大约要用很长的年月。列宁确信："要是我们施行一种正当的政策，他们的踌躇和动摇必定

----

① 其今译文见《列宁全集》第 36 卷，人民出版社 1985 年版，第 186 页。
② 其今译文见《列宁全集》第 36 卷，人民出版社 1985 年版，第 185、189、190 页。

可以停止；中农，结局总要同我们结合"①。如上所述，列宁的中农政策，绝对排斥强制。反复说："关于这个问题，施用暴力和强制，在本质上没有半点效力；我们断不可离开这个真理"②。"在这里施用暴力，就是要把一切的事情根本破坏"③，用以警戒速望成功的共产党员。"在这里，我们实可想出非空想主义的列宁，常竭力地要求事件成功的列宁，马克思主义者的列宁的面目"。

关于土地政策。谁都知道解决土地问题，是俄国农民多年的翘望。列宁早就看破了这一点，所以他说："劳农革命政府，第一必须先解决农业问题；贫农大众能够平静而满足，其关键一悬于这个问题"④。获得权力后，他遵从农民的希望，解决土地问题。"这实是劳农革命能够得到第一步成功的原因"。1917 年 11 月 8 日即获得权力的第二天，劳农政府就宣布了有名的"土地布告"（今译土地法令），表示对土地问题的根本政策。这个布告以列宁自己起草的原文为根据。第 1 条及第 2条："地主的土地所有权，无代价地立刻废弃"。"地主的所有地，与皇室寺院教会的所有地一列，连同牲畜器具房屋及一切附属物品，一并移交市村农业委员会及县农民苏维埃管理，直至宪法会议召集时止"。本项不涉及的土地，"农民及服务兵役的哥萨克人的土地，不充公"，这是第 5 条的规定。⑤ 列宁在这里避去社会主义原则的一般适用，把收用只限于地主的所有地，不涉及农民，就是具体地适用上述农民政策方针。农民有热烈的土地私有欲，要是对他们也加以收用的铁腕，无异于把他们赶入反革命的阵营，他们产生动摇和混乱，农业生产就要起重大的障碍。所以在这里硬要适用原则，实是有害无益。

实际的政策问题，无产阶级独裁的起头，应把收用实行到什么范围，把私有地收归公有实行到什么程度。这个问题，要以各国私有地的分配状况和由此而发生的农业阶级的分裂状态，作为决定的标准。地主等大私有地，在一国的土地总面积中所占的部分愈大，农业无产阶级及半无产阶级的数目愈多，大地主与农业无产阶级之间的阶级对立关系愈是尖锐发展，无产阶级独裁愈可以在农村巩固其基础，愈可实行深刻广泛的收用。反之，私有地的分配状态愈是平均，纯粹的农业无产阶级的数目愈少，阶级的对立关系愈不会发展，无产阶级的独裁愈是不利，对收用愈须慎

① 其今译文见《列宁全集》第 36 卷，人民出版社 1985 年版，第 184 页。
② 其今译文见《列宁全集》第 36 卷，人民出版社 1985 年版，第 190 页。
③ 其今译文见《列宁全集》第 36 卷，人民出版社 1985 年版，第 190 页。
④ 其今译文见《列宁全集》第 33 卷，人民出版社 1985 年版，第 17 页。
⑤ 以上各条的今译文分别见《列宁全集》第 33 卷，人民出版社 1985 年版，第 18、20 页。

重，愈须节制。马克思主义的农民政策，原则上除去小农阶级私有地的收用，列宁则把这个原则应用于实际。"但是一般的穷极的原则的让步，并不是就把这个原则放弃"。1918 年 2 月 19 日 "关于土地社会化的布告"（指《土地社会化基本法》），在形式上废弃了"土地布告"例外承认农民的私有权。其第 1 条和第 2 条："俄罗斯联邦社会主义苏维埃共和国内的土地、地下埋藏物、河川、森林及自然力的一切私有权，永久废弃"；"土地，无赔偿地（直接的或间接的），今后移于一切劳动民众的使用"。这样，用法律宣告了一般土地私有权的废弃，一面满足社会主义纲领的根本要求，同时更由扫荡地主阶级，把收归社会公有的土地，委于用自己劳动以耕作土地的农民阶级，满足农民大众的要求。其结果，充公的部分，86% 交给勤劳农民，11% 用苏维埃农场的形式交给国家，3% 交给农业合作社及农业公社。1917 年至 1920 年，农民的保有地，在欧俄由全部耕地的 70% 增加到 96%，在乌克兰由 55.5% 增加到 96%。这样一来，农民手里的土地，除了西伯利亚之外，可估价为 5 亿卢布，同时得到 3 亿 1 千万卢布的牧场。此外，在欧俄，除了乌克兰及高加索之外，农民又解除 1 亿 5 千万卢布的抵押负债和每年 2 亿卢布的地租。农民大众欢迎列宁及劳农政府，决非偶然的事。

土地的分配虽非归于农民私有，农民只有土地的使用权，但从社会主义经济的立场说，也不是可贺的事。这是以俄国的实际情形和需要为基础，使劳农政权能够树立和维持，所以有人说列宁的政策，"是那时候一定要在俄国认识而且实行的一种自然法"。列宁自己也说："以土地使用的均分为目标的土地社会化布告，其实决不是我们布尔札维奇的理想，我们本不赞成这样的标语，不过这个要求既是农民大众的要求，则实行这个要求，自然是我们的义务，我们不应该废弃或回避这个要求。我们布尔札维奇不可不劝导农民使他们赶快取消小资产阶级的标语，迅速地容易地采用社会主义的标语"[1]。列宁用什么方法使农民经营趋向于社会主义方面呢？于是问题转入研究列宁的农业经营政策。

关于农业经营政策。以列宁为主席的劳农政府，1919 年 2 月 14 日发布"关于土地之社会主义的组织的规定"，说明其目的："打破人类对于人类的一切榨取；于社会主义的基础之上组织农业；应用一切科学技术的进步，用社会主义的精神以教育劳动大众；结合都市劳动者和农村贫民，使他们与资本作斗争；要达成这些目

---

[1] 其今译文见《列宁全集》第 35 卷，人民出版社 1985 年版，第 311 页。

的，必须把土地利用的个人的形态转变为共同的形态。苏维埃农场、农业公社、共同耕作及其他一切共同土地利用状态，都是达成这个目的的最良手段。因此，一切种类的个人的土地利用形态，只可看做一时的陈腐的物"。列宁的农业经营政策的根本方针，大约含在上述文字中。上面所说的各个共同的农业经营形态，又是什么样子呢？

首先，苏维埃农场是拿来从地主手里没收的大私有地，由苏维埃政府自己或公共团体直接管理经营。在苏维埃农场，尽量应用近代科学和技术，并附设农事试验场、农业工场、农业学校、博物馆等，以谋农业生产力的最大发展。在这里劳动的是年雇、日雇、季节雇的劳动者，他们的生产物不但供给在这里劳动的无产阶级用，且送给政府的分配机关，以作都市及军队的粮食。"苏维埃农场是最进步的、最模范的社会主义的农业经营形态，它的发达，又可促进农村内的无产阶级的发达，所以能使社会主义在农村里面，得到确实而且强固的基础"。苏维埃农场还可使都市无产阶级参加它的组织、活动和管理。借此又可使都市与田园有紧密的连络和结合。这样看来，苏维埃农场"真是在农村里面使社会主义到来和发达的真正基础"。

其次，农业公社是农民以共同大经营为目的的自由合作。在公社里面，各人的所有地都合并拢来作为共有地，农业机器以及器具、牲畜也共有，耕作劳动自然是共同施行。列宁称赞能够成为诱导农民尤其中农阶级趋向于社会主义手段的，就是这个农业公社。这个时候所采取的方针，不是强制农民加入，而是使他们用完全的自由意志，自动地组织农业公社。但农民普遍都是保守的，若不是确信农业公社有利，决不肯轻易归附，所以农业公社的发达，不能不缓慢。而且就其组织的本质说，往往把公社里面农民的利益，看得比社会一般的利益还重，以致堕于利己的倾向。"所以农业公社的发达，未必就和共产主义的发达一致，虽可作为共产主义的辅助机关，而不足以作为共产主义的基础。但是农业公社若作为一种较为发达的社会主义的农业经营形态，则可引导几百万的农民集团渐次地走向真的社会主义的王国，而成为一个过程的阶段，这是很有意义的"。对此，列宁在"农业公社及农业阿儿得儿第一次大会"（今译农业公社和农业劳动组合第一次代表大会）上的演说，有如下文句：

"农业公社这个名词，若与 Communism 这个概念相结合，便可成为伟大的名称。公社若能指示其努力改良农民经济者，则共产主义者及共产党的名望，必因是而增加。但是公社不但要引起农民阶级的拒绝的态度，而且公社这个名词又常成为对于共产主义的斗争的标语。但是这惟限于用强制手段把农民驱入于公社的时候。……（中略）我确信：现在数千的公社和阿儿特儿，乃是传播共产主义的思想和观念于农民之间的栽培地。这些各个的公社，虽然方才萌芽，但我们对于农民亦须用实例以证明它不是温室的植物，乃是在社会主义的秩序之下，能够自然萌芽的，若使有了诸君共同一致的援助，我们便可实行。这个时候我们才能永久征服暗黑、贫穷和艰难。这个时候，我们才不怕陈在我们面前的一切艰难"。①

最后，农业合作社（上述列宁演说中的"阿儿得儿"是其中一种），是农业上的协同合作社，小农和中农在互相扶助的精神和组织下，以维持并改良他们的经济地位为目的。谁都知道其种类很多，总之，这个合作社的部分组织以贩卖、购买、信用为目的，在共同组织中，社会主义的色彩最淡。但能够使农民推移到公社，我们又不可无视其意义。原来俄国本有许多的农业合作社，以生产物的共同贩卖或必需器具的共同购买为目的。但这些农业合作社都跟着资本主义的倒坏，渐次失去其意义，只有以土地的共同耕作为目的，和从事于生产物的共同加工的农业合作社，受到苏维埃政府的保护。这些合作社又因为社员仍旧维持着各自独立的经营，与社会主义相去很远，因此它对农业的社会化，只有补助的意义。列宁称许这个农业协同合作社，与其称许公社相同，若看上述列宁的演说，便可明白。但自采用新经济政策之后，协同合作社在俄国遂有了最原则的意义。对此，列宁在 1923 年出版的《协同合作社论》（今译《论合作社》）中曾予以详细的说明，其中有下列文句：

"现在，自十月革命以来，虽然实施了新经济政策（在这一点上，应当说，为了新经济政策），协同合作社在我国尚有极重要的意义"。"……（中略）现在国权已经归到劳动者阶级的手里，一切生产要具又归属于国权，然而我国尚有把人民编入于协同合作社之中的任务。能够于最大范围之内把人民编入于协同合作社，这个时候，才达到社会主义之域。……（中略）就深的方面说，就广的方面说，能够把人民组织为协同合作制度者，由根本上观之，是我们在新经济政策的支配下面很必要的任务。因为我们由此才能结合在从前本是社会主义者的障碍的私的利益和私的商业利益，使国家加以监督和管理，而隶属于一般的利益之下。……（中略）这尚不是社会主义社会的建设，然却是建设社会主义社会时最必要的东西"。"……（中略）二个伟

---

① 其今译文见《列宁全集》第 37 卷，人民出版社 1986 年版，第 362—364、368 页。

大的、划一时期的任务，已迫在我们的面前，第一任务，我们要改造继承旧时代的，没有丝毫价值的制度，第二任务则为农民阶级间的文化事业。农民阶级间的文化事业，就其经济的目的说，乃由协同合作运动而实行。若使我们要完全捕捉人民编入于协同合作社，则我们已经有了社会主义的地盘。但是完全的协同合作化当以农民阶级（尤其是大众的农民阶级）的文化的阶段为前提，这个协同合作化，没有文化革命，实不可能。……（中略）"。①

　　以上是列宁的农业经营政策最重要的具体形态。列宁一面奖励这些形态，促进其所理想的农业社会化，同时另一面更注意到旧式小农经营的保护和改良。列宁预想在社会主义社会下，小农经营亦可继续存在，但当讲求种种方策以增加其生产力。所谓种种方策：把改良的种子和人造肥料供给农民，普及科学上的知识，把科学的教训和援助给与农民，农民所用的农具在地方苏维埃的修缮工厂内改良等。这些方策一面谋农地生产的增加，同时又可使一般农民尤其小农变成社会主义的友人。这些方策可使他们知道社会主义对于他们，不但无损失，而且有利得。列宁采用小农援助政策，当然不是要奖励小农的经营形态。他深信小农经营离开近代的科学和技术很远，为不生产的。因此，虽然采用援助的政策，小农经营亦不至跋扈起来。结局是，他们若看见在农业方面已经确立社会主义的生产方法，生产又很有利，不久必自进而舍去旧式的经营形态，归附于公社及其他新式的社会主义经营形态，这是列宁所期望的。但路径很远，不要性急。在这里才能看到列宁的苦心。他1921 年 5 月在俄国共产党第十次大会上作了一场报告，曾表达了自己的感想：

　　"共产主义者若以为小农经营的经济的基础，可于三年之中，根本推翻者，的确是一个空想家。但在我们之间实有无数的人曾作这样的思想。这是无容讳的，而且又不一定是坏的。在这个国家，如果没有空想家，何能开始共产革命？实践固然已经证明种种经验和尝试在土地的共同经营的领域之内，有了很大的作用。……（中略）关于小地主的问题以及要健全他们的心理，只有用物质的要素，才能解决。由技术，由大规模地应用 tractor 和机器，由大规模的电气化，才能解决。这能够根本的，而且最迅速的变更小资产阶级"。"但是诸君总能知道制造 tractor 和机器，及把广大的土地电气化起来——无论如何，须用十年的光阴"。②

　　本节完全在为列宁的农业政策辩护，辩护的理由：一则列宁不仅拥护马克思主

---

① 其今译文见《列宁全集》第 43 卷，人民出版社 1987 年版，第 361—362、367—368 页。
② 其今译文见《列宁全集》第 41 卷，人民出版社 1986 年版，第 53 页。

义的农业理论并为发展这个理论取得显著的功绩，更致力于这个理论在实践中的具体化即落实在政策方面。帝国主义的世界战争所产生的破绽，使得俄国成为帝国主义链条上最薄弱的环节，从而把列宁推到在俄国进行无产阶级革命的指导者地位，也就是担当起舵手身份，将马克思主义具有世界政策涵义的农业理论，付诸试验性实践，这是从理论到实际的一大转变。二则苏俄革命所面临的极重要也是极困难的问题，正是农业问题特别是农民问题。在俄国那样的农业国，无产阶级没有广大农民群众的支持，难以夺取政权，夺取政权后，也不容易维持无产阶级专政，所以必须有适当的农业政策和农民政策。三则马克思、恩格斯的农业及农民政策，只是一个大纲，如何把这个大纲应用于实际，使马克思主义成为活的指导思想而不是死的教条，需要结合俄国在特定时期的特定国情，实现理论与实际的辩证统一，不能机械地照搬马克思主义。四则把马克思主义的原理具体化的关键，在坚持社会主义原则的同时，设身处地去考虑俄国占大多数的农民的利益和心理，将农民作为无产阶级的盟友来争取、组织和指导，以此作为先决条件。五则列宁号称马克思主义农业理论与政策的集大成者，既表现在继续发展了马克思主义的农业理论，更表现在实际运用中结合自身国情特点的原则性、灵活性和创造性。

具体到列宁的农业政策，此节分别列举了他的农民政策、土地政策和农业经营政策，实际上三者结合为一体，以农民政策为主。农民政策的特点是将俄国农业人口划分为六个等级或阶级，除了两端的阶级，作为依靠对象的农业无产阶级或贫农和半无产阶级或微小农民，以及作为剥夺对象的地主阶级外，主要是处理好对待小农、中农和大农的政策。对待大农，列宁曾经根据恩格斯的思想，提出不必采用强制剥夺的暴力手段，但夺取政权后不久，大农也成为斗争的对象；小农一直被当作无产阶级的盟友来对待；最困难的问题是如何对待人数众多的中农，既要防范和打击他们对新政权的反抗，又要争取他们往社会主义方向靠拢。土地政策是争取农民群众支持的关键举措，同时又不能放弃取消土地私有而转变为土地公有或国有的社会主义原则。夺取政权之初，除了没收地主阶级的土地之外，对一般农民采取均分土地的政策，承认小土地私有权，赢得广大农民的支持；但从社会主义的公有原则出发，又宣布一切土地归国家所有，农民只有使用权而无所有权，这也是最初的"土地法令"与后来的"土地社会化法令"的区别，其意图是引导广大农民走向社会主义道路。农业经营政策涉及各种具体的农业引导方式，一种是国家出资支持的苏维埃农场，以此作为社会主义农业耕作的示范方式；另一种是自愿组成的农村公社，国家也给予一定支持并起示范作用；前两种方式在农业生产中所占比重较小，于是鼓励建立农业合作社（农业劳动组合），特别是实行新经济政策后，发展农业合作社具有重大的意义。不过从引述列宁的各类讲话看，这些示范性或引导性的农业经营政策的实施效果，尚不能尽如人意或有待进一步探索。

以上辩护，都是从列宁的著作或报告演讲中寻找证据。循着这些证据，又可以看到当时我国不曾见过的大量列宁原文，分别引自全俄工兵代表苏维埃第二次代表大会上"关于土地问题的报告"和"土地法令"、《无产阶级革命和叛徒考茨基》、俄共（布）第八次代表大会上"关于农村工作的报告""在农业公社和农业劳动组合第一次代表大会上的讲话"、俄共（布）第十次代表大会上"关于以实物税代替余粮征集制的报告"、《论合作社》等。通过这些鲜见的内容，能够具体而真切地体会列宁制定和推行这些农业政策的初衷与效果，这是以往传入国内的著述谈到苏俄的农业政策时，很难感受到的作为政策设计和制订者的真实心境。对照上节列宁的农业理论，那里所引用的原文，均系采自十月革命以前或更早的著述，如1899年的《农业中的资本主义》，1908年的《19世纪末俄国的土地问题》以及1913年的《关于农村中资本主义发展规律的新材料》即美国的资本主义和农业等。也就是说，列宁用以指导十月革命后制定和推行一系列农业政策的理论原则，早就发展成熟。然而列宁对马克思主义农业理论和政策的集大成式发展，是否妥适和有效，还有待社会主义革命和建设实践的检验，特别是如何将马克思主义在发达国家的经济基础上所形成的农业理论和政策，用于以农村小土地所有者为主而相对落后的俄国，更是一个极大的挑战。关于这一点，在本节引用列宁文献的原文里，可以有较为充分的体现。尽管引文的翻译不很理想，难以表达原文的精细涵义甚至出现错讹，从中仍能大体看到在制订和执行政策过程中所面临的艰难、矛盾、偏离和反复。如在农村工作过程中，从偏于简单和强制的措施以实行社会主义原则，到转变为考虑现实状况的新经济政策，就是明显的例证。所有这些基于马克思主义的农业理论和政策，并经列宁的发展而创造性运用于苏俄国情的生动表述，对具有类似国情的我国来说，恰恰也是最富于借鉴和参考意义的地方。

### （六）共产党国际的农民政策

"共产党国际"即列宁领导下成立的共产国际，或称第三国际，其农民政策，实际上是列宁相关政策的另一种表述方式。不过单列共产国际的农民政策，在已经考察的著作中，从未见过。此章分四节，第1节"马克思主义与列宁主义"：

"列宁主义是帝国主义时代的马克思主义"这句话的意思，从政策上说，资本主义现在已经发展到帝国主义，在这样迫切的形势下，"原理的马克思主义应该进展为具体的、实践的列宁主义"。这里讨论农民问题，可以发现一个显著的例子。勤劳农民与劳动者阶级的结合，是列宁主义一个基础，但这种结合的政策和战术，并不是列宁发明的，其原则老早就为马克思和恩格斯所提倡而确立了。然而能够知道这个原则中途曾为社会民主主义者所雍蔽，进一步以具体的、实践的规定，把马克思及恩格斯所发现的原则方针复活起来，则为列宁的显赫历史功绩。因此，由列宁主义指导的共产党国际的农民政策，不过是马克思及恩格斯的农民政策的延长、发展和具体化而已。"关于马克思主义的农民问题之指导的原理，由共产党国际乃达到怎样的具体的规定呢？共产党国际的农民政策所以有研究的意义和兴趣，其理由就在于此"。①

这里的说法，采用斯大林所说的列宁主义概念，意味着直接继承和发展了马克思主义，而且与共产国际的主旨完全等同起来，强调的重点，就农民政策而言，仍体现在从原理到实践，从抽象到具体，另外还要加上从一国到国际的演进上。

第 2 节 "共产党国际与农民问题"：

共产党国际的大会及扩大的执行委员会，多次讨论过农民问题。第一次是1920 年夏季举行的第二次大会，在列宁的指导下，通过了以列宁起草的草案为根据的"关于农业问题的决议"（今译《关于土地问题的决议》）。决议确立了共产党国际的农民政策的指导原理，从这个意义上说，它占有很重要的地位。其根本部分，认为农民阶级决不是统一的阶级，事实上与大地主有共同利害关系的，只有大农阶级；中农阶级在无产阶级与支配阶级斗争的时候，由于其利害关系，不能不采取中立态度；至于大多数的勤劳农民（小农、微小农民、贫农），则属于无产阶级阵营，由此认识和建立农民政策。自此以后，国际处理农民问题，都以这个决议为根据。第二次是 1922 年夏季的第四次大会，处理农业问题在原则上固然无异于上述决议，但考虑到政治方面世界革命的影响很缓慢，特别讨论共产党国际在无产阶级执政前的农民政策。其论题的要点：要获得农民大众，应当尊重他们的现实要求并经常予以支持，更应当为此而活动，以证明在资本主义下，面对支配阶级，只有我党真正能代表勤劳农民的利益；同时指示在资本主义下，农民的要求常与支配阶

---

① 萨孟武译《农业理论的发展》，新生命书局 1929 年版，第 146 页。

级的利益相冲突，其要求不能得到贯彻，以此诱导农民归附于革命方面。第三次是1923年3月的扩大执行委员会，为了使劳农双方的斗争结合在这个时代具体化，用"劳动者与农民的政府"标语来代替"劳动者政府"。第四次是1924年的第五次大会，这时因农民问题与农业恐慌问题有关，乃详细讨论，说到各国共产党须成为勤劳农民的友人，使之脱离大地主及大农阶级的精神和组织影响。第五次是1925年春天的扩大执行委员会，此时通过详细和有组织地讨论农业及农民问题，表决通过以布哈林起草的草案为基础的"关于农民问题的论题"。这个论题承认列宁所说的："斗争的过失，乃因为把在一定时期内为妥当的标语和方针，照样应用于别的时期而后发生的。所以应该按照各时期，指示问题的所在，并确定对于农民运动的政策"。最重要的，自然是第二次大会所通过的"关于农业问题的决议"和最后所述的扩大执行委员会所通过的"关于农民问题的论题"。前者只关系原则方面，后者则涉及补遗和适用方面。二者互相补充，然后才能知道共产党国际的农民政策的全部。①

以上介绍共产国际自1919年成立后到1925年间在农民政策上的有关决议和指导意见，实则将列宁的农业理论和政策，从苏俄一国推广到世界各国的社会主义运动。其中以列宁的去世（1924年1月）为分界，在此之前，其标志性文件是以列宁撰写的草案为基础而由第二次代表大会通过的《关于土地问题的决议》，此后作为共产国际成员的各国共产党处理农民问题，即以此《决议》为根据；在此之后，其代表性文件是以布哈林撰写的草案为基础而由扩大的执行委员会通过的"关于农民问题的论题"，在新形势下继续坚持列宁的农业或农民理论和政策。这两个文件，也是本章后面两节介绍的重点。

第3节 "关于农业问题的决议"：

这个《决议》确立了共产党国际在农业问题上的原理和方针，其一，"解放运动的第一原理"。"只惟受共产党指导的都市和工业无产阶级，才能解放农村的勤劳大众于资本和大土地私有的束缚之外，且能防止在资本主义制度之下必不可避的破灭和帝国主义的战争。……（中略）无产阶级只惟自视为一切勤劳者和被榨取者的前锋，又自视为与榨取者斗争时的指导者，而作运动，然后才是革命的，才是遵从社会主义而行动的阶级。不过要达成这个目的，若不把阶级斗争移植于农村，

---

① 萨孟武译《农业理论的发展》，新生命书局1929年版，第147—148页。

使农村的勤劳大众以都市无产阶级的共产党为中心而集合起来，且又由都市无产阶级以教育农村无产阶级，一定不会成功"①。以上是《决议》第 1 项的要点。这里所述的解放运动的第一原理，不过重新确立马克思、恩格斯以来的信条，"由共产党指导工业无产阶级，又于工业无产阶级的指导权之下，把农村的全部勤劳阶级，动员起来，与榨取阶级斗争"。

其二，"农业阶级的分析及对于各个阶级层所应采的原则的政策方针"。《决议》第 2 至第 6 项，规定农业人口的阶级构成及对各个阶级层次所应采取的政策原则，这是中心部分：

首先，都市无产阶级应该诱导农村勤劳大众和被榨取大众，或使他们变成自己的友人。他们可分为三种：一是农业无产者，即在农业企业及与农业企业结合的工业企业工作，由工资劳动维持生计的工资劳动者（季节工、出外做工及日佣劳动者）。对他们的任务，应该把他们分离于其他农民集团之外，使他们有自己特殊的阶级组织（政治、军事、劳动合作、协同合作、教育等），并用种种方法使他们变成苏维埃权力及无产者政府的友人。二是半无产阶级或细农，他们的生计，一半依靠在资本家的农业和工业企业从事工资劳动，一半依靠在自己私有的或租借的狭小土地上尽力劳动以供给他们家庭所必要的一部分食粮，才能维持。这个阶级的地位极其困难，苏维埃权力与无产阶级独裁给与他们很大而且有用的利益，所以若能稍加诱导，便可把他们变为自己的友人。在某些国家，上述两个阶级尚未完全分离，所以在特殊情况下，应允许他们共同组织。三是小农，小土地的所有主或佃户，不雇用他人的劳动力，其收入又只够维持一家之用。无产阶级得到胜利后，马上给与这个阶级下列利益：免除给地主的佃租；免除抵押负债及购买金；解除大地主所加的种种形态的束缚和隶属；利用无产者国家的权力给他们以经济援助。同时应当知道，这个阶层在微弱的程度内是食粮的卖主，受到商业和私有习惯的侵染，所以在资本主义到共产主义的过渡期，在无产阶级独裁时期，经常会发生动摇而想得到商业的自由和私有物的自由处分权。获得胜利的无产阶级，若能采取确定的政策，清算大地主和大农，这些阶层的动摇就不会扩大，小农全体也不至于反对无产者的变革。以上三个阶级合并起来，无论在哪个国家，都占农村人口的多数。所以无产阶级的成功，不但在都市，而且在农村，都能够得到保证。

---

① 其今译文见《国际共产主义运动史文献》编辑委员会编译《共产国际第二次代表大会文件》，中国人民大学出版社 1988 年版，第 747 页。

其次，中农阶级从其经济意义说，是小土地所有主或佃户，能够雇用别人的劳动力。他们在资本主义下，不但收入可维持其家庭和营业，丰年还可以有些许剩余转化为资本。对这个阶层，无产阶级的政策是在最近的将来或在无产阶级执政的初期，不能使他们变成友人，只可使他们保持中立。换句话说，无产阶级与有产阶级斗争的时候，只能阻止他们去积极援助有产阶级。这个阶层的动摇是不可避免的，在资本主义发达的国家，当新时代刚开始之际，这个阶层的态度，每每有利于有产阶级。他们的人生观和感情，带有私的资本家的倾向。获得胜利的无产阶级，常用取消田租及抵押负债、交付机器、应用电力于农业经营，改良他们的状态。无产者国家应当为这个阶层取消由私有财产而产生的一切债务。无论任何场合，无产者权力对小农及中农阶级，要保证他们的土地可以维持现状，可以扩张其面积到原来租借的土地（取消田租）。对有产阶级毫不假惜地没收，对中农阶层采取中立政策一定能够成功。要把中农转移为共同的农业经营，必须极慎重极缓慢地用实例的力量，交付机器和采用技术改良（电气化）来促进，不加以丝毫的强制，而后才能成功。

最后，其他的农民阶级，一是大农阶级，使用许多工资劳动者实行资本家企业的农业经营。他们的文化程度、生活方式及自己要用肉体劳动来参加经营，所以又属于农民阶级。这个阶级在有产阶级中占最大多数，又是无产阶级的直接和坚决的敌人。农村革命活动的主要目标，在于同这个阶层作斗争，从这个榨取者的精神和政治影响中，把勤劳和被榨取的农民大众解放出来。无产阶级在都市取得胜利之后，这个阶层一定会乘机出来反抗和怠工。所以无产阶级必须马上开始一切必要的精神和组织准备，抑制大农的反抗。但对大农又不可立即实行没收，因为他们经营的社会化所必要的物质的，尤其技术的以及社会的各种条件，都不存在。所以一般地说，大农的土地照原样不加以变更，惟在他们反抗时，才加以没收。二是大地主，直接或通过借地人榨取工资劳动者或周围的小农（或中农）的劳动力，自己不作任何的肉体劳动。对他们，无产阶级须马上、无例外、无赔偿地没收其全部土地，不许以任何形式宣传或实行对其没收地的赔偿。因为这样一来，在今日的欧美情态下，无异于背叛社会主义，把新的负担加在勤劳及被榨取的大众身上。

其三，"收用地的处分政策和农业经营方针"。共产党国际以为，在进步的资本主义国家，须维持农业大经营，并按俄国苏维埃农场的形式去指导它们。同样，更须援助其他的共同经营（土地协同合作社、公社）。维持农业大经营，最能保护在大经营内从事工资劳动以维持生计的农业人口，即没有土地的农业劳动者和只是零碎土地所有主的半无产者的利益。而且大经营的国有化，可使都市人口在饮食问题上，至少一半能够独立于农民阶级之外。然而，在中世的赋役制度残滓至今尚为特殊的榨取形态，或地役和分益佃农制度至今尚在的地方，必须把大农土地的一部分交给农民。如果农业大经营只有比较贫弱的作用，相反还存在很多为得到土地而努力的小农所有主，在这些国家或地方维持大经营向都市供给食粮，实在没有什么意义。反之，分割大地主的私有地，实可使农民阶级变成无产阶级的友人。无产者权力只有在能够使中农阶级保持中立，并得到小农阶级——虽非全部，至少是其大部分——的赞成，然后才能继续存在。无产阶级为了成功，在生产上不能不暂时退让。但是在大私有地分割的地方，无论任何场合，第一总要保护农业无产者的利益。无产者权力确立之后，不但在都市，而且在农村，必须从有产者出身的人中招请有经验、知识和组织能力者，在可以信赖的共产主义劳动者的特别监督和土地委员会的统制之下，创设农业方面的社会主义大经营。《决议》第7项第1款说：只有在无产者国家权力打破榨取者的一切反抗，确立完全的支配和充分的服从，并用科学的大经营及最新技术成果（全部经营电气化）来改造产业的时候，才能永久确保社会主义对资本主义的决定性胜利。只有这样，都市才能对残余而分散的农村人口，在技术上和社会上给与最有效的援助。其结果，造出物质的基础使农业生产力及农业劳动大大地进步。于是小土地所有主为着自己的利益，便移向用机器来劳动的共同大经营了。

以上介绍"关于农业问题的决议"的主要部分，最须注意的是农业阶级的分析及对各阶层所应采取的政策方针的原则。[①]

转述上面《关于土地问题的决议》的有关内容，除了第1项对照并附录今译文之外，其余各项均系参考今译文而对原译文有所梳理，否则在不少内容上，无法读通或理解原作的严谨表述或细节涵义。对照上一章列宁的农业理论尤其农业政策，不难看出由列宁起草的这个决议，二者在理论原则和政策方针上高度一致，惟后者考虑到共产国际内不同类型国家的实际情况，在政策的具体把握上有所区别。对我国的读者特别是早期共产党人来说，当时恐怕更多的是通过共产国际的这个决议而不是列宁的原著，接触和认识列宁的农业理论和政策。这个决议虽然基于列宁将马克思主义原理直接应用于苏俄革命实践的结果，却不仅限于苏俄，力求适用于各国共产党所面对的各自国情。从这个意义上说，它当然也被参加共产国际的中国共产党人理解为用于指导解决本国农业和农民问题的纲领性文件。如此看来，这个决议作为向世界各国共产党传播列宁的农业、农民与土地思想的重要文献，其核心内容，在我国率先由这个译本，得到较为完整的披露。

第 4 节 "关于农民问题的论题"：

这是以上述《决议》为基础的一个补充。其结论：共产党对农民阶级的一般方针，已由列宁在共产党国际第二次大会起草的关于农业问题的指导原理而确立了；这个指导原理，今日凡加入共产党国际的党，都有遵从的义务。确立这个指导原理的决议之外，何以又有必要作成这个《论题》？读者大约知道，"《决议》乃专由无产者独裁的见地，处理问题，即规定并宣言无产者执权后所采取的农民政策。其后，因为现实形势的推移和实际经验的堆积，共产党国际知道了须整个地、历史地处理问题"。《论题》结论的第 1 节说：我们在现在这个瞬间，必须理解获得权力之后，不仅以政策的宣传为问题（这不是主要问题），反而当假借现实经济的、政治的标语，作积极有效的斗争，即以这个问题影响农民阶级。战后农民问题愈益重要（其中殖民地问题乃是世界性大规模的农民问题），加上资本主义的不安定，于是各国的支配阶级、有产阶级及大地主乃用种种形式和方法，努力谋求吸引农民阶级到自己的阵营中。现在的历史时期可以定义为："无产阶级与有产阶级，为了要获得落后的无产者以及农民阶级的大众，乃出来决战的时期"。所以，"对于农民及农业问题，有明了的理论和紧张的活动，比之从前，更是我党成功的条件"。

其一，"无产阶级与农民阶级的关系"。《论题》第 1 节，根据《决议》有关农业阶级的分析，说明各个农业阶级与无产阶级的利害关系，由此而使政策具有理论的基础。须将《决议》和《论题》二者统一起来，才算完成对农业阶级的分析及各阶层的政策方针的原则。从这个意义上说，《论题》可称为对《决议》"有益的补遗"。

其二，"资本主义发展期（一九一四年战争以前）内的农业问题"。《论题》进一步把农业和农民政策，分为资本主义发展期、劳动者阶级将要得到权力之前和得到权力之后三个时期。第一个时期无产阶级尚不以获得政权为问题，马克思主义者的任务是在资本主义国家，须先打破资本主义发展过程中小资产阶级的幻想、理论偏见和错误见解；反对机会主义者，拥护农业方面大规模生产的技术和经济的优越、集积和集中的法则，农民阶级的阶级展开的必然性以及农业生产的资本化；预测资本主义发展的将来行程；必须打破农业"非资本主义的发达"论所谓农业的发展与工业不同、自有特殊发展行程的学说。马克思主义应采取的实际政策方针，分别为有产者革命任务已经解决的国家，以及封建土地私有尚未完全排除的其他国家。

其三，"劳动者阶级将要得到权力前的农业问题"。这一时期无产政党的任务，要充分发展阶级斗争，努力除去资本主义自由发展的障碍，集中自己的阶级力量并发展到以获得政权为中心问题，尤为必要的是劳农提携。在实行资本主义大生产的国家，必须假借工资劳动者的援助，把耕作的大私有地转为国营。若有必要，须把大私有地的一部分分给小农（其范围视各国的情况而定），有时须分给中农。因为在很多国家，无产阶级若得不到小农阶级的直接援助或中农阶级的中立，实在不能得到政权。

其四，"得到权力之后的农民政策"。无产政党得到权力之后最重要的任务，是与农民阶级妥协。农民阶级在地球上占最大多数，现在对生产的重要性依然很大。这个妥协是在经济政策上考虑小生产者的私经济动机，并从这个动机出发，逐渐团结生产者而引导进入完全的共同经营形态。无产者国家和支配的无产政党，须细心考察农民阶级的分化过程，保证社会主义经济要素的生长。对共同化的各种形态给与财政援助，用种种方法来发展从有产者的影响下解放出来的协同合作制度的生长。由此组织农业日佣劳动者、没有土地的农民及中农，利用一切方法援助新发生的农民阶级，使他们成为抵抗有产阶级和资本家的力量。劳动者阶级要与农民阶级或其中某一阶层进行经济上的提携，必须依赖于工业的积极援助，因此工业必须发展生产力，使之比起资本家的工业，更能有利于农民阶级。在无产阶级独裁时期，劳动者阶级与农民阶级之间为提携关系，但是与农民的协力决不是权力的分割。诱导农民阶级进入社会主义建设的道路上，如果他们能够接受社会主义的影响，最进步的分子须允许他们参加国家机关。应当明了这个时期全都以特殊的发展法则为特色。社会主义要素随着进化的路程而生长，无产阶级政策不是用来破坏整个社会，而是用来确保整个社会。这个时候，敌对的有产者形态渐次消灭，小经营形态由于协同合作制度及一切共同结合形态的成长而渐次变形。这个时期的这种特殊发展法则，是我们战术的基础。运动的终局目的，在于组织农业的共同大生产，除去都市与农村的对立，克服资本主义下农业的落后状态。《论题》还讨论了现在时期的农业问题状态，详细规定对付各种农民运动的政策和战术，补充《决议》的不足。①

以上转述《论题》的有关内容，着眼于共产国际关于农业的一般理论和政策，省略了那些更为详细的政策性或战术性规定。通过上面的内容不难看出，《论题》确系《决议》的延伸、补充和具体化。诸如随着形势的变化和经验的积累，强调从世界范围内完整地和历史地处理好农民和农业问题；对农村人口的阶级分化及其阶级与阶层的分析，更加深入细致，并有针对性地提出政策方针；将农民和农业政策的实行划分为不同的历史阶段，分别根据资本主义发展时期、无产阶级夺取政权之前和无产阶级夺取政权之后的时代特征，确定相应的政策或政策重点；等等。这也是列宁去世后，共产国际在农民政策方面，沿着列宁所设定的路线与方针，继续遵从和发展的一个显著例子。由此还能看到共产国际这一章，旨在勾勒全书的一个完整脉络，即自马克思、恩格斯创立马克思主义农业理论与政策后，经过其信奉者的补充与发展，到列宁手上，一面在理论上集其发展之大成，一面在实践上应用于无产阶级专政下的苏俄，然后又从苏俄一国，经过共产国际的政策指导，推广到共产党组织活跃的各个国家。

### （七）批评与反驳

这是继上面六章研究马克思主义农业理论的发展史之后，最后一章把视线转移到围绕这个理论，先倾听批评者的主张，再来看马克思主义者的反驳，由此更可以理解马克思主义的农业理论。第1节"反马克思派的批评"：

马克思的批评者人数很多，著作亦不啻汗牛充栋，而他们攻击最厉害的地方，却是马克思的农业理论方面。批评者以为这个方面最有隙可乘，深信一定能够获胜。有必要正确把握批评者以马克思主义农业理论的哪一点为问题，且根据哪一种理由。这里列举三个最有价值的代表者。一是"亨利·达得"。他是历史派经济学大家威廉·罗雪尔②（原译"威廉·洛瑟"）《农业经济学》（应指《农业及类似原

---

① 本节引文均见萨孟武译《农业理论的发展》，新生命书局1929年版，第156—163页。

② 威廉·罗雪尔（Wilhelm Georg Friedrich Roscher, 1817—1894），出生于德国汉诺威一个高级法官家庭，在哥廷根大学和柏林大学专攻历史学和政治学；1840年任哥廷根大学历史学及国家科学讲师，1841年任政治经济学讲座，兼讲政治理论史，1843年任副教授，翌年为教授；1848年任莱比锡大学政治经济学讲座，达46年之久。1843年出版《历史方法的国民经济学讲义大纲》，被称为"历史学派宣言"，第一个把萨维尼在法学研究中的历史方法运用于政治经济学，为德国历史学派经济学奠定了基础，成为德国旧历史学派的创始人。

始产业的经济论》）一书的校订者，在此书第 14 版的卷后写了一篇附录《农业与社会主义》，批评马克思主义农业理论，"很得要领"。摘录其要旨："马克思传下来的那种陈腐的社会主义学说，以为大经营驱除小经营，在农业方面也是符合，然现在已经因为认识了德国小农经营增加的事实及农工业生产不相同的性质，而被否定了"；"农业的小经营，在现在的交易及贩路关系之下，或是同大经营一样地有利，或是比大经营还更有利；所以国家及个人设法维持或增加小农经营，不但于社会上有益，即在经济上也是有益的。在这一点，社会主义的从前的学说，无异于已经宣告了死刑"；"因此，社会主义遂陷于困难的地位。如果承认了农业小经营的生存力，从前的学说就要破坏；倘若不承认，那末，又要同现实的事实发生矛盾。一方在原则上、理论上主张小经营的没落，同时又赞助保护农民的政策，那就要起矛盾，社会主义又何能堪。反之，如果固执从来的立场，而反对一切保护农民的政策，那末，社会主义就永久不能在农村得到地盘"。简言之，这个非难的中心，认为马克思主义所谓的小农经营必然没落论，是与现实事实相矛盾的谬论。换句话说，认为马克思主义在理论上和政策上都没有成立的可能。"这又是有产阶级的学者所深信而不疑的"。

二是维尔纳·桑巴特（原译"伟尔纳·庄巴特"）。他在《19 世纪的社会主义和社会运动》一书中，提出同样的问题。该书第 1 版（1896 年）尚以疑问的形式反对马克思主义的农业理论，到第 7 版（1919 年）则变成确信的反对。书中说："若使在经济生活之上，有了不遵守社会化行程的方面，——在这个方面，小经营形态比大经营形态，更为重要而且更是生产的——则将变成如何样子呢？社会民主党目前视为问题的农业问题就是这个。以大经营为基础的共同经营的理想及由此而作成的纲领，对于农民阶级，不是要受根本的变更么？如果他们认识了农业的发达不会趋向于大经营，而在农业生产的范围，大经营又不是最高的经营形态，那末，就要碰到了下述的决定的问题。——我们须变更我们的纲领，承认小经营的存在，放弃共同经营的目标，而成为民主主义的么？抑或我们仍然是无产政党，严守共同经济的理想和目标，而由我们的运动之外，除去这个要素么"？"我在这里，所以须用'若……则……'的疑问形式说话者，就是因为据我们所知道的，现在对于农业发达的倾向是怎么样的；在农业生产，那一个经营形态最为优越；在农业生产，到底有没有一个是优越的经营形态等的问题，尚不能确实决定的缘故。但据我的见解，马克思学说在这里，本质上应被否定。换句话说，据我的见解，要想把马克思学说照样演绎到农业方面，是不行的。原来马克思对于农业问题虽曾发表重要的言论，但他的发展理论，即由大经营的增加和民众的无产阶级化，而演绎了社会主义的必然性这个发展理论，只可通用于工业的要求，不能适用于农业的发展。我的意见则以为填补这里的缺点，只有用科学的研究"。这个疑问形式的见解，后来变成确信的见解。他说："马克思的集积说，不能适用于农业生产的领域。统计已经指示了在农村，不但农民经营不会废除，而且农地经营也不会扩大。反而我们乃可证明其反对的倾向，即经营单位缩小的倾向。……纵在资本主义国的美国——在这个国家，没有东西能够妨害历史的传统的进化，而合理主义的精神亦不支配农业——事情也是一样的，就是我们只能看见农场缩小的倾向"。各个农场的耕地平均面积，在1850年、1860年，此后每隔10年而至1900年（即人口调查之年），分别为61.5、51.9、53.7、53.1、57.4、49.4英亩，"没有半点'集积的倾向'的痕迹"。"但尚有人以为——这个见解大部分是正当的——农业者不过表面上独立，其实乃于种种形式之下（贷借资本、商业资本及其他），变成榨取他们的资本的傀儡。这句话或是不错。但榨取不是集积。集积是一种极明了的现象，不会给人家任意这样或那样解释的。但在农业的领域，集积不能成立，至少若以狭义的农业经营为问题的时候，集积不会成立。这是没有一点疑问的"。说"没有一点疑问"而否定马克思主义农业发展论的桑巴特，属于修正派。其实关于这一点而与马克思尖锐对立的，正是修正派。

三是爱德华·大卫①（原译"厄雕亚特·达微德"）。他是修正派农业理论的代表，其理论详见《社会主义与农业》一书。这本书批评马克思主义的农业理论，世人评为"最良的著作"。1893年至1895年，德国社会民主党曾就农业纲领运动发生激烈的论争，此书即以反驳马克思主义农业理论为目的而编成。其第1版（1903年）尚有论争性质，第2版（1922年）有些消除及缓和。这不是因为他投降于马克思主义的农业理论，而是认为没有论驳的必要。他敢于大胆确信自己的胜利，完全根据农业经营的统计数字，而这些数字可以否定马克思主义的见解。他说："小农经营有没有生存力，在当时成为论争的目标，然由其后的农业经营统

---

① 爱德华·大卫（Eduard Heinrich Rudolph David，1863—1930），德国社会民主党右翼领袖之一，经济学家，德国机会主义杂志《社会主义月刊》创办人之一；公开修正马克思主义关于土地问题的学说，否认资本主义经济规律在农业中的作用；第一次世界大战期间是社会沙文主义者；十一月革命后，1919年间任魏玛共和国内务部长。

计，已经与以决定的答复了，小农是不会消灭的。而且纵在大地主的政治的特权和利益，雍塞了小农的出路的地方，小农的人数和面积也是发展的"。"农业经营统计已把证据供给我们，证明经营集积进展论绝对不能适用于农业"。进而比较1882年、1895年及1907年的德国农业经营统计，证明从经营数目、经营面积、对农地总面积所占的比率来说，小经营（2—20公顷）都渐次增加，大经营（20公顷以上）都渐次减少，与马克思的见解正相反对，于是下结论："小经营驱逐大经营，这才是德国经营调查所明证的农业发达的行程"。修正派提倡者爱德华·伯恩施坦在其著《社会主义的前提和社会民主党的任务》中，也援用德国、荷兰、比利时、法国、英国的农业经营统计说："就农业观之，关于经营的大小，在今日欧洲则到处，在今日美洲则有些地方，都表示了与社会主义的学说所假定的，互相矛盾。在工业及商业方面，大经营的发达虽比之他们所假定的为迟缓，至于农业，则经营规模不是停止，便是缩小"。大卫的结论与伯恩施坦的见解相同。他说："马克思预言大经营压倒小经营，这对于工业生产最重要的部门，虽是真理，然对于农业方面，则完全不能适用。我们只看农业进化的形态，就可知道完全缺乏经营集积的特征。反之，在农业之集约的利用法最进步的地方，则到处都发现了反对的倾向：即大经营减少，小经营繁昌而发达"。

以上结论以农业经营统计的数字为唯一根据，大卫尚不满足，进而探求这个事实所以发生的原因，以为农业生产行程与工业不同，有自己特殊的性质，这便是决定性原因。于是断定："关于农业发达倾向的那种谬见，在社会主义文献当中占了重要的位置；推其原因，第一实是在于对于农业的本质没有了解"。此说"大有一蹴马克思主义者而去之的气慨"。所谓农业生产行程的特殊性质，简单地说，工业生产过程是机械的，农业生产过程是有机的。有这样的本质差别，两种生产之间，又可派生出一系列差别。最主要者，一是有机的生产与机械的生产不同，没有劳动行程的连续性。二是有机的生产在劳动时间上常常中断，所以劳动的种类也常常变更。三是与上述两项相关联，农业劳动在场所上常常移动。四是农业生产过程由自然决定其开始、终结及进行速度，人类无论如何劳动，总不能扰乱自然的步骤。五是土地不但为农业的地盘，且为它的生产手段和原料，在一定的耕作集约程度下，经营面积比例于收获的生产物分量而扩大；但劳动场所愈扩大，对劳动者的监督比较工业要花费更多的时间和费用，何况这种监督的量尤其质，比较工业更容易；所以农业经营必须刺激劳动者对生产结果的利己心。六是农业经营为了消费生产物而施肥其排泄物，实质上加入人类的物质生活（因此自然经济的农民家族经营，在不利的市场经济关系下，亦可维持其强固的国民经济抵抗力）。七是农业生产量的增加比较缓慢，而且有限度。八是农业生产受收获递减法则的支配。九是这个法则作用的结果，处于新的、更有利的自然和社会生产条件下的地域，与旧的耕地的集约经营发生竞争；这对一国大小经营之间的竞争关系，如同对全世界经济的生产发展，有深刻的意义。因为农业生产的这些特质，所以小农经营不但不比大农经营恶劣，在很多地方反见其优良。大卫著作的大部分内容，用来证明自己主张的正确，由此筑成了维持和创设小农政策的理论根据，并用农业经营统计的数字，证明其理论的正确。

观看批评马克思主义农业理论的上述要旨，可以知道完全将问题归于马克思的"资本的集中和集积说"。以这个问题为中心，从形式和实质两方面驳击并否定马克思主义的农业理论。其批评可分为方法论与实质的两种非难：一则马克思主义把工业的发展理论照样用于农业，完全不知道二者有本质的差异，无视农业的特殊性；二则马克思主义的小经营必然没落论不能适用于农业，农业与此相反，并为农业经营统计所证明。①

批评马克思经济学说不适用于农业领域的观点，此前的考察屡见其说，但均不如此节的介绍之详实和具体。其中三位代表人物的代表性著述及其意见，除了附带提到的伯恩施坦的修正观点有所耳闻之外，先前都不曾见过。介绍者认为这些批评观点，集中于针对马克思的资本集中与积累学说，并将其归纳为两个方面，一是在形式上或方法论上，把适用于工业的发展理论照搬到农业领域，未能看到农业的特殊性或农业不同于工业的本质差异；二是在实质上用统计数据证明小生产必然没落论不适用于农业，相反在农业中倒是小生产驱逐大生产。不仅如此，介绍者还认为这些观点是各种批评中最有价值的部分或很得要领，意味着也是对马克思主义农业理论最具有挑战性的批评，所以尽管深信不疑它们是为了有产阶级，但仍给予充分的学术尊重，并以专节篇幅详加介绍。由此也能看出此书一个著述特点，不论马克思派的农业理论，还是反马克思派的农业理论，尽量完整地引用原著的关键论述来表达其基本观点，在此基础上稍加分类、解释而鲜见用主观评论去作代替，以示客观而不失其原意。这种著述方式，重点放在原始论述的爬梳、整理、分类和归纳方

---

① 本节引文均见萨孟武译《农业理论的发展》，新生命书局 1929 年版，第 164—172 页。

面，更似资料素材的编排，顶多作些相关的诠释，不像自主分析的著作。然而正是这样的著述译本，围绕马克思主义农业理论，为国内读者提供了正反两方面的大量原著史料，得以集中看到马克思派与反马克思派的代表性观点，更显珍贵。当然，此书作者站在马克思主义的立场上，系统梳理反对派的观点，不是为了欣赏，是为了反驳。

第 2 节 "马克思主义者的反驳"：

对于反对者的批评，马克思主义者的反驳在上面各节有所触及。现在不厌重复，再合并起来予以叙述，决非无益之事，可补充本书的不足。先介绍对方法论的批评的反驳。反对论者常以方法论的非难为出发点，以为马克思主义把工业理论照搬到农业是幼稚方法，无视农业的特殊性。但列宁完全否认这一点，并将其归罪在有产阶级学者的身上。他说："如果读者诸君在最能表现有产者见解的经济学者或统计学者的著作之中，看了他们冗长的议论；如说农业的条件与工业的条件不同，或说农业的特殊性等，诸君一定将要发生下述的注意。……（中略）马克思已经指出当资本出现于历史的舞台的时候，农业已经有了种种复杂的形态，——封建的、民族的、共同体的、国家的形态了。资本屈服了各种的农业形态，使它模仿自己的姿容。要理解、评价这个过程，而统计的表现之者，必须提出种种问题，又须从各种问题，变更其研究方法，或应过程的各种形态而变更研究方法"①。考茨基在《土地问题》中也说：农业的发展形态固然与工业不同，有自己的特殊法则，我们以为这是确定的事实，毋庸再论。又说：农业的运动完全是特殊的，与工业资本及商业资本的运动完全不同。这样看来，所谓方法论上的对立，不在于承认不承认农业的特殊性，而在于反马克思主义者从农业的特殊性演绎出农业的非资本主义发达论，趋向于孤立的研究方法；反之，马克思主义者考虑农业的特殊性，研究其资本主义的发达形态，采用从一般视线来研究农业问题的方法。对此，考茨基说：要知道农业的发展，不宜只观察大小经营之间的竞争，不可无视社会的全部生产结构而只观察农业。农业与工业不同，有自己的特殊法则；但不可因此而说农业的发展与工业的发展相背驰，二者不能调和；若不以农业与工业为互相孤立，而视为全部过程中共通的分支，就可以知道二者向着同一目标行进。要用马克思的方法来研

---

① 其今译文见《列宁全集》第 27 卷，人民出版社 1990 年版，第 193 页。须注意，此译本的注释，将出自《关于农业中资本主义发展规律的新材料》一书的这段引文，误标为出自《农业中的资本主义》一文。

究农业问题，不宜单讨论农业方面的小经营将来是否存在；必须研究农业在资本主义生产方法的过程中所经受的一切变化，必须研究资本如何支配和变更农业，如何使旧的生产形态和所有形态不能维持，而发生新的生产形态和所有形态。列宁在《19世纪末俄国的土地问题》中也说："在农业方面，资本主义的复杂的发展行程，惟有研究了农业的现实的各种特殊性之后，才能把握。然因为它有许多的特殊性，而就说农业决不随从资本主义的发展法则者，完全是不正当的主张"①。这样看来，批评者对方法论的非难，"无异于把匕首刺在自己身上了"。

对实质的批评的反驳。批评者认为农业经营的统计数字，可以完全否定马克思主义的小农经营没落论。马克思主义者自然主张大经营的优越性，并不承认文明各国的农业经营统计可以覆灭自己的学说。19世纪末叶以来的各国农业经营统计，以面积为标准，以经营面积为唯一标准来实行分类统计。这样的分类方法固然有相当的意义，但决不能用来说明一切。一来批评者的研究方法可以成为反驳的对象，二来他们的实质见解也有反驳的余地。考茨基在《土地问题》里面，已经注意到根据这种统计数字作论断是有危险的。农业经营统计数字所直接说的，不是生产的规模，乃是经营的面积。根据考茨基的见解，反对论者所谓小农经营的胜利，其实是小农经营的必然没落。

更猛烈驳击批评者用农业经营统计作为论证方法的，是列宁的《关于农业中资本主义发展规律的新材料》一书。他指摘普通所用的研究方法的缺点："由土地面积或耕地面积的大小，以分类农业经营的方法，曾适用于一九一〇年的美国统计，又为欧洲各国所适用。……（中略）其实，这个方法是不充分的。因为这不能指示农业的集约化过程，又不能指示由牲畜、机器、种子、栽培方法的改良，使投于一定单位面积的资本必须增加的那个过程。……（中略）因此，用土地面积的大小以分类经营的方法，在很多的场合，就一般的说，只能够约略表现出农业的发展，就特殊的说，只能够约略表现出资本主义的发展"②。"若使在各个经营之间，于土地的耕作方法，于农业的集约度，于耕作的制度，于肥料的使用，于机器的应用，于牲畜的性质，有极多的本质的差异，那末，土地面积决不能确实地表示经营的规模。但是这样的差异，在一切资本主义国，甚至于资本主义才萌芽的国

① 其今译文见《列宁全集》第17卷，人民出版社1988年版，第106页。
② 其今译文见《列宁全集》第27卷，人民出版社1990年版，第192—193页。

家，也是有的"①。接着引用列宁有关这种分类是为资本主义辩护的一段论述（大部分原译文重复引用前面的引文）。"例如达维德（即爱德华·大卫——引者注）的名著《社会主义与农业》，即于'似是而非的社会主义的'言辞之下，表示了有产者的偏见和虚妄的清算。请诸君想及这一本书，在这一本书里面，亦用同样的资材，以证明'小经营'的'侵越'和'生存力'"②。

应当如何比较大经营与小经营，才能正确呢？这里引用列宁的三个部分论述，第一部分的原译文前面已经分别引用过。然后说明 1900 年的美国农业统计，除了以土地面积作为分类之外，还兼用生产物的价值及主要收入源泉作为分类；对每英亩土地提供很有力的资料，以评定各经营的真正规模，能够平均地调查工资劳动的支出、肥料的支出、农具及机器的价值、一切牲畜的价值等。列宁利用这个统计，比较专用土地面积来分类的 1910 年的美国统计，由此研究美国资本主义农业的发展形态。其结论即第二部分的原译文前面也引用过。最后第三部分引用列宁关于小农经营没落的形态的见解，原译文前面同样引用过。通过这些重复引用的原文，说明"由反对派'宣告了死刑'的马克思主义农业理论，又由列宁而更发挥其本来的面目了"。

除了以上方法论和实质方面的批评外，在农民政策方面，批评者都以为马克思主义者对小农的主张是没有效用的，这样的态度在农村一定得不到地盘，他们主张"小农保护政策论"。但马克思主义的农民政策并不是这样简单，本书尤其在叙述恩格斯和列宁的农民政策时，已经详细说过了。"无产阶级与小农阶级的提携问题，乃是马克思主义最要紧的战术"。他们重视这个战术，俄国的劳农革命更表示其重视的程度，由此可知他们的农民政策决不像批评者所说的那样简单，很复杂而且微妙。

批评者以为农业不会发展为大经营，所以不会实现社会主义的农业。对此，马克思主义者如何论证农业社会化的必然性，不但是有兴味的问题，而且在马克思主义的理论上又有极重要的积极意义。列宁的观察，通过上面的论述大约可以明白。他比较美国的工业和农业的发展阶段，用统计证明了在工业，小企业的比率虽比中企业增加了少许，但在农业则相反。"美国的农业不但发生了大生产驱逐小生产的

① 其今译文见《列宁全集》第 27 卷，人民出版社 1990 年版，第 203 页。
② 其今译文见《列宁全集》第 27 卷，人民出版社 1990 年版，第 198 页。

现象，且又比之工业，更合理的、更正确的发现出来"①。至于集中化的程度及农业社会化的可能，列宁的结论："集中化进行到如何程度，关于这一点，农业是很落后的。……（中略）以上所述的，实可证明我们所下的结论是正当的。就是如果把农业的进化和工业的进化比较一下，则农业的资本主义，与其说是大规模的机器工业，无宁说是在于手工业的阶段。在农业，手的劳动尚有势力，而机器的应用亦比工业为少。但是所引用的资料，由农业的现阶段观之，亦不足证明农业生产的社会化不可能。操纵银行的人，乃直接支配美国一切农场的三分之一，间接又支配其一切。把占有生产总额一半以上的大经营，从一定社会的计划，而组织之者，在一切种类的合作社像今日那样地发达、交通运输的技术像今日那样地发达的状态之下，实可无条件地实现出来"。② 根据列宁的见解，批评者所喜欢主张的农业和工业的对立，不但没有存在，至少在今日的美国，农业亦几乎同工业一样，达到有社会化可能性的阶段了。

关于农业发达法则的见解，考茨基与列宁颇有不同之点。看了上面的论述，具有注意力的读者，大约能够知道。前面说过，考茨基在《土地问题》中，以农业大经营所占面积的扩大、佃农和抵押制度的增加、农业的工业化三者，作为社会主义农业的要素。他说：这就准备了农业社会化的基础要素，这同工业生产的社会化一样，由无产阶级的支配而发生，又与工业相结合而达到更高的统一。他在1919年所著的《农业的社会化》里，亦严守这个见解，"一面认识农业与工业的发展过程的不同，同时又注重农业的工业化之社会化的意义"。

以上是马克思主义的理论正确，还是反马克思主义者的批评正确，"著者实不敢叙述自己的见解，只有把最后的审判一委于事实的推移而已"。"历史对于这个论争，必能施以彻底的清算，并与以明快的归结。这个时候，'宣告了死刑'的，在它们两者之中，到底是那一个呢"！③

本节结尾处，也就是全书搁笔之际所留下的一番感言，似乎颠覆了前面考察全书过程中一直保持着的印象。作者撰写此书的主旨，为了系统地发掘、梳理、阐释、宣扬和维护马克思主义的农业理论。然而写到最后，在介绍完反马克思派的批评意见和马克思派的反驳理由后，面对如何评价双方观点的正确与否或是非曲直，

---

① 其今译文见《列宁全集》第27卷，人民出版社1990年版，第235页。
② 其今译文见《列宁全集》第27卷，人民出版社1990年版，第235—236页。
③ 本节引文除另注外，均见萨孟武译《农业理论的发展》，新生命书局1929年版，第172—186页。

却犹豫了：既不敢表达自己的见解，托词等待将来事实的审判或检验，又期望历史对这场争论的谁是谁非，能有明快的彻底清算。其实，在此之前，作者已经表达过自己的看法。如先是介绍反马克思派的批评者宣告了马克思主义农业理论的死刑，接着列举马克思派的反驳理由，据此评价这些反驳等于把宣告死刑的利刃，又刺回到批评者自己的身上，意味着在农业理论问题上，马克思派战胜了反马克思派。可是最终的说法竟然变卦了，不敢坚持原来的评价了。这或许发现考茨基与列宁的反驳理由不一致，存在着差异，或许自身缺少有关农业理论的研究功底，对历史事实的未来发展趋势感到捉摸不定，故难以作出决断。不论怎么说，这种犹豫暴露出作者著述的一大弱点，注重于搜集、摘录和汇总考察对象的原著论述，原汁原味地翻译、转述和呈现出来，如同选编专题原始资料集，却很少进行独立而有深度的分析、解释和论证。所以一遇到争论性问题，除了列举双方的论点和理由外，没有自己的主见而陷于犹疑之中。本节的反驳论题也是这样，依然主要引用列宁在《关于农业中资本主义发展规律的新材料》和考茨基在《土地问题》与《农业的社会化》里所陈述的论据，其中一些是未曾用过的新内容，继续补充了对这些著作的认识，另一些则是大段重复先前用过的内容，显示作者只擅长于转述原文，舍此似无他法。就全书而言，最后安排批评及反驳一章，本来用意是在系统考察马克思主义农业理论自身发展的演进历史之后，再从接受外部非难的挑战中来验证这个理论的正确性与适用性。可是考察演进历史时一路顺畅无碍的阐述，临到批评与反驳的争论最后需要明断的收官之笔，作者却不敢表明自己的态度，结果使得全书的倾向，又由清晰变得模糊起来。这也是那个时期研究马克思主义的日本学者，一面注重研究的学术性与客观性，提供许多具有学术价值的研究方向与素材，一面又往往于论辩的关键时刻，表现出临阵而怯的立场特征。

## （八）结语

《农业发展的理论》译本的中译者萨孟武，评价原著者河西太一郎是"日本马克思学派中研究农业问题最有权威的一人"。其著作甚多，已译成中文者，除本书外，尚有周亚屏所译的《农民问题研究》一书。二书有 1/3 相同，译者于相同处，常参考周君译法。[①] 这里所说的周氏译书，1927 年上海民智书局初版，译自同一作者河西太一郎的同一类型原作，它与萨氏译书的相同之处，从目录看，主要表现在

---

① 萨孟武译《农业理论的发展》，新生命书局 1929 年版，第 186 页译者附录。

第 2 编"农业理论及农业政策底研究"。其内容如前三章，分别是"马克斯底农业理论及政策"，内分"序言——农业马克斯主义底否定""马克斯底农业发展论"（含"资本主义与农业""农业在资本主义社会的发展倾向"），"马克斯底农业政策"（含"共产党宣言中所见的马克斯农业政策""德国共产党底要求中所见的马克斯农业政策"），"结语——对于农业马克斯主义的一些批评"；"恩格斯底农民政策"，内分"序言——社会主义底劲敌""农民问题底中心点""农民阶级底分析""评法国劳动党底农业纲领""恩格斯底农民政策"（含"对付小农业""对付中农及大农策"），"恩格斯的对大地主及劳动者策"（含"对大地主策""对农业劳动者策"），"结语——若干的批评"；"列宁底农业政策"，内分"序言——列宁底政策底态度""农业政策底内容""列宁底农民政策""列宁底土地政策""列宁底农业经营政策""结论"。以上三章的目录标题，对照萨氏译书论述马克思、恩格斯和列宁的第 1、第 2 和第 5 章的标题，几乎一模一样。这不仅说明萨氏在翻译上，有条件参考先期出版的周氏译本，也说明原著者曾将研究马克思主义农业理论与政策的原始资料梳理部分，几乎原封不动地照搬到同样类型的其他著作。

说到原著者河西太一郎是日本马克思学派中研究农业问题的最有权威者，从其《农业理论的发展》译本看，给人最深刻的印象，是对马克思、恩格斯、列宁等主要代表人物的原著中有关农业、农民和土地问题的论述，从理论和政策两方面，作了详尽而有条理的爬梳，力求全面、完整和系统地展示其原貌。这是在前面考察有关马克思主义经济学的著作或译作时，尚未看到过的一项开拓性研究（尽管分开来看，有关的研究时有所见）。其特点，一是把散见于经典作家各种著述的相关重要论述，试图没有遗漏地搜罗在一起。对国人来说，这里既包括已知的著作，也包括未知的著作，而在已知的著作中，又摘引了许多未知的原文论述。例如：引用马克思的著作，既有已知的《资本论》第一、第三卷，《哲学的贫困》《共产党宣言》《路易·波拿巴的雾月十八日》《1848 年至 1850 年的法兰西阶级斗争》《国际工人协会成立宣言》等，也有继前面河西氏《农民问题研究》的译本后，再次看到的《共产党在德国的要求》一文；引用恩格斯的著作，《论住宅问题》曾听说过，引用最多的《法德农民问题》一文，已见于河西氏之作及陆一远的全译本，但如此引用则初次见到；引用列宁的著作，除了《无产阶级革命和叛徒考茨基》一书外，大部分都是以往比较陌生或第一次接触的新材料，像关于考茨基《土地问题》的书评，《农业中的资本主义》《俄国资本主义的发展》《关于农业中资本主义发展规律的新材料》，在全俄工兵代表苏维埃第二次代表大会上《关于土地问题的报告》和《土地法令》，在俄共（布）第八次代表大会上《关于农村工作的报告》《土地社会化基本法》《在农业公社和农业劳动组合第一次代表大会上的讲话》，在俄共（布）第十次代表大会上《关于以实物税代替余粮收集制的报告》《论合作社》等。披露这些已知和未知著作中许多未曾引用过的内容，并加以条理化或系统化，这是译本最为着力之处。

二是除了《资本论》第三卷的地租部分因论述系统且篇幅甚多，未曾详引外，其他原著特别是未知原著的引用之详尽，几致整个译本成为原始资料的翻译汇集本。惟其如此，也让国内读者对一些比较陌生的原著，如马克思的《共产党在德国的要求》，恩格斯的《法德农民问题》，列宁的《农业中的资本主义》和《关于农业中资本主义发展规律的新材料》等，得以突出的方式熟悉其全貌；当然，那些已经知晓的原著如《资本论》，通过大段引用其中不曾接触过的原文，同样可以增加国人对相关原著的认识。正因为这些出自经典作家原著的直接引文或间接转述文，在国人阅读的著作里，大多属于第一次披露，并且成段地完整呈现出来，颇为难得，所以上面的考察，也不惜笔墨予以转录，以示其详；又因为这些原著引文经过日文与中文的两重转译，未免出现或多或少的误译现象，所以为了纠正失误，还原本来面貌，另附其今译文出处，以示其真。

三是依据原始论述，从中整理出由马克思创立、恩格斯辅佐并在列宁手中集其大成的农业理论的体系要点、精神实质、政策取向及发展脉络，此其荦荦大端。从农业理论上看，马克思重点阐述资本主义的发展规律，即大生产驱逐小生产的趋势，同样表现在农业领域，从而证明社会主义的发展方向不仅适用工业方面，也一样适用于农业方面；相应提出无产阶级执政时的农业政策指导思想，以及资产阶级民主革命完成后共产党的要求，作为过渡时期的农业政策思路。恩格斯在马克思去世后的特定时期，特别是当党内围绕这一理论产生不同意见的争论时，重申并坚持马克思的基本理论，更明确地提出新情况下的政策指向，除了主张没收大地主的私有土地和依靠农村无产阶级两端之外，重点放在对待广大小土地私有者的政策上。列宁则在十月革命前，结合新形势、新资料和新的理论研究成果，继续发展马克思、恩格斯的农业理论；尤其十月革命后，结合俄国作为农业国的相对落后特点，在无产阶级专政的实践条件下积极研究、探索和解决本国的农业、农民和土地问题，大为丰富和扩展了马克思主义的农业政策体系。所有这些，如同前面不遗余力地网罗经典作家的农业论述、力求完整地引用其原文本意一样，都可看作率先系统和全面地引入我国的新鲜内容。

以上特点同时体现译本的主体脉络，除此之外，辅助于这个主体脉络的其他发展线索，也提供了许多以前不曾见到的新鲜资料。如介绍埃卡留斯所著《一个工人对约翰·斯图亚特·穆勒的一些政治经济学论点的反驳》，威廉·李卜克内西所著《论土地问题》，均被视为忠实祖述马克思的农业理论。虽然后一著作当时在国内已有全译本，但此译本不仅摘引二书的主要论点，还将它们置于马克思主义农业理论的发展系列中，去考察它们在马克思仍在世时的祖述重点与特色，成为后来发展线索的先兆之作。特别是介绍考茨基在恩格斯去世不久后出版的《土地问题》一书，论证现代农业倾向并概述社会民主党的土地政策，译本在全书的考察中给予举足轻重的地位。该书针对当时党内外质疑和否定之声四起的争论局面，观点鲜明并卓有成效地维护和发展了马克思主义的农业原理，受到列宁的高度赞赏，还被看作连结马克思、恩格斯的农业理论与列宁的集大成式发展之间的极重要桥梁。因此，译本对该书的内容引用之突出、详细和全面，堪比诸位经典作家的代表性原著，并且反复引用。另外，考茨基后来的《农业的社会化》一书，作为介绍《土地问题》一书的辅助性材料，同样得到相当程度的重视；这些被认为补充和发展了马克思主义农业理论的著作，也因此译本的传入，开始为国人所知晓。以上三位的农业论述或理论，在译本的分章安排里，大概按照时间顺序或与马克思的亲密程度，依次排列在恩格斯之后。不过根据译本作者的看法，从逻辑上说，应当先读这三位的著述，然后再去读恩格斯的理论。这个意思是说，三位在农业理论特别是农业政策方面，祖述、补充和发展马克思的学说，不仅有助于理解恩格斯晚年的重要著述，也为后来列宁集其大成，提供了先行思想材料。此看法有一定道理，但又不尽然。对埃卡留斯和威廉·李卜克内西的著作，尚且可以这么说。对考茨基的著作，这么说则不合适，因为考氏之作出现在恩格斯的晚年著述之后，与其说通过考氏之作来理解恩格斯之作，不如说考氏之作曾受到恩格斯之作的启迪与影响。

又如译本中专设共产国际的农民政策一章，亦属前所未有的新内容。从全书的脉络看，如果说前面各章讲述马克思主义农业理论的发展，最后落脚在列宁集其理论之大成，并首次付诸无产阶级执政后的农业政策实践，那么，这一章的重点，则是讲述如何将列宁的农业理论与政策，从指导俄国一国的革命实践，扩展到指导世界各国共产党的革命实践。其中主要介绍的，先是共产国际大会通过的《关于土地问题的决议》。这个决议由列宁起草，兼顾各国共产党所处的不同国情或不同发展阶段，在共同的目标下有针对性地制订和实施相应的土地政策，介绍这个决议，等于介绍列宁学说在世界范围内的进一步发展。然后是共产国际扩大的执委会通过的《关于农民问题的论题》。这个论题在列宁去世后由布哈林起草，旨在坚持并具体化列宁的既定理论与政策，介绍这个论题，等于又把继承和发展列宁的农业理论和政策，提上了议事日程。这是一个新的历史性课题，以往国内谈论苏俄革命的著作，鲜有提及。再如最后一章的批评及反驳，批评马克思主义农业理论的部分，主要质疑农业中大生产优越于小生产的原理或法则，并以农业的特殊性来否定社会主义在农业领域的适用性。此类观点，以往的著作里不乏其见，但像此译本这样列举批评者中的代表人物及其代表著作，条分缕析地摆出其论点和理由，非常少见。至于反驳部分，前面各章引用马克思主义者的论述，实际上许多内容是面对批评和质疑的论辩而形成的。本章用于反驳的依据，主要引自列宁和考茨基那些代表作，或者补充新的论述，或者重复引用过的内容，总之维护和强化马克思主义的农业基本原理与政策。这样将批评与反驳对峙起来，在鲜明的争论中凸显和体味马克思主义农业理论的实质与要点，同样是译本的一个特征。

放入马克思主义经济学在中国的传播史，《农业理论的发展》译本最吸引人的地方，是设立农业理论这个专题，逐一考察从马克思、恩格斯直至列宁的思想演进历程，主要从他们的原著里，找出那些具有代表性的著述，然后采撷其中的要点，按照内在逻辑关系，成段落地加以摘引，由此构成全书的主体部分。换言之，看了这个译本，等于对马克思主义农业理论的经典出处、发展源流、主要内容、阶段特征、配套政策、争论焦点等，有了一个全面的了解。从学术研究上说，以前所考察的各种有关农业和农民问题的马克思主义研究著作，从未有过如此的系统考证和引经据典，此后的同类研究，完全可以从这个译本里，找寻马克思主义的权威依据。从实际运用上说，姑且不论那些非马克思主义著作，单就考察过的在农业或农民问题上具有社会主义倾向的著作而言，除了前面引进河西氏本人的《农民问题研究》可视为先行之作外，从未有过哪本著作像此译本这样，将马克思主义基于其理论逻辑而设计、制订和实施的一整套农业政策体系，显示得如此清晰和透彻。从参考价值上说，译本将列宁作为马克思建立农业理论以来持续发展的集大成者，特别是作为马克思主义农业理论与无产阶级执政实际相结合而在苏俄运用一系列农业或农民政策的最初实践者，这对我国倾心于苏俄革命并同样以农业立国为国情特点而寻求救国出路的改革者来说，具有特殊的借鉴意义。说到这里，译本的作者一直以探究、阐释与维护马克思主义农业理论和政策的权威研究者的面貌出现，连马克思学说祖述者的著作中一些瑕疵乃至偏离倾向，尤其对苏俄在农业及农民政策执行过程中的一些失误，都忽略不计或予以回避，俨然一副卫道者的形象。但令人不解的是，这本书临到末尾，介绍完批评和反驳双方的辩词，最后需要对争论中究竟哪一方宣告对方的死刑作出判断时，作者竟然从一向所持的卫道者立场上退却了，退到不偏不倚的中立角度，宣称让事实和历史来回答这个问题。这说明，作者号称马克思派中研究农业问题的最有权威者，更多指研究的学术性而言，一旦离开纯粹的学术性而须作出谁是谁非的价值判断时，便含糊其词而不置可否。这也可以说是日本研究马克思主义的学者著作中，常见的现象。尽管这个续貂之说有些煞风景，但整个译本在当时传入我国的研究马克思主义的专题著作中，终究是为数不多的提供丰富经典资料的几部著作之一，也尽管其译者萨孟武被认为是"反共人士"①，但他通过留学日本搜索到这部专论马克思主义农业理论发展的著作并翻译引进国内，亦为那时所鲜见，值得花气力去详细介绍。

## 二、《金融资本与帝国主义》译本

这个译本的作者猪俣津南雄，此前国内曾翻译出版他的另一本书《金融资本论》（1928 年），署名中的"俣"字误为"侯"字，与这个译本属于同一类型。译者樊仲云②在此译本出版后即与萨孟武结为表亲（樊妻为萨氏之妹），也隐含了二人的不同译本能够合集出版的一个缘由。译本 3 篇 13 章，214 页。全书归入马克思经济学说的发展范畴，直接论及马克思和列宁的学说者，集中见于第 1 和第 3 两篇。

### （一）"资本主义之矛盾与其展开"

这是第 1 篇"概说"第 1 章的题目：

"列宁把资本主义之特定的发展阶段，名曰帝国主义"。这是进入帝国主义阶

---

① 参看李红岩：《20 世纪 30 年代马克思主义思潮兴起之原因探析》，载于《文史哲》2008 年第 6 期，第 106 页注⑦。

② 樊仲云（1901—1989），浙江嵊县人，毕业于嵊州一中；1923 年参加文学研究会，先后任商务印书馆、新生命书局编辑，复旦大学、中国公学教授；大革命时曾加入中国共产党，任黄埔军校武汉分校政治教官；1929 年参加上海著作人公会，主编《社会与教育》周刊、《文化建设》月刊；抗战时期先任《救亡日报》总编辑，后任中央大学校长；抗战结束后化名隐居香港，1984 年回到中国大陆。

段的资本主义，是 19 世纪末 20 世纪初以来的资本主义，到了这个时代，资本主义发展为具有世界的体系，"通称为资本主义特殊的历史的阶段——或'最后的阶段'——之帝国主义"。这是资本主义自身内在的发展倾向之必然归结。根据马克思的意见，"论定资本家的蓄积之一般法则，谓在由蓄积之进行而造成资本主义社会之崩坏与社会主义社会之放生上，有四个根本的倾向"："由资本之积聚及资本的集中以为独占的倾向"；"增大资本主义社会之生产力与消费力之矛盾，使之趋于强烈的破坏的爆发之倾向"；"与此二倾向同时，使资本主义的大敌无产阶级，数量增加，彼此结合强大的倾向"；"使他们的劳动更社会化的倾向"。

此类倾向趋于实现的过程，不外是资本主义内在诸矛盾展开而激化的过程。资本主义向来包含的矛盾，一是资本家为社会消费而生产商品，不是为了社会的利益，是为了自己的利益及资本的增殖。二是生产方法以生产手段的私有为基础，使社会分裂为独占生产手段的资本家阶级和仅有自己的劳动力而毫无生产手段的无产者阶级；无产者像商品一样出卖劳动力，资本家以雇佣关系购买劳动力而取得其生产的剩余价值为利润，劳动者的工资所得只够生活之必不可缺者，由此造成资本家榨取的生产关系和社会的阶级对立。三是资本家以所取得的大部分剩余价值或利润，再投入事业而转化为资本，资本越蓄积，生产越扩张，其榨取关系越扩大；资本蓄积与生产扩张的过程不能顺利进行，因为资本主义生产没有社会的计划与统制，完全是资本家个人观测与竞争的无政府状态，结果一面由过剩生产引起经济危机，一面不断发生市场争夺战，从而引起国际战争。四是以上诸矛盾合成的矛盾，随着资本的蓄积与资本主义的发展，交互作用和互相助长而展开，并趋于激化，其广度和深度超过一定限度，便不可能保持社会的统一体组织。"因此，资本主义社会之崩坏并新社会之胎生，在可以测知的未来迫着。这个资本主义的发展阶段，便是帝国主义的阶段。到了这个阶段，资本主义的组织，对于社会生产力之发展，遂反成为一种桎梏"。

帝国主义阶段各种矛盾激化的特殊表现形态，一是资本家阶级日益与国家同化，劳动者阶级逐渐具有阶级意识，两个阶级的对立将爆发革命；二是社会生产力与消费力之间的矛盾日益深化，非诉诸国际战争不能克服；三是无政府生产及由此产生的经济危机不断激化，转变成政治危机；四是与自由竞争相反而形成的独占，使得劳动与生产的社会化极度发展，资本的私有性质也发挥到极端形态，极少数独占者强夺广泛而普遍的生产者大众所生产的物品。"列宁说帝国主义的阶段，简而言之，实即独占的阶段"。资本主义成为帝国主义，具有世界体系，与国家权力相结合的多数国民经济成为其构成要素。"如欲明白资本主义的本质，应该从比马克思在《资本论》中所讲那样抽象的、纯粹经济的资本主义，更有具体形态的资本主义，来作研究"。不过，讲到进入帝国主义的必然性，须求之于抽象的资本主义的一般发展法则，资本的蓄积怎样展开资本主义的内在矛盾，必然成为帝国主义。

资本家蓄积自己的资本而相互竞争，实行生产技术的改革以增加劳动生产力。这样的革新使社会全体的资本组织发生变化，总资本中用于机械及其他设备的固定资本部分的比例增加，原料及辅助材料部分的比例随之增多，不变资本的绝对量和相对量都在增大。因而可变资本，以工资付给劳动者部分的资本，随着总资本的增大，虽然绝对量有所增加，相对量却在减少。"质言之，所谓资本之有机的构成，遂这样达于高度"。结果一是劳动者阶级的购买力不能与生产力的增加同步增加，二是资本家阶级用于消费的购买力也不及生产力的增加。资本有机构成的高度化，使得资本家在获取的全部剩余价值中，增大再资本化的比例，因而相对减少个人的消费支出部分。资本家彼此竞争进行无政府无计划的生产，不断超过消费力而突破市场的限制，但生产不可能无限增加，过剩的生产无法处理，遂发生恐慌。恐慌是"矛盾的爆发"。恐慌及恐慌后的不良市况，许多弱小资本或趋灭亡，或为强大的资本所吞并，于是被破坏的生产与市场的均衡得以回复，遗留的比较强大的资本以新方式使生产再活跃，又造成好的市况；但其中胎生着再一次的恐慌，而且比以前更大。"这样，以一次强烈过一次的经济危机，若其他条件没有变化，也许资本主义社会不久就要陷于绝对的混乱了"。

纯粹资本主义内部的市场限制，使得超过此限制的生产不断地向资本主义领域外寻求新市场，让手工业者、农民都先后成为商品的购买者，尤其向海外后进国与半开化国扩充市场。最初销售货物，后来销售机械及其他生产手段来交换原料，逐渐造成世界市场，最终后进国也资本主义化，成为竞争国，这样逐渐造成资本主义的世界体系。另一方面，资本有机构成的高度化，导致过剩人口相对地和绝对地都在增大，过剩资本的增加，又使平均利润率趋于低下，不得不谋求投资后进国，进行资本输出。投于后进国的资本一般可以比本国获得更高的利润，因为后进国的土地、工资、原料低廉而缺乏资本，但资本的流入又让后进国的资本主义化更加急速。

资本的集积和集中，必然产生独占。换句话说，产生竞争的限制及废止。企业规模的扩大和数量的减少，彼此比较容易缔结协定和避免不利的竞争。生产集积及资本有机构成最高的产业部门，率先出现限制或废止竞争的运动，节省生产费和维持商品价格，还以获得最大利润为标准来设定价格。先后出现的卡特尔、托拉斯和辛迪加，都是独占的大企业集团，其力量足以压迫其他企业，掌握支配权，设定独占价格，将独占利润据为私有。其中除了从劳动者那里取得剩余价值外，消费者须以价值以上的价格购买东西。①

本章的叙述风格，可以看到译本研究和评介马克思主义经济学，与前个译本有很大差异。前译本严格按照马克思主义经典著作的表述，言出必有依据，依据不是引用经典原文，就是转述经典原意，很少根据自己的理解或撰写意图随意对原典加工组合。此译本正好相反，本章内容就是一个例证。它论述资本主义的矛盾及其展开，实际上糅合马克思对所谓抽象的纯粹的资本主义的论述和列宁对帝国主义的论述，将两者合二为一。也就是说，围绕列宁关于帝国主义是资本主义的特殊历史阶段的定义，先根据马克思的《资本论》，分析一般资本主义的基本发展趋势和内在根本矛盾，诸如生产的社会化和资本的私人占有之间的矛盾，榨取剩余价值的资本家阶级和被榨取的劳动者阶级之间的对立，资本有机构成提高下的生产力超过消费力的限制，生产的无政府状态导致生产过剩的经济危机等，这些趋势和矛盾随着资本积累的演进而不断强化或激化，达到一定程度，便进入帝国主义的特殊阶段；然后根据列宁的帝国主义学说，分析这个特殊阶段的主要经济特征，诸如取消自由竞争而实行垄断，资本家凭借国家权力对外扩张，平均利润率下降趋势促使从商品输出到资本输出，各国资本家为争夺世界市场而引发国际战争等。这些分析，虽然注重运用马克思和列宁的理论学说，却又不必考虑原有理论学说的完整体系和严密逻辑，故在把握要点的同时，也存在着偏离原典精神的可能性。

**（二）"金融资本与帝国主义"**

这是第 1 篇第 2 章的题目：

"在独占的阶段，其支配的资本形态是金融资本。金融资本者，最一般的说一句，便是与银行资本相融合的产业资本"。资本家互相竞争，为克服利润率减低的倾向，只能采取两种办法，或者降低劳动条件，或者提高劳动生产率。前者有限度，资本家早已达到这个限度；后者随着采用新技术实行大量生产，资本家也无法

---

① 以上引文均见猪俣津南雄著，樊仲云译《金融资本与帝国主义》，新生命书局 1929 年版，第 1—9 页。

克服市场的限制和阻止资本有机构成高度化而带来的利润率减低倾向。于是必然对外寻求商品市场和资本投资地，这就需要利用他人的资本即信用而在竞争中取胜，同时资本的积累也创造出这种信用条件。贷者与借者之间，银行的加入，由此产生银行资本与产业资本的融合。换句话说，由货币——生产手段、劳动力——生产行程——商品——（货币＋货币）的定式而形成其机能的产业资本，其状态已非全部属于该产业企业，一部分属于银行，于是银行的利益日益与产业企业的命运相结合。银行具有废止竞争和促进产业企业独占化的倾向，随着产业资本的集中与集积，银行资本亦日趋集中与集积，并且银行以债权者的地位，得以管理产业企业的巨大资本。列宁曾说："资本之集积，及由此而生的独占，与夫银行业和产业的融合，凡此都是金融资本发达的诸阶段，为包含于此一语的一般概念"①。因此，兼有金融资本之"一般概念"的"发达的诸阶段"，其意义自然是一般抽象论定的金融资本的成熟过程；而历史的特殊具体的发达过程，或缩短或曲折，以国别而各具其特殊性。金融资本形成的条件，是资本的集积与作为信用发展形态的股份公司及银行业的发达。产业独占时，形成支配资本的金融资本。资本达到最高发展阶段而成为金融资本的形态时，最大的资本家例如金融资本家，以银行资本支配的形式，对社会的全体资本掌握统一的处分权，所以现在只有金融资本家代表产业资本家。

纯粹资本主义的内在发展倾向，应观察其资本蓄积的法则，而讲到帝国主义成立的条件，应研究"发展不均衡"的法则。发展不均衡的条件在于，一面形成资本主义世界体系，一面少数先进资本主义国家形成独占，必然转化为帝国主义体系。此时各国支配资本（现在是金融资本形态）的竞争舞台，已不在国内而转移到世界市场。各国的独占资本也可以彼此协定，建立国际卡特尔或托拉斯，然而力量的均衡一旦发生变化，势必破坏协定，又开始竞争。独占时代的市场争夺战，必然是征服弱小民族，对外侵略领土，获得用作市场的殖民地。这种独占资本的政策，其近代意义便是所谓帝国主义。随着独占时代的进展，各国的独占资本分割世界市场、资源及投资地，在分割中独占资本又各自急速发展，于是资本主义的内在矛盾日益展开并趋于激烈化。各国支配的金融资本要克服竞争中的限制，惟有把分割已尽的世界再来分割，而其手段只有战争。战争是不可避免地发展到异常的经济危机，但又不同于以往经济恐慌的性质，可以立即发展为政治危机。

---

① 其今译文见《列宁选集》第 2 卷，人民出版社 1995 年版，第 613 页。

帝国主义体系的构成要素，一是与国家同化的独占的金融资本，二是被榨取的殖民地及半殖民地国家，三是具有完全政治独立而尚未成为帝国主义的资本主义国家。此三要素构成的帝国主义体系，质言之，便是商品、资本、剩余价值的国际生产、流通、分配，由此产生榨取—被榨取、支配—隶属—反抗、对立—抗争—侵略的体系。这个世界体系与以前资本主义体系的不同性质，在于经济上独占的形成。独占在国内否定自由竞争，在国际否定自由贸易，彼此争夺独占地位。这种特殊的侵略政策，即帝国主义的金融资本政策，由金融资本的本质所产生的必然政策。"为资本主义特殊发展阶段之帝国主义，言其精髓，即此金融资本的侵略政策"。

列宁曾说："若要对帝国主义下一个极简单的定义，则帝国主义便是资本主义之独占的阶段，这是不消说的。……（中略）对于帝国主义的定义，应当使之能够包含有下之五个最重要的特征。……（中略）帝国主义乃为一种独占金融资本之支配从此确立，资本输出具有甚为重要的性质，并具由国际的托辣斯开始世界的分配，而全地球之分割，在最大资本主义各国间，告一终结，达到了这样的发展阶段之资本主义"。①

这里列宁所谓的"资本主义"，指世界体系的资本主义，并非单独一国的资本主义。列举的五个特征，是世界资本主义成为帝国主义的特征，但不是构成世界体系的每个资本主义国家成为帝国主义国家的特征，不能以全体的特征作为部分的特征。因此列宁认为尚未确立金融资本支配的资本主义国家如日本、俄国、意大利，也是帝国主义国家。上述五个特征，作为世界体系的资本主义特征，如列宁所说，实不过纯经济的特征。但所谓帝国主义，是一个政治—经济的概念。决定一国是否为帝国主义，具体表现为进入帝国主义阶段的资本主义整个体系，该国在本质诸关系上的地位如何。所谓帝国主义，必定一是对其他国民实行独占的榨取；二是对外多少具有独占的意味；三是以独占为手段更加扩大独占的地位；四是除了与被其支配榨取的异民族相对立外，同时与其他帝国主义彼此对立，互相抗争；五是有强大的海陆军通过对立抗争来达到自己的目的。这些都是帝国主义最基本的特征。

以独占为经济特征的资本主义，具有世界规模时，已明白是最后发展阶段的资本主义。列宁举其特性，一为"寄生的或停滞的资本主义"，二为"濒于死灭的资本主义"。独占资本支配社会生产，支配者资本家的活动与社会经济的发展、政治

① 其今译文见《列宁选集》第 2 卷，人民出版社 1995 年版，第 650—651 页。

的进步无关，反而成为障碍物；它们不但夺取本国的无产阶级，而且夺取全世界被压迫大众的剩余生产物，使社会生产与资本私有的矛盾发展到极点。

马克思曾以资本蓄积的历史倾向来论定独占的必然性，由此可以想见独占阶段的特性。他说："……与少数资本家对多数资本家的收夺（——笔者注，即由集中到独占的过程——）相并而发达的有规模更大的劳动行程之协业的形态，以及科学之意识的技术的应用，土地之有计划的利用，劳动工具之转化为只能共同使用的劳动工具，把一切生产手段当作结合的社会的劳动之生产手段而加以使用，以此为根基的节约，还有将所有国民都卷入于世界市场之网，同时，资本主义制度之国际的性质，亦日发达。……（中略）现在，资本主义的外壳，是已在破裂，资本主义的丧钟敲着，收夺者要被他人来收夺了"。① 因此，"资本主义之独占的阶段，实即是到社会主义的过渡"。

这是马克思所特举的一般和抽象的独占阶段，表现在历史的具体方面，便是帝国主义阶段。这个阶段使资本主义趋于崩坏的诸要素，表现为一是国际的无产阶级在各帝国主义国家，当榨取强烈化，独占造成物价腾贵，帝国主义的负担增大时，反抗日益增高，发展成为有阶级意识的自觉阶级，而与资产阶级相对立；二是在二三个帝国主义国家，贫农阶级与无产阶级相同，因前述事态的影响，在慢性农业恐慌下也反抗日高，成为无产阶级的同盟军，而帝国主义对农业改善根本没有办法；三是殖民地及半殖民地国家被压迫大众的反抗；四是资本主义社会的无政府状态，使世界战争不可避免，战争必然产生的经济危机，必将转化为政治危机。这样，1914—1921年（原文如此）世界大战，遂使帝国主义的世界体系崩坏其一大环即俄国，使其他二三环随着发生震撼。于是帝国主义以大战为枢机，进入其后期。"世界资本主义显然是已入于没落期。而与帝国主义相对立，具着全新的强力之社会主义国家——无产阶级的国家之出现，实表示以此为中心的国际无产阶级是不绝的在结合而强大化"。帝国主义各国，有慢性的大批失业者，农民阶级的贫穷化也日益加甚；战后八年，尚不能恢复战前的生产水平；经济周期失其正确的规则，致恐慌频频发生；从前最强的帝国主义都大为衰落，新转移的帝国主义发展中心内部实包含着异常的矛盾；世界上帝国主义的一切矛盾日益激化，彼此的对立日益尖锐，以致战争的危机不断趋于深刻；作为帝国主义经济基础的殖民地及半殖民地国

---

① 其今译文见《资本论》第一卷，人民出版社2004年版，第874页。

家的反抗高涨，在整个资本主义体系的没落过程中占着重要的地位，这样，被压迫民族与社会主义国家及帝国主义各国无产阶级的强固结合，成为非常强大的革命势力。"资本主义之崩坏，不是自动的产生，也不是先产生于独占与金融资本发达到最高度的国家。其最初崩坏的，是成为一连锁及世界资本主义体系之'最弱的一环'，而由多少的间歇的崩坏之继起，于是乃及于全体系。至环之强弱，则一般的可由其阶级间之力量的关系以决定。而一国资本主义之崩坏，则决不是消极的现象，必立即成为无产阶级国家而出现"。①

继前章讲述资本主义矛盾的展开即进入帝国主义阶段后，本章重点讲述帝国主义的构成要素、主要特征和发展趋势。讲述的依据，仍然交替运用马克思和列宁的学说，而以列宁学说为主导。进一步说，马克思分析资本主义积累的历史趋势，已经从一般抽象的意义上，指出资本积累必然导致垄断，也就是预判到资本主义的未来发展阶段将以垄断为特征。但在历史上具体地进入帝国主义阶段，列宁确切地将其定义为垄断阶段的资本主义，不仅指出帝国主义的五个基本特征，还表现为寄生腐朽和垂死的发展趋势；不仅分析帝国主义阶段不断激化资本主义的固有矛盾，还促进殖民地半殖民地国家的民族解放运动与发达资本主义国家的无产阶级（与贫农阶级结盟）运动结合起来，形成反对帝国主义的强大力量；并且论证帝国主义世界体系的崩坏，会发生在它的整个链条的最薄弱环节，从而为俄国无产阶级国家的出现，作了理论上的预判。此章还反驳这样一种观点，世界列强中有些不完全具备列宁所说的五个特征，不应算作帝国主义国家；于是又提出要从进入帝国主义阶段的资本主义整个体系的本质关系上，去理解列宁的帝国主义学说和判断一个国家的帝国主义性质。这些认识，体现了作者研究马克思和列宁学说的一些心得体会。不过可以注意到，本章以"金融资本与帝国主义"为标题，等于在诠释全书的书名涵义，更突出帝国主义的金融资本特征，而不是像列宁那样，既强调这个重要特征，又以垄断作为所有特征中最主要的内涵。由此也让人联想到译本的作者先前曾经传入我国的《金融资本论》译本，显然受到希法亭《金融资本》一书的影响，这种影响，同样也反映在这本论述金融资本与帝国主义的译本里，特别是译本的第2篇。

**（三）第2篇简介**

此篇名为"金融资本"，共5章，分别是"银行资本与其集积"（含"资本与

---

① 以上引文除另注外，均见樊仲云译《金融资本与帝国主义》，新生命书局1929年版，第9—28页。

信用""银行机能之发展与银行资本之集积"2节），"公司企业与银行"（含"货币资本家的股东""发起利得的成立""资本的动员""股份公司发达的意义""银行的优越"5节），"集积上的新倾向"（含"所有集积的新源泉""资本家支配的集中""银行资本增大的意义"3节），"独占"（含"独占的成立""独占与银行""独占的诸形态"3节），"金融资本之成立"（含"金融资本与金融寡头支配""金融资本之历史的倾向"2节）。

此篇内容，偶尔也可以看到引用马克思的论述。如第1章第1节说明资本与信用，提及马克思曾说："银行是参加于实际的贷款者与实际的借款者间之中间人。……（中略）银行一面集中货币资本的贷款者于一身，他面则为一切借款者的代表。银行的利润，即由此借贷间利率之差——以低利率借入，以较高之利率贷出——而生"①。这是通过银行业务的实质，说明银行将闲置状态的货币资本即可以借贷的资本的处分权，事实上操于自己手中。②

总的说来，此篇的叙述手法比起前篇有明显不同。尽管仍属强调帝国主义阶段的金融资本特征，但不再主要沿着马克思特别是列宁的理论思路，也很少从他们的原著中引述论据，另有所本。此类依据中，诸如希法亭《金融资本》之类的著作，应占较大的比重。不过，上面引用的马克思这段论述，出自《资本论》第三卷有关"信用和虚拟资本"一章，属于国内著作中未曾或极少引用的原文，于此亦可见作者撰写此篇，参考过马克思有关书目里的专门论述，包括那些很少有人注意到的论述。

**（四）"资本输出"及"世界之分割与再分割"**

这是第3篇"帝国主义"第3和第4章的题目，此前第1和第2章分别是"独占的资本主义——帝国主义"（含"为历史的一阶段之独占的资本主义""独占在先进诸国的成熟""帝国主义"3节），"独占保护关税"（含"独占保护关税之成立""领土扩张政策之发展"2节）。从这些题目看，全书的论述大体又回到循着马克思学说特别是列宁的帝国主义论的理论思路，惟前两章以作者自己的叙述为主，不见引用原典依据，从第3章起才又见到对原文的引述。

此章一上来引用列宁直接说过："在以自由竞争而完全支配的旧资本主义，商

---

① 其今译文见《资本论》第三卷，人民出版社2004年版，第453页。
② 樊仲云译《金融资本与帝国主义》，新生命书局1929年版，第40页。

品输出是典型的事物。但在以独占为支配的最新资本主义，则资本的输出实其特征"①。生产及资本的集积既达到极高度，在生产力有可惊发展的先进诸国，遂如马克思所预言的，一面产生过剩人口，另一面产生过剩资本，"这是资本输出时代最基本的现象"。

第4章提到，各国独占的资本家同盟，在世界市场上继续竞争，感觉彼此均不利，于是进入休战状态，相互缔结协定，把作为贩卖领域的各国进行经济的分割。此种国际卡特尔或国际托拉斯的形成，如列宁所说，"资本及生产之世界的集积达于新阶段，即与过去的阶段所不能比较的高阶段"②。

列宁又说："最新资本主义之基础的特征，是最大企业家独占的同盟之支配。此种独占，在一切原料资源俱归于掌握时，最为巩固。……（中略）因此，为了经济的领土，不，为了一般的领土扩张，遂产生金融资本不可避的努力。托辣斯，把将来（非现代）'可能的'利润，独占的将来的结果都计算在内，以二重或三重的评价而将其财产资本化。同样，一般金融资本家，也把可能的原料资源计算在内，以争得最后一片的未分割地，或者为再分割已尽的土地，惟恐在如狂的斗争中比他人落后，总之是一切都不管，竭力以求土地的获得"③。最后，我们知道在19世纪末到20世纪初的世界分割状态中，早已潜伏着谋求再分割的最尖锐斗争，即不可避免的世界战争的必然性。

金融资本的国际政策，实是由"世界之经济的及政治的分割之列强的斗争"所必然发生的事。结果导致除殖民地及领有殖民地的诸强国外，许多国家不过名义上留着政治的独立，实际上在金融上外交上已陷于从属地位。④ 如列宁所说，"在各大国家与小国家之间，这样的关系，实是常有存在，但当资本主义帝国主义时代，这成为一般的体系，成为世界分割之际的诸关系全体之一部，而转化为世界金融资本活动的锁链的一环"⑤。这种世界分割的实际状态，决不可能在分割者的诸强国之间得到均衡（这种均衡在无政府状态下，也不是绝对的），其实是非常不均衡。这种分割的不均衡，而且在"自由的土地"早已没有残余状态下的不均衡，自然惟有以战争为手段，才能再分割而得到均衡。这种命定走向世界战争的过程，

① 其今译文见《列宁选集》第2卷，人民出版社1995年版，第626页。
② 其今译文见《列宁选集》第2卷，人民出版社1995年版，第631页。
③ 其今译文见《列宁选集》第2卷，人民出版社1995年版，第645—647页。
④ 这段话的原文今译文见《列宁选集》第2卷，人民出版社1995年版，第647—648页。
⑤ 其今译文见《列宁选集》第2卷，人民出版社1995年版，第648—649页。

作为强国之间再分割斗争的直接目的物，不消说是半殖民地国，是属于弱小的殖民地以及弱小国家本身；帝国主义的金融资本，对那些强大国家，也不可避免地进行征服与分割。①

以上两章引用列宁的论述，分别见列宁《帝国主义论》一书"资本输出""资本家同盟瓜分世界"和"大国瓜分世界"三个部分的有关段落。其实，除了直接引用列宁的论述外，此二章的大部分叙述，包括引申和解释列宁论述的例证、数据及引用其他人的著述等，也都是转述列宁原著这些部分的内容。如第4章末尾引用法国历史家"杜利欧"的一段论述，便取自列宁原著"大国瓜分世界"部分，引用历史家德里奥在《19世纪末的政治问题和社会问题》一书论述"大国与瓜分世界"一章的一段话②。就这一点而言，这两章的内容，等于作者在穿插引用列宁原著的若干原文的同时，以自己的用语来复述列宁原著的其他内容。

**（五）"资本主义之最后阶段"及"没落的资本主义"**

这分别是第3篇第5、第6章的题目。第5章说：

在资本主义发展上作为特殊历史阶段的帝国主义，是资本主义最新的阶段，也是最后的阶段。在这个阶段，帝国主义是寄生的、停滞的、衰颓的资本主义，是其内部矛盾极度激化而混乱与无政府状态最为尖锐化的资本主义，是濒于死灭的资本主义。帝国主义是独占的资本主义，正是独占本身造成它的寄生的、停滞的、衰颓的倾向。资本家想要打倒竞争者或避免被打倒的努力，是改善生产技术和发展生产力的动力，然而独占的建立，使竞争的刺激，技术、企业及其他一切进步改良的动力，大为削减。

寄生的倾向，首先表现为靠利息生活的社会层可惊地增大。由于帝国主义最本质的经济基础之一的资本输出，产生以榨取后进国与殖民地劳动为生活的少数国，使这些国家全体成为一个寄生体，即所谓"利子衣食国"。列宁说："金利生活者的收入，竟达世界最大'商业'国对外贸易收入之五倍以上！这是帝国主义寄生生活的真髓"③。利子衣食国是寄生的资本主义国家，是已开始衰颓的资本主义国家。帝国主义的一大特征，少数资本主义强国对后进民族的榨取，对殖民地的榨取，如列宁所言，使"文明世界"成为附着于数亿"非文明"民族身上的寄生虫。

①　本章引文除另注外，均见樊仲云译《金融资本与帝国主义》，新生命书局1929年版，第168—187页。
②　参看《列宁选集》第2卷，人民出版社1995年版，第649页。
③　其今译文见《列宁选集》第2卷，人民出版社1995年版，第662页。

第一章　传播马克思主义经济学的各种著作

帝国主义的衰颓倾向，表现为政治日益丧失进步性，反动性逐渐加强。这是因金融资本不喜自由而好支配之势所必至，现在如贿赂、收买等公然大规模地进行，"利权政治"成为典型的事物。

帝国主义没有排除资本主义的急速发展，但自然地向着停滞的、衰颓的倾向行进；由于独占的发达，资本家一变而为借利子股息以为衣食的寄生物，从而使其趋于衰颓的倾向更深更烈。同时，资本主义社会趋于倒坏，社会主义代之而起的问题，渐渐呈现在强力的劳动阶级面前。帝国主义是独占的资本主义，是寄生的、停滞的、衰颓的资本主义，因此也是濒于死灭的资本主义，是向着社会主义来推移的资本主义。关于帝国主义时代极度发展的生产社会化，列宁说："由大经营一旦成为巨大经营……（中略）当此之时，在我们面前即出现了生产的社会化……私经济的关系与私有财产关系，这样虽以人为的力量残留着没有消除，但已与内容不相适应，不可避的将趋于溃灭，虽然（如投机主义者则以为尚可治愈），将有长久的腐烂状态，但其必将被消除，是很明白的事"①。

独占的资本主义是由完全的竞争到完全社会化的过渡时的特殊社会秩序。生产社会化了，但依然是私有的，由少数大银行进行一般生产手段的分配。"但是，此生产手段的分配，由其内容以言，却决不是'一般的'、社会的，而仍为私的。此分配，实际上只是为的大资本，尤其是最大的独占资本的利益。此独占的大资本，只是'使人口之大多数苦于饥寒，使农业的全部发展远比工业落后，而在工业，则以重工业吸取其他一切工业部门的利益，即在这样的情形下，发挥其机能'"②。这样，社会化的生产手段依然是少数个人的私有财产，以致少数独占者对多数人的压迫，成为不可伦比的猛烈和难堪。总括一句话，资本主义的矛盾达到极度的激化；帝国主义下，资本主义的混乱与无政府状态亦达到极度的尖锐化。独占资本，金融资本，虽在世界经济各部分的发展速度有差异，但并不减弱，反而加强；列宁"关于全世界经济内资本主义与金融资本发展速度的差异的正确数字"，有重要地域铁道网的增加和世界各国铁道所有的变化两个表；生产力发展与资本蓄积发展二者的不均衡，殖民地分配与金融资本势力范围分配的不均衡，用什么方法来消除呢，这样战争与其凶猛的破坏作用所决定的政治危机，成为必然和无可避免的

---

① 其今译文见《列宁选集》第2卷，人民出版社1995年版，第687页。
② 其今译文见《列宁选集》第2卷，人民出版社1995年版，第603—604页。

事①。"由资本主义到社会主义的推移——即经过帝国主义阶段的推移，以资本主义之自然死的没落，于是出现了人类平等的社会"。②

第6章说：

1914—1918年的世界战争，是帝国主义战争，是各列强的金融资本欲扩张自己独占地支配世界，为获得商品市场、原料资源、廉价劳力及投资地域，夺取外国的土地与人民以隶属于自己所进行的战争。世界战争的结果，现在世界资本主义现实地开始死灭，在这个没落的水准上，种种矛盾与对立异常地激化。自战时至战后有激烈的经济危机，并立即发展为政治危机，在欧洲诸国展开的直接革命情势，成为袭击世界资本主义中心的危机。这个危机不同于以前的一切危机，已不是资本主义范畴内所能克服，结果世界最大的资本主义国家之一，发生崩坏。"在俄国，这样有无产阶级独裁政治的确立，从事社会主义的建设，——已既有十年以上的历史——实表示着世界资本主义是已入于没落期，世界资本主义已是在死灭过程中的资本主义了。从前资本主义的支配达于世界六分之一的广大的重要地域，现在却为无产阶级所夺取。这在残余的资本主义领域，当然要更引起其固有矛盾的激化"。

俄国以外欧洲诸国的资产阶级，成功摆脱革命的危机，世界经济逐渐从极度的混乱与动摇中趋于恢复，得到相对的安定，但是资本主义内在的矛盾，仍以未曾有的深刻表现为没落期的特征。独占化的各种合理化运动，与战时及战后急速的资本集积运动，彼此交互作用而发展。如战后技术的改良、劳动时间的延长及劳动强度的提高，造成劳动者失业现象。马克思曾以"资本主义生产方法所特有的人口法则"，称"劳动者人口由其自身造成资本的集积，但是同时，更继续的造那使自身成为过剩的手段"③。战后完全贯彻了使劳动者过剩的倾向，持续使固定失业日益增大的资本主义，不得不开始其死灭的运命。又如根据马克思的论述，"资本主义的生产方法，在社会生产物全体中，有减少归于无产阶级部分的倾向"。这是因为劳动生产力的增大，劳动者所消费的商品价值低下，缩短其必要劳动，加长其剩余劳动。此前先进资本主义国家劳动阶级全体的份额，即可变资本或工资，尚不过相对地减少，到了战后资本主义世界，则开始绝对地减少。再如具有强大能力的独占大资本，当国内市场愈趋狭窄时，为求海外销路，斗争愈益激烈，此斗争方式之

---

① 关于这段论述，原著今译文见《列宁选集》第2卷，人民出版社1995年版，第658页。
② 本章引文除另注外，均见樊仲云译《金融资本与帝国主义》，新生命书局1929年版，第188—196页。
③ 其今译文见《资本论》第一卷，人民出版社2004年版，第727—728页。

一，首先便是竞相提高关税，其激烈化程度远超战前。这样，充满着矛盾与对立的帝国主义强国之间，战前本已存在强烈的冲突，近年来更凶猛地向着世界战争行进。当一定的阶级社会进入衰颓期，或立于灭亡的境地时，这种斗争尤为猛烈。要求世界再分割的资本主义诸国，现在竭力在作斗争的准备，最明白的表现便是增大军备，要以比前次战争更大的规模来从事屠杀。

"没落期的资本主义，由战争的惨祸，劳动榨取之强烈化，帝国主义的负担之可惊的增大，使各资本主义国劳动者阶级之生活标准，都以压抑而降落。这样，遂有阶级斗争的开始。同时，帝国主义的资本，对于一切被压迫民族的压迫，乃日加强。我们但见民族解放运动与无产阶级运动相结，到处有其进展"。"以没落的帝国主义为特征的现代人类社会，具有二个将来。一是业已社会化成熟的生产，为使之现实的社会化，由无产阶级起握政权，解放自己，并以谋全人类之解放，而实现大同世界——其次便是任第二次世界战争巨大的破坏，把人类加以最残惨的屠杀，使一切文物趋于毁灭。这是无产阶级当面的课题了"。①

以上两章的简介，只是摘录同马克思和列宁的论述相关的部分，可见第5章仍然在复述列宁《帝国主义论》一书的观点，主要是跳跃式地引用和转述书中第七部分"帝国主义是资本主义的特殊阶段"，第八部分"资本主义的寄生性和腐朽"以及第十部分"帝国主义的历史地位"的有关内容。或者说，突出列宁原著里帝国主义作为资本主义的最后阶段，表现为寄生的、腐朽的、垂死的资本主义这一趋势，但不根据原著的论述次序，时而引用原文，时而摘取原著的实证资料，按照自己的思路将其编织在一起。所以比较起来，许多说法和材料看上去颇为熟悉，叙述的方式却是另一个样子，显得有些杂乱、重复和前后颠倒。第6章则超出《帝国主义论》一书写于大战期间的时间范围，重点叙述战后资本主义的没落趋势：一方面资本主义体系经过世界大战的破坏性危机，虽然正在恢复，但固有的各种矛盾故态复萌，又迅速激化和尖锐化，更为深刻和广泛地孕育着新的更大的危机；另一方面这种危机已无法在资本主义范围内得以克服，结果俄国这个世界上最大之一的资本主义国家出现崩坏，在政治上确立了无产阶级专政，在经济上建立社会主义已有10余年。这些叙述，在理论根据上依然沿用马克思学说，特别是列宁的《帝国主义论》，同时相应地补充战后的有关例证和数据资料，意在证明没落期的资本主义

① 本章引文除另注外，均见樊仲云译《金融资本与帝国主义》，新生命书局1929年版，第196—207、213—214页。

或帝国主义，已处于各国民族解放运动与无产阶级运动相结合的时代，这正是延续列宁的结论。所以，第6章也就是最后一章末尾的一段话，提出在这个时代，无产阶级面临的课题是人类社会有两个未来，一是将业已成熟的生产社会化变为现实的社会化，由无产阶级掌握政权以解放自己，通过谋求全人类的解放来实现大同世界；另一是听任第二次世界大战的巨大破坏，更加残酷地屠杀人类并摧毁一切文物。显然，这是主张无产阶级选择第一种未来和避免第二种未来，等于也是全书论述金融资本与帝国主义的最后结论。

## （六）结语

这个译本从金融资本角度考察帝国主义的实质、特征和发展趋势，是一个热门的题目，也是马克思主义研究者所关注的题目。但对比前面研究农业理论发展的译本，可以看到二者的差异。一是前译本梳理马克思主义农业理论的发展历史，环环相扣，十分连贯；此译本从结构安排上看，并不紧凑，把金融资本和帝国主义作为两个论题，分别论述，二者之间的关联度显得比较松弛。二是前译本注重从马克思、恩格斯及其祖述者、继承者和发展者的原著中，搜集和汇总相关论述并予以条理化和系统化，为了完整表达原著的观点，又成段落地大量引用原文，即使采取转述方式，也力求符合原意，同时尽量标明引用原著的出处，这就给了解和查阅马克思主义的原典思想，提供了丰富的内容与线索；此译本同样以介绍马克思主义的理论为主，不时引用马克思和列宁的原文，却不注明出处，明明在讲述列宁《帝国主义论》的内容，却说得像作者自己的独立见解一样，此外还经常插入一些其他的东西，如第2篇专论金融资本，虽然偶尔引用马克思的说法，但整体游离在《帝国主义论》的体系之外，因此提供马克思主义原典内容的质量（姑且不论翻译质量）和丰富程度（姑且不论此前的著作对《帝国主义论》一书多有评介），也就逊色了许多。三是前译本讨论马克思主义的农业理论与政策问题，不仅涉及发达国家，尤其经过列宁以理论上的发展来指导率先实现无产阶级专政实践的俄国制定相应的政策体系，对于同为农业国的我国革命者来说，具有直接而现实的借鉴与应用价值；此译本讨论金融资本与帝国主义的关系，尽管以马克思和列宁的学说为准绳，尽管据此认定金融资本未得到充分发展的若干世界霸权国家同样具有帝国主义的特征，但毕竟以前后继起的发达国家为主要研究对象，因此对于国人来说，可供理论上的参考，距离本国实际远了一些。

不过，从马克思主义经济学的传播方面看，此译本至少有两点，可算作自身的研究特点。其一，从马克思对资本主义内在矛盾及积累趋势的分析中，引出列宁对帝国主义是资本主义最后（或最高）阶段的分析。在作者看来，马克思的分析着眼于一般的抽象的资本主义，从中已经预见到资本主义必然走向垄断以及各种矛盾无法克服而走向末路的前景，列宁的分析则面对资本主义已经发展到具体的帝国主义历史阶段，各种固有的矛盾在更为广泛和深刻的程度上演化为五个基本特征，并在垄断的基础上使整个资本主义世界体系呈现出寄生的、腐朽的和垂死的症状。正因为强调马克思的分析与列宁的分析在理论上一脉相通的关联关系，所以此译本谈论现代金融资本与帝国主义问题，不像其他倾向于社会主义的同类著作，主要从列宁的《帝国主义论》或其先行思想中寻找根据，而是不时追溯到马克思关于资本主义发展规律的基本理论，以此表明列宁关于帝国主义的分析，实质上是对马克思的基本理论适用于资本主义发展的特殊阶段即最后阶段的一个验证。这恐怕也是此译本在直接或间接地大量引用列宁《帝国主义论》的内容时，何以不完全按照原著的次序与逻辑，经常打乱或改换为其他表述形式的一个理由。

其二，如果说前面论述农业理论发展的译本，通篇都态度鲜明地引用、阐释和维护马克思主义的农业理论，可是临到结束，须在批评马克思派和马克思派的反驳之间作最后的是非判断时，突然暧昧起来，假托要等待事实或历史的检验而不敢表态，那么，此译本则表现出另一副姿态。译本论述金融资本与帝国主义，既以马克思和列宁的学说为主要依据，又不严格遵循这些学说的完整涵义和内在逻辑，时常穿插一些其他的内容或摘引若干语录来印证自己的叙述思路，但它放在全书末尾的最后结论，却是典型马克思主义的，特别是列宁式的结论。它在论证现代人类社会已经进入以帝国主义为特征的没落资本主义时期后，认为摆在无产阶级面前的只有两条道路。一条积极的道路，无产阶级利用资本主义社会已经成熟的生产社会化基础，通过掌握政权，使之转化为社会制度上的真正社会化，不仅解放无产阶级自己，还谋求全人类的解放，以实现世界的大同；另一条消极的道路，无产阶级无所作为，听任帝国主义列强发动第二次世界大战，以更加巨大的破坏和更为残暴的方式去屠杀人类和毁灭文物。无论哪一条道路，实质是说，资本主义发展到以金融资本统治为特征的帝国主义阶段，其内在矛盾的激化、尖锐化和公开冲突，已经迫使整个世界或主动或被动地卷入无产阶级革命和民族解放运动的时代。这个结论，在预测帝国主义阶段的延续，势必爆发第二次世界大战这一点上，可谓有先见之明；但推断无产阶级掌握政权的基础是生产社会化的成熟，则似乎又忽略了苏俄革命的成功，恰恰发生在国内生产社会化还不那么成熟的帝国主义链条的最薄弱环节上。由此看来，此译本作者谈论马克思和列宁学说，多少有点纸上谈兵。

### 三、《人口理论》译本

译本的作者向坂逸郎①，在德国留学期间潜心阅读马克思主义著作而形成马克思主义的世界观，此前未考察过他的著作。译者陶希圣则同前译本的译者樊仲云等人一道，创办了出版这部《马克思主义经济学说的发展》译本合集的新生命书局。

译本分4章，137页。第1章"序论"从马尔萨斯的《人口论》谈起，认为这个人口理论适应资本主义发展的需要而出现。资本主义成立的要件是贫穷的存在，行将崩坏的资本主义更强制地使工业合理化的资本主义产生巨大的失业军。极端的蓄积与集中，在社会上累积了贫与富的两端，"劳动贫民仗马克斯主义的理论之长剑而兴起"，同时马尔萨斯的门徒抗御劳动贫民所依据的理论长剑，获得全体支配阶级的维护与赞赏，其《人口论》也在"真理"的名义下享有"不朽"的荣誉。作者不信马尔萨斯的人口法则是近代社会问题的准绳，也不信认识这个人口法则才能了解社会穷困及其根源，相信真正的了解必须先克服这种思想。②

基于这个看法，书中展开对马氏《人口论》的批判，并相应阐释马克思主义的人口理论。

#### （一）"抽象的人口法则"

这是第2章的题目：

人类是"社会的动物"。具体地说，纯粹的个人存在是抽象的产物，个人只存在于社会组织中，在某种情形下，只存在于阶级关系中。马克思在《政治经济学批判》中说："构成斯密斯与李嘉图的出发点之个别孤立的猎者及渔夫，乃属于十八世纪的幻想。……（中略）这孤立的个人之观点全盛的时代，恰便是社会的相互关系（由此观点言之，是一般的关系）发达到最高形式的时代。人类，是本来意义的社会的动物，不独是一个社会的动物，并且是一个只在社会中始能发达的动物。在社会以外孤立的个人之生产——有时文明人偶然迷途于荒野，或者也有这回

---

① 向坂逸郎（1897—1985），1921年毕业于东京大学经济学部，1922—1925年留学德国柏林，回国后任九州大学副教授，1926年晋升教授；长期从事马克思主义经济学的翻译和研究，是日本社会主义协会的代表人物。

② 向坂逸郎著，陶希圣译《人口理论》，新生命书局1929年版，第14—15页。

事。但是文明人已经能动的持有种种社会力——与没有共同生活且互通语言的个人之言语的发展一样，是背理的"。① 人口数量的增加及减少，最后决定于社会物质的生产力发达的程度。人口对物质生产力适应的方法，因社会形式的不同而各异。"换句话说，人口对于物质生产力的关系，只依社会形式的制约而实现"。马克思在《资本论》第一卷中说："……特殊之历史的生产方法各有其特殊的历史的适当之人口法则。……抽象的人口法则，以人类不加以历史的干涉为限，对于植物与动物始能存在"②。马克思所谓抽象的人口法则，只存在于历史上还没有受过人干涉的动植物界。马克思好像没有机会充分论述抽象的人口法则的详细内容，著者对自然科学是一个门外汉，只能不充分地依据马克思以后的马克思学者的研究，予以介绍并作一点批评。

马尔萨斯认为有一个人类与动植物通行的人口法则，这是抽象的不变的自然法则。"我们与马克斯共信以为一切特殊的历史的生产方法，各有其特殊的人口法则，抽象的一般的人口法则，只有以人类历史的不加干涉为限，始行于动植物界"。因此，我们关于社会的人口法则，与马尔萨斯所决定的不同。依据考茨基对马尔萨斯的攻击，我们的人口论区别于马氏及其弟子们之处，首先在于研究方法。他们从各个个体出发，其观察方法与他们的经济学的观察方法一样，喜谈孤岛上的鲁滨逊，我们则从整个有机体的交互关系出发。按考茨基的说法，只要生活条件不变，一定地域内生存的生物之间，经常可以保持一定的均衡，这便是历史上没有受到人干涉的动植物界存在的人口法则。或者说，动植物界"抽象的"人口法则不在于繁殖与食物之间的矛盾，而在于两者的均衡。考茨基概括他与马尔萨斯"根本的分别"为四点："依马克思的见解，分为对于人类社会的历史的人口法则，与以没有人类的历史的干涉为限，对于动植物界的抽象的人口法则"；"抽象的人口法则之考察，不由个体的繁殖力出发，而由种属及种属之系统全体的再生产的条件出发"；"以一般的外部条件不变为限，看不见种属中的个体数量增殖的倾向，只看见其恒久的状态，即均衡的状态"；"保持此均衡的手段，不是现存营养资料的数量的限制，只是繁殖与破坏之力的平均"。

马克思所谓抽象的人口法则是什么？换句话说，没有人类的历史的干涉而施行于自然的动植物界的人口法则是什么？认识自然界的一般的人口法则，并不能直接

---

① 其今译文见《马克思恩格斯全集》第 46 卷上册，人民出版社 1979 年版，第 18、21 页。

② 其今译文见《资本论》第一卷，人民出版社 2004 年版，第 728 页。

说明人类社会的特殊的人口法则，但这对认识人类社会的人口法则的特殊性，是不可少的。不幸马克思没有留下详细说明，著者昧于动植物的研究，除了介绍马克思以后马克思主义者的研究，没有别的方法。在这个意义上，我选择了考茨基。但这方面，马克思主义者的研究很难说丰富，至少与别的方面比较起来是不丰富的。考茨基概括的上述四点，第一点"我没有异议"，"这是由马克思主义的理论而来的当然的结论"。第二点"也是马克思主义方法论之所命"。唯物论的辩证法对于一切现象，观察其与全体的关联，不机械地分离，以认识其本质；个体的繁殖，只有从其与种属的关联，与种属及种属系统的关联中去考察其与生物界全体的关联，才可以阐明真相；这样才可以正确认识自然的人口法则，即有机体增殖与破坏的关系，只存在于生物界怎样维持存续，生物全体怎样再生产的可能性中；"我们相信考茨基关于这点的态度是正当的"。第三点讲均衡，第四点讲平均，同马尔萨斯主张生物的繁殖力常强于食物的增长力，因此必然存在穷困、饥饿、疾病和战争等限制个体增加的观点，正好相反。

对这个问题，马克思与恩格斯认为在生物界，马尔萨斯主义即过剩人口及穷困、疾病、饥饿、为生存而斗争等，并不是永恒的现象。他们对达尔文的进化论，虽予以极高评价（注：恩格斯在安葬其友之际说："正如达尔文发现有机的自然发展的法则一样，马克思发见了人类历史的发展法则"①），却对他无保留地同意马尔萨斯主义，持保留态度。恩格斯在《自然辩证法》中说：

"为生存而斗争。先第一是局限于那因植物及动物的过剩人口所促进的斗争……（中略）。一方面较为固定的个体凋敝乃至死灭，同时不完全的中间阶段也一并死灭，而另一方面，适应的个体生存，转换为适应的新种，这种现象，便毫没有马尔萨斯主义也可以进行的。……（中略）达尔文于其自然淘汰或适者生存的学说，把两者全然不同的事情混淆了，这是他的错误。……（中略）重要的是在有机的发达上，有进步也有退步，这使一方面的发达趋于固定，而除却其他多方面的发达之可能。……（中略）无生物之相互作用，包含调和与冲突，生物的相互作用也包含意识的协力，同时又包含意识无意识的斗争。在自然，本不只用一方面的'斗争'为旗帜。"②

恩格斯这些话，实是暗示不必依循"马尔萨斯主义"的生物自然运动，更是

① 其今译文见《马克思恩格斯选集》第 3 卷，人民出版社 1972 年版，第 574 页。
② 以上引文的今译文见《马克思恩格斯选集》第 3 卷，人民出版社 1972 年版，第 570—572 页。

暗示其人口运动。考茨基的理论是否与恩格斯一致？考茨基所谓均衡的手段，从斯宾塞的理论出发，而这个理论有许多异议。所以有人认为，考茨基过于拘谨地解释斯宾塞的法则，所得的结论恐怕须得到重大的纠正与补充。关于这一点，考茨基自己也不强硬地主张。①

本章先引用马克思的观点，说明马克思主义人口理论的基本宗旨：历史上进行生产的个人不是单个和孤立的，从属于一个较大的整体，到 18 世纪的"市民社会"，更成为内在地具有社会力量的文明人；每一种特殊的、历史的生产方式都有其特殊的、历史地发生作用的人口规律；等等。其中分别引用马克思在《政治经济学批判》和《资本论》中的有关论述，其今译文此前曾以更为完整的形式见诸其他著作，如《马克斯的经济概念》译本和《物观经济学》译本。围绕这些宗旨，本章的重点是解释何谓"抽象的人口法则"。其实，马克思说到抽象的人口规律，指在人类社会历史上所出现的每个特定生产方式里，不存在所谓抽象的人口规律，发生作用的都是具有其历史特殊性的人口规律，只有在历史上还没有受过人干涉的动植物界，才存在这种抽象的人口规律。换句话说，马克思考察人类社会的人口规律，只承认其历史性与特殊性的对象，把抽象性的对象排除在外。本章把这种只存在于动植物界的抽象人口规律，当作首先解释的对象，因为马尔萨斯的《人口论》即以此作为论据之一，故从批判的眼光看，对此须有正确的认识。但马克思既然已经排除所谓抽象的人口规律，便无须详论于此。译本的作者对马克思未能提供详细的说明内容，感到殊为不幸，所以只能从马克思以后的马克思主义研究者中，选择考茨基的说明作为参考，虽然不是很满意，但可以作为认识这个问题的方向指南。

考茨基的说明，针对马尔萨斯《人口论》的理由，就人口规律提出四点见解，前两点无非重复马克思的宗旨和唯物辩证法的方法论，作者表示赞同或无异议；后两点涉及对抽象人口规律的解释，强调自然的均衡与平均，又引用斯宾塞的有关理论，对此存在争论，作者亦认为其理由不是很充分，但承认提不出更好的替代理由。于是引用恩格斯在《自然辩证法》里的一大段论述，借以对比在这个理论问题上考茨基与恩格斯的差异或是否一致。恩格斯这些论述，既针对所谓马尔萨斯主义，也针对达尔文将这个主义引入自然界而形成自然淘汰或适者生存学说的错误，姑不论这些论述同考茨基理论的差异究竟在哪里，这是在已考察的国内著作和译本

① 以上引文除另注外，均见陶希圣译《人口理论》，新生命书局 1929 年版，第 16—45 页。

里，第一次看到引用恩格斯《自然辩证法》的有关论述。可见随着马克思主义经济学在中国传播的不断深入，涉及马克思、恩格斯原著的书目及其内容，也在不断扩大范围。

**（二）"历史的人口法则"**

这是第3章的题目，内分两节，第1节"自然与社会"：

社会的人口理论不能与自然的人口理论分离探究，社会是在自然的基础上展开的，人类历史决不能超脱自然的外围而推移。没有人类社会的自然是存在的，没有自然基础的人类社会则不可想象，使人类社会得以存续的条件都是自然所产生的。恩格斯说，"人类自己是在环境之中，与环境相共发达之自然的产物"①，思想虽然是人类脑筋所产生，言其究竟，仍然是自然的产物。在这个意义上，我们想象不到离开自然而独立的人类社会。马克思说："社会的生产发达的程度，姑置不论，劳动的生产性是依赖自然条件的。……（中略）外部的自然条件，可以从政治经济的观点上分为二大类。其一是生活资料之自然的富，如肥沃之土地，富于鱼类之河海湖沼；其他是如急激的瀑布，可以航行的河流，森林，煤矿，金属矿山这种劳动手段之自然的富。在文化之初期，属于前者之自然的富有决定的重要性，在社会发达较高的阶段内，后者之自然的富有决定的重要性。……（略）"②。再借马克思的话来说："社会的分工之自然的基础，以及那由于围绕人类的自然情形的变化而使人类欲望、能力、劳动手段、劳动方法等愈趋复杂之刺激，不是土地绝对的丰沃程度，而是土地的自然生产物的复杂性。对自然力，加以社会的统制，加以节约，且以人类之手的工作去大规模的占有并驯服之，这种必要，在产业史上有决定的作用。……（略）"③。

社会在自然的基础上只有适应，始能存续。然而社会的适应不单是消极的，它积极地变化自然使合于自己的目的，换句话说，它"支配"自然，以适应自然。社会对自然的反作用，即所谓自然的"征服"，不断前进。社会在其所允许的范围内变动自然，使之变形。社会好像逐渐从自然中解放出来，"自由"地展开自己的历史。恩格斯在《反杜林论》中说："大产业教我们把无论何处可行的原子运动，为技术的目的而变为大量的运动，依此而工业的生产得从地方的限制解放。……

---

① 此引文见《反杜林论》，其今译文见《马克思恩格斯选集》第3卷，人民出版社1972年版，第74页。
② 其今译文见《资本论》第一卷，人民出版社2004年版，第586页。
③ 其今译文见《资本论》第一卷，人民出版社2004年版，第587—588页。

（中略）资本主义的产业，相对的能够离其原料生产之地方限制而独立。……（中略）由资本主义的生产之限制解放的社会更能够向前迈进。这种社会造就了有圆通的训练的生产者，他了解一般工业生产的科学要件且澈始澈终，从实际上发达了多种的生产部门，因此遂造就足以充分补偿那从较远的距离输入的原料及燃料之运输而有余的新生产力"①。这些记载是 19 世纪的。试看现世纪社会"征服"自然的力量之增大，同时可以瞭望那与此推移的将来！

说到社会对自然的反作用及其征服力，恩格斯在《自然辩证法》中说：

"但是，我们于此不可以人类征服自然为得。自然对于这种征服是要复仇的。自然之征服，在第一步得到我们所期的结果，在第二第三步，则有完全出于预料之外的作用；这种作用把第一步的结果完全颠覆了。……（中略）在实际上，我们也天天在学以求正确的了解自然的法则，以期认识那对自然传统进行的干涉之比较接近的影响。特别是自今世纪自然科学有伟大的进步发达以来，至少使我们认识那切近的生产行为对于自然的间接影响，因此使我们愈能够知道克服自然的方法，并且依于此种进步，人类对于其为与自然合致之一物，不独感觉，并且认识了。"②

人类社会只有依靠劳动，才能够从自然获得"物质的力"。马克思说：劳动是"人类与自然之间的一个过程，换句话说，是人类以其自己的行为而媒介、节制、管理其与自然之间物质的反应（代谢机能）的一个过程"；是"人类以一个自然力而对待自然的材料"的过程，但这决不是说人类赤手空拳来对待的意思；"劳动过程单纯的要素是第一，人类有目的之活动，换句话说即劳动自身，第二，劳动的对象，及第三，劳动手段"。劳动手段是"劳动者在自己与劳动对象之间，所以传达自己的活动于后者之一物或多数物之复合体"。劳动依于劳动手段而施于劳动对象。在人类社会，有其各阶段所必要的劳动手段。只有依于一定量的劳动力与一定量的劳动手段之相与结合，才可以有社会所必要的物质的富的生产。"人类的劳动，在劳动过程中，藉劳动手段之助，把最初所期的变化，加于劳动对象之上。劳动过程以生产物为终局。劳动过程之生产物是一个使用价值，是依其形状之变更而适合人类的欲望的自然材料。劳动与其对象相与结合于生产物之上。劳动化为对象，对象加以劳动，这便是生产物。在劳动者方面以一种运动而表现者，现在在生产物方面有休止的状态，它不是'造成'而是'存在'了。劳动者纺织，而其生

---

① 其今译文见《马克思恩格斯选集》第 3 卷，人民出版社 1972 年版，第 334、335 页。

② 其今译文见《马克思恩格斯选集》第 3 卷，人民出版社 1972 年版，第 517—518 页。

产物便是纺织品"。"这个全过程，若由其结果之生产物的立场来观察，则是劳动手段与劳动对象之双方，皆取生产手段的形式"。① 劳动力与生产手段的量，便是马克思所谓社会的物质生产力，又是指示社会发达程度的指数。

"我们与马克思同"，以为劳动手段与劳动对象是以生产手段而实现，生产手段与劳动力的量便是物质的生产力，是社会发达的决定者。但是，首先，劳动力是一个问题。决定必要种类和分量的劳动力的是生产手段，高度发达的生产手段养成高度熟练的劳动力。如果社会生产过程是正常的，便可以断定一定的生产手段所必要的一定质与量的劳动力。其次，生产手段的两要素即劳动手段与劳动对象之间的相互关系，不用说，没有劳动对象，劳动手段不能活动。在正常的生产前提下，劳动对象常是自然物或加工于自然物而形成的所谓原料。对于劳动对象，劳动手段又是决定的。马克思说："劳动手段的使用与制造，虽已于某种动物有其萌芽，但这是人类劳动过程特别的特征。……（中略）劳动手段不独是人类劳动发达的分度器，并且是劳动所依据而进行的社会情况之指针"②。

纯粹个体的个人是我们抽象的产物。具体地说，这样的个人是不存在的，由他的一切关系、一切社会环境所抽出的个人是不能够存在的。（接着重复引用此书第2章讨论"抽象的人口法则"时引用马克思在《政治经济学批判》中的两段论述。）布哈林在《历史唯物主义理论》一书中说："人类相互的社会结合，最明白最直接表现其对于自然的关系的，是劳动关系。……或如马克思之所说，'资本阶级社会的解剖可于经济学见之'，社会的构造便是劳动构造（'经济构造'）。所以我们对于社会下一定义：社会是包括人与人间全体继续的交互作用，立足于人类劳动之上，而为居于交互作用之中的人与人间最广泛的组织体"；"如此，我们得到了社会的完全唯物论的见解。其构造的基础是劳动结合，其生活基础是物质的生产过程"。

马克思在《雇佣劳动与资本》中说："人类在生产之中不独与自然有关系。他们只有以一定的方法共同活动，互换他们的活动，始能生产。为了生产，他们相与加入一定的连络和关系，并且只是在这种社会连络及社会关系中，他们对于自然的关系始能成立，生产始能进行"③。人类为了获得其所必需的物质的富，相与结合

① 以上引文的今译文见《资本论》第一卷，人民出版社2004年版，第207—209、211页。
② 其今译文见《资本论》第一卷，人民出版社2004年版，第210页。
③ 其今译文见《马克思恩格斯选集》第1卷，人民出版社1972年版，第362页。

为一定的关系。这种关系便是马克思所谓生产关系，即《政治经济学批判》序言所说，"这些生产关系的全体，造成社会之经济的构造"。（接着重复引用本章前面引用的《资本论》第一卷中的一句话。）社会经济构造的一切关系，结局是受社会的技术系统决定的，是要追溯到社会的技术系统的。这些结论是马克思所说的"社会之经济构造本来是社会适应自然之际直接间接结成的人与人的关系"的必然结果，换句话说，全社会是一个"生产有机体"①。我们可以用社会的技术系统来决定社会的发达程度。马克思在《哲学的贫困》中说："社会关系与生产力密切相结合。……（中略）既应其物质生产力而建立社会关系，人类又应其社会关系而造就原则、观念与范畴"②。马克思在《雇佣劳动与资本》中说："生产者所相与加入的这种社会关系——他们在其下交换活动以及分担生产的全体工作之各种条件——是依于生产手段之性质（不同）而当然各异的。……（中略）各个人所处以从事生产的社会关系，即社会的生产关系，与物质的生产手段以及生产力之变动及发达相随而变"③。

这种生产关系之总和便是社会的经济构造，"这便是法律的政治的上层构造，及适应它的社会的意识形式之基础"。不独社会生活依赖于经济生活，还有政治的法律的生活，更有道德、科学、宗教、艺术等生活，这全体社会现象，最后都不得不适应它们所存立的基础的社会经济构造。"物质的生活资料之生产方法是社会的、政治的及精神的生活过程的条件。不是人们的意识决定他们的生存。反之，人类之社会的存在却决定他们的意识"。但是，这样说决不是只以社会的经济构造为能动的，而把其他一切"上层建筑"只看作受动的要素。恩格斯说："政治的、法律的、哲学的、宗教的、文学的、美术的等等之发展，依于经济的发展之上。但是这些又都于其相互之间且对于经济的基础，有反作用。并不是经济状态独为原因而独为能动的而其他一切状态只有受动的作用，它们的交互作用，在最后常推行自己，在经济的必然之基础上前进"④。

第2节 "物质的生产力——社会形式——人口"：

人类也是自然的一个片段，不能不从自然吸收"物质的力"以保持自己的生

---

① 此引文未见注明出处。
② 这段引文曾在前面所考察的著作或译本里被多次引用，如《协力主义政治经济学》《现代欧洲经济学说》《基特经济学》《物观经济学》等，惟译文的完整程度与质量水平有所差异。
③ 其今译文见《马克思恩格斯选集》第1卷，人民出版社1972年版，第362—363页。
④ 其今译文见《马克思恩格斯选集》第4卷，人民出版社1972年版，第506页。

活，因此人类最后只有适应自然才能存续。在只有适应外围的自然始能存续这一点上，人类与别的动物没有丝毫区别。人类所以区别于一般动物的是有一定的技术系统，积极地适应自然，依照自然的法则来变更自然。所以人类的技术程度，实决定其生活基础的丰富程度。人口增加的可能性在于物质的生产力。物质的生产力加大或缩小，人口数则增殖或缩小，最后必然保持二者之间的均衡。但是，不能太简单和机械地考察物质生产力对人口增减的决定作用，不要忘记物质的生产力最后决定人口。与吸收"物质的力"直接相联结的劳动结合，是社会的根本纽带，一切社会交互关系最后都须适应这个劳动结合，而劳动结合又须适应技术的系统。所以社会的技术系统，实是最后决定社会的全构造。依照物质生产力发达的程度不同，形成种种相异的社会形式。历史上的社会形式中人口增减的过程，只有考虑各种不同的社会形式的变态，才能了解社会的人口现象。如马克思所说"从来一切社会的历史都是阶级斗争史"，除原始共产制社会外，从来的一切社会都有阶级的构造。但对立的各阶级的状态依各种社会而不同，或者是自由民与奴隶、领主与农奴、基尔特之师傅与徒弟，或者是资本家与工钱劳动者。"在上古的各时代，到处殆皆可以看见社会完全分割为种种的身份而社会地位有复杂的等级。……（中略）这些阶级殆又都自有小分割"。"由封建社会灭亡而发生的近代资本家社会没有废止阶级对立。唯以新阶级，新压迫条件，新斗争状态，代替旧的罢了"。"虽然，我们的时代，即资本家的时代有使此阶级对立单纯化之特征。全社会渐次分裂为相与敌视的两大阵营，直接相与对立的两大阶级。这便是布尔乔亚与普罗列塔里亚"①。这样，各个社会形式各自有其特有的阶级与特殊的阶级状态，并且各个特殊的社会形式各有种种的特殊性质。人口增减的过程便在这些特殊的社会性质中进行。所以社会所有的物质生产力与社会人口变动的关系决不是单纯的机械的。（接着重复引用前面第 2 章所引用的《资本论》第一卷关于特殊的历史地发生作用的人口规律与抽象的人口规律的一段论述。）

马尔萨斯以为，动植物也常有人口增殖超过其生活资料的倾向。我们却以为不用说动植物，即使人类的数量增加，最后常须以某种方法适应生活资料，适应各种社会形式中人类的物质生产力，即不存在人类数量的增加不断地超过生活资料的一般倾向。人口数量的增减常须考虑三个因素：繁殖力、死亡率及营养资料。这些要

① 其今译文见《马克思恩格斯选集》第 1 卷，人民出版社 1972 年版，第 250—251 页。

素的结合，依赖于物质生产力制约的社会形式所给予的变动，便发生该社会所特有的人口法则。社会形式不同，三个要素的结合方法也不同。借考茨基的话，这三个要素不独依存于人类对自然的关系乃至技术，亦依存于人类相互间的关系即社会。①

本章内容，从前章论述抽象的人口规律过渡到论述历史的人口规律，即人类社会历史上所形成的人口规律，以此证明马尔萨斯的人口论既不是支配动植物界的普遍法则，更不是支配人类社会的普遍法则。至于历史的人口规律究竟是什么，其论证又分为两节。第1节论述自然与社会的关系，实际上运用马克思主义的唯物辩证法，说明人类的生存依赖于自然界，从中获得物质资源和物质生产力，所以必须适应自然界的变化；这种适应不是消极的，人类不同于动物的一大特点，通过具有技术系统的生产劳动去积极地改变自然，征服自然；这种征服又不是无限制的，会受到自然的报复，所以必须求得人类自身与自然界的一致性；人类在生产活动中不止同自然界发生关系，而且以一定的社会结合方式共同活动和互相交换其活动，在一定的社会联系和关系的范围内才有人类对自然的关系；诸如此类。第2节论述从物质生产力到社会形式再到人口的关系，又是运用唯物史观的原理，说明物质生产力在不同的社会形式即社会生产方式下有不同的发展状态，而不同的社会生产方式决定了与之相适应的特殊的在历史上发生作用的人口规律。这些内容，在以前所考察的涉及人口问题的著作中，可以看到零散的个别的叙述，但像本章这样详细而有系统的论述，很是难得。

以上摘引的内容，以马克思、恩格斯的论述为主。在这些引述之外，本章还引用不少其他人的著作，如考茨基、布哈林等人的著作，当然，另有许多是作者用来串连这些引文并加以解释和发挥的内容，在此大多节略。从引用马克思和恩格斯的著作来看，涉及面颇广，有些是比较熟悉的内容，如《共产党宣言》和《政治经济学批判》序言的有关引文；有些书名熟悉而内容却是新的，如《资本论》第一卷、《反杜林论》《雇佣劳动与资本》《政治经济学批判》的有关引文；有些是以前有人引用过但仍感陌生的内容，如《恩格斯致瓦·博尔吉乌斯》的有关引文；有些则是全新的内容，如《自然辩证法》的有关引文。大概如前章讨论抽象的人口法则，作者感慨马克思没有对此提供详细的论述一样，本章讨论历史的人口法则，

---

① 以上引文除另注外，均见陶希圣译《人口理论》，新生命书局 1929 年版，第 46—73 页。

作者也没有列出马克思对此的系统论述，而是分散地在马克思和恩格斯的各种不同著作中寻章摘句，显得比较杂乱，又时常出现重复引用的现象。尽管如此，这些引用中的许多内容，对当时国人理解马克思主义的人口理论来说，还是颇为新颖和与众不同的。特别是先期围绕抽象的和历史的两个人口法则，研究一些以前不为国人所注意的基本理论问题，也为最后讨论全书的重点即资本主义形态下的人口问题，作了比较充分的铺叙。

### （三）"资本主义的社会形态"与"过剩人口"

这是第 4 章 "资本主义的社会形态与人口" 的前两节。先看第 1 节 "资本主义的社会形态"：

现在处于资本主义的社会形态，有关人口过剩的议论 "备极嚣乱"。我们以为一切生产方法皆有它自己的历史的人口法则，资本主义的生产方法也有它自己的人口法则。要解答这个人口法则是什么样的，须先了解资本主义生产方法本身机构的重要之点。

大体可分为两种经济形态。一是社会经济活动由社会成员中某些特定人的意愿或全体的意愿来有意识有计划地统制的形态。例如预料中的社会主义经济形态，有高度发达的分工及生产技术以从事生产；社会所有一切生产手段皆移归社会所有，生产的数量、种类、生产物在社会成员中的分配、生产物的积蓄这些有关社会经济存续及发展的各种事项，皆由代表此社会各成员意愿的一个中心机关来决定；全体社会成员皆在此机关中生产和消费，并经由这种机关统制生产和消费。在这种社会，每个人的生产劳动，从开始便表现为社会的协同活动及社会的规定。所谓原始共产体，也可以看见有意识的社会统制的经济形态。又如社会经济活动以个人意愿为中心而有意识有计划地进行的经济形态，可于中世纪庄园经济中见之。这些个人或社会有意识统制的经济形态，并没有纯粹的存在形式，视其受时代与地域的支配与否而定，但不应忽视，这些经济状态没有关于交换的社会经济规定。二是（原书在这里漏掉一段）依赖社会分工与私有财产制度而实行个人生产，生产的数量和种类全都委诸个人的自由；一切生产皆为个人私事而独立进行，不以社会全体的欲望为标准进行有意识的统一生产；社会各个生产者的生产依照分工进行，不能仅以自己的生产物来充实自己的需要，生产的存续通过相互交换其生产物的方法来充实。交换成为社会总生产过程中必然的过程而具有不可缺少的社会意义，必须在无政府状态所支配的经济形态中，这便是所谓商品生产社会。

马克思说："以自己的劳动的生产物来满足自己的欲望者，虽造成使用价值，却没有造成商品。要生产商品，他必须不仅生产使用价值，且必须生产对于别人的使用价值——社会的使用价值"。对此，恩格斯添注了几句话："只说生产者'为别人'生产而不加条件是不够的。中世农民为领主及僧侣生产谷麦；但是他们为别人生产的事实并不使谷麦成为商品。要成为商品，一个生产物必须经由交换的道路而入于那以它为使用价值的别人之手"①。对别人是使用价值的生产物，要经由交换而转移到其人手中，更以社会分工的存在为必要条件，但这不是唯一的条件。马克思说："在古代印度社会，虽有社会的分工，而生产物却不是商品"。"以商品而互相对立之生产物是那互相独立的私企业所生产的"。② 商品生产不独以社会分工为必要条件，而且必须各个生产者皆私有生产手段，私有劳动的生产物，以独立企业而互相对立。在商品生产社会，自由竞争代替有意识的统制，无政府状态盛行，存在过剩或过少生产的可能性。

恩格斯在《反杜林论》中说："在以生产物交换为媒介而相结为社会连系的各个生产者——即商品生产者之社会中，资本主义的生产方法来了，已如上述。……（中略）支配这种社会的是社会的生产之无政府状态。与其他一切生产形式相同，商品生产也有它固有而不可分配的独特的法则。这种法则便是无政府状态。……（中略）这个法则是离生产者而独立的，虽施行于生产者之上，却是他们生产形式上盲目的自然法则。生产物遂支配了生产者"③。恩格斯这段话，说明商品生产的本质，"极得要领"。

马克思说："这样的互相独立的关系在原始共同体构成员之间是不存在的，……（中略）。商品交换开始于共同体生活终止之时，开始于一个共同体与异族共同体或两共同体构成员互相接触之点。……（中略）交换之继续的反复，使交换成了习惯的社会过程"④。恩格斯说，交换发生在原始共同体的内部，于是引导这种团体趋于崩坏；此种团体分裂后走向家族群，各家族依然是自足的农民。"这样的家族必须与别家交换及必须购买的极少的物品，在德意志，直到十九世纪初叶，还是以

① 其今译文见《资本论》第一卷，人民出版社2004年版，第54页。
② 其今译文见《资本论》第一卷，人民出版社2004年版，第55页。
③ 其今译文见《马克思恩格斯选集》第3卷，人民出版社1972年版，第311—312页。
④ 其今译文见《资本论》第一卷，人民出版社2004年版，第107页。

手工业的对象为主"。① 单纯商品生产一般的本质条件是生产私有与社会分工，最要注意一切生产者私有生产手段而自行劳动。更须注意，当时因为"自然的社会的障碍"，如马克思所说，各生产部门的固定的生产手段从一个行业转移到另一个行业，非常困难，"各业好像外国或共产的共同体一样，互相对立"②。恩格斯说："在这种社会，一切是固定的。依于所谓世袭而固定。……（中略）并且，他们各人世袭他们的顾客，他们的贩卖市场，以及他们从少年时期起所学习的技术"③。

单纯的商品生产中，生产者皆有生产手段，自己从事劳动。反之，随着物质生产力的发展及技术的进步，生产手段不可能分散所有。生产手段被社会的少数人独占，多数人没有生产手段而与生产手段的所有者相对立。有产阶级与无产阶级相对立，资本家阶级与劳动者阶级相对立。马克思说："劳动者之生产手段之私有，是小经营的基础；而小经营又是社会的生产及劳动者自由的个性的发展之不可少的条件。……（中略）发达到一定的阶段，这种生产方法便带来了破坏自己的物质手段。……（中略）它的破坏——个别的分散的生产手段转变为社会的集中的生产手段，多数人微小的所有转变为少数人大量的所有，民众大批从其土地，从其生活资料，从其劳动工具而收夺（可怖且愁惨的收夺）——造成了资本的历史的问题。……（中略）自力收入的私有，以孤立个别独立的劳动者与其劳动条件之融和为基础的私有，被那对形式上自由的别人的劳动之剥削为基础的资本主义私有所代替了"。④

资本阶级以"自由"的使徒而出现。他们以"自由"的名义与束缚他们的一切封建制度作战。为了得到他们所必要的"自由"的劳动力，必须以"自由"的名义来破坏束缚劳动力移动的"行会的支配，行会的徒弟制度，职工制度及妨碍的劳动制度"⑤。如马克思所说，劳动者在两重意义是"自由"的：第一，他们不像奴隶农奴那样成为生产手段的一部分，他们不是"物"，而是"自由人"；第二，他们不像自耕农手工业者那样自己有生产手段，这便是说，他们从生产手段而自由。他们具有形式上法律上的自由，但这种自由在饥饿的强迫面前是无力的，他们

---

① 此引文见恩格斯的《〈资本论〉第三册增补》，其今译文见《资本论》第三卷，人民出版社 2004 年版，第 1015、1016 页。
② 其今译文见《资本论》第三卷，人民出版社 2004 年版，第 198 页。
③ 其今译文见《资本论》第三卷，人民出版社 2004 年版，第 1019 页。
④ 其今译文见《资本论》第一卷，人民出版社 1972 年版，第 872—873 页。此译文在萨孟武的《农业理论的发展》译本里，已引用过，惟引用的分段与完整程度有所不同，当然译文亦有不同。
⑤ 其今译文见《资本论》第一卷，人民出版社 1972 年版，第 822 页。

用来生存的东西，只剩下出卖自己的劳动力。到了劳动力也采取商品形式时，才进入资本主义的商品生产社会。恩格斯说：

"马克思说道：'资本并不造出剩余劳动来。凡是社会的一部分独占生产手段之时，劳动者不论是自由人非自由人，为了生产那生产所有者的生活资料，必定加上那超过维持自己所必要的劳动时间的劳动时间。'故剩余劳动，即超过劳动者维持自己所必要的时间的劳动，与他人占有此剩余劳动生产物之劳动剥削，是从来一切社会形式——只要是有阶级对立而推移的——所共通的。……（中略）这是十五世纪末叶及十六世纪以来才大规模的实现的事情。"①

马克思又这样说：

"货币及商品并不是从始便是资本，生产手段及生活资料亦然。货币及商品必须转变始为资本。但是这个转变，只有在确定的条件之下才能实现，……（中略）资本制的前提条件是劳动者与其劳动所因以生效的财产之所有相与分离。资本家的生产一旦站立起来的时候，它不独从过去时期继受这种劳动者与劳动手段的分离，并且以继续增大的规模来把它再生产。所以，为资本制作驱除的过程，只不过是那分离劳动者与劳动手段的所有之过程，这个过程，一方面转变社会的生活手段及社会的生产手段为资本，他方面转变直接生产者为工钱"②。

资本主义的商品生产，其剩余劳动的生产物采取剩余价值的形式，追求尽量大的利润是资本主义生产的动力。为利润而竞争的胜利者，必定拥有足够大的资本，具有足够大规模的经营者，竞争鞭驱资本家前进不已。所以资本的集积与集中是资本主义的内在法则。引用马克思的几句话来结束本节：

"……自资本制能够成立的时候，劳动之进一步的社会化，及土地与其他生产手段更进一步向于社会利用的（换句话说，共有的）生产手段之转变（这包括对于私有者的进一步的收夺），便采取了一个新形式。……（中略）资本主义的独占变成了在其下发达起来的生产方法的障碍了。生产手段的集中，与劳动的社会化，达到了一定程度，致使其与资本主义外壳不能融合。资本主义的外壳分裂了。资本

①　其今译文见《马克思恩格斯选集》第 3 卷，人民出版社 1972 年版，第 248 页。
②　其今译文见《资本论》第一卷，人民出版社 2004 年版，第 821—822 页。

主义私有的板舷沉沦了。收夺者被收夺了"①。

资本主义发展过程的概观，是讨论资本主义社会的人口时不可忘的指针。

再看第 2 节"过剩人口"：

资本主义社会的两个对立阶级，各有特殊的社会生活状况，他们的繁殖有特殊的形式。资本的竞争根据其自身要求，使资本的蓄积和集中成为社会的必然倾向。资本的代理人资本家的过度游惰好像过度劳动一样，损失了他们的身体，降低了这个阶级的繁殖率。劳动者阶级是多生育的，但贫穷造成死亡率高，多生多死是近代无产阶级人口运动的特质。事实上，无产阶级的生育率较强于富裕阶级。还应当注意都市的生育率低于一般生育率，这是由于都市中特殊的人口构成状态。马克思指出，"参加产业的人类的退化，因其由乡村所吸收的康健的生命要素而缓和"②。这是资本主义社会人口绝对增减的倾向。社会人口法则的这种根本特征与人口的绝对增减相独立而产生"过剩"的人口。也就是说，社会受到一个极有兴味而为人类所未尝知道的法则的支配，这便是劳动人口以愈益加大的规模，造成愈益使自己"过剩"的手段。劳动人口自己使自己归于无用，归于"过剩"的过程，"实在是一方面再生产并扩大那富之集积，他方面再生产那贫穷之累积之过程"；"扩大再生产资本主义的生产方法，并扩大再生产其阶级对立的过程"；"使劳动者人口'过剩'的过程，便是再生产那规律人口的绝对运动之阶级对立与各阶级生活的过程"；所以，"使劳动者人口'过剩'的过程，依于再生产那阶级对立与各阶级的生活，而再生产这人口的绝对的运动的形式"。"此所谓'过剩人口'的生产，与此种社会特殊的人口绝对运动，是不可分离的两个现象，其间有同一过程所生产之有机的结合"。"我们可以叫这造成'过剩人口'的过程，是了解那资本主义社会形式特有的人口法则之关键"。

在资本主义社会，独占生产手段的阶级即资本家阶级，与从生产手段解放而赋予形式上自由的劳动者阶级相对立。资本家阶级从劳动者阶级那里购买劳动力，拿来与生产手段结合，以获得剩余价值为目的而从事生产。"资本家阶级之所以为资本家阶级，更在于此"。（接着重复上一节刚引用过的恩格斯在《反杜林论》里关

---

① 这段引文，在前面考察的著作中，被多次引用过。如《世界大战后的资本集中》译本，《社会主义经济学史》译本，以及《马克思经济学说的发展》译本中的前两本书即《农业理论的发展》译本和《金融资本与帝国主义》译本等，但引文的完整程度和翻译质量有较大差异。此处的引文属于较为完整者，惟译文质量不甚佳。

② 此引文未注明出处。

于马克思论证生产资料何以具有资本的特殊性质的一段话。）如此，资本家的生产以价值增殖为目的，不是以自己个人的消费为目的，也不是以购买劳动力去保证劳动者生活的博爱主义为目的，他只为了利润，尽量多地追求利润，因此，资本的蓄积与集中，是这种社会形式的必然倾向。近代劳动者为了生存不得不出卖劳动力，于是资本家能以此为价值增殖的手段。劳动力只是做了价值增殖的手段，才成为商品。自由劳动者以"价值增殖的手段"而以不可见的纽带与资本相结纳。"保有形式的自由而没有使自由成为自由的手段之近代劳动者，依然得不到'自由'。他只有做献身于资本的运动的'自由'工钱奴隶"。

马克思说："研究资本增殖所施于劳动者阶级的运命的影响"①。这种研究，可以说明在资本主义社会形式中，一方面有富的集积，他方面有贫穷的集积；"可以说明马尔萨斯及其门徒心目中以比较生活资料的数量而过剩的人口而出现的贫穷之本体"。②

本章前两节分别考察资本主义社会形态和过剩人口，重点放在第 1 节上。这既是呼应前一章所谓历史的人口法则概念，即人类社会没有抽象的人口法则，只有具体的历史的人口法则，亦即从历史上各个社会的不同的物质生产力，引出不同的社会形态，再引出不同的人口法则；也是针对马尔萨斯及其门徒的人口理论，即从人口繁殖与生活资料数量的比较中去说明人口过剩引致贫穷的原因，亦即回避社会生产方式或社会制度的原因。考察把资本主义社会形态与过剩人口联系在一起，证明过剩人口并不是人类社会普遍存在的人口现象，而是资本主义社会才有的特殊人口现象。为此，考察中先把人类社会分为两类经济形态，一类实行有意识有计划统制的经济形态，没有自由竞争和商品交换，包含预想的社会主义经济形态，也包含历史上曾出现过的经济形态，如原始共同体，以及领主指挥一切的领主制经济等，意谓此类经济形态不会出现人口过剩现象。另一类在私有制下依赖社会分工和交换而由个人生产的经济形态，其特征是实行自由竞争和无政府状态的商品生产。接着考察从原始共同体的边缘出现产品交换到形成商品生产，这是一个长期的转变过程，而从商品生产到资本主义的商品生产，又是一个漫长的过程；直到劳动力也变成商品，劳动者不仅摆脱封建束缚而获得人身自由，而且失去生产资料，除了出卖劳动力给资本家之外便没有出路的时候，才真正形成资本主义的商品生产。也就是说，到这个时候，才出现过剩人口的特殊现象。关于这种特殊人口现象，指出它独立于所谓资本主义社会的人口绝对增减倾向。后一倾向指在资本主义社会，一方面资本家阶级因为骄奢淫逸的生活，造成生育率下降；另一方面劳动者阶级的贫穷生活，以多生多死为其人口运行的特征；结果造成城市人口的总体生育率下降，虽然可由进入城市的农村健康人口来补充退化的城市人口，但这个人口趋势是客观存在的。这里隐含的意思，既然现代产业集中的城市人口的绝对生育率具有下降的趋势，何以会产生过剩人口问题？这样也就完全排除了所谓自然的或绝对的人口因素，一步步引导把作为资本主义社会人口法则的根本特征的过剩人口现象，与其特有的生产方式或社会制度联系在一起。或者如译本所说，把造成所谓过剩人口的过程，作为了解资本主义社会形态所特有的人口法则的关键。

为了强调过剩人口现象的特殊性质，译本引用了许多马克思和恩格斯的论述，重点说明资本主义经济形态不同于此前各种经济形态的特殊性质，或者说，以前的各种经济形态，如何一步步转变为资本主义的社会经济形态。这些论述，集中见于马克思的《资本论》第一、第三卷，恩格斯的《反杜林论》。由于引用者重在突出资本主义社会形态的特殊性质或比较这个社会形态形成的转变过程，所以选择引用的段落，有些在前面研究资本主义的著作里已经引用过，一些经典段落还被多次引用；但多数内容在国内著作中属于很少看到的部分，特别是恩格斯在《〈资本论〉第三册增补》里的有关论述，更为国内读者所初次接触。像前面几章一样，本章也引用了其他一些人，如卢森堡、希法亭、考茨基和日本学者著作里的不少论述，但很明显，主干的论述以马克思、恩格斯的观点为基准，引用其他人的著述或作者引申的各种阐释，均围绕这个基准而展开。不过也像前几章一样，作者大概为了加深读者的印象，对所引用的论述，在阐释时不断重复，或者说后面的内容不断重复前面已经说过的东西，有时变换一下说法，有时照搬，显得不那么精练。

### （四）关于过剩人口问题的进一步论证

这里涉及第4章后三节。先看第3节"相对的过剩人口法则之基础的研究"：

研究资本增殖如何影响劳动者阶级的运命，可以阐明资本主义社会形式的"过剩人口"。马克思说："这种研究最重要的成分是资本的构成及其在蓄积过程中所受的变化"①。资本由可变资本与不变资本而成立，这种资本的能动部分与受动

---

① 其今译文见《资本论》第一卷，人民出版社2004年版，第707页。

部分的比例，马克思叫做资本的构成。关于资本的构成，一是从资本的技术基础来观察，即一定的生产手段，要以多少劳动力来构成的关系。马克思把这叫做资本的技术的构成。二是资本的价值构成，即有一定价值的生产手段，要以一定价值的劳动力来构成的关系。两种构成之间，不一定有并行的关系。马克思说："各产业部门技术的构成与价值构成的区别，由下列事实可知。技术的构成没有变化时，两资本部分之间的价值比例可以变化；技术的构成有变化时，价值比例可以不变。尤其是后者的情形，仅限于生产手段与劳动力之量两者间的比例的变化，为此各价值所生的反对变化所抵销的时候，这是不待说的"①。又说："这两种构成之间，有密切的交互关系。为表明这种关系计，我把资本的价值构成——在它为技术的构成所决定，并反映后者的变化之限度内——叫做资本的'有机构成'。我单纯说到资本的构成而〔未〕加注释时，我常指资本的有机的构成而言"②。依此来了解资本主义机构的中心运动。所以，依一般的法则来描写具体情形时，有必要发挥那些考察资本的价值构成与技术构成两者之交错与偏倚的叙述。这些叙述，可以见于《资本论》第一卷第23章第2节③及其他地方。

有人就资本的价值构成与技术构成之间的平行关系，驳难马克思。马克思的论述，明白地认识两种构成之间的关系。投放在特定生产部门的个别资本之间，在构成上多少有些差异。对这些个别构成加以平均，便得到各该生产部门内总资本的平均构成。并且对一国全体生产部门所投放的资本平均构成加以平均，就得到一国社会资本的平均构成。马克思说，"在最后之分析上，我所要讨论的便是后者"④。

假定资本的有机构成没有变化，这时资本的蓄积对劳动者阶级的运命有什么影响？资本增殖了，资本的有机构成没有变化，此时不变资本与可变资本部分以同一比率增殖。决定劳动力需要量的可变资本部分，与资本的增殖以同一比率增殖，所以，劳动力的需要也以同一比率增加，这是很明白的。马克思说："资本之蓄积的欲望，会凌驾那劳动力及劳动者人数之增加，以致对于劳动者的需要超过了供给，所以工资便将昂贵"⑤。逐年增加雇佣的劳动者，劳动力的价格渐次昂贵，劳动的

① 其今译文见《资本论》第三卷，人民出版社2004年版，第163页。
② 其今译文见《资本论》第一卷，人民出版社2004年版，第707页。
③ 《资本论》第一卷第23章题为"资本主义积累的一般规律"，第2节题为"在积累和伴随积累的积聚的进程中资本可变部分相对减少"。
④ 其今译文见《资本论》第一卷，人民出版社2004年版，第708页。
⑤ 其今译文见《资本论》第一卷，人民出版社2004年版，第708页。

生活好像过得去了。但是不要忘记我们生活在资本主义社会，这里劳动力价格的昂贵是有限度的。劳动力价格的昂贵，只能在不至破坏资本主义自身的程度以内。马克思说："资本蓄积的结果之劳动力价格的昂腾，在实际上，其意义不过是说劳动者为他自己所打成的金链，变长变重了，不必拴得那样牢了。……（中略）生产剩余价值是这种生产方法绝对必要的法则。劳动力之所以能够出卖，只是在它能够保持着生产手段使其为资本；在它能够再生产它自己的价值使其为资本；更以不支付的劳动来供给追加资本的来源"①。所以劳动力价格的昂腾，以剩余价值量减少到这样的程度为止境，超过这种程度，便犯了资本主义生产方法的绝对法则，对它本身的存在产生威胁。所以马克思说："劳动力价格继续昂腾，是因为这昂腾还没有干涉到蓄积的进行。……（中略）利润虽然很小的大资本，通常增加得比利润很大的小资本快些'"②。如果劳动力价格的昂腾继续下去，不支付的劳动减少得太甚，资本主义生产方法的绝对法则之"利得之刺激钝了，所以蓄积便弛放了"③。蓄积弛放，便把劳动力的价格压下去了。因为对劳动力的需要减少了，于是劳动力的价格便低落了。"劳动力的价格，必回归到一个水准——适应资本增涨的水准，——不问这水准是在劳动力价格昂腾以前所认为正常的水准之上，或其下，或相同"④。这样一来，劳动力的价格便不会继续昂腾上去。昂腾只有在不触犯资本主义生产方法绝对法则的限度内，才是可以的。

可见，运动的中心常在于资本。把资本作为资本，作为生产剩余价值的价值来贯串它，便可以知道资本主义全体构造的中心之所在。所以，劳动力不够的现象，事实上并不是劳动力存在的数目减少或其增殖减退的意思，乃是资本的增殖感觉劳动力不够。反之，劳动力过剩的现象，也决不是劳动力本身的增殖使之过剩，乃是因为资本减少而劳动力才过剩。关于这种关系，马克思说："我们可以看得出：并不是劳动力绝对或相对的增殖率减低，使资本过剩。反之，乃是资本的增殖，使可供剥削的劳动力不够。……也不是劳动人口绝对或相对的增殖，又使资本不够；但是反之，乃是资本的减少，使可供剥削的劳动力（实为其价格）过剩。便是这资本蓄积的绝对运动，反射为可供剥削的劳动力数量的相对运动；所以前者好像是后

---

① 其今译文见《资本论》第一卷，人民出版社 2004 年版，第 714 页。
② 其今译文见《资本论》第一卷，人民出版社 2004 年版，第 715 页。
③ 其今译文见《资本论》第一卷，人民出版社 2004 年版，第 708 页。
④ 其今译文见《资本论》第一卷，人民出版社 2004 年版，第 708 页。

者的独立运动所产生的。……（中略）所谓通货学派的人们……（中略）对于事实之无识及误解，恰与那解释上述蓄积的现象是劳动力过剩或过少的结果之经济学者是无独有偶的了"①。

资本主义生产方法实行独占生产手段的资本家阶级与没有生产手段的劳动者阶级对立的组合生产，以资本来获得剩余价值，是全体经济机构的中心。资本蓄积是资本主义必然的倾向，因此资本主义的经济机构必须使资本主义的扩大再生产成为可能。这便是不可不继续不断地再生产这种规模扩大的资本关系。资本家的蓄积，常须在其自身的运动中，一方面再生产日益加大的资本，他方面再生产日益加大的劳动力。资本主义的机构本身，必须打破它面前所有的障碍。马克思说："资本之蓄积便是无产阶级的增殖"②。无产者之永远为无产者，这是资本所需要的。无产者以无产者而扩大再生产，也是资本所要求的。马克思说："劳动力价格的昂腾，是限制在下列的界限以内——不独要让资本制度的基础不致触犯，并且要保证其以继长增高的规模而再生产。资本家的蓄积的法则（依经济学家之神秘化，遂认为一个自然法则）实在不过是：不许劳动的剥削程度之减低，或劳动力价格之昂腾，以致危及资本关系之经常的再生产及继续扩大的再生产。……（中略）恰好像在宗教的范围内，人乃被他们的脑筋所创造的东西所支配，在资本家的生产的范围，他乃被他自己的手所创造的东西所支配了"③。

探求资本主义社会的"过剩人口"问题，要点是资本不买劳动力而存在的问题，只有认识上述的基础条件，才可以明了"过剩人口"在资本主义社会如何成立。马克思说："资本主义生产的法则（构成所指称为'人口之自然法则'的基础之法则）不过有如下述。资本与蓄积与工钱率之间的比例，不外是化为资本的不支付劳动与那促使增加资本运动所必要的追加支付的劳动之间的比例。……（中略）如果劳动阶级所供给而为资本阶级所蓄积的不支付劳动的量，增长得很快，以致只有藉助于支付劳动格外的追加，始可以转化为资本，则工钱便要昂腾，并且，如果别的条件是一样的，不支付劳动的比例便将低减。但是如果减少到了那营养资本的剩余劳动不复能照常供给之一点，便要发生一个反动。此时，收入中的转

---

① 其今译文见《资本论》第一卷，人民出版社 2004 年版，第 715—716 页。
② 其今译文见《资本论》第一卷，人民出版社 2004 年版，第 709 页。
③ 其今译文见《资本论》第一卷，人民出版社 2004 年版，第 716—717 页。

化为资本的部分减少了，蓄积弛缓了，工钱昂腾的运动便阻止了"①。资本必须适应其有时缓慢，有时急激的蓄积的要求，而支配劳动力。这种预备的劳动力的数量是怎样造出来的呢？马克思下面的研究答复了这个问题。

接着看第4节"'过剩人口'——产业预备军"：

资本家为他们的利润而斗争，致力于不断地改良技术以提高劳动的生产力。如果别的条件一样，则劳动的生产力"依一个劳动者在一定的时间内以同一的强度而转变生产物的生产手段之相对量而表现出来。……与结合于其中的劳动力相比较，而较为增进的生产手段的量，便是劳动的生产力增进的表现。所以，后者之增进，表现于劳动量比较它所运动的生产手段量减低的事实，或者说是表现于劳动过程中主观因子比较其客观因子减低的事实"②。这就是说，因为劳动生产力的增进（如果别的条件相同），所使用的劳动量便有比它所运转的生产手段的量减少的结果。资本技术构成的变化，最后使资本的价值构成发生变化，牺牲资本价值中的可变部分而增大不变部分。但是资本技术构成的变化，并不严密地反映与它相应的价值构成。劳动生产力增进时，劳动所运转的生产手段的量增大的同时其价值却减少。不用说，生产手段的价值绝对地增大了，但不及生产手段的量增进得多。不变资本对可变资本的比例的增进，比起不变资本所转化的生产手段的量与可变资本所转化的劳动力的量的比例的增进，要小得多。马克思说："可变资本对于不变资本之比例的减少，换句话说，资本的价值构成的变化，不过表示资本的物质的成分的构成之变化。……（中略）今日依于一定量的纺织劳动而生产的消费之原料，生产工具等等，比十八世纪初叶要多几百倍"③。劳动力的增进，减少了可变资本的相对量，但这决不是必然没有增加其绝对量的可能。总之，劳动生产力的增大，愈益促使可变资本的相对减少。

资本主义形式的大规模生产，一方面各个商品生产者手上有达到某种程度的资本蓄积，他方面有从生产手段解放的无产者多到一定的数量，这都是必要的条件。马克思所谓本源的蓄积，是能够大规模生产的资本主义商品生产的前提，使劳动生产力的增加成为可能。劳动生产力的增加，又增加剩余价值的生产（以资本主义生产方法为限）。剩余价值较大的生产，更促进较大的蓄积，促进大规模生产和增

---

① 其今译文见《资本论》第一卷，人民出版社2004年版，第716页。
② 其今译文见《资本论》第一卷，人民出版社2004年版，第718页。
③ 其今译文见《资本论》第一卷，人民出版社2004年版，第719页。

加劳动生产力。于是资本的技术构成渐渐变化，资本的可变部分比不变部分愈益减少。资本蓄积增加充任资本的财富数量，又把日益增加的财富数量集积在各个资本家之手。"其结果扩大了大规模生产及特定的资本主义生产方法之基础"①。这种集积有对抗的作用，例如资本家家族的财产分析事实。虽有这种对抗作用，集积仍使大规模生产及劳动生产力的日益增加成为可能。这种集积的生产规模的扩大，有两个限制。"第一，社会生产手段渐进的向于个人资本家手里集中，如果别的事情是同一的，受社会财富增殖程度之限制。第二，投入每个特定生产部门的社会资本部分，分属于互相对立相与竞争的商品生产者之多数资本家之手。不独蓄积及与之相伴的集积分散于多方面，并且各机能资本因新资本之形成与旧资本之分析而妨碍。所以，蓄积一方面表现为生产手段及劳动支配之渐进的集积，他方面表现为多数个人资本家之互相反拨"②。

对利润的追求，产生了打破限制生产规模扩大的方法，这便是集中。马克思说："社会资本这样分析为多数个人资本，换句话说，其各断片这样的互相反拨，又为它们互相吸收的事实所抵制。……（中略）资本所以集为巨量而入于一人之手者，是因为它是在别处从多数人手里夺出来的。在这儿，我们有与蓄积及集积相区别之严正意义之集中"③。

用什么方法来实现集中呢？依照马克思，集中有两大杠杆，竞争与信用。资本主义社会，能够在营业竞争中得到胜利的人，便是能够提供最低廉的商品的人。最低廉商品的生产，如果别的条件同一，必须有最大的劳动生产力者才可以做到。劳动生产力的大小，要看生产规模的大小。所以，大资本必定是胜利者而合并小资本。竞争逐渐在产业的各方面促进大资本的胜利，从来以小资本为主而生产的方面，保证了大资本的霸权。信用制度的成立，把散在社会各方面的货币来源，"以看不见的线索，牵引到个人或联合资本家之手。很久以来，它便是竞争战的崭新的可怕的武器；在最后，它便表现为助长资本集中的庞大社会机构"④。集中可以离开社会财富的积极增加而独立进行，所以集中又可以比蓄积更为急激地使财富向少数中心集合。

---

① 其今译文见《资本论》第一卷，人民出版社 2004 年版，第 721 页。
② 其今译文见《资本论》第一卷，人民出版社 2004 年版，第 721 页。
③ 其今译文见《资本论》第一卷，人民出版社 2004 年版，第 721—722 页。
④ 其今译文见《资本论》第一卷，人民出版社 2004 年版，第 722 页。

1978

资本的集中使资本家愈益能从事大规模的生产，使劳动的生产力能够异常的发展。如此则集中补充蓄积的作用。"……（中略）产业经营之规模扩大，到处都是多数经营协同劳动之包括的组织，以及它们的物质的发动力之较大的发达，换句话说，是以习惯的方法经营的孤立生产过程向于社会的结合与科学的管理的生产方法之进步的转化——之出发点"①。蓄积及与之相伴的集中，变更了资本的构成，使其不变部分比可变部分加大。技术的革命不断进行。蓄积中可以进行的事项，更以愈加迅速之力促进可变资本的相对减少。换句话说，蓄积进行中新生的追加资本，促进新技术的采用，于是使用愈益减少的可变资本，即愈益减少雇佣劳动者，与此同时，旧资本也到了再生产的时期，与追加资本的情形一样，可以采用新技术，遂至驱逐从前使用的一部分劳动者。这个更新过程中的资本，已经依照集中的过程而集为巨大的凝聚，所以绝对减少对劳动的需要的比例是很大的。"所以在一方面蓄积进行之中所形成的追加资本，与其增进之量相应而其所容纳的劳动力愈益减少。另一方面那以新的构成而周期的再生产之旧资本，趋向于驱逐从前的劳动者，其数额与时俱增"②。

在资本主义生产方法下，劳动生产力的增大，以及由此所促成的资本有机构成的变化，即可变资本比例于不变资本的减少，与资本的蓄积及社会财富的增殖而俱增。这种变化，不独与社会财富增进的程度相比例，并且依集中的作用，依追加资本的技术革命又有原来资本的技术革命相伴随，于是进行得更迅速无比了，于是可变资本与不变资本的比例，起了急激的变化。马克思举例说：不变资本与可变资本的比例，"最初假定是 1:1，现在却变为 2:1，3:1，4:1，5:1，7:1……（中略）。因为对于劳动之需要，不是总资本所决定，而是其可变部分所决定，所以此需要于总资本增大之时却累进的减少，而不是比例的增加。此需要随总资本之量而相对的减少，且于其量之增加时以加速之率而减少"③。随总资本的增大而可变资本部分也加大，这是一个事实，但是与总资本的增加比较，可变资本增加的比率却不断地减少。资本的竞争，不断地促进技术的改良，因此蓄积在旧有技术基础上进行的时间减短了。我们不独看见要吸收一定数量的追加劳动者，总资本必须有加速的蓄积，并且要保持从前使用的劳动者，总资本也必须有加速的蓄积。加速的蓄积

① 其今译文见《资本论》第一卷，人民出版社 2004 年版，第 723—724 页。
② 其今译文见《资本论》第一卷，人民出版社 2004 年版，第 724 页。
③ 其今译文见《资本论》第一卷，人民出版社 2004 年版，第 725—726 页。

与集中更引起资本构成的新变化，引起可变部分比例于不变部分的加速减少。所以马克思说："可变资本像这样比例的加速的减少——与总资本加速的增加相伴随，而且较后者为迅速之减少——采取了一种相反的外观，即劳动人口之外观上的绝对增加，这种增加常较可变资本或生产手段之增加为更速。但在事实上，乃是资本蓄积之自身，直接与其精力及范围为比例而不断的生产出来一个相对巨大的劳动人口；即一个较大于资本的平均增殖欲的人口——简单的说，一个过剩人口"①。马尔萨斯僧正及门徒的"地心吸力说"便是这样成立的。因资本蓄积而可变资本相对减少，便生产出过剩的劳动人口，这不过是较大于资本的平均增殖欲的现象，他们看见这种现象，于是整个地承认劳动人口的增殖常超过雇佣劳动者的可变资本而急速进行的外观。这种错误恰如中世纪天文学者认为日月以地球为中心而回转是一样的。

观察复杂的社会总资本，它并不是一律采取同一的技术进步。因此社会总资本的构成的变化，也不与各部门一律。例如，某一部门某时期不过在历来的技术基础上进行蓄积，资本的构成没有什么变化，因此随资本的增加而比例增加的可变资本部分，以及由此产生的雇佣劳动者的绝对数，也没有增加。同时在别的部门，资本的绝对量没有变化，只是旧有的资本采取了较多的生产技术，资本的构成加高了，可变资本绝对减少，因此雇佣劳动者数目也相对并绝对减少了。又或者靠蓄积及集中而巨大的资本构成达到极高程度，可变资本或者相对地减少而绝对地也减少，或者相对地减少而绝对地增加。这一切变化或者同时在各种生产部门进行，或者异时而有同一变化，以社会全体来说，状况非常复杂。马克思说："但在一切方面，资本的可变部分之增加，由此而雇佣劳动者数量之增加，常伴随着激烈的动摇及过剩人口之暂时的生产；这种过剩人口的生产或取解雇那既已使用的劳动者之显明形式，或取一种不甚明了却同样真实的形式，即追加资本经过寻常的沟洫而吸收劳动人口之困难。……（中略）转化为相对过剩人口者，恰便是劳动人口自身，它一方面影响资本的蓄积，他方面又生产了那使自己过剩的手段。这便是资本主义生产方法特有的人口律"②。马克思"撮论"资本主义社会形式的人口法则，有如上述。

依照马克思所述，资本主义产生"过剩人口"。在这种社会，私有财产和商品生产，形成不能出卖劳动力的失业军，他们当然不能购买食物，陷落于贫穷的深

---

① 其今译文见《资本论》第一卷，人民出版社2004年版，第726页。

② 其今译文见《资本论》第一卷，人民出版社2004年版，第726—728页。

渊。社会的一端有财富的巨大蓄积，另一端有贫穷的累积。恩格斯叫他们是产业预备军。在资本主义社会，产业预备军是必然存在的。我们不妨悬想产业预备军皆已从军而社会上失业者即过剩人口绝迹的情况，可变资本虽然相对地减少，却可以绝对地增加。因此可以悬想社会总资本极大的情形，可变资本虽然相对地极小，而绝对地极大，达到了足以雇佣社会全体劳动人口的程度。我们应当想到研究马克思理论的结果。在资本主义社会，资本量与人口数量二者的关系，不是问题之所在；重要的是同一劳动人口中不支付劳动与支付劳动二者的关系。如此则可供剥削的劳动力之不足，决不会以恒久的现象存在，它必然回归到劳动者数量过剩的状态。必须经常保持价值增殖这一资本主义的绝对法则，是由资本主义经济的机构本身来厉行的。我们所悬想的情形，工钱的昂腾必致触犯资本主义的绝对法则。蓄积的欲望既是资本主义的必然倾向，则凡可以使资本主义蓄积进行的方法，必然要造出来。人口的自然增殖，决不能恰好符合资本适应市面的急剧变动的要求。资本如果没有"离绝对的人口增殖的界限而独立的劳动者增殖方法"，便不能充实它自己的欲望。"这种可用的人间材料之供给，只依一种使劳动者一部分'游离'的单纯的过程，依比例于生产之增加而减少雇用劳动者之数的方法，便可以做到"①。常使游离的劳动者存在，造成可以有利于从事资本主义生产的蓄积状态，这可以证明资本主义社会形式的"过剩人口"的必然性。

应当注意，在资本主义社会中，马克思所谓"过剩人口"不必与人口的自然增殖有必然的关系。劳动者之"过剩人口"，是这种社会必然倾向的资本蓄积及集中过程所造成的必然产物，又是蓄积及集中的"杠杆，诚为资本主义生产方法的存在条件之一。它造成了一个可用的产业预备军，绝对隶属于资本，恰与资本家用自己的费用所养成的一样。为了它在增殖之中变化无常的需要，资本创造了一个适于剥削的常备的人间材料，且离现实的人口增殖的界限而独立以创造之"②。可以适应急激的劳动需要者，不用说，过剩人口是人工所不断造成的。以马克思的话来综括："人口自然增殖所供给的可用的劳动力之量，决不能够满足资本主义生产的要求。资本主义生产为了它自由的活动，必须在它手下有离开这种自然限制而独立的产业预备军"③。由此知道马克思的产业预备军理论，人口的自然增殖没有主要

---

① 这两句引文的今译文，见《资本论》第一卷，人民出版社 2004 年版，第 729—730 页。
② 这段引文的今译文，见《资本论》第一卷，人民出版社 2004 年版，第 728 页。
③ 其今译文见《资本论》第一卷，人民出版社 2004 年版，第 731 页。

的作用。资本主义生产急激奔放的发展，必须有离开这种自然限制而独立的产业预备军；这个产业预备军，依照马克思上面的说明，是资本主义机构自己造出来的。

有人反驳说，可变资本相对减少的法则只有可能性，决不能说明其必然性，马克思并没有证明人口的增加比可变资本绝对量的增加更快。这样驳难马克思，是不对的。马克思没有义务作这个证明。他所谓资本主义社会的"过剩人口"，可以离开人口的自然增加而独立。在这种意义上的过剩人口的必然性，是他的证明之点。马克思的著作无论何处都没有抽象地一般地承认人口的不断增加，也没有承认此事的必要；没有去证明劳动人口的自然增加常超过可变资本增加程度的必然性，他的问题的中心并不在此。在马克思那里，劳动人口无论人口依自然的社会的各种原因而如何增加，终究不能不超过可变资本的绝对的增加。

至此已经说明了资本主义社会形式造成"过剩人口"的主要机构即最根本的原因，现在进而说明协同这根本关系的次要原因。第一，应当注意雇佣劳动者之数常依可变资本增减的比例而增减。如果劳动价格不变而劳动时间延长，则所支出的可变资本量虽然增加而雇佣劳动者之数却不增加，并且有时可变资本增加而雇佣劳动者之数反而减少。在这种情形下，可变资本"是劳动增加之指标，却不是雇佣劳动者数目增加的指标"①。这种方法极有利于资本家，这样便能减缓所投入的不变资本的增加。产业规模愈大，这种方法愈有效。这种方法，积极地可以减少雇佣劳动者之数，消极地可以防止其增加。第二，可以减缩劳动力再生产的时间。劳动力再生产时间在旧手工业时代是极长的。在近代大工业时代，大家知道的事实是，熟练工人为不熟练工人所代替，养成熟练工人的时间也减短了，劳动者得以很早献身于资本。加上成年工人被未成年工人及幼童代替，男工被女工代替，劳动者军队即劳动人口便直接涨大了。第三，资本主义征服农村的所谓圈地时代开始了。巨大的乡村人口流入都市和工厂，农村的劳动力便会绝对减少，全体劳动人口中，受资本支配的劳动者军队，愈益膨胀了。而且由于铁道轮船等的影响，资本又从产业发达较迟的地方吸收许多劳动军。第四，都市里旧式中产阶级的衰落。手工业的小工业与机器的大工业竞争，当然衰落，小所有者便无产者化了。第五，人口的自然增加。这在人口论学者的著作中有极大的作用，但在我们这里不过是一种补助的作用。不待说，这并不是没有作用的因素。当然这可以增加劳动军的数量，尤其无产

---

① 其今译文见《资本论》第一卷，人民出版社 2004 年版，第 732 页。

阶级的男女为了"经济独立，他们的共同劳役，不得不很早生育子女"，他们大多早婚，这也有助于增加劳动军的数量。这些原因，佐助根本的原因而愈益加多产业预备军之数。可以服从指挥的预备军愈大，资本愈能够自由发达。过剩人口可以说是资本发达的前提条件，对劳动现役军是一种可以诅咒的存在，使得资本对现役军的剥削愈益苛酷。劳动现役军供给过度的劳动，又愈益加大产业预备军的队伍。"劳动阶级中有业部分的过度劳动，加大了预备军的队伍；反之，预备军的竞争，增加了对于有业者的压迫，又使后者过度劳动，使其服从于资本支配之下。使劳动阶级一部分过度劳动，又使其余的一部分强制的陷入游惰之境，这种事情却是资本家致富的手段，同时又以与社会蓄积的进步相应的规模，加速了产业预备军的成长"①。

最后看第 5 节"相对过剩人口之存在形式"：

相对过剩人口"以一切可能的浓度而存在"②。劳动者或处于半雇佣状态，或完全失业，这些情形不用说要算是相对过剩人口。市面的周期转变之际，更有各种形式的过剩人口出现。例如恐慌之际，以"急性的"形式出现，营业缓慢之际，以"慢性的"形式出现。"置这种广播的周期的失业……于不论，我们看见相对过剩人口继续的以三种形式而存在：流动的，潜伏的，停滞的"③。我们听听马克思的意见：

第一，流动形式的过剩人口。在一切工厂矿坑，劳动者或被吸收，或被投出。这种形式的过剩人口有时急激增加，有时减少，常存在于各种职业之中。第二，潜伏形式的过剩人口。资本主义一经侵入农村，则由此出现流入都市的不熟练无产者的劳动人口。其所以能够流入都市，由于潜伏于农村的过剩人口存在。这是一切生产部门的不熟练工人的"贮水池"。第三，停滞形式的过剩人口。这种过剩人口在无产者中是最低的，他们的生活降落在无产者的水平以下。他们无正常的职业，就业完全不规则；他们是"特种资本主义剥削的材料"（今译"资本的特殊剥削部门的广泛基础"），最长的劳动时间与最低的工钱是这种形式的过剩人口的特征。他们的成分，是从大工业或农业方面而来，从破落的手工业与小工业而来的过剩劳动者。"他们的人数，与蓄积及其活力的增加所刺激的过剩人口之增加相比例而成

① 其今译文见《资本论》第一卷，人民出版社 2004 年版，第 733—734 页。
② 其今译文见《资本论》第一卷，人民出版社 2004 年版，第 738 页。
③ 其今译文见《资本论》第一卷，人民出版社 2004 年版，第 738 页。

第一章　传播马克思主义经济学的各种著作

长。但是除了这样的补充而外，他是劳动阶级中自己生产及自己绵延的一个要素，并且在这个阶级一般增殖之中，它比其余各要素更有比较庞大的贡献"①。

第四，更有应与上述三类分别看待的一个最低层。这是"现役劳动者军队的残废院，是产业预备军的死负担"，即须救恤的贫民，最下层的无产者。除了浮浪人、犯罪人、卖淫妇这些完全丧失劳动习惯的严正意义的流氓无产者之外，可分为三类。一是有劳动能力者，虽陷入贫乏之渊而为须救恤的贫民，然而一旦有缓急，非做资本的牛马不可，不过是瘦马罢了。市面好的时候，这一部分多少可以获得职业，一有恐慌最先被投出。二是孤儿及贫儿，他们是产业预备军的候补人。三是不能使用的衰老人，牺牲于机器、矿坑、化学工厂等产业者的残废人、寡妇，这是无劳动能力者。马克思说："贫民的生产是相对过剩人口生产之必然结果；贫民存在的必然性，对于相对过剩人口存在之必然性；这两者相待而形成资本主义生产的存在及财富的发达不可少的条件。贫民构成了资本主义生产的一种糜费；但是资本却知道怎样从自己的肩头卸除其大部分的负担，而加诸劳动阶级及低级中间阶级肩头之上"②。

这些产业预备军的存在形式，又实在是现役劳动者明天的出路。无产大众随资本主义生产方法的发展而愈增加，产业预备军便愈扩大，预备军下层的贫乏者大军，也增加其数目。这些数目增多，又增加了须救恤的贫民之数。马克思把这些事实叫做"资本主义蓄积之绝对普遍的法则"③。如上所述，现代"过剩人口"与贫乏的存在，其原因不在于我们生活基础的狭小。不是社会所有物质的生产力太小，引起人口的过剩。近代的贫乏与过剩人口，实由我们所有的物质生产力的增大所引起。马克思说："不是生产力之缺乏，造成了人口过剩，乃是生产力的增加，求人口之减少，且以饥饿及移民来除去过剩的部分。不是人口压迫生产，乃是生产力压迫人口"④。其实是劳动者生产得太多，致自己于无用。但也并非单是物质生产力的增加，将他们投入过剩人口及贫乏之中。问题在于其占有方法，由于生产手段的私有，资本家为自己私人目的即价值增殖来生产，由此一方面有物质生产力的增加，他方面有贫乏的蓄积。这又是资本主义生产方法在根柢上的矛盾。

---

① 其今译文见《资本论》第一卷，人民出版社 2004 年版，第 741 页。
② 其今译文见《资本论》第一卷，人民出版社 2004 年版，第 742 页。
③ 其今译文见《资本论》第一卷，人民出版社 2004 年版，第 742 页。
④ 此引文出处待查。

以上大体叙述了马克思关于资本主义社会形式的过剩人口的理论，作者"自信没有很大的错误"。关于这个问题，马克思举出许多例证。考茨基在《资本论解说》一书中，也举例指出资本的蓄积与集中，以及劳动生产力使劳动者自己过剩。下面再举新一点的数字，例示前述的理论。①

这三节内容，按照著者的说法，叙述马克思关于资本主义社会形态的过剩人口理论的主要内容，自信没有很大错误。其实，这个理论马克思在一般正式场合，总是全称"相对过剩人口"，而不是简称或泛称"过剩人口"，以示这种过剩人口不是泛指或绝对地适合于各种社会形态，乃特指或相对于资本主义社会形态而言。至于作者在叙述上的自信态度，倒让人感觉有点奇怪。因为从叙述的内容看，几乎完全是照抄照搬马克思《资本论》第一卷第23章的论述，作者并没有增添多少新的货色。作者曾提及马克思的有关论述可见原著这一章的第2节，实际上著者的转述，涵盖了此章全部5节的前四节内容。如果将作者上面三节里的叙述与马克思原著第23章的内容作一对比，大致说来，"相对的过剩人口法则之基础研究"一节的叙述，对应原著第23章第1节"在资本构成不变时，对劳动力的需求随积累的增长而增长"的内容；"'过剩人口'——产业预备军"一节的叙述，对应第23章第2节"在积累和伴随积累的积聚的进程中资本可变部分相对减少"和第3节"相对过剩人口或产业后备军的累进生产"的内容；"相对过剩人口之存在形式"一节的叙述，则明显对应第23章第4节"相对过剩人口的各种存在形式"一节的内容。此外原著第23章第5节即最后一节"资本主义积累一般规律的例证"，作者仅提到马克思用一些例证来说明其理论，以及引用考茨基《资本论解说》一书所列举的若干数据来补充这些例证，未作详细叙述。换言之，此三节的叙述，等于在复述原著第23章前四节的主要内容，当然也就谈不上会出什么错误。这一点，通过前面有关原译文和今译文的大量对照比较，也能感觉到。

如果说作者增添了什么东西，不外乎下面几点。一是在大量引用原著论述的同时，试图用自己的叙述来强调其中的要点或简化原来的内容。可以说，作者连接原文引用之间的大多数自述，也都是来自马克思原著的内容，只要对照一下原著，便能清晰显现出来。但恰恰是自述部分的这些强调或简化，往往不那么贴切：或者打乱原著的逻辑顺序，前后颠倒；或者错植有关概念，如叙述相对过剩人口的三种存

① 以上三节的引文除另注外，均见陶希圣译《人口理论》，新生命书局1929年版，第103—131页。

在形式，将本属于第三种停滞形式的"蓄水池"（原译"贮水池"）概念，误归入第二种潜伏形式中；或者反复重申某一观点，对其中的丰富涵义随意省略；等等。当然，这种不贴切的印象，也可能来自翻译上的因素。对此，不必查看此译本的日文原作，只须对比译本中引用马克思原话的译文与今译文之间的诸多差异，便不难想见。其中多数表达尚能贴近原话的意思，但词不达意、误译甚至扭曲原意之处，所在多有，尤其涉及一些比较精细的涵义表达，更是如此。所有这些，不用一一举证，只要原译文中读起来感到别扭或不通的地方，对照今译文，都能发现翻译上的问题。二是除了集中引用《资本论》第一卷第 23 章的内容之外，偶尔也会引用马克思其他著作如《资本论》第三卷，或诠释马克思学说的著作如考茨基的《资本论解说》的有关论点，以为佐证。三是有几处提到反驳或非难马克思理论的观点，都是引自日本学者如高田保马的《人口与贫穷》一书，而不是来自欧美学者方面，于此亦可见围绕马克思人口理论的论辩性著述，作者的参考视野主要限于日本人范围。四是译本最后一节谈到马克思关于相对过剩人口理论的例证，只是点题，具体内容未予引用，转向增补新的数据资料。对此，这里的考察亦予以省略。诸如此类的增添，未能改变这几节事实上是以简略的形式来复述《资本论》第一卷第 23 章内容的基本特征。

说到第 23 章的内容，稍前出版的《物观经济学史》译本，专论马克思反对马尔萨斯人口论主张的部分，也引用了这一章不少段落，其中对第 1 节的内容略有接触，较多是第 2、第 3 节的内容，那是我们的考察里最先看到的有关《资本论》第一卷这一部分的介绍。这些引用的内容，在《人口理论》译本的引用里，几乎都有重合。相比之下，毕竟《人口理论》译本末尾一章后三节的内容，以叙述马克思的相对过剩人口理论为专题，又以马克思原著的论述为依据，因而对原典的引用连同转述，等于把《资本论》第一卷第 23 章前四节的内容，作了一个比较完整和系统的介绍。这是以往考察过的国内所有接触到《资本论》的经济学著作和译本中，都不曾有过的现象，包括《物观经济学史》译本在内。因此不论怎么说，从马克思主义经济学在中国的传播来看，这都是一个新的进展。

**（五）结语**

《人口理论》译本的主旨，从批判马尔萨斯及其信徒的人口论入手，详细阐述马克思主义的人口理论。这个主旨，就具体内容而言，在以前所考察的著作中，时有所见，并不新奇，但列为一个专题，比较全面和系统地研究，在国内却是第一次看到，不能不说是马克思主义经济学研究领域一个新的开拓。

译本的逻辑结构，也与以往涉及马克思批判马尔萨斯的人口论的著作，专注于反驳人口按几何级数增长、生活资料按算术级数增长的论点，有所不同。它的第1章序论，针对马尔萨斯人口论，引出一些基本的人口概念，然后运用马克思的人口理论，逐一阐释。首先第2章，阐释何谓"抽象的人口法则"。其他的著作，一般不去解释这个概念。因为根据马克思的人口理论，其研究对象不是孤立的单个个人，而是在历史上特定生产方式中发生作用的人口规律，因此不存在脱离人类社会生产关系而超然起作用的所谓抽象的人口规律。但马尔萨斯的人口论既然声称可以在自然界找到支持其理论的证据，而马克思也说过，抽象的人口规律只存在于历史上还没有受过人干涉的动植物界，于是本章认为有必要先澄清这个人口概念，同时又感慨马克思对此未能给予详细说明，便致力于从马克思以后的马克思主义研究者的论述中去发掘相关的资源，如考茨基的说明，最后定格在恩格斯的解释上。这些解释或说明，都是国内此前未曾听闻而颇为新颖的人口理论资料。

接着第3章，解释所谓"历史的人口法则"概念。这个人口概念，从否定具有支配动植物界和人类社会的普遍和抽象的人口规律引申而来，真实的人口规律只存在于历史上特定的生产方式之中。类似的人口概念，以前在国内讨论马克思学说的著作中也曾出现过，但本章的解释与众不同。它先论述自然与社会之间的辩证关系，人类的生存既依赖于自然界从而必须适应自然界的变化，又不同于动物的消极适应，通过具有技术特征的生产劳动去积极地改造和征服自然；这种改造和征服超过一定限度，会遭受自然的报复，所以又要保持人类与自然界之间的协调一致；同时人类是以一定的社会结合方式共同进行生产和交换等活动，在既定的社会联系和关系中与自然发生关系，显示人类所处环境的复杂性与多样性。随后论述人类从自然界获得物质的生产力，在不同的社会形态即生产方式下具有不同的发展形态，从而形成与之相适应的在历史上发生作用的特殊人口规律。这样从自然与社会之间的关系进入物质生产力到社会形态再到人口规律之间的关系，贯穿着唯物史观的精神。别具一格的解释，以及围绕这个解释所梳理和汇集的马克思与恩格斯的有关论述，虽然有些内容以往也接触过，但总体而言，作为人口理论中若干基本要素的重新发掘和系统阐释，在国内以前的著作中也不曾见过，同样属于新颖的人口理论资料。

经过前面几章的理论铺垫，第4章讨论资本主义社会形态和过剩人口的关系，意味着开始进入马克思主义人口理论的核心领域。这里的逻辑，既然否定了马尔萨斯主义用抽象的过剩人口理论来说明现代社会存在贫困现象的原因，如归咎于人口繁殖超过生活资料数量的非社会制度因素，就要回答真实的原因何在。根据马克思人口理论的答案，这是资本主义社会的特殊人口规律的必然产物，换言之，并不是人类社会普遍存在因过剩人口而产生贫困的现象，而是资本主义社会才造成这种特殊的人口现象。本章的论证顺序，首先说明资本主义社会形态是怎样形成的。以往的原始共同体和领主经济形态，以及预期的社会主义经济形态，实行有意识的计划统制，不会出现过剩人口现象；从产品经济形态到形成以私有制为基础、个人生产通过社会分工和交换来进行、表现为自由竞争和无政府状态的商品经济形态，很长的历史时期内也没有出现普遍的过剩人口现象；直至劳动力成为商品，劳动者自由得一无所有，除非出卖自己的劳动力给资本家而别无活路时，资本主义的商品经济形态才得以形成。其次说明只有在资本主义经济形态下，才出现相对过剩人口的特殊现象。这里又把资本主义社会，资本家方面因腐化生活而导致生育下降，以及劳动者方面因生活贫困而出现多生多死等人口现象，同这个特殊的人口现象区别开来。最后说明造成相对过剩人口的过程，这才是了解资本主义社会形态所特有的人口法则的关键。这个说明，分节标题有所不同，实际上完全遵循《资本论》第一卷第23章关于"资本主义积累的一般规律"的论证过程：从所谓相对过剩人口法则的基础研究着手，说明资本构成不变时，对劳动力的需求随积累的增长而增长；继则在相对过剩人口即产业预备军的标题下，说明积累和伴随积累的积聚进程中资本可变部分相对减少，以及相对过剩人口或产业后备军的累进生产；然后说明相对过剩人口的各种存在形式；最后点题资本主义积累一般规律的例证，并补充新的数据资料。所有这些说明，将以前有所了解的马克思对资本主义经济形态的形成过程的论述，以及大量较为陌生的马克思对相对过剩人口的形成过程的论述，都整合到有关资本主义社会的特殊人口规律的系统论述中，其内容之新颖，比较当时国内的其他著作，更是不言而喻。

从马克思主义经济学在中国传播的角度看，《人口理论》译本最让人感兴趣的地方，还是它借助马克思主义的人口理论研究这个话题，广泛搜集、整理、引用或转述马克思和恩格斯的著述里有关人口问题的重要论述，为我国读者系统性地发掘、汇总和呈现了许多已知或未知的经典理论资料。其中有些论述，见诸《共产党宣言》《雇佣劳动与资本》《政治经济学批判》《资本论》《反杜林论》《恩格斯致瓦·博尔吉乌斯》等著述，此前已见引用甚至反复引用，但在这里被纳入马克思主义的人口理论体系中，换了一个角度，别有新的涵义；另有一些论述，同样见诸这些著述，特别是那些鸿篇巨著，却属于新引用的段落，为以前所未见，也为进一步熟悉这些著述，增添了新的内容；还有一些论述，是全新的发掘，如引自恩格斯的《自然辩证法》及《〈资本论〉第三册增补》等，当然，几乎全盘引用式介绍《资本论》第一卷第23章的主体内容，更是译本的一大特色。所有这些引用，尽管只是对原著的摘引或节录，颇显零散甚至令人有肢解之感，但在当时我国尚缺乏马克思主义经典原著的完整翻译与引进的情况下，对于国人中的有志者来说，引起进一步研究的兴趣并顺着这些引用线索深入其间，弥足珍贵。

考察完《农业理论的发展》《金融资本与帝国主义》和《人口理论》三个译本，再来看三个译本用《马克思经济学说的发展》的统一书名合集出版，确实有其道理，然而也不尽一致。首先，三个译本虽然分述三个不同的专题，但都是站在马克思主义的立场上从事研究，或者不如说，在马克思经济学说的总框架内，分别研究其农业理论、金融资本与帝国主义理论、人口理论的发展进程。当然，这主要指作者的学术信仰而言，不必完全体现其政治立场。如《农业理论的发展》译本通篇贯穿马克思主义的论述，结尾面对反对马克思派和马克思派的论辩是非，却推托等待历史或事实的检验而不敢做出决断；《金融资本与帝国主义》译本不必将马克思主义的论述贯彻始终，结论却系典型马克思列宁主义式的：不是开展无产阶级革命和民族解放运动，便是听任资本主义内在矛盾的激化而爆发第二次世界大战；《人口理论》译本则坚持维护马克思的理论，反驳那些非难之词。

其次，三个译本论述各自的专题，都以大量引用马克思主义的经典著作为依据，这也是日本学者从事研究的共同特点。相比之下，《农业理论的发展》译本引用的原典资料最丰富，以马克思、恩格斯和列宁的论述为主，加上其他被称为马克思主义者的论述，全书几乎从头到尾，都是由这些原著的引文或转述文字所构成，作者本人的叙述，反倒成为一种梳理和连接这些原著论述的辅助性安排。《人口理论》译本次之，同样以引用马克思和恩格斯的论述为主，惟不时会插入其他人的解释、评论或反驳意见，特别是作者喜欢以自己的表述来转达原著的观点，难免出现一些内容失真或逻辑失序的现象；然而总体说来，像前个译本一样，此译本交待原典引文的出处比较清晰，尤以比较完整地介绍《资本论》第一卷第23章的主要内容，颇为精彩。《金融资本与帝国主义》译本再次之，虽然也以引用马克思、恩格斯和列宁的论述为主导线索，但往往不标明引文的出处，而且谈到金融资本的整个一篇，一度偏离引用马克思主义原著的轨道，直至谈到帝国主义一篇才又重回这个轨道，因而显得相对薄弱一些。但不管怎么说，这种以引用马克思主义原著论述为研究重点的特色，着实为当时处于马克思主义原著贫乏境况的国人，分专题提供了难得而宝贵的原始经典资料。这也是以上对三个译本的考察，为什么不惜笔墨而逐一转录如此大量引文的理由，因为这些资料或许是那个时期我国在这些专题上所能看到的最有代表性的马克思主义原著论述。为此，又不惜版面，逐一对照这些引文的原译文与今译文，比较二者的异同之处，以便观察其翻译水准，因为这直接影响国人通过这一不常见的引进渠道来认识和理解马克思主义原著精神的能力与程度。顺便指出，考察这三个译本，除了引用马克思主义原著部分的论述按原样照录，并用引号加以注明之外，其余部分的叙述，一般在引录时作适当调整，以求明晰顺畅，故通常不加引号。这也是原译文共同的毛病，拖沓、啰嗦且用词时常模糊。说到用词，三个译本遇到马克思学说的一些专门术语，皆取一致的译名，亦可见编校这本合集，曾有统一的约定或标准。或者说，那时在日本学术界，这些术语概念已有统一的日译名，便于国人的转译。

　　最后，三个译本的研究宗旨，都立足于马克思经济学说的发展，也就是说，从各自的研究专题出发，考察马克思经济学说在这些专题领域的发展进程与理论轨迹。不过，三个译本的考察方式又有明显不同。《农业理论的发展》译本最具典型性，从梳理马克思的农业理论起始，集中于资本家社会的运动法则与农业的关系，以及农业资本主义的发展法则，再从共产党分别在民主主义革命和无产阶级革命的任务中，概括出马克思的农业政策；接着叙述恩格斯的农民政策，根据马克思关于农民问题的基本思想，确定农民政策的中心点，分析农业人口的阶级构成，评论法国劳动党的农业纲领，形成包括对付小农、中农及大农、大地主和农业劳动者在内的一系列农民政策；其间和稍后又列举马克思学说的忠实祖述者埃卡留斯和威廉·李卜克内西论述小农经营和土地制度与政策的著作，特别是考茨基关于土地问题的专著，显示马克思农业理论和政策学说的继承和发展脉络；然后进入一个新的阶段，即列宁集成式发展马克思及马克思以后的马克思主义者的农业理论，并在无产阶级革命的实践中，从农民政策、土地政策及农民经营政策等方面制订和发展马克思主义的农业政策；继之而起的共产国际的农民政策，则将马克思主义与列宁主义结合在一起，推广到世界各国的无产阶级革命和民族解放运动中；最后提及围绕农业理论与政策问题，反马克思派的批评及马克思主义者的反驳论争。这样的考察一步步推进，系统而清楚地显现出马克思农业理论的发展进程和理论要点。《人口理论》译本的叙述，同样比较连贯，但它的重点不是研究马克思以后的马克思主义者对马克思人口理论的继承与发展，是在马克思学说的范围内考察其人口理论的要点与逻辑。当然，在若干理论问题上，也提到马克思未有详细论述，或引用后来其他马克思主义者的著作给予解释和补充，但主体结构上，贯穿全书的是马克思人口理论本身的层次递进；诸如以批判马尔萨斯的人口论开题，从抽象的人口法则到历史的人口法则，再到资本主义经济形态，由此引出为资本主义社会所特有的相对过剩人口现象及其规律，然后依次分析相对过剩人口概念的内涵、相对过剩人口规律的理论基础，相对过剩人口以产业后备军为其基本特征、相对过剩人口的各种存在形式、资本主义积累一般规律的例证等。这种在马克思学说内部层层递进的延伸，同前个译本主要在马克思学说外部即其后继者步步推进的发展，异曲同工，具有类似的讨论效果，惟一个可称为马克思主义农业理论的发展，另一个只说是马克思的人口理论，不以马克思主义人口理论的发展来命名。《金融资本与帝国主义》译本的叙述，从引用马克思主义的理论观点方面看，显得不那么连贯，中间出现脱节，但它另有特点。此即从马克思关于资本主义内在矛盾的表现及其演进趋势的理论中，引出后来的金融资本与帝国主义理论；也就是说，全书最后落脚在列宁的帝国主义理论上，强调帝国主义是发展到垄断阶段的资本主义，实行垄断保护关税、资本输出、瓜分并重新瓜分世界，具有资本主义最后阶段的腐朽和寄生性以及没落垂死特征等，然而列宁的这些理论，归根到底都可以追溯到马克思对资本主义基本矛盾的分析上。这些专题性研究，着眼于马克思经济学说的发展，虽然研究方式各有不同，但对我国读者来说，促进马克思主义经济学传播的效果都是一样的。这也是我们格外重视由三个译本所组成的这部《马克思经济学说的发展》合集的重要原因。

# 第二章　传播马克思主义经济学的各种著作及其对立面

前面一章重点介绍马克思主义经济学的代表作翻译、阐述性著作和理论发展专题解说的情况，主要围绕着基本原理方面。从本章起，在正面传播方面，重点转向考察运用马克思主义经济学，尝试建立新的经济学体系，重新阐释经济学说史或经济思想史及经济史的各种著作或译作。这个转向，并非考察者的主观意向如此，而是客观上本时期国内既有的传播资料提供了丰富的来源。同时作为这种传播的对立面，也有一些代表性著作。

## 第一节　建立新经济学体系的各种尝试性著作

先前在 1927 年，国内曾流传《新经济学》《经济学新论》《经济科学概论》几个译本，让国人看到了以马克思主义经济学为指导来改造经济学体系的早期尝试。此后由于动荡时期的压抑，未能见到这种尝试的继续进展。到 1929 年，以前述《经济学大纲》译本的问世为代表，不仅再现这种尝试的成果，而且以批量的形式迸发出来，令人目不暇接。

### 一、《经济科学大纲》和《新经济学问答》译本

两个译本的著者，都是苏俄经济学家波格达诺夫（又译波格丹诺夫①）。

---

① 波格丹诺夫（1873—1928），1893 年考入莫斯科大学自然科学部，翌年因参加民意党被开除，1895 年参加社会民主党活动，1899 年毕业于哈尔科夫大学医学系并获行医执照；1903 年加入布尔什维克，后当选党中央委员，成为彼得堡工人代表苏维埃执委会成员，1905 年被捕监禁；1909 年因领导派别活动被开除出党，1913 年在《真理报》当编辑，十月革命后为共产主义科学院院士，任莫斯科大学政治经济学教授，组织无产阶级文化协会，1921 年从事老年医学和血液学研究，1926 年创建输血研究所并任所长。

### （一）《经济科学大纲》译本

这是波氏的早期成名作，书名今译《经济学简明教程》，施存统译，上海大江书铺 1929 年 6 月 10 日出版。此书先有周佛海的中译本《经济科学概论》，商务印书馆 1926 年初版，接着有施存统的《经济科学大纲》，1927 年初版，均未得见。今取施氏的大江书铺版作为分析对象。波氏被称为苏联的马克思派学者，施氏同样翻译出版过多种包含马克思主义学说的著述，前面的介绍即有他的可观译本和著述；现有这个译本更受欢迎，从 1927 年到 1932 年，发行了 6 版。

对此译本，译者 1929 年元旦作了一篇序言：

这本书的翻译，从开始动笔直到今天修改完成，差不多四个年头。"它在我个人底生命中，是一个极可纪念的东西。我很高兴，它又能以订正本与读者见面"。1925 年五卅运动以后，就开始翻译这本书。最初根据的是赤松克磨的日译本，后来是林房雄的译本（林译对赤松译本加以少许改正）。"当时促进我翻译的直接动机，是上海大学社会学系功课上的需要。因为那一个学期'社会进化史'一门功课没有人担任，事实逼到我底头上来，我底时间与能力，要自编讲义都有所不能，所以就选取这本书为'社会进化史'底教本（因为我认定这是一部最好的《社会进化史》），有暇即从事翻译"。不幸 1926 年一病半年，中途抛弃原定的工作，直到 8 月病告痊愈，始能继续执笔。10 月又因事赴粤留在中山大学工作，当时演讲开会，日无暇晷，只因出版者催稿甚紧，不得已于晚间偷一点时间把它译成，全部脱稿约在 12 月初，1927 年 1 月，才有初版的本书与读者相见。

本书初版后，自己感觉有许多不能满意（实在翻译时便有些不能满意，有英译本在手头，除很少的部分，都没有工夫对照），本想马上修改，只苦于没有时间。"直到前年十一月后，完全从革命的战场退为书斋的学徒，脱离了一切党派的实际关系，才有工夫开始修改"。此后又因生活问题忙于别种译本，以及在几个杂志上需要发表一点真实的意见，以致这种修改工作忽断忽续，久未能成。最近才因为大江书铺好意，愿意早点出版这本书，我自己也感觉有早点修改完成的必要，所以加快修改，以底于成。这次修改，"一方面细细对照英日两种译本，同时对于文笔和意义都力求最善（自然在我自己底能力所及的范围内）。经过这次修改以后，我自己相信：文笔比以前流畅而通俗，意义比以前明显而正确"。凡以前拙译或误译之处，一律加以改正。而且便于读者了解与记忆，一律在本文之上附加扼要的提纲。"所以新版与旧版，面貌颇不相同"。

本书的优点，不用我详细去说。"它是一部世界的名著，而且可以说是一部空前的世界名著。在许许多多的经济学的书中，我们没有看见过这样好的书，——具有这样体系的书。材料丰富，说理明晰，系统整齐，趣味浓厚，都是本书底优点。它可以当《经济原论》读，也可以当《社会进化史》读。读了这本书，我们才能真正了解社会底经济现象；读了这本书，我们才能真正了解社会底演进过程。这本书对于我们中国人（特别是中国青年），尤其有益，我们可以根据它来研究中国历史，也可以根据它来研究中国现状"。著者波格达诺夫（A. Bogdanoff），"是一个真挚的革命家，同时也是一个渊博的学者"。他的著作很多，"很富独创的意见"。他死于去年（1928 年）4 月。"本书底姊妹篇《社会意识学大纲》，也已经由陈望道先生与我共同译出，同在大江书铺出版，不久也可以与读者见面。读了本书的人，再去读《社会意识学大纲》，一定格外有趣"。①

于此可知，现在看到的译本，乃其订正本，最初的译本已于 1927 年 1 月由大江书铺初版，但不曾见。若说着手翻译，更早在 1925 年。最初起因于讲课选取讲义的需要，译者把这本论述经济科学大纲的著作，当作最好的"社会进化史"教材，视经济科学和社会进化史为同属一类。初稿的翻译，几经耽搁，虽勉力付梓，译者却不满意，原因在于只是假借原著的日译本，未对照手边的英译本，多有拙译或误译之处。这样说来，现有的订正本比起原来的初版本，翻译上更可靠。至于订正本的着手时间，译者还提及 1927 年 11 月退出革命战场并实际脱离一切党派关系之后。那正是大革命失败之后，译者脱离了中国共产党，才有时间去完成订正本的修改。这并未影响译者在译稿的选择上，仍保留对马克思学说的信念。他对原著及著者给予超乎寻常的高度评价，便说明了这一点。原著是否如译者所说，是一部空前的世界名著，而且是众多经济学著作中未曾见过的好书，可另作评论。但显而易见，译者把它兼作"经济原论"和"社会进化史"的代表作，唯此才能真正了解社会的经济现象和演进过程，才能借以研究中国的历史和现状；其所以具有这样的效果，又在于原著的作者是真挚的革命家和渊博并富于独创性的学者。在这方面，译者与同为中共早期党员并第一次提出《共产党宣言》中文全译本的陈望道，当时应抱有同样的信念，这也是他俩合作译书的共同思想基础。

著者约 10 年前，1919 年 8 月 24 日有一篇序言：

---

① 以上引文均见波格达诺夫著，施存统译《经济科学大纲》，上海大江书铺 1929 年版，"译者序言"。

本书第 1 版 1897 年发行，第 9 版 1906 年发行，其间修改好几次，所以最近一版的内容，与第 1 版很不相同。第 1 版成于〔俄罗斯〕图拉州（原译"吐拉县"）森林中建立的劳动者研究会，后来受到检查官"凶酷的抹削"。"在反动时代，不曾有一次对于新版的需要。到了革命之后，对于本书的需要便增加，一会儿就绝版了。然而要发行新版却很不容易。经过相当长久的时间，在实际生活与科学上都发生许多变化，以致本书有大大修改的必要。这个必要底真切，只要看下面一件事情便可以知道：在这时代，资本主义底新阶段——金融资本底支配——已经完成，资本主义已经达到最高的形态，而且惹起非常的危机，世界大战了。这十二三年间，经济经验底丰富，恐怕要超过前世纪底全体"。

德福莱茨基（S. M. Dvolaitsky）[1] 同志答应担任本书修改工作的大部分，所以修改工作是我们两人协力做的。新附加的大部分在本书后半部：货币的流通，课税，金融资本，资本主义崩坏的根本条件等数节。这差不多全部成于德福莱茨基之手。他还在本书的各部分，插入几个新的实例。"关于前时代经济发展问题的材料，亦有依照近代的见解，大大重新整理的必要"。散见本书的经济学说史，已把它省略了。这个历史，特别是关于别种科学如意识形态学（Ideology）部分，为统一本书内容起见，把它省略了，以在别的著作中处理为宜。讨论基础概念的序论，省略了许多，因为很干燥无味。其必要的材料，分述于有关经济学基础概念之史的发展的几节。本书之外，还有两部同类的书：一部是我独著的问答体裁的《经济学入门》，另一部是我与斯退派诺夫（E. Stepanoff）共著的两卷本著作（第 2 卷由四部分构成，预定差不多与本书同时发行）。"本书可以说是那两部书间底连锁，是一种系统的教科书，简单地叙述最重要的事实与基础的学说"。本书及其他著作，讨论意识形态的数节，决不仅是本书的附录，"意识形态是组织经济生活的一种手段，因之是经济进化底重要条件。本书只在这个范围内，触到关于意识形态的事"。关于意识形态，在一本与本书体裁相同的特别的教科书《社会意识学》中，独立地论究它。"在革命期底动乱之中，比平时格外需要坚实的、完全的经济知识。没有这种知识，便不能在社会的斗争与社会的建设中，树立起秩序统一"。[2]

看了此序，可以明了几个问题。一是原著的最早版本，从 1927 年第一个中译本算起，已是 30 年前的著作。当然，原著经过多次修改再版，最新版本与最早版

---

① 德福莱茨基（1893—1937），苏联经济学家，犹太人。

② 以上引文除另注外，均见施存统译《经济科学大纲》，上海大江书铺 1929 年版，"原著者序"。

本相比，有了很大不同，无疑经过了长时期的磨砺。二是早期版本完成或修改于十月革命以前的沙皇统治时期，因站在劳动者的利益方面进行研究，所以自始就遭到官方的审查打压。可见其内容不为旧政府所容忍，体现了要求改变现状的反抗精神。中译者特别赞赏此书的优点及其著者作为革命家之真挚，应该也是出于这种反抗或革命精神。三是中译本所参考的原著，应是 1919 年作序即十月革命后问世的最新版本。其宗旨是在革命尚处于动乱期间，为社会的斗争与建设提供有利于建立统一秩序的经济知识。这个版本，据说自 1906 年第 9 版之后，时隔十余年才又重出，而这一期间发生了许多变化，甚至超过了前个世纪的所有变化，因此有必要作出重大的修改。最突出的变化，指出资本主义已经达到最高阶段。关于这个新阶段的特征，不是采用列宁的帝国主义理论，而是强调金融资本的支配已经完成并引起非常的危机，似乎更在意的是希法亭的金融资本理论。四是经过重大修改后的最新版本，大部分修改工作由另一合作者承担，不仅包括增补新的内容，还包括依照新的见解去重新整理过去时代经济发展问题的材料。所以，对这部最新原著的赞誉，也不应由波氏独专其美。五是这部原著的定位，是连接问答体的通俗著作《经济学入门》与份量更重和难度更大的另一本同类著作的一个中间环节，作为一种有系统的教科书，简单叙述经济学中最重要的事实与基础。施氏曾经打算翻译过来用作授课的讲义，也是看到了原著的这个定位。然而把这样一本教科书类型的著作，哪怕它具有不同于一般经济学教科书的革命精神，说成不止是经济学著作中没有见过的好书，还是空前的世界名著，总让人感觉有些言过其实。六是原著在修改过程中，考虑到内容的统一，省略了有关意识形态学或观念学部分，或者说，只从组织经济生活的手段，因而作为经济进化的重要条件这个范围内，去论述意识形态问题；同时更为适宜的处理方式，另著一本相同体裁的教科书《社会意识学》，作为另一种科学，独立地讨论意识形态问题。从这里也能体会到，施存统和陈望道何以翻译《社会意识学大纲》，作为《经济科学大纲》译本的姊妹篇，原来同样源于波氏的启迪。

译本除序论外，分 3 篇 10 章，约 550 页。"序论"含"经济学底定义""经济学底方法""说明底体系"3 节；第 1 篇"自然自足社会"，含"原始氏族共产主义""族长宗法社会""封建社会"3 章；第 2 篇"商业社会"，含"交换底发展""奴隶制度""都市手工业制度""商业资本主义""工业资本主义""金融资本主义时代"6 章；第 3 篇"社会化的有组织的社会"，含"社会主义社会"1 章。这个目录结构，比起西方主流经济学教科书的流行结构如四分法，大异其趣。由此也能领会，原著者在其序言里，何以说省略序论中有关基础概念的那些干瘪无味的讨论，又何以说关于经济学基础概念的必要材料，放在历史的发展中予以分述，原来在序论中简单介绍经济学的定义、方法及体系之后，按照社会经济发展的主要历史分期，重点论述各个历史时期的经济发展特征并予以经济学基础概念的相应说明。这种论述方式，不同于既有的世界经济史或欧洲经济发展史著作，重点讲述历史事实尤其如何发展到资本主义的历史进程，缺少经济学的理论分析；也不同于既有的经济学著作，主要从抽象的理论概念出发，进行理论的演绎或实证的归纳。这样看来，译本的整个体例安排，对照原来的经济学系统，有了全新的变化，最后落脚在社会主义社会上，令中译者耳目一新，难怪会给予它极高的评价。进一步说，这个目录还显示其他一些新的特点。

一是按照经济发展的逻辑，将人类社会的历史分期，划分为三大阶段。其内在逻辑，第一个阶段的自然自足社会，虽然经历了从原始氏族共产主义到族长宗法社会再到封建社会的不同历史进程，但共同特征是以自然经济为主；这里说的封建社会，指欧洲中世纪的封建领主经济和僧侣经济等，突出其自给自足的自然经济特征。第二个阶段的商业社会，讲的是交换的发展，破坏了自然经济状态，历经奴隶制度、都市手工业制度、商业资本主义、工业资本主义直至金融资本主义时代，这种不断发达的趋势，最终造成资本制度本身的崩坏。第三个阶段针对资本主义社会的弊端，社会主义社会必将出而代之，形成社会化和有组织的社会。这个分期，沿着历史的脉络推演下来，不再以资本主义为永久不变的制度，相信社会主义的出现是必然趋势，由此建立的经济科学大纲，从根本上突破了西方传统经济学的理论框架。

二是每个历史发展阶段，都强调依据特定经济基础而形成的特有意识形态，如原始氏族共产主义阶段意识形态的起源，族长宗法社会阶段、封建社会阶段意识形态的发展，奴隶制度阶段的意识形态，都市手工业制度阶段体现前资本主义时代意识形态的特征，商业资本主义阶段的意识形态及其发展，工业及金融资本主义阶段的意识形态，社会主义阶段的社会意识形态等。实际上是说，不同历史阶段的意识形态的形成，取决于所在阶段的经济基础，并随着这一个基础的改变而变化。因此，用于解说这些经济基础及其意识形态的经济学基础概念，也不是一成不变的。根据这个思路，同样推翻了西方经济学由其基本理论概念而构成的主旨倾向，具有绝对正确属性的传统观念。

三是有关各个经济发展阶段，尤其商业社会内各个阶段的论述，可以看到运用马克思经济学说作为分析工具的特点。例如，交换的发展一章，论述交换社会的概念，交换的三个形态，货币，劳动价值及其在生产调节中的意义；奴隶制度一章，论述奴隶所有集团的起源，集团相互间的生产纽带，奴隶所有社会灭亡的原因及其过程，农奴制度；都市手工业制度一章，论述技术的发展，都市的发展，都市及新政治制度的形成，中世纪都市的发展力；商业资本主义一章，论述资本的一般概念，生产的技术关系，商业资本对生产的支配力扩大，小企业的灭亡与阶级斗争的发展，国家的任务。特别是工业资本主义一章，篇幅最大，约230页，体现马克思学说的分析特点也更明显。内分八节：第1节原始的蓄积；第2节技术的发展与资本家的大规模生产，包括商业资本主义活动范围的扩大，工厂手工业的起源与本质，机器生产的发展（含机器的起源、机器是什么、机器生产的扩张）；第3节资本主义生产过程；第4节资本家企业的发展及对后进生产形态的影响；第5节货币的流通；第6节各种资本家阶级之间社会生产品的分配，包括利润，地租，工钱（含工钱的各种形态、工钱的分量、资本主义的预备军、劳动团体、劳动立法），租税；第7节资本主义发展的主要倾向；第8节市场及恐慌的概念。这些题目，对于《资本论》三卷本的内容，都有所接触。至于金融资本主义时代一章，体现从资本主义学说向帝国主义学说的延展，主要论述信用、股份公司、资本家之私的独占、为产业之组织中心的银行、为金融资本主义政策的帝国主义、资本家制度山崩地裂之路。这些论述，既有马克思的理论观点，也有反映垄断资本主义时代即帝国主义时代的新观点。总的看来，其主要依据不是列宁的帝国主义论，而是其他的理论，如希法亭的金融资本论，以及把帝国主义当作金融资本的一种政策而非一个特定发展阶段的理论。

四是在经济科学中为社会主义社会专辟特殊地位，作为替代资本主义社会乃至整个商业社会的一个新阶段。重点突出社会主义社会的社会化与有组织特点，内分社会与自然的关系、社会的生产关系、分配、社会的意识形态与发展的原动力5节。其中论述社会与自然的关系，同最初论述原始氏族共产主义中人与自然的原始关系，相互呼应，似乎意味着在社会主义社会，经济学返璞归真，把经济学的规律与自然事物的发展规律联系在一起，通过社会化和有组织的社会，服务于人的生存与发展。经济科学的最后结论，落脚在如此崭新的内容上，这大概也是中译者看了许多经济学著作后，认为此译本为最好的一个重要原因。

以上从译本的体系结构上，分析它的新特点。下面不妨再引用书中有关经济学定义的论述，作具体的考察。其大意如下：

"科学就是对于现象的有系统的理解"。"凡是一种科学，都是对于人类所经验的一定范围内的现象之一种有系统的理解"。所谓现象的理解，"认识并确定现象底相互关系，以为利益人类之用"。人类在"劳动斗争"，即人类为其生存和发展而不断与自然进行斗争的过程中，通过满足自身欲望的经济活动，同样积累起他们的劳动经验。"这样，人类底实际要求，就促进了成立这些现象底关系，理解了这些关系，人类便利用它来做他们底劳动斗争中的武器"。可是这种对现象的理解，还不能说是一种科学。"要成为科学，必须要对于劳动经验底一定部门的现象全体有系统的理解"。从这个意义说，理解某些现象之间的关系，只能看作形成那种科学的萌芽。

"经济科学或经济学底研究范围，就是人与人间底'社会的劳动关系'"。在生产过程中，人类必然地要站在一定的相互关系上面。人类的历史上，决没有一个时期，各人完全孤立地经营生活，各自去获得生活资料。"单纯协作和分工为人类最初的生产关系"。即使在很远的太古时代，猎取凶猛的野兽，搬运重大的物件等，也需要简单的协作。随着经济活动渐趋复杂，人们相互间发生了分工，一个人做这部分，另个人做那部分，共同的团体工作，分配给团体成员分别承担。简单协作和分工这两件事，将人们放在一定的相互关系上面，形成了最初的"原始的（基本的）生产关系"。不消说，此二者决不能包括生产关系的全部，生产关系的范围，还要更复杂些，更扩大些。从人类的低级发展阶段到高级发展阶段，我们遇到如此事实：农奴缴纳劳动生产物的一部分给领主；劳动者为资本家而劳动；工匠不是为自己个人消费而生产，大部分是为供给农民；反转来，农民又将自己的劳动生产物的一部分，直接地或经过商人之手给与工匠。"这些都是社会的劳动关系，组成广义的生产关系底全体系。所以生产关系是包含社会生产物底获得和分配的"。复杂扩大的生产关系，在发达了的商业社会，特别明了地显现出来。例如资本主义在人们中间，创造出一种永久的社会关系，而那些人彼此却没有会过面，有时竟一点也不知道有一种牢固的线索在连结着他们。如某地的股票持有人，可以获取发行股票的他地企业的生产利润，或那个企业的劳动者所创造的一部分生产物价值。这种看不见的社会关系，社会科学必定要加以研究。

"人类在其社会生活中，离开他们底意志，走入一定的生产关系。这些关系（即人类对于外部自然界之社会的技术关系或社会的劳动关系），当与那物质的生产力底发展程度相适应"①。这就是说，人类在对外部自然界的斗争过程中，彼此必然地要站在顺应那斗争手段的关系上面，如近代机器生产，将劳动者放在另一种相互关系中，与那种建立在手工劳动上的生产不同。"马克思继续说：'这些生产关系底总体，形成社会底经济构造，它是社会底真实基础，在这基础上面建筑起法律的及政治的上层建筑，又使一定的社会意识底形态与它适应。生产方法，通常是决定社会的、政治的及精神的生产过程'"②。"照这一种构成唯物史观之本质的思维法看来，经济关系完全是必然的产物，它是适应生产力底发展程度而不可避地发生，并且形成社会底基础构造——它像一幅画布，在它上面描画着人类底社会劳动生活之种种复杂的图样。所以经济学，不妨叫它为研究社会底基础构造的科学"。

不管我们论及全部历史的情形或是社会意识的发展，也不管我们讨论外交问题或宗教问题，"都不能不触到社会底经济纽带，即社会底基础构造；我们必须借用经济学底结论"。所以，"经济学可以说是社会科学全体系底基础。它在社会科学中所站的地位，与物理化学在研究一切有机的和无机的过程中的地位相同。植物学者、动物学者、天文学者、农业学者，如果不懂得物理化学底结论，就如解除了武装一样；同样，社会学者、历史学者、法律学者，如果没有经济学的智识，也必困于同一的境遇"。"不仅如此，无论那一个人，要想参加社会斗争和社会事业而有所活动，如果不懂得经济学，也会遇到同一的困境"。"经济学也与一切科学一样，发生于人类对抗自然的劳动斗争之实际的要求。社会发展到某一阶段，就造出人类受其社会的劳动关系支配的状态。在那里就有市场、竞争、价格底动摇，以及其他许多经济现象，开始支配人类底劳动和幸福。人类无论怎样，必定要适应这些关系。换句话说，要做这些关系底奴隶。于是就必然地发生一种要理解这一些现象的努力，——要有一种理解，能预知这些现象并左右它们。经济学到了十六七世纪才开始发达为一种科学，就是因为那时商业制度已经发达，市场与货币底势力已支配着人们之故"。

经济学的根本任务在研究人与人之间社会的劳动关系，然而也不能不涉及生产过程的其他方面。只要那"技术的"及"意识的"方面影响到社会劳动关系的发

① 其今译文见《马克思恩格斯选集》第 2 卷，人民出版社 1972 年版，第 82 页。
② 其今译文见《马克思恩格斯选集》第 2 卷，人民出版社 1972 年版，第 82 页。

展，便不能不考虑到这些情形。我们已经指出，决定一般经济关系的是生产手段的发展。因此，技术生活的事实，对我们的研究有怎样的重要，是很明白的。如果不考虑这样的现象，如18世纪末叶的技术革命，即蒸汽机和纺织机的发明或蒸汽应用于航海等，便不能理解许多最重要的经济现象。同样的事也可以应用在"意识"上："意识底一切形态——言语、智识、习惯、法律、道德、政治构造等，——实际都是社会底组织用具"。例如语言在生产过程中，是劳动者指示自己在劳动中的地位和机能的一种用具；没有语言，劳动就会没有效果。法律当它保证利润的时候，也同样尽了组织者的责任。就是谐韵的音乐，当它调节人类的劳动时，也演着同样的任务。如上所述，"意识诸形态底自身，也发生于生产底技术条件和经济的关系中，可是一旦发生了，它就成了组织用具，反转来影响技术和经济，即意识形态帮助生产底发展，开拓生产底进路"。一般地说，经济学与天主教会的教条并没有关系，但是从经济学的观点看，当教会去庇护那老朽的"封建的诸关系"，阻碍较进步的"资本家的诸关系"的进路时，经济学便不能不立即去考虑此种事实。

"社会关系不是永久不变的。它是与自然界全体一样，不断地在变化着。这些变化，表现为社会势力底进步或退步，即表现为社会对于自然界的胜利，或自然界对于社会的胜利"。人类曾经有一个时期，彼此孤立地生活在很小的紧密的共同团体（公社）中，很长时间，生产关系十分狭小而简单，分配关系采取直接分配的形态。到了现代，人类社会极其广大，经济关系也非常复杂。"过去与现在之间，有一个接续的'发展底连锁'。然而有时却发生了与此性质完全不同的事件：在与自然界的斗争中，社会的势力衰微了，广大的社会纽带崩坏了，经济关系日益狭隘而简单了。在这场合，科学必须探求另一种'变化底连锁'，即不是'发展底连锁'，而是'衰微、退化底连锁'。科学底中心兴味，就是这发展和衰微的问题。为什么呢？因为科学是人类为自己底生存和发展而斗争时所用一种武器"。①

这本书对经济学的定义，对比西方正统经济学，可谓判若鸿沟。以一句话来概括，它是运用马克思的唯物史观，把经济学定义为以社会生产关系为研究对象，或研究社会经济基础的科学。从引用马克思在《政治经济学批判》序言中的经典表述看，原著在括号内附加了一些解释性内容，强调生产关系中所包括的技术与劳动关系的涵义，有些节外生枝；译本的翻译也不贴切，未曾参考当时比较成熟的译

① 以上引文除另注外，均见施存统译《经济科学大纲》，上海大江书铺1929年版，第1—8页。

文。但这些都不妨碍理解作者紧扣唯物史观的精义，阐发经济学的研究对象、范围以及各种相关要素。作者也没有完整地引用马克思关于唯物史观的表述，不过从他对定义的引申解释看，倒是以自己的语言，补充了马克思学说中的其他有关观点。诸如简单协作和分工是人类最初的生产关系；生产关系包含生产物的获得和分配；经济学在社会科学中的地位等同于物理化学在自然科学中的地位；生产过程中的技术和意识因素也会影响社会生产关系，故也有必要纳入经济学的研究；科学的中心问题是探求现象的发展和衰落问题，科学是人类维护自身生存和发展的一种武器；等等。总之，用唯物史观来定义经济学的内涵与外延，阐述得通俗易懂，为全书奠定了最初的理论基石，接着又将唯物史观的精神贯穿于书中各个方面，由此构筑新的经济科学大纲，这就是此书的最大特色。由此说来，这也是与传统的资产阶级经济学相抗衡，试图建立起截然不同的社会主义经济学体系。正因为如此，中译者大加推崇。然而译本的原著，毕竟出版较早，即使最近的版本，也是 10 年前的 1919 年。那是十月革命爆发后不到两年，如其作者所说，正处于革命后的动乱时期。所以这本书为了开创新的经济学理论体系，可以看到马克思经济学说的运用，但谈到社会主义社会，无论理论研究和实践探索，看不到作者眼前的苏俄例证，或许是时间尚短，缺乏成熟的经验。这比起此后 10 年间，国内各种著作或译本围绕苏俄向社会主义制度过渡的尝试所进行的各种理论与实例分析，感到明显滞后了。

### （二）《新经济学问答》译本

著者俄国波格达诺夫在前书的序言里，提到过他的这本问答体著作。此书为陶伯[①]所译，上海泰东图书局 1929 年版。这是继前面周佛海和施存统先后翻译波氏原作《经济学简明教程》之后，另一本波氏经济学原作被翻译推荐给国人。译者 1929 年 6 月 25 日的"尾跋"，介绍著者及其著作：

本书著者"是俄国一个著名的马克思派的学者"，一生的主要著作在方法论及哲学方面，如《历史观之认识论》（今译《自然史观的基本要素》），《经验唯我论》（今译《经验一元论》），《活的经验之哲学》（今译《生动经验的哲学》），《科学的社会主义》《一般的组织科学》（今译《普遍组织科学》）及《社会心理》等，"都是他有名的著作"。"他的经济学方法亦有极大的贡献"，如《经济学概论》，已由周佛海译成中文，题名《经济学大纲》，商务印书馆出版；《经济学大

---

① 陶伯即彭述之的别名。

纲》，波氏与俄国经济学家史几巴诺夫（Stipanov）[1] 合著，"实经济学界一大巨著"，俄文4册，约80万言；以及本书，原名《经济学导言》，从第3版起增补"财政资本主义""国家资本主义"及"社会主义"3章，改名《经济学入门》，"我因其为问答体，故又改提为《经济学问答》"。

波氏虽然是一个有名的马克思派学者，在学术界有过不少贡献，可是"我们决不要忽略他在理论上同时亦有许多极严重的错误，特别在哲学方面"，如《经验唯我论》《活的经验之哲学》等著作，"表面虽以唯物论相号召，而实际上确是一个唯心论者，一个马赫主义者"。"至于在经济学方面，他的错误是比较少的，换言之，他的理论是比较正确的。并且他在经济学上还创立了一个新的体系，新的研究法，即是从人类经济的发展史上去说经济学的一般理论（他的三部经济学著作都是依据这同一的新体系去叙述的），因此他以为经济学所研究的不仅是现代社会的经济关系，并且还须研究人类一切历史上的——从原始共产社会直到未来的社会主义社会的——社会关系"。此种新体系、新研究法，从某方面说，"对于学者确是很有益处的"。譬如将商品发生于何时，如何发生，发生的影响，和商品在封建制度、奴隶制度、农奴制度及资本主义制度等社会中的作用，以及在未来社会主义制度社会中如何消灭，都从客观上叙述出来，"不仅令学者一见明了，并且还感觉到一种趣味，这便是波氏方法上之唯一的优点"。同时应当说明，"如果从严格的经济学的定义上说起来，波氏此种体系是不甚正确的，因为所谓'政治经济学'并不是研究人类历史上一切经济关系的科学，研究人类各时代的经济关系自有'经济发展史'去担任，经济[学]所应当研究的只是现代社会，即资本主义社会的经济关系（生产关系）或劳动关系"。然而"这只是经济学外延（范围）上的问题，而不是经济学内包上理论之错误的问题，所以波格达诺夫对于经济学叙述的新体系自有其优点，对于学者始终还是有益处的"。

"这部经济学问答，体系既是问答，说理又复简明，或者能适合于一般的要求"。本书的内容，"不仅是一部简明的'经济学概论'，并且还是一部扼要的'社会进化史'"。读此书"不仅对于现代经济学上之一般的理论能得到一个明确的概念，即一个现代的社会观，并且对于人类社会形态之过去的发展及将来的趋向能得到一个整个儿的概念，一个明确的历史观，或者读者由现代的社会观及历史观中更

---

[1] 此即前述施存统译本里转录波格丹诺夫序言译文中所说的合作者"斯退派诺夫（E. Stepanoff）"，今译斯捷潘诺夫。

能得出一个正确的人生观，亦未可知"。"如果被压迫和被剥削的读者能从这部小小的经济学问答中竟能得到一点结果——确定的人生观，那就算是我译这部书之最圆满的收成了"。①

此跋点评波氏其人其书，独具眼光并颇见水准，体现了译者在苏俄留学多年的马克思主义理论素养和对布尔什维克党内理论斗争的基本认识。有几点值得一提：其一，定性著者是俄国学术界有过不少贡献的"著名的"或"有名的"马克思派学者，不仅在哲学和方法论方面有一些有名的著作，在经济学方法方面也有"极大的贡献"。列举其经济学代表作有三本，第一本是周佛海和施存统分别以《经济学概论》和《经济科学大纲》译名翻译的《经济学简明教程》，此译本参考的日译本，并非译自初版本，而是译自后来的修订本；第二本是合著的《经济学大纲》，也是三本书中分量最重的一本，当时尚未有中译本；第三本即陶伯翻译的《新经济学问答》，从译者对此书由原名《经济学导言》，到经过修订改名为问答体的《经济学入门》的熟悉程度看，应直接译自俄文版，今译名为《政治经济学初版教程问答》。按照波氏本人的说明（见施存统译本的著者序言），第一本的修订本作为系统的教科书，可以说是第三本书和第二本书之间的"连锁"。也就是说，这三本书之间具有立意上的连贯性，或者用陶伯的话说，三部经济学著作依据"同一的新体系"去叙述，惟其详略和体例有所不同，而以《新经济学问答》为三者中的通俗入门书。

其二，将著者在理论上特别是哲学上的极严重错误，同他在经济学上创立新体系和新研究法的优点，区别开来。所谓哲学上的错误，即波氏的《经验一元论》等著作，表面上以唯物论相号召，实际上是一个唯心论者和马赫主义者。这种评价，无疑引自列宁的《唯物主义和经验批判主义》一书，在那里，能够看到诸如"不管怎样考察波格丹诺夫的哲学，除了反动的混乱思想，它没有任何别的内容"；"波格丹诺夫企图'按照马克思的基本原理的精神'来悄悄地修正和发展马克思的学说，这显然按照唯心主义的精神来歪曲这些唯物主义的基本原理"② 一类的批评。陶伯以列宁的批评作为判断波氏哲学错误的基准，但并未影响他判断波氏经济学的错误比较少，或谓其经济学理论比较正确。后一判断，陶伯应当不是受到列宁书评的影响。列宁曾在1898年对波氏《经济学简明教程》的初版本给予肯定性评

① 波格达诺夫著，陶伯译《新经济学问答》，上海泰东图书局1929年版，译者"尾跋"。
② 《列宁选集》第2卷，人民出版社1972年版，第234—235、330页。

价，如称"这本书是我国经济学著作中出色的作品"，而且确实是这类书（指经济学入门书）中"最出色的一本"；"波格丹诺夫先生的《教程》的突出优点，正在于作者始终坚持了历史的唯物主义"[1]。但初版本后来经过修订，面貌发生较大变化，如当初为列宁所肯定的按经济发展各个时期，依次叙述原始氏族共产主义、奴隶制、封建主义和行会、最后是资本主义，"政治经济学正应该这样来叙述"[2]，后来变为封建制度、奴隶制度、农奴制度及资本主义制度的排序，又突出商业资本支配生产的商业资本主义阶段等，已偏离列宁的评价。尽管如此，陶伯有关波氏在经济学上创立了新的体系和研究法，从人类经济发展史上去讲述经济学的一般理论，经济学不仅研究现代社会的经济关系，还须研究人类从原始共产社会到未来社会主义社会的一切历史上的经济关系这个说法，仍能感觉到与列宁的评价相类似的观点。如列宁以波氏的《教程》为例，称"政治经济学入门书的全部任务，是要使研究这门科学的人对各种不同的社会经济制度和每一种制度的根本特点，有一个基本的概念，是要使领会这本初级入门书的人得到可靠的线索，以便进一步研究这门学科，是要使他懂得现代社会生活中最重要的问题都同经济学问题有最直接的关系，从而对这种研究发生兴趣"[3]。依照列宁这个评论，可以在某种程度上印证陶伯有关波氏新经济学体系之"唯一优点"的说法。陶伯又根据政治经济学应当研究资本主义社会的经济关系（生产关系）或劳动关系的严格定义，认为波氏新体系的"不甚正确"之处，在于把应当由经济发展史科学所研究的人类历史上各时代的经济关系，当成自己的研究对象，不过接着为之辩解，这只是经济学外延或范围上的问题，不是经济学理论内涵上的错误。其实，所谓严格定义，系指马克思解剖资本主义社会的经济学分析而言，也就是狭义政治经济学，其外延或范围的扩展，属于广义政治经济学。

其三，强调这本问答体的入门书，不仅是一部简明的"经济学概论"，还是一部扼要的"社会进化史"。类似说法，也出现在前面施存统翻译波氏《经济科学大纲》的序言里，自称当时翻译的动机是为开设社会进化史课程选取讲义，认为波氏此书是一部最好的"社会进化史"。可见《新经济学问答》译本同《经济科学大纲》译本一脉相承，留给中译者的印象都是兼有社会进化史的特征。关于这个特

---

① 《列宁全集》第4卷，人民出版社1984年版，第1、3页。
② 《列宁全集》第4卷，人民出版社1984年版，第2页。
③ 《列宁全集》第4卷，人民出版社1984年版，第2页。

征，用《新经济学问答》译本的话来说："经济学是一种研究社会结构的科学，亦即是研究社会劳动组织的科学"；"社会的劳动组织就是人与人之间的生产关系的总和"；经济学教科书里通常分为特别经济学、经济政策和经济发展史，这种分类法"在科学上不是很正确的"，譬如"研究现代经济的制度便不能与其过去的发展史相分离"；"经济学研究社会的发展，阐明此种发展之公律"，"可以预测经济生活的趋势，各种社会势力的倾向，可以自觉地去选择"；等等①。这些定义及其在书中的演绎，便构成所谓新经济学的理论基础，同时又具有社会进化史的基本涵义。对此立意，陶伯非常欣赏：阅读此书，不仅对于现代经济学的一般理论能够得到有关现代社会观的一个明确概念，而且对于人类社会形态的过去发展和将来趋向能够得到有关整体历史观的一个明确概念，或许从这个现代社会观和整体历史观中，还能得出正确的人生观；如果读者中被压迫和被剥削的人们能够由此得到确定的人生观，那就算是翻译此书最圆满的收获了。这里所说的人生观，应指呼吁民众起来推翻压迫和剥削人的现行社会制度而获得解放的观念。以此作为宗旨，亦可见此新经济学当时给与国人的形象和影响，完全不同于那些维护现行制度的传统经济学教科书。尽管这种形象和影响后来随着波氏在苏联学术界遭到驱逐，又随着波氏经济学在我国20世纪30年代的社会史论战中被马克思主义者的论敌用作理论武器，故而在我国的马克思主义学者中也从正面转为负面，但并不能因此而否定其创新经济学体系曾经在我国马克思主义经济学的传播过程中所产生的积极作用。

《新经济学问答》译本分为"一般的概念"和"经济的发展"两编，可见将"经济学概论"与"社会进化史"二者合为一体的特征。第1编60页，约占全书277页1/5略强的篇幅，共8章，分别为"什么叫做经济学""生产""劳动与劳动生产品""协作""占有""社会的维持与发展""经济学的分类""经济学之研究法及其意义"，每一章又设计一系列问题，用来解答各种经济学概念。这些解答，挑明有别于通常经济学教科书的解释，其实许多内容引自马克思经济学说的概念或涵义，但限于编写体例而未曾引用马克思原话或注明其出处；另有一些则是著者自己的认识或推论，未必符合马克思原意，却同马克思学说掺杂在一起，让初学者难分真伪。

第2编是全书的重头戏，仅6章，但节数甚多，分别是：第1章"自然经济"，

① 陶伯译《新经济学问答》，上海泰东图书局1929年版，第1、6、51—52、59页。

含"原始共社""族长制的共社""封建社会"3节；第2章"交换的发展"，含"商品的一般概念""交换的阶段或形式""货币"3节；第3章"交换经济"，含"由自然经济到交换经济""中世纪城市的交换经济""交换的一般法则"3节；第4章"商业资本主义"，含"资本的一般概念""商业资本与高利贷资本""商业资本的权威"3节；第5章"工资资本主义"，含"工业资本主义的企业""资本主义的企业中之技术与协作""劳动力的价值""可变资本与不变资本及剩余价值""增加剩余价值的方法""资本的后备军""工钱""劳动组织""利润与地租""信用""股份公司""交易所与投机事业""资本的增长及其集中化""工业的危机""企业家的新狄嘉（今译辛迪加）""财政资本""资本主义国家""租税与公债""军国主义与帝国主义""世界战争的危机""国家资本主义""资产阶级的意识形态""无产阶级的意识形态"23节；第6章"社会主义的制度"，含"科学的社会主义""社会主义社会的技术""劳动力与协作""社会主义之分配""社会主义社会的意识形态""社会主义之下的发展力"6节。这一编各节同样以各种问题为引导，并在解答时集中体现了波氏新经济学的若干特点。一方面把大量马克思的经济理论纳入经济学框架，特别是工业资本主义一章的前半部分，单从各节题目看，便能感受《资本论》的理论要点和论述逻辑；后半部分加入资本主义进入帝国主义阶段的企业垄断、金融资本支配、军国主义、世界战争危机、国家资本主义等特征性内容，既有马克思理论的延伸，有列宁帝国主义论的相关内容，也有著者取自其他方面的材料和自己的心得。另一方面不同于传统经济学仅限于分析经济现象，注重社会结构和经济发展的演进过程即所谓社会进化史的研究，既运用历史唯物主义观点，阐明社会发展的普遍规律，由此预测经济生活的趋势和各种社会力量的倾向，以便自觉地选择，并以社会主义制度作为最后的归宿；又偏离马克思的社会经济发展形态分析，另在工业资本主义之前排列自然经济、交换发展、交换经济和商业资本主义的社会形态，将封建社会放在奴隶社会之前，并以商业资本主义作为一个独立的社会发展阶段等。

以上简介，对照前面的《经济科学大纲》译本，主体思想非常相似，惟叙述体例有所不同。二者都撇开流行的资产阶级经济学体系，致力于创建以马克思主义经济学为指导的新型经济学体系。尽管这个新体系里鲜见提及马克思经济学说，并含有一些令读者真伪难辨的模糊思想或容易引起误导的观点，但其基本构架和主导思想，已然建立在马克思主义经济学的基础之上。尤以《新经济学问答》译本，更为明显地从社会结构演化或经济发展的社会进化史角度，不仅解剖资本主义经济并分析此前的经济形态，还为社会主义制度设立专章，意在为新经济学的结构开辟社会主义经济学的前景。这个前景所包含的内容，诸如：

定义社会主义社会的性质，"是由一种劳动的集体形成起来的，这个社会在友爱协作的基础上有计划地来组织生产，并且一切劳动机关都是归公有的"（第252页①）。从这个定义里可以看到著者理解社会主义的一些自身特点。

这种经济制度过去没有，"现在也没有"，不过曾经在科学的基础上予以证明，将来可能并且必然"依照此种形式的原则组织新社会的制度以代替现时的资本主义制度"（第253页）。据此，问答一书的原作可能出版于俄国十月革命之前，那时尚未出现社会主义制度的实践例证，但著者相信这个代替资本主义制度的新社会制度必然出现；抑或可能出版于十月革命胜利之初，然而当时苏俄政权的立足未稳状态使得著者不认为已经实现了社会主义经济制度。

想象社会主义制度的科学依据，来自"研究资本主义自身的发展律"，一方面资本的集中，把所有社会经济"编成极少数的有计划的有组织的单位"，日益接近于整体组织的结合，另一方面无产阶级工人组织的迅速发展，随着文化的提高和联系的加强，倾向于一切生产的友爱组织和废除劳动机关的私有制度，于是"阶级斗争不断地严酷和深刻起来"；同时资本家阶级通过将生产组织工作交给其雇员而自己逐渐变成非生产的寄生阶级，相反工人阶级却增加在生产上的作用，从复杂劳动和阶级组织的实际活动中"得着许多将来指导社会经济的经验"，再加上世界恐慌（现在是世界战争）的威胁和资本主义组织无政府状态的发展，"这些是动摇资本主义的经济组织之主要的势力，将要毁灭资本主义的基础"，这一切都引导社会生活走向"以社会主义的制度代替资本主义"（第253—254页）。这种对资本主义自身发展规律的科学研究，显然来自马克思经济学说。

科学社会主义是站在科学的基础上断定资本主义经济必然要走到社会主义经济的一种学说；社会主义曾经是一种道德仁爱的学说，主要是一些具有社会主义理想的智识分子对无产阶级表示同情，希望说服统治阶级实现简单公正的事情，却不明白"社会主义只有无产阶级自己用他们的阶级斗争才能实现"，这是非科学的空想社会主义；"马克思开始创立新的经济学，他从集体劳动的无产阶级的观点上去研

---

① 此页码系指陶伯译《新经济学问答》，上海泰东图书局1929年版，下同。

究社会的结构，在此种研究之下科学地断定，劳动运动的发展一定要走到社会主义"，这种学说便是"科学的社会主义"（第253—254页）。这是译本里仅见提到马克思的地方，却表明了著者所谓新经济学，正是效仿马克思创立新的科学社会主义的经济学。

过渡到社会主义，劳动阶级必须没收大资本家的私有财产以用于社会，"却不是没收一切小的劳动者的财产"；农民可以将自己土地上所生产的生产品与联合的社会主义经济的生产品相交换，而且将来参加伟大的共同经济，可以享受因劳动生产力的提高而缩减劳动时间和满足普遍需要，也就是"经过相当的过渡时期以后，小的劳动经济可以实行改造，随意溶合于社会主义的社会之中"（第255页）。无产阶级执政后这种对待小土地所有者的政策，同样出自马克思主义的农业理论和农民政策。

从资本家的观点看来，使用组织复杂，价值高昂，需要有更高知识的大量劳动者因而很难统御的机器，是没有利益的；"只有在社会主义制度之下，这些一切的顾虑才成为不必要的问题，那时决定采用新机器不是站在它的利润性的观点上，而是站在它有益于生产的观点上"（第260页）。这个思想，也是采用马克思的经济学说。

"在劳动的集体中自然没有什么经济的竞争，因为没有市场和商品的交换，也没有阶级的争斗"（第264页）。这显然是马克思所设想的在发达资本主义的基础上建设社会主义的理论，看来著者创立社会主义经济学，尚未考虑在落后的俄国经济基础上建设社会主义的状况。

社会主义组织应该一下子占领全世界，至少也是大多数先进国家，拥有这样强大和广阔的地域，才不致为其他国家的军事势力或经济封锁所围困；"随后在已经存在的社会主义的影响之下，其余的国家必须极迅速地转向社会主义，——譬如经过几个革命的迅速发展时期，新的制度就必须联合全世界"（第266页）。这又是取自马克思所预言的在所有资本主义国家或在最发达的几个资本主义国家同时爆发社会主义革命的理论，没有看到或采纳列宁关于可以在落后国家的一国或者数国首先实现社会主义的理论。

社会主义组织分为两个发展阶段，前一阶段要使过去遗留下来的特权阶级或寄生阶级从事共同劳动，不能不有强迫的纪律，只有到了集体劳动已经根深蒂固和养成新的社会成员，一切强迫才成为废物，"那时的中央机关成为一种单纯的联络的机关"，更容易地在各生产部门之间转移劳动力以达到平衡状态（第267—268页）；社会主义的分配也分为两个阶段，当生产发展还没到极高程度和集体劳动教育还未完成时，"分配必是基于劳动"，等到生产和社会充分发展，强迫劳动成为过去，"那时分配对于劳动的消费者便将采取完全自由的性质：'各尽所能，各取所需'"（第272页）；社会主义制度下，"社会能够利用所有的剩余劳动，每个人都直接参加生产，从事于与自然界的斗争，去征服自然"，这种进步的动力超越以前所有时代，通过全体人类产生影响，"将来发展的速度应当增到极大的程度"，"人类对于自然界之权威将一步一步地达到最高的限度"（第277页）。这是著者心目中关于社会主义生产、分配及制度的发展过程与理想状态。

摘录译本里有关社会主义制度的这些论述，足以证明，著者所建立的社会主义经济学体系，大体上以马克思学说为理论依据，特别是坚信马克思的科学社会主义，充分论证了资本主义将为社会主义所取代的必然趋势。然而描画未来的社会主义制度，毕竟不同于解剖现实的资本主义制度，况且译本里认为社会主义不仅过去没有，现在也没有，等于尚未接触或失去了已在实践中的苏俄社会主义作为直接的参照物，因而除了指出社会主义制度应当具备的若干基本原理外，在某些具体环节上，更多富于想象或理想化的成分。于是，脱离社会主义恰恰在较为落后的俄国首先实现的现实，去抽象地刻划社会主义制度，难免沦为空谈。尤其在一些关键点上，颇为严格地遵循马克思的一些具体设想，如消灭市场和商品交换，只能在资本主义充分发达的基础上建设社会主义，必须所有资本主义国家或主要发达国家同时爆发社会主义革命等，并使之上升为具有教科书标准的基本原则，无异于将马克思对未来社会的某些预测，当成了教条。所有这些，就像译本里分析社会结构和前资本主义经济发展，不时出现偏离马克思学说的推论一样，为其缺陷，可能会误导初学者。但总的说来，旨在按照马克思学说来构建新型经济学体系的《新经济学问答》译本，和《经济学概论》或《经济科学大纲》一道，对于抗衡处于支配地位的西方正统经济学，仍起到独特的启迪作用。就此而言，波格丹诺夫的新经济学体系传入中国，在马克思主义经济学的传播历史上，应占有一定地位。

## 二、《政治经济学》译本

俄国拉皮多斯（今译拉比杜斯）、阿斯托罗维将诺夫（今译奥斯特罗维扬诺夫）合著，陆一远译，上海江南书店1929年初版。这是继前面苏联波格达诺夫所著《经济科学大纲》和《新经济学问答》二书的译本之后，又一个由苏联学者按照马克思主义经济学体系并结合苏联经济建设实践所撰写的，完全不同于传统经济学的全新《政治经济学》著作的译本。也是陆一远继前面翻译恩格斯的《法德农民问题》与《马克斯主义的人种由来说》二作之后，翻译的又一本马克思主义经济学著作。

**（一）译本简介**

译本目录较为详细，浏览一遍，便可对其结构和内容，大致了然。译本除绪论外，分6篇76节。

第1篇"价值是商品经济底调剂者"：第1章"劳动是价值的基础"，含"分工与私有财产是交换经济底先声，交换的必要""价格是交换经济之外表的调剂者""价格所依靠的条件，效用，需要与供给""生产成本费""总结，劳动价值的基础，价值是社会关系的表现""具体劳动与抽象劳动""个别劳动与社会必需劳动""单纯劳动与复杂劳动"8节；第2章"价值的形式与货币"，含"价值形式的一般概念""价值形式的发展与它的三种形式""货币，货币的与一般商品的拜物教""货币是价值的度量与价格的标准""货币是流通工具""货币之其他职能"6节。

第2篇"剩余价值底生产"：第1章"资本主义经济中的剩余价值"，含"从交换过程中获取剩余价值之不可能""劳动力是商品，劳动力的价值""剩余价值之起源""资本""不变资本与可变资本，剥削率""绝对的与相对的剩余价值""相对剩余价值的创造""剥削的加剧，'太罗'制度"8节；第2章"苏联的剩余价值问题"，含"苏联经济之一般的特征""苏联国有工业中的剩余价值问题""其他苏维埃经济形式中的剩余价值"3节。

第3篇"工资"：第1章"资本主义经济中的工资"，含"工资是劳动力的价格，工资的形式""工资的原素"2节；第2章"苏联的工资"，含"一般的性质，苏联工资的原素""苏联的劳动生产率与工资"2节。

第4篇"利润论与生产价格论"：第1章"资本主义经济中的利润与生产价格"，含"利润率与剩余之价值率""资本的有机组成与利润率""资本的流转与利润率""剥削率与利润率底相互关系""平均利润率之构成及其低落之倾向""生产成本费与资本主义经济中的推算""生产价格与劳动价值论""垄断的价值与垄断的利润"8节；第2章"苏联经济底调剂者——苏联的价值、利润和生产价格问题"，含"苏联的价值问题""苏联经济中利润的性质，与平均利润率问题""利润对于苏维埃经济的意义，推算和它对经济中之作用""苏联经济中的生产价格"4节。

第5篇"商业资本与商业利润"：第1章"资本主义经济中之商业资本与商业利润"，含"资本的轮回""商业资本的意义""商业雇员底劳动""商业利润底来源""商业资本在平摊利润率中的作用与商业利润底高度""对商业雇员的剥削""合作社的利润"7节；第2章"苏联底商业资本与商业利润问题"，含"商业资本与商业利润两种范畴对苏联经济之不适用""国家工业底剩余生产品经过私人商业而变为剩余价值，与一部分的私人资本底剩余价值经过国家商业而为苏维埃国家所占有""国家企业与不剥削别人劳动的小生产者之间交换之非资本主义性""苏联合作社利润底本质"4节。

第6篇"借贷资本与信用：信用货币与纸币"：第1章"借贷资本与借贷利息"，含"概论""闲放资本之形式""借贷利息与借贷资本""借贷利息的水平线""货币资本与工业资本之职能底划分，高利贷资本""企业利润与借贷利息底区别"6节；第2章"信用和银行"，含"资本的信用与流通的信用""期票是一种债务""兑换期票，回扣""银行之一般的概念""银行的消极行为""银行的积极行为""银行与信用利润"7节；第3章"信用货币与纸币"，含"信用货币之一般的概念""银行钞票能够代替实价货币之程度""纸币，及其与信用货币之区别""纸币底购买力""结论""纸币充溢与它对于国民经济的影响""常度的货币流通底恢复""国际的清算"8节；第4章"苏联底借贷利息，信用货币与纸币问题"，含"苏联底借贷利息问题""苏联底信用制度""苏联底纸币流通"3节。

以上目录结构，前三篇的内容主要对应《资本论》第一卷的有关理论，后三篇的内容主要对应《资本论》第二卷尤其第三卷的有关理论。同时，在分析资本主义经济的基础上，大量增补关于苏联经济建设的实践资料及其理论探索。所以说，这个《政治经济学》译本，从根本上颠覆了既有的经济学传统体系，重新构建起从资本主义过渡到苏联式社会主义的马克思主义经济学理论体系。译本的"绪论"，明确表达了构建这种新式政治经济学的指导观念：

政治经济学的目的，"只是研究一种形态的社会关系，就是根据社会劳动生产品底生产与分配而发生的人与人之间的关系，亦即通常所谓的生产关系"。政治经济学所要研究的，是"调剂商品资本主义社会底生产关系的自然的、盲目的法制"。在共产主义社会，由于实行有计划的组织与有意识的指导而达到生产与消费的互相适应，所以它的生产关系，"需要一种特别的科学来研究，然而这种科学已经不是政治经济学了"。"我们除研究那些指导资本主义经济的生产关系法制以外，同时还要研究苏联的经济法则。苏联经济底特点，在于它是从资本主义过渡到社会主义的一种过渡经济"。"我们要在工人阶级底利益的观点上来研究政治经济学"，这决不是说我们要变更事实来适应我们的意愿，而是资本主义本身发展的道路，"必不可免地要趋于工人阶级之最后的胜利：俄国工人阶级的胜利，就是它最好的证明"。①

换言之，这里所说的政治经济学，不同于传统经济学的特定涵义，不仅研究社会的生产关系，而且专门研究受到自然和盲目的商品经济法则调剂或支配的资本主义社会的生产关系；至于未来共产主义社会的生产关系，由于在有计划有意识的组织与指导下实现了生产与消费的相互适应，故不在政治经济学的研究范围内，或者说，需要另一种科学来研究。根据这个涵义，资本主义经济固然属于政治经济学的研究范围，而苏联经济由于处于从资本主义到社会主义的过渡阶段，在这个阶段，自然的盲目的商品经济法则仍在一定程度上起着调剂作用，所以政治经济学的研究对象同样应当包括苏联经济；但这种研究，不是站在资产阶级的立场上维护资本主义经济制度，而是站在工人阶级的立场上研究资本主义本身的发展必然趋向于工人阶级的最后胜利，也就是最终实现社会主义或共产主义。可见，这样来诠释和构建政治经济学的理论体系，基于马克思社会主义学说的过渡理论，也基于苏联在相对落后的经济条件下建设社会主义的特殊国情，把马克思主义经济学的研究重点，从解剖资本主义经济的内在秘密，扩展到分析苏联经济的过渡特点。这种构建思想，反映到上面的目录安排里，其特色便是论述资本主义社会的经济概念时，经常联系苏联经济以考察这些概念在新的社会制度下延续、演变、转化和更新或消亡的状态与趋势。

### （二）有关马克思经济学说的引述

整体说来，译本完全建立在马克思主义经济学的理论基础之上，或者说，其基础理论部分，都是引述马克思经济学说。不过就表达形式而言，又区别于那些围绕马克思经济学说或其代表作《资本论》予以阐释的解说类著作，试图将马克思的

① 拉皮多斯等著，陆一远译《政治经济学》，江南书店 1929 年版，第 2、4—7 页。

经济理论与苏联的经济建设实践相结合，另创一种新的政治经济学理论体系。这个尝试，相比其370余页的篇幅，引用马克思原著的论述之处并不多。全书各种引述，大体可分为两种类型。一种是根据自己的理解来加以概括或转述，这也是书中最常见的部分。特别是马克思原著里一些较难理解的部分，如《资本论》第一卷第1章的商品分析，或叙述较为复杂的部分，如《资本论》第二、第三卷的有关内容，大多采用这种方式。为了让叙述明白易懂，书中不仅使用许多通俗的例子，还尽量口语化，感觉上译本的原作，更像一本讲义。另一种是直接引用马克思的原话，而且往往出现在书中把握基本概念比较关键的地方，此类引用不那么集中，累积起来，亦有可观之处。例如：

第1篇第6节谈到具体劳动与抽象劳动，引用《资本论》第一卷中一段话："日常的经验告诉我们：现有的人们底劳动数量，依于劳动需要的方面之变更而移动，一时取裁缝的形式，一时又取织布的形式。……（中略）然而表现在商品的价值中的只是人们的劳动，人们劳动之一般的消费"①。第11节谈到货币，提及许多人根据马克思的分法，以为应该把价值形式分为简单的、复杂的、共通的与货币四种，然而马克思自己说："从A形式转到B形式，从B形式转到C形式，是有真实内容的变更的。反之，D形式之所以别于C形式者，只是说以金子来代替麻布做共通等量而已——其所进步的地方，只是在于直接普遍交换底形式，或是说共通的等量形式，现在已因为社会习尚的关系最终规定了以一种特殊的商品——金子——形式来担负了"②。第12节谈到货币是价值与价格的度量标准，引用马克思一段话："金子价值底变更，无论如何无妨于其做价格标准底职能的。……（中略）因之金子为商品价格固定的标准，其作用亦无变化，不管其价值之如何改变着"③。

第2篇第15节谈到不可能从交换过程中获取剩余价值，引用马克思两段话："在流通范围内的价值量，不能因分配时的任何改变而有所增加的……（中略）某一个国家内的资本家这一个阶级整个地讲来自己赚自己的利润是不可能的"。"货币主人应该是按照价值购买商品与出卖商品，然而于此过程完后，到底还可以得到比他曾经所投下的价值要多一些"④。"横在我们面前的任务"是，明白资本家阶级

① 其今译文见《资本论》第一卷，人民出版社2004年版，第57页。
② 其今译文见《资本论》第一卷，人民出版社2004年版，第87页。
③ 其今译文见《资本论》第一卷，人民出版社2004年版，第118页。
④ 其今译文分别见《资本论》第一卷，人民出版社2004年版，第190、193—194页。

所得到的利润的秘密所在①。第 17 节谈到剩余价值的起源，引用马克思的概念称，工人所生产出来超过其劳动力价值的那部分多余的价值，为"剩余价值"；工人为生产出劳动力价值所需的劳动时间，为"必需劳动时间"；为资本家创造剩余价值的那部分劳动时间，为"剩余劳动时间"。第 19 节谈到不变资本与可变资本，以及剥削率即剩余价值率，举例说明并利用这些例子，"将马克斯政治经济学中所应用的符号都记在心头"②。第 20 节谈到绝对的和相对的剩余价值，引用马克思的说法：由延长工作时间的方法所生产出来的剩余价值，叫做"绝对剩余价值"；反之，因为缩短必需劳动时间而改变了工作日两个构成部分的相对数量所发生的那部分剩余价值，叫做"相对剩余价值"。第 23 节谈到苏联经济的一般特征，引用列宁《论粮食税》中一段话："似乎还没有这样的一个人，他提到了俄国的经济问题而会否认这种经济之过渡性的。……（中略）然而并非承认这点的人，都会想到现在俄国到底有那几种社会经济形式底原素存在着。而这乃是问题的全部中心之点"③。接着列举五种社会经济形式，对于排列第四位的国家资本主义，列宁有一个"普通的概念"："国家资本主义是一种这样的资本主义，我们可以限制它，我们可以规定它的范围：这个国家资本主义是与国家相关连着，而国家乃是工人，乃工人之先进部分，是先锋队，是我们"。列宁还列举了当时国家资本主义的具体形式，"所以我们可以确定列宁所说属于国家资本主义成分的只有：租让企业，以及根据一定条约由国家监督之下来出租一切其他使用私人资本的诸种形式的企业；至于国有工业则就属于社会主义的成分了。而苏联经济整个的看起来，列宁总认为是从资本主义到社会主义的过渡经济"④。第 24 节谈到苏联国有工业中的剩余价值问题，引用马克思两段话："在资本主义生产方法的基础之上，把价值劈分为工资、利润、地租诸种形式的收入，这是当然的，绝无疑义的，就使在那些收入形式存在的前提完全没有的地方，这种劈分的方法也是采用的。这就是说，随便什么收入都可以用类似的方法，把他们归到几种收入形式之中"。"虽然，我们应得说，这种的归类法也是从前站在统治地位的生产方法所特具的情形，即如封建的生产方法就是完全不同封建生产方法相适合而是站在它的范围以外的那种生产关系也曾把它归

---

① 拉皮多斯等著，陆一远译《政治经济学》，江南书店 1929 年版，第 87 页。
② 拉皮多斯等著，陆一远译《政治经济学》，江南书店 1929 年版，第 102 页。
③ 其今译文见《列宁选集》第 4 卷，人民出版社 1995 年版，第 489—490 页。
④ 陆一远译《政治经济学》，江南书店 1929 年版，第 119、121—122 页。

到封建关系之下"。① 又未指明出处地引用马克思一句话："较优良的服装和饮食，较优良的待遇和丰富的货币储蓄等等不能为奴隶们取消其依赖与剥削的关系，正如这些东西不能扫去雇佣劳动底依赖与剥削的关系一样"！最后引用马克思一段话："只有在共产主义社会的高级阶段上，……（中略）社会上一切财富的泉源才能广为浚发，只有到了那个时候，资产阶级法权底狭隘见地才会完全打破而人类社会在它自己的旗帜上就题着各尽所能、各取所需的标语了"②。

第4篇第31节谈到资本的有机构成与利润率，注明参阅《资本论》第一卷和第三卷的相关论述。第35节谈到资本主义经济中关于生产成本的推算，如依靠科学技术的进步减少原料利用的废物，引用马克思所列举的一位法国经济学家说到的例子，单单以新的白石（今译优质磨石）更换了旧的，磨谷机使用与以前相等的五谷获得了多于以前1/6的麦粉③。第38节谈到苏联的价值问题，借助马克思所说的"价格之气压表式的变动"，说明价值律执行一个调剂者的任务。

以上引文只是摘录那些提到马克思或列宁名字的内容，看起来在各篇章的分布极不均衡，但并不等于说各篇章依循马克思经济学说有所差异或在程度上有所不同。这不过反映了译本的主体部分，把马克思经济学说的理论逻辑，化为作者自己的语言来表述的特点，特别是将这个理论逻辑与苏联经济的自身实际相联系时，更是如此。即使这样，仍能看到书中各章在阐述各方面经济理论的过程中，经常明确标注或无须标注而一眼便能看出是来自马克思的原著。引用马克思原著以《资本论》为主，兼及个别其他著作如《哥达纲领批判》，关于《资本论》的引文，大多标明出自第一卷，少数出自第三卷，实际的引述覆盖全部三卷的内容。其中一些引文关乎重要经济概念的阐述，也有一些涉及原著里可能不为读者所注意或在国内未见引用过的细节。可见这位苏联作者对《资本论》非常熟悉，引用其理论从基础到细部，都有涉猎。经过这样的消化、吸收和比较通俗的运用，再通过译本传达给中国读者，自会对马克思经济学说的理解与传播，产生较好的效果，哪怕其译文仍存在不足之处。引文中还用列宁的许多论述来说明苏联经济的一般特征，涉及列宁的《论"左派"幼稚性和小资产阶级性》和《论合作社》等著述，但主要引自《论粮食税》这本小册子。其中主要阐述新经济政策实行无产阶级国家政权监督下

① 其今译文分别见《资本论》第三卷，人民出版社2004年版，第990—991、992页。
② 其今译文见《马克思恩格斯选集》第3卷，人民出版社1972年版，第12页。
③ 参看《资本论》第三卷，人民出版社2004年版，第118页。

的国家资本主义及允许私人资本经营，体现了苏联经济从资本主义到社会主义的过渡经济特征。这也是全书的主旨思想，运用马克思主义经济学来分析苏联过渡经济如何从资本主义经济向社会主义经济转化的理论依据与实践过程。此外，书中也引用诸如考茨基解说马克思经济学说和布哈林论证资本主义稳定与无产阶级专政的关系之类的著作，作为引用马克思学说和列宁学说的辅助性解释。

## （三）结语

《政治经济学》译本与前述《经济科学大纲》和《新经济学问答》两个译本一样，都出自苏联学者之手，都试图在一般经济学或政治经济学的名义下建立以马克思主义经济学为基础的全新理论体系。区别在于，《政治经济学》译本既不是单纯解剖资本主义经济的秘密或解说《资本论》的理论逻辑，也不是抽象描述社会主义经济的理想模式或与资本主义经济相对立的理论范畴，而是结合苏联经济的具体实际，特别是结合新经济政策取代战时共产主义之后的实践经验，着重于探究马克思所揭示的资本主义社会的经济规律及其经济范畴，在无产阶级掌握政权的新型国家苏联，当它仍处于从资本主义到社会主义的过渡阶段时，采取怎样的表现形式，产生怎样的影响效果和转向怎样的发展趋势，对此给予理论上的解释。就此而论，译本的新意，将马克思关于资本主义经济的解剖，以及关于社会主义经济的推想，落实在正处于从资本主义经济过渡到社会主义经济的苏联经济的理论分析上，或者可以说，这是一本关于苏联过渡经济，既含有资本主义经济成分及其他封建的及小资产的经济成分，又含有社会主义经济成分并正在向社会主义经济过渡的新型经济体的经济学分析著作。这样一本政治经济学著作，不论它的立论依据是否完整，理论体系是否成熟，传入我国后所可能产生的独特影响，恐怕作者和译者都不会预料到。对于我国正在寻求新旧更替，以进步理想的社会制度取代现行落后的社会制度作为救国救民目标的一批志士仁人来说，如果在外部帝国主义的侵略和内部军阀专制势力的压制下，资本主义道路走不通，而建立在资本主义经济发达基础上的理想社会主义制度，又非贫穷落后的现实中国所能企及，那么应当或可能选择什么样的新社会道路？这个《政治经济学》译本，正好回答了类似的问题，它不仅要求以无产阶级夺取政权为前提，而且说明在这个前提下，特别是对经济发展落后的苏联而言，只能走从资本主义到社会主义的过渡经济道路，并为此提供系统和具体的理论分析。据此，国人通过苏联样本，看到的不止是落后国家通过无产阶级政党组织工农民众武装夺取政权，还看到在无产阶级政权的监督下从资本主义过渡到社会主义的经济理论与实践。这是一个新的社会主义经济建设模式，被认为同样适合于具有类似国情甚至经济发展更为落后的中国，并在以后马克思主义经济学的传播过程中，被主张走社会主义道路的国内先驱者奉为圭臬。

### 三、《新经济学入门》和《新经济学方法论》译本

两个译本，同样是舶来品。

#### （一）《新经济学入门——资本主义社会之解剖》译本

伍尔模著，龚彬译，上海北新书局1929年8月初版。这本书虽不了解其著者和译者，但将解剖资本主义社会作为新经济学的入门，一望便知属于马克思主义经济学的分析范畴。译本140页，分5章，第1章"从单纯商品生产到资本主义的商品生产"，含资本主义社会制度之特征、商品生产、价值、交换价值、供给与交换、商品流通、货币7节；第2章"货币的资本化与剩余价值生产，产业预备军"，含货币的资本化、劳动力的买卖、剩余价值的生产、绝对的剩余价值与相对的剩余价值、产业预备军5节；第3章"蓄积过剩，恐慌，剩余价值之资本化"，含"蓄积"（今译积累）与"集积"（今译集中）过程、股份公司、协定与财团、"加德尔"（今译卡特尔）与"辛狄嘉"（今译辛迪加）、托拉斯、恐慌6节；第4章"独占资本主义与帝国主义"，含资本输出、金融资本、帝国主义与资本主义的崩坏3节；第5章"世界大战后的国际资本主义"，含经济的变化、政治地理上的变化、帝国主义列强的变化与世界现势3节。这个体系结构，不同于前述河上肇所著《经济学大纲》的译本上篇"资本家社会的解剖"之完全按照《资本论》的构成，将马克思的经济学说与列宁的帝国主义论等学说结合在一起，其历史下限延至第一次世界大战后的世界现势。

译者1929年6月2日作于上海的序言，有如下解说：

本书原名《资本主义社会之解剖》，"为新政治经济学教科书之一"。全书分6章，第1至第4章"纯粹解释经济学理"，第5章说明战后国际资本主义现势。"以短少之篇幅，简明之叙述，将资本主义之生产过程及资本主义向帝国主义之发展，详述无遗，堪为研究经济学之入门书"。国内出版界介绍"马克斯主义经济学原理之书籍"，略有几本。举其要者，如波达诺夫的《经济科学概论》，卢森堡女士的《新经济学》，考茨基（原译"柯次基"）的《资本主义解说》及河上肇的《经济学大纲》。这些书"偏重于历史的叙述，只能当作资本主义发展史来读"。卢森堡

之书"虽是一本较好的经济学入门书，但仍偏历史的叙述，且其着重处在于批判当时德国的改良主义经济学之错误观念，不易引起中国读者的兴趣"。河上之书"在日本亦有不少批评者"。考茨基之书"固为善本，但非对于经济学研究稍有门径者，读之殊难得到明晰的理解"。因此，"在目前的中国，客观上实有介绍一本简单明了的经济学初步入门书之必要，这就是我开始翻译这本《新经济学入门》的动机"。

原著者"在理论的大众化方面狠下了一番工夫"，"纯用讲演的口气写这本书，对于'价值''货币''剩余价值'等比较难解的问题，都用狠简括的语句写出来，使初学者读之一目了然"。所举的例子，"更是非常浅近而合于实际，尤使读者在理解原理上不感丝毫困难"。据原著说：这本书是研究新经济学的"最初步读书"，读完这本书，进而读马克思的《工银、劳动与资本》《价值、价格及利润》，卢森堡的《新经济学》，列宁（原为"尼古拉"）的《帝国主义论》，"是最好没有的"，再进而研究《资本论》"也就不感若何困难了"。我着手译这本书，完全根据"必要"而来，译笔方面，当有许多不能充分达到原文含义之处。但翻译时总是力求忠实，虽因中外文法的组织不同，行文上不免有些增删之处，然而尽可能地总使其不失去本来意义。本书第6章，因非专门研究讨论经济学，又第1章第1节的最后几行，因不适于今日中国的环境，均略去不译。附带申明，这本书是根据日译本重译的。①

这个解说，为了突出《新经济学入门》译本的长处，对当时国内翻译出版的几本马克思主义经济学原理著作的评点，有失当之处。如称这几本书都偏重于历史的叙述，不像此译本的前四章纯粹解释经济学理，便不符合事实。至少河上肇的《经济学大纲》，不仅如此译本解剖资本主义社会一样去解剖资本家的社会，而且更为严谨地仿效《资本论》的经济理论逻辑。对比之下，此译本的真正长处，不在于解释马克思主义的经济学理之纯粹与否，而在于将这个理论大众化方面，确实下了一番工夫，包括叙述形式的口语化，简括说明难于理解的经济概念和经济理论，以及所举例证浅近而切合实际等。实际上，正是由于先有前面几本马克思主义经济学原理的著作译本在国内流传，突破经济学领域一向以其正宗者一统天下的传统局面，然后才有此译本在新经济学的名义下为理解马克思主义经济学原理提供入

---

① 伍尔模著，龚彬译《新经济学入门》，北新书局1929年版，"译者序"。

门路径的必要。至于说到通过入门书，可以一步步阅读马克思主义的经济学原著，乃至研究艰深的《资本论》，那也是此前致力于普及马克思经济学说或使之通俗化的国人早就说过的话。倒是译本中把《帝国主义论》的作者称为"尼古拉"，同稍前出版的巴克《战后世界资本主义研究》（见后面的分析）中的说法一样，可能二者来自同一出处。这个译本转译自日译本，有些删节，略去原著第6章，只保留前面5章，又删去第1章第1节末尾部分，但不影响全书的基本判断。特别是第4章第3节最后一目"代替帝国主义的社会主义"，明确指出："资本主义的历史使命，到了帝国主义时代便告了终结。生产力在资本主义的所有关系之域内再没有向上发展之可能。一般的进步，使生产的社会形态和私人的所有的关系之间的矛盾特别增大，纵用种种改良手段以抑制此矛盾，然而终难免于失败。照科学的社会主义理论家的观察，要解决这个问题，只有改变私有制度之一办法。他们都觉得从资本主义转变到社会主义制度，是历史的，客观的必然现象"[1]。这也是译本解剖资本主义社会的最终结论。基于这个结论来构建新经济学的理论框架，或者说从新经济学的理论框架中推导出这样的结论，当然也就从根本上否定了一切为现行资本制度辩解而成为其御用工具的正统经济学或旧经济学。

**（二）《新经济学方法论》译本**

俄国宽恩教授著，彭桂秋译，上海南强书局1929年9月30日初版。译本138页，分"理论政治经济学的对象""理论经济学是抽象的科学""政治经济学中之唯物论""马克思主义的政治经济学是辩证的科学"4章。这同样是苏联学者结合本国建设社会主义的实践，阐释马克思主义政治经济学的方法论的新尝试，故称"新经济学方法论"。译者为早期共产党人，后加入托派。下面不妨从全书4章详略不一的96个小题目中，选择若干题目作一评介，以示其特色。先看第1章的有关论题。

"有组织的社会中之生产关系"："在有组织的社会里，一切社会生产都以自觉的人，人之意识来管理，且按一定的计划来完成"。中央经济机关以自觉的意识来筹划，使生产的各部分相互适应并与社会消费相吻合，有组织地进行生产品的分配。"在社会主义社会的社会里，人民经济最高委员会根据详细的统计与计算，而决定满足社会使用的各种物品之数量"。计算生产工具与劳动力供给的数量，分配

---

[1] 伍尔模著，龚彬译《新经济学入门》，北新书局1929年版，第121页。

（左侧竖排）

1920—1929 从民国著作看马克思主义经济学的传播

到各个不同的生产部门，给以严密的计划；又将完成的生产品集中，再分配给各自消费者，以某种标准来决定消费率。"很早以前之有组织的社会里，差不多就是这样来完成其生产调剂的过程"。固然那时的统计机关不发达，没有科学的积蓄，然而"其管理生产之原则，则仍然存留在社会主义社会里"。"凡一切有计划生产之所在，都是如此管理的"。酋长、家长或封建主以其直接经验，指导并执行了社会主义社会人民经济最高委员会的作用，虽说还很不完备。

"交换社会的生产关系"：在无组织的交换社会（现代资本主义社会即完全属于其中的一种），没有任何社会生产计划，没有任何机关来决定生产何种生产品和生产多少数量以满足社会的需要。那里的生产，由成千上万独立而形式上没有相互依赖的生产者和企业家来执行，他们中间没有任何组织上的联系。存在劳动分工，每个生产者所生产的产品，不是为了自己的私人使用，是为了卖，为了社会的需要。然而没有一个生产者（企业家）知道社会需要的数量，每个企业家决定偶尔生产的数量，想卖多少，就生产多少。"因此，永远是流行着商品过剩或过少之危机。商品分配之进行，同样是自然的，无政府的。在资本主义社会里，生产品的分配，并非按照各个人的需要或其参加社会生产的比例。生产品之获得，并不是那些特别需要生产品的人，而是那些能付高价的人"。

"资本主义的生产关系是理论政治经济学的对象"："有组织社会的生产关系，是一目了然的。其管理生产与分配生产品的原则，已露出于表面的现象，每个人都可明显看得见的。在交换社会，生产与分配的调剂，并非经过各个人的意志，而是在他背后之自发的状态"。因此，交换社会完全是一种"特殊的研究对象"。研究交换社会以前或以后的经济，"重要的部分是在叙述或预写"，研究交换社会的经济科学，则在"解释各个经济现象的原因，揭露其管理商品生产与分配之'自发的'规律，且建立各个规律间之相互连系，而组成一和谐的——虽然也是矛盾的——系统"。"研究交换社会的生产关系的经济科学，名之曰理论政治经济学。理论政治经济学所研究的只是商品社会，所以商品社会的灭亡，同时也就是理论政治经济学的灭亡"。"马克思任何时候都不承认有所谓没有实际目的的科学"。无产阶级需要政治经济学，只是要它来暴露现社会的结构，揭示现社会的基础及其主要趋向，易于社会改造。现代资本主义社会的基础，不仅建筑在交换上，并且建筑在雇佣劳动剥削上。自然经济的社会，也存在劳动剥削，但自然经济有组织的社会，劳动剥削带有公开的、非隐秘的性质，与资本主义的劳动剥削之间"确有实质上的区别"。资本主义社会，企业家雇佣工人并付以劳动的工资，形成一种印象：两方面同样按照共同的契约来工作。"然而，在此种'公正'的契约之下隐藏着残酷的劳动剥削"。资本主义的经济结构不能从研究一般交换社会的科学得到完满的说明，要求一种"特殊科学"。"研究资本主义社会生产关系的理论科学，便名之曰政治经济学"。资本主义社会是交换社会中最发展最复杂的形式，它的系统中包含了一切其他交换社会的特色，所以，"政治经济学研究资本主义的生产关系，同时就解释了一般的交换关系的本性"。

"交换社会生产关系之物体化"：一般交换社会（尤其资本主义社会）的特征，各个人之间的联系是一种特殊的关系，不是直接的表现。"交换社会之生产关系的自发性，致使社会中各个个体间的关系，特别经过物体的媒介，而完成和表现出来"。各自独立的企业家之间的联系，只有通过商品的彼此传递才能实现。"这里商品不单是一种物质，而且是人与人之间经济连系的工具"。所以，"非直接表现的生产关系，是由物质所获得的一种特质中表现出来"。

"物质范畴是政治经济学的对象"：社会关系隐匿于物质范畴的包壳里，同样，劳动的社会性也隐匿于交换价值的形态下，即所谓商品的内在性；"统治资本主义社会的剥削关系，便隐藏在资本的形态之中，资本即生产工具之一定的结合"。明了资本主义社会的生产关系，理论经济学便要研究这些生产关系物质化的物质范畴，此物质范畴为其表现形式。"政治经济学正是从这些物质的因素里来揭示和暴露其中所含的内容"。因此，可以给政治经济学第二个更确切的定义："理论政治经济学是一种科学，在其物质的内包中来研究资本主义生产关系的一种科学"。解释商品、货币、资本、利润、地租等范畴，当然只是认识资本主义社会生产关系的方法。

"为什么资产阶级的经济学不能正确的规定其对象"：资产阶级政治经济学被商品拜物教昏迷到精神错乱，表示它完全不能了解这一点。他们在梦中也不能料到，生产关系物化于商品，就是商品实际的特性。所以，资产阶级的经济科学，决定为物质（富、经济）的学说。

"政治经济学之阶级性"：理论政治经济学解决问题，用以证明反对资本主义制度的斗争或这种斗争存在的根本，所以，政治经济学"不能不是严格的阶级的科学"。每个阶级的人生观决定于它的生活条件以及阶级在生产和社会中的地位，尤其与社会科学相联系，因为这里解决每个问题，总要直接触犯到阶级的利益。资产阶级政治经济学的目的与无产阶级政治经济学的目的，"是不能够一致的"。当然，它们同样都是科学的支派，但是因为它们的目的不同，致使共同命名，亦感不易。"马克思学说是资产阶级经济学的儿子，但是儿子的降生，却霸占了母亲的生活"。

"资产阶级政治经济学的目的"：在于说明个人或全体人民致富的方法，但这未能说尽资产阶级政治经济学的使命。它"不仅是教导统治阶级去如何致富"，"更应是作统治阶级辩护的工具"；用来证明"他们的社会地位完全是常态的，完全是合法的，完全是坚固的"，由此"使被压迫阶级确信，以削弱其对资本主义基础的袭击，以破灭一切对本阶级的敌对者"。

"无产阶级政治经济学的目的"：无产阶级的或马克思主义的目的，恰恰相反。"无产阶级急于要了解现社会，了解资本主义关系的结构，以期很快将此制度消灭"。①

以上各点前后相接，均出自书中理论政治经济学的对象一章，也就是围绕政治经济学的研究对象，说明新经济学在方法论上的不同特点。这些说明的推导逻辑，相互衔接的要素包括：在有组织的社会，一切生产、分配和消费，都由中央经济机关按照自觉和有意识制定的一定计划来完成，这种管理原则，体现在原始氏族社会、家庭经济和封建主庄园经济里，更以完备的形式体现在社会主义社会里；在无组织的交换社会，特别是在现代资本主义社会，不存在这样的计划和相应机关，各自独立的生产者或企业家根据客观存在的劳动分工，为社会的需要无政府地从事生产，并按照支付能力而非实际消费需求实行生产品的分配；有组织社会的生产关系，其自觉或有意识的生产和分配原则显露在每个人都可以看得见的表面，只须加以描述或预测，而交换社会的生产和分配规律不以人们意志为转移而自然地或自发地表现出来，需要解释各种经济现象背后的原因，揭露其内在规律并建立相互关联的系统，由此形成专门研究交换社会或商品社会的生产关系的理论政治经济学，这个经济科学也将随着商品社会的灭亡而灭亡；同样，有组织社会或自然经济社会如奴隶社会和封建社会的劳动剥削，以公开或非隐蔽方式表现出来，而资本主义社会更为残酷的劳动剥削，隐藏在劳资雇佣合同表面的"公正"契约之下，所以，政治经济学的任务是要研究资本主义的剥削关系，解释其整个生产关系的结构，解释

---

① 以上引文均见［俄］宽恩著，彭桂秋译《新经济学方法论》，南强书局1929年版，第12—23页。

了具有最复杂形式的资本主义交换关系，同时也就解释了一般交换关系的本性；一般交换社会特别是资本主义社会的生产关系，其特征不是直接表现，而是通过物质的媒介即商品的传递，商品不仅是经济联系的工具，而且是经济联系的唯一形式；既然资本主义社会的生产关系隐藏在物质范畴的外壳里，劳动的社会性隐藏在商品内在交换价值的形态下，支配的剥削关系隐藏在作为生产工具之一的资本的形态中，所以政治经济学作为一门科学，需要研究诸如商品、货币、资本、利润、地租等物质范畴，以揭示包藏在其中的资本主义生产关系；资产阶级经济学被商品拜物教迷惑，看不到物化在商品中的生产关系的特性，所以自命为研究物质财富的学说，不能正确规定其研究对象；政治经济学具有阶级性，取决于不同阶级的生活条件及其在生产和社会中所处的地位，也决定了资产阶级政治经济学和无产阶级政治经济学的目的不可能一致，所以马克思学说虽然来源于资产阶级经济学，最终却要推翻资产阶级社会；资产阶级政治经济学不仅指导统治阶级如何致富，更是为统治阶级辩护，谋求永远维持其统治地位并对付被压迫阶级的工具；无产阶级即马克思主义政治经济学的目的则是让无产阶级了解资本主义社会及其关系结构，以便更快地消灭这个制度；等等。

上面列举的要素，还不是本章讲述的全部，但已充分表明，主要依据马克思经济学说的阐述，条分缕析地对政治经济学理论的对象，作更为细致的说明。其中不少论点，可见于前面所考察的同类新经济学著作的译本，惟此主旨着力突出资本主义社会的生产关系，不同于历史上所谓有组织社会特别是未来社会主义社会在自觉和有意识的计划管理下，生产及分配原则完全公开表现出来，其无意识自发规律和劳动剥削性质，隐藏在无政府的生产分配状态中和表面公正的雇佣契约下，并通过商品等物质形态表现出来；所以需要政治经济学以这些物质形态为研究对象去揭示资本主义社会各种经济现象背后的内在原因，掩饰这些真相或为剥削阶级辩护，还是揭露真相并推翻现行制度，分别体现了资产阶级政治经济学和无产阶级政治经济学的阶级性。另外，本章的叙述，注重引用布哈林的原话作为依据，并以人民经济最高委员会作为社会主义社会实行计划管理的中央经济机关，这些都是在照搬苏联现成的理论与实践。至于说理论经济学研究的只是商品社会，这门科学将随着商品社会的灭亡而同时灭亡。这个论点在前面卢森堡著作的译本里已看到过，现在据说又从布哈林那里转述而来，如此认识理论经济学，应该也是那个时期苏联经济学界比较流行的观点。

1920—1929 从民国著作看马克思主义经济学的传播

再看第 3 章的有关论题：

"认无产阶级政治经济学之抽象性为与资产阶级政治经济学之分野点之不足"：理论政治经济学是一种抽象科学，"这是马克思主义政治经济学的特征之一"，然而这并不是它"特有的奇点"，也不是区别无产阶级政治经济学与资产阶级政治经济学的界限。资产阶级的学派，同样存在抽象经济理论，同样将政治经济学列入理论科学的队伍；这些学派应首推以亚当·斯密与李嘉图为首领的古典派，两位大经济学者虽然没有特别注意方法论的问题，"他们的著作却是经济生活理论研究的模型"。

"政治经济学与社会学间之连系"：无产阶级政治经济学与资产阶级政治经济学"实际的界限"，"沿着总的社会学的概念——各种学派各以其学说为基础所创立的总的社会学概念的路线"。当资产阶级政治经济学的派别依附于混乱而无秩序的社会观念时，"无产阶级政治经济学早已在历史唯物论的坚固的社会学系统的基础上发扬出来了"。

"历史的唯物论之两个枢纽——唯物论与辩证法"："唯物论与辩证法即是此种方法的基本特色、基本枢纽。唯物论与辩证法结合而成为科学思考的唯一方法，产生了理论研究的有力武器；其学识上之价值在对于科学知识各种不同的部门运用中，都有鲜艳的明证。历史的唯物论就是马克思主义政治经济学与一切资产阶级的学派的分界。没有一个资产阶级的学者是充分的辩证论者，更没有一个是十足的唯物论者"。①

这些论题见诸政治经济学中的唯物论一章，说明马克思主义政治经济学与资产阶级政治经济学在方法论上的分野界限，不在于理论的抽象性，而在于前者运用唯物辩证法和唯物史观作为理论研究的有力武器，后者没有如此彻底的观念。这样论述马克思主义经济学的方法论特征，也是同类著作中常见的观点。但本章又引用布哈林的说法，认为每种经济理论的基础都有某种性质的社会学背景，以社会学的观念来研究社会生活中的经济部分。也就是把政治经济学与社会学联系起来，由此论证唯物史观是马克思主义政治经济学的基础。这里所说的社会学，似乎指的是社会科学，以政治经济学作为社会科学的一种，因此社会科学的方法论或哲学基础，同样影响到政治经济学。大概由于翻译之误，把社会科学等同于社会学，所以才会出

① ［俄］宽恩著，彭桂秋译《新经济学方法论》，南强书局1929年版，第49—52页。

现从并列的社会学中去寻找政治经济学的方法论基础的奇怪论述。

接着看全书最后一个论题"不许疏忽现象之真实连系":

推动社会经济发展的矛盾,存在于生产关系的整个系统内,所以研究社会的生产关系,要求理论上的判断。但是研究组成制度的单个环节,不应个别地研究,应在它与整个制度的联系中去研究。这还不够,还要能辨别社会的抽象制度与具体制度。造成社会关系的每个具体存在的制度,由于各种不同的因素,而这些不同的因素,并不停留在离散的碎片中,它们融解于现存制度下,又融合于整体的统一中。例如,具体的资本主义内,存在大量非资本主义的农民经济、部分的奴隶、私有的封建及族长制形式的痕迹;简单的商品经济、奴隶制度的残余及族长经济等,都被吸入资本主义制度范围,变成它的一部分。纯粹资本主义的矛盾,主要是生产工具之私人占有与生产的社会性之间的矛盾,资产阶级与无产阶级的阶级矛盾。具体的资本主义制度内,还有资产阶级与农民的矛盾,压迫国家的资产阶级与殖民地的民族之间的矛盾,资产阶级与地主的矛盾等。"为了认识存在于现代资本主义社会的真实的矛盾,需要研究资本主义社会的整个的具体",包含在此制度内的资本主义与非资本主义性质的每一个环节。为此,可以也应当借助于抽象方法,但是分析的最后一步,不应忘记注意整个制度的具体性。"真理永远是具体的"。如果只研究抽象的资本主义制度,就漏掉了建基于此制度的资本主义与非资本主义因素的相互关系,就漏掉了与"纯粹"资本主义的内部矛盾一样要使资本主义制度走到变化与灭亡的其他矛盾。显然,马克思、恩格斯、列宁的著作在战略上看重农民,认为小农与中农在将来社会主义革命中是无产阶级的同盟者。"此种策略无疑义的是根据于估量了资本主义与农民间的矛盾。此种矛盾推动最贫穷的农民到资本主义的敌人的队伍里去。因此资本主义的灭亡,将特别早于资本主义尚未竭尽其最后生产作用时"。"马克思的政治经济学,以破坏为目的去认识资本主义的组织,要深解资本主义的原始规律,并且在自己利益中以利用之;只知道在一定的条件下规律如何行动是不够的,需要知道他们在实际中,在真正的实际中如何行动。资本主义能够灭亡,不只是由于其制度中之纯粹资本主义因子间的矛盾,并且由于一切具体的资本主义制度的内部矛盾,此矛盾是表现于资本主义社会内部的阶级力量的相互关系与其敌人的数量的增加上"。"只有在真实生活所在的连系中研究一切现象,我们才能够认识现象，发现其主要趋势与其发展的道路"。①

　　这个论题属于书中马克思主义政治经济学是辩证的科学一章，叙述抽象与具体相结合的分析方法，强调从真实和具体的现存制度整体中去研究个别因素，不能脱离整个制度链条而孤立地研究某个具体环节。特别是以现存具体的资本主义社会为例，它既存在纯粹资本主义的主要矛盾，如生产资料的私人占有和生产社会化的矛盾，资产阶级与无产阶级的阶级矛盾，也存在大量非资本主义的因素如农民经济的因素和奴隶制、封建制及族长制的经济残余，从而交织着资产阶级与农民的矛盾、宗主国资产阶级与殖民地民族的矛盾、资产阶级与地主的矛盾等。因此不能只是抽象地研究纯粹资本主义制度的内部矛盾，撇开那些同样存在于现行具体制度中的非资本主义因素以及由此引出的各种矛盾，后者与前者一样，促使资本主义制度发生演变并走向灭亡。其显著例证是马克思、恩格斯和列宁都很重视农民问题，从战略上分析资本主义与农民的矛盾，在将来社会主义革命中依靠贫民，争取小农和中农作为无产阶级的同盟军，从而加速资本主义的灭亡过程。这番论述有很强的针对性，直指所谓国际孟什维克即国际社会党中的机会主义派别，只研究纯粹资本主义的抽象制度，忽略掉实际存在的资本主义所造成的矛盾，没有把贫农看作无产阶级的助力；他们一味坚持一个"死公式"，以为只有等到所有农民和手工业者都消失，整个社会只剩下资产阶级与无产阶级，整个资本主义制度变成了纯粹的资本主义制度的时候，才可能死亡，在此之前，资本制度是不可能死亡的。指出这一点，既是基于苏联在不那么纯粹的甚至发展比较落后的资本主义条件下实现社会主义革命实践的理论总结，也给予像中国这样的经济落后而矛盾尖锐的非纯粹资本主义国家选择社会主义革命道路以启示指导。

　　根据以上所选择的论题，《新经济学方法论》译本的特色亦随之显现。它不仅梳理和概括马克思经济学说中有关方法论的阐述，以专题形式比较有条理地予以转述和细致说明，而且充分吸收了苏联在革命实践基础上的理论探索成果和实际斗争经验。这些成果和经验，已不是单纯的逻辑分析，有实例的印证，是在特定历史条件下，特别是在经济发展相对落后的国家运用马克思学说的经济学方法论，成功实现社会主义革命的时代产物。因此，从这个译本里，能够看到马克思的方法论原理，也能够看到结合苏联实践对方法论的进一步释义，还能够看到马克思之后有关

---

① ［俄］宽恩著，彭桂秋译《新经济学方法论》，南强书局 1929 年版，第 135—138 页。

方法论的新探索，包括一些未必成熟的探索。此外，论述新经济学即马克思主义政治经济学的方法论，最后落脚在不止知道资本主义的原始规律在一定条件下如何运行，这对于利用此规律去破坏资本主义组织以谋求无产阶级的利益是不够的，还要知道这些规律在真实的实际中如何运行，也就是明白资本主义制度之所以会灭亡，不只是由于其纯粹制度的相关因素所存在的矛盾，还由于其具体制度的内部矛盾，即表现在资本主义社会内部各种阶级力量之间的相互关系以及敌我力量对比的变化上，这就需要研究真实生活中相互联系的一切现象，从中发现其主要趋势和发展道路。这样的经济学方法论认识，不是按照"死公式"的纸上谈兵，是从斗争实践中总结出来的经验之谈。译本基本上反映了这个特色，不过由于翻译质量一般，对于准确表达原作的意思，多少有些影响。

### 四、《现代经济学概论》译本

何永年编译，上海春潮书局 1929 年 11 月 10 日初版，约 270 页。译本分 3 编，每编又分若干章，分别译自不同西方学者的著述，其中不乏提到马克思的经济学说。

#### （一）第 1 编要点

本编 4 章，前两章译自德国"奇巴诺夫"的《经济原理》。第 1 章"价值"，有七点要旨：交换社会里，生产物为交换而生产，这些生产物都是商品；商品有使用价值及交换价值，商品的使用价值能够满足人类的需要，商品的交换价值能够依一定的比例和其他的商品交换；商品的效用不能决定商品的价值，价值表现为生产者在交换社会中的社会关系；形成价值的劳动叫做抽象劳动，不同于形成使用价值的具体劳动；生产商品所消耗的抽象的社会必需的劳动量决定价值；交换社会中，因价格和价值的差异，生产力在产业中重新分配，以达到相对的平衡；商品之间的关系决定生产者在交换社会中的关系，这是商品拜物教的根据。

马克思在《资本论》里研究的问题是，"现在占最优势的那种资本家的生产方法，不是横在生产行程根底上面的种种自然法"。自然法属于物理化学的问题，不是经济学所应考究的问题。马克思也不是研究一切民族所通用的生产形式，他研究的对象是特定时代（最近数世纪）、特定国民（欧洲及其同系统国家）所特有的社会生产的发展理法是怎样的。现今盛行的生产方法是资本家的生产方法，完全不同于中古欧洲通行的"封建的生产方法"，或一切民族在发展初期通行的"原始共产的生产方法"。在资本阶级社会，除去极少数例外，可以说今天一切生产物都具备商品的形态。所以要理解现在的生产方法，非先明白商品的性质不可。为此第一要对照说明商品生产同其他生产种类的特质。依照这种方法，可以很容易地理解马克思研究商品的立脚点。

商品在各种具体劳动的性质上有差别，共同点是消费一定的社会劳动力，这种和劳动性质没有关系的一切劳动所共同的劳动，马克思称为"抽象的劳动"。很明显，构成数量关系的抽象劳动可以决定商品的价值，交换价值不是以性质来决定的，是以交换双方所费的劳动来决定的。马克思说："有些人必定这样想，如若一种商品的价值，由他所费的劳动量而决定，那末工人愈懒而愈拙笨的，其所出之商品将愈有价值，因为在他的生产品中所需要的时间很多的原故。但是构成价值实质的劳动，是指全人类同样劳动而言，就是所耗费的一种同样的劳动力。社会全部劳动力，虽然它是由无数的各种劳动单位组织而成，但此地计算起来，是人类劳动力一个同样劳动的总量。……（中略）在英格兰采用了纺织机后，出产一定量的布所需要的时间，比从前用手织时大概减少了一半。手工纺织工人，仍照旧继续纺织，其所需要的时间与前相同，但是他们劳动一点钟的，结果其出产价值，降至从前价值之一半了"①。因此，决定一件货物价值多寡的，是社会必需的劳动的总和，或者是货物生产的社会必需的劳动时间。在这种连合关系上，每个商品当作此类货物的一种平均标本，一切商品中所含的劳动量相同，或者出产此商品所费的时间相等，其价值自然一样了。"所有一切商品，只是凝结的劳动时间之定量，即所谓价值"。劳动生产力愈大，物品生产所需要的劳动时间愈少，物品中结晶的劳动总量也愈小，它的价值愈低落；反之，劳动生产力愈小，物品生产所需要的劳动时间愈大，其价值也愈高。因此，"一件商品的价值，和它的质量成正比例，和生产力成反比例"。

"商品统治着人们的幸运和心理，马克斯叫做商品之拜物教。试和同时代人们崇拜物品——偶像——的统治比较一下，就可以明白了"。马克思描写商品拜物教对于物品的概念："野蛮人制造偶像，过后他们给他们的手工以高过创造者的神圣权力，更高过制造偶像的人。关于商品亦是同样的事实，可是商品价格的涨落，能使有些人富有些人贫，于是又使他们回想到野蛮人所造的'物的权力'。这样在商

---

① 其今译文见《资本论》第一卷，人民出版社 2004 年版，第 52 页。

品的主人方面就开始发现他们的命运似乎依靠商品价格的涨落。依资本家的意见，商品统治人们，统治制造者"①。所以，"商品拜物教相互间的关系来解释经济现象，是用商品间相互关系来解释的"。②

以上只是摘录了本章直接引自马克思学说的有关内容。据此已清晰看出，它所说的价值，简要而通俗地诠释《资本论》的若干要点。特别是开篇的要旨和引用马克思的两段话，更能显示主要涉及《资本论》第一卷第1章商品中第1、2、4节的内容。这些内容，此前经过不少著述或详或略的介绍，已为国人中的关注者所逐步了解，而此译本的诠释仍有简洁之处和自身特色。上述七点要旨，概述商品一章的思路脉络：引用马克思第一段话，引自第1节商品的使用价值和价值两个因素的内容，比以往的引用更为完整；第二段话与第4节商品的拜物教性质及其秘密有关，虽不是引自本节而引自其他地方，亦为以往的引用所未见；论及第3节体现在商品中的劳动的二重性，未曾引用马克思的原话，其涵义可见作者的诠释。

第2章"货币"，列举其要旨：每种商品的价值，即生产商品的社会必需劳动量，只能用其他性质不同的商品表示出来；生产品的价值只能用别的某种通用商品即货币来表示的情况下，才有专为交易的生产；货币是人们通用的一种商品，可以表示其他一切商品的交换价值，在商品生产社会即交换社会，货币具有最高的形式；交换发展过程中，各种商品起过货币的功用，随着交换逐渐发达，贵重金属即金银代替其他商品，成为人们所通用的一种货币商品，因为贵金属较适宜于当作货币；各种商品的价值只有以通用的商品即货币的数量来表明，彼此才容易有共同的度量，在这种情况下，货币如同一切商品价值的度量；度量一种商品的价值，以货币的数量来表明它的价值，不必真的拿商品去换货币，货币度量价值的这种职能，可完成于意想之中；资本社会中，用货币买卖商品，货币具有商品流通媒介的职能；商品流通所必需的货币总量，可用商品价格总额除以某种一定量钱币的流转次数这个方式来表明；流通商品所必需的货币数量可由纸币代替，倘若发行的纸币不超过流通商品所必要的数量，纸币可以等于金属货币的价值，如数量过大，纸币就要跌价，跌价的程度与数量的增加成正比例；纸币跌价，工人遭受痛苦，因为工资的增加没有生活必需品价格的提高那样快，独立小生产者、手工业者和农民，营

---

业愈小，遭受的痛苦愈大；国家发行纸币，为了充实国库的缺乏。①

这个要旨，从后面引申的解释看，虽不曾引用马克思的原话，但同前章的要旨一样，仍能看出这是继续依照《资本论》第一卷第 2 章交换过程及第 3 章货币或商品流通的思路，诠释其要点。惟这个诠释，不及前章的诠释贴近原著的意思，而且由于译名的差异，又扩大了这种不相似的程度。

第 3 章"剩余价值"，译自"包尔拉发尔基"的《论商品》。此章的要旨：$W—G—(W+w)$ 公式在交换的宗旨上和 $G—W—G$ 公式不同，后一公式所表示的交换宗旨是使用价值即商品使用的收受，而前一公式所表示的是增大价值本来的总量，后一公式中的首尾两项 $G—G$ 在品质上彼此不同，代表品质上各异的商品，前一公式中的首尾两项 $W$ 和（$W+w$）则在数量上彼此不同②；资本家在市场中购买生产工具和劳动力，生产工具的价值转移到生产品内，丝毫没有变更，这些价值代表不变资本（C），资本家用劳动力的价值来交换劳动力而在劳动过程中增加的新价值，这些价值叫做可变资本（V）；劳动力的价值，决定于用来创造、增进、维持劳动能力及确保其将来存在的"资生要素"的价值；工人被迫从事超过其必需劳动时间的工作，造成剩余价值，所谓超过必需劳动时间，即超过再造他的劳动力价值所必需的劳动时间，而工人用来生产剩余价值的这一部分工作日，构成剩余劳动时间；剩余价值（m）和可变资本（V）之比，或剩余价值和必需劳动之比，代表剥削率或剩余价值率；剩余价值代表资本制度的生产及其热望的目的，为了最大可能地增加剩余价值量，各个资本家都尽力提高剥削率，达到这个目的有两个办法，一是劳动能力不改变其价值的情况下延长工作日，另一是工作日长度不变的情况下减低劳动者应得的价值，即提高劳动生产力；延长工作日以提高剥削率是资本家最善用又最爱用的办法，不过滥用这个办法，容易引起劳动阶级的枯竭、劳动密度的自然衰退以及劳动方面要求缩短工作日的斗争，由延长工作日所增加的剥削率叫做绝对剩余价值的生产；劳动生产力增加时，工人每日所创造的价值即劳动量没有增加，变化的只是所生产的商品的价值，由此降低劳动阶级所消费的商品的价值，引起劳动能力价值的减少，同时工作日没有变化，结果增加了剩余价值，这种增加不是绝对的而是相对的，资本家为了追逐剩余价值，不能不改良生产技术、机器、用具和劳动组织等，由此获取的剩余价值叫做相对的剩余价值；在各种产业，

① 何永年编译《现代经济学概论》，上海春潮书局 1929 年版，第 25—27 页。
② 原译文中的上述两个公式存在问题，一则将代表商品的 W 误为 M，二则对两个公式的说明颠倒了。

增加剥削率的必要性是资本社会的一条定律，凡不能提高剩余价值者即其损失，资本制度使生产力量的发展达到某种限度，代表了人类进化某个时期进步所必经的过程。①

以上要旨的引申阐释，同样没有引用马克思的原话，明眼人通过这个要旨排序，一望便知，这是继前面讲述《资本论》第一卷第 1 篇商品和货币的要点之后，接着讲述第 2 篇货币转化为资本、第 3 篇绝对剩余价值的生产、第 4 篇相对剩余价值的生产和第 5 篇绝对剩余价值和相对剩余价值的生产的内容要点。单从本章的译文看，尽管能够基本完整地体会其大意，但一些表述并不准确甚至出现失误。如第一项要旨的两个公式，都把原公式中的 W（商品）误为 M，关于两个公式涵义的解释，也存在着相互颠倒的失误。当然，这些缺陷，更有可能出在编译的不准确上，不是原作本身的问题。

第 4 章"工资"，译自"马尔底诺夫"所著《经济学大纲》中的"工资论"。其要旨如下：工资是劳动力的价格，在其价值内变动，依照市场上的需要和供给情况，时高时低；资本家企图把工资降低到劳动价值之下，这种企图容易成功，一是劳动力作为商品不能储藏，二是农民和小资产阶级的无产阶级化，三是劳动后备军的存在，但职工会与其他工人组织反对这种企图；工资有很多不同的形式，如按时工资、按件工资等，但以按时工资为主；名义工资用金钱表示，实际工资取决于劳动者用工资所能购买到的消费品，或者说取决于必需品的数量和质量；实际工资在各国不同，取决于各国的劳动生产率及劳动阶级的智识与组织；工资标准高的国家如欧美，从工资标准低的国家如中国移入工人，对降低工资大有作用；工人阶级在国家收入中所占的［比重］部分，叫做相对工资，资本主义发展程度很高的国家，相对工资部分持续地减少。②

以上要旨，又表明转入对《资本论》第一卷第 6 篇工资的阐释，涉及劳动力的价值或价格转化为工资、计时工资、计件工资、工资的国民差异所有 4 章的内容。阐释虽然也没有引用马克思的原话，但对其要点的把握，比较到位，而且弥补了以往在《资本论》第一卷的介绍中，对工资部分的介绍相对单薄的不足。至此，译本的第 1 篇共 4 章，等于以要旨引导方式，用不到 120 页的篇幅，简明覆盖了《资本论》第一卷前 6 篇的内容。

---

① 何永年编译《现代经济学概论》，上海春潮书局 1929 年版，第 55—58 页。
② 何永年编译《现代经济学概论》，上海春潮书局 1929 年版，第 108—109 页。

## （二）第 2 编要点

本编 3 章，接着上篇的排序。第 5 章"生产价格与利润之理论"，译自"拉发尔克"所著《现代生产》第 2 章。本章要旨：剩余价值率可用剩余价值与可变资本之比来表明，资本家注重的不是剩余价值率，而是利润率，即剩余价值与总资本（不变的加上可变的）之比；"价值是本来按技术的成分而定，并且又反映于技术成分的资本价值的组织成分，叫做资本的有机组织成分"①；"凡较社会平均资本所包含的不变资本的百分数较大，可变资本的百分数较小的资本，谓之高度有机组织成分的资本；反之，凡与社会平均资本比较，其不变资本占相对的少数而可变资本占相对的多数的资本，叫做低度有机组织成分的资本；最后，凡组织成分与社会平均资本的组织成分相符的资本，就谓之平均有机组织成分的资本"②；各种有机组织不同的资本，其有机组织越低即可变资本越高，不变资本越少，利润率越大，而有机组织越高即不变资本越多，可变资本越少，利润率越小；资本家总是企图得到可能最多的利润率，所以投入利润较少的企业的资本，会转移到利润较多的企业，即转到资本有机组织较低的企业，结果这类企业的商品过多，价格降低，资本有机组织高的企业的商品价格就要高涨，这种过程继续不断地进行，直到这两类企业的利润率相等为止；资本家看商品不是看劳动而是看货币，所以商品的生产价格对资本家来说，就好像按照成本费即原料、机械、建筑物及劳动力的价值，加上当时社会的平均利润率而决定的，他在市场上就按照这个价格来出售他的商品；某种企业部门的生产价格，可以不符合它的价值，但全部商品的价格则符合其价值，单个企业部门的利润数目同样也与其所形成的剩余价值不相符合，然而社会全部资本的利润总数，则与其所形成的剩余价值总数正相符合，商品价格在市场上环绕着生产价格上下摆动；商业利润是生产资本所形成的剩余价值的一部分，商业资本完成职能后，工业资本家不得不将其企业所生产的利润的一部分让给商业资本家，因此工业资本家加在其成本费上的，不仅是他自己得到的利润，还有商人的利润，商业利润构成生产价格的一部分；资本阶级分为企业主与债主，利润也分为企业利润与借贷利息，借贷利息是利润的一部分，是工业资本家不得不让与债主的一部分，债主借钱给企业主经营，借贷利息的多寡取决于资本出借与需要的关系；随着技术的发

---

① 其今译文见《资本论》第三卷，人民出版社 2004 年版，第 163 页。
② 其今译文见《资本论》第三卷，人民出版社 2004 年版，第 183 页。

达，不变资本部分急速增加，社会资本的平均有机组织成分因而也增大，结果每个资本单位的剩余价值随之减少，利润率有降落的倾向；利润率下降的倾向，受到以下事实的阻止，即提高劳动剥削程度，减低工资到劳动价值以下，不变资本部分变得低廉，资本积累。①

　　顺着以上要旨的指引，本章的阐释，从前面《资本论》的第一卷，一下跨越到第三卷。其范围，对第1篇剩余价值转化为利润及剩余价值率转化为利润率的要点，略有触及；对第2篇利润转化为平均利润，第3篇利润率趋向下降的规律，则是阐释的重点；然后穿插其间，又延伸到第4篇商品资本和货币资本转化为商品经营资本和货币经营资本，以及第5篇利润分为利息和企业主收入的论题，即对论述商人资本和生息资本二篇的内容，亦有所点题。这个跨越，可谓神奇的一跳。以往国内介绍《资本论》的各种著述，涉及第三卷的内容，无论详略，始终是一个薄弱环节。虽然李大钊1919年《我的马克思主义观》一文，率先花费不少工夫专门说明"平均利润率的谜"，罕见地很早涉足《资本论》第三卷的内容，但自那时以后，有关这一卷的评介，10年来可以说凤毛麟角，即使有所接触如河上肇著《经济学大纲》的译本，也稀罕得很。况且李大钊的释义，未必直接来自阅读《资本论》原著的体会，受到日本马克思主义研究者的影响，同样担心"平均利润率论"会动摇马克思学说的理论基础即劳动价值论。而上面的要旨及其阐释，基于《资本论》第三卷原著，几乎覆盖其前五篇的内容，尽管非常简略而且有些前后倒置，只有不到40页的篇幅，却为系统而完整地认识《资本论》，展现了一个新的天地。所以说此译本在结构上，从第1篇到第2篇这一跳，颇为神奇。

　　接下来第6章"地租"，译自"史维卿把也夫"所著《土地问题》第9章，其要旨有三：地主强使资本家使用他的土地，并以地租的形式使资本家让与所得利润的一部分；假使某块土地生产某种商品，其生产价格因为土地的地段等影响，低于市价所规定的生产价格，则由此得到的利润，以级差地租的形式归于地主，地主出租土地，还获得一般的绝对地租；农产品的价格，由最不好的土地的生产价格规定，市场上如无这种农产品，则不能存在，因此农业上的绝对地租，是土地垄断所得的地租，而级差地租是土地竞争所产生的利润。②

　　很明显，这个要旨所指，延续阐释《资本论》第三卷的其他部分，也就是第6

　　① 以上引文除另注外，均见《现代经济学概论》，上海春潮书局1929年版，第130—133页。
　　② 《现代经济学概论》，上海春潮书局1929年版，第168—169页。

2034

篇超额利润转化为地租，主要涉及级差地租和绝对地租。这又是国内以往鲜见的内容，此前只在《物观经济学史》译本（后面将作考察）里，看到引用第 6 篇头一章导论中的有关论述，像这里的阐释那样简述全篇的要点，则属初见之新论。这样，此译本第 2 篇前两章，几乎完整地浏览了《资本论》第三卷（除了最后一篇即第 7 篇各种收入及其源泉外）的要点。这在《资本论》传入中国的早期历史上，也是值得关注的。

第 7 章 "生产集中"，未标明译自何处，理应出于前面所引的著作之一。其要旨有四：资本家为了追逐利润才改良生产方法，生产方法越新颖，商品生产量越大，每件商品所含的价值也越少，商品越便于消费，企业家的利润也越大；技术进步和改良生产方法，需要大量的资本，所以资本主义生产方法的发展，小企业者总是相对地或绝对地减少，大企业家的数量与此相反，绝对地或是相对地增加；小生产被大生产排挤，是资本主义社会生产集中的定律，工业生产集中的过程，比农业更加剧烈；农业生产集中的过程，受到各种阻碍，包括小农利用土地的错综，农业扩大生产的可能性比工业天然有很多限制，许多国家因劳动力便宜而不能扩大机器化。①

本章的要旨所引导的阐释，似乎可以在《资本论》第一卷第 7 篇资本的积累过程里，找到一些类似的要素，但又不同于前面各章的要旨与阐释能够在《资本论》里，发现清晰的踪迹或直接引用其中的原文。也就是说，本章对生产集中这个重要经济范畴的阐释，不是严格按照《资本论》的理论逻辑，若即若离，自行展开阐释的方向与重点。

**（三）第 3 编要点**

本编 3 章，也是沿着前篇的排序。第 8 章 "市场与恐慌"，同样未标明译自哪本著作。其要旨有 9 条：自然经济组织中，生产过程按照预定计划进行，生产力的分配以满足当时的经济需要为目的；在交换社会，在资本主义社会，借商品交换来满足需要，生产的是商品，社会生产过程没有一点调剂的计划，用来调剂的只是商品的价格，某种商品的价格增长，生产增加，反之价格低落，生产减少，所以市场是生产的唯一调剂品；既然生产与消费之间的需要靠交换来满足，每个工业部门不但在市场上出卖自己的商品，其自身就是其他许多工业部门的市场，各工业部门之

① 《现代经济学概论》，上海春潮书局 1929 年版，第 183—184 页。

间不断密切联系，一个部门进展不顺利，会影响到其他工业部门；商品的实现是在市场上出售，这是一切资本主义企业最后的目的，是获取剩余价值的方法，如果商品的实现停止了，工厂不能出售它制造的商品，就不能购买新原料和雇佣工人，生产也不得不停止；整个资本主义生产，商品实现过程进行最顺利的是生产没有继续扩大的情况，此时生产范围没有变更，社会生产行为在一个长时期内，只以同一度量方式反复进行，这种再生产过程称为单纯的生产；单纯再生产是同一度量生产过程的重复，只在生产工具及消费品两类生产的资本有机组织相等的情况下才有可能，而且资本家自己把所有剩余价值完全消费了，这种单纯再生产的价值实现过程，毫无阻滞，但实际上，单纯再生产非常少，因为人类社会不会停止不前；在资本主义社会，单纯再生产尤其少，资本家为了竞争，要抽取大部分的剩余价值去扩大企业，所以看到扩大的再生产，这样生产工具生产的有机组织成分，就要高于消费品生产的资本有机组织成分；在资本主义社会，生产的增长不受任何限制，消费需要的增加却有一定的限制，一切消费品生产过剩的第一个原因是消费的需要有限，生产的扩大无穷，消费品的生产过剩传到生产工具的生产，就成为普遍的生产过剩；普遍生产过剩表现为工业恐慌，像自然产生的穷困一样，渐渐传遍整个资本主义世界，因为资本社会关系复杂，很晚表现出供给与需要的不符，无法预告恐慌，而信用机关更加使恐慌紧张，它与生产者之间关系密切，一个企业崩坏，其他企业必随之而崩坏。[①]

看了这个要旨，意味着它的阐释，又回到《资本论》的逻辑轨道，以第二卷有关简单再生产和扩大再生产的论述为主，揭示资本主义生产的内在矛盾，必然引起生产过剩的普遍危机。至此，编译本的阐释，涉及《资本论》所有三卷的内容，惟其广度与深度，详略不一。

第9章"信托事业"，译自"达陀基夫"所著《经济学概要》中"信托事业"一章。其要旨有7条：资本主义生产过程的性质，必须有贮藏资本，任何资本家要达到目的，就要从利润中抽出一部分钱贮藏起来，但这不是资本家愿意做的，解决这个矛盾，只有以信用的方法；有信用组织，某企业在周转时所解放的空闲资本，能转而用于其他企业的周转资本；信用是分配生产力的工具，哪里的生产过程需要生产力，它就把生产力分送到哪里去，有了信用方法，资本家没有货币资本时，其

① 《现代经济学概论》，上海春潮书局1929年版，第207—210页。

企业不至于停工关门，就整个资本主义社会来说，也不至于牵连整体而受到破坏；"分配生产力工具"的信用，其意义之重要，特别明显地表现在信用被破坏的恐慌时期，这个时候，一切必需的生产工具，虽然很多，但都操于私有资本家之手，没有那么多的资本去购买，以致这些生产工具不能移置他处，用于相关的生产；资本主义最通行的信用形式是票据，其中期票是债务者必须付给债权者的书面义务券，上面写着一定期限内，债务者必须付给债权者一定的款项，除简单的期票外，尚有流转的期票；银行是资本主义企业，以信用为基础，吸收资本主义社会的所有空余资本，再借给需要货币的企业；收集空闲资本，谓之"消极"的动作，分借空闲资本，谓之"积极"的动作。①

以上要旨所引出的阐释，似乎同《资本论》第三卷第5篇（续）所论述的生息资本部分有些关联，但不很紧密，可以说是根据马克思学说来阐释所谓信托事业。

最后一章即第10章"财政资本"，译自列宁所谓"马克斯主义之理论与实际"。其要旨有12条，前7条论股份公司：股份公司为资本主义的企业，以出卖股票得来的资本为基础而创设，股票在交易所出卖的价格，一方面有股票收入，另一方面视借款利息的水平线而定；股份公司有可能调动社会上的资本，大资本可以通过股份公司的组织，收集大批的社会资本，操纵小资本，形成巨大的势力；股份公司由股东选举委员会管理，股东投票的多寡取决于他囊中的股票有多少，握有股票总数30%的股东，在股份公司占有极大势力，因为小股东或者完全不参加选举，或者将他们的股票转卖给更大的股东；股份公司除股票外，还发行临时债券，债券与股票的区别，债主在股东大会没有投票的权利，此外债主可以获得确定的收入；某个股份公司常参与别的股份公司，通过握有多数股票而在别的企业占据统治地位，这种组织的第一层公司叫做"母业"，其余的叫做"女业"和"孙业"企业；在股份公司组织下，企业利润或简称利润，由工业利润与利息间的差异而获得，因为工业利润常高于利息，股份公司的价格也常高过非股份公司的价格，这种价格上的差异与由此而生的企业利润，常流入股份公司的企业者的口袋中；股份公司在竞争场合占有很大优势，可以通过发行补充的股票或债券来增加资本从而有较大的资本，更容易取得信用，受资本主义危机的影响比较小等，此外股份公司的资本比非

---

① 《现代经济学概论》，上海春潮书局1929年版，第235—237页。

股份公司的资本活跃，因为股票在市场上很容易销售，具有种种优势，所以近年来股份公司日益发展。接着论"银行的作用"有4条：银行为资本主义社会一切空闲资本的汇集所，银行将这些空闲资本分配给各个资本家，得以实现在资本主义社会的一切信用职能；银行常放着空闲的财产，所以能购买巨额的股票，得以统治很多股份公司，现在银行已成为股份公司的企业者，大部分的企业利润与大多数的股份公司都落在银行手中；银行将大批资本投入股份公司，操纵那些公司，现在多数工业企业都有赖于银行，银行由此在铁路、五金、纺织各工业和报馆以及其他企业扩张权力，在资本主义社会的经济生活和政治生活中位居魁首的作用；银行本身为了处置巨量财富，也组织起股份公司，较大的银行像德国银行，竟统治"女儿""孙女"银行多达87家，这些二三等的银行又是很多工业企业的投资者，于是这些企业也依附于大银行，共同组织成一个银行联合。最后1条论"资本主义的垄断"：资本主义的联合有各种形式，它们相互区别，有的按照各企业之间的合同期限，有的按照各企业之间的关系大小，有的按照相互的影响程度，也有的按照在经济活动领域所吞并的企业部门的多寡，主要形式有以下几种：一是几个大企业家之间订立关于价格的短期合同，其中大部分是贩卖股票者之间的投机性合同；二是卡特尔，即规定价格、划分销售市场等的一种比较长久的合同；三是辛迪加，不仅规定必须的价格，还往往组织共同的买卖机关，有时甚至在参加辛迪加的各企业之间，按比例平分利润；四是托拉斯，这是资本主义联合的最高形式，凡加入托拉斯者，直接用自己的企业获得相当的托拉斯股票，从资本主义的企业又回到放利资本家的地位，所以托拉斯可以说是伟大的股份公司。资本主义的联合，如果只包括一类企业，称为横的联合，如果包括各种企业，有生产原料和半成品的，也有生产成品的，称为纵的联合。财政资本的实质，为银行资本与工业资本的联合及合并，银行不仅因购买工业企业的投资而攫取企业，往往也有相反的做法，银行落入工业资本的势力范围。

占领市场，得寸进尺地去攫取新领地的欲望，常常影响各帝国主义国家的国际政策。上世纪末，尤其本世纪初，这个影响更猛烈起来，此时各国之间工商业的竞争，完全成为国际政策的枢轴与核心。这个时期，各资本主义国家为了争夺购买原料和投资的市场，其国际政策进一步成为武装的竞争，由此当然要引起置备武装的大冲突。这种从经济的妒忌中发生出来的各资本主义国家间剧增的政治的妒忌，形成现代读者们很熟悉的名称，即所谓"帝国主义"。"帝国主义"这个词发现得比较晚，20世纪第一次发生英国与布尔的战争时期，但从那时起，这个词在我们的语言中就被确定下来，全世界的日常新闻、报章、杂志和现代科学研究的出版物上，也就没有一天不看见这个词。帝国主义这个名词所包含的意义及其所显示的政策，对我们都是新的。帝国主义只是发生不久的事实，但它已经告诉我们，不能在"人的天性"里面，找寻帝国主义的根源了。从另一方面看，帝国主义广泛传播于现今世界各国，不管其居民属于何种人种，或管理采取何种形式，事实告诉我们，帝国主义的政策并不是由这个或那个民族、这个或那个国家的意志，也不是从它们的管理形式中产生出来的。帝国主义的根本，与其他一切重要社会现象的根本一样，树立于现今社会经济的系统之上，其发生的根源，正是来自于现今资本主义的实质。如要研究和解释帝国主义，必须加意详察最近10年来资本社会结构所起的变化，本章就是要找寻这些我们所关心的现象的根源。①

以上要旨及其阐释，与本章的题目和所译的原著，不能完全对上号。本章的标题"财政资本"，实际上说的是金融资本，以此作为新的历史发展阶段的重要标志。由此离开《资本论》的范围，进入帝国主义的实质与特征的阐释。然而具体的要旨与阐释，又令人感觉有些文不对题。其一，标注此章的内容引自列宁的著作《马克斯主义之理论与实际》，查无此作，有些内容倒是比较贴近列宁的《帝国主义论》一书。这样的标注，或许是为了表明列宁的著作继承了马克思主义的理论，并将其付诸实际。其二，本章前7条要旨，除了定性股份公司是私有资本主义的企业之外，都在讲述有关股份公司的一些基本知识，而且不完全准确。这些内容，可以为认识金融资本作些铺垫，但大多数属于常识性的经营运作范畴，既不是认识的重点没有必要占用要旨的大部分篇幅，也未曾见于列宁的著作，更不用说将产生于资本主义社会的股份公司，一律定义为私有资本主义企业的性质，等于将这种具体的企业经营形式，简单局限在资本主义的范围内。其三，本章后5条要旨，有关银行的作用和资本主义的垄断部分，其中一些要点，可以在《帝国主义论》前三章即"生产集中和垄断""银行和银行的新作用"以及"金融资本和金融寡头"里，看到类似的论述，如银行统治很多股份公司并获得大部分企业利润，银行权力向工业企业的扩张使银行在资本主义社会的经济和政治生活中占据首要地位，银行本身通过组织母亲公司、女儿公司和孙女公司来操纵大多数工业企业，金融资本的实质

---

① 《现代经济学概论》，上海春潮书局1929年版，第255—261页。

是银行资本与工业资本的结合与合并等；有关德国银行通过三级控制，加入集团的银行达到 87 家的例证，更是直接来自银行的新作用一章。然而对照列宁著作，此要旨的差异是，突出银行的作用，而不是以生产集中和资本集中发展到垄断作为最重要的因素，或者说，把两个因素的关系颠倒了；进而以金融资本作为帝国主义的最重要特征，故将银行的作用和资本主义的垄断置于金融资本的概念之下，并把论述垄断的重点放在具体的垄断形式上，而不是以资本垄断的实质为重点，这也不符合列宁的本意。其四，上述要旨后面的阐释，转向帝国主义，虽然最初一些论点，如帝国主义国家为了占领市场而扩张新领地、以工商业竞争为其国际政策的核心、关键是争夺原料和投资市场、由此引起各国的武力竞争和军事冲突等，也见之于列宁的著作，但随后的主要篇幅，用于考察帝国主义一词的来源与普及，论证帝国主义的根源不是来自人类的天性，也不是产生于种族差异、民族或国家意志以及各种管理形式，是以现今社会经济的系统为其基础等，则并非列宁著作考察与论证帝国主义的重点。于此可见，本章的内容，说是译自列宁的著作，其书名子虚乌有，若说比较贴近《帝国主义论》，也是贴近的成分不及附会的成分。但不管怎么说，最后一章的意图，延续前面各章的经济概念阐释，把马克思主义对资本主义经济制度的分析，延续到考察新的帝国主义阶段的经济特征上。

### （四）结语

经过上面的逐章考察，对《现代经济学概论》译本，不禁刮目相看。第一，这个编译本名为"现代经济学"，却与类似名称的其他经济学著作，大不相同。其他的此类著作，一般都是西方正统经济学或资产阶级经济学的著作，此编译本的基本内容，则以阐释马克思的经济学说为主，附带在坚持马克思主义的理论与实际指导的名义下，论及列宁的帝国主义理论。换言之，这是一本专门论述马克思列宁主义经济学的著作。同时又不同于那些专论马克思经济学或社会主义经济学的著作，特意将自己的名称与那些号称现代经济学的主流经济学著作区别开来，如前面考察过的《马克思经济学说》译本、《社会主义经济学》译本、《马克斯的经济概念》译本、《社会主义经济学史》译本等，而是坚持以现代经济学命名。这表明，编译者认为，马克思主义经济学就是现代经济学，或者说，现代经济学不能让资产阶级经济学独专其美，把马克思主义经济学排除在外。

第二，这个编译本的主要部分，大致以《资本论》为主线予以阐释。第 1 编所含 4 章，依次涉及《资本论》第一卷前六篇的内容，从商品和货币，货币转化为资本，绝对与相对剩余价值，直至工资，属于条理比较清晰的阐释部分。第 2 编所含 3 章，具有很大的跳跃性，前两章跳到《资本论》第三卷前六篇的内容，特别是利润转化为平均利润和利润率趋向下降的规律 2 篇，此外对商人资本、生息资本以及超额利润转化为地租等篇，都有触及；后一章又跳到《资本论》第一卷第 7 篇有关资本积累过程的内容，但比较模糊。第 3 编所含 3 章，更为奇特而混杂，头一章涉及《资本论》第二卷有关简单再生产与扩大再生产以及生产过剩的经济危机内容，有据可依；中间一章似乎回到《资本论》第三卷第 5 篇的续篇内容，但有些勉强；最后一章打出列宁著作的旗号，延展到帝国主义阶段的特征分析。总之，不论阐释的质量如何，编译本的覆盖面，几乎遍及《资本论》全部三卷的内容，并以不那么确切的方式，展示出从马克思的《资本论》到列宁的《帝国主义论》的延续线索，这对比较完整地传播《资本论》及其继承取向来说，可以说是另一种形式的探索。

第三，这个编译本的编译过程，颇令人感兴趣。编译本 3 编 10 章，相应列举了 10 个经济概念，注明分别译自七本国外著作的有关章节，根据这些章节内容，先概括若干要旨，再具体阐释。这种编译方式，其新颖之处，选择那么多的国外著作，按照一定的经济范畴排序，从中梳理出相关的理论内容，由此建立起现代经济学的概论体系，以前不曾见过。采取这样的编译类型，有两种可能性。一种有先例可援，有现成的国外著作采用如此编译手法，国人只须拿来译成中文便可。可是此编译本的署名，没有标明这一点，似乎排除了这种可能性。那么另一种可能性，由国人自己编译而成。署名的编译者何永年，不知为何人，若他自己编译了这本书，那在当时看来，实属不简单的创意。首先，这是在现代经济学的名义下，自始至终坚持以阐释马克思主义经济学为基本宗旨，尽管这些阐释未必准确或贴切，但由此打破了现代经济学的一般理解惯例，用马克思主义经济学代替资产阶级经济学，出人意表，并且为马克思主义经济学在国内的流传，提供了更易于普及的外在形式。

其次，那时介绍马克思主义经济学，通常译自马克思的原著如《资本论》，特别是相关的通俗解说版本，由此能够保持理论的系统性、连贯性与严密性，但难点是如何使深奥的理论更加通俗；此编译本另辟蹊径，不是直接译自马克思的原著或其解说本，而从各种经济学著作中选译相关的内容，由此组成马克思经济学说的概论，显然也是出于通俗和普及的考虑。然而，如何使这种选译的内容与马克思学说的原意相互衔接和匹配，需要眼光，也有难度。编译者的眼光，选择 10 个在他看来主要的经济学概念，然后对应地选译七本经济学著作的有关内容，先逐一介绍其要旨，再按照要旨的引导展开进一步的阐释，结果除了少数段落引用马克思的原话外，其他大部分地方都用这种简易方式，几乎覆盖了整个《资本论》三卷的许多重要理论，这是将《资本论》通俗化的一个大胆尝试。这样做的难度也是显而易见的，姑且不论选择经济学概念是否具有典型性，选译经济学著作是否具有代表性，以及要旨概括和内容阐释是否具有准确性，关键是这些通俗化尝试能否与马克思原著的理论体系相衔接或匹配。如第 1 编的价值、货币、剩余价值与工资 4 章内容，由于所选译的著作大致按照《资本论》第一卷前六篇的逻辑进行通俗阐释，所以衔接或匹配的程序较高。第 2 编没有给出任何理由，在《资本论》各卷之间跳来跳去，先跳到第三卷，接着又跳到第一卷；尽管该编前两章生产价格与利润理论，以及地租，较有条理地接触到第三卷前六篇的内容，第 3 章生产集中，似乎回过头去补充第一卷第 7 篇的内容，但这种颠倒式安排，打乱了《资本论》原有的体系结构。第 3 编更是如此，第 1 章市场与恐慌，与《资本论》第二卷简单再生产与扩大再生产的内容有关，第 2 章信托事业，好像与《资本论》第三卷第 5 篇（续）的内容有关，第 3 章财政资本，则属于另一论题，三者相互之间看不出有什么逻辑关系。所以总体看来，以这种编译方式来介绍《资本论》，既广泛触及其三卷的重要理论而具有可观的覆盖面，又存在衔接不紧或匹配度不高甚至割裂脱节的缺陷。

最后，编译时把马克思学说与列宁学说联系在一起，或者说，以选译列宁所著《马克斯主义之理论与实际》的方式，指明列宁继承了马克思学说，这也是编译本的一个明显特征。虽然这个编译有些漏洞，如列宁著作中查无此书，实际引用的是列宁《帝国主义论》的有关理论，并不得其要领而掺入其他一些论点；又如以金融资本来概括列宁学说的重点，并非其本意；而且当时国内有关列宁学说的介绍，远比这个编译要确切和深入，但编译本通过这种方式，等于继马克思学说之后，按其发展取向，把列宁学说也纳入现代经济学的范围。前面所选译的六本国外著作，除第一本的作者标明德国人之外，其余均未标示，估计以苏俄的作者为主，可以说基本上都是在祖述马克思的经济学说，尤其以《资本论》三卷的内容为主，唯独列宁的著作，根据马克思主义的理论来研究资本主义发展到帝国主义阶段的新的实际情况与特点，依此而论，这也意味着列宁学说在现代经济学中，是马克思学说的直接继承与发展者。

这样说来，《现代经济学概论》译本，初看其貌不扬，很容易混同于一般的经济学著作，细心一察，别有洞天，以概论现代经济学的通俗方式，不事声张地普及了以《资本论》为代表的马克思经济学说。如果这确系由国人编译而成，那么这位编译者不止翻译现成的著作，还在译本的方向定位、概念分类、著作选材和要旨引导等方面，花费了一番自行设计的工夫，由此显示出来的眼光与才干，以当时国内认识马克思主义经济学的水准来衡量，实在是值得赞叹的。有人评价，这本书"从几本外国著作中剪裁、翻译、编辑而成"，"全书结构松散"，"严格地说，该书仅是政治经济学论文集"①。这个评价有一定道理，但从中仍能看到当时国人着手经济学著作的一些特点。如采取编译方式，内容来自国外学者的著述，但选取什么内容，对什么理论感兴趣，用什么体例来表现这些内容，则显示编译者的理解能力与个人偏好。此类著作看起来结构松散，缺乏严谨的逻辑而像论文集，而这恰恰是它不同于一般译本之处，不是只求忠实翻译他人的论述，而掺入自己的选择性安排因素。从某种意义上说，这也是国人从全盘引进国外经济学著作到独立撰写经济学著作的一种介质或过渡办法。又如在现代经济学概论的题目下，给与马克思主义经济学以显眼的地位。哪怕编译者未必想改造整个经济学体系，但既然以现代经济学为题，总要区别于传统经济学，从其3编的目录看，几乎每编都有马克思经济学说或列宁经济学说的要素。至少可以说，当时国人编译现代经济学概论而参考国外相关著作，已经无法忽视马克思主义经济学的重要影响，所以会从马克思主义经济学中选取不少理论观点，作为基本知识纳入现代经济学的概论。即使这种主观选择不含有替代传统经济学的明确意图，但其客观效果，同样促进了中国经济学领域马克思主义经济学的传播。

## 五、《新兴经济学研究》

杨明山这部著作，上海乐华图书公司1929年11月初版。初版本未得见，据介绍："这是一本主张狭义政治经济学的入门书籍。其特点是在讲究政治经济学的对象、方法以后，介绍了三十几个资本主义政治经济学的常用范畴，如商品经济、雇佣劳动、剩余价值、不变资本、可变资本、利润、利息、地租等等。然后讲资本主义经济以及资本主义经济的发展（即金融资本、资本输出、帝国主义等）。全书简

---

① 参看张问敏著《中国政治经济学史大纲（1899—1992）》，中共中央学校出版社1994年版，第103页。

单扼要地阐明了资本主义的产生、发展、灭亡的规律性"[1]。根据这个介绍，对照杨明山的《新经济学 ABC》（上海乐华图书公司 1934 年 5 月第 3 版），后者除了书名改动之外，应该是同一本《新兴经济学研究》著作的第 3 版。下面即以《新经济学 ABC》一书作为考察对象。

**（一）内容简介**

此书 4 章，154 页。第 1 章序论，分经济学的定义、经济学的对象、经济学的方法 3 节；第 2 章经济学的根本概念，含 35 个概念即资本制度、商品经济、单纯的商品经济、资本主义的商品经济、生产机关、雇用劳动、商品、交换价值、货币、价格、工钱、剩余价值、剩余价值率、绝对的剩余价值、相对的剩余价值、资本、货币资本、生产资本、商品资本、商业资本、工业资本、贷付资本、金融资本、不变资本、可变资本、固定资本、流动资本、资本的蓄积、资本的集中、单纯的再生产、扩大的再生产、利润、利润率、利息、地租；第 3 章资本主义经济，分商品生产（含商品的大集成、商品生产的发达 2 目），资本家独占生产机关（含机器的发达、生产者离开生产机关 2 目），劳动力变成商品（含劳动商品的出现、劳动力变成为商品的条件、劳动力的价值 3 目），剩余价值的生产（含剩余价值的泉源、绝对的剩余价值的生产——劳动时间的延长和工钱的减少、生产力的增进与相对的剩余价值、剩余价值的资本化 4 目），生产的无政府状态（含产业恐慌、资本家中间的竞争 2 目），产业预备军的发生（含恐慌与失业、成为资本主义之存在条件的产业预备军、女工与童工 3 目），大工业的发达与资本的集中（含小工业的灭亡、资本的集中与劳动阶级、阶级斗争的加烈 3 目），资本主义经济的矛盾（含资本的蓄积及其矛盾、恐慌的必然性、过剩人口与劳动阶级的贫穷化——阶级斗争的深刻化 3 目）8 节；第 4 章资本主义经济的发展，分金融资本（含从竞争到独占——企业联盟、股份公司的组织、银行与企业联盟 3 目），托拉斯·卡特尔（原译"卡德尔"）·辛迪加（原译"新利加"）（含卡特尔·辛迪加、托拉斯、三者对于竞争的影响 3 目），资本的输出（含保护关税与资本输出的意义、资本输出的条件、主要资本主义国家之资本输出的概况 3 目），资本主义最后之阶段的帝国主义（含帝国主义的意义及其特质、资本家分割世界市场、资本主义列强分割殖民地 3

---

[1] 张问敏著《中国政治经济学史大纲（1899—1992）》，中共中央学校出版社 1994 年版，第 103—104 页。

目），帝国主义的战争（含世界大战爆发的原因、世界大战的结果2目）5节。

以上目录，反映全书的内容，大致基于马克思的《资本论》尤其第一卷，以及列宁的《帝国主义论》两部分的理论要点而构成。关于这个基本结构，为了强化其理论意义，在每一章的末尾，设有若干研究题目，以供思考、引导和普及。譬如：

第1章有5个研究题目："为什么经济学到了十八世纪才发生？""为什么经济学是历史局限的科学？""旧派经济学偏重于个人，其错误在何处？""旧派经济学者，以为社会之物质生产的发达是由于人的欲望增加或人口增加表现出来，其错误在何点？""为什么经济学的诸概念没有永久的性质，其理由何在？"[①]。这里所针对的旧派经济学和旧派经济学者，指18世纪随着资本主义勃兴而发生的古典经济学以来的传统或正统经济学及其经济学者。其中突出传统经济学的历史局限和错误，历史局限性在于传统经济学本来是历史的产物，却试图将特定历史阶段所形成的经济学概念说成超越历史限制而具有适用于一切阶段的永久性质。错误主要表现在过于偏重个人，假设在社会之外存在着孤立和不相干涉的个人生产，"完全是十八世纪思想家的空想"，"是纯粹的幻想，是无意义的假设"；以及由欲望增加和人口增加来说明社会物质生产的发达，"不承认所谓欲望增加或人口增加也是物质生产的发达的结果"，其实正好相反，"物质生产是人类的社会生活的终局的决定点，社会的发达须依倚于物质生产的发达而决定"[②]。这些论证所依据的理论基础，便是唯物史观。

第2章有9个研究题目："单纯的商品经济与资本主义的商品经济的根本区别点在何处？""用什么计量商品的交换价值？""何谓商品之拜物教的性质？""买客与卖主中间的竞争对于商品价格的影响如何？""生产资本与工业资本的区别如何？""有个清闲的人，他不做工，也不雇用工人来替他做工，他有一百元存在银行生利息，我们是否可称他为资本家？""试述资本蓄积与资本集中的区别""利润率用什么计算？""中国乡村的田租和经济学上的地租有何差异？"[③] 这是解释35个基本经济学概念后提出的研究题目，可见关注的重点是基于一般商品经济原则之上的资本主义商品经济的特征。由于后面还要专论资本主义经济，所以这里所说的重

---

① 杨明山著《新经济学ABC》，乐华图书公司1934年版，第10—11页。
② 杨明山著《新经济学ABC》，乐华图书公司1934年版，第8—9页。
③ 杨明山著《新经济学ABC》，乐华图书公司1934年版，第56—57页。

点，又主要落脚在资本主义经济与一般商品经济和非资本主义经济的联系和区别上。联系方面如商品交换价值的计量，商品拜物教性质，买卖竞争或供求关系对商品价格的影响等；区别方面如普通存款与借贷资本的不同，封建地租和资本主义地租的不同等。至于其他一些关注点，如生产资本与工业资本的区别，资本积累与资本集中的区别，利润率的计算等，恐怕后面的叙述里没有机会论及，故这里先行提示。

第 3 章有 10 个研究题目："商品生产经过何种历程发达来的？""机器的发达对于劳动阶级有何影响？""试述劳动力变成商品的条件""劳动力的价值由什么计量？""剩余价值从何处得来？""试述剩余价值转化为资本的条件？""何为生产的无政府状态？""为什么在资本主义底下，恐慌是不可避免的现象？""为什么产业预备军是资本主义存在的前提条件？""试述资本蓄积当中所包含的矛盾"①。这些题目，几乎完全按照本章各节的论述顺序提出，用于巩固相关的理论要点，而这些要点，又基本上遵循了《资本论》第一卷的理论逻辑，同时也是本书研究新兴经济学的一个核心内容。

第 4 章同样有 10 个研究题目："竞争已然是资本主义社会里之必然的现象，何以资本家的企业联盟成为可能？""在经济上，资本家的结合有何种主要形态？""资本家的独占对于自由竞争和无政府状态有何影响？""试述银行与工业资本的关系""试述卡德尔与托拉斯的差异""保护关税对于资本输出的影响如何？""试述帝国主义的特质""为什么战争是资本主义之必然的运命？""试述第一次世界大战暴发的原因"②。以上题目同样对应于本章各节的论述内容，不过在理论来源上比较多样化，如特别提到希法亭（原译"希尔华宁"）的《金融资本论》及其关于金融资本的定义③。但就整体框架说，主要来自列宁的《帝国主义论》特别是关于帝国主义五个基本特征的论述，并且成为本章分 5 节的主要依据，包括许多具体的例证与数据，显然出于列宁这本著作，这也是本书研究新兴经济学的另一个核心内容。

此外，全书末尾，开列"中文经济学参考书"，提供给读者参考。"关于新派经济学的参考书，我们中国是很少的。尤其要找出一本给初学者看的著述，可以说

---

① 杨明山著《新经济学 ABC》，乐华图书公司 1934 年版，第 105—106 页。
② 杨明山著《新经济学 ABC》，乐华图书公司 1934 年版，第 149—150 页。
③ 杨明山著《新经济学 ABC》，乐华图书公司 1934 年版，第 114 页。

是难之尤难"。接着介绍几个译本并加以说明：一是陈绶孙（即陈寿僧）译"世界有名的德国女革命"卢森堡的《新经济学》。分6章，第1章"把国民经济学者加以严重的批评"，第2、第3章讲经济史，第4至第6章"讲资本主义社会之经济的法则"。二是周佛海译《经济科学概论》。"这本书是越过经济学的范围之外的，所以不名为经济学，却称为经济科学。这是因为本书的内容是从人类原始时代的经济组织起到资本主义社会，再而讲到未来的新社会的经济组织"。三是戴季陶译《资本论解说》。"这本是那有名的考茨基的重要著作，它的价值今日世界的学者都有赞称过，在这里无须我絮说"。四是陈豹隐译"日本的新派经济学的权威者"河上肇的《经济学大纲》。这个译本还没有出版，只在《申报》上看见其出版预告。原著分上下两篇，上篇"资本家的社会之解剖"，下篇"资本家的经济学之发展"，陈豹隐的译本只是上篇而已。原著900多页，定价才1日元（值中国银9角5分），但中文译本定价2元，未免价钱太高。"这或者是证明中国的生产力的不发达，但和日本原著的价钱比较，那未免差得太远了"。五是李初梨译《政治经济讲话》。中文译本还没有出版单行本，只看到在《日出》旬刊登载过两次，"深望这译本得早日出世"。"这本书是问答式的教科书，据原著者说，本书是要给劳动者读的，因此，本书的解说非常之简明，确实是初学者的教师"。在本书指导下，看第1至第4章，"可以了明了资本主义社会的经济构造"；看第5章，"可以了解人类之经济生活的变迁"；看第7章，"可以了解政治组织"；看第6章，"同时也可以明白新社会与过渡的社会制度"。"经济学的初学者，不，一般青年男女都不可不读的教科书"。六是林伯修译日本"有名的帝国主义研究者"猪俣津南雄的《金融资本论》。"我们如果要研究金融资本与帝国主义，在现下的中国出版界，本书要算是最好的参考书。不过，或者是译者过于忠实也不一定，有些直译式的倾向，初学者恐怕有点难懂"。其他还有《资本制度的解剖》《资本主义批判》等，也是初学者的参考书。①

这里列举的经济学中译本参考书，除未公开出版者外，均见于1927—1928年间，前面几近考察过（仅《资本制度的解剖》一书待查）。这些参考书，被归入"新派经济学"范围，所谓新派，实即区别于旧派资产阶级经济学的马克思主义经济学，或运用马克思主义经济学而重新创建的经济学体系。显然，《新兴经济学研

---

① 以上引文均见杨明山著《新经济学ABC》，乐华图书公司1934年版，第151—154页。

究》作为国人自撰的经济学著作，其参考来源即出自这些中译本。它的用意，一是要在国内推广新派经济学，改变只限于翻译版本而且很少看到，甚至要找到一本合适者难之尤难的状况。二是面对国内的经济学初学者乃至一般青年男女，让他们能够读懂或有效接受新派经济学知识，所以其书名后来改为《新经济学 ABC》，更贴近以通俗形式普及新派经济学的原意。三是从各种译本里吸取营养，形成自己更适于向国人推广新派经济学的通俗表达方式，而不是单纯依赖于翻译国外著作。作者对各种参考书的评点，也体现了上述用意。如谓：卢森堡的《新经济学》，站在旧派经济学之外即在严厉批评国民经济学者的前提下，讲述经济史和资本主义社会的经济法则；波达诺夫的《经济科学概论》，称经济科学而不称经济学，因为超越旧派经济学的范围，讲述从人类原始时代到资本主义社会再到未来新社会的经济组织；考茨基的《资本论解说》，其价值受到全世界学者的称赞；《政治经济讲话》解说非常简明，是给劳动者读的问答式教科书，借以明了资本主义社会的经济构造，人类经济生活的变迁与政治组织，新社会及其过渡社会的制度等；猪俣津南雄的《金融资本论》，虽然译本不够通俗，却是国内研究金融资本与帝国主义最好的参考书；等等。总之，这些译本完全不同于现行正统经济学，或者持批判态度，或者面向劳动者，运用新的理论观点即马克思主义经济学，考察资本主义的经济法则和最新发展，以及人类经济组织的变迁乃至过渡到新社会的经济制度等。这个评点还补充了某些信息，如陈豹隐翻译河上肇的《经济学大纲》，只译出其上篇"资本家的社会之解剖"，舍去其下篇未译，而此节译本的国内定价居然比 900 多页原著的日本定价高出很多，似乎是说国内因生产力不发达而出版成本太高，不利于新派经济学的发行；另外提及陈氏译本尚未正式出版，实则已初版于 1929 年 4 月，说明杨氏著作虽迟至当年 11 月才初版，但书稿提交出版社应在 4 月之前。

### （二）序论举例

以上简介，大体可以明了本书的结构和要点，尤其清楚这是按照马克思和列宁的经济学说来通俗讲述新经济学的基本知识。不过，翻阅全书，很难看到提及马克思、列宁的名字，也不曾引用马克思和列宁的著述原文，所以书中看不到任何引文出处的注释，这大概正是通俗读本的特征。同时论述重要的经济原理，又几乎都以马克思或列宁的经济学著作，特别是《资本论》第一卷和《帝国主义论》为依据，并以简洁易懂的转述方式表达出来，当然这种转述，体现基本精神，却未必准确。为了显示这种著述特点，不妨以其序论为例，作一介绍。

关于经济学的定义："经济学是研究并说明资本主义社会的经济生活之法则的科学。它的任务在究明以商品生产和商品交换为根底的人与人之间的生产关系"。"俗流的经济学者"往往把经济学这门科学视为关于人类经济生活的学问，以为它研究的是人类经济生活的一般法则，也就是不单研究资本主义经济的法则，还要研究从原始社会到未来社会的历史过程之经济生活的法则。"这种见解是错误的"。"人类生活必需的生产和交换的条件，各时代有各时代的特殊性"。原始时代没有分工，也没有支配和服从。原始人是种族和氏族的结合，共同劳动、居住和消费，没有私有财产，更没有商品交换。其后人类通过牧畜开拓了富源，起初家畜属于种族或氏族的财产，后来渐渐变为个人的私有物。"生产物的私有制度一发生，人与人之间的社会关系就起变化了"。晓得牧畜是人类社会分工的开始，牧畜种族渐渐和渔猎种族或农业种族分离。社会分工的开始，致使社会阶级分裂，"即榨取者和被榨取者，主人和奴隶的阶级关系发生了"。原始的种族经济崩坏，形成奴隶制度，由此人与人之间的社会关系又不得不变化了。封建制度的农奴，比奴隶制度的奴隶多一点权利。奴隶的劳动力和身体完全属于主人的财产，而农奴向领主纳税金和服劳役，虽仍很薄弱，但多少保留一点权利，农奴间结合为一种共同体，容易反抗领主。封建制度的发展，促进都市手工业的萌芽，于是发生单纯（即简单）的商品经济，接着机器工业代替手工业，劳动者变成商品。由单纯的商品经济变为资本主义的经济，人与人之间的社会关系又大大变化了。即使同一个时代，"在经济上发达阶段相异的国家间，人与人之间的社会关系也是相异的"。总之，假使要在原始时代的社会制度和现代的资本制度中间，"抽出一般的、相同的法则出来说明，这是较难于缘木求鱼，并且这是极暧昧糊涂"！我们只能在两个不同的时代，发见其"一般的皮相的联络"，"决不能发见着两个时代的社会经济生活的相同的、一般的法则"。"若要认真的，深刻的研究资本主义的本质和资本主义社会的经济生活的一般法则，那末就把资本主义以前的社会暂搁在一边，只限于研究资本主义社会"。①

这个定义，其基本涵义如经济学研究以商品生产和交换为基础的人与人之间的社会关系，各时代人类生活所必需的生产和交换条件各有其特殊性，从原始时代到奴隶制度再到封建制度直至现代资本制度的人类社会关系各不相同，不应脱离这种

---

① 以上引文均见杨明山著《新经济学 ABC》，乐华图书公司 1934 年版，第 1—4 页。

历史特殊性而企图从人类经济生活的一切发展时代或各个历史阶段中抽象出共同的一般的法则，批判俗流经济学者的错误见解，正是把经济学看作这样一种学问，可以用相同的一般经济法则来说明人类自古至今的一切经济生活等，可以说都是以马克思经济学说为基准。至于定义强调经济学只限于研究资本主义社会，才能揭示它的本质及其一般经济法则，故应把资本主义以前的社会研究搁在一边（未提及研究资本主义以后的社会），这便是《新兴经济学研究》一书被归于狭义政治经济学的理由，进而与研究人类各种社会形态，包括前资本主义、资本主义及其以后的社会形态的广义政治经济学，区别开来。其实该书作者并不明白所谓狭义或广义政治经济学之分，事实上他所主张的这个狭义，只是针对正统经济学者常常以适用于人类各个发展阶段的经济生活的普遍法则，掩饰作为其中一个发展阶段的资本主义的本质及其特殊法则，或者以资本主义经济的特殊法则来代替人类经济活动的普遍法则这个意图，以便在这本入门书里集中力量，简要说明资本主义产生、发展和灭亡的逻辑脉络。

关于经济学的对象："经济学的对象与任务，是在发见资本主义社会的生产方法的发生、发展和扩大的法则"。可见"经济学是历史局限的科学"，如果不受局限地观察一切有组织的社会经济，事实上消灭了经济学的所有根本概念，如商品、资本、工钱、利润、剩余价值、价格等问题。经济学的对象只限于资本主义社会的道理，只要看经济学的历史就很明白。"经济学是随着资本主义的勃兴而发生的"。普通所谓经济学，到了法国重农学派，方才带有科学的意义。其代表魁奈（原译"魁斯奈"）著名的"经济表"公布于 18 世纪后半期（1757 年），"正是法兰西资产阶级生长于君主专制的独裁底下，而深感着其受束缚的时代"。此后 20 年，经济学的创始者亚当·斯密 1776 年出版了《原富》，"即英国产业革命方开始的时代"。为什么人类到了 18 世纪才感觉有必要说明关于经济生活的科学？人类的生活和人类的历史同时开始，早在三千年前就发生了哲学、艺术、宗教等高尚的文化，为什么经济学到 18 世纪才发生？"这个问题是不难答复的"。"因为大规模的资本主义生产，复杂而错综的经济生活，是到了近代产业革命以后才发达的"。原始共产制度固不待言，古代奴隶制度和中世农奴制度下面，生产方法极其单纯，与生产方法相适应的交换关系也非常简单明了，用不着科学的说明，只凭奴隶侍奉主义、农奴贡纳领主、手工业者之间的单纯交易等关系就可以明白了。可是到了大机器发明以后，大工场的勃兴引起手工业的灭亡，同时劳动力变成商品，结果看到围绕人类生活的经济现象，如恐慌、失业、价格跌落、银行破产、农民工人的贫穷化等，"没有一件不是不可思议的，不可理解的现象"。这些现象，"并不是天上掉下来的，却纯粹是人类生活的事实，所以把这些一看好像是不可思议的资本主义社会底下的经济现象，以科学的方法来研究并说明，这便是新兴经济学的任务"。①

这里所说的新兴经济学，可以有两种理解。一种是经济学作为一门科学的产生，新兴于资本主义社会出现之后；另一种是对比前面所说的旧派或俗流经济学而言，后者试图从人类经济生活中抽象出相同的一般法则，结果对于研究资本主义社会的经济现象来说，无异于缘木求鱼，反而暧昧糊涂，唯有新兴经济学才能以科学方法来研究和说明这种特殊经济现象。前一种理解说的是普通经济学的历史起源，后一种理解说的是经济学中的新兴一派比俗流旧派更能科学地说明资本主义社会的经济现象。从上面的论述看，明确经济学的对象与任务是发现资本主义生产方式发生、发展和扩大的法则，不同于一般社会经济组织的历史局限表现在具有特定的根本概念和经济问题，普通经济学起源于18世纪下半叶资产阶级摆脱君主专制束缚时代的法国重农学派和产业革命开始时代的亚当·斯密，大规模和错综复杂的资本主义生产引发一系列以前简单生产方式不曾有过而且不可思议的经济现象亟待科学的解释等。这些说法，体现唯物史观的原理，都可以在马克思经济学说中找到相应的根据，而在传统经济学中却有所掩饰或扭曲，因此倾向于把新兴经济学的任务或对象，理解为马克思主义经济学的任务或对象。

关于经济学的方法：可以归纳为"社会的立脚点""物质生产的观点""辩证的历史方法""平衡法则"四种特质。"社会的立脚点，就是认定社会比个人较优越"。社会是一个体系，个人是社会体系中的一小部分，必然相互结合而在不断发展的世界经济中形成包括全人类在内的极为错综复杂的劳动关系。"旧派经济学的出发点，就是偏重个人"，社会的经营生产由个人的观点而定；它假设社会之外有孤立而不相干涉的个人生产，好像是说没有共同生活和相互交谈而能有语言的发达。"物质生产的观点，就是认定生产比消费及一般全经济生活较优越"。社会保持一种平衡体系的物质存在条件，就是社会的物质生产，无论什么国民，若是停止了数周劳动，马上就要灭亡。社会可以看作生产有机体，经济可以看作生产过程，"物质生产是人类的社会生活的终局的决定点，社会的发达须依倚于物质生产的发

---

① 以上引文均见杨明山著《新经济学ABC》，乐华图书公司1934年版，第4—6页。

达而决定"。旧派经济学以为社会的发达表现为欲望的增加或人口的增加，"欲望说和人口说断不能说明物质生产的发达，反之，只有物质生产的发达才能够说明人口增加和欲望增加"。辩证的历史方法，"对于社会的经济构造，应当看做是历史的特殊形态；把社会的发达的一般法则，看做是由于历史的局限所制限的"。因此经济学的诸概念，不外就是相应于物质生产一定发达阶段的生产关系的理论表现。"经济学的诸概念不会有永久的性质，因为资本主义的生产方法都不是永久的性质。资本主义的生产方法倒坏时，那些商品、资本、价格、价值、工钱、利润等的经济学上的基本概念都也消灭去了"。平衡法则在于，人类社会不会全部灭亡而能够生活、劳动、增殖这些事实，证明社会体系里有一定的平衡。例如生产人类生活必需品，一定要相应使用一定量的生产手段，消费一定量的劳动才有可能；虽然这个过程的整个体系在扩大、复杂和发展，但是整个体系还是保持平衡的状态。"资本主义经济之循环的恐慌，就是平衡的破坏"。急激的平衡破坏即恐慌，然而再出现新的高级的平衡。"资本主义的市场价格，这是个制度的动摇的法则，市场竞争，就是破坏了的平衡之不断的回复的法则"。①

以上所谓经济学方法的四个特质，均与旧派经济学的方法论相对立。如社会的立足点对应于偏重个人的出发点，物质生产的观点对应于欲望说和人口说，辩证的历史方法对应于资本主义生产方式及其经济概念的永久性质，平衡法则对应于资本主义经济循环的恐慌即平衡的破坏。换句话说，论述了经济学的定义和对象方面不同于旧派经济学的特征之后，再从经济学的方法方面更有针对性地比较其不同于旧派经济学的特征。这些特征，并非都取自马克思经济学说的原有表述，作者在自行整理和表达过程中或者还有简化、修改乃至不确切之处，但显而易见，总体说来试图用马克思主义的新兴经济学来完全取代旧派经济学的理论体系，尽管整个序论里从未提到马克思及其学说。看来，作者为了普及新兴经济学知识的需要，也为了在当时反共环境下避免不必要的麻烦，力求吸收有关马克思经济学说的各种译本内容，并将其要点化为自己的通俗语言而构成研究新兴经济学序论的主旨框架。这一点，同样体现在全书正文的论述中。

序论之外，其余各章，无论经济学的根本概念，资本主义经济还是资本主义经济的发展，实际上阐述的都是马克思主义经济学的内容，或者说是从那些论述马克

---

① 以上引文均见杨明山著《新经济学ABC》，乐华图书公司1934年版，第7—10页。

1920-1929 从民国著作看马克思主义经济学的传播

思主义经济学的译本里所汲取的内容，其特点不在于内容，而在于形式，如对既有内容的摘要选择、重新编排和通俗表达等，没有必要予以复述。书中还可以看到一些涉及中国的例子，如谓：产业落后的中国现在还是封建的土地制度，资本尚未充分侵蚀农业部门，还不到以资本直接经营农业而榨取剩余价值的程度，土地所有者向土地使用者征收的地租，并不是现代资本制的地租，而是古代封建制的地租，乡村农民向地主支付的田租，"这种封建的地租是属于我们的经济学的研究题目的领域之外"；产业革命后的西欧资本主义，到处发其淫威，侵入美洲大陆，攻破印度的共产制度，进而惊醒东洋的睡狮中国的痴梦，鸦片战争打开中国的海口，"先进资本主义国家的商品，如狂风猛水侵入中国的封建城市"；中国的关税自主运动日益激烈，就是要脱离资本主义国家的束缚，"中国的关税不能完全自主，则中国的产业永远不能发达，能够发达的只是外国资本"；等等①。这些例子只是零星出现，可能也引自那些国外著作的译本或其译者的评介，还谈不上运用马克思主义经济学结合中国国情来进行新兴经济学的研究，但这种理论与实际相结合的研究，将是顺理成章之事。

### （三）结语

杨明山的《新兴经济学研究》一书，虽然著者情况不详，但此书在马克思主义经济学传播的中国路径中，仍留下了值得注意的轨迹。首先，它和同年初版的那些根据马克思经济学说来改造传统经济学的国外经济学或政治经济学著作的译本一道，在国内重新接续起1927年已露其端倪，1928年却被中断的用新经济学取代旧经济学的势头。此前我国已持续有专论马克思主义经济学的著作特别是马克思经济学原著和解说《资本论》的译本流行，但一直与国内经济学界相隔膜或被排斥在外；此前我国在舶来和自撰的传统或正统经济学著作里，也不断增加有关马克思经济学说的评介内容，累积起来颇为可观，但始终被限制在正统经济学的理论框架内，或者被当作批判的对象，或者予以修改和曲解，即便采纳也是经过无害处理而不能危及原有的理论体系。直至1927年，才在国内集中出现了由国外马克思主义者或社会主义者尝试创建新经济学的著作译本，然而似乎昙花一现，随着国内政治局势的逆转，第二年即不见其踪迹。这股势头只是被暂时压抑了，并未消失，很快到1929年又重新复苏，并更为强劲地显示出来。杨氏《新兴经济学研究》，便是一

① 以上内容分别见杨明山著《新经济学ABC》，乐华图书公司1934年版，第56、63、84页。

例。其次，这股势头的创始和主力，最初都是来自国外著作的译本，在马克思经济学说的共同基础上，思路多样，类型不一，质量水准亦各有千秋，不过其影响不久就传导给国内学者，开始效仿这些舶来品自行撰写以马克思经济学说为指导的新经济学著作。杨氏开列的中文经济学参考书，如实展现了他自撰研究新兴经济学著作，基于当时国内所能搜集到的尝试创建新经济学的中译本并从中汲取滋养的思想来源。同时也能看到，他的仿效自撰，从简单易懂者入手，避开艰深的理论，选择易于通俗说明的内容，故称之为新经济学 ABC，这也是那时其他许多国人自撰经济学著作的共同特点。最后，杨氏自撰新经济学著作，当年并非个例，国人中还有其他的例证，但杨氏之作仍有其不同之处。如先前陈豹隐的《经济现象的体系》，同样打破历来经济学原论的体例而意在另创新的经济学体系，但这本小书只完成其设想的上半截而未见下半截，故没能形成完整的系统；其内容虽说也面向经济学的初学者，然而没有一定的经济学素养，一下看不出其依据是马克思经济学说，须依傍于陈氏所翻译的河上肇《经济学大纲》，才能明白这是为运用马克思经济学说来解剖资本主义经济现象，先行提供有关这一经济现象的基本知识。杨氏之作，尽管也是一字未提马克思及其学说，却一眼就能看出这是基于马克思经济学说的理论体系，不仅具有完整的系统，而且引入列宁关于帝国主义的学说。至于后面将看到的同期汤城的《新经济学概论》，同样打着新经济学的旗号，惟想在正统派经济学和马克思派经济学之外，建立起独立的民生主义经济学，仍无法摆脱正统经济学的理论框架，故同这里所考察的新经济学，根本不是一回事。所以说，《新兴经济学研究》一书，尽管不知其著者为何人，但就国人自撰新经济学而言，有其特出之处，值得在马克思主义经济学的传播史上记下一笔。

## 六、《现代经济学》及其他

在杨明山的《新兴经济学研究》之前，已有一些国人自撰出版的经济学著作，虽不及杨氏之作系统，但已在吸收马克思经济学说方面，进行了不同程度的努力。

### （一）《现代经济学》

石英编，上海现代书局 1929 年 8 月 5 日初版，现存 1930 年 4 月 5 日再版。编者虽不详，却知其稍后翻译出版了列宁的《给农村贫民》（原译"农民与革命"）一书（前已考察）。他这里的所谓"现代经济学"，浏览目录，便可知其完全不同于流行的正统经济学体系。

第 1 章绪论，论述经济学的意义，经济学的对象，经济的法则，经济学的任务，资本家的经济学与马克思的经济学；第 2 章商品生产，论述资本家社会，商品，非商品生产的社会，商品生产的发展，资本家的商品生产；第 3 章价值，论述使用价值与交换价值，当作使用价值的商品，价值或商品价值，价值论详说，劳动的二重性；第 4 章剩余价值，论述剩余价值的源泉，当作商品的劳动力，劳动力的价值，劳动过程与价值增殖过程，不变资本与可变资本，剩余价值率，劳动时间的延长，绝对的剩余价值与相对的剩余价值；第 5 章生产方法的变革，论述"协业"（今译协作），协业的利益，资本家的协业，"分业"（今译分工）及工场手工业，工场手工业的特征，工场手工业的资本家的性质，机械，机械经营波及于劳动者的影响，工厂，小工厂的灭亡，工场法；第 6 章资本的发生，论述什么是资本，"本原的蓄积"（今译原始积累）的秘密，从农民剥夺土地，资本主义发生期的劳动立法，工业资本家的发生，资本家的蓄积之史的倾向。

显然，这里论述的，正是与"资本家的经济学"相对立的"马克思的经济学"。具体言之，除绪论一章外，其余各章的内容，基本上按照《资本论》第一卷的顺序，叙述其理论要点。也就是说，用简明扼要阐述《资本论》的方式，构筑起现代经济学的理论框架。第 2 至第 6 章都是转述《资本论》的要点，毋庸赘述。下面简要考察第 1 章的内容，以见编者的经济学眼光与水准。

关于经济学的意义：所谓经济学，简单地说，是研究"这支配着资本家的社会底经济生活之法则"的科学。以马克思《资本论》第一卷第 1 版的序文为证，"我在此书所要研究的是资本家的生产方法及适应于此的生产关系和交换关系"；"暴露近代社会底经济的运动法则是本著作底最后的穷极目的"①。极重要的两点，一是"我们的经济学底对象是近代社会，即共通于今日的一切国家的资本主义的经济生活"；二是"经济学底目的不在于记述资本家的社会底个别的经济现象，而在于指摘贯流于个别的经济现象之自然科学的法则"。

关于经济学的对象：可引用《资本论》第 2 版跋文中马克思所引用的他人的文句来说明："或许会有人这样说吧：经济生活之一般的法则是一个同一的东西，无论我们适用它于过去或现在照理都是可以的。然而这正是马克思所否定的东西；照马克思讲，这样的抽象的法则是不能存在的。……（中略）诚以一个同一的现

① 其今译文见《资本论》第一卷，人民出版社 2004 年版，第 8、10 页。

象，因各个的有机体底全构造，其个个的器官及这等器官所作用的条件都是互相不同的缘故，各自从属于完全不同的法则"①。所以，原始共产主义时代，奴隶制度时代，农奴制度时代，资本主义时代，"凡此种种的时代的经济生活都各被互相不同的经济法则所支配"。若欲发见一个共通于各时代的经济法则，只能得到一个极皮相的一般概括，"这样的徒劳的努力不得不是放弃科学的理论经济学之真意义"。研究最高发展阶段的资本家社会，亦即真实地理解各种阶段的关键，对于这一点，马克思在《经济学批判》序里也有刻画的说明："资本家社会是最发达的最富于多样性的生产底历史的组织。资本家社会是建立于过去的社会形态之废墟与要素之上……（中略）所以理解这表白资本家社会底诸关系之范畴与此等关系之编制，同时亦能洞察没落了的一切过去的社会形态之编制及其生产关系。……（中略）知悉了地租，才能理解贡赋、十分之一税等。但我们决不可将它们视作同一"②。我们周围的每个经济现象，如恐慌、失业、物价腾落、银行破产、农民贫穷化等，都不是不可思议、不可解的东西，"不是什么不能看破的超自然力的魔法作用"。科学地研究贯通于资本家社会的这些看起来似乎不可思议的经济现象的自然法则，"就是新兴的经济学之任务"。

关于经济的法则：马克思在《资本论》第三卷中说："假使事物之现象形态直接地与其本质是一致的，那末，一切的科学必归于无用了吧"③。又说："假使资本家的生产过程底现实的内部的联络之分析是极复杂的事情，极精密的工作，又还元这外观的单单的现象的运动于内部的现实的运动是科学底任务，那末，资本家的生产及流通之当事者底脑中所形成的关于生产底法则之观念必不合致于（科学的）法则，而且不得不是单就外观的运动之意识的表现的是自明之理"④。因此，经济学不是斤斤地以搜罗排列资本家社会的个别经济现象为能事，"不得不研究贯通于这种种的个别的现象底法则为本务"。若要科学地研究一种现象并获得其运动法则，不可不选择最适合于研究的现象状态来考察。马克思著《资本论》，关于商品生产部分以英国的经济事实为基础，关于地租部分以俄国的事实为基础，就是这个道理。《资本论》第一卷第1版序言中说："物理学者当观察自然过程之际，选择

① 其今译文见《资本论》第一卷，人民出版社 2004 年版，第 21 页。
② 其今译文见《马克思恩格斯选集》第 2 卷，人民出版社 1972 年版，第 108 页。
③ 其今译文见《资本论》第三卷，人民出版社 2004 年版，第 925 页。
④ 其今译文见《资本论》第三卷，人民出版社 2004 年版，第 348 页。

一个表示最富于含蓄的形态而最不易受外界的扰乱的影响的现象；假使有可能的时候，总必在保证这过程之纯粹的进行之条件底下去施行实验。我在此书所应研究的是资本家的生产方法及适应于此的生产关系。它们所行着的最模范的地方，在今日只有英国。……（中略）产业底比较地发达了的国家对于落后于发达的国家是指示后者自身的将来的姿态。"① 究明这样的经济法则，"不得不使用一切的科学的理论的分析的武器"。只有马克思经济学，一方面"当作一个自然的过程去把握社会底经济的构造之发展"，他方面"在不能充分地施行观察或实验的时候，去利用及依赖理论的抽象力，所谓'当分析经济的诸形态之际，显微镜与化学的试药皆属无用。抽象力不得不出来代理其事'②"。

关于经济学的任务："我们的经济学，马克思的经济学是被布尔乔亚泛所遗弃的古典派经济学之继续，就是继续它的批判的性质而更使之发展起来的东西。如古典派经济学为布尔乔亚泛对抗封建制度之武器，同样地，马克思经济学为普罗列搭利亚特对抗资本主义之武器"。我们的经济学压根是理论的，同时，恰如亚当·斯密的经济学，不可分离地包含政策论和战术论。

关于资产阶级（原译"布尔乔亚"）经济学与马克思经济学：古典派经济学者，确信资本家的秩序之绝对性及正常性，无顾虑地分析及究明资本家的生产方法及其生产与分配关系之本质，对于妨害资本家的生产方法的一切断然地施行攻击。重农学派的自由放任标语，也是其后继者英吉利古典派经济学者的根本主张。当英国的资产阶级获得了政权，资产阶级与无产阶级的阶级斗争渐取公然的形态时，资产阶级经济学渐陷于凋落的运命。《资本论》第一卷第2版跋（原文误为序）说："经济学若只在布尔乔亚的以内，即不以资本家的秩序为历史地过渡的发展阶段，反把它当作一种社会的生产之绝对的且终局的形姿去理解以内，这只不过是阶级斗争止于潜在的状态，或只显现于孤立的形态之时，才得成一个科学而已"。"跟随一八三〇年之终末，最后的决定的转回于是出现了。布尔乔亚泛已经在法兰西及英吉利掠取了政治的权力。自这时以来，阶级斗争无论在实际的或理论的，愈加取着显明的威吓的形态；这（阶级斗争）敲鸣了布尔乔亚的科学的经济学之吊钟。……（中略）这是'布尔乔亚'经济学之破产的宣告，俄罗斯的大学者、大批判家齐尔

① 其今译文见《资本论》第一卷，人民出版社2004年版，第8页。
② 其今译文见《资本论》第一卷，人民出版社2004年版，第8页。

舍斯基在他的著作'穆尔以后的经济学大纲'已把这事实巧妙地阐明了"①。"近代普罗列搭利亚特底最大的理论的代表者"卡尔·马克思，将英吉利的经济学，法兰西的社会主义及德意志的古典哲学统一地熔化于一炉之中而"树立了普罗列搭利亚特真实的解放理论即马克思主义，马克思经济学"。马克思代表着革命的无产阶级的立场，"资本家的生产方法底法则及倾向皆由马克思而克明地究明了了，社会主义与劳动者的运命亦由他之力量而获得了确固的科学的基础"。科学的资产阶级经济学已经死灭了，但御用的资产阶级经济学仍旧存在着。如历史学派反对古典学派经济学和马克思经济学的抽象方法，注重具体的、现实的、历史的事实搜集与记载，对于理论与法则采取怀疑的态度；心理学派则以认识普遍的法则为目的而否定资本家的经济现象的历史性，使经济学成为心理学的一个分科。在英吉利和美利坚更有折衷这两派立场的学派。不过此等学派皆为资产阶级经济学破产的产物，它们除了反映失却历史存在意义的资产阶级的立场以外，没有什么科学的价值。无产阶级的经济学由马克思完成了，"所谓科学的经济学大体上可以说以此为终局的完成"，但个别细目因后来资本主义的发展而得到补充。尤其在马克思的时代，帝国主义的倾向只在支配世界的英吉利的经济现象中表现出一些萌芽，但自本世纪以来，它已经变成支配的现象。关于帝国主义的研究有待于卢森堡（原译"鲁森堡"）、希法亭（原译"西尔发丁"）的探讨与列宁的完成研究。"由马克思经济学而获得了理论的基础的社会主义现在已经走入了实行的领域，究明资本主义底经济法则的科学已从资本主义向着社会主义的'转形期之经济学'底形态发展下去了；所以经济学是阶级斗争底最重要的武器是充分地被证明了的"。②

经过以上梳理，可以看到这本《现代经济学》，如果说其正文部分，完全依照《资本论》的理论体系予以阐述，同样在其绪论部分，也是尽力从马克思经济学说里找寻解说的依据。关于经济学的意义、对象、任务和经济的法则等基本宗旨，这是一般理论经济学著作都要首先说明的问题。由于传统经济学及其后来的各类变种，长期占据支配地位，因此它们关于这些基础性论题的概括，形成一些主要代表资产阶级利益及其观念的共识，又在各种流行的教科书式经济学原理著作里，不断出现，反复重申，久而久之，似乎固化为不可移易的范式。然而，这些范式，在《现代经济学》的绪论里，被完全颠覆了。颠覆的依据，正是来自马克思在《资本

---

① 其今译文见《资本论》第一卷，人民出版社 2004 年版，第 16—18 页。
② 以上引文除另注外，均见石英编《现代经济学》，上海现代书局 1929 年版，第 1—25 页。

2058

论》和《政治经济学批判》导言等著作里的有关论述。比如：定义经济学这门科学，研究资本主义生产方式以及和它相适应的生产关系和交换关系，最终目的是揭示现代社会的经济运动规律。经济学的对象，不存在应用于现在或过去的抽象规律，每个历史时期都有它自己的规律；资产阶级社会作为历史最发达的和最复杂的生产组织，理解表现它的各种关系的范畴及其结构，同时也能透视一切已经覆灭的社会形式的结构和生产关系。经济学的任务，马克思经济学继承被资产阶级遗弃的古典经济学的批判性质并加以发展，就像古典经济学曾经是资产阶级对抗封建制度的武器，马克思经济学同样是无产阶级对抗资本主义的武器；马克思的理论经济学也和亚当·斯密的经济学一样，同时包括相应的政策和策略。经济的法则，需要科学的研究，事物的表现形式不可能和事物的本质直接合而为一；资本主义生产和流通当事人既然把看得见的表面的运动归结为内部的现实的运动当作一种科学的工作，那么在他们头脑中，关于生产规律形成的观念，必然会完全偏离这些规律，必然只是表面运动在意识中的表现；研究现代生产方式的典型地点是英国；资本主义生产的自然规律的趋势，以铁的必然性发生作用并且正在实现，工业较发达的国家向工业较不发达的国家所显示的，只是后者未来的景象；分析经济形式，既不能用显微镜，也不能用化学试剂，二者都必须用抽象力来代替。资产阶级政治经济学把资本主义制度不是看作历史的过渡的发展阶段，而是看作社会生产的绝对的最后的形式，所以它只有在阶级斗争处于潜伏状态或只是表现个别现象的时候，还能够是科学；从资产阶级夺得政权起，阶级斗争在实践方面和理论方面采取了日益鲜明的和带有威胁性的形式，它敲响了科学的资产阶级经济学的丧钟，其最著名的代表约翰·穆勒力图调和资本的政治经济学同已不容忽视的无产阶级的要求，宣告了"资产阶级"经济学的破产；马克思作为近代无产阶级最大的理论代表，将英国的经济学、法国的社会主义和德国的古典哲学熔于一炉，建立了真正解放无产阶级的理论即马克思主义；科学的资产阶级经济学消亡后，御用的资产阶级经济学仍旧存在，但除了反映资产阶级的立场外，已没有什么科学价值；马克思完成了无产阶级经济学的科学体系，其具体内容随着后来资本主义的发展又继续得到补充，尤其20世纪帝国主义变成支配的现象，关于帝国主义的研究经过一系列探讨最后由列宁完成；由马克思经济学确立其理论基础的社会主义，现在已经进入实行领域，经济科学随着从阐明资本主义的经济法则，转向社会主义的发展形态，即如布哈林所说的"转形期的经济学"，这也充分证明了经济学是阶级斗争的最重要武器。

上述绪论观点中的这些概论范例，比较资产阶级经济学，具有颠覆性，体现了《现代经济学》区别于那些流行的正统经济学著作的鲜明主旨和特征，它同正文阐述《资本论》理论要点的内容结合在一起，实际上已经初步构建起后来名为马克思主义政治经济学（资本主义部分）的理论体系雏形，并以转形经济学的名义，提示在社会主义实践的基础上，继起进一步展开马克思主义政治经济学（社会主义部分）的全新探索。当然，这种新经济学的著作，既然以编为主而非独立研究的成果，必定有可资编纂的参考著作。编者除了马克思的《资本论》等经济学代表作外，没有说明其他的参考来源，可是从其绪论的欧式表述特别是一些佶屈聱牙的译文里，可以明显感到这些参考书来自国外或可能来自苏联的色彩，而前述《现代经济学概论》译本，便是其中一例。尽管如此，《现代经济学》毕竟是较早由国人自行编写，完全以马克思主义经济学为指导而冠名现代经济学的著作。

### （二）《经济学常识》

谢彬①著，上海太平洋书店 1929 年 9 月初版。此书 7 章，160 页，分别是经济学的定义，经济学的范围，研究经济学的方法，经济学派别，经济社会变化的程序，中国经济状况，现代经济行为的批评。从这个目录看，书中选择经济学常识的标准，不同于传统经济学教科书的三分法或四分法范式，另有取舍范围。特别是经济学派别一章，叙述重商派、重农派、亚当·斯密与正宗派、李士特与历史学派后，论及"马克斯与社会主义派"：

社会主义思想发生在二千（原文误为"二十"）年前，如柏拉图、亚里士多德等古籍中，已见其端。不过社会主义的名词，始见于 1833 年的"贫人之保护党"，英国的欧文及信奉其学说的人都用这个名词，意思是社会的改造与改良。社会主义的界说颇多，广狭也不一致。其发生的原因，从思想上说，社会主义反对 18 世纪末年的极端自由主义；从经济组织上说，自实行资本制度以来，劳动阶级和资产阶级渐成对峙之局，乃创社会主义，主张劳动者的权利，对抗资产阶级，以谋根本改造。社会主义，"诚是劳动阶级的经济哲学"，恩格斯"所谓第四阶级的哲学，即

① 谢彬（1887—1948），湖南衡阳人；早年加入同盟会，参加辛亥革命；1912 年留学日本，入早稻田大学读政治经济学，其间结识孙中山，加入中华革命党，1916 年毕业回国参加护国讨袁；1919 年在上海主编《民心周报》《醒狮周报》，1920 年任中华书局特约编辑，任教大夏大学，1921 年回衡阳在湖南第三师范讲学；1923 年任广州革命政府经济顾问，1926 年参加北伐，先后任国民革命军第六军、第八军和湖南省政府秘书长，陆海空军抚恤委员会中委员，军事参议院中将参议代行院务；30 年代著书立说，抗战前夕任湖南大学经济系教授、系主任，1947 年任衡阳船山中学校长。

是此意"。社会主义派的主张，原来千差万别。"但是集合各派的学说，并为他们修正，造成社会主义上泰斗的，要算马克斯了"。马克思的学说，简明叙述如下：

一是"唯物史观"。马克思以为人类思想变动的结果，影响及于社会组织，均在物质生活方面，而各种物质品的生产，纯恃生产力。生产力的组织，一部分由于非自动的如土壤、天气、水润、原料品、工具、机器等；一部分由于人的本身如劳力、发明、创造、技师等。生产力的组成中，"占前列的，为苦力的劳动与用心思的劳动"。"他们在资本主义的社会中，实为交换价值的真正创造人。在社会中，惟此有改变改造的能力"。所以，物质生产实为社会的根本，其他如法律、政治、宗教、道德、哲学以及各种科学，好像房屋里的楼上各层。当新生产力渐渐披露的时候，只适合于旧生产力的旧时生产条件，必渐渐觉得不适用，社会的上层构造亦必不愿与新的相呼应，社会上越轨的事，必不能免，社会恐慌，因之而起，"到此时候，社会就转入革命漩涡中了"。二是"阶级斗争"。自私产制度发生后，社会内分为若干阶级。"马克斯根据经济上的性质，将近世社会中分为两阶级：一部分的人，其生活上的源泉，由于劳动力的，组成工人阶级；其他部分的人，生活上的源泉，由于产业的，如地皮、房屋、工厂、矿产公司等，组成资本阶级"。换句话说，工人阶级靠工钱维持生活，资本阶级靠财产与红利维持生活。两者彼此利益既不相合，冲突自是不免。根据经济上的性质，靠工钱生活的工人，售卖劳动力总想得个善价，愈高愈好；同时买此劳动力的资本家，也想得个便宜价格，愈贱愈好。工人若不售卖劳力，立刻有饿毙的危险，因此资本阶级更能显出其威权，而利益的冲突，也就更激烈了。"所以马克斯谓此种阶级斗争，是社会组织的必然现象，而且是人类社会历史中的必然现象，社会的进化，全赖他推动的"。三是"余值论"。"照马克斯的观念，惟劳动能产生价格，资本不能生产。地租利息的来源，完全由于余值，此项余值，乃由劳力或劳心的人工所产生，而为他人扣去，未曾付诸原来的生产人。此种被他人不付相当报酬，与带劫抢性质，并受勒索的劳动力，即资本的唯一源泉。因此一般事业家的热情，咸趋重此点，用红利等等名义，取此余值。用多数妇孺代替男工，运用新机器节省人工，务使事业发达，余值增加"。

"自马克斯的资本论出版后，谈社会主义的，莫不尊若圣经，他的学说，也就风靡一时了"。各国社会党的领袖，皆与马克思主义联络一致，直至最近，以各国中心人物撰写的计划不同，才又分为数派。如基尔特社会主义；费边社；德国修正派社会党，"对马克斯主义有所讨论，主张直接从利于工人方面的事业进行"；马克思主义派，"主张从政治方面，实行激烈活动，以实行马克斯的学说为目标"；工团主义派；此外英国的工党，德国的社会民主党，初创时虽各有历史，欧战后均趋向社会主义了；俄国的"多党主义"，只就它所宣布的而言，"也算马克斯主义的实行派"。[①]

这样叙述马克思经济学说，显得过于简化和随意，一些关键的理论环节被省略了，而且自行加工后的口语化表达，也欠严谨和准确，但从常识性的经济学通俗读物角度看，此书不同于其他一般类似读物的特出之处，把马克思经济学说同样纳入应在国民中予以普及的经济学常识范围。就常识而言，重点不是理论的完整系统和推理过程，而是相关的普通知识或基本知识。依此来看本书叙述的知识点，从唯物史观方面，能够看到：社会组织的物质生活与生产取决于生产力的发展，其结果影响人类思想的变动；生产力因素包括客观物质条件和人的主观能动作用，又以体力劳动和脑力劳动占据前列；在资本主义社会，劳动者实为价值的真正创造者，唯一具有改造改变社会的能力；当适合于旧生产力的旧生产条件不能适用于新生产力的发展时，建立在原来物质生产基础上的社会法律、政治、宗教、道德、哲学等上层建筑，也不能与新的发展相呼应，于是社会上不可避免地出现越轨之事和社会恐慌，这时社会革命就发生了。从阶级斗争方面，能够看到：私有制产生后，社会分为不同的阶级；近世社会分为两个阶级，一个是依赖于劳动力作为生活来源，靠工资维持生活的工人阶级，另一个是依赖于生产资料作为生活来源，靠财产和红利维持生活的资本阶级；两个阶级具有不同的经济性质或地位，彼此利益矛盾，冲突不断，工人总想为其劳动力卖个好价钱，工资越高越好，购买劳动力的资本家则要压低价钱，工资越少越好；工人受到饿死的威胁只好出卖劳动力，因此资本阶级在对立冲突中占有优势地位，同时也激化了二者的矛盾；社会组织里的阶级斗争现象是人类历史中的必然现象，也是推动社会进化的力量。从剩余价值方面，能够看到：创造价值的只有劳动而非资本，地租和利息都来源于剩余价值；体力或脑力劳动所创造的剩余价值，没有付给本来的生产者，而被他人不付报酬地抢劫扣除，这种对劳动力的勒索，成为资本的唯一源泉；所谓一般事业家的热情，都是为了以红利等名义获取剩余价值，并通过用女工童工代替男工，用机器节省人工等发展方式，增加剩余价值。经过对这些知识点的梳理说明，应该说，基本上反映了马克思经济学

_____

① 以上引文均见谢彬著《经济学常识》，太平洋书店 1929 年版，第 50—57 页。

说的本质特征。

不仅如此，书中最后一章论及"现代分配制度的缺陷"，还对社会主义的分配制度评论如下：

站在现在经济制度的下面去看"四要素"（指劳动、资本、土地和企业家才能）的分配，固属当然。但事实上现今分配制度，"诚不能谓为完全无憾"。如果能使四要素的关系像兄弟般亲密，当然可以相安无事。可是地主性质的要素，决不能和其他要素相调和。地租产生的原因，"恰如绦虫在人体内，吸取营养分愈多，即愈益发达"。"酷类绦虫和吸血鬼的地主，若令长保有受领分配者的权力，而欲使分配归于公平，我敢断言必无此事"。社会主义的分配，"其法非常简单，仅以劳动为主"；土地和资本不过视为生产的手段，以之隶属于劳动；其间虽有必要存在类似于企业家，也不像今日的个人企图，"乃专以公众利益为目的"，并无所谓企业家的分配，"只能受领劳动力的分配"。"一切生产物，只分配于劳动者一要素，自无今日所谓企业家对劳动者的问题，阶级斗争，亦不会发生了"。应改造现在的分配方法，"实为研究经济学者，一个重要问题"。世人或认为社会主义的理想，绝难达到，"依我看来，将来必有实现的一日，不过尚需相当年月"。今日不许地租、利息、利润存在的经济，已经表现在我们面前，一般人未尝重视罢了。现代文明各国所实行的协同组合，就是"明明排去地租利息利润的一大社会运动"。①

这个评论，不必以马克思经济学说为出发点，也不必以推翻现行资本制度为前提，认为在现行经济制度下的分配方法，存在着劳动、资本、土地和企业家四个要素无法相互调和的遗憾，因此需要对现行分配制度加以改造。特别是憎恶地主凭借土地所有权而索取地租，像吸血鬼一样吸收社会的营养，是最不可容忍的分配不公平现象。照此说法，同样可以推理到借贷资本家凭借资本所有权而索取利息上面，但著者没有这样做进一步的延伸，只是把恶气撒到地主身上，这也体现了当时中国资本主义尚未充分发展的特点。至于说到企业家及其利润因素，著者认为在社会主义分配制度中，同样会有类似的企业家因素，但不同于资本制度下谋取个人利润，而是为公众谋利益，并和劳动者一样按照劳动分配。所有这些，都体现了著者心目中的理想分配制度，是社会主义的按劳分配制度。在他看来，此法不仅非常简单，只以劳动为标准，而且一旦将土地和资本因素作为隶属于劳动的生产手段，又将企

① 《经济学常识》，太平洋书店1929年版，第144—145页。

业家因素转变为谋取公众利益而非个人利润的劳动因素，分配自然归于公平，也自然会消除资本家和劳动者之间的阶级斗争。可是，如何实现社会主义分配制度，著者没有正面回答这个问题。他反驳那些认为社会主义理想绝难达到的论点，以现代西方国家正在流行的协同合作运动作为例证，相信这个社会运动已经展现出以劳动分配排除地租、利息及利润分配的理想分配制度类型。也就是说，在现行资本制度下，同样可以达到社会主义的分配制度理想。显然，这不是马克思主义经济学。但区别于那时流行的协作主义或合作主义思潮，越来越强调同马克思主义划清界线甚至予以敌视的趋势，《经济学常识》一书除了把马克思经济学说纳入常识范围之外，还把协同合作运动视为实现社会主义分配理想的前奏。这表明，在我国经济学的普及领域，即便普及者不一定信奉马克思经济学说，而马克思主义经济学在这个领域的渗透，却更加深入了。

**（三）《生产力与生产关系》**

邬孟晖著，上海励群书店 1929 年 4 月初版，列入引擎丛书。这本 98 页的小册子，虽不是以经济学命名，然而它专论生产力与生产关系，却涉及马克思主义经济学的基本概念，亦为当时国人自撰的经济学著作所鲜见。此书有一篇代序，形式上是潘梓年[①] 1928 年 11 月 22 日在沪西陋室写给著者的一封信，颇值得参考。序中说：

"你把这书交给我看，并嘱加以批评。我很愿意我能有什么意见可以贡献给你。可惜我的能力太小，不足对于这部著作有所可否。我只觉得这部稿子是值得一看的"。

一切社会问题，尤其在现在，"其根株是在于经济"；而从来许多学者中，能给我们在经济上解剖看个细致，并指出一条解决问题的出路的，"只有马克思派的经济学"。"因此，研究马克思派的经济学，是要冲出一条新生路的人们的当务之急"。

---

① 潘梓年（1893—1972），江苏宜兴人；1923 年毕业于北京大学哲学系，1927 年加入中国共产党，赴上海主编进步刊物和江苏省委主办的报刊；1929 年任中共中央宣传部文化工作委员会书记，1930 年起先后任社会科学家联盟负责人，左翼文化总同盟书记兼管文化工作委员会；1933 年被捕入狱，1937 年经营救出狱，受命筹办和创刊《新华日报》并任社长，1938 年迁重庆；1947 年到延安任城市工作部研究室主任；1948 年任中原大学校长和中原人民政府教育部长，1949 年任中南军政委员会文教委员会主任、教育部长；1954 年任中国科学院哲学社会科学部副主任兼哲学研究所所长，文革中受迫害死于狱中，后平反昭雪。

本来，马克思派的经济学书籍，多到汗牛充栋，已经够我们研究。"只是它这学说的脉络，是千头万绪，从各方面汇归到一点的，要把它融会贯通地了解，颇有望洋兴叹之苦痛。而且，它这经济的研究又是细则毫芒，不容稍有混统，讲到人们经济活动的各种原素时，颇非略加涉猎就能了然；它这派的书籍中所采用的各种名词，都非切辨认不可而又殊不容易辨认清楚的。因而研究马克斯派的经济学说的困难，正和其重要一样的巨大"。这样，"如果能有一种浅显的著述，从事实上把马克思派经济学说根本原则具体地解释一下，一定在上述的那种困难上成为一般研究者的一个大帮助"。"你这部稿子，我觉得是这样的一种著述"。

"在这里，首先从达尔文主义和马克思主义的关系说明了社会学的出发点，这对于了解唯物史观和阶级斗争这两个根本原理，确是最具体的说法。再从猿猴的谈到人类说明劳动的意义和所谓心的根源，也是浅显而有力。你的意趣原在释明何谓生产力何谓生产关系，今却老远地这样追源说来，实可使人汇通了不少的脉络。说地理关系的一章，更把唯物的意义说得很是透彻"。"关于说明生产力和生产关系的三章，虽只粗粗的分解，而在建立马克思经济学说中的几个根本观念上实有老大的作用。生产力一章，尤为切实易解，抉得要点。这对于马克思派的经济学说的了解上，确有纲举目张的力量"。"我觉得这是一本研究马克思经济学说的很好的入门书"。①

以上信函中的评论，潘氏自认对于邬氏这部著作，"丝毫没能有所帮助，实在惭愧得很"，故请邬氏不要在这书上提起自己。而邬氏却十分看重这些评论，索性将此信作为代序，原封不动地刊登出来。潘氏代序对邬氏著作的评价颇高，基于几个理由：

其一，强调现代一切社会问题的根底在于经济，但对于我们来说，在历来的众多学者中，只有马克思派的经济学，才能让人细致地看到这种经济上的解剖，并相应指出解决问题的出路，因此，我们要想冲出一条新的生路，当务之急是研究马克思派的经济学。也就是说，潘氏的评价，着眼于邬氏之书是一本研究马克思主义经济学的著作，适应了有志于认识当前社会问题的根源并由此在解决过程中创出一条新生路的人们的急迫需要。

其二，强调我们研究马克思派经济学说，存在两个困难：一是马克思派的经济

---

① 邬孟晖著《生产力与生产关系》，励群书店 1929 年版，"代序"。

学书籍汗牛充栋，需要将这个学说千头万绪的脉络，从各方面汇集到一点，做到融会贯通地了解，才能避免望洋兴叹的苦痛；二是这个学说对经济的研究又细入毫芒，极为精密，不容稍有混淆和笼统，如论述人们经济活动的各种元素，仅是略作涉猎不可能明白，又如采用的各种名词，必须切实加以辨认却又很不容易辨认清楚。这些研究上的困难，正和马克思派经济学说的重要性一样的巨大。据此，潘氏认为邬氏之作，事实上是一种浅显的著述，具体解释了马克思派经济学说的根本原则，一定会给一般研究者克服上述那些困难以很大帮助。这个评价，不是泛泛而论马克思主义经济学研究的通俗化问题，旨在解决当时研究中所遇到的主要理论难点问题。

其三，强调"这是一本研究马克思经济学说的很好的入门书"。这个评价，实际上是结合邬氏之书的六章内容而言。第一章"达尔文主义与马克思主义"，评价本节首先从两个主义的关系上说明了社会学的出发点，通过"最具体的说法"，来了解唯物史观和阶级斗争这两个根本原理。第二章"从猿猴到人类"，评价这也是以"浅显而有力"的方式，来说明劳动的意义和所谓心（即大脑发育）的根源。这两章的内容好像离开此书解释生产力与生产关系的意趣颇远，实则追溯其源头，可让人汇聚和打通不少的脉络。第三章"人类社会与地理环境"，评价此章更是很透彻地说了唯物的意义。后三章分别是"生产力""社会学分析之出发点""生产关系"，评价它们的说明，虽然只是有关生产力和生产关系的粗略分解，却为理解马克思经济学说中的几个根本观念起到很大的作用，尤以生产力一章，切实易解，抓住要点。所以说，这本书对于了解马克思派的经济学说，确实具有纲举目张的效果。诸如此类的评价，把原本看来不那么连贯的几章内容，串连起来，并给与内在逻辑上的一致性说明，也算是对此书的充分肯定。不论这种肯定的实际价值有多少，它指出书中各章的解释都围绕着或归结于诸如生产力与生产关系这样的根本概念，总可以说不失为研究马克思经济学说的一本有益入门书。

再看著者1928年11月17日写于上海的导言，这是他自己概括全书要旨的一种提炼，也是引导读者把握此要旨的一个揭示。其中说道：

"在阶级的社会中，一切学术思想都含有很深的阶级性的。支配一个时代的思想都是适应当时支配阶级的经济条件的思想。必待这个支配阶级的统治地位到了已发生动摇，而代替他的新的阶级（即当时被支配阶级）将应运而生时，然后就有一个适应新的阶级的生存条件的思想勃发"。"就大体说起来，现在全世界差不多都还在资产阶级的统治之下，因而一切流行的学术思想，都受资产阶级的影响，在资产阶级的支配之下。然而这个资产阶级的统治现在已到了末日了，不独已发生动摇的现象，并且已经开始崩坏了，因而就有一种代替资产阶级的无产阶级的思想成立"。不过在这里有必要附带申明："历史不是机械的，循环无已的。无产阶级代替资产阶级，并不是以暴易暴；他要创造一个有史以来所未有的新的人类，根本废除过去人类一切压迫制度。因为过去所有社会的历史都概括在各种阶级对抗中，无产阶级为历史上阶级对抗中最后的一个被压迫阶级；所以无产阶级本着他的经济地位所要创造的一个新社会是与承袭的财产关系最彻底的决裂，因而他的思想与过去一切传统的思想也有一个最彻底的决裂"。此外，值得我们注意的还有一点："凡是统治阶级的学术思想，因为要极力维持现状，甚至赞美现状，总是矛盾百出，破绽丛生，远于真实的；而被统治阶级的思想终是进步的，接近实际的——近代资产阶级的自由思想比封建阶级的神权思想是进步的，而无产阶级的思想较之资产阶级的思想，又算是更彻底的更合于科学的"。

"单就社会学来说，现今欧美的资产阶级的学者，关于社会学的著作可以说是汗牛充栋，然而照我们的眼光看起来，实在是千篇一律，矛盾丛生，毫无科学的价值，不过杜撰或造谣而已。这并不是说他们的聪明才智不及我们，乃是他们的阶级的意识遮了他们的见地，使他们无从获得真正的科学的真理"。他们的社会学说"粗看来似乎是千端万绪"，然而我们可以用一句话概括："如何多方点缀以维持资产阶级的统治"。进一步分析，我们可以找出三个特点：一则"将资产阶级为保存他的统治所实施的社会的组织加以理论的承认或申辩"；二则"把资产阶级的意识当作永久不变的真理"；三则"造成荒谬无稽的言论（如人心可以创造一切，世界文明是人心所欲的结果，社会历史是圣贤英雄等著作……）以混乱阶级的观点，掩埋正确的思想"。"新的无产阶级的社会学说，社会与之相反。资产阶级所需要是虚伪，而无产阶级所需要是真实。因为无产阶级在现社会中是最被压迫的阶级，他要求对现社会各种制度有正确的认识——认识愈正确，即自己解放愈迅速；他再没有阶级可让他压迫，所以他的思想是彻底的，毫无矫饰欺诈的必要"。"新旧社会学既有如此不同，我们站在研究的地位来研究新的社会学，对于流行的社会学的著作中所能采取的材料几乎没有——至多只能采取批评的材料"。

这种新的社会学理论"早已完全成立"，只是"编成科学的统系似乎还在草创时代"。而"这方面的学者却绵延不绝地出来，企图这理论得到最后的胜利"。"我现在所作的生产力与生产关系一书，就是最新企图之一"。"这本书是根据历史的唯物论作成。我原是打算著一部整个的关于马克思主义的社会学，这本书原是包含在这社会学里面的；后来因种种关系终是没有实现，只作了这段东西——生产力与生产关系。好在这一段东西有独立的性质，又是很重要的，我就把它公开出来了"。自然，错误不可免，缺点一定很多，但是，"只要能够使读者可以得着一些革命的社会学里面一部分的知识——生产力与生产关系，而且供给一个幼稚的草稿以便有同思想的专门研究的人改削补正，这总不是绝无裨益的事"。①

导言的末尾，特别感谢潘梓年的指正和序文，可见潘氏对于著者的影响，决非鲜浅。不过比较潘氏序言和著者导言，二者的侧重点有所不同。前者侧重于此书围绕生产力与生产关系这一基本概念的解说，对于解决现实社会问题而寻找一条新的生路，迫切需要研究马克思派经济学说并克服研究中的实际困难，具有入门引导的意义；后者则侧重于从社会学角度，讲述辩证唯物论和历史唯物论的原理，并试图为草创整个马克思主义社会学的新的革命的科学理论系统作出最新的努力，惟因无法实现，才把其中具有独立性而又很重要的有关生产力与生产关系这段内容，公布出来。换言之，一个着眼于马克思主义经济学的研究，一个立志于马克思主义社会学的构建。这样说来，从专论生产力与生产关系的论题看，此书几章内容的安排，衔接得并不紧凑，给人以拖泥带水或冗赘枝蔓之感；然而从铺展社会学的完整理论系统未果而只好终止于相对独立的生产力与生产关系一段看，如此安排又有其特殊之处，超出一般马克思主义经济学的专论范围，延展到与此专论相关却更为宽泛的所谓马克思主义社会学的理论内涵。

比如：书中论述达尔文主义与马克思主义一章，提出达尔文主义不仅证明自然界的矿物、植物、动物等等是物质，而且证明"人类社会一切道德性等高尚的东西也是物质之一种，即社会的物质生存需要所必然发生的"；这让我们知道，"达尔文主义对于马克思主义的贡献和赞助是非同小可的"。论述从猿猴到人类一章，实际上是讲解恩格斯的《劳动在从猿到人的转变中的作用》一文的主旨。论述人类社会与地理环境一章，认为"社会也是在人类劳动上的人与人间关系之最大的现实的总和"，并相信"这是我们应用辩证法和唯物论所得的社会的定义"；然后完整引用马克思在《政治经济学批判》序言中的那一大段经典论述，接着说，马

---

① 邬孟晖著《生产力与生产关系》，励群书店1929年版，"导言"。

克思虽然以社会的生产力为各种社会发展的真实原因，但要问社会生产力发展的真实原因是什么，"那我们首先就应该在地理环境中去寻了"；由此扣住本章的主题，并概括说，"历史的唯物论承认社会生产之发展，首先是受地理环境所决定，同时又指出地理环境只能直接影响社会生产力所构成的生产关系，其影响于社会生活，则是间接经过社会生产关系的"。论述生产力一章，才算真正进入此书的论题，而且同前面论述地理环境因素的那章一道，作为内容较多的两章，几占全书一半篇幅，此所以潘氏会特别突出书中有关生产力的说明，称赞其对重点的把握既切实且易懂。论述社会学分析之出发点一章，其实是延伸有关生产力的论述，把以上所说归结为一个"科学的规律"，即"观察社会，其发展条件，其形式，其内容及其他，必须先从分析社会生产力或社会技术基础开始"，或谓"技术的发展，是总的社会发展的原动力"；据此又批判了反对这一规律并"貌似唯物论观点"的几派重要理论，如自然影响论、人口论、人种论等。论述生产关系一章，亦属此书的主要命题之一，却篇幅最少，旨在从"生产力或技术与构成社会经济基础的生产关系"二者之间的关系入手，说明何谓生产关系。最后，书中以如下一段话作为结束语："马克思在这历史的唯物论的光辉照射之下，深刻地研究了现代资本主义。他研究的结果，便知道资本主义经济组织，已经尽了他的任务。资本主义已经使社会的生产力大大地增加了。这一点是资本主义伟大的功绩。然而那个由资本主义的力量所发展起来的生产力，却已经和资本主义经济组织不相容了；那资本主义的经济组织，也不能不变为社会主义经济组织。对于那发展的生产力，资本主义组织不仅是无用，而且还有大害，所以资本主义不可不加以推翻。社会革命的时机，已经到了。这便是马克思应用辩证法的唯物论来研究资本主义所得的结论"。①

这个结论，虽然是在复述或还原马克思运用历史唯物论和辩证唯物论来研究现代资本主义经济组织发展的必然趋势所作出的深刻论断，但也体现了著者通过有关生产力与生产关系的专题论述而对马克思学说基本原理所获得的大致领悟。基于这一领悟，著者心志很高，意欲为创建马克思主义社会学的整个科学系统提供最新的尝试，结果无法实现，只拿出一个限于若干要点的"幼稚的草稿"。说到幼稚，也是恰如其分。因为此书的各章安排，无论比较达尔文主义和马克思主义，叙述从猿到人的进化，突出地理环境因素在人类社会发展中的重要性，还是分解式论述生产

---

① 以上引文分别见邝孟晖著《生产力与生产关系》，励群书店 1929 年版，第 11、35—36、40、54、80—81、91—92、97—98 页。

力与生产关系，或插入所谓社会学分析的出发点等，都可以在当时或此前输入国内的舶来著述中找到相关的资料和论证，谈不上著者自己有什么独到的研究成果；另外，从书末附录的主要参考书看，有布哈林的《历史唯物主义理论》（原译《历史的唯物论》）、"西姆哥夫斯基"的《马克思主义论文集》、博洽德的《通俗资本论》、恩格斯的《反杜林论》（原译《驳杜林》）和《社会主义从空想到科学的发展》（原译《社会主义底发展》），唯独不见马克思本人的原著。依此而论，不似潘氏所说的以研究马克思学说为当务之急是为了解决现实社会问题，却执著于从理论上建立新的马克思主义社会学的完整科学系统；又离开马克思原著，主要凭借有关马克思学说的一些通俗类解说著述，就想象着草创这种社会学体系的最后胜利并为之付出"最新企图"，岂不是幼稚！尽管如此，邬氏之作在其各章论题中经常引用马克思及马克思派学者的有关论述，并将这些不同的论题汇集于专论生产力与生产关系的统一书名之下，毕竟是以国人自撰方式在国内传播和普及马克思学说的一种独特尝试。只不过邬氏自认为这是属于马克思主义社会学的著作，潘氏则将其定位于马克思主义经济学的著作。

### （四）《社会的价值与变革》

卢剑波①这本文集，上海启智书局 1929 年 7 月初版，本来不属于建立新经济学体系的尝试，但由于其中同样涉及经济学原理问题，故亦放在本节一并介绍。

著者 1928 年 9 月作于上海的前言说：这本小册子（88 页）收集 4 篇论文，都是在年内公开发表过的。自信各篇文字在写作时，都曾用"客观的思考"。区区的我自然不敢浮夸说有许多人所未发的创见，"不过在我以一个站在社会进展的最前线上的走卒资格来发言，也算是尽了分内的力量了"。② 所谓站在社会进展最前线的走卒资格，不知是否指处于上海这个当时全国经济最发达的地区而言，能够看到国内最前沿的社会科学与经济文化现象，以便进行客观的思考。下面仅从 4 篇论文中选取《资本主义的功罪》一文的部分内容，看看著者如何客观地思考马克思经济学说。

此文开头提到，著者在其他文章里，"已经把机械发明与工业革命的关系，和

---

① 卢剑波（1904—1991），四川合江人（祖籍湖北孝感），原名卢廷杰，笔名剑波；1920 年自学世界语，1922 年到南京求学，1925 年到上海，1928 年上海国民大学毕业后，从事写作和翻译，不久加入上海世界语学会；30 年代初回四川三台执教高中，1933 年创建成都世界语学会并当选主席，1944 年以后一直在四川大学任教。
② 卢剑波著《社会的价值与变革》，启智书局 1929 年版，"前言"。

由工业革命至资本主义之形成与发展都说清白了",并应用社会学的道理"推证到资本主义之必然崩坏,社会革命之必然爆裂";这篇文章,"企图揭穿资本主义对于物质及人力的浪费,和资本主义的一切弊害";又准备另一篇文章,"把由资本主义孕育而来之阶级斗争与社会革命的必然性解释得更明白更了然"。

为此,第一步是解释资本主义的特性。解释之前,须先明白资本究竟是什么。"关于资本的定义,言人人殊,然而我们要真正了解它,须先抛弃了有产阶级或者小资产阶级的偏见;须先弃掉如亚当斯密或者李嘉图等的见解"。资本不只是藉以获得一种收入即利润,也不只是一种借贷的金额或一国用于生产的财富部分,资本是"社会生产关系的一种形式",是"有产阶级社会中的生产关系"。"资本不仅是生产的工具和生产的材料,它必须是在把这些生产工具和材料用在一种榨取剥削劳动者这个关系之下,才是资本。使用资本以发生剥削榨取劳动者,吸取其剩余价值,增加利润的收入的,便是资本家"。资本主义的经济是"商品经济",资本主义的生产是商品的生产。"因为生产关系的性质是这样,所以分配的关系也不能不与之相适应"。原始共产社会,其生产物直接成为共产社会的财货,生产必须依此共产社会的使用,由其成员的共同劳动生产出来,所以生产物最初生产出来的时候,已经是社会的生产物了。到了资本主义社会,生产的目的不是这样,为的是市场销售,是利润,是"具有购买力者的奢侈的需要"。质言之,它只是生产商品。什么叫做商品?"一种生产物,其直接的生产者或关系者对于此生产物不是为的供自己使用而却以之和他种生产物交换为目的的时候——便叫做商品"。共产制下,各种劳动互相关连,每个生产者互相为他人劳动,直接参与他人的生产物,即是为了社会。商品生产的社会则不然。"现社会的一切生产,莫不是商品生产,一边发生生产过剩的现象,一边有饿死冻死啼饥号寒的男女。生产者终日劳动不得有衣食住的充分保证;而资本家骄奢淫逸,反乐享物质生活和精神生活的幸福,这是多么矛盾的现象"。

资本主义的第二个特性是"劳动力的商品化"。资本主义下的劳动者已经和古代的奴隶和农奴不同了,不再是主人的"说话的工具",是工银劳动者。他不是拍卖他自己,而是拍卖他的劳动力。今日的工银劳动者与农奴和奴隶相异,具有"身体上的自由"。他给企业家作工,企业家付给他工银,完全基于人身的自由交易。然而必须特别注意,劳动者成为工银获得者,须先以"劳动者没有何等生产的工具"为条件。假如他有生产工具,便能够自己生产商品,他的劳动力便不会成为商品了。"因为他没有任何生产工具，所以他的劳动力，反成了一个生产的工具，而变成了商品在市场上拍卖"。手工业制的社会，也有商品经济，然而那个时代只有各人的生产物变成商品在市场上交易，劳动力还是为自己而使用。但是到了资本主义社会，不仅生产物成了商品，劳动力自身也成了商品，在生产品的市场之外，形成了劳动力的市场。劳动者表面上有完全的自由，资本家没有权力强迫劳动者拍卖劳动力，他们之间的交易全是自由合意的。其实大大不然。"劳动者自劳动力和生产工具分离之后，他便为家庭的担负，自身的饥冻所迫，不能不出卖他的劳动力，不能不忍气吞声受资本家的剥削"。他没有机器，不能与资本家的大量生产竞争；他没有土地（因为土地已变成私产）自己耕种，除了拍卖劳动力以外没有别的办法。"这是现代无产阶级的唯一出路"。"劳动力商品化而出现于市场"这个事实，表现出以下各点："劳动力有身体上的自由"；"劳动力是与生产工具相分离的，一切的生产工具均为不劳动者所榨取"；"劳动生产率甚高，有发生剩余价值的可能性，即在生产行程中，劳动者产生了剩余价值"；"在以售卖为目的之商品形态中，以造出剩余价值为目的，而购买劳动力。即是说资本家为了可以在生产行程中掠夺了劳动者的剩余价值，却又可以从流通行程中，把所掠夺的剩余价值变成利润，于是便为了这个目的而购买劳动力"。商品经济与工银制度有密切关系，马克思在《工钱劳动与资本》中说，"资本倘若想遂其增殖，必须同劳动力交换，不可不使'工银劳动'发生"①。所以克鲁泡特金特别注重于废除工银制度，"指摘马克斯主义者只看重资本家掠夺剩余价值而对于工银制度还使之保存这一点"。"我们将来的目的，是在废除工银制度，工银制度如不废除，劳动者仍然是奴隶，劳动力仍然是商品"。

资本主义还有一个特性是"垄断生产机关"。资本家把所有生产必需的东西，如土地、矿山、铁路、轮船、工厂、堆栈、机器、原料等，都归自己垄断占有，劳动者一无所有，剩下的只有劳动力，"于是资本家的掠夺劳动者剩余价值的作用便发生了"。关于资本家剥削掠夺及其财富增长的原因，在此不能细说，请看迈尔的

《美国产业史》（即古斯塔夫斯·迈尔斯①的《美国豪门巨富史》——引者注），"这是一本非常值得注意的名著"。至于剩余价值如何产生，如何转变为利润，"可以从马克斯氏的公式中间表示出来"，此公式②也可以不说了。

要之，资本制度的特点是，"资产阶级垄断一切生产机关，购买劳动力，从事商品生产，而从生产行程中掠取劳动者的剩余价值，从流通行程中把所掠得的剩余价值由商品形式转变为货币的利润，增加私人的财富"。资本垄断生产机关，劳动者拍卖劳动力使之商品化与商品经济，便是组成资本主义社会关系的"三要点"。③

这篇文章，出自一位刚毕业而又不以经济学为专业的大学生之手，可以作为一个例子，观察当时处于上海这个接触外来新思想敏感和活跃的前沿地区的青年知识分子，受到舶来社会主义思潮或马克思主义学说影响的普及程度与理解深度。著者显然接受了这样的认识，即资本主义必然崩坏，社会革命必然爆发，资本主义经过工业革命的发展过程，同时造成物质和人力的浪费以及各种弊害，孕育了阶级斗争和社会革命的必然性。基于这个认识，试图进一步揭穿其中的根源，并且在论证之前，明言抛弃有产阶级和小资产阶级的偏见，包括排除斯密和李嘉图等古典经济学家的正统理论观点，等于说只有从马克思学说入手来进行这种揭穿式论证。果然，文中解释资本主义特性的一系列论点，诸如资本不只是获得利润收入的借贷金额、生产财富或生产的工具和原料，而是代表一种社会生产关系即资产阶级社会的生产关系，在这种生产关系下，用于剥削劳动者的生产工具和材料成为资本，使用资本来榨取劳动者的剩余价值以增加利润收入的人成为资本家；资本主义商品经济的矛盾现象，生产过剩与饥寒交迫并存，生产者成天劳动却得不到衣食住的保证，资本家骄奢淫逸反而享受物质与精神生活的幸福；劳动力的商品化意味着：劳动者有人身自由，劳动者与生产工具相分离而不劳动者占有一切生产工具，劳动者在生产过程中能够产生剩余价值，资本家购买劳动力是为了掠夺在生产过程中创造并在流通

---

① 古斯塔夫斯·迈尔斯（1872—1942），美国新闻工作者和历史学家。幼年起作工和自学，1891 年任《费城纪事》记者，先加入人民党（俗称"民粹主义者"），后加入美国社会主义党，作为美国社会主义者运动的著名学者，撰写了一系列作品，最重要和最有影响的经典作品是《美国豪门巨富史》。

② 文中列举的公式，本来是马克思的货币资本循环公式：$G—W < \dfrac{A}{Pm} \cdots P \cdots W'(W+w)—G'(G+g)$。
但在列举时，把代表货币的 G 和 g，误为 C 和 c，把代表商品的 W 和 w，误为 M 和 m，把代表劳动力的 A，误为 L，把代表生产资料的 Pm，误为 P.M.，又把 G 和 W 的位置颠倒了，总之，除了代表生产过程的 P 之外，几乎一切都弄错了。

③ 以上引文除另注外，均见《社会的价值与变革》，启智书局 1929 年版，第 21—27 页。

过程中实现的剩余价值即利润；资本家垄断所有生产资料，劳动者除了劳动力之外一无所有，这是资本家掠夺劳动者的剩余价值的前提；等等，都可以在马克思经济学说里面找到理论根据。文中还直接引用马克思的原著论述并列出资本循环公式，显示那时马克思经济学说在国内的流行和普及，已经能够让不谙经济学的大学毕业生在撰文时，达到熟练列举其中若干重要概念的知晓程度。

不过，这是就普及而言，一旦深究文中的内在涵义，马上露出理论功底不扎实的毛病。例如，说商品经济是资本主义的第一个特性，显然不了解商品经济相对于自然经济而言，在人类社会经济发展的历史上早就出现了，非资本主义社会所独有，所以，虽然马克思研究资本主义生产方式从分析商品入手，在商品中已经包含了资本主义一切矛盾的萌芽，但并不等于说反映资本主义本质特性的首要标准就是商品经济。又如，劳动力成为商品固然是资本主义的特性，但只是停留在说明劳动力商品化的前提条件，即劳动者获得人身自由以及劳动者丧失生产资料后除了出卖劳动力外一无所有，对于劳动者出卖劳动力后，如何创造剩余价值，剩余价值如何产生于生产过程和实现于流通过程，资本家如何获得和分配剩余价值，除了点题外，均语焉不详。再如，引用《雇佣劳动与资本》的一句话，本来是说明资本和雇佣工人的交换关系，此文却岔出商品经济与工资制度的关系，进而又偏离到赞同克鲁泡特金指摘马克思主义者只看重资本家掠夺剩余价值而仍然保存工资制度的说法，自称将来的目的是废除工资制度，否则劳动者仍是奴隶，劳动力仍是商品；可是，若不废除资本家剥削雇佣劳动者剩余价值的资本主义制度，又怎能废除建基于此的工资制度。另如，将资本阶级垄断生产资料，劳动者出卖劳动力使之成为商品，以及商品经济三者，看作组成资本主义社会关系的三个要点，似懂非懂；这个概括看到资本主义生产方式的一些要素，却丢掉另一些要素如剩余价值生产，又掺入其他一些非本质性要素如商品经济。此外，对于剩余价值如何产生并如何转变为利润这个关键问题，文中只列出一个马克思的公式，认为就可以表示出来而不用说明了。且不论这个态度极为草率，更草率的是这个公式满是错误又未见任何解释，根本不知它表示的究竟是什么！这些都证明了著者对马克思经济学说，只了解一些皮毛或现成的结论，并未进行深入的理论研究。因此，仅仅停留在马克思主义经济学的普及层面，缺乏深厚的理论根基，一遇风吹草动，难免发生动摇，就像著者听闻克鲁泡特金对马克思主义的批评，马上倒向无政府主义一边跟着呼应一样。

本节列举十余本以经济科学或新经济学或政治经济学或现代经济学为书名的经

济学著作和译本，均系尝试用马克思主义经济学来重建或改造现行经济学体系。在同一年里出现如此多的类似尝试性著作，这在以往年份是不可想象的，说明这种尝试在理论经济学领域已成为一个趋势。这个趋势，此前可以追溯到 1927 年，其间曾被中断，如今又以更为扩展的形式重现出来，而且能够明显看到二者之间的联系。如前述波格丹诺夫所著《经济科学概论》的译本，便与本节所述波氏所著《经济科学大纲》和《新经济学问答》的两个译本，在理论体系上密切相关。对比这个趋势的前后演变，还能看到两个特点。一是此前的尝试，为清一色的译本，而如今的尝试，虽仍以译本为主，但国人的自撰尝试已开始占有一定的比重，而且有的自撰著作已达到相当的水准，尽管这些独立尝试还离不开参考国外有关著作。二是此前的尝试，从引进的几个译本看，其著者比较均匀地分布为德国、苏俄和日本学者各有一本著作；而如今的尝试，以本节列举的译本为证，即便加上前面河上肇所著《经济学大纲》的译本，也不能撼动苏联学者开始占据主导地位的优势。显然，当时国人自撰创新经济学体系的著作，大多也以苏联学者的经济学著作为参照标准，尤其从马克思经济学说延伸到列宁经济学说，更是如此。

## 第二节　重新阐释经济学说史的代表性著作

在国内流行的经济学说史或经济思想史著作里，给予马克思经济学说以不同篇幅的评介，早已有之。但不论将马克思经济学说置于怎样的地位，总不能改变这一类著作以西方主流或正统经济学占据支配或主导地位的基本格局。而在 1929 年，这个基本格局受到挑战，国内开始出现一些尝试以马克思主义经济学为指导来重新阐释经济学说的著作，不过这些著作都是翻译引进日本学者的研究成果。

### 一、《物观经济学史》译本

日本住谷悦治①著，熊得山译，上海昆仑书店 1929 年 10 月初版。前面的考察已不时提到这个译本的影响，下面对此译本作专门考察。

--------

① 住谷悦治（1895—1987），1922 年毕业于东京大学法学部，1933 年任同志社大学教授，因治安维持法被捕而辞职；1934 年赴欧洲，1936 年回国，先后任松山高等学校教授，京都新闻社社论说部长、社长，爱知大学法学部教授；1949 年任同志社大学经济学教授，1950 年获经济学博士学位，1963年任该校校长，1975 年退休后任名誉教授，1985 年获名誉文化博士称号。

### （一）原著宗旨

著者 1925 年 8 月 6 日作于京都北郊的序言介绍：

关于经济学史的著书及译书，决不为少，马上就可以举出数十部。尤其关于重农学派和英国古典派经济学方面，有许多详细而优良的著书和论文，已经发挥无余了。所以一提起魁奈（原译"凯雷"）、斯密、马尔萨斯、李嘉图（原译"李加特"）等人的名字，就不免有重复之感。打算研究经济学史的人自不用说，就是那些想涉猎一般社会思想的人，若不涉及这些学派的思想，怕也不能前进。尤其成为一门科学的经济学，既已随着资本主义的发生而成立，研究经济学史者就不能忽视这些学派。"其中由研究者的立场，主要的是由阶级的立场（有产阶级，或无产阶级）而呈各种观察的现代，总之都有批判这些学说的必要。我是依据唯物史观的立场来观察经济学史的，所以我那个检讨方法，必不与从来的一样，尤其与有产阶级学者，当是完全相反的立场。本书中所发表的议论，是依据这个立场，对于从来所论究尽致的学说乃至学派，表示应该怎样认识的一个尝试"。本书所列举的，如重农学派魁奈的"经济表"，亚当·斯密作为前提的"人类性"，马尔萨斯的"人口论"，李嘉图的"分配论"，虽然合并起来可以窥见那些学派的全豹，但也不过阐明我自己立场的东西。本书没有通论那些学说整体的时间和能力，至为遗憾，"在这里由我的立场，只是希望把近世经济学史的研究的方案，透视图的表示出来是了"。

以上为"辩证法观的经济学史的透视图"，现在资本主义已达到最后阶段，我们的研究，当然一面要批判第一第二第三期的理论，同时也不可不倾注全力于第四期及第五期。本书只限于第一及第二期，即使如此，恐怕也还残留着许多问题。"这是我出校不久的，迷惘重叠中的胆大的尝试，容有观察的不当和理解的不足，若得识者深切的指示，就算万幸了"。最后附带说道："我在学生时代，因嗜读河上肇博士许多的著作，我于经济学史才有兴味"；再通过"大原社会问题研究所"的栉田民藏、久留间鲛造时常发表的各种论文，以及"社会思想社"同人直接间接的影响，更确定了自己的立场，在这里一一深致感谢。①

通过这篇序言可以明白，所谓"物观经济学史"，作为汉译名，其涵义是依据

---

① 以上引文除另注外，均见住谷悦治著，熊得山译《物观经济学史》，上海昆仑书店 1929 年版，"原序"。

唯物史观的立场来观察经济学说史。进一步说，经济学说史的研究对象，尤其随着资本主义的发生而使经济学确立为科学的那些学派，无论怎么重复，在研究上都是不能忽视的；但就研究者而言，由于阶级立场的不同，站在资产阶级或无产阶级的立场上，对同样的经济学派又有不同的观察或检讨方法。唯物史观的立场与资产阶级学者的立场完全相反，尝试用唯物史观的立场来认识那些已被资产阶级学者彻底论究的学说和学派，呈现出一幅不同的近世经济学史透视图：第一期以重农学派为代表，否定封建的生产组织，反映其胚胎内发展起来的社会生产力与向来的生产关系发生冲突，有意识地为确立资本家的生产组织而斗争。第二期先以亚当·斯密的学说为代表，反映封建制被否定后新兴资产阶级的胜利，以及资本主义取得令人惊奇的发展过程，其内在矛盾尚未暴露；接着以马尔萨斯和李嘉图的学说为代表，反映内在矛盾已经开始暴露，但眩惑于资本主义制度的发展，满足于现有组织，继续给予理论支持。第三期从古典经济学转变为庸俗经济学，这是资产阶级末期保守和颓废或堕落一派的经济学，资本主义生产组织的内在矛盾在理论和实际上已经完全暴露，仍想进行掩饰，或不愿正视，或放弃作根本解剖。第四期诞生社会主义经济学，这是资本主义制度的内在矛盾必然酿成无产阶级势力与阶级斗争的产物，由马克思、恩格斯奠定其科学基础；这种经济学与无产阶级的命运相始终，彻底批判资本家的经济组织，不仅阐明现存组织的各种经济关系，新组织对现存组织的继承性，而且揭示现存组织必然崩坏，以及废弃后向新组织转型的过程。第五期为无产阶级社会革命与转型期的经济学，这是否定前三期经济学的自然结果。这幅透视图，便是作者认为持唯物史观和辩证法观的立场而应有的关于经济学说史的完整脉络。

作者采用这种研究思路与方法，深受日本马克思主义学者的影响。包括求学期间，通过阅读河上肇的著作而产生对经济学史的研究兴趣，也包括工作期间，通过与前辈学者及同人的直接与间接交流，更加确定自己的立场。然而作者毕竟离开大学不久，大胆尝试这种新的经济学史研究，一面自谦或有观察不当和理解不足，一面承认没有能力全面论述以往的经济学说，故书中只限于观察第一第二两期的经济学，即便如此，也恐怕留下许多问题。于此又可以说，这是日本非资深马克思主义研究者不同于资产阶级经济学家，大胆尝试运用唯物史观来考察经济学史的一部探索之作。

译本的目录：绪论一"经济学史研究的立场"，含"学史的要领与其中的疑难""学史之辩证法的理解""经济学史方法论""经济学史的本质及任务"4 节；绪论二"产业革命与资本主义的展开"，含"新时代的曙光""机械的发明过程和工场工业制度之发生""工场劳动者的状态与资本家的社会之本质的精神"3 节；第一期"反击的时代——重农学派"，含"重农学派之成立""重农学派""重农学派之形态"3 章；第二期"资本家的经济成立，及其发展时代——古典经济学派"，含亚当·斯密、马尔萨斯、李嘉图、"古典经济学派之总括的批判"4 章；"结论"；共 362 页。这个目录，同著者原序所说的透视图前两期保持一致，添加绪论和结论部分。有关马克思经济学说的论述，贯串全书各个部分，下面分别介绍。

**（二）绪论一**

其一，谈到"经济学史的学的成立"：

作为经济学前提的原子的孤立的人类，从来就没有存在过。马克思批评费尔巴哈（原译"费巴哈"），在《关于费尔巴哈的提纲》（原译"费巴哈论纲"）第六、第十部分说，费尔巴哈"体系上的人类的本质性，是假定为一个抽象的——孤立的——个体的人类的"，马克思自己的立场，说"人类社会，或是社会化了的人类"①。因此，为人类生存的永久条件的货财的生产及分配，要在社会的关系上才有可能，"经济的行动，必然也带着社会的性质，经济学是以那种关系为对象的，故经济学当然也是社会的学问"。②

这里的意思很清晰，无须解释。但引用马克思《关于费尔巴哈的提纲》有关论述作为经济学研究对象的理据，在以往国内的著作或译作中却未见过。

其二，谈到"马克斯的唯物辩证法的发展"③：

在马克思自己的著述中，可以明白以马克思的见解为前提的经济学的历史和经济学的方法。他不单把黑格尔的哲学辩证法如实搬来，而且适用于经济学领域。在柏林大学的学生时代，他属于青年黑格尔派的左翼，热心研究黑格尔。最先研究康德、费希特（原译"斐希帖"），尔后自始至终读遍了黑格尔的书。后来住在巴黎，在《德法年鉴》（原译"德法年志"）上发表一篇论文《〈黑格尔法哲学批判〉导言》（原译"黑格尔法理学之批判的修正"）。研究和批判黑格尔哲学的结果，知道

---

① 其今译文分别见《马克思恩格斯选集》第 1 集，人民出版社 1972 年版，第 18—19 页。
② 以上引文除另注外，均见熊得山译《物观经济学史》，上海昆仑书店 1929 年版，第 3 页。
③ 以下引文除另注外，均见熊得山译《物观经济学史》，上海昆仑书店 1929 年版，第 17—32 页。

唯心方面的缺点，采纳辩证法的研究方法的长处，发展了18世纪法国式启蒙哲学和当时有声势的费尔巴哈的唯物论，"建立了自己唯物哲学的基础，把这两者加以深刻的研究之后，遂达到了所谓唯物史观的立场"。

"唯物史观是：历史根底的东西的，不是精神的发展，而是生产关系的发展，所以当然的归结，凡历史的事物的了解，不可不从哲学转而求之于经济学"。马克思在《政治经济学批判》序言中如此叙述："企图解决使我发生困惑的疑点的第一个工作，是黑格尔法理学之批判的修正。……（中略）我的研究，达到了这样的结果——即法律关系与国家形态，不是由其自身所能了解的，也不是由所谓人类精神之普遍的发展所能了解的，宁可说是依据于物质的生产关系的，该关系的总体，是包括着黑格尔仿十八世纪英法人的先例所称为'资产阶级社会'的，然而资产阶级社会的解剖，非在经济学中探求不可"①。上述的历史观，从马克思对黑格尔的根本批判而成立，"这个结果，差不多经济学有了代替哲学的使命"；另一方面，"关于经济学史及经济学方面的马克斯的见解，又当然可以推测到是与黑格尔关于哲学史及哲学方面的见解有密切的关系的"。

马克思排除黑格尔辩证法的形而上学构成，"开拓出唯物辩证法的世界，由是把那个基础确定起来了"。他在《资本论》第一卷第2版跋（原译"序论"）中说："辩证法虽是由黑格尔的手神秘化了，然而那决不妨碍着黑格尔是这一个最初的学者，即黑格尔是把辩证法的作用的一般的诸形态，而为包括的意识的说明了的。辩证法在黑格尔是倒置的，我们在神秘的外壳中，发见了合理的核心，把这个倒置的辩证法，非颠倒不可"②。仔细品味这个说法，可知道马克思继承了黑格尔的辩证法。马克思所谓"合理的核心"，指示了他的唯物的辩证法，也就是人们所称的唯物史观。马克思主义以"扬弃"黑格尔哲学为旨趣，已为马克思、恩格斯所明示。在他们看来，黑格尔哲学作为最终和最高的哲学的扬弃，同时也显示哲学一般的扬弃。扬弃决不单是无视或排斥一切哲学，而是新的东西作为旧的东西之发展产物的意思。恩格斯在《费尔巴哈论》（全称为《路德维希费尔巴哈和德国古典哲学的终结》）中，对马克思与黑格尔哲学的关系，叙述如下："费尔巴哈打破黑格尔的体系，而简单的抛弃了。……（中略）那于这个哲学特有的意义上，不可不'扬弃'。即这个哲学形式，固然要以批判的打破它，然由这个哲学所获得的内容，非

---

① 其今译文见《马克思恩格斯全集》第13卷，人民出版社1962年版，第8页。
② 其今译文见《资本论》第一卷，人民出版社2004年版，第22页。

把它救出来不可"①。马克思主义"来自黑格尔哲学的扬弃，所以黑格尔哲学的核心，是在马克斯主义之中生存着的，若是从马克斯主义的立场看来，黑格尔的哲学，只有在马克斯主义的当间，才是正当的生存着的"。

马克思把倒置到头上的黑格尔的辩证法，再立在底下的脚上，发展为"革命的唯物的辩证法"，然而黑格尔那种思辨的形而上学的辩证法，是怎样被颠倒的？马克思在《资本论》第一卷第 2 版跋中说："我的辩证法的研究方法，不仅根本上和黑格尔式的不同，且是相反的。……（中略）反之从我的立场看来，观念的世界的东西，毕竟不外是人类的头脑所变化、所翻译的物质世界"②。费尔巴哈的唯物论，当时风靡了思想界。恩格斯在《费尔巴哈论》中说：费尔巴哈"因转到唯物论立场的原故，故与黑格尔的哲学分离了"。然而，"只是在这个场合，唯物论的世界观，才被真实的，本来的处置，而在知识的所有领域上——至少是大纲上——这个世界观也可彻底的实施了"。③ 这样毕竟把实在的世界，包括自然和历史，映入人们的眼中而有可能去把握。加上采入黑格尔革命的辩证方法，即除去了黑格尔的辩证法在观念上的颠倒。黑格尔自身的辩证法陷于形而上学的体系的矛盾，马克思从它本来的形式上去把握，才还原它作为外部世界和人类思维两者之间运动的一般法则的学问。

最近"铁波林"在《在马克思主义的旗帜下》（原译"马克斯主义旗下"）第 1 卷第 3 号上发表《唯物辩证法和自然科学》（原译"唯物论的辩证法与自然科学"）的论文，叙述为马克思、恩格斯所克服的从来普通的哲学体系，和唯物辩证法体系之间的区别。"马克斯主义，因立在唯物论的地盘上，故更前进了一步。辩证法之不能同观念论结合，犹之不能和为绝对真理的学说的形而上学说相结合一样"。辩证法只有同唯物论才能结合，这是明白的事实。正如普列汉诺夫（原译"普列哈诺夫"）在《马克斯主义根本问题》（今译《马克思主义的基本问题》）一书中所说："在我们辩证法的根底上，有唯物论的自然观存在着，且是为那所支持的。若是唯物论没落了，辩证法也要没落罢。反之，若没有辩证法，则唯物论的认识论就不完全，是一面的，并是不可能的。"

所以马克思主义排除了费尔巴哈的谬误和黑格尔的矛盾，两者的真实方面则存

---

① 其今译文见《马克思恩格斯选集》第 4 卷，人民出版社 1972 年版，第 219 页。
② 其今译文见《资本论》第一卷，人民出版社 2004 年版，第 22 页。
③ 其今译文见《马克思恩格斯选集》第 4 卷，人民出版社 1972 年版，第 223、238 页。

在着。换一句话说，马克思的唯物辩证论，就是费尔巴哈哲学的唯物论和黑格尔哲学的革命方面之"扬弃"。到了这个立场，才如恩格斯所说："世界不应该解为完成了的事物之复合体，而应该解为过程的复合体的"。"在这个过程的外观上，固定着的各种事物，并在我们头脑中为那些事物的思想的映象之各种概念，是检阅生成与消灭之不断变化的东西，在这个不断变化中，固然也有表现出外观上的偶然与暂时的后退的，但结局还是贯通前进的发展的"。① 因此，"在合理的姿态上的辩证法，于有产阶级及其偏颇的代辩者等，是一个苦恼、恐怖的东西。……（中略）那是把历史的生成了的一切形态，当作不断流动的东西，由其经过的方面观察的，它也不恐怖着甚么，本质上全是批判的，革命的"②。并如《费尔巴哈论》所说，"研究的时候，若是从上述的观点出发，那所谓终极的解决与永久的真理等的必要，就一举而廓清了。……（中略）诸如此类的事情，差不多都为人们所知道了"③。

唯物辩证法的完备，也有历史的大理由。除了马克思批判黑格尔法理学的检讨之外，由于当时自然科学的伟大进步。恩格斯在《费尔巴哈论》中说："我们关于自然过程的联结的知识上所引起的刺激，因而获得了伟大的进步的，就中有三大发见。……（中略）由这三个大发见并其他自然科学许多大进步的庇荫，我们今日不仅在各个领域上能够证明自然界诸现象间的联结，并且把各个领域间的联结，差不多都能证明为全体的了。由是，藉着经验自然科学的自身所供给的各种事实，把自然界之相互联结的眺望图，到了拿完全系统的形式来描写的程度。"④

这样，把倒置着的辩证法颠倒过来，从神秘的外衣中所发见的合理核心即唯物论的辩证法，可以指出下述的特征。第一是唯物论，即从观念论到唯物论的立场。马克思将问题求之于历史的、社会的、现实性的，如他在《政治经济学批判》序言中所说，对"现实的有产者的社会解剖"，求之于经济学，因此又可以在经济学批判中发现出来。第二在一个过程中观察研究对象的形态，即在一个前后继起的流动中观察。社会的生产关系的历史变动，是决定人类思维的变化的基础，延展为主体与客体的统一，理论与实行的真实的一致，此即它的特征。恩格斯在《秋林格氏的科学变革论》（今译《反杜林论（欧根·杜林先生在科学中实行的变革）》）

---

① 其今译文见《马克思恩格斯选集》第 4 卷，人民出版社 1972 年版，第 239—240 页。
② 其今译文见《资本论》第一卷，人民出版社 2004 年版，第 22 页。
③ 其今译文见《马克思恩格斯选集》第 4 卷，人民出版社 1972 年版，第 240 页。
④ 其今译文见《马克思恩格斯选集》第 4 卷，人民出版社 1972 年版，第 241—242 页。

中说:"能够正确的说明全宇宙,能够正确的说明它的发展并所有这样的发展,何以反映于人类的头脑中的,就只有辩证法。……(中略)实际只有辩证法,是于自然及人类社会及思想上的运动与进化的一般法则的科学"。①

以上内容,放在理解经济学史的辩证法的框架下,讲述从黑格尔的辩证法发展到马克思的唯物辩证法的变化进程。这个进程包含:马克思先是黑格尔的热心研究者,然后通过批判黑格尔的法哲学并保留其辩证法的方法论长处,再发展 18 世纪的法国启蒙哲学和费尔巴哈的唯物论,形成唯物史观的立场;关于唯物史观的基本内涵,应该到经济学中去寻求;马克思继承黑格尔的辩证法,把倒立着的辩证法颠倒过来,发现其神秘外壳中的合理内核,建立在唯物论的基础上;不同于费尔巴哈打破黑格尔体系后的简单抛弃,这是对黑格尔哲学的扬弃;马克思的辩证方法与黑格尔的辩证方法不同或截然相反,将观念的东西看作移入人的头脑并在人的头脑中改造过的物质的东西;唯物论的世界观加上辩证法的革命方法,摆脱黑格尔陷于形而上学体系的矛盾,还原为外部世界和人类思维之间运动的一般法则的学问;辩证法在对现存事物的肯定的理解中同时包含对现存事物的否定的即必然灭亡的理解,对每一种既成的形式都是从不断的运动中去理解,其本质是批判的和革命的;唯物辩证法的完成,既得益于马克思对黑格尔哲学的批判,也得益于当时自然科学的伟大进步;唯物辩证法的特征,一是唯物论,从经济学的批判中去解剖历史的、现实的资产阶级社会,二是从流动的过程中去观察研究对象的形态,决定人类思维变化的生产关系的历史变动基础,体现主体与客体、理论与实行的真实统一或一致;辩证法是关于自然、人类社会及思维运动与进化的一般规律的科学;等等。

这些论点,以当时国内流行的经济学说史著作或译作的基本立场而论,有几点值得注意。一是以唯物史观作为考察经济学说史发展的指导思想,从而与正统经济学说史的著述,在资产阶级主导观念的支配下,对于马克思经济学说,或者排除在外,或者试图将其纳入自己的理论框架之内,完全不同。这一点,在以往的分析中,已经有所指明。但像此译本这样,在专论经济学说史的著作里如此突出唯物史观的指导思想地位,仍很少见。二是强调唯物辩证法的指导作用,把唯物辩证法与唯物史观放在统一整体的关系上,唯物史观是唯物辩证法在人类社会领域的运用,具体运用到经济学说史领域,等于以历史本身的辩证法,从根本上说明历史上各种

① 其今译文见《马克思恩格斯选集》第 3 卷,人民出版社 1972 年版,第 62 页。

经济学说相互替代的内在必然性。当时国内传播马克思主义经济学，谈论马克思经济学说常常与唯物史观联系在一起，已成为研究者愈益普遍接受的共识。然而进一步阐述马克思批判性地继承或扬弃黑格尔的辩证法和费尔巴哈的唯物论，进而创建唯物辩证法，并用以解剖资产阶级社会，这种观点，从前面分析过的众多经济学著作或译作看，不曾一觌。尽管有的著作也提到马克思有关从经济学而非哲学中去寻求资产阶级社会的解剖这一说法，以此突出经济学在社会科学中的重要地位，但从未看到把这个说法同建立在唯物论基础上的辩证法联系起来的研究，更不用说将唯物辩证法用于经济学说史的研究。因此，译本专门提出经济学史中有关辩证法的理解问题，依此论述从黑格尔的辩证法到马克思的唯物辩证法的发展过程、内涵与革命性影响，在国内同类著作中，可以说先着一鞭。三是注重引用马克思、恩格斯的原典以及其他马克思主义著作，借以证明译本有关马克思创建唯物辩证法的出处和理论依据。其中引用的来源，主要是马克思的《关于费尔巴哈的提纲》《政治经济学批判》序言、《资本论》第一卷第 2 版跋、恩格斯的《费尔巴哈论》和《反杜林论》等。这些原著的篇目或内容，对比国内著作和译作已有的引述，或者不曾见过，或者虽见篇名，却不曾见相关内容。类似的引用，在译本后面的论述中，经常可以看到，这也可以说是它的一个论述特色。

其三，经济学史方法论一节，谈到"马克斯的社会观念与经济学史之发展的理解"：

根据马克思的说法，规定社会的文物制度等一切现象的构成、发展、变动的，不是它自身的法则，也不是黑格尔所说的人类精神的一般发展法则，应当求之于物质的生产关系。由此确立了作为马克思研究指南的社会观，也就是人们通常所称的唯物史观。这已被概括在《政治经济学批判》序言里（引文略）。据此，倒植在黑格尔所谓绝对精神上面的社会全部的构成及发展状态，被马克思更换到现实经济的构成秩序上面了。这就是新的社会观，换句话说，这是唯物辩证法的社会观的根底，相当于前述唯物辩证法的第一个特征。作为社会的以及世界的基础的经济构成，是怎样发展和变动的，序言里接着说（引文略）。这是把前述唯物辩证法的第二个特征的对象形态，在它的流动性和过程上进行观察。生产关系的发展是辩证法的发展，生产力不断进展的必然倾向，与仅能适合于生产力一定发展阶级的生产关系的限定性质相矛盾。生产关系就是社会的关系，其发展不能离开社会的意识而独自发展，它为社会意识所规定，同时通过社会意识才能实现。关于这一点，序言予以说明（引文略）。理解社会上各种现象的变革如成立、发展及消灭，首先要把能进行自然科学的论证的经济条件上所发生的物质变革，即经济过程（下层建筑），和观念上的各种形态，即所谓上层建筑的、社会的政治的生活过程及精神的生活过程，加以严格区别。不能把社会上各种现象的变革，用人类的意识来判断或理解；这种意识是由物质的生产关系，由它们的社会存在来决定的，所以须先理解作为其根底的物质的生产关系，才能完全理解意识。这种物质的生产关系，也就是人与人之间进行物质的生产所必然结成的相互关系，必然要反映到人类的头脑中来，换句话说，那种学问的认识就是经济学。物质的生产关系不断反复，不是固定的关系，而是内在的矛盾不断发展的辩证法的过程。所以认识这种关系，也只有靠辩证法的方法才有可能，才能完全把握。把生产关系自身的辩证法的发展，再通过辩证法的思维方法，当作一个发展过程而以学问方式如实表现出来的，便是马克思的《资本论》，也就是我们所指意义上的经济学。伴随生产关系自身的辩证法的发展而认识历史的必然过程的表现，便是经济学史。

经济学说与其他观念构成的学问一样，是一种观念的社会形态，必须理解为社会生产关系的反映，并为社会生产关系所决定。所以，"学说也不得不伴着社会底物质的生产关系之变动而变动"。马克思在《哲学的贫困》中说："人类构成适应于他们底物质的生产力之社会关系，同时又构成适应于他们底社会关系之各种原理，各种观念，各种范畴"。"因此，这些观念和这些范畴，也和所表现的各种关系一样，都不是永久的东西。那些，只是历史的，暂时的经过的产物"。"我们是在生产力的增进，社会关系的分解，观念的构成等不断运动的当间生活着的，一定不动的东西，只是运动的抽象，那就是不死之死"。① 在唯物史观看来，观察这个变动，已经明白区别物质的变革（生产关系）与观念上的各种形态，不是由意识来判断变革，必须由存在于社会的生产力与生产关系之间的冲突来说明意识；所以，近世经济学说，即所谓"人类意识着这个冲突，且试与之决战的……观念上的诸形态"，应该从物质生活的矛盾来说明，换句话说，应该从"存在于社会的生产力与生产关系之间的冲突"② 来说明。立足于这个立场来观察，近世经济学说的

---

① 其今译文见《马克思恩格斯选集》第 1 卷，人民出版社 1972 年版，第 108—109 页。
② 这两句引号内的话，引自《政治经济学批判》序言，其今译文见《马克思恩格斯选集》第 2 卷，人民出版社 1972 年版，第 83 页。

历史即经济学史，大概可以分为四个过程。①

上述内容，先是逐段逐句解释《政治经济学批判》序言里有关唯物史观公式前半部分的涵义，强调唯物辩证法的两个特征即物质性与变动性，这是延续前面对唯物辩证法的理解而来；将这种理解运用到经济学领域，以辩证法的思维方法来认识物质生产关系的辩证法的发展，能够如实反映这个发展的经济学代表作，便是马克思的《资本论》。然后又引用《哲学的贫困》中有关各种原理、观念和范畴同它们所表现的变动的社会关系一样，并非永恒的论述，以此作为研究经济学史的分期方法。这些内容，对照国内已有的著述，关于引述序言中的公式部分，以前屡见引用且更为完整，其引文虽在翻译上另有特点，但并非准确，故一律略去。惟其解释紧扣唯物辩证法与唯物史观并举的研究方法，与众不同，值得特别介绍。引述《哲学的贫困》部分，以前很少见到，又与序言中的公式相互联系，用作经济学史的研究方法，更是以前鲜有所闻，可谓不同凡响。

其四，谈到"社会主义经济学的诞生"：

马克思创立科学的社会主义，由前面第二期末叶及第三期酿成，那不是赞美或辩护资本家的经济组织，是站在批判的立场上，所以虽和前两期的经济学各学派约略同时代，却根本不同，算是对前者持否定之否定的立场。正如卢森堡在《经济学入门》（今译《国民经济学入门》）中所说："马克斯在他自己主要的著作《资本论》附了一个'经济学批判'的副标题。如是，马克斯便把自己的著作，放在从来经济学的圈外，把后者看做是一种已经完成的学问，即从他这一方面而加之以批判"。近世经济学伴着资本家的生产关系的成立而成立、发展而发展，又伴着那内在的矛盾而发生矛盾，于是生出意识到这个冲突，与之决战而斗争的社会主义经济学的理论，并成为阶级斗争的武器。所以，马克思的经济学，虽是资产阶级学者所创立的经济学的继续，结局却大不相同。如布哈林在《转形经济学》（今译《过渡时期的经济》）中所说：马克思"是把理论经济学当做为历史所局限的学科而树立了"。"观察实际组织为社会的经济时候，经济学之一切基础的问题，即价值、价格、利润等问题，一切都消灭了。在那个时候，人与人的关系，不是成为物与物的关系而表现的，社会经济，不是为市场竞争那些盲目的势力所左右的，而是为意识的，能够实施的计划所左右的。……因之研究市场的盲目的法则的那种学问，没

① 以上引文除另注外，均见熊得山译《物观经济学》，上海昆仑书店 1929 年版，第 32—37 页。

有存立的余地。在这种状况中，以资本家的商品生产［为］基础的社会已告终了，同时又是经济学终了的意义"。又如卢森堡在《经济学入门》中所说："经济学是完成于马克斯的理论中，但是同时经济学这门科学也就告终了。……（中略）如此，经济学这门科学的终结，就成了一件世界史的事迹——就是将经济学移转到依计划所编成的世界经济的实行意义。经济学说的最后一章，是讲世界无产阶级的社会革命"。

马克思的经济学，不是把资本家的生产当作永久不变的生产方法，而是观察那种关系具有成立、发展、没落命运的一个历史过程。"经济运行的秘密，到这里才被阐明其真相"。同时，马克思的经济学，也要和作为那个时代的历史现象的社会生产关系相照应，才能得到说明。那不过表现了资本家的生产关系自身的将近结束，它的经济学也要告终。换句话说，因为转移到更高级的经济组织，而成了无用的东西。所以，经济学说史的立场，如果认为是生产关系自身的辩证法的过程中的一种社会意识形态，那末，第四期就是处理社会主义经济学的发生和发展，随后第五期则是无产阶级社会革命时的转形经济学。以上是根据唯物史观的立场，说明经济学史在辩证法上的意义。①

这里强调马克思的社会主义经济学不同于而且终结资本主义经济学的辩证法意义，并不新奇，此前经常看到。新奇的是引用卢森堡和布哈林的著作，对社会主义经济学的研究对象，在马克思经济学说的推理基础上进行预测，那是一种理想化的未来模式，同后来实际发生的社会主义革命实践，并不一致。至于说无产阶级社会革命时的转型或过渡经济学，也是朝着这个理想模式而设想的经济学，并未将现实的探索，如苏俄的新经济政策，包括在内。所以说社会主义经济学意味着经济学的终结，如果就否定资产阶级各派经济学的实质而言，那是确定无疑的，但如果就社会主义经济学自身的发展而言，具体到各国的实践，又未必如此。

其五，谈到"经济学之论理的、发展的理解"：

站在唯物史观的立场，以辩证法来说，马克思思想的论理构造，"也不能认为就是完全终局的东西"。如卢森堡或布哈林所说："经济学若是关于资本家的生产样式之特殊法则的一个科学，则其存立与职能，明明白白是与资本家的生产样式之存在相结合的东西，那个生产样式一失掉存立的基础，则经济学也失掉凭藉而至告

① 以上引文均见熊得山译《物观经济学》，上海昆仑书店1929年版，第39—42页。

终了"。经济学的对象，若是资本家的生产关系，其任务是阐明资本家的生产样式之发生、发展、扩张的法则，当然在终极上，也不能不发见资本主义没落的法则。"所以关于资本家的生产样式的科学，一方是资本主义没落的学说，一方是社会主义之科学的基础，其理论，也必然为无产阶级用作阶级斗争的武器。马克斯的经济理论，是社会主义经济学，至其完成综合，如在上文所说的一样，自然更有待于将来"。这种经济学，拿资本家的生产关系当作认识的对象，所以经济学理的发展，以对象的关系自身的发展为条件。经济学的历史，更应当把对象的关系自身的发展，当作物质的生产关系的学问，把科学认识的完成过程，当作论理方法的发展过程，说明经济范畴成立的发展历史。大体上，经济的诸范畴，表现为从最单纯的关系，逐渐进到复杂关系的过程，这在事实上，也可以说是历史的发展。

马克思《资本论》第一卷第2版的序文，概括自己的研究方法："自然，表现方法从形式上说来，自与研究方法不同。在研究方法上，是把材料无巨细的都收集起来，分解其各种各样的发达形态，并须探研那些各种形态之内部的联络。要在这个工作完了之后，才能够适当的说明真实的发达运动。有了这一个成就，而材料的生命，反射于观念上的时候，可许看得出宛然是为演绎的所构成的"①。同一序文，采用《欧洲通信者杂志》对马克思的研究方法"好意的批评"，与马克思所说的相对照，也可证明马克思的研究方法是对的。这个杂志批评马克思："若由其说明的外观而下判断，马克斯总可看做是一个最大的观念哲学者，而且是德国式的——丑恶意义的观念哲学者。但是实际上与那是相反的，他于经济学批判的劳作中，较其一切先驱者更是无限的现实主义者。……我们无论如何，不能够呼他为观念主义者"②。马克思的研究方法是现实的方法，详加研究，他的第一个过程是分析，第二个过程是综合。分析的过程，对全体表象进行最单纯概念的观察；综合的过程，从最单纯的概念达到全体理解的思维过程。这个分析及综合的理论方法，马克思曾发表于《新时代》杂志，后又附加于其遗稿《经济学批判》序论第3节的"经济学研究方法"（今译"政治经济学的方法"），有很详细的叙述。在这里，整理所谓归纳法及演绎法的差异与关系的论理方法如下：

"我们从政治学的经济学的见地来考察一定的国家时候，第一，要研究那一国的人口，对于分布于阶级、都市以及农村、海洋、各种生产部门的人口，要加以解剖，

① 其今译文见《资本论》第一卷，人民出版社2004年版，第21—22页。
② 其今译文见《资本论》第一卷，人民出版社2004年版，第20页。

随着又要研究那些输出和输入，每年的生产及消费，各种商品的价格等等。……（中略）第一个研究方法，是在经济历史的成立时代所采用了的，例如十七世纪的经济学者，常是从人口、国民、国家、多数国家等那些活动的全体为研究的出发点的。不过他们也因分析的研究，而达到若干一定的、抽象的一般的关系，譬之他们发见分业、货币、价值等等。这些各个要素，多少被确立，被抽象之后，就可从劳动、分业、欲望、交换价值等那些单纯的概念出发，遂达到国家、国际交换、世界市场等，而至诞生经济学的组织。不用说，后者自然是科学的正当方法"①。

由此看来，要完全理解社会经济的构造，分析及综合两个过程是不可缺的经济学方法，是人类心理的过程。第一个方法，是从全体的表象渐渐向抽象的概念的构成分析的努力过程，基于一定的抽象概念，试从理论上解释社会经济的运行。科学的经济学于此才有所谓"端倪"，理论的发展的理解，从这里才开始。关于这一点，《资本论》第一卷劈头说："资本家的生产方法之蔓延着的许多社会之富，表现为庞大的商品集积，各个商品，表现为其细胞的形态，所以我们的研究，是拿商品的分析开始"②。又说："凡近代有产者的社会的生活过程，在其根柢上，是社会的、物质的生产过程。而这个生产过程，是所谓资本家的生产过程，并且这个资本家的商品生产之细胞形态，就是所谓商品生产的表现，所以我们应该从商品生产过程的分析出发"③。总之都与此相照应。

经济学的历史，可说是经济范畴的发展过程，是范畴发展的历史。例如考察劳动的经济范畴，也可知道。如马克思所说，那是"全然单纯的范畴"。在其单纯性上理解经济学的劳动，是一个近代范畴。但是把劳动作为历史的观察，因时代而把握着不同的形态，就构成不同的学理。如在货币中心主义的时代，首先把富解作客观的，觉得那是表现为货币的东西。随后在工场手工业制度或在商业制度下，认为是工场手工业的劳动，商业上的各种劳动，换句话说，认为是各个人的这种活动，觉得那就是创造富的东西。他们这种观察，当然依据时代而发展，比之从来的见解，算是有了一个大进步。但是他们的目的物依然是货币。到了重农学派的时代，就更进步了。在他们看来，所谓农业劳动的特定形态是创造富的源泉，以致把农业生产物，实际上的物质，认作劳动的一般结果。他们与从前不一样，目的物不是货

---

① 其今译文见《马克思恩格斯全集》第 46 卷上册，人民出版社 1979 年版，第 37—38 页。
② 其今译文见《资本论》第一卷，人民出版社 2004 年版，第 47 页。
③ 这段引文未注明出处。

币。单以农业劳动为唯一生产劳动的所谓重农思想，即马克思所批评的所谓"土地是最高的生产源泉"的那种思想，构成经济学的体系。到了亚当·斯密的时候，他排除以前所谓手工制工场劳动、商业劳动、农业劳动等生产富的活动的各种限制，不基于某种特殊的劳动，基于单纯的劳动而下论断。他在学说上，赋与生产富的活动一个普遍性，所谓人类一般的劳动这个观念发生后，同时发生所谓富的对象物的普遍性（即一般的生产物），或是被人类一般的劳动客体化了的东西，即有人类一般的牺牲记号的东西，才是富，才是价值物这个观念。"由亚丹斯密出，才有这个伟大的进步"。但是劳动的抽象性，也不能不理解为历史的。如《经济学批判》序论所说："那在一般的当中，不过是各种劳动之具体的全体底结果。所以不留心于特定的劳动的，是由各个人容易从甲劳动移到乙劳动的原故。劳动的特定方法，在他们看来，是偶然的，所以又是适应于所谓'怎样做都可以的'那种社会形态的。在这里，劳动不仅是在范畴上，就在现实上也是创造一般的富底一个手段"。这里所说的使劳动的特定方法成为偶然的那种社会形态，不用说，就是资本家的社会形态。李嘉图的劳动价值说，把没有形容词的"劳动"或"一般的人类劳动"那种范畴的抽象作为前提，就是明显的例证。所谓"劳动""一般的劳动"那种范畴的抽象，要到马克思出世之后，才为近代经济学的出发点，如序论所说，"即最单纯的抽象——近代经济学在劈头所揭出的，那在起源最古，并是在一切社会形态之下表现为妥当的关系的——只有在上述的抽象上，才以最近代的社会的范畴，而实际的真实化了"。以上是所谓劳动的经济范畴的历史概观，那也证明经济学的历史可说是经济范畴的发展历史。如序论所说，"这个劳动的例子，明明表示着：即是最抽象的范畴，对于一切时代都有通用性（特别是因为那抽象性），但也只是依着这一定的抽象性，对于历史上的各种关系，且只有在那个范围以内，才能有妥当性"。应该注意，这种范畴的成立和发展，并不是与其客体的社会生产关系的发展没有关系而独立，并不是人类的思维自身的独自发达。那常是适应于一定的生产关系的发展而发展。马克思说："劳动全然是单纯的范畴，而在普遍意义上的劳动，即在一般的劳动的观念，也有很古的起源。但是在这种单纯性的经济学的理解——即成为经济范畴的劳动，却已不是旧的东西，这种单纯的抽象，是一定的生产关系的所产，并且这些生产关系，是近代的东西"。又在《工银劳动与资本》（今译《雇佣劳动与资本》）中说："黑人就是黑人，他在一定状态之下，才成为奴隶。纺绩机械就是纺绩机械，那在一定状态之下，才成为资本。……（中略）就是资本，它也是一个社会的生产关系，那就是资产阶级社会之资产阶级的生产关系"①。这就指示了上述范畴的发展，适应着一定的生产关系的发展而发展。"即没有经济的事实，自然也不会有历史，但是经济理论的发展，若没有事实之历史的，理论的发展，也是不会有的。即经济学理自身的发展，也是伴着资本的生产关系之发展而发展的"。②

最后，概括起来，"近世经济学史，就可解为资本家的生产社会之自身的认识过程"。所以理解经济学史，"一面常要把握着资本家的生产社会的，即是常要把握着资本家的生产关系之发展；同时须得观察反映于经济学史的资本家的阶级社会之意识的发展"。可以依据下述观点来解释："学说的发生、发展及其变动，是应该就认识主体的资本家的生产社会之人类意识的发生、发展及其尽途的历史的阶段而把握着；同时，在他方以这种经济学的学问之向着发展及完成或是终了的过程，不可不观察、理解为论理的发展过程，即是根据经济范畴成立的法则，适应于为学的认识对象的资本家的生产关系之发展过程"。③

以上阐发经济学史方法论后一部分的涵义，强调对近世经济学史尤其资产阶级经济学说史的理解，既要把握资本主义生产关系的发展历史，又要把握这种生产关系反映为资产阶级的意识形态而在经济学说史领域的发展历史；或者说，近代经济学说的发生、发展与演变过程，反映在资产阶级生产社会的历史阶段，以资产阶级为认识主体的经济学意识形态的发生、发展及走向终结过程，其理论发展进程，根据经济范畴的成立法则而形成，适应了作为经济学认识对象的资本主义生产关系的发展进程。理解经济学说史研究的这个方法论及其表述方式，可以有不同的认识或表达。然而给人留下深刻印象的是，这个阐发大段引用马克思的原著论述，特别是《政治经济学批判》导言有关"政治经济学的方法"一节的论述，等于复述和解释马克思的方法论思想，这是我们的考察范围内，以前从未见过的内容。

我们知道，这篇导言是马克思早年为计划《政治经济学批判》著作而写的"总的导言"，作为未完成手稿的一部分，生前未曾发表，直至1903年3月，才由考茨基首次刊登在《新时代》杂志上。导言集中论述了政治经济学的对象和方法，

---

① 其今译文见《马克思恩格斯选集》第1卷，人民出版社1972年版，第362—363页。
② 以上一大段有关劳动范畴的举例，除了另注外，主要引自《政治经济学批判》导言"政治经济学的方法"一节的论述。其今译文见《马克思恩格斯全集》第46卷上册，人民出版社1979年版，第41—43页。
③ 以上引文除另注外，均见熊得山译《物观经济学》，上海昆仑书店1929年版，第42—54页。

其中批判了资产阶级经济学家从孤立的个人出发研究物质生产，并借研究"生产一般"把资产阶级生产说成永恒的错误观点，提出要社会地、历史地考察物质生产，指出政治经济学的研究对象应是一定社会的人们在社会生产中的相互关系，即生产关系；又批判了资产阶级经济学家仅限于描述构成社会生产整体的生产、分配、交换和消费四个环节之间的表面联系，形而上学地割裂四个环节内在联系的错误观点，认为在一切有机整体内部，不同要素之间都存在相互作用的辩证关系。这些观点，在译本论证经济学史研究立场的绪论中，不同程度地接触到。这里关注的是，译本的上述引用，实际上对导言把唯物辩证法运用于政治经济学，阐明政治经济学的科学方法，延伸运用到经济学说史领域。因此，导言所阐述的重要方法，译本在引用时，都有所涉及。诸如：资本主义经济制度是一个浑沌的整体，研究过程中必须在思维上把这个整体分解为各个部分、各个要素，这种研究工作一旦完成，则行程必须倒转过来；阐明资本主义经济制度，必须从最简单的关系和规定，即从抽象出发，然后上升到具体。资产阶级政治经济学分析资本主义经济制度，经历了两条道路：第一条道路如17世纪的经济学家，总是从人口、民族、国家、若干国家等整体开始，最后总是从分析中找出一些有决定意义的抽象的一般的关系，如分工、货币、价值等，这条道路表面上似乎正确，实际上不能说明具有许多规定和关系的资本主义经济制度；第二条道路是18世纪的经济学家，从劳动、分工、需要、交换价值等简单的东西上升到国家、国际交换和世界市场，这样就出现各种经济学体系；后一种方法显然是科学上正确的方法。完整的政治经济学方法应当是：从具体到抽象，然后再从抽象上升到具体，这是建立政治经济学体系的正确方法。如此等等，译本论证经济学史的方法论，试图吸收进去以为我所用。不论这种引用和阐释是否贴切，在我们已经考察过的有关经济学说史或经济思想史著作中，这是较为明确和全面地引入马克思的经济学研究方法作为其指导原则者，而且把引用马克思原著的范围，从那些早已公开发表的代表作，扩展到未完稿的《政治经济学批判》导言。由此也显示此译本的日本作者在着手经济学说史的研究时，涉猎和钻研马克思原著的范围之广泛。

其六，"经济学史的本质及任务"一节，谈到"在唯物史观上经济学说的特殊地位"：

按照马克思在《经济学批判》序文中所说的"社会变动观"，社会到了一定的发展，从来为促进社会发展的动因的生产力，差不多就要和生产关系发生矛盾冲突，推移到所谓社会革命时代；伴着经济基础的变动，法律上、政治上的上层建筑等就或缓或急地变革起来。这里应该注意，社会经济的构造，或所谓下层建筑的社会经济形态，和观念形态应该有严格的区别。马克思对观念上的形态，一一列举了法律、政治、宗教、艺术乃至哲学等所谓上层建筑的意识形态，却没有特别举出经济的意识形态，即经济思想。根据唯物史观的说明，社会意识中的经济思想，当然是能够看作上层建筑的一种形态而被包含的东西。我认为这个观察是对的。从经济学史的概念说来，这大体也是明白的。

一般把关于分析与综合经济史实所得的经济诸范畴及法则的知识，认作经济上的意识形态，把观念的概括，称之为经济思想；大概魁奈以后的经济思想，已构成学问的体系，又称为经济学说；在近世，一般都把经济学说的历史称为经济学史。科学的经济学历史，应显示分析与综合资本家的生产关系的经济诸法则及范畴的论理的历史发展形态，但唯物史观对这些经济的意识形态，以及构成观念的经济学说，尤其对于经济学说与经济事实的联系，更有特殊的看法，认为特别重要的任务是从历史观上研究经济学说。理论产生于事实，恩格斯说："理论是从事实的历史出发的东西，故思想的行程，也不可不从事实的历史出发。并且思想的发展，不外就是事实发展的反映，这个反映，是跟着历史经过的自身所表现的法则，而被变更，而被修正"①。经济范畴自身，实为社会生产关系的理论反映乃至抽象的东西，前者为后者的实像。所以经济的意识形态，同时伴着经济上诸范畴诸法则的事实变动而变动，因而经济学说的变动，乃是必然的现象。从这个立场看，使用"经济学"这个名词，并不包含静止的真理和永久法则那种观念上的东西，而是理解为历史的意义。普通使用"普遍经济学"及"理论经济学"等名词，不过是关于资本家生产样式的特殊法则的一种科学，其存在与职能，依附于资本家的生产关系的存在，如果这种关系失去存在，其科学形态也就消失了。所谓"普遍妥当的理论经济学"，只可当作资本家社会的观念形态。马克思经济学说，哪怕生于同一个资本家社会，但它解剖资本家社会所包藏着的没落法则，否定从来经济学的意义，所以在经济学史上的地位，当然与从前的经济学不同。

马克思无论在《经济学批判》中还是在《资本论》中，都研究"资本家的生产方法，并与之相适应的生产关系交换关系"，正如《经济学批判》序文中所谓

---

① 这段引文出自《卡尔·马克思〈政治经济学批判〉》，其今译文见《马克思恩格斯选集》第 2 卷，人民出版社 1972 年版，第 122 页。

"现实的基础"以及"社会经济构造"的研究。这些现实的基础、经济的构造等，都是伴着生产力的发展而发展的东西，因为生产关系就是阶级关系，故历史各时代的各种意识形态，可以证明为一定的阶级意识的表现。作为经济的意识形态的经济思想，本来也是阶级意识的表现，但经济学在社会的意识形态中，以和生产力（决定社会发展的动因）有密接不离的关系的经济关系为对象，所以那种阶级意识，在作为意识形态之一的经济思想上，最具体，也最容易观察。例如理解资本家社会乃至国家形态的本质，以及该时代的阶级意识，若是从经济意识形态如资本、商品、价值、价格、货币、工银、利润、地租等出发，探究资本家时代的阶级意识，更为容易而且精确。"马克斯拿经济学来理解资本家社会，就是这个原故。又经济学较其他各种的观念形态，对于资本家社会更有切实的理解，也就是这个原故。所以，可说是对于最根本的生产关系之研究，并经济意识形态发展史的经济学史的研究上，给与了重要的特殊地位"。[①]

这里所说的经济学说在唯物史观上的特殊地位，前面屡次提到过，其核心思想是马克思在《政治经济学批判》序言里所叙述的研究结果，即法的关系正像国家的形式一样，既不能从它们本身来理解，也不能从所谓人类精神的一般发展来理解，相反，它们根源于物质的生活关系，这种物质的生活关系的总和，称之为市民社会，而对市民社会的解剖应该到政治经济学中去寻求。根据这个思想，译本推衍出经济学史的研究，在唯物史观上具有特殊的重要地位。因为经济学史研究的是经济思想或经济学说的发生、发展和没落的过程，而在资本主义社会，经济思想作为社会意识形态的一种形式，比起其他形式，直接来自最根本的资本主义生产关系的反映，因而能够更具体更容易更精确地观察资本家时代的阶级意识。这种推衍，把马克思关于应该到政治经济学中去寻求资产阶级社会的解剖这一思想，转换为从唯物史观上看，经济学史的研究具有特殊的重要地位，尽管显得有点生硬，却鲜明表达了不同于资产阶级经济学的研究指导原则，揭露现行所谓普遍适用的经济学，不过是反映资本主义生产方式的特殊法则的经济学。另外，这里提及恩格斯在《卡尔·马克思〈政治经济学批判〉》一文中的有关论述，也是我们初次看到的论著与内容。

其七，谈到"经济学说的阶级性"：

---

① 以上引文均见熊得山译《物观经济学》，上海昆仑书店 1929 年版，第 54—60 页。

《经济学批判》序文的有关说法，从唯物史观的立场看，同时表示人类的意识形态必然常带有阶级性的意思。唯物史观说，一定的生产力造出一定的生产关系，生产关系即成为社会关系或经济的构造。社会没有统一的性质，生产关系同时就是阶级关系，阶级事实上立足于支配与被支配的关系之中。所以又说，"从来一切社会的历史，都是阶级斗争的历史"。生产力的发展被认为是社会发展的决定性动因，同时须注意，生产力发展后，与此密切相关的经济关系必然发生阶级斗争的事实。所以把历史看作阶级斗争的历史，各历史时代的各种意识形态，表现为一定的阶级意识。

阶级发生的原因是什么？马克思在《哲学的贫困》中说："经济的关系，开始把人口大众变化为劳动者了。资本的支配，对于大众就给与了一个共同的地位，共同的利害"①。这里所说的当然是近代的劳动者阶级，其基础是他们在资本家社会有共同的地位和共同的利害，这件事形成了他们阶级观的核心，这是明白的。由此可以想到，人类因在社会所占有的共同地位与共同利害，能够构成阶级。人类在一切社会中，必然要属于两大阶级中的某一阶级，如"压迫阶级与被压迫阶级""支配阶级与被支配阶级""榨取阶级与被榨取阶级"。马克思研究经济史实，曾举出"自由民与奴隶，贵族与平民，领主与录农，组合的店东与徒弟"② 等，直到近代的两大阶级。关于近代资产阶级与无产阶级的成立和发展，《英国的劳动阶级状态》（今译《英国工人阶级状况》）、《哲学的贫困》等各种著作里，曾有明快的说明，"总之都是表示那两阶级，是有绝对的不相容的敌对的利害的，且是表示不断的斗争已被展开了的"。这种阶级斗争不断的过程，马上就表现为经济学说及现存阶级意识的实际背景。

《哲学的贫困》说："资本家是和那自身为封建时代的无产者的残滓的无产者同时发生的。伴着那历史的发展的进展，那对抗的性质——那在当初，多少还只是被隐藏的形式，或是潜伏的状态——也要发展起来。……（中略）这个利害的对立，是从他们有产者的生活的经济的诸条件发生的"③。这种对立，决定了经济思想的阶级性。"照应他们的物质的生产方法而构成社会关系的那些人们，马上又照

---

① 其今译文见《马克思恩格斯选集》第 1 卷，人民出版社 1972 年版，第 159 页。
② 这句话取自《共产党宣言》，其今译文见《马克思恩格斯选集》第 1 卷，人民出版社 1972 年版，第 251 页。
③ 其今译文见《马克思恩格斯选集》第 1 卷，人民出版社 1972 年版，第 119—120 页。

1920-1929 从民国著作看马克思主义经济学的传播

应他们的社会关系而构成诸原理、诸观念、诸范畴的原故"①。

根据马克思的说法，经济思想伴着生产关系的变动，所以各种经济学派，被看作历史的存在的东西。生产关系同时就是阶级关系，人类是适应其社会关系而构成诸原理、观念和范畴的，所以经济学说也是带了阶级性而表现出来的东西。关于这一点，可见《哲学的贫困》如下说明：

"这种对立的性质越是显明，而为资产阶级的生产的科学的代表者经济学者们，就越发使他们自身的学说陷于矛盾，于是成立各种学派。……（中略）经济学者是资产阶级之科学的代表者，同样，社会主义者及共产主义者，也是无产阶级的理论家。……（中略）在他们搜索着科学，单是考虑着新的方案的时候，即他们还在斗争初期的时候，他们只是于穷困的当中注视了穷困，却不能于穷困的当中，看到还可引起革命的、颠覆的一方面。但是一经过了上述的瞬间，科学遂成为一个历史的运动之意识的产物。那早已不是说教的东西，而已成为革命的东西"②。

这样，经济思想是社会生产关系的产物，伴着生产关系的变动而出现各种各样的经济学派。如上所述，生产关系就是阶级关系，所以经济思想带有成为阶级意识表现的阶级性。作为其对象，因为生产关系和作为社会发展动因的生产力密切不分，所以阶级意识，在成为意识形态之一的经济思想上，最具体，也最容易观察。经济学这门学问，在近代意义上，是对资本家社会的解剖——分析及综合，它是在生产关系之下，依据一定的经济意识而构成的法则，研究经济理论的东西。因为社会关系是阶级对立的关系，当然不仅从资本家阶级立场上的经济学对这个关系进行批判，也从无产阶级立场上的经济学对这个关系进行批判，所以经济思想这个东西，是基于两个阶级对立的事实，明白地表现出阶级意识的东西。③

正像前面讨论经济学史的方法论，大量引用《政治经济学批判》导言中的论述以为论据一样，这里讨论经济学说的阶级性，也大量引用《哲学的贫困》中的论述以为论据。结果倒不在于译本的立论有多少新意，而在于借着这个立论，让马克思原著的一些重要论述，通过这个译本，比较完整地转达给我国的读者。这是那个时期在翻译马克思的经济学原著之外，传播马克思主义经济学的一个重要方式。尽管译本的译文有些别扭和生涩，不能尽显其原意，但对照今译文，仍属将这些陌

① 其今译文见《马克思恩格斯选集》第1卷，人民出版社1972年版，第108页。
② 其今译文见《马克思恩格斯选集》第1卷，人民出版社1972年版，第120—122页。
③ 以上引文除另注外，均见熊得山译《物观经济学》，上海昆仑书店1929年版，第61—68页。

生的原著内容披露出来的率先者。当然，就理解经济学史的本质和任务而言，从马克思的原著论述中概括出有关经济学说具有阶级性的论点，也是为了揭破正统经济学自以为具有超阶级的普世价值的宣传，从而为经济学说史的研究，树立一个新的基准。

其八，谈到"经济学史的本质、任务及运命"：

经济学史，简单说来，除了观察和探究反映事实的经济思想或经济学说的必然发展过程之外，更是从论理上和历史上研究理解其阶级意识表现的发展过程的学问。了解经济学史的途径，纵然对照经济史实而进行整理，但没有从唯物史观上把握，真实的了解是不可能的。所以从我们的立场上看，了解经济学史，不单对照经济史实，还须运用辩证法，须常以各时代的阶级斗争的事实为前提，同时基于诸学说的主要范畴与法则的分析和综合，从中发见由一定的阶级斗争所反映的阶级意识的存在，由此明白这些学说怎样表现和展开历史的阶级意识。所有这些，便是经济学史的任务。

站在这个立场上从事批判，如《哲学的贫困》所说，举凡一切学说、原则、范畴、观念等，都是历史的。人类的观念形态，随着他们的生活关系、社会联络、社会存在的变化而变化。没有贯通历史各时代而所谓妥当的原理和原则，在历史的某个特定时代，也没有超然于阶级利害之外的学问。所以，主张有所谓普遍的经济法则而成为科学的普遍经济学或永久的"理论国民经济学"等，那不过是一切有产者学者所抱的一个幻想。作为特定时代的经济关系的法则，并为其阶级意识的认识及表现所遮饰的经济学，是对以前社会的阶级意识的批判即否定，同时又在那个特定社会里萌芽和发展出新的阶级意识，对支配特定社会的经济关系进行批判，此即否定之否定的新学问。这样的转移，就是辩证法的继续。"所以经济学的历史——经济学史，应该是对抗的关系上底批判的发展过程"。卢森堡之所以明白地说，马克思将他自己的经济学说放在传统经济学的圈外，取名为经济学批判，就是根据这个事实。"马克斯的经济学，是研究所谓资本家时代的一个特定时代的经济关系的"；卢森堡在《经济学入门》中说："资本主义的无秩序，并其将来没落的法则，已为他所说明，这虽然是为资产阶级学者所创立的经济学之继续，但其终局的结果，可说是与资产阶级经济学的出发点，完全成了相反的继续"。那是立在社会必然发生的无产阶级的立场上，对表现为支配阶级的阶级意识形态的从来经济学予以批判，是否定之否定的关系上的东西。卢森堡又说："经济学算是完成于马克斯的理论中了，同时也是成为一科学的经济学之终了的意义"。今后应该继续的只有一个方面，把学说移到行为上，换句话说，"那就只有为社会主义秩序的实现之国际的无产阶级的斗争"。这样，成为一门科学的经济学的终局，具有世界事迹史即在世界范围内实行的意义。"经济学说最后的一章，就是世界无产阶级的社会革命。在那个时候，是伴着资本主义而发生、而发展的经济学之终了，从而经济学史也就闭上最后的一页"。①

以上论述，是对前面各节论述的一个归纳。关于经济学史的本质，强调以客观经济史实为前提，以体现历史发展过程和反映阶级意识为重点。关于经济学史的任务，强调以唯物史观和辩证法为指导来了解各时代的经济史实和阶级斗争事实，分析和综合构成经济学说的各种范畴与法则，从中发现作为一定时代阶级斗争反映的阶级意识，由此明白这些经济学说如何表现和展开历代的阶级意识。关于经济学史的命运，首先依据经济范畴和法则作为特定物质生产方式及其社会关系的反映，并非永久适用而是历史的一时的产物这个批判立场，否定资产阶级学者试图构建普适或永久的经济学理论体系的幻想；然后指出经济学的历史是否定之否定的辩证法过程，马克思的经济学研究特定时代的资本主义经济关系，在继承资产阶级经济学的同时，得出与之完全相反的结论，站在无产阶级立场上从事政治经济学批判；最后认定马克思在完成经济学理论的同时，终结了传统科学的经济学，今后的任务是为实现社会主义秩序而开展国际无产阶级的斗争或社会革命，伴随着资本主义而发生和发展的经济学的终结，也意味着研究这个经济学进程的经济学史的终结。这些归纳，一面引用马克思的理论作为依据，一面又拿来其他马克思主义者如卢森堡有关马克思经济学说之意蕴的阐释，套用在经济学说史的命运上。归纳中，译本作者自己的理解、释义和引申，未必完全妥适，其意在于运用马克思主义来指导经济学说史的梳理与研究，却毫无疑义，而其引用这个指导思想之全面、详尽和言必有据，在当时引进的同类著作中也是十分少见的。

此外，绪论一最后谈到"经济学史与经济学者的个人的生涯问题"，还以《经济学批判》序文中有关"'判断某个人，就基于某个人自身所怎样考虑的事情'，怕是没有意义"② 一语为依据，提出观察某个人的生涯，常要观察到个人关系的背后所存在的社会环境，须对照生产关系自身的发展过程，去求个人关系的理解。因

①　以上引文均见熊得山译《物观经济学》，上海昆仑书店 1929 年版，第 68—72 页。
②　其今译文见《马克思恩格斯选集》第 2 卷，人民出版社 1972 年版，第 83 页。

此，研究经济学史，对学者个人的生涯，有必要严格避免主客观的分离、颠倒和混同。① 这种表述方式，再次显示译本论述经济学史研究的立场，几乎时时处处都要引出马克思的原话以为依据的论证特征。

### （三）绪论二

其一，谈到"产业革命与资本主义的展开"：

所谓"不是人类的意识决定他的存在，反之是他们的社会的存在，决定他们的意识"②，这是唯物史观的基础命题。要理解人类的思想，应当常与社会生活的现实相结合，社会生活的现实是不断变动的，它所反映的人类思想，也不得不随着现实的不同而有不同的内容。《共产党宣言》说："盖人类的表象、见解及概念，简单的说来，即人类的意识，是随着他们的生活关系，随着他们社会的存在而起变化，这是不须有什么深刻的洞见，都是可以知道的事情"③。比如一个学者或思想家所发表的思想，要知道他或他的同时代人有过怎样的社会生活，又是怎样认识那个社会生活，这是决定的要素；另一时代的他种思想，当然都是由学者和思想家的社会存在所决定的。"所以近代经济学说的母胎，当然就是近代资本家的社会之现实的生活。因之基于这母胎的理解，同时也就能够理解学说的真义了"。这里叙述近代经济学史，即根据这个意思，先就诞生资本家经济组织的契机的产业革命前后的社会现实，以及资本家的社会实况，简单叙述其中心部分。④

以上是考察近代经济学说史之前，简介产业革命及资本主义兴起的主体部分，陈述其理由。这个理由，就是唯物史观的道理。同样的道理，译本的作者选取马克思和恩格斯的各种原著，从不同的角度，以不同的方式加以表述，可谓煞费苦心，说明唯物史观的基础命题，在经济学说史的研究方面，具有广泛的适用性。本节转向介绍产业革命，也是在具体应用这个基础性命题。

其二，谈到"机械的发明过程和工场工业制度之发生"：

产业革命的特征是发明机械，其必然的归宿是发生工场制度，同时诞生资本主义。很早就有一些学者认识到这对于社会生活的重要性，"尤其是由马克斯和恩格斯，完全的说明了产业革命之在经济史上的地位与其重要"。恩格斯在《英国劳动

---

① 熊得山译《物观经济学》，上海昆仑书店 1929 年版，第 75 页。
② 其今译文见《马克思恩格斯选集》第 2 卷，人民出版社 1972 年版，第 82 页。
③ 其今译文见《马克思恩格斯选集》第 1 卷，人民出版社 1972 年版，第 270 页。
④ 以上引文除另注外，均见熊得山译《物观经济学》，上海昆仑书店 1929 年版，第 75—76 页。

阶级的状态》的开卷有下述说明："英国劳动阶级的历史，在前世纪的后半，即是同蒸汽机关和纺绩机同时开始的。这些发明，很为人们所知道的，实赋与了产业革命——然这个革命，同时改造了市民的社会全部，那在世界史的意义上，是到今日才被公认的一个革命——的动因"①。恩格斯拿英国作为这个变革的典型，展开对工人阶级状况的详细论述。

恩格斯在《共产主义原则》（今译《共产主义原理》）中，举出产业革命结果的三个大变化："第一，是因为机械动作的工业生产物的价格，日益下落的结果，使世界在以工场手工业的旧制度和手工为基础的产业，都完全没落无余了。……（中略）第二个结果可举的是工场手工业没落，大工业起而代之的区处，简直是极少的资本家——即其富与势力——发达到极处，而成为国内第一阶级的状况。……（中略）产业革命的第三个结果，那就是伴着资本家的发达程度，而同比例发达的无产者。"② 总之，这些说法，都明白地承认产业革命是资本主义社会诞生的契机。③

可见，译本不仅在论证经济学史研究的指导原则和方法论等抽象内容时，倚重马克思、恩格斯的原著依据，在展开经济学史考察的具体内容如产业革命对形成资本主义生产关系从而对经济学说的影响时，同样倚重马克思、恩格斯的原著依据。其实不止是直接引用原著的论述，许多不是引经据典的段落，也可以看到间接取自原著论述的大量证据。如此行文，大概是为了确保经济学史的研究或考察，不会偏离马克思主义的轨道。

其三，谈到"工场劳动者的状态与资本家的社会之本质"：

工场工业制度的确立和资本主义的发展，使近代工场劳动者激增并成为资本家不可缺的一个生产要素。劳动者没有什么生产手段，没有维持自己及家庭生活的财产，他们要活着，只有把自己的劳动力提供给企业家，作为企业家生产的一个要素而从事劳动，藉以拿到工银而生活。一句话，"他们的一切，是握在企业家全体——资本家阶级全体的手中"。劳动者事实上是经济弱者，生活的不安和危险的状态，差不多常是如一发悬在深渊上。"劳动者是自由了，但是那个自由，就是他和他妻子的饥饿的自由"。他们的命运，真的可以说是通悬在资本家阶级的利害

① 其今译文见《马克思恩格斯全集》第2卷，人民出版社1957年版，第281页。
② 这三大变化的表述，并非引用而是概述原著内容，但仍可对照原著的今译文见《马克思恩格斯选集》第1卷，人民出版社1972年版，第214—215页。
③ 以上引文除另注外，均见熊得山译《物观经济学》，上海昆仑书店1929年版，第83—92页。

的情势上。

《工银劳动与资本》说："自由劳动者，是贩卖自身所附丽的，并且是零卖的。……（中略）劳动者所得的唯一的源泉，就在出卖他的劳动力，所以他若是一定不能舍弃他的生存，他当然是不能从买者的全阶级——资本家阶级绝缘的。因为这个原故，一定要到某一方面出卖自己，即在有产阶级内，一定要找出所谓某一个买者来，这竟成了他们的工作"①。

于是，他们陷于仅仅支持自己及家族生活的贫困的程度，他们的全部生活，都悬系于必须以资本家阶级利害为前提的那种每日不安定的命运。正如恩格斯在《英国劳动阶级的状态》中所说："英国的劳动者既已贫困，他们的生活自不能安定，自有不得不依工银而生活的必要，简单的说，就是使他们成为无产者的那件事，更给了他们堕落的影响。……（中略）英国的资产阶级们，很恼恨着劳动者在工银高的时候，度那浪费的生活——但是要问，他们纵然贮藏起来，又有什么益处？他们与其把贮蓄的财产，终局为蠢鱼，为吸血鬼——资产阶级所吸尽无余，不如得能享乐的时候，就充分的享乐，又在他们看来，不能不说这是一个很聪明的方法"②。

因为机械的发明和改良，劳动者的体力工作，差不多都被精巧的机械代替了，但由于劳动者辅助机械运转这一层关系，事实上，劳动者的动作不啻成为机械的一部分。不仅如此，机械为资本家所有，由于资本家想获得更多的利益而经营企业，他要最有效地使用机械。因此，不仅劳动者的劳动时间要特别延长，还出现通宵夜班制度。如《资本论》所说："机械，与其是不使用的损坏，不如由使用而损坏。所以劳动时间，自然是要延长的"。投下多额资本而设置的机械，没有充分使用时，自己所有的机械，非充分利用不可，直至比较廉价的生产，或整个机械构造的改良，或发明比较优良的机械这种现象发生之后，才不利于资本家的企业经营。劳动时间被延长的理由，就在于此。③ 对于这件事，恩格斯申述如下：

"资本家的贪欲心，光是延长劳动时间，还不能满足的。他非得从投下于建筑物和机械的资本上，尽可能的手段使生出利润不可，非得使劳动者尽可能的为激烈的劳动不可。……（中略）据一个工场主所说的证明，自他的工场有了彻夜业以

---

① 其今译文见《马克思恩格斯选集》第1卷，人民出版社1972年版，第355—356页。
② 其今译文见《马克思恩格斯全集》第2卷，人民出版社1957年版，第401—402页。
③ 这些话应当不是引文，而是概述。

来，二年间倍加了私生子的数目"①。初期的工场自不用说，就是在近代，设备也不完全，通风和透光也不充分，劳动者的身心多半衰弱，有的在作业中因触及机械受伤害，致有许多牺牲者。不仅英国如此，可以说这是近代劳动者生活的一般实况。产业革命以来，机械的引用，必然要引起分业组织，不仅把劳动化作机械的、枯燥无味的东西，而且因劳动时间的延长和彻夜业的采用，劳动者不得不在工场的虐待和日常生活的不安当中，常受着苦恼与恐怖。"这就是产业革命的结果，就是资本家的经济组织确定以来的状态"。

产业革命，英国是源泉地，在英国，资本家的经济组织早经确立，那个矛盾以及劳资的阶级斗争，也马上跟着出现。在这个新组织下，陷于贫困深渊的多数民众，早已构成一个阶级，他们开始为自己的利害和解放而斗争。他们的普选运动，也可说是无产民众最初的反抗。资本主义不因国别而异其性质，"所以无产阶级运动，成为世界的运动而表现出来"。②

上面整段论述，都在引用或概述马克思、恩格斯的原话，再次印证了译本的著述特征。译本里的引用或概述，抽取马克思、恩格斯原著的局部或少量内容，特别是涉及工场劳动者状况和资本家社会本质的例证部分，引用时带有很大的随机性。也正因为如此，随着引用的不断展开，引导国内读者接触到马克思、恩格斯原著的一些陌生书目，或熟悉书目中的不少陌生内容，通过这些内容，不断丰富对马克思主义经济学的认识。日本学者的马克思主义研究著作，从那时引进的译本看，一个共同的特点，大量援引原著的论述以为恪守原典精神的证明。此译本更将这个特点发挥到极致，尤其它的绪论部分，为了体现言必有据的忠实性，几乎每提出一个重要论点，都要引经据典，广为搜索那些不常用的或未完稿的原著内容而大加引述，既保其严谨，又示其博学。这样做有时显得颇为繁琐和冗赘，但从传播马克思主义经济学的角度看，最大的好处，就是以原著为基准，延伸的范围更广，接触的内容更多。

## （四）关于重农学派

对重农学派的评介，被归入所谓第一期反击的时代。其中涉及马克思学说的内容，看起来不多，事实上整个评介，都以马克思的分析为基础。这一点，只须引述

---

① 其今译文见《马克思恩格斯全集》第 2 卷，人民出版社 1957 年版，第 437—438 页。

② 以上引文除另注外，均见熊得山译《物观经济学》，上海昆仑书店 1929 年版，第 95—103 页。

译本里下面一段话，即可了然：

要理解重农派的学说，若不知道他们的过渡状态与其矛盾，是不可能的。从来的经济史学家，大多在这点上，观察不充分，故对重农派学说，还不能看出"潜伏于封建的外衣之内的新资本家的精神"。实在说来，该学说一方面，"专以农业为生产的，以地租为唯一的剩余价值，以地主为经济运行的中心，而主张单一税"；另一方面，"因其主张自由竞争，致成为近代资本家阶级的勃兴，和资本家的大工业生产奖励的结果"。这两个要素，在必然的关系上，是不容易统一说明的。"至马克斯出，才完成了这一观察，在他所著的《剩余价值学说史》第一卷第六章'重农学派体系之一般的特性'上，曾有光彩的叙述。真的，该学派的特质，须是在历史发展阶段的过渡的形态上观察他们，并把握着那前后的连络，才能有深切的理解的"。①

显然，这是运用马克思《剩余价值学说史》中有关重农学派的分析评价，作为译本评介重农学派的标准。这个标准，旨在说明以前的经济史学家，未能充分观察到重农学派所处的过渡状态及其矛盾，也就是所谓潜伏在封建外衣内的新资本家精神；或者说，未能对重农学派的两个要素，即一面强调农业、地租、地主的重要性，一面又主张自由竞争从而有利于资本家阶级的勃兴和资本主义大工业的发展，作统一的说明。完成这种充分观察和统一说明，并能够深切理解重农学派的特质的，正是马克思。这样，继绪论引用马克思、恩格斯的原著论述，用以阐释经济学史研究的立场之后，又根据马克思的原著精神，去分析历史上具体的经济学派；这次提到的原著《剩余价值学说史》，既是研究近代早期经济学说史的一个宝库，也是国人接触甚少的一个陌生领域。

### （五）关于斯密

从这里开始，进入正文的主要部分，也是所谓第二期资本家经济学的成立及其发展时代，亦即古典经济学派。同样，对斯密及其学说的评介，也不时穿插着马克思分析观点的引用。试举几例：

其一，关于斯密"人类性"（今译"人性论"）的历史性与阶级性一节，谈到观察的立场，强调所谓唯物史观的立场。其中重复引用马克思在《经济学批判》序文中的论述，还未注明出处地引用如下一段论述："一切从来的历史，在各种时

---

① 熊得山译《物观经济学》，上海昆仑书店 1929 年版，第 183 页。

代形成为各种的阶级对立而运动。但是无论那是采取的什么形态，总之社会的某部分为他部分所榨取的事件，凡为过去世纪共通的事实。所以一切世纪的社会意识，尽管是多样性的，总之其共同的形态上，是在阶级对立……的意识形态上运动着的"。借以说明生产力的发展是社会发展的终极动因，同时与生产力的发展有密切关系的经济关系，必然产生阶级斗争的事实；因此，一部历史是阶级斗争的历史，而历史各时代的意识形态，作为社会的产物，也以一定的阶级意识的表现来说明。接着，谈到阶级发生的原因，又重复引用马克思在《哲学的贫困》中的论述，说明阶级存在的基础，来自人类在社会上所占的共同地位，以及由此产生的共同利害，并且人类在社会上都属于两大阶级中的任何一个。这在经济史实的研究上，已经昭示出来。在恩格斯的《英国劳动阶级的状态》、马克思的《哲学的贫困》等著作中，"都有明快的史实的说明"，指示两个阶级具有敌对的不相容的利害，并展开不断的斗争。这种不断的阶级斗争过程，就成为经济学说表现为阶级意识的实际背景。①

这些内容，除了未见出处的一段引语外，在前面的绪论里多次出现过。只不过前面用于概括性论述，现在用于具体考察亚当·斯密的经济学说。由此也能看到，译本对于马克思主义经济学，在涉猎原著的广博上值得称道，而在把握其内涵的理解上，一旦形成若干认识，便反复使用，连引用原著的论述和归纳的语句，也大致一样，又不免让人感觉有些啰嗦，印证了一个毕业不久的大胆尝试者在研究上的不足。

其二，谈到斯密思想的前提研究，引用河上肇在《资本主义经济学之史的发展》里一句话："伟大的社会思想家的根底上，有关于人类的性情，或关于人类性的一定的观察横亘着，那常是支配那思想的全色彩的"。由此确认斯密主张产业自由及个人的利己活动，适应于资本家生产关系的初期阶段。然后谈到斯密的分配主张，概述《资本论》第三卷中一段说法：一定社会所生产的财富，即一切商品，无论处于什么时代、什么社会组织，都可以分为以下三部分：一是"划作不变资本的填补的价值部分。换一句说，是填补为富之生产所消费的生产手段的形态的价值部分——过去的劳动已经消耗了的价值部分，就是生产手段已转移于商品的生产行程中的价值，或价格"。二是"于可变中，要划作因富之生产而从事于劳动的劳

① 熊得山译《物观经济学》，上海昆仑书店1929年版，第218—220页。

动者的工银的价值部分——充作生活资料的资本部分"。三是"剩余价值。换一句说，就是划作劳动不能者，或不事劳动者的生活资料的东西，或就是利用之为扩张生产规模的东西"。① 从社会所得的分配说，无论哪个时代，社会生产物都应分配于劳动者和非劳动者。但是劳动者具有所谓工银劳动者的性质，以工银形式获取他们的所得，非劳动者具有资本家或地主的性质，以利润或地租的形式获取他们的所得，这完全是资本家的经济社会的特征，不是社会普遍的形式，不能看作正常的状态。斯密则认为一切社会的所得，都分割为工银、利润和地租三者。后来的一般经济学家所谓经济学理论具有永久性和普遍妥当性，即起因于一面认为人性以利己活动为前提，一面又无视人性的历史性与阶级性，把经济学的理论或前提放在完全不同的地位。②

以上论证概述《资本论》中的观点，针对性很明确，批驳斯密把资本家经济组织的分配形式，当作人类利己心活动的自然产物，相信那是最好的具有普遍妥当性的东西，以此作为这种经济关系的永久性结果，于是产生资产阶级经济学者所谓"永久经济学"的理论。然而对马克思观点的概述，并不准确也不贴切，因为强调无论任何时代，如奴隶经济制、封建组织、共产主义社会等，其社会所得都应当分配给劳动者和非劳动者，惟在资本家的经济社会，劳动者和非劳动者分别表现为雇佣劳动者和资本家或地主，与其他社会有所不同，故资本家的社会并非具有永久性。这种论证方式，并非得其要领，很难说是出自马克思的本意。

其三，谈到人性论及经济学的历史性与阶级性，针对斯密把利己心作为人类的本质，或人类永久的必然性的独自存在之物，引用马克思在《关于费尔巴哈的提纲》中对费尔巴哈所说的人类的本质性（具有定量的意思、感情、理性）的批评："那是假定为抽象性的——孤立的——个体的人类的"③。这种非难，据费尔巴哈所说，"不过是陈死的人类的躯壳，而决不是现实的社会的存在的个体的人类"。这种非难同样可适用于对斯密所见的人类本质的批判。马克思在《经济学批判》序论中说：

"为斯密及李加特的，议论出发点的各个孤立的猎人及渔夫，那是属于第十八

1920—1929 从民国著作看马克思主义经济学的传播

① 这段说法查对原著，不完全对应，可参考的今译文见《资本论》第三卷，人民出版社 2004 年版，第 966 页。
② 以上引文除另注外，均见熊得山译《物观经济学》，上海昆仑书店 1929 年版，第 233—236 页。
③ 其今译文见《马克思恩格斯选集》第 1 卷，人民出版社 1972 年版，第 18 页。

世纪的杀风景的想象。……（中略）在斯密、李加特，并十八世纪预言者的头脑中，把十八世纪的个人——一方面是封建的社会组织崩坏的产物，他方面是十六世纪以来新发展的生产力的产物——认为是过去就已存在的东西，而作为一个理想浮泛着。实在那不是历史的成果，而是历史的出发点。……（中略）"。"我们越是追溯以上的历史，就越发知道这种个人，或从事生产的个人，都不是独立的，而是属于较大的全体当中之一的。……（中略）人类，尤其按照文字的意义说来，是社会的动物。不止于单为社会的动物，且是在社会当中，能自己个别化的动物"。①

因此，"孤立个人"的观念，为特定时代的社会所产，决不是可以抽象为永久不变的人性的。当我们呼唤所谓人类的时候，那常是属于社会关系的人类——社会的人类。马克思在《关于费尔巴哈的提纲》中说："旧的唯物论的立场，是市民社会，新的唯物论的立场（唯物史观），是人类社会，或是社会化了的人类"②。在《资本论》第一卷中又说："人类，动作于他那外部的自然上，且因外部的变化，同时，也变化他自身的本性"③。所谓人类的本性，如斯密、马尔萨斯、李嘉图，乃至继承他们的一班资本家的经济学者所说的，不是内在于各个人里面的人类的本质和抽象的概念，乃是社会关系的总和——特定时代的社会关系总和。因社会关系的变动，那本性也要随着变动，人性这个东西，它是变动的。

据唯物史观的立场看来，经济学就是物质生产关系，即资本家的生产关系的学理的认识和表现。马克思在《哲学的贫困》中说："社会关系这种东西，是与生产力密接着的。人类……（中略）适应着物质的生产力，而建立社会关系，同时亦得适应于他们的社会关系，而作出原则、概念、范畴"。"因为那个原故，所以这些观念，这些范畴，也和那所表现的关系一样，都不是永久的东西，那些，是历史的，一时的产物"④。斯密经济学的根本原理，基于所谓人类自然性质的利己心，作为认识事实的理论的统一原理，所谓自然的人类的利己心，据他看来，是永久的自然，由此建立的经济学的理论和政策，也被认为是永久的法理和原则。"这一点上，是与唯物史观根本相背驰的，即唯物史观是把一切在历史的发展过程上把握着，伴着事实的变动，而人类性，并其理论、政策，也必然要变动的"。斯密认作

① 其今译文见《马克思恩格斯全集》第46卷上册，人民出版社1979年版，第18、21页。
② 其今译文见《马克思恩格斯选集》第1卷，人民出版社1972年版，第18—19页。
③ 此引文尚未查到今译文。
④ 其今译文见《马克思恩格斯选集》第1卷，人民出版社1972年版，第108—109页。

人类普遍性质的利己心，实在是生产关系的发展过程上的历史的必然产物，随之变化而变化；可说是当时发展中的资本家的商品经济下，明白表现历史必然的商人心理。所以他的经济理论，也是那个时代明白活现的资本家阶级的意识的表现，再说一句，可以看作阶级意识的观念形态。[1]

以上分析，又是一个例证。其主要观点，站在唯物史观的立场上，证明斯密以计算个人利益的利己心为天赋人性，以此为根底所建立的全部经济理论，并非如他自己认为的那样，从具有普适性的抽象人性中提炼出超越时空的共同法则，成为永久的真理，而是代表了打破封建制度桎梏、反抗重商主义束缚的新兴资本家阶级在历史上所共通的心理倾向，是资本主义生产关系发展过程中的必然历史产物，是资本家阶级的意识形态，并不是永恒的、普适的。这个分析，从始至终，都在引用马克思的原著论述。这些原著，包括《关于费尔巴哈的提纲》《资本论》第一卷、《哲学的贫困》，特别是《政治经济学批判》导言，其中有些与前面的引用重复，多数引用如导言所述，是新的内容。通过这些内容（经由译本的转述），再次扩展了国内读者对马克思经济学著作，尤其对那些陌生经济学著作的了解范围，这是此类引用的一个明显效果。不过从分析本身看，这样大段和随时随地地引用，不断插入本来就不长的分析篇幅，倒显得作者除了引用之外，自己的独立分析能力显得有些不足。

### （六）关于马尔萨斯

这一章有一节专门讨论马克思反对马尔萨斯人口论的主张，介绍关于人口论的论争之后，指出马克思的主张否定绝对的、永久的人口论：

最强烈反对马尔萨斯人口论的，是社会主义者，其代表为马克思的主张。马克思1865年发表于《社会民主党》杂志（今译《社会民主党人报》）的一封与批评蒲鲁东相关联的书简（即《论蒲鲁东》）中说："……试举一例，而取马尔萨斯的'人口原理'一看。同书的第一段，全然是'煽动的'小册子。那从一到十都是剽窃的。可是他那讽刺文，对于人类或许给与了多大的冲动"[2]。又在《资本论》中说："读者若要叫我想起马尔萨斯——人口论是公布于一七九八年——来，……（中略）他要完成这部书的，完全是出发于党派的利害"[3]。由此看来，马克思不重

---

[1] 以上引文除另注外，均见熊得山译《物观经济学》，上海昆仑书店1929年版，第236—244页。
[2] 其今译文《马克思恩格斯全集》第16卷，人民出版社1964年版，第29页。
[3] 其今译文见《资本论》第一卷，人民出版社2004年版，第711页注75。

视马尔萨斯的人口论。马克思的积极见解，"否认人口法则在一切时期、一切场所，都是同一的。并且他以为一切的发达阶段，都是各有其独特的人口法则的。……生产力的发达程度若是不同，同时，社会的关系并支配社会关系的法则也是不同的，这为马克斯的根本的主张"。

伴着资本家社会的过剩人口现象，用资本蓄积行程中可变资本比例的减少来说明，《资本论》第一卷第 7 篇第 23 章 "研究的增殖，及于劳动者阶级运命的影响"[1]，就是这个说明。

把资本分为不变资本（机械、器具、原料等的生产机械的价值）和可变资本（劳动力的价值即工银的总和），总资本中，以工银支付的价值部分，才是可变资本。所谓社会总资本的增加，不一定就意味着转化为工银的可变资本的增加。生产力的发达，分业的发达与新机械的利用等，在一定的生产期间，能生产更多的商品。换句话说，生产力的发达和增加，可以较少的人类劳动，通过利用较多的生产手段，产出较多的生产物。于是成了较少的可变资本对较多的不变资本的组织，此即伴着资本蓄积的质的变化——资本构成的高级化。《资本论》说："如资本的技术的构成发生的这种变化，即生产机关的量，较之给与生命于自己的劳动力的量还增大的事实，反映于资本的价值构成的上面，即是反映于牺牲资本价值的可变部分，而增大不变部分的上面"[2]。又说："如在十八世纪初期，……（中略）至蓄积的增进，虽然是减少可变资本部分的相对量，然而决不因此使那绝对量的增大为不可能"[3]。劳动的社会生产力的发达，不用说，以大规模的协业为前提。可是，"生产机关属于私人所有，因之劳动者在商品生产的基础上，不是行个别分立的商品生产，就是因为没有独立经营的资力，只有把自己的劳动力当作商品而贩卖，如上述的前提（大规模的协业），只有依靠个个的资本的增大，又社会的生产机关及生活资料，只有比例于资本家的私有的程度，才能实现"[4]。

增进劳动的社会生产力的一切方法，同时就是增进剩余价值，或增进剩余生产物的方法，因此由资本而生产资本的方法，就是蓄积资本的方法。剩余价值的不断资本化，表现为进入生产行程的资本量的增大，这个增大，又是生产规模的扩张，

---

① 其今译文见《资本论》第一卷，人民出版社 2004 年版，第 707 页。
② 其今译文见《资本论》第一卷，人民出版社 2004 年版，第 718 页。
③ 其今译文见《资本论》第一卷，人民出版社 2004 年版，第 719 页。
④ 其今译文见《资本论》第一卷，人民出版社 2004 年版，第 720 页。

以及伴着生产规模扩张的增进劳动生产力的方法及促进剩余价值生产的基础。这样，伴着资本主义发展的资本的蓄积，就显示生产规模的扩大和劳动生产力的增大，劳动生产力的增大，使资本的技术的构成发生变化，而总资本中比较少的一部分，逐渐显示出朝向可变资本。于是，一方面，比例于蓄积中所形成的追加资本的量，越发只能吸收少量的劳动者，同时另一方面，旧资本的周期的新组成的再生产，越发成为驱逐从前使用的劳动者了。"伴着蓄积的进行，不变资本部分对可变资本部分的比率，就引起了变化。……（中略）那劳动的需要比之于总资本量，相对的，或伴着这个量的增大，而加速度的减少的"①。自然，因总资本的增大，可变部分即合体于总资本的劳动，也跟着增大，自是一个事实，但是那增大的比例，不断地递减。在这里，"就是过剩人口发生的根本的原因，社会的原因所在，那决不是人口的自然增加的原因"。因总资本的增大而可变资本更急激地相对减少，这种事情反映到资产阶级经济学者的眼里，就看作劳动者人口的绝对的增加较之劳动者雇佣手段的可变资本，有更急激的进行。但是事实上，"资本制的蓄积，恰是相对的（即是比之于资本的平均的价值增殖欲）比例于那能力及范围的进行，而不断的生产着过多、过剩、超过的劳动人口的"。②

观察资本家生产的各方面，某种生产部门，专依蓄积的作用，资本的绝对量没有增大，变化的只是那个构成；其他生产部门，资本的绝对量增大，引起可变资本部分的绝对减少，即吸收的劳动力的绝对减少；还有某种生产部门，某个时间在一定的技术基础上，资本继续增大，同时比例于这个增大，吸引多数的劳动力；又在某个时间，资本的有机构成发生变化，可变部分收缩起来。无论哪个部门，资本的可变部分的量的变化，常引起被吸收的劳动人口的减少，此即所谓过剩人口发生的原因。就是说，资本的蓄积和集中，在其行程上，使资本的有机构成及技术构成都发生变化，招致可变部分（转化为劳动者雇佣的部分）的相对的或绝对的减少，由此，不被资本所需要的人口，遂成为绝对不必要的过剩人口现象。一般俗学者们，在市况不好的时候，看到产业预备军的续增，工银的低下，劳动者生活的贫乏，以为劳动人口呈现急激的增加。其实这种观察是片面的，只是从人口和资本的连络上加以判断。反之，市况不好的状态转化为市况好的表现时，资本的蓄积量增殖，伴着增殖的程度，生产规模扩大，役使的劳动者数量也增加，或许又以为劳动

① 其今译文见《资本论》第一卷，人民出版社2004年版，第725—726页。
② 其今译文见《资本论》第一卷，人民出版社2004年版，第726页。

2108

者人口减少，或其人口的增殖有缓慢之感。较大的资本吸引劳动者，生产规模随之扩大，资本的有机构成及其技术形态也发生显著变化，生产部门的数量或同时或交互地受到这个变动的很大影响，因此劳动者人口的命运，常是浮动的。"即劳动者人口，一方成就了资本的蓄积，同时在他方，又不断的产出了自身成为相对的过剩的手段。这为资本制生产方法所特有的人口律，并且实际上，一切特殊的历史的生产方法，都各有其历史的特殊的人口律，所谓抽象的人口律，只是存在于不受人类的历史干涉的动植物的范围内"①。所以世上称为过剩人口的，实在就是资本不需要的人口，所谓相对过剩人口，那是在资本的蓄积行程上所发生的必然的历史现象。

一定的可变资本吸收一定的劳动者，若把它看作资本家阶级营利主义的商品生产目的的一个手段，就能看出过剩人口的必然结果。第一，可变资本纵然增大，被雇佣的劳动者数量却没有变化，并能更激烈地虐使劳动者。这时可变资本的增大，固然是较多劳动的指标，却不是较多被雇佣劳动者的指标。在一切资本家看来，以同一费用或更小的费用从较少的劳动者那里榨取一定的劳动量，是绝对有利益的。第二，根据同一理由，对劳动力的榨取，如因时间或能率的增大，投下同样的可变资本，可以发动较多量的劳动。第三，资本家用不熟练职工代替熟练职工，用女工代替男工，用少年少女或儿童的劳动力代替劳动力，可以同样的资本价值，购买更多的劳动力。"故于蓄积的进行中，一方则较大的可变资本，不必雇入较多数的劳动者，而能发动较多量的劳动；他方则同一大的可变资本，以同一量的劳动力，而能发动较多量的劳动，并且最后因驱逐了高级劳动力，而能发动较多数的低级劳动力。这样，在资本家的经济组织之下，资本的蓄积，并为其结果的可变资本部分之相对的或绝对的减少，虽然只是如上所述，然而过剩人口，并过剩劳动者的出现，及产业预备军的续出，就已经充分了，而且由今后的各个资本家致富的手段，那个现象，只有更加助长的"②。

"要之，过剩劳动者人口，乃资本家生产样式中特有的历史的现象，那个原因，并不是基于所谓绝对的、永久的法则，马克斯的人口理论如此，所以他不能承认如马尔萨斯所说的所谓永久普遍的人口法则。在阶级对立的社会，马尔萨斯所说

---

① 其今译文见《资本论》第一卷，人民出版社2004年版，第727—728页。
② 这段引文，其实是摘译，并非原文，其原文的今译文见《资本论》第一卷，人民出版社2004年版，第732—734页。

的，恰是出生于资本家生产时代的资本家阶级所抱怀的一个法则"。

本节末尾还有一注释：恩格斯 1844 年在《德法年鉴》上发表的《经济学批判大纲》，"曾与马克斯抱同样的见解，他说：所谓'过剩人口的妖怪'是资本家社会特有的，可是在社会主义社会，完全不会有这种现象"①。倍倍尔（原译"伯伯尔"）在《妇人与社会主义》一书也说："民众的贫乏，不是生活资料不足的结果，乃是由于分配的不平等，原料不断的坏破，生产的浪费，耕作的疏忽。所以贫乏的原因，不是人口的数目，乃是由于社会制度，生产物的分配样式的如何"。②

上述议论，与其说是作者的分析，不如说是阐释马克斯批判马尔萨斯人口理论的观点。随着阐释的引导，我们又跟着作者，重点来到了《资本论》第一卷第 7 篇第 23 章的内容。这些内容，同样是国内读者，哪怕是对《资本论》知其名或知其基本论点的国内读者通常陌生的部分。主要包含"资本主义积累的一般规律"这一章前三节的有关内容，涉及第 1 节"在资本构成不变时，对劳动力的需求随积累的增长而增长"的内容较少，涉及第 2 节"在积累和伴随积累的积聚的进程中资本可变部分相对减少"和第 3 节"相对过剩人口或产业后备军的累进生产"的内容较多。引用的重点，选取有关批判马尔萨斯人口论的部分，由此延伸到本章的若干重要理论，引用其原文的内容之多，以前未曾见过（稍后出版而前已考察的同样为日本学者所著《人口理论》的译本里，又看到引用《资本论》这一章原文相同或更多的内容）。这里批判的关键，指出马尔萨斯的人口理论，把劳动者中超过就业部分的过剩人口现象，说成基于绝对的、永久的、普遍的人口法则，实乃服从和服务于阶级对立社会的党派利益，反映了特定历史阶段即资本主义生产方式所特有的人口现象，是资产阶级追逐剩余价值所怀抱的人口法则。也就是说，在阐释马克斯的批判观点之外，作者并没有为这个批判，增加什么新的内容。此外，作者还提到马克斯的《论蒲鲁东》，恩格斯的《政治经济学批判大纲》和倍倍尔的《妇女和社会主义》等著述，从多方面支持马克斯的上述观点，或表明这是马克斯主义者的共同观点。这再次彰显作者的论述特点，为了论证某一论点，不仅引用那些为人们所熟知的马克斯主义代表作，还尽量搜集马克斯主义著述中那些鲜为人知或很少提及的其他作品。如上面提到的三个作品，《妇女和社会主义》一书以往在国内的著述里曾偶尔提及，其他两个都没有听说过。对读者来说，这样做的好处，不

①　此引语查恩格斯原作，未见其出处，应是引用者的概述。
②　本节引文除另注外，均见熊得山译《物观经济学》，上海昆仑书店 1929 年版，第 276—287 页。

1920—1929 从民国著作看马克思主义经济学的传播

断增加对马克思、恩格斯著述的了解，其影响则因为冗杂，加上译文不那么通畅，时见阻滞，故常有令人感到费解之处。

### （七）关于李嘉图

这一章重点论述李嘉图的分配论，有关他的地租论，在分析了地租的概念、地租发生的原因及其意义、农产品的价格与地租、绝对地租问题等之后，谈到其地租论的历史性及阶级性：

地租与其他经济范畴一样，在历史发展过程中曾采取不同的形态，考察其他的地租形态，再考察代表资本家生产方法的地租论，可以论证李嘉图的地租论也不免有其历史性。货币地租转化为资本家的地租形态，农夫便分裂为两个阶级，一是没有土地的阶级，受雇于有土地的富裕者；二是富裕农夫向资本家的农业者发展的阶级。以魁奈为中心的重农学派，可以说是初期资本家的农业阶级的代辩者。许多劳动农民的土地被收夺，马上就成了孕育资本家的生产社会的条件。对这个过程，《资本论》第三卷第 37 章说明："土地所有权的独占，是以在某种形式的民众的榨取，为其他一切生产方法的历史的前提、基础，同时那又是资本家的生产方法之历史的前提、基础。……于是，资本家的生产方法，则使农业从属于资本的支配之下，并且自己造出适应于其所属的土地所有的形态。那是把封建的土地所有权、种族的所有权、马克共产村的小农所有权都加以变形，在法律的形式上虽然有各种各样的差别，在经济的形式上，毕竟那是适应资本家的生产的要求的"①。资本主义的地租形态由此实现了，李嘉图的地租论，正是这个阶段上所反映的经济学说之一。

资本家的社会，一切生产都依据资本家的生产方法而出现，一切从事于土地耕作的劳动者，都是为资本家所雇佣的工银劳动者，资本家在他人所有的土地上经营农业，得支付一定的地租给土地所有者。这时，地租不过资本家的生产过程中所生产的剩余价值的一部分转化。就是说，在资本家的社会，一切剩余价值，第一表现为经营生产的资本的剩余价值，此后，其一部分才以利息分配给单纯的资本所有者，或者以地租分配给单纯的土地所有者。在资本家的社会，不同于从前如土地所有者直接与土地耕作者对立，以地租形式直接榨取劳动者的剩余价值；产业资本家介于这两者之间，产业资本家实际与耕作者对立而获得剩余价值，然后把剩余价值

---

① 其今译文见《资本论》第三卷，人民出版社 2004 年版，第 696 页。

分配给土地所有者，才成为地租。以往社会的生产力比较幼稚，土地被认为是主要的生产手段，国民大多数从事于农业，那个时候，土地所有者与实际的土地耕作者直接对立，由此获得剩余价值，地租表现为剩余价值的唯一社会形态。但在资本家社会，地租成了榨取所谓剩余的一种特殊形态，一种历史特质。在那里，资本家阶级、地主阶级、劳动者阶级的对立，处于自由竞争的原则下而相互争执。有产者阶级对劳动者阶级，固然是一致的，但有产阶级内部也相互争执，这是资本家社会的特质。李嘉图的地租论把全部生产物分为工银、利润、地租三部分，既是资本家社会的事实反映，也显示资本家阶级与地主阶级的对立抗争。

李嘉图的地租论没有阐明资本家的生产社会的地租真相。"温特曼"在《马克斯经济学》中批评说：这种形式的地租学说，没有说明在资本家的生产制下农业的主要困难问题，犹如李嘉图的价值论，没有说明工业上剩余价值的困难问题一样。什么样的劳动生产剩余价值，又怎样估定，他都没有明白说明。由怎样的生产方法生产剩余价值，他也没有明白确定。至于平均利润的成立，平均利润率以及和以地租支付的剩余价值的关系，说明更是不充分。李嘉图地租论所谓的地租，不一定就是从优等土地逐渐到劣等土地的产物，反之如果农业生产力不断增进，或从劣等土地到优等土地的耕作，也可以产生地租。李嘉图在这一点上，特别地失败了。又说：资本主义的生产方法，一面创造了新的地租形态，一面为改变旧的地租形态的遗物而加以支配，非常复杂。所以要从理论上去解决这种复杂性，实在有必要理解资本主义所表现的特征倾向，以及基于主要的法则即价值法则的"纯粹的"地租形态。"那只有马克斯，才发见了解决那一切问题的关键"。

马克思固然受到李嘉图地租论的影响，但追踪其思想的系列，青出于蓝而胜于蓝。对此有个注释：马克思主张一般地租的存在，认为地租是榨取工银劳动者的劳动收益。马克思以为："土地所有，是必然的历史发展的一个阶段，因之那个状态，在必然的历史的发展上，在辩证法的意义上，是向着更高的社会形态之应该被摒弃的东西"。《资本论》第三卷，差不多有整整 200 页论述地租论。据马克思所说，"地租凡有三个形态，第一为差额地租；第二为绝对地租；第三为基于生产物的独占价格的地租。而且为这三者的共通的结局，地租都是属之于所谓剩余价值的"。

地租因时代而采取各种形态，根据马克思的见解，"那是因为土地所有者或是为代表共同体的人，或是为领主乃至地主，或是为自作农，或是如最后为近代资本家的意义的土地所有者的种种形式，而生出不同的形态的，因之资本家的地租，也不过是代表一定的发展阶段的"。①

围绕本章的分析，同样运用马克思主义经济学，运用方式上与前几章有所不同。一是引用马克思原文的篇幅明显减少，同时借助于其他马克思主义的著作进行分析。其中有关马克思的原文，引自《资本论》第三卷第 37 章 "导论"，这也是以往国内著作中很少见到的内容。同时注释里提示，这一卷论述地租问题达 200 余页。这是指该卷第 6 篇 "超额利润转化为地租"，内含 11 章，除导论外，连续 7 章讨论级差地租，然后 1 章讨论绝对地租，1 章讨论 "建筑地租。矿山地租。土地价格"，最后 1 章讨论 "资本主义地租的起源"。注释中将马克思所说的地租，概括为级差地租、绝对地租和基于生产物的独占价格的地租三种形态，应该就是从此篇的论述中概括出来的。本章有关地租的其他许多观点，以作者的口吻叙述，却也看得出依据《资本论》此篇的明显痕迹。大概此篇的内容太多，无法逐一引述，才采取这样的概括方式。至于引用其他的马克思主义著作，所谓 "温特曼" 的《马克斯经济学》，应是突出一例，另外还有其他人的著作。这与前述各章集中于引用马克思或恩格斯的原著，有一定差别。在这方面，可以注意到文中及注释里将马克思与所谓 "罗伯特" 并列，认为二人都受到李嘉图的影响，而罗氏指摘土地所有的不公正和缺陷，以为基于土地的所有，才发生对劳动者的不公正掠夺，所以其改革提案要求新的工银制度，使国民获得正当的分配。这里的罗氏，应指洛贝尔图斯，并示意他的改革方案与马克思的主张属于不同的思路，不分高下优劣。如此认识，偏离了马克思学说的本意。

二是引用马克思的原文集中在研究对象的某个论点如地租上，并非覆盖其全部经济学说。如评介李嘉图的地租论，只就有关地租的历史性及阶级性问题，引用马克思的原话，而其他的地租问题，未见引用。另外，评介李嘉图的工银论及利润论，也未见引用。当然，未曾直接引用，并非意味着不遵从马克思的原意，这样依照马克思学说的精神来分析的例子，在整个评介中比比皆是。但比起前面几章，李嘉图一章，作者终究是试图通过自己的叙述和引用其他人的著述，显示评介上的某种独立性。惟这种独立性一经尝试，便可能出现偏差，就像其注释中把洛贝尔图斯与马克思相提并论一样。此外，本章最后的结论，对李嘉图在经济学上的历史地位，作一综述：古典经济学经过斯密、马尔萨斯到李嘉图，说明资本家社会的经济

① 以上引文除另注外，均见熊得山译《物观经济学》，上海昆仑书店 1929 年版，第 310、313—319 页。

法则，更加细密，由此构成抽象化的法则；李嘉图以这个法则，论证地主地租存在的必然性，资本家获得利润的当然道理，说明劳动者在冷酷而不可避免的铁锁下陷于贫困的深渊；应该注意，他已经看到劳动与资本两个阶级处于经济对立这个不可遮蔽的事实真相，他所以能认识劳资阶级之间利害的不一致，因为当时资本家的生产关系已经表现出这一矛盾不可避免和不可掩饰的事实，不外是当时资本家经济社会的真相在他头脑中的反映，由此把各种经济范畴构成经济学的体系而已；于是李嘉图的经济学说中产生一种社会主义思想，"他的劳动价值说，后来至成为马克斯的劳动价值说，和科学的社会主义学说的飞跃的契机"；总之，英国古典经济学，可以说到了李嘉图，确立了根本的理论①。这个综述，以李嘉图为古典经济学的完成者，看到资本阶级与劳动阶级之间的对立（还有资本阶级与地主阶级之间的对立），坚持劳动价值论等，均属恰如其分之论，也符合马克思的本意；然而，把马克思继承并发展李嘉图的劳动价值论，说成李嘉图学说中本来就含有一种社会主义思想，却没有解释这与前述李嘉图学说代表产业资本家阶级利益一说的相互矛盾，如何避免。看来，这也算是作者独立性分析的一个偏差。

### （八）关于古典经济学派的总括批判

这一章序说之后，第 1 节讨论古典学派的阶级性质的确定，第 2 节讨论古典经济学派的经济学史地位，其副标题"一向保守的学派，一向社会主义学派"，表明了此节的宗旨。后一节说：

重农学派是突破封建制度的外壳，具有向资本主义过渡形态的学派，而古典经济学派是随着资本主义（以封建制度为母胎，随后扬弃其母胎）的成立、发展而成立、发展的学派。古典经济学派相信资本主义经济组织的调和与永久不变性，当遇到这个经济组织自身内在的矛盾时，后来的经济学，或仍然拥护从来的资本主义制度，发挥有产阶级的观念，或基于社会组织的必然进展，断然采取严正批判的革命态度，二者必有其一。这种现象，伴着资本主义的发展而发生在世界上任何地方，前者是李嘉图以后的资本家经济学者所采取的态度，后者是社会主义的必由路径。卢森堡发表于《新时代》的《1899—1900 年》一文说：在英国，李嘉图是形成英国社会主义者全部学派的直接出发点；在法国，为古典派经济学的最初通俗化（今译"庸俗化"）的萨伊（原译"塞衣"）所继承，而移之于西斯蒙第（原译

---

① 熊得山译《物观经济学》，上海昆仑书店 1929 年版，第 334—335 页。

"西士孟迪")；在德国，从劳的学说中看到了社会主义的萌芽，接着有屠能（原译"秋林"）、洛贝尔图斯（原译"洛巴图"）出世；"到了马克斯，就将古典派经济学，向反对方面转换，即从社会主义的立足点，观察资本主义的分析，而完成此转换之目的"。"社会主义经济学到了马克斯以后，已随着资本主义之向帝国主义的发展，而更成了向着社会主义社会的转换期的经济学"。

卢森堡又说："那些后来的对于资本主义制度的疑惑，凡有种种，一方是抛弃一般的法则的研究，而生出单是以各个现象的解释为职志的所谓俗流经济学的卑怯的态度，一方是放弃最初的经济理论的一切的研究，而生出单是以过去的存在事实的史的叙述为经济使命的所谓历史学派的态度。资本主义的生产方法，凡为这些经济学派的基础，而形成其出发点"。此外，还有以个人的心理法则为经济社会的法则的前提，专拿人类的心理法则，移作经济学的研究，这是所谓心理学派，或有产者学派的一支。这三派表面上不同，但在他们中间可以看出有产者的根本共通点。这些学派都有意识或无意识地拒绝对资本主义经济组织的根本的批判与解剖，打算弥缝它内在的矛盾，遮掩它必然的推移乃至崩坏。换句话说，他们是表现资本主义没落期的资产阶级意识的保守学派。继承李嘉图并与他正处于反对立场的，可以举出马克思及其同学派的人。因此，上面所说的作为保守的经济学派的母胎的古典经济学，同时也是社会主义经济学的母胎。

古典经济学派及其诸继承学派的特性，信仰资本主义制度的绝对性与正面性，以为资本主义的商品经济具有普遍妥当性，这些见解，也使古典经济学派从外部的历史规定来观察，决不能抓住资本主义生产方法的真实意义和秘密。例如李嘉图的价值论，以资本主义经济为普遍的自然的制度，所以价值的创造，也具有人类劳动的自然性质；这种以人类普遍的劳动为前提的价值论及人类牺牲说，其方法论上，不可能理解资本主义商品生产社会的商品价值的社会性质，也不能说明人类社会的发展。马克思对古典经济学的理论，有更深刻的研究与批判。他讨论价值，认为在一定条件下，为社会成就了一个抽象。通过这种抽象，区别了商品生产劳动的两个方面。一方面，具体的个人的劳动构成使用价值，另一方面，无差别的社会的劳动构成商品价值。由这个分析，可以明白商品的二重性，并解决从来的价值论之谜。在资本主义经济内，要区别静态的劳动的两面性质，即劳动的人类与创造价值的商品生产者，马克思有必要先在动态的历史顺序中，从单纯的劳动人来区别商品生产过程。换句话说，不得不单从社会生产的一定历史形态上来认识商品生产者。简单如卢森堡所说："马克斯为要解决资本主义经济之谜，不得不拿和古典经济学派正反对的演绎——即是代替他们对于资本主义的生产方法之人类的、正则性质的信仰——以对于历史过程的洞察，而开始研究。他颠覆了古典经济学派的形而上学的演绎，而施以辩证法的演绎"。这也可以从与马克思同时的、那些继承古典经济学而起的所谓俗流经济学，即历史学派、心理学派等一切经济学的堕落中，得到证明。因此，转换到新的经济学，只有通过新的辩证法的演绎方法，才能理解，也只有从那里出发的经济学，才有可能。

布哈林在《转形期经济学》中说：只是无秩序的生产和分配的社会，所谓社会生活的法则或共同体的意识，才采取"原则的自然法则"形式而表现出来，正如马克思批评的一样，"实与家屋倒在人类头上的，那时候的重力的法则相同，是以盲目的必然而活动的法则"。以这种自然为出发点的斯密、马尔萨斯及李嘉图的各种经济理论，在今日无论是学问方面还是社会方面，已经属于历史的东西。"马克斯首先举出资本家的商品生产的特殊性，就他们所发现的理论经济学，而树立为历史所限定了的科学"。如果从产生了这个"原则的自然法则"的学问的商品生产社会，再转眼来观察有组织社会的经济，则从来经济学的一切基础问题如价值、价格、利润等，都要消灭殆尽。到这个时候，"人与人的关系"不再表现为"物与物的关系"，社会经济不再为市场及竞争的势力所左右，而是为有意识的、能够实施的计划所左右。这个社会因为已不存在市场，所以研究市场"盲目的法则"的学问就没有存在的余地。以资本家的商品生产为基础的社会告终了，同时也就是经济学终了的意义。

同样，卢森堡在《经济学入门》中也说："经济学若为关于资本家的生产样式的特殊法则的一科学，则其存在与机能，明明白白是与资本家的生产样式的存在相结合的东西，这个生产样式的存在一经失掉，则其基础也失掉了。换一句说，以一科学的经济学，若是资本主义的无秩序的经济，一经让座于为劳动的社会总体的意识的所编成、所指挥的计划的经济制度，则其任务就已终了。如是，近代劳动阶级的胜利与社会主义的实现，就是为一科学的经济学的终了的意义"。

经济学应有的任务，若是说明资本家的生产样式的发生、发展、扩张的法则，其不可避免的结论，经济学在结局上，自然也不能不发见资本主义没落的法则。资本主义也和从来的经济形态一样，不是永远存续，不过是推移的、历史的局面，不过是社会发展的无限阶梯上的一个阶段。如此论理，资本主义出现的学说，变为资本主义没落的学说；资本生产样式的科学，变为社会主义的科学的基础；有产阶级理论的支配工具，变为无产阶级为解放而革命的阶级斗争的武器。经济学与无产阶级的阶级斗争，存在着理论与实际一致的特殊关系，然而历来世界各国有产阶级的学者们，都没有注意到这一点，有的纵然注意，却又有所掩蔽。"马克斯从资本家的生产样式的理论中，引出了最后的结论，他立在革命的无产阶级的立场，而提供了对于那个的批判和运动。而且因他，社会主义与劳动者运动，被放在科学的认识的不可动的基础之上了"。

如果说法国重农学派及英国古典经济学派，发现了资本主义经济生活发展的法则，那么，马克思在已发展的资本主义秩序的法则中，发现了现实的端绪。而且半个世纪之后，马克思从他们的成熟点上开始检讨经济制度的法则，因为无秩序的生长不断威胁社会的存在，基于那经济的政治的持续毁灭性破局，于是发见了指示着经济制度自身毁灭的东西。正如卢森堡在《经济学入门》中所说："为马克斯所说明的资本主义的无秩序，并与其将来的没落的法则，诚然是有产阶级学者所创始的经济学的继续，但是，在那终局的结果上，与有产阶级经济学的出发点，恰成完全相反的继续"。在这个意义上，古典经济学是马克思主义的母胎。卢森堡又在《1899—1900年》中说："要向古典经济学以上的前进，那只有遵循马克斯所已经开始了的辩证法的方法的途上。犹之资本主义的社会，或是进展到社会主义的社会，抑或陷于毁灭，此外，决没有可进的路程；同样，经济学也只是或向马克斯所开拓的路程前进，或学问上宣告它自身的破产，此外，没有可采择的路径"。马克思所开拓的道路，就是经济学终了的道路。今后应该继续的是什么？对此，卢森堡在《经济学入门》中说："除完成马克斯学说之外，只有把学说移到行为一件事，换一句说，那只是为实现社会主义经济秩序的一个国际的无产阶级斗争。这样，为一科学的经济学的终结，就是把这移转于为计划的所编成的世界经济的实行的意义。经济学最后的一章，就是世界无产阶级的社会革命"。①

以上谈论古典经济学派在经济学史上的地位，主要是说，此学派继重农学派突破封建制度的外壳而体现为向资本主义过渡时期的经济学之后，代表了资本主义发生和发展时期的经济学，其基本特征是把资本主义经济组织及其经济法则，看成绝对的、永久的和普适的东西。但随着资本主义内在矛盾的暴露日益充分，这一传统

---

① 以上引文均见熊得山译《物观经济学》，上海昆仑书店 1929 年版，第 344—358 页。

观念受到挑战，于是经济学的继续发展，从古典经济学的母胎中分叉出两条路径：一条是保守学派的方向，站在资产阶级的立场上极力为资本主义制度辩护，丧失古典经济学重视客观分析的科学性而变为庸俗经济学；另一条是社会主义学派的方向，站在无产阶级立场上指出社会经济发展的必然趋势，在继承古典经济学的同时对其阶级属性和制度信仰持严正批判的革命态度。至此，也表明了全书把重点放在经济学史的第一期重农学派及第二期古典经济学的主旨意图。接着所谓第三期的庸俗经济学派和第四期的社会主义经济学派，作为同生于古典经济学母胎而相互对立的两派，只是简单提到前者以庸俗学派、历史学派和心理学派为代表，后者以马克思及其学派为代表。另外附带提到自马克思以后，随着资本主义发展到帝国主义，更成为朝向社会主义社会的转换期经济学，这似乎指第五期的无产阶级社会革命与转型期或过渡期经济学。关于上述内容，引证的依据，主要来自卢森堡和布哈林的著述。这些著述，都是在马克思经济学说的基础上予以阐释和延伸，以适应经济学观察的新的历史条件与发展趋势。其实，引用二人的著述原文，也是呼应译本前面绪论中的有关观点。如谈到第四期"社会主义经济学的诞生"，谈到"经济学史的本质、任务及运命"时，都引用过相同或类似的原文，有的内容反复出现，惟引用的段落篇幅和译文表述，有所不同。这表明译本的作者在写作时，除了主要援引马克思、恩格斯的原著论述作为理论依据外，其次倚重的便是卢森堡和布哈林特别是卢森堡的有关著述，以便为分析马克思和恩格斯以后有关经济学说史的发展趋势，找到新的理论依据。这也说明作者酝酿这部著作时，面对重叠研究的经济学派对象以及其中仍残留的许多令人迷惘问题，在引入唯物史观分析的大胆尝试中，始终小心翼翼地恪守马克思主义经济学的论证轨道，循规蹈矩，唯恐过多的独立延展分析，可能偏离这个轨道。

**（九）结语**

对一位初出茅庐的日本经济学者的《物观经济学史》译本，花费如此多的篇幅分析，似乎有些不值得。但从当时传播马克思主义经济学的意义上说，看了以下几点理由，或许可以改变这个想法。

第一，这是在目前所考察的经济学说史或经济思想史类型的著作或译本里，率先宣称并尝试运用唯物史观来观察和理解西方近代经济学的历史发展轨迹的专著。此前国内所流传的经济史学类著作，几乎是清一色地按照西方经济学的正统理论观念进行研究，即使有时也会涉及马克思经济学说或社会主义经济学，甚至给与不小的篇幅，但总体说来，仍被置于正统经济学的理论框架之内，起着附属、陪衬、补充或比较的作用。而此译本从一开始，在指导思想上，刻意突破传统的束缚，摆脱正统的框架，引入全新的马克思经济学说作为贯穿全书的线索，支配整个研究过程。如占据书中很大比重的绪论，倾力论证唯物辩证法和唯物史观在经济学史研究中的重要性。借此说明独立成为科学的近代经济学作为资本主义经济组织在意识形态上的反映，并非自然的而是社会的，并非绝对的而是历史的，并非永恒的而是变动的，并非普适的而是阶级的，因此随着资本主义的发生和发展而建立和发展起来的近代经济学，也必将随着资本主义内在矛盾的充分暴露趋于没落或被代表新兴社会经济制度的经济学所取代。又如正文有关重农学派和古典经济学派的论述，花费不少功夫去搜求和汇集马克思、恩格斯的各种专门分析意见，用作评介这两派的权威依据。一般说来，评介重农学派和古典经济学派中的斯密及马尔萨斯部分，以引用马克思、恩格斯的原文为重点，围绕这些观点予以阐释和延伸；评介李嘉图部分，引用原文稍少，其大旨仍以马克思学说为基本依据。所有这些，都为全书，也就是为研究经济学史的进程，奠定了坚实的唯物史观基础。尽管译本实际研究的经济学说史内容，颇为有限，但如此强调并切实体现唯物史观的指导作用，在我们已经考察的经济史学著作里，可谓绝无仅有。单凭这一点，此译本就值得重视。

第二，在经济学史研究上，超过其所推崇的日本马克思主义者前辈，更为彻底地贯彻唯物史观。译本的作者曾在其序言中说，他对经济学史的兴趣，源于学生时代嗜读河上肇许多著作的影响。显然，他把河上肇当作引领自己进入马克思主义研究领域的导师给予推崇。我们以往的考察，也以大量著述证实了河上肇在我国传入马克思主义经济学方面的早期历史地位。然而专就经济学史的研究来说，又不尽然。恰好此前分析过河上肇传入中国的一本专著，即《资本主义经济学之史的发展》译本，可与其学生的同类译本《物观经济学史》，作一对照。河上肇著作的译本初版于1928年，研究资本主义经济学的发展历史，以英国古典经济学的代表人物为对象，包括斯密的先驱，斯密，马尔萨斯及李嘉图，边沁及詹姆斯·穆勒，约翰·斯图亚特·穆勒；这个内容结构，同他的学生的译本差不多，少了法国重农学派，多了英国古典经济学的代表人物，然而在分析方面，差之颇远，根本看不到引用马克思、恩格斯原典的研究取向。在此基础上，河上肇著作的译本还在附录中专门比较个人主义经济学与社会主义经济学的各种对立特征，体现了他的真实研究意图。此附录虽然也说资本主义经济学反映一种特殊的历史状态，不具有永久性，但专注于抽象地比较资本主义经济学与社会主义经济学在意识、道德、政策、态度、原则等精神或观念层面的差异，既不强调从经济关系的物质存在中去揭示资本主义生产方式的本质特征及其发展趋势，更认为唯物史观尽管证明了资本主义制度的历史性并为确立社会主义经济学奠定了理论基础，却不受人待见，至于剩余价值学说，也不见介绍的踪影。其结论，社会主义经济学只限于少数社会主义者，不足以左右社会多数人的态度，故须从大多数人所理解的资本主义社会以及资产阶级经济学的自身变化中，寻求所谓个人主义制转移到社会主义制的标志性动态，如近代欧洲各国的社会立法，或资本主义经济学过渡到社会主义经济学的内在原因；因为社会主义制度同个人主义制度一样，普遍存在于各个历史时期，这也就为跨越所有历史阶段、社会类型与阶级属性而抽象谈论个人主义或资本主义向社会主义的转化，铺设了坦途。如此看来，河上肇作为研究马克思主义的导师，他对唯物史观与经济学史之间关系的理解，尤其在运用唯物史观指导经济学史的早期研究方面，存在着模糊、彷徨、疑惑和背离的成分，远不及他的学生之明确、坚定、彻底和执著。

第三，借助于经济学史研究，大量引用马克思、恩格斯的各种原著论述，为国人认识马克思主义经济学，拓宽了眼界，深化了理解。译本引用马克思和恩格斯的原著范围之广，内容之多，在当时国内流行的各类经济学著作中，堪称一绝。从范围上看，涉及的原著有《关于费尔巴哈的提纲》《政治经济学批判》序言与导言、《资本论》第一卷和第三卷、《哲学的贫困》《雇佣劳动与资本》《剩余价值学说史》《论蒲鲁东》《共产党宣言》《费尔巴哈论》《反杜林论》《英国工人阶级状况》《共产主义原理》《政治经济学批判大纲》《卡尔·马克思的〈政治经济学批判〉》等，还提到马克思的《〈黑格尔法哲学批判〉导言》；从内容上看，除了引用比较熟悉的内容如取自《政治经济学批判》序言和《共产党宣言》，以及虽熟悉其书名却对所引用的内容比较陌生者如取自《资本论》第一卷第 2 版跋和第三卷第 37 章，《雇佣劳动与资本》《哲学的贫困》《反杜林论》等之外，还有就是大量引用那些连书名都十分陌生的内容，如取自《政治经济学批判》导言、《关于费尔巴哈的提纲》《费尔巴哈论》《英国工人阶级状况》《共产主义原理》《政治经济学批判大纲》《卡尔·马克思的〈政治经济学〉》等。这些内容，特别是那些陌生书名的内容，在引用时往往成段落地整个呈现出来，并加以简略诠释，结果在那时国内鲜有完整翻译马克思、恩格斯原著的情况下，通过这种方式，让国人领略到马克思主义经济学的新天地。不过从日文翻译再到中译本，由于翻译中的缺陷，译文常常不能准确和通顺地表达经典论述的原意，这一点对照今译文表现得十分明显，难免造成理解上的障碍，殊为可惜。另外，在译本里，还可以看到引用其他马克思主义著作的有关论述，如署名"铁波林"的《唯物辩证法和自然科学》，普列汉诺夫的《马克思主义的基本问题》，卢森堡的《国民经济学入门》与《1899—1900年》，布哈林的《过渡时期的经济》，倍倍尔的《妇女和社会主义》，署名"温特曼"的《马克斯经济学》等，特别是卢森堡的《国民经济学入门》与布哈林的《过渡时期的经济》二书有关内容，多次重复引用。此类内容，更多用于分析解释马克思、恩格斯之后经济学史发展的新情况新问题，主要沿着马克思经济学说的思路进行理论推测，既有合理成分，也有不切实际的猜想。如一边认为随着资本主义制度的崩溃，资产阶级经济学将被无产阶级的社会主义经济学取而代之，一边又说到那个时候，因为没有了市场、商品、货币等因素，也就意味着经济学从而经济学史的终结；这是把未来的理想，当成了一种固定的模式。姑且不论这些猜测，回到此译本，凭着作者广为搜求马克思、恩格斯原著以为论据的这股钻研劲头，哪怕没有多少独立分析的创意，对国人来说，已是提供了认识马克思主义经济学的丰富滋养。

## 二、《社会主义经济学史》译本

这本书的著者也是住谷悦治，宁敦伍①译，上海昆仑书店1929年10月初版。

《社会主义经济学史》译本与前面的《物观经济学史》译本，出自同一日本作者，同属经济学史类型，又由同一出版社出版于同一时间，二者之间存在明显的衔接与延伸关系，应该是国内出版组织者有意识的选择安排。比较前个译本，后个译本在结构上，同样能够反映出姊妹篇的色彩。全书135页，分3篇：第1篇"经济学史的概观"，含"经济学说的历史性及其阶级性"与"经济学说史之发展的理解"2章；第2篇"前期资本主义与社会主义经济学说的发展"，含"社会主义是甚么？""英国社会主义经济学说的发展""法国社会主义经济学说的发展"及"德国社会主义经济学说的发展"4章；第3篇"后期资本主义与社会主义经济学说的发展"，含"金融资本主义与德国马克斯学说的发展"上下，"俄国的马克斯主义学说之发展"上下共4章。对照这个目录，可以看到此译本的重点，接续前个译本

---

① 宁敦伍生卒不详，曾在1930年5月20日中国社会科学家联盟上海成立大会上，被推举为主席，这是中国共产党领导的文化革命团体。

研究法国重农学派和英国古典经济学派，转到研究前期至后期资本主义与社会主义经济学的发展，即从研究资本主义经济学转到研究社会主义经济学上来。

**（一）关于第 1 篇**

本篇首先摘引《政治经济学批判》序言中有关论述①，说明经济学说的历史性与阶级性。这是前述《物观经济学史》译本经过大量论证而得出的结论，现在又用作此译本的指导原则。

接着在说明社会主义经济学说的发展之前，对近世经济学的历史上曾出现的各种经济学派，作简单和重点的批判。这个批判，同样基于上述序言的一段话，以生产关系随着其内在矛盾而不断发展的辩证法过程为基准，以马克思《资本论》为学问的真理表现，据此寻求经济学的历史和理论踪迹，体现由唯物史观的见地来观察经济学说史。然后逐一考察：第一期自重农学派至亚当·斯密，"为经济学的黎明期"。马克思说："重农学派，对于剩余价值源泉的研究，由流通的范围移之于直接生产的范围，是已为分析资本家的生产而安置了基础"②。要想理解重农学派的学说史，必须洞察它所孕育的过渡期的矛盾现象；明白叙述这个矛盾发展的必然关系并有统一理解者，只能见马克思《剩余价值学说史》第 6 章"重农学派的体系之一般的特性"③。第二期为继承的英国古典学派。以亚当·斯密的《原富》、马尔萨斯的《人口论》及李嘉图的《经济及租税的诸原理》（今译《政治经济学及赋税原理》）为代表。就李嘉图以后的经济学分为两大潮流，或牺牲科学的态度，替资本主义制度辩护而暴露其资产阶级的意识，或贯彻科学的态度，仍然根据社会组织的必然进展而采取批判自己的严正革命态度，分别引用卢森堡在《1899—1900年》中的说法。第三期为俗流（即庸俗）经济学派。它们嫌忌乃至排除劳动价值说，原因之一是嫌忌社会主义，主张"限界效用价值说"。此外的资产阶级经济学还有美国经济学和新奥地利经济学，或与政治上的帝国主义相并誉，表现为资本主义后期的资产阶级思想，或具有精细的理论，仍属于限界效用经济学之流亚。第四期为社会主义经济学的诞生，"为对于资本主义及其经济学的反击"。包括"初期的空想的社会主义者，中期的奉守劳动全收权学说的一般社会主义经济学者，以及达于顶点的马克斯与恩格斯经济学说，都属于此"。这些学说，都是资本主义前期

①　住谷悦治著，宁敦五译《社会主义经济学史》，上海昆仑书店 1929 年版，第 5—6 页。
②　其今译文见《马克思恩格斯全集》第 26 卷第 1 册，人民出版社 1972 年版，第 19 页。
③　今译《剩余价值理论》第 1 册，第 2 章为"重农学派"，第 6 章为"魁奈的经济表（插入部分）"。

的社会主义学说。第五期为第四期的必然发展阶段，乃研究以下两个问题的经济学。一是"从资本主义崩坏到社会主义建设之历史时期——转形期，当经过如何的过程"？二是"这个过程的性质和支配这个过程的特有法则，是甚么"？下面，"把马克斯以前的社会主义经济学说，作为前期资本主义的社会主义经济学说，把马克斯以后发展的社会主义学说，作为后期资本主义——金融资本主义的社会主义学说而讨论之"。[①]

以上概述，可以清晰看到与《物观经济学史》译本的关联关系，在衔接关系上，同样引用《政治经济学批判》序言和卢森堡《1899—1900年》中的有关论述，同样将经济学史划分为五个时期；在延伸关系上，从前个译本重点论述前两个时期而简略提到后三个时期的代表性经济学派，转向简略论及前三个时期并提示以后两个时期为论述的重点。关于后两个时期的表述，与前个译本有所不同，改称以马克思经济学说为界标，将社会主义经济学的发展分别对应资本主义前后两个时期，划为前期资本主义时代的社会主义经济学与后期资本主义时代或金融资本主义时代的社会主义经济学两个时段，这也算是延伸过程中的一个新变化。

### （二）关于第2篇

第1章谈社会主义是什么，先区分近世社会主义思想的本质，与早期社会主义思想判然有别，以劳动者阶级与资本家阶级的阶级斗争为基础条件，换句话说，近世社会主义与资本主义社会的发生和发展同其命运。社会主义的第一个要求是平等，即经济上实质的平等，将榨取行径归罪于使劳动力与生产工具分离开来的社会财产制度。惟社会主义要求废止这种分离制度而使之结合的办法，有个别的办法，如蒲鲁东等人主张的分有主义；有集合的办法，又称集产主义，或主张国家所有（通常称为国家社会主义，须与马克思主义区别），或如革命的工团主义主张由劳动组合管理，或如路易·勃朗与拉萨尔主张组织劳动者生产组合管理，或如英国基尔特社会主义者主张生产工具归国家所有、产业管理归劳动组合担任，或如巴枯宁和克鲁泡特金等无政府共产主义者主张小规模的地方团体所有、极力反对集中的国家权力；如此等等。总之，凡所谓社会主义，无一不是主张根本改革社会财产制度，以期达到实际的平等即废止榨取。

社会主义和共产主义的区别，主要以所有制变革的程度为标准。社会主义以生

---

① 以上内容除另注外，均见宁敦伍译《社会主义经济学史》，上海昆仑书店1929年版，第7—23页。

产财为社会或国家所有，消费财为个人所有，以"不劳动者不得食"为原则；共产主义则主张生产财与消费财都归社会或国家所有，不承认包括财产所得和劳动所得在内的一切个人所得；社会主义的范围较狭于共产主义，主张私有仅限于生产财，特别是土地，有时也称为土地社会主义或农业社会主义。空想社会主义与科学社会主义的区别，创自马克思和恩格斯，将他们以前的社会主义称为空想的，他们的社会主义称为科学的。空想社会主义者如葛德文（原译"戈得文"）、欧文（原译"涡文"）、圣西门、傅立叶、卡贝（原译"加伯"）等，都本着正义、平等或友爱的观念，以资本主义为恶，为不正，以社会主义为善，为正。科学社会主义只认为社会主义是社会发展的结果，而且必然到来。根据马克思的观察，"凡是一个社会制度的发生，其所以能够维持的，实因企图维持这个制度者具有维持的实力"。资本主义能够维持，不像空想社会主义者所揣想的那样，社会的人们不了解善与正义是什么，乃是资产阶级以此为有利益的组织，且有实力维持的缘故。这样，即使向资产阶级宣传真理与正义，资产阶级也不会放弃自己现有的特权和地位。所以，社会主义只有依靠无产阶级的实力，才能实现。社会主义并不是人人以为妥当的真理，只是基于阶级的利益而为无产阶级的要求，为无产阶级的理论表现，其能否完全实现，纯系于无产阶级的实在势力。无产阶级的势力，伴着资本主义的发达而不可抗拒地必然增大，于是社会主义的到来，就有理由存在。①

以上是作者对社会主义涵义的理解，此后的讨论，也本着这种理解来进行。单就这种理解来说，并无多少新论，在以往有关社会主义的著述中，耳熟能详。但可以肯定，作者一直坚持以马克思的论断为标准，不管以生产资料与劳动力的分离即资本私有制作为资本家得以榨取劳动者的根源，还是以马克思主义区别于国家社会主义（集产主义相对分有主义而言的说法，有些模糊），都是如此。特别是科学社会主义与空想社会主义的区别，从马克思的观察中引申出社会主义能否实现，并非如空想社会主义者所说，取决于对资产阶级进行正义、平等或友爱之类的宣传，劝说他们自动放弃自己的特权和地位，而是取决于随着资本主义的发展而必然成长壮大起来的无产阶级的势力。这样来解释人类社会发展过程中社会主义取代资本主义的必然性，以及依靠无产阶级势力，基于其自身的阶级利益来反对资产阶级二者之间的关系，也可作为作者理解马克思的唯物史观与阶级斗争学说

① 以上内容除另注外，均见宁敦伍译《社会主义经济学史》，上海昆仑书店 1929 年版，第 24—29 页。

之间关系的一得之见。

从第 2 章起，开始介绍资本主义前期几个代表性国家的社会主义经济学说。谈到英国产业革命产生了资本主义，亦即社会主义的母胎，引用恩格斯在《共产主义原则》中关于产业革命的三大变化的论述；又引用在《英国劳动者阶级的状况》中的一句话，以资说明。此时出现的社会主义代表人物，一是主张劳动全收权的最初学者葛德文，另一是欧文。关于葛德文，奥地利学派的门格尔称其"可看做为近世科学的社会主义者最初的人"。他的学说"已经胚胎了近世社会主义及无政府主义的一切思想"，给社会主义方面以很大的影响。如其信奉和发挥者汤普森曾使用追加价值和剩余价值的名词，以致门格尔说，"吾们不仅在以后的社会主义者，尤其是马克斯及洛柏图斯重为表现这个见解时，才有此种思想，即在他们未说明以前，而于汤姆生的这个见解当中，也就能够认识"等，"误认马克斯的剩余价值论，不外是借用汤姆生的学说"。此外引人注目的李嘉图派社会主义学者，还有格雷、霍吉斯金（原译"和治琴"）、布雷（原译"布来"）。关于霍吉斯金所著《劳动拥护论》（今译《保护劳动反对资本的要求》，1825 年伦敦版）一书，"后来马克斯曾予以'优秀的书物'之很好的批评"[1]；他所说"资本家那个东西，为一切劳动者的榨取者"这个见解，某教授"比之马克斯及当时的经济学者，更有进一步的赞许"。不过严格说来，他"与其说是社会主义者，宁可说是李嘉图派反资本主义者"。关于布雷的《劳动的弊态与劳动救治策》（今译《劳动的弊害及其消除方法》）一书，"只看马克斯在《哲学的贫困》当中，引用他的言语，亘于九页之多，即可明白"[2]。英国社会主义学派的特质，"并不是把社会主义，展开成为一个政治运动，只是想以和平手段，在旧社会的领域内而创造新社会"。他们"在当时循着急速发展过程的英国经济学理当中，而移入了社会主义学说的新要素"；"利用李嘉图的劳动价值说，以作劳动者要求劳动全生产物为当然的理论根据"。所以由李嘉图出发而来的学说，虽转换到反对的方面，却还要加上李嘉图派社会主义的名称；于是有人说，此派不是由欧文而来，实由李嘉图而来。又有人说："他们应用劳动价值说，以作社会主义基础这一点，那是无疑的已把后来马克斯的预说了"。布雷"先于马克斯数年，即说政治的权力，没有经济的权力，不得存在，又

---

① 此评语的今译文，见《资本论》第一卷，人民出版社 2004 年版，第 411 页注 58。
② 此系指引用《哲学的贫困》第 1 章的内容，见《马克思恩格斯全集》第 4 卷，人民出版社 1958 年版，第 110—117 页。

说政治的制度，是经济制度的反映，这是对于马克斯学问体系的伟大学说——唯物史观——之一种先见"。自然，到了马克思，"更是把这个思想普遍化，而析明了一切的历史的变化"。这个普遍化，当然非布雷所能成就，他也不是一流学者。不过布雷这种先见，却是他在经济学史上的特异点。所以有人又说："关于剩余价值与唯物史观，马克斯在英国社会主义者的著作当中，获着了他建筑强调的、普遍化的一个体系的许多思想要素"。这些英国社会主义学者们，"可算是空想的社会主义学派与马克斯学派之间的一个过渡的学派"；他们"想把空想和科学两派的特质的学说，彼此交错结合的，所以称李嘉图派社会主义者，为过渡的中间学派"。英国的实际运动，以组织散漫，纲领缺乏，加上当时经济繁荣与资产阶级占压倒优势等原因，卒归衰灭，一时社会主义运动，遂致完全绝迹。1880 年以后，因不绝进展而来的资本主义的内在矛盾，致使功利主义的社会哲学，古典经济学的自由放任主义，露出破绽，而产生新的社会观。海因德曼（原译"哇特曼"，1842—1921）1883 年的《英国的社会主义之历史的基础》一书，开始在英国宣传马克思主义，并创立社会民主联盟，明白标榜马克思主义。但是与此对立，1884 年出现费边协会，1893 年又创立独立劳动党，都不崇奉马克思主义，致使马克思主义为英国人所不理解、不同意，以至于今日。①

这里讲述英国的社会主义经济学说，其特点是对照马克思主义，比较二者的异同之处。其中引用恩格斯在《共产主义原理》和《英国工人阶级状况》中有关产业革命影响的论述，在前面的《物观经济学史》里，均已见过。另一特点是突出葛德文的影响以及所谓李嘉图派社会主义者，既突出他们是近世科学社会主义的胚胎或预先见到马克思学说中的一些思想要素，一些人的著作还得到马克思的赞许，又指出他们思想中的空想性质，视之为空想社会主义学派和马克思学派之间一个过渡性学派。这些说法，不论确切与否，显然是以马克思经济学说作为衡量的标准，在那时国内有关社会主义经济学史的评介中，也很少见到。当然，后来的结局，说与马克思主义相对立的其他批评资本主义势力的增长，限制了或排除了马克思主义在英国的流行。这在其他的有关著作里，倒是常常见到。

介绍法国社会主义经济学说的发展，提及路易·勃朗受圣西门学派的影响而撰写有名的著作《劳动组织论》，以后经德国拉萨尔（原译"那萨尔"）及洛贝尔图

---

① 以上内容除另注外，均见宁敦伍译《社会主义经济学史》，上海昆仑书店 1929 年版，第 30—33、42—50 页。

斯（原译"洛柏图斯"）的发展，成了所谓国家社会主义的中心思想，为人们所重视。又说蒲鲁东的大作两卷本《贫困的哲学》，马克思著《哲学的贫困》予以批评，"从唯物辩证法的立场，彻底的驳击蒲鲁东的思想，以他不过是忽此忽彼而徘徊于资本、劳动，自由主义经济学者、共产主义者中间的小资产阶级，这种酷评，是众所周知的"①。蒲鲁东的理想社会，即独立小自耕农与独立手工业者适应彼此的劳动费用而相互交换生产物所结合的社会，以交换银行作为手工业者能够购买工作场所、工具、原料，以及能够直接出卖生产物的一个手段，马克思也批评说，"蒲鲁东的社会自由，只是不知资本主义必然形态的大经营与分业的手工业者和自耕农的自由，这个自由，乃是使之复归于中世手工业的同业组合制度。他的思想，其所以在法国有势力的，完全是法国在文明诸国中，为第一的小农业和小工业国家的缘故"。②

简言之，对于法国的社会主义经济学，此本较少引用马克思、恩格斯的原著论述，只是在评价蒲鲁东的学说时，才见到这样的引用。

介绍德国社会主义经济学说的发展，从魏特林（原译"惠特林"）开始，接着1848年革命以后，马克思、恩格斯、沃尔弗（原译"威尔夫"）、德朗克（原译"佛赖那特"）、维尔特（原译"威尔特"）、拉萨尔等人凭借《新莱茵新闻》（今译《新莱茵报》）而表现活动的精神，然而不断被禁止出版或被通缉，致使德国社会主义运动，不得不在15年后拉萨尔活动以前，一时归于沉寂。在此期间的社会主义理论，最可注目的是洛贝尔图斯。分别遵奉洛氏学说和马克思学说的人们之间，对两人的社会主义根本思想的独创性，发生激烈的论争，以洛氏的社会主义经济学说，"为精细的、特异的"。门格尔说：洛氏"主要的是祖述法国社会主义者，特别是圣西门主义者及蒲鲁东的思想，而马克斯，则是立于前期英国社会主义者，特别是汤姆生的影响之下"。但无论洛氏还是马克思，"都是以李嘉图的经济理论为出发点，那是很明白的事实"。汤普森和马克思称为剩余价值的，洛氏和圣西门主义一样，称为"赁料"（今译"租"）。赁料就是地主的地租和资本家的利润，是劫夺经济价值的真正创造者劳动者的生产物。洛氏想除去这个不公正的弊害，究竟用怎样的办法？"可以说在一切保守的社会主义者反复无常的现象当中，他也是一个很动摇不确定的，固然他相信远的将来，土地及资本所有，当要完全消灭，可是在

---

① 对蒲鲁东这个评价，其今译文见《马克思恩格斯选集》第1卷，人民出版社1972年版，第122页。
② 本段内容除另注外，均见宁敦伍译《社会主义经济学史》，上海昆仑书店1929年版，第62—65页。

目前，则是主张现存法律秩序与社会主义妥协的"。对此，《资本论》中有所论述①。

德国无产阶级运动，伴着资本主义发展并资产阶级增大弹压之下，已是日益猛烈和持续性地开始勃兴。代表这个时代的社会运动家或学者，是拉萨尔、马克思、恩格斯、威廉·李卜克内西（原译"李布克拉西"）、倍倍尔（原译"柏柏尔"）。德国近代的无产阶级运动，始于拉萨尔。他 1863 年创立"全德国劳动者组合"（今译"全德工人联合会"），即所谓拉萨尔派；与此对立，以后有威廉·李卜克内西及倍倍尔所组织的"社会民主主义劳动党"（今译"社会民主党"），即站在马克思主义立场上的爱森纳赫（原译"爱泽那哇"）派。对拉萨尔的"赁银铁则"（今译"工资铁律"），马克思"曾有适切的批评"。对他的"生产组合"（今译"工人合作社"），洛贝尔图斯也有适切的批评。

社会主义思想到了 19 世纪，已有可惊的发展。可是那时的论据，都未能脱离自然法思想的支配。1848 年，马克思与恩格斯起草《共产党宣言》，"其中所表现出来的思想，始脱却了自然法思想，而以社会主义，为内在的进化思想。即社会主义，要基于资本主义本身发达的结果，始为必然，为可能。换句话说，就是要以资本主义本身的发达，为社会主义的前提，为社会主义必然的预备阶段，始能实现社会主义"。根据这个立场的社会主义者，不像向来自然法的社会主义者，单是恼恨资本主义为人类的堕落、过失与罪恶的结果。纵令激烈谩骂资产阶级社会及资产阶级，也决不能把资本主义社会视为违反自然，违反永远的正义、真理而加以攻击。"他们除了指示着资本主义社会必然的崩溃，与无产阶级必然的胜利外，没有别的说法。这样见解，是所谓马克斯主义的初次创造，于是社会主义，就有了'由空想到科学'的发展、进化"。

马克思主义究竟是什么？"那可说是站在唯物史观基础上的一个体系"。唯物史观"也可叫做唯物的社会史观，是说明社会如何组织编成，以及如何变革——即说明社会进化的法则——的一个史观"。这个史观决不是想说明个别历史事件，而是想说明社会的变革如何发生，以及它的终极原因如何。因此，首先大量考察人类大众的活动，给与可以理解此等活动的"键钥"；对历史上的人类活动，虽以究明个人之力与观念的动机为主，但要进而究明动机的由来是什么；并把最后的决定

① 译本指出这个论述见德文版《资本论》的洛贝尔图斯部分，标注为第 219—221 页。但中文译本里未查到具体出处。

动因，求之于社会物质生产力的变化，以发见伏在社会进化背后的客观法则。应当特别注意，唯物史观的根底，"原与马克斯主义一般方法论的唯物辩证法为一贯，可以说唯物史观，适用这个方法以观察历史的"。根据"德波林"的说法，马克思主义含有三个要素，一是一般方法论的唯物辩证法，二是自然科学方法论的自然辩证法，三是历史的辩证法——唯物史观。马克思的唯物辩证法综合唯物论与辩证法，虽然唯物论继承于费尔巴哈，辩证法的思考方法继承于黑格尔，却都予以内在的发展，决不是单纯思维上的结合。在思维的发展上，马克思的唯物辩证法固然有以上两者的背景，同时也是自然及社会发展的产物，因自然、社会、历史等的现实，为辩证法的发展而产生。自然科学发展所给与的材料，以及社会内部阶级斗争对立的事实，为产出这个辩证法思想的前提条件，明了地说，"唯物辩证法，就是现实的发展之理论的反映"。这种说法，并不是把人类或思维纯粹认为是历史的受动要素；同时唯物辩证法还承认思维对现实，人类对环境，具有能动性。不过是说："不能忘掉人类制作历史，只是究极的原因为现实，即人类的思惟，必然的要受他的社会的存在所约制"。

"马克斯因适用唯物辩证法于历史的领域，而把社会作全般的观察，能够见到社会发展的情形，能够看出社会内在的变化之客观的法则，这就是所谓唯物史观"。唯物史观，第一说明人类生活于其中的社会关系，独立于人类的意思，并且有独立的发展法则。人类经营社会生活，不可能免掉这个发展法则的制约。规定社会发展和变革的究竟是什么？简单一句话，是生产力与生产关系的矛盾。生产力发展，致使适合以前生产力的生产关系成为抵触而不适合，这就是所有社会变革的动因。第二说明人类历史的活动及其活动的动机是什么？人类固然制作历史，但决定这种历史活动的却是经济，其结果基于物质生产力的变革。"生产力与生产关系的矛盾冲突，乃是社会革命的动因"。人类的思想常以经济组织为基础，故经济组织与生产力有了冲突，这个冲突即反映到人类的头脑而形成革命思想。生产力与资本主义社会制度发生了冲突，生出社会主义，即其一例。照此所说，决不是否认人类思想力决定历史，只是最终决定思想、决定革命动机的，乃是经济关系。"不是人类意识决定彼等生活，反之是人类社会的生活，决定那个意识"；"人类固然是作成他们的历史，却不是由自由的材料作成的，不是在自己选择的事情之下作成的，而是在直接供给于眼中传来事情之下作成的"①。唯物史观能够这样全盘观察人类社会，就能考察社会组织的全部起源、进化、灭亡等，以说明一个社会组织的发展就要招来另一个社会组织的灭亡，而且认定它的发展与灭亡都是必然的；并说明其中所孕育的生产力变革，能作为自然科学的论证。总之，这是适用唯物辩证法于历史的一个观察方法。

马克思和恩格斯说："所有从来的历史，是阶级斗争的历史"。"这个定理，在现代社会，依然没有改易"。现代社会显然分为两大阵营，分为两个大的对立阶级即资产阶级与无产阶级。所谓阶级斗争，马克思说，最终是榨取者与被榨取者的斗争。这个榨取究竟依照什么方法进行？马克思为究明现代资本主义社会的榨取真相，乃有剩余价值论。剩余价值论，原本是以私有财产与分业为基础的资本主义社会的历史的、经济学的理论反映。剩余价值论建立在商品价值论的基础上，又把商品价值论应用到资本主义社会将劳动力视为商品的那个特殊商品的价值方面。商品价值依生产商品的社会的必要，即在普通条件下，具有一般熟练及一般劳动强度的必要劳动时间所决定。依商品所费劳动量以决定商品价值的学说，固然在马克思以前，已有配第（原译"裴谛"）、亚当·斯密、李嘉图等主张过。不过可以注意，马克思这种学说，以资本主义社会把劳动力视为商品的事实为根据。劳动力无论在何种时代、何种场所，都不能成为商品。比方劳动力为奴隶时，奴隶没有自由人格，不得自由买卖其劳动力，故劳动力不是商品。又如劳动者能自己处理劳动力，且具有生产手段时，可以出卖其生产物而获利，也没有把劳动力作为商品来买卖的道理。劳动力成为商品，是社会特有的现象，需要具备两个条件：一是劳动者在法律上有自由人格，二是劳动者在经济上没有生产手段。具备这两个条件的社会，唯一的就是资产阶级与无产阶级对立的社会，即资本主义社会。所以说马克思的剩余价值论是近代资本主义社会的经济学的理论反映，又因资本主义社会为一个历史过程的现象，故他的剩余价值论也是历史的反映。

决定所谓劳动力商品价值的，是生产劳动力的社会必要劳动时间，即必要劳动量。换句话说，其意义不外是生产劳动者本身及其家族生活上所必要的生活资料的必要劳动量。假令资本家所雇佣的劳动者，其劳动所产出的价值仅等于劳动力的价值，在这个场合，没有什么价值的增减，劳动者也没有何等价值被人榨取。可是雇

---

① 此语引自马克思的《路易·波拿巴的雾月十八日》，其今译文见《马克思恩格斯选集》第 1 卷，人民出版社 1972 年版，第 603 页。

佣劳动者或购买劳动力的资本家，强制劳动者的劳动时间，超过劳动力价值的劳动时间，这样另外产出新的价值，就是所谓剩余价值，马上成为资本家的资本利润。所以说这个超出的劳动时间，是劳动者的剩余劳动，是不支付报酬的劳动，资本家通过这种榨取手段，获得利润。资本主义社会能进行榨取，是必然的。马克思为了说明这种情形，曾提出产业预备军的理论。指的是失业者，或想被雇佣而未被雇佣的劳动人口，此即劳动者多出来的缘故。"资本主义的生产方法，是必然的要产出这个相对的过剩人口的"。

资本主义生产的本来意义和目的，雇用劳动者经营生产，以图获得剩余价值。可是在资本主义制度下，资本家之间自由竞争，不得不努力减低生产费，又不得不改善劳动组织，采用新式机械，以增进生产力。这样，资本家为了榨取利润而在蓄积资本的过程中，要把资本的很大部分投入机械与原料等生产手段（不变资本）方面，从而相对减少雇用直接劳动者所支出的赁银资本部分（可变资本）。因为机械增加而使劳动者成为不必要，于是资本蓄积日益增大的同时没有相应增多劳动者的雇佣数量，劳动者的生活便不安与降低。"极端的资本蓄积，就是极端的贫困蓄积"。劳动者的生活必然要降低到劳动力的价值。"剩余价值论成立的根据，实是系于这种事实"。另一方面，资本主义生产方法异常发达，产出过剩的商品，生产力在这种社会关系中过于强大。这个矛盾表现为恐慌后，马上就是大资本吞并小资本，发生巨大的资本集中。正如《资本论》所说："篡夺和独占一切利益的资本豪族之数为不绝的减少，同时劳动者阶级的贫困、压迫、隶属、榨取之量，就日益增大。……（中略）生产机关的焦躁与劳动的社会化，已经到了与资本主义的外壳，不能两立之时。外壳破裂，资本主义私有权的吊钟即响，劫夺者，复为人所劫夺"①。基于自己劳动的个人私有的否定，建立了资本主义的生产方法，资本主义的生产方法，由无产阶级劫夺，又是否定之否定，由此可以开拓达到社会主义的道路。经济的这种必然过程，同时伴着所谓无产阶级夺取国家权力的政治过渡期，由无产阶级废止一切阶级，开始完成自己的解放。这个无产阶级国家，一面劫夺资产阶级而不为资产阶级，一面又使无产阶级自己也不为无产阶级。到了压迫阶级与被压迫都不存在时，被称为"国家"的那个权力组织，即无存立的理由，其基础殆已消失。"于是'国家死灭'，于是由社会主义推移到共产主义，于是由必然之国，

① 其今译文见《资本论》第一卷，人民出版社 2004 年版，第 874 页。

飞跃到自由王国"。①

德国社会主义经济学部分，是本篇或资本主义前期社会主义经济学说发展中较为新颖的论述。如果说《物观经济学史》的重点是搜集、摘录和汇总马克思主义的有关观点，运用到经济学史领域以为研究的指针，这里的重点，则是说明马克思主义从哪里来，马克思主义是什么，从而确立马克思主义在经济学史中的历史地位。其新颖之处，一是发掘、梳理和分析马克思学说在经济学方面的先行思想因素，当然这种发掘也是借助于西方学术界的研究成果。这不同于此前我们所熟悉的仅限于英国古典经济学的范围，还有所谓李嘉图派社会主义的先见，特别是德国本土的洛贝尔图斯。关于洛氏，以前只是听说有关他的剩余价值观点被马克思剽窃的传闻，不见其详。这里则对洛氏观点有具体的介绍，指出所谓租的理论，涉及劫夺创造经济价值的劳动者的生产物问题；同时引用马克思在《资本论》（实则指第四卷《剩余价值理论》）中关于洛贝尔图斯的专门评论，说明洛氏作为保守社会主义者的反复无常、动摇不定、耽于空想及与现行制度的妥协等特征。既给与洛氏以适当评价，又等于澄清了所谓马克思剽窃之说。由此路径，同样说明了马克思不同于那些对资本主义制度的道德谴责，从资本主义的发展中去论证实现社会主义的前提条件，从而将社会主义从空想发展到科学；并在德国的实际运动中，指引爱森纳赫派的社会民主党，对拉萨尔派的工资铁律之类思想进行妥切的批评。这样考察马克思主义从哪里来的问题，比起国内当时经常看到的材料，提供了更为丰富的内容。

二是围绕唯物史观和剩余价值论两个关键理论，说明马克思主义是什么的问题。关于唯物史观，在《物观经济学史》里已有充分的论证。不过在那里，主要引用马克思、恩格斯的原著论述，附带予以解释。在这里，主要是作者的阐释，附带引用经典论述。从这个阐释中，可以看到作者对唯物史观的理解，一则这是整个马克思主义的体系基础，通过社会物质生产力的发展变化，去发现社会进化背后的客观法则，进而说明人类历史活动和社会组织形成与变革的最终动因。二则与唯物辩证法和自然辩证法一道，构成马克思主义的要素之一，体现历史的辩证法；唯物辩证法虽然分别继承费尔巴哈的唯物论和黑格尔的辩证法，却给予综合和内在的发展，成为自然、社会和历史的现实辩证法发展的产物；唯物辩证法承认思维对现实、人类对环境的能动性，但人类创造历史以及人类思维发展的终极原因，必然受

① 以上引文除另注外，均见宁敦伍译《社会主义经济学史》，上海昆仑书店 1929 年版，第 72—91 页。

到现实即社会存在的制约；唯物史观是唯物辩证法在历史领域的适用。三则唯物史观的内涵，首先说明人类生活于其中的社会关系，独立于人类的意志而有其自身发展的法则，生产力与生产关系的矛盾和冲突，是所有社会变革的根本动因；其次说明人类历史活动及其活动动机的决定因素，基于物质生产力变革的经济活动，不否认人类思想的影响，但最终决定思想和革命动机的是经济关系。四则唯物史观全面考察人类社会，能够完整说明一个社会组织从起源、进化到灭亡的全部过程，说明一个社会组织的发展将招致另一个社会组织的灭亡，说明社会组织内部所孕育的生产力变革必然带来它的发展与灭亡。此类理解，显得有些冗赘重复，却是作者本着马克思唯物史观的精神，自行独立解释的一个尝试。关于剩余价值论，这是《物观经济学史》里未曾专门论述的内容，现在将剩余价值论与唯物史观并列介绍，才算对马克思的主要理论贡献，有了一个比较完整的理解。这个介绍，作者同样采取自行解释的方式。先从阶级斗争学说入手，提出资产阶级与无产阶级两大对立阶级的斗争，是榨取阶级与被榨取阶级之间的斗争，而马克思用来探究现代资本主义社会的榨取真相的学说，就是剩余价值论。此论以商品价值分析和劳动价值说为基础，关键是资本主义社会把劳动力作为商品；这种特殊的商品，以前任何时代和地方从未有过，取决于劳动者具有法律上的自由人格、同时在经济上丧失生产资料的所有权两个条件，这是资本主义社会才具备的特有现象；所以，剩余价值论作为近代资本主义社会的理论反映，既表现在经济学方面，也表现在历史方面。劳动力商品的价值，由生产劳动力的社会必要劳动时间即必要劳动量来决定，也就是由生产劳动者本人及其家庭的必要生活资料的必要劳动量来决定；资本家购买劳动力后，强制劳动者超出必要劳动时间而增加生产的新价值，为资本家所有，这就是榨取的剩余价值并转化为资本的利润；劳动者的工资不能分润必然被榨取的剩余价值，因为事实上存在着产业后备军，即资本主义生产方式必然造成劳动者失业的相对过剩人口。资本主义制度下的自由竞争，迫使资本家为了降低生产费用和提高生产力，改良劳动组织和采用新式机器，从而扩大不变资本和相对减少可变资本，因此一面是资本积累的增长，另一面是劳动者贫困的增长；在资本主义生产方式下，生产力迅猛发展的矛盾表现为恐慌，大资本趁机吞并小资本而造成资本集中，于是达到如《资本论》所说的同它们的资本主义外壳不能相容的地步。说到这里，回应前面入手时有关阶级斗争的提法，即无产阶级通过剥夺资本主义的剥夺者，开拓达到社会主义的道路。

可见，作者继论述英国和法国社会主义经济学说后，论述德国社会主义经济学说的发展，分别论述魏特林、洛贝尔图斯和拉萨尔的学说，最后归结到马克思的体系，至此创立了科学社会主义的经济学体系。这意味着，马克思主义经济学是资本主义前期社会主义经济学发展的最高成就。作者通过阐释马克思经济学说的先行思想因素，唯物史观与剩余价值论的基本内涵，然后提出向社会主义道路的开拓是经济发展的必然过程，将伴随着无产阶级夺取国家政权的政治过渡期，废止一切阶级并开始完成无产阶级自身的解放。接着提到当压迫阶级与被压迫阶级都不存在时，国家权力组织消失即"国家死灭"，从社会主义到共产主义是从必然之国飞跃到自由王国等，那是仿效恩格斯《社会主义从空想到科学的发展》中所说的国家"自行消亡"，"人类从必然王国进入自由王国的飞跃"① 等。这又意味着，马克思主义经济学的创立，开启了资本主义后期社会主义经济学发展的新纪元。由此也可以看到全书的结构，用马克思主义经济学来贯通资本主义时期社会主义经济学的整个发展历史过程，前期是马克思主义经济学的创立过程，后期是围绕马克思主义经济学的指导、修正和发展过程。

**（三）关于第 3 篇前两章**

从本篇起，进入所谓后期资本主义时代的社会主义经济学发展阶段，实际上也是指马克思、恩格斯之后的阶段。第 1 章讲述金融资本主义与德国马克思学说的发展，内含马克思学说的修正、正统与左翼，金融资本主义，卢森堡的《资本蓄积论》及其在经济学史上的地位 3 节。

德国理解及祖述马克思主义的著名学者，是伯恩施坦（原译"伯伦斯坦"）和考茨基。他俩最初共同把马克思《哲学的贫困》，从法文原著译为德文，又共同著成《马克斯经济学说》一书。伯恩施坦在 1880—1881 年，为社会民主党机关报的主笔，考茨基在 1883—1923 年，刊行学术上的机关杂志《新时代》。伯氏以为，"马克斯学说的完成与大成，须从批评开始"，首创世上所称的"马克斯修正派学说"。他的见解以《社会主义的各问题》为标题，1896—1898 年连载发表在《新时代》上。又在 1899 年刊行《社会主义的诸前提与社会民主党的任务》一书，批评修正马克思的革命学说，自称基于所认定的事实而订正。他受到当时哲学界"回到康德"运动的影响，受到朗格、柯亨（原译"柯恩"）及施密特（原译"斯密

---

① 《马克思恩格斯选集》第 3 卷，人民出版社 1972 年版，第 438、441 页。

特")等人论说的刺激，1901 年在《怎样的科学的社会主义为可能?》的讲演中，"谓社会主义，在严密的意义上，不得成为科学"。他最亲密的党友，正统马克思派的指导者考茨基，曾在《伯伦斯坦与社会民主党纲领》中予以驳覆。此外比起伯恩施坦，还算忠于马克思，而政治上比较急进的马克思主义者，则为阿德勒（原译"阿那"）1904 年的《科学争论中的因果关系和目的论》（原为德文标题）和 1922 年的《马克思主义的国家观》（同前），以及伏兰德（原译"福勒达"）1911 年的《康德和马克思》（同前）。

考茨基的马克思拥护说，为多数党员所佩服。但自 1905 年俄国革命勃发以来，他与德国党内左翼指导者卢森堡、李卜克内西等人的急进思想对立，形成他的中央派地位，以后他与列宁的论争，可说是与卢森堡等人论争的延续。此外还有库诺（原译"克罗"）1920 年的《马克思的历史、社会和国家学说》，鲍尔（原译"巴维尔"）1923 年的《死的奥地利革命》，希法亭 1910 年的《金融资本》。在这里，卢森堡与希法亭的两本论著展开了《资本论》的经济学说。

最近（1900 年以后）的资本主义发展阶段，已看见金融资本主义的发生。资本主义经济在这个特殊历史阶段的反映，形成一个国际的政治过程，即现代的帝国主义。列宁在《资本主义最后阶段的帝国主义》中说："帝国主义，是金融资本主义的阶段，否定自由竞争的独占，是他的真实的特质"。又说："以这样的帝国主义为其政治表现的这一阶段，不外是资本主义的最后阶段"。[1] 这个过程的经济基础，依着资本主义的独占，消灭了资本主义的自由竞争。自由竞争是资本主义及商品生产的一般本质特征，独占则相反，正与自由竞争立于反对的方面。自由竞争变为独占组织以后，大企业驱逐小企业，又以更大的企业代替大企业，促成极巨大的产业及资本的集积，结果发生卡特尔（原译"加迭尔"）、辛迪加（原译"新加提"）、托拉斯的组织，以及这些组织与具有数十亿资本的最少数大银行资本合并的情形。另一方面，从自由竞争生出来的独占，虽与自由竞争正相反对，却不能除掉自由竞争，在国际过程中，仍与自由竞争共同存在，结果更酿出了峻烈的对峙、轧轹、斗争。这个独占组织，显示了从资本主义过渡到较高经济秩序的意味。布哈林也说："这些的一切倾向，曾由马克斯明白说过，为资本主义的较高的发达"。此时生产及资本的集积达到非常高的程度，独占组织决定经济生活，银行资本与产

---

[1] 此语标注引自原著第 10 章，其实不是原文，是引用者的概述。

业资本互相融合，以此为基础的金融寡头政治的特定现象，因而发生。这个现象，正是可以消灭资本主义本来的特征，使走向社会生产的社会统制之道逐渐成为坦途的现象。这是马克思以后的资本主义发达现象。与此相照应的经济学说，有替资产阶级社会辩护的奥地利学派，即限界效用说，以及借着"批评""修正""补足"马克思经济学之名的马克思学者，即曲解马克思经济学。另一方面，有根据马克思的立场，驳击此等资产阶级学派，并且展开马克思学说，如卢森堡和希法亭，又如列宁和布哈林。

卢森堡的《资本蓄积论》，1913 年刊行，此书一出，致使帝国主义没落的理论，在学术界成为论争的问题。其 3 篇内容，分别"提出资本再生产的问题""批评并检讨历史上的各学者对于这个问题所给的解答""发挥卢氏本人的见解"。其所以成为论争的问题，在于分析金融资本及帝国主义，能否论证它在这个没落期阶段的性质。根据《资本论》第二卷第 21 章①马克思关于资本蓄积条件的分析及表式，恐慌只是产生于各生产部门比例关系的破坏，假令表式上的这个比例关系没有故障而能维持，则资本家的生产也就没有什么故障而能扩张。但是第三卷又说："因为资本主义社会的生产能力与消费能力之间，发生了矛盾，而资本主义社会的外壳，则因日益扩大的周期恐慌，遂不得不归于破坏"②。这种情形，可说是《资本论》第二卷与第三卷的前后矛盾。卢氏指摘这个矛盾，否定马克思的若干论旨，然后提出自己的理论，"以金融资本主义为内容的帝国主义的理论"。卢氏说："资本主义发展的过程，就是资本蓄积的过程，反映那一定的阶段而产生帝国主义的现象"。她认为帝国主义"是对于非资本主义的世界领域尚未没收的残部，而行使争夺战的资本蓄积过程之政治的表现"；"这个现象，乃是显示着资本主义没落的接近乃至开始"。据说："资本的蓄积，在仅由资本家与劳动者两方而成立的纯粹资本主义社会，那是本来的，并且绝对的不可能。若要使资本蓄积成为可能，即当以非资本主义生产者的商品购买者为必要条件，因之就不得不把世界的这个社会层，放在资本的支配范围之内。如果这个部分减少到某种程度以下，简直就是对于资本的蓄积，给与了致命的威胁。最近世界的未开地或半开地的殖民地化，与夫争夺战的激烈化，从侧面看来，那是资本主义的必然的绝路，同时，也就是他的没落的征候"。应当重视卢氏这些见解，资本主义推进到了最后阶段，需要发展马克思主义

---

① 此章为"积累和扩大再生产"。
② 此语非原话，是引用者的概述。

的理论，以适应这种客观的事实，《资本蓄积论》"正是所谓补充这个需要的"；卢氏"既已明了马克斯的资本的再生产过程及其理论，复能发见资本的现实过程中的问题，特别是资本主义与非资本主义外围的关系之现实过程中的问题，这无疑的是对于马克斯主义的一大贡献，是社会主义经济学说史上的一大发展"。

卢氏说：马克思《资本论》第二卷研究资本的扩张再生产所得的资本蓄积理论，结果显示生产物因社会消费力的不足，必有一部分不能卖掉的状态。资本家阶级为了扩张再生产，当然要对剩余价值的一部分，停止耗用于自身的消费而出卖换得货币以充作赁银，再雇用较多的劳动者。这里的重大困难，伴着这个扩张而产生，资本家为了得到用于赁银的货币，才出卖自己的生产物，而购买者方面的劳动者，还未得到赁银。这就是资本蓄积本身所潜伏的根本矛盾。又说：事实上资本的蓄积不绝地进行，这究竟是什么缘故？马克思的研究，假定一个最抽象的纯粹资本主义社会，仅由资本家阶级与劳动者阶级而成立的社会。但实际上这种社会是不存在的。实际的社会，如小农及独立手工业者，是单纯的商品生产者，既不属于资本家阶级，也不属于劳动者阶级，他们一面出卖自己的商品，一面购买所谓纯粹资本主义社会终难卖掉而残存的商品，资本家阶级始能把自己的生产物货币化，以此支付赁银。如此，则"资本主义组织外的领域，为一定分量的消费资料之交换，实在为使资本主义的扩张再生产为可能的一个必要条件"。这里应当注意，这个领域外的顾客，不仅是国内的单纯的商品生产者，海外这样的商品生产者也一并包含在内，换句话说，包含还未资本主义化的未开化国与半开化国。又说：资本主义的本质，必然要突进到它的领域，把所到之地一律资本主义化，因而资本主义的领域，为了追求顾客而日益扩张，在有限的地球面积与世界人口条件下，其残剩部分必定逐渐狭小。资本主义日益发展，不断增殖资本，扩张生产，把全世界都包括在资本主义的领域内，到了这种时候，它的发展达到极度，再也不能在其领域外找到新的顾客，于是资本的再生产不得不走到绝路。以上是卢森堡就资本主义的本来的必然的绝路所展开的理论，这个展开的理论，根据马克思的资本再生产表式，进行数学的正确推算，指示了它不得不走到绝路的必然性。

马克思的再生产理论，第一是求得平衡的条件。在扩张再生产的场合，理论假定作为剩余价值资本化前提的剩余价值的实现即货币化，要发生种种困难，并说明这些困难在资本主义组织内部，如何能够发展乃至克服矛盾。但在卢森堡那里，以资本主义内部的这些困难是绝对的，断定在纯粹的资本主义社会，资本的蓄积绝对不可能，于此展开她的理论，主张资本主义进行蓄积的必要条件，乃是非资本主义外围的存在及突进这个外围的通商交易。在这个场合，马克思所假定的剩余价值在实现上的困难，是绝对的、本来的、不可能解决的困难，还是相对的或部分的困难，本来是保留未决的问题，卢森堡对布哈林的批评，就在于此。她所展开的理论，所谓具有特异性，也在于此。她说："为着蓄积的目的，资本家对于剩余价值的一部分，不肯自己消费，转而放置在扩张生产方面。然资本家自己不肯消费的部分，劳动者实是不能消费的，何以？因为一个时候的劳动者的消费，不能超过一个时候的可变资本总额以上的缘故。……这样，就要发生重大的问题，即资本家不肯消费，劳动者又不能消费的剩余价值部分——代表所当蓄积的价值部分之剩余的生产物，究在何处觅得买主呢？换句话说，就是需要这个生产物的为何处，消费这个生产物的为何人呢？也就是如马克斯所说的那个为着蓄积的剩余价值而支付的货币，能从何处得来呢？"这种说法，无异是说要怎样才能增加拿货币购买生产物的地方，以及对生产物的需要。她因此而找到新的展开思绪，指摘资本主义必然侵蚀外围的非资本主义，认定这是帝国主义的经济基础，认定这个阶段是资本主义的绝路，因而也认定这是一个引导资本主义归于没落的过程。

总而言之，《资本论》第二卷末的扩张再生产研究，如恐慌仅产生于各生产部门的生产手段与消费资料的比例关系的破裂，只要这个比例关系圆满进展，资本家的生产也可以没有什么故障而扩张。依据这样的见解，考察现实生产力的发展，明白显露出，这个本来平衡的比例关系一旦破裂，资本主义必然走到绝路。卢氏的见解，将这个资本主义的绝路，完全归到资本蓄积本来就绝对地不可能，并以此作为帝国主义发展及没落的理论根据。她的理论，之所以获得经济学史上的地位，就在于此。卢氏与列宁的不同之点，卢氏以为资本主义国家与半开化或未开化的非资本主义国家之间的必然关系，不过是单纯的商品交换关系，列宁则以为帝国主义与非资本主义国家之间的必然关系，是依靠资本输出而实行独占的榨取关系；卢氏又以为对非资本主义外围的绝对需要，为产业的资本的状态，列宁则以为对非资本主义国家的侵略，是金融资本的政策；卢氏的论证，只到资本主义国家掠夺非资本主义地域的必然性为止，没有像列宁所展开的理论，还说明了帝国主义的重要特征，即资本主义国家争夺非资本主义地域的根据。这样，由马克思到列宁的展开过程中，卢森堡的《资本蓄积论》，应当反映了过渡的理论。①

第 2 章接续前面一章，讲述希法亭的《金融资本论》。马克思本人对后期资本主义即帝国主义的发展诸现象，没有充分的体验，即已去世。希法亭这本著作，对这个经济现象的分析、解剖，是对《资本论》的最近展开。从此原著的副标题标示"关于资本主义的最近时的发展之一研究"一语，可知其一斑。他在序文中说：研究的目的，"企图把最近时的资本主义发展当中的经济诸现象，而以科学的把握着。这个意义，即不外企图把这些诸现象，而编入于马克斯经济学的理论体系——始于裴谛的古典的经济学，而在马克斯已看出他的最高表现而转化为社会主义经济学的理论体系——之中"。构成近世资本主义特性的集积过程，一方表现为卡特尔与托拉斯的形成，使"自由竞争废止"，一方表现为银行资本与产业资本之间，日益发生紧密的关系。"资本经过这样的关系而具着如后面所述的金融资本形态，这就是资本最高的最抽象的现象形态"。这个见解，"想从马克斯经济学的理论方面，以科学的照透最近时资本主义之魔性的现象形态，而统一的把握着那潜伏在内的发展动向"。他在序文中又说："对于马克斯主义可加以非难的，就是所谓忽略了经济学理论的展开。这个非难，的确在某范围内，要认为是很客观的，很正当的"。因此，他想以本书，答复这个非难。本书的价值，如"巴威尔"说，"可作为《资本论》的新卷而诵读"，列宁认定本书是"对于资本主义最近时的发达之极有价值的理论的研究"，由此已可想见了。②

以上两章的划分，畸轻畸重，颇不合理。但从内容看，清晰显现出马克思、恩格斯之后，社会主义经济学发展的两条线索。一条线索以伯恩施坦和考茨基为代表，尤以伯恩施坦为典型，批评、修正或曲解马克思学说。虽然二人也在理解和祖述马克思主义时相互辩驳，一个首创修正派学说，一个以正统派自居，但由于考茨基自 1905 年俄国革命后同德国党内的左翼急进派相对立，特别是与列宁展开论争，结果也和伯恩施坦站到同样的立场上。这条线索，在国内其他论述马克思主义或社会主义的著述里，往往被浓墨重彩地渲染，以示其在理论上的重要地位，而左翼对立面的理论，很少被提及，更多强调后者的政治倾向。这种安排，在此译本里，正好颠倒过来。对这条线索，只梳理其主要意图，列举其代表人物及代表著作，说到其理论，则一笔带过。重点放到另一条线索，其对立面的经济理论上。关于另一条

---

① 以上引文除另注外，均见宁敦伍译《社会主义经济学史》，上海昆仑书店 1929 年版，第 92—104 页。
② 宁敦伍译《社会主义经济学史》，上海昆仑书店 1929 年版，第 104—105 页。

线索，以卢森堡和希法亭的两本代表作为典范。其实，就政治立场而言，二人虽同属左翼，却存在差异，卢森堡是更坚定的左翼理论指导者。但在译本的作者看来，二人的共同之处，均非批评或修正马克思经济学说，在新的形势下，补充和发展马克思经济学说。这样的立意，在国内的经济学说史著作中，还是第一次看到。

实际上，无论卢森堡的《资本积累论》还是希法亭的《金融资本》，在国内的相关著作尤其有关帝国主义的著作中，已屡次提到或有颇为详细的介绍。但比较起来，此译本的评介，仍有鲜明特色，尽管其评介亦应取自国外既有的研究成果。一是作为资本主义后期德国社会主义经济学的代表人物，突出二人在金融资本主义时代发展马克思经济学说的理论地位。第3篇前两章的副标题，分别是卢森堡和希法亭的这两本代表作，可见在作者的心目中，二者的地位之重要。二是比较起来，虽说希法亭的《金融资本》被誉为《资本论》的新卷或极有价值，而卢森堡的《资本积蓄论》引起学术界的争论，但在实际介绍中，给予卢氏之作以更多的篇幅和更详细的分析。这也正好弥补了当时国内著作中，介绍希氏之作更为详尽而介绍卢氏之作则嫌单薄的不足。三是强调两本代表作乃适应资本主义发展新阶段，发展马克思经济学说的产物。关于这个新阶段，第1章评介两本书之前，专门有一个段落，论述1900年以后，资本主义的发展进入金融资本主义阶段，反映这个特殊历史阶段之经济基础的国际政治表现，便是现代帝国主义。其特质，如列宁在《帝国主义论》中所说，一面从自由竞争中产生独占，否定自由竞争而形成极少数大银行资本与大产业资本相融合的资本集中和垄断组织，一面在国际领域形成更为激烈和严酷的竞争。与这个新阶段相适应的经济学说，既有为之辩护的资产阶级经济学，也有曲解马克思经济学说的修正主义经济学，而坚持马克思学说的立场并予以发展者，先有卢森堡的《资本积累论》和希法亭的《金融资本》，不仅反驳那些辩护与曲解者，还指出这一新现象为社会化生产的社会统制之道，铺设了坦途。四是着重于两本书都涉及金融资本与帝国主义的新阶段现象，但它们发展马克思经济学说的具体路径有所不同。卢氏之作以为《资本论》第二卷和第三卷之间，分析资本积累下的扩大再生产条件能否平衡，剩余价值能否实现或货币化这个前提时，存在着可能平衡或难以平衡的前后矛盾，进而断定这种不平衡本来就是绝对的，这也正是资本主义在其组织内部无法持续以追求剩余价值为宗旨的资本积累的根本困难；于是引入非资本主义经济概念，认为资本主义经济组织通过不断侵蚀和争夺其外围的非资本主义经济领域，来维系资本的持续积累，然而随着这些外围领域的不断缩小，资本主义也就走到尽头或走上绝路。不同于这个思路，希氏之作为了排除对马克思主义未能随着形势变化而继续发展其经济学理论的非难，研究资本主义发展的最新经济现象，科学把握资本集中一面形成垄断组织而废除自由竞争，一面促使银行资本与产业资本密切结合，产生资本的最高和最抽象形态即金融资本形态；其目的是想把这些研究成果，纳入马克思经济学说的理论体系，这也是始于配第的古典经济学、在马克思手中发展到顶峰后转化为社会主义经济学的整个理论体系。两种路径不论优劣与否，其用意都是为了发展马克思经济学说，而不是修正、曲解或否定这个学说。五是指出两本书在社会主义经济学史上的地位，特别是与列宁学说之间的关系。书中先前描述资本主义发展的新阶段特征，曾引用列宁的论述作为经典答案，从这个论述中，已能看到它与希法亭著作观点的相通之处，这也是列宁评价此书极有价值的理由。关于这一点，其他著作里也不乏证据。值得注意的是对卢森堡著作观点的分析。一则所谓《资本论》前后有矛盾之说，其实并不存在。因为第二卷研究扩大再生产，已经说明各生产部门的生产资料与消费资料之间的比例关系，或可能平衡而实现生产的扩张，或存在障碍直至破裂而发生危机，明白地显示出资本主义必然灭亡的绝路。但这并不影响卢氏提出帝国主义发展和没落的理论依据，在社会主义经济学史上具有自身的地位。二则比较卢氏之说与列宁学说的不同，如前者从单纯的商品交换关系上去看待资本主义国家与非资本主义国家之间的必然关系，后者则注重帝国主义国家通过资本输出来对非资本主义国家实行垄断式榨取的必然关系；前者强调产业资本对非资本主义外围的绝对需要，后者则注重金融资本对非资本主义国家的侵略政策；前者只论证了资本主义国家掠夺非资本主义地区的必然性，后者则进一步说明争夺非资本主义地区是帝国主义的重要特征。基于以上两点，反映卢森堡这本著作，是从马克思学说发展到列宁学说这一过程的过渡理论。这样的分析，在以往国内有关马克思主义或社会主义经济学的著作中，同样从未见过。这也为本篇从前两章过渡到后两章，指示了相互贯通的理论线索。

### （四）关于第 3 篇后两章

从第 3 章起，专论俄国马克思学说的发展，其中的重头戏，如副标题所称，即"列宁主义的根本的基础"。这也是我们看到的有关列宁主义称呼的较早证据。

"马克斯主义，最近已在俄国开了盛大之花，这就是现代成为俄国的，并且世界的社会主义——共产主义思想主流的列宁主义"。马克思主义的思想输入俄国，大概在 1862 年，即巴枯宁将《共产党宣言》译为俄文，登载在赫尔岑（原译"赫尔智")主编的《钟》报（今译《警钟》期刊）上的前后数年。这一年是农奴解放的翌年，俄国刚循着资本主义开始第一步，《共产党宣言》的内容，与俄国的社会经济现实，有很大的距离。故在俄国由马克思主义发展为列宁主义，其间有很长一段发展史，应当是社会经济的现实，与社会主义理论产生波澜。

俄国的社会主义思想，可以分为两大潮流。一是"主张俄国不必经过资本主义的发展，可以到达社会主义的，这可称之为俄国固有的社会主义"。二是"以为经过资本主义的进化，才能使社会主义的实现成为可能的，这是站在马克斯主义立场的社会主义"。1873—1874年的"到民间去"运动，继此而起的"土地与自由"派运动，后来分裂为"民众意志"派的恐怖主义者运动，以及与之对立的"黑土分割"派（又称"土地改革派"）的运动等，都是固有社会主义思想的表现。他们的社会改革论的主要论点，常常在农民方面，因此土地问题占有重要的地位。"民众意志"派的后身为"社会革命党"，属于"黑土分割"派的普列汉诺夫（原译"蒲列哈诺夫"）等人，不久创立"社会民主劳动党"，支持者主要是工场劳动者。普氏为输入马克思主义到俄国的著名学者，1883年著《社会主义和政治的斗争》，1885年著《吾人的见解之差异》。起初他想把俄国固有的民众派思想与马克思主义综合为一体，后因亚历山大三世的反动弹压政治，亡命国外，成为彻底的马克思主义者。1883年与他人在瑞士组织"劳动解放团"，又于1898年创立"社会民主劳动党"，采用马克思主义纲领。

现在俄国的政治中心为共产党，组成共产党的是所谓布尔什维克，系1898年采取马克思主义的俄国社会民主劳动党的左翼，取意针对少数派（孟什维克）的多数派。有人误把布尔什维克称为过激派，其实与过激派称呼相当的不是布尔什维克，而是社会革命党中的恐怖主义派。社会民主劳动党创立后，内部又分为急进派与渐进派，1903年第二次大会时已出现这个征候，1905年形成公开的分裂。分裂的原因是对党的组织，一方主张中央集权主义，一方主张地方分权主义，主张集权主义的急进派占了过半数，领导多数派的就是列宁。布尔什维克后来改称共产党，始终一贯地服从于列宁的指导原理。所谓布尔什维克和共产主义，不外乎是列宁主义，因而可以知道在俄国获得最后胜利的是马克思主义，俄国固有的社会主义，即民众派的思想与运动，已不能达到它的目的。从马克思主义发展到俄国的列宁主义，同时成为现代世界的社会主义——共产主义主流的列宁主义，究竟是什么？列宁主义的基础，是列宁的两本主要著作。一本是《资本主义最后阶段的帝国主义》，另一本是《国家与革命》。"一般称为列宁主义的，就是帝国主义阶段的马克思主义之发展，换句话说，就是显示理论与实践之辩证法的统一，在成长到了无产阶级必须直接夺取政权的时代，而为无产阶级运动的指导原理的理论"。列宁主义不得不解明两个中心问题，一则"须解明资本主义最近的发展，特别是一九〇〇年以后的发展，有甚么内在的矛盾，给与了由资本主义转化到社会主义之必然的根据"；二则"须解明在这样客观的情势之下的无产阶级运动，其方向如何决定"。解明第一个中心问题，就要分析探究发展到了最高阶段的资本主义的经济基础，也就是帝国主义的经济基础，这是《资本主义是最后阶段的帝国主义》一书所完成的任务。解明第二个中心问题，就要研究无产阶级的战术，这是《国家与革命》一书所完成的任务。列宁为了研究适应具体的问题，适应各个具体事情的战术，又著有《应当做甚么?》及《左翼幼稚病》等书，在"组织问题"和"政策问题"等方面展开他的理论。

关于列宁的两本主要著作，译本中有一个较长的注释：《资本主义最后阶段的帝国主义》一书，1915 年（应为 1916 年）春在瑞士苏黎世（原译"塔利西"）所著。按照列宁自己的告白，亡命中感到英国和法国参考书的缺乏，尤其感到俄国参考书的缺乏。但依据较少的具体材料，仍然实证地论述了以下诸问题：一是"生产集积与独占"，二是"银行及其新任务"，三是"金融资本与金融寡头政治"，四是"资本输出"，五是"资本家团结间的世界分割"，六是"强国间的世界分割"，七是"资本主义特殊阶段的帝国主义"，八是"资本主义的寄生状态与停滞"，九是"帝国主义的批判"，十是"帝国主义的历史的地位"。第 1 至第 6 章主要说明帝国主义是独占的资本主义，第 8 章说明帝国主义是寄生的停滞的资本主义，第 10 章说明帝国主义的濒于死灭，第 7 章和第 9 章批评考茨基所说的帝国主义及其他问题。全书 136 页。《国家与革命》一书，如其副标题所示"马克斯主义的国家理论及无产阶级的革命任务"一语，说明"无产阶级的独裁政治"，可是列宁正想在其中解明马克思主义的国家理论。就列宁来说，本来没有列宁主义，也没有布尔什维主义，只有马克思主义，只有马克思与恩格斯所说的共产主义。他觉得马克思主义被世人曲解和误断，尤其对马克思的国家理论，因此企图恢复真正的马克思主义，应当解明马克思主义的国家理论，以此作为布尔什维主义最重要的学问事业。他的论敌，固然是孟什维克及德国社会民主主义者，但特别予以最强烈攻击的，则是曲解马克思学说的代表学者考茨基。本书第 1 章"阶级社会与国家"，第 2 章

"国家与革命"（今译文附有"1848—1851 年的经验"），第 3 章续前（今译文附有"1871 年巴黎公社的经验 马克思的分析"），第 4 章续前——"恩格斯的补充的说明"，第 5 章"国家死灭的经济基础"，第 6 章"机会主义者把马克斯主义俗恶化"。本书仅为 112 页的小册子，但"在学问上，可说与《资本主义最后阶段的帝国主义》一书，同为不可轻视的贵重著作"。

斯大林（原译"斯达林"）在他的名著《列宁主义的基础》中说："列宁主义，为帝国主义时代并无产者独裁时代的马克斯主义"。这里所谓帝国主义，意为与发展到了高度的资本主义相关联，指的是达到这个发展阶段的资本主义。列宁着眼于 1890 年以后的资本主义新形态，所谓帝国主义，是他对这个新形态的考察结果的一大发现。据列宁说，帝国主义是资本主义发展的最后阶段，其内在的本质的矛盾，必然转化到社会主义。帝国主义表明了资本主义的"绝路"，其展开的形态不得不是社会主义。"认定帝国主义阶段，应是无产阶级以直接夺取政权为问题的时代——社会革命的前夜"。他的一切政策，都以这个问题为中心而展开，所谓列宁主义，是帝国主义阶段马克思主义的发展及其适用，因此又称列宁是"对于资本主义的最近发展阶段——帝国主义，为真正马克斯的分析剖解之最初的马克斯主义者"。

根据列宁的经济分析，帝国主义是资本主义的特殊历史阶段，可以看得出它的三个显著特质：帝国主义是"独占的资本主义""寄生的与停滞的资本主义""濒于死灭的资本主义"。第一，关于资本发展的经济上的根本特质，出现所谓金融资本主义（即与银行资本融合了的独占的产业资本），所谓否定自由竞争的独占。这个根本特质，显现为五个主要的根本形态（略）。以上五点，都是进入一定阶段的资本主义现象。第二，帝国主义为寄生的、停滞的资本主义，表现出以下各点："以生产手段私有为基础的独占之固有的停滞倾向"；"金融资本主义，促进多数靠利子生活的资本主义的利子生活者之发达，这是显示资本主义的停滞"；"资本的输出，已倍加了寄生状态"；"金融资本，是在求得支配，不在求得资本主义本质的精神之自由"；"相互结合着榨取被压迫民族，特别是少数强国榨取殖民地，益使少数的文明国对于大多数的非文明民族，成为一个寄生生活者"。第三，帝国主义是濒于死灭的资本主义，因资本主义发展所发生的必然形态即独占，其本身已失掉资本主义的本质，必然要转化到死灭，即发展到社会主义。以上是列宁分析最近发展阶段的资本主义情形，这个分析的结论，同时就是他的全部理论展开的焦点。

资本主义的根本精神是自由竞争。自由竞争的车轮，曾经推进了资本主义的发展，如技术进步，生产力发展，大规模生产扩张，商品价格低下，靠廉价商品而获得市场等，使得前期资本主义实现可惊的经济发达。可是资本主义的发展，必然要形成卡特尔、托拉斯、辛迪加等，成为独占形态的支配。《资本主义最后阶段的帝国主义》中说："加提尔，协定贩卖条件及支付日期等，加提尔，又分配贩路于彼此相互之间，规定应当生产的商品量，确定价格，分配利润于各企业家等"①。这样，否定了资本主义根本精神的自由竞争，把生产的各方面转移到社会化了。这是踏入计划经济的第一步，将前期资本主义的特征转换到反对的方面了，简单地说，"显示了前期资本主义的止扬"。列宁具体和详细研究了资本主义独占的发达，将这个过程的基础分为三个阶段（略）。② 这个止扬到帝国主义的资本主义，因独占的发展与生产的社会化，不管资本家如何意识与意图，不绝地孕育着新的社会秩序的要素，即计划经济的社会，社会主义的社会。帝国主义一面发展大规模的独占与生产社会化，一面仍然不失掉前期资本主义对生产物获得的私有特质，生产手段也是少数人的私有财产，由此构成其生产关系。社会化生产与生产手段私有的矛盾，就是资本主义本身内在的矛盾，也就是独占本身所暴露出来的一个矛盾。③

观察近代"银行的新任务"，可以看出独占的第二个矛盾。银行本来的任务，原为支付媒介，把非活动的货币资本，转化为活动的，即产生利润的资本，为此搜集一切货币收入，供给资本家使用。随着银行制度的发展及其集中到少数的设置者，银行已由稳和的媒介转化为强力的独占，左右着一切资本家及小企业家的所有货币资本，以及某一国或数国的大部分生产手段及原料产地。这个由多数的小媒介者转换为极少数的独占把持者的变化，乃是由资本主义转换到资本主义的帝国主义的根本过程之一。④ 就是说，极端的银行集中与合同，是最近资本主义集积的最重要特征。在这个过程中，大银行压制小银行，或并吞那些小银行，或设法收买，或共同协定，以形成大银行团。这个大银行团，参与产业，与产业资本相结合，以建立金融资本主义的基础，于是就出现金融寡头政治。这个时候，所有产业已为少数财阀所统制，在这样的统制下，那些企业家、技术家都实际地直接参与资本的运用

---

① 其今译文见《列宁选集》第 2 卷，人民出版社 1995 年版，第 590 页。
② 参看《列宁选集》第 2 卷，人民出版社 1995 年版，第 589—590 页。
③ 参看《列宁选集》第 2 卷，人民出版社 1995 年版，第 593 页。
④ 参看《列宁选集》第 2 卷，人民出版社 1995 年版，第 597 页。

与生产的管理，而大多数的资本所有者，靠银行的利息生活，以致如布哈林所谓"利子衣食者"的寄生生活者，不绝地日益增大。这就是资本主义独占的内在第二个矛盾的表现。

独占虽然孕育着以上两个矛盾，资本主义还是愈益朝着那个方向继续发展，一面矛盾与日俱增地激烈化，一面金融资本以及与此相结合的金融寡头政治，踏入计划经济的第一步。因此，生产的无政府状态归于消灭，生出一个有组织的经济社会。独占的内在矛盾仍然不会消失，不过社会化的生产与生产手段的私有的矛盾，以及金融寡头政治的出现与食利息者阶级的增大的矛盾，侵入国际经济领域，更加暴露所谓国际资本主义的本质。其必然结果，列宁又看出两个显著矛盾。一是"国际的独占联盟之成立与伴着这个联盟的市场获得竞争和投资领域获得竞争之二重的竞争——复合的竞争——急激化"；二是"帝国主义诸强国（金融寡头政治）对于殖民地获得的欲求与对于殖民地夺取的绝望"。

在这个发展阶段，先进资本主义国家的资本家独占的团结，显出莫大的过剩资本。这个过剩资本，若以国内贫穷化的无产大众的消费社会为对象，没有利益和无意义。于是这个过剩资本不能用于国内大众生活水准的向上，必然要向外国输出。本来资本主义是达到最高阶段的商品生产（劳动力也是商品），它的一个特征是寻求国内特别是国际市场，以增大商品交换范围，故商品的输出为前期资本主义的特征。列宁说："已往的资本主义，以商品输出为典型，在独占支配之下的近代资本主义，以资本输出为特长"[1]。输出资本到外国即后进国，可以收回多量的利润。后进国的资本稀少，土地较廉，赁银低下，原料价贱，所以利润率特别高。资本主义国家为了使后进国成为自己的市场及投资地，资本输出与商品输出相结合，把后进国引进世界资本主义的圈内，于是资本输出在世界一切国家密布了金融网。从列宁列举的数字里，可以知道欧洲英、法、德三大国向国外输出资本数额的大概[2]。由此可见，到20世纪初，资本的输出才达到巨大的数量。在这个时期，资本家组织了国际独占联盟，全世界都被他们分割了（见列宁《帝国主义是资本主义的最高阶段》第5和第6章详细的现实研究）。这个国际独占联盟虽已组织成立，但国家资本主义的主体乃是托拉斯，因此伴着这个国际联盟而相互竞争市场和投资领域，日益趋于激烈化，这就表现为独占现象与复合竞争的矛盾。金融资本主义的这

① 其今译文见《列宁选集》第2卷，人民出版社1995年版，第626页。

② 参看《列宁选集》第2卷，人民出版社1995年版，第628页。

个竞争，本来目的是想在一定地域内，确立自己的统制，以专享独占利润，所以必然进而注意原料产地的独占支配权。这样就必然酿成夺取殖民地的竞争，并随着国家权力的活跃，成为帝国主义的领地。列宁说："在一八七六年以后，殖民地已有可惊的增大……（略）"①。于此可明白金融寡头政治对殖民地的夺取。列宁又说，全世界的殖民地既已分割殆尽，更要酿出深刻的矛盾。为了殖民地的新分割，必然要招致强国间的冲突，即帝国主义的战争，引起生产力的巨大破坏。资本主义最后阶段的独占，由于军备雄厚的国家权力企图夺取殖民地的强烈欲求，与殖民地因分割完毕而夺取的绝望，又成为最后一个必然的内在矛盾。

以上是列宁所分析的资本主义最后阶段的经济情形，表示资本主义的必然矛盾，即外部"绝路"的情形。社会不断循着进步发展的过程，究竟如何止扬这个矛盾？马克思说，社会，当然指资本主义社会，是阶级社会，是资产阶级与无产阶级对立的社会。资产阶级没有无产阶级，不得存在，无产阶级则伴着资产阶级的发生、发展而发生、发展。"由资产阶级独裁所生出的资本主义的这个矛盾、绝路，其能刺激无产阶级，促令彼等打开这个局面，止扬矛盾，把生产力引到必然的发展方向的，就是因此而造出了所谓除了无产阶级外没有他法的意识，而赋与了无产阶级以历史的使命"。"据列宁说，无产阶级，现在正处于社会革命的前夜，同时又是以夺取资产阶级政权为当前问题的时期。这样，则无产阶级的科学理论，于是可以偕着无产阶级的实践而为辩证法的统一，而资本主义社会，也就要归于止扬了。所以无产阶级运动，简直就是理论的实践，就是理论的本身"。列宁著《国家与革命》一书，"乃是展开了这个辩证法的统一，而批示着帝国主义阶段的无产阶级运动之战术，并且在本书当中，复解明了马克斯主义的国家论"。

列宁对无产阶级运动的战术纲领，详加阐明"国家论"，含有很重要的意义。他在《国家与革命》序文中说，无产阶级已发展到以夺取政权为当前问题的阶段，并且帝国主义战争已把独占的资本主义，加速转化为国家独占的资本主义，因而无产阶级对这个国家问题的实际重要性，已有显著的增大。他又很明了地说，独占竞争的背后是国家权力，金融资本支配阶段的竞争，专靠国家权力的直接发动而收获效果。从事实上看，卡特尔与托拉斯等的发展，必然要与国家权力紧密结合。② 这种情势，因国际资本主义的竞争和帝国主义的战争，益加促成了国家托拉斯的出

①　其今译文见《列宁选集》第 2 卷，人民出版社 1995 年版，第 643—644 页。
②　这些说法，均系引用者的概述，而非列宁的原话。

现。这样，无产阶级对资产阶级的斗争，必然要与资本家所依赖的国家对立，所以无产阶级不得不进入夺取国家权力的政治斗争的过程。列宁所谓无产阶级为了解放自己，为了消灭资本主义，必要的前提条件是夺取国家权力，就是这个缘故。这个问题，现在是无产阶级必须实践的过程，这个过程，称之为无产阶级独裁，即列宁国家理论中的"无产阶级国家"或"半国家"。

向来的马克思主义者，尤其德国社会民主主义者，常常把无政府主义看作与马克思主义对立，以为无政府主义者否认国家，马克思主义者肯定国家。对这种见解，列宁毅然予以驳斥，说明马克思决非肯定国家为永久存在，而以废止国家为目的，本与无政府主义没有丝毫差异，所不同者，只是在过程上的见解。无政府主义者想一举而废止国家，马克思和恩格斯则想先由无产阶级国家代替资产阶级国家，推翻资产阶级而消灭阶级对立，因而自然地达到无国家的社会。恩格斯所说的无产阶级国家消灭社会阶级后，国家自然要"死灭"或"长眠"，就是这样的见解。

据列宁的看法，这个"死灭"或"长眠"，自然不能就资产阶级国家而言，只能就代替了资产阶级的无产阶级国家、所谓半国家而言。资产阶级国家的废止，决不能循着这样缓慢的平和的过程，以无产阶级夺取政权为必要。马克思这样说："资本主义与社会主义之间，横着一个由前者到后者的革命的转化期，并有一个政治的过渡期，而与这个转化期相适应。这个期内的国家，即不外无产阶级的独裁"[1]。马克思这种见解，其根据是分析无产阶级在现代资本主义社会所扮演的任务，是资本主义社会的发达，是无产阶级和资产阶级利害对立的不妥协的各种事实。列宁以为由资本主义到共产主义社会的过渡，若不经过一个"政治的过渡期"，绝对不可能，并且以为这种过渡，只有可能是无产阶级的独裁，承认所谓的"暴力"政治。列宁说："……（中略）达到共产主义的进展，是要经过无产阶级独裁的，并且舍此以外，是决不能进行的。……（中略）无产阶级的独裁，就是被压迫者的前卫，以镇压榨取者为目的而站在支配阶级的一种组织，那是不能单纯的专为扩大民主主义的。……（中略）我们要想把人类从赁银奴隶制度中解放出来，必须把这班资本家打倒，并且必须用武力来击破他们的反抗"[2]。列宁在与考茨基论争的文章①中又说："所谓独裁，绝对不受何等法律的拘束，而是直接以暴力为根据的支配。所谓无产阶级革命的独裁，就是由无产阶级夺取了政权，对于资产阶级的建筑在无产阶级的暴力上面的支配，丝毫不受何等法律拘束之谓"。所以说，以无产阶级国家代替资产阶级国家，如不经过夺取政权的暴力革命的过程，那是不会成功的。

无产阶级夺取政权以后，废除所有无产阶级独裁的国家，即废除"国家"这个东西，只是在"死灭"或"长眠"的过程中，才有可能。列宁说："到了共产主义的社会，资本家的反抗，已破碎净尽了，资本家已全体消灭了，甚么阶级，已不复存在了（关于生产手段，已经共有，社会成员间，都没有甚么差别了）。……（中略）所谓国家'死灭'的这个名词，是选用得很适当的。……（中略）因为没有榨取，没有足以引起人们的愤怨、反抗、暴乱的原动力，并因而没有甚么压迫的必要，则人们往返的遵守社会的共同生活诸规则，殆将不必在我们的周围观察几百万次，就能很容易的成为习惯了"。② 这些说法，就是说从无产阶级独裁国家走到共产主义社会的过程，依循一个"长眠"的过程，在这个过程中，不用说，民主主义一旦达到完善，则那个独裁国家自然成为无用，并且自行"死灭"或"长眠"。

帝国主义阶段无产阶级必须完成的使命，列宁指示一些根本的纲领，其大要如次。一是无产阶级的独裁，在平和过程中是不可能的。帝国主义阶段的国家本来与国家托拉斯紧密结合，若仅采取平和手段，仍旧保持这种状态，则依附在这种状态下的官僚与军阀，必将日益增大其势力，以图恢复他们的政权，无产阶级终不能把此等国家机关永久掌握在自己的手中。二是无产阶级的独裁，在民主的过程中是不可能的。帝国主义阶段，决不能有民主，无产阶级夺取政权以后，就要否定那个民主，一面否定民主，一面又不得不谋求实现最高度的民主。三是无产阶级在帝国主义阶段，对曲解或修正马克思主义的一派，要特别警戒。他们能够因独占与国家结合，收买一部分无产阶级，能够因爱国心的煽动，欺骗无产阶级，所以无产阶级必须经常努力克服这个机会主义派别，以求团结并增大无产阶级的斗争力。

列宁根据马克思的立场并依据马克思主义的方法，对1898年以后资本主义的发展，即帝国主义阶段，详加分析解剖，指出这个阶段内在的必然矛盾，认定这个

① 这是引自列宁《无产阶级革命和叛徒考茨基》一文中的话，其今译文见《列宁选集》第3卷，人民出版社1995年版，第594—595页。
② 其今译文见《列宁选集》第3卷，人民出版社1995年版，第191页。

矛盾是资本主义的绝路，必然要通过无产阶级运动而转化到社会主义。这种理论，向着马克思所指示的方向发展，它在经济学史上的意义及其地位究竟如何？卢森堡在《经济学入门》中这样说："马克斯所说的资本主义的无秩序及其将来没落的法则，虽然很的确的是继续着资产阶级学者所创始的经济学，可是在终局的结果，则与资产阶级经济学的出发点，成为判然相反的继续。……（中略）经济学的最后一章，即为世界无产阶级的社会革命"。

列宁对于马克思学说的发展情形，实在显现着理论与实践的统一，所能看得出来的，就是无产阶级的社会革命。这个理论，直接招来社会主义社会的理论，若要强冠以经济学的名词，当称为转向社会主义的"转形期的经济学"。试看社会主义社会所组织的社会经济，经济学的一切根本问题，如价值、价格、利润等问题，殆已完全消失，在那个时候，"人与人的关系"，不是表现为"物与物的关系"，社会经济不是为市场及竞争的势力所左右，而是为有意识的计划所左右。诚如布哈林所说，那个时候，只能有一方为某项记载方式，一方为规范方式的存在，而市场那个东西，已没有存在，因而研究市场"盲目的法则"的那种经济学学问，也就没有存在的余地了。这样，以资本主义商品生产为基础的社会告终，即资本主义社会的止扬，同时也就是经济学这门科学的告终。因此，在帝国主义阶段，在无产阶级独裁过程中的经济学，可说是位于经济学告终前一步的转形期经济学，同时可说是革命的经济学，也可说是经济学史的最后阶段的意义、地位或运命。①

由第 3 章末尾的结论，顺势转向第 4 章，即布哈林的《转形期经济学》及《帝国主义与资本蓄积》。

布哈林一面是俄国共产党中央执行委员，参与重要机务而进行政治家的活动，一面具有深远的学问与敏锐的思索力，创出许多名著。"他是共产党及第三国际的最优秀的理论指导者，他是维持共产党正统最有力的人物。他现在充任共产党重要机关政治局的委员，复任党的中央机关新闻《真理报》的主笔。他的本领，是在社会主义建设的过程中，作了社会主义的经济学者，依据马克斯主义的方法，而展开他的经济学说于马克斯的学问上面，同时，他又彻底的把资产阶级经济学批判克服。在极复杂的过渡期，在不绝变化、推移、动摇，最不安定的历史重要阶段，想发见其特有的经济特质与法则性，而把这个过程，造成科学的体系，实是一件难而

---

① 以上引文除另注外，均见宁敦伍译《社会主义经济学史》，上海昆仑书店 1929 年版，第 106—132 页。

又难的事。这是在常人所不能为的，惟有布哈林，则能成就这种困难的科学事业"。他的经济学体系，第一批判并克服资产阶级经济学，第二分析解剖过渡期的资本主义，觅得转形期经济学的科学基础。前者的代表著述为1925年的《利子生活者经济学》（今译《寻租者的政治经济学》）及1914年的《无价值论的经济学》（今译《一个没有价值的新时期经济》），后者的代表著述为1922年的《转形期经济学》及1926年的《帝国主义与资本蓄积》。前者的著述，抓住最新经济学奥地利学派，以其代表学者庞巴维克（原译"巴维夫"）为批判的中心对象，严密反驳他们的"限界效用学说"，认定这个学说为金融资本主义阶段的"利子生活者"特有的"社会心理"的理论表现，暴露这个学说的历史的、阶级的、反动的本质。后者的著述内容，只要看那个标题就能推知，不外分析由资本主义过渡到共产主义，即资本主义末期的经济，与研究从这个经济秩序的崩坏而转换到新的经济秩序的必然过程。《转形期经济学》以马克思《资本论》解剖资本主义经济社会的同一方法，考察从资本主义到共产主义的推移过程，暴露了社会民主党一派理论家的"平和推移理论"的机会主义性质，为转化到共产主义必然要经过无产阶级的政治过渡形态，经过独裁过程把生产手段移归社会所有，始能完成这一点，建立了理论基础。简单地说，"转形期经济学，就是由资本主义转到次阶段的转形期之理论的表章"。他的长篇论文《帝国主义与资本蓄积》，发表于《马克斯主义旗帜下》第一卷第1号及第2号，大部分内容批评卢森堡的《资本蓄积论》，省略不论。[1]

以上两章的安排，同样轻重不一，明显以列宁的学说为主，以布哈林的学说为辅。从内容上看，第3章实际上分为4节。第1节开篇提出列宁主义的概念，称之为马克思主义在俄国的盛开之花，不仅属于现代俄国，而且属于世界，成为社会主义与共产主义的思想主流，由此联系到马克思主义输入俄国的历程。关于这个历程，涉及最早的起源，以及所谓俄国固有的社会主义与站在马克思主义立场上的社会主义两大潮流。这些内容，在那时论述马克思主义传播于俄国历史的国内有关著述里，很少看到。接着追溯后来成为俄国政治中心的布尔什维克的形成历史，为时人所熟悉，但仍有其特点。一则辩护将过激派一词用于布尔什维克是一种误解，恰当的使用对象应是社会革命党中的恐怖主义者；二则说明所谓布尔什维克就是列宁主义，区别于俄国固有的社会主义思想与运动，是马克思主义在俄国发展并影响全

---

[1]　宁敦伍译《社会主义经济学史》，上海昆仑书店1929年版，第133—135页。

世界的社会主义与共产主义主流产物。

第 2 节转入介绍列宁主义的基础，同第 3 节一道，构成本章最重要的部分，也可以说是全书最有特色的部分。几乎所有的介绍，都是新鲜内容，或在国内流传的著述中不曾见过，或虽然见过却不曾如此深入，上面的引述花费那么大的篇幅，其缘由也在这里。其特色，一是选择《帝国主义是资本主义的最高阶段》和《国家与革命》两本主要著作，作为阐明列宁主义基础的代表作。为此，专门作出注释，分别说明两本著作的写作与出版状况、立意宗旨以及全书的目录结构。特别说明，就列宁本人而言，只有马克思主义，没有列宁主义和布尔什维主义；他面对世人有关马克思主义的曲解和误判，才把恢复和阐明真正的马克思主义作为布尔什维克最重要的学问事业，意味着后来列宁主义的确立，也由此而生。二是定义列宁主义为帝国主义阶段发展了的马克思主义，或者说，是在无产阶级夺取政权时代指导无产阶级运动的理论，体现了理论与实践的辩证统一。为此列宁主义提出两个必须解决的中心问题，一则阐明资本主义最新发展阶段的内在矛盾，为资本主义转向社会主义的必然性提供理论根据；这是《帝国主义论》所承担的任务，也是资本主义发展到最高阶段即帝国主义阶段的经济理论基础。二则阐明在这种客观形势下，如何决定无产阶级运动的方向；这是《国家与革命》所承担的任务，也是研究无产阶级的战术。此外适应各种具体情况的问题研究，还有其他一系列著作。三是引用斯大林《论列宁主义的基础》一书的说法，明确列宁主义是帝国主义和无产阶级革命时代的马克思主义。可见译本的作者大张旗鼓地论证列宁主义，应是全盘接收斯大林著作的启迪与影响。所有这些特色，都是未曾见过的新鲜内容，让国人对列宁学说的认识，上了一个新的台阶。不过更重要的特色，比较全面地介绍两本著作的基本内容，这大概也是迄今为止的国内著作中，能够看到的最有系统的介绍。

关于《帝国主义论》一书的主要观点，此前除了 6 月刚问世的全译本外，国内论述帝国主义的著述，多有涉及，但大多集中于列宁有关帝国主义五个特征的概括。此译本的介绍大为扩展了这个范围，首先指出，列宁主义对马克思主义的发展和运用，以真正的马克思学说来分析和解剖资本主义最高阶段的帝国主义。这种经济学上的分析，指出帝国主义作为资本主义的特殊历史阶段，有三个显著特征。其一，帝国主义是垄断的资本主义。其实质是银行资本与产业资本相融合的金融资本垄断，否定自由竞争，显示为五个特征，这也是资本主义发展到一定阶段才有的现象。其二，帝国主义是寄生的与腐朽的资本主义。其表现：以生产资料私有为基础的垄断固有的腐朽倾向；金融资本促成靠利息为生的食利阶层的发达，显示资本主义的腐朽；资本输出扩大了寄生状态；金融资本的支配不再追求原为资本主义本质的精神自由；金融资本同盟剥削被压迫民族特别是少数强国剥削殖民地，使少数文明国更加成为掠夺大多数非文明民族的寄生者。其三，帝国主义是垂死的资本主义。资本主义必然发展到垄断，丧失自由竞争的本质，必然走向灭亡即发展到社会主义。以上是列宁分析资本主义最新发展阶段而展开其全部理论的重点。围绕这些重点，又分别引用和解说列宁原著的有关论述。例如，第 1 章论述生产集中和垄断，资本主义从自由竞争发展到垄断，垄断组织发展史的基本分期，垄断加剧了生产社会化与生产就资料私有之间的矛盾等；第 2 章论述银行和银行的新作用，从普通的中介人变为支配所有资本家和小业主的货币资本以及本国和许多国家的生产资料和原料来源的极少数垄断者，银行业集中的方式与影响等；第 3 章论述金融资本和金融寡头；第 4 章论述资本输出，从商品输出到资本输出体现自由竞争占统治地位的旧资本主义与垄断占统治地位的最新资本主义的不同特征，欧洲主要国家国外投资的例证等；第 5 章论述资本家同盟分割世界；第 6 章论述列强分割世界，特别是列强扩展殖民地领土的例证等。以上引述，侧重于分析资本主义最后阶段的经济情况，表明资本主义的必然矛盾将其引向绝路。以上 6 章后面，还有 4 章，即帝国主义是资本主义的特殊阶段、资本主义的寄生性和腐朽、对帝国主义的批评、帝国主义的历史地位，其主旨在本节的其他地方，也多少有所触及。像这样或者逐章介绍，或者散见于各处，虽详略不同，却几乎涵盖了全书的内容，这在以往提到或介绍《帝国主义论》的著述里，不曾有过。因此也可以说，此译本是《帝国主义论》中文全译本问世之际，将此原著作为列宁主义的奠基性著作之一而予以全面介绍的佼佼者。

关于《国家与革命》一书的主要观点，是第 3 节介绍的重点，也是此译本率先（在我们的考察范围内）将列宁这本代表作比较完整地介绍给国人。前面的注释，已经指出此书的副标题显示了它的主旨，即马克思主义关于国家的学说与无产阶级在革命中的任务；并指出这是针对其论敌孟什维克和德国社会民主主义者，特别是曲解马克思学说的代表考茨基，还列出全书的目录。这里衔接前书的介绍，分析资本主义最后阶段的经济情况面临绝路的必然矛盾，如何终止这一矛盾而继续社会不断进步发展的过程，由此引出马克思关于资本主义社会是资产阶级与无产阶级对立的阶级社会的论述；无产阶级的历史使命，通过打倒资产阶级专政来结束资本主义走上绝路的矛盾，把生产力引到必然的发展方向。这也是列宁所说的无产阶级正处于社会革命的前夜，需要科学理论去指导夺取资产阶级政权的无产阶级运动，这种理论与实践的辩证统一，正是建立在阐明马克思主义国家学说的基础上。据此，本节将《国家与革命》一书，称为指示帝国主义阶段无产阶级运动的战术纲领。引用其初版序言的有关论述，说明这个时期考察马克思、恩格斯的国家学说的重要性，明确无产阶级解放自己和消灭资本主义的前提条件，是夺取国家权力和实行无产阶级专政。然后，引用第1章国家"自行消亡"和暴力革命中有关无政府主义的国家观念等论述，特别是以第5章国家消亡的经济基础为重点，大量引用从资本主义向共产主义的过渡一节中有关无产阶级专政的原文论述；进而将列宁所指示的根本纲领，归纳为实行无产阶级专政的若干要点，不可能通过和平手段，不可能以民主方式，特别警惕曲解和修正马克思主义的机会主义派别对无产阶级的收买和欺骗。看了这些内容，能够明白译本何以将《国家与革命》作为列宁主义的另一部奠基性著作。比较《帝国主义论》，有关《国家与革命》的介绍，更是当时国人鲜有听闻。虽然有关无产阶级专政的议论，在那个时期的国内著述中早已不乏其见。另外，译本的介绍还穿插引用列宁的小册子《无产阶级革命和叛徒考茨基》中有关无产阶级专政的论述。这本小册子此前国内著述里有更为详细的引用。如1922年出版的《社会经济丛刊》编入山川均所著《考茨基底劳农政治反对论》的中译文，虽未提及小册子的名称，实际上运用其理论驳斥考茨基《无产阶级专政》一文的论点。不过从系统的理论论证看，以上关于此书的介绍，终究更胜一筹。

第4节对列宁沿着马克思所指示的方向发展其理论，在经济学史上的意义及其地位，作出评价。这个评价，借用卢森堡《经济学入门》的一段话。看来译本的作者很欣赏卢森堡这段话，在《物观经济学史》里数次看到类似的引文，现在评价列宁的两部著作，又完整地引用这段话。这段话的意思，概括地说，随着马克思在资产阶级经济学的基础上，完成从资本主义的无秩序经济及其法则到社会主义有计划经济的研究，同时意味着经济学作为科学已经终结，今后的任务就是将马克思学说付诸实施，为实现社会主义经济秩序而进行世界无产阶级的社会革命。本节又将这个意思套用在对列宁学说的评价上：列宁对马克思学说的发展，表现为理论与实践相统一的无产阶级社会革命的理论，其经济学冠名，可称为向社会主义转化的转型期经济学；社会主义社会的经济组织里，原来经济学的一切根本问题如价值、价格和利润等都消失了，人与人的关系不再表现为物与物的关系，社会经济不受盲目的市场与竞争势力左右而被有意识的计划支配，这样研究市场盲目法则的经济学也就没有存在的余地了，或者说，随着以商品生产为基础的资本主义社会的告终，经济学这门科学也就告终了；因此，列宁学说在经济学史上的意义、地位或命运，可谓帝国主义阶段和实行无产阶级专政时期的经济学，是经济学告终前的转型期经济学，是经济学史最后阶段的无产阶级革命的经济学。这个评价，口口声声说经济学的终结，事实上以马克思预想将来商品生产及市场竞争的消失的抽象理论为前提，这个预想显然未曾估计到后来无产阶级革命与社会主义运动的实际进展情况，因此用这个抽象理论来评价列宁学说，很容易低估和忽视转型期或过渡期经济学在理论和实践中的长期性、复杂性与艰巨性。看来译本的作者也因埋头于书斋而过于乐观，所以未能将苏俄从战时共产主义转变为新经济政策这样重要的现实资料，包括在自己的评介中。

第4章评介布哈林的著述，大致延续前面评介列宁著作的思路，强调布哈林是在无产阶级夺取政权后的社会主义建设时期，依据马克思《资本论》解剖资本主义经济社会的方法，考察资本主义末期经济秩序的崩坏而转化到共产主义新经济秩序的必然过程，透过其复杂、变化、摇摆和不安定的现象，发现这个重要历史阶段，通过无产阶级专政把生产资料移归社会所有而特有的经济特质与法则，为建立转型期或过渡期经济学，奠定科学的理论基础。其实，文中并未具体介绍布哈林所著《过渡时期的经济》和《帝国主义与资本积累》的内容，只是点出其大旨，并结合他的其他著述来显示：批判资产阶级经济学，如奥地利学派的边际效用学说，指出这些理论学说反映了食利阶层所特有的社会心理，暴露其历史的、阶级的和反动的性质；批判社会民主党理论家的和平推移理论，揭露其机会主义性质；并且批判卢森堡的《资本积累论》。所有这些考察和批判，也可以看作社会主义建设时期创立社会主义经济学的初步尝试，同此前所说的资本主义时期的社会主义经济学，既有联系，又有差异。在译本作者看来，恐怕更愿意将布哈林的尝试称为过渡时期或转型时期的经济学，因为照译本的说法，若真正实现社会主义，则经济学也就走到尽头而不存在了。

### （五）结语

通过以上介绍和分析，对《社会主义经济学史》译本，可以有一个完整的了解。单就这个译本来说，如此了解，可谓足矣。但是放到马克思主义经济学在中国的传播进程中来看，又不能仅限于这样孤立的了解。须强调几点：

第一，应当把此译本同作者的另一译本《物观经济学史》结合起来一并考察，才算对作者所构造的近代经济学史，有真正完整的了解。根据作者的构想，认识近代经济学史，比较其他流行的一般经济学史或资产阶级经济学史，根本差别在于治史的指导理念不同，由此对历史上出现过的各种经济学说及其发展变化，划分不同的历史阶段和作出不同的历史评价。《物观经济学史》译本，顾名思义，用唯物史观来考察经济学史，可以说率先将马克思主义的研究理论与方法，比较系统地引入经济学说史领域。其重点，引经据典，充分论证唯物史观的原理，据此将经济学史分为五个时期，然后运用这个原理，着重分析前两个时期的代表性经济学说，即法国重农学派经济学和英国古典经济学，同时提示后三个时期的经济学发展特征。《社会主义经济学史》译本，继续贯彻和运用唯物史观的原理与方法，同时顾名思义，将考察的重点从资产阶级经济学转移到社会主义经济学上来。其转移方式，先回顾前两个时期的经济学内容和特点，说明资产阶级经济学的启明与成熟；继而补充第三个时期的经济学，资产阶级经济学转变成为现行制度辩护的学说，如庸俗经济学连同历史学派与奥地利学派等；然后进入社会主义经济学的考察。须注意，这里所说的社会主义经济学，并不是指资产阶级经济学消灭后继之而起的经济学，是指与资产阶级经济学同时并存的经济学，所以在历史分期上，又区别为资本主义前期的社会主义经济学与资本主义后期的社会主义经济学两个发展阶段。与此对应，分别是第四个时期社会主义经济学从空想到科学的发展，以及第五个时期从资本主义的最后阶段即帝国主义阶段转化到社会主义或共产主义的转型期或过渡期经济学。换言之，这两个译本，以马克思主义为指导思想考察经济学史，也采取全新的体系与结构。仅就这一尝试而言，两个译本经历了从初出茅庐到相对成熟的探索，毕竟在马克思主义经济学传入中国的潮流中，留下了耀眼的标识。

第二，此译本对马克思经济学说的认识，贯穿于社会主义经济学发展的历史长河，有了一个新的升华。《物观经济学史》译本突出马克思主义，侧重于唯物史观的基本原理，以及运用这一原理于经济学说史研究的方法论要旨，对马克思经济学说本身，反倒着墨不多，或者说，为后来按照唯物史观原理所安排的新的经济学史研究架构中评介马克思经济学说，做重要的理论铺垫。延续铺垫后的评介研究，便是《社会主义经济学史》译本。此译本评介马克思经济学说，单从内容看，相比其他著作的评介，似乎大同小异。若放在新的研究架构里，则为这个评介，增添了新的意蕴。首先，评介马克思经济学说以前的经济学，包括资产阶级经济学和具有空想性质的社会主义经济学，不是只评介这些经济学本身，而是与马克思经济学说的创立联系起来，也就是说，当作马克思经济学说的起源因素加以评介。这个评介，不论先期的资产阶级经济学或社会主义经济学，除了以往习闻的那些因素，如古典经济学和空想社会主义成为马克思学说的思想来源之外，又发掘一些新的因素，或者为马克思所称道，或者受到马克思的批判，或者经过辨析而澄清与马克思学说之间的差异等，这些都为进一步认识马克思经济学说的起源，补充了新鲜的材料。其次，评介马克思经济学说，集中于唯物史观和剩余价值两大理论要点，不仅比起《物观经济学史》译本只注重于唯物史观，使得马克思的主要经济理论贡献能够完整地呈现出来，还凸显在经济学史上，奠立了社会主义经济学从空想到科学的理论基础。单独以这两大理论要点而论，或以马克思学说标志着社会主义从空想到科学的发展而论，以往有关马克思学说的介绍中，屡见不鲜。但是，站在经济学史的角度连贯起来看，强调马克思在批判地继承资产阶级古典经济学和空想社会主义经济学的基础上，创立社会主义经济学的科学体系（用此译本的话说，意味着经济学体系的完成），以后的任务，将是在马克思主义经济学的理论体系内继续发展并使之付诸实行，则是一个与传统经济学史著述都不同的全新见解。最后，将马克思之后社会主义经济学的发展，主要归结为马克思主义经济学的发展，这又是此译本比较其他经济学著作或社会主义著作有所不同的一大特点。关于这个发展的取向，译本提到有两个潮流，一个潮流是修改、曲解或以机会主义方式来诠释马克思主义经济学，另一个潮流是在马克思主义经济学的基础上继续向前发展。不少著述也都提到这两个潮流，不过一般以前一个潮流来否定后一个潮流，也就是质疑或否定马克思主义经济学。此译本则不然，将重点放在马克思主义经济学在新形势下得到持续发展并被用来指导实际革命运动的强劲生命力上。这样看来，全书结构的核心，等于在阐述马克思主义经济学的来源即从哪里来，马克思主义经济学是什么，以及马克思主义经济学如何继续发展即向哪里去，从而形成一个完整的系列。不管这个阐述的水准有什么不足，它给予马克思主义经济学在社会主义经济学史乃至一般经济学史中的显著地位，在我们考察的既有经济学史著作里，还是头一回看到。

第三，此译本的最大特色，在马克思主义经济学之后，明确提出其继承者列宁主义经济学的概念。这主要见于后期资本主义与社会主义经济学说的发展一篇，也就是说，在全书三篇中，占了1/3的篇幅。关于列宁及其学说的消息与评介著述，自1917年十月革命起，便如潮涌一般传入我国。以后随着苏俄政权的波澜起伏，有关列宁学说（含经济学说）的传播与原著的翻译或摘译，在我国舆论界更是日见兴盛。其中清晰地提出列宁学说与马克思学说之间的继承关系，并涉及列宁的许多理论观点、政策措施和原著代表作内容，但极少看见有关列宁主义的提法。很明显，这个提法从苏俄传入日本，现在又经此译本大张旗鼓的烘托，提升了它在国人中的知晓度。对此，译本中说到斯大林发表于1924年的《论列宁主义的基础》一书，便是明证。译本中又说到在列宁本人看来，没有列宁主义，只有马克思主义，这也透露出列宁在世时，并不赞成这样的提法。然而，斯大林将这个提法定于一尊后，此译本的作者显然接受这个称呼，并在其著作里全力为之溯源、论证和阐发。所有这些内容，可以说都是译本特色的构成部分。其基本思路，先将马克思经济学说在所谓后期资本主义的发展，划分为德国与俄国两个系统，然后分别论述两个系统内马克思经济学说的发展线索，二者既不相同，又互为联系：在德国系统内，其线索分为马克思学说的修正派、正统派与左翼，前二者持曲解或机会主义的态度，惟有左翼才真正在新形势下发展了马克思学说；左翼的发展以卢森堡的《资本积累论》和希法亭的《金融资本》为代表，事实上阐释了何谓后期资本主义的问题，突出金融资本支配的特征，开拓了根据马克思学说来研究帝国主义阶段的新路径，但仍存在理论上的缺陷，故称之为从马克思主义到列宁主义的过渡理论。在俄国系统内，其线索另分为俄国固有的社会主义与输入俄国的马克思主义两条路径，获得成功的是后一条路径，其理论代表，或称布尔什维主义，或称共产主义，其实就是列宁主义；列宁主义的基础，其典范是两部代表作，《帝国主义是资本主义的最高阶段》和《国家与革命》，标志着帝国主义和无产阶级革命时代的马克思主义；前一部著作，吸收并发展德国左翼的研究成果，分析进入垄断资本主义阶段的帝国主义的本质特征、经济规律及演变趋势，如同《资本论》的续篇；后一部著作，系统阐述马克思主义的国家学说，特别是无产阶级专政理论，批判第二国际的机会主义国家观，为全世界无产阶级夺取和巩固政权提供指导；附带论及布哈林的代表作，保持与列宁主义的同一方向，论证从资本主义到社会主义或共产主义的过渡期或转型期的经济学，包括对社会主义建设的初步探索等。以上论述，将列宁主义与马克思主义紧密联系在一起，也为后来国内并称马克思列宁主义，开了先河。从这些内涵不难看出，马克思列宁主义的称谓传到中国后，实际上对中国影响更大的是列宁主义，尤为突出的是列宁关于无产阶级革命、无产阶级专政和暴力革命等学说，甚少看到有关民主法制和经济建设的学说。就此译本的作者而言，大概认为实现向社会主义的过渡或转型之后，经济学也就终结了，马克思主义从理论上宣告了这种终结，列宁主义则从理论与实践的结合上完成了这种终结，既然经济学史走到终点，社会主义经济学也就没有延续的必要。这种经济学及经济学史终结论，虽不必创自译本的作者，却被这位作者拿过来大加渲染，似乎他的这本《社会主义经济学史》，已经宣布了经济学或经济学史的最后一幕。这样的观点，现在看来，未免过甚其词。

### 三、其他经济学说史译本

这里列举两个译本，均不及前面住谷悦治著作的两个译本那么值得推重，放在一起予以介绍。

#### （一）《经济学史》译本

小川市太郎著，李祚辉译述，上海太平洋书店 1929 年 7 月初版。著者、译者均不详，翻译此书的旨意，可见译者同年 6 月 26 日的序：

"自马克斯倡唯物史观之说，谓人类物质生活为社会进化之原动力。此说流入中国，于是经济学研究之必要，乃为一般所认识。然而十余年来，思想庞杂，学说纷歧，工潮学潮，相继迭兴，莫可遏抑，社会各方面均呈觑觎不安之象。考其实际，则皆袭取欧西名家之学说，断章取义，以为标帜而资号召，至其学说思想之内容若何，背景若何，影响于过去及将来者若何，大都未遑深究，一倡百和，随风披靡，以故学说自学说，事实自事实，若风马牛之不相关，殊不思经济学者，研究人类物质生活之学也。无论如何高远之主义，湛深之学理，要不能顺乎人类日常生活之事实，非可以冥思默考，空谈玄妙所能奏功，故欲明一种学说之真价，必究其学说思想之起源演进，与其当时实际生活之相互影响，其间转移蜕化，均自有途径，断未有一种通古今中外皆可适用之主义学说者"。不仅如此，大凡社会科学者，皆以人类为研究对象，而人类又为不完全的动物，故"研究人类之各种社会科学，亦皆为救弊补偏之学，初无绝对之价值"。所以，哲学上有唯心唯物之争，有一元多元之别，政治上的自由与专制，民治与独裁等，"类皆此起彼伏，如环无端，互相消长，所谓理想社会，所谓止于至善者，均可望不可即"。经济学何独不然，故欧洲古代奴隶社会，中世宗教社会，其思想学说各不相同，至近代重商、重农、个人主义、社会主义，亦皆随时随地而各异。甚至同一社会主义，派别分歧，各国均有其特殊面目。返观吾国今日，物质生活实况，自然环境，文化程度种种，皆自有吾国特殊情况，非异时异地所可强而同之。"故知一切主义学说，只有其相对的适宜与不适宜，初无绝对的美恶之标准"。如医病只问其药对症与否，不论其汤头歌诀之善不善。明白于此，"凡起死回生万应神效'仁丹式'的主义学说，固无丝毫之价值矣，此经济学史之研究所以为切要之图"。

去年秋天，友人在上海创办新民大学，让我担任经济学史教学。本人虽有心研究此学，但多年荒废，惧不胜任，固辞未获，一时苦无适当教材。坊间译著，有韩讷的《经济思想史》，基特与李斯特的《经济学史》，均系名著。但或篇幅太大，或断代为史，均不适于教学之用。因此取小川市太郎新近改稿的《经济学史》，随教随译，又利用寒假闲暇，费两月之功，将全书译出。排印完毕，仓卒催索序文，"因书近来感触所及，冠诸篇首，聊以代序"。①

由此可知，这个译本的选择，乃译者自 1927 年秋季起受聘在新创的上海新民大学任教期间，选用作为讲授经济学史课程的教材，边教边译，后译出全书付印。译者看起来像前面陈豹隐在《经济学大纲》译本的译者跋中所说的那样，也认为当时国内翻译出版欧美学者韩讷、季德与李斯特等人的经济思想史或经济学说史名著，不能适用于教学的需要，转而向日本学者寻找合适的著作。但陈豹隐选择《经济学大纲》，其著者河上肇公开承认马克思掌握了真理，所以他的著作完全仿照《资本论》；而此译者在其序言里发表的感触，带有强烈的实用主义色彩，不认为哪种思想学说能够具有真理性，一切都随时随地而各异，不可能异时异地而趋同。按照他的说法，马克思的唯物史观，强调人类物质生活是社会进化的原动力，这个学说流入中国后，国人一般都认为有必要研究经济学；可是大约自苏俄革命以来 10 余年间，各种思想学说的庞杂分歧和工潮学潮继起的不可遏抑，造成社会各方面的动荡不安现象；原因在于断章取义地袭取西方学说以为标榜和号召，不深究其学说的内容、背景与影响，将学说与事实分离开来。这个说法，显然对国内兴起工人和学生相结合的革命运动，颇有微词，又从唯物史观中引出任何高远湛深的主义学理都离不开人类日常生活事实的理由，冠冕堂皇地否定存在通古今中外的主义学说，或称不存在起死回生如万能灵丹的主义学说，一切社会科学都没有绝对的价值和善恶价值，只有相对的适宜与否，总之不相信任一主义学说的真理性。既然这样，译者选择这本《经济学史》讲述各学说的思想起源演进，与当时实际生活的

① 小川市太郎著，李祚辉译述《经济学史》，太平洋书店 1929 年版，"经济学史序"。

相互关系，以及转移蜕变的途径，要突出的也是这种相对性，尤其对物质状况、自然环境和文化程度等各方面皆有特殊国情的我国来说，更是如此，包括选择个人主义还是社会主义，同样不可强求，只能相对而论。

译本 300 多页，除绪论外，共 4 章。第 1 章古代，含希腊、罗马 2 节；第 2 章中世；第 3 章近世，含重商主义以前的经济说、重商主义、非重商主义 3 节。这 3 章总计 50 页出头，其余 250 多页都属于第 4 章"最近代"，含重农学派、正统学派、非正统学派、社会主义、历史派、奥地利学派、现代经济学的进步 7 节。单从结构安排看，不甚合理，畸轻畸重。前三章与第 4 章的篇幅差异极大，第 4 章同样如此，正统学派一节 90 多页，奥地利学派一节仅数页，可见分章分节比较随意，未作慎重考量。据此虽不能遽然判定全书的质量，却难称上乘之作，或如译者所说，不过"新近改稿之经济学史"而已。

书中社会主义一节，69 页篇幅，仅次于正统学派一节，又分总说、法国社会主义、英国社会主义、德国社会主义、社会运动及社会主义派别 5 款。兹举几例，以见有关马克思经济学说的评介。

总说论及社会主义的变迁，称"初期之社会主义，尚不过一种人道主义，而且温和的纯粹的理想并未有科学之根据"；后来流入德国，"经马克斯等之解说，遂一变而为科学的、政治的、且为革命的社会主义，于学问上社会上发生重大之影响"；另外有德国的社会民主党，俄国的布尔什维克党（即过激党亦曰多数派）以及工团主义等的发生，"遂引起现代全世界之大动摇，迄今犹方兴而未艾"。论及社会主义的真髓，"绝非可以纳入一定明确狭义之范畴而规律之"，但有"共通之要素"，"益足以刺激其神经，使之激昂而兴奋，遂不惜破坏现代私有财产制度，而增加革命之热情，加以志士仁人，与夫牢骚抑郁不逞之徒，对于无产阶级，鼓吹破坏，指示其方略，激发其情感，明此数者，则现代社会主义之精神与真髓思过半矣"。论及空想的社会主义与科学的社会主义，马克思恩格斯（原译"殷格尔斯"）以来，德国社会主义称之为科学的社会主义，初期英法社会主义，遂呼之为空想的社会主义，"其名称之当否，姑置勿论"。[①] 这些评介，叙述历史事实，明显带有自己的偏向。如谓：社会主义的真髓在于破坏现代私有财产制度，这是无产阶级受到现实生活状况刺激而被鼓吹的结果，鼓吹者包括那些牢骚抑郁，心怀不满而闹事

---

① 小川市太郎著，李祚辉译述《经济学史》，太平洋书店 1929 年版，第 200—202 页。

捣乱的人；社会主义分为空想与科学二者，存在名称当否的问题；等等。

德国社会主义一款，论及19世纪后半期，社会主义复兴于德意志，开始从事于科学研究，深刻解剖现代产业制度，断定历史进化过程的"当然之归结，必实现劳动者之国家，与劳动者支配之世界"；至此"社会主义乃面目一新，表现科学的态度与革命的精神"；"主动鼓吹之领袖"，以洛贝尔图斯（原译"罗德贝尔"）、马克思、恩格斯、拉萨尔（原译"拉沙尔"）四人为最著，其中恩格斯专门援助马克思，"努力于社会主义之宣传"。① 这个评介，如同大多数流行的经济学说史著作，突出洛氏在科学社会主义历史中排序第一的位置。

介绍马克思，近20页，在全书所有代表人物的单独介绍中，篇幅最多。首先介绍简历：马克思作为"科学的革命的社会主义之首唱者，而为近代文明诸国劳动者所目为救世主"，其早年，家庭具有国际色彩，能熟悉德、英、法三国语言而在思想上无国界偏见。后因攻击政府，先亡命巴黎，继则被逐至布鲁塞尔，在那里撰写发表《共产党宣言》，此即"十九世纪最高历史哲学之智识，与最高社会生活之知识，加以全副武装之革命的社会主义之宣言，其气焰之高涨，感情之热烈，实与当时人心以最强之刺激，最大之冲动者"。宣言的要点，"其激昂愤慨之情，直使人望而生畏"。宣言原不过一个党派的政纲，"徒以其根本原理，包含历史哲学之大理论，故于世界之文献中，成为精辟无伦之大杰作。虽其中亦不免误谬之处与未熟之思想，然以二十左右之少壮青年，成此大文，实足令人惊叹不置，且其思想之透辟，眼光之锐敏，其为后世学者之击节叹赏，良非无因"；宣言"关于一切说明均极为简单，而范围又至为广泛，乃能使后世读者，虽积多年之研究，然每一展读，必能发现新理"，乃至马克思恩格斯二人后来多年的著述，"皆不外此青年时代杰作之铺陈演绎而已"。定居伦敦后，生活困苦曾达于极点，但以"救世之志，穷且益坚"，在艰难惨淡的生活中坚忍奋斗，"遂成千古不磨之大典"，即"今日所目为社会主义经典"的《资本论》。马克思被推为"万国劳动同盟会"的首领，以"劲健奇拔之笔"起草该会宣言书，"大有披靡一世之概"。去世后，各国劳动者莫不同声悼惜，追悼会开遍欧美，"其感化力之伟大，可以推见一般"。② 以上介绍马克思的生平事迹，大多已见于其时国内的相关著作。突出的一点，对于马克思的思想理论，可以质疑，如存在谬误或早期思想存在不成熟之处等，但对于马克思的革

① 小川市太郎著，李祚辉译述《经济学史》，太平洋书店1929年版，第229页。
② 小川市太郎著，李祚辉译述《经济学史》，太平洋书店1929年版，第235—241页。

命热情、思想透辟、眼光敏锐、奋斗精神，特别是其经典著作的巨大影响力和领导工人运动在世界劳动者阶级中的伟大感化力，则称颂不已。这是尊重客观事实，也是世界历史上不得不接受的共识。

其次介绍学术上的影响：马克思为社会主义"大放光明"的影响，最主要的是"物质进化的历史论"即唯物史观和剩余价值理论。他在哲学上的根本思想，也是他与其师黑格尔的根本差异，"一切社会之制度文物，皆非人类理性之能力所造成，而随人类生活根底上所伏在之物质条件之进化而变迁演进"。其要旨包括：唯物史观方面，人类生活不是取决于意识，相反，人类意识取决于人类的社会生活。社会革命方面，社会的生产力与"生产状态"日益背离，达到极点遂发生社会革命；革命最显著的征候是被压迫阶级夺取政权，从旧的生产状态中解放社会生产力，为政治的精神的社会秩序建立新的物质基础。阶级斗争说方面，与唯物史观相关联而"能巧妙说明之者"；接着未注明出处，引用马克思关于阶级斗争学说的一大段话，最后说，无产者阶级"实行推翻资本主义而以共产主义代替之"，共产主义与资本主义转换的途径，"舍无产阶级革命的独裁主权外，别无其他之方法"，故无产阶级革命的独裁专政，"实为今后唯一无二之必然进路，无可避免者"。剩余价值说方面，这是"其经济学说中最重要之原理"；接着同样未注明出处，引用更长一段话来说明马克思剩余价值说的要旨。然后评论：关于劳力价值说，在马克思之前已有系统的说明；关于剩余价值说，欧文（原译"沃温"）之流曾应用于社会主义，普选运动家们也早就说过，蒲鲁东和洛贝尔图斯二人说得更加明确，"惟马克思独能以系统的说明方法，而参以历史的材料，使剩余价值之学说，于学术上确立坚固不拔之基础，而建设完全科学的社会主义，其贡献于经济学之伟绩，远非普通学者所能企及者"；尤其卓越的是，前人说现代资本专制制度本身，潜伏有自灭自坏的种子，"马氏能看透此点，明白说破，故其结论，亦与以前之学者迥乎不同，而超出一般社会主义者之上"。随即引用马克思一段话①，依然未注明出处。②

① 这段话的今译文，即《资本论》第一卷第24章末关于"资本主义私有制的丧钟就要敲响了"那一段著名论述。为了比较原译文与今译文的差异，不妨将原译文照录于此："劳动者之数目次第增加，彼等身受训练，团结自觉，以统一之行动，为自卫之手段，于是劳动者之革命以次起。同时因资本之独占，对于现代发展进化之生产组织，渐成桎梏。盖生产手段之集中，与劳动之社会化，发生不调和，于是资本主义之皮壳，忽尔破碎。私有财产制度之社会组织，遂于焉告终"。见小川市太郎著，李祚辉译述《经济学史》，太平洋书店1929年版，第252页。
② 以上引文除另注外，见小川市太郎著，李祚辉译述《经济学史》，太平洋书店1929年版，第241—252页。

以上介绍马克思的理论学说，其内容业已熟悉，惟译名和表述形式有较多差异，如将生产关系译为"生产状态"，将产业后备军译为"浮浪军"等，故重点摘录介绍者带有评论性的若干意见。这些意见，同样一面如实讲述马克思学说的理论要旨，特别是所谓学术上的重大影响；一面给马克思学说塞进一些若有若无或似是而非的东西，如恭维其学术成就的同时试图局限在学术讨论的范围，劳动价值论似乎只是拿来前人的现成理论，剩余价值论同样在实践上和理论上均有人提出在先，包括超出一般社会主义者而看透和说破资本制度内部孕育着导致自身灭亡的种子因素，好像也只是就它"自灭自坏"的自然趋势而言，无须人为的外力作用等。

最后介绍对马克思的批评：马克思的剩余价值理论与唯物主义历史论问世后，"世论嚣然"。有的称"其根本思想不正确"；有的称"其立论前提不正确，故其结论亦不正确"；有的称"其断案讹误，引用之统计亦多杜撰"；有的称"其文辞暧昧，含义不明了"。于是，马氏学说，"誉之者满天下，毁之者亦满天下"；其"空前杰作"《资本论》，"遂成为世界学者议论之焦点"。平心论之，马克思的价值论、唯物史观诸说，固已散见于前人著述，"并非马氏独创之见解"；"惟此散见之诸说，统一而整齐之，以成为系统一贯之学说者，则马氏一人之力"。虽然《资本论》引用的统计与历史事实，"不免有粗疏不明了之处"，但"于全书之价值，初无重大之影响"；其论剩余价值、劳动价值，"条理明晰，议论透宗，能将现代劳动者生产效果，多于所获得劳银之实况，加以巧妙之说明，使读者一见而知劳银与剩余生产之关系，其议论之精辟，诚有令人惊叹者"；其他关于资本增加的理法，资本移动的说明，"婉转舒曲，复杂错综，有使读者目迷五色，如坠五里雾中之慨，此则由于谕旨之深远微奥，并非论法讹误，与夫文章拙劣之故"。"要之，马克思对于经济学上伟大之功绩，并非有新学说新思想之发明，而在于确定社会主义之基础。换言之，即指示社会运动之目的，在于生产资料之社会化，而实行之手段，唯有阶级斗争之一法。马氏根据此点，而以现代最高之历史哲学说明之，使从来暧昧模棱，无所依归之社会主义，开辟新道，而放绝大之说明。后来之学者，关于生产的要素，影响于历史之进化，以及物质生活之势力，影响于社会制度社会组织之形成，未有能深切著明，如马克思氏描写尽致者也。故马克思之学说，其根本原理，在经济学上，实有其重要之地位，未可以枝枝节节之小疵而诟病其全体之精神者"。①

---

以上批评意见，经过完整的引录，看起来不仅颇为客观，好像还站在维护马克思学说的立场上。其实，这个表面现象下，隐含的真实意图，要把对马克思学说的解释，引导到不同于后来马克思主义的继承者和发展者的另一个方向。比如，在学术上，确认马克思学说的价值论和唯物史观等理论，不是马克思的独创见解，他的功绩是把前人的零散观点加以系统化和条理化而形成统一的学说；又确认马克思学说存在着统计资料和历史事实方面粗疏而不明了的瑕疵，但无碍于阐发根本原理、整体精神和具有经济学上的重要价值与地位。对于劳动价值论和剩余价值论，资本积累规律和资本循环法则等理论，同样认为不是马克思发明的新学说新思想，其特点在于说明的透彻与巧妙，以及一面因其议论精辟而让读者惊叹，一面又因其复杂和深奥而令人读者迷茫如坠五里雾中。这些评论，贬中有褒，褒中有贬，真真假假，虚虚实实，似乎摸不着边际。特别是说，马克思在经济学上的伟大功绩，在于确定了社会主义的基础，只能通过阶级斗争的实行手段来达到生产资料社会化的社会运动目的，给人的印象是改变了前面暗示资本制度自然趋于灭亡的解释，强调阶级斗争的人为作用。实则不然，随即指出后来的学者未能深切了解马克思关于生产要素影响历史进化，物质生活力量影响社会组织与制度形成的"现代最高之历史哲学"的道理，其意思就是要纠正后人对马克思阶级斗争学说的认识。这一点，在接下来的第5款"社会运动及社会主义之派别"里，讲述得更加清楚。

例如，论及现代文明国的社会运动，德国社会党的主张"虽与马克思不同之点甚多，然大体上固仍不离马克思之宗旨"，而世界各先进国家大多开展有组织的社会运动，所论均系议会选举状况。论及俄国布尔什维克，"各国之社会运动中，最称狂暴而激烈者"，亦称过激派；1917年推翻现政府而造成今日所谓苏维埃制度，苏维埃政府在形式上是一种联合的代议政体，实际政权掌握在17名代表手中；其主张起初根据"极端之急激派"的党纲，土地资本完全国有，一切货物的生产分配均移归政府管理，但数年实地试验的结果，不可能实现此种政纲，"遂不得不渐次改良，采取调和的态度"；1921年发表新经济政策，"明明与社会主义之原则相去甚远"，"不外放弃从来之共产主义，而实行采行国家资本主义"，最堪注意者，苏维埃政府的事业全由政府官吏管理经营，劳动者或劳动者组合不得干预过问；"要之，社会主义之在俄国，经此次大胆试验之结果，直可谓完全失败以终，此则无容疑之事实"。论及社会主义与共产主义，原来共产主义一语，系马克思区别于欧文等空想的社会主义而用来作为自己学说的名称，然而历时日久，今日一般所用共产主义的含义，正与之相反，其极端者与无政府主义接近，主张"用暴力以破坏现存之社会组织"。①

可见，说到马克思以后的社会运动与社会主义派别，着力批判的是俄国布尔什维克，批判的实质又在于宣布无产阶级专政之狂暴激烈，以及社会主义实践的完全失败。至于说其他欧美先进国家的社会运动，尤以大体保留马克思的宗旨又有许多不同点的德国社会党为代表，其发展与否的衡量标准，均以获得议会选举票数的多少，也就是以合法、和平与渐进发展的收获为转移。另外还特意把马克思所说的共产主义，同后来用暴力破坏现存社会组织的共产主义区别开来，更接近于今日一般仍允许存在个人私有财产的社会主义。后面的论述，同样证明俄国布尔什维克并非继承和发展了马克思学说，反而违反了马克思学说的宗旨，因为根据译本对唯物史观的解读，社会主义的实现是资本制度内在的经济因素自然而然发展的结果，所谓使生产资料社会化的唯一阶级斗争手段，也是这种发展的自然产物，无须任何造成社会不安或动摇的暴力、极端或激进的革命方式。可以说，译本不惜篇幅来评介马克思经济学说，正是为了达到这样的解说效果。这种效果到了译者的手里，又变成从唯物史观的释义里，居然引出任何思想学说都不存在真理性，只有随时随地而宜的相对适用性的结论。由此也能体会这个《经济学史》译本，一面坚持把马克思经济学说的功绩严格限于学术领域，一面又引导把马克思经济学说与苏俄革命实践严格剥离开来的真正用意。

### （二）《以社会问题为中心的经济思想史的展开》译本

简称《经济思想史的展开》，日本北泽新次郎著，温盛光译，上海启智书局1929年8月初版。著者和译者，前面均已考察过他们的作品，如北泽所著《劳动问题》《经济史概论》《劳动经济论》，温盛光所译《马克思主义经济学》等，另有盛译《资本主义合理化的各种问题》待后面考察。此译本作为二人相互交集的新作品，体现了二人思想倾向的汇合点。译本280页，分希腊的经济思想，圣法学的经济思想，个人主义的经济思想，空想的经济思想，无政府主义，科学的社会主义与马克思，工团主义，基尔特社会主义8章，每章末尾附有参考书目。在此关注书中有关马克思经济学说，特别是第6章有关科学社会主义的论述。

如论及空想的经济思想，概说如下：基于产业革命而发达的近世资本主义经济

---

① 小川市太郎著，李祚辉译述《经济学史》，太平洋书店1929年版，第258—262页。

组织，因为急激的进展而诱致许多社会恶害，构成社会大多数无产民众只能沉沦在困惫不安和贫穷之中。因此出现一种思想，反抗以个人的自由放任行动和私有财产制度为前提的个人主义经济思想。最初出现的便是所谓空想的社会主义思想。后来，"把社会主义思想放在科学的基础上而集社会主义经济之大成的是马克思的社会主义思想的理论，那便是普通叫做科学的社会主义思想"。空想的社会主义究竟是什么样的东西？恩格斯在《空想的及科学的社会主义》中曾说，"空想的社会主义所同有的一件事，便是这些思想家们不是为了代表无产阶级的利益而奋起，即是不过为了要求解放某特殊的阶级，而是想一下子解放全人类"。空想的社会主义者们的共同缺陷，他们努力破坏存在许多弊害的社会组织，创造新社会秩序的时候，"太过重视人类的完全性"。他们以人类的性善说为基础，认为神是善的，由善的神所创造的人类和世界也应该是善的。现在社会充满了痛苦和冲突，那是因为人们误解了神的意志，依存于错误的制度和组织。因此，第一步是发挥人的本性，发掘一向埋没了的真理，废止不自然的制度和组织，建设基于自然法则的合理的社会，亦即人类获得最大的幸福与成功的最善的社会。究明这种真理，一切非根据理性不可。由于极端尊重理性，空想的社会主义又可以叫做"理性的经济思想"。① 这里对空想社会主义的产生背景，思想特征，包括代表人物，以及对社会主义从空想到科学的发展演变的评述，基本上依据马克思、恩格斯的观点，这也是前面考察过的社会主义经济学或马克思主义经济学著作里经常看到的标准化评述。著者讨论经济思想史，标明以社会问题为中心来展开，看来同样接受了这种评述模式。

又如论及基督教社会主义，指出：这是想把基督教的教旨和经济生活调和的社会思想，它的主张根据基督的同胞主义，以此为其骨干。"基督教社会主义反对马克思的唯物史观的社会观，而以精神的改善为第一义，那便是它的特征"。它否定私有财产和自由竞争，主张共产社会，其动机和唯一手段完全基于救助人们的灵魂。不过，基督教的社会主义为了正义和同胞，攻击资本主义经济组织内必然产生的拜金思想的祸害，"和别个社会主义一样"。② 这是从社会观、动机和手段上，划分基督教社会主义的精神改善或灵魂救助为第一义，与马克思的唯物史观的区别，同时又说它反对由现行经济组织所必然产生的拜金思想祸害的目标，与其他社会主义（当然包括马克思主义）一致。可以注意到，一些把科学社会主义或马克思主

---

① 北泽新次郎著，温盛光译《经济思想史的展开》，上海启智书局 1929 年版，第 81—83 页。
② 北泽新次郎著，温盛光译《经济思想史的展开》，上海启智书局 1929 年版，第 111—112 页。

义与其他形形色色的社会主义或非马克思主义相混淆的论调，往往就说二者的目标一致，只是方法或手段不同而已。

再如论及无政府主义的理论体系，认为蒲鲁东的《财产是什么》一书，"是破天荒的划新纪元的东西"，所以他的思想的影响也很不少。最显著的影响是对私有财产的根本批评，纵使他的主张在理论上有什么矛盾和谬误，他对私有财产制度的深刻批评及其在社会生活运用上有显著毒害的科学证明，其努力和贡献"是不能抹煞的"。"他的财产论是社会主义思想史上重要的东西并不是没有理由的。他的经济思想不独创设了法国无政府主义的思想，他的财产论，在本质上而且差不多是后来马克思资本论的先驱"。他虽然攻击傅立叶、圣西门的空想的思想，可是在自己的思想中，"关于马克思的阶级斗争的观念并没有明确的见解"。这样看来，他的思想，"并没有完全脱去空想的社会主义的气味"。① 这样来评价蒲鲁东思想与马克思学说之间的关系，竟认为蒲鲁东所著《什么是财产?》是马克思《资本论》的先驱，惟因蒲氏没有马克思那么明确的阶级斗争见解，所以仍未完全摆脱空想社会主义的味道。如此说法，不免令人怀疑著者对马克思经济学说的理解能力。

更重要是看译本对马克思的科学社会主义的评述，分3节。第1节概说：

如果说亚当·斯密是个人主义经济思想的建设者，"马克思便是社会主义经济思想的创设者"；如果说斯密的《原富》是资本主义经济学的宝典，"马克思的《资本论》便可以说社会主义经济学的圣经"。马克思以前，不是没有提倡力说社会主义思想的有组织理论，不过，"使社会主义成为像现在这样在社会上和经济上占这样大的势力的却是马克思，他实在是近代社会主义思想的鼻祖"。他的特质，"不像从来的社会主义思想一样空想的，而是科学，不是空论的，而是历史的"。他以"广博的智识和明晰的头脑"，一方面采用黑格尔的辩证法和根据费尔巴哈（原译"荷尔巴兹华"）的唯物论，他方面以阶级斗争正很激烈的英国资本主义的经济组织为社会背景，积20年的思索精励而集大成的世界观，即是科学的社会主义。有人评价说："马克思找出以社会主义为信条或为永久适应的独断的确定的理论，使那理论成为由私有财产社会到共产社会的变化中所生的势力。从前无产阶级和社会主义是互相分离的。马克思把他们的肉体和精神的都综合起来，他把精神注入无产阶级中"。马克思的经济思想便是普通所谓科学的社会主义，和前述傅立

---

① 北泽新次郎著，温盛光译《经济思想史的展开》，上海启智书局1929年版，第127—128页。

叶、欧文、圣西门等主张的空想的社会主义相对称。空想的社会主义所提倡的目标是在脑袋里详细缜密地构思出来的理想的未知国家典型，"马克思的社会主义没有波及一点关于未来的理想化或空想化的事，他只冷静站在科学的基础上建设他的理论"。因此他的社会主义叫做科学的社会主义。关于科学，有人说，科学是本质所必要的东西：一是关于事实的智识，二是关于事实的各种关系的智识，三是对于不断展开的智识的研究。科学完全站在事实上，换言之，站在现在和过去的事实上论断一切事物，所以不能不排斥一切空想家对于未来的见解。从这点看来，把马克思的主义叫做科学的社会主义，"那是很适当的"。[①]

这个概说，先比较马克思及其代表作《资本论》在社会主义经济学中的地位和影响，如同亚当·斯密及其代表作《国富论》在个人主义经济学中的地位和影响，接着比较科学社会主义同空想社会主义的差别，一个建立在唯物史观、唯物辩证法和阶级斗争学说的科学基础上，一个立足于周详构思未来理想国家的空论想象。这些比较，都是阐释科学社会主义的论著具有共识的内容。然而译本不满足于此，又引用一大堆标新立异的解说，说什么马克思把社会主义当作"永久适应的独断的确定的理论"或信条，科学社会主义的所谓科学指关于事实的智识及其不断展开的研究等，不仅画蛇添足，而且徒生纷扰。

第 2 节唯物史观：

"要理解马克思的经济思想，第一先要晓得他的唯物史观"。有人说，在近代，没有什么历史哲学上的学说比唯物史观诱致更多批评的文字，也没有什么学说像它那样招来那么大的误解。唯物史观不是马克思创设的，在他以前便有许多人说过了，可是，"努力应用那种唯物论来解释人类发达的历史的却是马克思的贡献"。马克思的唯物史观是他在 1859 年出版的《经济学批判》序文中说的。他说："人类生活于他们的社会生产中必然构成离他们的意志而独立的关系，即是，构成适应那物质的生产力的一定发达阶段的生产关系。……（中略）新的更高度的生产关系，如非它的物质的存在条件在旧社会的胎内充分圆熟以后决不为产生"。要之，马克思以为人类社会的根本基础是经济制度，一切政治、法律、哲学、艺术和精神的现象都是经济现象的上层反映，"人类的一切历史都要由经济制度的观察去解释"。"这种唯物史观是基于人类生活的开展的现实的理论而不是脑里虚构的议

---

① 北泽新次郎著，温盛光译《经济思想史的展开》，上海启智书局 1929 年版，第 137—139 页。

论"。有人说，唯物史观重要的是两点："可以由社会主义之理论的意识发生出来"；"可以用它自身的原则明证使它自身的起源成熟的最大证据"。"虽然有许多论难和攻击，可是，马克思的唯物史观，仍然是人类生活之发达的理论的有效的解释"。马克思以唯物史观解释人类的经济发展的理论，确立社会变革不可避免或成为必然现象的阶级斗争说。"阶级斗争说并不是马克思故意创设的，他不过是把理论的解释加上已存在于历史的事实上去"。《共产党宣言》开头便说，"一切过去的历史都是阶级争斗的历史"。马克思所谓阶级，是经济上的利害相冲突的阶级的意味。这种阶级的对立，在历史上各时代有各种特殊的经济条件，所以阶级斗争也有种种不同的特性。关于现在资本主义经济组织下的斗争，马克思在《共产党宣言》中这样说："在封建社会的残骸中孕生的现代资本主义社会并没有除去阶级斗争。……（中略）社会上越发一般地分裂为直接互相对立反抗的两大营垒，两大阶级——资产阶级和无产阶级。"他说，"这二大营垒间的争斗日益激烈，资产阶级乃至崩溃，而无产阶级之社会主义社会组织乃成立，开始描写那人类真正的历史的第一页"。关于阶级争斗和现代经济社会的关系，有人得出如下结论：过去人类以阶级斗争作为实现改革社会秩序的手段，新兴阶级反抗旧时的支配阶级，以致驱逐他们而建设新的阶级秩序，现在也会发生完全同样的事实，"劳动者的新兴阶级（无产阶级）反抗资产阶级的支配，以至驱逐他们，扑灭他们的势力"。①

　　本节说明唯物史观，如果说有什么特点，那便是引用马克思的原话，无论长短，后面都附有德语原文。所以本来就不长的介绍里，这种中德文的对照引用占据了不少篇幅。这些原文引用及其说明本身，没有什么特色，以往的有关解说，反复见过。此译本的著者也是循规蹈矩，以引用原文为主，然后稍作简要说明，自己未曾提出任何新的见解。但著者看来不甘寂寞，既为了显示博学，也想别出心裁，于是在叙述过程中，不断插入其他人的意见或结论。这些意见，有些只是重述已有的说明，故未予转录；有些令人起疑，如谓唯物史观不是马克思创立的，只不过将前人说过的唯物论观点用于解释人类的历史发展，这是把传统的唯物论与唯物史观等量齐观，并未理解唯物史观的真意；有些语意不明，如谓阶级斗争说不是马克思"故意"创设的，是对已有历史事实的理论解释，似乎说马克思创设了阶级斗争学说，但这种创设不是故意的；有些则不知所云，如谓唯物史观发生于社会主义的理

①　北泽新次郎著，温盛光译《经济思想史的展开》，上海启智书局1929年版，第140—149页。

论意识，姑且可解其意，但什么是唯物史观的自身原则和自身起源成熟，又怎样以前者作为后者的最大证据，让人摸不着头脑。当然，最后一点也可能有翻译不通的因素。但总的说来，著者解说唯物史观，恰当的部分都曾见诸前人的解释，而试图引入别人的新颖解释，却往往成为引起混乱的出处。

第3节剩余价值说：

马克思的剩余价值说，"说明现时资本主义经济组织中资本家营利生产的本质和剩余价值与劳动力的关系"，以他的价值论为根据。马克思的价值论和亚当·斯密、李嘉图同样，是劳动价值说，"劳力不独是价值的尺度和原因，而且是价值的实体"。马克思以为财富是以其性质用某种方法去满足人们欲望的外界东西，含有使用价值和交换价值。决定交换价值的是生产财物时所费的劳动量，照马克思的话说，使用价值或财物"完全是因为抽象的人们的劳力体现在它们之中或是劳力物质化"，因此，财物的价值和劳动时间成正比例。如果财物的价值都由劳动时间去测定劳动量，便常会遭到"同一的时间的劳力便可以产生同一价值的财物"的疑问。对此，马克思说明："有人或许会很不明白地这样想：如果财物的价值是由生产那种财物所费的劳动量所决定的，那末，那怠惰的不熟练的劳动者所生产的财物的价值便很大了。……（中略）这里所谓社会必要的劳动时间应该看作以当社会中的平衡的生产条件和社会的平均熟练程度与强度的劳力生产一定的财物所必要的劳动时间的意味"。又说："因此，决定某财物的价值的大小的东西是生产那财物的社会必要的劳动量或社会必要的劳动时间"。① 马克思基于这样的价值说来说明剩余价值。"这种剩余价值说并不是马克思自身所创设"，而是根据他以前的许多学者的学说"演述"的。如李嘉图说劳力的价值和生产物的价值不是同一的，劳动者并不是收获生产物的全部价值，只得到他的工银，那是生产物的一部分价值。"马克思的剩余价值论和李嘉图这种议论的证据完全是同一的"。不同的地方是李嘉图认为这种社会现象，根据经济上的自然法则不得不如此，反之，马克思以为"这样的事是应该要求推翻资本家榨取劳动者的劳动的现代资本主义的经济组织，建设没有这种榨取的社会主义的经济组织"。换言之，李嘉图和马克思两人由"同一的出发点而会得到完全的相反的结论，那是因为两者的见解不同的缘故"。因此，亚当·斯密与个人主义经济学的价值论和马克思的价值论的出发点虽然好像相

① 其今译文见《资本论》第一卷，人民出版社2004年版，第52页。

同，但也有不少不同的地方。有人说得明白，古典经济学者的价值论，所谓企业家是指导生产，供给工具和劳动材料，使用工作必需物品以继续再生产过程，从而成为价值的唯一创造者的人，工银劳动者不过是生产手段。马克思的价值论恰恰相反，"以为把材料制造为品物，或把材料返还于生产的场所的劳动者是价值的唯一创造者"。总之，"马克思所谓剩余价值，是为了生产财物所费的价值和由那些价值所生产的生产物的价值的差额的意思"。具体地说，譬如劳动者一天做 5 小时劳动便能生产等于他所取得的工银的价值，可是雇主每天要劳动者做 10 小时的劳动，劳动者一天生产的价值的一半没有从雇主那里取得报偿，这部分便是剩余价值，雇主掠夺了本该归劳动者的东西。剩余价值的存在是现代资本主义生产的基础，资本家为了增加剩余价值，竭力延长劳动时间或提高劳动力的生产能率，"劳动者便成为养肥资本家的私腹的资料"。"在经济思想史上，马克思影响所及的地方实在非常伟大"。"他以科学的社会观炽烈地批评与攻击从来个人主义社会观的根底，洞穿自由放任的社会观的根本缺憾的中心。特别是他根据唯物史观明快地说明人类社会生活的发展，根据他的剩余价值论阐明现代资本主义经济组织的本质及趋势，对于生产和分配反对个人的见解，拥护社会的意见，和提高社会的正义的观念，在经济思想的展开上实在很非常伟大的贡献"。①

　　本节说明剩余价值，且不论在概念上屡屡把"劳动"混同为"劳力"（或许是翻译的问题），仍在继续前面的说明中那种自以为是的风格。一面把主要篇幅用于说明劳动（或劳力）价值论中的劳动（或劳力）含义，包括引用马克思的原话，当然还要附上德语原文；一面又断言剩余价值说也不是马克思创设的，乃"演述"前人如李嘉图的学说。其实这番说教，不过是将前人学说里的若干先行思想资料，莫名其妙地等同于剩余价值论的科学理论体系。所以，著者对于剩余价值学说本身，只用寥寥几语草率带过，兴趣点都放在比较马克思学说与前人学说的异同上。如比较斯密的价值论和马克思的价值论，又拿来别人的评论当令箭，认为二者的区别在于判断谁是价值的唯一创造者，前者属意企业家，后者属意劳动者。此说看起来"明白"，其实也属于似是而非之论。由于著者在剩余价值问题上，顾左右而言他，言不及义，就像对待唯物史观，同样没有以诠释剩余价值学说本身为重点，因此，当他概括马克思在经济思想史上的伟大贡献时，也难免露出了马脚。如称这种贡献最后表现在生产和分配方面，反对个人的意见而拥护社会的意见，从而"提高社会的正义的观念"。这等于是说，马克思提出唯物史观和剩余价值论的意义，最后变成了提高社会正义观念。如此说法，岂不是回到了前面评论空想社会主义时所说的依据道德正义作为否定现行社会的动机和归宿，又何谈科学的社会主义。本章末尾附录的主要参考书，包括 32 本西文书和 4 本日文书，均系解读或评论马克思经济学说的二手文献，唯独不见马克思和恩格斯的经济学代表作原著。从这里，似乎也可以体察著者贪求各种旁证解释而不愿钻研经典著作的毛病。

总之，这个译本在国内有关马克思经济学说的知识甚为贫乏的情况下，还能起到向国人普及相关知识的某些作用，然而当马克思主义经济学在中国的传播已经达到一定的水准和程度，需要从理论与实际的结合上更为深入和准确地理解和运用马克思经济学说时，此译本的蹩脚解说和迷惑引导，就不免会产生负面的影响。这种缺陷，曾经潜伏地存在于北泽氏先前流传于我国的著作的译本里，现在这个译本，又以更加明显的形式表现出来。

以上列举的 4 本经济学史或经济思想史方面的译作，都是出自日本学者之手，也都给予马克思主义经济学在经济学说史中的高度评价，但它们各自的立意宗旨和理解水平，有很大的差异。住谷悦治的《物观经济学史》和《社会主义经济学史》两本书，虽然显得啰嗦重复，又很少看到著者自己的独立见解，但他通过系统挖掘和编排马克思、恩格斯及列宁等经典作家的一系列代表性著作和代表性论述，在经济学说史的指导思想、结构体例、发展脉络、理论要点、逻辑取向等方面，搭建起一整套的理论框架，等于开拓出一部完全用马克思主义经济学重新加以阐释的经济学说史著作。两本书的译者，熊得山曾是共产党人，宁敦伍虽不详其人，但和熊氏一样都参加了 1930 年由共产党组织的中国社会科学家联盟，被视为从事哲学社会科学的革命学者。可见他们选择翻译马克思主义的经济学说史著作，也有其信念蕴含其间。相比之下，另外两本经济学史或经济思想史译作，尽管承认马克思经济学说的不朽功绩，却带有正统经济学说史的痕迹，或者质疑马克思经济学说的创造性，或者把马克思经济学说与苏俄革命实践割裂开来，以致译者认为包括马克思经济在内的历史上各种经济学说，都只有相对性而不具备真理性，仅供参考而不能成为具有特殊国情的中国所选定的指导思想。

# 第三节 《唯物史观经济史》译本

这个译本，区别于上一节的经济学史或经济思想史，属于经济史范畴，分上中下三册，900 余页，称得上一部巨著。实际上这是由相对独立的三部著作组合而成，上海昆仑书店相继初版于 1929 年 7 月、9 月和 10 月。如果说前述住谷悦治的两本书，是同一作者运用唯物史观，独立研究从资产阶级经济学到社会主义经济学的经济学史专题著作，这个三册本，则是几位日本学者运用唯物史观，分别研究从资本主义以前经济史到资本主义经济史再到社会主义经济发展的经济史专题著作。

## 一、上册《资本主义以前经济史》译本

译本全称《唯物史观经济史上册——资本主义以前经济史》，山川均著，熊得山译，1929 年 7 月初版，这也是三册本篇幅最少的一册，176 页。3 个月后，译者熊氏如前述，又翻译出版了住谷悦治的《物观经济学史》一书，算是对日本学者站在唯物史观的立场来研究西方经济史和经济学史的著作，都有过翻译的尝试。

### （一）原序说明

著者 1928 年 11 月的原序说：

关于唯物史观，近来已有许多好书译成了日本文，也有许多人士做过有益的介绍和解释。"这一次，改造社出版的经济学全集中，唯物史观的说明，已成了一个独立的项目，因此，本书对于唯物史观的说明，就可从略了"。"本书重在叙述欧洲的经济史"，现时虽然很难把欧洲经济史和一般经济史完全分开研究，但有两个理由："第一，欧洲经济史已有好多人在从事研究，材料也在整理着；第二，只有欧洲，是自力的从封建社会形态发展为资本主义社会形态的唯一地带。因此，经济发展的一切阶段，只有在欧洲，才能用典型的形态者观察，所以本书的叙述，势不能不把欧西做中心"。

"基于唯物史观的经济史，当然不是事实的单纯年代的记述就完事的。即，唯物史观经济史，必是理论的经济史。但是把历史的某一时期作唯物史观的说明，就在马克斯自身，也已经用那有光辉的成功，造出了模范的东西"。例如《路易·波拿巴的雾月十八日》（原译《路易·波那巴特之勃罗幼美罗十八日》），系马克思 1851 年的著作。雾月十八日据法国共和国历，即西历 1799 年 11 月 9 日，此日为拿

破仑实行独裁，解散国民会议，断送第一次法国革命的一天。马克思著此书时，正当1851年12月2日拿破仑的侄子（原译"甥"），即路易·波拿巴实行独裁，解散立法国民议会，断送1848年二月革命所成立的第二共和国，以拿破仑第三的名义，像拿破仑一样成立第二法兰西帝国，所以马克思那本书题名为《路易·波拿巴的雾月十八日》；但在人类社会经济发展的整个领域，那必要的资料现在还未经充分的集积、研究和整理。"所以我们的理论说明，现在还不免不完全"。"拿唯物史观来观察日本的历史，是有兴味的事情，是必要而不可缺的事情。就在日本，对于某特定时期乃至某特定历史的事实，也能够充分的拿唯物史观来说明。但本书的目的，在就经济史最典型的发展的途径，作简单的叙述，所以关于日本一部分的观察和说明，反有使叙述混乱之嫌，因而割爱了"。[①]

通过这个序言可以知道，上册考察资本主义以前的经济史，第一，虽然离不开一般经济史的研究，但重点或中心是欧洲特别是西欧的经济史，这不仅在于欧洲经济史研究积累的材料较多，更在于欧洲是独立从封建社会形态发展到资本主义社会形态的唯一地区，呈现出经济发展的各个阶段，适合于经济史典型形态的观察和叙述。这也是书中较少其他地区的经济史研究，包括割爱作者所在的日本国研究的原因。第二，强调运用唯物史观来研究经济史，或使经济史研究基于唯物史观，而不是一般说明唯物史观；这种研究不是单纯按照年代来记述历史事实，必须上升到经济史的理论说明，或谓"理论的经济史"，其光辉典范是马克思分析法国1848—1851年革命的《路易·波拿巴的雾月十八日》一书；人类社会经济发展的各个领域都应当用唯物史观来观察和说明，然而这些领域的必要资料至今尚未经过充分的积累、整理和研究，由此也暗示本书的写作，意在前资本主义经济史领域进行这种尝试。这些观点，作为此书的宗旨和特征，也在某种程度上诠释了所谓唯物史观经济史的基本涵义。其中特别提到马克思的著作范例，亦能见作者所心仪的理论经济史，应像马克思那样通过革命事件的分析进一步发展历史唯物主义的基本原理，这可算是写作上的一种志向。

**（二）内容简介**

上册译本4章，第1章"原始共产制"，含"关于原始共产制学说与资产阶级经济学""蒙昧时代""野蛮时代""原始共产制崩解的原因""氏族制度""氏族

---

① 山川均著，熊得山译《唯物史观经济史上册》，上海昆仑书店1929年版，"原序"。

制度的崩解与原始共产制的闭幕"6节；第2章"古代社会"，含"古代国家的发生（附秘鲁印加帝国）"（内分"希腊""罗马""秘鲁——印加帝国"3项），"古代社会的经济组织"（内分"奴隶制度""财产制度""商业的发达"3项），"奴隶制度的衰退""罗马帝国的没落"4节；第3章"封建社会"，含"封建制度成立之经济的基础""西欧的封建制度之成立""封建社会的经济组织"（内分"概观——阶级组织""庄园制度""封建时代初期的商业及手工业""财产制度"4项），"庄园制度的衰微""都市经济的勃兴"（内分"中世都市的发生""基尔特制度""都市的独立与发展"3项）5节；第4章"资本主义社会的端绪"，含"商业资本的发达"（内分"商业资本""商业资本对于生产的支配力之扩大并强大化""大陆发现与资本主义"3项），"工业资本的发生"（内分"资本之原始的蓄积""工业资本家之发生""生产力之飞跃的发展"3项）2节。

这个框架结构，典型体现了马克思学说根据生产力的不同发展阶段，将人类社会历史划分为诸如原始共产制、奴隶制度、封建制度、资本主义社会等前后相承又互为区别的若干社会形态的历史唯物主义观念。具体说来，叙述过程尤其突出了两个特色。一个特色是清除资产阶级经济学对经济史研究的影响。全书的首章首节从一开始，就提出原始共产制学说与资产阶级经济学的对立问题。所谓原始共产制学说，指最初研究人类社会的远古状态，只是作为学术兴趣或当作古董现象，然而随着研究发现原始共产制是一个历史事实，并在古代的长时期内曾经支配人类社会制度，于是这个后来得到科学论证的研究成果，便侵入经济学说的范围，直接威胁到资产阶级经济学的根基。因为如果承认古代社会确实长期存在过原始共产制这一历史事实，等于否定了资产阶级经济学家一直宣扬的私有财产权是永远不变的神圣的天赋人权这个传统观念，所以原始共产制学说在资产阶级经济学中不时引起混乱，或者视之为异端，或者粗暴地否定，或者假装郑重地加以曲解。由此得出结论："为资产阶级经济学者所拒绝的任务，其势必落到无产阶级的双肩上。关于原始共产制的学说，须由最恳挚的无产阶级担任处理。"[1] 也就是说，研究经济史的任务，从它的开端起，必须排除资产阶级经济学的影响，或者说，资产阶级经济学本身受传统观念的束缚而丧失了承担的能力。由无产阶级来担负这个任务的必要性，在作者看来，应当就是确立以唯物史观作为研究经济史的指导方针。这也是从一个独特

① 山川均著，熊得山译《唯物史观经济史上册》，上海昆仑书店1929年版，第4页。

的角度，诠释"唯物史观经济史"的命题。

另一个特色是大量引用马克思主义经济学的内容，或者不如说，前资本主义经济史的整个构架和几乎各章节的设计，都是按照马克思主义经济学的有关论述来完成的。这些论述，大概可以分为四种类型。第一类是马克思、恩格斯所重视或认可的史学研究成果，特别是像摩尔根《古代社会》那样的著作资料，被用于证明原始共产制的存在及其经历蒙昧时代、野蛮时代后随着氏族制度的瓦解而结束。第二类是一系列相关的马克思主义著作，包括卢森堡的《经济学入门》，乌恩特曼（原译"汉特曼"）的《马克思主义经济学》，库诺（原译"康诺"）的《马克思的历史、社会和国家学说》，波格达诺夫的《经济科学大纲》等，这些著作的许多内容，或者被用来支持马克思、恩格斯的观点，或者被大量用作补充马克思、恩格斯的论述中所不曾论及的一些新领域或新资料，如秘鲁的印加帝国，封建社会的庄园制度与都市经济，作为资本主义社会端绪的商业资本、发现新大陆和原始资本积累等；此外还不时引用非马克思主义著作中的有关观点或材料，用作说明马克思、恩格斯论点的证据。从这些著作的引用中也可以体会，作者山川均在序言里所说的以欧洲作为经济史研究的重点或中心的有利条件之一，正是许多人已在从事欧洲经济史研究或整理相关材料，所以能够利用他们的（特别是马克思主义者的）研究与资料成果。第三类是恩格斯的《家庭、私有制和国家的起源》一书，这也是山川均这本书最为倚重的马克思主义著作，此书前三章的许多节或项，尤其论述前资本主义几种不同社会形态的基本状况、主要特征、经济基础、产生或瓦解的原因时，大段甚至连续几页引用恩格斯原著的论述，综合起来，几乎遍及恩格斯原著各章的内容。由于引用的内容非常多，又由于大致同时而稍后，恩格斯这部原著的完整中译本即在国内出版（可见前面所介绍的李膺扬 1929 年版全译本），所以这里不再具体列举和考证引用了恩格斯的哪些论述。第四类是马克思的论述，尽管此类论述不像前述恩格斯的原著那样专题而系统，散见于各种著作，但同样具有原创性和奠基意义；此类论述在山川均之书的前 3 章，不如引用恩格斯的原著那么多，却很重要，如第 4 章是引用的重点。通过马克思这些论述，能够看到山川均在前资本主义经济史的题目下，钻研马克思经济学说的广度与深度，也能够看到以这个题目为线索，借助山川均著作的译本来传播马克思经济学说的新内容或新尝试。下面以这个译本里引用马克思的有关论述为准，具体考察它们的内容和出处。

第 1 章第 4 节分析原始共产制崩解的原因，引用《资本论》第一卷一段话：

"开始在一家族，进而在种族内部发生基于男女及年龄的差异，换一句说，立在纯生理的基础上的原始的分工。……（中略）各共同体各在其自然环境中，发现其相异的生产机关和相异的生活资料，因之生产方法、生产样式、生产物等也随着共同体的不同而各不同。如这种原来的差异，到了各共同体接触的时候，就各可交换其生产物，也是就可逐渐成为商品化的原因"①。又引用《政治经济学批判》（原译"经济学批判"）一段话："实际上，商品的交换过程，最初不是显现于原有的共产社会的母胎内的，在原有的共产社会将尽途的那个境界，而与其他共产社会接触而使共产社会走入崩坏之途"②。

第2章第2节分析古代社会的经济组织，谈到奴隶劳动实为古代国家农业的基础，而奴隶制的农业又是决定其他一切种类产业的条件，若不能了解这一点，就不能了解"纯商业民族的腓尼基人、迦太基人的经济"③。说到这里，有一个注释，引用《政治经济学批判》导言几段话："在一切的社会形态中，显现着某特定的生产，它是优越于一切生产形态的，因之它那些关系对于其余的一切关系又是指示其等级与势力的。……（中略）如在古代社会与封建社会，农业占优势的那种定住农业的民族——定住于土地问题而已有了大进步的——中，无论其为带有工业的形态，或为适应于工业的所有权的形态，总之都是带着土地所有权的性质的。……（中略）腓尼基人，迦太基人等的商业民族，在古代世界，虽是纯粹以商业民族而表现的，然这种纯粹性（抽象的规定性），正由农业民族占优势的那件事所给与的"④。

谈到商业的发达，引用《政治经济学批判》几段话："金与银，在其单纯的实体上，……常是相等的，因之其相等的分量，常是表示其相等的大小的价值的。……（中略）金银在不被束缚于一定的使用价值一点上，（因其能分合）优于其他商品"⑤。隔几页又引用《资本论》第三卷几段话："在将要进入资本制社会的当时，商业支配了产业。到了近代社会，则成为反对的了。……（中略）商业早已不单是把握生产的过剩，并逐渐蚕食生产，使生产全领域都在其隶属之下。但是这个分解作用，更依生产共同体的性质为何以为断""在未发达状态的，某共同体间的

①　其今译文见《资本论》第一卷，人民出版社2004年版，第407页。
②　其今译文见《马克思恩格斯全集》第13卷，人民出版社1965年版，第39页。
③　《唯物史观经济史上册》，上海昆仑书店1929年版，第50页。
④　其今译文见《马克思恩格斯选集》第2卷，人民出版社1972年版，第109—110页。
⑤　其今译文见《马克思恩格斯全集》第13卷，人民出版社1965年版，第143—145页。

生产物的交换，只为商业资本所媒介的时候，不仅商业上小部分的利润，是以欺瞒和骗取的形式而实现，并且商业上大部分的利润都由于此。……（中略）由是，占绝对支配位置的商业资本，到处都是代表掠夺制度的，通新旧两时代的各商业民族，这种资本的发达，都直接与暴力的盗掠（海上盗掠），奴隶的狩获，殖民地征服等相结合的，试一看迦太基、罗马，并后年的威尼士人、葡萄牙人、荷兰人"。①

第3章第4节分析庄园制度的衰微，连续几页引用《资本论》第三卷如下论述："许多历史家说：直接的生产者，不是所有者，而只是占有者，实际上他的剩余劳动的全部，是要归之于权利上土地所有者，故在这种事情之下，若说在徭役义务者的农奴旁边，那财产和相对的叫作富的东西，可以独立发展的话，实在是奇怪的事体。……（中略）这个成为剩余劳动形态的徭役劳动，是立在劳动的一切社会生产力还未发达，并劳动样式的自身还未纯熟之上的东西，故若把它比之于发达的生产方法，尤其是资本制生产的场合，则在直接生产者的总劳动中，它必须占居很小的一部分，这是自然的顺序。……（中略）。物纳地租，是以直接生产者的一个较高的文化状态，同时并是以他们的劳动与社会一般的一个较高的发达阶段为前提。……（中略）这一个地租形态，使各个直接生产者们的经济位置上，生出更大的区别来，至少，也有可能了。同时，这个直接生产者，又使他自身获有直接榨取他人劳动的手段可能了"。② 引用这些论述，"是马克思关于封建地租形态变迁的考察，又阐明封建时代农业发展的过程"③。

第4章第1节分析商业资本的发达，谈到商业资本一项，几乎都在引用《资本论》第三卷有关论述，引文之间一些过渡段落，实际上也是以简化方式来转述其原意。如谓："各种产业资本，当放在再生产行程的流通部门时，它用商品资本和货币资本的资格所尽的各种机能，是和那成为商人资本的两形态（商品交易资本和货币交易资本）的专有机能而表现出来的，完全相同。……（中略）在产业资本转变了的形态，和那由各种不同的产业部门的性质而来的种种生产部门的生产资本间之原料的区别之间，实有天渊之别"。"产业资本所实现的利润，单是那成为剩余价值而预先包含于商品价值中的利润，同样商业资本所实现的利润，就是全体剩余价值即全体利润在那由产业资本实现出来的商业价格上面，还没有现实出来的

---

① 其今译文见《资本论》第三卷，人民出版社2004年版，第368—370页。
② 其今译文见《资本论》第三卷，人民出版社2004年版，第896、898—899页。
③ 熊得山译《唯物史观经济史上册》，上海昆仑书店1929年版，第130页。

一部分利润"。"因此，生产资本越在未发达的状态中，则货币财产就越发集积于各商人之手，呈现为商人财产的那种特殊形态"。"商人资本越是比产业资本大，则产业的利润率就越发小（和这成为反比例的，商业的利润率就越发大了），在与此相反对的场合，就成为反对的结果"。① 接着重复第2章第2节论及商业的发达，引用有关"在未发达状态的某共同体间的生产物交换，只为商业资本所媒介的时候，商业上利润，不仅小部分是以欺诈和骗取的形式而表现的，并且大部分都是由那样来的。……（中略）试一看迦太基、罗马，并后年的威尼士人、葡萄牙人、荷兰人"一大段论述。然后又前后颠倒地引用《资本论》第三卷有关论述："商业及商业资本的发达，使到处发达了以交换价值为目标的生产，其范围扩大，其种类繁多，普及于各地，而使货币发达为世界货币。……（中略）在近代世界，那是结果于资本制生产方法之上的。于是这些结果与商品资本的发达，完全成为别种事情所限制的东西"。"商人资本的一切发达，对于生产越发给与了以交换价值为目标的性质，遂有使各生产物越发转变为商品的作用了"。"古代的商业诸民族，宛然如伊壁鸠鲁的神一样，或如散在波兰社会的各处的犹太人一样，存在于世界各处。最初独立的，发达豪壮的商业诸都市及商业诸民族的商业，是纯粹居于介绍地位的商业，他们最是以互相间的介绍，立足于勤勉的生产诸民族的野蛮状态之上的"。"成为资本的支配的形态而独立了的商人财产，是流通行程对立于那两极而独立化了的事情。成为这两极的东西，即为相互交换的那些的生产者自身。……（中略）直接从流通而来的那种资本形态的商业资本，现在表现的，不过是资本在再生产运动中采取的各种形态之一"。"商人资本之独立了的发达，与资本制生产的发达程度成为反比例的那一个法则，这在威尼士人、琴诺牙人、荷兰人等的介绍的商业历史上，有限明白的表现。这个商业，不仅单靠输出自国的生产物，还可说是在那商业上经济没落的各共同体之间，替他们媒介生产物的交换，靠榨取生产国的双方，而获得主要的利益。此际，商人资本主义是纯粹的东西，是从那两极的生产部门中分离，就是从该资本所媒介于相互间的各生产部门中分离出来的，这为商人资本成立的一个主要的源泉。但是为这种媒介的商业所榨取的各民族之经济的发达若有进展，则商业的独占并其自身的存在，即与那个进展为比例而自渐灭亡"。② 这里还插入引用《政治经济学批判》两段话："实际，迦太基、腓尼基等的古代商

① 其今译文分别见《资本论》第三卷，人民出版社2004年版，第360、319、364、319页。

② 其今译文分别见《资本论》第三卷，人民出版社2004年版，第370、364、368、365—367页。

业，是依据于周围各民族的野蛮状态的。所谓野蛮状态，不是指的在生产力上全然没有余裕的阶段，乃是相对的意义上的野蛮状态"。"腓尼基、迦太基等商业民族，是在古代世界以纯粹的商业民族而出现的，但是这种纯粹性，正是由农业民族之优势的情形所给与的"。①

谈到商业资本对生产的支配力的扩大和强大化一项，也以引用和解释《资本论》第三卷的论述为主，如称这种支配采取三个形态："第一，是商人直接成为产业资本家的，这是在那以商业为基础的各种产业，就中如在奢侈品制造业上所见的。……（中略）第二，是商人或使小店东等为媒介者，或是直接从家庭生产者购买，而使家庭生产者名义上依然独立，生产方法也不变更。第三的场合，是产业经营者为商人，直接为商业而从事大规模的生产"。"普佩很明切的说过，在中世纪，商人不过是个'转移'人，他是转移基尔特组合员或农民所生产的商品的。……（中略）产业资本家，不断地注意于世界市场上，他不仅把他自身的费用价格，单同国内的市场价格比较，并同全世界的市场价格相比较，而且非时时有这样的比较不可。这个比较，在资本制以前的时代，简直是专属于商人的，因此，遂使对产业资本之支配，确保于商业资本之手"。②

谈到大陆发现与资本主义一项，提及马克思认为，从商业资本的运动上，"从独立化了的流通行程的各种肤浅现象出发"所获得的见解，"只是把握了外观"③。进而引用《资本论》第三卷的论述："随着这种地理上的发见，急速的促进了商人资本发达的商业上几个大革命，在十六七世纪，是促进那从封建生产方法推移到资本生产方法的一个主要的要素，这是不用有什么疑惑的。……（中略）商业之突然的扩大与一个新的世界市场之发生，对于旧生产方法的灭亡与资本制生产方法的兴隆上，给予了重大的影响，这固然在十六世纪中，并且一部分在十七世纪都是这样，然而宁说那是显现于已成的资本制生产方法的基础上的东西。……（中略）试一比较英吉利与荷兰，荷兰以支配的商业国民而至有灭亡的历史，就是商业资本从属于产业资本之下的历史"。"先资本制的国民生产方法之内部坚固的程度与其组织，对于商业的分解作用，是怎样的现出一个障碍？这在英国对印度和中国的通

---

① 这两段话在译本里标注引自同一页，经查，仅第二段话出自《政治经济学批判》导言，其今译文见《马克思恩格斯选集》第2卷，人民出版社1972年版，第110页。
② 其今译文见《资本论》第三卷，人民出版社2004年版，第374—375页。
③ 熊得山译《唯物史观经济史上册》，上海昆仑书店1929年版，第158页。

商上，已确切的显示出来了。……（中略）由于农工业直接结合而生的许多经费节省和时间节省，此时对于大工业的各种生产物，给了一个顽强的抵抗。因为由大工业供给的各种生产物，其价格中，还含有为打通销路的那种流通行程的中的浪费"。①

第4章第2节分析工业资本的发生，谈到资本的原始蓄积一项，引用《资本论》第一卷第7篇第24章有关论述："货币和商品，最初本不是资本，这犹之生产机关和生活资料，最初本不是资本一样。……（中略）所谓本来的蓄积的，不外就是使生产者从生产机关分离出来的那个历史的行程。那个'本来的'由来，是存在于资本与适应于生产方法之有史的前期这一点"②。"原始蓄积的秘密，第一就是藏在收夺农民的土地的事情之中的"③。马克思对于英吉利方面收夺农民土地的典型，有详细的记录："直接成为英国土地收夺的刺激的东西，……（中略）所谓耕地的羊牧场化，就成了他们的秘诀"④。

谈到工业资本家的发生一项，引用《资本论》第一卷的论述："为高利贷业和商业所形成的货币资本，在农村因着封建制度，在都市因着基尔特制度，致妨碍了转化为工业资本的事情。但是这些限制，自封建家臣团解散以来，自农民因土地的收夺而被驱逐以来，就业已消灭了。……（中略）这些牧歌的行程，正是本来蓄积的主要的要素。次于这些行程而发生的，是欧洲诸国民以地球为舞台的商业战。……（中略）现在还在续演哩"。"本来的蓄积之种种的要素，此时依时间的顺序，分配于各国之间，……（中略）总之把封建生产方法走向资本制生产方法的转化行程，在温室中助长起来，而为促进这个推移则利用社会所集积的组织的国家权力，这一点都是共通的。强力这个东西，是对一切旧社会孕育新社会的一个产婆，那就是一个经济力"。⑤ 关于资本的原始蓄积，马克思指示了各种要素，"为其基础的是收夺农民的土地"，掠夺殖民地"也是主要的要素"；人民对于国家是债权者的国债制度，则是"通过国家权力而使增殖利息的间接的榨取"。⑥

谈到生产力的飞跃发展一项，引用《资本论》第一卷的论述："使小农民转化

① 其今译文见《资本论》第三卷，人民出版社2004年版，第371—372页。
② 其今译文见《资本论》第一卷，人民出版社2004年版，第821—822页。
③ 熊得山译《唯物史观经济史上册》，上海昆仑书店1929年版，第165页。
④ 其今译文见《资本论》第一卷，人民出版社2004年版，第825页。
⑤ 其今译文见《资本论》第一卷，人民出版社2004年版，第860—861页。
⑥ 熊得山译《唯物史观经济史上册》，上海昆仑书店1929年版，第170页。

为工银劳动者，使他们的生活资料与生产机关转化为资本之物的要素的这种行程，同时又是为资本造出国内市场的东西。……（中略）到大工业成立的时候，才因机械的使用而确定资本制农业之巩固的基础，于是农民的可惊的多数，受着土地的收夺，完成了农业与农村的家庭工业的分离。为家庭工业根柢的纺绩业与机织业，因大工业的原故，就连根带蒂的被破坏了。于此，大工业才为工业资本征服了国内市场"。①

以上引文，仅系摘录译本里引用马克思的论述部分，由此已能得到有关整个译本特征的若干印象。首先，在指导思想上，译本运用唯物史观来考察前资本主义的经济发展历史，特别是具有典型意义的欧洲从前资本主义社会形态发展为资本主义社会形态的经济史，以此区别于或者单纯按照年代记述历史事实而缺乏理论分析的经济史，或者拒绝承认古代社会曾经长期存在原始共产制的史实，以便为私有制的神圣不可侵犯进行辩护的资产阶级经济学。在唯物史观的运用上，所谓理论的经济史，不是一般介绍唯物史观本身的理论内涵，意在效法马克思根据唯物史观来评述1851年12月2日路易·波拿巴政变后的法国政局之类的典范，在充分积累、整理和研究历史资料的基础上，科学地把握前资本主义社会的经济发展途径；所谓由无产阶级来承担资产阶级经济学者在经济史领域所拒绝的研究任务，意即破除资产阶级经济学在这一领域所散布的传统观念的束缚，诚实地面对历史上出现过包括原始共产制存在的各种经济现象，并给予唯物史观的说明。这些在作者的序言和开篇中所阐明的指导观念，从上面摘录的那些引文看，指的正是马克思和恩格斯关于前资本主义经济史的一系列代表性论述，以及被作者归入马克思主义范畴或为马克思主义所认可的各种相关研究成果。换言之，在前资本主义经济史领域，所谓唯物史观经济史，就是马克思主义经济史。这是马克思主义经济学的一个组成部分，既在指导思想上同资产阶级经济学针锋相对，又在研究内容方面力图遵循马克思和恩格斯所开辟的道路而建立起新的经济史研究范式。

其次，在谋篇布局上，译本将全书分为原始共产制（或氏族制度）、古代社会（以奴隶制度为主）、封建社会和资本主义社会的开端四篇或四个经济发展阶段，实际上对应马克思在《政治经济学批判》序言里阐述唯物史观公式时所大体列举的几种生产方式，可以看作社会经济形态演进的几个时代。各篇内的分节或分项，

①　其今译文见《资本论》第一卷，人民出版社2004年版，第857—859页。

同样也是依据马克思、恩格斯所提出或重视的研究成果，以及作者所搜集的被认为是补充、扩展或修订了马克思和恩格斯的研究成果的那些著述内容，在此基础上分类归纳而成。或者不如说，正是有了马克思主义的这些现成研究资料或观点，才得以梳理出前资本主义经济史的构思框架和章节重点。其中每章都会论及各特定社会经济形态的经济基础或经济组织、形态特征，以及从某一社会经济形态发展到另一社会经济形态的演进过程、旧社会形态瓦解或新社会经济形态发生的原因等基本内容，这也是唯物史观经济史的要素。大体说来，前三章的内容，以引用恩格斯《家庭、私有制和国家的起源》的论述为主导，辅之以其他的研究成果，围绕于此，穿插着各种相关的解说、铺垫和衔接段落，同时在一些关键性的判断上，又引用马克思的论述为其代表；第4章的内容，以马克思的论述为主导，并给予相应的诠释和其他研究成果的补充。这样的安排，在一定程度上也体现了马克思在世时只留下对摩尔根《古代社会》一书所做的摘要和批语，恩格斯则在此基础上补充研究以阐述唯物主义历史观的先后相承关系。

最后，在引用范围上，译本主要搜集了马克思在《资本论》第一、第三卷和《政治经济学批判》（包括导言）中涉及前资本主义社会经济形态，特别是向资本主义社会经济形态演进之初的有关论述。这些论述，多为国人以往所鲜见。国内以往流传的著作引用马克思的这些经济学代表作，其内容以解剖资本主义生产方式为主，较少关注其中对资本主义以前的生产方式或从前资本主义生产方式演进到资本主义生产方式的开端状态的论述。为了充实后一方面的内容，看来译本借助于研究资本主义以前的经济史，将马克思的主要经济学著作《政治经济学批判》和《资本论》里的相关论述，做了一番仔细的搜寻和爬梳。比如，在前三章里，分析原始共产制即原始公社瓦解的原因，引用马克思有关商品交换过程最初出现于具有自然差别的各个原始公社或不同共同体之间相互接触时的产品交换，并从开始的物物交换侵入公社或共同体的内部而起瓦解作用的论述；分析古代社会的经济组织，引用马克思有关奴隶劳动为国家农业的基础，奴隶制农业是决定其他一切重要产业的条件的论述；分析古代社会商业发达的状况，引用马克思有关为什么是金银而不是别的商品充当货币材料的最重要几点的论述；分析封建庄园制度衰微的原因，引用马克思有关古代商业民族的存在建立在生产民族的野蛮状态的基础上而起着中介人的作用，资本主义以前各阶段商业支配着产业并通过侵占和欺诈性而获得大部分商业利润，占主要统治地位的商业资本到处都代表着一种掠夺制度，从劳动地租到产品地租的发展趋向于资本主义地租的起源等论述。这些论述，主要散见于《资本论》第三卷和《政治经济学批判》的不同章节，恰恰又是那时国人一般很少接触的内容，作者将这些分散的论述汇集起来，分门别类地归入自己的经济史框架，让读者在一定的条理性中，看到马克思关于前资本主义社会经济形态的各种重要观点。尽管作者这样的搜集和安排，有罗列材料之嫌，但国人通过译本能够了解那些以前所陌生的马克思论述，也算是一个收获。又如，第4章的两节阐述资本主义社会的端倪，是引用马克思论述的重点部分，而且不同于前三章的零散引用，具有一定的系统性：第1节分析商业资本发达的要点，几乎都是引用《资本论》第三卷第4篇"商品资本和货币资本转化为商品经营资本和货币经营资本（商人资本）"的有关内容，而且除了论及商业利润的部分外，本节关于商业资本、商业支配生产的扩大和加强、发现新大陆与资本主义等项，又集中于引用"关于商人资本的历史考察"一章的大量论述；第2节分析工业资本的产生，包括资本的原始蓄积、工业资本的产生和生产力的飞跃发展等项要点，主要引用《资本论》第一卷第24章"所谓原始积累"的有关内容。由于这两节引用马克思的论述，基本上分别见于《资本论》第三卷和第一卷内某一专章，所以这些论述所体现出来的系统性，实际上反映了《资本论》原著本身的系统性。尽管作者在引用时，经常打乱原有的顺序而颠来倒去或整段重复，但仍未改变这种系统性的显现。对于那时的国人来说，译本引用第三卷的有关论述，多是一些比较陌生的内容，而引用第一卷的有关论述，虽有所接触，亦非系统了解过的知识。不过，这些原著引文由日文转译为中文的过程中，常见脱落、错讹或曲解，故只能理解其大意，难以准确把握，殊为可惜。

### （三）结语

山川均所著《唯物史观经济史》上册即《资本主义以前经济史》，是继他的《资本制度浅说》《资本主义批判》等经济学著作传入中国后，又一部经济史学著作被翻译成中文。这些著作的共同特点，信奉马克思主义经济学并用来解剖和批判现行资本主义制度，这个上册译本，更是把这种解剖和批判，追踪资本主义制度的历史起源，并借以构建用唯物史观来说明资本主义以前经济史的新型理论体系。这个新的尝试，对于我国后来自行撰述马克思主义经济史的努力，产生过怎样的影响，有待进一步考察。熊得山作为译者，选择山川均这部著作予以翻译，既是以中共党员的身份为新创立的昆仑书店安排适于宣传马克思主义的书目选题，也同稍后翻译住谷悦治的《物观经济学史》一书相联系，在经济史和经济学史两方面，都试图确立起唯物史观即马克思主义的指导地位。

## 二、中册《资本主义经济发展史》译本

译本全称《唯物史观经济史中册——资本主义经济发展史》，石滨知行①著，施复亮（即施存统）译，1929年9月初版，这是三册本篇幅最多的一册，共421页。

### （一）译者序言

译者1929年8月1日的序言，有如下说明：

"历史的研究，对于了解'现在'和预测'将来'，都是极重要的工作。研究社会科学，必须以历史的研究做基础，同时亦应当以历史的研究为入手的第一步。经济史的研究，在历史的研究中更是占第一位的重要。因为社会底基础构造是经济，必须先懂得经济情形，然后才能明了社会情形，才能了解社会底发展——即历史"。本书研究资本主义经济的成立和发展，在两个意义上，应当为我们所注意：第一，"资本主义经济是现在支配着全世界的经济，我们生活在这个世界，实有彻底了解的必要"；第二，"我们中国现在正处于从封建社会到资本主义社会的过渡期，而世界底大势又不许中国资本主义有充分发展的可能，这更逼得我们非求一个彻底了解不可"。因此，本书的出版，"很适合于现实的迫切需要"。

本书著者石滨知行，"是一位唯物史观派经济史专家"，除本书外，还有《经济史概论》及《德国经济史》等书，"但以本书为最好"。"本书至少在日本是一部空前的名著，在中国是更不消说得，连同类的书还没有呢"。读了本书，要明了资本主义以前的经济情形，顶好去读山川均的《资本主义以前经济史》；要明了资本主义以后的经济发展，顶好去读河野密的《社会主义经济底发展》（即本书店出版的《唯物史观经济史》上册及下册）。至于理论方面，顶好参看波格达诺夫的《经济科学大纲》。②

这样一部据说在日本"空前的名著"，其中译本却不见著者的序言，由译者代为之序，这在三册本的系列著作中，算是一个特例。然而通过译者的序言，可以看到选择翻译这部书的主要意图，对此书的简要评价，以及组成三册系列本的大致构

---

① 石滨知行（1895—1950），曾任《时事新报》记者，毕业于东京大学经济学部，留学德国后任九州大学教授；1928年因三一五事件辞职，任《读卖新闻》论说委员；1946年复职九州大学，作为马克思主义经济学家活动。

② 石滨知行著，施复亮译《唯物史观经济史中册》，上海昆仑书店1929年版，"译者序言"。

想。首先，强调社会科学研究中历史研究的基础性作用，而历史研究又以经济史研究具有第一位的重要性，这本身就体现了唯物史观的立场。也就是把经济看作社会的基础构造，只有先懂得经济情况，才能了解社会情况从而了解社会的发展历史。其次，突出研究资本主义经济的产生和发展，或者说彻底了解资本主义经济组织与制度，对于认识中国的自身处境和发展前途，具有现实的迫切需要，这本书的译本出版，恰好适应了这个需要。这个需要具体是什么？从译者序提出应当注意的两个意义上，又看到了此前共产党人已经确认的命题，一方面，在当前资本主义经济支配全世界的时代，中国正处于从封建社会过渡到资本主义社会的时期，另一方面，世界大势又不许中国有可能去充分发展资本主义。这里所说的世界大势，在共产党人的论证里，既包括由资本主义发展而来的世界帝国主义对中国实行经济侵略的贪婪欲望，势必限制中国独立发展资本主义的涵义，也包括各国资本主义内在矛盾与冲突的激化和苏俄社会主义国家的兴起，预示世界资本主义已经穷途末路，意味着中国应放弃资本主义道路而选择社会主义道路的涵义。据此，所谓译本很适合于中国现实的迫切需要，应是蕴含这两种涵义的对于资本主义经济史的考察和解剖。又次，评价著者是唯物史观派的经济史专家，意即这是一部运用唯物史观即马克思主义观点来论述资本主义经济史的著作，由此区别于其他传统的或根据资产阶级经济学来论述资本主义经济史的著作。因此，所谓这本书在日本是空前的名著，应指日本此前尚无运用马克思主义唯物史观来考察资本主义经济史的著作；所谓中国还没有同类的书，也不是说此前没有任何资本主义经济史之类的书，前面就考察过几部同类的译本，同样是说还没有国人自撰的或从国外引进的根据马克思主义来研究资本主义经济史的著作或译作。最后，建议与此译本密切相关的阅读书目，把明了资本主义经济史，与明了此前的资本主义以前经济史及明了此后的社会主义经济的发展三部书联系在一起，由此构成用唯物史观说明人类社会经济发展通史的完整著作系列。这个建议又似乎提示，三册本《唯物史观经济史》著作，本来不是一个整体，由三位日本学者各自独立完成，惟因三部著作都以马克思主义为指导，又分别考察了整个社会经济从古到今延续发展而又相互区别的三大历史阶段，于是先有日本的出版机构将三本书组合在一起，后有我国的昆仑书店再将其统一冠以"唯物史观经济史"的书名而分为上中下三册。所以在日本学者的原序里，都没有提到关于唯物史观经济史的整体著书构想与分工写作计划，只是施存统的译者序，才在中册译本出版之际，既提到已经出版的上册译本，又提到尚未出版的下册译本。

至于施氏序言还建议在理论方面参看波格丹诺夫的《经济科学大纲》，也可看作对上册译本之作者原序的一个回应。因为在原序里，山川均曾将理论的经济史即用唯物史观来说明以欧洲为主的经济史，同唯物史观本身的理论说明分开，专注于前者而省略后者。施氏的建议，则补充关于后者的参考著作，可看他所翻译的波氏之书，尽管此书在唯物史观的理论解读方面，未必是最理想的选择。

**（二）内容简介**

译本8章，第1章"序说"；第2章"资本主义底概念"；第3章"资本主义底起源"；第4章"产业革命"，含"产业革命底意义""产业革命前底经济状态""英吉利产业革命底经过""其它各国底产业革命"4节；第5章"产业革命底结果及其影响"，含"总说""在前述诸产业部门以外尤其在交通业中的变革""工厂制度底确立""资本主义制度底确立""产业革命给予劳动阶级的影响""产业革命与意识形态底变革""资产阶级获得政权""资本主义侵入未开化国家"8节；第6章"资本主义底发展及其各种问题"，含"恐慌及失业""企业结合、资本集中、独占及企业家联盟""金融资本""资本底输出""产业底合理化"5节；第7章"欧洲大战后底资本主义各国"；第8章"最近资本主义底状态、结论"。这个目录表明，译本叙述资本主义经济史，同前面山川均的思路一样，以欧洲为典型而构成全书的中心；叙述范围从资本主义的起源直至一次大战后资本主义发展的最近状态，正好与上册的叙述范围相衔接；叙述重点是4、5、6三章，占全书70%以上篇幅，围绕产业革命的意义、经过、结果及影响等，然后落脚在资本主义发展的各种问题上，这些问题，涉及资本主义的内在矛盾和发展趋势，与前述的起源和对产业革命的分析一道，透露出唯物史观说明的特征。

译本在叙述中，引用各种著述、实例与数据资料颇为丰富，涉及面亦颇广，不像上册的叙述，可以明显看到以引用马克思和恩格斯的论述为主导的写作特点。然而综观整个中册，仍清晰显现出贯穿全书的主线是马克思主义的唯物史观。这里不妨摘录书中一些论述，借以勾勒出这条主线的大致轮廓。例如：

第1章开篇：人类社会的发达，从原始氏族共产主义的社会变化为奴隶制度的古代社会，从古代社会变化为中世封建制度的社会，从封建制度再变化为现阶段的资本主义制度，而资本主义社会现在也已经达到最高的阶段。"社会底进步，一瞬间也不曾停止，继续运行不已。从资本主义成立以来，迄于今日还不过一个世纪。但在这短期间，经济底发展，已经很值得惊异"。又说："这种可惊的经济上的进步，怎样成为可能的？我们只有对于资本主义经济制度底成立及其发展过程，作一番经济史的研究，才能理解今日的可惊的发展。资本主义制度，实在是今日支配我们的铁一样的制度"。① 这些话，开门见山地阐明了用唯物史观研究资本主义经济史的宗旨。

第2章解释："资本主义是一种达到最高的发展阶段，使劳动力亦成为商品的商品生产，取得一般的支配地位的社会制度"；资本主义"是由劳动力底商品化的生产利润或剩余价值的社会制度"②。这样解说资本主义的概念，突出的正是马克思关于劳动力成为商品的核心理论。

第3章概述资本主义成立的前提或先行条件，包括商业资本和高利贷资本的原始蓄积，把劳动力当作商品的无产者的产生，以及因市场的扩大、生产的发达而增加对商品的需要，"这四个条件，再促成那资本主义确立底最后的条件，即机械及动力底革命——产业革命，成为可能而且必然了"。"生产手段底变革，引起生产关系底变革；生产力底飞跃，促进那旧来生产关系中世封建社会制度底崩坏，并使资本主义确立起来。产业革命底历史，是资本主义呱呱坠地的产声"。③ 由此考察资本主义的起源，所遵循的主要逻辑，同样出于唯物史观的基本原理。

第4、第5两章说明产业革命以及它的结果和影响，列举大量的实际资料，其中的核心思想，仍在于阐述唯物史观的道理。比如："产业革命，是因机器（生产手段）底发明而使旧社会制度崩坏的挽歌，同时又是新社会制度底产声。它是旧制度一切组织及建立其上的意识形态底覆灭，又是新资本主义社会底一切机构及其上层建筑底建设"。"我们如今在高度发达了的资本主义之中，看见各种矛盾和反对物。这些矛盾和反对物，已经孕育于产业革命底的结果之中。……在产业革命的结果之中，我们可以看见现阶段中最重要的社会现象——失业、独占、恐慌、帝国主义、金融资本、产业合理化等及其它一切重要问题底契机。社会运动、劳动运动，为什么必然地要发生？社会主义、无政府主义、工团主义等所谓'危险思想'，在哪里有它发生的根据？这种思想，为什么是'危险思想'"？所谓产业合理化，苏维埃国际认为这是"反对劳动阶级利益的资本攻势底新形态和新方法"。劳动运动"随着资本主义底发展而发展，渐次成为行向未来社会的重大的社会势

① 施复亮译《唯物史观经济史中册》，上海昆仑书店1929年版，第1、3页。
② 施复亮译《唯物史观经济史中册》，上海昆仑书店1929年版，第11、18页。
③ 施复亮译《唯物史观经济史中册》，上海昆仑书店1929年版，第70—71页。

力"；俄罗斯经1917年革命而"成为劳农社会主义联邦"，匈牙利也"一时地成就了无产者独裁"，德意志在欧战后经过革命而"成为社会民主党底天下"，英国劳动党也在欧战后"占着优势，始得组阁的经验"。"一切广义的社会主义思想底一切潮流和一切代表者"，包括空想的社会主义者，科学的社会主义者马克思、恩格斯、列宁等，无政府主义，工团主义，以及修正派的社会主义等，"这些社会主义的思想，也都是在产业革命以后发生的"；"两个对立的思想——资本主义的思想与社会主义的思想底历史的发达，以及这些思想与经济发达底关系，在资本主义底发展上，也颇占重要的地位"。[1] 这里把苏俄工农社会主义联邦与德国社会民主党政权、英国工党执政，把科学社会主义与空想社会主义、无政府主义、工团主义和修正主义并列在一起，不是有意混淆这些劳动运动或社会主义在本质上的差异，而是借此说明产业革命不仅产生了资本主义制度，还因其内在矛盾与冲突而必然产生与资本主义相对立的劳动运动和广义社会主义的各种潮流和代表，也就是在现行资本主义社会中孕育了未来新社会的因素。

第6、第7、第8三章分别说明资本主义的发展与各种问题、欧战后资本主义各国的情形以及最近资本主义的状态，然后指出：欧战是对整个资本主义机构的大打击，乘着资本阵营的大混乱，无产阶级转而采取攻势，"许多极左的理论家"发表了"资本主义底急激崩溃论"；可是过了不久，资本主义利用通货膨胀及与社会民主党的妥协，逐渐恢复，又通过金融资本的操纵，强力推行独占化和合理化，从战后的混乱达到今日的相对稳定。"要想否定现在这种资本主义底稳定性，一定会招到很大的错误"；可是，"如果看落在这些号称'稳定'的事象之中有许多矛盾存在，也会招到很大的谬误"。稳定期中所出现的矛盾，一是依靠采用合理化的新技术和利用新劳动组织，显著增加劳动生产力的结果，强化了两个倾向，即因生产力增加而平均利润率低落，以及伴随资本有机构成的提高而可变资本相对减少，造成一般消费力的减退；前者与资本主义追求利润的本质相矛盾，后者倾向于生产的可能性与销售的可能性成反比例，与生产力的增加相矛盾，所以各大资本主义国家都在限制生产。二是资本主义使失业变成固有的东西，战后增加合理化的劳动作业率，又使失业变成增长的永续的现象，因而强化和扩大了资本主义的对立物——劳动者阶级的运动。三是不变资本的增加与资本的集积相伴，愈益加强独占，而独占

① 以上引文分别见施复亮译《唯物史观经济史中册》，上海昆仑书店1929年版，第128—129、204、214、221页。

规模与范围的扩大，是与建立在自由竞争基础上的资本主义正相反对的现象。四是生产力高度增长而一般消费力相对减少这件事，倾向于由无政府的生产转向统一和监督的生产，表现为"社会化"运动与"经济民主制"运动，这种倾向又与以"个人的自由"为金科玉律的资本主义相矛盾。五是输出资本、拥有原料供给地及扩大销售区域的欲望，表现为获得殖民地的欲望，在这种欲望中，潜伏着追求再度分割世界殖民地的战争危机。"资本主义能够克服这些矛盾吗？那是断然不可能的。真正的答案，是由这些矛盾来克服资本主义。未来资本主义经济史底发展，一定会证实这个答案"。① 这是全书最后的结论，断定资本主义内部矛盾的发展，既然不可能在资本主义制度范围内克服，只剩下由这些矛盾来"克服"即摧毁资本主义制度这一条路，这也是前述所谓在现行资本主义社会内已经孕育了未来新社会因素的意思。相信研究资本主义经济史的未来发展一定会证实的这个答案，正是马克思主义唯物史观的答案。

### （三）引用马克思、恩格斯的有关论述

译本虽说引用面较广，达数十本著作之多，其重点显而易见，以引用马克思和恩格斯的论述为最常见，尤其除第 1 章简短序说外的前五章涉及一些重要的论断，更是如此；第 6 章论及资本主义进入垄断阶段的特征，开始引用列宁的论述。这种引用特点，不仅显示了以马克思、恩格斯和列宁作为科学社会主义的主要代表人物，还体现出考察资本主义经济史的基础性依据。兹将各章所引用的这些论述，作一大致梳理，可见作者把握马克思、恩格斯经济学说的涉猎范围和深入程度，亦可见译本在资本主义经济史的论题下，给中国读者带来了有关马克思主义经济学的哪些内容。

第 2 章，谈到资本主义之下劳动力成为商品，引用马克思《雇佣劳动与资本》（原译"工钱劳动与资本"）中一段话："劳动力并不是一向都是商品。劳动也不是一向都是工钱劳动，即自由劳动。……（中略）农奴隶属于土地；他向土地底领主，缴纳其收获物"。又引用同书另一段话："反之，自由劳动者，却出卖自己，而且把自己零卖。……（中略）然而劳动者底唯一的收入源泉，在于卖出劳动力，所以只要他不肯抛弃自己底生存，总不能与那买主（劳动力底买主）底整个阶级，

① 施复亮译《唯物史观经济史中册》，上海昆仑书店 1929 年版，第 418—421 页。

即资本家阶级断绝关系"。① 接着引用《剩余价值学说史》中一段话："如果劳动者，为生产等于他自己底生活手段，即等于他自己底生活手段底价值的商品，要耗费他一个整天，那么此时便不能有什么剩余价值，因此，也不能有什么资本主义的生产及工钱劳动。要资本主义的生产能够存在，必须社会劳动底生产力非常发达，同时还须有那比工钱底再生产所需要的劳动时间还更大的总劳动日底何等剩余——即若干剩余劳动存在"②。还引用《资本论》第二卷（译本误为第一卷）一段话："资本主义的生产，事实上就是商品生产成为生产底普遍的形态。……（中略）劳动一变成工钱劳动，生产者便变成产业资本家。随后农业中的直接生产者，也变成工钱劳动者，于是资本主义的生产，才扩张到整个生产范围"③。这是从马克思不同的经济学著作中寻找根据，共同论证劳动力成为商品是资本主义概念的核心要素。

第3章，谈到商业资本是资本主义发生的第一个前提条件，引用《资本论》第一卷两段话："美洲金银矿底发见，矿山中土人被剿灭被奴役被埋没，对于东印度的征服与掠夺底开始，以及非洲之化为猎取黑奴场，这些都是表示资本主义生产时代底曙光"。"在欧洲以外，用直接掠夺、奴隶化、杀害等方法，榨取得来的财宝，流入母国，化为资本"。④ 又引用《资本论》第三卷一段话："因此，我们不难理解在资本还没有支配生产自身以前，为什么商人资本成为资本底历史的形态而出现。……（中略）在别方面，商人资本底一切发达，越益把那以交换价值为目的的一个性质给予了生产，这样，使生产物日益转化为商品"⑤。东印度公司对于印度实行无限制收夺的历史及结果，在马克思的论文《不列颠在印度的统治》（原译"英国在印度的统治"）及《东印度公司，它的历史与结果》（原译"东印度公司底历史及其活动底结果"）⑥ 里，"说得很明白"⑦。谈到前资本主义的高利贷资本，引用《资本论》第三卷两段话："但先资本主义时代底高利资本，其特征的形态，有两个种类。……（中略）因为在先资本主义的状态之下，既然容许互相独

① 其今译文见《马克思恩格斯选集》第 1 卷，人民出版社 1972 年版，第 355 页。
② 其今译文见《马克思恩格斯全集》第 26 卷第 2 册，人民出版社 1973 年版，第 462 页。
③ 其今译文见《资本论》第二卷，人民出版社 2004 年版，第 133 页。
④ 其今译文见《资本论》第一卷，人民出版社 2004 年版，第 860、864 页。
⑤ 其今译文见《资本论》第三卷，人民出版社 2004 年版，第 364 页。
⑥ 两篇文章的今译文见《马克思恩格斯全集》第 9 卷，人民出版社 1961 年版，第 143—150、167—176 页。
⑦ 施复亮译《唯物史观经济史中册》，上海昆仑书店 1929 年版，第 42 页。

立的个别的生产者存在，自然不能不以农民阶级为其最大多数"。"这样，高利放债使富裕的土地所有者没落，绞尽小生产者底膏血而送他到坟墓里去，那结果，便引起大资本底形成与集积。然而这个过程，究竟废除旧来生产方法到什么样的程度，如近代欧洲所发生的那样，或是进到以资本主义的生产方法，代替旧来的生产方法，那是完全要依据历史发达底阶段及其周围情形底如何而决定"。① 谈到资本主义成立还必须以多数自由劳动者的存在为前提条件，引用《资本论》第一卷几段话："要把货币转化为资本，货币底所有者必须预先在商品市场里发见自由劳动者。这里所谓自由，有两重意思：第一，劳动者成为自由人，能够把自己底劳动力，当作自己底商品来处分；第二，他除了劳动力以外，再没有别的可卖的商品，即他从实现他底劳动力所必要的一切东西里自由出来"。"行会底规约，非常限制学徒底数目，因之有计画地妨碍师傅成为资本家"。"造出资本主义生产方法底基础的革命底序幕，演于十五及十六世纪最初的十数年间。……（中略）那对于王权及议会，行了很顽强的反抗的封建领主，用暴力把自耕农民（他们取有和封建领主同样的封建权利）逐出于土地之外，掠夺他们底共同地，由此造出了无可比较的多数无产者"。"宗教改革所给与了的这种直接的影响，并不是比别的影响最为持久的。寺领是古代以来的土地所有关系底宗教的屏藩。所以随着寺领底消灭，这所有关系，也就难于维持了"。"普莱斯"（今译"普赖斯博士"）说："当土地归于少数大租地农业者手里时，微小的佃农，结局只有变成这样的人：凭藉替别人而作的劳动以获得生计，且须走到市场里去购买一切必要品。……（中略）大概地说，下层民众底境遇，差不多在任何点上都恶化了。他们从小地主及小佃农的地位，降落到日佣劳动者或被佣者的地位，同时，在这种状况之下，他们底生计，就比以前更加困难了"。② 这些论述主要引自《资本论》第一卷和第三卷，都是用于说明资本主义起源的各种要素。

第4章，谈到产业革命的意义，引用《资本论》第一卷一段话："一切发达了的机器，都由三个本质不同的部分而组成。这就是发动机，配力机及作业机。……（中略）整个机器装置底这两个部分，都为运动作业机而存在，凭了这个运动，才

---

① 其今译文见《资本论》第三卷，人民出版社 2004 年版，第 672 页。
② 其今译文分别见《资本论》第一卷，人民出版社 2004 年版，第 197、415、825、829—830、834—835 页。

能捉住劳动对象而加以合目的的改变"①。引用恩格斯（原译"昂格斯"）在其名著《英国工人阶级状况》（原译"英国劳动阶级底状态"）中一段话："英国劳动阶级底历史，在前世纪（十八世纪）底后半期，与蒸汽机关及纺绩机器底发明，一同开始。……（中略）因此，在英吉利也是这个变革底重要的结果——即无产阶级底发展的模范地"②。谈到产业革命以前工场手工业是不是当时的一般形态，对此有不同意见，"马克思是主张肯定说"③。谈到英吉利产业革命的经过，"借马克思底话来说：这蒸汽机关底发明，于短时日之间，把世界底一切事情都变革了"④。这一章引述马克思、恩格斯的原话，数量不多，分量不轻。

第5章，谈到产业部门变革的影响，引用《资本论》第一卷两段话："一个产业中生产方法起了革命，别的产业部门中也会跟着发生同样的革命。这种情形，先起于如下的各种产生部门：即因社会的分工而互相个别化，各自生产着一种独立的商品，但又成为一个总过程底各个阶段，彼此互相错综着的产业部门。……（中略）在别方面，木棉纺绩业中的革命，唤起那使木棉纤维脱离棉种上所要的轧棉机底发明；有了这个发明，始能有今日所要求的那样大规模的木棉生产"。"大工业剿灭那成为旧社会底屏藩的独立农民，而代以工钱劳动者。……（中略）那互相结合农工业底幼稚未发达形态的旧来的血缘纽带，完全被资本主义的生产方法所切断了。但是同时，资本主义的生产方法，又造出新的更高级的结合底物质的前提条件，而这种结合是以互相分离而完成的农工业形态为基础"。⑤ 引用恩格斯《英国工人阶级状况》一段话："一切东西，都被投入这工业运动底一般的旋涡中了。农业也受到急激的变动了。……（中略）各种科学底进步，也有贡献于他们那些大佃耕农。……（中略）机械学底进步发达，给予他们以无数利益"⑥。引用《资本论》第一卷一段话："农工业中生产方法底革命，特别必然地要引起社会的生产过程底一般条件，即运输及交通机关底革命。……（中略）然而同时，又生出一种必要，要把那可惊的大量的铁块来锻炼、镕接、切断、穿孔、造形；要做这些工作，又要求各种巨大的机器，这种机器，工厂手工业的经营，是断断造不出来

① 其今译文见《资本论》第一卷，人民出版社 2004 年版，第 429 页。
② 其今译文见《马克思恩格斯全集》第 2 卷，人民出版社 1957 年版，第 281 页。
③ 施复亮译《唯物史观经济史中册》，上海昆仑书店 1929 年版，第 84—85 页。
④ 施复亮译《唯物史观经济史中册》，上海昆仑书店 1929 年版，第 91 页。
⑤ 其今译文分别见《资本论》第一卷，人民出版社 2004 年版，第 440、578—579 页。
⑥ 其今译文见《马克思恩格斯全集》第 2 卷，人民出版社 1957 年版，第 293 页。

的"①。引用恩格斯上述著作中两句话："这样，全不列颠王国，尤其是英格兰（在六十年以前，与当时德意志、法兰西一样，只有相同的坏道路），如今以最美丽的车路网来织成"；"蒸汽力完成了陆上交通底革命，同样，对于海运也给了一个生面"②。谈到工厂制度的确立时指出："马克思关于机器与工厂制度底关系，或说'为工厂底体驱的机器'，或说'基于机器经营的工厂'，或说'工厂总运动底地点，不是劳动者，而是机器'，或说'在工厂手工业及手工业中，是劳动者使用器具，但在工厂里，是劳动者伺候机器'，或说'为工厂制度自身底技术基础的机器'，到处表示着机器是工厂制度底基础，把机器与工厂制度底关系当作不可分离的东西。关于动力机与工厂制度底关系，他也说'工厂经营，通常是在机械的动力（即蒸汽）代人类的动力而运转机器的时候出现的'，也一样地把两者底关系看作不可分离的东西"③。谈到资本主义制度的确立，重复引用前面《剩余价值学说史》的同一段话。谈到产业革命给予劳动阶级的影响，先引用恩格斯一句话："劳动者阶级，在十八世纪底后半期发起于英吉利；其后世界各文明国，都相继发生产业革命，因而都产生了劳动者阶级"（未注明出处）。接着，谈到劳动者隶属机器，引用《资本论》第一卷中两句话："工厂底一切运动底起点，不是劳动者，而是机器"；"照这样，……劳动者对于工厂全体，对于资本家的无可依靠的隶从，便完成了"④。谈到给予劳动者肉体和精神的影响，引用同上书一段话："机器劳动，使神经组织感到极度疲劳，同时又压迫筋肉底多面作用，剥夺肉体上及精神上的一切自由活动……（中略）。一切资本主义生产——只要它不仅是劳动过程，而且是资本底价值增殖过程——底共通的现象，在于不是劳动者使用劳动手段，反是劳动手段使用劳动者。但是这种首尾颠倒，只有到了采用机器的时候，才获得生产技术上一目了然的现实性"⑤。引用《英国工人阶级状况》一段话："劳动者疲乏到了万分，萎靡不振地，做完了工作，回到家里。……（中略）在这种情形之下，大多数劳动者，都有耽溺于饮酒的精神的及肉体的必然性"⑥。并认为恩格斯这本名著的第6章关于工厂制度对男女劳动者肉体上和精神上影响的论述，"值得特别推

---

① 其今译文见《资本论》第一卷，人民出版社2004年版，第441页。
② 其今译文见《马克思恩格斯全集》第2卷，人民出版社1957年版，第294、295页。
③ 施复亮译《唯物史观经济史中册》，上海昆仑书店1929年版，第161—162页。
④ 前句话的今译文见《资本论》第一卷，人民出版社2004年版，第484页，后句话的今译文待查。
⑤ 其今译文见《资本论》第一卷，人民出版社2004年版，第486—487页。
⑥ 其今译文见《马克思恩格斯全集》第2卷，人民出版社1957年版，第387页。

荐"①。引用恩格斯同上书一段话："纺绩和织造，所要人力劳动，为主地仅限于系接断了的线。……（中略）妇女和儿童，则越益受人欢喜使用"②。引用《资本论》第一卷几段话："儿童劳动底需要，从形式上说，也很像美洲报纸底广告面所常见的那种黑奴底募集"。"劳动力底价值，不仅由维持各个成年男工底生存所要的劳动时间来决定，而且由维持他底家族全体底生存所要的劳动时间来决定。机器使劳动者家族底全体出动于劳动市场，因此，把一家主人底劳动力底价值，分割于他底家族全体。这样一来，他底劳动力价值便减低了。……（中略）这样看来，机器一方面扩大资本底最严密的榨取范围——人类的材料，同时从最初便增进榨取的程度"。"在努连堡，一个制针工，要顺次实行上二十种的作业；但在英国底制针工厂手工业中，二十个制针工，便能相并从事劳动，每个制针工，只消担任二十个作业中底一个了。这二十个作业，再依经验而细分而个别化，以至归于各个劳动者底专属职能"。"如果从机器免除人类底筋肉力这一方来观察，机器便变成了使用缺乏筋肉力的劳动者的手段，换句话说，即变成了使用身体发达还没有成熟而四肢较为柔软的劳动者。所以妇女劳动及儿童劳动，是资本主义的机器利用底最初的名词。……（中略）为资本家而作的强制劳动，不仅剥夺了儿童底游戏地位，亦且剥夺了家庭内的维持一家所必要的不超过合理的限界的自由劳动底位置"。③ 可以从恩格斯上述著作的第 7 章以下部分，看到儿童劳动的悲惨情况。谈到资产阶级获得政权，提及恩格斯在另一名著《社会主义从空想到科学的发展》（原译《空想的及科学的社会主义》）中，说明资产阶级为了代替封建贵族来掌握支配权，曾对封建制度做了三次坚决斗争，即宗教改革，英国 1649 年革命及法兰西大革命；在法兰西，"遂行了与过去的传统底完全绝缘，把封建制度扫荡到了最后的痕迹"④。引用恩格斯在《共产主义原理》（原译"共产主义原则"）中一段话："产业革命，在大工业取工厂手工业而代之的一切地方，都使资产阶级，他们底财富和权力，发展到了最高度，且使他们成为国内底第一阶级。……（中略）资产阶级在剿灭了贵族和行会市民底社会的权力之后，还剿灭了他们底政治的权力。……（中略）这些资产阶级选举人，选出议员；而这些议员，则利用否认租税的权利，任意选定

① 施复亮译《唯物史观经济史中册》，上海昆仑书店 1929 年版，第 177 页。
② 其今译文见《马克思恩格斯全集》第 2 卷，人民出版社 1957 年版，第 427 页。
③ 其今译文分别见《资本论》第一卷，人民出版社 2004 年版，第 455—456、454—455、392、453—454 页。
④ 其今译文见《马克思恩格斯选集》第 3 卷，人民出版社 1972 年版，第 395 页。

资产者政府"①。这一章是译本里引用马克思和恩格斯原话最多的一章，但显得比较纷乱。这是按照作者的叙述思路，而非马克思和恩格斯的论证逻辑，况且又夹杂在各种摘录资料之中，不过仍能显出这些原话引文的举足轻重地位。

第6章，谈到恐慌和失业，引用恩格斯在《共产主义原理》中一段话："大工业使用蒸气机关及其它机器，能够于短时间内而且以很少的费用，无限地增大生产。……（中略）这样，从本世纪底初期以来，产业底状态，不断地动摇于好况时代与恐慌时代之间。直至今日为止，如上所说那样的恐慌，差不多是有规则地每五年至七年袭来一次。每一次恐慌来时，陷于极度的贫困中的，总是劳动者。又每一次恐慌袭来时，总是到处发生革命的骚扰，引起反对现存状态的最可怕的危机"②。引用《资本论》第二卷一句话："恐慌是大规模的新投资底出发点。因之就社会全体看来，又多少是下次回转循环底新的物质基础"③。《英国劳动阶级底状态》一书"在卑俗的民众行动之中发见历史回转底法则"，是"如实描写十九世纪中叶失业劳动者底穷困情形的文字底一部分"④。在"准失业者"之外，"还有马克思当作相对的过剩人口底三个形态来看的流动的、潜伏的及停止的形态⑤，即属于这三个形态的人，以及那属于相对的过剩人口底最低层的人，当我们论述失业问题时，也决不能把他们看落"⑥。引用《资本论》第一卷两段话："劳动者底过剩人口，是蓄积或资本主义的基础中财富发达底必然的产物，同时又是资本主义的蓄积底杠杆，而且是资本制生产方法底存在条件之一"。"所谓劳动者人口，就是在一方面产生资本底蓄积，同时在别方面不断地越益产出使他们自己成为相对的过剩人口之手段。这是资本制生产方法独特的人口律"。⑦ 谈到资本的集中和独占，引用恩格斯在《资本论》第三卷第1篇第6章"资本的增殖和贬值、游离和束缚"（原译"资本主义价值增进和价值低减、资本底游离和拘束"）一节作于1894年的"附记"："自从一千八百六十五年以来，在一切文明国，尤其是在德意志及美利坚，产业急速发达的结果，使世界市场中的竞争大行增进。急速而巨大膨胀的近代生产力，日益超出这生产力所依以运动的限界，即资本主义的商品交换法则底统

① 其今译文见《马克思恩格斯选集》第1卷，人民出版社1972年版，第214—215页。
② 其今译文见《马克思恩格斯选集》第1卷，人民出版社1972年版，第216页。
③ 其今译文见《资本论》第二卷，人民出版社2004年版，第207页。
④ 施复亮译《唯物史观经济史中册》，上海昆仑书店1929年版，第261页。
⑤ 参看《资本论》第一卷，人民出版社2004年版，第738页。
⑥ 见《唯物史观经济史中册》，上海昆仑书店1929年版，第264页。
⑦ 其今译文分别见《资本论》第一卷，人民出版社2004年版，第727—728页。

制——这件事实，如今竟越益逼近资本家自身底意识上来。……（中略）而且由此证明：生产虽然需要调节，但是能够担负这种任务的，决不是资本家。总之，这种加特尔（今译"卡特尔"），除了使大者更迅速地并吞小者以外，再没有别的目的"①。引用列宁《帝国主义论》一段话："独占底历史中，其主要的阶段如左：……（中略）加特尔到了这个时期，成了全经济生活底一个基础。资本主义，成了帝国主义"②。谈到金融资本，引用列宁同上书一句话："生产底集中，由此而生的独占，银行与产业底融合——这些都是表示金融资本发生底历史和金融资本概念底内容的"③。谈到资本输出，引用列宁同上书一段话："资本主义只要一天是资本主义，那过剩的资本，便一天不会用来提高本国民众底生活水平……而资本输出底可能性，则由下述的情形所促成：即一般后进国家，已被卷入世界资本主义底范围内；铁路底主要交通线，已经从事敷设或在开始敷设中；产业发展底本质的诸条件已在确立着等"④。这一章仅前两节尤其第 1 节，较多引用马克思和恩格斯的论述，同时提示恩格斯为《资本论》第三卷所做的有关注释，已经指出资本主义从自由竞争转向垄断的现象。此后各节的内容，由于超出马克思和恩格斯的时代范围，不再看到引用他们的原话，而引用列宁的论述，虽有一定分量，似不及引用其他人如希法亭的著述，更不用说论及一次大战以后的情况，连列宁的论述也看不到了。

**（四）结语**

中册《资本主义经济发展史》在写作方式上，与上册《资本主义以前经济史》有相似之处，都是根据马克思主义经济学的基本思想来设定主体框架，然后在一些重点或关键性问题上，直接引用马克思和恩格斯的原著论述。不过，这种写作特点，上册表现得更为鲜明，几乎由引用马克思的《政治经济学批判》《资本论》第一和第三卷，以及恩格斯的《家庭、私有制和国家的起源》等原著的重要论述，统领了全书的面貌。中册同样广泛引用马克思的《雇佣劳动与资本》《资本论》三卷、《剩余价值学说史》，甚至像《不列颠在印度的统治》和《东印度公司，它的历史与结果》那样较少为后人所注意的报刊文章，以及恩格斯的《英国工人阶级状况》《共产主义原理》和《社会主义从空想到科学的发展》，连同列宁的《帝国

---

① 其今译文见《资本论》第三卷，人民出版社 2004 年版，第 136 页注（16）。
② 其今译文见《列宁选集》第 2 卷，人民出版社 1995 年版，第 589—590 页。
③ 其今译文见《列宁选集》第 2 卷，人民出版社 1995 年版，第 613 页。
④ 其今译文见《列宁选集》第 2 卷，人民出版社 1995 年版，第 627 页。

主义论》等原著的重要论述，这些原著大多为国人所知悉，包括有中文节译或全译本，但引用其中的许多论述，仍为那时的国人所未见或鲜见，属于引进马克思主义经济学的新鲜内容。由于中册意在使用更多和更新的数据与例证来说明资本主义经济发展各阶段的过程、状态、结果和影响等，引用的资料范围也更广，以致各个章节，有的引用马克思和恩格斯的论述显得突出和醒目，有的则被冲淡了，所以即便引用的总体数量甚多，一旦放在篇幅更大的全书里，反倒显不出像上册那样的气势和支配力。这也是中册不同于上册的地方。但就翻译马克思和恩格斯原著论述的质量而言，施存统的译文虽有缺憾，但整体上要胜过熊得山的译文，更加准确一些。通过中册译本，让国人初次看到日本马克思主义经济学者石滨知行的著作，比起上册译本山川均的著作，既有共同之处，又存在差异。

## 三、下册《社会主义经济之发展》译本

译本全称《唯物史观经济史下册——社会主义经济之发展》，河野密①著，钱铁如②译，上海昆仑书店 1929 年 10 月初版，共 344 页。

### （一）著者序

河野密 1928 年作于五党合同协议会当天的序言，说明如下：

这部稿子，草成于实际运动旋涡中的极忙时候。"我的腹稿，原想在第一篇指示资本主义和社会主义的轮廓，第二篇叙述社会主义经济的孕育期，第三篇叙述资本主义到社会主义的转形期，最后一篇则叙述苏俄的经济之发展，而打算最详晰叙述的，自然就是最后一篇了"。然而下笔时，身边却有无数的喧扰事情来纠缠，不能离开这一切而单在书房里工作。从 9 月到 10 月末，交了 350 页原稿，随后从 10 月到 11 月，又花了一个月工夫，才写完 100 页，勉强完成这部稿子的工作。"最后

---

① 河野密（1897—1981），曾任《朝日新闻》记者，毕业于东京大学法学系，在校期间加入新人会；毕业后 1926 年参加日本工农党，后转入社会大众党，1936 年首次当选众议院议员，连续 12 次当选；第二次世界大战后因参加日本社会党，被解除公职，恢复公职后成为社会党右翼，曾任统一的社会党副委员长；1972 年落选众议院议员后退出政界。

② 钱铁如（1892—1974），后改名钱纳水，湖北江陵人；1907 年赴日本留学，先后入弘文学院、早稻田大学，参加共进会、同盟会；1910 年回国考入北京高等实业学堂矿冶科；1911 年在保定参与成立共和会，后任会长，武昌起义后任北方革命军北京总司令；1912 年任天津《大中华日报》编辑，1914 年回家乡经商，1921—1927 年任地方征收局局长、县长；1929 年在上海创办昆仑书店任经理，次年参与成立中国社联，任出版部长，加入中国共产党；1932 年被逮捕，脱党出狱；1938 年接办《每日译报》，1942 年任重庆《中央日报》主笔和总编辑，当选国民党立法委员会委员；1949年去台湾，任《中央日报》《新华日报》主笔。

的一篇，没有依原来的计画十分详尽，实在由于一些外界事情的纠缠"。"这是我著书的处女作，对于材料的取舍选择上，自有许多不适宜的地方，加以时机不容许我覆阅一遍，从事修改，这是我对于读者很抱歉的。不十分统一的区处，深望读者诸君的谅解"。"在实际运动中，要写一篇研究学术的论文是很难的，由于这一次的工作，使我得了一个经验。不过在运动中的我，私念这篇拙著，能够触动读者的心胸，确是我的大光荣"。①

这篇不长的序言给人留下的印象，这本书虽是著者首次尝试学术著作的处女作，却完成得十分匆忙。在两个月的时间内，又在忙于实际运动而无专门写作时间的纷扰情况下，居然交出 450 余页的日文原稿，而且没有时间审阅修改便拿去付印，不禁让人怀疑此书的质量，或者说此书并非著者独立研究的结果，而是汇集他人已有的成果加以选编的产物。这一点，不仅反映在材料的取舍选择有不适宜之处和各部分安排不十分统一上，也反映在著者受外界干扰，只是勉强完成最初腹稿设想而未得详尽实现的遗憾上。全书最后一篇即最为看重的苏俄经济的发展一篇，原本打算详细叙述，结果不尽满意。当然，若以此书能够有利于实际运动的号召民众，也就是触动读者的心胸，著者亦感到欣慰。

### （二）内容简介

译本 4 篇 11 章，第 1 篇"资本主义经济与社会主义经济"，含"相反的资本主义经济与社会主义经济""资本主义经济之表征""社会主义经济之表征" 3 章；第 2 篇"社会主义经济的孕育期"，含"资本主义经济到社会主义经济的发展""资本主义经济内部的矛盾之发展""资本主义的最后的发展阶段——帝国主义" 3 章；第 3 篇"转形期"，含"反资本主义运动""反资本主义运动的主体""反资本主义运动的客观""转形期的具体过程" 4 章；第 4 篇"苏俄经济之发展"，含"经济设施" 1 章。

这个安排，第 1 篇重点讲述两种相反的经济制度的不同特征，资本主义经济的特征表现为生产手段的私有，生产上的无政府状态，自由竞争，营利的生产和劳动力的商品化；社会主义经济的特征表现为生产手段的公有，生产的统制，自由竞争的排除，自足的生产和强制的义务劳动。这是将两种经济的对立特征定义化。第 2 篇重点讲述社会主义经济的孕育时期，这种孕育包括两种类型的发展，一种类型是

---

① 河野密著，钱铁如译《唯物史观经济史下册》，上海昆仑书店 1929 年版，著者"序"。

资本主义经济内部社会主义要素的发展，表现为大规模生产，生产集中与独占，以及金融资本主义与自由竞争的排除，最近资本主义的发展，即卡特尔与托拉斯，银行集中，以及世界经济的发展，强化了这个要素的发展；另一种类型是资本主义经济内部矛盾的发展，表现为资本积累与其矛盾，资本积累与恐慌（可分为部分恐慌、一般恐慌、企业的集中与恐慌），过剩人口（包含产业预备军的必然性、后期资本主义与过剩人口、过剩人口所含矛盾的激化即失业与劳动阶级的贫困化），资本主义最后发展到帝国主义阶段，形成帝国主义的经济基础即确立金融寡头和分割殖民地，展开帝国主义的矛盾即独占呈现出来的矛盾和殖民地反抗表现出来的矛盾，这些都是资本主义矛盾的进一步发展，附带述及帝国主义论与超帝国主义论。这些都是以往引用马克思主义观点批评资本主义和帝国主义的著作里常见的内容。第3篇重点讲述资本主义到社会主义的转型时期，包括反资本主义运动的主体（涉及劳动组合、无产政党）与客体，转型时期的具体过程，涉及无产阶级专政（原译"普罗列达利亚专政"）和帝国主义没落的国际过程。从孕育期到转型期，也是说社会主义在资本主义内部的孕育要素和资本主义的内在矛盾，转化为反对乃至推翻资本主义的公开运动，进而建立无产阶级专政和促成帝国主义在世界范围内的没落，这些内容，同样常见于当时论述社会问题或社会主义的著作。第4篇重点讲述苏俄经济发展中的经济设施，分为历史概观，包括战时共产主义，新经济政策的实施及实施后的经济状态（涉及农业和工业）；以及经济设施的理论根据，包括俄国经济秩序的现阶段和新经济政策的理论根据。这一篇在译本里仅26页，比起前三篇分别56页、208页、54页的内容，确实显得单薄一些。

下册译本叙述资本主义经济的主要特征、内部矛盾和发展阶段等，特别是占有全书一半以上篇幅的第2篇，很多内容与中册译本的叙述相重合，也是按照马克思主义经济学的基本要素设定全书框架之后，除引用马克思、恩格斯和列宁的大量论述以为根据外，还引用其他许多著作以增补、充实或显示新的数据、例证和观点。有所不同的是，下册译本并非像中册译本那样，全盘收纳其他著作的资料和论点，而是有所比较和分析。例如，第5章第1节讨论资本积累的"矛盾"，列举有人依据马克思的再生产公式，质疑从中不可能实现资本积累或存在矛盾。包括卢森堡《资本积累论》（原译"资本蓄积论"）一书里的质疑，断定在资本主义经济内部不可能实现资本积累，非资本主义的存在才是资本主义发展的前提条件。对此指出卢森堡的"根本谬误之点"，在于把生产和消费看作完全不相关而对立起来，据此批评，"当能明了资本主义经济的资本蓄积的可能性"。① 其实在此之前，如在《社会主义经济学史》译本里，已能看到类似的批评。又如，第6章第3节讨论帝国主义论与超帝国主义论，认为关于帝国主义的各种对立看法，"最要批评的"是考茨基所主张的超帝国主义论，此论不把帝国主义看作资本主义的一定发展阶段，看作高度发展了的工业资本主义的产物，即各工业资本主义国家企图进一步压抑和并吞大农业地域的冲动，这是一个殖民政策，表明资本主义的超帝国主义发展是可能的，所以考茨基得到的结论，"资本主义当在自身所孕育的社会主义要素，还没成熟以前，不至于绝境"。对此指出考茨基超帝国主义论的"根本弱点"，归根到底不清楚资本主义达到了独占阶段，"不过是一种谬妄之谈"，"不仅在出发点上错误，并且在结论错误"。② 类似的批评，也能在前面的著作如《帝国主义的政策底基础》译本里看到。再如，第10章第1节讨论无产阶级专政，指出考茨基"不承认"马克思和恩格斯所使用的无产阶级专政名词，即布尔什维克抱有无产阶级单独支配的见解，不过是说无产阶级在民主的过程中获得政治权力而已；这种意见，看起来与马克思和恩格斯所说的转换期的无产阶级革命，没有什么对立的地方，但若以无产阶级专政为表征而适用于帝国主义阶段的转换期，"确有很显著的差异"，"第三国际的人们和考茨基一派的人们，出发点就根本不同"。③ 关于这一点，前面有关著述如《考茨基底劳农政治反对论》译文里，能看到更为明确和严厉的批评。以上例证的理论分析，未必出自作者本人的独立研究，很可能采纳了当时国际上尤其日本马克思主义者的研究成果，但这些成果的选择，都是站在维护马克思经济学说和苏俄革命模式的立场上，驳斥、纠正或澄清所谓马克思主义阵营内部那些反对、错误或修正的观点，由此体现译本的基本态度和总体倾向。

不过，这样的维护，也透露出一些模糊的涵义。如第8章讨论反资本主义运动的主体，不仅依据费边社韦伯的《工会运动史》（原译"劳动组合运动史"），把工会与无产阶级专政相并列，共同作为这个主体的代表，还到所谓"无产政党"，也是兼容并包。在译本的作者看来，无论哪国的无产政党，不管是劳动党、社会党，还是社会民主党，或者"公开的遵奉"马克思主义，或者反对马克思主义，"总之，在以颠覆现存经济组织为目标的一点上，都没有什么不同"；它们不过在实现

---

① 参看河野密著，钱铁如译《唯物史观经济史下册》，上海昆仑书店1929年版，第147—154页。
② 参看河野密著，钱铁如译《唯物史观经济史下册》，上海昆仑书店1929年版，第259—264页。
③ 参看河野密著，钱铁如译《唯物史观经济史下册》，上海昆仑书店1929年版，第304—305页。

目标的手段或政策上，哪怕同一无产阶级阵营内部，存在着不同的观察，"以致屡屡引起很激烈的论争"，特别是 1914 年的世界大战和战后的革命运动，把这种不同的意见暴露在白日之下；简单说来，"就是第二国际与第三国际的对立，就是马克斯阵营内的修正派与正统派分离"；一派通过联合政府、社会化政策和妥协政策，"生出避免战后资产阶级的资本稳定政策的倾向"，另一派则阐明无产阶级革命的意义而否定民主；战后资本主义因其动摇而讲求稳定的政策，必然一面与无产政党妥协，一面助长对企图倾覆资本主义根基的一派施行高压政策，而独占资本主义的强暴专制支配，又使无产政党的主流逐渐否定民主主义而采取夺取政权的方案。①这里地方的模糊，既然认识到以第二国际为代表的妥协派或修正派和以苏俄共产党领导的第三国际为代表的正统派或无产阶级政党的主流，在于是否接受资本主义政府为求稳定而推出的妥协政策或避免资本主义的高压政策，是否放弃对抗垄断资本主义强暴专制的支配地位方面，存在着尖锐的对立和激烈的争论，何以还一再强调各派都以推翻现存经济组织为目标，同属马克思阵营？显然，作者把这些分歧和对立，只是看作各派在实现共同目标的手段或政策方面，处于不同的角度而有不同的观察和判断。也就是说，无论采取妥协或修正的方式，还是采取革命或正统的方式，最终都是为了实现推翻资本主义经济组织的目标，惟在遵奉马克思主义的公开性或隐蔽性方面，有所差异而已。这种说法及其背后所潜藏的意图，是译本中不那么凸显而值得注意的另一种倾向。

**（三）引用马克思、恩格斯、列宁的有关论述**

如同上册和中册，此译本也有大量引用马克思主义经典作家论述的内容。但它既不像上册那样，始终以这些论述作为贯通全书的基本脉络，有时密集引用，有时随意摘录；又不像中册那样，将引用这些论述往往混杂于或者埋没于其他马克思主义或非马克思主义的著作引述之中，基本上体现了这些论述在全书中的主导性特征。这样显出各章写法上的不完全一致，大概也是出于从各种现成著作成果中选择取舍材料的便利，或者说无暇统一写法的审阅和修改。可能同样由于各种现成著作成果的不同写法，这些论述有许多直接引自原著，也有许多采用自行转述或夹叙夹议的方式。下面主要就这些论述在各篇章的分布，作一大致的梳理。

先看第 1 篇各章，第 2 章谈到资本主义经济的表征，引用《资本论》第一卷起

---

① 参看河野密著，钱铁如译《唯物史观经济史下册》，上海昆仑书店 1929 年版，第 284—286 页。

首一句话，并说："剔破缠绕商品的魔术性，阐明利润所从出的劳动力的性质，结果，遂发见了利润的根源，这是无给的劳动——剩余的劳动，这是马克思的功绩"。又引用其第1版序言的一句话："我的著作的终极目的，在于发见现代社会，即资本家社会的经济的运动法则"①。对此评论，马克思经济学说的内容，"全部都在于贯通资本家社会的发生、发展、衰亡而发见经济的运动法则"。② 然后用近30页的篇幅，以转述和评点方式为主，不时插入马克思的原话，简要介绍了从分析商品开始，关于商品的两个因素，商品中劳动的二重性，价值形式中的单纯价值形态、总体的扩大的价值形态、一般价值形态、货币形态，劳动力的买卖，劳动行程和价值增殖行程，剩余价值率，不变资本和可变资本，剩余价值增殖的两个根本方法即延长劳动时间的剩余价值生产和增进生产力而降低劳动力价值的相对剩余价值生产，工作日，协业，机械生产等一系列概念，相当于简要叙述《资本论》第一卷前五篇的内容，以此揭示资本主义商品生产过程的特征和资本主义生产方法的秘密。接着列举资本主义经济的五个主要标识，其中谈到生产手段的私有和劳动力的商品化，分别引用《资本论》有关原始积累和雇佣劳动者的论述。总之，这一章的大部分内容都是由《资本论》第一卷的理论所构成。

第3章谈到社会主义经济的表征，引用马克思《哥达纲领批判》一段话："把分配看得很重大而以为力点在那上面的，那是一般的误解。各时代消费财的分配，不过是在生产条件那东西的分配之一结果"③。引用恩格斯《反杜林论》（原译"反翟林格论"）一段话："以现在的生产力之发展来说，则将来因生产力社会化而产生的：生产力之增加，资本主义的生产方法下面的障害之排除，生产物的浪费及生产手段的浪费之遏止，只要一般的从事于劳动，则今日所谓成功劳动时间的减少这句话，恐怕办得到罢"④。这一章引用马克思、恩格斯的话较少，大多据马克思主义学说的大意予以阐释，另外还引用李卜克内西和考茨基等其他人的论述。

再看第2篇各章，第4章谈到资本主义经济内部社会主义要素的发展，先围绕大规模生产的论题，继续阐释第2章叙述一系列理论的有关涵义，如劳动力商品、协业、工场手工业、机械的使用、资本的蓄积等，并在两个注释里提到《资本

① 其今译文见《资本论》第一卷，人民出版社2004年版，第10页。
② 其今译文见《资本论》第一卷，人民出版社2004年版，第7页。
③ 其今译文见《马克思恩格斯选集》第3卷，人民出版社1972年版，第13页。
④ 其今译文见《马克思恩格斯选集》第3卷，人民出版社1972年版，第333页。

论》。一是"评述以劳动时间为中心的劳资斗争","列举为减少劳动时间而起的劳动阶级之斗争",以及"以延长劳动时间为目的而发生的政府之干涉的史实",说明"怎样消灭劳资间的'市民战争'"。二是马克思曾举出英国木棉工场的例证，评论工场主怎样以集约的形式来榨取劳动力以增大其财富；又举出英国1861年至1868年木棉工场的统计，"论评关于各个资本家手中的资本之集积，及其大规模生产化的事情"。① 这里所指，分别是《资本论》第一卷有关"工作日"与"机器和大工业"两章的内容。由此转入单纯的再生产和扩张的再生产，分别从《资本论》第二卷引出相关的表式；并说："剩余价值转变为资本，并转变为可变资本及不变资本这一发现，正不能不说是马克斯的功绩"②。围绕生产集中及独占的论题，进一步解释第二卷有关公式的涵义。围绕金融资本与排除自由竞争的论题，说明资本循环过程的表式，引用《资本论》第二卷一段话："通过生产领域与流通领域的资本运动，在一个时间的顺序上表现出来。……（中略）所以它循环的全期间，等于生产期间与流通期间的总和"③。注释股份企业的社会化性质，引用《资本论》第三卷（译本误为第二卷）两段话："（1）在个人资本所不可能的生产及企业的规模之非常扩大。以前是政府企业的企业，同时也成了社会的企业"。"（2）它自身立脚于社会的生产方法之上，且以生产手段及劳动力之社会的集中为前提的资本，在这里，对于私的资本，直接的采取社会资本（直接结合为各个人的资本）的形态，并且那种资本的企业，和私的企业相对立而呈现为社会企业。这在资本主义生产方法的那个限界内，不外是废除私有财产的资本的"。又引用同书另一段话："资本主义生产的最高发展所产生的那种结果，虽是资本再变为生产者所有的必然的通过点，然这所谓生产者所有的话，早已不是孤立的生产者的私有，乃是结合的生产者的所有，即是直接的社会所有。那在另一方面，资本所有与直到现在还连结着的再生产过程上的一切职能，是结合的生产者的单纯职能，即是变为社会职能的通过点"。④ 谈到最近资本主义的发展，引用列宁《帝国主义论》的有关论点和资料。其中注释国际分业，引用《资本论》第一卷一段话："各共同体，是各在其自然环境之内，发见不同的生产机关，不同的生活资料的。……（中略）交换，不

① 钱铁如译《唯物史观经济史下册》，上海昆仑书店1929年版，第63页。
② 钱铁如译《唯物史观经济史下册》，上海昆仑书店1929年版，第69页。
③ 其今译文见《资本论》第二卷，人民出版社2004年版，第138页。
④ 其今译文均见《资本论》第三卷，人民出版社2004年版，第494—495页。

是造出各生产部门的差异的东西，可说是促致不同的各生产部门相互关联起来，因而使它转变为社会的总生产之多少互相独立的各部门的东西"①。这一章尤其第 1 节的叙述，等于把《资本论》三卷的内容串连起来，引用的重点放在第三卷上。第 2 节有关资本主义发展的最近情况，则较多引用其他人如布哈林的著作资料。

第 5 章谈到资本主义经济内部矛盾的发展，在资本积累及其矛盾方面，评论恩格斯所说的马克思关于唯物史观和剩余价值的伟大发现，并使近代社会主义成为科学这一点，不像通常所解释的那样，仅根据剩余价值的发现来合理说明劳动者阶级与资本家阶级的阶级对立，而是"看破了剩余价值的一部分，被当做资本来蓄积，而资本蓄积本身，又必然的构成了资本主义经济的绝境"②。接着引用《资本论》第二卷关于简单再生产和扩大再生产的一系列表式，用作说明资本积累存在矛盾的根据，包括说明后面的经济恐慌根源。过剩人口方面，根据《资本论》第一卷的有关原理予以阐释。接着引用《工资、价格和利润》（原译"工钱、价格及利润"）一段话："这点儿小教训，是充分指示着两件事情的，其一，近代产业发达那东西，逐渐决定资本家方面比劳动者占便宜的形势；另一，那一形势的结果——资本家生产的一般倾向，不提高工钱的平均标准反而减低它——，劳动的价值就多少被抑压到最低限度"③。引用《资本论》第一卷（译本误为第二卷）几段话："社会的富和作用资本和这资本的增殖范围及精力，因之又和无产阶级的绝对数以及他们的劳动生产力一些东西越大，则产业预备军——相对的过剩人口也就越多。……（中略）以上的事实，是构成资本主义的蓄积之绝对的普遍的法则的"。"于是生出下述的结论来。……（中略）在这一极的富之蓄积，同时，又是构成其对极——以自身的生产物为资本而造出阶级的那一极的穷困、劳动苦、奴隶状态、无智、野兽化、道德的坠落等等蓄积的"。"那种转形行程（指本来的蓄积——著者），若在深度上宽度上都把旧社会十分瓦解了，劳动者就转变为无产阶级，他们的劳动条件就转变为资本，有了这一转变，资本制的生产方法就成为自己立脚的形式，有了这一形式，则劳动更进而社会化，以及更进而土地和其他的生产机关，走向社会所利用的共用生产机关去的转变——即是更进而对私有者的收夺，就要采取一个新的形态。……（中略）基于资本制生产方法的资本独占的方法，因而就是资本制的私

① 其今译文见《资本论》第一卷，人民出版社 2004 年版，第 407—408 页。
② 钱铁如译《唯物史观经济史下册》，上海昆仑书店 1929 年版，第 136 页。
③ 其今译文见《马克思恩格斯选集》第 2 卷，人民出版社 1972 年版，第 203 页。

有，它是那以生产者自身的劳动为基础的个人私有的第一否定。但是资本制生产，它是以一个自然行程的必然，来造出自己本身的否定的。这就是否定的否定"。①这一章仍以引用《资本论》的论述为主，不过增补第二卷的内容重在转述，突出第一卷的内容则为直接引用，另外引用《工资、价格和利润》的有关论述，如同引用其他人的论述，仅系一些补充。

第6章谈到帝国主义是资本主义的最后发展阶段，根据斯大林（原译"史达林"）的说法，把资本主义的最近发展阶段命名为帝国主义，把它的特质"以真正的马克斯的眼光分割出来的，那要首推马克斯主义者列宁"。由此引申说，列宁虽立脚在霍布森（原译"霍布孙"）所观察的资本主义转向，以及希法亭所分析的金融资本上面，但更进一步，"断定'帝国主义'就是资本主义的'绝境'之表明"，"比考茨基是不消说，比卢森堡的见解也跃进一步"。他们还没有认识到帝国主义的绝境，这是憾事。"于展开前者的结论之中，明确的抓住'绝境'的意义的，正不能不说是列宁的功绩"。依照列宁的说法，帝国主义是资本主义特殊的历史阶段，"三个显著的特征"，帝国主义是"独占的资本主义"，是"寄生的或停滞的资本主义"，是"濒于死灭的资本主义"；帝国主义的经济要素可以达到独占阶段的资本主义形态为表征，所以简单地说，帝国主义是"独占的资本主义"。② 这一章的内容，可以说都是在论证上述的主导思想，一方面引用列宁《帝国主义论》的有关数据和论点，一方面引用其他人的著作所提供的资料，包括大段引用布哈林的有关论述。

另看第3篇各章，第7章谈到反资本主义运动，注释资本主义不单制造自己的对立，还锻炼着打毁自己的武器，引用马克斯《神圣家族》几段话："无产阶级与财富是对立的，它以对立而形成一个全体。……私有财产，以私有财产的立场，而强制的要它自身，因而要它的对立者无产阶级存在。这在对立面的积极方面，是满足了自己的欲求的私有财产"。"反之，无产者阶级，以无产者阶级的立场，强制的要扬弃它自身，因而扬弃那约束他们的对立者，即以无产者阶级为无产者阶级的对立者——私有财产。这在对立的消极方面，它是自身中潜伏了不安，而已经解体或正在解体的私有财产"。③ 引用恩格斯《反杜林论》两段话："资本主义的生产

① 两段今译文分别见《资本论》第一卷，人民出版社2004年版，第742、743—744、第873—874页。
② 钱铁如译《唯物史观经济史下册》，上海昆仑书店1929年版，第201—202页。
③ 其今译文见《马克思恩格斯全集》第2卷，人民出版社1957年版，第43—44页。

方法，把人口的大多数，一天一天的无产阶级化，仅是这一变革，已造出那不得不完成自己拼着破灭的力"。"（资本主义）生产方法由于把已经社会化了的大规模的生产手段，更加国有化，指示着可以完成这个变革的途径。无产阶级获得了国家的权力，首先就把生产手段国有化"。① 这一章的论述，表明同样以马克思学说为解说所谓转形期（今译过渡时期）的指导思想。惟引用的重点，从《反杜林论》中寻找依据，比较常见，从《神圣家族》中寻找依据，则非常少见。

第 8 章谈到反资本主义运动的主体，在无产政党方面，引用马克思《工资、价格和利润》中最后一段话："劳动组合，在以抗争资本的蚕食为中心上，从事悲状的活动。他们因为把力量无分别的使用，常有部分的失败。然假使他们不企图倾覆现存制度，假使他们组织了的力量，不用作谋劳动阶级最后的解放——工钱制度之废止的一个杠杆，而只局促对现存制度的结果施行小战，那他们就完全失败"②。这一章还零星引用马克思的短语，但主要篇幅是介绍工联组织和无产政党在各国的发展状况，并得出一些比较模糊的结论。

第 9 章谈到反资本主义运动的客体，认为马克思主义明白扩展了"国家，是阶级支配的机关"这一"伟大的特征"，详细的论述可见恩格斯《家庭、私有制和国家的起源》所说："国家所加于社会的强制的力，决不是来自外面的，也不是如黑格尔所主张的，所谓道义的观念之实现、理性的形象及实现。那是一定发展阶段上的社会的产物。……（中略）这个出自社会，而站在社会之上，且与社会离间的力，就是国家"③。这几句话将马克思主义国家观的本质，"阐发无遗"。其纲要，一是在马克思主义看来，"所谓国家，不是从人类的社会生活的原始时代就存在的东西，是社会完成了一定的发展，以致分裂为相互对立的阶级之后，才发生的东西"。二是国家不像许多人所认定的那样，是调和阶级之间利害而设立的机关，相反，"它是某一阶级希图压迫其他阶级的机关"。正如恩格斯所说："国家，是从抑制阶级对立的必要而发生的东西，同时，它也是发生于阶级斗争之间的东西，所以，国家总是在经济上最有力的支配的阶级的国家。……（中略）而近代的代议国家，就成了资本榨取工钱劳动的工具"④。《社会主义从空想到科学的发展》说：

---

① 两段的今译文实为同一段落，见《马克思恩格斯选集》第 3 卷，人民出版社 1972 年版，第 320 页。
② 其今译文见《马克思恩格斯选集》第 2 卷，人民出版社 1972 年版，第 204 页。
③ 其今译文见《马克思恩格斯选集》第 4 卷，人民出版社 1972 年版，第 166 页。
④ 其今译文见《马克思恩格斯选集》第 4 卷，人民出版社 1972 年版，第 168 页。

"国家是全社会的公然的代表者，是向着看得见的形体走去的集合。……（中略）在近代，是资产阶级的国家"。三是国家为阶级的产物，阶级的对立一旦终止，抑压的阶级一旦不存在，国家就要死灭，"这是马克思主义的国家观的一大特征"。引用恩格斯同上书一段话："国家因事实上已成为全社会的代表者，遂使自己归于无用。……（中略）国家决不是能够废弃的，乃是自然死灭的"。① 另外，还提到马克思把历史上的社会大体分为古代的、亚细亚的、封建的及市民的四种，随着其社会特质的不同，历史上也分为不同的国家。注释中又提到恩格斯在《卡·马克思"1848 年至 1850 年的法兰西阶级斗争"导言》（原译"法国阶级斗争"序文）中说，"普遍选举，是无产阶级解放运动的界标"；同时说明恩格斯的见解，"不是排除国家权力武装，却是看出了彼此对立中之矛盾尖锐化"。② 这一章引用马克思和恩格斯的论述，比较典型地体现了将直接引用与间接转述及延伸阐释结合在一起的写作风格，但又不是贯穿全书各章的统一风格，或许同作者参考不同研究成果的急就章选编方式，不无关系。

第 10 章谈到转形期的具体过程，涉及无产阶级专政方面，引用马克思《关于海牙代表大会》即 1872 年 9 月 8 日在阿姆斯特丹群众大会上的演说中几段话："劳动者，为建设新的劳动组织起见，在某种时候，必须获得政治的权力。……然而达到这一目的的方法，我们不主张到处都要一样"。"关于这一点，不能不顾及各国相异的制度、风俗、习惯等等，这是我们所知道的。我们如果深知英美的制度设施，敢信可以附加一言，只要像贵国（荷兰）的情形，自然没有谁否认劳动者可用和平方法达到目的的国家"。③ 对此评论说，有人把马克思在 1872 年所说的这些话，和进入帝国主义阶段的 1910 年相混同，"那是错误"，主张政治革命有可能在和平的道路上进行，"简直是痴人说梦"④。转述恩格斯的《共产主义原理》（原译"社会主义原则"）里，预定无产阶级获得政治权力后，应立即采取的十项设施⑤。引用马克思在《法兰西内战》里称扬"巴黎公社"曾是"无产阶级国家的形态"一段话："公社，是由巴黎各区，依普通选举选出的委员构成的。它是负责任的，随时都可更动的。它的大多数分子，当然是劳动者阶级或劳动者阶级所承认的代表

---

① 其今译文均见《马克思恩格斯选集》第 3 卷，人民出版社 1972 年版，第 438 页。
② 本章内容参看《唯物史观经济史下册》，上海昆仑书店 1929 年版，第 290—300 页。
③ 其今译文见《马克思恩格斯全集》第 18 卷，人民出版社 1964 年版，第 179 页。
④ 钱铁如译《唯物史观经济史下册》，上海昆仑书店 1929 年版，第 303 页。
⑤ 其今译文为 12 项措施，见《马克思恩格斯选集》第 1 卷，人民出版社 1972 年版，第 220—221 页。

者。……（中略）那怕公社的成员所担任的公共事务，也要以劳动工钱去开支"①。引用列宁在《苏维埃政权的当前任务》（原译"苏维埃权力的各种问题"）中两段话："几百年来，榨取民众的机关——国家，把民众对于一切国家事业的……当作遗产残留下来。要克服这件事情，是很困难的工作。……（中略）换言之，没有国家负责计算各方面的生产和生产物的分配，以及管理这些事情，就不能确保劳动者的……劳动的……，恐怕无可避免的又要还元到资本主义的轨道上"。"它意识的记录生产和消费，经济的使用劳动，尽可能的提高劳动的生产力，它的目的就在于使劳动时间有减低到七小时六小时甚至六小时以下的可能"。② 涉及资本主义没落的国际过程方面，提出马克思在《资本论》中以整个资本主义为出发点，以存在统一的世界资本主义为前提来发挥资本主义经济的理论，不能从纯经济上发挥"资本主义发展不平衡的法则"，而展开这种法则的，"是列宁和列宁以后的马克斯主义者"。列宁的《帝国主义论》指出了资本主义经济的预备要素，欧洲大战及大战期间的俄国革命，"确是证实了列宁的这一论断"。③ 这一章的引文具有明显的跳跃性，分别引自马克思、恩格斯和列宁一些不太常见的原著。这对急迫完成这本书的作者来说，显然没有时间去做这样细致的原著资料的查寻与研究，况且他引用这些原著论述，曾经标注有关引文系转引他人如库诺的《马克思的历史，社会和政治理论》（原译"马克斯，历史，社会及国家学说"）一书第 2 卷的内容，这也说明译本的作者很有可能并未翻阅马克思等人的原著，只是从别人现成的研究成果中作若干选择而为己所用，所以才会出现如此跨度较大的跳跃式引文。

最后看第 4 篇的 1 章即第 11 章，开篇指出 1917 年十月革命，布尔什维克获得了俄国的政治权力，以"一切权力归苏维埃"等标语，宣示了他们的政治方针。"俄国的这一革命，是世界的无产阶级获得政治权力的最初一次，是公开的标出了马克斯主义的革命运动，它具着极重大的意义。它的成就，在某种意义上，影响马克斯主义者至为重大。俄国的无产阶级所执行的这一政治支配，业已经过十年的岁月，基础日见巩固，遂以国际反资本主义运动的枢轴而处于威胁'世界资本主义'中心的地位。要说苏俄十年间的设施，完全是马克斯主义的实行，总不算过火的话"。然后叙述从战时共产主义到实施新经济政策的历史概观，以及经济设施的理

---

① 其今译文见《马克思恩格斯选集》第 2 卷，人民出版社 1972 年版，第 375 页。
② 其今译文见《列宁选集》第 3 卷，人民出版社 1995 年版，第 487、488 页。
③ 参看钱铁如译《唯物史观经济史下册》，上海昆仑书店 1929 年版，第 312 页。

论根据，最后的结论："总之俄国实施新经济政策后，生产力有非常增大之处，这是事实。而且形成苏俄的头脑的干部派人们，视这生产力的增大为走向社会主义经济秩序的一步前进，抱着极乐观的态度，这也是事实"。[1] 这番论述，从开头到结尾，清晰而鲜明地表达了作者认可苏俄经济的发展在马克思主义的指导下取得非凡成就的基本观点。本章叙述，除了列举实例及数据部分外，几乎都在引用、转述和诠释列宁的论述，以此作为主要依据。可是不同于前几章凡引必注的写作规范，此章引用列宁的原话，只是笼统提及列宁的《论粮食税》（原译"关于现物税"）一文，并无对应的引文标注。于是，这些原话，只有部分内容经查证，能够确认出自此文，另一些部分，虽有依凭，却因未标出处而有待查证。出自《论粮食税》的引语，此前国内已有主体比较完整的翻译如见《社会组织与社会革命》译本，出自列宁其他原著的引语，此前国内著述亦有类似的引用内容，故均不必再作转引。但由此可以看出，此篇或此章的撰写，正如作者自序所说，比起前三篇更为草率粗疏，反映到引文的注释上，就是选录别人的著作，甚至来不及逐一查对和标注列宁引证的来源出处。

### （四）结语

从经济史的角度看，专论《社会主义经济之发展》的译本，在当时传入中国的经济学论著里，本来就很少见，用这个专论构成《唯物史观经济史》的下册，更是绝无仅有。译本的整个构架，前三篇分别考察资本主义经济与社会主义经济的特征比较、社会主义经济在资本主义经济内部的孕育过程、从资本主义经济到社会主义经济的转形或过渡时期，以引用马克思和恩格斯的论述为重点依据；第4篇以苏俄经济的发展，作为马克思主义付诸实施的典型例证，其理论与实际相结合的进一步创新，以引用列宁的论述为重点依据。这个思路，也是从马克思主义的经济学分析中，引申出列宁在苏俄推出相关经济措施的理论根据与实践成效。比较上册与中册，下册引用马克思等人的论述，类似于上册，特别是它的第2章和第11章，前者几近通篇都是围绕马克思论述的引用与解说，后者突出以列宁论述作为贯穿全篇的主导。不过，这种引用方式在译本的各章并不均衡，也不统一，显示各章的写作参考不同的研究成果，匆忙之间在材料的取舍选择上难以保证体例的一致。至于说本册这些论述的译文水准，则与前两册大同小异。下册译本的原作者河野密，称

---

[1]　分别见钱铁如译《唯物史观经济史下册》，上海昆仑书店1929年版，第319、343—344页。

此书为处女作，这也是我国第一次翻译出版他的经济学著作。河野不像前两册的作者，在马克思主义的学术研究上建树颇多，以从事实际运动为主。尽管如此，他为了触动读者的心胸，让读者了解指导实际运动的理论根据，从已有著作中选录和汇集马克思、恩格斯、列宁的众多论述，并按一定的逻辑思路将这些论述加以归类和凸显，亦使译本的中国读者，得以领略不同于资本主义经济的社会主义经济之孕育、转形并表现为苏俄经济范式的发展历史。

《唯物史观经济史》原著，在翻译为中文之前，就已引起国内研究马克思主义的经济学者的重视。前述陈豹隐在翻译《经济学大纲》的译者跋里，曾向阅读了理论经济学大纲的国内读者推荐，若进一步研究经济史，"最有用处的书"莫过于日本改造社出版的《经济新史》。这里说的《经济新史》，便是中译本《唯物史观经济史》。陈氏本人也曾想在当年（大概 1929 年）把这本书译成中文，可能随着这本书在 1929 年相继出版，才放弃这个打算。陈氏在推荐这本书的同时，又认为相比经济史著作，关于经济学史方面，实在没有顶好的著作，于此亦可见对《经济新史》原著的推重。

三册《唯物史观经济史》译本，虽说由三位作者分别撰写的三本独立著作合并而成，相互间既有重合，衔接又不很紧密，而且各自的体例也不尽一致，但总体说来，都是按照马克思的唯物史观来设计其结构体系，梳理经济史发展的主要脉络，大量引用马克思等人的原著论述以为根据，并且类似于分工合作而大致涵盖了从原始共产制经济，历经奴隶经济、封建经济、资本主义经济，直至苏俄经济等各种主要社会经济形态的整个经济史发展过程。三位日本学者，虽说从事马克思主义经济学研究的资历不同，有的成果颇丰，有的年轻有为，有的以实际运动为主而在学术研究上只是初出茅庐，但都试图运用唯物史观来建立不同于传统经济史著作的新的马克思主义经济史体系，这也是三册本《唯物史观经济史》得以构成的共同理论基础。三位中文译者，在分头翻译这套书的前后，都具有中共党员的身份，他们将这套经济史领域新的引导性著作，尝试用马克思主义经济学取代资产阶级经济学，介绍给国人，其意图也不言自明。译者之一施存统说，其译本很适合中国现实的迫切需要，应当也代表了所有译者的一致企望。从传播马克思主义经济学的角度来看，这套书给予国人的滋养，不仅在于各种社会形态下经济发展的史实和数据，诸如此类的史实和数据同样可以见于其他经济史类著作，更在于运用马克思主义的立场、观点和方法来梳理和驾驭这些历史资料，进而认识不同社会形态的经济发展特征与趋势，以及人类经济发展的一般历史规律，并为此构建起一个具有科学系统的经济史理论框架。特别是这套系列著作围绕经济史的专题，引用或转述马克思、恩格斯和列宁的原著论述之广泛和深入，令人瞩目。其中包括《资本论》三卷本，以第一卷的内容引用最为详细而其他两卷的要点均有覆盖；《家庭、私有制和国家的起源》一书，几近从头到尾的主要内容都有所述及；《哥达纲领批判》《工资、价格和利润》《反杜林论》或《社会主义从空想到科学的发展》《共产主义原理》，以及列宁的《帝国主义论》《论粮食税》等，均为引用较多或较为集中的著述；另外还涉及《神圣家族》《关于海牙代表大会》《卡·马克思"1848 年至 1850 年的法兰西阶级斗争"导言》等不常见的著述。日本学者撰述各类马克思主义研究专题的著作，一大特色是重视经典作家的原著论述，甚至通篇都由马克思等人原著的引用和解说所组成，《唯物史观经济史》系列译本也是如此。这在今天看来不足为奇，在当时却是引进、理解和宣传马克思主义经济学的重要方式与渠道。尤其对我国读者来说，在马克思等人的原著翻译出版还比较薄弱的情况下，借助这种方式和渠道来认识和传播马克思主义经济学，显得更加重要。《唯物史观经济史》译本，尽管对原著引文的翻译水准不能尽如人意，但在那时国内特定的历史条件下，同样能够发挥这样的认识和传播作用。

顺便指出，对比以上译本运用唯物史观来考察经济史及经济学说史，当时国内谈论唯物史观的自撰著作，一般还停留在简单介绍或通俗解说的水准。如刘毅志著《唯物史观 ABC》，平凡书局 1929 年版，就是一例。这本 86 页的小册子，包含 8 章，分别为唯物论与唯心论，唯物史观，唯物史观的意义，"巴苦儿"的物质的历史观，"经济学批评"的序言，阶级冲突，马克思的《资本论》，结论。此系从正面阐释马克思的唯物史观及其在《资本论》中的体现，但属于 ABC 之类基本知识的"浅释"。比如第 1 章比较唯物论者的理想不同于唯心论者时，解释"像唯物论者的社会主义者想根据马克思底话去实行世界的革命，能期达到共产主义的社会，也还不是'理想'？但是这是根据历史的（过去的）和现存的事实，去理想将来必定有世界的革命发生，而以过去现在的经验去预言将来某种现象必然要到，这个理想，可以叫做'实际的理想'。所以唯物论者也具有理想，是无可疑的。而他们底理想是实际的理想，这又无怪了"①。这样的解释，便体现了那时国内信奉者传播

---

① 刘毅志著《唯物史观 ABC》，平凡书局 1929 年版，第 4 页。

唯物史观的认识水平。当然，也正是此类国人自撰的通俗类解说，经过自我消化吸收，在国内不断普及了唯物史观的影响力，从而为进一步引进将唯物史观深化运用于各个经济学领域的舶来著作，让国人得以扩展认识的视野和提升应用的能力，打下了基础。这种引进与自撰、通俗与深化、普及与提高之间的互动关系，同样浸透在那个时期马克思主义经济学在中国的传播过程中。

## 第四节　重新阐释经济史的其他著作

前述《唯物史观经济史》译本，可谓当时国内运用马克思主义经济学有系统地重新阐释经济史的舶来著作典范。除此之外，同期还有其他一些著作（含译本），虽不及前书那么系统，但同样依据或参考马克思主义经济学的研究方法，在经济史领域的不同课题上，提出各种值得注意的观点。

### 一、有关经济史研究的自撰著作

这里列举国人自行编写的三本专题经济史著作，放在一起作比较研究。

#### （一）《资本主义的发展及其没落》

朱新繁[①]编，陶希圣校订，上海新生命书局 1929 年 5 月 15 日初版，现存 10 月10 日再版本。

此书 214 页，分 11 部分：第 1 部分"绪论"，要点是"经济组织的变迁""资本主义经济组织是社会进化过程中的一个必经阶段"；第 2 部分"资本主义发展的序幕——产业革命"，要点是"机械发明与交通器具的改良""近代资本主义的勃兴——手工业的破产""近代欧美先进国产业发达与农业衰落概况""产业革命对于人类的贡献"；第 3 部分"资本主义的历史任务"，要点是"一七八九年法国大革命的意义""人权宣言的内容"；第 4 部分"资本主义经济学的创立"，要点是

---

① 朱新繁（1907—1945），本名朱雅林，字其华，浙江海宁人（生于上海）；童年在印刷厂当学徒，自称 1921 年加入中国共产党；1925 年参加五卅运动，后受命参加国民党，任广东革命政府俄国高等顾问鲍罗廷的翻译，被派往黄埔军校政治部工作；1926 年参加北伐，任第四军政治部宣传科长；次年调任中共中央政治局秘书，参加八七会议，广州起义失败后转赴港、沪，1928 年受命赴苏出席中共第六次代表大会，因故中途折回；1929 年被任命为红十四军司令，未就任，脱离共产党；后参加《读书杂志》工作，抗战爆发后任西安国民党中央军校七分校少将政治总教官，1941 年被捕下狱至死。

"物质生活对于人类意识的影响——资本主义经济学的发生""利己主义的承认"
"资本主义经济学所主张之经济政策的根本纲领——自由放任主义""私有经济制
及富之不平等分配状态有维持的必要""产业先进国的经济政策的原则";第5部
分"资本主义之最后的阶段——帝国主义",要点是"由自由竞争到垄断""财政
资本制度""帝国主义的五个特质""帝国主义是资本主义发展的最后阶段";第6
部分"资本主义崩溃的必然性",要点是"资本主义制度的罪恶""资本主义之生
产方法的矛盾——生产者与生产机关的分离""生产的无政府状态与产业危机"
"殖民地与宗主国的冲突""矛盾的解决——资本主义的必然崩溃";第7部分"社
会意识的质化",要点是"空想的社会主义与科学的社会主义——由希望论到运命
论""资本主义经济学理论的动摇";第8部分"资本主义崩溃的开始——第一次
世界大战",要点是"由掠夺而起的战争之不可免""第一次世界大战是资本主义
崩溃的开始""大战的损失——资本主义罪恶之斑""大战中殖民地经济之发展";
第9部分"资本主义之部分稳定的意义",要点是"资本主义得到部分稳定的几个
原因""资本主义生产合理化的意义""资本主义的稳定是暂时的";第10部分
"欧洲经济的衰落",附"日本帝国主义经济的危机";第11部分"资本主义危机
的再来",要点是"帝国主义矛盾的尖锐化——第二次世界大战的危机""对于世
界资本主义的一个可怕的威胁""殖民地解放运动之历史的意义""资本主义运命
的终了——结论"。

　　依据这个目录,全书显然站在马克思主义,包括列宁帝国主义论的立场上,论
述资本主义经济组织从产生、发展,促进经济的进步并形成诸如利己主义、自由放
任主义及维护私有经济制度及财富分配的不平等状态等经济特征,到垄断取代自由
竞争和金融资本支配的帝国主义阶段,使得资本主义的一切矛盾诸如生产者与生产
资料的分离、生产的无政府状态和经济危机、殖民地与宗主国的冲突等都紧张或激
化起来,由生产力发展的动力转为阻碍生产力发展并进入趋于灭亡或垂死的没落时
期;第一次世界大战的罪恶标志着资本主义崩溃的开始,虽然大战后资本主义由于
生产合理化等原因而出现部分和暂时的稳定,终究不能阻止其衰落趋势,接踵而来
的帝国主义矛盾的尖锐化孕育着第二次世界大战的危机、社会革命对世界资本主义
的威胁和殖民地解放运动的发展等因素,宣告了资本主义命运的终结。正像书中最
后的结论所说:社会进化的规律已经决定了资本主义的必然崩溃,"现在事实更照
示了资本主义的崩溃已经将要临到了",此即"产业的危机,工人阶级的革命化",

"帝国主义相互间冲突的尖锐化","社会革命殖民地革命运动的兴起"。"无论帝国主义的学者怎样解释,帝国主义的运命已到了将终了的时候了！这是历史的铁律所决定,决不是帝国主义学者能挽回"。[①] 这个结论,与同期出版的《帝国主义没落期之经济》译本（见后面考察）的分析,有相似之处,而且也是针对所谓帝国主义的学者。不过,《资本主义的发展及其没落》一书,容纳的内容更多,既谈资本主义的没落,也谈资本主义的发展以及从发展到没落的转变,还从经济组织的演化延伸到社会意识的演化。

社会意识的演化,涉及相互联系的三个层面。第一层面从空想的社会主义到科学的社会主义:资本主义发展的初期,生产关系适应生产力的发展,"一切的矛盾还没有显现出来,因此资本主义经济组织正为一般人所赞美,所歌颂";但是资本主义发展到相当的阶段,"矛盾的暴露,社会一切罪恶现象的发现,渐渐引起一般人的不满,因此而有社会主义思想的发生"。"社会主义思想的发生,在开始完全是一种空想的,因这一班空想家不满意社会现象,但是他们不能从客观上分析现社会的构造;因此他们不满意现社会,而没有颠覆现社会,更没有认识现社会之必然崩溃而努力,他们只描写自己脑子里的希望,完全是一种主观的要求,至于实现这个理想的必须条件是什么,他们完全没有想到。所以无论理想得如何美妙,结果也只是一个美妙的梦而已。这些没有一点科学根据的缺乏实现可能的空想的社会主义,是初期社会主义的特征"。其重要代表有圣西门、欧文、傅立叶等人。初期的社会主义理想都具有空想的性质,把未来的理想社会描写得非常精密,但实现的方法只有诉诸人们的理智或道德的感情,想拿这个理想感动人。"他们所用的方法,和宗教家或道德家想扩张其一定的宗教或道德所用的方法,没有多大分别。要想把全世界的人们都用道德来教化,不用说,是一件极困难的事"。虽然初期社会主义的理想具有空想的性质,但也不可忽视初期社会主义思潮的意义。"初期社会主义实在是科学社会主义的前驱,没有这一个空想的社会主义思潮,未必就能发生科学的社会主义"。

第二层面空想社会主义在当时社会意识上产生很大的影响,最显著的是引起资本主义学者的动摇。如约翰·斯图亚特·穆勒受圣西门一派的影响,"开始对于资本主义经济学由动摇而竟至叛变"。"资本主义经济学与社会主义经济学之间的最

① 朱新繁编,陶希圣校订《资本主义的发展及其没落》,新生命书局1929年版,第214页。

大的分别，在于对资本主义的经济组织之下所施行的种种经济法则主张其有永久性质与否，不用说，资本主义经济学是认为有永久性"。穆勒起初也是如此，后来"渐渐的变为否认资本主义经济组织的永久性了"。

第三层面社会主义的演化经过相当时期，渐渐脱离空想而趋于现实，最重要的是卡尔·马克思的学说。"他从经济之基础组织研究着手，发见了社会的经济组织，决不是人的意旨所能左右，一切社会的经济组织，都是应于那个社会的物质生产力的发达程度而定。社会底生产力增加生产方法变化，无论你愿意不愿意，社会的经济组织是一定要随着变动的"。这是马克思学说的"一个根本原则"。他在资本主义的祖国英国，数十年研究社会经济，"结论都是从精密的客观的分析中得来的，所以世人都称他为科学的社会主义者"。"自从他的学说出世以后，社会主义，才脱离了空想的领域，而资本主义之必然崩溃，也由希望论到运命论；所以自他学说出世以后，社会主义运动遂开了一个新纪元"。科学社会主义对资本主义制度的说明，散见《共产党宣言》各段。接着摘录式引用其第 1 章的十几段论述，包括"从中世底农奴当中，发生最初的都市的特权市民。从这些特权市民发展起来就是有产阶级的最初构成分子"，直至"大工业及世界市场建设以来，那近代代议制度国家的政权，就便他们一手把持，国家的行政机关，只算办理他们公共融和的一个委员会罢了"；以及"我们从此可以晓得，做有产阶级基础的生产和交换机关，是萌芽在封建社会里面的"，直至"有产阶级越发展，跟着以同一的比例，无产阶级也越发展起来了。这无产阶级，就是近代劳动阶级——就是有工做才能够生活，又必须他们的劳动能够增加资本才有工做的一些人们"[1]。

这些层面的叙述，作为全书的缩影，可以看到著者的编写特点。一是坚持马克思主义的分析取向，运用唯物史观来考察资本主义的发展及其没落，以及与经济组织的变化相适应而表现为社会意识的演化过程。为此，书中搜集的各种材料，划分的历史阶段以及贯穿的逻辑结构，都是围绕这个分析取向来安排。同时也感觉此书从资本主义经济组织的变迁入手，又不时跳出经济组织的范围去谈论诸如法国大革命，人权宣言，社会意识性质的变化及世界大战的罪恶等政治、社会和意识形态方面的内容，尽管都与经济组织的变迁相关，但毕竟显得比较散漫，缺少严密的整

---

[1] 引用《共产党宣言》中有关论述的原文，其今译文分别见《马克思恩格斯选集》第 1 卷，人民出版社 1972 年版，第 252—253、256—257 页。以上引文除另注外，见《资本主义的发展及其没落》，新生命书局 1929 年版，第 120—121、125—126、128、130—134 页。

合。二是注重社会主义从空想转变为科学的经济基础变化、前后继承关系、本质特征差异以及马克思经过数十年科学研究所作出的开创性贡献等，概括表述了那时国内有关科学社会主义的基本认识。在这个转变过程中，又特意插入一段有关约翰·穆勒受空想社会主义影响而对资本主义经济学产生动摇甚至叛变的议论，然后引出科学社会主义对资本主义制度的说明，似乎是说在经济学领域，穆勒逐渐否认资本主义经济组织的永久性，为马克思科学解剖资本主义社会的先导。这个议论，放在全书的结构里，显然有些不伦不类，既不是对前述资本主义经济学基本理论的系统批驳，也未曾改变穆勒作为资本主义经济学的集大成式代表人物的正统地位。类似的议论，早已流行于国内有关著作，此书编写者恐怕不愿舍弃这种让人感兴趣的材料，拿来硬插在这里。三是全书经常大段引用各种人物或著作的原文，以此便于理解书中评骘人物思想的真实涵义，并能接触到一些不常见的内容。但此类引用，往往不加梳理和分析，加上翻译的欠缺，不免给人以堆砌和生硬之感，包括书中大量引用《共产党宣言》第 1 章的原话，也是如此。不过从全书的分析逻辑看，有些相似于稍后出版的《唯物史观经济史》一类的译本，所以此书的编写，应是参考过类似的著作。

**（二）《战后世界资本主义研究》**

巴克著，上海明日书店 1929 年 7 月初版。著者同年 5 月在上海作序称：

起初没有打算做这样将近 30 万言的文字，只想作一篇 5、6 万的文字来说明战后资本主义的一般趋势。待到提到笔来，觉得不但在材料方面不能限于只作 5、6 万言的计划，而且在中国目前大家都感着智识荒的时候，好似非改变计划不可。到底计划改变了。改变后而产生的东西，能否对读者有丝毫的贡献，"我是不能自信的，而且无从可以自信"。不过，历史告诉我们，"巨大的时代"快要到来了。我相信，居在这样有意义的时代，照理不该放弃历史和时代所赋予的重大任务。要负起这个任务，"非先洞悉这个时代的内幕不可，就是非认清自己的环境不可"。本书就想在这个情势下尽一点细微的责任。至于能否尽了这个责任，请读者自己去评价了。

本书 4 篇，为装订的便利，分上下两卷。上卷去年 11 月开始动笔，中间因材料和各种关系，延搁了许久，到今年 2 月才作成。下卷完成的时期，恰是"革命的五月"，"这使著者在此书的完成时，不得不在心坎上有丝微的特殊的感动了"。自动笔之日起，至作成之日，除开中间没有做的日子，仅四个月；时间匆促，确是事实，所以难免有遗漏的地方。书中所用的专门名词，如各国银行、托拉斯之类，有些音译，有些意译，作者自己已觉得欠统一，当然要使读者更觉得不统一了。"不过这也不是作者个人的缺点处，实在是中国整个的出版界的缺点处呵"！"专门讨论现代资本主义经济的书，在中国目前还不多见；万一因此书的关系，而使中国的出版界多发表关于此类的书籍，就使中国的读书界多注意于现代的国际的经济政治问题，那就是作者对于此书的希望已经达到大半了"。①

序言中有的说法，意思比较隐晦，如"巨大的时代""革命的五月"等。但可以明确的是，此书研究和说明战后世界资本主义的一般趋势，借此不仅可以弥补现代资本主义经济方面中国目前存在的智识荒，而且意在引导出版界和读书界更多关注现代国际经济政治问题。至于译名或音译或意译的不统一现象，可见是那时研究世界经济并参考国际经济政治著述所面对的普遍问题，尚未有很好的解决办法。作者特别提到如此篇幅的著作，匆促在 4 个月的短时间内写完，显然是为了担负起历史和时代所赋予的重大任务，尽快洞悉时代的内幕和认清自己的环境。那么，这个重大任务是什么？正是要从这本书的研究中所找出的答案。

上卷 254 页，除绪论外，第 1 篇战后世界资本主义之稳定问题，分战后世界资本主义之史的发展，世界资本主义稳定之事实，世界资本主义稳定之事实的内幕，世界资本主义稳定之基础的要素，世界资本主义稳定之危机 5 章；第 2 篇战后世界资本主义之资本的集中问题，分战后资本的集中，资本集中之基础的要素，资本集中与"生产舆论"的形态，资本集中与政治的形态，资本集中的国际化，资本集中与企业家的组织，战后资本集中之根本倾向，资本集中与国家资本主义，资本集中与劳动者阶级 9 章。下卷 271 页，第 3 篇世界资本主义之合理化问题，分资本主义合理化的意义，资本主义合理化的方法，各资本主义国合理化的特质，资本主义合理化的危机，资本主义合理化与"普罗列塔利亚特"（今译"无产阶级"）5 章；第 4 篇世界资本主义之帝国主义问题，分帝国主义的形相，世界资本主义之经济与资本输出的新趋势，世界资本主义经济与外国市场获得斗争的尖锐化，世界资本主义经济与重工业的原料获得斗争的尖锐化，世界资本主义经济的构成与帝国主义国家之政治的新倾向，诸势力的结合关系的移动与"布尔乔亚"（今译"资产阶级"）的国际会议的世界政策之基调，诸势力的结合关系的移动与布尔乔亚的国家反苏俄

---

① 巴克著《战后世界资本主义研究》，明日书店 1929 年版，"序言"。

第二章 传播马克思主义经济学的各种著作及其对立面

战线之展开，世界资本主义经济与劳动者阶级运动，世界资本主义经济与殖民地革命的民族运动9章。以上两卷的正文，目前只见上卷，下卷未得见。上卷绪论应是全书的宗旨，大意如下：

我们目前除"未来的无阶级的而基于私有财产的社会主义的社会组织"尚不知道外，"自有历史以来的社会组织，均在其发展期中，不但创造出推翻它自身的条件，而同时创造出它未来的代替者的物质准备条件"。过去的原始共产主义社会、农奴社会、封建社会，都是这样进行着，有历史的事实摆在面前，"如果我们不是瞎子，不是绝对的唯心论者，决不会有如何的反驳"。过去的历史已经过去，除了在历史的进化上有研究的必要外，"无论如何没有研究现代的历史的重要"。"现代的历史，是资本主义发展到最后帝国主义时期"。固然，我们［中国］目前外表上所处的不是资本主义的社会，"是小农经济组织刚正在破坏过程中的社会"，但"无论如何不能说我们没有受到资本主义的影响，就是说，还不是资本主义发展到最后阶段的帝国主义时期"。"事实是万不能遮掩得过的，目前的时期，是帝国主义以财政的锁链，把全世界捆扎起来，又以铁血的绳索，把全世界里的各民族各人种的普罗列塔利亚特牵联起来而扼制于财政资本的独裁制的富人政治之下。处在国际帝国主义压迫和侵略下的我们，更要认清目前的世界，是如何的世界，目前的时期，是如何的时期"。只是知道目前的世界是战争的世界，目前的时期是帝国主义的时期，"我们还仍是不能了解这个世界与这时期的内容"。这个"笼统的观察与判断"，谁都知道而且会这样说。

说到世界战争的意义，前次世界大战是很好的历史研究资料。若信这次战争为正义、人道、防御，那没有意义可言。固然，这次大战，欧洲的社会民主党自名为革命的普罗列塔利亚特领导者，被资本家欺骗而喊出保卫祖国的口号，把几千万普罗列塔利亚特送到前线，他们拿生命所换来的代价是战后加重的压迫和榨取。实际上，"这次战争，是欧洲的资本家为争夺市场，为争夺原料地而起的战争，亦就是资本主义竞争最后的形式而为资本主义发展必然的附属物"。详细说，"资本主义社会的特征，是资本家阶级的生产机关的独占，榨取普罗列塔利亚特的工银劳动"，以利润为目的的商品生产，"资本家为获取利润，必需以最大的规模的发展生产力与扩张资本主义的生产关系的区域"，其结果，"资本主义的发展最初是不断的生产力的生长与资本家的财产关系间的矛盾；其次，生产的无限扩张与劳动群众有定的消费间之展开的矛盾引起周期的恐慌与劳动大众的广大的失业"；"这都是扩大资本主义的竞争，由这竞争的最后的形式而成为世界的大战"。所以可以说，"帝国主义的战争，就是目前世界的战争，是资本主义最深锐的矛盾的结果，同时，亦是决定资本主义之最后命运的表现"。

说到帝国主义时期的内幕，可深深地玩味"资本主义最后的阶段是帝国主义"一句话。换言之，"帝国主义时期，是资本主义将死的时期，是资本主义回光返照的时期"。过去的历史明显告诉我们，最有意义最伟大的时代，是某种社会组织将死的时期，这是革命到来的时期。"同样，目前的时期，是很有意义的与伟大的革命时期呵！这就是帝国主义的时期的内幕，亦是我们所要说和应注意的内幕"。"帝国主义的发展，不仅在目前已创造出推翻资本主义的条件，而且同时创造出社会主义的物质准备条件"。世界历史自18世纪到20世纪初期，进入新的资本主义时代。这次欧洲大战，"不但不是这个新时代的告一段落，而仅是为这个新时代所蕴结的初次表现而且使这新时代继续不断的扩大和伸张"。这个新时代，拿经济术语来说，就是19世纪资本主义发展的"自由竞争"地位，到20世纪，因资本主义的痉挛发展和四处冲突，让位给"独占"。这个时代的特点，就是空余的殖民地都被瓜分了，"于是开始就有为重新分配殖民地与势力范围斗争而起的采取狰狞的武装冲突的形式"。前次欧洲大战，是它的第一次反映。"这新时代的来临，很明显的是资本主义社会主要的力学法则的发展之结果"。资本主义进到最后阶段而为帝国主义，"其发展的历史很明白的是由工业资本进为财政资本"。工业资本时期，资本的积蓄与集中，已显现其扩大的作用，到财政资本主义时期，更进而引起强大的独占联合的组织，"以银行为连锁的企业大联合之新形态"。在这个新形态下，"工业资本遂以银行资本而渐没落"。这一点，"就是工业资本时代入于财政资本时代的关键"。

20世纪的资本主义，是"'独占'时代的资本主义"。其特点，除了工业资本因银行资本而没落外，还有几点：一是逐渐使用复杂的机械、化学方法及电力等，使资本的有组织兴起，"创造出社会主义的物质准备条件"；二是利润率减低的结果，更加榨取殖民地及半殖民地的剩余利润，"激起殖民地和半殖民地的民族革命"；三是庞大的生产逼着寻找新的市场需要，原料与燃料价格的高涨又逼着去获取这些原料与燃料的来源，"这两者都是形成帝国主义间为重新分配殖民地的斗争"；四是用高关税制度防止他国的商品输入，更加激励资本投到外国，"形成世界资本主义经济的各部分间之经济冲突的决定的特殊形式"；五是资本家为了补偿竞争、恐慌、战争的损失，采取"基于剥削工人阶级的所谓产业合理化"，"愈创造出推翻资本主义的条件——普罗列塔利亚特反抗的尖锐化"；六是财政资本发展到国家资本主义的形态，在这个过程，"易于引致国外市场与原料地的斗争和产业的军事动员而造成军国主义的破天荒的发展"。帝国主义的这些特点，很明显地推进了两方面的结果。第一，最大程度地重演资本主义的矛盾从而创造出推翻它自身的条件。一方面，争夺殖民地、原料料料与投资范围的独占，极端加重资本主义发展的一般不平衡，财政资本的列强之间为重新分配而冲突，换言之，资本主义独占形式的结果，"必然的随着而来的包含着极大的区域与极进步的技术的破坏性而且在世界史中无可比拟的帝国主义战争"；另一方面，以财政资本的独裁制辖制全世界的劳动者阶级，用铁血的绳索将他们连锁起来，"使他们同走上革命的道路而做挖掘者的工作"。第二，强大地发展了世界资本主义的生产力，为创造社会主义社会组织，准备了物质条件。目前世界产业的生产力的生长，已经使经济生活更为国际化而溢出帝国主义国家有限的界域，需要产业的世界组织或国际组织。然而矛盾在于："在生产力已需要国际的组织的境地，帝国主义的财政资本还是极端的走向个人的、独占的资本主义的托拉斯的道路，当然不免在客观上要发生极大的阻碍了。这个阻碍，就是覆没资本主义在其自身带来的矛盾之下"。

20世纪的资本主义，一切方面不过进行着以上两条路。欧洲大战开始表现"其崩溃与矛盾的利害"。战后资本主义的命运如何，很明白的取决于战后的经济组织是否基于这个新时代所带来的"独占"。不用说，"世界大战后的经济趋势与战前的经济趋势的不同，不是根本的不同，是程度的不同罢了"。明言之，"战后的经济趋势，是基于二十世纪而来的独占上的而到处更表显其尖锐化与深刻化呵"！经历这次欧洲大战的巨创，照理说，世界经济比较战前的经济，要更趋于不好的境地。固然，战后几年，世界经济总计比战前不好。但1924年以后一直到现在，无论贸易额和生产额，都追上战前的形势而且有超过之势。据此，不仅"布尔乔亚的经济学者"反驳我们，普通人的心理也这样想，"这未始不是可证明世界资本主义有存在的可能"。换言之，"世界资本主义已进于稳定的境地"。"我们不反对这个历史的事实"，但要进一步考察"这稳定的发生与性质"。"因为历史的意义，往往就深深的含在于外表上看起而相反的事实上。这就是说，目前世界资本主义的一切的问题，都深深的蕴藏在资本主义的稳定的问题上"。研究世界资本主义的人们，"请不要轻轻地放过目前资本主义下的局部的暂时的稳定的问题吧"！本书四篇说明所讨论的，就是这个问题。①

看了这篇绪论，恍若以另一种表达方式，解读列宁的《帝国主义论》，虽然全篇未提列宁的名字。整个绪论的核心，就是深入体味或具体诠释帝国主义是资本主义的最后或最高阶段这句话的精神。以上如此详细地摘录绪论的论点，还因为它概括地阐述了全书的基本思想。如果对照前面列举的上下卷目录，可以发现，绪论的论述，根据唯物史观的原理，大致按照历史的沿革，先说明有史以来各种社会组织的进化，均在其发展过程中创造出推翻自身从而准备未来代替者的物质条件，然后说明资本主义的发展也是如此，现在发展到最后的帝国主义阶段，其内幕正遵循同样的经济趋势，在生产力或物质条件得到极大发展的同时，资本主义的矛盾也发展到极端或尖锐化，从而预示着资本主义即将崩溃；这是以欧洲大战为标志，战后的趋势继续激化着战前的固有矛盾，虽然目前资本主义进入稳定情势，但并不意味着其根本性质发生了变化，只不过发展的程度有所不同而已。全书的论述，着眼于战后世界资本主义的发展，反过来先从目前出现的稳定问题入手，然后分别说明资本集中问题、资本主义合理化问题和帝国主义问题，好像先后次序有些颠倒；其实这是针对当时世界资本主义进入稳定状况后，资产阶级经济学者反驳资本主义会崩溃的论点和一般人认为资本主义仍将存在的心理，意在首先指明这种稳定并未改变问题的实质，进而分别说明稳定的表面现象无法掩盖资本主义各种内在矛盾的扩大化和尖锐化趋势，最后仍回到绪论所概括得出的结论。因此，明白了绪论的大意，全书的主旨也就尽在掌握之中。

绪论另一个着眼点，引导国内读者明白，虽然目前的中国社会从外表看来，尚处于小农经济组织刚被破坏的过程中，还不是资本主义社会，但不能否认受到资本主义的影响，不能否定中国同样进入世界资本主义发展到帝国主义阶段的时期。或者说，中国正因为落后，事实上更加处在国际帝国主义的压迫和侵略之下，更加摆脱不了帝国主义通过金融资本的锁链来捆绑整个世界，再以铁血方式扼制全世界各民族各人种的无产阶级服从于金融资本独裁制的富人统治这一影响。因此，国人更要认清自己的处境，了解目前处于什么样的世界和时代。认清这一点，不能只是笼统的观察和判断，必须作深入的研究，进一步认识这次世界大战的意义与帝国主义时期的内幕。这个引导过程，完全依据由列宁发展了的马克思主义学说。如对世界

①《战后世界资本主义研究》上卷，明日书店 1929 年版，第 1—8 页。

大战的认识，既排除各交战国所谓正义、人道或防御的宣传论调，也排除欧洲社会民主党在保卫祖国的名义下让大批无产阶级上前线送死的欺骗谎言，明白其本质特征是资本家阶级独占生产资料来榨取无产阶级的雇佣劳动以追逐利润，最初形成生产力的增长与资本家的财产私有关系之间的矛盾，进而生产的无限扩张与劳动群众的有限消费之间的矛盾积累又引起周期性恐慌与大批劳动者失业，直至资本主义的竞争扩大到全球领域，最后发展为争夺市场、原料地的世界大战。所以说，世界大战是帝国主义的战争，是资本主义矛盾深化和尖锐化的结果，也是决定资本主义最后命运的体现。又如对帝国主义时期内幕的认识，围绕着帝国主义是资本主义的最后阶段这个概念，阐明其涵义为资本主义临近灭亡或处于回光返照的时期，也就是帝国主义的发展已经创造出推翻资本主义的条件并准备了社会主义的物质基础；其特征是在资本主义的自由竞争让位于独占或垄断的新时代，金融资本取代工业资本成为主导组织形态，新兴生产力使资本有组织地兴起，利润率下降趋势促进加紧榨取世界其他地区的结果激起殖民地和半殖民地的民族革命，寻求新市场和原料燃料来源的需要促成帝国主义各国之间重新分配殖民地的争夺，商品关税壁垒和对外投资需求决定了世界资本主义之间经济冲突的特殊形式，资本家通过所谓产业合理化来加强剥削造成无产阶级反抗的尖锐化，金融资本在国家的对外争夺和产业的军事动员过程中造成军国主义前所未有的发展等；其进程一面在全世界范围内加剧资本主义的矛盾，帝国主义战争破坏了广大地区和技术的进步，金融资本独裁制调动了全世界的劳动者阶级共同走上成为帝国主义掘墓者的革命道路，一面超出国界极大发展了世界资本主义的生产力，从而使个人独占的金融资本在客观上成为极大的障碍，结果资本主义势必覆没在自身的矛盾之中。至此，可以说清晰表达了编著者的意图，不仅引导读者去明白帝国主义作为资本主义的最后阶段，其实质和特征决定了它必然走向灭亡的趋势，而且回答了这种引导，正是他在序言里所说的历史和时代所赋予的重大任务，自己要承担起这个责任。在他看来，特别是在战后资本主义进入稳定状态的当前时期，不能被这个暂时现象迷惑，更需要认清我国所处的时代和环境，意味着应当继续为反对资本主义和打倒帝国主义而努力。这应该也是此书的全部宗旨之所在。

作为印证，还可以从上卷选择若干论述作为例子。譬如：论及战后资本主义的危机，认为应先了解这个事实："资本主义制度的今后的整个的发展是完全的跟着从前的资本主义的危机时代所造成的形态而展开的"；尤其最近的资本主义危机，

"是世界战争及战后的状态所结果的整个世界经济根本的构成的变化，且这种变化必然的加紧资本主义之千百倍的矛盾而将致之于死亡"。现在，"苏俄不加入世界资本主义的连环里而独树一帜的站在社会主义的基础上存在着"，下面，单从经济的见地，说明"苏俄社会主义建设发展之对于资本主义稳定的影响"。俄国在革命前，是世界资本主义国家一个很好的商品市场和资本市场，"实为世界资本主义经济发展所不可缺的条件"。俄国革命后，世界各国的商业正在重新恢复，这里要注意，"这种社会制度相反的两者间之商业关系"，对于社会主义的建设有何意义？对于世界资本主义的稳定有何意义？在这个进程中，"苏俄的经济不但能存在而且因此促进其发展，这确为资本主义发展的重大的危机"。事实证明，与资本主义本质相异的苏俄社会主义经济，其发展"确是非其他资本主义国所能追随的"；因为苏俄社会主义经济的进程，"能以一定的计划合目的的使用之结果"。不仅苏俄共和国农业工业的长足进步，为资本主义国家所不及，重要的问题还在于，这个发展的方向，不是"俄国经济内部的资本主义质素战胜了社会主义的质素而发展"，而是社会主义的发展。苏俄符合建设社会主义经济的必要条件，一是"工业的发展，要比其他产业更有急速的发达"；二是"'国营'及'协同组合'的生产，要比'私营'的发展来得急速"。"所以我们知道苏俄的工业化是社会主义的工业化，且同时知道它的社会主义经济逐渐向着建设完全的社会主义的社会组织的途上前进。因此，难怪苏俄社会主义的发展，要成为直接地破坏资本主义的重要的要素了"。①

　　这是以苏俄为例，意在从经济上说明两个密切相关的问题。一是从外部看，苏俄社会主义经济，在社会制度的本质上与各国资本主义经济完全不同，一方面通过革命改变了过去作为世界资本主义国家不可缺少的良好商品市场和投资市场的状况，另一方面通过计划方式达到自身的经济目的，在工农业方面取得其他资本主义国家所无法企及的长足进步；因此，苏俄经济的存在和不断发展，确实意味着世界资本主义经济的重大危机。二是从内部看，苏俄经济的发展方向，并不是像一些庸俗者所说的那样，是资本主义因素战胜了社会主义因素（显然指新经济政策取代战时共产主义而言），而是按照建设社会主义经济的必要条件，一面推进社会主义工业化的进程，一面让国营及合作经济比私营经济发展得更快，行进在建设完全的社会主义社会组织的道路上；因此，苏俄社会主义的发展，直接成为破坏资本主义

---

① 《战后世界资本主义研究》上卷，明日书店 1929 年版，第 68—76 页。

的重要因素。显然，这是站在苏俄社会主义经济的立场上，以此论证战后世界资本主义的危机趋势之不可避免。

又论及战后资本集中的新发展，针对社会民主主义者以及一切资产阶级御用学者所谓"经济民主主义"或"超帝国主义"的发展等，揭穿这是用来欺骗广大劳动者阶级的说法，用自欺欺人的方法来掩盖资本集中的内幕。概括资本集中的几种根本倾向：一则"无非是继续不断将社会上存在的价值，集中于少数的手中"，全然没有新的创造；这种限制生产的根本倾向，"实是资本主义的经济的崩溃与腐败过程的产物，且从此愈加展开资本主义的寄生的性质了"。二则资本家为了避免战后资本主义特殊的慢性恐慌，除了生产限制外，唯一方法是加强对劳动者阶级的榨取；随着战后资本集中而发展起来的企业家组织，在全世界的资本主义国家，对于劳动者阶级普遍实行降低工资、延长劳动时间、回避社会立法、增加劳动强度、利用失业预备军及怀柔"劳动贵族"和建立法西斯团体等方法，这是"资本家用来适应于集中化的资本的情态与势力关系的状态底下的最善的方法"。三则股份会社是资本集中的主要样式，由此幻想能进行全社会利益的分配，可以深入广大群众与广泛资本的范围而实现资本的"民主化"；这到底是幻想，股份会社的发展在集中化的资本进程内，没有改变其实质，不过从表面看，"确是容易用于作很巧妙的欺瞒诸君的政策"。四则资本集中化的结果，推动了反动当局的严密组织，也推动了劳动者阶级的严密组织，"使他们更能认识斗争的目标和更能明确地把握着整个的事态，以及洞悉了解解决问题的根本的方法和其最有效的手段"。五则资本的集中化是帝国主义及其反动的主要动因，无论在军事、政治和经济上，"现代帝国主义政策，是均与集中化的资本密接的结合起来，而愈暴露了帝国主义的真面目"。①

这样的概括，果真是不给社会改良论者和资产阶级经济学者的辩解留下任何余地。所有关于战后资本集中的论据，诸如促成资本主义的经济腐败和寄生性从而限制生产，凭借集中态势来强化对劳动阶级的剥削以避免恐慌，利用股份公司来制造资本民主化的虚幻假象，推动劳动阶级的严密组织从而提高阶级觉悟和加强有效斗争手段，刺激帝国主义形成各种反动政策并显露其真面目等，其结果都是指向资本主义发展到最后阶段的末路，而不是相反。

此外，资本集中与国家资本主义的论题，还以"尼古拉"所著《帝国主义论》

的名义，引用其中一段话："资本主义达到了帝国主义的阶段，当接近于最广泛的生产的社会化而进行时，资本主义在某种程度常反于资本家的意志，实在是为资本家所不知的，而由自由竞争趋向一种为完全社会化的过渡的新社会秩序中。生产是社会化了，然其领有，则依然是私的。社会的生产手段，依然是少数人的私有物。"① 接着说，现在的资本主义正属于这种过程，并在这种过程中表现为国家资本主义。对此，我们的明确结论："国家资本主义，是资本主义经济组织进到最后的阶段下的生产力与生产关系的矛盾达到尽途时，而谋摆脱这个矛盾，反是增大这个矛盾的一个经济形式。因此，它亦可说是从资本主义到社会主义过渡期中诞生的一个历史的经济形式"。从国家资本主义的经济活动和性质变化看，可知它的进展，反倒愈加促进资本主义制度的全体不确定性，由此更坚定了我们的理论："国家资本主义，是资本主义的死灭的前夜"!②

何以不明说列宁而假托尼古拉的名字，不得而知。然而这是整个上卷本经常引用列宁的帝国主义理论，而鲜见提到列宁著作的一处地方。这里提到国家资本主义概念，曾引用"瓦尔加"的解释，其本质是"想在资本主义的基础上，克服生产力与生产关系的矛盾"，然而到底是一个无法彻底解决这个矛盾的妥协③。可见这个概念，既不同于列宁的新经济政策，在无产阶级专政条件下所体现的国家资本主义观念，也不同于资本主义最后阶段的帝国主义概念，专指在资本主义基础上，又在资本主义到社会主义的过渡时期，试图通过资本与国家政权相结合来调和生产力与生产关系矛盾的特定资本主义概念。对此，编著者的态度非常鲜明，断言无论战后资本主义翻出什么花样，都不能改变资本主义最终走向灭亡的命运。这种决然的态度，不仅体现在全书的上卷，也应贯穿于其下卷，这一点，只须查看下卷的细目，便可了然。既然如此自信，为什么编著者在序言里，又对其书能否给读者以丝毫的贡献，表示"不能自信"，而且"无从可以自信"？对此，恐怕不能只用谦逊作解释，还有另外的原因。此书属于编著，也就是编辑他人的著作整理而成，翻阅其上卷，明显感觉许多表述，带着翻译的味道，却又不曾有一处标明参考的书籍或引用的出处，而以编著者自己的口气表达出来。由此显露的问题，一是全书的结

① 这段引文出自列宁的《帝国主义论》。其今译文见《马克思恩格斯选集》第3卷，人民出版社1972年版，第748页。
② 以上引文除另注外，见《战后世界资本主义研究》上卷，明日书店1929年版，第237、240、247页。
③ 《战后世界资本主义研究》上卷，明日书店1929年版，第238—239页。这个解释，似出自前面宁敦伍所译伐尔加的《帝国主义没落期之经济》一书，此译本有专论国家资本主义一章。

构，安排战后世界资本主义的稳定问题、资本集中问题、合理化问题及帝国主义问题 4 个论题，相互之间缺少严谨的逻辑联系和理论说明，似乎是为了便于把搜集到的材料，分门别类地填充到这四个题目里。二是书中列举不少的各国实例和数据资料，但参差不齐，在各章节或各论题间的分布也极为不均；大概有些现成的材料比较充足，故相应安排的篇幅也较多，有些材料较少，论据显得不那么充分，只能匆促下些断语。这样看来，所谓战后世界资本主义"研究"，应是选用或展示别人的研究结果。三是由于不同论题之间缺乏贯穿一致的理论逻辑，所以相关的论述，经常重复出现，或者在某个论题里，又经常旁生枝节，从一个问题跳到另一个问题。诸如此类的不足，令编著者产生不能自信或无从自信的忧虑，也就可以理解了。然而即便如此，这本书仍值得关注。它不仅如编著者所说，是当时中国还不多见的专门讨论现代资本主义经济的书，而且抓住战后世界资本主义产生的一些新现象新问题，运用马克思学说特别是列宁学说予以剖析，意在揭穿辩护者所散布的幻想和欺骗，拨开迷雾所掩盖的事实真相，不管这种剖析是拿来别人的成果，还是自己坚定的信仰，终究以战后世界资本主义的发展没有改变资本主义必然没落而为社会主义所取代的趋势这个基本结论，作为引导国人洞悉时代内幕和认清所处环境的基调。这个基调，为国人自撰的《资本主义的发展及其没落》与《战后世界资本主义研究》二书所共有，又正好出版在《唯物史观经济史》译本即将问世之际，这在我国的经济史研究领域，应不是偶然的现象。

### （三）《经济史概要》

这是国人自己尝试编写的经济史著作，刘伯刚①编，上海乐华图书公司 1929 年 12 月初版。

从编者序看，强调两点：一是研究社会的时候，将社会上所发生的种种事件照年代的顺序连贯起来，那只能是一种传说，算不了历史。研究历史要有一定的研究方法，拿资本主义社会来讲，这个社会是过去一切社会的历史发展的成果。不用说，资本主义社会和过去任何社会在本质上是不一样的，但是在它的里面却以发

---

① 刘伯刚（1899—1985），原名刘懋镛，奉天（今大连市）人；随父读私塾，后到南满中学堂就读，1921 年东渡日本，考入东京大学经济部修业 7 年，留学期间 1927 年加入中国共产党，同年毕业回上海，到苏北从事革命工作；1929 年调到满洲省委秘书处工作，1930 年被派到东北陆军讲武堂做兵运工作，同年被捕，1934 年出狱，与党组织失去联系；1945 年同克山地区的爱国进步人士组织克山大同盟，建立人民武装，1946 年奉调去铁路局当秘书，参与组建北安中苏友协并任会长，1948 年恢复党的组织关系；1953 年任哈尔滨文教用品公司副经理，1956 年调到中央对外文化联络委员会。

展、衰落、歪曲诸形式，包含着过去各社会的种种关系。照这样说来，想究明过去各社会，必须先了解资本主义社会，才可以达到目的。所以马克思说："人的解剖，是对于猿的解剖之一把钥匙"①。二是人类生活的基础以人类的肉体为根据，人类为维持自己的肉体，非从事物质生产不可。从事于物质生产的过程，人类不单对自然起了一种作用，同时在人类相互间也形成一定的关系和组织。人类与自然的关系——生产技术是"人类生活上永久的自然条件"，可是在社会上人类相互间的关系与组织——"生产关系"，是和生产形式共同向前发展的。某一时代生产诸关系的总和，便是形成那一个"社会的经济的构造——真实的基础"。在"真实的基础"上最占主要地位的生产关系，决定了那一个社会的形态。在这个立脚点上，可以说过去历史上有四种生产形式或社会形态：一是原始社会，"原始共产制的生产形式"；二是古代社会，"奴隶制度的生产形式"；三是中世纪社会，"封建制度的生产形式"；四是近代社会，"资本主义的生产形式"。"经济史乃是以究明形成这种社会发展的'经济构造'之发达为终极目的的"。②

看这个序言，编者打算按照唯物史观的精神来编纂经济史。强调的第一点，引自马克思《政治经济学批判》导言的话，意思是说那些表现资产阶级社会的各种关系的范畴以及对它的结构的理解，同时也能使我们透视一切已覆灭的社会形式的结构和生产关系，即资产阶级经济为古代经济等提供了钥匙。强调的第二点，同样引自此导言的意思，突出生产关系的总和构成社会的经济结构，在这个真实的基础上占主导地位的生产关系，决定了社会的形态；全书的结构，也以此为立足点，分为原始社会、古代社会、封建社会和资本主义社会四篇。这样的编纂理念，也显示编者时为共产党人的身份与信仰。

此书 134 页，其中原始社会篇，分"村落共产制"与"现代最未开人种的生活"2 章；古代社会篇，分"希腊"与"罗马"2 章；封建社会篇，分"封建社会的成立""封建社会的经济组织"（含"阶级组织""庄园制度""封建时代初期的商业及手工业"3 节），"都市经济的勃兴"（含"中世纪都市的发生""行会制度""都市的独立及其发展"3 节），"封建社会的阶级斗争"（含"阶级对立的激成""农民的叛乱"2 节）4 章；资本主义社会篇，分"商业资本主义时代"（含"近

---

① 此语出自《政治经济学批判》导言，其今译文见《马克思恩格斯选集》第 2 卷，人民出版社 1972 年版，第 108 页。

② 刘伯刚编《经济史概要》，乐华图书公司 1929 年版，"序"。

世绝对专制国家的意义""商业的发达""手工业的资本主义化"3节），"产业革命"（含"产业革命的经过""农业及交通业上的变革""工场制度的确立""资本主义制度的确立""工人阶级的成立""资本家阶级政权的获得""未开国家内资本主义的侵入"7节），"资本主义的发展"（含"恐慌""企业结合及其他""金融资本""资本输出""产业的合理化""结语"6节）3章。从这个篇章目录看，考察人类历史上几种主要社会形态的形成与变迁过程，突出其经济结构、社会制度与阶级组织，确实体现了唯物史观的指导思想；而且把重点放在资本主义生产方式上，也确实体现了以资产阶级经济为一把钥匙，去透视已经覆灭的社会形式的结构和生产关系的治史尝试。

说到书中具体内容，均系编自各种同类参考书的材料，编者只是选材、简化并将其梳理成一定的体系。这里仅以第4篇的有关叙述为例，看看编者如何运用马克思主义的研究方法。例如，"农业及交通业上的变革"一节，引用马克思的说法："一个产业部门的生产方法革命以后，其他的产业部门也同样的发生革命"[1]。社会上各产业部门都有交互的关系，一方的发明，促进他方的发明，他方的改良，又促进这一方的改良。18世纪末的产业大革命，不单在工业方面引起生产方法的变革，农业方面也是如此。农村由机械化进入资本主义化，小农场渐被大农场合并，独立的农民变成了工资劳动者，耕种上应用科学方法，用化学方法制造肥料，并设立劝农机关的农会等；但是其他方面，"农业的资本主义化，结局从农村里将农民驱逐出去了——农民失了土地，不得不到都会去找工做"。农业、工业方面的革命，又必然在关连上引起交通业的革命。[2]

"工场制度的确立"一节，称工场制度成立的结果，增大了生产力，以雇主为对象的小规模生产，一跃而为大规模的市场生产。在这种社会，一切东西都商品化了，连农夫也不是为自己消费而生产，为贩卖而生产。商品生产者将自己的生产物都卖了，再从他人那里购买生活必需品，商品生产像这样成了生产上的一般现象。工场的工人将劳动力卖给雇主而得到工资报酬，劳动力与其他东西一样，完全变成一种商品。雇主购买劳动力并付给工资作为报酬，"工人超过自己劳动力再生产必要劳动时间以上，为雇主劳动，因此在生产过程里生出了剩余劳动。而从剩余劳动上生出的价值——剩余价值——归于雇主所有。劳动力的商品化，剩余价值就必然

---

[1] 其今译文见《资本论》第一卷，人民出版社2004年版，第440页。
[2] 《经济史概要》，乐华图书公司1929年版，第92—93页。

的被资本家掠夺去"。"像这样，拥有生产手段的资本家阶级，与除卖劳动力外一无所有的工人阶级，就在社会上形成了对立的形势。工人劳动力的商品化，由工资劳动生产出了剩余价值，此剩余价值不归从事实际生产的工人阶级，而倒反被不生产的资本家阶级所掠夺，于是这就确立了资本主义经济的组织"。①

"工人阶级的成立"一节，称产业革命后使用机械生产，因此生产出来运转机械的工人。"手工业者和工场手工业的工人使用工具，而工场工人是事［侍］奉机械。前者，是工人操纵生产手段，后者，工人隶属于生产手段的运动。在前者，工人是一个生的机构，在后者，死机构的机械从工人独立起来，工人倒反成了他的附属物。在前者，工人是生产过程的指挥者，在后者，工人成了机械的附属物，由生产全过程隔离只从事于一部分的劳动，生产的指挥权也完全移到资本家手里，工人不过附属于死的机械照着资本家的计划去做就是了"。"在工场制度之下，一方面是拥有生产手段购买工人劳动力的资本家阶级，他方面是除卖劳动力以维持生活外任何财产也没有的工资劳动者阶级。这两个阶级中，一方面是剥削他人剩余劳动的，他方面的剩余劳动是被他人剥削的，于资本家有利益的事，同时就有损于工人阶级的，两者的关系完全是对立的形式，无协调无妥协可能的"。资本家为了自身利益，欲以很少的工资叫工人尽量从事长时间的劳动，以增大对剩余劳动的剥削；但工人阶级因生活痛苦，不堪资本家惨无人道的蹂躏，渐渐起来反抗。工人的反抗，起初很不统一很无组织，只限于经济上的要求。后来"运动渐渐的组织化统一化，他们的要求也由经济的范围扩大到政治上来，想在政治上得到最后的解放"。②

"资本家阶级政权的获得"一节，称资本家为推翻封建贵族夺取政治上的支配权，经历了宗教改革、1649年革命和法国大革命三大斗争，特别是法国革命完全推翻封建势力，断绝了与过去封建传统的一切关系。引用恩格斯（原译"昂格士"）文章中一段话："产业革命后，大工业代替了工场手工业制，因此资本家在富力与权力上得到最高的发展，在国内获得了头等阶级的地位。其结果，资本家将获得政治的权力，推翻了从来支配阶级的贵族与行会手工业者以及代表前两者的专制君主。资产阶级以废止世袭财产——所有土地买卖的禁止及一切贵族的特权——的手段，扑灭了贵族的权力。资产阶级以废止一切行会及手工业的特权的手段，打倒了行会手工业者的权力。……资产阶级既将贵族与行会社会的权力肃清以后，将

① 《经济史概要》，乐华图书公司1929年版，第100—101页。
② 《经济史概要》，乐华图书公司1929年版，第102—104页。

二者政治的权力也根绝了。资产阶级在社会上既据有第一阶级的地位，同时在政治上也获得第一阶级的权力。资本家阶级用立宪君主制下的代议制度，贯彻了他们的目的。在这些立宪君主国里，惟有相当资本的人才有选举的资格。这些资本家选举人，选举出代议士，代议士以通过财政预算的权力，选择资本家政府"①。

"企业结合及其他"一节，称产业革命后，生产力异常发达起来。但是，"生产力急速的增进，使资本有机的构成——不变资本与可变资本的比例——发生变化，可变资本对于总资本的比例相对的减少了。换句话说，就是平均利润率——剩余价值对于总资本的比例——愈有低下的倾向。再简单的说一句，即资本主义的发展，使利润率有下降的倾向"。以获得利润为唯一目的的资本家，为防止这种下降的倾向，想出了缓和乃至废除自由竞争以提高价格即利润的方法，于是发生出来独占的形态。"即由结合同种或异种的企业以形成独占，藉此提高生产物的价格而使利润增加。企业的结合，若从资本方面说来，即是资本的结合与资本的集中"。②

"结语"一节，对资本主义的发展作出总结：打破中世纪封建制度的外壳，由产业革命而发生的资本主义经济组织，经过种种发展阶段，达到了最高的成熟境域，现在依然继续存在着。"但历史是向前进行的。资本主义组织的内部如前所述已经有许多的矛盾和否定的种子发育着，资本主义不断向没落的道路上走去"。资本主义本身的根本特征是自由竞争，但是资本主义到了成熟期，与自由竞争正相反的独占成了它的特征，自由竞争的结果，使生产力发展与商品价格低落，独占的结果，停止生产力的发展与提高商品价格。"像这样，资本主义根本特征的自由竞争让位与独占，这是资本主义内部发生质的变化的证据"。列宁说："独占从自由竞争发生的，但独占不废止自由竞争，而站在他的上面或与他并立的存在着，所以就发生了许多明显的重大的矛盾、刺激与冲动。独占是向比较高度的制度进行的资本主义的过渡"③。布哈林在他的著作《转形期经济学》中说："资本主义老朽化的倾向，在欧战后益益显明。例如英德美等诸资本主义先进国，虽拥有巨大的资本，却陷于不得不制限生产的状态，以前带有一定周期律的市况不振，现在成为永久的现象，失业也带有永久性而成为世界的，将来减少的希望也是不可期待的。对于以上这几种事实不限于社会主义者，就是与政府有关系或有产阶级的拥护者也是一样

---

① 《经济史概要》，乐华图书公司1929年版，第104—106页。
② 《经济史概要》，乐华图书公司1929年版，第110—111页。
③ 其今译文见《列宁选集》第2卷，人民出版社1995年版，第650页。

的认识。凡此一切，都是欧战后资本主义走上绝路的证据"。像这样，"资本主义已经由进步的变成退步的了"。在资本主义制度下，今后生产力发展的可能性既渐减少，极端贫困化的群众又天天增加，"资本主义不可避免的要走向崩坏那条路去，而代替资本主义兴起的除社会主义外更无其他制度，是不待赘言的"。①

以上数例，十分典型，既可以说是运用马克思主义经济学来指导经济史概要的编写，也可以说是通过经济史概要的例证来阐释马克思主义经济学。这样的编写方式，从前面考察过的经济史类著作看，只见诸舶来著作的译本，在国人自撰的著作里，从未有过。上面列举的段落，有的引用马克思的观点，然后围绕此观点举证，如农业及交通业的变革；有的根据剩余价值学说来论证资本主义工场制度区别于以前生产制度的关键性标识，如工场制度的确立；有的运用货币转化为资本中劳动力的买和卖理论，分析资本家阶级得以剥削劳动者阶级的经济基础，如工人阶级的成立；有的引用恩格斯的大段论述，以此证明资本家如何从封建贵族手中夺取政权并完全消灭封建传统势力，如资本家阶级政权的获得；还有的依据不变资本与可变资本的比例变化即资本有机构成提高的理论，去说明利润率下降趋势驱使以追求利润为唯一目的的资本家，放弃作为资本主义特征的自由竞争而导致垄断的产生，这已开始从马克思、恩格斯的资本主义理论转向列宁的帝国主义理论，如企业结合及其他；最后对资本主义的发展作结论，指出资本主义经济组织发展到最高的成熟阶段，内部矛盾和否定性因素不断孕育，促使资本主义走向没落和崩坏，必将由社会主义制度取而代之，这里引证的理由，便是继承和发展马克思、恩格斯学说的列宁学说，以及得到列宁认可的布哈林的过渡时期经济的著述。此书引用马克思、恩格斯和列宁的论述，均未注明出处，尽管大多数论述已找到其来源，但仍留下如恩格斯那一大段论述的出处有待查实。由此也表明，此书不是严谨的学术著作，借助经济史的资料以概要地宣传马克思主义的理论学说。从这一点来看，《经济史概要》一书，与其说从马克思主义经典著作中系统地发掘和整理有关经济史的理论知识，不如说用若干业已熟悉的马克思主义理论，一体串连和通俗阐述从原始社会到资本主义社会的经济史料。这也是马克思主义经济学在中国的传播，渗透到经济史研究领域的一个代表性例证。

① 《经济史概要》，乐华图书公司 1929 年版，第 132—134 页。

## 二、《社会经济发展史》译本

这个译本初版时，署名德国莱姆斯著，王冰若译，上海亚东图书馆 1929 年 6 月出版。译本 1932 年 5 月再版时，译者改为李季。也就是说，王冰若乃李季的曾用笔名。

### （一）序言评介

译者 1928 年 5 月 10 日作于柏林①的序言称：

德国社会民主党党员莱姆斯（Wilhelm Reimes）所著《社会经济发展史》（直译当称《经济史一览》）一书，"是世界各国经济史中的别开生面者"；"根据唯物史观的理论，将自古至今的人类经济生活依次叙述出来，不独纲举而目张，并且浅显而畅达"。"不论对于经济科学有无研究的人都可用此书作读物，因为它不独在文化落后的中国是一部唯一无二的完备的简明经济史，即在学术发达的德国也是如此"。从来党派的著作总是带着浓厚的宣传色彩，"本书却很少这种毛病，因为这是一部铺叙事实的史书，不是一种发表政治主张的刊物，故作者不能利用它作宣传的工具"。"本书既非政治的宣传品，又为我国目前万分需要的书，译者为对于学术界勉效绵薄起见，特将它翻译出来，以饷国人"。②

译者的介绍，颇为微妙。一面强调这是德国社会民主党党员采用唯物史观的研究方法，纲举目张而又浅显畅达地叙述人类经济生活的整个历史沿革，显出在世界各国经济史中别开生面的不同属性特征；一面又强调这只是铺叙历史事实而不带政治宣传色彩，在简明经济史方面同样适用于文化落后的中国和文化发达的德国而具有独一无二的学术特色。这既可以理解为，运用唯物史观的方法研究社会经济发展史，同样具有区别于流行经济史研究的高质量学术价值；也可以理解为，虽然以唯物史观为研究方法，但主要是学术著作，而非政治宣传品。大概这个序言在当时也有障人眼目的意味，所以后来译本再版时，一切照原样未变，唯独换了译者的真名并删去这个译者序言。

另一篇序言，由作者的同道科洛（Heinrich Cunow，今译亨利希·库诺）1921 年 10 月作于柏林。这位作序者同为德国社会民主党人，前面考察过他的著作译本

---

① 须指出，根据李季的简历，他 1925 年自德国留学回国。这里署名译者的王冰若 1928 年尚在德国柏林，不知是迷惑当局的障眼法，还是确有其事，待查。

② 德国莱姆斯著，王冰若译《社会经济发展史》，亚东图书馆 1929 年版，"译者序言"。

如《马克斯的经济概念》。他在序言里说：

《社会经济发展史》一书用不着声明它的必要，也无须推荐，"因为在社会主义的著作中简直没有一部书用通俗的方法，将现今资本主义经济运动的起源与发育告诉工人，领导他们向经济史的方面前进"。现在好些著作只是描写经济发展的单个时期，有些更大的著作，在篇幅繁多的厚本子里，整体概括单个国家和各国家集团之间经济发展的过程，"此等著作除掉大半是从纯粹自由的资产阶级的观点出发外，它们只是为专门学者或对于经济史已有深切研究的人而作的"。对于一般工人，过于艰深，即使对于曾经读过一些通俗经济作品而略具根柢的工人，也不适用。好些工人为求知欲所驱策，热情翻阅此类著作，但时而这里不明了，时而那里又不清晰，弄得他们索然无味，自己对自己不满意起来，只好将这难懂的书抛在一边。我当《新时代》的编辑时，一般青年读者和力求上进的同志屡次要求我替他们指出一部"从社会主义观点出发的通俗的简明经济史"。我通常的答复，"可惜我们的社会主义著作中还没有这样的一部书"。有时弄得不好，提出其他人的书，后来必须忍受一切的非难。

莱姆斯同志不久前对我说，愿将他在大战前几年对社会主义工人所作的经济发展的讲演，略加改正印成书。我因有上述经验，听到他的话，心中十分欢喜，并祝其早日成功。"我以为莱姆斯同志做一部通俗的经济发展的门径书，甚为相宜。他是一个出身于工人阶级的作者，他的学识是由自己劳苦的自修中得来的，他在社会主义工人的面前，比其他书生式的学者更懂得应用适宜的语调；还有一层，他当社会民主党教育委员会的游行讲演员，为时既久，便获得充分的机会去领略工人对于经济生活的发展及其自身在这种生活中的地位要想知道的，是些什么东西"。莱姆斯自己所标举的任务，"从社会主义的观点，对于经济的全部发展作一种概括的浏览"。依我的评判，他很愉快地做到这种任务，再多也不愿意做，别人也不能向他要求更多。"他固未尝装作要由自己钻研的新结果去充实经济史，或要替经济史指出新的道路"。这样小的一部著作，对于经济发展的过程，自然只能陈述其中主要的阶段，因此在专门学者看来，许多他们特别有兴趣的东西被省略了；另一方面，有些事好像说得太宽，讲得太远。其实这种批评忽略了莱姆斯此书不是为专门学者著的，"他在下笔时要时常顾虑到一般工人没有真正科学的预备教育，只具有一些早时成熟的经验，这是他在他的游行讲演的活动中接触到的"。

我以为，莱姆斯著书的目的，"在每一方面都是达到的"。"此书避开冗长的抽象理论的说明，除去那些足以妨碍全部的浏览的琐屑事项，直接讨论工人在观察经济过程中从经验上所涌出来的问题，并且在读者的眼前，用疾驰而过的方式，展开一幅轮廓分明的经济发展阶段的图样"。现今的研究对于好些单个的发展过程有时不能作充分的解释，因此生出各种假定。"作者为防止读者流入假定的纷乱中起见，本他的想象，对于那些假定，作简明的决定，我以为就是这一点也是一种长处"。因为初次钻进一个知识方面的读者绝不能本着自己的见解，决定哪一种假定比其它假定为好；他们只是看见有一批假定横在他们面前，五花八门，令他们摸不着头脑，因此使他们离开主要的事实了。差不多在一切人群中，对德意志从前时代经济状况的认识，可惜都是很肤浅的，"这种认识毕竟是正确观察我们现今经济潮流一个必要的先决条件"。"据我看来，传播这种认识和引起经济史问题的兴趣，在党的社会主义的著作物中，没有另外一部书比莱姆斯此书更适宜的。因此我希望此书出现于书林中，能收得一种最好的结果"。①

这篇序言，犹如全书的导论，同时也印证和纠正了译者序言中的一些说法。此书其实并非只是铺叙历史事实而不带任何政治宣传色彩的纯学术读物，具有强烈的政治意愿。用作者的说法，这是面向工人阶级，从社会主义的观点来概括整个经济发展的浏览式著作。对于当时的德国社会民主党来说，想要告诉工人群众如今资本主义经济活动的起源与发展过程，领导他们具备经济史的根基而向前进，当时没有这方面通俗的社会主义著作能够承担这一任务；对于德国的工人来说，想要了解经济史的知识，又面临双重的障碍，要么从纯粹自由资产阶级的观点出发，与工人的意志相冲突，要么专深厚重的学术著作，让普通工人哪怕是具有通俗经济知识的工人望而却步。照此说来，这本书的长处，恰恰不在于具有独一无二的学术特色，而在于作者本人就是工人出身，靠自修掌握经济史知识，又在多年面对工人的宣读中充分体会工人渴望了解经济发展知识的切身经验和问题诉求，懂得用工人易于明白的语言而非学究式的论调来讲述，所以他写的经济史著作，非常适宜于工人阅读，并期待能够获得最好的结果。这位德国社会民主党内从事马克思主义理论研究的作序者还特别指出，这本书不是为专业学者写的，也不是在学术上为经济史充实新的钻研成果或指出新的研究道路，是用社会主义观点去叙述经济发展的主要阶段，浏览整个社会经济发展过程。因此，书中的叙述不能太宽也不能太远，还要避开抽象

---

① 德国莱姆斯著，王冰若译《社会经济发展史》，亚东图书馆1929年版，"序言"。

冗长的理论说明、繁琐细碎的具体细节和各种不确定的假定，以便展现轮廓分明的经济发展阶段的图景，集中于主要的历史事实，为人们特别是工人群众恰当掌握以往的经济史知识并正确观察如今的经济潮流，奠定必要的先决条件。经过这样的说明，可以说对译本的宗旨和定位，才有了一个比较确切的认识。

（二）内容简介

译本分 6 讲，分别为"劳动是人类社会的基础""从原始共产主义到古代日耳曼的马克经济""古代社会的奴隶经济""中古时代的地主经济""城市及城市手工业的发达""协作，工厂手工业和机器业的资本主义生产，大资本主义及其达到社会主义的固有倾向"。全书 373 页，应该不是一部小的著作，但由于叙述的是从古至今的社会经济发展史，历时很长，所以篇幅就显得小了。下面着重就书中所运用的社会主义观点，选取前后两讲的有关内容，以为例证。

第 1 讲解说劳动是人类社会的基础，提出"社会主义的劳动是会继着资本主义的生产而出现的。这种劳动又是生活中一种经常的愉快的现象，因为阶级社会与劳动的剥削已经消灭了"。从"劳动的目的及其编制"说起，涉及"劳动构成全部发展的出发点"和"劳动与发展必须导源于社会"。人类脱离孤立无援的野蛮状态，一经共同劳动并有计划地改进，"便会发生文化与一切伟大的事业，便会发生人类的历史"。"社会主义要公然接受资本主义单个的企业这种内部精细的编制，并且要加以推广，使全国各产业间有劳动的编制，各国间有劳动国际的编制"。"劳动的编制"这个大原则并不是现代才有，在一切时代就出现了。人类在初时就要一种计划，即劳动的编制与分工。"在一个社会主义的社会中，这样的编制也是必要的。劳动者对于劳动全收权的要求不能够解作在社会主义中全部劳动只是用在消费资料上面的，它必须和现在一样，将一部分的社会劳动用在维持并再行生产工具与交通工具上面，并且用在发达因此所必需的科学等等上面"。在资本主义下，商业危机要实现一个完全实在的目的："它必须规定那在社会主义生产中用计画规定的东西，就是它必须使生产适合于消费，使必要的劳动分配于全部生产的各单个部门中"。"我们如果像社会主义所志所愿的一样，将生产工具作为公共财产，那劳动仍然和最初一样，是社会的基础，但它又是有计画的，又是在社会消费之前，预先配置好了的。消费一项比现在要丰富得多，并且要用统计和最完善的计画加以测量，因此很有计画地将劳动配置于一切部门中"。科学技术缩短每日必需的劳动，没有人寄生在别人的劳动上，大家共同劳动，同时大家都有充分的闲暇与机会，足以随意充分发展潜伏在每个人身上的精神能力与艺术能力。"这就是社会主义所有的劳动计画与编制"。现今社会制度下，大多数群众运用劳动创造一切东西，但他们对于劳动的财富差不多全没有份，"大家试将社会主义的措施与这种制度比较一下，每个人必定觉得这是一种毫无意义的制度"！"将来终有一日，群众对于这种'制度'的阶级斗争会普遍而坚强起来，而社会主义的制度会由此建立起来，这是用不着怀疑的"。"到了那个时候，人类又回复到欢乐的经常的劳动活动上去了，但这个历史的阶段是很高的，要经过资本主义的发达及其最终的转变，它才能够出现"！①

可见，这里用社会主义观点来论述劳动是人类社会的基础，从劳动是为了满足人类消费欲望和通过分工编制来实现社会劳动目的的本质属性谈起，考察劳动的目的及其编制在人类社会发展的不同历史时期表现为不同的实现形式，集中说明在资本主义私有制下，这种实现方式取决于掌握生产工具的资本家的赢利目的，不是为了满足创造财富的广大劳动者的利益，并通过生产无政府状态所造成的生产过剩危机来强制达到生产与消费的平衡，因此造成大量的财富浪费；社会主义社会正是针对资本主义社会的这个制度弊端，在消灭社会阶级和劳动剥削的前提下，把资本主义在个别企业内部所实行的精细劳动编制，推广到全国各产业乃至国际上，有计划地实现全部生产适合于消费并着眼长远发展的劳动配置与编制，让每个劳动者都能愉快地劳动并充分发挥自己的潜力和才干。这样的解说，对于广大劳动者来说，确实是有吸引力的，足以鼓动他们毫不怀疑地加入反对现有社会制度的阶级斗争行列。译者在序言中说，这本完备而简明的经济史读物，不仅适用于学术发达的德国，同样适用于文化落后的中国。但须注意，此书面向已是经济发达国家的德国工人，尚且说社会主义作为人类社会经济发展历史上的很高阶段，需要经过资本主义的发达和最终转变，才能实现；那么对于仍处在经济落后状态的中国来说，实现社会主义更是一个漫长的过程。

第6讲解说所谓"大资本主义"及其达到社会主义的固有倾向，提出"商品的生产变为社会主义的生产"是社会主义的最终目的，也是社会民主党党纲的要求。其涵义，生产工具完全为社会的公有财产，生产不再是为资本家的利润，而是为生产的最后目的即满足社会的欲望，由此排除了剥削，也排除了现今资本主义生

---

① 以上引文均见德国莱姆斯著，王冰若译《社会经济发展史》，亚东图书馆 1929 年版，第 36—47 页。

产中所发生的危机。"这种转变的时机已经成熟，资本主义已经履行过它的必然的历史的使命了"。它在自利心的策励下发展了各种经济力量，"社会主义是要打破少数私人特别利用此等发展的经济力量，创造一种以公有财产为目的的经济，使全体劳动人民对于他们所生产的财富，得充分享用"。"资本主义曾经使地球的颜面顿改旧观，社会主义也曾是这样，它是以全体人民的幸福为最高法则的"。"现在有阶级觉悟的工人团体政策的目标是向着社会主义走的，这是资本主义社会状况中有觉悟的，完全合乎逻辑的反面"。所以工人阶级的运动与政策"必须从经济发展的地位上"去了解。小工业经济没有产生一个和中等阶级及雇主在精神上分离的工人阶级，也没有在工人群众中产生一种明显的阶级觉悟。可是"大工业的经济使大多数人受资本主义的损害，便完全自然而然地产生反抗和防御的努力"。

最早的努力在英法两国有欧文、傅立叶和圣西门等标榜最初的社会主义的新制度，即后来所称的乌托邦。在国外旅行的德意志裁缝魏特林（原译"怀德灵"）作同样的努力，他的社会主义学说"已经和近世科学的社会主义的学说很相近"，很快这种学说由马克思和恩格斯"从根本发挥出来"。马恩二人"是眼光锐利的人，他们在精神上超过了中等阶级经济学的第一流学者和社会主义的乌托邦主义"。他们具有必需的学校修养，又生于资本主义已经萌芽，工厂主和工人的对抗已经出现的地区，尤其重要的是旅居英法两国，那里的对抗已经形成一种运动，必能更加引起他们的兴趣。恩格斯受英国工厂工人斗争和困苦的影响，很早在 1845 年已经著成一部"含有唯物史观精神"的书《英国工人阶级的状况》。"在现代之中，马克思和昂格思的政治学说和经济学说是社会主义工人的共有物，是社会主义工人运动的精神基础，至于这种运动，是要夺取国家的政权，以便藉政权的帮助，替它的经济的目标——社会主义——开辟一条坦途，使之获到胜利"。"社会主义是从资本主义中产生出来的经济的和文化的进步，这就是说，它不是什么为世人所不知道的东西，它不是什么矫揉造作的幻想物，但它是在资本主义包壳下所培养的和社会关系自身所倾向的更高的必然的发展，所以它必定要成为一种历史的事实"。科学分析人类全部阶级发展史中决绝的原动力，能给予我们意识上的保证，可以达到马克思与恩格斯所建设的唯物史观，回顾一下社会发展史，"便可以明白这种唯物史观是完全正确的"。

恩格斯在马克思的传略中，就这种作为科学社会主义基础的唯物史观说：

"马克思重要的发见——他的名字即因此而列入科学史上——的第一种是他对

于全部世界史观所起的革命。……（中略）马克思现在指明自古至今全部的历史是一部阶级争斗史，而一切复杂的政治争斗只是由于各社会阶级为着社会的和政治的统治权相持不下，在较旧的阶级方面是要保持这种统治权，在新兴的阶级方面是要夺取这种统治权。……（中略）从这种观点出发去解释一切历史现象，最为简单——我们的作史者对于充分认识当时经济的社会状况一点，是完全没有的——从这个时代经济的生活条件以及由此等条件形成的社会和政治的关系去解释每个历史时代的观念与理想，也恰恰是最为简单。历史是第一次被放在它的真正的基础上；在人类要能够争取权力，从事政治、宗教、哲学等等之前，他们必须有衣食住，因此他们必须劳动，这种显而易见的事实竟完全被忽略了——然这种事实现在毕竟达到它的历史的正当地位了。"[①]

倍倍尔（原译"柏柏尔"）在他的《妇女与社会主义》一书中说：

"资本主义的经济制度是一块地皮，社会民主党自然而然地必定发生在这块地皮上，恰和封建社会发展至一定高度，资产阶级的社会即发生于其上是一样的，这个新社会，一方用和平合法的方法，一方又用暴力的方法将旧的封建社会制度推倒了，打碎了，而现今的社会制度在一切单个的现象中都出生了。……（中略）封建势力既不能抑制资产阶级的社会，资产阶级的社会又安能抑制社会主义的社会。资产阶级的社会在向来一切社会制度中虽是最好的最完善的（这是指在生产力和财富的发展上为最好的最完善的），然它并不是理想中最好的，它并不是最后的发达的阶段。在资产阶级社会制度的后面，站着一种新的正待发展的社会制度，即社会主义的社会制度。"

资本主义社会不断地产生社会主义的新经济中一切元素，此等元素违反它的主人的志愿，它是一种在一定历史条件下产生剩余价值的经济。"剩余价值的起源是由于一切工人所生产的价值平均要多于他们因劳动而获得的工资。资本主义攫得这种超过工人工资的价值，而资本家和其余不从事于创造价值劳动的全社会都赖以生活"。现今工人除了创造他的工资，还要创造剩余价值，他所以陷入这种命运，因为他同时不是生产工具的所有者。他在生产进程中只有劳动力，为求生存，必须将他的劳动力出卖给资本家，藉以取得工资；资本家则要劳动者所创造的多于他们所付出的劳动工资，才肯购买劳动力。"资本主义的社会是和这种超过劳动工资的剩

---

① 其今译文出自恩格斯所著《卡尔·马克思》一文，见《马克思恩格斯选集》第3卷，人民出版社1972年版，第40—41页。

余价值同其兴灭的。如果从资本家的手中取出生产工具，因此也取出生产自身，使成为公众的产业，资本主义便消灭了"。劳动的生产物将有计划地直接生产出来，作为社会的使用价值，满足社会的需要。资本家总要使生产以一种更大的规模向前进行，马克思将这种时常应用一部分剩余价值作为生产新利润的资本，称为"资本的蓄积"。"资本主义灭亡的倾向就是由这种蓄积中产生出来的"。资本主义生产者处于国内和国际的彼此竞争中，其固有倾向不断增大生产中的资本，扩充生产机关，增多商品数量。对此，马克思在《资本论》第一卷中说：

"资本主义生产的发达使一种工业企业中所投的资本必须继续增加，竞争使资本主义生产方法固有的定律对于每个资本家成为外界的强制的定律。竞争强迫每个资本家为保持他的资本起见，必须继续扩大他的资本，他只有假手于累进的蓄积，才能够扩大他的资本。"①

"这种蓄积的效力引起我们所称的社会发展，而此发展同时含有达到资本主义灭亡并达到社会主义的倾向"。蓄积进程需要商品销路的不断扩充，但销路不可能不断增加，只有在某些条件下才能增加，而这些条件又助长了那些要消灭资本主义的反抗努力。资本主义起初由改革本国陈旧的经济形态去创造销路的可能性，表现为"一个资本家毁灭许多资本家"的"资本的集中"。这种发展又因卡特尔、辛迪加和托拉斯而愈加迅速，并在全世界获得蓄积进程所需要的商品销路与货币投资的可能。现在因为战后和平的出现，世界各地重新发展被破坏的工业，"可是到处出现的社会主义革命的运动在工业的恢复中将取得领导的地位"。"这种工业的发展不仅是各处坚强的社会主义运动的根据，并且还是近世世界政策的原因"。只有在资本最初的发育时代，它才满足于征服并剥削本国市场，再向前发展，它就要寻找新地带，要将全世界作为资本主义的市场，作为它的剥削区域。这完全实现了马克思和恩格斯在《共产党宣言》中的预言："资产阶级为着它的生产物需要一个时常扩充的市场，它就到处寻求，走遍了全世界。它必须到处经营驻所，到处设法建造，到处从事联络。……资产阶级因一切生产工具迅速的改良，和一切交通机关无限的便利，将最野蛮的国民也拖到文明中来了"②。现在的世界政策，"是资本主义生产剩余价值政治的语法，它是达到目的——收取剩余价值——的一种手段"。我们的时代这一切统治地球的冲突里面伏有各国经济竞争的争斗，努力

① 其今译文见《资本论》第一卷，人民出版社2004年版，第683页。
② 其今译文见《马克思恩格斯选集》第1卷，人民出版社1972年版，第254—255页。

使资本获得利润。在这种冲突中，各国的资本互相竞争，这次世界大战，"其根源是伏在经济里面"。从社会历史方面看，"这就是为着资本主义的世界利润而互相分离与争斗"。

现在向资本主义作战的人群数目愈多，力量愈大，他们对于社会主义的努力也愈有结果，"这不是资本主义所能够抵抗的"。"社会主义的群众将在一种有计画的争斗中夺取政权，然后利用政权，以民主主义的方法，一步一步地改革生产"。像恩格斯在《反杜林论》（原译"杜尔灵的科学革命"）中所说的一样："假手于社会的生产，保证一切社员的生活，这种生活不仅是物质上十分完备，并一天一天地丰富起来，即在身体上和精神上也可保证充分的自由发育与发展。这种可能现在才第一次表现出来"①。"这种可能是由强迫支配的发展定律中发生出来的"。回顾经济发达的过程，即看见这种定律怎样使一定的经济形态产生出来，而经济自身总是引起这些形态的种种可能性和力量。于是陈旧过时的经济形态为新的可以达到的形态所排斥，"这是不能幸免的"。资本主义创造了大步向前进的方法，但这种方法在它的手中愈加成为敌视社会的东西，这种方法"一入社会主义的手中即变成推进一种更高的制度的工具"。现在的工人运动认识了资本主义生产形态发生敌视民众的甚多结果的原因。"这种运动要改变应用生产工具的性质，使无计画的经济变成有计画的，使生产与消费的对抗归于和谐，使剥削与阶级社会一齐消灭。这是现今时代所要求的一种进程。然为着这种最高的经济阶段而起的争斗，在社会主义的旗帜之下，是会日趋强固的。这种争斗的结果就是和马克思的预言一样：'生产工具的集中和劳动的社会化一经达到一个高点，资本主义的外壳即不能包容。这个外壳行将炸裂。于是资本家的私有财产撞了丧钟。掠夺者被掠夺了'②"。③

从这一讲里，摘录有关发达资本主义必然倾向于社会主义的解说，能够看到与前一讲的解说明显不同的特点，接连引用马克思、恩格斯和德国社会民主党领袖的著述原话，作为解说的理论支持。这也表明全书所用的社会主义观点，正是基于马克思主义的理论学说。特别是引用恩格斯在《卡尔·马克思》一文里阐释马克思关于新的历史观即唯物史观的重要发现的一段完整原文，可以说是在一部小著作里

---

① 其今译文见《马克思恩格斯选集》第3卷，人民出版社1972年版，第322页。

② 其今译文见《资本论》第一卷，人民出版社2004年版，第874页。

③ 以上引文除另注外，均见王冰若译《社会经济发展史》，亚东图书馆1929年版，第342—364、368—373页。

难得见到的大篇幅引文，此段引文即使放在当时国内介绍马克思学说的各种著作里，亦属难得一见。随后又解说资本主义社会是产生剩余价值的经济，也就是提到马克思的另一个重要发现即剩余价值论。不过，这里并未引用恩格斯在同一篇文章里阐释马克思的剩余价值理论的原文，只是通俗地解说，剩余价值起源于工人生产的价值超过他的工资，并为资本家集体所攫取，工人这种命运又源于没有生产工具，为了生存只有把劳动力出卖给资本家。这个解说，一面体现了此书面向工人而讲求浅显易懂、避免抽象理论分析的特性，另一面也体现了剩余价值论不是此书讲解的重点，重点是要通过社会经济发展史，明白唯物史观的完全正确，或者说，根据唯物史观，证明资本主义社会不断产生新的社会主义经济元素的必然性。所以接着引用《资本论》第一卷的原文，马上转到资本积累方面，凸显这种积累的历史趋势，同时含有资本主义灭亡和社会主义实现的倾向。这也是本讲叙述里，反复看到的内容。如谓：工人阶级的运动与政策，必须从经济发展中去了解，工人群众的阶级觉悟，没有产生于手工业经济，这是大工业经济使大多数人受资本主义伤害的自然结果；社会主义不是矫揉造作的幻想，是资本主义经济和文化进步的产物，是在资本主义的外壳下培养起来并从其社会关系自身发展出来的更高的必然的倾向，是必定要成为历史的事实；资本主义履行了在自利心的激励下发展各种经济力量的历史使命，社会主义也是这样，将打破少数私人的特权，利用发展的经济力量来创造以公有财产为目的的经济，使全体劳动人民充分享用他们所生产的财富，这种转变的时机已经成熟，在资本主义社会中产生有阶级觉悟的工人团体，如果夺取资本家手中的生产工具变为社会的公有财产，使生产成为公众的产业，排除剥削，排除生产危机，资本主义便消灭了；资本主义创造了大步前进的方法，同时这种方法在它手中又成为敌视社会的东西，世界大战的根源便潜伏在经济里面，现在工人运动认识到这一点，把这种方法变成推进更高的社会主义制度的工具，改变应用生产工具的性质，使无计划的经济变成有计划的，使生产与消费的对抗归于和谐，使剥削与阶级社会一齐消灭；等等。同时须指出，就像前一讲说明社会主义是资本主义进入发达阶段并最终转化的产物一样，这一讲则说明这种转化是怎样发生的，要点是在资本主义经济的发达过程中不断地产生社会主义经济元素的必然性。其实《社会经济发展史》各讲的内容，都是在为这种必然性作铺垫，这也确实是唯物史观所要阐明的道理。但此书强调的是这种必然性作为强迫支配的发展定律发生作用，当时机成熟，也就是反抗资本主义的力量发展到资本主义无法抵抗的程度时，社会主义就可以通过有计划地夺取政权并利用政权以民主主义的方式逐步改革生产而实现了。这同在苏俄革命的实例中，所看到的采取暴力手段推翻现有政权并通过无产阶级专政来推进从资本主义社会向社会主义社会过渡的阶级斗争方式，表现出完全不同的选择取向。

### （三）结语

根据以上评介，《社会经济发展史》一书为工人而作，运用社会主义的观点主要是唯物史观，通俗地讲述现今资本主义经济活动的起源及其孕育社会主义经济因素的发展趋势，引导工人群众能够认识资本主义经济的实质并积极投入社会主义运动。这种写作方式，在国人看来，不同于国内流传的各种经济史著作。所以译者会说，这本书在世界各国的经济史中，"别开生面"。此书讲述的主要内容，形成于一次大战前几年，整理出版在大战后的 20 年代初，这应当是书中没有提到苏俄革命的一个原因。另外，著者作为德国社会民主党党员，从书中的引述看，赞同领导人倍倍尔的思想。同时也流露出那时党内修正主义和机会主义流行的某些痕迹，宣扬社会主义在资本主义高度发达的基础上可以有计划地夺权并以民主主义方式来实现，便是一例。借助经济史的讲述而将这样的主导思想引入国内，对当时共产党人主张效法苏俄而在中国实行社会主义革命和无产阶级专政的基本观念，客观上形成某种牵制，尽管这个讲述同样是运用唯物史观来通俗和系统地解说社会经济发展史的别开生面样本。另须指出，这个以唯物史观为指导的通俗经济史译本，也恰好出现在更为专深的《唯物史观经济史》译本之前，事实上在当时形成通俗译本与专深译本的相互呼应。

## 三、有关战后资本主义经济的译本

这里列举两个译本，更具有经济史方面的专题性质，同样体现了运用马克思主义经济学作为分析方法的特征。

### （一）《资本主义合理化的各种问题》译本

高村洋一著，温盛光译（1929 年 2 月 10 日译竣于上海），启智书局同年 7 月初版。前不久看到同一译者翻译河上肇的《马克思主义经济学》一书，1928 年 11 月由同一出版社出版。从译者的前个译本也能推测出他选择后个译本的大体取向。

译本正文 100 页，含 9 章，分别是"资本主义的合理化的方法""资本主义的合理化的结果""资本主义的合理化和熟练劳动者""资本主义的合理化和妇人劳动者""资本主义的合理化和失业者""资本主义的合理化和社会主义的合理化""资本主义的合理化的困难""资本主义的合理化和社会民主主义者""资本主义的合理化对于劳动者阶级的战术"。正文前的"绪言",表明了作者的著书意图:

"革命的马克斯主义者,常常以自己的政治态度,不可不基础于客观的情势,及其发展倾向,而为正确的分析"(引自《共产国际》1926年第9号载"真斯腾"的《资本主义的安定和阶级斗争的最近预想》一文)。有了客观具体情势的正确分析,始得树立正确的战术。所以,"马克斯主义者,常把资本主义内部发生的诸现象,加以考察,加以细心的检讨,是切实地所要求的"。将革命陷于哄骗,徒然播弄大言壮语,任何时候都是不能的。"革命的马克斯主义者,在资本主义内部认定渐渐进行的政治经济的诸过程,在这些过程中,注意深刻地研究,从阶级斗争场里渐渐为相对立的斗争,以新的事情使生于彼此阵营的势力关系中,而负担确立适应于新事情的战术的义务"。现阶段世界资本主义中最显著的一个现象,就是所谓资本主义的合理化,其结局不能扬弃资本主义的内在矛盾,无疑可让资本家阶级得到一定的有利结果,而使劳动者阶级陷于苦境。资本主义的合理化,使劳动大众在维持生活方面蒙受直接间接的攻击,使劳动者的抵抗力及其组织弱小以至于破碎,而降低生产费来开辟道路,以获得更大强度榨取的新市场为目的,让劳动者更陷于被虐使的包围攻击之中(引自洛佐夫斯基①在共产国际执行委员会第七次扩大会议上提出的纲领,即产业劳动调查编辑的《国际资本主义和无产阶级担负的任务》)。

资本主义的合理化,不但不利于劳动阶级,如劳动工银低下,劳动时间延长,失业,劳动强度增大,劳动者穷困化等,更让劳动者阶级陷于分裂的危险。资本家阶级以"劳动贵族"为支柱,压迫劳动大众,把巨大的劳动人口驱逐出生产过程,通过失业者群体,威逼就业劳动者,促使劳动者阶级的一般生活条件恶劣化,渐渐利用失业军以为实行反动政策的手段。资本家阶级又以妇女劳动者为廉价劳动力,大量引入生产场所,压迫男子劳动者。小资产阶级叫喊把妇女逐出工场,现在支配

---

① 洛佐夫斯基(原译"罗佐夫斯基",1878—1952),俄国布尔什维克党人,1917年因反对列宁关于工会问题的观点被开除出党,1919年重新加入;1921—1937年任赤色职工国际总书记,多次当选共产国际执行委员会委员、主席团委员;1937—1939年任苏联国家出版局局长,1939—1946年任苏联外交部副部长,1940—1949年在联共(布)中央高级党校从事教学工作;1949年被捕并死于狱中,后获平反。

着不少的男子劳动者。"因此，在经济的，使劳动条件恶劣化，在政治的，使劳动阶级弱势化，这意图达到的资产阶级的扰乱分裂政策，就在资本主义合理化的温床中，渐渐长成繁茂了"。再加上"改良主义的指导者，隐蔽着资本主义合理化的本质，讴歌和赞赏资本主义的合理化，以促进劳动阶级向资本主义的合理化参加共动，而渐次助长劳动者阶级的弱势化"。这时候，"马克斯主义者，必须向资本主义的合理化，加以严正的检讨批判，并选用对于资本主义的合理化的适切战术，暴露改良主义者的甘言的正意，使资本家阶级的扰乱分裂政策归于泡影，不可不造成巨大的统一战线，更激烈地向资本家阶级取攻势，而持续着顽强的抵抗的状态"。立于这样的见地，这篇小文分析资本主义的合理化及其对于劳动阶级的影响，考察它在劳动阶级内部，对各集团力量关系变化的影响，"批判改良主义者的主张，一试去发现劳动者阶级对于资本主义的合理化的战术"。①

　　前面涉及战后资本主义经济发展的著作，不时看到有关资本主义合理化的议论，大多站在资本家阶级或资本主义国家的立场上，称颂这种合理化运动能够降低成本，提高效益，开拓市场，恢复和发展经济等，具有多方面的成效。即使站在社会主义的立场对此持有疑义，也只是从原则上判断合理化运动的资本主义性质，有利于资本家阶级，不利于劳动者阶级，难以持久或未能改变资本主义走向灭亡的趋势等，却不得其详。这个译本专题讨论资本主义合理化问题，根据上述绪论对全书宗旨的概述，显然是从马克思主义的观点来看待和分析这个问题。首先提出，革命的马克思主义者必须充分重视世界资本主义在战后现阶段所产生的这个最显著现象，不能逃避问题，不能自欺欺人，也不能空说大话，要正视现实，进行客观、具体和正确的分析批判，深刻认识资本主义内部正在发生的政治经济新变化，正在对劳动阶级内部的对立斗争、阵营力量和关系变化产生的影响，进而承担起责任，确立适应于新形势的战术或斗争策略。接着判定这种合理化运动不可能解决资本主义的内在矛盾，结果只会更有利于资本家阶级，更不利于劳动者阶级，具体表现在：以降低生产费用和开辟新市场的合理形式出现，却以劳动者阶级生活水准的恶化和抵抗力量的削弱为代价；劳动者阶级不仅陷入劳动工资低下、时间延长、强度增大、失业、贫困化之类的苦境，还陷入阶级分裂的危险，资本家阶级通过培育和扶植劳动贵族，借助贵族劳动者来压迫广大普通劳动者，削弱和化解劳动者的阶级组

① 以上引文除另注外，见高村洋一著，温盛光译《资本主义合理化的各种问题》，上海启智书局 1929年版，"绪言"。

织和抵抗力量；资本家阶级还利用失业后备军作为施行反动政策的手段，又利用女工来排挤成年男工，引起男工响应小资产阶级叫喊从工场中驱逐女工的工人内部矛盾；等等。这些都表明，资产阶级采取扰乱分裂政策，从经济上恶化劳动条件，从政治上弱化劳动者阶级的意图，正是在资本主义合理化的温床中逐渐滋长成熟起来了。然后批评"改良主义的指导者"隐瞒资本主义合理化的实质而加以颂扬，并推动劳动者阶级参与资本主义合理化的互动，等于助长了劳动者阶级的弱化趋势。这里所指，应是社会党或工人运动领导层内部的改良主义者。最后主张马克思主义者对于资本主义的合理化行径，必须严正检讨批判，选用有针对性的策略，组成强大的统一战线，采取更加猛烈的攻势，进行持续和顽强的抵抗，揭露改良主义者的甜言蜜语背后的真正涵义，让资本家阶级的扰乱分裂政策不能得逞而落空。这样的见地，尽管只见诸一篇小文的译本，但在当时国内的思想界，也算为如何看待正在盛行的资本主义合理化运动，提供了马克思主义者站在广大劳动者阶级立场上的认识视角。

**（二）《世界大战后的资本集中》译本**

鲁宾斯泰著，李华译，上海南强书局 1929 年 10 月 20 日初版。作者及译者均不详。译者 1929 年 7 月 20 日作于柏林的序言，有如下说法：

"'不识庐山真面目，只缘身在此山中'。凡生在现代的人，尤其是我们不谙国际情形的中国人，对于这个纵横捭阖争夺相寻的世界，总有些莫明其妙，免不了要发生苏子同样的感想。其实无论何种五花八门的复杂现象自有其本源，我们如能探本寻源，便不难得其要领"。不信读一读鲁宾斯泰（M. Rubinstein）所著《世界大战后的资本集中》一书，"对于世界的大势和将来的趋向，即可了如指掌"。这是"分析大战后资本主义新发展的短小精悍之作"，首先描写德、英、法、美、日等国资本集中的具体形态与基本元素，进而叙述集中的资本操纵社会文化事业，宰制国家机关，垄断国际企业，与一般企业家进行阶级争斗所形成的国内和国际组织，结束于近世资本集中的基本倾向。"因此各国经济、政治、文化的情形和国内外争斗的状况，都源源本本映入我们的眼帘，而资本主义的达到没落期与世界战争的不能幸免，更是事实俱在，信而有征"。

略为引申其说："凡在一个健全兴盛的社会中，社会物质的生产力必与它的生产关系相适应"。根据马克思的《政治经济学批判》序言，"社会发展到一定的阶段，它的物质的生产力即和现成的生产关系发生冲突，用法律上的术语来说，就是和财产关系发生冲突。……此等财产关系遂由生产力的发展形态变成生产力的桎梏。于是社会革命的时期即由此出现"①。试看原始时代，"人民都以土地为公有财产，当他们超过了原始的阶段，这种公有财产在农业发展的进程变成生产的桎梏。于是公有财产经过一个或长或短的时期之后，即被消灭而变为私有财产了"。古代希腊、罗马的末期，奴隶们受极端的压迫，丝毫没有工作兴趣，奴隶与主人的争斗日趋激烈，希腊、罗马终召灭亡。至中古时代的末期，地主压迫农奴无微不至，后来城市的行会老板压迫职工也达到极点，他们都努力保持陈旧的生产关系，遏制生产力的发展，但双方斗争的结果，旧制度最后被推翻了。"现在资本集中基本倾向既为限制生产与加紧剥削劳动，这又是生产力与生产关系短兵相接的时期了。结果，资本主义的制度也必定继原始的共有财产制，古代的奴隶经济制，中古的地主经济制与城市的行会制而消灭，因为资本主义只是社会发展中一个必经的阶段，并不是一种最高的和最后的制度"。如《资本论》第一卷所说："当生产工具的集中与劳动的社会化一经达到一个高点，它们即不能忍受资本主义外壳的束缚。这个外壳行将炸裂。于是资本家的私有财产撞了丧钟。掠夺者被掠夺了"②。"资本主义的灭亡是历史上已经注定，无可避免的，不过历史同时又告诉我们，每一种旧制度必定作苟延残喘的努力，非至精疲力竭，是不肯屈服的。现在正是资本主义达到帝国主义的时代，列强扩充陆海空的军备，不遗余力，它们因利害冲突，随时有爆发世界第二次大战的可能，而希图解放的广大的群众非下最大的决心，从事于猛烈的争斗，也休想获得自由，因为它们必定作最后的挣扎，决不会凭白放下屠刀的"！

最后，为便利读者，对本书所用的术语特加解释：卡特尔（原译"迦特尔"）："许多企业为排除竞争，垄断市场，提高价格与利润起见，于各自保持独立之外，用契约互相结合"。辛迪加（原译"新滴卡"）："许多独立的企业为着排除竞争，共同规定生产、销场和价格等等，用契约互相结合"，比卡特尔的组织更为严密、坚固而经久。托拉斯："许多企业为达到把持与垄断的目的起见，消灭各自的独立，合组为一个企业"。希法亭（原译"希尔费丁"）以为卡特尔、辛迪加和托拉斯的关系，好比邦联、联邦与单一国家的关系，这是一个很恰切的譬喻。利益集团（原译"同利社"）：两三个（很少超过此数的）独立的企业为补充卡特尔或在卡特

---

① 其今译文见《马克思恩格斯选集》第 2 卷，人民出版社 1972 年版，第 82—83 页。
② 其今译文见《资本论》第一卷，人民出版社 2004 年版，第 874 页。

尔之外，"用契约作密切的结合，共同分配利益"。参与制（原译"参加"）："取得许多企业的股票，使它们形成密切的关系"。子公司（原译"子女公司"）："各种企业要扩充一种新的营业部门，而又虑及其发生危险，特自行创办一个新的股份公司或有限公司"。康采恩（原译"康泽恩"）：由利益集团、参与制或其它方法造成的各种企业大结合。垂直和水平的集中（原译"垂直线与水平线的集中"）："凡同种类的企业结合拢来，是为水平线的集中，凡种类不同而互有连续关系的企业结合拢来，是为垂直线的集中"。资本："凡生产工具和生活资料用作剥削并宰制劳动者的手段，是为资本"；所以，马克思在《雇佣劳动与资本》一书中说："资本是一种社会的生产关系。它是一种有产阶级的生产关系，即有产阶级社会的生产关系"①。集中：这个名词在《资本论》中的意义本为"集积"，与"蓄积"（今译积累）一义相近，"在扩大规模上的再生产"的意思。《资本论》所谓"集中"为"Centralisation"，不过现在一般用法，都认"Konzentration"（此为德语的"浓度"或"集中"之意——引者注）。"集中的意义是什么呢？就是资本的吸引"。《资本论》第一卷说："这不是单纯的生产工具与对劳动支配权的集积——这种集积和蓄积相同。这是已存资本的集积，资本单个独立的撤消，资本家掠夺资本家，多数小资本家转变为少数大资本家。这种进程和蓄积不同之点就在它只是以改变已存资本的分配为前提，它的活动范围不是以社会财富的绝对增殖或蓄积的绝对界限为限制的。资本在一个人的手中膨胀得很大，因为许多人的资本都丧失了。这是真正的集中"②。

此外，应当告诉读者，"本书自第二版出书至今虽将近五年，但资本主义发展的最近趋势不独与本书所言，无稍差异，而其范围且愈广，程度且愈深了"。读者读完本书后，再随时观察国内和国际政治、经济、文化等等的情形，"对于帝国主义便不难由此达到'知己知彼，百战百胜'的地步了"！③

由此可知，著者系德国学者，译者在序言里，完全以马克思经济学说的眼光来诠释这本书的涵义。包括用《政治经济学批判》序言中的唯物史观，诠释资本主义就像历史上出现过的各种经济制度相继被消灭一样，也只是社会发展中必经的一

① 其今译文见《马克思恩格斯选集》第 1 卷，人民出版社 1972 年版，第 363 页。
② 其今译文见《资本论》第一卷，人民出版社 2004 年版，第 721—722 页。
③ 以上引文除另注外，均见鲁宾斯泰著，李华著《世界大战后的资本集中》，上海南强书局 1929 年版，"译者自序"。

个阶段，并不代表最高的或最后的制度，同样必将灭亡；用《资本论》中有关生产资料集中和劳动社会化的理论，诠释资本主义的外壳不能与之相容，便要炸毁；用《雇佣劳动与资本》中有关资本的论述，诠释资本是资产阶级及其社会的生产关系；用《资本论》中有关集中的论述，诠释已经形成的资本的积聚，即许多小资本转化为少数大资本意义上的集中；诸如此类。译者对此书的评价，第一，认为它原原本本分析了一次大战后资本主义的新发展，表现为主要资本主义国家里资本集中的具体形态、基本元素、垄断性质和基本倾向，以事实证明了资本主义已进入没落期及必然会发动世界战争。第二，说明资本主义注定要灭亡，同时告诫这种旧制度既不会自动放下屠刀，必定竭力作最后的挣扎，又因发展到帝国主义阶段，基于相互利害冲突而不遗余力地扩充军备，随时有可能爆发第二次世界大战，所以谋求解放的广大群众，只有下最大的决心进行猛烈的斗争，才可望获得自由。第三，此书预言到资本主义发展的最近趋势，而且范围愈广，程度愈深，读者由此可以随时观察国内外形势并易于了解帝国主义。根据这些评价，著者同样是运用马克思主义观点来考察世界大战后的资本集中问题。

全书9章，分别是"大战后的资本集中"（含"军事经济的影响""资本集中的具体形态"2节），"资本集中的基本元素"（含"重工业""那普达油""电气""运输""工业资本与银行资本"5节），"'舆论生产'的集中"（含"报纸""无线电""电影院""学校与科学"4节），"集中资本在国会与国家机关中的势力"（含"英国国会的组织""法国国会的状况""美国的国家机关""日本各托辣斯在国家机关中的势力"4节），"资本的国际化""美国的托辣斯与欧洲的殖民地化""企业家的组织"（含"企业家组织的全国结合""企业家组织的国际结合"2节），"近世资本集中的基本倾向"（含"限制生产""加紧剥削劳动""资本藉小股份民主主义化的幻影""阶级争斗的领导""资本的集中与帝国主义"5节），"结论"；计206页。译本所依据的原著第2版的出版时间，按照译者作序的说法，至今将近5年，该版本应出版在1924年。从这个时间点看，这本书进一步研究战后资本主义的新发展，重点落在资本集中也就是资本垄断上，确实抓住了资本主义新发展实则帝国主义阶段的本质特征，这也是以马克思主义作为理论依据的分析结果。不过作为德国学者的研究成果，译者在作说明时，都是从马克思学说中引经据典，不曾接触列宁的帝国主义论，这也算是此书讨论战后资本集中问题即帝国主义问题的一个特点。

## 四、有关帝国主义的译本

列举两个译本，都是运用马克思主义经济学来研究经济史中的帝国主义问题。

### （一）《帝国主义没落期之经济》译本

伐尔加（又译瓦尔加）著，宁敦伍译，上海昆仑书店1929年5月1日初版。译者后来翻译出版日本学者的《社会主义经济学史》一书，已见前面的考察，而这个有关经济史的译本，不知直接译自俄文原著，还是转译自日文译本，未见说明。

瓦尔加作为匈牙利的马克思主义经济学家，长期在苏联工作，前面考察日人著作《农民问题研究》的译本和国人自撰的《农民问题大纲》，可以看到他在农民问题方面的有关理论观点。这个译本，则反映他对帝国主义没落期经济的认识。全书正文172页，11章，分别是"资本主义的安定""资本主义制的不安定性""内的矛盾尖锐化及固定的失业""内的矛盾及合理化""新技术及其经济的结果""内国市场狭隘化与夺取世界市场的斗争""独占的形成与夺取世界市场的斗争""国家资本主义""夺取世界市场的斗争与农业化及工业化""世界再分割的准备""改良主义者眼中的现代资本主义"；书后的附录对应正文有关章目，有各种表、图和追补如"美国工业的剩余价值率之计算"。根据这个目录，能够大致体会著者如何从经济上分析帝国主义处于"没落期"的特征。

从书中有关论述里，也能够感受著者的鲜明倾向。如第2章引用"现在资产阶级经济学"的"权威"凯恩斯（原译"格因智"）的《自由放任主义的终结》（原译"自由竞争的终当"）一书的一段译文："马克斯主义的社会主义，在学说史中，无论到甚么时候，都是不足理会的一个东西——这个非理论的、平凡冗长的学说，在历史的进行上，又有甚么的可能，而给与人类精神上以重大的、永久的影响"？对此，评论这是"像小孩子一样，无赖地反对马克斯主义"。另外提到"自称为马克斯主义者"的改良主义者，"他们今日的经济观念，已经没有马克斯主义的半点意味"，只是资产阶级的复印文章如肯定合理化和增加劳动作业率，与西斯蒙第（原译"西斯门迭"）主义如资本家须支出较多的赁银以贩卖较多的商品之"奇妙的混合物"。又说，"改良主义者极力宣传资本主义的安定性与平和的超帝国主义"，可是无论经济的下层构造或政治的、社会的、意识的上层构造，只能看到"今日的资本主义，表现极度的支离破裂与其最高的不定性"；帝国主义者为了世界的再分割，对待殖民地民众，或帝国主义者相互之间的矛盾尖锐化，"只管一路的进行到新的帝国主义战争"。① 这里所说的改良主义者，很明显针对考茨基之流。如果再联系第 11 章系统批判以考茨基为代表的改良主义者关于现代资本主义的论述，可以认识此书的主旨，既是反驳资产阶级经济学家否定马克思主义在经济学说史上的地位和影响等观点，更是揭露自称马克思主义的改良主义者在帝国主义没落阶段为现代资本主义辩护的理论。

### （二）《近代帝国主义概略》译本

Ashkroft（今译阿什克罗夫特）著，梁止戈译，上海江南书店 1929 年初版。作者与译者均不详。译者 1927 年 3 月 20 日的序言，有如下说明：

这本书叙述历史上的事实，颇简单明了。但第一章及最后一章讲到理论的地方，读者要留意它的错误的地方。帝国并不是像著者所说："帝国主义，主要的是大批出品物从纺织品变到钢铁品的结果"（见第 12 章）。他固然也指出帝国主义的垄断性，但没有指出"帝国主义的基础和其发生的过程及必然性"。据列宁（原译"尹林"）的《帝国主义》一书所说，帝国主义"是资本主义的最后一个阶段，也包括下面五个特点：一、高度生产和资本的集中，产生垄断，这种垄断在经济上尽主要的作用。二、财政资本和工业资本的混合，在这种财政资本的基础上，产生少数人在财政上的统治。三、输出资本和以前输出商品迥不相同。四、组织国际的资本的垄断组织，瓜分世界。五、最大资本主义国家间，已完成全世界上领土的瓜分"。所以帝国主义并不是所谓大批出品物从纺织品变到钢铁品的结果，这点不能完全符合事实（如英国到现在，最主要的出品物还算纺织品），并且只是浮面的。我们应该知道帝国主义的基础和它的发展过程，这篇小序，不能多说理论。希望读者们详阅《帝国主义》和《世界经济和帝国主义》② 两本书，直到现在，总算是说到帝国主义理论的最好的两本书。"读了这二书，对于帝国主义的基础和实质，总可有相当的了解"。此外，希法亭（原译"希尔菲丁"）的《财政资本》（今译《金融资本》）和 J. A. 霍布森（原译"霍伯孙"）的《帝国主义》，也均可参考。

这本书从英文本译出，其中错误和不明白的地方，自然不可免，希望读者们指出来，以后可以改正。③

---

① 以上引文见伐尔加原著，宁敦伍译述《帝国主义没落期之经济》，上海昆仑书店 1929 年版，第 24—25 页。

② 《世界经济和帝国主义》应是布哈林的著作，写于列宁的《帝国主义论》之前，列宁为之作序并给予高度评价。

③ Ashkroft 著，梁止戈译《近代帝国主义概略》，上海江南书店 1929 年版，"译者小序"。

此前已介绍了多部专论帝国主义的著作或译本，现在这个译自英文本的译本，从译者的序言看，至少表明了以下三点。一是站在以列宁为代表的苏俄理论一边，作为判断此译本和分析帝国主义问题的指导原则。最典型的是引入列宁《帝国主义论》中给帝国主义下定义时所包括的五个基本特征。关于五个特征的翻译，对比今译文，个别译名和表述上有些差异，但基本准确。同时引入布哈林的《世界经济和帝国主义》，视之为与列宁著作并列重要的两本书。二是批评译本中把帝国主义主要看作出口产品从纺织品变为钢铁制品的结果这一错误，不仅在理论上是肤浅的，没有揭示帝国主义的基础、实质和发展过程，也不符合诸如英帝国主义至今仍以纺织品出口为主的事实。这个批评，还可以联系前面所介绍的著作，曾把帕夫洛维奇的"钢铁政策的帝国主义论"，列为马克思主义各派的帝国主义学说之一，或当作马克思主义的最新学说。此论与这里批评的观点，有相似之处，看来译者以列宁的定义为准，并未将此论看作什么马克思主义的最新学说，反而指出这是一种理论浅薄而又缺乏事实依据的错误。三是推荐的其他书目，也反映了有关现代帝国主义理论的早期发展沿革线索。如在 19 世纪末 20 世纪初，英国经济学家 J. A. 霍布森的《帝国主义》一书，指出资本主义向垄断阶段过渡的若干历史特点；此后德国社会民主党的理论家 R. 希法亭在其 1910 年的《金融资本》中，又指出金融资本是资本主义发展最新阶段的最重要现象。认识这些线索，对理解列宁的帝国主义理论也是有帮助的。

译本首先说明，"这本书里所采用的叙述方法，把大战当作全部的枢纽"。第 2 至第 6 章讲到参加大战的各欧洲强国，表明它们采取怎样的政策，引起这次大战。"这种方法产生许多重复地方，但是由此可以更加着重比较重要的事件和恐慌"，书中反复地从各个有关国家的观点上去叙述它们。全书 254 页，分 12 章：第 1 章"绪论：帝国主义的经济：三个时期——剩余的销售——剩余的'生产工具'——帝国主义的要质——新的主义的引起——新闻的权威——外交家和秘密条约——为什么研究帝国主义？"；第 2 章"英国的扩张"，1882—1914；第 3 章"德国的扩张"，1888—1914；第 4 章"法国的扩张"，1881—1914；第 5 章"俄国的扩张"；第 6 章"意大利的扩张"；第 7 章"大战前夜的欧洲"，1914；第 8 章"大战时的帝国主义"；第 9 章"和平条约上的帝国主义"；第 10 章"日本的扩张"，1871—1914；第 11 章"美国的扩张"，1898—1921；第 12 章"帝国主义与工人"，含"从战争到垄断——往托拉斯去的趋向——资本主义发展的根基——欧洲的资本团——垄断的资本主义——现在世界状况：美国，英国，法国，日本，俄国——第二次世界大战？帝国主义所给的教训：（一）经济和政治的相互关系，（二）国际主义，（三）工人阶级的独立"。

看了目录，确实如译者所言，译本的第 1 章及第 12 章，讲到帝国主义的理论问题。其余各章，主要论述帝国主义各国的扩张政策，相应引起的世界大战、各种事件与恐慌状况，也就是帝国主义形成与发展的实际进程。所以，前面所列举的目录，详列前后两章的各节标题，其他各章只简述其每章标题。前后两章的标题显示，此书试图讨论帝国主义的实质、走向垄断资本主义的特征以及给出的教训等，又试图站在工人阶级的批判立场上，概述现代帝国主义。关于这个倾向，可以最后一章最后一节为例。此节谈到帝国主义的最后一个教训：

"工人阶级在思想上行动上都应绝对独立。我们已经设法证明，帝国主义只是资本主义的最后阶段。它只是已变成国际性的和垄断性的资本主义。在资本主义苟延下去的时候，我们决不能解决帝国主义的问题。这两个东西，是连结着的。所以无产阶级的政策，应该清楚地绝对地和资本主义的政策分别出来。我们现在不需要自由主义和半自由主义的和平及改良的公式。倘然那些掌握工业上统治权的人，总是为自己谋利益，倘然这些人在不能获得充分优益的利润时，总有权力去停止生产的进行，那么我们的名字或是保守主义者、自由主义者，或其他名字，在我们看来，都是一丘之貉。经济上的恐慌，在资本主义国家里，是不可免的。帝国主义还是追逐着他们的战尘，惨酷地压迫全世界的劳动群众，把他们轧在他的轮辐之下。工业的管理权一定要转移于工人阶级手中。事实只是这样，世界上富源的采用，还是为少数人的利益呢，还是组织起来，来谋多数人类的幸福？这就是世界上当前的根本问题"。

萧伯纳在《关于战争的常识》中说："现在你至少是不是相信几许年来社会主义所告诉你的话？你们的英国国旗，三色旗（法国），皇鹰旗（德国），只是弄你们快乐的玩具。世界上以后只有二种旗帜，——社会主义的红旗，和资本主义的黑旗"。倘若在 1914 年末，这话是对的，那么在 1922 年，"更是真确了"。"让我们来举起自己的大旗，在旗上辉耀着我们的口号，'团结！相信自己的力量！'在这样的旗帜之下，只有在这样的旗帜之下，——我们一定得到胜利"。①

---

① 以上引文均见 Ashkroft 著，梁止戈译《近代帝国主义概略》，上海江南书店 1929 年版，第 253—254 页。

这番话，可以显示此书写于 1922 年。其中对当时流传较广的分析和批评帝国主义的理论学说，多有采纳。诸如帝国主义是资本主义的最后阶段，是国际性和垄断性的资本主义，既不可避免内部的经济恐慌，又推动对外战争，残酷压迫全世界的劳苦大众等。进而认识到只要让资本主义继续苟延残喘，就不可能解决帝国主义问题。于是提出工人阶级在思想上和行动上应当绝对独立，应当绝对清楚地将无产阶级的政策同资本主义的政策划分开来。所谓绝对，就是不需要自由主义或半自由主义的和平与改良方案。也就是说，只要掌握工业统治权的人是在为自己谋利，并在得不到充分利润时有权关闭工厂，那么无论保守主义者、自由主义者或其他什么名称，在我们看来，都是一丘之貉。以此而论，此书确实是从维护工人阶级的利益出发，总结帝国主义带来的教训，划清与帝国主义或资本主义政策的界线，并呼吁工人阶级团结起来，相信自己的力量就一定能够得到胜利。说到这里，书中引用以后世界上只有两种旗帜，社会主义的红旗和资本主义的黑旗可供选择，没有其他颜色不同的资本主义旗帜的说法，却来自英国费边社会主义的领导人。若按照费边社会主义，它提倡的方案，恰恰不那么绝对，而是以和平和立宪为主的渐进主义。此外，书中又提出当前世界上的根本问题，工业的管理权一定要转移到工人阶级手中，使用世界上的富源，不是谋少数人的利益，而是组织起来谋人类大多数的利益。这里仅提到工业管理权的归属问题，没有涉及社会基本经济制度即所有制的归属问题，或者说用工业管理权关系取代了社会所有制关系。这不能说只是用语上的疏忽，应反映作者的一种指导观念。所以说，这个译本概述近代帝国主义，同列宁继承和发展马克思学说而提出的帝国主义论，还是存在明显的差别。依此看来，译者以列宁学说为准来评介译本所概述的近代帝国主义，同著者在译本里不仅把帝国主义看作主要是大批出品物从纺织品变为钢铁品的结果，还在谈论帝国主义时掺入费边社会主义的观点等，也是有差异的。不过，译者只是指出前一看法的错误，对于后一观点，则欣然接受了。

## 五、有关世界经济的译本

这里两个译本，专题讨论世界经济，放在一起各见所长。

### （一）《世界经济论》译本

高山洋吉著，高希圣译，上海平凡书局 1929 年 8 月初版，列为平凡丛书之一。译者选译此书，体现了此前翻译《资本主义批判》和自撰《科学的社会主义》

二书的基本倾向。这本小册子 90 页，分资本主义稳定的现阶段、主要资本主义国家的现势、中国革命和世界资本主义 3 章。论及资本主义稳定的问题，列举事实证明"现在的资本主义稳定是相对的，是部分的，而且是不可靠的"，接着考察"足以倾覆现在资本主义之存在的三大要素——苏维埃联邦社会主义建设的猛进，英帝国主义的没落和中国的革命运动"，由此也使上述稳定的性质"愈加见得明白了"。前面说明"资本主义范围内到底不能解决的矛盾怎样的在所谓资本主义的稳定中不绝地增大起来"，现在说明"三大国际的要素"，尤其突出苏联社会主义建设的要素。"苏维埃国家的存在已是威胁资本主义稳定的事实"，更要看苏联社会主义建设的进展在经济上对于资本主义稳定的影响。

"革命前的俄国是资本主义国家绝好的商品市场及资本市场"，1917 年 11 月革命政权落入无产阶级之手后，苏维埃国家和资本主义各国之间仍恢复了商业关系。"然而这两个社会体制截然不同的国家间所进行的交易关系对于资本主义的稳定究竟是给与了怎样的影响呢"？从苏维埃国家的观点说，作为后进资本主义国家的俄罗斯要在薄弱的基础上建设新的社会主义经济，非和资本主义各国恢复交易关系而加以利用不可。从资本主义各国的立场说，恢复这种关系，对资本主义今后的发展也确实保证了相当的余地。"然而这个关系的继续与其说是增进资本主义的稳定，毋宁说是更足巩固了社会主义经济的基础。社会主义经济的基础，因此得以增大了倾覆资本主义稳定之政治的精神的势力"。经济方面，"苏维埃国家是和资本主义国家不同的，前者是依一定的计划和目的而进行的，结果生产上的效果能够远远胜过了其他资本主义各国"。从这样的见地来说，"可见这个商业关系确是巩固了苏维埃国家之社会主义建设的基础"。社会主义建设的 10 年间，因帝国主义战争而遭大破坏，又因继之而起的大饥馑而陷于极度低下的俄国生产，已经达到战前的水平，工业方面远远超过从前了，"这一点在社会主义的建设上是有特殊意义的"。引用日本产业劳动调查所的有关数据，以及斯大林与布哈林的有关论述，"便可知道苏维埃联邦的产业最近已是急速度的发展，在量的方面大体上已达到战前的水准了"。不过，"更加重要的是这个发展方向的问题"。对此，"可以确言苏维埃国家之经济的社会主义要素渐次的把资本主义要素克服了"。苏维埃体制在这样的社会主义建设的经济基础上，"渐渐变得安全而巩固了"。根据斯大林的论述，"我们就可以明了苏维埃体制的稳定和社会主义的发展是倾覆国际资本主义稳定的有力要素"。根据布哈林著作的数据，被称为世界工场的大英帝国从 20 世纪初起渐渐走入衰运，最近更是急速地没落下降。这些事实确是英国资本主义的"致命伤"，英帝国主义地位的逐渐下降，"也是倾覆现时资本主义稳定之最有力的一要素"。中国乃是国际资本主义的资本和精制商品的巨大市场，"中国在打倒帝国主义的旗帜下，要脱去外国资本主义的束缚而进行非资本主义的发展，那实是世界资本主义的重大打击，也实是倾覆资本主义稳定之最重大的一要素"。中国革命更重大的意义，是东洋10亿"被压迫民族解放运动的前奏曲"。他们的近邻有一个占全世界1/6土地的苏维埃社会主义国家，在其他地方也开始了反抗帝国主义侵略的猛烈斗争。"在现时情势之下，这二大势力的结合实足以使国际资产阶级大为恐怖"。①

这个译本论述世界经济，犹如前述《战后世界资本主义研究》一书，同样从现阶段资本主义的稳定问题入手，由此得出的结论，也同样是这个稳定没有解决反而增大了资本主义的内部矛盾，苏联社会主义经济的成就，不仅在苏联内部的发展方向上逐渐以社会主义要素克服了资本主义要素，而且在外部世界成为倾覆现代资本主义稳定的强有力要素。同时显而易见，这个译本引用的数据例证和著述摘录，均有详细出处，论述更有条理，再加上译文质量较好，读起来也更为清晰和流畅。据此基本上可以判断，《战后世界资本主义研究》着眼于战后世界资本主义的稳定问题，围绕于此而论证这种稳定并未改变资本主义的崩坏趋势并将被社会主义取代的各种论据，应当都是取自《世界经济论》原著或类似的著作，而且不及此类原著讲明有关资本主义稳定问题的马克思主义解释，先已见诸斯大林等苏联领导人的阐述，也不及此类原著将苏联社会主义建设的猛进与英帝国主义的没落和中国革命运动的兴起相结合，更为系统地证明足以从根本上倾覆现在资本主义稳定的三大国际要素。由此又可以推及，《战后世界资本主义研究》除资本主义稳定论题以外的其他诸如资本集中、合理化、帝国主义等论题，同样能够参考相关的原著而未予注明。这表明，当时国内运用马克思主义经济学观点来观察和研究世界经济或战后世界资本主义的著作，很大程度上受到国外尤其日本相关专题著作的影响，由此也推动了马克思主义经济学的传播进入新的应用领域。

---

① 以上引文分别见高山洋吉著，高希圣译《世界经济论》，平凡书局1929年版，第12—21、28—29页。

### （二）《世界经济与经济政策》译本

E. Varga（今译瓦尔加）著，李一氓①译，上海水沫书店 1929 年 12 月初版。

译本分四部分，1928 年初至 4 月 20 日为第一季，含"资本主义合理化的危机""中国现状""一般之部""特殊之部"4 节；接着至 7 月 10 日为第二季，含"农业化与工业化""一般之部""特殊之部"3 节；再接着至 10 月 25 日为第三季，含"帝国主义者间矛盾的加紧与赔偿问题""一般之部""特殊之部"3 节；最后至 1929 年 1 月 15 日为第四季，含"新罗马尼亚的问题""一般之部""特殊之部"3 节。译者 1929 年 5 月 25 日"申明"：这是 E. Varga 1928 年原著的译文，原系德文，从英译文转译而来。书中第一季的"中国现状"一章由石英从德文译出，英译本无此一段；第二季我只译了从"意大利"到"日本"的 1/3，其他是宰木译的。②

这个译本的原作，为长期旅居苏联的匈牙利籍马克思主义经济学家所著，在前面所考察的多部著作里，曾看到他有关农业理论或农民问题、战后资本主义或帝国主义没落期的经济等论述，现在又专注于 1928 年初至 1929 年初的世界经济与经济政策，贴近当时最新的世界经济形势。对此，更感兴趣的是，作者如何运用马克思主义经济学来分析中国现状：

"现在的世界再没有像中国那样地表示出多样性的且富于矛盾的容姿之国家；所以要理解中国与综合的把握这过程是有极大的困难"。可以将其最普遍面貌的全过程总括如下："中国现在是在于基立于单纯的再生产（马克思所谓'亚细亚的生产方法'）的，含着许多封建的要素的先资本主义的社会秩序底革命的变革之时期，因而是在于超过半殖民地的未完成的资本主义底驿站而进入于劳动者与农民底专政底变革期之中"。

单纯以封建制度去表征中国现时的经济构造，从政治的战术理由上看不大妥善。这很容易陷入"机会主义的过失"，会引导到这样的前提上：依照欧洲的发展

---

① 李一氓（1903—1990），四川彭县人；早年赴法国勤工俭学，上海沪江大学、东吴大学肄业；1925 年加入中国共产党；1927 年任国民革命军南昌总政治部秘书，同年参加南昌起义；1932 年到江西中央苏区，1934 年参加长征，后任中共陕甘省委宣传部长、新四军秘书长；抗战胜利后先后任苏北区党委书记，华东分局宣传部长，中共旅大地委、区党委第二副书记，旅大地委财经委员会主任兼大连建新公司政委；1949 年担任旅大行政公署第一副主席、大连大学校长；新中国成立后历任驻缅甸大使，国务院外事办公室主任，中联部副部长，中纪委副书记，中顾委常委，中国国际交流协会会长，国务院古籍整理出版组组长。

② E. Varga 著，李一氓译《世界经济与经济政策》，水沫书店 1929 年版，译者"申明"。

来类推，封建制度之后必会发生资本家统治的或长或短的存续。这样，人们会忽略两个重要的契机。一是中国社会组织从先资本主义到资本主义的过渡过程（这个过程现在还在继续），不是来自本土自身的发展，而是在帝国主义、资本主义的影响作用下所产生的东西；过渡到资本主义同时意味这样的事实，中国屈服于外国资本的侵略，转化为帝国主义列强的一个半殖民地。二是这个过渡恰好进行在资本主义的没落时期，资本主义在地球上的一部分已经被颠覆了，而且帝国主义诸国之间正在发生争夺销售商品的世界市场的激烈斗争，这场斗争势必引起再分割世界的新的战争。这两个契机使得这样的议论，即依照欧洲各国从封建制度过渡到资本主义的简单类似去理解中国现时的过渡，不能成立。

我们目前的课题不是穿凿中国历史的发展，只愿提出如下事实：在中国历史上，虽然有过一次或若干次农业革命，虽然技术上曾经达到与欧洲手工业时代同样程度的阶段，却没有发生向资本主义的独自过渡。外国资本侵入以前的中国经济，带着强烈的"亚细亚的生产方法"的面貌，而亚细亚生产方法意味着在同一阶段、使用同一技术的生产过程的无止境重复，如中国农民的劳动，使用两千年来的古法和工具。《资本论》说："……地租底现物形态，在亚细亚同时是国家租税底主要要素，……这地租形态在那里是以自然事物底不变性而反复生产着的生产关系为其基础。……"①。在别处谈到印度时又写道："这自足的共同体——它不断地在同一的形态中再生产自己，虽有被破坏的时候，仍能在同一的地方，用同一的名义而再生产出来，——底单纯的生产的有机体提供一个为理解亚细亚的诸社会底不变性之秘密的钥匙，即由此可以理解虽有亚细亚诸国底无间断的盛衰兴亡川流不息的王朝底转变，而亚细亚的社会却仍然毫无变动的原因。社会底经济的根本要素底构造是不受政治的风云变幻底击袭之影响的"②。"亚细亚的生产方法"，即不变动地再生产着的经济基础的存在，决不会排除某个种类的资本的形成。正如《资本论》所说："……在种种不同的经济的社会形态之中所成熟过来，而在资本家的生产方法以前的时代是被当作资本自身看待的二种不同的资本形态，即重利贷借资本与商业资本是中世时代所传下来的"。"由重利贷借业与商业所形成的货币资本，因在农村方面受封建制度，都市方面受同业组合制度底束缚，不能转化到工业资本去"③。

---

① 其今译文见《资本论》第一卷，人民出版社2004年版，第165页。
② 其今译文见《资本论》第一卷，人民出版社2004年版，第414—415页。
③ 其今译文见《资本论》第一卷，人民出版社2004年版，第860页。

事实上数百年前，甚至两千年前，中国已经有了商业资本，中国商人已经将中国的手工业及家庭工业的制品远销到印度及欧洲了。不过被输出到外国的东西，仅是超过自己所需要的极少过剩物而已。重利贷借资本虽然榨取独立的生产者，却不曾公然地侵蚀同一阶段上再生产的基础，因而它不曾引导到独自的工业资本主义的形成上去。《资本论》说："只单纯地指示中间性形态就够明白的，因为在这中间性形态之中，剩余劳动不因直接的强制而被生产者所吸收，也不进入于形式的隶属于资本。资本在这里还不曾直接地作用于劳动过程。在传来的、原始的经营方法中做着手工或耕作者的独立的生产者之傍，出现了重利贷借业者和商人，重利贷借资本和商业资本，而此即为发生地诛求汲取独立生产者的东西，——社会中的这种榨取形态底支配是除外资本家的生产方法的，但它在他方面，好像在后期的中世时代似的，能形成一个到资本家的生产方法去的过渡"①。所以《资本论》第三卷写道："为媒介及说明一种生产方法移到其他的一种去的过渡而只认商业资本底发展自身是不十分充足的"②。接着又说："当作商人资本的资本之独自的及优势的发展是与生产之非从属于资本同意义的，也就是与说资本底发展是一个外来的、本来独立的社会的生产形态的基础上发达起来的同意义的商人资本底独自的发展，因此是与社会底一般的经济的发展相逆比例"③。然而，当最高度发展阶段的资本，由欧洲帝国主义列强在中国海岸边建立起强力的地盘而开始征服中国时，情形便不同了。最重要的过程，包括帝国主义的资本将中国在先资本主义阶段所产生的资本种类，即商人资本与重利贷借资本，隶属于自己之下。④

以上只是分析中国现状的一部分内容，却突出了用马克思的亚细亚生产方式理论作为分析的依据。关于这个理论，译本所强调的重点，与后面将提到的著述如《中国农民问题与农民运动》一书所载《中国的农业经济》译文的重点，又有所不同。那里突出的是专制政治、中央集权与分散自治团体并存的特征，这里则强调亚细亚生产方式的自给自足、一成不变和不断重复的特征。二者都提到高利贷资本与商人资本在这种生产方式里面的独特作用，但后面的译文比较笼统，而且引用马克思的论述不注明出处，令人难以查寻其真实性及准确性。此译本这一章引用马克思

① 其今译文见《资本论》第一卷，人民出版社2004年版，第583页。
② 其今译文见《资本论》第三卷，人民出版社2004年版，第364页。
③ 其今译文见《资本论》第三卷，人民出版社2004年版，第365页。
④ 以上引文除另注外，均见李一氓译《世界经济与经济政策》，水沫书店1929年版，第11、20—25页。

的原话，则每引必注，且集中于《资本论》第一、第三两卷；指出这两种资本形式存在于古老传统的生产方式中，靠剥削独立生产者为生而无法转化为工业资本，其独立发展与社会的一般经济发展成反比例，只有当传统生产方式被破坏时才会过渡到资本主义生产方式等；惟此章的引文翻译实在糟糕，若非对照今译文，有些地方简直不得要领。尽管如此，此译本正是依据这些理论分析，揭示中国现状的若干特征，其中包括帝国主义侵入中国后，将中国在前资本主义社会所产生的古老资本种类即商人资本和高利贷资本，隶属在自己的支配之下。至于说中国的未来发展方向，文中其他地方谈到世界范围内资本家1929年的生产数量将与1928年一样继续增加时，有一个明显的暗示："同时我另外看见一个根本事实，就是苏联已将打倒了资本主义，社会主义经济有长足的发展，而西欧的资本主义已经是'过于成熟'，在下次革命高潮来的时候，一定打得粉碎"；此外世界上还有很多地方，资本主义不惟是在发展，而且是在青春期的疾速的发展①。这里的意思是，中国在帝国主义侵入后，也必将打破亚细亚生产方式而走上资本主义发展道路，等到资本主义发展到过于成熟的阶段，又一定会像苏联那样被革命高潮粉碎而走上社会主义道路。这个说法，也同《中国的农业经济》译文不同，那里明确表示，中国传统的社会经济形态决定了它既不可能内生出资本主义的发展道路，也不可能被强制纳入国际帝国主义的经济体系之后而自主发展资本主义，那只会成为帝国主义列强的附庸，所以出路只有走苏俄革命的道路。可见，同样运用马克思的亚细亚生产方式理论来分析中国问题，得出的结论却大不相同。不过比较起来，此译本从《资本论》第一和第三卷中发掘出那些关于亚细亚或亚洲传统生产方式特征的论述，此前几乎不为国人所注意，此后则成为讨论中国古代社会性质的重要理据之一。

以上列举10本经济史领域的著作或译作，除个别者有所保留外，皆鲜明地运用唯物史观或马克思主义经济学作为指导思想和分析工具。如果再加上前一节的三册《唯物史观经济史》译本，更是在重新阐释经济史方面，形成一股前所未有的势头。这些著作，从内容看，涵盖人类社会从远古时期到社会主义的整个经济发展史，既有系统、全面而专深者，也有稍见系统而通俗简易者，还有断代而以资本主义或帝国主义甚至某一历史时段如战后为主要研究对象者；从类型看，既有译本，也有自撰著作，译本分别来自日本、苏俄和西欧等国学者，可见取材面颇广，自撰

---

① 李一泯译《世界经济与经济政策》，水沫书店1929年版，第332页。

著作虽以参考国外著作或译本为主，但毕竟是开创了国人自行重新阐释世界（主要是欧美）经济史的途径；从著译者看，除少数不详者外，在已知或略知者中，国外的著者多数具有专门研究马克思主义或参加社会民主党的背景经历，国内的著译者则有不少人是（或曾经是）共产党人或赞成和参加革命活动者。另外值得注意，这些对经济史的重新阐释，虽说重视对史料或史实的发掘、梳理和分析，好像纯属学术领域的内容，但借助史料和史实的研究，事实上对马克思主义经济理论的阐释，丝毫不逊色于那时国内专门阐释马克思主义经济学和重新阐释经济学史的著作与译本，因此也强有力地推进了马克思主义经济学在我国的传播。

## 第五节　反对马克思主义的著作

质疑、批判、诋毁之类的反马克思主义著述，自马克思学说传入中国之日起，便如影随形，从未止息。其中反对马克思经济学说的内容，自然占有重要的地位。然而由国人自撰又较有系统陈述其反对理由的专题著作，则出现较迟。到 20 世纪 20 年代后期，始见此类专著，并以 1928 年间的若干专著较具代表性。到 1929 年，这种反对类型的著作仍延续下来。兹举两例，以为证明。

### 一、《马克思主义之崩坏》

毛一波著译，上海光明书局 1929 年 1 月增订第 1 版，列入现代文化社丛书。对于著译者其人，已有所了解，前面考察他的《社会主义批判》，便是站在无政府主义立场上反对马克思主义的一个例证。对于这本《马克思主义之崩坏》，也不陌生，它的前身正是在《社会主义批判》之前所撰写的《马克思主义评论》和《马克思经济学批评》一类著作，故有所谓增订版之说。由于这些前身著作未得其书，故有此增订本，正可借以观察著译者所说的马克思主义之崩坏究为何意，较之以往又增补了哪些内容。

#### （一）其书简介

毛氏 1928 年 5 月记于上海旅途的改版自序称：

这本书原名《马克思主义评论》，这回增订改版，改为《马克思主义之崩坏》了。我所以要如此做的理由，很是简单："那便是表示整个的马克思主义应该被否定的，不论是从理论或实际方面考察，在本书中均已指出了马克思主义本身的矛盾，及其本身的不可避免的崩坏"。我发表批评马克思主义这个意见，还是在一年半以前。此后天天度着流浪的生活，读书，办报，说废话，尽足以消磨我的青春。"我毫无所成，我更不能进一步去批评马克思主义，这很是自己引为慊然的"。不过，"我现在还自信从前的批评并不至于十分谬误，所以觉得有将本书增订改版之必要"。本书初版于 1927 年 7 月，由上海光明书局发行，先是 2 千本，后来又重印一些。初版时校对不良，错落极多，这回改版算是订正过来，而内容方面又增删了许多，并且另做一篇《马克思主义与安那其主义》编入上篇。这便是一切经过。①

可见，这本书由 1927 年初版的《马克思主义评论》增订改版而成，用来表明著者否定整个马克思主义的意见，而且从理论和实际两方面指出了马克思主义存在内在矛盾以及其必然崩坏的根据。这个批评意见据说在一年半前提出，至今仍坚持这个意见并自信没有什么谬误，这也是他通过增订改版进一步批评马克思主义的理由。著者自称不愿消磨青春，看来他的青春历练，便是以论证马克思主义的崩坏为其职志。

当初《马克思主义评论》出版之际，毛氏 1926 年 9 月作于上海的自序称：

这本小册子是数月前废了十余日的光阴草成，其中或著或译。早在好几年前，我正在上海大学，便留心于马克思主义的研究。现在这一点小小的收获，也可以说是研究的结果。"我是想持续努力下去，期以数年的工夫，做出几本有力的批评马氏学说的巨书，但这只是一个愿望而已，不过我希求这个过于夸大的愿望，能够达到"！"我是赞成社会革命的人，我认定社会革命是今日不可缓的了，无论在中国，在全世界。我赞成根于平民之直接行动，去消灭资本主义的一切组织，达到无阶级、无国家的自由社会"！"同时我不能不指出马克思（或者说马克思派）学说的谬误，因为许多马克思主义者——如社会民主派——迷惑于'资本主义会必然的自己消灭'而轻视了革命，抛弃了直接行动的方法。列宁派虽然比较进步一些，然而他们却梦想实行新兴的阶级之独裁政治（实际上是一党独裁，例如赤俄），这也是一个很大的谬误，而应加以纠正的"。本书对马氏主义的批评，一部分根据西洋学者的著作，有些则出于我个人的见解。②

这里所谓通过平民直接行动的社会革命去消灭一切资本主义组织，建立无阶级无国家的自由社会，实乃信奉无政府主义的宗旨。从这个宗旨出发，一面把社会民

---

① 毛一波著《马克思主义之崩坏》，光明书局 1929 年版，"改版自序"。
② 毛一波著《马克思主义之崩坏》，光明书局 1929 年版，"自序"。

主党人曲解马克思的唯物史观而放弃革命运动以等待资本主义的自行消灭，说成马克思学说本身的谬误；一面把列宁派在革命后建立无产阶级专政，说成新的阶级独裁政治，实则是一党独裁，同样应纠正此很大的谬误。站在这样两个基点上，毛氏试图数年后拿出几本批评马克思学说的"巨书"。现在过了两年，他在这本小册子的基础上增订改版为《马克思主义之崩坏》，篇幅增加了一些，口气也更加严峻了，将初版时只说指出马克思学说的谬论，上升为宣称应当全盘否定马克思主义，但这样是否就使小册子变成了巨书，有待对其书的具体考察。此序又说小册子里批评马克思主义，既根据西洋学者的著作，也出于个人的见解。然而前面评介毛氏的《社会主义批判》，发现他的论述，几乎都是在转抄和拼凑其他无政府主义倾向者所提供的材料与观点，看不出有什么独立的见解，那么此书是否更具有独立性，同样须拭目以待。

此书 185 页，分上下篇，查看目录，由 24 篇文章组成，实际上是一本论文集。其中不少文章又承袭初版本的内容，不过订正当初校对的错误而已。仅此而言，虽不宜再称作小册子，终究离巨书的标准相差甚远。

**（二）上篇评介**

内含 9 篇文章（其中一文分前后两篇），因各文之间的论据资料引用，重复较多，又因其中一些内容在前面考察《社会主义批判》时已有评介，故无须详论每篇文章的内容，指出其大旨即可。

第 1 篇"空想的与科学的社会主义"："以我们的观察，所谓科学的马克思主义，完全是抄袭十九世纪上期和更早以前那些空想的社会主义者的著作而成"。马克思与恩格斯（原译"昂格思"）抄袭之后又嘲笑他们非科学，"其滑稽与无聊，亦可想而知"。本文要举出马恩二人"做贼的赃证"。（第 1 页[①]）以我个人读书所得的结果，压根不知道马克思发明过什么特创的主张，却能证明马克思学说都是抄袭来的。"这几年来，我愈多读马克思及昂格思下至列宁、布哈林等人的著作，我愈觉得马克思学说的原理，都不是他自己新创的，而完全是从旧的文书中剽窃而来，就比如'剩余价值'和'无产阶级专政'罢，我说这一点也不是马克思新创的见解"。（第 5 页）以上论点的依据，前面均已见过，都出自西洋学者的著作，这里不过学舌重复罢了，论者却装作自己读书的体会。

---

[①] 此页码见毛一波著《马克思主义之崩坏》，光明书局 1929 年版，下同。

第 2 篇 "唯物史观与经济史观"："我不相信马克思曾有过甚么唯物史观，我只相信他有的是经济史观"，而用经济解释历史与承认历史中经济的影响，"并不是马克思发明的"（第 8 页）。"我是相信唯物史观的"，那是无政府主义者的解释，包括自然界的特性和必需品的生产与分配形式（第 9 页）。马克思对于唯物史观的解释太狭义了，只知执着于生产工具的变迁。"其实马克思何尝领有甚么唯物史观呢？他以经济解释历史，不过是唯物史观之一部分而已"（第 12 页）！这个论点，极为武断，而其论据，又极为单薄，于此可见论者的强辩特性。

第 3 篇 "国家与革命"："我们认定马克思派的国家自然消灭说，是无谓的欺骗！他们所谓要消灭国家，必须先利用国家，乃是一种怪论！如果依照他们的政策做去，国家是永远不会消灭的！我们相信社会革命的第一步，便是废除国家"（第 21 页）。此篇引用了不少马克思、恩格斯和列宁有关国家的论述，但在无政府主义的评价标准面前，统统都是欺骗或怪论，因为论者所信奉的唯一宗旨就是废除国家。

第 4 篇 "阶级斗争与阶级独裁"：我们相信阶级斗争是历史事实，并且喜欢应用它来图谋劳动阶级的解放，达到社会革命的目的。但"我们不相信'马克思的阶级斗争说'"，因为此说提倡利用阶级斗争去达到"新强权的阶级独裁"。我以为阶级斗争的"真义"，差不多全属于经济斗争，含有政治意义的时候很少。（第 24—26 页）我最初研究马克思学说的时候，常常想马克思为什么要提倡在阶级斗争之后必须实行阶级独裁？后来才知道马克思受黑格尔（原译"黑智儿"）辩证法的影响太大了，将正、反、合的死公式应用于说明阶级斗争的进程。我以为马氏阶级独裁的主张，在某种意义上说，"应用了玄学的辩证法，而蔑视的科学的方法——归纳的演绎法之结果"（第 29 页）。这大概就是所谓论者的个人见解，其中口口声声的"我以为"如何，实则仍是拿来别人的东西并将其推到极端。

第 5、第 6 篇 "党阀专政与无产阶级专政"，分前后两篇，其前篇：马克思主义者想借专政的暴力组织以达到自由社会，"我认为是非常错误的"，"我相信社会革命的第一步便是废弃国家和消灭阶级"（第 32 页）。"真正的无产阶级专政，是做不到的"，俄国打出无产阶级专政的招牌，骨子里只是少数共产党人的专政，"真正的工人仍处于奴隶的地位"，"无产阶级的利益是不能由共产党代表的"（第 41 页）。"无产阶级专政是谬误的"（第 43 页），它违反了社会革命的原理，不能消灭阶级，也不能消灭国家。这些论点，篇末注明大半是苇甘的意见，而这些意见，前面考察《马克思主义的破产》中苇甘著《马克思的"无产阶级专政"》

时，已作评介；所以，此篇所谓"我认为""我相信"，均应是论者用他人的意见充作自己的观点。其后篇：马克思主义者眼中的阶级斗争，"并非革命阶级，实是革命党阀"（译者注："阶级以经济地位而分，如现社会之资产与无产两阶级，而党阀则以其政治情形而结合"）（第49页）。事实已告诉无产阶级，"专政不是他们的事情，这是党阀的惯技"。"社会主义与专政是两个不能并存的东西，在社会主义看来，一切专政或一切阶级专政，不论其润饰得如何好听，总是带着反动性，因为一切的专政俱包含反动条件"。（第69页）此篇没有注明出于何人之手，但从开篇的译者注来看，应是翻译之作。前篇与后篇在观点上的一致性，还让人怀疑前篇的论据同样参考了后篇的原作。不论如何，这两篇在整个上篇中所占篇幅最多。

第7篇"马克思主义与俄国革命"：苏俄的经济政策，差不多完全根据马克思的主张而来。革命后实行国有经济政策，这第一步失败了。"失败的最大原因，就是在农工业的国有"；因为国有，自然要派许多官僚去管理经营，而那些无实际知识和经济的共产党人去办理一切，"安得不闹得一塌糊涂"！于是改行新经济政策。（第75页）这种经济政策，"明明是资本主义化了"（第77页）。现在的苏俄，"俨然是一个资本制度的国家了"。"所谓无产阶级专政下的劳动者，仍不免要受企业主之压迫，其与欧美的劳动者何以异"？（第79—80页）苏俄此种经济政策，不难预测，将由国家资本主义进而陷入个人资本主义。"这是毫不足奇的事，因为马克思的教义错误了，自然他实现在俄罗斯后的失败是必然的"！（第81页）此类论述，在当时反对苏俄的舆论中，早已司空见惯。但这里的反对重点，乃放在"国有"上，即不反对公有或共有，而反对国家所有，这又是出自无政府主义的典型立场。

第8篇"马克思与克鲁泡特金"：马克思想把自己的学说弄成一个系统，完成了"国家社会主义"；克鲁泡特金则是一个有经验的科学家，"把无政府主义建设在科学的基础之上"（第82页）。马克思学说"极不可靠"，因为它太玄学化了。"虽然本篇没有比较详细的介绍，但由此可略知克氏无政府共产主义在社会科学上的价值了"。（第87页）不出所料，论者信奉的是克鲁泡特金的无政府共产主义。此篇只是简单地扣上一大堆帽子，如采取玄学的辩证法，只研究过去的历史而不明白史前的社会情景，特别看重生产关系而忘掉经济以外的因素，根据剩余价值的演绎只限于分析资本主义经济组织而不求其根本，主张劳动价值说未免太玄学化，主张资本集中说不符经济事实而为空想，主张革命过渡期的无产阶级专政是唯心派的谬说等，便断言马克思学说不如克氏学说。

第9篇"略评李季的'马克思'"：上海大学教授李季，近著《马克思其生平其著作及其学说》数卷，已出版上编第1册。比起陈独秀派印行"均极幼稚可笑"的《新青年》及《社会主义讨论集》等，特别是陈独秀的言论"常常违反马克思主义"，李季算是专门研究马克思学说最勤勉的人了（第89页）。然而，李季此著"似乎抛去了'求真''求实'的精神"，记述多暧昧，批评也不公正（第90页）。如称颂恩格斯早年的《国民经济学批判大纲》和《英国工人阶级状况》二书为伟大的创作，实际上其真面目是抄袭他人之作；被高度评价的《共产党宣言》，其来源也是抄袭空想社会主义派的著作；记述马克思对于蒲鲁东的批评，极不公正，蒲氏并没有错误。我珍爱李季这本著作，不过又恰好发见了其中的错误，当然要出面加以指责；"盼望聪明的读者，留意及此"（第106页）。这是1926年冬作于上海的一篇旧文，被收入此集，不过批判的对象有其特点，既针对国内共产党人，又维护国际无政府主义思潮的创始人，而其主要论据，仍是老一套东西。

第10篇"马克思主义与安那其主义"：这些年正是各派社会主义在中国盛倡的时代，"尤其是安那其和马克思，更闹得像杀〔煞〕有介事"（第108—109页）。马克思主义与安那其主义两派的产生，均由实际生活得来，骨子里又含有不少理想性。在治学方法上，前者采用玄学的唯物辩证法，不免陷于空想；后者采用自然科学的归纳演绎法，一点不带空想性。在社会史观上，从经济方面说，前者是技术史观，后者是唯物史观；从政治方面说，前者是国家万能的崇拜者，迷信强权，以为国家职能不可废除，只能听其自然消灭，后者则大声疾呼废除国家，相信国家作为社会形式之一，随着社会的经济基础根本变动，必然要废除国家和政论。在人性观上，前者从利己主义出发，处处显露宿命论者的必然论，认为社会进化中的原始共产社会、封建制度和资产制度等都是必要的过程；后者则从利他主义出发，尊重个人的自由和幸福，革命谋求万人的安乐与自由。在理想社会的经济组织、政治组织以及革命时代的策略等方面，亦均不相同。总之两派的差别很多，"常有互相根本冲突之处"（第113页）。这是1928年7月基于前一年在厦门某校的讲演稿所成，属于抽象比较马克思主义与无政府主义的一篇新作，却充斥着用无政府主义来否定马克思主义的老旧观念。

整个上篇的各类文章，相互之间没有严谨的体系结构，能将它们串连在一起的目标，就是从理论上批驳马克思主义。批驳的重点，虽然不少内容论及马克思经济学说，但更多集中于对国家和专政或独裁的抨击上，由此又引出对国有经济政策的抨击。这是典型的无政府主义观点，在著者看来，国家应当废除，阶级独裁只能是少数有产阶级对大多数人的独裁，不存在无产阶级专政，所谓无产阶级专政势必导致少数人的党阀专政等。此类论点，都不是著者个人的独立见解，从国内外无政府主义者的各种著述中捡拾而来。尤其那些批驳的论据，更是捡拾出来后便全盘照搬，无非说马克思学说抄袭、剽窃、狭隘、矛盾、玄学之类，然后不断地重复引述，或者用于否定马克思学说是科学社会主义，或者用于比较马克思主义之不如无政府主义，或者用于证明苏俄经济政策的失败和一党独裁的现象是受到马克思学说误导的结果，或者用于指责国内专论马克思生平的著作存在不能求真求实的错误等，乃至从这些论据中武断地推出各种极端的结论。

**（三）下篇评介**

内含 15 篇文章，都是已在报刊上发表的随感短文，而且不少文章的发表年代较早，可见作者数年来的思想倾向一贯如此。

第 1 篇"马克思主义的失败"（载《民众半月刊》）："马克思主义最谬误之点，即在主张'劳工专政'"。结果国家组织愈加严密，国家压迫民众愈加厉害；况且俄国所谓"劳工专政"，实际上只是列宁党专政，少数布尔什维克的党人专政，"其谬误更可想而知"。事实告诉我们："俄国的革命，要是不为布党所破坏，社会革命定早成功了，自由共产的社会定实现了"！1921 年苏俄改行新经济政策，"早回复到资本主义了"。原因是他们不懂得工业和农业的联合，没有读过克鲁泡特金的书。"这不仅是布尔什维克的错误，乃是他们祖师马克思的经济学太忽略了原故。这无怪乎克鲁泡特金先生要说马克思的学说'远离经济十万八千里'了"！（第 117—119 页）这样以苏俄为例，宣布马克思主义的失败，屡见不鲜，而臆断俄国若非布党破坏而遵循无政府主义，社会革命早已成功，自由共产社会肯定实现，却在国人著述里头一回看到。

第 2 篇"第三次的革命"（载北京《国风日报》）：俄国自 1917 年以来，经历了三次革命，第一次为三月革命（俄历二月革命），"是资产阶级的革命"；第二次为十月革命，"是小资产阶级政党布尔什维克派的革命"；第三次为 1921 年 3 月 7 日的革命即喀琅施塔得（原译"克朗士达脱"）暴动①，"是真正无产阶级的革命"

（第 120 页）。这是"无产阶级反抗小资产阶级的表现，在工人革命的历史上，是极有光荣的一页"；"足以证明一党专政之不足以代表劳动者的利益"（第 123—124 页）。这个事件确实是民众对布尔什维克军事共产主义政策不满的结果，并成为改行新经济政策的直接导火线。然而在此文作者手里，却成为鼓动中国劳动者所需要的社会革命，不要走苏俄道路的一个证据。此文写于事件发生一周年之际即 1922 年，根据前文所说，此时作者理想中的中国革命道路，其指导思想已是无政府主义。

第 3 篇"俄罗斯的'人类之花'"（载 1926 年 2 月"学灯"）：布尔什维克党的主义，几年来试验的结果都是失败的，采用新经济政策"更足以证明他们的主义之谬误"。"我以为实行中央集权和复杂的官僚制度，是布党主义根本的错误，这种错误，已经贻害了俄国底全体的人民"。最不幸的是，作为"人类之花"的儿童们，也和俄国成年人一样过着困难的生活！（第 125 页）这里选择的证据，仍是为了证明无政府主义的观点，即苏俄的中央集权及其官僚制度为错误的根本之源。

第 4 篇"所谓赤色帝国主义"（载上海《时事新报》）：从俄国归来的陈启修，1925 年 10 月 6 日在《晨报》发表《帝国主义有白色和赤色之别吗？》一文，引起争议。"苏俄虽是打起招牌自称共产主义的国家，但实际上还带有帝国主义的臭味"，所以有人称它为"赤色帝国主义"（第 132—133 页）。我愿意拿出苏俄侵掠弱小民族的赃证：苏俄是"戴着赤色面纱的帝国主义者哟，你是我们弱小民族之贼，你做贼的赃证完全在这里陈列出来了，我诅咒你"（第 135 页）。此文列举的所谓赃证，均系来自他人的引述，不能说没有事实依据。但作者诅咒苏俄为赤色帝国主义，纯系服务于无政府主义的宗旨。另外，从这个争议里，还能看到前面考察韩亮仙 1928 年编著出版的《经济地理与国际问题》，大谈与各国列强白色帝国主义相并列的苏俄赤色帝国主义，其出处实在于此。

第 5 篇"中国人的联俄问题"（载《时事新报》）：俄国革命八周年了，然而"这种伟大的革命，早已被列宁党丢在毛［茅］厕里了"；而今的俄国依然是资本主义国家，"充满了一个新强权阶级——列宁党——和无数的以他们自己的泪珠滴湿了列宁党人的双足的劳动者"。这是可悲和奇怪的现象。"中国的列宁党常说苏俄是自由的天国"，并且欺骗中国青年。（第 136 页）然而事实与此相反，"我以为在中国主张与苏俄联络是谬误的思想，因为苏俄也如其他帝国主义者一样是我们的敌人"（第 139 页）。此时（1925 年）仍在国共合作而推行联俄政策的时期，可是国内无政府主义的奉行者们，从反对列宁党一党专政的观念出发，决不接受联俄政策以影响我国农工运动的方向。

第6篇"中国人的对俄问题"（1925年11月15日作于上海，载《时事新报》）：十月革命是伟大的社会革命，然而并未由列宁党去完成，因为它实行"谬误的国家社会主义的政策"，破坏了苏俄的经济组织，结果被迫恢复沙皇时代的资本主义；经济组织决定政治设施，所以现在的苏俄"仍不免有帝国主义的臭味"，列宁党高呼打倒帝国主义，"只是一种外交手段"（第142页）。现在中国受到赤色和白色帝国主义的侵掠，自然应该起来开展反帝国主义运动，但这种运动"绝对不能"靠中国政府或苏俄政府，须团结中国的无产阶级，联络各国的无产阶级去从事。所以，我反对陈启修主张联络苏俄政府，以为"联络苏俄的无产阶级可也，而联络苏俄政府则大可不必"。（第145页）这是不满陈氏原文多有为苏俄辩护之处，实则仍为无政府主义争取国内无产阶级运动的主导权。

第7篇"巴黎公社与苏维埃"（载"学灯"）：巴黎公社纯粹是一种自治团体，克鲁泡特金曾说这种组织法"是达到无政府主义社会的路，是证明了人类可以脱离了中央集权制而营社会生活"（第148页）。有人说现在俄国苏维埃制度的根本原则与大纲，与巴黎公社的组织完全相同，"这完全是小资产阶级的布尔什维克党骗人的话"（第149页）。这样的比较，依然是依托无政府主义来同布尔什维主义进行较量。

第8篇"苏俄是否帝国主义的国家呢"（1925年10月19日作于上海，载《时事新报》）：从经济上看，列宁党在苏俄实行新经济政策的性质，并不是为了劳动消费，而是供给市场商品，以便从"剩余价值"中积聚资本。"所以在新经济政策下的资本主义，也与其他被诅咒的资本主义一样"。从政治上看，苏俄与世界上其他资本主义各国也没有什么差别，不过工业衰落，农业退步，它现在虽不是财政资本的国家，却是"在向着财政资本的道上走去"！（第152页）列宁党高唱民族独立主义，然而只是空论，事实上梦想着一切弱小民族依附于苏维埃政府。"中国的列宁党徒常说苏俄是'弱小民族的朋友，无产阶级的救星'，我请他不要胡说乱道，淆惑了人们的观听"（第153—154页）。这是下篇各文中不多见的论及新经济政策的经济涵义之处，却极为肤浅和草率，而且很快又以无政府主义的居高临下，转向反对苏俄和中国的列宁党的老调子。

第9篇"列宁党治下的职工组合"（1925年12月9日作，载《上海南洋烟草职工会三周年纪念刊》）：工人要求解放，"应该自己起来实行革命，打倒统治阶级，而自由组织与自由联合去管理产业等等，并不须请甚么人来专政"；"所谓专政，只能限于少数人的独裁，决不能属于某一阶级的全体"。俄国职工组合只有劳动权而无经理权，且须绝对服从国家指挥的事实，"教训我们中国工人不要再走这路了！不要再上列宁党的当了！他教训我们中国工人应该另外择一条好路走，走到工人自由生产，自由管理的路去"。（第156—158页）这种无政府主义的高调，唱得多了，会让人觉得可笑，因为唱此调者自己，除了攻击和辱骂别人之外，根本不知道怎样把中国工人引到自由生产和管理的道路上去。

第10篇"俄国的党斗"（1925年6月作，载《时事新报》）："今日世界上招牌最新的政党，恐无过于新俄罗斯之布尔什维克党了"。它自称革命的政党，代表俄国无产阶级的利益，事实上"为了维持政党独裁的权利，而牺牲了俄国人民之一切利益"；它挂着马克思主义的招牌，其实不是真正的革命党，"和普通政党一样，是为争夺权利而组织"。（第159—160页）这是有感于一位英国工团主义理论家批评一切政党的话，照原样套在俄国布尔什维克党的身上。

第11篇"俄布党的反动政策"（1925年8月作，载上海《正义日报》）：中国的布尔什维克到处高呼"打倒帝国主义"，假如真是为中国民族解放，为全人类无产阶级解放而从事革命，"就应该首先'打倒赤色帝国主义'"（第164页）。看到布党专政下的赤俄暴政，"我们还有甚么理由去非难赤俄的人民去反对俄党的政权呢"？（第166页）这又是拿来社会上有关苏俄的负面消息，当作发泄无政府主义式义愤的凭证。

第12篇"政党独裁的两面"（1925年9月作于上海，载《民众半月刊》）：我觉得，自命革命的实行无产阶级专政的俄国，与反动的实行国家主义者专政的意大利，"并没有甚样差别"。二者的政治"同是压迫无产阶级的政治"，二者的经济"同是资本主义的组织"，二者的外交"同是在扩张各人本国的势力"。（第171页）这个论点看似作者个人意见，实则从前述《马克思主义的破产》一书看，在日本无政府主义者的著述里已有了专题论述。

第13篇"华德教授之欺骗"（1925年5月3日作，载"学灯"）：这位美国教授今年3、4月间来华考察，其讲演中关于新俄政策的报告，"殊多失实之处"（第172页）。如我研究新俄政策，委实找不出它与资本主义组织不同的地方。"我深深地相信新俄的此种经济政策，断不能达到他的理想社会——共产社会"（第174

页）。类似的断言，还见于政治方面。但所有这些断言的根据，都是在重复前面说过的那些无政府主义理由，不知是谁在进行欺骗。

第 14 篇 "批评'英国劳工代表团游俄的报告'"（1925 年 6 月作于上海，载《民国日报》副刊）：俄国的十月革命失败了，"失败在布尔什维克党专政之下"。虽然许多赴俄考察的小资产阶级常有对俄表示好感的报告，但那只能欺骗于一时，"布党治下的俄国的丑像，终归是要显出来的"。中国的列宁党歌颂俄国，歌颂布党革命的成功，在《中国青年》和《向导周报》上介绍 1924 年 12 月不列颠劳工代表团赴俄考察回国后的报告，赞扬俄国建设的成绩。"其实那个报告只是'一串谎话'"。我们老实不客气地"敢断言那个报告是骗人的"；或者可以说那是英国劳动党想借此迷惑工人，"利用俄国去扶助实行逖克推多（今译专政）制的官僚政府"，这是"很大的错误"。（第 179—180 页）这里倒是活脱地显出批评者自己的秉性，凡说列宁党坏话的都可以作为证据，凡说列宁党好话的都是谎话或骗人。

第 15 篇 "俄罗斯的反共产党运动"（载上海《民国日报》副刊）：随着协约国干涉的失败和国内战争的告终，俄国民众以为能够缓和布尔什维克的苛刻制度，专心于经济改造。不幸的是期待归于泡影，共产党国家无视掠夺的束缚，依然持续压迫政策。民众断绝最后的希望，确信共产党保存政权比保存革命更甚（译者按："这即是说共产党之目的，只在于保存政权，把社会革命看得很轻"）（第 184 页）。于是劳动者起来集会和罢工，却遭到镇压，以致社会党工人的宣言以立宪会议为号召，最后的口号是"打倒共产党！打倒苏维埃政府！立宪会议万岁！"（第 186 页）这应该是一篇译文，也可见译者选译此文的意图，可用作无政府主义者反对共产党和苏俄政府的又一新佐证。

下篇所有文章，全都集中于攻击苏俄政府的政策，特别是列宁党即布尔什维克党的所谓独裁手段，而且绝大多数是 1925 年或 1926 年期间撰写和发表的旧文。将这些旧文收罗入集，一则用于表明作者对待苏俄的态度，数年来一直未变，几乎是逢苏俄必反。任何有关苏俄的信息或资料，都可以拿来作为把柄，成为攻击的话题，而且除了若干反复使用的论据之外，文中弥漫着侮辱和谩骂性语句，甚至到了歇斯底里的地步。二则用于表明上篇从理论上对马克思主义的批驳，都在下篇实践马克思主义的苏俄失败事例中得到了印证。这些事例涉及多个方面，基本上以新闻中听说的消息为由头，带有随感性质，信马由缰，谈不上什么条理与系统。其唯一的目标，就是诋毁苏俄，其唯一的尺度，就是无政府主义。事例中又以苏俄政治方面的攻击居多，对内针对所谓一党独裁，对外针对所谓赤色帝国主义。至于间断提到苏俄经济方面的事例，也是由政治方面引申而来，统一的口径就是不仅军事共产主义的经济政策失败了，取而代之的新经济政策也失败了。把失败的理由说成由原来的共产主义目标退回到或恢复为资本主义，这是那时反对苏俄者比较一致的观点，此书的作者也不例外。但他又不同于那些反对者通常从维护资本主义道路的立场出发，而是以维护无政府主义为宗旨。所以在他的眼里，新经济政策不止承袭了资本主义剥削劳动者的剩余价值以积累资本的实质，亦未带来生产力的发展进步，也就是拒绝承认这个政策所带来的经济效果，而且根本断绝了工人自由生产与自由管理的自治理想之路，简直十恶不赦。如此极端的论点，大概就是作者区别于他人而显示其独立性的个人意见。

**（四）结语**

综合全书上下两篇的内容，从头至尾都在亢奋地重复无政府主义批驳马克思主义的那些言词，似乎重复得多了，这些言词也就变成了真理。从此书的结构看，大致上篇以理论批判为主，下篇以实践批判为主。无论哪个部分，其批判都显得极为偏激，缺乏客观理性的分析，正如前面考察作者的《社会主义批判》一样，完全是一副顺我者昌，逆我者亡的架势，既不容马克思主义与无政府主义争锋，更不许苏俄模式抢夺无政府主义的先机。如果以为这样，在此前评论马克思主义的类似基础上，把批判的嗓门提高到极端，就能宣告马克思主义崩坏了，这岂非令人不可思议的一厢情愿。更不用说想象这种强词夺理之作，能够升华为巨书，那简直让人感到滑稽。既然如此，为何还要颇费周章地评介此书，因为它在马克思主义经济学传播的恢复时期，代表了抵制这种传播的一种极端倾向。在这种倾向的支配下，尽管它本身接触马克思经济学说的内容并不多，可是一旦接触，即不分青红皂白地一概否定，由此也有意或无意地迎合了正统经济学反对马克思主义经济的统治势力。

## 二、《马克思主义之批评》

谢英士①著，商务印书馆1929年6月初版。这本小册子36页，1926年3月14

① 谢英士（1898—1941），原名谢奋程，字英士，广东梅县人；1923年清华大学毕业，赴美留学，获科罗拉多大学经济学学士，哈佛大学工商管理硕士；1926年回国，先后任国民革命军总司令部政治部秘书，南京国民政府财政部科长，河北煤油特税局、湖北卷烟税局局长，中央财政组副组长，铁道部武昌办事处主任；1935年任铁道部总务司司长，1938年任交通部参事，曾任新路建设委员会代委员长，在香港被日军杀害。

日完稿于美国剑桥。分 4 节，另有附录。从附录看，大多参考引用英文书刊，仅有小部分尤其有关苏俄部分，参考国内报刊文章。在国外写作，却通篇文言。兹分节评介。

## （一）"导言"

其要点：自西化东浸，吾国思潮因之而嬗变。到近日，"光怪陆离，江河日下，竟有共产主义，传播中华，以马克思为近代之孔耶，苏俄为天下之乐土"。一些见识短浅者，茫然于共产主义根本之优劣，混淆于资本主义本身之利害，势必引致举国沸腾，"遽至中国唯一之革命党，经过联共与反共之争"。欧美资本主义因无限制，其流弊酿成畸形社会，造祸无穷，稍有理性者固不能苟且赞同；加上"真正共产主义信徒，力攻资本主义之弱点，努力奋斗以求增进工人之幸福，其精神实有足多者"。"共产主义在公道上，自有相当真理，不容埋没"。但天下的主义有似是而非者，中国又有特殊情形，"若不问真理，不顾国情，谬然以外国主义，解决中国之问题，则实未免削足适履，非徒无益，而且有害"。"吾人鉴于欧美资本主义之覆辙，酌采共产主义之精神，在民生主义之下，实行褒奖中国之农工生产，节制资本，保育民生，及调剂劳资则可。若囫囵吞枣，不顾事理，在中国力倡共产之说，则不特中国将步苏俄之覆辙，中国稍有萌芽之生产业，亦将日就残蹙矣"。本篇之作，"所以陈共产主义之利弊，藉促迷途青年之觉悟而已"，非为党派之争或意气用事。

"共产主义之论据及要求，不根基于公道，而根基于经济论理及事实"，马克思在《哲学的贫困》（原译"哲学之穷困"）一书中，特别申明。近代共产主义多根据于马克思与恩格斯（原译"盎格士"）在《共产党宣言》中所用的共产。故讨论共产主义，"当舍公道问题，而专就经济论理及事实中探索"。吾人对共产主义的互助精神，虽深表同情，但"实未能勉强赞同"其论据，"尤当反对"达到共产的手段。"欲明共产主义之利弊，非先考察其论据及实施不可。近日国人提倡或赞成共产者，多带宣传色彩，不就共产主义加以根本讨论，而专就虚浮事理论断，隔靴搔痒实不足以平共产之争"。这里就共产主义之要点加以研究，"以明共产主义有无根据及能否实施"。①

此导言为全书总纲，意在促使我国迷途青年的觉悟。所谓迷途，可归纳为：将

---

① 以上引文均见谢英士著《马克思主义之批评》，商务印书馆 1929 年版，第 1—3 页。

共产主义的优劣与资本主义的利害相混淆，为了防止资本主义的弊端，不顾国情特殊而在我国提倡共产主义，主张走苏俄之路。所谓觉悟，应该知道：共产主义的真理之处在于公道，民生主义参酌这种公道精神，在奖励农工生产的过程中，通过节制资本，保护民生和调剂劳资关系，可以避免欧美资本主义毫无限制的弱点；如果超出这个范围，照搬外国那些似是而非的主义来解决中国问题，无异于削足适履，有害无益，囫囵吞枣，不明事理。这里所说的觉悟，还有另外一层意思：与上述共产主义的真理涵义即公道不同，近代共产主义依据马克思和恩格斯的学说，舍弃公道问题而专论经济理论与经济事实，等于失去了本来的真理标准。所以著者强调，要明白共产主义的利弊，必须先考察马克思、恩格斯论述共产主义的论据和要求，不能像国内那些提倡和赞成共产主义的人那样，只重隔靴搔痒的虚浮宣传而不做根本研究。他初步表态，虽同情却不能完全赞同共产主义的互助精神（其实这不是马克思学说的基本经济原理，倒像是无政府共产主义的互助论），尤其反对达到共产主义的实行手段，进一步的研究要点则是接下来的两节内容，即明了共产主义有无根据和能否实行。

### （二）"共产主义之论据"

其要点：共产主义有多种意义，这里只研究马克思的共产主义。其论据有三：以为物质为人类进化的原动力，人类历史实为阶级战争的历史，在资本制度下为有产阶级与无产阶级的战争；以为劳动是物品价值的唯一根据，劳动者生产很多，所得有限，于是社会发生剩余价值，为资本家所掠夺；根据以上二者预言：在资本制度下，劳动者的痛苦将日益加甚，资产及资产所有权将日益集中，无产阶级将日益增加，劳资之争将日益剧烈，"最后资本主义乃不攻自破，私产权移归无产阶级，社会乃达到共产时期"。

马克思的"唯物哲学之趋向过甚"，而其论断证之人类过去历史，"实未见真确及缺乏根据"。人类进化受到人类繁杂天性的影响极深。攘夺及积聚财物诚为人类天性之一，物质对于人类进化诚有关系，但决不能以攘夺及积聚概括其他人类天性，也不能以物质为人类进化的唯一动力。"其实人类生活，受于心理影响者良深"。"是则马克思之唯物史观，缺少真理也明矣。马克思阶级战争之说，直接根据于其唯物史观，故其谬错也，如出一辙"。人类争夺，多由个人与个人利害的冲突而生，"所谓阶级之争实属寥寥"。马克思有产无产阶级战争之说，"吾人尤未能同意"。此说"实不符事实"，证之国际战争，"更为不确"。"马克思有产无产阶级战争之说，无论从事实上或理论上观察，均缺乏根据"。自公司法改善后，工人购买各公司股债票者日多，近来欧美工厂采取职工所有权制度者渐多，"有产无产阶级之界限，已渐不如前明显"，是则马克思之说"更不合近代趋势"。"马克思之唯物史观及其有产无产阶级战争之说，既缺乏根据及不合事实，则根据马氏以上诸说而诞生之共产主义，不攻而自破矣"。

马克思的剩余价值论，"所含真理亦犹彼之唯物史观及阶级战争诸说"。欲知剩余价值论是否真确，必先察其劳动价值论。马克思以为物品的价值全根基于劳动分量，此说不确。"其错误有如十七八世纪之重农派之单重农田"。其错误之点，一是马克思以为物品的价值皆根基于该物的成本，但"成本论之不足以窥价值之全貌，已极明显"。马克思的劳动价值论，"仅得事理之半"。二是马克思以劳动分量为物品的唯一成本，"此说之不合事理，实无容置辩"。劳动、资本、土地及管理为物品成本的四项要素，"马克思昧于事理，以劳动为物品之唯一成本，及其价值之唯一根源，岂非大误"。马克思在《资本论》第三卷中，"已改用成本价值论"。马氏剩余价值论直接根据于劳动价值论，"故其为不确也，有如其劳动价值论"。"既明劳动价值论之为不确，则劳动者不能占有价值之全部也实极明了"。因此劳动者未能尽占物品的价值，"实不足以构成马氏之剩余价值论也明矣"。社会分配未尽平均，有时劳动者所得较少，"或为难免之事，但此亦不足为剩余价值之凭证"。近代欧美劳动组合发达，"工人与资本家已渐立于同等地位"；国家又实行监督工商业，"资本家压迫及虐待劳动者，已渐为不可能之事"。"是则马克思剩余价值及资本榨取劳动诸说，均不合近代事实"。按照美国分配情形，劳动者所得报酬虽不高亦不低。"一般人倡言之分配不均，实带宣传作用，未免言过其实"。通过以上证明，马克思"共产主义之根据实完全裁撤，而其真理亦极可疑矣"。

马克思的各项预言，"证之过去事实，亦未见真确"。近代生产发达，社会进步，不特一般劳动者的痛苦未见加甚，而劳动者的物质享受及生活自由均大有增进。马克思昧于19世纪上半期英国劳工的特殊情形，"遽下断语"；若见19世纪下半期以后的劳动状况，"其预言必将变更"。马克思预言劳动者的痛苦加甚，"实完全错误"。进而证之19世纪下半期的事实，其预言"岂非完全与事实相反"？马克思预言资产集中，"较为真实"。然而资产集中，"直接足以促进社会之生产，间接足以增进劳动者之幸福"。资产集中指工业生产而言，农业及商品贩卖则小规模及小本经营者仍占多数，"是则资产集中在农业上实毫无根据，而马克思资产集中之说仅得事实之半"。马克思预言资产所有权日渐集中及预言无产阶级日渐增加，"更与事实不符"。一国资产可以集中于少数大公司，但其资产所有权，则未必如此集中，"其实多分散于多数之股东手中"。"近代资产所有权有日渐分散之势，而无产阶级实日渐缩小，马克思之预言岂非与事实适得其反"？劳资阶级间因利害冲突，诚有争夺之事，但此种争夺，"决非马克思所言之劳资阶级战争"。即使如马氏之言，近代历史为有产无产阶级战争之历史，其争"亦未见日益剧烈"。国家实行监督工商业及劳动法后，劳资之争夺已渐由国家判断及调解；劳动者的最低工资、劳动时间及作工状况，均有法律限制；"是则劳资阶级之争夺实日就平和，而劳资间冲突之点又日渐减少"。另外，"近代商业道德增高后，一般资本家已渐重视工人之权利及幸福"；"资本家觉悟劳资争持之有碍生产后，一般资本家已渐改而与劳工合作"。劳资阶级之争夺实有日渐和缓及减少之势，"马克思有产无产阶级战争将日益剧烈之预言又与事实相左"。马克思预言资本主义不攻自破，"亦未见真实"，资本制度"实日渐稳固"。"综观马克思各项预言，其为不确有如其阶级战争诸论断，是则马氏最后社会乃达到共产时期之预言，其为不确也亦明矣"。

马克思的唯物史观、阶级战争、剩余价值诸论断及其诸预言，我们既然证明"其为不确，及违反事实"，是则以此为论据的共产主义，"亦缺乏根据，不攻自破"。进而再研究共产主义的实施，"以视其有无实施之可能，及良好之结果"。①

此节从根本上讨论共产主义，实则集中于马克思学说，并将这个学说的基本原理分解为唯物史观、阶级斗争说、剩余价值论，以及基于这些原理所得出的各种预言式判断，包括劳动者的痛苦或贫困将不断加深，资本所有权将不断集中，无产阶级将不断增加，劳资斗争将不断加剧，从而资本主义制度将必然趋于灭亡。这里对马克思学说的要点概括，其实在每一个要点上，都不同程度地被简化得似是而非，并不准确，只是从其完整而严谨的理论体系中抽取若干孤立的观点，以便树立为批判的靶子。如称预言资本制度将不攻自破，此不攻自破一说，寓意无须经过无产阶级革命，资本制度也将自然而然地走向灭亡。这可以说是社会民主党人中一些持消极等待态度者的意见，却不是马克思学说的本来涵义。至于批驳马克思学说各理论要点的那些理由，一般都见之于以往已有的说法，在理论上很少有新意，顶多引用庞巴维克（原译"彭巴威克"）反驳剩余价值论的个别论点。如果说有新的特点，

① 以上引文均见谢英士著《马克思主义之批评》，商务印书馆 1929 年版，第 4—19 页。

则是利用留学美国的机会，更多引用来自美国的实际资料，包括 1925 年的资料，以此证明马克思的预言不符合后来的事实。总的说来，引用这些资料是想证明，由于欧美国家采取各种缓和劳资矛盾的社会政策，以及资本主义向垄断阶段发展的同时出现了诸如股份公司由众人持股、农业领域仍保留小规模经营、工人待遇得到改善等经济现象，所有在马克思时代曾经恶化或激化的资本主义矛盾与趋向，都得到了缓解或改变，因此可以断言马克思的预言失效了或不符合事实，也就是资本制度不可能灭亡。可是这个证明，只说到矛盾的缓和，并未能够否定资本主义内在的基本矛盾，而且也回避了这些矛盾有所缓解，在很大程度上，恰恰是随着马克思学说的传播，工人阶级日益觉悟并开展斗争和从事革命运动的结果。

### （三）"共产主义之实施"

其要点：吾人承认，资本制度流弊所及，酿成畸形的社会。然而因为资本制度有流弊，就要推翻毁坏，"全视乎事实上之能否施行，及有无较优于资本主义之制度"。"断不能于新屋尚未落成之前，即倒毁稍为破坏之旧屋。人类历代承袭之资本制度，又何莫不然"。吾人必先考察资本制度能否废弃，共产主义能否实行，然后才能谈打倒资本及实行共产。"若人云亦云，学步效颦，势非误己误人，贻害家园不止"。

在共产制度之下，举凡私产、利益及价格诸制度，均在废除之列，全国的生产，均由无产阶级管理经营。实行共产后，增进劳动者的幸福，仍靠增加社会的生产；若社会生产力如旧，则人类的厄运仍不能避免。然而"在共产制度下，社会之生产能否增加，则实为一疑问"。人类的思想动作多根据于人类的天性，并对人类的生产有极大的影响。"私产制度与人类生产，实有密切关系"。废除私产权，人类因缺乏生产的原动力，生产必懈惰敷衍，社会生产力因之锐减，亦为不可免之事。废除利润制度，工业生产必大为衰颓，亦必然之事。"其实人类之苦心焦思，孜孜不息，从事生产者，无非为己身或亲属谋安适起见，或受虚荣及竞争心所驱使而已。一旦私产及利益尽行裁撤，而欲望人类如前之热诚踊跃，劳心劳力，以事生产，实为一不可能之事"。故在共产制度下，即使有完备的生产工具，亦无运用及驱使此工具的动力。社会生产必因之减少，劳动者的幸福实无由增进。况且实行共产后，人类断不愿节衣节食，从事贮蓄，积为资本，以为社会生产之用。因此在共产制度下，社会的生产工具必不如以前充分及完备，社会生产必因之大减。社会生产日益沉滞，而人类需要有加无减，在此情况下，分配稍为不均，社会争端立起，人类的争夺乃无穷期。"此从生产上观察，共产主义之不能实施者一也"。在资本制度下，社会生产有经济律节制调剂，各项物品的产量有所准则。实行共产制后，以上经济律不复存在，物品的产量必无所准则。既然在共产制度下，社会生产有限而将减少，则国家势必设法规定各种物品的产量，酌量限制人类的需要；然而人类需要繁杂，社会物品众多，规定限制，谈何容易；即使国家雇用多数调查员统计家，从事供求的规定，亦耗费多，成效少，必致生产纷乱，人民骚怨不止。"此共产主义从生产上观念，不能实行者二也"。

实行共产后的生产状况如此，再研究其分配状况。在资本制度下，分配不均，贫者益贫，富者益富，此人所尽知。但推翻资本而改行共产，能实行社会分配平均吗？一般提倡共产者，力攻现代分配之不均，但对于实施共产后的分配方法，多缺而不言，"此无他，实因分配问题繁杂而不易解决"。有人认为共产社会的分配应当以各人的劳动贡献为标准，此种方法不能实行，"实极浅显"。一物的生产成分极多，各成分在物品价值上的贡献极难断定，各成分应得的报酬也极难定夺。即使能设法断定，亦无法区别各人劳动的分量及价值，也就难于决定各人在物品上的贡献与应得报酬。这种分配方法，虽能实行，"断难达到平均分配也亦明矣"。马克思派以为在共产制度下，各人的消费当以其需要为标准。这种分配方法，在一定限制下虽能实行，但作为社会的分配方法，"实谬妄错误"。它忽视了各人劳动的效力及质量，"其不合公平原则也明矣"。此法"实有奖惰罚勤之举，不特此事为不平之至，吾恐人类将相率而懒惰疏懒矣"。人类欲望无穷，其需要也无限，以有限之财物应无穷之需要，社会不能按照各人需要分配，至为了然，如此国家对于各人需要非加以审查限制不可，"但此事之难行也，实足以致共产之失败"。假令国家能审查及限制各人需要，此法"已违背马克思按各人之需要而分配之本旨"；况且审查限制必产生偏袒徇私诸弊端，社会分配仍不得其平。"是则实行共产后，社会之分配问题，仍无解决之望，而从分配上观察，共产主义又未能实行矣"。

毫无疑义，"在生产及分配上，共产主义之初实施均有绝大困难"。共产主义原以破除资本制度的流弊为主旨，但共产后，"不特资本制度之流弊未除，且有变本加厉之势，是则共产主义之未必较优于资本主义也明矣"。资本制度以私产、利益、价格诸制度为精髓，"其不能破除也又明矣"。人类生活在私产制度下已久，"一旦废弃私产权，而改行共产，社会之基础必因之摇动，而人类必感受无穷之痛苦"。即使共产主义或许较优于资本主义，但共产的实施"为害犹大"。一般提倡共产者，鉴于有产阶级压迫无产阶级，主张以阶级战争达到共产目的，并主张由无产阶级专政和压迫有产阶级。"此种手段之过于反动，及不合民治主义也，极其浅显"。如此报复，社会将永无宁日。实行共产后，财物依然有限，人性照旧未必，人类的争夺将无止境。"'以五十步笑百步'，共产主义正未见优于资本主义"。

近世谈共产者，多以苏俄实施共产为根据，兹进而观察苏俄之共产。苏俄革命成功后，努力破坏资本制度，实行共产，组织严密，立法完备。但苏俄的共产不及数年，即着着失败，最后喊着"向后转"口号，改行新经济政策。关于此政策，有人以为苏俄共产失败之明证，有人以为苏俄达到共产之一种方法，议论纷纭，莫衷一是。兹专门研究苏俄的农业、工业、商业，以考其实情。苏俄在农业上的共产措施，"理想多与事实相背驰"。结果农业衰颓，土地荒废，连年饥馑，人民骚动。鉴于危机四伏，苏俄政府决然改行新经济政策，此后农业渐有转机。可见苏俄在农业上实施共产，着着失败，改行新经济政策实为不得已之举动，"足以证明共产主义，无实施之可能"。苏俄革命后规定全国工业均为国有，结果均因管理不善，生产锐减。鉴于工业生产日就衰颓，苏俄政府又决然改行新经济政策，此后工业顿呈兴复之象。"苏俄采取工业国有政策又遭失败，而共产之不能实施又多一层证据"。苏俄本其共产精神，对全国商业亦实行国营。结果费力大，成效小，苏俄的商业一败涂地。为情势所逼，苏俄政府放弃国营主张，改行新经济政策，此后由国民经营，完全恢复自由竞争。于是苏俄的共产在商业上，"又遭失败"。"综观苏俄农业工业商业之过去途程，均为由共产主义而回复资本制度。而其更变之原因，又为共产之着着失败。以苏俄共产制度之完备，及其组织之严密，而其实施之结果也尚复如此。是则共产主义无实施之可能，实极显然"。[①]

此节的批评与前节的批评相配合，既然前节断定共产主义在理论上的论据都站不住脚，本节断定共产主义不可能实施，便顺理成章。不过就像前节的证明鲜有新意一样，本节的证明也都引自一些常见的反对论点。诸如生产的原动力来自人性的利己天性，否则就会变得懒散懈怠；生产的调节靠的是无形之手的经济法则，国家统制干预将徒劳无益；按劳分配因难以确定个人的劳动贡献而无法操作，按需分配产生实际的不平等并助长偷懒行为；所以共产主义既不可能实施，也不比资本主义优越；尤其通过阶级斗争和无产阶级专政来压迫资产阶级以实施共产主义，更是过

---

① 以上引文均见谢英士著《马克思主义之批评》，商务印书馆 1929 年版，第 19—30 页。

于反动的手段；等等。换言之，资本制度固然产生社会畸形和贫富悬殊诸种弊端，但谋求推翻资本制度的共产主义既然好不到哪里去而又难以实施，没有必要再去提倡共产主义；或者说，放弃共产主义后，只能选择在现行资本制度下，设法缓解其固有的内在矛盾和改变其畸形的恶化趋势。这番论证，虽然没有什么新鲜之处，却也暗藏了一些心机手段。例如，把马克思主义解释为推翻资本制度后，立即在全国经济范围内实施废除一切私产、利益和价格即商业流通的共产主义，其间没有从资本主义到社会主义再到共产主义的任何过渡，企图一蹴而就。这或许是作者身处美国的发达资本主义环境，对于马克思主义产生的幻觉，但决不是马克思主义的本意。然而经过这样的解释，好像马克思主张资本制度被推翻后，可以在生产和分配上一步跨入共产主义社会，由此也就把实现共产主义有待具备而尚未成熟的诸多条件突兀地显露出来，反过来又成为解释者进而证明共产主义不可能实施，或共产主义不比资本制度优越的证据。又如，怎样看待苏俄由战时共产主义政策改行新经济政策，首先提出完全相反的两种看法，或以此作为共产主义失败的明证，或以此作为达到共产主义的一种方法，接着研究苏俄农工商业的实情，实则只支持前一种看法而回避后一种看法。作者不否认苏俄新经济政策取得明显效果，但他既然事先设定了以一步实现共产主义作为成功的标准，只要从共产主义政策向后退，就不仅意味着共产主义失败了，连改行的新经济政策也因回复资本制度而证明了资本主义比共产主义更优越，由此便轻松地避开了苏俄在经济落后和生产力低下的条件下，放弃由战时共产主义政策直接过渡到社会主义的设想和实践，从自身国情出发，探索利用资本主义因素来恢复和发展经济，逐步过渡到社会主义的另一种看法。这样的论辩手法，其实也不新鲜，在前面考察的著作里不时看到，只是作者使用得似乎更加逼真一些罢了。

### （四）"结论"

其要点：以上论证"足征"共产主义与历史事实相矛盾，施行于苏俄又一败涂地，不可复振。"今竟有猖狂之流欲以共产施之于中国，宁非咄咄怪事"。即使中国工商业如欧美那样彪炳灿烂，"施以共产，智者犹期期为不可"，何况中国民生凋敝，生产低微，比起欧美繁盛的工商业，"奚啻天壤"。今日中国重要生产业的资本很少，且外货充斥，利权外溢，入口物价远超出口之数，长此以往，非至山穷水尽，沦于破产不可。"忧国志士，正当努力提倡工商业，增加生产，以舒民困。今乃不知是图，而转向共产中求生活，岂非南辕北辙乎"？"当国家大事，岂可卤莽灭裂随意盲从，以贻患千载耶"？"且吾国贫富颇均，所谓资本阶级，除军阀官僚外，实寥若晨星。欲平资产，从政治革命即可成功，何乃舍本逐末，而转求于共产主义耶"？若为防他日生产发达，发生畸形社会，"实行民生主义，从事节制资本，调剂劳资足矣，何必万里求诸苏俄乎"？至于国内外资本家猖獗，吸我工人之脂髓，"俟吾国强盛时，驱之出户可也，更无须共产之屏障"。国势陵夷，思想淆乱，清谈效法，误国误民，贻祸无穷。"如共产之施行也，则时事虽艰，补牢未晚。如共产之果实行，则吾国前途，实不堪问"。"吾生一日，不愿见中国有此日也"。①

此结论，基于共产主义的理论与事实矛盾，施行在苏俄失败的证明，明确表达了作者反对在中国主张和实行共产的态度，把矛头指向中国共产党人。这实质上仍在坚持中国应当走资本主义的道路，其理由除了上面那些证明外，也依然如故：中国经济危难，濒于破产，当务之急是发展资本主义工商业，增加生产，纾解民困，提倡共产主义岂非南辕北辙；中国贫富差距不大，缺乏资本阶级，要在积聚资本的过程中求得均平，可以通过政治革命来达到目的，无须舍本逐末地转求共产主义；中国为了防范将来生产发达后出现贫富悬殊等社会畸形状况，通过节制资本足以调剂劳资矛盾，何必舍近求远地仿效苏俄；等等。看来，作者还不满足于这些理由，于是又把反共观念推向更加决绝的地步：今日经济落后的中国固然不可提倡共产主义，将来中国即使取得像欧美那样的经济成就，也决不能以共产主义为期待；尽管外国资本家猖獗地压榨我国工人，仍无须建立共产主义的屏障来剥夺和隔离他们，只须等到我国强盛时把他们驱逐出去即可；中国的前途，只要不实行共产主义就有挽救的希望，一旦实行共产主义便没有任何希望，所以作者申明他一生都不愿见到中国有走向共产主义的一天。此书主要从经济学的理论与实践角度批评马克思主义，最后得出如此决绝的反共态度，这在以往的经济学著作中，倒是不多见的。

对比本节考察的两本自撰著作，都以反对马克思主义为宗旨。一本从无政府主义的立场出发，宣告马克思主义的崩坏，主要围绕政治议题，兼及经济问题的论述，尤其反对无产阶级夺取政权，利用国家权力推行社会主义措施，视无产阶级专政为党阀独裁；所谓崩坏，除了理论上的攻击外，重点指向苏俄实例，凡是苏俄的所作所为，均在反对之列，可以说把反俄推到了极端的程度。另一本打着民生主义的旗号，批评马克思主义，宣称马克思不是近代圣人，苏俄也不是天下乐土，其理

① 以上引文见谢英士著《马克思主义之批评》，商务印书馆 1929 年版，第 31—32 页。

由集中于证明共产主义的理论依据不成立，付诸实施不可行，包括政治议题与经济议题，而以经济议题为主，特别是着意凸显共产主义违反人类自利天性和人类久已适应资本私有制度之间的反差；这种批评，看起来似乎比前书鲁莽地断言马克思主义已经崩坏，多了一些客观分析的意味，实际上在反对共产党人传播马克思主义和选择苏俄道路方面，表现得毫不逊色，可以说把反共提升到决绝的层面。二书反对马克思主义的共同之处，一则缺少对马克思学说的深入研究，或者照搬他人的论述，或者仅从马克思主义著作中作些寻章摘句的点缀，大概正是这种人云亦云或一知半解的状态，使得它们的反对调门唱得特别高；二则曲调虽旧，却力求把各种反对观点汇集于一书，予以强化或突出，从而造成一种马克思主义遭到批判或陷于崩坏的舆论声势；三则主要论点形成于 1927 年四一二事变之前，也就是在联俄联共政策尚属执行期间，已形成反俄反共的基本观念，并且带有强烈的个人愤激情感，很难用理性解释而更多流于偏见。这样两本书出现于本年度，适成恢复期马克思主义经济学的传播具有代表性的对立面。

## 三、《马克思主义与社会史观》译本及其他

这里所说的社会史观，无论引自国外译本，还是借用孙中山的民生史观，都把矛头指向马克思的唯物史观。

### （一）《马克思主义与社会史观》译本

威廉（Maurice William，今译摩里斯·威廉[1]）著，刘芦隐[2]、郎醒石合译，民智书局 1927 年 6 月初版，现存 1929 年再版本。将这个译本列入此节，意谓其译者在思想倾向上，与前述二书的著者有相通之处。这种相通又与前二书为国人自撰有所不同，由译者借助对译本原著的评介表达出来，而再版的评介比起初版也有差异。

---

[1] 摩里斯·威廉（1881—?），生于俄国工人家庭，9 岁随父母移民美国纽约，当过工人、保安等，16 岁加入美国社会劳动党；1904 年入纽约牙医学院，1907 年毕业后以牙医为业；一次大战后对马克思主义由信仰到怀疑，1918—1919 年写成《历史的社会解释——马克思主义经济历史观批判》，对马克思的历史唯物主义、剩余价值学说及阶级斗争学说提出批评。

[2] 刘芦隐（1894—1969），江西永丰人；上海复旦大学、美国加利福尼亚大学经济学毕业，留美期间，任国民党美国支部总干事；1924 年回广州，任国民党中央执委会宣传部秘书，广州大本营法制委员会委员、委员长，黄埔军校政治部副主任，不久到上海从事青年工作，兼任上海大学教授、复旦大学社会学系主任、持志大学教授；1927 年任南京国民党中央宣传部秘书、副部长，1929 起当选国民党中央执委，先后任中央党部宣传部长，考试院副院长；1932 年辞职赴香港，1937 年被捕入狱；1949 年任国策顾问，1951 年任四川省文史研究馆馆员，当选全国政协委员。

前面考察前溪 1927 年出版的《中国新经济政策》一书，附录"三民主义之评论"一文，里面提到孙中山以威廉的"生存重心"之说，代替马克思的"物质重心"之说，"那是很进步的眼光，也许比列宁见解高得多"。那里所说的威廉，与此译本的著者威廉，即同一人。一般评论说，孙中山从革命民主主义的立场出发，接受美国社会学者威廉以人类解决生存问题为社会进化定律的思想，加以改造和发挥而成民生史观；这种社会历史观，包含积极的合理的因素，但把"人类求生存"的"本性"和"欲望"作为社会发展的动力，脱离具体的社会历史内容而抽象地理解"民生"，甚至说"心"是"万事之本源"，陷入了历史唯心主义；民生史观强调互助而反对马克思主义的阶级斗争学说，认为阶级战争是社会进化时所发生的一种病症，断言中国只有大贫小贫之分而无阶级对立，"师马克思之意则可，用马克思之法则不可"，中国的落后状况可以"预防"资本主义，避免阶级斗争和社会革命，反映出资产阶级革命家的软弱无力和不切实际的幻想。现在看到威廉原著的译本，可以据此评论，进一步认识其译者及后来的解说者，如何借用民生史观来对抗马克思主义的唯物史观。

这个译本的原著，名为 *The Social Interpretation of History*，今译《历史的社会解释》，副标题即"马克思主义经济历史观批判"。译本 318 页，除"导言"外，共18 章，分别是："策略""社会主义的原则""国家社会主义""社会主义者底政治活动""实际政纲与社会党底发展""社会主义底原则是科学的吗？""马克斯底科学社会主义""社会史观"" '马克斯主义者'与马克斯底科学方法""反社会的马克斯主义""谁是被资本主义剥夺的？""掠夺者亦被掠夺""马克斯主义与劳工运动""马克斯主义与合作运动""战争是一个社会进化过程""俄罗斯的革命""德国革命""结论"，另有附录。从这个目录里，多少已能感觉到著者对马克思学说的质疑态度。

翻开译本的导言，开头与结尾分别有这样几段话："'社会主义的国际死了，资本主义的国际万岁！'这是社会主义底敌人欢呼的标语。如果把此桩不祥的事实掩饰起来欺人自欺，不但是愚蠢，实在是罪过"。"世界战争已把社会主义的国际打碎了。它打碎了社会主义的国际所统属的一切基本组织；引起了基本组织间的内讧，和各基本组织中各派间的内讧"。"本书之社会底研究是以马克斯底精神为骨干，利用他底科学的方法。倘使此书之结论与马克斯底结论不同，这正是凡科学都不能研究到一个最终结论的证据。科学中根本是探究，不是结论"。① 由此能够看到，著者因一次大战造成第二国际的内部破裂，所以产生对马克思学说的怀疑。此书的中心思想，认为"马克思以物质为历史的重心是不对的，社会问题才是历史的重心，而社会问题中又以生存为重心，那才是合理"。1924 年孙中山演讲《三民主义》时，赞赏威廉的社会改良观点，认为"适与吾党主义若合符节"。1927 年威廉获悉孙中山读过其书，于是购读《三民主义》英译本，从此对中国问题甚感兴趣；1932 年出版《孙中山与共产主义》，并与国民党当局关系密切，1936 年加入国民党。② 可见威廉的著作之所以引起具有国民党宣传部职责的译者的兴趣，这个背景情况值得注意。不过，威廉的批判，有一个从信仰马克思主义到产生怀疑的转变过程，而译者从未信仰过马克思主义，这可见于他的初版序与再版序。

初版序说：

威廉此书所以有迻译的必要，为了三点：其一，"马克斯所以成为近代社会主义底中心，是由于他底科学方法和由此而得的结论，在中国真正了解他底结论的人还不多，了解他底科学方法的人尤其少得可怜，此书适足以弥补这种缺憾"；其二，"现在无论学理的讨究或实际的运动，都须根据科学方法，此方法用于社会，才能解决问题，才能发生力量，而著者底目的，就在于用马克斯底科学方法，说明社会进化底事实，所得的结果，不独于社会进化上有重大发明，并且于学理上和实际上立定它底基础"；其三，"孙中山先生说他创立民生主义数十年，而著者最近发明，适与他底主义若合符节，但究竟著者底学理和孙先生底主义相同相异之点是什么，凡研究先生主义的人都有彻底了解之必要"。根据这三点，我们就可以决定此书的价值。

著者对马克思的结论有详细的讨论，"我们认为最应注意的还是马克斯底科学方法"。马克思说："我们认定持科学的观察力以洞彻社会底经济组织，才是唯一不可摇撼的社会主义底理论基础。"许多人以为社会主义的问题是制度问题，"实是错了"。"不知道用科学方法去观察实际社会组织底进化，徒然夸谈什么制度底问题，简直是乌托邦的梦想"。马克思说，在为工人起草的那个宣言中，"我所以把一个制度撇开，只拿批评的科学观察力去鞭辟实际社会运动底情况进步及一般的结果，也是这个意思"。"以科学的观察力洞彻实际社会行程，从而尽我们底力量

① 引文分别见威廉著，刘芦隐、郎醒石译《马克思主义与社会史观》，民智书局1929 年版，第 1、7 页。
② 参看孙磊主编《孙中山辞典》，广东人民出版社1994 年版，"摩里斯·威廉 Mauric William"条目。

参加到这种行程里面，推进它底实际进行，这是马克斯坚持的一个根本观念"。著者一样起劲地坚持这个根本观念。"他这本书可以说是他应用马克斯底科学方法以观察最近实际社会运动所得的结果"。马克斯用科学方法观察70多年前的社会实际情况，所得的结果即"阶级斗争是历史底原动力"。"著者用的是马克斯底科学方法，所得的结论却不是马克斯底结论了"。"何以著者所用的方法与马克斯相同，而结论却与马克斯不同"？这个答案，我们要让读者自己去找寻。这里我们"可以浅明地指出"，"著者所观察的事实是马克斯后七十多年的社会实际情况，根据的事实不同，所以结论也就不同了"。著者所得的结论："人类为解决生存问题的努力，才是历史底重心。开始总是这一个消费问题。阶级斗争是社会进化底果，不是社会进化底因"。马克思的理论，"要拿阶级斗争消灭阶级，并且消灭阶级斗争"。著者的理论："阶级底消灭，阶级斗争底消灭，还不能担保一个社会制度底永久性。一个社会制度底生产力能不能解决人民底生存问题呢？这才是最终的历史的试验标准，一切社会制度都是要受这个标准底测验的。不能适合这个标准的社会制度，一定要归于崩坏和消灭，替代它的便一定是一种能够解决生存问题的新社会制度"。

大体上说，"生存问题为历史底重心这一个学理"，和孙中山的民生主义认定"民生为社会进化底重心，社会进化又为历史底重心，归结到历史底重心是民生，不是物质"之说，"互相发明"。孙先生说："古今一切人类之所以要努力，就是因为求生存。人类因为要有不间断的生存，所以社会才有不停止的进化。所以社会进化底定律，是人类求生存。人类求生存，才是社会进化底原因。阶级斗争，不是社会进化底原因，……是社会当进化的时候，所发生的一定病症。……马克斯研究社会问题所有的心得，只见到社会进化底毛病，没有见到社会进化底原因，所以马克斯只可说是一种社会病理家，不能说是一个社会生理家"。孙先生和著者，"一样地认清楚了求生存是社会进化底原动，然而也是一样并不否认社会进化的时候所发生的阶级斗争这种事实"。孙先生在民生主义讲演里面引述著者的地方，"仅仅乎此"。其他理论，孙先生与著者不同，犹之马克思与著者不同。这种不同之点，读者如果把此书和孙先生的全部著述比较，就可以看出。先生"处在旧的经济组织早已崩败新的经济制度落后的中国，他底理论和政策，根本上是革命的"；而威廉处在资本制度下，"一方觉到资本主义底势力还很澎涨，一方又缺乏革命的勇气，所以根本上不配称为革命的社会主义者，只能称为社会的改良者"。这是我们对此书"引为大憾"之一点。最后，著者对马克思主义批评独多，这或许是学理研究上一个长处，但是他自己在理论建设上开发独少，"这是我们要和读者同引为不满的"。这样指出一二点"最重要的短处"，但著作家的作品都不完全。读者各有各的看法，于是书各现各的优点和缺憾。无论如何，单就前面所举的三个要点，威廉此作就有介绍的价值。①

初版序言在说明为什么翻译威廉此书的同时，试图澄清两个重点问题。一个重点是马克思学说与威廉此书的异同之处：相同的地方在于，威廉同样运用马克思的科学方法来观察社会实际情况，此方法的关键，不关注现行制度问题，关注社会实际的进化过程及其一般结果，这样就可以把马克思的科学方法和他运用科学方法所得出的结论区别开来；由于所处的时代不同，社会实际情况在不断变化，所以用同样的方法观察不同的事实，自然会有不同的结论，这也是二者相异的地方。这个澄清十分牵强，作序者却由此推出二者的不同结论：马克思从唯物史观出发，主张用阶级斗争的方式来消灭阶级与阶级斗争，结果无法建立永久性的社会制度；威廉从社会史观出发，主张以解决人类生存问题作为历史的重心，这才是检验一切社会制度的最终标准。显然，作序者否定前一个结论而倾向后一个结论，也就是采纳马克思的科学方法而拒绝马克思的社会革命结论，更反对以马克思学说为理论基础而主张推翻现行资本制度的一切社会主义结论。另一个重点是威廉社会史观与孙中山民生主义的异同之处：相同的地方在于，二者都以历史的重心是民生问题而不是客观物质，都反对马克思学说以阶级斗争作为社会进化的原因，然而孙中山所谓威廉之说与民生主义"若合符节"之处，也仅仅如此；相异的地方在于，威廉之说产生于资本主义势力正在膨胀的美国环境而缺乏革命的勇气，又只是批评马克思学说而缺少独立的理论创建，孙中山则处在旧经济组织早已崩败而新经济制度仍然落后的中国，其理论和政策在根本上是革命的，并以数十年之功创立了民生主义。这样的对照，不仅为了表明民生主义在指导思想上比威廉之说更适用于中国国情，也为了表明民生主义在理论体系比威廉之说更高明和更具有独创性。总体看来，初版序言强调翻译介绍威廉此书的价值，虽然否定了马克思学说的结论，但仍然承认马克思的科学方法在认识社会进化上有重大发明，因而奠定了学理和实践的基础。也就是说，此序对马克思主义的批判，还是比较客气的。然而不到两年，译本再版时，译

① 以上引文均见刘芦隐、郎醒石译《马克思主义与社会史观》，民智书局 1929 年版，初版"序"。

者评介马克思主义的口气就明显严厉起来了。

刘芦隐1929年1月10日的再版序言说：

我们迻译此书，并于1927年6月初出版之际，"正是中国被马克斯主义的暴力所压迫的时候"，"中国的马克斯主义的威权也还未煞减"。那时我们心里所感觉的是这么一个事实："我们中国人很有接受新奇学说的热狂，却无精究科学真理的智力；而且挟着一时以为新奇的学说，就能煽扬得起多少威权，可是过了若干岁月，新奇的学说变了不新奇，其所煽扬而起的威权也就一落千丈；于是消沉若干时，再遇着一种什么新奇学说，又囫囵吞枣的接受而至于大发狂热，结果仍是落到循环的终点，而于科学的真理上毫无进步如故。这是中国思想上的寒热病态。因为犯了思想上的寒热病，倒反认不清没有寒热病的科学真理，甚或认没有寒热病的科学真理为不彻底的思想。许多人通常所谓彻底彻底，大半都无异是说，要思想上大发其寒热病而已"。这是我们迻译此书时，所感觉到的中国人接受近代各种学说的普遍状态。"诚然，当时为我们中国人这种思想上的状态所驱驰的适为一个马克斯主义，然而我们因为马克思主义的凶焰之嚣张，尤其感觉到我们中国人的思想上病态之危急，所以就把威廉这本批评马克斯主义的书介绍出来，使一般人知道马克斯所重的是科学方法，而威廉亦用科学方法，两人所用的方法同，所观察的事实不同，而所得的结论却相反，可见只凭一个人的结论，只据一时一隅的事实而大发思想上武断的狂热或政治上盲目的运动，是断断不能解决问题的"。现在马克思主义者在欧美奋斗了70多年，在俄国试验了10年，在中国也活动了3、4年，结果只碰到这个严酷的事实摆在前面："各国生产发达的行程不同，要一律施以马克斯的药方，终于毫无灵验"。虽然马克思主义者对于这个严酷的事实，各有各的态度，但是"马克斯主义不能实行这一事实，不因马克斯主义者之态度有变更而有所移易"。

依此说来，在理岂不是这种批评马克思的书也可以不必再版了吗？这又不然。"威廉此书，消极固然证明马氏之错误，积极却列陈近代经济之趋势。他的社会史观的理论上建设固然嫌其太简。但其与孙中山先生的民生主义互相发明之点，必当永为吾人之参考。在'人类求生存是历史的重心'这一个根本原则之下，不独将来的历史观要起一个大革新，即将来的经济学也许要起一个大革新"。在历史学上以人类求生存为社会进化的原因，"即是在经济学上以消费为一切经济行为底起点"。"马克斯主义和正统派的经济学却不然。它们都是因袭了一个传统的观念，以生产为研究的起点，而非以消费为研究的起点。然而消费乃生产、交易、分配各种经济行为的总因，不由此总因以造经济学，而由生产或其他经济行为入手，则所研究出来的学说，很容易犯倒果为因之弊"。消费的范围甚大，现在由此入手研究的经济学家亦不多。"将来科学更进一步，一定有以消费为起点的经济学成立之可能"。法国经济学家季德（原译"基特"），亦承认消费应为经济学的起点，乃逻辑上必然的原则，不过他自己的经济学仍从传统习惯，不曾能够开辟研究上的新径。"我们于此就可以明了，如果以消费为研究起点的经济学能够确立起来，则以生存问题为进化中心的历史观当然更能发扬光大。这便不独此书要增加其永久的价值，即孙中山先生的三民主义之科学基础，亦将比现在更要扩大了"。

威廉此书所列陈的近代经济生活的趋势，是他的社会史观之事实基础。"我们总核近代经济生活的趋势，可以'社会化的经济'一语诠释之"。他所举的近代社会进化的四种事实，如社会和工业的改善，输运和交通收归公有，直接征税，财富分配的社会化，都表明近代经济的行程，"完全进到社会化的行程里面来了"。这个普遍现象，不啻证明孙中山"三民主义的社会观是完固而充实的"。孙先生根本上认定，"社会利益为个人利益的总归宿，民族生存为个人生存的总保障；离开社会利益，便无所谓个人利益的实质，离开民族生存，便无个人生存的意义。解决生存问题，充实社会利益，根本上全靠经济的进化"。现在我们中国是一个经济落后而有待物质建设的国家，要建设当然一切计画和政策，都须从整个民族生存和整个社会利益的观点出发。"依此出发点，一切科学的经济的政治的建设，必当为整个社会的全部利益而服务，而决不当走入反社会的歧路，与人们求生存的总目的相违反"。威廉此书的社会史观和孙先生的见解是相通的。在我们努力于中国建设的今日，此书根据于进化事实的社会史观，"实足为我们进行建设之原则上的参考"。社会进化的运行为社会全体的利益所决定，而我们总理的一切建设计画之实行，也为社会全体的利益所决定。所以在这一点上，"威廉氏的社会史观很可以供我们实施民生主义建设的观摩"。但是要晓得，除根据"人类求生存是历史的重心"这一原则而指证的近代经济的趋势外，本书没有其他足供我们实际建设之借镜的。这是由于著者的立场与孙先生的基点不同。此种不同之点，我们曾于初版的序文中指出，不必赘述。附带指明，初版的讹字和脱略之处甚多，此次再版，一一纠正和增补。希望新版出来，能够予读者以新的观感。①

_____

① 以上引文均见刘芦隐、郎醒石译《马克思主义与社会史观》，民智书局1929年版，"再版序言"。

可见，再版序言面对同一个译本，甚至提出是否有必要再版这种批评马克思的书的问题。当初译者翻译这本书，针对的是所谓马克思主义在中国的暴力压迫、威权煽扬或凶焰嚣张，也就是国共合作期间，马克思主义在中国传播的迅速发展势头。译者把这种势头说成是国人追求新奇学说的一种狂热，是鼓吹彻底思想却毫无科学真理而造成大起大落的一种寒热病态；虽然这也是国人接受西方近代各种学说的普遍状态，但尤以中国人在思想上被一个马克思主义驱驰而感到病态危急。当时要对付这种势头，又忌讳国共合作的形势，于是便借着孙中山说过威廉之说与其民生主义若合符节这句话，介绍威廉这本批评马克思主义的书，意在让国人知道重要的是马克思的科学方法而不是他的结论，威廉使用同样的方法，却得出与马克思相反的结论。这是在初版时的特定形势下，以一种迂回的方式来否定马克思主义。现在再版时，形势变了，就不需要这种迂回方式了，连马克思的科学方法也不必提及了，可以直截了当地否定马克思主义。如谓只凭马克思一人根据一时一地的事实所得出的结论，便大力发动思想上的武断狂热和政治上的盲目运动，断断不能解决问题；马克思主义者在欧美奋斗，在俄国试验和在中国活动的严酷事实是，将同一个马克思的药方用于不同生产发展过程的各个国家，最后都毫无灵验；不论马克思主义者怎样看待这个严酷事实，都不能改变马克思主义不能实行这个事实。如此否定马克思主义的决绝态度，恰同前述《马克思主义之崩坏》与《马克思主义之批评》二书的主旨，完全一致。特别是与后一本书否定马克思的唯物史观、剩余价值论、阶级斗争学说及其对资本主义发展趋势的预言相比较，更是出奇地一致。因为在此译本的译者看来，马克思所有这些学说，都是马克思在一时一地所得出的结论，都不符合后来的历史事实，都不能解决现在各国包括中国的问题，因而都应予以否定。

否定马克思学说之后，译者又别出心裁，为了证明威廉此书仍有再版的必要，又引出两个理由。一个理由说威廉的社会史观从理论上看固然过于简单，可它与民生主义的发明相互印证，不仅将来的历史观要发生大的革新，而且将来的经济学也可能发生大的革新。这里所说的经济学革新，不同于前述运用马克思主义经济学来推翻正统经济学以建立新经济学体系的各种尝试，而是依据所谓人类求生存是社会进化的原因或历史的重心这个根本原则，以消费作为经济学上一切经济行为的起点，把矛头同时指向马克思主义和正统派的经济学因袭以生产为研究起点的传统观念。这个理由，并非译者的创意，有关消费为研究的起点，乃各种经济行为的总因，不能犯倒果为因之弊等一套说法，不过是那时舶来正统经济学的一种时髦观点；以季德承认消费在逻辑上必然是经济学的起点为例，同样受到国内多年来翻译引进季德的各种协作主义或合作主义经济学著作的影响。译者突发奇想，主张确立以消费为研究起点的经济学，表面看来为了发扬光大民生主义的历史观与科学基础，实则真正的原因，只有将经济学的研究起点从生产领域转到消费领域，才能从根本上否定马克思在资本主义生产领域所发现的剩余价值秘密。另一个理由说威廉叙述近代经济生活的趋势作为其社会史观的事实基础，并概括为社会化的经济进程，由此不仅巩固和充实了三民主义以个人利益和个人生存服从于社会利益和民族生存的社会观，并且阐释了在经济落后而有待物质建设的中国，一切计划和政策须以民族生存和社会利益为出发点的基本原则。这个理由听起来不错，近代社会经济的发展确实以社会化为普遍趋势，改变中国的经济落后面貌也确实需要集中国力进行建设的统一计划与政策。但问题是在当时的国情条件下，如何将二者结合在一起。看来译者的用意之一，为了撇开马克思揭示资本主义社会存在生产社会化与资本私有制之间的矛盾这个学说，认为在不触动现行社会制度的前提下，同样可以顺利实现二者的结合。如此说来，译者这两个理由，仍然为了坐实否定马克思学说的论点，借此还可以把初版序言中所肯定的马克思的科学方法，也一并给否定了。再版序言里最后说到，虽然威廉的社会史观可供民生主义实际建设的参考，但除了指证近代经济的趋势之外，其他没有可供借镜之处。这个说法，也同初版序言中指出的三点价值有明显差别，而主要差别是不再强调此书同样运用了马克思的科学方法，或者说删除了这种科学方法的借鉴价值。所以，从初版序言到再版序言的重要变化，译者丢掉客套的假象，充分显露出反对马克思主义，特别是反对国内共产党人信奉马克思主义的真实面目。

### （二）《民生史观之研究》

文公直①编，上海新光书店1929年5月初版。这本小册子65页，分4章："民生史观与唯物史观之意义"（含"民生史观之意义""唯物史观之意义""孙中山之民生史观与马克思之唯物史观的异同"3节）；"民生史观与唯物史观之比较理

---

① 文公直（1898—?），族名永谛，号公直，江西萍乡人；清末名臣文廷式之子，家学渊源深厚，13岁离家北上考入军校，毕业后在军中任职，加入同盟会，1916—1917年间参加讨袁、护法战争，升为陆军少将；1921年任职湘军，1922年在湘鄂战争中被诬入狱，一年后出狱，重返旧部，因军事失利赴上海，受聘《太平洋午报》任编辑，潜心写作；30年代曾任国民政府立法院编译处股长，长于治史，以撰写武侠小说闻名。

论"（含"民生史观之社会起源""唯物史观之社会起源""民生史观之民生为社会的中心""唯物史观之物质为社会的中心""民生为社会一切制度之中心""物质为社会经济之中心""民生史观与唯物史观之论战"7节）；"民生史观与唯物史观之说明"（含"从社会组织上说明""从社会变革上说明""从社会进化上说明"3节）；"结论"。从这个目录看，此书同前个译本有明显的相关属性，似乎侧重于比较或说明民生史观与唯物史观的异同之处，既然有异亦有同，则批判唯物史观的火药味不如前个译本那么浓重。不过翻看其序言与正文，强烈的挑战气味仍扑面而来。

沈其权同年5月7日作于洞庭西山的序言称：

20世纪的革命高潮中，"民生史观"学说"如朗日照空，光明突起"。在内外交迫的中国，经济没落，民生凋敝，"欲求其起死回生于革命声中，民生史观实是唯一的急救良剂"。民生史观虽非深奥至不可解，但因"唯物史观混夹于今日，一般人每不易分晰明白而彻底了解"。以致"谬误的解说，穿凿的附会，纷纷而起，益使一般人如坠入五里雾中，惝恍迷离，莫由求得真解"。"上述之弊害，确因唯物史观之混淆，乃有此现象。因此，欲求民生史观的了解，必须先行严晰分别孙总理的民生史观的学说与马克思的唯物史观之不同之点，而后得以认识民生史观之真谛，及其所以为国民革命救中国、救世界的唯一原理之所在"。《民生史观之研究》，确能解决上述问题，详细分析民生史观与唯物史观之异同，"以最真确的理论，解释民生史观"。人们读之"必能豁然贯通，释素来之嫌虑，而得真切之认识"。因此，在许多革命书籍中，此书"实是有真价值，而且适应革命人们与一般民众的迫切需要"。①

在此序里，研究民生史观与唯物史观之异同，变成了必须先行严格区别二者的不同，彻底明白穿凿附会地将唯物史观混杂于民生史观的谬误与弊害，才能认识民生史观的真谛，不仅是中国没落的经济与凋敝的民生起死回生的唯一急救良药，还是救中国甚至救世界的国民革命的唯一原理。换言之，只有排除了唯物史观的混淆与迷惑，才能体现民生史观为我国革命和民众所迫切需要的真价值，于是把二者隔离开来和对立起来。

编者同年5月18日作于上海的自序说：

---

① 文公直编《民生史观之研究》，新光书店1929年版，"沈序"。

"民生史观"一词自孙总理发明以来，几乎人所共知，但能真确知晓和了解者又如凤毛麟角。一般人士对这个理论的见解，"庞杂谬误，解释纷歧，莫可究诘；尤其是在共党极力混淆国民革命之理论以后的今日"。1928 年冬，适值国际电讯社创刊《国际周刊》，其宗旨为纠正海外之谬误理论，贯彻革命空气于海外，由伍平一（澄宇）① 任顾问。"伍先生追随孙总理有年，为同盟会之基本努力分子。今居沪上，方以主义被曲解假借为憾"。以予亦曾随侍孙总理聆训，乃"以正确党的理论相勉"。予遂草《民生史观》一文交其刊于《国际周刊》，此后又阅读其他关于民生史观之论证，"见解独到，有胜我远甚者"，于是"撷其菁华，引申吾说，而编成此书"。此书"惟求民生史观之解释论证，得以显豁正确"，这也是写书之动机。②

这里讲述了编者接触国民党元老遗憾孙中山的主义被曲解假借，以及鼓励宣扬党的正确理论的前因，继则专注于研究和论证民生史观并撰写此书的事情原委。其动机不止通过正确的解释论证以澄清围绕民生史观的各种谬误，更把矛头直接指向共产党人的理论宣传，认为这种宣传曲解、混淆和误导了孙中山关于国民革命的正确理论。由此亦可知这本小册子的许多观点并非编者的独立见解，乃系搜集和吸收相关的论证材料编辑而成。

此书的具体论证内容，不必详述，摘录其第 1 章的若干论述，即可大体了解。如论述民生史观与唯物史观的意义：

"民生史观与唯物史观，已成为近代社会学者争论之焦点"。研究二者，须以学者的客观态度为研究的方法，"始可得其真理与肯定之答案"。作者的论说，"完全离开一切立场，而纯粹以客观的态度，研究二派之得失，绝对不容羼杂丝毫主观，或平素的习闻者横梗于胸中"。"犯主观病者，无论研究任何科学皆不可能，于社会学为尤甚。马克思错误之最大一点，即先有唯物史观的成见，而后考证历史；故吾人于放论两派之先，必力矫此病，乃免覆辙"。民生史观"以民生为中心，说明社会组织与进化之原理；亦即以人类求生存为中心，说明社会组织与进

---

① 伍平－－（1888—1962），字澄宇，广东台山人；毕业于日本私立大学，曾任同盟会美洲支部部长，主持美洲《少年中国报》和《大同日报》；从辛亥革命前后到反袁护法运动，一直追随孙中山并任秘书，为中华革命党创始人；1925 年孙中山去世后退出政坛，迁家上海执业律师和大学教授；日本侵华时曾任汪伪政权立法院外交委员会委员长，战后依汉奸罪判刑，1949 年获保释到台湾，次年又以叛乱罪被捕入狱，1960 年出狱。

② 文公直编《民生史观之研究》，新光书店 1929 年版，"自叙"。

化"。唯物史观"依据物质生产力之状态说明社会组织与进化之原理"。孙中山在帝国压迫、异族专制下的中国，感觉到中国民众不能维持和充实生存，是以抱定人人皆能维持与充实生存的根本主义即三民主义，以革命的手段改造病态的社会，以期达到实现主义的目的。"马克思生于资本发达、资本主义盛行之欧洲，感觉到大多数人的无产阶级受生存的威迫，是以抱定解放无产阶级的志愿，而创倡科学的社会主义，用革命的手段，改造资本社会"。故孙中山的民生史观与马克思的唯物史观，"虽同为革命，但因其各个之出发点的不同，乃有甚多而且显著之差异"。简言之，民生史观以民生为社会之中心，唯物史观以经济为社会之基础。"在大体上，两者似无大异；但在构成之起点上，则绝对不同"。民生史观所谓民生的根本要素，是"人类的生存"；唯物史观所谓物质的根本要素，是"物质的生产力"。人类的生存，无论在过去、现在、未来的社会，皆不能避免此定例；"求生存之要素，任何时代皆为人类社会发展之原动力，人类社会的中心力量，绝不致有何变易"。至于物质的生产力，则以物质生产力与生产关系联为一谈；"生产关系解释为法律的财产，惟有'阶级社会'始如是，史前之原始社会及未来社会，则未必依此理例"。由此观察，"唯物史观以阶级社会——资本主义社会——为研究之对象；故大部分仅能适用于阶级社会——资本主义社会。——此为与民生史观大相差异之最著的一点"。

民生史观的三民主义，以中国的半封建式、次殖民地的社会为出发点。在这种情况下，国内资本主义未发达，产业尤属薄弱，全部经济势力皆操诸国际帝国主义之掌握，政治权力悉操诸封建势力之掌握；"故中国之国民革命，必须以被压迫之全民众（合农、工、小资产阶级、自由职业者……而言）为主体，而以国际帝国主义及封建势力为革命的对象，求国际平等，民权树建，同时解决民生问题"。至于唯物史观的科学社会主义，以欧洲资本国家为出发点。在资本主义国家中，资本主义产业非常发达，阶级的悬殊对抗，不得调和，经济势力及政治权力皆握于资本阶级掌中；"故资本主义国家之社会革命，以无产阶级（工、农、劳动）为主体，而以资本阶级为革命的对象，企冀达到无产阶级专政，以解决经济及社会问题"。因此，"二者虽同有打倒帝国主义之目标，而其起点则截然不同"。①

以上关于民生史观的论证，本来包含着从中国现实出发去认识半封建半殖民地

---

① 文公直编《民生史观之研究》，新光书店 1929 年版，第 1、4、6—9 页。

的国情，联合全国被压迫民众为主体进行国民革命，以国际帝国主义和国内封建势力为革命对象，谋求国际平等、建立民权和解决民生问题的合理因素；而且承认马克思在他所处的欧洲资本发达或资本主义盛行的环境下，资本阶级掌握经济势力和政治权力，导致阶级对抗不可调和，为了解放受到生存威迫的大多数无产阶级，创立唯物史观的科学社会主义，期待通过以无产阶级为主体、以资本阶级为革命对象的社会革命，实现无产阶级专政，改造资本社会以解决社会经济问题，同样有其意义。然而，当书中结合民生史观与唯物史观二者进行比较研究，特别是以澄清共产党人对二者的理论混淆为其意旨时，偏差便出现了。首先一个偏差是强调客观的研究态度和方法，却引出极不客观的主观轻率论断。在论证两种社会历史观之前，便断言马克思的最大错误是先有唯物史观的成见，然后考证历史，所以必须先要矫正马克思的理论弊病，才能避免重蹈覆辙。单凭这种断言，仅一句话，缺乏任何依据，照原样也可以用在民生史观之上，没有什么意义。可是有了这种主观臆断在先，接下来的论证，等于在证明民生史观如何纠正唯物史观的弊病或怎样避免其覆辙，失去了客观公正的研究前提。由此又产生另一个偏差，认为民生史观以人类生存为根本要素，适用于人类社会的全部历史，而唯物史观以物质生产力与生产关系的互动为根本要素，仅适用于人类历史的阶级社会或资本主义社会阶段，不适用于无阶级的原始社会和未来社会。这个推断，同样十分主观武断，把生产关系等同于法律上承认私有财产的阶级社会，因而把马克思论述同生产发展的一定历史阶段相联系而存在阶级的阶级斗争学说，与阐述人类社会发展一般规律的理论唯物史观混为一谈。按照唯物史观的原理，一切重要历史事件的终极原因和动力是社会的经济发展，是生产方式和交换方式的改变，是由此产生的社会被划分为不同的阶级，也是这些阶级互相博弈的结果。换言之，阶级的产生本身同样是社会经济发展到一定阶段的产物，而不是说唯物史观只以阶级社会为研究对象。结果，本来与唯心史观相对的唯物史观，却被拿来与民生史观相对而言，反而暴露了民生史观反对马克思的阶级斗争学说而存在不切实际幻想的缺陷。在以上两个偏差之外，本章论证的重点，实际上是民生史观与唯物史观同样主张革命，但二者的出发点或立足社会经济发展的起点不同，因此革命的任务和目标也不同。这个观点，无异于对前面两个偏差的纠偏。一则证明唯物史观并非马克思的主观成见，有其客观依据；二则证明民生史观要解决中国的民生问题，最迫切的任务是以国际帝国主义和国内封建势力为革命的对象，而这种革命与抽象的民生适用性无关，正是在中国特定条件下运用阶级斗争学说的一种表现形式。这些论述前后矛盾，也显示编者摘录那些论证民生史观的见解时，缺乏审慎和贯通一致的理论思考。不过，以所谓起点或出发点的不同作为民生史观与唯物史观最显著的差异，真正要表达的意思，仍是针对共产党人在中国推行马克思主义的指导理念，以社会主义目标为奋斗方向，相反地继续坚持走资本主义道路。可以说，这也是此书研究民生史观的基本宗旨。

比较前个译本的译者，初版时用威廉的社会史观来支持孙中山的民生主义，其理由认为马克思的研究方法是科学的，但时过境迁，以阶级斗争为社会进化的动力这个结论也过时了，须代之以民生为社会进化的动力；再版时连马克思的科学方法这个提法也明显淡化，大谈马克思的药方从欧洲数十年社会主义运动、苏俄十几年试验以及中国几年来活跃的事实结果看，都不灵验而完全失败了，显露出全盘否定马克思学说的严厉态度。这本专论民生史观的小册子，研究类似的论题，从各方面比较民生史观与唯物史观的异同，其编者也表现出大致相同的倾向，试图用民生史观否定唯物史观，尤其反对共产党人利用唯物史观来引导国民革命的方向。与此同时，编者对马克思的批评，除了所谓唯物史观的成见之外，并未否定马克思学说在资本主义发达国家，由于阶级差别悬殊，对抗不可调和，以工农无产阶级为主体向掌握经济势力和政治权力的资本阶级开展社会革命，通过无产阶级专政来解决社会经济问题，仍然有其合理性；他反对的是共产党人把马克思学说用于具有不同国情条件或发展起点的中国，也就是未必完全反对马克思学说本身，反对的是马克思学说在中国的信仰者、宣传者和运用者。这里涉及中国选择资本主义还是社会主义的两条道路之争，这位编者与前述译者的差异，在于对待马克思学说仍保持了一定程度的客观性，看来这也是他稍后在出版《泰西近代经济思想史》的书里，能够以较大篇幅力求如实介绍马克思经济学说的一个原因。

# 第三章　本编考察概述

本编考察的范围，仅限于传播马克思主义经济学的各种著作，在一年内已有60余本之多，这里还不包括前面各编所考察的此类著作，经常包括正面评介苏俄或苏联例证的有关著作或译本。从这个令人惊奇的可观数目看，把1929年看作马克思主义经济学的传播度过动荡期而进入恢复期的征兆，不仅恰如其分，而且势头之猛，出人意料。单以数量而论，还不足以显示这个势头之强劲，重要的是看它的质量，特别是比较前几个时期而表现出来的显著特征。

首先，翻译引进马克思、恩格斯和列宁的经济学原著及其内容，呈现一番新气象。这可以从两个方面看，一方面，一批原著的全译本相继出版，前所未见。从过去的考察看，我国引入马克思主义经典原著的全译本，可以追溯到较早的时期，然而那是凤毛麟角的个别现象，还往往隔若干年才能偶尔见到真正意义上的全译本。而1929年，上述全译本如此集中地出现，意味着国人在认识马克思主义经济学的需求方面，发展到一个新的阶段，不满足于二手的解说，也不止步于节略的引用，进一步提出从原著的全部论述中汲取滋养的要求。这些原著译本，有的篇幅较小或较为通俗，完整翻译相对容易；有的篇幅较大且难度颇高，能够完整翻译出来实属不易，显然得益于此前经常摘录引进或节译述要的持续积累。尽管这些全译本的译文质量仍普遍存在缺陷，但它们走在前面的初步尝试，为后面的不断完善铺垫了道路，也为学习、吸收、研究、运用和传播马克思主义经济学，提供了更为完整和丰富的原典养料。另一方面，有系统和大篇幅地引用马克思主义经济学代表作论述的著作，大量涌现。进入20世纪20年代，在评介、解说或阐释马克思主义经济学的著作尤其译本里，重视引用经典原著论述的语句和段落，已是常见的现象，尤以引进日本马克思主义研究者的著作里，这种现象更成为其特色。但相比之下，终究不如本编所考察的那些著作，同样以日本学者的著作为特出，其引用之典型丰富、类型多样、系统完整和篇幅众多，有些著作甚至从头到尾，完全由引用原典论述所构成。其中堪称样本者，如《经济学大纲》译本，系统而简要地引用《资本论》整个三卷的有关论述，《资本论入门》译本，围绕《资本论》第一卷的核心问题引用相关论述予以深入解释，《资本论概要》译本，重视解读《资本论》第一卷的理论难点、逻辑关系并纠正有关经济范畴的各种误解和混淆；《物观经济学史》和《社会主义经济学史》译本，从经济学说史角度，对经济思想发展各个时期和各种问题的阐释，引用马克思主义经济学代表作的论述来体现，引用原著的数量之多、范围之广，令人赞叹，有些原著的章节乃至整个著作，几乎全盘引用；《唯物史观经济史》三册译本，贯穿资本主义以前、资本主义及社会主义的经济发展历史，在重要的经济史问题上，同样大量和系统地引用马克思、恩格斯和列宁等人经典原著的论述，有的部分，等于重述有关经典原著的基本内容；《马克思经济学说的发展》译本，分别从农业理论、金融资本和帝国主义、人口理论三个方面，系统梳理马克思经济学说在这些领域的理论发展情况，其内容构成，也主要是马克思主义经济学原著的重要论述。此外，本编的其他著作和译本，重视引用马克思主义经济学原著的论述以为依据者，随处可见，成为惯例。就像同期马克思主义经济学的各种原著全译本的集中出现一样，这些马克思主义经济学专题译本或著作的大量出现，其集中程度，亦为以往所未闻。它们引用原著论述的丰富内容，虽然尚不同于原著全译本之完整和原汁原味，但涉及原著的范围之广阔和钻研原著的难度之深入，不仅超过全译本所提供的马克思主义经济学的原著素材，还为以后翻译其他的或难度更大的经济学原著尤其《资本论》全译本，打下了基础。

其次，尝试运用马克思主义经济学来建立新的经济学理论体系，蔚成风气。此前在国内经济学领域，占支配地位的一直是由古典经济学传承下来或在此基础上衍生出来各种正统经济学说，马克思经济学说虽然也以古典经济学为来源，但在正统经济学的体系里没有立足之地，或者说，被视为经济学系统之外属于社会主义范畴的另一个系统。在正统经济学的支配下，经济学从来都被看作维护现行社会经济制度的理论体系，而马克思经济学说恰恰在挑战现行社会经济制度，通过解剖资本主义制度的内在秘密来说明它必然灭亡而为新社会制度所取代的历史趋势，因此，现行经济学体系极力排斥马克思经济学说，好像两条道跑的车而势不两立，也在情理之中。后来随着马克思主义经济学的传播在我国不断扩展，正统经济学开始感受到威胁，无法继续封闭原有的理论体系，不得不针对马克思经济学说在发展中不断扩大其影响的现实，采用各种方式来维持自身的优势地位，或者批驳马克思经济学说的基本理论以坚固其体系，或者关注马克思经济学说的有关论点以弥补其体系，或者修正马克思经济学说的重要概念以迎合其体系，不一而足。一般说来，国内的经济思想史和经济史著作尤其译本里，较早看到比较客观地评介马克思经济学说及其历史地位与影响的内容，但通常具有附属或辅助的性质，不可能动摇正统经济学的主导地位。在国内理论经济学领域，首次出现挑战正统经济学地位的著作端倪，应是 1927 年引进国外马克思主义学者努力创立新经济学的少数几本研究成果，不过只是一时之盛，随即被中断了。真正具有划时代意义的挑战，出现在 1929 年。其标志性特征：一是在经济学大纲或经济科学大纲、新经济学或新兴经济学、政治经济学或现代经济学等标题下，涌现出达十数本之多、尝试用马克思主义经济学来重新创建经济学理论体系的著作和译本。这些新的经济学体系，全然不同于正统经济学，或者完全按照《资本论》三卷本的理论逻辑，或者把马克思经济学说同其继承与发展者特别是列宁的经济学说贯通在一起，或者充分吸收苏俄革命及其社会主义建设实践的理论成果。此类著作或译本，在马克思主义经济学的共同指导下，各显其能，体例结构和布局重点并不一致，表现出处于尝试中的色彩。但可以指出，在新经济学理论构架的创建方面，来自苏联学者的著作借助于先行先试的社会主义革命和建设实践，明显起着主导作用；日本学者的著作，仍发挥重要作用，但已退居其次。二是理论经济学的基本体系从来都与经济学说史和经济史的逻辑体系密切联系在一起，建立新经济学体系的同时，一批运用马克思主义经济学来重新阐释经济学史和经济史的著作，也应运而生。这方面起主导作用的，则是引进日本学者的各种创新著作，如《物观经济学史》《社会主义经济学史》《唯物史观经济史》等译本，均其代表作。从这些译本里，也能看到它们的尝试性质。如其主体部分是从马克思主义经济学的各种著述里，挖掘、整理和分类汇总有关的论述，以便搭建起经济学史或经济史的整个分析框架；又如在前资本主义和资本主义部分，主要以欧洲的经济思想或经济史料为依据，这也同马克思学说的产生背景有关；等等。关键是通过这样的尝试，初步建立起马克思主义的经济学说史和经济史分析的理论框架，与常见的正统经济学说史和经济史著作，从根本上区别开来。三是与前面两个尝试并列，同期还出现一批著作，一面深入研究马克思经济学说在有关专题领域的发展，如《马克思经济学说的发展》译本，不断拓展对马克思主义经济学的认识；一面运用马克思主义经济学去观察和分析各种现实经济问题，诸如战后资本主义的合理化和资本集中问题，揭示资本主义或帝国主义的没落趋势等。这些因素加在一起，给予马克思主义经济学在中国传播的推进作用，不仅放在以前不可想象，对于今后的启示和指导意义，也难以估量。

最后，解说、运用马克思主义经济学乃至尝试建立和重新阐释经济学理论体系方面，国人自撰著作的参与度明显提高。从马克思主义经济学在中国传播的早期历史看，最初主要靠翻译引进国外著作，均系舶来品，而且来源渠道比较狭窄，大多依赖于日文著作。后来随着传播的持续拓展和深化，相关的理论知识从陌生到熟悉，从局部到系统，从表层到基础，从局限到普及，来源渠道也在拓宽，于是一些国人开始参与自行解说和进行通俗化普及的努力；特别是经历1917年俄国十月革命和1919年我国五四运动的思想启蒙，更多的国人加入这一传播潮流，不仅从事翻译和转述，还提出自己的独立见解；但总的说来，这些独立见解集中于唯物史观和一般社会主义理论方面或为这些内容所覆盖，在理论经济学领域还比较隔膜，难得看到有见识的自撰著作，这也能部分解释当时马克思经济学说的传播，一般被看作纯粹的社会主义思潮而与现行经济学体系无涉的现象。进入20年代初，最显著的变化是中国共产党成立后，马克思主义第一次成为选择中国走社会主义道路的指导思想，马克思经济学说自然是重要的理论依据；不过以那时共产党人的著述而论，更多根据唯物史观的理论认识，尤其根据苏维埃俄国所提供的社会主义革命和无产阶级专政的实践经验立论，从马克思经济学说的基本原理方面进行独立的系统阐述者并不突出，倒是经常看到他们在其他社会科学的题目下讨论马克思的经济学说。这个现象，同样到1929年，发生引人注目的转变。先是李达在他的自撰著作里，独立并系统地阐释马克思的经济学说特别是《资本论》第一卷的要点，同时仍包含在研究中国产业革命或社会基础知识的书名范围内，并非以经济学为专题；与此相类似，高希圣也是在科学社会主义的书名下，自行说明马克思的经济学说，尽管这个说明存在较大的偏差；接着陈豹隐配合《经济学大纲》译本，自撰《经济现象的体系》一书，为系统学习《资本论》三卷本的纲要，提供先行必要的经济基础知识，这也是率先以经济学专著的形式，独立在传播马克思主义经济学方面进行尝试。自此以后，国人不再只是站在经济学领域之外，翻译和转述国外研究马克思主义经济学的著作，也不再只是作为旁观者，翻译引进国外学者运用马克思主义经济学来改造和重塑现行经济学理论体系的著作，纷纷参加到经济学领域的这个深刻变革之中，包括自行撰写新经济学体系、新经济史、新观察资本主义发展及其没落和新研究战后资本主义等各种著作。虽然这种参与，还带有浓厚的仿效色彩，从舶来著作中借用有关的体例、观点、资料和数据，以为自撰著作之参考，但毕竟开始尝试在经济学领域，独立运用马克思主义经济学来进行系统的理论阐述和时势分析。况且这种尝试在当时已不是个别现象，是群体行为，又有不少共产党人（或具有共产党的身份背景）参与其中，必定会为今后自觉地将马克思主义经济学运用于指导中国实际，培育高素质的专门理论人才，创造理解更加深入并行之有效的理论条件。

马克思主义经济学的传播在恢复期显示其强劲势头之际，不能不提及它的对立面同样跃跃欲试，这也是反马克思主义的主导潮流的必然反应。较为典型的代表，便是自撰的《马克思主义之崩坏》与《马克思主义之批评》二书，公开以马克思主义为批驳对象，试图用看起来比较系统和完备的著作方式，从理论和实践上全面否定马克思主义，当然也包括马克思的经济学说。此二书虽然各自秉承无政府主义或民生主义的不同意旨，论述也比较陈旧，对于上述传播马克思主义经济学的更新内容几无一涉及，但在助推反俄反共潮流的过程中，直接站在马克思主义经济学传播的对立面而成为未必有质量却十分显眼的绊脚石。与此相呼应的便是诸如《马克思主义与社会史观》之类的译本，其译者借助舶来思想的话题，极力营造反对马克思主义经济学的舆论氛围。

国家出版基金项目
NATIONAL PUBLICATION FOUNDATION

# 1920-1929

## 从民国著作
## 看马克思主义经济学的传播

谈 敏◎著

中国财经出版传媒集团
经济科学出版社
Economic Science Press

# 本卷目录

1920-1929 从民国著作看马克思主义经济学的传播

第六编

1929年：恢复时期马克思主义经济学的传播（下）

上编所考察的对象，以理论经济学方面传播马克思主义经济学具有典型意义的著作或译本为主，包括翻译马克思主义著作的全译本，论述马克思经济学说及其发展的代表作，运用马克思主义经济学以建立经济学新的理论体系、重新阐释经济学说史和经济史的各种尝试性著作等，主要属于从正面推动和引导这个传播的积极因素，附带也提及公开反对马克思主义的若干典型著作。本编所考察的对象，经济类著作的范围更加广泛，除了有关苏联的实践范例之外，未必有多少积极因素。其中既有传统经济学意义的著作，也有反映各种经济思潮的著作，还有针对中国和世界上许多现实经济问题的著作，这些著作不一定赞成甚至抵制或反对马克思经济学说及其继承与发展者，但通过它们，同样可以看到或者更为深切地感受马克思主义经济学在中国传播的渗透力和影响力。

# 第一章 论述苏联和世界经济问题的著作与马克思经济学说

本章著作分为苏联经济问题和世界经济问题两部分，以讨论实际问题为主，可以比较二者之间直接或间接受马克思经济学说影响的差异程度。

## 第一节 关于苏联经济问题的论著

这里列举的几本著作，重点介绍苏联的经济组织与政策，或者在书名中标明苏联（当然仍有以苏俄或俄国命名者），或者由苏联学者撰述。

### 一、关于苏联经济问题的译本

这里列举两个译本，分别讨论苏联的经济组织与消费协作问题，其译者的态度倾向，也存在较大差异。

#### （一）《苏联之经济组织》译本

这个译本，又名《苏联的经济组织》（*The Economic Organization of the Soviet Union*），1929 年上半年在上海，接连出现三个不同的版本，可谓一时之盛。第一个版本《苏联之经济组织》，署名司各脱·尼林（Scott Nearing[①]）、约克·哈第（Jack Hardy）合著，张民养译，上海泰东图书局 1929 年 3 月初版；第二个版本《苏俄的经济组织》，署名司各特·尼林、杰克·哈定合著，蒋国炎译，上海太平洋书店同年 5 月初版；第三个版本《苏联的经济组织》，署名尼埃林、哈代合著，

---

[①] 又译斯科特·聂尔宁（1883—1983），曾任美国宾夕法尼亚大学经济学教授及俄亥俄州托利多大学文理学院院长兼政治学教授，因政治观念和言论与主流差异太大被开除；此后以独立耕作、写作、演讲为生，1925 年赴苏联参观，1927 年来中国，50 年代又到苏联和中国旅行；被称为美国 20 世纪最伟大的和平主义者及环境与生态保护倡议者之一。

魏学智译，上海春潮书局同年6月1日初版。三个中译者均不详，译本内容及译文表述亦不尽一致，下面以张民养的译本为主，辅之以其他两个译本，介绍如下。

张民养的译本（简称张译）有"著者小传"：

司各脱·尼林1883年生于宾夕法尼亚（原译"本雪维尼亚"）的莫里斯伦，1904年获宾夕法尼亚大学的科学学士学位，1909年获该校博士学位；1906—1914年间任该校经济学教员，1915年升为副教授，又任史瓦兹摩尔学院教师，托利多大学文理科主任；著有 The Amarican Empire（《美利坚帝国》），The Next Step（《下一步》），Oil and the Germs of War（《石油和战争细菌》），Dollar Diplomacy（《金元外交》），Education in Soviet Russia（《苏俄教育》）及其他书籍与短文。约克·哈第1901年生于纽约，东部两个大学的毕业生，曾在其中一个大学当过一年教员，与尼林一道工作和研究四年，同他一起做过许多考查；"本年上半年到俄考察，收集本书材料，旅行全俄，直接观察此新经济制度之工作约有半年之久"；The Law of Social Revolution（《社会革命规律》）一书"奴隶的革命运动"与"一九一一年的中国革命"2章的著者，此书1926年由 Social Science Publisher（社会科学出版社）印行；他还担任《劳工日报》经济与政治问题的撰稿人。①

这个小传，其他两个译本皆无，似为英文原著的编辑所加。其中说到"本年上半年到俄考察"一事，只就哈第而言，从后面著者的序言看，并不确切。这个考察，应指尼林访问过苏联，参观学校和与教育部门交谈，写下《苏俄教育》一书，又指哈第到俄国旅行考察并收集有关新经济制度的材料，虽然二人未必同行。所谓"本年"之所指，应为1927年。不论如何，二人都到过苏联，志向旨趣相同，以实地考察而非仅书面转引的资料为凭，突出苏联的新经济制度，这也是二人合作之书最鲜明的特点。此所以该书甫出，我国多人争相翻译，在当时反俄气氛尚浓的环境里，此举恐怕也寓有事实胜于雄辩之意。

张译另载尼林和哈第1927年4月5日作于纽约的"著者序"：

此书企图提供的记叙与统计材料能解答下列问题，"在苏维埃制度下俄国人是怎样的谋生呢？苏维埃的经济制度是怎样的？苏联境内有私人资本吗？假如是有的，那末有多少呢？雇主与工人间的关系是怎样的？工人是有组织的吗？怎样组织的？苏维埃的经济制度是向前进步的呢，还是向后退的？苏联是朝着社会主义前进

---

① Scott Nearing 著，张民养译《苏联之经济组织》，泰东图书局1929年版，"著者小传"。

呢，还是朝着资本主义前进"？有几个问题是 Vanguard Press（今译先锋出版社）要求专门研究的，此书只是简略述及，其他苏联的经济情形，有详细论述。

"编集本书的材料均从本国与苏联之可靠方面得来"。我们二人最近都去过俄国，一个在 1925 年后半年与 1926 年前几个月，一个在 1926 年后几个月与 1927 年上半期。"所以著者非但研究此地可靠之材料，并且还有机会直接观察苏维埃的社会与经济制度之事业"。在苏联，著者有机会与苏维埃经济机关的许多要人会谈，并参观工厂、矿场、政府机关、工人家庭与俱乐部、职工总会与工人会议、工厂学校与其他学校等。著者常借助朋友的翻译，有时雇用人员代询问题与编集材料。拜访个人与参观机关，有时预约，有时未预先通知而去，说明访问的旨趣后请求给与某种资料或准许参观工厂及其他机关，"著者之请求从不曾被拒绝过"。在此感谢本国与苏俄帮助我们编辑资料与预备此书的许多人，包括纽约公共图书馆经济部的人员；苏联对外文化会的外国部主任，最高经济局管理部主任及工业预测部主事，国家经济设计委员会主席团成员；莫斯科农学院副院长，消费合作社中央总部主事，道路交通的外交代表与贸易部、国家银行、劳动运动及其他苏维埃经济机关的许多顾问、咨议与其他人员。

"苏维埃经济制度之组织与职能是新式的，是空前所无之社会所应用的。所以这没有前例可作借鉴，因为经验照示他们何者为有效率之形式，何者急宜废除与须要何种之改革，故其经济组织是在继续地在变迁的。因为其经济组织之小的方面即在写本书时也在变迁之中，所以本书之有若干的错处，也是不能免避的"。[1]

这篇著者序，亦为其他译本所载，一般稍后的表述更为顺畅，内容上也有些出入。如根据蒋国炎的译本（简称蒋译），本书材料有些来自美国各地，有些为苏维埃所仅有；著者二人到苏联，是同行并分先后两次[2]。根据魏学智的译本（简称魏译），前说接近蒋译，有些材料只有直接从苏联才能得到；后说接近张译，著者二人分开各自去过苏联，并略去序中的致谢部分[3]。此序反映全书的意旨，带着问题实地考察苏联的新经济制度，关键在于判断其基本性质，是社会主义制度还是资本主义制度，是向前进步或成功的，还是向后退步或失败的；整个考察过程体现了全面、深入和客观的特点，尤其直接从苏联获取仅有的材料；由于苏联经济的组织和职能是前所未有的

---

① Scott Nearing 著，张民养译《苏联之经济组织》，泰东图书局 1929 年版，"著者序"。
② 司各特·尼林、杰克·哈定著，蒋国炎译《苏俄的经济组织》，太平洋书店 1929 年版，"著者序"。
③ 尼埃林、哈代著，魏学智译《苏联的经济组织》，春潮书局 1929 年版，"著者序言"。

新式创造，没有先例可作参考，只能根据事后的经验教训来看哪些可行或废除，哪些需要改革和变更，所以仍处于不断的变化之中。这些意旨，有助于对此书的评介。

张译还有 1928 年 12 月 1 日作于上海的"译者自序"：

"共产主义是世界上最大的怪物，而苏维埃联邦就是这个怪物的唯一现身。关于这个怪物之唯一现身的外形与内质，西方的与东方的许多文明人都有各种美的与丑的，赞赏的与诅咒的，及惊奇的与淡然的描拟。在这些不同的描拟之中，有许多是玄虚的偏见的与不足恃的，但也有许多是事实的、科学的与颇可信靠的"。美国先锋出版社的"苏联研究丛书"，"在我们看来，就是属于后者的一类"。"这些科学的研究的著作大都是根据作者亲自实地的调查与十分可靠的记载，本着不偏不依毫无成见的学者之研究态度而写成的。在现在闹着智识荒与耳闻即系证例的中国，把这种著作介绍过来，至少在我是觉得有这样的必要与价值"。先锋出版社的苏联研究丛书共 13 本（现在据说出了 12 本），本书不过其中一本。"我之所以要译这本，也并无多大的原因。不过我觉得经济的组织比其他任何组织都重要些，据西洋某学者多年研究苏联政情的意见，俄国革命之最大的原因，是由于农业经济之破产；是则革命之爆发的目的，原在救济此种破产的经济组织。十月革命后已经有十余年了！其革命后之一般的经济组织到底是怎样的呢？这是值得关心的一个问题，而我之所以译这本书，也无非有一些这个意思"。

"苏联的政制虽然与我们的截然不同，但是他们的经济组织中之一个特点，我以为是值得我们效法的，这一个特点就是所谓'设计的经济学'（Planned Economics，今译计划经济）。一切经济的活动都是有统一的、严整的与一律的设计，不像现代资本主义国家的那里相互竞争，玩着 hit-and-miss（今译碰运气）的把戏。中国的经济组织，因为国际资本主义的侵略几已达于破灭地位，在这时我们应采人家的长处——苏联的设计经济以挽救殆局。苏联的已经破产了的经济之所以能够恢复其战前的原状就是赖此设计经济之力，所以我觉得我们尽可反对苏联的政制，但这一点长处实在值得效法。我译此书时虽然不怀着这样的心思，但此地是值得特别提出一说的"。本书的著者之一尼林博士去年曾到过中国，并著 Whither China（今译《中国向何处去》）一书，对中国过去的历史与现在的情形及未来的趋势论述极详，我们中国人不妨翻阅一下（"不过其立论观点似稍偏激一些"），代为介绍。①

---

① 张民养译《苏联之经济组织》，泰东图书局 1929 年版，"译者自序"。

这篇自序至少表明译者对苏联的两点基本态度，一是不论如何看待苏联，或美或丑，或赞赏或诅咒，或惊奇或淡然，都应该建立在客观事实、没有成见和科学可信的基础上，不屑于缺乏见识和道听途说的喧嚣，推崇基于实地调查和可靠记载的苏联研究。这样，译者虽然不一定喜欢苏联这个世界上最大共产主义怪物的唯一现世之身，却仍坚持应有科学的研究而不能有玄虚不足恃的偏见，因此也为引进如实客观的材料让国人看到苏联的真相，创造了条件。二是不赞成苏联的政治制度，但看重苏联的经济组织及其长处，尤其主张我国效法它的计划经济。这是当时译者看到现代资本主义国家的相互竞争所造成的恶果，看到我国经济组织在国际资本主义的侵略下几近破灭，又看到苏联经济在破产的处境中能够恢复起来，所产生的强烈反应。他把我国避免资本主义竞争的恶果，拯救国际资本主义侵略的破坏的希望和出路，放在效法苏联的经济组织上，试图通过对一切经济活动实行统一、严整与一律的计划，一举改变我国经济的落后和恶劣状况。可是，不改变政治制度而求更新经济组织，又何谈效法计划经济。

蒋译没有留下译者的意见，魏译则有胡庆青 1929 年 5 月 5 日的"译本序言"，篇幅颇长，分为 3 节。

第 1 节：去年夏天，我和学智在北平燕京大学同读暑期学校，同时稍事迻译工作，这本书便是他在这时努力的结果。书成，我已转学上海，他将书稿寄给我，让我先读，然后替他出版。后又催促我写一篇序，固辞不获，只好将我的意见简单写在下面，不过姑妄言之。

第 2 节：本书作者尼埃林教授作品很多，即在穷相十足的我国出版界，他的作品的译文也占有相当数量。"列宁说：考茨基的作品在俄国的读众，较之在德国的还多；至少依比例而言，我们也可以说：尼埃林在中国出版界所占的势力，较之在美国的还大，这种说法实非太过"。据我看来，尼埃林的作品最易认识的特点，"深入浅出，言简而达"。他的作品无论讨论多么专门的问题，总不易感到"望洋兴叹"的困难。此外，他的作品很少是特别长的，这本书也有同样的感觉。更愿读者特别留意下述各点：第一，这本书的主要研究对象苏联的经济组织，比较死板一点，不容易发生变化。研究经济组织或相似问题，总会只看见它的静态而看不见动态，具体点说，只注意它的内部结构和所含各部分的法定职能，看不见政治实况。"我敢相信，在研究这一类的对象的书籍当中，一大部分都是这么写成的。但是本书的作者却能卓然自异地从静的和动的两方面来研究苏联的经济组织；而尤其是侧重在后一方面。举个实例来说，以数量而言，他的全书差不多都是描写苏联的生产实况的，只有极少极少的部分是描写它的经济组织的本身的。这是本书的第一个特点"。第二，研究一国经济情形，所要解答的问题通常只有一个，它的生产情形是否兴盛？但是研究苏联的经济情形，所要解答的问题至少多了一个，它的经济大势是走向资本主义方面，还是走向社会主义方面？"因为苏联是一个社会主义的国家，而同时它的经济制度又是建筑在两个互相矛盾的经济基础上面的——一是社会主义的基础，一是资本主义的基础（自从列宁在一九二一年放弃了'军事的共产主义'，而改采了新经济政策以后，苏联的经济制度便是这样的），所以在我们研究苏联的经济情形当中，这个问题便占有一种很重要的地位；而在一般社会主义者的心目中看来，则它的解答较之第一个问题的解答尤为重要。对于这方面，这本书的作者也曾顾到；但可惜他言之不详罢了。这是这本书的第二个特点"。这第二个特点，"我对于作者却有点不满"。一是苏联的整个制度建筑在工农同盟上面，要研究它的政治趋势，一定要注意这点；研究它的经济趋势，尤其要特别注意这点，因为这两个阶级的基本连锁乃是经济的，不是政治的。自1921年以后，这种连锁的"唯一调节者"便是物价政策。大体言之，可以说，"'苏联的物价政策'便是它的工农联盟的试石，而同时也就是布尔什维克党的左右派的主要争点"。他们的全部争执也许可算是政治的，但这个争点是经济的。换句话说，这种争执很可以影响苏联的经济前途；"但是这本书的作者却把它一字未提，这实在是很大的一个缺欠"。二是按照唯物史观的理论，资本主义迟早总要灭亡的，社会主义迟早总会接着继起。更明确地说，即使世界上没有产生一个特别富有天才的革命家，即使社会主义者并不十分努力革命，社会主义的诞生还是不会发生问题，发生问题的只是它的诞生期的迟早罢了。假如我们承认这个理论——"无疑地，本书的作者是承认了这种理论的，因为他是一个马克斯派的经济学家"——则单纯地解答一个国家的经济大势是走向资本主义还是走向社会主义，这是没有什么意义的。"我们所要解答的还是这种趋势的进展速率。在这方面，作者也没有给我们以甚么答复。我认为：这也是一个小小的缺欠"。编撰现代史是一种很细巧而又冒险的工作，一是真确的材料搜集难，二是客观态度的保持难。"为了避免第一种困难，作者将苏联的经济进展的速率问题轻轻放过；为了避免第二种困难，他又将苏联的'物价政策'搁置不谈。二者均有他的苦衷在，这是不是便可以替他作解嘲呢？"

第3节：这本书对于我们的特别意义。"苏联是革命的产品，而新的中国也一定要是革命的产品；苏联的政制是一党独裁制，而新的中国的政制也一定要是一党独裁制；苏联是各帝国主义者的压迫对象，而中国也是各帝国主义者的压迫对象。这是中国和苏联在政治方面的同点。苏联是个工业落后的农业国，中国也是个工业落后的农业国；苏联地大物博，而天然的富源多未开发，中国也是这样；苏联富有非技巧的人工，而缺少专门的技士，中国也是这样；苏联的资本非常短缺，因而大规模的建设事业便需借助于外资，中国也是这样；这是中国和苏联在经济方面的同点。此外，苏联是世界上有史以来的第一个社会主义的国家，而且是一个尚未通过工业革命的全期，便遽尔采行社会主义，以革命的手段，从种种的内患和外侮中挣扎出来的国家。为了这些事实的存在，我们便应该特别地研究苏联的一切的情形，而尤应该特别地研究它的经济的情形"。现在关于苏联的书籍可以说不少了，但是"想要求得一种一非宣传，二非反宣传的比较翔实可靠的书籍，则实在不易"。去年先锋出版社的"新俄研究丛书"运到中国，我们便很想纠集一班同志，从事全书的迻译，但因为某种缘故，未能如愿以偿。好在近来各书局出版这个丛书的译本已经不少，而且还在继续出版，这是我们抱憾之余，颇觉欣慰的。研究苏联的经济建设，"我以为应该特别注意它的权利让予政策和农业政策"，因为在经济建设进程中，"我们和苏联所最需要的而又最短缺的便是资本"。假如我们想推动本国的工业化，自然的步骤只有两个：从外国购入大宗的生产工具如机器等，吸收外资。为了达到第一个目的，要在对外贸易方面造成出超的优势，便不得不提高农产品的产额。因为若干年内，中国的工业产品不配在国际市场上和人家角逐，"这便是我们之所以要注意苏联的农业政策的原因"。为了达到第二个目的，不能不将某种权利让给外国的资本家，藉以博得他们的光顾；这种办法假如没有策略，危险万分。苏联政府很想吸收外资，但是在外国资本家要求让与权利的建议书中，它只得30%。"这便是我们之所以要注意苏联的权利让予政策的原因"。其余各方面，自然也应该细心研究。最后，研究苏联问题，我以为也该记着下列两点：一是经济学告诉我们，人类满足欲望的工作趋向最省力的方面。经济学的法则是普遍的，不是一地的。"中国并没有中国自己的经济法则，俄国也没有俄国自己的经济法则，这种法则乃是公同的。这是我们所要注意的第一点"。二是马克思在《共产党宣言》中说："在不同的国家当中，政策当然是不能相同的"。"从此可见一切的具体政策者一定是要根据着客观的环境而规划出来的。同是一个采行社会主义的国家，政策尚且不能完全相同，然则站在我们的地位来研究苏联，我们又怎能够以为举凡他们

2311

某已得到成功的政策均能移植到我们本国来呢？这是我们所要注意的第二点"。①

通过这篇序言，可以了解到，这个译本由在读大学生翻译，译本作序者并非译者，乃受托将译本推荐给出版社的同学审读者。比较张译的译者序言，这篇序言对译本的认识，有相似之处，却更深入一步。一是对美国先锋出版社推出的苏联研究丛书感兴趣，并选择其中有关苏联经济组织的原本来翻译，首先针对的是国内有关苏联的书籍尽管不少，但不易得到比较翔实可靠者的缺憾。这同张译的想法基本一致，不过本来有更大的抱负，打算组织一班人全部翻译引进这套书，即使未能如愿，先行翻译苏联的经济组织一书，也是基于对经济问题更加重要的考虑，不像张译那样比较懵懂。二是对原作及其考察对象苏联的评价，强调客观分析的态度，既不要为了拔高苏联而去宣传，也不要为了贬抑苏联而去反宣传，就像张译所说的不偏不倚立场。不过比起张译一面把苏联看作唯一出现在世界上的最大的共产主义"怪物"，一面承认苏联具有能力将已经破产的经济恢复到战前的水准，此序更为准确地描述苏联是世界上有史以来的第一个社会主义国家，而且是尚未完成全部工业革命阶段就实行社会主义，通过革命手段将国家从内患外侮的困境中挽救出来的国家。并且认为作者的著作之所以风行于我国，既得益于在内容上能够从静态与动态两方面去研究苏联的经济组织，特别是描写大量实际的生产现状，不像其他著作那么死板和过于抽象，也得益于在写法上的深入浅出和言简意赅，较易于理解所讨论的各种专门问题。三是相信这个译本对于我国，具有特别的意义。张译把这个意义，解释为我国在无路可走的经济破产局势下，尽可反对苏联的政治制度，却应当效法苏联的计划经济，以求挽救危局。此序则不然，不仅认为中国和苏联在工业落后而为农业国，地大物博而有待开发，人工富裕而缺少专门人才，亟待大规模建设而资本短缺等经济方面有许多共同点，而且在遭受帝国主义压迫，需要革命甚至一党独裁等政治方面也有共同点，所以分明知道作者是马克思派经济学家，苏联是世界上第一个社会主义国家，仍主张一定要细心研究苏联，以为我国的借鉴。四是以译本为研究苏联经济组织的范本，张译突出它的实地调查和客观科学，此序亦不尽然，既重视它的特点，又指出它的欠缺，并提示需要注意之处，尽管这些分析只是出自个人的读后心得。特点方面除了欣赏作者结合静态与动态且重在生产实况而研究苏联的经济组织外，尤为关注苏联放弃战时共产主义而改行新经济政策后的经济

① 以上引文均见魏学智译《苏联的经济组织》，春潮书局1929年版，"译本序言"。

制度，称此制度建立在既是社会主义基础又是资本主义基础的互相矛盾的经济基础之上，于是作者要解答苏联的经济大势是走向资本主义还是社会主义方面，比起解答其生产情况是否兴旺具有更加重要的地位。同时不满意这个解答言之不详，其欠缺，一是实行新经济政策后，作为苏联整个制度基础的工农联盟，不仅要注意其政治趋势，还注意其经济趋势，特别是如何通过物价政策这个唯一工具来调节工人与农民两个阶级之间的基本联系，这是检验工农联盟的试金石，也是布尔什维克党内部不同派别的意见影响苏联经济前途的主要争论点，但书中对此一字未提。二是如果承认唯物史观，那么资本主义的灭亡和社会主义的继起，无论有没有天才的革命家或社会主义者的革命努力与否，都是迟早的事，因此只是解答国家的经济大势走向资本主义还是社会主义，没有什么意义，需要解答的是这种趋势的发展速度问题，但书中对此轻轻放过。所以进而对译本是否能够搜集真确的材料和保持客观的态度，也持某种保留态度。

更重要的提示，体现了作序者对苏联经济组织的关注重点和主导倾向。一方面注意苏联经济建设中的具体政策，特别是所谓权利让与政策（又译特许权政策）和农业政策。这两个政策，都与新经济政策相关，苏联为了推动工业化，必须解决经济建设中最需要而又最短缺的资本，这只有两个途径，或者向国外购买机器等生产工具，为此在工业落后的情况下只能发展农业，提高农产品的产量以增加出口，通过对外贸易获得资本，这就涉及农业政策；或者直接吸收外资，这就要出让某种利益给外国资本家，甚至让他们得利益的大头，这里有很大的风险，需要讲究策略，这就涉及权利出让政策。中国面临同样的工业化问题，所以需要细心研究苏联的有关经济政策。这个提示，只看经济政策，不谈政治环境，或者说，把当时中国正在进行的国内革命和谋求的一党独裁，看作同苏俄十月革命和无产阶级专政在政治形式上是一回事。另一方面要求研究苏联问题时记着两个原则。一个是经济学的原则，用最省力的办法满足人类的欲望，或用最低的成本来获得最大的利益，这被认为是全世界普遍和共同的经济法则，中国和苏联除此之外，没有自己独立的经济法则。这个原则其实就是效率原则，其暗含的意思是，苏联作为社会主义国家，重视社会公平，但终究逃脱不了讲求效率的经济学原则，所以中国研究苏联，也不能只见其特殊的一面而忽略其普世的另一面。另一个是因地制宜的原则，连马克思都说，不同的国家实行社会主义，其政策不能相同，须根据客观环境制定相应的具体政策，更不用说不同性质的国家，因此研究苏联，不能照搬他们的做法，把他们获得成功的所有政策都移植到我国。强调这两个原则，抽象地说，都有道理，而且比起张译在反对苏联政治制度的前提下单独挑出其计划经济的长处作为效法的对象，也更高明。但在这种强调的背后，亦不难看到此序撰写者在研究苏联方面，持小心翼翼的谨慎态度，除了肯定我国与苏联有许多相同之处，故须关注苏联的经济组织与政策外，避免说出像学习、效法、以苏联为榜样或走苏联道路之类的表态。

译本约 300 页，除"绪言"（或译"导言"）外，分 3 编，第 1 编"经济的背景"，含"革命前之俄国经济"（或译"布尔什维克党人所继承的经济组织"）及"建设一个无产阶级的国家"2 章；第 2 编"苏联之经济的职能与其关系"，含"苏联之自然财富""中央之经济政策""农业""工业""运输与交通""国内与国外贸易""财政银行与信用""合作运动""劳工之地位与组织""新资本与特许权政策""培养新技术"11 章；第 3 编"结论"，含"苏联的生产力""经济的趋势"2 章。关于译本的主旨，可见其绪言与结论。

绪言提出"苏维埃经济组织的基本原则"七条：一切基本生产力如土地、矿山、铁路、工厂等社会化；在一个统一的科学的计划上组织与指导生产力；取缔私人利润，一切经济剩余公用；健全成年人有从事生产与有益事业的普遍义务，"不工作者亦不得食"；工人热情参与经济组织；从事生产与有益事业，规定最可能的是衣、食、住、卫生事业，以及教育、运动、文化的机会；取消人剥削人制度，完全取缔人民分为阶级制度，压抑剥削者，建设一个社会主义的社会，一切土地社会主义化。这些原则，因为敌对世界的包围，战争、革命、反革命、封锁、武装干涉与灾荒的蹂躏，苏联工农还不能完全付诸实行。"平和的经济建设之可能"，只在 1921 年以后的数年。"但在革命后的全时期内，苏维埃当局已能稳固地把其国家之统治权握于其自己的手中，并维持其苏维埃形式的政府。他们建立起一个根据于经济的而非根基于地理上的关系之国家，苏维埃是直接代表俄国之生产单位的，——工厂、矿场、事务所等等。垄断负利者是极端禁止的，法律不与他们以选举之权"。在这个经济原则与政治组织的基础上，过去七年苏俄"已能创建一个全世界所无的经济组织"。后面详细解释这个组织的性质与活动特点。1927 年无论什么人到过俄国，"都有俄国的经济生活是很迅速向前发展的印象"。在这里，"我们找出苏维埃所获得之成功的解释——苏维埃的经济是基于一个深虑的与紧密监视的'计划'上"。"苏维埃取消一切竞争而把经济活动置于一特别的'设计的经济'委员会之下，以代替现代资本主义盛行的自由竞争。这个委员会详尽地与苦心地为全国各部工业草拟计划，并印行一年内的与五年间的程序。工业、农业、财政、运输、造船业等等，每种都使其适合各部与人民之需要和能力"。苏联在短短六年中以其统一的各部工业设计，"已经造出惊动西方世界之经济的结果"。应当简述的结果：其一，"预算收支平衡，金融巩固，不须外国借债与信用"；欧洲各大交战国都没有这样的纪录，苏联在 1924 年即得如此结果，比起英德法意，"或比为先"。其二，自 1921 年以来，"每年生产量大增"；其他主要国家没有一个表现出同等的生产力稳固增加。其三，1921 年以后，苏维埃工人的物质幸福"已有接续的进步"，没有其他欧洲国家能表现出同样的增加。"在一个从战争、革命与灾荒之惊吓中而恢复原状的世界内，此种成功已足够做我们详细研究'苏联之经济组织'的有价值的理由了"。①

这是全书的总纲，概括苏联的经济组织依据主要生产资料社会化，计划经济，铲除私人利润和一切经济剩余归社会公用，不作工者没饭吃，工人积极参加经济生活的指导，从事生产和有用事业的人可以得到充分供应，建设没有剥削、阶级的社会主义社会并使其遍布全球各地等基本原则；确信这些原则的实施尽管受到外部和内部恶劣条件的限制，但苏维埃当局已经牢固掌握了全国的统治权，运用计划方式直接代表了全国的生产单位并将国家经济结合起来，造成了全球独一无二的经济组织；突出基于细心考虑和周密监查的计划经济，消灭了资本主义的竞争，由一个特别委员会指导经济生活，设计各类工业生产，发布第二年甚至未来 5 年的预测纲领，据此统一调剂各行业之间和人民的需要与能力；宣扬苏联实行新经济政策后的短短几年间，在平衡国家预算、稳定货币发行（以没有外债和信用方式），生产能力平衡增加，工人物质待遇逐渐增进等方面，取得令西方国家吃惊和无法企及的成绩，已经从饱尝战争、革命和饥荒的打击中恢复过来。这些既是作者认为苏联的经济组织值得仔细研究的理由，也表明了他们愿意正视苏联的惊人成绩并从中提炼出不同于资本主义经济组织的新鲜经验的态度。

说到结论，可见最后一章关于苏联经济趋势的判断："没有一个苏联的共产党员敢贸然地说社会主义已经完全实现了"。根据列宁的话，"苏联是在过渡时期当中。这个时期是在资本主义和社会主义中间的时期，也就是'无产阶级专政'时期"。这个时期的工作是布哈林所标明的"社会主义的建设"。社会主义的实现要

---

① 以上引文除另注外，均见张民养译《苏联之经济组织》，泰东图书局 1929 年版，第 1—5 页。

有成效，必须有三个元素：“政权必须在新社会势力的手里，并且这种权力的执行必须以提高劳动阶级的利益和抑制资本主义的势力为原则”；“社会主义的实现非先有大规模的工业化不可”，社会主义在工业落后的国家“绝不能成功”，必须应用“科学上最新发明的技术”；“在双方斗争之中，社会化的生产、分配和交易的势力必需继续地发展，私人资本的这种种势力必需继续地丧失地位才行”。“苏联经济生活的趋向就是注重在解决这三种问题”。苏维埃国家正在尽其全力，不顾一切地从事社会主义经济的建设，促进资本主义经济的破灭。“实现社会主义的第一步——政权的夺取——已经很顺利地完成了。直到现在，在世界各国当中，只有苏联摒弃财产私有的原则，而采用了社会主义的原则”。布尔什维克党人决定努力以全国工业化为主要经济工作，正在很迅速地进展，“工业已经比其他全国经济发展得更加迅速”。苏联用了许多方法减低生产费用，“使农民在经济上得以购买制造品，藉以促进乡村和城市中间的和协关系”；为了达到这个目的，政府所用的方法是行政节俭、工业化、电气化、标准化和科学方法的劳动组织等。“在财产私有制度之下，科学家的发现常受许多的障碍，而科学和专门技术的社会化就除去了这些毛病。在苏维埃制度之下，对于新发明绝对不限制普遍的应用。因为苏联没有‘行业秘密’，所以新发明都成了公共财产，凡能享受它们的利益的都可享受”。

必须说明，苏联到底向哪方面去这个问题，“有一个很重要的经济答复”，“这就是社会化经济势力和私人资本势力在苏联全国经济当中所占的相关地位”。“现在苏联业经社会化的经济事业包括有国外贸易、财政、信用和银行，以及运输的专营。在批发和零售方面，他们已很迅速地将私人资本驱逐出去；在大规模和基本的工业方面，社会化的经济势力也很迅速地发展起来了；一大部分的大规模和小规模的工业都为这种新势力所占据了。它们的地位是私人资本所不能抵抗的。只有在农业方面，它们的进展还不显著；但农业生产是分配在千千万万的小农民中间的，他们所领用的土地实在很小，因而政府还不能使农村生产工业化和机械化。在政府尚未能将他们领导到合作的路上以前，这些小农民不致成为关系重大的私人资本累积者。并且工业发展的速度比较农业快得多；这样一来，农业在全国经济制度中的超越地位好像是要和世界上主要的工业国家一样，终将渐被工业占去的”。“这样看来，苏联经济中的社会主义成分之发展是在很稳定的继续下去的，而私人资本却是退让了。此外还有意义重大的一点：现在的形势是国家——社会化的经济局面——

在那里进攻私人资本，而不是私人资本进攻社会化的经济局面"。[①]

上面的结论，呼应了著者在序言里一开始提出的问题。一是目前苏联社会的性质，引用列宁的说法，现在还不能说已经实现社会主义，而是处在从资本主义向社会主义过渡的无产阶级专政时期，其主要工作是进行社会主义建设。这个说法，比起魏译序言所理解的社会主义苏联的经济制度，自新经济政策取代战时共产主义之后，建立在社会主义和资本主义两个相互矛盾的基础之上，要确切得多。二是明确实现社会主义，必须具备掌握政权体现劳动阶级的利益，应用最新科学技术以完成大规模的工业化，持续发展经济社会化进程以消除私人资本的势力三个元素。第一个元素已经确立，第二个元素正在推进，并且在苏维埃制度下比在私有财产制度下有更多的推进优势。这也是全书考察的主要内容，张译序言主张效法苏联的计划经济，即感触于此经济成就；魏译序言挑剔书中的欠缺，不满它的论述出于马克思派经济学家，只反映苏联的立场，还应该引入一般经济学的法则，如物价理论和成本效益理论等。三是重点说明第三个元素即苏联经济的趋势，论证社会主义成分正在不断发展而资本主义成分正在日益衰退。对此，魏译序言集中表达了自己的不满，认为这种论证既没有说明工农联盟之间通过物价来调节的经济关系，也没有意义，按照唯物史观的理论，这个趋势已经确定了，无须证明，关键是要说明实现这个趋势的快慢速度。其实，此书在结论中所列举的苏联各经济领域的近年变化包括许多逐年变化数据，正是显示了这个进程的速度。

总之，《苏联之经济组织》译本，根据实地调查的结果和客观资料的数据，判断苏联经济的趋势，正在按照自己所确立的社会主义建设目标方向发展并取得一系列成功，这在当时介绍苏俄经济的各种著作中，不论持何种态度，都可谓独树一帜。此前有近似同名的著作，如陈彬和著《苏俄经济组织与实业政策》（1927年），且不论其持基本否定的态度，单就所考察的苏俄经济组织来说，多是拿来别人的议论，缺少实证材料，引用的资料也只到1921年左右，远不及此译本之充实和鲜活。难怪其原作一问世，便接连看到至少以上三个译本。随着原作考察的深入细致，其译者或译本的序言，面对有关苏联经济组织的新鲜资料和相应判断，也显现出多样化的新动向，不是一味反对或全盘接受，而是有所分析和取舍。

**（二）《苏俄治下的消费协作》译本**

楼桐孙译，上海民智书局1929年8月初版。这是译者继翻译出版法国季德的

---

[①] 最后一章的引文均见魏学智译《苏联的经济组织》，春潮书局1929年版，第305—312、316—317页。

《协作》（1925年）与《政治经济的基本原理》（1927年）之后，把眼光转向苏俄统治下的消费协作问题。其缘由，可见序言所述。

马寅初1928年9月12日作于杭州的序言称：

苏俄协作事业运动，为期虽不过23年左右，但经过的变迁极为复杂，提纲挈领，可分为三个时期：第一时期在革命前1905年，此种运动已有端倪，以后推广极速，到1916年，各种协作社已达54400多个。"有此基础，后来之发达可以预卜"。第二时期自1918年起至1921年，"为实行共产政策之时代"。一切资本财产以及工业土地，统归国有；对劳动者不给现银工资，只以物品券分配；商业方面大概情形，所有贸易无论国内国外，一律收归国家经营，不许私人染指；国家既以物品券代现银工资，则货币失其功用，无所谓买卖，只将农工商业的产品相互交换。"欲实行此种物物交换之政策，非假手于集合机关与分配机关不可。而苏俄固有之协社，遂被共产政府利用，专为政府收集农民之余粮（土地虽收归国有，但仍贷与农民，所有收获，除农民生活所必需者外，均须缴纳于政府，转分于一般国民），供诸政府，再为政府分配于国民，虽协社之数量激增，却已失却其固有之性质与独立之精神"。至1921年，国内经济破产已达极点，"列宁乃憬然觉悟，知共产政策之不能行，有改用新经济政策之必要"。第三时期联合国有工商业与协社，互相团结，以抑制私人资本。将以前不正当的组织渐渐更正而入于正轨，"使协社事业兼营商业，与中山先生节制资本之主张适相符合；与第二时期废除资本之共产政策，迥不相同"。中山先生在《民生主义》编中，"引用协社（即合作社）之方法，批评马克斯学说之错误，吾人读之，即知中山先生竭力反对马克斯消灭资本之谬说，主张采用协社主义之办法，以解决社会问题"。吾友楼桐孙深明此旨，特将《苏俄之消费协作》一书介绍给国人。"不明其内容者，或以谓为苏俄鼓吹，实则共产政策失败之原因，民生主义实现之方策，皆可于是书中求得之"。楼君以是书饷国人，"微特三年之艾，抑亦朝夕之水火菽粟欤"！[1]

看过此序，方知译本以苏俄作为反面教材。一则用来说明合作社在俄国革命前本来有良好基础，革命后在实行战时共产主义期间，被共产政府利用而失去其固有性质和独立精神，直至国内经济濒临破产而改用新经济政策后，才通过更正不正当的组织而逐渐进入正轨，发挥抑制私人资本的作用。也就是说，合作社在抑制私人

---

① 楼桐孙译《苏俄治下的消费协作》，民智书局1929年版，"马序"。

资本方面的固有性质和独立精神，在苏俄革命的共产时期遭到扭曲和破坏，经过一番折腾而走投无路，才幡然醒悟有必要实行新经济政策，重新回到合作社原来的正轨。二则用来说明新经济政策借助合作社的目的，将资本普及于民众而非集中于少数人手里，这符合孙中山的节制资本思想，迥异于共产政策的废除资本观念；由此又引出解决社会问题的基本方法，应当采取孙中山民生主义学说所主张的合作社或合作主义方法，反对马克思学说所主张的消灭资本的"错误"或"谬说"。所以在作序者看来，这个译本的出版，对于国人来说，不只是病久了才去寻找治病的艾药，而且是使菽粟如同水火一样充足的朝夕之举，意思是说，除了给予合作社以救国救民的殷切期望外，还要接受苏俄的教训，不能再犯消灭资本的错误。这里所谓消灭资本，实际上是指消灭资本私有制，而所谓节制资本，则指限制资本主义的发展，防止私人资本操纵国计民生。此序将苏俄新经济政策等同于民生主义的节制资本主张，只见二者的表面相似，忽略了前者在无产阶级专政条件下，利用资本主义逐步过渡到社会主义的实质内涵。

楼桐孙 1928 年 12 月作于南京的译者序：

此书"专究消费协作在俄罗斯苏维埃制度下的情形"，在各种协作组织中，以消费协社"最为切近易行"，组织各种协社，又以先从消费协作着手"最为合理"，因此，各国协作运动，也以消费协作"所占的地位最为重要"。此书"虽是专究消费协作，也可直说是研究协作；虽是专究苏俄的消费协作，也可直说是研究全世界整个的协作"。"我想这当是著者的用意，也就是译者的立场"。总理在《民生主义》里，"曾一再引用协作主义的方法以批评马克斯的主张"，此书却将"苏俄"与"协作"两语连成一词，"骤然看了，似乎与本党党义应有出入，因而对于苏俄的协作运动，未免也要加以某种的怀疑，这是凡本党忠实同志对于本书应有的联想"。其实，"苏维埃协作是立于党派之外的，大部分社员都是些无党的农民和工人"。1924 年 5 月 20 日明令颁布后，人民入社，完全自由，亦合于协作主义的基本原则。新经济政策主要的意义："一面听给私人活动以相当的地位，一面逐渐扩大社会主义的经济，使之日益强固而引伸势力于全国的经济生命之上"，不再如战时共产主义的政策，"要把全国一切的经济活动力，都直接集中于政府之手"。所以，"苏维埃消费协作，是国有化工业和农民间的一条联络线，是介于农民经济和工人消费间的一个有组织的媒介机关"，"主要的目的，是要把交换社会化而组织国内的贸易"。依此看来，"苏俄消费协作与本党民生主义的节制私人资本及分配社会化等原则，精神完全一致"。俄国工业，向其幼稚，国家经济以农业为主位；旧有的大企业及大工厂，革命后皆收归国有。"国有化的制造品，运销于全俄的农村，采办各地的农产品以供给都市的工人，这是苏俄消费协作的任务"。在国有工业旁边，消费协社进而兴办各种协作企业，直接生产以供给社员及非社会的需要。"可见苏俄协作，已由单纯的媒介机关，分配机关，更进一步而谋消费与生产的沟通及融合，而其进步骎骎然有一日千里之势"。所以此书虽颇简单，但"对于我国甫在萌露的协作运动——因我国近来确已有一种协作运动的潮流，隐隐约约地酝酿于思想界之间，定有很多有益的贡献"。此书是我1928年暑期在中央大学讲授协作论时所译来自诸人的参考材料，稍加整理，公诸同好。①

此序与马序略有不同。马序的要点是，苏俄的反例显示，通过合作社来节制资本才是正路，而消灭资本是歧途。此序不纠缠于这种对错是非，尽管也表示应当将协作主义的方法与马克思的主张区别开来，保持警惕不能误以为苏俄一直赞成协作，但重点是要指出，即使在苏俄的统治之下，协作尤其消费协作都取得显著的发展，不仅活跃于交换和分配领域，还渗入到生产领域，表现出迅猛推进的趋势。看来译者深受季德协作主义思想的浸染，相信消费协作本身有着强大的生命力，不论在欧美的一般制度环境下，还是在苏俄的独特制度环境下，都无法遏止其发展势头。以他所见，苏俄的例子恰恰证明了这种生命力。苏俄共产党的统治基础不是合作社，其境内合作社的大部分社员也不是苏俄党员，是非党农工群众，在这种情势下，苏俄仍在新经济政策中颁布符合协作主义基本原则的各种措施，正说明苏俄哪怕在共产党的统治下，其发展也离不开协作主义特别是消费协作。这种见解隐含着协作主义具有超越不同党派和制度的特殊性质和力量，所以才不去顾忌那些怀疑观点，断定苏俄消费协作与本党民生主义的节制资本及其相关原则，"精神完全一致"。不仅如此，甚至主张我国近来正在显露协作运动潮流的苗头，应当借鉴苏俄的作法。因为我国同俄国相似，工业幼稚，国家经济以农业为主体，因此俄国的消费协作，在革命后实行主要生产资料都收归国有的条件下，能确定自身的任务而获得一日千里的发展，其经验对于我国的协作运动，"隐隐约约地酝酿于思想界之间，定有很多有益的贡献"。可见，译者站在协作主义的立场上看问题，只要有利于协作主义的发展，不管在何党何派的统治之下，其作法都可以拿来参考，为我所

① 楼桐孙译《苏俄治下的消费协作》，民智书局1929年版，"译者序"。

用。这大概也是译者不愿透露其译本的原著出处的原因，生怕指明原著的来源或原著者的身份，会因追究其党派归属而干扰译者宣扬协作主义的主旨。

译本 100 余页，分史略、消费协作在苏维埃经济制度下的现状、苏俄消费协作的组织制度、乡间消费协作、工人协作、协社联合会、全俄协作中央联合会、消费协作的工业企业、消费协作在苏俄商业中的使命 9 章。这本小册子以叙述苏俄消费协作的基本史实为主，书名特意加上苏俄"治下的"几个字，意思是避免误解，不可在苏俄和协作之间划等号，但在苏俄的统治下，又不得不依赖于消费协作以恢复和发展经济，于此更能显示消费协作的生机与活力。用这种方式来推销消费协作或协作主义，应当说比单纯强调协作主义符合民生主义的节制资本精神而不同于马克思的消灭资本"谬说"，更加高明和巧妙些。

## 二、《俄国新经济政策》

张云伏①编著，上海新建设书店 1929 年 9 月 1 日初版。与此同名的著作，前面已考察了王国源译《俄国新经济政策》与顾树森编《苏俄新经济政策》二书，张氏此书，作为在苏俄留学经年的研究结果，另有其特点。

### （一）自序与导言评介

编著者同年作于上海寓所的自序称：

共产主义者解释，俄国 1921 年以来实施的新经济政策，为资本主义社会过渡到共产主义社会的必经过程，而且没有十月革命后的重大牺牲，绝无实施新经济政策的机会。"但自吾人信仰三民主义者视之，则殊觉此语为奇怪"！俄国新经济政策，一面"不忘资本主义势力的余威"，一面"开社会主义途径的一种很温和的经济政策"。在吾人看来，这不必经过俄国 1917 年至 1920 年的绝大牺牲即可达到，俄国布尔什维克（原译"布尔塞维"）党人何以以偌大的代价求之！共产主义者又说，偌大的牺牲，乃今日俄国无产阶级专政的代价，没有无产阶级专政，俄国新经济政策不能保其社会主义的特性。"吾人对此更为惊异，以俄国新经济政策实施之情形及其日益对资本主义让步而观，即在无无产阶级专政之国家亦可行"。而俄国的无产阶级专政，其为真为伪，更无须吾人多言，托洛茨基（原译"杜洛斯基"）

---

① 张云伏（生卒不详），四川新都人，北京大学毕业后，留学莫斯科中山大学，回国后曾在上海暨南大学、大夏大学、中国公学、上海法学院和四川大学任教；抗战期间去世，终年 41 岁。

早称其为"假的"！故吾人研究的结果，"深觉俄国所行之新经济政策，凡欲以国家资本及社会资本与私人资本斗争而建设社会主义性的新社会者，皆可行之"。如集中资本，吸收资本，组织合作社，征收农民单一税，"非共产主义国家所能独有，亦为民生主义建设期中所必行之政策，吾人固无须无产阶级专政也，更无须如俄国十月革命后之绝大牺牲也"！俄国实行新经济政策后，"政治日超稳固，社会日益繁荣，经济日益发达，故新经济政策在建设社会主义性的新社会之手段中，实有其绝对的价值"。"凡为改造运动者，绝不能以其为共产党所支配，俄国所实施，纵为良策，亦弃而弗用，甚至研究之即等于研究共产主义，实为大谬"！

本书的目的，揭载俄国新经济政策的内容，实施的经过，何以必须采取此政策，更旁及共产主义者对于新经济政策的解释，"俾习者了然今日俄国之真象及其过去牺牲之枉然"！本书为作者年来在上海各大学讲授此科之讲义改订而成。后附7种英文参考书，其中包括列宁、斯大林和托洛茨基的著作。①

此序对于俄国新经济政策，另有一番诠释：就其狭义而言，这是苏俄为资本主义势力留下余地，由此开辟一条温和发展社会主义的道路，实质是向资本主义让步；就其广义而言，这是借助国家资本和社会资本与私人资本进行斗争而建设具有社会主义性质的新社会，颇类于我国的民生主义政策。根据这个诠释，一方面，共产党人有关俄国新经济政策的说明，诸如这是从资本主义社会过渡到社会主义社会的必经阶段，只有经历十月革命的重大牺牲，才有机会实施这一政策，只有付出无产阶级专政的代价，才能保证这一政策的社会主义性质等，都是无稽之谈；换言之，这种经济政策，并非共产党国家所独有，也无须经过革命的重大牺牲和无产阶级专政的代价，凡进行民生主义建设和社会改造的国家，都可以实行或必须实行。另一方面，从事改造社会者绝不能因为新经济政策由共产党人所支配，为苏俄所实施，即使它取得显著成效并对建设新社会有重大价值，也舍弃不用，甚至认为研究这个政策就等于相信共产主义，这同样大谬不然；也就是说，俄国新经济政策具有普遍的推广意义。这样来认识苏俄的真相，并把苏俄革命及其无产阶级专政视为不值得付出牺牲和代价的枉然之举，其寓意把俄国的新经济政策等同于所有国家的社会改良政策或政府管制行为。

这种认识，在书中的导言里，转换一个角度，暂且抛开具体论述俄国经济组织的一切实际状况，比较抽象地介绍俄国共产党的理论根源及实现理论的基本手段，借以了解俄国改行新经济政策的真实原因和时代背景。如谓：

我们研究俄国，若不明白俄国共产党关于政治、经济和社会的各种理论及其实现理论的一切重要手段，不明白俄国共产党所号召的革命之认识，将来之目的，推进政治的原动力，则不能站在客观立场上去观察俄国，那么，即使我们知道它在政治、经济或社会上的一切措施与行为，还不能说已经了解俄国，或者说还要作出许多错误的评价。

最初在科学上使用共产主义这个名词，是马克思和恩格斯，见于《共产党宣言》。在马克思时代，共产主义和社会主义名词并无多大差别，都是讲生产手段公有。到了 1903 年，俄国社会民主工党分家为多数派和少数派，多数派即布尔什维克，对马克思的共产主义下了一个定义，不同于一般社会民主主义者的定义，说他们自己才是正统的马克思主义者，而社会民主党是曲解马克思主义，并专用这个名词，不用社会主义去命名马克思主义，"于是共产主义就含有特殊意义"。布尔什维克随着时代的需要，给共产主义加入很多新的解释。这些解释大概都是俄国共产党已故的领袖列宁加入的，"想尽方法去把新的须求，拿马克斯的遗言来附会"。"所以现在共产党口中的共产主义，已经不全是马克斯头脑中的共产主义"。这个名词"现在已经为第三国际共产党所私用"，所以我们提出这个名词，"专指在第三国际统治下的共产党口中的共产主义"。共产党口中还有列宁主义一词，"列宁主义可算是马克斯主义的发展"，但二者不同的地方很多。

共产主义者认定人类的思想和行为都是受物质环境的支配，两者不会颠倒。人们的社会生活，大部分属于经济方面，所以人们大部分的思想和行动，为他自己的经济环境所支配，这经济就是物质的一种。"由这个出发点，马克斯把人类的历史拿来细考一下，他就得了一个原则，所谓阶级的社会观"，就是马克思所谓的"人类的历史是一部阶级斗争史"。从阶级的社会观产生阶级的国家观。在资本主义社会里，一切法律和道德保护统治权的同盟者有产阶级，靠他们的税金来维持他们自己的地位。进而到财政（今译金融，下同）资本社会，政权的阶级性更趋明显，这些财政家不但握有国内的生产权，连国家财政都要受他们的支配。因为生产权掌握在他们手里，害怕他人不满他们独占生产权，所以就垄断政权，藉着政权去稳固他们的经济特权。根据这些理论，共产主义者推断国家和阶级有连带关系，有阶级的存在，才有国家的需要，在阶级社会里，国家是优越阶级拿来压迫其他阶级的一种权力表现，是保障自己阶级的特殊权力的工具。他们还根据历史的分析，称自从有国家组织以来，社会秩序从来不曾彻底安宁过，因为一阶级压迫他阶级，他阶级不能忍受时，一定要起来反抗，从反抗里去求本阶级解放之路。这种反抗就是革命，一国社会或政治史上的一治一乱，就是进化，乱就是革命的现象。共产主义者分析历史过程中的革命有两种，一种是政治革命，一种是社会革命，又名经济革命，两种革命相互为用。"试看十月革命成功以后的资本国有令，土地矿山国有令，吃剩余价值的没有参政权，一切的新法令都着眼在无产阶级的利益。在这种过程里的行动，就是社会革命，这社会革命之所以能进行，是完全靠政治革命所抢得的政权做保障。社会革命一有基础，又渐渐循着正轨，进化起来了，俄国的新经济政策的实施，就是一个好例"。共产主义者又分析革命的进展，"第四阶级的社会革命算是最后一个革命"。其理论解释是：无产阶级掌握政权后，以本阶级专政实行阶级斗争，在这个过程中消灭一切封建阶级、财政资本阶级、资产阶级、小资产阶级，使他们最后都变成无产阶级；既然社会上只有一个阶级，自然就没有阶级性的社会，既然没有一个阶级压迫其他阶级的冲突，自然也就没有革命。"所以无产阶级的社会革命完全成功后，国家这组织，只是成了历史上的名词，而那时的社会是真正全民的共产社会"。

"由资本主义社会到共产主义社会，要经过一段过渡时期，这就叫经济的过渡时期"。无产阶级虽然在资本主义社会取得政治革命的成功，并实行一部分经济革命，打倒和消灭贵族、官僚和资产阶级，但是还有小资产阶级存在，包括城市的小商人、手工业者和乡村的农民。资本主义根深蒂固，仅有无产阶级革命，不能根本肃清私人资本，所以必须经过一段经济的过渡时期。"在这过渡时期里，专政的无产阶级利用经济斗争的方法，一步一步的消灭小资产阶级的私人资本，而令小资产阶级随着无产阶级走，结果小资产阶级消灭，社会上所有的资本都归社会共有。现在俄国的企图，就是这样的，新经济政策就是渡过这过渡时期的宝筏"。1917年十月革命的成功，"并不是俄国经济发展到了社会革命的成熟时期，而是因外患内乱所促成的偶然事实"。崛起的布尔什维克"只有采一种极端手段以从事破坏，否则，不能利用混乱的社会以压倒敌人，稳固自己"。所以十月革命后对于政治、经济、社会的破坏行为，"实在令人震惊"。今日世界，在久已成功国际化的条件下，一切国家都有一般稳定的民主政治和资本主义经济，"俄国要想单独建设共产主义的国家，当然不能成功"。所以，革命后的政策一再失败，最终"不能不服从于国际资本主义和国内经济实情的逼迫之下，实行其新经济政策，一反军事共产主义时代之所为"。因此，"俄国新经济政策之实施，并不是简单的根据于共产主义进化论，而是事实上不能不然之事"。俄国改行新经济政策以来，"实在收得很大的效果"。政治日趋稳定，经济日益发达，社会日益安宁，"都是明显的事实"。我们研究新经济政策的效果，不必深求其原因，只看经过极端破坏的俄国是否已收恢复或进步之功，与战后各国恢复的速度相比是否效率更大。"对于这两点若能得正面的答复，就可判断新经济政策的价值"。本书内容不但注重实施新经济政策的事实，以数字为证明，并且注意其理论，俾使明白新经济政策之所以然。①

以上介绍，用不少篇幅说明俄国布尔什维克党和第三国际的共产主义理论，继承了马克思和恩格斯所创立的共产主义或社会主义学说，并根据时代的需要而作出不同于其他社会民主党的补充和改变，进而自称正统的马克思主义即列宁主义。这个理论包括用唯物史观解释人们的思想和行为受物质环境特别是经济因素的影响，由此引出私有财产发生后人类划分为阶级从而形成阶级斗争历史的阶级的社会观；这个观念必然产生阶级的国家观，即有产阶级为了维护自身利益，一定要利用国家的政权组织和政治手段，通过压迫其他阶级来稳固其统治地位和经济特权；既然国家的实质是一个阶级压迫其他阶级，则社会永远不会安宁，被压迫阶级一定要起来反抗以谋求解放，这就是历史上不断出现的革命现象；革命分为政治革命和社会革命即经济革命，前者用于被压迫阶级夺取政权，后者实现和保障被压迫阶级的经济利益；无产阶级革命是阶级革命的最后一个，它是资本主义社会最受压迫的阶级，一旦掌握政权，通过本阶级专政实行阶级斗争，消灭其他一切阶级使之最后都变成无产阶级，从此不再有阶级压迫、阶级冲突、革命乃至国家，实现真正的全民共产社会；从资本主义到共产主义的过渡时期，无产阶级取得政治革命的成功后，不可能一下根本肃清资本主义的残余，还需要在无产阶级专政下经过经济斗争，逐步消灭各种小资产阶级的私人资本，直至实现所有资本归社会共有。这些有关共产主义理论的说明，大体符合马克思列宁主义的学说，可见编著者通过在苏俄的留学经历，具备了一定的马克思列宁主义理论素养。然而这种理论素养纯系用于研究学问的目的，决不意味着接受共产主义理论，与此相反，他想表达的是，俄国新经济政策就共产党人来说，意在借此实现向共产主义社会的过渡，但实际上它同共产主义

---

① 　以上引自导言的引文，均见张云伏编著《俄国新经济政策》，新建设书店 1929 年版，第 1—13 页。

理论没有什么关系。因为一则俄国十月革命的成功，本来就不是俄国经济发展成熟到可以实行社会革命的必然结果，而是外患内乱所促成的偶然事件；意味着俄国革命存在先天缺陷，不符合唯物史观的原理。二则布尔什维克党掌权后，为了稳固自己，只有利用混乱的社会局势采取极端手段，从政治、经济和社会各方面从事令人震惊的破坏活动，才能压倒敌人；意味着战时共产主义措施是具有先天缺陷的革命的产物，不符合实现共产主义理论的正常步骤。三则在今日世界已经成功地将民主政治和资本主义经济变成所有国家的稳定发展模式的国际化局势下，俄国想要单独建设共产主义国家，当然不能成功；意味着社会革命首先在一国取得胜利的尝试，也不符合社会革命在世界各国同时实现的预想。四则在国际资本主义包围和国内经济恶化等实情的逼迫下，不得不屈服，放弃一再失败的战时共产主义，改行新经济政策；意味着新经济政策的实施，脱离简单根据共产主义进化论的轨道，转向面向现实的需要。如此诠释俄国的新经济政策，等于用马克思的共产主义原理来否定俄国的共产主义实践，颇为独特，也同编著者自序里断言新经济政策根本无关于革命的牺牲和无产阶级专政的代价之说，前后一致。因为在他看来，这个政策正是摆脱共产主义理论而面对现实的结果。所以才会公开承认俄国改行经济政策后在政治、经济、社会等方面取得很大效果是明显的事实，才会用经济恢复或进步的速度和效率作为比较俄国自身与各国之间经济政策价值的客观标准，而不必担心这种承认和比较会有宣扬共产主义理论之嫌。

**（二）内容简介**

此书296页，除导言外，共11章，分别论述苏俄的经济概况，十月革命后经济政策的变迁，实行新经济政策时代，农业，工业，运输与交通，国内及国外贸易，财政、银行及信托，合作运动，新资本和租营政策。其内容在框架上与此前介绍苏俄经济的著作大体相仿，但如编著者所说，更注重用数据说明，特别是注重说明新经济政策何以产生的必然性。例如：

论述苏俄革命以前的经济情况后指出：这就是苏俄布尔什维克在1917年十月革命夺取政权以前的经济局面，农业生产受到很大的限制；制造业、矿业、运输业都受到极大的破坏，只相当于战前数量的一小部分；军事的失败和官僚制度的无效率，使得局面更坏下去；四年战争的结果，"可以说俄国经济体系到了倒塌的程度"（第27页①）。这个判断，为后面的论述设立了基本前提。

---

① 此页码见张云伏编著《俄国新经济政策》，新建设书店1929年版，下同。

论述俄国现在的富源后指出：苏联不同于西欧老牌工业国家已感觉天然富源逐渐减少的痛苦，"统治着广大而实际不曾开发过的货仓"，其储备未有精确估量，但可断言都是发展工业所必需的（第27页）。"像这种能够自给的国家，世界上实在不多"，这句话到了俄国的宝藏尽量开发之后，将越发显出它"真切的程度"（第34—35页）。这个判断，同样成为后面论述的前提。

论述军事共产时代：共产主义的学者解释说，苏俄军事共产主义政策和欧战期间各交战国的经济总动员政策没有区别，用于应付战争和维系兵力；尤其在协约国封锁、德军侵入和国内战争不断的情况下，只有采用这个政策来"维系革命的力量，保障共产主义的政权，保障俄国的存在"。也就是说，俄国实行新经济政策，不是共产政策的失败，而是必要经历的过程。因为列宁说过，"军事共产主义，是在战争和国基危险时期所必须的，这不是亦不能是无产阶级的永久政策，只是暂时的"。（第37—38页）然而由此造成了粮食问题上的困境，这纯粹是"政治问题入了歧途"，不是增加科学生产方法所能解决的；1921年出现大旱荒，"原因是政治的，而不是经济的"；十月革命后工业的失败，并非纯粹战争的关系，"共产主义者的管理法之失败是一个绝大的原因"。（第46—47页）这是在战时共产主义问题上，否定苏俄共产党人的解释，将其所造成的经济上的失败，归咎于政治的原因而非经济的原因。

论述新经济政策的意义：由于无计划的军事共产政策把国民经济弄得破碎不堪，生产力的缩减几至不可思议，造成后来的全国大饥荒"更使苏维埃的基础有根本动摇之势"。此时再没人坚持反对列宁的新经济政策，终于实行。"新经济政策的主要目的是恢复俄国国民经济"。（第54页）列宁在"农业税之意义"（今译《论粮食税》）一文里，清楚说明了必须实行这一政策的理由。此政策的"四个纲领"：一是"以农业税代直接征收谷物"（第60页），二是"恢复内国自由贸易"（第62页），三是"确立合作制度以吸收小资本"（第63页），四是"租营"（第65页）。这些论述，大量引用列宁的原话作为根据，表明认可列宁的理由有其理性意义。

论述实行新经济政策时代：布尔什维克革命之初，西欧各国的预言者都说俄国这种捣乱的胜利，只能存在三个星期，后来延长到三个月，更延长到三年。哪知道一直到现在，足足超过了十年！能够维持十年，并在近几年蒸蒸日上，实行新经济政策"算是主要原因"（第68页）。1921年至1922年间，"苏联的经济脱离军事的管理而恢复平常的状态"（第 69 页）此后苏联国民经济的发展，各方面一齐进步。这里要问，苏联国民经济的恢复，究竟是国家资本的力量还是私人资本的力量？因为大家以为新经济政策实施后，苏联承认私人财产权，恢复私人资本制度。然而现在的苏联，依着共产主义的理论，"只是由资本主义社会到社会主义社会的一段过渡时期"；在过渡时期里，国家出面进行经济的斗争与建设，"是第一件最紧要的事"，逐步地"企图消灭私人资本而以国家资本代之"（第 76 页）。这里又要问，苏联的经济建设中，其经济界限是什么，即社会化的经济势力和私人资本的势力所占的地位怎样？根据各方面的统计数据，"社会主义的要素之增长，是连续不断而且坚实，私人资本则一天一天的失其地位"（第 85 页）。在经济行政的结构方面，苏维埃不同于西欧，"以中央经济计划代替指挥私人资本主义的法则"，消灭普遍的竞争。苏维埃经济制度的目的，用布尔什维克党人的话说，以打破政治上专制的法则去打破经济上的专制，把全国的工业和农业"照单一的、普遍的、复杂的经济计划组织起来"，从而在坚实的经济基础上建立起以全社会的最大幸福为标准的社会秩序。这种纲领在西欧不曾遇到过，因此实行起来不免发生错误，需要在各种变迁的经验过程中去看哪些方法是成功的，哪些方法是失败的，而 1921 年新经济政策的实行，"是苏联经济史上的一个最大的变迁"。（第 85—86 页）总之，"苏联的经济系统实基于一行动统一之基础上。由其全部结构之活动，故能将生产状况于短期中恢复到战前的状态"（第 95 页）。以上论述，等于在按照苏俄政府的宣传口径来介绍新经济政策的实行效果，包括其生产力的变迁以国家资本逐步消灭私人资本，以社会主义要素或社会化经济势力的增长逐步取代私人资本的地位，以及经济行政结构的变迁以中央统一的计划经济代替私人资本主义自由竞争的支配法则。这样解说新经济政策之所以能在短期内将俄国生产状况恢复到战前水平的缘由，应当说同编著者在自序和导言里一再强调的新经济政策取得明显成效，在于摆脱了共产主义理论而正视现实的道理，不相吻合。然而也正是因为编著者在介绍俄国新经济政策的实施环节，能够抛开个人偏见而客观如实陈述，才显出他编著这本书的真正价值之所在。

接着论述新经济政策在各行业各领域所带来的变化：过去四年，"苏联的农业实在大有进步"；由于政府的主动援助，这种进步将继续下去，"是毫无疑义的"（第 112 页）。苏联工业依照现在方式改组以来，已将近六年，"差不多每一个月都看得着生产的增加"；苏联工业预计 1927 年恢复战前状态，"实际已完成"，现在所要做的是开始新的建设，"生产技术之提高，工业设备之使用最新机器，建造新工厂等，就是苏联要达到建设新的经济制度的手段"（第141页）。运输方面，自新经济政策实行以来，"运输货物之逐日增长"（第148页），包括铁路运输、公路运输、水上运输、空中运输、电话电报、邮政等。"苏维埃政府的经济事业之成功"，大部分可由下列几方面看出来，一是人民必须的商品能充分供给，二是国内剩余的生产品能行销外国，三是发展国内产业所需要的机器及其他商品能由外国市场买入（第169页）。自1921年以来，苏联通货成立金本位，能保持稳定状态，信托与银行制度亦已恢复；像苏联这样没有外国帮助而能保持收支相抵的预算，"在欧洲各国中实在不可多觏"；这些事实反映"俄国经济情形的乐观"，它的进步，"基于本国生产力之赢余的堆砌，而不是外资的帮助"（第222页）。合作组织在苏联民众的日常生活中，以及在共产党与苏联建设理想社会的计划中，"都占颇重要的位置"（第223页）。合作社在苏联的社会化工作中占有重要地位，对于完备分配工作居有重要位置，所以在农民及手工业者社会化方面，"算是一个主要力量"；通过他们的教育工作大大传播社会化的观念，到现在，它本身"已证明是苏联从事社会主义建设的最宝贵的因子之一"（第246页）。苏联作工者的权利及其与雇佣者的关系，具体规定于劳动法中，这是苏联基本法的一部分，规定劳动条件的最低标准如工作时间、雇工及解雇条件、女工及矿工的招雇、假期工作等，适用在苏联境内的每个工人。到1926年初，苏联职工会组织由下而上，"基础异常巩固"，都是群众参加的活动，"我们可以说，苏联的职工会不是别国的职工会一样，为少数官僚所把持"（第253—254页）。苏联经济建设的成功，因为工业生产的有效扩张，以此满足民众的物质欲望，创造整个文化和社会休闲的物质基础，准备经济和社会的进步；换句话说，这种扩张效率，就是俄国建设新工厂，利用新设备，伸张其生产能力的效率，"这种扩张的效率，就是成功的标准尺度"，现在的苏联正在努力求之（第280页）。苏维埃当局已经完成经济恢复工作，"从现在起，苏维埃经济一定能创造出充足的财富，以支持工业上应有的地位，改进旧的器械与设备，并预备资本以达到工业的扩张；根本的问题是如何取得新资本，苏联的解决办法，一是靠自己的积累，二是采取出租经营的方式以吸纳外资"（第281页）。将来俄国的资本充足了，富源开发了，这种租营政策也就停止了，出租的财产亦返还政府；同时国家不让租营在国民经济中占主要地位而推动驾驭能力，也就是不允许承租人在国民经济中取得确实的统治地位（第295—296页）。诸如此类的论述，运用大量的实例和数据，从各个方面进一步证明了俄国新经济政策的实施成效，而且如前所述，反映了这个成效不是通过否定苏联的共产主义指导理想或社会主义发展方向，而是在坚持这一指导理想和发展方向之下所取得的。

### （三）结语

通览张云伏编著的《俄国新经济政策》，给人一种前后脱节的印象。在其自序和导言部分，编著者明确表达了自己的评价意见，认为苏俄实行新经济政策，既是现实经济恶化逼迫的结果，更是摆脱共产主义理想纠缠的产物，因而这种政策取得成效，本来无须革命后的牺牲和无产阶级专政的代价，可以作为正常经济发展或一般社会进化的一种有效政策来看待。然而在其11章正文部分，这些个人意见竟然烟消云散，不见了踪迹，几乎完全按照列宁学说和苏俄政府的说明，逐项解释和论证实施新经济政策的缘由与实效，其中的关键之处，还在于说明这个政策不仅是列宁主义指导下的通权达变之策，而且坚持社会主义的发展方向并为之奠定坚实的物质基础。由此也能明白编著者的参考书里，何以苏联领导人的著作占有突出的地位，其正文部分的主导性论述，可以说都是引自这些著作。当然，编著者作为三民主义的信奉者，可能相信民生主义就是社会主义，同样适用于新经济政策或与之有相似之处，因此不必排斥新经济政策；同时这样理解的新经济政策，不必经历革命的牺牲和无产阶级专政的代价，一样可以在和平条件下实现具有社会主义性质的新社会。即使如此解释编著者的介绍意图，仍能看到其编著之作与其他论述苏俄新经济政策的专题著作之间的不同之处。如王国源译《俄国新经济政策》一书，明确指出这个政策决非社会改良或向资本主义让步，更不是脱离共产主义的轨道，是在经济落后的条件下依托无产阶级专政而为实现共产主义社会打下经济基础；而顾树森编《苏俄新经济政策》一书正好相反，同样明确指出这个政策不仅印证了战时共产主义政策的失败，而且印证了共产主义或社会主义道路的失败，所以国人不应追随共产党人走已经失败了的俄国革命之路，倒是可以仿效俄国从共产主义退回到资本主义，吸收新经济政策的有效内容。张云伏的《俄国新经济政策》一书，初看颇类似于顾氏把共产主义理想与新经济政策割断开来，但张氏毕竟在苏联留过学，对于新经济政策不论在理论上或在实际上，都有更加深切的认识；所以他在自序和导言里有关这个政策与革命、无产阶级专政和共产主义理论无涉的论断，犹如一顶帽子戴在头上，以示个人态度，而帽子下面的主要内容，在客观介绍和研究学问的名义下，几乎都是沿用列宁学说和苏俄政府的宣讲口径。这种开头和正文不一

致的现象，十分醒目，也颇为奇特。由此表明苏俄新经济政策所取得的显著成效及
其对巩固无产阶级政权和推进社会主义建设的重要作用，连国内那些质疑苏俄革命
和建设道路的人士，也不能不予以正视，于是引出各式各样的介绍方式和解释
理由。

### 三、关于苏联劳动问题的译本及其他

这里列举的两个译本，以苏联的劳动组合与劳动保障问题为题，内容有相通之
处，意旨也比较相似。另外附带介绍一位俄国学者所讨论的农业问题。

#### （一）《苏联劳动组合》译本

罗伯·丹恩（Robert W. Dunn，今译罗伯特·W. 邓恩）著，熊之孚译，上海
泰东图书局 1929 年 9 月初版。

译者不详，他 1928 年 11 月 1 日作于北平郊外玉泉山麓的译后记：今年暑假闲
暇时，一气译完这本小册子。因为动手太迟，花费的时间还不满一个月，学校就开
学了，刻板的琐屑的事情又多了，所以抽不出时间仔细校阅一遍，只得仓卒付印，
不满意的地方很多。这本册子承北平燕京大学教授许地山①先生校阅一过，又承国
民政府教育次长吴震春②先生将译稿带到南方，得以早日付印。③ 据此，猜测译者
当时可能在燕京大学任教，选择翻译此书，谈不上有什么特别用意，对著者及其著
作也没有任何介绍，不过暑期费时不到个把月的闲暇译作而已。

再看著者序，交代得比较清楚：

"这本册子的旨趣，是要把苏联劳动组合的情形概略的描写出来。像苏联这种
的国家，正式标着'世界的无产阶级，联合起来！'的标语，公然统治于劳工与农

---

① 许地山（1894—1941），籍贯广东揭阳，生于台湾台南；1913 年在缅甸仰光的中华学校任职，1915
　年任教福建漳州华英中学，1917 年考入燕京大学文学院，1920 年毕业留校任教，翌年参与发起成
　立文学研究会，创办《小说月报》；1922 年到美国哥伦比亚大学研究院学习，获文学硕士学位，又
　入英国牛津大学曼斯菲尔学院从事研究，获文学学士学位；1927 年回国任燕京大学文学院和宗教学
　院副教授、教授，1935 年应聘为香港大学文学院主任教授，1938 年当选中华全国文艺界抗敌协会
　理事。
② 吴震春（1868—1944），浙江杭县人；1898 年戊戌科进士，任翰林院编修；1906 年后历任北京省立
　学校校长、杭州高等学堂堂长、江北高等学堂、浙江省高等学堂、浙江旅游学堂监督，仁（和）钱
　（塘）教育会会长、浙江省教育会副会长、浙江巡抚公署学务参事等；1912 年任浙江教育司金事，
　后任北京教育部金事，1925 年任国民政府教育部参事，次年任北平燕京大学教授、副校长，1928
　年任国民政府教育部常任次长，1929 年再任北平燕京大学校长，后辞职，居教习。
③ 熊之孚译《苏联劳动组合》，泰东图书局 1929 年版，"译完后"。

民之下的；他劳动组合的势力之强大，当然是意中的事"。在劳动组合下，劳动者为自己做些什么？苏联的劳动组合与其他各国的劳动组合有什么分别？他们也有罢工的事情发生吗？他们与政府和共产党之间发生些什么关系？这些就是这本册子所答复问题中的几个。我曾两度亲身调查过苏联劳动组合的实况：一次是在1922年与1923年之间，住在苏联十三个月，其中两个月来往于产业中心地带；第二次是在1927年夏季，在苏联参观了十个星期，这些时间差不多完全用来寻找关于劳动组合的资料。

"劳动组合在这广袤的苏联国境内是最大而最重要的社会力"。从达吉斯坦起，到1917年革命策源地列宁格勒的边境柯尔克孜大草原止，"在这衍衍数千里地方，各种职业，各种技艺，各种产业的劳动者都联合起来，共同宿翼于劳动组合之下"。农夫与牧人，教师与医生，矿工与工程师，女佣与厨役，金属业工与铁路工，通统携带着他们的组员证，参与这新社会组织的日常工作。在组合的指导下，他们开始学习合作的方法，发展社会思想的意识、任事与负责的意识。"他们在工场和组合的环境中将他们日常的生活组织起来。有一个苏联的领袖也曾说过：这种组织'保护他们的组员的一生，由呱呱坠地时起，直到他寿终正寝时止'"。这本小小的册子里，"稍为提及组合的以往，省却他种种将来命运的预言，聚精会神的叙述组合今日的实情"。只叙述这些，对于现在的组合，已经够明白了。"组合是劳动阶级决不可少的一种机关，由这种机关他们保护他们从革命获得的种种权利。这种的保护，他们已经着手做了；此外在苏维埃统治之下，他们还实际的做了许多积极的工作。他们怎样保护无产阶级的权利，他们积极的工作是什么：这就是这本册子的旨趣，这本册子要把他描写出来"。

研究苏联的劳动组合，对美国读者到底有什么价值，这里不必赘述，等待事实来证明。这里我们提出一桩事，苏联常派代表到美国，考查美国的农场、桥梁、挖泥机、油井、牧畜等，但从来没有听说苏联组合的代表专门到美国来考查组合的组织或办法。苏联可从美国的组合"学习一点东西"，或者美国的组织可以从研究苏联的组合"得着一点教训"，我们这里一概不提。"这本册子只将苏联组合的实在的事实，和苏联组合内劳动者的生活的实况，赤裸裸的将他们合盘的托出来"。这本册子的统计与图表，都是由政府处得来的资料而成。政府与组合的种种报告，组合所处理的种种事件，可以据为资料；几百种的袖珍册子，组员须知小册子，和组合真谛与组员责任类的论文，资料供给也丰富。这些资料在别国是不易找着的。此外我时常到工厂、组合办事处与劳动者的家庭去参观，与他们有许多接触。"这些资料，这些参观，就是我这本册子各种事实的基本资料"。①

由这篇序言可知，这是美国学者在实地分两次用约一年半时间考察和搜集资料的基础上，描述苏联工会情况的一本小册子。从著者的撰写旨趣看，试图回答苏联的劳动者在工会里为自己做什么，此工会与其他各国的工会有什么区别，是否发生过罢工，它们与政府和共产党的关系如何等问题，更核心的问题，工会作为劳动阶级或无产阶级保护他们通过革命所获得的各种权利的必不可少的组织，在苏维埃的统治下，究竟怎样保护这些权利并做了哪些积极的工作。对于这种回答，著者强调它的客观真实和资料可靠，所谓只是将苏联工会的存在事实和工会内部劳动者的生活实况，赤裸裸地合盘托出，尽量避免个人的主观评价。故而反复申明，书中省略那些关于苏联工会将来命运的预言，聚精会神地叙述工会在今天的实情；不去赘述研究苏联工会对美国读者有什么价值的问题，那可以由事实来证明；也一概不提苏联工会与美国工会之间的互为参考问题，只须明白苏联现在的工会即可；等等。其实，从著者的序言口吻里，仍能感觉到对苏联统治的警觉和戒备，所以才会说像苏联这样正式打着"全世界无产者，联合起来"的标语，公然以劳工和农民为统治的国家，当然会有强大的工会势力；也才会说苏联工会可以向美国工会学习经验，而美国工会却是从苏联工会吸收教训。然而著者毕竟通过实地考察，看到了工会在苏联境内已形成最大而且最重要的社会力量，其影响之广阔和深入，不仅各行各业的工人、农民和劳动者都加入工会联合起来，而且在工会的指导和组织下，参与新社会的工作，学习合作的方法，培养社会的意识和承担负责的精神，乃至于每个会员从生到死的一生权利，都在工会组织中得到有效的保证。作为考察的成果，《苏联劳动组合》以 17 章篇幅，分别描述了"到苏联后开始的一瞥""劳动组合的起源及其发展""组员及其分配""工厂内的组合组织""产业组合""劳动组合""团体交易""劳动争议及其解决方法""组合在私营企业内的工作""组合与政府的关系""组合在生产上的地位""组合与共产党""组合内的'德谟克拉西'""文化教育事业""组合内的妇女与青年""失业与互助社""苏联组合的国际关系"。这些描述通过其译本介绍到我国，可以比较客观、简明和系统地让国人了解到苏联劳动者阶级作为统治阶级在国内的政治经济地位，以及通过工会组织来保障

① 以上引文均见熊之孚译《苏联劳动组合》，泰东图书局 1929 年版，"著者序"。

自身权益的途径、方式和措施等。这在某种程度上，也为马克思主义经济学在中国的传播，增添了新的实践证据。

### （二）《苏俄劳动保障》译本

George Price（普赖斯）著，刘曼译，上海华通书局 1929 年 11 月初版。著者的序文称：

1913 年及 1922 年，"我为美国劳动部统计局考察欧洲各国的劳动立法与行政"，这本小册子是继续从前考察的私人工作。"我曾把各国劳动法所给予劳动者的保障范围，与其施行的效果，以及工厂视察的能力，尽量发表于美国劳动部所刊行的报告上。保障劳动的范围是随各国的经济的政治的背景与情形而互异"。"当我作公务的考查时，我很追悔不能到俄国去研究他的劳动立法与工厂视察"。1917 年革命成功以后，"所谓'无产专政'，而由农工阶级统治的国家，究竟给予劳工的保障，达到如何程度，研究这问题似乎很有趣味罢"。1927 年夏季，"我得着机会到苏俄考察，并与其劳动部、卫生局的诸要人相周旋，因此关于研究劳动立法与实施的要目，得到不少"。"这本小册子是一种简要的研究，其中取材以精确为基本，以个人所考察的为根据。阅者自能明的了：我对于苏俄的政治上或经济上的情形，并不加以讨论，现在她的政治政策，我也不赞扬，也不批判，我唯一的目标，是把劳动保障的题目，给以公正的陈述"。要胪举本书所采集的材料的来源，除非另刊一本小册子报告不可，这恐怕很难。但是对给予我以许多材料，帮助我不少的研究的几位先生，须在这里表示谢意。①

在此之前，国内著译作里谈到苏俄的劳动法规与政策者，时有所见。从这篇序文看，译本的特点，一是作者曾被美国政府派往欧洲考察各国的劳动立法及其施政，就其劳动保障范围、实施效果及工厂视察能力提供报告，为这方面的专家，不同于一般的外行看热闹；二是从 1917 年十月革命起，作者就对苏俄作为无产阶级专政下的国家，在农工阶级统治下如何提供和实行劳动保障，保持浓厚的兴趣，但 10 年后才得偿所愿，有机会赴苏俄实地考察，可见其考察意愿之执着，由此亦可能获取更新的资料；三是作者简要的研究，坚持以取材的精确和个人的真实所见为根本，既不讨论苏俄的政治经济状况，也不赞扬或批判苏俄的政治政策，唯一目的就是公正陈述劳动保障的主题，以便读者明了事实和自行评价。总之，这本小册子

---

① George Price 著，刘曼译《苏俄劳动保障》，上海华通书局 1929 年版，作者"序文"。

对苏俄的劳动保障，力求体现"专家身份＋执著兴趣＋客观态度"。

接着，哈佛大学教授艾丽丝·汉密尔顿（Alice Hamilton，原译"哈密吞"），为这本小册子作如下一篇"导言"：

"我们要明了今日俄国的真相，要从一九一七年革命前沙皇时代的背景反映得之。当时沙皇滥施压力，劳动者备受蹂躏，无处诉冤，或与昔日农奴未解放的时代相似。但浏览一切关于苏维埃俄罗斯的纪载，我们便有一种感想，以为帝制时代，俄国的景象，已渐为人民所遗忘，而我们研究革命以后俄国的历史，若不将革命以前此邦的状况，牢记在胸中，则不免忌却旧事，而所下结论，恐将流于偏激了"。

盘旋于我的脑海里，有两个矛盾的景象。一是里加大橡皮厂在1913年冬季，操作橡皮泥的女工中发生一种惊奇的流行病事件，蔓延到其他各工厂，引起各种神经病。当时工厂并未采用科学检验的办法，竟宣告停工，听任工人自然恢复感觉；警察禁止工人与医生集会讨论这个事件，并不准分派救济金；几个星期后，工人为饥饿所驱使，不得不屈服再来工作；几个月后发现此病的起因，还不准在俄国的刊物上发表，登载在德国杂志上。1924年冬季，我又到迁至莫斯科的该厂参观，在药品调配室内发现有几种铅毒素，该厂立刻把接触过的人们全体送往职业病学院住了一夜，以便检查身体，并探究是否还有未发现的素质。另一是同时在莫斯科参观一所华美而宏大的工人住宅，感觉房子大，光线充足，但一个家庭只有一间房，12家共用一个厨房，这在美国人看来，似乎是难以忍受的拥挤。可是据我所知，战前莫斯科的一个皮革大商人是个慈善家，他为工人建设住宅，当时在其同行看来，觉得那个建筑物是了不得的奢华。其实那房子就是几排，每排12家同住一个房间，连遮羞的屏障都没有，并且只有一个浴室和一个厨房。

普赖斯著述这本书，"为专叙俄国农工的实况仅有之作"。从18世纪末期写起，经19世纪直至今日，并不涉及历史上的事实如战争、暗杀、外交等。他指示我们的是农奴解放前的纷乱时期，与后来企图改良这种纷乱情形，却受反动势力压迫，以致不久便消沉等事实。"他不惟不缕述一九一七年骚乱时期的繁文末节，即骚乱后的赤色情景，也并不张大其辞。由他的严肃清晰而有系统的文字中，可使我们得到一种印象：不是'工人的天堂'，而是恪守圣保罗'不工作不得食'的格言，与工人有权享受健康及幸福的原则。阅读这书的人们，就是不谙劳动立法与工业卫生，就其所述的，也可以知道其中各种的利益：如最短的工作时间，两星期至四星期的年假，妇女尤其是妊妇的保障，危害健康的工人给予良好医药的待遇等等"。1924年我到俄国考察,"曾亲见过许多普赖斯所描叙的事实,但这不过是初期的情形,现在得读三年后的进步状况,自是更为怡慰的。其进步中的一部分,现在美国已在效法进行中,如检验工人体格更为迅速进行,许多有趣味及有价值的报告,都已刊布于各医药杂志上面了。俄国关于工业疾病研究的成绩尤为显著,因为所有工人、雇主、医生、视察员、医院、社会保险,都是为国家而工作,而共趋于同一目标的。但是这些机关及人员,在其他各国里,他们都互相怀着仇视的态度,并不顾及正义,自无合作的可能。我们希望俄国于医药范围内有伟大的成就,我更深信不会使我们失望的"。①

这篇导言,再次印证了前面作者的序言里,面对无产阶级专政和农工统治国家的苏维埃俄国,在考察其劳动保障方面,所展现的专业精神和客观态度。这位哈佛大学教授首先指出,要了解今日俄国的真相,不能脱离其历史背景,应当与沙皇帝制时代压迫劳动者的历史事实对照比较,否则,遗忘这些背景和事实来评论苏俄革命,不免会流于偏激。接着她结合自己早先考察的亲身体验,举出两个实例,说明苏俄时期工人在职业病防护和住房条件方面,比起沙皇时代有明显改善。基于这样的理念和体验,她评价这本小册子,称之为专门叙述俄国农工实况的"仅有之作",既不偏激,亦非溢美。表现为:如实反映苏俄革命前农奴未曾真正获得解放的历史沿革;不去详察1917年革命期间的骚乱细节,也不去夸大革命后的赤色统治,给予严肃、清晰和有系统的专业叙述;由此得到的印象,如今的苏俄,虽不是工人的天堂,但恪守了不劳动者不得食,工人有权享受健康与幸福的原则,并让人们看到那里的工人在工作时间、休假、妇女保护和医药防护等方面所获得的各种利益。这个评价从这本小册子的描述里,感受到苏俄令人怡慰的进步,连美国也在效法其中的有关作法如及时检查工人身体,以及发表许多有趣味和有价值的报告;更进一步,甚至认为苏俄在工业疾病的研究和防治方面,各相关责任人和机构都是为国家的共同目标而工作,不像其他国家的机构及人员无视正义的不合作或相互仇视态度,故寄希望于苏俄在这方面能有伟大的成就。

以上评价,虽然只是着眼于劳动保障的专业角度,却由此引申出如何认识无产阶级专政或农工阶级统治国家的苏俄真相问题。早在苏俄革命后不久,就有少数西方学者,进入苏俄控制区域进行实地考察,在当时铺天盖地的一片反对声浪中,披

① George Price 著,刘曼译《苏俄劳动保障》,上海华通书局1929年版,"导言"。

露不同于国外主流负面舆论的若干事实真相。以后随着秉持客观态度的各种理论著述及实际资料的流传和积累，国人对苏俄的认识，在负面舆论支配的同时，逐渐接触到越来越多具有不同取向的判断，但像这本小册子的作者和导论者，出自美国政府专家和哈佛大学教授之口，意在公正陈述苏俄的劳动保障现状，或摒弃偏激态度以明了今日俄国的真相，仍属凤毛麟角。

至于说这本小册子的叙述之严肃、清晰和有系统，只须浏览其目录，便可了然于胸。其书 131 页，11 章分别是：前俄皇时代的工人，含 1861 年以前俄国的工业与工人，1861 年至 1864 年的工业与工人 2 节；临时政府与军事共产主义统治下的工人，含临时政府统治下的工人，苏维埃统治下的工人（1917 年至 1922 年）2 节；劳动会及其保障劳动的任务，含革命以前及革命以后的工会，1917 年革命后工会的运动，军事共产主义时期中的工会，现在俄国劳动会的结构，各种工厂委员会，工厂委员会在劳动保障上的任务 6 节；1922 年的劳动法典：雇用与工资，含劳动法典，雇用，工资 3 节；劳动时间及休息期；妇女及未成年人的保障；安全与卫生；劳动法的执行与工厂视察，含工厂视察法的根本要点，工厂视察的应用，工厂视察部的组织与中央监督，工厂视察员的职务，组织及人员，劳动视察员的职务，专门视察员，卫生视察员 8 节；社会保险，含社会保险法显著的特点，社会保险的责任，工资标准保险费保险单，利益 4 节；医药利益与健康保障，含健康工作的预算案，施诊所急诊局医院造寓诊治，肺病花柳病麻醉病的防御，婴孩产妇的安全，其他预防机关 5 节；工业卫生机关，含莫斯科市劳动保障及社会保险中央博物院，国立劳动保障科学馆，莫斯科大学社会疾病与职业疾病的施诊院，莫斯科职业疾病研究院，教育的活动 5 节。

经过这样纵向的历史考察与横向的现状分类，对苏俄劳动保障的背景变化、主题精神、基本内涵、法规制度、实施办法、任务重点、组织机构、配套措施等，确实有了一个比较清晰和系统的勾勒，让世人得以了解苏俄政权在保护劳动者方面的成绩，又通过这一窗口，得以认识苏俄无产阶级专政或农工统治国家的真相。那个时期国人眼里的苏俄形象，逐渐丰满起来，其中受到此类真实而客观的第三方小册子的影响，恐怕比起那些带着偏见的长篇大论，还要更大。这从传播马克思主义经济学来看，也是不断积累着的实证基础。

### （三）《社会农业及其根本思想与工作方法》译本

恰耶诺夫著，王冰若译，上海亚东图书馆 1929 年 12 月初版。这里的译者，若与半年前出版的《社会经济发展史》译本的译者王冰若为同一人，也应是李季的笔名，而且同样译自德文原作。译者 1929 年 9 月 8 日作于柏林的序言称：

"我们中国虽是一个数千年的农业国家，但近年来它的农业不独没有进步，反日见窳败，农产物也日见减少，东南沿海各省多半仰给于'洋米'，即西北各省差不多年年在闹饥荒，这并不是完全由于天灾人祸，阻碍生产，而农民墨守成法，不知改进，也正是全国的农产物不能自给的一个大原因"。据金陵大学农学院第 11 期年报所载，在中国耕种每英亩小麦地，需要 24 个 10 小时工作日，若在美国只需要 2 个工作日。"中国农民劳动的生产力既只等于美国农民的十二分之一，无怪乎我们每年要从美国和其它地方购进巨额的粮食了"。中国农民约占全国人口 80%，"他们如果不能用新式的科学方法，改良农业的生产，将来即达到'土地国有'或'耕者有其田'的地步，国内的粮食问题也是没有法子解决的"。以全国农民教育的缺乏、知识的浅陋和境遇的悲惨，目前自己实在不知并不能改良农业。"这种责任自然是要一班受过科学教育，且有新农业知识与技术的知识分子来担负。不过这些素来不大与农村实际生活接触的知识分子一旦到农村中去传播科学的农业知识与技术，不知道要遇多少困难，不知道要犯多少错误。我们如果要想减少此等困难与错误，甚至于要想收事半功倍之效，必须借镜各农业先进国的规画，因此介绍它们关于农业的重要著作成为中国学术界目前一个切要之图了"。

俄国莫斯科农业专门学校教授恰耶诺夫所著《社会农业及其根本思想与工作方法》一书，"正是这一类著作中一个最完备的本子"。此书总括俄国社会农业工作 40 年的经验，"造成社会农业一贯的理论，使从事于这种工作者得到一个指南针"。关于社会农业的内容、任务、组织和宣传等，本书已经或详或略说得十分明白，无俟赘言。应当特别指出一点，就是本书第 6 章列举各种讲演方法，品评它们对农民听众适用的程度，"尤为经验有得之言，不仅为社会农业者所当取法，即一般通俗讲演家也应奉为准绳，所以本书不独是社会农业者必备的读物，且为一般从事于农民运动者、协作运动者以及民众运动者有价值的参考书"。[①]

根据译者的理解，所谓社会农业，无非是一批受过科学教育，具有新式农业知识与技术的知识分子，深入到农村实际生活中去，以农民群众听得懂或能够接受的方式，传播科学的农业知识与技术，转变他们的传统观念与生产方法，采用新式科

---

① 恰耶诺夫著，王冰若译《社会农业及其根本思想与工作方法》，上海亚东图书馆 1929 年版，"译者序言"。

学方法，改良农业生产，最终提高农业劳动生产力。译者提出这个问题，因为他像许多在国外留学人士一样，对照欧美先进国家，看到我国农业与它们的巨大差距，力求改变这一落后面貌。不过在中国农业改造的思路或路径上，相比此前考察过的众多论述农业问题的著作，译者虽然提到东南沿海各省多半靠国外进口的洋米为生的现象，却未曾探讨帝国主义经济侵略或资本主义侵入农业领域的时代因素，虽然论及"土地国有"或"耕者有其田"的未来土地安排，却也未曾分析现实农村落后局面的制度性原因。在他看来，造成所有这些状况的前提原因，在于广大农民的墨守陈规而不知改进，结果连粮食自给问题都没有办法解决，不得不依赖于洋米，也无从着手理想的土地制度安排。于是，解决中国农民或农村问题的关键，既不取决于外来经济侵略的时代因素，也不取决于内生滞后的制度性原因，变成纯粹的经营观念转变和新科学技术普及的问题。这样，也就脱离了与马克思主义经济学传播的关联关系。译者大概在德国留学接受科学教育并学习新式农业知识与技术，因此自感担负着向国内广大农民普及科学技术知识并转变其观念的责任，同时又预感在这条路径上难免遇到困难和犯错，便想到借鉴农业先进国家的规划和经验，以收事半功倍之效。不过，译者当作我国学术界的切要之图所借鉴的样板，不是来自农业经营先进的欧美国家，而是来自相对落后的俄国，也不是来自苏俄革命后的农业改造模式，而是来自所谓积俄国社会农业工作40年之经验的传统农业方式改造进程。译者把这本从俄文翻译为德文的俄国教授的专著，再从德文翻译为中文，并给予高度评价，不仅认为这是此类著作中的"最完备"者，是从事于此项工作者的"指南针"，而且认为它的经验之论，对所有从事于农民运动、协作运动和民众运动者，都有参考价值。也就是说，在译者的眼里，这本书的价值，超越于各种时代、制度、阶级、社会形态等因素而具有普遍的科学意义。照此理解，当然也就同研究资本主义生产方式的基本规律以谋求无产阶级解放的马克思主义经济学，不会产生任何关系。

再看著者1923年9月作于柏林的德文版序言：

本书所探讨的对象是经济政策中的一个部分，在俄文中称为"共同的""公用的"或"社会的"农业。但这个名词在俄文中本不正确，更难被适当地译成他种文字。"所谓农业者是受过科学教育的专门家，替国家、协作社或农业主人的农业联合会宣传合理的农业技术与营业组织，并充农民的顾问，自己却不从事于农业的营业，此等农业者的根本思想与工作方法是我们所注重的"。这种农业工作的对象不是田园与牲畜，是"农民的理解力与意志"。此项工作在 19 世纪末叶同时出现于各国，在意大利有游行讲座的形态，在法兰西和比利时有特别职员的形态，在俄罗斯有地方农业者即为地方自治机关服务的专门家的形态。"社会农业虽十分新颖，却已成为一种重要的社会现象"，在一切有文化国家中已经招致成千的农业者为它服务。然而"社会农业在理论上的工作，与这种实际工作的迅速发展未能并驾齐驱"。几百年中，关于关税政策、交通政策、土地政策和税捐政策等方面的经验，已有一批著名的调查家为之传播与分析，但社会农业者在几十年的工作中所收集的丰富的经验却散失在各地方农业的组织中，只有一部分表现于农业会议与农业的日常著作。到 20 世纪初期，意大利、比利时尤其俄罗斯的一些人士，才努力使社会农业的理论普遍化和系统化。

"我们的著作也不敢以表现社会农业完全的理论自居——社会农业院还没有完全形成，它们的发展绝未终止——我们只企图将四十年农业工作中所收集的经验总括起来，至于此等经验必定也是其它农业国家能够感觉兴味的"。本书的俄文第 1 版出现于 1917 年，第 2 版出现于 1922 年，现在的德译本以第 1 版为蓝本。"农业工作的组织在革命期中所发生的变化还不能视为固定的"。此外，第 2 版与第 1 版几乎没有丝毫不同的地方。①

看了德文版的作者序言，可以解释或澄清中译本译者序言的某些理解。首先，所谓社会农业，是经济政策的组成部分之一，可以看作社会公共服务事业，由经过专门科学训练的职业或兼职工作者，为国家、协作社或农业联合机构提供合理的农业技术与经营组织咨询，充当农民顾问而不直接从事农业经营；它的工作对象是所谓农民的理解力与意志，也应指其合理性咨询或顾问能够为农民所理解并接受和采纳，最终产生实际效益，从而为整个社会带来福利。对此，著者虽然认为这是一项新颖而重要的事业，但并未像中译者那样把它看作至关重要的前提性环节，也不敢以表现社会农业的完全理论著作自居，更不像中译者那样把它当作此类著作中最完备的样本；因为这项事业毕竟只是诸多经济政策中的一个新兴分支，况且正处于普遍化和系统化的理论总结尝试之中，根本谈不上具有举足轻重的支配作用。

其次，所谓借镜各农业先进国的规划和经验，可以减少困难和犯错，按照著者

① 恰耶诺夫著，王冰若译《社会农业及其根本思想与工作方法》，上海亚东图书馆 1929 年版，"德文本序言"。

的说法，实际上主要指农业国家即以农业生产为主的国家，特别是像俄国这样农业经济相对落后的国家。虽然著者也说社会农业工作在 19 世纪末叶，同时出现于一切文明国家，但真正在地方农业组织的实际工作中获得丰富经验，并在理论上予以普遍和系统总结者，根据书中的举例，较多集中于当时并不那么先进的俄罗斯，而此书的重点，也正是总结俄国自 19 世纪后半期农奴制改革以来从事这项工作所收集的经验。大概恰恰因为这一点，才使中译者感到它对同样居于农业国之列并且更为落后的中国，尤其具有参考价值。这本俄文专著既然被译成德文而在先进国家流传，则它本身被当作先进国家的产物，似乎也顺理成章了。

最后，关于这本书的价值，著者只是肯定其他农业国家对它所概括的经验，必定能够感觉兴味，不曾夸下是此项工作的"指南针"之类的海口，但仔细体味，可以感觉著者确是把所谓社会农业当作超越各种阶段而具有普世价值的一项工作。德文版序言里有一句话，说在革命时期，农业工作的组织所发生的变化还不能视为固定的。这句话孤立地看，其涵义颇费思量。若联想到此书第 1 版出版于 1917 年，那时其内容还不可能包括苏俄革命后在俄国农村所实行的改造进程，那么到 1922年出版第 2 版，也就是苏俄革命发生 5 年后，强调第 2 版与第 1 版几乎没有丝毫不同的地方，即明确把这一革命改造内容排除在社会农业的范畴之外；再到 1923 年出版德文版，又说不能将革命时期对农业工作组织所产生的变化视为固定的这句话，看似不着边际，实则仍然坚持了社会农业的理论及实践具有超过苏俄农业或农民改造的意义这一理念。中译者应该揣摩出其中的意味，所以才会说此书对从事于农民运动、协作运动及民众运动的所有人都具有普遍的参考价值之类的评价。不过，中译者更感兴趣的是这项工作的技能或技巧方面的经验之谈，如取法其面对农民听众的讲演方法及其适应程度的评价等。这方面，从此书的目录中也可以明白地显示出来。全书 13 章分别是："社会农业的定义与任务""社会农业的工作方法""社会农业工作计画的意义与发展""到社会农业工作之路""社会农业的组织""用语言文字作社会农业宣传的方法与辅助工具""用语言文字宣传的设施""用介绍方法宣传的设施""社会农业的辅助营业""社会农业者是组织家""社会农业与协作社""社会农业地方事务所的设立""社会农业工作的大纲及其结果的估计"。此类著作，对组织力量向农民宣传先进理念，普及科学知识，促进农业技术和经营组织与方式的改良，提高农业组织效率及农业生产力，固然有其积极意义。但毕竟只是一项具体的农业政策，或农业实际工作中的一种新尝试，其成功与否或成效大小，很难由它本身的实施效果来衡量，因为涉及其他多方面要素，尤其取决于经济制度、结构、生产力发展水平及内部与外部社会条件等因素。这种本末关系，中译者却把它颠倒过来，认为在我国目前农民教育缺乏、知识浅陋和境遇悲惨的状况下，切要之图是从国外引进社会农业的理念和经验，让受过科学教育的知识分子承担起宣传和教育农民的责任，让农民知晓和能够改良农业，从而一举改变农业落后以致农产品不能自给的局面。这种想法现在看来颇感幼稚和简单化，在那时却是相当一部分救国心切人士的真诚愿望。由此也表明，那个时期，在解决中国农业和农民的问题上，并存着多种思路或路径，马克思主义经济学并不是唯一的或显而易见的选择。在多种选择的竞争较量中，既有直接与马克思主义相对抗者，也有质疑马克思主义而相信有更好的出路者，更有许多无涉马克思主义而真诚地为救中国寻找途径者，若此译者为李季，那么还有原来相信马克思主义后来又改弦易辙者，然而马克思主义经济学能够成为最终的选择，不论一些人主观上怎么去想，客观上必然有它的道理。

本节列举的几本有关苏联论题或由俄国学者撰写的著作，以译本为主，偶见自撰本。这些译本的内容，共同特点是强调资料的客观真实性，有些还以实地调查的结果来证明其可靠性；而且调查的着眼点并非抽象的理论或宏大的概念，往往从基层的实际或具体的细节入手，有利于认识一个更为形象和丰富的苏联实例。同时，这些译本的中文译者或作序者，面对同样客观的例证，表现出差异多样化的态度或倾向，有的称道，有的质疑，有的附随，有的贬抑，有的还把这些客观材料拿来用作各人给予不同理解的证据或反例。最为独特的是自撰本的编著者，以其留学苏联的背景，在质疑的表态下面带有颂扬意味地介绍苏俄的社会主义经济建设成就，二者不伦不类地结合在一起。如此五花八门，也说明了这一时期在中国，苏联经济实例与马克思主义经济学传播之间的关系，具有一定的复杂性。

## 第二节　关于世界经济问题的论著

这些论著归属世界经济或国际经济问题，既有译本，也有自撰本，讨论的问题比较杂，意旨自然也有较多差别。总体说来，它们不同于前编讨论世界经济与经济政策的同类译本，意在运用马克思主义经济学予以重新阐释，而是出于各自不同的立场与观点。

## 一、关于世界经济与欧洲经济的论著

这里列举四本书，一类着眼于最近的世界经济或国际经济问题，以自撰本为主，一类专注于欧洲经济问题，以译本为主。

### （一）《最近世界经济与经济政策》

刘穆①编，上海北新书局 1929 年 1 月初版，列入社会科学丛书。

列举此书，不是看它如何运用马克思主义经济学来分析世界经济与政策，而是看编者留学苏联后，考察世界经济最近形势，没有明确提到马克思经济学说，也没有将苏联经济与政策作为考察的对象，有些出人意料。此书 162 页，分 4 部分，第 1 部分 1927 年的世界经济，含 1927 年的世界产额、金融稳定的进步、国外贸易、国外市场的竞争 4 节；第 2 部分印度——英帝国的枢轴，含印度对英国资产阶级的价值、农业、印度的工业化、英国资产阶级在印度的经济政策、英国统治对印度工人的影响 5 节；第 3 部分世界经济总论，含国际经济的一般状况、失业状况、物价的涨落、长期的资本输出与短期的资本输入、国际销场的竞争、赔偿问题重新决定的准备 6 节；第 4 部分各国分论，含德国、法国、意大利、英国、美国 5 节。单看这个目录，所谓世界经济，以考察欧美重要资本主义国家及其殖民地为主，又以某一年如 1927 年的经济状况为例，突出英国对其殖民地印度的经济政策与影响，各部分的衔接似乎不那么连贯。

如此选择性的考察，或许为了表达世界经济在特定时期的某些特征，或许只是体现编者的某种偏好。但难以理解的是，编者从苏联回国，何以谈论世界经济而舍弃苏联经济，若说编者专长于文学，不谙苏联经济，又何以编写世界经济的著作。姑且不论编者当时在国内出版谈论苏联的书籍，是否受到限制或避免猜疑，由此能够感到，那个时期国内流传的经济学著作，无论理论类或应用类，谈到世界经济与政策，占主导地位的仍是西方正统经济学或欧美资本主义国家状况，这也是马克思

---

① 刘穆即刘思慕（1904—1985）的笔名，原名刘燧元，广东新会人；1923 年考入广州岭南大学文科，1925 年加入国民党，1926 年赴莫斯科中山大学学习，1927 年回国脱离国民党，1932 年在德国法兰克福社会科学学院、维也纳大学学习，1933 年回国进入共产国际远东情报局从事地下革命工作；1936 年在日本从事著译，1937 年起在香港国际新闻社、世界知识出版社、印尼天声日报社、昆明美国新闻社从事宣传，1945 年任香港《华商报》《文汇报》总编，并在达德学院、新闻学院任教；1949 年后历任上海新闻日报社总编、社长，上海市文化局副局长，北京国际关系研究所副所长兼世界知识出版社社长、总编，1957 年加入中国共产党，1979 年任中国社会科学院世界历史研究所所长。

主义经济学在中国传播的既定时代背景。不过，从此书考察英帝国资产阶级与其殖民地印度的关系，以及总论失业状况、物价涨落、资本输出、国际市场竞争等问题中，仍能看到常见于马克思论述资本主义和列宁论述帝国主义的一些理论，现在已成为比较普及的分析用语或工具。

**（二）《国际问题经济的观察》**

章渊若①著，民智书局 1929 年 8 月初版。著者 1928 年 5 月在赴西欧的旅途上写道：

读者不要以为我想著书立说，这样一本小册子根本不能列于著作之林。"我不过要把我几年来的感想，对大家发表，以博大家的同情。我写这本书的动机，已有了好几年，而在五卅案的那一年，最激荡得厉害。世界大战，固然给了我一个极悲痛的印象，战后国际的局面，尤其使我十二分的惶恐。我们这个衰老的民族，实在已成了现在列强争霸的焦点；将来第二次世界大战，必然以远东问题为导火线；而我们这一个十分软弱，不堪一击的中国，又必然的成为他们的火拼的战场。这一个推想，我不承认是杞忧；由时机的推移，必然会成事实。这一次劫运，惟有加速地努力于国民革命的成功，使我们中国成为东方强有力的和平保障者，才得避免！受了这一个忧心的激荡，我就想作一本小册子，把我粗浅而十分诚挚的感想写出来"。我下决心写这本书，始于去年赴法的船上，"途中经过了许多帝国主义者的殖民地，给了我许多深切悲痛的感想"。这本小册子于去冬已脱稿，当时想等有暇大加补正，再行出版。然忙于别事，终未如愿。我想"知也无涯"，要认真补正也是补正不完的，这样自然难免挂一漏万的缺憾。这书有许多取材于 Isaiah Bowmen（今译艾赛亚·鲍曼②）的 *The World Problems in Political Geography*③。我本想把它译出，后来因为原书是 1923 年的版本，等我译成出来，恐已失去许多时间上的价

① 章渊若（1904—1996），字力生，江苏无锡人；早年到上海，毕业于复旦大学，1925 年在北京任大学教职；后赴欧洲毕业于巴黎大学，游学英国及比利时、德国、瑞士等国，1930 年回国，任中央大学法学院教授，暨南大学教授，劳动大学社会科学院院长，上海法政学院政治系主任等；抗战期间任国民党政府及国防部要职；1946 年任国大代表，侨务委员会副委员长，1947 年回家乡任私立江南大学首任校长，后移居台湾，50 岁后信奉基督教并定居美国。

② 艾赛亚·鲍曼（Isaiah Bowman，1878—1950），1905 年毕业于哈佛大学，1905—1909 年任耶鲁大学自然地理学讲师，1909—1915 年任副教授；1919 年随美国总统威尔逊参加巴黎和会，曾任美国地理学会（纽约）理事长，国际地理联合会会长，1935—1949 年任约翰·霍布金斯大学校长，1942—1943 年兼任美国国务院领土委员会主席。

③ 此书原名应为 1921 年初版的 *The New World Problem in Political Geography*，今译《新世界：政治地理学若干问题》。

值，译了 1/3，决意割爱。①

这些话，颇为形象地表达了那个时代中国青年知识分子关注国际经济问题的内忧外患背景：在国内，经历了 1925 年发生于上海的五卅血案，帝国主义和军阀联手镇压群众性反帝爱国运动，给人留下惨痛深刻的记忆；在远赴法国留学的旅途上，一路经过许多帝国主义者的殖民地，又产生深切悲痛的感想。这些记忆与感想，与衰老、软弱而不堪一击的中国联系在一起，自会引起热血青年对于国际经济问题的关注，不仅惶恐于战后我国将成为列强争霸的焦点和火拼的战场这一国际局势，更忧心地激荡于怎样通过自身努力才能避免这个劫运，此书希望在严峻的国际形势下，加速国民革命的成功，使中国成为保障东方和平的强有力国家。为此，著者在留学法国之前，已努力于从国外研究世界问题的专著中吸取理论滋养，此后又联系各国列强在我国和在世界各地殖民地进行经济侵略的现实，注重从经济上观察和分析国际问题，以为我国应对危机的借鉴。

著者的感触和想法，反映在他的书里，事实上是为三民主义提供国际视野与适用依据。其书 201 页，分 8 个部分。第 1 部分总论，主要讨论国际问题的纠纷，涉及纠纷的经济原因、政治原因，经济纠纷在战前、战争期间及战后的表现。第 2 部分欧洲之部，主要分国别讨论英帝国主义世界的发展与基础，德国的野心及其衰落，法国的发展及其牵制，俄罗斯，意大利对外经济侵略的野心，短小精干的比利时，北欧经济冲突的形势，战后的奥匈，西班牙与葡萄牙，捷克斯洛伐克与中欧经济；其中论及俄罗斯，应指苏俄革命之后而言，重点关注"经济制度改革后的经济纠纷"，也就是与周边地区和国家的经济关系及纠纷。第 3 部分主要讨论近东与中东，包括君士坦丁问题，土耳其问题，列强角逐下的波斯，外高加索与中亚细亚。第 4 部分非洲（原译"斐洲"）与澳洲，主要讨论列强在非洲的经济侵略，白澳主义的经济意义。第 5 部分美帝国主义与南美问题，主要讨论美国侵略的事实与原因。第 6 部分日本的发展与太平洋问题，主要讨论日本的发展与野心，太平洋上的经济纠纷。第 7 部分中国国际问题经济的危机，主要讨论近百年来中国国际问题经济的危机，列强在华侵略的步骤与时期，列强在华经济侵略的武器（包括租界与租借地，协定关税，领事裁判权，航行权，传教自由权），列强在华经济侵略的方式（包括销售货品，榨取原料，投资取利，操纵金融），中国民族的危机与抵抗

---

① 章渊若著《国际问题经济的观察》，民智书局 1929 年版，"敬告读者"。

的方法。第 8 部分结论——三民主义与世界经济问题，主要讨论人类之厄运，所谓世界经济会议的作用，第三国际的世界革命之批评，三民主义经济的世界性；所谓三民主义在经济上的世界性，指"以民族主义的自觉精神促动世界经济健全的发展，以民权主义的政治组织消除经济侵略的祸根，以民生主义的经济组织改造世界经济的组织"，最后一项世界经济组织的改造还涉及分配原则的革新，生产原则的纠正，交换制度的改善和民生主义的适合性。

这样把三民主义的经济意义放到世界范围内来考察，是比较少见的一种提法。然而这种提法，不仅主张在三民主义的指导下，促进世界经济健全发展，消除经济侵略祸根和改造世界经济组织，也就是把矛头指向世界帝国主义列强的经济侵略行径，同时还意味着排除第三国际以世界革命为号召的指导观念。这是在反对帝国主义经济侵略方面体现指导思想上的一种较量，与当时国内的政治形势也是相吻合的。

### （三）《大战以来的欧洲经济概况》译本

译自 *Economic Development of Modern Europe*（今译《近代欧洲经济发展》）一书第五部分 The World War and its Aftermath（今译"世界大战及其后果"），美国阿格（Ferderic Austin Ogg）和沙尔蒲（Walter Rice Sharp）著，傅子东①译，上海乐群书店 1929 年 6 月 20 日初版。

译者 1929 年 2 月 1 日作于上海的序言：

这书是我前年在武昌中山大学讲授欧洲经济史时着手翻译的。"原书的是经济史名著"，大战前的一部分曾由李光忠翻译，民国十三年商务印书馆出版；大战以来的一部分据著者的序言，系统上不是严格依据大战前一部分，所以分开来出版是可以的。"译文系逐字逐句译成，务求信实；译文的结构，每句皆求合于文法；译文的语句，力避文言掺入；译文的句法，如是必要，如采用西文化的句法——繁荣的句子中有时采用西文化的语句，反觉得格外醒活，所以译者有时也竟采用，但这类语句在本书中极为鲜少。这样的翻译是很费力的，但译者觉得积渐可得到种种确

---

① 傅子东（1893—1972），又名傅振烈，四川江油人；1918 年毕业于北京大学，1919—1922 年在美国加利福尼亚大学研究院学习，获博士学位；早年参加同盟会，1922—1927 年先后任四川成都高等师范学堂教授、校长，武汉大学教授，中山大学教授，国民革命军总政治部编审委员会委员、秘书等；1929—1937 年在上海做翻译等，后从事汉语语法研究，1948 年回江油任修志局总纂；新中国成立后，1950—1952 年任川北教育厅副厅长、省政府参事，1952—1953 年到北京任中国文字改革委员会研究员，1953 年起先后任陕西师范大学教授、陕西省文史馆馆员，死于"文化大革命"期间。

定的翻译格式，或者藉此关于演进出一种适当的译文体裁，可有几许补益，所以竟这样笨拙地翻译了这本书"。①

这里说到李光忠的译本，即前面介绍过的《近世欧洲经济发达史》译本，商务印书馆 1924 年初版，为李氏留学美国伊利诺伊大学时所译。傅氏不仅与李氏译自同一原著的不同部分，而且如同李氏序言中谈到翻译须用白话文以求通俗易懂，傅氏更强调翻译务求信实，以及译文的结构、文法、语句和句法，意在获得一种确定的翻译格式或适当的译文体裁，这和他后来作为语法学家的兴趣，相互关联。

译本 384 页，其 6 章分别论述"一九一四年后欧洲人口、食物、生产和地权改良""战时的工业和海运""一九一八年后工业和商业的恢复""过去十年间的劳动经济""劳动运动和社会政治""战中和战后的财政问题"。可见同样把劳动运动和社会政治作为经济概况的一个范畴，予以重点评述。这一章专门有"俄罗斯布尔扎维克主义的理论和实行"一节，其中提道：

"俄罗斯，产业上和教育上，都是一个落后的国家，以此特为不宜于适用任何一种共产主义的哲学。这个事实在他们那些人看来像似无关重要，……。他们理论的精髓就是自觉的无产阶级应强暴地夺获政治国，并滥用恐怖的战术把资本制度的余孽铲除尽净"。"据布尔扎维克主义的原始教条，一切私有财产都应断然消灭，一切政治权力都只给予那些绝对以自己劳力的果实过生活的人"。"从收入分配的观点说，布尔扎维克的教义主张，在过渡期间社会和国家须严格地统制劳动量和消费量"。"但最后，它主张，人民应照他们个人的能力自愿地工作，并照他们的需要领受报酬"。1921 年采行新经济政策，"像似显然还没有变布尔扎维克统治的政治结构的精神或工具"。"尽管对于私营商业有部分的许可，并一部分承认确然设定农业中小地主的地位，却'无产阶级的狄克推多'实质上还是无产阶级的狄克推多"。②

以上论述，针对布尔什维克主义，宣称像俄国这样在产业和教育上落后的国家，不适宜推行铲除资本制度或消火一切私有财产的共产主义，这不能说没有一定的眼光；判断苏俄放弃战时共产主义政策转而采取新经济政策，虽然在一定程度上允许私营商业和私有土地，但并没有改变无产阶级专政的指导思想和政治制度，这也看到了苏俄政策转变的实质。然而，这些说法，意在否定苏俄革命的道路，特别是

---

① 阿格和沙尔蒲著，傅子东译《大战以来的欧洲经济概论》，上海乐群书店 1929 年版，"译者序言"。
② 阿格和沙尔蒲著，傅子东译《大战以来的欧洲经济概论》，上海乐群书店 1929 年版，第 312—318 页。

否定落后国家实行社会主义的任何可能性。经过这样的否定，剩下的选择，尤其对落后国家来说，只能是欧美式的资本主义道路。这就是译本留给国内读者最深刻的印象之一，其实也是传入中国的西方主流经济史学著作的基本倾向。惟其如此，前面李光忠通过其译本联想到中国，断言改变国家的贫弱状况，亟需发展资本主义，所以认为社会主义或宣传马克思主义，药不对症，甚至无异于庸医杀人。李氏译本里，被妖魔化的主要是马克思学说，而傅氏译本里，被妖魔化的主要是苏俄案例。

### （四）《现代欧洲经济问题》译本

英国 Phillips Price（今译菲利普斯·普赖斯，原译"菲力普斯·蒲徕斯"）著，刘穆、曾豫生合译，远东图书公司 1929 年 10 月初版，列入远东社会科学丛书。译者刘穆便是前述《最近世界经济与经济政策》一书的编者，在考察那本书时对编者提出的疑问，同样适用于此译本的译者，看来他关注的是世界的或欧洲的经济问题，而不是两年前留学过的苏联的经济问题。

这个译本 273 页，13 章，分别是：英国工业过去的恐慌；英国的初期投资状况；19 世纪英国的资本输出；欧战爆发时英国资本的输出；新的集资地域；德国和法国等的对外投资及其冲突；俄国和奥国在东欧的侵略主义；欧战闭幕后经济问题的解决；战后解决生产恐慌的企图；战后解决债务问题的企图；战后的殖民地开发问题；新的产业革命与国内市场；演化还是革命。此书原著者不详，而为之作序者，却是英国费边社大名鼎鼎的领导者和理论代表西德尼·韦伯（Sidney Webb，原译"雪尼·卫布"）。其序称：

"这是一本足供参考的书，有独创的观念，见地不落平常窠臼，在本书里头，其考察那与西方文明极有关系的各种问题的观点亦迥异寻常。因此，凡是英美的研究政治经济者和世界的政治家都不应将这本书等闲看过"。过去 15 年中，作者对于中欧和东欧仍然未已的产业与政治组织的重大变化，有极丰富的经验，故他论定那方兴于先进各国的新"工业革命"的影响，甚关重要。大战过后所显示于经济家政治家的问题，至为繁复，我们瞠然不知解答，其直接引出来的问题更不必说了。"我们似乎是生当工业、财政和社会制度急剧进展变化的时代，这种进展变化的影响，比起十八世纪时的工业革命尤为深远"。一个世纪以前，运河和公路的建筑，蒸汽机、铁路车头、汽船和轧棉机的发明，使新原料的大宗供给，可以源源而来，至为方便，因之，1750 年至 1850 年间英国的面目为之大变。"现在的变革却是国际的，普及于全世界的"。在我们这个时代，翻陈出新的变革，如电气和化学在工业上的新用途；内燃机器的发明；各类油广为应用，氮气（原译"淡气"）由大气中提取；新的植物、矿物和合金之利用；人造丝之搀夺棉花和真丝；工厂、船只、商业经营、生产和分配机关的规模之扩大；钢铁工业、机械工业、铁路和其他产业的近代化与崭新工业竞争市场与新资本的要求增加；交通运输类似神奇的革命，若飞机、广播电台、无线电之属；以及与新闻、意见、印象的息息相通所引起的天涯若比邻的感觉；这些"对于社会和经济组织的影响究竟，谁能测知呢"？不消说，一百年后的社会历史家估量这回 20 世纪的工业革命，会好过为这革命潮流所激荡的人。"不幸，这一代却不能等候这未来的历史家。以我而论——我坦白地自承——这新的变迁的确难倒我。我不知道现在所发生的国际问题能否用十九世纪经济家的工具和方法来解决。我们就使不需要多一点思想家，至少需要比现在绵密多的事实分析和叙述。若使人类可以统制操纵他自己无意造成的势力的话，则我们不独理论是求，而且首先需要知道多一点现在的实际状况"。为着这个理由（"不是因为我以能在欧洲改造中测知世界问题自居"），我敢请读者注意普赖斯先生的企图。"当政治家们正在各抒己见的时候，他却解释我们知道他所感觉到的经济和政治的变革呢"。①

韦伯对这本书的评价，确实有不俗的眼光。此原作的大部分内容，其实讲的是欧洲列强国内的生产恐慌及其对外扩张侵略所引出的经济问题，而韦伯却从中敏锐地察觉进入 20 世纪以来，特别是大战以后，欧洲先进各国（实际上还包括美国）的工业、金融和社会制度方面所发生的急剧进展与变化，以及欧洲中部和东部地区的产业组织和政治组织方面仍在进行的重大变化，这些变革具有普及于全世界的国际性，突出表现在科学技术发明、产业现代化、生产经营及分配规模扩大、新市场新资本需求增加、交通运输及通讯方式便捷等各个领域的推陈出新，形成所谓新的工业革命，其影响将比 18 世纪的工业革命更为深远。韦伯以此作为书中不落俗套的独特见地，以及用来考察与西方文明极有关系的那些问题的异乎寻常观点，坦然承认自己还无法解答这些问题，并怀疑能否用 19 世纪经济学家的工具和方法来解决因这些新的变迁而产生的国际问题。在这种情况下，他认为更需要的不是思想家或政治家的各抒己见，不是自以为能在欧洲改造中测知世界问题，也不是等待未来的社会历史学家来估量这次工业革命，而是让为这场革命潮流所激荡的人，多知道

---

① Phillips Price 著，刘穆、曾豫生译《现代欧洲经济问题》，远东图书公司 1929 年版，"卫布序"。

一些经济和政治变革的实际状况，进而对这种感觉作出解释。这样面对现实变革的客观态度，区别于作序者一向鼓吹费边主义渐进改良的主观意愿，恐怕也正是译者希求从译本里获取现代欧洲经济知识的缘由。

著者 1928 年 2 月 2 日的序言：

我在本书里企图填补现行出版物的欠缺。人们渐渐地从政治、外交或军事方面着手研究欧洲问题和世界问题了。"我则想补出经济的背景以说明：战后政治上的变动和社会的物质需要——实业家的市场，劳动的赁银，以及银行家的放款——的关系。当我收集本书的材料的时候，我的思想已经深受世界日趋国际化的影响。世界的旧地图是无用的了，假如新地图的绘画是以金融和实业为标准的，它和从前便有完全不同的地方"。从这一点看来，旧派欧洲政治家所发表的演讲，现在是如何地陈腐，然而政治方面的欧洲却是巴尔干化的。一方面因为搜敛建设国家币制的现金，新的经济组织受阻碍而不得发展，同时裁减军备问题又是可望而不可即。"这便是：新兴的势力和旧的死灰复燃的势力的角逐"。写这本书的动机，起于 1925 年和 1926 年之间。当时我正替国立劳动学院预备凡尔赛条约的经济问题和道威斯计划的讲演。后来，我以为有必要扩大研究范围，将殖民地问题和美国对外财政政策的反响问题包括在内。第 8、第 9、第 10 章便由这些演讲引申而成。同时我还以为，假如不先回溯战前的欧洲经济，便绝对地不会明了战后的。所以专以第 1 至第 8 章的篇幅来说明这个题目。至于材料，以早先出版而现在已绝版和我在外国所蒐集的东西为根据。在大英博物院和柏林普鲁士图书馆内，也找到很多有用的材料。末了三章"乃是我对于现代各国——苏俄在内——出版作品的精密研究的结果"。①

不同于韦伯的序言，著者的序言重点介绍了其书的特点、背景与大意。首先，强调从经济角度研究欧洲问题和世界，既是为了弥补当时英国出版界仅从政治、外交或军事方面研究此类问题的缺陷，也是在世界日趋国际化的影响下，揭示有关政治、外交或军事的变化与社会物质需要之间的关系，换言之，以金融和实业的经济标准来观看世界版图，比之传统的旧眼光会有完全不同的新感受，会看到经济领域新兴势力与死灰复燃的旧势力的角逐。其次，写作的动机，从研究巴黎和会形成凡尔赛条约的经济问题，以及由美国银行家道威斯为主席的国际专家委员会所提出的解决德国赔款问题的报告即道威斯计划入手，并将范围扩大到回溯战前的欧洲经

---

① Phillips Price 著，刘穆、曾豫生译《现代欧洲经济问题》，远东图书公司 1929 年版，"著者序"。

济，由此形成全书前 10 章的主体部分。最后，通过对包括苏俄在内的现代各国出版物的精密研究，构成后面 3 章的内容；这些内容涉及战后的殖民地开发，新的产业革命与国内市场，并据此解释演化还是革命的感受，应当就是韦伯序言里最为称道的部分。或者可以理解为，韦伯所说的新的工业革命，以及在中欧和东欧的产业组织和政治组织方面正在发生的重大变化，同样包含了苏俄革命所产生的重要影响。依此而论，译者选译这本书，也可以说从欧洲经济或世界经济的更加广阔范围内，去认识苏俄革命的国际影响。

## 二、关于帝国主义与国际经济的论著

帝国主义问题从来都与国际经济问题密切联系在一起，前面论述世界经济问题的著作里，同样涉及帝国主义列强的对外经济侵略。这里再举两本专论帝国主义与经济的著作，一个为译本，一个为自撰本。

### （一）《经济的帝国主义》译本

英国乌尔夫著，石光落译，北新书局 1929 年 6 月初版，列入社会科学丛书。著者不详，序中又被称作兰孙姆，译者亦不详。这本小册子 103 页，分导言，经济的帝国主义之在非洲，经济的帝国主义之在亚洲，因与果 4 章。为此书作序者，是英国前首相大卫·劳合·乔治① （原译"劳意乔治"）。他 1927 年 9 月 15 日的序言说：

"以'中国之谜'名这本讲远东复杂政局的书，颇为精当，但是兰孙姆生动的文字真能使我们洞彻此中的玄奥。兰孙姆先生观察最为锐敏，而他给我们一些暗示于许多想求解决这猜谜的人，甚有裨补"。"我们不能强迫中国来同我们贸易，所以我们应当与她为友。但要同她为友，必先涤除那些治外法权所给与她的耻辱，这些耻辱她已经决心要涤除荡尽，与在先的日本、土耳其相同"。"中国的国民革命根本上是合理的主张。如果他们的领袖缺少经验，有时候能力不足以制裁民众，我们或者暂时不得不假借武力，来保护我们的权利，以待政策恢复稳健的时期。但是我们无论如何，绝不可与人以敌视国民党的印象"。我们可以引前拳匪（对义和团的贬称——引者注）时代的北京总税务司赫德的话，他是最熟审中国者之一，所以最不会过誉中国民性："我们所要的是我们的百姓能安居中国，我们的权利能受

---

① 大卫·劳合·乔治（David Lloyd George, 1863—1945），1890 年当选英国下议院议员直至去世，1906 年入内阁主持对外贸易部，1908 年任财政大臣，一次大战期间任军需大臣、陆军大臣等，1916 年任首相至 1922 年，1926 年至 1931 年间担任自由党党魁，1945 年由英国政府授予伯爵称号。

妥实保护，跟在他国一样。推根究底，除非我们待中国及中国人如同待任何文明国及其国民……一样，这一层不能办到。这样的补缀弥缝，是不济事的，我们须重制一套新服。现在有国际间的痈疽发作，在他发作期间，总会刺激，剧痛；如果要建造互相亲善同臻强盛的基础，如果要享受国际的健康，非先把这痈疽根本割除不可。"赫德这些话到现在还是适用的。"我们的利益与中国的利害是相同的。两国都要和平，都要贸易。如果我们还是继续的互相恶骂，互相挑拨，结果必使和平与贸易，一样都得不到"。这是兰孙姆这本书的主张，"我觉得英人了解这个主张是极端的重要"。①

这位乔治前英国首相，正是在巴黎和会期间，与法、美等国首脑联手谋划帝国主义战胜国的战后分赃，并继续侵害中国主权的操纵者之一，现在居然说出应当与中国为友并先洗刷治外法权带给它的耻辱，中国国民革命在根本上是合理的主张，绝不能给中国人留下敌视国民党的印象，英国的利益与中国的利害是相同的，要让英国人了解这些主张的极端重要性等，不免使人感到诧异。因为中国国民革命的主旨之一，就是反对帝国主义，收回被列强侵占的各项主权，那么上述说法是否意味着帝国主义者会主动放弃他们一贯奉行的对外侵略立场而转向和平亲善相待。其实不然。姑且不论序中仍然坚持英国侵略势力有权凭借武力保护其在华权利，这种从表象看来的缓和或退却主张，实际上正是中国人民觉醒起来开展全国性反帝国主义运动的结果。帝国主义者终究想在中国赚取经济利益，而在这种方兴未艾的反帝形势下，仍旧推行其明目张胆的侵略政策，无济于事，所以才会谈论两国利益相同，都要和平与贸易，如果继续交恶和相互挑衅，将一无所得。可见作序者所谓洞彻"中国之谜"的玄奥，在他的骨子里，不过是想换一种方式来维护帝国主义的既得侵略利益。

关于这一点，在译本中的表达，同样毫不掩饰。如谓：本书的宗旨在说明欧洲诸国对于亚洲非洲未发达诸国的关系。又说："总之，近代的帝国主义之发动是由于经济的原因；这种发动力是以经济的信念与欲望发生出来的。其所以酿成欧洲人侵略非亚二洲的局面，固然还有别的一些原因，但是，即使没别的原因，而只有经济上的原因和动机，也会产生同样的结果。所以我称之为'经济的帝国主义'"。② 看来，全书的宗旨，准确地说，应该建立在经济因素对于帝国主义列强侵

① 乌尔夫著，石光落译《经济的帝国主义》，北新书局 1929 年版，"劳意乔治序"。
② 乌尔夫著，石光落译《经济的帝国主义》，北新书局 1929 年版，第 1、24 页。

略未发达的亚洲与非洲各国的极端重要性之上。所以，经济的帝国主义之所作所为，为了达到其经济目的，可以采取包括硬软两手在内的各种手段，也包括作序者所说的和平贸易手段。这种说法或手法变幻的迷惑性，同样在当时国人的著作里产生一些影响。如面对国内的反帝国主义浪潮，会听到类似的说法，认为收回主权不必采取激烈的对抗行动，只须让列强明白这样做，使中国得以自主开发其丰富资源而产生更多的经济效益，它们也能从中获得更多的利益即可。这样把中国收回主权的希望放在列强可以分割更多的经济利益之上，正是迎合了所谓经济的帝国主义的贪婪胃口。

### （二）《帝国主义与国际经济》

吴其祥[①]著，新生命书局 1929 年 9 月 30 日初版。著者同年 8 月作于上海的序言称：

"现时最流行的一个口号是'打倒帝国主义'。这个口号，差不多成为举国一致的呼声，上自党国要人，下至贩夫走卒，每于讲演谈话之中，街头偶语之时，随机触发，都能高喊几声。然间尝推求，国人口中高喊打倒帝国主义，而一究其实，对于帝国主义之概念若何，其所发生之原因，及在国际上之影响又若何，欲求有相当之了解，则恐不可多得"。知己知彼，百战百胜。"如果欲打倒帝国主义，而不先求明了其内容，试问所要打倒者果为何物？故在今日而言打倒帝国主义，非先充分的研究，深透的了解，实未易遽达摧败强敌之目的。著者年来久拟对于帝国主义为有系统之研究，数年前就学美国，深喜涉猎关于帝国主义之论著，并尽力搜集材料着手编著。前年漫游欧洲，实地观察半截，默察各国之实况，均足以证所见之不谬，遂草成是书，名为帝国主义与国际经济，纯从国际经济之立场，以考察帝国主义之成因与发展，及其所引起之国际经济的纷扰"。帝国主义之进行及厉行此种主义而发生冲突，"其根本之原因，多基于国际间之经济环境和条件"。举凡国际间纵横捭阖的外交政策，掠地攻城的武力侵略，"不外为满足一国经济需要之直接间接行为而已"。本书不单就一国以立论，更不仅从政治上着眼，"正所以祈求对于帝国主义能得一整个而深透的观察"。

"从国际经济以观察帝国主义既是本书的主要观点，则凡帝国主义在各国历史

---

① 吴其祥，广东澄海人，美国伊利诺伊大学商学硕士，任教复旦大学投资银行、中国国外贸易课程；1947 年任审计部秘书。

上之进展，经济和非经济的基础，都为本书所应叙述的范围"。研究帝国主义者不能忽视构成现代帝国主义的"三大原动力"，如寻求原料品及食粮，寻求商场和对外投资。然而对于此三项，国内现时关于帝国主义的译述，不可多觏，欧美各国的讨论，又多语焉不详。著者对此特为注重，讨论务求详尽，"以为非如此探讨，不足以阐明现代帝国主义之真象"。本书"更从国际经济的立场观察，帝国主义之长足发展，实以德意志帝国之兴起为其枢纽，而帝国主义进行之顿挫，则以欧洲大战为一转折"。自1870年以后，德国产业进展急速，"在经济侵略上大有袭破英法分割世界已成的局面之趋势"。"由经济利益之冲突，酝酿激荡，而引起世界战争。故德国之兴起为促进帝国主义之成长，而欧战不啻为帝国主义进行之结果"。大战时欧洲各国经济的损失，战后国际经济问题的纷扰，在帝国主义者的心目中，未尝不引以为重创巨痛。但"帝国主义者虽身受此空前之打击，尚未能痛改前非"。"战后各国形势无改于战前之局面，抱侵略主义者依然争夺殖民地和经济落后国的利益，依然有再由竞争利益而酿成世界大战的趋势。不过，竞争的局面，已由英德对峙变而为英美相持，侵略之进行亦因战争而发生不少的阻力"。

帝国主义在中国是近年才发现的学科，但在欧美各国的现代科学中所占地位则甚重要。美国各大学有的将帝国主义编入课程，如伊利诺伊（原译"意利诺"）大学研究院特设国际经济学课程，专门研究帝国主义的发展及其侵略的影响。国内大学如复旦大学，亦设有经济侵略一课。"由此可见帝国主义在学科中所占之地位，而亦足以证明关于此类的学问，不但为一般人所急须了解，且为专门研究的学科"。本书的目的，希望能向国人有系统地介绍帝国主义，同时也希望这本小册子的出版能应用于各大学的课程。著者很感谢本书所采取材料的各著者，在美时又亲受包加脱教授（Prof. E. L. Bogart）及韦利斯教授（Prof. W. P. Wilis）教诲国际经济学及国际银行学，"使著者对于帝国主义之研究，更有深切的见解，获益良非浅鲜"。本书有不少材料采自包、韦二教授的讲稿，特此声明，以明渊源所自，兼示不敢掠美。本书一部分系未离美时草就，大部分则于去岁在南洋继续写成，因事搁置，几及一年，今日始能付梓，其中不无因失去时效而稍减价值之处，但著者于可能范围内力为补充。惟书中有的只说明战前及某一时间的形势，故所用统计亦止限于某一时期，希望读者注意。[1]

---

① 以上引文均见吴其祥著《帝国主义与国际经济》，新生命书局1929年版，"序"。

此书从国际经济的立场考察帝国主义的成因、发展及其所引起的国际经济纷扰，结论是帝国主义冲突的根本原因，它在国际间采取外交政策及武力侵略等直接或间接的行为，都是出于经济的需要，这同前个译本所谓"经济的帝国主义"概念，本质上是一致的。同样的涵义，在前个译本里，服务于经济的帝国主义在亚洲和非洲的实际侵略利益，而在此书里，尽管也说为了在中国实现打倒帝国主义的摧败强敌目的，但更多注重学术研究的意图。其中说到寻求原料品及粮食、寻求市场和对外投资三者，是构成现代帝国主义的所谓三大原动力，虽然突出其经济涵义，却不准确，亦非全面。至于说当时国内关于帝国主义的译述不可多觏，乃至欧美各国的讨论大多语焉不详，也是不顾事实的说法。单从前面的考察看，国内便有不少专论帝国主义的译本，更不用说运用有关帝国主义的理论知识来分析中国现实经济问题，已然成为热门的著作。而且此书特为注重阐明的现代帝国主义的真相，如谓帝国主义的长足发展，以德意志帝国的兴起为其枢纽，帝国主义进程的顿挫，以欧洲大战为其转折；德国产业的急速发展打破了英法分割世界的已成局面，因经济利益冲突的激化而引起世界战争；大战造成经济损失和战后经济问题纷扰的重创巨痛，并未使帝国主义者痛改前非，依然抱着侵略主义观念在争夺殖民地和经济落后国家的利益，并继续酝酿新的世界大战，不过竞争的格局由英德对峙变为英美相持；等等。这些真相对于国人来说，同样不是新鲜的观点，已见诸国内的各种著作。那么，此书著者何以要突出从国际经济角度考察帝国主义的独特性，看来有一个原因值得注意。当时国内不少关于帝国主义的著作或译本，从理论基础看，由于共产党人的推动，在很大程度上以马克思主义者特别是列宁的帝国主义论起着主导作用；而此书的理论来源，主要是著者留学美国时从大学教授的国际经济学或国际银行学等课程里获得的知识。显然，围绕着帝国主义论题，马克思主义者与西方正统经济学者在指导观念从而理论体系上，存在着凿枘不投的差别。这大概也是著者一面认为自己有关帝国主义的著作，在国内不多见，一面又想为我国打倒帝国主义的流行口号提供理论依据，故认为欧美各国的讨论也语焉不详的缘由。另外还有一个原因，著者强调考察帝国主义的国际经济视角，不完全是出于实际斗争的需要，更侧重于把帝国主义问题当作纯粹的一门学问，用于专门研究和学科建设。所以他关心的是中国应当像欧美国家那样，在大学里发展有关帝国主义论题的学科并提高其地位，同时采用他的这本书作为相应课程的教材或参考材料。依此而论，著者称其书在国内不多觏，算是有一定的根据。

此书 370 页，分以下 11 章：帝国主义在历史上的演进；关于帝国主义实质的理论；帝国主义经济的基础；原料品及食粮的需求；寻求商场；对外投资；帝国主义与国际纷争；欧战的损失及战费的筹集；战后欧洲经济的崩颓；欧洲经济重新建设问题；战后国际形势的转变与帝国主义。这样的体系结构，与列宁的帝国主义论相比，虽然在最后一章的最后一节提到"俄国革命与亚洲民族的奋起"，但总的倾向，并非像列宁那样说明帝国主义是资本主义的最后阶段，具有垄断诸特征，势必因其寄生性、腐朽性和垂死性而趋于灭亡，相反是在叙述帝国主义的历史演进、实质理论、经济基础、三大原动力，以及引起国际纷争并造成战争损失和战后经济崩溃的基础上，偏重于说明帝国主义的调整、恢复、适应及其在新形势下的持续与变化过程。

本年度在讨论帝国主义与国际经济的著作之外，还有一些有关帝国主义的著作，虽非专门从经济角度论述帝国主义，但也以不少内容论及帝国主义与经济的关系。如马哲民[①]著《帝国主义的基础知识》，新生命书局 1929 年 2 月 25 日初版，列入新生命丛书。此书 122 页，除导言外分 5 章：资本主义生产法则的本质（含资本主义之起源，资本积蓄与资本之发展，经济政策之推移与政治形态的变化 3 节）；产业与金融资本之集中（含产业与金融资本之融合，金融资本之活动 2 节）；独占市场的竞争（含生产过剩与资本过剩，社会层之分化和殖民地之争夺，矛盾性之扩大与军备之扩充 3 节）；帝国主义的政治组织；战后帝国主义之形势及前途（含经济上的危机和政治上的矛盾，劳动运动及殖民地运动之昂进，未来的世界 3 节）。单看目录，便可知书中有关帝国主义的基础知识，经济方面占了很大比重。其导言说：

谁都知道，"帝国主义是世界革命的唯一对象，同时又是中国国民革命的最大对象"；"中国年来反帝国主义的潮流，开国民革命的潮流以俱高"。但帝国主义是什么，为什么要打倒它，怎样才能打倒它等等，"恐怕不一定普遍都有认识，即使

---

① 马哲民（1899—1980），湖北黄冈人；早年毕业于武昌外国语专门学校和福州高等工业学校，赴德国柏林大学学习社会学；五四运动后回国，在上海参加马克思主义学会、中国社会主义青年团，1922 年赴苏出席远东各国共产党和各民族团体大会，加入中国共产党，1923 年任中共武汉区委委员兼武昌地委委员长；1924 年赴日在早稻田大学学习政治经济学，组建中国共产党和青年团驻日支部并任书记，又任中国国民党驻日总部常委兼组织部长；1926 年归国任职国民党机构，次年脱离中国共产党；1929 年起先后在北京、广西、武汉、成都等地大学任教授和系主任，加入民盟，两次被捕；1950 年任武汉大学法学院院长兼教授，1953 年任中南财经学院院长，1957 年被打成右派，1980 年平反。

认识，亦恐怕不一定普遍都到了深刻的程度"，目前许多人怀疑"反帝国主义"这个口号，不得不让人相信这一点。"要知道研究帝国主义，是一个理论问题，同时又是一个事实问题"。这个问题的重点，不是一个人或一个民族乃至一个国家的偶然事实，而是人类社会"循一定的进化法则必然得到的结果"；"所以我们必须站在纯粹客观的、社会的、批判的观点上，对于事实，不但在史的立场上运用观察方法，且须加以社会科学的分析"。"凡社会的现象，表面形式之相似，仍不过是皮相的，必先研究其社会构成之物质基础的如何。以物质的力所结合的物质关系，相互交错，反映出的精神作用，再为之综合，乃发生了社会现象。因之在一定物质关系上乃表现一定的社会关系，更由一定社会关系，而发生一定社会现象；所以我们对于一切社会问题，尤其是帝国主义的问题，先必着眼于物质的社会关系，用抽象的方法，观察其所表现的复杂现象，由直接的具体事实，至抽象的末端，向下分析，再向上综合，而归结于媒介的具体物，旁及于附带事物条件的纵观，乃能得到正确的认识"。许多人知道帝国主义是资本主义发达的结果，但不知道资本主义到底是什么东西，所以"先必认识了资本主义的真面目"。资本主义本身的发展，也经过不少的阶段，"至少有两个不同的阶段：一是工商资本主义自由竞争的时代；一是产业和金融资本集中独占的时代"。两个不同的阶段，"以其社会关系之不同，其所表现的社会形态亦有差异"。这些不同形态，不是主观意识可以决定，而是"物质的社会关系所支配的结果"。现在帝国主义实际支配着全世界，尤其掌握着中国国民革命的命运，我们对于帝国主义这个问题，不是应该不应该研究，而是应该怎样研究，"必须首先确定研究帝国主义的方针，方能得到真正的认识"。①

此书同前面论述帝国主义的著作有所不同，从帝国主义是世界革命的唯一对象，是中国国民革命的最大对象，在我国已形成反帝国主义的潮流这一公认的事实出发，提出面对帝国主义支配全世界，尤其掌握中国命运的现实，要确信能够打倒帝国主义而毫无疑义，必须认识帝国主义是什么并达到一定的深刻程度，而真正认识帝国主义，又必须首先确定研究帝国主义的方针。这个方针涉及一系列的研究方法，如研究帝国主义是理论问题，也是事实问题，这个事实并非偶然地与个别人、个别民族或个别国家相关，是人类社会依循一定的进化法则所得到的必然结果；对

---

① 马哲民著《帝国主义的基础知识》，新生命书局 1929 年版，第 1、3—6 页。

于帝国主义的事实，必须从社会的角度，站在客观和批判的立场上，运用历史观察的方法，进行社会科学的分析；这就是透过社会的表面现象，研究社会构成的物质基础，也就是着眼于同物质力相结合的物质关系，由此观察相互交错而反映的精神作用以及与此相关联的事物条件，经过从具体到抽象并上下互通的分析综合，认识一定的物质关系表现为一定的社会关系，进而产生一定的社会现象，因此研究帝国主义问题，必先着眼于物质的社会关系，才能获得正确的认识；帝国主义是资本主义发展的结果，资本主义至少经过从工商资本主义的自由竞争到产业和金融资本的集中独占即垄断两个不同的阶段，不同的阶段有不同的社会关系，表现为不同的社会形态，这并非决定于主观意识，而受物质的社会关系的支配，所以认识帝国主义，又必先认识资本主义的真面目；等等。以上研究方针的核心思想，其实是唯物史观的原则，从前面的目录也能看到，此书从资本主义生产法则的实质，到出现垄断资本主义即帝国主义等相关研究，多少都带有一些马克思主义经济学的分析色彩。然而书中的行文遣字，小心谨慎地避开提及马克思及其理论概念，因此又使其书所提供的帝国主义基础知识，与马克思主义经济学的传播，维持着一种若即若离的暧昧关系。

本章两节介绍的这些著作，就国人自撰的著作看，谈论世界经济问题，无论普遍性问题还是帝国主义专题，几乎不涉及苏联经济问题，更为关注欧美国家经济的现实状况或历史演变，以及帝国主义与国际经济的关系。可见当时国内一些治世界经济者，重点是了解西方经济发达国家的发展资料，以便掌握世界资本主义经济发展的主体或代表性情况，以及国际帝国主义的经济属性，其中观察世界形势与历史，重视经济因素，也能看到唯物史观理念的影响及相关分析工具的运用。就译本看，且不说单独介绍苏联经济，同样可以视为世界经济的一个组成部分，即便专论世界经济，也经常把苏联经济放在重要地位给予评介。然而重视苏联经济并不等于赞赏这种经济形态，从第1节专门介绍苏联经济的译本，已看到译者各种态度的交错并存，哪怕原作只是客观介绍苏联各方面经济的具体真实状况；个别自撰本，同样表现出正文如实介绍俄国新经济政策，与序言和导言之偏颇评价苏俄的背离现象。第2节专门介绍世界经济的译本，亦并存各种不同的观点，或者宣传三民主义在世界范围内的经济意义，或者预言现代欧洲经济中新的工业革命趋势将产生比18世纪工业革命更大的影响，或者鼓吹经济的帝国主义应对不发达国家如中国表现亲善以谋和平贸易，或者注重从国际经济方面考察帝国主义的纯粹学术或学科导向等；对于苏俄，更是对立着将其妖魔化或认识其在世界范围内的意义的不同评价倾向。同时比较上个时期不论怎样介绍苏联经济，都保持着戒备和担忧的态势，本时期在质疑或敌视苏联经济模式的同时，开始显露推举这个模式的支持态度，这也可算作本时期区别于前时期的一个变化特点。

# 第二章　论述中国经济问题的著作与马克思经济学说

1929 年出版的经济类著作中，专题论述中国经济问题或意在为中国经济提供参考的著作明显增多，又是一特色，所以设专章介绍。这些著作一般为国人自撰，少数外国人论及中国经济问题的著述，或者如瓦尔加的《世界经济与经济政策》，用马克思主义经济学来分析中国现状，已见前述，或者论帝国主义列强对华经济政策，可见本章。

## 第一节　论及中国经济理论与实践的著作

这里说的理论与实践，主要指孙中山的经济思想及其宣传推广并付诸实行的情况。前面考察各种著作中涉及中国经济问题的解决方案，经常看到以孙中山的民生主义相号召，而民生主义具有社会主义成分的核心思想，便是平均地权和节制资本。这是在研究中国自身问题的基础上发展起来并带有中国特色的经济指导思想，也是那个时期谈论中国经济问题时常挂在嘴边的流行和支配思想。在此并非考察民生主义的来龙去脉、广博内容和正宗诠释，那是官方宣传的重点，其著述不计其数，本节只是选取国内经济学界若干较有代表性的著作，从一个侧面反映当时的经济学者怎样看待这些理论及其实践，特别是同马克思主义经济学传播之间的关系。

### 一、关于平均地权的著作

此时国内经济学界很少看到有关节制资本的专题著作，似乎更加重视平均地权问题，这大概同我国的资本主义发展尚不充分，而土地问题的严重性却不断凸现的现状直接相关。兹举两例。

### （一）《平均地权的理论与实践》

李健人著，上海泰东图书局 1929 年 1 月初版。书末结尾，作者 1928 年 7 月在汉口留下"作本文之旨趣"：

我作此文的动机，因为1927年3月由山东跑到武汉，"那时的武汉，甚而两湖，完全在共产党盘据之下，只就那时的农民运动说，完全是一种波尔什维克化的运动。根本离开了孙中山先时的三民主义之观点，及平均地权之真正原则，目击心伤，遂欲起草关于一篇平均地权之论文，后因一切事故，未克写成"。"直到今年北伐军克复京津，全国总一，共党劳力亦将完全肃灭，国民革命告一相当段落，当兹军政结束训政实施之时，一切建设自当以民生建设为中心，但民生建设，实又以'平均地权'为其重要关键"。因感于此，遂重新整理参考书籍，费了两个月工夫，方写完此文。"这个问题，在中国在全世界均占有重要之地位，最好更有人再来详细讨论"。[1]

十分清楚，这篇论文或这本小书（103页）的写作动机，纯系针对共产党在两湖一带开展的农民劳动，认为这个运动完全是苏俄布尔什维克化的运动，根本背离了孙中山的三民主义观点及平均地权原则。几乎同时，李达出版《中国产业革命概观》一书，站在共产党人的立场上，从土地问题是农民运动的中心出发，赞扬孙中山在30年以前即以平均地权的政纲为革命的鹄的，"真是洞悉了中国社会的症结所在"。二者同样赞成平均地权，根据立场上却南辕北辙。基于这样的立场，不难判断此书的主导倾向。同时，此书的旨趣期待继续详细讨论平均地权在中国乃至全世界的重要地位，亦可见其撰述的视野。

此书8章，不必具论，择其要点略述。

第1章"绪论"提及，近来有些人竟以为平均地权与单税的社会主义相似。"这种观念之错误，完全由于不了解平均地权之真正意义的原故。平均地权，是一种社会主义的社会政策，这个政策的实施的结果，是要达到'土地公有''耕者有其田'之目的，并非'单纯的单税社会主义'，虽然平均地权学说，包括单税社会主义一部分之精神，但这是另一问题"。甚至还有人以为平均地权主张以政治法律手段去解决中国土地问题，是一种不彻底的妥协性的方法，"这是大错而特错的"。我觉得土地问题只有以法律和政治方法去解决，才能成功，否则终难解决。"我们远看共产党专政下的苏俄，他们在革命后曾实行无条件的没收一切大地主之土地，这种办法，一般人或者是认为十分彻底；但是苏俄所得到的结果呢？则是大地主之

---

[1] 李健人著《平均地权的理论与实践》，泰东图书局1929年版，第103—104页"作本文之旨趣"。

反动，一般农民反对政府，食粮的困乏（这是十月革命后之情形）。后来共产党实行所谓新经济政策，仍然允许土地权利除对国家缴税外皆归农民私有，农民之土地，系由政府将没收来之土地，分给农民，故其结果至今，是从前之地主成了现在之贫农，从前之贫农成了现在之中小地主，土地问题之冲突吞并，仍然如昔，未得完善之解决。虽新经济政策初行之一二年时，情形尚好（农民平均分得十亩地），但近来竟然把从前之暂时的局面打破了！农村间农民时起暴动，皆因土地分配不平均的原故"。近看中国，去年（1927年）"中国共产党人，在湖南欲仿俄国之办法，实行暴力式的没收庙堂公产及地主之田地，结果造成了'马日事变'[1]，宣告共产党之死刑"。故土地问题，若不以法律和政治手段去谋和平的解决，若不做一番预备的工夫，那样，"土地问题，永远不能得到解决，充其量也不过在中国再演几次'马日事变'而已"。[2]

这里否认平均地权思想来源于美国亨利·乔治关于征收单一地价税以解决土地占有不平等的主张，是想说前者比后者更合理更高明，同时承认平均地权是谋求土地公有和耕者有其田的社会主义社会政策。但接着划出一条明确界线，平均地权只能以法律和政治的和平手段去解决土地问题，远看不同于苏俄在共产党专政下无偿没收大地主土地的彻底革命办法（无论战时共产主义政策还是新经济政策），近看不同于中国共产党仿效苏俄实行暴力式没收地主田地和宗庙公产的办法。因此，所谓社会主义的平均地权政策，截然区别于共产党的土地政策，将二者完全对立起来。

第3章"世界重要经济学家社会主义者的土地理想及其政策之批评"，从柏拉图和亚里士多德等人的理想谈起，经过重农学派、亚当·斯密的土地论、亨利·乔治的单税制，然后一节论及"列宁派偏见的农业政策"：俄国的列宁是"卡尔马克思的信徒，自称科学的社会主义之承继者"，他所主张的农业政策，"是偏狭的，过激的"。对于土地，依照共产主义的纲领确定"一切生产机关没收公有"，主张把一切大地主土地及庙堂财产收归一般无产者所有。"这种主张，表面看来，像是

---

[1] "马日事变"指北伐期间共产党在湖南实行土地革命，工农运动迅猛发展，引起当地地主资本家、国民党右派分子和一些反动军官的恐惧与仇视，1927年5月21日（马日）晚，驻守长沙的武汉政府辖军，在许克祥指挥下包围封锁湖南省共产党党部、总工会、农民协会、省党校、省特别法庭等机关，解除工人纠察队和农民自卫军武装，杀害共产党员、国民党左派及工农群众，释放在押土豪劣绅，随后又在部分县市引发类似举动，严重摧残了湖南的党组织和工农群众团体，是湖南的大革命由高潮走向低潮的转折点。

[2] 以上引文除另注外，均见李健人著《平均地权的理论与实践》，泰东图书局1929年版，第6—8页。

很彻底。但在实行上，无条件的没收土地，确甚困难"。俄国 1917 年十月革命后，农民的暴动，可以证明无条件没收，没有解决俄国的土地问题。因此列宁实行所谓新经济政策，仍许私有制存在。其办法，从 1917 年 10 月 8 日及 1918 年 1 月 20 日（指俄历）的苏俄政府土地布告看，一是没收贵族大地主的土地，为社会全体公有，但农民依旧有权使用土地；二是没收来的土地，一部分用别的办法管理，一部分分给农民，土地总称为"国有预备地"；三是农民要以文化、农业、建筑及发展交通为目的，方可有权使用土地；四是创办大规模的劳农会，直接经营土地，实行集体耕种，达到农业社会化的目的。"列宁派此种政策，不过为欲得农民信仰共产主义，巩固其无产阶级之寡头政治。但我们知道农民若得到土地利益时，尚可以服从其政策，若一旦私有制根本废除，农民必起骚动，故列宁派之政策是无效的解决土地之方法。不仅在经济落后之国家，其政策难以实现成功；即工业先进国，亦将没有实施之余地。最近俄国农民之反抗其政府，便是列宁一派政策失败之例证"。①

此节内容，是前面否定苏俄革命解决土地问题的彻底办法的进一步论证，着眼点仍落在解决办法或手段的偏狭、过激而非遵循法律和政治程序的和平方式上。它分析列宁派农业政策失败的原因，有一点与所谓平均地权属于社会主义社会政策的说法相矛盾。其分析：列宁派实行新经济政策，将没收地主贵族的土地分给农民，让农民服从其政策而信仰共产主义，如果一旦改变让农民得到土地利益的政策，根本废除土地私有制，必然会产生农民骚动，从而意味着列宁派解决土地问题的政策方法是无效的。这里失败的原因，已从非和平的暴力方法，变为废除土地私有制的土地公有或国有目的，那么如何解释前面所说的实施平均地权是为了达到土地公有的目的，岂不等于说平均地权最终也将由于土地公有使农民失去土地利益而势必招致失败。作者没有意识到这个矛盾，只强调列宁派的土地政策既不适用于像俄国和中国这样的经济落后国家，也不适用于所有工业先进国家，而反对用暴力手段解决土地问题的观点，其实也是所有攻击马克思主义或科学社会主义者的共同主张。

第 6 章"平均地权之原理"，认为许多不明了此原理者，"误认"平均地权一是征收因社会进化而增长的地价，归于公有，"并不能根本谋使土地公有"，地主仍在原有地价上收获利润，"这是把平均地权看作一种平凡的社会政策"；二是等同于亨利·乔治的单税社会主义，"仍私有土地之名，而不过税其赢余，归之公

---

① 李健人著《平均地权的理论与实践》，泰东图书局 1929 年版，第 45—47 页。

家，其余之杂税，一概免除而已"，"地主虽有利润，但被政府征收了"。两种判断和认识，"都是不完备的"。平均地权固然要组织农民达到土地公有的目的，但这不是平凡的社会政策，按照孙中山的说法，"实是一种社会主义的社会政策"。根据他的话，平均地权"不过师乔治之原理，至其方策则并不相同"。平均地权是民生主义的"第一个原则"，换言之，"民生主义是平均地权思想完成之最高形式"。①

这里的辩解，仍在重复前面的意见，强调平均地权原理与社会主义及单税制的相同或相异之处。平均地权是社会主义的社会政策，不是普通的社会政策，似乎是说平均地权所谋求的土地公有，不同于一般社会政策仍保留土地私有；也不尽相同于正统派的单税制，除了相信地价税原理外，继续关注其他租税以增加国家收入。其实，作者批评那些对平均地权的谬误认识，特别是围绕土地公有这一点，反而使自身陷入一种尴尬处境。那些谬误认识实质上想把平均地权与社会主义的社会政策区别开来，使之变成在西方国家通行的立足于私有制基础以缓和社会矛盾的一般社会政策；而作者坚持孙中山的本意，把平均地权的目的说成土地公有，惟实施办法有别于共产党的暴力没收手段，采用和平的政治途径和法律方式。这等于说平均地权在土地公有的目的上与共产党的意图一致，只不过在实施办法上完全相反。而谬误认识对孙中山本意的曲解，把平均地权看作土地私有前提下的一般社会政策，恰恰避免了与共产党意图一致的窘境，这恐怕也是作者没有意料到的。

第8章"总结论"，归纳五点：第一，"平均地权是历史上最有价值的解决土地问题之科学方法"。平均地权学说产生于现代社会土地分配不平均的现象，土地问题发生于原始土地公有制度的破坏及后来土地私有权的成立，故欲求解决土地问题，"必须以平均地权之政治和法律的手段去谋完善之解决，使土地之利益全归公有"。第二，"平均地权是世界上最公平的土地政策"。原有各派经济学家、社会主义者对于土地的主张，如亨利·乔治的单税制，列宁派的无条件没收土地公有政策等，"均属一种'乌托邦'的理论，或是以少数人利益为出发点之偏狭的政策，用以解决土地，决定不会成功"。只有平均地权"才是以多数人利益为前提之一种公平的有效的解决土地之实际政策"。第三，"平均地权是世界的产物和中国经济思想之结晶"。此学说综合世界各派土地理想及政策而完成，中国自古即有平均地权思想，孙中山"方得集其大成，合其精华，而创立之一种完善而具备的经济政

① 李健人著《平均地权的理论与实践》，泰东图书局1929年版，第81—83页。

策"。第四，"平均地权是中国革命达到民生社会建设间之过渡政策，与解决中国农民问题之唯一方案"。这虽是一种政策，不是目的，实施时还允许地主私有土地的价值，但实行地价税的最后结果，"要土地之利益归公有，及使耕者有其田"，故此政策"实是民生主义实现之重要关键"，而且是国民革命从"民族""民权"达到民生社会之"绝对不能缺少之过渡政策"。在以农立国的中国，要完善解决占人口75%且占有土地者仅35%的农民问题，"惟一之法"即实行平均地权。第五，"现在我们应该怎样的去实践平均地权"？要根据事实定出步骤及方法，依照孙中山全部著作中曾指示的许多具体方案切实去做，"中国之土地问题，及由此问题而发生之许多各种的问题，均可得而解决"。总之，实行平均地权，"土地之权利，就归国民大家平均享有"；土地问题解决了，"社会其他问题更可循次的解决"；若是，则三民主义的"民有""民治""民享"及自由平等博爱之社会的国家，"方能建立于今日之世界"。①

据此可见，作者真心地拥护孙中山的平均地权学说，视之为历史上解决土地问题最有价值的科学方法，世界上最公平的土地政策，综合全世界各派土地理想与政策的产物和中国传统经济思想的结晶，中国革命达到民生建设的过渡政策和解决中国农民问题的唯一方法，因此极力维护这个学说的本来理论涵义，不允许任何人的曲解和误认，尤其不允许抹杀它的社会主义属性和土地公有及耕者有其田的目的。同时，又从暴力没收还是和平推进的实施方法上，把这个学说同列宁派的苏俄农业政策以及中国共产党效法苏俄的土地措施严格分割开来，推到水火不容的两个对立极端，乃至罔顾二者在土地公有和耕者有其田方面的目的一致性，典型体现了国共合作破裂后放弃联俄联共政策所导致的重新解释平均地权学说的背景。结论中更多侧重平均地权的理论和政策，至于实践方面，只是重申孙中山所说的根据事实制定步骤和方法，以及列举孙中山著作中的许多具体方案，为此还特制了一个"平均地权实践大纲"附在书末。结果一面指责列宁派无条件没收土地以归于公有的实施办法属于一种乌托邦，一面停留在平均地权的实践大纲上画出一副美好的设想前景。

### （二）《平均地权初步之商榷》

向绍轩著，上海太平洋书店1929年2月初版。

著者"自序"："此小册子脱稿于湖南马日事变以前，未敢出而问世。嗣后西

---

① 李健人著《平均地权的理论与实践》，泰东图书局1929年版，第94—98页。

征北伐，戎马倥偬，中央未遑议及建设问题，私人更无庸为不需要之供献。现军事告一段落，训政开始，拟本愚者一得之义，出此小册子以供国人之商榷。倘因此而竟引起学者对于此问题之研究心，则是此小册子之大成功焉"①。这里也提到以湖南马日事变（据说著者即湖南人士）为界线，此前书稿虽成却不敢拿出来面世，待军事初定才有意出版以供国人商榷和学者研究，可见小册子的用意有些不寻常。

接着说明全书的体例：一是专为商榷平均地权第一步的办法而作，"故凡关于土地问题学理方面的辩论概从省略"。二是第一步办法特别注重田赋地税两项收入的增加及其增加办法，特别注重累进等级的税率，"意在寓平均分配之义于能力差别之中"；"一面使国家财政，得以充裕，一面使调剂贫苦，免成空谈"。三是所拟整理田赋地税各办法，均就大体立言；采定施行时，各省地方情形不同，自当因地制宜以免滞碍，"惟原则所关，则各省不宜自为异同"。四是财政上田赋地税自应归地方办理，土地行政主张中央另设专部以总其成，"实以土地问题，关系全国民生，决非枝枝节节去整理所能奏效"。五是所列田赋地税整理后的财政结果，"属于理想的预测"。六是"土地国有为农民最怀疑之一大问题。俄国初欲实行土地国有，后以事实上行不通，让步为长期租种，然农民方面至今尚未满意。国家享此有名无实之地主权，社会方面并未享受何种利益，经济方面，则有使农民怀疑，不愿竭力改良土地之弊。故本书对此，极力从学理事实两方面分别解释，意在使一般农民，对于平均地权的办法，全不发生误会"。七是所拟办法，与总理讲民生主义的平均地权一节稍有出入，特先标出并说明，以免误会。其一，专就收税方面规画，政府照价收买，因国家财政不稳固，"总是具文"；待收税成效卓著，国家财政充裕，然后政府始有能力按照地主自报的廉价，实行收买。其二，按总理指示的办法，"耕者各有其田"是平均地权的目标，征税和收买是平均地权的两条道路；两条道路或同时并进或择定一路先行，以及达到"耕者各有其田"目标的方式遇山凿洞、遇水架桥，执行时要因时因地制宜和预先有所测定，不致横生滞碍。②

以上提出的各点商榷，大多比较具体，最关键的是土地国有问题。前述稍早出版的小册子《平均地权的理论与实践》，坚持土地公有的涵义，同时坚决反对苏俄和中国的共产党以无偿没收的暴力方式实现这个理念，认为这是按照政治和法律途径和平实施平均地权政策的自然结果，这本初步商榷平均地权之作，则对土地国有涵义本身提出质疑。它的理由，主要有两条。一条最大的问题是农民对此持怀疑态度，其意应指土地国有损害了农民私有小土地的利益。另一条是苏俄的实践失败例证，最初实行土地国有在事实上行不通，让步为土地名义上由国家所有，实则长期租给农民耕种，但农民至今不满意，结果产生各种弊端，国家享有土地所有权而有名无实，社会非农群体未能获得土地的利益，农民自身的疑虑也导致不愿改良土地而在经济上造成损失。可见，所谓商榷，是要修改孙中山的平均地权学说原有的涵义，并打着为一般农民着想的旗号，以修改后的理解从学理和事实两方面加以解释，以免对平均地权的办法发生误会。这种商榷，明明涉及学理的解释，却在例言第一条申明省略所有关于土地问题的辩论，其实坚持己见，表达了回避不同意这些商榷修改意见的态度。随后说到实行平均地权的第一步办法，也表明不同于孙中山原意的商榷意见，以国家财政拮据为由，撇开政府按照地主自报土地价格实行收买的关键举措，集中谈论收税的规划，将征收累进的田赋与地税，当作实现平均地权的耕者有其田目标的基本路径。这里比较前本小册子，对平均地权的解释，也有两点不同。一则将反对共产党人以暴力方式无条件没收土地而主张以政治和法律的和平手段收买土地的解决土地问题焦点，转换为根本不谈暴力没收方式，连和平收买方式也放在一边，专论土地的征税，等于将平均地权的独特政策变为土地征税的一般政策。二则将坚持平均地权实现土地公有与耕者有其田的双重目的，改换为只保留或只强调耕者有其田的单一目的。经过如此解释，平均地权的涵义发生根本变化，它虽然不像前本小册子那样声色俱厉地谴责共产党的土改运动，却从根基上不动声色地抽去了平均地权的土地公有或国有要义，进而使所有触动土地私有制的暴力或和平举措都失去其理论依据。这大概也是著者何以在马日事变清除共党人士之前，不敢将其书公诸于世的原因。在这一点上，这本小册子与前本小册子殊途同归，都在解释平均地税的过程中，体现了联俄联共政策被抛弃后国内反俄反共的形势背景。

此书142页，除绪论外8章，前七章分别讨论土地行政规画，田亩清理程序，田赋整理办法，田亩测绘工程，地亩清理程序，地税整理办法，赋税整顿后财政结果的预测等，涉及具体事务。值得注意的是第8章"土地问题之商榷"，含4节。第1节土地生产问题，亦比较具体。第2节土地分配问题，认为"土地分配，为世界社会革命重要问题之一"，此问题除去"一切宣传式的文章"，论述如下。

一是"中国土地分配现状与俄国革命以前土地分配制度之比较"。"俄国革命，为世界政治经济史中开一新局"。中国与俄国关系切近，进行革命的轨线尤为世界视线所集，故研究土地分配问题，特别列举俄国事实以相比较。俄国革命以前，土地分配制度可分为两期。农奴解放以前，全俄耕地93%由俄帝和贵族大地主占有，平民所有地权不过7%。农奴解放以后，全俄耕地中平民所有者约计及半，但仍未解决土地问题。平民与贵族大地主权利的冲突，由此日益决裂。"一言蔽之，俄国革命以前之土地分配，为贵族大地主垄断地权"。中国土地分配，秦代以前有井田之制，土地国有，农民计户受田，地权实极平均。秦以后土地私有，形成地主佃农之制由来已久，惟历来帝王禁止豪右占田，故至今仍为小地主与佃农并耕制度。观察中国近日调查报告，"中国土地分配现状，虽不平均，然有一点，与俄国革命以前绝对不同者，即无贵族垄断地权"。二是"中国佃农的地位与俄国革命以前农民之比较"。比较旧俄农奴，中国佃农与田主的关系完全起于双方同意的自由契约，佃农在法律上身体自由，与田主立于平等地位；旧俄农奴身体附属于田庄，得以田庄一起买卖，无异于地主的牲口。中国佃农纳租虽与田主各半，但独有其他杂粮收入；旧俄农奴终年为地主耕种服务，所得甚少。中国佃农在农闲时从事任何营业，田主无权过问；旧俄农奴农闲时仍须为地主执役，且奴籍为终身桎梏，如同牛马。"故中国佃农所受经济压迫，虽为事实上所不能免，然绝对不可与旧俄农奴一例，则亦持平之论"。再比较旧俄农奴解放后的新小地主或国家佃农，中国佃农虽对田主纳租，但国家的田赋、地丁、漕粮等各项税课，概由田主负担；旧俄无论公佃农或新小地主，均受两重负担，须偿还巨额的解放债金，亦须缴纳各种中央和地方税。中国佃农租田耕种的亩数多寡，基于自由契约，惟力是视；旧俄解放后的农民，因贵族出售的土地有限，得地过少，不足自供。中国佃农可以自由向田主辞佃，无强耕积亏之患；旧俄解放后的农民，由国家制定所耕地亩，且有偿债和纳税义务，官吏监督甚严，不能自由规避，不免为国家的公奴或债主的私仆。可见，"中国今日之佃农，虽亟待救济，然其经济上与法律上之地位，均视俄国革命以前之一般农民为优，则为历史上事实所不可掩者"。[①]

此节讨论土地分配问题，专门比较中国与俄国革命以前的土地分配制度及农民地位状况，其意除了提出两国关系密切，落后国情相似的理由外，重点引出后面的话题，即中国在解决土地问题上，能否走苏俄那样的革命道路。比较中引用各种调

---

① 本节引文均见向绍轩著《平均地权初步之商榷》，上海太平洋书店1929年版，第111—121页。

查数据和史实资料，颇为周详细致，不能说没有一定的道理。但全部重心，都是为了证明中国的土地分配现状虽不平均，但其差异失衡并未扩大到像俄国革命以前由贵族垄断地权那样的严重程度，或者说没有多少大地主，同时中国的佃农虽遭受经济压迫而亟需救济，但其经济及法律地位均比俄国革命以前的农民为优，也就是中国农民比起旧俄农民要自由和负担较轻。这些议论，似曾相识，较早时期在国内社会改良派抵制社会革命派的理由中就见到过。不过那是比较欧美国家的悬殊贫富差距而言，以此证明流行于西方国家的工人阶级反对资本家阶级的社会主义理论，不适用于贫富差距相对较小的中国。现在经过改头换面，又用来证明中国的土地分配和农民状况，均轻于旧俄的土地垄断现象或优于旧俄的农民生活处境。这样专从相异之处而非相似方面找寻根据，无非是为证明中国处理土地问题的路径，也不能相同于苏俄革命，先作一个铺垫。

果然，第 3 节"土地国有问题"，接着提出这个证明："苏俄革命成功，国中耕地，重新分配，国家为大地主，农民为国家公佃，实行土地国有制度，在欧美列强中，诚为创局"。然而中国井田之制，已有两千余年的历史，且制度之精密，分配地权之平均，"远非苏俄现制所及"。故谈土地国有问题，"在欧美尚为研究社会主义以求新理想之实现，而在中国，则不过二千年前旧案重提，并无新奇之可言"。惟苏俄因旧俄有数百年贵族垄断地权与农奴的惨史，故革命之后，没收政策行之无阻，土地分配彻底变更。"中国二千年来，既无贵族垄断地权，又无农奴惨史，将来国民革命成功，应否仿照苏俄举行土地国有制度，此实为今日大有研究价值之问题"。兹从两点分别研究。

一是"从国民农业经济上研究土地国有宜否施行于今日之中国"。假若实行理想的土地国有制度，须具备三种条件：国家有极大的经济实力，能在最短时间内改建可容 3 亿农民的新农村；国中机械、电气、化学诸工业极端发达，使穷乡僻邑无处不可采用这些工业改良；国中交通运输机关推广至极，使城乡不感任何异同，国家视察农作无远弗周，剩余农产随时可运集任何商埠以应国家市场之需要。这些条件，求之世界列强，犹为事实上所万不可能。那么，"大农式之国家地主制"，行之虽足以发展国民的农业经济，而理想制度，不遇理想国家则不能实现。"英美诸国，尚距理想国家甚远，中国可无论矣"。至如"普通小农式之国家地主制"，苏俄实为近例。此制之下，国家自为大地主，农民为国家佃户，它对国民农业经济的发展，"视寻常小农式之土地私有制，不独无特优之处，且带有一不可免除之弱点，即农民知无土地所有权，常各以租户自处，对于农作，多苟且敷衍，不如土地私有制度，地主知识发展时，多有自动改良的决心"。苏俄欲救此弊，故制定全国农业电化计划，并行之有效，正日益推广，然而"不能因此遂谓此小农式之国家地主制，亦可仿行于中国"。中国今日的政治状况与经济实力，国家不独无履行理想土地国有制的可能性，即如今日苏俄以国家力量促进全俄农工电化，事实上亦不可能。假如追步苏俄，仿行土地国有政策，势必产生三种现象：一般农民缺乏农业资本，必较旧日为多；一般缺乏农业资本的贫农因商人重利盘剥所受的痛苦，必较旧时更深；一般农民改进农业的实力，必较前薄弱，不能尽固有的地力民力，国民农业经济将日益呈一种衰落现象。由此观之，"土地国有，无论其为大农式或小农式，就国民农业经济上的利益去研究，在中国今日固无采用充分的理由"。二是"从国民革命策略上研究土地国有宜否施行于今日之中国"。平均地权为解决土地问题的"惟一办法"，但地权如何平等，平均之法是否含有土地国有政策。"就共产主义言，均地为均产办法之一种，似含有国家没收地主所有土地重新分配之义。苏俄之实行小农式土地国有制，即是一例"。但中国共产党曾经宣布与国民党合作，承认三民主义适合国情，则平均地权不外照地价收税与收买两种办法。照价收税明确不废土地私有制度，照价收买亦不是尽收为国有，乃预防地主避税以多报少的一种办法。"故从主义上研究国民革命的策略，原不含有土地国有办法"。近日"各地工会及农民协会不免有幼稚过当的举动"，倘若对土地问题真采行苏俄没收政策，不啻对最大势力的农民"宣战"。就事实利害上去研究，"国民革命的策略，尤有不能采行土地国有之势"。[1]

本节讨论土地国有问题，完全不像前本小册子那样，一面坚持土地公有的目标不能放弃，一面对苏俄及中国共产党的土地政策大加挞伐，表现出一副循循善诱的姿态。首先承认土地国有存在理想制度的因素，中国早在2千多年前就实行过地权平均的井田之制，并在后代的私有制环境中留下土地垄断现象较少和贫富差距不甚悬殊的相对优势，欧美国家如今也在研究社会主义以追求实现这种理想制度。其次把土地国有，分为发达条件下的大农式国家地主制和欠发达条件下的小农式国家地主制。前者虽然有利于充分发展国民农业经济，但对前提条件要求甚高，连世界列强中最发达的欧美各国都无法满足这种理想条件，遑论经济落后的中国；后者已在

---

[1] 本节引文均见向绍轩著《平均地权初步之商榷》，上海太平洋书店1929年版，第121—130页。

苏俄实施，效果尚不如一般的小农土地私有制，因为作为国家佃户的农民没有土地所有权，不会像土地私有者那样主动改善农业经营，所以中国无须仿效。这里有一个漏洞，前面刚说苏俄以前有数百年贵族垄断地权与农奴处境悲惨的历史，因此能够通过革命，畅行无阻地实施没收政策，彻底变更土地分配状况，意思是效果还不错，何以现在又说相反的话。对此，作者马上予以弥补。认为苏俄行之有效的是制定并推广农业电气化计划，而中国不具备相应的政治条件和经济实力，所以不可能像苏俄那样推行土地国有制度；如果一味跟在后面仿行，反而会造成国民农业经济的日益衰落现象。最后从策略上说，虽然平均地权似乎可以解释为含有国家没收地主土地重新分配的意思，但当初国共合作时，共产党既然承认三民主义适合国情，那么平均地权无论从既定的哪种实施办法看，都没有废除土地私有制或只以部分国有措施来防止地主避税，本来不含有土地国有的方案，所以各地工会和农民协会的土改运动，是违反平均地权本意的幼稚过当举动；如果真的采行苏俄的没收土地政策，无异于同"最大势力"的农民作对。所谓最大势力的农民，指所有拥有土地私有者而言，不只是一般小土地私有的农民。这些话对于共产党人，有软硬两层意思。软的一面是奉劝共产党不能违背自己的承诺，改变平均地权的性质；硬的一面是威胁共产党若执意效法苏俄实行没收政策，将遭到地主和其他土地私有者的反对，就像马日事变的教训一样。如此姿态，看起来不同于前本小册子对待共产党的态度之咄咄逼人，实则更进一步，釜底抽薪地否定了平均地税的土地公有涵义。

第4节"平均地权程序"，强调平均地权的"最终之目的"在使耕者各有其田，但最终目的"非一时所能达"，其途径"或走直线，或成曲线，各依国民经济历史之关系而异"。然后根据今日国情，拟定若干步骤。[1] 可见，否定了平均地权以土地公有为目的的涵义之后，最终目的只剩下耕者有其田一项，而达到此目的，仍须经过长期和曲折的途径才有可能。按照这样的解说，平均地权的涵义在商榷中一步步往后退，从兼有土地公有和耕者有其田的目的，到只有耕者有其田的目的，而耕者要有其田，步骤曲折，时间漫长，亦非易事。不仅此也，最后的结论，又提出一个商榷意见：

"平均地权之义，就表面看来，似乎全注重在土地分配上，但若将耕者各有其田，悬为平均地权最终之目的，吾人设想如何能使国中许多无地的佃农雇农及失业的农

---

[1]　向绍轩著《平均地权初步之商榷》，上海太平洋书店1929年版，第130—131页。

民，俱能循序自进而为有地的农民，吾人更设想按照农业经济上各种原则，实行善良政府种种保育策略。像中国现在土地生产分配的状况，欲达到此最终之目的，其中宜定的计划，必经的程序，是不是生产的问题，比土地分配的问题还要大。又如将全国土地生产的问题，完全解决，是不是全国土地分配的问题，即可同时完全解决。由此得依普通经济原则断之曰，分配者分配生产之结果。故平均分配，为免除生产发展上的阻力，发展生产，为促进分配平均上的进步。质之国人，以为何如"①。

也就是说，前面的商榷，谈到平均地权的目的，无论从土地公有退到耕者有其田，再从耕者有其田退到需要长期和曲折的等待，尚属土地分配的范畴。现在的商榷，又翻出一个新的花样，美其名曰善良政府为农业经济采取各种保育措施，从土地生产方面为土地平均分配创造条件，实则更从土地分配退到土地生产，让无地或失业农民等待出现一个善良政府，能够通过保育措施来发展农业经济，然后在土地生产发挥效益的条件下，自然循序渐进地解决农民土地的平均分配问题。依此而论，国家根本不需要推行平均地权政策，只须期待哪一天有了善良政府，有办法促进土地生产，土地平均分配便是自然而然的结果。这就是所谓普通经济原则中土地生产问题比土地分配问题更大的论断。换言之，当初运用民生主义即社会主义理论所确定的平均地权涵义，如今被调换成按照资产阶级经济学原则来解释的面目全非涵义。这一步倒退，比起前面那本同样谈论平均地权的小册子，要更加彻底得多！

## 二、关于中国经济与列强对华经济侵略的论著

这里列举的论著，共同论题是中国经济问题，其内容和意向不尽一致，以国人自撰为主，也有个别译本。

### （一）《金融资本主义与中国》

吴寿彭②著，上海远东图书公司 1929 年 2 月初版。这本小册子，分"外国金融资本之窥探""中国将为世界过剩资本之尾闾""中国的资本缺乏与世界资本过剩""外国资本在中国的已成势力""各国金融资本在华势力之衡量""金融资本之

---

① 向绍轩著《平均地权初步之商榷》，上海太平洋书店 1929 年版，第 141—142 页。

② 吴寿彭（1906—1987），生于无锡，号润畲；1926 年毕业于现上海交通大学机械工程系，1929 年东渡日本考察，先后在江、浙、湘等省军政机关任职，曾任海塘紧急工程处处长、工程局副局长，又先后在北京、青岛等地的铁路、水利、航业、化工、有色金属等企业中任专业工程师；1955 年肃反时被捕，免于起诉，次年释放；精通古希腊文，翻译亚里士多德等人著作；后被增补为青岛市政协委员。

趋重与帝国主义对华政策""收回租界扫除一切金融资本侵略的条件""中国在世界金融资本之中""引用外国资本必需在民生主义的原则之下"9个部分。

这本应用性小册子，专谈外国金融资本及其侵略中国的问题，同样能够看到苏俄的印记。例如论述中国与世界金融资本的关系，提出"中国现在这金融资本控制的世界之中，怎样战取他的出路呢"？回答如下：

第一"中国必须要谋经济的发展"。"不是经济赶速发展，莫由救中国的贫困溃亡"。第二"中国经济的发展，真蓄着广大的可能性"。欧洲的富源渐有衰落的景象；美洲也跟着发展到了中年的盛壮时代，接下去将走上欧洲的轮回；非洲澳洲都有工业化的显明趋势，开始抬起头来；"只有我们亚洲大陆还保全着广大的处女地方"。第三"中国要发展自己的经济力量，必要借重现成的资本"。资本的来源是工作与积聚。可是贫苦的中国人民，如果要等积聚起资本来开发实业，早可索之于"枯鱼之肆"了。中国有的是土地和人工，缺乏的是资本，即生产手段或者机器。第四"世界资本主义的国家现在确真是遇到了经济循环中生产过剩，资本过剩的危难"。第五"世界的过剩生产与过剩资本，惟有移向中国这一个最后来开发的经济地域"。以上五个征象，真是目前中国与世界经济生活中的事实。"由着这五个征象以演绎，则中国在经济上自然的趋势就应该是'用外国资本来发展中国产业'"。"这是今后中国惟一的路径，也是孙中山在实业计划中所明白指出的"。

"最近苏俄为谋他新经济政策的推进，为谋他国内产业的兴盛，以求安养其人民，就想引用美国的资本。苏俄从前没收国内的大工厂以后，生产退化了。知道这是技术上的不足，于是不惜变更了共产党的规律，用优惠条件以迎回从前的专家并及外国的技师工程师等。这样俄国在生产上能迅速的回复追及战前的水准，而稳定了内国的经济。苏俄现在更进一步又要以苏俄为单位发展起来，与欧洲各国相争衡；于是又不惜变更了苏维埃的国法，撤除了屏绝外国资本的律例，欢迎别国去帮助他发展生产"。

国际经济竞争上引用外国的财力，原不算什么一回事。然而印度以外资亡其国家，土耳其困顿在外国投入的经济变化力量中而萎靡不振。"中国不也是转辗于帝国主义经济的重轨之下而日就消瘦，以至于奄奄一息的么"？引用外国资本已是目前中国的必需，"而在外国资本的引进之前，先扩清帝国主义金融资本的侵略条件，尤为必需。我们必需使外国资本为中国的土地与人力效劳，不要使中国的土地与人力为外国资本去效劳"。所以我们的结论很简单："如果不平等条约没有废除，租界没有收回，则帝国主义者金融资本之引进，适足加重中国人民经济的束缚。如果不平等条约已经废除，租界已经收回，金融资本侵略的条件扩清，则引用外国资本可以发展中国的经济生活。而此后中国的对外政策就当在这结论之中决定"。现在中外不时宣传外国或国际银团、国际商业团体给中国及其地方的借款，为了求得这些物质帮助，不惜改变国民党向来勇敢的抗争精神，苟且地妥协，延长帝国主义在华势力的命运，"实在是显然的颠倒，而且明白的有反乎民族主义的原则，明白的违背了国民革命的利益"。"中国要在这金融资本主义的世界中求出路，求经济的发展，没有别的，只有先扫除帝国主义的在华势力"。"先要争回'发展之权'，然后再图发展，这是无论如何不能变更的政策"。①

以上论述，根据孙中山在《实业计划》或《建国方略》中关于利用外资来发展中国实业，同时必须掌握发展主权的思想，用以分析中国利用外资的必要性、可能性、内在制约、外部因素、有利时机及先决条件等，指出中国在当今金融资本主义世界中寻求出路，既不能坐失借助国际上过剩的金融资本来开发我国的丰富资源以发展经济的机会，又必须先行廓清帝国主义金融资本的侵略条件，废除不平等条约和收回租界，以期外资的引进不是为帝国主义的经济侵略效劳而是为中国的经济发展服务，说得很有道理。但问题是，当时中国经济正处于帝国主义侵略的重压之下，日益消瘦，奄奄一息，如何才能抵抗侵略，夺回主权，获得自主引进和有效利用外资的经济独立，或者说，如何才能避免已经显现的相反倾向，在外部借款的诱惑下，丧失抗争精神而苟且妥协，结果延长帝国主义在华势力的命运，违反民族主义的原则，背离国民革命的利益，这恰恰是困难之所在。为此，书中提到苏俄吸引外资和国外技术力量的例证，颇值得注意。

这个例证是要说明，苏俄在经济发展相对落后和技术力量不足的条件下，采取没收国内所有大工厂以实行国营的战时共产主义措施，直接导致生产的退化和人民生活的困难；于是，为了恢复生产，稳定经济，安养人民，同西方各国相抗争，转而推行新经济政策，不惜变更共产党的规律和苏维埃的国法，用优惠条件欢迎国内外的专家和技术人员，并撤销拒绝外资的限令，欢迎国外投资来帮助发展生产等。书中把引用外国财力这个例证，看作在国际经济竞争中不算什么一回事的寻常作法。其实忽略了一个重要区别，苏俄同样作为经济相对落后的国家，其所以不同于

① 以上引文均见吴寿彭著《金融资本主义与中国》，上海远东图书公司 1929 年版，第 83—87 页。

殖民地半殖民地或被帝国主义控制的其他经济落后国家，能够主动改变经济政策并有效利用外国的资本与技术力量来发展和提升自己，前提正是摆脱了帝国主义政治经济控制而由无产阶级执政的独立自主国家。因此，即便新经济政策取消战时共产主义作法和修改苏维埃法律，实行包括利用外资和外国技术在内的国家资本主义办法，仍然没有改变向社会主义经济制度过渡的本质特征。这样看来，在利用外国资本以发展本国经济方面，此书援引苏俄作为例证，实际上已经超出单纯的利用外资问题，引导国人去了解和研究苏俄新经济政策成功背后的社会政治与经济制度背景。这种了解和研究，正是马克思主义经济学传播的一个重要途径。

### （二）《中国经济问题》

这是中国经济学社作为社刊，汇编的一本论文集，商务印书馆1929年3月初版。

蔡元培为之作"小序"："中国经济学社为国内专家所组织，藉以研求经济学理及其应用方法。成立以来，仅阅四载，而规模远大，贡献宏多，于是有社刊之发行。其第一卷曰：'中国经济问题'，于财政、金融、货币、会计、地方经济、交通经济、土地经济等等，多所论列，切中肯綮，自非蕴蓄富厚，焉能集此钜制。其嘉惠学子，而裨益于吾国经济之改善，岂有极耶"。① 可见这是中国经济学社成立4年来发行的第1卷社刊，专论中国经济问题，涉及面颇广。此社刊汇集国内近20位经济学名家的文章或演讲稿30余篇，全刊近340页。

说到中国经济学社，此刊后面附有相关内容。一是《中国经济学社第四次年会纪录》，记录年会筹备及1927年11月19—20日上海集会情况。其中提及："本社历年集会，俱在北方。本年因津浦路阻，交通不便，又以旅沪社员几及会社社员半数。由理事会议决，在上海开会"②。由此透露，中国经济学社成立之初，以北方为重镇，而到1927年，旅沪成员几占学社总数的一半，显示上海的经济学风气之盛。二是刘大钧③的《中国经济学社略史》。回顾学社的成立情况：1923年夏，

---

① 中国经济学社编《中国经济问题》，商务印书馆1929年版，蔡元培"小序"。

② 中国经济学社编《中国经济问题》，商务印书馆1929年版，第341页。

③ 刘大钧（1891—1962），字季陶，号君谟，原籍江苏丹徒，生于淮安；毕业于京师大学堂，1911年赴美攻读经济学和统计学，1915年获密歇根大学学士学位；1916—1919年任清华学校经济学教授，1919—1920年任北洋政府经济讨论处调查主任，1927任汉冶萍公司成本会计师，1929年任国民政府立法院统计处处长，后任统计局局长；先后发起成立中国经济学社和中国统计学社并任社长，两社联合组成中国经济统计调查所并任所长；1937年任军事委员会国民经济研究所所长，曾任《经济统计月志》《国民经济月刊》《经济动员半月刊》主编，1941年兼任重庆大学商学院院长；抗战结束后任联合国统计委员会中国代表，驻美大使馆经济参事等，后移居美国。号称民国时期四大经济学家之一，另外三人是马寅初、何廉和方显廷。

"北京留美回国之治经济学者，深感无团体可以交换智识，切磋学问之不便；而于编译书籍之发行，尤非合作不为功；故有组织学社之议"。时值燕京大学经济学教授英国人戴尔仁（J. R. Taylor）等，亦欲联合各大学之教员，与在政府及金融机关之人，共组学社，"随时讨论中国之经济问题，以为教授之资料"。于是二者商议进行，由刘大钧邀请相关人员在刘宅接连开餐会讨论数次，以刘氏为临时主席等；再经数次会议，修改通过章程，定名"中国经济学社（Chinese Economic Society）"，其目的为"研究中国经济问题""输入外国经济学说""刊印经济书籍及论文"与"社员间交换经济智识"，确定社员资格（"以曾在国内外大学毕业专修经济学科，或现任职务应用经济学识者，得为社员。其尚在学校修业，而欲入社得切磋之益者，得为社友"）；遂于11月推举刘氏为社长等，成立本社。① 由此可知中国经济学社的成立经过及其初衷。三是《中国经济学社社章》。这是1925年新修改的章程，提到本社宗旨为"提倡经济学精深之研究""讨论现代经济问题""编译各种经济书籍"和"赞助中国经济界之发展与改进"②。比起前面的目的，更强调经济学的精深研究和在中国的实际运用。

介绍中国经济学社成立初期的情况，不难想见这是当时的专业学术团体，聚集并吸引了国内经济学界几乎各路精英。正因为这样，翻看本次讨论中国经济问题的会刊，可以大致把握那个时期国内经济学界的关注重点和主导倾向。从论文或演讲题目看，以实际经济问题为主，理论类讨论只占极小比例，而无论实际问题或理论讨论，又不曾接触马克思经济学说，可以明显感受运用西方经济学来探讨中国经济问题的笼罩氛围。只是少数文章或少数论述，才能看到类似马克思学说或涉及苏俄革命的例子，而且往往作为批判的对象。下面是其中几个例子。

（1）李权时的《公私经济利害一致论》。开篇即称："现今大家都讲公私经济利害冲突，大家都讲'阶级斗争'，大家都讲'你死我活'。所以我现在特拿出这个公私经济利害问题讨论一下，以估定这些观念的价值"。一般说来，"公经济"指政府经济而言，"私经济"指个人及企业经济而言。不过广义地解释，公私经济的区分是相对的不是绝对的，在甲时甲地为公的，到了乙时乙地就成了私的，"又有甚么一定的标准呢"？私人经济与政府经济的利害一致，可从两方面看：一是"目的完全相同"。公经济和私经济都是为了福利，包括吃饭、穿衣、住房、享乐

① 中国经济学社编《中国经济问题》，商务印书馆1929年版，第353页。
② 中国经济学社编《中国经济问题》，商务印书馆1929年版，第358页。

等在内的民生问题，"公私经济的目的有甚么区别呢"？二是"方法完全相同"。民众和政府的利害有相互倚赖关系，政府想要财政有办法，必须使人民富足；人民想要为自己谋福利，必得有站得住的政府。总之，二者图存在的方法完全相同，"要保自己，须先保人家"。从广义看，一是"个人经济与其家庭经济，关系非常密切，利害当然一致"。二是"个人经济与公司经济利害也是一致"。这个道理有些人不很明了，见理不明："劳资冲突如果起因于资本家的压迫劳工，则工人效率减低，出品名誉不良，资本家将要转受其恶果；如果起因于劳工压迫资本家，则工厂一闭，失业立来，劳工原来的目的将更无法实现。反之劳资协调的结果，资本家有盈余，工人的生活也因之改进"。三是"公司经济与区域经济利害一致"。四是"区域经济与国民经济利害一致"。五是"国民经济与世界经济利害一致"。一国的国民经济不发达，对外货的购买力非常薄弱，世界经济也不会发达；现在帝国主义者一天天剥削中国，假使弄到尽头，中国人没有一钱，他们要实行经济侵略，又从什么地方着手呢？反之，世界各国的国民经济不发达，一国的国民经济也不会十分发达。"总之，公私经济利害是一致的。其所以不一致的原故，就是因为一时间看不清楚，——眼光不远大，所以不知怎样去真正为己"。所以我的标语："不以私害公，是为真私。私之极就是公，公之极就是私"；"劳资只应合作"；"军阀政客等等揩油分子，应当速即回头，使得濒于破产的国民经济，有来苏之望"；"帝国主义者应立即痛改前非，自动的取消不平等条约，使中国人的生产力和消费力增加"等。①

以上论述，事实上针对包括马克思主义在内的阶级斗争学说。其关键论据是模糊公私经济之间的关系，去除绝对化，使之相对化。如果仅就公经济为政府经济，私经济为个人及企业经济的界定而言，此说似乎可以成立，只关系不同经济的经营管理方式，不涉及基本经济制度问题，正如资本主义国家同样存在公私两类经济，相互之间可以自由转换，但不妨害资本私有制的实质。经过这样的模糊化处理，公私经济便失去了基本经济制度或基本所有制的区别准绳，成为飘忽不定且可以任意拿捏的抽象概念。于是，私可以是公，公也可以是私，没有确定的标准；劳资冲突也被否定了，二者只应合作；千夫所指的军阀政客，变成可以顾念濒临破产的国民经济而回头是岸的说教对象；甚至在全国一片打倒帝国主义的呼声中，转而期待帝

①　中国经济学社编《中国经济问题》，商务印书馆 1929 年版，第 291—294 页。

国主义者自动取消不平等条约，放弃经济侵略，而其能够痛改前非的理由，竟是中国人的生产与消费能力不足延续和满足侵略者掠夺的胃口。如此荒唐的想法，也是李氏将自己一贯的妥协调和观念，发展到了极致。

（2）诸青来①的《非生产集中》。论及大事业既有利益，也存在流弊，在公众方面，"事业集中，难保不成垄断之势"，"大事业勃兴，中小事业相继失败，则社会平衡之局破"。如美国的公司托拉斯与苏俄的国家托拉斯，"二者形式不同，似未可相提并论。然其为生产集中也，固殊途而同归。其富有垄断精神，亦先后一揆而已"。美国号称资本政治，"托辣斯之害，尽人知之，难免受舆论之制裁，遭立法之取缔，尚可祛其已甚，减少流弊"。苏俄的国家托拉斯，则怎么样呢？

"苏俄自十一月革命告成，新政府宣告一切事业，均归国有"。至1921年变更政策，"宣言实行国家资本主义"。列宁在所著《农业税义论》中"自为辩护"："俄国经济进步情形，可分五步。（一）自耕自给的小农制。（二）小规模制器及互相交易。（三）私人的资本主义。（四）国家资本主义。（五）共产主义。前在战争之后，未克依序进行。兹值更新伊始，先就（一）（二）之固有状况，努力向第（三）步发展，以便扩充到第（四）步，而后第（五）步之基础立矣"②。根据列宁之言，苏俄现行新经济政策，不外两点：一是"促进私人资本主义"，二是"预定伟大计划，渐向国家资本主义之目标进行"。"列宁所言，实为辩护其新政策而设"。新政策实行以前，凡雇工在5人以上的生产业，均归国有。"私人资本主义，固已铲除净尽"。等到政策变更，凡雇用工人不满20名的工业，允许个人专有。其他较大者仍为国有，创设国家托拉斯（state trust），将性质相同或在同一地方的重要事业，组成托拉斯；其厂务经营，委托素有经验者负责办理，政府握有督理之权，指导一切；所需原料粮食等，或由政府供给，或向市场采办；其业务经营，除政府派员办理者外，或招商承租，或特准外人经营。"要之俄国现行新制，虽较革命初成时不甚相同，其国有政策则仍坚持不替"。

从来的学者，论官营与民营的得失，莫不以民营为利多弊少，官营利少弊多。

---

① 诸青来（1881—?），上海人（原籍浙江绍兴）；日本东京工业大学毕业，回国后在清政府农商财政等部任职，曾任大夏大学、光华大学等校教授，创办上海神州大学并任总务长；1933年参与创立中国国家社会党，1940年起任汪伪中央政治委员会委员、交通部部长、水利委员会委员长、立法院副院长等职。

② 这段引文，出自列宁《论粮食税》，内容并不准确，仅依据原文某些段落而述其大意，其今译文见《列宁选集》第4卷，人民出版社1995年版，第489—490页。

各国以往的事实，大抵注重民营，仅由国家立法监督以防流弊。若举全国重要实业，悉纳诸政府管理之下，则国家为唯一托拉斯，政府中人为托拉斯管理者，其流弊不堪设想！美国托拉斯的恶行显著，议会立法严禁，政府依法执行，其恶犹未尽杀。"若政府自为托辣斯，有谁能对抗之取缔之乎？且其范围包罗百象，人民日用所需，操于官吏家之手，虽使至圣执政，大贤辅治，欲求其政治不腐败不专横，不可得矣"。何况在我国目前状况下，"若以垄断一切之权，授之政府，则其斗争之烈，必将十百倍于今日，不至人相食者几希"。对此，有人说，现代精神是自由竞争发展到极端，反至激成垄断，遂有托拉斯产生。于是放任主义一变而为干涉政策，最关切公众利益者，非归国有，即为公营。"在俄国，自革命告成，农工专政，与官僚擅权不同。党人治国，所以为民谋利益。虽行国家资本主义，安有托辣斯之流弊生乎？今姑让一步，认苏俄政策为不可行。英德情形，迥异苏俄，何以在欧战以后，国有公有之声，亦甚嚣尘上乎？此可见陈腐思想不适用于现代，何子拘牵之甚耶"？官业与民业比较，最不同之点有二：一是"劳力者在私人资本之下，仅得微薄工资，甘受资本家之驱使，自由意志，毫无存在余地"，此所谓"工钱奴隶（wage slave）"；"若在国有国营业机关，从事工作，系为公众服务，虽亦自食其力，究非资本家之奴隶可比"。二是"国家兴业，所以谋人民幸福。若私人营业，则以牟利为前提，其目的既在谋私人利益，虽以公众利益为牺牲，有所不恤"。

我们的回应：英德之所谓国有公有，与苏俄之国家资本主义，迥不相同。"后者以国家为所有主体，而由政府负经营全责"。"前者则将所有与经营划分为二，不相侵犯，以名义上之所有奉诸国家或社会，而由服务员工负共同经营之责，公家特有监察权耳。果能如此办理，则服务者保其自由人格，工钱奴隶之制，未尝不可铲除"。工钱奴隶，在私有资本制度之下，固然不能脱离羁绊。然而说资本私有制一旦废除，生产机关悉归国有，工钱奴隶即行消灭，亦未必然。"苏俄革命告成，不尝宣言劳动神圣农工专政乎？究其结果，劳动者所享权利几何？所处地位果能保持其独立否"？工人自行结合的工会，起先尚有相当潜势力，等到共产党执政，强制工人加入工会，并设法铲除异派分子。托洛茨基（原译"杜洛斯基"）更直截了当说，"工会不宜独立，须在党人指挥之下，惟命是从"。"工会既全为党人所操纵，则工人毫无活动力可知矣。其于业务经营依然未能容喙，工人处于被动地位，与曩日情形毫无二致。所不同者，在曩日戴资本家为雇主，在今日则在名义上以国家为雇主，实则仰少数当局之鼻息，任其颐指气使而已"。过去尚有多数小资本家互相竞争，今日则以国家为惟一之大资本家，少数当局不啻为国家托拉斯的受托者。"呜呼，国家！国家！'天下许多罪恶，假汝之名以行'！彼辈垄断伎俩，神妙至此，吾不禁叹观止矣"！

我国资本制度甚为幼稚，无从产生垄断之业。少数人以为，发展生产力，非藉国家之力不可；举凡人民日用所需，均须由政府越俎代谋。"窥其用意，殆欲仿苏俄先例，取国家托辣斯之制移植于中土而已"。"此举在理论上不可行，固不待论"。即以事实来说，试问此包罗百业亘古无伦之举，从何处筹措所需资本？是否将募集内债与新税？如果民力不能胜任，又是否将告贷于外人？外人正为打倒之声所震动，亦将越趄不前。"呜呼，原则实施，尚多困难。虽艳羡他邦之垄断，而欲步其后尘，恐亦有窒碍难行者"。①

这篇文章以"非生产集中"为题，实际上说的主要是生产集中即垄断问题，有些正话反说的意思。文中借他人之口，提到民营经济或非生产集中的问题，如劳动者受资本家的驱使，没有自由意志，只能拿到微薄的工资，犹如工资奴隶；私人经营以牟利为目的，为了私人利益，不惜牺牲公众利益。但总体说来，认为民营或私营经济利多弊少，或者说，其流弊可以通过国家立法来监督和防范。类似的"非生产集中"议论，简单带过，然后把重点放在大经营事业的集中或垄断上，因为这个现象，是近世以来出现的客观事实，不能视而不见。此文承认大规模的生产集中有其好处，但更强调它的害处，特别是由此产生垄断并打破中小经营事业并存的社会平衡局面。对于任何形式的具有垄断精神的托拉斯式生产集中，文中都持质疑态度，因为受托经营托拉斯的少数人具有绝大权威，可以为所欲为，不受约束，其流弊将无限扩大。不过相对所谓苏俄的国家托拉斯形式，美国的企业托拉斯形式，也就是由私人企业而形成的托拉斯，受到舆论谴责和立法取缔的制约，其流弊不至于过分而得以削减。说到这里，才显露其矛头的真正指向，是苏维埃俄国。由此又引出以下几层意思：

其一，否定苏俄的新经济政策。当时国内的舆论环境，通常抨击苏俄的战时共产主义政策，此文作者也不例外；同时对转变为新经济政策，持相对肯定的态度，认为起到了扭转经济困局的效果，不过肯定的缘由，或视之为苏俄自我放弃革命目标，或视之为苏俄转向欧美国家的经济变动趋势，而此文作者连新经济政策本身，

① 以上引文均见中国经济学社编《中国经济问题》，上海商务印书馆 1929 年版，第 299—305 页。

也一并否定。其理由，一是从推行措施上看，无论列宁为之辩护的依据，还是具体的规定，虽与革命初期的共产主义政策有很大不同，但均未改变其走向共产主义的最终目标，而且所采取的促进私人资本主义和发展国家资本主义的措施，仍主要借助于创建国家托拉斯的国有政策。其中引用列宁《论粮食税》的原文，经过自行剪裁，用来证明所谓国家资本主义，无非为实现共产主义打下基础并依然坚持国有政策的国家托拉斯。二是从理论上看，苏俄国家托拉斯比企业托拉斯的为害更大。企业托拉斯的作恶有议会立法和政府执法的约束，尚且不能尽去其恶，何况以国家为唯一的托拉斯，让政府官吏来管理全国所有的重要实业，没有谁能约束，其流弊更不堪设想；或者说，人民所需的日用百业，一旦由政府垄断，让官吏操纵，即使执政和治理者是圣贤之士，也难免不会走上政治上的腐败和专横。三是从实际效果上看，以国家为唯一大资本家而由当局者操控的苏俄国家托拉斯，未必就能消除私有资本制度下的工资奴隶弊端。苏俄革命后宣布劳动神圣和农工专政，废除资本私有制，将一切生产资料收归国有，其结果劳动者并未享受到什么权利，甚至连自己的独立地位也不能保持。当初工人自愿结合的工会，共产党执政后变成强迫工人参加、消除异己分子并由党人操纵的组织，只能对党人的指挥惟命是从；况且新经济政策实行后，工人在经营管理活动中处于被动地位，同过去资本私有制下的工资奴隶情形，毫无差别，不过从前以资本家为雇主，如今名义上以国家为雇主，实则任凭少数当权者的指使；过去还有众多小资本家互相竞争，今日国家成为唯一的大资本家，更将垄断伎俩发展到极致。总之，在作者看来，不但否定苏俄的共产主义政策，同样否定新经济政策，因为它以国家托拉斯为特征，不仅比美国的企业托拉斯更恶劣，而且不可能消除资本私有制下的雇佣劳动弊端。这样的否定，可谓当时批评苏俄的议论中，最为彻底者。

其二，推崇英国和德国式的国有国营或公有公营办法。尽管相比民营经济，作者不愿认可官营经济，但他不能无视自由竞争的放任学说发展到极端所产生的弊害，也不能否认以公众利益为名转而采取干涉政策的趋势，必须正视战后各国出现的国有公营现象。对此，文中对比英德两国的情况与苏俄的政策，提出二者之间存在根本区别。如前者出现煤矿国有的舆论或颁布若干行业公有的法律，为了克服资本制度的"末流之失"，在现行资本制度下矫正其发展过程中的失误；后者则在工农专政下实行国家资本主义，推翻了现行资本制度。又如前者的国有公有，将所有权和经营权划分开来，互不侵犯，国家或社会名义上具有所有权，实际经营则由员工共同负责，公家只有监察权，员工能保持自由人格，亦可铲除工资奴隶制度；后者的国家资本主义，国家为所有权的主体，政府负责全部经营，国家犹如唯一的资本家，工人不可能改变工资奴隶的状态。如此对比，无非说，英德两国采行国有公营之类的干涉政策，完全不同于苏俄的国家垄断作法，维护了资本私有制度，也区别于美国的企业托拉斯，纠正现行制度中资本家驱使劳动者的缺陷，可以接受。这实际上是换一种方式，宣扬西方国家的社会政策或社会改良办法。

其三，告诫国人不可仿效苏俄的先例。以前国内不时出现类似的告诫，主要针对苏俄革命的暴力方式以及推行共产主义的激进措施，此文的告诫，重点指向新经济政策所采行的国家资本主义。看来新经济政策在苏俄恢复和发展经济方面所产生的明显效果，引起一部分国人的注意，于是在我国资本制度极为幼稚，无法从私营经济中产生垄断经营的情况下，提出借助国家力量来发展生产力，由政府包办人民日用所需的各种生产经营。对于这种意见，哪怕只是少数人的意见，此文十分警觉，马上联想到这是效法苏俄的先例，把国家托拉斯制度移植到中国。接着大加挞伐，认为此说羡慕苏俄式国家垄断，企图步其后尘，在中国将窒碍难行。首先理论上不可行，其根据可见前述有关论述。其次事实上不可行，理由有二：一则从政治上看，政府官吏操办包罗百业的日用所需经营，对政府的能力和官员的素质有很高要求，而我国目前四分五裂，政府名存实亡，拥兵自重者争斗不已，若将垄断一切的权力交给政府，其内斗之激烈将更加超乎想象。二则从经济上看，掌管范围如此广泛而且从未有过的经营，须筹措大量资本，其途径无非发行内债和开征新税，可是民力不胜负担，若向外人借贷，又为打倒帝国主义的声浪所震动而畏缩犹豫，故无处可得。这些理由，不能说没有道理。然而此类理由，同样适用于那个特定历史条件下的诸多政治行为与经济活动，作者何以单独拿来告诫仿效苏俄先例的意图？这说明苏俄是作者的心魔，必欲除之而后快。其祛除之法，不再费力纠缠于苏俄革命和战时共产主义政策，趁新经济政策的效果刚显露之际，从经济理论与经济实践的根底上去剿灭它，不让这一政策效果成为国人重提效法苏俄的新依据。这也是此文在反对苏俄阵营中不同于其他著述的一大特点。

（3）李权时的《价值论之研究》。会刊中，一人有两篇或多数文章者颇多，李权时便是其中之一，并且谈的都是经济理论问题。他的前篇文章，摒弃阶级斗争学说，模糊公私经济之间的关系；这篇文章，谈到劳动价值论，同样给人以模糊原有涵义的感觉。此文大意：

经济的价值，根据一位美国经济学者的研究，可分为使用价值、评估价值（esteem value）、成本价值和交换价值四种。前两种是主观的，涉及效用及对效用的评估，不一定限于经济财货；后两种是客观的，只限于经济财货。现在值得研究的是评估价值和成本价值两种；前者根据心理作用去说明一物价值的产生，后者根据物质条件去说明一物价值的产生。心理价值说，奥地利学派的门格尔（原译"孟沟"）、冯·维塞尔（原译"方微叟"）及庞巴维克主张最力。"物质价值说，英国经典学派和社会主义学派主张最力"。"这二种学说，说来都有道理，也不能说谁是谁非"。心理价值说是评估价值说，就市价而论，市价大多决定于一时的供求关系，暂时地看，此说大致不差，然而不适用于长时期。物质价值说是成本价值说，就"经价或范价"（normal value，今译"正常值或标准值"）而言，大多决定于成本的多寡，从长时期看，此说大致不差，不过短时期说，未免不尽适用。市价围绕范价或上或下，"范价究竟是市价的中心吸力"，或者说"范价是一物之自然价值或真正价值"。这样看来，纯粹经济学上最值得研究的，恐怕还是范价。"范价的骨子就是成本"，所以上述四种经济价值中最值得研究的是成本价值。"所谓成本价值，其里骨子就是劳力价值。所以最值得我们研究的，恐怕还是劳力价值"。道理是可以把一种货物的成本，统统归原到劳力上。规定一物的价格（以货币表示出来的价值），完全受其成本的影响，而成本不外是工资、薪水、原料、运输费、保险费、机器费、原动力费、房租、流动资本利息、租税、推销费，其余一切管理费的分摊数。这些都直接或间接与劳力有关，由过去的劳力或现在的劳力创造出来。

应用劳力价值说，其结论，"主张维持和拥护合理的利息、地租和利润"，也就是"不应废止"合理的资本、土地和企业的报酬。所谓合理，是相对的，不是绝对的。如比起英美等资本先进国，中国利率规定的最高限额犹觉太高，乃因中国资本缺乏，故利率不得不高。"此亦事实所使然，不能立刻以空论或情感迫之使暴低。最好政府能竭力早谋建设，奖励生产，提倡储蓄，则资本自增，而资本的酬报率（即利率）亦自减少，而'合理'点亦自下降。合理的利率下降，则与利率有密切关系之地租与利润，亦自随之下降"。合理的利息如同合理的工资，资本的来源在于储蓄，储蓄代表过去的劳力，资本就是过去劳力的代表；为了鼓励生产，现在的劳力固然应当给与相当的工资，对过去的劳力同样应当给与相当的工资，这里不过换个名词，"喊过去劳动的工资为利息罢了"。土地也是资本的一种，是用金钱购买来的，那么土地就是过去劳力的代表，"所以地租也就是过去劳力的工资"；"民生主义只主张土地涨价归公，不主张没收土地，也就是这个劳力价值论的应用"。"利息与地租是对于过去劳力的报酬，而利润则简捷是对于企业家现在劳力的报酬"，所以也可以说，"合理的利润，实在是对于企业家所应得的工资"。劳力价值论的另一个结论，最好用租税的办法，废止"不合理"或过分的利息、地租和利润。大凡过分者之所以能够获得，必有非常的机缘帮忙，如乘人之危而滥敲竹杠，或利用时机而谋厚利。这种机缘，无一不是"社会劳力之结果"。"此等剥夺他人劳力结果的过分所得，据公道讲起来，是不应该的，是应转被人家剥夺的。最好是转被政府剥夺，再来分配于社会。所以东西洋就是所谓资本主义的国家，也老早已经实行累进的地价税，累进的所得税，累进的遗产税，累进的财产税，和欧战时的累进的过分利润税了。盖失之东隅，收之桑榆。此种办法，莫非欲求劳力价值论之真正实现而已"。[①]

看了这篇东西，真让人感叹作者的偷梁换柱能力。此文先提出两类不同的价值理论，一类属于主观价值论，以心理价值论即效用价值论或边际效用论为代表，另一类属于客观价值论，以物质价值论即成本价值论为代表；前者通过供求关系来说明市场价格的形成和决定，适用于短期而不适用于长期，后者根据成本多寡来说明商品的正常价格，适用于长期而不适于短期；商品的市场价格终究围绕其正常价格为中心而上下波动，故正常价格实为商品的自然价值或真正价值。这个论证姑且不论恰当与否，主旨是要说明正常价格的决定因素是成本，成本的内核又是劳动价值，所以劳动价值才是经济学上真正值得研究的对象。将这个主旨同主张物质价值论最有力的英国经典学派和社会主义学派的说法联系起来，既然物质价值论或成本价值论的核心是劳动价值论，那么似乎是说，只有马克思的社会主义派继承古典经济学并予以发展的劳动价值论，才真正值得经济学的研究。且慢！这是一个圈套，跟随后面所谓劳动价值论的解说，竟一步步走到马克思经济学说的反面。

首先用成本来诠释劳动价值，把一切成本都归结为来源于劳动。这看起来好像坚持了劳动价值论的原理，实则以成本取代价值，模糊了劳动概念，一面将所有计入成本的因素都说成现在的劳动和过去的劳动，一面又不给这些劳动以明确的界定，包括把利息之类计入成本，意味着悄悄地从劳动价值论滑向生产费用论。这是

---

① 以上引文均见中国经济学社编《中国经济问题》，上海商务印书馆 1929 年版，第 307—309、314—315 页。

第一步，从理论上扭曲劳动价值论。接着迈出第二步，沿着生产费用论，从应用上搅混劳动价值论。根据生产费用论，利息、地租和利润如同工资，都是价值的构成因素，于是主张维持和拥护合理的利息、地租与利润，也就是不能废止资本、土地和企业的合理报酬。不过此文不同于其他许多生产费用论的鼓吹者，纯系为了反对劳动价值论，而是反过来，将这个主张说成从劳动价值论引出的结论。如谓：利息如同工资，其合理性在于形成资本的储蓄代表过去的劳动，借贷资本家为了鼓励生产而在过去节省其自身消费的劳动，所以应当像工人通过现在的劳动获得工资一样，这种过去的劳动也要获得相当于工资的利息。同此理，土地作为资本的一种，购买土地花费金钱也代表过去的劳动，同样应当获得地租。利润更是如此，作为企业家现在劳动的报酬，等于其应得的工资。结果，马克思用来揭露资本家剥削雇佣劳动者所创造的剩余价值的理论基础劳动价值论，经过这样的论证，摇身一变，居然成了维持和拥护这一剥削的理论根据。然后再走第三步，为以上辩解提供粉饰。这里仍然打着劳动价值论的旗号，声称维护利息、地租和利润的合理限度，去除其不合理或过渡部分，避免有人从社会劳动的成果中，不公道地剥夺他人的劳动份额；主张最好采用征税的办法，将这些不合理的获益收归政府，重新用于社会分配，这也是东西方资本主义国家早已实行，包括欧战后所推行的各种累进税办法。至此，劳动价值论不仅成了资本家获得各种形式盈利的理论支柱，因为资本家的获利本身就是劳动，还被披上维护社会公道正义的外衣，因为资本主义国家用以纠正不合理获利的累进税制，才真正实现了劳动价值论。如此信口开河，颠倒黑白，在以往谈论劳动价值论的著作里，十分少见。这同作者前面的文章谈论公私经济利害一致论，在编造的手法上，几乎相同而且更胜一筹。

综上所述，中国经济学社编辑这本会刊，集国内经济学界精英的文章而专注中国经济问题，对于探讨马克思经济学说的理论、实践及其在中国的应用，并不感兴趣，所以不见其踪影；仅有的几篇理论类文章，除研究中国经济思想史者外，不是对可能涉及马克思学说的阶级斗争论和劳动价值论，矢口否认或肆意歪曲，就是对继承马克思学说并探索向社会主义制度过渡的苏俄经济政策，一概抹杀以绝任何仿效之念。这种状况的背后，实际上潜藏着以西方正统经济学的理论为主导，以东西方资本主义国家的路径为范式，依此研究和解决中国经济问题的支配性观念。正如《价值论之研究》一文所说，中国资本缺乏，无法参照英美等先进资本国的现行作法，但仍应由政府奖励生产，提倡储蓄，增加自身的资本，最终走上英美等国家的道路，而不应受空论和情感的逼迫，脱离这一道路；民生主义只主张土地涨价部分归公，不主张没收土地，也是赞成获取合理的地租；等等。这些说法，都是同马克思学说和苏俄革命的激进理论与实践，保持距离或一刀两断。由此也能反映那个时期中国经济学界较为普遍的想法，不过在这本会刊里表现得更为集中和明显而已。

**（三）《中国经济——其发展，其现状及其危机》**

李麦麦编译，1929 年 12 月初版。未标明出版社，亦未标明译自何人何书，看来为选编及翻译多人多书而成。

这是另一种类型的著作，未曾或极少引用马克思主义原著，也不曾申明以马克思主义为指导思想，却被归入标志马克思主义思潮兴起的群体性著作之列①。其书211 页，分 4 章：第 1 章"绪论"，含"中国工业的发展""中国农村中资本主义前期的成分""资本主义侵入后的中国农村""家庭工业间的变动"4 目。第 2 章"农村经济"，分 2 节，第 1 节"农业人口之阶级结构及生产的社会条件"，含"耕地的分配""佃户与地主""地主经济"3 目；第 2 节"农村经济中资本主义之发展"。第 3 章"工业状况"，含"中国工业发展的条件""中国资本主义的发展""中国大工业机器进口的增长""纺织工业的发达""造船工业与机械工厂""国家企业""大工业的发展""家庭工业""家庭工业部门之衰落""中国大小工业的变动""股份公司与证券交易所"11 目。第 4 章"外国资本"，分 3 节，第 1 节"外国资本（一）"，含"中国视为一市场""借款与铁路""在华外国银行""中国工业中的外国资本""在华外国资本的总额"5 目；第 2 节"外国资本（二）"；第 3节"外国资本（三）"，含"旧式银行（即钱庄之类）""新式银行与其发展""中国银行""交通银行""兴业银行""在华外国银行为财政资本的代表""银行统治工业""三井银行""南满铁道会社康采恩""为抵抗外国财政资本而创办的中国人的银行"10 目。

按照这个编译结构，阐释中国经济的发展、现状及危机，单凭于此，便可感觉运用马克思主义的分析方法来研究中国经济的特点。马克思唯物史观传入中国的累积性影响，至此产生愈益显著的作用。中国如何走出贫穷、落后和备受列强凌辱的困境，或中国应当选择什么样的发展道路，首先须弄清楚自身的国情。强调国情，

---

① 王宜昌：《中国社会史论史》，见《读书杂志》第 2 卷第 2、3 期合刊《中国社会史的论战》第 2 辑，1932 年 3 月再版。参看李红岩：《20 世纪 30 年代马克思主义思潮兴起之原因探析》，载于《文史哲》2008 年第 6 期。

几乎自我国国门被打开之日起，即与西方各种新思潮的传入相伴而行。先是面对资本主义思潮的传入，强调中国几千年承袭下来的政治经济制度的传统国情而试图拒舶来模式于门外，结果节节败退，形成所谓半封建半殖民地的怪胎；继则面对社会主义思潮的传入，又强调中国不同于西方而未曾出现资本主义弊端的特殊国情，企图照搬欧美资本主义模式以抵御社会主义潮流，结果仍处处碰壁，难以复制这种模式。现在，随着资本主义经济的不断侵入，中国已经不可能再回到原来的传统社会，于是再次提出中国向哪里去的问题：一边是帝国主义列强的经济侵略，造成国内经济在缺乏完全自主权情况下的畸形发展，帝国主义列强本身的内部矛盾与冲突自爆发世界大战后，又在酝酿新的危机，不断消蚀在国人心目中曾经留下的理想形象；另一边是社会主义思潮的持续和深入传播，不仅诞生了第一个苏俄社会主义国家，并经过10余年的建设，已经站稳脚跟，以初步改变自身落后面貌的新形象在世界范围扩大其影响。摆在国人面前的这两条道路，究竟如何选择，前提条件是必须深化对本国国情的认识。此时重新提出这一问题，实际上蕴含着对多年来在国内舆论中起主导倾向的走资本主义道路的怀疑态度，从实践上看选择这条道路未能产生救国救民的理想效果。换句话说，要求重新分析和认识新的国情，已经渗透着马克思主义理论分析的因素，因为唯物史观的宗旨，正是建立在深入认识本国生产力的现实发展水平、生产关系的变迁以及与之相适应的社会经济形态的演进等经济基础之上。

李麦麦编译有关中国经济发展、现状及其危机的著作，正是沿着这个轨迹，旨在了解和揭示中国社会经济的性质与特征。其目录显示，先在绪论里点题中国经济中的资本主义因素，包括工业的发展，农村中从资本主义前期成分的存在到资本主义的侵入，以及在资本主义经济的影响下传统家庭工业的变化；这是从经济角度说明，在国内外因素的共同驱动下，中国社会已经发生很大的变化，不能再以传统观念来认识现在的国情。然后划分具有特征性的几大类，进一步论证国情现状：一是农村经济，从耕地的分配、佃户与地主的关系以及地主经济等方面，分析农业人口的阶级结构及生产的社会条件，类似于马克思主义的阶级分析与生产条件分析；接着分析农村经济中资本主义的发展，号称农业国的中国经济基础，已大不相同于旧的传统生产方式。二是工业状况，包括工业发展条件及资本主义发展的一般论证，以及工业机器进口、纺织工业、造船与机械工业、国有企业、大工业、家庭工业、家庭工业部门（如罐头业、棉织业、丝业）的衰落、大小工业的变动、股份公司与证券交易所等专题论证，总体印象是资本主义因素在我国工业领域的生长，既盛且速，由此引起的变化，既广且深。三是外国资本，这也是中国经济最有时代特征的典型现象，受制于外国资本的支配或操控：从这里可以看到外国资本以中国作为资本输出的重要市场，通过借款和铁路来控制这个市场，培植并借助在华外国银行势力，渗透和影响中国工业，以及披露在华外国资本的总额数据；还可以看到国内旧式银行如钱庄之类被新式银行的发展取代，涌现出诸如中国银行、交通银行、兴业银行等代表；又可以看到在华外国银行如英国汇丰银行、华俄银行、德华银行等，作为金融资本代表的一般特点，以及银行统治工业，并像日本三井洋行、南满铁道会社那样在中国实行垄断经营；更可以看到国人为抵抗外国金融资本而自行创办银行等。这些有关外国银行的资料，正好是列宁的帝国主义理论在中国的鲜活实例，反映了帝国主义列强对中国进行经济侵略所采用的金融资本垄断形态。以上所有内容的展开，无疑都为运用和传播马克思主义经济学，提供了由大量国情例证所构成的解剖对象。其实，不仅这本编译之书如此，那个时期不少以考察中国真实国情为对象的著作，也是一样，均在不同程度上起到了这种运用和传播的作用。

### （四）《中国领土内帝国主义者资本战》译本及其他

这个译本由日本长野朗著，丁振一译述，上海联合书店 1929 年 10 月 20 日初版。其著者及译者均未详，译者同年 5 月 1 日旅居上海期间对译本有两个说明。一个说明：

"帝国主义者相互间虽时常冲突时常合作，而其侵略人国也，则始终如一，初不因其冲突或合作而有所轩轾。其合作固足为被压迫民族之祸，其冲突亦未必为被压迫民族之福。故被压迫民族不欲谋解放则已，如欲谋解放，则非打倒一切帝国主义者不可，固不问其为甲为乙为丙为丁也。我国受帝国主义者之侵略压迫将及百年矣，打倒帝国主义以求我国之自由平等，实为全国民众一致之要求，固不问其为英为日为美法也。而今日之谋国者，辄采联甲拒乙或联丙排丁之策，吾见其惑也"。李鸿章曾用引俄以拒日，袁世凯又尝行联英美以抵日俄，"其效果可睹者为何？岂非利权丧失更多，辱国更深，益陷民生国计于万劫不复之境乎"？宋代末年，金人为患，乃引辽以拒之，而辽之为患更甚，又引元以制之，而卒亡于元，"此前车之可鉴者"。今人不察，于 20 世纪之今日，"犹欲采数千年前战国术士之遗策，亦徒见其丧权辱国而贻笑于帝国主义者而已"。吾读日本长野朗所著《以中国为舞台之列国资本战》（即本书原名），更信前言之不谬，乃亟译之以饷国人。阅者其亦与译者有同感欤?

另一个说明:

译者正拟编辑一种帝国主义在中国相互间经济斗争的书籍,蒐集参考材料时获得本书,"亟购而阅之,多合译者本意,其间固不免有缺漏、忌避、错误、偏僻之点,尤以关系日本方面者为多,然此等处,多不能逃出阅者之审鉴,故亟译之以饷国人,俾了然于帝国主义者在侵略中国时,其相互间之嫉视、排挤,实至深刻,虽有时因利害关系而协同以谋我,然卒因利害冲突其嫉视排挤之痕迹终不能泯减,或且愈益加甚"。译者之宏愿,"吾人阅本书,或可得其症结之所在而谋所以应付之策"。本书原名改译为《中国领土内帝国主义资本战》,"似觉醒目,且亦不失原意"。阅者须牢记,"本书著者为日本人,其回护日本之处在所难免,是亦其爱国心之表现,固亦无可厚非,然其立论之是非偏正可以立辨"。译者保持译书原则,忠实于原著,不以己意增删之,推于原著有显著误谬、晦涩或偏僻之处,除照译外或附以?记号,或以括弧加以案语,然为数极少。原著出版于 1928 年 10 月,本译本根据同年 11 月第 2 版。①

以上两个说明,其共同之处,都是借助这个号称中国通的日本人的原作,深化对帝国主义在我国领土内进行经济争夺的认识。一方面,揭露帝国主义列强的对外经济侵略,虽然时常表现为或冲突或合作的形式,但其侵略本质始终未变,不论列强之间是合作还是冲突,对于被压迫民族来说,均非福气而是祸害;所以,被压迫民族谋求自身解放,必须打倒一切帝国主义,不应区分哪个列强的帝国主义;我国近百年来一直遭受帝国主义的侵略压迫,为了谋求国家的自由平等,打倒帝国主义已经成为全国人民的一致要求,同样不应在列强之间进行选择区分;前车之鉴,国内当权者总是以联络某个列强排斥其他列强为国策,结果丧失更多的利权,加深辱国的程度,民生国计陷于万劫不复之境。另一方面,须知帝国主义列强在侵略中国的过程中,相互之间因为经济利益上的冲突,具有深刻的矛盾,虽然它们有时因为某些共同的利害关系而协同起来算计我国,但源于利益冲突的相互嫉视和排挤争斗始终存在,而且愈益严重,了解这一点也十分重要,可以把握其症结而谋划应对之策。这两方面结合起来,体现了译者在原著问世后不久,便急迫翻译出版中译本的深意。译本 375 页,分三大部分:列强对华之经济政策(含美国对华经济政策,英

① 以上引文分别见长野朗著,丁振一译《中国领土内帝国主义者资本战》,上海联合书店 1929 年版,"译者赘言"及"告阅者"。

国之对华政策，列强之协调与排挤，中国之将来与列强4节）；列强之对华贸易（含列强之贸易政策，对华贸易之实状，中国贸易与日英美，航业，金融机关，租借地与租界，中国贸易之将来与日英美7节）；列强之对华投资（含投资上所表现之列强之政策与投资机关，回绕铁路之列国，中国之矿山与列国，工业投资，对华投资之将来5节）。译者特别提醒我国读者，著者是日本人，书中庇护日本方面的那些缺漏、避讳、错误、偏颇之处，在所难免，可以马上辨出其立论的是非偏正，重要的是它所提供的帝国主义列强在中国相互间经济斗争的材料，可以印证无论列强之间存在怎样的经济矛盾与冲突，它们在中国谋求经济侵略利益的本性是一样的，不会改变。这些有关帝国主义在华经济侵略本性的认识，既是我国近代以来从实际经验中所获得的惨痛教训，也是上升到理论层面极富洞见的自省总结。

类似的认识，还见于国人自撰的其他一些著作。如徐之圭①著《列强在中国之经济侵略》，现存太平洋书店1929年版。这本90页的小册子，除绪论外，列举了50多个事例，以此解说帝国主义列强在中国的经济侵略行径，包括各种经济活动、图谋计划、关系协调、竞争反目乃至战争等。著者据此概括说：

"列强对于中国之政策，系混合帝国主义与资本主义为一团之政策"。列强为了榨取中国"甜蜜的利权汁"，出售其所不必要的制品，买入其所必要的原料品与食品，"强迫采取锁国主义之中国，而开放其门户"。门户开放后，"列强即乘势而侵入，择榨取中国利权之最方便区域，以图垄断中国之利益"。它们以一向施诸野蛮未开化的非洲（原译"亚非利加洲"）势力范围的政策，复以之施诸中国。"此形势之酿成，乃自中日战争后，因中日战争后，中国之积弱，大暴露于世界，而益加显著焉。于是列强乃因利乘便，与中国政府或列强间，缔订条约，张其网罟，尽力于扶植其自己国家之权力，以图获得在中国之种种利权"。②

这些概括，不同于前个译本的著者从实施经济侵略的列强角度看问题，而是从遭受经济侵略的被害国角度作判断，尽管其主要基于具体事例的举证，尚不及前个译本的译者更有见地，但同样认识到帝国主义列强在华进行经济侵略的实质。惟此书举证所用的实例显得比较陈旧，或许初版更早，但1929年的版本，在认识帝国主义的经济侵略本质方面，仍未过时。对比前章有关帝国主义与国际经济关系的论著，这里主要针对帝国主义的对华经济侵略问题，因此不像前章那样引出多种观

---

① 徐之圭，生卒不详，日本明治大学政治学学士，回国后20年代曾任教上海暨南大学。
② 徐之圭著《列强在中国之经济侵略》，太平洋书店1929年版，第1—2页。

点，具有基本一致的认识。

本节考察的几本论著，围绕中国经济的理论与实践问题，较为典型地体现了当时国内经济学界的主流认识。如讨论平均地权思想，当作攻击共产党土地改革运动的理论武器，或拒绝效法苏俄土地公有政策的堂皇理由，甚至为了迎合这个意旨，连平均地权本身的涵义也以所谓商榷方式加以修正。又如依据西方正统经济学的基本精神，对公经济和劳动价值论等概念曲之为解，竟然得出与马克思经济学说完全相反的结论，以达到维护现行资本制度的目的。同时，面对中国的现实经济问题，或者为了摆脱国外金融资本主义的侵略，有意无意地把眼光转向苏俄新经济政策的有效举措以为参考；或者通过梳理中国经济发展的历史、现状与危机，不仅吸纳唯物史观的研究方法，更企望为找到恰当的解决危机方法提供正确的国情认识基础；或者洞察列强对华经济侵略是一路货色，谋求民族解放必须打倒一切帝国主义。换句话说，这种认识，一面坚持经济理论的基本价值观，试图抵制共产党人、苏联革命实践和马克思主义经济学的传播潮流，一面又在解决迫在眉睫的中国现实经济问题的具体探索上，或在遭受帝国主义经济侵略的共同民族灾难面前，不得不放松原有思想的禁锢而为新潮流的传播打开各种门径。

## 第二节　围绕中国资本主义发展史的论著

这一类论著相继出现，是当时国内经济理论界的一个新现象，以国人自撰为主，并借鉴日本的同类研究成果，体现了对我国资本主义发展问题的重视，相关的研究和判断，又同选择中国未来的发展道路，有密切关系。

### 一、关于中国近代经济发展及中日经济比较的论著

这里列举的几本著作，有些具有相似的论题，有些出自同一人之手，有些又以自撰本和译本的不同形式论述大致相同的题目，因为有相通之处，故放在一道介绍。

#### （一）《中国近代经济发展史》

侯厚培[①]著，上海大东书局1929年版，现存1932年5月再版本，列入近代经

---

① 侯厚培（1899—？），湖南长沙人；早年入读复旦大学商学院，毕业后任清华学校经济系助教，1926—1927年任该校国学研究院办公室秘书，后留学美国乔治·华盛顿大学，获硕士学位；回国后任实业部国际贸易局专员，任教湖南大学，后任江苏省农民银行副总经理，1939—1940年任江苏内迁湖南的国立商业专科学校第一任校长，著述甚多。

济丛书。根据作者 1929 年 3 月的"凡例"，此书有如下特点：

一是"吾国以不平等条约之缚束，无论何种产业，均落人后，固无经济发展之可言。唯自清末以来，经济界亦不无相当之进步。本书即搜集关于此种材料，汇成一编。在中国经济史尚在缺乏之时，本书亦或可供一部分之参考"。二是"本书仓猝编成，而经济之范围，又至广泛。内容挂一漏百，自所不免，将来材料搜集增多，当更为改订。本书之作，不过引起研究中国经济史者之一般兴趣而已"。三是"书中关于各种产业情形及统计，均根据最近最可靠之书报所载，或实际调查。设有错误，希望阅者予以指正"。①

可见本书的选题，认为清末是一个分水岭，在此之前，国内各种产业因受到不平等条约的束缚，均呈落后状态，谈不上经济发展；在此之后，经济界才有相当的进步，并在各种产业形成可靠的统计或实际调查资料，为搜集相关材料，汇编成中国近代经济发展史，提供了可行的条件。作者视此书为缺乏中国经济史条件下的一种参考，以期引起研究中国经济史者的兴趣，体现了中国经济史研究初创时期的探索心境。此所以后来有人把这本书，看作国内系统研究近代经济史的第一部著作。或者可以说，这是率先运用现代研究方法来梳理中国近代经济发展史料的一部著作。

此书分 8 章："人口之变迁""农业之情形""机械工业之进步""货币制度之改良""近代银行之发展""国际贸易之发展""近代交通之进步""中国近代之劳动运动"，共 360 页。从这些标题看，讲述中国近代经济发展趋向于世界经济发展的历史轨迹，实际上没有解决"凡例"中所提到的不平等条约的束缚问题，也没有解答国内各种产业从均落人后到取得相当进步的转变原因。从内容看，最后一章论及"近代劳动问题之来源"，分析其来源在精神方面有三："国民党民生主义之宣传"；"五四运动以来，国民运动之勃兴"；"共产主义之宣传"。这个宣传自 1919 年以后，"始渐暴露"，如陈独秀、李大钊等，活动不遗余力；"其手段即从劳动阶级入手，鼓吹农工运动，故劳动阶级首受影响"。② 这样把劳动问题放入中国近代经济发展史的考察范围，受到国外经济史学著作的影响，也是国内劳动运动成为影响经济发展因素的现实反映。因此，尽管这本书未曾直接接触马克思经济学说，但从一开始，通过外来的理论因素和内在的现实因素，不知不觉地渗透到中国经济史的研究和著述之中。

---

① 侯厚培著《中国近代经济发展史》，上海大东书局 1929 年版，"凡例"。

② 侯厚培著《中国近代经济发展史》，上海大东书局 1929 年版，第 332—333 页。

### （二）《中国近代工业发展概论》

龚仲皋著，列入建设文库经济类，上海太平洋书店 1929 年 5 月初版。如果说前述《中国近代经济发展史》是第一部系统研究中国经济学的著作，同时期出版的这部《中国近代工业发展概论》，单看书名，似乎考察中国近代工业发展史，也可以享有类似的声誉。不过翻看此 124 页的小册子，察其目录，除了一前一后的绪论和结论外，中间 6 章，分别是"工业革命以前历史""胚孕时期之工业革命""工业革命史之分期""工业革命与其相袭而来之障碍""现代工业进行之状态及趋势""工业革命与两大社会问题"。方才明白，这是套用西方工业革命的历史来研究中国近代工业发展问题。这也说明，那个时期中国经济史学包括部门史学的著作，就像经济学的理论著作一样，凡由国人自撰者，往往仿照和沿用西方的范式或成例，加上中国自己的史实和统计资料。因此还说不上运用马克思主义经济学来对各种中国经济史进行独立的研究分析，既使有些类似的内容，也属转引或仿效过来，不是真实自己的东西。

### （三）《中日经济关系论》译本

郭真编译，上海北新书局 1929 年 6 月初版。编译者流亡日本期间及回国后，出版多种著作，包括第一次出版用马克思主义观点研究辛亥革命的《辛亥革命史》。前面已考察过他的几本书，如以唐仁笔名撰写的《农民问题大纲》和以郭真之名撰写的《中国农民问题论》。现在摆在面前的这个译本，也被认为是比较中日现代化得失的早期主要代表作之一。

编译者 1928 年 12 月 1 日的序言介绍：

"中日问题是中国当前的最重大的问题，也即是世界问题中的最重要的问题。然而，中日问题所以这样重要，完全是由于经济关系。所以要明白中日问题的重要性，及其解决的途径，那必先要研究中日经济关系了。同时，我们要研究中日经济关系，先要知道日本经济的现状。因为知道了日本经济的现状，更能明白中日经济关系在日本方面更是怎样的重要了"。本书上篇叙述日本经济的现状，下篇说明中日经济的关系。上篇是高桥龟吉的原著，刊于《社会问题讲座》；下篇是长永正义的原著，刊于《外交时报》。上篇之末原有"日本经济的救济"一章，译者认为不很重要，所以删去了；下篇的翻译，"把原著者的帝国主义侵略的口吻删去了些，另加上一些译者的意思"。这是要特别声明的。①

---

① 郭真编译《中日经济关系论》，上海北新书局 1929 年版，"序言"。

如此看重中日经济关系，自然同日本帝国主义对中国的经济侵略有关。可是译本又声明删去原著中帝国主义侵略的口吻，应是另有考虑。那时国内的著作，不管引进还是自撰，专题论述帝国主义的实质及其对中国的经济侵略者，已然不少。这些著作的重点，要么从理论上阐述何谓帝国主义，要么从实际上阐述帝国主义如何对外实施侵略，特别是揭露西方帝国主义列强在中国进行经济侵略的强盗行径和恶劣影响。这样的阐述与揭露，对于国人认识帝国主义的侵略本质，激起反抗帝国主义的民族义愤，极具意义，由此成为传播马克思经济学说、列宁帝国主义论和苏俄模式的重要途径。在这种氛围下，译本把重点转向中日经济关系，不是抽象地谈论帝国主义，而是看帝国主义国家何以具备这样的侵略实力和强烈冲动，也不是只谈欧美帝国主义列强，而是看近邻日本如何在与中国的经济交往中实现其帝国主义侵略目标。编译者专门从日本学者的著述里，挑选相关的两篇文章翻译，组合成上下篇122页的小册子，可见有着更为深层和现实的考虑。

译本上篇分3章，"日本经济发展原因的消灭""粗工业产业的衰落"（含"粗工业时代没落的原因""粗工业的衰落与日本经济的现状"2节），"日本精工业发展的困难"（含"日本资源的穷乏""帝国主义发展的困难与日本经济"2节）；下篇同样分3章，"从贸易上观察中日经济关系"（含"对华贸易在日本贸易上的地位""对日贸易在中国贸易上的地位"2节），"中日间物品交换的状况"（含"中国对日输出品""日本对华输出品""余言"3节），"从企业上观察中日经济关系"。将上下篇合在一起看，前者检讨日本经济发展的内在原因正在消失，传统工业已经没落，新兴工业发展困难，又与国内资源的缺乏密切相关，要求寻找帝国主义发展的新出路；后者观察中日贸易在各自国家所占的地位，相互之间的货物输出交换状况，以及从企业角度看中日经济关系。这样看待中日经济关系，虽然并不完整，但很明显，前者之所需，正是对后者之所求，日本帝国主义者出自内在需要而急切把魔爪伸向中国的一副狰狞嘴脸，跃然纸上。所以，译本中尽管没有直接运用马克思学说，也没有谈及帝国主义理论，却以事实依据，支持了这种学说理论的传播。

**（四）《中国资本主义史》**

这本105页的小书，同为郭真所著，上海平凡书局1929年9月初版，列为平凡丛书，被认为是探讨中国社会性质的早期著作之一，又是运用马克思经济学说作为分析工具的史学类著作。著者同年2月17日作于日本的序言，介绍此书的几层意思：

其一，"中国资本主义是非常幼稚，但不能就说他没有资本主义的发展；这是看了这本小册子就可明白的。有许多人以为中国尚未有资本主义的发展，这是错误的见解"。本书名为《中国资本主义史》，"对于中国资本主义史的发展叙述特详"；资本主义的现阶段又是"发展过程中的最重要一阶段"，因此，"对于中国资本主义的现势也叙述较详的"。其二，"中国资本主义虽非常幼稚，但已跟着世界资本主义的崩坏而趋向崩坏了；这是什么原因呢？关于这一点，也有许多人要知道它，所以在本书最后一节中就把这问题简单地检讨一下"。其三，"有系统地叙述中国资本主义的中文书极少，所以本书的出版可说是一个尝试"。①

基于上述涵义，全书结构分 4 章。第 1 章 "绪论"，含 "资本主义的定义" "资本主义的特征" "资本主义的主要法则" "中国资本主义的发展" 4 节；第 2 章 "中国资本主义之史的发展"，含 "军用工业时代" "官业及官督民业时代" "民业萌芽时代" "民营铁道业时代" "工业资本中成时代" 5 节；第 3 章 "中国资本主义的现势"，含 "重工业" "交通工业" "近代工业" "金融事业" 4 节；第 4 章 "结论"，含 "中国资本主义的特质" "中国资本主义的发展趋向" 2 节。结合这些涵义和结构，可以将此书的思路特征概括为：首先承认资本主义在中国已有一定程度的发展，而且是发展过程中的一个重要阶段，即使中国的资本主义发展非常幼稚，否定这种发展却是错误见解；书中较为详细的叙述，占全书 70% 多篇幅的第 2 章与第 3 章，分别说明了中国资本主义发展的历史与现势。关于这一点，当时国内存在着争议，后来更引出有关中国社会性质问题的中国社会史争论。其次断言中国的资本主义虽然还处于幼稚阶段，但已随着世界资本主义的崩坏而趋向于崩坏；何以如此，书中最后一节中国资本主义的发展趋向简单检讨了这个问题。这是当时引起更大争议的问题，等于宣布中国的资本主义不可能从其幼稚阶段发展到像欧美国家那样的成熟阶段，也就是中国不可能走通资本主义的发展道路，因为以欧美国家为代表的世界资本主义正在走向灭亡，中国的资本主义亦势必随之而去。这是运用马克思和列宁学说分析中国国情的结果，不过从后面的考察还会看到，即便对结果的判断相同，对中国国情的判断仍会存在差异，如不承认中国的资本主义已有一定程度的发展。最后自称本书是在极少中文书籍可供参考的条件下，尝试有系统地叙述中国的资本主义；其系统性体现在上面的目录结构里，先从理论上

---

① 郭真著《中国资本主义史》，平凡书局 1929 年版，"序言"。

分析资本主义的定义、特征和主要法则，依此确认中国资本主义已在发展的理由，继则分别从历史和现状两方面来叙述中国资本主义发展的演变过程和目前实际，然后综合理论、历史与现状的研究，得出有关中国资本主义的特质及发展趋向的结论，说明中国不可能发展到欧美式资本主义，反倒随着世界资本主义的崩溃而在幼稚阶段就终结了资本主义道路的原因。说当时缺乏分析中国资本主义的中文参考书，确系如此，前面对国内经济学著作的考察也证明了这一点。不过，著者的尝试性研究，很有可能借鉴了日文著作或受到日文著作的启发。前面考察郭真编译的《中日经济关系论》一书，便是其例；《中国资本主义史》一书的序言标注写于日本，也可作为佐证。当然，主要的著述思路、史料梳理和实证资料，应来自著者本人。

说到运用马克思主义的分析工具，可见第 1 章的有关内容。如论及资本主义的定义：

今日关于资本主义之学理的研究，很明显给以一个有力基础的是马克思的《资本论》，"这本大著中对于资本主义的本质及作用加以彻底的解剖和痛烈的批判"。以马克思对资本本质的解释为基础，定义资本主义的意义。依马克思所说，"所谓资本虽是生产的资料，但它的本身并没有创造新价值的能力"；具有从生产中造出新价值的能力的，"只有劳动"。当然，单是劳动，生产也不能完成，所以资本是必要的。"只是资本的价值再现于由生产而新生之财货的价值中时，仍是和以前同一分量的价值不会有什么增加；换言之，仅仅是价值的移动"。然而生产的进行以增加价值为目的，如果在生产上不能新生比资本的价值较大一些的价值，那么生产自始便不能成立了。生出新价值的只限于劳动，然而，"由劳动生出的新价值，劳动者所得的仅其中的一部分，其他的部分都归于不劳动的资本家所得到；这个为资本家所得到的价值，就叫作剩余价值"。"马克思把资本家取得剩余价值的作用叫作榨取；这个剩余价值从资本家方面说是一种不劳而得，所以又叫作不劳所得。总之，造出价值的是劳动而不是资本，但榨取剩余价值的却是资本家。所谓资本，其实不外是一种从劳动者手中榨取价值之社会的势力。所以资本的所有者是一个略夺者，劳动者是屈处于他们压制之下的被略夺者。同时，一切的重要产业都由资本从劳动方面榨取剩余价值而进行的，现代的社会就是以这样的作用做基础而成立的，任何人都不得离开这个关系而生活的。这样的状态，就是资本主义。明白地说：资本主义是以私有财产制度为基础，被经济行动上的自由法则所保证，而由企业发展到大经营的经济体系"。①

这样说明资本主义的定义，明言以《资本论》对资本本质的解释为基础。其基本原理来自马克思的劳动价值论和剩余价值学说，但上述说明省略了这些原理的主要推理过程，简化为在资本主义生产中，资本仅仅转移价值而非创造新价值，具有创造新价值能力的只限于劳动，但劳动者仅得到新价值的一部分，其余部分都被资本家不劳而获地掠夺了；资本家之所以能够站在掠夺者的地位去压制劳动者，正是以私有制为基础的资本主义经济体系用经济自由法则去保障资本家不断发展壮大的结果。这样的理解，在那时已是寻常可见的说法。但于此可信，这是确立了以马克思经济学说来研究和阐述中国资本主义史的宗旨。

接着论述资本主义的三大特征和资本主义的两个主要法则，都是引自山川均的《资本主义批判》一书。其内容因有高希圣翻译这本书的译本出版在前并已作考察，故不赘述。这里引用的意图，是要说明"资本主义社会在它自身的发展上，引起了倒坏自身的主力"，"资本主义社会是必然地这样倒坏的"②。这个用意，同运用马克思经济学说来分析中国资本主义史的宗旨，也是一致的。

经过第 2、第 3 章关于中国资本主义的历史发展和现势的分析，最后结论中检讨两个问题。其一，中国资本主义有两个特质，一是产业多半操在外人手上，二是国内资本家多半是贪官污吏出身。"因为有上述两个特质，所以中国的民族运动和民权运动，必然的要成为推翻资本主义的社会革命"。其二，"因为现代经济已由国民经济进为世界经济，所以中国资本主义的发展趋向是各资本主义先进国的发展过程不相同的"。现代的世界经济，资本主义已经发生破绽，这是资本主义内部所包含的矛盾的表现。详细说，资本主义发达的国家，无论商品还是资本，往往供过于求，出现利润率减少和市场恐慌的现象，所以不能不向外发展，变为帝国主义的侵略。资本主义的领域天天扩大，终则全世界都变成资本主义化了。到了这个时候，资本主义的内在矛盾失去弥缝的手段，发生一种大恐慌，于是帝国主义的战争发生了。战争的结果，或资本主义崩坏如俄国，或能弥缝于一时如欧洲各国。"但是，资本主义已入于崩坏期了，这是谁都不能否认的"。中国既是世界经济的一部分，本国资本主义虽未十分进步，可是"在整个的世界资本主义崩坏中，中国资本主义也是不得不崩坏，所以一般人以为中国社会主义革命运动也是有成功的可能

---

① 郭真著《中国资本主义史》，平凡书局 1929 年版，第 2—4 页。
② 郭真著《中国资本主义史》，平凡书局 1929 年版，第 10 页。

的"。我在《社会主义概论》一书中引述主张中国实行社会主义革命的一种学说如下：

"社会主义革命是世界的帝国主义制度内，各种矛盾冲突的发展之结果，社会主义首先爆发于某一国，不过是世界帝国主义的战线，首先在这一国破裂罢了，不过是世界帝国主义革命的战线，首先在这一国建筑起来罢了。所以工业比较最发达，普罗列塔利亚占全国民众里最大多数，文化程度最高，果可以开始社会主义革命，然而在工业不发达的国家里，也是可以开始社会主义革命的，因为资本主义已成全世界的经济机体。世界的资本主义已经发达到帝国主义的大战争时期，全世界经济状态，生产力以及其他客观条件，都已经成熟，可以发现社会主义革命。这个整个儿的世界资本主义制度，当然要在帝国主义势力最弱的地方，开始破裂。普罗列塔利亚当然要在资本主义锁链最脆弱的地方，突围而出。……中国呢，资本主义制度的势力也很弱，而帝国主义和政府的严重压迫，使全国民众切齿痛恨，对于统治者的威信也完全没有，同时，社会主义者有民众的拥护，……也可能实行社会主义革命的。工业发达与否，对于革命之后的一切建设事业及革命的过程，不无影响，然而决不能以一国内的工业发达程度，来决定社会主义革命能否实现。所以在现在的中国，应该就实行社会主义革命，反对中国推行资本主义"。

中国资本主义的趋势是否照上述那样进行，"那是非常难说的"。"但中国资本主义已和世界资本主义结不解缘了；世界资本主义已趋于必然崩坏境地中了，那末，中国资本主义的趋向也不言而喻了"。[1]

以上结论，关于中国资本主义的两个特质，其中产业多半由外人操控一点，为不少论述帝国主义侵略行径的国人著作所公认；而国内资本家多半出身贪官污吏一点，虽然醒目，不过别的著作另有其他的说法。基于这两点，当时在国人中引起比较普遍的反应，即反对帝国主义和反对封建势力。如上述判断，由此不仅推动国内的民族运动和民权运动，还必然要在中国形成推翻资本主义的社会革命。这样的推理结论，在那时正是共产党人的思维特征。关于中国资本主义的发展趋向，认为现代经济已由国民经济进入世界经济的背景下，中国不可能再走与各资本主义先进国家相同的发展道路，中国经济作为世界经济的一个组成部分，当整个世界的资本主义已经处于崩溃时，自身尚未发达的资本主义也不得不趋向于崩溃，因此只有实行

---

[1]　以上引文见郭真著《中国资本主义史》，平凡书局 1929 年版，第 85、90—93 页。

社会主义革命。这样的理论分析，同样早几年已见于共产党人的主张。值得指出，结论中论证经济落后的中国何以有可能实行社会主义革命，用一大段话引述了这样一种学说，包含社会主义革命是世界帝国主义制度内各种矛盾冲突发展的结果，社会主义可能首先在一个或几个国家内获得胜利，在世界帝国主义链条中的薄弱环节首先突破等理论，以此证明中国能否实行社会主义革命，并不完全取决于本国的工业发达与否，还要看中国在整个世界经济体系中是否处于薄弱的环节。这些理论，正是来自列宁关于帝国主义和无产阶级革命的学说。将这些理论运用于中国实际，等于在以往论证中国处于世界资本主义走向崩溃的趋势中，不可能走通资本主义道路的基础上，又论证了中国处于世界帝国主义链条中的薄弱环节，同样有可能实行社会主义革命。后一论证，补充了一系列新的论据：不仅工业发达，无产阶级占民众大多数，文化程度比较高的国家，可以开始社会主义革命，工业不发达的国家，也可以开始社会主义革命；由于资本主义构成全世界的经济机体，世界资本主义发展到帝国主义战争时期，所以全世界的经济状态，其生产力以及其他客观条件，已经成熟到可以发生社会主义革命的阶段；无产阶级革命究竟出现在整个资本主义世界的什么地方，当然突破在帝国主义势力最薄弱的地方或资本主义锁链最脆弱的地方；中国现在正是这种最薄弱或最脆弱之处，表现为国内资本主义制度的势力很弱，帝国主义和政府当局对全国民众的双重压迫，已使统治者威信扫地而民众向往社会主义，因此同样可能实行社会主义革命；中国目前工业不发达，固然会影响革命的过程及革命之后的建设事业，但决不是关系社会主义革命能否实现的决定因素；综上所述，中国现在应该实行社会主义革命，反对推行资本主义。这些论据，是著者转引别人的论述，不是他自己的看法，或许他对上面的结论还有点疑惑，所以认为中国的资本主义趋势是否照这个结论进行，"非常难说"。但他接受这样的观点，中国资本主义和世界资本主义已经结下不解之缘，既然世界资本主义趋于必然崩坏的境地，中国资本主义的趋向也不言而喻。这里的不言而喻，指中国资本主义也必然趋于崩坏，然而未明说应该实行社会主义革命。

《中国资本主义史》的问世，可能受到日本学者同类著作的影响。郭真1927年到日本，正值野吕荣太郎的代表作《日本资本主义发展史》出版，被视为日本马克思主义史学方面的重大贡献。前面考察《各国经济史》一书的日本经济史部分，也能看到野吕氏的有关观点。郭真1929年回国即出版类似的著作，不能说是巧合。即使如此，当时在我国理论界，运用马克思列宁主义的经济原理来论证中国资本主义的发展历史，判断这个历史将随着世界资本主义的没落而终结，毕竟是新颖的研究尝试。因此，这个研究的结果虽然不过是一本小册子，但它围绕中国社会性质的检讨而将马克思主义经济学与中国实际结合起来的诊断，无论看起来多么简单，仍属开拓性研究并对时人有影响力。

### （五）《日本资本主义研究》

巴克编著，上海现代书局 1929 年 9 月初版。前面已考察过编著者稍先出版的《战后世界资本主义研究》一书，对其思想倾向有所了解。现在这本编著之作，他 1928 年 10 月 19 日作于上海的序言说：

"我总时常想到中国人——当然我也在内——太不争气，连关于有这样密切的和邻近的日本问题的书籍，在我国的大书坊上找遍，找不到几本出来。反之，回看日本对于中国问题的书籍，真是汗牛充栋，要使我们惭愧极了"！"所以我做这本小册子，除了我想引导我们中国人大家来注意日本问题与稍微的指点我们应如何的对付日本问题外，可说是没有另外的用意"。①

这个认识，同前面郭真编译《中日经济关系》一书的想法，非常相似。说明当时中国遭受日本的经济侵略，国人却不真正了解这个具有侵略性的国家何以从资本主义发展到帝国主义的具体状况，于是了解这种状况的需求，被提上议事日程。不过，郭真的书以引用日本人的研究为主，删去原作的帝国主义口吻，此书则要说明日本的帝国主义是怎样形成的。

此书 227 页，分"绪论""日本资本主义发展之原因""日本资本主义的发展""日本资本主义之重要产业与基础产业""日本资本集中之形势""日本最近之金融状况""日本最近之对外贸易状况""日本资本主义下的农村经济""日本资本主义之前途"及"结论"10 章。只须考察前后的绪论及结论，便可对全书的意旨，有大概的了解。

其绪论有如下说法：

"日本在欧战后为世界上五大帝国主义中之一，亦为过去数十年间，帝国主义者在中国最横行而最暴戾的一个。所以居在半殖民地的我们，无论在打倒整个的帝国主义的工作中，或单在打倒日本帝国主义的工作中，都应对相于日本资本主义的趋势，要先有明了的了解，然后才能谋适当的对付的方法。这因为帝国主义与资本

---

① 巴克编著《日本资本主义研究》，上海现代书局 1929 年版，"序"。

主义，是有连锁的关系的缘故，且这个连锁的关系，正如列宁所说：'资本主义的最后阶段，即为帝国主义'"。"可知资本主义发达到最后的阶段而成为帝国主义时，其唯一的特点，就是为由原料、市场和投资三者而成的经济的侵略而带来的横暴的而且残酷的武力的侵略"。"现在在外表上看起好似正在兴盛时期的世界的资本主义也快要走到尽途了。换言之，就是资本主义的破坏，在不久的将来确会实现的一天罢。这个破坏的原因，重要的就是，为资本主义自身带来的三个内容的矛盾"：劳动阶级的反抗；殖民地与半殖民地的弱小民族的反抗；帝国主义战争。"总结以上两个的话，我们在未来讨论整个的日本问题以前，就会知道有两个重要点要为我们深深的注意的"：一是"因形成帝国主义的原因是原料、市场和投资三种的经济要求，且在进展时，这三种经济的要求，遂变成政治的侵略之故，难怪日本帝国主义的唯一的经济与政治的侵略地是中国。这就是可知在讨论日本时与中国关系的重要了"。二是"因资本主义的破坏就是帝国主义的破坏之故，可知下面各章所说的日本资本主义的危机，就是日本帝国主义的危机"。①

以上说法，等于以日本为实例，诠释列宁的帝国主义论。日本何以成为侵略中国的帝国主义中最横行最暴戾的一个，因为它体现了世界列强进入资本主义的最后阶段而成为帝国主义的共同特点，其唯一目的，就是凭借武力对外争夺原料、市场和投资以进行经济侵略；日本帝国主义进行这种经济和政治侵略的唯一对象，就是沦为半殖民地的近邻中国。为什么在打倒整个帝国主义的同时特别要打倒日本帝国主义，因为它们自身面临资本主义走入末途所显示的三个矛盾，即劳动阶级的反抗，殖民地半殖民地弱小民族的反抗，以及发动帝国主义战争；日本帝国主义与中国关切密切，当其处于资本主义的破坏阶段，更会在表面的兴盛下加紧对中国的侵略，故中国只有首先明了日本资本主义即帝国主义的内在危机，才能找到适当的对付办法。总之，列宁关于帝国主义是资本主义的最高或最后阶段的理论，成为此书研究日本资本主义或帝国主义以期应付其从经济上侵略中国的指导思想。

其结论在第 2 节"社会主义的成熟时期"，又有如下说法：

"从上面各章的事实看来，日本资本主义下的生产力与生产关系，在外表上虽然没有十分表现冲突，然而实际，确是已进于这条路上——社会革命来到——了。……新的社会组织，要从旧的社会组织孵化出来的。这是社会进化的历史昭示我们的意

---

① 巴克编著《日本资本主义研究》，上海现代书局 1929 年版，第 1、5—8 页。

义，我们用不着丝毫的怀疑了。所以在资本主义社会孵化出来的组织，当然不用说，谁也知道是社会主义社会。日本社会的变迁，在进化的道上，不能例外。故这里要叙述的，就是日本资本主义所孵化的新社会组织——社会主义社会，在目前已达何等的程度？明言之，就是日本资本主义已成熟了社会革命的条件怎样？但我所说的新社会组织从旧社会组织孵化出来的意思，并不是说从平和的不经革命的阶段就可以实现的，而且我相信，非一定的经过激烈的革命的阶段，而且是无产阶级的革命的阶段而不能实现的"。"所谓普通的革命时期到来的经济背景的现象，就是无论任何社会制度，在这制度下的人民的生活程度，若是继续的向上，行这制度决不会崩溃，亦就是决不会发生革命的；反之，若这制度如已开始低下人民的生活程度，则因人民对于这个制度信仰的动摇，定会发生革命，亦就革命的时期到了"。"日本资本主义社会，目前确实是在后者的情形进行着——人民生活程度低下。所以我们说日本资本主义，在目前已进到社会主义革命成熟的时期这句话，当然不是凭空而造的了"。

据布哈林（原译"蒲哈林"）说，社会革命要经过四个阶段。我现在根据布氏的意见，略说日本资本主义已达到社会革命的成熟期的四个阶段的条件和内容。"第一阶段的思想革命"。请看日本一位很有名的评论家，上年 11 月曾在日本报纸《报时》上发表的一段话："目前日本情形的一大显著之点，便是过激思想在民间非常猖獗，毫无忌惮。马克思社会主义已经种到劳动阶级心里去了；在他们看来，苏联便是理想的国家"。这就可知，"思想革命这个条件，何等地达于成熟了的时期"。"第二个阶段的政治革命"。固然，日本从前的劳动运动，都属于肯定资本主义的一派。但日本资本主义经济已如上面各章所述，"劳动阶级的生活程度愈趋低下，必然的使日本反资本主义性质与阶级斗争性质的劳动运动要勃然的兴起来了"。在这种情势下进行的劳动运动的胎内，发育政治革命。"很明显的资本主义下的国家资本主义是拥护资本阶级的一个手段，……与丢掉浪费的个人资本主义的无政府的生产，而采用有计划的有组织的生产的社会主义下的国家资本主义不同。所以一切的国家资本主义虽是为从资本主义到社会主义过渡期中诞生的一个历史的经济形式，然而资本主义下的国家资本主义，实为资本主义在这时期已成熟了所谓社会革命的第三个阶段的经济革命"。"日本资本主义在目前已进到国家资本主义的过程，如国有铁路、烟草专卖、盐专卖及官营论的勃发等，是最好的事实。这个事实，我们当然不能如资产阶级的学者一样，来欺骗日本无产阶级，说这是日本资本主义渐变而到社会主义的过程；我们要高喊着：这是日本无产阶级创造伟大时代的过程"！"至于第四阶段的技术革命，还等待着日本无产阶级努力呵"！"用不着惊奇，有产阶级的社会，都会达到尽止的一天"！①

可见，此书的结论，沿着绪论里对日本帝国主义所作的诠释，不仅运用列宁学说，指出这是资本主义发展到最高即最后阶段的产物，表现为对半殖民地中国最横行暴戾的经济与政治侵略，实则意味着资本主义即帝国主义自身走向末路的崩坏趋势，而且运用马克思学说和苏联例证，指出包括日本帝国主义在内的这种世界资本主义的崩坏趋势，已在孕育用新社会组织取代旧社会组织的社会革命，最终取向是社会主义社会。这里说的社会革命，完全依据唯物史观：从生产力与生产关系是否发生冲突的角度，分析一种社会制度能够满足人民生活水平持续向上发展的需要时，它不会崩溃即发生革命，反之，这种社会制度不能满足这个需要，失去人民对它的信仰时，势必发生革命，或者说，社会革命的时机就成熟了；这种成熟，说明从资本主义的旧社会组织中孵化出社会主义的新社会组织，并非不经过革命可以和平实现，一定要经过无产阶级的革命阶段；日本资本主义从外表看来还没有出现生产力与生产关系的公开冲突，实际上已经走在通向社会革命的道路上。这番分析，可以说是国内少见的运用马克思主义观点来研究日本资本主义的代表作。以往的著作，分析帝国主义，连同用马克思主义观点来分析包括日本在内的帝国主义，一般都是指向它的垄断实质和侵略特征。站在殖民地半殖民地的弱势民族立场来看待帝国主义，更是如此，强烈反对帝国主义的经济侵略并提出打倒帝国主义的口号，就像我国许多专论帝国主义的著作要求抵抗日本以及其他帝国主义列强对中国的经济侵略一样。这本书除了类似的分析，还提出了日本帝国主义如同其他帝国主义国家，在侵略他国的同时，自身也面临社会革命的危机，步入实现无产阶级革命的道路。尽管这个预测，从后来看并不准确，但它所提出的问题，将日本帝国主义对外经济侵略所引发的外部对抗，同时转向因其内在经济弊端所引发的内部矛盾，让人强烈地感受马克思主义的分析结论，无论对于施加侵略的帝国主义还是遭受侵略的弱势民族，最终都以社会主义社会为其归宿。

结论中另一个特点，引入布哈林的社会革命四阶段论来剖析日本资本主义。布哈林当时号称苏共"党内头号思想家"，他的理论被用于研究日本资本主义，亦可视为用苏联范例作为参考和比照对象来衡量日本达到社会革命的条件，须相继经历

① 以上引文均见巴克编著《日本资本主义研究》，上海现代书局1929年版，第225—227页。

四个阶段。一是思想革命阶段，当时日本民间流行过激思想，说明在劳动阶级心中已经种下马克思社会主义的种子，并把苏联当作理想的国家。二是政治革命阶段，日本的劳动运动，随着劳动阶级的生活水平不断下降，已经从肯定资本主义的从属派别，转变为具有反资本主义的阶级斗争性质，正在蓬勃兴起。三是经济革命阶段，日本资本主义盛行国有、专卖、官营经济的事实，尽管不像资产阶级学者欺骗无产阶级那样，说成日本资本主义向社会主义渐变的过程，也尽管不同于社会主义制度下的国家资本主义政策，丢掉浪费的个人资本主义的无政府生产和采用有计划有组织的生产，是资本主义制度下拥护资本阶级的一个手段，但国家资本主义确实为资本主义内部的社会革命，从资本主义过渡到社会主义，准备了必要的经济形式和历史条件。四是技术革命阶段，仍然有待于日本无产阶级的努力。四个阶段论，从思想、政治、经济、技术四个方面论述社会革命的必备条件，与其说是研究日本资本主义已经穷途末路的分析工具，不如说是总结苏俄革命成功的基本要素。其中谈到社会主义制度下实行国家资本主义政策，应指苏俄的新经济政策而言，把此政策说成区别于个人资本主义下无政府生产所造成的浪费，实行有计划有组织的生产，也算是不同于以往解释的一个新的释义。

总的看来，《日本资本主义研究》一书，超出通常研究一国资本主义或帝国主义的范围，无异于拿日本作案例，解剖它从资本主义到帝国主义，对外尤其对中国肆意经济侵略，对内孕育着社会革命各种条件的性质、特征和未来趋势，完全符合马克思唯物史观、列宁帝国主义论的基本观点，并以苏联为未来发展的理想国家。这样的研究，实际上是从理论与实际的结合上，宣传和应用马克思主义经济学。由此亦可见此书的编著者，并非真如其序中所说，除了引导和指点中国人注意并应如何对付日本问题外，丝毫没有别的用意，而是另有更深的指示马克思主义观点及苏联理想的目的。

## 二、《中国资本主义之发展》

朱新繁这本书，继此前编写出版《资本主义的发展及其没落》一书后，更有针对性，上海联合书店 1929 年 12 月 5 日初版。

### （一）从目录看全书的宗旨

此书为 476 页的大部头著作，分 11 章：

第 1 章"近世资本主义的发端"，含"绪论""原始的蓄积""机械发明与大规模生产""各国资本主义发展概况""资本主义的生产行程""由竞争到垄断"
"资本主义之最后阶段的帝国主义""资本主义制度的没落"8 节。显然以马克思
和列宁的学说为依据，叙述近世资本主义从资本原始积累发展到机器大工业生产，
经历资本主义经济的迅速增长及其生产过程的矛盾冲突，由自由竞争转变为垄断，
最后进入资本主义制度没落的最后阶段即帝国主义时代。第 2 章 "中国产业落后及
不能发展的原因"，含 "中国经济的重要性""中国产业落后的原因""西欧资本主
义势力的侵入""帝国主义侵略中国史略""中国产业不能发展的原因"5 节。运
用前一章的分析逻辑，探讨中国产业落后和难以发展的原因，重点落在欧洲资本主
义势力的侵入或帝国主义的侵略上面。第 3 章 "国内近代工业发展的趋势"，含
"官营工业的发生""外国工厂的兴起""商办企业的萌芽""企业的黄金时代"
"黄金时代中的日本""黄金时代的衰落"6 节。分类先从工业方面论述中国资本
主义发展的特征，所谓黄金时代指第一次世界大战给中国工业发展所带来的机会以
及机会的消失。第 4 章 "农业经济的崩溃及其影响"，含 "农业问题的重要""帝
国主义的侵入与农业经济的崩溃""农业经济崩溃的另一原因""农业经济崩溃中
的社会现象""农村经济现状及其对产业发展的影响"5 节。接着从农业方面，论
述帝国主义的侵入和资本主义因素的增长对传统农业经济的毁灭性打击。第 5 章
"关税制度的束缚"，含 "关税问题的重要""海关主权丧失的经过""海关的现
状""厘金之为害""关税问题对于产业发展的影响""关税自立与废除厘金的前
途"6 节。这是帝国主义侵略中国的另一显著特征，即对外关税自主权的丧失及对
内贸易征税的加重。第 6 章 "航业现状及与产业发展的关系"，含 "沿海及内河航
行专有权的丧失""中国航业的衰落""远洋航业中华轮的地位""沿海航业的衰
落""内河航业的衰落""每况愈下的招商局""帝国主义垄断中国航业的企图"
"航业的前途与产业发展的影响"8 节。帝国主义侵略中国的恶果延伸到沿海及内
河航运事业，表现为帝国主义垄断对国家专有权的侵蚀及本国航运事业的衰落。第
7 章 "铁路现状及与产业发展的关系"，含 "帝国主义经营中国铁路概况""外资
承办各路概况""各路债务统计""内乱对于铁路的蹂躏""铁路的前途及对于产业
发展的影响"5 节。这是侵略恶果在我国铁路事业方面的表现，关键词仍是帝国主
义的控制，外加内乱的破坏。第 8 章 "帝国主义操纵下的金融事业"，没有分节。
从金融角度论述帝国主义对中国进行经济侵略的重要渠道。第 9 章 "国内工业现状
的分析"，含 "矿工业概论""煤矿工业现状""铁矿工业现状""汉冶萍公司"

"纺织工业现状""制粉工业及其工业现状"6节。从不同于第3章的另一个角度来分析国内工业现状，更为具体地揭示各工业行业受外国资本影响的状况，包括我国最早的商办新式钢铁联合企业汉冶萍公司，实际上被日商通过借款而控制。第10章"中国资本主义发展可能说的答复"。根据前述证据，否定中国可能发展资本主义的说法。第11章"世界资本主义的崩溃与中国资产阶级的幻灭"。这是全书的结论，也是回应第1章的逻辑，既然资本主义在世界范围内的发展已经进入最后和没落的帝国主义阶段，则中国资产阶级企图在本国发展资本主义的希望也随之幻灭。

由此看来，这本书的基本宗旨，论证中国未来的前景，不可能走通资本主义的道路。这也是随后有关中国社会史论战的一派论点，其重要论据便是无法摆脱帝国主义侵略的束缚因素。此前的著作，也能看到类似的观点，但就论据而言，或者同样注重实证资料，却不如此书之全面和系统；或者根据实证材料而号召国人反抗或打倒帝国主义，却不如此书之事实上从马克思和列宁的学说中提炼理论依据；或者大量引用马克思主义的论述，却不如此书之兼有理论依据与实证资料而互为支撑。但这并不等于说，此书的论证很有说服力，它在理论与实际的结合，价值判断与实证材料的衔接运用上，虽然态度鲜明，有理有据，却显得有些生搬硬套，不那么融会贯通，缺少自主分析的内在独立性。下面不妨举一些例子。

**（二）第1章的例证**

其绪论一开始引用"波达诺夫"一段话：无论研究整个历史、社会意识发展、外交或宗教问题，都不能不顾及社会的经济纽带即社会的基础构成，不能不借用经济学的结论，"所以经济学实在可以看作社会科学体系中的基础"；经济学在社会科学中的使命，无异于物理学和化学在一切有机和无机过程研究中的使命，"不知道物理学和化学的结论的植物学者、动物学者、天文学者和农业学者，等于解除武装的兵士"，"同样，社会学者、历史家及法律家，如果没有经济学的知识，就和他们的境遇一样"。观察一切社会现象，首先应该了解生产及生产物的交换，是一切社会构造的基础；一切社会的政治的变化的原因，不能求诸人们的头脑，而应在生产方法和交换方法的变化中去探求。波氏上面一段话"非常正确"，"关于政治的社会的问题，如果不着手于为社会的基础的构造的经济条件的分析，决不能得到正确的结论"。

"现代的时代是资本主义的时代，目前的中国是资本帝国主义统治下的半殖民地的中国。目前的中国，正是一个最混乱的时代，正是光明和黑暗交替的时代。在这个时代，许多社会的政治的严重的问题，摆在我们的面前，需要我们去答复、处理"。要答复处置这些严重的问题，不能不从构成社会的基础的经济方面入手研究，因为一切社会的政治的变化，不是"英雄造时势"，而是经济变动的结果。"这就是说，目前一切的政治的社会的问题，归根结底，不过是一个经济问题"。又因为现在的时代是资本主义的时代，而且是资本主义行将没落的时代，所以"中国问题的中心，也就是中国的前途，是资本主义还是非资本主义？现在一切的问题的争论，也就是以这个问题为其基础"。中国的社会状况还停滞在半封建的农业经济时代，一方面农业经济开始崩溃，近代工业有了相当的发展，另一方面产业的发展遇到许多障碍，不能发展到和近代的工业国家一样。"于是问题就发生了：究竟发展到资本主义的路上，还是超过了资本主义的阶段而走入非资本主义？"本书的任务，"就是从实际上分析中国经济现状，以答复这个问题"。要理解中国资本主义发展的前途，必须先明白资本主义经济组织的构成要素及其趋势，"不懂得资本主义制度之一般的特性，而想着手来研究中国资本主义发展的前途，必然会陷于错误的危机"。因此，在分析中国经济现状以前，第一步应先解释近世资本主义发展的一般过程，这是必要的。①

这里提到的波达诺夫，正是前面考察过的周佛海翻译并于 1927 年出版的《经济科学概论》译本的作者；这里引用他的一段话，也出自这个译本，惟译文略有不同。用这段话来指导有关中国社会前途问题的研究，其理论基础实际上是唯物史观。关于唯物史观，此时已为国内研究马克思学说者所熟悉。值得注意的是，绪论中据此提出一个关系中国社会前途的重要问题：目前中国既处于资本帝国主义的统治下而具有半殖民地性质，又停滞于农业经济开始崩溃的半封建时代，近代工业虽有相当的发展，却遇着许多障碍而不能发展到和近代工业国家一样，于是面临的选择，是继续在资本主义道路上发展，还是越过资本主义阶段而进入非资本主义轨道？据说全书的研究任务，都是为了回答这个问题。类似的选择问题，此前国内的仁人志士曾经不断把它提到面前，试图解答。此书的特点，把这些解答所提供的各种理论与实证资料，根据一定的倾向和重点排列出来，最后得出自己的结论。

例如，从理论依据上看，第 2 节"原始的蓄积"说：资本主义经济组织的基础，建筑在对工钱劳动者的剥削上。因此，资本主义制度的构成和发展的第一个条

---

① 朱新繁著《中国资本主义之发展》，上海联合书店 1929 年版，第 1—3 页。

件，需要能够自由出卖劳动力，非如此不能生存的劳动者。第二个条件，资本主义经济组织作为大规模的生产组织，购置生产机关的设施，雇佣工钱劳动者，需要资本。创造这些条件的过程，是"原始的蓄积"。[1] 这显然来自《资本论》中的原始积累概念，但极其笼统，看上去只是拿来了一些二手解释材料。

跳到第 5 节"资本主义的生产行程"，其中说：资本家有了生产工具如工厂、机器、原料等，还不能从事生产，必须有使用机器的劳动者。在资本主义社会组织下，劳动力已经和帽子、靴子一样变成一种商品。资本家有了生产工具即不变资本部分，再用可变资本购买劳动力以消费于生产；"劳动力被消费后，就再生产自己的价值，并且创造了剩余价值，而成了资本利润的源泉"。资本家拿工钱来买劳动力，工钱就作为劳动者的生活资料。但是很明白，资本家供给劳动者生活资料不是由于资本家"好善"，是想从劳动者的劳动结果中获得利润。"这就是说，他不但是要生产使用价值，还要生产价值，不但生产价值，而且还要生产剩余价值"。例如资本家出 5 角钱雇佣工人，工人在 6 小时的劳动中创造了 5 角钱的价值，这样资本家没有一点利益，资本家是不肯干的。他出 5 角钱购买劳动力一定要劳动者产出 5 角钱以上的代价，于是让劳动者劳动 12 小时。劳动者每天前 6 小时的劳动，是劳动者产生其劳动力的价值的时间，是"必要劳动时间"，后 6 小时的劳动，超过产生劳动力的价值，是"剩余劳动时间"。"由剩余劳动所创造的价值，就是剩余的价值"。"资本家不但要从他所投下的资本中一度获得剩余价值，而且要继续的取得剩余的价值"。如果生产只是单纯的重复，那是单纯的再生产，但资本家并没有消耗所得的剩余价值的全部。"资本越增大，资本家获得的剩余价值额更大；资本家为要扩大其生产，更以剩余的价值的一部来投入资本额；剩余价值的投资部分越是增加，因此资本家的资本也就不断的增大，这就是资本的集积"。"俗学的经济学者"往往以为资本阶级的利润，不是在生产行程中创造出来，是在交换过程中创造的，换句话说，以为利润的发生在于超过价值出卖商品。不用说，资本家个人能够因此获得富裕，但是资本家阶级的利润无从说明。因为一切卖主欺骗买主，卖主也会成为买主而受别人的欺骗，结果还是一样。"'如果交换以外，没有利润的存在，资本阶级就会不能存在。'这句话足以推翻俗学的经济学者的谬论"。[2] 这些内容，试图浓缩《资本论》第一卷关于资本的生产过程的要点。实际上只是极为

① 朱新繁著《中国资本主义之发展》，上海联合书店 1929 年版，第 3 页。
② 朱新繁著《中国资本主义之发展》，上海联合书店 1929 年版，第 31—33 页。

粗浅地摘录了其中与剩余价值理论有关的某些论点，而且这些论点在以前介绍马克思经济学说的著作里，早已为国人中专注于此者所熟悉。此节的落脚点，针对庸俗经济学者从交换领域而非生产领域去解释资本阶级的利润来源，认为这是掩盖劳动者在生产过程中创造剩余价值的谬论。此论同样采自马克思的理论，亦为国人中研究马克思学说者所熟知。

第 6 节"由竞争到垄断"："自由竞争是资本主义前期的特征"。此后，资本主义经济组织由自由竞争发展到垄断阶段。如列宁在《帝国主义是资本主义的最后阶段》中所说："同时垄断虽然出于自由竞争，但是垄断仍不抛弃自由竞争，并且和自由竞争并存，而又居乎其上。所以发生许多特别利害的重大的抵牾相冲突。垄断，是资本主义过渡到更高的一级"。① 从本节起，此书所借助的理论依据，从马克思学说转向列宁学说，首先强调帝国主义阶段的垄断特征。不过，这些内容也是以简化摘录的形式，重述此前国内著作中已有的叙述，而且引用列宁这段话的译文，与前面的著作如《帝国主义的政策底基础》译本中的有关翻译，几乎完全一致。

第 7 节"资本主义之最后阶段的帝国主义"，开篇引用列宁上述著作的另一段话："如果要给帝国主义以最简短的定义，那么，就可以说，帝国主义是垄断时期的资本主义。这个定义是含着最重要的特色，因为在一方面，财政资本是几个巨大的垄断的银行之资本，融合大工业家的垄断的团体的资本；在别一方面，地球的瓜分，是由容易扩张势力于未经资本主义的国家所征之地方的殖民政策，渡过想在已经完全瓜分了的地方，得着垄断全权的殖民地政策"。帝国主义是垄断时期的资本主义，"这个说明是非常正确的"。帝国主义的生长是从普通资本主义的要素直接继续发达起来的，但是资本主义发达到最高的时期，才成为帝国主义。在这个时期，经济的原素是资本的垄断代替了自由竞争。除了生产和资本的集中已经达到最高程度，形成企业的垄断外，这个时期的特质，还有财政资本的独占和对全世界的征服。资本主义的发展，必然地使银行事业日益重要而成为一切企业活动的中心。银行事业的发达，使银行的使命由平庸的放债取息一变而为工业的管理者。资本主义工业的发展，企业规模的增大，其设备非个人能力所能办到，于是银行就成了企业的中心。银行家不仅以单纯债权者的资格活动，并且以创立者的资格活动。银行资本渗透入工业资本，并不是使工业资本家成为银行的奴隶。银行资本和工业资本

① 朱新繁著《中国资本主义之发展》，上海联合书店 1929 年版，第 33、38—39 页。

的融合，一方面是工业的经理就任银行董事之职，一方面是银行的代表加入股份公司、托拉斯或辛迪加的支配机关。现在整个世界是在少数几个大银行支配之下。大量的商品生产必须有广大的市场供其销售，于是开拓殖民地市场就成了必要。资本主义发达到了帝国主义时代，全世界的土地几乎被几个帝国主义国家割尽了。《帝国主义是资本主义的最后阶段》一书举出了欧美帝国主义国家所有的殖民地面积。应该注意，在亚洲或美洲或其他各地，有许多国家在名义上还是独立国家，实际上已被帝国主义征服了。"帝国主义是资本主义发展的最高形式，也就是最后的阶段。因为资本主义的一切矛盾，在这个阶段中都异常的暴露出来，到了不可挽回的地步；这是矛盾的解决，就是资本主义制度的没落。资本主义发展到了帝国主义的阶段，是一天天走向它坟墓里去。资本主义的没落的必然性，在它发展的初期就已决定了，帝国主义时代正是它运命的最后一幕。因此帝国主义是垄断时期的资本主义，就是将死的资本主义"。① 此节内容，继续概述列宁《帝国主义论》的有关理论观点。而且看得出来，这些概述不是取自列宁原著，而是借助国内已有的著述，包括开头引用列宁那段话，从其译文看，就像前节的引用一样，应是来自诸如《帝国主义的政策底基础》译本一类的著作。

第 8 节 "资本主义制度的没落"：资本主义之必然崩溃，是社会进化的规律所决定的。资本主义制度是一种掠夺的制度，无疑的，它为社会最大多数的被掠夺者所不满。但是资本主义制度的没落，不仅是被掠夺者的主观要求，而且是客观事实已经决定了的必然性。资本主义制度的特征是生产者和生产机关的分离，一方面生产者没有生产工具，只有出卖他的劳动力以生活，另一方面领有生产机关的人不从事生产。这个矛盾造成阶级的对立，也就是资本主义制度的致命伤。资本主义愈发展，这个矛盾愈尖锐化。资本主义发展的结果，资本日益集积于少数人之手，中小资产阶级的破产，尤其大批农民离开土地而集中于都市，使无产阶级的数量迅速增加。资本家为增加利润，必须加重对劳动者的剥削，而劳动者为维持生活，减少过度的劳苦，与资本家的利益完全相反；所以劳动者开始和资本家斗争，斗争的经验增大了无产阶级的质量。资本主义发展到帝国主义阶段，阶级的对峙更加剧烈。这是必然导致资本主义制度没落的第一个原因。

资本主义的第二个危机，是生产的无政府所引起的产业恐慌。资本主义社会由

---

① 朱新繁著《中国资本主义之发展》，上海联合书店 1929 年版，第 39—42 页。

许多独立的企业组成，没有一个统一的经济计划。大家都为市场生产，谁也不知道他所生产的商品的购买者为谁，也不知道市场上对他的货物需要的程度。大家都想赚钱，所以都极力想法多生产商品。这样盲目生产的结果，必然到一定时候，因为货物的数量太多，在市场上找不到主顾，造成一种生产过剩的病态。许多货物堆积起来，无法销售，资本家受了很大损失，酿成产业界的危机，这个危机就是产业的恐慌。小企业完全倒闭，大企业有时也暂时停业。结果成千成万工人失业，一方面商品堆积如山，售不出去；一方面贫民得不到一点生活资料，因而酿成社会的极度混乱。起初是一种产业发生这种危机，渐渐地或急激地蔓延到别种产业，造成全国甚至全世界的恐慌。每次产业恐慌，往往延长数年之久；这个时候，极力减少生产，使生产与市场相应，慢慢恢复原状。但危机过后，生产又开始发展，到了某个时候，危机又要重来。这种恐慌循环不绝地发生，一直要到资本主义制度消灭才止。这种恐慌起于生产的无政府性质，也正是资本主义制度的特征。有规律的生产，在资本主义经济组织下是决不可能的。竞争市场上，资本家不能停止自己企业的扩张或技术的发展，如果停止，在竞争中就会被别的资本家打倒。在资本主义国家，产业的全体有时组织成强有力的集团，如辛迪加、托拉斯等。这些组织，常能废止某种产业各个企业间的竞争，确是事实。但是在世界市场上，大资本家之间的利害冲突，不能和谐，即行不久也归破裂，所以竞争依然存在。这种竞争和自由竞争的差别，不过消灭许多个人资本家之间的争斗，而代以组织为辛迪加及托拉斯的少数经济上武装较强的资本家队伍之间的斗争。在资本主义社会想废除这种恐慌，完全是一种空想。"恐慌是由资本主义制度的根本特征中发生出来，只有随资本主义制度的消灭而消灭"。"产业的恐慌，是资本主义制度的特产；而且每一次的恐慌，必比前次的剧烈，结果，总有一次成为资本主义制度的致命伤"。

资本主义制度的第三个危机，是资本家相互间的冲突。资本主义的发展虽然由垄断代替了自由竞争，但竞争并没有消灭，而且更剧烈了。从前是资本家个人间的竞争，现在变成世界战争。1914年到1918年的世界大战，就是资本家冲突的表现。"这种资本家冲突所引起的世界大战，也是促成资本主义制度没落的动力；旧俄帝国主义的没落，德国帝国主义的破产，就是资本主义之最可怕的教训。第一次世界大战已经是空前的大战了，未来的第二次世界大战必将比第一次更为剧烈。第一次世界大战葬送了整个的俄国帝国主义和半个的德国帝国主义，第二次世界大战将要葬送全世界的帝国主义。无疑的，资本主义制度存在一天，这种由资本家利益冲突而引起的世界大战决不能免"。"殖民地与宗主国的冲突，也是资本主义的致命伤之一。殖民地与宗主国的利益根本是相反的，正和阶级的对峙一样。宗主国必须掠夺殖民地才能维持资本主义的统治，殖民地必须反抗宗主国，才能解除他自己的压迫。殖民地宗主国的斗争，必然日益剧烈。殖民地革命运动的发展，是促成资本主义制度的没落"。①

这一节所说的资本主义制度没落的三个原因或危机，就其中每个原因或危机而言，像前面各节一样，均以马克思学说特别是列宁学说为理论根据。但用这样三个原因或危机来说明资本主义制度的没落，恐怕是此书作者在参考批评资本主义或帝国主义的既有著作（非马克思和列宁的原著）的基础上，加以选编的结果。这三个原因或危机或致命伤，分别指资本家阶级与劳动者阶级之间的对峙与斗争，生产的无政府主义所引起的产业或经济危机，资本家阶级内部的相互冲突并附随殖民地与宗主国之间的冲突。这些固然是马克思和列宁说明资本主义或帝国主义必然趋向于灭亡的理由，但并不是全部主要理由或最主要的理由。马克思说明资本主义制度的丧钟就要敲响了，主要指资本主义私有制的外壳已经容不下生产资料的集中和劳动的社会化趋势；列宁说明帝国主义是垂死的资本主义命题，亦是从最主要的特征即垄断性出发。也就是说，其他的理由可以从最主要或最基本的理由中派生出来。于此可见，作者从他人的著作里拿来各种说明的理由，按照自己的通俗认识把它们排列在一起，并相信这些理由具有充足的说服力，但从严谨的理论逻辑看，这种论证方式取自二手资料，脱离原有理论的内在有机联系而取其表面结论，未必能够真正理解马克思和列宁原著的理论内核。

**（三）相关章节的例证**

第1章主要拿来理论依据，为说明中国能否发展资本主义做先期铺垫，从第2章开始，便运用这些理论依据，结合实证资料来回答在中国发展资本主义的可能性。例如：

第1节列举中国物产丰富的数据，接着第2节提出问题：为什么地广人众、物产丰富的中国，产业反而落后？为什么当西欧资本主义发展到登峰造极的时候，地大物博的中国的经济发展还很落后，停滞在封建农业经济的阶段？因为中国虽然地大物博，可是缺乏资本主义发展经过原始蓄积的两个必要前提条件，所以不可能形

---

① 本节引文均见朱新繁著《中国资本主义之发展》，上海联合书店1929年版，第42—46页。

成资本主义。第一是没有集中的大量资本。几千年来的中国社会，以小农经济为基础，其特质是自给自足，没有大量财富的剩余。农业社会唯一的财富是土地，最大的富翁也不过土地多。这是几千年来的习惯，以土地的多寡为计算财富的标准。在西欧资本主义势力侵入中国之前，在小农经济范畴内，要集中大量的资本是不可能的事。"这是中国产业落后的第一个原因"。"因为地大物博，所以能够自足自给；因为能够自足自给，所以没有向外发展的必要。产业之落后，这也是一个很大的原因"。另外中国历史上一直重农轻商，其原因也是中国物产丰富。一个地方具备各种产物，农民在本地就可以得到生活必需品，毋待商人的贩卖。其结果，一般观念集中于土地，忽略经营，所以大量的资本更难集中。"这就是中国没有大量资本集中的最大的原因"。第二是缺乏可以自由出卖劳动力，而且非出卖劳动力不能生存的劳动阶级。中国人口虽然很多，可是农民能够自给自足，没有必要到都市出卖劳动力，而近代资本主义社会的劳动阶级，是受了生活的驱使才集中于都市，非出卖劳动力不能生存；如果不受生活的驱使，换句话说，如果没有非出卖劳动力不能生存的事实，决没有近代劳动阶级的存在。中国感受失业的压迫，感觉非出卖劳动力不能生存的人数太多的困难，是近年的事，是西欧资本主义势力侵入中国以后的事。在资本主义势力侵入以前，农民可以自给自足，没有这些现象发生。"中国产业之所以落后的原因就是如此"！① 这样从资本和劳动力两方面，分析中国产业落后的原因，在于缺乏资本主义发展的必要条件，无疑是对马克思经济学说的实际应用。然而继续追问，何以中国会缺乏这些必要前提条件，作者的见识就显得比较肤浅了。在他看来，无论缺乏资本的集中，还是缺乏靠自由出卖劳动力得以为生的现代劳动阶级，都是因为中国的物产丰富使得广大农民得以自给自足，故没有集中资本的可能，也没有出卖劳动力的必要。换言之，竟把最终原因归结于中国物产丰富的自然条件，置社会经济政治制度等因素于不顾。所以，当他说近年来外国资本主义势力的侵入，才使中国出现这两个前提条件时，不知是指改变了原有物产丰富的自然因素，还是打破了传统制度束缚的人为因素。

接着讲述西欧资本主义的发展，运用机器大规模生产的结果，生产品有大量剩余，同时缺乏原料，从而掠夺销售与原料市场成为发展的必要条件，于是先进国开始占有殖民地。"中国地大物博，人口众多，而产业反而落后，正是销售商品和掠

---

① 朱新繁著《中国资本主义之发展》，上海联合书店 1929 年版，第 57—63 页。

夺原料的最好的场所。因此，中国就成了先进国家眼中的一块肥肉，先后到中国来要求通商"。① 遭受帝国主义对中国的轮番侵略，"中国名义上虽然还是独立国，而实际上已经做了国际帝国主义共同宰割之下的公共殖民地了"。② 也就是继说明中国产业落后的原因后，现在说明中国产业不能发展的原因，首先是帝国主义的侵略。"帝国主义的经济侵略，一方面破坏了中国自足自给的农业经济，另一方面，各种的不平等条约，把中国束缚得紧紧的不能有一点活动的余地"。一是"帝国主义藉不平等条约之助，可以自由在中国投资甚至可以在中国领土内开设工厂银行，发行纸币，而且可以得到许多特殊利益的享受"。在这种情形下，"中国人自然竞争不过外国人，市场永远只为外人所垄断，中国产业永远没有发展的希望"。二是"关税制度的束缚，也可以致中国产业的死命"。三是"中国的金融机关差不多都是在外国银行的支配之下"。帝国主义掌握中国的金融命脉，"这对于产业的发展，自然也是一个致命的打击"。四是交通机关和煤铁矿业是近代工业的核心和命脉，"现在中国的交通机关大半是在帝国主义手里"，中国所有的都腐败不堪，可以说，"中国的交通事业，完全是在帝国主义的操纵垄断之下"；中国矿业的情形也很可悲观，矿产虽然很丰富，但现在已经开采的主要矿区，"都是在帝国主义手里"。"交通事业与矿业的情形，尚且如此，中国工业的前途，也就可想而知了"。五是"除了帝国主义的侵略外，国内的封建政治的剥削，也是中国产业不能发展的原因之一，尤其战争对于产业是一个最可怕的打击。其实国内的战争，直接固然是军阀所造成，间接也是帝国主义所造成。因为中国的军阀，都是帝国主义的工具，军阀的内战，不过是帝国主义相互间冲突的表现"。从上述几种原因看，我们知道，"中国产业之所以不能发展，是因为帝国主义的压迫"；我们更可以知道，"在帝国主义压迫之下，中国产业永远没有发展的可能"；"这并不是我们的想象，而是事实决定如此"！③

以上关于中国产业面对帝国主义的侵略压迫，不能发展或永远没有发展可能的分析，比起前面分析中国产业落后的原因，在道理上讲得更透彻些。这应该得益于那个时期国内出现为数不少的著作或译本，专门研究帝国主义的本质特征及其侵略中国的表现形式，不仅提供了坚实的理论依据，而且提供了大量的实证资料。此书

① 朱新繁著《中国资本主义之发展》，上海联合书店 1929 年版，第 63 页。
② 朱新繁著《中国资本主义之发展》，上海联合书店 1929 年版，第 74—75 页。
③ 朱新繁著《中国资本主义之发展》，上海联合书店 1929 年版，第 75—77 页。

的特点，借用这些理论依据和实证资料，给予比较有条理的编排，借以回答中国何以不可能发展资本主义的问题。按照这个思路，以后各章继续列举各种实际情况，具体解剖中国产业不能发展的原因，其中有些还带有浓厚的论辩色彩。

诸如第 4 章第 5 节论述农村经济现状及其对产业发展的影响，提到俄国托洛茨基所统率的反对派，他们关于中国革命的理论，首先认为现在农村经济已经资本主义化了；这个理论居然被一两个留学生搬到了中国。"只要稍为有点社会常识的人，谁都应该承认，中国农村经济的现状，离开资本主义化还不知有十万八千里远"。中国农业经济的现状，简单地说，帝国主义的掠夺，封建政治的剥削，依然日甚一日，农业经济的破产，一天比一天严重，土地虽然渐趋集中，但因为破产失业的农民太多，而且一天天在增加，社会陷于极度的贫乏与混乱。帝国主义侵略的过程中，一方面是中小农的没落，另一方面是土地的集中。许多中小农民离开土地之后，土地集中于地主买办之手，所以农村骚动的中心问题，还是土地问题。"因为现在有许多农民被迫离开了土地，又不能到都市工厂去，他们要生活，就要求土地。所以土地问题是目前农民问题的中心"。结论："因为土地问题不解决，使产业的发展受绝大的困难，甚至绝无发展的可能。但是要解决土地问题，必须由破产农民群众结合城市的革命势力，推翻帝国主义与封建势力的剥削；但是这个结果，必须是走向非资本主义的道路。所以中国的产业，决不能在资本主义的生产方法之下发展起来。中国经济前途是非资本主义，因为现在的世界，是资本主义没落期的世界；中国经济决不能在世界资本主义没落期中单独建立一个资本主义的王国"。可见，"仅仅就农业经济方面来考察，已经决定了中国资本主义发展之不可能，何况尚有其他更主要的原因"。[①] 所谓俄国托洛茨基统率的反对派，应指斯大林领导下所排斥的托派，这也是当时极少看到的有关托派的说法。作者不同意托派关于中国革命的理论，但何谓托派理论，语焉不详，似乎是说这个理论建立在中国农业经济资本主义化的基础上。作者否认中国现行农业经济发展资本主义的任何可能性，因为无法解决农民的土地问题，要真正解决这一问题，只有走工农群众联合起来推翻帝国主义压迫与封建势力剥削的非资本主义道路。然而这条道路与托派所说的中国革命理论究竟有什么区别，未能讲清楚。看来作者拿来别人的论述，急于表明自己的态度，不大顾及这些论述本身的内在联系。滑稽的是，大概在作者写完这些否

---

① 朱新繁著《中国资本主义之发展》，上海联合书店 1929 年版，第 146—147、170 页。

定托派的话后不久，自己也被当成中国主要的托派分子之一了。

第 5 章谈到关税制度的束缚，也一样认为中国在现行条件下无法改变现状。对外关税丧失自主权时如此，即使关税能够自主，且不说仍将成为帝国主义的附庸，关税主权落在中国人手里，可以预料也一定会弄得一塌糊涂，统一的外部关税将如内部关税一样，形成分据宰割的局面，弊窦百出。"这样，怕更不如现在之协定关税制，对于中国企业界依然没有利益。所以关税不能自主，固然可悲，即使关税能够自主，亦何足喜？单就这一点，已经注定了中国的资本主义的运命，永远没有发展的机会了"。同样，废除内部关税的事情也决不那样简单，政府的裁厘命令如果能够以一纸命令解决，真是千古快事，可惜这有点近于空想。中国到现在避免不了地方割据的局面，这是中国封建势力不能铲除之故，也是土地问题不能解决之故。"这种割据的局面一天不铲除，苛杂的内部关税就一定不能废除。苛杂内部关税不能废除，则纵然关税自主了，而产业发展的桎梏依然存在，又有何用"？"这些苛杂的内部关税正是维持割据局面的补药，在割据情形之下，要想废除这些苛杂的内部关税，完全是一种空想"。"总括起来，单就关税问题说，已可断言中国资本主义发展可能说仅是企业家一种想象，俗学经济学者之盲猜，完全与客观情形相背驰"。[①] 这种论证方式，同前面各章基本一致，从别人的著作里拿来有关的理论或实证论据，然后分门别类，套入诸如工业、农业、关税及后面各章的航运、铁路、金融等分析框架，共同强调外部帝国主义的侵略压迫和内部封建势力的割据剥削两个基本要素以及两个要素之间的相互勾连，据此判断中国注定没有发展资本主义的任何机会或可能性。类似的论证，在此前讨论不同专题的著作里，经常可以看到，但不如此书之集中和全面，纳入统一的分析模式，并得出如此决绝的结论。这种决绝特征，也体现了当时的争论背景，针对那种相信中国有可能发展资本主义的说法，即所谓企业家的想象和庸俗经济学者的盲目猜测。其实，认为中国具有发展资本主义的可能性，是那个时期比较普遍的看法，而且确认中国具有半殖民地性质，也等于承认资本主义在中国有了一定程度的发展。问题是在各种客观条件的束缚下，这种主观意愿的资本主义道路能否在中国行得通，不仅是一个理论问题，更是一个实践问题。

关于金融问题的论证，同样如此。如谓：中国本国的银行都经历过挤兑的风

---

① 朱新繁著《中国资本主义之发展》，上海联合书店 1929 年版，第 210—211 页。

潮，每经历一次，其信用就丧失一分，外国银行的信用就增加一分。像这样的银行，无论在数量上如何增多，甚至每年的盈利如何增多，对国家经济都毫无意义；这些银行的增减不过表现为投机事业的发展，它们只能经营些投机事业，至多做一些放债收利的事务，对企业不能产生多大作用。"无论如何，它本不能挣脱外国资本的压迫，而成为发展国内企业的基础。——在国际帝国主义统治势力没有推翻以前，殖民地半殖民地国家土著的银行事业，想挣脱宗主国资本的压迫，原是近于空想"。"银行是近代工业发展的最主要的条件之一，中国的银行业完全是在帝国主义银行的操纵之下，从这里，我们已经可以知道中国工业的发展，将要如何受到外国资本的压迫了"。总之，根据前面各章的事实，客观分析了中国产业落后与不能发展的原因，并且从农业经济、关税制度、交通事业、金融事业各方面，"证明了在帝国主义的侵略压迫与封建势力的剥削榨取之下产业发展的不可能，要想在这样的社会经济情形，建立资本主义的支配是一种妄想"。① 这个结论反复强调，观点十分鲜明，而且指出当时我国各主要行业的产业发展均受制于帝国主义与封建势力的双重压迫和剥削，也言之有理；但为了突出这个观点，把那个时期国内各主要行业的发展都说得一无是处，又未免言过其实。上面提到的金融业便是一例。如果说中国那时作为半殖民地国家，本国的银行业无法完全摆脱帝国主义银行的操纵，那是事实；但如果说这些国内银行都在做些对国家经济发展毫无意义的投机活动或放债取息活动，其信用在一天天丧失，根本不可能成为企业发展的基础，则不尽符合历史事实。照此说法，也就无法解释此书所说的我国推翻帝国主义和封建势力的经济基础与阶级力量，由何而来的问题。

### （四）最后两章的结论

第10章综合答复了第1章绪论所提出的问题，否定"中国资本主义发展可能说"："从上面各种实际状况分析的结论，在帝国主义的侵略与压迫及封建残余的剥削摧残之下，中国产业是不能向上发展。以为中国经济的发展，将像欧美资本主义发展顺序一样，——换句话说，以为中国经济的发展，也可以建立资本主义的支配，造成一个帝国主义的中国。这完全是一种妄想！这种妄想完全是忽视了客观的条件，完全不理解社会经济进化的规律"。根据前面数章的分析，"中国资本主义的运命早已为客观条件所决定，不是土著资本家或是大学教授的意志所能更改"；

---

① 朱新繁著《中国资本主义之发展》，上海联合书店1929年版，第406—407页。

由于大学教授们的曲解，有些地方也足以迷惑一般人的观察，因此有必要从这些曲解中恢复出来。

"最足以使人迷惑的曲解，是机械唯物论者的论调。他们居然以唯物史观的立论来说明中国资本主义发展可能的历史性。他们的武具是引据被世人认为唯物史观之公式的马克思在他所著的经济学批判的绪言中的一段：'社会的经济组织，在非其内部的生产力没有发展之余地的时候，决不颠覆；新的较高的生产关系，非在物质的生存条件，已孕育于旧社会母胎之内，决不发现。'① 说明社会的经济组织必定要经过一定的程序，封建经济崩溃以后，代之而兴的是资本主义经济组织，没有经过资本主义制度的统治，决不能就走到社会主义性的非资本主义。这就是说，中国也必须经过资本主义的统治像欧美一样，然后再由资本主义过渡到社会主义；现在中国的经济，是封建经济刚在崩溃的过程中，资本主义正在抬起头来，必定也要和欧美一样，由工业资本主义到财政资本主义，成为一个中国帝国主义，如果反对这样的说明，就是有反唯物史观的公式。现在像这样说法的人，非常之多，这样的说法究竟对的吗？这样的见解真的是根据唯物史观的说法吗？显然是不对的"！

"马克思在唯物史观公式中的说明，在社会进化的规律上看，确是很正确的！但这是一个原则的说明，我们不能拿来机械的应用。上面的演法，是犯了机械应用的错误。这里马氏所指'一个社会的经济组织'，是指一般原则而言。在这意义上是很正确的，社会的经济组织，在内部的生产力没有发展的余地的时候，旧的社会制度必然开始崩溃；但是生产力还有发展的余地的时候，则旧的经济制度，决不致立刻颠覆；所以社会的进化，必定要经过一定的规律。但这里所指的，是社会进化之一般的原则，并不是机械的说每一个部落经济都要经过这样发展的阶级。唯物史观说明社会的进化，必须有一定的阶段，封建经济崩溃以后，资本主义必代之而兴，但并不是说每一个部落都要经过资本主义的发展和统治。如果照这样机械的解释，现在英国美国资本主义已经发展到登峰造极，可以建设社会主义的经济；中国和印度，是封建经济开始破坏，可以建设资本主义经济；这是说中国和印度比英国和美国要落后一个阶段。同时，蒙古和非洲一些地方，比中国和印度更落后一个阶段，他们还停留在自然知足的原始经济时代。这样社会真是奇异的社会，一方面在单独地发展它的社会主义经济，一方面在单独地发展它的资本主义经济，另一方面，更是远离了时代，在发展原始经济。照这样机械的解说，唯物史观根本就不成一个东西，根本就不是唯物史观的解释"。

"唯物史观是说明社会进化，必然的要经过资本主义一个阶段，而且社会之向前发展，资本主义制度必然也要崩坏而代以社会主义社会。我们现在的时代，就是资本主义时代，而且就是资本主义行将没落的时代。不管印度和中国的经济还停留在封建经济崩溃的过程中，不管蒙古或南非洲还在经营原始经济，而我们现在的世界，已是资本主义没落期的世界了。在资本主义没有没落以前，中国和印度始终只有在帝国主义统治之下，决没有自由发展工业的可能"。上面各章所叙述的交通事业、土地问题、关税制度、企业现状，都足以说明帝国主义势力存在一日，中国工业则一日没有发展的希望。中国工业的发展必须要在帝国主义压迫解除以后，但世界资本主义制度决不放弃对中国的掠夺；中国要求解放帝国主义的压迫，必须在世界资本主义没落以后，即帝国主义消灭以后，而世界资本主义没有以后，以后的世界就是非资本主义的世界。"在非资本主义的世界，决不如机械唯物论者所幻想的让中国单独的慢慢地来发展资本主义，在非资本主义世界中造成一个中国帝国主义"。"社会的变化必然经过资本主义统治的阶段，但这是指一般而言，并不是机械的说每一个部落经济都须如此，这是我们应该认识清楚的！资本主义诚然有历史使命，但中国资产阶级不过做了世界资本主义的殡葬物——跟了世界资本主义的没落而没落"。

有人以为中国地大物博，原料丰富，劳动力的代价很低，天然具备了发展资本主义的条件。甚至有人以为中国所缺乏的是资本，就现在情势而论，世界最富的美国可以借款给中国，所以中国资本主义的发展很有希望，"这显然是更错误的"！诚然，中国地大物博，原料丰富，劳动力代价很低，但正因为如此，所以造成中国为帝国主义的商场。丰富的原料不过是增殖帝国主义的财富，地大的市场不过是消纳帝国主义的商品，廉价的劳动力不过是供帝国主义的掠夺。如果以为这些是中国可以发展资本主义的条件，"这完全是忽略了帝国主义之经济侵略的意义"。至于希望美国资本的扶植来发展中国资本主义，"也是同样的错误"。不错，美国正想在中国投资，而且要帮助中国排斥英日经济的压迫，允许中国关税自主等等，但这并不是帮助中国发展资本主义，而是想奴役中国，统治中国。"中国企业界得到美国资本帮助的结果，至多也不过由英日等帝国主义统治之下，变为美国帝国主义一国的统治"。①

　　这一章的答复，特别是其中批判机械唯物论的部分，尽量照原文抄录下来。这可以说是全书的理论分析中，除了引用马克思、列宁学说的理论部分外，作者自行表达的分析方面最为精彩的内容，甚至精彩到了让人怀疑是不是出于作者自己的独立分析。因为书中其他地方不作说明而转录别人著作的痕迹比比皆是，批判的对象也比较分散，有时指托洛茨基统率的反对派即所谓托派，有时指本土企业家或土著资本家，有时又指庸俗经济学者或大学教授，这里则指向机械解说唯物史观的机械唯物论者。这种批判对象时常游移而不能集中的现象，令人怀疑是作者选编他人著作加以拼接的结果。但不管这个批判的最初出处来自哪里，此书对如何理解唯物史观所提出的问题，即不能机械地或教条地解释唯物史观，还是很值得注意的。此时唯物史观传入中国已有多年，起初的重点是理解此观究竟为何物，因为它极大地改变了人们认识社会历史与现实的观念和方法；接着有人尝试运用这个理论去观察和研究中国的历史和现状，从物质经济关系方面而不是从人的观念中去寻找社会演化及思想变迁的根源；现在又提出了在认识唯物史观所揭示的社会进化的规律即一般原则的前提下，不能机械地理解或简单地照搬社会进化从一个阶段到另一个阶段的具体发展顺序。提出这个问题，落实到对中国处于何种方位和向何处去的分析，实际上在运用唯物史观的名义下，涉及两条发展道路的选择。一条道路机械式或教条式理解，认为正处于封建崩溃过程中的产业落后中国，按照发展顺序，应当先走发展资本主义的道路，待产业发展或生产力发展成熟后，再转向社会主义道路；另一条道路将唯物史观的一般原则与中国的实际国情结合，既然整个世界已进入资本主义制度没落的最后帝国主义阶段，既然我国受到帝国主义与封建势力的双重压迫剥削而无法像欧美国家那样发展资本主义，那么推翻帝国主义统治或消灭世界资本主义的结局，只能是非资本主义的世界，也就是说，中国不可能单独和缓慢地发展资本主义，只能走社会主义的道路。从这个争论的焦点看，此章的批判对象，从针对唯物史观的反对者，转向针对唯物史观的机械解释和应用者；也就是说，从唯物史观与反唯物史观之争，转向唯物史观内部如何解释与运用之争。照此说来，这个争论，主要限于国内认可马克思主义的人士中间，如反对所谓托派和机械解释马克思主义者，至于数落本土企业家或资本家的妄想以及庸俗经济学者和大学教授的曲

---

① 　朱新繁著《中国资本主义之发展》，上海联合书店 1929 年版，第 451—455 页。

解，似乎在暗示马克思主义者内部持有中国应当先发展资本主义的意见者，除了具有机械照搬唯物史观之类的特征外，还与国内的资本家阶级及其理论代表人物同流合污。这意味着马克思主义经济学在中国传播过程中一个新的趋向，从主要面对外部各种质疑、抵触或反对的潮流，到开始面对内部一些曲解、机械照搬或教条式理解的潮流。这也是此章的答复给人的启示。

最后一章即第11章，从标题看，明确点出全书的宗旨，"世界资本主义的崩溃与中国资产阶级的幻灭"。接着上一章的分析，继续推进那里的结论：在国际帝国主义的侵略压迫下，封建残余不能肃清，产业也永无发展的可能，但是很明白，中国资产阶级不可能打倒帝国主义的压迫。"因为中国资产阶级的力量非常微薄，它固然想挣脱国际帝国主义的压迫，可是不仅挣脱国际帝国主义的压迫是不可能，而且国内以工人阶级为主力的革命势力的发展，使幼稚的资产阶级感觉得这一个新兴的敌对势力比国际帝国主义还更可怕。因此，当中国革命发展到一个较高阶段的时候，资产阶级就很快的离开了革命的联合战线而跑到国际帝国主义的保护之下。本来帝国主义是资产阶级的敌人，到了这个时候——革命势力发展到了较高阶段的时候，资产阶级立刻就投降了帝国主义，在帝国主义的指导之下，来共同对付它的新的敌人——以工农为主体的革命势力。这一个事实就是说明中国的资产阶级永远做帝国主义的一个附庸，它决不能去挣脱帝国主义的压迫，反而，它现在是依靠帝国主义而存在了"。"国际帝国主义为对付殖民地新兴的可怕革命势力，自然愿意收容这一个新的工具——中国资产阶级；可是它不过是利用中国资产阶级来压迫中国的革命运动，决不能帮助它发展产业"。"殖民地半殖民地的经济侵略，是国际帝国主义生存条件之一；失去了这一切的殖民地半殖民地，国际帝国主义立刻就要崩溃。中国这块殖民地对于国际帝国主义的生存更有非常重要的意义"。日本帝国主义在经济方面有许多地方依靠对中国的侵略，如果失去了中国，日本国内的经济立刻要发生想不到的恐慌，"日本帝国主义的残命立刻就要断送"！英国也是如此，虽然比日本好一点；英国许多工厂依靠中国原料的供给与中国市场的商品销售，一旦中断，许多工厂关门，引起金融恐慌，工人失业，社会秩序陷于混乱，"这样，大英帝国的运命差不多要到寿终正寝的时候了"。"由此可见得中国经济的重要；由此可见得国际帝国主义决不肯放弃对中国侵略"。

既然国际帝国主义决不肯放弃对中国的侵略，中国资产阶级又投降了帝国主义，那么中国永远只有在帝国主义统治之下，中国经济永远停滞不前了吗？"自然不是的！因为中国资产阶级虽然投降了帝国主义，但这正是革命势力发展的表现，革命势力的发展的结果是必然的断送了国际帝国主义的生命"。本书第1章详论了资本主义制度之必然没落，"无疑的，资本主义制度的崩溃，已是最近将来的事，这决不是主观的想象，而是客观的条件所决定，必然而不是也许"。第1章还叙述了世界资本主义之必然崩溃的理论根据，至于世界资本主义将于最近的将来崩溃的具体事实，则如下述：

"第一是无产阶级革命势力的发展"。主要事实又可以分为"苏联的巩固"和"各帝国主义国内工人革命运动的激进"两方面。"苏联是世界无产阶级的祖国，是世界反帝国主义的中心"。苏联的领土占地球面积1/6，单是这个数目，就可以表示苏联在世界经济上的重大意义。"从苏联经济地位的重要，可以知道这个庞大的俄罗斯，由帝国主义国家变成无产阶级专政的社会主义国家，这是帝国主义何等的可怕的损失！何况，这一个社会主义国家一天天发展，成了国际帝国主义的致命伤"。苏联革命胜利以后，国际帝国主义立刻用16个国家的兵力，在东南西北四面包围苏联，以武力来消灭"这一世界的怪物"；但是"胜利的苏联虽然在非常危难的时候，终于打退这些敌人，而且基础一天天巩固起来"。国际帝国主义在武力消灭苏联的企图失败以后，又想以经济封锁来饿死苏联；这也完全失败了，"苏联不仅没有饿死，而且经济一天天发展起来"。"苏联经济的发展，就是无产阶级革命势力发展的象征，也就是国际帝国主义的危险的表现"。从各种统计中，很明白地可以看出苏联这几年的经济发展非常之快。"苏联经济的发展，自然是国际帝国主义的危机，所以帝国主义在很无赖的说苏联经济的发展，是走回资本主义的道路，这是多么无聊！这正是表示帝国主义之惊慌失措！苏联的政权在于无产阶级手里，所以苏联经济的发展，无疑的是无产阶级政权的巩固与世界革命势力的推进，这是给国际帝国主义的一个最大的威胁"！"苏联经济的发展，不仅是苏联无产阶级政权的巩固的明证，而且也是世界无产阶级革命势力进展的表现，苏联无产阶级革命的影响，在各帝国主义国家的工人阶级中一天天深起来，这就是表示工人阶级的革命的高潮很快的就要到来"。"无产阶级革命势力的发展，实在是帝国主义的致命伤"！"第二是殖民地革命运动的发展"。主要是印度和中国的革命运动的发展，虽然中国资产阶级投降了帝国主义，革命进展受到一个打击，但"客观上，革命势力是一天天发展"。此外还有其他地区革命运动的复兴与革命运动的扩大。"第三是帝国主义自己国内的衰落"。主要是英国的经济危机，工业衰落；日本的产业危机；法国的财政（指金融）恐慌。"第四是帝国主义相互间冲突尖锐化，第二次世界大战的危机"。详细叙述这些具体的事实，可以做成几部伟大的专书，这里不可能也不必要详述，"因为这些事实的纪载，我们在随便什么地方都可以看到"。

"总之，国际帝国主义之要在最近的将来，埋葬在坟墓里，这是必然的而不是也许的"！现在的问题是：国际帝国主义崩溃以后，除去中国产业上的束缚，资本主义是否当然可以向上发展？"其实这答复很容易。国际帝国主义崩溃以后，中国经济的向上发展，自然不成问题，不过这已经是非资本主义的经济的发展（例如现在的苏联），而不是资本主义经济的发展了。国际帝国主义崩溃以后，整个的资本主义制度已经没落，整个的世界已经是非资本主义的世界了。所有一切的资本主义成分都已经死灭了，这个时候使中国资产阶级早已跟了田中义一①、史特来斯曼②等这一班资产阶级的功臣进了他的坟墓了"！最后再做一个简单的结论："中国社会经济现状，是在国际帝国主义的侵略压迫与封建残余的剥削摧残之下，农业经济崩溃的危机一天天严重，国内自办产业无这种情形绝无发展希望。但是国际帝国主义崩溃以后，封建残余固然也同归于尽，经济发展的束缚已去，可以向上发展，但这个时候，整个的世界已是非资本主义的世界，可怜的中国的幼稚资产阶级，早已做了世界资本主义的殡葬物，同归于尽，中国经济的发展，是非资本主义经济的发展，是走向世界大同之路"。③

上一章的答复，主要针对内部的机械解说唯物史观论者，这一章的结论，又转向针对中国的资产阶级。基本意思是说，面对国际帝国主义的侵略压力和国内封建残余势力的剥削摧残，中国资产阶级既因力量薄弱，不可能推翻这种侵略压迫以及肃清这种剥削摧残，又因幼稚而害怕国内以工农为主体的革命势力的发展，投靠帝国主义成为共同对付革命势力的附庸，从而彻底丧失了反抗帝国主义和封建势力的领导能力；至于说推翻国际帝国主义的压迫之后，中国能否顺利走上发展资本主义

① 田中义一（1864—1929），日本陆军大学毕业，长州藩第二代领导人；陆军大将，政友会第五任总裁，日本第26任首相（1927—1929）；在国内实行高压政策，摧残议会政治，在国外推行满蒙分离政策，阻挠中国统一；被罢免后不久失意死去。

② 今译古斯塔夫·施特雷泽曼（Gustav Stresemann, 1878—1929），出生德国柏林，在柏林大学和莱比锡大学学习哲学和文学，获经济学博士学位；1902年成立萨克森制造业公会，1906年当选德累斯顿市议会议员，1907年当选帝国议会议员，1912年落选即投身实业界，1914年复归政界；魏玛共和国时期当了百日总理（1923年）和6年外交部长（1924—1929）。

③ 以上引文除另注外，均见朱新繁著《中国资本主义之发展》，上海联合书店1929年版，第461—465、472—475页。

的道路，对此也彻底否定，相信到那时，摆在中国面前的将是一条非资本主义的道路，即世界大同的道路。这个结论，就像前面否定中国发展资本主义的机会或可能性，一并否定中国资产阶级的进步作用，同样说得十分决绝。如此判断，作为典型的阶级分析结果，从书中前面各章的叙述看，缺少必要的铺垫，应是超出了作者本人的独立分析能力，渗透着苏联或共产国际的判断传导到我国的影响因素。特别是在估计中国作为庞大的半殖民地国家对国际帝国主义的生存有重要意义，一旦失去中国的重要原料供给和商品销售市场，诸如日本和英国等帝国主义国家将立刻因经济恐慌和社会秩序混乱而断送其命运或致寿终正寝，以及预期世界资本主义在最近的将来必然崩溃等方面，更显现这种影响因素之深入。这些估计充满着乐观成分，似乎国际帝国主义的垮台和世界资本主义的灭亡，近在咫尺马上就会发生。为此列举的几个事实，简直可以说在复述苏联或共产国际的宣传口径。尤其列举第一个主要事实即无产阶级革命势力的发展，花最多的篇幅介绍苏联的巩固。这是前面各章几乎不曾提到的因素，这里大张旗鼓予以宣传：不仅称道苏联是世界无产阶级的祖国，是世界反帝国主义的中心，而且逐项介绍苏联领土之广袤，各种自然资料如煤、石油、煤油、木材、水力、钾、金、铜、白金的储藏之丰富，农作物及畜牧业的数量之巨大，足以证明在世界上经济地位如此重要的俄罗斯由帝国主义国家变成无产阶级专政的社会主义国家，造成国际帝国主义的致命伤；不仅颂扬苏联打破国际帝国主义的武力包围和经济封锁，渡过危难时期而一天天巩固和发展起来，而且举出农业、电力、运输、交通、存货栈房、官府财产、城市房屋、地方财产等方面的统计数据，显示苏联经济的快速发展，象征无产阶级革命势力的发展，反衬国际帝国主义的危机；不仅坚信由无产阶级执掌政权的苏联经济的发展，巩固了无产阶级政权，决非如国际帝国主义所狡辩的走资本主义回头路，而且凸显苏联经济发展的影响，既是对国际帝国主义的最大威胁，又是对世界无产阶级革命势力的有力推进。有关苏联经济的这些介绍，就像从某个地方整体移植过来。因为列举的其他几个事实，如帝国主义国家内部工人革命运动的激进、殖民地革命运动的兴起、帝国主义本身的衰落、各帝国主义之间冲突的尖锐化正在酝酿第二次世界大战的危机等，均系简单带过，不如谈论苏联经济之扩展开来。尽管此章也说，详述这些随处可见的事实，可以写成几部巨著，故无必要也不可能，但终究是苏联方面有现成的材料可以利用，其他方面的材料不那么凑手。另外，此章断言中国产业解除国际帝国主义的束缚后，仍然不可能发展资本主义，必然向非资本主义方向发展，其理由除了援引苏联为正面的例证外，还举出此书出版之前先后死亡的日本首相田中义一和德国外交部长施特雷泽曼为反面例证，以示随着这班资产阶级功臣的死去，中国资产阶级也跟着他们一道进入了坟墓。用这样的正反面例证来说明在国际帝国主义崩溃之后，整个世界都是非资本主义世界，所有资本主义成分均已死灭，若非有可资借鉴的现成论述，也超出了作者自己能够具备的国际视野。本书的叙述惯例，经常反复重述一些基本的概念和理由，然后根据不同的议题加进各种理论的或实证的资料，这些资料之间，往往缺乏内在的有机联系，给人以移用各类著作内容再予以整合之感；本章同样如此，所以一些资料的出现显得比较突兀，虽然根据这些资料所得出的结论，仍然有特殊的意义。

### （五）结语

朱新繁的《中国资本主义之发展》一书，初看书名，好像说的是中国怎样发展资本主义或中国资本主义的发展状况，实则说中国根本不可能发展资本主义。这个观点，以前时有耳闻，但真正予以系统论证并得出激进结论者，朱氏此书可谓典型代表。其典型意义，不全在于作者独立运用理论工具分析中国国情而进行逻辑推论，倒是在其行文中间，处处透露着以苏联为代表的共产国际在中国发展问题上的影响痕迹。或者说，这本书的逻辑，不必是由作者自己建立，而是依据苏联或共产国际的逻辑来填充各种理论或实证资料，尽管书中从未明言这一点。

毫无疑义，此书的理论依据是马克思和列宁的学说，或者说，是由列宁继承和发展的马克思学说。书中注重经济学知识，强调从经济基础方面来研究中国问题，由此提出中国问题的中心，即中国的前途是资本主义还是非资本主义，具体言之，是发展资本主义，还是超越资本主义阶段而走非资本主义的道路。这样提出问题，本身就体现了依照马克思和列宁学说的引导性质；本书的撰写为了答复这个问题，也必须将答复的要点建立在马克思和列宁学说的基础之上。不过，这里引用马克思和列宁学说，主要不是阐明其原典的逻辑，而是服务于答复问题的逻辑。例如：从马克思学说那里，抽取有关原始积累形成资本主义发展的两个必要前提条件，以及资本主义生产过程所获取的剩余价值来自生产领域而非交换领域等理论，意在论证中国经济的落后，源于缺乏集中的资本和可以自由出卖而为了生存又不得不出卖的劳动力两个前提条件，因而无从生产和获得剩余价值。从列宁学说那里，又抽取有关资本主义从竞争到垄断，发展到最高的或最后的帝国主义阶段，无法避免资本主义制度没落的规律等理论，意在论证中国不可能发展资本主义，因为无法摆脱国际帝国主义的侵略压迫，以及与之相勾结的封建残余势力的剥削榨取。前者主要用于说明中国经济落后的内因条件，后者主要用于说明中国不可能发展资本主义的外因条件。此外还从马克思和列宁学说中引申出一些理论加以梳理，用来说明由于资本家阶级和劳动者阶级的对立与斗争日益激化，社会生产的无政府主义造成不断加重的周期性恐慌，以及资本家之间的冲突加剧势必导致第二次世界大战的爆发等危机因素，整个世界的资本主义制度已经走向没落，国际帝国主义必然崩溃，在这个大背景之下，即使将来中国经济摆脱帝国主义的束缚，也不可能独立和缓慢地重新走上发展资本主义的道路。

与理论依据相配合而举证的实证资料，服务于上述问题的答复口径，同时不断地转换批评的对象。如为了说明物产丰富的中国何以如此落后，举例证实因为缺少资本和现代劳动力两个必要条件；为了说明产业落后的中国何以不能发展资本主义，又从近代工业发展的趋势、农业经济的崩溃、关税制度的束缚、航运现状、铁路现状、金融事业被外人操控、工业现状等方面，举例证实因为受制于国际帝国主义的侵略压迫和封建残余势力的剥削榨取。其间突然打一横炮，批评有的留学生把托派理论搬到国内，宣扬中国现在的农村经济已经资本主义化；认为国内中小农没落和土地集中的现象与资本主义因素无关，相反证明解决农民问题的出路，只能走推翻帝国主义支配的非资本主义道路。这个批判有些没头没脑，不见上下文的联系，倒是流露出来自苏联的影响特征。接着否定中国资本主义的发展可能说，又把矛头指向机械唯物论者，认为他们曲解唯物史观的本义，只是机械地套用按阶段一步步发展的概念，不知现在世界已处于资本主义没落的时代，中国将越过资本主义发展阶段而直接进入非资本主义发展路径。这个批判表达了如何正确理解唯物史观的重要观念，但从上下文看，同样显得有些突兀，可能也是移植苏联理论界论争的产物。最后的结论部分，把打击的对象对准中国的资产阶级以及作为其思想代言人的庸俗经济学者，重点批评他们的软弱（因力量薄弱）、幼稚，不仅不具备推翻帝国主义统治的领导能力，而且成为帝国主义的附庸，甚至惧怕工农革命力量的增长而与帝国主义联手共同对付敌对的革命势力。这个批判既注意到中国资产阶级的弱点，又不加分析地把整个中国资产阶级都视为附庸于国际帝国主义侵略势力的消极力量，几乎看不到有什么积极作用。这个批判否定了主张中国发展资本主义的主体部分即中国资产阶级的作为之后，自信地宣布世界资本主义的崩溃与中国资产阶级的幻灭。为此还以苏联政权的巩固和经济的快速发展为突出例证，辅之以帝国主义国家内部工人运动的发展，殖民地革命运动的发展，帝国主义自身国内经济的衰落，帝国主义国家之间冲突的尖锐化等事实，乐观地断言国际帝国主义在最近的将来就要被埋葬，随之而带来的是整个资本主义制度的没落，一切资本主义成分的死灭，以及非资本主义世界的形成，于是中国的资产阶级也将跟着世界上的资产阶级进入坟墓或成为其殡葬物而同归于尽，中国经济由此走向世界大同的非资本主义发展之路。这种乐观情绪，把国际帝国主义的崩溃，世界资本主义制度的灭亡，中国经济摆脱各种束缚而获得新生，中国工农革命势力取代资产阶级而成为推进非资本主义发展的主力，中国从此走上世界大同的道路等，都看作唾手可得的事情，好像是自然而然的结果。殊不知现实比起理想要严酷得多。大概正是在现实面前碰了壁，理想发生动摇，乐观情绪也荡然无存，所以这本书出版后不久，作者便脱离中国共产党，先是转向办刊进行有关中国社会史的论战，后又进入国民党阵营，最终仍毙命于通共嫌疑。

本节列举的几本著作讨论中国资本主义的发展，比较上节著作讨论中国的经济理论与实践，总体看来，有很大的不同。上节的著作，基本倾向从理论上否定马克思主义经济学及其在中国和苏联共产党人手中的运用；同时在实践上为了解决中国迫切的现实经济问题，又不时为参考苏联的经济成效开个口子。本节的著作，基本倾向运用马克思主义的原理来分析中国发展资本主义的历史特征和未来可行性，或者整理相关的历史资料来为这种分析提供客观素材。当然，本节提到的一些编著者或编译者如郭真、巴克、朱新繁等人，在前编已看到他们传播马克思主义经济学的著作或译作，本节的相关著作或译本不过延续他们既有的分析倾向而已。由此也能说明，此时研究中国资本主义的发展历史，比起抽象地议论中国经济的理论及实践，更容易接触中国面临帝国主义侵略与封建势力压迫的约束条件，更容易感受一厢情愿的美好愿望屡屡在现实面前碰壁的严酷事实，从而也更容易引进和接受马克思主义经济学的研究理念和方法来分析其中的原因和寻找未来的出路。

### 第三节　关于中国劳工和农民运动的论著

这是另一种类型的中国经济问题，也是自西方新社会思潮传入后，结合本国实际而一直为国人所关注的重要问题。

## 一、论述中国劳工问题和农民问题的著作

这里列举的几本书都由国人自撰，着眼点不完全一致，有的着眼于中国的劳工问题，有的谈论农民问题不仅限于中国，而出发点和归宿仍在中国，有的以中国经济新潮为名，内容主要论述工潮问题。

### （一）《中国劳工问题》

陈达①著，列入中国经济学社丛书，商务印书馆 1929 年 9 月初版。作者 1927年 9 月 27 日作于北京清华园的序说：

1920 年以来，"著者对于我国劳工问题，稍稍研究，虽偶然有发表的文字，但大致零碎庞杂，不成系统"。近四年间，"每于授课之暇，从事搜集资料；经时渐久，积聚渐多"。乃于 1925 年夏开始整理的工作，修改旧材料，增加新材料，成为本书。本书有三种目的："叙述我国劳工问题的起原和发展"，"解释该问题里比较切要的部分"，"讨论并介绍几种解决方法"。"我国劳工运动现正猛烈进行，方针未定，成绩不多。所有的记载属于宣传者多，属于叙述事实者少。在这个时候要想搜集许多可靠的事实发为言论，以完全达到上列三层目的，却是难事。所以本书的使命，不过根据于有限的事实，整理分析，以期指示研究的途径"。以著者自身而言，以往的工作暂时告一段落，将来还须着实努力。

书内有些材料已经发表过，但都经著者修正，并得原出版者许可编入本书。本书付印，著者要致谢美国劳工统计局局长司徒（Ethelbert Stewart）。著者在该局实习时，往往忙里偷闲，试作关于我国劳工问题的文字，大多在 Monthly Labor Review（今译《劳动评论月刊》）上发表。司徒多方奖诱，引起著者对该问题的兴趣；凡著者在大学所得的训练，至此渐明实际的应用。近来又经国立北京大学马寅初教授的鼓励，著者格外奋勉，乃完成此书，颇为心感。又北京经济讨论处调查股主任刘大钧，于本书内容多所指正，著者非常感谢。②

---

① 陈达（1892—1975），又名邦达，浙江余杭吴山镇人；1910 年入杭州府中学堂，1912 年在清华学校留美预备班学习，1916 年公费赴美留学，1918 年获波特兰市立德学院学士学位，转入纽约哥伦比亚大学，次年获硕士学位，再入该校研究院，1923 年获哲学博士学位；同年回国执教清华学校，1929 年创办清华大学社会学系，任教授兼系主任，主编《清华学报》，为中央研究院院士；抗战时兼任西南联大社会学系主任和清华大学国情普查研究所所长；1947—1949 年先后任世界人口学会副会长，国际统计学会会员，太平洋学会会员兼东南亚部负责人；1952 年后，历任中央财经学院、中国人民大学、中央劳动部劳动干部学校教授；被错划为右派，1960 年改正。

② 陈达著《中国劳工问题》，商务印书馆 1929 年版，著者序。

这是用社会学者的眼光来研究劳工问题，关注的重点，仍集中在经济方面。以序中所见，此书最大的特点，重视搜集资料，为此前后花费了5年时间积累；以经过美国大学训练所掌握的理论与方法，实际应用于我国劳工问题的研究，其1923年的博士论文《中国移民的劳动状况》，便是类似的选题，此文当时还被美国众议院第88次会议选为档案出版。从提供可靠的事实作为论述的依据角度看，此序对国内有关劳工运动的记载评价不高，认为宣传的成分多，叙述事实的成分少。这个说法，其实未尽然。此前考察的相关专题著作，至少1925年出版的《中国劳工问题》，特别是1926年出版的《中国劳动问题》，在此序1927年落笔之前，讲述了不少有关中国劳动问题的事实。此书撰写的三层目的，意在叙述我国劳工问题的起源和发展，解释其中的紧要部分，在此基础上介绍并讨论解决的方法；据此，在著者看来，我国劳工运动虽势头猛进，却因方针未定和成绩不多，难以拿出事实来证明解决方法的有效性。这是受客观条件所限。下面选些例子，可见此书根据有限事实，经过整理分析，针对解决中国劳工问题，指示出哪些研究的途径。

此书626页，分"绪论""工人生活状况""劳工团体""罢工""工资和工作时间""生活费""福利设施""劳工法规""结论"9章，另附录"劳工运动"，洋洋大观。从细目看，能感受书中注重调查与事实材料，以及运用现代分析方法和进行中外对比研究的特点。这些特点如何用于指示解决中国劳工问题的研究途径，在此举一个例子。第5章论述工资和工作时间，曾引用西方学者有关工资的研究：

这个研究可分两层：第一层是"工资学说，大概说明资本家何以付工资，和劳工者何以得工资的理由，以及工资的性质与工资的断定等"；第二层是"分配问题与工资的关系，包括财产分配及工业雇佣等问题"。第二层属于经济学范围，恕不具论，第一层当在本章简略讨论。关于工资的学说甚多，举要叙述如下：

一是生存费说（cost of subsistence）。"这是用科学眼光解释工资最早的一派学说。照这一派的学说，劳力和别种消费品一样，都可以在市场买卖，工人卖劳力，雇主买劳力"。"劳力和其他消费品一样，有自然价和市价的分别，自然价就是工人的生活费，市价就是劳力在市场的买价或卖价，劳力少，市价必高，劳力多，市价必跌。市价高，劳工者入款多，生计充裕，市价跌，劳工者入款微，生活贫弱。以理论言，因贫穷之故，人口要减少，劳力的供给乃可缩小范围，但是因为生殖是人类的天性，不可遏抑，所以人口减少是难能的事体。人口不减，劳力的供给不能缩小，所以工资有向最低限度生存费下降的趋势"。

二是工资准备金说（wages fund）。"这一派学说以为工资率以劳工人数和流动资本为转移，供给和需要相平衡。劳力的供给有伸缩，要看社会里有多少资本可以为投资之用，所以工资率要靠食品、原料、机械及其他生产原素以为断。如果劳工人数增加，同时资本准备金没有相当的增加，工资必减；如果资本准备金增加，劳力人数不加，工资必升"。照此学说，劳工界不能影响劳力市场或经济组织或社会习惯，劳工立法也不能影响劳力市场，所有能影响劳力市场的，只有马尔萨斯主义和晚婚及限制人口的习惯。

三是特别生产说（specific productivity）。"按这一派学说，劳力的市价由他的最末用处而定，就是由工人的特别生产而定。社会上一种物品的产生，资本和劳工各有贡献。在竞争制度底下，工人方面必有一个最后的生产者，他就是断定工资的人。这一个人的能率是最低，但是雇主必须拿工资来引诱他做工，否则这做工人不愿牺牲自由来做工，或他不愿替这一个雇主来做工，而别谋生活，所以这一个工人就是断定工资的人"。

四是交涉说（bargaining）。"据此学说，雇主和工人处于对等地位，他们的力量大概相等，工资就由他们互相交涉而定"。他们知道交涉条件的价值，交涉权和知识似乎平等；又近年来雇主和工人都有组织，他们对所交涉的事件，两方面各有一种价值估计。工人方面知道受雇的益处，失业的苦处，雇主方面知道由劳力而生产，由生产而得经济利益，所以每一方面都为自己谋利益。雇主要得最大的利益，愿出的工资在他看来是最高的，逾此不愿雇人；工人要做最小的牺牲，所要求的工资在他看来是最低的，少于此不愿受雇。

五是交易价值说（value in exchange）。"这是社会主义者工资学说。马克斯以为劳力是价值的最要原素，物品之有交易价值，因为物品的产生是靠人类的牺牲。果然物品自己也有用处（utilit），不过各种物品的用处，情形不同，不能有公共之点，作比较的研究，惟有人类努力与牺牲，是性质相似。如果努力大，牺牲大，物品的价值必高，否则价值必低，所以价值完全靠劳力。工人制了一种物品，他的努力可以用钟点来代表。可惜在资本制度底下，工资是由资本家付的，因为他的交涉权大，他占了便宜，工资往往不能报酬工人的牺牲。譬如工人用了十二点钟做成一种物品，资本家给他的工资可以代表六点钟的努力与牺牲，其余的六点钟的利益被资本家得了去。这个利益叫作劳力的赢余（surplus labor），而工人的工资有向最低限度生存费下降的趋势"。

上述西方学者讨论工资学说的大概，"各说有优点，亦有劣点，今不具论，但是劳力是否和普通物品性质相同，尚须辨明"。"劳力虽然可以在市场交易，却和普通物品有分别，可惜人类社会，以往的历史平常多拿劳力当作物品看，所以社会里发生许多不公平的事实。现在要想维持工业和平，非把'劳力就是物品'（labor is commodity）这一层观念打破不可"。要想打破这种观念，须先明白劳力的性质。略述如下：一则"劳力的买卖是劳工者把自己本身一同卖出，并非可以把劳力脱肉体而卖，至于平常卖货物时，卖主只卖物品而已。因为卖力气者连他自己身子同时失了自由，所以劳力买卖和普通物品买卖，显有分别"。二则物品移动性大，可以由甲地迁至乙地，迁移时物品不至受损害。"劳力不然。劳工者往往因家庭关系、经济情形或社会阻力，不愿意时常移动。就是移动之后，劳力也不免有损害，因此劳力的移动性很低"。三则"劳力容易损坏，物品不然。普通物品经得起耽搁，劳力经不起耽搁"。劳工者往往家中有依靠人，遇着受雇的机会，立刻就想做活。失了半天是半天的工资，失了一天是一天的工资。他平常没有积蓄，受雇时不能向雇主提出严酷的条件，他不愿失去受雇的机会。普通物品则不然，今日市价不好可以不卖，卖主可以等市价有起色时再卖（除非水果青菜等）。四则"物品换货容易，劳力不然。普通物品卖完之后即可进新货，劳力的供给如果在某时不能应付社会需求，不能将供给的来源于短时间内增加，因为由小孩子培养成人，能替社会服务是极迟缓的手续"。五则"最要紧的一点不可忘却的，就是劳工者是人，所以劳力市场和货物市场有根本不相似的地方。货物的买卖受经济定律的支配，劳力的买卖不能完全受经济定律的支配，能看清此点，对于社会政策，或有相当的谅解"。

再论工资交涉。"虽然雇主和工人都有组织，表面上立于对等地位，但是他们的交涉权是不平等的"。雇主的消息比较灵通，往往又多经验，所以占便宜；劳工者因经济压迫，不能等候时机，以期得到较优的工资；劳工者的交涉权，大概受到"边界上的劳工界（marginal laborer）"的破坏，这些人的经济困难大，所以最愿意接受低值工资，以免饥饿。①

以上论述，意在借鉴西方学者对工资问题的研究，结合中国关于工资问题的现有资料，提出或讨论改良的办法。列举西方学者讨论工资问题的五种学说，前两种属于西方早期的工资学说。一种是古典经济学的生存工资论，突出工资是"劳动

① 以上引文均见陈达著《中国劳工问题》，商务印书馆 1929 年版，第 254—258 页。

的自然价格"，里面包括工人本身维持生存的生活费，以及工人总体上不增不减地延续后代所需要的生活费；同时在劳动供求关系即其市场价格的影响下，工资有趋于最低限度生存费的倾向。另一种是工资基金论，随着生存工资论的没落应运而生，强调工资水平高低取决于工资基金数量与人口数量之间的比例。第三种是边际生产力工资论，认为劳动和资本各自的边际生产力决定它们各自的产品价值，同时也就决定了它们各自所取得的收入，这是西方现代工资理论的先驱。第四种是工资谈判论，相信劳动力市场的工资水平，取决于市场上劳资双方的力量对比。如果说前三种属于资产阶级经济学的工资学说，第四种可以看作工会发展的产物，主张集体谈判工资，以工人集团即工会为一方，以雇主或雇主集团为另一方进行劳资谈判。第五种名为交易价值论的社会主义工资学说，并不确切。其实指马克思以劳动价值论为基础，揭示现行资本制度下的工资，是资本家剥削工人剩余劳动的产物。然而把马克思的工资学说也纳入西方学者研究工资的代表性学说范畴，显示引用者不拘泥于西方经济学通常所认可的几种主流工资学说，具有更宽的视野和较为客观的态度。不过，引用者说到西方学者研究工资，分为工资学说及分配与工资的关系两层涵义，以后一层涵义属于经济学范围而不具论，不知前一层涵义同样属于经济学范围，上面引用的五种学说即是；又以上述五种学说大体涵盖了当时西方学者的研究成果，也不尽然，如马歇尔的供求均衡工资论，亦为一代表性学说。但总的说来，引用者力求比较完整地介绍西方工资学说，以为我国改良工资制度的参考。

对于五种工资学说，引用者认为各有优点和劣点，似乎不分高低，没有偏好。事实上，接着的论述，仍显出选择上的差异。例如，对交涉说或工资谈判论，后面谈到工人组织虽在表面上与雇主组织处于对等地位，但因为多种制约因素，工人的交涉权是不平等的，等于否定了这一工资学说。又如，对特别生产说或边际生产力工资论，后面谈到制约工人交涉权的一个因素，便是经济处境最困难的工人最愿意接受低工资的情况破坏了工人组织的集体交涉权，也等于肯定了这一工资学说。再如，对马克思的工资学说，看起来没有针对性评论，实则隐匿其中。后面为打破"劳力就是物品"的观念，发表了不少议论，意思是说，许多社会不公平现象，或产业不和平现象，都产生于把市场上交易的劳动力，视同普通商品，未看到二者的差别，故用支配商品交换的经济定律同样支配于劳动力的买卖。换句话说，好像认识到这种差别，将劳动力与一般商品区别开来，就能避开现行经济规律的支配，改善劳动者的待遇。书中说到能看清劳动力的买卖不能像一般商品的买卖那样，完全受经济定律的支配，便能谅解政府的社会政策，应当就是这个意思。这种说法，恰恰同马克思的经济理论相反。在马克思那里，劳动者成为商品，受到资本主义经济规律的支配，正是分析现行制度包括其工资制度的基本前提；因此，只有推翻这个制度，才能使劳动者从根本上摆脱被资本家雇佣，其劳动力像商品一样被买卖，从而深陷现存攫夺剩余价值的经济规律支配的被奴役处境，实现彻底的解放。前面所说的社会政策，则希图不去触动现行制度，能以改良的方式，缓解或躲开像买卖商品一样买卖劳动者的现行经济规律支配的弊端，达到改善劳动者工资待遇的效果；至于说谅解，大概不只是对劳动者的要求，更是对雇主或资本家的要求。

这样看来，此书所指示的研究途径，既然在工资问题上如此，在其他劳工问题上，也就可想而知了。讨论工资一节，是此书明确引用马克思学说的地方，其他各章则鲜见。所以，这里的举例，集中于这一节。由此可以说，这本书谈论中国劳工问题，比起此前国内的同类著作，虽然在资料的搜集，调查的深入，视野的开阔，理论的借鉴，方法的运用等方面，有明显的进步，但就指示解决劳工问题的研究路径或方针取向而言，却有相似之处，同马克思主义经济学的研究方针，仍处于隔膜状态。

### （二）《农民问题概论》

冯紫岗①著（封面标"著"，内里标"编"），南京岐山书店1929年5月初版。李卓吾同年5月作序称：冯紫岗是研究农学的专家，尤其对农民问题有深刻的考察；他在欧洲的农校农场及农民中亲身尝试，为我们的一般朋友所共知。本书是他在浙江笕桥农学院的讲义。"我看内容实有公开发表的必要——不一定只饱杭州农学院的学生之知识欲，尽可公之社会，至少也可使大家——看的人，饱一饱眼福，于是请求紫岗先生再加修补，便成为这本书。我清楚的结一句本着作者的意思：'土地应当归种田的人所有！'"②可见作序者是建议冯紫岗将其在大学的讲义修订增补后予以公开出版之人，而且表达此书的基本观点，就是耕者有其田。

此书6章，第1章农业社会的沿革，含农业的起源、土地制度的变迁2节；第

① 冯紫岗（1900—1943），原名冯克毅，河南南阳人；河南省立第五中学毕业后，1918年入北京孔德学校专攻法语，1920年赴法勤工俭学，后入法国国立海南农业大学学习；1928年回国，历任上海劳动大学农学院、浙江大学农学院教授，安徽大学农学院院长，湖北农专校长，国民党中央政治学校合作学院、边疆学院教授等职；1932年任河南省第三农林局首任局长，1933年在南阳县潦河镇创办南阳民众师范，同年回浙江大学任教，1938年任河南省建设厅合作管理处处长。
② 冯紫岗著《农民问题概论》，岐山书店1929年版，"给农民问题概论的序"。

2 章封建时期的农奴制度，含封建制度的产生、农奴和领主的关系、农奴制度的消灭 3 节；第 3 章资本主义下的农业状况，含资本制度的勃兴、资本主义发展对于农业社会一般的影响、资本主义与农业的生产力、资本主义下之农业的衰颓 4 节；第 4 章解决土地问题的各派学说，含土地私有制度的弊害、解决土地问题学说的派别 2 节；第 5 章近代各国农业社会的趋势，含大小经营的推移情况与原因、各国援助耕者有其田的农业政策、大农与小农的利害比较和农业社会的将来 3 节；第 6 章中国农民状况与耕者有其田，含中国历代土地制度的沿革、现在中国农业社会经济问题 2 节。

根据此目录，前三章主要介绍世界范围内农业特别是土地制度在历史上的起源与变迁，以及不同社会经济形态下农业的发展状况，由此引出农民问题的历史沿革背景及其与各种经济制度的密切关系。这部分内容反映了作者留学法国的研究收获，用于概论农民问题的历史前提。第 6 章重点讨论中国的农民问题并落脚在耕者有其田的解决方案上，先回顾土地制度的历史沿革，然后集中于分析现实中国农业社会的经济问题。要点有三：一是说明中国土地分配状况及其趋势，结论："总之，中国土地分配状况不均，荒地日多，农民日困，农村社会经济，日趋于凋残"[①]；二是说明中国农村衰颓的原因及其现状，内因有兵灾、匪灾、天灾和钱灾，外因则是各国商品的掠夺，资本帝国主义侵入后农民的生活更苦，以及满清末年到现在的对外赔款和历来政府所借的外债，绝大部分直接或间接由中国农民负担；三是发展中国农村社会经济，孙中山所主张的耕者有其田从平均地权入手，除了这项政策，"研究农民问题者，同时须研究社会一般问题，与世界一般趋势，如能预测世界社会的将来，则对于农民问题之解决法，自当无误"[②]。这部分内容体现了作者留学回国后的学以致用、学用结合特征，引用大量数据论证中国的农民状况，强调解决中国农民问题的政策须与预测世界社会的将来发展相结合，然而以为由此便能正确解决中国的农民问题，未免过于理想化。

从理论上看，真正应予注意的是第 4、第 5 两章。第 4 章的前提是土地私有制确有其弊害，或者说，土地私有制在历史上曾起到促进生产力发展的积极作用，但后来愈益显现其弊端，因此，解决土地问题也就是解决农民问题的关键，在于如何消除这些弊端。本章的重点，围绕解决土地问题，列举和评析那些具有代表性的学

---

[①]　冯紫岗著《农民问题概论》，岐山书店 1929 年版，第 176 页。

[②]　冯紫岗著《农民问题概论》，岐山书店 1929 年版，第 187—188 页。

说与派别。这些学说被分为三大派，第一派所谓"地租课税主义的土地制度改良派"，承认土地私有制，但不承认不劳而获的地租归地主私有；第二派所谓"农业社会主义的土地制度改革派"，主张废止土地私有制，土地收归国家或其他公共团体所有，私人只有使用土地的权利，但不反对一切私产，仍维持土地以外的资本私有；第三派所谓"社会主义的土地制度改革派"，以为财产私有是社会经济纷乱不安的唯一根源，主张废止一切私有财产制度，废止土地私有只是社会改革的一部分，而完成社会改革，必须把所有财产权归公，方可实现平等大同社会①。这三派学说的要点、批评和影响，书中分别予以评析，在客观陈述的基础上，总体上持各有短长而不赞成的态度。尤以第三派值得关注，这一派虽说一致承认废止土地私有，以此为废止财产私有的一部分事业，其涵义却颇为杂乱，在理论根据上又分为：广义地应用李嘉图（原译"理咯多"）的地租公例与一切资本或劳动的利息的费边社会主义，确信马克思所谓劳动价值的马克思派社会主义，以及确信克鲁泡特金所说的社会互助公例的无政府共产主义等②。下面着重介绍对所谓"马克思派强权的社会主义"的评价：

马克思引申李嘉图的劳动价值说，解释资本家和一切财富所有者的财富，都是从剩余价值中得来。剩余价值是什么？就是劳动者所生产的货物的价值，总是多于劳动者自己所消费的价值；雇主付给劳动者的工资，仅足以代表劳动者自己所消费的部分；如此，生产的部分减去消费的部分所剩下的那部分价值，为雇主所垄断去，换句话说，财富所有者的财富增加都是压榨劳工或劳农的结果，这是现行社会一切纷乱不安的根源。马克思以唯物史观来说明，必须改革这种现状。以为物质生活的生产方法，可以决定社会的、政治的及精神的一切生活过程；按照社会经济的进化阶段，产生了古代共产制度、中世封建制度及近代资本制度；资本制度下的有产阶级，虽然曾对打破封建社会尽了革命的功劳，但用以颠覆封建制度的武器，现在都向着它自身了；由于产业集中而无限制地商品生产，引起社会经济的纷乱和恐慌，劳动者为了谋求无产阶级的福利，渐渐通过阶级争斗的胜利，走到支配社会的地位，形成无产阶级专政，由此将一切私有财产充公，国家便可实行集产主义。马克思根据唯物史观来叙述产业集中的自然趋势，可是，近代各国的产业，不但"没有他所预料的集中的速率"，而且在一些领域发现，"改成立许多小规模的工

① 冯紫岗著《农民问题概论》，岐山书店 1929 年版，第 78—79 页。
② 冯紫岗著《农民问题概论》，岐山书店 1929 年版，第 102 页。

业，至于农场的经营更是向着耕者有其田的小农方面进行"。马克思预料有产阶级和无产阶级的对垒，会一天天简单起来，有产阶级越来越少，无产阶级越来越多，结果双方的利害越来越显著，经过阶级斗争，无产阶级必得最后的胜利。但是，"事实上各国之小资产阶级，不但无减少的进向，且以政府和社会团体方面的援助，仿佛其地位较前格外坚固"；世界无产阶级不能一致，红的与黄的之争，加上工会会员与非工会会员之争，有手艺工人与无手艺工人之争，另外有产阶级中借债者与放债者相争，制造者与商人相争，工业家与农地主相争，"在在都足以证明社会之纷扰不已，决不只是阶级争斗四字所能包括无余的"。至于剩余价值学说的根据，建立在物品的价值以其生产时所需人工量为断的劳动价值上面。"今之社会经济学者，皆知劳动分量不能为价值唯一的本源，货物价值，乃系人类需要及好尚的结果。如此，劳动既不能创造价值，或者价值能在劳动分量以外而定，则由劳动而生之剩余价值说，与资本家的利润只是它没实给工人相当的工资而来之说，不攻自破"。如果说社会上有建立在别人劳动结果上面的不劳而食的阶级，那么很早就有人有同样的言论指责过这种现象，马克思的剩余价值，"犹有什么特色呢"？[①]

此番论说，一面概括马克思的剩余价值学说和唯物史观的理论要点，一面否认这两个理论学说具有现实意义。关于唯物史观，否认的依据主要有两个：一是近代各国产业的发展，并未如马克思所预料的那样出现迅速集中的趋势，反而产生许多小规模的工业，更不用说农业经营向着小农方向发展；二是阶级对立的现象，并未如马克思所预料的那样出现资产阶级与无产阶级两极分化的简单趋势，反而小资产阶级的发展得以巩固，况且无产阶级内部并不一致，资产阶级内部亦有各种斗争，因此不能将社会纷扰的原因仅归结为阶级斗争。关于剩余价值学说，否认的依据主要是如今的经济学者都不承认劳动价值论，不把劳动当作创造价值的唯一本源，而把价值视为人类需求与偏好的结果，于是也就不承认劳动产生剩余价值，或资本家剥削工人劳动的学说；何况有关不劳而获的言论早已有之，相比之下，马克思的剩余价值论没有什么特色。以上的否认依据，都是些老生常谈，前面曾经屡次提到。但作者笃信它们的合理性，认为足以驳倒马克思最主要的两个理论基础，而失去此理论基础，马克思学说便从根本上被动摇了，这正是第4章评介的主旨之一。

第5章介绍近代各国农业社会的趋势，也多次论及马克思学说。一是谈到农业

---

① 冯紫岗著《农民问题概论》，岐山书店1929年版，第106—109页。

经营大小规模的转化情况及其原因，得出结论："农业经营规模推移的事实，和马克思主义者所说之大经营压倒小经济的理论，不相一致"。工业方面的生产集中，虽然不尽如马克思所预料的那样愈趋愈烈，但是大工场利用科学和机械的力量增加生产，减少成本，远非小手工业作坊所可比拟；至于农业，决不可一概而论，农业所经营的多是动植物的生产，小农虽在使用机器和分工方面逊于大农，但在照顾周到，劳力集中方面，有更宏大的效能。既然承认机械的生产方法不是增加农业生产的唯一原素，则"马克思主义者根据他们普通工业生产方面的理论，以之推断农业社会的将来，自然不能与事实相符合"。二是谈到各国援助耕者有其田的农业政策，认为在欧战以前，限制大农和援助小农自耕农，已经成为各国农政的准则，欧战以后，此种潮流，更为急进；这些"都是以和平的方法，法律的能力，所做出来的"，不同于苏俄革命后的土地改革。三是谈到大农与小农的利害比较和农业社会的将来，总结农村社会尚未普遍实行耕者有其田以前，大农未能尽大农之利，反而造成很大的贫富悬殊，小农则吃苦难诉，又受各自为谋的狭窄观念束缚，不思有所进步；"农业社会的将来，自趋于矫正此种社会积弊，第一要促进普遍的自耕农制，第二要促成农民的合作组织"。对此，照马克思的理想讲来，生产渐渐集中，总有一天，所有资本和土地都为若干极少数的资本家或地主所有，那么便容易发起社会革命了；因为生产愈集中，无产阶级人数愈多，革命自易成功，国家集权自易办到。"然而现在世界农业的趋势，恰恰和马克思的预言相反。大农不独不能吞灭小农，反为小农所分割，这真不能不使社会党人和共产党人稍自反省"。俄国共产党宣言说："我们共产党拥护农民局部的要求，只要是关于它们实际上的利益，藉之可以改良它们的境遇和生产的"。又说："土地应该为耕种土地的农民所有"；"如此可以无条件的充公一切不自耕种的土地"。列宁未死之前，极力主张从各方面去扩张各种样式的合作组织，尤其应尽量发展农民合作团体，以为只有这样做，才能达到革命的建设目的。那么，农业社会进化的趋势，或许就是如此事实："大农化为自耕农；自耕农合作组织，互助经营，完成新农业，新农林，新社会的基本"！①

这里论述农业经营的大小规模如何转化的趋势，是继续引申第 4 章否定马克思的唯物史观和剩余价值学说的结果，也是用作以小农而非大农的互助合作经营为政

① 以上内容分别见冯紫岗著《农民问题概论》，岐山书店 1929 年版，第 121—122、143、147、149—150 页。

策基础来解决农民问题的重要理论根据。前者指马克思将其在工业领域所预料的生产集中趋势，最终将形成一端是资本集中在极少数资本家手里，另一端是众多的无产阶级，从而使社会革命容易成功并容易实现国家集权这个理论，照搬到农业领域，认为大农经营压倒小农经营将产生同样的结局；姑且不论马克思关于工业领域生产集中趋势的判断虽有一定的事实依据，却不如预料的那么激烈，关于农业领域的世界趋势，更是与马克思的预料正好相反，不是大农吞并小农，反而是大农被小农分割。言下之意，马克思关于农业领域大经营比小经营更有优势且小农经营势必转化为大农经济的理论，不能成为今后解决农民问题的理论根据。后者指小农经营既然是世界农业趋势，各国采取限制大农和援助小农的农业政策又成为不断急进的潮流，则解决农民问题，奠定新农业和新社会的基础，只有走大农化为小农或自耕农，再通过自耕农合作组织实行互助经营的道路，而且只能通过法律以和平的方法来实行，以此作为事实上农业社会进化的趋势。这是对耕者有其田及平均地权政策的重新诠释，也是所谓研究中国农村经济和解决中国农民问题，须研究社会一般问题和预测世界将来趋势才能正确无误的基本涵义，由此显露作者试图结合中国实际以解决众多小农生计的努力，以及留学法国而受到那里以小土地经营居多的国情传统感染的特色。有意思的是，作者一面非议强权的社会主义，质疑与各国和平解决农民问题方式不同的苏俄无产阶级专政，一面又引用苏俄政府没收地主土地分配给农民耕种的政策，以及列宁关于发展各种形式的农民合作团体的主张，以为同样反映了农业社会的趋势。看来，作者并非敌视马克思主义的理论学说，而以是否符合自己所赞成的小农或自耕农合作互助经营的解决方案为标准，若符合，则采纳之，若不符合，则摈弃之。

在这个理论指导下，冯紫岗曾设想依靠农民合作进行乡村建设，为此付出很大努力，可是在当时的政治环境下，却遭遇挫折和失败。这种良好愿望与付诸实践之间的落差，也从一个方面，为检讨解决中国农民问题上对于马克思学说的认识，提供了衡量的尺度。可以说，那时在理论与实际相结合的过程中，无论正面的或负面的认识，都成为马克思主义经济学在中国传播所必然经历的舆论环境。

**（三）《中国经济新潮》**

又名《劳工服务一助》，陈其田①著，上海经济生活委员会 1929 年 6 月初版。

---

① 　陈其田，曾任燕京大学经济学教授、法学院院长，后定居美国。

这本小册子 68 页，除导言外分 8 章：近代工商业发展概况，工业状况与劳工运动，劳工行政与劳动法，改造工人生活的试验，雇主与益工事业，劳工调查，劳工服务摘要，基督徒的责任；另有附录。可见所谓中国经济新潮，主要指劳工运动、改善工人生活和为劳工服务等。对此，著者同年 6 月有个说明：

数年前同人等撰写经济问题出版计划，即提议编辑职工服务指南，惜因收集材料困难，一时不能实现。"这几年来国人注意经济问题的人渐多，投身服务工界的同志日众，职工服务指南的需要愈急。同人等屡次催促鄙人勉任其艰，试作一稿，以供大雅的剪裁"。惜执笔以来，因其他会务的关系，写作时辍。最近因燕大之聘，行将离沪，乃勉强以最后几个星期的工夫，东拉西扯成此篇幅，"所得结果和原先的计划，相差尚远"。"这本极不完全的小册子，权作一种初稿。以后容有机会，自当再行订正"。①

这大概是著者应聘到燕京大学任教之前，在设立于上海的中华全国基督教协进会国际生活委员会工作时所承担的写作计划。其旨据说为投身工界服务的同志提供职工服务指南，其书扉页还标注其英文名称：Industrial Handbook for Social Workers in China（可译为"中国社会工作者产业手册"）。其指南大意，著者在导言（代序）中，以问答方式解说如下：

其一，"你对于工潮取何种态度？"："中国这几年内有一件事发展很快，很惹人注意的就是所谓'工潮'。社会上对劳工运动的态度不一，赞成者尊为神圣不可侵犯，反对者斥为洪水猛兽。其实'工潮'的发生有源有流，有支有节。劳资纠纷，劳资冲突，是一种病征，内容复杂，不是说一两句褒贬的话语所能了结。我们应当溯本求源，分析构成'工潮'的各种势力，对于劳工运动的全部，先有相当的了解，然后才能得着正当的态度"。其二，"为甚么工潮在我们这个时代发生？"：我国五千年的历史上，向来无所谓"工潮"。为什么工潮不先不后，偏偏发生在我们这个时代，工潮到底是从哪里来的？"我们要晓得原来工潮亦是'泊来货'。东西洋各国在这一二百年内变更经济制度，采用大规模的机器生产，同时不断的发生工潮。我国在最近二三十年之中，亦步东西洋各国的后尘，提倡近世工厂制度，跟着新工业的脚步，在这几年，亦来了工潮。所以我们真要明了工潮的源流，一面研究本国的情形，一面宜参考外国的经验。外国饱受工潮的困苦，想出不少补救调和

---

① 陈其田著《中国经济新潮》，经济生活委员会 1929 年版，"卷首赘语"。

的办法。晚近苏俄的试验，亦不过是近世工业制度的一种反动罢。各种办法都值得我们研究"。西洋近代工业发展史至少给我们"两种的教训"：一是"工业演进，漫无计划，听其随便发展，不但危险万分，而且祸患无穷"；二是"只顾生产，不重分配，重物质，轻人类，结果引起社会不安状态，阻碍人群进化"。"我们研究中国经济新潮，必需牢记这两点"。其三，"我们要怎样应付经济新潮？"："劳工运动是经济新潮的一种现象，这种新潮可谓经济革命。冲破旧式手工业、农村组织、家庭生活种种的阵线；牵涉政治生活，国际关系。总而言之，目前各种经济新潮是新社会的胚胎，与我们的生活有密切的关系"。我们对于经济新潮，"须负三种责任"：一是"我们应当了解时代的精神，明白各种潮流的大势，先求做到'知'字一个字的工作"。二是"我们应当在自己的小范围里尽一番小力量，引导各种经济新潮，归入正流"。三是"我们应当联络同志，下大决心，促进民众福利的事业，改造我们的环境。我们可以创造人间的天堂，亦能建设人间的地狱，全看我们在那一方面努力罢"。①

这番解说，把工潮或劳动运动看作随着中国经济新潮而来的必然现象，并带着基督教的眼光来看待工潮问题。一方面，讲求不要轻易地赞成或反对工潮，与工潮对应的是劳资纠纷和冲突这种病症，只有先分析构成工潮的各种势力因素，了解劳工运动的全部涵义，才能有正确的解决态度；强调工潮是舶来品，是国外近代以来变更经济制度而采用大规模机器生产的产物，既然我国近年来步其后尘，提倡近代工业制度而兴起新工业，自然也会迎来工潮。另一方面，诠释经济新潮具有两重性，既是冲破旧式手工业、小农经营与家庭经济而转向近代工业发展的经济革命，是密切关系到所有人生活的新社会胚胎，又包含着听任工业生产无计划发展而产生危险与后患，以及重生产和物质、轻分配和人类而引起社会不安与阻碍社会进化的两种教训；由此劝说自己须负担的责任，相应地便是了解时代精神和明白潮流大势，在力所能及的范围内将经济新潮归入正流，通过努力改造环境以促进民众福利事业。这里典型的基督教式劝导，根据前述的两重性，告诫人们在经济新潮中从而在对待工潮问题时的所作所为，既可创造人间天堂，也能建造人间地狱。须注意，无论新社会胚胎或人间天堂，还是两种教训或人间地狱，著者都把它们与近代工业发展历史或所谓经济新潮的一般经济发展阶段联系在一起，回避了特定的社会经济

---

① 陈其田著《中国经济新潮》，经济生活委员会 1929 年版，"导言"。

制度，结果出现生产无计划、分配见物不见人、劳资冲突乃至工潮现象，变成了与社会制度无关而随近代工业发展共生的自然现象；自然现象不可能人为消除，只能予以缓解，则防止这些自然现象发展到危险万分、祸患无穷并导致社会不安和阻碍社会进化的地步，便仅存乎基督教信奉者所宣扬的升天堂或下地狱的一念之间。

正是立足于这个基本逻辑，所以著者建议在中国应对工潮的思路，除了明了工潮源流和研究本国国情之外，主要参考外国经验，在现行社会制度下采取各种补救调和的办法，也就是把经济新潮归入所谓正流。在参考外国经验方面，尽管提出苏俄的试验也值得研究，但看来只是一个托词。因为苏俄的试验被视为近世工业制度的一种反动，不是对资本主义制度的反动，而是对近代工业发展一般进程的反动，那么这种试验等于否定了近代经济新潮，又何谈将其归入正流。另外，书中第2章第2节论述劳工运动的意义时说：劳工运动发生以来，常常听见罢工与劳工专政这两件事。"许多人以为劳动运动就是罢工与劳工专政。其实不然，这两事并不是劳工运动的意义"。前一种是经济的方法，后一种是政治的方法。两种方法究竟对不对，是另一个问题。"那么劳工运动的意义是甚么？据我看来，劳工运动有四种意义"：一是提倡劳工神圣观念，二是为工人争人格，三是以人类同胞为重要主张，四是机会均等。① 这些说法，不仅把苏俄的劳工专政实践排除劳工运动的意义之外，连罢工也成为无意义之举，结果使劳工运动的意义，只剩下不同现行资本制度作任何实质性对抗的各种说教。照此说来，这本宣讲在中国经济新潮中助力劳工服务的小册子，不过在推销西方国家历来所奉行的社会改良愿景时，添加一抹基督教说教的油彩而已。

## 二、《中国农民问题与农民运动》

王仲鸣编译，上海平凡书局1929年12月初版，实为围绕共同主题，编辑和翻译中外学者著述的一本论文集。包括"中国农民问题""中国农业制度与农业政策""中国农民的今昔""中国农业人口之阶级的分析""中国的农村经济""中国农民担负的赋税""中国农民的离村问题""土地与农民""农民合作概论""中国农民阶级的出路""社会主义与农民运动""中国农民运动概观"等论题，共314页。单看这些题目，已能感受到一些社会主义经济学的分析色彩。下面选择若干例证，进一步评介。

---

① 陈其田著《中国经济新潮》，经济生活委员会1929年版，第7—8页。

## （一）关于中国农民和农业问题的分析

这方面的分析有几篇文章值得注意。一篇是署名 Lin Ho Yuan 的《中国农民问题》，其中提道：

中国农业的资本主义发展形式，必然地不独"维持今日帝国主义底羁绊"，而且须以它自身的莫大发展，"使中国由半殖民地化而为完全的殖民地"为前提条件，否则"并没有很重大意义的增长"。然而，"在中国工农大众革命的斗争，现在已无疑到了比较高的水准的范围以内"，这件事一天天地增加困难。倘若我们认为中国农业资本主义的发展，只能限于资本主义的地主经营形式，"这种农业资本主义发展必然地要经过很艰难的很缓慢的道路"，必然结合着"中国农民底现在穷乏苦难饥饿底状况，及重利盘剥制度，个人的权力，黑暗世界，亚细亚主义以至于其余一切的中国底封建的传习特征，继续下去至于数十年之久"。与此相反，"只有毅然决然地扫净农村关系中一切中世纪的传习底废物，只有彻底地革命地斩绝所有一切的重利盘剥制度，只有完全破灭一切农业底榨取的盗贼式的耕种制度，才能用一种化被奴隶化的农民阶级为农夫阶级的方法，开拓比较迅速达到农业资本主义发展的大道"。"革命的农业资本主义底发展道路"，比起"财户地主经营底道路"，有很多的历史特长，然而这个在另一个世纪完成了的类似美国典型的农民制度的发达，也就是比较长久的农业资本主义的发达，"在中国今日特别情势之下，是不可能的"。

中国农业生产力的贫弱水准，规定了资本集积的步骤比较缓慢。革命成功后，会把"过渡到资本主义发展径路的中国"，置放于获得一个比较独立的经济行政，"一条反抗帝国主义的艰苦的斗争的前途"；又会给中国不利的竞争条件，在世界市场中和一切进步的强大的西欧美国及日本诸资本主义国家逐鹿（因为革命势力打倒了一切封建式地主、重利盘剥者、商业资本家、军阀，这些资本主义国家失去了在殖民地里推行帝国主义政策的工具，于是企图用新式的帝国主义方法来奴役中国）。在这种历史形势中，帝国主义直接而简单地化中国为殖民地，自由地向中国农业领域输入资本主义生产方法，会因为广大工农群众夺得政权后高水准的组织和意识，而变得非常困难。这也是为什么到最后，"必然要生出关于过渡（经了许多预备阶段）到无产阶级专政的条件准备问题"，此即"劳动底社会主义的组织化及废私有资本主义的而建立社会主义的计划的经济的条件准备问题之理由"；"在落后的中国，设若得无产阶级专政的国家底直接援助，是有历史上可能性的"。关于中国的历史发展路径，其余一切姑不置论，根本原因在于"中国资产阶级，全失了其为国民革命底领导的政治信用"，因此特别容易"使无产阶级底高度的阶级意识，不得不必然地夺得工农革命民主主义专政底胜利"；进而同"在直接建设社会主义的苏俄联邦"中胜利的无产阶级，同"先进诸国及中国国内社会主义和无产阶级"，联合起来建设社会主义，"这是对于革命的中国农民唯一无二的自救之路"。"中国民主主义革命底胜利的完成，及脱离落后的先资本主义的形式之农民解放，在今日的具体的历史的条件之下，必不是对于资本主义发展底更前进底出发点，而必是向社会主义突进的最初一步第一阶段"。隐匿在中国农业关系中的资本与劳动之间的对立，即资产阶级民主主义革命最初胜利后必然要更为厉害地采取的形式，已经对中国农民提出组织力量的问题，"怎样地联合农村半无产阶级，怎样地受城市无产阶级底指导，去与城市乡村资产阶级斗争，以博得社会主义革命底胜利，以建设社会主义"。这种顺路是否一定和无条件地达到胜利，系于杂多的情势，此中有一个事实无论如何是不可掩蔽的："为获得中国革命这种发展径路的斗争，形成中国革命党底主要任务"。①

　　用这样的观点来论述中国农民或农业问题，让人强烈感觉到马克思主义农业理论及苏联社会主义建设实践的影响，尽管此文并未提及马克思学说。这是此前考察的著作中没有见到的观点，至少包含几层意思。一是中国农业的资本主义发展道路，受到多种制约因素的羁绊。诸如在帝国主义侵略的条件下，走这条道路意味着中国将从半殖民地变为完全的殖民地；通过地主经营方式来实行农业资本主义，不仅发展艰难和缓慢，而且数十年内将继续中国农民现在的穷苦饥饿状况，以及维持重利盘剥制度、个人权势遮蔽天日、落后保守封闭乃至于一切封建的传统习俗特征；今日中国情势不可能再像美国农业资本主义那样，用过去一个世纪的历史来形成典型的农民制度；等等。二是中国若要过渡到农业资本主义的发展路径，考虑到农业生产力的贫弱水准，资本积累的缓慢步伐，以及在世界市场上面对国外先进强大资本主义国家的不利竞争条件，首先必须通过工农大众的革命斗争来夺取政权；夺得政权后提高广大工农群众的组织和意识水平，对外开展反抗帝国主义的艰苦斗争，实现经济行政的独立，对内实行彻底革命，断绝所有的重利盘剥制度，消灭一切榨取和盗窃农业的耕种制度，使被奴役的农民转化为取代地主经营的农夫阶级；然后经过一系列准备阶段，创造条件过渡到无产阶级专政，这条路径在落后的中

---

① 以上引文均见王仲鸣编译《中国农民问题与农民运动》，上海平凡书局1929年版，第26—29页。

国，只有获得无产阶级专政国家的直接援助，才有成功的可能性。也就是说，中国只有实现无产阶级专政，才有可能完成从半封建半殖民地农业过渡到资本主义农业的任务。三是中国选择这条无产阶级专政的发展路径，其根本原因，在于中国资产阶级丧失了领导国民革命的政治信用，从而促使中国无产阶级提高阶级意识，更加容易地承担起夺取工农革命民主主义专政胜利的领导责任，并且联合正在建设社会主义的苏联，以及各先进国家的社会主义者和无产阶级，共同建设社会主义；因此，这条道路对革命的中国农民来说，也是唯一的自救出路。四是结合中国今日具体的历史条件，随着完成民主主义革命的历史任务，以及农民脱离前资本主义的落后形态而解放出来，中国革命并非以资本主义发展作为最终目标，而是以此作为转向社会主义发展的一个最初阶段；隐藏在中国农业中的资本与劳动之间的对立关系，在资产阶级民主主义革命胜利后，势必以更加严重的形式表现出来，所以过渡到无产阶级专政后，要准备劳动的社会主义组织，废除资本主义私有制，建立社会主义计划经济；为此，中国革命党的主要任务，向中国农民提出组织力量的问题，联合农村半无产阶级，接受城市无产阶级的指导，与城乡资产阶级开展阶级斗争，争取社会主义革命的胜利，最终建设社会主义；沿着这条道路，尽管面临复杂的情况，不能说就一定会无条件地取得胜利，但不可回避的事实是，必须为开辟中国革命的这条发展路径而斗争。这里的指导观念，认定中国农民和农村要改变目前内外交困的落后状态，不能由资产阶级领导并以农业资本主义为最终目的，只能在工农大众夺取国家政权和实行无产阶级专政的条件下，对外反抗帝国主义侵略，对内清除一切封建制度残余，通过资产阶级民主革命的完成和农业资本主义的过渡，联合国内外一切无产阶级，最终实现社会主义革命和建设。换言之，以无产阶级专政下的社会主义建设，作为解救中国农民和农业的唯一道路。这种选择，典型地以马克思主义的农业理论与政策为经典依据，以苏俄的无产阶级专政和社会主义建设为实践榜样，也是多年来马克思主义经济学传播渗透和苏俄示范作用在我国潜移默化而率先发芽结果的思想产物。

另一篇是邹敬芳①的《中国农民的今昔》，其中说：

农民问题的紧要部分，当然要算土地问题。同时其他的问题也不能一概抹杀，

---

① 邹敬芳（1885—?），字兰甫，湖南临澧人；先后毕业于湖南高等工业学校、日本早稻田大学；回国后历任湘西靖国军总司令部秘书长、广州军政府军政部秘书、国民政府法制委员会委员、国民党湖南省党部指导委员等，曾任教国立中山大学；抗战期间加入汪精卫政权，历任国民党中央执行委员、军事委员会第二厅厅长、行政院参事厅厅长、行政院副秘书长、国民政府政务参赞、全国经济委员会副秘书长、最高国防会议副秘书长等。

譬如土地分配不平均，农民经济也会跟着发生问题，其他像道德、社会制度、习惯等，更不必说了。为什么呢？解答这个问题的答案，并不困难，也不是牵强附会。马克思曾说："经济是社会的下部建筑，文化、道德、社会制度、习惯、法律等等，都是上部建筑，下部建筑一有变动，上部建筑，自然就会跟着发生变动的"①。土地在生产部分所占的地位，非常重大，单就农民问题说，土地就是一个主要部分，其余那些条件都是跟着土地发生的，要是主要问题一解决，其余的问题也就同时解决了。"现在农民问题，在世界各国中间，算是一件很紧要而又顶流行的事情，各国的农民运动，也真是闹的厉害。苏俄不消说得，因为他们国里的农民问题，大致已经解决了"。其他的国家在农村，以及农民的社会运动，也是闹得厉害。巴尔干各国自从苏俄革命成功以后，它们对农民运动这桩事，非常注重；日本近来的佃农运动，多少也带有一点俄国式的色彩，它们国家的人士也整天在那里想方设法解决这个问题；英国以及其他各国也是一样，急于解决这个问题。中国的农民运动是近两年发生的事情，想要用一个方法来解决这个问题，也只有革命党人曾经做过，其他的人恐怕还没有想到这里去。"这的确是一桩事实，并不是我带起颜色眼镜讲的"。②

这里分析农民问题的本质，虽不如前篇文章那样观点鲜明，语气铿锵，但也是将马克思唯物史观的语句信手拈来，并拿苏俄解决农民问题的例证作为示范。可见到这个时候，随着马克思经济学说的流传和苏俄影响的扩散，国内各色人等不论后来发展成什么样，谈到中国的农民和农业问题，都喜欢点缀一些马克思的词句或渲染一下苏俄成功的案例，以求迎合潮流和显示时髦。

再一篇是署名 L. Madiar 的《中国的农业经济》，其中论述"中国农业问题的基本观念"：

研究中国的农业问题，在理论上和实际上都遇到非常的困难。理论上最大的困难是我们对前资本主义时代所完成的社会构成，没有全面的理论。"马克斯主义的创始者虽然对于资产阶级社会有周详的分析，将其法则与发展的倾向教给我们，但是关于前资本家的生产形态，前资本家的社会形态，则我们所有的只是马克斯、恩格尔、普来哈诺夫、列宁等各个的意见。这些马克斯主义的思想，对于亚细亚的、古代及封建的生产形态，却不如对于资本主义那样有全面的研究遗留给我们"。据

① 这句引文，并非引自马克思的原著，亦未标明出处，实则根据马克思原著如《政治经济学批判》序言关于经济基础与上层建筑的论述，概括其大意而成。
② 王仲鸣编译《中国农民问题与农民运动》，上海平凡书局 1929 年版，第 58—59 页。

马克思所见，我们知道中国是一个"东洋的社会"及"亚细亚的生产形态"。马克思说，"太平天国悲壮惨淡的无结果，是因为没有新原则而仍是在全然亚细亚的社会范畴之内，以与满洲政府之'亚细亚的专制政治'相抗战"。这是我们所知道的。又说，"此东洋的静止的社会与世界资本主义的纠纷，是一个绝望而执拗的纠纷，以资本主义的胜利而告终局"。① 这也是我们所知道的。1890 年，恩格斯已确言此胜利，以此作为资本主义没落的一个根源。自然，我们若把农业状态视为全社会体制的一个要素，又研究历史过程的结果，则必须以马克思及恩格斯的意见为出发点。由此我们就得要问，马克思及恩格斯所谓"东洋的社会"在亚细亚的生产形态下，究竟是什么意思，根据什么来区别此社会体制与古代及封建的其他前资本家的社会体制？

区别前资本家的社会构成的基准，不能放在货币及商品的效用，商业资本及高利贷资本的重要，村落社会或宗教团体的存在，商业及手工业的组织上。一切前资本家的社会组织，有货币但其经济根本不是货币经济，有商品有商业但其生产根本不是商品生产。商业资本及高利贷资本在时代不同的各国都占有非常重要的地位，但这没有造出也没有决定什么社会构成，反而只是破坏。村落或宗教团体的存在，同样不是区别各种社会构成的基准，因为这样的团体在封建制度、亚细亚生产形态或古代社会都有；这样的团体无疑是亚细亚专制政治的广泛且确固的基础，但如果不知道其作用，便一点也不能说明东洋的社会结构；另一方面，亚细亚社会也不是单由各种团体所能说明的。工业与农业的结合，在一切前资本家的社会构成中，也不是特质的事物。无疑，奴隶制度是区别亚细亚的或封建的社会而成为古代生产形态的主要特质之一。在东洋的封建社会，亦以某种形态存在着奴隶制度，但这不是基本的原则，对此等社会构成并没有决定的和确定的烙印。至于说地租形式，也不能认作根本区别欧洲及中国中世纪的标准。区别欧洲的封建制度与中国的社会体制，可见欧洲的领主即地主拥有土地财产，而这样的土地所有在中国却没有。说欧洲一般是劳动地租，东洋尤其中国一般是生产物地租，这种说法也不甚妥当。在欧洲，实是俱有劳动地租与生产物地租，在东洋各国或各时代，其他形式的赋役也有很大作用。在东洋各国，亚细亚生产形态表现为种种变化与变更，这种说法全然正当。关于这点，马克思和恩格斯业已说过。同样，亚细亚生产形态并非在一切东洋

---

① 引用马克思的原话，均未标注出处。

国家和一切历史时代都存在，这种说法也全然正当。如近东的土耳其模仿欧洲的封建制度，日本的封建秩序则一直持续到 19 世纪中叶。封建秩序在各国的资本主义或资产阶级社会里，虽然没有纯粹的形式，实际上也以种种变化而断续存在着。一般地说，无论哪国的社会构成，都含有过去的残余与将来的萌芽。

然则区别亚细亚社会的标准到底在哪里？马克思曾说："（一）公的各种劳动是中央政府的事务，（二）此外在全国除二三比较的大的都市外，是完全具着各别组织，而自身形成一世界的村落团体，分散各地"。关于第一点，恩格斯说明如下："人为的灌溉，为农业的第一条件，是团体、地方或中央政府的事务"。关于第二点，由此可以说明在此类国家，土地所有制度的形式与社会内容，何以与西洋的农业状态全然别。据马克思所见，"古代世界古代社会中自由的私有财产之法律观念，是最初出现于此组织的社会构成之分解时代，即与近代资产阶级社会资本家的生产形态之发展共出现于世，'在亚细亚，这不过是到处由欧人以输入的'"。① 这个意思，并不是否认存在土地收益的私有和团体所有这一事实。关于这点，马克思也曾论及。但是一般亚细亚社会，尤其中国，开始出现自由的私有土地财产观念，犹如各国所实行的组织，同样是在其社会秩序的分解时代。马克思这个主张，与下面两个事实并不矛盾。一是中国自耶稣纪元三世纪以来，已存在土地私有；二是土地不断集中于收受地租者，或者确切地说，集中于地主之手。不过中国地主的土地所有，不是封建的土地所有，也不是资产阶级的土地所有。封建中国的土地所有，有别于封建的土地所有，这是商业及高利贷资本影响土地收益的私有及团体所有的一个结果，故既缺乏领主的权利，也缺乏农奴制的要素，而且土地所有阶级没有独立身份，到底与封建的土地所有不同。土地所有不是个人从属的结果，也不表现为通常的土地所有者与像土地附属物那样和土地紧密结合的农耕生产者之间非自由的个人关系。这个意思决不是说，作为商业及高利资本家之根基的土地所有者，比起不同的封建领主，对农民榨取更多的剩余生产。中国的土地所有者正因为与亚细亚的社会约束或传统相一致，所以不同于资产阶级的自由的土地私有。资产阶级的土地所有与中国中世纪的土地所有之间，有两个社会构成上的区别。关于这一点，若欲改正马克思的话，对中国的过去强辩曲解，必将引起对中国现状的更危险的曲解。

"研究中国农业问题的出发点，应该采取马克斯之所论，即以中国为有东洋的

---

① 这里引用马克思和恩格斯的原话，亦未见出处。

社会、亚细亚的生产形态之存在者"。但是单凭这个论据，不可能解决近代"中国之谜"。商业资本及高利资本，实对中国的社会构成有分解作用。它们对旧社会，初不能在其上安置什么新的、与旧社会原则不同的社会秩序，以此来破坏旧的生产形态。于是，中国的一部分循环运动，以及趋于灭亡的专制政治王朝，虽然被破坏，却丝毫不能树立新的原则，只是再造相同的亚细亚的专制政治，再将其道让于商业资本及高利资本。通过过去的许多农民暴动，实可以明白于此。无疑，解决"中国之谜"，解明现在的农业关系，其一部分实在于商业资本与高利资本对东洋社会的影响，虽然这不是全部。中国现已进入国际商品交易，借助大炮、战争、收买、鸦片、威胁、粗织物、铁道及远洋航船、军费及国际借款之力，中国在世界帝国主义组织中，已成为商品贩卖市场及原料供给地。通过这种暴行，现在这条路上出现的，是数百万民众无限的痛苦，数百万农工商及苦力的颓废穷乏，数百万勤劳中国人的死尸。"资本主义固有的法则，在中国开始了活动。机械的大工业亦在这里开始。所以当中国成为投放外国资本的地域，当各国对中国确立起资本输出的时候，这个过程，便急速的发展。帝国主义这样使中国资本主义之发展趋于完成，但是同时也为此发展的阻碍。于是民众遂不得不由'永远循环'的内部的矛盾，以向革命求出路"。"这便是研究中国农业问题之基本观念的一般的轮廓"。①

这些议论，反映了当时一个特殊背景，随着亚洲一些国家，尤其中国革命运动的推进，国际上特别是在共产国际工作的一些政治家和学者，为了提供革命斗争策略上的指导意见，需要弄清中国社会的性质，于是引进马克思的亚细亚或东方社会概念，作为分析的理论依据。这篇文章正是如此。它提到马克思和恩格斯有关这些概念的论述，有的概括式转述，有的直接引用原文，均未注明出处，并且一再说"这是我们所知道的"，似乎对于作者及其讨论圈子里的人来说，这些论述都是极为熟稔的内容，无须详注。然而对于国内读者来说，从此前所考察的著作看，这是全新的概念，以往从未或极少接触过。这个理论概念，姑且不论其内涵形成与演变过程，被拿来研究中国的农业问题，以及与此密切相关的中国古代生产性质及其近代变迁特征，却为国人认识中国自身的社会性质，开辟了新的理论视野。

在作者看来，研究中国农业问题在理论上的最大困难，涉及两个方面。一方面在马克思主义的创始人那里，分析资本主义社会的基本规律与发展趋势，具有周详

① 以上引文除另注外，均见王仲鸣编译《中国农民问题与农民运动》，上海平凡书局 1929 年版，第 97—103 页。

而成熟的理论，对于前资本主义的生产形态和社会结构，则缺乏全面的理论，只有马克思、恩格斯、普列汉诺夫、列宁等人的零散意见；也就是这些马克思主义思想家在研究亚细亚的、古代的及封建的生产形态方面所留下的思想遗产，不如研究资本主义那样全面和丰富，而中国的社会形态恰好属于前资本主义范畴。另一方面中国归属于东方社会和亚细亚生产形态，又不同于马克思等人研究较多的西方或欧洲古代即前资本主义的社会形态，理论上的困难也就更大。可见，作者应属于马克思主义研究者，研究中国农业问题，首先想到的是从马克思主义经典作家那里寻找理论依据以为指导。根据马克思和恩格斯留下的既有理论，此文认为中国直到近代即19世纪中期，仍具有亚细亚生产方式或东方社会的若干特征。如太平天国的农民革命以惨败告终，因为未能提出超越亚细亚社会范畴的新原则，故无法与实行亚细亚专制政治的满族政府相抗衡。又如长期处于东方社会的静止状态，只能以绝望而固执的态度对抗世界资本主义的入侵，最终无法阻止资本主义的胜利；恩格斯在1890年明确预言，资本主义在中国的胜利，将成为资本主义没落的一个根源。列举这些特征，也为了证明中国确属专制而停滞不前的亚细亚生产方式和东方社会，是无可辩驳的历史事实。同时，确立这一点，无疑把研究中国农业经济以及整个社会形态与性质，引入一条新的理论轨道。

此文既坚信必须以马克思和恩格斯的这些意见为出发点，研究作为中国整个社会体制中一个要素和历史发展结果的农业状态，同时又提出所谓亚细亚生产方式下的东方社会究竟是什么意思，以及如何与其他前资本主义社会体制，实则与西方古代社会及封建社会区别开来的问题。这里涉及所谓的基准，即区别亚细亚社会的标准问题。文中一边似乎说没有绝对的标准，就像西方的封建秩序和资本主义社会没有纯粹的形式而存在各种变化一样，况且每种社会形态中都含有过去的残余和未来的萌芽；一边又引用马克思和恩格斯的有关论述，试图从中找到相应的标准。这些论述的大意：亚细亚或东方社会由中央或地方政府处理各种公共劳动事务，如农业的大型水利灌溉设施；国内除了若干比较大的都市外，到处散布着自成组织体系而相互独立的村落团体；与西方古代农业不同，土地为国家所有，不存在自由土地私有制的农业基础，亚细亚社会出现自由私有财产的法律观念是在其社会秩序分解的时代，与欧洲或西方输入的近代资本主义社会形态同时出现。对于这样的区分标准，此文也指出存在着矛盾，如中国古代同样有土地私有现象，地租同样集中在地主手中；不过类似的土地私有，从一开始就不同于西方封建领主和资产阶级的土地所有，受商业资本和高利贷资本的影响，又与亚细亚的社会约束和传统相一致。但即便如此，此文仍认为不能因存在这些矛盾而去修改马克思的判断，否则将引起对中国现状的更加危险的曲解；而且通过中国过去不断出现的农民暴动，也可以明白对社会秩序的破坏、对专制政治的打击和对社会结构的瓦解，并没有改变旧社会而建立新原则，只是循环往复继续回到亚细亚社会的旧轨道上去。因此，研究中国农业问题，解决近代"中国之谜"，还是应该采用马克思关于东方社会和亚细亚生产方式的理论。

据此，文中最后为研究中国农业问题确定了一个基本观念的轮廓：现在既然世界帝国主义通过各种暴力手段，已经将中国纳入国际经济组织的体系，成为它们的商品销售市场和原料供应地；在中国通过数以百万计的民众的痛苦、农工商业及苦力的穷困、勤劳人民的死亡，来推行资本主义的固有法则，发展机器大工业，作为外国资本的投资领域而各国竞相资本输出；那么，帝国主义急速推进这个过程，不仅使中国完成趋于资本主义发展的转向，同时也为这个发展设下障碍，要突破这种内在矛盾的循环往复，其出路在于革命。这样研究中国农业问题和解决近代"中国之谜"，意思是说中国的农业经济连同整个社会形态，不可能自行走出亚细亚生产方式的东方社会在传统范围内自我循环的怪圈，也不可能内生出新的资本主义生产方式，打破这个怪圈的是外部资本主义或帝国主义列强的暴力侵入，然而中国被纳入世界帝国主义的经济体系，完成向资本主义方向的转变，同样不能独立发展而只能成为列强的附庸并陷入更为深重的苦难，因此解决问题的唯一出路，就是寻求改变这种状态的革命。类似的结论，呼吁国民反抗帝国主义的侵略，在以前的著作里不乏其见，但像此文这样根据马克思的亚细亚生产方式和东方社会理论，分析包括农业在内的中国社会不可能像西方国家那样走通自行发展资本主义的道路，得出只有通过革命才能摆脱贫穷落后面貌的结论，却是新的说法。由此推理下去，所谓革命的典型出路，就是选择苏俄的革命道路。

### （二）《中国农民阶级的出路》

这篇文章署名韵英，作于 1928 年 3 月 29 日。此文一论"农民斗争的倾向"："在中国革命发展到现在各社会阶级的本性与作用暴露得非常明显而且阶级的利害关系极其尖锐化的阶段，革命的阶级群众为着自己的利益，努力的向着真正的敌人剧烈地从事斗争。这种社会现象尤其表现在农村方面：农民运动从减租减息的斗争而进到政权与土地的斗争，这是不可避免而且日日普遍的事实。每种农民斗争的倾向是很明显的，就是要扫出原有的封建的旧土地关系及一切农民的剥削制度"。农民中一般佃农要求土地，贫苦不堪的自耕农也要求土地，尤其失业的贫民苦力更要求土地，他们爆发的呼声，轰动了全社会。由此可以知道中国革命的过程中，目前土地问题是万分的迫切，于是一切地主豪绅资产阶级都在惊慌地发抖。许多要人学者极力想解决这个问题，然而他们不会明了土地问题所以必然发生的客观背景及其社会实践的任务。他们以为今日的土地问题不过是社会弱者的农民要求地主豪绅怜悯的问题，所以唱来唱去最多不过是些"温情主义"，梦想只要地主豪绅在不危及其根本即剥削农民的制度范围内，施发慈悲，就可以圆满解决。"他们所以发生这种时代错误的谬论，实在因为他们对于时代思潮及问题之本质，瞎着眼睛，一点也没有了解"。"土地问题毕竟是中国革命的中心问题，我们如果要革命，要解放中国，就须得先解放占全国人口最大多数正在受层层压迫下的农民。所以我们应清除一切开倒车的理论，真正的找出一条彻底解决土地问题的途径"。

二论"农民斗争的事实"："唯物史观告诉我们：人类社会的基础，是物质的生产力，而生产力之状态又足以规定社会中之经济关系"。中国旧时生产力的状态，生产方法主要是手工农业与手工业生产。这种生产力状态中的社会经济关系，是宗法社会及封建制度，而亚洲式的专制制度，又是这种社会经济制度在政治上的表现。显然，在过去的封建社会中找得到两种对立的封建阶级：士绅统治阶级与农民占最多数的平民阶级。士绅阶级远离生产的劳动过程，他们的社会机能只在发明榨取平民的剩余劳动与剩余生产物的方法，耽于怠惰，沉沦于东方荒谬无稽的乱行和奢侈，成为纯粹的寄生虫；他们剥削农民以扩充其私有财产的大部分，或者经过官署课税抽捐贿赂的方式，或者直接利用重利盘敲榨田租的方式，他们中很多人成为商业资产阶级；他们有强有力的机关即国家作为剥削者的阶级支配机关，国家对不履行和反抗债务租息者，加以极严厉的重罚与镇压。农民陷入这种残酷的剥削者手中，自然逐渐凋落，大多数离弃土地；同时手工业者因为农民经济的凋落，也随着开始颓废；因此社会上增加许多无产者，都是赤手空拳失去生产手段的游民，生活陷于极艰难困苦的境地，他们必然起来进行激烈的反抗。"在中国历史上各种斗争，无不是反映农民反抗士绅地主阶级的斗争。全部中国的历史，充满着这种农民阶级斗争的事实"。由此可以知道，"农民是中国政治经济生活的基础，是中国社会的底层，而农民向来在封建的旧土地关系及一切农民剥削制度之下，过奴隶般的生活，向来是被人蔑视与遗弃的，这些都是造成中国过去的农民社会斗争的客观的背景"。

三论"农村经济的变化"：帝国主义侵入后，中国经济开始现代的资本主义化。外国工业品大量输入，把国内的手工业打得落花流水，农家手工业更是完全破产；同时中国各种农业生产品原料，以低廉的价格大量输出，农民经济因此日益崩溃，大多数农民因破产而失业。中国自身的工业在国际资本帝国主义的压迫之下，其发展途径必然偏于商业，帝国主义以中国为最好的市场，不断造成都市的经济恐慌，使资本溢出生产与流通范围以外，侵入农村里面，都市企业家和商人的剩余资本也尽量流入农村，竞相占有土地，于是自耕农逐渐减少，佃农与雇农相对增加。"农村的经济关系既然起了如此剧烈的变化，自然使农村的社会阶级关系随着变化"。中国在土地不断资本主义私有化的过程中，领有广大土地的不劳而获的地主豪绅资产阶级与贫无立锥之地的破产的农民阶级并存，旧时的士绅官僚阶级有一部分变成最反动的买办阶级，军阀制度更形坚固，各帝国主义者经过一切买办地主军阀豪绅资产阶级，榨取几万万农民的劳动生产品，并促使城市的反动阶级将自己的资本用到土地上去与地主阶级勾结，加重剥削农民。中国的民族资产阶级与地主阶级的利害相一致，资产阶级必须联合地主阶级才得以稳固剥削农民的基础，地主阶级又必须利用资产阶级来镇压农民，农民面对这样巨大的联合战线，自然变成了他们共同宰割的牛马。一切情形结合起来压迫农民，如重赋、苛税、不绝的战争、重利盘剥的残酷、工业资本与商人的剥削，农民急速的零落，于是农民斗争的爆发，便日益扩大与普遍起来。

四论"中国农民的出路"：从一个社会进化到另一个社会，在物的方面必须是新生力与生产关系的矛盾，即历史的必然；在人的方面是旧阶级与新阶级的冲突，即人为的努力。目前中国农村的状况，原有的旧社会经济关系阻碍生产方法的改革，桎梏新生产力的发展，其内部的矛盾急速增加并表现出来，酿成社会阶级的分化。加上农村社会经济衰落，天灾人祸频仍，更促成剧烈的阶级斗争的爆发。农村旧社会的必然崩溃，已是无可怀疑的事实。在这样剧烈的农民阶级斗争的过程中，统治阶级对农民的策略，不是加紧以恐怖政策去暴力镇压农民，就是利用改良手段去软化农民。这种策略在农民的阶级意识非常薄弱，又没有大规模的严密组织的时候，还可以敷衍与欺骗一时。"可是中国革命发展到现在的阶段，可就绝对不可能了，因为他们已经很明了自己所处的地位与出路，他们不但知道将自己的阶级群众组织起来，同时更与最前线的革命战士联合起来，共同推翻敌人的统治，他们虽然受了许多的失败与牺牲，然而他们绝不因此就减少他们的阶级觉悟与勇气，终能破坏统治阶级赖以生存作恶的旧社会关系与一切剥削制度，另建更完满的自己的新社会。同时他们更与全世界的被压迫的工人与农民阶级，推翻现代碰壁的帝国主义。必须如此，他们的社会建设才能稳固"。"这是中国农民彻底解放的唯一出路"！①

这简直就是一篇鼓动中国农民阶级起来革命的战斗檄文。它使用的理论分析工具，主要是唯物史观，又突出中国农村经济内在矛盾不断深化的分析与国内农民阶级面对强大对立阶级而斗争不断激化的分析。经济分析方面，此文把农村和农民问题看作诊断中国社会经济问题的关键所在，农民既占全国人口的绝大多数，又是国家政治经济生活的基础和社会的底层。解决农村和农民问题，中心环节是解决土地问题。许多重要人物和学者想解决这个问题，但从地主和资产阶级的立场出发，企图用施加恩惠的方法继续维护剥削农民的制度，这是根本不了解时代思潮与问题本质的瞎说。产生土地问题的原因，也就是一般佃农、贫苦自耕农以及失业贫民都要求土地的根源，在于远离劳动生产过程而成为纯粹寄生虫的士绅地主阶级，凭借国家和官府权力不断发明榨取农民的剩余劳动与剩余生产物的方法，使得农民离弃土地而逐渐凋零，手工业者随之颓废，由此增加许多丧失生产资料的无产者，陷于极度艰难困苦的境地。帝国主义的侵入，更加深了这一矛盾：随着中国经济的资本主义化，大量输入外国工业品，向外输出各种廉价原料，手工业和农业经济日益崩溃，农民纷纷破产而失业；国际资本的输入从城市流向农村，带动国内企业家和商人的剩余资本竞相占领农村土地，排挤自耕农，增加雇佣农民；结果中国农民同时面对来自传统封建制度、现代资本主义化进程以及帝国主义侵略等多方面沉重而残酷的剥削与压迫。以上分析，强调中国农村经济中新生产力与旧生产关系之间的矛盾，也就是所谓物的方面表现为社会进化的历史必然性。

阶级分析方面，此文基于农村经济关系的现实及其变化，把中国原有的封建阶级关系，主要归为士绅地主阶级与平民阶级之间的对立，前者占有广大土地和不劳而获，以剥削阶级支配机关的国家为支撑而居于统治地位，后者以农民为主，贫无立锥之地；近代以来帝国主义的侵略和资本主义在中国的畸形发展，又使农村的阶级关系发生变化：旧时的士绅地主官僚阶级成为帝国主义者的帮凶，或转变为买办

---

① 以上引文均见王仲鸣编译《中国农民问题与农民运动》，上海平凡书局1929年版，第263—269页。

阶级，或巩固军阀制度，共同压榨几亿农民；拥有剩余资本的城市反动阶级和民族资产阶级，与地主阶级相勾结，或投资农村土地，或为了相同的利益而组成联盟，加强对农民阶级的镇压与剥削，逼迫农民阶级的反抗斗争日益扩大和普遍；同时，农民阶级方面，开始改变阶级意识薄弱和缺乏大规模严密组织的状况，组织自己的阶级队伍，联合战斗在最前线的先进阶级，有效抵制统治阶级的恐怖镇压与改良软化的两手政策，共同推翻敌对阶级的统治，并联合全世界被压迫的工人和农民阶级，共同打倒帝国主义。这个分析，强调所谓人的方面解决新旧阶级的冲突有赖于人为的努力。两个分析融合起来，结论是中国农民彻底解放的唯一出路，将前述客观物质条件的必然历史演变与积极开展革命斗争的人为努力结合在一起，在国内破坏现存统治阶级赖以生存的一切旧社会关系和剥削制度，建设自身得以圆满发展的新社会，在国际上消灭帝国主义，使新社会的建设得以稳固发展。

这些分析，虽说将唯物史观结合中国农村与农民的实际，其实还比较简单和粗略，尚未区别农民中的不同阶级成分，以及资产阶级中民族资产阶级与官僚买办资产阶级及帝国主义者的差异，也没有从马克思主义的著作中引经据典或援用苏俄革命的例证，然而字里行间，到处都可以感受到马克思主义农业理论和政策的渗透与影响，特别是彻底解放中国农民的唯一出路的结论，更在事实上将苏俄革命及其输出革命的宗旨，当作可以参照的唯一范例。这样来认识中国农民阶级的出路，无异于引导到马克思主义和苏俄革命的道路上。

### （三）《社会主义与农民运动》

这篇文章的作者是时任日本共产党总书记的佐野学①。其文分六个部分，一是"农民运动"："近年来农民阶级的运动，特别是佃农阶级的运动，来势格外汹涌，仿佛似从酣睡中猛然惊觉的狮子的神气"。令人觉得"在今日这种堕落腐败的资本主义社会之后，新社会的实现，为期已不远了"。"社会主义把封建的保守的要素，从社会等方面去掉了。向来农村中死守着的那种保守的要素，到了现在，已经把这个古董的保守的精神之最后城堡打得粉碎了"。解决农民问题的只有农民自身。农

---

① 佐野学（1892—1953），毕业于东京大学法学院，先后任职日本劝业银行、满铁东亚研究局，1920年任早稻田大学讲师；1922年加入刚成立的日本共产党并任执委，次年任国际书记，随即遭政府通缉流亡苏联，1925年返国并参加共产党重建，1926年3月被捕至年底出狱，次年任共产党总书记；1928年共产党再次被取缔前夕代表该党出席共产国际第六次年度会议并当选常设执委，任莫斯科东方学研究所日本历史讲师；1929年在上海被捕，1932年被东京地方法院判处终身监禁，1933年发表声明转向变节，次年被改判有期徒刑，1943年出狱。

民运动的具体化，在农民运动当中有绝对的价值。我们对农民的突起，"不禁欣然致贺，而且还抱着无穷的希望呢"！农民运动近年异军突起，有两个原因。其一，"是资本主义侵入农村的结果"。资本主义日益加甚贫富的隔绝，把资本集中到少数人手里。今日土地也集中于少数人之手，使自耕农颠连于无产阶级。其二，"是资本主义把所有的经济财都商品化"。正如马克思所说："中产社会所有的富，几乎全带上商品的形态"①。商品价值的起伏，影响农民阶级实是很大。"总括一句：资本主义的侵入正和影响于工业界的情形一般无二，使农民阶级的经济地位一落千丈陷于不幸。然而资本主义一发达，则劳动者之自觉心，亦自如影随形油然而起，而以团结运动之形式实现之。现时农民阶级的团结运动，所以其势汹汹者，正是资本主义的自然结果"。

农民运动到了近年特别发展，其直接原因是农民阶级的经济地位特别恶劣的缘故。农民阶级受到两重的袭击：其一，"受资本主义的商品生产和土地集中的恶影响"；其二，"受传统的生产制度和历史的土地制度之大害"。"总括一句：农民的运动也是根本的要求人格之自由，这是包含着人类的性质的一个很重大的问题。不止于此，在今日这个榨取者和被榨取者相对立的社会里面，也自然而然是要发生的。同是农民的运动，还要和都市劳动者之运动，联合起来，做形成将来的新社会之重要种子"。地主是朝着绝灭的方向行走的阶级，只有现时劳苦的农民阶级，才是将来真的阶级。"我们从这意义上对于农民的发展，实抱有无穷的希望"。

二是"农民运动与新社会之建设"：近年来，日本各地农民运动如潮而起，"向来被视为富于保守性的农民，忽以凌驾都市劳动者之运动的势头，显现其活跃的活动，这是很可惊异的现象，也是起乎其所不得不起的"。地主的怀柔手段，官家施行的社会政策和警察的恫吓，要来阻止这个社会组织上所必然发生的事，终竟是不可能的。农民运动是谋全社会利益的运动，同时又是谋农民阶级自身利益的运动。农民运动的根本目的，不在于永佃权的设定、佃租的减轻和自作农的设定，这些不过是农民运动发展过程中所表现的。"农民运动的终极目标，在于新社会——没有榨取者之万人协作的社会——的创设。把这个意识化的人固然很少，但农民运动是不知不觉的向这个方向走的。这是作成功劳动运动这东西的本能的"。

三是"社会革命与土地所有权"：从"社会主义革命与农民阶级"方面看，

①  其今译文见《资本论》第一卷，人民出版社 2004 年版，第 47 页。

"都市劳动者是社会主义发展的原动力，其根本目的在于无产阶级之解放。农民阶级也是社会主义运动的支持者，不用说也是他的对象物"。据老李卜克内西（指威廉·李卜克内西）所说，"没有农民的加入，要想社会革命能够成功的人，简直是一个大傻子"。"农民阶级占重要地位的时期，特别是在社会的变革期，就是无产阶级夺取政权的时期"。在这个时期，如果没有农民阶级作社会革命的支持者，任凭都市劳动者怎样勇敢的战斗，要想完成社会革命的目的，一定不可能。这个时期起最重要社会作用的是粮食，特别是拥护革命的都市劳动者和军队，格外需要粮食。同资产阶级争夺政权的革命政府，当然要尽量吸收没有地租为生的贫农，要让中小自耕农保持政治中立，尤其要特别注意农业生产不能中断。农业生产的性质受自然的支配很大，如果经营中断，那一年的收获不免受到很大的影响；所以农业生产的中断，比起工业生产的中断，有更大的直接的危险。从什么地方决定农民群众加入革命的战线还是反革命的战线？直接原因要看革命期怎样分配土地所有权。俄国革命在这一点上提供了一个经验。1876 年老李卜克内西说："土地的收用，必至引起大多数农民激烈的反对，简直要造反的样子。国家宁可忍受一切痛苦，断不可引起小农的敌视。法国二月革命对于这一层太抹杀了，这是应该引为前车之鉴的"。所以农民加不加入革命，要看革命政府对土地所有权的处置得当不得当。

从"小农的向背"方面看，"社会主义的社会，废止土地私有制，把所有土地都作为公有物，这是绝对自明的"。现时资本主义发展的社会，大农地或大地主的成立，使所有土地都是社会的共同财产愈有可能，这表明土地已经有了社会化的趋向。"俄国无产阶级在取得政权之初，就颁布土地国有令，把一切地主的土地所有权无偿的废止，而且禁止土地买卖抵押和割让，这不能不说是很忠实于社会主义的原理的"。在社会的变革期，当然先没收大地主的土地，施行起来也没有多大障碍。问题是农民的所有地。在农民阶级里，小农本来就富于保守精神，心里有着土地私有的原始和蒙昧情欲；小农又是粮食的生产者，具有趋向于自给和封闭经济的很危险本能。小农占农民阶级的大部分，如果他们站在敌人方面，那么社会主义革命当然要受很大的影响。所以在社会变革期，若没收小农所有地，结果必有动摇革命的危险。"俄罗斯把没收的土地分配给农民，这是必要的策略"。由此看来，在这个时期，不能把土地全部公有化；可以公有化主要属于大地主的部分，不能即刻着手小农的所有地，因此土地公有化的成分，就是区分大所有地与小农地的成分；"一言以蔽之：要看阶级差异的程度激烈到怎样的地步"。小农地不能马上公有化，不必为此悲观，将来终竟要公有化的。公有化的土地，通过社会主义政府的直营地，创设农业集体协作或集合耕作等形式的经营来加以扩充，便影响到小农地的经营，使其脱掉蒙昧的私有欲。尤其重要的是政府的直营地，所以李卜克内西说："直营地是向着未来的社会而结晶的核实"，由此达到"各个土地私有者断绝和这些竞争的念头而同情于收用"了。

结论是，打破小农朴素、原始和蒙昧的土地私有欲，一为"生产力的发展"。这不啻表示土地开始成为大经营，成为社会化的可能。二为"革命的阶级意识之发达"。通过宣传的方法，由都市中觉悟的无产阶级把革命的阶级意识灌输到农村。这些要在资本主义社会作充分的准备。在社会变革期小农中反革命势力的大小，换句话说，农民群众加入社会主义战线的程度的多少，完全取决于在资本主义社会所作的准备工夫到怎样的程度。

四是"社会主义与农业"："社会主义的目的在于无产阶级之解放"。属于无产阶级社会的，是都市劳动者和农民两大集团。他们从贫困、悲惨和隶属的境遇中解放出来，便实现了社会主义。但是从历史上看，近世社会主义运动，总是由都市劳动者首先发起的。从理论上看，也以都市劳动者为中心，农民阶级加入社会主义运动大概很迟，因为近代产业发达的结果必然如此。还有人说起社会主义的先锋队，也不算农民而算都市劳动者，这不是全然没有道理的。但是社会主义绝对不能抹杀农民，不止如此，农民还是重要的行动者，如果农民不起来，社会主义的实现终将不可能。无产阶级不单是都市劳动者，工业固然是主要的产业，而农业也是根本的产业。"社会主义的目标，在于生产机关之共有，土地是最大的生产机关，所以没有农民加入，土地的公有终于不可能，不仅土地要归公，假如农民对于社会主义的意义不能了解，马上还是要发生破绽的。温和的社会主义的团体第二国际，把农业问题看得很轻，反之，代表赤色社会主义的第三国际却特别着重农民运动，所以他们是现实的实行的"。

"社会主义的正宗"马克思说："在近代资本主义的社会，大农占优势，小农便零替了"。现时小农的人数还很多，其收益却比不上大农，他们用过量的劳动而安心于过小的消费。照经济上的大势看，农业的趋势正和工业一样，土地集中于少数人，农业的生产组织也成为大规模的。这样一来，土地的生产力非常进步，另一方面丧失土地的农民被逐出农村，成为没有家乡的都市劳动者，成为专靠工钱维持生活的农业劳动者。大农与小农的优劣论，在社会主义内部，议论也不一样；"从根本上说，大农论比较正确，因为小农衰替，大农当道，正是准备着社会主义的经济组织之条件"。在社会主义社会，土地所有权的答案很简单，土地经营的答案却比较复杂。社会主义的目标只要一句话就可以说明，即"生产机关之公有"。这些生产机关在现时社会，以私有财产的形式而成为掠夺劳动者和农民的资本。在社会主义社会，这些东西都要公有，所以土地也必为社会所公有。关于经济方法的问题，有三个想象的方法：其一是国家把土地租给个人，其二是国家许可农民团体共同经营，其三是国家自己经营。这些方法，第一个到底行不通，因为将来农业必用大经营的形态，并且还要着眼于社会的利益，如果由个人经营，就绝对办不到了。第二个方法很合理，但是承受国家给付土地的，不是村落那样的地域团体，乃是农民个人的结合体。"总之，将来的农业生产，必以社会公益为目标，由构成社会的生产者组织团体来生产，还是很明显的事"。

五是"作社会改革原动力的农民运动"：将来的社会以无产者的利益为目标，而且要无产者自己起来改革。农民和都市劳动者都是无产者的主要部分，所以农民运动即将来社会改革的最大原动力。"代表黄色社会主义的第二国际，颇有轻视农业问题的倾向；反之赤色的现实的第三国际，他们却把这个问题看得很重要，这是当然的事理"。都市劳动者在今日社会要算是最急进的分子，充满了马克思所说的"锁链而外，一无所有"的气慨，所以他们完全是革命的。农民便不然，还留有许多保守的因素，全被大土地所有制和资本隶属化了，其隶属的状态比之都市劳动者不啻倍蓰；一般地说，他们赶不上都市劳动者那样急进。这一点，是农民运动首先感到的困难。但从另一方面看，农民阶级的心理比都市劳动者单纯得多，容易统一，所以农民运动一旦鹊起，便如火燎原，容易扩大。农民运动要以贫农阶级为中心，那些靠卖短工过活的农业工钱劳动者、佃农小自耕农和小自耕农兼佃农，他们在农业阶级里占最大部分，生活非常辛苦。最困苦的也是最革命的。农业和工业一样，决不是社会政策的改善所能解决的。中等自耕农富于保守精神，自给经济的成分很重，他们不是能够急进的。未来社会的农业，要实现社会的生产，不能以个人的利益为目标。在这一点上，中等自耕农不大相宜。但是农民运动不能排斥他们，他们的经济地位也极恶劣，受抵押债务之累，受大地主的迫害和征税之苦；不过农民运动只能把他们当作从属的要素而引入。农民运动要特别注重农村的青年。青年富于勇气、行动和知识，适于做先驱，但激励他们也很困难，因此打动青年一定有很大的意义。

农民运动必须和都市劳动运动有很密切的关系。不要以为今日的社会，农民和都市的利害正立于相反的地位，因而不谋求都市劳动者与农民们的密切联络，任其隔绝。资本主义社会对利润多的工业看得很高贵，对利益很少的农业就觉得很下贱。其实二者都是人类很贵重的产业，将来的社会一定要同样看待，不偏于一方。"住在农村劳动的和住在都市劳动的都是站在同一阶级的同胞，都是资本家的共同敌人。所以劳动者和农民们必须有很密切的联络。农民运动对于劳动者的劳动运动的原理和经验，不可不留心体验而与劳动者取联合战线。这便是完成将来社会的农工业真正调和的第一步"。

六是"现代政党偏见的农民政策"：现在日本一般人所提倡的农业问题解决策，大概都以假农民即地主阶级为本位。其一是减轻地税的意见，提倡此说者，没有考虑别的社会关系，适成其为地主阶级利己的主张而已。其二是自耕农的地税全免之说，须知农人都有倾向于自足经济的一种本能，自耕农尤其如此；以农业的改善和生产力的进步而期之于自甘小规模的自给经济的自耕农，这不是笑话吗！所以这种议论，不免偏重自耕农方面，抹杀一般社会的利益，适成其为伪社会政策的论调而已。其三是土地国有说，此乃地主因土地收益太少，又为佃耕争议所苦，所以要国家发行公债，收买土地。"我们所主张的将来的土地国有，唯一方法是把土地无偿的收归国有，这当然不是地主们所赞成的"。以上几种议论，我们实在看不出一种合理的解决策。"社会是整个的统一体，单是提出一个农业问题来求解决，毕竟不可能。农业的彻底解决须与现时社会组织的彻底解决同时并行。到那时代农业的形态是怎样的呢？我以为那时土地应归国有，由农民们组织耕作的组合来经营，这样的组织决不是今日的社会所能行的，我们只有设法向这条道路上走。地主们利己的态度，找不出什么价值来，只有佃农的组合运动倒是很有希望的"。①

这篇文章，让我们清晰看到，前面所考察的诸如《农业理论的发展》译本，系统勾勒出从马克思、恩格斯起，经过祖述者与继承者的阐释和发展，到列宁手上集其大成并付诸实践，并转化为共产国际的指导纲领的马克思主义农业理论与农业政策，如何被运用和贯彻到世界各国，尤其农业发展欠发达国家，成为鼓动那里的农民运动朝着社会主义方向前行的行动指南。作者作为共产国际的常设执委，忠实地执行这个指导纲领，并结合本国实际情况予以阐发和宣传。文中大致涵盖了马克

---

① 以上引文除另注外，均见王仲鸣编译《中国农民问题与农民运动》，上海平凡书局1929年版，第271—292页。

思主义农业理论与政策的各种重要论题，以及苏俄革命实践的主要经验，包括农业在社会经济中的重要地位，农业资本主义的发展规律，大农经营比较小农经营的优势，资本主义农业的生产资料集中与农业生产社会化的趋势，土地所有权问题的中心地位，农村人口的阶级分析与分化倾向，农民阶级在无产阶级革命中的重要性，区别对待不同农村对象的革命策略，没收地主土地、让中农保持政治中立、团结争取小农、依靠农村无产者即贫农的政策划分，小农或自耕农的土地私有倾向及自给自足经营的局限性，实行土地国有并分配给农民使用的苏俄经验，采用国家自营和集体合作经营方式来引导小农和自耕农走向社会主义农业的示范作用，农民阶级受到传统封建生产方式和现代资本主义生产方式的双重压迫，现代农民运动蓬勃发展的原因，农民运动与工人运动结合并接受无产阶级领导的必要性，农民运动与社会主义的最终目标等。除此之外，此文的特点，将这些理论和政策，融合到农民运动的实际指导中去。诸如针对日本自身的国情，提出在农民阶级占大多数且生产落后的国家，开展农民运动的政策取向应不同于农业经济发达的国家；揭露地主阶级打着农民代表的旗号，用减轻地税和土地国有等所谓解决农业问题的意见，推销实则代表本阶级利益的方案；警惕自耕农的本能倾向，与农业生产社会化的趋势从而与社会主义的目标相抵触。又如注意到围绕马克思农业理论的不同争论如大农小农优劣论，尽管如此，仍认为大农论从根本上说比较正确，大农取代小农是准备社会主义经济组织的必要条件。再如比较代表赤色的第三国际与代表黄色或温和的第二国际，前者重视农业问题和农民运动，与后者轻视农业问题适成对照。总之，这篇文章谈论社会主义与农民运动，虽然以日本为例证，却代表了来自共产国际的声音，所以被收入专论中国农民问题与农民运动的文集里，以资参考。这从以往所考察的著作看，也意味着马克思主义经济学在中国的传播，又获得一股新的推动力量。

以上从《中国农民问题与农民运动》论文集所载 12 篇文章中，选择 5 篇文章予以摘录或详细的评介，它们或多或少地共同体现了在这个论题上，马克思主义的理论依据和苏俄革命的实践经验，因而也反映出文集编译者的指导观念。依此而论，这部由平凡书局出版的论文集，在那个时期所出版的同类著作中，应属不平凡的一种。

本节几本著作，同样讨论劳工问题特别是农民问题与农民运动，同样谋求为中国解决这些重要问题提供理论依据和实际指导，但各自的认知和思路差异之大，不可以道里计。有的以西方正统经济学为主，附带引入马克思的有关学说，目的只是为了在现行制度下对改良中国的劳工待遇有所参考；有的把法国所流行的小土地所有制当作解决中国农民问题的希望，排除一切与此相抵触的理论学说，特别是马克思的农业理论与政策；有的用基督教的说教方式，为我国应付工潮指示天堂或地狱两条道路，或仿效外国的社会改良，或参照苏俄的劳工专政；有的则引用马克思的经济学说尤其是有关亚细亚生产方式和东方社会的理论，以及苏联的革命范例，分析中国农民问题与农民运动的实质、特征、背景与取向，指出根本的解决办法，只有在革命政党的领导下，走与国内外无产阶级相联合的社会主义革命道路，并由此体现出共产国际对中国革命运动的指导意见。这些截然不同的思想理念，放到本章所考察的各种著作里，进一步显现当时以国人自撰为主并以中国经济问题为专题的形形色色论述，比较以往有了更为丰富的认识内容，更为复杂的思想来源和更为多样的思索路径。此类专题论述，不能否认基于现行制度利益的国内外各种代表性经济思想，仍占据主流地位并保持很大影响，同时也能看到，对于中国经济问题所面临的各种困境、弊害和危机，认识得越全面，分析得越深透，解决的意愿越迫切和强烈，便越是敢于质疑和挑战现行社会经济组织与制度，从而也为引进、借鉴、运用和接受马克思主义经济学作为分析工具和指导观念，创造了内因与外因相互结合的有利条件。如同本章的一些著作，鲜明地把马克思经济学说和苏联范例作为解决中国经济问题的根本出路之所在，这在此前的同类专题著作里，极为少见。

# 第三章  各种合作及经济学著作与马克思经济学说

突出合作类著作，只因本期同时出版较多以合作为题的著作，成为一个独特的现象，而合作思潮多年来又与马克思主义经济学的传播相伴随，产生不同的影响。至于这里所列举的经济学著作，则主要指正统经济学的类型。

## 第一节  关于合作问题的各种论著

合作或协作类著作在我国的出版，早已有之。作为一种舶来思潮，起初见于翻译版本的系统论述，随着这个思潮在国内逐渐流行，引进译本的同时，相继出现国人自撰的通俗解说本和推广类著作。然而终究不如 1929 年间，以合作为书名的自撰本和译本，如此集中地面世，俨然成为众多经济思想中，不容轻视的一股重要思潮。

### 一、论合作运动、合作主义及合作社的著作

这三类著作，分别使用合作的几种流行说法如合作主义、合作运动或合作社，均为国人自撰，也都涉及合作思潮的理论涵义和实际举措。

#### （一）《合作运动之理论与实际》

侯哲莽编著，上海太平洋书店 1929 年 6 月初版。此书有两篇序言，一篇由时任上海群治大学校长罗杰①作于 1929 年初夏，其中说：

为治在使民均安而已，"谈之容易，实效极难"。清季庚戌（1910 年）春，重游日本，视察政治，赴北海道札幌农科大学，询问农村经济，述及英吉利农村之

---

① 罗杰（生卒不详），字峙云，湖南长沙人；清末民初立宪派政治人物、教育家，早年留学日本法政大学，在东京创办新华会；辛亥革命时参加长沙光复，成立辛亥俱乐部湖南支部，致力于君主立宪；此后任中华民国北京政府政事堂法制局参事，创办上海群治大学并任校长。

氓，颇享均安之乐。求其原因，"全恃四种组合"：一是"产业组合"。在耕地上建工厂，所需土地、房屋、机器等，"胥由平民合力构成，避去商富垄断之弊"。二是"信用组合"。股额甚低，平民容易参加；丰裕之人，占股不许特多，"预防一二豪家独占，而操纵盘利"。三是"贩买组合"。平民协同购入都市熟货或原料，商人不能从中居奇，多买还可以减损其估价。四是"贩卖组合"。平民所需自产自销，中间不必假手商人，定价必廉；乡民便宜获得日用百货，支用又少，渐可积蓄，而自有其业。"窃谓吾国方行自治，乡村之人，仿而推曁，均安之效，可睹矣"。侯哲荪先生近著《合作运动之理论与实际》，"于生产分配消费，率取西儒之言，昌导平民合作，择精语群，询为救时良药"。"向日所闻英人农村各类组合之梗概，欲试行吾国而未能者。吾国不安，由于不均，国人苟读是书而实行焉，数年之后，贫富不至有天壤之殊；有产无产之争，其庶几乎或熄矣"。①

此序把合作运动，理解为类似英国早年的农村合作社，村民在产业、信用、购物、销售方面互助合作；相信此法引入我国，乃为救时良药，可以数年之后，防范贫富不均的扩大，消弭有产与无产之争。这个想法，既存使民均安的迫切愿望，又寄希望于仿效国外的合作模式，期待数年内藉此解决贫富不均和所有权问题，未免过于理想化。

另一篇由王世颖作于 1929 年 4 月，大意是：

"十年以前，合作运动便萌芽于我国，那时我国合作先进薛仙舟②先生及其弟子曾经做过一番热烈的宣传工夫。由于这种宣传，一时间兴起而组织合作社的，各处都有，合作运动在我国，显然有蓬勃之象。可是曾几何时，此种合作组织，便烟消云散，一蹶不振了"。考察合作的史实，各国合作运动开始时，失败的例子数见不鲜。成功固然最好，失败也不足奇。我们虽然不能说一件事业的成功，必然要经过失败的阶段，但失败毕竟是走到成功的路上一种能够预料的现象。自从国民革命的潮流激荡全国以来，合作运动经朝野提倡，已具复苏的征兆。这是极可喜的现象。同时可以知道，我国前期合作运动的失败，决不致我们气馁的，而且当年的失

<hr>

① 侯哲荪编著《合作运动之理论与实际》，上海太平洋书店 1929 年版，"罗序"。
② 薛仙舟（1878—1927），原名颂瀛，字仙舟，广东香山人；早年肄业于北洋大学法科，1901 年留学美国加利福尼亚大学攻读经济学，后转赴德国柏林大学专攻银行经济，1911 年回国；1914 年起在复旦公学任教，宣传合作主义；1919 年创办上海国民合作储蓄银行并任行长，1920 年起指导《平民》周刊，1927 年起草《中国合作化方案》，同年 9 月意外去世，被称为中国合作运动的创始人和导师。

败，正可以使我们在今后的进程中，有所警惕，不敢再蹈覆辙。

当初合作运动之所以着着失败，原因极复杂。有的由于军阀的摧残，有的由于社员间团结精神的欠缺，有的由于没有法律的保护，因而受商业竞争的威迫，以致不能自振。"其中最大的原因，却是由于内部组织方法之未能尽美尽善；质言之，不十分明了合作的原理、方式以及信条组织，便贸贸然办了起来，这该是失败最大的原因"。"五四运动，在我国民族生命的绵延上是一个重要的机括，国人已不像从前那样的死气沉沉了。新思潮的尽量吸收，成为当时的一种风尚。凡是欧美的新学说，一概用新奇的目光去接受。合作原理，便正在这个时候零星断片的介绍进来。可惜的是我们合作者太躁进了！合作真义毕竟何在？合作的理想如何？合作制度应该怎样才可与资本制度有别？各国合作运动进展的程序又怎样？在进展程序中所遇到的诸种困难又用什么方法排除？这几点在合作组织开始进行时是应该先下一番审慎的考虑功夫的，然而我们对此却一概茫然。单凭了一股豪壮的勇气，一些零星的耳食的知识，结果是有勇无谋，功败垂成。这一股勇气，是单造成了一部光荣的失败的历史"。

所以在这第二期合作运动刚才萌芽的时代，有一点应该注意，从事合作事业的人，着手开始之先，对合作的理论及其实施，要有明切的了解。"若单是一鼓作气的就干起来，那末，结果如何，也就可想而知了"。侯哲莘这本书，正如其名称所示，理论实际并重，这正合着我们的需要。希望凡是愿意从事合作运动的志士，都能有机会读这本书。我想，"至于合作的一般意义及现状，在这一册书中，是简明的叙述着了"。①

这篇序言，等于对中国早期的合作运动及其失败教训，做了一个简单的总结，并借此向复苏合作运动的推动者提出忠告。如此看来，这里对中国合作运动前景的期待，就不像前一序言那般理想化了。此作序者曾是前期合作运动的亲历者，尝过失败的教训，对此记忆深刻，所以在序中反复强调，单凭豪壮的勇气和零星的知识，在国内贸然推动合作运动，这种躁进是不会成功的。关于这段失败的历史，这位作序者此前在 1927 年出版的小册子《合作主义通论》里，已经告诫过，但并未因此失去信心。在那里，他对合作社或合作运动的信念，还来自俄国的实例。在他看来，不管转向资本主义经济的沙俄皇权，还是厉行国有政策的苏俄政权，同样摧

---

① 以上引文除另注外，均见侯哲莘编著《合作运动之理论与实际》，上海太平洋书店 1929 年版，"王序"。

残或危害合作运动，然而当苏俄因经济骚乱无法施行原有政策时，不得已恢复民间私营合作，却在生产和消费上带来明显成效，拯救了人民生活甚至拯救了苏俄，宣告了合作运动的成功。这个信念，实际上也是秉持其合作主义导师的思想，即留学德国时，发现正在兴起的合作主义是"介于资本主义和社会主义之间的第三条道路"，于是放弃早年坚持的激进主义革命观念，主张通过建立合作经济制度来和平改造社会。这种温和的合作主义主张，后来还被走向反共道路的国民党中人当作"抵制共产主义，实行阶级协调"的一大法宝。不过，这篇序言，以总结教训和提出忠告为主，未见宣扬这种信念。对此，可以从侯氏著作里，作进一步查证。

这本书220页，分6章："绪论""合作运动之历史的演进""消费合作"（含消费合作的性质、效用、组织、经营方法，特种消费合作及批发合作社6节），"生产合作"（含生产合作的性质、效用、困难、组织与经营4节），"信用合作"（含信用合作的性质、效用，"许尔志式"信用合作及"雷佛生式"信用合作4节），"合作运动的将来"；另附录"江苏省拟定合作法规"与"首都模范消费合作社草案"。这个目录，内容并不陌生。在此之前，国内已出现多部讨论合作运动或类似专题的著作和译本。以前面的考察来说，有1920年出版的《协力主义政治经济学》译本，1923年出版的《合作主义》，1924年出版的《合作论》译本，1925年出版的《协作》译本，1927年出版的《合作主义通论》以及《合作主义与劳动问题》等。这本书的特点，恐怕是理论与实际结合，增加中国的合作案例。

此书的内容涉及其倾向，可举两个例子说明。一个例子叙述合作运动的历史演进，有如下说法：

合作运动演进到1878年，"发生社会主义对于合作运动极可怖的仇视"。英国极少受到此种影响，可是欧洲大陆受到的影响甚大。在德法两国，合作运动竟在劳动阶级中间被拒绝。从前英国的欧文（原译"涡文"）、法国的傅立叶（原译"傅利耶"）和路易·勃朗（原译"路易白朗克"），"非特不曾对于合作运动有过任何不相容的裂痕，而且还当它是实现他们全部计画的一种策略，为劳动阶级所重视"。"如今这新兴的社会主义学派，却不能相容了"。或者讥笑许尔志式信用合作社，如德国的拉萨尔（原译"拉塞耳"）；或者否认合作运动具有任何力量，如法国的盖德（原译"盖斯特"），并开会通过决议案，宣称合作运动决没有力量去达到所希望的目的；"同时自信劳动阶级能够打倒统治阶级，而将一切生产社会化"。"自从新兴的社会主义勃兴以后，合作运动在当时受到两种的压迫"：一种是新的社会主义，"完全否认合作，或者仅叫它担任了个工会中一个无足轻重的仆人"；另一种是自由经济政策，使合作成为纯粹的储蓄银行，"不过视合作为变无产阶级成为小地主小资产阶级或小主人翁的方法罢了"。这样的合作运动，"成了现社会秩序的保护者，反抗社会革命的反动主义了"。幸而到了 1885 年，产生了新的学派。他们反对放任主义的经济政策，观察到自由竞争的缺陷与罪恶，认定社会组织有改革的必要；新的社会组织，不再有图谋赢利的事，各种事业，都逐渐地自由地和平地社会化了。他们虽以合作为社会主义的表现，然而与新兴的社会主义绝不相同，认为创造价值的效用是需要，因此主张经济的统治权不应属于劳工，也不应属于生产者，而应归消费者来掌握；认为存在一种超越劳动阶级兴趣之上的公共兴趣，这种兴趣由国家来代表的少，由组成国家的有组织的消费者来代表的多。所以这个运动有两种重要的意义：一是"合作成为一种社会的秩序，确有其独立的自治性"；二是"肯定经济的统治权，应该由生产者底手中，转移到消费者底手中来"。①

　　描述这段合作运动的历史，一个明显的意图是借此说明：起初合作运动与空想社会主义之间并不存在隔阂，空想社会主义的代表人物还把合作运动当作实现其全部计划的一种策略，受到劳动阶级的重视。可是随后一方面，出现新兴的社会主义学说，不能容忍合作运动，引导劳动阶级拒绝甚至仇视合作运动，转向相信劳动阶级能够打倒统治阶级并实行社会化的生产管理，或者将合作方式降格为工人组织中一个无足轻重的仆人；另一方面，现行制度的自由经济政策，又使合作运动沦为无产阶级通过存钱来变成小私有者的纯粹储蓄银行，等于维护现行秩序而反对社会革命。真正的转机是合作运动中产生新的学派，一面看到现行经济制度的缺陷，认为有必要改革自由竞争的社会组织，新的社会组织不应再以谋利为目的；另一面认为需求才使得创造价值有效用，这是超越劳动阶级意志的公共意志，以组成国家的有组织的消费者为代表的意志，因此经济的统治权不应属于劳工或生产者，应转移到消费者的手中；二者结合，便可通过合作运动，使各种事业逐渐地自由地和平地实现社会化，从而达到独立自治的社会秩序。这个描述中所说的新兴社会主义学说，尽管列举反对合作运动的代表人物是德国的拉萨尔和法国的盖德，其实不点名地指向马克思主义。由此也正好印证了当时传入中国的合作运动的主旨，奉行介于资本主义和社会主义之间的第三条道路，被视为放弃激进革命思想而主张阶级协调从而

① 侯哲葊编著《合作运动之理论与实际》，上海太平洋书店 1929 年版，第 30—33 页。

和平改造社会的温和选择。

另一个例子展望合作运动的将来，有如下说法：

合作运动的将来，究竟要建成一个怎样的社会？我们只知道合作有价值，可以改造社会，救济贫困，但应当研究它所理想的社会与现在的社会有什么区别，这是"合作运动成为有价值的运动之必需的要素"。如果合作运动没有这种理论，就和社会政策一样，只能成为一种附属物。我们敢于断言，合作的理想社会，大约说来，有几点特质。

其一，任何社会，无论原始时代的共产社会，农奴制度的社会，资本主义的社会，还是社会主义的社会，人们的生活必然加入一定的关系而保持不断的联络与互助，同时必然有一定的法则来支配它。这种支配的法则，在某种情况下，因为社会有秩序，生产力的分配与生产物的分配，存在一种意识，使生产与消费相符合，不致发生紊乱的状态；在另一种情况下，社会经济关系依据社会各分子之间的私有意志，互相交换而联络，以维持一定的自然秩序，自由主义经济学派称这种自然秩序，出于无形之手的不可思议的原理。前者称为"有意识的法则"，后者称为"自然的法则"。在资本主义制度下，社会的经济关系根源于利己主义，生产与消费没有一定的关系，完全依据自由的交换市场来投入劳动力。所以生产方面，只知道有利可图就生产，生产的结果，有些有益于社会，有些却是不应有的东西。消费方面，也以市场价格为标准去购买，货品是否有益，是否为普通人所需要，存在问题。"所以生产与消费两方面，都是紊乱的。更有甚者，在市场价格极高的时候，生产者便拼命去生产。而消费者的需要，未见得与之平衡。因此发生很惨酷的恐慌。工人失业，资本家破产种种问题，都由此而生。所以现在这自然法则支配的结果，是不能令人满意的"。对此，合作运动"恰恰与资本主义以正确的纠正"。"合作根本上认经济的原动在于人类的欲望。因有欲望，所以需要财货，因为需要财货，便有生产，交易，分配等经济行为"。这些行为都不过是获得财货的手段，而不是以财货来充实欲望。能充实人类欲望的，只有消费，消费是其目的。因此，"合作运动是要将一切经济行为，都建筑在消费之上。使生产与消费采一定的联系，生产完全根据消费。凡是能消费的东西，便生产。不能消费的东西，便不生产它。那么这种制度，当然是有意识作用的"。具体地说，当人类都成为合作社的社员时，实际上是社会上一个大合作社的一分子，合作社便根据各地分社的报告，知道需要什么财货及其数量，让生产部去生产，按其需要供给。"这样，生产与消费永远不会离开，经济恐慌也就要绝迹了。所以合作制度之下的社会，是受意识的法则所支配的"。

其二，个人主义经济学者亚当·斯密，以自爱心利己心，或各个人改良自己生活状态的自然的努力，为社会繁荣的根本动力，依此建立他的经济学。马尔萨斯的人口论，被看作资本主义经济学的三大创设者之一，其结论也是以自爱心为社会这个大机器的主要发条。很多人提倡个人主义利己主义，直到现在也没有改变，"这着实是我们所痛心的"。它的罪恶过失，已经用不着我们指谪了。"当然在事实上，它也不能支配人类，快要为利他主义所替代。合作运动便是在这利己主义之下已经实现的利他主义。在此合作社的小社会里，虽然是拥护本身的利益，但是以利他为前提的。严格地说，不以利他为前提，决不会有真正的利己的表现。因为利己虽然一时似乎可以使个人满足或愉快，但是个人不能离开社会，也就不能使社会上旁的人受损失，一个人得利益。所以真正的利己，是要以利他为前提的。合作运动，即是以利他为前提的拥护本身利益的组织，也可以说利他主义的制度"。

其三，对私有生产手段，合作运动也有特殊的主张。其实现方式，"着着不动声色，而能很平恬的实现"。有些人说合作运动并不能废止私有财产制度，更不能使生产手段社会化，说这话的人不知道合作。"合作社的组织，便是把个人结为一个团体。在这个团体里面，便好像是一个共产社会。什么东西，都是公的。生产手段，当然是公众所有。如果合作［社］遍满一国或全世界的时候，全国或全世界便是一个大合作社。那么合作社的财产，当然也是全国或全世界所有。这岂不是实行财产公有制吗？所以财产公有，也是合作世界的特征之一"。

合作运动将来的理想社会的特质，当然不仅上述几点。"不过我敢相信这三点，是很重要而且为合作运动必然的成就"。至于怎样去创办合作事业，以达到我们意想的目的。我以为，应当由消费者联合起来，组织消费合作社；由各消费合作社联合组织一地方的批发合作社，由各批发合作社又组织联合会；在一国内，可以成立一个国家的联合会，再由国家联合会，组织世界联合会；同时由各联合会斟酌社会的需要，去创办信用合作、生产合作，那么合作发展到相当的程度，便将全国乃至全世界完全处在合作社的势力之下；"于是理想的社会，于焉造成，和平、幸福，通通由合作而献给人间了"。①

---

① 以上引文均见侯哲荟编著《合作运动之理论与实际》，上海太平洋书店1929年版，第189—197页。

以上展望，将未来理想的合作社会与现行紊乱的资本社会的区别，主要归结为受有意识的法则支配而非自然的法则，以利他主义为前提而非利己主义，实行财产公有制而非私有制。这也是前面考察过的有关合作论题的专著中，可以说以简明、扼要而又系统的方式，通俗解读合作运动之将来的清晰表述。所谓三点特质，看起来主要针对一直支配着现行资本主义制度的个人主义经济学，并以合作运动作为正确纠正资本主义缺陷或罪恶的希望之所在。其实不仅于此，它一再强调走向理想的合作社会，每一步都是不动声色，实现于和平安然的无形之中，把矛头对准旨在推翻现行资本制度的社会主义，尤其是马克思主义。在这里，又一次印证了此书谈论合作运动，确实在寻求介于资本主义和社会主义之间，或者既不满意于资本主义，又不相同于社会主义的第三条道路。特别是有关创办合作事业以达到理想目的的一套设想，如何一步步从基层消费者联合组织消费合作社，到各消费合作社联合成地区批发合作社，再依次组织全国乃至全世界的联合会，然后让这种全国性甚至世界性的合作机构，根据各基层消费合作社的需求报告来组织生产和供应消费，从而把和平与幸福贡献给整个人间，真是想入非非！不知其底细而空谈合作运动者如罗序，将此捧为救时良药；知其底细而亲历失败者如王序，则反复告诫躁动蛮干的教训，故对此书的评价，不过简明叙述一般合作的意义及现状而已，未敢寄予太多的期望。不管怎样评价，这本书在批评资本主义制度的同时，打着合作运动的旗号，到底是抛开社会主义的外衣，迎合了抵制马克思主义经济学的需要。

### （二）《合作主义纲要》

钱然编著，上海法学社 1929 年 7 月初版，广益书局发行，列入考试丛书。此书 147 页，分合作主义的意义及其分类、合作主义的利益、合作主义在经济革新上应负的任务、合作主义进展史、消费合作、生产合作、信用合作、农业合作、国际合作、合作主义的前途 10 章。作为当年考试的参考读物，书中根据合作主义的原理评论社会主义，提出一些类似于标准答案的观点。诸如：

人性的本能，很乐意去营取自己由劳力得来的东西；集产主义者却想"废除这种在人生幸福中占很重大的要素"，至少是将它割裂，以为个人财产"是一种专卖的形式，是一种剥他人的方法"，主张除消费的东西可以作为各人私产外，其他如土地房屋等概无财产可言，也没有资本家的存在，"根本上去改革社会"；合作主义不在废除个人私产，而在"使人人可以取得财产，然后能增进各人的幸福"，"实为人类道德上极大的进化"。实行合作主义，不仅可以尽行扫除现社会经济组织下的恶现象，并且可以提高人类的道德，将素来的仇敌态度变为和衷共济的亲善和平的友爱精神，"一切社会主义，势将无机可乘而自行消灭"；合作主义的党纲没有强制意味，任凭各人自由创意，诚心结合，"在法律范围以内，循序渐进，去改革社会，以底于成；又不问公家夺政权，保持原有的权利，绝不加以侵略；符合演进的原则，顺应人类的本性，所以我们可以说：一切主义，都没有合作主义来得完善"。俄国苏维埃成立后，合作运动因政府主义将分配机关尽归国有而遭打击；其后政府经营失败，觉得苏维埃本身在经济上也要依赖合作社，于是重新恢复合作社，通过许多法律保护合作社，俄国现在"可谓成了世界上最大的合作运动国家了"。"社会主义和合作主义本是同胞的兄弟"，它们的祖宗，在英国为欧文（原译"涡文"），在法国为傅立叶，"本来没有什么分别"；后来发生了裂痕，"社会党主张公有——激急的"，"合作主义者主张私有——缓和的"，自此以后，"社会党与合作主义两位兄弟遂意见差池，颇为反目"；现在除最左的共产党外，其余的社会党已逐渐加入合作运动，"似乎双方已有弃嫌修好的觉悟"，假使真能携手，和衷共济，则前途未可估量；大概社会党人都以为革命是改革社会所必要的方法，但在现代民主政治下，政治革命不能一举成功了，经济革命要全部推翻现有经济组织而代之以一种新组织，如同政治革命要推翻现有君主专制而代以民主政治，必须人民有实现这种新组织的能力，而预备这种能力，"唯有在合作社中养成"，否则"要使社会陷于纷乱扰攘的病态中"；可以说，工人欲求切身的福利免除现实的痛苦，"唯有走合作社一途"，"合作是一种演化的方法，而并非革命的方法"；演化与革命并行不悖，不相龃龉，犹如鸡蛋孵小鸡，劳动阶级也可如此，到了自行解放的那一天，必须用武力打破一切法律和成见以脱羁绊，"这就是我们的革命，与自然律的演化毫无违连"，而使劳动阶级羽翼丰满的孵育处所，就是合作社；等等。①

　　以上合作主义的纲要，看来参考现成的合作类著作编写而成，不是自己的独立创作，所以掺杂着各种合作观点，有的说法相互矛盾，在逻辑体系上并不一致。开头几章，强调合作主义与社会主义之间的对立关系。这种对立关系，既表现为基于人性天赋的内在对立，一个顺应天性主张私有，一个违背天性主张公有；又表现为实现各自目标之路径方式的外在对立，一个不触动现行私有制度，通过和平友善的缓和方式来清除经济组织里的恶现象，一个要从根本上改革社会，以强制的、敌对

① 以上引文分别见钱然编著《合作主义纲要》，广益书局 1929 年版，第 24—25、42、70—71、140—145 页。

的、激进的、侵略的夺取政权方式来达到目的。照此说来，二者水火不容，完全不可能调和。合作主义的普及，将使社会主义无机可乘而自行消灭，反之，社会主义的流行，将极大损害合作主义。至于说苏俄的情况，先打击合作社，后来又恢复和保护合作社，并成为世界上最大的合作运动国家，其前提是推行社会主义的国家经营失败了，只能转而依赖合作社以拯救经济，这等于宣布社会主义向合作主义投降了，由此更证明了包括社会主义在内的所有主义，只有合作主义才是最完善的。可是，这样一种势不两立的逻辑关系，到最后一章讲述合作主义的前途时，突然发生了变化。在这里，仍然坚持合作是唯一的途径，但合作主义在思想起源上，与社会主义成了同胞兄弟；合作运动在未来发展上，若同社会党能够重新修好而携手，将前途无量；合作社在组织安排上，更变成劳动阶级预备能力的养成，经过演进而最终实现用武力革命打破一切旧社会束缚的培育孵化基地。特别是借助雏鸡出卵的孵化例子来说明自然演化与武力革命的相互转化关系，颇有点当初用来解释唯物史观内涵的意味。这样说来，合作主义与社会主义之间的关系又不是遵循非此即彼的对立逻辑，可以相互融通了：二者本是一家，后来虽然因私有还是公有、缓和演进还是激进革命的主张而发生分裂，却可以通过重新修好来弥缝裂痕，进而达成并行不悖的一致，经由缓和演进的养成培育而自然具备不会带来社会纷扰动乱的武力革命条件。前一种逻辑的解说，多见于后来传入中国的舶来合作论著，后一种逻辑的解说，又多见于较早传入中国的舶来合作论著。但不管怎么说，将两种不同逻辑的解说放在同一本考试参考书，总不是合适的答案标准，只能反映当时合作主义思潮在一些国人头脑中所引起的混乱理解。

### （三）《合作社之理论与经营》

于树德①著，上海中华书局 1929 年 10 月初版，列入经济丛书。著者 1929 年 1 月 24 日写于上海的序言：

合作由英文 Co-operative 的字义翻译而来，日本译为组合，"乃今日经济制度中

---

① 于树德（1894—1982），字永滋，河北静海人（今天津市）；早年加入同盟会，参加辛亥革命，后入天津北洋政法学堂，1917 年毕业，翌年公费留学日本京都大学，1921 年回国；1922 年代表"新中学会"出席莫斯科远东各国共产党和民族革命团体第一次代表大会，回国后加入共产党，先后任中共杭州小组和天津小组组长；1923 年列席中共第三次全国代表大会，1924 年出席国民党一大，被选为国民党中央执行委员，任北京执行部青年部部长，1925 年任国民党中央常委；大革命失败后，同中共脱离关系，从事农村合作社理论的教学和研究，抗战时期参与组织中国工业合作协会并任副总干事；新中国成立后，历任中央合作事业管理局副局长、中华全国供销合作总社监事会副主任等。

之弱者——无产者及小资产者——自助互助之团体，以谋其经济上之利益者"。合作思想输入我国是民国七八年间的事，"亦五四运动后之产物"。"当时我国思想界因受欧战之刺激，一时非常澎湃，凡欧美各种思想，一齐涌现于我国。合作思想之输入，亦其一也"。"惟当时提倡合作者，多误认合作思想为社会主义思想之一种，以为合作组织可以代替今日资本主义组织，而解决现代之社会问题，此实错误也。盖合作组织乃一种社会政策，而非社会主义"。"自资本主义之弊害日渐暴露之后，社会主义思想乃乘时奋兴，欲以革命的手段改造社会组织。然同时社会改良主义亦乘时而起，欲就原来之资本主义组织加以改良，使资本家之狠猘不至如今日之甚，使无产者小资产者亦可维持其生存。改良主义者所持之方法，即所谓社会政策"。社会政策约分三种："属于国家的社会政策"；"属于都市的社会政策"；"属于人民自助的社会政策"。合作社"即此自助的社会政策中之一种组织"；"此种团体虽多少皆含有排资本主义的性质，而其本来之目的，则不在推翻资本主义，只不过藉此组织以维持其生存于资本主义制度之下而已，故曰自助的社会政策"。合作社的性质如此，故欧美各国政府无不提倡而奖励，我国政府因建设多端，似尚未暇及此。"惟民间之有志者，则已到处散播合作思想之种子，且已有实行试办者"。"总之，合作组织之在我国，已由鼓吹宣传时期，而入于实行设立之时期"。回顾我国的出版物，"关于合作社者多为零星作品，专册著作尚不多，纵有一二册，亦多偏于理论方面，不能应今日实行设立合作社者之需要"。著者曾著《信用合作社经营论》一书，由中华书局出版，偏重实际经营方面，"该书虽不免冗杂，但对经营信用合作社者尚可供相当之参考"。本书乃著者在北京大学论合作时所编的讲义，略加修正即公表问世，"对于一切合作社之理论及经营方法皆大略述及"。①

这篇序言，大概是国人中阐释合作思想与社会主义思想之差异最明确而简洁者。基本涵义有三：一则合作思想是五四运动后，我国思想界受欧战刺激而从欧美国家输入的舶来品，体现了当今经济制度中的弱者即无产者和小资产者为谋求其经济利益而组织的自助互助团体的活动。二则当时的提倡合作者（似含国外，但主要指国内），大多认为合作思想属于社会主义思想，可以用合作组织代替今日的资本主义组织，这是一种错误认识，其实社会组织是一种社会政策，并非社会主义。三则社会政策属于社会改良主义范畴，与社会主义思想一道，在资本主义的弊害日

_____

① 于树德著《合作社之理论与经营》，中华书局 1929 年版，著者"序言"。

益暴露之后，乘时而起；区别在于，社会主义思想试图用革命手段改造现有社会组织，社会改良主义则主张改良原有的资本主义组织，约束资本家的猖獗，使无产者和小资产者得以维持生存。四则社会政策的范围颇广，既有国家层面和都市层面的社会政策，也有民间自助的社会政策；后者虽然也含有排斥资本主义的性质，但其本来目的不是要推翻资本主义，只是借自助组织以维持民间弱者在资本主义制度下的生存。五则对自助或互助性质的合作社，欧美各国政府均予以提倡和奖励，我国政府尚无暇顾及于此，然而由于民间的有志者到处在撒播合作思想的种子并尝试举办，意味着合作组织在我国已由宣传鼓吹阶段进入着手实行阶段。

以上涵义，虽说其他著作也分别提到过，但不及此序言说得这样鲜明和突出。这里还能注意到一种变迁性倾向，五四运动后的一段时期，我国提倡合作的人一般把合作思想或合作主义或合作运动，看作隶属于社会主义思想或是社会主义思想的一种表现形式，然而几年之后，到了20年代末期，开始出现像本篇序言这样的批判性说法，认为这种认识是一种误解，或干脆说实在是一种错误，并将面对现行资本主义制度日益暴露出来的弊端，采取革命手段推翻现行制度，还是通过改良方式修正这一制度，严格区别开来，认为这是合作思想与社会主义思想的根本差异。对于这种差异，作序者没有进一步明确判断谁是谁非，但显而易见，这是他在革命失败后所产生的思想变化：既然无法用革命手段来达到改造现行社会的目的，则不如选择改良方式来纠正现行制度的弊端；与其等待国家或地方政府推出保护社会弱者的改良性社会政策，亦不如自己行动起来组织民间的自助或互助团体以维持无产者和小资产者的生存利益，况且这种合作团体在欧美各国已得到各国政府的提倡和奖励，在我国虽然政府还无暇顾及，但民间已形成从宣传鼓动到播种推广的实行趋势。这或许就是作序者脱离共产党后投身合作事业的重要原因。

作序者颇为看重自己在推动合作事业方面的著述活动，称此前出版《信用合作社经营论》一书，可供信用合作社的实际经营者参考，现在又以在北京大学讲授合作论的讲义为基础而出版《合作社之理论与经营》一书，覆盖有关合作社的所有理论与经营方法，又可补其时缺乏合作社的专著且偏于理论文献而不能适应设立合作社的实际需要之不足。这个说法，强调具体的合作社而非抽象的合作主义，似乎言之有理，但也不尽然。此书分绪论与本论，前者包含"合作社之性质""产业合作社""职工生产合作社""消费合作社""实行案"5章，后者包含"总说""社员""股份""机关""业务""计算""解散 清算 损失分担"7章，另有一附录。这些内容，从前面对合作类著作的考察看，其绪论中偏重理论部分，前述著作都有涉及，其本论中偏重实际部分，前述著作虽鲜见专论，但并非无所论及，其周详者比起此书毫不逊色。换言之，此书在合作社的理论和经营方面，未必比以往著述高明多少，然而它将合作思想与社会主义思想区隔开来，强调分别归属现行资本主义制度所许可的改良范畴和试图推翻现行资本主义制度的革命范畴，二者切不可混同，此意旨犹如一个界标，在国内思想界划清了合作主义或合作运动与社会主义或马克思主义的理论和实践是两种取向完全不同的潮流。自此以后，无论从国外引进的合作译本或国内自撰的合作专著，其主导性倾向，不是有意识地用合作思潮来排斥或抵制社会主义及马克思主义思潮，就是谈论合作思潮时同社会主义及马克思主义思潮拉开距离，或者避而不谈，或者置若罔闻，很少再见到当初一提及合作主义便视其为社会主义或马克思主义之同道的状况。

## 二、论合作经济的著作

这里列举的四本书，前两本书的作者为同一人，与此相关者还涉及其他人论合作的两本著作或译本。

### （一）《合作与主要经济问题》

寿勉成①著，列入合作丛书，中国合作学社 1929 年 7 月初版。作者同年 5 月作于安徽大学的自序：

我在去年替世界书局写了一本《合作经济学》，"以为普通的经济原理，有许多应该修正的地方。只以仓猝脱稿，未能尽所欲言。因特再作此篇，以资补充，而求彻底"。读者如能将二书互相参考，庶几对作者微意，可免误会。因为课务羁身，这本书也写得非常匆促。挂漏之处，自知不免。如蒙读者随时指正，万幸万幸！②

这本书涉及合作与价值、价格、货币、财产、盈余、工资、利息、地租、财政、生产、消费及储蓄共 12 个问题。既是对前一本著作《合作经济学》的补充，

---

① 寿勉成（1901—1966），浙江诸暨人；1920 年毕业于浙江省杭州甲种商业学校，继入上海复旦大学，师承薛仙舟，参加平民学社及《平民》周刊编辑工作，1924 年毕业，获社会经济学学士学位，次年留学美国，入华盛顿大学及哥伦比亚大学，获经济学硕士学位；1928 年归国，先后执教上海大厦大学、复旦大学、安徽大学等，1934 年任安徽大学经济系主任，1936 年任中央政治学校合作学院院长；1938 年任合作事业管理局首任局长，1946 年转任中央合作金库总经理；1949 年去香港居住并赴国外考察，1951 年回国，1957 年被错划右派并开除公职。
② 寿勉成著《合作与主要经济问题》，中国合作学社 1929 年版，"自序"。

又企图用合作经济学来彻底修改普通的经济原理。寿氏作为薛仙舟的学生，不仅大力鼓吹合作运动，还身体力行，积极加以推动，使合作运动后来成为国民运动的重要内容之一。国家合作事业管理局即由他建议而为国民党中央所采纳，并首任局长，离任后又由其同道王世颖继任局长。所以，这些人所宣扬的合作运动，应奉行同一宗旨，试图为当时多灾多难的中国，选择一条能够同时避免资本主义之弊病和社会主义之激进的中间道路。

### （二）《合作经济学》

同为寿勉成所著，列入经济学丛书，上海世界书局1929年11月初版。

此前寿氏出版于同年7月的《合作与主要经济问题》一书，其自序提及，去年（1928年）为世界书局写了一本《合作经济学》，应该修正普通经济原理的许多地方，惟仓猝脱稿，未能尽言。这样看来，《合作经济学》一书的撰写在前，出版却落在作为补充以求彻底的《合作与主要经济问题》一书之后。这本《合作经济学》打算如何修正普通经济原理呢？其"例言"明白表示："三民主义的经济政策，乃为当世所公认的我国民生问题的解决法。但是这种经济政策实现之道，著者认为厥在合作。本书即对于三民主义与合作经济之关系，加以阐明"；"本书编辑方法，系按照普通经济学之程序，分别研讨，与他种专门研究合作之书籍，编辑方法颇有不相同之处"；"本书注重理论之探讨，史实方面，因限于篇幅，未能多述"；本书系根据著者在上海复旦大学及大夏大学教授合作时的演讲稿，整理修改而成，"颇适用为学校教本"。①

可见，此书称为合作"经济学"，原拟在理论方面，按照一般经济学的结构与方法，阐明三民主义与合作经济的关系，指出用三民主义解决我国民生问题的实现途径，乃在于合作；换言之，结合中国国情，用三民主义与合作相结合的理论，去修改现行通用的经济学体系。这一设想，在120页的篇幅里体现为：第1章绪论，含竞争经济的破坏、合作经济的建设2节；第2章消费者，含消费者的重要、欲望、修养、苦痛与解放5节；第3章生产，含生产的标准、种类、要素、组织与计划5节；第4章分配，含直接分配与间接分配、社会分配与个人分配、分配问题、分配标准4节；第5章消费，含消费问题、消费标准2节；第6章合作经济的实施方法，含合作社的经营程序、合作经济的先决问题2节；第7章三民主义的方法与

---

① 寿勉成著《合作经济学》，世界书局1929年版，"例言"。

合作经济。这个结构所显示的特点，一则仍以合作为主要宗旨，针对现实资本主义社会流行竞争经济的破坏性特征，倡导建设合作经济。二则沿用正统经济学的理论框架，加以修改。如在生产、分配、交换、消费的四分法框架中，专设消费者一章并将其放在首位，体现合作理论以消费者为出发点的基本思想，另外仍保留对消费环节的专门分析；取消有关交换环节或流通领域的分析，这大概也是以合作经济取代竞争经济在理论上的表现。三则既然三民主义的经济政策是目前我国所公认的解决民生问题的基本方法，便把它的实现之道，解释为以合作为主，也就是为三民主义的经济政策注入合作思想的内核。此类特点，无疑都可以算作修正所谓普通经济原理的范畴。

此书以在上海两个大学的讲课稿为底本，编写脱稿应该不至于仓猝。随后编写的《合作与主要经济问题》一书，除了不再那么强调三民主义的经济政策外，亦未改变前书的宗旨，不过有所补充以求其宗旨阐述更加彻底。《合作经济学》一书或许因为列入李权时主编的"经济学丛书"，才有"合作经济学"一说。当然根据该丛书的选录标准，此书远离马克思主义经济学而保持距离。只是谈到生产的组织，与辛迪加主义、基尔特主义、新资本主义及合作主义等生产制度并列，提及"政府社会主义的生产制度"。可见在作者眼里，社会主义作为一种生产制度，和其他生产制度的不同，仅在于生产组织形式上的区别。这样的理解，显然与马克思经济学说的理论分析相差甚远。说到这里，不由得预先提及同时出版的《世界合作运动》译本（后面将作考察）。这个译本引导国人看待合作主义与马克思主义的关系，有一种极端的做法，将二者从以往理解的同道关系，或存在分歧甚至冲突但仍可并列相处的关系，变成一种非此即彼的敌对关系，以至于将反对社会主义和马克思主义视作合作主义的本质特征。如此引导，不同于《合作经济学》及《合作与主要经济问题》二书在资本主义的弊病和社会主义的激进中间选择一条避免两者极端的合作道路，意在用合作主义来对抗社会主义或马克思主义。这种引导对我国合作思潮的传播所产生的影响，不容忽视，并见之于那个时期的一些合作类著作，尽量避开涉及社会主义或马克思主义。下面不妨列举两例。

### （三）《丹麦合作运动》译本

这本小册子不到 100 页，L. Smith Gordon（原译"史密斯戈登"）及 Cruise O'Brien（原译"奥勃凉"）原著，王世颖翻译，列入世界合作运动丛书，中国合作学社 1929 年 12 月初版。译者 9 月 25 日作于南京中央政治学校的序言称：

"我在好久以前便有一个计划，想约集几位社友，编辑一部《世界合作运动丛书》，能够自己编著最好，否则根据外籍迻译也可以，以国别为单位，叙述各国合作运动底起源、发展、组织及结果，一方面可以使我们知道各国合作运动进展的情形，另一方面可以给我们作一个参考，而后者较前者尤为重要。这一种工作，我想决不是毫无意义的"。"自然，合作原理是一般的，本无国别可分；不过每个国家有它特殊的环境，所以在适应上，方法自不能无异"。如两个国家的环境相同，适应环境的方法未必一定相同；也许这一国所用的方法已经很好，而那一国所用的方法更好；或者这一国错用了某种方法曾一度受过挫折，而另一国因避免了应用谬误的方法，合作运动竟能突飞猛进。"这许多事实，在正在想接受这一朵合作之花的我国，当然有不少可以借镜的所在"。丛书的计划，"想先从合作运动最著成效的国家着手，次及其他各国，视能力与经济所及，逐渐促其实现"。《丹麦合作运动》便是这套丛书的第一本。原来丹麦是一个人口不过 300 万的小农业国家，自然环境与国际环境都较他国为劣，却能从天赋不厚、强邻环伺的境地，努力发展它的国民经济，"要不是合作运动帮助着它，断然不会有这样的成功"。"丹麦人确已把合作当作丹麦国富底基础了，借合作底助力，已由赤贫而臻巨富。到得今日，丹麦已被人称颂为'合作共和国'，这种荣誉之获得，决不是偶然的，读完本书，我们便可以知道。而且我们相信读完本书以后，对于我国合作运动的进展上，一定也有若干裨益的"。

本书是个译本，原著 1919 年由英国合作联合会出版，内容似乎觉得太旧一点，但是叙述上颇为简明扼要，不无可取之处。丹麦人本是个刻苦耐劳，重实行、少空论的民族，自己不轻易大吹大擂，自誉其成绩如何可惊，关于丹麦合作的最近统计材料，都是零碎地散见报章杂志，据之以编纂完整的《丹麦合作运动》，恐势有所未能。"所以与其残缺不全，杂凑成章，不如材料稍旧一点，还能观察出整个的情况来，这是我译这一本小书的动机"。①

显然，译者把丹麦当作世界合作运动的典范。它从自然禀赋不佳且强邻环伺的赤贫农业小国，通过成功推动合作运动，变成号称"合作共和国"的巨富之国，这对具有类似处境的农业大国中国，似乎有着强烈的吸引力。这是一个正面的例子，在此之前，考察同一译者自撰《合作主义通论》的小册子，那里提供了一个

---

① L. Smith Gordon、Cruise O'Brien 原著，王世颖译《丹麦合作运动》，中国合作学社 1929 年版，"译者序"。

反面的例子。俄国布尔什维克党执政后，曾实行生产资料国有制以摧残本国早已普遍存在的合作社，结果经济活动几致垮台，最后仍依靠合作事业才得以恢复发展。现在译者在这个译本的序言里，又引出一个更有普遍意义的说法：合作原理是超越国别乃至时代（从译者的前一小册子看，还超越了不同社会制度）而具有一般普适性的道理；每个国家之间的差异，只存在于或因环境不同、或因所用方法不同而能否正确适应这个一般原理的差异。照此说法，既然已有普适性的一般合作原理，则无需或排斥其他指导性原理作为我国的借镜，这大概也是译者无意提及马克思主义的一个原因。在他看来，像丹麦这样的范例，即使证明其合作成就的材料陈旧一点也无妨，无碍于观察其整体情况以为参考，意即无损于合作原理的发扬光大。但这毕竟是个缺憾，所以译者在译本 1929 年 11 月 5 日的"跋"中补充说：此书译完付梓之际，适逢同人自丹麦调查合作运动归来，提供丹麦最近的统计书籍，"读之弥感兴趣，爰将书中重要合作统计、丹麦土地人口情形之最近调查，择要译出，作为本书附录。是则予在译序中声述之题材较旧之缺憾，纵不能全部补偿，亦可因此增订而稍餍吾人之望"①。于是，这个译本的目录里，除了"导言""丹麦之酪乳制造业""信用合作社""分配运动""各式农业合作社""合作之果"6 章而外，又可见译者编译的附录"丹麦农业合作之最近统计"。总之，为了让我国能够接受"这一朵合作之花"，译者也算费尽了心机。

**（四）《中国合作运动小史》**

这本小册子 100 余页，伍玉璋②编，列入合作丛书，同样由中国合作学社初版于 1929 年 12 月。王世颖 11 月 12 日为之作序：

中国合作运动的历史，虽然仅有短短的 10 年，却可分为两个时期。第一期的运动始于民国八年左右，"当时曾经一度蓬勃过，随后便即熄灭"；第二期的"复兴运动"，开始于国民革命军统一南北之后。两个时期各有不同的特征，"第一期是下种时期，第二期是萌芽时期；在第一期合作运动中，一般人对于合作，不能有真切的认识，到了第二期合作运动，在党的指导之下乃日有开展，而民众对之亦渐

---

① L. Smith Gordon、Cruise O'Brien 原著，王世颖译《丹麦合作运动》，中国合作学社 1929 年版，译者"跋"。

② 伍玉璋，四川泸县人，1919 年入职聚兴诚银行，1921—1922 年在成都农工合作储蓄社、普益协社工作，加入平民学社，编辑《合作潮》《合作月刊》；1929 年受中国合作学社负责人王世颖之托，编写《中国合作运动小史》，另著《合作国际与中国》《中国合作文献目录》等，是我国早期合作社的理论宣传者。

有明确的了解"。复兴运动方兴未艾，今后如何发展，现在毋庸多事揣度，倒是对过去我国初期的合作运动，应该为它结一笔总账。

初期的合作运动有些什么伟大的贡献，带给我们什么丰厚的礼物呢？"如果就初期合作运动的全部加以观察，我们将无疑的肯定：这是一部失败的历史。它的贡献不怎样伟大，它带给我们的礼物，也不能说是丰厚。然而这一点小小的贡献，薄薄的礼物，已经是初期合作运动所能尽的最大努力了。初期的合作运动有如一个新生的婴儿，要婴儿干那超过限度的工作，是无异于强人挟泰山以超北海。其实在初期合作运动中，如薛仙舟先生底艰苦卓绝，平民学社诸子以及初期从事合作运动人底惨淡经营，已经是很值得我们的纪念的了。我们别轻忽了这一点小贡献，这一份薄礼物，这乃是复兴运动的发酵剂。假如今后的合作运动能在最短期间成功，我们断不能忘怀了这剂酵母"。无论哪种运动，其初期的历史，因为历时甚暂，注意的人也少，史迹往往湮没无闻，这原是极可能的事。所以，我们现在从事合作运动，每每不知道初期合作运动究竟干了些什么工作，甚至要获得一些可靠的史料而不可能，这的确是一种缺憾。近来有人喜欢标榜历史癖，决不是什么特种嗜好。"我们都愿意知道些我们自己的宗世，我们也愿意听别人讲故事，即使是乳臭未干的孺子，也知扣槃扪烛，道长问短。同样地，我们对于初期的合作运动，纵不能得其详，也多少希望知道一点。可是这种材料的供给太少了，这我个人的经验，有好多朋友曾想知道些中国合作运动历史的经过，但结果都是失望"。

因此，编辑初期合作运动史，便十分重要了。上年秋，中国合作学社成立，想着手编辑合作丛书，"我便写信给伍玉璋先生，请他编一部十二年来的中国合作运动史，尤注意于初期合作运动的历史"。伍先生在初期合作运动中，曾热烈地参加过实际工作，又一向注意于我国合作史料的蒐集，曾发过调查表调查国内合作情形，"这种工作属之于他，我觉得是最为适当的"。他终于担任这种艰难的工作，这一册《中国合作运动小史》，便从此产生。"这是一本空前的中国合作运动底信史。书中史料虽未能十分详查，加以调查上的困难，遗漏之处也在所难免，然而中国合作运动历史上的真面目，已经可使我们很真切的认识。单就这一点说，它的价值已经值得我们称颂的了"。①

这篇序言，事实上为撰述中国早期合作运动史的指导观念，下了一个定论。包

---

① 伍玉璋编《中国合作运动小史》，中国合作学社 1929 年版，"王序"。

括：起始年代的确定及播种与萌芽或复兴时期的划分，所谓第二期合作运动在"党的指导之下"开展，应指开始受到国民党与其政府的重视；所谓初期合作运动是一部失败的历史，意即以薛仙舟为代表人物的平民学社的开拓之功，对中国合作运动哪怕只是小贡献和薄礼物，亦因付出艰苦卓绝的最大努力而值得纪念，并成为随后复兴运动和未来或许成功的发酵剂，由此也可打消那些标榜有历史癖的人轻忽这段开拓历史的企图；评价伍玉璋这本小册子为中国合作运动空前的信史，其重要原因之一，即撰述者受作序者之托，为同一"宗世"之人。在这些定论里，已看不到有关社会主义或马克思主义经济学传播的任何踪迹。

王序之前，编者伍玉璋 1928 年 12 月在宜昌寓所写一"赘言"，称当初通过《银行周报》的介绍而得以认识合作，并借自己能编成这部合作运动史，"似得有独厚处"以讲述其间的一点关系。又自称由于辛亥革命的赐予，16 岁始入泸县的高级小学"试尝新式教育的滋味"，毕业后进入中学仅三年，1919 年投身于金融界而结束了求学生活。此时看到经济不安的表现，思索中国正当新思潮澎湃的时候，各刊物讨论生活的建设亦有条有理，"何以社会仍是无进步而政府亦毫莫有施设呢"？1920 年，"中国产生了一个宣传爱世救群的宁馨儿——提倡合作主义的《平民》"，其消息由《银行周刊》传出，等到我索得《平民》，"那直如徘徊歧路的人，寻获一块指路碑似的，因此即以合作为志业，而与职业并重"。于是，介绍"成都农工合作储蓄社"（1921 年），提倡"成都普益协社"（1922 年），加入"平民学社"以资联络；该社停顿，乃思从"普益协社"继其工作，编《合作潮》旬刊，选辑《普益丛书》，并发出调查表以收集材料，利便宣传。"我于合作，仅有认识，并非专门家"，但"合作复兴，中国合作学社欲编印一册包括初期经过情形和复兴进行概况的中国合作运动小史，以为征信上的宣传，而以其工作付托于我"。我虽无是力，却不容辞谢，惟"编辑上只就向所存者以取材，其遗漏必多"，如未经查得的统计概况之类，所以，"此书虽成，只好作一种概括的史料观可也，而内容的丰富完密，尚有待于合作专门家的努力"。"这书在实际上虽仅能作一种概括的史料观，特于我的精神上信仰上工作上却由此得到一个最大的安慰与鼓励，即由此越见坚定了我终身都要为他服务的旨趣"。

这样自况话头，出于一时感触，但思想上也经过变化而来。"当我未认识合作时，以为改造社会，须以家族为单位"，后因父亲去世后遭遇遗产继承上的剥夺，"于家族之望已绝，向之主张即灰，而思想上就不能不发生变化"。随着与《平民》

的接触为日既久，"于合作的兴趣亦复正浓，且发现了合作所要从事的改造社会的单位，有如家庭之聚，而范围却过之。若论其发展，适足以帮助中国解决国族问题，就是合作虽不能当解决问题的冲要，而基础上的工作，他确要占一部的力量"。上述为我所认识的合作，在中国合作运动史未经专门家重行整理以前，仍当继续充实史料的概括工作，"要做到直接调查，以期再有一度正确的史料献于专门家"。此书写成，"多承王世颖社兄代为订正"，特此志谢。①

这篇赘言，比起王世颖序言的所谓空前信史之说，要谦逊很多，甚至连著者一词也不愿用，自称"编者"。看来，王氏关注的是厘清中国初期合作运动的历史脉络之正宗，编者伍玉璋则借此表达自己信奉合作旨趣的思想转变过程以及对合作在改造社会方面的基础性作用的认识。其思想变化，体现了经历新式教育启蒙却受到传统家族不良习俗束缚的年青人对社会进步的期待；其认识合作，又体现了希图通过合作来打好社会改造的基础，借此解决国家民族问题的朴素愿望，并将提倡合作主义视为宣传爱世救群的美好事物。这是编撰《中国合作运动小史》过程中所表达出来的期待与愿望，仅与自我感触有关，并不涉及合作运动的原理组织及其社会制度环境。前面王序称中国初期合作运动是一部失败的历史，同样回避了这些要素，只是要求从失败中保留那些值得纪念的贡献和礼物，未来的成功不能忘记当初艰苦努力所产生的酵母作用，而从未联系现行制度来追索其失败的原因。这种观念意识，无论自觉或不自觉，都小心翼翼地保持合作运动与现行制度的距离，以免触犯禁忌。其中的原委，除了把合作主义看作超越一切既定制度的普适原理之外，就是避免与马克思主义或社会主义纠缠在一起。由此也能够看到在当时合作主义的国际潮流中，一股排斥马克思主义的势力对我国合作运动的公开或潜在影响。

不过，就中国合作运动的早期历史看，伍氏此书仍提供了一些有价值的史料。其书分7章，分别是"合作与中国的经济关系""合作的导扬者""从合作的译名说到分类""合作的先锋社——平民学社""合作的初期运动""合作的复兴运动""中国华洋义赈救灾总会指导下的合作社"。从这里，可以看到其理路结构由王世颖代为订正的影响，也可以由此追溯到一些让人感兴趣的早期资料，虽谈不上空前的信史（因为此书主要取材于已有的著述而非挖掘或调查搜集新的材料），但确如编者所称，可作为一种概括的史料。凭借这部小史，清晰地显示出五四运动后中国

① 伍玉璋编《中国合作运动小史》，中国合作学社1929年版，"编者赘言"。

早期合作运动的起步，与马克思主义经济学的传播，完全是两种不同的路数。

### 三、论合作的译本

本节前面列举的合作类著作，以国人自撰为主，偶见译本，这里集中列举三个译本，以见其特点。

#### （一）《什么是合作？》译本

美国韦拔斯（J. P. Warbasse）著，温崇信①译述，中国合作学社 1929 年 7 月初版，列入合作丛书。王世颖为之作序：

合作运动介绍到中国来，已有 10 年左右的历史。这 10 年中，宣传的努力较实践的努力为多，这是不稀奇的。"一种运动的向前发展，本先有赖于宣传，宣传实有类于行军底麾节，号角声起，旗帜先揭，此乃必然之理"。不过平心观察过去宣传的成绩，"最不能使人满意的，便是对于欧美合作名著的翻译不曾十分努力，要知一种运动必有它论理上的根据"。宣传实含有两方面的意义，第一种是宣传这运动如何良好，如何发达；第二种是将先知先觉对于此运动的意见及其理论，详细介绍过来，或增信念或资检讨。企求实现第二种意义，端赖欧美名著的介绍。"我国合作运动之所以中间曾经一度销声匿迹者，虽以实施方法之未尽善，为其最大原因；而合作宣传在介绍名著方面未能多所努力，也不能不说是致败之一因"。在此中国合作运动深兴之际，中国合作学社同人思努力于此，故有合作名著之辑。《什么是合作？》，便是在这个意义上介绍过来的。这本书是美国先锋印书局刊行的社会哲学简要丛书的一种，目的在于用简明的笔墨，叙述各种具体的社会运动，同时申说这些社会运动的社会哲学。韦拔斯博士为美国合作专家，所以被邀请来做本书。

韦拔斯原籍丹麦，我们知道，丹麦是合作运动最发达的所在。"他不但对于合作理论有深切的研究，而且对于实际的合作运动也很注意"。他做学生时，考察了欧洲北部的许多合作社，为了专门研究合作，又游历各国，实地考察。10 年来，他特别注意合作社的实际问题，曾在丹麦、俄罗斯、瑞士、英吉利、德意志、捷克斯洛伐克等国及美国各著名大学演讲合作，数次代表美国出席国际合作联盟大会。从 1921 年起，他是国际合作联盟中央委员会委员。"著有合作共和一书，有名于

---

① 温崇信（1902—?），字仲清，广东嘉应人，出生扬州；留学美国，1928 年任教复旦大学，先后担任该校市政系主任、教务长、训导长；后到台湾，1958 年被推选为复旦中学首任校长，任职至 1963 年。

时，本书实其缩本"。据他自己说，"这书是合作运动及其营业方法之简单叙述，用极公平的眼光，无偏地说明合作之优点及缺点"。至于此书的讨论，"纯由消费者底观点出发"。他与法国的季特（今译季德），实同属消费派。读者应注意此点。他在本书曾详论合作与国家的关系，"不主张将社会力集中在政治组织之下"，这虽属个人主张，不无可议之处，但"语多精辟，殊可供吾人之讨究批评"。去年冬，我请温崇信学兄担任翻译此书工作，两月脱稿，中间经我就原文对照一遍。①

此前已看到王世颖为自己撰写出版的小册子《合作主义通论》和为侯哲葊编著出版的《合作运动之理论与实际》一书所写的序言，都说到合作运动在我国失败的原因，前者归于人才缺乏和社会态度冷淡，后者归于军阀摧残，社员缺少团结精神，组织方法未尽美善，特别是不明了合作的原理、方法及其信条；现在这篇序言，又将其最大原因，归于未能努力介绍欧美国家的合作名著，摆明了中国合作运动应当效法欧美先进理论和实际做法的理念。序中对著者从事合作理论研究与实际运动考察的简历，交代得比较清楚，显然以为从著者那里觅得了欧美合作名著。尽管作序者质疑书中的某些主张，如社会合作力量不必集中在政治组织之下，但更为推崇此书能够无偏颇地叙述合作的优点与缺点，体现出极公平的眼光和精辟的论述。同时提醒读者注意此书持论完全从消费者的观点出发，与法国季德的合作论同属消费派。这也表明，此书对待社会主义和苏俄革命的态度，应同季德的著作有相通之处。

译本 188 页，分现代社会秩序的批评、各种社会补救方法的批评、合作经济学、合作之社会的和政治的现象、实现的方法、合作之缺点及困难、合作的利益、包罗万象的合作运动 8 章。值得注意的是第 2 章所批评的各种社会补救方法，包括各种主义，特别是社会主义和共产主义。

关于社会主义：希望工人按照工作获得相当报酬；生活、分配等皆以应用为目的，不以私人利润为目的，完全铲除私人的利息、红利及租金等；人民享受民主的幸福，一律平等。社会党希望推举信仰社会主义者为官吏候选人，教育工人增进自己的利益，抵抗资本家；认为利润制度的崩坏，无产阶级的当权，均有可能。社会主义的根据是理想主义，希望将来的社会比现在公平、优美，因为现在人们贫穷而发生不满足，那么国家一旦发达，社会主义的势力就一定薄弱了。社会党的主要方

①　J. P. Warbasse 著，温崇信译《什么是合作？》，中国合作学社 1929 年版，"序"。

法是通过选举投票得胜，其党员被选为官吏，达到管理政府的目的。社会主义主张国营，"所以与合作制度不合"，"合作是个人的集合而非政治的霸占"。我们十分相信，假使社会党得胜并叫政府经营，"这种国家一定成为太上国家"。"社会党的国家，一定是一个从未有过的极有势力的国家，不但不能缩小政府的权力，反而推广政府的权力"。现在社会主义的方法，用社会主义的熏陶渐渐改良资本主义的国家。社会党和资本主义的政客同时在一天天推广政府的功用，"这种趋势，或者是有害的，因为政府干涉过甚，人民并不需要"。社会党促进政府采用公有营业制度，可以叫人民注意社会改良的可能；宣传利润制度的害处，洞烛其奸，确有教育的价值；让人民知道战争的真因在于经济，比别人眼光锐利；告诉人民服务在工业中的价值并以服务代替利润为目的，是社会主义的好处；"但是一定要用政府来施行社会主义，未免令人怀疑"。①

这里所说的社会主义，专指走和平议会道路或主张用熏陶办法来逐渐改良资本主义的社会主义或社会党。即使承认这样的社会党或社会主义具有一定的教育价值或好处，能够让人民注意社会改良、认识利润制度的弊害，明白战争的真实经济原因等，但怀疑其理想主义的根据，尤其反对由政府或国营方式来实行社会主义的主张，因为这种政治控制，从根底上同个人之间集合的合作制度冲突。这里包含一个基本认识，既然社会主义以人民的幸福平等为目的，它对抗资本制度又起因于现实人民的贫困，那么只要国家发达起来，解决了贫困问题，社会主义的势力基础也就削弱了；这种发达的途径，并非只有社会党掌握政权再通过政府经营管理来推行社会主义这一条道路，同样可以通过民间的个人合作制度来达到经济发展和解决贫困的目的。所以，合作论者不仅反对资本主义的政客，也反对社会党的政客。

关于共产主义：这是一种"幻想的主义"，目的在于使社会全部事业，由工人所有，由工人管理。现在布尔什维克的"迭克推多"（今译专政）下，"共产主义不过是一种国家社会主义，再加上用武力建设一个少数人的政治上的迭克推多"。按照苏俄的经验，共产主义的理论是取消国家组织，但实行这种理论的日期还远得很。苏俄的共产主义，用各种方法推广国家权力，管理人民。因此，"共产主义的国家，不过是打倒谋利润的资本家，而自己谋利润罢了"。"苏俄的共产主义，正在建筑光荣的，含保护性的，有特别权利的资本主义。国家本身就变成一个大资本

---

① J. P. Warbasse 著，温崇信译《什么是合作？》，中国合作学社 1929 年版，第 16—18 页。

家"。"共产主义最显著的事实，是叫每个身体强壮的人去做工。服务变成谋生活的唯一的方法，不许用他人的劳力谋自己的进款，这些是共产主义的理论"。"共产主义最重要的地方，含有宗教性。凡是懂得经济学的人，皆可知道共产主义，不是根据于经济的理解。共产党徒的态度，是有宗教色彩的"。"以理论而言，共产主义是和合作运动反对的。以事实而言，在有合作运动的国家，共产主义对于合作运动，是取攻击或破坏的手段的"。有人看见共产党员也加入合作社，会发生疑问。其实，他们加入的目的，为了获得合作社的实权，以实行共产主义。"凡是合作社没有被共产党控制的，共产党全目为中产阶级，诬以压迫工人之罪，而设法攫得其控制权"。不过社会党参加合作社的方法，不是猛进的，破坏的。"我们可以看见苏俄共产主义对于合作主义的影响，合作主义之所以能在苏俄存在，是因为合作主义的势力，在苏俄比共产主义大"。国际合作联盟常常用正当手续，保护其本身和各分社，防止共产党的袭击。"结果，合作主义对于共产主义取反对态度"。共产主义对于合作主义的手段，和它对于资本主义的手段一样，"将别的主义的机关，捉到它自己的掌握中，以为共产主义之用"。①

　　以上论述站在合作主义的立场上反对共产主义，特别是反对以苏俄无产阶级专政为特征的共产主义，可谓深恶痛绝。故称之为理论上与合作运动相对立，事实上攻击或破坏合作运动的眼中钉、肉中刺，如以幻想主义为依据，打倒资本家而自己谋利益，国家变成大资本家，打着光荣招牌来建设自我保护并具有特权的资本主义，让做工变成每个人的唯一生活方式，不懂得经济学而带有宗教色彩的荒诞和自私之物等。这种对共产主义实则对苏俄的抨击，在以往论述合作的著作里，比较少见。合作思潮作为舶来的新思潮传入我国，从最初与社会主义思潮同道，到逐渐与社会主义划清界限，直至成为社会主义尤其是共产主义的对头，不过数年间的事。早先一些时候季德论合作的著作被介绍到中国，已经对社会主义和马克思主义保持高度的警惕，但后来还能看到有些专论合作的著作，或者赞扬合作运动在苏俄时期得到很大的发展，或者认为合作运动拯救了苏俄濒临崩溃的经济，而美国人论合作的这个简读本被翻译过来，对苏俄的共产主义，摆出一副十分严厉的面孔。这位美国人对社会主义和共产主义的经济学认识，其实不如季德，所以才会把马克思主义撇在一边，分开论说社会主义和共产主义。他固然也不赞成社会主义或社会党的主

<hr>

① J. P. Warbasse 著，温崇信译《什么是合作？》，中国合作学社 1929 年版，第 20—22 页。

张，认为与合作原则相抵触，但他心目中的社会主义或社会党，已不同于马克思的科学社会主义，不是加以修正，就是根本背离了，因此他对社会党及其成员不像布尔什维克党那样猛进地破坏地对待合作社，尚保留某种有所区别的容忍态度。他谴责共产主义，可是在他那里，共产主义却是一个极为混乱的概念。一会儿说共产主义是幻想的主义，一会儿又说共产主义在苏俄是推广国家权力来管理人民的主义；一会儿说共产主义是取消国家组织的理论，一会儿又说共产主义不过是一种国家社会主义再加上无产阶级专政；一会儿说共产主义是不理解经济学的宗教观念，一会儿又说共产主义是以国家为大资本家而谋求自身利润的特权资本主义；一会儿说共产主义在理论上反对、在事实上攻击或破坏合作运动，一会儿又说共产主义总是企图把合作主义的机关掌握在自己手中以为共产主义服务；诸如此类，根本看不到作序者所谓"极公平的眼光"，看到的只是对共产主义，对布尔什维克党，对苏俄无产阶级专政的极度憎恨和恶言詈辞。这样来宣扬合作主义和合作运动，实际上已沦为抵制和反对马克思主义经济学的一种思想工具。

**（二）《合作》译本**

沙千里①编译，上海北新书局 1929 年 7 月初版。

这本小册子 72 页，分 7 章，讲述合作的意义、合作的起源、合作的状况、合作的种类（含消费合作、信用合作、生产合作、农业合作、住屋合作 5 节），合作的原则、合作的合作（含合作协会、批发合作 2 节），合作的效用，后面附录合作书目。一看便知是宣传合作的普及读物。其内容无甚新意，其出版正赶上国内合作运动复苏的又一轮浪潮。此书成于作者加入国民党之后和参加共产党之前，显然受到当时思潮的影响，把合作路径当作解决中国经济问题的重要参考。这也让人看到，合作思潮作为来自西方的新鲜事物，传入中国后不到 10 年间，从最初当作社会主义的同道，到与社会主义相扞格，直至被视为抵制社会主义的法宝，可谓波澜起伏。但在腐败的社会制度下，其本身含有善意的合作思想，无论多么想在资本主

① 沙千里（1901—1982），原名重远，原籍江苏苏州，生于上海；小学未读完当学徒，1925 年同等学力考取上海法政大学法律系，北伐时期加入国民党，1928 年考入上海法科大学；1931 年后在上海执行律师业务，1934 年组建苏联之友社，主编《生活知识》月刊；1936 年参与发起成立上海职业界救国会、上海各界救国联合会和全国各界救国联合会，主编《救亡周刊》，同年 11 月被逮捕入狱，为著名"七君子"之一；1938 年加入共产党，1942 年参加中国民主政团同盟；1945 年后参与组建中国经济事业协进会、上海人民团体联合会等；上海解放后任市政府副秘书长，后调北京，历任贸易部、商业部副部长，地方工业部、轻工业部部长、粮食部部长，全国工商联秘书长等。

义和社会主义之间走出一条能够和平拯救中国的第三条道路，终究受到基本制度的制约，未能实现其理想。

### （三）《世界合作运动》译本

道图门慈（Totomiantz）著，卫惠林译，上海民智书局1929年11月初版。"涉尔纪德"为原著作序：

很久以前，我发表最初的书时，全部合作的文献中关于法国的合作文献，只能做成一个小邮件包，现在已能装满一个书架。假使读者的增加能和著者成比例，这已是很大的进步。可惜事实并不如此，合作的同伴们多数不大读书。但我们仍旧希望能像商品生产一样，经常从供给产生需求。这些文献产品中，道图门慈教授的著作占有很重要的位置。我们已经出版过他的著作《合作汇编》（今译《合作文集》），此书已有各种文字的译本。我们还应当记得他的《经济学说史》中，"合作"也占有一个很大的位置。由生产合作社联盟发行的这本书，著者考察过各国所有的合作形式，即消费、生产、信用、农业、住居，虽然只有200页，但已经很够了。例如关于合作法一章，值得用几章的篇幅去叙述，这并不能像出于法律家之手的书一样够用，但有许多特别的部分。道图门慈教授可以说是这本小百科全书的最好著者。限于一种流动不定的生活，从这一国到那一国，使用所有懂的或不懂的语言，通过一种间接的观察，能比实际的考察更为精到，他所发表的关于合作的论文与书籍，"没有一种没有最精密的调查"。他"确是一个国际合作运动家的模范，在各个国际合作联盟中他都是很有权威的"。

最近全国联盟为各合作社图书室搜集的书中，都指定有这一本书。或者因为努力于书的结构与简明，有些地方的分类与定义，他有若干的错乱，如把"合作运动发达史"放在第9章，但这没有重大关系。"重要的是普及一种平民的教育，应当是很浅易的读物，无偏见，无文字上的夸张，出于一种谨慎的态度。此书可以满足以上各种条件"。他依照自己的见地介绍合作运动，如历史，内部组织，"异于其他的运动如马克斯主义、工团主义、无政府主义等的特质"，由此法国读者可以得到他们素来不知道的知识。例如爱尔兰的合作运动受到英格兰合作运动的压迫，素来埋没在沉默中。此书不只说明合作运动的实际，并用生动的笔墨介绍合作的学说，——陈述欧洲各国许多人的著作，供给读者作为审查合作学说的试金石。道图门慈介绍合作的一个特点，注意于合作的道德与宗教的性质。这里用宗教这个名词，完全是俗人的意义，因为也有一种俗人的宗教。"他反对合作主义之马克斯主义化时说:'合作主义基础于个人意志之创造的伟大价值上。他承认英雄与历史中的英雄的力量'。他说的很恰当,是的!在所有成就了的合作事业的起源,都曾有过他们的英雄主义"。"我可以说道图门慈教授的生活中,也有一种英雄的丰采,他曾经过许多的尝试、放逐、疾病,他却永远是平静的继续着他的使徒的工作"。①

作序者同样热衷于合作运动的理论研究,对此书及其作者,无论理论、实践还是人品,赞赏有加。看来作者是位法国教授而着眼于世界合作运动,在国际合作界的理论和实际中享有很高声誉。此前已经讨论过多部合作主义或协力主义方面的著作和译作,包括鼎鼎大名的法国学者夏尔·季德。这些著译作谈论合作主义,不论出于国外学者之手,或由国人自行编撰,虽然常常与社会主义保持一定的距离,或对社会主义持批评态度,但总体看来,在国内舆论界,更多被当作社会主义潮流或传播马克思经济学说的同道者,起到相互提携和促进的作用。然而这个序言特别提示读者,这本有关世界合作运动的代表作,不仅强调合作运动具有不同于马克思主义运动的特质,而且反对合作主义的马克思主义化。这样分道扬镳,明确把合作运动与马克思主义运动、合作主义与马克思主义对立起来,也是考察马克思主义经济学传播于中国的环境背景时,值得注意的一种倾向。

这本书230页,11章分别是合作之起源,合作运动之先驱者与其理论的先进者,合作之定义、分类与其术语,合作之原则,合作与其他社会运动之差异,合作之理论,合作之内部的组织,合作的法制,合作发达之略史,各国合作运动之现状,合作运动之经济与道德的结果。这些章节里,涉及马克思主义的论述主要见于以下几章。

一是第4章"合作之原则"。里面谈到英国合作运动中很有影响的一派是基督教社会主义派,"以基督教为合作运动的基础,以基督教主义为真的社会主义,并认基督教与合作主义的两种教义是可以合致的";反对暴动,以此威胁社会主义者,也反对滥用威权与教权,"以为社会改良合作运动是一种必然的事实";"不信仰革命,也不相信对于环境的一种完全机械的改造";"许多社会主义其所表现形式,不过是基督教的教义之变相",区别于"新的革命主义的社会主义,与阶级的社会主义,如拉萨来与马克斯的社会主义";"实在,我们可以说社会基督教徒们是合作主义者。他们以为社会秩序之改造可以不用暴行,他们主张减轻阶级争斗,

———————————
① 道图门慈著,卫惠林译《世界合作运动》,上海民智书局1929年版,"序"。

并劝告利益的分担";社会基督教徒对合作运动影响最大的时代,在 1850 年至 1890 年间。[1]

这番论述,应当就是序言里所说的作者注意合作的道德与宗教性质。也就是说,合作主义接受基督教社会主义,或者说二者可以合为一体。同时具有另一个涵义,合作主义排斥马克思的(包括拉萨尔的)革命的、暴力的、阶级或阶级斗争的社会主义,主张通过合作运动对社会环境和秩序实行改良或非机械式的改造。这是在改造社会的方式上,把马克思主义放在对立面,也是以往谈论合作主义的著述中,强调与马克思主义存在分歧的经常见到的理由。

二是第 5 章"合作与其他社会运动之差异",这也是涉及马克思派社会主义较为集中的一章。里面说:有两方面人物,同合作运动的先进者与建设者属于完全相反的政治倾向与精神倾向,此即社会主义及无政府主义的原则与合作原则的差异。讲到社会主义,应当先注意其各派给社会主义概念所作的解释。"社会主义中有很多的派别。其占优势的一派即所谓科学的社会主义,或马克斯主义。另一派是所谓空想派社会主义,此派比较尚未民众化"。法国还有圣西门派与博立叶派的党徒。许多国家的都市工业区域盛行都市社会主义。有些社会主义者主张土地国有,但他们中间的一大部分以亨利·乔治为领袖,否认自己是社会主义者。另有所谓"国家"社会主义者,"一方面纠合了多数所谓科学的社会主义之代表者,另一方面纠合了资产阶级的经济科学的代表者";前者的领袖瓦格纳,曾用所有的方法攻击德国社会民主党。法国、意大利、德国的大部分社会主义者,事实上是国家社会主义者。他们中间有些人自称是马克思主义者、立宪主义者、改良主义者,其实都是国家社会主义者。这次欧洲大战更明显地证明了这一点,社会主义者受到同样的压迫时,在某些性质的事业上已与国家合作了。他们是各种国家化与社会化的事业,即国家的社会主义的主要实现者。

现在占优势的一派社会主义者,以为除了资产阶级国家之外,至少社会主义国家是民众的保护者。在此不讲"俄国的无产阶级独裁政治"。这个政治"由人民举出的代表包揽政权,极力的实行其改革";"总之不问由选举之平和的胜利与暴力的革命,在马克斯主义以为,国家无论何时是对社会改革的最好的机关"。"反乎马克斯主义的这种信念,合作主义者不承认国家是社会改造的机关。在合作运动

---

[1] 道图门慈著,卫惠林译《世界合作运动》,上海民智书局 1929 年版,第 50—53 页。

中，社会改革与其再建，是赖乎社会进步中的枢要分子之个人的努力"。并且反乎国家社会主义者，合作主义自下而上地实行社会改造。同样，合作不以建设政府为最重要的计划，或依靠立法与命令，合作的概念是更民主的。"合作运动或合作主义注重人格，至马克斯主义则蔑视人格。马克斯社会主义之各派以为，一切都是环境与经济条件之反映，个人只是第二者，只是历史的运命之玩物"。合作主义则基础于完全相反的信念，相信在历史中个人的意志的创造力，相信历史上英雄的努力，个人的努力在社会组织形式的改造上非常重要。合作要求个人有种种义务，由此形成道德的性质。许多合作的著作，陈述合作主义者的重要条件，很广泛地特别注解道德与宗教的要求，宗教的意义。因此"合作主义与马克斯社会主义中间有很大的异点"。合作社中的个人应当遵守道德与平和的原则，明显因为合作主义不认为斗争是进步的原动力。合作制度也支持生活的斗争，合作运动也要求宣传与行动上的斗争，但"不是如马克斯主义者所说的至上原则的阶级争斗"。反之，合作社中，劳动者、农人、资产阶级同样可以参加，无论何人，只要他愿意便可以加入消费与信用合作社。合作社不存在别种组织里边的阶级斗争，可以说合作运动有劳动者、农民与资产阶级之间一种有利的协力。这些阶级在另一种生活中从事斗争，在合作社中几乎完全没有敌对的观念，"属资产阶级的人们是超越其阶级的利己观念而来参与于合作社"。合作运动实行一种具有强大的生活创造力的淘汰作用，农民与工人互相接近，智识与产业互相运用，在一个农民的消费合作社里，工人与资产阶级亦因消费者的同一利害关系而联合起来。

以上是合作主义与社会主义的异点，两者之间也有共同的地方。合作主义与社会主义、无政府主义及其他社会与宗教的流派一致的地方，他们一样地希望再造一个更合理的社会。合作主义者不同意无政府主义的实际运动，以为社会不会有一种突然的变化，就像地震后再造一个城市一样。他们不相信人类会有一种急剧的变化，主张实行平民的教育与组织，同时积极地改革经济制度。"合作主义者只满足于社会之渐次的改造。用资本主义及私人营利竞争的方法，他们以为这是占优胜的最良方法。这是为达到其目的地之最确实的一条路，他大概不至于比所预想的更长了。合作不是一种外部的形式。他不是一件衣服可以更换，可以脱弃。只是对社会制度与习惯的一种急进的改良，同时即是经济构造的变化"。

考察合作与社会主义的关系：德国社会民主党的大多数党员认为合作是一种绝对独立的运动，加入合作社，不侵犯其政治的中立。这些社会主义者不以他们的政治主张输入合作运动。有些国家的社会主义者则相反，特别视合作为阶级斗争与政治斗争的机关，否认其自治的性质。这种情形发现在比利时，把合作的方法适用于政治斗争，因此在比利时引起了合作运动的分裂。法国有些社会主义者把合作同化于社会主义，但没有被法国的合作主义者所唱和。讲述合作与无政府主义的差异与近似之点：无政府主义者都对合作表示同情，他们承认合作极为重要，主张进化的主要元素是互助而不是竞争，否认国家是社会改良的机关，否认政府及其存在的理由。合作主义者不如无政府主义者这样彻底，承认国家在某些方面是有用的，接近于无政府主义在全世界各地组织分散的社团，然后把它们联合起来。考察合作与国家中心和市区公立事业之间的关系：合作主义者对其他的社会改造系统并不仇视。合作与国家中心主义之间没有什么冲突，虽然走的方向不同。"合作的本身是社会化的，但没有暴力，也不愿什么代价"；而公立的与政府的事业很浪费，很容易官僚化。在俄罗斯，由于特殊的社会生活条件的影响，"合作社有时亦将公共教育包括于其活动内，虽然有时这些公共教育事业也属于政府或市区的管辖"。至于农业合作社与土地国家化的关联：德国马克思主义正宗派的意见，"乡村与都市的小工业必然需受大工业的淘汰。据《共产党宣言》，大工业渐次吞并小工业一直至资本家之数减少至其易于支配的程度，同时使无产阶级可以实现其社会主义制度的程度为止"；结论是乡村的小规模产业不能由其本身来满足，因而合作没有什么重要意义。美国人亨利·乔治提出土地国有的理论，并未得到德国马克思主义者的欢迎，虽然在德国也有亨利·乔治派的土地改良宣传团队。考察农业方面的合作运动：马克思主义正统派的代表考茨基（原译"高兹基"）不承认合作的重要，同派的伯恩施坦（原译"白因斯坦"）等人则承认合作有相当的重要性并在理论上有异同。大部分合作主义者的观念是道德的与理想的，而大部分社会主义者与无政府主义者的观念是"经济的唯物主义"，合作主义者中的理想主义观念，不如经济的唯物主义者之急于要求实际。[1]

　　这一章谈论合作主义与马克思主义的对立，不止表现为改造社会方式的不同，而且表现为理论与实践的全面对立。这里并不否认社会主义与合作主义之间的关联，同时说明社会主义的派别很多，各派对社会主义的解释从而对合作主义的态度是不一样的，其中占优势的科学社会主义一派即马克思主义，站在同合作主义截然

---

[1]　以上引文均见道图门慈著，卫惠林译《世界合作运动》，上海民智书局1929年版，第66—75、79页。

相反的立场上。关于这种立场上的全面对抗性质，本章从维护合作主义的角度出发，着重指出几个方面。在此之前，还举出两个例证，可见时代的变化对马克思主义的传承具有极大的影响。一个例证是欧洲大战期间，包括德国社会民主党在内的大多数社会主义者都站在国家的立场上，变成国家社会主义。这是指第二国际和欧洲大多数社会党违背"非战"决议，帮助本国政府从事国际战争，在马克思主义派别中产生机会主义倾向。另一个例证是俄国十月革命后，实行无产阶级专政，自上而下推行社会革命。这是以苏俄为特例，显示马克思主义派别的新的发展倾向。两个例证，一正一反，都是为了证明马克思主义派别对国家权力的倚重。接着重点列举合作主义与马克思主义的相异之处：前者依靠个人努力，自下而上进行社会改造，无意建设政府，不靠立法与命令，因此更民主，后者依靠国家，一切均与前者相反；前者注重人格，相信道德与宗教的作用，后者蔑视人格，强调环境与经济条件对个人的影响；前者以道德与和平为原则，没有敌对观念，具有生活创造力，包括资产阶级亦能超越其阶级的利己观念而参与合作社，并与工人形成共同的消费利害关系，后者以阶级斗争为至上原则；在建设合理社会的方式上，前者不同意突然和急剧的变化，主张渐次改造，并采用资本主义的私人营利竞争方式，在改良社会制度与习惯的同时改变其经济构造，后者缺乏理想主义，在经济的唯物主义支配下，急于付诸实际；等等。据此，宣称合作主义是占优胜的最好方法，是达到目的最确定的一条捷径。另外，论述合作主义与社会主义及其他社会运动的关系，也把主要矛头对准马克思主义。诸如社会主义各派，有的承认合作运动的绝对独立性或政治中立，有的否认合作运动的自治性质而将其作为阶级斗争的机构，有的企图将合作运动同化于社会主义，总的看来，最敌视合作主义的是马克思主义的正宗派或正统派。至于其他非社会主义派，据说都与合作主义有一定的相容性。如无政府主义主张互助，否定国家及同情合作主义，惟合作主义不必如无政府主义那么彻底；又如所谓国家中心和社区公立事业即现行国家与政府的社会政策，合作主义亦不仇视，与之无冲突，但二者的方向不同，且合作主义可避免其浪费与官僚化；等等。总之，不论理论上、实践上，还是相互关系上，马克思主义都被合作主义者或合作运动视作最主要的对头，几致水火不相容。这是本章清晰表达出来的意思，也是以往有关合作主义或合作运动的著作中，很少如此全面而强烈地倾泄出来的敌对情绪。

三是第6章"合作之理论"，以若干合作主义理论家的观点为例，证实上一章所说的合作主义与马克思主义的差异。其中提到德国最重要的合作理论家"斯徒丁该"（Franz Standinges）教授，被称作"德国最大的关于消费合作的理论家"或"德国消费合作之理论家中的最伟大者"，对德国合作运动的进步有很大影响。据说他首先尝试康德与马克思主义的关连，接着研究马克思与合作，马克思主义与合作主义，逐渐变成德国消费合作社中央联盟所公认的理论家。他通过订正马克思的阶级斗争理论，构成消费合作社的理论。其明确的见解：因为产业界的托拉斯组织所造成的特权条件，资本家形成连带关系，劳动者亦因其利害关系，二者共同提高生产品的价格，于是不断减少了劳动者反对资本家的阶级斗争；旧的阶级斗争现在变为生产者与消费者之间的斗争，工人生产者与农民生产者在利己主义上丝毫不让于资本家，他们也在尽力使其生产品和劳动力卖到可能最高的价格；劳动阶级现在只是谋求工资的增高，已经不是社会主义了；生产者自己也属于消费者阶级，而消费合作社不代表阶级的组织，也不与资本主义经营开展阶级斗争，只是与私人经营的斗争完全一样地进行自由竞争的斗争，在消费合作社中，劳动者自己变为经营家。此教授部分赞同马克思的"过剩价值"理论，不过产生一种"有兴味的变化"。"卡尔马克斯并没有彻底的去阐明他的价值为劳动之结果，除了在售卖的时候，不能实现于资本主义制度中的理论。马克斯始终束缚于确定营业家与劳动者之关系之资本主义的性质的理论中。他不只发见了恶的根源，并且发见了救治的出发点，同时评定了生产与消费关系的重要"。此教授与马克思差不多，不知道去考察第一个生产者与最后一个消费者之间的间接的商人，商人的钱袋里保留的一大部分价值，是劳动者用来购买而非生产的价值。价值的实现属于购买者，不是劳动者的事情。购买者的极大购买力给了资本家以实在价值与剩余价值，购买者再把这些价值分配给各个资本家；有多数购买者的商人可以致富，没有多数购买者的商品则穷困或破产；购买者分配劳动者到各个工厂，因为资本必须视消费者的流通情况，决定雇佣或开除工人。劳动者对消费者几乎没有什么影响，也不能有什么影响，因为劳动者只能生产别人所需求的物品。假使资本主义的营利依赖于从消费者那里取得的利益，则废除资本主义制度的最重要工作，是建立消费合作社组织，通过共同购买的消费，可以从资本手中收回相当的剩余价值。此教授认为消费合作社是关系全人类的社会改造的最重要最扩大的方法，同时认为把消费合作社说成一种社会主义组织是不合理的，这是对马克思主义的一种误解，因为合作社一切经营中的价值都是由全体民众创造出来的。

接着提到德国另一位"庙拉"教授，据说他第一个主张消费合作社的利益不是资本主义的性质，不应加以诽谤。他"正确"地对照马克思的阶级斗争原则，说明合作的合理性与合作的政治中立之必要，"勇敢"地批评阶级斗争学说，指摘阶级的见解对合作运动的恶劣影响。他说，"合作不应当像一种纯粹唯物主义的概念一样"，束缚它的目的、经济计划与利己主义的礼拜；合作不完全是经济与物质的问题，也是关于人类组织的大计划与教育的计划问题。他深信，"假使我们单抱持着唯物主义的观点，至少在合作运动上要失败的"。可惜的是，他"没有彻底的保持其反唯物主义与反马克斯主义的主张"。此外还有美国人"苏尼凯孙"（Son-nicksen）的理论，其根本思想，"主张合作在其特质上是反乎社会主义或马克斯主义的"；"社会主义与马克斯主义都是国家主义的"，而合作稍接近于无政府主义，它是联合主义的，反官僚主义的，"无政府主义者即巴枯宁也较马克斯更接近于合作的精神"。①

以上两位德国教授加上一位美国人，他们谈论合作主义，都同马克思主义划清界线，似乎划分得越彻底，越能开创或坚持合作主义，反之，则不是真正的合作主义。说到他们的理论，其实上一章都接触过，不过具体到每一个人，说法各有不同而已。那位在德国消费合作界享有盛誉的教授，名义上说是订正或部分赞同马克思的理论，事实上从根本上颠覆了这些理论。比如对马克思的阶级斗争理论，他认为时代变了，随着托拉斯等产业垄断组织的出现，不仅资本家之间形成连带关系，劳动者与资本家之间也有了相同的利害关系，意在共同提高生产品的价格；结果旧的劳动者反对资本家的阶级斗争不断减弱，转变为生产者与消费者之间的新的斗争，而后一斗争已经与社会主义无关，不是同资本主义展开斗争，是在不代表阶级组织的消费合作社中，完全像私人经营一样进行自由竞争，让劳动者成为经营者。如此说法，显然不只是订正，而是完全推翻了马克思的阶级斗争理论。又如对马克思的剩余价值理论，更是肆意删改。据说马克思没有彻底阐明，作为劳动成果的价值（包含剩余价值）在资本主义制度中不能通过出卖而完全实现的理论，这是因为被企业家与劳动者之间关系的资本主义性质这个理论束缚了；这样虽然可以发现剩余价值是罪恶的根源和救治的出发点，但没有注意到价值的一大部分保留在最初的生产者与最终的消费者之间的商人手里，所以也就不明白价值的实现靠的是购买者而非生产价值的劳动者。因此，只有撇开劳动者与资本家之间的关系，重视购买者即

---

① 以上引文均见道图门慈著，卫惠林译《世界合作运动》，上海民智书局1929年版，第101—112、136页。

消费者在价值和剩余价值的实现与分配方面的决定性影响，才能看清资本主义的营利依赖于消费者的购买力；于是，废除资本主义制度并进行社会改造的最重要最普遍的办法，是组织消费合作社，由消费者而不是通过商人中介来直接和共同购买，便可以把剩余价值从资本手中收回来；消费合作社面对的是生产者与消费者的关系，不是劳动者与资本家的关系，靠全体民众来创造经营的价值，所以不能像马克思主义者所误解的那样，把它说成社会主义的组织。这样来解释剩余价值，从生产领域转入消费领域，从劳动者与资本家的关系转入生产者（包括劳动者和资本家在内）与消费者的关系，剩余价值的来源也就消失了，变成了消费者如何通过自己的联合购买来实现、分配和"收回"剩余价值的问题。看到这里，所谓部分赞同的马克思的剩余价值理论，被完全阉割了。

另一位德国教授，他的理论不如前一位德国教授那么有系统，但据说"正确"的地方，一是"勇敢"地批评马克思的阶级斗争原则，指出这个原则对于合作运动的恶劣影响，首先否定消费合作社具有资本主义性质，强调合作的合理性及其政治中立的必要性；二是认为马克思的唯物史观属于"纯粹唯物主义的概念"，束缚合作的发展，使之陷于经济与物质问题而忽略人类的组织计划与教育问题，并断言抱着单纯的唯物主义观点，在合作运动上是要失败的。即便如此，此书作者仍认为该教授反对唯物主义和马克思主义的主张不够彻底。看来比较彻底的是那位美国人的理论，他的根本思想是在合作的本质特征上，判断为反社会主义或反马克思主义的，因为社会主义与马克思主义都属于国家主义，合作则是联合主义与反官僚主义的；因此认为比起马克思，无政府主义者巴枯宁更接近于合作的精神。可见作者论述合作理论的主旨之一，就是比较哪一位合作理论家在切断与马克思主义的关系上，更为彻底。不过这些论述涉及一些较为陌生的人物与理论，加之翻译上的隔膜和障碍，让人有时弄不清说的究竟是什么意思，需要做一些特别的梳理。

四是第 10 章"各国合作运动之现状"，提及俄罗斯的合作运动。前面说到苏俄特殊的无产阶级专政条件，已经提示这与合作运动格格不入。这里又说，俄罗斯的合作运动从数字上看，曾经实占世界合作运动的第一位，不能说不发达。但近年来由于内战与"共产党的新政"，"实使合作运动衰微了许多"①。对合作运动来说，苏俄国内战争可视为客观因素，共产党新政则属于主观因素，与马克思的阶级

---

① 道图门慈著，卫惠林译《世界合作运动》，上海民智书局 1929 年版，第 209 页。

斗争和无产阶级专政理论直接相关。所以，苏俄合作运动现状的衰微实例，实际上也是用来证明前面从理论上否定马克思主义的批评态度。

综上所述，《世界合作运动》译本在某种程度上，试图改变国人对合作运动或合作主义与马克思主义之间关系的看法。过去有关的著译作，谈论合作运动或合作主义，即使同马克思学说有不少分歧或冲突，但往往被看作与社会主义潮流相伴随的另一社会改造潮流，仍有助于马克思主义经济学在中国的传播。现在这个译本，则将马克思主义视为合作主义的主要对立面，视为导致合作运动失败的重要原因，又因为马克思主义在社会主义运动中占有优势地位，故最后的结论竟以反社会主义和反马克思主义作为合作的本质特征。根据这个结论，合作运动或合作主义不仅不能作为马克思主义经济学传播的动力，反而成为这一传播的一大阻力。

本节有关合作论题的几本书，很能说明当时国内经济学界的一些风向变化动态。本来合作思潮的流行，作为一个舶来品，既是针对西方资本制度存在诸多弊端而在民间希图有所救治的改良产物，也是鉴于我国危难重重而尝试在保守现状和激进改革之间另选第三条道路的属意方式，因而在矫正社会缺陷的一定程度上，曾经与社会主义思潮乃至马克思学说形成可以携手同进的某种共识。然而随着合作事业在我国的推动被归结为一段失败的历史，以致引起国人对现行社会制度下合作主义或合作运动或合作社事业能否有效的质疑，那种共识便迅速而彻底地破裂了。此时在维护或至少不能触动现行社会制度的前提下，国人自撰的合作类著作纷纷与马克思经济学说和苏联政治制度划清界线，一些舶来的译本更是兴风作浪，处处与马克思主义对立，视为合作主义或合作运动的最大障碍。这种转向，把国内合作思潮的主要对头引向马克思主义，可以看作有人在为合作运动的接连失败寻找托辞，换个角度，也可以看作马克思主义经济学的传播在这个时期更有成效的反弹结果。当然，试图在现行制度下通过合作来改善民生甚而除旧布新的改良思潮，从一开始就同旨在推翻现行制度的马克思主义经济学存在根本分歧，然而把这种分歧推到势不两立的极端，终究是与现存社会经济制度受到挑战的现实威胁程度密切相关。

## 第二节　关于理论经济学的各种著作

此节的理论经济学著作以正统经济学为主，但不尽一致，大体划为引进译本与国人自撰两类，分别予以评介。

## 一、关于经济学原理与方法的若干译本

列举五个译本，四本译自英文原著，一本译自日文原著。原著均属正统经济学范畴，译者的翻译则各有其意图。

### （一）《资本的集中》译本

英国 C. M. Colman（今译科尔曼）著，曾豫生译，上海远东图书公司 1929 年 2 月 20 日初版。作者不详，译者前面曾考察他与刘穆合译的《现代欧洲经济问题》。《资本的集中》为一本小册子，含"资本的联合运动的现状""资本联合运动的发生""联合和社会的关系""政策问题"4 节，论述资本主义垄断资本的形成和发展。译者在序言中说：

本书原名 *Capitalist Combines*，直译应为"资本主义的联合"。这里 Capitalist 的意思是 Capitalism。Capitalist Sociaty 只能译为资本主义的社会而决不能译为资本家的社会便是例证。"不过，在中文里以抽象的名词为主体是不惯用的，所以我不用它。在动的方面，资本主义是资本家的集合体，资本主义的联合，就是资本家的联合，所以本书的原名应为资本家的联合。因为'资本家的联合'容易和雇主联合相混，所以也不采用而改称为'资本的集中'"。"资本的集中可以从两方面解释：（一）所有权的集中；（二）管理权的集中。在不平等的联合里，资本的所有权和管理权都集中，而在平等的联合里，则只有管理权集中，所有权则未必集中。在后一方面，至少我们还可以说：专就资本的管理而论，'资本主义的联合'和'资本的集中'还是完全合致的。这便是我采用它的理由"。①

引用这个序言，除了解有关译名的解释外，借此说明，关于资本主义社会垄断资本的形成与发展，作为明显和普遍的现象，已为经济学界所公认并纷纷将此列为研究的对象。不过，从研究的目的和方法看，站在不同或对立的立场上，其论证和结论又完全不同。前面考察一些专论帝国主义的著作，突出的是马克思主义派，从垄断资本主义的基本特征出发，揭示帝国主义的本质及其表现形式，尤以列宁的帝国主义论为代表。现在这个译本，也以垄断资本为研究对象，关注的则是资本集中或联合的具体形式，诸如所有权的集中还是管理权的集中，采取不平等的联合还是平等的联合之类。这同列宁学说从垄断资本主义的特征中，推演帝国主义是资本主

---

① C. M. Colman 著，曾豫生译《资本的集中》，上海远东图书公司 1929 年版，"译者序"。

义的最高阶段，从而发展马克思主义政治经济学和无产阶级革命理论，有着根本的区别。西方经济学家讨论资本主义向垄断阶段过渡的现象，并非否定以垄断资本为其标志的帝国主义国家的资本主义性质，不过是加以描述、解释、维护或限制而已。由此也说明，国内马克思主义经济学的传播，不仅要面对不同理论学说的挑战，还要面对近似经济现象解释背后不同立场意向的交错，需要加以鉴别和澄清。

### （二）《没落期的资本主义》译本

英国柯尔曼著，绍明①译，启智书局 1929 年 12 月初版，88 页。此著者即前书著者科尔曼（C. M. Colman），此译本亦即前书另一个中译本。它包括"现代资本联合运动""资本联合运动的发长""资本联合运动与社会的关系""政策问题"四章，另附参考书目，也与前书的目录译文大致相同。由于前面《资本的集中》译本只引用译者序言，未见具体内容，故考察此译本，正好是一个补充。单看其目录，应以"资本联合运动"为重点，这与书名所谓"没落期"的资本主义有何关联，未见著者或译者的说明，只能从译本内容中去体味。

书中首先提出："不论是在生产，贸易，运输方面，或是在财政方面，要打算找出任何一个未为资本联合运动所影响的经济体系的部门来，在当下恐怕是很难的了"。联合运动的发展非常迅速，"使得许多经济信条（即使是二十五年以前的）到现在都成了过时的东西"。对于眼前较新的发展，"大家的意见还是很混淆的，从极端的赞扬到极端的排斥"。一些大工业家、银行家、政府委员，"称道资本联合是解决经济问题的要途，不仅对于大不列颠是如此，对于欧洲和全世界也是如此"；其他人"对于自由竞争衰弱后的遭遇就都怀着忧虑"。持家主妇恐惧资本联合在牛奶、杂货、肉食和器具上的挟制。工资劳动者知道资本联合的"经济"会使他失业，资本联合的力量会减低他的工资或削弱他的工会。"这种意见的纷歧，大致因为资本联合运动兼有好坏两面，而一般人最容易有完全好或完全坏的意见，于是遂不免于错误"。"我们应当尽力去搜取事实，并且限定在事实的基础上来寻求结论和决定策略"。"联合（Combination or Combine）"一词在这里是一种广义用法：凡在生产或买卖过程中，为了共同利益，几个公司或几家行号牺牲某种程度的

---

① 绍明即董绍明（1899—1969），后改名秋斯，河北静海（今属天津）人；1926 年毕业于燕京大学哲学系，同年底参加北伐战争，在 11 军政治部工作；1930 年参加左联和社联，主编《国际》月刊，任广州协和大学教师，1945 年参与组织中国民主促进会，任中央理事兼宣传部长、《民主》周刊编委，1946 年加入中国共产党；新中国成立后历任出版总署编译局编审处长，人民出版社编译室主任，中国社科院外文所编审，《翻译》月刊主编，《世界文学》副主编，上海翻译工作者协会主席等。

独立性，都可以涵盖在联合这个名词下面。"联合这一个名词可以包括各资本家间一切这一类的合作，从最随便的'协议'（Agreement）到完全的'并合'（Amalgamation）"。这个总类里，必须分别所谓"会社"（Association）和"托拉斯"（Trust）两种主要形式。①

这是第一章的开头部分，接着详细考察资本联合的各种具体形式。由此看到，所谓现代资本联合运动，实以英国为例，指资本主义社会从传统自由竞争形态转变为垄断形态的基本发展趋势，以及资本在这个转变过程中所表现出来的从简单到复杂、从随意到完全、从初步到彻底的各种联合形式；其主要特征，即不同的私人企业在生产和流通过程中为了谋取共同利益，在一定程度上牺牲各自的独立性而联合起来。对于这种现象，存在截然不同的两种反应，一种站在资本家和政府官员的立场上，称颂资本联合是解决现存经济问题的主要途径；另一种站在普通民众和雇佣工人的立场上，恐惧它操纵生活必需品的价格，忧虑它减员增效将导致工人失业、降低工资或削弱谈判能力。书中承认不同的反应来自资本联合运动本身存在好坏两方面因素，试图在取证事实的基础上，排除完全好与完全坏两个极端的错误意见，得出适当的结论和对策。这应当就是本书的宗旨。

第二章提到：了解资本联合的发展，必须了解过去 150 年经济史的变迁，"真正的原因就伏在这些变迁中间"。"联合发展的背后有两种实在的目的，都在于求大商业的发长。第一个目的是藉着竞争的免除以增加利润；第二个目的是藉着大规模的工做以获得较大的效能而增加利润。赞助联合的人当然注重第二个目的，至少是站在大众方面；而反对的人则注重第一个"。在某几种情形下，求得较大效能是唯一目的。另外只关心较高的价格，"就一般的情形看来，这大概是真的，联合的主要目的是在于除掉竞争以增加利润"。关于后面一点，工商委员会曾经加以有趣味的叙述。②

本章继前章提出资本联合运动有好坏两方面因素后，进一步解说，这与资本联合的背后，为追求大商业发展而连带的两个实在目的相关。一个目的是通过避免竞争来增加利润，另一个目的是通过大规模经营以取得更大效益来增加利润；对此，据说反对者关注的是前一个目的，赞成者关注的是后一个目的，而且据说后者代表了大众利益。按照这个说法，资本联合的前一个目的，代表坏的方面，后一个目

---

① 柯尔曼著，绍明译《没落期的资本主义》，启智书局 1929 年版，第 1—2 页。
② 柯尔曼著，绍明译《没落期的资本主义》，启智书局 1929 年版，第 19—20 页。

的，代表好的方面。这个分类，其实很勉强。所以接着又说，在资本联合方面，以追求更大效益为唯一目的，并非普遍现象，只存在于某几种情况；就一般情况看，大概真实的是关心更高的价格，主要目的在于消除竞争后，借助垄断价格来增加利润。依此而论，著者的判断保持了一定的客观性。

第三章的要点："关于联合发展的理由，必得多从资本家的观点上来研究。现代工商业的主动力是私人的利润，而现代经济伟大变化的起因，也多是为了个人的利益"。为什么资本家会转入合作活动？"因为竞争的增剧，除非相竞争的行号同意共同的活动，结果大商业的利润就会降低"；"因为现代的经济制度仿佛是有点太复杂了，孤立的行号难以做有效的活动，倘若藉着联合来联结业务，更可以得到较大的利润"。"利润既是联合背后的主动力，所以考究联合的发展的时候，必得采取资本家的观点，这些资本家的目的就是要把现代工商业的趋势转向于自己有利的方面"。联合运动有利有害，所以或全部赞扬或全部排斥。有人说，倘若完全放任私人的企业和谋利动机，一定有益于社会经济利益，"这是很难令人同意的"："太多的时候，私人的利益是从社会上剥削来的"；另有许多时候，"因为生产需要的物品不能有什么利润，于是社会上感受缺乏"。又有人说，不能同意私人利润必须由社会剥削而来，"有许多时候，私人谋利益的动机反促进了社会真正价值的发展"。所以要"统筹资本主义企业最近发展的利害"。

"资本联合之社会的利益"：其出发点是自由竞争并非单纯的福利，那些惋惜对竞争的限制，以为夺去了消费者防止不正当利益和不良好效果的保障的人，"常忘记了与竞争同来的许多罪恶"。如相互敌对的各行号竞争于有限市场，弄成"生产过剩"的状况，在收回公道利润或偿还生产费用的价格上，生产力超过了消费者的购买力；货物的供给对于货物的需求缺乏调剂，一定惹起商业界常见的现象：畅销期和乐观期，相互不了解的各独立行号因价格高涨而增加产额，随即暴跌期和悲观期，因市场充溢弄成生产过剩，附带失业和减低工资的罪过。因此，"与剧烈竞争同来的也不常是较大的效能，如赞成者所争持的那样，反而常是效能的实减和货色的降低"。一个联合管有一定工业的大部分产额，可以防止凶残竞争，切合需求来调剂供给，免除生产过剩及随之而来的祸害，"就是说工商业弄得较为稳定"。如果它肯从事货色的改良，"从社会的观点上看来，这也是有利的"；而减价竞争，浪费原料，于社会毫无益处。"联合运动可以说是依着两个方面对于社会有所贡献：一是竞争的浪费因它而得到相当的减除，一是生产和贸易的体系因它而得到较有秩序的发展"。

"资本联合之社会的危险"：发展资本联合，引起震动社会的危险，"大部分在于联合能否在一定的商业部门中取得独占的地位"。"绝对的独占"由一个或数个行号来统理一种货物的全部产额，这种货物又没有适当的代替物，"这种情形即使有也是非常少的"。这里说的独占，指统理总产额的大部分，获得联合定价的威权，达到规定的价格，货物售出，取得有效的市场控制。"创立独占以免除竞争，因而增加利润，这是联合的主要目的"。旧日的竞争者借着会社或合并的办法创立起来的独占，"乃是最普通的一种独占，最大的恐慌也就从这种独占中间生出来"。大多数独占的大商号，通过联合建立它们的统治，采取定价协议或真正合并的形式。联合的危险不限于有会社和托拉斯的工商业，也不限于一般经济业务："这种危险实在传布得更为宽广，越过了工业界，而接触到社会生活的各方面"。新闻纸联合和银行联合两类，影响非常普遍，危险也格外重大，"这种势力平常是看不出来的"。资本主义联合的政治势力发展，是"一个不可避免的危险"：经济与政治联结得非常密切，国家政策（国内国外）必须时常顾到社会的经济生活，"这种经济力一定要在广大的政治势力上表现它自己"。联合迅速地控制我们的经济生活，断不能忽略政治上的问题。①

本章所述是全书的重点，也是延续前两章思路的进一步分析。这里说的必须多从资本家的角度来研究资本联合发展的理由，不是单纯为资本家的行为辩护，而是说应从资本家的利益动机中去寻找其谋求联合的原因：资本家追求私人利润，这也是推动现代工商业发展的主要动力和促使现代经济发生伟大变化的起因，但个体企业之间竞争的日益加剧，不断降低大商业经营的利润，迫使相互竞争的企业转向联手共同活动；现代经济制度的日趋复杂，又推动孤立的企业为了有效经营而联合起来以获得更大利润；所有这些都是通过资本联合，把现代工商业的趋势转向有利于资本家方面。以此为前提，书中对待资本联合运动，不同意或者全部排斥，如谓放任私人经营谋利并非一定有益于社会，更多是剥削社会并导致无利可图的必需品生产缺乏；或者全部赞成，如谓私人谋利动机并非一定是剥削社会，反而真正促进了社会发展；于是提出"统筹"考虑资本主义企业最近联合发展的利弊得失。先看资本联合所带来的社会利益：相对于自由竞争的弊端，如有限市场内的敌对竞争使

① 以上引文分别见柯尔曼著，绍明译《没落期的资本主义》，启智书局1929年版，第35—38、42—46、63—64、69页。

生产力超过消费力而导致生产过剩，缺乏供需调剂手段而造成从畅销到暴跌的周期性经济波动以及失业和减薪等现象，竞争的效益被此类情形中效益的丧失、质量的下降，以及低价竞争的浪费等抵销；与此相反，资本联合通过控制一定生产领域的大部分产品，按照需求调剂供给，既在相当程度上减除竞争的浪费等祸害，又使生产和贸易体系得到较为稳定或较有秩序的发展，这对社会是有利或有贡献的。再看资本联合所带来的社会危险：主要是取得联合定价或有效控制市场的独占地位，消除竞争以达到增加利润的主要目的；最普遍的独占是过去的竞争者通过各种办法联合起来以确立其统治，这也是引起最大恐慌的一种独占；这种危险不仅限于具有垄断性质的工商业和一般经济业务，还传布到社会生活的各方面，包括影响更普遍、危害更重大且隐匿于无形之中的新闻界联合和银行联合，这是资本联合的经济势力向政治势力发展的必然表现，其危险是借助国家政治力量来迅速控制社会经济生活。以上统筹分析，认识到资本联合运动是资本家阶级为缓解或救济自由竞争制度给社会造成的弊害，为谋得更大利益的动机所促成的必然趋势，不能完全否定，也不能完全肯定；肯定它在一定程度上以资本联合方式克服了资本相互敌对竞争的贻害，有利于社会经济体系的稳定秩序，否定它以独占或垄断方式取代竞争方式的主要目的仍是为了增加私人利润，凭此来统治市场并将经济势力与政治势力结合以全面控制人们的经济生活，这对社会是极大的危害。这些见识，看到了资本主义从自由竞争阶段向垄断阶段转变的某些时代特征和新的危险隐患，是有其价值的。

第四章的要点："从社会观点上讨论联合运动的利弊"，概括结论如下："联合的社会利益是与生产相关的"，免除竞争和建立大规模生产，"联合在经济业务中保持了相当程度的秩序"。反过来说，"联合运动的社会危险是与生产的财富在社会各阶级间的分配相关的"，联合运动凭藉较大的效能或独占势力的运用来增加利润，"牺牲了工人阶级的收入和职业，以扩大资产阶级的收入"。换个说法，"在现代的工业制度中，主要的收入是靠赖双方劳动力的买卖"；资本家业务的联合，增加了资本家的交易力，"常用来抵拒群众提高生活程度的要求，有时还用来降低当下的生活程度"，这不仅表现在工人和雇主间对工资、钟点和待遇问题的直接商订上，也表现在工业状况、关税、教育以及诸如此类的立法关系上。"联合对于生产和贸易确定不可移是有利益的，不过在当下，社会不但不曾得到这种利益，而且有遭到损害的危险"。

谈论与联合运动相关的政策，是一个极端困难的问题。现下存在许多不同派别的思想，这里只能讨论那些最有势力的派别。最普通的说法大概是，应当打破妨害个体发展的独占，恢复自由竞争。这种"打倒托拉斯"的主张，通行而且易做，"不过大体说来是立不住的"。资本联合与现代经济的发展一同而来；在大部分部门，"大商业对于现状下的效能是重要的"；大商业的发展加剧竞争，"结果至少要造成部分的独占"。制裁生产和贸易成规模的增加，"就等于想使经济的进步倒退"；允许这种发展，又想恢复或保持竞争，"那简直是要引起纷乱"；倘使这种办法成功，酿成经济战争，"工人要比联合感受更多的痛苦"。"现下的问题是为社会取得联合的利益而防免联合的危险；若要用个人主义的竞争来代替独占式的联合，这个目的就不会达到了"。相信恢复或保持竞争政策的人，以为联合对充分开发富源的秩序非常重要，应当允许联合的自由发展，但要政府最小限度的管辖，"这简直是一百年前的经济思想一种新形式的对立"。主张自由竞争的人当年相信工商业中的个人能力，不为自动联合或政府法令的管辖所限制，到现在还是这样相信；主张自由联合的人也相信必须放任私人营利，同时承认自动联合比自由竞争更有利于资本家。"这两种主张都已失了时效"。关于第一个主张，前边解释过；关于第二个主张，"因为对于现社会的罪恶很少办法，并且要把太多的权力放在不负责任的个人手上，实际上会创立一个国内之国，超然于民主宪法之上，成立一个'工业领袖'的政府"。"这两种形式都是属于放任主义的，都是相信放任利己心的价值的，现代社会倘要求任何进步，是必须把它们丢下的"。"放任主义，因它在世界各国一切工业史上所酿成的结果，失却了信仰，它会酿成无量的灾害，由技术堕落而抛弃高尚生活和社会价值，并使效能降低，浪费天然富源及其他财富"。

"比较合理的建议，是允许联合发展，但须加以国家的监视和统理"。主张这种政策的人，"相信资本主义（并其现代一切发展）可以成为经济组织最好的形式，但是要设法限制它与公众利益相反的活动"。另有人主张同样的政策，却有不同的观点，"以资本归社会公有公用为目的，相信资本联合是达到此种目的底末一阶段，第一因为联合的就是由社会取得效能较大的经济机器，第二因为资本在少数人手中的集中更容易转为公有"。统理的形式只应尝试防止有害的行为，例如不公道的竞争方法，或索取过度的价格。这种政策已为欧美各国所采用或试行，"但是都没有什么效果"。政府不能管理价格，可以用征税的办法，求得同样的结果，"从过剩利润上征税，用来从事社会事业以增进人民的幸福"；如大战时英国的征税，"不过所得的款项仅纳入他项用途，并未用于社会事业"。"进一步的管理办法是独占立法，在相当状况下由国家订立以谋公众的利益"。国家对独占的监视和管理，有许多显著例证，一些工业部门的资本家同雇员和消费者"一致主张采取同样的办法"。不过这种办法也发生相当的困难和危险。"虽然有一些开明的资本家会加以赞助，而反对的势力也是很大的"。倘若战胜阻挠，建立一个管理制度如大战时，仍"会有规避的危险"。假设这种制度是国家管理下的法定独占，"仿佛又成了国家与私人资本家的合股关系，资本家方面会成为先进的股东，在法律的庇护下面，运用环境来谋自己的利益"。假设管理真正有效，限制利润，减低效能，"于是从大众间夺去联合的利益，遂失掉它自身的目的了"。这种情形在管理私人企业的尝试中，当然是可能的，"它们的倾向是在削弱私人利润的动机，而未尝代以社会的义务"；况且"会有不经济的消耗和监察上的重费"等。

"管理的方法当然要适合每一种工作中的环境，大概没有一种方法能够施行于一切部门中"。假设某个特殊工业施行某种管理形式，"既能保护大众不受榨取，又不至限制联合的发长，或缩减联合的效能"，那是"所得能偿所失"。此外有价值的保障办法，是公布联合活动的报告。然而假设存在榨取行为，政府不能或不愿有什么举动，"公布对于消费者是没有什么用处的"；除非他们能够强行降低一时不用的货物的价格，但消费者的"杯葛"（联合抵制）是很难组织的。"在这种情形下，消费合作运动是一种比较有效的保障"。"但是这种办法除了与消费者的货物有关以外，再经过若干年，也不见得有什么别的用处"，它要伸展到重工业和财政界等，"中途是有很大的困难的"。况且社会必须向资本主义企业购买大部分原料，"消费者倘在这一阶段能够除掉独占，而在那一阶段就又要屈服了；社会变得越有成效，就越要感受敌对的资本主义的打击，不在这一阶段就在那一阶段"。独占不可能存在于一切工业，独占家也不能无限制推进价格，而且托拉斯有时会大到无从管理的地步，"这一切都可以为大众做相当的保障"。不过宽大的限制范围，"可以酿成很多的祸害"，同时国际联合的发展，迅速减少了自由贸易的价值。

说过了或做过了上述一切，"大概不能为消费者或工人找到一种真正适当的保障，可以抵得住联合的势力"，除非由国家拥有和使用资本，"这就是那些以联合为趋向社会主义的一个阶级的人们的意见"。这种步骤，大不列颠在诸如邮政局、水料供给几种公共事业中，已经采用，"都是具有独占的性质的，倘若交给私人来管理，那就太危险了"；外国在铁路等公共企业方面，做得更为深入。但是，"除了俄国，这种公共企业的范围，比起私有资本主义的范围来，仍然是很藐小的"。

"这是一个紧要问题"，面对资本联合的发展，"或早或晚必得加以决定：由国家来管理经济制度，或由经济制度的主人来管理国家——国民的经济生活以至政治生活和社会生活"。本问题的解答，或许在于"究否把资本的拥有权归于国家，或由国家来保障个人的私有财产"。①

本章论述，作为全书的结论，非常典型地反映了著者在斟酌应对资本联合运动的政策方面的犹疑不决态度。一方面，将前面分析资本联合之利弊的社会观点，凝练为更加明确的认识：资本联合有利社会之处，主要体现在生产方面避免竞争弊端和大规模生产来保持经济运行的稳定秩序；危害社会之处，则主要体现在分配方面牺牲工人阶级的利益来增加资产阶级的利润。尤其后面这个概括，清晰指出了危害的发生，表现在买卖劳动力过程中，资本家作为雇主，通过资本联合，增强了交易实力，能够在与工人进行有关经济待遇的直接谈判，以及在关系工人利益的立法方面，拒绝劳动者提高生活标准的要求，甚至降低他们的现有生活水平；由此也使得资本联合在生产和贸易方面确实具有的好处，不但不能为现实社会所享有，反而令其遭受损害。这个认识，把资本联合运动在现行社会里所造成的危害，放到比其有利于社会更为突出醒目的位置。另一方面，如何在国家政策上对应于资本联合运动，特别是怎样防范它服从于资本家阶级的赢利目的而以损害劳动者阶级的利益为代价的危险，感到十分棘手；为此罗列了各式各样的政策建议，逐一推敲，又逐一质疑或否定，结果左右为难，无所适从。例如：先列举两种类似的建议，一种反对资本联合而主张恢复自由竞争，理由是独占妨碍个人发展；评点此说站不住脚，因为资本联合是现代经济发展的产物，大规模经营效益的提高势必会造成一定的独占，试图压制这种规模效益，无异于让进步经济倒退。另一种允许发展资本联合，同时恢复或保持竞争；评点此说引起的纷乱，会让工人在经济竞争中比在资本联合中遭受更多的痛苦。总之，二者企图用个人主义的竞争代替独占的联合，无视放任利己心在各国工业史上酿成的恶果，失去了时效和人们的信任，也就不会为社会考虑获得联合的利益和防范联合的危害；尤其第二个建议，在新形势下企图复活减少政府干涉的传统自由放任观念，等于把权力交给那些不负责任的独占者，事实上造成凌驾于民主宪法之上而由工业领袖主导的政府。可见，在对策方面，著者否决或者说"丢下"任何具有自由放任色彩的建议，主张对资本联合有所制约。于是举

① 以上引文分别见柯尔曼著，绍明译《没落期的资本主义》，启智书局 1929 年版，第 70—72、75—77、80—84 页。

出允许资本联合发展，同时必须由国家监视和统理的"比较合理"建议。这个建议也分为两种，一种相信资本主义及其包括资本联合在内的现代发展，可以成为最好的经济组织形式，只须设法限制它违反公众利益的行为；另一种相信资本联合是实现资本归社会公共所有和使用这一目的的最后阶段，因为资本联合所造成的大规模经济机构能使社会获得更大的效益，而资本集中在少数人手里也更容易转为公有。对此二者，实则看重前者，后者不过虚晃一枪。然而如何实现前者所说的政府监督与统制，问题又来了：假如只用于防止独占企业不公正的竞争行为或过高的价格索取之类的有害行为，那么欧美各国已采用或尝试过这种政策，都没有什么效果；假如政府不能管理价格，代之以征收诸如超额利润税（Excess Profit Duty）之类的措施来谋求同样的效果，那么英国在战时也实行过，却未将征得的税款用于社会事业；假如国家通过立法来对独占实行监督管理以谋求公众利益，那么除了一些开明资本家赞同外，将遇到很大的反对阻力和困难；假如政府克服阻力建立了类似的管理制度如在大战期间，那么仍然有规避监管的风险；假如在国家管理下确立了法定的独占制度，那么又形成国家与私人资本家之间的合股关系，资本家会以进步股东的身份，在法律的庇护下利用国家条件来谋取自身利益；假如监管真正有效，限制了利润，降低了效益，那么等于夺去民众从资本联合的效益中所获得的好处，监管也失去了自身的目的，既削弱私人赢利动机，亦未让私人企业承担社会义务，还产生不经济的消耗和沉重的监管费用；假如某个工业领域实行某种管理方法，能够兼备保护大众而又不限制资本联合发展或缩减其效益，自然是所得大于所失，然而一旦发现资本联合在榨取大众，政府对此听之任之，那么政府监督对于消费者没有任何用处；假如消费者能够迫使某些货物降低价格，那么组织消费者的联合抵制是很困难的；假如消费合作运动是抵制高价消费品的比较有效保障，那么超出必需消费品之外，在其他经济领域没有什么用处，或者说存在很大困难，结果消费者在这里抵制了独占，在那里又不得不屈服于独占，而且随着资本联合变得越有成效，感受资本主义的敌对打击也就越强烈；假如独占在工业领域的普及、价格的提高和大规模管理的能力等方面受到各种因素的制约，客观上可以起到保障大众利益的作用，那么这种制约的范围之宽泛，足以让独占酿成很多祸害，况且资本联合发展到国际范围，垄断贸易很快吞噬了自由贸易的好处；诸如此类，莫衷一是。

这种政策选择上的举棋不定，看到了资本联合运动是资本主义发展的必然趋势，看到了运动中包含有利于社会和危害于社会两个方面，看到了纠正其危害不可能退回到放任个人追求利润的自由竞争时代，看到了危害的主要特征是独占资本家阶级加强了对劳动者阶级的剥夺，更看到了发展其社会效益和消除其社会危害二者并举的良好愿望在实施过程中困难重重，那么能否走出困境，其实最大的问题，是著者本人一直试图在现行资本主义制度范围内，以保护独占资本家阶级的利益为前提，设想通过国家的监督和统辖管理，约束独占者危害社会的一面，发展独占者有益社会的另一面。著者推崇此类政策建议比较合理，也愿意相信，只要限制那些侵犯公众利益的举动，资本联合就可以成为资本主义现代发展的最好经济组织形式。可是，从前面列举的诸多政策建议看，哪怕悄然将资本家阶级的对立面，由工人阶级改变为消费者群体，仍然找不到真正合理的有效政策。用著者自己的话说，所有说过的或做过的政策建议中，都不能为消费者或工人找到一种"真正适当的保障"，可以抵抗资本联合的势力。此说的真实涵义，让资本家国家为被支配者工人阶级找到一种可以真正对抗支配者垄断资本家阶级的适当保障，怪不得这样的保障想要落实到代表资本家阶级利益的国家政策中，难乎其难。为此，书中在结尾处，想要跳出现行西方国家范围，考虑资本联合趋向于由社会主义国家拥有和使用资本的意见，这也被归入比较合理的建议。说到这里，著者仍念念不忘资本主义国家已在邮政、供水、铁路等具有独占性质的公共事业或企业领域，采用了由国家而非私人管理的政策，不过其实施范围明显不如苏俄的公共企业。提到苏俄，恐怕是著者选择政策建议的大胆突破，也是遍选西方现成政策建议而不得的无奈之举。对比苏俄，应对资本联合发展的政策选择，于是变成了这样一个早晚必须决定的"紧要问题"：或者由国家管理经济制度，加强国家对独占资本制度的监督管理；或者由经济制度的主人即全体国民，管理国家的经济乃至政治和社会生活，将资本联合纳入类似于苏俄的社会主义制度。换言之，解答这个紧要问题的方案，或许在究竟是否由国家保障私有财产，或由国家拥有资本二者之间进行选择。前一方案仍在资本主义国家范围内徘徊，后一方案则越过这个范围，引入社会主义理念，意味着资本联合运动的趋势在带来大规模经济发展的社会效益过程中，也为集中于少数人手中的资本转变为公共所有创造了条件。大概正是有后面的含意，中译本才会把书名题为"没落期"的资本主义，标明进入资本联合即垄断阶段的资本主义，已是资本主义的没落阶段。不过在书中正文里，未曾见有关资本联合阶段的资本主义已步入没落期的说法或论证。所以，此译本只能说为马克思主义经济学的传播提供了某种旁证，它本身并不是这一传播的明确支持者。

### （三）《经济学原理》译本

这是个残缺本，未见版权页，不知出版社及初版日期。后来1934年的版本，注明出版者为"崇内钧饵"，颇为古怪，其34章内容比初版本好像也有增补。从译者郭瑞璋①1929年3月8日作于北京的自序看，有如下介绍：

本书原名《初级经济学原理》（*Elementary Priciples of Economics*），为"美国经济学大家"伊利（Richard T. Ely，原译"埃徕"）教授及已故的威克（George Ray Wicker，原译"韦克"）所著。"其选材，章法，一及用语，皆以便于初学为目的。故对于经济学家聚讼未决之诸经济学说，咸付阙如。而凡本书内所论者，率皆为经济学家所公认者"。本书1904年出版，即风行用英语各国，举美国、英国、加拿大、澳大利亚、新西兰，"莫不用为课本"。"且未几已译成日文，日本学校亦多用为课本"。"其流行之广，为用之大，于此可见一般"。

近年来我国学校亦渐趋重社会科学，"而以经济学为尤甚"。故在大学设立社会科学系、经济专科、商业大学或商业专科，在高级中学亦多设经济之课。"大学、中学，采此书之原文本为课本者甚夥"。据译者教授经验所得，此书说理详明。就学理言，学者并不感若何困难，其难点在格于英文之故。此点在大学学员自不甚重，在中学生则困难殊甚，未免有事倍功半之叹。为便利学生，及为不通英文人士得读本书计，于教授之余，取1926年第4改订版译成国文，取直译法。全书除专论英美的第7、第8两章译其大要，第34、第35两章删去外，余皆逐句译出，以保其真。"如此，虽不免有格格不吐之处，而对原文之真像则敢言不致相去太远"。②

看此序言，方知这个译本的原著，正是李权时在他撰写《经济学ABC》（1928年出版）的例言里，曾经提到的那本"最不离手的参考书"。李氏将它译作《经济学初步》，郭氏则直译《初级经济学原理》，简称《经济学原理》。由此又可知，这本原著面向初学者，讲述经济学家所公认的内容，避开那些有争议的经济学说，因此一出版，即风行英语国家并推广到其他语种国家，普遍用作学校讲授的课本；随着经济学科在我国逐渐受到重视，许多大学甚至高中都采用此原著作为教材，惟其学理虽易，以英文理解却难，故产生翻译成中文的需要。这也是译者亲身使用原著从事教学的经验之所得，但不像李氏那样以此为基础另行编写《经济学ABC》，而

---

① 郭瑞璋，具体不详，应为江苏泰安人，被著名考古学家和地质学家贾兰坡（1908—20010）称为老师、著名学者和翻译家。

② Ely和Wicker著，郭瑞璋译《经济学原理》，出版社不详，约1929年或稍后出版，"译者自序"。

1920-1929 从民国著作看马克思主义经济学的传播

于其专论英美部分略有压缩，于其最后的卷四财政部分和附录加以删节，基本完整地翻译以呈现原著面貌。

现有译本分三卷33章，424页。卷一"序论"，含"经济学之性质""经济之主要分部""现时社会与经济界之基本制度"3章；卷二"经济史纲"，含"序论""工业发达之早期""工业期""英国工业期""美国工业期""今日经济演化中之动力"6章；前两卷的内容仅占全书不到1/5的篇幅。重点是卷三，又分四部：第一部"消费"，含"序论""效用递减之公例""求""化费及储积之经济；慎重投资"4章；第二部"生产"，含"序言""生产之要素——土地""生产之要素——劳工""生产之要素——资本""生产之组织——管理与劳工""生产之组织——资本与土地""生产之组织——其定夺之情况"7章；第三部"货品之移转'交易'"，含"序论""价值""独占及独占价值""货币""信用与银行""国际贸易""制禁国际贸易之事：关税"7章；第四部"分配"，含"叙论""地租""工资及劳工问题""息金""利润""社会主义"6章。重点的第三卷，采用消费、生产、交易和分配的四分法结构。李权时的《经济学ABC》，便因袭这个结构，以消费放在第一位，保留了最后的财政或公共经济论部分。由此也证明，当时国内流行的经济学教科书或通俗读本，基本上以西方风行或时髦的经济学教材为范本。

这里关注的重点是译本最后的社会主义一章，从中可以看到西方经济学家对于社会主义，究竟有些什么公认的观点。此章的现有译本，有些残缺，但不影响对其基本涵义的判断。大意如下：

其一，社会主义与分配的关系。前几章解释在现行社会组织下工业的年产即社会所得，如何分配，叙论阐述分配方法与"社会之法体"有密切关系，与"业产律"的关系尤为显著。"各文明社会国家无不认私产权为社会经济之本，于多数货品不但许私产权之存在，且鼓励之"，结果乃有前面各章所述的分配方法。各国的产业法极不同，一国内产业法亦时有微异，产业法不同，随其改变乃产生分配上的不同与改变，无须一一详论。然而"社会主义为改革现经济组织之一种计划，于今日得有多数之热烈信徒，于吾人经济学说之分析中不可置之不论"。社会主义者所提出的根本改革，对消费、生产、交易、分配四者，将皆有深重之影响。"社会主义乃特为医治现行分配不均之罪恶而倡，是以吾人当于分配之部内论之"。有的著作家将社会主义与工资并论，提出提高劳工地位的方法。其所以如此，因社会主义所提之改革，特别与劳工及工资有关。

其二，总论。改变劳工与其产品的关系，已论述几种方法，其方略之一是合作。合作有自动与强制之别，强制合作为政府所命令所管理，在今天看来，"强制合作不过为社会主义之别名"。然则何谓社会主义？就事实来说，社会主义不独施行强制合作，且施行于各种有独占性及重要的生产企业。"社会主义期以国家为利器以建设工业民治主义，谓国家为达此目的之惟一之工具"。主张扩大政府的功用，以致各种营业皆为政府所吸收，各种营业期以民众的组织力来取缔和管理，"使男女人人利权相等"。"本于普选之政治组织，亦当变为一工业组织"。罢除生利营业的私产及生租的地制，但大体保留所得的私产权。如是则社会主义者的欲望，不是所谓的均产主义，"实乃使大部之业产增加其集中"。社会主义不嫌生产的产业过于集中，而嫌其集中程度不够，对托拉斯及企业合并欢欣鼓舞，称之为一向所想望的发展方向。

其三，社会主义的"四质素"。"纯粹社会主义"有四个特征：生产工具公有，生产工具公营，工业品由公家分配，大部分的所得仍保留私产权。"严格言之，社会主义并不对资本宣战。社会主义者之所反对非为资本乃为资本家。其目的在使资本社会化，以使社会各分子皆变为资本家之法罢除资本阶级，是乃欲使国内资本之几全部变为公有"。"为助成此方略，乃倡财富皆为劳工所造说。有理性之社会主义者并不因此否认土地、资本为生产要素，但不过为被动要素，故其所有人不当只因其为所有人，即享得其产品之部分。人为惟一之自动生产剂，且生产之目的为人。社会主义者认于现行制度之下，土地及资本之所有人当受报酬，因而彼等欲此等工具之收为社会业产"。

其四，分配公道。"社会主义之中坚目的，其主点在分配公道。社会主义虽求以有效之组织及良法以增加生产，其主要思想则不在生产而在公平分配"。何为分配公道，社会主义者的意见不一致。有以均分为公道者；有以按人之所需来分予，使其具有充分发达的经济力为公道者；有以人之劳绩劳役为标准的分配为公道者，但劳役须为其个人的而非其祖先的方可。

其五，社会主义为现行制度的一种推广。大战以前，各文明国政府已染指营业方面。英国政府独占邮政、电报、电话诸业，铁路均由政府管理，铁道与运河国有，政府自办工厂、垦荒及置林等；或用其他办法与商界接触，如保护人民生命财产安全，制造或担保某种特别利益，制定契约及竞争的条件，以关税法、助款法、奖励法参与私人企业，承办工程事业等。关系国家生死的大战期间，政府侵入经济生产各方面，尤以生产为最。政府管理或监督土地的耕种、军备的制造，接办轮船、火车、飞艇，诸大工业就像由一个单位进行，私人所有的工业只许在无害于作战实力的限度内。无论生产或分配，战时的社会化生产，"多未能竟全功"。然而这种战时紧急行为，"若谓社会主义者如将计划安然设置之，其效果亦不过尔尔，则非公论"。

其六，公营行为并非都是社会主义。确切地说，"只有趋于使政府在生产上之势力压倒一切者，方可谓之社会主义的"。某种建议案是否压制个人生产及自动的合作，是否趋于为社会所吸收，如果是，则为社会主义的，如果否，则不是社会主义的。"分别何为社会主义的手段，何为非社会主义的手段，何为反社会主义的手段，只有此法，本此判断方属有理性"。强迫教育及义务学校是否为社会主义的？就试验所知，此全为反社会主义的。此种设施皆为发达人的自助能力，使受教育之人长成后能保存现行的制度，所以这是保守的势力。公营煤气厂、电力厂以及其他自然独占，也不必是社会主义的，这可分别以个人工业与公家工业为目的。又如美国的战时金融公司，将大宗款项贷给农业经营者以稳固私人农业生产者的地位，其目的是加强农产品出口；运输法案将大宗款项贷给铁路部门，亦是如此。近代这种趋势，自有其原则，并不是社会主义。其原理与经验在于，人们逐渐相信，工业上具有自然独占性质者，今后必为政府所有所管，但对自然独占以外的地带，营业若无私有及竞争制度，就不能兴盛。依理划清私人企业与公家企业的范围，可以确立现行工业秩序的巩固根基，"俾人不至流入社会主义或走入混乱之途"。

其七，社会主义的国家经济改革。社会主义的有力论据，"社会生产力依科学方法组织"，"由生产所生之社会所得，公平分配"。对此，分别评论如下：

一是社会主义与生产的关系。反对社会主义者说，依据社会主义去均分社会所得，每人之所得必然只有极小数量。社会主义者回答，今日能分配的数量自然极少，因为战争的靡费，从批发到零售的浪费等，如果没有竞争制度，则能节省许多人力；另外现在社会各阶级皆有怠惰人、穷闲或富闲人等，社会主义则给每个人工作岗位并使人当其事、事宜其人，使人自食其力，必能鼓起人的志气和精神。社会主义者的这种理由，足以让人相信没有经过充分的分析。如广告费不能说全是靡费，广告有教育的价值，又能使生产得以改良。又如社会主义者的以下三种辩词，没有理由能够证明而为不实之词："不舍弃现行社会秩序之基本原则，则不足以破除或大减现在之虚靡及怠惰"；"竞争制度下所生之社会利益，不足以抵偿其所生之害";"社会主义可以实行"。

二是社会主义与分配的关系。分配公道是主张采取社会主义计划的有力理由。在今日情况下,自然不能说个人的所得合乎其劳动。所得应当与其工作相称,这是极为动人的公义心。然而,若不采取极端的社会改组法,采取社会改良法,公义就不能得到吗?闲惰之人从道德方面说,不啻为盗贼,因其取而不予。所以,如果一人以往对社会并无任何体力脑力的成就或贡献,则无权利休闲,若休闲而食,则无耻孰甚,当然因工致废疾者不在此列。今日人们都承认对社会要有责任,此诚属有望之现象。这也适用于因发现矿产或因地价骤增而暴富的人。凡如此致富者,虽然根据法律的眼光,其财富属于个人,但就道德而论,这不过给予其人以帮助人类进步的新机会。富豪肯出资建设学校及为其他公益事业出力,皆因有此觉悟。此意可在某巨富制造家的书信中得之,其"富死为辱"一语①,已永垂不朽。

三是社会主义与交换的关系,四是社会主义与消费的关系。社会主义国家内发现的各种经济改变,不能一一论之。简言之,交换及消费与生产及分配,将同遭变更。现在的信用货币混合经济,或将被信用经济取而代之;社会主义若名实相符,必使交易费相当于人工费及他种牺牲费的总量。如能将增加的产品平均分配,则人均消费的货物必量多质美。在社会主义社会,人们对财富的享用,必多为包容性的而少为独占性的,包容性的享用指共同享用。

其八,社会主义的弱点。如以社会主义为改造社会的一种计划,则困难立见。其显著者,一是将减煞人的创造性及人的精力。促进人们进步的动机,最强劲者莫若为自己及家室置产之念,此念一去,将以何种动机代之?二是欲实行一致的组织与管理之困难。在机械性的工业工作中,组织问题自不难解决。但在农业及类似的工业中,以往既然未能集中,则妥当的办法,仍须常为私人管理留有余地。三是分派工作问题最困难。工作的难易不同,人的体力与秉性又各异,分派工作难免引起普遍的不满,这种不满必然在计划之始,给予致命的打击。四是将危及个人的自由。在一定限度内,似乎以政府的工作愈多愈重为愈修明,然而就近来所见,其工作过多,将不能尽量完善。在社会主义之下,人的生存全视乎政府的效率。现在将用于私业之力改用于公事,若缺乏防范,野心家联合起来以窃执国柄,又将如何?如果这样,政府内外能否有和平有效的反对办法?恐怕没有。环境不能尽合人意,

---

① 此语指美国钢铁大王安德鲁·卡内基(1835—1919)的座右铭:"富有着死去的人死得可耻"。

则不满生，既不满意又无合适方法以消散此不平之气，势必愈酿愈烈，社会危机四伏，最后非采取革命手段而不能止。五是以一种工业主义去压倒他种主义，实于文明有害。此为通例，前代文明之所以败落，莫不因为以一种主义压倒他种主义。如今所需要的不是一种主义，实为两种主义的调和，即"公营业私营业之调和"。公干之才可做公家之事，善于经营私产者令其经营私产亦无不可。今日制度虽有诸多应改善之处，但仍给人以调剂公营私营的机会，社会主义则否定这个机会。预言社会主义必不能成功，与称社会主义必能成功，有同样的困难。虽然如此，社会主义的真正弱点，"预定经济革命之步骤过早"。人们诚然应当有主义和长远打算，然而绝不能早就决定何者为达到目的之最良办法。"实现较公道之财富分配，使所得渐实代表劳役，虽不自称为社会主义者之人，亦莫不盼望之；此类人欲会聚其精神于社会之改良，惟不愿耗其精神于改组社会之空计划"。

其九，社会主义的贡献。"社会主义者对社会之劳役，在唤起民众注意紧要之社会问题；在迫人想及不幸阶级人之苦况；在振起人之良心；在养成从前所未有从公益方面看问题而不从私利方面看问题之习惯；末在唤起人注意政府之工业功用"。在社会主义者指导之下，吾人得知公家营业与私人营业之间的合理分界。

其十，社会主义不是无政府主义。社会主义是"政府所设立所管理之民治主义"。因此，社会主义者给予政府以绝大权威，与此绝对相反的是无政府主义，"庸人则恒混二者为一谈"。无政府主义完全取消政府，个人自动从事诸事；"社会主义则主张减少个人动作之范围而将大部之工业动作交付政府办理"。总之，无政府主义与社会主义相反对。无政府主义者相信罢除政府之后，个人将自动组织合作机关，联合起来以管理生产。大多数思想家视无政府主义为不可思议。

其十一，共产主义、社会主义与集产主义。这三个名词，使用既泛，又常互用，要分别其各代表的主义，极属困难。"概言之，社会主义为较有保守性的，而共产主义则为急烈性的。社会主义一字，常用以代表一般主持保留进项私有与消费货品私有者之理想，有时对于生产货品亦许以最低限度之私产权。共产主义则并所得方面之私产，亦不赞成之"。共产主义更有名者，"以暴力手段去根本改良社会之计划"；社会主义则"以和平及保守方法去改造社会之计划"。若追究二者之源流，抉其精微，须加倍本章的篇幅，惟此实非初级经济学所宜。此类名词的用法，屡变其意义，适用于今日者，或不能适用于明日。俄国的社会主义可举为名词骤变之例。以前社会主义乃与民治并称，常以此为工业的民治主义。但在俄国，"社会主义竟拒绝民治主义而成为一阶级之独霸制，因而大为各国之急烈派所心许"。集产主义乃近年来社会主义者自行采用的名词，"其目的在免除已往人对社会主义所生之恶感"，然而……（以下文字残缺不全）。①

伊利论述社会主义的有关观点，在前面介绍过的著作里，曾不时加以引用或转译。比较典型的例子，是唐海编著的《中国劳动问题》（1926年初版）一书，谈到解决劳动问题的根本办法，对于伊利有关社会主义的"四要件"之说，不仅视为社会主义的"神髓"，而且当作解脱劳动者的工资桎梏、扫除现代产业组织的一切弊害，乃至从根本上调和劳资之争的"非常切当"之法。所谓"四要件"，即此译本的社会主义"四质素"或纯粹社会主义"四特征"。另外，邵光谟的《人类经济进化史略》译本（1922年初版），也摘译伊利和威克合著的《初级经济学原理》卷三前五章的内容。不过，这些内容，特别是涉及社会主义者，比较零散和片面，稍不留神，还会把伊利看成主张用社会主义来取代现行经济组织的代表人物，就像唐海的编著一样。现在，看到郭瑞璋的译本，通过其中社会主义一章系统而全面的陈述（尽管译本有些缺损），总算对伊利等人关于社会主义的观点，有了一个比较完整的认识。

从这一章现存11个方面的分析看，有几点应予注意。首先，这里说的社会主义，从未与马克思主义直接联系起来，是一个模糊的概念，或者说，是一个杂糅各种社会主义涵义的拼盘概念。单看所谓社会主义的四要素或四特征，包含生产资料公有，生产资料公营，工业产品公家分配，大部分所得或生活消费部分仍保留私有等，似乎与马克思经济学说有关，好像以马克思学说作为主要的参照系。但随即跟进的解释，马上否定了这一联系。解释的前一部分说，社会主义不是对资本宣战，不是反对资本而是反对私人资本家。照此说法，社会主义反对的是资本家个人，而不是现行整个资本私有制度。这同马克思的观点，正好相反。解释的后一部分说，社会主义的目的在于使资本社会化，通过让社会所有人都变成资本家的办法来消灭资本阶级，进而国内资本几乎全部变为公有。这显然也不是马克思的观点。根据马克思的理论，资本主义社会的基本矛盾表现为生产社会化和资本主义私人占有之间的冲突，无产阶级只有取得国家政权并首先把生产资料变为国家财产，才能消灭资本阶级以及一切阶级差别和对立。而这里的解释颠倒过来，认为只要资本社会化即

---

① 以上引文除另注外，均见 Ely 和 Wicker 著，郭瑞璋译《经济学原理》，第405—417页。

所有人都变成资本家，自然也就消灭了资本阶级并得以实现资本公有。既然回避了资本私有制度，则识别或确认社会主义的标准，变换为另一种说法，以政府在生产上是否趋于压倒一切的势力为尺度，或者把社会主义说成凭借国家权力进行工业管理的民治主义。这种说法，完全脱离了马克思学说。此章还用保留部分私有的保守性和否决最低限度私有的急烈性，作为区分社会主义与共产主义的基本特征，断言社会主义以和平及保守的方法实施改造社会的计划，不同于共产主义以暴力手段根本改造社会；由此将苏俄革命看作社会主义名词骤变的恶例，竟然拒绝民治主义而成为无产阶级的独裁专政。这都是把矛头指向马克思主义，认为会引导走上反对现行经济制度的急进激烈道路。至于说集产主义，以往经常用来特指马克思主义。这里也不屑一顾，认为这是近来社会主义者为了免除人们对社会主义所产生的恶感而自行采用的名词，没有起到什么作用。所谓恶感，看来同样针对马克思主义。本章的社会主义拼盘里，究竟杂糅了哪些感兴趣的主义。从后面的缺损部分识别，注重社会学说与实行秩序的结合，其中至少包括了计划浮泛而不中实际的乌托邦社会主义，相信本于基督福音的口笔宣传已足够的基督教社会主义，稳健推进政府在工业中的功用而毋须改变现行社会制度的国家社会主义，以各行业工人自行管理并由劳心劳力者共同组成一大公司的英国行会或基尔特社会主义，建立进步政治组织从事政治活动并以渐进为口号的英国费边社会主义，不仅从事政治活动且自行组织政党和明确党纲的大多数政治社会主义等。总之，罗列了这么多类型的社会主义，唯独不提马克思主义或科学社会主义。

其次，一面排除社会主义等于马克思主义或以马克思主义为典型代表的观念，一面给社会主义填塞进各种各样的释义。根据其论证顺序，从比较各文明国家均承认私有权为现行社会经济基础的分配方法看，社会主义的计划要改革现行经济组织，这种根本改革对消费、生产、交易和分配均有重大影响，特别是要医治现行分配不均的罪恶，因此主要与提高劳工地位的工资分配有关。这是西方经济学著作将社会主义纳入其分配理论的缘由，意味这是游离于现行经济制度之外的一种学说，并非文明国家的分配主旨。从改变劳工与其产品的关系看，社会主义不是均产主义，是借助国家力量来建设工业的民治主义，因此注重生产和产业的集中，发展方向是托拉斯和企业合并。这是转移话题，把社会主义改变现行雇佣劳动分配的宗旨，转到生产集中上；又把资本主义经济从自由竞争向垄断发展的趋势和形式，说成社会主义以国家为达到工业民治主义的唯一工具的结果。从社会主义的要素看，为了支持资本公有，提倡劳动价值论，以人的劳动为唯一主动的生产要素并以人为生产的目的，其他生产要素如土地和资本只是被动的要素，故后者应收归社会所有，不应由私人所有者享用其收益。根据马克思的剩余价值理论，这是将劳动价值论庸俗化。从社会主义的主要目的看，其重点不在生产而在公平分配，其分配又有平均分配、按需分配、按劳分配等不同主张。这是为比较西方经济学重视生产，埋下社会主义只重分配不重生产的伏笔。从先行条件看，把社会主义说成现行制度下各国政府在战前和战时所实行的各种经济管制和国营政策的一种推广，虽然这些战时措施不能等同于社会主义计划的效果，但观察战前政府染指工业以谋求满足民众欲望的状况，可以得到社会主义措施的真相。这是有意混淆社会主义与现行国家干预经济行为及各种社会政策的本质区别，或者说把社会主义归并到后者的推广轨道。从社会主义的判断标准看，认为公家经营并非判断社会主义的依据，因为现行国家也有公营事业，而且近代趋势与学理经验表明，根据工业是否具有自然垄断的性质，合理划清私人企业与公家企业的范围，正是确立现行工业秩序的巩固基础；只有政府在工业上具有压倒一切的势力倾向，才是社会主义，否则就不要混入社会主义。这是前一混淆的变换说法，意谓现行公营措施与社会主义之间，仅存在程度的不同或先后的差别，前面把公营说成社会主义的推广前提，这里又把公营说成现有国家的普遍做法，只是未形成压倒一切的势力而已。从社会主义改革现行社会制度与秩序的基本理论看，在生产上，以消除靡费和怠惰，以自由竞争的社会弊害大于社会利益为理由，均没有经过充分的分析而不足信；在分配上，以个人所得应与工作业绩相称的分配公道为理由，没有看到无需极端的社会改组而采取社会改良，同样可以实现社会公义，而且如今人们都意识到须承担社会责任，就像基督教的宣讲那样，富人可以利用发财的机会去从事慈善和社会公益事业；在交换和消费上，以交换价值应符合人工费及其他成本的总额为理由，取消货币，又认为通过平均分配可以在数量与品质上满足人们的消费欲望；等等。这是在西方经济学的理论框架内，评议和反驳社会主义的改革主张，意谓没有必要从根本上改变现行的基本经济制度与社会秩序，只须社会改良即可。以上这些释义，完全按照作者自己的偏好去勾勒社会主义，先是将它纳入西方经济学的分配范畴，称其与现行私有制下的各种分配方案均不同，是一个例外；然后着重描画社会主义的各种外在特征，如看重生产集中和国家权力，运用劳动价值论作为宣扬资本公有的工具，重视分配而不重视生产，主张政府或公家经营在工业中的势力压倒一切等；由于这些外在特征不接触本质问题，所以接着一转，又说起社会主义与现行国家或社会改良趋势之间的相似或互为依存关系，如社会主义是在推广现有国家管理措施或社会政策，通过社会改良同样可以实现公平分配，富豪从事慈善事业是最好的例证等，从中显出格外倾心于基督教社会主义；同时对社会主义可能触动现行基本制度的激进理论与倾向，严加防范。经过这样诠释的社会主义，同马克思的科学社会主义相比，已是面目全非。

最后，哪怕改头换面后的社会主义，也不放过对它的批判性约束。前述社会主义国家的经济改革，已包含对其理论的批评。那里摘出所谓社会主义的两个有力论据，一是采用科学方法组织社会生产力，消除经济中的靡费和自由竞争制度带来的损害；二是公平分配生产所创造的社会所得，让个人所得与其工作业绩相符。对此，批判的理由，一则以不足信，二则以社会改良同样可以办到，全都给否决了。此外，总结社会主义的弱点与贡献，重点是所谓弱点。突出其缺陷有五：取消私有制等于取消人类进步最强劲的利己动机，抹杀人的创造性和活力；实行统一的组织与管理，无法适用于以私人管理为主的农业领域，以及未曾集中或没有采用机械化生产的工业领域；实行计划经济，因工作性质及各人特点的不同，最难的是分派工作；社会主义制度危及个人自由，其政府失效和腐败风险又缺乏和平有效的防范与制约办法，势必引起人心不满的危机而导致革命；奉行一种主义而压制其他主义，有害于文明发展，也不利于公营与私营的调和以便各自发展，还不如现行经济制度提供了包容二者的机会。进而断言，社会主义的真正缺陷，过早预定了经济革命的步骤。其实，这位断言者自己也有一个过早的预定，认为现在的人即使不是社会主义者，也都盼望比较公道的财富分配应是所得逐渐代表真实的劳动，但这些人只想聚精会神于社会改良，不愿消耗精力于空洞的社会改组计划，亦即社会主义不可行。说到社会主义的贡献，不过提醒民众注意劳动问题为紧要的社会问题，让人想到不幸阶级的痛苦，振作人们的良心，养成从公益而非私利方面看问题的习惯，唤起人们注意政府干预工业的作用等，其最终效果，无非有利于认识公营与私营之间的合理分界。也就是说，这些贡献，充其量是为现行国家政策，提供一些缓冲社会矛盾的视角、戒备和助力罢了。随后明确把社会主义与完全取消政府的无政府主义，与否定任何形式的私有权而以暴力手段根本改造社会的共产主义区别开来，特别是谴责拒绝民治主义而实行无产阶级专政的苏俄革命为社会主义的异类等。这些都是为了约束社会主义不能偏离西方经济学的正统解释而走向以激进方式彻底改造现行经济制度的另一面，实则与马克思主义严格划清界线。

综上所述，西方初级经济学原理中，对社会主义究竟有什么公认而无争议的看法，也就不难明白了。所以，国内一些讨论社会经济问题的著作，看到伊利以美国经济学大家的身份而阐释的经济学基本原理，专门谈到社会主义，就以为在运用社会主义的理论来分析和解决现实问题，纷纷加以转述和引用；殊不知这里所谈的社会主义，恰好相反，不是为了根除社会矛盾，而是为了排斥马克思主义，磨去社会主义的棱角，把社会主义的功用限制在不会威胁现行基本制度的范围内。

### （四）《经济学方法论》译本

英国凯尼斯博士原著，柯柏年（即李春蕃）译，上海南强书局 1929 年 5 月 25 日初版。译者 1929 年 4 月 15 日附记：

本书原著者凯尼斯博士为"英国很有名的经济学家和逻辑家"。他的著作很多，然而译成中文的，据我所知，以前只有《欧战议和后之经济》（新青年丛书上）一本。本书原名《经济学底范围与方法》（The Scape and Method of Political Economy）。我删去书中讨论经济学与他种科学之关系的地方，仅译其讨论经济学中的各种方法，故改名《经济学方法论》。原本根据伦敦麦克米兰出版公司 1907 年的第 4 版。第 1 章摘译，第 2 至第 6 章全译，书中的长篇 Note（即附录）都删去。至于译文，大都句对句译，只有几个地方段对段译。将来如有机会，我或者把所删去的那几章和那几篇附录都补译出来。"若单从研究经济学的方法，目前的译文就够足了"。①

这里所说的凯尼斯，今译 J. N. 凯恩斯②，20 世纪最有影响的经济学家 J. M. 凯恩斯之父。根据西方学者介绍，J. N. 凯恩斯是 A. 马歇尔杰出的早期弟子；"一生仅出版了两本书，都是根据他在大学的讲义而编成的教科书"：一本是 1884 年出版的《形式逻辑的学习与练习》，另一本便是出版于 1991 年的《政治经济学的范围和方法》，"给予了他作为一名经济学家的声誉，该书素材来源于他 1885 年在牛津的演讲"。后者的重要性，"在于它被阿弗里德·马歇尔所领导的新剑桥学派用作经济方法论方面的标准教科书"；对新正统学说的倡导者来说，此书的主要贡

---

① 凯尼斯著，柯柏年译《经济学方法论》，上海南强书局 1929 年版，第 107—108 页，"译完以后"。

② 约翰·内维尔·凯恩斯（John Neville Keynes，1852—1949），先后受教于英国伦敦大学和剑桥大学，1975 年在剑桥大学毕业后任该校道德科学讲师和注册主管，曾积极倡建剑桥大学经济学荣誉学位考试；从逻辑学和方法论方面对经济学做出贡献。参看《不列颠百科全书》国际中文版，第 9 册，中国大百科全书出版社 1999 年版，第 237 页 "Keynes, John Neville 凯恩斯" 条目。

献，"它标志着 19 世纪 70 年代和 80 年代在方法论方面发生辩论的终结，它对圈内圈外的许多人，提出了有关古典政治经济学是否具有科学性的疑问"。从三个方面回答了这一点：第一，"它有意将方法论方面最有争议的问题移至附录中，而以明晰、得体、易懂的说明集中阐述其共同点"。第二，"它重新定义了经济理论的科学内核，从而以免人们指责该理论具有意识偏见、不道德、与现实不相关等，并使之不受实际经济政策失效的干扰"。他对经济研究的三种分类，惟纯理论具有实证科学的成分，规范部分和政策部分形成了一条保护带，能够承受来自包括社会主义者在内的各方面攻击，从而将各种学说的论战从基本原理上引开。第三，"它提出了新经济理论是对方法论发生危机时期各种对立观点中最有成就的部分的综合，并强调经济思想的连续性，从而系统地缩小了旧经济学和新理论之间的差异——因而描述了与自然科学知识通过研究不断发展相类似的经济知识的累积性发展"。①

对照以上介绍，柯柏年在附记中说到 J. N. 凯恩斯的著作很多，并不确切；而他在译文中删去的原著附录部分，正是方法论方面最有争论的问题。进一步对比，柯氏译本的目录 6 章，分别是第 1 章"导言"，含"经济学方法论底重要""英国学派""德国学派""本书底态度" 4 节；第 2 章"经验法"，含"观察法底功用""实验法底领域""差异法底独立的运用""归纳的类化法""经验法底限制" 5 节；第 3 章"演绎法"，含"演绎法底性质""'臆设的'底应用""观察法在演绎法中的功用""理嘉图底演绎法底运用""演绎经济学底前提""演绎法底特殊的修改" 6 节；第 4 章"数学法"，含"经济学底数学的性质""算学的示例底运用""确数的前提之非必要""数学法底利益" 4 节；第 5 章"历史法"，含"经济史在理论研究中的功用""历史示明经济定理""历史批评经济定理""历史建立经济定理""经济定理在历史研究中的功用""经济史和经济学说史" 6 节；第 6 章"统计法"，含"统计的科学""统计的方法""统计底功用" 3 节。

对比今译本，后者分别是：第 1 章"导论"，含"研究政治经济学范围和方法和本质与意义""政治经济学概念：作为一门实证的、抽象的和演绎的科学""政治经济学概念：作为一门伦理的、现实的和归纳的科学""片言只语不能充分描述政治经济学的方法" 4 节；第 2 章"政治经济学与伦理和习俗之间的关系"，含"经济学一致性、经济理想和经济说教：三者之间的关系""离开道德判断和经

---

① 参看"Keynes, John Neville 凯恩斯，约翰·内维尔"条目，引自《新帕尔雷格夫经济学大辞典》中文版第 3 卷，经济科学出版社 1992 年版，第 45 页。

济规范构造，研究经济法则或经济一致性的可能性""承认严格实证的政治经济科学——建构经济学一致性的惟一领域""应用经济学""政治经济学与伦理学""本质内容的方法论意义"6节，以及"附录"，含"关于政治经济学与自由放任""作为一种手段的政治经济学的范围"；第 3 章"作为一种实证科学的特点与定义"，含"政治经济学与物理学""政治经济学与心理学""作为社会科学的政治经济学与作为政治科学的政治经济学的区别""财富与经济活动的定义""政治经济学的定义"5节，以及"附录"，含"经济现象的相互关联性"；第 4 章"政治经济学与普通社会学的关系"，含"经济科学与一般社会科学的关系：相互冲突的观点""经济推理中抽象概念的作用""例证：需要完整的实际解决方案的经济问题""政治经济学与其他社会问题研究的区别"4节，以及"附录"，含"抽象的与具体的政治经济学之间的区别""动态的与静态的政治经济学之间的区别""政治经济学与常识"；第 5 章"政治经济学中的定义"；第 6 章"政治经济学的特定经验方法"；第 7 章"政治经济学的演绎方法"；第 8 章"政治经济学的符号和图表方法"；第 9 章"政治经济学与经济史"，以及"附录"；第 10 章"政治经济学和统计学"①。

比较柯氏译本的 6 章和今译本的 10 章，柯氏译本除了摘译第 1 章外，所谓全译第 2 至第 6 章，实则对应今译本的第 6 至第 10 章；删去的内容，除去第 1 章摘译以外的部分，包括今译本第 2 至第 5 章的全部，以及全书中占有不小比重的附录部分，也就是说，原著大约一半的内容被删去了，所以柯氏译本仅留下不到 200 页的篇幅。这样看来，柯氏作为早期的中共党员，很早从事马克思、恩格斯和列宁著作的翻译，他对 J. N. 凯恩斯这本为西方经济学中新正统派的方法论确定标准的名著之所以感兴趣，不在于书中论述经济学与其他科学之间的关系，也不在于围绕经济方法论的各种争论，包括社会主义者对正统经济学的攻击，而在于有关经济学中各种方法的讨论，可以为研究经济学的理论和实际问题提供参考。由此也说明，当时国内信奉马克思主义者在传播马克思主义经济学的过程中，不只是学习、研究、翻译和宣传马克思经济学说，还不断从西方经济学的理论成果中吸取滋养。

### （五）《新演绎学派经济学》译本

日本荒木光大郎著，刘弈译，上海联合书店 1929 年 11 月 10 日初版。译者

---

① 参看约翰·内维尔·凯恩斯著，党国英、刘惠译《政治经济学的范围与方法》，华夏出版社 2001 年版，"目录"。

1929 年 4 月 15 日作序：

奥地利（原译"奥太利"）学派虽然被称为新演绎学派，非历史学派，但"他们的理论，确实是一个划时代的贡献，他们的理论的势力，是普及于各处了"。奥地利学派究竟是什么？"我们如果要研究经济学，那就不管自己的信仰是什么，都应该得到关于奥太利学派的一些概念"。该学派以演绎法为主要的研究方法，以为古典学派只想用演绎推理的手段来解决一切经济问题，历史学派不过综合过去和现在的一切事实以推测将来的倾向，都未能构成经济学上的理论。"所以他们以为要确立经济学上的理论，不可不采取新的方法，而研究国民经济的理论，不在乎理论的修补，而在乎改革。因此他们采用正确方法以确定经济现象的根本原素。这方法应用于价值论和资本论上，就造成和古典派完全相异的理论和根本观念"。

以下节录著者的话，可以明白奥地利学派的理论和实际的大概："自然，我们决不能蔑视政策的，但亦不如历史学派陷于过重的谬误，在长久期间，历史学派是忽略了理论的研究，而奥太利学派却以为主要的活动范围。……但已有以这学派的理论的展开，在财政学上试验过了，这就是累进课税的论据。又关于法律上损害填补、金钱刑的解决，亦适用这思想"。奥地利学派在欧洲、美洲，皆具有相当的势力，日本研究的人很少，至于中国，简直是不明了了。"现在介绍这篇，并不是信仰其学说而替为宣传，不过要研究经济学者，得到一些概念罢了"。①

这篇序文对经济学中的奥地利学派，虽说并不信仰其学说而替它宣传，实则颇为推崇，称之为划时代的贡献，其理论势力普及于世界各地，尤其在欧美国家，惟日本研究的人很少，至于中国更是不甚了了，故对国内研究经济学者来说，有介绍的必要。奥地利学派作为近代边际效用学派中的主要学派，已为人们所熟知。此译本强调其新演绎学派的特征，主要针对英国古典学派试图单纯用演绎推演的手段来解决一切经济问题的努力，以及德国历史学派只是综合过去和现在的事实以推测未来的倾向，亦即否定抽象演绎方法，否定理论经济学和一般规律的态度。用此序的话说，该派不是修补已有的理论，是以改革的精神，采用新方法或"正确方法"来确定经济现象的根本元素，特别是应用于价值理论和资本理论，从而形成与古典经济学派完全不同的根本理论观念，并广泛适用于理论和实际的各个领域。或者说，强调的是奥地利学派在"新演绎"方面的方法论特征。事实上，这个学派的

---

① 荒木光大郎著，刘弈译《新演绎学派经济学》，上海联合书店 1929 年版，"译序"。

矛头所向，不止是方法论问题，还涉及基本理论问题，如反对古典学派的价值论和分配论，尤其反对李嘉图的劳动价值论，又如把政治经济学的研究对象从人与人之间的生产关系改变为人与物的关系，通过研究消费者对消费品的主观评价，把政治经济学变成主观主义的个人消费心理学；也不止是针对古典学派和历史学派，还特别针对马克思的剩余价值理论和剥削理论，成为第一批有系统地批判并直接对抗马克思主义学派的自由主义经济学家，并宣布马克思体系的终结（见庞巴维克出版于1896年的《马克思体系的终结》一书）。

关于该派对抗马克思学说这一点，著者在他的序言里，倒是模糊地有所提及：过去曾为社会经济体系而草成一稿，现据此以成此篇，不过加入一篇奥地利学派的沿革，并对其他部分的文字有所订正。"现在本因广泛地研究马克斯经济学，而屡屡引用到奥太利学派，至于其理论的全体系的说明是很少的，又宁可说是没有的"。"在这里仅从说明该学派的鸟瞰图的意义上，认为本书出版的理由罢了"。自然，有许多重要点过于简单，或完全没有说到，悉须期以他日。如果能晓得奥地利学派的一斑，或能有如何的实用，则我之喜悦，无以过之。①

看来，此译本是著者从社会经济体系一稿中抽出有关奥地利学派部分并增补订正而成，关注奥地利学派，又是因为广泛研究马克思经济学时，经常引用此派的学说。其本意是说，介绍奥地利学派乃为研究马克思经济学的附带产物，故对该学派的理论体系只作鸟瞰式的简单说明，其广度与深度均不足。而言外之意，将奥地利学派与马克思经济学说联系在一起，实际上这种联系的重点，就是奥地利学派对马克思经济学的批评和否定。

这种联系，未显示在此译本的内容里，但就专题介绍而论，这个简单说明，已是当时国内有关奥地利学派的颇为详细的说明了。其目录分为：绪论，含奥地利学派的发生及其人物，门格尔（原译"孟革"）的著述2节。第1篇概论：第1章和历史派的关系，含方法论争，两学派的关系（关于历史派的见解），社会观3节；第2章和正统学派的关系，含两学派的关系，经济人的观念2节。第2篇奥地利学派的体系：绪言；第1章方法论；第2章经济理论；第3章价值学说，含价值的主观性，限界效用的理论2节；第4章价格论；第5章补足财货的价值；第6章和生产费的关系；第7章分配问题。第3篇奥地利学派的沿革：第1章德国效用学派；

① 荒木光大郎著，刘弈译《新演绎学派经济学》，上海联合书店1929年版，"原序"。

第 2 章戈森（原译"哥仙"）的理论；第 3 章杰文斯（原译"泽丰芝"）的理论。第 4 篇奥地利学派的发展：理论的应用；各国奥地利学派的发展。于此可见，译本主要从西方主流经济学的角度，以奥地利学派的产生为标志，说明"十九世纪的七十年代，在经济学上，生出理论的研究复兴的气运，开一新纪元，是不可忽略的时代"①。但从客观上看，所谓经济学理论研究的复兴命运和新纪元，其实际效果，同中国马克思主义经济学的传播，正相抵触。如果说前个译本的译者，意在吸收西方经济学中的方法论特点来为传播马克思主义经济学提供滋养；那么这个译本的译者，则意在引进西方经济学中宣称马克思体系已经终结一派的学说，与马克思主义经济学的传播相对抗。

## 二、关于经济学概论的著作

列举两本几乎同名的经济学概论，一是译本，一是自撰本。两本概论与传统经济学不大一致，又各有特点。

### （一）《经济学概论》译本

英国平民联盟编纂，丁振一重译，上海南强书局 1929 年 4 月 30 日初版。重译者其人不详，前面的考察中可见其此后曾翻译出版日人著《中国领土内帝国主义者资本战》一书。他翻译这本英人著作，有 1929 年 1 月 11 日在上海附于译本末的赘语，说明了翻译的初衷：

我们国际地位堕落，国家财政匮乏，人民生计艰窘，"可以说完全是受帝国主义侵略之所致"，"凡我国民，皆应和帝国主义不共戴天"。"我国革命导师"孙中山先生有见及此，以打倒帝国主义号召国民，全国国民亦起而响应，如磁铁之相感，"实以我国民所受帝国主义侵害之创痛深也"。"帝国主义即资本主义之顶点，帝国主义实由资本主义发达而来。吾人既要打倒帝国主义，自不应再讴歌资本主义"。但深入细察我国民众，口里虽高喊"打倒帝国主义！"口号，脑海里实充满讴歌资本主义的思想，"其自相矛盾，实令人不可思议"。中山先生所提倡的民生主义，观其讲演"民生主义就是社会主义"，"现在我们讲民生主义，就是要四万万人都有饭吃"，以及实行民生主义的第一步为"节制资本""平均地权"等，"绝不主张资本主义，而实反对资本主义，乃彰彰明甚"。

---

① 荒木光太郎著，刘弈译《新演绎学派经济学》，上海联合书店 1929 年版，第 1 页。

考察今日我国各级学校关于经济学的教科书，"仍多采用资本主义经济学之教材，以自亚丹斯密以来资本主义传统的思想及学说，灌注于我国青年学子之脑海，以致发生以上所述矛盾之现象，此不能不亟亟矫正者"。然而在今日贫乏的中国出版界，"欲觅得一妥善之经济学范本，实不可能，又无怪各学校经济学讲座皆祖述与现代中国思潮相背驰之资本主义学说"。重译者由最近日本出版物中觅得一册"新的经济学"，由英国平民联盟所编纂。"是书对于资本主义经济学之误谬，现代资本主义经济组织之弊害，以及将来之趋势，无不有正确明晰之说明，堪为吾人之指针。可作教科书用，亦可作参考书读。乃亟译之，以饷国人"。本书因系由日文间接译出，错误之处在所难免，尚希明达指示。①

由此可知重译者不满当时我国经济学教学的现状，乃以孙中山的民生主义为判断标准，揭露我国一面深受帝国主义侵略之害，理应以打倒帝国主义号召国民，不再讴歌以帝国主义为其发展顶点的资本主义，一面却在各级学校的经济学教育中，盛行向青年学生灌注亚当·斯密以来的资本主义传统学说的自相矛盾现象。追究这种不可思议的矛盾现象未能得到及时矫正的原因，在于我国出版界的贫乏，找不到妥善的经济学范本。这样从现行经济学的范式中去检讨经济学教育与现代中国思潮的背道而驰状况，是一种少见的独特眼光。所以产生这种强烈的刺激，在现实中是帝国主义侵略我国所造成的恶果，让每个中国人都有切肤之痛，感到不共戴天，何况又都目睹帝国主义列强是资本主义各国发达到顶点的产物；在理论上则有孙中山的民生主义作为经济指导思想，其"节制资本"与"平均地权"等主张，不同于国外传统的资本主义道路。两方面因素促使重译者把矛头指向国内占据支配地位的资产阶级经济学，虽然不是出于自觉传播马克思主义经济学的动机，却在寻找传统经济学以外的新的经济学范本，以此作为指针式教科书或参考书，能够正确说明资产阶级经济学的谬误、现代资本主义经济组织的弊害及其将来趋势，这样也就为吸收马克思主义经济学的要素，创造了条件。所谓英国平民联盟，不知其详，既是编纂，非独立著作，乃编辑有关著作而成；因间接译自日译本，非直接译自原作，故称之为重译。

现在就来看看重译者所觅得的作为新经济学范本的这个译本，究竟有哪些特点。其序言说明：经济学为"关于财富之生产和分配之科学"；经济学最重要的性

---

① 平民联盟编纂，丁振一重译《经济学概论》，南强书局 1929 年版，"重译者赘语"。

质乃为基础科学，研究人生第一不可缺的衣食住问题；立于人类思想及一切社会制度背后的要因，由经济关系来决定，所以必以经济学来说明社会组织的兴亡和社会的动力，历史才能避免无意义的混乱；研究经济学还是平民排斥资本家谬说之愚惑的解毒剂，摆脱"以现在的状态为合理的且必要的"正统学派经济学者的既有旧观念的束缚；经济学的最终目的"乃在促成新的社会组织"，尽管资本阶级努力运转其旧机器以图永久继续下去，但我们"应极力促成新机器的成立"，经济学的知识正是帮助我们完成这一目的①。换言之，这是试图从现成的经济学定义出发，引申出有别于正统经济学旧观念的新涵义，也就是不以现在的社会组织为合理和必要，努力促成新的社会组织出现；为了达到这个目的，又在经济学知识里，引进类似于马克思所说的对市民社会的解剖应该到政治经济学中去寻求，以决定人类思想及一切社会制度背后的经济关系作为经济学的研究对象等内容。

接着分 12 章，第 1 章"现代之生产"，论述公司的创设，股票的种类，资本的种类和准备金的资本化。以此作为经济学的最初着眼点，同《资本论》从商品入手进行经济学分析，完全不同。

第 2 章"商品、价值及剩余价值"，论述一切商品的共通点，是生产该商品所耗费的劳动；这不同于各种类的具体劳动，体现"商品上平均强度及平均熟练之人类劳动"，这是商品有交换价值的基础；实际交换中一切商品的价值，"都是这种计量单位的还元，也就是平均人类劳动的还元"。比起个人主义经济学的正统派学说，把商品的生产费改为以货币计量劳动的非效用，以默认富翁或贫人的阶级制度为前提，社会主义经济学的劳动价值学说，则运用社会平均必要劳动的抽象观念，以劳动时间的长短来计量，其任务在于说明为什么资本家没有什么劳动而一天可以获得很多收入，同时劳动者每天劳动很长时间却仅获得很少收入；资本家获得利润，只是凭借他拥有资本而无产的劳动者没有资本这个事实，因此资本家可以购买劳动力为自身的利益工作，没有任何生活手段的劳动者不得已只有把自己的劳动力当作商品廉价出卖；劳动力的市场价格大概与其生活费相等，但必须切记劳动和劳动力的差异，劳动者得到的工资报酬大大少于他添加在生产物上所余剩的价值，那些价值变成地租、利润和利息而入于资本家之手，"剩余价值必然等于'劳动力商品'之价值和该劳动力所创造之全价值之差额"。最要紧的是"不要把经济学和

<hr />

① 平民联盟编纂，丁振一重译《经济学概论》，南强书局 1929 年版，第 1—5 页。

伦理学相羼杂"，譬如马克思"单是评判资本主义生产运用的方法"，而不评判其道德的正确与否。"马克斯自己也曾说，劳动者无论于如何制度之下，既要为促进发明或改良以期产生将来之收获而不能不贮蓄他们所生产之一部，则他们决不能获得他们所生产之全价"；"劳动力当作一个商品售卖，乃是资本主义生产之特征"：一方面劳动者必然要把其劳动力商品尽量高价出售，另一方面资本家必然要对抗劳动者而努力巩固其蓄积资本的特权地位，于是两者之间不断地发生斗争，"这就是所谓阶级斗争"。在今日大规模的罢工频发，与资本家阶级依然维持资本主义制度和他们自身的地位之间，问题想要解决而终不能解决，这正可完全证明剩余价值学说的正确。① 这一章回到马克思关于商品分析的起点，由此引出劳动力商品和剩余价值概念，并说明马克思的剩余价值学说揭示了资本主义生产方法是劳动者与资本家之间阶级斗争的根源，而不是道德评判。第 2 章还追加"限界效用说及其误谬"部分，论述限界效用、费用价格、非效用及费用，以及正统派学说的错误何在。这是对前面内容的补充，说明正统派的边际效用学说属于用来宣传资本家制度的性质。

第 3 章"工资"，论述名目工资、实质工资、比较工资，支付方法，工资的变动，职业（自由职业）的报酬及俸给，工会及工资，有弹力性的生活水平。这些论述更注重各种具体的工资现象，其中也说，劳动者实际状态的改善，既然"和永续且不断的增大之剩余价值之掠夺两立"，则劳动者要求获得其全部劳动成果"完全是虚妄荒诞的"，但劳动者仍要进行反抗的努力，这种要求"也是由内部分裂资本主义社会的力量之一"②。尽管如此，它和《资本论》里有关工资的论述，有很大不同。

第 4 章"资本、利润、利息、地代"，论述产业资本、商业资本、银行资本，剩余价值率及利润率，生产费及生产价格，利润、利息及地租。这些论述谈到剩余价值在生产领域的创造及其在不同资本家之间的分配问题，不时引用马克思的经济概念，如"分资本为不变资本和可变资本"；切须牢记"剩余价值率只有就可变资本可以算出"；"不变资本和可变资本之比例，依其资本构成之为高度或为低度而决定"；马克思关于"生产费"和"生产价格"的观念，可为李嘉图派学说之"补遗"，土地所有者在差额地租外仍可获得马克思所谓的绝对地租；等等。此外，还

①　平民联盟编纂，丁振一重译《经济学概论》，南强书局 1929 年版，第 17—23 页。
②　平民联盟编纂，丁振一重译《经济学概论》，南强书局 1929 年版，第 53 页。

引用《资本论》第三卷的两段原文，一段是"商业劳动者对于其雇主所增加之收入，并非依直接创造之剩余价值而增加的，乃是依帮助雇主低减剩余价值实现之费用而增加的"。另一段是"社会之一部分，这样的向其他部分强索许诺其地上住居之贡税。土地上之私有财产制，就是地主有利用地球之躯干，地球之内脏、空气等，以及和此等共生命之保存和成长之特权的意思。人口之增加不单跟随着就是住宅要求之增大，并且凡一切产业的建筑物、铁路、仓库、工场建筑物、船渠等，或是结合于土地，或是定着于其上，以及在地上设置基础之固定资本之增大等，必然的抬高房租"①；诸如此类。② 引用马克思这些经济概念，穿插在引用其他人的经济概念之中，并不求其系统和完整；引用马克思的两段原文，更是一下跳到《资本论》第三卷，中间没有任何逻辑上的过渡，而且经过从英文到日译文的转译，再到中译文的重译，其表述也不那么确切。

第 5 章"交换"，论述物物交换，货币及其机能，辅币，纸币，流通货币的总额，货币代用物。其中虽能看到《资本论》第一卷分析货币的一些痕迹，但主要介绍一般经济学中的货币知识。第 6 章"外国汇兑"，论述国际贸易，汇兑市况，战后的市况。其内容也是主要介绍一般经济学中的外贸和外汇知识。第 7 章"银行"，论述存款及计算，现金准备，英格兰银行，银行家的职务。这些论述接触到金融寡头概念，并提出如果希望扫清走向新社会秩序的道路而使信用不基于剩余价值的掠夺，"惟在有计画的有统制的生产"③，但主要内容仍是介绍一般经济学中的银行知识。

第 8 章"资本主义生产最近之发展"，论述阶级分裂，大规模生产的由来，大规模生产的优益，机器及其结果。这些论述提及：资本主义生产所必要的两个条件，一是存在没有任何资本及土地的劳动阶级，二是存在所有很多财产蓄积的资本家阶级，成功创造这两个条件经过了数世纪历史的过程，理解资本主义生产的根本性质，必须记住这个阶级分裂，而这个事实是正统派经济学者最不留意的；由此造成不平等的收入分配，"并不是'自然的'，即并不是依据'自然法则'的，乃是'制度的'，即今日之社会组织，乃建筑于土地和资本之阶级的所有之上之特殊制度（即私有财产、契约、继承、高等教育之阶级的独占等各种制度）"；因此要搜

① 这两段引文的今译文，分别见《资本论》第 3 卷，人民出版社 2004 年版，第 334—335、875 页。
② 平民联盟编纂，丁振一重译《经济学概论》，南强书局 1929 年版，第 56—59、61、65、68 页。
③ 平民联盟编纂，丁振一重译《经济学概论》，南强书局 1929 年版，第 152 页。

寻探求最近以来资本主义种种发达的痕迹，"其最重要之事项，则此种种发达，乃是两个阶级之间互相冲击乃至互相争斗所致之结果"。资本主义生产经营方法应该注意的两个重要事项，一是各个独立生产者为了占据市场而获得最大限度利润的互相竞争，造成价格降低到生产费以下的一时"生产过剩"，于是近年来形成各种协约或联合，减少竞争，限制生产以维持价格；二是资本家为了降低生产费而比竞争对手获得优势地位，主要方法是扩大分工和进行专门化地域化的更经济利用，以及采用新机器以节约劳动。由此形成的大规模生产，产生趋于资本集中的倾向，既如马克思所预言，"以少数人所增大之经济力之集中，为其重要的特征"；又通过竞争和专门化经济二重事实，"小公司渐次被大公司所驱逐"。资产阶级经济学者总是为机器的资本主义使用辩护，实际上它增大失业的频发和劳动者地位的不安定，"为不可避之事实"，只有在别种制度下，机器对于劳动者才必然无害而有利；总之，采用新机器，具有助长资本聚积的倾向，又具有绝对增大工资部分和相对增大资本家阶级的剩余价值的倾向，具有资本家的社会利益比较劳动者而增大的倾向，这样具有支配经济力的少数大资本家的社会利益比较劳动者的可惊增大，"遂致阶级争斗愈益激烈"。① 这些观点，似乎与马克思经济学说有关，在理论逻辑上又不尽一致，常常引用其他人的经济学著作以为根据；或者说，一面采纳马克思的若干理论为我所用，一面又不必遵循马克思的理论逻辑而随机掺入其他内容。

第 9 章"产业恐慌"，论述恐慌是什么，以及原因和结果。认为资本主义的发展交替出现景气不景气的"产业周期"，当转换到景气告终，生产衰退，劳动者的解雇和破产开始出现之时，即为恐慌。恐慌来自企业在景气时代有超过市场实际需要而扩大生产的倾向，不能正确调和供给与需要而发生供给过剩；其原因"在资本主义制度之下，生产乃无政府的（无组织的，混乱的），乃非调整的"；生产过剩的倾向，尤以生产手段产品的制造需要长时间，更增大一层；因此，资本主义下的生产扩张，只有以经济机制的"恶调整"为牺牲始得实行，这种恶调整又因通货膨胀的影响而更加增大；此种资本主义发达的"凸凹性和痉挛性之结果"，就是雇佣和工资从而劳动者地位的不安定倾向；"劳动者随着产业之发达，愈觉悟其阶级智识，愈增大其阶级的组织，他们对于此种不安定必更加愤怒，而且对于资本家所增大之经济的权利亦必更加愤慨。因此，伴随着资本主义生产之继续进行，而阶

_____

① 平民联盟编纂，丁振一重译《经济学概论》，南强书局 1929 年版，第 153—173 页。

级斗争亦必继续增大，至其最后，遂因斗争太激烈而致资本主义之生产，不能再行继续"。[1] 这些有关产业恐慌的论述，比较马克思的资本主义经济危机理论，也是既有相像之处，又有自己偏好的理由和感兴趣的地方。一般说来，用浅易的知识和事实代替深入的理论阐述，最后落脚在劳动者对自己不安定地位和对资本家不断增长权利的愤怒或愤慨上，颇富情感色彩。

第 10 章 "'托辣斯'（Trust）及'康宾诺逊'（Combination，合同及联合）"，论述独占的倾向，同业公会，企业家联盟、制造业同盟、企业联合，方法及结果，独占价格及独占利润，资本集中及阶级斗争。指出资本主义经济学者不惮烦言地为资本主义制度辩护的主要理由，说自由竞争可以自动调整生产和分配；然而资本主义日益趋于大规模生产的倾向，结果由市场竞争趋向市场独占，少数大企业联盟之间的竞争，又打破国家地域而成为国际的更加猛烈竞争，"此实为帝国主义之重要的原因"。劳动者知道，各种形式的企业独占组织所拥有的大量资本，是用来对抗他们的，"就是要由他的劳动力中尽可能的取得多数之剩余价值"，孤立的劳动者决不能对抗有组织的资本以改善他们的境遇；随着资本主义生产不断聚集于少数资本家之手，"假使劳动者不依阶级的方针团结，以反抗其权力，则他们将愈使资本家为所欲为"。[2] 这是从资本主义生产由自由竞争转向垄断的趋势中，相应得出劳动者只有加强阶级团结才能对抗资本家的权力这一结论。不过介绍的重点是资本家的各种垄断组织形式，而非劳动者如何通过阶级斗争来对抗这种资本集中趋势。

第 11 章 "国际贸易及资本输出"，论述国际贸易的便益，资本输出的初端，外国投资的政治拥护，英国从美国借债，经济的结果。其中论及资本及劳动在各国间的"可动性"，使得资本可以不依其生产费的多寡而获得更高的利润；对外国投资的政治拥护是制造现代历史的基础，也是帝国主义的经济基础；英国向美国借债是"变更世界之旧经济的平衡物"的最重要经济事实，反映了"顺次被转换之世界资本主义之经济的基础"。帝国主义的最初阶段，毫无疑义"足致资本主义制度于一新的健康"，资本家可以通过少许提高劳动者的生活水平，"藉以挫折阶级斗争"，正如英国帝国主义的先驱"将其帝国主义的要求和社会改良运动二者结合为一"；通过社会改良来收买劳动者，这是欧战前 20 年间，主要资本主义诸国的劳动运动及社会主义运动简直毫无生气，任凭帝国主义成立的理由，"因为社会改良而

---

① 平民联盟编纂，丁振一重译《经济学概论》，南强书局 1929 年版，第 173—184 页。
② 平民联盟编纂，丁振一重译《经济学概论》，南强书局 1929 年版，第 185—187、204—206 页。

努力进行之改良社会主义者，则为成就彼等之目的而和帝国主义相结合"；这不过是资本输出最初阶段的现象，"资本输出产生帝国主义，而此帝国主义则产生破灭资本主义社会构造之战争"，资本输出和帝国主义不过是对资本主义"一时的刺激"，或许可以阻止阶级斗争的发展，但以后的结果，"即是最大的浪费和制现今世界死命之恐慌"。① 本章的论述，本来根据列宁的帝国主义论，可以从前章论述资本主义生产的独占倾向，也就是从垄断阶段的资本主义直接过渡到帝国主义，可是它的重点却跳到国际贸易和资本输出方面，以此作为帝国主义的经济基础，又作为打破旧的世界经济平衡并使世界资本主义经济基础依次转换即更替世界霸主的原因；另外一个重点，借此说明帝国主义通过资本输出而产生的最初阶段，可以一时刺激资本主义的发展，以其获利收买劳动者并用社会改良来代替阶级斗争，然而最终结果造成最大的战争浪费等世界性恐慌。这似乎是劝戒发达资本主义国家的劳动者阶级，不要受帝国主义对外经济侵略政策给本阶级所带来的暂时利益的迷惑而放弃阶级斗争，并对改良社会主义持有异议，但究竟应当坚持怎样的阶级斗争，又语焉不详。

第 12 章"资本主义之顶点"，论述末幕的开始，交替，现时的恐慌期，平衡可以回复么。其逻辑：前面各章指出资本主义的特征并预示其崩坏，表现为大量永续性失业，生产减少及产业限制，耗费浩繁军备，课税不堪忍受，新生民族运动与帝国主义的对峙，债权国在关税上为所欲为等，这些都是急激要求解决疾病的兆候，说明"资本主义由有用物变成障碍物"，资本家由管理者"变成收受利息无所事事之怠惰者"；于是提倡"交替的生产方法"，挑战"资本主义之神圣和不可议权"，这种变革全世界的提议已经深入人心；金融独裁及少数人对产业的统制，引起社会主义者要求将一切产业由社会接替来经营，英国称之为产业国有，但无论什么国有计划，如果不以产业统制的大部分赋予劳动者，"现在必不能采用"；我们研究经济学的全部目的，"即在帮助劳动者，使之知道在此等处所及其他处所，应该怎样办或正在怎样办"；纵令世界战争的危机及其极大的浪费，暂时不会发生，单是独占限制生产，威胁生活水平和社会不平等的危险，"亦足使一切有思虑的人认定生产交替之必要即在目前"；战后产业恐慌的主要原因，正如资本主义产业恐慌的根本特征，增大了"经济的恶调整"；资本主义的战后恐慌，不可能像战前的

① 平民联盟编纂，丁振一重译《经济学概论》，南强书局 1929 年版，第 208、216、218、220—224 页。

恐慌一样得到恢复，以前的恐慌是短期的尖锐的，如健康人的一时不快，"现在之恐慌期乃必死的慢性的痼疾"；新的世界战争正在威胁人类，我们研究经济学的目的，"即在理解资本主义之没落如何为不可避的，而对于此种必然的变革，应努全力准备"，很明显资本主义已无能力解决其自身的问题，"劳动者不能不发展消灭资本主义之必要的信念和能力"。[①] 这个逻辑无非要说明，使资本主义趋于崩坏的各种特征，进入垄断阶段产生更大的危险，于是提出更替资本主义生产方式的世界性变革问题；这个变革不是现行制度下所采用的产业国有，也不是战后的恐慌可以像战前一样重新恢复平衡，而是面临新的世界战争的威胁；所以研究经济学的目的是告诉劳动者，资本主义的没落不可避免，资本主义自身已无能力解决这个问题，劳动者必须提升信念和能力去消灭资本主义。不过在如何消灭的问题上，书中虽然引用 20 年代初的数据和例证，并引用托洛茨基和瓦尔加等人分析世界经济形势的著作，却从未提到苏俄革命的范式，看来是在等待英国劳动者或平民自己的觉悟并具备相应的能力。

综合以上分析，可以判断，这个《经济学概论》译本之所以被重译者选作新经济学的范本，关键在于它不像传统经济学那样站在资本家的立场上为现行资本主义制度的神圣不可侵犯性辩护，而是站在劳动者的立场上说明资本主义将不可避免地没落且无法自救，只有用新的社会组织来代替它。立场上的不同，自然带来新旧经济学在体系、结构与内容上极大区别，或如重译者所说，新经济学的重点是阐述资产阶级经济学的谬误、资本主义经济组织的弊害及其未来的发展趋势。这个阐述过程，能够看到在许多基本理论问题上，大量采用马克思经济学说的概念和原理，而且引用《资本论》第三卷中的两段原文，也是当时国内传播《资本论》的著述里很少接触的内容；此外论及马克思以后世界资本主义发展乃至帝国主义阶段的经济形势，同样能够看到延续马克思经济分析的脉络，把资本主义发展到顶点而必然走向没落的危机和危险，视为资本主义固有矛盾进一步激化或恶化的结果。所有这些，都使这个译本可以不负新经济学的声誉。但是否堪称范本，又另当别论。姑且不说译本以编纂为主，并非独立创作的理论体系。即便看它所依凭的马克思经济学说，全书体例也不是以马克思的理论体系为准，跳跃式地选录若干概念和结论，分别装入自己的结构安排；由于这种安排时常穿插着各种其他的观点、案例或一般经

---

① 平民联盟编纂，丁振一重译《经济学概论》，南强书局 1929 年版，第 224—238 页。

济学知识，包括掺杂传统经济学的一些内容，经常中断或打乱马克思原有的叙述逻辑，使得全书看起来缺乏严谨的内在理论联系。此其一。其二，译本注重说明现行资本主义社会的不平等状况并非自然法则，乃其制度因素造成的结果，尤其注重分析这种制度的痼疾是导致其必然没落并为新社会组织所替代的根本原因，这是全书的着力点，又是它被当作新经济学的要素所在；同时书中更倾向于把资本主义制度发展的这种必然性说成一种自然趋势，虽然也强调由此引起的阶级分裂和阶级斗争是促成这个制度崩坏的内在力量，但停留于劳动者对资本家感到愤怒或愤慨的情绪色彩，缺少理论深度。大概受此启发，重译者不满我国打倒帝国主义和讴歌资本主义表里不一或自相矛盾的现象，也是出于对帝国主义侵略中国有着不共戴天的义愤。其三，译本的结论，资本主义的没落不能由其自身来挽救，劳动者应当努力从信念和能力上做好消灭资本主义和促成新社会组织的准备，但未曾提及已经完成这一准备并建立起新社会组织的苏俄革命。这或许可以从不同的国情方面来解释，英国面临资本主义发展到顶点的问题，苏俄革命则发生在比较落后的基础上。问题是书中虽然批评改良社会主义，却没有阐述劳动者应当如何组织阶级斗争来反抗资本家和怎样消灭资本主义制度的明晰内容，似乎在等待这种机会的自然到来。对此，重译者似乎也有所领悟，所以才会用孙中山主张"节制资本""平均地权"的民生主义思想类比新经济学，同样作为提倡社会主义和反对资本主义的指导方针。如果说这本《经济学概论》介绍到中国，所起的作用只是为了印证民生主义学说，那么从传播马克思主义经济学的视角看，就算不得真正意义上的新经济学范本。

　　说到这里，此译本本不该放在属于正统经济学范畴的本节著作里介绍，它的初衷恰是要用新经济学来取代正统经济学。然而比较上一编所介绍的那些建立新经济学的尝试性著作，亦即以苏联学者为主导并大量吸收苏俄革命与建设的理论和实践成果的创新尝试，此译本所说的新经济学，固然大量引进马克思经济学说，却总是期待在资本主义经济充分发展或进入帝国主义阶段后其弊端充分暴露的趋势下，能够顺其自然地具备和达到资本主义崩溃及社会主义实现的条件与目的，实质上希望形成一个不同于苏俄暴力革命与无产阶级专政的实现社会主义方式。所以在这个译本里，根本看不到有关苏俄革命或经济建设的内容，而且用不少篇幅去介绍类似于正统经济学里的各种经济知识。正是基于这些在新经济学共同名义下的实质性区别，权且将这个译本放在本节，也算是一个有所区别的安排。

### （二）《经济概论》

邝振翎、刘渤、胡荬南、刘泮珠①合编，中央陆军军官学校政治训练处 1929年 4 月 1 日初版，列入政治丛书。此书分总论、价值、生产、交换、分配论五讲，大体仿效流行经济学的体系结构，前两讲由邝氏编写，显系编书的主导者。此即前面提到的邝摩汉，早在 1919 年即翻译河上肇的《社会主义之进化》一文，后又见他 1922 年翻译出版小林丑三郎的《最新经济思潮史》，其中不少篇幅都论及马克思经济学说。后三讲分由三人编写，有些人情况不详，但看来都是中央陆军军官学校的政治教员。这里重点评介邝氏的总论，内分 11 章。

第 1 章 "人类的生存"：民生主义所说的生计，其意就是计划我们怎样取得生活资料。人类是政治的动物、社会的动物，谋取生活资料的时候，常常 "集合多数人类而为群众的运动，或组织社会而为社会的运动，或组织国家而为国民的运动"（第 2 页②）。历史告诉我们，人类谋取生活资料，常用两种方法，"一种是激烈的叫做掠夺；一种是和平的叫做劳动或交换"（第 3 页）。民生主义完全实现，即 "国际平等""政治平等""经济平等" 的时代，掠夺斗争熄灭；那时的社会，"共同劳动，共同生产，共同消费"，即 "各尽所能，各取所需" 的社会；一切生活资料都很丰富，不但无所用其争斗，而且因为商业废止，亦无所用其交换，"这种社会，即所谓大同社会"（第 3—4 页）。显然，这是引进民生主义作为阐释经济学或概论经济的指导思想。

第 2 章 "生产工具的发明"：人类是 "制造工具的动物"，不但能够利用天然的工具，同时能够改造天然的工具而为更进步的人工的工具；文明是工具创造的，所以 "工具进步，文明也就跟着来进步"（第 4—5 页）。经过产业革命，工具发展为伟大的机器，能够造出大量生产物，然而由于 "经济组织的不良"，民生问题还是不能解决（第 8 页）。从制造工具入手来说明经济进化或解决民生问题的起源，属于唯物史观的观点。

第 3 章 "生产工具与生产力"：生产工具和生产力的关系非常密切，"生产工

---

① 刘泮珠（1902—?），湖南湘阴人；毕业于日本早稻田大学政治经济学系和苏联莫斯科中山大学，中央训练团党政研究班第 5 期肄业；历任湖南大学教授、国民党长沙市党部执行委员、长沙警备司令部政治部副主任、南京中央大学军训室副主任兼总教官；抗战爆发后，任中央陆军军官学校第 14 期第一总队政训室中校主任、上校主任、上校政治教官；1945 年任衢州绥靖公署少将参议，1946 年初退役，任中央大学政治学教授。

② 此页码见邝振翎等编《经济概论》，中央陆军军官学校政治训练处 1929 年版，下同。

具是生产力的一个推进机"（第 9 页）。关于生产力的发展有许多学说，如人口说、人种说、原料说等，主要条件还是工具。"所谓生产力，简言之，就是技术，详言之，就是工具和劳动的合成"，就是"劳动的生产能力的意思"（第 10 页）。劳动跟着工具而进步，"劳动之进步与否，完全视工具之发明或改良与否而决定"（第 11 页）。这是前章观点的进一步展开论述。

第 4 章"生产力与经济组织"：经济组织是"社会上人与人的经济关系"，这种关系就是亚当·斯密所说的"无形之手"（第 11 页）。这种社会的经济组织，"常因其组织的根本差异而不同"，根本原则就是"资本主义和民生主义"（第 12 页）。在资本主义经济组织下，各人的物质生活由各人负责，国家和社会都不替他设法，如现在各国，富者积而无所用，贫者简直没有饭吃。但在民生主义经济组织下，无论何种民众，凡衣食住行需要的资料，国家都替他负责，设法使每人都有饭吃，有衣穿，有屋住，有车坐。因为资本主义生产的目的在挣钱，民生主义生产的目的在供给人民的需要。换句话说，资本主义组织的生产为挣钱而生产，不挣钱的就不生产；民生主义组织的生产为需要而生产，凡需要的都要极力去制造。"因之，资本主义的经济组织和民生主义的经济组织，其精神完全不同"。两种经济组织成立和变动的原因，都是生产力。生产工具一经发明，生产力跟着发展，生产力一经发展，生产关系就发生差异，生产关系发生差异，经济组织就会跟着改变。"可知经济组织的成立和变动，完全以生产力为条件"（第 13 页）。这是把经济组织分为资本主义与社会主义两大类，以民生主义代替社会主义，从前者进化到后者，依据的又是生产力决定生产关系的唯物史观原理。

第 5 章"经济组织与经济学"："经济学是社会科学之一，其对象就是经济组织的构造和作用（构造和作用即人与物及人与人的关系）"。在现代经济组织下，所谓经济科学的系统，为生产、交换、分配、消费四种。这种系统中，每种有其构造和作用，合起来即为统一体的经济组织。"经济学就是研究这种经济组织的学问"，因此，经济学不能离开经济组织，一经离开，经济学马上不能存在（第 14 页）。这个经济学定义，看起来似乎仍局限于传统的四分法结构，其实重点已转向研究经济组织中人与物尤其是人与人的关系上。

第 6 章"经济组织之进化的阶段"：从历史上观察，从来经济组织的不同原则，分为非阶级的组织与阶级的组织。所谓阶级，不是以财产或收入多少乃至职业差别为标准，"是在［以］社会的生产关系地位不同而区别的"。详细地说，"在一定生产关系之下，某一种人对于其他各种人，占一种优越地位，而榨取其剩余生产物，这种的生产关系，谓之阶级的生产关系，由这种生产关系而构成的经济组织，谓之阶级的经济组织，也可说是阶级的社会组织"（第 15 页）。这种阶级的社会组织，适应其物质生产力的发展程度，可分为四个时期，即共产社会时期，奴隶制度时期，农奴制度时期和工钱劳动制度时期。工钱劳动者又称自由劳动者，"劳动者不隶属他人而为他人所有"，有居住转移和职业选择的自由；但劳动者与生产工具脱离，必定要把他的劳动力卖给他人，须受他人的一般强制。"在法律上名目上，是自由的平等的，但实际的生活上，依然有阶级的区别，即所谓有产阶级和无产阶级、换句话说，就是有产阶级利用他的资本，而剥削无产阶级的剩余劳动。因之，工钱劳动者和资本家，就俨然成了两种敌对的阶级，同时社会全体的经济组织，也就成了一种阶级的经济组织"（第 20 页）。这样分析经济组织的进化阶段，特别是资产阶级剥削无产阶级的现代雇佣劳动制度，实际依据的原理是马克思经济学说。

第 7 章 "经济学之历史的发展"：现代经济学分为"资本家的经济学"和"劳动者的经济学"两大派（第 20 页）。前者站在资本家方面，主张以资本家为本位，社会上一切产业的所有权、经营权和享受权等，都归资本家占领。后者主张社会一切文明都是劳动者创造出来的，一切价值可叫做劳动价值，资本家不过是掠夺劳动者过去的积蓄劳动作为现在的资本；"因之，社会上一切物品的享受权，都应归劳动者所有，才合道理，不劳动者，就不应该有饭吃"。两派在纯粹经济科学上，为了促进经济发展，完成经济科学使命，但在经济科学的根本思想上，"大相反对"。资本家的经济学者用科学研究发明资本家社会的法则，是无意识的无政府的法则，主张资本家社会永久不变。劳动者的经济学者与此相反，在消极方面，暴露资本家社会的内幕，批评其法则的不当，论述此社会之所以成立、发展和死亡的原因；在积极方面，"创造将来经济社会有意识有系统的法则"，论证任何社会都是历史的产物，必会灭亡，"现在的社会，照历史的推演必会由资本主义社会渡到社会主义社会"。前者的代表是亚当·斯密学派，后者的代表是马克思学派。（第 21—22 页）古典学派使经济学成为一种有条理有系统的科学，其根本思想是私有制度和自由竞争，这也是资本主义社会组织的两个柱石。资本家经济学的发展到亚当·斯密等人，已经登峰造极，无以复加。但学术思想不停顿地进化，所以"资本家经济学发展之后，不久就发生马克斯劳动者的经济学说"。"马氏经济思想，完全为社会主义的"。其巨著《资本论》，"全书的精神，在阐明资本家生产方法内在的法则”。其重要学说是劳动价值论、剩余价值论、资本集积论、资本家社会组织崩坏论等。劳动价值论即一切物的价值都由劳动决定，斯密和李嘉图也如此主张；剩余价值论即劳动者所生产的结果，除了一部分抵偿劳动者的工资外，剩余的大部分被资本家夺去，"这完全是马氏从社会主义立场上说的，差不多全部书，都是叙述这种主张的学说"；资本集积论叙述资本的起源及资本必然集积的倾向；资本家社会组织崩坏论不仅用理论叙述，而且用数学叙述，由此成立其第三卷所说的利润[率]递减的法则。马氏还有剩余价值学说史的大部头著作。"自马氏以后，虽有所谓劳动者经济学的著述，然其根本精神，大概不出马氏以外。即与现在资本家经济学的著述，不出亚氏的范围一样"。"民生主义即社会主义，因之，民生主义经济学，即为社会主义经济学，所以现在我们如果要建设民生主义经济学，必须参考社会主义经济学种种材料"。（第26—27页）这一章的论述，可视为总论的核心思想。它通过考察经济学从资本家经济学进化到劳动者经济学即马克思经济学这个历史发展过程，得出一个重要结论：既然民生主义即社会主义，由此可以推导出民生主义经济学即社会主义经济学，则要建设民生主义经济学，必须参考社会主义经济学也就是马克思经济学说。

第8章"资本家经济组织的崩溃"：每个经济组织都是历史的产物，现在资本家的经济组织也难逃此例。资本家的经济学者以为这个经济组织是历史进化必然的结果，完全受自然法则的支配，因此万世不变。这是因为古典学派处于资本主义初期，一切弊害尚未发生，然而到了现在，分配悬隔的社会问题变为最大最难解决的问题。在资本家独占的时代，一方面生产力达到最高的顶点，一方面大多数劳动者的购买力日见减少，因此时常发生生产过剩和产业恐慌的险象，结果生产力的发展受到阻抑，"这完全是资本家经济组织之过"。欧美社会主义的经济学者，断定这种阻抑生产力发展的经济组织，必会崩溃而转到另一种新的经济组织。机器日益发达，不变资本日益增加的结果，使利润递减法则日益普遍于各种产业界。换句话说，"社会主义经济学者，竟用了这种递减法则，推定了资本家经济组织崩溃的运命"。"决没有所谓万世不变的法则与组织"。（第29—30页）本章的论述，延续前章的核心思想，等于说民生主义的目的，决不是维系现行资本主义经济组织，这个经济组织已经显露出必然崩溃的命运。

第9章"资本家的经济学的废弃"：关于资本家的经济学，我敢武断地说，就是研究"挣钱"的学说。如果另一个社会的经济组织的基本原则，不在"挣钱"，而在供给人们的需要，其经济学的使命就与从前的经济学完全不同了。所以经济组织一改变，从前研究经济组织的旧经济学就失其意义而无所用了。另外，资本家经济组织最要紧的经济行为，是交换行为，它的生产，为交换而生产，它的分配，因交换而分配，由此产生追求商品、价值、价格、货币、银行、供需关系、内外贸易和殖民地，争夺世界市场等内容的分析及其法则的论述，并在经济学中占了最大部分。如果换了一个社会，它的经济组织只有生产和分配，没有交换，其经济学不但全部删除大部分有关交换的论述，有关生产和分配的论述也将变更其特性。总而言之，经济学以经济组织为研究对象，对象不同，经济学的内容和性质也须删改。质言之，"社会主义的经济学，不适用于资本主义的经济组织，犹之乎资本主义的经济学，不适用于社会主义的经济组织"。资本家的经济组织必会崩溃，所以"资本家的经济学，也必然废弃"。（第30—32页）此章论述同样延续前面的核心思想，建设民生主义经济学，不可能依靠资本主义经济学，因为这个经济学将随着资本主义经济组织的必然崩溃而必然被废弃。

第10章"民生主义的经济组织"：在帝国主义继续侵略，国内农工商继续衰颓的状况下，我国要建设一个新经济组织，非常困难，但仍要下定决心，极力奋斗，在"扩张生产力"和"渐向民生主义路上走"这两个目标下，以求出路。这个时候，经济思想最关重要，稍不留意，不是固守封建经济思想，就是流为资本主义经济思想。因此，"要创设民生主义的经济组织，最要紧的，就是无论那方面，都要充满这种民生主义的思想"。不过民生主义的经济组织，不是遽然可以办到，必须经过几个时期才能渐次形成。第一期"为奖励商业，保护私人资本，铲除经济障碍的时期"；第二期"为限制商业，节制私人资本，用国家资本，尽量发展各种产业的时期"；第三期"为废止商业，消灭私人资本，各种经济源泉，都已滔滔不竭涌出的时期"。（第33—34页）在第一期，要将国内外各种经济上的束缚剪除殆尽，同时要将各种经济上的要素预备完全，有了这两个条件，各种产业的生产力"就会不期然而然的发达起来"；同时应该注意，在这个过程中，"一定要有民生主义的经济政策，暗中指导，使其徐上民生主义的道路"，所谓大同世界和共产社会，"才有走到的一日"（第38页）。第二期是最重要的时期，又是最困难甚至最危险的时期；在民生主义大原则下，一方面对于投机、营利、资本主义思想，以及财产私有、所有、遗传观念等，须缩小或消灭，一方面对于财产共有、共治、共享观念等，须提倡和培养，才能达到民生主义的新社会；如其不然，小则延长移到新社会的时间，大则转到资本主义的社会；尤其第二期的末段，"其威权要高于一切"；此时的经济组织，"宛如蜕化为蛾的蛹子一样，不久的将来，就要渐渐变成一个民生主义新社会的经济组织"（第43—44页）。第三期经过物质、精神、社会各方面的发展，此时的社会，"完全为自由平等的社会，完全为共有、共治、共享的社会"；其经济组织，"纯为一种最完善的民生主义的经济组织"，这种经济组织，"是历史进程上一种最高级的最进步的组织"（第47页）。这一章占用的篇幅最多，是全书论述的重点。这里所说的民生主义经济组织及其实现方式，从基本原理上看，依据的是资本主义经济组织必然崩溃而最终将为社会主义经济组织所替代的理论预期，从实施步骤上看，谋划的却是在现行制度下通过民生主义经济政策的暗中指导，在发展资本主义经济的过程中逐渐和平合法地走上民生主义的轨道，直至最终建成类似于大同世界的民生主义经济组织。这种依托执政当局并回避阶级斗争和农工革命的三阶段设计，在当时国情条件下，更多具有想象的成分。

第11章"民生主义的经济科学"：民生主义的经济学与资本主义的经济学不同，不是营利的，不是个人主义和自由主义的，不是主张资本家利益的，不是无政府的，因此在民生主义社会里，不适用营利的个人主义和自由主义等的经济学。"要创立民生主义的经济组织，必先要创立民生主义的经济学"。民生主义的经济组织分为三期，研究民生主义经济组织的经济科学，也应分为三期。在第一期，一切经济思想、经济行为、经济制度、经济政策等，都和旧社会或资本主义社会差不多，只是指定了民生主义社会的目标，"不过是一个胚胎"；此时的经济学，除了显著违背民生主义的部分外，大部分只好采用资本主义的经济学说；"我们的工作，就是修改资本主义的经济学"。在第二期，各种经济已经发达，各种经济组织也和资本主义经济组织相差较远，我们应当"根据民生主义的大原则，去改造全部的经济学"：消极方面，删弃资本主义经济学内不适用的法则，积极方面创建适用于民生主义组织的法则，以为生产和分配行为的准则；此时最困难的是在可能范围内或相当条件下，一面"要带资本主义的色彩"，一面"又要具民生主义的性质"。在第三期，不必再有这种矛盾的态度，此时完全抛弃资本主义的学说，完全采用民生主义的学说，"民生主义的经济科学，已经成了一个具体的模型"。其内容，不以营私为目的，以享乐为目的；不是个人主义，是社会主义；不是自由主义，是干涉或管理主义；不是专主资本家一个阶级的利益，是主张全民众的利益；不是无政府状态，是有政府状态；简单一句话，这是"民生主义的经济科学或大同世界的经济科学"。（第50—53页）本章的论述，由前章的论述推演而来。于是想象中的民生主义经济组织的实现方式，变幻为想象中的民生主义经济学的先行形成方式。在这里，马克思的经济学说，只留下一些表象的痕迹，实际上掺入了各种不同类型的内容。

梳理总论11章内容，表面看来，以民生主义贯穿始终，实则在民生主义的名目下，论述的主旨是马克思的唯物史观和经济学原理。如前4章的论述，从说明人类须以获取生活资料为其生存的物质基础，到从生产工具的发明入手来说明人类解决生存问题的基本手段及其进化过程，再到以生产工具为主来说明工具的发明与改良决定劳动生产能力的进步水平从而决定生产力的发展程度，直至说明生产力与经济组织的关系即不同的生产力发展程度决定了与之相适应的不同的经济组织也就是人与人之间的生产关系，所有这些，都遵循唯物史观的理论原则。第5章论述经济组织与经济学的关系，强调经济学以研究经济组织，也就是以研究经济组织中人与物特别是人与人的关系为对象，意味着根据马克思经济学说来诠释经济学的定义。第6章论述经济组织的进化阶段，实质上阐释经济组织中人与人之间的关系，取决于他们在社会生产关系中的不同地位；从人类历史上看，最初无阶级的自给自足的共产社会，随着物质生产力的发展，演变成一部分人占据优势地位而掠夺其他人的剩余生产物的阶级的社会组织，分别经历了奴隶制度、封建农奴制度和资本主义雇佣劳动制度，尤以雇佣劳动制度在自由平等的法律形式下，掩盖资本家阶级剥削劳动者阶级的剩余劳动的实质；这些论述，正是出自典型的马克思经济学说。第7章论述经济学的历史发展，不仅相信现代两大派中以亚当·斯密为代表的资本家经济学一派，必然进化到与其相反的以马克思为代表的劳动者经济学一派，还断定与社会主义同义的民生主义，若要建设民生主义经济学，必须参考社会主义经济学即马克思经济学说，点明了总论的核心思想之所在。第8章论述资本家经济组织的崩溃，运用唯物史观的基本原理，证明这个经济组织不可能如其经济学辩护者所说的那样万世永存，因为它已经阻碍生产力的发展而势必走向崩溃，这是为民生主义的目的决不能维护资本主义经济组织的宗旨作铺垫。第9章论述资本家经济学的废弃，这是由前章论述引申而来的必然结论，既然以资本家挣钱为使命的资本主义经济组织正在走向崩溃，则围绕这一使命而形成的资本主义经济学也必将被废弃，这是为民主主义经济学的建设决不能仿效资本主义经济学的宗旨作另一铺垫。梳理到这里，可以说前9章的论述，基本上以通俗和简要的方式来表达马克思的经济学说。

后两章的论述，转向如何将马克思经济学说运用于中国实际，在特定的国情条件下确立民生主义的经济组织与经济科学。为此，设立的目标是在发展生产力的过程中逐步走上民生主义的道路，并提出分三个阶段实现的设想。第一阶段主要排除影响生产力发展的各种障碍，如帝国主义侵略的束缚和封建势力压迫的桎梏，保护私人资本，为发展资本主义经济组织创造条件；此时民生主义经济学只是暗中指导而有待发育和培养的一个胚胎，基本上沿用资本主义经济学的一套理论、制度和政策，同时适当加以修改。第二阶段在生产力显著发展的基础上，限制私人资本，发展国家资本，凭借威权防止资本主义经济组织的弊端，努力引上民生主义经济组织的道路；此时民生主义经济学面对既存在资本主义色彩，又具有民生主义性质的矛盾状况，一面删除资本主义经济学中那些不适用的法则，一面创建适用于民生主义经济组织而成为生产与分配准则的法则，这也是最困难和最危险的时期。第三阶段由于物质、精神、社会全面发展和财富充分涌流，消灭私人资本，国家威权不复存在，进入完全自由平等条件下的共有、共治、共享并且最完善、最高级、最进步的民生主义经济组织；此时民生主义经济学已经完全抛弃资本主义经济学，形成符合大同世界精神并具有系统和具体模式的经济科学。这些美好的设想，一方面相信马克思经济学说的理论推断，社会主义社会取代资本主义社会是历史发展的必然趋势，另一方面寄希望于这种替代过程，在中国现行制度下，能够通过执政当局秉承民生主义精神为引导，以和平方式自然而然或不期然而然地逐步实现。这种想法，姑且不论总论中对于马克思经济学说的一些偏颇理解，如突出社会主义经济组织的特征是取消交换或消灭商业，把商业从鼓励到限制再到取消作为建立民生主义经济组织的首要措施，又如以为《资本论》第三卷论证利润率趋向下降的规律，是社会主义经济学者推定资本主义经济组织崩溃的主要理论依据等，它与共产党人主张走俄国人之路，通过无产阶级革命推翻现行制度，并在无产阶级专政条件下发展生产力以改变国家经济落后面貌的思想，有很大的差异。

总论的编写者邝振翎，早年不仅从事马克思主义的传播，还共同组建"中国共产主义同志会"并成立"马克思主义研究会"，随着同志会1922年整体加入中国共产党，邝氏也成为中共早期党员，虽然后来脱离了组织，但仍保持了对马克思主义的信念。这一点，从总论中也可以看得出来。那么他何以在民生主义问题上采取这样的论述方式，看来同他担任国民党中央军校的政治教员，特别是四一二事变后学校对教员进行甄别和重新登记国民党党员身份的时代背景，不无关系。自此以后，他撰文不再使用当初宣传马克思主义时的"邝摩汉"署名，改用本名。这样看来，他能将马克思经济学说融入为中央军校授课的《经济概论》讲义的总论，已属不易，因此在结合中国实际讲述据说等同于社会主义的民生主义时，尽量以缓和方式不去触动现行制度与执政当局，只强调民生主义经济组织及其经济科学的发展方向，区别于现行资本主义而以大同世界为目标，也就可以明白其缘由。此时毕竟不同于联俄联共时期，能够在黄埔军校容许杨道腴编纂的《经济学概论》讲义，通篇讲述马克思经济学说或社会主义经济学，现在的反俄反共时期，在意识形态领域有了更多的约束或钳制。依此而论，第一讲总论在全书242页中的地位，便打了明显的折扣。尽管邝氏所写的第二讲价值，内含两章分别讲述"使用价值、交换价值、剩余价值的意义"与"价值学说"（包括"非劳动价值学说"与"劳动价值学说"2节），仍涉及马克思经济学说的有关概念，但随后更多篇幅的生产、交换、分配三讲，又回到传统经济学的理论框架，只是其中有时点缀若干民生主义的论点，总体说来，距离马克思经济学说的主旨，越来越远了。类似《经济概论》讲义这样的经济学结构体例，出现在当时比较奇特，从讲解马克思经济学说起头，经过民生主义经济学的过渡，最后仍回到传统经济学的框架，这也可以看作马克思主义经济学的传播与占据支配地位的正统经济学进行较量的独特产物。

### 三、关于经济学理论的各种普及读物

这里列举近 10 种经济学著作，均系国内参照西方正统经济理论而自撰的通俗类读物。显示正统经济学在我国的流行态势和普及程度，其中一些著作集中于个别人名下，更多的则散见于不同人的不同著作。

#### （一）李权时的各种经济学著作

前面曾介绍李氏的《经济学 ABC》《消费论》《生产论》等著作及《公私经济利害一致论》《价值论之研究》等文章，本年度又有他的一系列经济学读物，可谓那时国内经济学界通俗宣传西方正统经济理论的行家里手和热门人物，这里的宣扬，不过是前述宣扬的继续与延展。

（1）《交易论》。上海东南书店 1929 年 3 月初版，7 月再版，列入经济丛书。这是李权时按照西方经济学的四分法结构，继 1928 年先后解说消费论、生产论之后，又一本解说交易论的通俗读物。这本书 218 页，分交易的意义、起因和工具，价值与价格论，价值之起因，供需律，货币论，信用与信用机关，国内外汇总，国

际贸易的原理和政策，商业循环 9 章。兹就与马克思经济学说有关的内容作些评介。

第 1 章论述人类采取私产制度："如果人类能够采行西哲的'各尽所能，各取所需'的共产主义，或实行先圣的'货恶其弃于地也，不必藏诸己，力恶其不出于身也，不必为己'的公产主义或大同主义，那末经济学所应研究的社会现象恐怕只有人类的消费行为和生产行为，而交易与分配的行为必然的无形消灭，因之共产主义下或大同主义下的经济学只有消费论与生产论，而没有交易论和分配论。交易的行为和分配的行为是私产制度下特有的社会现象，所以我们可以说，人类之采取私产制度是交易行为的最要的原因"。接着论述区域或地理的分工："我们即使退让一万分，假定共产主义是能够实行的"，那么区域间的交易还是存在的，因为各区域间的气候、土壤及其他环境的关系，不得不实行地理的分工。地理分工的结果必然是区域的交易，如果共产主义的范围扩大起来，各区域之间都实行起共产主义，那么地理的分工的结果或者不至于有交易的行为。"不过县际，省际，和国际——尤其是国际——的共产，恐怕是无论如何也做不到罢！既然许多区域间是一定做不到共产，那末地理分工的结果为人类交易的行为，更是毫无疑义的了"。①

这里将共产主义或大同主义作为假设前提，只是为了说明在这个假设条件下，将消灭交易和分配行为，经济学的研究对象，将只剩下人类的消费和生产行为，或只有消费论与生产论；因此交易和分配行为完全是私有制度所特有的社会现象，或者说，人类采取私产制度是交易行为最主要的原因。在此姑且不论私有制在历史上的产生到底是交换行为的原因还是结果，究竟谁先谁后，由此却能体会李权时前面的通俗经济学著作，何以把消费论、生产论、交易论、分配论作为《经济学 ABC》排列的先后次序，又何以先撰写《消费论》《生产论》，然后撰写《交易论》。很明显，他并不认为这种假设会成立即共产主义能够实现，并且回避人类原始时代是否出现过共产社会的史实。所以才会把实行共产主义当作退一万步的假设，以此证明即使那样，也不可能完全消灭因地理分工而产生的交换行为，更何况国际范围的共产无论如何都做不到。这种看法，同他对待马克思经济学说的一贯态度，也是一致的。

第 3 章论述"劳力价值论"的派别：劳力价值论有激烈派与温和派之分，前

---

① 李权时著《交易论》，东南书店 1929 年版，第 4—6 页。

者所属为无政府主义派与科学的社会主义派或马克思共产主义派。无政府主义派主张"泛劳动主义",如中国古人主张"并耕而食,饔飧而治",不要分工;"即有分工,其交易价值是完全以现在劳力数量为标准的"。"科学社会主义或共产主义的鼻祖马克斯的一个重要学说是剩余价值论。他以为资本家之所以为资本家,都是靠着所谓剩余价值。而此剩余价值都是从工人的劳动中剥夺来的。所以马克斯主张把一切生产的功劳,都归之工人的劳动。把一切生产品,都归于劳工所有,而忽略社会上其他各种有用有能力分子之劳动。这种劳力价值论,是只承认劳体力者能产生价值,而不承认劳心力者亦能产生价值;是只承认目前的劳力能产生价值,而不承认资本或过去的劳力之亦能产生价值。这样,又何怪过激分子或共产党员之常喊'打倒知智阶级'和'打倒资产阶级'等口号呢"。温和派与之相异,"凡旧经济学之正统派(斯密亚丹及吕嘉图等)及其同情者,与新经济学之温和社会主义派及其同情者皆属之"。他们以为,劳力兼有体力与心力二者,劳心力者不但应有价值酬报,而且往往预备工夫更大,应多得价值酬报;另外劳力还兼指现在的劳力和过去的劳力,代表过去的劳力者大抵为资本或产权,"所以他们主张维持私产所有权,及不但现在劳力应有报酬权,即过去劳力亦应有报酬权"。温和派劳动价值论的主张既如此,又何怪他们喊"维持私产""劳资合作""分配平均""平均地权""节制私人资本""制造国家资本"等口号。接着为了证明民生主义的劳力价值论属于温和派,引用孙中山在其民生主义第一讲里"痛驳马克斯剩余价值论之毫当不起科学的试验",以及有关温和劳力价值论的一大段话。由此得出结论:"这两派劳力价值论,自以温和派较为真确。以其立论根据于事实也。激烈之立论,完全与事实不符。所以我们亦可以称前派为科学的劳力价值论者,后派为空想的劳力价值论者"。①

这里对马克思的劳动价值论及剩余价值论的评论,虽说拿来孙中山的一段论述作为依据,其实主要根据新旧正统经济学派的理论以为标准,断言马克思在劳动创造价值过程中,只承认体力劳动,不承认脑力劳动,在形成的总价值中,只承认现在劳动所创造的价值,不承认过去劳动所产生(实为转移)的价值,这是典型的歪曲和强辩。据此著者进一步引申,一面认为体力劳动与脑力劳动既然同等重要,则不承认脑力劳动即等于打倒智识阶级,并趁机将智识阶级与资产阶级相混同,把

---

① 李权时著《交易论》,东南书店 1929 年版,第 50—55 页。

矛头指向主张打倒资产阶级的共产党过激分子；一面认为现在劳动所创造的价值与过去劳动所形成的资本既然同等重要，则应当维护私产制度和主张劳资合作，同样把矛头指向马克思剩余价值论的剥夺说法和所谓空想性质。

第 9 章论述商业循环中的恐慌现象，列举解释此现象的若干说法，提到所谓"工资被剥说"：此说由马克思与洛贝尔图斯（原译"罗达勃脱斯"）等社会主义者所创，与生产过剩说大同小异。"他们以为工资常在工人所产生的价值之下，所以工人的购买力减少；工人的购买力减少，就是国内大多数人民的购买力减少（因为工人是占大多数）；国内大多数人民的购买力减少，那末工厂的出口就不能够统统销完；此种情形长久下去，那末生产就过剩起来了；同时资本家把向工人括来的剩余价值又投到生产路上去，那末生产就越发过剩了，等到生产品无利可图，那末恐慌就起来了"。[1]

这里对马克思的资本主义经济危机理论的介绍，同其他几种恐慌的解释合在一起，认为只能解释商业循环中的一个恐慌阶段，不能解释整个循环，属于 19 世纪的老式解释，不如 20 世纪较新的商业循环学说。其基本意思，说明商业循环是近世经济组织的自然结果，恐慌不过是循环若干阶段中的一个特定阶段而已，属于正常现象。这样把资本主义经济的特有现象当作如今一般经济组织的自然现象，本来是著者信奉正统经济学理念的题中应有之义。但他把马克思与洛贝尔图斯捆绑在一起，撇开马克思关于资本主义经济危机的系统理论，单说工资剥夺因素，足见对马克思经济学说的理解十分肤浅，或者说基于其偏见，根本不愿作深入理解。这也是考察李权时上面的各种经济学著作里，所表现出来的共同特征。

（2）《分配论》。上海东南书店 1929 年 5 月初版，7 月再版，列入经济丛书。这是李权时按照正统四分法结构，继出版消费论、生产论、交易论之后，最后一本关于分配论的通俗读物。这本书正文 165 页，分 8 章，包括分配论的意义及其内容、工资论、地租论、利息论、利润论、租税论、财富及所得分配之不均及其原因、财富及所得的分配如何可使之均。像评介他的其他几本同类读物一样，这里关注《分配论》中与马克思经济学说有关的内容。

第 4 章列举解释利息起因的有关学说，提到"劳力说"（labor theory）：此说又可分为两种：其一，"工人劳力的结果被资本家所夺说或收括说（exploitation theory），

---

[1] 李权时著《交易论》，东南书店 1929 年版，第 207—208 页。

科学社会主义者或共产主义者主之";其二,"资本是过去劳力的结晶,而利息是过去劳力的报酬或工资说(imputed wage theory),经典学派及温和社会主义者主之"。收括说"为主张过激的劳力价值论者的自然结论",我已在《交易论》第3章指出"其不合事理之处",此处不再批驳。第二个说法"为主张温和的劳力价值论者的自然结论":既然为了诱致和维持现在的劳力,有必要支付工资,那么为了诱致和维持过去劳力的积蓄,也有必要支付利息或过去劳力的工资。①

这里如同《交易论》,以科学社会主义的劳动价值论从而剩余价值论为批判对象,认为按照古典学派的劳动价值论,给资本支付利息就像给劳动者支付工资一样,不存在资本家剥夺工人劳动的问题。这是著者一贯的经济学立场,不过从《交易论》延伸到《分配论》而已。由此引申出第5章是否应当废止利润的问题:"自从激烈的社会主义兴起之后,对于利润、地租和利息就大肆攻击,以为是都应当废止的"。然而正如我前面在地租论和利息论里详细讨论过的那样,合理的地租或工资化的地租和合理的利息或工资化的利息,都不应当废止,"合理的利润",同样有理由不应该废止。② 接着开列的理由,颇为繁琐,不外说明合理范围内的利润不应取消。这是继续用资本主义社会的经济常识,反衬马克思主义经济理论的激进性质。第6章讨论租税:说租税的性质和种类,要越来越节制资本和体贴贫苦民众,但前提是,"十分怀疑"人类将来的经济社会是共产的或至少是集产"这个预言"。"因为如果人类的自利心不改,那末不但共产主义是万万的做不到,就是集产主义也是很难有相当的成绩的,如果共产主义做不到,而集产主义又很难有相当的成绩,那末政府的收入的大部分恐怕还是建筑在私产主义之上的租税罢了"。③总之,既然人类的自利心不可能改变,私有制度也不可能改变,随之一切分配形式如地租、利息、利润和租税等,也都势必打上私有制的印记而不可能消失。这就是著者解说分配论的基本逻辑。

特别是第8章讨论如何可以使财富及所得的分配均平,提出"均产主义是和平而容易实行的理想"。所谓均产主义,"并不是绝对的均产主义,乃是相对的均产主义,乃是比较的有限制的改革的私产主义,亦就是脱胎于孙中山先生的民生主义而来者"。均产主义一面"绝对驳斥共产主义者或过激社会主义者的主张",一面

---

① 李权时著《分配论》,东南书店 1929 年版,第 69 页。
② 李权时著《分配论》,东南书店 1929 年版,第 97—98 页。
③ 李权时著《分配论》,东南书店 1929 年版,第 123 页。

"相对的容纳温和派社会主义者的主张"，"谓之有限制的私产主义可，谓之有限制的社会主义亦可"。"均产主义者（distributionist，今译分产主义者——引者注）改革现代经济组织的最要法宝，即在消灭或减轻各种私人的独占。各种社会主义（连共产主义在内）的目的亦不过是要取消私人的独占，不过其程度方法是有所不同罢了"。关于各种社会主义取消私人独占的方法：

一是共产主义者的方法。此系"积极的或奋斗的共产主义（militant communism）"，而非"消极的或自由的共产主义（voluntary communism）"，前者的最好实例就是实行新经济政策以前的苏俄。1917—1921 年的苏俄经济制度，其大纲：一则以为私产是万恶之母，把一切私产（无论生产的或消费的）都取消，一切资本和土地统统归属于国家；二则国家是一切工业的唯一所有者和经营者，又是生产物的唯一分配者；三则人人须劳力才有所得可以享受，一切劳力为国家而执行；四则任何工作的劳力报酬即工资是一样的，没有区别，以实物或劳动券而不是以货币支付，持券者凭券到公家的栈房取货。二是"集产主义者或国家社会主义者"的方法。"奋斗的共产主义的退一步，也就是它的初步"。苏俄 1922 年以后所采行的新经济政策，就是最好的实例。其大纲：一则消费的财货归私，生产的财货归公；二则大规模事业国营，小规模或允许私营，但不许雇佣他人；三则私营事业的产品售价须受国家严格监督，恢复货币制度，国家为一切商品的公卖者；土地国有，农民向国家缴纳田租后，可以自由买卖谷物；工资为个人所得的唯一来源，除老残幼少者外，须人人劳力。此外如德国的马克思主义者和英国的费边社会主义者，也主张集产主义或国家社会主义。三是工团主义者的方法。这是法国式的激烈社会主义者，不信任国家和政府能造福于工人，主张工人团体自己占有、经营和支配各工业企业，以便打倒私人企业家的独占权；采用总同盟罢工、暴动、毁坏机器或其他财产等直接行动。四是基尔特社会主义者的方法。这是英国一派学者所主张的比较温和的社会主义，主张取集产主义和工团主义二者之所长，去二者之所短，生产工具归国有，国家并不自己经营，委托各种行会或工团去管理，其办法介于国家社会主义和工团主义之间；又主张保存政治议会和创设经济议会，二者并存，有所制衡，尤为特别。

"对于上述四种社会主义者取消私人独占之方法的批评"：其一，我批评社会主义者主张根本取消私产制，"并不是私产制之应不应根本取消的问题（自纯粹的理想讲起来，私产制顶好是根本的取消，共产制顶好彻底的施行），乃是私产制能不能根本取消的问题"。我在《生产论》第 7 章已经明白说过，"私产制不能完全的取消，只能相当节制"。"如果人类的占有欲或求自由欲不消灭，那末私产制恐怕是海枯石烂也不能根本推翻的。上述四种社会主义者，尤其是共产主义者，坚要使之根本推翻，而代之以'各尽所能，各取所需'的共产制，何其犯了空想的毛病之深耶"？其二，我批评共产主义和集产主义取消私产之后，把一切生产要素都归国家所有或支配，"并不是国家应不应做大地主、大资本主和大企业家的问题，乃是国家能不能做大地主、大资本主和大企业家而于全民有利的问题"。代表国家的是政府，代表政府的是官吏，假使政府能永久廉洁干练，大小官吏能永久清慎勤公，毫无疑义共产主义或集产主义必有良好的结果；假使不能，则民众必不能享受共产或集产之益，享受利益的恐怕是一般官吏。其三，我批评共产的国家给与任何工作的劳力以平等的报酬，"并不是应不应的问题，乃是能不能的问题"。不问禀赋优劣，用力勤惰，功能大小，成效迟速，所得一律相同，"似平而实不平，且悖经济界之天则，其势又万不能以持久"。其四，完全推翻私产制，亦势必根本消灭与之关系密切的自由竞争，人类若无竞争心何能进步，过分及不当的竞争固然十分浪费，但毫无竞争的制度也是极端浪费。其五，共产主义者要根本取消货币而代之以实物或劳动券，这是取消人类数千年来的经济文化结晶的退化举动，不明白货币的优点及其永不会倒的原因，苏俄废除货币三年后仍旧恢复原状，是很好的殷鉴。即便退一万步，废止金属货币而代之以劳动券，那劳动券慢慢也要变成价值的标准和交换的中介，岂不又是换汤不换药。其六，极端的社会主义政府必定要尽目前的生产品以供给和取悦民众，试问消费之后，一国或人类将没有补充生产资本和新发明的资料，其经济状况必不能有进展，其生产程度必不能有改善，乃是可以预定之事实。其七，极端的社会主义必然要取消婚姻制度和家庭制度，因为私产制度的存在与二者不可分离，试问取消之后，实行自由恋爱的影响如何，假使乱交而盛行花柳病，人口必有消灭的危险；假使无家庭负担而无限制生育，人口必有过剩的危险，以至于人类自相残杀，各谋生存；这两种危险非此即彼，极端社会主义者又将何以善其后。

均产主义（亦即民生主义）仿佛是中国历来贤哲所提倡的均富主义，不过均富主义是消极的，均产主义则是积极的。孙中山先生所主张的民生主义，虽然有时也表明"民生主义就是社会主义，又名共产主义，即是大同主义"，但他的真意是说"民生主义就是很温和的社会主义，它的将来最后的目标是在乎人类进化到极点的自由的共产主义或孔子在《礼运》编上所理想的大同主义"。"所以民生主义目前所主张也实在是均产主义，至将来的共产或大同主义，那是就纯粹的学理讲，是谁都赞成的，不过千万年后，人类能不能达到此圣境，我们也只能当作一种哑谜罢了！可以置之不论。就著者的眼光看起来，此种圣境是可望而不可即的，恐怕一千万年之后，还是不能达到的，因为人类的近视自利心是根本反对此种境界的"。均产主义的"切实易行"，其方法在于取消和减轻主动的及被动的私人独占。这些方法包括取消或减轻个人的独占、资本或私产的独占、时运的独占、法律的独占、特惠的独占、自然的独占等，"是十分积极的，是深合乎人类一方要求自由，一方又要求平等的口胃的，所以是永久可以维持下去的一种公平的经济组织"。如果能切实施行上述方法，我可以说，"人民的各种所得是都有工资化的倾向的：土地有地租，但其报酬不过是土地投资的合理的利息，亦就是过去劳力的合理的工资；资本有利息，但其报酬也不过是过去劳力的合理的工资；企业有纯利，但其报酬也不过是企业家合理的薪工；官吏有租税，而其报酬也不过是合理的薪俸；总而言之，均产主义如果真正达到目的，那末劳力是个人所得的唯一源泉，而且各种的所得是都有工资化的倾向的，不过工资额是有增高的趋势，使人人有比较的舒服的日子过，人人有比较的满意的生活程度享受的"。①

李权时以上论述，核心观点是以所谓相对的均产主义为改革现代经济组织的法宝，即取消或减轻各种私人的独占，作为均平分配财富及所得而又和平与容易实行的理想方式。为此，首先列举其他四种偏于绝对的社会主义，即共产主义、集产主义、工团主义和基尔特社会主义，作为在不同方法或程度上只求消灭而非主张减轻私人独占的代表；然后从各种角度批评这四种社会主义的方法之不合情理乃至于危险，矛头主要对准苏俄的战时共产主义或谓极端的社会主义；最后极力推销均产主义的具体方法及其合乎人类本性而且公平、和平与容易的永久可行性，实际上把欧美各国推行的社会改良政策同孙中山的平均地权和节制资本主张拼合在一起。所有这些论述，在前面所考察的李氏著作里，反复出现过。不过这本专论分配的书里，又给了他一个集中和系统表达自己观点的机会。李氏在根子上，相信资本主义私有制是符合人类利己天性的经济组织，所需要的只是通过一些社会改良矫正其私人独占的偏差，使之永远存续下去。但他从经济理论上为之辩护，又不那么直截了当，

---

① 本章引文均见李权时著《分配论》，东南书店 1929 年版，第 147—165 页。

拐弯抹角，巧言令色。例如，他以孙中山学说的信徒自居，但如何在孙中山说民生主义等同于社会主义、共产主义或大同主义的释义，与他自己坚决反对社会主义或共产主义的信念之间实现转圜，于是要弄一些手腕，一边把共产主义分为积极的或好战的与消极的或自由的两种，或者把社会主义分为过激的极端的与温和的两种，顺势给孙中山的民生主义戴上一顶"很温和的社会主义"帽子；一边又避开民生主义的提法而另创均产主义的概念，并定义均产主义的涵义，绝对反对共产主义或过激社会主义的主张，相对容纳温和社会主义的主张，可以称之为有限制的私产主义或有限制的社会主义。这样，通过名词概念上的腾挪转移，竟然把私产主义与社会主义混合为一体。又如，针对主张消灭私有制的各种社会主义，他的批判手法也颇费心机。先把各式各样的社会主义混淆在一起，再从这些社会主义里挑出现实不可能立即实现，或距离现实较远的共产主义理想，作为集中批判的对象，以此替代对其他社会主义主张的批判；最好的批判靶子是苏俄在特殊时期曾经实行的战时共产主义，进而把体现新社会实质的措施如取消资本和大土地私有制而归国有，过于超前的错误措施如禁止自由竞争和取消货币，纠正错误而改为新经济政策，连同道听途说的措施如生产品全用于消费而不留积蓄，乃至诬陷之词如取消婚姻和家庭制度等，统统算作共产主义理想本身的重大缺陷，殊不知其中不少言之凿凿的事实，却是批判者自己塞进的私货。包括他把代表马克思主义的集产主义说成国家社会主义，还诱导了其他人对科学社会主义的误解。再如，明明肯定私产制适合人类的自利心天性，海枯石烂也不能根本推翻，偏偏又说根据纯粹的理想，最好根本取消私产制和彻底施行共产制，所以批评的不是私产制应不应该根本取消的问题，而是能不能根本取消的问题；明明断言共产主义的境界可望不可即，一千万年也不能达到，或者能否达到只可当作一种哑谜而置之不理，偏偏又说按照纯粹的学理，人人赞成共产或大同主义；明明反对马克思的劳动价值论和剩余价值论，偏偏又给地租、利息、利润、租税之类的分配形式，套上类似于工人劳动工资的名义，说是过去劳动的合理工资，从而把地主和各类资本家所分享的剩余价值，改换成同工人的工资一样，都是以劳动为个人所得的唯一源泉，或者说，所有类型的分配所得，都具有工资化倾向。这些手法欲擒故纵或偷换概念，在李权时的著作里屡见不鲜，而这本《分配论》的第8章，可算一个典型，玩弄到了极致。

(3)《李权时经济论文集》。列入经济学丛书，上海世界书局1929年11月初版。为此丛书，李权时1928年11月15日撰写"经济学丛书发刊旨趣"：

"'文化建筑在经济上'这一句话，谁都不能不承认其有很大的价值。至少，我们不得不承认经济是一切建设事业的基本"。从前，学者的眼光都集中在自然科学上面，努力于科学的建设。"现在，学者研究学问的热心，渐渐地移到经济学上面来了。我国出版界，关于经济学书籍，近来虽如雨后春笋，一部一部的刊行，但是没有系统，如一盘散沙，不无遗憾。我们发刊'经济学丛书'的目的，不外集中国内的经济学专家，编辑一部较有系统的、较为完善的丛书而已"。①

这个旨趣，李氏借用唯物史观的某些论点，挪移到经济在一切建设事业中的基本性质从而经济学著作出版的重要性上来，其实他并不赞成唯物史观的结论。至于说到当时我国出版界虽然逐步重视经济学书籍，却不成系统而如一盘散沙，他一面在发刊旨趣中表示，本丛书大略已包罗关于经济学范围以内的一切重要部分，对经济学的研究或许不无补益；一面又在自序中指出，根据世界书局的嘱咐，把自己近几年来散见于海上各杂志的经济论文汇编成册，当作经济学丛书的一种，勉强凑集向未采入别的经济学丛书的零星论文10种，共6万2千余言，"虽然不能说是巨轶，但是慰情亦聊胜于无"。② 分类编辑10余种丛书，可算是对经济学系统化的一种尝试，然而将自己分散发表而尚未收入其他丛书的经济论文，重新汇集出版，总不能算是什么经济学的系统化。

前面考察过李氏数本著作，对他在马克思经济学说上的态度，已经有所了解。现根据这本论文集，再补充几例。

一是《斯密亚丹学说之批评》。撰写此文，响应《东方杂志》社出版亚当·斯密纪念刊。据此发挥："吾国挽近各处咸唱社会主义，以为不如是不足以适应世界之潮流也。不知社会主义者，经济学之一部耳。提倡社会主义最力者，断推德之犹太人马克思。然马氏主张之立足点，在劳力价值论；而此论则固斯氏所大书特书，不俟马氏而始彰者也。世人只知介绍崇拜马氏之学说，而对于经济学鼻祖斯氏之平易学说，反寂焉置之若有若无之乡，未免使人兴人性喜新厌旧之叹"。"挽近社会主义泰东西社会主义家，竭力讥斯氏之放任论为贫富悬殊之厉阶；然干涉论之成效何如哉？干涉论，非根本的违反自由之主义者乎？自由为人格之表现与寄托，无自由，则虽有极大物质幸福之享受，岂得谓之真幸福欤？英语中至有'不自由无宁死'之名言，主张极端之社会主义者，盖未深长思也。要之：斯氏对于干涉放任之

① 《李权时经济论文集》，上海世界书局1929年版，"经济学丛书发刊旨趣"。
② 《李权时经济论文集》，上海世界书局1929年版，"自序"。

折衷主义，实后世所当永矢弗谖者也。个人无社会，则不成为个人，此干涉论之可采也；社会无个人，亦为无灵魂之躯壳，此放任论有可取也。不佞以为吾国之经济政策，当以个人主义为常规，采斯氏之放任论；以社会主义为权变，酌行马氏之干涉论"。[1]

这里的意思无非说，亚当·斯密早在马克思之前就阐述了劳动价值论，没必要只推崇马克思学说而冷落了斯密学说；也无须只把社会主义当作世界潮流，忘却了社会主义作为经济学的一部分，而经济学的鼻祖正是亚当·斯密。这种说法的强辩之处在于，既然马克思学说吸收斯密学说而以劳动价值论为立足点，二者出于同一理论根基，则两种学说不存在根本的差异，故不能因次要的差异，如在共同根基上发展出来的平易与复杂之别，就喜好新的马克思学说以及社会主义潮流，厌弃的旧的斯密学说。这样说来，世界上的各种理论学说都存在着或多或少的相互联系，即便各自独立发展，也不能称之为引领世界潮流和代表时代精神，否则便是喜新厌旧，真是岂有此理。其实，这个说法又是为后面的说法作铺垫：以斯密学说为代表的放任论，从更为根本的自由人格出发，体现社会躯壳中的人类灵魂，而东西方社会主义者所主张的干涉论，讥刺放任论是造成贫富悬殊的祸端，实以相对次要的享受物质幸福为宗旨；因此，虽说二论均有可取之处，但相比之下，包括我国制定经济政策，应当以个人主义或斯密学说的放任论为"常规"或基本前提，以社会主义或马克思学说的干涉论为权宜之策。这种对应之道，也是李权时在他前面的著作中，时常以折衷或调和的论调来谈论马克思学说或社会主义所坚持的核心思想。

二是《价值论之研究》。这篇文章，前面考察中国经济学社第1期社刊《中国经济问题》所载论文时，已经分析过。但那里对文中涉及马克思的价值论部分，有所遗漏，这里再作些补充。此文认为，"成本价值论就是劳力价值论"，这样的劳力价值论，"与日常事实相符"，比较科学也比较公道。对这种说法，前面已有剖析，不再赘述。接下去又说：

有人要问，劳力既然直接或间接地是一切价值的源泉，那么它的标准与单位在哪里呢？亚当·斯密和李嘉图以一天为劳力的单位，然而每天的工作时间有长短，即使将一天的工作时间划一，还有工作精粗劳逸的不同，又如何解决呢？"马克思以'社会必需的社会劳力时间'为单位，然而这又如何决定呢"？如果这标准或单

---

[1] 《李权时经济论文集》，上海世界书局1929年版，第1、3页。

位问题解决不了，劳力价值论是不能成立的。"对于这种疑问，当然不能有满意的答复。不过世间无论什么真理，都是相对的，不是绝对的"。我以为与劳力价值论相对立的效用价值论，也没有标准和单位可言。比较下来，"我觉得还是劳力价值论可以做经济学上分配论的指南针，因为它比较的公道"。如果完全实现劳力价值论，同样的劳力必定得到同样的报酬。然而实际上并不如此简单，"吾以为此乃由于社会组织不良，致使社会间各分子机会不等有以之，并非劳力价值论发生缺点"。劳力价值必有其最低限度，这就是维持一个人劳力及他的家庭的最低生活，不然，他的劳力将停止，他的后代将渐渐绝迹于社会，这当然是很不公道且很不幸的一件事。决定劳力价值的最低限度，可以生活程度和费用来做准则，它的最高限度没有这种准则，无从推测。劳力价值论的应用，简单地说，其结论"主张维持和维护合理的利息、地租和利润"。①

这些说法，为了论证劳动价值论是成本价值论的命题。在论证者看来，若使劳动价值论得以成立，除了以成本价值来测量劳动价值，或作为标准和单位外，其他的方式，无论英国古典经济学以每日工作时间为单位，还是马克思的社会必要劳动时间概念，都无法解决劳动价值的计量问题，更不用说在计量问题上，边际效用价值论还不如劳动价值论。至于如何以成本价值来计量，文中列举了与劳动有关的12类成本项目，然后转向所谓最低限度的劳力价值的计量问题，为了现有劳力的持续恢复和后代劳力的生育繁衍，必需有可以维持劳动者个人及其家庭生活的最低费用为准则。这似乎同马克思的劳动力价值概念及其计量方法相像，但这只是短暂留下的印象，随即又转向所谓最高限度的劳力价值测量的另一话题。这个话题据说无解，无从测量，但既然任何真理都是相对的，也就为驰骋自己的想象提供了空间。所以，文中说劳力价值论用作经济学上分配论的指南针比较公道，这同马克思根据劳动价值论，揭示资本家雇佣劳动者，为了追逐劳动者在生产过程中创造出比补偿自身的劳动力价值更多的新价值即剩余价值的剥削性质，没有任何关系，因为劳动价值不仅有可以测量的最低限度，还有无法测量的最高限度，此说等于从根本上抹杀了剩余价值的来源。这样，经济学上的分配问题，用所谓劳力价值论作为指南针，结果变成了如何使利息、利润和地租的分配更为合理的问题。也就是说，运用劳动价值论，在马克思那里为了揭示现行雇佣劳动制度的剥削实质，而在李权时

① 《李权时经济论文集》，上海世界书局 1929 年版，第 20—24 页。

手上，却成了辩护现行资本制度合理性的理论依据，二者正好相反。

三是《资本主义果较社会主义为浪费乎》。这篇文章，针对郭梦良连载于《东方杂志》20 卷第 21、22 两期的《资本主义的浪费》一文，郭文列举若干理由，崇拜基尔特社会主义，对资本主义冷嘲热讽，唾弃无余，把抱有个人主义或自由主义的经济学家，骂得一钱不值。对此，逐一批驳：

第一个理由，现在产业制度，社会上的大多数人都变为"赁银奴"（即工资奴隶），而生产机关和剩余富力都归地租、利息及赢利所有。但问题是，现在产业即私产资本主义制度下，一则劳动者并未像奴隶那样完全丧失身体自由，说赁银奴的奴字，"明明是理想家所杜撰，来煽惑劳工们渐渐实行社会革命罢了"。二则剩余富力如果"根据马格斯的剩余价值"，"根据这种激烈社会党的口头禅"，"那末剩余富力就失其根据了（请读者看下文驳此种口头禅的理由）"。三则生产机关如果归劳工所有，那土地和资本从何而来，劳工是不能凭空或赤手空拳生产的；另外如何组织，"劳工无组织，如同乌合之众，并非节制之师，又如何能生产呢"？

第二个理由，现在的生产机关与分配机关截为两段，剩余价值不但为生产机关所夺，又为分配机关所夺，致使消费者多担负一重地租、利息和赢利，可知承担分配职务的居间阶级，实在是不经济的。但问题是，一则生产机关与分配机关分开，并非现在经济社会的一种不幸，跟着经济进化而来，分配机关实在是生产机关的一部分。如果说分配机关是不经济的，无益于社会，它早就被天然淘汰了，何待郭君费心。二则"剩余价值到底作何解释？抑世间是否有剩余价值这样东西？据我看来，剩余价值是马格斯无中生有的一样东西。他只晓得抱定经济学鼻祖斯密亚丹劳力价值说，来做他剩余价值论的基础，而不知道土地、资本和组织三种生产要素，当初也大半是从劳力得来的，不过渐渐与劳动分得清清楚楚，我们一时三刻认不出他们实在是劳力的代表的结晶罢了。如果一样财货，应全归劳动者所有，那末供给土地者（等于供给积蓄下来的劳工），是否应当得到地租（或赁金）？供给资本者（等于供给积蓄下来的劳工），是否应当得到利息（或赁金）？供给组织和管理者（就是劳心兼劳力），是否应当得到薪水或利润？如果劳动家得单独享受生产的结果，而地主、资本家和企业家反个个一无所得，揆之事理，是否公平？剩余价值说而果实行也，吾恐世界末日，不待彗星与地球之冲撞矣"。

第三个理由，现代经济是危险的，包含着莫大的危险。但问题是，一则虚伪和真实的界线在哪里？论事终要看结局，万不可凭我们的心理观念信口雌黄。即使让一步，承认现代经济是虚伪的，难道一变为基尔特（即西欧中古时代职业的共产组织）社会主义，组织就可以真实么？二则姑且承认现在产业社会的组织含有莫大的危险，难道一实行基尔特社会主义，就没有了危险么？"难道除了社会主义（基尔特或非基尔特）之外，就没有法子可想了么"？

第四个理由，现在的产业制度，缺乏协助精神和自动力，所以生产效率大减。但问题是，一则如何解说协助精神？据我看来，分工就是合作。如果我们的经济社会没有交易的合作，分工万万做不成一件事。现在的经济组织自然有它的协助精神，不过有些人看不出来罢了。"至于资本和劳动的冲突，多半是抱社会主义者，和劳动界的枭雄，直接或间接的鼓吹出来的"。实行基尔特社会主义，必然可以使协助精神更为圆满么？二则如何解说自动力？如果指自由意志，那到底是什么东西，是人类的天性还是习惯？若是天性，则有善恶，善的天性当然可以让其自然发展，恶的天性（如懒惰等）难道也可以让它自由发展么？若是习惯，亦有善与不善，善的固可鼓励，不善的难道也须鼓励么？故郭君之言，未免太笼统了。三则若说生产效率在现代产业制度下不能如我们所望，实行基尔特社会主义后，就必能大大增加么？

第五个理由，现在的产业组织，免不了失业的事。对此，"据我看来，失业情事，不是完全是资本制度的过失，一大半也是人口过剩的过失。我们若要根本解决失业问题，或其他的劳动问题，还是应当从解决人口问题下手，就是产儿制限的问题了"。

第六个理由，现在的产业组织，白白冤枉了许多资本用在分配机关里，结果却是同样的。但问题是，一则若无分配机关先支付生产者，生产机关的资本是否要大大增加？若是大大增加，这些资本无论用于分配者或生产者，就社会上看来，还不是一样的。二则分配机关实为一种生产机关，生产的是地位功用和时机功用，否则经济学如何解释生产。

第七个理由，现在的产业组织造成许多依赖的人，即经济不能独立。但问题是，如何解说经济依赖和经济独立？在分工盛行的时代，哪一个能在经济上独立无依？若说富者能经济独立，贫者须经济依赖，贫富的界线又分在哪里？劳动者天天自食其力，何尝不是独立，资本家必须与土地、劳动和组织合作，始能生产，又何尝不是依赖呢？

第八个理由，现在的产业组织，必然产生阶级的区别，由此又必然产生阶级的仇隙，因而产生许多浪费。"我亦承认现在经济社会的贫富悬殊。然而难道除了社会主义之外，就没有可以补救这个缺点的方法么？废止遗产如何？累进的遗产税如何？累进的所得税如何？何以一定要把比较的可靠的私产制度资本制度完全推翻呢"？①

这篇文章发表在1925年1月《复旦季刊》上，数年后又选入文集，可见李氏一直坚持文中的论点，即资本主义并不比社会主义浪费，或者说，社会主义并不比资本主义具有优势。此文批驳的对象，站在基尔特社会主义的立场上，反对现行资本主义和个人主义或自由主义经济学家，反对理由，颇为杂乱，没有多少高明的地方。但此文的批驳，借着这些理由，不仅限于基尔特社会主义，更把棍棒打在马克思学说和一切社会主义的身上。它的批驳重点，一是所谓理想家杜撰工资奴隶之说，意在煽惑劳工们起来实行社会革命。其矛头，实际指向马克思关于资本主义雇佣劳动制度是一种隐蔽性的剥削形式的分析。二是反对马克思的剩余价值学说，这也是此文最着力的地方，接连批驳两个理由时都提到。先说剩余价值论已成为激进社会党的口头禅，失去作为理论根据的意义。既然排除了剩余价值之说，则生产资料归劳工所有也就没有了依据；反而是劳工从事生产，需要外部为其提供土地、资本和劳动组织，否则一事无成。随后又说剩余价值是马克思无中生有制造出来的一个东西，只知道以斯密的劳动价值论为基础，不知道其他生产要素如土地、资本和劳动组织，最初也多是从劳动得来的，惟到后来不容易看出它们代表劳动的结晶罢了；因此，让劳动者独享生产的成果，等于让提供过去劳动积蓄和现在付出劳心兼劳力的地主、资本家和企业家一无所有，这是不公平的；最后还宣称，如果实行剩余价值学说，将是世界末日的到来。这番驳论，恰与李氏在前一篇研究价值论的文章，用劳动价值论来为资本制度分配地租、利润和利息的合理性进行辩护的观点，若合符节。只不过这篇文章，更明确地将劳工的社会革命视为一种梦魇，将煽动这种革命并预示世界末日来临的渊薮，归咎于马克思的剩余价值学说。三是质疑一切社会主义，不论基尔特式或非基尔特式。包括社会主义比起现行资本主义经济组织，未必更真实和更少危险，未必更多互助协作精神（甚至认为资本和劳动的冲突是由社会主义者和劳动界枭雄鼓吹出来的），未必更有生产效率等。至于失业现象，也认为不完全是资本制度的过失，主要是人口过剩的结果，根本的解决办

---

① 以上引文均见《李权时经济论文集》，上海世界书局1929年版，第38—47页。

法，乃至解决其他劳动问题，都应当从解决人口问题如限制生育入手；这是将资本制度所特有的人口现象转换成人类生育的自然现象，也是以另一种方式质疑社会主义对现行资本制度的批评。最后，李氏不得不承认现代经济社会存在着贫富悬殊现象，实际上接受了现行产业组织必然产生阶级差别及其对立的说法，但他依然质疑社会主义的可行性，相信在现行制度下有办法可以补救这个缺点，无非是累进遗产税和累进所得税等社会改良办法，其核心思想是现行私产制度或资本制度比较可靠，没有必要让社会主义完全推翻这个制度。至此，李权时执意维护现行资本私产制度的一贯态度，表露无遗。其实，从经济学的业绩看，即使李氏有着在美国芝加哥大学和哥伦比亚大学分别获得硕士、博士学位的显赫留学经历，回国后又发表众多的经济学著述，后来经济学界的同仁对他的评价并不高。这里既有蔑视他曾经加入汪伪政权的因素，也有质疑其著述成果的经济理论水准。较为典型者如称他"著作颇不少，惜大多粗滥，读之味同嚼蜡"①，可见印象之差。用后来这种评价去衡量李氏早在 20 年代后期的上述经济学著述，多少也能看出一些苗头。

**（二）其他经济学著作**

这些国人自撰的著作，出于不同人之手，虽然都是一些沿袭正统经济理论的通俗类或常识类读物，但也各有其特点。

（1）《经济学》。萧纯锦②编述，商务印书馆 1929 年 3 月初版。编述者 1928 年 5 月作序：

1921 年自美归国，承乏南京高等师范讲席。次年高师改组为东南大学，其预科学习课程中规定经济学概论一门。"学生均新自中学毕业，于社会科［学］之博大繁赜，无充分融会理解之能力，兼之采用西方教本，用外国文讲授，尤增讲习之困难。行之经年，收效甚尠。至翌年，此经济学概论遂改用中文教授，因为撮举纲要，编为讲义，学生循此研习，颇能通其条贯"。1924 年，取所编纲要，逐条补充，竟成是书。凡所译述，多据美人"姜生"（Johnson, Alvin S. 今译约翰逊，阿

① 夏炎德著《中国近百年经济思想》，商务印书馆 1948 年版，第 177 页。
② 萧纯锦（1893—1968），字叔纲，江西永新县人；1912 年被选送美国留学，获加利福尼亚大学经济学硕士学位；归国后先后任东南大学、建国法商学院、北京大学教授，北京女子大学、东北大学教务长，南京第四中山大学社会系主任，1933 年任江西省政府委员兼省经济建设委员会主任委员；抗战期间任省农业院长，1948 年离沪赴上海，任诚明文学院商学系主任，大同大学教授；新中国成立后，任上海贸易学院、复旦大学教授，上海市政协委员，"文化大革命"中受迫害去世。

尔文·桑德斯①）之书 Introduction to Economics（今译《经济学概论》）1922 年版（初版 1909 年——引者注），"间附己意，聊资发挥而已"。"书成仓卒，未能删润，仅为教授时代口讲之便，无意以此问世"。秋季东南大学再开学，"遂以之作经济学概论之讲义"。1925、1926 两年，任北京国立女子大学教务长兼授经济学，"亦以此为教本，每次讲述，辄就所疑难者时加修正"。昔人尝谓翻译之道，必信达雅三者兼具，方为上乘。"此书于信殆可无愧，达亦庶几，寡学文拙如余者，能免俚俗为幸，雅则决非所敢望"。去秋再归讲南京国立中央大学，"学生苦坊间无完善之中文经济学书，多请以此书付印，因重为厘校，而述其崖略于此"。

"革命以来，在上者以民生主义为天下倡，国人益知经济问题之重要，或制为劳动法律，改良工人待遇，或议平均地权，增进农民生活，所以张皇补苴者不一其端。而偏激者流，复以民生憔悴，归咎于社会组织之不良，思为根本之推翻。青年学生感于其言之激烈，不察其本，亦辄从而附和之，横流所被，已为举世之大患"。余教经济学历年，"以为凡议解决现代种种经济问题，不宜仅执一端，为就事论事之探讨，而应先于经济学之义理，有综贯之了解，而循理发议有所准备，不至如尺蠖之虫循条而失枝，与牛羊之目但见方隅"。经济生活最显著的特色，为其有机性。"学者如昧于经济结构之有机性，则其由特种问题所得之结论，非与事实大相径庭，即流于直情快意之谬想。是愈研究经济问题，而愈召经济生活之紊乱"。"仅知研究经济问题，而不明经济学之根本义理"。经济生活的有机性，观于"生活庸"（living wages，今译最低生活工资）一事可以见之。骤视此工资，似为一独立问题。先研究衣食住的品质数量，再定其所费，即可得一工人足够生活所应需的"庸率"（指工资标准）。如此研究不免得出其他结论。既知工人生产所需之庸率，又知现在工人有 3/5 所得不及此数，"如其人非毫无恻隐之心，则既得此种事实，其心中对于现代经济组织，应作何感想"。若谋救济，自必增高工庸。然而此增高之费，将出诸何人，是佣主，是消费者，还是资本或地主？另外此增高之工庸，无论何人，皆可一无所费？"此一生活庸问题，乃竟与无数之其他问题相牵涉，设非

① 约翰逊，阿尔文·桑德斯（1874—1971），美国经济学家和编辑；1897 年毕业于内布拉斯加大学，1902 年获哥伦比亚大学经济学博士；1902—1906 年任《政治科学季刊》助理编辑，先后任职内布拉斯加大学、德克萨斯大学、芝加哥大学、斯坦福大学和康奈尔大学，1917 年到纽约市任《新共和国》期刊编辑；1918 年联合创立纽约新学院大学，1922 年任主管，30、40 年代帮助许多被纳粹迫害的中欧学者到这个学院的新建机构任取，该大学又被称为"流亡大学"，任《社会科学百科全书》副主编。

有经济学根本之义理，明示途径，鲜有不失之者"。"是书之作，于近日相率侈谈经济问题，莫衷一是之时，或亦微有小补云尔"。①

以上两段序言，前一段讲述编写此书的概略。编者留学美国回国，承担大学经济学课程的教学。以其所见，20年代初，国内知名高校已较为普遍开设经济学概论课程，较为流行的授课方式采用西方教材和以外文讲授，但面对刚从中学进入大学且缺乏社会科学理解能力的新生，效果并不好。编者教了一年，第二年即改用中文讲授，并根据西方教材，概括其纲要编成供学生研习的讲义，成效颇著。随后利用闲暇，依据美国学者约翰逊的《经济学概论》，在原有纲要的基础上一面逐条补充，一面发挥己意，遂成此书初稿。起初只为讲授的便利，并未打算出版，讲课过程中又不断就疑难问题加以修正完善，自信对照英文原著，中文转述虽不敢说典雅，却能保证内容准确和表达通顺明白。20年代后期经历流传各校教学的体验，发现国内仍缺少完善的中文经济学书籍，为了满足学生的需求，才付诸出版。这段讲述，等于从一位留学归国的经济学教授的亲历角度，展现20世纪20年代国内经济学教学从引进西方舶来品到消化吸收其要点再到转化为完整中文教材以适应本国学生需要的简要历史。所以说，这本《经济学》教科书，虽然参考西方著作为摹本，却非停留在一般翻译层面，经过国内多年教学实践的磨砺，比较适合于自身需要。

后一段讲述明了经济学的根本义理对于解决经济问题的重要性。所谓经济学的根本义理，显然指西方流行经济学的基本原理。一方面，肯定辛亥革命以来，当权者提倡民生主义，国人更加清楚经济问题的重要，如制定劳动法律以改良工人待遇，或议论平均地权以增进农民生活，其意都为了弥补社会贫富不均的缺陷。另一方面，担忧偏激者将民生困境归咎于社会组织的弊端，试图根本推翻现行社会制度；这种激进思想影响到青年学生，不了解根本原理而往往附和，导致到处动乱，已成为全社会的大患。编者根据自己多年的教学经验，认为讨论解决现代各种经济问题，不应就事论事地注意问题的某个方面，应先从经济学的义理上进行综合和系统的分析，而后梳理出解决问题的准绳。经济生活的显著特色是经济结构之间存在有机联系，所以从个别特殊问题得出一般性结论，或凭感情用事，反而造成经济生活的更加紊乱。比如研究最低生活工资问题，初看好像是一个独立问题，只须先研

---

① 以上引文除另注外，均见萧纯锦编《经济学》，商务印书馆1929年版，"序"。

究生活必需品的品质和数量，据此确定生活必需品的成本，就可以得出满足一个工人生活所需的基本工资标准。根据这个标准，若发现大多数工人的收入不能达标，心怀恻隐者就会对现代经济组织产生怀疑，谋求提高工人工资。殊不知从经济生活的有机联系看，这个问题牵涉到其他许多问题。诸如由谁来支付增加的工资，是雇主、消费者，还是资本家或地主；无论谁支付，其费用又出自哪里；等等。对此，如果不从经济学的根本义理出发来指明解决的途径，必将招致失败。编者自以为其书的出版，有助于改变这种侈谈经济问题而莫衷一是的局面。可见，编者所担忧的社会大患局势，集中于改善民生尤其工人生活困难的解决办法，不能超出改良范围而走向推翻现行社会组织或制度的偏激路径，针对的是包含马克思经济学说在内的社会主义思潮；而纠正偏激的建议，便倚重正统经济学维护现行制度的根本原理，强调经济结构相互关联的有机性特征，譬如解决工人的工资问题，同时须考虑资本家和地主等其他关联方的利益。可以说，这也是当时国内经济学界关注解决现实经济问题的普遍看法。问题是，这种期待在现行社会制度下解决各种经济问题的观点，以想象中的理想环境为前提，这在动乱时期的中国，恰恰是一种奢望。所以，编者指责国内侈谈经济问题而莫衷一是的现象，其背后的原因，不在于没有了解经济学的根本义理，而在于不存在贯彻这种义理的制度环境。

《经济学》一书，近400页，出于教学的需要，章节安排颇为细致，意在突出要点。第1章"经济学之性质"，含20节；第2章"'用''值'与'价'"，含18节；第3章"经常竞争之价"，含14节；第4章"独占价"，含14节；第5章"生产费"，含11节；第6章"报偿递减之法则"，含12节；第7章"经济职务之专精"，含12节；第8章"经理（经营及管理之谓）"，含11节；第9章"生产业之集中"，含17节；第10章"事业联合"，含17节；第11章"竞争工庸"，含17节；第12章"力役组织所影响之工庸"，含19节；第13章"资本之生产力"，含18节；第14章"'租''息'与资本换算"，含15节；第15章"营业与赢利"，含18节；第16章"货币"，含21节；第17章"银行"，含18节；第18章"其他金融机关"，含21节；第19章"国际贸易与国际汇兑"，含22节；第20章"外国贸易之规限（规定限制之谓即日人所谓取缔）"，含22节；第21章"政府与经济组织之关系"，含22节。浏览此目录，其特点，一是不同于流行经济学的传统分类安排，力求以新的体例结构涵盖更多的经济现象，增补更多的经济知识，可见编者希图引进更新更完整的经济学原理以为我国解决经济问题的参考。二是减少抽象理论分析的比重，扩大具体经济现象分析的分量，或者说，把抽象的理论分析融入具体的经济现象分析之中，可见编者在多年教学中解答疑难问题所把握的要点，以及急切用经济学义理来统摄各种经济问题研究的愿望。三是试图用更为确切的译名来表达经济学的原理，那时不少留学欧美的经济学者一直不满意或不愿苟合来自日文译名的约定俗成取向，力求加以改变，但这种努力看来效果不彰；如以"用"翻译效用，以"私值"翻译个别价值，以"职务"翻译职能，以"分功"翻译分工，以"力役"翻译劳动，以"庸"或"工庸"翻译工资，以"息"翻译利息，以"赢"翻译利润，以"葛莱兴法则"翻译格雷欣法则等，最后都没有沿用定型，反而影响了这些经济学著作的流传。从这里，可以看到编者孜孜以求，致力于引进经济发达国家所积累的经济学知识以为我国发展的借鉴，同时也可以看到编者的一厢情愿，希望这些经济学义理能够在我国产生解决经济问题的奇效，然而不改变约束中国经济发展的根本制度环境，在内忧外患的动乱社会里，这些良好的愿望都将化为泡影。

（2）《工资论》。朱通九①著，上海南华图书局 1929 年 8 月初版。

这本小册子，包含什么是工资，关于工资的各种学说，增加工资的计划，功能工资说，工资政策，最低工资立法等，附录经济学的科学方法。这同前述流行的经济学各论相似，在于解释和普及有关工资的理论知识，因此为擅长各论的李权时所赏识。李氏 6 月 25 日作于复旦大学的序言称：我的朋友朱通九最近把一年来在国立劳动大学周刊上所发表的关于工资的文章汇集起来，编成一书，叫做工资论，另外加上许多未经发表的新鲜资料。我平常拜读过朱先生在该刊的大作，"觉得非常佩服"；现在全国同胞都可以拜读他对于工资论的全貌，"我当然是更加快慰了"。"工资论是分配论中的最重要的一部分，而分配论又是经济学中的最有兴味的一部分，所以工资论是整个经济学中的最不可忽略的一部分"。我觉得工资论的出版，"必定对于民生主义的实现，有相当的参考的价值的，所以很乐意的为之介绍于邦人君子"。② 如此看来，这本《工资论》，同李权时稍前出版的《分配论》，在经济学的理解和著书的旨意上，有共鸣之处。

---

① 朱通九（1898—？），江苏常熟人；就读清华学堂，后留学美国华盛顿大学，1928 年获文学硕士；回国后任上海中国公学政经系主任，1929 年至 1931 年任教复旦大学，1936 年任国民经济研究所研究员。

② 朱通九著《工资论》，南华图书局 1929 年版，"李序"。

又有郑若谷作序：

手工业时代，没有工资问题；"理想的社会主义的社会里，也不至发生工资问题"。"工资问题，直是近世工业革命的产物"！自从大规模的机械生产开始霸占手工业制度的领域以来，人类中间逐渐次发现了一道裂痕："一方是享有资本土地生产工具的资产阶级，一方是依赖售卖劳动力以维持生活的劳动者"。"这种裂痕，在产业落后的我国，虽不甚明显，而在产业势力顶膨胀欧美国家内，已形成了极大的社会病"，酿成"现代最复杂的社会问题"。资本家富强，企图更富更强；劳动者既贫且弱，日益更贫更弱！为什么呢？前者因贪得无厌的心理与进取的精神，后者是其势之所必然。资本家迷信减少劳动的价格是最有效地达到更富更强的方法，"利用其法律上经济上社会上的优越地位，肆行无限制的剥削"，"使痛苦无告的劳动者由不能维持生活（生活工资）的逆境，更陷于不能继续生存（生存工资）的悲惨状况"。"世界上大多以为劳动者，正呻吟于此资本主义的高压势力之下而不能自拔。这是何等不平"！但是劳动问题哪能这么简单。"劳动问题中工资问题，也算是一个最复杂最困难的社会问题与经济问题，岂容偏激之论。非经过精密的分拆、比较、考察、研究，不能得到适当的解决。而工资问题一日不能解决，世界上冲突的恶现象及其结果即一日存在于人间"！吾友朱通九专治劳动经济有年，今以其对于工资问题的意见，著为工资论一书以问世，"我既佩服他研究的很有心得，又相信此书定能引起许多人对于工资问题的兴趣"。①

比起李序抽象地议论工资论在分配论从而在经济学中的重要性以及《工资论》一书对实现民生主义的参考价值，郑序似乎更深入一步。且不论郑序认为手工业时代和未来社会主义社会都没有工资问题，属缺乏理论和实际论证的随口一说，它断言工资问题是近代工业革命的产物，是欧美产业发达国家造成人间裂痕的极大社会病，酿成了现代最复杂的社会问题，却有根据。乍一看，它好像极为不满于现代社会分裂为占有生产资料的资本家和依靠出卖劳动力为生的劳动者两个阶级，不满于资本家的贪得无厌而富者愈富和劳动者的痛苦无告而贫者愈贫，不满于资本家利用其优势地位进行无限制的剥削和大多数劳动者处于资本主义的高压之下而陷于不能自拔的悲惨境地，对这种不平等现象愤慨至极。可是后来突然态度一转，又不容许这种不满和愤慨变成偏激之论。其理由便是劳动问题不那么简单，尤以其中的工资

① 朱通九著《工资论》，南华图书局 1929 年版，"郑序"。

问题最复杂最困难，必须经过精密的分析研究和考察比较才能恰当的解决。换句话说，即使世界上存在着劳资冲突的丑恶现象与结果，也不能偏激地去触动现行雇佣工资制度，只能在这个制度下面寻求精密和恰当的解决。这样来评点《工资论》，可谓一语命中其要害。

再看著者6月27日作于江湾劳动大学的序言：

工资问题为经济学中分配论的最重要部分，"自古至今的经济学家，都有详细的讨论"。近代更因劳动风潮日益紧张，讨论者增加起来，学说众多，各执一是。归纳起来，不外两种解释。一种是一般经济学所公认的，工资增加，利润一定减少；要维持生产事业而给资本家较高的利润，非减少工资不可。这种见解，似有道理，但未必符合事实。另一种是一般经济学家相信工资的高低，取决于劳力供需的多寡。这种论调被认为是一定不可更易的自然法则，然而仔细分析，供需二字太过笼统。需要方面决定工资高低的不仅有劳动者人数的多寡，还有工业设备、技术高下、管理适宜、出产多少等因素；供给方面影响工资涨落的除人数多寡外，还有工人是否受过训练、经验多少、能力高下、工界组织等原因。况且正统经济学派以供需律为自然律，非人力所能挽救，然而供需两方面均可用人力去增减和改进，何得为自然力，故不可迷信自然律。工资政策方面，现代的趋势大都主张提高工资，实则取决于工人有没有团体论价能力。"我们相信民生主义，我们的民生主义的政府，为人道计，为民生计应该早早颁布最低工资律，出血汗工人于水火，这是我馨香所祝祷的"。本书为论文汇编，"不要以普通专著一气贯成的相提并论"；著者对于工资问题，"无甚研究"。本书承易校长题字，李权时博士和同学郑若谷教授撰序介绍，表示感谢。[①]

著者这篇自序，不那么迷信正统经济学家为资本家辩护而在工资问题上所作的解释，肯定组织起来的工人团体更有能力同资本家谈判工资问题，也不像郑序那样断言工资问题只是近代工业革命的产物，认为自古至今的经济学家都有详细的讨论，但终究不愿或不敢质疑造成劳动风潮的现代资本雇佣劳动制度。他为解决我国工资问题提出的所有办法，可以归结为一句话，馨香祝祷民生主义政府从民生人道出发，早些实施最低工资立法，拯救血汗工人于水火之中。可敬的是，这句话里，透露出著者同情血汗工人的怜悯之心。所以他在书中说到工资政策，反感古典经济

① 朱通九著《工资论》，南华图书局1929年版，"弁言"。

学者所相信的工资基金说，以生产为着眼点，经常忽视不提劳动者的幸福；认为到19世纪，马克思鉴于工人的悲惨生活，出而反对剥夺工人，主张大规模的生产机关归国家管理，工人工资应该以工人所做的工作为标准，"盖物极必反，理所应然，非善于诡辩者所可比拟"①。像这样在工资问题上为工人说话，又指出19世纪马克思学说的产生，是正统经济学家维护资本家的利益而罔顾劳动者被剥夺的悲惨生活的必然结果，甚至认为这是"物极必反，理所应然"的报应，如此激愤的言词，在李权时的经济学各论里，根本看不到。可见，著者尽管自称对工资问题无甚研究，但在劳动大学多年从事劳动经济研究，能够体会劳动者入不敷出的艰难处境，从而在讨论工资问题时不昧良心地说些公道话。

（3）《新经济学概论》。汤城编，三民书店出版。此书的编者及初版时间均不详，从其序言看，略知一二，并可据此推测大概初版于1929年末。

文公直1929年6月10日的序言，先就其解甲后息影海上6、7年发表一番感慨，感觉惟有读书以求补充；而且读书既久，于读书之法微有心得，"以为处今之世，整理些革命后的破碎山河，固人皆有责者，则人皆必须有社会的基本知识，自无疑义"。可是年来众多的社会经济书籍，"耀眼欲昏，欲尽读势有所不能，欲择要亦靡所问讯，以致求社会基本知识者，莫由得门径而达其目的"。"深望有一适合我人需要之经济书籍，出而供世用"。三民书店的朋友告知将出版汤城所著《新经济学概论》，"闻其旨，则撷述各家经济学者之学说，而归纳论列之，结果则注于三民主义的经济观"。"洵如是，则诚中国目前不可少之经济作品，且为求社会基本知识者所必读，而能适应其需要者"。此书见其主旨，足供一读，"亟望其杀青以供天下览，而慰我年来之切望"。②

这是三民书店为《新经济学概论》的出版造势而向文氏索序所得的应景之作，反映有志于经济学研究者为了具备社会经济的基本知识而寻求经济学入门之类书籍的一种呼声。作序者并未看到原稿，只是听书店朋友的介绍，相信其"诚笃不欺"，便举荐这是中国目前不可少而适用于一般求知者必读需要的经济学著作。尽管如此，仍能体味此书的主旨，在于搜集比较各家经济学说而专注于或突出三民主义的经济思想。显然，这样的主旨，也是当时国内自撰经济学著作的正统观念。

编者1929年3月9日作于江苏训政学院的自序，更确切地说明了编书的初衷：

--------

① 朱通九著《工资论》，南华图书局1929年版，第79页。
② 汤城编《新经济学概论》，三民书店版，文公直"序"。

往时读亚当·斯密的《原富》，"觉其思虑之周密，议论之周至，有不可及者"，但对于自由竞争之说，"终不能无疑"。后来读马克思的《资本论》，"觉其识见之超越，议论之精辟，又有不可及者"，但对于阶级斗争之说，"又不能无疑"。等到"从先总理驰驱岭表，朝夕饫闻其教诲"，闲暇时治学近世欧洲经济思想史，然后知亚当·斯密及马克思之言，"因其各有所偏，终未若先总理之博大精深，卓绝千古"。斯密生于18世纪中叶，正是"朕即国家"说全盛之时，斯密深恶痛绝于国家干涉之失当，创为自由放任之说；其弊流为个人资本主义，而不顾社会全体的利益。"马克思生于资本主义发达之时，而其个人之遭际，又极人世之难堪。彼目见夫资产阶级之暴戾恣睢，劳动阶级之颠连无告，于是发其愤懑不平之气，而创为阶级斗争之说。其弊也流为报复主义，杀人流血数千万而曾无补于劳动社会"。鉴于斯密与马克思二者之弊，"发其爱人之心，而创为民生主义之经济学"。此学"对于马克思之说，反复推求，不厌其详，断为社会之病理学家，而非生理学家"。并明白告示，"社会之进化系互助而非竞争，历史之重心系民生而非物质，故其方法系平均地权，节制资本，以发展生产，而非杀人流血之阶级斗争，劳工专政"。此为仁爱之言，非仅"马克思之徒不克梦见"，即亚当·斯密之学者，亦不能不望而却步。曾打算以其意演绎为民生史观而未成，后执教于江苏训政学院，以经济学概论相切磋。本来以为"经济之书，汗牛充栋，而此书又随讲随记，仓卒编成，既无所创获，何以贻覆瓿之诮"。然而劝说付印者以为现有众多的经济书籍，"终不出正统派与马克思派二者耳，其为民生主义之言者，盖未之前闻"。于是不违其意，乃序而行之。①

编者自署海门（今属江苏南通）人，其时执教江苏训政学院，《新经济学概论》即他的授课讲义，一边讲课一边编写而成，故谓"仓卒编成"，"无所创获"。如此说来，将此书称为中国当前不可少的必读经济学作品，未免过于抬举。然而作为普及经济学基本知识的入门读物，这本书的主导倾向，又不尽相同于一般通俗经济学，所以自称"新"经济学概论。所谓"新"，实际上是说编者自己的思想转变过程：先推崇亚当·斯密的《国富论》之思虑周密和议论严谨，随后对其自由竞争学说产生怀疑；继之推崇马克思的《资本论》之识见超群和议论精辟，随后又对其阶级斗争学说产生怀疑；直至追随孙中山奔走效力于南方，亲聆教诲，加上研

---

① 汤城编《新经济学概论》，三民书店版，"自叙"。

究欧洲经济思想史，才明白斯密与马克思之说，产生于各自特定的时代，一个偏于个人资本主义而不顾社会全体利益，一个偏于以暴制暴报复资产阶级对劳动阶级的专横凶残而无补于劳动社会，二者各有其弊，均不如孙中山出于爱心而主张平均地权和节制资本的民生主义经济学之博大精深和卓绝千古。基于这一思想转变，编者本来打算将孙中山学说演绎为民生史观，此愿未能实现，退而求其次，编写经济学概论讲义时加入有关民生主义的内容。可见此经济学说它"新"，其实很勉强。

这一点，也体现在目录里。第 1 章绪论，含人类之欲望、财富之意义及其效用、经济学之对象及其研究方法、经济学之发达及其派别 4 节；第 2 章生产，含生产之意义、土地、劳动、资本、企业之形式、分业与分劳、现在生产制度之缺陷 7 节；第 3 章分配，含分配之意义、地租、工值、利息、利润、现在分配制度之缺陷、民生主义之分配制度 7 节；第 4 章交换，含交换之意义、价值、货币、信用与银行、国际贸易、对于交换制度之批评 6 节；第 5 章消费，含消费之意义、需要与消费、生产与消费、有利之消费、奢侈、储蓄、对于消费之批评 7 节。单就目录的分章说，这是那时西方经济学著作的四分法模式，而且全书 150 余页，摊到各节不过 4、5 页篇幅，只能作极为简略的叙述，确实谈不上任何创意。至于说民生主义的内容，只有一节明确提出民生主义的分配，其他批评现在的生产制度、交换制度及消费等节，或许也有民生主义的依据，但在标题里未予明示。照此说来，用"未之前闻"一语来评价当时国内众多的经济书籍，没有如此书这样论述民生主义，实在过甚其辞。从前面考察国人自撰的经济学著作看，论及民生主义者，比比皆是，惟政治倾向各不相同。例如，1926 年初版杨道腴的《经济学概要》，认为民生主义经济学区别于资本主义经济学而归类于社会主义经济学，用马克思主义经济学来阐释民生主义；1927 年初版前溪的《中国新经济政策》，附录"三民主义之评论"，澄清民生主义学说为社会主义之论，反对马克思的剩余价值和阶级斗争学说，相似于用国家权力进行社会改良的经济政策即国家社会主义；1928 年初版殷寿光的《分配论 ABC》，强调民生主义的分配论；等等。由此看来，《新经济学概论》号称在正统派与马克思派统治经济著述之外，另辟民生主义的经济之书途径，实际上不过从那些阐释民生主义的类似经济学著作中选编材料，并摆出一副同时拒绝正统资本主义经济学和马克思主义经济学的姿态，结果更多偏向于在正统经济学的模式里补充些别人叙述过的民生主义内容，根本谈不上挑战正统派理论框架的新经济学。

（4）《经济学常识问答》及其他。周定宇编，南华图书局 1929 年 8 月版。这本小书 110 页，分总论、生产、交易、分配、消费、财政 6 编，一看就是典型的正统经济学理论框架。

粟戡时①同年 7 月 5 日为之作序：

"今日之世界，一经济关系之世界也"。"诚以人处于世，非经济不生；家处于世，非经济不立；国处于世，非经济不存；国与国，又均以经济争存于今日之世界"。"试观商农工贾，经济之行为也。爵位秩禄，经济之代价也。衣食住行，经济之结果也。政治法律，经济之保障也。修盟缔约，经济之交涉也。战争杀戮，经济之竞争也。海陆空军，经济之保护也。循是以言，经济二字，与人类家国关系之重大，即此足见一班"。长沙周定宇，好学深思，于经济问题，甚为留意，又因我国科学幼稚，引以为忧。"常思以简单方法，俾人们能明了科学意味，曾著科学常识一书，甚为社会所欢迎。兹又因恐人民不明了经济之意味，又著经济常识一书，将经济原理、原则及普通现状常识一一缕而陈之，欲使有志研究经济者，于最短之时间，得相当之知识，意至美，法至善"。周君之意，拟俟此书出后，再将关于经济政策及经济状况部分，照此书之例，陆续编印，"将来影响所及，利益于社会者实多，正不独莘莘学子得简便之法门已也"。周君第一目的，"原欲以表现其个人对于经济之理解"；第二目的，"欲使社会上能明了经济之体用，此一举而欲收此二大效果，是殆即经济之目的，所谓以最少劳费得最大效果之遗意也欤"。②

这篇序言，强调经济关系在当今世界的重要性，不过一个直观感受，谈不上有什么经济学意义上的新的领悟。把经济学上以最少的成本获得最大的效益这个原则，用于周氏此书同时达到两个目的，既体现个人对经济的理解，又使社会明了经济的体用价值，也显得颇为蹩脚。它想表达的真正意思，无非在我国经济科学幼稚的情况下，用简单的方法让国人明了经济学的意味，让有志于研究经济者在最短时间内得到相当的知识，让众多青年学生在学习经济时获得简便的途径，这个编书传播的过程，又是编书者自己理解、吸收并简化介绍经济学知识的过程。这一点，编

---

① 粟戡时（1882—?），湖南善化人；早年留学日本法政大学，毕业后回国，1909 年当选湖南咨议局议员，旋被选为副议长，1910 年被举为湘路拒款代表，次年被推为"湘路协赞会"副会长；辛亥革命前夕辞去咨议局副议长职，长沙光复后被选为参议院议员，任湖南都督府外交司司长，1912 年被选为国民党湖南支部评议员，1916 年任湖南督军府特派交涉员兼长沙关监督；曾任长沙群治大学校长。

② 周定宇编《经济学常识问答》，南华图书局 1929 年版，"序"。

者 7 月 14 日的例言，说得也很清楚。如谓："欲求文化进步，非科学社会化不可，吾国之高深赏识，须届大学，方得略尝一二，教育之所以不普及，民智之社会不发达，职此故也"，因而本书"用浅显语句，问答体裁，尤注重于常识方面，盖欲达此目的于万一耳"；本书"多采自今外名著，间以己意，搜罗宏富，可称自修良友，或完善之参考书"；本书原拟分为经济原理、经济政策、国际经济现状及中国经济问题 4 部，"只以时间仓卒，书局催索甚急，暂撰一部，其他各部，更待此再版时，再行增补"；本书理论，"不无犯主观武断的毛病，尚望海内学者，不时指教，俾得匡正"[①]。看来，编者认为如今我国民智社会不发达的原因，到了大学阶段才能接触一些经济学的高深知识，此前的教育不普及，经济科学社会化程度低，直接影响了文化的进步，于是想到用问答体裁的浅显方式注重于介绍经济常识，而且试图覆盖理论、政策及国内外实际状况等各方面内容，以供国人自修参考。然而观其已经出版的内容，所谓经济学常识，包含 6 编内 165 个问答题，全都在传统经济学的范围内打转，不曾接触马克思经济学说的任何理论概念。看来此书不是什么理论上的主观武断毛病，是在正统经济学的支配环境下普及经济学常识，不敢越雷池一步。

与前书类似的自撰常识类经济学著作，稍后还有刘光华著《经济常识》，商务印书馆 1929 年 10 月初版，列入万有文库第一集商学小丛书。著者不详，其书 109 页，分经济自然，现代经济组织，需要与供给的调节，富的保存及增殖，货币现象，银行与信用 6 章。此书虽然同属正统经济学范畴，但与前书有所不同，多少涉及一些非传统的内容。

如第 2 章第 3 节论及"经济活动的控制"时说："今日我们的经济活动是投机主义，然则非投机主义的经济活动是什么呢？不待说，社会主义的经济活动，其结果不由活动的各个人负责，而由社会的全体承担，固算是一个适例，然其实行却异常困难；可是假使依中山先生的主张，将关于人民食衣住行等生产机关统由中央通盘筹画，管理监督，那就容易办到了（参看民生主义及实业计画）"。第 5 节"资本家与劳动者的分级"，顺便讲资本和资本家的异同时又说：普通的资本，指工场、机械器具、材料以及劳动者的必要生活费等，无论什么生产制度，这些都是必要不可缺的。"但资本家在今日的制度之下，若是此外没有供给资本的，当然是必

---

① 周定宇编《经济学常识问答》，南华图书局 1929 年版，"例言"。

要的，若有除资本家外还能供给资本的制度发生，则资本家没有存在的必要了。例如实行民生主义，逐渐将重要产业，收归国营，国家为社会的利益而供给必要的资本，则当然不致有资本家专横的弊害"。①

这些论述，意在把民生主义也纳入经济常识的范围，因而对当时投机主义的经济活动或资本家的经济制度，颇多疑虑，想望非投机主义的经济活动或没有资本家的生产制度。然而书中对民生主义的理解，认为不同于社会主义由社会全体承担经济活动却难于实行的例子，改由中央统筹规划和管理监督与人民基本生活相关的生产机构，一般经济活动仍由个人负责，便容易做到对经济投机活动的控制；或者说逐渐将重要产业收归国营，再由国家提供用于社会利益的必要资本，便可消除资本家专横的弊害。这种理解，实际上想通过逐步限制私人资本主义自由发展的国有化或国营化措施来消除资本主义的弊端，并未真正脱离资本主义的发展轨道，所以其经济常识的基本框架，仍未超出资本主义经济学的理论范畴；而且把社会主义说成由社会全体而非各个人负责经济活动的实施，把国家排除在外，也失之偏颇。

寿勉成著《社会的经济基础》，世界书局 1929 年 8 月初版，列入社会学丛书。这本 93 页的小书，分绪论，经济现象的分析，社会现象的分析，社会本体的经济基础，社会组织的经济基础，社会精神的经济基础，社会冲突的经济基础，社会革命的经济基础，新经济与新社会，结论 10 章。这是从经济学的角度研究社会学问题，与通常的经济学研究体例不同，但仍属于通俗介绍经济学的范畴。

著者同年 4 月 1 日作于安徽大学的例言，起头便说：社会的经济基础，仅社会基础之一部，其他基础尚多，"故与唯物史观的主张不同，读者幸勿误会"②。又说本题范围极广，材料甚富，只以限于时间，未能详尽；本书虽由孙本文③教授主编，但遗漏谬误之处，仍当由著者负责；等等。这里专论社会的经济基础，又生怕读者误认为在宣扬唯物史观，故特意撇清此书与唯物史观的关系，避免牵连到马克思经济学说。同时书中也不否认，关于社会的经济基础有各种说法，"马克思的唯物史观及其信徒之阐述，以为社会的一切文化，全由生产的方式命定"一说，也是

---

① 刘光华著《经济常识》，商务印书馆 1929 年版，第 10—11、13 页。
② 寿勉成著《社会的经济基础》，世界书局 1929 年版，"例言"。
③ 孙本文（1892—1979），原名斌甫，江苏吴江人；1915 年考入北京大学哲学门，毕业后在南京高等师范学校附属中学任国文和哲学教员；1921 年赴美留学，1922 年获伊利诺伊大学硕士学位，1925 年获纽约大学社会学博士学位；回国后任复旦公学教授，1928 年后长期任中央大学教授，先后任该校社会学系首任系主任、教务长、教育学院院长、师范学院院长、校务维持委员会三位常委之一，教育部高等教育司司长，中国社会学会理事长；1949 后任南京大学教授。

2568

其中之一。另外还指出，现代的经济有竞争、不均、欺诈、浪费四种"特质"，所以一定可以知道，"现代的经济，是很不圆满的一个经济"；概括地说，现代经济的四种特质，"考之今日的经济社会，几无往而不信然，宜对于一般社会有根本的影响"；俄国自从1917年革命以后，土地以国有为原则，农业以国营为主体，经济的制度既改，政府的组织自异，"俄国现在的苏维埃制，不复以财产作标准，而改以职业为单位，良有以也"；诸如此类①。可见著者并不满意于现代经济的资本私有制度，甚至认为苏俄将私有制改为国有国营制度，确有其原因。但这些意见，从著者划清与马克思唯物史观的界线来说，决不意味着倾向于用苏俄的方式来处理现代经济的不圆满问题。如果联系到著者此时正热衷于编写出版合作经济学方面的著作，便可知晓这种一面排斥马克思学说，一面批评现代经济的缺陷乃至提醒出现苏俄革命也是事出有因的态度，恰恰是他谋求从二者之间选择合作主义的第三条道路的初衷。如此看来，这本书围绕社会的经济基础所宣扬的经济常识，又多了一层区别于前述经济学常识类书籍的新的涵义。

本节列举的10多本书，除个别者外，均可归入西方正统理论经济学的类型。这些著作在国内经济学领域，比之以往，数量较多，比之同期尝试建立新经济学理论体系的著作，亦可见坚持正统经济学理论体系的势力之强劲。就译本而言，此类著作不论在正统体系内部属于何种派别，居于怎样地位，具有什么分歧，面对马克思主义经济学说，总是视之为共同的敌人，或者公开敌视而宣布马克思体系的终结，或者解说同样的经济现象却引导到与马克思学说相反的方向，或者在阐释社会主义的权威假象下对马克思学说的经济理论釜底抽薪，诸如此类。但在译者方面，引入各种正统经济学译本的意图又有所不同，有的纯系为了对抗马克思主义经济学在国内的传播，有的主要用于普及国内落后的经济学教育，还有的则是汲取西方经济学的方法论滋养以为宣传马克思经济学说之用，不一而足。至于个别译本试图摆脱正统经济学体系的束缚，建立服务于劳动者利益和社会主义目标的新经济学，却忌讳苏俄范例所创造的经济理论与实践成果，不得不借用大量正统体系的经济知识并搬到自己的"新"经济学中来。就国人自撰本而言，此类著作基本上是跟在西方正统经济学的后面作些通俗解说。这样的解说像前述中译者一样，也有多种意图。从其中特别活跃的代表人物看，除了通俗化解释外，以当时国内正在传播的

---

① 引文分别见寿勉成著《社会的经济基础》，世界书局1929年版，第2—3、5、11、24页。

马克思经济学说作为重点攻击对象，借此宣扬各式各样的调和妥协论调，显然是其主要宗旨。当然，也可见少数例外，有的合编经济学讲义各唱各调，其总论倡导马克思经济学说，其分论却是在建立民生主义经济学的名义下回归传统经济学的套路；有的经济学著作标榜其新，企图同时抛开资本主义经济学和社会主义经济学，或者介于二者之间，根据民生主义学说另创一套中国自己的新经济学，结果变来变去，最后仍落入正统经济学的四分法俗套。还有一些著作介绍经济学的常识，除了传统经济学知识外，尚不知马克思经济学说为何物，或者即使对现行社会经济及资本私有制度不满，也小心翼翼地避开马克思经济学说，试图在现存制度下另谋一条新的出路。

## 第三节　关于经济史学的著作

到本年度，有关经济史学的著作明显增多，有条件在前编专题考察运用马克思主义经济学重新阐释经济史学的许多著作之后，仍能设立专节，分别经济史与经济思想史两部分，介绍其他类型的经济史学著作。

### 一、关于经济史方面的著作

本时期经济史方面的著作之多，除了前编重新阐释经济史的一系列著作，本编前面以中国经济史为专题的若干著作之外，仍有其他类型的各种经济史著作，在此选出若干例证，一并予以介绍。

#### （一）《世界经济史略》译本

蔡庆宪[①]编译，上海全民书局 1929 年 5 月初版。此书应属译本，却未标明原著及作者，或许参照不止一部原著。1920 年翻译出版季德原著《协力主义政治经济学》的陶乐勤为之作序：

"此后一世界，一经济之世界"。所以各国学者与出版界，对经济书籍的著述及印行，不遗余力："盖经济问题解决，即民生问题解决；民生问题解决，大同郅治之世界即可实现"。惟此经济世界，非突如其来，乃其来有自。"如不将世界经

---

① 蔡庆宪，浙江温州人，具体情况不详。据说 24 岁时出版《经济思想小史》和译作《世界经济史略》，如此算来，应出生在 1905 年左右。

济历史详为研究，则无论任何之经济方案，不特贻闭门造车之诮，且施行时势必有枘凿不入，以致经济毁灭之虞"。世界经济史，汗牛充栋，苟无适当之初步书籍以为导引，将使学者望洋兴叹，反致一无兴味，划而不进。"我国于经济学识，素不重视，即普通之经济学，涉猎者甚鲜，以致对于经济建设，往往任意反对或不问，不能起为积极之协助；间有竭力拥护，亦以无经济学识，流为盲从，因之成绩极多无可观者"。蔡庆宪先生有鉴于此，编述《世界经济史略》一书，以为研究世界经济史者导引。"余谓是书必能得经济学者与从事研究经济学者所欢迎，以普及经济史学识，而有助于我国之革命的建设"。①

此序将解决经济问题及反映这个解决过程的世界经济史，提到很高的地位，直接关乎民生问题的解决，大同世界的实现，抑或经济方案的失败及经济毁灭的担忧。同时又对国内经济学识的重视程度，一般经济学的推广状况，极不乐观，认为在帮助经济建设方面，没有什么可观的成绩。这个说法，或许反映了当时的实情。不过这主要指经济学的普及而言，未能运用世界通行的经济学知识去指导国内的经济建设，因此着眼点放在如何从国外丰富的世界经济史著述中，选择一些适当而又初步的书籍作为引导，通过普及经济史学识，以利于我国的革命建设。这样看来，蔡氏编译《世界经济史略》，即便选择翻译国外那些初级的普及类读物，也获得作序者不吝称道的评价。

就世界经济史论题的著译作来说，蔡氏此书之前，国内已见多种类似读本，采自不同国家的著述。仅以前面考察过的读本为例，就有 1924 年《现代世界经济大势》译本，译自俄国人所著；同年《近世欧洲经济发达史》译本，译自美国人所著；1927 年《近世资本主义发展史》译本，译自法国人所著；1928 年《世界资本主义经济之现势》译本，译自日本人所著；同年《近世欧美经济史》，国人自撰；1929 年初《最近世界经济与经济政策》，国人自编；等等。这些读本，都在不同程度上论及世界经济史的内容，有的较为详尽，有的则是通俗小册子；有的进行理论概括，有的只是讲述史实；有的运用唯物史观，有的否定马克思有关资本主义的理论与历史分析；各有特点。但一般说来，占主导的倾向，通过介绍以欧美国家为重点的世界经济发展史或资本主义发展史，为中国的经济发展提供借鉴，或者不如说，期待中国能够效法欧美国家的发展路径。

---

① 蔡庆宪编译《世界经济史略》，上海全民书店 1929 年版，陶乐勤"序"。

蔡氏的编译本，同样没有超出这个主导倾向。不过以其200余页的不多篇幅，试图从古至今在更长的历史时期内去描述这个发展过程，不像上述读本侧重于近代的历史，因此只能简单勾勒一个基本的历史线索。其书6章，分别是"采拾经济时期（Collectional Economy）""耕畜游牧经济时期（Cultural Nomadic Economy）""定居村庄经济时期（Settle Village Economy）""市镇经济时期（Town Economy）""都会经济时期（Metropolitan Economy）"（主要叙述英国），"都会经济时期"（主要叙述美国）。这个历史线索，采用西方学者中比较常见的分期方法，尽管不谈马克思的唯物史观，却突出了历史发展中的经济要素，等于为唯物史观提供了一个旁证。当然，此书最后的落脚点，放在英美二国的经济发展历史上，既显示以西方相关著作为参照的编译特点，也体现以英美国家为世界经济发展之典范的编译心理。

### （二）《各国经济史》译本

这个译本包括英国、美国、德国、法国、俄国和日本数国的经济史，由不同的译者译自不同的著者，著者均为日本人，译后汇总为一册，页码则分开排序，总校订者为周佛海、陶希圣、萨孟武、樊仲云，上海新生命书局1929年8月15日初版。这个校订者阵容，如同稍后出版的《马克思经济学说的发展》译本（前已考察）的译者阵容，多了一个周佛海，出版社也是同一个。大概先有了这样的合作校订基础，才有后来的合作翻译成果。

其中有的著者作序，留下一些信息。如德国经济史的序称：本篇只是极概略地记述了德意志经济史的大要，因为页数和时间的限制，不能比这样写得更充分些。为了补足这个缺点，特揭示各种重要参考书，约计10本德文著作[1]。可见这是几位日本学者根据统一要求，各自独立撰写一国经济史而合成的著作，其特点是概略记述每国经济史的大要，以为通俗介绍。

又如法国经济史的序称：大除夕前接到编述工作，2月上旬就要赴法兰西，"不免无理"，但不想虚度出国前的时间，所以承诺下来。原预定20天埋头于这项工作，因事费了许多时间，只有将近一半的日子从事于此，"以这样局促的日子而完成，我自己也深觉不免是粗制"，还好这部书不是单独出版，是全集的一部分。因为动手迟，所以规定的页数也只及其他部分的一半，这样叙述一国经济史事实上"真不可能"，后来页数有所增加，但写到法兰西革命前已快不够了，不得已将法

---

① 《各国经济史》，新生命书局1929年版，德国经济史"序"。

兰西革命后"经济史最重要的部分",说得极为简略,至于20世纪后的记述则完全省去了。① 照此说来,除非著者具有良好的专业功底和材料储备,否则很难想象能在如此匆促的时间内写出有质量的一国经济史。而且这样的质量问题确实出现了,如各部分的写作头重脚轻,最重要部分反而极为简略,难怪著者自己也说这是粗制之作。既然如此,至少可以说,这部《各国经济史》译本的质量,应属参差不齐。

再如日本经济史的序称:马克思说,"造成资本关系的过程,就是把劳动者使之离去劳动条件的过程,申言之,即不外在一方是将社会的生活资料并生产手段化为资本,他方使直接生产者转化为赁银劳动者的过程。……而产生赁银劳动者并资本家的发展的第一步,便是劳动者的隶属一事。至其后的进展,则为此隶属形态之转化,即封建的榨取至此一变而为资本主义的榨取"②。在日本说起造成资本关系的过程,要立即探究解说上述"发展的第一步",即"劳动者的隶属"与"此隶属形态之转化"的过程,这在有限篇幅内,就得费一半篇幅解剖"资本主义前史"。以此独立成编,整个体系未免失去均衡,而且太远溯过去。但我仍把明治维新以前的日本史,包括在资本主义前史编内作简单的分析,"因为关于日本资本主义之发达的总括的研究,向来是全然没有,即偶然有一些与之相关的研究,亦彼此见解大不相同;故欲对日本资本主义发达之端绪与契机而有正当的理解,若不自其发展过程与变革契机之视角,将日本历史再加探究,到底是于事为不可能"。不幸,"日本现在尚没有由这样的观察以为日本历史的研究的"。因此,笔者为说明日本资本主义的发达史,有必要另有概括的资本主义前史一编,对过去日本历史作简单的分析与展开,同时对读者理解日本资本主义发达史,能够稍有助益。③ 须注意,撰写日本经济史的著者野吕荣太郎④,1927年完成其代表作《日本资本主义发展史》,被认为在发展日本马克思主义史学方面作出了重大贡献。这篇序言的说明,也体现了著者以马克思主义经济学为指导,在日本经济史里专设资本主义前史一章,探究

---

① 《各国经济史》,新生命书局1929年版,法国经济史"序"。
② 其今译文见《资本论》第一卷,人民出版社2004年版,第822—823页。
③ 除另注外,见《各国经济史》,新生命书局1929年版,日本经济史"序"。
④ 野吕荣太郎(1900—1934),1920年进入东京庆应义塾大学预科,后转入经济学部,1923年加入学联,次年创立"三田社会科学研究会"并参与领导工作;1926年毕业时被监禁,后因病保释,从事革命活动并成为马克思主义经济学者,1929年再次被监禁,1930年加入日本共产党,1932—1933年负责组织和指导《日本资本主义发展史讲座》刊行工作,1933年成为日本共产党最高负责人,同年被捕至去世。

解说日本创造资本关系的过程，以劳动者的奴役状态作为产生雇佣工人和资本家的发展过程的起点，这种奴役状态在这个发展过程中的形式变换，就是封建剥削变成资本主义剥削。可见，日本经济史的撰写，不同于前述有关国家经济史的应付写作或草率了事，具有自己独立研究的基础与特点，将《资本论》的资本原始积累理论与日本自身的资本主义前史实际相结合。

下面以俄国经济史为例，作重点评介。其著者嘉治隆一，好像也是组织编写《各国经济史》一书的主事者。其序论说：

本书"从生产方法和生产组织的进化方面，观察经济史"。据唯物史观所说，过去的社会历史，可以分为亚细亚的或原始的共同社会，古代的社会，中世封建的社会，近世资本主义的社会四种，此外尚有未来的社会。这种分类，是从生产过程或生产关系方面观察，以共同劳动、奴隶劳动、农奴劳动、工资劳动为生产的基础。"这个分类的方法，纵令是很适当的，但马克思以（1）为亚细亚的，于（2）又举希腊罗马的实例，其应该如何解释，实有研究的余地"。我们以为，"这不过马克思举例说明，他要说明（1），所以举当时尚残存于亚细亚的原始共产团体以为例，他要说明（2），所以举希腊罗马的社会以为例。所以研究各国经济史的人，不必回溯到亚细亚的原始共产团体，也不必回溯到希腊罗马"。在资本主义的国际性尚未使世界为一体的时候，各国的经济状态，有相同的，有不相同的。因此，各国的经济史研究，若能回溯到该国的原始时代及古代，已经充分。"有了这个回溯，我们亦可充实经济史的内容，使其接近于世界的经济史的通论了"。我"欲于从来经济史家所轻视的俄国、中国、日本的过去历史之中，觅出特殊形态"；"知道各国的过去，可以知道各国的现在，又可知道世界的将来"。

佐野学的《俄罗斯经济史研究》，在研究俄罗斯经济史方面，"能别开一新生面"。据其序论，按照劳动形态的变迁，把俄罗斯的历史分为奴隶经济时代，自由农民时代，农奴时代，资本主义时代和社会主义时代五期。"这个方法，确实是很好的方法"。但我对其中二、四、五期的命名，不能不生疑问，同时该书的内容，又未必能与序论所说的分类方法相一致，这是令人遗憾的。本书的分类方法，一面依据前面所说的一般方针，同时又采用常识的方针，使人们容易理解。详细说，以农奴时代为中心，在此以前，以国家发生为界线，分为前后二期，在此之后，以社会主义革命为界线，分为二期，顺序附以原始、上代、中世、近世、现代等名称。"原始"后面不称为"古代"，称为"上代"，就是恐怕人们误解为希腊罗马的时代。这个分类方针，虽然过于常识，但也不至违背经济史的性质。若强求之，也可与西欧经济史的自由共同劳动、奴隶劳动、农奴劳动、工资劳动、强制劳动等五个劳动方法相适应；若从生产组织方面看，又可与原始氏族、古代国家、中世封建、近世资本主义、最近社会主义等五个社会相适应。①

从这个序论里，可以看出著者在擘画整个《各国经济史》的编写体系。其思路，一是以唯物史观为指导，通过生产方法和生产组织的进化，或者从生产过程和生产关系方面来观察经济史；二是各国经济史的历史分期，一般方针依据马克思的分期或分类方法，将社会经济形态的演进，大体看做亚细亚的、古代的、封建的和现代资产阶级的生产方式几个时代；三是同时注意到马克思的分期具有举例的性质，存在研究的余地，所以研究每个国家的经济史，不必都追溯到亚细亚的原始共产团体时代和希腊罗马时代，况且各国的经济形态不尽相同，能够追溯到各国本身的原始时代及古代，已经足矣；四是各国经济史的充分研究，可以为世界经济史通论打下基础，特别是当资本主义的国际性将世界连成一体之后，更是如此；五是对各国经济史的研究，历来轻视俄国、中国、日本等国过去的历史，此次编写重视于此，旨在找出这些国家经济史演进的特殊形态，以便从各国的过去知道各国的现在，再推知世界的将来；六是根据上述方法研究俄国经济史，将适用于各国的一般分类方针与针对于俄国的常识方针相结合，可以梳理出其特有的历史顺序，比较西欧经济史，只有"些微的差别"，若依照劳动方法或生产组织的演进来强求二者的一致，也可以相适应。以上编写思路，便是判断此著者为策划《各国经济史》一书的组织者的依据。由此能够了解，这个译本的原作编写初衷，打算运用马克思的唯物史观，从生产方法、劳动方法、生产组织、生产过程或生产关系的进化方面来观察各国经济史，基本定型历史上顺序的劳动方法为自由共同劳动、奴隶劳动、农奴劳动、工资劳动和"强制劳动"五种方法，其对应的社会形态分别为原始氏族、古代国家、中世国家、近世资本主义、最近社会主义五种类型。这同后来在马克思主义史学著作里普遍看到的根据生产关系的不同性质来划分人类社会发展的五种社会形态范式，基本相同，惟以强制劳动来对应社会主义社会形态，算是别具一格。

对于俄国经济史，值得关注的是有关苏俄革命及其后来发展部分的叙述。第5章近世社会，说到俄国资本主义的发展，产生无产阶级，引起劳动运动和社会运

---

① 《各国经济史》，新生命书局 1929 年版，俄国经济史"序论"。

动,"终则对于资本主义,非加以相当的制限者,即当颠覆之"。关于"无产阶级的发达及其运动":俄国的经济状态比西欧落后,因此,俄国的社会主义运动,发生出别国所没有的对立,如"国粹的革命主义"与马克思派"国际的革命运动"的对立。1870 年后,因为资本主义勃兴,马克思主义运动次第获得力量。俄国的资本主义整体观之,尚甚幼稚,但大工业的中心地,劳资对立已很迫切。"这些地方的生产,可摇动全国的经济,同样,这些地方的运动亦可指导全国的革命,由此可知专制独裁政治(不问其是彼得的或列宁的),最适宜于俄国;而能应用这个形势,而筑成强固的地盘者,则为今日的俄国共产党"。1905 年的革命,虽然失败,但对于沙皇(原译"扎尔")主义,已给与极大的打击,"终则现出社会主义劳农联邦的建设"。"革命的车轮,已经开始进行,自然不能不落着于应该落着的地方"!

关于"社会革命及扎尔主义的崩坏":俄国的经济整体看来,固然不是完全的资本主义,但在俄国的重要地方,资本主义的生产已经极度发达,其弊害亦已充分发现,加上发达于西欧的革命理论,普及于俄国,所以在 20 世纪,俄国竟发生三次革命,"终而建设世界最初的社会主义国家"。"这个趋势,在理论上,是没有矛盾的"。然而尚有极多落后的农民阶级,非得他们的赞成,绝对不会成功,因此在俄国,农民虽不能成为运动的原动力,但仍旧占极重要的地位。第三次革命成功,成立以布尔什维克(即此后的共产党)为基础的内阁,"俄国遂由民主共和国,一跃而成为无产阶级独裁的社会主义国家"。于是,专制政治和资本主义结合而成的沙皇主义的近世俄罗斯国家,完全崩坏了。

第 6 章现代社会即 1917 年以后社会主义的俄罗斯,分 3 节。第 1 节"过渡期的社会":以俄罗斯为盟主的苏维埃社会主义共和国,"今日尚不是社会主义国家",同时,"由其本质观之,又与资本主义国不同"。"这个联邦是共产党所统治的,共产党以实现共产社会为其终局目的,所以它现在虽然尚未完成为社会主义国家,但其所走向的目标,实与别国不同,而为过渡期的国家。在这个过渡期内,是无产阶级的独裁,和有计画的经济政策的实行"。实现社会主义须经过三个阶段,一是准备的时期,二是夺取政权的时期,三是在新的经济基础上改造经济关系和社会关系的时期。现在的苏维埃联邦,正进入第三时期。列宁曾说:"这个第三期,最为困难,然最为紧要,因为我们可由其解决,而实现社会主义"。在当时的经济背景下,苏维埃国家决定经济政策的根本原则,根据苏俄宪法:土地、矿山、铁路、工厂等一切基本的生产,归于社会共有;用统一的科学的计画,组织并指导生产力；排除私人利润，一切经济的剩余，归于社会使用；一切健全的成年人，有义务从事于生产的及有用的劳动；劳动者对于经济生活的指导，有积极的参与权；对于从事生产及有用的劳动的人们，在可能的范围内，提供衣食住及保健的资料，以及教育、娱乐和文化的机关；废除人对人的榨取，撤废民众的阶级对立，抑制榨取者，建设社会主义社会，使社会主义能够在万国得到胜利。以上七条，"不过揭载其终局的目的，在中途尚有各种的经济政策"。

第2节"经济政策的变迁"：劳农政府获得政权之后，并非立即实行"战时共产主义"。"任何社会革命，都不能于革命成功的第二天，马上变更其经济状态"。俄国经济本甚复杂，自然更是这样。革命后的经济政策，大约可以分作三期。第一期"继承并观察旧时代的遗物，而决定方略的时代"；第二期"颠覆资本阶级，而没收一切资本于国家"，是战时共产主义的时代；第三期"在这个新基础之上，而讲求必要的缓和的方法"，是新经济政策的时代。可以看作"踏上正、反、合的进化过程，而前进"。劳农政府在第一期的经济政策，"极其慎重，而且过于慎重"。先把国立银行移归新政府的手上，但不变更一切事务员，只更迭其总理。"因为掌握金融机关，是极紧要的事"。后又宣布收归其他银行为国有，"因为恐怕它们以资金供给反革命派，而防止薪俸生活者的罢工，并不是新政府欲由此而自由运用一切金融制度"。其次新政府当局设法巩固其政治地位，召开最高经济会议讨论产业的国有问题，确立根本方针。先没收商船和谷仓、制糖业、煤油业为国有，"由是一切产业，都向国有的目标而进行"。同时特定的商业及国外贸易，都由国家独占。后又布告一切事业归国有，凡资本在百万卢布以上的工厂商店，都编入国有财产。"比较产业国有化，尤见困难者，则为劳动者的管理，即劳动者对其自己有关系的生产、原料、制造品贩卖等，有管理权。以俄国劳动者的程度，自然不容易实行，但欲变更资本主义的经营者，劳动者的管理，又极必要"。实现最必要的国有化后，开始第二期的战时共产主义。其特征是撤废货币制度，创造"社会的组织的自然经济"；国家集中国民经济的管理，迅速发展生产力，一切生产物非由市场交换，乃由国家管理，物物交换。计划原本徐徐进行，逐步没收一定规模的企业、小工业和家庭工业为国有。"由是全部工业的十分九，乃集中于国家，所残在的，只有自己劳动的制造业"。最高经济会议作为这个计划的最高机关，指导一切国民经济及国家财政。但这个计划还没有产生充分效果，1920年秋天发生从未有过的大饥馑，生产力的破坏达到极端。随后决议采用新经济政策，废止农业的国家监督和农产物的国有，恢复小工业和农业的个人经营，用食粮税现物税取代农产物的强制征收，承认个人贩卖；除小部分农产物征收现物税而归国有，其余听农民自由处分，无异于承认商业，开始交换工业品，设立市场，货币经济也复活了；此外承认部分工业生产物可与食粮自由交易。农民对此很满意，但还不能防止饥馑的恶影响。于是新经济政策又推广到工业，解放小经营及事实上并未国有化的大经营，承认个人产业，并发布利权法律及国立银行令，"由是一切产业，又复归于资本主义化了"。后来一部分国营大企业又用让与形式，移于个人经营，"由此形势更逆转了"。但铁路、矿山、土地仍在国家手上，国外贸易原则上亦为公营，"所以现在的俄国，乃在国家资本主义的阶段"。自新经济政策实施后，"生产力着着增加"，农业、工业、交通业接近于恢复战前状况；国外贸易亦逐年增加，不过其数额仅及战前之半，这是俄国对外和对内政策的结果。

第3节"计画经济及哥斯普兰"：苏维埃经济的目标，"在于废止经济上的自由竞争，用有一定计画的集中的经济方案，以代替以投机为基础的私经济的无政府状态"。既废止经济界的弱肉强食惨状，又谋全国经济生活的统一，组织一定的经济方案，编制工业、农业、商业、交通业以使它们之间有密切的协同关系。换句话说，"反对以政治为公事，以经济为私事的旧来思想"。这个方法，"不但可以缓和都鄙的对立，而使其调和，且又能适当融合公私生活的区别"。要达到这个目的，自然很有必要利用知识要素和技术分子。"其结果，当然可使生产增加，从而苏维埃经济的目的，更在于用科学的合理的方法，以利用生产资源，一言以蔽之，在于'质上加量'的试练"。"哥斯普兰"指国家经济计划机关。1920年要实行电气化，改良全国产业状态，由列宁召集这个机关，都是全国的经济专门家，其后变成常设的机关即国家经济计划委员会。这个机关调查全国的经济状况，以此为基础，预定经济上的一年、五年及十年三种计划，提交"劳动及防卫委员会"。其最高机关是常任理事会，网罗各方面的专门家，下设各部，各自研究调查国民经济的一部分，编写计划。此机关只编制草案，搜集材料，没有执行及管理的责任。其职权限于向各方面的经济团体征集统计、资料及报告，考虑各地的生产能力、需要品、资源、输出品、输入品，内外市场的状况，财政情况，工业不兴盛之地等，以此编定各种经济法案，"常留心于全国经济，对于经济上一切事件，都能明如指掌"。其本部在莫斯科，组织中央委员会，各地设代理支部，每天用各种方法根据当地的统计和技术资料，编制各种具体法案，报告中央委员会。各代理支部也由学者、技术家及实际经济家组成，"常谋生产力的昂进，调和劳动者和农民，致力于共产社会的建设"。这样看来，哥斯普兰的事业，只在幕后活动，并非站在前台博人喝彩，"但其功绩，则任何一人都不能无视"。革命之后，内乱饥馑相继不绝，自设立这一机关，第二年即 1921 年及 1922 年，"隆隆复兴，经过五年，即恢复于战前的原状，这不是哥斯普兰所赐而何"？

最后的结论：约略叙述一千余年的俄国经济史，如前面序论所说，知道过去，乃所以知道现在，并推察将来。"俄国无产阶级的独裁，何以乃在其他先进国之先？何以经过十余年之久，尚能存在？何以又须采用新经济政策？俄国的将来如何？世界经济的前途如何？要判断这些问题，如果这一篇小册子，有所裨益，我实在不胜欣喜之至"。①

以上结论以反问的形式出现，引而不发，却道出全篇的宗旨。一是以俄国一千多年的经济史作为铺垫，说明它具有不同于其他先进国家的特殊形态，同时也成就了它领先于其他先进国家的社会主义革命业绩。比如说，俄国的经济状态比西欧各国落后，是公认的前提，但在这个前提下，产生了一系列与众不同的现象：近代资本主义的发展，整体幼稚，同时也形成一些大工业的中心地带，足以左右全国的经济，而这些中心地带聚集大量的无产阶级，使得劳资对立尖锐紧迫，引起当地的劳工运动和社会运动，又可以指导全国的革命；因此在经济落后的俄国率先出现社会主义革命的趋势，从马克思主义的理论上看，是可以解释或没有矛盾的。长期的沙皇专制独裁统治，造成恶劣的政治环境，在这个环境中，俄国的社会主义运动中发生诸如民粹主义与马克思主义的对立，为其他国家所没有，而俄国共产党的前身即列宁一派能够利用这个形势，建立自己巩固的地盘，后来不仅推翻了沙皇专制制度，并使俄国成为最适宜于无产阶级专政的地方。资本主义在局部重要地区的高度发展及其弊害的充分暴露，以及西欧革命理论的传播普及，给予俄国布尔什维克党多次革命机会的锻炼，并争取到大多数落后农民阶级的支持，在革命中发挥了重要作用。所有这些因素，在著者看来，都是可以回答俄国无产阶级专政何以能比其他先进国家率先成功这个问题的理由。这些理由，不一定准确或贴切，但著者确实真心把在俄国出现苏维埃社会主义，或俄国一跃成为无产阶级专政的社会主义国家，当作革命车轮前进后，自然应该着落的地方。

---

① 以上各节引文，均见《各国经济史》，新生命书局 1929 年版，俄国经济史，第 96—114 页。

二是经过 1917 年十月革命进入现代社会的社会主义俄国，并非一蹴而就实现自身的目标，分阶段分步骤地扎实稳步推进，由此奠定了巩固的基础。实现社会主义的道路，必须经过准备时期、夺取政权时期和为建设社会主义创立条件时期三个阶段，现在苏维埃俄国已经走完前两个时期，进入第三个时期。这个时期是从资本主义转向社会主义的过渡时期，在此期间，苏俄还不是真正意义上的社会主义国家，本质上又不同于资本主义国家，体现为共产党的领导和以实现共产主义社会为最终目标。过渡时期为了在新的经济基础上改造经济关系和社会关系，必须实行无产阶级专政和计划经济政策。完成这个任务，对于经济基础落后和遭受严重战乱破坏的苏俄，正如列宁所说，最困难但又最紧要，只有解决这些问题，才能实现社会主义。正是基于这样的经济背景，当时苏俄首先通过宪法确定根本经济原则，包括一切基本生产资料收归社会共有，用统一的科学计划组织和指导生产力，一切经济剩余排除私人利润而归社会使用，所有健康成年人有义务从事劳动，劳动者有权参与指导经济生活，为劳动者提供力所能及的生活、保健和教育文化等必需品，废除剥削和阶级对立、压制剥削者、建设社会主义社会并使社会主义在世界范围内获得胜利。然后根据这些基本原则推行各种经济政策，先是继承并观察旧时代遗留的经济状态以决定具体的政策方略，继则采取推翻资本阶级并由国家没收一切资本的战时共产主义政策，随后在新的基础上实行新经济政策以讲求必要的缓和，结果取得各方面生产力增加的成效。著者叙述苏俄在过渡时期的共产党领导和无产阶级专政条件下，将社会主义最终目标与现实经济基础相结合，依据基本经济原则而有序推进各种经济政策的过程，实际上是回答苏俄何以经过 10 余年之久尚能存在这个问题。尽管这个回答有的地方比较牵强，如将苏俄从先不马上变更旧时代的经济状态而确定经济政策方略，到采取战时共产主义政策，再到改行新经济政策的三个时期，说成依循"正、反、合的进化过程"而前进，回避了战时共产主义期间的一些错误做法，但毕竟对苏俄把马克思的过渡时期理论应用于本国革命实践，并在落后的基础上取得恢复经济的成就和稳固政权的效果，持肯定的态度。

三是专注于苏俄新经济政策的背景、举措、特征和实质，视之为在俄国特殊经济形态下实现由资本主义向社会主义过渡的一个独特而又行之有效的经济手段。前面称苏俄第一期的经济政策为"正"，主要确定根本原则与方针而不可能立即改变旧的经济状态，在执行时又极其慎重甚至过于慎重；第二期的战时共产主义政策则为"反"，把货币制度与市场交换的社会经济组织改变为国家集中管理和物物交换的自然经济，使全国90%的工业集中于国家而仅残存个体劳动的制造者，国家通过最高经济机关的计划指导一切国民经济和财政活动，强制征收农民的剩余农产品等；第三期的新经济政策便是"合"，实行国家资本主义，从前述形势逆转，恢复小工业和农业的个体经营，用粮食税代替农产品的强制征收，承认商业，建立市场，恢复货币经济，包括一些国营企业在内的工业产业复归于资本主义化，但关系国民经济命脉的部分和对外贸易仍掌握在国家手中。著者把改行新经济政策的原因，解释为战时共产主义的有关措施还没有来得及产生充分效果，发生了罕见的灾荒并极大地破坏了生产力的客观条件，忽略主观因素，这个解释也有些勉强。他还提出了俄国劳动者的自身素质，不能适应产业国有化后变更资本主义经营者为劳动者管理的要求问题，等于说新经济政策的出台，同样存在着在落后的经济基础上难以过早推行共产主义措施的内在原因。这样看来，著者回答苏俄何以必须采用新经济政策这个问题时，把握了苏俄在特定的落后经济条件下过渡到社会主义需要解决比发达国家更多的困难，国家在控制经济命脉的前提下适当放开私人经营和市场经济活动，实施结果取得明显成效等要素，可以说对苏俄结合自身国情来实现社会主义的这一创造性举措，作出了比较合理的解释。

四是重视苏俄的计划经济探索，对其宗旨与效果寄予了不同寻常的期望。计划经济被列为苏俄经济的目标，明确针对传统资本主义经济建立在私有制基础上的自由竞争以及投机式生产而造成弱肉强食的无政府状态，旨在以集中而有计划的经济方案取而代之。这个方案改变过去以政治为公事，以经济为私事的旧思想，统一全国的经济活动，编制包括工、农、商、交通各业在内的经济计划并协同它们之间的密切关系，以求缓和并调和城乡对立，恰当融合公私生活的区别。这些内容，在其他介绍苏俄经济组织与制度的著作里，都不同程度地提到过，并不新鲜。新鲜的是，著者强调苏俄计划经济为了达到充分利用生产资源以增加生产的目的，必须利用知识要素和技术专家，采取科学和合理的方法，不仅讲求计划覆盖面的数量，更要讲求计划科学与合理的质量。为此，著者在介绍苏俄从全俄苏维埃大会到中央人民委员会到中央专门委员会等一系列国家经济计划的决策和执行机构之后，特别提到所谓"哥斯普兰"的国家经济计划委员会。指出这是当年为实行全国产业电气化，由列宁亲自召集全国经济专家所组织的预先编制计划机构，后来变成常设机关。这个委员会自中央到地方均有各方面专家组成的常设机构，不承担经济活动的执行及管理职能，只在幕后负责调查、搜集、统计、研究全国的经济和技术状况，做到对一切经济动态了如指掌，在此基础上，根据发展生产力，调和工农关系和建设社会主义社会的需要，采用各种方法，自下而上编制各种具体经济方案上报，最后汇总国家计划委员会的常任理事会，制订全国短期和长期的经济计划草案，提交中央审核批准执行。著者在114页的小册子里，专门腾出篇幅，描述苏俄这个具体的经济计划机构的设立和运行情况，不仅为以往所未见，而且对此抱着极大的期望。似乎正是新经济政策的推行和计划经济机构的设立，二者双管齐下，才有效改变了革命后内乱和饥荒不断的被动局面，取得复兴发展的成功。从这里也可以体会著者为判断俄国的将来如何和世界经济的前途如何这些问题而提供的答案。

总之，俄国经济史这本小册子，回溯俄国一千多年的经济史并落脚于苏俄革命率先成功的经济原因解释，不落俗套，或者根据业已熟悉的材料作出另有见地的解说，或者发掘新的材料以充实既有的解说。这样基于马克思的唯物史观和社会主义过渡时期理论，站在苏俄革命立场上所作的经济史论述，对于身处相似国情和怀抱同样革命诉求的国人来说，显然具有不小的吸引力。由此也能判断《各国经济史》译本，虽然是介绍几个主要资本主义国家经济史的通俗读物，讲述各国的质量又参差不齐，但其中贯穿的编写宗旨，仍体现了那个时期马克思主义向经济史领域的渗透趋势。

### （三）《十九世纪经济史》

这是侯厚培继出版《中国近代经济发展史》之后，大致同时又出版欧美经济史方面的著作，名为自撰，实则带有编译性质，列入经济学丛书，上海世界书局1929年11月初版。

该丛书主编李权时1928年11月22日为此书作序：侯厚培对经济史很有研究，前为世界书局"经济学丛书"编《中国货币沿革史》，今又编译欧美《十九世纪经济史》，"我以经济史为研究经济学者所必须参考的东西，所以极端欢迎侯君之能致力于此途，并且盼望侯君能再于中国的一般经济史加以努力"。[①] 可见，此书并非侯氏自撰，乃编译之作。对此，侯氏1928年11月的"例言"说得更清楚："十九世纪为欧美经济发达一最重要时期。现代经济状况，无一非起源于十九世纪。治经济史者，必须首先明了十九世纪之经济情形"。本书根据 Droppers 的 *Outlines of*

---

① 侯厚培著《十九世纪经济史》，世界书局1929年版，"李序"。

*Economic History in the Nineteenth Century*①，"删繁就简，提纲挈要。自工业革命起，至本世纪末止。以时代为经，事实为纬，作简明之叙述。阅者或可得此世纪内经济发展之一鸟瞰"。除此书外，参考下列数书：Ogg（奥格）的 *Economic Development of Modern Europe*（《近代欧洲经济发展》）；Beard（比尔德）的 *The Industrial Revolution*（《工业革命》）。"本书编辑章法程序，就教于李权时先生者极多"。② 这里所说的"至本世纪末止"，实指至 19 世纪末为止，而不是指编译者所处的 20 世纪。看来此书标明侯厚培著，缘于不止译自一本原著，同时参考其他几本原著，然后编辑而成。

此书既是编译西方流行的欧美经济史著作，则其内容同马克思主义经济学的传播没有什么关系。再加上编译受丛书主编李权时的章法约束，根据李氏在经济学方面的一贯宗旨，其选材及编译重点，更不可能体现马克思主义经济学的影响。其书155 页，分 11 章讲述工业革命以前之经济状况、工业革命之影响、美法革命之经济影响、拿破仑战争时代之英德两国、拿破仑战后之劳动立法及劳工移动、拿破仑战后各国商业政策之变迁、拿破仑战后交通之进步、十九世纪中叶金矿之发现、南北战争时代之美国、普法战争时代之德法两国、十九世纪末期之商业恐慌。也就是说，其经济史的叙述以重要历史事件为主，固然有参考价值，同时也排除了马克思学说解剖经济历史的分析方法。附带一提，李氏序里鼓励侯氏编译欧美经济史之后，再努力于中国一般经济史的研究。此序作于 1928 年 11 月，大约一年后，侯氏编译的《十九世纪经济史》才得以出版。在此之前，侯氏所著《中国近代经济发展史》，已于 1929 年出版。从前面的考察看，此专著列入近代经济丛书，不像经济学丛书那样受到李氏的支配，因此触及敏感的劳动问题，尽管这还不是马克思学说，但顺着这个问题深入讨论下去，终究离不开马克思学说的影响。

**（四）《经济史》及其他**

马哲民著《经济学》，南强书局 1929 年初版，列入新社会科学丛书。这本小书97 页，包含绪论，原始共产时代，古代奴隶经济时代，中世农奴经济时代，资本主义经济时代 5 章；第 5 章又包含资本主义起源与产业革命，资本主义经济制度的特质，资本主义发展之必然性——与帝国主义，新经济阶段的展开 4 节。从这个结

---

① 即加勒特·德劳普斯（Garrett Droppers，原译"瞿老泊"，1860—1927）著《19 世纪经济史概况》。
② 《十九世纪经济史》，世界书局 1929 年版，编者"例言"。

构看，多少有一些马克思主义经济学的分析意味，但又不那么显明。这同样反映在正文的叙述里，如谓：

"人类历史最后的决定，为适应物质的生产力之生产关系，生产关系变化，则其上层建筑——政治生活过程，及精神生活过程等，自无不随之变化，这个辩证法的变化之继续，即为人类的历史"。"经济史的重要任务，在于叙述生产关系的历史；所以经济史的本身，虽为人类经济生活的历史，同时亦即为人类社会的根本历史，并且可以说即是人类的历史"。经济史研究的主要对象，虽限于经济事实的发展；"但以经济的生产关系，为构成社会及其演进的中心，所以经济史不但不与其他政治、文化等科学断绝关系，且为一切社会科学的总关键"。因此，研究经济史的学者，一致的意见实用所谓"经济阶段说"，不过各以所用观察方法的不同，其所分的阶段，亦是相异。如以生产或生产和消费、以交换、以政治和经济的关系等为标准分类，另有其他新阶段说，这些划分阶段的方法，不待言是不完全的。"因为大都没有注意以生产关系的性质内容，来作划分的标准，而是以很简单的抽象概念，尤其没有顾及生产关系所引来社会之变革，作为划分阶段的基础，这种错误，即在于仅站在经济的立场，以谈经济，而根本的忘记了经济活动的主体——人类，以及我们研究经济的目的（为人类社会的幸福）；所以我们划分经济阶段，应注意的，即是不但注意经济形态和性质，尤其什么交换的方式，而是特别注意于由生产关系所构成的社会关系，是否有其固有的特殊性质和形态"。所以我们划分经济阶段，"须先观察社会进化的各个时代之过程"。从原始社会到古代社会，这是不同的两种形态，从古代社会到封建社会，亦是不同的两种形态，再由封建社会到有产者社会，更是不同的两种形态；"因此，我们分析这各个不同形态的社会构成之生产关系，皆具有其不同的形式和内容，这便可据为区分经济阶段的天然界限"。①

这里强调经济史的重要任务或主要对象，在于研究物质生产力的生产关系的历史，从而研究人类社会的根本历史，也就是以经济的生产关系作为社会及其演进的中心，以经济史作为一切社会科学的总关键；研究经济史一般采用划分经济阶段的方式，而划分的标准，不能是简单的抽象概念，就经济论经济，要以经济活动的主体人类为根本，不但注意一般经济发展的形态和性质，还须特别注意由生产关系所

---

① 马哲民著《经济史》，南强书局1929年版，第2—3、6—8页。

构成的社会关系、所引发的社会变革而形成其固有的特殊性质和形态；正是根据这种区别经济阶段的天然界限，将经济史划分为原始共产时代，古代奴隶经济时代，中世农奴经济时代，资本主义经济时代四个阶段；诸如此类，均体现了唯物史观原理在经济史领域的运用。然而通篇的论述，如同著者前述《帝国主义的基础知识》一书，引用不少代表人物的代表性理论或观点，唯独不见马克思的经济学说。这应该不是无意中的疏忽，可能是那个时代的忌讳在一些著书者身上的反映。

《中世欧洲经济史》译本，泷本诚一著，徐天一译，民智书局 1929 年 10 月初版。著者与译者均不详，而译本却属少有的专论中世纪欧洲经济史的著作。其书224 页，分采邑、基尔特、贸易公司、中产阶级与犹太人在经济上之地位、"海恩萨同盟"、公认定期大市与公认定期常市、劳动者之黄金世界、大陆及英国之一般经济状态 8 章。这些内容与马克思主义经济学的传播没有什么直接的关系，但对于完整了解欧洲的经济史来说，可以补充中世纪时期的相关知识。

李权时编著《各国遗产税史要》，世界书局 1929 年 11 月初版，列入经济学丛书。这属于经济史范围内与财政税收相关的专史类研究，在前面考察的经济史著作中也比较少见。此书 131 页，分为泰西上古时代的遗产税，泰西中古时代的遗产税，近世大不列颠帝国之遗产税，近世法国之遗产税，近世德国之遗产税，近世意大利之遗产税，近世西班牙、葡萄牙、荷兰、比利时、瑞士、奥匈（原译"澳匈"）、丹麦、瑞典、挪威（原译"那威"）、俄罗斯、日本及其他中南美与巴尔干半岛诸国的遗产税，近世美国的遗产税，中国近年来对于遗产税之拟议 9 章。编著者 1928 年 9 月 8 日的例言说：

本书原名《遗产税问题》，后来觉得各国遗产税的沿革实有可能成一册，所以改为今名，将来拟再出一册曰《中国遗产税问题》。"遗产税之在中国向来是不注重的，所以该税之在中国，实在可以说是没有什么历史可讲的。但近来鼓吹征收该税者甚多，亦只能作为山雨欲来风满楼耳"。遗产税为孙中山所主张的民生主义中节制资本的一个方法，"我们如果真真有意思要实行民生主义，那末遗产税亦万万不可忘记的"；本书之作，亦欲使中国无论贫富对于遗产税有所认识，"富者应知道，遗产税终究是要实施的；所以他们是应当抱一种逆来顺受好态度的"。本书取材于英人 William G. Shultz（今译威廉・G. 舒尔茨）所著的 The Taxation of Inheritance（今译《遗产税》）一书，"实在是甚多"；此外的参考书为贾士毅著《民国财政史》，萨孟武译《租税总论》，宋教仁译《比较财政学》上卷，国民政府财政部编《全国财政会议汇编》，国民政府大学院编《全国教育会议报告》。①

在各国处理贫富差距过大的社会政策中，遗产税一直被看作其中的重要措施之一。李氏此书也不例外，旨在把国外这个税制移植到从未有此税历史的中国土地上，作为实施民生主义所提倡的节制资本的一个方法。在李氏看来，实施此法很容易，只要真的有意实行民生主义，应当让富人知道我国终究要像国外那样实施遗产税，富人也应当抱着逆来顺受的态度去接受它。这种说法，且不论对是否实行民生主义本来就持怀疑观念，即使实行，以李氏素来所坚持的经济倾向而论，也是极力引导到一般社会改良的方向，就像正统经济学的信奉者把此类税收政策当作抵制马克思主义经济学的经济手段一样。如同李氏的其他许多经济学著述，这本论述各国遗产税历史的编著之作，也主要取材于国外专论遗产税的著作，另外参考国内已有的著译作和会议资料，等于换了一个经济专史的题目，继续转贩正统经济学的内容。

## 二、关于经济思想史方面的各种著作

经济思想史或经济学说史方面的著作，是我国经济学界介绍马克思经济学说较早和较多的一类著作。不过这里所列举的著作，就其编写宗旨和体例看，不同于前编运用马克思主义经济学来重新阐释经济学说史的那些代表作，基本上仍遵守正统经济学的一贯理念和理论规范，所以将属于同一学科分类而持有两种不同指导思想的这些著作，分开来介绍。以下例证，既有译本，亦有自撰本。

### （一）《经济思想十二讲》译本

安倍浩著，李大年译，上海启智书局 1929 年 5 月初版。著者与译者均不详，只知译者曾留学日本，1915 年在东京参与发起组织学术研究团体，这本书也是译自日人著作。

译本分上下卷，惜乎手上仅有上卷，未见下卷。上卷 241 页，除绪论叙述古代和中世的经济思想外，共 6 讲，分别是重商主义，重农主义，亚当·斯密的《国富论》，马尔萨斯的人口论，李嘉图的经济学原理，李斯特的保护贸易论。这些派别，被归入经济思想的"正统学派"，也是那时国内流行的经济思想史著作里常见的内容。上卷末尾，提示下卷的内容："如以下所述，反对正统学派的抽象的研究方法

---

① 李权时编著《各国遗产税史要》，世界书局 1929 年版，"例言"。

而高唱历史的方法一派发生了，然以正统学派为中产阶级经济学派而愿树立贫民阶级（无产阶级）经济学的人又出现了。这就是马克斯"①。所谓高唱历史的方法，似指西方经济学中的历史派，不是唯物史观的研究方法，也就是资产阶级经济学内部的不同派别。接着说马克思继资产阶级经济学派或正统学派之后，创立贫民阶级或无产阶级经济学，在资产阶级经济学的外面或与之相对立，另创全新的经济学。所谓外面或相对立，须指明，马克思经济学说既吸收了资产阶级古典经济学的理论成果，又站在无产阶级的立场上剖析了资本主义生产方式的本质及其运动规律，因而确立了推翻资本主义制度的理论基础。据此，虽然没有看到下卷，但大体可以体味，此译本像那时传入国内的不少经济思想史或经济学说史著作一样，讲述近代经济思想的代表性人物及其理论，不可能绕过马克思经济学说，同时这种讲述也未见得有多么高明。

**（二）《经济思想史》译本**

日本出井盛之②著，刘家鋆译，上海联合书店 1929 年 11 月 25 日初版。著者1929 年 1 月的原序称：

"这本小册子，想将西洋经济的发达历程，作极其平易的简明的叙述"。经济学讨论的范围很广泛，其学说又涉及各方面，所以这本小册子在如此情形下，"只有小小的企图"。在有限的篇幅中，要把各派学说的发展网罗殆尽自然是困难的，兼之著者才疏学浅，毕竟不许有这种企图，也是自己所悉知的。"这里不过侧重关于价值论的学说，同时来作一般经济学进展的路径的描述（sketch）罢了。这著作也许丧失教科书的原意或缺乏当作论文看的主张，不过至少若能把关于经济学的发达刺激读者的兴趣，那著者自然喜出望外了"。③

那么，就来看看这本小册子如何平易和简明地侧重于各派的价值论学说，进而描述经济学的一般发展路径。其书 142 页，分 8 章：序说、前学说时代、重农学派、古典主义学派、历史主义学派、社会主义学派、界限主义学派和最近的经济学。这个安排，仍大致沿袭传统经济思想史的通常路径，在此基础上予以简化或作些增删。至于为什么强调这是西洋经济学的发展历程，"序说"开篇有如下说法：

"所谓经济学这门学问，是西洋的，而不是东洋的，在我们东洋人，确实应引

① 安倍浩著，李大年译《经济思想十二讲》，上海启智书局 1929 年版，第 240—241 页。
② 出井盛之（1892—?），日本经济学者。
③ 出井盛之著，刘家鋆译《经济思想史》，上海联合书店 1929 年版，"原序"。

为憾事"。这里只能简明叙述说史，其内容几乎全部是西洋人思想上努力的遗迹。"东洋较西洋虽早开文明之花，经济生活因而早就发达，但是为什么不会有经济学发育滋长呢？对于这疑问若欲用一句话作解答，那就是因为东洋人只知求智识，但不知把所求的智识组织成有系统的学说"。中国或印度，不用说古时就有复杂的经济组织和生活方式，不过在号称世界文明先进国的中国和印度，终不能形成经济学说。莫斯科大学的"多米亚疵"教授说："关于经济的学说或观念，我们在中国不能发见任何的价值"。"不过中国人确是具备完美的经济观念和知识，但没有组成系统的学说，他如印度或日本也是同样的"。在日本，"我们的祖先的趣味，只在求得经济的知识，而不在努力于创造系统的学说"。①

这个说法，基本上是事实，究其原因，却是十分粗浅的揣测。下面主要看译本对社会主义学派的叙述，内分 2 节。第 1 节 "近世社会主义的勃兴"，先说 "法兰西大革命"：1789 年的法兰西革命和 1917 年俄罗斯革命，"其根本的思想是很有差异"。前者从天赋人权出发，目的在求政治的平等，废除王权，夺取教会的财产，"但对于私有财产权并不加以否定"；反之，俄罗斯革命 "是共产主义的社会革命"。形成法兰西革命的根本思想是自然权利学说，不以要求政治上的自由平等为止境，必然在经济生活方面也有同样的要求。大革命以前，自然权利的思想已产生社会主义的主张，很著名的如摩莱里（原译 "莫黑勒"）的《自然之法典》（今译《自然法典》）和马布利（原译 "马布勒"）的《论立法或法律的原理》（今译《论法制或法律的原则》）等。法兰西革命之后，一些代表人物，如巴贝夫（原译 "巴裴夫"）是使摩莱里的学说 "更加彻底的人"；圣西门是法兰西产生近世社会主义的开拓者中 "最足以堪称代表的人"；以及傅立叶，蒲鲁东（原译 "仆鲁东"），路易·勃朗，包括 "英吉利的经济学说史" 等。此外产业革命方面，另一批代表人物，如威廉·汤普森（原译 "汤蒙生"）的大著《到人类幸福的富之分配》（今译《最能促进人类幸福的财富分配原理的研究》），"可以说对于马克斯的剩余价值的学说给与不少的影响"；约翰·格雷（原译 "格拉依"）"被评为近世急进的社会主义理论的鼻祖"，他的理论 "具备明确的不妥协的特色"，其名著是《人类幸福论》和《社会组织论》；其他李嘉图派的社会主义者，"从劳动价值说出发，对于剩余价值的学说皆有独到的贡献"，他们被称作李嘉图派的社会主义者，利用李嘉图的

_____

① 出井盛之著，刘家鳌译《经济思想史》，上海联合书店 1929 年版，第 1—2 页。

价值论，"攻击资本主义社会的罪恶"；洛贝尔图斯（原译"罗德贝尔图斯"）是"国家社会主义者的代表人物"，其理论基础是劳动价值说；拉萨尔和"冷静的理论家"洛氏相对照，是个实行家，确定了"德意志的无产阶级运动的基础"。①

以上两条线索，第一条线索，以空想社会主义的代表人物为主，这在以前的经济思想史或经济学说史著作，特别是在有关社会主义史的著作中，经常看到，可谓耳熟能详。此译本作为一本小册子，用1—2页的篇幅，约略提及各位人物的生平简历、代表著作及主要观点。这种表述方式，正如作者自己所说，连教科书都不如，更不用说像论文那样提出自己的主张。第二条线索，除了德国的洛贝尔图斯和拉萨尔是早已熟悉的人物，另外还提到英国的汤普森、格雷和其他李嘉图派的社会主义者，强调他们的著述与马克思的剩余价值学说之间的关系，似乎属于有些新意的内容。但由此联想到前面考察的《社会主义经济学史》译本，同样提到李嘉图派社会主义，并且更详细分析了此派与马克思学说之间的关系，以及马克思对此派的评价。这样看来，对李嘉图派社会主义的研究兴趣，大概受到西方学者考证的影响，在日本学术界引起一阵躁动，于是纷纷拿来论说马克思学说的来源有了新证据。这本小册子将李嘉图派社会主义作为马克思学说的序曲，在经济思想史里安放一个位置，不过承其余绪而已。至于说到英国其他几位人物及其对马克思学说的影响，在前面已考察的经济思想史类著作里也能看到。

第2节"马克斯的价值论"，分为5段。第1段"马克斯的生世"：生于德意志与卢森堡国相近的特里尔（原译"特来维"），和拉萨尔同属犹太人。在波恩大学和柏林大学受教育，获得耶拿（原译"依也纳"）大学的博士头衔。对社会及经济问题发生兴趣，是和"莱因新闻"（今译《莱茵报》）发生关系的时候。这本急进的刊物遭到压制，便到巴黎当《德法年鉴》的编辑，因而有机会和他的终身挚友恩格斯（原译"恩格尔"）相识。用在德意志所学的黑格尔哲学，研究法兰西的社会主义思想。1845年被逐放到比利时，1847年刊行《哲学的贫困》，1848年发表和恩格斯共同执笔的《共产党宣言》。1848年革命有机会回到巴黎，藉此又在科隆（原译"格尔"）试办新闻（指创办《新莱茵报》），但法德两国政府1849年互通声气，他不得不逃往伦敦。受到英国社会情况和英国已有学说基础的刺激，1859年著《经济学批判》一书，1867年刊行《资本论》第一卷。《资本论》第二卷和

① 第1节的内容参看出井盛之著，刘家鏖译《经济思想史》，上海联合书店1929年版，第86—99页。

第三卷是恩格斯根据其遗稿，先后在 1885 年和 1889 年出版。

第 2 段 "理论的体系"：马克思的主要著述《资本论》，"不用说是科学的社会主义的经典"。要知道他的理论体系，不能不涉猎《资本论》和他的其他著述与演说。这里自然不能达到这种企图，仅把某位著作家所拟定的纲领揭载如下："唯物史观"；"辩证法"；"经济制度是一切社会制度的基础，法律、政治制度、宗教和哲学等等，都可以从经济的基础去考察"；"资本主义历史的进化，即是十五世纪以降为什么资本阶级发展随着无产阶级便滋生不已"；"资本阶级是赖从劳动的所得，即剩余价值的剥夺和贮积而发达，同时还使无产阶级陷入最低下之生活"；"工场的组织，与全社会无政府的状态"；"这无政府状态，因商业的恐慌，更加深刻化，中产阶级也没法支配生产力"；"这种矛盾，只赖生产的社会特性之认识，便能得着解决的方法。无产阶级毕竟要掌握着政治的权力，使生产机关变成社会的财产"；"国家向来不过是使生产阶级服从的手段，结果是无用的东西，自然会死灭的"。

第 3 段 "马克斯的价值论"：价值学说是马克思经济学的中心部分，特别有必要述其大略。在资本主义社会，运到市场买卖的货物，具有使用价值和交换价值。使用价值能满足使用者的欲望，交换价值指某种使用价值对其他使用价值在交换时的比例或量的关系。如若干小麦和若干铁相交换，便形成二者相互间的交换比率，自然二者必定有共通的属性。追究这种属性，就要把一切商品归结于劳动的生产物。所以交换价值是人类劳动的具体化，从这点观察，所有商品有相同的性质，其相异点是所包含的人类劳动有量的差异。价值的实体是劳动，商品的价值决定于生产过程中所耗弃的劳动量。不过劳动的计量，不是以个人的劳动为基础，具有"社会的平均劳动力"的性质，是"社会的必要劳动时间"。所以社会的必要劳动量，可以说是规定货物价值的标准。

第 4 段 "剩余价值"：马克思解释剩余价值的发生过程，把使用在生产上的资本区别为两种，"固定资本和可变资本"。固定资本指房屋、机械等技术上的设备，不会产生任何新的价值，是消极的部分。可变资本是付给工人的赁银，可以产生新的价值，是活动的积极的部分。可变资本是正在制造剩余价值的东西。固定资本和可变资本二者结合的比率，因产业发达的程度而发生差异。只有可变资本才能产生剩余价值，普通叫做利润。劳动力的价值也和其他商品相同，是生产过程中所必不可少的劳动时间。换言之，是生产足以维持劳动者生活的一切物品所必要的劳动量。资本家雇佣劳动者，除使之创造交换价值之外，还要使之产生加倍的价值。补偿赁银只要 5、6 个小时就足够了，但强制劳动者工作 10 小时或 12 小时。如果劳动者是独立的，为了获得生活资料，只要工作现在劳动时间的 1/2 便够了。劳动者在资本家支配之下，无法独立实现生产力，除必要劳动时间外，不得已还要付出剩余劳动，从事一定时间的没有报酬的劳动。以上便是马克思剩余价值说的概略。

第 5 段"关于价值论的观察"：马克思强有力的学说自然会遭遇种种批判，从被视为无批判的绝对真理到被视为只值一笑的玄学理论二者之间，可以引出一切的评价。为什么马克思学说具有不完备的地方，却难以被否定，因为劳动者在没有得到公正的劳动条件下，现在的制度常常被指摘是剥削劳动者的。马克思的价值论，自然受到斯密和李嘉图等古典学派的劳动价值说的影响，但二者之间有很大相异的地方。古典学派各位学者的命意，都以为劳动是个人的劳动，所以他们讨论把熟练和不熟练的个别劳动作为价值的标准，不免遭遇理论上的困难。因此他们调整劳动的性质，以为纯粹是交换市场的作用。换言之，一则价值为劳动量所决定，但劳动量的决定又受到交换过程的限制；二则交换的比率结局，便是货物的价值。如此终究难免陷入价值由价值来决定的循环论证法。"马克斯创用靠社会的必要时间之概念，把这些困难很巧妙的解除了"。对社会必要劳动时间的概念，马克思有很多说明，总的说来是脱离个人的劳动，附加上客观性，形成从某种立场上观察社会的要求或需要的观念。"虽然他试从劳动供给方面解释价值，但却不能不说在需要方面又遭遇着新的难点"。①

这一节以马克思的价值论为线索，呼应了序言里有关全书侧重于从价值论方面来描述一般经济学的发展路径的写法，实际上以简略方式涵盖了马克思的学术生涯和理论学说，其中的主要内容，在以往论述马克思及其学说的著述中反复引用过。此译本为了适应小册子有限篇幅的简略写法，对马克思经济学说的剪裁，反映了作者（包括译者）的认识水准和态度取向。大致说来，马克思的生涯方面，关注其学术经历而非革命经历；这同样是整本小册子的主旨倾向，此前铺陈的重点之一，也是考究影响马克思学说的那些先行思想。马克思的理论体系方面，虽说《资本论》是科学社会主义的经典，作者自己却无力概括，只能引用别人所拟定的纲要，包括唯物辩证法，以经济为基础的唯物史观，资本主义进化滋生资产阶级与无产阶

---

① 第 2 节的引文均见出井盛之著，刘家鳌译《经济思想史》，上海联合书店 1929 年版，第 100—106 页。

级的对立，剥夺剩余价值是资本阶级赖以生存和无产阶级陷入贫困的根源，工场内部的有组织性与社会生产的无政府状态，无政府状态发展到经济危机说明资本制度束缚生产力的发展，解决这种社会矛盾的方法是通过无产阶级掌握政治权力而使生产资料变成社会财产，国家不过是阶级统治的手段而将来会自行消亡等；以这个纲要去概括马克思的理论体系，也算勉为其难，但糟糕的译文，影响其精神的传达。马克思的价值论和剩余价值论，被看作马克思经济学说的中心部分，然而经过作者的概述，虽未失原意，却不精炼，显得比较平庸；再加上译文的错误，如将不变资本译为固定资本，混淆了完全不同的两个概念，更使对这一核心理论的理解，容易产生歧义。所谓马克思价值论的观察，大概是作者发挥自己分析能力的地方，也是最能体现其理解水平和评论倾向之处。在他看来，马克思学说遭到批判是很自然的事，因为这个学说并不完备；此类批判从无条件地相信马克思学说为绝对真理到认为它是不值一提的玄学理论，其间有各种样式，可是仍然难以否定马克思学说，因为劳动者在现行制度下经常得不到公正待遇而被认为遭受了剥削；马克思的价值论受到英国古典学派的劳动价值说的影响，但古典学派以个人或个别劳动作为价值的标准，为了解决理论上的困难，又用市场交换的结果来决定价值，结果陷于价值决定价值的循环论证，而马克思用社会必要时间概念，巧妙解决了这个困难；马克思的社会必要劳动时间概念，使劳动脱离个人属性而具有客观性，然而这样从劳动供给方面去解释价值，又在劳动需要方面遇到新的难点。可见，作者从纯学术的角度看（尽管他的小册子本身并没有多少独立分析的学术色彩），认为无论怎样批判马克思学说都属于当然之事，然而这个学说的不完备究竟在哪里，又说不出个所以然；结果，这个学说之所以未能被否定，只是由于现实社会存在着劳动者受剥削的不公正现象而已；至于说这个学说本身的成就，从最核心的价值论看，也不过一些技术上或技巧上的取胜，如用社会必要劳动时间的概念，巧妙解开了古典学派劳动价值论的难题罢了；所谓仅从劳动供给、未从劳动需求方面去解释价值，似乎是该学说不完备的一大缺陷，但又不曾说明其中的道理究竟何在。

　　总之，这本名为《经济思想史》的小册子译本，以传播马克思主义经济学的标准衡量，尽管专设社会主义学派一章，侧重于从价值论角度来描述马克思学说的先驱来源、学术经历、理论体系、主要论点等，看起来在经济思想史上有突出的地位，但犹如蜻蜓点水，着实没有提供什么新的内容，总的评价倾向，充其量把马克思学说当作历史上曾经出现过的一派代表，随着其学说不完备和遭到各种批判，除了仍被劳动者阶级当作科学社会主义的经典之外，其学术地位已为其他新的经济学说所取代。所以，此类译本在我国传播马克思主义经济学的过程中，姑且不论其负面效应，即使能起到一些普及式介绍的作用，也极其有限。

### （三）《泰西近代经济思想史》

文公直著，三民书店 1929 年 6 月初版。著者在此书出版大约同时，曾为汤城所编《新经济学概论》作序；另外，从下面的著者序可以知晓，此著者正是前述 1927 年出版的《帝国主义的政策底基础》译本的整理者文砥。此书 176 页，分经济学及经济思想之定义，经济思想发展历史之纲要，近代经济思想之发展，结论 4 章，另有两个附录。第 3 章为全书的重点，含经典学派，历史学派，奥大利学派，数理学派，社会主义学派 5 节。社会主义学派一节又是重点中的重点，分别叙述社会主义之意义；较早之社会主义家及其思想；近代社会主义之代表，含洛贝尔图斯（原译"劳特旛邱斯"）与马克思；科学社会主义之学说，含唯物史观，剩余价值，资本集中说，资本主义崩坏说，阶级斗争说，悲观论，危险论；社会主义学派之批评；修正派社会主义，即马克思之反响。由此目录可见，著者更偏重于社会主义学派尤其是马克思的科学社会主义学说。然而对不同的作序者来说，未必同意这样的思想倾向。

黄介民①1928 年 12 月 1 日为之作序：

"亚丹斯密之《原富》，马克思之《资本论》，克鲁泡特金之《面包掠取》等书，杂出于经济学海而风涛大作，轰腾澎湃；即哲学、政治、法律、社会学等，均受其波荡，而生绝大变化。各是其所是，而非其所非；仁者见仁，智者见智，流行迄今，莫衷一是"。吾友文公直少将，以军人而耽书史，著述甚富。兹撰泰西经济思想史一书，"将历来经济学名家之学说，搜罗翔实，夹议夹叙而阐明之都十数万言，以'人类平等，世界大同'为归结，斯尤当矣"。"吾华外受列强之经济侵掠，内而变乱相寻，民生凋敝已极。所谓'个人经济''国家经济'与夫'社会经济'等等主张，皆可兼收并蓄而考较之；融会觉通，取长弃短，神而明之，斯存乎人。

---

① 黄介民（1883—1956），原名时至，江西清江人；21 岁中秀才，1909 年就读南京两江师范附中，加入同盟会，辛亥革命后东渡日本，在东京明治大学研究政治经济，1914 年参加中华革命党；归国后在上海工作，1926 年回南昌任江西省水利局长兼财务处长，当选国民党江西省党部监察委员、中央候补委员，1932 年为司法院简任秘书，抗战胜利后辞职回老家办私塾；新中国成立后任中南军政委员会参事，1951 年参加民革，历任江西省人大代表、政协常委、参事室副主任、监察厅副厅长，民革中央团结委员。

果能推行尽利，国治民安，而后更当推而放诸四海而皆准，所谓'中国一人，天下一家'是也，岂仅以一国自画哉"？"大同"斯义，"岂仅足为经济学之正鹄？即并推为哲学、政治、法律、社会学等之正鹄，谁曰不宜"？①

此序之核心观点，主张中国在外受列强经济侵略，内遭变乱而民生凋敝之际，可将西洋经济思想中如亚当·斯密的资产阶级古典经济学，马克思的社会主义经济学，克鲁泡特金的无政府主义经济学，或谓个人经济、国家经济和社会经济等主张，兼收并蓄，融会贯通，取其神明而用之于国治民安，进而达到大同的目标。此即认为从人类平等和天下大同的终极目的来看待经济学和所有社会科学，不必拘守于包括马克思经济学说在内的某个学说之一端，才能形成不仅适宜于中国，而且适宜于天下的放之四海而皆准的真理。对于《泰西近代经济思想史》一书的这种期待，颇为理想化。

李剑农 1929 年 5 月 9 日作于上海的序言称：

终日埋首于几案间狼籍如山之书册，颇感疲惫，于是伏卧几案上，聆听室外三五佣人诉劳谈苦。"吾亦劳人，聆斯问答，颇感世之言人生者，终无有能解此'黑漆一团'之谜"。"吾华自孔孟以至于孙中山，泰西自希腊古哲以至于马克斯，尽心以求达此鹄者夥矣。近日年少，多倾心于马克斯，然其术苏俄一试之，而饿殍痛毒之惨，闻者惶然，生与死之数未可卜也。则马之术，未必果能达此鹄也。中山颇示吾人以求达此鹄之指针，然其途行曲，所需御者发纵制驭之术尚复，未易安坐致之，是在吾辈囿于此生者之努力"。文公直先生编泰西经济思想史成，索序于予，无以却，书此献之。②

不同于前序的兼收并蓄之说，此序对当时国内不少青年倾心于马克思学说，明确持排斥态度。其理由便是马克思经济学说在苏俄的试验所造成的饥荒和痛苦，证明此学说不能解决人生黑暗的弊病，而实现孙中山学说，也需要当权者在曲折道路上发挥指挥驾驭能力和吾辈共同努力。以民生主义为解决我国经济落后的指针，毫无疑义是那时我国的经济指导思想，而否定苏俄道路从而否定马克思经济学说，不仅是反俄反共逆流所留下的思想影响，与作序者早年创办《太平洋》杂志时所宣示的调和宗旨，以及两年前为《劳动经济论》译本作序时所表达的寻求一条解决社会问题的平坦道路的意愿，也是相互契合的。

---

① 文公直著《泰西近代经济思想史》，三民书店 1929 年版，"黄序"。

② 文公直著《泰西近代经济思想史》，三民书店 1929 年版，"李序"。

著者同年劳动节以文砥之名所作的自序说：

"二十世纪之社会，完全为经济的社会，一切皆为经济所支配。经济问题解决，即社会问题解决"。余投身革命 17 年，其间因补充知识之必要，于经济、政治、社会诸书，几觌书必读；读则摘为笔录，以备不时之浏览研究，且以为训导相从诸弟子之需。积之数年，残稿满箧。1927、1928 年间，"得读经济名著甚夥，于泰西经济思想之沿革变迁，尤深致意"；冥索之余，辄录我所认为宜注意者，乃结合以前之所录，辑为"泰西经济思想史"。"本书之著述，初无所容心，故立论一以客观地位为衡；于泰西之经济思想学说以及学者，皆详其所宜详，而绝不以个人之意见，为之臧否"。余虽为革命一分子，而以前所力行之革命途径，无异于与历来之"英雄革命家"，是以十余年来，结果所得者仅误己误国。"解甲而后，迺得知经济学之重要，而革命者之必先完全了解经济问题，始能负担革命之责，而不致重苦民众，贻笑后人，抑且必革命者能了解经济问题而革命，其成功乃能达'人类平等，世界大同'之域。换言之，欲达到'人类平等，世界大同'之目的，必须的完全了解经济问题而致力于斯点之革命者"。"革命，所以解决社会问题，经济问题也。然则经济学之供给，岂可或后"？余虽一知半解，不足以供献于革命民众，但知今日多数革命者中，必不乏当年之我；以今日之我，供献于当年之我，俾从中有所得基本经济常识，不致如我当年无处钻研，其亦可乎！是则此书所由撰作之微旨，愿读者共鉴之！①

此序充满激情，述说了一个参加国民革命而戎马多年的将领，解甲后转向研究经济学，撰写泰西经济思想史的心路历程。其中包含了对于经济问题，以及解决经济问题即解决社会问题的重要性的认识，对于革命者必须首先了解革命的目的是解决经济问题从而解决社会问题，最终达到人类平等、世界大同的理想境域的理解，也就是从原来追求个人英雄主义式的革命家，转向思索如何贡献于革命民众。这种认识或理解，就这本书而言，似乎是毫无偏倚地客观面对西方各种经济思想学说及其代表性经济学家，或如著者所说，只是详其所宜详，绝不掺入个人的褒贬意见；实则不尽然，其解决经济问题进而向往人类平等和世界大同的革命理念，在西方众多经济思想中，同社会主义学派尤其马克思的科学社会主义学说具有更为亲近的关系，此所以书中这部分内容比较其他学派的经济思想，占有更大的比重，成为重中

---

① 文公直著《泰西近代经济思想史》，三民书店 1929 年版，"自序"。

之重。尽管此书解说科学社会主义，除了常见的唯物史观、剩余价值、资本集中说、资本主义崩坏说、阶级斗争说等理论外，还加上悲观论和危险论等不伦不类的内容，显露在某些方面的一知半解特点，而且像许多评点社会主义学派的著作一样，相应增补有关批评或修正以马克思为代表的社会主义的观点，但其基本倾向，把马克思经济学说同样作为中国革命者解决我国社会经济问题须掌握的基本经济常识，并在各种经济学说中给予其更大的权重。由此看来，在论述泰西近代经济思想史的同一本著作面前，三位作序者竟提出三种不同的评价意见。一种意见主张将古典经济学、马克思经济学说和无政府主义经济学等兼容并蓄，从中提炼出一种适用于中国甚至放之四海而皆准的经济原则；另一种意见承认古今中外有许多学说旨在解开世上人生的黑暗之谜，但唯独断言马克思学说由于苏俄试验的失败而证明不可能达此目的；再一种是著者自己的意见，将中国革命的宗旨与解决经济问题从而解决社会问题乃至达到人类平等和世界大同的理想紧密结合在一起，因而辑录整理西方近代经济思想发展历史的过程中，把马克思经济学说放在突出的地位。从这里，也能看到当时在经济思想史领域，马克思主义经济学的传播面临来自各种不同立场和观点的影响，积极因素与消极因素并存，既是对峙和较量的疆场，也是鉴别和选择的过程。

**（四）《经济思想小史》**

此即上述未逾弱冠之年的蔡庆宪，与《世界经济史略》几乎同时而稍后出版的又一本小册子，上海大东书局1929年6月初版（现存1932年10月再版本），列入近代经济丛书。这本108页的小册子，如同《世界经济史略》一书的编译是试图用粗略的构架来抄录和勾勒世界经济（实为西方经济）从古到今的历史发展线索，也试图在经济思想史领域，用同样简略并以西方传承为主的方式，来描述其全部历史沿革的脉络与特征。不同之处是抹去编译的痕迹，突出自编的色彩，这大概是那时引进西方经济史学的过程中，从翻译到编译再到尝试自编的共同经历，尤其对涉猎此学不久的初出茅庐者来说，更是如此。

这本小册子共三编：第一编总论，论述经济思想史的性质和重要，以及它的起源和发达的迟缓。第二编经济学未成科学以前的经济思想，分别论述上古、中古的经济思想，及以重商主义为代表的近世经济思想的发端。第三编经济学成为科学以后的经济思想，也是篇幅最多的重点部分。第三编分五章：以重农学派和亚当·斯密为创造者；以马尔萨斯、李嘉图等人及英、法、德等国的其他诠释者为初年的继起者；以反对派和批评派的领袖包括哲学上和伦理学上的攻击如个人主义派、国家主义派、社会主义派的批评，范围上和方法上的攻击如德国历史学派，论理学上的攻击等；以约翰·斯图亚特·穆勒为正宗派；以初年的边际效用观念的发达和奥地利学派主观物值说的发达为改造者。显而易见，这样的叙述，接受的是西方主流经济学的正统观念，不过以一个涉猎未深的年青人，试图将如此漫长和错综的经济思想通史压缩在这么短小的篇幅内，难免随意、粗糙和隔膜。

但有一点须指出，从我们的考察主旨看，编者在介绍西方经济学成为科学以后的经济思想时，注意到"社会主义者对于经济思想的影响是很重大，尤其是马克斯和洛柏图斯两人"。这里是把社会主义者批评的影响，分为"直接的"和"反动的"两方面。所谓直接的影响，表现在五个方面：一是在经济学说中，科学社会主义者不断巩固了那一种观念，即任何社会制度都因环境的关系，历史地生长出来，"其中尤以马克斯的影响最大"；二是"经济学者所以倾向于社会的观察，实是社会主义者与以更大的刺激"；三是社会主义者的批评，能够引导学者"更简明"地分析国家的经济职能；四是社会主义者侧重于分配问题，从而"使经济学者知道分配公平问题的重要，不专究心于生产问题"；五是"因受社会主义者的攻击，经济学家对于资本的职务和利润的性质，已有明了的观察"。所谓反对的影响，表现在两个方面：一是现在的经济学教科书，鉴于社会主义对于经济学著作"深有影响"，因而"没有不批评社会主义的，且其中多有和社会主义相反对的学说"；二是由此出现"为现时所注意的"某种特别学说，它"至少有一部分是由攻驳社会主义而兴的"。[1] 简而言之，这是站在西方正统经济学的维护立场上来看待社会主义者的批评性或攻击性影响。一方面，借鉴、记取乃至吸收这种外部影响中的某些要素，诸如社会制度具有历史性质而非永久性质，不拘于财富的观察而倾向于社会的观察，不限于个人自由主义而简明分析国家的经济职能，不能只考虑生产问题而须注意分配公平问题的重要性，明了地观察资本的职能和利润的性质等，藉以弥补传统经济学中的内部漏洞或改善其薄弱环节，此之谓直接的影响；另一方面，为了抵御这种外部影响，须在正统经济学内部建立起一整套防范社会主义影响深入渗透的理论学说，甚至是专门用于批驳社会主义或以前不曾有而因此才兴起的特别学说，此之谓反动的影响。

---

[1] 以上引文均见蔡庆宪编《经济思想小史》，大东书局1932年版，第82—83页。

强调这两种影响，固然不是此书编者的突发奇想，而是从现成的舶来经济思想史著作（如韩讷的《经济思想史》中译本）中得到的感悟。但由此能在国人以西方主流经济学为正统而自编或自撰经济思想史著作的初始阶段，便比较客观地反映以科学社会主义为代表的社会主义思潮对于正统经济学的冲击性影响，亦属有识之见。惟此书编者在简化式抄录和叙述这一类具有典型性的影响时，尚不能讲明白社会主义影响传统经济学的肯綮之处，更不用说分清马克思和洛贝尔图斯二人在理论上的区别了。

**（五）《经济学说史纲要》**

安绍芸①编著，世界书局1929年11月初版，列入经济学丛书。编者1929年3月12日的"例言"称：

本书顾名思义，"绝不会对于各派经济学说的变迁作周密详细论述"；本书的序列及范围依据经济学说的薪传，"各派学说之最有贡献于经济学说的薪传者方入本书范围，也即以此定论述的先后"；本书未采入晚近及现代各派经济学说，一是"因为各派学说历时未久，真义及价值尚多未明"，二是"因为各派学说多脱胎于十九世纪的古典学派及限界学派等，在'小史'中实可无须再加申述"；本书参考书有7、8种，最重要者要算韩纳的《经济思想史》、"抱可"的《经济学进化论》及"密齐"的《经济学预测》；本书得以完成，实多赖李权时博士之助。②

可见，这是编著者留学美国回国任教不久，受同在复旦大学任教的李权时编辑丛书之邀，参考国外有关著作而编的一本"小史"类经济学说史读物。

此书92页，共8章，分别是：绪论；重农学派，号称"经济学成为科学的建立者"；亚当·斯密及其《原富》，斯密号称"近世经济学的始祖"；马尔萨斯的《人口论》，确认马氏"在经济学说史上的地位"；李嘉图及其分配论，李氏号称"近世经济学的传统者"；约翰·穆勒（原译"密尔"），号称"近世经济学的整统者"；历史学派，号称"近世经济学的革命者"；边际学派（原译"限界学派"），

---

① 安绍芸（1900—1976），河北武清人；1923年清华学校毕业后赴美留学，1926年获威斯康星大学经济学硕士学位；同年回国任复旦大学会计学教授，又任上海交通大学、上海商学院教授和会计系主任，兼授东美大学、暨南大学、三江大学、震旦女士文理学院和光华大学等校会计课程；1933年创办大成会计统计事务所，任主任会计师；新中国财政部会计司第一任司长，1951年加入中国民主促进会，曾任全国政协委员。

② 安绍芸编著《经济学说史纲要》，上海世界书局1929年版，"例言"。

号称"近世经济学的改造者"①。显然，这里所说的经济学序列和范围，是典型西方正统或资产阶级经济学说史的范式，根本看不到马克思经济学说或社会主义经济学的踪影。

编著者自己的心得，见"绪论"插入"我国无经济学说史"一节。其中说：讲经济学说史而不提及我国的经济学说，"这并非藐视我国的文明，实因我国并无经济学说史可讲"。"国人向来缺乏纯粹经济思想或观念，经济思想或观念每为人生哲学所抑制"。所以孟子说："亦有仁义而已矣，何以曰利"；《大学》说："德者本也，财者末也"。"以数千年的文明，迄至最近世竟找不出一本经济专著，则国人之轻视经济问题可知。固然经济思想或观念常散见于经史及诸子百家，如《尚书》有《洪范篇》，《史记》有《货殖列传》及《平准书》，但凡此等等俱不能算是有范围、有条理、有系统的经济学说。所以本书对于我国的经济学说史也只得从略"。②

这个说法，同前面《经济思想史》译本里日本人的说法，如出一辙。只不过日本人把没有经济学传统的范围从中国扩大到包括日本和印度在内的整个东洋，并追究其中的原因是古代东洋人只知追求智识而不知把所得到的智识组织成有系统的学说，此书的编著者则归咎于我国古人的经济思想或观念一直受到人生哲学即道德伦理的抑制。编著者也依此法，评价西方上古和中古时代的经济思想或观念之混淆于哲学及伦理学，散漫而无系统，并认为重农学派的首功，在于使经济思想或观念脱离道德、政治、法律诸学而成为独立的科学。这样评价中国古代经济思想，不能说没有道理，但其潜意识里，欧洲中心论的思想在作祟，从而把中国古代经济思想，说得一无是处。

除此心得之外，这本《经济学说史纲要》，几乎都是摘录或转述西方有关著作的现成内容。比较前述《经济思想史》译本，此译本同样分 8 章，也以重农学派、古典学派（含亚当·斯密、马尔萨斯、李嘉图、约翰·穆勒等）、历史学派、边际学派等为主，二者实际上差不多，可见同出一源，均奉西方正统经济学说史为楷模。说到二者的差异，除了序说或绪论外，前译本中有"前学说时代"和"最近的经济学"两章，在编著本看来，经济学成为独立科学以前的经济思想或观念，因其混淆、散漫和无系统，没有必要列入，而最近各派的经济学说，又因其历时未

---

① 安绍芸编著《经济学说史纲要》，上海世界书局 1929 年版，"目次"。

② 安绍芸编著《经济学说史纲要》，上海世界书局 1929 年版，第 2—3 页。

久，其意义和价值未明，或因其大多脱胎于古典学派和边际学派，亦无须申述，再加上限于"小史"篇幅，不愿也不能包括此二章的内容；剩下来的明显差异，便是一个有"社会主义学派"的专章，另一个则无。不仅没有专章，在编著本里，要找到有关社会主义的论述，也不容易。只是论及穆勒抱着实利主义目标，谋求解决社会问题和增加人类幸福时，提到他不满意现行制度，"认社会主义为有价值的理想，为最终可行的事实，但不认此为今日可以依据之主义"；最后的选择是设法改良现行制度，且认为现行制度有可以改良的余地；如此而已①。于此可见，《经济学说史纲要》编著本把马克思学说或社会主义学说排除在外，固然是西方正统经济学说史的典型做法，而《经济思想史》译本为社会主义学派设立专章，其实也是以西方正统经济学说史的眼光来审视社会主义和马克思经济学说。

**（六）《近代经济思想史纲》**

区克宣编这本书，上海乐群书店 1929 年 12 月 10 日初版，显然采自西方比较流行的近代经济思想史著作。编者不详，其书 165 页，除绪论外，分 4 编：自由主义派（含亚当·斯密、马尔萨斯、李嘉图 3 章），自由主义派的后继者（含边沁、詹姆斯·穆勒、约翰·穆勒 3 章），社会主义派（含空想社会主义和科学社会主义 2 章），现代的经济学派与各国的经济思潮（含德国的历史学派、奥国的心理学派、各国的经济思潮 3 章）。下面的评介，以科学社会主义为重点。

（1）"绪论"及其他。"绪论"指出：

"经济思想是人类社会经济环境的产物"。经济思想的产生，为的是解决当时社会经济方面所发生的困难问题。如英国在 18 世纪中叶，手工业崩坏，农业生产也开始衰退，亚当·斯密见此情形感觉有必要亟行增加财富，因此大倡其工业分工学说。马克思生于 19 世纪初期，"工业革命发生之后，一切财富集中在少数人手中，大多数的劳动者，被支配着，被剥削着，过他们的极悲惨的生活，这是由于资本主义无政府生产所酿成的工人失业问题的结果"；"马克思乃根本反对资本主义制度，提倡科学社会主义的学说。他以为救济生产上的纷乱，消灭工人失业的恐慌，非实现社会主义的社会不可"。

经济思想既是经济环境的产物，又依着时代的进展而变迁。经济思想史的研究，当然要推溯到往昔的希腊时代，不过成为今日重要问题而影响吾人日常生活

---

① 安绍芸编著《经济学说史纲要》，上海世界书局 1929 年版，第 64 页。

的，不是往古片断的经济思想，是有体系的、支配着现在社会思想界的两大派别的经济思想，一派是自由主义的经济思想，另一派是社会主义的经济思想。自由主义派经济思想的创始人是亚当·斯密、马尔萨斯、李嘉图诸人，又称为古典派或个人主义派或正统学派。这一派最重要的主张约有三点：一是人类社会受自然法则的支配；二是自然法则决不违反人类的自由与努力；三是国家不应干涉人们的活动，宜采用自由放任政策，使各个人能充分发挥其个性，因为社会的利益是个人利益的总和。以上观念为经济学建立了一个基础，后来的学者在这个基础上建筑了许多新的学说，他们的功绩不可泯灭。这一派认为社会经济制度是自然法则的产物，有永久性而不易改变，因此资本主义的财产制度、工资制度都是一成不变的。"这一类的结论，确是根据演绎法而来的一种诡辩，是不合于科学的进化论的"。其实自然法则不断地进化，作为自然法则产物的社会制度也随着进化。如奴隶制度进化为农奴制度，农奴制度进化为工资制度，工资制度当然也有消灭的一天，为他种制度所替代，这是应有的事情。至于受自然法则支配的社会秩序，亦非不能改变，人类在进化过程中每天在努力改变环境以满足人类的欲望。"这些都是人类常做的事情，而非自由主义派所能梦想到的"。

历来的社会主义，都是为攻击私有财产制度而产生。社会主义者不满意资本主义制度，批评财产集中于少数剥削阶级之不当，主张破坏不劳而获的私有财产制度。"这一点，无论什么派别的社会主义者，都完全一致"。可是对这一点的要求程度不同，因何种财产应归于社会或国家的差异，分出许多派别。可以综合为三大派别：一是主张生产财和消费财都归社会或国家所有。财产收入固然反对，劳动收入亦不承认；一切生产手段都归社会国家；生产什么、生产多少，概由社会或国家来决定；一切生产物中消费什么和多少，亦应由社会或国家来决定；在这个新社会，劳动成为人人的义务，只要有劳动能力，必须从事劳动；劳动没有所谓工资，但是须给予一切人的生活以完全保障。二是主张生产财归社会或国家所有，消费财归个人所有；换言之，没有财产所得，仍然存在劳动所得。生产什么和多少，应由社会或国家来决定，消费什么和多少，则完全由个人的意志来决定；在这个新社会，不存在个人企业，但可由个人自由处分个人劳动所得。三是主张把生产财的土地归于社会或国家所有，其余一切的生产财与消费财概由个人私有。在这个新社会中，财产所得的地租归于消灭；财产所得的利润与利息，仍然可以存在。

此外还有一种分法，把一切社会主义称为空想社会主义与科学社会主义两大派。空想社会主义的代表人物，最著名的是圣西门、傅立叶、欧文诸人，他们的学说，建筑在超经验的人类理性之上。他们的主张，多少带有几分定命论的意味，这就是说，他们相信物质环境有支配个人的全权。"后来马克思这一派，提倡唯物史观，说社会的经济生活，决定社会的一切事实，这种定命意义的主张，似更明确的证实了。其实善于了解唯物史观的人，决不会以马克思的唯物史观，含有十分定命的意义，因为恩格斯解释唯物史观，就说过社会的经济基础，与上层建筑的政治生活与精神生活，是有'反作用'的。这就是说，不特环境可以决定人类的意志，人类的意志，有时也可以影响物质环境的"。空想社会主义者多着眼于人类全体的解放，"科学社会主义者，则专帮劳动阶级说话，除了劳动阶级之外，甚么利益，都不承认，并且以为资本阶级与劳动阶级，是长久处于冲突的地位，资本阶级成为现在社会的寄生阶级，非消灭不可，所以他们注意阶级斗争的理论"。

以上是自由主义与社会主义两派经济思想的差异的一个梗概。现在一切社会现象的演变，都是这两派经理理论斗争的反映。两派的经济主张，对吾人的生活影响很深切，那是毫无疑义的。"至于两派的主张，谁是合于近代社会经济情形，那可由各国特殊事实来说明，用不着凭空瞎断"。①

这个绪论，把西方近代经济思想的历史，概括为以亚当·斯密为代表的自由主义与以马克思为代表的社会主义两大派别并存及体现它们之间差异的历史。其中无论叙述自由主义派经济学产生的经济环境、代表人物、主要特质、最重要主张及其历史功绩，还是叙述社会主义派经济学产生的经济环境、代表人物、基本主张，以及其内部或根据要求程度上的差异划分为三大派别，或划分为空想社会主义与科学社会主义两大派的各自特征，这些概论内容，在以前考察的同类著作里，已经多次接触，不足为奇，可见均系参照一些时人所公认的版本。此书的特点，在众多参考书的选择中，并不完全偏向西方经济学说史中以自由主义派经济学或正统经济学占主导地位的源流沿革体系，根据某种特殊的经济思想产生于某个时期或某个地域所形成的经济环境的原理，突出反对正统派经济学的社会主义派经济学，比较对立的两大派别之间的差异，这和典型的资产阶级经济思想史把社会主义经济学撇在一边或仅附带给予介绍，有很大的不同。同时，在两大派别的比较中，尽量保持不偏不倚的客观态度。既指出自由主义派所演绎的结论，资本主义制度合乎自然法则而具

---

① 以上引文均见区克宣编《近代经济思想史纲》，上海乐群书店 1929 年版，第 1—6 页。

有不可改变的永久性质，属于诡辩或不符合科学进化论，又以各国的特殊事实不同为由，避免对社会主义派的主张是否合于近代社会经济作出肯定式判断。但不论如何，这种选编意向，为经济思想史凸显社会主义派别的地位，提供了较大的空间；确信社会主义派像自由主义派一样，毫无疑义地深切影响了人类的生活，这实际上也反映了马克思主义经济学多年来在中国流传浸淫的效果。

关于两大派别之间的差异，此书曾以双方代表人物的代表著作的首段论述，表明他们对资本主义经济的不同见解。亚当·斯密在《原富》的卷首，以各国国民每年所消费的一切财富为研究对象。对照马克思批评资本主义经济组织所说的话，二者有很显著的区别。马克思在《资本论》的卷首说："在资本家生产方式盛行的时候，社会的财富成为'巨大的商品积聚'而表现。各个商品只成为构成财富的分子形态，所以我们研究，应由商品的分析着手"①。从这段话看，马克思的研究对象与亚当·斯密不同，其研究限于资本家生产形态下有特殊性质的商品。概括二人的差异：一是斯密注重国民消费于生活必需品及便利品的享乐财，即马克思所谓用于个人消费的财；至于生产财，斯密颇不重视，马克思则以作为商品而生产的社会财为研究对象，特别注重资本再生产问题。由此看来，斯密的研究范围似比马克思为狭。二是斯密研究广泛的财富问题，忽略其所含有的社会特性，马克思则研究资本家以利润为目的，作为商品而生产的财富。由此看来，斯密的研究似又比马克思的研究为广。观察上述两点，他们二人对于资本主义的根本见解，显而易见。斯密虽然懂得资本主义是社会发展的历史产物，但他生于资本主义发达的最初期，见不着资本主义的缺陷，始终对社会组织抱有希望，向着个人主义的原则去发展，想不到资本主义经济将来会进化到别一种社会组织，所以他研究的是广泛的财富问题。马克思则不然，意识到资本主义经济组织只是一时过渡的历史产物，是人类历史上各种经济组织中的一种，看到它的矛盾，这些矛盾必然产生破坏性转变而形成新的社会主义经济组织，所以他只是以资本主义的商品生产作为研究对象。有此差异，因为他们对资本主义经济的观察不同。斯密只是说明资本主义如何自然地发展起来，其组织如何保持自然的调和；马克思则专门指摘资本主义所包含的种种矛盾，论证由于此种矛盾，资本主义制度必然崩溃，而转移到社会主义经济组织。②

以上差异，由叙述亚当·斯密的社会哲学引申而来。这里分别从亚当·斯密和

---

① 其今译文见《资本论》第一卷，人民出版社 2004 年版，第 47 页。
② 区克宣编《近代经济思想史纲》，上海乐群书店 1929 年版，第 28—30 页。

马克思的代表作即《国富论》和《资本论》的开篇第一段话中，概括出他们对资本主义经济的研究对象不同：前者较为狭窄地注重消费性财富，后者更为广阔地注重以商品生产为特征的社会财富，特别是资本再生产问题；前者较为广泛地研究财富问题而不考虑其社会特性，后者专门研究资本家以获得利润为目的而进行商品生产的财富问题。产生这种根本性差异的原因，又在于二人所处的历史时代不同：前者处于资本主义发展的初期，尚未看到其缺陷或其矛盾尚未充分暴露，不会想到这种充满着希望而个人主义原则正在兴起的经济组织将来有可能转变为其他的社会组织，故只研究广义的财富概念，以此说明资本主义如何自然发展和自然调和其组织；后者处于资本主义的内在矛盾已经暴露的时期，意识到这种经济组织像人类历史上出现过的其他各种经济组织一样，是暂时过渡性的历史产物，必将因其内在矛盾的破坏性作用而转变到新的社会主义经济组织，故专注于研究资本主义所包含的各种矛盾，以及论证这些矛盾如何造成资本主义必然崩溃并转向社会主义。上述比较，放在以西方主流著作为参考书的经济思想史专著里，颇不寻常，以前也极少见到。根据这样的比较，似乎意味着马克思比亚当·斯密更有时代优势，更能洞察现行经济组织的矛盾及其发展趋势，因而其经济学说也更为合理和科学。但是，此书并没有得出这样的结论。

就编纂者而言，虽然强调自由主义派与社会主义派的差异，但又认为两派之间有所渗透，相互关联。如谈到自由主义派的后继者约翰·穆勒对社会主义的见解，即为一例：他关于社会主义的议论，矛盾互见，时而赞成，时而反对，但"在他认识社会法则的性质上，则有很多点与社会主义原理相吻合，甚至与马克思唯物史观的理论相同"。如他在 1848 年的一封书信中，并不否认他赞成社会主义："我对于社会主义废除私有财产的特种计划，固然温和的以言论述过反对的意见，但是关于其他重要之点，我和他们是一致的。并且我是以他们为改革现状的最大要素，故对于他们唯有表示敬意而已"。他在 1852 年的一封书信中又说："许多地方都误传我对于社会主义的意见，在以前的各版经济原理，我对于有名社会主义者的学说，虽记述过种种的非难，但我决不是把那非难作为断定，并且只要是关于人类终极的希望，我都把这些非难看得很轻，一般人类，尤其是劳动阶级的道德之低下，其不可缺少的条件，是对以一定程度的良心和智力为前提的事物的秩序。在日前益使他们不适合，然而据我个人观察，社会改善的大目标，不能不在于教导他们，使其适合于将劳动效果之公平分配与最大的个人自由相结合之社会状态"。以上两段话，都证明他相当同情社会主义思想。但另一方面，他又不主张采用社会主义思想。他以为解决社会问题，不一定要实行社会主义，并且社会主义不是唯一良法，即便实现社会主义，若教育不普及，人口不限制，仍不能解决社会问题；所以主张改造人心，较之实现社会主义尤为重要，若人心果然改造了，即使不是社会主义社会，也可能解决一切社会问题。正如他在《经济学原理》一书中所表示的，人类的幸福不一定要实现社会主义，只要做到限制人口和普及教育两件事，即使在资本主义社会也没有问题。他对资本主义制度是自然法则的必然产物，永久存在而不变这一点，持有异议。他的理想是把社会组织的生产方面与分配方面分开，分配方面的法则是一时历史的产物，是人为的制度，随时可以消灭；生产方面的法则是永久不变的自然产物，体现资产阶级的根本经济思想。"科学社会主义者马克思，根据唯物史观为出发点，以为一切的社会组织，都带有过渡的历史的性质，绝对否认其可以永久存在"。换句话说，"马克思的进化论，是应用于生产和分配两方面，所以他对于社会组织的变动（即社会革命）是含有彻底的思想"。约翰·穆勒则不然，他的进化论只限于分配方面，生产方面以为实行自然的法则。所以，"他的中心思想，就可以表明他不是社会主义者，然而他这种思想，却可以表现他是由个人主义思想转变到社会主义思想的一个适当的过渡时代的人物，因为他所主张的，乃是偏重于道德革命，而非社会革命"。①

　　类似的观点，在以前的著作里早已看到过，但不像此书解说得如此具有矛盾性特征：一面赞成或同情社会主义，许多点上与社会主义原理相吻合，甚至与马克思的唯物史观理论相同，一面又反对采用社会主义，认为社会主义并非解决社会问题的唯一良法，在资本主义社会里同样可以解决问题；一面质疑自由主义派关于资本主义制度永久不变的自然法则思想，一面又将这种质疑仅限于分配方面的人为制度的可变动性，生产方面仍坚持资产阶级经济思想的自然法则。这些是就约翰·穆勒学说自身的矛盾性而言。同时在编纂者看来，一面对照马克思唯物史观主张社会组织变动即社会革命的彻底思想，约翰·穆勒在中心思想上可以表明不是社会主义者，一面又说他偏重道德革命而非社会革命的思想，可以表明是从个人主义思想转变到社会主义思想的过渡时代的适当人物。这样看待约翰·穆勒的经济思想倾向，大概也是此书认为应把自由主义经济思想与社会主义经济思想并列而立，作为西方

①　区克宣编《近代经济思想史纲》，上海乐群书店1929年版，89—93页。

近代经济思想史之两大派别的一个理由。

在约翰·穆勒之前，论及其父詹姆斯·穆勒第一次把分配论与交换论即价格论分立及后来广行于经济学界，也提到马克思打破此说的不同意见。认为工资是劳动力商品的价值，是劳动本身的价值；这种价值的大小，等于生产劳动力所需要的劳动分量，所以支配劳动力商品的价值法则，与支配一切商品的价值法则完全相同；据此，分配论与交换论不能分成独立的两个部门。这个理论，虽然被很多自由主义派经济学者排斥，然而受马克思的影响，经济学的四分主义或三分主义已渐有被废弃的倾向。换句话说，即否认分配论与交换论的分离。①

此类评论，对照马克思学说与自由主义派或自由主义派后继者的学说加以比较，是此书不同于其他正统的经济学说史论著的又一特色。西方传统经济学著作中流行的四分法（指生产论、分配论、交换论和消费论）或三分法（除去消费论）结构，将分配论与交换论分离开来的做法，是否因马克思阐释劳动价值论的影响，即属于分配领域的工资与同样受商品等价交换原则支配的劳动力商品价值的实现二者不可分离，故趋向于被废弃，此说姑且不论，此书对马克思经济学说的重视超出一般传统经济思想著作，则显而易见。

（2）"科学社会主义"。这是第3编"社会主义派"第2章的题目，第1章"空想社会主义"，主要介绍三位代表人物。一是圣西门，包括引言、圣西门的传略与著述、圣西门的工业主义社会；二是傅立叶，包括傅立叶的传略与著述、傅立叶的"法郎格"；三是欧文，包括欧文的传略与著述、欧文的共产村与交易所。这些内容，此前多次讲述，并不陌生，无须赘述。第2章介绍马克思及其学说，分三部分，介绍格局与前一章及前两编的安排相似。

第一部分介绍马克思传略与著述。其传略部分，重点放在1848年以前，与以往介绍中多次看到的内容，大同小异，无须重复。这里摘引其中一说：马克思与卢格（原译"路格"）合作创办《德法年鉴》（原译"德法年报"），当时有一位"急进的思想家"恩格斯，曾从英国向此刊物投稿两篇论文，一篇批评自由主义派经济学说，另一篇叙述英国劳动者的惨状；通过这两篇论文，马克思与恩格斯常有函信往来，终于成了一生的契友。又说：1848年至1883年，马克思与恩格斯都隐居伦敦。马克思注力于他的大著《资本论》，对实际运动，甚少参加。这时他的生活

---

① 区克宣编《近代经济思想史纲》，上海乐群书店1929年版，第77页。

实是一生最困苦的时期，幸有爱妻燕妮的慰藉，挚友恩格斯的帮助（自 1869 年后恩格斯每年赠 3500 元），遂能努力于学问，完成《资本论》第一卷。其余各卷，仍有待恩格斯和考茨基的力量，始得完成。总之，马克思的一生，可分为三个阶段。第一个时期（1818—1843）是青年时代，"成为一个社会主义者，与恩格斯订了终生不变的友谊"；第二个时期（1843—1849）是"革命运动时代，从事实际运动的工作"；第三个时期（1849—1883）是"努力研究和著述的时代，完成资本论的大著"。马克思的重要著述：《哲学的贫困》，1847 年出版；《自由贸易问题》（今译《关于自由贸易问题的演说》），1848 年出版；《雇佣劳动与资本》，1892 年由考茨基编校出版；《革命与反革命》（今译《德国的革命和反革命》），1896 年出版；《经济学批评》（今译《政治经济学批判》），1859 年出版；《资本论》，1867 年出版第一卷，第二卷由恩格斯编校，1885 年出版，第三卷 1894 年出版；《剩余价值学说史》，共三卷，考茨基编校出版；《共产党宣言》，1848 年与恩格斯合著。①

这部分内容，与前面考察赵兰坪编辑的《近代欧洲经济学说》里有关马克思的传略和著述部分，颇多相似之处。如二者都把马克思的前半生与后半生区分开来，前半生主要从事实际革命运动，后半生主要从事学问研究。此书将马克思的一生分为三个阶段，其实前两个阶段为同一时期，归于从事实际运动的革命时代，以便同后一阶段的研究和著述时代划为两段。这种划分法，忽略了马克思在前一阶段的大量著作，也忽略了马克思在后一阶段同样指导诸如国际工人协会之类的实际运动，实属多此一举。又如马克思的著述方面，前书列举达 19 种之多，此书所列 8 种，全在前书的范围内，连中译名、出版年代和排列顺序，也几乎一致。

第二部分介绍马克思的唯物史观。"大凡要理解马克斯经济思想的，非懂得他的基础概念的唯物史观不可"。他的唯物史观，由黑格尔的辩证法和费尔巴哈（原译"福尔巴哈"）的唯物论结合而成；采取黑格尔的辩证法，并移心于物，采取费尔巴哈的唯物论，使其深刻化，成立"科学的研究之体系"。须知凡是要理解唯物史观的人，必先要懂得辩证法和唯物论；这里研究唯物史观，当然要先研究唯物论和辩证法。

考察唯物论，知道社会一切现象，都可以分为自然现象与社会现象，社会现象则分为精神与物质两种，前者是思维、意志、情感，没有空间性和时间性，也不是

---

① 区克宣编《近代经济思想史纲》，上海乐群书店 1929 年版，第 115—118 页。

有感觉的东西；后者是实在，有空间性和时间性，是可以闻触的东西。两者之间，究竟哪一个在先，历来有两种答案，一是唯心论，说思维先规定实在，一是唯物论，说实在先规定思维。两种答案哪种是对的，通过以下四件事便容易判明：一则人类为自然的一部分，人类生存于自然。二则生物是自然经过一定时期才产生的，人类更是从动物进化来的。三则思维是物质经过一定的组织才表现出来的，这就是说，思维发于人体一部分的脑中，人脑不外是物质材料的组织体，形成人脑的物质材料在某种组织条件下，就会思想起来；反过来说，如果头脑的物质材料被破坏，一点思维也都没有了。四则没有思维的物质可以存在，而没有物质的思维决不能存在。"就上述几点看来，唯心论和唯物论的是非，自可判明，这就是不是思维先规定实在，而是实在先规定思维"。马克思的唯物论，不单是上述各点的概括，还要更深刻些。费尔巴哈说思维与实在的关系，实在是主体，思维是客体，思维因实在而生，实在不因思维而有。马克思则说："人类的意识，不能规定他们的存在，反之人类社会的存在，可以规定他们的意识"①。费尔巴哈只把有意识的人类看作自然的东西，马克思进一步看作社会的东西；费尔巴哈说人类是纯粹的自然物，马克思以为人类的本质决不是内在于各别人的抽象物，其实在性乃是社会关系的总体；费尔巴哈对现在世界是静的观察，马克思当作人类活动的过程。

再看辩证法，事实上这是研究事物逻辑的一种方法。马克思的辩证法由黑格尔的唯心辩证法而来，换句话说，是唯物的辩证法。这就是说，马克思以物的观念，转换黑格尔精神的观念。黑格尔的辩证法或称为观念的辩证法，以为一切现象不断地变迁，经常受外界的进展过程支配。每个正观念必有一个负观念，所以每个正观念中必有一个相反的负观念潜伏在内，待负观念发展成熟，发现于外，即成正负两观念的对立冲突局面，结果两败俱伤，另发生第三个新观念。这个新观念中，又有一个负观念潜伏在内，待发展成熟之后，又形成正负对立冲突，结果又产生一个新观念。如此递增，至于无穷。根据这个理论，黑格尔建立了否定律—矛盾律，说明一切现象的发展过程是正—负—合，这种连锁的正与负的结合、矛盾的结果，才是社会生活的目的，宇宙和谐的原则。辩证法在形式上是正—负—合，在论理学上称为肯定—否定—综合，通俗地说，就是肯定—否定—否定之否定，这是一种无限发展的形式。这个过程的反复，可以达到更完善的高度。马克思采用这个方法，并且

---

① 其今译文见《马克思恩格斯选集》第2卷，人民出版社1972年版，第82页。

把它倒转过来，用以研究社会一切现象，才发现社会生活的定律。"他拿这个定律做基础，建设科学的社会主义理论"。黑格尔以观念有正负，观念是因，自然是果；马克思把它反转了，以社会现象为因，观念为果，观念有正负，思想有冲突，乃是物质生活进化的结果，思想是物质的表现，物质为思想的基础。观念论的黑格尔以为社会的变化基于思想，思想的变迁基于思想本身的冲突，所以一种新思想的产生和存在，皆是独立的而与物质无关。"唯物论的马克思，则以为思想不能独自产生，不能独自存在，只是当时物质生活的反映。所谓物质生活，就是人类的经济生活"。美国经济学者塞利格曼称马克思的唯物史观为经济史观，就是这个原因。

马克思的唯物史观到底是什么？由《经济学批评》序文中，看看唯物史观的公式，便可知道。为便利计，分六段说明此公式，其中包含三点意义：一是说明社会常在进化过程中，推动进化的原动力是生产力。二是说明精神与物质的关系，精神不过是物质的反映，不能独自存在。三是说明社会到了何种时机，才会发生变动即社会革命。（接着引用序文中的公式全文，其中一些段落的次序有所颠倒，此略）"总之，马克思的意思，以为人类社会根本的基础，乃是物质，一切的政治的、法律的、哲学的、艺术的、精神的种种现象，都是社会经济现象的反映。换句话说，人类的一切历史，社会的一切现象，都是建筑在物质基础之上的"。唯物史观公式说得很明了，社会物质的基础，就是人类社会适应生产力而必然发生的一定的生产关系。为了容易明了起见，再把公式的大意重述一遍，就不难懂得了：人类为图自己的生存，不得不从事生产，各生产者之间，必然产生一定的生产关系，这生产关系是适应于当时生产力的，决定生产力的则为生产工具。人类的科学智识，促进生产工具的变革，生产力随着变革，于是各生产者之间的一切生产形式，亦随着变化，这就是生产关系全体的改变。生产关系既改变，由生产关系所决定的消费、分配、交换种种关系，也随着改变。这些以生产工具为主因的生产、消费、分配、交换种种关系，就是构成社会基础的经济组织。这些被称为下层构造，其中虽含有自然环境的关系，但最主要的乃是经济环境的生产关系，生产关系决定社会的形态，反映政治生活的过程，如政治、法律等，以及精神的生活过程，如宗教、哲学、艺术等，这是社会的上层构造。上层构造的政治生活过程与精神生活过程，对下层构造的经济组织也发生反作用，这就是说，不能以经济关系为社会进化的唯一动因，而其他都是被动的。恩格斯说："若误解经济关系，为决定历史的唯一要素，则对于此命题，为无意义而抽象的不合理。经济要素是基础，但上层构造的东西，对于历史的推移，亦发生力量，所以经济要素与其他各要素都交互作用着，成为一贯的"①。但是上层构造建立于下层构造才得以存在，下层构造的经济关系决定上层的形态，那是必然的。所以社会经济组织是基础，政治、法律与社会意识都是上层构造建筑物。（接着用一个图表显示上述关系，此略）由此可知，社会的智识形态，政治的生活过程，都是社会物质关系的反映，由生产工具、生产力、生产方法、生产关系的互相运用而成为社会诸现象，这就是马克思唯物史观的根本思想，即马克思的新社会观。②

以上关于马克思唯物史观的诠释，从解说费尔巴哈的机械唯物论和黑格尔的唯心辩证法入手，这在前面赵兰坪的《近代欧洲经济学说》里，可以看到同样的路径，而且更为详细。另外，对于存在与思维二者何者为先的关系，此章还提出了判明唯物论与唯心论两种答案之对错的所谓四件事实，以此确认存在决定思维的唯物论答案为是，思维决定存在的唯心论答案为非。这个解答，大概取自其他的参考书目。对唯物史观本身的内涵，此章以塞利格曼的所谓经济史观来称呼，这与前述赵兰坪之书的概括，又是同出一辙。至于引用《政治经济学批判》序言中有关唯物史观公式的全文，显示其完整性和准确性，这种解释，固然提高了可信度，但这只是沿袭比较客观地诠释马克思唯物史观的不少著作的惯常做法，并非独此一家。此章在引用公式全文时特意分成六段，姑且不论将第四段与第五段弄颠倒了，其意图为了突出三个涵义，生产力是推动社会进化过程中的原动力，精神不能脱离物质独自存在而只是物质的反映，以及社会革命产生的时机，由此亦可见引用者理解的重点。特别是换一种表达方式，重述此公式的大意，引用恩格斯1890年9月致约·布洛赫信中的一段话，说明应当如何理解经济因素或经济运动作为决定性因素的涵义，这是其他著作的诠释中不常见的一段引文。既然知道此章对塞利格曼的解释感兴趣，就不应错过1920年出版于我国的塞氏《经济史观》译本，这个译本，更为详尽地引用了恩格斯这封信的内容，足以为此章所参考。不过，在塞氏那里，提出经济史观是为了修正唯物史观的原意，而此章引用经济史观的说法是为了确认此乃唯物史观的根本思想，亦即马克思的新社会观。

第三部分介绍马克思的劳动价值论与剩余价值说。其内容：自由主义派的经济学者丢弃商业资本家传给他们的重商主义学说的许多浅薄概念，丢掉货币中固有价

① 其今译文见《马克思恩格斯选集》第4卷，人民出版社1972年版，第477页。
② 以上引文除另注外，均见区克宣编《近代经济思想史纲》，上海乐群书店1929年版，第118—129页。

值的思想，认为商品的交换价值决定于该商品内所含的劳动分量。他们承认交换价值的尺度不是货币，乃是劳动。自由主义派学者虽然这样说，其中最进步的人的脑子里，还保存着一些重商主义的迷信。譬如亚当·斯密和李嘉图这些人，理论上虽然否认重商主义的观念，然而还是固执着重商主义的旧思想，从而阻碍了他们明白的分析。他们怀着最顽固的重商主义观念之一，以为决定商品交换价值的是需要和供给，因而不断地妨碍彻底地应用劳动价值说。"马克思把最进步的自由主义派经济学者所遗漏的地方，拾起来加以整理了"。他说：设若决定商品价值的是劳动，那么需要与供给就没有决定价值的道理。劳动是生产界所表现的结果，而需要与供给是流通界所表现的结果，很明显商品是在生产劳动过程中产生价值，需要和供给要等到做成的货物流通于市场时，才成为问题，因此需要和供给不能决定商品的价值，只能变更它的价值罢了。设若需要与供给相互抵销，那么二者的影响就没有了。这个时候，商品的价值究竟从劳动过程中的什么地方来的问题，依然没有解决。所以在问题没有解决之前，暂时从价值问题方面撇开需要和供给，让商品在生产界赋与其价值之后，才通过流通界。需要和供给在流通界可以发生什么影响，等有机会再行论及。

假定卖者能够随便决定其货物的价格，卖出贵于买入而获得利润，需要和供给又怎样来决定价格？重商主义思想对这个问题没有什么说明，也没有说商人所得的剩余价值从何处发生的问题。对这个问题，自由主义派经济学的劳动价值论里面，依然没有解决。他们承认劳动创造一切交换价值，但是不能说明劳动怎样创造交换价值这个问题，也没有说明创造交换价值的究竟是哪一种劳动，以及这个劳动为什么应该用作价值的尺度，剩余价值采取怎样的各种形态，价值成立于哪一部分等，统统没有说明。在这样的情形下，自由主义派经济学者要想说明资本家的生产，这种不彻底竟成为极大的障碍，一点都不足怪。自由主义派这些难以解决的问题，马克思把它们通通解决了。换句话说，马克思不满意于此，更进一步，把这个思想推到彻底的结论，从而解决了自由主义派经济学者所不能解答的一切疑问。这就是说：马克思说明了价值怎样由人类的劳动创造出来，价值怎样产生于各种生产要素所造成的物品，价值怎样被流通界的竞争变更，商品价格怎样无意识地被资本主义生产和流通的机械运动支配而背逆自己的意志等问题。

原料、补助原料和机械实体的自然物，都是天然产生的东西，自然创造出来的富，但是不创造交换价值。自然的物质拿到市场时所有的交换价值，乃是把这些东西从自然产出的地方取出来时所费的劳动生产出来的。自然的物质到了工场，不少就成了半制造品。机械也是一样，它的交换价值乃是制造它、把它运到工场及装置它的人们的劳动生产出来的。这一切的交换价值，构成资本家的不变资本。然而这些不变资本，就它们本身来说，乃是不生产的，既不能生产商品，也不能再生产它们自己，因此不能创造什么新价值。它们在与工银劳动者的劳动力即其创造的力接触之前，都是不生产、不活泼地卧着的。因此，资本为了掌握劳动力的使用权，对劳动者非支付一定额的工资不可。这个以工资来支付的货币，代表劳动力的价值，换句话说，代表资本主义某个时期的一般通行状态下，维持劳动力再生产所要的必需品的费用。劳动者的劳动力代表资本主义的生产力，只有它才能保存原料、补助原料及机械的价值，才能创造新价值；在资本主义社会，也只有它才能增加交换价值。因此，马克思把购买劳动者的货币，称为资本家的可变资本。劳动者应用原料、补助原料，并运转机械。机械在劳动者的管理下运转，并作用于原料和辅助原料时，减损其实体的一部分，减损部分的价值，转移到生产物上。同时，原料与补助原料的价值被用尽的过程，实现于制成品。这些价值，在劳动者没有接触生产要素之前，就已存在，不过由劳动者转变其形态罢了。但资本家只是再生产不变资本的价值是不够的，他之所以购买劳动力，为的是由此获得新的价值而增加其资本。果然，这个新的价值由劳动者在劳动过程中创造出来了。劳动者的劳动时间，在生产不变资本的价值同时，增添了他的工资的价值，所以工资的价值，代表资本家的可变资本。

资本家的不变资本与可变资本，由劳动者的劳动再生产出来。若仅是如此，资本家没有等到什么利润，故资本家不得不让劳动者在劳动时间里，生产更多的东西，不得不生产在不变资本的价值和可变资本的价值之上的某种新的东西。这种新的东西，就是剩余价值。上古社会物与物交易，没有什么剩余价值生产。固然，交易的一方欺骗他人或乘人之急而取得他人的物品，获得自己等量物品以上的东西，这是可能的。不过在这一交易场合，双方所生产的总量一点也没有增加，也绝没有产生什么剩余价值。"因为所谓剩余价值，是在资产阶级全体的总生产的用费之外，再在已有价值上面，加些新的价值"。古代的商人和财政家都一样，他们乘着别人的必要而占有不正当的利益以蓄积财富，确是事实。然而在这个场合，他们的交易决不增加社会财富的总额，与原始时代的交易者完全一样。像这种富的蓄积，除了蹂躏价值方法之外，没有别的方法。反之，在资本家的生产制度下，价值支配剩余价值的蓄积，所以问题是在说明，资本怎样能够由价值法则的机械作用而蓄积剩余价值。价值只由生产而产出。设若已经蓄积一些剩余价值，非先在生产界产出不可，然后拿到流通界，运到市场，在竞争状态下实现剩余价值。商品的价值和商品中所包含的剩余价值，在竞争状态下要变更而在竞争者之间作各种各样的分配。就一般而论，商品并不是正好按照它的劳动价值而出卖。虽然如此，商品的价格离开它的价值现象，不依照价值法则，是不能说明的。

根据马克思的价值法则，在一定的社会里，劳动力怎样能够成为这样的唯一商品，于再生产现在的价值以外，还有力量生产更多的价值？资本家怎样能够把剩余价值据为己有？劳动者除了出卖劳动力以外，什么都没有，劳动力除了让生产工具的所有者使用之外，没有其他使用的途径。因此，劳动者不是自己消费他的劳动力，他只有通过资本家雇佣自己来消费其劳动力。他把自己的劳动力以社会的平均价值，即维持劳动力的再生产所要的生活必需品的价值，出卖给资本家。这些生活必需品的价值，也是由生产它们的生产部门所必要的机械与原料上所使用的普通一般生产力程度的劳动而决定的。换句话说，在日常生产必需品的生产中所使用的劳动者的劳动的价值，决定其他一切劳动者的劳动力的价值。

资本家在这种状态下买入劳动力，在自己的工厂里消费它，生产交换价值并卖出，以此实现利润，把劳动力用来制造有用的物品。现在假定为了再生产第二天的劳动力，劳动者支出一天的劳动力所必要的生活必需品的价值，为社会必要的平均劳动 6 小时，其货币价值为 3 元，那么，劳动 1 小时是 5 角。譬如资本家为纺纱业者，使棉成纱必需机械，又须在竞争市场上购买原料（棉），再雇佣人使用机械和原料，通过他们的劳动纺棉为纱。为便利起见，作如下假定：1 磅棉纺 1 磅纱，纺 2 磅纱费 1 小时；1 个纺锤纺 100 磅纱，使用 50 小时；100 磅棉为 5 元，相当于社会必要平均劳动 10 小时，因此 1 磅棉为 5 分，相当于社会必要平均劳动 6 分钟；1 个纺锤用 50 小时完全消耗掉，则 1 小时消耗 1 个纺锤的 1/50，即 2 角钱。1 小时纺纱 2 磅，6 小时纺纱 12 磅，在上述状况下，12 磅纱的价值，等于纺锤消耗的部分价值 1.2 元，与棉的价值 6 角，与纺纱劳动者的工资 3 元，合计 4.8。相当于纺织工工资的 6 小时劳动的价值即可变资本，业已新附加在劳动过程中，与棉纱合为一体，这 4.8 元是资本家对 12 磅棉纺的生产早已支出的金额。资本家在没有纺成纱时，也许不支付劳动者 3 元工资，劳动者自己先垫付资本家应付的工资，不过资本家迟早要支付。资本家支付 3 元工资后，他手中存留于棉纱的价值，只与所消耗的棉、纺锤和工资的价值相等，一点没有增加，资本家在这种场合没有获得利润。根据价值学说，在资本生产制度下，资本家当作利润放在口袋里的剩余价值，除非在破坏价值法则的变则场合，那是生产劳动者的劳动在已有价值上所增加的新的价值。原始时代，物与物交换，欺罔他人或乘人之急而取得与利润相同性质的利益，在资本主义生产方法下，未尝没有，不过这样的利益并非马克思所说的剩余价值。资本家固然可以把棉纱卖到其价值以上，欺罔顾客，但这不是这里所要说的利润。因为从欺罔得来的利润在现有价值总额中，没有附加新的价值。因此，资本家若要获得我们所说的利润，须对劳动不拿出费用而能到手若干棉纱才可以。然则资本家怎样完成这件事呢？

资本家以一定的价格买入纺绩的劳动力，这个价格相当于社会必要的劳动 6 小时。纺绩工以 6 小时再生产出资本家在棉纱制造中所消费的机械和原料的费用；不止于此，劳动者还得生产出与工资相当的价值附加在棉纱中，即和他的劳动力价值相等。资本家支付了工资就这样让劳动者休息吗？不然，资本家工厂的劳动时间为 12 小时，纺绩工还要再劳动 6 小时，也就是再纺 12 磅棉纱，因此又消耗 1.2 元纺锤，到 12 小时生产出 24 磅棉纱。这 24 磅棉纱的价值，纺锤的消耗 2.4 元，棉的消耗 1.2 元，社会平均劳动 12 小时 6 元，总额为 9.6 元。其中资本家支付纺锤 2.4 元、棉 1.2 元和工资 3 元，总共只有 6.6 元。在这个时候，有 6 个小时不支付劳动者工资，资本家把 6 小时剩余劳动的价值 3 元放入自己的口袋。他把这 3 元叫做利润，以为是靠他的优秀能力和企业赚得的。他让纺绩工的劳动力比他支付的代价，多消耗 6 小时。不仅如此，他给纺绩工 6 小时的工资之前，纺绩工已把相当于其工资的价值，以棉纱形式留在资本家的手里。资本家固然在没有卖掉棉纱之前会支付工资，但是无论这个棉纱什么时候卖出，和支付工资的货币相当的价值，已经在自己手里，一经卖出，这个货币就可以收回。总之，"马克思所谓剩余价值，乃生产时所费的价值，和生产物价值之差额"。以上述纺绩棉纱为例，12 小时纺棉产出 24 磅棉纱，其价值总额 9.6 元，而资本家所出的费用是 6.6 元，其差额 3 元，这是剩余价值。"本来这些剩余价值，应归劳动者所得的，而为资本家掠夺了。所以马克思主张这个剩余价值的存在，就是资本主义生产的基础，资本家无时不希望延长劳动时间，或增进劳动的生产能率，以增加这个剩余价值，而劳动者不过是培养资本家的肥料罢了"。①

① 以上引文均见区克宣编《近代经济思想史纲》，上海乐群书店 1929 年版，第 129—139 页。

以上关于马克思的劳动价值论与剩余价值学说的介绍，同前述赵兰坪所著《近代欧洲经济学说》中介绍马克思从劳动价值论到剩余价值学说的思路，大体一致，但远不及赵氏一书的介绍之恪守马克思原著的逻辑、出典并发掘《资本论》中一些不曾为国人所注意的新鲜论述，而是依葫芦画瓢，参照马克思的大概意思，用自己的话来表述。结果虽然花费不少篇幅，接触马克思的一些专用概念，但详略失衡，重复一些简单的例证，重点并不突出，也不顾及马克思原有的理论逻辑，让人感到只是停留在较为肤浅的层面而未能深入下去。不过须指出，这里的介绍，始终保持着一种比较客观的态度。正像前面介绍马克思的唯物史观，认为马克思对费尔巴哈的唯物论和黑格尔的辩证法，或者纠正其机械性质，或者颠倒其唯心论基础，均在理论上有所推进一样，这里介绍马克思的劳动价值论，也认为古典经济学的代表人物亚当·斯密和李嘉图虽然创立了劳动价值论，却不彻底，造成分析上的障碍，留下诸多不能解决的理论问题，马克思继承这个学说，同时将其贯彻到底，解决了遗留的各种问题，并在这个基础上构筑了剩余价值学说。另外，这个介绍还按照自己的理解去转述马克思的观点，如应归劳动者所得的剩余价值被资本家掠夺了，资本主义的生产基础正是建立在剩余价值的掠夺之上，于是劳动者成为培养资本家的肥料等。所有这些评价，皆出于学术研究比较的结果，至于是否意味着应当遵循或信仰马克思的经济学说，则未见明说。

（3）结语。这部著作讲述西方近代的经济思想，冠名《近代经济思想史纲》，体现了近代经济科学产生于西方或欧洲的基本观念，故其书名无须标明西方或欧洲，以此代表了经济学成为科学以后，其经济思想核心部分演变和发展的主要脉络。此其一。

其二，这本书的编纂意图，在众多流行的参考书中选择哪些代表性内容进入纲要，其主导原则，仍以正统经济学的发展沿革作为基本线索。所以全书4编，用3编也就是主要篇幅来考察这个基本线索。可以注意到，科学社会主义一编，考察马克思经济学说的源流线索，未曾提及空想社会主义的来源，也是把重点放在与古典学派即自由主义派经济学的联系上。

其三，最值得关注的部分，在传统经济思想史的框架内，把以马克思为代表的社会主义派经济学提升到与自由主义派经济学并驾齐驱的地位。这不仅表现在绪论中将二派看作此消彼长的时代更替产物和共同深切影响现实生活的经济主张，也不仅表现在叙述自由主义派及其后继者时经常以马克思的经济观点为标准来评点，而且表现在专门介绍科学社会主义的一章，坚持以客观公允的态度来转述马克思的基本经济理论。尽管这个介绍，无论马克思的传略与著述、唯物史观，还是劳动价值论与剩余价值论，都有前例可援，谈不上多少新意，援引的风格又各不相同，如介绍唯物史观时重视引用原典，介绍剩余价值学说时以肤浅的举例代替原典，但总的说来，以揭示马克思学说的原意为准则，不存在贬损、轻视和否定的倾向。这样的介绍，无异于宣扬和扩展马克思经济学说。由此也可以体会到 20 世纪 20 年代末，受马克思主义经济学传播的影响，国内编纂经济思想史著作给予马克思经济学说以应有的地位，已成为有识者较为普遍的看法。

其四，这本书介绍社会主义经济学说，毕竟受限于正统经济思想史的理论框架。所以，即使认为马克思所处的时代使他比起古典经济学家们更易于察觉资本主义制度的矛盾，能以更为彻底的方式推进他们的理论不彻底之处，却不愿认可社会主义派比之自由主义派在经济思想上更具有实践意义，只是说两派的经济主张，哪一派适合近代社会经济情况，尚有待各国的特殊事实来证明，以不能凭空瞎断的理由逃避回答这个问题。此外，从全书的结构看，继第 3 编介绍社会主义之后，第 4 编介绍现代经济学派与各国经济思潮，包括德国的历史学派，奥国的心理学派，以及英美德法等国的经济思潮，实际上又回到由自由主义派所开辟的正统经济思想史的轨道。在这里，看不到科学社会主义的后继者，也看不到马克思主义经济学在各国的影响以及与俄国革命相结合的实践结晶。换言之，马克思经济学说的延续，至此戛然而止。这也正是在传统经济思想史框架内介绍马克思经济学说的必然结局。

本节列举的十几本经济史学类著作，不论翻译引进的译本，还是自撰或在自撰名义下的编译或编纂著作，以通俗介绍西方经济思想史和经济史为主，带有明显的简介、重述或抄袭现有同类著作的痕迹，总体说来，水准平庸。这些著作，从单纯译本看，大多选译日人一些寻常原著，几乎看不到欧美正统经济学范围内任何有影响的同类代表作；从自撰的或编译的著作看，其整体质量，可以说连此前国人已有的一些同类佳作都不如。在这种状态下，即使其中一些著作或译本给予马克思经济学说以不同程度甚至相当篇幅的介绍，比较以往，也不会有什么新意。更不用说与同期批量出现的那些以马克思主义经济学来重新阐释经济学史和经济史的代表作相比，形成强烈的反差。这种反差，如果用来观察本章前两节所列举的著作，关于理论经济学一节，存在类似的情况。这一节列举的著作，姑且不论吸收西方经济学中若干有益因素以及撇开苏联模式主导而另谋新经济学阐释的类型，就其多数来说，特别是那些以通俗宣扬正统经济学来影响我国经济指导观念的自撰著作，同样散发出一股暮气，反复咀嚼一些陈词滥调，拿来维护现状和搪塞迫切问题，远不及同期相继尝试用马克思主义经济学来建立新经济学体系的各种著作所显示出来的勃勃生气。另外合作问题一节的著作，其反差特别表现在，以往的合作类著作虽然不时流露出抵制马克思经济学说的苗头，但仍保持着若即若离的态度，不像此时某些同类著作完全撕破脸皮，公开把马克思主义经济学视作处处与合作主义或合作运动为敌的主要绊脚石。

# 第四章  本编考察概述

本编考察的著作，多达 60 余本，比较上编的著作，同属 1929 年这个时段，但在认识和对待马克思主义经济学的态度方面，其主导倾向总的说来，有所差异乃至存在相背而行的根本区别。当然，上下两编著作的界线划分，并不那么严谨。有些著作的归属，似在两可之间或边界比较模糊；有些著作则因论题分类的缘故，将同一著者或译者的著作或译本分拆开来，分别归入上编或下编，尽管这属于个别现象。一般而言，下编或本编的著作按其基本倾向归类，凡属传统或正统经济学的解说、翻译及运用范畴，或对马克思主义经济学的认识比较暧昧、持对立态度或以攻击和否定为旨者，均纳入此编，所以比较上编，本编同样可以看到有关理论经济学和经济史学等分类，唯其所包含的著作或译本之倾向不同。另外，根据 1929 年各种经济类著作和译本的搜集与整理，其中一些较有代表者，虽然论及马克思经济学说或表达对这一学说态度的内容不多或不明显，但有利于认识马克思主义经济学传播的时代环境、约束因素、渗透程度和发展趋向，亦放入本编予以分类考察。对比本编 60 余本著作与上编 60 多本著作，可以对马克思主义经济学在恢复时期的传播特点，有更全面和真切的认识。

其一，国内经济学领域抵制马克思主义经济学传播的思想势力，依然具有强固的影响。这种影响，不仅在一些特定的思潮范围内有突出的反映，如以质疑和贬抑的眼光去面对新鲜而客观的苏联实证经济资料，又如将合作思潮引导到与马克思经济学说势如水火的对抗方向等；而且覆盖整个经济学领域的各个理论和实际论题，诸如在本编各章节所考察的不同论题的著作或译本中，都或强或弱、或明或暗地表现出来。此类影响，正是中国现实的政治经济制度，以及在这种制度的屈从、庇护或纵容下，国外侵略势力勾结国内反动保守势力以维护自身利益的本质要求，在意识形态领域的必然反映。于是，反映到经济学领域，便形成抵制各种可能危及现实社会经济制度，或有损于统治势力利益的新思潮新观念传播而占据支配地位的理论体系和思想观念，并以此为标准来扫描、检验、判定和取舍各种舶来的或内生的经济思想。在这样的环境里来观察马克思主义经济学的传播，更能体现这一传播的艰难性、曲折性和复杂性。比如，这个传播越深入越拓展，遇到的阻力越大，抵制越强烈，恰恰说明这个传播比较以往，更加触动了现存制度和统治势力的要害处，因此引起的敌视也更加露骨和强化；在公开的抵制中，这个传播的渗透，除了自觉传播者的不屈不挠之外，往往表现在面临困境、解决难题、摆脱束缚、寻找出路等不自觉的借鉴或探求之中；面对社会弊端丛生和国弱民穷堪忧的现状，不得不放弃陈旧套路，思索和谋求新的观念、新的办法、新的途径以缓和或化解眼前的棘手问题，由此也不断为这个传播，培育或积累了主客观因素；在引进国外各种新思潮新案例以为参考的过程中，附带也给这个传播打开了方便之门，或者意在把这个传播的某些内容整合到主流经济思想里面，客观上却产生了普及和传播这些思想内容的效果；深入分析我国存在各种弊病及陷于贫弱之境的历史和现实原因，认真研究走出困境的机遇、方式和路径，常常成为这个传播施展影响的舞台；打压这个传播的声势越大，范围越广，随之而带来的反弹也越大，影响也越广；等等。这些例证都可以说明，经济学领域的传统强固势力，由于无法根除其所依凭的社会制度之弊害，结果一面排斥和压制马克思主义经济学的传播，一面又在为催生这一传播创造条件。

其二，在理论经济学方面，固守正统经济学的价值理念、支配地位并予以通俗化推广的著作之保守与刻板，同引进马克思主义经济学的阐释、研究和探索类著作之创新与生机，形成明显的反差。这一年国内出版正统经济学一类的理论著作，数量固然增加不少，但在翻译引进方面，除个别者提到没落期的资本主义外，很少能看到有质量的著作，而自撰著作方面，更是频见平庸之作。一般说来，此类译本，若论及纯粹理论，要么仅限于自相传承的正统概念，对马克思经济学说只字不提，要么把马克思经济学说也纳入解释范围，却引导到被批判或被否定的方向，不过依据的理由多是一些老生常谈；若论及经济思想史方面，通常会给马克思经济学说留出一些位置，甚至还有不俗的评价，但终归不能超出正统理论框架的限制，这些评介也没有什么新意。再看那些自撰本，以经济理论类而论，大多照搬正统经济学的内容而为通俗化解说，却拿腔作势，或者以此附会民生主义，或者用来与马克思经济学说相抗衡；以经济史学类而论，同样唯正统经济学的马首是瞻，即使论及马克思经济学说，也看不到什么新鲜内容。除此之外，也有若干译本或自撰著作，不那么平庸，其特点是脱离正统经济学或与之保持一定距离，打算另起炉灶或把马克思经济学说提升到与正统经济学并驾齐驱的地位，然而又不能彻底做下去，结果不是在前门堵住正统经济学而在后门又引入它的不少东西，就是最终仍落入正统经济学的基本框架而无法摆脱。反观同一时期理论经济学方面积极传播马克思主义经济学的著作，则是新品佳作迭出的另一番景象。从中能够看到以苏联学者为主导的根据马克思列宁主义来创建新经济学理论体系的尝试，也能够看到日本学者运用马克思主义经济学来重新阐释经济学史和经济史的探索，而且不是单打独斗的个别现象，乃是相继涌现的批量问世，着实令人耳目一新。在这个过程中，同样能够看到国内的共产党人和马克思主义研究者，纷纷加入自撰著作以阐释马克思经济学说和建立新经济学体系的行列，起到表率作用。同时须指出，这种过去不曾见过的传播盛事，从其代表作的构成看，主要来自那些具有理论创新和较好质量的国外著作。国人虽有选择、翻译和引进之功，然而终究不是自己的独立创作；国人自撰的相同性质著作，或者效法舶来著作以为简明之说，或者辅助国外著作的翻译用作基本知识的准备，或者不用经济学的书名而在科学社会主义或社会基础知识的著作里予以阐释，因而也谈不上经济学领域真正独立意义上的理论创新。所有这些也说明，当时马克思主义经济学的传播，虽然发展到一个新阶段，在理论经济学的创新层面比起正统经济学的支配性流传之顽固与保守，显现出更富有生机与活力，但总体说来，国内的传播者们仍处于引进学习、消化吸收和尝试为我所用的过程，正在蓄积力量以待新的推进。

其三，从专题论述中国经济问题的著作看，引用马克思主义经济学以为理论指导和分析工具的力量，仍比较薄弱。从理论层面看，这些著作中更富于论理色彩者，经常打着民生主义尤其是平均地权的招牌，实则用于拒绝马克思经济学说和苏联模式，而另一些注重理论与中国实际结合者，不反对这种拒绝立场，同时留出一些空间来参考包括这些新学说和新模式在内的西方各种例证。从经济史层面看，此时重视中国经济发展历史尤其中国资本主义史的研究，开始出现一些系统梳理中国经济史料或进行国内外比较研究的新著，它们未必应用马克思和列宁的经济学说，但通过这些近代经济史料的整理研究和比较分析，更容易发现自身长年积累的各种严重问题，也更深刻地感受泱泱大国陷于如此贫穷落后状况所带来的强烈冲击，顺着这些系统性问题和近代耻辱历史与现状追查其内在原因，又不能不触及既有的经济组织与制度，从而为今后结合中国国情引入马克思主义经济学的分析，增添了日益丰富和充实的经济史资料；同时作为个别例证，业已出现运用《资本论》原理来分析中国产业革命发展的专著。从劳工和农民层面看，以往有关中国劳工问题和劳工运动的专题著作，常常以苏俄革命为代表的欧美国家无产阶级运动为背景，或者借以检讨本国的劳工状况用作警惕和防范，或者谋求在劳资矛盾尚未出现或尚未激化前有效解决，其中都不同程度地引进马克思学说和苏俄案例进行对照分析，而本期专论中国劳工问题的著作，更是有系统地引进包括马克思经济学说在内的西方各种解决方案或办法，以为借鉴和参考；说到中国的农民问题和农民运动，以前的著作中也能看到此类论题，但较为客观的专题论著极少见到，而这正是本期中国经济问题论著中的一个特色；此类专著或专集，在解决中国农民问题及其运动方面，显示出完全不同的指导理念，或者认为应当仿效西方国家的农业道路如法国的小土地所有方式，或者坚持马克思学说如亚细亚生产方式和东方社会理论，特别是按照苏联和共产国际的指引，走共产党领导下的工农相结合的无产阶级革命道路。以上中国经济论题的著作，涉及不同的层面，接触马克思主义经济学及采取的态度也各不相同。一般说来，在比较抽象的理论层面，反对马克思经济学说和苏联模式的色彩更加浓厚；在接近实际的历史和现状层面，这种色彩有所消褪，可以包容马克思学说的分析方法；在解决现实经济问题的迫切层面，则存在正统与非正统意见的多种选择，包括围绕马克思主义经济学及苏联例证的抵制、否定或借鉴、采纳的尖锐对立。总体而言，在当时论述中国经济问题的专著或专集方面，体现马克思主义经济学影响力的著作仍力量单薄，难以产生支配性的指导作用。当然，除了这些专著或专集，其他并非专以中国问题为论题的经济类或非经济类著作，也经常会触及中国经济问题，其中有一些还是运用马克思和列宁的经济学说予以分析的典型。前述如苏联学者根据马克思主义经济学来分析中国经济的基本性质、国情特点和发展趋势，又如我国学者简述《资本论》原理以为认识中国经济问题的社会基础知识，更不用说中国共产党人以马克思列宁主义为指导来论证中国必须走社会主义道路的道理等。不过从系统、全面而正确地分析中国国情，在此基础上有效发挥马克思主义经济学的指导作用这个意义上说，本期论述中国经济问题的著作，虽然已经显露出重视专题分析的迹象，但只是一个起步，尚不足以支持理论联系实际的针对性指导。

# 第七编

## 从1920-1929年间著作看马克思主义经济学在中国的传播综述

马克思主义经济学在中国，经历 19、20 世纪之交以来的传播前史阶段，及 1917 年苏俄革命至 1919 年五四运动期间的传播启蒙阶段，到 20 世纪 20 年代，进入一个新的传播阶段。对这个新的传播阶段的考察，选取相关文献资料的方式有所改变，比较前两个阶段，以论文或文章为主而兼取著作（因著作甚少），转为以著作为主及包含若干论文集而舍弃单篇论文（因论文极多），所以考察的著作数量大幅增加，而因覆盖面有所缩小，难免会遗漏通过论文所反映出来的一些代表性观点或代表性人物。不过总体说来，在系统搜集和梳理的基础上，逐一分析 1920—1929 年间具有各方面代表性的 320 余部著作（含译本）之后，相信能够就这个阶段传播的基本状况、主要特征和发展趋势，作出大致的判断，继续从中获得有益的启示。

# 第一章　20 世纪 20 年代传播的分期及其特征

从 1920 年到 1929 年的 10 年间，马克思主义经济学在中国的传播，根据前面各编的考察，分为 1920—1921 年、1922—1924 年、1925—1927 年、1928 年和 1929 年五个时期。这个分期，主要考虑到相关著作的数量、类型、思想倾向和前后差异，至于重要历史事件的影响，当然也有关系。不过一般说来，这种影响反映到论文上，比较敏感和及时，反映到著作上，则比较滞后，或者在事件之前着手的著作出版于事件之后，未能体现这种影响，或者在事件之后着手的著作，待到出版并体现这种影响时，已延滞相当一段时日。所以，完全按照历史事件来划定著作的分期，很难将二者妥适地衔接起来，不如按照著作本身的初版次序，同时兼顾历史事件的影响，划分相对独立的几个时期，以便在连贯的传播过程中，识别各个时期的传播特征及相互承续的演变脉络。关于每个时期的传播状况，在各编末尾的本编考察概述里，都有简要的说明。这里把各个时期的传播要点串连或贯穿起来，做全面的综述。

## 一、1920—1921 年的传播概况与特征

20 世纪 20 年代之初，马克思主义经济学的传播，经过启蒙时代的熏陶，开始从一种舶来的、具有发散性冲击力而日益为人们所瞩目的新社会思潮，凝聚为一种内敛的、适用于中国现实问题而为一批组织起来的先驱者所接受的先进指导思想。这个演变过程，同样在当时的报刊论文里，得到显明和大量的反映，并且更加迅速和敏锐。同时要看到，这个变化中，一个突出的现象，不仅报刊界的舆论观点仍然活跃，更有出版界发行的相关著作，发挥越来越重要的作用。于此表明，摒弃旧的传统观念，树立新的社会思想，特别是确立为改造落后中国而选择方向与道路的新的指导理论，既需要应时论文的潮涌冲击，更需要专题著作的系统论证。这是启蒙之后同马克思主义经济学的传播相关的著作明显增多的时代现象，也是进入 20 年

代后通过民国著作来系统考察这一传播进程的文献依据。回顾早期的传播史，大约在1903年左右，曾经从日本方面翻译引进若干本介绍社会主义的著作，为这个舶来新思潮的传入，奠定了比较有系统的最初理论基础。随后国内报刊界不断出现和流传的各种评介社会主义或马克思学说的著述，大多依据这些理论基础，或者在这个基础上继续吸收和阐发新的舶来资源。然而自此以降，10多年时间里，不但未再看到像这样集中引入一批社会主义著作的状况，连其他论及社会主义或马克思学说而独立出版的社会经济类著作，也很难看到，往往一年甚至数年才得见1、2部，几成珍稀之物。这个现象的改变，正是出现在20年代之初，说明经过多年的积累和应运而生的启蒙之后，亟需更为系统和深入的专门理论阐述，借以巩固马克思主义经济学的传播启蒙成果，在此基础上开拓新的更有成效的传播道路。本时期一批相关著作的出版，虽然数量不算多，但比起以往，已然颇为可观，又在不同类型方面分别具有一定的代表性，足以成为可资独立研究的考察对象。当然，专门考察著作而略去论文，自会凸显著作方面的代表作及代表人物，而对既有研究成果中所突出的一些反映在论文方面的代表观点和代表人物，有所减省，或未能充分显示其在传播史上的地位和重要性。可是，鉴于本书的选题宗旨，既然有了较好条件的著作文献储备，更加注重从系统的理论层面去考察马克思主义经济学在新的历史阶段的传播进程，则以力所能及，做适当的收缩也是值得的。况且就整个传播过程而言，专以著作为对象的理论层面的系统考察，同样能够包含论文里面所体现的主要脉络、重要特征和基本取向，或者说，作为本时期传播介质的著作与论文二者，在论述的细节、时效和先后上会有差异，而基本的脉络、特征与取向却是一致的。

1920—1921年间与马克思主义经济学的传播相关的各种著作，依据接近传播的核心理论的密切程度，或影响传播的进程的不同作用，可以分为几种类型。这些类型，就本时期而论，明显带有由先前启蒙时期延续而来的发展轨迹，从逐步积累沉淀到合乎逻辑地完整呈现，从主要见诸论文到重视著作体系，从比较分散到相对集中，从零碎论证到系统阐述，形成更为开阔的论述空间和更为多样的倾向变化；对今后几个时期来说，又成为相继沿袭而可供参考和增补的范例。

本时期的著作类型，首先考察专题论述马克思经济学说的各种译本，重点包括马克思经济学说和唯物史观两类译本。其中不少内容，在以前特别是启蒙时期的报刊著述里都有迹可循。姑且不说《马克思经济学说》译本，本来就是前一年陈溥贤在报刊上翻译连载考茨基的原作，稍作修订后以单行本形式出版的同一译本。

《马格斯资本论入门》译本，同样是在前期寻找帮助解读《资本论》原著的通俗本的需求激励下，李汉俊另择代表作的产物。两个译本，一个重译自日文译本，一个直接译自西文原作，都在解说《资本论》第一卷的范围内。比较起来，陈氏译本的原作更有权威性和影响力，李氏译本则存在欠缺，但当时找到这样的西文原作，亦属不易。这也说明，经过启蒙时代的洗礼，此前所积累的有关马克思经济学说的信息资料和传入文献，最后都指向马克思最重要的代表作《资本论》；认识到只有了解《资本论》，才能真正了解马克思经济学说；然而国人了解《资本论》并非易事，需要循序渐进或借助入门读物；于是，进入20年代之初，同时在1920年9月翻译出版系统和通俗解说《资本论》第一卷的两本入门类著作，便为顺理成章之事。关于唯物史观的译本也是如此。启蒙时期围绕唯物史观的讨论，已是热门话题，初步认识到这是关于人类社会发展规律的社会历史观和改造社会的一般方法论的理论体系；惟报刊文章上的各种评介，引经据典，涉及面颇广，却较为零散，需要有系统的专题著作为之统摄；所以，20年代初相继出版《经济史观》和《唯物史观解说》译本，同样是顺理成章之事，尤以前个译本，此前的报刊文章里摘引它的有关内容，如今完整翻译其原作，更是得偿所愿。不过，不同于马克思经济学说有《资本论》这样的经典作为准绳，理解的门径可以选择解读经典的通俗译本，马克思的唯物史观被认为没有专门和系统的经典著作可作依凭，因而各种阐释本，未必切合原意。这一点，单看把唯物史观定义为经济史观，便能体会一二。尽管如此，本时期相对集中地连续出版几部解说《资本论》和阐释唯物史观的专题著作的译本，毕竟把此前评介马克思学说的众多议论，聚焦在剩余价值学说和唯物史观这两个最主要的理论贡献上，哪怕此时的认识还不那么深透，甚至存在偏差，至少在基本概念或核心理论上为以后的传播，明确了引导的方向。

这里须补充说明，除了上述解说本和阐释本，马克思和恩格斯原著的翻译出版，对于马克思主义经济学的传播，具有不可替代的促进作用。本时期最有代表性的翻译成果，便是陈望道第一个翻译的《共产党宣言》全译本，1920年8月又新印刷厂初版发行。在此之前，中文报刊著述里摘引宣言的观点、段落，甚或翻译部分章节，早已有之，五四时期更以各种方式介绍了宣言许多方面的内容，唯独缺少的是一睹宣言的真容原貌，或者说，完整翻译出版宣言的时机，已经成熟了。所以，20年代初《共产党宣言》中文全译本的问世，并非突如其来，可谓水到渠成。不仅如此，那时还有马克思恩格斯的其他一些原著被经常引用或在翻译酝酿中，乃至出现报刊连载的全译本如《雇佣劳动与资本》，但真正在国内产生重大影响的是陈氏《共产党宣言》译本。因此，这个译本也预示着今后翻译引进马克思主义的经典原著（包括经济学著作），将冲破各种障碍，迎来一个持续发展的新潮流。

其次考察非专题著作中的马克思经济学说，此即各种社会经济类著作，不必专论马克思经济学说，却或多或少接触马克思经济学说的著作类型。这种类型，如同前一种类型，也以译本为主，或者说，以引进国外各种学说或思潮为主；而且像启蒙时期一样，在论及马克思经济学说的著述方面，占有更大比重，或者说，考察本时期马克思主义经济学的传播过程，大部分史料文献，来自这些非专题论述马克思经济学说的各种著作或译本。关于这种类型，为了叙述的便利，分为几类。

一是经济思想史类著作，列举了《近世经济思想史论》《经济思潮史》两个译本和《各国经济思潮之变迁》编述本。此类专著，在启蒙时期及以前，可以看到其中所涉及的历史片断或个别人物，但很少看到连贯起来的系统论述。这应该是国内经济学知识积累到一定程度才需要了解的内容，而启蒙之后的 20 年代初，正是到了产生这种需要的时候，于是以往极为鲜见的专论经济思想史的著作，接踵而至。对于马克思经济学说的传播而言，当时这类著作的出现，有两个特性。一则以经济科学产生于西方，所以论述近代以来的经济学说、经济学派或代表人物，以西方为主，而与个人主义经济学相对立的社会主义经济学，通常占有一定的或比较重要的位置，这样就为或详或略地介绍马克思经济学说提供了为其他非专题著作所不及的论述空间。这也是那时的非专题著作何以将此类著作放在前列的原因。通过列举的几个译本或编述本可以看到，不论它们持何种立场或倾向，都对马克思经济学说给与一定篇幅并具有客观成分的介绍，这既是马克思经济学说本身的卓越贡献和深远影响，确立了公认的历史地位，不容抹杀，也是经济思想史要成为信史，其著作必须包括历史上创立重要经济学说者才有可能，因而可能容纳马克思经济学说。二则西方正统经济学传入我国后，一直占据国内经济学领域的统治地位，经济思想史领域也不例外。因此，本时期的经济思想史著作，即使给马克思经济学说以相当篇幅或份量的介绍，采取的态度却不同。有的虽然肯定马克思经济学说，但受正统经济学的传染，掺入不少非马克思学说的成分；有些处于正统经济学的支配下，对马克思经济学说持否定态度。总体说来，初期引进的几本经济思想史著作，水准不算高，译文质量也不算好，以致若干年后，国内经济学者有人谈起学习理论经济学应当学习经济思想史时，认为我国没有好的经济思想史著作。

二是社会主义或社会问题类著作，列举了《社会主义史》《社会问题总览》《贫乏物语》《社会主义与个人主义》等译本。此类著作或著述，在过去多少年间，是传入马克思经济学说的重要著述载体。具体地说，马克思经济学说最初传入中国，伴随着舶来社会主义思潮的传播而传入，先在报刊文章里，看到有关社会主义的报道，附带提到马克思及其主要观点；继则在专论社会主义的译本里，看到有关马克思经济学说的较为具体介绍；由于社会主义被看作根本解决现存社会问题的学说，所以在讨论社会问题的著述里，也经常看到介绍或引用马克思经济理论的内容，可以说在相当长一段时间内，这一类著述是传入马克思经济学说的主体部分。相比之下，同时期国内经济学领域的著述，反倒很少看到有关马克思经济学说的内容，这既同正统经济学的排斥性影响有关，也同马克思经济学说的传入在经济学领域的渗透程度有关。这种状况的改变，应在进入 20 年代之后。不过 20 年代初见到此类著作，仍保留了以前传入马克思经济学说时的一些特色。比如涉及马克思学说的多方面内容，挤占了对其经济学说的深入说明，或不可能有更多的篇幅去详细解释其经济学说；在社会主义思潮里夹杂着各式各样的思想倾向，可以说有多少种思想倾向，就有多少种对马克思经济学说的侵削、冲击或负面影响；等等。在本时期，《社会主义史》译本就是一例。早在此译本之前，已有译自同一原著的《泰西民法志》出版，惟其晦涩的文言译笔，又未遇恰当的时机，问世后寂然无闻，如同消失一般；《社会主义史》译本译自原著的增订版，译笔为之一新，又赶上启蒙之后的新机缘，结果大获时誉，并成为毛泽东确立马克思主义信仰而被推崇的三本书之一。其实，这个译本以英国费边主义为主旨，对马克思主义持否定态度。但这种否定，并未妨碍对西方社会主义运动史实及其指导理论马克思学说的较有系统介绍，从而以这样的独特方式，为中国共产党的先驱者所汲取。《社会问题总览》译本是另一例，意在搜罗近代世界解决各种社会问题的五花八门学说以备总揽，自然也包括了马克思的科学社会主义。尽管这个总揽犹如一盘杂烩，把各类学说不分主次轻重地拼凑在一起，译者却从中辨识出并把握住马克思学说。这些舶来内容，现在看来不足为训，在当时却颇为珍稀，构成了推动马克思主义经济学传播的思想因素。此外，还有一些讨论社会贫困或专制政治等问题的类似译本，虽未提到马克思经济学说，然而深入钻研下去，也为马克思主义经济学的传播创造了质疑现行社会制度的舆论氛围。

三是研究苏俄及劳动问题类著作，列举了《新俄国之研究》《劳农政府与中国》《劳动问题概论》《欧洲劳佣问题之大势》等。这两类著作放在一处，没有特别的用意，不过行文的便利。首先须指出，本时期在研究苏俄方面，出现国人自行编纂的专题著作，确是一个承前启后的新现象。俄国十月革命后，我国舆论界有关苏俄的报道、讨论、考察和研究，扑面而来，自此便与中国的前途，结下不解之缘；最初面对苏俄模式，国内占压倒地位的是一片惊恐、非议、抗拒或嘲讽的声音，后来一些明智之士冷静下来，开始探究苏俄革命的起因、进程、措施和最新态势，结合中国国情发现并思索其中的一些道理，不仅主张抛弃偏见的客观态度，还收集和披露许多真实材料；五四运动的爆发，促使正视、学习乃至仿效苏俄革命的主张倾向，与吸收和宣扬社会主义等新思想的潮流趋势结合在一起，共同推进马克思主义经济学的传播步入启蒙时代，换言之，苏俄革命的真相披露，同时成为马克思主义经济学传播启蒙的极为重要因素。邵飘萍编著《新俄国之研究》，其研究落脚在俄国之"新"上，虽然所依据的苏俄资料大多与启蒙时代所翻译引进而积累的基本文献大致相同或略有补充，但研究的主旨在于系统论证苏俄新制度新措施的合理性和创造性，面对当时及后来最遭世人诟病的战时共产主义政策，仍突出新社会的实质性变化，堪称启蒙之后领风气之先的代表作。另一本自编专著《劳农政府与中国》，在史料的系统性方面与邵著有相似之处，态度也较平和，而境界却大不如，对苏俄例证的理解较为狭隘，仅抽绎出自食其力一义以为中国之参考。两书都提到或含有苏俄革命以马克思主义为指导之意，不过偏重实际史料的梳理和解说，对理论上的继承与发展关系阐发不足，由此也指示了随着苏俄政权的巩固、影响的扩大和建设成效的彰显，将愈益从理论与实际的结合上，促进和强化马克思主义经济学的传播。其次本时期出现专论劳动问题的著作，均为译本。中国历代都有劳动问题，这里所说的劳动问题，专指资本主义社会因资本家雇佣和压榨工人而产生的严重贫富分化和劳动者处境恶化问题。因此，对于我国来说，劳动问题也是伴随着反对资本主义社会弊端的社会主义思潮而来的新问题。起初，国内的代表性议论，或者认为中国尚无资本家或资本家力量很弱，根本谈不上劳动问题，或者认为中国终究要发展资本主义，为了避免欧美国家的劳动问题弊端，应未雨绸缪，早作防范。后来由于资本主义经济的发展特别是帝国主义的经济侵略，国内劳动问题日益凸显，开始引起国人的重视，尤其到五四时期，更将这种重视推向一个高潮。随之而来有关劳动问题的各种报道评介和分析研究文章，日见增多，同样构成马克思主义经济学传播启蒙的一个组成要素。启蒙之后，相继引进和推出系统研究劳动问题的专著，亦属势之必然。本时期看到的此类专著，以介绍西方的劳动问题及其解决办法为主，涉及马克思经济学说的理论分析和实际运动指导，不过其基本倾向，对马克思主义持戒备态度而力求引导到改良主义的方向。国内涉及劳动问题的专著，真正树立起马克思主义经济学的指导观念，还有待认识的深化和更多的积累。

四是理论经济学与应用经济学类著作，列举了《协力主义政治经济学》《国民生计政策》《公有收入分配论》《中国财政史》《亚当士财政学大纲》等。这里所说的经济学著作，就其广义而言，可以归入正统或主流经济学的范畴。所谓广义，指西方经济学独立成为一门科学以来，在维护资本主义基本制度的范围内，构成一套逻辑自洽的完整理论体系，这套理论体系随着社会经济生活的发展变化而进行相应的调整和变更，并以多样化的形式表现出来，但万变不离其宗，防范从根本上触动现行经济组织和制度。因此，挑战并谋求推翻现行制度的马克思经济学说，被排除在这个广义经济学概念之外，并遭到占据统治地位的资产阶级经济学的抵制、打压甚至围剿。同时，西方经济学中又包含着认识社会经济特别是市场经济规律与特征的科学理论成分，在各种应用经济领域积累了丰富的经验知识、分析工具和解决办法，可供发展经济和处理问题的判断及参考，尤为处于经济落后状态而缺乏现代经济知识的国人所亟需。西方经济学早年传入中国后，很长一段时间里，比较其他西方资产阶级思潮，发展相对迟缓，除了严复的《原富》译本外，大多属于普及性的经济学教科书或通俗解说类的经济学文章，很少看到具有代表性的理论专著。直至启蒙时期，国内政治经济学领域内的理论斗争主线演变为马克思主义经济学与资产阶级经济学之间的斗争，当兴起有关马克思经济学说的理论解说与阐释时，围绕西方经济学的理论证明也张扬起来。随即启蒙之后，一面出现专题论述马克思经济学说的著作，另一面也引进西方经济学的理论和政策类专著。这些理论专著在国内的流传，具有多重作用。提升国人的经济学素养，也为国人同时理解西方经济学和马克思经济学说，共同铺垫了基本经济概念与知识的必要准备；促进国人运用现代经济学知识来观察、分析和解决各种理论与实际问题，也激励国人参照西方经济学的体系框架，系统研究本国某一经济领域的历史资料，如尝试建立《中国财政史》。那时引进的正统经济学代表作，一般极少或根本不提及马克思经济学说，即使提及，也充满着偏见。然而像《协力主义政治经济学》这样的大部头译本，可算一个例外：一边重视对马克思经济学说的评述，同主流经济学的正宗者保持一定距离，试图更新传统政治经济学的原有体系；一边力求将马克思经济学说纳入改良后的正统经济学体系，用所谓协力主义政治经济学来改造或替代马克思经济学说，最后仍回到维持现有社会制度的经济学立场上。选译此类经济学专著，打着协力主义的旗号，似乎视马克思经济学说为同道，但终究未能脱离正统经济学的窠臼，这反映出当时的译者及中文作序者，对于马克思主义经济学与资产阶级经济学之间的理论斗争，认识还比较模糊，难以洞察其实质。能够在政治经济学领域排除各种学说改头换面的干扰，真正认识这个理论斗争的分明壁垒和本质区别，那是马克思主义经济学的传播继续深入的结果。另外政策类专著如《国民生计政策》译本，虽然同样以修正后的正统经济学为理论支撑，却也系统而具体地提供了资本主义制度环境下如何发展农业、工业、交通、国内外贸易等经济领域，及救济贫民以缓解社会矛盾之类的一系列政策措施，成为国人谋求发展资本主义的直接借镜。

上述 1920—1921 年间马克思主义经济学的传播概况，已经蕴含其传播特征，现将这种特征，作进一步综合。

第一，马克思主义经济学在本时期的传播，直接延续了启蒙时期的传播路径和特点并以此为基础向前推进，故称之为启蒙之后的传播。启蒙时期的两大时代要素，一为俄国十月革命，一为五四运动。前者让国人看到马克思的科学社会主义，从理论付诸实践，从理想变成现实，这个翻天覆地的革命变化，发生在同我国相毗邻并具有同样经济落后处境的俄国，况且新生的苏俄政府当初还宣布放弃沙俄帝国与中国签订的一系列侵略条约；后者让国人感受反帝反封建的爱国进步民主科学运动，不仅激发全国民众的觉醒意识，而且在发展现代资本主义经济和摆脱帝国主义列强束缚以维护国家主权方面屡屡受挫的情况下，开始把走欧美式资本主义道路还是走苏俄式社会主义道路的选择提上了议事日程。这些启蒙思想，从马克思主义经济学传播的意义上说，一个显著特征，强化了马克思经济学说的文本翻译引进及其理论内容的解说、阐释和宣传应用。启蒙之后，沿着这个路径，又一个明显特征，不再满足于报刊文章的碎片化解释或分期连载的零散译文和叙述，转而利用专题著作或译本的更大容量，体现比较系统、全面和完整的论述要求，便于阅读和更为广泛的流传。这不止是出版形式服务于传播内容，更是新的传播趋势促进了传播媒介的变化和拓展，反映了时代的需求。

第二，马克思主义经济学传播的专题化和系统化延伸，为中国共产党的成立提供了坚实的思想理论准备。马克思经济学说作为马克思主义的重要组成部分，传入中国后，经历了从个别提及若干概念观点到整体介绍学说理论体系，从片断引用某些学说内容到贯穿显示基本理论逻辑，从附带涉猎到专题论述，从零散碎片到系统阐释，从新奇品鉴到成为信仰，从纯为学术到指导斗争，从束之高阁到实际运用的不断深化过程。这个过程在启蒙时期，滋养并孕育了一批具有社会主义理想信念的先驱者。对马克思经济学说的理解越深入，认识越全面，理想信念也越坚定，追求理想的意志也越执著，其突出代表是李大钊，其理论标识是《我的马克思主义观》。不过李大钊的代表作限于当时的理论资源不足，或缺乏专门、系统并符合经典原著本意的理论著作或译本，在理解马克思经济学说方面，不免存在瑕疵。这个现象在启蒙之后，得到进一步改进。不仅破天荒地出现若干系统解说或阐释马克思经济学原著或其基本原理的专著译本，而且在其他非专题论著的译本里，也包含不少重点或连带评介马克思经济学说的系统内容；不仅引进国外马克思主义者如考茨基、郭泰、河上肇等人的论著，而且不少引进者在翻译出版此类著作的同时，也是参与早期共产党组织或筹建中国共产党的先驱如李汉俊、李达、李季等。这些都为不久后正式建立中国共产党准备了必要的理论条件。当然，也要看到，此时这些著作或译本参差不齐。其中只有少数真正站在马克思主义的立场上予以解说和阐释，可以直接纳入建党的理论准备范围；多数则在不同程度上曲解、质疑或混杂其他派别倾向来干扰理解马克思经济学说，需要经过先驱者们的敏锐辨识和小心取舍，才能构成理论准备的内容；更有个别者企图把非马克思主义的理论倾向如个人无政府主义带入党内，这并非偶然现象，反映了建党理论准备时期的思想复杂性和时代局限性。克服这种局限性并在理论上成熟起来，同样有待于在马克思主义经济学的深入传播过程中加强党的自身建设。

第三，与马克思主义经济学的传播深化同步，苏俄革命的范例获得系统化提升，为中国共产党的成立提供了道路选择的方向和示范。马克思主义经济学的传播与苏俄革命的影响，本来就是一对互为因果而相辅相成的因素。马克思主义经济学的传播因苏俄革命的影响，从理论指导到付诸实施而得到印证，苏俄革命的影响因马克思主义经济学的传播，从继承发展到独树一帜而成为楷模。正像马克思主义经济学的传播需要专题和系统的理论阐释才能深化一样，苏俄革命的影响也需要深入的梳理和系统的论证才能扩展。启蒙时期，一面积累了有关苏俄革命实践的大量翔实资料，包括新政府出台的法律、政策和措施的原始文献，外人实地考察或访问的客观纪实，以及众多的报道、分析和评论著述等，一面引申出基于不同立场和观察视角的态度及主张，较有代表性的是主张不带偏见，披露事实真相，最为突出的是主张效法苏俄而在中国推行同样的革命。不过，确实把效法苏俄的主张建立在系统梳理资料和认真研究的基础上，使效法之说不致沦为空谈，其代表作应出现在启蒙之后，国人自编的专门研究和推崇新俄国一类的著作。此类著作，能够从尚处于艰难境地的苏俄政府所发布的一系列新政举措的系统研究中，发现并概括新俄国区别于旧社会的本质特征，排除各种非议观点，明显提升苏俄革命作为落后国家走向新社会的范例形象，实属率先之举，同时也是以往积累的客观可信资料转化为支持仿效苏俄主张的态度鲜明成果。由于这些系统研究苏俄的专题著作的铺垫，选择马克思主义经济学作为指导思想，便同选择走苏俄革命的道路紧密结合在一起，共同构成中国共产党建党纲领的基本要素。这一类专门著作，此时更注重苏俄革命的历史进程和实际措施，虽然指出其基本制度、理念和目标的形成遵循了马克思的科学社会主义学说，却很少从理论上论证二者之间的继承与发展关系，或者说，更多将苏俄革命看作马克思主义学说的践行者，而非理论上的创新发展者。这种理论认识，稍后在效法苏俄的思想进程中，为了澄清一些模糊观点才被提上议程。另外，此类专著搜集并用作系统研究的苏俄资料，还带有浓厚的战时共产主义色彩，其中一些政策措施旨在立即进入共产主义阶段，脱离了俄国经济与文化落后的国情现实；这些不切实际而具有负面作用的尝试性举措被吸收为值得效法的必备要素，其影响也将伴随这种效法观念的传导而蔓延开来。此后，这种共产主义政策在我国舆论界，不仅引起对苏俄道路选择的质疑和争论，又随着苏俄自身调整这一政策而引起各种诋毁和否定之说，更在坚持走苏俄道路者中，引起时而清醒时而模糊的认识，影响颇为深远。

第四，马克思主义经济学的传播，渗透于现有理论和应用经济学领域，呈现复杂和曲折的斗争趋势。马克思主义经济学本来属于经济学范畴，可是在我国流行的理论经济学与应用经济学领域，被长期排除在外。自从西方侵略者用坚船利炮打开中国的国门，经济学作为一门舶来科学，由西方传入国内，从那时起，资产阶级经济学逐步战胜我国传统的经济思想而在经济学领域确立其正统地位。此后，由于西方资本主义国家的社会弊病日益严重和暴露，国人开始关注纠正这种社会弊病的思想学说，于是，马克思经济学说也随着西方社会主义思潮传入中国。起初，在正统经济学统驭的范围内，马克思经济学说处处遭到排斥和抵制。一个维护现行制度或予以改良，表现为整个经济学领域似乎无视或反对马克思经济学说；一个揭露现行制度并谋求推翻，表现为马克思经济学说似乎站在经济学领域之外。就像两股道上跑的车，各走各的路。这不同于马克思经济学说在西方国家，原本就是从古典经济学的土壤中生长出来并独立发展为与资产阶级经济学相对立的新兴经济学派；在我国，马克思经济学说的早先传入不是通过经济学的渠道，通过社会主义或其他社会思潮的渠道而为国人所知晓。后来马克思经济学说的传入不断扩展，指向现行经济制度与经济问题的理论分析特别是对其内在秘密的深刻揭示，日益与正统经济学为现行制度和问题辩解的理论观点与解决对策发生冲突，迫使正统经济学不得不在自己的著述里正视这一冲突并加以回击。随之而起，马克思主义经济学顺势渗入现有经济学领域而成为不容忽视的力量，这是在启蒙时期从各种经济学著述里看到的现象。这种渗透现象的复杂曲折性，在启蒙之后的各类经济学专著里，以更为明显的形式反映出来，而且不像以前主要借助日本的媒介，逐渐增多地直接译自西方原著。比如，资产阶级经济学与马克思主义经济学相对立，但在当时对于经济知识贫乏而亟待发展经济的国人来说，资产阶级经济学也是一门新兴科学，可以从中吸取有益的内容；而且相互对立的两种经济学体系，共享一些基本的经济概念与分析方法，或在共有的经济知识基础上显示二者的本质差异，从这个意义上说，充分认识资产阶级经济学，也有助于深入理解马克思主义经济学。又如，在理论经济学方面，以正统经济学的核心理论为标准，越是接近核心理论者，对马克思经济学说的排斥越严厉，如一些基础性或作为正统经典的理论经济学著作里，几乎看不到有关马克思经济学说的论述，即便有，也被放在完全否定的位置；而不那么危及核心理论者，多少可以放宽有关马克思经济学说的介绍以示客观公正，如经济思想史方面的著作，但不论宽限到何种程度，最终都不能越过正统理论框架的底线，所以在这些著作里，经常看到介绍马克思经济学说之后，末尾总要作出或修订或扭曲或否定之类的引导性结论。另如，应用经济学方面，同样以不能触动现行制度为准则，在这个前提下，可以在处理具体经济问题时，介绍马克思的经济观点；可以借鉴西方经济学的体例，创建自己的经济学科如中国财政史；可以不从理论上挑战马克思主义的影响，却在具体政策上展示西方国家的经济效益以资效法；也可以引入马克思的理论分析，讨论资本制度的缺陷如劳动问题，但解决的办法只能引到社会改良的方向。再如，有的经济学专著看似不同于正统经济学，甚至挑战已有的理论体系，如试图建立协作主义或合作主义的政治经济学，并在一定程度上把马克思经济学说引为同道，可是一旦触及基本制度问题，又顺着改良的思路回到以正统理论为根基的范围内。

## 二、1922—1924 年的传播概况与特征

马克思主义经济学在这个时期的传播，称为建党初期的传播，主要着眼于相关著作的延续与变化。这里有两点考虑：一是比较上个时期，虽然中国共产党已在筹建并于 1921 年 7 月成立，但反映到公开出版的著作上，系统认识并运用马克思主义经济学作为建党的指导纲领，存在一段时间的滞后。所以前个时期，可以看到共产党的早期发起者、组织者和参与者，为了建党的思想理论准备，积极翻译引进论述马克思经济学说的各种专著或非专题著作，以及从论述苏俄范例和各种社会经济问题的其他著作里汲取滋养和获得参考，然而大多数著作仍带有启蒙时期沿袭下来的特色，以译本为主，以介绍舶来的思想学说而间接表达介绍者的选择倾向为主，几乎看不到共产党人在独立自撰的著作里系统阐述马克思经济学说并用来指导中国实际运动的例证。或者说，这些例证散见于报刊文章，尚未汇总为便于集中阅览和普及发行的专题论著或上升为全面系统论证的独立专著。这种现象到建党初期有明显改变。另一是建党初期在著作方面的这种改变，又深刻影响到马克思主义经济学在中国的传播进程。从著作方面看，围绕马克思主义经济学的宣传、争论和非议，不再是单纯的学术问题，不再是仅供参考或可有可无的舶来新思潮，也不再是少数人的个人兴趣或信仰，体现了共产党人的集体意志和拯救贫弱中国的道路选择，成为关系国家命运与前途的根本大计。自此以后，不仅政治经济学领域的理论斗争变成了马克思主义政治经济学与资产阶级经济学之间的斗争，连许多表面上看来似乎与这一斗争无大关联的重要经济争论，实质上多数也是由它所引起的，而且这一斗争及其连锁反应的背后原因，正是由于新成立的共产党选择了马克思主义并以此引导中国走上社会主义革命的道路。所以，建党初期许多论述马克思经济学说的著作或译本中，更加鲜明地看到共产党人的这种意志表达，而那些不大提及马克思经济学说或讨论其他经济问题的著作中，同样也能够感觉到围绕这种意志表达的斗争影子。经历这样重大的思想演变，马克思主义经济学的传播，无论见诸共产党人的著作还是见诸大量的非共产党人的著作，都无法绕过选择马克思主义经济学为指导思想这个时代命题而深受影响。

参照前个时期启蒙之后的著作分类，也将 1922—1924 年间的相关著作分为几种类型，通过不同类别来显示马克思主义经济学在本时期的传播概况。

其一，考察有关马克思经济学说的各种专著。这是最接近马克思经济理论的本

体及其核心部分，或译或述，大多出于共产党人或具有相似倾向者之手。根据其理论重点的不同，又分为两类，一类侧重于马克思的经济理论，一类侧重于马克思的唯物史观。此时还有综合介绍马克思学说的译本，如施存统译自高畠素之的《马克斯学说概要》，惜未得见。不过从前一时期考察高畠有关著作的译本里，对他所概括的马克思学说已有大致的了解。前一类列举了《价值价格及利润》和《马克斯经济学原理》两个译本，分别代表马克思经济学原著的翻译和马克思经济学原理的阐释。原著翻译方面，这是本时期新拓展的全译本，今译名初为《价值价格和利润》，后改为《工资、价格和利润》，它作为后来新发掘的马克思原著，比起我国先前翻译的早期原著《雇佣劳动与资本》，更接近《资本论》第一卷的精神。让人困惑的是，译者那时作为共产党人，完整翻译这部原著，可以说为建党继续积累更好的马克思主义经济理论资源，可是请来的中译本作序者，在批评我国宣扬主义的人不去阅读主义之原著的同时，竟把马克思经济学说从根底上给否定了。虽然这种否定看起来主要以学术分析为主，但出现如此矛盾的现象，说明早期共产党人的队伍里，一些人对马克思经济学说的认识是波动或不稳定的，而这种摇摆，正是来自理解上的肤浅与模糊。同一个译者，此前翻译《社会主义史》，就没弄明白其结论用费边社会主义代替了马克思主义，现在翻译马克思的原著《价值价格和利润》，又任由别人作序否定了马克思经济学说的理论基础。可见马克思主义经济学的传播，既是一浪超过一浪的持续扩展与深化过程，也是识别和剔除各种杂质的大浪淘沙过程。原理阐释方面，同样为本时期专题译本的新拓展，从原来着重于阐释《资本论》第一卷，拓展到阐释整个三卷本。令人不解的是，明明作者讲清楚他所论述的马克思经济学原理，意在证明《资本论》后两卷同第一卷之间不存在矛盾，三卷本在逻辑上是一个有机联系的整体，而译者偏偏强调此书的最大特色是覆盖了所有三卷的理论，好像一册在手，三卷《资本论》的全部内容可尽收眼底，恰似后来有人把这本书译作"一天就可以读完的《资本论》"。这种急于求成的态度，想用走捷径的取巧方式轻松掌握马克思经济学原理，实际上适得其反。列举这两个译本，其代表性在于，它们本身在传播马克思主义经济学的基本理论方面，起到拓展的作用，或者提供了新的马克思经济学原著的全译本，或者延伸了阐释《资本论》的范围从第一卷到第二、第三卷，然而它们的译者或作序者掺入的一些个人评论或理解，不是质疑马克思经济学说的理论根基，就是以急功近利的态度对待马克思经济学原理，束缚或牵制了这种理论拓展所发挥的传播作用。这同样是马克思主义经济学传播过程中需要克服的障碍。

后一类列举了《唯物史观浅释》和《马克思主义与唯物史观》等著作，均为国人自撰，另外《马克思主义和达尔文主义》译本，实际上也是用唯物史观来比较马克思主义和达尔文主义的异同。有关唯物史观的著作，此前主要是介绍、解说和阐释其理论涵义并加以宣传推广，本时期不仅限于此，更运用这个学说来分析判断中国未来的基本走向尤其仿效苏俄式革命的可行性，由此产生针锋相对的争论。这时争论的重点，并非唯物史观本身是否正确、是否符合认识论法则或如何诠释和理解，是在认可其合理性并具有大体一致解释的前提下，用于研究中国的现实发展与道路目标而出现根本分歧。这里须注意几点：一则继续翻译引进国外关于唯物史观新的解释或内容，同时转移或聚焦到这个学说对于我国前途的理论与现实意义上来，所以一时间国人自撰唯物史观的专题论著突然增多。二则这些专题论著，进一步拓宽和深化了对唯物史观的认识，包括从马克思、恩格斯的更多原著里引入更多有关唯物史观的论述，以及对唯物史观的那些经典论述作更为深入和细致的解析。这些理论拓展的内容，仍主要取自各种舶来著述，但其目的已不单纯为了介绍或解说，而为了支持或印证自己的论点。三则同样依据唯物史观的理由，围绕中国的前途，形成两种截然不同的争议观点：一种认为中国当前落后的生产力发展水平，不足以实行任何形式的社会革命，应当老老实实地发展资本主义经济；另一种认为中国已经存在资本主义经济而全世界的资本主义经济又正处于没落阶段，所以中国同样具备条件走苏俄革命的道路。前一观点是老生常谈，早已有之，现在又换上一件唯物史观的外衣；后一观点则提出不能机械地或教条地理解唯物史观，等待中国资本主义的充分发展或达到欧美国家的发展水平后才有资格谈社会革命，而以苏俄革命为范例来重新诠释唯物史观的涵义。这是唯物史观的理论与中国实际相结合的产物，由共产党人的革命思想所引起，成为当时理论争论的一个焦点问题。这一点，在共产党人的下述主张里，表达得更加清晰。

其二，考察中国共产党人运用马克思经济学说的著作。列举了《社会主义讨论集》《社会经济丛刊》和上海大学社会科学讲义等著作，这也是马克思主义经济学在本时期的传播过程中，最突出最有代表性的部分。这些著作，基本上是先行发表的论文或授课的讲义，然后汇集成书或编辑为讲义系列出版。因此，文集中的观点，实际上早在著作出版之前已经流传，大致出现在建党前后的一段时间。这正是前面所说的著作出版滞后于论文发表的典型例证，而著作的出版，又推进了论文中有关主张或观点的流行。犹如上述围绕唯物史观进行争论的论文集，其论文的发表时间也应在同一时间或稍后。比较起来，上述论文集并列举争论双方的观点，看似客观，实则从论文集编纂者的立场看，倾向于反对中国走社会革命道路的一方，而这里所列举的论文集，其主旨完全站在共产党人的立场上。下面从几个方面概括说明。

一是这几本著作，分别代表了建党之际思想传播的几个时段及几种形态。一种以《社会经济丛刊》为代表，系翻译之作，最初发表在建党之前，体现了译者个人接受马克思主义的学习研究视野和思想演变轨迹，也体现了为建党提供理论准备的时代需求与关注重点。这种丛刊体例，较之前述同样作为建党理论准备的译本或著作，在时间上稍早，其意蕴表明，一则相对集中于当时更关切的一些理论问题，不只泛泛介绍马克思学说，这种关切后来表现得更明显；二则积累翻译引进的基础，同时孕育着自行撰文阐述自己的认识，不只是转述别人的观点，此后两种代表作，便是共产党人的自撰著作。另一种以《社会主义讨论集》为代表，最初发表于建党前夕到建党之初，典型体现了共产党人理解并接受马克思主义学说的早期思想体系与主要理论根据，这也是形成党的基本纲领的指导思想之所在。从中既能看到个人理解的不同重点、水准与特色，更能看到那时共产党人的集体意志和共同认识水平。这些自撰著述，把舶来的马克思学说，经过消化吸收，转化为自己的理论观念，并初步形成党纲的基本要素，这也是本时期马克思主义经济学传播的核心内容。再一种以上海大学的社会科学讲义为代表，同陈独秀关于社会主义的讲演录等著作一道，最初讲授或讲演于建党后不久的一段时间，共同体现了共产党人根据建党的宗旨精神，面向群众特别是青年学生进行马克思学说或社会主义学说的理论讲解和普及宣传的执著努力。这些著作，同样以自行编撰的形式出现，重点突出，涉及面颇广，虽然其内容尤其讲义内容，仍以参考舶来著作为主，但不是简单的抄录式引进，适用于国内讲授或讲演对象的需要，目的非常明确。这几本代表作，时间上相互衔接，内容上层层递进，反映了建党前后的思想理论从准备到初步定型的形成阶段、形式及特点。这个过程，从马克思主义经济学在中国的传播角度看，再次显示了那个时代的传播路径。马克思经济学说是奠定建党纲领的重要理论基础，而共产党人传入马克思经济学说主要不是通过经济学的渠道，乃通过社会主义或其他社会科学的渠道。正如上面第一种书以"社会经济"为名，第二种书以"社会主义"为名，第三种书以"社会科学"为名，而社会科学又以"社会哲学""社会

学""社会问题""社会思想史""社会运动史"等为名一样，即使其中个别者曾用"现代经济学"为名，所说的内容也全然不同于当时的主流经济学。

二是这几本著作，集中显示了建党时期理论准备与升华的进程及内涵要点。先看《社会经济丛刊》，分别涉及劳动问题、社会主义进化、唯物史观、劳动经济论、无产阶级专政等论题。这些论题，看起来相互之间没有严密的逻辑关系，但译者由此切入，借助日本马克思主义研究者的著述，理解和把握马克思学说中最值得关注的一些问题。包括站在劳动阶级的立场上去认识和解决劳动问题；社会主义的进化在于去除空想的成分，建立科学的基础；社会主义进化的认识论基础是唯物史观，而唯物史观又与阶级斗争学说密切相关；认识劳动问题的理论基础是劳动经济论，而劳动经济论的科学体系就是以剩余价值论为核心的马克思经济学说；从根本上解决劳动问题和实现社会主义的进化，必须走无产阶级专政的道路；等等。可见，这些舶来的分散论述汇聚起来并不断积累，逐渐形成马克思主义建党纲领的比较系统和完整的理论基础。不仅丛刊如此，当时其他一些为建党进行理论准备的译作或著述，也采取类似于此的方式。

再看《社会主义讨论集》，此非一人一时之作，汇集了多人的观点，部分发表于建党之前，部分发表于建党之后。选择这些观点编入同一文集，可以说主体上代表了早期共产党人的思想理论共识，也标志着从翻译引进舶来著述为主的理论准备阶段转入引进与运用并重、理论与实际结合的早期党纲形成并发挥指导作用的阶段。此文集作为新阶段的代表作，比较前个阶段的代表作，意蕴更为丰富。一则涵盖了理论准备阶段引进和阐释马克思学说的各种理论要素，在此基础上提炼和浓缩，形成具有早期共产党人理解特色并适用于本国国情的表达方式，进而形成建党纲领的基本理论依据。比较典型的是陈独秀将马克思学说，简明概括为剩余价值、唯物史观、阶级斗争和无产阶级专政四个组成部分。这个概括和排列次序，与舶来的解说不尽相同，既包含基本原理的认识，又突出当前斗争的需要。二则具有鲜明的指导性和强烈的针对性，不是停留在理论层面坐而论道，根据中国实际，从基本原理中抽绎出党的指导思想、政治主张、奋斗目标和一系列重要原则。因此，在文集里，较少看到纯理论的阐述，或者说，从事理论说明有其具体归属，为了论证党纲义项的实际寓意，特别是阐明中国走社会主义道路、开展阶级斗争、进行社会革命和实行无产阶级专政的必然性、必要性和可行性。三则各人的论述各有侧重，综合起来组成比较完整的观点体系。有的着重于马克思学说的系统阐释，同时针对不同的问题运用相应的理论观点予以分析；有的着重于从各种社会主义派别的比较中突出马克思主义的科学性，以此指导中国革命的方向与道路；有的着重于研究中国的国情特点，据此论证中国走社会主义道路并不违反唯物史观的原理；有的着重于说明马克思所说的共产主义包括革命过渡期、社会主义和共产主义等发展阶段而不能一蹴即就，由此也决定了中国实行社会革命和无产阶级专政的阶段性特点；等等。四则文集以"讨论"为名，凸显了它的论辩色彩，也就是建党时期的共识，不仅来自吸收马克思主义的基本原理并用于指导中国实际的学习和信仰，还来自不同思潮倾向进行斗争的较量和信念。文集中论辩的对象，包括德国修正主义者的议会道路论，国内质疑社会主义的观点，梁启超一派的社会主义论，第四国际反对第三国际的论点，社会改良派观点等。

另看社会科学讲义，不同于文集围绕早期党纲而论证和论辩，将马克思主义理论落实到纲领原则上，并非就理论本身展开论述，这些讲义的重点，恰恰在建党纲领确立的前提下，面向青年学生，自撰授课教本展开有关马克思主义的理论阐述，全面系统地强化支持党纲的理论基础并进行通俗易懂的普及宣讲与推广。其意蕴又有新的延伸：一则将原先分散的具有不同针对性的论点，通过自编教科书的方式，分别归类于各自的科学体系，给予完整和有严谨逻辑的系统说明。这些讲义尽管都有其所本，毕竟是共产党人自行系统讲授马克思主义原理的一次有组织的群体尝试，为此后的系统化宣传开创了先例。陈独秀面向大学生系统解说社会主义的讲演录，同样归入此例。二则这种系统性主要表现为《社会哲学概论》《社会科学概论》《现代社会学》《社会问题》《社会思想史》《社会运动史》等讲义，不是按照马克思学说原有的体例结构，而是借用社会科学已有的学科科目或课程类别，所以讲授的内容，也不全是马克思主义的原理，包括众多思想背景或历史沿革方面的资料，但核心或指导思想是马克思主义，涉及马克思学说体系的各个方面，其中经济学说占有相当大的比重。三则一些讲义的参考来源，直接或间接来自苏俄或共产国际的理论研究成果，书中不少内容，以苏俄革命为例证，或基于苏俄实践经验而形成的理论总结。四则讲义中第一次看到根据马克思主义精神编写的《现代经济学》，它的论述重点不是马克思经济学说所揭示的资本主义生产的秘密，而是如何用社会主义经济组织来改造资本主义经济组织；也就是说，所谓"现代"经济学，主要不是讲以往已经存在的资本主义经济究竟如何生存，而是讲现在新的社会主义经济组织应当如何取代旧的资本主义经济组织。

以上这些著作，在建党时期的不同时段推进了马克思主义经济学的传播。除了个别著作，它们的共同之处，不以经济学为专题而以社会主义或各种社会科学为名目来谈论马克思经济学说。说明在建党时期，共产党人对于马克思经济学说的理解，完全融入整个马克思学说或科学社会主义体系之中，还没有必要把它从整个体系中独立出来而专门研究和论述；或者说，那时共产党人的主要任务，吸收和运用马克思学说的全部理论，确立和宣传中国必须走社会主义道路的最初纲领，而对马克思经济理论的认识扩展、深化和提升，同样实现于对整个科学社会主义体系的理解升华之中。至于偶见《现代经济学》讲义，等于专论社会主义过渡时期的经济学，也不同于以《资本论》为代表的马克思经济学说。据此可见，考察马克思主义经济学在中国的传播，离不开当时整个社会主义思潮乃至社会科学的传播环境与背景。

三是这几本著作，不同程度地表现出建党早期的时代因素和思想认识过程。自觉运用马克思主义并通过建党纲领来指导中国走上社会主义道路的实际运动，这是马克思主义经济学传播过程中一个具有转折意义的巨大变化。从此以后，这个传播不再是盲目的、随机的或自然而然的过程，而是自觉的、有组织的并在明确目标指导下主动推进的过程。同时须看到，这个过程并非一帆风顺，经历暗礁险滩和曲折波澜。正如同期专论马克思学说的若干著作或译本，一面高谈马克思的理论观点，一面夹杂着质疑、曲解或否定这些理论观点及其在中国的适用性等各种说法，这些共产党人自译、自撰和自编的著作也是一样，一边为党纲确立马克思主义的指导思想地位而论证和辩护，一边仍留下寻求马克思主义的过程中从不成熟到比较成熟的思想轨迹，或者挟带着偏离马克思主义的各种观点。前者如在同一丛刊里可见偏离马克思理论原则的译文与坚守这一理论原则的译文先后并存，以及有些社会科学讲义偏好于概念术语的罗列或学科体系的区别而缺乏有关马克思学说的实质性论述；后者如认为修正主义是新的历史条件下对马克思学说的补充，并以此论证中国实行社会革命的理由，或者说明社会主义与中国的关系，另用其他类型的社会主义来代替马克思学说等。说到时代因素，何以在这些著作里，难得看到阐释马克思经济学说的专论或专著，或者只在社会主义或其他社会科学的名义下，附带论及马克思经济学说。前面说到几个原因，如建党的理论准备和确立党纲需要把马克思经济学说融入整个科学社会主义的理论体系，又如持续翻译引进有关马克思经济学说的舶来专著，为共产党人奠定了理解的基础并形成建党时期的经济理论共识等。此外翻阅这些著作，还可以体会，那时共产党人主张中国只能走社会主义道路而不可能走资本主义道路，除了分析国内外形势和各种因素之外，必须在理论上澄清一个基本认识，如何根据唯物史观的原理，说明在经济发展相对落后的国家同样可以实行社会主义革命。这是苏俄革命从理论与实际的结合上继承和发展马克思学说的一个成功范例，那么这个范例是否同样适用于中国。围绕于此，国内曾经就如何理解唯物史观的涵义产生激烈的争论，在共产党人的早期文献里，同样可以看到相关的大量论述，主要结论是不能机械和教条地理解唯物史观，依据其基本原理，证明苏俄革命的道路同样适用于中国。这是理解唯物史观的重要创新。同时，既然排除了走资本主义道路的前景，则不必详尽和具体地了解马克思分析资本主义发达阶段的各种现象、矛盾和趋势，只需把握其制度本质及必然灭亡的趋势，即足以支持中国走社会主义道路的主张。基于此，上述早期文献的主要篇幅，用于阐述马克思学说中与社会主义道路相关联的阶级斗争、社会革命、夺取政权、无产阶级专政等论题，很少专论马克思经济学说，也就顺理成章。或者说，发展社会经济的论题，可以放到夺取政权后无产阶级专政下的社会主义过渡时期来讨论，那时与现行资本主义经济，完全是不同的两种制度。由此又连带马克思经济学说以外的现有经济学著作，被看作以维护现行制度为主旨，无须关注，若关注经济学专题，也以社会主义过渡时期的经济为主旨，就像前面提到的《现代经济学》讲义。

其三，考察论述苏俄和其他社会主义的著作。列举了《俄国共产党党纲》译本与《劳农俄国之考察》文集，以及《社会主义与社会改良》《近世社会主义论》《社会主义与进化论》《资本主义与社会主义》《社会主义之思潮及运动》《社会主义与近世科学》《基尔特社会主义与赁银制度》等译本，这类著作也与共产党人运用马克思经济学说的有关论述比较密切。这些著作的出版，与建党时期共产党人的有关著作形成直接对照，或者可资共产党人的借鉴参考，或者可供了解当时的背景环境。这些著作可以分作两类，一般说来，论述苏俄的专题著作虽然属于社会主义思潮的一个组成部分，却具有相对独立性；而其他论述社会主义的专著，尽管往往涉及苏俄例证，但在态度取向上很少鲜明地赞同苏俄革命。

先看有关苏俄的专著，值得注意的是翻译引进《俄国共产党党纲》。这是苏俄革命成功以后，经过初期的政权建设，在列宁撰写草案的基础上所正式通过的俄共（布）党纲。这里主要关注党纲里面有关经济的内容，由此可以联想到，引入这个纲领，为中国共产党人确立自己的早期纲领，提供了直接的借鉴。此前关于苏俄的一举一动，一直为国内舆论界所关注和追踪。就其基本制度而言，过去主要介绍有关宪法法律和政治经济社会文化等方面的各种措施，其中也包含党内制度建设的精神，但从未看到系统和完整的党纲版本，这个党纲译本的问世，正值中共建党创立纲领之际，可谓适逢其时。另外，前面考察共产党人的早期文献，可以看到运用马克思经济学说来确定中国社会主义道路方向、反驳论敌和宣讲推广的各种论述，却很少看到专题的经济学论述，更难得看到结合中国国情和苏俄实践，将马克思经济学说的理论体系凝练为建党经济纲领的表述。现在从俄国共产党党纲的经济要素里，可以获得可供参考的内容。通过这个译本的传入渠道，还能看到共产国际远东局出版相关丛书的辐射作用。借助于此，建党之初即成立人民出版社，以共产主义丛书的名义系统引进共产国际的丛书。除了这个渠道，当时介绍苏俄的著作，延续已有的路径，或编译或自撰，总体说来，强调客观，少见疾言厉色的批评，态度比较平和，氛围相对缓解。如在苏俄用国家资本主义的新经济政策取代共产主义政策的初期，分析俄国为什么改行新经济政策；大量引用列宁有关论述，说明这是在经济欠发达的国情基础上，将马克思学说与俄国实行无产阶级革命的实际相结合的产物，并非放弃共产主义，现在从共产主义退一步，以便将来向着共产主义进两步。这样的分析，独具只眼，当时难得一见。共产党人的早期文献，借助理论创新，根据唯物史观的原理，说明中国仿效苏俄走社会主义道路的科学合理性和实践必要性，尚未来得及说明苏俄从战时共产主义退到新经济政策的理由和影响，这个分析可算捷足先登，为迎击随后而来的借此诋毁苏俄革命的思潮，事先打了防疫针，也给落后的中国将来革命成功后怎样走社会主义道路，预先提出一个思考题。那时对待苏俄的态度，并不那么友善，只是在专论苏俄的著作里表现得不很明显而已。其他还有一些著作如论述合作问题，常常涉及苏俄例证，似乎以新经济政策的推出为分界，此前以指责苏俄政府打压传统合作组织为主，此后又说苏俄政府对合作组织的倚重体现了合作主义是俄国经济免于崩溃的救星。二说形异实同，都试图以合作理念取代苏俄模式。

再看其他有关社会主义的著作，这是相对于同期共产党人讨论社会主义的著作而言。西方社会主义思潮的传入，从国内记述1871年巴黎公社的报道算起，至今已有50年历史，1903年左右集中出现一批系统介绍社会主义的专题著作，清一色译自日人原著，距离最初的报道也过去了30多年；此后专论或涉及社会主义的文章层出不穷，然而专门的著作寥寥无几，屈指可数；再过近20年也就是到本时期，才又集中出现一批专题论述社会主义的著作，以译自欧美尤其美国的原著为主，译自日人著作成为陪衬。孤立去看这个传入趋势，或许可以说国人品鉴和引进舶来社会主义思潮的口味发生了变化，从面向日人著作转向看重欧美著作，从间接借助日本的二手中介转向直接寻求西方的原产货色。但如果把这种变化放入当时根本性质上的变化，即共产党人从舶来社会主义思潮中选择了马克思的科学社会主义或马克思主义在俄国的实现形式作为指引中国前途方向的变化之中，那就不是简单的偏好变化，而与共产党人的选择形成某种对峙关系。建党之后的两三年里，国内一下冒出这么多专论社会主义的译本，不能只看作一种巧合，或留学西方者特别是留美学生增多的缘故。这些译本，表面看来，似乎与以前的同类译作没有多大差别，不过先后赓续而已，其中若干原著者在一些国人的眼里，还被推崇为宣扬社会主义甚至马克思主义的代表人物。然而面对共产党人的选择，引进这些译本的真实目的，立即显露出来。一则译本中介绍社会主义包括马克思经济学说，目的不是接受或推行这些学说，而是借用这些学说所揭示的社会矛盾或所批评的现存弊端，引导到社会改良，即不触动现行制度的前提下缓解矛盾或矫正弊端的方向上去。这种引导放在建党时期的语境里，具有很强的针对性，同共产党人的选择背道而驰。这样说来，此类译作以前在舶来的社会主义思潮中，对于传播马克思主义经济学，曾经起到不同程度的推动作用，而如今，这种推动作用的效应逐渐递减，相反地成为抵制共产党人主张社会主义革命的强势社会改良力量，以致在共产党人看来，强调社会改良，犹如推进革命浪潮中的一股逆流。二则一些西方著者素来被捧为社会主义思潮的化身，但在译本里显现的真实身份，不是打着社会主义旗号的鼓吹社会改良，就是站在资本主义立场上的反驳社会主义。译本的作序者也说，社会主义的发展有其合理性，可以进行适当的宣传，惟只是作为社会改良的借鉴而已。这样从社会主义的宣传角度所引导的社会改良，不尽相同于从现行政府或资本主义的执政角度所推行的社会改良，但从不损害现存制度的旨意来看，则是一致的，而且更具有隐蔽性和迷惑性。所以在共产党人的早期文献里，常常看到针对社会改良论的反击。三则译本里将社会主义与社会改良、进化论或近世科学以及基尔特社会主义等联系在一起，对付的主要目标是马克思主义的革命理论及其付诸实践的苏俄革命方式，也是共产党人所坚持的基本主张。此译本里还可以觉察一种企图，对于马克思学说的一些理论观点较为宽容，认可学术上的合理性，对于苏俄革命的破坏性实现方式则严厉否定，说得一无是处，也就是将马克思学说与苏俄革命分离开来，实际上仍服务于社会改良的宗旨，排除所有极端的革命行动，哪怕容忍纸上说说，却决不能付诸任何行动。由上可知，这些译本的出现，很大程度上反映了当时共产党人在社会主义思想领域，同曲解和偏离建党目标的各种倾向作斗争的舆论环境。这个舆论环境，同样也是马克思主义经济学传播的时代背景和影响要素。

其四，考察各种经济学著作的译本。列举了《最新经济思潮史》《经济学史》《经济学史概论》《近世欧洲经济发达史》《经济学要旨》《现代世界经济大势》等，以欧美人的原著为主，以日本人的原著为辅，均属于西方主流经济学的范畴。这些经济学译本，流行于建党初期，其作用和影响颇为复杂和微妙。一则它们与同期出版的专题论述马克思经济学说的著作，似乎井水不犯河水，两不搭界，一个在经济学界占据主导地位，几致成为禁脔，不容他人染指，一个被视为异端，排除在经济学界之外，只能假借其他社会思潮的外壳与助力，才得以流传。然而实际上，二者又互相渗透。如在论述马克思经济学说的著作里，经常看到有关传统经济学的内容，有的说明马克思经济学说对古典经济学的继承与发展关系，有的将马克思的经济理论与正统经济学的观点混淆起来，甚至有的在论述马克思经济学说的名义下予以修正或曲解以为正统经济学张目。又如在正统经济学的著作里，不时看到引用马克思经济学说的内容，尽管这种引用通常出于树立批评标靶、消除异端邪说或纠偏引导的需要。面对这种局面，对于共产党人来说，既须提高辨别能力以防干扰，又可借此补充相对薄弱的经济学知识。

二则这些经济学译本，比较以往，一个突出的变化是经济史学类著作明显增多。在西方正统经济学支配国内经济学领域的状况下，以经济学译本而论，具有基本原理色彩或判断主要趋势意图的那些译本，更加排斥或杜绝马克思经济学说的渗入；相对说来，这种色彩稍淡或意图稍弱，以讲求客观描述历史事实为尚的那些译本如经济史学类，能为马克思经济学说的渗入留下某种空间。空间的大小，要看此类经济史学译本标榜还是轻忽客观公允的程度，或正视还是掩饰社会弊端的态度，依此为转移，面对真实存在的马克思经济学说及其所产生的深远影响，有的译本一带而过，有的译本不得不承认其影响却尽量贬低其地位，有的则以较大篇幅给予颇为详细的评介。不论如何，这些译本或多或少地累积起有关马克思经济学说的可观内容。其中一些译本的译者，具有共产党人的身份。也就是说，共产党人通过翻译这些正统经济学中的史学类著作，不仅能够了解一般经济史或经济学史的相关知识，还能够借此了解马克思经济学说的理论内容。这样看来，当时共产党人获得有关马克思经济学说的知识，可以有多个思想来源：或者来自专论马克思经济学说的著作，这也是最直接、最系统和最重要的来源；或者来自论述社会主义或其他社会问题的著作，在这里马克思经济学说往往混杂于其他各种学说之中，需要识别和剥离；或者来自论述苏俄问题的著作，问题是这里大多为马克思经济学说付诸实践的具体经济纲领与措施，较少原理性论述；再有就是流行经济学著作方面常见于经济史学的论述，多多少少论及马克思学说，不仅集中于马克思的经济理论，还在经济学说史或经济思想史的延续以及在与其他各种经济学说的比较中述及马克思的经济理论，得以凸显其历史地位、影响及前后传承关系。共产党人从敌对的正统经济史学译本里汲取马克思经济学说的理论滋养，这是那个时期的特殊现象，反映了马克思经济学说的理论著作供给不足，也反映了早期共产党人急于用马克思经济学说武装自己的迫切需求。

三则正统经济史学类译本的猛然增加，不止是，或更重要的不是开拓了获取马克思经济理论知识的渠道，而是加大了扭曲、干扰或抵制马克思经济学说传播的力量。比较起来，站在资产阶级立场上的典型正统经济学著作，越是公开维护资本主义制度，坚决反对马克思经济学说，越容易为人们所识别，也越容易与其划清界线。反之，那些经济史学译本，围绕马克思经济学说的论述，篇幅越大，评介越细，肯定其历史地位的成分越多，反而越容易使人迷惑，模糊不同立场之间的界线。上述译本的译者，包括共产党人在内，有的比较警觉，在翻译原著的过程中，十分清楚著者维护现行制度的意图，特地删去书中诋毁马克思学说的言词，保留比较客观评介马克思经济理论及其地位与影响的大量资料，以供参考。但这只是个别案例，其他大多数人，或者只是借助书中的史料了解世界经济趋势，或者试图吸收书中有关马克思经济学说的内容却不明白著者的真实用意，或者看不清书中的本旨实质而把最终为资产阶级服务的译本说成宣传社会主义的社会主义代表人物，或者追逐西方名著或新著，懵懂之中转述介绍了不少马克思的经济学说却又不知介绍者的基本倾向。总之，以共产党人而论，从正统经济史学译本里吸收有关马克思经济学说的知识，就像一把"双刃剑"。一方面，具有眼光和能力者从中获益，把正统派用来当作批判靶子的马克思经济学说反过来作为汲取营养的来源；另一方面，缺乏眼光或能力者或许反受其累，不知不觉中受到那些批判论点的影响甚至陷入这种引导而不能自拔。这一点，同建党时期所面对的各种社会主义思潮的影响非常相似，或者说，科学社会主义之外的其他社会主义著作，在排斥或曲解马克思经济学说方面，可以和正统经济学著作联手成为阻击马克思主义经济学传播的反对力量。照理说，其他社会主义著作反对马克思经济学说，往往被看作社会主义阵营内部的分歧，不同于正统经济学著作反对经济学说，完全以维护资本主义制度为宗旨，前者表现得比较隐晦，后者则敌对立场鲜明。从共产党人的早期文献看，针对那些挂着社会主义或马克思主义招牌的社会改良主义者和修正主义者的批判，态度十分明确，体现了社会主义思想领域共产党人坚持自身立场与观点的集体战斗精神；可是在经济学领域，面临同样借助于介绍马克思经济学说而引导到相反方向的译本影响，除个别者外，很少看到共产党人集体发声的公开论辩态度。这个现象，不论出于何种原因，总是说明了那个时期马克思主义经济学在国内主流经济学领域传播的相对薄弱状况。

上述 1922—1924 年间马克思主义经济学的传播概况，包含了这个时期的传播特征，下面再就这些特征作一综合叙述。

第一，马克思主义经济学的传播发展到这个时期，从量变到质变，发生根本变化。单从著作资料上看，反映本时期的变化，有些滞后。及时的变化，先是反映在报刊论文里，由论文汇编为文集著作出版，通常延后一年左右。所以在相关文集里，可以看到本期以前即建党前夕和建党之初的文章。其他著作也是一样，其观点或局部内容或已先见于报刊文章，然后以著作或译作形式出版。然而文集毕竟在特定专题下经过筛选汇总而成，更为集中更有代表性，也更系统地反映某一方面的思想成果或集体意志。其他著作或译本同样如此，终究更完整和有系统地表述了某种类型的思想观点。因此，依托这些著作，其时滞并不影响对于马克思主义经济学传播趋势的基本判断。尤其当这种趋势发生转折性的重大变化时，可能在早期的分散文章里，看到的是这种变化的先兆苗头，在稍后比较成熟的系统性著作里，则看到这种变化业已成型的大势走向。从马克思主义经济学在中国的传播趋势看，启蒙时期是过去 20 年来马克思经济学说的传入不断积聚能量，经过苏俄革命的启迪和五四运动的激励，实现质的飞跃，标志着马克思主义经济学从众多舶来社会思潮中脱颖而出，成为从根本上改革而非改良现存弊端丛生的社会经济制度与经济组织，摆脱积贫积弱状况，创造没有剥削没有压迫和国民富强的新经济制度与组织的理想选择，这也是从蒙昧中获得启蒙的真正涵义。启蒙之后，不过数年，建党时期实现另一个质的飞跃，这个飞跃以前一个飞跃为基础，比前一个飞跃又显出新的跃升高度，标志着中国共产党成立后，马克思主义经济学从经过各种思潮较量竞争的理想选择，转变为建党纲领中用于指导中国革命实践的唯一经济理论依据。这个新的飞跃，反映到本时期考察的众多著作，比起前个时期的同类著作，面貌为之一变。一方面，马克思主义经济学从流传于我国民间尤其青年知识分子中间的一种理想，可望不可即或停留在书斋里和口头上，变成付诸实际而用来改造中国的经济指导思想，这个转变过程的缘由与理据，在共产党人的著作里得到系统和深入的阐述，这是以往的著作考察中不曾见过的崭新现象。另一方面，涉及马克思经济学说的其他专题或非专题著作，不论持肯定或否定、附和或抵制的态度，或多或少都受到共产党人观点的影响，一些著作看起来没有什么直接关联，实际上仍离不开这种影响的引导，尽管这种影响的表现形式颇为复杂和含混，这也是以往的著作考察中未曾见过的特殊现象。自此以后，这种崭新和特殊的现象，成为普遍现象，在马克思主义经济学的传播过程中，共产党人的主导影响一直是推动传播的一条主线。

第二，马克思主义经济学从基本原理上，为共产党人确立建党纲领，奠定了理论基石。建党的理论准备包括经济理论的准备，这是一个长期的积累过程，并非短期内一蹴即就。建党纲领的一个核心要素，旨在解决中国发展的方向和道路问题。这个问题的提出，可以追溯到更远，早在20世纪初，就发生过社会革命派与社会改良派的争论。争论的主要内容，涉及中国走什么道路的问题。那时马克思经济学说的传入，处于比较初级的阶段，与早期舶来的社会主义思潮混合在一起，只有一些肤浅的理论认识，对这场争论的影响也如浮光掠影一般。争论双方都主张改变中国落后的经济发展状况，也都承认西方发达资本主义国家存在贫富悬殊的社会弊病，社会改良一方认为我国当务之急是发展资本主义经济，在发展过程中注意改良以求约束可能出现的弊端；社会改革一方认为我国应在欧美之祸未萌之前，举政治革命与社会革命毕其功于一役，由此提出平均地权和节制资本的经济举措。结果，改良派固然主张走资本主义道路，改革派的民生主义即社会主义主张，也未能从根本上触动资本主义制度。此后，随着马克思经济学说的传入持续推进，对其理论框架和基本观点的认识逐步加深和普及，围绕资本主义与社会主义两条道路的争论也在不断深化。相比之下，关于资本主义道路的涵义，始终是清晰的，以欧美国家为样板，期望取其先进，去其弊端，而社会主义道路究竟指什么，却十分模糊，没有先例可援，只是一种理想。那时从马克思经济学说中能够获得的提示，社会主义是资本主义充分发展后其内在矛盾无法克服的必然产物。依此而论，中国尚处于贫弱落后状态，未能实现连资本主义的发展，何谈社会主义理想。因此，在不短的一段时间里，尽管社会主义理想很诱人，充满了吸引力，在国内却遭到强烈的质疑，理由便是中国缺乏走社会主义道路的经济基础与相应条件，不如走资本主义道路来得现实。直至两个重大变化的冲击：一是俄国十月革命的爆发，树立起在帝国主义链条的薄弱环节和经济相对落后国家实现社会主义革命的成功范例；二是五四运动的爆发，揭示了中国在帝国主义列强的侵略掠夺和封建势力的压迫束缚下，不可能像欧美国家那样走通资本主义道路。这也是马克思主义经济学的传播取得突破性进展，中国走社会主义道路的命题更为明确地提上议事日程的重要原因。然而思想启蒙转化为具有指导意义的基本纲领，需要从理论上解决一系列关键问题。此时坚持走资本主义道路的主张，虽然不再那么任性和理直气壮，但迂回地通过其他方式固执这一主张者，屡有所见。其中颇具辩解技巧者，从马克思学说中寻找依据来否定中国走社会主义道路的可能性和可行性，如引用唯物史观原理的有关涵义，借此证明中国落后的经济现状，并不符合经典论述关于实行社会主义革命的理论条件。对于这些责难，如何站在马克思主义的立场上给予合理解释和有力反击，涉及理解马克思学说的正确态度和结合实际的理论创新。这个任务，正是由早期共产党人来承担的。从他们的著作里，可以看到利用有限的思想资源，抓住要点阐释马克思经济学说的系统论述；也可以看到针对那些责难，借助苏俄革命的实践经验和理论创新，转化为自己的理解并联系中国国情的有力反驳。这意味着早期共产党人在建党纲领中确立中国走社会主义道路的目标和指导思想，从一开始就是以苏俄为师，基于落后的现实创造性地理解马克思经济学说，在实践中摸索马克思主义经济学的传播与中国国情相结合的有效实现方式。

第三，马克思主义经济学的传播，经由共产党人的引导，在各类著作中产生反响不同的一系列影响。启蒙之后，马克思主义经济学在中国的传播，进入一个新阶段。不过反映到著作方面，最初表现并不明显。无论称道或质疑马克思经济学说的著作，总体而言，似乎与中国面临的现实选择，没有直接的联系，或者被当作书斋里的学问，或者基于个人的兴趣偏好，或者盘桓于启蒙的效果而未能前进一步，即使构成建党的理论准备因素，也夹杂着许多模糊、扭曲或篡改的成分。这种状况到建党时期，得到明显改观。首先是共产党人自行撰写、选编、编译的各种著作、文集和讲义，集中而鲜明地以马克思主义为指导，公开打出走苏俄式社会主义道路的纲领旗帜，不仅理论上阐述，结合中国实际说明，针对各种质疑反驳，还以系统讲授的方式进行普遍宣传和推广，在中国著作界树立起信奉、传播和应用马克思主义经济学的检验标尺。运用这个标尺来衡量那时的各类著作，或者说，围绕建党纲领来看相继新出的各种著作，能发现其影响波及的连锁反应，从未如此清晰而突出。从专论马克思经济学说的著作看，一面继续通过原著的翻译和原理的阐释，充实相关的理论知识；一面运用既有的理论知识，宣传和辩护党纲的目标宗旨与基本原则。这些著作的推出，不止丰富、更新和积累有关马克思经济学说的理论知识，还直接服务于党建纲领的论证和巩固。从专论苏俄的著作看，十月革命一声炮响，给中国革命的先行者们送来了成功实践而非纸面上的马克思列宁主义，然而真正帮助共产党人破解难题，将经济落后中国与社会主义道路联系起来的理论说明和范例借鉴，见诸本期著作围绕苏俄问题的深入解析。其中既有苏俄革命时创造性而非教条式理解唯物史观等马克思主义原理的理论分析，也有革命后改造旧经济组织与制度而创立新社会的实践经验总结，更有改行新经济政策所引起的如何结合本国国情以从落后状态发展过渡到社会主义社会的进一步思考。从论述社会主义的著作看，它们曾经是传入马克思经济学说的重要来源，又是各种社会主义思潮鱼龙混杂而不易辨别的界域，直至共产党人在讨论社会主义和各种社会科学的专题著作里，以马克思主义为指导，以苏俄革命为范例，系统阐述中国必须走社会主义道路的科学依据，才从根本上与其他社会主义著作中的形形色色主张区别开来。特别是那些以社会改良为宗旨的著作，常常以社会主义的大量论述为外衣，看起来像是阐释社会主义的正宗，不时为国人所混淆。共产党人选择科学社会主义并提升为指导中国走社会主义道路的系统性著作，如同试金石，与这些鼓吹社会改良的各种类型的社会主义著作划清界线。惟其如此，过去一些经常戴着社会主义著作家面具的西方代表人物，至此被摘去面具，露出维护资本主义制度的真容，而本期相继引进一批专题论述社会主义的译本，其真实意图也是为了对付早期共产党人把中国引向社会主义道路的决心。从各种经济学著作看，本时期引进的许多译本，伴随共产党人态度鲜明的著作问世，同样显出一些新的特点。正统经济学领域的著作，本来是抵制马克思主义经济学在中国传播的封闭式堡垒，拒绝接纳马克思经济学说或视之为危险因素，但此时一批经济学译本尤其经济史学译本，用不少篇幅看似客观地介绍马克思经济学说，最后的结论仍以各种方式否定这个学说的指导意义或现实价值。何以选择引进此类著作，先介绍，后否定，而非干脆置之不理，看来也是针对共产党人的著作关于马克思经济学说的理解与应用，以备防范和消毒之用。凡此种种，都能看到共产党人的建党宗旨公布后，在著作界引起的最初连锁反应，也预示了马克思主义经济学传播的未来走向与演变特征。

第四，共产党人主导下马克思主义经济学的传播，初期有其特定的时代因素和认识条件。中国共产党的成立，同时意味着成为马克思主义经济学在中国传播的主导力量。这个变化对于传播进程的影响，随着时间的推移呈现出不断深化的效应。从共产党人的初期著作论及马克思主义经济学的部分看，当时思想认识中存在一些值得注意或有待解决的问题。例如，在选择资本主义道路还是社会主义道路这个争论了多年的问题上，共产党人取得理论认识上的重大突破，不仅从国内面临众多难以解决的制约因素，从国际资本主义陷于种种无法克服的内在矛盾等发展趋势上，阐述了中国不可能按照欧美国家的资本主义道路实现自身发展的理由；而且超越发展资本主义经济与限制资本主义弊端并举的民生主义认识，根据马克思主义原理和苏俄革命实践，论证了只有社会主义才是中国摆脱贫弱困境的唯一出路，并把论证像中国这样的经济落后国家同样能够实行社会主义革命的命题，建立在符合唯物史观原理的创造性理解之上。同时也产生一种倾向，重视与贯彻这个道路选择直接相关的理论，如阶级斗争、社会革命、夺取政权、无产阶级专政等，较少分析资本主义经济除其剥削性质和内在矛盾之外的社会化发展规律、特点与条件，以及中国现实经济基础的性质、要素和局限。结果在否定资本主义道路的理论阐释中，有时忽略了资本主义发展的社会化进步因素，在选择社会主义道路的理论讨论中，有时为了反对走资本主义道路，又撇开了更为落后的传统封建经济因素，未曾来得及去区分资本主义经济与封建经济之间的差异。又如，俄国十月革命后，马克思主义经济学在中国的传播不只是马克思经济学理的传入，带有苏俄革命践行马克思经济学理的深刻印记。对于这个革命，我国舆论界的报道一直紧密跟踪，最初是新奇、观望，接着经常听到惊恐和质疑之声，后来逐步认识到它不同于一般的社会主义思潮，是彻底改造旧世界而史无前例的尝试，是对马克思主义的继承和发展。由此引起的启蒙，作为直接因素之一，促成共产党人接受马克思主义，决定走俄国人的路。在共产党人的早期著作里，到处都能看到受苏俄影响的痕迹，包括指导观念、理论原理、革命进程、行动方式以及一系列具体政策措施。最大的影响，是在不同于欧美发达资本主义国家的条件下，通过信奉马克思主义的布尔什维克党的领导，开创出一条在经济相对落后的国家实行社会主义革命的道路，为具有相似国情的中国，树立了仿效的榜样。同时可以注意到，这种影响在经济领域，从战时共产主义消灭商品货币等市场要素和损害农民利益以支持新政权的革命与建设，到改换新经济政策以实行国家资本主义等，都在早期共产党人的文献里有所体现，影响波及深远。当时虽然也有人提出，我国的社会主义革命与建设应根据本国国情，不能教条式照搬苏俄的做法，但未曾受到重视。从走俄国人的路起步，到转为走中国人自己的路，这在马克思主义经济学的传播中有一个新的思想认识和实践过程。再如，从早期共产党人的著作看，首要任务是确定建党纲领并集中力量实现这个纲领，建设社会主义经济是未来夺取政权以后的事情，所以对于马克思主义经济学，主要关注用于反驳走资本主义道路主张的若干基本原理，如剩余价值学说所揭示的资本剥削劳动性质和资本积累理论所揭示的资本主义社会因其内在矛盾不断激化而导致灭亡的必然趋势等，以及描述将来社会主义如何实现的一些理论预测，如从资本主义到社会主义有一个无产阶级专政的过渡阶段，然后分步实现社会主义和共产主义等。这样抓住关键或要点去理解和阐述马克思经济学说，适应了实际斗争的需要，却无暇于系统、全面和深入地钻研马克思经济学说的整个理论体系，以及全方位地讲解这个学说和反驳形形色色的修正、歪曲或反对观点。结果表现出来的大多是以讨论社会主义和社会问题等专题著作形式而附带论及马克思经济学说，在专门的经济学著作里除了借助舶来译本吸收补充一些经济学知识外，很难看到自撰的著作，更不用说在经济学领域展开反对正统经济学的理论斗争。诸如此类的问题，同样是谈到本时期的传播特征时，应予指出的时代因素和认识条件。

### 三、1925—1927 年的传播概况与特征

这个时段被称为革命时期，与通常所说的国民革命时期不完全吻合，起始年代延后一年。如此分期，出于那个时期著作文献的考虑。早期共产党人以著作形式比较系统地阐述马克思经济学说和走社会主义道路的纲领主张，虽相对滞后，但很快在社会思想界的各个著作领域引起一系列不同的连锁反应，表明马克思主义经济学的传播实现了从量变到质变的飞跃。本时期分为前后两段。前段时间稍长，延续国共合作的较为宽松环境，使这一传播保持质变后的向前发展态势；后段时间虽短，却随着国共合作的破裂，出现了企图阻止甚至颠覆这个发展态势的逆反思潮。一正一反两种倾向存在于同一时期，反映在著作方面，前段继续推进马克思主义经济学传播的著作迅速向各个领域扩展，而抵制和反对这种扩展的著作处在潜伏状态，伺机而动；后段则反转过来，抵制和反对的著作公开打出招牌，成为舆论界的主导潮流，而推进传播的著作一时比较沉默，有待应对这种严酷局面。从数量上看，这个

时期与前个时期的相关著作大体相仿而稍多，结构上却出现比较明显的变化，这同本期传播形势持续发展与突然遭遇逆转的双重变化，也是相适应的。

相比前面两个时期的著作分类，1925—1927 年间的著作，有类似者，也有同类中延伸出来的差异者，更有新出现的不同者。对于这些类别的著作，基于已有的考察，梳理马克思主义经济学在本期的传播概况如下。

其一，考察传播马克思主义经济学的各种著作。此类著作的主导倾向，以正面传播为主，也含有一些不协调的负面内容，比较以往，总体说来涵盖的范围有所扩大。为了说明的便利，将这个类型的著作分为三类。一类关于马克思、列宁经济学著作的译本，主要指讲述马克思经济学说，翻译列宁经济学原著并予以阐释的译本，列举了《通俗资本论》《资本论解说》《社会主义底发展》《帝国主义浅说》《帝国主义的政策底基础》等译本。从这些译本里，首先看到涉及经济理论难度较大的原著如《资本论》，仍在寻求全面阐释整个理论体系又较为通俗的国外著作。或者延伸翻译《资本论》三卷本的通俗解说版本，尽管存在缺陷，但比起此前号称一天就能读完《资本论》的译本，明显扎实得多，而且据此公开挑战了国内那些批评马克思学说的权威人士；或者继续未完的残缺译本，以补齐的形式出版单行本，惟比起先已问世的相同完整译本，显得有些炒冷饭，不过可以说国共双方都在为进一步从理论上认识《资本论》努力，虽然各自努力的意图不尽相同。其次看到《社会主义从空想到科学的发展》的第一个中文全译本，后来又引起新的翻译意愿。此前国内各种著述里，引述或大段篇幅转译恩格斯这部名著的内容，已比较常见，经过如此引用和节译的积累，至此产生完整翻译原著的需求，顺理成章，就像从易到难，由简至繁，积少成多，相继选译马克思、恩格斯的其他原著一样。最后看到从重视马克思、恩格斯的原著向重视列宁原著的延展，这是一个新的变化，突出表现为两种译本，译出《帝国主义论》原著的主体部分，或运用此原著的基本原理来分析帝国主义政策的基础。这个变化，一方面适应了共产党人确定走俄国人的路之后，效法苏俄革命的指导观念和政策措施，从形成、宣讲和维护自己的建党纲领，到深入阐释和践行这个纲领亟待从苏俄革命的理论代表即列宁原著中得到进一步支持的需要；另一方面适应了对当时经济形势的认识，从运用马克思学说分析传统资本主义的经济本质与特征，转入运用列宁学说分析资本主义发展到帝国主义阶段后其经济本质与特征的需要。以上译本，延续了传播马克思主义经济学须以引进和诠释经典原著为前提的既有脉络，同时范围不断扩展，翻译更为完整，并将理论视野扩大到继承和发展马克思主义的列宁学说。就译者而言，同样延续了上个时期共产党人及有相似倾向者在这个传播领域的主导作用，同时国民党人出于学术上的兴趣，也曾致力于此；从翻译的对象看，除了经典原著外，对其他阐释性著作的选择，与译者的眼光及随机所见有关，未必有事先的周密计划，也未必有公认的代表性，虽然新鲜，却不免于一些局限。

另一类关于社会经济制度的各种著作，包含的论题比较杂，列举了《资本制度浅说》《社会组织与社会革命》《财产进化论》《社会进化简史》《现代社会学》等。此类著作，也以共产党人为主导，有些译自法国或日本马克思主义者的原著，有些自行撰述或编纂，运用马克思主义经济学原理来研究社会的制度、组织、革命、历史与理论等方面，由于共同承认物质经济的基础地位，哪怕具体论述的重点或篇幅有所不同，均归类于有关社会经济制度的著作。其中一条线索，沿袭了前期共产党人主要借助社会科学的著作名义来论述经济理论与问题的习惯做法。个别例外专从经济学角度通俗解说资本制度，其内容以马克思解剖资本制度的学说为准，可归入上一类译本，惟其意在被压迫者看清现行资本制度以激励其奋起，而非从学理角度阐释马克思经济学说，所以仍归类于此。其他著作或译本，虽然不以经济学为专题，却在不同程度上论及经济关系的基础地位，包括引用马克思主义原著的许多论述，在若干理论争论问题上维护马克思学说的立场，在某些社会科学领域基于马克思学说的基本原理作系统阐述，将马克思学说与中国实际相结合以为理论指导等，沿着这条线索，一面继续早期共产党人的论述习惯，一面拓展新的研究领域，不断丰富有关马克思学说的认识。这些著作的参考来源，类似于前个时期，交织着来自日本与来自苏联两个渠道；连同上一类译本，还有来自欧洲的原作。显示当时共产党人的参考视野，正从原来倚重于日人著作，逐渐将重心转向苏联并趋于多样化。不论哪里的参考来源，其核心都围绕马克思主义经济学的传播。一般说来，直接与建党纲领相关的传播资料，以苏俄为师，大多来自苏联；比较成熟和通俗的理论解释与中转输入欧美新兴理论成果的传播资料，仍以来自日本者居多；试图从源头上寻找有关经典原著的释义、论争和新颖解说的传播资料，数量不多，面向欧美国家而在上述二者之外开辟新的渠道。上述列举的著作里，还经常看到以苏联为例的理论讨论和实践借鉴，仍然保持积极评价的态度与氛围。但到本期后段，专论苏联经济组织与实业政策的著作里，看到反对苏联模式的端倪，尽管从缺乏经济效率的说理角度立论，尚不同于纯粹的敌视。在后段还能看到国民党人推出有关《资本论》解说的译本，限于残留的学术兴趣，而效法苏联的主张，显然不再为国民党当局所容忍了。

　　还有一类关于新经济学尝试的各种译本，列举了《新经济学》《经济科学概论》《经济学新论》等。其实也可以把同期国人自撰的《经济学概要》，归入此类。所谓新经济学尝试，在正统经济学或占据支配地位的传统经济学之外，尝试按照马克思经济学说来阐述经济学的一般原理，为经济学建立起新的理论体系框架。换一种说法，自舶来经济科学传入我国以来，经济学领域一直被当作正统经济学的专属领地，将马克思主义经济学排除在外，或者只能看作非经济学领域西方社会主义思潮的产物，借助其他社会科学的名义才得以显现和传播；到本时期，一直游离在我国经济学领域之外的马克思主义经济学，开始进入经济学领域并向正统经济学发起挑战，不仅否定既有理论体系的唯我独尊，还尝试建立一套与之分庭抗礼的新的理论体系，这是国内经济学界前所未有的一个重大变化。这些尝试的共同特点，把马克思主义经济学引入现行经济学领域，或者在经济学的著作名义下诠释马克思经济学说。不过各种尝试有较大差异，甚至只是虚晃一枪，体现了尝试本身以及将此类尝试引进国内尚处于初步阶段的局限性。例如，有的尝试标举其"新"，用马克思主义经济学取代资产阶级经济学以根本改造经济学，驳斥所谓正统马克思主义者对马克思经济学说的歪曲性解释，证明经济发展的历史必然趋势是资本主义社会的衰亡和社会主义社会的实现；同时偏重历史的叙述而非理论体系的构建，坚持不同于马克思学说的资本积累观点，未及顾念苏俄革命的理论创造和实现形式；这个译本因日人的翻译介绍引起国人的注意，相关解说也附着日人的理解和偏好。有的尝试以经济科学概念喻指马克思经济学说，用概论方式构建马克思主义指导下的经济学理论体系，目的也是论证社会主义社会代替资本主义社会的历史必然性；这个论证建立在资本主义经济充分发展的基础上，设想现行经济学跟着资本主义的灭亡而灭亡，随之而出的是适应于社会主义没有商品与交换现象的新自足经济学，同样没有考虑在相对落后基础上实现无产阶级革命的苏俄案例。还有的尝试名曰经济学新论，实则没有突破现有经济学的理论框架，只在这个框架内空谈倾向马克思经济学说，或企图引入社会主义分配原则以作部分改进，以致被译者当作三民主义的宣传品。这些尝试引自国外的舶来品，尽管处于初步阶段，存在这样那样的缺陷，但几乎在同一时间一下出现好几本挑战现行经济学的译本，其影响不可低估，预示马克思主义经济学在中国的传播，揭开了在经济学领域同正统经济学发生正面冲突的序幕。此外，当时为国民革命培养军事人才而设立的经济学科目，竟出现概要讲授马克思主义经济学的讲义，尽管这个经济学讲义，其内容没有超出有关《资本论》、列宁学说以及用之于分析中国现状的通俗知识范围，其目的也不是尝试改造传统经济学理论体系，但毕竟是我国经济学界的一件奇事，更是国共合作期间在经济学领域产生的仅存硕果。

其二，考察论述中国经济和劳动问题的著作。将论述中国经济问题和劳动问题的著作归并在一起，基于本期著作的类型特点，亦基于二者之间的关联较为密切。此类著作在马克思主义经济学的传播潮流中，承担不同的角色，有的急流勇进，有的摇摆不定，有的偏离航向，也有的设置障碍或极力阻拦，不像前一类著作和译本那样具有比较共同的推进传播意图。如果把前一类著作看作传播潮流的主流，这里考察的著作则如主流浸漫之地的复杂状况，或遇新的溪流而汇合一处，或遭各种障碍而迂回改道，或逢干燥土壤而须不断渗透。在实际考察过程中，两类著作又相互交叉，难以截然划开，有些切合题旨，有些书名比较边缘，但从内容看仍有较高的关联度。一类关于中国经济问题的著作，列举了《中国劳工问题》《中国劳动问题》《经济侵略下之中国》《帝国主义经济侵略中国史略》《中国新经济政策》《中国经济问题纲要》等。马克思主义经济学的传播与中国实际相结合，从过去的历史看，可以分为几个阶段。先是作为西方舶来新思潮而不知其根底，到初步了解这是针对欧美国家资本主义社会弊端的理论产物，开始争论这个理论可否为解决中国问题提供参考，这属于早期阶段；随着理解的逐步深化，特别是受到苏俄革命的影响和五四运动的洗礼，这个理论被提上议事日程，替代在实践中屡屡受阻的中国走资本主义道路的主张，这属于启蒙阶段；然后中国共产党的成立选择走社会主义道路，标志这个理论被提升到解决中国问题的指导思想地位，这属于选择确定阶段。选择确定之后，如何在中国的土地上践行或落实这个理论，应时而生的重要前提便是系统、全面、深入地研究和认识中国国情。这是进入新阶段所面临的时代要求，但相关的研究与认识并非顺应传播的需要，因这个传播而引发的抵触、偏执或逆流，反倒为数不少。表现为本期国人专题研究中国经济问题的一批自撰著作，以从未有过的方式相继涌现，其研究结论各执一说，分歧严重。上面列举的著作，按其论题划分为三。一是研究中国的劳工或劳动问题，等于将以往报刊文章里偏于零散、感性、薄弱的讨论，上升为专题著作里系统、理性、实证的研究，向前迈进了一大步。其共同点，认为资本主义社会突出的劳资矛盾同样反映到我国，了解国内劳动者底层的生活状态，引进马克思经济学说作为重要理论工具分析这种社会现象，比较系统地梳理证明资料并谋求中国劳工或劳动问题的解决办法；最后的结论，虽然作者与作序者之间的意见有不一致的地方，但总的倾向界线分明，或者极力避免采用激烈手段解决问题，甚至企图转移矛盾的重点而用其他问题来掩饰这个问题，或者公开提出不可能在现行制度内解决问题而必须通过革命方式，尤以共产党人作序者的态度更为鲜明。事实上，中国劳动问题的形势越严峻，讨论越深入，也就越推进马克思主义经济学的传播。二是研究帝国主义对中国的经济侵略问题，自本时期起，在国民反帝情绪高涨的氛围里，开始形成系统性和条理化的专题著作，以大量史实为证据，揭露帝国主义通过各种不平等条约并与封建军阀势力勾结，旨在控制中国经济命脉的侵略实质，不仅将矛头指向帝国主义以为国民公敌，而且寓意此敌不除，我国不可能经济复兴和发展资本主义。这些研究成果，很少看到引用马克思经济学说的理论分析，但紧扣经济侵略的本质、途径、手段及其造成的恶果这个主题，系统梳理历史资料，让事实说话，具有很强的说服力和感染力，其效果比起空洞讲述理论，更贴近中国自身的实际。通过这些著作，思想敏锐者判断，中国要彻底摆脱帝国主义经济侵略的束缚，不能存有任何侥幸心理，只有走苏俄革命的道路，即便没有这种判断，也大大强化了国人对苏俄革命和列宁有关帝国主义理论的认识。此类判断和认识，正是汇入马克思主义经济学传播主流的涓涓细流。三是研究中国经济政策与问题，其专题著作的出现，同样能够看到马克思主义经济学的传播要求更加系统地解析中国实际的时代影响，但比起研究中国经济专题的著作，着眼点或立足点明显不同，不是从实际出发引出经济问题的分析和解决办法，而是从执政当局的理念出发作为论述经济政策与问题的标尺。于是，所谓中国的新经济政策，重点在于批评苏联的经济政策之错误和无效，拿来欧美国家通行的社会改良政策或谓国家社会主义，诠释三民主义的新内涵，这在四一二事变前夕已经流露出排斥联俄政策的征兆。所谓中国的经济问题纲要，在政府的经济指导原则上，提出一个既要克服资本社会盛行个人主义弊害，又要防范马克思主义经济学颠覆现行制度的纲要，其主旨无非调和二者之利弊，采行折中妥协方法处理本国经济问题，这是政变发生之际献出的经济计策。如此解释和建议，以研究中国实际为名，实则抵制马克思主义经济学的传播。

另一类关于劳动问题的著作，列举了《协作》《合作主义与劳动问题》《劳动立法原理》《农民问题研究》等。这里说的劳动问题，包括中国劳动问题，但范围更广阔，涉及世界各国尤其资本主义国家共同的劳动问题，劳动问题的解决原理及新思潮，农民问题之类，反映劳动问题日益引起国人的重视，成为当时研究社会经济问题中的突出问题，一批专题著作前所未见地相继问世。首先，把协作或合作主义与劳动问题挂钩，是这个时期国内讨论劳动问题的著作的一个独特之处。此前引进国外的协作主义思潮，朦胧之中，似乎与舶来社会主义思潮没有多大差异，至少可以相互联手，现在触及棘手的劳动问题，分歧马上显现出来。马克思经济学说分析资本主义制度下劳动问题产生的根源，在于占有生产资料的资本家剥夺雇佣劳动者在生产过程中所创造的剩余价值，所以解决劳动问题的根本出路，只能是消灭资本私有制。对此，鼓吹协作者虽然承认社会不平等现象并谋求改变，却不认可马克思的分析和解决思想，另外提出一套理由与思路，把劳动问题从生产领域引向流通领域，从维护劳动者的利益转为维护消费者的利益，结果不是联手而是否定了马克思经济学说，甚至连劳动问题本身的涵义也被篡改和模糊了。根据这套理由和思路，此类著作或者宣称合作主义是解决现实劳动问题的唯一可行道路，理论上比马克思主义高明，实践上也由苏俄经济依靠合作社的支持才得以挽救的史实所证明；或者把合作主义看作优于其他各种主义的最佳选择，只须劳动者或贫弱无产阶级放弃与资本家的斗争而以小团体的合作互助方式组织起来，便能和平而无形地实现社会主义者们所理想的平等自由目标。此等著作所宣扬的协作或合作主义，实则成为劳动问题上传播马克思主义经济学的绊脚石。其次，从原理上论证劳动立法的有效性，其著作在资产阶级个人主义和马克思主义之间，试图选择社会改良主义作为解决劳动问题的基本原则。实质是维护现行制度，避免任何革命方式或过激手段，其表现形式变化多端，前述协作或合作主义可算一种形式，在此提到的劳动立法又是另一种形式。不过，比起当时国内某些经济学者抽象谈论折衷妥协式改良，如谓理论上胜过个人主义造成现行社会弊端和马克思主义主张以革命方式改造这一弊端，却拿不出像样的改良方案，无论合作主义还是劳动立法，毕竟是现行制度下具体解决劳动问题的改良尝试。只有这些改良办法在实行中一再碰壁而无计可施，才会促使主张改良者放弃善良美好的愿望，面对严酷的现实去考虑其他的选择，这也是马克思主义经济学在中国传播的真实环境。否则，脱离实际而固守头脑里的理想原则，总会把抵制马克思经济学说的社会改良主张奉若神明。最后，研究农民问题的译本，作为研究劳动问题的一个组成部分，出现在当时既有必然性，也有特殊性。其必然性在于，中国作为农业国，理应关注占全国人口大多数的农民问题，将多年来积累的有关农民问题的各种著述，提升为具有系统逻辑的专题研究著作，理所当然。其特殊性在于，译本的原作，因国际上批评马克思的农业理论与政策而起，针对那些以历史变迁状况来否定马克思理论预期的说法，引用马克思、恩格斯及其后继者的原著中有关农业和农民问题的大量论述，给予系统的梳理分析，用来证明马克思主义的农业理论和农民政策仍然具有现实指导意义，这样的理论专著被引入国内，意味着农民问题研究领域的认识跃升；原作分明为马克思主义学说处理农业和农民问题所提出的革命理论与政策进行辩护，然而到译者手上，竟成为支持反革命政变的理由，批评苏联的农民政策违背了马克思主义的谨慎原则，谴责中国共产党开展农民运动暴露了马克思主义的农民政策本身存在谬误。这种诡异现象，也为马克思主义经济学的传播增添了新的复杂因素。

其三，考察主流经济学的各种著作。前面提到本期相继出现尝试建立新经济学理论体系的几本译作，显示马克思主义经济学的传播进入国内经济学领域并挑战主流的资产阶级经济学，惟在总体态势上，这只是个端倪，尚未动摇主流经济学的支配地位。但随着这种传播的推进，主流经济学著作方面，相应也发生一些变化。这些变化，可以分别从经济学基本理论著作和经济史学及其他应用经济学著作两方面来观察。经济学基本理论方面的著作，一般看来，按照传统套路讲述者，无论浅说还是大纲，仍对马克思经济学说采取冷眼观看的态度，要么置之不理，要么略有提及即予排斥。变化产生于不那么恪守传统套路而又从传统套路中生长起来的著作。比如，最初试图从西方古典经济学里汲取营养，以期指导中国能够像欧美国家那样，同样走上发展资本主义的道路，但习之既久，感到我国不具备自由竞争的经济环境，缺乏个人主义的动机意识，于是考虑不必拘守西方的某种固定模式，试图从主流经济学中继续找寻切近中国实际的其他类型，此时李斯特的国家经济学便通过欧洲尤其德国留学生的译介，被系统地引进国内。无论这种经济学本身是什么，在译者看来，有着与英国传统经济学不同的神奇作用，重视发挥国家的权力与职能，能使一国经济在相对落后的状况下，赶上先进经济国家，因此受到国人的关注并产生共鸣和非同寻常的吸引力；据说它还有利于集中国家力量对付国外势力的经济侵略，或者说，我国反对帝国主义侵略势力，同样可以从国家经济学中获得理论支持。这样看待国家经济学，与个人主义经济学和社会主义经济学鼎足而立，既吸收斯密等人学说的理论滋养而克服其弊端，又类似马克思学说对国家的倚重而避免其艰深理论，似乎更符合中国国情。至少让我国的经济学者感觉，西方主流经济学并非千篇一律，也在根据各国实际情况的变化相应调整其理论，因而在经济理论的选择上，可以不触动现行制度而获得与马克思主义经济学的传播相同的效果。其实这是一个误解，而且随着对西方经济学的理解愈深入，对国家经济学一类著作与马克思经济学说之间的本质差别也认识得愈清晰。正如当初传入法国协作主义的译本一度被当作社会主义的范例，本期引进国家经济学的原理后，才发现它虽不偏向个人主义经济学，亦与社会主义或马克思主义经济学无关。这种认识上的变化，不论协作主义或国家经济学本身在西方主流经济学的发展序列中处于怎样的位置，就其译者或国内推介者而言，离不开马克思主义经济学传播的持续扩展背景，否则没有必要在寻求西方经济学的各种变异形态以为我国参考时，每每同马克思主义经济学联系在一起讨论。至于说当时军校培训的经济学课程，出现以讲述马克思主义经济学为概要的讲义，更与国共合作条件下推进传播的形势有关，尽管这样的讲义随着国共合作的破裂而转瞬即逝。

经济史学方面的著作，本来是主流或正统经济学中接触马克思经济学说较多的一种类型，而且伴随马克思主义经济学在国内的影响不断扩大，引进此类著作中论及马克思经济学说的内容也日益增多。不过此前的著作里，这种接触或论述通常把马克思经济学说看作异端，即使承认它的出现和持续存在有其道理，但总以各种各样的理由加以排斥，也未表现出真正的威胁感受。本期引进的经济思想史译本，有一个变化值得注意，从历史演变的角度，开始正视马克思经济学说的影响，提出系统性的应对意见。在基本立场上，不承认马克思经济学说能够动摇正统经济学的理论根基，同时在不同层面上，又主张分别应对，或者吸收前者的某些合理部分以充实后者的若干内容，或者参考前者的有关批评以弥补后者的理论漏洞，或者针对前者的颠覆性论证以构筑后者的防范体系等，显出不寻常的警觉和提防色彩。这个现象，说明马克思主义经济学在中国的传播到一定程度，成为共产党人选择社会主义道路的经济理论基础后，促使国内主流经济学界作出针对性的回应，回应的有效方式便是引进舶来的权威著作，从经济思想史方面系统地封堵这个传播趋势。本期引进近世资本主义发展史的译本，也有相似的用意，同样借助舶来的近代经济史权威著作，证明发展资本主义具有自然属性，西方国家如此，中国亦应如此，不能用社会主义道路替代资本主义道路。这个论点一旦成立，自然也否定了马克思主义经济学及其在苏俄的实现形式对于中国的适用性。然而也有国人自撰中国商业史，把我国商业不振的原因归咎于国内封建势力的束缚和国外列强的侵害，这同资本主义发展的自然属性之说相矛盾，但又不愿引入马克思主义经济学的理论分析。围绕经济史学类著作的这些变化，表现在主流经济学的其他领域，另有其特点。如讨论贫穷问题，借用舶来著作的观点，把贫穷说成人类社会与生俱来的自然现象，不可能消除，只能有所节制不致发展到极端。既然如此，旨在铲除导致贫富差距之制度根源的社会主义或马克思主义，便失去存在的意义。又如国人自行编撰专论资本问题的著作，用作知识普及，出人意料地大量介绍《资本论》有关资本的论述，尤以第一第二两卷的内容居多。由此固然表明马克思经济学说的传播渗透力，同时也能发现，这种介绍抽去马克思对资本制度实质的分析，关注资本积累和循环的形式转换与形态变化，通过这样的知识普及，马克思的资本理论也就被编辑成另外一种样式。应用经济学方面，随经济理论的变化而变化。如自撰财政学作为商学教科书，介绍个人主义、社会主义和类似于德国国家经济学等各种财政原理，最后钟情于德国学说，把个人主义和马克思主义看作各有偏颇的两个极端。又如自撰国际经济政策，认为反对帝国主义经济侵略，单凭理念和义愤不行，中国必须有具体的对外经济政策与办法，从这种政策研究中，也能看到舶来国家经济学的影子。这里可以看到当时付诸我国实际的西方应用经济学，同其基本经济理论的传入变化，存在一定的互动关系。

上述1925—1927年间马克思主义经济学的传播概况，按照著作类型分别叙述其特点，下面就这个时期著作整体的传播特征，作一综述。

第一，马克思主义经济学的传播在四一二事变前后，经历了跌宕起伏的重大变化。此前的国共合作时期，事实上形成的联俄、联共、扶助农工政策，给马克思主义经济学的传播创造了难得的宽松环境。表现在所考察的著作方面，一些变化值得关注。如前个时期共产党人维护建党理论原则的论著十分醒目，具有强烈的论辩色彩，运用马克思的唯物史观和经济学说，论证经济落后的中国效法苏俄走社会主义道路的必然性、必要性与可行性；本时期，共产党人著作的论题焦点不以论辩为主，转向经济理论的其他纵深之处，表明社会上对建党宗旨的质疑、不满或敌意，受到国共合作共图国民革命大业的政策约束，不得不潜隐下来，等待时机。又如此前翻译引进马克思经济学的原著及阐释性著作的取向，本期不仅延续和发展，共产党人又有新的追求：从起初主要参考苏俄的典章制度和政策措施，转向探寻马克思经济学说与苏俄实际结合的理论发展，尤其翻译引进列宁论述帝国主义的原著及其阐释性著作；这个转变，也意味着列宁关于帝国主义时代及苏俄革命的分析，在马克思分析欧洲发达资本主义经济的基础上进行理论创新，更切合中国共产党人从事理论准备与革命宣传的需要。再如此前传播马克思主义经济学的著作大多依托社会主义或社会科学的书名，似乎被隔离在正统经济学所把持的经济学领域之外，本期著作除了借助《通俗资本论》的翻译，在经济学领域挑战国内学术权威对马克思学说的批评和反驳资产阶级经济学的理论观点之外，还有一个亮点，尝试运用马克思主义经济学来改造传统经济学，创立全新的经济学理论体系；这种尝试引自国外著作，只能算是开端，并不成熟，但毕竟在正统经济学著作一统天下的国内理论经济学领域，率先开拓出研究新经济学或经济科学的不同道路；甚至在国共合作的军事院校，自编教材以马克思经济学说为主旨讲授经济学概论，尽管谈不上尝试建立新的经济学体系，却令人称奇。诸如此类的变化，说明马克思主义经济学的传播，进入一个快速推进和深入发展的时期。可是这种推进和发展的势头，由于政治事变，遭受很大挫折。一时间在著作里，除了个别例外或出于学术研究的兴趣，几乎看不到正面宣扬马克思经济学说和称颂苏联模式的例子，更不用说以此阐述共产党人的纲领宗旨。与此相反，曾经有所收敛或蓄势待发的反攻类著作，借此时机蜂拥而出。有的在事变前夕已开始冒头，借着论述共产主义与中国的关系，曲解马克思的经济理论并质疑整个马克思学说为不健全，攻击苏俄的野心及其革命所造成的灾难，强调中国在经济、政治、教育、伦理各方面的民情风俗和现实国情均不适于实行共产主义，进而把矛头指向中国共产党的建党与行动宗旨；有的沉渣泛起，如以通俗介绍社会主义为名，或者用中国的民生主义来排斥西方的社会主义即马克思经济学说，或者介绍马克思经济学说是为了肃清其流毒；有的貌似公允，如分析苏俄的经济组织与实业政策缺乏经济效率，意在断言苏俄模式不可能成功而必然失败；有的借题发挥，如利用有关马克思、恩格斯和列宁等人的农业理论和农民政策研究，一面指责苏联当局放弃原有的农民政策，一面攻击中国共产党人领导的农民运动煽动地痞流氓侵害一般农民的利益；如此等等。这些观点，从社会主义或苏俄经济制度或马克思经济学说的内部，寻找漏洞或缺陷以为攻击的依据，而那些站在敌对角度或资产阶级经济学立场的著作，对于马克思学说、苏联模式和中共理论原则，更是一片反对声。经历了这样的起伏变化，马克思主义经济学的传播由相对宽松的环境转为十分严峻的局势，在打压困境中砥砺前行，从此成为常态。

第二，共产党人传播马克思主义经济学的理论纵深，比较集中地体现在关于人类社会发展目标的论证上。这个论证，在建党时期围绕党纲宗旨的著作里，已见其主要论点和理论依据。那时的著作，首先须确立中国应像苏俄那样，走社会主义而非资本主义的道路，其重点要么在辩论中强调这个选择符合马克思学说的思想原则，要么在宣讲中述说有关社会主义、社会哲学、社会思想的一般原理，其中包含有关马克思经济学说的基本认识，但还来不及从经济理论角度进行系统而深入的研究探讨。本时期，出现了这样的理论探讨著作。一方面如上所述，尝试创立新经济学理论框架的各种译本，运用马克思经济学说改造资产阶级经济学的经济科学体系。这些译本出自国外马克思主义研究者之手，在经济学的改革上有开创之功，却因以发达的资本主义经济为实现社会主义革命与建设的前提条件，未曾顾及或包容现实的苏俄革命案例，故对当时中国共产党人的经济理论需要，显得有些隔膜，反而可能授人以柄，成为反对中国走社会主义道路的理由。另一方面国内马克思主义者的纵深探讨，不仅继续为建党纲领的宗旨进行理论辩护，还运用马克思主义经济学进行更为广阔和深入的系统阐发。这方面的著作，一则通过翻译引进国外马克思主义者的原作，表达自己的认识和意愿。如借助有关资本制度的通俗解说，原作者根据马克思学说，从被压迫者的立场上讲解欧洲资本主义发达国家已经显示束缚生产力发展而不能充分利用劳动资源的颓象，预示现行资本制度必将趋于衰亡；译者则将被压迫者的涵义推广到包括经济落后的中国在内的世界上所有国家，都应该认识现实资本制度的发展困境以谋求自身的解放，意味着用社会主义制度取代资本制度，也是世界各国被压迫者的共同选择。又如引入讨论社会组织与社会革命的专著，把原作者引经据典，反驳那些否定或修正马克思的资本积累一般规律和历史趋势的观点，归结为一个重要命题，即社会组织的生产力还有发展空间时，能否实行社会革命；对此，译者一面钦佩列宁领导俄国革命，改变了生产力仍有发展余地的国家不可能成功进行社会革命的预判，创造性地发展了马克思学说，一面谴责那些把苏俄实行新经济政策当作走资本主义道路的说法，是对列宁学说的污蔑。二则通过消化吸收，自行编撰蕴含马克思经济学说的专题著作。如简述社会进化史，根据唯物史观，梳理出各社会经济结构的元素表，显示人类历史的各个时期，从原始共产社会起，以经济结构的元素为基础而形成每个时期社会的政治及文化等形态，又依据经济结构元素的变化从一个时期演变到另一个时期，直至发展到未来的共产社会；这里所说的从资本社会到共产社会须经历过渡阶段和初级社会主义阶段，不是抽象的概念，以苏俄为具体实例。又如构建现代社会学，不同于传统社会学，以马克思主义经济学为基础理论之一，也不同于那些虚幻凿空之说，意在明确社会进化的目标和社会改造的方针；以纯粹的马克思主义即布尔什维主义为榜样，通过阶级斗争和无产阶级专政来实现共产社会，把现代社会学的构建，与借鉴苏俄模式以指导中国按照社会进化的趋势进行社会改造，联系在一起。如此说来，国内马克思主义者翻译和研究经济理论的著作之纵深，在某种程度上弥补了引进国外马克思主义研究者尝试建立新经济学体系的著作，只谈马克思关于发达资本主义经济发展趋势的理论分析而未及苏俄革命发生于经济相对落后国度的现实案例之不足。这种研究纵深，并非仅限于共产党人所准备和参考的理论资料，本期一些与共产党无关甚至敌视共产党的人士所撰写或翻译的经济学著作，同样提供了可资利用的理论素材。比较典型的便是自编资本问题的著作，大量引用《资本论》第一卷特别是第二卷的表述，以及翻译有关农民问题研究的著作，系统梳理马克思及其后继者的农业理论和农民政策。这些内容不论引述者或译者如何解释和利用，其原文或原意都是传播马克思主义经济学的可贵资源。

第三，马克思主义经济学的传播与中国经济问题的研究二者之间，形成紧密相联的互动关系。舶来社会主义思潮传入中国，促使国人关注西方国家在经济发达外表下日益暴露的严重贫富不均和社会不公问题，同时也给传统封建经济思想不敌外来资产阶级经济学说之后，国人转而以欧美制度为学习样本的崇尚心理，罩上了一层阴影。最初以为这是伴随资本主义的发达才会出现的社会经济现象，经济落后的中国能够置身事外，接着又以为中国尚处于发展资本主义的初期阶段，可以未雨绸缪，事先采取改良、防范或节制措施，避免资本主义发展后的社会弊端。这种事不关己的旁观态度或防患未然的良好愿望，随后受到两个方面的冲击。一方面在理论上，马克思经济学说的传入与扩展，让越来越多的国人认识到资本制度的剥削本性和发展趋势，由此产生的内在矛盾及其激化结果，无法避免，也难以阻止；另一方面在现实中，国内资本主义因素的潜滋暗长，既有内生原因，更是列强侵入的结果，并以扭曲和畸形的表现形式，让越来越多的国人感受劳资矛盾的真实存在，以及中国发展资本主义的重重阻碍。这些冲击在不断强化，苏俄革命的爆发，将马克思的理论学说化为落后俄国率先实现社会主义革命的成功实践，为具有类似国情的中国解决自身困境提供了一个新的选择；中国共产党的建立，明确提出在马克思主义指导下走社会主义道路的基本纲领。自此以后，马克思主义经济学的传播，不只是一个理论问题，更是一个实践问题，理论与实践相结合的基本前提，要求对中国国情有全面和正确的认识。正是在本时期，相继出现一批系统研究中国经济问题的专题著作，研究的广度、深度及集中度，为以往所未见。这些研究，未必出于传播马克思主义经济学的需要，甚至与此背离或冲突，但这种研究现象，很大程度上又是由传播发展到实践阶段的激励或刺激所引起，不论这些专题研究有利于或有悖于传播的推进，都与传播进入新阶段的理论与实际需要有着直接或间接的联系，由此形成了传播促进中国经济问题的专题研究，相关专题研究反过来又影响传播的互动关系。本期此类著作，首先应注意，一类研究帝国主义对中国的经济侵略问题，另一类研究中国的劳动或劳工问题。两类问题，以前也有接触和研究，但均不如此时的专题著作研究之系统和深入，客观上起到了推动马克思主义经济学传播的作用。前者是中国经济的特殊问题，许多人曾经真诚地希望中国能够像欧美国家那样发展资本主义以摆脱贫困和实现富强，可是处处受到帝国主义经济侵略的制约而裹足不前，面临走资本主义道路与反帝国主义侵略交错在一起的矛盾困境；值此之际，充分揭露帝国主义的经济侵略之严酷历史与现实的著作，搜集大量证据，激发民众的反帝义愤与共识，唤起国人的觉醒，喊出走俄国人道路的口号。这样的揭露，显然有助于马克思主义经济学的传播。后者是发展资本主义的普遍问题，随着中国日益卷入世界资本主义的经济体系，劳资矛盾不断凸显出来，一些专论中国劳动或劳工问题的著作相继问世，出自深谙劳动第一线实情的作者之手，不尚空谈，有系统地披露了许多事实；此类著作结合中国的劳动或劳工实际，不时引用马克思学说的理论分析，同样让国人真切了解到资本主义经济的现实矛盾。国内讨论劳动问题的专著增多，显然与马克思主义经济学的深入传播有密切关系，不过反过来看这些专著对于传播的影响，又呈多样形态，有的直接从中国劳动问题的分析中得出只有社会主义革命才能根本解决劳资矛盾的结论，有的引进马克思等人关于农民政策的系统论述却用来攻击共产党人的农民运动，而大多数主张以合作主义或其他社会改良方式来缓解劳资矛盾。本期还看到专门论述中国经济政策或经济问题的著作，其针对马克思经济学说和苏俄例证的论辩特征，明显受到马克思主义经济学传播的影响，意在主张国家制定经济政策或处理经济问题时，抵制这种传播的影响。所有这些，反映了本期一批系统研究中国经济的专题著作之起因、内容和影响，与马克思主义经济学传播之间的互动关系。

第四，马克思主义经济学的传播引起国内正统经济学维护自身支配地位的连锁反应，成为经济学领域的新动向。主张发展资本主义经济的思想，自我国在外夷船坚炮利的逼迫下门户开放以来，逐渐成为国内经济界的主流思想，支撑这个思想的理论依据，便是西方正统经济学。相当长时间里，流行于我国的经济思想，一直在翻译引进或仿照自编各种版本的正统经济学著述中，反复得到熏陶，很少遇到真正的挑战。舶来社会主义思潮特别是马克思经济学说的传入，从理论上解剖资本制度的痼疾并指示将被新社会制度取而代之的历史趋势，但对许多国人来说，处于经济落后的状况，缺乏有关发达资本制度的感性认识，要理解这种痼疾和历史趋势，并非易事；何况正统经济学支配国内经济学领域，与那时普遍主张发展资本主义经济以富国裕民的欲望相呼应，亦以排斥或杜绝马克思经济学说传入的影响为职事。此时国内流传的正统经济学著述，能够看到论及马克思经济学说作为异端或检讨个人主义自由竞争有所偏颇的内容，却不曾显露动摇其理论根基的忧虑，似乎具有较强的自信。变化同样出现在本时期：从一个角度看，马克思主义经济学的传播，经过共产党人的自觉推动，加上发展资本主义经济的努力在帝国主义经济侵略及其勾结封建势力的联手摧残下，如同正在破灭的幻想而渗入经济学领域，对正统经济学形成直接的挑战；换个角度看，这个传播同时引起国内信奉正统经济学者的敏感反应，开始感受这种挑战的真正威胁，表现出一定的忧虑，于是想方设法维护正统经济学的统治地位。这样的忧虑，表现在本期正统经济学的著作里，有多种形式。举其要者，一种形式注意到正统经济学内部，随着欧美资本主义经济的变化或各国国情的不同，也在作相应的调整，以求矫正传统理论体系的若干缺陷或适应本国经济发展的特定需要，将这种调整后的经济学著作引进国内，意在消除有关批评并巩固正统经济学的指导作用。比较突出的是德国国家经济学修正个人主义经济学的缺陷和法国协作主义经济学将此主义融入政治经济学的基本原理，这些经济理论对于我国发展资本主义经济，固然有参考价值，但在制约发展的主要因素无法解除的情况下，变着花样维系正统经济学的理论根基，只在形式上做些改变，其真实原因，正是忧虑马克思主义经济学的传播危及了正统经济学的支配地位。另一种形式依托西方经济思想史著作所传授的方法，建立起防范马克思主义经济学传播的成套系统。把马克思经济学说当作欧洲经济思想或学说发展历史上曾经出现并与主流经济学相对立的一种独特理论体系予以评介，这是稍具科学常识的经济思想史著作中都会看到的内容，不足为奇；新奇的是，引进此类著作的正统代表，除了这种评介之外，针对马克思经济学说颠覆传统经济学理论根基的影响，有系统地综合出一套防范措施。诸如在整体否定马克思经济学说的前提下，区别为几种类型，或者把这个学说批判现实制度和现行经济学的若干合理因素，吸收或整合到正统经济学中以为其组成部分，或者借此觉察正统经济学的某些疏忽或欠缺之处，从理论上补苴罅漏以健全自身，或者在正统经济学的理论体系中专门构建起防范的壁垒，用于抵御这种批判性影响的侵蚀渗透。以如此戒备方式对付马克思经济学说的影响，这种著作以前国内不曾见过，现在被引入进来，证明面对马克思主义经济学传播的挑战，正统经济学的维护者们如临大敌，不敢掉以轻心。再一种形式在理论经济学的著作方面，不管翻译还是自撰，以往的正统类型很少提及马克思经济学说，不把马克思经济学说看作论述经济理论的必要因素，甚至无视马克思经济学说的理论存在；现在不然，此类著作阐述经济理论，几乎都要论及马克思经济学说。或者介绍经济知识时提到马克思经济学说，意在清除其流毒；或者以近代资本主义发展史为证据来否定马克思经济学说的结论，证明资本主义具有永久存在性质；或者针对马克思经济学说的批评，强调贫穷现象是自然现象，只能节制不能消除；诸如此类，都是正统经济学的信徒面对马克思主义经济学的传播影响扩大，为了防止自身优势地位的消蚀而作出本能反应的表现形式。

### 四、1928 年的传播概况与特征

20 世纪 20 年代马克思主义经济学的传播历史，将 1928 年单列出来，因为从前后的著作态势看，这一年的著作，恰好反映了 1927 年四一二政变之后掀起反共反俄浪潮以致传播遭受挫折，1929 年的传播从逆境中恢复发展之前这一段的落差变化，姑且称之为动荡时期的传播。所谓动荡，明显表现在原来由共产党人所主导的传播进程，如翻译马克思、恩格斯、列宁的经典原著，引进阐释马克思和列宁学说的著作，自撰著作解说马克思学说的基本原理，介绍国外马克思主义者挑战正统经济学的新经济学著作，运用马克思和列宁学说系统分析中国的国情等，曾经有效支持、阐述和宣扬了共产党人的纲领主张，而到 1928 年，这个进程受到不同程度的阻滞。本年的著作显示，有的方面起伏反差之大，几乎换了一个模样；有的方面看似讨论相同的论题，内涵与观点倾向已然不同；有的方面中断了原先的进程，转到另外的方向；有的方面设置新的障碍，或把老的障碍以新的形式表现出来；如此等等。不过，这种动荡格局，未能阻挡传播的基本趋势，反而使得传播在经历了顺境和逆境的正反两种历练之后，显出其抗御各种冲击的生命力。以同类著作的数量为例，比起以往各个时期的每年平均数，本年的数量显著增加。尽管这个增加的数量就其倾向而言，作为动荡时期的特征之一，对马克思主义经济学的传播持疑义或反

对观点者，较之此前占更大的比重，但越来越多的著作关注这个传播的动向或卷入这个传播的漩涡而参与意见本身，说明马克思主义经济学所具有的影响力和渗透力，比较过去更进一步，代表了今后此类著作将继续增加的趋向。

1928 年一年的时间虽短，著作数量却更多，其结构类型对应前面几个时期比照，在内容和观点上经常不是延续已有的走向，出现较大的差异。下面根据考察过的几种类型，将马克思主义经济学在本年度的传播概况，梳理如下。

其一，考察传播马克思主义经济学的有关著作。这里说的传播概念，比较上个时期，原本以共产党人具有自觉意识的主动涵义为主，但在本年度，较少看到共产党人的著作或译著，这种主动的自觉意识色彩在减弱，更多体现为非共产党人出于各种意图或兴趣来翻译和撰述有关马克思主义的著作。由此产生的客观效果，其主体部分具有正面的意义，也不免含有瑕疵或负面因素。根据效果上的差异，这些著作划分两类。一类马克思主义的经济理论与经济政策，包括原著和阐释性著作两部分，均系翻译之作，列举了《马克斯的经济概念》《马克思主义经济学》《农民问题》《马克斯主义的人种由来说》《马克思与列宁之农业政策》等译本。此类译本应该说最贴近传播本来的涵义，也与此前的正面传播取向联系最为密切，然而仍能体会处于逆境期的一些变化。例如，阐述马克思经济理论的译本，其原作出于国外马克思主义研究者之手，各有特点，或者依据马克思恩格斯原著中一系列经济概念的论述，批驳那些曲解和误导的论点，特别是把马克思学说当作教条的认识，深入阐发其本来涵义；或者面向普通民众，通俗讲解马克思关于资本主义的分析以及这个分析在帝国主义时代的运用，突出对资本主义社会内在矛盾的解剖，表明接受马克思主义经济学的信仰态度。这些专题阐述，在以往解说马克思经济学说或《资本论》的著作基础上，又有所拓展、深化和普及。此类译本的活跃译者中，未见共产党人的公开身影，亦未看到借助译本的理论来支持或附和共产党人的思想纲领。这种状况，有别于前几年，可以说经过共产党人所主导的积极主动传播马克思主义经济学的多年积累，吸引一些有志于此的非党人士同样参加到这个传播进程中来；也可以说在当时的恶劣环境下，共产党人被迫隐姓埋名，或以其他的匿名方式著述；还可以说沿袭以往的另一种倾向，把引进马克思经济学说与共产党人所选择的革命道路分离开来，或者当作纯粹学术研究的对象，或者使之依附于不同于共产党人选择的其他指导理念。又如，完整翻译恩格斯发表于 1894 年的原著《法德农民问题》，连带翻译恩格斯的《德国农民战争》1870 年第 2 版序言，并附普列汉诺夫作序的长篇评论；翻译恩格斯的两篇遗稿《劳动在从猿到人转变过程中的作用》和《人类进化的过程》，同样附有苏联学者作序的长篇文章。这些译本，延续了此前翻译马克思主义经济学原著的进程，并有其独特之处。首先选译的原著从那些耳熟能详的经典，延展到颇为陌生甚至以未曾发表的遗稿形式出现而同样重要的经典；其次译自俄文版，重视俄国学者对这些经典的发掘和解说，而非以往常见的译自日文版或其他欧洲文字版，看来译者注意此类原著，受到苏俄整理马恩原著的影响；最后译者翻译时未发表任何评论意见，或许忌讳时局的严酷，只提供经典的译本素材，如何理解和运用任人自便。同时，未能延续对列宁原著的系统翻译，似乎暂时中断，不知无意为之，还是有意将马恩原著与列宁原著的翻译区分开来以适应对俄政策逆转后的舆论控制。至于编译马克思与列宁的农业政策，不过摘录或转引上个时期研究农民问题的有关译本内容，区别在于编译者不再用作诋毁共产党人发动农民运动的理论工具，试图给国民政府提供解决农业和农民问题的政策参考。

另一类运用马克思主义经济学研究各种经济问题的著作，兼有译著和自撰著作，列举了《劳动经济论》《金融资本论》《资本主义批判》《帝国主义的真面目》《农民问题大纲》《资本主义与战争》《近世社会经济史》等。这些著作，又看到共产党人的踪影，似乎将传播马克思主义经济学的重点，从翻译、阐释和通俗解说经典原著或基本原理，移转到运用这些原理来认识各种重大经济问题上；也可能受制于当时的局势，不便公开宣扬苏俄式的革命道路和无产阶级专政的国体，故迂回隐蔽在这种结合现实经济问题研究的原理运用上。这里还包含其他非党人士的译著或著作，宗旨未必一致。从译著看，主要译自日本马克思主义研究者或倾向者的原作，共同特点是分析经济社会等问题的理论依据，要么大量引用马克思等人的原著论述以为主体，要么将马克思经济学说的基本精神贯穿其中，比较起来，理解的能力和运用的水准，存在明显差异，关键是作者本人的主导倾向，有所不同。例如：有的关注劳动经济，根据马克思经济学说论证现实社会的突出问题是劳资矛盾，但不承认马克思创立了剩余价值理论，淡化这种理论体系的贡献，总想把解决劳资问题的方向引入放弃革命斗争方式的调和轨道；有的从《资本论》等原著中系统梳理有关金融问题的论述，理论结合实际，揭示资本主义发展到金融资本控制阶段的新特征，却未见提及列宁的帝国主义论，重视其他人有关金融资本的论述，以此作为资本主义走向社会主义的理论根据；有的批判资本主义，以马克思的经济理论为指导，透过资本主义社会的病态现象来解剖其本质，进而指出从资本主义到社会主义的条件已经成熟。有的不必信仰马克思主义，却能运用马克思主义原理，分析资本主义与战争之间的本质关系，认为战争是资本主义走入末路转向帝国主义的必然产物，得出只有消灭资本主义才能消灭战争的结论；有的把近代的社会思想史改造为近似社会主义思想史，旨在消除经现行政府煽惑而流行于世的对社会主义、共产主义和无政府主义的偏见，强调这些主义共同为社会的合理与进步提供了值得珍视的价值，其中包括马克思的贡献居功至伟，但又在评介马克思经济学说时居然忘记了剩余价值概念。这些译本，根据不同的论题，研究和运用马克思经济学说方面均下了一番工夫，增添了新的资料与认识。惟从传播的角度看，就像本年度翻译马克思主义的经济学原著，中断了列宁原著的翻译一样，此类译本运用马克思主义经济学分析经济问题，大多也把列宁的论述撇在一边（《近世社会思想史》译本提到列宁一派的布尔什维主义，同时承认迫于日本当局的压力而在敏感问题上不得不割爱）。这可能是一个偶然现象，但联系当时反共反苏的形势看，二者之间又有一定契合度，并非偶然性能够解释。这一点，从当年其他著作的概述中可以有更加清晰的观察。从自撰著作看，与译著有所不同，主要利用引进的或自撰的研究成果，进行综合整理，然后结合中国实际，得出相应的结论，这些结论仍保持了上个时期的思想印记。如揭露帝国主义的真面目，综合马克思、恩格斯、列宁等人的论述，分析帝国主义对内压榨对外侵略的经济实质，站在帝国主义阵营对立面的苏联及共产国际阵营、殖民地半殖民地民族解放运动和东方革命运动一边，从更加开阔的视野上去认识中国反对帝国主义运动的国际支援背景与世界意义。又如提出农民问题大纲，综合马克思、恩格斯、列宁等人的理论学说，研究中国农民问题的现状，断定中国走资本主义道路不可能真正解决农民问题，只有社会主义才是唯一的出路。帝国主义和农民问题是当时国内的两个热门经济论题，对其重要性有较多的共识。大致说来，在反帝国主义问题上积累了令人瞩目的研究成果，其中引用包括马克思及列宁在内的各种理论学说来支持反帝论点，基于国人的切身感受和凝聚人心，更容易获得理解和认可。在农民问题上则比较复杂，承认处理好这个问题对于中国具有特殊意义，但处理的理念与方式有很大差别，比较典型的是资本主义与社会主义两条道路的对立和选择；对立双方提出的选择理由，又都把从马克思到列宁有关农业理论和农民政策的阐释作为重要的参考依据，借此得出各自所需要的解说，这也是那时接连出现几本专论农业和农民问题的译著或自撰著作，纷纷把眼光投向马克思主义的原著或其系统论述的一个独特现象。

此外，趁着动荡期的逆转潮流，当年同马克思主义争论而败下阵来的无政府主义，又沉渣泛起，推出《马克思主义的破产》《社会主义批判》等著作，其中攻击马克思主义的内容不过是些陈腔滥调，况且较少经济理论的分析，然而如此醒目地宣告马克思主义破产或批判社会主义，仍属少见，恰好迎合了当时抵制马克思主义经济学传播的那股逆流。

其二，考察论述中国和世界问题的各种著作。这是一个宽泛的著作范围，也是最能体现本年度经济思想特点的一类著作。就其宽泛而言，上面考察的著作，以经济理论为主，不时论及中国和世界问题，与这里的考察存在重叠现象。二者的主要区别，在于各自的基本思想倾向明显不同。前者的倾向表现在各个具体著作中，也有差异，但总体说来可以归入从主观上或客观上正面传播马克思主义经济学一类；后者与此相反，总体上对这种传播可能将中国引向苏俄革命的结果，持质疑、驳斥或否定的态度，典型地迎合了政策逆转后的时局变化。这种区别对于后者来说，又不简单等同于粗暴武断地反对传播，同样从马克思主义的原著引经据典，或者引证苏俄革命和建设的事实作为依据，以某种论理方式来遏制传播，特别是阻断以效法苏联模式为其终局的传播趋势。这种论辩方式，一定程度上也反映了马克思主义经济学在中国的传播，通过共产党人的提炼升华，选择走苏俄的社会主义革命道路并多年来宣传普及和付诸行动，形成不可估量的影响力，难以轻易一笔勾销。所以政策逆转后，单凭当权者的武力镇压和舆论钳制，不足以成事，还需要从思想理论上去消解这种影响力。于是本年度看到一批著作致力于此，大多自行编撰，主要利用现成的研究成果，试图阻断既有的传播趋向。

这些著作划为两类，一类以论述劳工运动和苏俄革命为主题，列举了《各国劳工运动概观》《各国劳工运动史》《苏俄新劳动法》《俄国革命史》等，分别由官方和个人编著出版。此类著作，大多参考日文原作，具有相似的倾向，虽表达的强烈程度有所不同，但竞相在援引史实资料上花费了心思。如有的着力于各种国际劳工组织的历史沿革，比较其中的演变与差异；有的从苏俄工会历次代表大会的文件要点中系统观察其发展进程，特别是新经济政策出台后的重大变化；有的专注于苏俄的劳动法，重点是新经济政策前后的转变；有的跟踪苏俄革命的历史，一直延续到斯大林统治的时代；等等。这些资料用于研究劳工运动，其重点也离不开以苏俄为例证，而且比较以前的苏俄研究，又有拓展，惟其目的都为了证明苏俄革命是一条走向死亡的不归之路。其中以官方编撰的著作意向为主导，或者提出应当把劳工运动引向"正路"，在现行制度下启发劳资双方的觉悟，不要激化矛盾酿成极端行为，特别提防苏俄革命将马克思创建国际工人组织的指导思想付诸实践的影响扩散；或者根据苏俄实施新经济政策后改行新劳动法的有关规定，断言这是重回资本私有制度以市场决定劳动契约的轨道，宣布苏俄革命的失败。围绕这种主导观念，个人编撰的著作，有的比较含蓄，认为苏俄工会职能从战时共产主义到新经济政策的转变，失去直接参与企业管理的权限，等于证实了苏俄革命失败说；有的直截了当，不仅大谈失败说，还宣称布尔什维克靠欺骗农民上台，实行无产阶级专政的暴力与恐怖统治，根本不是社会革命，中国不能落入它的圈套，况且苏俄退回类似于民生主义的新经济政策，也说明中国的三民主义比布尔什维主义更加合理有效。如此评价苏俄革命，意在从根柢上否定中国走俄国人之路的任何可能性，宣布这是死路一条，无须仿效。这种舆论氛围，迥乎不同于前几年，针对的正是共产党人的奋斗目标。这些著作一般把马克思学说与列宁学说或马克思主义与布尔什维主义联系在一起，意味着否定了苏俄道路，同时也就否定了马克思主义经济学的传播。

另一类以论述中国和世界经济问题为主题，列举了《经济地理与国际问题》《世界各国新经济政策》《中国农业改造问题丛著》等，均系国人自行编著。与前类著作一样，此类著作把论证的焦点集中在苏俄论题上，做出明确表态，并且同样重视经济资料的搜集和整理，以为表态的支撑基础。同时又花样翻新，不仅切入的角度独特，形式多样，还不那么强调马克思主义经济学与苏俄经济措施或政策之间的继承发展关系，或者把二者隔断开来，或者认为后者违背了前者的主旨。出现这样的变化，与当时的形势背景不无关系。一方面，打压共产党人的纲领主张，必然谴责作为仿效对象和背后支持者的苏俄势力；另一方面，打着三民主义或民生主义的旗号，既要主导反帝国主义的民族革命运动，又不愿复制发达资本主义国家的严重社会弊端，无形中也在借助马克思经济学说的某些分析逻辑，于是避开谴责苏俄模式而连带罪及马克思主义经济学的习惯做法。具体体现到相关的著作里，在讨论中国和世界经济问题时显出一些独特的视野。例如，从经济地理的角度研究国际问题，以为国际问题的核心是经济或民生问题，表现为世界经济趋于一体化的进程，又表现为帝国主义控制和掠夺全世界资源的强权色彩；引用包括列宁在内的马克思主义者有关帝国主义的论述，分析其本质、特征与内在矛盾，导出世界革命的命题；自称为革命编写此书，然而革命的对象，不仅包括传统列强实行经济侵略的白色帝国主义，还包括苏俄政权以暴力革命和无产阶级专政推行对外战略的赤色帝国主义；结论是三民主义取代马克思主义和列宁主义，成为解决世界革命问题的唯一理论。此结论并未排斥马克思主义和列宁主义，寓意三民主义更高明，但又把苏俄与各国列强并列，统称为世界革命要打倒的赤白帝国主义，足见对苏俄模式的憎恶程度无以复加。又如，从世界各国新经济政策的角度，评介苏俄的新经济政策，前者被定义为西方各国实行以调和矛盾与相互合作为特征的经济民主主义，后者则是试图扭转战时共产主义败局的权宜办法；通过系统考察苏俄新经济政策的范围、举措、进程与影响，判断其奉行国家资本主义，不可能再回到借助暴力革命与无产阶级专政来推行社会主义的原有轨道，有可能重蹈西方国家放任私人资本主义的覆辙，意味着从战时共产主义到新经济政策的双重失败；于是，挽救苏俄的唯一正路，只能像西方国家那样，实行所谓经济民主主义的新经济政策，而这又意味着苏俄革命道路的彻底失败。书中有一个潜台词，苏俄现在的经济发展程度，根本达不到西方已有的水平，无法建设马克思所设想的社会主义，能否实行经济民主主义，也存在疑问。这是把马克思经济学说同苏俄经济实践区分开来，贬抑苏俄而未追究马克思学说。再如，从中国农业改造的角度论及苏俄的农业改造教训，详细考察战时共产主义对农业和农民所采取的各种举措及其影响，认定这是继诱骗获得农民的支持后再通过农业改造来剥夺农民利益的恶劣行径，不可为中国所取法；试图在私人资本主义和共产主义两个极端之间，寻找一条改造中国农业的正确道路，并诠释民生主义正是这样的道路，利用国家力量而不采取土地国有制，保存土地私有权的同时解决土地问题。这个说法，也暗示像苏俄这样的经济落后国家，强制推行社会主义革命违背了马克思的初衷，战时共产主义的失败便是证据。几本著作的论点相似，表明当时国内流行反对苏俄的思潮，除了政治原因外，经济上苏俄本身出现战时共产主义的失误并调整为新经济政策，这种闻所未闻的创新式社会主义探索，也使不少关注时局动态的国人难以理解，以致将马克思主义的经济学原理与苏俄的经济实践割裂开来。改变这种认识，不止是理论解释问题，需要社会主义的成功实践。

其三，考察各种经济学著作。本年度专论经济理论的著作，除去少数以马克思经济概念或马克思主义经济学命名者外，中断了引进以马克思主义经济学创建新经济学的探索性著作，结果在理论经济学领域流传的几乎全是正统经济学的版本。体现正统原则的那些经济理论观念，也一以贯之地传承下来。前个时期马克思主义经济学的传播在正统经济学的信奉者那里所引起的连锁反应，针对马克思经济学说及苏俄例证而有系统地加以防范的戒备与敏感意识，同样在本年度的经济学著作里得到反映。这种反映，不只靠舶来著作的翻译去表达，通过自撰著作来宣泄者逐渐增多，这些自撰著作随着国人经济学素养的提高，也表现出不俗的水准。具有典型的意义的是编撰欧洲近代经济学说，自称可以避免欧洲学者偏袒某国或其派经济学说的弊病，进行客观评介。其实这种客观性，仍流露出受正统经济学影响的个人倾向。比如，把欧洲最有影响的经济学派分为英国的古典经济学与德国的马克思经济学说两大派，用很大篇幅，详细介绍《资本论》等马克思原著的理论观点，其详细程度，在若干方面甚至超过了一些专论马克思主义经济学的著作，可以说体现了客观性；同时又把马克思分析资本主义制度必然崩坏的理论，解释为非人为的自然化过程，消除非资本因素的纯粹化过程，等同于宿命论，由此推理，苏俄革命既然不是资本主义发展到极限的自然产物，是在不成熟的落后经济基础上实行暴力革命的人为结果，则意味着违背马克思学说的基本原理，必将招致失败，又可以说体现了正统经济学观念的影响。表面看来，这是用马克思的经济理论否定苏俄的革命实践，实则将马克思理论体系中有机联系在一起的经济学说与阶级斗争学说或无产阶级革命学说肢解开来，剔除人为的斗争或革命学说，只剩下听天由命的自然趋势；经过这样的曲解，马克思经济学说变成消极等待的涵义，不会对现实资本制度产生任何威胁，而奉行积极主动精神并获得革命成功的苏俄案例，便成为维护现行制度者们的众矢之的。这种对苏俄革命的经济学解释，实际上也是当时论述中国和世界经济问题的一些著作相继提出苏俄失败论的共同出处。不论是否引用马克思经济学说作为理论依据，目的都是为了证明经济发展落后的国家，可以反对帝国主义的经济侵略，可以事先防范资本主义制度的社会弊端，但绝无资格走社会主义道路，违抗这个自然命运，势必遭受惩罚，如今苏俄的失败正是教训，中国效法苏俄，亦难逃此厄运。对付马克思主义经济学的传播，本年度理论经济学领域还有一个现象，找出并引入国外马克思主义者如日本河上肇的早期著作，冲淡他后来阐释和宣扬马克思经济学说的那些译本，包括专论马克思主义经济学的译本在我国的影响。如把考察经济学说史的重点放在资本主义经济学即英国古典经济学的发展历史上，按照译者的设计，特地附加作者比较个人主义与社会主义之差异的一篇译文，脱离现行资本主义制度，将这种比较抽象化；据说因为现在大多数人不愿放弃资本主义制度，也不理解社会主义制度，故以个人主义取代资本主义同社会主义比较，更能体现人类本性的要求，这种要求体现在古典经济学的集大成者穆勒的著作里，便出现社会主义的倾向。像这样鼓吹从正统经济学的内部引出社会主义经济学的自发生成机制，也算对抗马克思经济学说从外部批判传统政治经济学的一种"独创"。

如果说本年度在经济史学的著作方面，尚追求客观的态度，以此评介马克思经济学说并求证苏俄经济的失败，铺叙理论与实证资料，多少表现出一些分析上的新意，那么在纯理论经济学的著作方面，就显得比较刻板了，无论译本还是数量居多的自撰本，都很难超出正统经济学的窠臼。一些经济学著作吸纳经济学说史研究的成果，给予马克思经济学说以一定的地位，然而一旦进入通用经济学教科书的范围，马上受到正统标准的审视，马克思关于资本主义必然崩坏的历史趋势分析，变成排斥任何革命行动的宿命论，关于资本剥削雇佣劳动的剩余价值理论，也被解释为并非消灭或废止资本私有制度；经过这样的加工处理，马克思经济学说被改造成否定布尔什维主义在落后国家发动革命、采取暴力而非和平方式的理论工具，更是正统经济学的着力之处。另一些经济学著作不似教科书那样受审查标准的约束，试图在传统经济学的理论框架内作些延伸研究，如简明评介马克思经济学说，将苏俄革命的经济涵义也纳入研究范围等；可是终究摆脱不了正统观念的影响，所以对马克思经济理论的解释不时偏离其原意，对苏俄革命是否属于社会主义也把持不定，关注苏俄的农民运动而不提其资本主义经济基础及工业无产阶级，意味苏俄连资本主义的发展水平都达不到，遑论社会主义革命。再一些经济学著作不同于前述国人的自行编著多少带有因袭转述或借鉴参考的成分，直接译自西文原作；引进这样的著作，哪怕原作者的主张如协作主义，在先前引进的译本里模糊地含有与马克思经济学说相类似的观点，现在以理论经济学的专著形式表现出来，却弥漫着正统观念的浓厚色彩，公开站在马克思主义经济学的对立面。还有一些国人自撰且数量更多的经济学著作，立足于多种形式通俗解说和普及正统经济学的基本原理，或从总体上简述其主旨，或按理论体系的传统分类如消费、生产、分配等分别介绍，或根据考试要求规范其理论要点；这些著作，除了复述正统理论外，凡涉及马克思经济学说或苏俄案例之处，一概老调重弹，或维护现行资本制度，或强调劳资调和避免极端，或申辩个人资本主义即使与共产主义同属极端，仍具有为共产主义所不及而促进生产力发展的长处，或在考试参考书里，完全忽视马克思经济学说等。当时的经济学领域，此类看起来刻板却忠实遵守正统经济学信条的著作，全方位占据从讲义、专著、通俗读物到考试参考书等的支配地位。当然，在此类通俗读物中，也会冒出个别特异者，如转录出版日人选编的世界社会经济名著提要，一面推介典型正统经济学的代表作，一面搜罗空想社会主义者、修正主义者和无政府主义者的不少著作，也给马克思的《政治经济学批判》留下一席之地；同时给予马克思学说的"客观"待遇，乃是借助修正主义的批判，申明它的理论基础已被完全动摇，而体现在马克思著作提要里的简介，不过一些学术性提示而已。

以上是1928年间马克思主义经济学的传播概况，分别论及各类著作的大致特点，下面将这些著作整合起来，进一步综述本年度的传播特征。

第一，马克思主义经济学的传播经历政治形势逆转的动荡变化，逐渐形成适应于各种复杂局面的新的传播常态。政治形势的逆转，发生在上个时期的末尾阶段，对传播的影响，当时在若干著作中已见其端倪。惟出版相对滞后，这种影响到1928年从著作里充分表现出来。说到逆境中的传播，其实自马克思经济学说传入中国之日起，一直面临各种质疑、反对或排斥，从未消停过。这种逆境之所以未能阻止反而激励传播的进展，在于中国近代多灾多难的亡国忧患促使一批批志士仁人前赴后继地寻求救国救民的出路，每经历一次选择、尝试和失败，都在吸取教训，加深对我国受封建势力束缚和帝国主义侵略等内外因素的制约，难以如愿步西方发达国家之后尘的国情认识，继续新的探索，而马克思经济学说的传入，日益积累，为这种探索不断注入可资借鉴和吸收的理论滋养。苏俄革命的爆发，提供了新的选择，但在一段时间内，并未得到重视；五四运动前后，在新的外患内忧逼迫下，对外求助无门，对内发展无路，这个选择最初被提上议事日程，与传播的深入过程同步，经过启蒙时期的酝酿和准备，直至中国共产党成立，正式提出走苏俄道路的社会革命主张。自此以后，马克思主义经济学的传播，脱离单纯凭借个人志趣而选译或自撰著述的自然随机状态，进入在建党纲领指导下的有组织有系统轨道，特别是国共合作期间，缓解了逆境的风险，使传播达到一个新的境界。以上进程，便是1928年或1927年上半年之前的基本传播脉络，历经艰难探索，将马克思主义经济学传播的实现路径与方式落实到苏俄革命的范例上，确立了中国革命的道路选择，开始走出逆境，迎来新的传播局面。正当此时，国共合作破裂的冲击，形势发生逆转，传播遭遇更加严峻的逆境。不过，此时的逆境，已不同于此前的逆境，除了促进传播的客观要素依然存在，亟待改变国家的内外交困局面之外，从内部看，共产党人所主导的传播，将中国走社会主义的道路选择摆在每个人的面前，成为国人共同关注和思考而无法回避的时代命题，马克思主义经济学的传播经过多年积累，也将解剖资本主义制度的剥削本质及其必然趋于灭亡的科学理论，以比较通俗的方式普及于国人，并联系中国自身的实际经济困境而得到印证；从外部看，苏俄政权的巩固和共产国际的加强，殖民地半殖民地各国民族解放运动的兴起，资本主义国家内部矛盾的激化和帝国主义侵略本性的暴露等因素，都对传播产生不同程度的影响。因此，传播再次面临逆境时，反映到1928年的著作里，传播中积蓄起来的主导力量、推进趋势和渗透影响，并未发生根本的逆转，而以适应于围追堵截的其他方式，曲折迂回地表现出来。例如，本年度论及马克思经济学说的著作，以单个年度而论，竟比以前几个时期任何一年的同类著作增加许多，这种在打压形势下反而有更多著作去研究和讨论马克思经济学说的现象，不论研究讨论者持什么态度，都印证了传播的影响力已经发展到各方势力不能忽视的程度；翻译引进马克思主义经济学的原著及阐释本，仍一如既往在延续，不断增加新的理论资源，此类译本主要不是由共产党人经手，或出于学术研究兴趣及翻译热门原作等其他动因，但多年传播所突出的主题和引起的关注，包括惯性作用，这样的翻译引进已成为逆境难以阻挡其势头的一项事业；共产党人阐述自身信仰与纲领的著作遭到查禁，转而选译或自撰一些共同关注或具有一定共识的论题，如资本主义的社会病态、帝国主义的真面目、农民问题等，将马克思主义经济学的原理贯穿其中，起着分析引导的作用；逆境时质疑马克思主义经济学及其苏俄实现方式的著作蜂拥而至，形成包围之势，同时明白靠诅咒和谩骂无法阻止传播的推进，需要在理论争辩上占据上风，特别是一些国人自撰的著作，为此下了不少工夫，从各种角度分析中国和世界经济问题，经常引用马克思的经济理论并加以反驳，批驳的论点大同小异，而介绍马克思经济学说却让人看到一些新的内容，这是在压制传播的过程中反受到传播的影响；自撰的正统经济学著作同样如此，尤其评述欧洲近代经济学说，一面把马克思经济学说诠释为等待资本制度自然灭亡而无须人为干预的宿命之说，一面为了标榜公正和无偏颇，又引入《资本论》等著作中许多鲜为人知的理论，尽管这种引用是为了配合宿命论的解说；等等。由此可见，马克思主义经济学的传播，通过逆境中的调整和适应，形成持久、坚韧和深化的新常态。

第二，马克思主义经济学的传播在动荡时期所遭遇的攻击，集中体现在对于苏俄革命模式的认识上。苏俄革命从一开始，在资本主义国家主导的国际社会舆论里，就面临一片指责声，这种舆论同样影响到我国，主流媒体的报道除了当作时髦新闻加以渲染外，到处充斥着质疑、抹黑和污蔑的观点，哪怕尽是些道听途说之论。此后随着启蒙时代的到来和苏俄对华政策的调整，国内舆论越来越关注苏俄革命的客观背景、事实真相和理论依据，进而认识到这是马克思主义在俄国传播的独特结果和实现形式，并提出中国的改造应向俄国人学习或走俄国的道路。这个观念挑战现行制度和执政权威，被列入剿灭的对象，但在舆论界的响应呼声不绝于耳，直到升华为共产党人的建党纲领。建党初期对于苏俄革命的认识，姑且不论那些敌视者的恶意攻击，在共产党人自己的著作里，也能看到党内外人士的一些不解或责难。质疑的理论焦点是，像中国这样的经济落后国家，根据马克思经济学说或唯物史观的原理，能否效法苏俄走社会主义革命的道路。这种质疑，有时也延伸到苏俄革命本身是否合理的问题上。对此，共产党人的释疑或对责难的反驳，一般着眼于不能教条式理解唯物史观的理论见解以及整个世界资本主义正在走向没落的国际环境，并以苏俄革命的成功作为范例。此时质疑与反质疑的重点，不是苏俄革命本身，而是中国共产党人效法苏俄革命的选择。国共合作期间，在考察的著作范围内，此类质疑被淡化了或被掩饰了，几乎看不到诋毁苏俄革命的言论，反倒经常引用苏俄案例作为正面的说明，引进列宁原著的译本作为分析国内外形势的理论依据。国共合作一破裂，舆论界反对苏俄的声浪突然高涨。表现在 1928 年的著作方面，翻译列宁原著的进程中断了，专论苏俄的著作悉数以攻击苏俄为快事，其他论述经济问题的著作也纷纷把苏俄当作反面例证。这股反对浪潮实际上针对共产党人，采取的共同手段却把矛头对准苏俄革命模式，因为只有从理论和实践上彻底否定这个模式，才能从根本上否定共产党人所选择的道路。这也正是攻击苏俄著作的新特点，况且共产党人的回击论著受到压制，这些著作的核心主张便肆意而充分地表现出来。除去那些习见的攻击言论不论，比较以往，此类主张有一些新的论据值得注意。一是在理论上，不仅限于引用唯物史观公式的个别词句或某些涵义去强调社会革命受到经济发展条件的制约，不能超越客观制约而主动推行革命，还从马克思经济学说的理论体系中寻找根据，强调资本主义的崩坏是生产力发展到其社会组织所能容纳的极限而自然产生的结果，非人力所能改变；因此，落后于欧美发达国家经济水平的俄国发动革命推翻现行资本制度，背离了马克思经济学说的基本原理，注定失败，甚至根本不属于社会革命的范畴。二是在实践上，说明苏俄革命的经济政策无一成功，先是实行战时共产主义，企图一步跨入共产主义社会，招致天怒人怨，农民反对，经济衰退，饥荒频现，危及政权，最终只能宣布放弃；接着改行新经济政策，固然取得经济好转的效果，但这已不是社会主义政策，而是奉行国家资本主义，行之既久，根本不可能再回到社会主义的原有轨道，要么重新堕入私人资本主义的泥淖，要么转向欧美国家的经济民主主义或社会改良政策，不论什么结局，都证明了革命的失败或苏俄的变色。三是在指导思想上，有的著作仍认为苏俄的经济政策以马克思主义经济学为指导，将二者合在一起作为批判对象；有的著作则将二者悄然分开，认为马克思经济学说的分析有一定道理，而苏俄革命不是这种分析的合理实现方式，战时共产主义因缺乏发达经济基础而失败，新经济政策又因偏离社会主义轨道而变质，所以不能将马克思主义经济学看作苏俄施政的指导思想；还有的著作认为马克思经济学说不能得到正确实现说明它已过时，苏俄经济政策的调整更说明它的失败，由此证明民生主义才是解决中国乃至世界经济问题唯一合理的指导理论。诸如此类的论据，不是徒托空言，一味谴责，从马克思经济学说和苏俄经济实践中系统引用各种理论观点或史实文献予以论证，其目的无疑是通过否定苏俄革命来否定中国共产党人选择社会主义道路的主张，阻止马克思主义经济学的传播，然而由此提出的一些问题，如怎样在经济落后的情况下进行社会主义革命和建设，汲取战时共产主义的经验与教训，在无产阶级专政前提下尝试推行适合俄国国情的新经济政策等，仍值得时人及后人结合中国自身实际去认真思索。

第三，马克思主义经济学的传播与正统经济学的强化之间，在动荡时期形成复杂的互动关系。经济学作为一门舶来科学，最初传入我国以正统经济学为基准，以后根据这个基准不断补充新的内容或调整旧的观点，长期以来一直占据国内经济学界的支配地位，不曾动摇。其支配力表现在经济原理的流行及理论框架的普及上，也表现在作为经济指导观念的现实分析运用上。马克思经济学说的传入，先是依附于舶来社会主义思潮，作为其中一个组成部分，与形形色色的社会主义派别混杂在一起，后来随着其科学地位及指导作用逐步为国人所认识，开始从混杂中独立出来，成为主导社会主义思潮传播的最重要学说。不过相当长时间内，在国人的意识中，马克思经济学说好像归属于社会思想领域，与现存经济学领域没有直接关联，包括共产党人确立党纲并运用马克思主义经济学为之阐释和宣传，其著作也经常使用社会学、社会哲学、社会进化等名义，鲜见以经济学为书名。其实在早期传入阶段，马克思经济学说也势必与正统经济学产生交叉碰撞。马克思经济学说批判资产阶级政治经济学，乃其本色，正统经济学为了维护自身的权威，也不时以马克思经济理论为靶子。但从国内的著作看，一般说来，马克思经济学说的传入不那么深入，对资产阶级政治经济学的理论批判尚未引起充分的关注时，正统经济学无虞自身的统治地位，其流行的理论体系也把马克思经济学说放在边缘或无足轻重的位置，甚至不屑一顾。真正的碰撞发生在分析中国现实经济问题，提出解决办法的理论运用方面，运用正统经济学，结论是中国经济的出路只能在发展资本主义，同时提前防范现行资本制度的贫富悬殊及阶级冲突等社会弊端；运用马克思经济学说，其分析有一个逐步深化的过程，先认识到资本主义制度无法克服其内在矛盾和本质缺陷而必然崩坏，然后通过苏俄革命的成功案例，又认识到列宁学说继承和发展了马克思经济学说，进而联系本国实际，由共产党人确立了在中国实行社会革命和走社会主义道路的基本纲领。这是解决中国经济问题截然不同的两种主张，必然反映到国内理论经济学领域。马克思主义经济学方面，出现创建新经济学以挑战正统经济学的理论尝试；正统经济学方面，面对马克思主义经济学的冲击及苏俄革命影响的扩大，一边引进各种社会改良的学说以修补其理论体系的缺陷或漏洞，一边建立更有针对性的理论防范系统。理论经济学领域的这个动态，到动荡时期，建立新经济学理论体系的尝试被中断了，但挑战以其他复杂的方式仍在延续，马克思主义经济学的传播同样表现在正统经济学的著作方面。例如，有的著作叙述欧洲近代经济学说，给予马克思经济学说以非同寻常的篇幅，增补了不少以往评介所鲜见的新内容，尽管这种评介是为了把马克思经济学说引导到宿命论的理解方向；有的著作试图把马克思经济学说与苏俄革命区别开来，一面承认马克思经济学说的科学成分，具有严谨的推论逻辑，一面论证苏俄革命违反了这个理论逻辑，进而否定这种革命方式对中国的参考作用，削弱马克思主义经济学传播的现实威胁；有的著作力求客观无偏见地并列介绍包括马克思经济学说在内的重要理论派别，结果在正统经济学的理论框架内，简略描述了马克思经济学说的整体面貌，又比较各主要经济学派别之间的源流或异同，等于为理解马克思经济学说奠定了经济学知识基础；有的著作把此前同马克思经济学说的关系暧昧或似乎一致的思想如协作主义，在经济学体系里划清二者的界线，一个谋求推翻现行资本制度，一个以维护现行制度为前提；有的著作还把日本马克思主义者有关资本主义经济学史的早期论述，编排为个人主义与社会主义之间的比较，似乎可以超越现存资本制度去抽象比较资本主义与社会主义的关系，又可以从正统经济学中发展出社会主义的经济思想，以此颠覆论述者后来解说马克思主义经济学的影响力；更多的著作则致力于向国民灌输正统经济学的基本原理，从教科书、通俗读物和考试参考书等各方面，构筑起防范马克思主义经济学渗入的思想壁垒；等等。这些表现形式，以国人自撰著作为主，趁着动荡时期来强化和宣扬正统经济学，其内在原因则是为了应对马克思主义经济学的深入传播对正统经济学的支配地位所形成的挑战。

## 五、1929 年的传播概况与特征

在马克思主义经济学的传播史上，经历 1928 年的动荡，1929 年的变化之大，简直换了一个面貌，故称之为恢复期。所谓恢复，不是简单回到动荡期之前的状态，而是经过逆境的历练和适应，冲破著作界的围追堵截，又站在一个新的起点上。本年度作为 20 世纪 20 年代的最后一年，看起来不过寻常的自然年度，没有重大的历史事件作为背景，与恢复期的出现联系在一起，似乎是个巧合。其实，这是马克思主义经济学的传播持续积累的结果，深刻的原因，在于国内政治、经济、外交等危机的恶化，使得执政当局发动政变后造成的压抑和沉闷局面，发生变化，无法继续钳制民情舆论，更无法阻止中国共产党领导革命运动所产生的影响。20 年代末的传播恢复期，实际上是这种变化在著作界的反映。或者不如说，反映在著作界的传播势头的迅速恢复和发展，预先诠释了变化的未来趋势。这种恢复，不止表现为同类著作数量的大幅增长，还表现为著作质量的明显改善，不止表现为某些局部的进展，更表现为全方位整体的提高。这样的改善和提高，在统治者强化自身地位和正统经济学主导的环境下，不可能呈直线和单向趋势，势必引起强烈的反弹对抗，由此也给恢复期传播的曲折道路增添了新的时代因素与特征。本年度考察的著作 130 多种，大约为 1928 年近 50 种著作的 2.7 倍，几致 1928 年以前八年著作的总和，为此前面考察时分为两编，适当均衡各编的篇幅。下面综合两编的著作，一体概括。

1929 年的同类著作，延续 1928 年的增长趋势，有大的飞跃。特别是正面传播的著作，风起潮涌，达到前所未有的程度。本年马克思主义经济学的传播概况，按照几种著作类型，梳理如下。

其一，考察传播马克思主义经济学的各种著作。这是传播的主导性著作，数量增加最多，冲击力亦最大，比较此前的同类著作，几乎各个方面都有新的突破，典型体现了恢复期的传播进展。为了集中和有条理地显示这种进展，将前面分章考察的著作归并一道，细分为几种类型。这样的细分概述，因同类著作的内容关联性较强，有时较难划清著作之间的界线，只能勉为其难。

第一类翻译马克思主义代表作的各种译本，列举了《科学的社会主义之梗概》《帝国主义论》《农民与革命》《国家与革命》《列宁经济学》《哲学之贫困》《家族私有财产及国家之起源》《宗教·哲学·社会主义》《土地问题论》等。这些代表作，不必都属于经济学类型，但经济理论的内容无疑占很大比重，在马克思主义经济学的传播中举足轻重，成为其基础理论的原典来源。此类译本，对照此前几个时期，呈现一些新特点。一是延续早期趋势，翻译引进马克思主义原著向前推进了一大步，从个别的全译本翻译，到多种全译本或原著主体部分的集中翻译，从比较流行和通俗的单篇原作的摘录翻译，到难度更大的经典原著的完整翻译，从习惯于借助某种单一文字的原著翻译，到有意地选择多种文字来源的原著翻译。这些翻译的质量参差不齐，总体说来并不理想，但自此以后，原著翻译不断扩展种类、改善质量、加深理解并运用于理论和实际问题的研究分析，构成马克思主义经济学传播的核心部分。二是接续 1928 年间被中断的列宁原著的翻译，给予从未有过的高度重视。不同的人不约而同地翻译列宁的多部代表作，包括《卡尔·马克思（传略和马克思主义概述)》《帝国主义》《给农村贫民》及《国家与革命》，可以说是恢复期的一个特殊现象。这些经典原著的全译本，奠定了列宁学说在中国传播的基础。三是马克思恩格斯的原著全译本，尤以《列宁经济学》为系统整理和展示列宁经济学原著精华的范例延伸到论辩性著作如《哲学的贫困》，吸收古代研究新成就的著作如《家庭私有制和国家的起源》，这些延伸翻译，也为后来翻译马克思最重要的经济学原著《资本论》准备了条件。完整翻译威廉·李卜克内西的原著《论土地问题》，同样是早期马克思主义者所留下的重要专题著作，意味着原著选译方面的视野扩展。四是翻译原著的译者中，再次看到共产党人的身影，其他译者的身份多数不知其详，但普遍持认真和郑重的翻译态度，不曾流露反感或抵触情绪。在当时的情势下，这些译本有的使用化名翻译而隐去作者名字，采用作者的西文原名或其他译名，可能与对付当局的审查有关；有的强调原著的研究成就，意在引向纯粹学术的轨道；有的重视原著的观点，以资解决中国的类似问题如土地问题时参考；共产党人的译者最为鲜明，根据原著关于私有制为基础的阶级社会是原始共产社会解体的产物这一分析，判断未来国家将随着共产主义社会消灭私有制和阶级制度的胜利而消亡，并以此否定现存资本制度和阶级社会的国家形态。

第二类阐释马克思主义经济学的代表性著作，列举了《中国产业革命概观》《社会之基础知识》《经济学大纲》《经济现象的体系》《资本论入门》《资本论概要》《科学的社会主义》《科学的社会主义底基本原理》，以及在《马克思经济学说的发展》名义下分别出版的《农业理论的发展》《金融资本与帝国主义》《人口理论》等。20 年代之前，阐释或解说马克思经济学说的著作即传入国内，进入 20 年代，每个时期都能见到类似的阐释本或解说本。这些版本为清一色的译本，一般围绕《资本论》第一卷的内容给予诠释并以通俗解说为主，出版间隔亦为时较长。到 1929 年，在既有基础上，情形为之一变。一年内相继出现一批这样的著作，而且自撰本与翻译本在数量上几近平分秋色，涉及的理论范围不断扩大，难度也是浅近者与深入者兼而有之。特别指出两点，一是共产党人主导，初次显示自行系统阐释马克思经济学说的能力与水准。从翻译引进到自行阐释，有一个消化吸收并结合国情加以理解和转述的过程，最初离不开参考国外相关著作，一般从通俗解说处着手。共产党人承担的这项工作，表现为前期著作较少专论经济学说，更谈不上系统阐释，这和前期关注的重点不同有关，同时需要良好的经济学知识基础和理论素养。这种素养和能力，突出显示在本年度的著作里。如李达根据有限的经济统计资料，判断中国出现产业革命的端倪，进入资本主义发展的初期，因而马克思经济学说关于社会发展历史趋势的普遍原理，包括对资本主义的解剖，同样适用于中国；资本主义在中国不是内生的而由外因引起，不可能像欧美国家那样正常发展，在半封建半殖民地的条件下，只有打倒帝国主义、肃清封建残余并类似于苏俄政府去发展国家资本才有出路，这也是马克思主义中国化的道路。基于这个分析，有必要系统了解马克思经济学说的基本原理，于是在介绍社会基础知识的名义下，比较完整和概略地阐述《资本论》第一卷的内容，并延伸到有关帝国主义的理论。这些阐述就其理论内容而言，吸取当时的舶来研究成果，延续以社会知识类书名涵盖经济学知识的惯例，但以国人自撰的水准衡量，在系统性和理解力方面，无疑迈出了重要一步。又如陈豹隐多年浸淫于经济学领域，在教学基础上，以共产党人的敏锐萌生全面改造现行经济学体系的想法，拟从经济现象的体系和经济现象的解剖两方面入手，建立经济学原论的全新理论框架。随后翻译河上肇的经济学大纲，认为这是解剖经济现象的最好著作，比欧美国家流行的同类著作都好，于是放弃自撰转而以河上之书作为其理论框架的主体部分。河上此书全然不同于流行的经济学大纲，简约复述《资本论》三卷本的理论要点，等于用完整的《资本论》体系全面取代资产阶级理论体系而成为经济学的正宗；换句话说，陈启修所理想的理论框架，解剖经济现象的最好依据，就是三卷本《资本论》，他自撰经济现象的体系，则用于国人在理解难度较大的理论解剖之前，先行了解有关经济学的基本知识。这种经济学框架的理论构想，对于系统阐释马克思经济学说，从翻译引进转向自行编撰的初始阶段，具有衔接意义和支撑作用。与《经济学大纲》译本相匹配，有人还节译河上的《资本论入门》，这是深入诠释《资本论》一系列重要经济概念的专著，难度更大，译者浅尝即止，未能译完，但也让人领悟《资本论》的博大精深，需要花大气力去研究。另有两本论述科学社会主义的著作，同样系统阐释了马克思经济学说及其向列宁学说的延伸。一本译著解说马克思基本经济原理的科学涵义，据此反驳社会主义阵营内部那些反马克思主义的观点，还以美国工业发展的最新统计数据来证实这个原理的正确性；译者声称译此书为了赚稿费讨生活，似乎反映了译成于动荡时期的某种戒备心理。另一本自撰著作阐释马克思学说的三个来源和三个组成部分并发展到列宁学说，坚信马克思主义的正确理论具有现实指导意义，体现了共产党人的意志，尽管对现有研究成果的编撰整理有明显疏漏。二是翻译引进关于马克思经济学说发展的专题研究著作，拓展了认识的视野。这些专著，分别研究马克思主义的农业理论、金融资本与帝国主义理论、人口理论，反映了日本马克思主义研究者的新近著述成果。作者们共同着眼于马克思经济学说的发展，而对发展的认识又各有不同。如农业理论以马克思的经典论述为准，考察恩格斯和几位马克思主义者，以及列宁乃至共产国际的进一步阐释、补充及付诸实践的具体运用等，显示马克思农业理论在马克思之后的发展进程；金融资本与帝国主义理论揭示帝国主义时代的实质及特征，追溯到马克思关于资本主义内在矛盾的基本分析，显示金融资本与帝国主义理论在《资本论》中的发展源头；人口理论从批判马尔萨斯人口论入手，区别抽象的和历史的人口法则，专注于资本主义经济的相对过剩人口现象及其规律，显示马克思人口理论的严密逻辑与递进发展关系。这些专题研究，除了农业理论的作者先有《农民问题研究》一书被引进外，令人耳目一新，书中根据不同专题有系统地引用或转述马克思恩格斯等原著的大量理论观点，让人目不暇接，为马克思主义经济学的传播开辟了新的视界。

第三类创建新经济学体系的一批著作，列举了《经济科学大纲》《新经济学问答》《政治经济学》《新经济学入门——资本主义社会之解剖》《新经济学方法论》《现代经济学概念》《经济学概论》《新兴经济学研究》《现代经济学》《经济学常识》等。依据马克思经济学说创建新经济学体系的尝试，已见于 1927 年的几个译本，随即在动荡期被中断，时隔一年又以更大的规模更猛的势头再现出来。前述陈豹隐翻译河上肇的《经济学大纲》作为解剖经济现象的范本，叙述《资本论》三卷本的要点，自撰经济现象的体系与之配合，拉开了用新经济学著作代替旧经济学著作的新一轮序幕。接着，各种新经济学著作纷至沓来，比较 1927 年又有明显变化，继引进河上肇的《经济学大纲》后转而以引进苏俄学者的著作为主导，除译本外开始出现国人的自撰本，无论引进本还是自撰本都体现了共产党人的主导作用。一般说来，引进本的理论创新更有原创色彩，在信奉马克思经济学说的前提下形成创建新经济学的多种路径和多种样式，初现后来马克思主义政治经济学新范式的雏形；自撰本则大多以引进本为参照，一面在仿效过程中学习和培养运用马克思学说建立新经济学体系的相关知识与素养，一面试图让新经济学体系适用于国人的理解基础和认知特点。从引进本看，苏俄学者的著作，显出梯次递进。例如，经济科学或新经济学的大纲与问答，较早成书，属于系列成套著作中的教科书和通俗解答一类；依据唯物史观，尤其从社会进化史角度说明资本主义必然被社会主义取代的历史趋势，构成全然不同于正统经济学的新型经济科学体系；惟书中尚未涉及苏俄革命的实践经验，对未来社会主义经济的描述比较抽象或理想化，其理论框架颇类于 1927 年所见的经济科学概论。用政治经济学命名的著作，在前者基础上跨进一大步，不是简单复述马克思解剖资本主义的理论，而是联系苏俄的经济建设实践，主要以实行新经济政策的理论与实际为例，说明从资本主义过渡到社会主义时期的经济规律、路径与特征；这个过渡时期不同于马克思所说的在资本主义发达基础上实现社会主义的过渡概念，将马克思经济学说与苏俄在经济相对落后条件下建设社会主义的具体实践相结合，创造性地建立新的政治经济学体系，既须利用资本主义市场经济的许多经济范畴，又要保证社会主义的建设方向，对于我国选择社会主义道路的经济指导思想，更有参考价值。新经济学的入门及方法论著作，向通俗解说及实际运用方面发展；所谓解剖资本主义社会的入门，立足马克思的解剖理论，向帝国主义的理论延伸，通俗解释帝国主义时代必然导致无产阶级革命的理论，其经济理论的入门，从马克思分析资本主义社会，联系到指导现实革命，被称为新政治经济学教科书；所谓方法论，系统梳理马克思原著中的方法论观点，强调新经济学的建立，不能停留在马克思分析资本主义社会的一般理论原则上，要以辩证思维的方式，重视这些理论原则运用于现实斗争的具体条件与经验，摈弃教条式的理解与应用；这两类译本，是在政治经济学体系创新基础上的普及与运用。除了苏俄学者的著作，还有来自英国的经济学概论译本，从平民或劳动者的立场上说明资产阶级经济学的谬误、资本主义经济组织的弊害及其必然被新社会组织取代的历史趋势，其中同样引用马克思原著的许多论述以为论据，亦有新经济学之称；此概论更看重资本主义的没落趋势是经济高度发展基础上的自然现象这一理论，对于社会阶级分裂而产生的阶级斗争理论，仅限于抽象概念，淡化实际运动，更回避苏俄革命的例证，难怪译者认为这种经济学概念类似中国的民生主义理论。另有编译体的现代经济学，从国外多部著作中选择几十个经济概念为主线，主要介绍马克思的经济理论，延及列宁的经济理论；虽不必以创建新经济学为目的，然而在现代经济学的名目下专论马克思主义的经济概念，也为这种创建打下了基础，显现新经济学著作从翻译引进到独立自撰的转化中介过程。从自撰本看，先看到同样名为现代经济学，突出马克思的经济学与资本家的经济学相对立，证实国人撰写以马克思主义经济学为根据的新理论体系，是从翻译参考到编译选择的转化产物；接着看到专题研究新兴经济学，系统讲述马克思主义经济学的同时注重通俗化，不时点题说明中国经济状况及其发展趋势，其态势区别于正统经济学而以新兴经济学为指导；还有一些介绍经济学的常识，不属于创建新经济学的范畴，但放入不少马克思经济学说的知识并给予肯定，意味着国内经济学界出现引进或自撰新经济学的风潮，在相关理论知识的普及方面已有一定的基础。

第四类重新阐释经济史学的代表性著作，列举了《物观经济学史》《社会主义经济学史》《唯物史观经济史》《帝国主义没落期之经济》《近代帝国主义概略》《社会经济发展史》《资本主义合理化的各种问题》《世界大战后的资本集中》《各国经济史》等译本，以及《资本主义的发展及其没落》《战后世界资本主义研究》《经济史概要》等自撰本。经济史学包括经济学说史和经济史两部分，所谓重新阐释，指运用马克思主义经济学改造两个部分的理论阐释，建立全新的经济史学体系。我国经济学领域的著作，受马克思主义经济学的传播冲击正统经济学支配地位的影响，较早且较为明显地体现在经济学说史或经济思想史方面，通常是在正统经济学的理论框架内一边介绍一边抵制，曲折地表现出来。此时的重新阐释，从根基上颠覆了原有的理论框架，以崭新的理论体系取而代之。由此产生的一批代表作，引人注目，以翻译引进本为主，兼有自撰本，表现在基础理论体系的改造和运用新理论体系的观察分析方面。无论哪一类著作，共产党人均发挥了重要作用。经济学说史方面，其代表作是引进同一日本学者的两本姊妹篇著作，运用唯物史观确立研究西方近代经济学说史的理论基础和主体框架，从马克思恩格斯原著中引用一系列论述作为评介法国重农学派和英国古典经济学家的标准；提出社会主义经济学史的概念，同样从马恩及列宁的许多原著里引用大量理论观点作为论据，论述马克思主义经济学从哪里来、是什么和向哪里发展，包括吸收古典经济学和空想社会主义的理论滋养，指出资产阶级经济学堕落成庸俗学说而为现行制度辩护，论证资本主义必然灭亡的历史趋势，阐述资本主义进入帝国主义时代的马克思主义经济学发展为列宁主义经济学等；这些立意针对正统经济学说史的评价标准，革故鼎新，为此前所未见，惟以社会主义经济学随着帝国主义时代的终结而消失，迷惑于社会主义的实现将消灭一切市场经济因素，属于一种抽象理想。经济史著作方面，其代表作是引进不同日本学者联袂撰写的唯物史观经济史系列著作，运用唯物史观考察资本主义以前的经济史、资本主义的经济发展史以及社会主义经济的发展；考察涵盖原始共产制经济、奴隶经济、封建经济和资本主义经济，以及社会主义经济因素在资本主义经济内的孕育成长，从资本主义经济到社会主义经济的转化或过渡，社会主义经济的实施例证即苏俄经济，包括历史上的各种社会经济形态，是一个完整发展过程；各位作者的表述方式不尽一致，共同的特点是在唯物史观的指导下，有系统地梳理和依据马克思、恩格斯、列宁等原著的有关理论，把握每个历史时代的史实和数据资料，从中发现各种社会经济形态的发展特征及趋势，进而认识人类社会经济发展的一般规律，由此建立起不同于资产阶级经济史的全新理论框架，共产党人誉为经济新史，有助于国人了解经济史的本质。在经济史学领域，同期出现以唯物史观来重新阐释经济学说史和经济史的代表作，并非偶然的巧合，这是共产党人主动引进国外创新著作以改变国内经济学界传统面貌的结果，也体现了马克思主义经济学传播的扩展与深化。例如，从引进本看，分析帝国主义没落期的经济，在理论依据方面，反对资产阶级经济学权威否定马克思经济学说在经济学说史上的地位，批判马克思主义阵营内改良主义者为趋于没落的资本主义制度辩护的论调；论述近代帝国主义的概略，以列宁的有关理论为准绳，尽管掺入一些费边社会主义的认识；为满足工人阅读需要而撰写社会经济发展史，根据唯物史观的原理，别开生面地通俗讲述资本主义经济的起源及其孕育社会主义经济的发展趋势，作为指导工人运动的理论依据，同时倾向于社会民主主义的所谓有计划夺权方式；讨论资本主义合理化的各种问题，站在马克思经济学说的立场上，正视这个现象的客观存在，又提出它没有改变资本主义的内在矛盾，有利于资本家阶级，恶化工人阶级的生活处境和斗争条件，必须认真对待，抵制改良思潮的泛起，加强工人的团结与斗争；研究世界大战后的资本集中现象，依据马克思主义的原理，认识资本垄断是资本主义发展到帝国主义阶段的本质特征，但没有提及列宁的帝国主义论；编写各国经济史，按照唯物史观来谋划整个写作方案，从生产组织或生产关系方面反映世界经济的历史发展与演变，在俄国经济史部分，提供有关苏俄革命的经济史背景、分步建设阶段、新经济政策实施以及计划经济成就之类的新鲜资料；等等。从自撰本看，考察资本主义的发展及其没落，同样依据唯物史观，认识到经济组织的变化带来社会意识的相应演变，社会主义从空想变为科学与经济基础的变化密切相关；研究战后世界资本主义，针对经济相对稳定、合理化、资本集中和帝国主义等新现象新问题，运用马克思学说特别是列宁学说，揭露辩护者的欺骗和幻想，坚持资本主义必然没落而为社会主义所取代的趋势没有改变；编撰经济史概要，也依据唯物史观，通俗阐述从原始社会到资本主义社会的经济史料；诸如此类，由共产党人主导，借鉴国外的研究成果以为国内传播的宗旨，尽管在参考引用过程中残留一些不足与缺陷。

以上几类著作的任何一类，其水准均为以往不曾有过，更不用说几类结合起来，共同推进马克思主义经济学的传播步入前所未有的新阶段，这也是传播恢复期光谱中的主要色彩。同时，企图对抗这一传播而出自各种敌对观点的著作，也在反对马克思主义的共同旗号下汇集在一起，诸如《马克思主义之崩坏》宣泄无政府主义者的怨怼，《马克思主义之批评》试图清除共产主义的流毒，《马克思主义与社会史观》译本和《民生史观之研究》借助美国人的社会史观旨在强化民生主义的反马克思主义内涵等。这些著作除了无政府主义者的一味谩骂之外，侧重经济理论的释义，可以看作恢复期随着马克思主义经济学传播的深入而站在对立面以渲染其敌视意识的一个副产品。

其二，考察有关苏俄和世界经济问题论述的各种著作。这两类著作，相互关联，苏俄经济问题是世界经济问题的一个组成部分，谈论世界经济问题，往往也涉及苏俄经济问题。就国内已有的著作看，苏俄经济问题一直是关注的话题，世界经济问题则发展到一定时期才进入国人的视野。较为明显的是到动荡期，一下冒出几本专论世界或国际经济问题的自撰著作，从不同的角度引证史实，注重说理，质量不俗。究其原委，系论证苏俄经济的失败，或称违背马克思学说的基本原理，不可能在落后的经济基础上实现社会主义，或称改行新经济政策，不是回归私人资本主义发展道路，就是追随欧美国家的经济民主主义政策。也就是说，在动荡期，苏俄经济问题几乎成为公开出版的著作一致攻击的对象，论述世界经济问题的著作问世，同样适用于或服务于这个目的。这种反对苏俄的著作一面倒的形势，到本年度出现了改变，虽然不能说这个改变扭转了形势，但一批客观评价苏俄经济建设成果的著作相继出版，至少与著作界甚嚣尘上的反俄势力，形成抗衡或对峙的局面。与此契合，有关世界经济问题的著作论及苏俄问题，也呈现这样的对立局面，而且更加突出。对照上个年度，与两类著作相联系的还有论述中国经济问题的著作，考虑到本年度后者的数量较多，故单列另行概括，这里只概括前两类著作。

一类专论苏俄经济问题的著作，列举了《苏联之经济组织》《苏俄治下的消费协作》《苏联劳动组合》《苏俄劳动保障》《社会农业及其根本思想与工作方法》等，均系译本。前述传播马克思主义经济学的著作，有一些正面认识苏俄经济的论述，从理论角度回应了反俄思潮，证明苏俄经济是马克思主义经济学发展到列宁主义经济学的产物，是帝国主义时代实现社会主义革命的典范。而专论苏俄经济的著作注重于实践方面，这些专著围绕苏俄经济的争论性评价，从笼统的或原则的评价，转移到具体的或成效的评价，国内人士的不同倾向，借助于国外专著所提供的资料，也在译者或作序者的评论中表现出来。例如，专论苏联经济组织的译本，在实地调查所得到的客观资料基础上，勾勒出苏联在经济组织方面的架构和特征，有效保证了其经济趋向社会主义的建设目标并在许多领域获得了成功；译本资料鲜活，力主凭客观事实说话而非主观臆断，把经济组织的改造与经济建设的成效联系在一起，等于承认苏联的经济组织也是成功的，从而在经济制度和经济实践两方面否定了苏俄经济失败论；对于这个判断，译者未必完全赞同，但肯定其论据毫无成见，基于事实而且科学、可靠和值得信赖，又以其中的计划经济改造可资效法以纠正现行资本制度的弊端，这大概也是此书的引进，接连出现三个译本而为国人所重视的原因。专论苏俄消费协作的译本，同样以基本史实为主，出自法国协作主义的宗师之手，其主旨与前个译本大不相同，意在说明濒于危机的苏俄依靠消费协作才得以恢复和发展经济，可见消费协作具有超出不同社会制度局限的生命活力；译本在书名中强调这是苏俄统治下的消费协作，以示苏俄的基本制度在本质上与消费协作精神不相容，只是不得已利用后者而已；作序者更借此以苏俄为反面例证，证明马克思的消灭资本之说为谬论，只有协作主义才符合民生主义的节制资本精神。专论苏联劳动组合的译本，实地考察以搜集和汇总分析资料，关注苏联工会怎样保护劳动阶级通过革命所获得的权利，试图用客观真实可靠的生活实况而非个人主观评价来回答这个问题；作者对苏联实行工农统治制度下的工会势力保持戒备，但书中描述苏联工会参与国家治理的普及、功能和影响，仍是难得的实证资料。专论苏俄劳动保障的译本，有纵向的历史考察，亦有横向的现状分析，避免偏激，专注于公正披露真相，系统梳理了苏俄在劳动保障方面的背景条件、主旨内涵、法规制度、任务重点、组织机构、办法措施等，从另一个侧面反映了苏俄统治的实情。专论社会农业及其根本思想与工作方法的译本，系统总结俄国社会公共服务的专职或兼职工作者为国家及基层机构提供农业技术与经营组织咨询的经验，意在说明这种方法无论理念还是实践，均比苏俄的农业或农民改造办法持久和有效；译者推崇此为先进经验，对中国极具参考价值，其实看重的是其工作技能或技巧部分，却连带宣扬了农业社会改良比苏俄农业社会主义改造重要或妥帖的思想。以上译本总的特色，观察苏俄的眼光深入到经济组织、消费协作、劳动组合、劳动保障和社会农业等社会经济的实际层面或细部环节，凭借客观、具体、丰富和系统的实证资料说话。其结果，尽管存在各种质疑和批评，但在客观事实面前，不能任由一种偏见肆意得逞，于是开始冲破动荡期围剿苏俄的一致舆论阵营，重新出现按照事情本来面目去评价苏俄经济的不同声音。

另一类专论世界经济问题的著作，列举了《世界经济论》《世界经济与经济政策》《大战以来的欧洲经济概况》《最近世界经济与经济政策》《世界经济史略》等，引进本与自撰本并列。前述传播马克思主义经济学的著作，同样有一些从世界经济的角度论证资本主义发展的趋势必然为社会主义所取代，主要是重新阐释经济史的著作类型。这里考察论述世界经济问题的专题著作，有两层涵义。一层涵义了解有关世界经济的大体状况、发展动态、主要问题和对策措施等基本知识，用以开拓视野、判断趋向和借鉴参考等，这种知识的积累，对于马克思主义经济学在开放环境下的传播同样是有益的。另一层涵义在论述过程中，特别是从世界经济的视角看待苏俄经济问题，得出截然相反的判断，这也是考察关注的重点。例如，共产党人引进的两个译本，一个专论世界经济，着眼于现阶段资本主义的稳定问题，系统而详细地引用各种实例、数据和著述，证明苏联社会主义建设的迅猛发展、英帝国主义的趋于没落和中国革命运动的蓬勃兴起，成为倾覆资本主义稳定的三大国际因素，尤以苏联的经济成就，在其内部体现以社会主义要素克服资本主义要素的发展方向，在其外部成为从根本上动摇资本主义稳定的有力因素，何况这种稳定本身没有解决而是加剧了资本主义的内部矛盾；这些证明，理论结合实际，成为前述重新阐释经济史的自撰著作引用世界经济论据的重要出处。另一个专论世界经济与经济政策，从苏联学者的眼光分析中国的经济状况及其出路，认为不能单用封建制度描述中国的经济构造，中国在帝国主义的侵略和国际资本主义的外力影响下，非内生地从先资本主义向资本主义过渡，形成半殖民地的社会组织，这个过渡又处于资本主义被苏联颠覆的没落期，面临帝国主义列强争夺世界市场和再分割世界的严峻形势，因此不可能像欧洲各国那样从封建制度过渡到资本主义；根据马克思的亚细亚生产方式理论，中国将打破传统生产方式走上资本主义道路，待资本主义发展成熟，又势必如同苏联革命那样转向社会主义道路；这个论点，同中国共产党人的主张有差异，以资本主义的成熟发展为前提，最终目标仍主张苏联的社会主义革命道路。还有非共产党人引进的译本，专论大战以来的欧洲经济概况，认为像俄国这样的落后国家，不适宜推行共产主义，由战时共产主义改为新经济政策，没有改变无产阶级专政的实质；这样的分析有一定道理，用意却是否定布尔什维主义和苏俄革命，尤其是否定落后国家走社会主义道路的可能性，结论是只能选择欧美资本主义的道路。两个自撰本，意向各有不同。一个专论最近的世界经济与经济政策，重在考察欧美资本主义国家与殖民地的关系，以叙述现实状况为主，似能采用马克思和列宁学说的一些分析工具，却不在意相应倾向的结论。另一个专论世界经济史，具有编译性质，把了解世界历史上有关经济问题的解决及其过程，提到关乎民生问题和实现世界大同的高度，改变国内欠缺相关经济学识的窘况，期望中国经济能够步入欧美国家的发展途径。可见，基于同样的世界经济视角，分析同样的问题尤其是苏联经济问题，存在完全不同的看法，这比起动荡期谈论世界经济问题时反对苏俄的单一舆论倾向，同样是一种突破。

其三，考察有关中国经济问题论述的各种著作。此类著作显示出本年度关注中国经济问题的热度，明显提升。马克思主义经济学的传播，其生命力在于中国化的进程。随着马克思经济学说的传入，联系思考和解决中国的经济问题，有一个从不自觉到自觉的演进过程。以著作形式系统地研究中国经济问题，在五四运动特别是中国共产党成立之后，鲜明提出中国选择社会主义道路的重大议题，激励人们去深入认识中国自身的国情，探索和确定中国究竟适合走什么样的发展道路并怎样走通这条道路。这是一个艰难的过程，有不同的认识角度，交织着各种各样的思想观念。总的说来，随着对国情的认识趋于全面、深刻和准确，也为马克思主义经济学的传播铺垫了结合实际从而实现中国化的基础。这样的专著研究，在动荡期一度有所削弱，只见个别例子，到本年度又兴盛起来，形成更大批量的出版热潮。这些著作主要由国人自撰或编译，同马克思主义经济学的传播之间，呈现比较复杂的关系。这些著作按其论题，分为三类。

一类关于中国经济理论与实践的著作，列举了《平均地权的理论与实践》《平均地权初步之商榷》《金融资本主义与中国》《中国经济问题》《中国经济——其发展，其现状及其危机》等。中华民国建立以后，中国社会的经济指导思想，最有影响的是孙中山的民生主义。第一次国共合作时期，经过重新诠释，其平均地权与节制资本等核心要素，被赋予社会主义思想的新涵义。随着国共合作的破裂，在正统观念的支配下，这些新涵义相继被修改或清除。动荡期以来，在前面考察的著作里，不断看到把节制资本当作抵制马克思经济学说和苏俄经济政策的对立物，或者归入西方国家的社会改良政策范畴，惟尚未看到有关节制资本的专题著作。与此稍有不同，前面的著作里看到有关平均地权的论述不多，现在至少出现两本以平均地权命名的专著，可以反映当时解释民生主义的代表性趋向。一本专论平均地权的理论与实践，推崇这是世界历史上解决土地问题最有价值的科学方法和最公平的政策，是综合中外土地理想与政策的思想结晶，也是中国从革命过渡到民生建设并解决农民问题的唯一有效方式，它的本来涵义是土地公有的社会主义属性和耕者有其田的施政目标，不能曲解；施政过程中，必须与列宁派强制没收土地归公的暴力农业政策以及中国共产党仿效苏俄开展农民运动的土地措施，严格区分开来；一边指责列宁派的土地政策是一种乌托邦，一边为设计一套平均地权的实践大纲而描画一幅美好前景。另一本专门商榷平均地权的涵义，比前书更进一步，抛弃土地公有涵义，退到耕者有其田，解释这是一个长期和曲折的等待过程；又离开土地分配范畴，强调善良政府采取各种农业保育措施，发挥土地生产效益，自然能解决农民的土地平均分配问题；经过这样的商榷，平均地权的社会主义涵义被清洗得不留一点痕迹，变成纯粹正统经济学的理解寓意。此外三本书的论题比较分散，用意互有差异。一本讨论金融资本主义与中国，阐发孙中山利用外资以发展中国实业的思想，问题是如何掌握发展主权，既能借助国际上的过剩金融资本来开发我国的丰富资源，又能避免为帝国主义的金融资本侵略所控制；提到苏俄在经济落后和技术力量缺乏的情况下，放弃拒绝外援的战时共产主义措施，采取新经济政策，改变国家法律规定，以优惠条件吸引外国专家和外资，值得中国借鉴；此说把苏俄的做法看作国际上的寻常惯例，忽略了它背后的主权制度基础，同时关注苏俄的成功做法，客观上又引导国人认识苏俄的社会制度背景。另一本是中国经济学社以中国经济问题为主题的论文专集，集中反映了当时国内经济学界的关注重点和主流倾向；主要关注实际经济问题，重点依据正统经济学的理论和方法，若涉及理论问题，不是曲解马克思的阶级斗争学说和劳动价值论，就是拒绝向社会主义制度过渡的苏俄经济政策；试图效法欧美资本主义的发展模式，即使无法参照，也要依靠现行政府的稳妥措施，防范马克思学说和苏俄革命的激进理论与实践。再一本分析中国经济的发展、现状和危机，透露唯物史观的宗旨，立足本国生产力发展水平、生产关系变迁以及社会经济形态演进等经济基础，面对帝国主义经济侵略的束缚和苏俄社会主义建设的新面貌，提出中国走哪条路才能摆脱贫穷、落后及屈辱境况的问题，实际上对走资本主义道路的国内主导舆论持怀疑态度。以上著作，未看到运用马克思主义经济学指导中国经济问题研究的明确意向，相反是拒绝或抵制这种指导意向的主流经济学意识，但从中可以体会受到马克思主义经济学冲击的强烈反弹，而与这种反弹相伴随的，正是马克思主义经济学的分析理念和苏俄模式的参考意义。

另一类围绕中国资本主义发展史的著作，列举了《中国近代经济发展史》《中国近代工业发展概论》《中日经济关系论》《中国资本主义史》《中国资本主义之发展》等，以国人自撰或编著或编译为主。此类著作，按照出版时间的先后排序，有两层意思。一层意思对比以往的著作，此前较为系统地关注和分析我国近代经济发展过程的代表性成果，从揭露帝国主义的侵略行径入手，奠定了中国近代经济史的一定史料基础并在国内产生具有普遍共识的影响力，在这个基础上，本年度的著作研究进一步延伸的范围更为广泛，形成名副其实的中国近代经济史著作。另一层意思对比这些著作相互之间，先致力于建立中国近代经济史的初步理论体系，流露出分别来自社会主义思潮和正统经济学的影响，然后重点引导到通过史料研究来认识和判断中国资本主义的发展问题，显示共产党人在引导中所发挥的作用。例如，关于中国近代经济发展史的著作，运用现代研究方法，汇集整理国内各种产业和经济领域的统计或实际调查资料，作为缺乏中国经济史著作时的一种参考；专列中国近代劳动运动史，其精神来源包括国民党的民生主义宣传，五四运动以来国民运动的勃兴，共产主义的宣传，将劳动运动作为影响经济发展的重要因素，可见建立中国经济史体系的初期，无形中浸染了马克思主义经济学传播的影响。关于概论中国近代工业发展的著作，以欧洲工业革命的历史概念作为研究我国近代工业史料的分期依据，又体现了西方近代经济史的研究范式对我国尝试同类研究的影响。这些研究，沿着西方资本主义发展的历史脉络来建立中国的近代经济史体例，也就是建立中国的资本主义发展史体例。共产党人的著作，则并不停留于一般描述中国资本主义的发展历史，根据近代经济史料，引导论证资本主义道路在中国是否可行的问题。如从日本人的著作中编译有关中日经济关系的资料，把日本国内传统工业没落、新兴工业发展困难及各种资源缺乏，同对外寻找出路并急切侵入中国以求补偿的行为联系起来，证明帝国主义国家内在的侵略实力与冲动，近邻日本与中国的经济交往，正是为了实现其侵略目标；面对这种侵略意图与环境，中国难以自主和顺利地发展资本主义经济。又如专门考察中国资本主义的历史，从国内看，产业多半被外人操控，资本家多半为贪官污吏，推动反帝反封建的民族与民权运动，必然导致推翻资本主义的社会革命；从国际看，中国经济已成为世界经济的一个组成部分，世界资本主义处于崩溃趋势，中国薄弱的资本主义发展也不可能善终，只有实行社会主义革命的出路。两本书出自同一人之手，对日本侵略者的透彻认识，也深化了共产党人的社会革命主张；编写《中国资本主义史》一书，还可能受到当时日本出版马克思主义史学成就的代表作《日本资本主义发展史》一书的影响。专门研究日本资本主义的著作，分析日本从资本主义到帝国主义，对外尤其对中国经济侵略，对内孕育社会革命的特征和趋势，引向马克思唯物史观和列宁帝国主义论的结论，以苏联为国家发展的未来理想。这些著作的铺垫，又引出专论中国资本主义发展，实际上论证中国不可能发展资本主义的著作，其典型意义，结合马克思学说、列宁学说或共产国际的理论逻辑，与中国经济现状的实证资料，明确提出中国问题的中心，在于其内因与外因条件决定了不可能独立发展资本主义，只有以超越资本主义阶段的非资本主义为前途；其中批判的对象，包括宣扬中国农村经济已经资本主义化的托派理论，曲解唯物史观的机械唯物论，特别是中国资产阶级的软弱屈服，以及为资产阶级代言的庸俗经济学说，认为随着国际帝国主义的崩溃和世界资本主义制度的灭亡，中国经济将摆脱各种束缚而获得新生，中国工农革命势力将取代资产阶级而成为推进非资本主义发展的主力。这些研究著作围绕中国的资本主义发展史，比起前面的著作讨论中国经济理论与实践，专注于资本主义的发展问题，明显体现共产党人的主张。这些研究还不那么深入和成熟，有些断言比较绝对，有些预期又过于乐观，对问题的复杂性和艰巨性估计不足，尚待理论联系实际的继续摸索与磨练。

再一类论述中国劳工和农民运动的著作，列举了《中国劳工问题》《农民问题概论》《中国农民问题与农民运动》等，同样以自撰为主。讨论中国的劳工或劳动问题，与马克思主义经济学的传播密切相关，在已有的著作里，以什么样的指导思想认识和解决这个问题，与传播的一般趋向相左，主张社会改良或劳资妥协。讨论中国农民问题，不时见诸其他著作特别是有关中国农业的著作，但以农民问题为专题的著作比较晚出，而有关农民理论与政策的专著，从一开始就引进马克思主义的系统论述，这是一个独特现象，反映了国内对农民问题的重视进入新的阶段。这些前期研究成果及其特点，反映在本年度的同类著作里，又有新的表现。例如，专论中国劳工问题的著作，介绍西方各种工资学说，涉及马克思的工资学说，总的倾向与论述其他劳工问题一样，作为国家社会政策的组成部分，谋求在不触动现行制度的前提下，改善劳动者的工资待遇，获得劳动者与资本家双方的谅解；这种解决中国劳工问题的改良思想，和历来的同类著作主旨基本一致，虽然在搜集资料、深入调查、开阔视野、借鉴理论和运用方法等方面有明显进步。概论农民问题的著作，概括马克思的剩余价值学说和唯物史观等理论要点，却假托农民的立场予以否认，认为既未出现产业迅速集中的趋势，亦未出现资产阶级与无产阶级两极分化的趋势，更不承认劳动为创造价值的唯一本源，以此动摇马克思学说的理论基础；据此解决中国农民问题，以大农化为小农或自耕农后实行合作互助经营的和平建设乡村方式，重新诠释耕者有其田与平均地权政策；此论未必敌视马克思经济学说，还借用列宁有关主张或苏俄有关措施，但在指导理念上终究走到马克思学说的反面。论述中国农民问题和农民运动的文集，包含各种不同寻常的论点：有的以马克思主义的农业理论与政策为科学依据，以苏俄的无产阶级专政和社会主义建设为实践榜样，认为中国资产阶级丧失了领导国民革命的信用与能力，中国革命党的任务是组织农民开展与城乡资产阶级的斗争，解救农民和农业的唯一道路是实现无产阶级专政下的社会主义；有的拿唯物史观的词句分析农民问题，解决农民问题的办法以苏俄为示范，有迎合潮流之意，把马克思主义也当作一种潮流；有的运用马克思关于亚细亚生产方式和东方社会的理论，论证中国的农业经济连同整个社会社会形态，不可能自行走出传统生产方式的自我循环怪圈，也不可能在帝国主义列强的暴力侵入打破这个怪圈后独立完成向资本主义的转变，结论是只有通过典型的苏俄式革命，才能摆脱中国贫穷落后的面貌；有的依据唯物史观分析中国农村经济内在矛盾的深化和农民阶级面对强大对立阶级的斗争激化，强调新生产力与旧生产关系之间的矛盾体现了社会进化的历史必然性，这种阶级分析显得简单粗略，但基于中国农村经济关系的变化，把中国农民阶级的出路引导到马克思主义的方向和苏俄革命的道路，无异于公开鼓动农民阶级起来革命；有的将马克思主义的农业理论与农民政策，系统运用于指导农民运动的实施纲领，坚守共产国际重视农业问题和农民运动的主张，为在中国解决农民问题和领导农民运动注入新的思想能量；诸如此类，同前面否定马克思经济学说和苏俄范例的论点，适成强烈的对比和反差。

其四，考察有关合作及正统经济学的著作。这两类著作统合在一道，从马克思主义经济学的传播史上看，可谓因缘巧合。正统经济学为了辩护现行资本制度的永久性质，站在马克思主义经济学的对立面而排斥、阻止或打压它的传播，素来如此，无须掩饰。合作主义或合作经济学的传入，最初却蒙着社会改良的面纱出现，与社会主义思潮混合在一起，好像同一个阵营的伙伴，后来随着对现行社会制度的本质及其趋向的认知分歧越来越明显，以致渐行渐远，终于分道扬镳；进入本年度，更是公开打出反对马克思主义经济学的旗号，视之为最主要的敌人，从而与正统经济学站在相同的立场上，其著作数量众多，俨然成为一股重要思潮，甚至与正统经济学沆瀣一气，并发挥后者难以起到的作用。此所以把二者归并一处，但它们论述的重点毕竟有所不同，下面的概述仍分两类。

一类关于合作问题的著作，列举了《合作运动之理论与实际》《合作主义纲要》《合作社之理论与经营》《合作经济学》《合作与主要经济问题》《中国合作运动小史》《丹麦合作运动》《什么是合作？》《世界合作运动》等。进入 20 世纪 20 年代，论述合作的著作不绝如缕，时显时晦，到本年度，考察此类专著竟达 10 部之多，盛极一时。其中又以自撰本居多，体现将舶来合作思想付诸国内实践的努力，其思想取向也随着舶来思想的转变而变化；那些译本主导这个思想的转变，数量不多却态度严厉。从自撰本看，专论合作运动理论与实际的著作，系统并简要解说合作运动可以纠正资本主义及其个人主义经济学的缺陷，强调这是不动声色通过和平步骤于无形中实现合作社会理想的过程，寻求区别于资本主义和社会主义的第三条道路，为此设想了一套从基层组织消费合作社一步步上升到区域、全国乃至全世界合作机构的方案，反复告诫盲动的教训，迎合抵制马克思主义革命学说的要求。专论合作主义纲要的著作，主要证明合作主义与社会主义之间的对立关系，表现在认识人性、私有制度及社会改进方式上的不可调和，合作主义的普及将使社会主义自行消灭，社会主义的流行也将极大损害合作主义，苏俄从打击到恢复和保护合作社，等于宣布社会主义向合作主义投降；随后又说合作主义与社会主义本是一家，发生分裂可以重新修好，前提是社会主义改变原来的激进性质。专论合作社理论与经营的著作，严格甄别合作思想与社会主义思想的不同在于，对待现行制度，一个采取推翻的革命方式，一个通过修正的改良手段；尝试国内革命运动既然失败，与其等待政府的社会改良政策，不如自行组织互助合作团体以谋生路。专论合作经济学及合作与主要经济问题的两本著作，用合作经济学的理论修改一般通行的经济原理，推动实际的合作运动的宗旨，要为中国选择一条避免资本主义弊病和社会主义激进的中间道路，实则用合作主义对抗马克思主义的传播。编撰中国合作运动简史，整理有关资料显示五四运动后中国合作运动起步的早期历史，留下一些有价值的史料，也表现出漠视马克思主义经济学传播的不同旨趣。从翻译引进本看，论述丹麦合作运动，以为世界合作运动的典范，借此断言合作原理具有普适意义，我国的借镜无需引入其他指导理论。言词更为激烈、尖刻，也更为典型的两个译本，一个专论什么是合作，站在合作主义立场上，专事反对苏俄无产阶级专政的共产主义，谴责它是幻想主义而不理解经济学的宗教观念，是以国家为大资本家而谋求利润的特权资本主义，是破坏合作运动或企图利用合作机构为共产主义服务的敌对者等，充满了仇恨。另一个专论世界合作运动，把马克思主义看作合作主义的主要对手，导致合作运动失败的重要因素，把合作的本质特征归结为反对马克思主义。这样，在宣扬合作主义或合作运动者的眼里，马克思主义经济学的传播从当初的同道变成了势不两立的敌人。

另一类关于正统经济学的各种著作，数量较多，分为两部分。一部分理论经济学的著作，列举了《资本的集中》《没落期的资本主义》《经济学原理》《经济学方法论》《新演绎学派经济学》《交易论》《分配论》《工资论》《经济学》《新经济学概论》等。从译本看，反映了正统经济学的理论特点，也反映了译者的不同引进用意。例如，专论资本集中，说到资本主义社会的资本垄断现象，却同马克思和列宁的垄断学说毫无关联，只是关注资本集中或联合的具体形式，描述、维护和约束这个现象；不过由于在现在制度下难以监督和统理私人垄断资本的任性，于是又在译本命名时称之为"没落期"的资本主义。专论经济学原理，解释社会主义主张资本社会化，让所有人都以和平及保守方式变成资本家，把苏俄革命看作改变社会主义原意而实行独裁专政的恶例，罗列各种社会主义而唯独不提科学社会主义或马克思主义；对社会主义的释义尽量引向正统经济学的理论范畴或现行社会改良的政策领域，严加防范并突出社会主义的缺陷，不过为国家缓和社会矛盾的政策做些提示；用西方经济学的正统解释来规范有关社会主义的认识，同马克思经济学说划清界线，同时也廓清了当初误认为作者是宣传社会主义大家的模糊认识。专论经济学方法，其原作给西方经济学的新正统派确定方法论标准，其译者却通过有关经济学方法论的研究获取有益知识，为理解和运用马克思主义经济学提供参考。专论新演绎派经济学，又称奥地利学派，以此为西方主流经济学的理论研究复兴和新纪元，并借此宣布马克思学说体系的终结。这些正统经济学的译本，离不开抵制马克思主义经济学传播的共同寓意，又在抵制的方式上各显身手，不断弄出一些新的名堂。反观自撰本，跟着舶来经济学亦步亦趋，致力于基本理论知识的定调规范、通俗普及并确立其权威地位，鲜有新意。例如，分别论述交易论、分配论、工资论等，或者针对马克思的资本主义经济危机理论，申辩如同商业循环是近世经济组织的自然现象，恐慌不过循环过程中的一个正常阶段，无须深怪；或者针对苏俄的战时共产主义，把社会主义与私有制的符合人类天性混为一体，一边称民生主义是很温和的社会主义，一边另创相对的均产主义概念取代民生主义，把地租、利润、利息、租税等分配形式比作类似于工人的工资，依此诠释和平并简易地实现财富及所得均平的理想分配方式；或者避开现存的资本雇佣劳动制度，祈祷民生主义政府从人道出发，早点实施最低工资法以解救危难中的工人；或者以斯密在马克思之前阐述劳动价值论为由，主张国家制定经济政策的常规前提应是斯密学说的个人主义或放任论，马克思学说的干涉论不过权宜之策，又把劳动价值论等同于成本价值论，用来说明如何合理分配利息、利润和地租，变成为资本制度合理性辩护的理论根据；或者坚称社会主义不比资本主义更有优势或更有生产效率，杜撰工资奴隶说为了煽惑劳工革命，鼓吹劳资冲突意在推翻比社会主义可靠的私有资本制度，不知失业现象是未能限制生育的人口过剩结果，尤其批驳马克思的剩余价值学说为无中生有的臆造，让劳动者独享生产成果不公平，致使同样付出劳心和劳力的地主、资本家和企业家一无所有，这是煽动社会革命的世界末日等。又如，专论经济学更多或更完整地介绍相关理论与实用知识，根据多年的教学经验来答疑解难，不满现有经济学译名而参照西文本义以求确切，希望引进经济学义理而产生解决我国经济问题的奇效，却始终迷恋于正统经济学的理论框架，不愿触及现实严峻的制度环境，无法找到真正的出路。另有新经济学概论，自称对斯密的《国富论》和马克思的《资本论》从推崇到怀疑，最后信服于孙中山的民生主义经济学，于是把民生主义加入概论讲义以示其经济学之新；实则讲义的格局仍在套用传统经济学的四分法结构，只在局部添些民生主义的佐料，相比前面依据马克思主义经济学来创建新经济学体系的著作，真不可以道里计。

还有一部分经济史学的著作，列举了《经济学史》《以社会问题为中心的经济思想史的展开》《经济思想十二讲》《经济思想史》《经济学说史纲要》《近代经济思想史纲》《十九世纪经济史》等，主要论及经济学说史或经济思想史方面，译本及自撰本兼有。此类著作中，同年出现了以马克思主义经济学重新阐释经济学说史的重要变化，但奉行正统经济学的宗旨者，仍保持原有面貌，以正统理论为重心，或许会用更多篇幅去介绍影响不断扩展的马克思经济学说，但决不让这种影响越界，干扰正统主旨的贯彻或动摇现实制度的基础。其译本方面，有的论述经济学史，专门考察马克思以后的社会主义派别，批判俄国布尔什维克的无产阶级专政狂暴和社会主义实践失败，对比德国社会党为代表的欧美社会运动走向合法、和平和渐进发展的议会道路，区别于破坏现行社会组织的共产主义暴力运动，凸显允许个人私有财产的社会主义；解读唯物史观以为社会主义是资本制度内在经济因素发展的自然结果，排除人为的暴力革命方式，由此证明苏俄革命违反了唯物史观；把马克思经济学说的成就限制在学术领域，认为具有相对性却没有真理性，并同苏俄的革命实践分离开来。有的论述经济思想史，以社会问题为中心，引进不少马克思经济学说的知识，一面因平庸而模糊不清的解说，容易造成误判，一面质疑马克思的理论创造，更引导到负面的理解。有的分专题论述经济思想，在西方近代经济思想的历史脉络方面，不可能绕过马克思经济学说，但重心仍落脚在正统经济学上。有的论述经济思想史，专论社会主义学派并从价值论方面介绍马克思学说，惟复述一些常见说法，意谓马克思经济学说不过历史上曾经出现的一派，既不完备亦受到批判，虽被劳动阶级当作科学社会主义的经典，但在经济思想史上已被其他新的派别代替。有的论述经济学说史的纲要，认为东方没有经济学的传统，归咎于中国古代经济思想受到道德伦理观念的抑制，此说有其史实依据，但根子上是欧洲中心论作怪，所以连中国古代经济思想的成就也一并否定了；普及西方经济学的历史知识，无非古典与边际两派及其衍生物，偶尔提到社会主义，又出自古典派代表对现实的不满，并非可行，只是以此说明现行制度有改良的余地。自撰本方面，依据西方版本而编纂或编译，带着正统经济学的浓重痕迹，惟选择的侧重点有所不同。一本论述近代经济思想史纲，在正统经济学的框架内评介科学社会主义，认为马克思学说继自由主义经济学而起，此消彼长，体现不同时代的思想产物并同样深刻地影响了现实生活；这个评介大体客观和较有条理地引用马克思原著的论述或理论观点，反映了经济思想史领域正视马克思经济学说的一面；然而此类评介终究受制于正统观念，即使认为马克思比古典经济学家更能觉察资本主义制度的矛盾，其理论也更彻底，却不愿承认它有实践意义，转而强调各国的特殊国情和不能凭空猜想，随即重新回到自由主义经济学所开辟的正统经济思想轨道，不再看到马克思经济学说在后代的理论与实际影响。另一本论述 19 世纪经济史，依据欧美流行的经济史著作，按照重要历史事件的线索叙述而有参考价值，但排除马克思解剖资本主义历史的经济分析方法，这也是它与前述著作运用唯物史观来重新阐释经济史的最大差别。

1929 年马克思主义经济学传播的以上概况，反映了这一传播在各类著作中的鲜明表现，下面将这些特点贯通起来，综合说明本年度的一些传播特征。

第一，马克思主义经济学的传播经过短暂的动荡期，迅速并以更加强劲的势头恢复，证明了这个传播的内在生命力及其来自客观的推动需求。在动荡期，反映在著作方面的传播也未停止过，虽然受到明显打压，某些方面的进程被中断了，但这种打压和中断所形成的思想壁垒，到 1929 年很快被新的传播洪流冲破了。其突出表现，一是专论或以不同篇幅论及马克思经济学说的著作数量之多，比较以往，令人叹为观止。20 年代之前，几乎看不到论述马克思学说的著作，更不用说专论马克思经济学说，论及社会主义或经济学的著作提到马克思经济学说，亦属凤毛麟角，偶尔在报刊上看到有关马克思恩格斯著作的连载译文，又常常是些不完整的节译本，直至五四期间，在报刊连载文章里才看到马克思恩格斯著作的个别全译本，而非著作形式。这种现象的改变，出现于 20 年代，以本书的考察标准而论，最初论及马克思学说的著作，仅以个位数出现，后来逐步增加，具体到每一年，从徘徊于 10 本左右到稳定在 20 本以上，1928 年是一个跳跃，达到近 50 本，可谓此前积累在动荡期的惯性反弹。更大的飞跃在 1929 年，创纪录地出版了近 130 本之多，这种数量上的激增，赋予恢复期的传播以特殊涵义。二是传播的突破性进展，全方位地体现在诸多方面。从以往的考察看，传播进展取得突破，是一个经历多年积累而产生质变的过程，也是某个方面突破后为了巩固成果寻求新的突破方向的过程。持续到一定的时段出现全方位的或同时在多个方面的突破现象，难得一见，1929年正是这样的时段。例如，翻译马克思主义经济学的原著，形成批量引进的状况，以全译本为主，格外注重翻译列宁的代表作；阐释马克思主义经济学的著作，延续已有的路径向广度和深度拓展，并新创推出系列的专题论述；运用马克思主义经济学建立新经济学体系的各种尝试，连接曾被中断的早期尝试线索，以更多的著作数量、更广的探索范围和更明确的建立宗旨涌现出来；根据唯物史观原理重新阐释经济史学的各种代表作,呈喷发态势出现并具有相当高的水准,开辟了新的传播领域;甚至连反对马克思主义的著作以专论形式相继出现,也是抵制宣扬马克思主义的专著纷纷问世的直接产物;等等。这种多方位或多方面的突破,也为传播的进展奠定了新的基础。三是共产党人在传播中的主导作用,从各种著作中更为清晰地显现出来。中国共产党成立之后,便确立了这种主导作用,马克思主义经济学的传播从以前随波逐流的自发现象,变为有组织有目标的自觉行为。动荡期由于政变势力的压制,论及马克思经济学说的著作虽在增加,却几乎看不到共产党人公开抛头露面,增加的著作也在渲染反对传播的色彩,似乎引导取向发生了逆转。恢复期很快扭转了这种逆向形势,更多的著作再现共产党人的活跃身影,其主导作用进一步发挥。此时传播马克思经济学说的著作,无论译本还是自撰本,不必都出自共产党人之手,不少由非共产党人完成。可是传播突破方面的关键之举往往因共产党人的主导或参与而促成。特别是在阐释马克思经济学说和尝试创建新经济学体系方面,率先根据自己的理解,独立撰写著作,表现得更加突出,说明共产党人对马克思经济学说的理解和运用深入了一大步。这些恢复期的传播特点,给人以新的感悟:马克思主义经济学的传播何以生生不息,何以经历严酷的打压仍能迅速而强劲地恢复,对此可以有各种主客观因素的分析,但关键在于这个理论体系本身科学揭示了社会经济的发展规律,适应了解读中国国情和指导中国发展道路的客观需求。同时也要看到,以上突破的主体部分,仍以翻译引进本居多。在阐释马克思经济学说,运用这一学说创建新经济学体系和重新阐释经济史学等方面,引进大量马克思主义经济学的原著论述,这些论述,或者深入到已知原著如《资本论》的三卷范围和理论细节,或者发掘和翻译一系列以往不曾接触或接触甚少的原著,数量可观,内容丰富,极大推进了国人对于马克思主义经济学的理论认识,尤须珍视。在这方面,国内自行独立研究的整体素养和能力,仍显不足,需要借助国外的研究成果。当时这种借助,在创建新经济学体系方面,多见于苏俄学者的研究成果,在重新阐释经济史学方面,多见于日本马克思主义者的研究成果。就译者而言,一些人士可能并不信奉马克思主义,但尊重马克思经济学说的地位和影响,借助的理由更偏重于相关学术研究的推动。共产党人则意图明确,借助舶来成果推进马克思主义经济学的理论传播,支持建党目标,指引中国道路选择的社会主义前进方向;由此也能体味,这是从建党初期的著作公开阐明自己的主张,转向通过选译国外马克思主义经济学研究的专题代表作,夯实自身主张的经济学基础,加深经济理论诠释的底蕴,在传播的恢复期避免直接对抗打压的锋芒，迂回推进传播的效果，并借此培育自己的独立研究素养与能力。

第二，马克思主义经济学的传播，围绕苏俄经济模式的认识在不断深化。从动荡期到恢复期，一个明显的特点表现在对待苏俄问题的态度上有所变化。自苏俄革命的炮声传入中国，如何看待苏俄，一直是个引起争论的问题，也是促进国人认识不断深化的过程。五四运动以前，这种看法除了猎奇旁观的因素之外，可以说基本上是负面的。五四运动的爆发，内忧外患的加剧，促使人们重新认识苏俄革命，开始提出效法苏俄的历史性命题。这个命题经过酝酿，到中国共产党成立，演变为实行无产阶级革命推翻一切资本家阶级的政权，承认无产阶级专政，消灭资本家私有制，联合第三国际，承认工农兵苏维埃管理制度等建党纲领，将效法苏俄的抽象命题，落实到走社会主义道路的具体目标上。由此引起的争论，从当时的著作看，有两点值得注意。一是争论集中在政治层面。虽然也从经济上提到社会主义道路能否适合于落后中国的疑问，或者套用唯物史观的有关论点认为中国的经济发展程度还不足以进行社会革命等，但焦点是争论走资本主义道路还是走社会主义道路的政治选择，以及是否需要像苏俄那样采取阶级斗争、社会革命和无产阶级专政等激进方式。二是对苏俄的认识主要停留在武装夺取政权和实行战时共产主义阶段。虽然也注意到1921年3月改行新经济政策，但对新政策的理解及其影响的显现比较滞后，因此围绕苏俄的争论，通常质疑它的革命方式和共产主义模式。国共合作时期，这些争论的声音好像平息下来，其实在暗中涌动，一旦合作破裂，马上迸发出来。动荡期的争论，谈不上争论，表现在著作里，那是一面倒的谴责声，看不见对手，或者说对手的声音完全被压制了。这种谴责，从当时的著作看，也有两点值得注意。一是指向共产党人领导的革命运动，但追根求源，把矛头对准苏俄革命的理论依据与实践进程，意味着从理论和实践上否定了苏俄模式，也就否定了中国以苏俄为榜样的任何理由。二是否定的重点，从以往主要针对苏俄的暴力或激进革命方式，转向主要针对苏俄的经济政策及其效果，也就是从苏俄的政治模式转向它的经济模式，看来颇谙政治是经济的集中表现这个道理。动荡期反对苏俄的著作方面，有一个不那么寻常的现象：一面从理论上根据唯物史观的涵义，论证苏俄在经济落后的条件下强行推进社会主义，违背了马克思学说的基本原理，进而试图将马克思学说与苏俄模式分割开来；一面从实践上搜集大量史料，论证苏俄从战时共产主义转向新经济政策，不仅是共产主义政策的自我否定，宣告了它的失败，新经济政策的国家资本主义内涵，也意味着要么重蹈传统资本主义的覆辙，要么迎合欧美国家的经济民主或经济改良政策，同样宣告了它的失败。这样的论证，不同于简单的抹黑或污蔑，带有较强的辩理与实证色彩，也更有迷惑性。恢复期的变化，并未根本改变这种谴责取向，而是改变了一面倒的局势，重新出现站在这种谴责对立面的著作。这些著作虽然没有直接反驳谴责者所谓苏俄革命违反马克思基本原理的论点，但通过重续因动荡期而中断的前缘，完整翻译引进列宁的代表作《帝国主义论》及《国家与革命》等，实际上借助列宁继承与发展马克思学说所提出的帝国主义时代和无产阶级革命理论，回答了这个问题。此外在实践上，引进一批实地考察或客观介绍苏俄状况的译本，从不同领域显示其经济组织和经济政策符合建设目标的合理性与有效性；又从世界经济与政策的角度，显示苏俄经济独树一帜的特殊性，包括分步实施而非一步达到社会主义经济目标，新经济政策的有效性在于兼顾经济现实与社会主义本质，计划经济是解决现行社会矛盾的有益探索等。环绕苏俄经济模式的不同观点，一方完全否定这个模式，另一方给予不同程度的肯定，至少认可这是改变现行资本制度弊端的有益尝试。双方尚未出现直接的交锋，但对立论点的并存本身，足以促使国人对苏俄新型经济模式的认识趋于深化。动荡期的谴责，一经成为关注的重点，便不再是恢复期的独特现象，成为后来我国经济学界持续关心的话题。就恢复期的著作而言，此时围绕苏俄经济模式的不同看法，基本上来自译本，译者的意见，仅系附和，顶多借题发挥，缺少独立、专题和系统的研究。从这个意义上说，马克思主义经济学的传播与苏俄经济模式的衔接，还存在不少理论课题及实际问题有待研究和加深认识，特别是对效法苏俄模式，在落后国情基础上选择走社会主义道路的共产党人来说，更是如此。

第三，马克思主义经济学传播的中国化进程，在恢复期面临复杂的态势。马克思主义经济学的传播，只有与中国的具体实际结合，才能显现其理论指导力量，同理，结合得越密切越深入，越能为这一传播提供坚实的基础、丰富的滋养和强劲的动力。在马克思经济学说传入中国之始，便或多或少、有意无意地引向是否适用于中国的思索和讨论。最初在国人的眼里，这个学说作为西方国家的理论产物，反映了资本主义社会贫富差距日益悬殊的矛盾现象和严重弊病，说明了这种矛盾和弊病产生的内在原因及其发展趋势，由此带来席卷欧美国家而旨在改变或推翻现行资本制度的社会主义思潮，这是发达国家面临的烦恼。对于憧憬欧美国家的发达生产方式与生活方式，谋求发展资本主义以为救国救民出路的我国仁人志士来说，也不啻是一帖清醒剂，发现资本主义的现实不像想象的那般圆满美好。这种提示，算是联系中国实际看待马克思经济学说的早期形态。那时人们的思想认识里，还看不到用马克思经济学说来解决中国现实经济问题的自觉意识。在他们看来，这是资本主义发达阶段才会出现的问题和产生的学说，对于贫穷落后的中国，距离还很遥远，不足为虑。所以早期论争马克思经济学说与中国实际的联系，局限于或者等到中国的资本主义发展后，通过社会改良来限制其弊端，或者发展资本主义的同时加以社会革命的节制，预先防范其弊端。这里所说的联系中国实际，通常指选择资本主义道路的过程中在不同程度上参考马克思经济学说的告诫。至于选择社会主义道路，仅属一种理想，可以在马克思经济学说中看到有关社会主义必然取代资本主义的理论阐述，现实中却无先例可援。随后的苏俄革命，正是这样的先例，提供了走社会主义道路的第一个具体样式，但这个样式又不同于马克思学说预期的理想模式。于是，中国共产党确定建党纲领以马克思主义为指导思想，首先面临的课题，如何根据这个指导思想，将社会主义道路与中国实际相结合；同时带来的质疑，社会主义作为替代趋于崩坏的资本主义的新型社会形态，能否适合尚处在资本主义发展初级阶段的落后中国。这时的联系中国实际，已经从资本主义道路的趋利避害问题，转变为资本主义道路与社会主义道路二者孰优孰劣的选择问题。围绕这个选择，较早在专论中国经济问题的著作里看到几类论题，一类考察我国底层劳工的贫苦生活状态，在某种程度上揭露了国内工业企业中的劳资矛盾，另一类比较系统地研究帝国主义经济侵略所形成的各种束缚，说明在这些束缚下，中国经济独立发展的任何可能都将化为泡影，两类实证资料，在客观上支持了中国走社会主义道路的主张。再一类从理论和政策上论述中国经济问题，根据正统经济学的理论原则和欧美国家的社会经济政策为当政者提供建议，支持中国走资本主义道路的主张。共产党人的初期著作在联系中国实际方面，重点从理论上说明中国走社会主义道路并不违反唯物史观的原理，这是世界资本主义趋于没落和国内遭受帝国主义侵略和封建势力摧残而不可能走通资本主义道路等内外条件下的必然选择，并强调苏俄革命成功的实践例证，但对中国经济现状及其问题的专题研究，未遑多觐。在动荡期，研究中国经济问题的专著延伸到农民问题方面，其他方面的研究则停滞不前，更不用说共产党人的著作受到压制。到恢复期，关注中国经济问题成为一个热点，再现以上几类著作的选题，而且扩展到新的领域，各种倾向观点的并存，也使联系中国实际的著作呈现复杂局面。一般说来，讨论中国指导经济理念的著作，通常公开反对马克思经济学说和苏俄经济政策，如重新诠释民生主义特别是平均地权，赋予反俄反共的涵义，同时讨论解决国内经济问题的具体办法时，又不时引入类似马克思学说或苏俄做法的内容以为参考；研究中国经济史尤其中国资本主义史的著作，属于新的延伸领域，系统整理和披露近代中国陷入内忧外侮的贫穷屈辱境地的历史进程，尽管很少触及马克思学说，却为马克思主义经济学的传播提供了真实史料素材，个别著作还结合《资本论》的原理，分析中国的产业革命，开辟了运用马克思经济学说研究中国经济问题的新路径；考察中国劳工和农民运动问题的著作，混杂各种分歧或对立观点，有的引进西方经济理念以为改善中国劳工待遇的参考而附带提及马克思有关观点，有的以小土地私有制基础上的互助合作为解决中国农民问题的样本而排除马克思的农业理论和政策，还有的如共产党人的主张，按照马克思和列宁学说来论证中国农民问题和农民运动的实质，联合无产阶级实行社会主义革命；如此等等。这种复杂局面，说明马克思主义经济学的中国化进程随着理论与实际结合的深入而呈现多种选择的较量，这个进程之艰难曲折，又说明在马克思主义经济学的指导下，效法苏俄必须找到符合中国国情的具体道路和行之有效办法，而这种找寻，仍在摸索之中。

第四，马克思主义经济学的传播进入恢复期，显出与正统经济学的多层面对峙格局。动荡期之前，马克思主义经济学的传播，已从一般国人所理解的社会主义著作领域，渗透到素来由正统经济学所支配的经济学著作领域。表现为正统经济学的著作为了维持自身的统治地位，不得不花篇幅去对付马克思经济学说的影响，更为典型的是创建新经济学体系与正统经济学相抗衡。到动荡期，前一进程仍在继续，后一进程却被中断了。此后恢复期的著作，并非简单恢复先前的传播进程，而是在多个层面，呈现同正统经济学对峙的局势。例如，在经济学基本原理层面，一方继续引进马克思主义经济学原著的全译本和《资本论》的解读本，从第一卷扩展到整个三卷本，更新引进专题论述马克思主义经济学的各种著作，涉及农业理论、金融资本与帝国主义理论以及人口理论等，各专题系统引用大量经典论述，别开生面；另一方针锋相对，有的用正统经济学原理的眼光审视社会主义的缺陷而进一步排斥马克思经济学说，有的给合作主义赋予同马克思主义势不两立的经济学涵义，有的引进宣告马克思体系终结的演绎派经济学，有的解释诸如资本集中之类的经济专题而确认是资本制度运行的正常现象等。在经济学理论体系层面，一方依据马克思主义经济学尝试创立新经济学体系，通过成批量的研究成果，把此前个别尝试中按照马克思对未来社会主义的设想所创立的新理论体系，扩展到吸收苏俄实践经验并上升为系统的理论，包括国人也自撰著作参与新经济学体系的创建尝试；另一方针对这种尝试，强化正统经济学的支配地位，或者引进专著译本，用更多的篇幅、更为系统地批驳马克思的经济理论，或者以自撰方式，形成从通俗解说本、教学讲义到考试参考书在内的系列读物，致力于正统经济学的普及与规范以抵制马克思经济学说的影响。在经济学说史或经济思想史层面，一方运用马克思主义经济学予以重新阐释，或者把经济学说史的论述框架建立在唯物史观的基础上，或者提出全新的社会主义经济学史，并从马克思主义经济学延伸到列宁主义经济学；另一方坚持正统经济学的叙述框架，对于马克思经济学说，或者纳入既有的框架，承认其客观存在，作为历史上众多学派中已经过时的一派，或者出于学术上的尊重，给予较大篇幅甚至设立专章评介，最终仍回到正统经济学的立场。在经济史层面，一方根据唯物史观重新阐释，其系统性包含资本主义以前的经济史、资本主义经济史和社会主义经济的发展，覆盖整个社会经济发展的历史，推翻资本主义经济制度永久存在的传统经济史观念，意味着资本主义经济势必为社会主义经济所取代；另一方停留在介绍欧美国家近代经济史的范围，其史料真实可信，其意图是为中国发展资本主义提供历史借鉴。在经济组织与政策层面，一方将马克思关于社会主义的基本设想，落实到苏联探索建设社会主义的具体实践，引入这个探索在主要经济制度、组织形式及若干经济领域的实施效果，依据实地调查或真实数据所获得的大量客观资料，特别是实行新经济政策后的实证资料，说明苏联经济在农业为主的落后经济基础上，在世界资本主义国家包围的险恶环境中发展起来，通过制度变迁、组织改革和政策支持，逐步趋向于社会主义的建设目标，许多方面取得显著成效，或进行有益尝试如计划经济；另一方坚持苏联经济失败论，或者抨击战时共产主义的激进经济改造方式，或者断言新经济政策是社会主义的变质，或者认为背离了马克思经济学说的基本原理，或者连同马克思经济学说一并予以否定。在经济学领域的各个层面，出现马克思主义经济学的传播和正统经济学的固守互相较量的对立状态，决非偶然。传播方作为主动的一方，从经济学领域的外围进入其核心地带，攻城略地，挑战正统经济学的支配地位，迫使固守方以更加决绝的态度、严厉的方式和多样的手段来回击挑战以维护正统经济学的传统地位。这是经过多年的传播积累所产生的现象，也是共产党人积极引导的结果。在恢复期达到这样的对峙能力与效果，从现有著作看，主要依赖于翻译引进国外的马克思主义经济学研究成果，如何结合中国实际，形成具有自身特色并足以对抗正统经济学的独立研究成果，尚须假以时日。

# 第二章　若干启示

全面梳理 20 世纪 20 年代与马克思主义经济学在中国的传播密切相关的各种著作或译作，形成一个独特的视角，能够将这 10 年间的传播进程，同此前的传播前史和传播启蒙两个阶段的先行思想准备与启蒙过程联系起来，延续而成完整的发展脉络，能够通过著作的专题论述方式，更加系统和深入地观察传播过程的思想迁移、演变及发展趋势。以著作为考察对象，前提是要有足够数量的著作，可以覆盖并充分反映所考察的整个时期的思想传播状况。而出版界的初步繁荣，借助书籍而非仅以文章形式来表达思想，恰恰又是进入 20 年代思想传播获得物质媒介有力支持的典型特征。因此，当这一时期散布在各种报刊上的文章，犹如待开垦的陌生园地，其数量多到难以由个人之力广为搜集和系统整理时，收缩到以公开出版的著作为线索来把握思想传播的脉络，便成为明智而可行的选择。比起综合考察著作和报刊文章，仅考察著作，可能会疏漏反映在单篇文章（或未汇编到文集）里的某些代表观点及代表人物，特别是著作的出版一般滞后于文章的发表，难免会影响对若干重要论点或思想趋向的产生时点的准确判断。但总体说来，只要选择的著作有充分的代表性，又有部分论文集作为必要的补充，经过周详和条理化的分析、对比与概括，同样能够反映 20 年代马克思主义经济学传播的基本面貌。为此，以上各编的考察，从 20 年代各年度的出版物中，按照大致相同的标准，选出 320 余种著作，在此范围内逐一给予重点或辅助的剖析，然后连贯起来就传播进程作出判断或结论，包括分期、划类、特征及趋势等，也就有了比较可靠和坚实的依据。在这样的考察基础上，从 1920—1929 年的民国著作看马克思主义经济学在中国的传播，可以得出以下若干启示。

启示之一：马克思主义经济学的传播从量变到质变，从启蒙到结出硕果，集中体现在共产党人的积极推动上。从传播前史到传播启蒙，这是一个颇为漫长的时期，若以 19 世纪末的中文刊物里最初提及马克思算起，历时达 20 年之久。在此期间，对于马克思经济学说的认识，主要是量的积累，从朦胧模糊到逐渐清晰，从支离碎片到逐步完整，从游移分散到逐次聚焦，还谈不上系统深入的理解。基于量变的传播影响，让国人注意到曾被奉为发展圭臬的资本主义社会，原来存在诸多弊病，开始参照马克思经济学说，考虑发展资本主义的同时或之后，预先设计防范弊病的改良办法，也谈不上根据马克思的科学分析，选择所预期的新社会制度。随后，苏俄革命展示的外部样本，五四运动凸现的内部力量，各种因素聚合在一起，促使马克思主义经济学的传播产生一个飞跃。以往传播所积蓄的能量，所沉淀的底蕴，至此迸发出来，产生影响深远的启蒙作用，再三年间，传播的形势，完全换了一个面貌。先是苏俄革命的成功，国人震惊之余，经过一段时间交织着迷惘、疑惑、担忧和戒备心态的阴影笼罩，转向寻求其真相，继而发现这是俄国人在落后经济基础上摆脱自身困境的一个崭新尝试，是在列宁的领导和理论学说指引下，将马克思的科学社会主义从理论变为现实的一次创造性实践，为同样处于贫穷落后境地的中国提供了直接的借鉴。接着五四运动的激励，国人强烈感受到，中国谋求像欧美国家那样发展资本主义的道路，阻碍重重，受到封建观念与军阀势力的束缚和摧残，更面临帝国主义列强的政治控制和经济侵略而举步维艰，连主权都难以维护，遑论独立自主的经济发展，于是掀起反帝反封建的全国性浪潮，大大推进了马克思主义经济学的传播，并将这个传播同选择苏俄革命的实践道路结合，率先喊出效法苏俄和走俄国人的路等口号。从传播启蒙到建立中国共产党，在党纲中确立马克思列宁主义的指导思想和实行社会革命以建设社会主义的奋斗目标，这是传播进程一个更大的飞跃。自此以后，马克思主义经济学在中国的传播，成为独立和具有自身主导倾向的思潮，上升为指导思想并在同传统支配观念的斗争中不断为自己开辟道路。

新的传播进程，从 20 年代的相关著作看，根据本书的考察，划分几个阶段。第一阶段为启蒙之后的建党准备及成立时期，以 1920—1921 年为限。这个阶段传播马克思主义经济学的代表性著作，延续启蒙时期的特色，提升到新的水准。例如：阐述马克思学说的理论著作仍是舶来品，尚未看到国人自撰的著作，但引进的数量明显增加，或者将此前的连载文章另以著作形式出版，或者选译新的专题论著，评介马克思经济学说更加醒目和突出；阐述的重点仍是马克思的唯物史观以及《资本论》第一卷的经济理论，仍在社会主义或社会问题的名目下论及马克思经济学说，但形成专著后论述的系统性显著增强，更有影响力；阐述的方式仍以通俗类解说为主，但解说的类型更为多样，入门的路径也更具特点，即使通俗解说，就当时国人的理解能力而言，无论唯物史观还是《资本论》第一卷，都有一定的难度；阐述类著作的引进仍兼有各方人士，但筹备建党的先驱者和早期共产党人的主导作用已然形成，此类代表作的大部分系由他们引进；等等。阐述马克思学说达到新的水准，为建党提供了具有奠基意义的思想理论准备。此时引进的马克思经济学说，就其理论体系的系统性、完整性和准确性来说，尚属于比较初步的阶段。有的著作在通俗解说的过程中未免过于简化或失真走样，有的著作从一开始就建立在理解偏差的基础上，还有的著作并非相信马克思主义而是出于学术研究的兴趣，但在当时迫切需要马克思主义的理论滋养而其思想供给又明显不足的情况下，这些有限的著作，不论出自何种初衷、立场和理解能力，只要秉持一定的客观态度，总能在评介马克思学说方面提示其理论要点或核心思想。而这些关键性内容，为如饥似渴的先驱者们所吸收和接受，成为马克思主义的信仰者，化作创建中国共产党的强大动力。这种初步理解旨在树立指导思想，也意味着马克思主义经济学的传播，有待拓展与深化。

第二阶段建党初期，为1922—1924年。这个阶段从马克思主义经济学的传播进程看，其显著特征是一批早期的共产党人在理论著作界崭露头角，一面继续翻译引进马克思的经济学原著或阐释马克思经济学原理的著作，一面运用所掌握的马克思主义基本知识，围绕建党纲领所确立的指导思想、革命路线和奋斗目标，进行理论上的论证、阐释和宣传，反驳那些质疑或否定的论点。这些著作，典型反映了当时共产党人在马克思经济学说方面的认识特点、理解能力和理论水平。首先，从译本看，引进马克思用于指导国际工人运动并重在说明经济斗争与政治斗争关系的经济学原著，对于领导我国革命运动具有直接的借鉴意义；引进阐释马克思经济学原理的著作，将认识《资本论》的视野从第一卷扩展到整个三卷的有机联系与逻辑一致性上，体现了传播的重要进步。从自撰本看，尽管掌握的理论知识还比较有限，但在事关中国选择社会主义道路的关键问题上，非常明确地坚持马克思学说的基本立场、观点和方法，不曾犹疑和动摇。其次，阐释和维护党纲原则，较多运用唯物史观的原理，说明世界范围内社会主义取代资本主义的历史趋势，以及中国走社会主义道路的必然性与可行性。相比之下，较少运用马克思经济学说的原理，或者以概述剩余价值理论的要点和结论为主，不去深究其内在逻辑和理论体系，即使自撰现代经济学的著作，也是从唯物史观的角度讲述社会主义何以取代资本主义的基本原理。这同中国尚处于资本主义不发达的落后经济阶段，不无关系。再次，通常在社会主义、社会科学、社会哲学、社会思想、社会运动、社会问题、社会学等名义下谈论马克思经济学说，继续沿袭这个学说当初借助于舶来社会主义思潮而得以传播的路径，也就是马克思主义经济学的传播形成独立渠道后，早期共产党人仍习惯于以一般社会类型的题目去阐述，尚未在经济学领域同正统经济学展开正面交锋。最后，引进专论马克思经济学说的著作同时，各色人等引进一批专论社会主义的著作，不同程度上论及马克思经济学说，这些著作交织在一起，显露出传播上的一些局限。如引进马克思的经济学原著分明为了弘扬这个学说，可是让别人作序竟得出否定其理论基础的相反结论；举荐涵盖了《资本论》三卷本的阐述性著作，却又希图走捷径能在短时间内轻松了解这部巨著；特别是对形形色色的社会主义译本里混杂着有关马克思经济学说的各种模糊、曲解乃至错误观点，缺少理论上必要的分析、辨识和纠正。

第三阶段起名革命时期，以1925—1927年为期，包含国共合作的延续与破裂两段，反映到马克思主义经济学的传播上，也在著作方面表现出一定的复杂性。前一段较长，保持了传播的平稳发展，某些领域还显示出新的突破或特点。例如：早期的共产党人站在传播理论的第一线，更有新的共产党人或志同道合者加入传播行列，在翻译或自撰著作的选题、来源及类型等方面，更趋于多样化，进入此前有所忽略或关注不够的其他领域尤其经济领域；引进经典原著及阐释类著作方面，新译恩格斯的名著《社会主义从空想到科学的发展》，更为充实地介绍《资本论》三卷的内容，重视翻译列宁论述帝国主义的代表作并予以系统阐释；以翻译或自撰方式，从不同的角度阐述马克思学说，或者面向劳动阶级通俗解说资本制度的本质特征以认清并起来推翻这个制度，或者将社会组织的分析与社会革命联系起来以批驳对马克思学说的曲解和支持社会革命的尝试，或者运用唯物史观改造社会学的结构以阐述科学社会主义的原理和实践为基本内容，或者自编社会进化简史以唯物史观分析为主线而强调社会经济结构的元素演变；特别是引进国外运用马克思经济学说创建新经济学体系的著作，令人耳目一新，尽管所依据的是马克思在发达资本主义经济基础上论述社会革命的理论，并未提及苏俄革命的新近实践，但表明马克思主义经济学的传播进入国内经济学领域，开始挑战正统经济学的支配地位。后一段较短，其逆转变化对传播的破坏性影响，尚未在著作中全面表现出来。随着惯性作用，仍能看到专题介绍马克思经济学说的译著，但逆转的势头已经显露出来。突出的例子是引进专门研究农民问题的著作，以系统梳理马克思、恩格斯及马克思主义者直到列宁的农业理论与农民政策为主，维护马克思学说的正确性、可行性和适用性，反驳那些非议之论，具有难得的价值，尤其对中国解决农业和农民问题富于参考意义；可是这样一个正面宣传马克思主义经济学的译本，在作序者的手中，竟然反过来用作证明中国共产党领导农民运动失败的工具。如此颠倒，可见前后两段的传播境遇之反差。

第四阶段动荡时期，起始于1927年国共合作破裂之后，突出反映在1928年的著作上。这个阶段的跌宕起伏，对待中国共产党和苏俄的态度或政策逆转，给马克思主义经济学的传播造成严重障碍。譬如：共产党人署名的传播类著作明显减少，或被噤声，或用化名，不见前两个阶段活跃于理论传播前沿的状况；有关马克思、恩格斯原作或专题论述的翻译，要么集中于农业政策或农民问题，却被敌视共产党人的攻击者当作否定国内农民革命运动的话柄，要么转向距离现行制度较远而不那么敏感的论题，像讨论人类的进化等；有关马克思经济概念或马克思主义经济学的译本，就其本身而言，有益于马克思主义经济学的传播，但在非共产党人的译者看来，只是出于学者或治社会科学者的兴趣，纯粹作为学术研究的对象；共产党人所留下的专题著作里，不再看到此前独立运用唯物史观或马克思经济学说研究各种理论和实际问题的自撰著作，而是翻译国外著作，借以展现论述金融资本或批判资本主义的马克思主义认识观；此前马克思主义经济学的传播在一些领域取得的突破，至此也被中断了，如经典著作的完整翻译，上个阶段已从马克思、恩格斯的著作延伸到列宁的著作，如今马恩原著的翻译踟蹰不前，列宁原著的翻译不见了踪影，又如引进国外马克思主义者创建新经济学体系向正统经济学挑战的著作尝试，也在舆论控制中被无形封杀了；等等。以上变化，从一方面看，马克思主义经济学的传播受到明显遏抑，一些势头被削弱了，一些领域被压缩了，一些进程被中断了，共产党人从公开转入地下，即使出头露面，也难有新的突破；从另一方面看，这个传播进程在形势逆转的重压之下，并未停止，虽然缓慢下来并面临更多艰难曲折，却仍在持续。由此说明，在共产党人的主导下，马克思主义经济学的传播经过多年的积累沉淀，形成抗御突然冲击的较为稳固基础。这也是恶劣的局势稍有缓解，传播进程随即迅速恢复发展的重要原因。

第五阶段恢复时期，进入20年代的最后一年1929年。恢复期相对于动荡期而言，不是简单恢复到动荡期以前的传播状况，共产党人重新发挥公开的主导作用，又取得一系列新的突破性进展。首先，引进经典著作方面，完成难度颇大的马恩原著如《哲学的贫困》及《家庭、私有制和国家的起源》的全译本，完整呈现其中所包含的经济原理，又将重点放在翻译列宁的原著上，引进包括《帝国主义论》和《国家与革命》等名著在内的诸多全译本，列宁原著与马恩原著的全译本并列，共同成为传播马克思主义经济学的权威理论依据。其次，阐述马克思主义经济学的专题论著方面，出现了独立阐述的自撰本代表作。其中的典型，或者运用唯物史观分析中国的经济统计数据，判断特殊国情条件下的产业革命，不可能发展为西方式资本主义，解决自身发展问题须采取切合国情的政治运动和治理政策，并概括《资本论》第一卷的要点和综述列宁的帝国主义学说，构成社会基础知识而给予系统宣传；或者以经济学的眼光，选译复述《资本论》三卷本要点的经济学大纲为经济现象的解剖范本，辅之以自撰经济现象的体系读本为入门知识基础，彻底改变了流行的经济学知识结构。其他代表作包括成套引进专门论述马克思经济学说发展的系列著作，以农业理论的发展、金融资本与帝国主义、人口理论为专题；这些译本，考察马克思提出后在恩格斯及其他马克思主义者手中的继承与发展脉络，或后代理论发展与马克思原著论述的渊源关系，或马克思自身理论体系的逻辑发展线索，系统地引用马克思等人著作的大量原始论述，内容之丰富可观，前所未及。又次，重启创建新经济学理论体系的进程，比起动荡期前的初次引进，数量大幅增加，自撰本与引进本并列而出，显示以苏联学者的创新体系为主的新导向，既体现马克思解剖发达资本主义经济并指出其历史趋势的经典研究成果，更体现从理论上概括苏俄革命及建设实践经验的最新研究成果，意味马克思主义经济学的传播向理论经济学领域的渗透，形成同正统经济学相对峙的局面。最后，重新阐释经济学说史和经济史的代表性著作蜂拥出现，以引进本为主，自撰本亦参与其间；运用唯物史观阐释经济学史，建立社会主义经济学史体系的译本，完全改变了传统经济学说史的理论基础与框架结构；运用唯物史观阐释经济史的译本，覆盖资本主义以前、资本主义以及社会主义的各个经济史发展阶段，同样从根本上改变了传统经济史的理论体系；经济史的专题译本方面，分别依据唯物史观、马克思经济学说和列宁学说的原理，从帝国主义没落期的经济、近代帝国主义、社会经济发展史、资本主义合理化的各种问题、世界经济与经济政策、世界大战后的资本集中等诸多角度，提出区别于正统经济学的分析观点，自撰著作与这些分析观点相似，涉及资本主义的发展及其没落、战后资本主义研究及经济史概要等专题。综合起来，琳琅满目，蔚为大观，把马克思主义经济学的传播推向全方位突破的新层面。

将 20 年代几个阶段的传播过程串连起来，每个阶段的进展以及各个阶段之间的相互衔接，由共产党人积极主动推进的基本动力因素贯穿始终，标志着传播从自发到自为，进入自觉意识状态。概括地说，启蒙之后是共产党人从思想理论准备转化为确立马克思主义经济学为指导思想的传播阶段，建党初期共产党人在传播中阐释、宣讲和维护其经济指导思想，革命时期共产党人乘势推进传播以实现新的突破，动荡时期共产党人的传播遭受暂时挫折和蓄势待发，恢复时期共产党人重振传播势头而取得全方位的突破。各阶段体现传播进程的各种著作资料，并非都出自共产党人之手，在一定时期和一些领域，传播的大多数著作甚至主体部分由非共产党人提供和完成，只是在客观上产生了支持或促进传播的效果。但从推进传播的主观动机、信仰宗旨、目标方向、关键节点和重大突破上看，共产党人的主导作用无疑是关键因素。20 年代马克思主义经济学的传播过程中，涌现出一批共产党人的代表，他们翻译、自撰或编纂的译本、著作与文集，引导传播的取向并体现传播的水准。这里的考察以著作为主，难免遗漏其时具有思想影响力却不曾以著作形式表达自己观点的代表人物。李大钊是典型的例子，他不仅在启蒙时期率先系统阐述马克思经济学说，表明自己对马克思主义的信仰，还作为中国共产党的主要创始人之一，在建党时期为传播马克思主义经济学作出了重大理论贡献。仅以 1920 年到 1927 年他去世前几年所发表的文章看，阐释、宣讲和运用马克思主义的例证就有《由经济上解释中国近代思想变动的原因》《由纵的组织向横的组织》《社会主义与社会运动》《唯物史观在现代史学上的价值》《社会主义下之实业》《中国的社会主义与世界的资本主义》《马克思的经济学说》《社会主义下的经济组织》《社会主义释疑》《土地与农民》等。也就是说，在以上考察期间，特别是前三个阶段，李大钊一直站在传播马克思主义经济学的第一线发挥了理论旗手的先锋作用，许多认识在共产党人的著作中得风气之先，具有引导意义。惟因他的论述多系演讲或授课内容，及时发表，却少见收入公开出版的著作，故未能列入考察范围，实为遗憾。不过李大钊论述的基本精神和主要观点，以不同形式体现在共产党人的著作里，构成主导马克思主义经济学传播的要素。

启示之二：马克思主义经济学的传播借力苏俄模式，理论与实际结合，开始摸索社会主义的实现路径与方式。传播前史阶段，舶来的马克思经济学说对于国人来说，除了揭露现行资本主义社会的矛盾和弊病并判断社会主义社会将取而代之外，关于未来的新社会，只限于理论推测或设想，没有真实具体的经济制度或组织形式可资参考。在这种状况下，国内绝大多数人没有亲身经历资本主义的生产与生活方式，很难理解马克思经济学说的理论深意，而中国传统的大同小康社会理想，又不能满足开眼看世界的国人对建立在生产力高度发达基础上的未来美好社会的憧憬，于是忧国忧民之士纷纷从西方流行的社会主义思潮，包括形形色色的社会改造或改良主张，以及欧美国家的各种社会政策中去寻找答案。这也是马克思经济学说传入中国以来，何以一直被裹挟在舶来社会主义思潮里面而未能形成独立传播渠道的原因之一。那时国内关于未来社会经济制度的理想境界，就是在发展资本主义经济的基础上实现平均地权和节制资本。到传播启蒙阶段，一系列令人震惊的变化刺激着国人，促使思想观念发生急剧而深刻的转变：持续数年的世界大战以自相残杀和毁灭一切的方式，充分暴露了资本主义制度的根本缺陷；诞生于恶劣国内外环境和落后经济状况的新型苏俄政权，初步巩固并树立了世界上第一个社会主义国家的样板；战后的巴黎和会上，中国作为战胜国仍被帝国主义列强当作瓜分的对象；等等。由此开导蒙昧的结果，国人看到苏俄革命的成功为同样处于患难之中的我国寻找摆脱困境的出路，提供了直接的参照系，其中的先驱者更把选择走俄国人的路，摆在国人的面前；又看到苏俄革命的理论溯源，来自马克思学说，它对资本主义制度弊端的解剖得以证实，对社会主义革命的理论预期得以实现，在多重因素的推动下，马克思主义经济学的传播从依附于其他思潮中独立出来，形成自身的明确导向。于是开创了一种新的传播方式，将马克思经济学说的理论传播同苏俄革命的实践经验传播结合起来，除了传播马克思主义的经济理论外，借助苏俄所创立的新型社会模式来阐释、宣传、运用和维护这个理论，从中探索特定国情条件下选择社会主义道路的具体实现形式。新的传播方式从 20 年代初起，开始了它的进程。

进入 20 年代之初，接续启蒙时期关于苏俄革命及其执政初期的大量评介资料，特别是苏俄政权颁布的法律、法规与政策，以及国外学者考察其事实真相的调研报告等文献资料，在此基础上，补充许多新鲜材料，首次出版了由国人独立编撰而系统研究新俄国的专题著作。以客观的精神和积极乐观的态度，介绍苏俄的经济组织与实施措施服务于社会主义的目的，劳动者掌管国家重要经济事务，最高国民经济会议统一集中管理，废除土地私有权，取消国债，银行及非劳动所得的存款收归国有，实行外贸管制与垄断等，向国人展示了一个全新经济模式的雏形，区别于现行资本主义经济模式，也给马克思主义经济学的理论传播，增添了正在付诸实施和可供借鉴选择的具体例证。其他的自撰专题著作虽然质疑苏俄政府的所作所为存在流弊而不愿引为榜样，但同样详细介绍其经济理念与举措，认为实现社会改造目标而采取暴力专政的手段实属必要和老到之举，颇为欣赏人人自食其力的共同生活主义。这些介绍，将此前围绕苏俄实例而具有旁观性质的观察与评介，提升到参考乃至作为选择对象的位置，这是一个重要的变化，尽管这时的介绍还停留在实行战时共产主义阶段。基于这个前提条件，中国共产党在党纲中确立马克思主义的经济指导思想，除了共产国际派人以苏俄为典范为之引导外，还有国人自撰的介绍苏俄资料可供参照。这时也有诸如社会问题总览的译本，质疑布尔什维主义不同于正宗马克思主义，在俄国的落后条件下以强暴手段和宗教意识推进社会主义，属于异端派别。但不论如何，自此以降，马克思主义经济学在中国的传播，便与苏俄模式紧密联系在一起，或者说，前者的传播，通过后者的传播来具体体现和形象化。

建党初期，共产党人的著作，围绕党纲宗旨和目标所作的大量论证、解说、宣讲和辩论，其理论依据都体现了马克思主义与苏俄范例相结合的特点。强调的重心，不是经济问题而是政治斗争，依据阶级斗争、社会革命和无产阶级专政等学说。这些学说的引用来源，基本上来自马克思学说、列宁学说与苏俄实例。其中富于理论色彩而以前未曾涉及的争论，如经济落后的国家实行社会主义革命，是否违反了马克思的唯物史观原理。社会革命首先发生在俄国而不是像马克思所预期的发生在资本主义经济发达的欧美国家，中国共产党的建党纲领又效法苏俄，于是引发这样的争论。在此之前，尤其启蒙时期，马克思主义经济学传播于中国的突出成果，依据唯物史观来证明社会主义必然取代资本主义的历史趋势，成为后来中国选择社会主义道路的理论基石；现在唯物史观却反过来被一些人用作否定中国走社会主义道路的理由，其缘由在于认识社会革命的前提条件发生了变化。争论主要针对中国，因为苏俄革命已经成功，中国方才提出同样的革命诉求。争论又暗含着针对苏俄，为随后出现的苏俄革命失败论埋下伏笔。这个争论不只是理论问题，还是实践问题，而实践证明是需要时间的。这场争论的一个重要收获，明白了不能教条地照搬马克思学说，要理解它的精髓要旨并结合具体情况加以运用。同样，这个收获也适用于对苏俄模式的认识，特别是当马克思主义经济学的传播借助于苏俄模式推进时，更是如此。此时专论苏俄的著作，一方面引进俄国共产党党纲，其中涉及经济纲领的条文，除了在无产阶级专政下完成对资产阶级的剥夺，将生产和流通资料变为公共财产，废除土地私有制并尝试大规模共同经营土地，以及依靠农村无产阶级和半无产阶级来剥夺地主、打击富农和团结中农而外，还主张以有计划有组织的产品分配代替商业交易，准备消灭货币等。可见那时中国共产党所参考的苏俄经济纲领，带有浓厚的战时共产主义色彩。另一方面自撰分析俄国为什么改行新经济政策的问题，指出在实践上，国家资本主义政策是适应本国国情而纠正以前偏误的创造性举措，从不切合实际的共产主义政策立场上退却，但并没有放弃共产主义；在理论上，改变了照搬马克思解剖西方发达经济所得出的结论，体现了列宁将马克思经济学说与俄国实际结合的务实精神，认识到俄国的阶级状况不同于马克思关于资本主义积累趋势下的阶级分化理论，在农民占绝大多数的条件下，为了避免损害农民利益而采取相应的过渡政策等。这些见解，对苏俄改变政策的积极乐观态度，在当时属于独到并有前瞻意识的持论。以上变化，说明苏俄建设社会主义的模式尚在探索之中，留给我国效法者的印象不是固定不变的。对于新经济政策还有不同的认识，如认为苏俄政府恢复当初所排斥的合作社或合作主义，才是挽救俄国于濒危之境的精神所在。此类反对观点，一直伴随着苏俄模式在我国的传播而时起时伏。

革命时期，从理论上突出列宁学说的原著翻译、阐释和宣传，确认列宁学说及其对苏俄革命与建设的指导，为马克思主义的正宗继承与发展，不再把布尔什维主义看作马克思主义的异端；其他专题论著如社会组织与社会革命、农民问题研究等，也都把列宁学说与马克思学说联系在一起，显示二者之间的前后相承关系，意味此时马克思主义的传播，转向以列宁学说及其苏俄范例为其真正代表。本期著作，很少看到公开指责苏俄的言论，即使有，一般也以隐含方式，批评解决社会经济问题的激进革命而非改良方式。直到此期末段，又看到有人借着翻译马克思到列宁等人论述农业和农民问题的著作，攻击斯大林政府的农民政策改弦易辙，中共领导的农民运动煽动地痞流氓损害中小农民利益而为失败之举。也就是说，本期大部分时间，马克思主义经济学的传播在于解析资本主义社会的矛盾并预判其矛盾的激化必然促成社会主义革命的出现，至于社会主义革命以怎样的方式出现，革命成功后又以怎样的方式建设社会主义，则以苏俄模式的传播为主导。曾经被质疑违背了马克思的唯物史观原理的苏俄模式，现在几乎成了传播马克思主义经济学的标准模式。不过对于这个标准模式，当时的意见未必一致，因为苏俄的社会主义建设本身，尚在探索之中。如本期首次出现尝试运用马克思经济学说创建新经济学体系的译本，但这些译本，论述推翻资本主义的革命和未来新社会的建设，没有一本提及苏俄的革命与建设实践，仍然遵循马克思分析发达资本主义国家的理论思路。究其原因，或是进行这个尝试时尚未出现苏俄革命成功的案例，但也不能否认在尝试者和引进尝试译本的译者心目中，尚未认可苏俄革命是符合马克思学说原意的标准模式。又如本期出现系统介绍苏俄经济组织与实业政策的自撰著作，也是苏俄专题著作中，较早从偏重于政治议题转向偏重于经济议题的例子。这个例子以战时共产主义的失败为重点，尽管后来改行新经济政策，但新政策既然没有改变追求共产主义的本质，同样意味着失败；失败的原因，在于其经济组织或制度缺乏合理性，相应的实业政策没有效益，结果造成国家的经济衰落和近于崩溃。这个评论还把否定共产主义制度的矛头追溯到马克思经济学说，认为资本主义经济组织才是有效率的制度。这也指向马克思在发达资本主义基础上所实现的共产主义，同苏俄在落后经济基础上所实行的共产主义之间，存在着差别，既然如此，则很难说苏俄模式是马克思主义经济学得以实现的标准模式。

动荡时期比较革命时期，在对待苏俄问题上，如果说革命期的著作很少看到公开批评苏俄的言论，仅流露出质疑的苗头，动荡期则颠倒过来，几乎一片反对声，并把先前的质疑扩展到极端。比如：关于列宁原著的翻译和阐释，见诸个别译本的附带论述，但专题译本的出版受到限制；政府部门编撰苏俄新劳动法的专题著作，感兴趣新经济政策复活私人资本和回归市场供求决定劳动契约等变化，脱离社会主义轨道而转向资本主义的宗旨，说明苏俄革命的失败；个人自撰俄国革命史的专题著作，从政治学角度看待布尔什维克，认为列宁崇奉马克思主义，为了达到目的不择手段，夺取政权时以欺瞒方式迎合民众对和平、土地和自由的要求，权力到手后相反采取无产阶级专政的暴力压迫，结果到处碰壁，面临自身被推翻的危险，其明证是被迫放弃战时共产主义而改行新经济政策，借此劝导国民不能受中共宣传的迷惑而陷入苏俄革命的圈套，相信三民主义而非布尔什维主义才是中国革命的理论指导；另有自撰著作，从经济学角度质疑布尔什维主义是否属于社会主义，该主义在俄国资本主义尚未发达的落后基础上，企图用恐怖暴力革命和无产阶级专政的强制手段实行共产主义，违背了唯物史观的原理和马克思以激进与和平手段并举的改造方式，导致失败的结局，改行新经济政策，又背离该主义的初衷。更有一些讨论其他专题的自撰著作，也纷纷把批评的矛头指向苏俄。如讨论经济地理与国际问题，认为苏俄自诩世界革命的先锋，以扶助弱小民族为己任，无异于帝国主义列强的国际联盟在维护和平的假面下，共同压制弱小民族的革命运动以缓解其内部冲突，可称为赤色帝国主义；在世界革命的理论学说方面，马克思只知阶级斗争不知民族革命，列宁虽知民族革命却不尊重各民族的自主权，莫斯科主导的第三国际支持中国共产党，危及国民党的执政，又遥控指挥脱离实际，让各民族的民众沦为世界革命的牺牲品，结论是三民主义才是指导反对帝国主义的民族革命与世界革命的唯一正确理论。又如讨论世界各国的新经济政策，以民主主义为经济建设中调和社会各阶级利益的统一意志与中正思想，依此判断苏俄的战时共产主义政策及社会主义经济组织，其实施目标与手段凭借无产阶级专政的暴力，违背了经济民主主义精神而失败了，取而代之的新经济政策，又以国家资本主义为发展取向，不可能回到建设社会主义社会的初衷，也必然失败，出路是只有转入西方国家的经济民主主义轨道；这番分析避开马克思经济学说，同苏俄实例隔离开来，不承认二者之间的渊源关系。再如讨论中国农业改造问题，批评的重点是苏俄实行战时共产主义政策在农业领域的失败，告诫中国切不可取法；同时批评资本主义经济制度的缺陷与危害，主张纠正或改革，批评苏俄而倾向马克思经济学说，意在提示二者的区别。以上著作，以自撰为主，显示动荡期围绕苏俄的负面舆论，铺天盖地。这些批评并非全是诬陷和谩骂之词，不少建立在系统理论分析和详细列举证据的基础上。这也说明，如何认识苏俄模式及其与马克思主义经济学传播之间的关系，取决于国人自身理论素养与理解能力的提高，更取决于苏俄在独特国情条件下探索社会主义道路的实践深化并取得成效。

恢复时期对动荡时期批评苏俄的负面舆论，加以纠偏，开创传播苏俄模式的新局面。其中一些领域的传播，同动荡期在这些领域的抵制，针锋相对。例如：围绕列宁原著的翻译引进，重新启动，推出《帝国主义论》《国家与革命》等名著的全译本，在马克思主义经典著作的翻译方面占据很大比重，说明对列宁学说的重视，成为观察和分析各种经济理论与实际问题的重要理论依据；各类经济专题的论著，冲破笼罩在苏俄问题上的阴霾，随处可见引用列宁的理论观点和苏俄的实际案例作为论述的正面依据；经济学领域创建新经济学理论体系的尝试重现，仍有著作按照马克思经济学说对未来社会主义社会的预想进行尝试，更多的著作是在苏俄学者的主导下，引入苏俄实践经验，从马克思的经济学说延伸到列宁的经济学说，基于苏俄的落后经济基础，强调从资本主义过渡到社会主义时期的经济改造任务，特别是实行新经济政策的办法和宗旨，不像以往的尝试，重点论述在发达资本主义的基础上进行社会主义革命与建设的设想；经济学说史领域引进运用唯物史观重新系统阐释的译本，出现社会主义经济学史的概念，论证资产阶级经济学为现行制度辩护而丧失其科学性，随之诞生马克思主义经济学，而帝国主义和无产阶级革命时代的继承者是列宁主义经济学，研究推翻现行制度和在无产阶级专政条件下逐步完成从资本主义到社会主义的经济过渡或转型经济学，同时这个论证相信，随着社会主义经济的过渡期或转型期终结，社会主义经济学史也宣告终结；更多系统运用唯物史观进行重新阐释的译本见于经济史领域，其代表作在唯物史观经济史的题目下专论社会主义经济的发展，将苏俄经济作为马克思主义经济学付诸实践的典型例证，论述列宁根据俄国的特殊国情进行理论创新并推出过渡期经济政策所取得的明显成效；其他涉及经济史的各种专题著作，也大量应用列宁学说和苏俄实例，分析说明垄断资本主义或帝国主义时代的诸多经济问题与现象。此外引进有关苏俄的专题译本，集中关注其经济组织及各方面经济状况：或者国外学者通过实地调查，确信苏俄经济组织体现了过渡时期的社会性质，在无产阶级专政下进行社会主义建设，建立反映劳动阶级利益的政权，推进大规模工业化应用的最新科技成果，显示社会主义成分发展和资本主义成分衰退的趋势；或者国外学者基于实地调查和资料搜集，以真实可靠的客观事实而非个人主观评判，寻找苏联工会能否维护工人通过革命所获得的权利并采取何种积极措施的答案，结论是工会作为苏联最重要和强大的社会力量，影响广泛深入，成为劳动者参与新社会工作，学习合作方法，培养社会意识与责任精神，享有自身权利的重要指导力量和有效保障机构；或者国外专家叙述苏俄的劳动保障状况，系统考察苏俄政府在保护劳动者方面的一整套制度、措施与业绩，以此明了今日俄国的真相。也有异议之作，如借助考察苏俄统治下的消费协作，宣扬协作主义具有超出党派局限而使俄国经济得以恢复和发展的生命力，或相信社会农业在俄国的理论和实践，超过苏俄的农业或农民改造而具有普世参考价值等，但整体说来，重视苏俄经济实践中所积累的丰富史料以及在经济领域所表现出来的客观具体现状，给予积极的评价。这种现象在经济学理论、经济专题及专论苏俄等一系列著作中全面提升苏俄的地位，以前从未有过，说明在马克思主义经济学的传播过程中，苏俄模式的影响达到一个新的高度。

传播马克思主义经济学借助苏俄经济模式，不同于启蒙时期借助苏俄革命启发国人的先例，仅提出在资本主义道路之外可以选择社会主义道路，而是把一个与中国类似，同样处于落后经济状态，正在摸索社会主义的建设路径以改变贫穷落后面貌的苏俄实例，鲜活而具体地摆在国人面前。这个实例意味着，马克思主义经济学通过解剖资本主义社会而科学论证的未来新社会理想，距离中国并不遥远，苏俄能够做到，中国亦可效仿。此时仍在摸索中的苏俄模式，严格说来还算不上一种范式，存在政策上的变化和理论及实践上的各种疑虑，而且反映在 20 年代论及苏俄的专题或非专题著作里。如启蒙之后国人自撰研究新俄国或劳农俄国的著作，初步描述了一个国人善意理解苏俄模式的完整雏形，有关经济部分比较笼统，可见其制度的实质而其具体表现形式和成效不甚了了；建党初期围绕苏俄模式及其经济政策转变的争论和解释，理论上争论落后国家实行社会主义革命是否符合唯物史观的原理，实践上引进俄国共产党党纲作为参考，其经济部分带有典型的理想化色彩，试图立即实现没有商品交换和货币的共产主义计划经济，随后注意到改行新经济政策的变化值得深思，解说这个政策作为过渡措施未改变实现社会主义的基本目标，这些争论和变化本身，说明了苏俄经济模式尚在探索过程中的不成熟性质，并成为后来国内更为激烈质疑的先兆；革命时期推进马克思主义经济学的传播，也推进了苏俄模式的传播，同时仍在酝酿对苏俄模式的质疑，如专题讨论苏俄的经济组织和实业政策，战时共产主义造成经济崩溃，意味其经济制度不合理，新经济政策偏离共产主义目标，同样意味其必然失败，连那些创建新经济学体系的译本，也只谈马克思经济学说，未承认苏俄模式，更不用说后来把矛头公开指向斯大林政府的农民政策违反了马克思主义的农业与农民理论；动荡时期几乎完全否定苏俄模式，其新劳动法被看作自我否定社会主义目标而复归传统资本主义的彻底改良，其革命历史被说成以欺瞒与暴力手段夺权和执政并为中共所利用的政治圈套，其经济政策的重大变化被认为是布尔什维主义违反马克思学说的基本原理而脱离社会主义的失败证明，其扶助弱小民族的世界革命宗旨被怀疑是赤色帝国主义的别有用心，其新经济政策被称为违背经济民主主义进而倒向国家资本主义的节节败退，其战时共产主义在农业领域的失败更被当作中国农业改造的深刻训诫等，这些否定之词，以国人自撰著作为主，乃至切断了苏俄经济模式与马克思主义经济学之间的联系；恢复时期反其道而行之，列宁学说的引进和阐释成为重要的理论依据，创建新经济学体系把苏俄经济模式作为继承和发展马克思经济学说的独特实现形式，重新阐释经济史学的标识之一是将苏俄模式纳入社会主义经济史学或社会主义经济发展的主体内容，涌现出一批根据实地调查或客观资料系统考察苏俄在经济组织、工会、劳动保障等方面取得成效并彰显其真相的专题译本，这些新颖之作主要来自国外著作的译本，扭转了恶评苏俄经济模式的时势倾向。将以上每个历史段落围绕苏俄模式的各种评论联系起来看，显示进入 20 年代，马克思主义经济学的传播与苏俄经济模式的影响两条线索，逐渐汇合在一起，虽有曲折，但总的趋势是前者的传播借力于后者的影响扩展，后者的影响又体现为前者的传播效果。曲折的产生，很大程度上由于苏俄模式并非马克思主义经济学直接推导出来的结果，需要在与马克思所预期的经济基础完全不同的条件下进行新的理论创造和实践探索，这种创新和探索，不可能一蹴而就，有待试错的磨砺和时间的检验。

启示之三：马克思主义经济学的传播深化，同时伴随着联系本国实际的中国化进程，二者互为依存，不可分割。当初马克思经济学说包含在西方社会主义思潮里传入中国，与中国实际相接触而产生的基本共识是，中国既不如西方国家发达，亦没有西方国家的资本专制、贫富悬殊和阶级对立等社会弊病，不存在真正的大资本家和大地主，由此得出的主导结论，中国的当务之急是发展资本主义，待发展后早作防范以避免其社会弊病的蔓延，或者中国应当防患于未然，在发展经济的同时采取相应措施以预先限制其社会弊病的出现。依此而论，还谈不上马克思主义经济学传播的中国化问题。这个问题的真正提出，在启蒙时期发展资本主义的意愿明显受阻从而刺激先驱者寻找新的发展道路之后，其重要标志是开始思考和倡导苏俄的社会主义道路。马克思主义经济学中国化的本质特征，在中国如何将社会主义道路的理想选择转化为成功现实。从这个意义上说，开启马克思主义经济学传播的中国化进程，进入 20 年代才日益体现出来，20 年代的著作状况，也说明了这个进程的波折、复杂与艰辛。

启蒙之后马克思主义经济学的传播，最初在结合中国的经济实际方面，没有看到像样的专题著作。由此透露，一则像本期各个领域一样，无论引进本或自撰本，刚开始出现较有系统的专题著作，马克思经济学说与中国实际相结合方面的著作，也不例外。二则这种结合要达到一定的契合度，在它的初期，有不小难度，需要基础理论方面熟稔马克思经济学说，又需要对中国国情有相当深入的认识，这不是一件容易的事，更不用说以专著形式作系统的分析。中国共产党的成立，确定以马克思主义为指导思想，这是最重要的联系中国实际。其中自然也包括联系中国的经济实际，这从启蒙时期共产党人的先驱者们所撰写的报刊文章里，可以看得出来。不过以中国贫穷落后而多灾多难的经济状况，既然无法摆脱国际资本主义、帝国主义的侵略压迫和封建势力的剥削束缚，走不通梦寐以求的发展资本主义道路，在先驱者那里，自会判断中国只有像苏俄那样实行社会主义革命，才是根本出路。于是当中国工人运动发展到一定程度，在苏俄和共产国际的建议和支持下，中国共产党应运而生，体现了马克思主义与中国工人运动相结合的最大成就。至于说运用马克思主义经济学系统深入地研究中国经济问题，以当时的著作而论，看来还不到火候，或者说重点在政治道路的选择方面。

建党初期的政治道路选择，反映在当时的著作里，大量内容围绕着中国实行社会革命或选择社会主义道路的可能性与可行性，从理论上予以论证、阐释和辩论。这是理论拓宽和深入的过程，也是对苏俄模式进一步理解、消化和吸收的过程。从结合中国实际的角度看，此时强化这种结合的理论指导，侧重于政治、哲学和社会思想方面，诸如唯物史观、社会发展必然趋势、阶级斗争、社会革命、无产阶级专政、从资本主义到共产主义的过渡阶段与实现形式等，对中国的实际斗争具有直接的指导意义。关于马克思经济学说的原理，也多有涉及，如劳动价值论、剩余价值学说、资本积累理论等，但所占比重不高，尤其联系中国实际方面，基于发达资本主义经济的理论分析，对于经济落后的中国来说还比较隔膜，这种指导需要一个切入点。本期针对中国能否选择社会主义道路的问题所展开的争论，就是这个切入点。争论的主旨与以往赞同或反对马克思经济学说的两派对立不同，来自如何理解唯物史观，特别是如何理解"人类始终只提出自己能够解决的任务"如下一段话："无论哪一个社会形态，在它所能容纳的全部生产力发挥出来以前，是决不会灭亡的；而新的更高的生产关系，在它的物质存在条件在旧社会的胎胞里成熟以前，是决不会出现的"①。一种理解据此否定中国选择社会主义道路的任何可能性，因为中国的生产力发展还很落后，不足以支持新的更高的生产关系，也没有社会革命所需要的成熟的物质存在条件；另一种理解认为这是教条式解释唯物史观，坚信中国已经具备了实行社会革命或走社会主义道路的物质条件。后者的论证，正是将马克思经济学说与中国实际结合的切入点。如分析中国的资本主义虽然尚未发达，但如唯物史观所说，产生社会革命的物质条件"已经存在或者至少是在生成过程中"：从国内看，资本主义经济因素已在生成过程中，这是帝国主义经济侵略和自身经济正由封建经济向资本主义经济转型的产物；从国际看，各资本主义国家内外矛盾的深化和苏俄影响的扩大，意味世界资本主义已经没落并趋于灭亡，在这种形势下，中国怎么可能独自发展资本主义。这里有关中国存在资本主义经济因素，遭受帝国主义经济侵略，传统经济正在转型，以及与此相关的国内外各种经济变化等分析，

---

① 引自《政治经济学批判》序言，见《马克思恩格斯选集》第2卷，人民出版社1972年版，第83页。

便是结合中国经济实际的重要内容，也是马克思主义经济学中国化最初遇到的需要解释和回答的迫切问题。自此以后，这些内容或问题随着马克思主义经济学传播的不断扩展和深入，也在不断丰富、演变和深化，并贯穿整个传播过程，成为理论与实际结合过程中需要持续探索和解决的重要课题。

革命时期出现一批研究中国经济问题的专题著作，显然是在此前分散研究所积累的成果基础上系统梳理和综合的产物。此时还有一些著名的文章，如毛泽东的《中国社会各阶级的分析》，说明分辨真正的敌友，不可不分析中国社会各阶级的经济地位及其对于革命的态度，同样体现了将马克思主义经济学与中国实际相结合的精神。不过这里重点考察的是国人自撰的著作，从这些著作里透露出来的信息，一方面重视马克思主义经济学的理论传播，另一方面对这种传播给予中国现实所带来的影响，基于不同的立场采取不同的态度。本期值得关注的经济专题，有如下几类。第一类研究中国的劳工或劳动问题，不同于传统封建社会的劳动者问题，书中来自基层第一线的调研结果，类似于西方国家普遍存在的劳资矛盾的社会弊端，属于资本主义经济范畴所特有的问题。面对同样的问题，这些早期著作表现出不同的观点。比较有代表性的，一种观点自称孙中山的信徒，承认有必要解决中国的劳工问题并开展劳动运动，提倡反对资本主义和资本家，但最终踟蹰于中国产业落后、缺乏资本和资本家等特殊国情，对国外的劳工理论和劳动运动实践保持戒备，或者把解决劳工问题的症结转移到解决关税自主问题上，强调必须用政府的社会政策加以规范以避免苏俄式激进革命，实则拒绝马克思主义经济学的理论指导。另一种观点来自共产党人，认为中国同样出现了以劳资矛盾为主而构成现代社会问题核心的劳动问题，解决的方式也应以实际行动让劳动者夺回自身的权利，体现马克思主义经济学的指导精神。还有一种观点介于两者之间，一面否定中国先发展资本主义以便为解放劳动者创造经济条件的思路，提出实行劳农阶级专政的社会主义，是同时解决外国资本侵略和本国资本剥削的根本办法；一面把解决办法建立在维护劳动阶级利益的朴素感悟上，缺乏对马克思主义经济学的确切理解。几种观点交错在一起，互相制衡，但现代劳动问题在中国的出现本身，已为马克思主义经济学的中国化创造了条件。第二类研究帝国主义对中国的经济侵略问题，这是国人的切肤之痛，早已显露群情汹涌的反帝情绪，然而真正的系统研究，初现于本期。这种研究，或者揭露帝国主义利用不平等条约侵略中国的史实和现状，从中吸取教训，证明中国无法发展资本主义，为走苏俄的社会主义道路以摆脱世界资本家操纵的论点，提供了强有力支持；或者从理论上说明帝国主义对华经济侵略，受其本性驱使不会改变，从史料上梳理各种事实证据，让国民认识到这种经济侵略是威胁中华民族生存的主要因素，激发国民的自觉反抗意识。此类专著不一定对马克思主义经济学有清晰的认识，但它们梳理的史料和披露的真相，构成了马克思主义经济学中国化的重要路径特征。第三类研究中国的经济政策或经济问题，与前两类著作有所不同，专门提到马克思经济学说而又提防或排斥这个学说。或者认为中国的新经济政策，须参考资本主义国家的经济发展同时避免资本发展的无节制，又须吸取社会主义的均富思想同时拒绝废除私有制的财富国有，防止走极端，如苏俄试行马克思的共产主义学说后改行新经济政策，证明其失败，并诠释民生主义不过拿来欧美国家实施社会政策的一套理论；或者用马克思经济学说分析中国经济问题，涉及现实经济制度时又趋向折衷妥协。对于马克思主义经济学的中国化，此类著作具有双面性，一面是这个路程上的障碍，一面又把如何认识和解决中国经济与政策等重要问题，提到议程上来。这三类专题著作之外，本期其他非专题著作，也不时看到联系中国经济实际的议论。如通过译书指出，列宁改行新经济政策，国人多有误解，不知这在社会革命的道路上非常重要，体现了列宁的精明和博大，以此为例在中国提倡私人资本主义，这是对列宁的污辱和对社会的遗害。从这里可以看到译者信仰马克思主义经济学及敬佩列宁创造性付诸实践的态度。又如论述协作或合作主义，或者借原作者之口，声称中国处于工业发展的萌芽阶段，仍然尊崇先贤的道德教诲，不似欧洲各国经过长期追求利润的自由竞争造成社会分裂，更容易了解和实行协作主义；或者认为中国因经济幼稚、组织散漫并受帝国主义压迫，不易发展资本主义，强行走社会主义道路更是有失败先例的一条绝路，从两者中间选择基于互助精神的合作主义，让平民通过和平方式逐渐削减资本家的力量和解决自身经济问题，于无形之中实现社会革命所谋求的社会主义理想；或者结合自身的节制资本思想与舶来的合作主义，作为解决中国劳动问题的依据。这时的协作或合作思潮，表面上未与马克思主义经济学的传播公开冲突，实际上埋下了今后冲突的根源。于此可见马克思主义经济学的中国化道路的复杂性之一斑，更不用说那时系统引进的马克思主义农民理论与政策，在一些人手里，竟然变成谴责中国共产党人发动农民运动的理论工具。

动荡时期掀起的反共反俄浪潮，显然影响到马克思主义经济学的中国化进程，带来一些新的变数。与前期比较，讨论中国经济问题的专题著作，明显减少，虽依然可见于各种经济类著作。专门讨论中国劳工或劳动问题的著作，不见了踪迹，只是借助对各国劳工运动的考察，在比较之中，别有用意地表达对苏俄式激进劳动运动的戒备；有关帝国主义的讨论仍继续深入，把中国的反帝国主义形势放在世界反帝国主义运动的背景下，说明中国的行动是对抗帝国主义阵营的苏俄及共产国际阵营、殖民地半殖民地民族解放运动和东方革命运动的组成部分，并不孤立，这个说明带有马克思主义的分析色彩，在于没有人愿意站在全民反帝共识的对立面；有关中国经济政策的讨论，未见诸专著，却构成一系列自撰经济类著作的重要论题。有两个聚焦点，一是如何看待苏俄经济模式，二是如何解决中国农业和农民问题。两点又可以归结为一点，中国的经济改造尤其最重要的农业领域改造，在政策上能否借鉴或仿效苏俄的经济模式。对此，相关著作的基本倾向，持否定态度，主要否定苏俄模式，又试图把苏俄模式与马克思主义经济学区别开来，甚至用马克思主义经济学来否定苏俄模式。就此而言，可以说在争夺马克思主义经济学中国化的主导权。典型的例子是专题论述中国农业改造问题的著作，在相关政策上，看到资本主义国家土地私有的危害，朦胧意识到苏俄模式不同于马克思所预想的社会主义，于是避开马克思学说而把矛头专门指向苏俄模式，特别是对战时共产主义时期在农业领域实行的土地国有、农村集体组织及强制农民服从等政策，深恶痛绝，告诫国人切不可仿效苏俄共产党的土地政策，应相信国民党的民生主义政策才是解决中国土地问题的可行之道。这里看似未公开抵制马克思主义经济学的传播，实则借着批判苏俄模式，试图把这个传播引导到防备资本主义和共产主义两个极端的折衷道路上去。与此匹配，论述世界各国新经济政策的著作，从另一个角度告诫国人，因外患内乱没有机会实行改革所产生的绝望情绪，引出效法苏俄的想法，殊不知苏俄从战时共产主义改为新经济政策，是一重失败，奉行国家资本主义的新经济政策脱离社会主义的轨道，又是一重失败，我国岂能以双重失败的国家为榜样，真正的救国之道应是建立民主立宪制度并辅之以教育指导和政策培育，顺应世界各国的经济民主主义。这同样以苏俄模式为靶子，使马克思主义经济学传播的中国化失去赖以为依据的先例。还有著作从经济地理角度论述国际问题，因苏俄及第三国际支持中国共产党而不利于国民党，于是把自命世界革命先锋的苏俄与倡导国际联盟的帝国主义列强，并列为赤白两色帝国主义，宣称三民主义会取代马克思主义和列宁主义上升为指导民族革命以实现世界革命的唯一理论。这样将反帝与反共反俄联系在一道的主张，更是企图把马克思主义经济学的中国化道路引向歧途。这场争夺主导权的较量，处于动荡时期的逆境中，仍能看到个别专论农民问题的著作，依据马克思到列宁有关农民理论和政策的一系列论述，考察中国的农业和农民状况，自信由此可以确定解决问题的对策方向，这是理论与实际的初步结合，真正解决中国农民问题，尚须全面深入认识国情，把握世界发展趋势和参考各派主张，为正确的对策付出艰辛努力。这种态度，排除纠结于正在探索中的苏俄模式的各种干扰，坚持马克思主义经济学的传播进程向中国化方向不断延伸。

恢复时期专论中国经济问题的著作，伴随着论述马克思主义经济学和苏俄经济模式的著作（译本）全方位恢复和扩展，也大量涌现，涉及此前提出的那些重要论题，大为拓宽和更加深入。考察本期马克思主义经济学传播的中国化进程，须去广泛搜集各类著作中论及中国经济议题的众多资料，不过单就这些专论著作来看，也能了解个大概。一类研究中国的产业革命，可以作为典范。通过实证资料判断中国已进入资本主义初期的产业革命阶段，但受限于主要由外部因素所促成的半封建半殖民地双重压迫的特殊社会性质，不可能发展为西方的资本主义模式，由此也决定了推动中国革命的劳动运动，不可能像西方国家那样逐渐从经济运动发展为政治运动，必须经济运动与反帝反封建的政治运动并举；等到革命成功建立民众政权，应同时解决发展产业与农民土地两个问题，特别是发展国家资本，解决手工业淘汰、畸形商业资本限制和社会失业等问题。这个研究，结合中国国情，运用马克思经济学说的基本原理，借鉴苏俄经济建设的实践经验，把马克思主义经济学的中国化探索，提升到一个新的水平。另一类研究中国经济的指导理念，体现当时的主流认识，比较混杂。如专论平均地权的著作，或者维护这个学说的本义及其理论和实践价值，不容任何曲解，维护的目的在于抵制列宁所制订的苏俄土地公有等农业政策和中国共产党所推行的土地措施；或者为了达到同样的抵制目的，修改这个学说的本来涵义，使之变成符合西方传统经济学原理的货色。这些著作将平均地权学说与马克思和列宁的学说对立起来，无异于阻挠马克思主义经济学的中国化进程。又如论述金融资本主义与中国的著作，既想吸收过剩的国际金融资本为我所用，又怕帝国主义借金融资本侵略我国，于是提出苏俄吸引国外资金和技术力量以恢复经济，不惜改变原来的共产主义宗旨而转用新经济政策，其例证可供参考；论述中国经济问题的文集，利用西方正统经济学来清除马克思经济学说和苏俄经济实践的影响，不论现在中国经济多么落后和困难，终归要走上英美等国的发展道路；论述中国经济历史、现状与危机的著作，看到资本主义因素在中国社会所产生的重大变化，要改变传统观念重新认识国情，从农业经济、工业状况和外国资本等方面梳理和分析中国经济的时代特征，以期恰当应对。这些著作，在指导观念上不愿接受马克思经济学说和苏俄模式，具体论及中国经济的现实困难与迫切问题，又往往对原有的信念产生怀疑而要求寻找新的出路，结果为马克思主义经济学的中国化进程，提供了特殊的土壤条件。再一类研究中国资本主义发展的历史，属于新的专题。如论述中国近代经济或近代工业发展史的著作，仿照西方同类著作样式，梳理中国自身的史实和统计资料，又在劳动问题方面，分析其思想来源如民生主义的宣传、国民运动的勃兴和共产主义的宣传等。这些著作涉及中国资本主义的发展历史，偏重史料而非阐述理论，也为马克思主义经济学结合中国实际的传播，提供了比较系统和翔实的历史素材。又如专论中国资本主义发展史的两本著作，一本根据中国资本主义发展的特质，判断由此引起国民普遍的反帝反封建情绪，推动我国的民族运动和民权运动，必将发展为推翻资本主义的社会革命；论及中国资本主义的发展趋势，处于国民经济变为世界经济的现代经济时代，世界资本主义正走向崩溃，中国经济作为世界经济的组成部分，即使资本主义尚未发达，也必然随之走向崩溃，中国是世界经济体系中的最薄弱环节，不论其工业发达与否，同样会发生社会主义革命。另一本提出中国问题的核心，是发展资本主义还是越过资本主义阶段走非资本主义之路，根据马克思和列宁的经济学说，中国缺乏资本和雇佣劳动者，又无法摆脱帝国主义侵略和封建残余势力剥削的束缚，加上中国资产阶级的软弱、幼稚和附庸地位，不可能发展资本主义；同时以苏联的巩固与发展为例，连同世界工人运动的发展，殖民地革命运动的兴起，帝国主义内部经济的衰落和帝国主义国家之间的冲突等因素，断言由于国际帝国主义从而整个资本主义制度的没落，非资本主义世界的形成，中国经济将走向世界大同的非资本主义发展道路。这些著作体现了共产党人的思维特征乃至共产国际分析中国问题的逻辑影响，同样是马克思主义经济学中国化的开拓性尝试。说到共产国际的影响，此时翻译引进的著作，还能看到国外学者运用马克思的亚细亚生产方式理论分析中国经济问题，其特征如专制统治、中央集权与自治团体并存、自给自足、循环重复、古老的商人资本和高利贷资本起支配作用等，帝国主义的侵入打破了这种生产方式，或者促使中国走上资本主义道路，等到资本主义发展成熟，必将像苏俄那样通过革命走上社会主义道路，或者因中国的传统经济形态不可能内生资本主义发展方式，也不可能纳入世界经济体系后自主发展资本主义，为了避免成为帝国主义列强的附庸，只有走苏俄革命的道路。

这些分析，被一些国人的自撰著作吸取，为马克思主义经济学的中国化进程，补充了新的理论养料。还有一类研究中国的劳工问题和农民运动，重新关注前期曾经中断的论题，具有不同的价值取向。如论述中国劳工问题的起源和发展，解决问题的思路，引入国外的学说和社会政策，包括参考马克思的理论观点，总的倾向以改良方式缓解现行经济制度买卖劳动力的弊端，改善劳动者的经济待遇；论述农民问题，分析中国的农业经济状况，联系世界农业的发展与变迁及致力于农民合作进行乡村建设的亲身经历，否认马克思关于农业经营规模趋于淘汰小农经营和阶级分化趋于淘汰小土地所有者的理论，把解决中国农民问题的希望寄托在法国流行的小土地所有制上。这些著作面对同样的中国劳工和农民问题，试图在马克思主义经济学之外选择不触动现行制度的改良办法。又如专论中国农民问题与农民运动的文集，从不同角度系统运用马克思经济学说和苏联范例，分析这些问题和运动在中国的表现形式、实质、特征、背景与趋势，结论是从根本上解决农民问题，只有在革命政党领导下，与国内外无产阶级联合，走社会主义革命的道路。这与前述的主流改良思路相反，体现了中国共产党人在共产国际的指导下坚定革命道路的思想，强有力主导了马克思主义经济学中国化的基本走向。

马克思主义经济学的传播与中国实际相结合，是一个领悟理论学说和认识实际国情两方面不断积累、提升和互为促进的过程。启蒙之后，中国共产党的诞生确立了以马克思主义为指导思想，开启了马克思主义经济学的中国化进程，将马克思主义经济学的基本原理同中国具体实际相结合，逐步形成具有中国特色的马克思主义经济学理论成果。这个过程在建党初期的著作里，集中体现为如何借鉴苏俄革命的范例，把马克思学说解剖发达资本主义国家的经济理论成果，同经济落后的中国国情结合起来，坚定社会主义革命的奋斗目标。其中提出的理论命题诸如，遵守唯物史观的理论原则，又不能教条式解释其涵义，以中国尚未具备成熟资本主义的物质条件来否定中国选择社会主义道路的可能性或可行性；中国存在或至少在生成资本主义经济因素，但受到帝国主义侵略和封建军阀势力压迫的制约，不可能像欧美国家那样发展资本主义经济；中国经济已融入世界经济体系，既然世界资本主义势力因其内在矛盾激化和以苏俄为代表的新社会力量兴起等因素而趋于没落，则中国也丧失了发展资本主义的外部条件，只有实行社会主义革命才是唯一出路；中国革命成功后，可以在无产阶级专政条件下巩固政权和发展经济，经历过渡阶段完成从资本主义向社会主义的转化：等等。这些命题极为重要，具有指引方向的意义，但又是初步的，重在推理，缺少实证经验的系统和详细说明。此后马克思主义经济学的中国化进程，从某种程度上说，也是这些命题不断扩展、深入和具体化的过程。革命时期出现一批讨论中国经济问题的专著，侧重于中国的劳工或劳动问题、帝国主义经济侵略和经济理念与政策等，意识到资本主义经济所特有的劳资矛盾及其对劳动阶级的负面影响，同样发生在中国，必须重视并设法解决；帝国主义的侵入破坏中国的传统生产方式使之转向资本主义经济，同时又束缚中国不可能真正发展资本主义，甚至成为中华民族生存的主要威胁；随着中国经济形态的变化和各种新经济问题的产生，需要确立相应的经济理念和政策等。这些讨论结合中国的具体实际或基层状况，系统梳理客观真实状况，为上述命题的深化认识，提供了第一手的实证资料，十分难得。围绕这些资料，派生出不同的思想倾向，其主导倾向除了反帝共识之外，总是希图用调和、改良或协作之类的办法，在现行制度下缓解中国的劳工和经济问题，从而与运用马克思主义经济学来指导、分析和解决中国经济问题，形成较量的态势。这种较量到动荡时期，从当时涉及中国经济问题的著作看，似乎反共反俄的力量占据压倒优势。其特点，或者全盘否定苏俄经济模式，强调无论战时共产主义或新经济政策，均以失败告终，意在釜底抽薪，让马克思主义经济学的中国化进程失去可资借鉴的样板；或者将马克思主义经济学与苏俄模式隔离开来，宣称后者的实践不符合前者的基本原理，意在争夺马克思主义经济学与中国实际相结合的主导权；或者把重点放在农业改造方面，认为这是中国经济的最重要领域，而苏俄模式对于农民来说是灾难性的先例，意在消除苏俄社会主义探索的影响，虚化马克思主义经济学的传播在中国的实践价值，并将矛头指向中国共产党所领导的农民运动；等等。这些著作为了显示其较量优势，采取说理和列举事实的方式，结果有关理论的辨析和实例数据的梳理，又为后来深化马克思主义经济学的中国化进程，增添了新的理论与实证滋养。况且逆境中，仍有著作坚持马克思和列宁的农业理论及农民政策，依此决定解决中国农民问题的方向，尽管找到正确的具体对策，尚须不懈努力以加强理论与实际的结合。恢复时期迅速恢复并扩展马克思主义经济学的传播，在著作中积蓄起足够的力量，涉及中国经济问题的几乎各个方面，与曾经占据压倒优势的主流势力形成公开的较量或挑战，尽管对抗的程度有所不同。例如，在经济指导理念研究方面，主流势力或者假借平均地权思想的解释和修正，抵制苏俄的农业改造和中国共产党的土地政策，或者引用西方正统经济学排斥马克思经济学说和苏俄经济模式，崇尚欧美的资本主义道路；或者既要利用国际金融资本又要防备外国经济侵略，把眼光转向苏俄吸引外资和国外技术人才的做法；或者看到中国经济因重大变化而面临的危机，提出重新认识国情以便有所应对等。挑战者则论证中国产业革命的特征，决定了中国不可能发展为欧美式资本主义，必须通过劳动运动实行经济斗争与政治斗争并举的革命以建立民众政权，然后利用国家资本来解决传统生产方式所遗留的经济问题。在中国资本主义发展史研究方面，主流势力参照西方著作，建立中国近代经济史或工业发展史的框架结构。挑战者则借助这个研究，说明中国资本主义发展的特质与趋势，势必走向推翻资本主义的社会革命，处于资本主义正在崩溃的世界体系中最薄弱环节的落后中国，同样有条件实行社会主义革命；或者说明中国受到内部与外部条件的制约，其前途不可能发展资本主义，而世界客观形势的发展，又使中国有可能超越资本主义阶段而实现非资本主义的发展。在中国劳工问题和农民运动研究方面，主流势力或者引入西方的劳动理论与政策，试图以改良方式解决中国随着资本主义发展而出现的劳动问题；或者反对马克思的农业理论与农民政策，试图用小土地所有制方式解决中国农民问题。战者则依据马克思经济学说和苏联例证，结合中国农民问题与农民运动的分析，提出根本的解决办法是在革命政党的领导下，联合国内外无产阶级实行社会主义革命。诸如此类的较量，包含共产国际和苏联学者分析中国经济问题的影响，反映了马克思主义经济学的中国化进程受到各种阻挠、误导和牵制的复杂局势，也显露出这个进程冲破重重障碍而在对抗斗争中提升自身水平的不断深化趋势。

启示之四：马克思主义经济学的传播在国内经济学领域形成与正统经济学的理论斗争，有一个逐步发展的过程，随着传播的深入而日益显露。早在马克思经济学说传入中国之前，西方资产阶级经济学已是西学东进潮流的一个重要组成部分，与封建传统经济思想较量并取得优胜地位，在国内经济学领域形成一统天下的支配格局。相对于中国传统经济思想，西方正统经济学的传入具有积极意义，代表了比旧的封建生产方式先进的新的资本主义生产方式。19世纪和20世纪之交，国内各种新式学堂设立经济学课程，引入西方经济学教材，严复将亚当·斯密的代表作《国富论》以《原富》之名翻译介绍给国人，产生不小的影响；此后报刊界介绍西方经济学的文章，目不暇接，围绕西方经济学的专著、教科书和通俗读物的翻译版本与自编著作，成为热门，确立了西方经济学的正统地位。对于马克思经济学说的传入来说，先行舶来的西方经济学，曾经起到铺垫的作用。诸如替代中国传统的经济观念以及各种缺乏精确定义的陈旧名词术语，引进全新的经济理论以及整套专用概念；初步普及现代经济学的理论知识，特别是作为马克思经济学说的理论来源的古典经济学知识；在早期的舶来经济学著作里，开始夹杂着介绍马克思及其经济学说的有关知识；等等。这种铺垫作用，此后在马克思主义经济学的传播过程中，没有消失反而有所增强。不过总体说来，马克思经济学说自最初传入以来，在较长一段时间里，一直被包裹在舶来的社会主义思潮里没有独立出来，反映到那时的著述中，可以看到社会主义思想与资本主义观念的对立，但很少看到马克思经济学说与西方正统经济学的正面交锋。苏俄革命特别是五四运动以后，马克思主义经济学形成独立的传播格局，又成为效法苏俄革命的理论依据，面对社会主义与资本主义两条道路的选择，我国经济学领域的理论斗争，随之变成马克思主义经济学与西方正统经济学之间的斗争，在 20 年代，许多重要经济争论问题，实质上多数也是由这一基本斗争而引起。围绕这个斗争，前面综述了马克思主义经济学的传播进程及其对正统经济学的挑战，这里综述正统经济学对这种传播和挑战的反应。

从启蒙之后的著作看，这个斗争最初比较突出地反映在经济思想史领域。从历史角度考察各个学派及其代表人物的经济学说之源流与特征并作出比较和评价，此类稍具科学常识的著作，不可能忽略在历史上占有重要地位并产生极大影响的马克思经济学说。这也是正统经济学方面，相比之下接触马克思经济学说较多和介绍较为客观的一类著作。本期特点，连续出现专论经济思想或思潮史的几个译本，都承认马克思经济学说的历史地位并据实简述，但在评价上截然对立，马克思主义研究者持充分肯定的态度，资产阶级学者持坚决否定的态度。这种对立，正是理论斗争进入交锋状态的表现。惟此类著作均出自日人的转贩，难免对欧美原著的引述有失当之处。此时引进欧洲经济学原著，未见正统经济学的代表作，倒是看到以协力主义命名的政治经济学译本。一面用重建政治经济学体系的方式，给马克思经济学说留出一定的地位空间，似乎有助于其理论传播，一面又将这个空间限制在一定范围内，宣称马克思经济学说已经过时，或遭修正，或被替代，对现行制度不再构成威胁；这种方式不同于一般正统经济学直言反对马克思经济学说，以推广协力主义为尺度来削磨其锋芒，最后仍回到正统经济学的基本立场上去；对此，国内有人夸赞协力主义是和平无争又轻而易举改造社会的最好办法，有人批评这是调和个人主义与社会主义的无奈之举。打着协力主义的旗号来阐释政治经济学，看起来未与马克思经济学说正面冲突，甚至显示有共同的最终目标，实则变换方式来应对马克思主义经济学的传播。由此引起国内的不同反应，也可以看作理论斗争短兵相接的一种表现形态。此外，国内对于正统经济学的关注，或者引入某些权威理论如分配理论，未提及马克思经济学说，却有意针对社会主义的分配理论；或者仿效其科学方法来整理中国的相关经济史料，如中国财政史；或者试图从中汲取可资中国借鉴的经济政策原则，结果把西方国家财政政策中的累进税制，用来对付马克思否定资本私有制度的资本积累理论，当作最适合的普及性原则。一般说来，那时国人引进西方主流经济学，尤其应用经济学方面的著作，其初衷有感于西方国家的经济发达，迫切期望采纳其经济理论与政策以为我国发展之借鉴。殊不知这个借鉴以其基本制度为前提，一旦有所触犯，便引来对于触犯者特别是旨在推翻这个制度的马克思主义经济学的攻击。这种攻击随着马克思主义经济学在中国的传播不断深入，并日趋公开和激烈。

建党初期，围绕社会主义道路选择的解说、辩护、宣传类著作，接踵而至，形成前所未有的舆论声势，这也是站在马克思主义经济学的立场上，对正统经济学的最大挑战。这些著作的重点，从基本政治纲领上论证其道路选择的正确性与合理性，同样运用马克思经济学说作为理论依据，却未及与正统经济学直接交锋。对于这个挑战的回应，其时正统经济学著作方面，可以看到若干梗概。此类著作比前期有所增长，也存在某些变化。较为典型者在经济思想史领域，或者以"最新"经济思潮史的名义，改变宣称马克思经济学说已经过时无用的武断口吻，增补客观介绍的内容，同时试图引导读者相信，这个学说后来的演变，不是融入社会改良主义的主导潮流而自行消失，就是转成布尔什维主义的激进形态而遭受谴责，转向以相对隐蔽的方式来拒绝马克思经济学说；或者概论经济学史，一面称颂马克思学说冲破传统经济学的根基，揭露了资本主义组织的本质缺陷，一面落脚于德国新历史学派或讲坛社会主义的阶级调和方案，通过国家干预，兼收限制极端自由放任主义和改善劳动者条件之效，意在使马克思经济学说的影响消弭于无形之中；或者摆脱日本学者的著作局限，直接从法国学者那里引进经济学说史名著的部分内容，更加详细和确定地评介马克思经济学说及其地位，但终究不能改变正统经济学说史的基本格局，而且批评社会主义对于改良现实经济状况缺少积极办法，包括科学社会主义在内，引出唯物史观是宿命论等一系列对马克思学说的负面看法；或者转译欧洲学者考察近世经济政策思潮的著作，按照传统套路，承认社会主义思潮的出现有其必然原因，但不接受这个思潮，转而强调国家的社会政策，试图用社会责任来补充经济自由制度下的个人责任。此类著作，看起来增加了马克思学说在经济学说史中的分量，但丝毫没有放松防备和限制，只是形式上比较隐晦一些而已，这也是正统经济学在特定领域，随马克思主义经济学的深入传播而来的一种表现。经济史领域的著作，不那么掩饰，赤裸表达了作者和译者对待马克思学说的态度，似乎针对选择社会主义道路以唯物史观为理据的代表性观点。如概略引进美国学者论述人类经济进化史的著作，只取与近代工业发展有关的部分，不提及其中的马克思经济学说，以此支持中国选择工业资本主义道路的主张。又如同样引进美国学者论述近世欧洲经济发达史的著作，译者更加张扬，一则从经济史角度分析，认为老式发达的欧洲流行马克思主义事出有因，但这个学说随着时势发展已经过时，新式发达的美国普遍戒备这个革命学说造成的阶级分裂，重视以社会改良政策调和经济发展后所出现的社会矛盾，中国亟待发展资本主义，又要防范劳资冲突，但引进社会主义药不对症，宣传马克思主义更是庸医杀人；二则混淆科学社会主义与国家社会主义的社会改良政策的界线，崇尚和平合法手段，从理论上否定马克思主义的革命学说，反感任何带有资本论、劳动运动或掠夺等马克思主义字眼的经济学著作；三则主张效法欧美国家的渐进式道路以指导中国的产业发展，建议依靠企业家来发展中国产业，依靠劳资双方联手来开发本国资源，目前开发或发展不利，既是引起外国列强觊觎从而导致经济侵略的根源，又归咎于马克思学说的宣传造成障碍。这样从欧洲近代经济发展史中吸取经验，无非主张中国走资本主义道路，为了坚持这种主张，把攻击的矛头明确指向马克思经济学说。另外，论述经济学要旨的译本，不满自由派经济学激化了社会矛盾，其"新意"不外要求在崇奉个人主义的主流经济学和现行资本制度旁边，培育体现社会信心的势力和互助合作社及工会之类的社会组织，突出消费者的地位，用所谓社会经济学来约束传统经济学，实际上是前期引进协力主义政治经济学的延续；论述财富问题的译本，声称经济学的根本问题是弄清人类出现贫富不均的原因，意在说明这是人类社会不可避免的现象，可以解释却无法根除，最终同正统经济学一样，为现行社会制度辩护。以上著作，均属翻译之作，更多取自欧美原著而非假借日人之手，能够直接和多样地转达西方经济学的基本宗旨与发展态势。从回应国内选择社会主义道路的重大挑战看，引进此类经济学著作，或公开或隐晦，或直率或迂回，被用作维系资本主义道路的各种思想武器，与前一挑战形成理论上的对峙局面。

革命时期是传播马克思主义经济学的高涨时期，引进创建新经济学理论体系的著作为其重要标志，同长期支配经济学领域的正统经济学体系发生正面冲突。这对国人有多方面的影响，尤以自撰经济学著作又较少受正统经济学的训练或约束时，表现出不同层面的影响特征。一个层面比较典型，如为黄埔军校开设政治课而编写的经济学概要讲义，未必想改造正统经济学体系，但为了说明帝国主义及与之勾结的卖国军阀是束缚我国经济发展的主要原因，抛开资产阶级个人主义经济学，依据马克思的剩余价值学说和唯物史观等原理，把资本社会必将变更的分析，当作经济学的常识加以传授。又如专论资本问题，介绍正统理论，也大量介绍马克思学说，涉及《资本论》第一卷尤其第二卷的许多内容，为其时所鲜见；这些介绍转述他人的研究成果，主要从资本再生产循环的公式形式上去推定资本主义崩坏的可能性，忽略分析资本主义社会的资本问题实质。不论如何，这些著作体现了联俄联共时期马克思主义经济学的传播对于国人理解经济学的渗透性影响。另一个层面在应用经济学领域，或者适应我国高校教学需要，尝试编写财政学讲义，参照国外新学说包括马克思学说，但以维护和救助现行私有制度为限；或者自编国际经济政策，为中国抵抗帝国主义经济侵略的对外政策提供国际经验，惟讲求制定相关经济政策的具体技术细节，同马克思主义学说比较隔膜。这些著作与正统经济学的关系，不失其本亦非密切。再一个层面同样在理论经济学领域，或者出于系统了解西方经济学的学问需要，介绍亚当·斯密和李嘉图等代表人物及其学说；或者浅说经济学，以通俗方式，运用西方经济学的流行理论来消解马克思或社会主义的有关论点；或者编写经济学大纲，沿用正统经济学的体例结构，加上自己的理解和表述。这些著作，受正统经济学的影响更大些。自撰经济学著作在革命时期的熏陶下，同马克思主义经济学传播的对立意识不那么强烈，还颇受其影响，此时从西方引进的各种经济学著作，则大为不同。较为突出者，一是推崇李斯特怀疑和批判古典经济学的国家经济学，不同于个人主义的自由贸易学说，提倡国家主义的保护学说，并成功运用于德国及其他工业后进的欧美国家，应为工业更加落后的中国所采纳。为此，将李氏代表作完整介绍到中国，各种评价也如期而至，或谓中国实业发展应获得关税保护政策，既对外国列强有利，也可以摆脱不平等条约的束缚，重要的是以关税自由为前提；或谓李氏之言为医治我国病症的良药，关键是取消外国列强逼迫签订的一系列关税协定，实行保护关税制，才有可能振兴我国工商业。这些主张顺应了国内反对帝国主义的主导潮流，同时在借鉴西方正统经济学的范围内寻找出路，继引进古典经济学、合作主义经济学等花样品种之后，现在又转向了国家经济学。二是从欧美国家引进新的经济思想史著作，重点是站在正统立场上，对于无法忽略其历史地位与影响的马克思经济学说，提出一套评价规范：或者质疑其科学性，虽包含一定合理因素却具有根本缺陷，趋于极端而无法持久；或者将其中的某些合理因素整合到主流经济学之中，构成后者理论体系的一部分；或者考虑其影响的破坏性，借以修补主流经济学所存在的漏洞和薄弱环节；或者改变主流经济学原先以沉默来对付这个学说的策略，在理论体系内部建立起专门用来防范和消除此学说影响的反驳系统。与此类似，本期引进的其他西方经济学译本，同样针对马克思主义经济学的传播以维护正统经济学的地位。如论述政治经济的基本原理，译者纠正曾经把协作主义当作社会主义学说的误解，不偏向资本主义亦未偏向社会主义，根据真理说公道话；论述近世资本主义发展史，否认马克思有关资本主义的分析，译者和评论者更把资本主义发展的历史必然性与合理性，转变为永续的自然属性，攻击国内反对走资本主义道路的主张；论述贫穷之旋涡，把贫困问题看作与生俱来的人类社会普遍现象，与资本主义制度没有直接关联，可以通过国家的社会政策和个人的互助合作或慈善捐助加以改善，这种乐观态度同样感染了译者，以为找到了解除中国贫困厄运的灵丹妙药等。这些著作，或许可以让国内读者从中吸取认识、分析和解决各种经济问题的理论养料，但值此革命时期推进马克思主义经济学的传播之际，又往往成为抵制传播者所利用的理论武器。

动荡时期是马克思主义经济学传播的起伏或受挫时期，反映到正统经济学的著作方面，上个时期末段政变事件之后，已经显露强烈抵制这个传播的态势，本期同类著作，不过延续此态势罢了。比较起来，本期特点，更多体现为国人自撰的经济学著作，按照正统经济学的基本宗旨，予以转述、解说、定型和普及，存在独到与平庸之分。其识见独到者，如自编近代欧洲经济学说，声称中国人缺乏经济学传统，比较欧美学者的同类著作，反而可以避免其偏于本国或本派经济学的缺陷，更为客观公正；将英国古典学派和德国马克思的学说，作为近百年来欧洲经济学说发展的两个主体；评介马克思及其经济学说，不落俗套，提供更多的新鲜资料，扩展了介绍《资本论》理论的范围；这个评介被引导到所谓纯粹资本制度崩坏的自然属性，排除阶级斗争及社会革命等人为因素，等待资本纯粹化而产生的自然崩坏，由此否定了苏俄革命的必要性，也使社会革命对于落后中国来说成为遥不可及的幻想。此书尚以学术为重，随即自编经济学教科书，显出编者贬抑布尔什维主义的偏好，从理论上论证苏俄革命用阶级斗争的主观意识取代唯物史观的自然进化，背离了马克思主义的基本原理，不会成功；又从实践上举例这种背离致使苏俄经济纲领遭遇失败的结局，因此把苏俄模式排除在中国效法的范围之外，认为社会主义前途须经过漫长的资本主义发展阶段臻于发达后才能考虑。这种断论，同当时舆论界一面倒地否定苏俄模式，指斥其为赤色帝国主义的潮流，也是相吻合的。又如自编经济学专著，在正统经济学体系的基础上增补一些新内容，论及马克思学说和苏俄革命，又怀疑布尔什维主义是否属于社会主义，根子亦在苏俄的经济状况与革命实践不符合马克思的理论预期，于是只谈苏俄的农民运动而不提其工业基础和无产阶级，意味在落后的生产力基础上难以建设社会主义。再如自编近世欧美经济史，看到经济恐慌引起各国社会运动的史实，根据唯物史观理解这是资本主义经济基础中产生的社会现象，把苏俄改革现行经济组织的革命，同样作为救国救贫的一种方式，尽管其主旨是讲述产业革命如何造就近代资本主义经济组织的历史。其平庸者，主要移植正统经济学的理论原则加以普及。如自编经济学常识，告知马克思的剩余价值学说是离间劳资双方的阴谋，苏俄革命与建设是开历史倒车的空想，不可能成功，劳资纠纷只须一方努力生产，一方多点开明，即迎刃而解等；按照传统四分法分别编撰消费论、生产论和分配论等通俗读物，或者宣扬社会组织方面个人主义的生产能力大大超过社会主义，提出有限制的私产制度即均产主义，或者表示现行私有制度既然无法废除，则私有资本获得利息与利润，私有土地获得地租，都是正当的，或者批评马克思的剥削理论证明资本家不劳而获，占有本应属于工人的剩余价值是一个误导，不如洛贝尔图斯的劳动创造租金论更有代表性；根据正统经济学的要点整理经济学纲要，以此规范经济学科目的考试标准；等等。此外引进国外经济学著作，也能看到一些变化。如河上肇向来被当作马克思主义经济学的传播者，此时翻译他关于资本主义经济学发展历史的著作，特意附录有关个人主义（资本主义）与社会主义差异的抽象比较，据说社会主义经济学只有少数人感兴趣而不为多数人所理解和欢迎，又重点从资本主义社会及其经济学中，寻找令人感兴趣的变化，把各国的社会立法和某些经济学家对分配法则永久性的质疑等，说成个人主义转向社会主义的证明，几乎颠覆了他一直站在马克思主义经济学的立场上剖析资本主义制度的本来形象。又如翻译法国协作主义提倡者的经济学著作，此前被看作马克思学说的同道，如今站在对立面，不是质疑马克思学说本身的科学性，否定其主要理论或认为过时了，就是强调这个学说已经被后来的马克思主义者修正，变为倾向合法及和平方式的新学说，但终究不如协作主义把协作本身当作目的，甚至是未来新社会的直接胚胎。至于无政府主义者乘机宣称马克思主义的破产或在批判社会主义中对马克思学说大加挞伐，虽系老调重弹的平庸之论，却是以专著形式迷人耳目。所有这些变化，与动荡时期的形势逆转相适应，迎合了正统经济学抵制马克思主义经济学传播的需要。

恢复时期重振马克思主义经济学的传播势头，不仅扭转受挫形势，还在各经济学领域挑战正统经济学的支配局面，包括以更大的规模重启创建新经济学体系的尝试。由此引起正统经济学的著作方面的连锁反应，除了维护正统地位并回击挑战之外，表现亦颇为复杂。姑且不论此时出现专论合作问题而数量可观的自撰著作或译本，从当初对待马克思学说的暧昧态度乃至摆出一副同道姿态，到纷纷与马克思经济学说和苏联模式划清界线甚至势不两立，不愿触动现行社会制度下，与正统经济学著作合流为一体。单就正统经济学著作而言，分为几类。一类随着马克思和列宁有关学说的影响不断扩大，其理论回应也有相当的针对性。如引进论述资本集中的译本，承认资本垄断的现象和趋向，同时引向关注资本集中或联合的具体形式，避开从资本垄断的特征中得出帝国主义是资本主义最高阶段的结论，只是描述、解释和辩护这个现象或稍作限制。又如引进论述经济学原理的译本，给社会主义概念的解释划定正统规范，或者模糊其涵义，在形形色色的社会主义拼盘里唯独把马克思的科学社会主义排除在外，或者释义时小心翼翼地剔除可能触动现行资本制度的激进理论与政策倾向，塞入国家管制措施和社会政策、社会改良和慈善事业等内容，或者论证社会主义既不可能科学组织社会生产力，也不可能公平分配社会生产所得，因其否定私有制和自由竞争反而具有各种缺陷，尤其反对以暴力手段改造私有社会的共产主义和实行无产阶级专政的苏俄革命。另一类跟踪研究西方经济学，未必强调其正统属性。如引进论述经济学方法论的译本，从书中讨论新正统派经济学的方法论标准里获得借鉴，以便用于经济学的理论和实际分析。又如引进论述新演绎学派经济学的译本，因作者的社会经济体系原稿研究马克思经济学说，经常引用奥地利学派的学说，于是特意选译这部分内容，即使此派以批评和否定马克思经济学说为其特征，却是作为研究马克思经济学说的副产品。至于经济学概论的译本，曾被看作区别于传统经济学的新经济学范本，站在劳动者的立场上，大量运用马克思经济理论，论证资本主义必将没落而为新社会组织所代替，但又倾向于把这种没落的必然性看作一种自然趋势，而译者引进的用意也是为了证明我国民生主义的正确。所以此译本虽与正统经济学不同，却难以归入创建新经济学体系之列，何况它所依据的许多经济知识仍出于正统经济学。又一类真诚拿来西方经济学的理论，希望用于解决中国现实问题。如独立编写经济学著作，说明其根本义理对于解决经济问题的重要性，一面肯定民生主义旨在补救社会贫富不均缺陷，一面忧虑偏激者试图借此推翻现行制度，因此必须了解经济学的根本原理；解决民生问题尤其劳工困境，不能就事论事和感情用事，须用经济学义理进行综合和系统分析，譬如既解决工人的工资问题，又关注资本家和地主等方面的利益；力求冲破传统经济学的框架，引进更新更多的经济学原理以为参考，注重抽象理论融入具体经济现象的分析，修改原有译名以便确切表达经济学原理等。这是致力于引进经济发达国家所积累的经济学知识以为我国借鉴，也是当时国内经济学界较为普遍的追求，但在正统经济学的影响下，始终不去触及限制中国经济发展的基本制度约束。再一类继续正统经济学的原则和规范，自编各种通俗著作，或对马克思经济学说持严厉的批判态度。例如：讲述交易论，先假设共产主义消灭交易和分配行为的可能性，然后论证这种假设不可能实现，从而不可能消灭与交易行为密切相关的私有制；解释马克思的劳动价值论承认体力劳动不承认脑力劳动，等于打倒知识阶级，剩余价值论承认现在劳动的价值不承认过去劳动的价值，故反对私产制度和劳资合作；认为马克思的危机理论已经过时，坚持恐慌现象属于近世经济循环的正常阶段或自然结果。讲述分配论，宣扬相对的均产主义是解决现代经济组织积弊的法宝，合乎人类本性且公平、和平、容易实行和具有永久可行性，批判苏俄的极端社会主义；相信资本主义私有制是符合人类利己天性的经济组织，海枯石烂也不能根本推翻，共产主义的境界可望不可即，一千万年也不能达到。评论斯密学说在马克思之前阐述劳动价值论，故我国制定经济政策，应以斯密的个人主义放任论为常规前提，以马克思的国家干涉论为权宜之策；研究价值论，认为马克思的社会必要劳动时间概念无法计量，所谓劳动价值只用于指导利息、利润和地租的合理分配；否定资本主义比社会主义浪费，认为工资奴隶之说煽惑劳工起来革命，剩余价值论是无中生有的造就世界末日之物，现行制度有办法补救劳动失业、贫富悬殊等缺陷。讲述工资论，相信工人组织起来有能力与资本家谈判工资问题，最终仍寄希望于民生政府从人道出发实施最低工资立法。编写新经济学概论，声称从推崇斯密的《国富论》到推崇马克思的《资本论》，最终明白各有其弊，均不如孙中山的民生主义经济学，结果只在正统经济学的框架内补充些民生主义的内容。还有一类经济史学的著作，对比此领域尝试重新阐释的一批译本，无非拾前人余唾，显得比较平庸：或者引进经济思想的若干专题，提到马克思经济学说，只是介绍经济思想史上的代表人物及其理论时，绕不过去而已；或者引进经济思想史，把马克思学说看作历史上曾经出现的一派代表，尽管仍被劳动阶级视为科学社会主义的经典，其学术地位已被新的经济学说取代；或者自编19世纪经济史，仅系转录欧美国家的经济发展史实；或者概括经济学说史纲要，摘录正统经济学著作的现成内容，把马克思学说排除在外；或者自撰近代经济思想史纲，以正统经济学的发展沿革为基本线索，虽与古典经济学并列介绍马克思学说，却受制于正统经济学说史的理论框架，回避马克思派的社会主义是否比自由主义经济学更具有实践意义，随即转入介绍其他正统学派。此外出现一批点名以马克思主义为攻击对象的专著，除了无政府主义者的胡搅蛮缠而外，也都在不同程度上回归正统经济理论以为攻击的依据。总之，正统经济学著作方面的复杂表现，面对马克思主义经济学传播的势头恢复和拓展，也反映了相应的复杂态度。

西方舶来经济学传入中国后，以其科学价值战胜了传承封建社会意识形态的传统经济思想，确立了在国内经济学领域的正统地位，同时作为资产阶级的意识形态，又影响国人把效法欧美经济模式（或有所节制）走资本主义道路，当成救国救民的最佳出路。可是经历千辛万苦，发现这条道路虽然美妙诱人，却受阻于国内外各种限制条件，难以走通，连国家主权尚不能维系，国内割据尚不能破除，遑论经济发展。刺破这个诱人泡影的外在因素是苏俄革命展示了另一条社会主义道路的选择榜样，内在因素是五四运动唤起了国内民众的觉醒意识，而马克思主义经济学的独立传播，也为这种选择和觉醒，提供了具有启蒙意义的理论指导。到20年代初，启蒙升华为中国共产党的成立并选择社会主义道路作为奋斗纲领，由此引起坚持资本主义道路的主流势力凭借正统经济学的质疑和攻击，拉开了经济学领域两种对立经济学体系之间斗争的序幕。启蒙之后正统经济学类型的著作，比起此前的零星数量，明显增加。一面继续用作研究中国经济理论和实际问题的参考依据，尤以应用经济学的著作为代表；一面增加篇幅介绍马克思经济学说，其意图，或者证明它已经过时或被修正如经济思想史著作，或者引向以改良方式补救社会弊端的轨道如协作主义经济学著作，或者论证资本制度的合理性如理论经济学著作。建党初期论证中国必须走社会主义道路的著作凸显，迫使正统经济学方面的著作，除了用于学术研究和政策借鉴之外，相应出现一些变化。要么从经济思想史上说明马克思经济学说或被修正融入社会改良的方向而自行消失，或演变为布尔什维主义的激进极端做法而遭受指斥；要么从经济史上强调欧美国家的发展经验以支持中国发展资本主义的主张，或指责社会主义在中国药不对症，马克思主义是庸医杀人；要么从理论上突出消费者概念来弥补主流经济学的不足或缓解资本制度的缺陷，或以人类社会无法避免贫富不均现象来为资本主义制度辩解；等等，无一不是针对中国选择社会主义的路线方针。革命时期马克思主义经济学的传播进入一个新阶段，影响到正统经济学的著作，须花费更多的精力去评介和解析马克思经济学说以为引导，为了阻击其传播，在继续已有的方式手段之外，还产生一些新的特点。如改变固守正统经济学的传统格局，不断花样翻新，从最初主张自由放任的古典经济学，到倡导民间互助合作的协作主义经济学，现在又转向坚持关税保护政策的国家经济学；难以抹杀马克思经济学说的地位和影响，转而提出一套正统评价体系，从质疑其学说本身具有根本理论缺陷，到整合其某些合理因素以便利用，再到借此修补正统经济学内部的漏洞或薄弱环节，直至建立起系统反驳此学说的防范堡垒；论证资本主义具有历史上的合理性，更具有永续存在的自然属性，诸如贫穷之类的天然缺陷与资本制度之间没有必然关系；等等。动荡时期的反覆，强化了正统经济学著作中阻击马克思主义经济学传播的方法手段，并显露若干趋向。重点放在否定苏俄经济模式上，包括违背马克思的理论预见，战时共产主义的失败，新经济政策脱离社会主义轨道而转向国家资本主义等各方面，引经据典，铺陈证据，结果将马克思经济学说虚化为无从实践的自然进化假说，又通过否定苏俄模式从而否定中国共产党人走俄国人之路的主张；另外将正统经济学的理论体系，以专著、教材和通俗读物等方式移植到国内并广为普及，巩固其支配地位。恢复时期面对马克思主义经济学传播的全方位挑战，正统经济学著作的回应也更加峻厉并具有指向性。例如，原来貌似倾向社会主义的思潮如合作主义，现在与正统经济学合流而公开表明同马克思学说和苏联模式势不两立；针对新出现的经济现象如资本集中问题，给予完全不同于马克思和列宁学说的解释；在经济学原理中将社会主义概念与马克思学说区别开来，引导到和苏俄模式相反的方向；自编著作普及正统经济学的理论原则，同时否定苏俄模式及实现共产主义的理论依据和实践探索；通常能够比较客观介绍马克思学说的经济思想史领域，也一反常态，猛批或否定这个学说；等等。西方经济学著作的大量引进或自编，同样激励国人从学术上跟踪研究经济学发展的新动态，或运用经济学义理以指导中国现实经济问题的分析。正统经济学的传入和普及，对于提高国人的经济学素养，认识、理解和解决各种经济理论和实际问题，也有其功效。然而在中国处于危难之际的出路认知上，在资本主义与社会主义两条道路的取舍选择上，信奉马克思主义经济学与恪守正统经济学之间的对立分歧，不可避免地引起经济学领域的理论斗争，并在马克思主义经济学的持续传播过程中不断深化、激化和明朗化。

启示之五：20年代马克思主义经济学的传播进程，以其指南意义和丰富内涵，为1919年以后的中国近代经济思想史研究，勾勒出一条基本线索。1840年鸦片战争至1949年新中国成立前夕近110年的中国近代经济思想史，通常以1919年五四运动为界，划分前后两段。前80年的经济思想研究，由若干公认的权威著作奠定基础，比较成熟。其基本线索，考察我国封闭的国门被西方列强凭借船坚炮利打开后，自古沿袭下来的传统经济思想的主体部分，逐步被随之而来的舶来经济思想主要是资产阶级经济思想渗透、击垮和取代的过程。后30年的经济思想研究，曾经长期处于基本空白的状态，偶见个别著作有所涉猎。20世纪80年代，开始着手这段历史的研究，经过初步梳理原始资料，提出大致的理论框架。此后相继有一些著作，在这个领域耕耘，积累了不少成果。尤其近年来的若干专题研究，着眼于近代经济思想研究的这片处女地，从不同角度发掘舶来经济学说的思想来源或厘清国内重要经济社团的作用和影响，具有史料价值，开拓研究视野。然而浏览这30年国内积淀下来的涉及经济方面的大量书目，便可发现，几乎大部分书籍被闲置，犹如荒芜之地有待开发，即使某些书籍得到采用或重视，仍缺乏全面和连贯的整理，殊为可惜。系统搜集和分析这些资料，亦非易事。至少有两点，一则经济专题或论及经济而非专题的书籍（姑且不管论文）的数量之多，涉及面之广，逐年增长速度之快，超乎想象，远非前80年的类似书籍所能比拟。二则我国近代前80年的经济思想资料，主要反映保守落后的传统经济思想面对西方船坚炮利及其背后所依托的新型工商业制度与经济观念的冲击，经过顽固抵抗而节节败退并发生转型的历史面貌，整理这些资料需要熟悉中国古代经济思想的发展沿革及其在近代的传承，而现代经济理论及分析方法，在现有的考察著作里，通常起辅助的作用；与此不同，后30年的经济思想资料，逐步确立起由舶来的现代经济学占据主导地位，因此考察其间经济思想的发展、演变过程，特别是引导中国道路选择和实际经济政策等方面的理论斗争过程，需要更新经济理论储备和分析手段。大概由于这些难点，制约了相关的研究，所以不容易看到综合考察后30年经济思想史而且比较成熟的研究成果。

既然有难度，为了给将来的综合研究打下基础，不妨选择一个切入点，既能比较充分地开发利用后30年丰富的经济思想史料资源，又能贯通把握这30年的经济思想发展过程而成为具有引领作用的基本线索。从 1920—1929 年的 10 年著作中考察马克思主义经济学在中国的传播进程，便是这样一个切入点的尝试。根据本书的考察整理及以上各点启示，可以看到这个切入点为未来的综合研究，起到了铺路石的作用。

例如，马克思主义经济学的传播本身，无疑是中国近代经济思想史的重要组成部分，而且具有引领意义。首先，追溯这个传播的缘起及孕育轨迹，可以将中国近代经济思想史研究的前后两段，有机地联系在一起。以 1919 年为标志来划分中国近代的历史阶段，是新中国成立以后史学界的通行做法，中国经济思想史学界同样沿用了这个做法。如此划分，对于认识中国传统经济思想的统治地位由强势转为衰落直至终结并让位于西方现代经济思想的整个过程，非常醒目和明了，然而也容易引起一些误判，以致将前后两段的历史分割开来，包括割断某些显露于后段历史的经济思想在前段历史中的萌芽和初期生长过程。马克思主义经济学在中国传播的专题研究，要求贯通前后两段历史的衔接联系，或者说，了解马克思经济学说最初传入的信息来源、时代轨迹、演进特点和滋育过程等前段历史，才能对马克思主义经济学广泛传播的后段历史有完整的认识和深入的理解，否则，缺乏前段历史的研究，后段历史也成为无源之水，无本之木。为此，这个专题研究的前期准备，先行考察马克思主义经济学在 1917 年以前也就是独立成为传播思潮以前的早期历史，接着考察 1917 年苏俄革命至 1919 年五四运动期间马克思主义经济学形成独立传播格局的启蒙历史，二者合起来，构成马克思主义经济学在中国传播的前段历史。这样前段历史的考察，就与后段历史的铺叙，有机联系在一起。其次，这个传播进入20 年代初，拉开了指引中国选择社会主义道路的发展序幕，这也是考察中国近代经济思想史的重要内容。中国选择社会主义道路，同时是对历来主张资本主义道路的否定，这个转折性选择，同马克思主义经济学的传播密切相关。在前段历史的相当长时期内，这个传播由晦转明，由弱渐强，由依附到独立，促使国人从理论上认识西方资本主义制度的通病，结合本国国情思考新的发展路径与前景。但一般说来，其促进作用在前段历史中，尚限于主张发展资本主义的前提下有所约束，或者在经济发展的同时增加社会改良的因素，缓解随之而来的矛盾或弊端，或者以社会革命的名义，事先把防范这些矛盾或弊端作为经济发展的节制条件。换句话说，此时尚未提出否定资本主义道路的其他选择，只是希望这条道路的具体路径或行进方式有所改进，既像欧美国家那样经济发达，又避免贫富悬殊和劳资对立等社会弊端。直至前段历史之末，一方面苏俄革命指出一条不同于资本主义道路的社会主义新路，另一方面发展本国资本主义的希望屡遭打击而幻灭乃至爆发反帝爱国的五四运动，进而产生的启蒙，由前驱者率先提出走俄国人的路。这样的启蒙呼声，经过中国共产党的筹备和成立，形成为实现社会主义而奋斗的基本纲领。自此以后，围绕社会主义道路选择的历史命题，成为马克思主义经济学在中国传播的核心宗旨，也成为20年代初以来中国近代经济思想史研究的一条主线。最后，研究20年代的传播史，展示出丰富的内容，曲折的经历和鲜明的指向，为考察中国近代经济思想在后段历史中的发展演变所不可或缺。20年代划分为启蒙之后、建党初期、革命时期、动荡时期及恢复时期几个阶段，主要依据著作资料，体现马克思主义经济学的独立传播在前10年的起伏变化特征，不必作为判别近代同期经济思想史阶段的根据，然而沿着这样的传播路径，由20年代进入30年代再到40年代，一步步奠定马克思主义经济学的指导地位，直至全国解放而成为中国共产党领导下的经济改造与建设事业所依据的理论基础。这个发展过程，不仅说明20年代的传播是整个马克思主义经济学传播史的重要组成部分，也代表了近代后30年经济思想发展的主导趋势。

又如，20年代马克思主义经济学的传播，与苏俄经济模式的影响相伴随，形成中国近代经济思想后段发展的显著特征。1919年以前，传统经济观念的堡垒随着传统经济的解体而坍塌，此后中国近代经济思想界所弥漫的经济发展模式，一直以东西洋尤其欧美国家的资本主义经济制度为榜样，即使后来其社会弊端的日益显露而引起对其制度优越性的怀疑，或憧憬新的社会制度，但没有具体的新社会模式可供借鉴，只能在现成资本主义模式的基础上修修补补，以期对改变中国经济的落后状态有所助益。苏俄模式的出现，一面改变了这种状况，一面从1917年十月革命以来的国内反应看，充满着争议。起初让国人感到意外，在西方舆论的影响下，将这一革命视为不伦不类的怪物，脱离了帝国主义阵营，却不像人们想象中的社会主义国家，试图在落后的经济文化基础上，通过激进的暴力革命手段建立无产阶级专政的政权，以实现比资本主义制度更先进的社会主义制度，结果在国内的新闻舆论中，除了好奇之外，几乎一片质疑反对声。此后随着苏俄政权的逐渐巩固以及其执政真相的不断披露，这种革命方式开始被国人重新认识，特别是在国际帝国主义的侵略逼迫和国内军阀专制势力的压榨束缚下感到走投无路时，经过启蒙阶段的省悟，走俄国人的路便被提升为资本主义模式之外一种新的发展模式。可是争议并没有止息，因中国共产党人决定效法苏俄模式反而更趋激烈和深化。进入 20 年代后中国经济思想发展的一个重点，表现在理论和实践两个方面。从理论上看，俄国这样原来在帝国主义阵营内属于经济发展落后的国家，发动推翻资本主义制度的社会主义革命，已遭到质疑，现在经济发展上连俄国还不如的中国也要这样做，更遭到质疑，质疑的一个重要理论依据，引自唯物史观中关于生产力发展程度与社会革命关系的涵义。这样的质疑，试图以己之矛攻己之盾，用马克思学说来否定经济发展落后国家实行社会革命的可能性，在国内以往反对苏俄革命的舆论中不曾见过，等于将过去的情感发泄上升到理论斗争的层面。由此引发共产党人打破对唯物史观的教条式理解，结合中国国情阐释实行社会革命的可能性与可行性，实际上开启了继承并创造性发展马克思主义经济学的理论路径。从实践上看，苏俄模式确立无产阶级专政的政治前提后，突出表现在经济建设的重大决策方面。对此，反对者从最初实行的战时共产主义政策中，看到极端措施引起经济的倒退和无产阶级政权与农民的矛盾激化等失败征象，从后来改行的新经济政策中，看到退回国家资本主义从而脱离社会主义轨道的更大失败，据此或以苏俄革命的失败，一并否定马克思学说的合理性，或以苏俄式革命不符合马克思学说的基本原理，把马克思学说与苏俄革命隔离开来。支持者则相反，面对同样的苏俄经济政策，看到马克思主义理论与俄国社会主义革命实践相结合的开创性尝试，从失误、教训和经验中不断总结并调整前进方向的不懈探索，开辟前人未曾走过的道路而形成继承和发展马克思学说的列宁学说，奋发努力取得日益明显的经济业绩并向全世界展示了社会主义国家的建设成就。此类争议，推动国人对苏俄模式的认识不断深化，作为马克思主义经济学在世界范围内传播的最早实现形式，被看作中国能够效法的社会主义模式；在反驳苏俄失败论的同时，也提出中国不能简单照搬苏俄经济模式，须根据自身国情来实践马克思经济学说，可谓从"走俄国人的路"到"走自己的路"的先行思想。所有这些，都构成了中国近代经济思想在其后段历史的发展轨迹和重要特色。

另如，马克思主义经济学的中国化进程，是传播的主旨方向，也是中国近代经济思想史的核心内容。马克思经济学说传入中国之初，就与中国现实有意或无意地联系在一道。这种联系，包含正反两个方面，初期界线不那么分明，存在相互渗透的现象。从反面观点看，除了敌视者的一味攻击外，一般持防范或戒备的态度，以为中国尚不存在马克思批评资本主义私有制所揭露的那些社会弊病，当务之急是发展资本主义经济，而主张根本消除贫富差距和劳资对立，有碍于或有害于这个发展过程。从正面观点看，基于大致同样的国情分析，强调防患于未然，在中国经济尚未发展之际，须事先采取措施，避免重蹈资本主义国家的覆辙，包括从理论上斟酌马克思经济学说所提示的各种弊端教训。早期联系实际，无论正面或反面观点，基本上以发展资本主义为前提，在这个前提下对马克思学说作取舍选择。有代表性的是形成民生主义学说，要求在中国最大限度地发展资本主义，同时关心劳动人民生活福祉，具有一定社会主义色彩。启蒙时期的开导，对这个前提本身产生怀疑，中国共产党人选择社会主义道路，更是根本改变了这个前提。从此以后，马克思主义经济学与中国具体实际的结合，不再是辅助资本主义发展道路的纠偏补正，而是开启了探索中国特色社会主义道路的先导过程，也是马克思主义经济学的中国化进程。最初的重点，从20年代的著作看，围绕中国不可能发展资本主义而必须走社会主义道路的理由进行论证，主要由共产党人完成。两条不同道路的选择，又激发各方人士对中国国情尤其对中国经济状况的系统研究。这是以往难得见到的现象，这些研究成果未必出自共产党人之手，不少鼓吹调和改良以应对国内开始显露的现代经济问题或矛盾，有的还得出否定社会主义道路的主张，但其中所梳理的大量史实，所披露的客观例证，无疑有助于深入认识中国国情，有助于结合本国实际以推动马克思主义经济学理论成果的中国化进程。这个时期研究中国实际的经济类著作，比较有价值的集中在劳工或劳动问题、帝国主义经济侵略、农民问题等方面。劳工或劳动问题是伴随中国资本主义初步发展而来的现代经济问题，反映了中国劳工在旧制度的束缚和新兴资本家的压榨下遭受双重苦难，正在酝酿或发起劳动运动进行反抗的基本情况，由此说明了中国经济的转型和社会性质的变化趋势；帝国主义经济侵略和签订一系列不平等条约，中国主权丧失给中国经济带来的灾难，成为制约中国发展资本主义的极为重要因素，反帝与反封建成为国民的共识，由此显现了中国经济发展所面临的特殊困境、约束条件与基础现状；农民问题特别是土地问题，一直困扰着农业大国的中国经济，这里研究的不是传统农民问题或土地问题，而是半殖民地半封建条件下如何改造传统农业和引导农民群体的问题，由此领悟了中国革命的基本问题是农民问题的特定经济涵义。诸如此类的专题研究著作，为马克思主义经济学的中国化进程提供了历史命题、基础数据和分析资料，它们本身也成为20年代初以来中国近代经济思想史研究的重要组成部分。这些专题研究起初并非专注于经济分析，涉及面较广，就像马克思主义经济学的传播早先被包裹在各种社会主义思潮的混沌之中而未独立出来一样，似乎超出了中国近代经济思想史的研究范围。然而从广泛论及经济涵义之外的阶级斗争、社会革命等政治及其他涵义，聚焦到经济理论和政策分析，正是其时中国经济思想发展与演变的特征之一。况且马克思主义经济学的中国化进程，既是结合中国实际运用基本经济理论予以分析的科学研究过程，也是为付诸革命行动的指导原则奠定经济理论基础的政治实践过程。

再如，马克思主义经济学与西方经济学相互交织，共同推进了中国近代经济思想的变革和发展。西方经济学及其在物质形态和观念形态上的表现，先于马克思经济学说传入中国，率先清除了传统经济思想维护落后经济组织以抵制新兴工商业的观念障碍，为资本主义在中国的发展开辟了道路。从这个意义上说，西方经济学是比中国传统经济先进的资本主义生产方式的理论代表，也是中国近代经济思想前80年中逐渐占据主导地位的经济思想。马克思主义经济学的传播，在前史阶段，通过西方经济学所开辟的道路，借助它所铺展的经济学知识基础而得以为国人所知晓，又依托西方社会主义思潮的传入，融合各种社会主义理论而对西方经济学的缺陷及其所造成的社会积弊起到某种牵制作用；在启蒙阶段，获得独立传播的地位，同步出现了倡导走俄国人的路，选择社会主义道路取代资本主义道路的呼声；进入20年代，更在经济学领域展开了挑战资产阶级经济学的理论斗争。考察这个传播的视野，如果放到中国近代经济思想后30年发展的开阔背景中，又能发现马克思主义经济学的传播与西方经济学的流行之间，并非相互绝对排斥，存在彼此依附的联系。姑且不论广义的西方经济学对于东方的中国来说，包括马克思主义经济学，在此专指狭义的资产阶级经济学；也不论马克思经济学说以古典经济学为其理论来源，马克思经济学说的传入有西方经济学先期为其铺垫了必要的经济知识。这种联系与西方经济学在中国流行的双重属性相关：一方面，它作为资本主义制度的卫道学说，具有卫护这个制度天然合理与永续存在的属性，拒绝危害或主张颠覆这个制度的其他学说，支持中国走资本主义道路的主张，反对马克思主义经济学，尤其反对中国走社会主义道路的主张，凸显此属性并占据支配地位者，称为正统经济学。本书考察马克思主义经济学在中国的传播，主要从这个意义上说明它与西方经济学之间的关系。另一方面，西方经济学又是市场经济条件下阐释市场机制的理论代表，具有运用市场机理有效提高生产力和繁荣经济学研究的属性，对于处于资本主义发展初级阶段并深陷半殖民地半封建困境的中国来说，同样富于参考价值，特别是依据市场与政府关系的理论逻辑、效率原则，观察经济形势，分析经济问题，以及在经济学应用方面，积累了丰富的理论和实证研究成果，可供国人借鉴，这也是为什么西方经济学在我国能够取代传统经济思想，长期居于主流经济学地位，国人趋之若鹜而不容忽视的原因。本书的考察，侧重于马克思主义经济学的传播，西方经济学的流传与应用不是研究的重点，而是专注于前者传播与后者抵制之间的相互关系，然而介绍和引用以正统经济学为主的各种西方经济学著作，同样可以看到其论述中的客观因素与合理成分。从1919年以后中国近代经济思想的发展看，马克思主义经济学的传播与西方经济学的支配，一面在道路的选择和制度的判断等基本原则问题上发生对立斗争，一面又在经济发展的环境条件、限制因素、比较分析、出路办法、解决方式、政策选择等具体实际问题上相容探求，共同为中国近代经济思想的转型、革新和成长提供了滋养。

以上若干启示，从1920—1929年间的著作，考察马克思主义经济学在中国的传播意义。包括：马克思主义经济学的传播从量变到质变，从启蒙到结出硕果，集中体现在共产党人的积极推动上；马克思主义经济学的传播借力苏俄模式，理论与实际结合，开始摸索社会主义的实现路径与方式；马克思主义经济学的传播深化，同时伴随着与本国实际相结合的中国化进程，二者互为依存，不可分割；马克思主义经济学的传播在国内经济学领域形成与正统经济学的理论斗争，有一个逐步发展的过程，随着传播的深入而日益显露；20年代马克思主义经济学的传播进程，以其指南意义和丰富内涵，为1919年以后的中国近代经济思想史研究，勾勒出一条基本线索。这些启示，比较考察1917年以前马克思主义经济学在中国的传播前史，以及考察1917—1919年间马克思主义经济学在中国的传播启蒙所分别获得的启示，既有先后相承的延续关系，体现了传播的历史脉络及其发展内在逻辑的一致性，又有演进升华的明显不同，表现出传播在各个阶段不断扩展与深化而累积显示的推进过程和变化趋势，也为后20年即1930—1949年的传播，提示了基本发展取向和主要演进特征。将马克思主义经济学在中国近代每个历史阶段的传播启示贯通起来，便构成了一步步走向新中国建设的完整画图。

# 主要征引文献

**基本文献一**

《马克思恩格斯全集》，人民出版社 1957—1979 年版。

《马克思恩格斯选集》，人民出版社 1972 年版。

《资本论》，人民出版社 2004 年版。

《剩余价值理论》，人民出版社 1975 年版。

《列宁全集》，人民出版社 1984—1990 年版。

《列宁选集》，人民出版社 1972 年版。

《毛泽东选集》，人民出版社 1991 年版。

《李大钊文集》，人民出版社 1984 年版。

《列宁著作在中国（1919—1992 年文献调研报告)》，北京图书馆编，书目文献出版社 1995 年版。

《民国时期总书目》，北京图书馆编，书目文献出版社 1993 年版。

《中国经济学图书目录（1900—1949 年)》，谈敏主编，中国财政经济出版社 1995 年版。

《不列颠百科全书》中文版，中国大百科全书出版社 1999 年版。

《新帕尔格雷夫经济学大辞典》中文版，经济科学出版社 1992 年版。

《共产国际第二次代表大会文件》，《国际共产主义运动史文献》编辑委员会编译，中国人民大学出版社 1988 年版。

《李达文集》，人民出版社 1980 年版。

《经济学大纲》，李达著，武汉大学出版社 2007 年版。

《上海大学史料》，黄美真等编，复旦大学出版社 1984 年版。

《土地问题》，考茨基著，梁琳译，生活·读书·新知三联书店 1955 年版。

《无产阶级专政》，卡尔·考茨基著，何疆、王禹译，生活·读书·新知三联书店 1963 年版。

《财产及其起源》，保尔·拉法格著，王子野译，生活·读书·新知三联书店1962年版。

《共产主义ABC》，尼·布哈林、叶·普列奥布拉任斯基著，中共中央编译局国际共运史研究室译，生活·读书·新知三联书店1982年版。

《马克思的历史、社会和国家学说：马克思的社会学的基本要点》，亨利希·库诺著，袁志英译，上海译文出版社2006年版。

《经济学说史》，夏尔·季德、夏尔·利斯特著，徐卓英、李炳焕、李履端译，商务印书馆1986年版。

《孙中山辞典》，孙磊主编，广东人民出版社1994年版。

《政治经济学原理》，杜冈－巴拉诺夫斯基著，赵维良等译，商务印书馆1997年版。

《一天就能读完的〈资本论〉：马克思主义经济学》，乌恩特曼著，吕博译，中国轻工业出版社2010年版。

《政治经济学的范围与方法》，约翰·内维尔·凯恩斯著，党国英、刘惠译，华夏出版社2001年版。

**基本文献二**（按初版时间排序）

邵飘萍编著《新俄国之研究》，日本大阪南区东瀛编译社1920年8月初版。

马尔西原著，李汉俊翻译《马格斯资本论入门》，文化印务局（一说上海新文化社）1920年9月印行（现存1926年10月第3版，社会主义研究社印行）。

德国柯祖基著，闽侯陈溥贤重译《马克思经济学说》，共学社1920年9月初版。

日本河上肇原著，李培天翻译《近世经济思想史论》，1920年9月初版（现存1928年11月再版改订本，学术研究会总会发行）。

英国克卡朴原著，英国辟司增订，李季翻译《社会主义史》，上海新青年社1920年10月初版。

美国塞利格曼原著，陈石孚译述《经济史观》，商务印书馆1920年10月初版（现存1928年7月第6版）。

英国坎斯著，陶孟和、沈性仁译《欧洲和议后之经济》，新青年社1920年11月初版。

河上肇原著，杨山木译述《贫乏物语》，商务印书馆1920年12月初版（现存

1926 年 11 月再版本）。

季特著，陶乐勤译《协力主义政治经济学》，1920 年初版（现存泰东图书局 1929 年版）。

冯飞述《劳动问题概论》，华星印书社 1920 年初版。

胡钧著《中国财政史》，商务印书馆 1920 年初版。

张冥飞编辑《劳农政府与中国》，汉口新文化共进社 1921 年 1 月再版（初版本不详，现存 1927 年 3 月第 4 版）。

刘秉麟译述《亚当士财政学大纲》（附"中国租税史略"），商务印书馆 1921 年 3 月初版（现存 1924 年 3 月第 3 版）。

高畠素之原著，李达翻译《社会问题总览》，中华书局 1921 年 4 月初版。

Philippovich 著，马君武译《农业政策》，中华书局 1921 年 4 月初版（现存 8 月再版本）。

荷兰人郭泰著，李达翻译《唯物史观解说》，中华书局 1921 年 5 月初版（现存 1927 年 12 月第 8 版）。

王尔德著，袁振英译《社会主义与个人主义》，香港受匡出版部 1921 年 5 月初版（现存 1928 年版）。

日本小林丑三郎著，高一涵译《经济思潮史》，北京大学新知书社 1921 年 7 月初版。

俄国克鲁泡特金著，周佛海译《互助论》，共学社 1921 年 12 月初版（现存 1923 年 10 月第 3 版）。

高畠素之著，盟西译《社会问题详解》，共学社 1921 年初版。

桑田熊藏著，刘景编译《欧洲劳佣问题之大势》，内务部编译处 1921 年版。

萧志仁编述《各国经济思潮之变迁》，内务部编译处 1921 年初版（现存 1949 年版）。

胡祖同编纂《经济概要》，商务印书馆 1921 年版。

美国勃拉克讲演，宗锡钧笔记《经济影响下之政治思想》，北京惟一日报社 1921 年版。

福田德三著，金奎光重译《日本经济史论》，华通书局 1921 年版。

英国马沙原著，刘秉麟译述《公有收入分配论》，商务印书馆 1921 年（？）初版。

高畠素之著，施存统译《马克斯学说概要》，商务印书馆 1922 年 1 月初版（未见）。

希曼译《俄国共产党党纲》，广州人民出版社 1922 年 1 月初版。

施存统编译《社会经济丛刊》，泰东图书局 1922 年 1 月 20 日初版（现存 1928 年 10 月 20 日第 6 版）。

黎世衡著《中国古代公产制度考》，世界书局 1922 年 1 月初版。

日本高畠素之著，夏丏尊、李继桢译《社会主义与进化论》，商务印书馆 1922 年 3 月初版。

英国柯尔著，胡善恒译《英国劳动组合论》，共学社 1922 年 3 月初版。

美国 R. Ely 著，何飞雄译《社会主义与社会改良》，商务印书馆 1922 年 5 月初版（现存 1924 年 9 月再版本）。

Ely 和 Wicker 著，邵光谟译《人类经济进化史略》，泰东图书局 1922 年 6 月 1 日初版（现存 1928 年 4 月第 4 版）。

意大利罗利亚著，陈震异译述《社会之经济基础》，共学社 1922 年 6 月初版（现存 1927 年 8 月第 3 版）。

柯尔著，郭梦良、郭刚中译《基尔特社会主义与劳动》，商务印书馆 1922 年 6 月初版。

菲里波维著，马君武译《工业政策》，中华书局 1922 年 7 月初版（现存 1931 年 2 月第 8 版）。

Karl Marx 著，李季译《价值价格及利润》，商务印书馆 1922 年 10 月初版（现存 1924 年 8 月再版本）。

派纳柯克著，施存统译《马克思主义和达尔文主义》，商务印书馆 1922 年版。

新青年社编辑部编《社会主义讨论集》，新青年社 1922 年版。

李达译述《劳农俄国研究》，商务印书馆 1922 年初版。

邝摩汉、徐冠共译《最新经济思潮史》，北京舆论报社 1922 年初版。

英国格雷西著，刘建阳译《社会主义之意义》，商务印书馆 1923 年 1 月初版（现存 1925 年 9 月第 3 版）。

美国塞里格门、尼林原著，岑德彰译述《资本主义与社会主义》，商务印书馆 1923 年 1 月初版（现存 1926 年 11 月第 4 版）。

法国 Charles Gide 著，李泽彰译述《经济思潮小史》，商务印书馆 1923 年 1 月初版（现存 10 月再版本）。

梅生编，星五校《社会主义浅说》，新文化书社 1923 年 4 月初版（现存 10 月第 3 版）。

法国安锐戈佛黎著，费觉天译《社会主义与近世科学》，共学社 1923 年 5 月初版。

美国伊黎原著，黄尊三译述《近世社会主义论》，商务印书馆 1923 年 6 月初版（现存 1926 年 4 月再版本）。

菲里波维著，马君武译《商业政策》上卷（又称国外商业政策），中华书局 1923 年 7 月初版（现存 1927 年 1 月第 3 版）。

法国基特、里斯脱合著，王建祖译述《经济学史》，商务印书馆 1923 年 9 月初版（现存 1928 年 10 月第 4 版）。

《马寅初演讲集》，商务印书馆 1923 年 9 月初版（现存 1932 年 9 月版）。

夏廷栋编《新编经济学》，上海会文堂书局 1923 年 9 月初版。

Thomas Kirkup 著，孙百刚译《社会主义初步》，中华书局 1923 年 11 月初版（现存 1928 年 9 月第 5 版）。

朱枕新编译《俄国革命史》，商务印书馆 1923 年 11 月初版（现存 1926 年版）。

刘宜之著《唯物史观浅释》，国光书店 1923 年 12 月第 3 版（初版及再版本不详，现存 1925 年 3 月第 4 版）。

东方杂志社编纂《劳农俄国之考察》文集，商务印书馆 1923 年 12 月初版。

美国列德莱著，李季译述，陶履恭校订《社会主义之思潮及运动》，商务印书馆 1923 年 12 月初版。

维也纳大学教授非利波伊基原著，日本松冈均平、白鸟敏夫共译，江西王恒重译《近世经济政策之思潮》，上海学术研究会 1923 年 12 月 30 日初版（现存 1929 年 2 月 28 日第 3 版）。

Untermann 著，周佛海译《马克斯经济学原理》，商务印书馆 1923 年版。

东方杂志社编纂《马克思主义与唯物史观》，商务印书馆 1923 年版。

《陈独秀先生讲演录》，丁卜图书织造社 1923 年版。

法国季特著，侯哲葊译《季特经济学纲要》，太平洋书店 1923 年版。

日本上田贞次郎著，周沉刚译述《股份公司经济论》，商务印书馆 1923 年版。

Dole, G. D. H. 著，吴献书译《基尔特社会主义》，商务印书馆 1923 年初版。

霍布逊著，郭梦良、郭刚中译《基尔特社会主义与赁银制度》，商务印书馆1924年1月初版。

法国 Charles Gide 原著，李璜译《经济学要旨》，中华书局1924年2月初版（现存1929年4月第6版）。

菲里波维著，马君武译《商业政策》下卷（又称国内商业政策），中华书局1924年2月初版（现存1931年2月第6版）。

克雷吞著，徐渭津译《合作论》，商务印书馆1924年4月初版（现存1927年6月再版本）。

俄国库里塞尔（J. M. Kulicher）教授著，耿济之译《现代世界经济大势》，中华书局1924年4月初版（现存1927年3月第3版）。

菲里波维著，马君武译《交通政策》，中华书局1924年4月初版。

日本小川乡太郎著，甘浩泽、史维焕译《社会问题与财政》，商务印书馆1924年5月初版。

英国康澜著，史维焕、陶因译《富之研究》，商务印书馆1924年7月初版（现存1927年7月再版本）。

美国阿格博士著，李光忠译《近世欧洲经济发达史》，商务印书馆1924年8月初版（现存1932年9月及1933年11月版）。

日本北泽新次郎著，周佛海译述《经济学史概论》，商务印书馆1924年11月初版。

陈启修著《财政学总论》，商务印书馆1924年11月初版（现存1931年版）。

瞿秋白编《社会哲学概论》，载上海大学社会科学会编《社会科学讲义》，上海书店1924年版。

瞿秋白编《现代社会学》，载上海大学社会科学会编《社会科学讲义》，上海书店1924年版。

瞿秋白编《社会科学概论》，上海书店1924年初版（？）（现存1925年8月第4版）。

安体诚编《现代经济学》，载上海大学社会科学会编《社会科学讲义》，上海书店1924年版。

施存统编《社会问题》，载上海大学社会科学会编《社会科学讲义》，上海书店1924年版。

施存统编《社会思想史》，载上海大学社会科学会编《社会科学讲义》，上海书店 1924 年版。

施存统编《社会运动史》，载上海大学社会科学会编《社会科学讲义》，上海书店 1924 年版。

孙锡麒著《合作主义》上册，商务印书馆 1924 年版。

Charles A. Beard 著，董时译《经济的政治基础》，商务印书馆 1924 年版。

孙倬章著《社会主义史》，商务印书馆 1924 年初版。

日本胜田主计原著，龚德柏译《日本对华经济侵略之过去及将来》，初版应离译本编者 1924 年 8 月作序时间不远（现存上海吴越书店 1928 年 5 月版）。

法国查理季特原著，楼桐孙译述《协作》，商务印书馆 1925 年 1 月初版（现存 1927 年 6 月再版本）。

美国韩讷原著，臧启芳译述《经济思想史》，商务印书馆 1925 年 1 月初版（现存 1933 年 1 月版）。

寿景伟编《财政学》，商务印书馆 1925 年 1 月初版。

列宁著，李春蕃译《帝国主义浅说》，1925 年 2 月初版（出版社不详）。

山川均所著，施存统译《资本制度浅说》，上海书店 1925 年 2 月初版（现存 7 月第 4 版）。

菲里波维著，马君武译《收入及恤贫政策》，中华书局 1925 年 3 月初版。

日本河上肇著，郭沫若译述《社会组织与社会革命》，商务印书馆 1925 年 5 月初版。

马君武著《失业人及贫民救济政策》，商务印书馆 1925 年 7 月初版（现存 1933 年 3 月重印版）。

凌道扬著《中国农业之经济观》，商务印书馆 1925 年 8 月初版（现存 1926 年 5 月版）。

拉发格著，李希贤译《财产进化论》，商务印书馆 1925 年 8 月初版。

熊梦著《墨子经济思想》，北京佩文斋 1925 年初版（现存 1925 年 9 月 12 日第 2 版）。

漆树芬著《经济侵略下之中国》，光华书局 1925 年 10 月初版（现存 1932 年第 9 版，三联书店 1954 年版）。

张伯简编《社会进化简史》，国光书店 1925 年 11 月初版。

刘炳麟著《李士特经济学说与传记》，商务印书馆1925年11月初版。

陈灿编《中国商业史》，商务印书馆1925年11月初版（现存1926年10月再版本）。

马超俊著《中国劳工问题》，民智书局1925年12月初版（现存1926年4月再版本）。

樊弘著《劳动立法原理》，商务印书馆1925年初版。

熊梦著《老子商君经济思想》，朝阳大学1925年初版。

中国青年社编辑《帝国主义浅说》，国光书店1926年1月初版。

中国青年社编辑《马克思主义浅说》，上海书店1926年1月初版。

高尔松、高尔柏编《经济侵略与中国》，青年政治宣传会1926年1月初版（现存1926年7月再版本）。

甘乃光著《先秦经济思想史》，商务印书馆1926年1月初版。

吴应图编《资本问题》，中华书局1926年4月初版（现存1929年4月第3版）。

李达著《现代社会学》，湖南现代丛书社1926年6月初版（现存昆仑书店1928年11月修订本，武汉大学出版社2007年版）。

杨道腴编纂《经济学概要》，中央军事政治学校政治部宣传科1926年9月初版。

马克斯原著，博洽德（J. Borschardt）编，李季译《通俗资本论》，亚东图书馆1926年6月初版（7月再版本改为波洽特著，李云译《资本论解说》，现存昆仑书店1929年11月版，亚东图书馆1937年6月第5版）。

唐海编著《中国劳动问题》，光华书局1926年12月初版。

布哈林著，潘素译《共产主义的ABC》，新青年社1926年版（原译本误为1917年版）。

刘秉麟著《亚丹斯密》，商务印书馆1926年初版（现存1930年再版本）。

龚厥民著《农业经济学》，商务印书馆1926年版。

唐启宇著《农业经济学》，上海中国印刷厂1926年版。

饭岛幡司著，周佛海译《金融经济概论》，商务印书馆1926年版。

李福星著《孟子经济思想》，交通大学1926年初版。

小川乡太郎著，萨孟武译《租税总论》，商务印书馆1926年初版。

反帝国主义大联盟编辑《反帝国主义概要》，经济研究会1926年版。

中华学艺社编《唯物史观研究》，商务印书馆1926年版。

法国查理季特著，楼桐孙译述《政治经济的基本原理》，上海政法大学1927年1月初版。

巴波鲁著，朱则译《帝国主义之政策的基础》，上海卿云图书公司1927年1月初版。

崔物齐译《资本主义的解剖》，光华书局1927年2月初版。

Michel Pavlovitch原著，文砥整理《帝国主义的政策底基础》，武昌太平洋书店1927年初版（现存4月再版本）。

山川均著，张亮译《列宁传》，广州人民出版社1927年3月初版。

德国罗撒·卢森堡原著，陈寿僧翻译，胡汉民校订《新经济学》，中国新文社1927年3月初版。

前溪著《中国新经济政策》，天津国闻周报社1927年3月初版。

王国源译述《俄国新经济政策》，三民出版部1927年3月初版。

徐江编著《共产主义与中国》，进化出版部1927年3月初版（现存1928年3月再版本）。

波达诺夫原著，周佛海译述《经济科学概论》，商务印书馆1927年4月初版。

唐卢锋编辑《社会主义浅说》，中央图书馆1927年4月初版。

堺利彦著，吕一鸣译《社会主义学说大要》，北新书局1927年4月初版。

王世颖著《合作主义通论》，上海世界书局1927年5月初版（现存1929年3月第3版）。

邓定人编著《帝国主义经济侵略中国史略》，上海东南书局1927年6月5日初版。

贺良著《各派社会主义浅说》，世界书局1927年6月初版。

德国N. Bear著，胡汉民译《社会主义史》，民智书局1927年6月初版。

英国赫娄哲密孙原著，许善斋、英国莫安仁、周云路译述《贫穷之旋涡》，上海广学会1927年6月初版。

威廉著，刘芦隐、王醒石译《马克思主义与社会史观》，民智书局1927年6月初版（现存1929年再版本）。

陈彬和著《苏俄经济组织与实业政策》，共和书局1927年7月初版。

安部矶雄著，曾毅译《经济学新论》，上海太平洋书店1927年7月初版。

F. List 著，王开化译《国家经济学》，商务印书馆 1927 年 8 月初版。

李权时著《中国经济问题纲要》，上海世界书局 1927 年 8 月初版。

考茨基著，戴季陶译，胡汉民补译《资本论解说》，民智书局 1927 年 10 月初版。

日本河西太一郎，周亚屏翻译《农民问题研究》，民智书局 1927 年 10 月初版。

杨庆同、王海初著《经济浅说》，商务印书馆 1927 年 10 月初版。

翁渭民著《合作主义与劳动问题》，上海现代书局 1927 年 11 月初版。

法国 Henri See 原著，胡鸿勋译《近世资本主义发展史》，上海新月书店 1927 年 11 月初版（现存赛亨利著，胡纪常译《近世资本主义发展史》，上海新月书店 1930 年再版本）。

何思源著《国际经济政策》（又名《中国对外经济政策之研究》），商务印书馆 1927 年 11 月初版（现存 1932 年 12 月版）。

顾树森编《苏俄新经济政策》，中华书局 1927 年 12 月初版（现存 1929 年 6 月再版本）。

小川乡太郎著，何崧龄译《财政总论》，商务印书馆 1927 年 12 月初版。

日本崛江归一著，王首春译《国际经济总论》，商务印书馆 1927 年 12 月初版。

马克斯原著，朱应祺、朱应会译《马克斯的工资价格及利润》，泰东图书局 1927 年版。

朱枕新著《俄国革命论丛》，新国家杂志社 1927 年版。

陶因述《经济学大纲》，武汉大学出版社 1927 年初版。

岭南大学经济学会编《中山经济思想研究集》，三民公司 1927 年初版。

Charles Gide 著，何思源译《近代欧美社会经济之组织及其发展》，中山大学 1927 年版。

陈友琴著《现代中国经济略史》，中山大学 1927 年版。

日本高柳松一郎著，李达译《中国关税制度论》，商务印书馆 1927 年版。

李权时著《中国经济思想小史》，世界书局 1927 年版。

日本山川均著，吕一鸣译《资本主义的玄妙》（又称《资本主义之玄妙》），北新书局 1927 年版。

伊藤野枝著，卫惠林译《经济学底革命》，民众书店 1928 年 1 月 1 日初版。

日本猪俣津南雄原著，林伯修译《金融资本论》，上海江南书店 1928 年 1 月 20 日初版（现存 1930 年 2 月 20 日第 3 版）。

国民政府财政部驻沪调查货价处编印《各国劳工运动概观》，商务印书馆 1928 年 1 月初版。

塔尼（R. H. Tawney）原著，吴之椿译述《近代工业社会的病理》，商务印书馆 1928 年 1 月初版。

赵兰坪编《近代欧洲经济学说》，商务印书馆 1928 年 1 月初版。

刘宝书编译《马克思与列宁之农业政策》，上海太平洋书店 1928 年 3 月初版。

河上肇原著，林植夫译述《资本主义经济学之史的发展》，商务印书馆 1928 年 3 月初版。

日本丸冈重尧著，佘叔奎译《世界资本主义经济之现势》，上海太平洋书店 1928 年 3 月出版（现存 10 月再版本）。

赵兰坪编《经济学》，商务印书馆 1928 年 3 月初版（现存 1932 年 8 月和 1938 年 10 月版）。

北泽新次郎原著，朱应祺、朱应会编译《劳动经济论》，泰东图书局 1928 年 4 月初版。

恩格斯著，陆一远译《农民问题》，上海远东图书公司 1928 年 5 月 20 日初版。

朱镜我翻译《社会主义底发展》，上海创造社出版部 1925 年 5 月 30 日初版。

林定平、邓伯粹撰述《各国劳工运动史》，商务印书馆 1928 年 5 月初版。

韩亮仙编著《经济地理与国际问题》，民智书局 1928 年 5 月初版。

郑斌撰述，郭任远校阅《世界各国新经济政策》，商务印书馆 1928 年 6 月初版。

唐启宇著《中国农业改造问题丛著》，民智书局 1928 年 6 月初版。

法国基特原著，王建祖译述《基特经济学》，商务印书馆 1928 年 6 月初版（现存 1929 年 10 月再版本）。

李权时著《经济学 ABC》，世界书局 1928 年 6 月版（现存 1929 年 3 月第 3 版）。

自由丛书社编著《马克思主义的破产》，自由书店 1928 年 6 月初版。

陈铭勋著《经济改造中之中国工业问题》，新时代教育社 1928 年 6 月初版。

金国宝著《中国币制问题》，商务印书馆 1928 年 7 月初版。

章士元、章士骥译述《世界社会经济名著提要》，新文化学会 1928 年 7 月初版。

因倪斯著，堺利彦译，黄思越重译《社会主义发展史纲》，泰东图书局 1928 年 8 月初版。

赵兰坪撰述《社会主义史》，商务印书馆 1928 年 8 月初版（现存 1933 年 3

月版）。

波多野鼎著，徐文亮译《近世社会思想史》，开明书店 1928 年 9 月 1 日初版。

殷寿光著《分配论 ABC》，世界书局 1928 年 9 月初版。

堀江归一著，陈家瓒译《国际经济问题》，商务印书馆 1928 年 9 月初版。

日本山川均原著，高希圣翻译《资本主义批判》，上海励群书店 1928 年 10 月初版。

国民政府财政部驻沪调查货价处编辑《苏俄新劳动法》，商务印书馆及中华书局 1928 年 10 月初版。

杨幼炯编著《俄国革命史》，民智书局 1928 年 10 月初版。

宓汝卓述《近世欧美经济史》，上海爱文书店 1928 年 10 月初版。

陈宗熙著《世界社会主义运动概况》，北新书局 1928 年 10 月初版（现存 1929 年 3 月再版本）。

恩克斯遗稿，陆一远译《马克斯主义的人种由来说》，上海春潮书局 1928 年 11 月 30 日初版。

河上肇著，温盛光译《马克思主义经济学》，启智书局 1928 年 11 月初版（现存 1930 年 4 月 1 日再版本）。

刘秉麟编纂《经济学》，商务印书馆 1928 年 11 月初版（现存 1929 年 2 月再版本）。

李权时著《生产论》，上海东南书店 1928 年 11 月初版。

张和编著《经济学纲要》，广益书局 1928 年 11 月付印（现存 1929 年 3 月再版本）。

李士刚编《帝国主义的真面目》，上海大东书局 1928 年 12 月初版。

唐仁著《农民问题大纲》，励群书店 1928 年 12 月初版。

刘秉麟著《里嘉图》，商务印书馆 1928 年初版。

柯诺（Hernrich Cunow）著，朱应祺、朱应会译《马克斯的经济概念》，上海泰东图书局 1928 年初版。

刘秉麟著《俄罗斯经济状况》，商务印书馆 1928 年版。

李权时著《消费论》，上海东南书店 1928 年初版（现存 1929 年 4 月再版本）。

毛一波著《社会主义批判》，合作社 1928 年初版。

周培兰编《日本之关税制度与政策》，政治经济学会 1928 年初版。

法国皮力葛著，韦荣译《国际劳动组织》，商务印书馆 1928 年版。

彼得罗利罗夫、士威得罗无著，熊岗译《政治经济的基本知识》，新东方书店

1928 年初版。

戴乐仁等著，李锡周编译《中国农村经济实况》，农民运动研究会 1928 年初版。

贺川丰彦著，阮有秋译《基督教社会主义论》，太平洋书店 1928 年初版。

北泽新次郎著，佘叔奎译《基尔特社会主义》，太平洋书店 1928 年初版。

阮有秋著《资本主义文化与社会主义文化》，太平洋书店 1928 年初版。

松下芳男著，徐文亮译《资本主义与战争》，上海启智书局 1928 年版。

萨克思（A. S. Sachs）原著，彭芮生译《科学的社会主义底基本原理》，上海创造社出版部 1929 年 1 月 1 日初版。

李达著《中国产业革命概观》，昆仑书店 1929 年 1 月初版（现存 4 月再版本）。

刘穆编《最近世界经济与经济政策》，上海北新书局 1929 年 1 月初版。

李健人著《平均地权的理论与实践》，泰东图书局 1929 年 1 月初版。

毛一波著《马克思主义之崩坏》，光明书局 1929 年 1 月增订第 1 版。

英国 C. M. Colman 著，曾豫生译《资本的集中》，上海远东图书公司 1929 年 2 月 20 日初版。

马哲民著《帝国主义的基础知识》，新生命书局 1929 年 2 月 25 日初版。

向绍轩著《平均地权初步之商榷》，上海太平洋书店 1929 年 2 月初版。

吴寿彭著《金融资本主义与中国》，上海远东图书公司 1929 年 2 月初版。

司各脱·尼林（Scott Nearing）、约克·哈第（Jack Hardy）合著，张民养译《苏联之经济组织》，泰东图书局 1929 年 3 月初版。

中国经济学社编《中国经济问题》，商务印书馆 1929 年 3 月初版。

李权时著《交易论》，上海东南书店 1929 年 3 月初版（现存 7 月再版本）。

萧纯锦编述《经济学》，商务印书馆 1929 年 3 月初版。

熊得山著《社会主义之基础知识》，新生命书局 1929 年 3 月初版。

华超撰述《各国社会主义运动史》，商务印书馆 1929 年 3 月初版。

邝振翎著《经济概论》，中央陆军军官学校 1929 年 4 月 1 日初版。

河上肇著，陈豹隐译《经济学大纲》，上海乐群书店 1929 年 4 月 10 日初版。

英国平民联盟编纂，丁振一重译《经济学概论》，上海南强书局 1929 年 4 月 30 日初版。

高希圣著《科学的社会主义》，励群书店 1929 年 4 月初版。

李达著《社会之基础知识》，新生命书局 1929 年 4 月初版。

邬孟晖著《生产力与生产关系》，励群书店 1929 年 4 月初版。

伐尔加著，宁敦伍译《帝国主义没落期之经济》，上海昆仑书店 1929 年 5 月 1 日初版。

朱新繁编，陶希圣校订《资本主义的发展及其没落》，新生命书局 1929 年 5 月 15 日初版（现存 10 月 10 日再版本）。

英国凯尼斯博士原著，柯柏年译《经济学方法论》，上海南强书局 1929 年 5 月 25 日初版。

《马克思主义的民族革命论》文集，1929 年 5 月初版（出版社不详）。

司各特·尼林、杰克·哈定合著，蒋国炎译《苏俄的经济组织》，上海太平洋书店同年 5 月初版。

蔡庆宪编译《世界经济史略》，上海全民书局 1929 年 5 月初版。

龚仲皋著《中国近代工业发展概论》，上海太平洋书店 1929 年 5 月初版。

李权时著《分配论》，上海东南书店 1929 年 5 月初版（现存 7 月再版本）。

安倍浩著，李大年译《经济思想十二讲》，启智书局 1929 年 5 月初版。

冯紫岗著《农民问题概论》，岐山书店 1929 年 5 月初版。

日本久保田明光著，丘哲译《社会主义思想之史的解说》，启智书局 1929 年 5 月初版。

文公直编《民生史观之研究》，上海新光书店 1929 年 5 月初版。

陈豹隐编《经济现象的体系》，上海乐群书店 1929 年 6 月 1 日初版（现存 8 月 1 日再版本）。

尼埃林、哈代合著，魏学智译《苏联的经济组织》，上海春潮书局 1929 年 6 月 1 日初版。

波格达诺夫著，施存统译《经济科学大纲》，上海大江书铺 1929 年 6 月 10 日初版。

恩格尔著，李膺扬译《家族私有财产及国家之起源》，新生命书局 1929 年 6 月 10 日初版。

美国阿格（Ferderic Austin Ogg）和沙尔蒲（Walter Rice Sharp）著，傅子东译《大战以来的欧洲经济概况》，上海乐群书店 1929 年 6 月 20 日初版。

画室译《科学的社会主义之梗概》，泰东图书局 1929 年 6 月初版。

伊里基著，刘堃平译《帝国主义论》（或《资本主义最后阶段帝国主义论》），启智书局 1929 年 6 月初版。

德国莱姆斯著，王冰若译《社会经济发展史》，上海亚东图书馆 1929 年 6 月版（现存 1932 年 5 月再版本，译者改为李季）。

郭真编译《中日经济关系论》，上海北新书局 1929 年 6 月初版。

侯哲荬编著《合作运动之理论与实际》，上海太平洋书店 1929 年 6 月初版。

谢英士著《马克思主义之批评》，商务印书馆 1929 年 6 月初版。

英国乌尔夫著，石光落译《经济的帝国主义》，北新书局 1929 年 6 月初版。

文公直著《泰西近代经济思想史》，三民书店 1929 年 6 月初版。

蔡庆宪编《经济思想小史》，上海大东书局 1929 年 6 月初版（现存 1932 年 10 月再版本）。

陈其田著《中国经济新潮·劳工服务》，经济生活委员会 1929 年 6 月初版。

河上肇著，邓毅译《社会主义经济学》，光华书局 1929 年 7 月初版（现存 1936 年 3 月再版本）。

山川均著，熊得山译《唯物史观经济史上册——资本主义以前经济史》，昆仑书店 1929 年 7 月初版。

巴克著《战后世界资本主义研究》，上海明日书店 1929 年 7 月初版。

卢剑波著《社会的价值与变革》文集，启智书局 1929 年 7 月初版。

小川市太郎著，李祚辉译述《经济学史》，上海太平洋书店 1929 年 7 月初版。

高村洋一著，温盛光译《资本主义合理化的各种问题》，启智书局 1929 年 7 月初版。

钱然编著《合作主义纲要》，上海法学社 1929 年 7 月初版。

寿勉成著《合作与主要经济问题》，中国合作学社 1929 年 7 月初版。

美国韦拔斯（J. P. Warbasse）著，温崇信译述《什么是合作?》，中国合作学社 1929 年 7 月初版。

沙千里编译《合作》，上海北新书局 1929 年 7 月初版。

石英编《现代经济学》，上海现代书局 1929 年 8 月 5 日初版（现存 1930 年 4 月 5 日再版本）。

日本嘉治隆一等著，周佛海等译校《各国经济史》，新生命书局 1929 年 8 月 15 日初版。

山川均著，施伏量译《辩证法与资本制度》，新生命书局 1929 年 8 月 25 日订正初版（现存1932年5月15日再版本）。

伍尔模著，龚彬译《新经济学入门——资本主义社会之解剖》，上海北新书局1929年8月初版。

日本北泽新次郎著，温盛光译《以社会问题为中心的经济思想史的展开》（简称《经济思想史的展开》），启智书局1929年8月初版。

高山洋吉著，高希圣译《世界经济论》，上海平凡书局1929年8月初版。

楼桐孙译《苏俄治下的消费协作》，民智书局1929年8月初版。

朱通九著《工资论》，上海南华图书局1929年8月初版。

章渊若著《国际问题经济的观察》，民智书局1929年8月初版。

周定宇编《经济学常识问答》，南华图书局1929年8月初版。

寿勉成著《社会的经济基础》，世界书局1929年8月初版。

张云伏著《俄国新经济政策》，新建设书店1929年9月1日初版。

河上肇著，刘野平译《资本论入门》，上海晨曦书社1929年9月15日初版。

俄国宽恩教授著，彭桂秋译《新经济学方法论》，上海南强书局1929年9月30日初版。

吴其祥著《帝国主义与国际经济》，新生命书局1929年9月30日初版。

石滨知行著，施复亮译《唯物史观经济史中册——资本主义经济发展史》，昆仑书店1929年9月初版。

谢彬著《经济学常识》，上海太平洋书店1929年9月初版。

罗伯·丹恩（Robert W. Dunn）著，熊之孚译《苏联劳动组合》，上海泰东图书局1929年9月初版。

郭真著《中国资本主义史》，上海平凡书局1929年9月初版。

巴克编著《日本资本主义研究》，上海现代书局1929年9月初版。

陈达著《中国劳工问题》，商务印书馆1929年9月初版。

鲁宾斯泰著，李华译《世界大战后的资本集中》，上海南强书局1929年10月20日初版。

河西太一郎著，黄枯桐译《农业理论之发展》，上海乐群书店1929年10月30日初版。

卡尔·马克思原著，杜竹君译《哲学之贫困》，上海水沫书店1929年10月初版（现存1930年10月再版本）。

俄国 U. I. Ulianoff 原著，石英译《农民与革命》，上海沪滨书店 1929 年 10 月初版。

李布克内希特著，郭之奇译《土地问题论》，启智书局 1929 年 10 月初版。

英国 Emmett（恩麦特）著，汤澄波译《资本论概要》，上海远东图书公司 1929 年 10 月初版。

郭真著《中国农民问题论》，上海平凡书局 1929 年 10 月初版。

日本住谷悦治著，熊得山译《物观经济学史》，昆仑书店 1929 年 10 月初版。

住谷悦治著，宁敦五译《社会主义经济学史》，昆仑书店 1929 年 10 月初版。

河野密著，钱铁如译《唯物史观经济史下册——社会主义经济之发展》，昆仑书店 1929 年 10 月初版。

于树德著《合作社之理论与经营》，中华书局 1929 年 10 月初版。

英国 Phillips Price 著，刘穆、曾豫生译《现代欧洲经济问题》，远东图书公司 1929 年 10 月初版。

泷本诚一著，徐天一译《中世欧洲经济史》，民智书局 1929 年 10 月初版。

日本长野朗著，丁振一译《中国领土内帝国主义资本战》，上海联合书店 1929 年 10 月初版。

刘光华著《经济常识》，商务印书馆 1929 年 10 月初版。

恩格斯著，林超真译《宗教·哲学·社会主义》，沪滨书局 1929 年 10 月初版（现存亚东图书馆 1929 年 12 月初版本）。

何永年编译《现代经济学概念》，上海春潮书局 1929 年 11 月 10 日初版。

日本荒木光大郎著，刘弈译《新演绎学派经济学》，上海联合书店 1929 年 11 月 10 日初版。

日本出井盛之著，刘家鋈译《经济思想史》，上海联合书店 1929 年 11 月 25 日初版。

河西太一郎，萨孟武译《农业理论的发展》（并入《马克思经济学说的发展》合集），新生命书局 1929 年 11 月 30 日初版。

猪俣津南雄著，樊仲云译《金融资本与帝国主义》（并入《马克思经济学说的发展》合集），新生命书局 1929 年 11 月 30 日初版。

向坂逸郎著，陶希圣译《人口理论》（并入《马克思经济学说的发展》合集），新生命书局 1929 年 11 月 30 日初版。

杨明山著《新兴经济学研究》，上海乐华图书公司 1929 年 11 月初版（现存杨明山著《新经济学 ABC》，上海乐华图书公司 1934 年 5 月第 3 版）。

George Price 著，刘曼译《苏俄劳动保障》，上海华通书局 1929 年 11 月初版。

寿勉成著《合作经济学》，上海世界书局 1929 年 11 月初版。

道图门慈（Totomiantz）著，卫惠林译《世界合作运动》，民智书局 1929 年 11 月初版。

李权时著《李权时经济论文集》，上海世界书局 1929 年 11 月初版。

侯厚培著《十九世纪经济史》，上海世界书局 1929 年 11 月初版。

安绍芸编著《经济学说史纲要》，上海世界书局 1929 年 11 月初版。

朱新繁著《中国资本主义之发展》，上海联合书店 1929 年 12 月 5 日初版。

区克宣编《近代经济思想史纲》，上海乐群书店 1929 年 12 月 10 日初版。

刘伯刚编《经济史概要》，上海乐华图书公司 1929 年 12 月初版。

E. Varga 著，李一氓译《世界经济与经济政策》，上海水沫书店 1929 年 12 月初版。

恰耶诺夫著，王冰若译《社会农业及其根本思想与工作方法》，上海亚东图书馆 1929 年 12 月初版。

李麦麦编译《中国经济——其发展，其现状及其危机》，1929 年 12 月初版（出版社不详）。

王仲鸣编译《中国农民问题与农民运动》文集，上海平凡书局 1929 年 12 月初版。

L. Smith Gordon 及 Cruise O' Brien 原著，王世颖翻译《丹麦合作运动》，中国合作学社 1929 年 12 月初版。

伍玉璋编《中国合作运动小史》，中国合作学社 1929 年 12 月初版。

柯尔曼著，绍明译《没落期的资本主义》，启智书局 1929 年 12 月初版。

马克斯原著，朱应祺、朱应会译《工资劳动与资本》，泰东图书局 1929 年初版。

列宁著，中外研究学会译《国家与革命》，上海中外研究学会社 1929 年初版（现存 1930 年再版本，署名 N. Lenin 著）。

V. I. Ulianoff 原著，胡瑞麟翻译《革命与考茨基》，上海中外研究学会 1929 年版。

波格达诺夫著，陶伯译《新经济学问答》，泰东图书局 1929 年初版。

俄国拉皮多斯、阿斯托罗维将诺夫合著，陆一远译《政治经济学》，上海江南书店 1929 年初版。

Ashkroft 著，梁止戈译《近代帝国主义概略》，上海江南书店 1929 年初版。

侯厚培著《中国近代经济发展史》，上海大东书局 1929 年版（现存 1932 年 5 月再版本）。

Ely 和 Wicker 著，郭瑞璋译《经济学原理》，约 1929 年或稍后出版（出版社不详）。

汤城编《新经济学概论》，三民书店约 1929 年末初版。

马哲民著《经济史》，南强书局 1929 年初版。

徐之圭著《列强在中国之经济侵略》，太平洋书店 1929 年初版。

萨孟武编《财政学之基础知识——社会主义财政学》，新生命书局 1929 年初版。

潘柱人译著《社会主义评判》，中山书店 1929 年初版。

堺利彦译，张定夫重译《社会主义与进化论》，昆仑书店 1929 年初版。

刘毅志著《唯物史观 ABC》，平凡书局 1929 年版。

俄国杜夫莱斯基编《列宁经济学》，社会调查部出版（不晚于 1929 年）。

河西太一郎著，李达译《农业问题之理论》，昆仑书店 1930 年初版。

拉发格著，杨伯恺译《财产之起源与变化》，辛垦书店 1932 年 5 月 25 日初版。

# 参 考 文 献

编写组著《中国近代史》，中华书局 1979 年版。

许涤新、吴承明主编《中国资本主义发展史》，人民出版社 2003 年版。

白寿彝主编《中国通史》第 12 卷《近代后编（1919－1949）》（王桧林等人为本卷主编），上海人民出版社 1999 年版。

［美］费正清编，杨品泉等译《剑桥中华民国史（1912－1949 年）》上卷，中国社会科学出版社 1993 年版。

钱穆著《国史大纲》（修订本）下册，商务印书馆 1996 年版。

中共中央党史研究室著《中国共产党历史》第 1 卷上册，中共党史出版社 2011 年版。

课题组著《胡绳"论从五四运动到人民共和国成立"》，社会科学文献出版社 2001 年版。

张静如主编《中国共产党思想史》，青岛出版社 1991 年版。

中共中央马恩列斯著作编译局马恩室编《马克思恩格斯著作在中国的传播》，人民出版社 1983 年版。

张静庐辑注《中国出版史料补编》，中华书局 1957 年版。

中共中央马恩列斯著作编译局研究室编《五四时期期刊介绍》，生活·读书·新知三联书店 1959 年版。

胡培兆、林圃：《〈资本论〉在中国的传播》，山东人民出版社 1985 年版。

杨尊明、孙志敏、曲厚芳主编《科学社会主义在中国的发展》，天津人民出版社 1992 年版。

皮明麻著《近代中国社会主义思潮觅踪》，吉林文史出版社 1991 年版。

王兰垣、谢炎久、金愈庆主编《中国社会主义思想史》，天津人民出版社 1991 年版。

刘佩弦、郭继严主编《20世纪马克思主义史——从十月革命到中共十四大》，人民出版社1994年版。

高放著《社会主义在世界和中国》，云南人民出版社1993年版。

唐宝林主编《马克思主义在中国100年》，安徽人民出版社1997年版。

钟家栋、王世根主编《20世纪：马克思主义在中国》，上海人民出版社1998年版。

庄福龄主编《中国马克思主义哲学传播史》，中国人民大学出版社1988年版。

李其驹、王炯华、张耀先主编《马克思主义哲学在中国（从清末民初到中华人民共和国成立）》，上海人民出版社1991年版。

王守常等著《马克思主义哲学在中国》，首都师范大学出版社2002年版。

桂遵义著《马克思主义史学在中国》，山东人民出版社1992年版。

周子东、傅绍昌、杨雪芳、都培炎编著《马克思主义在上海的传播（1898－1949）》，上海社会科学院出版社1994年版。

李毅著《中国马克思主义与现代新儒学》，辽宁大学出版社1994年版。

张允熠著《中国文化与马克思主义》，山西教育出版社1999年版。

［美］本杰明·I. 史华慈著，陈玮译《中国的共产主义与毛泽东的崛起》，中国人民大学出版社2006年版。

［美］莫里斯·迈斯纳著，张宁、陈铭康等译《马克思主义、毛泽东主义与乌托邦主义》，中国人民大学出版社2005年版。

［美］斯图尔特·R. 施拉姆著，田松年、杨德等译《毛泽东的思想》，中国人民大学出版社2005年版。

［美］魏斐德著《历史与意志：毛泽东思想的哲学透视》，中国人民大学出版社2005年版。

［美］周策纵著，周子平等译《五四运动：现代中国的思想革命》，江苏人民出版社1996年版。

［日］石川祯浩著，袁广泉译《中国共产党成立史》，中国社会科学出版社2006年版。

［德］李博著，赵倩等译《汉语中的马克思术语的起源与作用》，中国社会科学出版社2003年版。

夏炎德著《中国近百年经济思想》，商务印书馆1948年版。

胡寄窗著《中国近代经济思想史大纲》，中国社会科学出版社 1984 年版。

谈敏：《1917－1919：马克思主义经济学在中国的传播启蒙》，上海财经大学出版社 2016 年版。

谈敏著《回溯历史——马克思主义经济学在中国的传播前史》上册，上海财经大学出版社 2008 年版。

马伯煌主编《中国近代经济思想史》，上海人民出版社 2014 年版。

王毅武主编《中国社会主义经济思想史简编》，青海人民出版社 1988 年版。

张家骧主编《马克思主义经济学说在中国的传播、运用与发展》，河南人民出版社 1993 年版。

张问敏著《中国政治经济学史大纲（1899－1992）》，中共中央党校出版社 1994 年版。

胡希宁、张锦铨主编《二十世纪中国经济思想史——马克思主义经济学在中国》，中共中央党校出版社 1999 年版。

赵靖主编《中国经济思想通史续集》，北京大学出版社 2004 年版。

叶世昌、孙大权、丁孝智著《近代中国经济思想史》下册，上海财经大学出版社 2017 年版。

孙大权著《中国经济学的成长——中国经济学社研究（1923－1953）》，上海三联书店 2006 年版。

李翠莲著《留美生与中国经济学》，南开大学出版社 2009 年版。

邹进文著《近代中国经济学的发展：以留学生博士论文为中心的考察》，中国人民大学出版社 2016 年版。

李丹阳：《关于李汉俊对马克思主义著作翻译情况的探讨》，载于《上海革命史资料与研究》第 8 辑，上海古籍出版社 2008 年版。

田永、田梦霞：《日本马克思主义研究对中国的传播贡献》，载于《日本问题研究》2014 年第 4 期。

《马克思主义传播者张伯简》，载于《新民晚报》2018 年 4 月 24 日第 10 版。

汪信砚、郎廷建：《马克思主义经济学中国化的开启之作——李达的〈中国产业革命概观〉》，载于《湖北社会科学》2015 年第 4 期。

龚济民著《郭沫若传》，北京十月文艺出版社 1988 年版。

《问道者——周辅成文存》，中信出版社 2012 年版。

李红岩：《20世纪30年代马克思主义思潮兴起之原因探析》，载于《文史哲》2008年第6期。

王宜昌：《中国社会史论史》，载于《中国社会史的论战》第2辑（《读书杂志》第2卷，第2、3期合刊），1932年3月再版。

邹振环：《马君武〈国民生计政策〉译本论述》，载于《暨南学报》（哲社版）2012年第9期。

# 人 名 索 引

（按拼音排序）

# 书 后 附 记

《1920—1929：从民国著作看马克思主义经济学的传播》书稿告竣之际，回顾当初的构思设计，未曾料想落实去做，改变如此之大，延宕如此之久。

当初设想考察1919—1949年30年间中国经济思想的发展演变，试图接续学术前辈研究中国经济思想史的古代部分及近代部分至1919年为止的典范成果，延展其历史下限而有所开拓，为此从1992年起着手搜集整理这个时期的经济学著作资料，历时一年多，汇集了可观的文献史料。后来考虑到以个人之力，按照心中向往的质量标准去做，这个任务过于浩大，非数年内所能成事。随即赴美研究期间，注意到国外学术界更为关注马克思主义在中国的传播历史并何以形成马克思主义中国化的毛泽东思想，这也是同时期中国经济思想史研究需要回答的问题。于是将原有的设想，收缩为考察马克思主义经济学在中国的传播，或者说，选择从马克思主义经济学的传播角度，作为切入点来研究1919年之后的中国近代经济思想史。经此调整，作为前期研究，先要弄清马克思主义经济学在1919年以前的传播源流。意想不到，这项研究，竟如此费时，直到2008年和2016年分别出版《回溯历史——马克思主义经济学在中国的传播前史》及《1917—1919：马克思主义经济学在中国的传播启蒙》二书，才告一段落。至此，重新拾起1992年开始准备的资料，已过去了20余年。

相隔这么长时间，当初收集的大量著作资料仍有研究价值，说明这个研究选题比较冷门，且有一定难度，除零散者外，鲜见有人系统涉足于此。现在看来，前期研究付出那么多精力，是非常值得的。无此前期铺垫，很难想象当初研究这些资料会是什么结果，但可以肯定不如现在理解得通彻和深入。前期研究对于本选题考察1919年以后的历史进程，至少有几点收获：一是厘清了马克思主义经济学最初传入中国的来龙去脉，有助于认识后来传播的历史源头、早期演化过程和先行思想资料，可以将马克思主义经济学的传播前史与传播正史贯通起来，形成源远流长的连贯传播脉络；二是突出了1917年俄国十月革命至1919年五四运动期间，马克思主义经济学从裹挟在舶来社会主义思潮中的一脉支流到形成独立传播渠道的思想启蒙过程，揭示了传播过程中这个转折性变化的时代背景与表现形态，也为继续考察20世纪20年代的传播进程，确立了直接的历史前提；三是摸索出一套自成体例的研究方式，重点放在原始文献的发掘、搜集和整理上，钩沉索隐，对各种著述资料加以考证、辨识、解读和阐释，依此为基础进行分析、比较和综合概括，得出有关马克思主义经济学传播的基本状况、分期阶段、时代特点、代表人物、重要论点、主导倾向等一系列判断，旨在史实、史论与史识结合，从历史资料的梳理中寻绎有关本质特征、历史地位、社会影响和规律性发展的认识；四是把握马克思主义经济学传播的历史传承关系，每个历史阶段的传播不是孤立和封闭的，既与上个阶段的传播积累相衔接，又经过自身的延续为下个阶段的发展创造条件，因此考察过往的传播阶段所涉及的文献资料、人物观点、时代背景和分析结论等，为考察新起的传播阶段，提供了可资参考、对照和比较而且不乏珍贵价值的历史依据，得以呈现整个传播过程前后连接、环环相扣、动态递进、持续延展的内在有机联系。带着此类收获，重新回到当初的选题，已不同于20多年前的懵懂，可以把研究1919年以后马克思主义经济学在中国的传播进程，建立在认识其早期传播历史的稳固基础上。

延伸进入20世纪20年代的研究，不可能简单照搬原来的考察方式，须根据条件的变化作相应调整。一个明显变化，反映在文献资料上。以前的研究属于传播的早期阶段，相关史料特别是与马克思经济学说直接关联并有某种系统的理论资料，珍稀少见，不得不扩大资料搜集的范围，凡与引进马克思经济学说有关的史料，不论涉及马克思及其观点的介绍，还是涉及一般社会主义的评介，一并汇总整理，以期了解背景，发现线索，追踪源流，在缺乏专题著作的条件下，通常又以报刊文章或新闻报道之类的论述为主。进入20年代，情况发生较大变化。由于主客观因素的激励，与马克思主义经济学传播相关的各种著述，数量显著增多，类型趋于多样，不乏系统性的理论阐述，而且随着时间推移，其增长势头逐年快速发展，乃至跳跃式增长。在这种情况下，一方面具备了可供本选题研究的更好文献资源，另一方面很难再像前期研究那样，尽可能涵盖各种著述资料以为研究之用，力所不及，又受篇幅限制，只能部分割爱。于是收缩前期研究的资料范围，从致力于各类报刊文章和著作浩如烟海般的文献资料，转向集中于20年代10年间国内出版的各种社会科学类著作或译本。当初搜集的经济学著作资料，构成其主体部分，但有所不足。主体部分在于这10年间马克思主义经济学的独立传播特征及趋势，可以通过以经济学为主的众多著作或译本大致反映出来；有所不足在于马克思主义经济学传播的独立性，尚不能仅限于经济学著作的范围，仍需借助于其他社会主义或社会科学类著作。所以，本选题在研究过程中，以当初准备的经济学著作资料为基础，又陆续增补了约占原有著作数量60%的译本和自撰著作资料，共达240余种，奠立了本时期基本史料或原始文献的研究根底。经此调整，研究的资料范围集中于著作方面，据以考察马克思主义经济学传播的基本轨迹和特征，处理得宜，不会影响业已成型的研究体例，还可以突出重点，把握系统论述的核心理论脉络，使得本书的总体框架，衔接前期两个历史阶段的研究，既体现延续性，又有其个性特征。

说到个性特征，本选题是一个新的挑战，需要新的尝试。涉及本选题的考察成果不易寻得，缺乏可供参考的研究成例，面对众多文献史料，又以生疏的著作为主，犹如长期搁置的荒芜之地，有待开发。于是，系统深入地梳理这些著作，成为一项基础性工作，否则很难判断各种著作的内容要点、宗旨倾向、历史地位、社会影响以及彼此之间的相互关系。本选题的尝试，首先从挑选出来的240多本著作入手，按照初版的时间顺序，逐一考察。这是个笨办法，颇为繁难，容不得投机取巧，须花费大量工夫，却又是显现并发挥这些著作的史料价值的有效途径。包括各种自撰著作或译著及其作者或译者，需要查寻考证其由来背景，确认当时写作或翻译的意图，体察相关的语境；许多著译作完成于特定年代，留下诸如文言表达或文言与白话混用，译文质量不佳，叙述舶来经济理论缺少融通等问题，需要解读，以便领会和分析；不少著译作的内容相互交织和借用，或隐去引证出处，需要认真辨析，方能鉴别、澄清和对照；诸如此类。这样的筛查，重点梳理各种著作引用、翻译、阐释或涉及马克思主义经济学的相关内容、评介水准、立场观点等，归纳其特点或代表性；按照各种著作的不同类型、分期阶段、主导倾向等加以归类，进行横向与纵向的比较分析，找寻它们之间的源流关系和逻辑线索，确定各自在传播系列中的地位、作用、影响和特点等。在个别考察和比较分析的基础上，分步归纳，逐节、逐章或逐编，概括不同类型、不同时期的著作内容与特征，然后综合各个分期阶段的传播概况与特征，最后提炼出若干启示。考察的所有环节，都以整理分析相关的著作资料为依据，有什么资料说什么话，有多少资料说多少话，通过丰富文献的系统剖析，把历史上分散而繁杂的著作资料贯串起来，理出基本线索，领会时代特征，构建主体框架，把握发展趋势，由此认识20世纪20年代马克思主义经济学的传播进程，也就有了较为真实可信的研究基础。

上述尝试，以1920—1929年出版的经济学及其他社会科学类著作为取材范围，属于民国以来20年代传播的断代史研究，与传播前史和传播启蒙阶段先后相承，体现了传播历史在脉络延续与发展逻辑上的一致性，又经过演进升华而明显不同，表现为传播不断扩展与深化的累积过程和趋势走向，也为今后30、40年代的传播研究，提示了持续发展的基本取向和主要特征。贯通各个历史阶段的传播进程，便构成近代中国马克思主义经济学传播的完整画面。这个尝试，有两个不同的研究视角。一是从马克思主义在中国的传播研究看，突出马克思主义经济学传播的研究视角，发掘整理出数量可观而以往很少接触或缺乏深入分析的代表著作、代表人物和代表观点，丰富和深化了中国马克思主义的传播史研究。二是从中国近代经济思想史的研究看，突出了20年代马克思主义经济学传播史的研究视角，由此进入研究1919—1949年30年间中国经济思想史领域；这个领域的研究相对薄弱，却十分重要，本书的研究视角，梳理20年代民国著作中围绕马克思主义经济学的理论评介、实际运用及演变特征，上承马克思主义经济学传播在前史与启蒙阶段的发展轨迹和基本走向，下启这一传播结合中国实际而创造具有自身特色的经济理论成果，直至发展为建立新中国的经济指导思想体系，从这个视角切入，也为研究1919年以后中国近代经济思想的发展演变历史，探索了新的考察路径。

本书的尝试，着手于2014年结束传播启蒙的研究之后，梳理原始著作资料，查阅现有研究成果；2015年8月开始动笔，2017年12月初步完成著作素材的逐个考察；然后贯通分析比较，参考补充新的资料和成果，经过数次修改校阅，2018年10月完成初稿。这是我走上学术道路以来，完全摆脱行政事务的重负及其他琐事的缠绕而全身心埋首于专题研究乐趣的一段时光，精力集中，进展亦较顺利，数年间积稿已达230余万字。

新的尝试，总会留下一些缺憾。比如，搜集、筛选和整理大量的历史文献，尽力从整体上把握其代表性，但难免疏漏。有的著作失查，未能进入视野；有的著作遍寻不获，权且存目；有的著作找不到初版本，只好以再版本或修订本替代；有的著作不完整，缺册少页，破旧残损；等等。这里既有独力梳理而能力欠缺的主观原因，也有学术界整理民国著作尚待完善的客观因素。又如，各种著作资料涉及众多作者、译者及作序、校阅和参与者，其身份背景构成著作或译著考察的语境信息要素，力求弄清，却限于个人视界和目前研究条件，仍有不少阙失或不详之处，颇感遗憾。另如，分析著作文本，有的因内容交错和倾向模糊而分类界线不清晰，有的因表述隐晦而难以查明出处来源，有的因各种原作以不同形式重复或反复引用相同经典论述而造成前后解说不一致或不均衡；特别是一些重要译本引用、阐释和理解马克思主义经济学的理论观点，往往成为国人自撰著作的参考来源，故对此类译本解析颇详，由此容易忽略其他可能的参考来源。再如，先前考察传播前史和传播启蒙时作为主要依据的报刊文章资料，在 20 年代呈喷涌之势，难以把握，同时大量出现的各种著作具有集中和系统论述的长处，于是本选题的考察，舍弃单篇报刊文章（论文集除外）而专注于著作，如此选择，毕竟可能遗漏论文方面的重要论点或代表人物。这些缺憾，从完善书稿的角度看，也是需要深入研究的问题。将来若有条件，可以修订上述不足，最好是对同时期的报刊文章亦作系统梳理，把那些遗漏的代表性论文补充进来。本书研究所搭建的学术构架，同样为补充、修订和延续 1919 年以来马克思主义经济学的传播考察，提供了空间。

20 多年来的研究夙愿，终于形成这部书稿，回首往事，感慨良多。其中蕴含着学术道路上执著前行的摸索记忆，也凝结着不断面对新的挑战而笃志求索的心血积淀，这样的追忆和回味，并非发思古之幽情，为了自励，更为了追求未来的学术目标，故附记于此。

本书研究期间，得到程霖教授的协力，李文涛馆员代为购置资料的帮助，王越男老师处置各种事务的襄助，以及国家社科基金项目的资助，成稿后在出版方面得到吕萍女士和孙丽丽女士的悉心安排，在此特致谢意。

谈敏

2018 年 10 月 18 日于北京

又及，书稿完成后，着手准备 30 年代的传播研究，整理相关著作资料时，发现此书稿遗失不少 20 年代可资研究的著作，经过筛选，汇集起来有 110 本之多。尽管这些著作多属辅助性资料，不影响已成书稿的主体结构，但仍可从中得到有益的补充。包括澄清某些疑点，强化某些联系，突出某些重点，乃至弥补若干不足之处。据此，在书稿于 2019 年 2 月交付出版社后，又利用这些资料，先后两次对书稿增补、修订和重新校阅。结果本书考察的著作资料累积约 350 本，成稿亦增加到 275 万余字。可见学无止境，治学亦无涯际。顺便提及，定稿付梓后，在正式出版前仍能有较大幅度的增补修改机会，首先感谢出版社领导特别是孙丽丽女士的宽宥大度，或许还得益于申请国家出版基金近一年的等待时间，现在获得基金支持，亦表示感谢。

2020 年 3 月 24 日于上海